Meyer-Landrut
Formular-Kommentar GmbH-Recht

Meyer-Landrut

Formular-Kommentar GmbH-Recht

Herausgegeben von

Dr. Andreas Meyer-Landrut
Rechtsanwalt, DLA Piper UK LLP, Köln

Bearbeitet von

RA Dr. *Bernd Borgmann*, LL.M.; RiAG a.D. *Klaus J. Bremer*, LL.M.; RA Dr. *David Buntenbroich;* RA Dr. *Cornelius Frie;* WP und StB *Josef Große Honebrink;* RA und Notar Dr. *Oliver Habighorst;* RA und StB *Martin Heinsius;* RA Prof. Dr. Dr. *Kai-Michael Hingst;* RA Dr. *Alexander Kiefner;* Notar *Dr. Stefan Klein,* LL.M.; RA Dr. *Andreas Meyer-Landrut;* Notar Dr. *Martin Mulert,* LL.M.; RAin Dr. *Anne-Marie Peter;* RA Dr. *Dirk Rupietta;* RAin Dr. *Nina-Luisa Siedler;* RAin und Notarin *Dr. Julia Sitter;* RA und Notar Dr. *Alexander Wenz;* Notar Dr. *Gerrit Wenz*

4. Auflage

Carl Heymanns Verlag 2019

Zitiervorschlag: Meyer-Landrut/*Bearbeiter*, FormKomm-GmbHR, F 1 Rdn. 6

Bibliografische Information der Deutschen Nationalbibliothek

Die Deutsche Nationalbibliothek verzeichnet diese Publikation in der Deutschen Nationalbibliografie; detaillierte bibliografische Daten sind im Internet über http://dnb.d-nb.de abrufbar.

ISBN 978-3-452-29040-3

www.wolterskluwer.de

Umschlagkonzeption: Martina Busch, Grafikdesign, Homburg Kirrberg
Satz: Newgen Knowlegde Works (P) Ltd, Chennai
Druck und Weiterverarbeitung: Williams Lea & Tag GmbH, München

Gedruckt auf säurefreiem, alterungsbeständigem und chlorfreiem Papier.

Vorwort zur 4. Auflage

Das Erscheinen der Vorauflage des Werkes liegt wiederum knapp drei Jahre zurück. Das stetige Interesse am Werk ließen Verlag und Herausgeber eine Neuauflage gerechtfertigt erscheinen.

Sie ist auf dem Stand von November 2018. Neu zu berücksichtigen waren neben aktueller Rechtsprechung und Literatur vor allem das in Umsetzung der Richtlinie (EU) 2015/849 des Europäischen Parlaments und des Rates vom 20. Mai 2015 am 23. Juni 2017 geänderte und neugefasste Geldwäschegesetz und dessen Änderungen von § 40 GmbHG.

Getreu der Zielsetzung, neben den geläufigen Gestaltungen auch solche anzubieten, die trotz praktischer Relevanz eher selten in dieser Form aufbereitet zu finden sind, wurde in dieser Auflage zusätzlich ein Muster betreffend die Anmeldung der inländischen Zweigniederlassung einer ausländischen Kapitalgesellschaft aufgenommen.

Die Weiterentwicklung des Formularkommentars zu einem vollständig mit deutsch- und englischsprachigen Mustern ausgestatteten Werk ist einen großen Schritt weitergekommen, so dass nunmehr rund 110 wesentliche Muster auch in englischer Sprache vorliegen, die über ein gesondertes Verzeichnis direkt auffindbar sind. Die Vervollständigung des Angebots musste indes noch späteren Auflagen vorbehalten bleiben.

Im Bearbeiterkreis hat es Veränderungen gegeben: Herr Dr. Wolfram Radke hat der starken beruflichen Belastung den Vorrang gegeben. Verlag und Herausgeber danken ihm sehr für seine Mitarbeit an drei Auflagen des Formular-Kommentars. Die von ihm bearbeiteten Muster haben ebenfalls erfahrene Praktiker übernommen und weiter bearbeitet, Herr Dr. Stefan Klein (A 1 - 11, 16 und 17), Frau Dr. Julia Sitter (E 17 - 25) und Herr Martin Heinsius (E 13). Allen Bearbeitern, ihren wissenschaftlichen Mitarbeitern und Assistenten sowie den Mitarbeitern des Verlags gilt großer Dank für den großen Einsatz neben den vielfältigen beruflichen wie auch privaten Belastungen des Alltags.

Es bleibt die Bitte an die Nutzer, durch Hinweise gleich welcher Art zur weiteren Verbesserung beizutragen (E-Mail: andreas.meyer-landrut@dlapiper.com).

Köln, im November 2018

Dr. Andreas Meyer-Landrut

Autorenverzeichnis

Dr. Bernd Borgmann, LL.M.
Rechtsanwalt, DLA Piper UK LLP, Köln

Klaus J. Bremer, LL.M.
Richter am Amtsgericht a.D., AG Hamburg

Dr. David Buntenbroich
Rechtsanwalt, DLA Piper UK LLP, Köln

Dr. Cornelius Frie
Rechtsanwalt, DLA Piper UK LLP, Köln

Josef Große Honebrink
Wirtschaftsprüfer und Steuerberater, White & Case LLP, Frankfurt a.M.

Dr. Oliver Habighorst
Rechtsanwalt und Notar, White & Case LLP, Frankfurt a.M.

Martin Heinsius
Rechtsanwalt und Steuerberater, DLA Piper UK LLP, Frankfurt a.M.

Prof. Dr. Dr. Kai-Michael Hingst
Rechtsanwalt, Noerr LLP, Hamburg

Dr. Alexander Kiefner
Rechtsanwalt, White & Case LLP, Frankfurt a.M.

Dr. Stefan Klein, LL.M.
Notar, Notare Bartels und Dr. Klein, LL.M., Köln

Dr. Andreas Meyer-Landrut
Rechtsanwalt, DLA Piper UK LLP, Köln

Dr. Martin Mulert, LL.M.
Notar, Notariat am Gänsemarkt, Hamburg

Dr. Anne-Marie Peter
Rechtsanwältin, SCHULTE RIESENKAMPFF Rechtsanwaltsgesellschaft mbH, Frankfurt a.M.

Dr. Dirk Rupietta
Rechtsanwalt, RUPIETTA Rechtsanwälte, Berlin

Dr. Nina-Luisa Siedler
Rechtsanwältin, DWF Germany Rechtsanwaltsgesellschaft mbH, Berlin

Dr. Julia Sitter
Rechtsanwältin und Notarin, White & Case LLP, Frankfurt a.M.

Dr. Alexander Wenz
Rechtsanwalt und Notar, SCHULTE RIESENKAMPFF Rechtsanwaltsgesellschaft mbH, Frankfurt a.M.

Dr. Gerrit Wenz
Notar, Notariat Dr. Pünder Dr. Wenz, Düsseldorf

Im Einzelnen haben bearbeitet

Dr. Bernd Borgmann, LL.M.	C 44–47
Klaus J. Bremer, LL.M.	A 25–26; B 1–15; K 4, 10–12
Dr. David Buntenbroich	C 13–14; 40; D 20–23; J 5; K 2–3
Dr. Cornelius Frie	C 30–39; 41–43; D 10–16; E 2
Josef Große Honebrink	I 1–14
Dr. Oliver Habighorst	A 12–15, 21; E 16, 26; F 7–26
Martin Heinsius	E 13 (vormals *Dr. Wolfram Radke*)
Prof. Dr. Dr. Kai-Michael Hingst	G 1–5, 9–12, G 6–8 (gemeinsam mit *Dr. Alexander Kiefner*)
Dr. Alexander Kiefner	G 6–8 (gemeinsam mit *Prof. Dr. Dr. Kai-Michael Hingst*)
Dr. Stefan Klein, LL.M.	A 1–11, 16–17 (vormals *Dr. Wolfram Radke*)
Dr. Andreas Meyer-Landrut	C 15–29
Dr. Martin Mulert, LL.M.	F 31–39
Dr. Anne-Marie Peter	A 18–20, 22–24; D 1–9; E 14–15 (gemeinsam mit *Dr. Alexander Wenz*)
Dr. Dirk Rupietta	C 1–12; J 1–4, 6–8; K 1, 5–9
Dr. Nina-Luisa Siedler	H 1–5
Dr. Julia Sitter	E 17–25 (vormals *Dr. Wolfram Radke*)
Dr. Alexander Wenz	A 18–20, 22–24; D 1–9; E 14–15 (gemeinsam mit *Dr. Anne-Marie Peter*)
Dr. Gerrit Wenz	D 17–19; E 1, 3–12; F 1–6, 27–30

Inhaltsverzeichnis

Verzeichnis der englischsprachigen Muster

Abkürzungsverzeichnis

a.A.	anderer Ansicht
AAA	American Arbitration Association
a.a.O.	am angegebenen Ort
ABB-EDV	Allgemeine Bedingungen der Möbelspediteure für Beförderungen von EDV-Anlagen, medizinischen Geräten und ähnlichen transportempfindlichen Gütern
ABBH	Allgemeine Bedingungen der Möbelspediteure für Beförderungen von Handelsmöbeln
ABGB	Allgemeines Bürgerliches Gesetzbuch für Österreich
AB-Kunst	Allgemeine Bedingungen der deutschen Kunstspediteure
Abk.	Abkommen
abl.	ablehnend
ABl.	Amtsblatt
ABl. EG	Amtsblatt der Europäischen Gemeinschaften
Abs.	Absatz
Abschn.	Abschnitt
Abt.	Abteilung
abw.	abweichend
AbzG	Gesetz betreffend die Abzahlungsgeschäfte (Abzahlungsgesetz) vom 16.05.1894, aufgehoben durch VerbrKrG zum 01.01.1991
abzgl.	abzüglich
AcP	Archiv für die zivilistische Praxis (Band, Jahr, Seite)
ADHGB	Allgemeines Deutsches Handelsgesetzbuch von 1861
ADR	accord européen relatif au transport international des marchandises dangereuses par route – Europ. Übereinkommen vom 30.09.1957 über die internationale Beförderung gefährlicher Güter auf der Straße, Gesetz vom 18.08.1969 (BGBl. II, 1489)
ADS/*Bearbeiter*	*Adler/Düring/Schmaltz*, Rechnungslegung und Prüfung der Unternehmen
ADSp	Allgemeine Deutsche Spediteurbedingungen
a.E.	am Ende
AEG	Allgemeines Eisenbahngesetz vom 27.12.1993 (BGBl. I, 2378/96)
a.F.	alte Fassung
AfA	Absetzung für Abnutzungen
AFG	Arbeitsförderungsgesetz vom 25.06.1969 (BGBl. I, 582), aufgehoben, jetzt SGB III
AfP	Archiv für Presserecht
AFRG	Arbeitsförderungsreformgesetz
AG	Amtsgericht; Aktiengesellschaft; Die Aktiengesellschaft (Zeitschrift)
AGB	Allgemeine Geschäftsbedingungen
AGB-Banken	Allgemeine Geschäftsbedingungen der (privaten) Banken
AGBG	Gesetz zur Regelung des Rechts der Allgemeinen Geschäftsbedingungen vom 09.12.1976 (BGBl. I, 3317), aufgehoben durch SchuldRModG
AGBGB	Ausführungsgesetz zum BGB
AGB-Spark.	Allgemeine Geschäftsbedingungen der Sparkassen und Girozentralen
AGH	Anwaltsgerichtshof
AgrarR	Agrarrecht (Zeitschrift)
AKB	Allgemeine Bedingungen für die Kraftfahrtversicherung
AktG	Gesetz über die Aktiengesellschaften und Kommanditgesellschaften auf Aktien (Aktiengesetz) vom 06.09.1965 (BGBl. I, 1089)
AKV	Deutscher Auslandskassenverein AG

ALB	Allgemeine Leistungsbedingungen der Deutschen Bahn AG, DB Cargo
allg.	allgemein
allg.M.	allgemeine Meinung
Alt.	Alternative
a.M.	anderer Meinung
AMG	Gesetz über den Verkehr mit Arzneimitteln (Arzneimittelgesetz)
ÄndAufhG	Gesetz über die Änderung oder Aufhebung von Gesetzen der DDR
ÄndG	Änderungsgesetz
AnfG	Gesetz betreffend die Anfechtung von Rechtshandlungen eines Schuldners außerhalb des Insolvenzverfahrens (Anfechtungsgesetz) vom 05.10.1994 (BGBl. I, 2911)
Anh.	Anhang
Anm.	Anmerkung
AnSVG	Gesetz zur Verbesserung des Anlegerschutzes (Anlegerschutzverbessungsgesetz) vom 28.10.2004 (BGBl. I, 2630)
AnwBl	Anwaltsblatt
AO	Abgabenordnung i.d.F. vom 01.10.2002 (BGBl. I, 3866)
AöR	Archiv für öffentliches Recht (Zeitschrift – Band, Seite)
AP	Nachschlagewerk des Bundesarbeitsgerichts (seit 1954, vorher: Arbeitsrechtliche Praxis)
ApothG	Gesetz über das Apothekenwesen
AR	Aufsichtsrat
ArbeitserlaubnisVO	Arbeitserlaubnisverordnung
ArbG	Arbeitsgericht
ArbGG	Arbeitsgerichtsgesetz i.d.F. vom 02.07.1979 (BGBl. I, 853, ber 1036)
ArbNErfG	Gesetz über Arbeitnehmererfindungen (Arbeitnehmererfindungsgesetz)
ArbPlSchutzG	Gesetz über den Schutz des Arbeitsplatzes bei Einberufung zum Wehrdienst (Arbeitsplatzschutzgesetz) i.d.F. vom 14.02.2001 (BGBl. I, 253)
arg.(e.)	argumentum ex
Art.	Artikel
Aufl.	Auflage
AÜG	Gesetz zur Regelung der gewerbsmäßigen Arbeitnehmerüber-lassung (Arbeitnehmerüberlassungsgesetz) i.d.F. vom 03.02.1995 (BGBl. I, 158)
ausführl.	ausführlich
AuslInvestmG	Gesetz über den Vertrieb ausländischer Investmentanteile und über die Besteuerung der Erträge aus ausländischen Investmentanteilen i.d.F. vom 09.09.1998 (BGBl. I, 2820), aufgehoben durch InvG 2003
AusfG	Ausführungsgesetz
ausschl.	ausschließlich
AVB	Allgemeine Versicherungsbedingungen
AVG	Angestelltenversicherungsgesetz i.d.F. vom 28.05.1924 (RGBl. I 563), aufgehoben
AVO	Ausführungsverordnung
AWD	Außenwirtschaftsdienst des Betriebsberaters (Zeitschrift)
AWG	Außenwirtschaftsgesetz vom 28.04.1961 (BGBl. I, 481)
Az.	Aktenzeichen
BaBiRiLiG	Gesetz zur Durchführung der Richtlinie des Rates der Europäischen Gemeinschaften über den Jahresabschluss und den konsolidierten Abschluss von Banken und anderen Finanzinstituten (Bankbilanzrichtlinie-Gesetz) vom 30.11.1990 (BGBl. I, 2570)
BaFin	Bundesanstalt für Finanzdienstleistungsaufsicht (seit 01.05.2002)
BAG	Bundesarbeitsgericht; Bundesamt für Güterverkehr

BAGE	Entscheidungen des Bundesarbeitsgerichts (Band, Seite)
BAKred	Bundesaufsichtsamt für das Kreditwesen, seit 2002 BaFin
BankA	Bankarchiv, Zeitschrift für Bank- und Börsenwesen
Bank-Betrieb	Die Bank, Zeitschrift für Bankpolitik und Bankpraxis (bis 1976: Bank-Betrieb)
BAnz	Bundesanzeiger
BausparKG	Gesetz über Bausparkassen (Bausparkassengesetz) i.d.F. vom 15.02.1991 (BGBl. I, 454)
BayObLG	Bayerisches Oberstes Landesgericht
BayOLGZ	Entscheidungen des Bayerischen Obersten Landesgerichts in Zivilsachen
BayStiftG	Bayerisches Stiftungsgesetz
BB	Betriebs-Berater (Zeitschrift)
BBankG	Gesetz über die Deutsche Bundesbank i.d.F. vom 22.10.1992 (BGBl. I, 1782)
BBiG	Berufsbildungsgesetz vom 23.03.2005 (BGBl. I, 931)
BBl	Betriebswirtschaftliche Blätter (Zeitschrift)
BBRL	Bankbilanzrichtlinie
Bd.	Band
BdF	Bundesminister der Finanzen
BDSG	Gesetz zum Schutz vor Missbrauch personenbezogener Daten bei der Datenverarbeitung (Bundesdatenschutzgesetz) i.d.F. vom 20.12.1990 (BGBl. I, 2954)
Bearb.	Bearbeiter
Begr.	Begründung
Beil.	Beilage
Bem.	Bemerkung
ber.	berichtigt
BErzGG	Gesetz über die Gewährung von Erziehungsgeld und Erziehungsurlaub (Bundeserziehungsgeldgesetz)
BeschFG	Beschäftigungsförderungsgesetz vom 26.04.1985 (BGBl. I, 710)
bestr.	bestritten
betr.	betreffend
BetrR	Betriebsrat
BetrAVG	Gesetz zur Verbesserung der betrieblichen Altersversorgung (Betriebsrentengesetz) vom 19.12.1974 (BGBl. I, 3610)
BetrVG	Betriebsverfassungsgesetz i.d.F. vom 25.09.2001 (BGBl. I, 2518)
BeurkG	Beurkundungsgesetz vom 28.08.1969 (BGBl. I, 1513)
BewG	Bewertungsgesetz i.d.F. vom 01.02.1991 (BGBl. I, 230)
BezG	Bezirksgericht
BFG	Bundesfinanzgericht
BFH	Bundesfinanzhof
BFHE	Sammlung der Entscheidungen und Gutachten des BFH
BFuP	Betriebswirtschaftliche Forschung und Praxis (Zeitschrift)
BGB	Bürgerliches Gesetzbuch vom 18.08.1896 (RGBl., 195), i.d.F. vom 02.01.2002 (BGBl. I, 42)
BGBl. I, II	Bundesgesetzblatt, Teil I und II (Teil, Seite)
BGH	Bundesgerichtshof
BGH EBE	Eildienst der Entscheidungen des BGH
BGHSt	Entscheidungen des BGH in Strafsachen (Band, Seite)
BGHZ	Entscheidungen des BGH in Zivilsachen (Band, Seite)
B/H/*Bearbeiter*	*Baumbach/Hueck*, GmbH-Gesetz
BilKomm/*Bearbeiter*	*Ellrott/Förschle/Hoyos/Winkeljohann*, Beck´scher Bilanzkommentar, Handelsbilanz Steuerbilanz
BilReG	Gesetz zur Einführung internationaler Rechnungslegungsstandards und zur Sicherung der Qualität der Abschlussprüfung (Bilanzrechtsreformgesetz) vom 04.12.2004 (BGBl. I, 3166)

BiRiLiG	Gesetz zur Durchführung der Vierten, Siebenten und Achten Richtlinie des Rates der Europäischen Gemeinschaften zur Koordinierung des Gesellschaftsrecht (Bilanzrichtlinien-Gesetz) vom 19.12.1985 (BGBl. I 1985, 2335)
BKartA	Bundeskartellamt
BKR	Zeitschrift für Bank- und Kapitalmarktrecht
Bl.	Blatt
BMF	Bundesministerium der Finanzen
BMJ	Bundesministerium der Justiz
BMW	Bundesministerium für Wirtschaft (und Technologie)
BMinBlF	Bundesministerialblatt für Finanzen
BNotO	Bundesnotarordnung vom 24.02.1961 (BGBl. I, 1998)
BO	Börsenordnung
BörsG	Börsengesetz vom 21.06.2002 (BGBl. I, 2010)
BörsZulVO	Verordnung über die Zulassung von Wertpapieren zum amtlichen Markt an einer Wertpapierbörse (Börsenzulassungsverordnung) i.d.F. vom 09.09.1998 (BGBl. I, 2832)
BPatG	Bundespatentgericht
BR	Bundesrat
BRAGO	Bundesgebührenordnung für Rechtsanwälte (Bundesrechtsanwaltsgebührenordnung) vom 26.07.1957 (BGBl. I, 907), aufgehoben zum 01.07.2004 durch KostRMoG vom 05.05.2005 (BGBl. I, 718), jetzt: RVG
BRAK	Bundesrechtsanwaltskammer
BRAK-Mitt.	BRAK-Mitteilungen (Zeitschrift)
BRAO	Bundesrechtsanwaltsordnung vom 01.08.1959 (BGBl. I, 565)
BR-Drs.	Bundesratsdrucksache
BSG	Bundessozialgericht
BSHG	Bundessozialhilfegesetz
BStBl. I, II	Bundessteuerblatt, Teil I und II (Teil, (Jahr) und Seite)
bspw.	beispielsweise
BT	Bundestag; Bulletin des Transports
BT-Drs.	Bundestags-Drucksache
Buchst.	Buchstabe
BuW	Betrieb und Wirtschaft (Zeitschrift)
BVerfG	Bundesverfassungsgericht
BVerfGE	Entscheidungen des Bundesverfassungsgerichts (Band, Seite)
BVerfGG	Gesetz über das Bundesverfassungsgericht
BVerwG	Bundesverwaltungsgericht
BVG	Besonderes Verhandlungsgremium
BVR	Bankvertragsrecht
BvS	Bundesanstalt für vereinigungsbedingte Sonderaufgaben (Treuhandanstalt)
BZRG	Gesetz über das Zentralregister und das Erziehungsregister (Bundeszentralregistergesetz) i.d.F. der Bekanntmachung vom 21.09.1984 (BGBl. I, 1229, ber. 1985 I, 195)
bzw.	beziehungsweise
Cc	Code civil, Codice civile, Código civil
CDH	Centralvereinigung Deutscher Wirtschaftsverbände für Handelsvermittlung und Vertrieb
CESR	Committee of European Securities Regulators
cic	culpa in contrahendo
CR	Computer und Recht (Zeitschrift)

DArbR	Deutsches Arbeitsrecht (Zeitschrift)
DAV	Deutscher Anwaltverein
DB	Der Betrieb (Zeitschrift)
DBA	Doppelbesteuerungsabkommen
DBW	Die Betriebswirtschaft (Zeitschrift); vor 1977: Zeitschrift für Handelswissenschaft und Handelspraxis
DCGK	Deutscher Corporate Governance Kodex i.d.F. vom 02.06.2005
D/E/J/W/*Bearbeiter*	*Dötsch/Eversberg/Jost/Witt*, Die Körperschaftsteuer, Loseblatt-Sammlung
DepotG	Gesetz über die Verwaltung und Anschaffung von Wertpapieren (Depotgesetz) vom 04.02.1937 (RGBl. I, 171) i.d.F. vom 11.01.1995 (BGBl. I, 34)
ders.	derselbe
dgl.	dergleichen
DGVZ	Deutsche Gerichtsvollzieherzeitung (Zeitschrift)
d.h.	das heißt
DIS	Deutsche Institution für Schiedsgerichtsbarkeit e.V.
DIS-SchGO	Schiedsgerichtsordnung der Deutschen Institution für Schiedsgerichtsbarkeit e.V.
Diss.	Dissertation
DJ	Deutsche Justiz (Zeitschrift)
DJZ	Deutsche Juristenzeitung (Zeitschrift)
DMBilG	Gesetz über die Eröffnungsbilanz in Deutscher Mark und die Kapitalneufestsetzung (D-Mark-Bilanzgesetz) i.d.F. vom 28.07.1994 (BGBl. I, 1842)
DNotZ	Deutsche Notarzeitung (Zeitschrift)
DÖV	Die öffentliche Verwaltung (Zeitschrift)
DR	Deutsches Recht (Zeitschrift)
DrittelbG	Gesetz über die Drittelbeteiligung der Arbeitnehmer im Aufsichtsrat (Drittelbeteiligungsgesetz) vom 18.05.2004 (BGBl. I, 974)
DRpfl	Deutsche Rechtspflege (Zeitschrift)
DStR	Deutsches Steuerrecht (Zeitschrift); vor 1962: Deutsche Steuer-Rundschau
DStRE	Deutsches Steuerrecht – Entscheidungsdienst
DStZ	Deutsche Steuerzeitung
DVO	Durchführungsverordnung
DZWir	Deutsche Zeitschrift für Wirtschaftsrecht
e.A.	Einstweilige Anordnung
ebd.	ebenda
EBE/BGH	Eildienst Bundesgerichtliche Entscheidungen
EBITDA	earnings before interest, taxes, depreciation and amortization
EFG	Entscheidungen der Finanzgerichte
eG	eingetragene Genossenschaft
EG	Europäische Gemeinschaft; Einführungsgesetz; Vertrag zur Gründung der europäischen Gemeinschaft (ab 01.05.1999; vorher: EGV)
EGAktG	Einführungsgesetz zum Aktiengesetz vom 06.09.1965 (BGBl. I, 1185)
EGBGB	Einführungsgesetz zum Bürgerlichen Gesetzbuch vom 18.08.1896 (RGBl. 604)
EGGmbHG	Einführungsgesetz zum GmbH-Gesetz
EGHGB	Einführungsgesetz zum Handelsgesetzbuch vom 10.05.1897 (RGBl. 437)
EGInsO	Einführungsgesetz zur Insolvenzordnung
EGStGB	Einführungsgesetz zum Strafgesetzbuch
EGV/EG-Vertrag	Vertrag zur Gründung der Europäischen Gemeinschaft (vor 01.05.1999; seither: EG)
EHUG	Gesetz über elektronische Handelsregister und Genossenschaftsregister sowie das Unternehmensregister vom 10.11.2006 (BGBl. I, 2553)
Einf.	Einführung

EinigV	Einigungsvertrag
Einl.	Einleitung
einschl.	einschließlich
EKAG	Einheitliches Gesetz über den Abschluss von internationalen Kaufverträgen über bewegliche Sachen vom 17.07.1973 (BGBl. I, 868), außer Kraft 01.01.91 (BGBl. I, 2895)
EKG	Einheitliches Gesetz über den internationalen Kauf beweglicher Sachen vom 17.07.1973 (BGBl. I, 856), außer Kraft 01.01.91 (BGBl. I 2894)
EMRK	Europäische Konvention zum Schutz der Menschenrechte und Grundfreiheiten
entspr.	entsprechend
EnWG	Energiewirtschaftsgesetz
ErbStG	Erbschaftsteuer- und Schenkungsteuergesetz i.d.F. der Bekanntmachung vom 27.02.1997 (BGBl. I, 378)
ErfK.	*Dietrich/Müller-Glöge/Preis*, Erfurter Kommentar zum Arbeitsrecht
erg.	ergänzend
Erg.Lfg.	Ergänzungslieferung
ERJuKoG	Gesetz über elektronische Register und Justizkosten für Telekommunikation vom 10.12.2001 (BGBl. I, 3422)
Erl.	Erlass; Erläuterung(en)
EStDV	Einkommensteuer-Durchführungsverordnung
EStG	Einkommensteuergesetz i.d.F. vom 19.10.2002 (BGBl. I, 4210)
EStR	Einkommensteuerrichtlinien
etc.	et cetera
EU	Europäische Union
EuBVO	Verordnung (EG) Nr. 1206/2000 des Rates über die Zusammenarbeit zwischen den Gerichten der Mitgliedstaaten auf dem Gebiet der Beweisaufnahme
EuGH	Gerichtshof der Europäischen Gemeinschaften
EuGVO	Europäische Verordnung über die gerichtliche Zuständigkeit und die Anerkennung und Vollstreckung von Entscheidungen in Zivil- und Handelssachen vom 22.12.2000, ABIEG 2001 Nr. L 12/1, zuvor EuGVÜbk
EuGVÜ	Europäisches Übereinkommen über die gerichtliche Zuständigkeit und die Vollstreckung gerichtlicher Entscheidungen in Zivil- und Handelssachen vom 27.09.1968 (BGBl. I, 1972)
EuInsVO	Verordnung (EG) Nr. 1346/2000 des Rates über Insolvenzverfahren (ABl. EG Nr. L 160 S. 1)
EuroEG	Gesetz zur Einführung des Euro vom 09.06.1998 (BGBl. I, 1242)
EuZVO	Verordnung (EG) Nr. 1348/2001 des Rates über die Zustellung gerichtlicher und außergerichtlicher Schriftstücke
EuZW	Europäische Zeitschrift für Wirtschaftsrecht (Zeitschrift)
e.V.	einstweilige Verfügung; eingetragener Verein
EWiR	Entscheidungen zum Wirtschaftsrecht (Zeitschrift)
EWIV	Europäische Wirtschaftliche Interessenvereinigung
EWIVG/EWIV-AG	Gesetz zur Ausführung der EWG-Verordnung über die Europäische wirtschaftliche Interessenvereinigung (EWIV-Ausführungsgesetz) vom 14.04.1988 (BGBl. I, 514)
EWIV-VO	Verordnung (EWG) Nr. 2137/85 über die Schaffung einer Europäischen Wirtschaftlichen Interessenvereinigung
EWR	Europäischer Wirtschaftsraum
EzA	Entscheidungen zum Arbeitsrecht
f., ff.	folgende (r)
F&E	Forschung und Entwicklung
Fa.	Firma

FamRZ	Zeitschrift für Familienrecht
FAZ	Frankfurter Allgemeine Zeitung
FB	FinanzBetrieb (Zeitschrift)
FG	Finanzgericht
FGG	Gesetz über die Angelegenheiten der freiwilligen Gerichtsbarkeit vom 17.05.1898 (RGBl. 189) i.d.F. vom 20.05.1898 (RGBl. 771)
FGO	Finanzgerichtsordnung
FGPrax	Praxis der freiwilligen Gerichtsbarkeit (Zeitschrift)
FinMin	Finanzministerium (eines Bundeslandes)
FLF	Finanzierung Leasing Factoring (Zeitschrift)
Fn.	Fußnote
FR	Finanzrundschau Deutsches Steuerblatt (Zeitschrift)
FRA	Forward Rate Agreement
FS	Festschrift (für)
FusionsRL	Fusions-Richtlinie
G	Gesetz
GastG	Gaststättengesetz
GB	Grundbuch
GBA	Grundbuchamt
GBl.	Gesetzblatt
GBl. (DDR) I	Gesetzblatt Deutsche Demokratische Republik Teil I
GBO	Grundbuchordnung i.d.F. vom 26.05.1994 (BGBl. I, 1114)
GbR	Gesellschaft bürgerlichen Rechts
GebrMG	Gebrauchsmustergesetz i.d.F. vom 28.08.1986 (BGBl. I, 1455)
gem.	gemäß
GemSOGB	Gemeinsamer Senat der obersten Gerichtshöfe des Bundes
GenG	Gesetz betreffend die Erwerbs- und Wirtschaftsgenossenschaften (Genossenschaftsgesetz) vom 01.05.1889 (RGBl. 55) i.d.F. vom 19.08.1994 (BGBl. I, 220)
GenTG	Gentechnikgesetz
GeschmMG	Gesetz über den rechtlichen Schutz von Mustern und Modellen (Geschmacksmustergesetz) vom 12.03.2004 (BGBl. I, 390)
GesO	Gesamtvollstreckungsanordnung
GewArch	Gewerbearchiv (Zeitschrift)
GewO	Gewerbeordnung i.d.F. vom 22.02.1999 (BGBl. I, 202)
GewStG	Gewerbesteuergesetz i.d.F. vom 15.10.2002 (BGBl. I, 4167)
GG	Grundgesetz für die Bundesrepublik Deutschland vom 23.05.1949 (BGBl. I, 1)
ggf.	gegebenenfalls
GKG	Gerichtskostengesetz i.d.F. vom 15.12.1975 (BGBl. I, 3047)
GmbH	Gesellschaft mit beschränkter Haftung
GmbHÄndG	Gesetz zur Änderung des Gesetzes betreffend die Gesellschaften mit beschränkter Haftung und anderer handelsrechtlicher Vorschriften vom 04.07.1980 (BGBl. I, 836)
GmbH-Hdb/*Bearbeiter*	*GmbH-Handbuch*, Loseblatt, 5 Ordner
GmbHG	Gesetz betreffend die Gesellschaften mit beschränkter Haftung vom 20.04.1892 (RGBl., 477) i.d.F. vom 20.05.1898 (RGBl., 846), zuletzt geändert durch EHUG
GmbHR	GmbH-Rundschau (Zeitschrift)
GmbH-Stb	Der GmbH-Steuerberater (Zeitschrift)
GNotKG	Gerichts- und Notarkostengesetz i.d.F. vom 23.07.2013 (BGBl. I, 2586)
GoA	Geschäftsführung ohne Auftrag
GoB	Grundsätze ordnungsgemäßer Buchführung
GoI	Grundsätze ordnungsgemäßer Inventur

grds.	grundsätzlich
GrEStG	Grunderwerbsteuergesetz
GroßkommAktG/*Bearbeiter*	*Hopt/Wiedemann*, Aktiengesetz Großkommentar
GroßkommGmbHG/*Bearbeiter*	*Ulmer/Habersack/Winter*, Gesetz betreffend die Gesellschaften mit beschränkter Haftung Großkommentar
GrS	Großer Senat
GrSZ	Großer Senat in Zivilsachen
GRUR	Gewerblicher Rechtsschutz und Urheberrecht (Zeitschrift)
GS	Gedächtnisschrift; Preußische Gesetzsammlung (Jahr, Seite)
GüKG	Güterkraftverkehrsgesetz i.d.F. vom 22.06.1998 (BGBl. I, 1485)
GuV	Gewinn- und Verlust-Rechnung
GVBl.	Gesetz- und Verordnungsblatt (Jahr, Seite)
GV	Gerichtsvollzieher
GVG	Gerichtsverfassungsgesetz
GWB	Gesetz gegen Wettbewerbsbeschränkungen i.d.F. vom 15.07.2005 (BGBl. I, 2114)
h.A.	herrschende Auffassung
HaftpflG	Haftpflichtgesetz
HansOLG	Hanseatisches OLG
HausTWG	Gesetz über den Widerruf von Haustürgeschäften und ähnlichen Geschäften vom 16.01.1986 (BGBl. I, 122), aufgehoben durch SchuldRModG
Hdb AG/*Bearbeiter*	*Müller/Rödder*, Beck´sches Handbuch der AG, mit KGaA, Gesellschaftsrecht Steuerrecht Börsengang
Hdb GmbH/*Bearbeiter*	*Müller/Hense*, Beck´sches Handbuch der GmbH, Gesellschaftsrecht Steuerrecht
HessStiftG	Hessisches Stiftungsgesetz
HFA	Hauptfachausschuss des Instituts der Wirtschaftsprüfer
HGB	Handelsgesetzbuch vom 10.05.1897 (RGBl., 219), zuletzt geändert durch EHUG vom 10.11.2006
HGrG	Gesetz über die Grundsätze des Haushaltsrechts (Haushaltsgrundsätzegesetz) vom 19.08.1969 (BGBl. I, 1273)
H/H/R/*Bearbeiter*	*Herrmann/Heuer/Raupach*, Einkommensteuer- und Körperschaftsteuergesetz mit Nebengesetzen, Loseblatt-Sammlung, 20 Ordner
HinterlO	Hinterlegungsordnung vom 10.03.1937 (RGBl. I, 285)
h.L.	herrschende Lehre
h.M.	herrschende Meinung
HRefG	Gesetz zur Neuregelung des Kaufmanns- und Firmenrechts und zur Änderung anderer handels- und gesellschaftsrechtlicher Vorschriften (Handelsrechtsreformgesetz – HRefG) vom 22.06.1998 (BGBl. I, 1474)
HReg	Handelsregister
HRegGebNeuOG	Gesetz zur Neuordnung der Gebühren in Handels-, Partnerschafts- und Genossenschaftsregistersachen (Handelsregistergebühren-Neuordnungsgesetz) vom 03.07.2004 (BGBl. I, 1410)
HRegGebV	Verordnung über Gebühren in Handels-, Partnerschafts- und Genossenschaftsregistersachen (Handelsregistergebührenverordnung) vom 30.09.2004 (BGBl. I, 2562)
HRR	Höchstrichterliche Rechtsprechung (Zeitschrift)
HRV	Verordnung über die Einrichtung und Führung des Handelsregisters (Handelsregisterverordnung) vom 12.08.1937 (RMBl., 515), zuletzt geändert durch EHUG vom 10.11.2006
Hs.	Halbsatz

Hrsg.	Herausgeber
HV	Hauptversammlung
HwO	Handwerksordnung
HypBG	Hypothekenbankgesetz i.d.F. vom 09.09.1998 (BGBl. I, 2674), aufgehoben durch PfandBG
i.A(bw).	in Abwicklung
IAS	International Accounting Standard, ab 01.04.2001 IFRS
ICC	International Chamber of Commerce
ICC-SchGO	Schiedsgerichtsordnung des International Court of Arbitration of the International Chamber of Commerce
i.d.F.	in der Fassung
i.d.gelt.F.	in der geltenden Fassung
i.d.R.	in der Regel
IdW	Institut der Wirtschaftsprüfer in Deutschland e.V.
i.E.	im Einzelnen
i.Erg.	im Ergebnis
i.e.S.	im engeren Sinne
IFRS	International Financial Reporting Standard (seit 01.04.2001, zuvor: IAS)
IHK	Industrie- und Handelskammer
IHR	Richtlinien für Insidergeschäfte mit börsenorientierten oder öffentlich angebotenen Aktien (Insiderhandelsrichtlinien)
i.H.v.	in Höhe von
i.Ins.	in Insolvenz
i.L(iq).	in Liquidation
insbes.	insbesondere
InsO	Insolvenzordnung vom 05.10.1994 (BGBl. I, 2866)
InsVV	Insolvenzrechtliche Vergütungsverordnung
InvG	Investmentgesetz vom 15.12.2003 (BGBl. I, 2676)
InVo	Insolvenz und Vollstreckung (Zeitschrift)
IPR	Internationales Privatrecht
IPRax	Praxis des Internationalen Privat- und Verfahrensrechts (Zeitschrift)
IPRspr	Die Deutsche Rechtsprechung auf dem Gebiete des IPR (Zeitschrift)
i.S.	im Sinne
i.S.d.	im Sinne des (der)
IStR	Internationales Steuerrecht (Zeitschrift)
i.S.v.	im Sinne von
i.V.m.	in Verbindung mit
IZRspr	Sammlung der deutschen Entscheidungen zum internationalen Privatrecht
i.Zw.	im Zweifel
JA	Juristische Arbeitsblätter (Zeitschrift)
JKomG	Gesetz über die Verwendung elektronischer Kommunikationsformen in der Justiz (Justizkommunikationsgesetz) vom 22.03.2005 (BGBl. I, 837)
JR	Juristische Rundschau (Zeitschrift)
JuS	Juristische Schulung (Zeitschrift)
JurBüro	Das Juristische Büro (Zeitschrift)
JW	Juristische Wochenschrift (Zeitschrift)
JZ	Juristenzeitung (Zeitschrift)
KAGG	Gesetz über die Kapitalanlagegesellschaften i.d.F. vom 09.09.1998 (BGBl. I, 2726), aufgehoben durch InvG 2003

Kap.	Kapitel
KapAEG	Gesetz zur Verbesserung der Wettbewerbsfähigkeit deutscher Konzerne an Kapitalmärkten und zur Erleichterung der Aufnahme von Gesellschaftsdarlehen (Kapitalaufnahmeerleichterungsgesetz) vom 20.04.1998 (BGBl. I, 707)
KapErhG	Gesetz über die Kapitalerhöhung aus Gesellschaftsmitteln und über die Verschmelzung von Gesellschaften mit beschränkter Haftung vom 23.12.1959 (BGBl. I, 789), außer Kraft mit Wirkung vom 01.01.1995 durch Gesetz vom 28.10.1994 (BGBl. I, 3210)
KapErhStG	Gesetz über steuerrechtliche Maßnahmen bei Erhöhung des Nennkapitals aus Gesellschaftsmitteln vom 30.12.1959 (BGBl. I, 834; BStBl. I 1960, 14)
KapMuG	Gesetz zur Einführung von Kapitalanleger-Musterverfahren (Kapitalanleger-Musterverfahrensgesetz vom 16.08.2005 (BGBl. I, 2437, ber. BGBl. I, 3095)
Kfm.	Kaufmann
kfm.	kaufmännisch
KfW	Kreditanstalt für Wiederaufbau
KG	Kommanditgesellschaft; Kammergericht
KGaA	Kommanditgesellschaft auf Aktien
KGJ	Jahrbuch für die Entscheidungen des Kammergerichts (Band, Seite)
KO	Konkursordnung i.d.F. vom 20.05.1898 (RGBl. 612)
KöKo AktG/*Bearbeiter*	*Zöllner/Noack*, Kölner Kommentar zum Aktiengesetz, 8 Bände
KöKo WpÜG/*Bearbeiter*	*Hirte/v. Bülow*, Kölner Kommentar zum WpÜG
KonTraG	Gesetz über die Kontrolle und Transparenz im Unternehmensbereich vom 27.04.1998 (BGBl. I, 786)
KostO	Gesetz über die Kosten in Angelegenheiten der freiwilligen Gerichtsbarkeit (Kostenordnung) i.d.F. vom 26.07.1957 (BGBl. I, 960)
KSchG	Kündigungsschutzgesetz vom 25.08.1969 (BGBl. I, 1317)
KStG	Körperschaftsteuergesetz 2002 i.d.F. vom 15.10.2002 (BGBl. I, 4144)
KStR	Körperschaftsteuerrichtlinien
KTS	Konkurs, Treuhand- und Schiedsgerichtswesen (Zeitschrift)
KunstUrhG	Gesetz betreffend das Urheberrecht an Werken der bildenden Künste und der Photographie (Kunsturhebergesetz)
KV	Kostenverzeichnis
KVO	Kraftverkehrsordnung für den Güterfernverkehr mit Kraftfahrzeugen i.d.F. vom 23.12.1958, aufgehoben
KVStG	Kapitalverkehrssteuergesetz i.d.F. vom 17.11.1972 (BGBl. I, 2129), aufgehoben
KWG	Gesetz über das Kreditwesen i.d.F. vom 09.09.1998 (BGBl. I, 2776)
LadschlG	Ladenschlussgesetz vom 28.11.1956 (BGBl. I, 875)
LAG	Landesarbeitsgericht
LAGE	Entscheidungssammlung Landesarbeitsgerichte
LFzG/LohnFG	Gesetz über die Fortzahlung des Arbeitsentgelts im Krankheitsfalle (Lohnfortzahlungsgesetz) vom 27.07.1969 (BGBl. I, 946)
LG	Landgericht
LHO	Landeshaushaltsordnung
lit.	litera, Buchstabe
LM	Lindenmaier-Möhring, Nachschlagewerk des Bundesgerichtshofs
LohnFG	s. LFzG
LPartG	Gesetz über die eingetragene Lebenspartnerschaft (Lebenspartnerschaftsgesetz) vom 16.02.2001 (BGBl. I, 66)
LPG	Landwirtschaftliche Produktionsgenossenschaft (DDR)
LS	Leitsatz

LSG	Landessozialgericht
LStDV	Lohnsteuer-Durchführungsverordnung
ltd./Ltd.	(engl.) Limited, private limited company by shares
LuftVG	Luftverkehrsgesetz i.d.F. vom 27.03.1999 (BGBl., 550)
LZ	Leipziger Zeitschrift für Deutsches Recht
MaBV	Verordnung über die Pflichten der Makler, Darlehens- und Anlagenvermittler, Bauträger und Baubetreuer (Makler- und Bauträgerverordnung) i.d.F. vom 07.11.1990 (BGBl. I, 2479)
MAH GmbH/*Bearbeiter*	*Römermann*, Münchener Anwaltshandbuch GmbH-Recht
m.Anm.	mit Anmerkung
MarkenG	Gesetz über den Schutz von Marken und sonstigen Kennzeichen (Markengesetz) vom 25.10.1994 (BGBl. I, 3082), ber. 1995 I 156
MDR	Monatsschrift für Deutsches Recht
MinBl.	Ministerialblatt
MindestKapG	RegE eines Gesetzes zur Neuregelung des Mindestkapitals der GmbH vom 14.06.2005 (BT-Drs. 15/5673), nicht beschlossen
MitbestErgG	Gesetz zur Ergänzung des Gesetzes über die Mitbestimmung der Arbeitnehmer in den Aufsichtsräten und Vorständen der Unternehmen des Bergbaus und der Eisen und Stahl erzeugenden Industrie vom 07.08.1956 (BGBl. I, 707)
MitbestG	Gesetz über die Mitbestimmung der Arbeitnehmer (Mitbestimmungsgesetz) vom 04.05.1976 (BGBl. I, 1153)
MittBl.	Mitteilungsblatt
MittBayNot	Mitteilungen des Bayerischen Notarvereins, der Notarkasse und der Landesnotarkammer Bayern
MittBayNotK	Mitteilungen der Bayerischen Notarkammer
MittRhNotK	Mitteilungen der Rheinischen Notarkammer
MMR	MultiMedia und Recht (Zeitschrift)
m.N.	mit Nachweis(en)
MoMiG	Gesetze zur Modernisierung des GmbH-Rechts und zur Bekämpfung von Missbräuchen – RefE vom 29.05.2006
MontanMitbestG	Gesetz über die Mitbestimmung der Arbeitnehmer in den Aufsichtsräten und Vorständen der Unternehmen des Bergbaus und der Eisen und Stahl erzeugenden Industrie (Montan-Mitbestimmungsgesetz) vom 21.05.1951 (BGBl. I, 347)
MontanMitbestErgG	Gesetz zur Ergänzung des Gesetzes über die Mitbestimmung der Arbeitnehmer in den Aufsichtsräten und Vorständen der Unternehmen des Bergbaus und der Eisen und Stahl erzeugenden Industrie (Montan-Mitbestimmungsgesetz)
MRK	Menschenrechtskonvention
MüKo BGB/*Bearbeiter*	*Rebmann/Säcker/Rixecker*, Münchener Kommentar zum Bürgerlichen Gesetzbuch, 12 Bände und Loseblatt-Aktualisierungsband
MüKo AktG/*Bearbeiter*	*Kropff/Semler*, Münchener Kommentar Aktiengesetz 9 Bände
MüKo GmbHG/*Bearbeiter*	*Fleischer/Goette*, Münchener Kommentar zum GmbH-Gesetz,
MüKo HGB/*Bearbeiter*	*K. Schmidt*, Münchener Kommentar zum Handelsgesetzbuch, 7 Bände und Ergänzungsband
MünchHdb GesR I (II/III/IV/V)/*Bearbeiter*	Münchener Handbuch des Gesellschaftsrechts
MünchVertrHdb I/*Bearbeiter*	*Heidenhain/Meister/Waldner*, Münchener Vertragshandbuch Band 1: Gesellschaftsrecht)
MuSchG	Gesetz zum Schutze der erwerbstätigen Mutter (Mutterschutzgesetz) i.d.F. vom 20.06.2002 (BGBl. I, 1812)

m.w.N.	mit weiteren Nachweisen
m.w.V.	mit weiteren Verweisen
NachhBG	Gesetz zur zeitlichen Begrenzung der Nachhaftung von Gesellschaftern (Nachhaftungsbegrenzungsgesetz) vom 18.03.1994 (BGBl. I, 560)
NaStraG	Gesetz zur Namensaktie und zur Erleichterung der Stimmrechtsausübung (Namensaktiengesetz) vom 18.01.2001 (BGBl. I, 123)
n.F.	neue Fassung
NJ	Neue Justiz (Zeitschrift)
NJOZ	Neue Juristische Online-Zeitschrift
NJW	Neue Juristische Wochenschrift (Zeitschrift)
NJW-CoR	NJW-Computerreport (Zeitschrift)
NJW-RR	Neue Juristische Wochenschrift Rechtsprechungsreport (Zeitschrift)
NJWE-VHR	NJW-Entscheidungsdienst Versicherungs- und Haftpflicht (Zeitschrift)
NJWE-WettbR	NJW-Entscheidungsdienst für Wettbewerbsrecht (Zeitschrift)
Nr.	Nummer(n)
NRW	Nordrhein-Westfalen
NStZ	Neue Zeitschrift für Strafrecht
NStZ-RR	Neue Zeitschrift für Strafrecht Rechtsprechungsreport
NVwZ	Neue Zeitschrift für Verwaltungsrecht
NVwZ-RR	Neue Zeitschrift für Verwaltungsrecht Rechtsprechungsreport
NotBZ	Zeitschrift für die notarielle Beratungs- und Beurkundungspraxis
NZA	Neue Zeitschrift für Arbeitsrecht
NZA-RR	Neue Zeitschrift für Sozialrecht
NZG	Neue Zeitschrift für Gesellschaftsrecht
NZI	Neue Zeitschrift für das Recht der Insolvenz und Sanierung
o.ä. (Ä.)	oder ähnlich/oder Ähnliches
OECD-MA	OECD-Musterabkommen 2003 zur Vermeidung der Doppelbesteuerung auf dem Gebiet der Steuern vom Einkommen und vom Vermögen
OEEC	Organization for European Economic Cooperation
ÖJZ	Österreichische Juristenzeitung
o.g.	oben genannt(e/er/es)
OGH	Oberster Gerichtshof in Österreich
OGHZ	Amtliche Sammlung der Entscheidungen des OGH in Zivilsachen
OHG	Offene Handelsgesellschaft
OLG	Oberlandesgericht
OLGE	Sammlung der Rechtsprechung der Oberlandesgerichte (Band, Seite)
OLG-NL	OLG-Rechtsprechung Neue Länder
OLGR	OLG-Report (Zeitschrift)
OLGZ	Entscheidungen der Oberlandesgerichte in Zivilsachen einschließlich der freiwilligen Gerichtsbarkeit
ÖPNV	Öffentlicher Personennahverkehr
ÖV	Die öffentliche Verwaltung (Zeitschrift)
OVG	Oberverwaltungsgericht
OVGE	Entscheidungen der Oberverwaltungsgerichte (Band, Seite)
OWiG	Gesetz über Ordnungswidrigkeiten i.d.F. vom 19.02.1987 (BGBl. I, 602)
p.a.	per annum
PachtKG	Pachtkreditgesetz
Palandt/*Bearbeiter*	Palandt, Kurzkommentar zum BGB

PartGG	Gesetz über Partnergesellschaften Angehöriger Freier Berufe (Partnerschaftsgesellschaftsgesetz) vom 25.07.1994 (BGBl. I, 1744)
PatAO	Patentanwaltsordnung
PatG	Patentgesetz i.d.F. vom 16.12.1980 (BGBl. 1981 I 1)
PersBfG	Gesetz über die Beförderungen von Personen zu Lande (Personenbeförderungsgesetz) i.d.F. vom 08.08.1990 (BGBl. I, 1690)
PfandBG	Pfandbriefgesetz vom 22.05.2005 (BGBl. I, 1373)
PGH	Produktionsgenossenschaft des Handwerks (DDR)
PrAngV(O)	Preisangabenverordnung vom 18.10.2002 (BGBl. I, 4197)
ProdHaftG	Gesetz über die Haftung für fehlerhafte Produkte (Produkthaftungsgesetz) vom 15.12.1989 (BGBl. I, 2198)
PrüfbV	Prüfungsberichtsverordnung
PRV	Partnerschaftsregisterverordnung
PublG	Gesetz über die Rechnungslegung von bestimmten Unternehmen und Konzernen (Publizitätsgesetz) vom 15.08.1969 (BGBl. I 1189), berichtigt 1970 I 1113
Publikumsges.	Publikumsgesellschaft
pVV	positive Vertragsverletzung
RA	Rechtsanwalt
RAK	Rechtsanwaltskammer
RberG	Rechtsberatungsgesetz vom 13.12.1935 (RGBl. I, 1478)
RdA	Recht der Arbeit (Zeitschrift)
Rdn.	Randnummer innerhalb des Werkes
Recht	Das Recht (seit 1935 Beilage zu Deutsche Justiz) (Zeitschrift, Jahr und Nr. der Entscheidung bzw. Jahr und Seite)
RefE	Referentenentwurf
RefE MoMiG	Referentenentwurf eines »Gesetzes zur Modernisierung des GmbH-Rechts und zur Bekämpfung von Missbräuchen« vom 29.05.2006
RegBegr.	(Gesetzes-)Begründung der Bundesregierung
RegBl.	Regierungsblatt
RegE	Regierungsentwurf
RegE BilMoG	Regierungsentwurf eines »Gesetzes zur Modernisierung des Bilanzrechts« vom 21.05.2008 (BT-Drs. 344/08 vom 23.05.2008)
RegE EHUG	Regierungsentwurf eines »Gesetzes über elektronische Handelsregister und Genossenschaftsregister sowie das Unternehmensregister« vom 14.12.2005 (BT-Drs. 16/960 vom 15.03.2006)
RegE MoMiG	Regierungsentwurf eines »Gesetzes zur Modernisierung des GmbH-Rechts und zur Bekämpfung von Missbräuchen« vom 23.05.2007 (BT-Drs. 16/6140 vom 25.07.2007)
RFH	Reichsfinanzhof
RG	Reichsgericht
RGSt	Amtliche Sammlung der Entscheidungen des Reichsgerichts in Strafsachen (Band, Seite)
RGZ	Reichsgericht, Entscheidungen in Zivilsachen
RGBl.	Reichsgesetzblatt
Richtl.	Richtlinie
RIW/AWD	Recht der internationalen Wirtschaft/Außenwirtschaftsdienst des Betriebs-Beraters (Zeitschrift)
RJM	Reichsministerium der Justiz
RL	Richtlinie
ROHG	Reichsoberhandelsgericht; mit Fundstelle: amtliche Entscheidungssammlung (Band, Seite)
Rn.	Randnummer in anderen Veröffentlichungen

Rpfleger	Der Deutsche Rechtspfleger (Zeitschrift)
RR	Rechtsprechungsreport
R/S-L/*Bearbeiter*	*Rowedder/Schmidt-Leithoff*, Gesetz betreffend die Gesellschaften mit beschränkter Haftung (GmbHG)
Rspr.	Rechtsprechung
RStBl.	Reichssteuerblatt (Jahr, Seite)
RVG	Gesetz über die Vergütung der Rechtsanwältinnen und Rechtsanwälte (Rechtsanwaltsvergütungsgesetz) vom 05.05.2004 (BGBl. I, 718), Ablösung der BRAGO
s.	siehe
S.	Seite; Satz
s.a.	siehe auch
SAE	Sammlung arbeitsrechtlicher Entscheidungen (Jahr, Seite)
SCE	Societas Cooperativa Europaea – Europäische Genossenschaft
ScheckG	Scheckgesetz vom 14.08.1933 (RGBl. I, 597)
SchiedsG	Schiedsgericht
SchiedsVZ	Zeitschrift für Schiedsverfahren
SchuldRÄndG	Gesetz zur Änderung schuldrechtlicher Bestimmungen im Beitrittsgebiet (Schuldrechtsänderungsgesetz) vom 21.09.1994 (BGBl. I, 2538)
SchuldRAnpG	Gesetz zur Anpassung schuldrechtlicher Nutzungsverhältnisse an Grundstücken im Beitrittsgebiet (Schuldrechtanpassungsgesetz) vom 21.09.1994 (BGBl. I, 2538)
SchuldRModG	Gesetz zur Modernisierung des Schuldrechts vom 26.11.2001 (BGBl. I, 3138); Inkrafttreten 01.01.2002
Sec.	Section
SE	Societas Europaea – Europäische Aktiengesellschaft
SEAG	Gesetz zur Ausführung der Verordnung (EG) Nr. 2157/2001 des Rates vom 08.10.2001 über das Statut der Europäischen Gesellschaft (SE) (SE-Ausführungsgesetz) vom 22.12.2004 (BGBl. I, 3675)
SEBG	Gesetz über die Beteiligung der Arbeitnehmer in einer Europäischen Gesellschaft (SE-Beteiligungsgesetz) vom 22.12.2004 (BGBl. I, 3675, 3686)
SEEG	Gesetz zur Einführung der Europäischen Gesellschaft vom 22.12.2004 (BGBl. I, 3675)
SE-RL	Richtlinie 2001/86/EG des Rates zur Ergänzung des Statuts der Europäischen Gesellschaft hinsichtlich der Beteiligung der Arbeitnehmer (SE-Richtlinie) vom 08.10.2001 (ABl. EG L 294/22)
SEStEG	Gesetz über steuerliche Begleitmaßnahmen zur Einführung der Europäischen Aktiengesellschaft (SE) – RegE (BR-Drs. 542/06 vom 11.08.2006)
SE-VO	Verordnung (EG) Nr. 2157/2001 des Rates über das Statut der Europäischen Gesellschaft (SE), Abl. EG L 294/1 vom 10.11.2001
SG	Sozialgericht
SGB	Sozialgesetzbuch
SGG	Sozialgerichtsgesetz
Slg.	Sammlung
s.o.	siehe oben
sog.	so genannte(r/s)
SozPraxis	SozialPraxis (Zeitschrift) (vor 1940)
SpruchG	Gesetz über das gesellschaftrechtliche Spruchverfahren (Spruchverfahrensgesetz) vom 12.06.2003 (BGBl. I, 838)
Sudhoff GmbH & Co. KG/*Bearbeiter*	*Sudhoff*, GmbH & Co. KG, 6. Auflage 2005/*Bearbeiter*
StAnpG	Steueranpassungsgesetz vom 16.10.1934 (RGBl. I, 925)

Staudinger/*Bearbeiter*	J. von Staudingers Kommentar zum Bürgerlichen Gesetzbuch mit Einführungsgesetz und Nebengesetzen
StB	Der Steuerberater (Zeitschrift)
StBerG	Steuerberatungsgesetz i.d.F. vom 04.11.1975 (BGBl. I, 2735) Gesetz über die Rechtsverhältnisse der Steuerberater und Steuerbevollmächtigten vom 23.08.1961 (BGBl. I, 1301)
Stbg	Die Steuerberatung (Zeitschrift)
StBP	Die steuerliche Betriebsprüfung (Zeitschrift)
StGB	Strafgesetzbuch i.d.F. vom 13.11.1998 (BGBl. I, 3322)
StPO	Strafprozessordnung
str.	streitig
st.Rspr.	ständige Rechtsprechung
StSenkG	Steuersenkungsgesetz vom 23.10.2000 (BGBl. I, 1433)
StSenkErgG	Steuersenkungs-Ergänzungsgesetz vom 19.12.2000 (BGBl. I, 1812)
StuW	Steuer und Wirtschaft (Zeitschrift)
StV	Der Strafverteidiger (Zeitschrift)
s.u.	siehe unten
TDG	Gesetz über die Nutzung von Telediensten (Teledienstegesetz) vom 22.07.1997 (BGBl. I, 1870)
TKG	Telekommunikationsgesetz vom 22.06.2004 (BGBl. I, 1190)
TransportR	Transportrecht (Zeitschrift)
TransPuG	Gesetz zur weiteren Reform des Aktien- und Bilanzrechts, zu Transparenz und Publizität (Transparenz- und Publizitätsgesetz) vom 19.07.2002 (BGBl. I, 2681)
TreuhandG	Gesetz zur Privatisierung und Reorganisation des volkseigenen Vermögens vom 17.06.1990 (GBl. I, 300)
TRG	Gesetz zur Neuregelung des Fracht-, Speditions- und Lagerrechts (Transportrechtsreformgesetz) vom 25.06.1998 (BGBl. I, 1588)
TVG	Tarifvertragsgesetz i.d.F. vom 25.08.1969 (BGBl. I, 1323)
Tz.	Textziffer
u.a.	unter anderem
UBGG	Gesetz über Unternehmensbeteiligungsgesellschaften i.d.F. vom 09.09.1998 (BGBl. I, 2765)
UMAG	Gesetz zur Unternehmensintegrität und Modernisierung des Anfechtungsrechts vom 22.09.2005 (BGBl. I, 2802)
UmwBerG	Gesetz zur Bereinigung des Umwandlungsrechts vom 28.10.1994 (BGBl. I, 3210)
UmwG	Umwandlungsgesetz i.d.F. vom 28.10.1994 (BGBl. I, 3210), berichtigt 1995 I 428
UmwStE	Umwandlungssteuererlass vom 25.03.1998
UmwStG	Umwandlungssteuergesetz 2002 i.d.F. vom 15.10.2002 (BGBl. I, 4133)
UmwVO	Umwandlungsverordnung
unstr.	unstreitig
UNÜ 1958	UN-Übereinkommen über die Anerkennung und Vollstreckung ausländischer Schiedssprüche vom 10.06.1958
unumstr.	unumstritten
UrhG	Gesetz über Urheberrecht und verwandte Schutzrechte (Urheberrechtsgesetz) vom 09.09.1965 (BGBl. I, 1273)
UrhRWahrnehmungsG	Urheberrechtswahrnehmungsgesetz
Urt.	Urteil
UStG	Umsatzsteuergesetz 1999 i.d.F. vom 09.06.1999 (BGBl. I, 1270)
UStR	Umsatzsteuer Rundschau (Zeitschrift)

u.U.	unter Umständen
UWG	Gesetz gegen den unlauteren Wettbewerb vom 03.07.2004 (BGBl. I, 1414)
VAG	Gesetz über die Beaufsichtigung der privaten Versicherungsunternehmen und Bausparkassen (Versicherungsaufsichtsgesetz) i.d.F. vom 17.12.1992 (BGBl. I, 1993 I 2)
vEK	verwendbares Eigenkapital
VereinsG	Gesetz zur Regelung des öffentlichen Vereinsrechts (Vereinsgesetz) vom 05.08.1964 (BGBl. I, 593)
VerbrKrG	Verbraucherkreditgesetz vom 17.12.1990 (BGBl. I, 2840), aufgehoben durch SchuldRModG
VerglO	Vergleichsordnung vom 26.02.1935 (RGBl. I, 321)
VerkProspG	Wertpapier-Verkaufsprospektgesetz i.d.F. vom 09.09.1998 (BGBl. I, 2701)
VermBG	Vermögensbildungsgesetz
VermVerkProspV	Verordnung über Vermögensanlagen-Verkaufsprospekte vom 16.12.2004 (BGBl. I, 3464)
VersR	Versicherungsrecht (Zeitschrift)
VersRiLi	Versicherungsbilanzrichtlinie
VersRiLiG	Gesetz zur Durchführung der Richtlinie des Rates der Europäischen Gemeinschaften über den Jahresabschluss und den konsolidierten Abschluss von Versicherungsunternehmen (Versicherungsbilanzrichtlinie-Gesetz) vom 24.06.1994 (BGBl. I, 1377)
vGA	verdeckte Gewinnausschüttung(en)
VG	Verwaltungsgericht
VGH	Verwaltungsgerichtshof
vgl.	vergleiche
VIZ	Zeitschrift für Vermögens- und Investitionsrecht
VO	Verordnung
VOB	Verdingungsordnung für Bauleistungen
VOBl.	Verordnungsblatt
Vorb(em).	Vorbemerkung
VorsRichter	Vorsitzender Richter
VRS	Verkehrsrechts-Sammlung
VStG	Vermögensteuergesetz
v.T.w.	von Todes wegen
VuR	Verbraucher und Recht (Zeitschrift)
VVaG	Versicherungsverein auf Gegenseitigkeit
vVG	verdeckte Vorteilsgewährung
VVG	Gesetz über den Versicherungsvertrag (Versicherungsvertragsgesetz) vom 30.05.1908 (RGBl, 263)
VV RVG	Vergütungsverzeichnis zum RVG
VW	Versicherungswirtschaft (Zeitschrift)
VwGO	Verwaltungsgerichtsordnung i.d.F. vom 19.03.1991 (BGBl. I, 686)
VwVfG	Verwaltungsverfahrensgesetz
VwVG	Verwaltungs-Vollstreckungsgesetz
VwZG	Verwaltungs-Zustellungsgesetz
WährG	Währungsgesetz
WaffenG	Waffengesetz
WEG	Gesetz über das Wohnungseigentum und das Dauerwohnrecht
WG	Wechselgesetz vom 21.06.1933 (RGBl. I, 399)
wistra	Zeitschrift für Wirtschafts- und Steuerstrafrecht

WM	Wertpapiermitteilungen (Zeitschrift)
WPg	Die Wirtschaftsprüfung (Zeitschrift)
WP-Hdb	Wirtschaftsprüfer-Handbuch
WpHG	Gesetz über den Wertpapierhandel (Wertpapierhandelsgesetz) i.d.F. vom 09.09.1998 (BGBl. I, 2708)
WPO	Gesetz über eine Berufsordnung der Wirtschaftsprüfer (Wirtschaftsprüferordnung) i.d.F. vom 05.11.1975 (BGBl. I, 2803)
WpPG	Gesetz über die Erstellung, Billigung und Veröffentlichung des Prospekts, der beim öffentlichen Angebot von Wertpapieren oder bei der Zulassung von Wertpapieren zum Handel an einem organisierten Markt zu veröffentlichen ist (Wertpapierprospektgesetz) vom 22.06.2005 (BGBl. I, 1698)
WpÜG	Wertpapiererwerbs- und Übernahmegesetz vom 20.12.2001 (BGBl. I, 3822)
WRP	Wettbewerb in Recht und Praxis (Zeitschrift)
WRV	Weimarer Reichsverfassung
WuB	Entscheidungssammlung zum Wirtschafts- und Bankrecht (Loseblatt-Zeitschrift)
WuW	Wirtschaft und Wettbewerb (Zeitschrift)
WZG	Warenzeichengesetz
ZAP	Zeitschrift für die anwaltliche Praxis
z.B.	zum Beispiel
ZBB	Zeitschrift für Bankrecht und Bankwirtschaft
ZBR	Zurückbehaltungsrecht
ZEV	Zeitschrift für Erbrecht und Vermögensnachfolge
ZfA	Zeitschrift für Arbeitsrecht
ZfB	Zeitschrift für Betriebswirtschaft
Zfbf	Zeitschrift für betriebswirtschaftliche Forschung
ZfRV	Zeitschrift für Rechtsvergleichung
ZfS	Zeitschrift für Schadensrecht (Jahr, Seite)
ZfV	Zeitschrift für Versicherungswesen
ZG	Zollgesetz
ZGR	Zeitschrift für Unternehmens- und Gesellschaftsrecht
ZHR	Zeitschrift für das gesamte Handelsrecht und Wirtschaftsrecht (Band (Jahr), Seite)
ZInsO	Zeitschrift für das gesamte Insolvenzrecht
ZIP	Zeitschrift für Wirtschaftsrecht und Insolvenzpraxis
ZMR	Zeitschrift für Miet- und Raumrecht
ZPO	Zivilprozessordnung i.d.F. vom 12.09.1950 (BGBl. I, 533)
ZS	Zivilsenat
ZSteu	Zeitschrift für Steuern und Recht
z.T.	zum Teil
zust.	zustimmend
zutr.	zutreffend
ZVG	Gesetz über die Zwangsversteigerung und Zwangsverwaltung (Zwangsversteigerungsgesetz) vom 24.03.1897 (RGBl., 97)
ZVI	Zeitschrift für Verbraucher- und Privat-Insolvenzrecht
zzgl.	zuzüglich
ZZP	Zeitschrift für Zivilprozess
z.Zt.	zur Zeit

Literaturverzeichnis

Achleitner/von Einem/von Schröder	Private Debt – alternative Finanzierung für den Mittelstand, 2004
Adler/Düring/Schmaltz	Rechnungslegung und Prüfung der Unternehmen, 6. Aufl. 1995 ff.
Altmeppen/Roth	Gesetz betreffend die Gesellschaften mit beschränkter Haftung (GmbHG), 8. Aufl. 2015
Arens	Anwaltformulare Gesellschaftsrecht, 3. Aufl. 2007
Arens/Beckmann	Die anwaltliche Beratung des GmbH-Geschäftsführers, 2006
Armbrüster	Die treuhänderische Beteiligung an Gesellschaften, 2001
Bauer/Diller	Wettbewerbsverbote, 7. Aufl. 2015
Bauer/Krieger/Arnold	Arbeitsrechtliche Aufhebungsverträge, 9. Aufl. 2014
Bauer/Lingemann/Diller/Haußmann	Anwalts-Formularbuch Arbeitsrecht, 6. Aufl. 2017
Baumbach/Hopt	Handelsgesetzbuch, 38. Aufl. 2018
Baumbach/Hueck	GmbHG, 21. Aufl. 2017
Beck´sches Formularbuch Bürgerliches, Handels- und Wirtschaftsrecht	12. Aufl. 2016, herausgegeben von *Hoffmann-Becking/Gebele*
Beck´sches Formularbuch Recht und Steuern	9. Aufl. 2018
Beck´sches Handbuch der GmbH	5. Aufl. 2014, herausgegeben von *Prinz/Winkeljohann*
Beck´sches NotarHdb	Beck´sches Notar-Handbuch, 6. Aufl. 2015, herausgegeben von *Heckschen/Herrler/Starke*
Beck´scher Bilanzkommentar	10. Aufl. 2016, herausgegeben von *Förschle/Grottel/Schmidt/Schubert/Winkeljohann*
Beck´sches Formularbuch GmbH Recht	2010, herausgegeben von *Gerber/Lorz/Pfisterer*
Beck´sches Holding Handbuch	2. Auflage 2016 herausgegeben von: *Hasselbach/Nawroth/Rödding*
Beck'sches M&A-Handbuch	2017, herausgegeben von Meyer-Sparenberg/Jäckle
Beckmann/Matusche-Beckmann	Versicherungsrechts-Handbuch, 3. Aufl. 2015
BeckOF Vertragsrecht	Beck´sche Online-Formulare Vertragsrecht, herausgegeben von *Krauß/Weise*, 47. Edition 2019
BeckOK BGB	Online-Kommentar zum BGB, herausgegeben von *Bamberger/Roth*, 49. Edition 2019
BeckOK GmbHG	Online-Kommentar zum GmbHG, herausgegeben von *Jaeger/Ziemons*, 38. Edition 2019
Beisel/Klumpp	Der Unternehmenskauf, 7. Aufl. 2016
Binz/Sorg	Die GmbH und Co. KG, 12. Aufl. 2018
Birk/Desens/Tappe	Steuerrecht, 21. Aufl. 2018
Blaurock	Handbuch Stille Gesellschaft, 8. Aufl. 2016
Blomeyer/Rolfs/Otto	BetrAVG, 7. Aufl. 2018
Blümich	EStG, KStG, GewStG, herausgegeben von *Heuermann u.a.*, Loseblattsammlung, 145. EL, 2019
Bösl/Sommer	Mezzanine Finanzierung, 2006

Bormann/Kauka/Ockelmann	Handbuch GmbH-Recht, 3. Auflage 2015
Brandmüller	Der GmbH-Geschäftsführer im Gesellschafts-, Steuer- und Sozialversicherungsrecht, 18. Aufl. 2016
Braun	Insolvenzordnung, 7. Aufl. 2017
Breithaupt/Ottersbach	Kompendium Gesellschaftsrecht, 2010
Bunnemann/Zirngibl	Auswirkungen des MoMiG auf bestehende GmbHs, 2008
Canaris/Habersack/Schäfer	Staub Handelsgesetzbuch Band 4, 5. Aufl. 2015, siehe auch *Staub/Canaris/Habersack*
Däubler/Bonin/Deinert	AGB-Kontrolle im Arbeitsrecht, 4. Aufl. 2014
Dötsch/Pung/Möhlenbröck	Die Körperschaftsteuer, Loseblattsammlung, Stand Oktober 2018 (94. Ergänzungslieferung)
Ebenroth/Boujong/Joost/Strohn	Handelsgesetzbuch, Band 1: 3. Aufl. 2014; Band 2: 3. Aufl. 2015
Emmerich/Habersack	Aktien- und GmbH-Konzernrecht, 8. Aufl. 2016
Ensthaler	Gemeinschaftskommentar zum Handelsgesetzbuch mit UN-Kaufrecht, 8. Aufl. 2015
Ensthaler/Füller/Schmidt	Kommentar zum GmbHG, 2. Aufl. 2009
Erfurter Kommentar zum Arbeitsrecht	Erfurter Kommentar zum Arbeitsrecht, herausgegeben von *Preis/Müller-Glöge/Schmidt, Begründet von: Dietrich/Hanau/Schaub*, 19. Aufl. 2019
Fitting/Wlotzke/Wißmann/Koberski/Kleinsorge	Mitbestimmungsrecht, 4. Aufl. 2011
Fleischhauer/Preuß	Handelsregisterrecht, 3. Aufl. 2014
Forster/Grunewald/Lutter/Semler	Festschrift für Bruno Kropff, 1997
Frantzen	Genußscheine, 1993
Frenzl	Betriebspacht-, Betriebsüberlassungs- und Betriebsführungsverträge in der Konzernpraxis, 2007
Frotscher/Maas	Kommentar zum Körperschaft-, Gewerbe- und Umwandlungssteuergesetz, Loseblattsammlung, Stand 2015
Gehrlein/Born/Simon	GmbHG Kommentar, 4. Aufl. 2019
Gosch	Körperschaftsteuergesetz, 3. Aufl. 2015
Gottwald	Insolvenzrechts-Handbuch, 5. Aufl. 2015
Großkomm-AktG	Großkommentar zum Aktiengesetz, herausgegeben von *Hopt/Wiedemann*, 5. Aufl. 2015
Großkomm-GmbHG	GmbHG Großkommentar, herausgegeben von *Ulmer/Habersack/Löbbe*, 5. Aufl. 2015 ff.
H. Werner	Mezzanine Kapital, 2. Aufl. 2007
Habersack/Hommelhoff/Hüffer/Schmidt	Festschrift für Peter Ulmer zum 70. Geburtstag am 2. Januar 2003, 2003
Hachenburg/Ulmer	Gesetz betreffend die Gesellschaften mit beschränkter Haftung (GmbHG); Großkommentar, 8. Aufl. 1992 ff.
Häger/Elkemann-Reusch	Mezzanine Finanzierungsinstrumente, 2. Aufl. 2007
HambKomm-InsR	Hamburger Kommentar zum Insolvenzrecht, herausgegeben von *A. Schmidt*, 7. Aufl. 2019
Haug/Zimmermann	Die Amtshaftung des Notars, 3. Aufl. 2011
Heckschen	Das MoMiG in der notariellen Praxis, 2009
Heckschen/Heidinger	Die GmbH in der Gestaltungs- und Beratungspraxis, 4. Aufl. 2018

Heidel	Aktienrecht und Kapitalmarktrecht, 4. Aufl. 2014
Heidel/Pauly/Amend	AnwaltFormulare, 8. Aufl. 2015
Heidenhain/Meister	Münchener Vertragshandbuch Band 1, 8. Aufl. 2018
Hellner/Steuer	Bankrecht und Bankpraxis, Loseblattsammlung, Stand: 2015
Hennerkes/Kirchdörfer	Unternehmenshandbuch Familiengesellschaften. Sicherung von Unternehmen, Vermögen und Familie, 2. Aufl. 1998
Henssler/Prütting	Bundesrechtsanwaltsordnung: BRAO, 4. Aufl. 2014
Herrmann/Heuer/Raupach	Kommentar zum EStG und KStG. Loseblattsammlung, Stand: Mai 2016
Holzapfel/Pöllath	Unternehmenskauf in Recht und Praxis, 15. Aufl. 2016
Hueck/Lutter/Zöllner	Der Beirat im Gesellschaftsrecht, 2. Aufl. 1990
Hüffer/Koch	Aktiengesetz, 13. Aufl. 2018
Hümmerich/Reufels	Gestaltung von Arbeitsverträgen, 3. Aufl. 2015
Jauernig	Bürgerliches Gesetzbuch: BGB, 17. Aufl. 2018
Joost/Oetker/Paschke	Festschrift für Franz Jürgen Säcker zum 70. Geburtstag, 2011
Keidel	FamFG, 19. Aufl. 2017
Kiem	Kaufpreisregelungen beim Unternehmenskauf, 2. Aufl. 2018
KK-AktG	Kölner Kommentar zum Aktiengesetz, herausgegeben von *Zöllner/Noack*, 3. Aufl. 2004 ff.
KK-SpruchG	Kölner Kommentar zum Spruchverfahrensgesetz, herausgegeben von *Riegger/Wasmann*, 2005
Knecht/Haghani	Restrukturierung, Sanierung, Insolvenz, 4. Aufl. 2014
Kopp/Herdinger	Notar und Euro, 2001
Kopp/Schuck	Der Euro in der notariellen Praxis, 2. Aufl. 2000
Korintenberg	GNotKG, 20. Aufl. 2017
Korintenberg/Lappe/Bengel/Reimann	Kostenordnung: KostO, 19. Aufl. 2015
Krafka/Kühn	Registerrecht, 10. Aufl. 2017
Liebscher	GmbH-Konzernrecht, 2006
Link	Amtsniederlegung durch Gesellschaftsorgane, 2003
Lüdenbach/Hoffmann/Freiberg	Haufe IFRS, 14. Aufl. 2016
Lutter/Hommelhoff	Kommentar zum GmbH-Gesetz, 19. Aufl. 2016
Lutter/Krieger/Verse	Rechte und Pflichten des Aufsichtsrats, 6. Aufl. 2014
Lutter/Mertens/Ulmer	Festschrift für Walter Stimpel zum 68. Geburtstag am 29. November 1985, 1985
MAH GmbH	Münchener Anwaltshandbuch GmbH-Recht, herausgegeben von *Römermann*, 4. Aufl. 2018
MAH InsO	Münchener Anwaltshandbuch Insolvenz und Sanierung, herausgegeben von *Nerlich/Kreplin*, 2. Aufl. 2012
MAH Personengesellschaft	Münchener Anwaltshandbuch Personengesellschaftsrecht, herausgegeben von *Gummert*, 2. Aufl. 2015
Mehrbrey	Streitigkeiten beim Unternehmenskauf, 2018
Meyer-Landrut	Großkommentar Aktiengesetz, 3. Aufl. 1975
Michalski/Heidinger/Leible/J. Schmidt	Kommentar zum GmbH-Gesetz, 3. Aufl. 2017
Miras	Die neue Unternehmergesellschaft, 2. Aufl. 2011

MüKo AktG	Münchener Kommentar zum Aktiengesetz, herausgegeben von *Goette/Habersack*, 4. Aufl. 2014 ff.
MüKo BGB	Münchener Kommentar zum Bürgerlichen Gesetzbuch, herausgegeben von *Säcker/Rixecker/Oetker/Limperg*, 8. Aufl. 2019
MüKo BilR	Münchener Kommentar zum Bilanzrecht, herausgegeben von *Hennrichs/Kleindick/Watrin*, 2013
MüKo GmbHG	Münchener Kommentar zum GmbH-Gesetz, herausgegeben von *Fleischer/Goette*, 3. Aufl. 2018
MüKo HGB	Münchener Kommentar zum Handelsgesetzbuch, herausgegeben von *K. Schmidt*, 4. Aufl. 2016
MüKo ZPO	Münchener Kommentar zur Zivilprozessordnung, herausgegeben von Krüger/*Rauscher*, 4. Aufl. 2012
MünchHdb ArbeitsR	Münchener Handbuch zum Arbeitsrecht, herausgegeben von *Oetker/Richardi/Wißmann/Wlotzke*, 3. Aufl. 2009
MünchHdb GesR I	Münchener Handbuch des Gesellschaftsrechts Band 1: BGB-Gesellschaft, Offene Handelsgesellschaft, Partnerschaftsgesellschaft, Partenreederei, EWIV, herausgegeben von *Gummert/Weipert*, 4. Aufl. 2014
MünchHdb GesR II	Band 2: Kommanditgesellschaft, GmbH & Co. KG, Publikums-KG, Stille Gesellschaft, herausgegeben von *Gummert/Weipert*, 5. Aufl. 2019
MünchHdb GesR III	Band 3: GmbH, herausgegeben von *Priester/Mayer/Wicke*, 5. Aufl. 2018
MünchHdb GesR IV	Band 4: Aktiengesellschaft, herausgegeben von *Hoffmann-Becking*, 4. Aufl. 2015
MünchVertrHdb I	Münchener Vertragshandbuch Band 1: Gesellschaftsrecht, herausgegeben von *Heidenhain/Meister*, 7. Aufl. 2011
MünchVertrHdb II	Münchener Vertragshandbuch Band 2: Wirtschaftsrecht I, herausgegeben von Rieder/*Schütze/Weipert*, 7. Aufl. 2015
Noack	Gesellschaftervereinbarungen bei Kapitalgesellschaften, 1994
Oppenländer/Trölitzsch	Praxishandbuch der GmbH-Geschäftsführung, 2. Aufl. 2011
Palandt	Kurzkommentar zum BGB, 78. Aufl. 2019
Passarge/Torwegge	Die GmbH in der Liquidation, 2. Aufl. 2014
Picot	Handbuch Mergers & Acquisitions, Planung – Durchführung – Integration, 5. Aufl. 2012
Raiser/Veil	Mitbestimmungsgesetz und Drittmittelbeteiligung, 5. Aufl. 2009
Ries	Praxis- und Formularbuch zum Registerrecht, 3. Aufl. 2015
Ring/Grziwotz	Systematischer Praxiskommentar GmbH-Recht, 2. Aufl. 2012
Rischbieter/Gröning	Gründung und Leben der GmbH nach dem MoMiG, 2009
Römermann	Münchener Anwaltshandbuch GmbH-Recht, 3. Aufl. 2014
Roth/Altmeppen	Kommentar zum GmbHG, 9. Aufl. 2019
Rowedder/Schmidt-Leithoff	Kommentar zum GmbH-Gesetz, 5. Aufl. 2013
Schimansky/Bunte/Lwowski	Bankrechts-Handbuch, Bd. I und II, 5. Aufl. 2017
Saenger/Inbester	Handkommentar zum GmbH-Gesetz, 2. Aufl. 2015
Schmidt K.	Handelsrecht, 6. Aufl. 2014
Schmidt	Einkommensteuergesetz, 35. Aufl. 2016
Schmidt-Kessel/Leutner/Müther	Handelsregisterrecht: HandelsregisterR, 2010
Scholz	Kommentar zum GmbH-Gesetz, 12. Aufl. 2018
Schulze zur Wiesche	Die GmbH & Still, 6. Aufl. 2013

Semler/v. Schenk	Arbeitshandbuch für Aufsichtsratsmitglieder, 4. Aufl. 2013
Semler/Volhard	Arbeitshandbuch für Unternehmensübernahmen, 2001/2003
Soergel/Siebert	Bürgerliches Gesetzbuch, 13. Aufl. 2002 ff.
Spindler/Stilz	Kommentar zum Aktiengesetz, 3. Aufl. 2015
Staub/Canaris/Habersack	Handelsgesetzbuch Großkommentar, 5. Aufl. 2012 ff.
Staudinger	Kommentar zum BGB, 15. Aufl. 2013 ff.
Streck	Körperschaftsteuergesetz: KStG, 8. Aufl. 2014
Sudhoff	GmbH & Co. KG, 7. Aufl. 2015
Süß/Wachter	Handbuch des internationalen GmbH-Rechts, 2. Aufl. 2011
Tillmann/Mohr	GmbH-Geschäftsführer: Rechts- und Steuerberatung, Vertragsgestaltung, 10. Aufl. 2013
Tillmann/Schiffers/Wälzholz/Rupp	Die GmbH im Gesellschafts- und Steuerrecht, 6. Aufl. 2015
Uhlenbruck	Insolvenzverordnung, 14. Aufl. 2015
Ulmer/Habersack/Henssler	Mitbestimmungsrecht, 3. Aufl. 2013
Ulmer/Habersack/Löbbe	GmbHG Großkommentar, 2. Aufl. 2018
von Rechenberg/Ludwig	Kölner Handbuch Handels- und Gesellschaftsrecht, 4. Aufl. 2017
Vetter/Stadler	Haftungsrisiken beim konzernweiten Cash Pooling, 2003
Waclawik	Prozessführung im Gesellschaftsrecht, 2. Aufl. 2013
Weber/Ehrich/Burmester	Handbuch der arbeitsrechtlichen Aufhebungsverträge, 5. Aufl. 2009
Weber/Hoß/Burmester	Handbuch der Managerverträge, 2000
Weitnauer	Handbuch Venture Capital, 5. Aufl. 2016
Wenz	Der Begriff der Kontrolle im europäischen und deutschen Fusionskontrollrecht, 2007
Wicke	Einführung in das Recht der Hauptversammlung, das Recht der Sacheinlagen und das Freigabeverfahren nach ARUG, 2009
Wicke	Gesetz betreffend die Gesellschaften mit beschränkter Haftung (GmbHG), 3. Aufl. 2016
Wiedemann/Frey	Gesellschaftsrecht, 9. Aufl. 2016
Wlotzke/Wißmann/Koberski/Kleinsorge	Mitbestimmungsrecht, 4. Aufl. 2011
Zöller	Zivilprozessordnung, 31. Aufl. 2016

A. Gründung

I. Bargründung

1. Notarielles Gründungsprotokoll einer Bargründung

Vorbemerkung

Die Gründung einer Gesellschaft mit beschränkter Haftung ist auf verschiedenen Wegen möglich. 1
Die klassischen Arten der Gründung sind die Bar- und die Sachgründung. Im Rahmen einer Bargründung erbringen die Gesellschafter die von ihnen übernommenen Geschäftsanteile in Form von Bareinlagen. Soll die Entstehung der GmbH durch Sachgründung erfolgen, so wird die Kapitalaufbringung durch Sacheinlagen gesichert (vgl. Muster A 7–11). Es können aber auch Bargründung und Sachgründung kombiniert werden.

Darüber hinaus ist die »Gründung« einer GmbH durch Umwandlung im Sinne eines Formwechsels oder der Erwerb einer Vorrats-GmbH (vgl. Muster A 12) denkbar. Der Erwerb einer Vorrats-GmbH wird als wirtschaftliche Neugründung bewertet, bei der die Gründungsvorschriften für eine GmbH von der Rechtsprechung mit gewissen Modifikationen entsprechend angewendet werden.

Seit Inkrafttreten des Gesetzes zur Modernisierung des GmbH-Rechts und zur Bekämpfung von 2
Missbräuchen (MoMiG) am 1. November 2008 (BGBl. I 2026) kann eine GmbH auch in einem vereinfachten Verfahren gegründet werden, wenn sie höchstens drei Gesellschafter und einen Geschäftsführer hat (§ 2 Abs. 1a GmbHG). Dabei kann jeder Gesellschafter nur einen Geschäftsanteil übernehmen. Für die Gründung im vereinfachten Verfahren ist das dem GmbHG als Anlage beigefügte Musterprotokoll zu verwenden. Darüber hinaus dürfen keine vom Gesetz abweichenden Bestimmungen getroffen werden (§ 2 Abs. 1a S. 3 GmbHG). Auch im vereinfachten Verfahren gilt das Erfordernis der notariellen Beurkundung (vgl. Muster B 1, 2, 3). Von der Gründung im vereinfachten Verfahren ist insbesondere dann abzuraten, wenn die Gesellschaft mehr als einen Gesellschafter haben soll. Das Musterprotokoll ist in einem solchen Fall unzureichend, da es nur den Mindestinhalt eines Gesellschaftsvertrages enthält und zahlreiche weitere Folgeprobleme auftreten, die der Gesetzgeber offenbar nur unzureichend bedacht hat.

Das nachfolgende Muster des Gründungsprotokolls sieht vor, dass der eigentliche Gesellschaftsvertrag (auch als Satzung bezeichnet) dem sog. Urkundsmantel, der neben der Erklärung der Gründer über die Errichtung der Gesellschaft auch den Beschluss über die Geschäftsführerbestellung enthält, als mitverlesene und mitunterzeichnete Anlage zur Erklärung der Gründer über die Errichtung der Gesellschaft beigefügt wird. Das Muster des Gründungsprotokolls geht von einer Bargründung durch zwei Gesellschafter aus, die zwei Personen zum Geschäftsführer bestellen, die jeweils einzelvertretungsberechtigt und von den Beschränkungen des § 181 BGB befreit sind.

Muster

Verhandelt am ____________ in ____________ 3

Vor mir, dem unterzeichneten Notar [1]

____

mit dem Amtssitz in ____________

erschienen heute gleichzeitig:

1. Herr/Frau A

geb. am ____________ in ____________
wohnhaft ____________

2. Herr/Frau B

geb. am ____________ in ____________
wohnhaft ____________
Die Erschienenen wiesen sich aus durch Vorlage amtlicher Lichtbildausweise.[2]

Die Erschienenen erklärten mit der Bitte um Beurkundung:

I.

Wir errichten hiermit eine Gesellschaft mit beschränkter Haftung unter der Firma

____________,

der wir den

Gesellschaftsvertrag

zugrunde legen, der dieser Urkunde als mitverlesene Anlage beigefügt ist.

In dem Gesellschaftsvertrag sind auch die Zahl und die Nennbeträge der Geschäftsanteile, die der jeweilige Gründungsgesellschafter gegen Einlage auf das Stammkapital (Stammeinlage) übernimmt, enthalten.[3/4]

Auf den als Anlage beigefügten Gesellschaftsvertrag [5] wird verwiesen. Er wurde vom Notar verlesen und ist Bestandteil dieser Urkunde.

II.

Sodann treten wir, die Gründungsgesellschafter, zur ersten Gesellschafterversammlung der Gesellschaft mit beschränkter Haftung in Gründung zusammen und beschließen unter Verzicht auf die Einhaltung sämtlicher gesetzlicher und gesellschaftsvertraglicher Fristen und Förmlichkeiten für die Einberufung, Anberaumung und Durchführung einer Gesellschafterversammlung was folgt [6]:

1. Zum Geschäftsführer der Gesellschaft wird bestellt:

Herr/Frau ____________,
geboren am ____________,
wohnhaft in ____________.

Der Geschäftsführer Herr/Frau ____________ ist befugt, die Gesellschaft bei der Vornahme von Rechtsgeschäften mit sich selbst und als Vertreter Dritter uneingeschränkt zu vertreten (Befreiung von den Beschränkungen des § 181 BGB).

Der Geschäftsführer Herr/Frau ____________ ist stets einzelvertretungsberechtigt.

2. Zum weiteren Geschäftsführer der Gesellschaft wird bestellt:

Herr/Frau ____________,
geboren am ____________,
wohnhaft in ____________.

Der Geschäftsführer Herr/Frau ____________ ist befugt, die Gesellschaft bei der Vornahme von Rechtsgeschäften mit sich selbst und als Vertreter Dritter uneingeschränkt zu vertreten (Befreiung von den Beschränkungen des § 181 BGB).

Der Geschäftsführer Herr/Frau ____________ ist stets einzelvertretungsberechtigt.

3. Die beiden vorstehend bestellten Geschäftsführer werden ermächtigt, schon vor Eintragung der Gesellschaft im Handelsregister folgende Rechtsgeschäfte abzuschließen: ____________.[7]

III.

Der Notar wird mit der Durchführung dieser Urkunde beauftragt. Er ist berechtigt, alle Erklärungen abzugeben, die zum Vollzug dieser Urkunde erforderlich und zweckmäßig sind.

Wir bevollmächtigen hiermit[9]

a) Herrn/Frau ____________
b) Herrn/Frau ____________
c) Herrn/Frau ____________

sämtlich Notariatsangestellte des beurkundenden Notars, geschäftsansässig ____________,

und zwar einen jeden für sich allein, unter Befreiung von den Beschränkungen des § 181 BGB, alle zu dieser Urkunde etwa erforderlichen oder zweckmäßigen Änderungs- und Ergänzungserklärungen abzugeben und entgegen zu nehmen. Die Vollmacht wird unabhängig von der Wirksamkeit dieser Urkunde erteilt. Die Vollmacht erlischt mit der Eintragung der Gesellschaft im Handelsregister.

IV.

Hinweise

Der Notar hat die Erschienenen über den Gründungsvorgang und -ablauf informiert sowie die Bestimmungen des in der Anlage enthaltenen Gesellschaftsvertrages näher erläutert. Er hat in diesem Zusammenhang insbesondere auf Folgendes hingewiesen[8]**:**

- **Die Gesellschaft mit beschränkter Haftung entsteht als solche erst mit ihrer Eintragung in das Handelsregister. Diese setzt die Zahlung der Gerichtskosten für die Eintragung voraus.**
- **Mit dem wirksamen Abschluss des Gesellschaftsvertrages entsteht eine Vorgesellschaft, deren Rechtsnachfolgerin die Gesellschaft mit Eintragung im Handelsregister wird.**
- **Bei Geschäftsaufnahme vor der Eintragung im Handelsregister kann es für Verbindlichkeiten der Vorgesellschaft zu einer unbeschränkten persönlichen Haftung der Gründungsgesellschafter kommen. Auch die Geschäftsführer, die vor Eintragung der Gesellschaft handeln, können persönlich haften.**
- **Eine Vorgesellschaft wird durch Geschäfte, die die Geschäftsführung mit Ermächtigung der Gesellschafter im Namen der Vorgesellschaft abschließt, wirksam berechtigt und verpflichtet. Im Übrigen ist die Vertretungsmacht der Geschäftsführer vor Eintragung der Gesellschaft im Handelsregister auf gründungsnotwendige Geschäfte beschränkt.**
- **Die Gründungsgesellschafter haften gleichwohl auch nach Eintragung der Gesellschaft in das Handelsregister für die Verbindlichkeiten aus der mit ihrer Zustimmung vor Eintragung aufgenommenen Geschäftstätigkeit persönlich, und zwar in Höhe der gesamten Differenz zwischen dem im Gesellschaftsvertrag festgesetzten Stammkapital (abzüglich des im Gesellschaftsvertrag festgelegten Gründungsaufwands) und dem – ggf. auch negativen – Wert des Gesellschafts-**

vermögens im Zeitpunkt der Eintragung der Gesellschaft in das Handelsregister (Vorbelastungs- oder Unterbilanzhaftung).

- **Soweit es nicht zur Eintragung der Gesellschaft in das Handelsregister kommt, haften die Gründungsgesellschafter unbeschränkt persönlich in Höhe der gesamten nicht vom Gesellschaftsvermögen gedeckten Verluste aus der aufgenommenen Geschäftstätigkeit. Dieser Verlustdeckungsanspruch entsteht mit dem Scheitern der Eintragung, insbesondere im Falle der Rücknahme des Eintragungsantrags oder der Aufgabe des Geschäftsbetriebs.**
- **Die Anmeldung der Gesellschaft zur Eintragung in das Handelsregister kann erst erfolgen, nachdem die festgesetzten Einlagen auf sämtliche Geschäftsanteile nach Maßgabe der Bestimmungen im Gesellschaftsvertrag in voller Höhe durch Geldzahlung geleistet wurden.**
- **Die Einlagen auf sämtliche Geschäftsanteile müssen sich im Zeitpunkt des Eingangs der Registeranmeldung bei Gericht in der freien, uneingeschränkten Verfügung der Geschäftsführung befinden. Das Stammkapital darf – mit Ausnahme der von der Gesellschaft nach Maßgabe des Gesellschaftsvertrages übernommenen Gründungskosten – auch nicht durch die Eingehung von Verbindlichkeiten angetastet sein.**
- **Einlageleistungen auf die Geschäftsanteile, die vor der heutigen Beurkundung des Gesellschaftsvertrages vorgenommen wurden, haben keine Erfüllungswirkung und sind daher unbedingt zu vermeiden.**
- **Sollen Geldeinlagen zeitlich unmittelbar nach der Gründung an den Gesellschafter wieder ausbezahlt werden, muss dieser die Einlageleistung auf den Geschäftsanteil nur dann nicht noch einmal erbringen, wenn gegen ihn stattdessen ein vollwertiger und für die Gesellschaft jederzeit sofort fälliger Rückgewähranspruch vertraglich vereinbart wurde. Die entsprechende Vereinbarung zwischen dem Gesellschafter und der Gesellschaft ist in solchen Fällen in der Anmeldung der Gesellschaft zur Eintragung in das Handelsregister offen zu legen.**
- **Sacheinlagen sind nicht zulässig, da im Gesellschaftsvertrag Bareinlagen festgesetzt wurden. Werden im zeitlichen oder sachlichen Zusammenhang mit der Gründung Gegenstände im Eigentum eines Gesellschafters, einer ihm nahestehenden Person oder eines von ihm beherrschten Unternehmens an die Gesellschaft verkauft oder wird eine andere Gestaltung gewählt, durch die es bei wirtschaftlicher Betrachtung zu einem Rückfluss der Bareinlage an eine der vorgenannten Personen kommt (sog. verdeckte Sacheinlagen), ist der Gesellschafter weiterhin zur Erbringung seiner übernommenen Bareinlage verpflichtet. Der Wert des verdeckt eingebrachten Vermögensgegenstandes wird zwar auf die noch zu erbringende Bareinlageverpflichtung angerechnet, der Einbringende ist in Bezug auf die Werthaltigkeit jedoch beweispflichtig.**
- **Werden falsche Angaben bei der Errichtung der Gesellschaft gemacht oder wird die Gesellschaft durch Einlagen oder Gründungsaufwand vorsätzlich oder grob fahrlässig geschädigt oder lassen die Gesellschafter die Geschäfte durch »amtsunfähige Personen« führen, haften alle Gesellschafter u.a. auf Schadensersatz; falsche Angaben bei der Eintragung der Gesellschaft in das Handelsregister werden nach § 82 GmbHG mit Freiheitsstrafe bis zu 3 Jahren oder Geldstrafe bedroht.**
- **Die Zulässigkeit der von den Gesellschaftern gewählten Firma kann von dem Notar nicht abschließend beurteilt werden. Trotz Überprüfung durch die Indust-**

rie- und Handelskammer und das Registergericht sowie Eintragung im Handelsregister bleiben Rechte von Inhabern älterer identischer oder ähnlicher Firmen unberührt; diese können eventuell die Unterlassung des Gebrauchs der ihre Rechte verletzenden Firmenbezeichnung verlangen oder andere Ansprüche geltend machen.

- **Die Eintragung der Gesellschaft im Handelsregister lässt etwaige öffentlich-rechtliche Genehmigungserfordernisse in Bezug auf den Geschäftsbetrieb unberührt. Bei einem Verstoß drohen öffentlich-rechtliche Sanktionen. Der Notar hat insofern keine Beratung oder Betreuung übernommen.**
- **Eine steuerliche Beratung hat der Notar weder übernommen noch erteilt.**

Diese Niederschrift nebst Anlage (Gesellschaftsvertrag) wurde den Erschienenen von dem Notar vorgelesen, alles von den Erschienenen genehmigt und von ihnen und dem Notar wie folgt eigenhändig unterschrieben:

[Unterschriften der Gründer und des Notars]

Erläuterungen

1. Die Errichtung der GmbH bedarf der notariellen Beurkundung (§ 2 Abs. 1 GmbHG), und zwar unabhängig davon, ob mehrere Gesellschafter die Errichtung durch Vertrag vereinbaren oder ein Alleingesellschafter die Gesellschaft durch einseitige Willenserklärung errichtet. Gemäß § 2 Abs. 1 Satz 2 GmbHG muss der Vertrag bzw. die Errichtungserklärung von dem Gesellschafter/den Gesellschaftern unterzeichnet werden. Die notarielle Beurkundung, die die Willenserklärungen zum Gegenstand hat, muss sich nach den §§ 8 ff. BeurkG, d.h. den Vorschriften über die Beurkundung von Willenserklärungen vollziehen. Danach fertigt der Notar über den gesamten Errichtungsakt einschließlich Gesellschaftsvertrag eine notarielle Niederschrift an, die nach Verlesen (und Belehrung) durch den Notar von den Beteiligten bzw. deren Vertretern (dazu unten) zu genehmigen und dann eigenhändig zu unterzeichnen ist (vgl. §§ 9, 13 BeurkG). Der Gesellschaftsvertrag wird häufig auch als Satzung bezeichnet wird (vgl. die Überschrift zu § 53 GmbHG). Zu den Mindestinhalten des Gesellschaftsvertrages vgl. § 3 GmbHG und zu Mustern von Gesellschaftsverträgen die Muster A.V.18-24. 4

Beurkunden kann jeder deutsche Notar, und zwar unabhängig davon, ob der Sitz der GmbH zu seinem Amtsbereich (vgl. § 10a Abs. 2 BNotO) gehört. Deutsche Notare können Beurkundungen wirksam nur in Deutschland vornehmen. Beurkundungen deutscher Notare im Ausland sind unwirksam (vgl. dazu Scholz/*Cramer*, § 2 Rn. 14). Zulässig und wirksam ist hingegen die Beurkundung des Gesellschaftsvertrages im Ausland vor einem hierfür zuständigen deutschen Konsul (vgl. §§ 10, 19, 24 KonsularG v. 11.9.1974, BGBl. I 2317).

Die Frage, inwieweit notariell zu beurkundende Rechtsgeschäfte, die eine deutsche GmbH betreffen, von ausländischen Notaren oder anderen Urkundspersonen auch im Ausland beurkundet werden können, ist seit Jahrzehnten umstritten (vgl. dazu etwa ausführlich *Röhricht*, GroßKomm-AktG, § 23 Rn. 49 ff.; *Heckschen*, DB 1990, 161 ff.; Widmann/Mayer/*Heckschen*, Umwandlungsrecht, § 6 UmwG Rn. 56 ff.; *Goette*, DStR 1996, 709 ff.). Der Gesetzgeber sieht die notarielle Beurkundung für die Gründung der Gesellschaft, für Satzungsänderungen, Umwandlungen, den Abschluss von Unternehmensverträgen (teilweise) und Anteilsveräußerungen vor. Betrachtet man die rechtliche Ausgangslage, so schreiben insbesondere die §§ 2, 15, 53 GmbHG und das UmwG, aber auch das EGBGB, nicht ausdrücklich vor, ob die Beurkundung vor einem deutschen oder auch vor einem ausländischen Notar erfolgen kann.

Bei einer Vornahme eines Rechtsgeschäfts im Ausland ist die Frage nach der Formwirksamkeit aus Sicht des deutschen Rechts grundsätzlich aus Art. 11 Abs. 1 EGBGB heraus zu beantworten. Danach ist ein Rechtsgeschäft nicht nur dann formgültig, wenn es den Formerfordernissen des

Rechts genügt, das auf das seinen Gegenstand bildende Rechtsverhältnis anzuwenden ist (sog. Geschäftsstatut oder Wirkungsstatut, Art. 11 Abs. 1 Alt. 2 EGBGB), sondern auch dann, wenn es die Formerfordernisse des Rechts desjenigen Staates erfüllt, in dem es vorgenommen wird (sog. Ortsstatut, Art. 11 Abs. 1 Alt. 1 EGBGB). Zweck dieser Anknüpfung ist das Anliegen, die Formgültigkeit des Rechtsgeschäfts zu begünstigen (Staudinger/*Winkler*, Art. 11 Rom I-VO, Rn. 1). Wäre das Ortsstatut anwendbar, wäre die Frage zu beantworten, welche Form für eine GmbH-Gründung (oder vergleichbare Rechtsform), in dem ausländischen Staat, in dem sie vereinbart wird, vorgesehen ist. Wäre die Ortsform maßgeblich, könnte eine deutsche GmbH in einem Land, das für Gründungsvorgänge vergleichbarer Gesellschaftsformen die einfache Schriftform ausreichen lässt, in diesem Land einfach-schriftlich gegründet werden. Die ganz herrschende Auffassung geht indes davon aus, dass die Beachtung des Ortsstatuts im Sinne des Art. 11 Abs. 1 Alt. 1 EGBGB nicht ausreichend ist, um Strukturmaßnahmen, Strukturbeschlüsse sowie andere statusrelevante Maßnahmen wie die Gründung einer GmbH formwirksam vorzunehmen. Sie fordert für die Vornahme solcher Maßnahmen aus verschiedenen Gründen die Beachtung des sog. Geschäftsstatuts im Sinne des Art. 11 Abs. 1 Alt. 2 EGBGB, also der deutschen Formvorschriften (näher dazu mit umfangreichen Nachweise zu Literatur und Rechtsprechung etwa Scholz/*Casper*, § 2 Rn. 16; Ulmer/Habersack/*Löbbe*, § 2 Rn. 19; Lutter/Hommelhoff/*Bayer*, § 2 Rn. 27; grundlegend *Goette*, DStR 1996, 709, 713, *Heckschen*, DB 1990, 161 jeweils m.w.N.; jüngst ausführlich dazu AG Berlin-Charlottenburg v. 22.1.2016 – 99 AR 9466/15, ZIP 2016, 770 und KG v. 24.1.2018 -22 W 25/16, RNotZ 2018, 267).

Entscheidet man sich mit der ganz herrschenden Meinung dafür, dass für Strukturmaßnahmen, Strukturbeschlüsse und andere statusrelevante Maßnahmen (nur) das deutsche Geschäftsstatut maßgeblich ist, ist die Gründung einer GmbHG stets öffentlich zu beurkunden, da dies das deutsche Recht in § 2 GmbHG vorschreibt. Es stellt sich dann die Anschlussfrage, ob den Anforderungen der nach deutschem Recht vorgeschriebenen notariellen Beurkundung im Wege der Substitution durch eine Beurkundung im Ausland genügt werden kann. Nach der bislang wohl herrschenden Auffassung soll dies möglich sein, wenn die Beurkundung durch den im Ausland zugelassenen Notar der Beurkundung durch einen in Deutschland zugelassenen Notar gleichwertig ist (vgl. dazu etwa Lutter/Hommelhoff/*Bayer*, § 2 Rn. 27; Baumbach/Hueck/*Fastrich*, GmbHG, § 2 Rn. 9). Dieser Auffassung ist auch der BGH gefolgt. Der für das Gesellschaftsrecht zuständige 2. Senat des BGH verlangt insoweit, dass die ausländische Urkundsperson eine dem deutschen Notar vergleichbare Stellung im Rechtsleben hat und für die Errichtung der Urkunde ein Verfahrensrecht zu beachten hat, das funktional den tragenden Anforderungen des deutschen BeurkG entspricht (BGH v. 17.12.2013, II ZB 6/13, NZG 2014, 219, BGH v. 16.2.1981, II ZB 8/80, BGHZ 80,76). Folgt man dieser Auffassung ist in jedem Einzelfall festzustellen, inwieweit die Beurkundung im Ausland der deutschen Beurkundung gleichwertig ist (vgl. aus der Rechtsprechung jüngst KG v. 24.1.2018 -22 W 25/16, RNotZ 2018, 267, das erstmals die Frage der Anerkennung der Beurkundung einer GmbH-Gründung im Ausland zu entscheiden hatte, und zwar im konkreten Fall durch einen im Kanton Bern zugelassenen Notar; vgl. auch OLG Frankfurt, v. 25.01.2005-11 U 8/04 (Kart), NZG 2005, 820; LG Fürth v. 16.01.1990 – HR B 2177, GmbHR 1991, 24; LG Köln v. 13.10.1989, 87 T 20/89, GmbHR 1990, 171). Im Einzelfall ist bei der Prüfung derartiger Fälle mit Beurkundung durch eine ausländische Urkundsperson meist vieles unklar und mit zahlreichen Unwägbarkeiten behaftet, da ausländisches Berufs- und Verfahrensrecht des Notars und ggf. auch die konkrete Ausgestaltung des Beurkundungsverfahrens sowie die Möglichkeit eines Haftungsausschlusses durch den Notar zu prüfen ist (vgl. dazu etwa die ausführlichen Ausführungen zum Schweizer Bundes- und Kantonalrecht im vorgenannten Beschluss des KG v. 24.1.2018 -22 W 25/16, RNotZ 2018, 267; allgemein zu den zu prüfenden Fragen etwa Heckschen/Heidinger/*Heckschen*, Die GmbH in der Beratungs- und Gestaltungspraxis, Kapitel 2 Rn. 12 ff. mit zahlreichen weiteren Nachweisen). Mittlerweile mehren sich indes auch Stimmen in Rechtsprechung und Literatur, die vertreten, dass eine Gleichwertigkeit der Auslandsbeurkundung jedenfalls bei Strukturmaßnahmen, Strukturbeschlüssen sowie sonstigen Statusmaßnahmen, zu denen auch die Gründung der GmbH gehört, stets auszuschließen oder nur bei strikter Gleichwertigkeit anzuerkennen sei. Es spricht in der Tat vieles dafür, dass die Beurkundung von derartigen Maßnahmen, bei denen die Mitwirkung des Notars auch und gerade der sog. »materiellen Richtigkeitsgewähr« des zu beurkundenden Rechtsgeschäfts dient (hierzu überzeugend insbesondere *Goette*, DStR 1996, 709, 713; *Braun*, DNotZ 2009, 585, 592 ff. für § 15 Abs. 3 GmbHG), durch einen ausländischen Notar gänzlich unzulässig ist (vgl. hierzu etwa Scholz/*Casper*, § 2 Rn. 19 ff.; Lutter/Hommelhoff/*Bayer*, § 2 Rn. 30, jeweils mit umfangreichen Nachweisen; in diesem Sinne auch jüngst Hermanns, RNotZ 2018, 271, 272 f. in seiner Anmerkung zum genannten Beschluss des KG v. 24.1.2018 -22 W 25/16, RNotZ 2018, 267).

2. Kennt der Notar den Beteiligten nicht von Person, muss der Notar sich höchstpersönlich einen amtlichen Ausweis mit Lichtbild und Unterschrift (z.B. Personalausweis, Reisepass) vorlegen lassen. Nicht von einer Behörde ausgestellte Ausweise und Dokumente (z.B. Mitgliedsausweise, Kundenkarten von Banken, Kreditkarten) eignen sich selbst dann nicht als Identifizierungsmittel, wenn sie mit Lichtbild und/oder Unterschrift versehen sind (vgl. § 10 Abs. 1 BeurkG, § 26 Abs. 2 DONot). Zu beachten sind für Notare neben den berufsrechtlichen Vorschriften nunmehr auch §§ 2 Abs. 1 Nr. 10, 10 Abs. 1 Nr. 1, 11, 12 GWG, die den Notar im Zusammenhang mit der Beurkundung von Gesellschaftsgründungen weitergehend verpflichten. Gemäß § 12 Abs. 1 Nr. 1 GWG hat die vom Notar durchzuführende Identitätsüberprüfung in den Fällen des § 10 Abs. 1 Nr. 1 GWG bei natürlichen Personen zu erfolgen anhand eines gültigen amtlichen Ausweises, der ein Lichtbild des Inhabers enthält und mit dem die Pass- und Ausweispflicht im Inland erfüllt wird, insbesondere anhand eines inländischen oder nach ausländerrechtlichen Bestimmungen anerkannten oder zugelassenen Passes, Personalausweises oder Pass- oder Ausweisersatzes. 5

3. Sämtliche Gründer haben das Gründungsprotokoll zu unterzeichnen (§ 2 Abs. 1 Satz 2 GmbHG). Die Gründer haben alle Geschäftsanteile zu übernehmen. Die Zahl und die Höhe der Nennbeträge der Geschäftsanteile, die jeder Gesellschafter gegen Einlage auf das Stammkapital (Stammeinlage) übernimmt, gehören (ebenso wie die Person des Gesellschafters) materiell zur Gründervereinbarung, nicht zum eigentlichen Gesellschaftsvertrag. Dennoch müssen diese Festlegungen bezüglich Zahl und Höhe der Nennbeträge der Geschäftsanteile, die jeder Gesellschafter gegen Einlage auf das Stammkapital (Stammeinlage) übernimmt, nach Ansicht der obergerichtlichen Rechtsprechung (OLG Hamm v. 14.1.1986 – 15 W 310/84, GmbHR 1986, 311 f.; OLG Stuttgart v. 29.11.1978 – 8 W 225/78, DNotZ 1979, 359 f.; OLG Frankfurt v. 4.3.1981 – 20 W 370/80, GmbHR 1981, 24, 25) kraft der besonderen Anweisungen des Gesetzes in § 3 Abs. 1 Nr. 4 GmbHG auch bei der Gründung im Gesellschaftsvertrag enthalten sein; es genügt nach dieser Rechtsprechung also nicht, wenn die betreffenden Angaben zwar in der Gründungsvereinbarung (im hier vorgesehenen Muster also im Mantel der Urkunde), nicht aber in dem als Anlage beigefügten Gesellschaftsvertrag selbst enthalten sind (ebenso MünchKomm/*Wicke*, § 3 Rn. 6, 55; Lutter/Hommelhoff/*Bayer*, § 3 Rn. 17). Diese Rechtsprechung wird in der Literatur zu Recht kritisiert (vgl. etwa Scholz/*Cziupka*, § 3 Rn. 52). In der Praxis sollte im Lichte der bestehenden obergerichtlichen Rechtsprechung zum Zwecke der Vermeidung von Beanstandungen des Registergerichts jedoch stets die Zahl und die Höhe der Nennbeträge der Geschäftsanteile, die jeder Gesellschafter gegen Einlage auf das Stammkapital (Stammeinlage) übernimmt, in den Gesellschaftsvertrag selbst aufgenommen werden (so die zutreffende Handlungsempfehlung etwa bei Scholz/*Cziupka*, § 3 Rn. 52, der selbst die Gegenauffassung vertritt). 6

Ein Beitritt zu der Gesellschaft unter einer rechtsgeschäftlichen Bedingung oder Befristung ist unzulässig und führt zur Nichtigkeit der Gründung, etwas anderes gilt für gesetzliche Bedingungen (z.B. familiengerichtliche Genehmigung der Erklärungen eines minderjährigen Gründers). 7

Die GmbH kann durch eine oder mehrere Personen gegründet werden. Das Gesetz kennt keine Höchstzahl (Lutter/Hommelhoff/*Bayer* § 2 Rn. 2). Gesellschafter kann jede natürliche oder juristische Person sein sowie jede Personenhandelsgesellschaft und auch die Gesellschaft bürgerlichen Rechts (näher dazu Lutter/Hommelhoff/*Bayer*, § 2 Rn. 10 ff.) Auch die Beteiligung eines Treuhänders eines Dritten ist zulässig (Lutter/Hommelhoff/*Bayer* § 2 Rn. 2, 15). 8

9 Auch Minderjährige können Gesellschafter einer GmbH werden. Minderjährige werden durch ihren gesetzlichen Vertreter vertreten (vgl. §§ 1626 Abs. 1, 1629 Abs. 1 BGB) oder geben mit dessen Zustimmung eine eigene Erklärung ab (§ 108 Abs. 1 BGB). Ohne diese Zustimmung ist eine Erklärung des Minderjährigen stets (schwebend) unwirksam, da aufgrund des Risikos einer Verlustdeckungs- bzw. Vorbelastungshaftung sowie des Ausfallhaftungsrisikos gemäß §§ 24, 31 Abs. 3 GmbHG eine Beteiligung auch dann, wenn die Einlage geschenkt oder drittfinanziert wird, nach ganz herrschender Meinung nicht lediglich rechtlich vorteilhaft im Sinne von § 108 Abs. 1 BGB ist ((Lutter/Hommelhoff/*Bayer* § 2 Rn. 5 m. w. N.). Ist der gesetzliche Vertreter selbst als Gesellschafter ebenfalls an der Gründung der Gesellschaft beteiligt, so ist wegen des dann vorliegenden Insichgeschäfts stets die Bestellung eines Ergänzungspflegers (§ 1909 BGB) durch das zuständige Familiengericht erforderlich, der dann anstelle der Eltern den Minderjährigen vertritt (vgl. §§ 1629 Abs. 2, 1795 Abs. 2, 181 BGB). Für mehrere vertretene Kinder ist jeweils ein eigener Pfleger zu bestellen (BGHZ 21, 229, 234). Die GmbH wird regelmäßig ein Erwerbsgeschäft betreiben, so dass zudem die Genehmigung des Familiengerichts nach §§ 1643 Abs. 1, 1822 Nr. 3 BGB erforderlich sein wird (Lutter/Hommelhoff/*Bayer* § 2 Rn. 5). Umfassend zu den Rechtsfragen im Zusammenhang mit der Beteiligung Minderjähriger an einer GmbH *Bürger*, RNotZ 2006, 156 ff.

10 Unter Betreuung gestellte Personen (§ 1896 BGB) können Gesellschafter sein. Die im Zusammenhang mit der Gründung der Gesellschaft abgegebenen Erklärungen des Betreuten bedürfen der vorherigen Einwilligung des Betreuers nur dann, wenn ein Einwilligungsvorbehalt angeordnet wurde und die im Zusammenhang mit der Gründung der Gesellschaft abgegebenen Willenserklärungen des Betreuten den Aufgabenkreis des Betreuers betreffen (§§ 1903, 1908i BGB). Ist der Betreuer selbst an der Gründung beteiligt und daher nach § 181 BGB an der Vertretung des Betreuten gehindert, muss ein Ergänzungsbetreuer bestellt werden (Lutter/Hommelhoff/*Bayer* § 2 Rn. 8; *Wilde*, GmbHR 2010, 123). Ein Gegenbetreuer ist erforderlich (§§ 1908i, 1792 BGB), wenn die Vermögensverwaltung umfangreich und risikobehaftet ist (Lutter/Hommelhoff/*Bayer* § 2 Rn. 8; *Wilde*, GmbHR 2010, 123). Der Betreuer wird zur Abgabe der Einwilligung regelmäßig der Genehmigung des für ihn zuständigen Betreuungsgerichts bedürfen (§§ 1822 Nr. 3, 1908i BGB).

11 Die Gründung einer Einpersonen-Gesellschaft ohne Zustimmung des gesetzlichen Vertreters oder gesetzlich erforderlichen Betreuers oder ohne erforderliche gerichtliche Mitwirkung ist unheilbar nichtig (§§ 111, 1831, 1903 Abs. 1 BGB), bei der Mehrpersonen-Gesellschaft ist die Willenserklärung des Minderjährigen oder Betreuten schwebend unwirksam (§§ 108, 1829, 1903 BGB) (Lutter/Hommelhoff/*Bayer* § 2 Rn. 7, 9).

12 Auch ausländische natürliche oder juristische Personen können Gesellschafter sein. Bei ihnen bestimmt sich der Umfang ihrer Rechtsfähigkeit nach ihrem Gesellschaftsstatut, d.h. dem betreffenden ausländischen Recht (Lutter/Hommelhoff/*Bayer* § 2 Rn. 13). Bei Tätigkeit der ausländischen Gesellschaft im Inland stellt sich allerdings unter Umständen das international-privatrechtliche Problem der Anerkennung der ausländischen Gesellschaft (ausführlich dazu etwa Lutter/Hommelhoff/*Bayer* § 4a Rn. 10 ff.).

13 Nimmt eine ausländische Gesellschaft an in das Handelsregister einzutragenden Vorgängen teil, sind Existenz der Gesellschaft und Vertretungsmacht der für sie Handelnden nach dem für die Gesellschaft maßgeblichen Recht in öffentlich beglaubigter Form nachzuweisen. In diesem Zusammenhang ist immer direkt zu prüfen, ob die ausländische öffentliche Urkunde (etwa notariell beglaubigte Vollmacht, notarielle Vertretungsbescheinigung, ausländischer Handelsregisterauszug oder sonstige Bescheinigung) in Deutschland ohne Weiteres anerkannt wird. Mit mehreren europäischen Staaten bestehen derzeit bilaterale Abkommen, aufgrund derer jedenfalls bestimmte öffentliche Urkunden von jedem Echtheitsnachweis befreit sind, so notarielle Urkunden im Verhältnis zu Belgien, Dänemark, Frankreich, Italien und Österreich. Eine Apostille genügt im Verhältnis der Vertragsstaaten des Haager Übereinkommens zur Befreiung ausländischer öffentlicher Urkunden von der Legalisation vom 5. Oktober 1961 (BGBl. 1965 II, S. 87). Dazu gehören insbesondere alle EU-Staaten. Im Verhältnis zu den übrigen Staaten genügt jedenfalls eine Legalisation (§ 438

Abs. 2 ZPO; § 2 Gesetz betreffend die Beglaubigung öffentlicher Urkunden vom 1.5.1878, RGBl. 1878, S. 89 = BGBl. III, S. 318–1). Für ausländische Urkunden erfolgt die Legalisation durch die deutsche Botschaft im jeweiligen Staat. In einigen Staaten nehmen die deutschen Auslandsvertretungen allerdings keine Legalisation vor, insbesondere wenn es dort zu viele Urkundsfälschungen gibt. Dann ist ggf. für die Anerkennung der ausländischen Urkunde in Deutschland eine Einzelfallprüfung durch die deutsche Botschaft auf Bitte des Gerichts, der Behörde oder des Notars aus Deutschland durchzuführen. Vgl. hierzu die stets aktualisierte Länderübersicht auf der Homepage des Deutschen Notarinstituts, abrufbar unter http://www.dnoti.de/arbeitshilfen-kopie/ipr-und-ausl--ndisches-recht

Da die Anforderungen, die an die Nachweise in Bezug auf die Existenz der ausländischen Gesellschaft und die Vertretungsmacht der für sie Handelnden inhaltlich gestellt werden, regional unterschiedlich sein können, kann eine Abstimmung mit dem zuständigen Registerrichter empfehlenswert sein. Kennt das betreffende Land ein dem inländischen Handelsregister vergleichbares Verzeichnis mit den entsprechenden Angaben zur Vertretungsmacht oder den notariellen Bescheinigungen nach § 21 BNotO vergleichbare Bescheinigungen, ist der Nachweis in der Regel relativ einfach zu führen. In allen anderen Fällen sollte auch dem deutschen Notar und Registergericht als Nachweis ausreichen, was das betreffende Land in vergleichbaren Fällen dort ausreichen lässt. Mehr kann nämlich in der Regel auch nicht geliefert werden. Vgl. hierzu etwa die Länderübersicht zu ausländischen Gesellschaften und deren Vertretung sowie die landesüblichen Vertretungsnachweise bei Würzburger Notarhandbuch/*Heggen*, Teil 7 Kapitel 6, Abschnitt E mit zahlreichen weiteren Nachweisen.

Da Gerichtssprache deutsch ist (§ 16 GVG), kann das Registergericht die Übersetzung der in ausländischer Sprache vorgelegten Dokumente in die deutsche Sprache durch einen vereidigten Dolmetscher verlangen. Mit dem Registergericht kann ggf. vorab geklärt werden, ob auf eine Übersetzung ausnahmsweise verzichtet wird. Dies ist bei englischsprachigen Dokumenten häufig der Fall.

4. Gleichzeitige Anwesenheit der Gründungsgesellschafter bei der Gründung ist nicht erforderlich. Eine Stellvertretung beim Gründungsakt ist zulässig. Die Vollmacht bedarf allerdings –in Abweichung von der allgemeinen Regel in § 167 Abs. 2 BGB- gemäß § 2 Abs. 2 GmbHG der notariellen Beurkundung (§ 128 BGB, §§ 8 ff. BeurkG) oder notariellen Beglaubigung (§ 129 BGB, §§ 39, 40 BeurkG) (dazu Muster A.I.6). Dem Notar ist die beglaubigte Vollmacht in Urschrift und die notariell beurkundete Vollmacht in Ausfertigung vorzulegen. Der Notar bescheinigt, dass das Original der Vollmacht bzw. die Ausfertigung vorgelegen haben und fügt dem Protokoll eine beglaubigte Abschrift bei (§ 12 BeurkG). Nicht erforderlich ist eine Sondervollmacht, die sich auf die Errichtung der Gesellschaft beschränkt (Baumbach/Hueck/*Hueck/Fastrich* § 2 Rn. 21). Es kommt nur darauf an, dass die Vollmacht das Errichtungsgeschäft umfasst. Generalvollmacht und Prokura (§ 49 Abs. 1 HGB) reichen aus (näher *Körber/Effer-Uhr*, DNotZ 2009, 93). 14

Nicht erforderlich ist, dass die notariell beurkundete bzw. beglaubigte Vollmacht im Beurkundungstermin in Ausfertigung bzw. Urschrift vorliegt. Sie kann dem Notar nachgereicht werden und nachträglich in beglaubigter Abschrift zur Urkunde genommen werden, jedoch nur unter der Voraussetzung, dass sie zum Beurkundungszeitpunkt bereits formgerecht existiert hat (Scholz/*Cramer*, § 2 Rn. 31). Dies ermöglicht eine Beurkundung ab formgerechter Vollmachtserteilung. In solch einem Fall sollte dem Notare aber für den Beurkundungstermin immer zumindest eine Kopie als Scan oder Telefax übermittelt werden.

Zuständig für die Beurkundung oder Beglaubigung der Vollmacht sind grundsätzlich die Notare im Inland. Auch eine öffentliche Urkunde einer öffentlichen Behörde ist ausreichend, wenn in ihr die Vollmacht enthalten ist. Im Ausland kann eine öffentliche Beglaubigung oder Beurkundung durch deutsche Konsularbeamte oder durch im Ausland zugelassene Notare oder ggf. andere entsprechend zuständige Stellen erfolgen. Dies steht nicht im Widerspruch zu der hier vertretenen Auffassung hinsichtlich der Beurkundung der Gesellschaftsgründung durch ausländische Notare (vgl. dazu oben Rdn. 6), weil sich der Zweck des Formerfordernisses in § 2 Abs. 2 GmbHG von demjenigen in § 2 Abs. 1 GmbHG unterscheidet und nach wohl allgemeiner Auffassung allein in der Feststellung der Identität des Vollmachtgebers liegt (Scholz/*Casper*, § 2 Rn. 32). Die von einem ausländischen Notar beglaubigte oder beurkundete Vollmacht bedarf grds. eines Echtheitsnachweises, um als öffentliche Urkunde in Deutschland anerkannt zu werden. Insoweit wird auf die Ausführungen unter Rdn. 13 verwiesen. Die ausländischen Dokumente sind wiederum ggf. in die deutsche Sprache zu übersetzen, da Gerichtssprache deutsch ist. Eine Legalisation oder Apostille müssen ebensowenig wie eine Übersetzung der Vollmacht zum Zeitpunkt der Beurkundung vorliegen (Scholz/*Casper*, § 2 Rn. 32), sie werden aber für die Anmeldung der Neugründung der Gesellschaft zum Handelsregister benötigt und sind vom Notar der Urkunde nach Vorliegen der Originaldokumente in beglaubigter Abschrift, Ausfertigung oder Urschrift beizufügen.

Die notarielle Form der Vollmachtserteilung stellt nach herrschender Meinung eine Wirksamkeitsvoraussetzung dar, mit der Folge, dass derjenige, der ohne formgerechte Vollmacht auftritt, als Vertreter ohne Vertretungsmacht handelt und die von ihm abgegebenen Willenserklärungen schwebend unwirksam (im Fall einer Mehrpersonengesellschaft) bzw. unheilbar nichtig (im Fall einer Einpersonengesellschaft) sind. Letzteres ist für die Einpersonengesellschaft zumindest der Standpunkt der herrschenden Meinung. Sie geht davon aus, dass bei der Einpersonengesellschaft § 180 Satz 1 BGB die Gründung durch einen vollmachtlosen Vertreter verbietet. § 180 Satz 2 BGB komme nicht zur Anwendung, es komme also keine (rückwirkende) Genehmigung, sondern (wiederum formbedürftige) Neuvornahme in Betracht (Lutter/Hommelhoff/Bayer, § 2 Rn. 34 m.w.N.; anderer Ansicht etwa Scholz/*Casper*, § 2 Rn. 37, wonach auch im Fall der Errichtung einer Einpersonengesellschaft durch einen Vertreter ohne Vertretungsmacht die Errichtungserklärung vom Vertretenen genehmigt werden kann). Für die Praxis sollte jedenfalls vorsorglich davon ausgegangen werden, dass die Errichtung einer Einpersonen-Gesellschaft durch einen vollmachtlosen Vertreter oder nicht ordnungsgemäß Bevollmächtigten gemäß § 180 Satz 1 BGB nichtig ist. Sie wäre allenfalls dadurch heilbar, dass man in einer notariell beurkundeten (nicht nur beglaubigten) Genehmigungserklärung des Vertretenen eine Neuvornahme des Rechtsgeschäfts sieht, wobei dann jedoch gemäß § 13a BeurkG auf die Niederschrift des Erklärung des vollmachtlosen Vertreters förmlich verweisen werden muss, um den gesamten Inhalt der Gründungsurkunde und des Gesellschaftsvertrages zum Bestandteil der Erklärung des Vertretenen werden zu lassen (zum Problem siehe etwa Rowedder/Schmidt-Leithoff/*Schmidt-Leithoff*, § 2 Rn. 56).

Fehlt eine Vollmacht völlig oder genügt sie zum Zeitpunkt der Beurkundung der GmbH-Gründung nicht der Form des § 2 Abs. 2 GmbHG, handelt der Vertreter wie beschrieben zumindest bei der Mehrpersonengesellschaft als Vertreter ohne Vertretungsmacht (§ 177 BGB). Die von dem Vertreter abgegebene Erklärung und damit auch der Gesellschaftsvertrag sind schwebend unwirksam. Der Vertretene kann die Erklärungen des Vertreters ohne Vertretungsmacht gemäß § 177 Abs. 1 BGB bis zur Eintragung der Gesellschaft in das Handelsregister genehmigen. Die nachträgliche Genehmigung der Erklärung eines vollmachtlosen Vertreters oder nicht ordnungsgemäß Bevollmächtigten ist wie die Vollmacht nach herrschender Meinung formbedürftig. Für die Genehmigung gilt § 2 Abs. 2 GmbHG, weil angesichts des Formzwecks die allgemeine Regelung in § 182 Abs. 2 BGB ebenso zurücktritt wie die für Vollmacht geltende allgemeine Regelung in § 167 Abs. 2 BGB (vgl. etwa Scholz/*Cramer*, § 2 Rn. 37 m.w.N.).

15 **5.** Der Gesellschaftsvertrag kann entweder direkt in das Gründungsprotokoll aufgenommen oder diesem als vom Notar mitverlesene Anlage (§ 9 Abs. 1 Satz 2 BeurkG) beigefügt werden. Im Hinblick auf die gewünschte sichere Abgrenzung gesellschaftsvertraglicher, für und gegen jeden, auch beitretenden Gesellschafter wirkender Abreden von bloß schuldrechtlichen Begleitabreden der Gründungsgesellschafter ohne Fernwirkung ist es empfehlenswert und in der notariellen Praxis weitgehend üblich, den Gesellschaftsvertrag als Anlage zur Gründungsurkunde zu nehmen (so auch *Mayer/Weiler*, Beck'sches Notarhandbuch, D I Rn. 11; Scholz/*Cramer*, § 2 Rn. 22).

16 **6.** Im Gründungsprotokoll werden üblicherweise der oder die Geschäftsführer bestellt. Die Bestellung der Geschäftsführer kann aber auch durch einen gesonderten privatschriftlichen Beschluss der Gesell-

schafter erfolgen. Sofern nicht einem Gesellschafter ausnahmsweise ein Sonderrecht auf Geschäftsführung eingeräumt werden soll, ist davon abzuraten, die Geschäftsführer im Gesellschaftsvertrag selbst zu bestellen, da in diesem Fall für die Abberufung u.U. eine Satzungsänderung erforderlich wäre.

Die Gesellschaft muss einen oder mehrere Geschäftsführer haben; Geschäftsführer kann nur eine natürliche, unbeschränkt geschäftsfähige Person sein (§ 6 Abs. 1, Abs. 2 S. 1 GmbHG), bei der nicht einer der Ausschlusstatbestände des § 6 Abs. 2 Satz 2 und 3 GmbHG einschlägig ist.

Auch ein Ausländer kann als Geschäftsführer bestellt werden. Das Gesetz stellt keine Anforderungen an Staatsangehörigkeit, Wohnsitz oder gewöhnlichen Aufenthaltsort. Auch muss ein Geschäftsführer nicht über deutsche Sprachkenntnisse verfügen. Im Grundsatz spricht nichts dagegen, die Geschäfte der Gesellschaft durch einen ausländischen Geschäftsführer vom Ausland aus führen zu lassen. Das ist mittlerweile unstreitig (vgl. Lutter/Hommelhoff/*Kleindiek* § 6 Rn. 14 f. m.w.N.). Indes muss der ausländische Geschäftsführer tatsächlich und jederzeit in der Lage sein, seine gesetzlichen Mindestpflichten (§§ 41, 43 Abs. 3, 15a Abs. 1 InsO), unter ihnen insbesondere die Buchführungspflicht, zu erfüllen (BGH, NJW 1981, 2125, 2126). In Bezug auf EU-Ausländer ist dies unproblematisch (Lutter/Hommelhoff/*Kleindiek* § 6 Rn. 14). Entsprechendes gilt für Angehörige aus jenen Nicht-EU-Staaten, die nach Anhang II der EU-Visum-Verordnung (»Positivliste«) für Aufenthalte bis zu drei Monaten keinen Aufenthaltstitel benötigen (Lutter/Hommelhoff/*Kleindiek* § 6 Rn. 14 m.w.N.; *Bohlscheid*, RNotZ 2005, 505, 508; OLG Frankfurt, NZG 2001, 757). Ein Teil der registergerichtlichen Praxis will die Geschäftsführerbestellung sonstiger ausländischer Staatsangehöriger im Übrigen von der jederzeitigen Möglichkeit zur Einreise nach Deutschland abhängig machen und die (in der Konzeption des Gesetzes freilich nur deklaratorisch wirkende) Handelsregistereintragung an die Vorlage einer entsprechenden Aufenthalts- bzw. Einreiseerlaubnis knüpfen (etwa OLG Celle, ZIP 2007, 1157; OLG Hamm, GmbHR 1999, 1089; OLG Köln, GmbHR 2001, 923, 925). Die mittlerweile wohl herrschende Auffassung in der Literatur und Rechtsprechung folgt diesem Standpunkt nicht mehr (vgl. dazu Lutter/Hommelhoff/*Kleindiek* § 6 Rn. 14 f. m.w.N.). Auch verschiedene Oberlandesgerichte haben zwischenzeitlich entschieden, dass es für den GmbH Geschäftsführer nicht mehr darauf ankommen soll, dass er die Möglichkeit zur ständigen Einreise nach Deutschland hat (OLG Düsseldorf NZG 2009, 678; OLG München NZG 2010, 157; OLG Düsseldorf, ZIP 2009, 1074; OLG Dresden, GmbHR 2003, 537, 538; OLG Zweibrücken, GmbHR 2010, 1260). Als Begründung werden vor allem die modernen Kommunikationsmöglichkeiten sowie der Umstand angeführt, dass nach der Neufassung des GmbH-Gesetzes durch das MoMiG und der damit verbundenen Streichung des § 4a Abs. 2 GmbHG Unternehmen ihren Verwaltungssitz an jedem beliebigen Ort der Welt errichten können. Dementsprechend sei davon auch die vollständige Durchführung der Geschäfte im oder aus dem Ausland erfasst. Eine vollständig einheitliche Praxis der Registergerichte scheint jedoch leider nach wie vor nicht gegeben zu sein.

7. Die Geschäftsführungsbefugnis (Innenverhältnis) der Geschäftsführer der Vor-GmbH ist 17
grundsätzlich noch beschränkt. Die Geschäftsführer haben das Gründungsstadium durch Eintragung zu beenden und alle Maßnahmen zu ergreifen, die erforderlich sind, um die Einlagen auf die Geschäftsanteile einzufordern und diese zu verwalten. Eine Aufnahme werbender unternehmerischer Tätigkeit ist den Geschäftsführern etwa dann erlaubt, wenn eine Sachgründung mit Unternehmenseinbringung vorliegt oder wenn alle Gründer der Aufnahmen der werbenden Tätigkeit zustimmen (Scholz/*Karsten Schmidt*, § 11 Rn. 59). Die Geschäftsführer können auch bereits im Außenverhältnis in Vertretung der Gesellschaft handeln, weil diese schon Partei von Rechtsgeschäften sein kann (Scholz/*Karsten Schmidt*, § 11 Rn. 60). Umstritten ist hingegen, ob die Vertretungsmacht der Geschäftsführer im Außenverhältnis bereits unbeschränkt im Sinne von §§ 35, 37 GmbH ist (so etwa Scholz/*Karsten Schmidt*, § 11 Rn. 72 f. m.w.N.). Die bisher noch herrschende Meinung und der BGH gehen jedoch davon aus, dass die Vertretungsmacht der Geschäftsführer der Vor-GmbH beschränkt ist (BGH v. 9.3.1981 – II ZR 54/80; BGHZ 80, 129, 129; BGH v. 16.3.1981 – II ZR 59/80, BGHZ 80, 182, 183 Lutter/Hommelhoff/*Bayer*, § 11 Rn. 14 m.w.N.). Nach Ansicht des BGH ist vor Eintragung der Gesellschaft im Handelsregister

die Vertretungsmacht der Geschäftsführer durch den Gründungszweck auf gründungsnotwendige Geschäfte beschränkt. Bei Sachgründungen soll sich diese Vertretungsbefugnis zwar weitgehend mit der nach §§ 35 ff. GmbHG decken, aber bei Bargründungen beschränkt sie sich nach Auffassung des BGH im Allgemeinen auf Rechtshandlungen, die für die Eintragung der Gesellschaft unerlässlich sind. Die Vertretungsmacht kann allerdings durch eine von den Gründungsgesellschaftern einstimmig erteilte Ermächtigung erweitert werden (vgl. BGH v. 9.3.1981 – II ZR 54/80; BGHZ 80, 129, 129; Lutter/Hommelhoff/*Bayer*, § 11 Rn. 14 m.w.N.). Eine solche Ermächtigung sieht das Muster für relevante Fälle vor.

Liegt eine entsprechende Ermächtigung aller Gesellschafter vor, wird eine Vorgesellschaft durch Geschäfte, die die Geschäftsführung mit Ermächtigung der Gesellschafter im Namen der Vorgesellschaft abschließt, wirksam berechtigt und verpflichtet. Die im Muster vorgesehene Ermächtigung ist indes in mehrfacher Hinsicht nicht unproblematisch. Bei Handeln vor Eintragung der Gesellschaft im Handelsregister droht den Gesellschaftern unter Umständen die von der Rechtsprechung entwickelte sog. Vorbelastungs- oder Unterbilanzhaftung (vgl. dazu etwa die Darstellung bei Heckschen/Heidinger/*Heidinger*, Kapital 3, Rn. 31 ff.). Danach haften die Gründungsgesellschafter auch nach Eintragung der Gesellschaft in das Handelsregister anteilig für die Verbindlichkeiten aus der mit ihrer Zustimmung vor Eintragung aufgenommenen Geschäftstätigkeit persönlich, und zwar in Höhe der gesamten Differenz zwischen dem (im Gesellschaftsvertrag festgesetzten Stammkapital (abzüglich des im Gesellschaftsvertrag festgelegten Gründungsaufwands) und dem – ggf. auch negativen – Wert des Gesellschaftsvermögens im Zeitpunkt der Eintragung der Gesellschaft in das Handelsregister (Vorbelastungs- oder Unterbilanzhaftung). Ferner bestehen beim Rechtserwerb, etwa von Grundbesitz, zahlreiche weitere Probleme, etwa im Hinblick auf den Nachweis der Vertretungsmacht gegenüber dem Grundbuchamt oder im Fall der Rückabwicklung des Vertrages bei dauerhaftem Scheitern der Eintragung der Gesellschaft (vgl. zum Grundstückserwerb durch die Vor-GmbH etwa die Darstellung bei Heckschen/Heidinger/*Heidinger*, Kapitel 3, Rn. 11 ff.)

8. Gemäß § 17 Abs. 1 BeurkG hat der Notar die Beteiligten über die rechtliche Tragweite des Geschäfts zu belehren. Diese Belehrungen werden üblicherweise im Gründungsprotokoll dokumentiert. Der vorsichtige Notar wird gerade bei rechtlich unerfahrenen Beteiligten vor dem Hintergrund der Haftungsrechtsprechung der Gerichte umfangreiche Belehrungen und Hinweise dokumentieren um sich vor eigener Haftung zu schützen.

18 **9.** In der Regel enthält das Gründungsprotokoll eine Vollzugs- und Änderungsvollmacht für die Notariatsangestellten des beurkundenden Notars. Diese Vollmacht dient dem Zweck im Falle von Beanstandungen der Gründung durch das Handelsregister Änderungen oder Ergänzungen des Protokolls oder des Gesellschaftsvertrages beurkunden zu können, ohne dass sämtliche Gesellschafter/Gründer persönlich bei der erneuten Beurkundung anwesend sein müssen.

2. Handelsregisteranmeldung einer Bargründung

Vorbemerkung

19 Die GmbH ist bei dem Amtsgericht, in dessen Bezirk sie ihren gesellschaftsvertraglichen Sitz haben soll, zur Eintragung in das Handelsregister anzumelden (§ 7 Abs. 1 GmbHG). Die Anmeldung ist Voraussetzung für die Eintragung und damit für die Entstehung der GmbH (§ 11 GmbHG). Die Anmeldung zur Eintragung in das Handelsregister ist von sämtlichen Geschäftsführern zu unterzeichnen (§ 78 GmbHG). Rechtsgeschäftliche Stellvertretung ist wegen der höchstpersönlich abzugebenden Versicherungen der Geschäftsführer gemäß §§ 8 Abs. 2 und 3 GmbHG und der damit verbundenen strafrechtlichen Verantwortlichkeit (§ 82 Abs. 1 GmbHG) unzulässig. Die Unterschriften der Geschäftsführer sind öffentlich zu beglaubigen. Die Anmeldung ist sodann elektronisch in öffentlich beglaubigter Form dem Registergericht einzureichen (§ 12 Abs. 1 HGB).

Muster

PER EGVP (Elektronisches Gerichts- und Verwaltungspostfach) 20

An das

Amtsgericht __________

– Handelsregister –

__________ [1]

HRB neu

Neueintragung der Firma __________ GmbH

I.

Errichtung einer Gesellschaft mit beschränkter Haftung

Wir, die unterzeichneten Geschäftsführer [2], überreichen hiermit [3]:

1. eine elektronisch beglaubigte Abschrift der Gründungsurkunde vom heutigen Tage (UR.-Nr. __________ des Notars __________ in __________), die unter anderem den Gesellschaftsvertrag und den Gesellschafterbeschluss über die Bestellung der Geschäftsführer enthält,

2. elektronische Abschrift der Liste der Gesellschafter,

und melden hierdurch die Gesellschaft, deren nachstehende Geschäftsanschrift und unsere Bestellung zu Geschäftsführern zur Eintragung in das Handelsregister an.

II.

Abstrakte Vertretungsregelung [4]

Die abstrakte, im Gesellschaftsvertrag enthaltene Vertretungsregelung lautet wie folgt:

Die Gesellschaft hat einen oder mehrere Geschäftsführer. Hat die Gesellschaft nur einen Geschäftsführer, so ist dieser alleinvertretungsberechtigt. Bei mehreren Geschäftsführern sind je zwei von ihnen oder ein Geschäftsführer gemeinsam mit einem Prokuristen zur Vertretung der Gesellschaft berechtigt. Die Gesellschafter können jedoch durch Beschluss jedem Geschäftsführer Einzelvertretungsbefugnis verleihen.

Geschäftsführer können durch Gesellschafterbeschluss von den Beschränkungen des § 181 BGB befreit werden.

Die vorstehenden Absätze gelten entsprechend für jeden Liquidator.

III.

Geschäftsführer und konkrete Vertretungsbefugnis der Geschäftsführer [4]

1. Zum Geschäftsführer der Gesellschaft wurde bestellt:

Herr/Frau __________,

geboren am __________,

wohnhaft in __________.

Der Geschäftsführer Herr/Frau __________ ist befugt, die Gesellschaft bei der Vornahme von Rechtsgeschäften mit sich selbst und als Vertreter Dritter unein-

geschränkt zu vertreten (Befreiung von den Beschränkungen des § 181 BGB). Der Geschäftsführer Herr/Frau ____________ ist stets einzelvertretungsberechtigt.

2. Zum weiteren Geschäftsführer der Gesellschaft wird bestellt:

Herr/Frau ____________,

geboren am ____________,

wohnhaft in ____________.

Der Geschäftsführer Herr/Frau ____________ ist befugt, die Gesellschaft bei der Vornahme von Rechtsgeschäften mit sich selbst und als Vertreter Dritter uneingeschränkt zu vertreten (Befreiung von den Beschränkungen des § 181 BGB). Der Geschäftsführer Herr/Frau ____________ ist stets einzelvertretungsberechtigt.

IV.
Versicherungen der Geschäftsführer zur Kapitalaufbringung [5]

Wir, die Geschäftsführer versichern, dass wie folgt in bar eingezahlt worden ist:

auf den Geschäftsanteil Nr. 1 im Nennbetrag von EUR ____________ durch den Gesellschafter A ein Betrag von EUR ____________, und

auf den Geschäftsanteil Nr. 2 im Nennbetrag von EUR ____________ durch den Gesellschafter B ein Betrag von EUR ____________,

und sich die eingezahlten Beträge endgültig zur freien Verfügung der Geschäftsführung befinden.

Das eingezahlte Stammkapital der Gesellschaft ist – mit Ausnahme des nach dem Gesellschaftsvertrag von der Gesellschaft zu tragenden Gründungsaufwands – nicht durch Verbindlichkeiten oder in anderer Weise vorbelastet.

V.
Versicherungen der Geschäftsführer

Uns, den Geschäftsführern ist jeweils bekannt, dass zum Geschäftsführer einer GmbH nicht bestellt werden kann, wer

1. **aufgrund eines gerichtlichen Urteils oder einer vollziehbaren Entscheidung einer Verwaltungsbehörde einen Beruf, einen Berufszweig, ein Gewerbe oder einen Gewerbezweig nicht ausüben darf,**
2. **wegen einer oder mehrerer vorsätzlich begangener Straftaten**
   a) **des Unterlassens der Stellung des Antrags auf Eröffnung des Insolvenzverfahrens (Insolvenzverschleppung),**

   b) **nach den §§ 283 bis 283d des StGB (Insolvenzstraftaten),**

   c) **der falschen Angaben nach § 82 des GmbH-Gesetzes oder § 399 des AktG,**

   d) **der unrichtigen Darstellung nach § 400 AktG, § 331 HGB, § 313 UmwG oder § 17 PublG, oder**

   e) **nach den § 263 StGB (Betrug), § 263a StGB (Computerbetrug), § 264 StGB (Subventionsbetrug), § 264a StGB (Kapitalanlagebetrug), § 265b StGB (Kreditbetrug), § 265c StGB (Sportwettbetrug), § 265d StGB (Manipulation von sportlichen Wettbewerben), § 265e StGB (Besonders schwere Fälle des Sportwettbetrugs und der Manipulation von sportlichen Wettbewerben),**

§ 266 StGB (Untreue) oder § 266a StGB (Vorenthalten und Veruntreuen von Arbeitsentgelt) zu einer Freiheitsstrafe von mindestens einem Jahr

verurteilt worden ist. Das Bestellungshindernis besteht in diesem Fall auf die Dauer von fünf Jahren seit der Rechtskraft des Urteils, wobei die Zeit nicht eingerechnet wird, in welcher der Täter auf behördliche Anordnung in einer Anstalt verwahrt worden ist.

Die in der vorstehenden Nr. 2 genannten Bestellungshindernisse gelten bei einer Verurteilung wegen einer vergleichbaren Tat im Ausland entsprechend.

Nach Belehrung durch den beglaubigenden Notar über die Strafbarkeit einer falschen Versicherung versichert jeder der Geschäftsführer für sich, dass keine Umstände vorliegen, die seiner Bestellung als Geschäftsführer entgegenstehen. Ferner versichert jeder der Geschäftsführer, dass er vom beglaubigenden Notar über seine unbeschränkte Auskunftspflicht gegenüber dem Registergericht gemäß § 53 des Bundeszentralregistergesetzes belehrt worden ist. [6]

VI.
Inländische Geschäftsanschrift

Die inländische Geschäftsanschrift [7] **lautet wie folgt:**

____

VII.
Vollmacht

Wir, die Geschäftsführer, bevollmächtigen hiermit

a) Herrn/Frau C

b) Herrn/Frau D

c) Herrn/Frau E

sämtlich Notariatsangestellte, geschäftsansässig __________,

und zwar einen jeden für sich allein, unter Befreiung von den Beschränkungen des § 181 BGB, die vorstehende Handelsregisteranmeldung zu ändern und zu ergänzen.

Die Vollmacht ist im Außenverhältnis unbeschränkt. Die Vollmacht wird unabhängig von der Wirksamkeit dieser Urkunde erteilt. Sie erlischt drei Monate nach Eintragung der Gesellschaft im Handelsregister.

Ort, Datum
Unterschriften sämtlicher der Geschäftsführer
Beglaubigungsvermerk des Notars
Anfügung des notariellen Prüfvermerks gemäß 378 Absatz 3 Satz 1 FamFG, etwa wie folgt:

»Die vorstehend unterschriebene Anmeldung habe ich nach § 378 Absatz 3 Satz 1 FamFG auf Eintragungsfähigkeit geprüft« [8]

[Ort, Datum, Unterschrift, Siegel des Notars (Name und Amtssitz), Amtsbezeichnung]

Erläuterungen

21 **1.** Die GmbH ist bei dem Amtsgericht, in dessen Bezirk sie ihren gesellschaftsvertraglichen Sitz haben soll, zur Eintragung in das Handelsregister anzumelden (§ 7 Abs. 1 GmbHG). Die Anmeldung ist Voraussetzung für die Eintragung und damit für die Entstehung der GmbH (§ 11 GmbHG). Es wird die Gesellschaft selbst, deren Geschäftsanschrift und die Bestellung der Geschäftsführer zur Eintragung in das Handelsregister angemeldet. Die Handelsregisteranmeldung ist von allen Geschäftsführern (§ 78 GmbHG) zu unterzeichnen. Gemäß § 12 Abs. 1 HGB ist die Anmeldung in öffentlich-beglaubigter Form elektronisch beim örtlich zuständigen Amtsgericht einzureichen. Auch die Einreichung aller weiteren erforderlichen Unterlagen und Anlagen, die mit der Anmeldung einzureichen sind, erfolgt zwingend elektronisch (§ 8 Abs. 5 GmbHG i.V.m. § 12 Abs. 2 HGB). Ist eine Urschrift oder eine einfache Abschrift einzureichen oder ist für das Dokument die Schriftform bestimmt, genügt die Übermittlung einer elektronischen Aufzeichnung; ist ein notariell beurkundetes Dokument oder eine öffentlich beglaubigte Abschrift einzureichen, so ist eine mit einem einfachen elektronischen Zeugnis (vgl. §§ 39, 39a BeurkG) versehenes Dokument einzureichen. Man nennt dies Einreichung in elektronisch beglaubigter Form.

22 Durch das Gesetz zur Neuordnung der Aufbewahrung von Notariatsunterlagen und zur Einrichtung des Elektronischen Urkundenarchivs bei der Bundesnotarkammer sowie zur Änderung weiterer Gesetze (BGBl. I 2017, S. 1396 ff.) wurden mittlerweile die notariellen Prüf- und Einreichungspflichten bzw. -zuständigkeiten im Registerverkehr gesetzlich klargestellt und vertieft. § 378 Abs. 3 S. 2 FamFG schreibt nunmehr vor, dass Handelsregisteranmeldungen ausschließlich bei einem Notar zur Weiterleitung an das für die Eintragung zuständige Registergericht einzureichen sind. Die Einreichung einer Handelsregisteranmeldung hat daher stets durch einen Notar zu erfolgen. Dem Notar kommt dabei aufgrund gesetzlicher Aufgabenzuweisung die Rolle eines »Kommunikationsmittlers« zu, der die papiergebundenen Anträge der Anmelder in die elektronische Form überträgt und die für die effiziente Justizarbeit erforderlichen XML-Strukturdaten erzeugt. Die Handelsregisteranmeldung ist zudem nunmehr zudem vor ihrer Einreichung durch den Notar auf Eintragungsfähigkeit zu überprüfen (§ 378 Abs. 3 Satz 1 FamFG; näher dazu unten Anmerkung 8).

23 **2.** Die Anmeldung hat durch sämtliche Geschäftsführer zu erfolgen (§ 78 GmbHG). Anmeldepflichtig sind auch eventuelle stellvertretende Geschäftsführer (§ 44 GmbHG). Eine rechtsgeschäftliche Stellvertretung bei der Handelsregisteranmeldung ist wegen der persönlichen Verantwortlichkeit des jeweiligen Geschäftsführers für die von ihm in der Handelsregisteranmeldung abgegebenen Versicherungen nach § 8 Abs. 2 und 3 GmbHG nicht zulässig. Die Unterschriften der Geschäftsführer sind notariell zu beglaubigen (§ 12 Abs. 1 HGB). Nach § 129 Abs. 2 BGB ersetzt die notarielle Beurkundung die öffentliche Beglaubigung. Dies bedeutet, dass alle Geschäftsführer persönlich unterzeichnen müssen. Die Anmeldepflichtigen müssen die Handelsregisteranmeldung aber nicht gleichzeitig unterzeichnen. Darüber hinaus müssen nicht alle Anmeldepflichtigen dasselbe Exemplar der Handelsregisteranmeldung unterzeichnen. Mehrere Geschäftsführer können die Anmeldung vielmehr in körperlich getrennten, wenngleich inhaltlich identischen Urkunden vornehmen.

24 **3.** Der Anmeldung müssen gemäß § 8 Abs. 1 GmbHG im Falle der Bargründung beigefügt sein:

25 1. der Gesellschaftsvertrag und im Fall des § 2 Abs. 2 GmbHG die Vollmachten der Vertreter, welche den Gesellschaftsvertrag unterzeichnet haben, oder eine beglaubigte Abschrift dieser Urkunden,

26 2. die Legitimation der Geschäftsführer, sofern dieselben nicht im Gesellschaftsvertrag bestellt sind,

27 3. eine von den Anmeldenden unterschriebene Liste der Gesellschafter nach den Vorgaben des § 40 GmbHG.

28 Das früher bestehende Erfordernis, etwaige für den Unternehmensgegenstand notwendige staatliche Genehmigungsurkunden mit der Anmeldung einzureichen, ist mit dem MoMiG entfallen. Die Vorlage derartiger Genehmigungsurkunden ist grundsätzlich nicht mehr Eintragungsvoraussetzung für die GmbH. Hierdurch sollen Unternehmensgründungen beschleunigt und verbilligt

werden (Lutter/Hommelhoff/*Bayer* § 8 Rn. 7). Die GmbH wird daher selbst bei einem genehmigungspflichtigen Unternehmensgegenstand ohne erteilte Genehmigung in das Handelsregister eingetragen. Die Genehmigung kann später unmittelbar der GmbH erteilt werden. Einige wenige Ausnahmen bestehen, etwa im Falle einer Genehmigungsbedürftigkeit nach § 43 Abs. 1 Kreditwesengesetz. Auch wenn die Vorlage der Genehmigungsurkunden im Regelfall nicht mehr Eintragungsvoraussetzung ist, so müssen die öffentlich-rechtlichen Voraussetzungen jedoch spätestens mit Aufnahme der Geschäftstätigkeit gegeben sein. Dies zu überwachen ist jedoch nicht Aufgabe des Registergerichts, sondern der öffentlich-rechtlichen Aufsichtsbehörden.

4. Gemäß § 8 Abs. 4 Nr. 2 GmbHG ist in der Anmeldung Art und Umfang der Vertretungsbefugnis der Geschäftsführer anzugeben. Hiermit ist die die sog. generelle, allgemeine oder abstrakte Vertretungsbefugnis der Geschäftsführer gemeint, also diejenige, die aufgrund der gesetzlichen oder gesellschaftsvertraglichen Regelung für die Geschäftsführer unabhängig von den konkreten Personen gilt (Baumbach/Hueck/*Hueck/Fastrich*, § 8 Rn. 17). Falls der Gesellschaftsvertrag keine allgemeine Vertretungsregelung für die Geschäftsführer enthält, wäre insoweit die gesetzliche Regelung in § 35 Abs. 2 GmbHG anzugeben. Hiernach sind, falls mehrere Geschäftsführer bestellt sind, alle nur gemeinschaftlich zur Vertretung der Gesellschaft befugt, es sei denn, dass der Gesellschaftsvertrag etwas anderes bestimmt. Falls der Gesellschaftsvertrag (wie meist) eine von § 35 Abs. 2 GmbHG abweichende Regelung der Vertretungsbefugnis der Geschäftsführer enthält, wäre diese als abstrakte Vertretungsbefugnis der Geschäftsführer in der Anmeldung anzugeben. Insoweit sollten die allgemeinen Regelungen des Gesellschaftsvertrages möglichst wörtlich wiederholt werden. Nicht angegeben werden muss bei der abstrakten Vertretungsbefugnis die bloße statutarische Ermächtigung der Gesellschafterversammlung zur Befreiung eines oder mehrerer Geschäftsführer von den Beschränkungen des § 181 BGB oder die bloße statutarische Ermächtigung der Gesellschafterversammlung zur Erteilung von Einzelvertretungsmacht (Lutter/Hommelhoff/*Bayer*, § 8 Rn. 22 m. w. N.). Dies ist jedoch empfehlenswert, in der Praxis üblich und im Muster dementsprechend vorgesehen. 29

Anzumelden sind darüber hinaus die von den Gründungsgesellschaftern bestellten Geschäftsführer und deren konkrete Vertretungsbefugnis. Anzugeben sind neben dem Vor- und Nachnamen des Geschäftsführers auch dessen Geburtsdatum und Wohnort (§ 43 Nr. 4b HRV), nicht hingegen dessen vollständige Privatanschrift (Lutter/Hommelhoff/*Bayer*, § 8 Rn. 3). Die konkrete Vertretungsbefugnis ist ebenfalls anzugeben. Dies gilt zumindest dann, wenn diese auf der Grundlage einer ausdrücklichen Ermächtigung des Gesellschaftsvertrages aufgrund eines Gesellschafterbeschlusses von der allgemeinen, abstrakten Vertretungsbefugnis abweicht. Häufig entspricht die konkrete Vertretungsbefugnis der abstrakten Vertretungsbefugnis gemäß Gesellschaftsvertrag. In diesem Fall kann angemeldet werden, dass der Geschäftsführer die Gesellschaft nach Maßgabe der allgemeinen gesellschaftsvertraglichen Vertretungsregelung vertritt. In vielen Fällen wird Geschäftsführern abweichend von der abstrakten Vertretungsbefugnis gemäß Gesellschaftsvertrag aufgrund der Ermächtigung der Gesellschafterversammlung im Gesellschaftsvertrag Einzelvertretungsbefugnis erteilt. So ist es auch im Muster vorgesehen. Dies ist in der Anmeldung als konkrete Vertretungsbefugnis entsprechend wiederzugeben. Der Wortlaut des Beschlusses sollte in einem solchen Fall möglichst wörtlich wiederholt werden.

Auch generelle und/oder konkrete Befreiungen des jeweiligen Geschäftsführers von den Beschränkungen des § 181 BGB sind zur Eintragung im Handelsregister anzumelden. Die Befreiung erfolgt durch Gesellschafterbeschluss. Sie bedarf grundsätzlich einer entsprechenden Ermächtigung der Gesellschafterversammlung im Gesellschaftsvertrag. Befreiung von den Beschränkungen des § 181 BGB ist von erheblicher Bedeutung. Handelt der Geschäftsführer für die Gesellschaft und gleichzeitig auch im eigenen Namen (Selbstkontrahieren) oder im Namen eines weiteren Dritten (Mehrfachvertretung), so ist das Geschäft schwebend unwirksam, wenn der Geschäftsführer nicht von den Beschränkungen des § 181 BGB befreit ist. 30

5. Bei der Bargründung darf die Anmeldung erst erfolgen, wenn auf jeden Geschäftsanteil ein Viertel des Nennbetrags eingezahlt ist. Minderleistungen auf einen Geschäftsanteil können nicht mit Mehrleistungen auf einen anderen Geschäftsanteil verrechnet werden (Lutter/Hommelhoff/*Bayer* § 7 Rn. 4). Ein vereinbartes Aufgeld (Agio) unterfällt bei der GmbH – anders als bei der 31

AG nicht § 7 Abs. 2 GmbHG; seine Fälligkeit richtet sich allein nach dem Gesellschaftsvertrag oder dem Übernahmevertrag. Insgesamt muss darüber hinaus gemäß § 7 Abs. 2 GmbHG bei der Bargründung auf das Stammkapital mindestens so viel eingezahlt sein, dass der Gesamtbetrag der eingezahlten Geldeinlagen die Hälfte des Mindeststammkapitals gemäß § 5 Abs. 1 GmbHG erreicht (Lutter/Hommelhoff/*Bayer* § 7 Rn. 4 f.). Es sind daher bei einem im Gesellschaftsvertrag festgesetzten Stammkapital von EUR 25.000,00 stets mindestens EUR 12.500,00 einzuzahlen, was wiederum in diesem Fall zur Folge hat, dass auf jeden Geschäftsanteil mindestens die Hälfte des Nennbetrages einzuzahlen ist.

32 Durch das MoMiG wurden die verschärften Sonderregelungen (§ 7 Abs. 2 Satz 3 GmbHG a.F.) bei der Gründung der Gesellschaft durch nur eine Person abgeschafft, so dass auch bei der »Ein-Mann-GmbH« die Einzahlung nur noch bis zu einem Viertel der Höhe der übernommenen Geschäftsanteile, mindestens jedoch der Hälfte des Mindeststammkapitals gemäß § 5 Abs. 1 GmbHG, bis zur Eintragung erfolgen muss. Die frühere Bestellung von Sicherheiten für den nicht eingezahlten Teil der Einlageverpflichtung ist entfallen.

33 In der Anmeldung ist zudem gemäß § 8 Abs. 2 Satz 1 GmbHG die Versicherung abzugeben, dass die in § 7 Abs. 2 und 3 GmbHG bezeichneten Leistungen, also die Einzahlungen auf die Geschäftsanteile bewirkt sind, und dass der Gegenstand der Leistungen sich endgültig in der freien Verfügung der Geschäftsführer befindet. Das Gericht kann gemäß § 8 Abs. 2 Satz 2 GmbHG bei erheblichen Zweifeln an der Richtigkeit der Versicherung Nachweise (unter anderem Einzahlungsbelege) verlangen. Die Versicherung ist eine Tatsachenmitteilung und von sämtlichen (auch den stellvertretenden) Geschäftsführern persönlich in öffentlich-beglaubigter Form abzugeben und elektronisch einzureichen. Stellvertretung ist nicht zulässig (Lutter/Hommelhoff/*Bayer* § 8 Rn. 10).

Inhaltlich muss die Versicherung konkret erkennen lassen, was jeder einzelne Gesellschafter auf jeden einzelnen von ihm übernommenen Geschäftsanteil geleistet hat, und dass sich alle Leistungen zur freien Verfügung der Geschäftsführung befinden. Diese Versicherung ist immer notwendig, unabhängig davon, ob sich die Tatsachen aus anderen, dem Registergericht zugänglichen Unterlagen (etwa einem Einzahlungsbeleg) ergeben. Denn die Versicherung über die Leistung zur freien Verfügung soll die ordnungsgemäße und vorbehaltlose Erfüllung der Einlageverpflichtung sicherstellen. Eine reine Wiederholung des Gesetzeswortlauts reicht nicht aus. Vielmehr ist im Einzelnen anzugeben »welcher Gesellschafter geleistet hat, ferner was er geleistet hat, und endlich in welcher Weise er geleistet hat« (so KGJ 38 A 161/165 – siehe auch BayObLG, DB 1980, 438 f.) Hintergrund ist die Prüfungspflicht des Registerrichters nach § 9c GmbHG, nicht die potentielle Bestrafung der Geschäftsführer.

Nach wohl zutreffender, aber umstrittener Auffassung (vgl. näher dazu Lutter/Hommelhoff/*Bayer* § 8 Rn. 12, Scholz/*Veil*, § 8 Rn. 27, jeweils m.w.N. zum Streitstand) sind in der Versicherung auch Angaben darüber aufzunehmen, ob und ggf. inwieweit das eingezahlte Stammkapital der Gesellschaft durch Verbindlichkeiten vorbelastet oder in sonstiger Weise gemindert ist und ggf. durch Leistungen der Gesellschafter ausgeglichen ist. Schließlich hat das Registergericht auch dies zu überprüfen (BGHZ 80, 129, 143; Baumbach/Hueck/*Hueck*/*Fastrich*; § 8 Rn. 12; Lutter/Hommelhoff/*Bayer* § 8 Rn. 12). Minderung und Belastung durch gründungsbedingte Kosten, Gebühren und Steuern sind hierbei unschädlich, sofern sie im Gesellschaftsvertrag als von der Gesellschaft zu tragender Gründungsaufwand festgesetzt sind (Baumbach/Hueck/*Hueck*/*Fastrich*; § 8 Rn. 14). Im Regelfall ist daher nach überkommener Praxis der Versicherung der Satz beizufügen, dass das eingezahlte Stammkapital bislang nicht durch Verbindlichkeiten der Gesellschaft vorbelastet ist, ausgenommen etwa die im Gesellschaftsvertrag von der Gesellschaft übernommenen Gründungskosten (*Krafka*/*Kühn*, Registerrecht, 9. Auflage, Rn. 945 ff. m.w.N.). Sofern ein solcher Fall einschlägig sein sollte, wären darüber hinaus alle im Zeitpunkt der Anmeldung bestehenden Minderungen oder Belastungen des Anfangskapitals und deren Ausgleich durch Leistungen der Gesellschafter anzugeben (vgl. dazu etwa Lutter/Hommelhoff/*Bayer* § 8 Rn. 12 mit Formulierungsvorschlag, Michalski/*Heyder*, § 8 Rn. 30).

34 Die Versicherung nach § 8 Abs. 2 Satz 1 GmbHG enthält auch die Erklärung, dass die Einlageleistungen nicht an die Gesellschafter zurückgezahlt wurden und auch keine Vereinbarung über eine spätere Rückzahlung geschlossen wurde. An der freien Verfügbarkeit der Geschäftsführer hinsicht-

lich der Einlagen fehlt es nämlich, wenn die einmal an die Gesellschaft gezahlte Einlage wieder an den Gesellschafter zurückfließt oder die Einlage letztlich aus dem Vermögen der Gesellschaft erbracht wird. Seit dem MoMiG kann aber in den Fällen des »Hin- und Herzahlens« eine Befreiung von der Einlageschuld erfolgen, wenn die Voraussetzungen des § 19 Abs. 5 Satz 1 GmbHG erfüllt sind und »eine solche Leistung oder die Vereinbarung einer solchen Leistung ... in der Anmeldung nach § 8« angegeben wird (§ 19 Abs. 5 Satz 2 GmbHG). Seit dem MoMiG ist Voraussetzung dafür, dass das »Hin- und Herzahlen« zur Erfüllung der Bareinlageverpflichtung des Gesellschafters führt, demnach unter anderem eine Offenlegung des »Hin- und Herzahlens« bei der Anmeldung. So kann das Registergericht insbesondere die Werthaltigkeit und Fälligkeit des Rückgewähranspruchs prüfen. Allerdings wird das Registergericht in eine Prüfung nur eintreten können, wenn es über den Darlehensvertrag und Nachweise über die Kreditfähigkeit des Gesellschafters verfügt. Es kann daher im Regelfall entsprechende Unterlagen einfordern, anhand derer es die Liquidität und die Vollwertigkeit des Rückgewähranspruchs prüfen kann (Scholz/*Veil*, § 8 Rn. 28). Kein Fall des »Hin- und Herzahlens« ist hingegen die nicht offene einseitige Aufrechnung der Bareinlageverpflichtung mit einer Forderung gegen die GmbH. Diese ist nur unter den strengeren Voraussetzungen einer Sachgründung zulässig (Roth/Altmeppen/*Roth* § 19 Rn. 29).

6. Ferner haben die Geschäftsführer gemäß § 8 Abs. 3 GmbHG in der Anmeldung zu versichern, dass keine Umstände vorliegen, die ihrer Bestellung nach § 6 Abs. 2 Satz 2 Nr. 2 und 3 sowie Satz 3 entgegenstehen, und dass sie über ihre unbeschränkte Auskunftspflicht gegenüber dem Gericht belehrt worden sind (§ 53 Abs. 2 BZRG). 35

Die Versicherung nach § 8 Abs. 3 GmbHG hat somit die Erklärung des Geschäftsführers zu enthalten, dass er nicht aufgrund eines gerichtlichen Urteils oder einer vollziehbaren Entscheidung einer Verwaltungsbehörde einen Beruf, einen Berufszweig, ein Gewerbe oder einen Gewerbezweig nicht ausüben darf. Weiterhin hat er zu versichern, dass er nicht wegen einer der oder mehrerer vorsätzlich begangener in § 6 Abs. 2 Nr. 3 GmbHG genannter Straftaten verurteilt worden ist. Dieser Ausschluss gilt für die Dauer von fünf Jahren seit der Rechtskraft des Urteils, wobei die Zeit nicht eingerechnet wird, in welcher der Täter auf behördliche Anordnung in einer Anstalt verwahrt worden ist. 36

Eine Stellvertretung bei der Abgabe der Versicherung nach § 8 Abs. 2 und Abs. 3 GmbHG ist nicht zulässig (BayObLG NJW 1987, 136; Baumbach/Hueck/*Hueck/Fastrich* § 7 Rn. 3). 37

Die Belehrung nach § 53 Abs. 2 des Bundeszentralregistergesetzes kann schriftlich vorgenommen werden; sie kann auch durch einen Notar oder einen im Ausland bestellten Notar, durch einen Vertreter eines vergleichbaren rechtsberatenden Berufs oder einen Konsularbeamten erfolgen. Der Notar ist frei, eine geeignete Form der Belehrung zu wählen. Die Belehrung kann daher grundsätzlich auch schriftlich erfolgen. Der Notar kann der schriftlichen Belehrung sein Siegel beifügen. 38

Weilt der neu bestellte Geschäftsführer im Ausland, kann die Belehrung durch die Übersendung eines Belehrungshinweises erfolgen. Der Notar muss sicherstellen, dass der Belehrungstext zugeht und die Beteiligten ihn verstehen, d.h. er sollte die Belehrung in einer Sprache abfassen, derer die Beteiligten hinreichend kundig sind; zumindest muss er auf die Möglichkeit, eine Übersetzung anfertigen zu lassen, hinweisen. Der Notar hat den konkreten Ablauf der Belehrung so zu gestalten, dass das gesetzgeberische Ziel von § 8 Absatz 3 Satz 2 GmbHG, insbesondere eine richtige und vollständige Versicherung gemäß § 8 Absatz 3 Satz 1 GmbHG zu gewährleisten, sichergestellt bleibt (vgl. hierzu Muster A 4). 39

7. In der Anmeldung ist außerdem gemäß § 8 Abs. 4 GmbHG eine inländische Geschäftsanschrift anzugeben. Diese Pflicht dient dem Zweck, jederzeit eine Zustellung an die GmbH zu gewährleisten (Lutter/Hommelhoff/*Bayer* § 8 Rn. 20). Bei dieser Anschrift kann es sich um den Verwaltungssitz, ein Geschäftslokal oder auch um die Wohnanschrift eines Geschäftsführers, Gesellschafters oder anderen Zustellungsbevollmächtigten im Inland handeln (Lutter/Hommelhoff/*Bayer* § 8 Rn. 20). Änderungen der inländischen Geschäftsanschrift sind gemäß § 31 HGB zum Handelsregister anzumelden. 40

41 Nach der Anmeldung prüft das Registergericht, ob die Gesellschaft ordnungsgemäß errichtet und angemeldet ist (§ 9c Abs. 1 GmbHG). Die Prüfung umfasst sämtliche Formalien und eintragungsrelevanten Tatsachen, d.h., sie erstreckt sich neben der ordnungsmäßigen Anmeldung auch auf den Errichtungsvorgang (Baumbach/Hueck/*Hueck/Fastrich* § 9c Rn. 2). Die Wirksamkeit des Gesellschaftsvertrages prüft das Registergericht jedoch ausschließlich in den Grenzen des § 9c Abs. 2 GmbHG. Nur im Fall begründeter Zweifel an der ordnungsgemäßen Errichtung darf das Registergericht zusätzliche Ermittlungen anstellen und weitere Unterlagen wie z.B. Einzahlungsbelege einfordern. Leidet die Anmeldung an unbehebbaren Mängeln, darf das Registergericht die Anmeldung ablehnen bzw. die Rücknahme der Anmeldung anregen (Roth/Altmeppen/*Roth* § 9c Rn. 22). Bestehen keine Beanstandungen gegen die Anmeldung trägt das Registergericht die Gesellschaft in das Handelsregister ein, so dass in diesem Zeitpunkt die GmbH als juristische Person im Sinne des § 13 GmbHG entsteht.

8. Die Anmeldung ist vor ihrer Einreichung durch den Notar auf Eintragungsfähigkeit zu überprüfen (§ 378 Abs. 3 Satz 1 FamFG). Diese Vorschrift ist durch das Gesetz zur Neuordnung der Aufbewahrung von Notariatsunterlagen und zur Einrichtung des Elektronischen Urkundenarchivs bei der Bundesnotarkammer sowie zur Änderung weiterer Gesetze (BGBl. I 2017, S. 1396 ff.) eingeführt worden. Sie enthält indes keine Regelungen dazu, ob und ggf. wie die Prüfung durch den Notar zu dokumentieren bzw. nachzuweisen ist. Jedenfalls statuiert die Vorschrift keine Belehrungs- oder Hinweispflichten und damit auch keine Dokumentations-, Nachweis- oder Vermerkpflichten gegenüber dem oder den Beteiligten, da die Prüfung ausschließlich »für das Registergericht« erfolgt. Insofern war anfangs unklar, ob und, falls ja, wie die Prüfung durch den Notar zu dokumentieren ist. Nach mittlerweile gängiger Praxis wird die Überprüfung der Eintragungsfähigkeit der Anmeldung durch den die Unterschriften unter der Anmeldung beglaubigenden Notar dokumentiert, etwa als Annex zum notariellen Beglaubigungsvermerk (so das Muster) oder im elektronisch zu übermittelnden Anschreiben an das Registergericht, mit dem die Anmeldung elektronisch eingereicht wird. Instruktiv zu den diversen mit der notariellen Prüfpflicht verbundenen Fragen insbesondere Rundschreiben 5/2017 der Bundesnotarkammer vom 23.05.2017, abrufbar im Internet unter http://bnotk.de/3-1165/Rundschreiben/2017/2017_05.html

3. Liste der Gesellschafter

Vorbemerkung

42 Der Anmeldung einer GmbH-Gründung zum Handelsregister ist gemäß § 8 Abs. 1 Nr. 3 GmbHG eine von den Anmeldenden unterschriebene Liste der Gesellschafter nach den Vorgaben des § 40 GmbHG beizufügen. Der Verweis in § 8 Abs. 1 Satz 3 GmbHG auf § 40 GmbHG wurde durch das Gesetz zur Umsetzung Vierten EU-Geldwäscherichtlinie zur Ausführung der EU-Geldtransferverordnung und zur Neuorganisation der Zentralstelle für Finanztransaktionsuntersuchungen vom 23.6.2017 (BGBl. I 2017, 1822) eingefügt. Durch dieses Gesetz wurde auch § 40 GmbHG über die Gesellschafterliste neu gefasst.

Muster

43 **LISTE DER GESELLSCHAFTER**

Liste der Gesellschafter

*** GmbH**

mit dem Sitz in __________

Amtsgericht __________ – HRB neu

Stand: Gründung der Gesellschaft durch Urkunde vom ___________

-Urkundenrolle-Nr. ___________/___________ des Notars ___________ in ___________-

Gesellschafter (Vorname und Name/Firma, Wohnort/Sitz, Geburtsdatum/ Registergericht und Registernummer) [1]	**Lfd. Nr. des Geschäftsanteils** [1]	**Nennbetrag Geschäftsanteil (Euro)** [1]	**Durch den Nennbetrag des Geschäftsanteils vermittelte prozentuale Beteiligung am Stammkapital** [1a]
Gesellschafter 1	**1**	*****	*** %** **Gesamtumfang der prozentualen Beteiligung des Gesellschafters 1 am Stammkapital:** ***** %** [1a]
Gesellschafter 2	**2**	*****	*** %** **Gesamtumfang der prozentualen Beteiligung des Gesellschafters 2 am Stammkapital:** ***** %**
		Stammkaptal insgesamt EUR *	**Insgesamt 100 %**

***, den ***

[Unterschriften aller Geschäftsführer] [2]

Erläuterungen

1. § 40 Abs. 1 Satz 1 GmbH sieht vor, dass eine Liste der Gesellschafter einzureichen ist, aus welcher Name, Vorname, Geburtsdatum und Wohnort derselben sowie die Nennbeträge und die laufenden Nummern der von einem jeden der Gesellschafter übernommenen Geschäftsanteile sowie die durch den jeweiligen Nennbetrag eines Geschäftsanteils vermittelte jeweilige prozentuale Beteiligung am Stammkapital zu entnehmen sind. Wie bereits nach altem Recht müssen aus der Liste bei natürlichen Personen also Name, Vorname (Rufname), Geburtsdatum und Wohnort (ohne Angabe der Straße) ersichtlich sein. Bei eingetragenen Gesellschaften sind in die Liste deren Firma, Satzungssitz, zuständiges Registergericht und Registernummer aufzunehmen (§ 40 Abs. 1 Satz 2 GmbHG). Die Gesellschafter der eingetragenen Gesellschaften sind also nicht zu nennen. Bei nicht eingetragenen Gesellschaften sind deren jeweilige Gesellschafter unter einer zusammenfassenden Bezeichnung mit Name, Vorname, Geburtsdatum und Wohnort zu nennen (§ 40 Abs. 1 Satz 2 GmbHG). Dies wird z.B. für eine Gesellschaft bürgerlichen Rechts (GbR) und eine Erbengemeinschaft relevant. Eine unternehmenstragende GbR ist nach ständiger Rechtsprechung des BGH teilrechtsfähig. Dennoch verlangt die nunmehr geltende Fassung des § 40 Abs. 1 Satz 2 GmbHG, alle Gesellschafter mit Name, Vorname, Geburtsdatum und Wohnort unter einer zusammenfassenden Bezeichnung (etwa dem Namen der GbR laut Gesellschaftsvertrag) aufzuführen (und nicht bloß den Namen der GbR und ihren Sitz). Der Gesetzgeber hat dies damit begründet, dass in Abwesenheit eines Registers für derartige GbR durch die zusätzliche Angabe der Gesellschafter größtmögliche Transparenz mit Blick 44 auf den Kreis der Gesellschafter erzielt werden kann (Begr. RegE, BT-Drucks. 18/11555, S. 173). Für Publikumsgesellschaften kann keine Ausnahme gemacht werden, weil dies dem Transparenzgedanken und dem Wortlaut des Gesetzes widersprechen würde. Die Anforderungen an Personengesellschaften und juristische Personen gelten gleichermaßen für in- wie für ausländische Gesellschaften.

Aus der Gesellschafterliste müssen zudem nach dem seit dem MoMiG geltenden Recht die Nennbeträge und die laufenden Nummern der Geschäftsanteile zu entnehmen sein (§ 40 Abs. 1 Satz 1 GmbHG). Die durchgehende Nummerierung der Geschäftsanteile soll deren eindeutige Bezeichnung erleichtern und Anteilsübertragungen praktisch erleichtern. Hat ein Gesellschafter beispielsweise 10.000 Geschäftsanteile im Nennbetrag von jeweils EUR 1,00 übernommen, so sind alle Anteile mit ihrer Nummerierung anzugeben.

45 **1a.** Seit dem Gesetz zur Umsetzung der Vierten EU-Geldwäscherichtlinie vom 23.6.2017 muss aus der Gesellschafterliste »die durch den Nennbetrag des jeweiligen Geschäftsanteils vermittelte jeweilige prozentuale Beteiligung am Stammkapital« zu entnehmen sein (§ 40 Abs. 1 Satz 1 GmbHG). Die durch den Nennbetrag des jeweiligen Geschäftsanteils vermittelte jeweilige prozentuale Beteiligung am Stammkapital (Verhältnis des betreffenden Nennbetrags zu den Nennbeträgen der anderen Gesellschafter) ist für jeden Anteil getrennt zu machen. Hält ein Gesellschafter mehr als einen Geschäftsanteil, ist nunmehr zudem der Gesamtumfang der Beteiligung des jeweiligen Gesellschafters am Stammkapital als Prozentsatz gesondert anzugeben (§ 40 Abs. 1 Satz 3 GmbHG). Diese Pflicht zur Angabe der prozentualen Beteiligung am Stammkapital macht es nach der Gesetzesbegründung für den Nutzer des Transparenzregisters einfacher, sich über den wirtschaftlich Berechtigten zu informieren (Begr. RegE zu Art. 14 Nr. 3 b Gesetz zur Umsetzung Vierten EU-Geldwäscherichtlinie, BT-Drucks. 18/11555, S. 174).

§ 40 Abs. 4 GmbHG sieht eine Ermächtigung des Bundesjustizministeriums zum Erlass einer Rechtsverordnung über die nähere Ausgestaltung der Gesellschafterliste vor. Diese Verordnung ist am 01.07.2018 in Kraft getreten (BGBl. I S. 870). Die Verordnung über die Ausgestaltung der Gesellschafterliste (Gesellschafterlistenverordnung – GesLV) regelt im Einzelnen, wie die Gesellschafterliste auszugestalten ist. In der Praxis war insbesondere unklar, ob und inwieweit Rundungen bei der Angabe der prozentualen Beteiligungen zulässig sind. Hierzu enthält § 4 GesLV nun konkrete Vorgaben. Gemäß § 4 Abs. 1 S. 1 GesLV dürfen (nicht müssen) die nach § 40 Abs. 1 S. 1 GmbHG erforderlichen Angaben zur prozentualen Beteiligung am Stammkapital nach dem kaufmännischen Prinzip bis auf eine Dezimalstelle gerundet werden. Eine Abrundung auf 0,0 %, 25,0 % oder 50,0 % ist gemäß § 4 Abs. 1 S. 2 GesLV hingegen nicht zulässig. Alternativ können gemäß § 4 Abs. 1 S. 3 GesLV die Angaben ohne Rundung durch das Weglassen der Nachkommastellen bis auf eine Dezimalstelle dargestellt werden; auch in diesem Fall ist eine Abrundung auf 0,0 %, 25,0 % oder 50,0 % nicht zulässig. Der in der Gesellschafterliste anzugebende Gesamtumfang der prozentualen Beteiligung eines Gesellschafters am Stammkapital nach § 40 Abs. 1 S. 3 GmbHG ist gemäß § 4 Abs. 2 S. 1 GesLV vor der Rundung (§ 4 Abs. 1 S. 1 GesLV) oder dem Weglassen von Nachkommastellen (§ 4 Abs. 1 S. 3 GesLV) der Einzelbeteiligungen zu errechnen. Für die Angabe des Gesamtumfangs gilt im Übrigen dann wiederum § 4 Abs. 1 GesLV entsprechend. Gemäß § 4 Abs. 3 GesLV braucht die Summe der Prozentangaben nach § 4 Abs. 1 und Abs. 2 GesLV nicht 100 % zu ergeben. Beträgt der Anteil des Nennbetrags eines einzelnen Geschäftsanteils weniger als 1 % vom Stammkapital, genügt nach § 4 Abs. 4 S. 1 GesLV diese Angabe. Entsprechendes gilt gemäß § 4 Abs. 4 S. 2 GesLV, wenn die addierten Nennbeträge der Geschäftsanteile eines Gesellschafters weniger als 1 % vom Stammkapital betragen. § 4 Abs. 5 S. 1 GesLV ordnet an, dass die Prozentangaben nach § 40 Abs. 1 S. 1 GmbHG in separaten Spalten aufzuführen sind. Die Prozentangaben nach § 40 Abs. 1 S. 3 GmbHG sind gemäß § 4 Abs. 5 S. 2 GesLV in weiteren separaten Spalten oder in an die Gesellschafterliste anschließenden separaten Zeilen aufzuführen. Im Muster sind separate Spalten für die Prozentangaben nach § 40 Abs. 1 S. 3 GmbHG nach jedem Gesellschafter vorgesehen.

46 **2.** Der Wortlaut des § 8 Abs. 1 Nr. 3 GmbHG sieht eine von den Anmeldenden unterschriebene Liste der Gesellschafter vor. Da sämtliche Geschäftsführer die Handelsregisteranmeldung zu unterzeichnen haben, folgert die herrschende Meinung hieraus zu Recht, dass die Liste von allen Geschäftsführern zu unterschreiben ist (Roth/Altmeppen/*Roth* § 8 Rn. 4; Lutter/Hommelhoff/*Bayer*, § 5 Rn. 4). Durch ihre Unterschrift verantworten die Geschäftsführer die Richtigkeit der Liste.

Eine notarielle Beglaubigung ist nicht erforderlich, die privatschriftliche Unterzeichnung reicht aus. Wie die übrigen Unterlagen ist sie in elektronischer Form zum Handelsregister einzureichen (§ 8 Abs. 5 GmbHG i.V.m. § 12 Abs. 2 HGB).

Die Liste muss bei Einreichung dem aktuellen Stand zum Zeitpunkt der Anmeldung entsprechen. 47
Bei späteren Änderungen der Gesellschafter sind jeweils aktualisierte Gesellschafterlisten zum Handelsregister nachzureichen. Für diese gilt § 40 GmbHG (Roth/Altmeppen/*Roth* § 8 Rn. 4; Scholz/*Veil*, § 8 Rn. 12).

Bei Gründung im vereinfachten Verfahren ersetzt nach § 2 Abs. 1a Satz 4 GmbHG das Musterpro- 48
tokoll die Liste. Das Musterprotokoll gilt nach dieser Regelung zugleich als Gesellschafterliste, so dass eine Gesellschafterliste nicht eingereicht zu werden braucht (Scholz/*Veil*, § 8 Rn. 13).

4. Gesonderte Belehrung der Geschäftsführer [1]

Vorbemerkung

In der Anmeldung der GmbH zur Eintragung in das Handelsregister haben die Geschäftsführer ge- 49
mäß § 8 Abs. 3 Satz 1 GmbHG zu versichern, dass keine Umstände vorliegen, die ihrer Bestellung nach § 6 Abs. 2 Satz 2 Nr. 2 und 3 sowie Satz 3 GmbHG entgegenstehen, und dass sie über ihre unbeschränkte Auskunftspflicht gegenüber dem Gericht belehrt worden sind. Im Hinblick darauf, dass die Geschäftsführer die Ausschlussgründe nach § 6 Abs. 2 Satz 2 Nr. 2 und 3 sowie Satz 3 GmbHG dem Registergericht nach der gesetzlichen Regelung nur dann unbeschränkt und ausnahmslos offenbaren müssen, wenn sie darüber besonders belehrt worden sind (§ 53 Abs. 2 BZRG), will das GmbH-Gesetz sicherstellen, dass die Belehrung nach § 53 Abs. 2 BZRG tatsächlich stattfindet und der Geschäftsführer versichert, dass diese auch stattgefunden hat. Die Versicherungen gemäß § 8 Abs. 3 Satz 1 GmbHG müssen die Geschäftsführer persönlich in der Handelsregisteranmeldung abgeben. Falls einer der Geschäftsführer beispielsweise im Ausland wohnhaft ist, wird er die Handelsregisteranmeldung vor einem ausländischen Notar unterzeichnen und von diesem beglaubigen lassen wollen. Wird die Handelsregisteranmeldung vor einem ausländischen Notar unterschrieben und durch diesen beglaubigt, wird dieser mangels Kenntnis des deutschen Rechts in der Regel nicht gewillt sein, die entsprechenden Belehrungen vorzunehmen und damit in Zusammenhang stehenden Auskünfte zum deutschen Recht zu geben. Er ist hierzu auch nicht verpflichtet. In der Praxis wird in einem solchen Fall die Information des Geschäftsführers über die Bestellungshindernisse nach § 6 Abs. 2 Satz 2 Nr. 2 und 3 Satz 3 GmbHG sowie die Belehrung über die unbeschränkte Auskunftspflicht gegenüber dem deutschen Registergericht durch schriftliches Belehrungsschreiben in der Regel durch einen deutschen Notar oder Rechtsanwalt vorgenommen. Das Gesetz eröffnet diese Möglichkeit in § 8 Abs. 3 Satz 2 GmbHG. Danach kann die Belehrung nach § 53 Abs. 2 des Bundeszentralregistergesetzes schriftlich vorgenommen werden; sie kann auch durch einen Notar oder einen im Ausland bestellten Notar, durch einen Vertreter eines vergleichbaren rechtsberatenden Berufs oder einen Konsularbeamten erfolgen (vgl. Lutter/Hommelhoff/*Bayer* § 8 Rn. 18). Das Gesetz fordert ausdrücklich die Schriftform. Eine Belehrung durch Telefax oder Email genügt folglich nicht (Scholz/*Veil*, § 8 Rn. 31). Das nachstehende Muster geht von einer schriftlichen Information und Belehrung des Geschäftsführers durch den deutschen Notar aus, der die Gründung der Gesellschaft beurkundet.

Muster

[Briefkopf Notar] 50

[Name und Anschrift Geschäftsführer]

***** GmbH**
Belehrungsschreiben/Instruction letter

Sehr geehrter Herr **, **Dear Mr **,**

aufgrund eines Beschlusses der Gesellschafterversammlung sollen Sie zum neuen Geschäftsführer der ** GmbH mit Sitz in ** bestellt werden. Nach deutschem Recht ist die Bestellung eines neuen Geschäftsführers und dessen Vertretungsbefugnis zur Eintragung in das Handelsregister anzumelden.

due to a resolution adopted by the shareholders' meeting you shall be appointed to act as new managing director of ** GmbH, with registered office at **. According to German law, the appointment of a new managing director and the managing director's power of representation must be filed for registration with the commercial register.

Im Zusammenhang mit der Anmeldung zum Handelsregister müssen Sie versichern [1 3, 4], dass keine Umstände vorliegen, die Ihrer Bestellung zum Geschäftsführer entgegenstehen, und dass Sie über die unbeschränkte Auskunftspflicht gegenüber dem Registergericht belehrt worden sind (§ 8 Abs. 3 GmbHG).

In connection with such filing for registration with the commercial register, you must affirm that there are no circumstances opposing to your appointment as managing director and that you have been informed about your unlimited duty to give information towards the registry court (section 8(3) of the German Limited Liability Company Act (»GmbHG«)).

Auf der Grundlage des Bundeszentralregistergesetzes (»BZRG«) wird in Berlin ein zentrales Register geführt, in dem strafgerichtliche Verurteilungen einschließlich gerichtlicher Berufs- oder Gewerbeverbote eingetragen sind. Dem Registergericht steht ein Recht auf unbeschränkte Auskunft aus dem Bundeszentralregister zu, wenn der Betroffene darüber belehrt worden ist (§ 53 Abs. 2 BZRG).

On the basis of the German Federal Central Register of Previous Convictions Act (»BZRG«) a central register is kept in Berlin which contains any previous convictions imposed by a criminal court including any prohibitions to carry out a profession or trade imposed by a court. The registry court is entitled to obtain unlimited information from the German Central Register of Previous Convictions, provided that the person concerned has been informed about it (section 53(2) BZRG).

Nachdem eine persönliche Belehrung in Ihrem Fall nicht möglich ist, erfolgt die gesetzlich vorgeschriebene Belehrung schriftlich. [2]

Due to the fact that you cannot be instructed personally, the special instructions required under law are hereby provided to you in writing.

Zum Geschäftsführer einer deutschen Gesellschaft mit beschränkter Haftung kann (nach § 6 Abs. 2 GmbHG) nicht bestellt werden, wer

1. **als Betreuter bei der Besorgung seiner Vermögensangelegenheiten ganz oder teilweise einem Einwilligungsvorbehalt (§ 1903 BGB) unterliegt,**

A person shall not become managing director of a German limited liability company (under section 6(2) GmbHG), if such person

1. **is a person under guardianship who in managing his property is fully or partially subject to approval (section 1903 of the German Civil Code (BGB));**

2. aufgrund eines gerichtlichen Urteils oder einer vollziehbaren Entscheidung einer Verwaltungsbehörde einen Beruf, einen Berufszweig, ein Gewerbe oder einen Gewerbezweig nicht ausüben darf, sofern der Unternehmensgegenstand ganz oder teilweise mit dem Gegenstand des Verbots übereinstimmt,
3. wegen einer oder mehrerer vorsätzlich begangener Straftaten

- des Unterlassens der Stellung des Antrags auf Eröffnung des Insolvenzverfahrens (Insolvenzverschleppung),
- nach den §§ 283 bis 283d StGB (Bankrott, Verletzung der Buchführungspflicht, Gläubiger- oder Schuldnerbegünstigung),
- der falschen Angaben nach § 82 GmbHG oder § 399 AktG,
- der unrichtigen Darstellung nach § 400 AktG, § 331 HGB, § 313 UmwG oder § 17 PublG oder
- nach den §§ 263 bis 264a oder den §§ 265b bis 266a StGB (Betrug, Computerbetrug, Subventionsbetrug, Kapitalanlagebetrug, Kreditbetrug, Sportwettbetrug, Manipulation von berufssportlichen Wettbewerben, besonders schwere Fälle des Sportwettbetrugs und der Manipulation von berufssportlichen Wettbewerben, Untreue, Vorenthalten und Veruntreuen von Arbeitsentgelt) zu einer Freiheitsstrafe von mindestens einem Jahr verurteilt worden ist.

2. is prohibited from carrying out any profession, branch of a profession, trade or branch of a trade due to a court judgment or any enforceable order of an administrative authority, provided that the object of the business corresponds completely or partially with the object of such prohibition;
3. has been convicted for having intentionally and wilfully committed one or several offences

- of failure to file a petition in insolvency (insolvency protraction);
- under sections 283 to 283d of the German Criminal Code (StGB) (criminal offences in connection with insolvency);
- of providing false information under section 82 GmbHG or section 399 of the German Stock Corporation Act (AktG);
- of providing false representation under section 400 of the German Stock Corporation Act (AktG), section 331 of the German Commercial Code (HGB), section 313 of the German Reorganisation of Companies Act (UmwG), or section 17 of the German Public Disclosure Act (PublG); or
- under sections 263 to 264a or sections 265b to 266a of the German Criminal Code (StGB) (fraud, computer fraud, subsidy fraud, capital investment fraud, credit fraud, sports betting fraud, manipulation of professional sports competitions, aggravated sports betting fraud and manipulation of professional sports competitions, criminal breach of trust, withholding and misappropriation of employ-ment remuneration) to serve a prison sentence of at least one year.

Das Bestellungshindernis besteht in diesem Fall auf die Dauer von fünf Jahren seit der Rechtskraft des Urteils, wobei die Zeit nicht eingerechnet wird, in welcher der Täter auf behördliche Anordnung in einer Anstalt verwahrt worden ist.

This limitation on appointment shall expire after a period of five years upon the date on which such judgment had become final and absolute, without taking into consideration the period during which the offender had been held in custody on official order.

Die unter der vorstehenden Ziffer 3 genannten Bestellungshindernisse gelten bei einer Verurteilung wegen einer vergleichbaren Tat im Ausland entsprechend.

The limitations on appointment referred to under no. 3 shall apply accordingly, if a person has been convicted for having committed a comparable offence abroad.

Wer als Geschäftsführer einer Gesellschaft mit beschränkter Haftung oder als Geschäftsleiter einer ausländischen juristischen Person in der gegenüber dem Registergericht abzugebenden Versicherung falsche Angaben macht, wird mit Freiheitsstrafe bis zu drei Jahren oder mit Geldstrafe bestraft (§ 82 Abs. 1 Nr. 5 GmbHG).

Whoever – while acting in his/her capacity of managing director of a German limited liability company or as manager of a foreign legal entity – provides false information in a declaration required to be submitted to the registry court, shall be sentenced to serve a prison sentence of up to three years or to pay a fine (section 82(1) no. 5 GmbHG).

Für Rückfragen und weitere Erläuterungen stehe ich Ihnen jederzeit gerne zur Verfügung.

If you have any questions left or if you need further explanations, please do not hesitate to contact me at any time.

Bitte bestätigen Sie die Kenntnisnahme vom Inhalt dieses Briefes durch Rücksendung einer unterzeichneten Kopie.

Please confirm notice of the content of this letter by signing a copy of this letter and returning it to me.

Mit freundlichen Grüßen

Yours sincerely,

____

**

Notar [2]

[Dienstsiegel]

____

**

Notary

[seal of notary]

Bestätigung zur Vorlage beim deutschen Handelsregister

Affirmation for submission to the German commercial register

Ich bestätige hiermit, die vorstehende Belehrung vollständig gelesen und verstanden zu haben.

I hereby affirm that I have completely read and understood the foregoing special instructions.

Ort/Place: ____________, den/this ____________

____________ [2]

***** [Name des Geschäftsführers/name of managing director]***

Erläuterungen

1. Durch verschiedene Gesetzesänderungen sind in den vergangenen Jahren die Anforderungen an die Person des Geschäftsführers deutlich verschärft worden. Der Gesetzgeber hat den Kreis der Tatbestände, die zum endgültigen oder zumindest zeitweiligen Ausschluss einer Person als Geschäftsführer einer GmbH führen, erheblich erweitert (vgl. § 6 Abs. 2 Satz 2 Nr. 3 GmbHG). Durch die Belehrung des Notars soll sichergestellt werden, dass die Versicherung des Geschäftsführers zu seinen Vorstrafen nach § 8 Abs. 3 Satz 1 1. Alt. GmbHG korrekt ist und Vorstrafen vollständig genannt werden. Darüber hinaus muss der Geschäftsführer nach § 8 Abs. 3 Satz 1 2. Alt. GmbHG versichern, über seine unbeschränkte Auskunftspflicht gegenüber dem Registergericht belehrt worden zu sein. Die Erklärung des Geschäftsführers ist für die zivil- und strafrechtliche Verantwortlichkeit des Geschäftsführers nach § 9a Abs. 1 sowie § 82 Abs. 1 Nr. 5 GmbHG von Bedeutung. Die Belehrung hat zur Folge, dass eine in die 5-Jahresfrist fallende Verurteilung wegen einer Insolvenzstraftat dem Registergericht gegenüber auch dann angegeben werden muss, wenn die Verurteilung nicht mehr in das Führungszeugnis oder nach § 32 Abs. 3 und § 32 Abs. 4 BZRG nur noch in ein Führungszeugnis für Gerichte und Behörden aufgenommen wird. Zwar hat der Verurteilte nach § 53 Abs. 1 BZRG grundsätzlich das Recht, sich dann als unbestraft zu bezeichnen. Dieses Recht entfällt aber gegenüber Gerichten und Behörden, wenn der Verurteilte nach § 53 Abs. 2 BZRG über den Wegfall des Verschweigerechts belehrt wurde. Wegen dieser besonderen Auskunftspflicht kann es daher für eine strafrechtliche Verantwortlichkeit nach § 9a Abs. 1 GmbHG und § 82 Abs. 1 Nr. 5 GmbHG relevant sein, ob der betreffende vorbestrafte Geschäftsführer von dem Nichtbestehen des Verschweigerechts gewusst hat. 51

2. Die notarielle Belehrung über die unbeschränkte Auskunftspflicht des GmbH-Geschäftsführers ist sonstige Betreuungstätigkeit des Notars i.S. von § 24 Absatz 1 BNotO. Es handelt sich dabei nicht um eine Beurkundungstätigkeit. Es besteht kein Amtsgewährungsanspruch. Das BeurkG ist nicht anwendbar. Der Notar ist daher frei, eine geeignete Form der Belehrung zu wählen. Die Belehrung kann folglich grundsätzlich auch schriftlich erfolgen. Der Notar kann und sollte der schriftlichen Belehrung sein Siegel beidrücken. Weilt der neu bestellte Geschäftsführer im Ausland, verletzt weder die Übersendung des Belehrungshinweises noch die Überwachung dessen Zuganges den Grundsatz der Territorialität. Die Belehrung kann durch die Übersendung eines Belehrungshinweises erfolgen. Der Notar muss sicherstellen, dass der Belehrungstext zugeht und die Beteiligten ihn verstehen, d.h. er sollte die Belehrung in einer Sprache abfassen, derer die Beteiligten hinreichend kundig sind. Im vorliegenden Fall ist deshalb eine deutsch-englische Fassung vorgesehen. Der Notar hat den konkreten Ablauf der Belehrung so zu gestalten, dass das gesetzgeberische Ziel von § 8 Abs. 3 Satz 2 GmbHG, insbesondere eine richtige und vollständige Versicherung gemäß § 8 Abs. 3 Satz 1 GmbHG zu gewährleisten, sichergestellt bleibt. 52

Die Belehrung darüber, dass der Geschäftsführer über seine unbeschränkte Auskunftspflicht gegenüber dem Gericht durch einen deutschen Notar belehrt worden ist, kann also auch in der im Muster vorgeschlagenen Art und Weise erfolgen. Die Bestätigung des Geschäftsführers über die erfolgte Belehrung ist in diesem Fall der Handelsregisteranmeldung beizufügen. Der Text der Handelsregisteranmeldung ist bei diesem Vefahren natürlich entsprechend anzupassen. Erfolgt die Belehrung gegenüber Personen im Ausland und sind diese der deutschen Sprache nicht mächtig, ist die Belehrung in einer Sprache abzufassen, derer die Beteiligten hinreichend kundig sind. Der Gesetzgeber hat darüber hinaus in § 8 Abs. 3 Satz 2 GmbHG nunmehr klargestellt, dass die Belehrung auch durch ausländische Notare, deutsche Konsularbeamte sowie Vertreter eines vergleichbaren rechtsberatenden Berufs vorgenommen werden kann, wobei damit laut amtlicher Gesetzesbegründung insbesondere Rechtsanwälte gemeint sind (vgl. *Wachter* GmbHR, Sonderheft 8, 2008, 5, 13). 53

3. und 4. Es besteht Einigkeit in Rechtsprechung und Literatur, dass bei Erklärungen nach § 8 Abs. 3 Satz 2 GmbHG, für die der Erklärende in zivilrechtlicher und strafrechtlicher Hinsicht persönlich verantwortlich ist, rechtsgeschäftliche Stellvertretung unzulässig ist (BayObLG NJW 1987, 136; Baumbach/Hueck/*Hueck/Fastrich* § 7 Rn. 3). Der Geschäftsführer muss die Erklärung immer persönlich abgeben und daher auch immer persönlich belehrt werden. 54

5. Einzahlungsbestätigung einer Bank

Vorbemerkung

55 § 8 Abs. 2 GmbHG ordnet folgendes an: »In der Anmeldung ist die Versicherung abzugeben, dass die in § 7 Abs. 2 und 3 bezeichneten Leistungen auf die Geschäftsanteile bewirkt sind und dass der Gegenstand der Leistungen sich endgültig in der freien Verfügung der Geschäftsführer befindet. Das Gericht kann bei erheblichen Zweifeln an der Richtigkeit der Versicherung Nachweise (unter anderem Einzahlungsbelege) verlangen.« Schon der Gesetzgeber der GmbH-Novelle 1980 hatte vom Erfordernis einer Bankbestätigung ausdrücklich abgesehen (BT-Drucks. 8/3908, S. 71). Durch das MoMiG wurde die vorstehend zitierte Regelung eingeführt. Damit ist nun klargestellt, dass eine Versicherung der Geschäftsführer nach § 8 Abs. 2 Satz 1 GmbHG grundsätzlich ausreicht; weitere Nachweise, z. B. Einzahlungsbelege sind grds. nicht erforderlich (BegrRegE MoMiG, BR-Drucks. 354/07, S. 79). Nur bei erheblichen Zweifeln an der Richtigkeit der Versicherung der Geschäftsführer über die Einzahlung kann das Gericht solche Nachweise verlangen (Lutter/Hommelhoff/*Bayer* § 8 Rn. 9).

56 Mit der Beschränkung durch das MoMiG auf erhebliche Zweifel will der Gesetzgeber eine routinemäßige Nachweisforderung durch das Registergericht unterbinden und damit das Gründungsverfahren beschleunigen (RegBegr. BR-Drs. 354/07, S. 79). Die Registergerichte befolgen diese gesetzgebrische Entscheidungen und fordern Einzahlungsnachweise nur noch sehr selten an. Die hier behandelte Bankbestätigung wird also nur selten relevant werden, nämlich dann, wenn freiwillig oder auf Anforderung des Registergerichts eine Bankbestätigung beigebracht wird bzw. beizubringen ist.

57 Die Bedeutung der Einzahlungsbestätigung ist im GmbH-Recht dementsprechend gering.

Muster

58 **ABC Bank**

Frankfurt am Main

Frankfurt, den __________

Bestätigung über die Einzahlung von Geschäftsanteilen [1]

Zur Vorlage beim Amtsgericht – Handelsregister – bestätigen wir hiermit, dass auf das von der in Gründung befindlichen

________ GmbH, Sitz: ________

in unserem Hause eröffnete Gesellschafts-Konto Nr. __________ folgende Einzahlungen erfolgt sind:

durch Herrn A __________ €

durch Herrn B __________ €

__________ Bank

____

Erläuterungen

59 **1.** Wird die Einzahlungsbestätigung vorgelegt, muss sie inhaltlich zutreffend sein. Eine Bestätigung der Gutschrift auf dem Konto der Gesellschaft belegt die Zahlung, beinhaltet aber nicht ohne Weiteres die weitergehende Bestätigung, dass die eingezahlten Beträge zur freien Verfügung der Geschäftsführung stehen. Eine entsprechende Formulierung sieht das vorstehende Muster nicht vor. Die Bank

haftet in diesem Fall auch nicht für die Unrichtigkeit analog § 37 Abs. 1 Satz 4 AktG, wenn der Einzahlungsbetrag mit einem Sollsaldo verrechnet wird (Baumbach/Hueck/*Hueck/Fastrich* § 8 Rn. 15). Bestätigt die Bank nicht nur die Einzahlung, sondern auf Anforderung des Registergerichts darüber hinaus auch die freie Verfügbarkeit der eingezahlten Beträge für die Geschäftsführung, haftet sie bei Unrichtigkeit entsprechend § 37 Abs. 1 Satz 4 AktG auf Schadensersatz (Lutter/Hommelhoff/*Bayer* § 8 Rn. 9). Haben die Geschäftsführer über gutgeschriebene Mittel verfügt, kann die Bank lediglich bestätigen, dass sich diese Mittel zum jeweils zu bezeichnenden Verfügungszeitpunkt zur freien Verfügung der Geschäftsführer auf dem Konto befunden haben. Die Geschäftsführer müssen dann erforderlichenfalls wertgleiche Deckung nachweisen (Baumbach/Hueck/*Hueck/Fastrich* § 8 Rn. 15).

6. Gründungsvollmacht

Vorbemerkung

Bei der Gründung der GmbH kann ein Gesellschafter sich durch einen Bevollmächtigten vertreten 60
lassen. Die Vollmacht bedarf allerdings – in Abweichung von der allgemeinen Regel in § 167 Abs. 2 BGB - gemäß § 2 Abs. 2 GmbHG der notariellen Beurkundung (§ 128 BGB, §§ 8 ff. BeurkG) oder notariellen Beglaubigung (§ 129 BGB, §§ 39, 40 BeurkG). In der Praxis überwiegt die Beglaubigung. § 2 Abs. 2 GmbHG gilt auch für die Erteilung einer Untervollmacht (Scholz/*Cramer* § 2 Rn. 30). Der Sinn und Zweck der Vorschrift besteht darin, im Interesse des Rechtsverkehrs und der Mitgründer spätere Zweifel und Streitigkeiten über die Legitimation des Vertreters zu vermeiden (BGH v. 5.51969 – II ZR 115/68, NJW 1969, 1856; Scholz/*Cramer* § 2 Rn. 30). Deshalb ist § 2 Abs. 2 GmbHG nach herrschender Meinung keine bloße Ordnungsvorschrift, sondern stellt eine echte Wirksamkeitsvoraussetzung für die Vollmachtserteilung dar. Dies hat zur Folge, dass derjenige, der ohne formgerechte Vollmacht auftritt, als Vertreter ohne Vertretungsmacht handelt und die von ihm abgegebenen Willenserklärungen schwebend unwirksam (im Fall einer Mehrpersonengesellschaft) bzw. unheilbar nichtig (im Fall einer Einpersonengesellschaft) sind. Letzteres ist für die Einpersonenengesellschaft zumindest der Standpunkt der herrschenden Meinung (Lutter/Hommelhoff/*Bayer*, § 2 Rn. 34 m.w.N. § 2 Rn. 22; anderer Ansicht etwa Scholz/*Casper*, § 2 Rn. 37, wonach auch im Fall der Errichtung einer Einpersonen-Gesellschaft durch einen Vertreter ohne Vertretungsmacht vom Vertretenen genehmigt werden kann). Für die Praxis sollte jedenfalls vorsorglich dann ausgegangen werden, dass die Errichtung einer Einpersonengesellschaft durch einen vollmachtlosen Vertreter oder nicht ordnungsgemäß Bevollmächtigten gemäß § 180 Satz 1 BGB nichtig ist (vgl. dazu bereits Muster A.I.1 Rdn. 14)

Zuständig für die Beurkundung oder Beglaubigung der Vollmacht sind grundsätzlich die Notare im 61
Inland. Auch eine öffentliche Urkunde einer öffentlichen Behörde ist ausreichend, wenn in ihr die Vollmacht enthalten ist. Im Ausland kann eine öffentliche Beglaubigung oder Beurkundung durch deutsche Konsularbeamte oder durch im Ausland zugelassene Notare oder andere für Beurkundungen oder Beglaubigungen zuständige ausländische Stellen erfolgen. Dies steht nicht im Widerspruch zu der teilweise vertretenen Auffassung, wonach eine Beurkundung der Gesellschaftsgründung durch ausländische Notare nicht anerkannt wird (vgl. dazu Muster 1, Rdn. 4). Denn der Zweck des Formerfordernisses in § 2 Abs. 2 GmbHG besteht nach wohl allgemeiner Auffassung allein in der Feststellung der Identität des Vollmachtgebers und unterscheidet sich damit von demjenigen in § 2 Abs. 1 GmbHG (Scholz/*Casper*, § 2 Rn. 32). Die von einem ausländischen Notar beglaubigte oder beurkundete Vollmacht bedarf grds. eines Echtheitsnachweises, um als öffentliche Urkunde in Deutschland anerkannt zu werden (näher dazu ausführlich Muster 1, Rdn. 14).

Dem Notar, der die Gründung der GmbH beurkundet, ist die notariell beglaubigte Vollmacht 62
in Urschrift und die notariell beurkundete Vollmacht in Ausfertigung vorzulegen. Der Notar bescheinigt, dass das Original der Vollmacht bzw. die Ausfertigung vorgelegen haben und fügt dem Protokoll eine beglaubigte Abschrift bei (§ 12 BeurkG). Nicht erforderlich ist, dass die notariell beurkundete bzw. beglaubigte Vollmacht im Beurkundungstermin in Ausfertigung bzw. Urschrift

vorliegt. Sie kann dem Notar nachgereicht werden und nachträglich in beglaubigter Abschrift zur Urkunde genommen werden, jedoch nur unter der Voraussetzung, dass sie zum Beurkundungszeitpunkt bereits formgerecht existiert hat (Scholz/*Cramer*, § 2 Rn. 31). Dies ermöglicht eine Beurkundung ab formgerechter Vollmachtserteilung. In solch einem Fall ist dem Notar aber für den Beurkundungstermin vorab eine Kopie als Scan oder Telefax zu übermitteln.

Muster

63 **Vollmacht**

Ich, Herr/Frau __________, wohnhaft: __________

– nachstehend auch »Vollmachtgeber« genannt –

bevollmächtige [1] hiermit

Herrn/Frau __________, geboren am __________,

und

Herr/Frau __________, geboren am __________,

beide wohnhaft/geschäftsansässig: __________

jeweils einzeln, mich umfassend bei der Gründung einer Gesellschaft mit beschränkter Haftung unter der Firma __________ GmbH oder unter einer anderen von meinem Bevollmächtigten gebilligten Firma mit dem Sitz in __________ zu vertreten, und dabei insbesondere [2]

- **den Gesellschaftsvertrag – auch die Bestimmungen über Firma, Unternehmensgegenstand, Höhe und Erbringung des Stammkapitals – festzulegen,**
- **Geschäftsanteile in beliebiger Höhe für mich zu übernehmen,**
- **alle zur Eintragung der Gesellschaft in das Handelsregister erforderlichen oder dienlichen Erklärungen abzugeben,**
- **das Stimmrecht für mich als Gesellschafter auszuüben und Gesellschafterbeschlüsse jeder Art zu fassen, insbesondere zur Bestellung eines oder mehrerer Geschäftsführer der neu zu errichtenden GmbH und zur Festlegung seiner bzw. ihrer Vertretungsbefugnis und ggf. zu seiner bzw. ihrer Befreiung von den Beschränkungen des § 181 BGB.**

Die Vollmacht soll durch meinen Tod nicht erlöschen.

Die Bevollmächtigten sind berechtigt, in meinem Namen alle in diesem Zusammenhang erforderlichen oder dienlichen Erklärungen abzugeben.

Die Bevollmächtigten sind von den Beschränkungen des § 181 BGB befreit [1] und befugt, Untervollmachten zu erteilen.

__________, den __________

____

Erläuterungen

64 **1.** Mehrere oder alle Vollmachtgeber können ein und dieselbe Person ermächtigen, den Gesellschaftsvertrag abzuschließen. Ebenso kann ein Gründer dem anderen seine Vertretung übertragen. In diesen Fällen ist allerdings stets eine Befreiung vom Verbot des Selbstkontrahierens bzw. der

Mehrfachvertretung (§ 181 BGB) in der Vollmachtsurkunde erforderlich. Denn die Gestattung bedarf nach wohl allgemeiner Auffassung ebenfalls der Form des § 2 Abs. 2 GmbHG (Scholz/*Cramer*, § 2 Rn. 34). In solchen Fällen ist jedoch stets die Vorfrage zu prüfen, ob derjenige, der den Bevollmächtigten von den Beschränkungen des § 181 1. Alt. und/oder 2. Alt. BGB befreit, selbst überhaupt diese Befreiung erteilen kann. Ist Vollmachtgeber eine natürliche Person ist dies unproblematisch. Ist Vollmachtgeber hingegen eine Gesellschaft, so können deren Organe oder Vertreter den Bevollmächtigten nur dann von den Beschränkungen des § 181 BGB befreien, wenn sie ihrerseits als Organe oder Vertreter von den Beschränkungen des § 181 BGB in entsprechendem Umfang befreit sind. Das Verbot der Mehrfachvertretung § 181 BGB kann nicht dadurch umgangen werden, dass ein nicht von § 181 befreiter Vertreter einem Dritten Untervollmacht erteilt (BGHZ 64, 72, 76 f.).

2. Inhaltlich muss die Vollmacht der Abschluss des Gesellschaftsvertrages einer GmbH erfassen. Ob dies der Fall ist, kann nur im Einzelfall entschieden werden. Bestimmte Anforderungen an den Inhalt der Vollmacht stellt das Gesetz nicht auf. Es ist daher nicht erforderlich, dass die Vollmacht Vorgaben zur konkreten Firma, zum Sitz, zur Höhe des Stammkapitals etc. macht (Lutter/Hommelhoff/*Bayer* § 2 Rn. 21). Wenn diese Details indessen schon abschließend feststehen, dürfte es sich anbieten, entsprechende Vorgaben in den Text der Vollmacht aufzunehmen. Die Vollmacht sollte darüber hinaus das Recht umfassen, das Stimmrecht für den Gründer als Gesellschafter auszuüben und Gesellschafterbeschlüsse jeder Art zu fassen, insbesondere zur Bestellung eines oder mehrerer Geschäftsführer der neu zu errichtenden GmbH und zur Festlegung seiner bzw. ihrer Vertretungsbefugnis und ggf. zu seiner bzw. ihrer Befreiung von den Beschränkungen des § 181 BGB. Diese Beschlüsse werden nämlich üblicherweise anlässlich der Gründung gefasst. 65

II. Sachgründung

7. Gründungsprotokoll einer Sachgründung

Vorbemerkung

Das Gesetz geht davon aus, dass die in Geld ausgedrückten Nennbeträge der Geschäftsanteile an einer GmbH auf das ebenfalls in Euro ausgedrückte Stammkapital in Geld geleistet werden, erlaubt aber unter bestimmten Voraussetzungen auch die Leistung anderer Gegenstände statt Geld. Das sind die sog. Sacheinlagen. Sacheinlage ist nach der gesetzlichen Regelung jede befreiende Leistung auf das Stammkapital, die nicht in Geld besteht. Eine solche Leistung befreit nur, wenn sie nach den Regeln des § 5 Abs. 4 GmbHG im Gesellschaftsvertrag festgelegt ist. Im Interesse des Gläubigerschutzes enthält das GmbHG besondere Vorschriften zur Sachgründung (neben § 5 Abs. 4 auch in §§ 7, 8, 9, 9c, 19, 82 GmbHG). Aufgrund des höheren Gründungsaufwands und der häufig unsicheren Bewertungsfragen bei der Einbringung von Sacheinlagen ist die praktische Bedeutung von Sachgründungen naturgemäß geringer als von Bargründungen. Das reine Gründungsprotokoll einer Sachgründung unterscheidet sich im Grunde jedoch nicht von dem einer Bargründung. Besonderheiten bei der Sachgründung ergeben sich allerdings zum einen in Bezug auf den Gesellschaftsvertrag, in welchem der Gegenstand der Sacheinlagen und der Nennbetrag des Geschäftsanteils, auf den sich die jeweilige Sacheinlage bezieht, gemäß § 5 Abs. 4 GmbHG festzusetzen ist. Zum anderen ist die Sacheinlage im Gegensatz zur Bareinlage vor der Anmeldung vollständig zu bewirken (§ 7 Abs. 3 GmbHG). Insofern ist es erforderlich, den Einbringungsvertrag zwischen dem jeweiligen Gründer und der Vor-Gesellschaft vor der Handelsregisteranmeldung abzuschließen und die entsprechenden Erfüllungshandlungen zu vollziehen. Im Rahmen der Sachgründung sind außerdem mit der Handelsregisteranmeldung zusätzliche Unterlagen dem Registergericht einzureichen, wie der Sachgründungsbericht und Werthaltigkeitsnachweise in Bezug auf die Sacheinlagen. Ferner sollten die notariellen Belehrungen bei einer Sachgründung unbedingt und zur Vermeidung eigener Haftung des Notars einen Hinweis darauf enthalten, dass die 66

Gesellschafter für die Vollwertigkeit der Sacheinlagen haften und eine Bewertung der Sacheinlagen durch eine sachverständige Person erfolgen und entsprechend dokumentiert werden sollte.

67 Bei der Gründung der Unternehmergesellschaft (haftungsbeschränkt) ist die Einbringung von Sacheinlagen unzulässig (§ 5a Abs. 2 Satz 2 GmbHG).

Muster

68 **Verhandelt am ____________ in ____________**

Vor mir, dem unterzeichneten Notar ____________

erschienen heute gleichzeitig:

1. Herr/Frau ____________
geb. am ____________ in ____________
wohnhaft: ____________
ausgewiesen durch ____________,

2. Herr/Frau ____________
geb. am ____________ in ____________
wohnhaft: ____________
ausgewiesen durch ____________,

3. Herr/Frau ____________
geb. am ____________ in ____________
wohnhaft: ____________
ausgewiesen durch ____________.

Die Erschienenen erklärten mit der Bitte um Beurkundung:

I.

Herr/Frau ____________, Herr/Frau ____________ und Herr/Frau ____________ errichten hiermit eine Gesellschaft mit beschränkter Haftung und legen den Gesellschaftsvertrag wie folgt fest [3]:

§ 1
Firma, Sitz

(1) Die Firma der Gesellschaft lautet: ____________

(2) Die Gesellschaft hat ihren Sitz in ____________

§ 2
Gegenstand des Unternehmens

(1) Der Gegenstand des Unternehmens ist ____________ und alle damit im Zusammenhang stehenden Geschäfte, mit Ausnahme erlaubnispflichtiger Tätigkeiten.

(2) Die Gesellschaft kann sich an anderen Unternehmen beteiligen, andere Unternehmen erwerben und Zweigniederlassungen im In- und Ausland errichten.

§ 3
Stammkapital, Geschäftsanteile

(1) Das Stammkapital beträgt EUR ____________ (in Worten: Euro ____________).

(2) Hierauf übernehmen als Gründungsgesellschafter folgende Personen folgende Geschäftsanteile:

lfd. Nr.	*Gesellschafter*	*Nennwert Geschäftsanteil*
1	**Herr/Frau ____________,** **geb. am ____________,** **[Wohnort] ____,**	**EUR ____________**
2	**Herr/Frau ____________,** **geb. am ____________,** **[Wohnort] ____,**	**EUR ____________**
3	**Herr/Frau ____________,** **geb. am ____________,** **[Wohnort] ____,**	**EUR ____________**

(3) Die Einlagen auf die vorgenannten Geschäftsanteile sind von den vorgenannten Gesellschaftern wie folgt zu leisten:

a) Der Gesellschafter ____________ leistet seine Einlage auf den von ihm übernommenen Geschäftsanteil lfd. Nr. 1 der Gesellschafterliste im Nennbetrag von EUR ____________ durch Einbringung seines im Handelsregister des Amtsgerichts ____________ – HRA ____________ – eingetragenen und unter der Firma ____________ betriebenen Einzelhandelsunternehmens. Die Einbringung erfolgt nach Maßgabe eines separat abgeschlossenen Einbringungs- und Übertragungsvertrages.

Separat ist in diesem Fall ein Einbringungs- und Übertragungsvertrag in Bezug auf das als Sacheinlage einzubringende Einzelhandelsunternehmen abzuschließen. Dieser Einbringungsvertrag kann grds. privatschriftlich geschlossen werden, es sei denn er wäre aus anderen Gründen beurkundungsbedürftig, etwa weil Grundstücke oder GmbH-Geschäftsanteile zum Vermögen des Einzelhandelsunternehmens gehören.

Soweit der Wert der vorstehend festgesetzten Sacheinlage den Nennwert des von dem Gesellschafter ____________ übernommenen Geschäftsanteils überschreitet, ist der übersteigende Wert in die Kapitalrücklage der Gesellschaft zu buchen. [4]

ALTERNATIVE

Soweit der Wert der Sacheinlage den Nennwert des übernommenen Geschäftsanteils übersteigt, ist der übersteigende Wert dem Gesellschafter ____________ nicht zu vergüten. [4]

b) Der Gesellschafter ____________ leistet seine Einlage auf den von ihm übernommenen Geschäftsanteil lfd. Nr. 2 der Gesellschafterliste im Nennbetrag von EUR ____________ durch Übereignung des im Grundbuch des Amtsgerichts ____________ von ____________ Band ____________ Blatt ____________ unter lfd. Nr. ____________ des Bestandsverzeichnisses wie folgt eingetragenen Grundstücks:

Gemarkung ____________,

Flur ____________,

Flurstück ___________,

___________, groß ___________ qm.

Die Einbringung erfolgt nach Maßgabe eines separat abgeschlossenen und notariell beurkundeten Einbringungs- und Übertragungsvertrages mit Auflassung. In diesem Vertrag hat die Gesellschaft die durch das Grundpfandrecht Abt. III lfd. Nr. ___________ des Grundbuchs gesicherten Verbindlichkeiten aus einem Darlehen der ___________ Bank vom ___________ in voller Höhe schuldbefreiend zu übernehmen. Die Übernahme hat mit wirtschaftlicher Wirkung zum ___________ zu erfolgen. Zu diesem Zeitpunkt wird das Darlehen mit einem Betrag von ca. EUR ___________ valutieren. Die Eigentumsumschreibung auf die Gesellschaft darf erst erfolgen, nachdem die ___________ Bank die Schuldübernahme genehmigt und den Gesellschafter 2 aus der Haftung für die vorgenannten Verbindlichkeiten und etwaige vom Gesellschafter 2 gestellte persönliche Sicherheiten entlassen hat.

Separat wäre in notariell beurkundeter Form ein Einbringungs- und Übertragungsvertrag in Bezug auf das als Sacheinlage einzubringende Grundstück abzuschließen.

Der Wert des Grundstücks beträgt EUR ___________. Der Wert des Grundstücks abzüglich der vorgenannten grundpfandrechtlich gesicherten Verbindlichkeiten beträgt EUR ___________.

Der Betrag von EUR ___________, um den der Wert der Sacheinlage den Nennwert des übernommenen Geschäftsanteils übersteigt, ist dem Gesellschafter von der Gesellschaft durch Barzahlung zu vergüten. [5]

ALTERNATIVE:

Der Wert des Grundstücks beträgt EUR ___________. Der Wert des Grundstücks abzüglich der vorgenannten grundpfandrechtlich gesicherten Verbindlichkeiten beträgt EUR ___________.

Der Betrag von EUR ___________, um den der Wert der Sacheinlage den Nennwert des übernommenen Geschäftsanteils übersteigt, wird der Gesellschaft von dem Gesellschafter ___________ als Darlehen zur Verfügung gestellt und ist dem Gesellschafter entsprechend als Gesellschafterdarlehen gutzuschreiben. [5]

c) Der Gesellschafter ___________ leistet seine Einlage auf den von ihm übernommenen Geschäftsanteil lfd. Nr. 3 der Gesellschafterliste im Nennbetrag von EUR ___________ in Höhe eines Teilbetrages von EUR ___________ durch eine Sacheinlage, und zwar durch Einbringung und Übereignung des durch Einbringung des Herrn ___________ gehörenden Kraftfahrzeugs der Marke ___________ Typ ___________ Baujahr ___________, Fahrgestellnummer ___________.

Der verbleibende Restbetrag der von dem Gesellschafter ___________ geschuldeten Einlage in Höhe von EUR ___________ ist durch Bareinlage zu erbringen. Diese ist unverzüglich in voller Höhe durch Überweisung auf ein Geschäftskonto der Gesellschaft zu leisten. [6]

Im Anschluss folgen die weiteren Satzungsbestimmungen; insoweit wird auf die Muster A.V.18-24 verwiesen.

II.
Gesellschafterbeschluss

Sodann treten wir, die Gründungsgesellschafter, zur ersten Gesellschafterversammlung der Gesellschaft mit beschränkter Haftung in Gründung zusammen und beschließen unter Verzicht auf die Einhaltung sämtlicher gesetzlicher und gesellschaftsvertraglicher Fristen und Förmlichkeiten für die Einberufung, Anberaumung und Durchführung einer Gesellschafterversammlung was folgt:

1. Zum Geschäftsführer der Gesellschaft wird bestellt:

Herr/Frau __________,
geboren am __________,
wohnhaft in __________.

Der Geschäftsführer Herr/Frau __________ ist befugt, die Gesellschaft bei der Vornahme von Rechtsgeschäften mit sich selbst und als Vertreter Dritter uneingeschränkt zu vertreten (Befreiung von den Beschränkungen des § 181 BGB).

Der Geschäftsführer Herr/Frau __________ ist stets einzelvertretungsberechtigt.

2. Zum weiteren Geschäftsführer der Gesellschaft wird bestellt:

Herr/Frau __________,
geboren am __________,
wohnhaft in __________.

Der Geschäftsführer Herr/Frau __________ ist befugt, die Gesellschaft bei der Vornahme von Rechtsgeschäften mit sich selbst und als Vertreter Dritter uneingeschränkt zu vertreten (Befreiung von den Beschränkungen des § 181 BGB).

Der Geschäftsführer Herr/Frau __________ ist stets einzelvertretungsberechtigt.

3. Die vorstehend bestellten Geschäftsführer werden ermächtigt, schon vor Eintragung der Gesellschaft im Handelsregister folgende Rechtsgeschäfte im Namen der Gesellschaft abzuschließen: Abschluss der Einbringungs- und Übertragungsverträge bezüglich der vorstehend festgesetzten Sacheinlagen. [7]

III.
Vollzug, Vollmacht

Der Notar wird mit der Durchführung dieser Urkunde beauftragt. Er ist berechtigt, alle Erklärungen abzugeben, die zum Vollzug dieser Urkunde erforderlich und zweckmäßig sind.

Wir bevollmächtigen hiermit

a) Herrn/Frau __________
b) Herrn/Frau __________
c) Herrn/Frau __________

sämtlich Notariatsangestellte des beurkundenden Notars, geschäftsansässig __________,

und zwar einen jeden für sich allein, unter Befreiung von den Beschränkungen des § 181 BGB, alle zu dieser Urkunde etwa erforderlichen oder zweckmäßigen Änderungs- und Ergänzungserklärungen abzugeben und entgegen zu nehmen. Die Voll-

macht wird unabhängig von der Wirksamkeit dieser Urkunde erteilt. Die Vollmacht erlischt mit der Eintragung der Gesellschaft im Handelsregister.

IV.
Hinweise

Der Notar hat die Erschienenen über den Gründungsvorgang und -ablauf informiert sowie die Bestimmungen des in der Anlage enthaltenen Gesellschaftsvertrages näher erläutert. Er hat in diesem Zusammenhang insbesondere auf Folgendes hingewiesen:

- **Die Gesellschaft mit beschränkter Haftung entsteht als solche erst mit ihrer Eintragung in das Handelsregister. Diese setzt die Zahlung der Gerichtskosten für die Eintragung voraus.**
- **Mit dem wirksamen Abschluss des Gesellschaftsvertrages entsteht eine Vorgesellschaft, deren Rechtsnachfolgerin die Gesellschaft mit Eintragung im Handelsregister wird.**
- **Bei Geschäftsaufnahme vor der Eintragung im Handelsregister kann es für Verbindlichkeiten der Vorgesellschaft zu einer unbeschränkten persönlichen Haftung der Gründungsgesellschafter kommen. Auch die Geschäftsführer, die vor Eintragung der Gesellschaft handeln, können persönlich haften.**
- **Eine Vorgesellschaft wird durch Geschäfte, die die Geschäftsführung mit Ermächtigung der Gesellschafter im Namen der Vorgesellschaft abschließt, wirksam berechtigt und verpflichtet. Im Übrigen ist die Vertretungsmacht der Geschäftsführer vor Eintragung der Gesellschaft im Handelsregister auf gründungsnotwendige Geschäfte beschränkt.**
- **Die Gründungsgesellschafter haften gleichwohl auch nach Eintragung der Gesellschaft in das Handelsregister anteilig für die Verbindlichkeiten aus der mit ihrer Zustimmung vor Eintragung aufgenommenen Geschäftstätigkeit persönlich, und zwar in Höhe der gesamten Differenz zwischen dem im Gesellschaftsvertrag festgesetzten Stammkapital (abzüglich des im Gesellschaftsvertrag festgelegten Gründungsaufwands) und dem – ggf. auch negativen – Wert des Gesellschaftsvermögens im Zeitpunkt der Eintragung der Gesellschaft in das Handelsregister (Vorbelastungs- oder Unterbilanzhaftung).**
- **Soweit es nicht zur Eintragung der Gesellschaft in das Handelsregister kommt, haften die Gründungsgesellschafter unbeschränkt persönlich in Höhe der gesamten nicht vom Gesellschaftsvermögen gedeckten Verluste aus der aufgenommenen Geschäftstätigkeit. Dieser Verlustdeckungsanspruch entsteht mit dem Scheitern der Eintragung, insbesondere im Falle der Rücknahme des Eintragungsantrags oder der Aufgabe des Geschäftsbetriebs.**
- **Die Anmeldung der Gesellschaft zur Eintragung in das Handelsregister kann erst erfolgen, nachdem die festgesetzten Sacheinlagen auf sämtliche Geschäftsanteile nach Maßgabe der Bestimmungen im Gesellschaftsvertrag in voller Höhe geleistet und auf die Gesellschaft übertragen wurden.**
- **Die Einlagen auf sämtliche Geschäftsanteile müssen sich im Zeitpunkt des Eingangs der Registeranmeldung bei Gericht in der freien, uneingeschränkten Verfügung der Geschäftsführung befinden und dürfen – mit Ausnahme der satzungsmäßig übernommenen Gründungskosten – auch nicht durch die Eingehung von Verbindlichkeiten angetastet sein.**

- **Einlageleistungen auf die Geschäftsanteile, die vor der heutigen Beurkundung des Gesellschaftsvertrages vorgenommen wurden, haben keine Erfüllungswirkung und sind daher unbedingt zu vermeiden.**
- **Erreicht der Wert einer Sacheinlage nicht den Nennbetrag der dafür übernommenen Geschäftsanteile, hat der Gesellschafter gemäß § 9 Abs. 1 Satz 1 GmbHG in Höhe des Fehlbetrages eine Einlage in Geld zu leisten (sog. Differenzhaftung). Ansprüche aus anderen Rechtsgründen bleiben unberührt. Es ist demzufolge eine sorgfältige Bewertung des jeweiligen Sacheinlagegegenstandes vorzunehmen und zu dokumentieren; der Notar kann diese Bewertung nicht überprüfen und hat geraten, zur Vermeidung von Haftung den Wert des jeweiligen Sacheinlagegegenstandes vorab durch einen Sachverständigen klären und begutachten zu lassen**
- **Alle Gesellschafter haften im Verhältnis ihrer Geschäftsanteile für die Erfüllung derjenigen Einlageverpflichtungen, auf welche die geschuldeten Leistungen von dem dazu verpflichteten Gesellschafter nicht zu erlangen sind. Dies kann bei Ausfall aller übrigen Gesellschafter zur Haftung eines einzelnen Gesellschafters für die gesamten Einlageverpflichtungen führen. Diese Haftung gilt insbesondere auch für solche Leistungen auf die Geschäftsanteile, die keine Tilgungswirkung haben, schon vor Eintragung ohne Werterhaltung verbraucht oder an die Gesellschafter zurückgezahlt wurden.**
- **Werden falsche Angaben bei der Errichtung der Gesellschaft gemacht oder wird die Gesellschaft durch Einlagen oder Gründungsaufwand vorsätzlich oder grob fahrlässig geschädigt oder lassen die Gesellschafter die Geschäfte durch »amtsunfähige Personen« führen, haften alle Gesellschafter u.a. auf Schadensersatz; falsche Angaben bei der Eintragung der Gesellschaft in das Handelsregister werden nach § 82 GmbHG mit Freiheitsstrafe bis zu 3 Jahren oder Geldstrafe bedroht.**
- **Die Zulässigkeit der von den Gesellschaftern gewählten Firma kann von dem Notar nicht abschließend beurteilt werden. Trotz Überprüfung durch die Industrie- und Handelskammer und das Registergericht sowie Eintragung im Handelsregister bleiben Rechte von Inhabern älterer identischer oder ähnlicher Firmen unberührt; diese können eventuell die Unterlassung des Gebrauchs der ihre Rechte verletzenden Firmenbezeichnung verlangen oder andere Ansprüche geltend machen.**
- **Die Eintragung der Gesellschaft im Handelsregister lässt etwaige öffentlichrechtliche Genehmigungserfordernisse in Bezug auf den Geschäftsbetrieb unberührt. Bei einem Verstoß drohen öffentlich-rechtliche Sanktionen. Der Notar hat insofern keine Beratung oder Betreuung übernommen.**
- **Die Einbringung von Grundstücken unterliegt der Grunderwerbsteuer. Eine steuerliche Beratung hat der Notar im Übrigen weder übernommen noch erteilt.**

Diese Niederschrift wurde den Erschienenen von dem Notar vorgelesen, von den Erschienenen genehmigt und von ihnen und dem Notar wie folgt eigenhändig unterschrieben:

Unterschriften der Erschienenen und des Notars

Erläuterungen

Literatur: *Schlößer/Pfeiffer*, Wegfall der kapitalgesellschaftsrechtlichen Differenzhaftung durch Nacherfüllung der mangelhaften Sacheinlage, NZG 2012, 1047; *Herrler*, Handlungsoptionen bei tilgungsschädlicher Einlagenrückzahlung i.S. von § 19 Abs. 5 GmbHG (sog. Hin- und Herzahlen) DStR 2011, 2300; *Göb*, Aktuelle gesellschaftsrechtliche Fragen in Krise und Insolvenz, NZI 2011, 532; *Rezori*, Die Kapitalaufbringung bei der GmbH-Gründung – Ausgewählte Gesichtspunkte und Neuregelung der §§ 19 Abs. 4 und Abs. 5 GmbHG, RNotZ 2011, 125.

69 **1.** Dazu Muster A.I.1 (Rdn. A 4).

70 **2.** Dazu Muster A.I.1 (Rdn. A 5).

71 **3.** Die Gesellschafter haben die Wahl zwischen Bar- und Sachgründung. Das Stammkapital und der Nennwert der Geschäftsanteile sind bei der Sachgründung wie bei der Bargründung als feste Euro-Beträge anzugeben, jedoch ist die konkrete Einlagepflicht bei der Sachgründung auf die Einbringung von Sachen oder sonstigen Vermögenswerten gerichtet. Sollen Sacheinlagen geleistet werden, so müssen der Gegenstand der Sacheinlage und der Nennbetrag des Geschäftsanteils, auf den sich die Sacheinlage bezieht, im Gesellschaftsvertrag festgesetzt werden (§ 5 Abs. 4 Satz 1 GmbHG). Anderenfalls sind die Einlagen in Geld zu erbringen; insoweit hat die Bargründung Vorrang. Jede wirksame Festlegung einer Sacheinlage ist nach zutreffendem Verständnis eine besondere Erfüllungsvereinbarung vor dem Hintergrund einer an sich bestehenden Pflicht zur Geldleistung (Lutter/Hommelhoff/*Bayer* § 5 Rn. 13). Als Sacheinlage kommen entsprechend § 27 Abs. 2 Halbsatz 1 AktG daher nur solche Gegenstände in Betracht, deren wirtschaftlicher Wert feststellbar ist und welche hinsichtlich ihres Wertes aus dem Vermögen des Gesellschafters ausgegliedert werden können. Ob und inwieweit bestimmte Vermögensgegenstände sacheinlagefähig sind, ist teilweise umstritten. Insoweit wird auf die einschlägige Rechtsprechung und Literatur verwiesen (vgl. etwa den Überblick bei Lutter/Hommelhoff/*Bayer* § 5 Rn. 14 ff.).

72 Die Gesellschafter sind verpflichtet, bei Bestehen einer Sacheinlageverpflichtung die im Gesellschaftsvertrag festgesetzte Sacheinlage bereits vor der Anmeldung der Gesellschaft zur Eintragung in das Handelsregister vollständig zu leisten (§ 7 Abs. 3 GmbHG). Die Sacheinlage ist bewirkt, wenn das je nach Einlagegegenstand erforderliche Erfüllungsgeschäft vollzogen und dadurch der Einlagegegenstand vollständig aus dem Vermögen des Gesellschafters ausgesondert wurde (Baumbach/Hueck/*Hueck/Fastrich* § 7 Rn. 13). Im Fall der Einbringung von Grundstücken und grundstücksgleichen Rechten ist die Sacheinlage daher grundsätzlich erst mit Auflassung und Eigentumsumschreibung im Grundbuch zugunsten der Gesellschaft bewirkt (§§ 873, 925 BGB). Aufgrund der Verfahrensdauer wird teilweise vertreten, dass die Auflassung, Eintragungsbewilligung (§§ 19, 20 GBO) und Stellung des Antrags auf Eigentumsumschreibung (§§ 13, 17 GBO) bzw. Eintragung einer Eigentumsvormerkung im Grundbuch genügen, da der Rechtserwerb wegen der bindenden Einigung und dem Vorliegen der grundbuchlichen Eintragungsvoraussetzungen dann gewährleistet sei (Lutter/Hommelhoff/*Bayer* § 7 Rn. 17 m.w.N.

73 Der Einlagegegenstand muss endgültig zur freien Verfügung der Geschäftsführer stehen. Die Versicherung der Geschäftsführer bei der Anmeldung muss die endgültig freie Verfügbarkeit des Gegenstandes umfassen (§ 8 Abs. 2 GmbHG).

74 **4.** Nach § 5 Abs. 4 Satz 1 GmbH ist im Gesellschaftsvertrag der Nennbetrag des Geschäftsanteils festzusetzen, auf den sich die Sacheinlage bezieht. Die Gesellschafter sind jedoch bei der Bestimmung dieses sog. Anrechnungs- oder Ausgabebetrages an bestimmte gesetzliche Vorgaben gebunden. Aus dem Sinn und Zweck der Vorschriften über die Sicherung der Aufbringung eines der Stammkapitalhöhe entsprechenden Gesellschaftsvermögens folgt, dass der Anrechnungs- oder Ausgabebetrag den Wert des Sacheinlagegegenstandes nicht überschreiten darf (Scholz/*Veil*, § 5 Rn. 56 m.w.N.). Es gilt insoweit das Verbot der Unterpariemission (näher dazu auch Scholz/*Veil*, § 5 Rn. 28 m.w.N.). Eine Überbewertung der Sacheinlagen ist unzulässig. Der wirkliche (objektive) Wert, Zeitwert (vgl. zu Bewertungsfragen etwa (Scholz/*Veil*, § 5 Rn. 57 ff.) des Einlagegegenstands ist Obergrenze für die Festsetzung des Anrechnungsbetrages auf den Geschäftsanteil im Gesellschaftsvertrag. Insoweit besteht kein Bewertungsspielraum (Lutter/Hommelhoff/*Bayer*, § 5 Rn. 24 f.; Baumbach/Hueck/*Fastrich*, § 5 Rn. 33). Dies wird insbesondere aus §§ 9, 9c Abs. 1 Satz 2 abgeleitet. So muss nach § 9 Abs. 1 GmbHG der Wert der Sacheinlagen in jedem Fall min-

destens dem Nennbetrag des übernommenen Geschäftsanteils entsprechen. § 9c GmbHG statuiert ein Eintragungshindernis, wenn Sacheinlagen nicht unwesentlich überbewertet werden (Scholz/*Veil*, § 5 Rn. 56).

Nach ganz herrschender Meinung ist eine Festsetzung des Anrechnungsbetrages mit einem den (objektiven) Wert, Zeitwert der Sacheinlage unterschreitenden Wert zulässig, also eine Unterbewertung des Sacheinlagegegenstands im Rahmen der Anrechnung auf den Anrechnungs- oder Ausgabebetrag (Baumbach/Hueck/*Fastrich*, § 5 Rn. 33, Scholz/*Veil*, § 5 Rn. 56 m.w.N.). Dies führt im Ergebnis zu einer Überpariemission, d.h. die Geschäftsanteile werden zu einem höheren Ausgabebetrag als dem Nennbetrag des Geschäftsanteils ausgegeben. Es handelt sich in diesem Fall um die Vereinbarung eines Aufgelds (Agio), also die Vereinbarung einer den Nennbetrag des Geschäftsanteils wertmäßig überschreitenden Einlage. Das Aufgeld (Agio) ist nach herrschender Meinung jedoch nicht Teil der Einlageverpflichtung auf den Geschäftsanteil im Sinne der Kapitalaufbringungsvorschriften, sondern Nebenleistungspflicht im Sinne des § 3 Abs. 2 GmbHG. Nicht ganz klar ist, wie die bilanzielle Behandlung zu erfolgen hat. Nach wohl überwiegender Auffassung ist in der Bilanz der Gesellschaft die eingebrachte Sache zum Zeitwert auszuweisen und der den Nennbetrag des Geschäftsanteils (Anrechnungsbetrag) übersteigende (Zeit)Wert der Sacheinlage nach § 272 Abs. 2 Nr. 1 HGB wie ein ausdrücklich vereinbartes Agio zu behandeln und auf der Passivseite der Bilanz in dem Posten »Kapitalrücklage« auszuweisen (Lutter/Hommelhoff/*Bayer*, § 5 Rn. 24 f.; Baumbach/Hueck/*Fastrich*, § 5 Rn. 33; Scholz/*Veil*, § 5 Rn. 21, jeweils m.w.N.).

5. Davon zu unterscheiden ist die sog. gemischte Sacheinlage oder Über-Wert-Sacheinlage. In 75
diesem Fall wird der über den Anrechnungs- oder Ausgabetrag hinausgehende Mehrwert der Sacheinlage nicht der Kapitalrücklage der Gesellschaft als Leistung auf das Eigenkapital zugeführt, sondern der über den Anrechnungs- oder Ausgabetrag hinausgehende Mehrwert der Sacheinlage wird dem die Sacheinlage leistenden Gesellschafter vergütet. Der die Sacheinlage leistende Gesellschafter erhält in diesem Fall für die Erbringung seines Vermögenswerts von der Gesellschaft sowohl einen Geschäftsanteil als auch eine sonstige Leistung (Lutter/Hommelhoff/*Bayer* § 5 Rn. 38). In der Praxis häufig ist die Gutschrift als Darlehen oder eine Barvergütung (Scholz/*Veil*, § 5 Rn. 81 m.w.N.). Diese beide Varianten sind im Muster vorgesehen. Bei Barvergütung können die näheren Kautelen der Zahlung durch die Gesellschaft in der Gründungsurkunde festgelegt werden. Bei Ausgestaltung als Gesellschafterdarlehen können weitere Regelungen zur Verzinsung und Rückzahlung getroffen werden. Andernfalls gelten jeweils die gesetzlichen Bestimmungen. Die Vereinbarung über die gemischte Sacheinlage ist als ein einheitliches Rechtsgeschäft zu behandeln, auf das im Ganzen die für die Sachgründung geltenden Regeln anzuwenden sind, so dass die Sacheinlage sowohl den auf das Stammkapital anzurechnenden Betrag als auch den darüber hinaus gehenden Betrag decken muss (Scholz/*Veil*, § 5 Rn. 82 m.w.N.). Eine gemischte Sacheinlage bedarf zu ihrer Wirksamkeit der Festsetzung im Gesellschaftsvertrag. Die Werthaltigkeitsprüfung erstreckt sich auf die Sacheinlage als Ganzes (BGH NJW 2007, 765; Baumbach/Hueck/*Hueck/Fastrich* § 5 Rn. 20). Im Gesellschaftsvertrag ist außer den sonst nach § 5 Abs. 4 Satz 1 GmbHG erforderlichen Angaben festzulegen, dass ein über den Ausgabe- bzw. Anrechnungsbetrag auf den Geschäftsanteil hinausgehender Mehrwert des Einlagegegenstandes dem Einleger oder einem Dritten vergütet werden soll (BGH v. 2.5.1966 – II ZR 219/63, BGHZ 45, 338, 342). Es bedarf jedoch nicht notwendigerweise ausdrücklicher Hervorhebung des Vergütungsanspruchs, sondern dieser kann sich auch aus dem übrigen Vertragsinhalt durch Auslegung ergeben (Scholz/*Veil*, § 5 Rn. 82 m.w.N.). Der Gesellschaftsvertrag muss darüber hinaus Bestimmungen sowohl über die Art der zu gewährenden Vergütung (z. B. Zahlungsanspruch, Darlehensgewährung, Schuldübernahme) als auch über die Höhe enthalten (BGH v. 2.5.1966 – II ZR 219/63, BGHZ 45, 338, 342 f.). In diesem Zusammenhang ist es – was insbesondere für die Einbringung von Unternehmen relevant ist – aber nicht erforderlich, dass die Vergütung im Gesellschaftsvertrag genau beziffert (so aber *Günthner*, NJW 1975, 224, 226) oder jedenfalls mit einem Schätzbetrag (so OLG Stuttgart v. 19.1.1982 – 8 W 295/81, GmbHR 1982, 109, 111 m. krit. Anm. von Priester) angegeben wird, sondern es genügt nach herrschender Meinung den Informations- und Kontrollinter-

essen der Gesellschaftsgläubiger, wenn er objektiv bestimmbar festgesetzt wird in einer Weise, die eine ziffernmäßige Konkretisierung auf den Anmeldezeitpunkt anhand der eingereichten Unterlagen unschwer ermöglicht (OLG Zweibrücken v. 26.11.1980 – 3 W 169/80, GmbHR 1981, 214, 215; Scholz/*Veil*, § 5 Rn. 82 m.w.N.; MünchKomm/*Schwandtner*, § 5 Rn. 213, Baumbach/Hueck/*Fastrich*, § 5 Rn. 20). Auf diesem Wege kann dann die – meist erst nach Vertragsschluss – festgestellte Einbringungsbilanz des eingebrachten Unternehmens berücksichtigt werden (Scholz/*Veil*, § 5 Rn. 82 m.w.N.). Lässt sich der Betrag aus den beim Registergericht eingereichten Unterlagen nicht unzweifelhaft ableiten, so steht dem betreffenden Gesellschafter gegen die Gesellschaft kein Vergütungsanspruch zu, der Betrag ist vielmehr in die Kapitalrücklage der Gesellschaft einzustellen.

76 **6.** Von der gemischten Sacheinlage ist die sog. Mischeinlage zu unterscheiden. In diesem Fall hat der Inferent auf einen Geschäftsanteil sowohl eine Bareinlage als auch eine Sacheinlage zu leisten (näher dazu MünchKomm/*Schwandtner*, § 5 Rn. 216). Diese Variante ist im Muster ebenfalls vorgesehen.

77 **7.** Dazu Muster A.I.1 (Rdn. A 16-18).

8. Sachgründungsbericht

Vorbemerkung

78 In Anlehnung an § 32 Abs. 2 AktG haben die Gründer bei einer Sachgründung einen besonderen Bericht zu erstatten, den man als Sachgründungsbericht bezeichnet. In diesem Sachgründungsbericht haben die Gesellschafter die für die Angemessenheit der Leistungen für Sacheinlagen wesentlichen Umstände darzulegen und beim Übergang eines Unternehmens auf die Gesellschaft die Jahresergebnisse der beiden letzten Geschäftsjahre anzugeben (§ 5 Abs. 4 S. 2 GmbHG).

79 Die Gründungsgesellschafter sind für die Richtigkeit des Sachgründungsberichts nach § 9a GmbHG zivilrechtlich verantwortlich. Falsche Angaben im Sachgründungsbericht lösen die Haftung des Gesellschafters gegenüber der Gesellschaft aus. Der Gesellschafter kann in einem solchen Fall gemäß § 82 Abs. 1 Nr. 1 GmbHG auch strafrechtlich zur Verantwortung gezogen werden.

80 Der Sachgründungsbericht ist bei der Anmeldung beim Handelsregister mit einzureichen (§ 8 Abs. 1 Nr. 4 GmbHG). Fehlt er, so ist die Eintragung abzulehnen, wenn auch eine Beanstandung des Registergerichts keine Abhilfe bewirkt hat.

Muster

81 **Sachgründungsbericht [1]**

1. Gründungsurkunde

Wir, die alleinigen Gesellschafter A, B und C der durch Urkunde vom ____________ des Notars ____________ in ____________ zur UR-Nr. ____________/____________ gegründeten, noch nicht im Handelsregister eingetragenen XY-GmbH i.G. und erstatten hiermit den folgenden Sachgründungsbericht:

2. Stammkapital, Geschäftsanteile und Einlagen auf die Geschäftsanteile

Das Stammkapital beträgt EUR ____________.

Es haben im Rahmen der Gründungsurkunde wie folgt übernommen:

(1) Herr A einen Geschäftsanteil im Nennbetrag von EUR ____________ (lfd. Nr. 1 der Gesellschafterliste).

Der Ausgabebetrag entspricht dem Nennbetrag. Die Einlagen auf den von Herrn A übernommenen Geschäftsanteil lfd. Nr. 1 der Gesellschafterliste im Nennbetrag von EUR ___________ wurden entsprechend den Festsetzungen im Gesellschaftsvertrag in voller Höhe durch eine Sacheinlage erbracht, und zwar durch Einbringung und Abtretung des Geschäftsanteils lfd. Nr. ___________ der Gesellschafterliste im Nennbetrag von EUR ___________ an der ZZ-GmbH mit dem Sitz in ___________, eingetragen im Handelsregister des Amtsgerichts ___________ unter HRB ___________.

Hierzu wurde am ___________ ein Einbringungs- und Geschäftsanteilsübertragungsvertrag geschlossen (UR-Nr. ___________/___________ des Notars ___________ in ___________).

(2) Herr B einen Geschäftsanteil im Nennbetrag von EUR ___________ (lfd. Nr. 2 der Gesellschafterliste).

Der Ausgabebetrag entspricht dem Nennbetrag. Die Einlagen auf den von Herrn B übernommenen Geschäftsanteil lfd. Nr. 2 der Gesellschafterliste im Nennbetrag von EUR ___________ wurden entsprechend den Festsetzungen im Gesellschaftsvertrag in voller Höhe durch eine Sacheinlage erbracht, und zwar durch Einbringung und Abtretung des Geschäftsanteils lfd. Nr. ___________ der Gesellschafterliste im Nennbetrag von EUR ___________ an der ZZ-GmbH mit dem Sitz in ___________, eingetragen im Handelsregister des Amtsgerichts ___________ unter HRB ___________.

Hierzu wurde am ___________ ein Einbringungs- und Geschäftsanteilsübertragungsvertrag geschlossen (UR-Nr. ___________/___________ des Notars ___________ in ___________).

(3) Herr C einen Geschäftsanteil im Nennbetrag von EUR ___________ (lfd. Nr. 3 der Gesellschafterliste).

Der Ausgabebetrag entspricht dem Nennbetrag. Die Einlagen auf den von Herrn C übernommenen Geschäftsanteil lfd. Nr. 3 der Gesellschafterliste im Nennbetrag von EUR ___________ wurden entsprechend den Festsetzungen im Gesellschaftsvertrag in Höhe von EUR ___________ durch eine Sacheinlage erbracht, und zwar durch Einbringung und Übereignung des Herrn C gehörenden Kraftfahrzeugs der Marke ___________ Typ ___________ Baujahr ___________, Fahrgestellnummer ___________.

Hierzu wurde am ___________ ein privatschriftlicher Einbringungsvertrag geschlossen.

Der Restbetrag der von Herrn C geschuldeten Einlagen in Höhe von EUR ___________ ist durch Bareinlage zu erbringen. Diese wurde in voller Höhe durch Überweisung auf ein Geschäftskonto der Gesellschaft in Gründung geleistet.

3. Sacheinlagen der Gesellschafter A und B [1]

Nach dem von den Gründern vor Gründung der Gesellschaft in Auftrag gegebenen Gutachten der ___________ GmbH Wirtschaftsprüfungsgesellschaft beträgt der Wert des von Herrn A eingebrachten Geschäftsanteils lfd. Nr. ___________ der Gesellschafterliste im Nennbetrag von EUR ___________ an der ZZ-GmbH mit dem Sitz in ___________, eingetragen im Handelsregister des Amtsgerichts ___________ unter HRB ___________, mindestens EUR ___________. Das Gutachten ist diesem Bericht in Kopie als Anlage 1 beigefügt. Die Gründer machen sich die Ausführungen der ___________ GmbH Wirtschaftsprüfungsgesellschaft hiermit zu eigen.

Nach dem von den Gründern vor Gründung der Gesellschaft in Auftrag gegebenen vorgenannten Gutachten der __________ GmbH Wirtschaftsprüfungsgesellschaft beträgt der Wert des von Herrn B eingebrachten Geschäftsanteils lfd. Nr. __________ der Gesellschafterliste im Nennbetrag von EUR __________ an der ZZ-GmbH mit dem Sitz in __________, eingetragen im Handelsregister des Amtsgerichts __________ unter HRB __________, mindestens EUR __________. Die Gründer machen sich die Ausführungen der __________ GmbH Wirtschaftsprüfungsgesellschaft hiermit zu eigen.

Das Unternehmen ZZ-GmbH wies in den vergangenen zwei Jahren folgende Jahresergebnisse aus [2]:

____

____

4. Sacheinlage des Gesellschafters C [1]

Nach dem von den Gründern vor Gründung der Gesellschaft in Auftrag gegebenen Gutachten des Kraftfahrzeug-Sachverständigen __________ beträgt der Wert des von Herrn C eingebrachten Kraftfahrzeugs der Marke __________ Typ __________ Baujahr __________, Fahrgestellnummer __________, mindestens EUR __________. Das Gutachten ist diesem Bericht in Kopie als Anlage 2 beigefügt. Die Gründer machen sich die Ausführungen der __________ GmbH Wirtschaftsprüfungsgesellschaft hiermit zu eigen.

Ort, Datum

Unterschriften der Gründungsgesellschafter [3]

Erläuterungen

82 **1.** Zweck des Sachgründungsberichts ist es, die Kapitalaufbringung bei Sachgründungen zum Schutze der Gesellschaftsgläubiger zu sichern und dem Registergericht die Prüfung der Ordnungsmäßigkeit der Gesellschaftsgründung zu erleichtern (Scholz/*Veil*, § 5 Rn. 98). Der Inhalt des Sachgründungsberichts ist über die Vorgaben in § 5 Abs. 4 Satz 2 GmbHG hinaus nicht gesetzlich vorgeschrieben. Eine Orientierung an § 32 Abs. 2 AktG und § 58 UmwG kann hilfreich sein. § 5 Abs. 4 Satz 2 GmbHG verlangt, dass die Gesellschafter in dem Sachgründungsbericht die für die Angemessenheit der Leistungen für Sacheinlagen wesentlichen Umstände darlegen und beim Übergang eines Unternehmens auf die Gesellschaft die Jahresergebnisse der beiden letzten Geschäftsjahre angeben. Die Gründer haben im Übrigen im Einzelfall zu entscheiden, welche Angaben erforderlich sind, um die Umstände darzustellen, die die Angemessenheit der Leistungen auf die Sacheinlagen nachweisen. Der Sachgründungsbericht soll mindestens plausibel machen, welche Überlegungen für den Einlagewert sprechen. Maßgeblicher Zeitpunkt für die Bewertung der Sacheinlage ist die Anmeldung der GmbH zur Eintragung ins Handelsregister (Baumbach/Hueck/*Hueck/Fastrich* § 9 Rn. 4). Damit gehen Wertminderungen zwischen der Erstellung des Sachgründungsberichts und der Anmeldung zu Lasten der Gründer. Adressat des Berichtes ist in erster Linie das Registergericht. Dieses darf die GmbH nur eintragen, wenn es von der Deckung der betreffenden Stammeinlage auf den Geschäftsanteil durch den Wert der Sacheinlage überzeugt ist. Denn mit § 9c Abs. 1 Satz 2 GmbHG, der Pflicht zur Vorlage eines Sachgründungsberichts (§ 5 Abs. 4 Satz 2 GmbHG) und weiterer Unterlagen (§ 8 Abs. 1 Nr. 5 GmbHG) weist das Gesetz dem Registergericht die Pflicht zu eingehender Prüfung von Sacheinlagen zu. Eine Kontrolle von dritter Seite ist (anders als im Aktienrecht, § 33 Abs. 2 AktG) nicht gesetzlich vorgeschrieben. Das Registergericht ist somit die einzige Stelle, die die Überbewertung von Sacheinlagen verhindern kann. Im Sachgründungsbericht sollten daher alle Umstände aufgeführt werden, anhand derer das Registergericht die Werthaltigkeit der Sacheinlage prüfen kann. Der Bericht hat daher grundsätzlich alle

Umstände aufzuführen, die für die sachgemäße Beurteilung erforderlich sind, ob die Nennbeträge der Geschäftsanteile, soweit sie nicht in Geldeinlagen zu erbringen sind, durch den Zeitwert des eingebrachten Vermögensgegenstandes gedeckt werden oder ob die auf die Einlageforderung verrechnete Vergütung für einen von der Gesellschaft übernommenen Vermögensgegenstand dessen Zeitwert nicht übersteigt (Scholz/*Veil*, § 5 Rn. 104). Die eingebrachten Vermögensgegenstände sind in dem Bericht in einem Umfang näher zu beschreiben, wie das im Einzelfall zur sachgerechten Ermittlung des Zeitwerts notwendig ist, z. B. Art und Menge, Alter, Beschaffenheit, Herstellungskosten, Anschaffungspreis. Auf beigefügte Unterlagen (z. B. Einbringungsbilanz, Kaufvertrag, Inventarverzeichnis) kann Bezug genommen werden. Der Bericht muss schließlich die angewandte Bewertungsmethode erkennen lassen und die zugrunde zu legenden Wertmaßstäbe erkennen lassen (näher zu diesen inhaltlichen Anforderungen Scholz/*Veil*, § 5 Rn. 104). Das können sein: Markt- und Börsenpreise, bei Grundstücken die Unterlagen des gemeindlichen Gutachterausschusses, insbesondere aber Sachverständigengutachten und sonstige Bewertungsgutachten. Auf diese kann und sollte in dem Sachgründungsbericht vorbehaltlos Bezug genommen werden. Letztlich werden die Gründungsgesellschafter sich meist diese Sachverständigengutachten oder sonstige Bewertungsgutachten zu eigen machen wollen, da sie selbst in vielen Fällen gar nicht zur ordnungsgemäßen Bewertung in der Lage sind.

Die Ermittlung des Wertes erfolgt nach den allgemein für die Eröffnungsbilanz maßgeblichen Kriterien. Wegen des ungeschriebenen Verbots der Unter-Pari-Emission der Geschäftsanteile erfolgt die Anrechnung des Gegenstandes auf die Sacheinlage nur bis zu einem Höchstwert. Dieser richtet sich nach dem Zeitwert des betroffenen Gegenstandes. Bei Gegenständen des Umlaufvermögens richtet sich dieser nach dem Einzelveräußerungswert, bei Gegenständen aus dem Anlagevermögen ist hingegen der Wiederbeschaffungswert oder Reproduktionswert des Gegenstandes entscheidend (näher zur grundsätzlichen Maßgeblichkeit des Zeitwertes und weiteren Bewertungsfragen für einzubringende Vermögengegenstände Scholz/*Veil*, § 5 Rn. 57 ff.). 83

2. Bei der Einbringung eines Unternehmens sind zusätzlich zur Begründung des Einlagewertes die Jahresergebnisse der beiden letzten Geschäftsjahre anzugeben (§ 5 Abs. 4 S. 2 Halbsatz 2 GmbHG). Besteht das Unternehmen noch nicht lang genug, so reduziert sich die Vorgabe entsprechend. Unter »Jahresergebnis« ist der nach den Grundsätzen ordnungsgemäßer Buchführung zu ermittelnde Jahresüberschuss bzw. Jahresfehlbetrag im Sinne von § 275 Abs. 2 Nr. 17 bzw. Abs. 3 Nr. 16 HGB zu verstehen (Lutter/Hommelhoff/*Bayer*, § 5 Rn. 33, Scholz/*Veil*, § 5 Rn. 105). Die Beifügung einer Bilanz wird dann regelmäßig nicht notwendig sein. Soweit das Ergebnis durch außergewöhnliche Umstände wesentlich beeinflusst worden ist, muss das vermerkt werden (Scholz/*Veil*, § 5 Rn. 105). Nicht eindeutig vom Gesetz geregelt ist die Frage, ob von der genannten Vorgabe in § 5 Abs. 4 Satz 2 Halbsatz 2 GmbHG auch Unternehmensteile oder Anteile an einem Unternehmen erfasst werden. Dies wird man für einen Unternehmensteil bejahen müssen, wenn ein Unternehmensteil eingebracht wird, der selbstständig fortführbar ist und für den ein Ergebnis ermittelt werden kann (Scholz/*Veil*, § 5 Rn. 105). Auch für Anteile an einem Unternehmen wird die Vorschrift für anwendbar gehalten, wenn es sich um eine Mehrheitsbeteiligung handelt. 84

Nach § 9 Abs. 1 GmbHG haftet der Gesellschafter, der sich zur Einbringung einer Sacheinlage verpflichtet hat, für jede Überbewertung des Gegenstandes, soweit dadurch der Nennwert der von ihm übernommenen Geschäftsanteile unterschritten wird. Dabei kommt es auf eine Erheblichkeit der Überbewertung nicht an. Die Differenzhaftung erstreckt sich jedoch nur auf die Höhe der übernommenen Stammeinlage. Der Gründer hat den Wert, um den der Wert des Gegenstandes hinter dem Nominalbetrag zurückbleibt, nachzuzahlen. Gemäß § 24 GmbHG haften die übrigen Gesellschafter bei Ausfall des von der Differenzhaftung betroffenen Gesellschafters (BGHZ 80, 128, 141). Der Notar hat in Bezug auf die Werthaltigkeit der Sacheinlagen keine Prüfungspflichten, er hat aber eine Belehrungspflicht. Der Notar sollte zur Vermeidung eigener Haftung die Gründer in der Gründungsurkunde auf die Haftungsrisiken bei einer Überbewertung von Sacheinlagen hinweisen und empfehlen die Werthaltigkeit durch sachverständige Personen prüfen und dokumentieren zu lassen. 85

86 **3.** Der schriftliche Sachgründungsbericht ist nicht Bestandteil des Gesellschaftsvertrages. Er bedarf daher nicht der notariellen Beurkundung. Der Sachgründungsbericht ist von allen Gründern, nicht auch von den Geschäftsführern, schriftlich abzufassen und zu unterzeichnen (§ 126 Abs. 1 BGB). Dies ist zwar in § 5 Abs. 4 Satz 2 GmbHG anders als in § 32 Abs. 1 AktG nicht ausdrücklich festgelegt, entspricht aber allgemeiner Auffassung. Die genannten Erfordernisse ergeben sich aus dem Gesetzeszweck und können aus § 8 Abs. 1 Nr. 4 GmbHG abgeleitet werden (Scholz/*Veil*, § 5 Rn. 102). Nicht erforderlich ist, dass der Bericht in einer Urkunde enthalten ist. Möglich ist vielmehr auch die Unterzeichnung mehrerer gleichlautender Schriftstücke durch die Gründer (Scholz/*Veil*, § 5 Rn. 102). Maßgebend sind die Personen, die im Zeitpunkt der Anmeldung Gründer sind (Lutter/Hommelhoff/*Bayer*, § 5, Rn. 34). Der Sachgründungsbericht ist stets von allen Gründern gemeinsam zu erstatten, und zwar auch unabhängig davon, ob sie eine Sacheinlage- oder Bareinlageverpflichtung übernommen haben. Es müssen also auch diejenigen Gesellschafter mitwirken, die nicht selbst Sacheinlagen zu leisten haben (Scholz/*Veil*, § 5 Rn. 99). Die Gesellschafter sind nach dem Gesellschaftsvertrag untereinander, nicht gegenüber dem Registergericht, zur Mitwirkung bei der Berichterstattung verpflichtet (Scholz/*Veil*, § 5, Rn. 101). Die Gründer müssen persönlich unterzeichnen, eine Stellvertretung ist nach allgemeiner Meinung wegen der strafrechtlichen Verantwortung gemäß § 82 Abs. 1 Nr. 2 GmbHG unzulässig (Lutter/Hommelhoff/*Bayer*, § 5, Rn. 34, Scholz/*Veil*, § 5 Rn. 100). Juristische Personen und Personengesellschaften handeln durch ihre organschaftlichen Vertreter. Ändert sich der Bestand der Gründer noch vor Anmeldung der GmbH durch einen Gesellschafterwechsel oder durch den Hinzutritt weiterer Gesellschafter, so haben, wenn sie selber Sacheinlagen zu leisten haben, die neuen Gesellschafter einen – mit der Anmeldung der Vertragsänderung nachzureichenden - Sachgründungsbericht zu erstellen, während der des ausgeschiedenen Gesellschafters gegenstandslos wird (Scholz/*Veil*, § 5 Rn. 99).

9. Einbringungsvertrag in Bezug auf Sacheinlagen

Vorbemerkung

87 Sollen Sacheinlagen geleistet werden, so müssen der Gegenstand der Sacheinlage und der Nennbetrag des Geschäftsanteils, auf den sich die Sacheinlage bezieht, im Gesellschaftsvertrag festgesetzt werden (§ 5 Abs. 4 Satz 1 GmbHG). Diese Regelung ist Bestandteil der Gründungsurkunde, die den Gesellschaftsvertrag enthält. Die Gesellschafter sind sodann verpflichtet, die im Gesellschaftsvertrag festgesetzte Sacheinlage bereits vor der Anmeldung der Gesellschaft zur Eintragung in das Handelsregister vollständig zu leisten (§ 7 Abs. 3 GmbHG).

88 Zu diesem Zweck wird zwischen der Gesellschaft in Gründung und dem die Sacheinlage leistenden Gesellschafter ein Einbringungsvertrag geschlossen. Das Muster gilt für einen nach Beurkundung der Gründung der Gesellschaft einschließlich Gesellschaftsvertrag separat zu schließenden Einbringungsvertrag. Der Abschluss eines solchen Einbringungsvertrages ist nur dann zwingend erforderlich, wenn die Einbringung der Vermögensgegenstände einer besonderen Form unterliegt wie im nachfolgenden Musterbeispiel (Übertragung von Geschäftsanteilen einer GmbH, wo die Pflicht zur notariellen Beurkundung der Geschäftsanteilsabtretung sich aus § 15 GmbHG ergibt). In der Praxis ist der Abschluss eines gesonderten Einbringungsvertrages üblich und aus diversen Gründen empfehlenswert, insbesondere um den Registergericht die Leistung der Sacheinlagen nachzuweisen. Die Vereinbarungen zur Einbringung und Übertragung der Sacheinlagen können im Übrigen auch in dem Gesellschaftsvertrag selbst getroffen werden. Die Ausgliederung in einen gesonderten Einbringungsvertrag ist jedoch in der Regel empfehlenswert, um den Gesellschaftsvertrag nicht zu überfrachten. Der gesonderte Einbringungsvertrag kann alternativ auch in der Gründungsurkunde enthalten sein; in diesem Fall wird er in die Gründungsurkunde im Anschluss an den Gesellschaftsvertrag und die Bestellung der Geschäftsführer in einem darauf folgenden Abschnitt beurkundet.

89 Der Inhalt des Einbringungsvertrages hängt von dem als Sacheinlage einzubringenden Vermögensgegenstand ab, so dass zahlreiche Variationsmöglichkeiten bestehen, die hier nicht dargestellt wer-

den können. Im nachfolgenden Muster soll der relativ häufig vorkommende Fall der Einbringung von GmbH-Geschäftsanteilen geregelt werden.

Muster

Verhandelt am ____________ in ____________ 90

Vor mir, dem unterzeichneten Notar ____________ [1]

erschienen heute gleichzeitig:

1. Herr A

geb. am ____________,

wohnhaft ____________,

ausgewiesen durch ____________ [2]

handelnd

a) für sich persönlich und

b) als einzelvertretungsberechtigter und von den Beschränkungen des § 181 BGB befreiter und entsprechend von den Gründungsgesellschaftern zum Abschluss des nachfolgenden Einbringungsvertrages ermächtigter Geschäftsführer der am heutigen Tage zur UR-Nr. ____________ /____________ des Notars ____________ in ____________ gegründeten Gesellschaft mit beschränkter Haftung in Firma

XY GmbH i.Gr.

mit dem Sitz in Hamburg,

die Urschrift dieser Urkunde lag bei der Beurkundung vor; eine beglaubigte Abschrift dieser Urkunde ist dieser Urkunde als Vertretungsnachweis beigefügt; [3]

2. Herr B

geb. am ____________,

wohnhaft ____________,

ausgewiesen durch ____________,

handelnd

a) für sich persönlich und

b) als einzelvertretungsberechtigter und von den Beschränkungen des § 181 BGB befreiter und entsprechend von den Gründungsgesellschaftern zum Abschluss des nachfolgenden Einbringungsvertrages ermächtigter Geschäftsführer der am heutigen Tage zur UR-Nr. ____________ /____________ des Notars ____________ in ____________ gegründeten Gesellschaft mit beschränkter Haftung in Firma

XY GmbH i.Gr.

mit dem Sitz in ____________,

die Urschrift dieser Urkunde lag bei der Beurkundung vor; eine beglaubigte Abschrift dieser Urkunde ist dieser Urkunde als Vertretungsnachweis beigefügt;

3. **Frau C**

Kauffrau,

geb. am ___________,

wohnhaft ___________,

ausgewiesen durch ___________,

handelnd nicht für sich persönlich, sondern als einzelvertretungsberechtigte und von den Beschränkungen des § 181 BGB befreite Geschäftsführerin der Gesellschaft mit beschränkter Haftung in Firma

ZZ GmbH

mit dem Sitz in ___________, eingetragen im Handelsregister des Amtsgerichts ___________ – HRB ___________.

Die Erschienenen, handelnd wie angegeben, erklärten mit der Bitte um Beurkundung:

I. Vorbemerkung

Die Erschienenen zu 1. und 2. haben mit Urkunde vom heutigen Tage (UR-Nr. _____/_________ des Notars ___________ in ___________) die XY-GmbH gegründet. Das Stammkapital der Gesellschaft beträgt insgesamt EUR ___________. Zur Übernahme jeweils eines Geschäftsanteils im Nominalbetrag von EUR ___________ sind Herr A (Geschäftsanteil Nr. 1) und Herr B (Geschäftsanteil Nr. 2) zugelassen.

Zu einzelvertretungsberechtigten und von den Beschränkungen des § 181 BGB befreiten Geschäftsführern wurden der Erschienene zu 1. und der Erschienene zu 2. bestellt, die von den Gründungsgesellschaftern in der vorgenannten Gründungsurkunde auch ausdrücklich zum Abschluss dieses Vertrages ermächtigt wurden.

Die Einlagen auf die beiden vorgenannten Geschäftsanteile sind jeweils nicht in bar zu erbringen, sondern dadurch, dass Herr A und Herr B jeweils die von ihnen gehaltenen Beteiligungen von nominal je EUR ___________ (lfd. Nrn. ___________ und ___________ der Gesellschafterliste) an der im Handelsregister des Amtsgerichts ___________ unter HRB ___________ eingetragenen Gesellschaft mit beschränkter Haftung in Firma ZZ GmbH mit dem Sitz in ___________ in die XY-GmbH einbringen und an diese abtreten.

Herr A und Herr B beabsichtigen nunmehr, ihre beiden vorgenannten Geschäftsanteile an der ZZ GmbH als Sacheinlage zur Leistung der Nennbeträge der von ihnen bei der Gründung der XY-GmbH übernommenen Geschäftsanteile von nominal je EUR ___________ (lfd. Nrn. ___________ und ___________ der Gesellschafterliste) nach Maßgabe der Festsetzungen des in der vorgenannten Gründungsurkunde enthaltenen Gesellschaftsvertrages in die XY-GmbH einzubringen.

II. Einbringungs- und Geschäftsanteilsübertragungsvertrag

Zur Erfüllung der vorgenannten Einbringungsverpflichtungen von Herr A und Herr B wird zwischen der XY-GmbH in Gründung einerseits und Herr A und Herr B andererseits folgender

EINBRINGUNGS- UND GESCHÄFTSANTEILSÜBERTRAGUNGSVERTRAG [4]

geschlossen:

§ 1

Alleinige Gesellschafter der im Handelsregister des Amtsgerichts Hamburg – HRB ____________ – eingetragenen Gesellschaft in Firma

ZZ GmbH

mit dem Sitz in ____________ (im Folgenden auch »Gesellschaft« genannt) sind nach Versicherung der Erschienenen

Herr A mit dem Geschäftsanteil Nr. 1 in Höhe von EUR ____________ (lfd. Nr. ____________ der Gesellschafterliste) und

Herr B mit dem Geschäftsanteil Nr. 2 in Höhe von EUR ____________ (lfd. Nr. ____________ der Gesellschafterliste).

Diese Angaben entsprechen der zuletzt im Handelsregister aufgenommenen Gesellschafterliste der Gesellschaft vom ____________, die der Notar heute elektronisch eingesehen hat. Die vorstehenden Angaben konnten vom Notar jedoch nicht überprüft werden.

Das Stammkapital der Gesellschaft beträgt insgesamt ____________.

Die beiden vorgenannten Geschäftsanteile sind nach Versicherung von Herr A und Herr B in voller Höhe eingezahlt worden.

§ 2

Herr A (im Folgenden auch »Übertragender« genannt) überträgt hiermit seinen Geschäftsanteil lfd. Nr. 1 der Gesellschafterliste in Höhe von EUR ____________ an der Gesellschaft auf die XY-GmbH (im Folgenden auch »Erwerber« genannt) im Wege der Abtretung.

Herr B (im Folgenden ebenfalls »Übertragender« genannt) überträgt hiermit seinen Geschäftsanteil lfd. Nr. 2 der Gesellschafterliste in Höhe von ____________ € an der Gesellschaft auf die XY-GmbH im Wege der Abtretung.

Die Übertragungen und Abtretungen erfolgen jeweils mit sofortiger dinglicher Wirkung.

Der Erwerber nimmt die Übertragungen an.

§ 3

Die Übertragung der Geschäftsanteile erfolgt zur Erfüllung der Einlageverpflichtungen (Sacheinlagen) von Herrn A und Herrn B nach Maßgabe der Bestimmungen des vorgenannten über die Gründung des Erwerbers errichteten Protokolls vom heutigen Tage (UR-Nr. ____________/____________ des Notars ____________ in ____________).

Die weiteren Festsetzungen in Bezug auf die Erbringung der Sacheinlagen und deren etwaige Vergütung in dem Gesellschaftsvertag der XY-GmbH erkennen die Erwerber als für sich verbindlich an und bestätigen diese vollinhaltlich.

§ 4

Die Abtretung der Geschäftsanteile erfolgt jeweils mit allen Rechten und Pflichten und mit dem Gewinnbezugsrecht für das laufende Geschäftsjahr, das ebenfalls an den Erwerber abgetreten wird. Dieser nimmt die Abtretungen an.

§ 5

Jeder der Übertragenden gewährleistet im Sinne eines selbstständigen Garantieversprechens, das keine Beschaffenheitsgarantie i.S.d. § 443 Abs. 1 BGB oder § 444 Alt. 2 BGB enthält oder darstellt und bei dem Reichweite und Inhalt der Garantien sich ausschließlich nach den nachfolgend in § 6 enthaltenen Inhalts- und Schrankenbestimmungen dieser Garantien richten, dessen Regelungen integraler Bestandteil dieser Garantien sind und durch die § 443 BGB und § 444 Alt. 2 BGB ausgeschlossen sind, dass er zum Zeitpunkt der Beurkundung dieses Vertrages Inhaber des jeweiligen eingebrachten Geschäftsanteils ist, über den jeweiligen eingebrachten Geschäftsanteil frei verfügen kann, dieser nicht mit Rechten Dritter belastet ist, voll eingezahlt ist, sind und der Gesellschaftsvertrag der Gesellschaft in der Fassung vom ____________ unverändert fortbesteht. Jegliche weitergehende Gewährleistung der Einbringenden ist ausgeschlossen.

§ 6

Wenn und soweit eine oder mehrere Garantien eines Übertragenden nach § 5 dieses Vertrages ganz oder teilweise unzutreffend sein sollte, ist der Übertragende verpflichtet, innerhalb von vier Wochen nach Zugang eines entsprechenden Verlangens der XY-GmbH den Zustand herzustellen, der bestehen würde, wenn die betreffende(n) Garantie bzw. Garantien zutreffend wäre(n).

Stellt der Übertragende innerhalb der gesetzten Frist nicht den vertragsgemäßen Zustand her oder ist die Herstellung des vertragsgemäßen Zustands objektiv nicht möglich, kann die XY-GmbH vom Einbringenden Schadensersatz in Geld verlangen. Die Rechtsgedanken des § 442 BGB sowie des § 377 HGB finden keine Anwendung. Wegen desselben Schadens kann der Übertragende auch bei Verletzung mehrerer Garantien nur einmal in Anspruch genommen werden.

Der XY-GmbH stehen wegen der Verletzung von Garantiezusagen oder anderen Vertragsverletzungen des Einbringenden ausschließlich die in diesem § 6 geregelten Ansprüche zu. Alle anderen Ansprüche, insbesondere aufgrund gesetzlichen Gewährleistungsrechts, Verschulden bei Vertragsschluss, positiver Vertragsverletzung oder Wegfalls bzw. Störung der Geschäftsgrundlage, sind ausgeschlossen.

Soweit in diesem Vertag nicht ausdrücklich etwas anderes bestimmt ist, ist keine Partei berechtigt, von diesem Vertrag ganz oder teilweise zurückzutreten, auch nicht im Wege der Geltendmachung des sogenannten großen Schadensersatzes.

Nicht ausgeschlossen sind Ansprüche wegen vorsätzlichen Verhaltens der verpflichteten Partei sowie Ansprüche nach §§ 123, 444 Alt. 1, 823 und 826 BGB.

§ 7

Gemäß § ____________ des Gesellschaftsvertrages der ZZ GmbH ist die Übertragung von Geschäftsanteilen nur mit Zustimmung der Gesellschaft zulässig. Die Zustimmung darf nur erteilt werden, wenn ein entsprechender einstimmig gefasster Gesellschafterbeschluss vorliegt.

Herr A und Herr B als alleinige Gesellschafter der ZZ GmbH halten hiermit unter Verzicht auf alle Formen und Fristen für die Einberufung und Durchführung einer Gesellschafterversammlung eine außerordentliche Gesellschafterversammlung der ZZ GmbH ab und beschließen einstimmig was folgt:

»Der Übertragung von Geschäftsanteilen durch Herrn A und Herrn B an die XY-GmbH nach Maßgabe der Bestimmungen dieser Urkunde wird hiermit unwider-

ruflich zugestimmt. Die Geschäftsführung wird angewiesen, die Zustimmung zur vorgenannten Übertragung von Geschäftsanteilen auch im Namen der Gesellschaft zu erteilen.«

Frau C als alleinvertretungsberechtigte Geschäftsführerin der ZZ GmbH erklärt daraufhin unwiderruflich die Zustimmung der Gesellschaft zur Übertragung von Geschäftsanteilen durch Herrn A und Herrn B an die XY-GmbH nach Maßgabe der Bestimmungen dieser Urkunde.

§ 9

Die mit dieser Urkunde und ihrer Durchführung verbundenen Kosten und Abgaben trägt die XY-GmbH.

§ 10

Sollte eine Bestimmung dieses Vertrages oder seiner künftigen Änderungen oder Ergänzungen ganz oder teilweise unwirksam oder undurchführbar sein oder werden oder sollte sich in dem Vertrag eine Lücke herausstellen, so wird hierdurch die Gültigkeit der übrigen Bestimmungen nicht berührt. Anstelle der unwirksamen oder undurchführbaren Bestimmung oder zur Ausfüllung der Lücke soll eine angemessene Regelung gelten, die, soweit rechtlich möglich, dem an nächstem kommt, was die Parteien gewollt haben oder nach dem Sinn und Zweck des Vertrages gewollt haben würden, sofern sie bei Abschluss dieses Vertrages oder bei der späteren Aufnahme einer Bestimmung den Punkt bedacht hätten.

Änderungen oder Ergänzungen dieses Vertrages bedürfen der Schriftform, soweit nicht gesetzlich eine strengere Form vorgeschrieben ist; dies gilt auch für die Änderung dieser Regelung zum Schriftformerfordernis.

Sämtliche etwaigen Genehmigungen zu dieser gelten mit dem Eingang beim beurkundenden Notar für sämtliche Beteiligte als zugegangen.

Die Parteien verpflichten sich, alle die Wirksamkeit der heutigen Vereinbarung betreffenden Erklärungen unverzüglich abzugeben und dem Notar schriftlich zu übermitteln. Übermittlung per Telefax wahrt die Schriftform.

Die Parteien versichern, dass keine nicht-rechtsgeschäftlichen Genehmigungen zur Wirksamkeit dieser Urkunde erforderlich sind, insbesondere nicht aufgrund kartellrechtlicher Bestimmungen. Sie entbinden den Notar von der Verpflichtung zur Prüfung solcher etwaiger Voraussetzungen.

Für den Fall, dass die Parteien dieser Urkunde eine unrichtige Stückelung der Geschäftsanteile zugrunde gelegt haben sollten oder die vorstehende Geschäftsanteilsübertragung aus anderen Gründen fehlerhaft sein sollte, verpflichten sie sich bereits jetzt, sämtliche Erklärungen abzugeben und Handlungen vorzunehmen, um das wirtschaftliche Ziel dieser Urkunde dennoch zu erreichen bzw. ihm möglichst nahe zu kommen.

§ 11

Der Notar hat insbesondere auf Folgendes hingewiesen:

- **Erwerb von Geschäftsanteilen: Geschäftsanteile an einer Gesellschaft mit beschränkter Haftung können grundsätzlich nur wirksam übertragen werden, wenn der Abtretende rechtmäßiger Inhaber der Geschäftsanteile ist. Ein Erwerber kann einen Geschäftsanteil nur unter bestimmten in § 16 Abs. 3 GmbHG normierten Voraussetzungen rechtsgeschäftlich wirksam vom Nichtberechtigten**

erwerben. Ein gutgläubig lastenfreier Erwerb von Geschäftsanteilen oder von nicht oder nicht so existenten Geschäftsanteilen ist nicht möglich. Auch der gute Glaube an die freie Übertragbarkeit eines Geschäftsanteils sowie in Bezug auf die Frage, ob die Einlagen auf einen Geschäftsanteil vollständig oder schuldbefreiend geleistet worden sind und nicht unter Verstoß gegen gesetzliche Bestimmungen an den Veräußerer zurückgewährt worden sind, wird nicht geschützt. Die in dieser Urkunde aufgrund der Erklärungen der Beteiligten enthaltenen Angaben, insbesondere diejenigen zu den Geschäftsanteilen, deren Inhabern und Stückelung sowie diejenigen zur Kapitalaufbringung und Kapitalerhaltung können vom Notar nicht auf ihre Richtigkeit und Vollständigkeit überprüft werden. Der Erwerber ist also insoweit auf die Richtigkeit und Vollständigkeit der Angaben des Veräußerers angewiesen.

- **Gesellschafterliste: Der Notar ist verpflichtet, in Fällen, in denen er an einer Veränderung in den Personen der Gesellschafter oder des Umfangs ihrer Beteiligung mitwirkt, anstelle der ansonsten nach dem Gesetz zuständigen Geschäftsführer unverzüglich nach Wirksamwerden einer solchen Veränderung (und zwar ohne Rücksicht auf später eintretende Unwirksamkeitsgründe) eine neue Liste der Gesellschafter zum Handelsregister einzureichen und eine Abschrift der geänderten Liste an die Gesellschaft zu übermitteln. Diese Verpflichtung gilt indes nur, wenn der Eintritt der Wirksamkeit der Veränderung dem Notar mitgeteilt und nachgewiesen ist. Der Notar ist verpflichtet, die vorgenannte Gesellschafterliste mit einer Bescheinigung des Inhalts zu versehen, dass die geänderten Eintragungen den Veränderungen entsprechen, an denen er mitgewirkt hat, und die übrigen Eintragungen mit dem Inhalt der zuletzt im Handelsregister aufgenommenen Liste übereinstimmen. Die Richtigkeit der zuletzt im Handelsregister aufgenommenen Liste wird von dem Notar jedoch nicht überprüft.**

- **Gesellschafterstellung des Erwerbers: Im Verhältnis zur Gesellschaft, an der Geschäftsanteile abgetreten werden, gilt als Inhaber eines Geschäftsanteils aufgrund gesetzlicher Vermutung nur, wer als solcher in der im Handelsregister aufzunehmenden Gesellschafterliste tatsächlich eingetragen ist. Bis zur Aufnahme der Gesellschafterliste im Handelsregister gilt grundsätzlich allein der Veräußerer eines Geschäftsanteils weiter als Gesellschafter. Der Erwerber kann seine Gesellschafterrechte grundsätzlich erst ab diesem Zeitpunkt wirksam ausüben.**

- **Haftung für rückständige Leistungen: Für Einlageverpflichtungen, die in dem Zeitpunkt rückständig sind, ab dem der Erwerber im Verhältnis zur Gesellschaft als Inhaber des Geschäftsanteils gilt, weil er als solcher in der in das Handelsregister aufgenommenen Gesellschafterliste eingetragen wurde, haftet der Erwerber neben dem Veräußerer als Gesamtschuldner in voller Höhe. Dies gilt insbesondere auch für den Fall, dass die Einlage auf den Geschäftsanteil nicht ordnungsgemäß erbracht wurde. Veräußerer und Erwerber haften auch im Übrigen nach den gesetzlichen Bestimmungen für rückständige Beiträge und Leistungen auf die Geschäftsanteile, insbesondere auch für eventuelle Fehlbeträge etwaiger nicht vollwertiger Sacheinlagen. Die gesetzliche Haftung ist jeweils zwingend und trifft die Beteiligten unabhängig von den heute zwischen ihnen getroffenen Vereinbarungen.**

- **Anzeigepflicht beim Finanzamt: Nach § 54 EStDV ist jede Abtretung von Geschäftsanteilen durch den Notar unverzüglich dem zuständigen Finanzamt anzuzeigen. Die Gesellschaft wird steuerlich geführt beim Finanzamt ________ unter der Steuer Nr. ________.**

- **Grundbesitz, Grunderwerbsteuer: Die Gesellschaft verfügt nach Angabe *nicht über Grundbesitz. Die Gesellschaft ist auch *nicht an Gesellschaften (unmittelbar oder mittelbar) beteiligt, die über Grundbesitz verfügen. Der Notar hat darauf hingewiesen, dass bei Vorliegen von Grundbesitz die Vereinigung von 95 % der Anteile in der Hand des Erwerbers oder mit ihm verbundener Unternehmen der Grunderwerbsteuer unterliegen kann.**
- **Steuerliche Verhältnisse: Der Notar hat eine steuerliche Beratung im Übrigen weder übernommen noch erteilt. Der Notar kennt die steuerlichen Verhältnisse der Beteiligten und der Gesellschaft nicht. Er hat den Beteiligten vielmehr empfohlen, vor Vertragsschluss die Beratung durch einen Wirtschaftsprüfer oder Steuerberater in Anspruch zu nehmen.**

Diese Niederschrift wurde den Erschienenen von dem Notar vorgelesen, von den Erschienenen genehmigt und von ihnen und dem Notar wie folgt eigenhändig unterschrieben:

____

Erläuterungen

1. Dazu Muster A.I.1 (Rdn. 4). 91

2. Dazu Muster A.I.1 (Rdn. 5). 92

3. Der Einbringungsvertrag kann sowohl als Anlage zur Gründungsurkunde genommen oder in diese als gesonderter Abschnitt integriert werden. Er kann auch nachträglich separat in gesonderter Urkunde abgeschlossen werden. Die Gesellschaft in Gründung (Vor-GmbH) wird bei Abschluss des Einbringungsvertrages von den Geschäftsführern der Vor-GmbH vertreten, die in der Gründungsurkunde oder durch gesonderten Gesellschafterbeschluss außerhalb der Gründungsurkunde bestellt werden. Sie sollten in dem Bestellungsbeschluss auch zum Abschluss des Einbringungsvertrages besonders ermächtigt werden (vgl. dazu die Ausführungen in Rdn. 17). Von den Gründungsgesellschaftern wird die Gesellschaft in Gründung nach in der Literatur teilweise vertretener Auffassung zumindest in der Konstellation vertreten, in der der Einbringungsvertrag Bestandteil des Gesellschaftsvertrages ist (so wohl Scholz/*Veil* § 5 Rn. 37, *Ulmer/Casper* in: Ulmer/Habersack/Löbbe, § 5 Rn. 39). 93

4. Der Inhalt eines Sacheinlagenvertrages hängt davon ab, welche Art von Sacheinlage vereinbart ist. Als Sacheinlage kommen entsprechend § 27 Abs. 2 Halbsatz 1 AktG nur solche Gegenstände in Betracht, deren wirtschaftlicher Wert feststellbar ist und welche hinsichtlich ihres Wertes aus dem Vermögen des Gesellschafters ausgegliedert werden können. Ob und inwieweit bestimmte Vermögensgegenstände sacheinlagefähig sind, ist teilweise umstritten. Insoweit wird auf die einschlägige Rechtsprechung und Literatur verwiesen (vgl. etwa den Überblick bei Lutter/Hommelhoff/*Bayer* § 5 Rn. 14 ff.). 94

Die Gesellschafter sind verpflichtet, die im Gesellschaftsvertrag festgesetzte Sacheinlage bereits vor der Anmeldung der Gesellschaft zur Eintragung in das Handelsregister vollständig zu leisten (§ 7 Abs. 3 GmbHG). Die Art und Weise der Leistung der Sacheinlage hängt von der konkret vereinbarten Sacheinlage ab. So sind zum Beispiel bewegliche Sachen zu übereignen, Forderungen abzutreten, Grundbesitz aufzulassen und im Grundbuch einzutragen. Die Sacheinlage ist bewirkt und vollständig geleistet, wenn das je nach Einlagegegenstand erforderliche Erfüllungsgeschäft vollzogen und dadurch der Einlagegegenstand vollständig aus dem Vermögen des Gesellschafters ausgesondert wurde (Baumbach/Hueck/*Hueck/Fastrich* § 7 Rn. 13). Im Muster ist vorgesehen, dass Geschäftsanteile an einer GmbH in die Gesellschaft eingebracht werden. Die Geschäftsanteile sind daher zum Zwecke der Erfüllung der Einlageverpflichtung an die GmbH i. Gr. abzutreten. 95

Auch das Eigentum an Grundstücken oder die Inhaberschaft an grundstücksgleichen Rechte oder anderer einzubringender Rechte, deren Begründung oder Übertragung die Eintragung in ein öffentliches Register erfordert, muss nach teilweise vertretener Ansicht, die sich auf § 7 Abs. 3

GmbHG beruft, vor der Anmeldung auf die Vorgesellschaft übergegangen sein (Scholz/*Veil*, § 5 Rn. 43 m.w.N.). Dies ist jedenfalls rechtlich möglich, weil die Vorgesellschaft nach der Rechtsprechung grundbuchfähig ist und Grundstücksrechte erwerben kann (vgl. BGHZ 45, 338, 348, Scholz/*Veil*, § 11 Rn. 41 m.w.N.). Dagegen soll nach verbreiteter Meinung insbesondere aus Gründen der Praktikabilität und vor dem Hintergrund teilweise langer Eintragungsverfahren bei den Grundbuchämtern für Grundstücke und andere Immobiliarrechte eine bindende Einigung (§§ 873 Abs. 2, 925 BGB) zusammen mit der Eintragungsbewilligung und dem erforderlichen rangwahrenden Eintragungsantrag oder die Eintragung einer Erwerbsvormerkung (§ 883 BGB) ausreichend sein (Lutter/Hommelhoff/*Bayer*, § 5 Rn. 17 mit weiteren Nachweisen). Soweit ersichtlich, ist diese Frage von der Rechtsprechung noch nicht entschieden. Es bestehen jedoch erhebliche Zweifel, ob vor dem Vollrechtserwerb mit Eintragung im Grundbuch den gesetzlichen Anforderungen an ein »Bewirken« der Sacheinlage im Sinne des § 7 Abs. 3 GmbHG genügt ist (überzeugend für das Erfordernis des Vollrechtserwerbs bei Immobilarrechten Scholz/*Veil*, § 5 Rn. 43).

96 Der Einbringungsvertrag unterliegt grundsätzlich keiner Form, es sei denn, die Formbedürftigkeit folgt aus der Art der Sacheinlage. In dem im Muster behandelten Fall ist der Einbringungsvertrag formbedürftig, denn die Abtretung der Geschäftsanteile an einer GmbH bedarf der notariellen Beurkundung (§ 15 Abs. 3 GmbHG). Gleiches gilt für die Einbringung von Grundstücken und grundstücksgleichen Rechten (z. B. Wohnungseigentum, Erbbaurecht).

97 Der Einbringungsvertrag enthält in der Regel nähere Angaben hinsichtlich der Abwicklung der Einbringung und Übertragung der Sacheinlage. So enthält er z.B. Regelungen zum Einbringungsstichtag oder der Haftung bei Sach- und Rechtsmängeln. Hinsichtlich der Vereinbarung im Zusammenhang mit Leistungsstörungen besteht Einigkeit, dass die bürgerlich-rechtlichen Vorschriften über Leistungsstörungen sowie Sach- und Rechtsmängel nicht ohne Weiteres angewendet werden können. Insoweit ist stets der Vorrang der spezielleren Vorschriften des GmbHG zu beachten, insbesondere der Grundsatz der effektiven Kapitalaufbringung. So wandelt sich z.B. im Fall der Unmöglichkeit der Erbringung der Sacheinlage die Sacheinlageverpflichtung in eine Bareinlageverpflichtung des Gesellschafters um (vgl. zu Leistungsstörungen und Mängeln etwa die Darstellung bei Scholz/*Veil* § 5 Rn. 62 m.w.N.).

10. Handelsregisteranmeldung einer Sachgründung

Vorbemerkung

98 Die Anmeldung zum Handelsregister ist auch bei der Sachgründung Voraussetzung für die Eintragung und damit für die Entstehung der GmbH (§ 11 Abs. 1 GmbHG). Die Anmeldung hat wie bei der Bargründung durch sämtliche Geschäftsführer zu erfolgen (§ 78 i.V.m. § 7 Abs. 1 GmbHG). Die Geschäftsführer haben die Anmeldung persönlich vorzunehmen; eine Stellvertretung ist wegen der höchstpersönlich abzugebenden Versicherungen der Geschäftsführer gemäß §§ 8 Abs. 2 und 3 GmbHG nicht zulässig. Die Unterschriften der Geschäftsführer sind notariell zu beglaubigen (§ 12 Abs. 1 HGB).

Muster

99 **PER EGVP**

An das

Amtsgericht ___________

– Handelsregister –

___________ **1**

Neueintragung der Firma ____________

Wir, die unterzeichneten Geschäftsführer, überreichen hiermit [1]:

1. **eine elektronisch beglaubigte Abschrift des Gesellschaftsvertrages vom heutigen Tage (UR.-Nr. ____________ des Notars ____________)**
2. **elektronische Abschrift der Liste der Gesellschafter**
3. **elektronisch*e *beglaubigte Abschrift der Verträge über die Leistung der Sacheinlagen**
4. **elektronische Abschrift des Sachgründungsberichts**
5. **elektronische Abschrift der Werthaltigkeitsnachweise für die Sacheinlagen (Wertgutachten der Wirtschaftsprüfungsgesellschaft W vom ____________ und Wertgutachten des Sachverständigen S vom ____________)**

und melden hierdurch die Gesellschaft, deren nachstehende Geschäftsanschrift und unsere Bestellung zu Geschäftsführern zur Eintragung in das Handelsregister an.

II.
Abstrakte Vertretungsregelung [2]

Die abstrakte, im Gesellschaftsvertrag enthaltene Vertretungsregelung lautet wie folgt:

Die Gesellschaft hat einen oder mehrere Geschäftsführer. Hat die Gesellschaft nur einen Geschäftsführer, so ist dieser alleinvertretungsberechtigt. Bei mehreren Geschäftsführern sind je zwei von ihnen oder ein Geschäftsführer gemeinsam mit einem Prokuristen zur Vertretung der Gesellschaft berechtigt. Die Gesellschafter können jedoch durch Beschluss jedem Geschäftsführer Einzelvertretungsbefugnis verleihen.

Geschäftsführer können durch Gesellschafterbeschluss von den Beschränkungen des § 181 BGB befreit werden.

Die vorstehenden Absätze gelten entsprechend für jeden Liquidator.

III.
Geschäftsführer und konkrete Vertretungsbefugnis der Geschäftsführer [2]

1. Zum Geschäftsführer der Gesellschaft wurde bestellt:

Herr/Frau ____________,

geboren am ____________,

wohnhaft in ____________.

Der Geschäftsführer Herr/Frau ____________ ist befugt, die Gesellschaft bei der Vornahme von Rechtsgeschäften mit sich selbst und als Vertreter Dritter uneingeschränkt zu vertreten (Befreiung von den Beschränkungen des § 181 BGB). Der Geschäftsführer Herr/Frau ____________ ist stets einzelvertretungsberechtigt.

2. Zum weiteren Geschäftsführer der Gesellschaft wird bestellt:

Herr/Frau ____________,

geboren am ____________,

wohnhaft in ____________.

Der Geschäftsführer Herr/Frau __________ ist befugt, die Gesellschaft bei der Vornahme von Rechtsgeschäften mit sich selbst und als Vertreter Dritter uneingeschränkt zu vertreten (Befreiung von den Beschränkungen des § 181 BGB). Der Geschäftsführer Herr/Frau __________ ist stets einzelvertretungsberechtigt.

IV.
Versicherungen der Geschäftsführer zur Kapitalaufbringung [3]

Wir, die Geschäftsführer versichern, dass

- **dass die von dem Gesellschafter Herrn A nach Maßgabe des Gesellschaftsvertrages zu leistende Sacheinlage auf den von diesem übernommen Geschäftsanteil im Nennbetrag von EUR __________ (lfd. Nr. 1 der Gesellschafterliste) vollständig auf die Gesellschaft übertragen worden ist, und**
- **dass die von dem Gesellschafter Herrn B nach Maßgabe des Gesellschaftsvertrages zu leistende Sacheinlage auf den von diesem übernommen Geschäftsanteil im Nennbetrag von EUR __________ (lfd. Nr. 2 der Gesellschafterliste) vollständig auf die Gesellschaft übertragen worden ist, und**
- **dass sich die vorgenannten Sacheinlagen endgültig zur freien Verfügung der Geschäftsführung befinden, und**
- **das Stammkapital der Gesellschaft mit Ausnahme des nach dem Gesellschaftsvertrag von der Gesellschaft zu tragenden Gründungsaufwands nicht durch Verbindlichkeiten oder in anderer Weise vorbelastet ist.**

V.
Versicherungen der Geschäftsführer [4]

Uns, den Geschäftsführern ist jeweils bekannt, dass zum Geschäftsführer einer GmbH nicht bestellt werden kann, wer

1. **aufgrund eines gerichtlichen Urteils oder einer vollziehbaren Entscheidung einer Verwaltungsbehörde einen Beruf, einen Berufszweig, ein Gewerbe oder einen Gewerbezweig nicht ausüben darf,**
2. **wegen einer oder mehrerer vorsätzlich begangener Straftaten**
   a) **des Unterlassens der Stellung des Antrags auf Eröffnung des Insolvenzverfahrens (Insolvenzverschleppung),**
   b) **nach den §§ 283 bis 283d des StGB (Insolvenzstraftaten),**
   c) **der falschen Angaben nach § 82 des GmbH-Gesetzes oder § 399 des AktG,**
   d) **der unrichtigen Darstellung nach § 400 AktG, § 331 HGB, § 313 UmwG oder § 17 PublG, oder**
   e) **nach den § 263 StGB (Betrug), § 263a StGB (Computerbetrug), § 264 StGB (Subventionsbetrug), § 264a StGB (Kapitalanlagebetrug), § 265b StGB (Kreditbetrug), § 265c StGB (Sportwettbetrug), § 265d StGB (Manipulation von sportlichen Wettbewerben), § 265e StGB (Besonders schwere Fälle des Sportwettbetrugs und der Manipulation von sportlichen Wettbewerben), § 266 StGB (Untreue) oder § 266a StGB (Vorenthalten und Veruntreuen von Arbeitsentgelt) zu einer Freiheitsstrafe von mindestens einem Jahr**

verurteilt worden ist. Das Bestellungshindernis besteht in diesem Fall auf die Dauer von fünf Jahren seit der Rechtskraft des Urteils, wobei die Zeit nicht eingerechnet

wird, in welcher der Täter auf behördliche Anordnung in einer Anstalt verwahrt worden ist.

Die in der vorstehenden Nr. 2 genannten Bestellungshindernisse gelten bei einer Verurteilung wegen einer vergleichbaren Tat im Ausland entsprechend.

Nach Belehrung durch den beglaubigenden Notar über die Strafbarkeit einer falschen Versicherung versichert jeder der Geschäftsführer für sich, dass keine Umstände vorliegen, die seiner Bestellung als Geschäftsführer entgegenstehen. Ferner versichert jeder der Geschäftsführer, dass er vom beglaubigenden Notar über seine unbeschränkte Auskunftspflicht gegenüber dem Registergericht gemäß § 53 des Bundeszentralregistergesetzes belehrt worden ist.

VI.
Inländische Geschäftsanschrift

Die inländische Geschäftsanschrift [5] lautet wie folgt:

____

VII.
Vollmacht

Wir, die Geschäftsführer, bevollmächtigen hiermit

a) **Herrn/Frau C**
b) **Herrn/Frau D**
c) **Herrn/Frau E**

sämtlich Notariatsangestellte bei dem beglaubigenden Notar, geschäftsansässig __________,

und zwar einen jeden für sich allein, unter Befreiung von den Beschränkungen des § 181 BGB, die vorstehende Handelsregisteranmeldung zu ändern und zu ergänzen.

Die Vollmacht ist im Außenverhältnis unbeschränkt. Die Vollmacht wird unabhängig von der Wirksamkeit dieser Urkunde erteilt. Sie erlischt drei Monate nach Eintragung der Gesellschaft im Handelsregister.

Ort, Datum

Unterschriften sämtlicher Geschäftsführer

Beglaubigungsvermerk des Notars

Erläuterungen

1. Die GmbH ist bei dem Amtsgericht, in dessen Bezirk sie ihren gesellschaftsvertraglichen Sitz haben soll, zur Eintragung in das Handelsregister anzumelden (§ 7 Abs. 1 GmbHG). Die Anmeldung ist Voraussetzung für die Eintragung und damit für die Entstehung der GmbH (§ 11 GmbHG). Es wird die Gesellschaft selbst, deren Geschäftsanschrift und die Bestellung der Geschäftsführer zur Eintragung in das Handelsregister angemeldet. Die Handelsregisteranmeldung ist von allen Geschäftsführern (§ 78 GmbHG) zu unterzeichnen. Gemäß § 12 Abs. 1 HGB ist die Anmeldung in öffentlich-beglaubigter Form elektronisch beim örtlich zuständigen Amtsgericht einzureichen. Auch die Einreichung aller weiteren erforderlichen Unterlagen und Anlagen erfolgt zwingend elektronisch (§ 8 Abs. 5 GmbHG i.V.m. § 12 Abs. 2 HGB). Die elektronische Über- 100 mittlung erfolgt durch einen Notar. Ist eine Urschrift oder eine einfache Abschrift einzureichen oder ist für das Dokument die Schriftform bestimmt, ist diese dem Notar vorzulegen. Es genügt die Übermittlung einer elektronischen Aufzeichnung durch den Notar. Ist ein notariell beurkundetes Dokument oder eine öffentlich beglaubigte Abschrift einzureichen, so ist dieses Dokument dem Notar einzureichen. Der Notar wird eine mit einem einfachen elektronischen Zeugnis (vgl. §§ 39, 39a BeurkG) versehene Abschrift dem Registergericht übermitteln. Man nennt letzteres Einreichung in elektronisch beglaubigter Form.

Die Anmeldung der GmbH zum Handelsregister weist bei der Vereinbarung von Sacheinlagen folgende Besonderheiten auf:

101 Gemäß § 8 Abs. 1 Nr. 4 GmbHG sind die Ausführungsverträge (z.B. Einbringungsvertrag – Muster A 9 – oder notarieller Vertrag über die Überlassung eines Grundstücks an die GmbH i. Gr.) sowie sonstige Erklärungen für die Erbringung der Sacheinlage (z.B. Eintragungsbewilligung bei Einräumung eines Nießbrauchsrechts) in der für sie jeweils nach allgemeinen Regeln vorgeschriebenen Form vorzulegen. Einzureichen sind sämtliche schuldrechtlichen und dinglichen Verträge (Lutter/Hommelhoff/*Bayer*, § 8 Rn. 5). Für die notariell zu beurkundende Auflassung eines Grundstücks an die GmbH i.Gr. ist daher eine entsprechende Ausfertigung oder beglaubigte Abschrift des Überlassungsvertrages mit Auflassungserklärung dem Notar vorzulegen und von diesem als elektronisch beglaubigte Abschrift dem Registergericht zu übermitteln.

102 § 8 Abs. 1 Nr. 4 GmbHG enthält kein eigenes Schriftformgebot in Bezug auf die Vereinbarung über die Erbringung und Übertragung der Sacheinlage. Soweit Schrift- oder strengere Form für die Vereinbarung über die Erbringung und Übertragung der Sacheinlage nicht vorgeschrieben sind (z. B. bei beweglichen Sachen oder Forderungen), müssen schriftliche Erklärungen nicht vorgelegt werden. Fehlen schriftliche Erklärungen und Unterlagen ist darauf im Text der Anmeldung hinzuweisen (Lutter/Hommelhoff/*Bayer* § 8 Rn. 5).

103 § 8 Abs. 1 Nr. 4 GmbHG ordnet an, dass mit der Handelsregisteranmeldung auch der Sachgründungsbericht gemäß § 5 Abs. 4 S. 2 GmbHG (Muster A 8) einzureichen ist. Da für den Sachgründungsbericht Schriftform vorgeschrieben ist, ist die Urschrift dem Notar vorzulegen. Es genügt sodann die Übermittlung einer einfachen elektronischen Abschrift durch den Notar an das Registergericht.

104 Einzureichen sind ebenfalls die in § 8 Abs. 1 Nr. 5 GmbHG genannten Werthaltigkeitsnachweise. Da für diese grundsätzlich keine besondere Form vorgeschrieben ist, diese in der Regel aber schriftlich abgefasst werden, sind die Urschriften dem Notar vorzulegen. Für die Übermittlung an das Registergericht genügt die Einreichung einer einfachen elektronischen Abschrift durch den Notar. Wie der Nachweis über den Wert der Sacheinlage zu führen ist, hängt maßgeblich vom eingebrachten Gegenstand bzw. Recht ab. Problematisch sind insbesondere die Nachweise bei Grundstücken, beweglichen Gegenständen, Unternehmen, Unternehmensteilen. Gesellschaftsanteilen, Forderungen, Lizenzen und Urheberrechten, sonstigen Beteiligungen und Know-how. Bei Einbringung solcher Vermögensgegenstände wird i.d.R. ein Gutachten eines Wirtschaftsprüfers, Steuerberaters oder Sachverständigen erforderlich sein (Scholz/*Veil*, § 8 Rn. 18). In der Regel werden dementsprechend in der Praxis als Werthaltigkeitsnachweis die Wertgutachten von Wirtschaftsprüfungsgesellschaften, Steuerberatern oder Sachverständigen eingereicht, die die Gründer vor Gründung in Auftrag geben und die sich die Gesellschafter in der Regel im Sachgründungsbericht zu eigen machen. In der Praxis ist es üblich (und für die registergerichtliche Kontrolle ausreichend), wenn der Wirtschaftsprüfer, Steuerberater oder Sachverständige in dem Gutachten bescheinigt, der Wert der Sacheinlage erreiche mindestens den Nennbetrag des von dem Sacheinleger übernommenen Geschäftsanteils (Scholz/*Veil*, § 8 Rn. 18). Ausnahmsweise kann in den vorgenannten Fällen die Vorlage eines Wertgutachtens entbehrlich sein, wenn der Kaufvertrag über einen kurze Zeit zurückliegenden Sacheinlagegegenstand von einem unbeteiligten Dritten vorgelegt wird (Scholz/*Veil*, § 8 Rn. 18). Werden Unternehmen, Betriebe oder Handelsgeschäfte eingebracht, ist in der Regel die Vorlage einer zeitnahen testierten oder auch nur »bescheinigten« Einbringungsbilanz erforderlich und ggf. auch ausreichend. Ausreichend ist die Vorlage der Einbringungsbilanz regelmäßig dann, wenn die Einbrin-

gung zu Buchwerten erfolgen soll, der Bilanzstichtag zeitnah genug ist und die Ordnungsgemäßheit der Bilanzierung durch einen Angehörigen der steuerberatenden oder wirtschaftsprüfenden Berufe bescheinigt ist (vgl. im Einzelnen Lutter/Hommelhoff/*Bayer* § 8 Rn. 6, Scholz/*Veil*, § 8 Rn. 18).

2. Wie bei der Bargründung ist hinsichtlich der Geschäftsführer sowohl die generelle Vertretungsmacht (entsprechend den Regelungen des Gesellschaftsvertrages) von Geschäftsführern als auch die konkrete Vertretungsmacht der tatsächlich bestellten Geschäftsführer (entsprechend dem Gesellschafterbeschluss über die konkrete Bestellung des bzw. der Geschäftsführer) anzumelden. Vgl. dazu Muster A.I.1 Rdn. 29. 105

Auch generelle und/oder konkrete Befreiungen von den Beschränkungen des § 181 BGB sind bei der Sachgründung zur Eintragung im Handelsregister anzumelden. Vgl. dazu näher Muster A.I.1 Rdn. 29. 106

3. Bei der Sachgründung ist nach § 8 Abs. 2 Satz 1 GmbHG zusätzlich zu erklären, dass die Sacheinlagen vor der Anmeldung der Gesellschaft zur Eintragung in das Handelsregister an die Gesellschaft bewirkt worden sind und sich der Gegenstand der Leistungen endgültig zur freien Verfügung der Geschäftsführer steht. Dies ist in der Handelsregisteranmeldung von den Geschäftsführern zu versichern. Unter »Bewirken« sind bei den Sacheinlagen die zur Erfüllung der statutarisch übernommenen Einlagepflicht erforderlichen Rechtsakte zu verstehen. Die Anforderungen richten sich nach dem Inhalt der übernommenen Leistungspflicht. Bewegliche Sachen, an denen das Vollrecht eingebracht werden soll, sind also nach den §§ 929 ff. BGB der Vorgesellschaft zu übereignen. Einzulegende Forderungen und Rechte sind ihr nach den jeweils maßgebenden Vorschriften (§§ 398, 413, 1032, 1069, 1153 f. BGB) zu übertragen. Auch Zustimmungen Dritter, von denen der Rechtsübergang dinglich abhängt (z. B. §§ 185, 399 BGB, § 15 Abs. 5 GmbHG), müssen spätestens bei der Anmeldung vorliegen (Scholz/*Veil*, § 5 Rn. 55). Auch das Eigentum an Grundstücken oder die Inhaberschaft an grundstücksgleichen Rechte (z. B. Wohnungseigentum, Erbbaurecht) oder anderer einzubringender Rechte, deren Begründung oder Übertragung die Eintragung in ein öffentliches Register erfordert, muss nach teilweise vertretener Ansicht, die sich auf § 7 Abs. 3 GmbHG beruft, vor der Anmeldung auf die Vorgesellschaft übergegangen sein (Scholz/*Veil*, § 7 Rn. 43 m.w.N.). Dies ist jedenfalls rechtlich möglich, weil die Vorgesellschaft nach der Rechtsprechung grundbuchfähig ist und Grundstücksrechte erwerben kann (vgl. BGHZ 45, 338, 348, Scholz/*Veil*, § 11 Rn. 41 m.w.N.). Dagegen soll nach verbreiteter Meinung insbesondere aus Gründen der Praktikabilität und vor dem Hintergrund teilweise langer Eintragungsverfahren bei den Grundbuchämtern für Grundstücke und andere Immobiliarrechte eine bindende Einigung (§§ 873 Abs. 2, 925 BGB) zusammen mit der Eintragungsbewilligung und dem erforderlichen rangwahrenden Eintragungsantrag oder die Eintragung einer Erwerbsvormerkung (§ 883 BGB) ausreichend sein (Lutter/Hommelhoff/*Bayer*, § 7 Rn. 17). Soweit ersichtlich, ist diese Frage von der Rechtsprechung noch nicht entschieden. Es bestehen jedoch erhebliche Zweifel, ob vor dem Vollrechtserwerb mit Eintragung im Grundbuch den gesetzlichen Anforderungen an ein »Bewirken« der Sacheinlage im Sinne des § 7 Abs. 3 GmbHG genügt ist (überzeugend für das Erfordernis des Vollrechtserwerbs bei Immobilarrechten Scholz/*Veil*, § 7 Rn. 43). 107

Vgl. allgemein zu der Versicherung der Geschäftsführer im Hinblick auf die Kapitalaufbringung näher Muster A.I.1 Rdn. 31 ff.

4. Ferner haben die Geschäftsführer wie bei der Bargründung gemäß § 8 Abs. 3 GmbHG in der Anmeldung zu versichern, dass keine Umstände vorliegen, die ihrer Bestellung nach § 6 Abs. 2 Satz 2 Nr. 2 und 3 sowie Satz 3 entgegenstehen, und dass sie über ihre unbeschränkte Auskunftspflicht gegenüber dem Gericht belehrt worden sind (§ 53 Abs. 2 BZRG). Insoweit gelten keinerlei Besonderheiten. Es wird auf die Ausführungen in Muster A.I.1 Rdn. 35 ff. verwiesen. 108

5. In der Anmeldung ist außerdem gemäß § 8 Abs. 4 GmbHG eine inländische Geschäftsanschrift anzugeben. Diese Pflicht dient dem Zweck, jederzeit eine Zustellung an die GmbH zu gewährleisten (Lutter/Hommelhoff/*Bayer* § 8 Rn. 20). Bei dieser Anschrift kann es sich um den Verwaltungssitz, ein Geschäftslokal oder auch um die Wohnanschrift eines Geschäftsführers, Ge- 109 sellschafters oder anderen Zustellungsbevollmächtigten im Inland handeln (Lutter/Hommelhoff/*Bayer* § 8 Rn. 20). Änderungen der inländischen Geschäftsanschrift sind gemäß § 31 HGB zum Handelsregister anzumelden.

110 Der Prüfungsumfang des Registergerichts erstreckte sich bei einer Sachgründung auch auf die Vollwertigkeit der Sacheinlage. Gemäß § 9c Abs. 1 Satz 2 GmbHG hat das Registergericht die Eintragung abzulehnen, wenn die Sacheinlage nicht unwesentlich überbewertet worden ist. Maßgeblicher Zeitpunkt für die Feststellung der Vollwertigkeit der Sacheinlage ist nach Auffassung des Bundesgerichtshofs und von Zeilen der Literatur der Tag der Eintragung der Gesellschaft (vgl. etwa BGHZ 80, 129, 136 f.; Roth/Altmeppen/*Roth* § 9c Rn. 8 ff.). Ist die Sacheinlage zu diesem Zeitpunkt nicht vollwertig, kann das Registergericht nach dieser Auffassung die Eintragung ablehnen, auch wenn die Sacheinlage zum Zeitpunkt der Anmeldung werthaltig war. Das Registergericht ist bei der Prüfung der Werthaltigkeit nicht auf die vorzulegenden Unterlagen beschränkt. Es kann weitere Ermittlungen anstellen und darüber hinaus etwa ein Sachverständigengutachten einholen (Scholz/*Veil* § 9c Rn. 34). Ein etwaiges Eintragungshindernis kann der betroffene Gründer durch Zahlung des Differenzbetrages abwenden. Erfolgt die Eintragung der GmbH und ist die Sacheinlage bis zu diesem Zeitpunkt nicht vollwertig, so greift die sog. Differenzhaftung (§ 9 Abs. 1 GmbHG).

11. Werthaltigkeitsbescheinigung eines Wirtschaftsprüfers

Muster

111 **Werthaltigkeitsbescheinigung**

Uns liegt das Protokoll über die Gründung der XY-GmbH vom ___________ (UR.-Nr. ___________/___________ des Notars ___________ in ___________) vor. Darin ist vorgesehen, dass die Einlageleistung auf den von dem Gesellschafter ___________ übernommenen Geschäftsanteil im Nennbetrag von EUR (Nr. ___________ der Gesellschafterliste) im Wege der Sacheinlage durch Übertragung der von ihm gehaltenen Geschäftsanteile Nr. 1 und 2 der Gesellschafterliste im Nennbetrag von jeweils EUR ___________ an der ___________ GmbH mit Sitz in ___________, eingetragen im Handelsregister des Amtsgerichts ___________ unter HRB ___________, im Wege der Abtretung erbracht wird.

Uns liegt ferner der notariell beurkundete Einbringungs- und Geschäftsanteilsabtretungsvertrag vom ___________ (UR.-Nr. ___________/2010 des Notars ___________ in ___________) vor. Darin hat der Gesellschafter ___________ in Erfüllung seiner vorgenannten Einbringungsverpflichtung die vorgenannten, von ihm gehaltenen Geschäftsanteile Nr. 1 und 2 der Gesellschafterliste im Nennbetrag von jeweils EUR ___________ an der ___________ GmbH mit Sitz in ___________, eingetragen im Handelsregister des Amtsgerichts ___________ unter HRB ___________, im Wege der Abtretung auf die XY-GmbH in Gründung übertragen. Dies vorausgeschickt erklären wir [1]:

Wir haben die vorgenannte Sacheinlage auf der Grundlage der uns vorliegenden Jahresabschlüsse der ___________ GmbH für die letzten drei Geschäftsjahre bewertet.

Dabei haben wir folgendes Bewertungsverfahren angewendet: ___________

Nach unseren Feststellungen entspricht der Wert der einzubringenden Geschäftsanteile Geschäftsanteile Nr. 1 und 2 der Gesellschafterliste im Nennbetrag von jeweils EUR ___________ an der ___________ GmbH mit Sitz in ___________, eingetragen im Handelsregister des Amtsgerichts ___________ unter HRB ___________,mindes-

tens der von dem Gesellschafter ___________ zu erbringenden Einlageleistungen auf den von ihm übernommenen Geschäftsanteil an der XY-GmbH in Gründung. [2]

[Verweis auf allgemeine Geschäftsbedingungen]

___________, ___________

____

Erläuterungen

1. Gemäß § 8 Abs. 1 Nr. 5 GmbHG sind, wenn Sacheinlagen im Gesellschaftsvertrag vereinbart sind, mit der Handelsregisteranmeldung Unterlagen darüber einzureichen, dass der Wert der Sacheinlagen den Nennbetrag der dafür übernommenen Geschäftsanteile erreicht. Für diese Werthaltigkeitsnachweise oder Werthaltigkeitsbescheinigungen ist grundsätzlich keine besondere Form vorgeschrieben, sie werden in der Regel aber schriftlich abgefasst werden. Wie bereits bei Muster A.II.10 Rdn. 104 ausgeführt, hängt die Frage, wie der Nachweis über den Wert der Sacheinlage zu führen ist, maßgeblich vom eingebrachten Gegenstand bzw. Recht ab hängt. Problematisch sind insbesondere die Nachweise bei Grundstücken, beweglichen Gegenständen, Unternehmen, Unternehmensteilen. Gesellschaftsanteilen, Forderungen, Lizenzen und Urheberrechten, sonstigen Beteiligungen und Know-how. Bei Einbringung solcher Vermögensgegenstände wird i.d.R. ein Gutachten eines Wirtschaftsprüfers, Steuerberaters oder Sachverständigen erforderlich sein (Scholz/*Veil*, § 8 Rn. 18). In der Regel werden dementsprechend in der Praxis als Werthaltigkeitsnachweis die Wertgutachten oder Werthaltigkeitsbescheinigungen von Wirtschaftsprüfungsgesellschaften, Steuerberatern oder Sachverständigen eingereicht, die die Gründer vor Gründung in Auftrag geben und die sich die Gesellschafter in der Regel auch im Sachgründungsbericht zu eigen machen. Der Inhalt und der erforderliche Umfang einer entsprechenden Stellungnahme richten sich nach dem Gegenstand der Sacheinlage (Scholz/*Veil*, § 8 Rn. 18). Das Bewertungsverfahren sollte von dem Wirtschaftsprüfer, Steuerberater oder Sachverständige in dem Gutachten offen gelegt und beschrieben werden. 112

2. In der Praxis ist es üblich (und für die registergerichtliche Kontrolle ausreichend), wenn der Wirtschaftsprüfer, Steuerberater oder Sachverständige in der Werthaltigkeitsbescheinigung im Ergebnis bescheinigt, der Wert der Sacheinlage erreiche mindestens den Nennbetrag des von dem Sacheinleger übernommenen Geschäftsanteils (Scholz/*Veil*, § 8 Rn. 18). 113

Von der registergerichtlichen Kontrolle zu unterscheiden ist die Frage der Haftung des die Sacheinlage leistenden Gesellschafters bei einer Überbewertung einer Sacheinlage. Erreicht der Wert der Sacheinlage im Zeitpunkt der Anmeldung der Gesellschaft zur Eintragung in das Handelsregister nicht den Nennbetrag des dafür übernommenen Geschäftsanteils, hat der Gesellschafter in Höhe des Fehlbetrages eine Einlage in Geld zu leisten (sog. Differenzhaftung, § 9 Abs. 1 GmbHG). Für die Bewertung ist der tatsächliche Wert des Einlagegegenstandes maßgebend. Jede, auch eine nur geringfügige Überbewertung führt zur Differenzhaftung, wenn dadurch der Nennwert des oder der Geschäftsanteile unterschritten wird. Maßgeblicher Bewertungszeitpunkt ist nach dem ausdrücklichen Wortlaut des § 9 Abs. 1 GmbHG der Zeitpunkt der Anmeldung der Gesellschaft zum Handelsregister, nicht der Abschluss des Gesellschaftsvertrages oder der Einbringung. 114

III. Erwerb einer Vorratsgesellschaft/Mantelgesellschaft

12. Kauf- und Abtretungsvertrag einer Vorratsgesellschaft

Vorbemerkung

Unter einer Vorratsgesellschaft ist eine eingetragene, jedoch am Anfang zunächst an inaktive Gesellschaft zu verstehen, deren einziger Gründungszweck die Weiterveräußerung mit der Absicht 115 der Verkürzung des Gründungszeitraums bzw. der Ausschluss einer Vorbelastungs- und Handelndenhaftung darstellt (Rischbieter/Gröning/*Lergon* Kap. 1 Rn. 71). Die Errichtung einer Vorratsgesellschaft erfolgt in den meisten Fällen durch gewerbliche Anbieter (z.B. VRB, Blitz, Foratis, DNotV) (*Mayer/Weiler* Beck'sches NotarHdb D.I. Rn. 494; *Heckschen/Heidinger* Kap. 3 Rn. 201). Der Erwerb von Anteilen einer solchen bereits existierenden Gesellschaft bietet sich an, um das Gründungs- und Eintragungsverfahren zu umgehen und – indem sofort ein in seiner Haftung beschränkter Rechtsträger verwendet werden kann – insbesondere, um die Haftungsrisiken zu vermeiden, welche im Gründungsstadium der GmbH drohen.

116 Gesellschaftszweck einer offen gegründeten Vorratsgesellschaft ist i.d.R. die Verwaltung eigenen Vermögens (*Winnen* RNotZ 2013, 389 (391); *Mayer/Weiler* Beck'sches NotarHdb D.I. Rn. 494; *Heckschen/Heidinger* Kap. 3 Rn. 198 f.). Während diese Gründungsform allg. als zulässig angesehen wird (*Winnen* RNotZ 2013, 389 (392); *Heckschen/Heidinger* Kap. 3 Rn. 198 f.; BGH, Beschl. v. 16.03.1992 – II ZB 17/91340, BGHZ 117, 323 = NJW 1992, 1824), ist die sog. verdeckte Vorratsgründung, bei der ein Unternehmensgegenstand angegeben wird, der tatsächlich nicht verfolgt werden soll, unzulässig i.S.d. § 117 BGB (*Winnen* RNotZ 2013, 389 (392); *Heckschen/Heidinger* Kap. 3 Rn 199; Römermann/ *Wiese/Schneider* Kap. 3 Rn. 191).

117 Der BGH sieht in der Verwendung, d.h. deren Erwerb, von Vorrats- und Mantelgesellschaften eine wirtschaftliche Neugründung und wendet die Gründungsvorschriften des GmbHG, einschl. der registerrechtlichen Kontrolle, entspr. an (BGH, Beschl. v. 09.12.2002, II ZB 12/02, NJW 2003, 892 (893); BGH, Beschl. v. 07.07.2003, II ZB 4/02, NJW 2003, 3198 (3199); BGH, Urt. v. 06.03.2012 – II ZR 56/10, DStR 2012, 974 (975)).

118 Das Muster erwähnt die Tatsache, dass es sich beim Erwerbsobjekt um eine Vorratsgesellschaft handelt, zunächst nicht explizit. Dies ergibt sich jedoch dadurch, dass, anders als bei Kauf- und Abtretungsverträgen über Anteile bereits aktiv gewordener Gesellschaften, keine Vereinbarung über eine zeitanteilige Aufteilung der Gewinne für das laufende Geschäftsjahr getroffen wird. Zudem wird im Garantiekatalog versichert, dass die Gesellschaft bisher noch nicht geschäftlich aktiv war.

119 Durch das MoMiG wurde die Gründung von GmbHs beschleunigt, so dass eine zeitsparende Gründung nun auch ohne die Nutzung einer bereits bestehenden Gesellschaft begünstigt ist. Die Frage nach der Praktikabilität der Nutzung einer Vorratsgesellschaft als Transaktionsvehikel stellt sich insofern durchaus. Doch auch wenn eine Neugründung nun vermehrt innerhalb einiger Tage möglich ist, besteht in manchen Fällen doch der Bedarf nach einem Rechtsträger »auf Abruf«, wie ihn der Erwerb einer Vorratsgesellschaft ermöglicht (*Müller/Federmann* BB 2009, 1375 (1375); *Heckschen/Heidinger* Kap. 3 Rn. 197). Ein solch kurzfristiger Einsatz der Vorratsgesellschaft kommt insbesondere bei Unternehmenstransaktionen zum Tragen, bei denen ad hoc ein Transaktionsvehikel benötigt wird. Erst wenn sichergestellt ist, dass die Akquisition zum Abschluss kommt, entsteht das Interesse des Käufers, diese auch so zeitnah wie möglich abzuwickeln (*Müller/Federmann* BB 2009, 1375 (1376); *Mayer/Weiler* Beck'sches NotarHdb, D.I., Rn. 494, *Heckschen/Heidinger*, Kap. 3 Rn. 206), so dass die Gründung einer neuen GmbH in diesen Fällen oft als zu langwierig erscheint oder weitere Ressourcen bindet. Der Erwerb einer Vorratsgesellschaft ist hier gegenüber der Gründung einer neuen Gesellschaft, insbesondere aufgrund der bereits erfolgten Eintragung ins Handelsregister, noch immer die etwas zeitsparendere und verlässlichere Variante, die ein Käufer daher regelmäßig wählen wird. Ein Ziel des MoMiG war auch die Beschleunigung der Registereintragung; ein Bedürfnis nach Vorratsgesellschaften besteht aber weiterhin, weil deren Aktivierung und Einsatz für die beabsichtigten Zwecke innerhalb weniger Stunden möglich ist (*Linke/Fröhlich* GWR 2014, 277 (277)).

Muster

120 Vertrag über den Verkauf und die Abtretung sämtlicher Geschäftsanteile einer von einem gewerblichen Anbieter auf Vorrat gegründeten GmbH mit Gesellschafter-

versammlung; diese enthält den Geschäftsführerwechsel und nimmt notwendige Satzungsänderungen vor [1]

Verhandelt

zu Frankfurt am Main

am ____________.

Vor dem unterzeichnenden Notar [2]

____

mit Amtssitz in Frankfurt am Main

erschienen heute:

1. ____________,

geboren am ____________,
____________,
____________,
persönlich bekannt,
nach seiner/ihrer Erklärung nicht im eigenen Namen handelnd, sondern für:
____________ mit dem Sitz in ____________, ____________, eingetragen im Handelsregister des Amtsgerichts ____________ unter HRB ____________,
– nachfolgend »Verkäufer« genannt –

aufgrund bei der heutigen Beurkundung im Original vorgelegter Vollmacht, die in Kopie, deren Übereinstimmung der Notar mit dem Original hiermit beglaubigt, dieser Urkunde beigefügt wird,

2. ____________,

geboren am ____________,
____________,
____________,
persönlich bekannt,
nach seiner/ihrer Erklärung nicht im eigenen Namen handelnd, sondern für:[3]
____________ mit dem Sitz in ____________, ____________, eingetragen im Handelsregister des Amtsgerichts ____________ unter HRB ____________,
– nachfolgend »Käufer« genannt –

aufgrund bei der heutigen Beurkundung im Original vorgelegter Vollmacht, die in Kopie, deren Übereinstimmung der Notar mit dem Original hiermit beglaubigt, dieser Urkunde beigefügt wird.

Der Notar fragte die Erschienenen vor der Beurkundung, ob er oder ein anderer Berufsträger seiner Sozietät in der Angelegenheit, die Gegenstand dieser Beurkundung ist, bereits tätig war oder ist, es sei denn im Auftrag aller Beteiligten. Dies wurde von den Erschienenen verneint. [4]

Er wies zudem daraufhin, dass die im Rahmen der Beurkundung ihrer Vorbereitung und Abwicklung erhobenen personenbezogenen Daten gespeichert und verarbeitet werden. Die Erschienen willigten – nach Belehrung über die ihnen insoweit zustehenden Rechte – hierzu ein.

Die Erschienenen erklärten mit der Bitte um Beurkundung folgenden

I.
KAUF- UND ABTRETUNGSVERTRAG

1. **Vorbemerkung**

Der Verkäufer ist am 25.000 € betragenden Stammkapital der ___________ GmbH, eingetragen im Handelsregister des Amtsgerichts ___________ unter HRB ___________ (nachfolgend »Gesellschaft«) mit 25.000 Geschäftsanteilen (Geschäftsanteil Nr. 1 bis Nr. 25.000) zu je 1 € beteiligt.

2. Kauf- und Abtretung der Geschäftsanteile

Der Verkäufer verkauft die Geschäftsanteile Nr. 1 bis Nr. 25.000 zu je € 1 an den Käufer und tritt diese Geschäftsanteile an den Käufer ab. Der Käufer nimmt Verkauf und Abtretung an. [5]

3. Kaufpreis

Der Kaufpreis für die Geschäftsanteile Nr. 1 bis Nr. 25.000 beträgt 27.000,00 € (in Worten: siebenundzwanzigtausend Euro) und ist am Tag des Abschlusses dieses Vertrages zur Zahlung an den Verkäufer fällig. Der Kaufpreis ist zu zahlen auf das folgende Konto des Verkäufers:

Konto Nr. ___________,

___________, ___________,
[Bank]

BLZ ___________,

Betreff: ___________

Mehrere Erwerber haften als Gesamtschuldner.

4. Garantien

Der Verkäufer garantiert dem Käufer zum gegenwärtigen Zeitpunkt, dass [6]

4.1. die Gesellschaft bisher noch nicht geschäftlich tätig war und, bis auf die ca. 1.000 € Gründungskosten sowie ggf. den Kosten einer auf Veranlassung des Käufers beurkundeten Gesellschafterversammlung, keine Verbindlichkeiten oder Verpflichtungen bestehen; [7]

4.2. die Gesellschaft über ein Konto verfügt, das ein Guthaben von ca. 24.000 € aufweist und zur freien Verfügung der Gesellschaft steht; die Gründungskosten sind vollständig bezahlt; [8]

4.3. ihm die abgetretenen Geschäftsanteile uneingeschränkt zustehen, diese nicht mit Rechten Dritter belastet sind und er hierüber frei verfügen kann; [9]

4.4. das Stammkapital der Gesellschaft in voller Höhe eingezahlt ist, dass Rückzahlungen nicht erfolgt sind, und dass die hiermit verkauften Geschäftsanteile das gesamte Stammkapital der Gesellschaft darstellen. [10]

Darüber hinausgehende Garantien oder Gewährleistungen werden nicht übernommen.

5. Kosten

Die mit dem Abschluss und der Durchführung dieses Vertrages entstehenden Kosten trägt der Käufer.

6. Belehrungen

Der Notar belehrte darüber, dass der Käufer für die nicht erbrachten Geldeinlagen und Fehlbeträge nicht vollwertig geleisteter Sacheinlagen unbeschränkt haftet. [11]

Der Verkäufer wünschte nach Belehrung über die damit verbundenen Gefahren keine Sicherung der Kaufpreiszahlung durch eine Zwangsvollstreckungsunterwerfung oder eine nur aufschiebend bedingte Abtretung der Geschäftsanteile. [12]

Ferner wies der Notar die Erschienenen auf Folgendes hin:

Im Verhältnis zur Gesellschaft gilt im Falle einer Veränderung in den Personen der Gesellschafter oder des Umfangs ihrer Beteiligung als Gesellschafter nur, wer als solcher in der im Handelsregister aufgenommenen Gesellschafterliste eingetragen ist. Vorher kann der Erwerber seine Gesellschafterrechte gegenüber der Gesellschaft grds. nicht wirksam ausüben, es sei denn, die Aufnahme der aktuellen Gesellschafterliste im Handelsregister folgt der Ausübung der Gesellschafterrechte durch den Erwerber unverzüglich nach. [13]

Der Erwerber kann einen Geschäftsanteil oder ein Recht daran unter bestimmten Voraussetzungen wirksam vom Nichtberechtigten erwerben, wenn der Veräußerer als Inhaber des Geschäftsanteils in der im Handelsregister aufgenommenen Gesellschafterliste eingetragen ist. Dies gilt jedoch nicht, wenn die Liste zum Zeitpunkt des Erwerbs hinsichtlich des Geschäftsanteils weniger als drei Jahre unrichtig und die Unrichtigkeit dem Berechtigten nicht zuzurechnen ist. Ein gutgläubiger Erwerb ist ferner nicht möglich, wenn dem Erwerber die mangelnde Berechtigung bekannt oder infolge grober Fahrlässigkeit unbekannt ist oder der Liste ein Widerspruch zugeordnet ist. [14]

Der Notar wies die Erschienenen auf Folgendes hin:

Infolge der Anwendbarkeit der Gründungsvorschriften des GmbHG auf Vorrats- und Mantelkauf, die sich laut BGH auch auf die Haftung der Gesellschafter vor Offenlegung der wirtschaftlichen Neugründung erstreckt, ist dem Käufer der Aufschub der Geschäftsaufnahme bis zu diesem Zeitpunkt angeraten. [15]

7. Sonstiges

7.1. Dieser Kaufvertrag unterliegt dem Recht der Bundesrepublik Deutschland.

7.2. Die Gesellschaft hat keinen Grundbesitz. [16]

7.3. Sind oder werden einzelne Bestimmungen dieses Vertrages unwirksam, so bleiben die übrigen Bestimmungen gleichwohl wirksam. Unwirksame Bestimmungen sind einvernehmlich durch solche zu ersetzen, die dem wirtschaftlichen Gewollten möglichst nahe kommen. Entsprechendes gilt zur Ausführung etwaiger Lücken im Vertrag.

Sodann erklärten die Erschienenen mit der Bitte um Beurkundung:

__________ als neuer Alleingesellschafter der __________ GmbH, Frankfurt am Main (»Gesellschaft«), und vorsorglich auch __________ als bisheriger Alleingesellschafter, halten hiermit unter Verzicht auf alle Form- und Fristvorschriften für die Einberufung und Abhaltung einer Gesellschafterversammlung eine

Gesellschafterversammlung

der Gesellschaft ab und beschließen was folgt: [17]

1. __________ wird mit sofortiger Wirkung als Geschäftsführer/in abberufen. Ihm/Ihr wird Entlastung erteilt.

2. a) __________,

geboren am __________,

wohnhaft __________

und

b) __________,

geboren am __________,

wohnhaft __________

werden mit sofortiger Wirkung zu Geschäftsführern der Gesellschaft bestellt.

__________ ist als Geschäftsführer stets einzelvertretungsberechtigt und von den Beschränkungen des § 181 BGB befreit.

oder

__________ vertritt die Gesellschaft als Geschäftsführer gemeinsam mit einem anderen Geschäftsführer oder einem Prokuristen. Solange er alleiniger Geschäftsführer ist, vertritt er die Gesellschaft alleine. Er ist von den Beschränkungen des § 181 BGB befreit.

3. Die Firma der Gesellschaft wird geändert in __________; § 1 des Gesellschaftsvertrages lautet nunmehr:

»§ 1

Firma der GesellschaftDie Firma der Gesellschaft lautet: __________«

4. Der Gegenstand des Unternehmens ist geändert. § 4 Abs. 1 des Gesellschaftsvertrages lautet nunmehr:

»(1) __________«

5. __[Sonstige Satzungsänderungen]__

Weitere Beschlüsse wurden nicht gefasst. Die Gesellschafterversammlung war damit beendet.

Diese Verhandlung wurde den Erschienenen vom Notar in deutscher Sprache vorgelesen, von den Erschienenen genehmigt und von ihnen und dem Notar eigenhändig wie folgt unterschrieben:

____

Erläuterungen

Literatur: *Bärwaldt/Balda*, Praktische Hinweise für den Umgang mit Vorrats- und Mantelgesellschaften – Teil 1: Vorratsgesellschaften, GmbHR 2004, 50; *Berkefeld*, Ungelöste Probleme auf der Rechtsfolgenseite bei der »wirtschaftlichen Neugründung« von Vorrats- und Mantelgesellschaften, GmbHR 2018, 337; *Götz*, Darlegungs- und Beweislast im Unterbilanzhaftungsprozess bei Erstgründung und bei wirtschaftlicher Neugründung einer GmbH, GmbHR 2013, 290; *Jacobs*, Die Verwendung eines GmbH-Mantels als wirtschaftliche Neugründung, DZWiR 2004, 309; *Linke/Fröhlich*, Einsatz von Vorrats- und Mantelgesellschaften in M&A Transaktionen, GWR 2014, 277; *Mayer*, Der Erwerb einer GmbH nach den Änderungen durch das MoMiG, DNotZ 2008, 403; *Müller*, Der Entwurf des MoMiG und die Auswirkungen auf den Unternehmens- und Beteiligungskauf, GmbHR 2006, 953; *Müller/Federmann*, Praktische Hinweise zum Erwerb einer Vorrats-GmbH nach dem MoMiG, BB 2009, 1375; *Peetz*, Anmeldung einer Anteilsabtretung – eine eher unscheinbare Norm, GmbHR 2006, 852; *Rohles-Puderbach*, Vorrats- und Mantelgesellschaften – Entwicklung, Haftungsrisiken und Umsetzung in der Praxis, RNotZ 2006, 274; *v. Proff*, Die Verwendung von Vorrats- und Mantel–GmbHs in der Praxis und ihre Risiken, NotBZ 2017, 171; *Vossius*, Gutgläubiger Erwerb von GmbH-Anteilen nach MoMiG, DB 2007, 2299; *Winnen*, Die wirtschaftliche Neugründung von Kapitalgesellschaften RNotZ 2013, 389.

121 **1.** »Offene« – und damit zulässige – Vorratsgesellschaften zeichnen sich gerade dadurch aus, dass die Vorratsgründung offen zum Zwecke der Weiterveräußerung erfolgt und nicht ein fiktiver, von

der tatsächlich beabsichtigten Tätigkeit in diesem Stadium (z.B. »Verwaltung eigenen Vermögens«) abweichender Unternehmenszweck in der Satzung angegeben wird. Aufgrund der Unrichtigkeit der Satzungsbestimmung ist die verdeckte Vorratsgründung nichtig.

2. Die Erforderlichkeit der notariellen Beurkundung eines Vertrags über eine Anteilsabtretung 122
ergibt sich aus § 15 Abs. 3 GmbHG. Auch die Verpflichtung eines Gesellschafters zur Abtretung ist grds. beurkundungsbedürftig, § 15 Abs. 4 S. 1 GmbHG (vgl. hierzu BGH, Beschl. v. 08.05.2007, VIII ZR 235/06, NJW 2007, 2117 f.). Wurde solch eine Vereinbarung dennoch nicht beurkundet, so wird dieser Formmangel (nicht auch sonstige Mängel vgl. BGH, Beschl. v. 29.01.1992, VIII ZR 95/91, WM 1989, 256, 258; Hachenburg/*Zutt* § 15 Rn. 67 f.) gem. § 15 Abs. 4 S. 2 GmbHG durch die Beurkundung der Abtretung selbst geheilt (BGH, Urt. v. 23.02.1989, IVa ZR 167/81, NJW 1983, 1843 (1844), BGH, Urt. v. 19.01.1987, II ZR 81/86, NJW RR 1987, 807 und 1992, 991). Nach der Abtretung erfolgende Änderungen und Ergänzungen der getroffenen Vereinbarungen sind formlos gültig, solange sie die Abtretung des Geschäftsanteils nicht unmittelbar berühren (Heidenhain/Meister/*Heidenhain*/*Hasselmann*, IV. 65 Anm. 4; BGH, Urt. v. 21.04.1959, VIII ZR 71/58, NJW 1959, 1433).

Werden neben der Anteilsübertragung noch weitere Verträge geschlossen, die dem Veräußerer über 123
den Kaufpreis hinausgehende Entgelte sichern (z.B. Beraterverträge), so bedürfen auch diese der notariellen Beurkundung (Tillmann/Winter/*Schiffers*/*Rupp* Rn. 989).

3. Ist Erwerber der Vorratsgesellschaft eine AG, sind die Mitteilungspflichten nach § 21 Abs. 1 124
AktG zu beachten, nach dem die AG den Erwerb von mehr als einem Viertel der Anteile der GmbH unverzüglich schriftlich mitzuteilen hat. Anderenfalls haben ihre Mitgliedschaftsrechte keinen Bestand (beachte aber Abs. 4), eventuell gefasste Gesellschafterbeschlüsse sind in jedem Fall unwirksam (*Müller*/*Federmann* BB 2009, 1375 (1380)). Praxisrelevant ist dies besonders für den Fall, dass der Erwerber und nicht der Altgesellschafter die Änderungen der Satzung und den Geschäftsführerwechsel beschließen will. Eine vorherige Mitteilung ist zur Vermeidung einer erneuten Beschlussfassung dringend anzuraten.

4. Die Aufnahme dieser Klausel ist wegen § 3 Abs. 1 Nr. 7 BeurkG erforderlich. 125

5. Die Stückelung von GmbH-Geschäftsanteilen ist unter dem MoMiG erleichtert worden: Wäh- 126
rend diese früher nur mit Genehmigung der Gesellschaft (§ 17 GmbHG a.F.) und infolge eines entspr. Gesellschafterbeschlusses (§ 46 Nr. 4 GmbHG) möglich war, ist seither die Stückelung in Anteile zu je einem Euro möglich, denn nach § 5 Abs. 2 GmbHG muss der Nennbetrag der Geschäftsanteile nur noch auf volle Euro lauten. Sollen heute also Geschäftsanteile von verschiedenen Personen erworben werden, ist eine Teilung vor der Veräußerung nicht mehr notwendig. Entsprechend werden vereinzelt wohl/überwiegend bereits bei der Gründung Anteile zu je 1 € geschaffen.

Der Kauf von Geschäftsanteilen ist ein Rechtskauf i.S.d. § 453 BGB, nach dessen Abs. 1 die Vor- 127
schriften zum Sachkauf entspr. Anwendung finden. So handelt es sich um einen Sachmangel i.S.d. § 434 BGB wenn das Stammkapital entgegen den Versicherungen des Verkäufers nicht vollständig aufgebracht ist, so dass dieser gem. § 439 BGB zur Nacherfüllung in Form der Aufbringung des fehlenden Betrags verpflichtet ist (Tillmann/Schiffers/*Wälzholz*/*Rupp* Rn. 992). Ab einer bestimmten Höhe einer veräußerten Gesellschaftsbeteiligung, insbesondere wenn, wie beim Erwerb einer Vorratsgesellschaft, alle Geschäftsanteile übergehen, handelt es sich nicht mehr um einen reinen Rechtskauf, sondern um den Verkauf des von der Gesellschaft betriebenen Unternehmens. In diesem Fall greift eine Haftung für Wirtschaftsgüter der GmbH selbst ein (Tillmann/Schiffers/*Wälzholz*/*Rupp* Rn. 994; BGH NJW 1976, 236 (237)).

6. Trotz der durch das MoMiG eingeführten Möglichkeit des gutgläubigen Erwerbs von Ge- 128
schäftsanteilen ist eine Versicherung des Veräußerers darüber, ob der Geschäftsanteil besteht, der Veräußerer über diesen frei verfügen kann und er mit Rechten Dritter nicht belastet ist, nicht zuletzt wegen der aufgrund mangelnder registergerichtlicher Überprüfung begrenzten Gutglaubensbasis und der eher mangelhaften Aussagekraft der Gesellschafterliste, nicht entbehrlich geworden (*Müller* GmbHR 2006, 953 (956 f.); Tillmann/Schiffers/*Wälzholz*/*Rupp* Rn. 1010 f.).

129 **7.** Aus Erwerbersicht müssen diese Garantien unbedingt im Kauf- und Abtretungsvertrag enthalten sein, damit er für eine etwaige Differenz zwischen Gesellschaftsvermögen und satzungsmäßigem Stammkapital nicht haftbar wird (*Bärwaldt/Balda* GmbHR 2004, 50 (52)).

130 Die bisherige geschäftliche Inaktivität der Gesellschaft muss aus Erwerbersicht in jedem Fall im Garantiekatalog enthalten sein, denn die Freiheit von Altverbindlichkeiten und steuerlich ggf. relevanten Sachverhalten in Kombination mit der sofortigen Verfügbarkeit als Transaktionsvehikel ist es schließlich gerade, was den Erwerb einer Vorratsgesellschaft so interessant macht und entscheidend motiviert.

131 **8.** Wie bei einer rechtlichen Neugründung ist es auch bei der wirtschaftlichen Neugründung im Wege des Erwerbs einer Vorratsgesellschaft zulässig, dass die Gründungskosten (wenn auch ausschl. diese) das Gesellschaftsvermögen mindern (Lutter/Hommelhoff/*Lutter/Hommelhoff* § 8 Rn. 12; *Bärwaldt/Balda* GmbHR 2004, 50 (52)). Hierüber hinausgehende Differenzen zwischen Gesellschaftsvermögen und satzungsmäßigem Stammkapital müssen ausgeglichen werden.

132 **9.** Zur Verschaffung des Geschäftsanteils frei von Rechten Dritter ist der Verkäufer nach §§ 433 Abs. 1 S. 2, 435 BGB verpflichtet, es sei denn, dem Käufer waren diese bei Vertragsschluss bekannt, § 442 Abs. 1 BGB.

133 **10.** Auch die Garantie, dass das Stammkapital in voller Höhe eingezahlt ist, ist für den Erwerber von Bedeutung. Denn im Rahmen der allg. Differenzhaftung haftet der Erwerber für die von seinen Rechtsvorgängern nicht erbrachten Stammeinlagen ebenso wie für nicht geleistete Fehlbeträge (BGH, Urt. v. 14.03.1977, II ZR 156/75, NJW 1977, 1196; BGH, Urt. v. 09.03.1981, II ZR 94/80, NJW 1981, 1373 (1375 f.)).

134 Der Hinweis, dass Rückzahlungen auf das vollständig eingezahlte Stammkapital nicht erfolgt sind, reflektiert die Versicherung, dass keine verdeckten Sacheinlagen vorliegen und der Käufer somit nicht für die offene Einlagenschuld gem. §§ 31 Abs. 3, 16 Abs. 2 GmbHG (begrenzt auf den Betrag des Stammkapitals; BGH, Urt. v. 25.02.2005, II ZR 196/00, NJW 2002, 1803) haftbar gemacht werden kann.

135 **11.** Der Erwerber haftet nach neuer Rechtslage neben dem Veräußerer unbeschränkt für Einlageverpflichtungen, die in dem Zeitpunkt der Aufnahme der Gesellschafterliste in das Handelsregister rückständig sind, § 16 Abs. 2 GmbHG. Ein notarieller Hinweis hierauf ist vor allem deswegen sinnvoll, weil der Erwerber nach alter Rechtslage allg. für »rückständige Leistungen« haftete, worunter nach h.M. auch Ansprüche auf Ausgleich von Vorbelastungen, die Verlustdeckungshaftung, die Ausfallhaftung und die Haftung für Nachschüsse und Nebenleistungspflichten fielen (Nachw. bei Scholz/Winter/*Seibt*, § 16 Rn. 51 ff.).

136 **12.** Eine nur aufschiebend bedingte Abtretung von Geschäftsanteilen ist bei Unternehmenskäufen üblich und angesichts der zumeist erheblichen im verkauften Unternehmen verkörperten Vermögenswerte unbedingt empfehlenswert (*Müller* GmbHR 2006, 953 (958)). Zwar handelt es sich beim Kauf einer Vorratsgesellschaft auch um einen Unternehmenskauf, jedoch wird hier der Kaufpreis regelmäßig direkt gezahlt, so dass es einer Sicherung i.d.R. nicht bedarf und – auch aus Wettbewerbsgründen – eine solche vom Anbieter der Vorratsgesellschaft nicht gewünscht wird.

137 Wird der Übergang der Geschäftsanteile dennoch unter die aufschiebende Bedingung der Kaufpreiszahlung gestellt, ist zu beachten, dass der Erwerber erst mit dem Zeitpunkt der vollständigen Kaufpreiszahlung als Gesellschafter in die Gesellschafterliste aufgenommen werden kann und somit auch wirksame Beschlüsse im Anschluss an den Erwerb zunächst nicht getätigt werden können, § 16 Abs. 1 GmbHG. Aus diesem Grund wird sich in der Praxis zumindest der Erwerber, der die Vorratsgesellschaft als kurzfristig verfügbares Transaktionsvehikel benötigt, kaum auf eine solche Bedingung einlassen wollen. Ersatzweise mag es der Veräußerer noch übernehmen, die anstehende Gesellschafterversammlung abzuhalten und die anstehende Satzungsänderung und Geschäftsführerbestellung zu beschließen. Dies ist jedoch in aller Regel nicht gewünscht.

13. Mit dem Hinweis auf die Erforderlichkeit der unverzüglichen Aufnahme eines neuen Gesellschafters in der beim Handelsregister aufgenommenen Gesellschafterliste als Voraussetzung für die Wirksamkeit von Gesellschafterhandlungen wird für den neuen Gesellschafter noch einmal die mögliche Unwirksamkeit seiner Handlungen vor seiner Aufnahme klargestellt. Insbesondere wird aufgezeigt, dass es nicht mehr, wie nach alter Rechtslage, ausreicht, wenn er als neuer Gesellschafter bei der Gesellschaft angemeldet ist. Dieser Hinweis ist nicht zwingend und wird auch vom Gesetz nicht gefordert, jedoch ist zu beachten, dass die erhöhte Bedeutung der Gesellschafterliste eine der praktisch relevantesten Veränderungen durch das MoMiG darstellt. Der Notar kann durch diesen Hinweis sicherstellen, dass die Erschienenen im Bewusstsein dieser Neuerung handeln und ihr Rechnung tragen. 138

§ 40 Abs. 2 GmbHG führt zu einer Wahrung der Aktualität der Gesellschafterliste bei Abtretungen, indem er den an Veränderungen des Gesellschafterbestandes oder des Umfangs einer Beteiligung mitwirkenden Notar zur unverzüglichen Einreichung der Liste nach Wirksamwerden der Veränderungen verpflichtet. Verletzt er diese Pflicht, haftet er gem. § 19 BNotO für entstehende Schäden. 139

14. Nach jahrzehntelangen Diskussionen wurde nun durch das MoMiG der gutgläubige Erwerb von Gesellschaftsanteilen ermöglicht. Die umfangreichen und kostenintensiven Due-Diligence-Prüfungen, die nach alter Rechtslage erforderlich waren, schreckten Investoren davon ab, Geschäftsanteile einer GmbH zu erwerben. Nunmehr können unter den in § 16 Abs. 3 GmbHG genannten Voraussetzungen, die die Klausel vollumfänglich wiedergibt, Geschäftsanteile gutgläubig erworben werden. Die Dreijahresfrist beginnt mit der erstmaligen Unrichtigkeit der Liste. Ist diese von Anfang an unrichtig, dann stellt die Aufnahme der Liste ins Handelsregister, genauer gesagt ihre Einstellung in den elektronischen Dokumentenabruf, diesen Zeitpunkt der ersten Unrichtigkeit dar (*Vossius* DB 2007, 2299 (2301 f.)). Wird eine ursprünglich richtige Liste erst mit der Zeit unrichtig, kommt es auf diesen Moment an. Nach dem Ablauf der drei Jahre ist der Berechtigte nicht mehr schützenswert, da das Gesetz ihm während dieser Zeit ausreichend Möglichkeit gewährt hat, die Richtigkeit der Angaben der online jederzeit ohne jeden Aufwand abrufbaren Gesellschafterliste bezüglich seiner Person zu überprüfen (*Mayer* DNotZ 2008, 403 (420 f.)). Eine Kontrolle der Gesellschafterlisten findet durch das Registergericht allerdings nicht statt, so dass ihre Aussagekraft nicht in jedem Fall verlässlich ist (Tillmann/Winter/*Wälzholz/Rupp* Rn. 1005). Daher soll die Gutglaubenswirkung erst nach Ablauf von drei Jahren nach Einreichung eingreifen. Der materiell Berechtigte hat somit Zeit, einen Widerspruch eintragen zu lassen (Tillmann/Winter/*Wälzholz/Rupp* Rn. 1007 f.). Sonstige materielle Mängel hinsichtlich der Gesellschafterstellung, die nicht an die Berechtigtenstellung lt. Gesellschafterliste anknüpfen, sondern etwa an das Entstehen des jeweiligen Geschäftsanteils, werden durch einen Gutglaubenserwerb nicht überwunden. Die Due Diligence beim Unternehmenskauf ist insofern nicht überflüssig geworden (Tillmann/Winter/*Wälzholz/Rupp* Rn. 1011; *Müller* GmbHR 2006, 953 (956 f.)). 140

15. Der Notar sollte die Beteiligten ausdrücklich darauf hinweisen, dass die Geschäftsaufnahme wegen der erhöhten Haftungsrisiken erst nach Eingang der Offenlegung/Anmeldung beim Registergericht erfolgen sollte, denn diese ist, sofern die Neugründung nicht zuvor nach außen in Erscheinung getreten ist, der Stichtag für die Unterbilanz- und Handelndenhaftung (*Heckschen/Heidinger* Kap. 3 Rn. 271; *Götz* GmbHR 2013, 290 (291)), die der BGH für die wirtschaftliche Neugründung sowohl durch den Erwerb einer Vorratsgesellschaft als auch durch Mantelkauf für entspr. anwendbar erklärt (BGH, Beschl. v. 07.07.2003, II ZB 4/02, NJW 2003, 3198 (3200 f.)) (str., gegen Anwendbarkeit der Handelndenhaftung z.B. *Jacobs*, DZWiR 2004, 309, bei Fn. 90; die genauen Umstände der Haftung sind sehr umstritten, auch Verlustdeckungshaftung ist in der Diskussion sowie die personengesellschaftsrechtlichen Grundsätze). 141

16. Mit diesem Hinweis ist klargestellt, dass der Erwerb nicht der Grunderwerbsteuer unterliegt (vgl. Heidenhain/Meister/*Heidenhain/Hasselmann* IV.65 Ende Formular). 142

Sollte doch Grundbesitz vorliegen und der Verkauf zur Vereinigung von mindestens 95 % Anteilsbesitz in der Hand eines Käufers (oder verbundener Unternehmen) führen, so unterliegt der 143

Erwerb der Grunderwerbsteuer (§ 1 Abs. 3 GrEStG). Für eine Vorratsgesellschaft ist dies durchweg auszuschließen.

144 **17.** Mit dem Kauf- und Anteilsabtretungsvertrag wird zugleich eine Gesellschafterversammlung notariell beurkundet, in der die Geschäftsführung ausgewechselt und die Firma der Gesellschaft sowie der Unternehmensgegenstand geändert wird; oft wird die Satzung grundlegend neu gefasst. Die gemeinsame Beurkundung von Kauf- und Abtretungsvertrag sowie Gesellschafterversammlung bringt keine direkten Vorteile, beschränkt allerdings den Aufwand der Neugründung zeitlich auf einen einzigen Notartermin.

145 Die Fassung solcher Gesellschafterbeschlüsse setzt selbstverständlich voraus, dass es sich bei den Erwerbern um Gesellschafter handelt. Hinsichtlich der Gesellschafterstellung hat das MoMiG insofern eine Veränderung gebracht, als dass als Gesellschafter nur gilt, wer in der beim Handelsregister aufgenommenen Gesellschafterliste eingetragen ist, § 16 Abs. 1 S. 1 GmbHG. Das kann in der vorliegenden Konstellation noch nicht geschehen sein. Die Eintragung in die Gesellschafterliste ist allerdings keineswegs konstitutiv für die Gesellschafterstellung und die Ausübung der hiermit zusammenhängendem Rechte, sondern begründet lediglich die unwiderlegliche Vermutung, dass der Eingetragene Gesellschafter und Gesellschafterrechte auszuüben berechtigt ist (*Peetz* GmbHR 2006, 852 (853); *Mayer* DNotZ 2008, 403 (404)). Der Erwerber kann unmittelbar nach Wirksamwerden des Erwerbs (Voraussetzung ist also, dass der Erwerb nicht unter einer aufschiebenden Bedingung steht oder an das Eintreten sonstiger Voraussetzungen geknüpft ist (*Mayer* DNotZ 2008, 403 (405)) Gesellschafterbeschlüsse fassen. Diese sind zwar zunächst schwebend unwirksam, werden jedoch wirksam, wenn unverzüglich nach dieser Rechtshandlung die Gesellschafterliste in das Handelsregister aufgenommen wird, § 16 Abs. 1 S. 2 GmbHG. Die Mitwirkung des alten Gesellschafters bietet allerdings zusätzliche Sicherheit, falls aus nicht absehbaren Gründen der Erwerb mit der notariellen Beurkundung keine Wirksamkeit entfaltet haben sollte oder die Aufnahme der aktualisierten Gesellschafterliste beim Handelsregister verspätet war.

146 Eine Erleichterung im Vergleich zur alten Rechtslage tritt somit nur ein, wenn die Anteilsabtretung mit Beurkundung sofort wirksam wird (*Mayer* DNotZ 2008, 403 (405)). Anders als bei gewöhnlichen Unternehmenskäufen ist dies bei einer Vorratsgesellschaft allerdings regelmäßig der Fall.

147 Wurde doch eine aufschiebende Bedingung vereinbart und hat der Veräußerer an den Gesellschafterbeschlüssen teilgenommen, so entsteht für ihn im Falle der Unwirksamkeit des Erwerbs ein unkontrollierbares Risiko, da der Erwerber nun Risikogeschäfte zulasten der Altgesellschaft tätigen kann. Der Veräußerer läuft Gefahr, das Stammkapital zu verlieren und, wenn er mit der Geschäftsaufnahme einverstanden war, sogar zu haften (*Heckschen/Heidinger* Kap. 3 Rn. 204 ff.).

148 Die Grundsätze über die Vorratsgesellschaft gelten auch für mit einem Musterprotokoll gegründete sog. Vorrats-Unternehmergesellschaften. Soll die Vorrats-UG nach dem Erwerb zur GmbH umgestaltet werden, ist eine Barkapitalerhöhung auf 25.000 € sowie die erstmalige Verfassung einer Satzung erforderlich.

13. Vollmacht zum Erwerb einer Vorratsgesellschaft und Änderungen des Gesellschaftsvertrags

Vorbemerkung

149 Häufig ist beim Erwerb einer Vorratsgesellschaft weder der Verkäufer noch der Käufer persönlich anwesend, sondern durch entsprechend bevollmächtigte Personen vertreten.

150 Es sind dann die Beschränkungen des § 181 BGB zu beachten (wenn für Käufer und Verkäufer dieselbe Person auftreten soll). Die Vollmachten bedürfen der Schriftform.

Muster

VOLLMACHT [1] 151

____

____

eine nach dem Recht von __________ ordnungsgemäß gegründete und bestehende Gesellschaft, eingetragen __________

– im folgenden »Vollmachtgeber« genannt –

bevollmächtigt hiermit [2]

____

____

und

____

____

eine/n jede/n einzeln,

– im Folgenden gemeinsam die »Bevollmächtigten« genannt –

den Vollmachtgeber in jeder Hinsicht bei dem Erwerb von sämtlichen Geschäftsanteilen an der __________ GmbH, __________, oder einer anderen Vorratsgesellschaft in der Rechtsform einer deutschen Gesellschaft mit beschränkter Haftung (die »GmbH«) zu vertreten. Die Bevollmächtigten sind insbesondere zur Vornahme der folgenden Rechtsgeschäfte und Rechtshandlungen befugt:

1. **Abschluss von Verträgen über den Kauf und die Abtretung sämtlicher Geschäftsanteile an der GmbH,**
2. **Ausübung aller Rechte als Gesellschafter der GmbH, insbesondere Beschlussfassung innerhalb und außerhalb von Gesellschafterversammlungen, unter anderem bezüglich, jedoch ohne Beschränkung auf: [3]**
   - **(a) jegliche Änderungen des Gesellschaftsvertrages, einschließlich seiner vollständigen Neufassung,**
   - **(b) Abberufung und Bestellung von Geschäftsführern und Erteilung von Prokura.**

Die Bevollmächtigten sind berechtigt, alle im Zusammenhang mit den vorstehenden Angelegenheiten erforderlichen oder zweckmäßigen Verträge abzuschließen, die Änderung sämtlicher Verträge, die sich direkt oder indirekt auf die vorstehenden Rechtshandlungen beziehen, zu vereinbaren sowie alle Erklärungen abzugeben und entgegenzunehmen und damit zusammenhängende weitere Maßnahmen zu treffen.

Ein/e jede/r der Bevollmächtigten hat Alleinvertretungsrecht, ist von den Beschränkungen des § 181 BGB befreit und berechtigt, Untervollmachten einschließlich der Befreiung von den Beschränkungen des § 181 BGB zu erteilen.

Diese Vollmacht unterliegt deutschem Recht.

__________, den __________

[Unterschrift]

[Name, Titel]

Erläuterungen

152 **1.** Die Vollmacht zum Erwerb einer Vorratsgesellschaft bedarf (anders als die Gründungsvollmacht gem. § 2 Abs. 2 GmbHG) keiner notariellen Beurkundung oder Beglaubigung, § 167 Abs. 2 BGB. Selbst bei Befreiung des Bevollmächtigten von den Beschränkungen des § 181 BGB erfordert die Erteilung keine Beurkundung (Heidenhain/Meister/*Heidenhain/Hasselmann* IV.78 Anm. 2; BGH, Urt. v. 24.03.1954, II ZR 23/53, NJW 1954, 1157 f.; BGH, Urt. v. 17.11.1955, II ZR 222/54, NJW 1956, 58). Gleiches gilt, falls die Vollmacht unwiderruflich erteilt wurde (RGZ 135, 70). Gleichwohl kann – wie stets – die Beglaubigung aus Beweisgründen sinnvoll sein.

153 **2.** Der Name des/der Bevollmächtigten muss aufgrund der Unzulässigkeit von Blankovollmachten (BGH, Urt. v. 24.03.1954, II ZR 23/53, NJW 1954, 1157 f.; BGH, Urt. v. 17.11.1955 – II ZR 222/54, NJW 1956, 58; Scholz/Winter/*Seibt* § 15 Rn. 90) stets genannt sein (Heidenhain/Meister/*Heidenhain/Hasselmann* IV.78 Anm. 3). Insbesondere dann, wenn Erwerber eine ausländische Gesellschaft ist, bedarf es eines genauesten Nachweises ihrer Existenz sowie der konkreten Vertretungsbefugnis (bspw. durch Beifügen eines Auszugs aus dem entsprechenden ausländischen Handels- und Firmenregister, sofern ein solches besteht) (Lorz/Pfisterer/Gerber/*Frank* Beck´sches Formularbuch GmbHR IX.1 Anm. 4).

154 **3.** Auch die Vollmacht zur Ausübung von Gesellschafterrechten im Rahmen der Gesellschafterversammlung bedarf zwar der Textform, § 47 Abs. 3 GmbHG, nicht aber der notariellen Beurkundung, § 167 Abs. 2 BGB.

14. Handelsregisteranmeldung zur wirtschaftlichen Neugründung

Vorbemerkung

Literatur: *Jeep,* Leere Hülse beschränktes Risiko: Die Gesellschafterhaftung bei nicht offen gelegter wirtschaftlicher Neugründung, NZG 2012, 1209; *Wolfer/Tögel,* Offenlegung der wirtschaftlichen Neugründung – Unterbilanzhaftung, Handelndenhaftung und Auswirkungen in der Insolvenz, GWR 2012, 215.

155 Lange Zeit war die Verwendung von Vorrats- und Mantelgesellschaften in ihren Einzelheiten sehr umstritten; in den letzten Jahren befasste sich die Rechtsprechung ausführlicher mit dieser Thematik und erachtet eine Vorratsgründung grds. als zulässig.

156 In zwei Entscheidungen zum GmbH-Recht (zum Erwerb einer Vorratsgesellschaft, BGH, Beschl. v. 09.12.2002, II ZB 12/02, BGHZ 153, 158 = NJW 2003, 892, und zum Mantelkauf, BGH, Beschl. v. 07.07.2003, II ZB 4/02, BGHZ 155, 318 = NJW 2003, 3198) hat der BGH ausgeführt, dass eine »wirtschaftliche Neugründung« sowohl die Verwendung von Vorratsgesellschaften als auch von alten GmbH-Mänteln umfasse und der hierbei erforderliche Verkehrsschutz über die analoge Anwendung der Vorschriften zum Gründungsrecht zu gewährleisten sei.

157 Auch bis heute wurde in drei Entscheidungen (BGH, Beschl. v. 18.01.2010, II ZR 61/09, ZIP 2010, 621; OLG München, Urt. v. 11.03.2010, 23 U 2814/09, ZIP 2010, 579 und KG, Urt. v. 07.12.2009, 23 U 24/09, ZIP 2010, 582) die Rechtsprechung des BGH zur »wirtschaftlichen Neugründung«, trotz teilweise anhaltender Kritik von Seiten der Literatur (z.B. *K. Schmidt* ZIP 2010, 857 ff.), im Wesentlichen bestätigt.

158 In Abgrenzung zur o.g. BGH-Entscheidung hat das KG entschieden, dass eine Unterbilanzhaftung wegen unterlassener Offenlegung der »wirtschaftlichen Neugründung« einer Vorratsgesellschaft nicht in Betracht komme, wenn das statutarische Stammkapital der Gesellschaft vollständig eingezahlt und bei Aufnahme der Geschäftstätigkeit noch unverbraucht vorhanden sei. In einem

solchen Fall nämlich seien die der Sicherung der realen Kapitalaufbringung dienenden Gründungsvorschriften bei der wirtschaftlichen Neugründung im wirtschaftlichen Ergebnis jedenfalls gewahrt, weshalb unter dem Gesichtspunkt des Gläubigerschutzes kein Anlass für eine Haftung wegen Umgehung des Gründungsrechts bestehe. Mit dieser Entscheidung ist das KG weiten Teilen von Rechtsprechung und Literatur entgegengetreten, die aus den o.g. Entscheidungen des BGH herauslesen wollten, dass nach Maßgabe der für die Vor-GmbH entwickelten Vorbelastungshaftung die Gesellschafter auch dann haften sollten, wenn zwar bei der wirtschaftlichen Neugründung das satzungsmäßige Stammkapital uneingeschränkt vorhanden war, eine Offenlegung aber unterblieben ist. 158

Auch das OLG München vertritt in seinem Urt. v. 11.03.2010, 23 U 2814/09 (ZIP 2010, 579) eine zeitlich unbeschränkte Haftung der Gesellschafter in entsprechender Anwendung des Haftungsmodells der Unterbilanzhaftung für den Fall, dass die Offenlegung der wirtschaftlichen Neugründung einer GmbH gegenüber dem Registergericht unterbleibt (in diesem Fall nach einer Mantelverwendung). Dieser Ansicht ist der BGH in seinem Urt. v. 06.03.2012, II ZR 56/10 (NZG 2012, 539) nicht gefolgt. Nach der Überzeugung des BGH ist die Haftung der GmbH-Gesellschafter bei unterlassener Offenlegung der wirtschaftlichen Neugründung lediglich auf den Umfang der Unterbilanz beschränkt, die zu dem Zeitpunkt besteht, in dem die Neugründung nach außen in Erscheinung tritt (so auch *Jeep,* NZG 2012, 1209 (1210 ff.); *Wolfer/Tögel,* GWR 2012, 215 (216 ff.)). 159

Den Bedenken, die im Schrifttum (z.B. *Altmeppen* DB 2003, 2050 (2051 f.); *K. Schmidt* NJW 2004, 1345 (1350)) gegen eine »unabsehbare Haftung« geäußert werden, könne insbesondere dadurch Rechnung getragen werden, »dass es den Gesellschaftern und Geschäftsführern ermöglicht wird, sich durch den Nachweis haftungsbefreiend zu entlasten, dass im Zeitpunkt der Revitalisierung der »GmbH-Hülse« das statutarische Stammkapital durch Gesellschaftsvermögen gedeckt war« (OLG München, Urt. v. 11.03.2010, 23 U 2814/09, ZIP 2010, 579 (581)). 160

Der BGH hat in seinem Beschl. v. 18.01.2010, II ZR 61/09 (ZIP 2010, 621), klargestellt, dass eine Mantelverwendung nur dann vorliegt, »wenn die Gesellschaft eine »leere Hülle« ist, also kein aktives Unternehmen mehr betreibt, an das die Fortführung des Geschäftsbetriebes – sei es auch unter wesentlicher Umgestaltung, Einschränkung oder Erweiterung seines Tätigkeitsgebiets – in irgendeiner wirtschaftlich noch gewichtbaren Weise anknüpfen kann«. Nur dann seien auch die Regeln der sog. »wirtschaftlichen Neugründung« anwendbar. Dieser Ansicht hat sich das KG in seinem Urt. v. 26.04.2012, 23 U 197/11 (NZG 2012, 1224) angeschlossen. 161

Es ist also zunächst überhaupt zu klären, ob der zu verwendende GmbH-Mantel tatsächlich nur eine »leere Hülle« darstellt. Anknüpfungspunkt ist immer ein entsprechender Geschäftsbetrieb. Dann jedenfalls, wenn die Gesellschaft nach Gründung und Eintragung konkrete Aktivitäten unternimmt, um die Aufnahme ihrer nach außen gerichteten Geschäftstätigkeit im Rahmen des satzungsmäßigen Unternehmensgegenstandes vorzubereiten und zu planen, liegt ein solcher Geschäftsbetrieb vor, dessen Andauern es verhindert, dass die ursprüngliche GmbH zu einer bloß leeren Hülle wird. 162

Wird aber eine tatsächlich vorliegende Mantel- oder auch Vorratsgesellschaft verwendet, so verpflichtet die daran anknüpfende wirtschaftliche Neugründung dazu, dem Registergericht dies mitzuteilen und in entsprechender Anwendung des § 8 Abs. 2 GmbHG eine Versicherung abzugeben. 163

Muster

164 **Amtsgericht**
– Handelsregister B –
60256 Frankfurt am Main

__________ GmbH

HRB __________

Handelsregisteranmeldung

Zur Eintragung in das Handelsregister melde ich unter gleichzeitiger Offenlegung der »wirtschaftlichen Neugründung« i.S.d. Rechtsprechung zur Verwendung von Vorrats- und Mantelgesellschaften an: [1]

1. __________ ist nicht mehr Geschäftsführer/in der Gesellschaft.

2. Der Unterzeichnende

__________, geboren am __________, wohnhaft __________, __________,ist zum Geschäftsführer der Gesellschaft bestellt. Er ist berechtigt, die Gesellschaft stets einzeln zu vertreten und von den Beschränkungen des § 181 BGB befreit.Der unterzeichnende neue Geschäftsführer versichert:

- **dass keine Umstände vorliegen, die seiner Bestellung nach § 6 Abs. 2 S. 2 Nr. 2 und 3 sowie S. 3 GmbHG entgegenstehen,**
- **dass er nicht wegen einer oder mehrerer der folgenden, vorsätzlich begangenen Straftaten rechtskräftig verurteilt worden ist, und zwar auch nicht im Ausland wegen einer Tat, die mit den genannten Taten vergleichbar ist:**
  - **des Unterlassens der Stellung des Antrags auf Eröffnung des Insolvenzverfahrens (Insolvenzverschleppung),**
  - **nach §§ 283 bis 283d StGB (Bankrott, Verletzung der Buchführungspflicht, Schuldnerbegünstigung, Gläubigerbegünstigung),**
  - **falscher Angaben nach § 82 GmbHG oder § 399 AktG,**
  - **der unrichtigen Darstellung nach § 400 AktG, § 331 HGB, § 313 UmwG oder § 17 des Publizitätsgesetzes oder**
  - **nach den §§ 263 bis 264a oder den §§ 265b bis 266a des Strafgesetzbuches (Betrug, Computerbetrug, Subventionsbetrug, Kapitalanlagebetrug, Kreditbetrug, Untreue, Vorenthalten und Veruntreuen von Arbeitsentgelt),**
- **dass ihm die Ausübung eines Berufs, Berufszweiges, Gewerbes oder Gewerbezweiges weder durch gerichtliches Urteil noch durch vollziehbare Entscheidung einer Verwaltungsbehörde untersagt worden ist,**
- **dass er bei der Besorgung seiner Vermögensangelegenheiten keinem Einwilligungsvorbehalt nach § 1903 BGB unterliegt,** [2]
- **dass die bei Gründung der Gesellschaft auf das Stammkapital zu erbringenden Einlagen in voller Höhe erbracht sind und sich – mit Ausnahme der Gründungskosten – seit dem ungeschmälert zu seiner freien Verfügung befinden,** [3]

- **dass er vor Abgabe dieser Erklärungen über seine unbeschränkte Auskunftspflicht hierüber gegenüber dem Gericht sowie über die Strafbarkeit falscher Angaben gem. § 82 Abs. 1 Ziffer 5 GmbHG durch den Notar ___________ in ___________, belehrt wurde.** [4]

3. Die Satzung wurde mehrfach, insbesondere in §§ ___________ geändert und vollständig neu gefasst. [5]

4. Die Geschäftsräume der Gesellschaft befinden sich nunmehr in ___________, ___________ [6] **Diese Adresse ist als inländische Geschäftsanschrift im Handelsregister einzutragen.** [7]

___________, den ___________

[Unterschrift]

[Name, Titel]

Erläuterungen

Literatur: *Altmeppen*, Zur Verwendung eines alten GmbH-Mantels, DB 2003, 2050; *Bärwaldt/Balda*, Praktische Hinweise für den Umgang mit Vorrats- und Mantelgesellschaften, GmbHR 2004, 350; *Goette*, Haftungsfragen bei der Verwendung von Vorratsgesellschaften und leeren GmbH-Mänteln, DStR 2004, 461; *Göz/Gehlich*, Die Haftung von Gesellschafter und Geschäftsführer bei Verwendung eines GmbH-Mantels, ZIP 1999, 1658; *Heidinger*, Die wirtschaftliche Neugründung, ZGR 2005, 101; *Ihrig*, Die Verwertung von GmbH-Mängeln, BB 1988, 1202; *Jacobs*, Die Verwendung eines GmbH-Mantels als wirtschaftliche Neugründung, DZWiR 2004, 309; *Kesseler*, Gesellschafterhaftung, Anmeldepflicht und Kapitalausstattung bei Verwendung von GmbH-Mänteln, ZIP 2003, 1790; *Müller/Federmann*, Praktische Hinweise zum Erwerb einer Vorrats-GmbH nach dem MoMiG, BB 2009, 1375; *Peetz*, Mantelverwendung bei auf Vorrat gegründeter GmbH, GmbHR 2003, 229; *Priester*, Mantelverwendung und Mantelgründung bei der GmbH, DB 1983, 2295; *Rohles-Puderbach*, Vorrats- und Mantelgesellschaften – Entwicklung, Haftungsrisiken und Umsetzung in der Praxis, RNotZ 2006, 274; *Schaub*, Vorratsgesellschaften vor dem Aus?, NJW 2003, 2125; K. Schmidt, Die Verwendung von GmbH-Mänteln und ihre Haftungsfolgen – ein Thema von gestern, ZIP 2010, 857; *K. Schmidt*, Vorratsgründung, Mantelkauf und Mantelverwendung, NJW 2004, 1345; *Ulmer*, Die wirtschaftliche Neugründung einer GmbH unter Verwendung eines GmbH-Mantels, BB 1983, 1125; *Wälzholz*, Die Reform des GmbH-Rechts, MittBayNot 2008, 425; *Wicke*, Risiko Mantelverwendung – Die wirtschaftliche Neugründung vor der Reform des GmbH-Rechts, NZG 2005, 409; *Wilhelmi*, Zur Begründung und den Konsequenzen der analogen Anwendung der Gründungsvorschriften auf die Verwendung eines gebrauchten GmbH-Mantels, DZWIR 2004, 177.

1. Das Formular geht davon aus, dass nur die mit der wirtschaftlichen Neugründung einhergehenden Änderungen und Versicherungen, nicht aber die wirtschaftliche Neugründung selbst zum Handelsregister angemeldet wird. 165

Ob die wirtschaftliche Neugründung selbst bzw. ihre Offenlegung im Handelsregister eingetragen werden muss, ist noch nicht vom BGH entschieden. In der Literatur wird dies teilweise gefordert (*Peetz* GmbHR 2003, 229 (231); *Rohles-Puderbach* RNotZ 2006, 274 (277)). 166

Es wird argumentiert, dass die Offenlegung einer Erstanmeldung gleichzustellen sei (*Heckschen/Heidinger* Kap. 3 Rn. 198 ff.). Demgemäß wären deren notarielle Beurkundung und Eintragung im Handelsregister erforderlich. 167

Insoweit für eine ergänzende Erklärung zur Anmeldung vorgeschlagene Formulierung: Es wird offen gelegt, dass die als offene Vorratsgesellschaft gegründete GmbH nunmehr erstmalig ihre geschäftliche Tätigkeit aufgenommen hat, »Vorratsgesellschaft«/die zuletzt unternehmenslose Gesellschaft ihre Geschäftstätigkeit wieder aufgenommen hat, »Mantelgesellschaft« (wirtschaftliche Neugründung) (*Heckschen/Heidinger* Kap. 3 Rn. 239 ff.). 168

Da mit dem Erwerb einer Vorrats- bzw. Mantelgesellschaft nach BGH-Rechtsprechung (BGH, Beschl. v. 09.12.2002, II ZB 12/02, NJW 2003, 892 und BGH, Beschl. v. 07.07.2003, II ZB 169

4/02, NJW 2003, 3198) stets eine wirtschaftliche Neugründung verbunden ist, müssen auch die Gründungsvorschriften des GmbHG, insbesondere auch im Hinblick auf die Kapitalausstattung, beachtet werden (BGH, Beschl. v. 09.12.2002, II ZB 12/02, NJW 2003, 892 (893); BGH, Beschl. v. 07.07.2003, II ZB 4/02, NJW 2003, 3198 (3199)). In dieser Hinsicht ist durch den Wegfall der Volleinzahlungspflicht unter dem MoMiG eine Lockerung der Gründungsvoraussetzungen erfolgt, so dass die Reform jedenfalls an dieser Stelle die Vereinfachung herbeiführt, die auch Motivation des Gesetzgebers war (vgl. Rischbieter/Gröning/*Lergon* Kap. 1, Rn. 72). Eine unverzügliche Offenlegung beim Registergericht sowie die Abgabe der Versicherung der Geschäftsführung, dass das Stammkapital zur freien Verfügung steht, ist zur Minimierung des Risikos einer Gründer- und Handelndenhaftung jedoch nach wie vor unerlässlich (Rischbieter/Gröning/*Lergon* Kap. 1, Rn. 72), denn bis zum Stichtag der Offenlegung (= Eingang der Handelsregisteranmeldung) der Neugründung haften die Gesellschafter nach den Grundsätzen der Unterbilanzhaftung für in der Zwischenzeit vorgenommene Geschäfte (BGH, Beschl. v. 07.07.2003, II ZB 4/02, NJW 2003, 3198 (3200)). Stimmen alle Gesellschafter der Geschäftsaufnahme zu, ist ein eingetretener Verlust durch sie anteilig im Verhältnis der Kapitaleinlagen abzudecken. Diese Gesellschafterpflicht wirkt sich als Innenhaftung aus, ein direkter Anspruch der Gläubiger besteht insofern nicht (*Müller/Federmann* BB 2009, 1375 (1379); OLG Köln, Urt. v. 20.12.2007, 18 U 172/06, ZIP 2008, 973). Die Geschäftsführer trifft zudem die Handelndenhaftung gem. § 11 Abs. 2 GmbHG analog, wenn die Geschäfte ohne Zustimmung der Gesellschafter vor Offenlegung aufgenommen werden (*Müller/Federmann* BB 2009, 1375 (1379); *Bärwaldt/Balda* GmbHR 2004, 350 (354); Baumbach/Hueck/*Fastrich* § 3 Rn. 13c f.; kritisch *Wicke* NZG 2005, 409 (410); abl. *Schaub* NJW 2003, 2125 (2128 f.)). Freilich gilt dies nicht, sollten die Gesellschafter dem frühzeitigen Geschäftsbeginn zustimmen, was aufgrund der ihnen selbst drohenden Unterbilanzhaftung allerdings stets ein Risiko bedeutet (*Bärwaldt/Balda* GmbHR 2004, 350 (354)). Es empfiehlt sich daher, die Offenlegung so früh als irgend möglich zu betreiben und in jedem Fall bis zu diesem Zeitpunkt mit der Geschäftsaufnahme zu warten. Der Notar sollte den Gesellschaftern ein solches Vorgehen nahelegen (*Heckschen/Heidinger* Kap. 3 Rn. 238; *Bärwaldt/Balda* GmbHR 2004, 350 (354)).

170 Bei der Vor-GmbH, also der Vorgesellschaft, die mit Beurkundung einer Neugründung zunächst entsteht, ist Stichtag für die Haftung stets die Eintragung der GmbH ins Handelsregister. Bei der wirtschaftlichen Neugründung besteht hingegen bereits eine juristische Person. Daher ist Stichtag hier die Offenlegung, da bei dieser eine Unterbilanz bereits sicher feststellbar ist und, auch wenn sie dem Rechtsverkehr nicht erkennbar ist, alles in der Möglichkeit der Gesellschafter stehende getan ist, um dem Registergericht die Überprüfung der Kapitalaufbringung zum Schutze der Gläubiger zu ermöglichen (*Jacobs* DZWiR 2004, 309, bei Fn. 76).

171 Wurde eine Vorratsgesellschaft als Transaktionsvehikel erworben und alle Voraussetzungen des BGH für eine wirtschaftliche Neugründung erfüllt, zerschlägt sich jedoch das Geschäft mit der Folge, dass die GmbH nicht sofort, sondern erst später (für einen anderen Deal) eingesetzt wird, so ist unbedingt zu beachten, dass die Offenlegung bei diesem Anlass noch einmal erfolgen muss. Die Vorratsgesellschaft ist in diesem Fall, auch wenn sie letztendlich nicht genutzt wurde, aktiv gewesen und daher durch die folgende länger andauernde Inaktivität zu einer Mantelgesellschaft geworden. Würde die Gesellschaft nun in die Insolvenz geraten, würde den Gesellschaftern die Unterbilanzhaftung drohen (*Heckschen/Heidinger* Kap. 3 Rn. 238 ff.). Diese »Haftungsfalle« ist Gesellschaftern wegen der nie erfolgten Nutzung der Gesellschaft oft nicht bewusst.

172 Besondere Anforderungen an die Offenlegung bestehen aber auch in dieser Konstellation nicht; der einfache Hinweis im Rahmen der Handelsregisteranmeldung der Satzungsänderungen genügt (*Heidinger* ZGR 2005, 101 (108)).

173 Die Frage von Konsequenzen versehentlich oder bewusst unterlassener Offenlegung bzw. unterlassener Versicherungen ist bisher wenig erörtert worden. Zu Gebote stehen eine Unterbilanzhaftung der Gesellschafter und/oder eine mögliche Eintragungsblockade durch das Registergericht (*Heckschen/Heidinger* Kap. 3 Rn. 248). Grundsätzlich muss gelten, dass der die Offenlegung Unter-

lassende haftungstechnisch nicht besser stehen darf als derjenige, der sie vornimmt. Unterschieden wird teilweise zwischen Fällen der bewusst und der unbewusst unterlassenen Offenlegung. Eine solche Unterscheidung kann in der Praxis allerdings nur schwer getroffen werden, denn im Zweifel werden die Gesellschafter angeben, die Pflicht zur Offenlegung nicht erkannt zu haben, was die Bedeutung eines diesbezüglichen Hinweises durch den Notar unterstreicht. Bei ersterer komme eine Haftung gem. § 128 HGB analog, wie dies auch bei der Vor-GmbH gehandhabt wird, in Betracht. Da diese vor Eintragung keine juristische Person sei, sei sie haftungsrechtlich als eine OHG mit Außenhaftung zu behandeln, wenn die Eintragung nicht mehr verfolgt wird und die Geschäfte dennoch weitergeführt werden. Die Situation sei bei einer bewusst unterlassenen Offenlegung vergleichbar. Andererseits wird hiergegen argumentiert, dass bei einer Mantelgesellschaft (anders als bei einer rechtlichen Neugründung) keine Vor-GmbH, sondern eine vollwertige GmbH besteht. Die mit dieser GmbH kontrahierenden Gläubiger haben dies gewusst und haben daher von einer persönlichen Haftung der Gesellschafter bei Abschluss des Geschäftes nicht ausgehen können. Anders liege es, wenn die wirtschaftliche Neugründung den Gesellschaftern selbst nicht bewusst sei. Eine Außenhaftung sei hier nicht angezeigt, da eine Offenlegung noch möglich ist und bei Kenntnis (schon zur Haftungsminimierung) auch vorgenommen werden würde. Sachgerecht sei vielmehr eine Verlustdeckungshaftung (anteilige Innenhaftung) gegenüber der Gesellschaft, die bereits mit der einvernehmlichen Geschäftsaufnahme begründet werde. Dies überzeugt, besteht doch trotz fehlender Offenlegung bereits eine juristische Person. Solange die Offenlegung noch möglich sei, bestehe eine laufende Verlustdeckungspflicht, scheitere das Unternehmen aber, entstehe eine endgültige Verlustdeckungspflicht. Nach erfolgter Offenlegung greife die Unterbilanzhaftung (alles bei *Jacobs* DZWiR 2004, 309, bei Fn. 77–82).

174 Gegen die strengen Haftungsmaßstäbe des BGH wird folgendes Beispiel angeführt: Wenn Gesellschafter einer Mantel-GmbH die wirtschaftliche Neugründung unbewusst nicht offenlegen und nach langer Geschäftstätigkeit scheitern, sind sie, entgegen dem Grundsatz des § 13 Abs. 2 GmbHG, einer persönlichen und unbegrenzten Haftung gegenüber sämtlichen Gesellschaftsgläubigern ausgesetzt, unabhängig davon, ob des Stammkapital voll eingezahlt wurde oder sogar Rücklagen in erheblichem Umfang vorhanden waren (*Altmeppen* DB 2003, 2050 (2051)). Dies wird vielfach in der Literatur als unbefriedigend angesehen. Gleichwohl wird die Praxis den Vorgaben der Rechtsprechung folgen.

175 Nach § 8 Abs. 5 GmbHG gilt für die Form der Einreichung von Unterlagen zum Handelsregister § 12 Abs. 2 HGB entsprechend, der eine elektronische Übermittlung der Unterlagen vorsieht.

176 **2.** Gemäß § 39 Abs. 1 GmbHG bedarf jeder Wechsel in der Geschäftsführung und jede Änderung in der Vertretungsbefugnis der Anmeldung zur Eintragung im Handelsregister. Zudem bedarf es nach § 39 Abs. 3 GmbHG einer höchstpersönlichen, da nach § 82 Abs. 1 Nr. 5 GmbHG bei Fehlerhaftigkeit strafbewehrten, Versicherung der Geschäftsführer, dass sie die persönliche Eignung zur Geschäftsführung im Sinne des § 6 Abs. 2 S. 2 Nr. 2 und 3 GmbHG mitbringen und dass sie über ihre unbeschränkte Auskunftspflicht diesbezüglich belehrt wurden, § 8 Abs. 3 S. 1 GmbHG. Nach h.M. besteht keine Verpflichtung des die Versicherung beglaubigenden Notars zur Belehrung über die unbeschränkte Auskunftspflicht; sie wird aber in der Praxis regelmäßig durch diesen vorgenommen (*Wicke* GmbHG § 8 Rn. 16).

177 Die Versicherung kann anlässlich der Handelsregisteranmeldung des Erwerbs oder in einer selbstständigen notariell beglaubigten Erklärung abgegeben werden (§ 129 BGB), die elektronisch in öffentlich beglaubigter Abschrift zum Handelsregister einzureichen ist, §§ 12 HGB, 39a BeurkG (*Wicke* GmbHG § 8 Rn. 15).

178 Um Missbräuchen präventiv entgegenzuwirken, ist durch das MoMiG der eine Geschäftsführertätigkeit ausschließende Straftatenkatalog des § 6 GmbHG um einige – auch ausländische – Straftaten erweitert worden (*Müller/Federmann* BB 2009, 1375 (1378); *Wälzholz* MittBayNot 2008, 425 (428)). § 6 Abs. 2 GmbHG wird von der Rechtsprechung als dynamische Verweisung verstanden. Das 51. Gesetz zur Änderung des Strafgesetzbuches erweiterte den Katalog der Straftaten in

§ 6 Abs. 2 Nr. 3 e) GmbHG erneut um die neu geschaffenen Straftatbestände der §§ 265c, 265d StGB (OLG Oldenburg, NZG 2018, 264 (265), kritisch Deutsches Notarinstitut, DNotI-Report 10/2017, 73). Jedes Bestellungshindernis muss im Rahmen der Handelsregisteranmeldung einzeln aufgeführt und verneint werden (*Wicke* GmbHG § 8 Rn. 15; BayObLG DB 1982, 273; BayObLG DB 1983, 2408; einschränkend OLG Jena GmbHR 1995, 45). Dies kann nach Ansicht des BGH jedenfalls nicht für Bestellungshindernisse nach § 6 Abs. 2 S. 2 Nr. 3 GmbHG gelten. (BGH NZG 2010, 829). Straftaten sind nicht explizit im Einzelnen aufzuführen (Baumbach/Hueck/*Fastrich* § 8 Rn. 16). Eine nicht näher konkretisierte Benennung des § 6 Abs. 2 S. 2 Nr. 3 GmbHG soll ausreichen (OLG Hamm NZG 2011, 710).

179 Gibt ein Geschäftsführer eine unrichtige Erklärung ab, macht er sich gem. § 82 Abs. 1 Nr. 5 GmbHG strafbar und riskiert bis zu drei Jahren Freiheitsstrafe. Ist die Erklärung lediglich unvollständig, beanstandet das Registergericht dies (§ 26 S. 2 HRV), bevor es die Eintragung ablehnt.

180 Eine entsprechende Belehrung kann auch durch einen Notar (auch einen im Ausland bestellten), durch einen Vertreter eines vergleichbaren rechtsberatenden Berufs sowie einen Konsularbeamten erfolgen, § 8 Abs. 3 S. 2 GmbHG (*Walzhölz* MittBayNot 2008, 425 (428)).

181 **3.** Da es sich laut BGH beim Erwerb einer Vorrats-GmbH und deren Aktivierung um eine wirtschaftliche Neugründung handelt, müssen auch die sich auf die Kapitalaufbringung beziehenden Vorschriften zur präventiven Registerkontrolle (§ 9c GmbHG) entsprechend angewandt werden (BGH, Beschl. v. 09.12.2002, II ZB 12/02, NJW 2003, 892 (894)).

182 Die neuen Geschäftsführer müssen dem Registergericht die Tatsache der stets mit dem Erwerb einer Vorratsgesellschaft (oder Mantelgesellschaft) verbundenen wirtschaftlichen Neugründung offenlegen und analog §§ 8 Abs. 2 und 7 Abs. 2, 3 GmbHG versichern, dass die Leistungen auf die Geschäftsanteile bewirkt sind und dass der Gegenstand der Leistungen sich endgültig in der freien Verfügung der Geschäftsführer befindet. Das Stammkapital sei, so der BGH, beim Erwerb einer Vorratsgesellschaft zwar i.d.R. weitgehend unversehrt, jedoch bestünde die Möglichkeit, dass aufgrund einer frühzeitigen Geschäftsaufnahme bereits vor der Anmeldung Verluste entstanden sind oder auch Kapital wieder entnommen wurde (BGH, Beschl. v. 09.12.2002, II ZB 12/02, NJW 2003, 892 (894)).

183 Die Anmeldeversicherung analog §§ 8 Abs. 2 und 7 Abs. 2, 3 GmbHG muss sich laut BGH auf das satzungsmäßige Stammkapital und nicht nur auf das gesetzliche Mindestkapital beziehen (BGH, Beschl. v. 07.07.2003, II ZB 4/02, NJW 2003, 3198 (3200); so bereits OLG Frankfurt a.M., GmbHR 1999, 32 (33); MüKo AktG/*Pentz* § 23 Rn. 101; *Jacobs* DZWiR 2004, 309).

184 Fraglich ist zunächst der Bezugspunkt der Anmeldeversicherung. Die bislang herrschende Meinung stellt auf die Gefahr der Umgehung der Gründungsvorschriften ab und bezieht sie bei der wirtschaftlichen Neugründung auf das gesetzliche Mindeststammkapital in Höhe von 25.000 € (§ 5 Abs. 1 GmbHG; OLG Brandenburg, Beschl. v. 28.01.2002, 8 Wx 60/01, GmbHR 2002, 851 (854); *Priester* DB 1983, 2295 f.; vgl. nur OLG Brandenburg, NJW-RR 2000, 971; Baumbach/Hueck/*Fastrich*, § 3 Rn. 15a; GroßKomm-AktG/*Röhricht* § 23 Rn. 136 f.; *Hachenburg/Ulmer* § 3 Rn. 39; *Hüffer* § 23 Rn. 27a; *Ulmer* BB 1983, 1125; *Göz/Gehlich* ZIP 1999, 1658). Entscheidend sei, dass mit der Mantelverwendung eine originäre Gründung vermieden werden solle. Bei dieser könne sich der Gründer aber mit dem Mindeststammkapital begnügen. Der BGH meint dagegen, die Versicherung sei auf das satzungsmäßig festgelegte Stammkapital zu beziehen (BGH, Beschl. v. 07.07.2003, II ZB 4/02, BGHZ 155, 318 ff. = DZWIR 2004, 197 (199) mit Bespr. *Wilhelmi* DZWIR 2004, 177 ff.; ebenso *Winnen* RNotZ 2013, 389 (401); *Ihrig* BB 1988, 1197 (1202); *Kesseler* ZIP 2003, 1790 (1793); *Peetz* GmbHR 2003, 231; *Peters* a.a.O. (Fn. 3), S. 72 f.).

185 Für das statutarische Stammkapital als Bezugspunkt spricht, dass eine Anwendung der Kapitalaufbringungsvorschriften unter Umgehungsaspekten nur konsequent ist, wenn auf den konkreten Mantel mit einem konkreten satzungsmäßigen Stammkapital abgestellt wird. An ihm orientiert

sich auch das Vertrauen des Rechtsverkehrs. Andernfalls drohen überdies Wertungswidersprüche, wenn die Gründungsvorschriften, welche die Kapitalaufbringung betreffen, auf das gesetzliche Mindeststammkapital, die Regelungen über die Kapitalerhaltung dagegen auf das satzungsmäßige Stammkapital bezogen werden.

Nach dem ausdrücklichen Wortlaut des BGH-Beschlusses vom 07.07.2003, II ZB 4/02 zur Mantelverwendung muss daher »im Zeitpunkt der Offenlegung die Gesellschaft noch ein Mindestvermögen in Höhe der statutarischen Stammkapitalziffer besitzen«, »von dem sich ein Viertel – wenigstens aber 12.500 € – wertmäßig in der freien Verfügung der Geschäftsführung zu befinden hat«. 186

Während auch bspw. das OLG Jena in seinem Urt. v. 27.02.2006, 6 W 287/06 die Versicherung, »dass das satzungsmäßige Stammkapital im Anmeldezeitpunkt wertmäßig vorhanden ist und dass sich hiervon ein Viertel – zumindest aber 12.500 € – zur freien Verfügung der Geschäftsführung befindet« genügen lässt, ist *Heidinger* (ZGR 2005, 101 (121)) der Auffassung, die Erleichterung in § 7 Abs. 2 GmbHG, dass sich nur wertmäßig ein Viertel – wenigstens aber 12.500 € – des Stammkapitals zur freien Verfügung der Geschäftsführung befinden müsse, passe ausschl. bei der Verwendung einer bar gegründeten Vorratsgesellschaft, deren Stammeinlage noch unberührt vorhanden ist. 187

Beim Erwerb einer Vorratsgesellschaft stellt der BGH bezüglich des Inhalts der Anmeldeversicherung auf § 7 Abs. 2 GmbHG ab und behandelt den Vorgang als Bargründung, obwohl zu diesem Zeitpunkt gar keine Einlagenleistung mehr erfolgen muss (*Heidinger* ZGR 2005, 101 (116)). Er geht somit davon aus, dass der Gründungsakt erst mit der Verwendung, hier also dem Erwerb, der Vorratsgesellschaft vollendet wird (*Goette* DStR 2004, 461 (462)). Die Versicherung ist daher unproblematisch, wenn bei einer Vorratsgesellschaft das Stammkapital von Anfang an voll eingezahlt wurde, seitdem unangetastet blieb und der Geschäftsbeginn bis zur Offenlegung der wirtschaftlichen Neugründung aufgeschoben wurde.Denn dann entspricht sie der Versicherung bei einer rechtlichen Neugründung. Gleiches gilt, wenn das Gesellschaftsvermögen in Form noch ausstehender Einlagen vorhanden ist. Ansonsten und insbesondere bei Mantelgesellschaften ist diese Versicherung schwerlich möglich, da der neue Geschäftsführer nicht wissen kann, welche Einlagenleistungen in der Vergangenheit erbracht wurden bzw. ob Rückzahlungen auf die Einlagen erfolgten oder das Stammkapital aus sonstigen Gründen angegriffen ist. Er kann nur feststellen, dass das Stammkapital noch gedeckt ist. Hierauf sollte sich die Versicherung beschränken (*Rohles-Puderbach* RNotZ 2006, 274 (277); *Heidinger* ZGR 2005, 101 (106); *Peetz* GmbHR 2003, 229 (230); *Jacobs* DZWiR 04, 309, bei Fn. 50). Um dies festzustellen, ist eine umfassende Untersuchung der rechtlichen und finanziellen Verhältnisse der Gesellschaft durch den Erwerber angezeigt. Ausreichende Gewähr dafür, dass sie die Versicherung nach § 8 Abs. 2 GmbHG abgeben können, kann den Geschäftsführern idealerweise eine geprüfte Zwischenbilanz geben (*Rohles-Puderbach* RNotZ 2006, 274 (281); *Bärwaldt/Balda* GmbHR 2004, 350 (352)). 188

Die hiermit einhergehenden Kosten sowie der erforderliche Zeitaufwand machen die Mantelgesellschaft aber keineswegs attraktiver (*Bärwaldt/Balda* GmbHR 2004, 350 (352)). 189

Die Gründungskosten – etwa Beurkundungs-, Gerichts- und Beratungsgebühren, Bekanntmachungskosten sowie Auslagen der Gesellschafter im Rahmen der Gründung – sind von der abzugebenden Versicherung ausdrücklich ausgenommen (zu der Frage, welche Gründungskosten das Gesellschaftsvermögen mindern dürfen: *Rohles-Puderbach* RNotZ 2006, 274 (280)). 190

4. Nach § 78 GmbHG muss die Versicherung durch sämtliche Geschäftsführer und gem. § 12 Abs. 2 HGB in notariell beglaubigter Form erfolgen. Ob dies im Rahmen der Anmeldung oder aber in einer selbstständigen notariell beglaubigten Erklärung (§ 129 BGB), die elektronisch in öffentlich beglaubigter Abschrift zum Handelsregister eingereicht wird (§§ 12 HGB, 39a BeurkG), geschieht, ist beliebig. Die Praxis wird regelmäßig versuchen, alle Versicherungen in einem Notartermin zusammenzufassen (*Wicke* GmbHG § 8 Rn. 8). Auch hier ist eine falsche Versicherung gem. § 82 Abs. 1 Nr. 1 GmbHG strafbar. 191

192 Die Folgen einer unterlassenen Versicherung durch die Geschäftsführer ergeben sich aus § 11 Abs. 2 GmbHG.

193 **5.** Die im Zuge des Erwerbs vorgenommenen Satzungsänderungen und Änderungen in der Geschäftsführung sind von den neuen Geschäftsführern beim Handelsregister anzumelden (*Müller/Federmann* BB 2009, 1375 (1376)). Dies ist Voraussetzung für ihr Wirksamwerden durch Eintragung (*Müller/Federmann* BB 2009, 1375 (1378)). Eine Stellvertretung ist hierbei ausgeschlossen, soweit es sich um höchstpersönliche Erklärungen handelt (Baumbach/Hueck/*Fastrich* § 8 Rn. 11).

194 **6.** Nach alter Rechtslage musste der Satzungssitz gem. § 4a Abs. 2 GmbHG a.F. verlegt werden, wenn dieser nach dem Erwerb nicht mehr mit dem Verwaltungssitz übereinstimmte. Nach dem MoMiG müssen nunmehr Satzungs- und Verwaltungssitz nicht mehr unbedingt übereinstimmen. Zweckmäßig ist eine Änderung allerdings weiterhin im Hinblick darauf, dass sich nach dem Satzungssitz auch die örtliche Zuständigkeit des Handelsregisters (§ 7 Abs. 1 GmbHG) sowie der allg. Gerichtsstand richten (§ 17 ZPO). Diese Änderungen sind dann auch anzumelden.

195 **7.** Unabhängig von der Änderung des Satzungssitzes ist seit Inkrafttreten des MoMiG allerdings stets bei der Handelsregisteranmeldung eine inländische Geschäftsanschrift der GmbH anzugeben, § 8 Abs. 4 Nr. 1 GmbHG. Unter dieser Anschrift kann an den oder die Vertreter der Gesellschaft wirksam zugestellt werden (*Wicke* GmbHG § 8 Rn. 17). Diese Anschrift wird zumeist mit der Anschrift des Geschäftslokals bzw. der Hauptverwaltung der Gesellschaft übereinstimmen. Ist das nicht der Fall, etwa weil die Gesellschaft ihren Verwaltungssitz im Ausland hat, so kann auch die inländische Wohnanschrift eines Geschäftsführers oder Gesellschafters oder die Anschrift eines zustellungsbevollmächtigten Vertreters, z.B. eines Rechtsanwalts oder Notars, angegeben werden (*Wicke* GmbHG § 8 Rn. 17).

196 Dies erleichtert die Rechtsverfolgung gegenüber Gesellschaften und begünstigt somit die Gläubiger gegenüber der alten Rechtslage.

197 Zusätzlich kann auf freiwilliger Basis eine empfangsberechtigte Person i.S.d. §10 Abs. 2 S. 2 GmbHG angemeldet und eingetragen werden, an die Willenserklärungen und Zustellungen erfolgen können (*Wicke* GmbHG § 8 Rn. 17).

198 Exkurs: Anmeldung eines Cash-Pooling

199 Nach alter Rechtslage war die Zulässigkeit des sog. Cash-Pooling auch unter dem Gesichtspunkt der Kapitalaufbringung und -erhaltung umstritten.

200 Mit Blick auf eine wirtschaftliche Neugründung wird im Rahmen eines Cash-Pools der Betrag der Einlage zusammen mit etwaigen anderen Vermögenswerten abgezogen und dem konzernweiten Cash-Pool zugeführt.

201 Die Tochtergesellschaft erhält Ausgleich in Form einer Darlehensforderung gegen die Muttergesellschaft.

202 Die diesbezügliche Darlehensabrede war unwirksam und – da nach altem Recht die Weiterleitung der eingezahlten Eigenmittel nicht zur Erfüllung der Einlagenschuld führte – die Versicherung des Geschäftsführers, das Stammkapital sei eingezahlt und stünde nun zur freien Verfügung, falsch.

203 Nach dem MoMiG, durch das der Gesetzgeber die Vorschriften zur Kapitalaufbringung im GmbHG grundlegend reformiert hat, ist dieser Vorgang nunmehr analog § 19 Abs. 5 GmbHG zulässig, wenn der Rückgewähranspruch der GmbH gegen den Gesellschafter jederzeit fällig oder fällig stellbar und in vollem Umfang vollwertig ist. Ist dies nicht der Fall, bleibt es bei der bisherigen Regelung (*Müller/Federmann* BB 2009, 1375 (1380)).

204 Eine entsprechende Leistung oder die Verpflichtung dazu ist analog § 8 GmbHG bei der Anmeldung zum Handelsregister anzugeben gem. § 19 Abs. 5 S. 2 GmbHG.

15. Kauf- und Abtretungsvertrag einer Mantelgesellschaft [1]

Vorbemerkung

Unter einer Mantelgesellschaft versteht man eine existente, in Abgrenzung zur Vorratsgesellschaft jedoch früher bereits gewerblich tätig gewesene Gesellschaft, die zum Erwerbszeitpunkt unternehmens- und i.d.R. auch weitgehend vermögenslos ist (*Mayer/Weiler* Beck'sches NotarHdb D.I. Rn. 494; BGH NJW 2003, 3198 (3199)), mangels Löschung im Handelsregister aber noch als juristische Person fortbesteht (*Rohles-Puderbach* RNotZ 2006, 274 (274)). Beim Kauf einer Mantelgesellschaft wird diese GmbH, die nur noch als leerer Mantel existiert, reaktiviert. Wie bei der Vorratsgesellschaft stellt nach der BGH-Rechtsprechung auch der Mantelkauf eine wirtschaftliche Neugründung der betr. GmbH dar (BGH, Beschl. v. 07.07.2003, II ZB 4/02, NJW 2003, 3198 (3199)). 205

Da durch die Rechtsprechung des BGH der Erwerb einer GmbH-Mantelgesellschaft nicht unbedeutende Haftungsgefahren birgt, hat diese Form der Unternehmensgründung an Attraktivität verloren. Auch im Vergleich mit einer Vorratsgesellschaft ist der Erwerb einer Mantelgesellschaft regelmäßig mit deutlich höheren Risiken verbunden, insbesondere aufgrund möglicherweise noch bestehender finanzieller Altlasten. Seit den neueren Entwicklungen im europäischen Gesellschaftsrecht durch die Urteile des EuGH »Inspire Art« und »Überseering«, nach denen im EU-Ausland wirksam gegründete Gesellschaften die Rechtsfähigkeit bei Verlegung des Verwaltungssitzes in einen anderen Mitgliedstaat nicht abgesprochen werden kann, und auch die nationalen Rechtsordnungen nicht befugt sind, besondere Gläubigerschutzregelungen mit Blick auf Zweigniederlassungen ausländischer Gesellschaften zu erlassen, ist die Gründung einer Gesellschaft mit ausländischer Rechtsform, z.B. der englischen Limited, als unkomplizierte Möglichkeit zur schnellen Erlangung einer körperschaftlichen Hülle von erheblicher praktischer Relevanz und konkurriert mit Mantelkauf und Erwerb einer Vorratsgesellschaft (*Fembacher* MittBayNotZ 2004, 133 (136)). 206

Der Mantelkauf ist nicht nur wegen der unkalkulierbaren Haftungsrisiken, sondern insbesondere auch seit dem Wegfall steuerlicher Vorteile kaum praxistauglich. 207

Früher lag ein herausragender Vorteil des Mantelkaufs in den häufig hohen Verlustvorträgen, die unter bestimmten Voraussetzungen auch der Erwerber steuerlich nutzen konnte. Seit § 8 Abs. 4 KStG (aufgehoben da verfassungswidrig)/§ 8c KStG (Beschränkung der Nutzung etwaiger Verlustvorträge eines gebrauchten Mantels) können diese kaum noch genutzt werden (*Heckschen/Heidinger* § 3 Rn. 115b; *Mayer/Weiler* Beck'sches NotarHdb D.I. Rn. 511). Hieran hat sich durch das am 25.12.2008 in Kraft getretene JStG 2009 trotz einer Ergänzung des § 8c KStG nichts geändert. 208

Wenn entspr. Nachfrage besteht, dann regelmäßig nur, weil eine Gesellschaft noch über unübertragbare immaterielle Vermögenswerte, wie bspw. Lizenzen, Milchquoten oder eine angesehene Firma verfügt (*Heckschen/Heidinger* § 3 Rn. 115d; *Wicke* NZG 2005, 409 (410)). 209

Tatsächlich wurde durch die beiden Entscheidungen des BGH die Praxis der Mantelverwertung – bis auf wenige Ausnahmen – schlagartig beendet (*K. Schmidt* NJW 2004, 1345 (1346)). 210

Muster

Verhandelt 211

zu Frankfurt am Main

am __________.

Vor dem unterzeichnenden Notar

____

mit Amtssitz in Frankfurt am Main

erschienen heute:

1. ______________,

geboren am ______________

______________,

______________,

persönlich bekannt,

nach seiner/ihrer Erklärung nicht im eigenen Namen handelnd, sondern für: ______________ mit dem Sitz in ______________, ______________, eingetragen im Handelsregister des Amtsgerichts ______________ unter HRB ______________,

– nachfolgend »Verkäufer« genannt –

aufgrund bei der heutigen Beurkundung im Original vorgelegter Vollmacht, die in Kopie, deren Übereinstimmung der Notar mit dem Original hiermit beglaubigt, dieser Urkunde beigefügt wird,

2. ______________,

geboren am ______________,

______________,

______________,

persönlich bekannt,

nach seiner/ihrer Erklärung nicht im eigenen Namen handelnd, sondern für: ______________ mit dem Sitz in ______________, ______________, eingetragen im Handelsregister des Amtsgerichts ______________ unter HRB ______________,

– nachfolgend »Käufer« genannt –

aufgrund bei der heutigen Beurkundung im Original vorgelegter Vollmacht, die in Kopie, deren Übereinstimmung der Notar mit dem Original hiermit beglaubigt, dieser Urkunde beigefügt wird.

Der Notar fragte die Erschienenen vor der Beurkundung, ob er oder ein anderer Berufsträger seiner Sozietät in der Angelegenheit, die Gegenstand dieser Beurkundung ist, bereits tätig war oder ist, es sei denn im Auftrag aller Beteiligten. Dies wurde von den Erschienenen verneint.

Die Erschienenen erklärten mit der Bitte um Beurkundung folgenden

I.
KAUF- UND ABTRETUNGSVERTRAG

1. Vorbemerkung

Der Verkäufer ist am 25.000 € betragenden Stammkapital der ______________ GmbH, eingetragen im Handelsregister des Amtsgerichts ______________ unter HRB ______________, (nachfolgend »Gesellschaft«) mit 25.000 Geschäftsanteilen (Geschäftsanteil Nr. 1 bis Nr. 25.000) zu je 1 € beteiligt.

2. Kauf und Abtretung der Geschäftsanteile

2.1. Der Verkäufer verkauft die Geschäftsanteile Nrn. 1 bis 25.000 zu je 1 € an den Käufer und tritt diese Geschäftsanteile an den Käufer ab. Der Käufer nimmt Verkauf und Abtretung an.

2.2. Mitverkauft und abgetreten ist das Gewinnbezugsrecht für alle nicht ausgeschütteten Gewinne.

3. Kaufpreis

Der Kaufpreis für die Geschäftsanteile 1 bis 25.000 beträgt 27.000,00 € (in Worten: siebenundzwanzigtausend Euro) und ist am Tag des Abschlusses dieses Vertrages zur Zahlung an den Verkäufer fällig. Mehrere Erwerber haften als Gesamtschuldner.

4. Garantien

Der Verkäufer garantiert dem Käufer zum gegenwärtigen Zeitpunkt, dass

4.1. die Gesellschaft zum jetzigen Zeitpunkt nicht mit einem aktiven Unternehmen ausgestattet ist, bis auf die ca. 1.000 € sowie ggf. den Kosten einer auf Veranlassung des Käufers beurkundeten Gesellschafterversammlung keine Verbindlichkeiten oder Verpflichtungen bestehen;

4.2. die Gesellschaft über ein Konto verfügt, das ein Guthaben von ca. 24.000 € aufweist und zur freien Verfügung der Gesellschaft steht und die Gründungskosten vollständig bezahlt sind; [1,2]

4.3. ihm die abgetretenen Geschäftsanteile uneingeschränkt zustehen, diese nicht mit Rechten Dritter belastet sind und sie hierüber frei verfügen können;

4.4. das Stammkapital der Gesellschaft in voller Höhe eingezahlt ist, dass Rückzahlungen nicht erfolgt sind, und dass die hiermit verkauften Geschäftsanteile das gesamte Stammkapital der Gesellschaft darstellen.

Darüber hinausgehende Garantien oder Gewährleistungen werden nicht übernommen.

5. Kosten

Die mit dem Abschluss und der Durchführung dieses Vertrages entstehenden Kosten trägt der Käufer.

6. Belehrungen [3]

Nach Angabe der Beteiligten handelt es sich bei der gegenständlichen Anteilsübertragung um einen Mantelkauf. Der Notar hat auf die damit verbundenen Gefahren und Risiken hingewiesen, insbesondere darauf,

- **dass eine Mantelverwendung dem Registergericht unverzüglich offenzulegen ist und durch den/die Geschäftsführer die Versicherung nach § 8 Abs. 2 GmbHG gegenüber dem Registergericht abgegeben werden muss,**
- **dass sich diese Versicherung auf das in der Satzung genannte Stammkapital bezieht und nicht lediglich auf das gesetzliche Mindeststammkapital von 25.000 €,**
- **dass der Erwerber für eine im Zeitpunkt der Offenlegung eventuell bestehende Unterbilanz der Gesellschaft persönlich haftet.**

– dass diejenigen, die vor Offenlegung ohne Zustimmung aller Gesellschafter im Namen der Gesellschaft gehandelt haben, persönlich haften.

Der Notar belehrte darüber, dass der Käufer für die nicht erbrachten Geldeinlagen und Fehlbeträge nicht vollwertig geleisteter Sacheinlagen unbeschränkt haftet.

Die Erschienene wünschte nach Belehrung über die damit verbundenen Gefahren keine Sicherung der Kaufpreiszahlung durch eine Zwangsvollstreckungsunterwerfung oder eine nur aufschiebend bedingte Abtretung der Geschäftsanteile.

Ferner wies der Notar die Erschienenen auf Folgendes hin:

Im Verhältnis zur Gesellschaft gilt im Falle einer Veränderung in den Personen der Gesellschafter oder im Umfang ihrer Beteiligung als Gesellschafter nur, wer als solcher in der im Handelsregister aufgenommenen Gesellschafterliste eingetragen ist. Vorher kann der Erwerber seine Gesellschafterrechte gegenüber der Gesellschaft grundsätzlich nicht wirksam ausüben, es sei denn, die Aufnahme der aktuellen Gesellschafterliste im Handelsregister folgt der Ausübung der Gesellschafterrechte durch den Erwerber unverzüglich nach.

Der Erwerber kann einen Geschäftsanteil oder ein Recht daran unter bestimmten Voraussetzungen wirksam vom Nichtberechtigten erwerben, wenn der Veräußerer als Inhaber des Geschäftsanteils in der im Handelsregister aufgenommenen Gesellschafterliste eingetragen ist. Dies gilt jedoch nicht, wenn die Liste zum Zeitpunkt des Erwerbs hinsichtlich des Geschäftsanteils weniger als drei Jahre unrichtig und die Unrichtigkeit dem Berechtigten nicht zuzurechen ist. Ein gutgläubiger Erwerb ist ferner nicht möglich, wenn dem Erwerber die mangelnde Berechtigung bekannt oder infolge grober Fahrlässigkeit unbekannt ist oder der Liste ein Widerspruch zugeordnet ist.

7. Sonstiges

7.1. Dieser Kaufvertrag unterliegt dem Recht der Bundesrepublik Deutschland.

7.2. Die Gesellschaft hat keinen Grundbesitz.

7.3. Sind oder werden einzelne Bestimmungen dieses Vertrages unwirksam, so bleiben die übrigen Bestimmungen gleichwohl wirksam. Unwirksame Bestimmungen sind einvernehmlich durch solche zu ersetzen, die dem wirtschaftlich Gewollten möglichst nahe kommen. Entsprechendes gilt zur Ausführung etwaiger Lücken im Vertrag.

Sodann erklärten die Erschienenen mit der Bitte um Beurkundung:

__________ als neuer Alleingesellschafter der __________ GmbH, __________ (»Gesellschaft«), und vorsorglich auch __________ als bisheriger Alleingesellschafter, halten hiermit unter Verzicht auf alle Form- und Fristvorschriften für die Einberufung und Abhaltung einer Gesellschafterversammlung eine

Gesellschafterversammlung

der Gesellschaft ab und beschließen was folgt:

1. __________ wird mit sofortiger Wirkung als Geschäftsführer/in abberufen. Ihm/Ihr wird Entlastung erteilt.

2. a) ______,

geboren am ______,

wohnhaft ______

und

b) ______,

geboren am ______,

wohnhaft ______

werden mit sofortiger Wirkung zu Geschäftsführern der Gesellschaft bestellt.

______ ist als Geschäftsführer stets einzelvertretungsberechtigt und von den Beschränkungen des § 181 BGB befreit.

oder

______ vertritt die Gesellschaft als Geschäftsführer gemeinsam mit einem anderen Geschäftsführer oder einem Prokuristen. Solange er alleiniger Geschäftsführer ist, vertritt er die Gesellschaft alleine. Er ist von den Beschränkungen des § 181 BGB befreit.

3. Die Firma der Gesellschaft wird geändert in ______; § 1 des Gesellschaftsvertrages lautet nunmehr:

»§ 1

Firma der GesellschaftDie Firma der Gesellschaft lautet:______«

4. Der Gegenstand des Unternehmens ist geändert. § 4 Abs. 1 des Gesellschaftsvertrages lautet nunmehr:

»(1) ______«

5. [Sonstige Satzungsänderungen]

Weitere Beschlüsse wurden nicht gefasst. Die Gesellschafterversammlung war damit beendet.

Diese Verhandlung wurde den Erschienenen vom Notar in deutscher Sprache vorgelesen, von den Erschienenen genehmigt und von ihnen und dem Notar eigenhändig wie folgt unterschrieben:

______

Erläuterungen

Literatur: *Altmeppen,* Zur Verwendung eines alten GmbH-Mantels, DB 2003, 2050; *Fembacher,* Zur Anwendung der Gründungsvorschriften des GmbHG bei der Verwendung eines GmbH-Mantels, MittBayNot 2004, 133; *Goette,* Haftungsfragen bei der Verwendung von Vorratsgesellschaften und leeren GmbH-Mänteln, DStR 2004, 461; *Heidinger,* Die wirtschaftliche Neugründung, ZGR 2005, 101; *Keller,* Aktuelle Haftungsrisiken bei Mantelkauf, Mantelverwendung und Vorratsgründung, DZWiR 2005, 133; *Rohles-Puderbach,* Vorrats- und Mantelgesellschaften – Entwicklung, Haftungsrisiken und Umsetzung in der Praxis, RNotZ 2006, 274; *K. Schmidt,* Vorratsgründung, Mantelkauf und Mantelverwendung, NJW 2004, 1345; *Wicke,* Risiko Mantelverwendung – Die wirtschaftliche Neugründung vor der Reform des GmbH-Rechts, NZG 2005, 409.

212 **1.** Nach der Rechtsprechung des BGH liegt eine wirtschaftliche Neugründung nach Erfüllung folgender Voraussetzungen vor: Erstens muss eine inaktive Gesellschaft vorliegen, deren leere Hülle zweitens durch Ausstattung mit einem (neuen) Unternehmensgegenstand durch neue oder alte Gesellschafter aktiviert wird.

213 Während beim Erwerb einer Vorratsgesellschaft die wirtschaftliche Neugründung für den Notar und das Registergericht leicht erkennbar ist, ist dies bei einer Mantelverwendung weniger eindeutig. Zwar sind die Umstände, dass nur symbolische Kaufpreise für die Anteile der GmbH bezahlt sowie Firma, Sitz, Unternehmensgegenstand und Geschäftsführung geändert werden, auch hier Indizien für eine Mantelverwendung (*Mayer/Weiler* Beck'sches NotarHdb D.I. Rn. 507; *Fembacher* MittBayNot 2004, 133 (135)), doch auch bei Vorliegen dieser Anzeichen ist die Abgrenzung zur Umorganisation einer bestehenden GmbH oft schwierig. Der BGH selbst räumt ein, dass es aufgrund der Vielgestaltigkeit möglicher Manteltransaktionen zu Abgrenzungsproblemen zwischen dem Erwerb einer eingeschränkt aktiven GmbH und einem Mantelkauf kommen kann (BGH, Beschl. v. 07.07.2003, II ZB 4/02, NJW 2003, 3198 (3200); *Keller* DZWiR 2005, 133). Der BGH betont, dass eine Umorganisation gerade keine wirtschaftliche Neugründung darstellt (BGH, Beschl. v. 07.07.2003, II ZB 4/02, NJW 2003, 3198 (3200)). Eine Umorganisation kann nach h.M. aber auch dann vorliegen, wenn der Betrieb einer Gesellschaft in eine solche mit einem völlig anderen Unternehmensgegenstand überführt wird, solange die Gesellschaft nicht unternehmenslos war (*Rohles-Puderbach* RNotZ 2006, 274 (274); *Goette* DStR 2004, 461 (465)). War sie jedoch einmal unternehmenslos, ist nicht erheblich, wie lange dieser Zustand andauerte (*Rohles-Puderbach* RNotZ 2006, 274 (275); *Heidinger* ZGR 2005, 101 (104); *Altmeppen* DB 2003, 2050 (2053)). Entscheidend dafür, dass eine Umorganisation und keine Mantelverwendung vorliegt, ist somit die Frage, ob im Zeitpunkt des Kaufs noch Umsatz und wirtschaftliche Wertschöpfung betrieben wurden (*Rohles-Puderbach* RNotZ 2006, 274 (276); *Fembacher* MittBayNotZ 2004, 133 (134), LG Berlin DB 2003, 1378).

214 Vermögenslosigkeit muss laut BGH nicht unbedingt vorliegen (BGH, Beschl. v. 07.07.2003, II ZB 4/02, NJW 2003, 3198 (3199); anders noch OLG Düsseldorf, Urt. v. 27.06.2003, 14 U 21/03, ZIP 2003, 1501; OLG Stuttgart, Urt. v. 02.12.1998, 3 U 44/98, GmbHR 1999, 610), denn auch allein das Vorhandensein von Betriebsstätten und -mitteln reiche für einen aktiven Geschäftsbetrieb nicht aus (so auch OLG Thüringen, Urt. v. 01.09.2004, 4 U 37/04, GmbHR 2004, 1468; *Rohles-Puderbach* RNotZ 2006, 274 (276)). Diese stünden oft auch bei einer tatsächlichen *rechtlichen* Neugründung bereits zur Verfügung (*Fembacher* MittBayNot 2004, 133 (134)).

215 Fehlt es an einem oder mehreren der oben genannten Indizien, so muss der Notar seiner Aufklärungspflicht aus § 17 Abs. 1 BeurkG folgen und bei den Beteiligten erfragen, ob es sich um eine Übertragung von Gesellschaftsanteilen einer inaktiven GmbH handelt und sodann ggf. über Gefahren und Risiken einer Mantelverwendung aufklären (*Fembacher* MittBayNotZ 2004, 133 (135)).

216 Stellt der Vorgang einen Mantelkauf und somit eine wirtschaftliche Neugründung dar, sind die Gründungsvorschriften des GmbHG zu beachten und es kommen eine Unterbilanzhaftung und Handelndenhaftung nach § 11 Abs. 2 GmbHG in Betracht, bezogen auf den Stichtag der Offenlegung.

217 Bei Mantelgesellschaften existiert meist kein Vermögen, so dass der Fehlbetrag beim Kauf ausgeglichen werden muss (*Rohles-Puderbach* RNotZ 2006, 274 (278)). Die Mindesteinlagen müssen dem Gesellschaftsvermögen als Eigenkapital zugeführt werden. Dies erfolgt über »freiwillige Nachschüsse« der Gesellschafter (*Mayer/Weiler* Beck'sches NotarHdb D.I. Rn. 508). Ausreichend ist, wenn das erforderliche Stammkapital entspr. § 7 Abs. 2, 3 GmbHG wertmäßig in Form von Bar- und/oder Sachvermögen vorhanden ist (*Rohles-Puderbach* RNotZ 2006, 274 (278); *Mayer/Weiler* Beck'sches NotarHdb D.I. Rn. 508).

218 **2.** Wie bei der Vorratsgesellschaft dürfen auch hier die Kosten der ursprünglichen Gründung das Stammkapital mindern, ebenso wie die Kosten der wirtschaftlichen Neugründung. Nur eine hierüber hinausgehende Differenz zwischen Gesellschaftsvermögen und satzungsmäßigem Stammkapital muss ausgeglichen werden.

3. Vorschlag für Notarbelehrung bzgl. möglicher Haftungsrisiken beim Mantelkauf bei *Fembacher* MittBayNot 2004, 133 (135). 219

IV. Besondere Konstellationen

16. Vorvertrag über eine Gründung

Vorbemerkung

Die Gesellschafter können als Ausfluss der Vertragsfreiheit (§ 311 Abs. 1 BGB) bereits vor Abschluss des Gesellschaftsvertrages (§ 2 GmbHG) rechtsgeschäftliche Vereinbarungen mit Bezug auf die von ihnen geplante Errichtung einer GmbH treffen. In Betracht kommt insbesondere der Abschluss eines Vorvertrags, mit sich die künftigen Gesellschafter zur Errichtung einer GmbH verpflichten (sog. Vorgründungsgesellschaft im engeren Sinne) (so die Terminologie bei BGH v. 7.10.1991 – II ZR 252/90, NJW 1992, 362, 363; Scholz/*Cramer*, § 2 Rn. 103). Die Gesellschafter können aber auch bereits vor Abschluss des Gesellschaftsvertrages die Geschäfte aufnehmen oder zumindest Vorbereitungshandlungen treffen, ohne eine formwirksame Verpflichtung zur Errichtung einer GmbHG zu begründen (sog. Vorgründungsgesellschaft im weiteren Sinne) (so die Terminologie bei BGH v. 7.10.1991 – II ZR 252/90, NJW 1992, 362, 363; Scholz/*Cramer*, § 2 Rn. 103). Im folgenden geht es um die Vorgründungsgesellschaft im engeren Sinne, also den Fall des sogenannten Vorvertrages. 220

Vorverträge sind in der Praxis äußerst selten (Scholz/*Cramer*, § 2 Rn. 103 m.w.N.). Dies dürfte auch damit zusammen hängen, dass in diesem Fall doppelte Beurkundungskosten anfallen (einmal für den Vorvertrag und sodann für die tatsächliche Gründung). Ein Vorvertrag wird daher regelmäßig nur dann in Betracht kommen, wenn (ausnahmsweise) die Vorlage einer Genehmigung für die Eintragung der Gesellschaft erforderlich ist (z.B. aufgrund des Kreditwesengesetzes, KWG) und die künftigen Gesellschafter gleichwohl bereits eine Bindung herbeiführen wollen. Unter einem Vorvertrag versteht man allgemein und mit der Rechtsprechung des BGH eine »schuldrechtliche Vereinbarung, durch die für beide Teile oder auch nur für einen von ihnen die Verpflichtung begründet wird, einen anderen schuldrechtlichen Vertrag, den Hauptvertrag, zu schließen« (so BGH v. 17.12.1987 – VII ZR 307,86, BGHZ 102, 384, 388). Die Besonderheit des Vorvertrags besteht darin, dass er eine Bindung zum Abschluss des Hauptvertrages herbeiführt. Aus ihm kann daher auf Abschluss des Hauptvertrages geklagt werden, wobei sich die Vollstreckung eines der Klage stattgebenden Urteils nach § 894 ZPO richtet (Scholz/*Cramer*, § 2 Rn. 105).In der Praxis dürfte ein solches Vorgehen gegen nicht mehr mitwirkungswilligen Gesellschafter aber nur selten zweckmäßig sein und zumeist nur ein Anspruch auf Schadensersatz wegen der unterlassenen Mitwirkung erhoben werden (Scholz/*Cramer*, § 2 Rn. 105). Auch aus diesem Grund sind derartige Vorverträge in der Praxis die Ausnahme. 221

Muster

Verhandelt am ____________ in ____________ 222

Vor mir, dem unterzeichneten Notar ____________ [1]

erschienen heute gleichzeitig:

1. Herr/Frau ____________

geb. am ____________ in ____________

wohnhaft ____________

ausgewiesen durch ____________ [2]

2. Herr/Frau ____________

geb. am ____________ in ____________

wohnhaft ____________

ausgewiesen durch ____________

und erklärten zu meinem Protokoll [3]:

I.

Wir beabsichtigen, eine Gesellschaft mit beschränkter Haftung zu gründen und schließen hiermit den nachstehenden Vorvertrag über die Gründung:

II.

Herr A und Herr B verpflichten sich, zum Zwecke des Betriebs eines Unternehmens eine Gesellschaft mit beschränkter Haftung gründen, sobald die behördliche Genehmigung für den Betrieb eines Unternehmens mit folgendem Unternehmensgegenstand rechtskräftig vorliegt: ____________.

Die Firma der Gesellschaft soll ____________ GmbH lauten.

Der Sitz soll in ____________ sein.

Der Unternehmensgegenstand soll wie vorstehend beschrieben lauten.

Das Stammkapital der Gesellschaft soll ____________ € betragen. Es soll von Herrn A und Herrn B je zur Hälfte in bar durch Übernahme jeweils eines Geschäftsanteils im Nennbetrag von ____________€ erbracht werden. Die Bareinlagen auf die beiden vorgenannten Geschäftsanteile sind innerhalb von 10 Tagen nach Beurkundung des Gesellschaftsvertrages in voller Höhe auf ein noch zu errichtendes Geschäftskonto der ____________GmbH in Gründung zu leisten [4].

Das Geschäftsjahr soll das Kalenderjahr sein.

Die Dauer der Gesellschaft soll unbestimmt sein.

Die allgemeine Vertretungsregelung im Gesellschaftsvertrag soll wie folgt lauten:

»1. Die Gesellschaft hat einen oder mehrere Geschäftsführer.

2. Ist nur ein Geschäftsführer bestellt, so wird die Gesellschaft durch diesen allein vertreten. Sind mehrere Geschäftsführer bestellt, so wird die Gesellschaft von zwei Geschäftsführern gemeinschaftlich oder durch einen Geschäftsführer gemeinsam mit einem Prokuristen vertreten.

3. Die Gesellschafterversammlung kann jedem Geschäftsführer die Befugnis erteilen, die Gesellschaft stets einzeln zu vertreten. Jeder Geschäftsführer kann von den Beschränkungen des § 181 BGB generell oder für den Einzelfall befreit werden, so dass er die Gesellschaft bei Rechtsgeschäften mit sich selbst oder mit sich als Vertreter eines Dritten vertreten kann.

4. Im Falle der Auflösung der Gesellschaft erfolgt die Liquidation gemäß § 66 Abs. 1 GmbHG durch den beziehungsweise die Geschäftsführer, sofern die Gesellschafterversammlung keinen anderen Liquidator bestimmt. Wird die Gesellschaft von den bisherigen Geschäftsführern liquidiert, so besteht deren konkrete Vertretungsbefugnis auch in ihrer Eigenschaft als Liquidator(en) fort. Für die Liquidatoren gelten im Übrigen die vorstehenden Regelungen entsprechend,

insbesondere zur Vertretungsbefugnis und zur Befreiung von den Beschränkungen des § 181 BGB.«

Herr A und Herr B sollen in der Gründungsurkunde jeweils zu alleinvertretungsberechtigten und von den Beschränkungen des § 181 BGB befreiten Geschäftsführern bestellt werden.

Die Verfügung über Geschäftsanteile soll nur mit Zustimmung sämtlicher Gesellschafter möglich sein.

Weitere Bestimmungen des Gesellschaftsvertrages möchten die Beteiligten nach Erörterung mit dem Notar heute nicht verbindlich festlegen. Insoweit sollen die gesetzlichen Bestimmungen gelten.

Die künftigen Gesellschafter erteilen sich hiermit wechselseitig unter Befreiung von den Beschränkungen des § 181 BGB Auftrag und Vollmacht, alle im Zusammenhang mit der beabsichtigten Gründung erforderlichen und/oder aus Sicht des Bevollmächtigten zweckmäßigen Erklärungen abzugeben und entgegenzunehmen.

Vorgelesen, genehmigt und unterschrieben:

Erläuterungen

1. Dazu Muster A 1 (Rdn. A 4). 223

2. Dazu Muster A 1 (Rdn. A 5). 224

3. Der Vorvertrag zur Gründung einer GmbH bedarf der Form des § 2 GmbHG und ist daher notariell zu beurkunden. § 2 Abs. 1 GmbHG bezieht sich zwar nur auf den Abschluss eines Gesellschaftsvertrages, da jedoch neben der Beweissicherung die Formvorschrift auch Warnfunktion im Sinne eines Schutzes der Gesellschafter vor übereiltem Vertragsschluss hat, bedarf der zur Gründung verpflichtende Vorvertrag nach wohl allgemeiner Ansicht ebenfalls der notariellen Beurkundung (st. Rspr. RGZ 66, 120; BGH WM 1973, 67, 68; Baumbach/Hueck/*Hueck/Fastrich* § 2 Rn. 33 m.w.N.). Das Gleiche gilt in analoger Anwendung des § 2 Abs, 2 GmbHG nach wohl allgemeiner Ansicht für die Vollmacht zum Abschluss des Vorvertrages (Scholz/*Cramer*, § 2 Rn. 108 m.w.N.). 225

4. Der Vorvertrag muss den nach dem Parteiwillen den wesentlichen Inhalt des Gesellschaftsvertrages festlegen oder zumindest soweit regeln, dass das Fehlende durch Auslegung ermittelt werden kann. Er muss also die notwendige Bestimmtheit aufweisen und die in § 3 Abs. 1 GmbHG genannten Mindestinhalte (Firma und Sitz der Gesellschaft, Gegenstand des Unternehmens, Betrag des Stammkapitals, die Zahl und die Nennbeträge der Geschäftsanteile, die jeder Gesellschafter gegen Einlage auf das Stammkapital (Stammeinlage) übernimmt) beinhalten. Die Regelungen müssen so bestimmt sein, dass bei einem Rechtsstreit das Gericht den Inhalt des Gesellschaftsvertrages bestimmen kann, um die Fiktion der Abgabe einer Willenserklärung nach § 894 ZPO zu erreichen (Scholz/*Cramer*, § 2 Rn. 105 m.w.N.). Empfehlenswert sind zumindest auch verbindliche Regelungen zur Vertretungsregelung, zum Geschäftsjahr, zur Dauer der Gesellschaft und zur Vinkulierung bei Verfügung über Geschäftsanteile. Ansonsten könnten im Streitfall die gesetzlichen Bestimmungen zur Anwendung kommen. Noch besser und empfehlenswert ist es wohl, bereits den ganzen ausgehandelten Gesellschaftsvertrag als Teil des Vorvertrages mitzubeurkunden. Durch den Abschluss eines derartigen Vorvertrages wird nach herrschender Meinung eine Gesellschaft bürgerlichen Rechts (Innengesellschaft) mit dem Zweck, die vorgesehene GmbH zu gründen, errichtet (Lutter/Hommelhoff/*Bayer* § 2 Rn. 32; Scholz/*Cramer*, § 2 Rn. 105 m.w.N.). Diese eigenständige Gesellschaft endet i.d.R. mit der Erreichung des vereinbarten Zwecks gem. § 726 BGB, also mit Eintragung und Entstehung der GmbH (Scholz/*Cramer*, § 2 Rn. 105 m.w.N.). 226

17. Protokoll über eine Änderung des Gesellschaftsvertrages vor Eintragung

Vorbemerkung

227 Änderungen und Ergänzungen des Gesellschaftsvertrages sind bisweilen schon in Zeit zwischen Abschluss des Gesellschaftsvertrages und der Eintragung der Gesellschaft in das Handelsregister erforderlich. Anlass hierfür können Beanstandungen des Registergerichts sein, etwa hinsichtlich der Firma oder des Unternehmensgegenstandes. Den Gesellschaftern steht es aber frei, den Gesellschaftsvertrag auch aus anderen Gründen bereits vor Eintragung im Handelsregister zu ändern oder zu ergänzen. Derartige Änderungen und Ergänzungen des Gesellschaftsvertrages vor Eintragung der GmbH erfolgen nicht durch satzungsändernden Beschluss gemäß § 53 ff. GmbHG, sondern bedürfen nach ganz überwiegend vertretener Auffassung in Rechtsprechung und Literatur einer Vertragsänderung unter Mitwirkung aller Gesellschafter entsprechend § 2 GmbHG in der Form des § 2 Abs. 2 Satz 1 GmbHG. Erforderlich ist also eine notariell zu beurkundende vertragsändernde Vereinbarung aller Gesellschafter und nicht nur ein den Gesellschaftsvertrag ändernder Beschluss der Gesellschafterversammlung mit einer Dreiviertelmehrheit. Die §§ 53 ff. GmbHG sind nach ganz überwiegend vertretener Auffassung in Rechtsprechung und Literatur erst nach Eintragung der GmbH ins Handelsregister anwendbar (BGH NJW 1959, 934; NJW 1997, 1507; OLG Köln v. 28.3.1995 – 2 Wx 13/95, GmbHR 1995, 725; Baumbach/Hueck/*Hueck/Fastrich* GmbHG, § 2 Rn. 13; Scholz/*Cramer*, § 2 Rn. 27 jeweils m.w.N.; a.A. etwa Scholz/*K. Schmidt*, GmbHG, § 11 Rn. 56 f.). Weitgehend ungeklärt ist hingegen die Frage, ob eine vorgezogene Beschlussfassung dergestalt, dass über die Änderung des Gesellschaftsvertrages mit Dreiviertelmehrheit vor Eintragung der Gesellschaft in das Handelsregister durch Gesellschafterbeschluss entschieden wird, diese Beschlussfassung aber erst nach Eintragung der GmbH angemeldet und vollzogen werden soll, zulässig ist (diese Frage bejahend Scholz/*Cramer*, § 2 Rn. 27 m.w.N.; a.A. etwa Baumbach/Hueck/*Zöllner*, GmbHG, § 53 Rn. 82). Unumstritten ist hingegen, dass bereits im Gründungsstadium Beschlüsse über die Bestellung und Abberufung von Geschäftsführern mit einfacher Mehrheit entsprechend den §§ 46 Nr. 5 und 47 GmbHG gefasst werden können (BGHZ 80, 212, 214 f. Scholz/*Cramer*, § 2 Rn. 27).

Muster

228 **Verhandelt am ___________ in ___________**

Vor mir, dem unterzeichneten Notar ___________ [1]

erschien heute:

Herr ___________,

Notariatsangestellter,

geb. am ___________ in ___________,

Anschrift: ___________,

mir, dem Notar, von Person bekannt, [2]

handelnd in seiner Eigenschaft als jeweils einzelvertretungsberechtigter und von den Beschränkungen des § 181 BGB befreiter Bevollmächtigter für

1. Herrn A,

geb. am ___________,wohnhaft: ___________,dieser wiederum handelnd

a) für sich persönlich,

b) in seiner Eigenschaft als einzelvertretungsberechtigter und von den einschränkenden Bestimmungen des § 181 BGB befreiter Geschäftsführer

der mit Gründungsurkunde vom __________ (UR.-Nr. __________/ __________ des beurkundenden Notars) gegründeten und am __________ (UR.-Nr. __________ /__________ des beurkundenden Notars) zur Eintragung in das Handelsregister des Amtsgerichts __________ angemeldeten Gesellschaft in Firma

XY-GmbH i.Gr., Sitz __________,

und für

2. Herrn B,

geb. am __________,

wohnhaft: __________,

und zwar jeweils aufgrund der in Abschnitt III. der Gründungsurkunde vom __________ (UR.-Nr. __________ /__________ des beurkundenden Notars) und in der Handelsregisteranmeldung vom __________ (UR.-Nr. __________ / des beurkundenden Notars) erteilten Vollmachten, die mir, dem Notar, unwiderrufen im Original vorgelegen haben.

Der Erschienene, handelnd wie angegeben, erklärte mit der Bitte um Beurkundung:

I. Vorbemerkung

Herr A und Herr B haben mit Gründungsurkunde vom __________ (UR.-Nr. __________/__________ des beurkundenden Notars) eine GmbH unter der Firma XY-GmbH mit Sitz in __________ gegründet, Herrn A als Geschäftsführer bestellt, und mit Urkunde vom __________ (UR.-Nr. __________/__________ des beurkundenden Notars) zur Eintragung in das Handelsregister des Amtsgerichts __________ angemeldet.

Das Handelsregister hat die Firma der XY-GmbH i.G. als verwechslungsfähig beanstandet und die Eintragung der Gesellschaft abgelehnt. Daher soll nachstehend die Firma geändert werden.

II. Gesellschafterversammlung

Herr A und Herr B halten hiermit unter Verzicht auf sämtliche Frist und Formvorschriften eine

Gesellschafterversammlung

der Firma XY-GmbH i.G., __________, ab und beschließen einstimmig bzw. vereinbaren einvernehmlich Folgendes [3]:

§ 1 Abs. (1) des Gesellschaftsvertrages wird aufgehoben und wie folgt neu gefasst:

» (1) Die Firma der Gesellschaft lautet

XYZ Handelsgesellschaft mbH.«

Alle übrigen Bestimmungen des Gründungsvertrages vom __________ (UR.-Nr. __________/__________ des beurkundenden Notars) bleiben unverändert.

Weitere Beschlüsse sollen heute nicht gefasst werden.

Gleichzeitig melde ich, handelnd als Bevollmächtigter für den Geschäftsführer Herrn A, die vorstehend beschlossene bzw. vereinbarte Änderung der Firma und

die dementsprechende Änderung in § 1 Abs. (1) des Gesellschaftsvertrages zur Eintragung in das Handelsregister an [4].

Vorgelesen, genehmigt und unterschrieben:

Erläuterungen

229 **1.** Dazu Muster A 1 (Rdn. A 4).

230 **2.** Dazu Muster A 1 (Rdn. A 5).

231 **3.** Auf diese Weise – also durch Vereinbarung aller Gesellschafter entsprechend § 2 GmbH – sind alle Arten von Änderungen und Ergänzungen des Gesellschaftsvertrages vor Eintragung der GmbH im Handelsregister möglich. Es können auch Geld- in Sacheinlagen umgewandelt werden und umgekehrt. Nach Eintragung der GmbH ist eine solche Umwandlung der Einlageschuld nicht mehr möglich.

232 Auch der Wechsel von Gesellschaftern durch den Ein- und Austritt von Gesellschaftern ist vor der Eintragung der GmbH im Handelsregister möglich, jedoch nach herrschender Meinung ebenfalls nur durch Vertragsänderung entsprechend § 2 GmbHG (BGHZ 15, 204, 206; BGHZ 21, 242, 246; BGHZ 29, 300, 303; Scholz/*Cramer*, § 5 Rn. 29 m.w.N.). Das gilt auch für die »Übertragung« eines Anteils von einem Strohmann oder einem sonstigen Treuhänder auf den hinter ihm stehenden Treugeber (BGH, WM 1971, 306, 307; Scholz/*Cramer*, § 5 Rn. 29). Die §§ 15 ff. GmbHG gelten in diesem Fall noch nicht. Von der »Übertragung« der Mitgliedschaft in der Vorgesellschaft durch Änderung des Gesellschaftsvertrages vor Eintragung zu unterscheiden ist die auf die Eintragung der Gesellschaft im Handelsregister aufschiebend bedingte Übertragung des mit der Eintragung der Gesellschaft entstehenden zukünftigen Geschäftsanteils, die zulässig ist, für die jedoch § 15 GmbHG gilt (BGHZ 21, 242, 245; BGHZ 21, 378, 383; Scholz/*Cramer*, § 5 Rn. 29 m.w.N.).

233 **4.** Im Hinblick auf die registerrechtliche Behandlung von Vertragsänderungen im Gründungsstadium, d.h. vor Eintragung der Gesellschaft, ist umstritten, ob eine (ergänzende) förmliche Registeranmeldung durch die Geschäftsführer erforderlich ist. Dies wird zum Teil in der Literatur angenommen. Auch die Vorschrift des § 54 Abs. 1 Satz 1 GmbHG sei entsprechend anzuwenden (Scholz/*Priester*, 11. Aufl., § 54 Rn. 4; Rowedder/Schmidt-Leithoff/*Zimmermann*, GmbHG, § 54 Rn. 2). Von der herrschenden Meinung in Rechtsprechung und Literatur wird hingegen angenommen, dass § 54 Abs. 1 Satz 1 GmbHG vor Eintragung der Gesellschaft keine Anwendung findet, so dass eine formelle Anmeldung der Vertragsänderung entbehrlich ist. Ausreichend ist für die Praxis vielmehr eine bloße formlose Anmeldung der Satzungsänderung (OLG Zweibrücken, NJW-RR 201, 31 f.; BayObLG MittBayNot 1978, 22; Scholz/*Veil*, § 2 Rn. 28 m.w.N.). Das Formular sieht vorsorglich eine entsprechende Anmeldung vor, die der Notariatsangestellte aufgrund der ihm in der Handelsregisteranmeldung erteilten Vollmacht vornimmt.

Eine Ausnahme von den vorstehend genannten Grundsätzen, wonach eine formlose Anmeldung der Satzungsänderung ausreichend ist, soll nach teilweise vertretener Auffassung in der Literatur jedoch gelten, wenn die Änderung des Gesellschaftsvertrages die abstrakte Vertretungsregelung der Geschäftsführer betrifft. Da die abstrakte Vertretungsbefugnis wegen § 8 Abs. 4 Nr. 2 in der Anmeldung anzugeben sei, müsse im Fall ihrer Änderung durch Änderung des Gesellschaftsvertrages konsequenterweise auch eine neue Anmeldung zum Registergericht eingereicht werden. Andernfalls würde entgegen dem Gesetz eine abstrakte Vertretungsbefugnis angemeldet, die in dieser Form keine Geltung beansprucht (näher dazu MünchKomm/*Herrler*, § 8 Rn. 80; Scholz/*Veil*, § 2 Rn. 28 m.w.N.).

Zu beachten ist ferner Folgendes: Soweit der Gesellschaftsvertrag in Punkten geändert wird, die die Versicherung der Geschäftsführer gem. § 8 Abs. 2 GmbHG betreffen, also insbesondere die Leistung der Einlagen auf die Geschäftsanteile, ist in jedem Fall eine förmliche Anmeldung und (Nach-) Versicherung der Geschäftsführer persönlich erforderlich.

Die registerrechtliche Behandlung von Vertragsänderungen im Gründungsstadium, d.h. vor Eintragung der Gesellschaft, richtet sich im Übrigen nach dem entsprechend anwendbaren § 54 Abs. 1 Satz 2 GmbHG, so dass bei Einreichung der Änderungsurkunde zum Handelsregister ein neuer vollständiger Gesellschaftsvertrag samt notarieller Satzungsbescheinigung zum Handelsregister einzureichen ist. Bei dem Registergericht muss stets der aktuelle Wortlaut des Gesellschaftsvertrages in einer Urkunde verfügbar sein (BayObLG, GmbHR 1989, 40; OLG Köln, GmbHR 1973, 11; OLG Schleswig, GmbHR 1975, 183 f.; OLG Hamm, GmbHR 1986, 311 f.; OLG Zweibrücken, NJW-RR 2001, 31 f.; Scholz/Cramer, § 2 Rn. 28 m.w.N.). 234

V. Gesellschaftsverträge

18. Gesellschaftsvertrag ohne Mehrheitsgesellschafter (einfach)

Vorbemerkung

Die GmbH entsteht als eigenständige juristische Person gemäß § 13 GmbHG mit der Eintragung ins Handelsregister, § 11 Abs. 1 GmbHG. Hauptbeweggrund für die Gründung einer GmbH ist oftmals deren Haftungssystem. Gemäß § 13 Abs. 2 GmbHG haftet für Verbindlichkeiten der Gesellschaft nur das Gesellschaftsvermögen. 235

Zur Errichtung einer GmbH bedarf es grundsätzlich des Abschlusses eines Gesellschaftsvertrages. Dieser bildet die »Verfassung der Gesellschaft«, in der deren Organisation sowie Rechte und Pflichten der Gesellschafter geregelt werden (*Michalski* Syst. Darst. 1 Rn. 17; von Rechenberg/Ludwig/*Meyer* Kap. 13 Rn. 214) (für die »Verfassung« der GmbH wird nachfolgend nicht der Begriff der »Satzung« im Sinne des § 23 Abs. 1 AktG verwandt, sondern wie in § 2 Abs. 1 GmbHG vorgesehen, der Begriff »Gesellschaftsvertrag«). Den zwingenden Mindestinhalt des Gesellschaftsvertrages schreibt § 3 Abs. 1 GmbHG fest. Darüber hinaus können die Gesellschafter den Gesellschaftsvertrag jedoch nach ihren jeweiligen Bedürfnissen grundsätzlich weitgehend selbst gestalten (von Rechenberg/Ludwig/*Fehrenbacher*/*Traut* Kap. 13 Rn. 37; Baumbach/Hueck/*Fastrich* § 3 Rn. 4). 236

Darin liegt ein wesentlicher Unterschied zu der Gründung einer GmbH im vereinfachten Verfahren gemäß § 2 Abs. 1a GmbHG. In dem durch das MoMiG neu eingeführten Verfahren kann eine GmbH zum Zwecke der Beschleunigung und aus Kostengründen (Kostenprivilegierung des § 105 Abs. 6 GNotKG) auf Grundlage der vorgegebenen Musterprotokolle gegründet werden (Lutter/Hommelhoff/*Bayer* § 2 Rn. 50 ff.; Roth/Altmeppen/*Roth* § 2 Rn. 51). Die Musterprotokolle sind als Anlage zum § 2 Abs. 1a GmbHG aufgeführt. Besonderheit der Gründung einer GmbH im vereinfachten Verfahren ist, dass über die Bestimmungen im Musterprotokoll keine vom Gesetz abweichenden Bestimmungen getroffen werden dürfen, § 2 Abs. 1a S. 3 GmbHG. Dies bedeutet, dass die Gründung im vereinfachten Verfahren ausschließlich für Gesellschaften mit höchstens drei Gesellschaftern und nur einem Geschäftsführer Anwendung finden kann. Zudem sind Sacheinlagen ausgeschlossen. Werden diese zwingenden Vorgaben für das vereinfachte Verfahren im Sinne des § 2 Abs. 1a GmbHG nicht eingehalten oder können die Vorgaben die Bedürfnisse im Einzelfall nicht adäquat abbilden, wird die GmbH im gewöhnlichen Verfahren gegründet (für weitere Einzelheiten Muster A 17). Sowohl im vereinfachten, als auch im gewöhnlichen Verfahren bedarf der Gesellschaftsvertrag gemäß § 2 Abs. 1 GmbHG der notariellen Form und ist von allen Gesellschaftern zu unterzeichnen. 237

Das vorliegende Muster behandelt die Mindestvoraussetzungen des Gesellschaftsvertrages der einfachsten Form einer GmbH ohne Mehrheitsgesellschafter. 238

Muster

239 **Gesellschaftsvertrag der AB GmbH [1]**

§ 1
Firma und Sitz der Gesellschaft

1. Die Gesellschaft betreibt ihre Geschäfte unter der Firma

AB GmbH [2].

2. Sitz der Gesellschaft ist ___________ [3].

§ 2
Gegenstand der Gesellschaft

1. Gegenstand der Gesellschaft ist ___________ [4] sowie der Abschluss aller damit im Zusammenhang stehenden Geschäfte.

2. Die Gesellschaft kann alle Geschäfte betreiben, welche dem Gesellschaftszweck unmittelbar oder mittelbar zu dienen geeignet sind.

§ 3
Dauer der Gesellschaft und Geschäftsjahr

1. Die Gesellschaft ist auf unbestimmte Zeit errichtet. [5]

2. Das Geschäftsjahr entspricht dem Kalenderjahr. Das erste Geschäftsjahr ist ein Rumpfgeschäftsjahr, beginnend mit der Eintragung der Gesellschaft in das Handelsregister und endend mit dem auf die Eintragung in das Handelsregister folgenden 31. Dezember. [6]

§ 4
Bekanntmachungen

Die Bekanntmachungen der Gesellschaft erfolgen nur im Bundesanzeiger. [7]

§ 5
Stammkapital, Geschäftsanteile, Einlagen der Gesellschafter

1. Das Stammkapital der Gesellschaft beträgt ___________ € [8] (in Worten: ___________ Euro).

2. Hiervon übernehmen die Gesellschafter Gesellschaftsanteile wie folgt: [9]

Gesellschafter A: Geschäftsanteil im Nennbetrag von ___________ € (in Worten: ___________ Euro) (»Geschäftsanteil 1«) [10], entspricht ___________ % des Stammkapitals [11]

Gesellschafter B: Geschäftsanteil im Nennbetrag von ___________ € (in Worten: ___________ Euro) (»Geschäftsanteil 2«), entspricht ___________ % des Stammkapitals

Gesellschafter C: Geschäftsanteil im Nennbetrag von ___________ € (in Worten: ___________ Euro) (»Geschäftsanteil 3«), entspricht ___________ % des Stammkapitals.

3. Die Gesellschafter haben die Einlagen in bar [12, 13] zu erbringen. Diese sind sofort **[in voller Höhe/zur Hälfte/zu einem Viertel 13]** ***einzuzahlen. Die vollständigen Einlagen sind bis zum ___________ von den Gesellschaftern zu erbringen.***

§ 6
Verfügung über Geschäftsanteile [14]

Die Verfügung über Geschäftsanteile oder Teile von Geschäftsanteilen an der Gesellschaft bedarf zu ihrer Wirksamkeit der vorherigen schriftlichen Zustimmung der Gesellschaft. [15]

§ 7
Geschäftsführung und Vertretung [16]

1. **Die Gesellschaft hat einen oder mehrere Geschäftsführer.**
2. **Ist nur ein Geschäftsführer bestellt, so vertritt dieser die Gesellschaft allein. Sind mehrere Geschäftsführer bestellt, so vertreten zwei Geschäftsführer gemeinsam oder ein Geschäftsführer in Gemeinschaft mit einem Prokuristen die Gesellschaft.**
3. **Durch Gesellschafterbeschluss kann jedem Geschäftsführer Einzelvertretungsbefugnis und/oder ganz oder teilweise Befreiung von den Beschränkungen des § 181 BGB erteilt werden. [17]**

§ 8
Gründungsaufwand [18]

Die mit der Gründung der Gesellschaft verbundenen Kosten (Notar-, Gerichts- und Veröffentlichungskosten sowie etwaige Kosten der Rechts- und/oder Steuerberatung im Zusammenhang mit der Gründung) werden bis zu einem Gesamtbetrag in Höhe von ___________ € von der Gesellschaft getragen. Einen darüber hinausgehenden Gründungsaufwand tragen die Gründungsgesellschafter im Verhältnis ihrer Geschäftsanteile.

Template

Articles of Association of AB GmbH [1] 240

Section 1 Company and Registered office

1. The Company conducts its business activities under the name

AB GmbH [2].

2. The Company´s registered office is ___________ [3].

Section 2 Purpose of the Company

3. The purpose of the Company is ___________ [4] as well as to engage in all related business activities.

4. The Company is allowed to engage in all business dealings that are deemed suitable to directly or indirectly serve the business purpose.

Section 3 Duration of the Company and Financial Year

1. The Company is established for an indefinite period. [5]

2. The financial year is the calendar year. The first financial year is a short financial year, beginning with entry in the Commercial Register and ending on December 31 following entry in the Commercial Register. [6]

Section 4 Notices

The Company shall make notices exclusively in the Federal Gazette (Bundesanzeiger). [7]

Section 5 Share Capital, Company Shares, Capital Contributions of the Shareholders

1. The share capital of the Company is __________ € [8] **(in words: __________ Euros).**

2. Thereof, the shareholders shall take over Company shares as follows: [9]

Shareholder A: Company share at the nominal value of __________ € (in words: __________ Euros) (»Company share 1«) [10]**, representing __________ % of the share capital** [11]

Shareholder B: Company share at the nominal value of __________ € (in words: __________ Euros) (»Company share 2«), representing __________ % of the share capital

Shareholder C: Company share at the nominal value of __________ € (in words: __________ Euros) (»Company share 3«), representing __________ % of the share capital.

3. The shareholders are to pay in the capital contributions in cash [12]**. These are to be paid [in full/up to 50 %/up to one-quarter 13] immediately. The shareholders are to pay in their capital contributions by __________**

Section 6 Disposition of Company Shares [14]

The disposition of Company shares or parts of shares in the Company requires prior written consent of the Company for its validity. [15]

Section 7 Management and Representation [16]

1. The Company has one or more managing directors.

2. If only one managing director is appointed, he solely represents the Company. If more than one managing director has been appointed, the two will represent together, or one managing director will represent the Company jointly with an authorized officer (Prokurist).

3. Through shareholder resolution, each managing director may be granted the power of sole representation and exemption from the restrictions of Section 181 German Civil Code (BGB). [17]

Section 8 Formation Expenses [18]

Costs associated with the formation of the Company (notary costs, court costs and publication costs as well as any costs for legal and/or tax advice in connection with the formation) shall be borne by the Company up to a total amount of __________ €. Formation expenses exceeding this amount shall be borne by the founding shareholders at the ratio of their shareholdings.

Erläuterungen

Literatur: *Blasche,* Vinkulierungsklauseln in GmbH-Gesellschaftsverträgen, RNotZ 2013, 515; *Braun,* Die Abtretung von Geschäftsanteilen einer GmbH im Ausland: Wirksam oder nicht?, DNotZ 2009, 585; *Cramer,*

Die Übernahme des Gründungsaufwands durch die GmbH, NZG 2015, 373; *Thoma,* Der Handel mit Waren aller Art als Unternehmensgegenstand einer GmbH – zugleich Anmerkung zu OLG Düsseldorf, RNotZ 2011, 117 ff. –, RNotZ 2011, 413; *Priester,* Aktuelle Gestaltungsfragen bei GmbH-Verträgen, DStR 1992, 254; *von Rechenberg/Ludwig,* Kölner Handbuch Handels- und Gesellschaftsrecht, 4. Aufl. 2017 *Wachter,* Festsetzung des Gründungsaufwands in der GmbH-Satzung, NZG 2010, 734.

1. Der Gesellschaftsvertrag bedarf gemäß § 2 Abs. 1 GmbHG der notariellen Form. 241

2. Firma und Sitz der Gesellschaft sind gemäß § 3 Abs. 1 Nr. 1 GmbHG zwingender Bestandteil des Gesellschaftsvertrages. Die Firma ist der Name der Gesellschaft, unter dem sie gemäß § 17 HGB ihre Geschäfte betreibt. Grundsätzlich besteht bei der Firmenwahl relativ freier Gestaltungsspielraum. So kann die Firma als Sachfirma, als Personenfirma, aber auch als Phantasiefirma oder einer Kombination daraus gegründet werden (Baumbach/Hueck/*Fastrich* § 4 Rn. 5; von Rechenberg/Ludwig/*Fehrenbacher* Kap. 13 Rn. 79). In jedem Fall muss für die GmbH gemäß § 4 GmbHG zum Schutz des Rechtsverkehrs die Bezeichnung »Gesellschaft mit beschränkter Haftung« oder eine allgemein verständliche Abkürzung dieser Bezeichnung enthalten sein. Die Firma dient, wie jeder Name, der Identifizierung einer Gesellschaft und muss die bestimmte Gesellschaft individualisieren und von anderen Gesellschaften unterscheiden (dazu ausführl. Roth/Altmeppen/*Roth* § 4 Rn. 6 ff., 14 ff.; *Michalski* § 4 Rn. 2; Scholz/*Cziupka* § 4 Rn. 3 f.). Daher sind bei der Wahl der Firma die Kriterien der Kennzeichnungs- und Unterscheidungskraft des § 18 Abs. 1 HGB zu beachten. Zudem darf nicht gegen das Irreführungsverbot des § 18 Abs. 2 S. 1 HGB verstoßen werden (Lutter/Hommelhoff/*Bayer* § 4 Rn. 7 ff.; für weitergehende Ausführungen vgl. Baumbach/*Hopt* § 18). Darüber hinaus muss sich die Firma gemäß § 30 Abs. 1 HGB von allen am selben Ort oder in derselben Gemeinde bereits bestehenden und in das Handelsregister eingetragenen Firmen unterscheiden. Dies bedeutet, dass unter Umständen das Bestehen einer gleichen oder ähnlichen Firma an einem geographisch weit entfernten Ort die Eintragung der gleichen Firma nicht hindert, soweit keine Verwechslungsgefahr besteht (Baumbach/Hopt § 30 Rn. 4). Eine spätere Änderung der Firma ist Satzungsänderung und bedarf daher gemäß § 54 GmbHG stets eines notariell beurkundeten Beschlusses der Gesellschafterversammlung. Das Erfordernis einer Satzungsänderung für die Änderung der Firma besteht auch dann, wenn der Insolvenzverwalter die Firma als Namen der Gesellschaft im laufenden Insolvenzverfahren selbstständig verwerten möchte und zu diesem Zweck die Eintragung einer so genannten Ersatzfirma im Handelsregister erfolgen soll (so nunmehr ausdrücklich OLG München, NZG 2016, 837; vgl. dazu *Priester,* DNotZ 2016, 892 und *Leuering,* NJW 2016, 3265). 242

Die firmenrechtliche Zulässigkeit wird von dem zuständigen Registergericht von Amts wegen geprüft, § 9c GmbHG. Zuständig ist gemäß §§ 377, 382 FamFG, § 7 Abs. 1 HGB der Richter am Amtsgericht am Sitz der Gesellschaft. Bei Zweifeln an der Zulässigkeit kann das Registergericht eine Stellungnahme der IHK einholen (§ 23 S. 2 HRV i.V.m. § 380 Abs. 2 FamFG). An die Stellungnahme der IHK ist das Registergericht zwar nicht gebunden, wird der Stellungnahme aber in der Regel folgen, zumindest dann, wenn die IHK die firmenrechtliche Zulässigkeit bejaht. Zur Beschleunigung der Prüfung kann es insoweit auch empfehlenswert sein, die Prüfung der Zulässigkeit der Firma bereits zuvor von der zuständigen IHK durchführen zu lassen und diese Bestätigung der Anmeldung bei dem Registergericht beizufügen (vgl. zur Beteiligung der IHK auch von Rechenberg/*Meyer* Kap. 13 Rn. 228). 243

3. Der Sitz der Gesellschaft ist gemäß § 4a GmbHG der Ort im Inland, den der Gesellschaftsvertrag bestimmt. Unter »Sitz« in diesem Sinne versteht man den sog. Satzungssitz (Scholz/*Cziupka* § 4a Rn. 1; *Wicke* § 4a Rn. 1). Im Unterschied dazu bezeichnet der nicht notwendig damit übereinstimmende sog. Verwaltungssitz den Ort der Hauptverwaltung der Gesellschaft, mithin den Tätigkeitsort der Geschäftsführung und der dazu berufenen Vertretungsorgane (Scholz/*Cziupka* § 4a Rn. 1; *Michalski/Funke* § 4a Rn. 2; Baumbach/Hueck/*Fastrich* § 4a Rn. 4). Für den Satzungssitz besteht gemäß § 4a GmbHG grundsätzlich freie Sitzwahl im Inland. Die Wahl des Ortes ist als Anknüpfungsmerkmal u.a. relevant für die örtliche Zuständigkeit des Registergerichts gemäß § 377 FamFG i.V.m. § 7 Abs. 1 GmbHG und den allgemeinen Gerichtsstand des § 17 ZPO (vgl. nur Scholz/*Cziupka* § 4a Rn. 1 mit weiteren Beispielen). Durch die im Zuge des 244

MoMiG vorgenommene Streichung des § 4a Abs. 2 GmbHG ist es nunmehr jedoch möglich, einen Verwaltungssitz zu wählen, der im Gegensatz zum Satzungssitz auch im Ausland liegen kann (dazu Roth/Altmeppen/*Roth* § 4a Rn. 1; Lutter/Hommelhoff/*Bayer* § 4a Rn. 1 f.). In diesem Fall ist jedoch § 8 Abs. 4 Nr. 1 GmbHG zu beachten, wonach bei der Anmeldung der Gesellschaft eine inländische Geschäftsadresse anzugeben ist. Diese wird in der Regel die Anschrift eines Geschäftslokals, des Sitzes der Hauptverwaltung oder eines Betriebes im Inland sein. Dies ist jedoch nicht zwingend; stattdessen kann die Geschäftsanschrift frei gewählt werden, solange es sich um eine inländische Adresse handelt (Michalski/*Tebben* § 8 Rn. 49; Baumbach/Hueck/Fastrich § 8 Rn. 17). Dabei auch die Angabe einer Anschrift mit c/o-Zusatz eintragungsfähig, solange davon auszugehen ist, dass er der besseren Auffindbarkeit der zur Annahme einer Zustellung befugten Person dient und nicht der Verschleierung der Zustellmöglichkeiten oder dem Vortäuschen einer solchen Möglichkeit. Insbesondere ist eine realistische Zustellmöglichkeit anzunehmen, wenn der c/o-Zusatz tatsächlich auf einen Zustellungsbevollmächtigten verweist (vgl. dazu OLG Hamm, NZG 2016, 386 m.w.N.). Zum Verwaltungssitz siehe auch die ausführlichen Erläuterungen zu Muster F 7 (Rdn. F 77 ff.).

245 **4.** Die Beschreibung des Gegenstandes des Unternehmens ist gemäß § 3 Abs. 1 Nr. 2 GmbHG notwendiger Bestandteil des Gesellschaftsvertrages. Er soll im Verhältnis zum allgemeinen Rechtsverkehr, insbesondere über die Eintragung im Handelsregister, nach außen den Schwerpunkt der Geschäftstätigkeit hinreichend erkennbar machen (Baumbach/Hueck/*Fastrich* § 3 Rn. 7; Lutter/Hommelhoff/*Bayer* § 3 Rn. 8 ff.). Bloße »Leerformeln«, wie z.B. »Dienstleistungen aller Art«, genügen nicht (vgl. zum Thema insgesamt *Thoma*, RNotZ 2011, 413 und aus der neueren Rechtsprechung z.B. OLG Düsseldorf RNotZ 2011, 117). Der Gegenstand sollte im Hinblick auf § 9c Abs. 2 Nr. 1 GmbHG mit Sorgfalt ausgewählt und im Gesellschaftsvertrag beschrieben werden; danach kann das Registergericht die Eintragung in das Handelsregister ablehnen, wenn u.a. die Beschreibung des Unternehmensgegenstandes mangelhaft ist oder fehlt. Neben einer wirtschaftlichen Tätigkeit kann die als Gegenstand des Unternehmens beschriebene Tätigkeit auch im sozialen oder ideellen Bereich angesiedelt sein (*Michalski* § 3 Rn. 6; von Rechenberg/Ludwig/*Fehrenbacher* Kap. 13 Rn. 90). Dabei sollte der Gegenstand jedoch nicht zu eng gefasst sein, um die spätere Notwendigkeit einer diesbezüglichen Änderung des Gesellschaftsvertrages nach Möglichkeit zu vermeiden, der wegen § 53 Abs. 2 GmbHG grundsätzlich eines notariell beurkundeten Gesellschafterbeschlusses bedarf. Diesem Zweck dient auch der Zusatz in § 2 Nr. 1 »sowie der Abschluss aller damit im Zusammenhang stehenden Geschäfte« sowie § 2 Nr. 2 des Musters.

246 **5.** Grundsätzlich ist eine GmbH auf unbestimmte Zeit errichtet (von Rechenberg/Ludwig/*Meyer* Kap. 13 Rn. 246). Daher dient dieser Satz ausschließlich der Klarstellung. Allerdings kann davon abweichend gemäß § 3 Abs. 2 GmbHG im Gesellschaftsvertrag geregelt werden, wenn die Gesellschaft auf eine gewisse Zeit beschränkt werden soll. Erforderlich dafür ist jedoch ein bestimmter bzw. objektiv bestimmbarer Zeitraum für die Dauer der Gesellschaft, nach dessen Ablauf gemäß § 60 Abs. 1 Nr. 1 GmbHG die Gesellschaft aufgelöst wird (Roth/Altmeppen/*Roth* § 3 Rn. 22; *Wicke* § 3 Rn. 15; Baumbach/Hueck/*Fastrich* § 3 Rn. 27 f.). Enthält der Gesellschaftsvertrag keine Regelung über die Dauer der Gesellschaft, gilt diese folglich für unbestimmte Zeit.

247 **6.** Im Normalfall entspricht das Geschäftsjahr dem Kalenderjahr. Der Begriff des Geschäftsjahres entstammt § 242 HGB und hat insbesondere steuerrechtliche bzw. bilanzielle Gründe. Allerdings kann im Gesellschaftsvertrag auch ein vom Kalenderjahr abweichendes Geschäftsjahr festgelegt werden, wenn dies im Einzelfall angezeigt ist (Roth/Altmeppen/*Roth* § 3 Rn. 40). Dies kann z.B. der Fall sein bei konzernangehörigen Unternehmen zur Angleichung der Geschäftsjahre mit anderen Unternehmen im Konzern. Satz 2 ist nur einzufügen, wenn das erste Geschäftsjahr des Unternehmens nicht volle 12 Monate umfasst, d.h. wenn das Unternehmen im Laufe eines Jahres gegründet und in das Handelsregister eingetragen wird. Das Rumpfgeschäftsjahr umfasst in diesem Fall nur den Zeitraum zwischen der Eintragung der Gesellschaft in das Handelsregister und dem 31. Dezember des jeweiligen Jahres.

7. Gemäß § 12 S. 1 GmbHG haben die durch Gesetz oder Gesellschaftsvertrag bestimmten Bekanntmachungen im Bundesanzeiger zu erfolgen (vgl. dazu Lutter/Hommelhoff/*Bayer* § 12 Rn. 3 ff.). Zu beachten ist dabei, dass die Veröffentlichungen seit dem 1. April 2012 ausschließlich in elektronischer Form im Internet erfolgen, da die Papierausgabe des Bundesanzeigers auf Grund des BAnzDiG vom 22.12.2011 (BGBl I, S. 3044) zum 31.03.2012 eingestellt wurde. Der Bundesanzeiger wird seither für alle Veröffentlichungen einheitlich nur noch unter dem Namen »Bundesanzeiger« weitergeführt, so dass dadurch auch die seit 2002 bestehende Unterscheidung der Papierausgabe des Bundesanzeigers (BAnz) und des elektronischen Bundesanzeigers (eBanz) entfallen ist. 248

Die Veröffentlichung von Gesellschaftsbekanntmachungen im Bundesanzeiger dient dem Interesse der Gesellschaftsgläubiger (Michalski/*Rühland* § 12 Rn. 2; Scholz/*Veil* § 12 Rn. 3). Zwar kann nach S. 2 der Gesellschaftsvertrag weitere Publikationsmedien bestimmen, jedoch regelt S. 3, dass für den Fall, dass der Gesellschaftsvertrag die Bekanntmachung im Bundesanzeiger vorsieht, diese ausreichend ist. Es ist in der Praxis in aller Regel nicht erforderlich, weitere Medien zu bestimmen. Anders kann dies jedoch im Einzelfall sein, wenn das Unternehmen z.B. einen starken öffentlichen kommunalen Bezug aufweist. Für die Veröffentlichung im Bundesanzeiger wird auf die Internetseite www.bundesanzeiger.de verwiesen. Das dortige Menu führt den Nutzer selbsterklärend zur Publikationsplattform. Fehlerhafte Bekanntmachungen sind grundsätzlich unwirksam und setzen keine Frist in Gang (Baumbach/Hueck/*Fastrich* § 12 Rn. 9; Lutter/Hommelhoff/*Bayer* § 12 Rn. 9). 249

8. Gemäß § 5 Abs. 1 GmbHG muss das von den Gesellschaftern zu erbringende Stammkapital der GmbH mindestens 25.000 € betragen. Eine Obergrenze besteht nicht (von Rechenberg/Ludwig/*Meyer* Kap. 13 Rn. 237; Lutter/Hommelhoff/*Bayer* § 5 Rn. 8). Der Betrag muss auf volle Euro lauten. Aus Gründen des Gläubigerschutzes muss das Stammkapital in dem Gesellschaftsvertrag ausdrücklich angegeben werden. Es genügt nicht, dass sich der Betrag des Stammkapitals aus der Summe der Nennbeträge der übernommenen Geschäftsanteile berechnen lässt (Michalski/*Zeidler* § 5 Rn. 10). Gemäß § 10 Abs. 1 GmbHG ist die Höhe des Stammkapitals auch in das Handelsregister einzutragen. 250

9. Gemäß § 5 Abs. 2 S. 2 GmbHG kann seit Inkrafttreten des MoMiG jeder Gesellschafter entgegen der bisherigen Rechtslage mehrere Geschäftsanteile von dem Stammkapital übernehmen. Der Nennbetrag muss dabei gemäß § 5 Abs. 2 S. 1 GmbHG stets auf volle Euro lauten. Daher kann ein Geschäftsanteil jeden Euro-Betrag aufweisen, mindestens aber 1,00 € (Lutter/Hommelhoff/*Bayer* § 5 Rn. 8). Übernimmt ein Gesellschafter mehrere Geschäftsanteile, können diese zu einem späteren Zeitpunkt durch Gesellschafterbeschluss zusammengelegt werden. Das Stammkapital und die Summe der Nennbeträge der Geschäftsanteile müssen übereinstimmen, § 5 Abs. 3 S. 2 GmbHG. Der Fall, dass die Gesellschafter eine höhere als die geschuldete Einlage leisten, und damit einen höheren Betrag als das Stammkapital aufbringen, stellt kein unzulässiges Auseinanderfallen der Summe der Geschäftsanteile und des Stammkapitals dar (sog. Überpariemission). Unzulässig ist hingegen die Unterpariemission (Baumbach/Hueck/*Fastrich* § 5 Rn. 11; Michalski/*Zeidler* § 5 Rn. 11; Roth/Altmeppen/*Roth* § 5 Rn. 25 m.w.N.). 251

Gemäß § 3 Abs. 1 Nr. 4 GmbHG muss die Zahl und die Nennbeträge der Geschäftsanteile, die jeder Gesellschafter gegen Einlage auf das Stammkapital (Stammeinlage) übernimmt, im Gesellschaftsvertrag enthalten sein. Die Regelung des gilt dabei jedoch nur für den Gründungsvertrag als solchen. In späteren Fassungen des Gesellschaftsvertrags können die Angaben zu den ursprünglichen Nennbeträgen und Stammeinlagen nach h.M. in Rechtsprechung und Literatur dagegen entfallen, weil es sich weil es sich nur formell um Satzungsbestandteile, materiell aber um Übernahmeerklärungen handelt (vgl. BGH NJW 1989, 168; OLG Rostock NZG 2011, 992; OLG München NZG 2010, 998; Baumbach/Hueck/*Fastrich* § 3 Rn. 18 m.w.N.). Dass eine spätere Beibehaltung der ursprünglichen Nennbeträgen und Stammeinlagen nicht erforderlich ist und im Einzelfall sogar zu widersprüchlichen Ergebnissen führen würde, wird auch dadurch deutlich, dass sich Zahl und Nennbetrag der Gesellschaftsanteile durch spätere Teilung, Zusammenlegung oder Einziehung jederzeit außerhalb des Gesellschaftsvertrages ändern kön- 252 nen (vgl. OLG Rostock NZG 2011, 992 f. sowie Baumbach/Hueck/*Fastrich* § 3 Rn. 18). In solchen Fällen stehen die Angaben über die Geschäftsanteile in der Satzung dann nämlich nicht mehr im Einklang mit den Angaben über die Geschäftsanteile in der Liste der Gesellschafter. Nach hier vertretener Ansicht wird es daher in vielen Fällen sinnvoll sein, die gem. § 3 Abs. 1 Nr. 4 GmbHG bei der Gründung der Gesellschaft in die Satzung aufgenommenen Angaben über die Geschäftsanteile im Zuge einer späteren Satzungsänderung wieder zu streichen. Zu beachten ist dabei allerdings, dass es in der Rechtsprechung umstritten ist, ob die Angaben des § 3 Abs. 1 Nr. 4 GmbHG bei einer Änderung bzw. Neufassung der Satzung zumindest dann weiter beibehalten werden müssen, wenn die Einlagen zum Zeitpunkt der Satzungsänderung noch nicht voll eingezahlt sind (dafür: OLG Hamm OLGZ 1984, 266; dagegen: BayObLG NJW-RR 1997, 485).

253 **10.** Gemäß § 8 Abs. 1 Nr. 3 GmbHG sind die übernommenen Geschäftsanteile mit laufenden Nummern zu versehen. Die Nummern sollen dabei der eindeutigen Bezeichnung der verschiedenen Geschäftsanteile dienen (Michalski/*Tebben* § 8 Rn. 13; Roth/Altmeppen/*Roth* § 8 Rn. 6 m.w.N.). Zudem sind die laufenden Nummern der Geschäftsanteile gemäß § 40 Abs. 1 S. 1 GmbHG in der Gesellschafterliste bei Veränderungen in der Person des Gesellschafters oder des Umfangs seiner Beteiligung anzupassen. Zu den neuen Pflichtangaben in der Liste der Gesellschafter, die sich durch das Gesetz zur Umsetzung der Vierten EU-Geldwäscherichtlinie, zur Ausführung der EU-Geldtransferverordnung und zur Neuorganisation der Zentralstelle für Finanztransaktionsuntersuchungen und der damit verbundenen Änderung von § 40 GmbHG ergeben, vgl. etwa Böhringer, BWNotZ 2017, 61. Zum Umfang der Befugnis des Registergerichts zur Prüfung einer aktualisierten Gesellschafterliste vgl. im Übrgen OLG Rostock GmbHR 2017, 523.

254 **11.** Die Angabe der Geschäftsanteile in Prozentsätzen ist nicht erforderlich. Sie kann jedoch zweckmäßig sein, da so auf einen Blick gesehen werden kann, wie viel Prozent an dem Stammkapital von welchem Gesellschafter gehalten wird. Dies kann insbesondere im Hinblick auf mögliche Mehrheitserfordernisse für einen Gesellschafterbeschluss relevant sein. Allerdings ist zu beachten, dass bei einer Änderung des Stammkapitals die Angabe der Prozentsätze stets anzupassen ist.

255 **12.** Die Gesellschafter können grundsätzlich zwischen Bar- oder Sachgründung oder einer Mischform wählen. Dieses Muster geht von einer Bargründung aus. Ist die Erbringung von Sacheinlagen erwünscht, muss dies ausdrücklich im Gesellschaftsvertrag geregelt werden (von Rechenberg/Ludwig/*Fehrenbacher* Kap. 13 Rn. 111). Gemäß § 5 Abs. 4 GmbHG bedarf es in diesem Fall einer Festsetzung des Gegenstandes der Sacheinlage im Gesellschaftsvertrag und des Nennbetrages des Geschäftsanteils, auf den sich die Sacheinlage bezieht, sowie die Erstellung eines Sachgründungsberichts (dazu im Einzelnen Baumbach/Hueck/*Fastrich* § 5 Rn. 54 ff.; Lutter/Hommelhoff/*Bayer* § 5 Rn. 31 ff.; Roth/Altmeppen/*Roth* § 5 Rn. 59 ff.).

256 **13.** Es ist zu regeln, ob die Einlagen sofort in voller Höhe oder zunächst lediglich zur Hälfte bzw. zu einem Viertel von den Gesellschaftern einzuzahlen sind. In jedem Fall begründet die Übernahmeerklärung die Verpflichtung des Gesellschafters, seine Einlage zu leisten. Gemäß § 7 Abs. 2 GmbHG muss zum Zeitpunkt der Anmeldung der Gesellschaft zum Handelsregister auf jeden Geschäftsanteil, für den Geldeinlagen vereinbart sind, ein Viertel des Nennbetrages eingezahlt worden sein, insgesamt jedoch mindestens die Hälfte der Mindeststammkapitals, mithin 12.500 € (Michalski/*Tebben* § 7 Rn. 23; *Wicke* § 7 Rn. 5). Soll zunächst nur die Hälfte bzw. wenn unter Berücksichtigung des Vorhergesagten möglich, ein Viertel der Einlage eingezahlt werden, empfiehlt sich die Festlegung eines Stichtages, bis zu dem der vollständige Nennbetrag einbezahlt werden muss.

Die Zahlung auf die Resteinlageschuld des Gesellschafters bewirkt nur dann die Erfüllung der Einlageschuld, wenn sie tatsächlich, vollwertig, unbeschränkt und definitiv dem Vermögen der Gesellschaft zufließt (OLG München, MittayNot 2017, 286). Eine Erfüllungswirkung bezüglich der Einlageschuld kann insoweit zwar auch durch eine Zahlung an den Geschäftsführer als Gläubiger der Gesellschaft aufgrund eines Vergütungsanspruchs eintreten, allerdings nur dann, wenn diesbezüglich eine hinreichende Bestimmtheit der Drittforderung vorliegt und eine ausdrückliche

Tilgungsbestimmung bezogen auf diese Schuld getroffen ist (OLG München, a.a.O.). Die Aushändigung von Bargeld an den Geschäftsführer und Mitgesellschafter, der sich in »desolater finanzieller Situation befindet« und das Geld für seinen Lebensunterhalt benötigt, stellt jedenfalls keine Erfüllung der Einlageschuld dar, auch wenn die Kassenabrechnung und das Kassenzählprotokoll entsprechende Eintragungen enthalten zufließt (OLG München, a.a.O.).

Fehlt es in der Satzung an einer Fälligkeitsbestimmung für die Resteinlageschuld, so wird die Rest- 257
einlage grundsätzlich durch ein zweistufiges Verfahren fällig gestellt: In einem ersten Schritt bedarf es eines Gesellschafterbeschlusses über die Einforderung der Resteinlage gemäß § 46 Nr. 2 GmbHG, bei dem alle – auch der betroffene – Gesellschafter stimmberechtigt sind. In einem zweiten Schritt muss der Geschäftsführer die ausstehende Resteinlage dann bei dem betreffenden Gesellschafter zur Zahlung anfordern, wobei die Einlage mit dem Zugang der Aufforderung fällig wird (vgl. instruktiv etwa OLG Karlsruhe GmbHR 2014, 44 Rn. 24); eine nicht durch einen solchen Gesellschafterbeschluss gedeckte Anforderung durch den Geschäftsführer ist unwirksam (vgl. OLG Karlsruhe a.a.O.). Zum Prozedere der Einforderung der Einlagen siehe im Übrigen Muster D 1 (Rdn. D 2 ff.).

14. Nach § 15 Abs. 1 GmbHG sind Geschäftsanteile ausdrücklich veräußerlich und vererblich 258
(zu gesellschaftsvertraglichen Nachfolgeregelungen vgl. ausführlich *Perzborn*, RNotZ 2017, 405). Wird keine vertragliche Regelung getroffen, gilt daher gemäß § 15 Abs. 1 GmbHG der Grundsatz der freien Übertragbarkeit von GmbH-Geschäftsanteilen (von Rechenberg/Ludwig/*Fehrenbacher/Traut* Kap. 13 Rn. 33; Roth/Altmeppen/*Altmeppen* § 15 Rn. 1). In jedem Fall bedarf jedoch sowohl die Abtretung von Geschäftsanteilen gemäß § 15 Abs. 3 GmbHG als auch bereits die Verpflichtung zur Verfügung gemäß § 15 Abs. 4 GmbHG der notariellen Form. Genügt der Verpflichtungsvertrag nicht diesem Formerfordernis, kann die Nichtigkeit durch formgerechte Abtretung geheilt werden, § 15 Abs. 4 S. 1 GmbHG. Anders ist dies, wenn die Abtretung (das Verfügungsgeschäft) selbst nicht der notariellen Form genügt. In diesem Fall ist die Abtretung gemäß § 125 BGB nichtig und kann nicht wie in Abs. 4 vorgesehen, geheilt werden. Erforderlich ist in diesem Fall eine formgerechte Nachholung, § 141 BGB (Baumbach/Hueck/Fastrich § 15 Rn. 29; GroßkommGmbHG/Löbbe § 15 Rn. 133; Scholz/Seibt § 15 Rn. 69).

Die Gebühren des Notars für die Beurkundung richten sich nach dem tatsächlichen Wert des zu 259
beurkundenden Rechtsgeschäfts. Aus diesem Grund scheint oftmals eine Beurkundung im Ausland, z.B. aufgrund der niedrigeren Notarkosten in der Schweiz, vorteilhaft zu sein. In der jüngeren Vergangenheit wurde eine solche Beurkundung im Hinblick auf Art. 11 Abs. 1 EGBGB als zulässig anerkannt, wenn der Beurkundungsvorgang nach dem ausländischen Ortsrecht der inländischen notariellen Beurkundung gleichwertig war. Dies wurde insbesondere für Notare in Basel Stadt und Zürich bejaht (vgl. Lutter/Hommelhoff/*Bayer* § 15 Rn. 27 m.w.N.; für die Schweiz allgemein Michalski/*Ebbing* § 15 Rn. 97). Nach einer Entscheidung des Kammergerichts vom Januar 2018 erfüllt auch die Beurkundung der Gründung einer deutschen GmbH durch einen Schweizer Notar mit Amtssitz im Kanton Bern jedenfalls dann die Anforderungen nach § 2 Abs. 1 GmbHG und kann im Eintragungsverfahren durch das Registergericht nicht beanstandet werden, wenn die Niederschrift in Gegenwart des Notars den Beteiligten vorgelesen, von ihnen genehmigt und eigenhändig unterschrieben worden ist (KG, NZG 2018, 304 = GmbHR 2018, 376 – mit Anmerkung von *Wicke;* dazu auch *Lieder*, ZIP 2018, 805). Nach Inkrafttreten des MoMiG und einer Änderung im Schweizer Obligationenrecht (gemäß Art. 785 Obligationenrecht genügt nun die Schriftform und der Hinweis auf die statutarischen Rechte und Pflichten) sind in der Rechtsprechung und Literatur jedoch Zweifel an der Formwirksamkeit von GmbH-Geschäftsanteilsübertragungen durch einen Schweizer Notar geäußert worden (LG Frankfurt NJW 2010, 683; *Braun*, DNotZ 2009, 585; vgl. auch Roth/Altmeppen/*Altmeppen* § 15 Rn. 91 m.w.N.). Zwar sind zwischenzeitlich auch obergerichtliche Entscheidungen ergangen, die eine Wirksamkeit (weiterhin) bejahen (so OLG Düsseldorf DB 2011, 808, 809 und jüngst wohl auch OLG München GmbHR 2013, 269, das den ausländischen Notar jedoch nicht für befugt hält, auch die geänderte Gesellschafterliste gemäß § 40 Abs. 2 GmbHG zum Handelsregister einzureichen und stattdessen die Geschäftsführer

als verpflichtet ansieht). Eine Entscheidung des BGH zu der Thematik steht bislang aus. Angesichts der verbleibenden Unsicherheiten sollte eine Beurkundung im Ausland daher sehr genau geprüft und im Zweifel eine Beurkundung bei einem deutschen Notar vorgezogen werden. Zu Auslandsbeurkundungen und zur Einreichung der Gesellschafterliste in diesen Fällen siehe auch die näheren Erläuterungen zu Muster E 10 (Rdn. E 170) und zu Muster E 2 (Rdn. E 23).

260 **15.** § 15 Abs. 5 GmbHG sieht ausdrücklich die Möglichkeit einer gesellschaftsvertraglichen Regelung zur Beschränkung der Übertragbarkeit vor, sog. Vinkulierung. Dabei kann der Gesellschaftsvertrag, etwa sowohl die Zustimmung der Geschäftsführer, des Aufsichtsrats/Beirats, aller Gesellschafter, bestimmter Gesellschafter oder der Gesellschafterversammlung vorsehen, als auch jedes beliebige Mehrheitserfordernis regeln (Roth/Altmeppen/*Altmeppen* § 15 Rn. 104). Dadurch soll sichergestellt werden, dass sich der Gesellschafterkreis nicht ohne Zustimmung der Zustimmungsberechtigten erweitern kann (von Rechenberg/Ludwig/*Meyer* Kap. 13 Rn. 248; Lutter/Hommelhoff/*Bayer* § 15 Rn. 68 f.). Die Verfügung des Gesellschafters über seinen Geschäftsanteil ist vor dem Vorliegen der Zustimmung der Gesellschaft bzw. der anderen Gesellschafter schwebend unwirksam. Wird die Zustimmung versagt, so ist der Abtretungsvertrag endgültig unwirksam, es sei denn die Verweigerung ist im Einzelfall rechtsmissbräuchlich (Michalski/*Ebbing* § 15 Rn. 156; Baumbach/Hueck/*Fastrich* § 15 Rn. 46). Zu Vinkulierungsklauseln in GmbH-Gesellschaftsverträgen vgl. im Übrigen umfassend *Blasche*, RNotZ 2013, 515 ff.

261 **16.** Dies ist zwar kein zwingender Bestandteil des einfachen Gesellschaftsvertrages, da das Gesetz in den §§ 35 ff. GmbHG bereits eigene Regelungen vorsieht. Soll jedoch davon abgewichen, ist die Aufnahme einer entsprechenden Regelung über die Geschäftsführung in den Gesellschaftsvertrag erforderlich und auch sonst meist empfehlenswert (vgl. auch von Rechenberg/Ludwig/*Meyer* Kap. 13 Rn. 277).

262 **17.** Gemäß § 181 BGB kann der Geschäftsführer die GmbH sowohl bei einem mit ihm abzuschließenden Geschäft (Verbot des Selbstkontrahierens) als auch bei einem Geschäft mit einem Dritten, den der Geschäftsführer ebenfalls vertritt (Verbot der Mehrfachvertretung), grundsätzlich nicht vertreten (vgl. im Einzelnen Roth/Altmeppen/*Altmeppen* § 35 Rn. 77 m.w.N.; Lutter/Hommelhoff/*Kleindiek* § 35 Rn. 50 f.; *Wicke* § 35 Rn. 9). In der Praxis ist es üblich, in dem Gesellschaftsvertrag die Möglichkeit der Erteilung von Einzelvertretungsbefugnis sowie die Befreiung von den Beschränkungen des § 181 BGB für einen Geschäftsführer in Einzelfällen durch Gesellschafterbeschluss vorzusehen (vgl. auch *Priester* DStR 1992, 254, 256). Fehlt es an einer entsprechenden Regelung im Gesellschaftsvertrag bzw. liegt kein entsprechender Gesellschafterbeschluss vor, ist das Geschäft schwebend unwirksam, kann jedoch von der Gesellschaft durch den/die übrigen Geschäftsführer, durch Gesellschafterbeschluss oder durch schlüssiges Verhalten der Gesellschafter genehmigt werden (vgl. dazu im Einzelnen GroßkommGmbHG/*Paefgen* § 35 Rn. 67 m.w.N.; Baumbach/Hueck/*Noack* § 35 Rn. 131).

263 **18.** Das GmbHG enthält bezüglich der Übernahme des Gründungsaufwands (abgesehen von der Bestimmung in Ziffer 5 des Musterprotokolls) keine Regelung. Es besteht insoweit kein gesetzliches Erfordernis, in der Satzung eine Regelung über den Gründungsaufwand zu treffen, weshalb das Registergericht die Eintragung einer GmbH in das Handelsregister auch nicht etwa mit der Begründung ablehnen kann, im Gesellschaftsvertrag finde sich – anders als in der Gründungsniederschrift des Notars – keine Regelung, wer die mit der Gründung der Gesellschaft verbundenen Kosten trage (OLG Frankfurt NJW Spezial 2010, 305). Nach herrschender Meinung in Rechtsprechung und Literatur besteht in analoger Anwendung des § 26 Abs. 2 AktG jedoch nur dann ein Anspruch der Gesellschafter gegen die Gesellschaft auf Ersatz von Kosten, die im Zusammenhang mit der Gründung der Gesellschaft entstanden sind, wenn dies ausdrücklich in der Satzung festgeschrieben wird (vgl. etwa BGH NZG 1998, 102, 103 sowie von Rechenberg/Ludwig/*Fehrenbacher* Kap. 13 Rn. 135; *Priester* DStR 1992, 254, 255; Scholz/*Veil* § 5 Rn. 112–14). In der Praxis wird daher trotz des fehlenden gesetzlichen Erfordernisses üblicherweise eine entsprechende Regelung am Ende der Satzung mit aufgenommen, weil in den meisten Fällen eine Übernahme von Gründungskosten durch die Gesellschaft gerade gewollt ist. Zu beachten ist

jedoch, dass die bloße Angabe einer prozentualen Obergrenze des von der Gesellschaft zu übernehmenden Gründungsaufwands als solche nicht hinreichend bestimmt ist. So hat etwa das OLG Zweibrücken (RNotZ 2014, 326, 328) entschieden, dass die Regelung in einem Gesellschaftsvertrag, wonach die Gesellschaft die *»mit ihrer Gründung verbundenen Kosten bei Notar, Gericht und Behörden bis zu einem Betrag in Höhe von maximal 10 vom Hundert des Stammkapitals«* zu tragen hat, nicht den Anforderungen aus § 26 Abs. 2 AktG analog entspricht. Andererseits soll etwa die Formulierung: *»Die Kosten der Gründung der Gesellschaft bis zu einem Betrag von 3.000 € trägt die Gesellschaft«* ebenfalls nicht ausreichen, um die Gründungskosten wirksam auf die Gesellschaft abzuwälzen (so zuletzt ausdrücklich OLG Celle, GmbHR 2016, 650). Nach der Rechtsprechung setzt eine wirksame Satzungsregelung zur Übernahme des Gründungsaufwands durch die Gesellschaft vielmehr voraus, dass die einzelnen Positionen, aus denen sich der Gründungsaufwand zusammensetzt, namentlich genannt und zusammengefasst als konkreter Gesamtbetrag (also ohne Angabe von Einzelbeträgen) in der Satzung ausgewiesen werden, wobei Beträge, die noch nicht genau beziffert werden können, geschätzt werden müssen (vgl. etwa BGH NZG 1998, 102, 103 m.w.N. sowie OLG Zweibrücken RNotZ 2014, 326, 328 und aus der jüngsten Rechtsprechung auch OLG Celle, GmbHR 2016, 650). Zwar erscheint das von der Rechtsprechung aufgestellte Erfordernis einer namentlichen Nennung der von der Gesellschaft zu tragenden Kostenpositionen unter Berücksichtigung der in Ziffer 5 des Musterprotokolls enthaltenen Regelung zum Gründungsaufwand zweifelhaft. Denn dort wird auf eine Nennung einzelner Kostenpositionen gänzlich verzichtet, was darauf hindeutet, dass der Gesetzgeber diese Angaben nicht für erforderlich hält. Der Formulierungsvorschlag im vorliegenden Muster orientiert sich gleichwohl an den derzeit geltenden Vorgaben der Rechtsprechung, um die Praxistauglichkeit der Klausel nicht einzuschränken. Wie in der Praxis üblich, sieht das vorliegende Muster dabei vor, dass der von der Gesellschaft zu tragende Gründungsaufwand als Höchstbetrag (*»bis zu …«*) formuliert ist. Es ist im Übrigen zu empfehlen, den (in der Regel zu schätzenden) Gesamtbetrag des Gründungsaufwands grundsätzlich mit nicht mehr als 10 % des Stammkapitals anzusetzen, da die Registergerichte die Angemessenheit des von der Gesellschaft zu tragenden Gründungsaufwands prüfen und in der Regel (nur) bis zu dieser Grenze ohne weitere Nachweise akzeptieren (zur Anwendung der 10 %-Grenze in der Praxis vgl. OLG Celle NZG 2014, 1383, 1384; zur Festsetzung des Gründungsaufwands in der GmbH-Satzung vgl. im Übrigen ausführlich *Wachter*, NZG 2010, 734 und *Cramer*, NZG 2015, 373). Ist der Gründungsaufwand korrekt festgelegt, so kann er zu Lasten der Einlagen von der Vorgesellschaft oder der späteren GmbH beglichen bzw. erstattet werden, und zwar auch zu Lasten des Stammkapitals, ohne dass dadurch die Unterbilanzhaftung der Gründer ausgelöst wird (von Rechenberg/Ludwig/*Fehrenbacher* Kap. 13 Rn. 136). Zu beachten ist im Übrigen, dass die Regelung über die Festsetzung des Gründungsaufwands nach inzwischen wohl überwiegender Meinung in der neueren Rechtsprechung und Literatur vor Ablauf von weniger als zehn Jahren nach der erstmaligen Eintragung der Gesellschaft im Handelsregister nicht geändert oder aufgehoben werden darf und bis dahin zwingender Bestandteil der Satzung ist (vgl. etwa OLG Celle, NZG 2018, 308; OLG Oldenburg, NZG 2016, 1265; Baumbach/Hueck/*Fastrich* § 5 Rn. 57; Scholz/*Veil* § 5 Rn. 112). Als Begründung für die Pflicht zur mindestens 10jährign Beibehaltung der Regelung über den Gründungsaufwand stellt die Rechtsprechung dabei maßgeblich auf die Informationsinteressen des Rechtsverkehrs ab, deren Erfüllung für eine Mindestdauer sicherzustellen sei, die sich an anderen im Recht der GmbH geltenden Verjährungsfristen zu orientieren habe, wie etwa an der (ebenfalls 10jährigen) Frist aus § 9 Abs. 2 GmbHG. Die in Teilen der Literatur unter Verweis auf eine Entscheidung des LG Berlin (GmbHR 1993, 590) vertretene Ansicht, wonach auch eine Beibehaltung in der Satzung für lediglich 5 Jahre ausreichend ist (*Wachter*, NZG 2010, 734, 737 und *Cramer*, NZG 2015, 373, 374 m.w.N.), hat sich nicht durchgesetzt.

19. Gesellschaftsvertrag ohne Mehrheitsgesellschafter (ausführlich)

Vorbemerkung

264 Den Gesellschaftern steht es frei, den Gesellschaftsvertrag im Rahmen ihrer Privatautonomie im Hinblick auf ihre persönlichen Bedürfnisse weitgehend frei zu gestalten (*Michalski* § 2 Rn. 9). Das Muster enthält mögliche Regelungen eines Gesellschaftsvertrages ohne Mehrheitsgesellschafter, die über die gemäß § 3 Abs. 1 GmbHG gesetzlich vorgeschriebenen bzw. die in **Muster A 18** dargestellten Mindestanforderung hinausgehen. Diese Mindestanforderungen sind oftmals in der Praxis nicht ausreichend, die Kompetenzverteilungen und das Zusammenwirken der Gesellschafter und der Organe der Gesellschaft entsprechend der Bedürfnisse des Einzelfalls sicherzustellen (so auch von Rechenberg/Ludwig/*Meyer* Kap. 13 Rn. 245). Neben den in § 3 Abs. 2 GmbHG dargestellten fakultativen Regelungen kann der Gesellschaftsvertrag sonstige vom Gesetz dem Gesellschaftsvertrag vorbehaltene Regelungen (z.B. §§ 5 Abs. 4 S. 1, 15 Abs. 5, 34 GmbHG) oder solche Vereinbarungen enthalten, die auch außerhalb des Gesellschaftsvertrags wirksam vereinbart oder im Wege des einfachen Gesellschafterbeschlusses geschaffen werden können (z.B. § 6 Abs. 3 S. 2 GmbHG) (Roth/Altmeppen/*Roth* § 3 Rn. 1a; Baumbach/Hueck/*Fastrich* § 3 Rn. 25). Letztlich sollten in dem Gesellschaftsvertrag alle Vereinbarungen getroffen werden, die die Organisation der GmbH und die Zusammensetzung und Kompetenzen ihrer Organe regeln sowie das Verhältnis der Gesellschaft zu ihren Gesellschaftern bestimmen und daher auch Bindungswirkung für zukünftig eintretende Gesellschafter entfalten (Lutter/Hommelhoff/*Bayer* § 3 Rn. 1, 25). Zu satzungsergänzenden schuldrechtlichen Verträgen der Gesellschaft mit ihren Gesellschaftern über Neben- und Zusatzleistungen, Verfügungsbeschränkungen und Erwerbsabreden vgl. instruktiv *Noack*, NZG 2013, 281 ff.

265 Von den im Muster dargestellten Regelungsmöglichkeiten können daher, je nach Regelungsbedarf und den Besonderheiten im Einzelfall, die jeweils für die Gesellschaft relevanten Bestimmungen in den Gesellschaftsvertrag aufgenommen werden. So ist insbesondere zu empfehlen, Regelungen zu der Gesellschafterversammlung und deren Beschlüssen zu regeln, sowie Bestimmungen zur Frage der Einziehung von Geschäftsanteilen und der Abfindung in den Gesellschaftsvertrag aufzunehmen.

Muster

266 **Gesellschaftsvertrag der AB GmbH [1]**

§ 1 Firma und Sitz der Gesellschaft

1. Die Gesellschaft betreibt ihre Geschäfte unter der Firma

AB GmbH [2].

2. Sitz der Gesellschaft ist __________ [3].

§ 2 Gegenstand der Gesellschaft

1. Gegenstand der Gesellschaft ist __________ [4] sowie der Abschluss aller damit im Zusammenhang stehenden Geschäfte.

2. Die Gesellschaft kann alle Geschäfte betreiben, welche dem Gesellschaftszweck unmittelbar oder mittelbar zu dienen geeignet sind.

3. Die Gesellschaft kann Zweigniederlassungen errichten, andere Unternehmen gründen, sich an anderen Unternehmen beteiligen, die Geschäftsführung und persönliche Haftung eines anderen Unternehmens übernehmen sowie Unternehmensverträge mit anderen Unternehmen abschließen. [5]

§ 3 Dauer der Gesellschaft und Geschäftsjahr

1. Die Gesellschaft ist auf unbestimmte Zeit errichtet. [6]

2. Das Geschäftsjahr entspricht dem Kalenderjahr. Das erste Geschäftsjahr ist ein Rumpfgeschäftsjahr, beginnend mit der Eintragung der Gesellschaft in das Handelsregister und endend mit dem auf die Eintragung in das Handelsregister folgenden 31. Dezember. [7]

§ 4 Bekanntmachungen

Die Bekanntmachungen der Gesellschaft erfolgen nur im Bundesanzeiger. [8]

§ 5 Stammkapital, Geschäftsanteile, Einlagen der Gesellschafter

1. Das Stammkapital der Gesellschaft beträgt ____________ € [9] (in Worten: ____________ Euro).

2. Hiervon übernehmen die Gesellschafter Gesellschaftsanteile wie folgt: [10]

Gesellschafter A: Geschäftsanteil im Nennbetrag von ____________ € (in Worten: ____________ Euro) (»Geschäftsanteil 1«) [11], entspricht ____________ % des Stammkapitals [12]

Gesellschafter B: Geschäftsanteil im Nennbetrag von ____________ € (in Worten: ____________ Euro) (»Geschäftsanteil 2«), entspricht ____________ % des Stammkapitals

Gesellschafter C: Geschäftsanteil im Nennbetrag von ____________ € (in Worten: ____________ Euro) (»Geschäftsanteil 3«), entspricht ____________ % des Stammkapitals.

3. Die Gesellschafter haben die Einlagen in bar [13] zu erbringen. Diese sind sofort [in voller Höhe/zur Hälfte/zu einem Viertel [14]] einzuzahlen.

4. Die Geschäftsführer sind berechtigt, die noch zu erbringenden Einlagen entsprechend des Bedarfs der Gesellschaft einzufordern. [15]

§ 6 Verfügung über Geschäftsanteile [16]

1. Die Verfügung über Geschäftsanteile oder Teile von Geschäftsanteilen an der Gesellschaft bedarf zu ihrer Wirksamkeit der vorherigen schriftlichen Zustimmung der Gesellschaft. [17]

2. Die Zustimmung ist zu erteilen, wenn die Veräußerung oder sonstige Übertragung von Gesellschaftsanteilen an ein verbundenes Unternehmen im Sinne des § 15 AktG erfolgen soll. Endet die Eigenschaft des Empfängers als verbundenes Unternehmen im Sinne des § 15 AktG ist der Empfänger verpflichtet, den Geschäftsanteil an den Veräußerer zurück zu übertragen. Der Veräußerer erklärt bereits jetzt, dass er die Rückübertragung annimmt. [18]

§ 7 Geschäftsführung [19]

1. Die Gesellschaft hat einen oder mehrere Geschäftsführer.

2. Die Rechte und Pflichten der Geschäftsführer ergeben sich aus dem Gesetz, dem Anstellungsvertrag, der Geschäftsordnung und den von den Gesellschaftern gegebenen Anweisungen. [20]

3. Die Geschäftsführer sind, unbeschadet ihrer Vertretungsmacht nach außen, nur gemeinschaftlich zur Geschäftsführung befugt. [21]

§ 8 Vertretung

1. **Hat die Gesellschaft nur einen Geschäftsführer, so vertritt dieser die Gesellschaft allein. Hat die Gesellschaft mehrere Geschäftsführer, wird die Gesellschaft durch die Geschäftsführer gemeinsam oder durch einen Geschäftsführer in Gemeinschaft mit einem Prokuristen vertreten.** [22]
2. **Durch Gesellschafterbeschluss kann den Geschäftsführern Einzelvertretungsbefugnis und/oder ganz oder teilweise Befreiung von den Beschränkungen des § 181 BGB erteilt werden.** [23]

§ 9 Gesellschafterversammlung [24]

1. **Die Einberufung der Gesellschafterversammlung erfolgt durch die Geschäftsführer mittels eingeschriebenen Briefs unter Mitteilung der Tagesordnung. Die Einberufung kann auch per Telefax oder E-Mail** [25] **erfolgen, wenn kein Gesellschafter dieser Form der Einladung widerspricht.**

   Der Einladung zur ordentlichen Gesellschafterversammlung sind der Jahresabschluss, der Lagebericht und ein etwaiger Prüfungsbericht der Abschlussprüfer [26] **beizufügen.**

   Die Ladungsfrist beträgt bei ordentlichen Gesellschafterversammlungen vier Wochen, bei außerordentlichen Gesellschafterversammlungen zwei Wochen und beginnt mit der Aufgabe der Einladung zur Post, der Absendung der Einladung, der persönlichen Übergabe oder der Übergabe durch Boten wobei der Tag der Absendung bzw. der Übergabe und der Tag der Versammlung nicht mitgerechnet werden. [27]

   Jeder Geschäftsführer ist allein einberufungsberechtigt. [28]
2. **Die Gesellschafterversammlungen finden am Sitz der Gesellschaft statt.** [29] **Wenn sich sämtliche Gesellschafter damit einverstanden erklären, kann eine Gesellschafterversammlung auch per Video-Konferenz abgehalten werden.** [30]
3. **Anstelle der Beschlussfassung in einer Gesellschafterversammlung ist auch eine schriftliche, fernschriftliche, fernmündliche oder telegrafische Abstimmung zulässig, falls kein Gesellschafter einem solchen Verfahren widerspricht.**

   Die schriftliche, fernschriftliche, fernmündliche oder telegrafische Abstimmung ist unzulässig, wenn durch sie eine Änderung des Gesellschaftsvertrags herbeigeführt werden soll oder nach dem Gesetz eine andere Form vorgeschrieben ist. [31]

§ 10 Gesellschafterbeschlüsse

1. **Die Gesellschafter fassen ihre Beschlüsse in Gesellschafterversammlungen.**
2. **Die Gesellschafterversammlung ist beschlussfähig, wenn 75 % des Stammkapitals** [32] **anwesend oder vertreten sind. Ist die Gesellschafterversammlung nicht beschlussfähig, so ist unverzüglich eine neue Gesellschafterversammlung einzuberufen, die dann ohne Rücksicht auf die Zahl der anwesenden Gesellschafter beschließen kann. Darauf ist in der Ladung zur Gesellschafterversammlung hinzuweisen.**
3. **Die Abstimmung erfolgt nach Geschäftsanteilen. Eine Beteiligung von je ____________ € (in Worten: ____________ Euro) am Stammkapital der Gesellschaft gewährt eine Stimme.** [33] **Jeder Gesellschafter kann sein Stimmrecht für die von ihm gehaltenen Geschäftsanteile nur einheitlich ausüben.** [34]

4. **Die Gesellschafterversammlung beschließt grundsätzlich mit einer Dreiviertelmehrheit der abgegebenen Stimmen.** [35]

5. **Die Gesellschafterversammlung ist zuständig für alle Entscheidungen, die ihr durch Gesetz oder durch diesen Gesellschaftsvertrag zugewiesen sind. Insbesondere entscheidet die Gesellschafterversammlung über:** [36]

   a. **Änderungen des Gesellschaftsvertrages,**

   b. **Erhöhung des Stammkapitals und Ausgabe neuer Geschäftsanteile,**

   c. **Umwandlungen sowie Abschluss von Unternehmensverträgen mit anderen Gesellschaften,**

   d. **Auflösung der Gesellschaft und deren Folgen,**

   e. **Verkauf von allen oder wesentlichen Vermögensgegenständen der Gesellschaft,**

   f. **Feststellung des Jahresabschlusses der Gesellschaft und Entscheidung über die Verwendung des Jahresergebnisses,**

   g. **Bestellung der Abschlussprüfer, sofern Abschlussprüfer nach Maßgabe des Handelsgesetzbuches zu bestellen sind,**

   h. **Bestellung und Entlastung der Geschäftsführer sowie die Entscheidung über die Bedingungen von deren Beschäftigung,**

   i. **alle sonstigen Beschlüsse, die nach dem Gesetz zwingend der Gesellschafterversammlung zugewiesen sind.**

6. **Soweit das Gesetz nicht zwingend eine notarielle Beurkundung vorschreibt, wird in jeder Gesellschafterversammlung ein Protokollführer bestimmt, der die in der Gesellschafterversammlung gefassten Beschlüsse schriftlich festhält und den Gesellschaftern innerhalb von zwei (2) Wochen nach der Gesellschafterversammlung zur Verfügung stellt.** [37]

7. **Jeder Gesellschafter kann sich in der Gesellschafterversammlung durch einen schriftlich bevollmächtigten Vertreter oder ein Mitglied der rechts- oder steuerberatenden Berufe oder einem Wirtschaftsprüfer vertreten lassen, der gesetzlich zur Geheimhaltung verpflichtet ist.** [38]

8. **Gesellschafterbeschlüsse können nur innerhalb einer Frist von einem (1) Monat angefochten werden. Die Frist beginnt mit dem Tag des Zugangs des Protokolls, in dem der angefochtene Beschluss niedergelegt ist.** [39]

§ 11 Jahresabschluss, Gewinnverwendung

1. **Der Jahresabschluss (Bilanz nebst Gewinn- und Verlustrechnung) ist von den Geschäftsführern in Übereinstimmung mit den Vorschriften des Handelsgesetzbuches aufzustellen und den Gesellschaftern zusammen mit einem Prüfungsbericht des Abschlussprüfers – wenn der Jahresabschluss und der Lagebericht von einem Abschlussprüfer zu prüfen ist – innerhalb der ersten drei (3) Monate eines Geschäftsjahres vorzulegen.** [40]

2. **Die Gesellschafter beschließen innerhalb von acht (8) Monaten des laufenden Geschäftsjahres über die Feststellung des Jahresabschlusses und die Entlastung der Geschäftsführer für das vergangene Geschäftsjahr sowie – wenn der Jahresabschluss und der Lagebericht von einem Abschlussprüfer zu prüfen ist – über die Wahl des Abschlussprüfers für das laufende Jahr.** [41]

3. Die Gesellschafter bestimmen unter Beachtung der Vorschrift des § 29 GmbHG mit einfacher Mehrheit über die Verwendung des Bilanzgewinnes. [42]

§ 12 Kündigung [43]

1. Jeder Gesellschafter hat das Recht, die Gesellschaft mit einer Frist von sechs Monaten zum Ende eines jeden Geschäftsjahres ordentlich zu kündigen. Hiervon unberührt bleibt das Recht eines jeden Gesellschafters zur Kündigung der Gesellschaft aus wichtigem Grund. [44]

2. Die Erklärung der Kündigung hat schriftlich mittels eingeschriebenen Briefs an die Gesellschaft oder persönliche Übergabe der Kündigung an einen der Geschäftsführer (auf keinen Fall jedoch an sich selbst) zu erfolgen.

3. Bei Kündigung der Gesellschaft wird die Gesellschaft nicht aufgelöst, sondern von den verbleibenden Gesellschaftern fortgesetzt, sofern diese nicht innerhalb von drei (3) Monaten nach dem Zugang der Kündigung die Auflösung beschließen. [45]

4. Der ausscheidende Gesellschafter ist verpflichtet, die Einziehung seines Geschäftsanteils gemäß § 13 zu dulden oder den Geschäftsanteil nach § 13 Nr. 6 zu übertragen, sofern dies von der Gesellschafterversammlung statt der Einziehung beschlossen wird. Der Geschäftsanteil des ausgeschiedenen Gesellschafters ist dabei jeweils nach Maßgabe von § 14 zu vergüten.

5. Erfolgt die Einziehung oder Übernahme der Geschäftsanteile des ausscheidenden Gesellschafters gemäß Abs. 4 nicht innerhalb einer Frist von drei (3) Monaten nach Zugang der Kündigung, so ist der kündigende Gesellschafter befugt, seine Geschäftsanteile frei zu veräußern, ohne dass es einer Zustimmung gemäß § 6 bedarf.

6. Das Stimmrecht des Gesellschafters, der die Gesellschaft gekündigt hat, ruht ab dem Zugang der Kündigungserklärung bei der Gesellschaft. [46]

§ 13 Einziehung von Geschäftsanteilen [47]

1. Die Gesellschafter können die Einziehung von Geschäftsanteilen beschließen, wenn der betroffene Gesellschafter und die Gesellschaft zustimmen.

2. Die Gesellschafter können die Einziehung von Geschäftsanteilen beschließen, ohne dass es der Zustimmung des betroffenen Gesellschafters und der Gesellschaft bedarf, wenn [48]

a. Geschäftsanteile des Gesellschafters gepfändet werden oder über sein Vermögen das Insolvenzverfahren eröffnet oder die Eröffnung eines solchen Verfahrens mangels Masse abgelehnt wird,

b. der Gesellschafter – ungeachtet entsprechender Gründe – seinen Austritt aus der Gesellschaft schriftlich erklärt,

c. der Gesellschafter über seine Geschäftsanteile entgegen § 6 Nr. 1 ohne Zustimmung des anderen Gesellschafters verfügt,

d. der Gesellschafter Anlass gegeben hat, ihn aus wichtigem Grunde aus der Gesellschaft auszuschließen.

3. Die Einziehung kann nur innerhalb einer Frist von drei (3) Monaten seit Kenntnis vom Eintritt der vorgenannten Voraussetzung durch die Gesellschafter beschlossen werden. [49]

4. Die Einziehung wird durch Gesellschafterbeschluss beschlossen. Der betroffene Gesellschafter ist dabei nicht stimmberechtigt. [50] Die Einziehung wird, soweit gesetzlich zulässig, unabhängig von der Zahlung der Abfindung gemäß § 14 mit der Bekanntgabe bzw. dem Zugang des Beschlusses über die Einziehung bei dem betroffenen Gesellschafter sofort wirksam. [51] Vom Tag der Fassung des Einziehungsbeschlusses bis zum Zeitpunkt des Wirksamwerdens der Einziehung ruhen die den einzuziehenden Geschäftsanteilen zuzuordnenden Stimmrechte.

5. Die Neubildung eines eingezogenen Geschäftsanteils ist zulässig. [52] Sie erfolgt durch einstimmigen Gesellschafterbeschluss.

6. Statt der Einziehung der Geschäftsanteile gemäß § 13 Nr. 1 und 2 kann die Gesellschafterversammlung mit einer Mehrheit von 75 % der Stimmen – ohne Stimmrecht des ausscheidenden Gesellschafters – beschließen, dass die betreffenden Geschäftsanteile ganz oder teilweise auf die Gesellschaft oder auf einen oder mehrere von der Gesellschafterversammlung bestimmte(n) Dritte(n) (einschließlich weiterer Gesellschafter) übertragen werden, und zwar auch dergestalt, dass die Geschäftsanteile teilweise eingezogen und im Übrigen an die Gesellschaft oder den/die Dritten abgetreten werden.

7. Die Einziehung erfolgt gegen Zahlung einer Abfindung. Die Höhe dieser Abfindung richtet sich nach § 14 dieses Vertrages.

§ 14 Abfindung [53]

1. Die Abfindung für die eingezogenen bzw. übertragenen Geschäftsanteile entspricht dem Verkehrswert der eingezogenen Geschäftsanteile. [54]

2. Der Verkehrswert der Geschäftsanteile wird durch den Abschlussprüfer der Gesellschaft bestimmt. Die Gesellschaft trägt die durch die Bewertung der eingezogenen Geschäftsanteile entstehenden Kosten. Sofern die Gesellschaft keinen Abschlussprüfer hat, bestellen die Gesellschafter gemeinsam einen Wirtschaftsprüfer. Können sich die Gesellschafter nicht innerhalb von vier (4) Wochen auf einen Wirtschaftsprüfer einigen, ist die Geschäftsführung verpflichtet, die IHK ____________ zur Benennung eines geeigneten Prüfers aufzufordern. [55]

3. Die Abfindung wird in drei gleichen Raten durch die Gesellschaft gezahlt. Die erste Rate muss innerhalb von sechs (6) Monaten nach Fassen des Einziehungsbeschlusses gezahlt werden. Jede weitere Rate ist ein (1) Jahr nach Fälligkeit der vorhergehenden Rate fällig und jährlich mit ____________ Prozentpunkten über dem Basiszinssatz ab dem Datum des Ausscheidens zu verzinsen. Die Zinsen werden gleichzeitig mit der entsprechenden Rate gezahlt. Die Gesellschaft hat das Recht, die Abfindung jederzeit vollständig oder teilweise vor dem Fälligkeitsdatum zu zahlen und mit zukünftig fällig werdenden Zahlungen zu verrechnen. [56]

4. Der betroffene Gesellschafter hat keinen Anspruch auf die Bestellung von Sicherheiten.

5. § 14 Nr. 1 bis 4 finden entsprechende Anwendung, wenn die Gesellschafterversammlung statt der Einziehung die Übertragung der Geschäftsanteile auf die Gesellschaft oder auf einen von der Gesellschafterversammlung bestimmten Dritten gemäß § 13 Nr. 6 verlangt, wobei der betreffende Übernehmer als Entgelt für die zu übertragenen Geschäftsanteile die Abfindung schuldet.

§ 15 Befreiung von Wettbewerbsverboten [57]

1. **Soweit die Gesellschafter und/oder Geschäftsführer einem kraft Gesetzes bestehenden Wettbewerbsverbot unterliegen, kann Ihnen hiervon durch Beschluss der Gesellschafterversammlung ganz oder teilweise eine Befreiung erteilt werden.**
2. **Die Einzelheiten der Befreiung vom Wettbewerbsverbot, insbesondere die Art und den Umfang der Befreiung, regelt der jeweilige Gesellschafterbeschluss.**
3. **Der Beschluss der Gesellschafterversammlung über die Befreiung vom Wettbewerbsverbot bedarf der einfachen Mehrheit der abgegebenen Stimmen [alternativ: einer Mehrheit von 75 % der abgegebenen Stimmen]. Soweit es um die Befreiung eines Gesellschafters geht, ist der betroffene Gesellschafter bei der Beschlussfassung vom Stimmrecht ausgeschlossen.**

§ 16 Gründungsaufwand [58]

Die mit der Gründung der Gesellschaft verbundenen Kosten (Notar-, Gerichts- und Veröffentlichungskosten sowie etwaige Kosten der Rechts- und/oder Steuerberatung im Zusammenhang mit der Gründung) werden bis zu einem Gesamtbetrag in Höhe von ____________ € von der Gesellschaft getragen. Einen darüber hinausgehenden Gründungsaufwand tragen die Gründungsgesellschafter im Verhältnis ihrer Geschäftsanteile.

§ 17 Schlussbestimmungen [59]

1. **Sollte eine Bestimmung dieses Gesellschaftsvertrages oder eine künftig in ihn aufgenommene Bestimmung ganz oder teilweise unwirksam oder undurchführbar sein oder werden, so wird die Rechtsgültigkeit der übrigen Bestimmungen davon nicht berührt. Die Parteien sind in einem solchen Fall verpflichtet, die unwirksame oder undurchführbare Bestimmung im Wege der Satzungsänderung durch eine wirksame und durchführbare Bestimmung zu ersetzen, welche dem Sinn und Zweck der unwirksamen oder undurchführbaren Bestimmung so nahe wie möglich kommt. Soweit sich herausstellen sollte, dass dieser Gesellschaftsvertrag unbeabsichtigte Lücken enthält, sind die Parteien verpflichtet, zur Schließung der unbeabsichtigten Lücken ergänzende Satzungsbestimmungen zu vereinbaren, welche sie nach Sinn und Zweck dieses Gesellschaftsvertrages gewollt und von Anfang an vereinbart hätten, wenn sie den von der Lücke betroffenen Punkt bereits bei Abschluss des Gesellschaftsvertrages bedacht hätten. Betrifft der Mangel notwenige Bestandteile des Gesellschaftsvertrages, ist eine solche Regelung nach Maßgabe des § 53 Abs. 2 GmbHG zu vereinbaren.**
2. **Alle das Gesellschaftsverhältnis betreffenden Vereinbarungen zwischen den Gesellschaftern oder zwischen der Gesellschaft und den Gesellschaftern bedürfen zu ihrer Wirksamkeit der Schriftform, soweit nicht kraft Gesetzes notarielle Beurkundung vorgeschrieben ist. Dies gilt auch für einen etwaigen Verzicht auf das Erfordernis der Schriftform.**
3. **Der Vertrag unterliegt dem Recht der Bundesrepublik Deutschland.**
4. **Gerichtsstand und Erfüllungsort für alle Verpflichtungen aus diesem Vertrag ist, soweit kein anderer gesetzlicher Gerichtsstand besteht, der Sitz der Gesellschaft.**

Template

Articles of Association of AB GmbH [1] 267

Section 1 Company and Registered office

1. The Company conducts its business activities under the name

AB GmbH [2].

2. The Company's registered office is ___________ [3].

Section 2 Purpose of the Company

1. **The purpose of the Company is ___________ [4] as well as to engage in all related business activities.**
2. **The Company is allowed to engage in all business dealings that are deemed suitable to directly or indirectly serve the business purpose.**
3. **The Company may set up branch offices, establish other companies, participate in other companies, take over the management and personal liability of another firm and conclude enterprise agreements with other companies. [5]**

Section 3 Duration of the Company and Financial Year

1. **The Company is established for an indefinite period. [6]**
2. **The financial year is the calendar year. The first fiscal year is a short fiscal year, beginning with entry in the Commercial Register and ending on December 31 that follows the entry in the Commercial Register. [7]**

Section 4 Notices

The Company shall make notices exclusively in the Federal Gazette (Bundesanzeiger). [8]

Section 5 Share Capital, Company Shares, Capital Contributions of the Shareholders

1. **The share capital of the Company is ___________ € [9] (in words: ___________ Euros).**
2. **Thereof, the shareholders shall take over shares as follows: [10]**

Shareholder A: Company share at the nominal value of ___________ € (in words: ___________ Euros) (»Company share 1«) [11], representing ___________ % of the share capital [12]

Shareholder B: Company share at the nominal value of ___________ € (in words: ___________ Euros) (»Company share 2«), representing ___________ % of the share capital

Shareholder C: Company share at the nominal value of ___________ € (in words: ___________ Euros) (»Company share 3«), representing ___________ % of the share capital.

3. **The shareholders are to pay in the capital contributions in cash [13]. These are to be paid [in full/up to 50 %/up to one-quarter 14] immediately.**

4. The managing directors are authorized to call for outstanding capital contributions as needed by the Company. [15]

Section 6 Disposition of Company Shares [16]

1. The disposition of Company shares or parts of shares in the Company requires prior written consent of the Company for its validity. [17]
2. Consent is to be granted if Company shares are to be sold or transferred by other means to an affiliated Company as defined by Section 15 Joint Stock Company Act (AktG). If the characteristic of the recipient as an affiliated Company as defined by Section 15 Joint Stock Company Act (AktG) no longer exists, the recipient is obliged to transfer the Company share back to the seller. The seller already declares that he accepts the reverse transfer. [18]

Section 7 Management [19]

1. The Company has one or more managing directors.
2. The rights and obligations of the managing directors derive from the law, the employment contract, the management rules of procedure and the instructions issued by the shareholders. [20]
3. Regardless of their external powers of attorney, if there are several managers they will only be authorized to manage the Company jointly. [21]

Section 8 Representation

1. If the Company has only one managing director, he solely represents the Company. If the Company has several managing directors, the Company shall be jointly represented by the managing directors or by one managing director together with one authorized officer (Prokurist). [22]
2. Through shareholder resolution, the managing directors may be granted the power of sole representation and exemption from the restrictions of Section 181 German Civil Code (BGB). [23]

Section 9 Shareholders´ Meeting [24]

1. The shareholders´ meeting is called by the managing directors by means of a registered letter, with notification of the agenda. The meeting can also be called via fax or e-mail [25] if no shareholder objects to this form of invitation.

The invitation to the ordinary shareholders´ meeting is to be accompanied by the annual financial statements, the management report, and any audit report by the statutory auditors. [26]

The notice period for calling ordinary shareholders´ meetings is four weeks, for extraordinary shareholders´ meetings two weeks, and it begins with the dispatch of the invitation by mail, the transmittal of the invitation, the personal delivery or delivery by courier, whereby the day sent or delivered and the day of the meeting are not counted. [27]

Each general manager is solely entitled to call a meeting. [28]

2. The shareholders´ meetings take place at the Company´s registered office. [29] If all shareholders agree, a shareholders´ meeting may also be convened per videoconference. [30]

3. **In lieu of the resolution in a shareholders´ meeting, a written, e-mail or fax, telephone or telegraphic vote is permitted, if no shareholders object to such a procedure.**

A written, e-mail or fax, telephone, or telegraphic vote is not permissible if it is intended to be used for amending the Articles of Association or if another form is prescribed by law. [31]

Section 10 Shareholder Resolutions

1. **The shareholders decide their resolutions in shareholders´ meetings.**
2. **The shareholders´ meeting shall have a quorum if 75 % of the share capital** [32] **is present or represented. If the shareholders´ meeting does not form a quorum, a new shareholders´ meeting is to be called immediately, which then shall form a quorum without consideration of the number of shareholders present. This is to be pointed out in the invitation to the shareholders´ meeting.**
3. **The voting occurs according to Company shares. An investment of each ___________ € (in words: ___________ Euros) in the share capital of the Company grants one vote.** [33] **Each shareholder is only allowed to exercise his right to vote uniformly for the Company shares held by him.** [34]
4. **The shareholders´ meeting generally passes resolutions by a ³/4 majority of the votes submitted.** [35]
5. **The shareholders´ meeting is competent for all decisions assigned to it by law or by the Articles of Association. In particular, the shareholders´ meeting decides on:** [36]
   a. **Amendments to the Articles of Association,**
   b. **Increase of share capital and issue of new Company shares,**
   c. **Conversions as well as the conclusion of enterprise agreements with other companies,**
   d. **Dissolution of the Company and its consequences,**
   e. **Sale of all or essential assets of the Company,**
   f. **Approval of the annual financial statements of the Company and decision on the allocation of the profit for the year,**
   g. **Appointment of the statutory auditors, to the extent that auditors are to be appointed as prescribed by the Commercial Code,**
   h. **Appointment and discharge of the managing directors as well as the decision on the conditions of their employment,**
   i. **All other decisions which are assigned to the shareholders´ meeting as mandated by law.**
6. **To the extent the law does not mandate notarial authentication, a secretary is designated in each shareholders´ meeting, who keeps a written record of the resolutions adopted in the shareholders´ meeting and makes it available to the shareholders within two (2) weeks after the shareholders´ meeting.** [37]
7. **Each shareholder may be represented at the shareholders´ meeting by an authorized representative in writing or a member of the legal or tax accounting professions or an auditor who is legally bound to secrecy.** [38]

8. **Shareholder resolutions can only be contested within a period of one (1) month. The period begins with the day upon receipt of the minutes in which the contested resolution is documented.** [39]

Section 11 Annual financial statements and Appropriation of earnings

1. **The annual financial statements (balance sheet, along with the profit and loss statement) is to be prepared by the managing directors in accordance with the provisions of the Commercial Code and the shareholders together with an audit report by the statutory auditor – if the annual financial statements and the management report are to be audited by a statutory auditor – within the first three (3) months of a financial year.** [40]
2. **The shareholders decide within eight (8) months of the current financial year on the approval of the annual financial statements and the discharge of the managing directors for the past financial year – if the annual financial statements and the management report are to be audited by a statutory auditor – and on the selection of the statutory auditor for the current year.** [41]
3. **The shareholders decide by a simple majority on the appropriation of the balance sheet profit in compliance with the provisions of Section 29 Limited Liability Company Act (GmbHG).** [42]

Section 12 Giving Notice of Termination [43]

1. **Each shareholder has the right to give proper notice of termination to the Company with a period of six months to the end of any financial year. This shall not affect the right of each shareholder to resign without notice for good cause.** [44]
2. **The termination notice is to be made by registered letter to the Company or to be handed over personally to one of the managing directors (under no circumstances, however, to oneself).**
3. **Upon termination from the Company, the Company is not dissolved, but rather continued by the remaining shareholders, to the extent that they do not decide to dissolve the Company within three (3) months after receiving the termination.** [45]
4. **The withdrawing shareholder is obliged to tolerate the redemption of his Company share pursuant to Section 13 or to transfer the Company share according to Section 13 No. 6, to the extent this is decided by the shareholders' meeting instead of redemption. The Company share of the withdrawn shareholder is to be remunerated in each case in accordance with Section 14.**
5. **If the redemption or takeover of the Company shares of the withdrawing shareholder pursuant to para. 4 does not occur within a period of three (3) months after receipt of the termination, the terminating shareholder is entitled to sell his shares freely without requiring consent according to Section 6.**
6. **The voting right of the shareholder who has given termination notice to the Company shall remain dormant from the time the notice has been received by the Company.** [46]

Section 13 Redemption of Company shares [47]

1. **The shareholders may approve the redemption of Company shares if the concerned shareholder and the Company consent.**

2. The shareholders may approve the redemption of Company shares, without requiring the consent of the shareholder concerned and the Company if [48]
   a. liens are placed on the shareholder´s Company shares or bankruptcy proceedings are opened on his assets or the opening of such proceedings is denied due to lack of assets,
   b. the shareholder – irrespective of corresponding reasons – declares his withdrawal from the Company in writing,
   c. the shareholder disposes over his Company shares against Section 6 No. 1 without consent of the other shareholder,
   d. the shareholder has given cause for excluding him from the Company for good reason.

3. The redemption can only be decided by the shareholders within a period of three (3) months after learning that the above-mentioned condition has occurred. [49]

4. The redemption of shares is decided by shareholder resolution. The shareholder concerned has no vote in this. [50] To the extent legally permissible, the redemption becomes immediately effective upon the announcement or rather the receipt of the resolution of redemption by the concerned shareholder, independent of the payment of the compensation pursuant to Section 14. [51] From the day the redemption resolution is adopted, up to the date when the redemption becomes effective, the voting rights allocated to the shares to be redeemed shall remain dormant.

5. The re-issue of a redeemed Company share is permissible. [52] It occurs through unanimous shareholder resolution.

6. Instead of redemption of the Company shares pursuant to Section 13 No. 1 and 2, the shareholders´ meeting can decide by a 75 % majority of votes – without the voting right of the exiting shareholder – that part or all of the relevant Company shares be transferred to the Company or one or several third parties specified by the shareholders´ meeting (including additional shareholders), specifically in such a way that the Company shares are partially redeemed and otherwise assigned to the Company or the third party or parties.

7. The redemption occurs in exchange for payment of compensation. The amount of this compensation is governed by Section 14 of this agreement.

Section 14 Compensation [53]

1. The compensation for the redeemed or transferred Company shares corresponds to their market value. [54]

2. The market value of the Company shares is determined by the Company´s auditor. The Company shall bear the costs incurred due to the valuation of the redeemed Company shares. To the extent the Company does not have a statutory auditor, the shareholders shall jointly appoint an auditor. If the shareholders are unable to agree on an auditor within four (4) weeks, the Company is obliged to call upon the ______ Chamber of Industry and Trade to designate an appropriate auditor. [55]

3. The Company shall disburse the compensation payment in three equal installments. The first installment must be paid within six (6) months after the redemption resolution. Each additional installment is due one (1) year after the payment date of the previous installment and subject to interest at ______ percentage points per annum above the relevant base interest rate from the resignation date. The interest is paid at the same time with the appropriate installment. The Company has the right to pay the compensation at any time in full or in part prior to the due date and to offset it with payments due in the future. [56]

4. The shareholder concerned has no entitlement to the provision of collateral.

5. Section 14 No. 1 to 4 applies accordingly if the shareholders´ meeting, instead of redemption, calls for the transfer of the Company shares to the Company or to a third party designated by the shareholders´ meeting pursuant to Section 13 No. 6, whereby the transferee involved owes the compensation as payment for the transferred Company shares.

Section 15 Exemption from non-competition clauses [57]

1. To the extent that the shareholders and/or managing directors are subject to an existing non-competition clause by law, this can be partially or totally waived through a resolution of the shareholders´ meeting.

2. The details on the waiver from the non-competition clause, in particular the type and scope of the waiver, are stipulated by the relevant shareholder resolution.

3. The resolution of the shareholders´ meeting concerning the waiver from the non-competition clause requires a simple majority of the votes submitted [alternatively: a 75 % majority of the votes submitted]. To the extent this involves the waiver of a shareholder, the relevant shareholder is excluded from the right to vote during the resolution.

Section 16 Formation Expenses [58]

Costs associated with the formation of the Company (notary costs, court costs and publication costs as well as any costs for legal and/or tax advice in connection with the formation) shall be borne by the Company up to a total amount of __________ €. Formation expenses exceeding this amount shall be borne by the founding shareholders at the ratio of their shareholdings.

Section 17 Final provisions [59]

1. Should any provision of these Articles of Association or any future provision adopted in them be or become invalid or unenforceable in part or whole, this shall not affect the legal validity of the remaining provisions. In such a case, the parties are obliged, through amendment of the Articles of Association, to replace the invalid or unenforceable provision with a valid and enforceable provision that most closely fulfills the intent and purpose of the invalid or unenforceable provision. In case any unintentional gaps should be discovered in these Articles of Association, the parties are obliged to close the unintentional gaps by agreeing upon supplementary provisions to the Articles of Association, which according to the intent and purpose of this shareholder agreement, they would have intended and agreed upon from the beginning, had they considered the item affected by the gap already upon concluding the Articles of Association. If the deficiency affects essential components of the Articles of Association, such a resolution is to be agreed as specified by Section 53 para. 2 German Limited Liability Company Act (GmbHG).

2. All agreements affecting the relationship between the shareholders or between the Company and the shareholders require the written form for their validity, to the extent that notarial attestation is not mandatory by law. This also applies to any waiver of the written form requirement.

3. The agreement is subject to the law of the Federal Republic of Germany.

4. **The jurisdiction and place of performance for all obligations arising from this agreement is the Company's registered office, to the extent that no other registered office exists.**

Erläuterungen

Literatur: *Clevinghaus*, Voraussetzungen und Folgen der Einziehung von GmbH-Geschäftsanteilen, RNotZ 2011, 449; *Noack*, Satzungsergänzende Verträge der Gesellschaft mit ihren Gesellschaftern, NZG 2013, 281; *Priester*, Stimmrechtsausschlüsse und Satzungsregelungen, GmbHR 2013, 225; *ders.*, Aktuelle Gestaltungsfragen bei GmbH-Verträgen, DStR 1992, 254; *Rudersdorf*, Wettbewerbsverbote in Gesellschafts- und Unternehmenskaufverträgen, RNotZ 2011, 509, 515 ff.; *Schneider/Hoger*, Einziehung von Geschäftsanteilen und Gesellschafterhaftung, NJW 2013, 502; *Schockenhoff*, Rechtsfragen der Zwangseinziehung von GmbH-Geschäftsanteilen, NZG 2012, 449; *Schwab*, Kündigung, Ausschluss und Einziehung in der GmbH, DStR 2012, 707; *Stumpf/Müller*, Sofortige Wirksamkeit der Einziehung des Geschäftsanteils eines GmbH-Gesellschafters – Der Abschied des BGH von der Bedingungslösung, GWR 2012, 143; *von Rechenberg/Ludwig*, Kölner Handbuch Handels- und Gesellschaftsrecht, 4. Aufl. 2017.

1. Dazu Muster A 18 (Rdn. A 241). 268

2. Dazu Muster A 18 (Rdn. A 242 ff.). 269

3. Dazu Muster A 18 (Rdn. A 244). 270

4. Dazu Muster A 18 (Rdn. A 245). 271

5. Es ist zu empfehlen, bereits im Gesellschaftsvertrag im Rahmen des Gesellschaftszwecks die 272
grundsätzliche Befugnis der Gesellschaft zur Errichtung von Zweigniederlassungen, der Gründung von bzw. die Beteiligung an anderen Unternehmen sowie zum Abschluss von Unternehmensverträgen mit anderen Unternehmen zu regeln (vgl. Scholz/*Cziupka* § 3 Rn. 14). Dieser Zusatz dient wie bereits die vorstehende Regelung (vgl. Muster A 19 (Rdn. A 271)) dem Zweck, den individualisierten Unternehmensgegenstand auch auf angrenzende Bereiche zu erstrecken und somit die spätere Notwendigkeit von Änderungen des Gesellschaftsvertrages zu vermeiden. Da durch eine solche Erweiterung die nach dem Normzweck des § 3 Abs. 1 Nr. 2 GmbHG im Interesse des Rechtsverkehrs erforderliche hinreichende Bestimmbarkeit des Unternehmensgegenstandes nicht erschwert wird, ist sie rechtlich unbedenklich. Das Verfahren der Errichtung von Zweigniederlassungen richtet sich nach §§ 13 ff. HGB (vgl. dazu ausführlich Baumbach/*Hopt* § 13 Rn. 1 ff.).

6. Dazu Muster A 18 (Rdn. A 246). 273

7. Dazu Muster A 18 (Rdn. A 247). 274

8. Dazu Muster A 18 (Rdn. A 248 f.). 275

9. Dazu Muster A 18 (Rdn. A 250). 276

10. Dazu Muster A 18 (Rdn. A 251). 277

11. Dazu Muster A 18 (Rdn. A 253). 278

12. Dazu Muster A 18 (Rdn. A 254). 279

13. Dazu Muster A 18 (Rdn. A 255). 280

14. Dazu Muster A 18 (Rdn. A 256). 281

15. Wird die Einzahlung auf die Einlagen eingefordert, bedarf es dafür grundsätzlich eines ent- 282
sprechenden Gesellschafterbeschlusses, so dass Geschäftsführer ohne Vorliegen eines entsprechenden Beschlusses im Grundsatz die Einzahlung nicht wirksam einfordern können (Baumbach/Hueck/*Noack* § 46 Rn. 25; für den Insolvenzverwalter gilt dies freilich nicht: Im Insolvenzverfahren über das Gesellschaftsvermögen kann der Insolvenzverwalter ausstehende Stammeinlagen stets auch ohne einen entsprechenden Gesellschafterbeschluss einziehen, vgl. BGH NZG 2008, 73, 76; OLG

Jena, GmbHR 2017, 754 und Baumbach/Hueck/*Noack* § 46 Rn. 27). In Abweichung zu § 46 Nr. 2 GmbHG können, bei Vorliegen einer entsprechenden Bestimmung im Gesellschaftsvertrag, die Einlagen aber auch von den Geschäftsführern eingefordert werden, sobald und soweit die Gesellschaft die Einlagen benötigt (Lutter/Hommelhoff/*Bayer* § 46 Rn. 13). Diese Möglichkeit ist im vorliegenden Muster berücksichtigt.

Die Zahlung auf die Resteinlageschuld des Gesellschafters bewirkt dabei nur dann die Erfüllung der Einlageschuld, wenn sie tatsächlich, vollwertig, unbeschränkt und definitiv dem Vermögen der Gesellschaft zufließt (OLG München, MittayNot 2017, 286). Eine Erfüllungswirkung bezüglich der Einlageschuld kann insoweit zwar auch durch eine Zahlung an den Geschäftsführer als Gläubiger der Gesellschaft aufgrund eines Vergütungsanspruchs eintreten, allerdings nur dann, wenn diesbezüglich eine hinreichende Bestimmtheit der Drittforderung vorliegt und eine ausdrückliche Tilgungsbestimmung bezogen auf diese Schuld getroffen ist (OLG München, a.a.O.). Die Aushändigung von Bargeld an den Geschäftsführer und Mitgesellschafter, der sich in »desolater finanzieller Situation befindet« und das Geld für seinen Lebensunterhalt benötigt, stellt jedenfalls keine Erfüllung der Einlageschuld dar, auch wenn die Kassenabrechnung und das Kassenzählprotokoll entsprechende Eintragungen enthalten zufließt (OLG München, a.a.O.).

Vgl. ausführlich zu der Einforderung von Einlagen durch die Geschäftsführer Muster D 1 (Rdn. D 2 ff.).

283 **16.** Dazu Muster A 18 (Rdn. A 258).

284 **17.** Dazu Muster A 18 (Rdn. A 260).

285 **18.** Verfügungen zugunsten eines verbundenen Unternehmens im Sinne der §§ 15 ff. AktG werden von dem strengen Zustimmungsvorbehalt des § 6 Abs. 1 des Gesellschaftsvertrages ausgenommen. Dies ist insbesondere sinnvoll bei in Konzernstrukturen eingebundenen Gesellschaftern. In diesem Fall ist jedoch auch die Aufnahme der Rückübertragungsklausel in den Gesellschaftsvertrag zu empfehlen.

286 **19.** Gemäß § 6 Abs. 1 GmbHG muss die Gesellschaft einen oder mehrere Geschäftsführer haben (zur Person des Geschäftsführers von Rechenberg/Ludwig/*Schultze-Petzold* Kap. 13 Rn. 588 ff.; *Wicke* § 6 Rn. 3 ff.). Der Geschäftsführer ist für die GmbH obligatorisch, da die Gesellschaft selbst nicht handlungsfähig ist (Michalski/*Lenz* § 35 Rn. 5). Den Geschäftsführern obliegt die Geschäftsführung, mithin grundsätzlich alle Maßnahmen des gewöhnlichen Geschäftsbetriebes der Gesellschaft (Roth/Altmeppen/*Altmeppen* § 6 Rn. 4). Besonders wichtige Entscheidungen sind jedoch der Gesellschafterversammlung zugewiesen (vgl. § 46 GmbHG bzw. § 10 des vorliegenden Musters). Die Grenzen der den Geschäftsführern obliegenden Rechte und Pflichten ergeben sich insbesondere aus dem Gesetz, dem Gesellschaftsvertrag und dem Anstellungsvertrag.

287 **20.** Die Aufnahme einer entsprechenden Klausel ist nicht zwingend erforderlich. Die Reihenfolge der Normen soll ihre Hierarchie untereinander widerspiegeln. Diese ist im Einzelnen, insbesondere im Hinblick auf den Anstellungsvertrag, umstritten (vgl. Lutter/Hommelhoff/*Kleindiek* Anh. zu § 6 Rn. 10 ff.). In der Praxis kommt es nicht selten vor, dass die einzelnen Normen widersprüchliche Regelungen zu identischen Gegenständen haben (z.B. Vertretungsbefugnis, Zustimmungspflichten zu Geschäftsführungsmaßnamen etc.). Es kann daher empfehlenswert sein, bei Überlagerungen der Regelungen eine Kollisionsnorm für den Fall eines Widerspruchs zwischen den Regelungen oder dem Vorliegen von Lücken zu schaffen.

288 **21.** Im Hinblick auf die Frage von Einzel- oder Gesamtgeschäftsführung enthält das GmbHG selbst keine Regelung. Daher ist in dem Gesellschaftsvertrag im Falle von mehreren Geschäftsführern deren Innenverhältnis zu regeln. Dies richtet sich nach den Bedürfnissen und Umständen des Einzelfalls. Soll der Einfluss mehrerer Geschäftsführer im Innenverhältnis gleichberechtigt gesichert werden, bietet sich die Aufnahme der gemeinschaftlichen Geschäftsführung in den Gesellschaftsvertrag an. Sollen hingegen einem Geschäftsführer besondere Rechte zuerkannt werden, kann die-

sem durch den Gesellschaftsvertrag Einzelgeschäftsführungsbefugnis erteilt werden (vgl. hierzu allgemein Roth/Altmeppen/*Altmeppen* § 35 Rn. 49; Baumbach/Hueck/*Noack* § 35 Rn. 107).

22. Gemäß § 35 Abs. 1 S. 1 GmbHG obliegt dem Geschäftsführer die außergerichtliche und gerichtliche Vertretung der GmbH im Rechtsverkehr, und zwar uneingeschränkt und uneinschränkbar (Baumbach/Hueck/*Noack* § 35 Rn. 3; Lutter/Hommelhoff/*Kleindiek* § 35 Rn. 9). § 35 Abs. 2 S. 1 GmbHG schreibt den Grundsatz der gemeinschaftlichen Vertretung fest. Jedoch ist eine davon abweichende Regelung im Gesellschaftsvertrag zulässig (Roth/Altmeppen/*Altmeppen* § 35 Rn. 45 ff.; Scholz/*Schneider/Schneider* § 35 Rn. 103). Die Gesellschaft kann auch durch einen Geschäftsführer gemeinsam mit einem Prokuristen wirksam nach außen vertreten werden (unechte Gesamtvertretung) (von Rechenberg/Ludwig/*Meyer* Kap. 13 Rn. 280; Roth/Altmeppen/*Altmeppen* § 35 Rn. 70). Dies ist jedoch stets nur als Erleichterung einer ohnehin bestehenden Gesamtvertretung mehrerer Geschäftsführer zulässig, mithin nicht, wenn die Gesellschaft nur einen Geschäftsführer hat (Baumbach/Hueck/*Noack* § 35 Rn. 112). Aus diesem Grunde ist eine mittels Gesellschafterbeschluss festgelegte konkrete Vertretungsregelung eines Geschäftsführers dann nicht eintragungsfähig ist, wenn die konkrete Vertretungsmacht enger festgelegt wird als es die abstrakte Vertretungsbefugnis vorgibt, d.h. wenn die konkrete Vertretungsbefugnis abweichend von der allgemeinen Vertretungsbefugnis nicht erweitert, sondern umgekehrt noch weiter beschränkt wird (vgl. OLG München, GmbHR 2017, 1145). 289

23. Dazu Muster A 18 (Rdn. A 262). 290

24. Neben dem Geschäftsführer ist die Gesellschafterversammlung notwendiges und gesetzlich vorgeschriebenes Organ der GmbH. Die Gesellschafterversammlung besteht aus der Gesamtheit der Gesellschafter. Sie trifft ihre Entscheidungen durch Beschlüsse. Die Zuständigkeit der Gesellschafterversammlung ergibt sich aus § 46 GmbHG, der einen umfassenden, aber weder abschließenden noch zwingenden Katalog von Aufgaben formuliert (Lutter/Hommelhoff/*Bayer* § 46 Rn. 1: Michalski/*Römermann* § 46 Rn. 6). Der Gesellschaftsvertrag kann folglich davon abweichende Regelungsgegenstände auf die Gesellschafterversammlung übertragen. 291

25. Die Einberufung durch die Gesellschafterversammlung durch die Geschäftsführer erfolgt grundsätzlich gemäß § 51 Abs. 1 S. 1 GmbHG mittels eingeschriebenen Briefs, so dass nach dem Gesetz eine Einberufung per E-Mail nicht genügt (Scholz/*Seibt* § 51 Rn. 11; Lutter/Hommelhoff/*Bayer* § 51 Rn. 11). Allerdings ist anerkannt, dass der Gesellschaftsvertrag erschwerende Anforderungen an die Einberufung stellen (z.B. Verlängerung der Ladungsfrist) oder die Form der Einberufung erleichtern (z.B. per E-Mail oder mündlich) kann (Baumbach/Hueck/*Noack* § 51 Rn. 11; *Wicke* § 51 Rn. 10). 292

26. Gemäß § 316 Abs. 1 HGB müssen mittlere und große Kapitalgesellschaften (§ 267 Abs. 2, 3 HGB) ihren Jahresabschluss durch einen Abschlussprüfer prüfen lassen; hat eine solche Prüfung nicht stattgefunden, kann der Jahresabschluss nicht festgestellt werden. Es empfiehlt sich darauf zu achten, dass durch eine entsprechende Regelung im Gesellschaftsvertrag keine Erfordernisse begründet werden, die handelsrechtlich nicht erforderlich sind. Aus diesem Grund ist eine genaue Prüfung im Einzelfall zwingend erforderlich. 293

27. Entscheidend ist, dass sich die Fristläufe eindeutig bestimmen lassen. Wird für die Frist auf den Zugang einer Erklärung abgestellt, muss der Zugang so organisiert sein, dass der Absender den Zeitpunkt des Zugangs kennt. Ist dies nicht sichergestellt, besteht die Gefahr, dass mangels Kenntnis des Zugangs der Ablauf der Frist für den Absender nicht mit Sicherheit berechnet werden kann. 294

28. Grundsätzlich wird die Gesellschafterversammlung durch die Geschäftsführer einberufen, § 49 Abs. 1 GmbHG. Unbeschadet der Regelung einer Gesamtgeschäftsführungsbefugnis oder einer gemeinschaftlichen Vertretung bei mehreren Geschäftsführen ist nach h.M. die Einberufung der Gesellschafterversammlung durch jeden Geschäftsführer einzeln möglich (Scholz//*Seibt* § 49 Rn. 4; Roth/Altmeppen/*Roth* § 49 Rn. 2; von Rechenberg/Ludwig/*von Wedel* Kap. 13 Rn. 960, 974). Dies ist allgemein anerkannt, da die Einberufung weder Geschäftsführungs- noch Außen- 295 vertretungsakt ist. Die Einberufungsbefugnis entfällt mit der Organstellung als Geschäftsführer, so dass ein wirksam abberufener, im Handelsregister aber noch als solcher eingetragener Geschäftsführer bereits nicht mehr zur Einberufung befugt ist; § 121 Abs. 2 AktG ist aufgrund einer unterschiedlichen Interessenlage insoweit nicht analog anzuwenden (BGH NZG 2017, 182 m.w.N.; Baumbach/Hueck/*Noack* § 49 Rn. 3).

296 **29.** Gemäß § 121 Abs. 5 S. 1 AktG analog soll der Ort der Gesellschafterversammlung grundsätzlich der Ort der Gesellschaft sein. Allerdings kann der Gesellschaftsvertrag eine davon abweichende Regelung treffen. So kann die Gesellschafterversammlung auch an einem anderen Ort als am Sitz der Gesellschaft stattfinden, wenn alle Gesellschafter einverstanden sind (so auch Roth/Altmeppen/*Roth* § 51 Rn. 8 m.w.N.; *Wicke* § 51 Rn. 3; Lutter/Hommelhoff/*Bayer* § 48 Rn. 11 f.).

297 **30.** Es ist grundsätzlich zulässig, die Abhaltung der Gesellschafterversammlung in einer Video-Konferenz in dem Gesellschaftsvertrag vorzusehen. Stets erforderlich ist jedoch, dass alle Gesellschafter mit der Verfahrensweise einverstanden sind (Roth/Altmeppen/*Roth* § 48 Rn. 40; von Rechenberg/Ludwig/*Meyer* Kap. 13 Rn. 1048). Zudem ist in jedem Fall sicherzustellen, dass alle Gesellschafter die praktische Möglichkeit der Teilnahme an einer solchen Videokonferenz durch Vorhandensein entsprechender technischer Vorrichtungen haben. Darüber hinaus muss in der Praxis verhindert werden, dass andere als legitimierte Gesellschafter an der Versammlung teilnehmen.

298 **31.** Gemäß § 48 Abs. 2 S. 1 GmbHG bedarf es einer Abhaltung der Gesellschafterversammlung nicht, wenn sich sämtliche Gesellschafter in Textform mit der zu treffenden Bestimmung oder mit der schriftlichen Abgabe der Stimmen einverstanden erklären. Für die Textform des § 126b BGB ausreichend sind Email, Telefax oder Fernschreiben, nicht hingegen Mündlichkeit. Allerdings kann der Gesellschaftsvertrag abweichend von § 48 Abs. 2 S. 1 GmbHG auch die formlose, z.B. telefonische Beschlussfassung regeln (Baumbach/Hueck/*Noack* § 48 Rn. 44; Scholz/*Seibt* § 48 Rn. 64; von Rechenberg/Ludwig/*von Wedel* 13. Kap. Rn. 1048). Demgegenüber kann der Gesellschaftsvertrag jedoch für bestimmte Beschlüsse auch die Abhaltung einer Gesellschaftsversammlung ausdrücklich vorschreiben. Das Gesetz selbst schreibt in einigen Fällen eine Beschlussfassung in der Gesellschafterversammlung vor, z.B. Formwechsel (§ 193 Abs. 1 S. 2 UmwG), Verschmelzung (§ 13 Abs. 1 S. 2 UmwG) und Spaltung (§ 125 UmwG) (vgl. Scholz/*Seibt* § 48 Rn. 55 m.w.N.; Lutter/Hommelhoff/*Bayer* § 48 Rn. 21).

299 **32.** Das GmbHG enthält keine Bestimmungen über die Beschlussfähigkeit der Gesellschafterversammlung. Dies hat zur Folge, dass eine ordnungsgemäß einberufene Gesellschafterversammlung bereits dann beschlussfähig ist, wenn auch nur ein Gesellschafter anwesend (oder ordnungsgemäß vertreten) ist (von Rechenberg/Ludwig/*von Wedel* Kap. 13 Rn. 1094 und Scholz/*Seibt* § 48 Rn. 43 jeweils m.w.N.). Die Bestimmung einer Grenze für die Beschlussfähigkeit in dem Gesellschaftsvertrag ist aus diesem Grund an den Bedürfnissen im Einzelfall auszurichten (vgl. Michalski/*Römermann* § 47 Rn. 14).

300 **33.** Gemäß § 47 Abs. 2, § 5 Abs. 3 S. 2 GmbHG hängt die Stimmkraft von der Höhe der Beteiligung der Gesellschafter ab. Nach der gesetzlichen Regelung des § 47 Abs. 2 GmbHG gewährt jeder Euro eines Geschäftsanteils eine Stimme. In dem Gesellschaftsvertrag kann jedoch eine davon abweichende Regelung getroffen werden (*Wicke* § 47 Rn. 6; Roth/Altmeppen/*Roth* § 47 Rn. 24).

301 **34.** Nach h.M. darf jeder Gesellschafter für einen Geschäftsanteil nur einheitlich abstimmen (*Wicke* § 47 Rn. 8; Baumbach/Hueck/*Noack* § 47 Rn. 20 m.w.N.). Umstritten ist jedoch die Frage, ob der Gesellschafter, der mehrere Geschäftsanteile besitzt, hingegen seine Stimmen uneinheitlich ausüben kann (von Rechenberg/Ludwig/*von Wedel* Kap. 13 Rn. 1075 ff.). Teilweise wird bei mehreren Geschäftsanteilen eine uneinheitliche Stimmabgabe zugelassen, jedoch nur dann, wenn hierfür ein schutzwürdiges Interesse geltend gemacht werden kann, z.B. gegenüber einem Treugeber oder Nießbraucher des jeweiligen Geschäftsteils (Lutter/Hommelhoff/*Bayer* § 47 Rn. 10; *Wicke* § 47 Rn. 8; Roth/Altmeppen/*Roth* § 47 Rn. 29). Ob die Zulassung einer entsprechenden Stimmspal-

tung in der Praxis zweckmäßig ist, darf im Regelfall bezweifelt werden. Um Unklarheiten zu vermeiden, sieht der vorliegende Gesellschaftsvertrag die Pflicht zur einheitlichen Stimmabgabe vor.

35. Gemäß § 47 Abs. 1 GmbHG erfolgen die durch die von den Gesellschaftern in den Angelegenheiten der Gesellschaft zu treffenden Bestimmungen durch Beschlussfassung nach der Mehrheit der abgegebenen Stimmen. Damit beschreibt das Gesetz die Mindestanforderung zur Erfüllung des Mehrheitsprinzips aufgrund des Vorliegens von mehr Ja- als Nein-Stimmen. Der Gesellschaftsvertrag kann das Mehrheitserfordernis davon abweichend festlegen bis hin zum Einstimmigkeitserfordernis (Baumbach/Hueck/*Noack* § 47 Rn. 24; Michalski/*Römermann* § 47 Rn. 561). In bestimmten Fällen schreibt bereits das Gesetz für die Beschlussfassung die qualifizierte (Dreiviertel-) Mehrheit der abgegebenen Stimmen fest, z.B. Satzungsänderungsbeschluss § 53 Abs. 2 GmbHG, Auflösung der GmbH, § 60 Abs. 1 Nr. 2 GmbHG. Sinn und Zweck ist der Schutz des Minderheitsgesellschafter bei grundlegenden Unternehmensentscheidungen (Michalski/*Römermann* § 47 Rn. 576; vgl. auch von Rechenberg/Ludwig/*von Wedel* Kap. 13 Rn. 1099, 1101 ff., 1111). Zu Gestaltungsfragen in Bezug auf das grundsätzlich geltende Mehrheitsprinzip vgl. im Übrigen ausführlich *Blath*, RNotZ 2017, 218. 302

36. § 46 GmbHG bestimmt den Aufgabenkreis der Gesellschafter und weist die Entscheidung einiger Gegenstände der Zuständigkeit der Gesellschafterversammlung zu. Diese Regelung ist jedoch nicht abschließend. In dem Gesellschaftsvertrag kann der Zuständigkeitskatalog des § 46 GmbHG sowohl erweitert, als auch beschränkt werden (Baumbach/Hueck/*Noack* § 46 Rn. 6; Roth/Altmeppen/*Roth* § 46 Rn. 1). Zu lit c. des Zuständigkeitskatalogs ist im Hinblick auf die Regelung in § 47 Abs. 4 GmbHG anzumerken, dass ein Gesellschafter bei der Abstimmung in der Gesellschafterversammlung einer GmbH einem Stimmverbot entsprechend § 47 Abs. 4 GmbHG unterliegt, wenn die Abstimmung das Rechtsgeschäft mit einer anderen Gesellschaft betrifft, an welcher der Gesellschafter ein besonderes unternehmerisches Interesse hat, etwa weil er sie so beherrscht, dass er dort eher Zugriff auf die mit dem Rechtsgeschäft verbundene Leistung hat als in der abstimmenden Gesellschaft (OLG Brandenburg, ZIP 2017, 1417). Im Hinblick auf die Regelung in § 47 Abs. 4 GmbHG ist außerdem zu lit g. des Zuständigkeitskatalogs anzumerken, dass ein Gesellschafter-Geschäftsführer bei der Beschlussfassung über seine Abberufung als Geschäftsführer aus wichtigem Grund und bei dem Beschluss über die außerordentliche Kündigung seines Anstellungsvertrags ebenfalls einem Stimmverbot gemäß § 47 Abs. 4 GmbHG unterliegt (BGH NZG 2017, 700 f. m.w.N.). Bei der Beschlussfassung über seine eigene ordentliche Abberufung ist ein Gesellschafter-Geschäftsführer dagegen ebenso stimmberechtigt wie bei der Beschlussfassung über die ordentliche Kündigung seines Anstellungsvertrages (BGH NZG 2017, 700 f.). Für weitere Einzelheiten wird auf die einschlägigen Kommentierungen zum Stimmverbot in § 47 Abs. 4 GmbHG verwiesen. 303

37. § 48 GmbHG sieht grundsätzlich keine Notwendigkeit einer Protokollierung der Gesellschafterbeschlüsse vor (Ausnahmen: satzungsändernde Beschlüsse und Beschlüsse der Einmann-GmbH, vgl. § 48 Abs. 3 GmbHG). Allerdings ist es insbesondere im Hinblick auf die Rechtssicherheit zu empfehlen, eine entsprechende Regelung in den Gesellschaftsvertrag aufzunehmen (in diesem Sinne auch Michalski/Römermann § 48 Rn. 170; Lutter/Hommelhoff/*Bayer* § 48 Rn. 18; Scholz/*Seibt* § 48 Rn. 51). Geschieht dies nicht in dem Gesellschaftsvertrag, ist dies in der Geschäftsordnung der Geschäftsführung festzuschreiben. Dabei sollte die Protokollierung den wesentlichen Gang der Versammlung, die Beschlüsse und die Feststellung des Beschlussergebnisses enthalten. Zwar ist die formelle Feststellung eines Beschlusses im Protokoll nicht als Wirksamkeitsvoraussetzung für den betreffenden Beschluss anzusehen, jedoch führt die schriftliche Niederlegung von Beschlussergebnissen im Protokoll umgekehrt dazu, dass der betreffende Beschluss als verbindlich gilt und deshalb nur mit der Anfechtungsklage angegriffen werden kann, sofern kein Grund gegeben ist, der bereits zur Nichtigkeit führt (von Rechenberg/Ludwig/*von Wedel* 13. Kap. Rn. 1046 f.). Zudem kommt einem Protokoll im Fall einer gerichtlichen Auseinandersetzung keine besondere Beweiskraft zu (Michalski/*Römermann* § 48 Rn. 171). 304

Enthält der Gesellschaftsvertrag keine Regelung für die Zuständigkeit, führt in der Regel der Versammlungsleiter das Protokoll (Roth/Altmeppen/*Roth* § 48 Rn. 20; Scholz/*Seibt* § 48 Rn. 39; Lut- 305 ter/Hommelhoff/*Bayer* § 48 Rn. 18). Der Versammlungsleiter soll den ordnungsgemäßen Ablauf der Versammlung sicherstellen, Abstimmungen leiten, Beschlussergebnisse feststellen, Störungen unterbinden etc. (Roth/Altmeppen/*Roth* § 48 Rn. 9; zur rechtlichen Stellung und zu den Aufgaben des Versammlungsleiters siehe im Einzelnen auch MüKo GmbH/*Liebscher* § 48 Rn. 105 ff. und Michalski/*Römermann* § 48 Rn. 105 ff. sowie *Bunz*, NZG 2017, 1366 ff.). In jedem Fall ist zu empfehlen, die Zustellung der Abschrift des Protokolls an die Gesellschafter in den Gesellschaftsvertrag aufzunehmen. § 10 Nr. 8 des Gesellschaftsvertrages sieht die Möglichkeit der Anfechtung der Gesellschafterbeschlüsse innerhalb eines Monats ab Zugang des Protokolls vor (vgl. auch Muster A 19 (Rdn. A 307)). Zu beachten ist dabei auch, dass der in einer GmbH-Gesellschafterversammlung bestimmte Versammlungsleiter die Befugnis zur Beschlussfeststellung haben kann, mit der Folge, dass der Beschluss zunächst als wirksam gefasst anzusehen ist und die Wirksamkeit nur durch Klage beseitigt werden kann (vgl. KG GmbHR 2016, 58). Eine verbindliche Beschlussfeststellung durch den Versammlungsleiter ist dabei auch bei dessen unmittelbare Selbstbetroffenheit durch den fraglichen Beschluss nicht ausgeschlossen (OLG München, NZG 2017, 1260). Ein ad hoc bestellter Versammlungsleiter hat diese mit den genannten Wirkungen versehene Befugnis zur Beschlussfeststellung allerdings nur dann, wenn sie ihm ausdrücklich oder jedenfalls stillschweigend durch die Gesellschafter erteilt worden ist (KG GmbHR 2016, 58).

306 **38.** Jeder Gesellschafter kann sich in der Gesellschafterversammlung von einem Dritten vertreten lassen. Dabei kann der Gesellschafter die Person des Bevollmächtigten grundsätzlich frei wählen, solange die Wahl nicht mit schutzwerten Interessen der Gesellschaft kollidiert oder für die anderen Gesellschafter unzumutbar ist (Baumbach/Hueck/*Noack* § 47 Rn. 45; zum Anspruch des Gesellschafters auf Zulassung eines Vertreters/Begleiters zur Gesellschafterversammlung einer GmbH und zur Erzwingung der Teilnahme des Vertreters/Begleiters im Wege einer einstweiligen Verfügung vgl. OLG Dresden, NZG 2016, 1225). Allerdings kann in dem Gesellschaftsvertrag geregelt werden, ob allgemein ein »Dritter«, oder lediglich bestimmte Dritte (wie in der hier gewählten Formulierung) die Vertretung übernehmen sollen (*Wicke* § 47 Rn. 9). Die Vollmacht bedarf wegen § 47 Abs. 3 GmbHG grundsätzlich der Textform gemäß § 126b BGB. Dabei ist umstritten, ob diese Vorschrift Gültigkeits- (und Legitimationserfordernis) oder nur Legitimationserfordernis ist (zum Streitstand Roth/Altmeppen/*Roth* § 47 Rn. 32; Scholz/*Schmidt* § 47 Rn. 85 jeweils m.w.N.). Das Textformerfordernis soll nur dann nicht gelten, wenn die Vollmachtserteilung sämtlichen Gesellschaftern bekannt ist und niemand Widerspruch erhebt (*Wicke* § 47 Rn. 9; Roth/Altmeppen/*Roth* § 47 Rn. 32). Dies wird mit dem Zweck der Formvorschrift begründet, wonach die Gesellschafterversammlung in die Lage versetzt werden soll, die Bevollmächtigung zu prüfen (BGHZ 49, 183, 194).

307 **39.** Das GmbHG enthält keine Regelung zur Anfechtbarkeit von Gesellschafterbeschlüssen. Nach BGH DStR 2009, 2113 ist die Anfechtung des Gesellschafterbeschlusses innerhalb eines Monats möglich, soweit der Gesellschaftsvertrag keine abweichende Regelung trifft, in dem er eine längere Frist für die Anfechtung vorsieht. Dabei zieht die Rechtsprechung als Maßstab die Monatsfrist des § 246 Abs. 1 AktG heran (BGH DStR 2009, 2113). Dies wird von Teilen der Literatur abgelehnt, die entweder die zeitliche Begrenzung aus der gesellschaftsrechtlichen Treuebindung entwickeln möchte (Baumbach/Hueck/*Noack* Anh. § 47 Rn. 144 ff., 149) oder von dem Erfordernis einer »angemessenen Frist« im Einzelfall ausgeht (Lutter/Hommelhoff/*Bayer* Anh. § 47 Rn. 62 ff.; ausführlich zum Streitstand Michalski/*Römermann* Anh. § 47 Rn. 460 ff.). Liegen im Einzelfall keine Besonderheiten vor, ist zugunsten der klaren Bestimmbarkeit mit dem BGH grundsätzlich von der Monatsfrist auszugehen.

308 Auch der Beginn der Frist ist nicht unumstritten. Nach der wohl h.M. beginnt die Frist mit der Beschlussfassung (Michalski/*Römermann* Anh. § 47 Rn. 468). Davon abweichend wird vertreten, dass die Frist erst ab Kenntnis der Beschlussfassung (Lutter/Hommelhoff/*Bayer* Anh. § 47 Rn. 62) laufen dürfe (vgl. zum Streitstand m.w.N. auch von Rechenberg/Ludwig/Eberl Kap. 13 Rn. 1605). Für die h.M. spricht der Gedanke der Rechtssicherheit. Ist der Tag der Beschlussfassung der Beginn der Fristberechnung, ist für die Gesellschaft und die Gesellschafter eindeutig zu bestimmen, wie

lange die Gesellschafterbeschlüsse angefochten werden können. Dies ist in dieser Klarheit nicht der Fall, wenn auf die Kenntnis der Beschlussfassung bzw. auf die Zustellung des Beschlussprotokolls abgestellt wird, da diese bei den Gesellschaftern unterschiedlich sein können. Andererseits kann eine solche Regelung im Einzelfall zum Schutz der einzelnen Gesellschafter, insbesondere solcher, die nicht an der Gesellschafterversammlung teilgenommen haben, empfehlenswert sein. Es empfiehlt sich daher bei der Formulierung des Gesellschaftsvertrages eine Entscheidung im Einzelfall nach den Bedürfnissen der jeweiligen Gesellschaft zu treffen.

Anfechtungsbefugt ist nach h.M. jeder Gesellschafter, unabhängig davon, ob er an der Gesellschaf- 309
terversammlung teilgenommen und ob er bei der Teilnahme Widerspruch erhoben hat (Baumbach/Hueck/*Noack* Anh. § 47 Rn. 136; von Rechenberg/Ludwig/*Eberl* Kap. 13 Rn. 1594, 1596; Scholz/*Schmidt* § 45 Rn. 128). Jedoch soll hingegen der Gesellschafter nicht anfechtungsberechtigt sein, der im Sinne des ergangenen Beschlusses gestimmt, den Beschluss nachträglich gebilligt oder auf sein Anfechtungsrecht verzichtet hat (Baumbach/Hueck/*Noack* Anh. § 47 Rn. 137; Lutter/Hommelhoff/*Bayer* Anh. § 47 Rn. 60 f.).

40. Soweit handelsrechtlich erforderlich, sind gemäß § 264 Abs. 1 S. 3 HGB Jahresabschluss und 310
Lagebericht in den ersten drei Monaten nach Ende des Geschäftsjahres für das vergangene Geschäftsjahr aufzustellen. Kleine Kapitalgesellschaften (§ 267 HGB) hingegen brauchen den Lagebericht nicht aufzustellen und dürfen den Jahresabschluss auch nach Ablauf der ersten drei Monate aufstellen, wenn dies einem ordnungsgemäßen Geschäftsgang entspricht, jedoch nicht später als innerhalb der ersten sechs Monate des Geschäftsjahres, § 264 Abs. 1 S. 4 HGB. Diese Bestimmungen sind zwingend, so dass eine generell sechs Monate vorsehende Bestimmung im Gesellschaftsvertrag unwirksam ist (Baumbach/Hopt/*Merkt* § 264 Rn. 9; *Priester* DStR 1992, 254, 259). Die Aufstellung des Jahresabschluss ist Pflicht der Geschäftsführer, § 264 Abs. 1 S. 2 HGB. Sie haben gemäß § 42a GmbHG den Jahresabschluss und den Lagebericht unverzüglich nach der Aufstellung den Gesellschaftern zum Zwecke der Feststellung vorzulegen. Unter »unverzüglich« wird ohne schuldhaftes Zögern, § 121 Abs. 1 S. 1 BGB, verstanden. Dies bedeutet, dass nur die Frist in Anspruch genommen werden darf, die für eine ordnungsgemäße Weiterleitung der Unterlagen (Vervielfältigung, Versendung) erforderlich ist, mithin regelmäßig ein Zeitraum von ein bis zwei Wochen (Baumbach/Hueck/*Haas* § 42a Rn. 7).

41. Von der Aufstellung des Jahresabschlusses ist die zeitlich nachgelagerte Feststellung des Jahres- 311
abschlusses zu unterscheiden. Erst mit wirksamer Feststellung wird der Jahresabschluss verbindlich (Baumbach/Hopt/*Merkt* § 264 Rn. 10). Der Lagebericht ist nicht Gegenstand der Feststellung, er ist lediglich aufzustellen (Baumbach/Hueck/*Haas* § 42a Rn. 18). Gemäß § 46 Nr. 1 GmbHG unterliegt die Feststellung des Jahresabschlusses und die Verwendung des Ergebnisses grundsätzlich den Gesellschaftern. Gemäß § 42a Abs. 2 GmbHG haben die Gesellschafter spätestens bis zum Ablauf der ersten acht Monate oder, wenn es sich um eine kleine Kapitalgesellschaft handelt (§ 267 Abs. 1 HGB), bis zum Ablauf der ersten elf Monate des Geschäftsjahrs über die Feststellung des Jahresabschlusses und über die Ergebnisverwendung zu beschließen. Es ist zu beachten, dass gemäß § 42a Abs. 2 S. 3 GmbHG der Gesellschaftsvertrag die Frist nicht verlängern kann. Eine Verkürzung der Frist in dem Gesellschaftsvertrag ist hingegen zulässig, jedoch in der Praxis oftmals nicht zu empfehlen, um die ordnungsgemäße Aufstellung und Prüfung des Jahresabschlusses zu gewährleisten. Die Überschreitung der Frist als solche begründet grundsätzlich keine Sanktionen, kann jedoch zu Verzögerungen der Offenlegung nach §§ 325 ff. HGB führen und damit Sanktionen gemäß §§ 334, 335 HGB begründen (Baumbach/Hueck/*Haas* § 42a Rn. 19; Roth/Altmeppen/*Altmeppen* § 42a Rn. 39).

42. Notwendige Voraussetzung für eine Entscheidung über die Ergebnisverwendung und den Ge- 312
winnauszahlungsanspruch der Gesellschafter ist der rechtswirksam festgestellte Jahresabschluss, der für die Gesellschafter bindend ist (Baumbach/Hueck/*Fastrich* § 29 Rn. 8, 9). Die Verteilung unter den Gesellschaftern erfolgt gemäß § 29 Abs. 3 GmbHG nach dem Verhältnis der Geschäftsanteile, sofern im Gesellschaftsvertrag nicht ein anderer Verteilungsmaßstab festgesetzt ist. Der Gewinn steht damit vorbehaltlich abweichender Bestimmungen des Gesellschaftsvertrags in vollem Umfang

zur Disposition der Gesellschaftermehrheit (Scholz/*Verse* § 29 Rn. 1, 47, 51; *Wicke*, § 29, Rn. 1; vgl. zu Regelungen über die Ergebnisverwendung auch von Rechenberg/Ludwig/*Meyer* 13. Kap. Rn. 300).

313 **43.** Das GmbHG sieht keine Kündigungsmöglichkeit für den Gesellschafter vor, der frühzeitig aus der Gesellschaft ausscheiden möchte (von Rechenberg/Ludwig/*Meyer* Kap. 13 Rn. 260). Ist dies gewünscht, bietet sich ein ordentliches Kündigungsrecht zugunsten der Gesellschafter, wie im Muster vorgesehen, an. Dabei ist jedoch zu beachten, dass ein nicht unerheblicher Teil der Literatur und älteren Rechtsprechung die Auffassung vertritt, dass die Ausübung des Kündigungsrechts automatisch zur Auflösung der Gesellschaft führt, wenn der Gesellschaftsvertrag keine davon abweichende Regelung trifft (vgl. Baumbach/Hueck/*Haas* § 60 Rn. 90 m.w.N.). Demgegenüber geht ein ebenfalls nicht unerheblicher Teil der Literatur und der Rechtsprechung davon aus, dass die Kündigung lediglich zum Ausscheiden des kündigenden Gesellschafters führt (vgl. Lutter/Hommelhoff/*Kleindiek* § 60 Rn. 27 m.w.N. und aus der Rechtsprechung OLG Düsseldorf GmbHR 2004, 356). Um vor diesem Hintergrund Unklarheiten zu vermeiden, wird empfohlen, die Wirkung der Kündigung in dem Gesellschaftsvertrag ausdrücklich zu regeln (so auch von Rechenberg/Ludwig/*Meyer* Kap. 13 Rn. 261 ff.). Vgl. zum Kündigungsrecht im Übrigen Muster J 7 (Rdn. J 42 ff.).

314 **44.** Für einen Formulierungsvorschlag zur Erklärung der ordentlichen Kündigung siehe Muster J 8 (Rdn. J 46 ff.) nebst Anmerkungen.

Zum unentziehbaren Kündigungsrecht aus wichtigem Grund siehe Muster J 7 (Rdn. J 44).

Für einen Formulierungsvorschlag zur Erklärung des Austritts aus der Gesellschaft aus wichtigem Grund siehe im Übrigen Muster J 6 (Rdn. J 36 ff.) nebst Anmerkungen.

315 **45.** Als Folge der Kündigung des Gesellschafters kann der Gesellschaftsvertrag entweder die Auflösung und Abwicklung der Gesellschaft oder die Fortsetzung der Gesellschafter durch die übrigen Gesellschafter vorsehen. Das Muster sieht die Fortführung der Gesellschaft unter den verbleibenden Gesellschaftern vor.

316 **46.** Da der kündigende Gesellschafter trotz der Kündigung zunächst weiter Inhaber des Geschäftsanteils bleibt, bis dieser auf die Gesellschaft, einen Mitgesellschafter oder Dritten übertragen wird, empfiehlt sich die Aufnahme einer Regelung über das Ruhen des Stimmrechts ab dem Zugang der Kündigungs- bzw. Austrittserklärung (vgl. dazu näher Muster J 7 (Rdn. J 45).

317 **47.** Gemäß § 34 Abs. 1 GmbHG darf eine Einziehung (Amortisation) von Geschäftsanteilen nur erfolgen, wenn dies in dem Gesellschaftsvertrag zugelassen ist. Die Einziehung führt zur Vernichtung des Geschäftsanteils und lässt dabei sämtliche mit dem Geschäftsanteil verbundenen Mitgliedschaftsrechte und -pflichten untergehen, während das Stammkapital der Gesellschaft von der Einziehung unberührt bleibt (h.M.; vgl. Baumbach/Hueck/*Fastrich* § 34 Rn. 2 sowie *Wicke* § 34 Rn. 2 und Lutter/Hommelhoff/*Lutter* § 34 Rn. 2; aus der neueren Rechtsprechung vgl. etwa OLG Dresden GmbHR 2016, 56). Es ist zu unterscheiden zwischen der Einziehung mit Zustimmung des Gesellschafters (Nr. 1) und der Zwangseinziehung (Nr. 2). Die Zwangseinziehung unterliegt dabei qualifizierten Voraussetzungen. Bei Einverständnis des Gesellschafters eröffnet die Einziehung eine Möglichkeit des Austritts aus der Gesellschaft; bei den in der Praxis weit wichtigeren Fällen des fehlenden Einverständnisses stellt sie sicher, dass sich die Gesellschaft bei Vorliegen bestimmter Gründe von dem Gesellschafter lösen kann (Michalski/*Sosnitza* § 34 Rn. 1; Roth/Altmeppen/*Altmeppen* § 34 Rn. 3). Anerkannt ist, dass die Einziehung von Geschäftsanteilen nur hinsichtlich voll eingezahlter Geschäftsanteile erfolgen kann, da anderenfalls das Kapitalaufbringungsgebot verletzt wäre (so ausdrücklich BGH GmbHR 2015, 416 = NZG 2015, 429 m.w.N.; aus der Literatur vgl. von Rechenberg/Ludwig/*Meyer* 13. Kap. Rn. 255; Scholz/*Westermann* § 34 Rn. 1; Lutter/Hommelhoff/*Lutter* § 34 Rn. 15, 22). Aus diesem Grund ist zu empfehlen, in dem Gesellschaftsvertrag alternativ die Übertragung der Geschäftsanteile auf einen anderen oder mehrere andere Gesellschafter oder auf einen Dritten aufzunehmen, vgl. § 12 Nr. 6 (so auch von Rechenberg/Ludwig/*Meyer* 13. Kap. Rn. 255, 262).

Für weitergehende Erläuterungen zur Einziehung mit einem leicht abgewandelten Formulierungsvorschlag für eine Einziehungsklausel siehe Muster J 1 (Rdn. J 1 ff.). Zur Einziehung von Geschäftsanteilen und der Gesellschafterhaftung vgl. im Übrigen *Schneider/Hoger* NJW 2013, 502. 318

48. Für die Einziehung von Geschäftsanteilen gegen den Willen des betroffenen Gesellschafters bestehen im Interesse des Minderheitenschutzes erhöhte Anforderungen (Michalski/*Sosnitza* § 34 Rn. 30). So muss der Gesellschaftsvertrag die Voraussetzungen bzw. die sachlichen Gründe für die zwangsweise Einziehung exakt festlegen, damit diese gerichtlich nachprüfbar sind (Roth/Altmeppen/*Altmeppen* Baumbach/Hueck/*Fastrich* § 34 Rn. 7, 9; *Schwab*, DStR 2012, 707, 711). Die im Formular aufgeführten Gründe stellen Beispiele für sachliche Gründe dar, bei deren Vorliegen aufgrund von unüberbrückbaren Differenzen zwischen der Gesellschaft und dem betroffenen Gesellschafter eine zwangsweise Einziehung gerechtfertigt ist. Diese Aufzählung ist weder zwingend noch abschließend. Für die zwangsweise Einziehung von Geschäftsanteilen ist ein Beschluss der Gesellschafterversammlung erforderlich (von Rechenberg/Ludwig/*Schultze-Petzold* Kap. 13 Rn. 916, 924; vgl. zum Ganzen auch *Schwab*, DStR 2012, 707, 711 ff., *Clevinghaus*, RNotZ 2011, 449 ff. sowie *Schockenhoff*, NZG 2012, 449 ff.). 319

49. Das GmbHG sieht eine zeitliche Schranke der Verwertbarkeit von Einziehungsgründen nicht vor. Jedoch empfiehlt sich eine entsprechende Regelung im Gesellschaftsvertrag zum Schutz des Gesellschafters und im Sinne der Rechtssicherheit. So soll verhindert werden, dass solche Umstände herangezogen werden, die den Gesellschaftern seit längerer Zeit bekannt waren, jedoch nicht zum Zwecke einer Zwangseinziehung geltend gemacht wurden. Fehlt eine entsprechende Regelung im Gesellschaftsvertrag, kann das Recht auf Einziehung bei Nichtgeltendmachung über einen längeren Zeitraum trotz Kenntnis des Grundes aber auch unter dem Gesichtspunkt der Verwirkung ausgeschlossen sein (Roth/Altmeppen/*Altmeppen* § 34 Rn. 63; OLG München GmbHR 1998, 322, 334). 320

50. Gemäß § 46 Nr. 4 GmbHG erfolgt die Einziehung durch Gesellschafterbeschluss; ohne einen solchen ist eine Einziehung nach h.M. nicht möglich (vgl. Roth/Altmeppen/*Altmeppen* § 34 Rn. 62; Baumbach/Hueck/*Fastrich* § 34 Rn. 17). Zu beachten ist weiterhin, dass eine ordnungsgemäß durch die Gesellschafter beschlossene Einziehung grundsätzlich erst mit der Bekanntgabe des Beschlusses an den betroffenen Gesellschafter wirksam wird (BGH NZG 2012, 259; OLG Dresden GmbHR 2016, 56). Einer gesonderten Mitteilung an den betroffenen Gesellschafter bedarf es nach h.M. allerdings dann nicht, wenn der Gesellschafter bei der Beschlussfassung ohnehin anwesend ist (vgl. etwa OLG Dresden GmbHR 2016, 56 m.w.N. aus der Literatur; a.A. MüKo GmbHG/*Strohn*, § 34 Rn. 36). 321

Soweit die Einziehung als Zwangseinziehung oder aus einem sonstigen in der Person des Gesellschafters liegenden wichtigen Grund erfolgt, hat der betroffene Gesellschafter bei dem Beschluss gemäß § 47 Abs. 4 S. 1 GmbHG analog kein Stimmrecht, da niemand Richter in eigener Sache sein kann (BGH WM 2010, 1652, 1653; Baumbach/Hueck/*Fastrich* § 34 Rn. 14; Scholz/*Westermann* § 34 Rn. 43; Roth/Altmeppen/*Altmeppen* § 34 Rn. 64 m.w.N.). Erfolgt die Einziehung aus sonstigen Gründen kann der betroffene Gesellschafter dagegen nach h.M. bei dem Beschluss mitstimmen (Baumbach/Hueck/*Fastrich* § 34 Rn. 14; Roth/Altmeppen/*Altmeppen* § 34 Rn. 64; Scholz/*Westermann* § 34 Rn. 43 m.w.N.). Allerdings ist anerkannt, dass jedenfalls durch Gesellschaftsvertrag das Stimmrecht ausgeschlossen werden kann (ausführlich zu Stimmrechtsausschlüssen und Satzungsregelungen *Priester* GmbHR 2013, 225 ff.). In jedem Fall ist jedoch auch ein nicht stimmberechtigter Gesellschafter berechtigt, an der Gesellschafterversammlung teilzunehmen (Michalski/*Sosnitza* § 34 Rn. 104; Roth/Altmeppen/*Altmeppen* § 34 Rn. 65; Baumbach/Hueck/*Fastrich* § 34 Rn. 14; *Schwab*, DStR 2012, 707, 712). Wird ihm die Teilnahme verwehrt, ist der Gesellschafterbeschluss anfechtbar (BGH DStR 1997, 1257, 1259).

Ein Formulierungsvorschlag für einen Einziehungsbeschluss der Gesellschafterversammlung findet sich nebst Erläuterungen in Muster J 2 (Rdn. J 10 ff.). 322

323 Ein Formulierungsvorschlag für die Mitteilung des Einziehungsbeschlusses an den Gesellschafter findet sich nebst Erläuterungen in Muster J 3 (Rdn. J 16 ff.).

324 **51.** In Rechtsprechung und Literatur ist bzw. war in der Vergangenheit umstritten, ob die Einziehung bereits vor Zahlung des Abfindungsentgelts wirksam wird oder nicht. Im Hinblick auf die Kapitalerhaltungsvorschriften der §§ 34 Abs. 3, 30 GmbHG wird bzw. wurde in weiten Teilen der Literatur und der Rechtsprechung – insbesondere der Oberlandesgerichte – angenommen, die Wirksamkeit der Einziehung stehe unter der aufschiebenden Bedingung der vollständigen Abfindungszahlung aus freiem Vermögender Gesellschaft (vgl. etwa *Wicke* § 34 Rn. 8 ff. m.w.N. und Michalski/*Sosnitza* § 34 Rn. 76 ff., 112; ein ausführlicher Überblick zum Streitstand findet sich auch in BGH NZG 2012, 259 f. sowie bei von Rechenberg/Ludwig/*Schultze-Petzold* Kap. 13 Rn. 546 ff.). Diese Ansicht bedeutet im Ergebnis, dass der betroffene Gesellschafter seine Mitgliedschaft mit allen Rechten und Pflichten grundsätzlich erst nach Erhalt der vollständigen Abfindung verliert (Baumbach/Hueck/*Fastrich* § 34 Rn. 19 m.w.N). Angesichts der praktischen Probleme, die mit der sogenannten »Bedingungslösung« für die Gesellschaft und die übrigen Gesellschafter verbunden sind, wenn ein Gesellschafter, dessen Geschäftsanteil zwangsweise eingezogen ist, während der Schwebezeit weiterhin Mitgliedschaftsrechte ausüben kann, wird von anderen Teilen der Rechtsprechung und Literatur die Ansicht vertreten, die Einziehung sei als solche sofort wirksam (so etwa KG NZG 2006, 437 und OLG Hamm, GmbHR 1993, 743, 746 f.; vgl. im Übrigen die Darstellung des Streitstands in BGH NZG 2012, 259 f.).

325 Der BGH hat sich ausdrücklich der zuletzt genannten Ansicht angeschlossen, wonach die Wirksamkeit der Einziehung nicht von der Zahlung der Abfindung abhängt (BGH NZG 2012, 259; vgl. dazu zustimmend *Schockenhoff*, NZG 2012, 449 ff. sowie *Stumpf/Müller*, GWR 2012, 143). Aus dem Kreis der Oberlandesgerichte ist dem BGH inzwischen auch das OLG Dresden gefolgt (OLG Dresden GmbHR 2016, 56).

In seiner maßgeblichen Entscheidung in NZG 2012, 259 hat der BGH festgestellt, dass die Wirksamkeit von Einziehungsbeschlüssen nicht unter der gesetzlichen Bedingung steht, dass das Einziehungsentgelt gezahlt wird. Der BGH weist in der Entscheidung vielmehr darauf hin, dass Beschlüsse grundsätzlich wirksam und vollziehbar werden, sobald sie gefasst worden sind. Darüber hinaus stellt der BGH klar, dass die Vorschrift des § 34 Abs. 3 GmbHG nicht den Abfindungsanspruch der Gesellschafter schützen, sondern lediglich im Interesse der Gläubiger sicherstellen soll, dass die Gesellschafter die Kapitalerhaltungspflicht nach § 30 Abs. 1 GmbHG nicht durch die Aufgabe der Mitgliedschaft umgehen. Nach dem Urteil des BGH in BGH NZG 2012, 259 gilt demnach insgesamt: Wenn ein Einziehungsbeschluss weder nichtig ist noch für nichtig erklärt wird, wird die Einziehung bereits mit der Mitteilung des Beschlusses an den betroffenen Gesellschafter und nicht erst mit der Leistung der Abfindung wirksam. Den erforderlichen Schutz des von der sofort wirksamem Einziehung betroffenen Gesellschafter gewährt der BGH jedoch dadurch, dass diejenigen Gesellschafter, die den Einziehungsbeschluss gefasst haben, dem ausgeschiedenen Gesellschafter anteilig subsidiär haften, wenn sie nicht dafür sorgen, dass die Abfindung aus dem ungebundenen Vermögen der Gesellschaft geleistet werden kann, oder sie die Gesellschaft nicht auflösen. Die persönliche Haftung der Gesellschafter nach den Grundsätzen des Urteils in NZG 2012, 259 entsteht dabei allerdings weder bereits mit der Fassung des Einziehungsbeschlusses noch allein auf Grund des Umstands, dass die Gesellschaft später zum Zeitpunkt der Fälligkeit gem. § 34 Abs. 3, 30 Abs. 1 GmbH an der Zahlung der Abfindung gehindert ist oder sie unter Berufung auf dieses Hindernis verweigert. Die persönliche Haftung der Gesellschafter entsteht nach einem neueren Urteil des BGH aus em Jahr 2016 vielmehr erst in dem Zeitpunkt, ab dem die Fortsetzung der Gesellschaft unter Verzicht auf Maßnahmen zur Befriedigung des Abfindungsanspruchs des ausgeschiedenen Gesellschafters als treuwidrig anzusehen ist (BGH NZG 2016, 742).

326 Im Hinblick auf die klare Entscheidung des BGH in NZG 2012, 259 besteht eigentlich keine Notwendigkeit (mehr), im Gesellschaftsvertrag zu regeln, dass die sofortige Wirksamkeit des Einziehungsbeschlusses unabhängig von der Zahlung der Abfindung eintreten soll. Um den Gesellschaftern die Rechtsfolgen einer Einziehung jedoch klar vor Augen zu führen und jegliche Zweifel über

den Zeitpunkt der Wirksamkeit der Einziehung auszuschließen, erscheint es jedoch ungeachtet der Entscheidung des BGH in NZG 2012, 259 auch weiterhin sinnvoll, eine – insoweit nur klarstellende – Bestimmung über die sofortige Wirksamkeit der Einziehung in die Regelung der Einziehung mit aufzunehmen, wie im Muster vorgesehen (so auch *Stumpf/Müller*, GWR 2012, 143). Die Möglichkeit einer Satzungsregelung über den Zeitpunkt der Wirksamkeit der Einziehung war im Übrigen auch schon vor in der Vergangenheit vom BGH anerkannt (BGH NJW-RR 2003, 1265).

52. Die Neubildung eines Geschäftsanteils an Stelle des eingezogenen Geschäftsanteils ohne 327
Kapitalerhöhung ist nach h.M. zulässig, sog. Revalorisierung (Baumbach/Hueck/*Fastrich* § 34 Rn. 20 m.w.N.; Scholz/*Westermann* § 34 Rn. 6 m.w.N.;). Durch eine Revalorisierung kann die durch die Einziehung zwangsläufig eintretende Divergenz des Stammkapitals und der Summe der Nennbeträge aller nicht von der Einziehung betroffenen Geschäftsanteile behoben werden, um die von § 5 Abs. 3 S. 2 GmbHG geforderte Konvergenz wieder herzustellen, wobei die Gesellschafter dazu nach der inzwischen h.M. in Rechtsprechung und Literatur allerdings nicht verpflichtet sind (siehe dazu die weiteren Hinweise in der folgenden Rdn. 328). Die Revalorisierung kommt damit als Alternative zu einer Kapitalherabsetzung oder eine nominelle Aufstockung der verbliebenen Geschäftsanteile in Frage, mit denen die Divergenz des Stammkapitals und der Summe der Nennbeträge der nicht von der Einziehung betroffenen Geschäftsanteile ebenfalls behoben werden kann.

Die im Muster vorgesehene Möglichkeit der Revalorisierung ist keine zwingende Begleitmaßnahme 328
der Einziehung, sondern kann (als Alternative zu einer Kapitalherabsetzung oder Aufstockung der verbliebenen Anteile) auch zu einem späteren Zeitpunkt erfolgen. Im Hinblick auf das Konvergenzgebot in § 5 Abs. 3 Satz 2 GmbHG war zwar in der Rechtsprechung und im Schrifttum zunächst umstritten, ob ein Einziehungsbeschluss unweigerlich nichtig oder zumindest anfechtbar ist, wenn der Beschluss über die Einziehung nicht mit gleichzeitigen Maßnahmen zur Aufrechterhaltung der Konvergenz verbunden wird und die Einziehung deshalb zunächst eine Divergenz zwischen der Summe der Nennbeträge der verbleibenden Geschäftsanteile und dem Stammkapital bewirkt (für einen Überblick zur Entwicklung des Streitstands vgl. von Rechenberg/Ludwig/*Meyer* 13. Kap. Rn. 926–932). Den diesbezüglichen Meinungsstreit hat der BGH inzwischen jedoch entschieden und ausdrücklich klargestellt, dass es nicht zur Nichtigkeit des Beschluss über die Einziehung eines GmbH-Geschäftsanteils führt, wenn die Gesellschafterversammlung nicht gleichzeitig Maßnahmen ergreift, um ein Auseinanderfallen der Summe der Nennbeträge der nach der Einziehung verbleibenden Geschäftsanteile und dem Stammkapital der Gesellschaft zu verhindern (BGH GmbHR 2015, 416 = NZG 2015, 429 m.w.N.). Der BGH begründet seine Entscheidung damit, dass die Interessen der Gläubiger keine Übereinstimmung der Summe der Nennbeträge der Geschäftsanteile mit dem Stammkapital gebieten. Aus Sicht des BGH kommt es auch unter dem Gesichtspunkt des Schutzes der Minderheitsgesellschafter nicht entscheidend auf eine Konvergenz an (BGH GmbHR 2015, 416 = NZG 2015, 429). Beschlüsse über die Einziehung von Geschäftsanteilen müssen daher nicht zwangsläufig mit einer gleichzeitigen Revalorisierung oder mit anderen Maßnahmen zur Wiederherstellung der Konvergenz i.S.v. § 5 Abs. 3 S. 2 GmbHG verbunden werden.

53. Der Abfindungsanspruch ist nicht im GmbHG geregelt, aber allgemein anerkannt. Hinsicht- 329
lich der konkreten Ausgestaltung in der Praxis können grundsätzlich die Bedürfnisse des Einzelfalls in dem Gesellschaftsvertrag berücksichtigt werden, wobei der BGH im Rahmen der Auslegung der Bestimmungen über die Abfindung eines ausscheidenden Gesellschafters im Gesellschaftsvertrag einer GmbH davon ausgeht, dass die am Gesellschaftsvertrag beteiligten Personen im Zweifel eine auf Dauer wirksame und die Gesellschafter gleichbehandelnde Berechnung der Abfindung gewollt haben (BGH NZG 2011, 1420, 1421). Insofern ist bei der Ausgestaltung der Satzung stets darauf zu achten, dass der Gesellschaftsvertrag kein grobes Missverhältnis zwischen dem Abfindungsanspruch und dem tatsächlichen Wert des eingezogenen Geschäftsanteils begründet oder für den Gesellschafter unzumutbare Auszahlungsmodalitäten beinhaltet (Baumbach/Hueck/*Fastrich* § 34 Rn. 27; *Wicke* Anh. § 34 Rn. 16). So kann etwa eine für sich betrachtet wirksame gesellschaftsvertragliche Abfindungsregelung, die an eine Anteilsbewertung nach dem »Stuttgarter Verfahren« anknüpft, im Einzelfall dann unanwendbar und der Abfindungsbetrag anzupassen sein, wenn der

sich nach dem »Stuttgarter Verfahren« ergebende Anteilswert vom tatsächlichen Verkehrswert des Anteils erheblich abweicht (OLG Stuttgart, a.a.O.). Das gilt auch dann, wenn der tatsächliche Verkehrswert deutlich niedriger liegt als der nach »Stuttgarter Verfahren« ermittelte Anteilswert (OLG Stuttgart, a.a.O.). Allerdings berührt die Angemessenheit der Abfindung die Wirksamkeit einer Einziehung als solche nicht (vgl. Roth/Altmeppen/*Altmeppen* § 34 Rn. 17 sowie BGH NJW 1990, 2622, 2623 und OLG Hamm GmbHR 1993, 743, 747 m.w.N.).

330 Im Grundsatz sind für die Abfindung verschiedene Berechnungsmethoden anerkannt. Dabei handelt es sich insbesondere um sog. Buchwertklauseln, Substanzwertklauseln, Nennwert- oder Ertragswertklauseln (vgl. im Einzelnen Baumbach/Hueck/*Fastrich* § 34 Rn. 34 ff. m.w.N.). Erhält der ausscheidende Gesellschafter bei Buchwertklauseln seinen Anteil am buchmäßigen Eigenkapital der Gesellschaft, wird im Gegensatz dazu bei Substanzwertklauseln das Aktivvermögen der Gesellschaft mit Verkehrswerten bewertet, nicht mit Buchwerten (von Rechenberg/Ludwig/*Meyer* Kap. 13 Rn. 268). Bei Nennwertklauseln wird die Abfindung auf den Betrag der nicht durch Verlust geminderten Einlage beschränkt und selbst offen ausgewiesene Rücklagen werden außer Betracht gelassen (Baumbach/Hueck/*Fastrich* § 34 Rn. 35). Bei der reinen Ertragswertklausel erhält der Gesellschafter, sofern der Ertragswert den tatsächlichen Wert des Unternehmens widerspiegelt, eine Abfindung zum Verkehrswert der Geschäftsanteile. Darüber hinaus gibt es weitere Berechnungsmethoden und Mischverfahren, die hier jedoch nicht näher dargestellt werden. Wird der Wert des Geschäftsanteils nicht durch den Gesellschaftsvertrag bestimmt, ist der Geschäftsanteil immer mit dem Verkehrswert zu bemessen (BGHZ 116, 359, 370).

331 Die Rechtsprechung hat sich nicht abschließend für eine der Methoden entschieden, in der Praxis wird jedoch oftmals die Ertragswertklausel empfohlen bzw. angewandt (vgl. Baumbach/Hueck/*Fastrich* § 34 Rn. 23 m.w.N.; BGH NZG 1998, 644, 646). Zwingend ist dies jedoch nicht. Stattdessen sollte im Einzelfall entschieden werden, welche der Berechnungsmethoden dem Regelungszweck am ehesten entspricht.

332 Bei der Auslegung der Bestimmungen über die Abfindung eines ausscheidenden Gesellschafters im Gesellschaftsvertrag einer GmbH ist zu berücksichtigen, dass die am Gesellschaftsvertrag beteiligten Personen im Zweifel eine auf Dauer wirksame und die Gesellschafter gleichbehandelnde Berechnung der Abfindung gewollt haben (BGH NZG 2011, 1420).

333 Ergänzend ist darauf hinzuweisen, dass die Gesellschafter einer GmbH im Wege einer schuldrechtlichen Nebenabrede im Interesse der Gesellschaft abweichend von einer Satzungsbestimmung auch eine geringere Abfindungshöhe für den Fall des Ausscheidens aus der Gesellschaft vereinbaren können (BGH NZG 2010, 988). In diesem Fall bindet die in Abweichung zur Satzungsbestimmung getroffene Vereinbarung über die Regelung der Abfindungsberechnung zwar grundsätzlich nur die Vertragsparteien (BGH NZG 2010, 988 m.w.N. aus der Literatur). Nach der Rechtsprechung des BGH kann die Gesellschaft diese schuldrechtliche Abrede jedoch gemäß § 328 BGB einem Gesellschafter entgegenhalten, der trotz seiner schuldrechtlichen Bindung aus der von ihm mit getroffenen Nebenabrede auf die in der Satzung festgelegte höhere Abfindung klagt (BGH NZG 2010, 988).

334 **54.** Sofern der Gesellschaftsvertrag keine abweichende Regelung enthält, richtet sich die Höhe des Abfindungsbetrages nach dem Verkehrswert des betreffenden Geschäftsanteils (BGH NZG 2001, 798; *Wicke* Anh. § 34 Rn. 14; Baumbach/Hueck/*Fastrich* § 34 Rn. 22; Michalski/*Sosnitza* § 34 Rn. 46 f.; *Schockenhoff*, NZG 2012, 449 m.w.N.). Allerdings kann die Berechnung der Abfindung gesellschaftsvertraglich auch abweichend geregelt werden. wie etwa eine Berechnung nach der Substanzwertmethode. Als grundsätzlich wirksame und für die Parteien verbindliche Abfindungsklausel kann im Gesellschaftsvertrag auch vereinbart werden, dass die anlässlich des Ausscheidens eines Gesellschafters zu leistende Abfindung nach dem im so genannten »Stuttgarter Verfahren« ermittelten Wert seines Anteils berechnet wird (OLG Stuttgart, NZG 2017, 582). Eine gesellschaftsvertraglich vorgegebene Anteilsbewertung nach dem »Stuttgarter Verfahren« kann im Einzelfall jedoch dann unanwendbar und der Abfindungsbetrag anzupassen sein, wenn der sich nach dem »Stuttgarter Verfahren« ergebende Anteilswert vom tatsächlichen Verkehrswert des Anteils erheblich abweicht

(OLG Stuttgart, a.a.O.). Das gilt auch dann, wenn der tatsächliche Verkehrswert deutlich niedriger liegt als der nach »Stuttgarter Verfahren« ermittelte Anteilswert (OLG Stuttgart, a.a.O.).

Die Rechtsprechung hat, wie bereits erläutert, bisher keine Bewertungsmethode als allein maßgeblich bestimmt (vgl. BGH DStR 2006, 1005, 1006 für die Abfindung bei einer BGB-Gesellschaft). Allerdings wird in der Praxis in der Regel der Abfindungsbetrag nach dem Verkehrswert des Geschäftsanteils bemessen. Dabei ist die Bestimmung des Verkehrswertes für GmbH-Geschäftsanteile jedoch nicht vollkommen unproblematisch, da sich im Gegensatz zu börsennotierten Aktiengesellschaften der Verkehrswert für GmbH-Geschäftsanteile nicht aufgrund eines Marktes für entsprechende Anteile, z.B. durch einen entsprechenden Börsenkurs, feststellen lässt. Aus diesem Grund ist zu empfehlen, den Verkehrswert der Geschäftsanteile mit Hilfe eines Sachverständigengutachtens zu bestimmen (so auch Lutter/Hommelhoff/*Lutter* § 34 Rn. 79 m.w.N.).

55. Die Bestimmung des Verkehrswertes der Geschäftsanteile durch den Abschlussprüfer, bzw. 335
wenn ein solcher nicht vorhanden ist, durch einen Wirtschaftsprüfer ist eine gesellschaftsvertragliche Möglichkeit zur Bestimmung des Verkehrswertes. Davon abweichend kann auch ein anderer Sachverständiger mit dieser Aufgabe betraut werden. In jedem Fall ist zu empfehlen, die Übernahme der Kosten für das Bewertungsverfahren in dem Gesellschaftsvertrag festzulegen. Die in dem Muster gewählte vollständige Kostentragung durch die Gesellschaft ist nicht zwingend.

56. Es ist zu empfehlen, die Fälligkeit des Abfindungsanspruches in dem Gesellschaftsvertrag 336
zu regeln. Fehlt es an einer entsprechenden Regel, wird davon ausgegangen, dass der Abfindungsanspruch gemäß § 271 Abs. 1 BGB mit seinem Entstehen, also nach Mitteilung der Einziehung an den Betroffenen, sofort fällig wird (Baumbach/Hueck/*Fastrich* § 34 Rn. 24, 38; Michalski/*Sosnitza* § 34 Rn. 51, 74). Dies kann für die Gesellschaft eine erhebliche Belastung bedeuten, wenn größere Abfindungsbeträge innerhalb einer kurzen Frist bereitgestellt werden müssen. Aus diesem Grund wird eine abweichende Regelung der Fälligkeit in Form von Ratenzahlungsvereinbarungen oder hinausgeschobenen Fälligkeitsterminen im Gesellschaftsvertrag empfohlen. Dies wird allgemein als zulässig angesehen, insbesondere im Hinblick darauf, dass sich die für den ausscheidenden Gesellschafter ergebenden Nachteile durch eine angemessene Verzinsung des Abfindungsguthabens zumindest teilweise wieder ausgleichen lassen (BGH NJW 1989, 2685, 2686). Allerdings darf der Auszahlungszeitraum nicht so ausgedehnt werden, dass dies zu einer groben Benachteiligung des betroffenen Gesellschafters führt. Zu den Voraussetzungen einer persönlichen Ausfallhaftung der Gesellschafter für die Zahlung der Abfindung nach Einziehung vgl. BGH NZG 2016, 742.

57. Ein dem § 112 HGB vergleichbares gesetzliches Wettbewerbsverbot enthält das GmbHG 337
nicht. Allerdings wird auch ohne entsprechende Regelung im Gesellschaftsvertrag ein Wettbewerbsverbot zu Lasten von Geschäftsführern der Gesellschaft während der Dauer ihres Amtes sowie von Mehrheitsgesellschaftern und von Gesellschaftern mit Beherrschungsmacht angenommen (Roth/Altmeppen/*Altmeppen* § 13 Rn. 46 ff. m.w.N.; Michalski/*Funke* § 13 Rn. 238; *Wilde* NZG 2010, 252, 253 m.w.N.; für den Geschäftsführer Baumbach/Hueck/*Noack* § 35 Rn. 41 f., 195; Lutter/Hommelhoff/*Kleindiek* Anh. zu § 6 Rn. 21). Im Übrigen sind die Gesellschafter jedoch allein aufgrund ihrer Gesellschafterstellung nicht zur Unterlassung von Wettbewerb im Unternehmensbereich verpflichtet (Roth/Altmeppen/*Roth* § 3 Rn. 37). Nach der Rechtsprechung sind daher rein kapitalistische Minderheitsbeteiligungen eines Gesellschafter-Geschäftsführers an einer Konkurrenzgesellschaft ohne Einfluss auf deren Geschäftsführung, ohne Tätigkeit im Unternehmen und ohne Möglichkeit, dieses zu beherrschen oder Einfluss auf unternehmerische Entscheidungen zu nehmen, im Regelfall unbedenklich und insoweit nicht von der sachlichen Reichweite eines Wettbewerbsverbots des Gesellschafter-Geschäftsführers umfasst (OLG Stuttgart, NZG 2017, 582).

Da das Muster im Grundsatz von einer GmbH ohne Mehrheitsgesellschafter ausgeht, ist kein 338
Wettbewerbsverbot für Gesellschafter vorgesehen. Im Hinblick darauf, dass sich die ursprünglichen Beteiligungsverhältnisse freilich ändern oder eine anderweitig begründete Beherrschung durch

einen Gesellschafter eintreten kann, ist das Entstehen eines Wettbewerbsverbots zu Lasten eines Gesellschafters nach den oben genannten Grundsätzen allerdings auch ohne gesellschaftsvertragliche Regelung möglich. Außerdem wird ein Wettbewerbsverbot, wie vorstehend erläutert, auch für Geschäftsführer während der Dauer ihres Amtes (in den vorstehend genannten Grenzen) generell bejaht, ohne dass es dazu einer besonderen Regelung bedarf. Um in solchen Fällen keine Unklarheiten über die Möglichkeit und Voraussetzung einer etwaigen Befreiung vom Wettbewerbsverbot entstehen zu lassen, empfiehlt es sich, eine entsprechende Ermächtigung der Gesellschafterversammlung vorsorglich bereits in die Satzung aufzunehmen. Zu Wettbewerbsverboten in GmbH-Gesellschaftsverträgen siehe im Übrigen auch *Rudersdorf*, RNotZ 2011, 509, 515 ff.

339 **58.** Dazu Muster A 18 (Rdn. A 263).

340 **59.** Die Regelung des § 139 BGB mit der im Zweifel anzunehmenden Gesamtnichtigkeit findet auf die Satzung einer GmbH nur eingeschränkte Anwendung, weil zumindest nach Eintragung der GmbH im Handelsregister nur noch die in § 75 GmbHG konkret aufgeführten Mängel eine Unwirksamkeit der Satzung insgesamt bewirken können. Gleichwohl empfiehlt sich die Aufnahme einer salvatorischen Klausel zur Ersetzung unwirksamer oder undurchführbarer Bestimmungen sowie zur Schließung von unbeabsichtigten Lücken durch ergänzende Bestimmungen. Mit Blick auf das in § 53 GmbHG geregelte Formerfordernis für Satzungsänderungen enthält das Muster dabei keine Fiktion einer automatischen Ersetzung von unwirksamen oder undurchführbaren Satzungsbestimmungen durch wirksame Regelungen, sondern statuiert eine Pflicht der Gesellschafter zur ausdrücklichen Regelung im Wege einer Satzungsänderung.

20. Gesellschaftsvertrag mit Mehrheitsgesellschafter

Vorbemerkung

341 Hat die Gesellschaft mehrere Gesellschafter mit unterschiedlicher Beteiligung am Stammkapital, sind bei der Gestaltung des Gesellschaftsvertrages zum Schutz der Minderheitsgesellschafter Besonderheiten zu berücksichtigen. Das vorliegende Formular geht von einer GmbH mit einem Mehrheitsgesellschafter (A 60 % des Stammkapitals) und zwei Gesellschaftern mit Geschäftsanteilen mit geringeren Nennbeträgen (B, 25 % des Stammkapitals und C, 15 % des Stammkapitals) aus.

342 Unabhängig von dem jeweiligen Anteil am Stammkapital sind die Gesellschafter im Grundsatz gleich zu behandeln. Dieser Rechtsgedanke der Gleichbehandlung und damit das Verbot willkürlicher Differenzierungen zwischen den Gesellschaftern (vgl. Lutter/Hommelhoff/*Bayer* § 14 Rn. 46 ff.) hat im GmbHG zwar nicht ausdrücklich in Form einer allgemeinen Regelung, jedoch an verschiedenen Stellen in Einzelbestimmungen Eingang gefunden, z.B. §§ 19 Abs. 1, 24, 26 Abs. 2, 47 Abs. 2 GmbHG (vgl. Roth/Altmeppen/*Altmeppen* § 13 Rn. 61 m.w.N.). Führte man § 47 Abs. 2 GmbHG, wonach jeder Euro eines Geschäftsanteils eine Stimme gewährt, streng aus, hätte dies zur Folge, dass ein Mehrheitsgesellschafter die Geschicke der Gesellschaft unter Umständen quasi alleine regeln könnte. Diese vom Gesetzgeber im Grundsatz gewollte Folge als Ausdruck des Gleichbehandlungsgedankens kann im Einzelfall jedoch unter Umständen das tatsächlich Gewollte nicht entsprechend abbilden (Bsp.: ein Minderheitsgesellschafter verfügt über spezielles Know How oder Geschäftskontakte, das jedoch nicht entsprechend über seinen Anteil am Stammkapital abgebildet wird).

343 Zum Schutz der Minderheitsgesellschafter hat der Gesetzgeber in § 50 Abs. 1 GmbHG ausdrücklich geregelt, dass Gesellschafter, deren Geschäftsanteile zusammen mindestens 10 % des Stammkapitals entsprechen, die Einberufung der Gesellschafterversammlung verlangen können. Dies gilt gemäß § 50 Abs. 2 GmbHG in gleicher Weise für die Ankündigung von Gegenständen zur Beschlussfassung der Gesellschafterversammlung (vgl. im Einzelnen z.B. die Kommentierung von Baumbach/Hueck/*Noack* zu § 50). Da der Minderheitsgesellschafter durch diese gesetzlichen Regelungen im Regelfall nicht ausreichend geschützt ist, können darüber hinausgehende Bestimmungen

im Gesellschaftsvertrag für den Minderheitenschutz bedeutsam sein (so auch *Kallrath* MittRhNotK 1999, 325, 326). So sieht auch das nachfolgende Muster einen über die gesetzlichen Regelungen hinausgehenden Minderheitenschutz vor. Im Einzelnen kann dies zwischen den Gesellschaftern individuell entsprechend der Bedürfnisse und der jeweiligen Mehrheitsverhältnisse in der Gesellschaft geregelt werden.

Muster

Gesellschaftsvertrag der AB GmbH [1] 344

§ 1 Firma und Sitz der Gesellschaft

1. Die Gesellschaft betreibt ihre Geschäfte unter der Firma

AB GmbH [2]**.**

2. Sitz der Gesellschaft ist __________ [3]**.**

§ 2 Gegenstand der Gesellschaft

1. Gegenstand der Gesellschaft ist __________ [4] **sowie der Abschluss aller damit im Zusammenhang stehenden Geschäfte.**

2. Die Gesellschaft kann alle Geschäfte betreiben, welche dem Gesellschaftszweck unmittelbar oder mittelbar zu dienen geeignet sind.

3. Die Gesellschaft kann Zweigniederlassungen errichten, andere Unternehmen gründen, sich an anderen Unternehmen beteiligen, die Geschäftsführung und persönliche Haftung eines anderen Unternehmens übernehmen sowie Unternehmensverträge mit anderen Unternehmen abschließen. [5]

§ 3 Dauer der Gesellschaft und Geschäftsjahr

1. Die Gesellschaft ist auf unbestimmte Zeit errichtet. [6]

2. Das Geschäftsjahr entspricht dem Kalenderjahr. Das erste Geschäftsjahr ist ein Rumpfgeschäftsjahr, beginnend mit der Eintragung der Gesellschaft in das Handelsregister und endend mit dem auf die Eintragung in das Handelsregister folgenden 31. Dezember. [7]

§ 4 Bekanntmachungen

Die Bekanntmachungen der Gesellschaft erfolgen nur im Bundesanzeiger. [8]

§ 5 Stammkapital, Geschäftsanteile, Einlagen der Gesellschafter

1. Das Stammkapital der Gesellschaft beträgt 25.000 € (in Worten: Fünfundzwanzig Tausend Euro). [9]

2. Hiervon übernehmen die Gesellschafter Gesellschaftsanteile wie folgt: [10]

Gesellschafter A: Geschäftsanteil im Nennbetrag von 15.000 € (in Worten: Fünfzehn Tausend Euro) (»Geschäftsanteil 1«) [11]**, entspricht 60 % des Stammkapitals** [12]

Gesellschafter B: Geschäftsanteil im Nennbetrag von 6.250 € (in Worten: Sechstausend Zweihundert und Fünfzig Euro) (»Geschäftsanteil 2«), entspricht 25 % des Stammkapitals

Gesellschafter C: Geschäftsanteil im Nennbetrag von 3.750 € (in Worten: Dreitausend Siebenhundert und Fünfzig Euro) (»Geschäftsanteil 3«), entspricht 15 % des Stammkapitals.

3. **Die Gesellschafter haben die Einlagen in bar [13] zu erbringen. Diese sind sofort in voller Höhe einzuzahlen. [14]**

§ 6 Verfügung über Geschäftsanteile [15]

1. **Die Verfügung über Geschäftsanteile oder Teile von Geschäftsanteilen an der Gesellschaft bedarf zu ihrer Wirksamkeit der vorherigen schriftlichen Zustimmung der Gesellschafterversammlung mit einer Mehrheit von 75 % der abgegebenen Stimmen. [16]**
2. **Für den Fall der Veräußerung eines Geschäftsanteils oder von Teilen eines Geschäftsanteils durch einen Gesellschafter haben die übrigen Gesellschafter ein Vorkaufsrecht. Das Vorkaufsrecht steht den Gesellschaftern in dem Verhältnis zu, in dem die Nennbeträge der von Ihnen gehaltenen Geschäftsanteile zueinander stehen. [17] Das Vorkaufsrecht kann nur bis zum Ablauf von einem Monat nach Empfang der Mitteilung durch schriftliche Erklärung gegenüber dem Veräußerer ausgeübt werden. Soweit der Gesellschafter von seinem Vorkaufsrecht keinen Gebrauch macht, steht dieses den übrigen Gesellschaftern in dem Verhältnis zu, in welchem die Nennbeträge der von ihnen gehaltenen Geschäftsanteile zueinander stehen.**
3. **Bei der Veräußerung eines Geschäftsanteils oder Teilen von Geschäftsanteilen an Gesellschafter sind die übrigen Gesellschafter und die Gesellschaft verpflichtet, ihre Zustimmung zur Veräußerung zu erteilen.**

§ 7 Geschäftsführung und Vertretung

1. **Die Gesellschaft hat einen Geschäftsführer. Der Gesellschafter A ist berechtigt, den Geschäftsführer zu bestellen und abzuberufen. [18]**
2. **Die Rechte und Pflichten des Geschäftsführer ergeben sich aus dem Gesetz, dem Anstellungsvertrag, der Geschäftsordnung und den von den Gesellschaftern gegebenen Anweisungen.**
3. **Der Geschäftsführer vertritt die Gesellschaft nach außen allein. Der Geschäftsführer kann durch Gesellschafterbeschluss von den Beschränkungen des § 181 BGB befreit werden. [19]**

§ 8 Gesellschafterversammlung

1. **Die Einberufung der Gesellschafterversammlung erfolgt durch den Geschäftsführer mittels eingeschriebenen Briefs unter Mitteilung der Tagesordnung [20]. Die Einberufung kann auch per Telefax oder E-Mail [21] erfolgen, wenn kein Gesellschafter dieser Form der Einladung widerspricht.**

   Der Einladung zur ordentlichen Gesellschafterversammlung sind der Jahresabschluss, der Lagebericht und ein etwaiger Prüfungsbericht der Abschlussprüfer [22] beizufügen.

   Die Ladungsfrist beträgt bei ordentlichen Gesellschafterversammlungen vier Wochen, bei außerordentlichen Gesellschafterversammlungen zwei Wochen und beginnt mit der Aufgabe der Einladung zur Post, der persönlichen Übergabe oder der Übergabe durch Boten wobei der Tag der Absendung bzw. der Übergabe und der Tag der Versammlung nicht mitgerechnet werden. [23]

Gesellschafter A ist allein einberufungsberechtigt. Gesellschafter B und C können jedoch von A die Einberufung der Gesellschafterversammlung verlangen. Für den Fall, dass A sich weigert, innerhalb einer angemessenen Zeit eine Gesellschafterversammlung einzuberufen, sind die Gesellschafter B und C selbst einberufungsberechtigt. [24]

2. **Die Gesellschafterversammlungen finden am Sitz der Gesellschaft statt.** [25] **Wenn sich sämtliche Gesellschafter damit einverstanden erklären, kann eine Gesellschafterversammlung auch per Video-Konferenz abgehalten werden.** [26]

3. **Anstelle der Beschlussfassung in einer Gesellschafterversammlung ist auch eine schriftliche, fernschriftliche, fernmündliche oder telegrafische Abstimmung zulässig, falls kein Gesellschafter einem solchen Verfahren widerspricht.** [27]

   Die schriftliche, fernschriftliche, fernmündliche oder telegrafische Abstimmung ist unzulässig, wenn durch sie eine Änderung des Gesellschaftsvertrags herbeigeführt werden soll oder nach dem Gesetz eine andere Form vorgeschrieben ist. [28]

§ 9 Gesellschafterbeschlüsse

1. **Die Gesellschafter fassen ihre Beschlüsse in Gesellschafterversammlungen.**

2. **Die Gesellschafterversammlung ist beschlussfähig, wenn mindestens 75 % des Stammkapitals anwesend oder vertreten sind.** [29] **Ist die Gesellschafterversammlung nicht beschlussfähig, so ist unverzüglich eine neue Gesellschafterversammlung einzuberufen, die dann ohne Rücksicht auf die Zahl der anwesenden Gesellschafter beschließen kann. Darauf ist in der Ladung zur Gesellschafterversammlung hinzuweisen.**

3. **Die Abstimmung erfolgt nach Geschäftsanteilen. Eine Beteiligung von je ___________ € (in Worten ___________ Euro) am Stammkapital der Gesellschaft gewährt eine Stimme.** [30] **Jeder Gesellschafter kann sein Stimmrecht für die von ihm gehaltenen Geschäftsanteile nur einheitlich ausüben.** [31]

4. **Die Gesellschafterversammlung ist zuständig für alle Entscheidungen, die ihr durch Gesetz oder durch diesen Gesellschaftsvertrag zugewiesen sind. Dabei beschließt die Gesellschafterversammlung grundsätzlich mit einer Mehrheit von 75 % der abgegebenen Stimmen.** [32] **Die folgenden Beschlüsse (4. a–e) bedürfen hingegen der Einstimmigkeit der abgegebenen Stimmen:** [33]

   a. **Änderungen des Gesellschaftsvertrages,**

   b. **Erhöhung des Stammkapitals und Ausgabe neuer Geschäftsanteile,**

   c. **Umwandlungen sowie Abschluss von Unternehmensverträgen mit anderen Gesellschaften,**

   d. **Auflösung der Gesellschaft und deren Folgen,**

   e. **Verkauf von allen oder wesentlichen Vermögensgegenständen der Gesellschaft.**

5. **Darüber hinaus entscheidet die Gesellschafterversammlung über:**

   a. **Feststellung des Jahresabschlusses der Gesellschaft und Entscheidung über die Verwendung des Jahresergebnisses,**

   b. **Bestellung der Abschlussprüfer, sofern Abschlussprüfer nach Maßgabe des Handelsgesetzbuches zu bestellen sind,**

c. **alle sonstigen Beschlüsse, die nach dem Gesetz zwingend der Gesellschafterversammlung zugewiesen sind.**

6. **Soweit das Gesetz nicht zwingend eine notarielle Beurkundung vorschreibt, wird in jeder Gesellschafterversammlung ein Protokollführer bestimmt, der die in der Gesellschafterversammlung gefassten Beschlüsse schriftlich festhält und den Gesellschaftern innerhalb von zwei (2) Wochen nach der Gesellschafterversammlung zur Verfügung stellt.** [34]

7. **Jeder Gesellschafter kann sich in der Gesellschafterversammlung durch einen schriftlich bevollmächtigten Vertreter oder ein Mitglied der rechts- oder steuerberatenden Berufe oder einem Wirtschaftsprüfer vertreten lassen, der gesetzlich zur Geheimhaltung verpflichtet ist.** [35]

8. **Gesellschafterbeschlüsse können nur innerhalb einer Frist von einem (1) Monat angefochten werden. Die Frist beginnt mit dem Tag des Zugangs des Protokolls, in dem der angefochtene Beschluss niedergelegt ist.** [36]

§ 10 Jahresabschluss, Gewinnverwendung

1. **Der Jahresabschluss (Bilanz nebst Gewinn- und Verlustrechnung) ist von dem Geschäftsführer in Übereinstimmung mit den Vorschriften des Handelsgesetzbuches aufzustellen und den Gesellschaftern zusammen mit einem Prüfungsbericht des Abschlussprüfers – wenn der Jahresabschluss und der Lagebericht von einem Abschlussprüfer zu prüfen ist – innerhalb der ersten drei (3) Monate** [37] **eines Geschäftsjahres vorzulegen.**
2. **Die Gesellschafter beschließen innerhalb von acht (8) Monaten** [38] **des laufenden Geschäftsjahres über die Feststellung des Jahresabschlusses und die Entlastung der Geschäftsführer für das vergangene Geschäftsjahr sowie – wenn der Jahresabschluss und der Lagebericht von einem Abschlussprüfer zu prüfen ist – über die Wahl des Abschlussprüfers für das laufende Jahr.**
3. **Die Gesellschafter bestimmen unter Beachtung der Vorschrift des § 29 GmbHG mit einer Mehrheit von 75 % der abgegebenen Stimmen über die Verwendung des Bilanzgewinnes.** [39]

§ 11 Kündigung [40]

1. **Jeder Gesellschafter hat das Recht, die Gesellschaft mit einer Frist von sechs Monaten zum Ende eines jeden Geschäftsjahres ordentlich zu kündigen. Hiervon unberührt bleibt das Recht eines jeden Gesellschafters zur Kündigung der Gesellschaft aus wichtigem Grund.** [41]

2. **Die Erklärung der Kündigung hat schriftlich mittels eingeschriebenen Briefs an die Gesellschaft oder persönliche Übergabe der Kündigung an einen der Geschäftsführer (auf keinen Fall jedoch an sich selbst) zu erfolgen.**

3. **Bei Kündigung der Gesellschaft die Gesellschaft nicht aufgelöst, sondern von den verbleibenden Gesellschaftern fortgesetzt, sofern diese nicht innerhalb von drei (3) Monaten nach dem Zugang der Kündigung die Auflösung beschließen.** [42]

4. **Der ausscheidende Gesellschafter ist verpflichtet, die Einziehung seines Geschäftsanteils gemäß § 12 zu dulden oder den Geschäftsanteil nach § 12 Nr. 6 zu übertragen, sofern dies von der Gesellschafterversammlung statt der Einziehung beschlossen wird. Der Geschäftsanteil des ausgeschiedenen Gesellschafters ist dabei jeweils nach Maßgabe von § 13 zu vergüten.**

5. **Erfolgt die Übernahme der Geschäftsanteile des ausscheidenden Gesellschafters gemäß Abs. 4 nicht innerhalb einer Frist von drei (3) Monaten nach Zugang der Kündigung, so ist der kündigende Gesellschafter befugt, seine Geschäftsanteile frei zu veräußern, ohne dass es einer Zustimmung gemäß § 6 bedarf.**

6. **Das Stimmrecht des Gesellschafters, der die Gesellschaft gekündigt hat, ruht ab dem Zugang der Kündigungserklärung bei der Gesellschaft.** [43]

§ 12 Einziehung von Geschäftsanteilen [44]

1. **Die Gesellschafter können die Einziehung von Geschäftsanteilen beschließen, wenn der betroffene Gesellschafter und die Gesellschaft zustimmen.**

2. **Die Gesellschafter können die Einziehung von Geschäftsanteilen beschließen, ohne dass es der Zustimmung des betroffenen Gesellschafters und der Gesellschaft bedarf, wenn** [45]

   a. **Geschäftsanteile des Gesellschafters gepfändet werden oder über sein Vermögen das Insolvenzverfahren eröffnet oder die Eröffnung eines solchen Verfahrens mangels Masse abgelehnt wird,**

   b. **der Gesellschafter – ungeachtet entsprechender Gründe – seinen Austritt aus der Gesellschaft schriftlich erklärt,**

   c. **der Gesellschafter über seine Geschäftsanteile entgegen § 6 Nr. 1 ohne Zustimmung des anderen Gesellschafters verfügt,**

   d. **der Gesellschafter Anlass gegeben hat, ihn aus wichtigem Grunde aus der Gesellschaft auszuschließen.**

3. **Die Einziehung kann nur innerhalb einer Frist von drei (3) Monaten seit Kenntnis vom Eintritt der vorgenannten Voraussetzung durch die Gesellschafter beschlossen werden.** [46]

4. **Die Einziehung wird durch Gesellschafterbeschluss beschlossen. Der betroffene Gesellschafter ist dabei nicht stimmberechtigt.** [47] **Die Einziehung wird, soweit gesetzlich zulässig, unabhängig von der Zahlung der Abfindung gemäß § 13 mit der Bekanntgabe bzw. dem Zugang des Beschlusses über die Einziehung bei dem betroffenen Gesellschafter sofort wirksam.** [48] **Vom Tag der Fassung des Einziehungsbeschlusses bis zum Zeitpunkt des Wirksamwerdens der Einziehung ruhen die den einzuziehenden Geschäftsanteilen zuzuordnenden Stimmrechte.**

5. **Die Neubildung eines eingezogenen Geschäftsanteils ist zulässig.** [49] **Sie erfolgt durch einstimmigen Gesellschafterbeschluss.**

6. **Statt der Einziehung der Geschäftsanteile gemäß § 12 Nr. 1 und 2 kann die Gesellschafterversammlung mit einer Mehrheit von 75 % der Stimmen – ohne Stimmrecht des ausscheidenden Gesellschafters – beschließen, dass die betreffenden Geschäftsanteile ganz oder teilweise auf die Gesellschaft oder auf einen oder mehrere von der Gesellschafterversammlung bestimmte(n) Dritte(n) (einschließlich weiterer Gesellschafter) übertragen werden, und zwar auch dergestalt, dass die Geschäftsanteile teilweise eingezogen und im Übrigen an die Gesellschaft oder den/die Dritten abgetreten werden.**

7. **Die Einziehung erfolgt gegen Zahlung einer Abfindung. Die Höhe dieser Abfindung richtet sich nach § 13 dieses Vertrages.**

§ 13 Abfindung [50]

1. **Die Abfindung für die eingezogenen bzw. übertragenen Geschäftsanteile entspricht dem Verkehrswert der eingezogenen Geschäftsanteile. [51]**
2. **Der Verkehrswert der Geschäftsanteile wird durch den Abschlussprüfer der Gesellschaft bestimmt. Die Gesellschaft trägt die durch die Bewertung der eingezogenen Geschäftsanteile entstehenden Kosten. Sofern die Gesellschaft keinen Abschlussprüfer hat, bestellen die Gesellschafter gemeinsam einen Wirtschaftsprüfer. Können sich die Gesellschafter nicht innerhalb von vier (4) Wochen auf einen Wirtschaftsprüfer einigen, ist die Geschäftsführung verpflichtet, die IHK __________ zur Benennung eines geeigneten Prüfers aufzufordern. [52]**
3. **Die Abfindung wird in drei gleichen Raten durch die Gesellschaft gezahlt. Die erste Rate muss innerhalb von sechs (6) Monaten nach Fassen des Einziehungsbeschlusses gezahlt werden. Jede weitere Rate ist ein (1) Jahr nach Fälligkeit der vorhergehenden Rate fällig und jährlich mit __________ Prozentpunkten über dem Basiszinssatz ab dem Datum des Ausscheidens zu verzinsen. Die Zinsen werden gleichzeitig mit der entsprechenden Rate gezahlt. Die Gesellschaft hat das Recht, die Abfindung jederzeit vollständig oder teilweise vor dem Fälligkeitsdatum zu zahlen und mit zukünftig fällig werdenden Zahlungen zu verrechnen. [53]**
4. **Der betroffene Gesellschafter hat keinen Anspruch auf die Bestellung von Sicherheiten.**
5. **§ 13 Nr. 1 bis 4 finden entsprechende Anwendung, wenn die Gesellschafterversammlung statt der Einziehung die Übertragung der Geschäftsanteile auf die Gesellschaft oder auf einen von der Gesellschafterversammlung bestimmten Dritten gemäß § 12 Nr. 6 verlangt, wobei der betreffende Übernehmer als Entgelt für die zu übertragenen Geschäftsanteile die Abfindung schuldet.**

§ 14 Wettbewerbsverbot [54]

1. **Die Gesellschafter und die Geschäftsführer der Gesellschaft sind verpflichtet, während der Dauer ihrer Mitgliedschaft in der Gesellschaft weder unmittelbar noch mittelbar Unternehmungen zu betreiben oder zu unterstützen oder sich an Unternehmungen zu beteiligen, zu erwerben oder in irgendeiner Weise tätig zu werden, die mit der Gesellschaft auf dem Markt für in __________ in Konkurrenz treten können. Davon ausgenommen sind lediglich rein kapitalistische Minderheitsbeteiligungen an anderen Unternehmen ohne Einfluss auf deren Geschäftsführung, ohne Tätigkeit im Unternehmen und ohne Möglichkeit, diese zu beherrschen oder auf sonstige Weise Einfluss auf deren unternehmerische Entscheidungen zu nehmen. [55]**
2. **Diese Verpflichtung besteht für einen ausscheidenden Gesellschafter bei Fortbestehen der Gesellschaft für die Dauer von zwei Jahren nach dem Ausscheiden fort. [56]**
3. **Die Gesellschafter können durch Beschluss mit einer Mehrheit von 75 % der abgegebenen Stimmen Ausnahmen von diesem Wettbewerbsverbot gestatten.**
4. **Verstößt ein Gesellschafter während der Dauer seiner Mitgliedschaft in der Gesellschaft gegen das Wettbewerbsverbot gemäß Abs. 1, gibt er damit Anlass, ihn aus wichtigem Grund aus der Gesellschaft auszuschließen. Nach dem Ausscheiden aus der Gesellschaft hat der ausgeschiedene Gesellschafter für jeden Verstoß gegen das Wettbewerbsverbot gemäß Abs. 2 eine Vertragsstra-**

fe von ____________ € (in Worten: ____________ Euro) an die Gesellschaft zu zahlen. Das Recht, Schadensersatz oder Unterlassung zu verlangen, wird durch den Ausschluss aus der Gesellschaft oder die Zahlung der Vertragsstrafe nicht berührt. [57]

§ 15 Gründungsaufwand [58]

Die mit der Gründung der Gesellschaft verbundenen Kosten (Notar-, Gerichts- und Veröffentlichungskosten sowie etwaige Kosten der Rechts- und/oder Steuerberatung im Zusammenhang mit der Gründung) werden bis zu einem Gesamtbetrag in Höhe von ____________ € von der Gesellschaft getragen. Einen darüber hinausgehenden Gründungsaufwand tragen die Gründungsgesellschafter im Verhältnis ihrer Geschäftsanteile.

§ 16 Schlussbestimmungen [59]

1. Sollte eine Bestimmung dieses Gesellschaftsvertrages oder eine künftig in ihn aufgenommene Bestimmung ganz oder teilweise unwirksam oder undurchführbar sein, oder werden so wird die Rechtsgültigkeit der übrigen Bestimmungen davon nicht berührt. Die Parteien sind in einem solchen Fall verpflichtet, die unwirksame oder undurchführbare Bestimmung im Wege der Satzungsänderung durch eine wirksame und durchführbare Bestimmung zu ersetzen, welche dem Sinn und Zweck der unwirksamen oder undurchführbaren Bestimmung so nahe wie möglich kommt. Soweit sich herausstellen sollte, dass dieser Gesellschaftsvertrag unbeabsichtigte Lücken enthält, sind die Parteien verpflichtet, zur Schließung der unbeabsichtigten Lücken ergänzende Satzungsbestimmungen zu vereinbaren, welche sie nach Sinn und Zweck dieses Gesellschaftsvertrages gewollt und von Anfang an vereinbart hätten, wenn sie den von der Lücke betroffenen Punkt bereits bei Abschluss des Gesellschaftsvertrages bedacht hätten. Betrifft der Mangel notwendige Bestandteile des Gesellschaftsvertrages, ist eine solche Regelung nach Maßgabe des § 53 Abs. 2 GmbHG zu vereinbaren.
2. Alle das Gesellschaftsverhältnis betreffenden Vereinbarungen zwischen den Gesellschaftern oder zwischen der Gesellschaft und den Gesellschaftern bedürfen zu ihrer Wirksamkeit der Schriftform, soweit nicht kraft Gesetzes notarielle Beurkundung vorgeschrieben ist. Dies gilt auch für einen etwaigen Verzicht auf das Erfordernis der Schriftform.
3. Der Vertrag unterliegt dem Recht der Bundesrepublik Deutschland.
4. Gerichtsstand und Erfüllungsort für alle Verpflichtungen aus diesem Vertrag ist, soweit kein anderer gesetzlicher Gerichtsstand besteht, der Sitz der Gesellschaft.

Template

Articles of Association of AB GmbH [1] 345

Section 1 Company and Registered office

1. The Company conducts its business activities under the name AB GmbH [2].
2. The Company´s registered office is ____________ [3].

Section 2 Purpose of the Company

1. **The purpose of the Company is ___________ [4] as well as to engage in all related business activities.**

2. **The Company is allowed to engage in all business dealings that are deemed suitable to directly or indirectly serve the business purpose.**

3. **The Company may set up branch offices, establish other companies, participate in other companies, take over the management and personal liability of another firm and conclude enterprise agreements with other companies. [5]**

Section 3 Duration of the Company and Financial Year

1. **The Company is established for an indefinite period. [6]**

2. **The financial year corresponds to the calendar year. The first financial year is a short financial year, beginning with entry in the Commercial Register and ending on December 31 following entry in the Commercial Register. [7]**

Section 4 Notices

The Company shall make notices exclusively in the Federal Gazette (Bundesanzeiger). [8]

Section 5 Share Capital, Company Shares, Capital Contributions of the Shareholders

1. **The share capital of the Company is 25,000.00 € (in words: twenty five thousand Euros). [9]**

2. **Thereof, the shareholders shall take over shares as follows: [10]**

Shareholder A: Company share at the nominal value of 15,000 € (in words: Fifteen thousand Euros) (»Company share 1«) [11], representing 60 % of the share capital. [12]

Shareholder B: Company share at the nominal value of 6,250 € (in words: Six thousand two hundred and fifty Euros) (»Company share 2«), representing 25 % of the share capital.

Shareholder C: Company share at the nominal value of 3,750 € (in words: Three thousand seven hundred and fifty Euros) (»Company share 3«), representing 15 % of the share capital.

3. ***The shareholders are to pay in the capital contributions in cash [13]. These are to be paid in immediately. [14]***

Section 6 Disposition of Company Shares [15]

1. **The disposition of Company shares or parts of shares in the Company requires for its validity the prior written consent of the shareholders´ meeting with a 75 % majority of the votes submitted. [16]**
2. **For the case involving the sale of a Company share or portions of a share by a shareholder, the remaining shareholders have a right of pre-emption. The shareholders are entitled to pre-emptive rights in proportion to the nominal amount of the Company shares held by them in relation to each other. [17] The right of pre-emption can only be exercised through a written statement to the seller within one month from receipt of the communication. If the shareholder does not exercise his pre-emptive rights, the pre-emptive rights of the**

others increase in proportion to the nominal amount of Company shares held by them in relation to each other.

3. **In case of a sale of a Company share or a portion of Company shares to shareholders, the other shareholders and the Company are required to grant their approval to the sale.**

Section 7 Management and Representation

1. **The Company has one managing director. The shareholder A is authorized to appoint and dismiss the managing director. [18]**
2. **The rights and obligations of the managing director derive from the law, the employment contract, the management rules of procedure and the instructions issued by the shareholders.**
3. **The managing director solely represents the Company externally. The Managing Director can also be exempted by shareholder resolution from the restrictions of Section 181 German Civil Code (BGB). [19]**

Section 8 Shareholders´ Meeting

1. ***The shareholders´ meeting is called by the managing director by means of a registered letter, with notification of the agenda. [20] The meeting can also be called via fax or e-mail [21] if no shareholder objects to this form of invitation.***

The invitation to the ordinary shareholders´ meeting is to be accompanied by the annual financial statements, the management report, and any audit report by the statutory auditors. [22]

The notice period for ordinary shareholders´ meetings is four weeks, for extraordinary shareholders´ meetings two weeks, and it begins with the dispatch of the invitation by mail, the personal delivery or delivery by courier, whereby the day sent or delivered and the day of the meeting are not counted. [23]

Shareholder A is solely entitled to call a meeting. Shareholders B and C may also request that A call a shareholder´s meeting, however. In the event that A refuses to call a shareholders´ meeting within a reasonable period, shareholders B and C are themselves entitled to call a shareholders´ meeting. [24]

2. **The shareholders´ meetings take place at the Company´s registered office. [25] If all shareholders agree, a shareholders´ meeting may also be convened per videoconference. [26]**
3. **In lieu of the resolution in a shareholders´ meeting, a written, e-mail or fax, telephone or telegraphic vote is permitted, if no shareholders object to such a procedure. [27]**

A written, e-mail or fax, telephone, or telegraphic vote is not permissible if it is intended to be used for amending the Articles of Association or if another form is prescribed by law. [28]

Section 9 Shareholder Resolutions

1. **The shareholders decide their resolutions in shareholders´ meetings.**
2. **The Shareholders´ Meeting shall have a quorum if at least 75 % of the share capital is present or represented. [29] If the shareholders´ meeting does not form a quorum, a new shareholders´ meeting is to be called immediately, which then shall form a quorum without consideration of the number of shareholders present. This is to be pointed out in the invitation to the shareholders´ meeting.**

3. The voting occurs according to Company shares. An investment of each ___________ € (in words: ___________ Euros) in the share capital of the Company grants one vote. [30] Each shareholder is only allowed to exercise his right to vote uniformly for the Company shares held by him. [31]

4. The shareholders´ meeting is competent for all decisions assigned to it by law or by the Articles of Association. As such, the shareholders´ meeting generally decides resolutions by a 75 % majority of the votes submitted. [32] The following resolutions (4. a–e), however, require unanimous decision of the votes cast: [33]

a. Amendments to the Articles of Association,

b. Increase of share capital and issue of new Company shares,

c. Conversions as well as the conclusion of enterprise agreements with other companies,

d. Dissolution of the Company and its consequences,

e. Sale of all or essential assets of the Company.

5. In addition, the shareholders´ meeting decides on:

a. approval of the annual financial statements of the Company and decision on the allocation of net income,

b. appointment of the statutory auditors, to the extent that auditors are to be appointed as prescribed by the Commercial Code,

c. All other decisions which are assigned to the shareholders´ meeting as mandated by law.

6. To the extent the law does not mandate notarial attestation, a secretary is designated in each shareholders´ meeting, who keeps a written record of the resolutions adopted in the shareholders´ meeting and makes it available to the shareholders within two (2) weeks after the shareholders´ meeting. [34]

7. Each shareholder may be represented at the shareholders´ meeting by an authorized representative in writing or a member of the legal or tax accounting professions or an auditor who is legally bound to secrecy. [35]

8. Shareholder resolutions can only be contested within a period of one (1) month. The period begins with the day upon receipt of the minutes in which the contested resolution is documented. [36]

Section 10 Annual financial statements and Appropriation of earnings

1. The annual financial statements (balance sheet, along with the profit and loss statement) is to be prepared by the managing director in accordance with the provisions of the Commercial Code and the shareholders together with an audit report by the statutory auditor – if the annual financial statements and the management report are to be audited by a statutory auditor – within the first three (3) months [37] of a financial year.

2. The shareholders decide within eight (8) months [38] of the current financial year on the approval of the annual financial statements and the discharge of the managing directors for the past financial year – if the annual financial statements and the management report are to be audited by a statutory auditor – and on the selection of the statutory auditor for the current year.

3. **The shareholders decide by majority of 75 % of the votes submitted on the appropriation of the balance sheet profit in compliance with the provisions of Section 29 Limited Liability Company Act (GmbHG).** [39]

Section 11 Giving Notice of Termination [40]

1. **Each shareholder has the right to give proper notice of termination to the Company with a period of six months to the end of any financial year. This shall not affect the right of each shareholder to resign without notice for good cause.** [41]
2. **The notice of termination is to be made by registered letter to the Company or to be handed over personally to one of the managing directors (under no circumstances, however, to oneself).**
3. **Upon termination from the Company, the Company is not dissolved, but rather continued by the remaining shareholders, to the extent that they do not decide to dissolve the Company within three (3) months after receiving the termination.** [42]
4. **The withdrawing shareholder is obliged to tolerate the redemption of his Company share pursuant to Section 12 or to transfer the Company share according to Section 12 No. 6, to the extent this is decided by the shareholders´ meeting instead of redemption. The Company share of the resigned shareholder is to be compensated in each case in accordance with Section 13.**
5. **If the takeover of the Company shares of the withdrawing shareholder pursuant to para. 4 does not occur not within a period of three (3) months after receipt of the termination, the terminating shareholder is entitled to sell his shares freely without requiring consent according to Section 6.**
6. **The voting right of the shareholder who has submitted a termination to the Company shall remain dormant from the time the termination letter has been received by the Company.** [43]

Section 12 Redemption of Company Shares [44]

1. **The shareholders may approve the redemption of Company shares if the concerned shareholder and the Company consent.**
2. **The shareholders may approve the redemption of Company shares, without requiring the consent of the shareholder concerned and the Company if** [45]
   a. **liens are placed on the shareholder´s Company shares or bankruptcy proceedings are opened on his assets or the opening of such proceedings is denied due to lack of assets,**
   b. **the shareholder – irrespective of corresponding reasons – declares his withdrawal from the Company in writing,**
   c. **the shareholder disposes over his Company shares against Section 6 No. 1 without consent of the other shareholder,**
   d. **the shareholder has given cause for excluding him from the Company for good reason.**
3. **The redemption can only be decided by the shareholders within a period of three (3) months after learning that the above-mentioned condition has occurred.** [46]

4. **The redemption of shares is decided by shareholder resolution. The shareholder concerned has no vote in this.** [47] **To the extent legally permissible, the redemption becomes immediately effective upon the announcement or rather the receipt of the resolution of redemption by the concerned shareholder, independent of the payment of the compensation pursuant to Section 13.** [48] **From the day the redemption resolution is adopted, up to the date when the redemption becomes effective, the voting rights allocated to the shares to be redeemed shall remain dormant.**
5. **The re-issue of a redeemed Company share is permissible.** [49] **It occurs through unanimous shareholder resolution.**
6. **Instead of redemption of the Company shares pursuant to Section 12 No. 1 and 2, the shareholders´ meeting can decide by a 75 % majority of votes – without the voting right of the withdrawing shareholder – that part or all of the relevant Company shares be transferred to the Company or one or several third parties specified by the shareholders´ meeting (including additional shareholders), specifically in such as way that the Company shares are partially redeemed and otherwise assigned to the Company or the third party or parties.**
7. **The redemption occurs in exchange for payment of compensation. The amount of this compensation is governed by Section 13 of this agreement.**

Section 13 Compensation [50]

1. **The compensation for the redeemed or transferred Company shares corresponds to their market value.** [51]
2. **The market value of the Company shares is determined by the Company´s auditor. The Company shall bear the costs incurred due to the valuation of the redeemed Company shares. To the extent the Company does not have a statutory auditor, the shareholders shall jointly appoint an auditor. If the shareholders are unable to agree on an auditor within four (4) weeks, the Company is obliged to call upon the ____________ Chamber of Industry and Trade to designate an appropriate auditor.** [52]
3. **The Company shall disburse the compensation payment in three equal installments. The first installment must be paid within six (6) months after the redemption resolution. Each additional installment is due one (1) year after the payment date of the previous installment and subject to interest at ____________ percentage points per annum above the relevant base interest rate from the resignation date. The interest is paid at the same time with the appropriate installment. The Company has the right to pay the compensation at any time in full or in part prior to the due date and to offset it with payments due in the future.** [53]
4. **The shareholder concerned has no entitlement to the provision of collateral.**
5. **Section 13 No. 1 to 4 applies accordingly if the shareholders´ meeting, instead of redemption, calls for the transfer of the Company shares to the Company or to a third party designated by the shareholders´ meeting pursuant to Section 12 No. 6, whereby the transferee involved owes the compensation as payment for the transferred Company shares.**

Section 14 Non-competition clause [54]

1. **The shareholders and the managing director of the Company are obliged during their tenure with the Company to refrain from directly or indirectly ope-**

rating or supporting any enterprises or participating in, acquiring or engaging in any employment on behalf of enterprises that may be in competition with the Company in the market for ___________ in ___________. Excluded from this are only purely capitalist minority interests in other companies without influence on their management, without activity in the enterprise and without possibility to control them or to take influence on their entrepreneurial decisions in any other way. [55]

2. For an exiting shareholder, this obligation exists for a period of two years after exit if the Company remains in business. [56]

3. The shareholders, through resolution by majority of 75 % of the votes submitted, may decide on exceptions to this non-competition clause.

4. If a shareholder is in breach of the non-competition clause pursuant to para. 1 during his tenure with the Company, this constitutes good cause for excluding him from the Company. After being excluded from the Company, the excluded shareholder shall pay a contractual penalty of ___________ € (in words: Euros) to the Company for each breach of the non-competition clause. The right to seek claims for damages or injunctive relief shall remain unaffected by the exclusion from the Company or the payment of the contractual penalty. [57]

Section 15 Formation Expenses [58]

Costs associated with the formation of the Company (notary costs, court costs and publication costs as well as any costs for legal and/or tax advice in connection with the formation) shall be borne by the Company up to a total amount of ___________ €. Formation expenses exceeding this amount shall be borne by the founding shareholders at the ratio of their shareholdings.

Section 16 Final provisions [59]

1. Should any provision of these Articles of Association, or any future provision adopted in them, be or become invalid or unenforceable in part or whole, this shall not affect the legal validity of the remaining provisions. In such a case, the parties are obliged, through amendment of the Articles of Association, to replace the invalid or unenforceable provision with a valid and enforceable provision that most closely fulfills the intent and purpose of the invalid or unenforceable provision. In case any unintentional gaps should be discovered in these Articles of Association, the parties are obliged to close the unintentional gaps by agreeing upon supplementary provisions to the Articles of Association, which according to the intent and purpose of this shareholder agreement, they would have intended and agreed upon from the beginning, had they considered the item affected by the gap already upon concluding the Articles of Association. If the deficiency affects essential components of the Articles of Association, such a resolution is to be agreed as specified by Section 53 para. 2 German Limited Liability Company Act (GmbHG).

2. All agreements affecting the shareholder relationship between the shareholders or between the Company and the shareholders require the written form for their validity, to the extent that notarial attestation is not mandatory by law. This also applies to any waiver of the written form requirement.

3. The agreement is subject to the law of the Federal Republic of Germany.

4. The jurisdiction and place of performance for all obligations arising from this agreement is the Company´s registered office, to the extent that no other registered office exists.

Erläuterungen

Literatur: *Kallrath,* Gesellschaftsvertrag der GmbH bei Beteiligung von Minderheitsgesellschaftern, MittRhNotK 1999, 325; *Priester,* Aktuelle Gestaltungsfragen bei GmbH-Verträgen, DStR 1992, 254; *Rudersdorf,* Wettbewerbsverbote in Gesellschafts- und Unternehmenskaufverträgen, RNotZ 2011, 509, 515 ff.; *Wilde,* Anteilserwerb an einer GmbH durch einen Wettbewerber bei bestehendem Wettbewerbsverbot für die Gesellschafter der GmbH, NZG 2010, 252, 253; *von Rechenberg/Ludwig,* Kölner Handbuch Handels- und Gesellschaftsrecht, 4. Aufl. 2017.

346 **1.** Dazu Muster A 18 (Rdn. A 241).

347 **2.** Dazu Muster A 18 (Rdn. A 242 f.).

348 **3.** Dazu Muster A 18 (Rdn. A 244).

349 **4.** Dazu Muster A 18 (Rdn. A 245).

350 **5.** Dazu Muster A 19 (Rdn. A 272).

351 **6.** Dazu Muster A 18 (Rdn. A 246).

352 **7.** Dazu Muster A 18 (Rdn. A 247).

353 **8.** Dazu Muster A 18 (Rdn. A 248 f.).

354 **9.** Dazu Muster A 18 (Rdn. A 250).

355 **10.** Dazu Muster A 18 (Rdn. A 251 f.).

356 **11.** Dazu Muster A 18 (Rdn. A 253).

357 **12.** Wie in Muster A 18 (Rdn. A 254) ausgeführt, ist die Angabe der Geschäftsanteile in Prozentsätzen nicht erforderlich. Gerade in einer Konstellation wie der vorliegenden kann die Angabe jedoch zur Vereinfachung insbesondere im Hinblick auf die Erreichung der in dem Gesellschaftsvertrag festgelegten Mehrheitserfordernisse für Gesellschafterbeschlüsse relevant sein. Allerdings ist stets zu beachten, dass bei einer Änderung des Stammkapitals die Angabe der Prozentsätze entsprechend anzupassen ist.

358 **13.** Dazu Muster A 18 (Rdn. A 255).

359 **14.** Gemäß § 7 Abs. 2 GmbHG muss zum Zeitpunkt der Anmeldung der Gesellschaft zum Handelsregister auf jeden Geschäftsanteil, für den Geldeinlagen vereinbart sind, mindestens ein Viertel des Nennbetrages eingezahlt worden sein, insgesamt jedoch mindestens die Hälfte des Mindeststammkapitals, mithin 12.500 €. Im vorliegenden Muster ist die Verpflichtung der Gesellschafter zur sofortigen Erbringung ihrer Einlagen in voller Höhe vorgesehen. Dies hat für die Gesellschaft den Vorteil, dass bereits zu Beginn das Stammkapital in voller Höhe vorhanden ist.

Die Zahlung auf die Einlageschuld des Gesellschafters bewirkt nur dann die Erfüllung der Einlageschuld, wenn sie tatsächlich, vollwertig, unbeschränkt und definitiv dem Vermögen der Gesellschaft zufließt (OLG München, MittayNot 2017, 286). Eine Erfüllungswirkung bezüglich der Einlageschuld kann insoweit zwar auch durch eine Zahlung an den Geschäftsführer als Gläubiger der Gesellschaft aufgrund eines Vergütungsanspruchs eintreten, allerdings nur dann, wenn diesbezüglich eine hinreichende Bestimmtheit der Drittforderung vorliegt und eine ausdrückliche Tilgungsbestimmung bezogen auf diese Schuld getroffen ist (OLG München, a.a.O.). Die Aushändigung von Bargeld an den Geschäftsführer und Mitgesellschafter, der sich in »desolater finanzieller Situation befindet« und das Geld für seinen Lebensunterhalt benötigt, stellt jedenfalls keine Erfüllung der Einlageschuld dar, auch wenn die Kassenabrechnung und das Kassenzählprotokoll entsprechende Eintragungen enthalten zufließt (OLG München, a.a.O.).

360 **15.** Dazu Muster A 18 (Rdn. A 258 f.).

16. Dazu Muster A 18 (Rdn. A 260). Die für die Veräußerung erforderliche Mehrheit der Zustimmung der Gesellschafter kann bei der hier gewählten Regelung von 75 % entweder durch die Stimmen von A und B gemeinsam oder durch die Stimmen von A und C gemeinsam herbeigeführt werden. Diese Regelung ist jedoch nicht zwingend. So kann in dem Gesellschaftsvertrag ebenso ein an die Umstände und Bedürfnisse des Einzelfalls angepasstes, abweichendes Mehrheitserfordernis bestimmt werden. 361

Weiterhin ist zu beachten, dass in dem vorliegenden Muster auch der Gesellschafter, der über seine Geschäftsanteile verfügen möchte, stimmberechtigt ist. Ist dies nicht gewollt, muss der Gesellschaftsvertrag den betreffenden Gesellschafter von der Abstimmung ausschließen. Zudem kann auch geregelt werden, dass der Geschäftsanteil nur im Ganzen veräußert werden kann. Dies bedarf jedoch ebenso einer ausdrücklichen Regelung im Gesellschaftsvertrag, wie auch eine Bestimmung in Bezug auf die Zählweise der Stimmen. § 47 Abs. 2 GmbHG stellt auf die abgegebenen Stimmen ab. Dies bedeutet, dass nur die Stimmen Grundlage der Entscheidung sind, die in der Gesellschaftsversammlung vertreten sind. Demgegenüber kann der Gesellschaftsvertrag auch vorsehen, dass *alle* Stimmen zählen. Dabei ist jedoch zu berücksichtigen, dass eine solche Regelung aufgrund der notwendigen Beteiligung aller Gesellschafter zu erheblichen praktischen Problemen führen kann. In einem solchen Fall empfiehlt es sich daher, auch Regelungen vorzusehen, um Stimmblockaden zu vermeiden bzw. aufzulösen. Ein dahingehender üblicher Lösungsmechanismus besteht etwa darin, eine Regelung in den Gesellschaftsvertrag aufzunehmen, wonach die Gesellschaftsversammlung mit gleicher Tagesordnung wiederholt wird (vgl. z.B. § 9 Abs. 2 in diesem Muster). Bei einer solchen Regelung empfiehlt sich weiterhin eine kurze Frist bis zur Abhaltung der zweiten Gesellschaftsversammlung. 362

17. Der vorliegende Gesellschaftsvertrag begründet für den Fall, dass ein Gesellschafter über seine Geschäftsanteile verfügen möchte, ein Vorkaufsrecht für die anderen Gesellschafter (dazu im Einzelnen Michalski/*Ebbing* § 15 Rn. 68 ff. m.w.N.; Scholz/*Seibt* § 15 Rn. 117). Ohne nähere Ausgestaltung im Gesellschaftsvertrag gelten die Vorschriften des BGB (von Rechenberg/Ludwig/*Schultze-Petzold* 13. Kap. Rn. 417). 363

Im vorliegenden Fall bestimmt sich das Vorkaufsrecht der Gesellschafter nach dem Verhältnis der Nennbeträge ihrer Geschäftsanteile. Beispiel: A möchte seinen Geschäftsanteil verkaufen; B und C möchten ihr Vorkaufsrecht ausüben. Dies hätte zur Folge, dass der Anteil von B von 25 % um 37,5 % auf 62,5 % anwächst. Der Anteil von C von 15 % um 22,5 % auf 37,5 %. Damit wären B und C im Verhältnis untereinander unter Herausrechnung des Anteils von A wieder so am Stammkapital beteiligt, wie vor der Veräußerung durch A. 364

18. Die Ausgestaltung der Geschäftsführung sollte individuell dem Einzelfall entsprechend geregelt werden. Die in dem Formular vorgesehene Einzelgeschäftsführungsbefugnis zugunsten des Mehrheitsgesellschafters A ist keinesfalls zwingend. Durch diese Regelung erlangt der Mehrheitsgesellschafter eine sehr starke Position im Verhältnis zu den Minderheitsgesellschaftern, in dem er die Möglichkeit erhält, die Geschäfte der Gesellschaft maßgeblich allein zu bestimmen. 365

Davon abweichend kann der Gesellschaftsvertrag vorsehen, dass die Gesellschaft mehrere Geschäftsführer hat, von denen A einen und B und C gemeinsam den anderen bestimmen. Weiterhin kann auch jeder Gesellschafter einen Geschäftsführer bestimmen (zu den verschiedenen Gestaltungsmöglichkeiten ausführlich *Kallrath* MittRhNotK 1999, 325, 327 f.). Entscheidend sind wiederum die Bedürfnisse des Einzelfalls. 366

19. Der Geschäftsführer ist nach diesem Muster auch zur alleinigen Vertretung der Gesellschaft befugt. In der Praxis bedeutet dies, dass die Gesellschaft von dem Mehrheitsgesellschafter A nach außen vertreten wird. Ist dies nicht gewollt, muss der Gesellschaftsvertrag eine abweichende Regelung treffen. Vgl. zu § 181 BGB und der Möglichkeit der Befreiung des Geschäftsführer von diesen Beschränkungen Muster A 18 (Rdn. A 262). 367

20. Gemäß § 50 Abs. 2 GmbHG haben die Gesellschafter, deren Geschäftsanteile zusammen mindestens 10 % des Stammkapitals entsprechen, das Recht, zu verlangen, dass bestimmte Gegen- 368 stände in die Tagesordnung der Gesellschafterversammlung aufgenommen werden. Dieses gesetzliche Minderheitenrecht darf durch den Gesellschaftsvertrag nicht eingeschränkt, kann jedoch erweitert werden (*Kallrath* MittRhNotK 1999, 325, 328; Roth/Altmeppen/*Roth* § 50 Rn. 4; Lutter/Hommelhoff/*Bayer* § 50 Rn. 4). Daher kann im Einzelfall, wenn ein über den gesetzlich bestimmten hinausgehender Minderheitenschutz gewährt werden soll, eine Quote unter 10 % in dem Gesellschaftsvertrag festgeschrieben werden. Dies ist insbesondere bei Gesellschaften zu empfehlen, in denen der Mehrheitsgesellschafter mehr als 90 % des Stammkapitals hält.

369 **21.** Dazu Muster A 19 (Rdn. A 292).

370 **22.** Dazu Muster A 19 (Rdn. A 293).

371 **23.** Dazu Muster A 19 (Rdn. A 294).

372 **24.** Gemäß § 49 Abs. 1 GmbHG wird die Gesellschafterversammlung durch den Geschäftsführer einberufen. Davon kann der Gesellschaftsvertrag eine abweichende Regelung treffen (von Rechenberg/Ludwig/*von Wedel* 13. Kap. Rn. 975; Baumbach/Hueck/*Noack* § 49 Rn. 9). In dem vorliegenden Muster ist der Mehrheitsgesellschafter A allein einberufungsberechtigt. Zum Schutz der Minderheitsgesellschafter B und C sieht der Gesellschaftsvertrag jedoch das Recht vor, entweder von A die Einberufung der Gesellschafterversammlung zu verlangen oder dies selbst zu tun. Dieser Gedanke ist in § 50 Abs. 3 GmbHG geregelt (zu den Einzelheiten vgl. Michalski/*Römermann* § 50 Rn. 57 ff.). Damit soll verhindert werden, dass der Mehrheitsgesellschafter eine Einberufung der Gesellschafterversammlung verhindern kann.

373 **25.** Dazu Muster A 19 (Rdn. A 296). Diese Regelung dient auch dem Schutz der Minderheitsgesellschafter, da dadurch nicht allein der Mehrheitsgesellschafter eine Verlegung der Gesellschaftsversammlung beschließen kann.

374 **26.** Dazu Muster A 19 (Rdn. A 297).

375 **27.** Auch diese Regelung dient dem Schutz der Minderheitsgesellschafter, da dadurch verhindert wird, dass der Mehrheitsgesellschafter eine andere Form der Abstimmung ohne Zustimmung der anderen Gesellschafter erzwingen kann. Dies gilt ebenfalls für die Abstimmung per Videokonferenz (§ 8 Nr. 2 des Gesellschaftsvertrages).

376 **28.** Dazu Muster A 19 (Rdn. A 298).

377 **29.** Dazu Muster A 19 (Rdn. A 299). Das vorliegende Muster legt die Grenze für die Beschlussfähigkeit der Gesellschafterversammlung auf die Anwesenheit bzw. Vertretung von 75 % des Stammkapitals fest. Dies ist nicht zwingend. Das GmbHG selbst enthält keine Bestimmungen über die Beschlussfähigkeit der Gesellschafterversammlung. Dies hat zur Folge, dass, solange in dem Gesellschaftsvertrag keine Regelung getroffen ist, eine ordnungsgemäß einberufene Gesellschafterversammlung bereits dann beschlussfähig ist, wenn auch nur ein Gesellschafter anwesend (oder ordnungsgemäß vertreten) ist.

378 Mit der hier gewählten Grenze von 75 % des Stammkapitals soll sichergestellt werden, dass die Gesellschafterversammlung nur dann beschlussfähig sein soll, wenn mindestens der Mehrheitsgesellschafter und einer der Minderheitsgesellschafter anwesend oder vertreten sind.

379 **30.** Dazu Muster A 19 (Rdn. A 300).

380 **31.** Dazu Muster A 19 (Rdn. A 301).

381 **32.** Dazu Muster A 19 (Rdn. A 302). Zum Schutz der Minderheitsgesellschafter sieht das vorliegende Muster vor, dass die Gesellschafterversammlung grundsätzlich mit einer Mehrheit von 75 % der abgegebenen Stimmen beschließt. Damit wird verhindert, dass der Mehrheitsgesellschafter allein, ohne Mitwirkung mindestens eines der Minderheitsgesellschafters, Gesellschafterbeschlüsse fassen kann. Zu Gestaltungsfragen in Bezug auf das grundsätzlich geltende Mehrheitsprinzip vgl. im Übrigen ausführlich *Blath*, RNotZ 2017, 218.

33. Diese gesellschaftsvertragliche Regelung, wonach statusändernde Beschlüsse der Zustimmung aller Gesellschafter bedürfen, dient vor allem dem Schutz der Minderheitsgesellschafter. Damit soll verhindert werden, dass der Mehrheitsgesellschafter allein oder gemeinsam mit nur einem der Minderheitsgesellschafter entsprechende besonders relevante Beschlüsse für die Gesellschaft (z.B. Änderung des Gesellschaftsvertrages, Auflösung der Gesellschaft, Abschluss von Unternehmensverträgen, Umwandlungen, etc.) fassen kann. Allerdings ist bei der hier vorgeschlagenen Regelung zu bedenken, dass eine einstimmige Beschlussfassung in der Praxis oftmals schwierig herbeizuführen ist. 382

34. Dazu Muster A 19 (Rdn. A 304). 383

35. Dazu Muster A 19 (Rdn. A 306). 384

36. Dazu Muster A 19 (Rdn. A 307 ff.). 385

37. Dazu Muster A 19 (Rdn. A 310). 386

38. Dazu Muster A 19 (Rdn. A 311). 387

39. Dazu Muster A 19 (Rdn. A 312). 388

40. Dazu Muster A 19 (Rdn. A 313). 389

41. Dazu Muster A 19 (Rdn. A 314) sowie Muster J 7 (Rdn. J 42 ff.) und Muster J 8 (Rdn. J 46 ff.). 390

42. Dazu Muster A 19 (Rdn. A 315). 391

43. Dazu Muster A 19 (Rdn. A 316) und Muster J 7 (Rdn. J 45). 392

44. Dazu Muster A 19 (Rdn. A 317). 393

Für weitergehende Erläuterungen zur Einziehung mit einem leicht abgewandelten Formulierungsvorschlag für eine Einziehungsklausel siehe Muster J 1 (Rdn. J 1 ff.).

45. Dazu Muster A 19 (Rdn. A 319). 394

46. Dazu Muster A 19 (Rdn. A 320). 395

47. Dazu Muster A 19 (Rdn. A 321). 396

Ein Formulierungsvorschlag für einen Einziehungsbeschluss der Gesellschafterversammlung findet sich nebst Erläuterungen in Muster J 2 (Rdn. J 10 ff.).

Ein Formulierungsvorschlag für die Mitteilung des Einziehungsbeschlusses an den Gesellschafter findet sich nebst Erläuterungen in Muster J 3 (Rdn. J 16 ff.).

48. Dazu Muster A 19 (Rdn. A 324 ff.). 397

49. Dazu Muster A 19 (Rdn. A 327). 398

50. Dazu Muster A 19 (Rdn. A 329). 399

51. Dazu Muster A 19 (Rdn. A 334). 400

52. Dazu Muster A 19 (Rdn. A 335). 401

53. Dazu Muster A 19 (Rdn. A 336). 402

54. Ein dem § 112 HGB vergleichbares gesetzliches Wettbewerbsverbot enthält das GmbHG nicht. Allerdings wird auch ohne entsprechende Regelung im Gesellschaftsvertrag ein Wettbewerbsverbot zu Lasten von Geschäftsführern der Gesellschaft während der Dauer ihres Amtes, von Mehrheitsgesellschaftern und von Gesellschaftern mit Beherrschungsmacht angenommen (Roth/Altmeppen/*Altmeppen* § 13 Rn. 46 ff. m.w.N.; Michalski/*Funke* § 13 Rn. 238; *Wilde* NZG 2010, 252, 253; für den Geschäftsführer Baumbach/Hueck/*Noack* § 35 Rn. 41 f., 195; Lutter/Hommelhoff/*Kleindiek* Anh. zu § 6 Rn. 21). Im Übrigen sind die Gesellschafter hingegen allein aufgrund ihrer Gesellschafterstellung nicht zur Unterlassung von Wettbewerb im Unternehmensbereich verpflichtet (Roth/Altmeppen/*Roth* § 3 Rn. 37 und § 13 Rn. 45). 403

404 Bei der Vereinbarung von Wettbewerbsverboten ist im Übrigen stets zu berücksichtigen, dass diese sich am Kartellverbot des § 1 GWB messen lassen müssen (vgl. dazu etwa Scholz/*Cziupka* § 3 Rn. 84; Roth/Altmeppen/*Roth* § 3 Rn. 38 sowie *Wilde* NZG 2010, 252, 253). Soll ein Wettbewerbsverbot in dem Gesellschaftsvertrag geregelt werden, ist dies nach neuerer Rechtsprechung (BGH NZG 2010, 76; OLG Frankfurt a.M. NZG 2009, 903) nur unter besonderen Voraussetzungen möglich. § 1 GWB bzw. Art. 101 Abs. 1 AEUV (Abk. für Vertrag über die Arbeitsweise der Europäischen Union) sind nicht anwendbar, wenn das Wettbewerbsverbot als Nebenbestimmung eines im Übrigen kartellrechtsneutralen Gesellschaftsvertrages verhindern soll, dass einzelne Gesellschafter die ihnen aufgrund ihrer Mehrheitsbeteiligung oder infolge gesellschaftsvertraglich eingeräumter Sonderrechte zukommende Beherrschungsmacht ausnutzen können, um ihre eigene Wettbewerbsposition zum Nachteil der Gesellschaft zu stärken (BGH NZG 2010, 76). Für eine Beherrschungsmacht infolge gesellschaftsvertraglich eingeräumter Sonderrechte reicht aus, dass die Gesellschafter gegen einzelne für das strategische Marktverhalten der Gesellschaft wichtige Entscheidungen (insbesondere Besetzung der Unternehmensleitung, Finanzplanung, Geschäftsplan, Investitionen) ein Veto einlegen können. Wettbewerbsverbote zu Lasten der Gesellschafter sind daher nur dann erforderlich, wenn sie Vorsorge für den Fall treffen, dass ein Gesellschafter das Unternehmen von innen her aushöhlt oder gar zerstört und damit einen leistungsfähigen Wettbewerber zur Stärkung seiner eigenen Wettbewerbsposition ausschaltet (OLG Frankfurt a.M. NZG 2009, 903; OLG Düsseldorf WuW/E DR-R 2166, 2168 – Anzeigenblatt GU).

405 **55.** Das Wettbewerbsverbot ist sachlich, räumlich und zeitlich auf das zur Erreichung des Gesellschaftszwecks Erforderliche zu beschränken. Daher bedarf es einer Umschreibung des sachlich bzw. räumlich relevanten Marktes im Hinblick auf den Tätigkeitsbereich der Gesellschaft. Zu den Voraussetzungen von vertraglichen Wettbewerbsverboten in GmbH-Gesellschaftsverträgen siehe im Einzelnen auch *Rudersdorf*, RNotZ 2011, 509, 515 ff.

Eine gesellschaftsvertragliche Regelung oder eine Regelung im Anstellungsvertrag, die ein Wettbewerbsverbot des Gesellschafter-Geschäftsführers vorsieht, muss außerdem stets im Lichte von Artikel 12 Absatz 1 GG ausgelegt werden; sie erfasst daher ihrem rechtlich unbedenklichen Sinn und Zweck nach, die Gesellschaft vor der Aushöhlung von innen her zu schützen, im Regelfall nicht den rein kapitalistischen Erwerb einer Minderheitsbeteiligung an einem Konkurrenzunternehmen und ist ggf. entsprechend einschränkend auszulegen (OLG Stuttgart, NZG 2017, 582). Rein kapitalistische Minderheitsbeteiligungen eines Gesellschafter-Geschäftsführers an einer Konkurrenzgesellschaft ohne Einfluss auf deren Geschäftsführung, ohne Tätigkeit im Unternehmen und ohne Möglichkeit, dieses zu beherrschen oder Einfluss auf unternehmerische Entscheidungen zu nehmen, sind daher im Regelfall unbedenklich und von der sachlichen Reichweite eines Wettbewerbsverbots des Gesellschafter-Geschäftsführers nicht umfasst (so ausdrücklich OLG Stuttgart, NZG 2017, 582 und ganz ähnlich OLG Hamm, GmbHR 2017, 245). Dem trägt die einschränkende Formulierung des Wettbewerbsverbots im Muster Rechnung. Unwirksam sind nach der Rechtsprechung auch Verbote von Tätigkeiten für Unternehmen, die selbst gar keine Wettbewerber, sondern ihrerseits lediglich mit einem Wettbewerber verbunden sind (OLG Hamm, GmbHR 2017, 245).

406 **56.** Fehlt eine Regelung im Gesellschaftsvertrag, endet das Wettbewerbsverbot mit dem Ende der Amtszeit des Geschäftsführers bzw. dem Ende der Gesellschafterstellung (Baumbach/Hueck/*Noack* § 35 Rn. 46). Nachvertragliche Wettbewerbsverbote zu Lasten ausscheidender Gesellschafter bzw. Geschäftsführer sind nur zulässig, wenn das Wettbewerbsverbot sachlich erforderlich und zeitlich, räumlich und gegenständlich darauf beschränkt ist, den Gesellschaftszweck zu erreichen (für ein nachvertragliches Wettbewerbsverbot in Austauschverträgen vgl. BGH WuW/E DE-R 524, 526 – Subunternehmervertrag II). Als zeitliche Obergrenze eines nachvertraglichen Wettbewerbsverbots wird regelmäßig ein Zeitraum von zwei Jahre angesehen, was der BGH zuletzt auch ausdrücklich für das Verhältnis zwischen einer GmbH und einem ihrer Gesellschafter bestätigt hat (BGH NZG 2015, 354, 355). Danach sind Kundenschutzklauseln, die anlässlich des Ausscheidens aus der Gesellschaft zu Lasten eines Gesellschafters vereinbart werden, nichtig, wenn sie in zeitlicher Hinsicht das notwendige Maß übersteigen, welches nach dem zitierten Urteil des BGH *»in der Regel zwei*

Jahre beträgt«. Zugleich hat der BGH in der Entscheidung jedoch auch bestätigt, dass ein die zeitlichen Schranken übersteigendes Wettbewerbsverbot im Wege der geltungserhaltenden Reduktion gegebenenfalls auf das noch zu billigende zeitliche Maß zurückgeführt werden kann (BGH a.a.O.). Demgegenüber führt ein gegenständlich zu weit gefasstes Wettbewerbsverbot nach der Rechtsprechung unausweichlich zu dessen Unwirksamkeit. Als unwirksam wurde etwa ein pauschal formuliertes nachvertragliches Wettbewerbsverbot zu Lasten eines Geschäftsführers angesehen, durch das diesem im Ergebnis auch Tätigkeiten untersagt sein sollten, die gar keinen Bezug zu seinem Tätigkeitsbereich bei dem bisherigen Unternehmen, seiner dort relevanten Fachkompetenz oder zu den Kunden des bisherigen Unternehmens aufweisen (OLG Hamm, GmbHR 2017, 245).

In Bezug auf die Geltung von nachvertraglichen Wettbewerbsverboten gegenüber Geschäftsführern ist im Übrigen auch auf eine neuere Entscheidung des OLG Celle in GWR 2014, 412 hinzuweisen: Danach kann die Gesellschaft ein nachvertragliches Wettbewerbsverbot des Geschäftsführers aus dem Anstellungsvertrag nicht mehr mit Erfolg durchsetzen, wenn der Geschäftsführer berechtigt aus wichtigem Grund sein Amt niedergelegt hat. Begründet wurde dies u.a. damit, dass der Geschäftsführer *»nach seiner außerordentlichen Kündigung des Anstellungsvertrages und nach seinem Austritt aus der Gesellschaft an ein Wettbewerbsverbot nicht mehr gebunden war«*. 407

57. Um die praktische Wirksamkeit eines gesellschaftsvertraglichen Wettbewerbsverbotes zu gewährleisten, bedarf es in der Regel einer Sanktionsregelung. In Betracht kommen entweder eine Vertragsstrafenregelung oder eine Klausel, die im Fall eines Verstoßes gegen das Wettbewerbsverbot die Einziehung der Gesellschaftsanteile aus wichtigem Grund ohne Zustimmung des betreffenden Gesellschafters gestattet. 408

Ein nachvertragliches Wettbewerbsverbot lässt sich jedoch kraft Natur der Sache nur durch eine Vertragsstrafenregelung sanktionieren. Die Einziehung der Gesellschaftsanteile aus wichtigem Grund ohne Zustimmung des betreffenden Gesellschafters ist nicht geeignet, Verstöße ausgeschiedener Gesellschafter gegen das nachvertragliche Wettbewerbsverbot zu sanktionieren. 409

58. Dazu Muster A 18 (Rdn. A 263). 410

59. Dazu Muster A 19 (Rdn. A 340). 411

21. Gesellschaftsvertrag einer Familiengesellschaft (mit Bindung der Geschäftsanteile an die Familie)

Vorbemerkung

Beim Gesellschaftsvertrag einer Familiengesellschaft geht es um hier folgende Varianten: (1) Gesellschaftsvertrag mit mehreren Stämmen; (2) Gesellschaftsvertrag mit mehreren in Beteiligungsgesellschaften zusammengefassten Stämmen; (3) mit Familienpools; (4) mit Stimmpools sowie (5) mit und ohne familienfremde Gesellschafter. 412

Um das Muster zu begründen, bedarf es hier der Bildung eines **Musterfalls:** 413

Altgesellschafter X ist 60 Jahre alt und hat sein Unternehmen, eine GmbH, die er allein aufgebaut hat, fast vollständig auf seine drei Kinder A, B und C übertragen. Er selbst hält nur noch einen vergleichsweise geringen Anteil, der mit seinem Tod auf seine Kinder verteilt werden soll, will aber bis dahin die Geschicke des Unternehmens noch maßgeblich bestimmen. X bleibt Seniorgesellschafter mit verschiedenen Sonderrechten, die ihm, unabhängig von der Höhe seiner Beteiligung, durch den Gesellschaftsvertrag eingeräumt werden. 414

Die Familiengesellschafter sollen ihre Geschäftsanteile zwar veräußern können, dies jedoch bevorzugt an die Familie, um eine Zersplitterung des Unternehmens und allzu viele Fremdeinflüsse zu verhindern. Dennoch soll die Einbindung qualifizierten Fremdpersonals nicht unmöglich gemacht werden, um den Erfolg des Unternehmens von den Familienmitgliedern unabhängig zu machen. 415

416 Familiengesellschaften aller Rechtsformen erwirtschaften in Westeuropa einen ganz wesentlichen Anteil am Bruttosozialprodukt (vgl. *Hennerkes* Unternehmenshandbuch Familiengesellschaften 1995 S. 62). Diese Erkenntnis verleiht der Frage nach einem speziell auf eine solche Gesellschaft zugeschnittenen und ihre Bedürfnisse berücksichtigenden Gesellschaftsvertrag eine besondere Praxisrelevanz. An Vorteilen bieten Familiengesellschaften einiges: Häufig trifft man hier auf schnelle und flexible Entscheidungsprozesse und Unternehmer, die aufgrund ihrer persönlichen Nähe zur eigenen Gesellschaft nicht nur besonders geschickt und kreativ das Unternehmen entfalten und sein Vermögen verwalten, sondern auch bewusst unternehmerische Risiken eingehen. Dies hat zur Folge, dass Familiengesellschaften im Wettbewerb trotz vergleichsweise knapper Ressourcen neben den großen Publikumsgesellschaften bestehen können. Aber auch Probleme können durch die familiäre Struktur entstehen. So nehmen mit einer steigenden Anzahl von Familiengesellschaftern (unterschiedlicher Generationen) auch die Interessengegensätze zu und es besteht die Gefahr, dass sich persönliche Differenzen auf das Gesellschaftsverhältnis negativ auswirken. Im Idealfall löst der Gesellschaftsvertrag diese Probleme vorausschauend (vgl. *Hennerkes* Unternehmenshandbuch Familiengesellschaften 1995 S. 64).

417 Zu beachten ist hier umso mehr, dass ein Muster gerade bei Familiengesellschaften nur ein Leitfaden sein kann. Es ist von besonderer Bedeutung, dass der Gesellschaftsvertrag genau an die spezifischen Bedürfnisse des jeweiligen Unternehmens angepasst und nach den Wünschen der Familie individuell gestaltet wird. Auch sollten spätere Anpassungen nicht unmöglich gemacht werden.

418 Die GmbH ist eine sehr flexible Rechtsform, die viele für Familienunternehmen interessante Gestaltungsmöglichkeiten bietet. Zielvorgaben einer solchen Gesellschaft sind regelmäßig neben der Bindung der Geschäftsanteile an die Familie die Sicherung der Familienherrschaft trotz Einbeziehung Externer, die Sicherstellung des Generationenwechsels unter Wahrung des Einflusses der Altgesellschafter und die Regelung von Konfliktfällen zwischen Familienmitgliedern bzw. -stämmen (*Mohr* GmbH-StB 2003, 329 (329)).

419 Durch verschiedene gesellschaftsvertragliche Regelungen, insbesondere in den Bereichen von Geschäftsführung, Einrichtung eines Aufsichtsrats, Stimmrecht, Anteilsvinkulierung und erbrechtlicher Gestaltung, kann dieser besonderen Interessenlage Rechnung getragen werden (*Mohr* GmbH-StB 2003, 329 (329)).

420 Dem einzelnen Gesellschafter (z.B. einem Senior) können durch den Gesellschaftsvertrag Sonderrechte eingeräumt werden, die von der Höhe einer Beteiligung unabhängig sind und nur mit Zustimmung des Betroffenen entzogen werden können. Ein solches Sonderrecht kann sich z.B. in den Regelungen zur Geschäftsführung, zum Stimmrecht und zur Gewinnverteilung finden (*Mohr* GmbH-StB 2003, 329 (329)).

421 Der GmbH-Gesellschaftsvertrag bedarf der notariellen Beurkundung (§ 2 GmbHG) und muss einen gesetzlich bestimmten Mindestinhalt aufweisen (§ 3 GmbHG). Für den Abschluss des Vertrages gelten auch für Familiengesellschaften die allg. Regeln.

Muster

422 **I. Allgemeine Bestimmungen**

§§ 1–4 Vergleich Muster A 18 (Rdn. A 239)

II. Stammkapital, Stammeinlagen

§ 5 Stammkapital

Das Stammkapital beträgt 9.000.000 € (neun Millionen Euro).

§ 6 Stammeinlagen

(1) Die Stammeinlagen sind voll eingezahlt.

(2) X hält einen Geschäftsanteil von 900.000 € (neunhunderttausend Euro).

(3) A, B und C halten jeweils einen Geschäftsanteil von 2.700.000 € (zwei Millionen siebenhunderttausend Euro).

III. Familienstämme, Gesellschafter

§ 7 Familienstämme, Familiengesellschafter

(1) Die Gesellschafter A, B und C bilden je einen Familienstamm, so dass folgende Familienstämme vorhanden sind: [1]

a) Familienstamm A,

b) Familienstamm B,

c) Familienstamm C.

(2) Familiengesellschafter kann nur sein, wer einem der drei Stämme angehört. Mitglieder eines Stammes sind der Namensgeber sowie alle von ihm abstammenden leiblichen Abkömmlinge. [2]

(3) Ist ein Familiengesellschafter Mitglied mehrerer Stämme i.S.d. Abs. 2, muss er sich für die Zugehörigkeit zu einem Stamm entscheiden. [3]

§ 8 Seniorgesellschafter [4]

(1) Die Gesellschaft kann einen Seniorgesellschafter haben. Ist ein Seniorgesellschafter vorhanden, so obliegt ihm die Geschäftsführung. [5]

(2) Dem Seniorgesellschafter kann die Geschäftsführung nur bei Vorliegen eines wichtigen Grundes entzogen werden. [6]

(3) X ist Seniorgesellschafter. Als seinen Nachfolger kann er durch schriftliche Erklärung oder durch Verfügung von Todes wegen einen Familiengesellschafter bestimmen. Ist dies nicht geschehen, kann eine Gesellschafterversammlung, bei der nur die Familiengesellschafter stimmberechtigt sind, einen Seniorgesellschafter mit 75 % der Stimmen berufen. [7]

IV. Ehelicher Güterstand

§ 9 Güterstand der Gesellschafter [8]

(1) Verheiratete Gesellschafter, die im Güterstand der Zugewinngemeinschaft leben, sind verpflichtet, durch Ehevertrag die Gütertrennung hinsichtlich ihrer Gesellschaftsbeteiligung mit ihrem Ehegatten zu vereinbaren und den Ehevertrag im Güterrechtsregister eintragen zu lassen. [9]

(2) Verheiratete Gesellschafter, die im Güterstand der Gütergemeinschaft leben, sind verpflichtet, die Gesellschaftsbeteiligung ehevertraglich zum Vorbehaltsgut zu erklären und den Ehevertrag im Güterrechtsregister eintragen zu lassen.

(3) Die Erfüllung seiner Pflichten aus Abs. 1 und 2 hat der Gesellschafter der Gesellschaft unverzüglich, längstens aber innerhalb einer Frist von drei Monaten nach der Eheschließung bzw. nach Erwerb des Geschäftsanteils durch Vorlage der notariellen Beurkundungen der Vereinbarung nachzuweisen.

(4) Erfüllt der Gesellschafter seine Pflichten nach Abs. 1 und 2 nicht, so kann sein Geschäftsanteil durch Beschluss der Gesellschafterversammlung eingezogen werden.

V. Geschäftsführung und Vertretung

§ 10 Geschäftsführer, Geschäftsführung

(1) Die Gesellschaft hat einen oder mehrere Geschäftsführer.

(2) Hat die Gesellschaft einen Seniorgesellschafter, so ist dieser einzeln geschäftsführungsbefugt. In diesem Fall ist jeder übrige Geschäftsführer, unbeschadet seiner Vertretungsmacht nach außen, nur gemeinschaftlich mit dem Seniorgesellschafter geschäftsführungsbefugt und an dessen Weisungen gebunden. [10]

(3) Hat die Gesellschaft keinen Seniorgesellschafter, sind alle Geschäftsführer, unbeschadet ihrer Vertretungsmacht nach außen nur gemeinschaftlich geschäftsführungsbefugt. Sie beschließen mit einfacher Mehrheit. Enthaltungen zählen als Nein-Stimmen.

(4) Die Gesellschafter können die Geschäftsführungsbefugnis abweichend regeln, sollte ein Seniorgesellschafter nicht vorhanden sein. [11]

(5) Für den Abschluss und die Änderung von Anstellungs- oder Dienstverträgen mit Familiengesellschaftern oder sonstigen Mitgliedern des Familienstammes, sowie für Maßnahmen und Geschäfte, die durch Gesellschafterbeschluss für zustimmungspflichtig erklärt wurden, bedürfen die Geschäftsführer, nicht jedoch ein Seniorgesellschafter als Geschäftsführer, der vorherigen Zustimmung durch den Aufsichtsrat. [12, 13]

(6) Die Geschäftsführer, nicht jedoch der Seniorgesellschafter, bedürfen zu allen Handlungen, die über den gewöhnlichen Geschäftsbetrieb der Gesellschaft hinausgehen, der vorherigen Zustimmung des Aufsichtsrats.

§ 11 Vertretung

(1) Hat die Gesellschaft einen Seniorgesellschafter, ist dieser einzelvertretungsberechtigter Geschäftsführer. [14]

(2) Hat die Gesellschaft keinen Seniorgesellschafter, wird die Gesellschaft vertreten,

(a) soweit nur ein Geschäftsführer vorhanden ist, durch diesen,

(b) soweit mehrere Geschäftsführer vorhanden sind, durch zwei Geschäftsführer gemeinschaftlich, durch einen Geschäftsführer zusammen mit einem Prokuristen, oder durch denjenigen, den die Gesellschafter zur Einzelvertretung ermächtigt haben.

(3) Ist kein Seniorgesellschafter vorhanden, können die Gesellschafter mit Dreiviertelmehrheit beschließen, einzelne Geschäftsführer allgemein oder im Einzelfall von den Beschränkungen des § 181 BGB zu befreien.

(4) Ist ein Seniorgesellschafter vorhanden, ist dieser von den Beschränkungen des § 181 BGB allgemein befreit. [15]

VI. Aufsichtsrat

§ 12 Aufsichtsrat [16]

(1) Die Gesellschaft hat einen Aufsichtsrat. Seine Mitglieder werden durch Beschluss der Gesellschafterversammlung gewählt. [17]

(2) Dem Aufsichtsrat obliegt die Bestellung und die Abberufung der Geschäftsführer.

(3) Der Aufsichtsrat überwacht die Geschäftsführung; § 52 GmbHG gilt insoweit uneingeschränkt. [18]

VII. Gesellschafterversammlungen, Gesellschafterbeschlüsse

§ 13 Gesellschafterversammlung

(1) Zur Gesellschafterversammlung sind alle Gesellschafter schriftlich unter Beachtung einer Frist von mindestens vier Wochen bei einer ordentlichen und zwei Wochen bei einer außerordentlichen Gesellschafterversammlung zu laden. Bei der Berechnung der Frist werden der Tag der Absendung der Einladung und der Tag der Versammlung nicht mitgerechnet. Der Einladung muss die Tagesordnung der Versammlung beigefügt sein.

(2) Den Vorsitz der Versammlung führt – soweit vorhanden – der Seniorgesellschafter, ansonsten der nach Lebensjahren älteste Familiengesellschafter.

(3) Eine Gesellschafterversammlung ist beschlussfähig, wenn mindestens 75 % der Stimmen, welche Familiengesellschaftern zustehen, und mindestens 75 % aller Stimmen vertreten sind. Liegen diese Voraussetzungen nicht vor, so ist unverzüglich, spätestens aber binnen einer Woche, eine neue Gesellschafterversammlung mit gleicher Tagesordnung einzuberufen. Diese ist ohne Rücksicht auf die Zahl der vertretenen Stimmen beschlussfähig, sofern hierauf in der Einberufung verwiesen wird. [19]

(4) Soweit nicht über die Verhandlungen der Gesellschafterversammlung eine notarielle Niederschrift aufgenommen wird, ist über den Verlauf der Versammlung eine Niederschrift anzufertigen, in welcher Ort und Tag der Sitzung, die Teilnehmer, die Gegenstände der Tagesordnung, der wesentliche Inhalt der Verhandlungen und die Beschlüsse der Gesellschafter anzugeben sind. Die Niederschrift ist vom Vorsitzenden zu unterzeichnen. Jedem Gesellschafter ist eine Abschrift zu übersenden.

§ 14 Gesellschafterbeschlüsse

(1) Die Beschlüsse der Gesellschafter werden in Versammlungen gefasst. Der Abhaltung einer Versammlung bedarf es nicht, wenn sämtliche Gesellschafter in Textform (§ 126b BGB) mit der zu treffenden Bestimmung oder mit der Abgabe der Stimmen außerhalb einer Versammlung sich einverstanden erklären. Die Stimmabgabe kann in diesem Fall in Textform oder telefonisch erfolgen. Nicht anwesende Gesellschafter können an einer Gesellschafterversammlung telefonisch teilnehmen und ihre Stimme abgeben oder zur nachträglichen Stimmabgabe zugelassen werden, wenn sich sämtliche anwesenden Gesellschafter damit einverstanden erklären. Die nachträgliche Stimmabgabe erfolgt in diesem Fall in Textform. Außerhalb von Versammlungen gefasste Beschlüsse werden von den Geschäftsführern schriftlich festgestellt; das Feststellungsprotokoll nebst Kopie der Stimmabgaben ist allen Gesellschaftern zu übersenden. Das gilt auch bei nachträglicher Stimmabgabe einzelner Gesellschafter.

(2) Gesellschafterbeschlüsse werden mit einfacher Mehrheit gefasst, soweit nicht Gesetz oder Gesellschaftsvertrag eine größere Mehrheit vorsehen. Ist ein Seniorgesellschafter vorhanden, gewähren je 1 € eines Geschäftsanteils der anderen Gesellschafter diesen eine Stimme. Die vom Seniorgesellschafter gehaltenen Geschäftsanteile gewähren unabhängig von ihrem Nennbetrag so viele Stimmen, dass die dem Seniorgesellschafter zu Gebote stehenden Stimmen mindestens 51 %, die den anderen Gesellschaftern insgesamt zu Gebote stehenden Stimmen höchstens 49 % der Gesamtstimmenzahl ausmachen. [20]

(3) Gesellschafterbeschlüsse zur Erhöhung des Stammkapitals bedürfen der Zustimmung aller Familiengesellschafter, sofern sie nicht allen Gesellschaftern im Verhältnis ihrer Geschäftsanteile ein Bezugsrecht einräumen und gleichzeitig vorsehen, dass die einem Familiengesellschafter zustehenden, aber von diesem nicht ausgeübten Bezugsrechte in der in § 17 vorgesehen Rangfolge anderen Familiengesellschaftern zustehen.

(4) Solange mehr als 50 % des Stammkapitals der Gesellschaft von Familiengesellschaftern gehalten werden, bedarf eine Änderung oder Aufhebung der Bestimmungen dieses Gesellschaftsvertrags, welche sich auf den Seniorgesellschafter beziehen, zusätzlich zu der Mehrheit gem. § 53 Abs. 2 S. 1 GmbHG der Zustimmung aller Familiengesellschafter.

(5) Für wichtige Entscheidungen bedarf es eines Sonderbeschlusses der Familiengesellschafter mit einer Mehrheit von drei Vierteln der abgegebenen Stimmen.

(6) Fehlerhafte Beschlüsse können binnen einer Frist von zwei Monaten seit Zugang der Niederschrift angefochten werden. Ein Anfechtungsrecht besteht nur für die Gesellschafter, die in der Gesellschafterversammlung anwesend oder vertreten waren und dem Beschluss zur Niederschrift widersprochen haben oder die nicht anwesend oder vertreten waren, wenn sie zu Unrecht nicht zugelassen wurden oder die Versammlung nicht ordnungsgemäß einberufen oder der Gegenstand der Beschlussfassung nicht ordnungsgemäß bekanntgemacht worden ist. [21]

VIII. Verfügungen über Geschäftsanteile, Vorkaufsrechte, Erwerb von Todes wegen, Einziehung [22]

§ 15 Verfügung über Geschäftsanteile

Die Abtretung eines Geschäftsanteils, sowie die Einräumung von Unterbeteiligungen und die Bestellung eines Pfandrechts oder Nießbrauchs bedürfen zu ihrer Wirksamkeit der Zustimmung der Gesellschafterversammlung mit der für eine Satzungsänderung erforderlichen Mehrheit. Dies gilt nicht, wenn der Gesellschaftsvertrag etwas anderes bestimmt.

§ 16 Freie Verfügung, Erwerb durch die Gesellschaft

(1) Jeder Gesellschafter kann über seine Anteile zugunsten einzelner oder sämtlicher seiner Abkömmlinge oder einzelner oder sämtlicher Gesellschafter seines Stammes in beliebigem Umfang und in beliebiger Aufteilung verfügen, ohne dass es hierzu einer Zustimmung der Gesellschafterversammlung bedarf. [23]

(2) Geht ein Geschäftsanteil auf die Gesellschaft über, so hat diese die Gesellschafter des Stammes, von welchem der Geschäftsanteil herrührt, hierüber schriftlich zu unterrichten. Sie haben das Recht, den Geschäftsanteil von der Gesellschaft zum satzungsmäßigen Erwerbspreis (§ 22) zu erwerben. Das Erwerbsrecht kann nur innerhalb von zwölf Monaten seit Erhalt der Mitteilung durch schriftliche Erklärung gegenüber der Gesellschaft ausgeübt werden. Die Berechtigung mehrerer Erwerber richtet sich nach § 21. [24]

(3) Sollten die Gesellschafter des Stammes von ihrem Recht nach Abs. 2 keinen Gebrauch machen, sind die übrigen Gesellschafter zum Erwerb berechtigt. Abs. 2 gilt entsprechend.

(4) Bei Verfügungen über Geschäftsanteile nach den Abs. 2 und 3 ist die Zustimmung nach § 15 zu erteilen.

§ 17 Anteilsveräußerung an Familiengesellschafter eines anderen Stammes

(1) Will ein Gesellschafter seinen Geschäftsanteil an einen Gesellschafter eines anderen Familienstammes veräußern, so hat er diesen

(a) zunächst mit einer Annahmefrist von zwei Monaten allen Gesellschaftern seines Stammes,

(b) dann den Gesellschaftern der übrigen Stämme mit einer Frist von ebenfalls zwei Monaten und

(c) zuletzt, soweit nicht § 33 GmbHG entgegensteht, der Gesellschaft mit einer Frist von einem Monat anzubieten.

Führt dieses Verfahren nicht zur Veräußerung des Geschäftsanteils, so kann der veräußerungswillige Gesellschafter die Beteiligung beliebigen einzelnen Gesellschaftern seines oder eines anderen Stammes mit einer Frist von einem Monat anbieten.

(2) Das Angebot hat schriftlich zu erfolgen und muss den Geschäftsanteil, den verlangten Gegenwert und die sonstigen Veräußerungsbedingungen bezeichnen. Die Veräußerungsbedingungen dürfen während des Verfahrens nur in der Weise geändert werden, dass die Bedingungen für den Erwerber ungünstiger sind als auf der jeweils vorhergehenden Stufe. Der veräußerungswillige Gesellschafter kann das Verfahren nach jeder der Stufen abbrechen, jedoch nicht ein bereits abgegebenes Angebot zurückziehen. Das Verfahren gilt als abgebrochen, wenn der veräußerungswillige Gesellschafter das Angebot der nächsten Stufe nicht innerhalb von einer Woche nach Ablauf der Annahmefrist für das Angebot der vorhergehenden Stufe abgibt.

(3) Die Erwerbsberechtigten können das Angebot durch schriftliche Erklärung gegenüber dem Gesellschafter und der Gesellschaft innerhalb der Frist gem. Abs. 1 annehmen. Die Frist beginnt mit dem Zugang des Angebots. Die Berechtigung mehrerer Erwerbsberechtigter richtet sich nach § 20. Die Gesellschafter sind verpflichtet, die Zustimmung gem. § 15 zu erteilen.

§ 18 Veräußerung an Familienfremde

(1) Ein Gesellschafter, der seinen Geschäftsanteil an Familienfremde veräußern möchte, hat zunächst gem. § 17 Abs. 1 lit. a) bis c) zu verfahren. Ist das Angebot von den nach § 17 Abs. 1 lit. a) bis c) Berechtigten ganz oder teilweise nicht angenommen worden, so ist innerhalb von zwei Monaten nach Ablauf der Annahmefrist des § 17 Abs. 1 lit. a) bis c) zur Beschlussfassung über die Zustimmung nach § 15 eine Gesellschafterversammlung abzuhalten. Die Zustimmung soll erteilt werden, sofern keine berechtigten Einwendungen gegen den vorgesehenen Erwerber bestehen. Wird die Zustimmung ohne sachlich berechtigten Grund versagt, so kann der Gesellschafter die Entscheidung des Schiedsgerichtes beantragen.[25]

(2) Der veräußerungswillige Gesellschafter kann mit dem familienfremden Gesellschafter keine für den Erwerber günstigeren Bedingungen vereinbaren, als er in dem Verfahren nach § 17 zuletzt bezeichnet hat.

(3) Wird die Zustimmung nicht erteilt, ist der Gesellschafter berechtigt, den Erwerb seiner Geschäftsanteile durch die Gesellschaft zu verlangen, sofern § 33 GmbHG nicht entgegensteht.

§ 19 Gleichstellung von Familienfremden

Ein familienfremder Gesellschafter, der seinen Geschäftsanteil mit Zustimmung der Gesellschafterversammlung erworben hat, gilt als Familiengesellschafter des Stammes, von dem der Geschäftsanteil herrührt.

§ 20 Erwerbsrecht bei mehreren Berechtigten

Übersteigt das von mehreren Gleichberechtigten ausgeübte Erwerbsrecht die zu erwerbende Beteiligung, so ist die Beteiligung auf die Erwerber – sofern sie sich nicht anderweitig verständigen – prozentual nach dem Verhältnis der von den ausübenden Erwerbsberechtigten gehaltenen Beteiligungen zu teilen. Eine auch nach Ausschöpfung der Möglichkeiten zur Teilung von Geschäftsanteilen unteilbare Spitze entfällt auf den Gesellschafter mit der geringsten Beteiligung.

§ 21 Vererbung an Familienfremde

(1) Gelangt ein Geschäftsanteil von Todes wegen an einen familienfremden Gesellschafter, so hat dieser alle Familiengesellschafter von dem Erwerb zu unterrichten und innerhalb von sechs Monaten seit dem Erbfall das Verfahren nach § 17 durchzuführen; dabei gelten als Stammesgesellschafter die zum Stamme des Erblassers gehörigen Gesellschafter.[26] Familienfremder Gesellschafter ist, wer nicht Familiengesellschafter im Sinne des § 7 Abs. 2 ist.

(2) Wird der Geschäftsanteil nicht gem. § 17 veräußert, kann die Gesellschafterversammlung dem Erwerb durch den familienfremden Gesellschafter zustimmen oder die Einziehung des Geschäftsanteils beschließen. Erfolgt der Einziehungsbeschluss nicht innerhalb von zwölf Monaten seit dem Erbfall, gilt die Zustimmung der Gesellschafterversammlung nach § 15 als erteilt.[27]

(3) Der Geschäftsanteil gewährt kein Stimmrecht, soweit und solange das Verfahren nach Abs. 1 und 2 nicht abgeschlossen ist.[28]

§ 22 Satzungsmäßiger Erwerbspreis

Der satzungsmäßige Erwerbspreis wird nach den in der Anlage zu dieser Satzung niedergelegten Bestimmungen errechnet.

IX. Geschäftsjahr, Jahresabschluss, Lagebericht, Ergebnisverwendung

§ 23 Geschäftsjahr

Geschäftsjahr ist das Kalenderjahr

§ 24 Jahresabschluss, Lagebericht, Ergebnisverwendung

(1) Die Geschäftsführer haben innerhalb der ersten drei Monate des Geschäftsjahres den Jahresabschluss (Bilanz nebst Gewinn- und Verlustrechnung samt Anhang) und den Lagebericht aufzustellen und dem Aufsichtsrat zur Feststellung vorzulegen.[29]

(2) Haben die Geschäftsführung und der Aufsichtsrat beschlossen die Feststellung der Gesellschafterversammlung zu überlassen oder hat der Aufsichtsrat den Jahresabschluss nicht gebilligt, so stellt die Gesellschafterversammlung den Jahresabschluss fest.[30]

(3) Ein Teilbetrag von 20 % des jeweiligen ausschüttungsfähigen Jahresüberschusses ist einer Gewinnrücklage der Gesellschaft zuzuführen. Diese darf nur zum

Ausgleich eines Jahresfehlbetrages, eines Verlustvortrages oder zur Kapitalerhöhung aus Gesellschaftsmitteln verwendet werden.[31]

(4) Im Einzelfall kann der Aufsichtsrat die Einstellung eines größeren oder kleineren Teilbetrags in die Gewinnrücklage vorsehen.[32]

(5) Aus dem nach Bedienung der Gewinnrücklage gem. Abs. 2 verbleibenden Teil des jeweiligen ausschüttungsfähigen Jahresüberschusses ist an jeden Gesellschafter ein Betrag auszuschütten, der einem um zwei Prozentpunkte über dem jeweiligen Basiszinssatz i.S.d. § 247 Abs. 1 BGB liegenden Prozentsatz des Nennbetrags seiner Geschäftsanteile und des auf diese entfallenden Teils der gem. Abs. 2 gebildeten Gewinnrücklage entspricht.

(7) Soweit der ausschüttungsfähige Bilanzgewinn nicht gem. Abs. 2 und 4 verwendet wird, ist über dessen Verwendung durch Gesellschafterbeschluss mit Mehrheit der abgegebenen Stimmen zu entscheiden.

(8) Eine Änderung der Bestimmungen dieses § 24 bedarf der Zustimmung aller Gesellschafter.

§ 25 Einziehung von Geschäftsanteilen[33]

(1) Die Einziehung von Geschäftsanteilen ist mit Zustimmung des betroffenen Gesellschafters jederzeit zulässig.

(2) Die Einziehung des Geschäftsanteils eines Gesellschafters ohne dessen Zustimmung ist zulässig, wenn[34]

a) von Seiten eines Gläubigers eines Gesellschafters Zwangsvollstreckungsmaßnahmen in dessen Geschäftsanteil vorgenommen werden und es dem Inhaber des Geschäftsanteils innerhalb von drei Monaten seit Beginn dieser Maßnahme nicht gelungen ist, ihre Aufhebung zu erreichen;

b) über das Vermögen des Gesellschafters das Insolvenzverfahren eröffnet wurde und nicht innerhalb von vier Wochen wieder aufgehoben oder die Eröffnung eines Insolvenzverfahrens mangels Masse abgelehnt wird;

c) der Gesellschafter seine nach § 9 Abs. 1 und 2 festgesetzten Pflichten nicht erfüllt;

d) der Gesellschafter ohne Zustimmung der Gesellschafterversammlung nach § 15 über seinen Geschäftsanteil verfügt;

e) die Gesellschafterversammlung dem nach § 21 Abs. 2 bezeichneten Erwerb von Geschäftsanteilen auf den Todesfall nicht zustimmt;

f) in der Person des Gesellschafters ein seine Ausschließung rechtfertigender Grund vorliegt. Ein solcher Grund ist insbesondere gegeben, wenn der Gesellschafter eine Verpflichtung, die ihm nach dem Gesellschaftsvertrag oder einer anderen zwischen den Gesellschaftern mit Rücksicht auf die Gesellschaft getroffenen Vereinbarung obliegt, vorsätzlich oder grob fahrlässig verletzt hat.

(3) Die Einziehung ist nur innerhalb einer Frist von drei Monaten ab Kenntnis der rechtfertigenden Umstände durch einen Beschluss der Gesellschafter zulässig.[35]

(4) Die Gesellschafter können bei der Pfändung eines Geschäftsanteils den vollstreckenden Gläubiger befriedigen und den gepfändeten Anteil einziehen. Der

betroffene Gesellschafter kann der Befriedigung nicht widersprechen. Die Aufwendungen zur Befriedigung des vollstreckenden Gläubigers werden auf die Abfindung des betroffenen Gesellschafters angerechnet.

(5) Mit Beschlussfassung und Kenntnisgabe wird die Einziehung wirksam. Dies gilt unabhängig von der Zahlung einer nach § 26 zu bestimmenden Abfindung. [36]

(6) Die Neubildung von eingezogenen Geschäftsanteilen ist zulässig. [37]

(7) Statt der Einziehung gemäß Abs. 1 und 2 kann die Gesellschafterversammlung beschließen, dass der Geschäftsanteil zu einem Kaufpreis in Höhe der Abfindung gem. § 26 auf einen oder mehrere Gesellschafter oder Dritte zu übertragen ist.

(8) Der Beschluss zur Einziehung oder Abtretung kann von der Gesellschafterversammlung nur mit einer Mehrheit von 75 % der Stimmen gefasst werden. Der Beschluss zur Neubildung kann nur einstimmig gefasst werden. Dem ausscheidenden Gesellschafter steht bei der Beschlussfassung kein Stimmrecht zu. [38]

(9) Die Einziehung von Geschäftsanteilen erfolgt gegen Zahlung einer Abfindung. Für die Berechnung der Höhe der Abfindung gilt § 26.

§ 26 Abfindung [39]

(1) Die Höhe der Abfindung der eingezogenen oder übertragenen Geschäftsanteile ist auf 50 % des Verkehrswertes der eingezogenen Geschäftsanteile begrenzt. [40]

(2) Der Abschlussprüfer der Gesellschaft bestimmt den Verkehrswert der eingezogenen Geschäftsanteile. Die für die Bewertung der Geschäftsanteile anfallenden Kosten hat die Gesellschaft zu tragen. Soweit ein Abschlussprüfer nicht vorhanden ist, hat die Wertermittlung durch einen von den Gesellschaftern gemeinsam zu bestimmenden Wirtschaftsprüfer zu erfolgen. Ist eine gemeinsame Bestimmung nicht innerhalb von sechs Wochen nach Kenntnisgabe des Einziehungsbeschlusses erfolgt, hat der Präsident der IHK die Bestimmung vorzunehmen. [41]

(3) Die Abfindung wird in vier gleichen Raten an den ausgeschiedenen Gesellschafter gezahlt. Die erste Rate wird sechs Monate nach Kenntnisgabe des Beschlusses zur Einziehung oder Übertragung der Geschäftsanteile fällig. Steht bis zu diesem Zeitpunkt die Höhe der Abfindung noch nicht fest, so ist als Abschlagszahlung ein Betrag zu leisten, der von der Gesellschaft nach billigem Ermessen bestimmt wird. Die weiteren Raten werden jeweils sechs Monate nach der vorherigen Rate fällig. Jede Rate ist mit 5 Prozentpunkten über dem jeweiligen Basiszinssatz seit Kenntnisgabe des Beschlusses zu verzinsen. Der Zinsanteil ist mit der jeweiligen Rate zusammen zu zahlen. Die Gesellschaft ist berechtigt, Raten bereits vor Fälligkeit zu zahlen oder anderweitig zu verrechnen. [42]

(4) Für den Fall der Übertragung der Geschäftsanteile auf einen oder mehrere Gesellschafter oder Dritte gem. § 25 Abs. 7 gelten die Abs. 1 bis 3 entsprechend mit der Maßgabe, dass der Übernehmende die Geschäftsanteile zu einem Kaufpreis in Höhe der Abfindung gem. § 26 zu übernehmen hat.

(5) Dem Erben steht eine Abfindung bezüglich der auf den Todesfall eingezogenen Geschäftsanteile des Erblassers nicht zu. Die betroffenen Geschäftsanteile gehen wertmäßig auf die verbleibenden Gesellschafter über. [43]

Erläuterungen

Literatur: *BGH*, Wirksamkeit der Einziehung eines Geschäftsanteils vor Zahlung der Abfindung, DNotZ 2012, 464; *Mohr*, Gestaltungsmöglichkeiten bei der GmbH als Familiengesellschaft, GmbH-StB 2003, 329; *Fleischer/Bong*, Gradmesser gesellschaftsvertraglicher Gestaltungsfreiheit: Abfindungsklauseln in Personengesellschaft und GmbH, WM 2017, 1957; *Hennerkes/May*, Der Gesellschaftsvertrag des Familienunternehmens NJW 1988, 2761; *Sudhoff*, Familienunternehmen 2. Aufl. 2004; *v. Oertzen*, ZEV-Report Gesellschaftsrecht/ Unternehmensnachfolge, ZEV 2013, 165; *Wolf*, Abfindungsbeschränkungen bei Familiengesellschaften, MittBayNot 2013, 9.

1. Häufig kommt es vor, dass eine Gesellschaft mit verschiedenen Gesellschafterstämmen entsteht, 423
weil sich entweder von Anfang an mehrere Gründer zu einer Familiengesellschaft zusammenschließen oder weil – in der Praxis häufiger – einem Einzelgründer mehrere Kinder mit jeweils eigenen Familien nachfolgen. In diesem Fall erhöht sich oft das Konfliktpotential, weil die Gesellschafter verschiedenen Interessenssphären angehören und nicht jeder mit dem anderen auf die gleiche Weise verbunden ist. Während in einer einfachen Familiengesellschaft im Gesellschaftsvertrag allenfalls Probleme zwischen den Generationen zu bedenken sind, sollten bei einer mehrstämmigen Familiengesellschaft zusätzlich Regelungen zum Verhältnis der Familienstämme und zum Ausgleich ihrer Interessen erwogen werden (vgl. Sudhoff/*Wälzholz* B. § 4 Rn. 17 f.).

2. Da die Gesellschafter in der Familiengesellschaft regelmäßig nicht isoliert, sondern vielmehr als 424
Teil ihres Stammes als Interessengemeinschaft zu betrachten sind, ist es wichtig, im Gesellschaftsvertrag den Begriff des Stammes zu definieren (vgl. auch Heidenhain/Meister/*Götze* Form. III.10 Anm. 5). In der Regel sind als Mitglieder eines Familienstamms der Namensgeber sowie alle leiblichen Abkömmlinge zu betrachten.

3. Probleme, die eine doppelte Stammzugehörigkeit in einer Familiengesellschaft unweigerlich 425
aufwirft, sollten umgangen werden, indem die Satzung eine solche ausschließt. Der betroffene Familiengesellschafter muss sich in diesem Fall für die Zugehörigkeit zu einem Stamm entscheiden.

4. Die Institution des Seniorgesellschafters dient der befähigten und am Familieninteresse orien- 426
tierten Führung der Gesellschaft durch einen Familiengesellschafter, auch nach Ausscheiden des Gründers. Durch Ausübung der gesetzlichen Spielräume kann sein Einfluss unabhängig vom Umfang seiner Beteiligung maximiert werden.

5. Als Seniorgesellschafter erhält X das Recht zur Geschäftsführung und muss zwingend bestellt 427
werden. Dieses Recht ist für ihn verzichtbar.

6. Anders als üblich ist die Bestellung nicht frei widerruflich (§ 38 GmbHG), sondern kann nur 428
aus wichtigem Grund widerrufen werden (§ 38 Abs. 2 GmbHG).

7. Im Falle seines Todes oder anderweitigen endgültigen Ausscheidens trägt der Gesellschafts- 429
vertrag Sorge, dass entweder durch den X selbst oder durch die übrigen Familiengesellschafter ein geeigneter Nachfolger gewählt wird.

Das Recht der Familiengesellschafter zur Berufung eines Seniorgesellschafters nach § 8 Abs. 3 be- 430
inhaltet aufgrund des in Abs. 1 aufgestellten Erfordernisses, dass dieser stets Geschäftsführer sein muss, automatisch die Befugnis der Familiengesellschafter zur Bestellung eines Geschäftsführers. Weitere Gesellschafter können an dieser Entscheidung nicht teilnehmen. Diese Regelung ist ein wichtiger Pfeiler der Wahrung des Familieninteresses durch Gestaltung des gesellschaftsinternen Machtgefüges.

8. Gesellschaftsverträge sehen oft zwingend den Güterstand der Gütertrennung vor. Eine solche 431
Einflussnahme auf die persönliche Lebensgestaltung ist jedoch nicht zwingend notwendig. Der Schutz der Gesellschaft vor Einflussnahmen durch die Ehegatten kann auch auf mildere Weise erreicht werden, indem explizit nur die Gesellschaftsbeteiligung vom Gemeinschaftsgut bzw. Zugewinngut ausgenommen wird. Von Vorteil kann auch eine modifizierte Zugewinngemeinschaft sein, bei der vereinbart wird, dass die Geschäftsanteile bei der Berechnung des Zugewinns nicht in

Betracht gezogen werden (*Mohr* GmbH-StB 2003, 329 (332)). Diese Gestaltung ist zivilrechtlich ebenso belastbar wie die Gütertrennung, außerdem unterliegt der fiktive güterrechtliche Zugewinnausgleich hier nicht der Erbschaftsteuer.

432 Den sich aus dem ehelichen Güterstand ergebenden Gefahren für den Bestand des Familienunternehmens als solchen wird in § 9 Rechnung getragen. Dieser sieht vor, dass jeder verheiratete Gesellschafter eine näher bezeichnete Güterstandsvereinbarung mit dem Ehepartner geschlossen hat.

433 Die Familiengesellschafter sollen in jedem Fall die alleinige Verfügungsberechtigung haben, die Geschäftsanteile sollen wirtschaftlich nur für ihre eigenen Verbindlichkeiten haften, nicht für die ihrer Ehegatten.

434 Im Güterstand der **Zugewinngemeinschaft** (§ 1363 BGB) gilt es zu verhindern, dass der Gesellschafter, soweit der Gesellschaftsanteil sein ganzes Vermögen darstellt, durch den Ehegatten an einer Verfügung – durch Verweigerung der erforderlichen Zustimmung (§ 1365 BGB) – gehindert werden kann. Dies kann im konkreten Fall dazu führen, dass notwendige Neuordnungen der Gesellschaft nicht vorgenommen werden können (*Stephan* Beck'sches Formularbuch Form. IX. 8 Anm. 5). Daher sieht das Formular eine partielle Gütertrennung hinsichtlich der Gesellschaftsanteile nach § 1408 BGB vor (BGH, Urt. vom 26.03.1997, XII ZR 250/95, ZIP 1997, 1287 (1287)). Auch aus der Geltendmachung von etwaigen Zugewinnausgleichsansprüchen des Ehegatten resultierenden Schwächungen des Gesellschaftsvermögens wird durch die Formulierung vorgebeugt. So kann es nicht dazu kommen, dass der Gesellschafter im Falle der Wertsteigerung der Geschäftsanteile während der Ehe gezwungen ist, der Ausgleichsforderung des Ehegatten durch Verkauf seiner Geschäftsanteile nachzukommen.

435 Ist **Gütergemeinschaft** (§ 1415 BGB) vereinbart, so wird das gesamte Vermögen des Familiengesellschafters zum Gesamtgut (§ 1416 Abs. 1 S. 1 BGB). Das gleiche gilt, wenn der Geschäftsanteil erst während der Ehe erworben wird (§ 1416 Abs. 1 S. 2 BGB). In diesem Fall haftet der Gesellschaftsanteil als Teil des Gesamtguts auch für die Verbindlichkeiten des Ehegatten (§ 1459 ff. BGB). Um diese Gefahr auszuschließen, verlangt das Formular, dass die Gesellschaftsanteile zum Vorbehaltsgut erklärt werden (§ 1418 BGB). Die Notwendigkeit der Eintragung ins Güterrechtsregister ergibt sich aus §§ 1418 Abs. 4, 1412 Abs. 1 BGB.

436 Die Verpflichtung zur Einhaltung eines bestimmten Güterstandes ist nicht einklagbar. Eine rechtliche Absicherung der Durchsetzung kann aber gesellschaftsvertraglich erreicht werden. So ist im Formular als Sanktion für eine Verletzung der Bestimmungen des § 9 eine Einziehung der Geschäftsanteile vorgesehen. Druckmittel kann auch der Ausschluss aus der Gesellschaft bei Verstoß sein (*Hennerkes/May* NJW 1988, 2761 (2768)).

437 Der Gesellschaftsvertrag sieht die **Einziehung** von Geschäftsanteilen in diesem Punkt – wie auch unten beim Erwerb durch Erbfolge – als Möglichkeit der Gesellschafterversammlung vor, zur Stabilisierung der Gesellschaftsverhältnisse lenkend tätig zu werden. Es kann auch vorgesehen werden, dass eine Einziehung erfolgen kann, sobald ein Gesellschafter weniger als 5 % des Stammkapitals hält. So kann einer Zersplitterung der Beteiligungen vorgebeugt werden, unabhängig davon, ob sie von einem Familiengesellschafter gehalten werden oder nicht (vgl. Heidenhain/Meister/*Meister/Klöcker* IV. 28 Anm. 21).

438 **9.** Alternativ ist es auch möglich, den Gesellschafter ehevertraglich von den Beschränkungen des § 1365 BGB zu befreien, dann müssten jedoch Zugewinnansprüche gesondert ausgeschlossen werden.

439 **10.** Der Seniorgesellschafter erhält in § 10 Abs. 2 des Formulars das Recht zur Einzelgeschäftsführung, alle anderen Geschäftsführer können im Innenverhältnis wirksame Geschäftsführungshandlungen nur vornehmen, wenn er sie genehmigt. Ferner unterliegen sie den Weisungen des Seniorgesellschafters.

11. Die Führung der Gesellschaft im Familieninteresse könnte ohne Weiteres auch dadurch gesichert werden, dass grds. nur Familiengesellschafter zur Geschäftsführung zugelassen werden. Insbesondere wenn kein Seniorgesellschafter vorhanden ist, besteht hier nämlich die Gefahr einer vom Familieninteresse entkoppelten Geschäftsführung. Allerdings sollte sich die Gesellschaft der Möglichkeit der Anwerbung und Einsetzung hochqualifizierten und -spezialisierten Personals nicht grds. verschließen; es muss das wirtschaftliche Fortkommen der Gesellschaft ebenso hoch bewertet werden wie die Wahrung der Familieninteressen. Gerade eine zu große Beachtung der keineswegs immer homogenen Familieninteressen kann im Einzelfall zur Lähmung der Gesellschaft führen; dies sucht die vorliegende Regelung zu verhindern. 440

Auch die Möglichkeit, jeden Gesellschafterstamm einen Geschäftsführer aus dem Kreis der Gesellschafter entsenden zu lassen, ist regelmäßig nicht zielführend, weil so dem Zufall überlassen ist, ob ein von Gesellschafterseite entsandter Geschäftsführer für diese Aufgabe überhaupt geeignet ist (vgl. *Hennerkes* Unternehmenshandbuch Familiengesellschaften, 1995, S. 66). 441

Die Einzelgeschäftsführungsbefugnis des Seniorgesellschafters ist, ebenso wie die Abberufung allein aus wichtigem Grund, ein Sonderrecht, das nur mit Zustimmung des Berechtigten entzogen werden kann (*Stephan* Beck'sches Formularbuch Form. IX.7., Anm. 21). 442

12. Durch das Mehrheitserfordernis beim Zustimmungsvorbehalt kann ein Schutz der Gesellschafter vor zu eigenmächtigem Handeln des Seniorgesellschafters bzw. der übrigen Geschäftsführer gewährleistet werden. Es besteht die Möglichkeit, anstelle des oft eher schwer zu erlangenden Gesellschafterbeschlusses die Zustimmung auf einen Aufsichtsrat oder Ausschuss zu übertragen (vgl. *Stephan* Beck'sches Formularbuch Form. IX.7., Anm. 22). Dieser Schutz entfällt, wird der Seniorgesellschafter von einem Zustimmungsvorbehalt ausgenommen. 443

13. In Verträgen mit Familienmitgliedern ist sowohl unter steuerlichen als auch unter Leistungsgesichtspunkten bei der Vergabe von Positionen Vorsicht geboten. § 10 Abs. 5 des Formulars verlangt die Zustimmung durch den Aufsichtsrat. 444

14. Das Einzelvertretungsrecht des Seniorgesellschafters kann nur durch Satzungsänderung aufgehoben werden. 445

15. Die Befreiung des Seniorgesellschafters von den Beschränkungen des § 181 BGB ist erneut ein Sonderrecht, das nur mit seiner Zustimmung entzogen werden kann. 446

16. Die Bewältigung von Konflikten, die in Zusammenhang mit der mehrstämmigen Struktur einer Gesellschaft auftreten können, kann, insbesondere wenn ein Seniorgesellschafter nicht vorhanden ist, durch die Einsetzung eines Aufsichtsrats in der Familiengesellschaft erleichtert werden. Hierzu wird teilweise vorgeschlagen, jedem Stamm ein Entsendungsrecht für ein Aufsichtsratsmitglied einzuräumen, damit die Repräsentation auch kleinerer Stämme gewährleistet ist (Sudhoff/*Wälzholz* B. § 4 Rn. 31). Da Entsende- und Benennungsrechte aber zu oft nur dazu führen, dass Konflikte zwischen den Stämmen auf eine andere Ebene transportiert werden, ist es ratsamer, die Mitglieder durch die Gesellschafterversammlung wählen zu lassen. So ist auch sichergestellt, dass nicht nur Gesellschafter, sondern auch anerkannte Fachleute im Aufsichtsrat sitzen, um Professionalität und Neutralität zu gewährleisten (*Hennerkes/May* NJW 1988, 2761 (2762)). 447

Da in der GmbH, anders als in der AG, grds. kein unabhängiges Organ über die Besetzung der Geschäftsführung entscheidet, besteht bei dieser Rechtsform grds. die Gefahr, dass eine **Personalentscheidung** objektive Auswahlkriterien außer Acht lässt. So besteht durchaus die Möglichkeit, dass einzelnen Familienmitgliedern oder -stämmen das Recht zur Bestellung eines Geschäftsführers durch Gesellschaftsvertrag eingeräumt wird. Die ausgewählte Person wird dann zum Amtsinhaber, ohne dass es einer Wahl der Gesellschafter bedarf (echtes Entsendungsrecht). Auch kann zur Benennung eines Geschäftsführers ermächtigt werden, in diesem Fall wird zwar gewählt, jedoch sind die Gesellschafter an den Vorschlag gebunden, soweit nicht sachliche Gründe entgegenstehen (*Mohr* GmbH-StB 2003, 329 (329 f.)). In Gesellschaften mit mehreren gleich starken Familienstämmen werden allerdings häufig ungünstige Kompromisse gemacht (Sonderrechte auf Präsenta- 448 tion eines Stammesvertreters). Auch hier kann ein Aufsichtsrat als unabhängiges Gremium i.Zw. bessere Ergebnisse liefern, nicht umsonst ist die Vorbereitung der Unternehmensnachfolge das Motiv, das am häufigsten für die Einrichtung eines Aufsichtsrats genannt wird (*Hennerkes/May* NJW 1988, 2761 (2762)). Daher sieht das Muster einen starken Aufsichtsrat vor.

449 Da der Gesetzgeber bei der Konzeption des GmbHG vom Leitbild eines untereinander persönlich eng verbundenen und überschaubaren Gesellschafterkreises ausgegangen ist, obliegt die **Kontrolle** der Geschäftsführung nach dem Gesetz den Mitgesellschaftern (§§ 46 Nr. 6 und 51a GmbHG). Unter anderem wegen der veränderten Realitäten in der GmbH-Praxis und den gestiegenen fachlichen Anforderungen an eine effektive Kontrolle ist auch hier die Übertragung auf einen eingerichteten Aufsichtsrat das Mindestmaß, was nach § 52 an Kompetenzen übertragen werden muss (Lutter/Hommelhoff/*Lutter/Hommelhoff* § 52 Rn. 13; Hachenburg/*Raiser* § 52 Rn. 17). Die Grenze der statuarischen Freiheit stellen die zwingenden gesetzlichen Zuständigkeiten anderer Organe dar (Hachenburg/*Raiser* § 52 Rn. 19; Baumbach/Hueck/*Zöllner/Noack* § 52 Rn. 26). Das Formular achtet darauf, dass ansonsten nicht bloß Zustimmungskataloge zu Einzelmaßnahmen auf den Aufsichtsrat übertragen werden, sondern dass, im Interesse einer zukunftsgerichteten Unternehmensplanung, ein Zustimmungserfordernis für eben diese konstruiert wird, kombiniert mit an das Aktienrecht angelehnten Berichts- und Informationspflichten (§ 90 AktG) (Zur Erforderlichkeit einer zukunftsgerichteten Kontrolle vgl. Lutter/Hommelhoff/*Lutter* § 52 Rn. 18; Saenger/Inhester/*Peres* § 52 Rn. 71). Einzelzustimmungsvorbehalte sollten nicht vollständig gestrichen werden, sondern eher ein Auffangkontrollinstrument darstellen. Es ist möglich, diese, wie vorliegend, abschließend im Vertrag zu nennen. Ist ein ausreichend großes Vertrauen in den Aufsichtsrat vorhanden, kann im Gesellschaftsvertrag aber auch eine Ermächtigungsklausel zugunsten des Aufsichtsrats verankert werden. Dies bietet, vor allem weil keine Satzungsänderung für Anpassungen erforderlich wird, eine größere Flexibilität (*Hennerkes/May* NJW 1988, 2761 (2763)). Die einzige feststehende Grenze der satzungsmäßigen Übertragbarkeit von Befugnissen auf den Aufsichtsrat ist die zwingende gesetzliche Zuständigkeit der anderen Organe (Hachenburg/*Raiser* § 52 Rn. 19; Baumbach/Hueck/*Zöllner/Noack* § 52 Rn. 25 f.).

450 **17.** Ist ein Aufsichtsrat (oft auch Beirat, Verwaltungsrat genannt) nicht obligatorisch (so aber bei Gesellschaften, die dem Drittelbeteiligungs- oder dem Mitbestimmungsgesetz unterliegen), kann im Gesellschaftsvertrag die Einrichtung eines solchen fakultativ festgelegt werden, § 52 Abs. 1 GmbHG. Hierbei kann die Regelung, wie hier, unmittelbar getroffen werden oder es werden die Gesellschafter zu einer Regelung ermächtigt. Die Regelung im Gesellschaftsvertrag ist der schuldrechtlichen Vereinbarung allerdings vorzuziehen, wobei seine Personalkompetenz unmissverständlich und ohne Rückzugsmöglichkeit klargestellt sein sollte (*Hennerkes/May* NJW 1988, 2761 (2762)). Ist der Aufsichtsrat in der Gründungssatzung nicht vorgesehen, kann dies später im Wege einer Satzungsänderung vorgesehen werden; soweit hierbei keine Sonderrechte eingeräumt werden, reicht eine satzungsändernde Mehrheit nach § 53 Abs. 2 S. 1 GmbHG (*Mayer/Weiler* BeckNotHdb D.I Rn. 176).

451 Ist ein Aufsichtsrat einmal eingerichtet, kann er jederzeit wieder abgeschafft werden, ohne dass es hierzu eines wichtigen Grundes bedürfte. Ist er in der Satzung verankert, muss allerdings die Satzung hierfür geändert werden (Baumbach/Hueck/*Zöllner/Noack* § 52 Rn. 29).

452 **18.** Es gilt § 52 Abs. 1 GmbHG sowie die in diesem per Verweis enthaltenen aktienrechtlichen Vorschriften (zur Anwendbarkeit aktienrechtlicher Regelungen vgl. Hachenburg/*Raiser* § 52 Rn. 21 ff.). Allerdings kann die Gestaltung durch den Gesellschaftsvertrag beliebig modifiziert werden, § 52 Abs. 1 2. Halbs. GmbHG. Problematisch ist insbesondere die Bestimmung der Grenzen dieser Satzungsautonomie sowie die Füllung der nach dem Verweissystem bestehenden Regelungslücken (Baumbach/Hueck/*Zöllner/Noack* § 52 Rn. 1; Hachenburg/*Raiser* § 52 Rn. 4, 16 ff.).

453 Bei allen Fragen zur Anwendbarkeit aktienrechtlicher Vorschriften ist zu beachten, dass der Aufsichtsrat der GmbH sich in seiner rechtlichen Struktur und seinem Charakter trotz einiger Verweisungen auf das Aktienrecht deutlich unterscheidet. Das hängt vor allem mit der rechtlichen Stel-

lung der anderen Organe und dem somit unterschiedlichen gesellschaftsinternen Entscheidungsgefüge zusammen. Während die Hauptversammlung der AG verhältnismäßig schwach ist, ist die Gesellschafterversammlung der GmbH das oberste Organ und kann Maßnahmen des Aufsichtsrats jederzeit aufheben oder abändern (Lutter/Hommelhoff/*Lutter* § 52 Rn. 2; Scholz/*Schneider*, § 52 Rn. 43).

19. Bei der Familiengesellschaft ist es im Gegensatz zu einer »normalen« Gesellschaft von besonderer Bedeutung, dass nicht nur sichergestellt ist, dass ausreichend stimmberechtigte Gesellschafter, sondern vor allem auch eine ausreichende Zahl Familiengesellschafter in der Gesellschafterversammlung zugegen sind. Während eine Gesellschafterversammlung normalerweise unter Vorsitz des Mehrheitsgesellschafters oder der Geschäftsführung stattfindet, verändert das vorliegende Formular die üblichen Modalitäten zugunsten des Seniorgesellschafters bzw. des Familienältesten ohne Rücksicht auf die Höhe ihrer Beteiligung. 454

20. Das Formular stellt in § 14 Abs. 2 sicher, dass der Seniorgesellschafter unabhängig von der Höhe seiner Beteiligung stets die einfache Mehrheit und damit die maßgebliche Entscheidungsgewalt in allen geschäftspolitischen Angelegenheiten hat. 455

Das Erfordernis der Zustimmung aller Familiengesellschafter bei Kapitalerhöhungen wirkt einer Verwässerung ihrer Beteiligungsrechte gegen ihren Willen entgegen. 456

Die Privilegierungen, die dem Seniorgesellschafter zukommen, sollen nicht durch satzungsändernde Entscheidung (§ 53 Abs. 2 GmbHG) abgeschafft werden können, vielmehr soll den Familiengesellschaftern diese Entscheidung obliegen. Sollte es einen familienfremden Mehrheitsgesellschafter geben, hat dieser in jedem Fall weniger Stimmen als der Seniorgesellschafter selbst, vgl. § 14 Abs. 2 S. 3 des Formulars. Nur mit der Zustimmung des mindestens 51 % der Gesamtstimmenzahl haltenden Seniorgesellschafters kann demnach dessen eigene Rechtsstellung geschwächt oder verändert werden, und das auch nur, wenn alle anderen Familiengesellschafter ebenfalls zustimmen (dies gewährleistet, dass auch diese nicht (vom Seniorgesellschafter) übergangen werden können. 457

Von der Möglichkeit, die Stimmen eines Stammes zu bündeln, so dass dieser nur einheitlich abstimmen kann, wurde vorliegend bewusst kein Gebrauch gemacht. Zwar könnten so stamminterne Streitigkeiten aus der Gesellschafterversammlung ferngehalten werden, allerdings kann es hierdurch zu einer Lähmung der Gesellschaft kommen. Gleiches gilt für eine Regelung, die für die Wirksamkeit eines Beschlusses voraussetzt, dass mindestens die Hälfte aller Familienstämme mit einfacher Mehrheit zugestimmt haben muss (so aber der Vorschlag bei Sudhoff/*Wälzholz* B. § 4, Rn. 24 ff.). 458

21. Ist ein Gesellschafterbeschluss fehlerhaft, so sind die aktienrechtlichen Regeln über Nichtigkeit und Anfechtbarkeit von Hauptversammlungsbeschlüssen nach herrschender Meinung weitgehend entspr. anwendbar (BGH, Urt. vom 16.12.1953, II ZR 167/52, BGHZ 11, 231 (236); BGH, Urt. vom 09.12.1968, II ZR 57/67, BGHZ 51, 209 (210); BGH, Urt. vom 18.04.2005, II ZR 151/03, WM 2005, 1126 (1127 f.); Hachenburg/*Raiser* Anh. § 47 Rn. 3; kritisch z.B. Baumbach/Hueck/*Zöllner* GmbHG Anh. § 47 Rn. 3 ff.). Da diese Vorschriften zwingend sind, bleibt im Gesellschaftsvertrag wenig Regelungsspielraum, insbesondere der Ausschluss oder die Einschränkung der Geltendmachung von Anfechtungs- oder Nichtigkeitsgründen ist unzulässig (Heidenhain/Meister/*Meister/Klöcker* IV.28 Anm. 15). Möglich ist jedoch die Festlegung einer Anfechtungsfrist, die aber nicht kürzer als einen Monat bemessen sein darf (*Stephan* Beck´sches Formularbuch Form. IX.7, Anm. 28; BGH, Urt. vom 21.03.1988, II ZR 308/87, BGHZ 104, 66 (72); OLG Düsseldorf, Urt. vom 08.07.2005, I 16U 104/04, BB 2005, 1984), ebenso wie der Ausschluss einer Anfechtungsbefugnis für die Gesellschafter, die in der Gesellschafterversammlung anwesend oder vertreten waren, dem Beschluss zur Niederschrift aber nicht widersprochen haben oder die nicht anwesend oder vertreten waren, es sei denn, sie wurden zu Unrecht nicht zugelassen oder die Versammlung nicht ordnungsgemäß einberufen oder der Gegenstand der Beschlussfassung nicht ordnungsgemäß bekanntgemacht (dies ergibt sich aus § 245 Nr. 1 und 2 AktG) (so auch Heidenhain/Meister/*Meister/Klöcker* IV.28 Anm. 15). 459

460 **22.** Die Vorschriften dieses Abschnitts sind der Kernbereich des Gesellschaftsvertrags einer Familiengesellschaft, denn hier kann eine weitgehende Bindung der Geschäftsanteile an die Familie bewirkt und somit auf die grundlegenden und individuellen Bedürfnisse einer solchen Gesellschaft eingegangen werden. Es bedarf vor allem eines Ausgleichs des Bedürfnisses der Bindung der Geschäftsanteile an die Familie mit dem Bedürfnis des einzelnen Gesellschafters, seine Geschäftsanteile zu liquidieren. Dies geschieht vorliegend vor allem durch die Regelung von Vorkaufsrechten zugunsten der Familie und der Gesellschaft (vgl. Heidenhain/Meister/*Meister/Klöcker* IV.28 Anm. 19).

461 **23.** Zusätzlich ließe sich das Erfordernis aufstellen, dass die Gesellschafterversammlung oder gar die Gesellschafter des eigenen Stammes zustimmen müssen (so *Stephan* Beck'sches Formularbuch, Form. IX.8, § 7 Abs. 4). Es gilt jedoch, eine Lähmung der Gesellschaft so weit wie möglich zu vermeiden, denn gerade die Familiengesellschaft mit mehreren Stämmen hat durch die Mehrzahl an Interessensunterschieden ein erhöhtes Konfliktpotential zwischen den Stämmen. Bei einer Veräußerung innerhalb des Stammes ist die Bindung an die Familie gewährleistet; hier bedarf es keiner Verkomplizierung durch ein Zustimmungserfordernis.

462 **24.** Geht ein Geschäftsanteil auf die Gesellschaft über, ohne dass diese ein Vorkaufsrecht ausgeübt hätte, so besteht für sie eine Andienungspflicht zugunsten derjenigen Familiengesellschafter, aus deren Stamm die Anteile herrühren. Dies sichert die Stabilität der Beteiligungshöhe eines Stammes und somit seine Stellung im Verhältnis zu den anderen Stämmen.

463 **25.** Um die Bindung der Geschäftsanteile an die Familie zu gewährleisten, sieht das Formular vor, dass bei einer Veräußerung an Familienfremde die Zustimmung der Gesellschafterversammlung erforderlich ist. Wegen eines vorgeschalteten Erwerbsrechts können Geschäftsanteile grds. nur innerhalb der Familienstämme übertragen werden. Erst wenn von diesem kein Gebrauch gemacht wird, kann ein Mitglied eines anderen Stammes bzw. die Gesellschaft oder zuletzt ein Familienfremder den betreffenden Geschäftsanteil erwerben. Durch dieses System wird der Ausgleich zwischen Familienbindung der Geschäftsanteile und dem Interesse des einzelnen Gesellschafters an der Fungibilität seiner Geschäftsanteile in hohem Maße gewährleistet.

464 **26.** Nach § 15 Abs. 1 GmbHG sind Geschäftsanteile an einer GmbH frei vererblich. Anders als bei einer Personengesellschaft ist es hier also nicht möglich, die Geschäftsanteile zu sichern, indem eine qualifizierte Nachfolgeklausel vereinbart wird, nach der nur bestimmte Personen durch Erbschaft in die Gesellschafterstellung einrücken können. Auch eine Fortsetzungsklausel, die bestimmt, dass der verstorbene Gesellschafter oder seine Erben automatisch ausscheiden, ist nicht zulässig (*Mohr* GmbH-StB 2003, 329 (332)). Das Formular sucht in § 21 den Verlust von Geschäftsanteilen für die Familie durch Vererbung an Familienfremde durch ein Vorkaufsrecht der Familiengesellschafter und der Gesellschaft zu verhindern.

465 **27.** Wie bei der Durchsetzung der Güterstandsvereinbarung sieht auch an dieser Stelle das Formular in § 21 Abs. 2 die Möglichkeit der Einziehung der geerbten Geschäftsanteile vor, falls Vorkaufsrechte nicht ausgeübt wurden und dennoch die Geschäftsanteile nicht in fremde Hände übergehen sollen (zur Zulässigkeit der Einziehung vgl. Baumbach/Hueck/*Fastrich* § 15 Rn. 13; *Hennerkes/May* NJW 1988, 2761 (2767); BGH, Urt. vom 20.12.1976, II ZR 115/75, BB 1977, 563). Dies soll neben der Andienungspflicht des Erben sicherstellen, dass auch im Todesfall die Geschäftsanteile nicht endgültig auf Dritte übergehen. Eine weit drastischere Regelung wäre die automatische Einziehung der Geschäftsanteile im Erbfalle kraft Gesellschaftsvertrag. Allerdings ist die Zulässigkeit einer solchen Regelung umstritten (verneinend Hachenburg/*Zutt* § 15 Rn. 6; *Stephan* Beck'sches Formularbuch, IX.8, Anm. 2; Baumbach/Hueck/*Fastrich* § 15, Rn. 12; z.T. bejahend Hachenburg/*Ulmer* § 34 Rn. 111 ff., vgl. auch Lutter/Hommelhoff/*Bayer* § 15 Rn. 11). Eine weitere Möglichkeit wäre der Ausschluss der Erben. Nach der Rechtsprechung des BGH ist dieser sogar unter einer deutlichen Beschränkung der Höhe der Abfindung möglich; so kann z.B. für bestimmte Konstellationen vorgesehen werden, dass Erben nur zum Buchwert ausscheiden (BGH, Urt. vom 09.05.1988, II ZR 247/87, GmbHR 1988, 431 (433 f.); *Mohr* GmbH-StB 2003, 329 (332)).

28. Solange nicht Klarheit über den Verbleib des Geschäftsanteils beim Erben besteht, gewährt dieser kein Stimmrecht. 466

29. Der Gesellschaftsvertrag muss so ausgestaltet sein, dass die einander häufig widersprechenden finanziellen Interessen der Gesellschafter und der Gesellschaft in einer Balance stehen, die einerseits die finanzielle Zukunft des Unternehmens und andererseits den Charakter des Familienunternehmens gewährleisten. 467

Soweit eine GmbH – wie hier – die in §§ 316 Abs. 1, 267 Abs. 1 HGB vorgegebene Größe erreicht, muss das Erfordernis einer Abschlussprüfung nicht im Gesellschaftsvertrag verankert werden, sondern ist gem. § 316 Abs. 1 HGB obligatorisch. 468

30. Über die Zweckmäßigkeit der praktizierten Bilanzierungspolitik sagt eine bestandene Abschlussprüfung nichts aus, denn gem. §§ 317 ff. HGB prüft der Abschlussprüfer nur die Ordnungsmäßigkeit der Bilanzierung. Daher ist es von Vorteil, wenn der Gesellschaftsvertrag dies ausgleicht, indem er den Aufsichtsrat an der Auf- oder Feststellung des Jahresabschlusses beteiligt. Dies kann entweder durch Festschreibung der Aufstellung des Jahresabschlusses als zustimmungspflichtiger Maßnahme im Gesellschaftsvertrag oder, wie vorliegend, durch Verlagerung der Feststellungskompetenz auf den Aufsichtsrat geschehen (Baumbach/Hueck/*Zöllner/Noack* § 52 Rn. 112; *Hennerkes/May* NJW 1988, 2761 (2764)). Der Gesellschaftsvertrag räumt der Gesellschafterversammlung für den Fall unüberbrückbarer Differenzen zwischen Aufsichtsrat und Geschäftsführung eine Auffangkompetenz nach dem Vorbild der §§ 172, 173 AktG ein (Vorschlag von *Hennerkes/May* NJW 1988, 2761 (2764)). 469

31. Bezüglich der Ergebnisverwendung (§ 29 GmbHG) sollte der Gesellschaftsvertrag eine Rücklagendotierung zur Aufnahme, nicht zur Entnahme vorgesehener Gewinnanteile vorsehen. Dies stellt sicher, dass ein ausreichender Teil des Jahresabschlusses zur Stärkung der Eigenfinanzierung der Gesellschaft bleibt und nicht von Gesellschaftern entnommen werden kann. 470

Die Höhe der Rücklagenzuführung kann im Gesellschaftsvertrag festgelegt werden, alternativ kann die Satzung eine diesbezügliche Beschlussfassungskompetenz des Aufsichtsrats oder der Gesellschafterversammlung vorsehen. Für Familiengesellschaften ist es zur Vermeidung von Konflikten und zum Erhalt der Flexibilität am sinnvollsten, zwar im Gesellschaftsvertrag eine Regelung zu treffen, die die Rücklagendotierung für den Normalfall vorzeichnet, aber Abweichungen zulässt, über die der Aufsichtsrat entscheidet. So ist die Wahrscheinlichkeit eines konfliktfreien und flexiblen Ausgleichs der Entnahmeinteressen der Gesellschafter und des Unternehmensinteresses größtmöglich (*Hennerkes/May* NJW 1988, 2761 (2765 f.)). 471

Scheidet ein Gesellschafter aus, führt dies für die Gesellschaft zu einer Liquiditätsbelastung. Daher sollte die Satzung eine Stundung sowie eine wertmäßige Beschränkung des Abfindungsanspruchs vorsehen. 472

32. So der Vorschlag bei *Hennerkes/May* NJW 1988, 2761 (2765). 473

33. Dazu Muster A 19 (Rdn. A 324–336) 474

34. Dazu Muster A 19 (Rdn. A 324–336). Das Ziel einer Familiengesellschaft liegt in der flexiblen Verwaltung und langfristigen Erhaltung des Familienvermögens. Daher ist es sinnvoll, spezielle Einziehungsregelungen für den Fall der Vererbung von Geschäftsanteilen an familienfremde Gesellschafter aufzustellen. Eine Einziehung kann daher auch ohne die Zustimmung des Gesellschafters wirksam beschlossen werden, wenn dem Erwerb des Geschäftsanteils nicht zugestimmt wird (vgl. hierzu Rdn. A 321). 475

35. Dazu Muster A 19 (Rdn. A 324–336) 476

36. Unter Hinweis auf die Kapitalerhaltungsvorschriften der §§ 34 Abs. 3, 30 GmbHG wurde von Teilen der Literatur und Rechtsprechung bislang angenommen, dass die Wirksamkeit eines Einziehungsbeschlusses unter der aufschiebenden Bedingung der vollständigen Abfindungszahlung stehe (Michalski/*Sosnitza* § 34 Rn. 112; Wicke § 34 Rn. 8 ff.; OLG Frankfurt, NJW-RR 1997, 477

612 f.; OLG Zweibrücken, GmbHR 1997, 939, (942); OLG Hamm, NZG 1999, 597 (598); OLG Köln, NZG 1999, 1222; OLG Dresden, GmbHR 2001, 1047 (1048)). Von dieser Ansicht sind der BGH und Teile der Literatur nun abgerückt. Der Einziehungsbeschluss wird bereits mit Beschlussfassung und Bekanntgabe an den ausscheidenden Gesellschafter wirksam, ohne dass es der Zahlung der Abfindung bedarf. Eine entsprechende Satzungsklausel, um den Einziehungsbeschluss bereits mit Beschlussfassung und Bekanntgabe bedingungslos wirksam werden zu lassen, ist nicht erforderlich (BGH ZIP 2011, 1104 Rn. 13; BGH ZIP 2009, 314 Rn. 7; BGHZ 144, 365 (369 f.); Baumbach/Hueck/*Fastrich*, GmbHG, § 34 Rn. 43). Diese Entscheidung ist für die Praxis zu begrüßen. Der Zeitpunkt des Eintritts der Wirksamkeit der Einziehung ist exakt bestimmbar. Er hängt (nun) nicht mehr von der Zahlung der richtigen Abfindung ab – was ihn unberechenbar machen konnte –, sondern ist durch die Gesellschaft im Wege der Beschlussfassung und Bekanntgabe einseitig herbeizuführen. Ein Abstellen auf den Zeitpunkt der Zahlung hat in der Vergangenheit dazu geführt, dass der Gesellschafter im Falle der streitigen Abfindungshöhe seine Beteiligung an der Gesellschaft so lange nicht endgültig verloren hatte, bis die Abfindung (gerichtlich) festgelegt und gezahlt war. In dieser Schwebezeit konnte der Gesellschafter, da er eben nicht ausgeschieden war, weiterhin seine Gesellschaftsrechte ausüben (*BGH*, DNotZ 2012, 464 (467)). Auch wenn nach der Überzeugung des BGH eine spezielle Klausel in der Satzung für die bedingungslose Wirksamkeit der Einziehung nicht mehr erforderlich ist, sollte sie dennoch allein schon wegen ihrer Klarstellungsfunktion gegenüber den Beteiligten aufgenommen werden.

478 **37.** Dazu Muster A 19 (Rdn. A 324–336)

479 **38.** Dazu Muster A 19 (Rdn. A 324–336)

480 **39.** Dazu Muster A 19 (Rdn. A 324–336)

481 **40.** Während der ausscheidende Gesellschafter naturgemäß an einer möglichst hohen Abfindung interessiert ist, ist es das vorrangige Ziel der Familiengesellschaft, diese gering zu halten, um Eigenkapitalquote und Liquidität der Gesellschaft nicht wegen einer erheblichen finanziellen Belastung aufgrund der zu zahlenden Abfindung zu gefährden. Nicht selten wird daher auch von der Möglichkeit Gebrauch gemacht, die Abfindung in mehreren Raten zu zahlen und so die Kostenlast zu verteilen. Bei Familiengesellschaften ist eine weitgehende, in Sonderfällen entschädigungslose Beschränkung der Abfindung durch entsprechende Klauseln im Vertrag zulässig. Dies beruht auf der Sonderstellung durch eine überwiegende Binnenfinanzierung. Die Beteiligung des Gesellschafters an der Substanz des Gesellschaftsvermögens ist erwünscht (*v. Oertzen*, ZEV 2013, 165 (166)). Durch eine entsprechende Begrenzung der Ausschüttungsquote hat sich die Gesellschaft einen finanziellen Wert »gespart«, der unmittelbar über die Thesaurierung in die Eigenkapitalquote fließt und so den Erhalt der Gesellschaft für zukünftige Generationen sicherstellen soll. Der durch die beschränkte Dividendenerwartung reduzierte Anteilswert wirkt sich dementsprechend auf die Abfindung aus. Diese Beschränkung ist auch zulässig, da eine niedrige Ausschüttungsquote den Unternehmenswert unmittelbar beeinflusst und dem Gesellschafter der wirtschaftliche Beteiligungswert dauerhaft nicht verfügbar ist. Die in der Gesellschaft gelebte Ausschüttungsbeschränkung muss jedoch nachweisbar dauerhaft sein und die zurückbehaltenen Gewinne unmittelbar für die Investitionsplanung der Gesellschaft – nicht allein als monetäre Rücklage – verwendet werden (*Wolf*, MittBayNot 2013, 9 (15)). Die Höhe der Beschränkung kann flexibel gewählt werden. In der Praxis ist dabei eine Reduzierung auf 50–75 % der unbeschränkten Abfindungssumme üblich, wobei die wohl herrschende Ansicht in der Literatur eine Beschränkung auf 50 % für noch zulässig erachtet (MünchHandbGesR/*Piehler*/*Schulte* I, § 10 Rn. 107, *Wolf*, MittBayNot 2013, 9 (11) m.w.N.).

482 **41.** Dazu Muster A 19 (Rdn. A 335 ff.)

483 **42.** Dazu Muster A 19 (Rdn. A 336 ff.). Die Angabe der Abschlagszahlung für den Fall der noch nicht ermittelten Abfindungshöhe zum Zeitpunkt der Kenntnisgabe des Einziehungsbeschlusses ist deshalb sinnvoll, da die Wertermittlung durch den Prüfer einige Zeit in Anspruch nehmen kann. Eine flexible Verlagerung des Fälligkeitszeitpunktes (z.B. 1 Jahr nach Kenntnisgabe des Einziehungsbeschlusses) ist nicht ratsam, da eine zu lang gewählte Zeitspanne von dem Zeitpunkt

der Kenntnisgabe zur Sittenwidrigkeit der Klausel führen kann. Ebenfalls erscheint es auch nicht sachgerecht, den Fälligkeitszeitpunkt auf den Tag festzulegen, an dem der Prüfer den konkreten Abfindungswert ermittelt hat, da die Gesellschaft auf diesem Wege die einseitige Möglichkeit hätte, anfallende Zinsen möglichst lang aufzuschieben. Daher kann nur eine nach billigem Ermessen zu berechnende Abschlagszahlung zielführend sein.

43. Neben einer Beschränkung der Abfindung kann diese bei Familiengesellschaften ausnahms- 484
weise auch gänzlich ausgeschlossen werden. Der Ausschluss der Abfindung soll nach der Rechtsprechung bei Familiengesellschaften dazu dienen, das Vermögen der Gesellschaft der Familie durch Verhinderung des Abflusses liquider Mittel zu schonen. Der aufgrund eines Erbfalls erworbene Geschäftsanteil kann dem nachrückenden Gesellschafter ohne Abfindung entzogen werden (vgl. hierzu Muster A 21 Rdn. A 465). Dem liegt der Gedanke zugrunde, dass durch den Todesfall ein nicht (immer) gewollter Gesellschafter in die Position des verstorbenen Gesellschafters nachrückt und Anteile an der Gesellschaft erwirbt. Gegen diese »Willkür« steht der Gesellschaft das Recht zu, sich entsprechend zu wappnen. Die Erben müssen als nicht schutzwürdige Person im Verhältnis zu den Mitgesellschaftern den vom Erblasser geschaffenen Zustand – notfalls entschädigungslos – akzeptieren (MüKo GmbHG/*Strohn*, § 34 Rn. 246). Mit Einziehung geht der betroffene Geschäftsanteil wertmäßig auf die übrigen Gesellschafter über (*Wolf*, MittBayNot 2013, 9 (13); BGH WM 1977, 192 (193)).

Eine Besonderheit gilt nach allgemeiner Auffassung für den Fall, dass auf Grund der abfindungs- 485
beschränkenden Nachfolgeklausel der Gesellschafter seinen pflichtteilsberechtigten Erben – ohne den Geschäftsanteil – nicht die Hälfte seines Vermögens hinterlässt. Sieht man die Einziehungsvereinbarung als Schenkung unter Lebenden, kann der Erbe den Pflichtteilsergänzungsanspruch nach § 2325 Abs. 1, 2 BGB geltend machen, mit der Folge, dass ihm die Differenz als Wert des durch die Einziehung untergegangenen Geschäftsanteils gem. §§ 2329 Abs. 1, 818 Abs. 2 BGB von den Mitgesellschaftern zu ersetzen ist (OLG Düsseldorf, MDR 1977, 932; KG, DNotZ 1978, 109 (111 f.); *Boujong*, FS Ulmer, 2003, 41 (48 ff.)). Bis zur Einziehung des Geschäftsanteils kann sich der Pflichtteilsberechtigte auf die ungerechtfertigte Bereicherung berufen (*Fleck*, FS Stimpel, 1985, 353 (355 ff.)).

22. Freiberuflergesellschaft

Vorbemerkung

Wollen Freiberufler (Ärzte, Architekten, Heilpraktiker, Ingenieure, Rechtsanwälte, u.a.) eine 486
GmbH gründen, ist dies nicht immer unproblematisch möglich. Nachdem lange Zeit unter Berufung auf das Wesen des freien Berufes und auf die Unvereinbarkeit von besonderen berufs- und standesrechtlichen Anforderungen mit der Struktur der GmbH davon ausgegangen wurde, dass die Gründung einer GmbH durch Freiberuflern nicht zulässig sei (vgl. MüKo BGB/*Schäfer* PartGG Vorb. Rn. 15 f. m.w.N.), ist dies mittlerweile hinsichtlich der meisten Arten von Freiberufler entweder anerkannt oder sogar ausdrücklich gesetzlich geregelt. Allerdings sind in jedem Fall bei der Gründung einer GmbH durch Freiberufler besondere standesrechtliche Vorschriften, die Anforderungen der Rechtsprechung und die – falls vorhandenen – besonderen gesetzlichen Regelungen zu berücksichtigen.

Für Wirtschaftsprüfungs- und Steuerberatungsgesellschaften ist die Zulässigkeit der GmbH als 487
Rechtform gesetzlich geregelt, § 27 Abs. 1 WPO bzw. § 49 StBerG, ebenso für Rechtsanwälte gemäß § 59c Abs. 1 BRAO sowie für Patentanwälte gemäß § 52c PatAnwO. Ohne ausdrückliche Regelung anerkannt ist die GmbH für Zusammenschlüsse von Architekten und Ingenieuren (vgl. dazu Michalski/*J. Schmidt* § 1, Rn. 15 m.w.N.). Auch für Ärzte und Zahnärzte (BGHZ 124, 224) hat die Rechtsprechung bei Gewährleistung einer ausreichenden Unabhängigkeit der Berufsträger die GmbH als Rechtsform für zulässig erachtet. In Bayern ist die GmbH als Berufsausübungsform für Ärzte jedoch untersagt, vgl. Art. 18 Abs. 1 S. 2 BayHKaG (Baumbach/Hueck/*Fastrich*,

§ 1, Rn. 9 m.w.N.; *Michalski/J. Schmidt* § 1, Rn. 16 m.w.N.; vgl. im Übrigen die Übersicht in Beck'sches NotarHdb/*Mayer/Weiler* D I. Rn. 12).

488 Die besonderen Anforderungen an die Gründung einer GmbH für Freiberufler führen in der Praxis oftmals dazu, dass Freiberufler die Gründung einer Partnerschaftsgesellschaft bevorzugen. Dafür sprechen insbesondere die höheren Publizitätserfordernisse des Handelsregisters bei der GmbH gemäß §§ 8, 10 GmbHG im Vergleich zum Partnerschaftsregister gemäß § 4 PartGG sowie die höhere Mindesthaftpflichtversicherung in der GmbH. Hingegen spricht für eine GmbH insbesondere die Tatsache, dass gemäß § 8 Abs. 1 PartGG die Partner im Gegensatz zu den Gesellschaftern der GmbHG für Verbindlichkeiten der Partnerschaft neben der Partnerschaft als Gesamtschuldner haften (vgl. zur gesamtschuldnerischen Haftung gemäß § 8 PartGG MüKo BGB/*Schäfer* § 8 PartGG Rn. 5 ff.).

489 Das vorliegende Muster regelt die Besonderheiten eines Gesellschaftsvertrages einer Rechtsanwaltsgesellschaft mit beschränkter Haftung unter Berücksichtigung der durch die Rechtsprechung gestellten Anforderungen (insbesondere BayObLG NJW 1995, 199) sowie den Regelungen der §§ 59c bis m BRAO (Überblick in Prütting/*Henssler* Vorb. § 59c; ausführlich *Henssler* NJW 1999, 241). Ein entscheidender Regelungszweck ist dabei insbesondere die Sicherstellung der Unabhängigkeit des Rechtsanwaltsberufes sowie den steten Erhalt der Kapital- und Stimmmehrheit von Rechtsanwälten und damit die Verhinderung einer reinen Kapitalbeteiligung Dritter, die keine Rechtsanwälte sind.

490 Für andere Freiberuflergesellschaften ist das Muster unter Berücksichtigung der jeweiligen berufs- und standesrechtlichen Besonderheiten entsprechend anzupassen.

Muster

491 **Gesellschaftsvertrag der A GmbH [1]**
Präambel [2]

____

§ 1 Firma und Sitz der Gesellschaft

1. Die Gesellschaft betreibt ihre Geschäfte unter der Firma

A Rechtsanwaltsgesellschaft mit beschränkter Haftung [3]

2. Sitz der Gesellschaft ist __________

3. Soweit A aus der Gesellschaft ausscheidet und nicht mehr anwaltlich tätig ist, ist er – ebenso wie seine Rechtsnachfolger – unter Freistellung von jeglicher persönlichen Haftung, jedoch ohne Anspruch auf Sicherheitsleistung verpflichtet, auf Verlangen der Gesellschaft die Fortführung seines Namens in der Firma der Gesellschaft kostenlos zu gestatten. [4]

§ 2 Gegenstand der Gesellschaft

1. Gegenstand der Gesellschaft ist die Beratung und Vertretung in Rechtsangelegenheiten einschließlich forensischer Angelegenheiten. [5]

2. Gegenstand der Gesellschaft ist ferner die Berufstätigkeit in Diensten der Gesellschaft stehender Angehöriger anderer Berufe im Rahmen ihrer eigenen beruflichen Befugnisse, mit denen sich Rechtsanwälte nach ihrem Berufsrecht zu gemeinschaftlicher Berufsausübung verbinden können.

3. Die Amtsausübung der Notare gehört nicht zum Gegenstand der Gesellschaft. Die gemeinschaftliche Berufsausübung mit Anwaltsnotaren ist jedoch möglich, wo-

bei diese bei Ausübung des Notaramts uneingeschränkt den Anforderungen des notariellen Berufsrechts unterliegen. [6]

4. Die Gesellschaft ist zu allen Handlungen berechtigt, die unmittelbar oder mittelbar den vorstehenden Zwecken zu dienen geeignet sind. Die Gesellschaft kann Zweigniederlassungen errichten. Sie kann sich an Zusammenschlüssen im In- und Ausland beteiligen, soweit diese auf die gemeinschaftliche Berufsausübung gerichtet sind.

5. Die Gesellschaft kann eine gemeinschaftliche Kanzlei oder mehrere Kanzleien errichten. Errichtet die Gesellschaft mehrere Kanzleien, so muss in jeder Kanzlei mindestens ein Gesellschafter tätig sein, der Rechtsanwalt ist und zum Geschäftsführer bestellt ist und für den diese Kanzlei den Mittelpunkt seiner beruflichen Tätigkeit bildet.

§ 3 Dauer der Gesellschaft und Geschäftsjahr

1. Die Gesellschaft ist auf unbestimmte Zeit errichtet. [7]

2. Das Geschäftsjahr entspricht dem Kalenderjahr. Das erste Geschäftsjahr ist ein Rumpfgeschäftsjahr, beginnend mit der Eintragung der Gesellschaft in das Handelsregister und endend mit dem auf die Eintragung in das Handelsregister folgenden 31. Dezember. [8]

§ 4 Bekanntmachungen

Die Bekanntmachungen der Gesellschaft erfolgen nur im Bundesanzeiger. [9]

§ 5 Gesellschafter

Gesellschafter können nur Rechtsanwälte und Angehörige der in § 59a Abs. 1 Satz 1 und Abs. 2 BRAO genannten Berufe sein. Sie müssen in der Rechtsanwaltsgesellschaft beruflich tätig sein. [10]

§ 6 Berufstätigkeit der Gesellschafter

Jeder Gesellschafter übt seine Berufstätigkeit unter Beachtung der für ihn geltenden berufsrechtlichen Bestimmungen aus. Stellt das bundesdeutsche Berufsrecht der Rechtsanwälte höhere oder strengere Anforderungen, so sind diese Anforderungen auch von den Gesellschaftern zu erfüllen, die nicht zugelassene Rechtsanwälte sind.

§ 7 Stammkapital, Stammeinlagen

1. Das Stammkapital der Gesellschaft beträgt __________ € (in Worten: __________ Euro). [11]

2. Hiervon übernehmen die Gesellschafter Gesellschaftsanteile wie folgt: [12]

Gesellschafter A: Geschäftsanteil im Nennbetrag von __________ € (in Worten: __________ Euro) (»Geschäftsanteil 1«) [13]**, entspricht __________ % des Stammkapitals** [14]

Gesellschafter B: Geschäftsanteil im Nennbetrag von __________ € (in Worten: __________ Euro) (»Geschäftsanteil 2«), entspricht __________ % des Stammkapitals

Gesellschafter C: Geschäftsanteil im Nennbetrag von __________ € (in Worten: __________ Euro) (»Geschäftsanteil 3«), entspricht __________ % des Stammkapitals.

3. Die Gesellschafter haben die Einlagen in bar [15] zu erbringen. Diese sind sofort [in voller Höhe/zur Hälfte/zu einem Viertel [16]] einzuzahlen. Die vollständigen Einlagen sind bis zum __________ von den Gesellschaftern zu erbringen.

4. Es besteht grundsätzlich keine Nachschussverpflichtung der Gesellschafter. Die Gesellschafter sind zur Leistungen weiterer Einzahlung über die Nennbeträge ihrer Geschäftsanteile hinaus nicht verpflichtet, es sei denn, die Gesellschafter beschließen dies durch einstimmigen Gesellschafterbeschluss. [17]

§ 8 Verfügung über Geschäftsanteile

1. Die Abtretung von Geschäftsanteilen sowie von Teilen von Geschäftsanteilen bedarf der Zustimmung aller Gesellschafter und der Gesellschaft. [18]

2. Diese Zustimmung darf nicht erteilt werden, wenn der Erwerber nicht zu den in § 59e Abs. 1 BRAO bezeichneten Personen gehört. [19]

3. Für den Fall der Veräußerung eines Geschäftsanteils oder von Teilen eines Geschäftsanteils durch einen Gesellschafter haben die übrigen Gesellschafter ein Vorkaufsrecht, vorbehaltlich der Regelungen in vorstehender Ziffer 2.

4. Das Vorkaufsrecht steht den Gesellschaftern in dem Verhältnis zu, in dem die Nennbeträge der von Ihnen gehaltenen Geschäftsanteile zueinander stehen. Der Veräußerer hat den Inhalt des mit dem Erwerber geschlossenen Vertrages unverzüglich allen übrigen Gesellschaftern schriftlich mitzuteilen. Das Vorkaufsrecht kann nur bis zum Ablauf von einem Monat nach Empfang der Mitteilung durch schriftliche Erklärung gegenüber dem Veräußerer ausgeübt werden. Soweit ein Gesellschafter von seinem Vorkaufsrecht keinen Gebrauch macht, steht dieses den übrigen Gesellschaftern in dem Verhältnis zu, in welchem die Nennbeträge der von ihnen gehaltenen Geschäftsanteile zueinander stehen. [20]

5. Etwaige unverteilbare Spitzenbeträge stehen dem Gesellschafter zu, der sein Vorkaufsrecht als erster ausgeübt hat.

6. Bei der Veräußerung eines Geschäftsanteils oder Teilen von Geschäftsanteilen an Gesellschafter sind die übrigen Gesellschafter und die Gesellschaft verpflichtet, ihre Zustimmung zur Veräußerung zu erteilen, vorbehaltlich der Regelungen in vorstehender Ziffer 2.

§ 9 Geschäftsführung

1. Die Gesellschaft hat einen oder mehrere Geschäftsführer. Geschäftsführer kann nur sein, wer zur Ausübung eines in § 59e Abs. 1 Satz 1 BRAO genannten Berufs berechtigt ist. [21]

2. Die Rechte und Pflichten der Geschäftsführer ergeben sich aus dem Gesetz, dem Anstellungsvertrag, der Geschäftsordnung und den von den Gesellschaftern gegebenen Anweisungen, soweit letztere die Unabhängigkeit bei der Ausübung des Rechtsanwaltsberufs nicht tangieren. [22]

3. Die Geschäftsführer sind verpflichtet, dafür Sorge zu tragen, dass die berufsrechtlich erforderlichen Vermögensschadens-Haftpflichtversicherungen für alle Personen abgeschlossen und aufrecht erhalten werden, die in der Gesellschaft tätig sind. [23]

§ 10 Vertretung

1. Ist nur ein Geschäftsführer bestellt, so vertritt dieser die Gesellschaft allein. Sind mehrere Geschäftsführer bestellt, so vertreten zwei Geschäftsführer gemeinsam oder ein Geschäftsführer in Gemeinschaft mit einem Prokuristen die Gesellschaft. [24]

2. Durch Gesellschafterbeschluss kann jedem Geschäftsführer Einzelvertretungsbefugnis und/oder ganz oder teilweise Befreiung von den Beschränkungen des § 181 BGB erteilt werden. [25]

3. Jedem Gesellschafter wird, soweit er nicht Geschäftsführer ist, Einzelprokura erteilt. [26]

§ 11 Gesellschafterversammlung

1. Alljährlich findet eine ordentliche Gesellschafterversammlung statt, die insbesondere über den Jahresabschluss, die Entlastung der Geschäftsführung sowie über die Verwendung des Jahresergebnisses beschließt, insbesondere darüber, ob und inwieweit Beträge ausgeschüttet, in Gewinnrücklagen eingestellt oder als Gewinn vorgetragen werden.

Darüber hinaus sind außerordentliche Gesellschafterversammlungen einzuberufen, wenn dies im Interesse der Gesellschaft erforderlich ist oder von einem Gesellschafter verlangt wird. [27]

2. Die Einberufung erfolgt durch die Geschäftsführer mittels eingeschriebenen Briefs, durch persönliche Übergabe oder Übermittlung per Boten unter Mitteilung der Tagesordnung. Die Einberufung kann auch per Telefax oder E-Mail [28] erfolgen, wenn kein Gesellschafter dieser Form der Einladung widerspricht.

Der Einladung zur ordentlichen Gesellschafterversammlung sind der Jahresabschluss, der Lagebericht und ein etwaiger Prüfungsbericht der Abschlussprüfer [29] beizufügen.

Die Ladungsfrist beträgt bei ordentlichen Gesellschafterversammlungen vier Wochen, bei außerordentlichen Gesellschafterversammlungen zwei Wochen und beginnt mit der Aufgabe der Einladung zur Post, der Absendung der Einladung, der persönlichen Übergabe oder der Übergabe durch Boten wobei der Tag der Absendung bzw. der Übergabe und der Tag der Versammlung nicht mitgerechnet werden.

Jeder Gesellschafter ist allein einberufungsberechtigt. [30]

3. Die Gesellschafterversammlungen finden am Sitz der Gesellschaft statt. [31] Die Versammlung wählt mit der Mehrheit der abgegebenen Stimmen einen Vorsitzenden. Dieser leitet die Versammlung. Können sich die Gesellschafter nicht auf einen Versammlungsleiter einigen, obliegt die Leitung dem Gesellschafter mit dem größten Anteil am Stammkapital. [32]

4. Anstelle der Beschlussfassung in einer Gesellschafterversammlung ist auch eine schriftliche, fernschriftliche, fernmündliche oder telegrafische Abstimmung zulässig, falls kein Gesellschafter einem solchen Verfahren widerspricht.

Die schriftliche, fernschriftliche, fernmündliche oder telegrafische Abstimmung ist unzulässig, wenn durch sie eine Änderung des Gesellschaftsvertrags herbeigeführt werden soll oder nach dem Gesetz eine andere Form vorgeschrieben ist. [33]

§ 12 Gesellschafterbeschlüsse

1. Die Gesellschafter fassen ihre Beschlüsse in Gesellschafterversammlungen.

2. Die Gesellschafterversammlung ist beschlussfähig, wenn mindestens 70 % der Gesellschafter, gerechnet pro Kopf [34], anwesend oder vertreten sind.

Ein Gesellschafter kann sich in der Gesellschafterversammlung nur durch einen anderen Gesellschafter vertreten lassen. [35]

Ist die Gesellschafterversammlung nicht beschlussfähig, so ist unverzüglich unter Beachtung von Absatz 2 eine neue Gesellschafterversammlung einzuberufen, die dann ohne Rücksicht auf die Zahl der anwesenden Gesellschafter beschließen kann. Darauf ist in der Ladung zur Gesellschafterversammlung hinzuweisen.

3. Über sämtliche Gesellschafterbeschlüsse ist – soweit nicht eine notarielle Beurkundung stattzufinden hat – ein schriftliches Protokoll unter Angabe der Beschlussumstände zu fertigen und von den Geschäftsführern und dem Versammlungsleiter zu unterzeichnen. [36] Die Gesellschafter erhalten Abschrift des Versammlungsprotokolls mittels eingeschriebenen Briefs, durch persönliche Übergabe, Übergabe durch Boten, Einwurf in den Briefkasten, per Telefax oder E-Mail.

4. Gesellschafterbeschlüsse werden mit einfacher Mehrheit der abgegebenen Stimmen gefasst, soweit nicht das Gesetz oder dieser Vertrag eine andere Mehrheit vorschreiben. [37] Die Gesellschafterversammlung beschließt insbesondere über:

a. Änderungen des Gesellschaftsvertrages,

b. Erhöhung des Stammkapitals und Ausgabe neuer Geschäftsanteile,

c. Umwandlungen sowie Abschluss von Unternehmensverträgen mit anderen Gesellschaften,

d. Auflösung der Gesellschaft und deren Folgen,

e. Verkauf von allen oder wesentlichen Vermögensgegenständen der Gesellschaft,

f. Feststellung des Jahresabschlusses der Gesellschaft und Entscheidung über die Verwendung des Jahresergebnisses,

g. Bestellung der Abschlussprüfer, sofern Abschlussprüfer nach Maßgabe des Handelsgesetzbuches zu bestellen sind,

h. Bestellung und Entlastung der Geschäftsführer sowie die Entscheidung über die Bedingungen von deren Beschäftigung,

i. Entscheidung über die Erteilung oder den Widerruf von Prokuren

j. Ausschluss oder Kündigung eines Gesellschafters

k. alle sonstigen Beschlüsse, die nach dem Gesetz zwingend der Gesellschafterversammlung zugewiesen sind.

5. Jeder Gesellschafter hat eine Stimme. Stimmenthaltungen gelten als Nein-Stimmen. [38]

6. Gesellschafterbeschlüsse können nur innerhalb einer Frist von einem (1) Monat angefochten werden. Die Frist beginnt mit dem Tag des Zugangs des Protokolls, in dem der angefochtene Beschluss niedergelegt ist. [39]

§ 13 Jahresabschluss und Gewinnverwendung

1. Der Jahresabschluss (Bilanz nebst Gewinn- und Verlustrechnung) ist von den Geschäftsführern in Übereinstimmung mit den Vorschriften des Handelsgesetzbuches aufzustellen und den Gesellschaftern zusammen mit einem Prüfungsbericht des Abschlussprüfers – wenn der Jahresabschluss und der Lagebericht von einem Abschlussprüfer zu prüfen ist – innerhalb der ersten drei (3) Monate [40] eines Geschäftsjahres vorzulegen.

2. Die Gesellschafter beschließen innerhalb von acht (8) Monaten [41] des laufenden Geschäftsjahres über die Feststellung des Jahresabschlusses und die Entlastung der Geschäftsführer für das vergangene Geschäftsjahr sowie – wenn der Jahresabschluss und der Lagebericht von einem Abschlussprüfer zu prüfen ist – über die Wahl des Abschlussprüfers für das laufende Jahr.

3. Die Gesellschafter bestimmen unter Beachtung der Vorschrift des § 29 GmbHG mit einfacher Mehrheit über die Verwendung des Bilanzgewinnes. [42]

§ 14 Einziehung von Geschäftsanteilen [43]

1. Die Gesellschafter können die Einziehung von Geschäftsanteilen beschließen, wenn der betroffene Gesellschafter und die Gesellschaft zustimmen.

2. Die Gesellschafter können die Einziehung von Geschäftsanteilen beschließen, ohne dass es der Zustimmung des betroffenen Gesellschafters und der Gesellschaft bedarf, wenn [44]

a. Geschäftsanteile des Gesellschafters gepfändet werden oder über sein Vermögen das Insolvenzverfahren eröffnet oder die Eröffnung eines solchen Verfahrens mangels Masse abgelehnt wird,

b. der Gesellschafter – ungeachtet entsprechender Gründe – seinen Austritt aus der Gesellschaft schriftlich erklärt,

c. der Gesellschafter über seine Geschäftsanteile entgegen § 8 Nr. 1 ohne Zustimmung des anderen Gesellschafters verfügt,

d. gegen den Gesellschafter ein Berufs- oder Vertretungsverbot verhängt wird, oder wenn er seine Zulassung zur Berufsausübung verliert oder aufgibt,

e. das Anstellungsverhältnis zwischen Gesellschafter und Gesellschaft, gleich aus welchem Rechtsgrund, beendet wird, [45]

f. ein wichtiger Grund vorliegt, der insbesondere vorliegt, wenn der Gesellschafter durch seine Person oder sein Verhalten die Erreichung des Gesellschaftszwecks unmöglich macht oder erheblich gefährdet oder wenn der Gesellschafter durch sein Verhalten seinen Verbleib in der Gesellschaft untragbar erscheinen lässt,

g. der Gesellschafter verstirbt.

3. Die Einziehung kann nur innerhalb einer Frist von drei (3) Monaten seit Kenntnis vom Eintritt der vorgenannten Voraussetzung durch die Gesellschafter beschlossen werden. [46]

4. Die Einziehung wird durch Gesellschafterbeschluss beschlossen. Der betroffene Gesellschafter ist dabei nicht stimmberechtigt. [47] Die Einziehung wird, soweit gesetzlich zulässig, unabhängig von der Zahlung der Abfindung gemäß § 15 mit der Bekanntgabe bzw. dem Zugang des Beschlusses über die Einziehung bei dem be-

troffenen Gesellschafter sofort wirksam. [48] **Vom Tag der Fassung des Einziehungsbeschlusses bis zum Zeitpunkt des Wirksamwerdens der Einziehung ruhen die den einzuziehenden Geschäftsanteilen zuzuordnenden Stimmrechte.**

5. Die Neubildung eines eingezogenen Geschäftsanteils ist zulässig. [49] **Sie erfolgt durch einstimmigen Gesellschafterbeschluss.**

6. Statt der Einziehung der Geschäftsanteile gemäß § 13 Nr. 1 und 2 kann die Gesellschafterversammlung mit einer Mehrheit von 75 % der Stimmen – ohne Stimmrecht des ausscheidenden Gesellschafters – beschließen, dass die betreffenden Geschäftsanteile ganz oder teilweise auf die Gesellschaft oder auf einen oder mehrere von der Gesellschafterversammlung bestimmte(n) Dritte(n) (einschließlich weiterer Gesellschafter) übertragen werden, und zwar auch dergestalt, dass die Geschäftsanteile teilweise eingezogen und im Übrigen an die Gesellschaft oder den/die Dritten abgetreten werden. Bei einer Abtretung an einen Dritten ist zu gewährleisten, dass dieser zu den in § 59e Abs. 1 BRAO bezeichneten Personen gehört.

7. Die Einziehung erfolgt gegen Zahlung einer Abfindung. Die Höhe dieser Abfindung richtet sich nach § 15 dieses Vertrages.

§ 15 Abfindung [50]

1. Die Abfindung für die eingezogenen bzw. übertragenen Geschäftsanteile entspricht dem Buchwert der eingezogenen Geschäftsanteile. [51]

2. Der Buchwert der Geschäftsanteile wird aus dem Jahresabschluss für das Geschäftsjahr, das der Einziehung oder der Übertragung der Geschäftsanteile vorangeht, ermittelt. Stille Reserven jeder Art bleiben unberücksichtigt.

3. Die Abfindung wird in drei gleichen Raten durch die Gesellschaft gezahlt. Die erste Rate muss innerhalb von sechs (6) Monaten nach Fassen des Einziehungsbeschlusses gezahlt werden. Jede weitere Rate ist ein (1) Jahr nach Fälligkeit der vorhergehenden Rate fällig und jährlich mit ______________ Prozentpunkten über dem Basiszinssatz ab dem Datum des Ausscheidens zu verzinsen. Die Zinsen werden gleichzeitig mit der entsprechenden Rate gezahlt. Die Gesellschaft hat das Recht, die Abfindung jederzeit vollständig oder teilweise vor dem Fälligkeitsdatum zu zahlen und mit zukünftig fällig werdenden Zahlungen zu verrechnen. [52]

4. Der betroffene Gesellschafter hat keinen Anspruch auf die Bestellung von Sicherheiten.

5. § 15 Nr. 1 bis 4 finden entsprechende Anwendung, wenn die Gesellschafterversammlung statt der Einziehung die Übertragung der Geschäftsanteile auf die Gesellschaft oder auf einen von der Gesellschafterversammlung bestimmten Dritten gemäß § 14 Nr. 6 verlangt, wobei der betreffende Übernehmer als Entgelt für die zu übertragenen Geschäftsanteile die Abfindung schuldet.

§ 16 Kündigung [53]

1. Jeder Gesellschafter hat das Recht, die Gesellschaft mit einer Frist von sechs Monaten zum Ende eines jeden Geschäftsjahres ordentlich zu kündigen. Hiervon unberührt bleibt das Recht eines jeden Gesellschafters zur Kündigung der Gesellschaft aus wichtigem Grund. [54]

2. Die Erklärung der Kündigung hat schriftlich mittels eingeschriebenen Briefs an die Gesellschaft oder persönliche Übergabe der Kündigung an einen der Geschäftsführer (auf keinen Fall jedoch an sich selbst) zu erfolgen.

3. Bei Kündigung der Gesellschaft wird die Gesellschaft nicht aufgelöst, sondern von den verbleibenden Gesellschaftern fortgesetzt, sofern diese nicht innerhalb von drei (3) Monaten nach dem Zugang der Kündigung die Auflösung beschließen. [55]

4. Der ausscheidende Gesellschafter ist verpflichtet, die Einziehung seines Geschäftsanteils gemäß § 14 zu dulden oder den Geschäftsanteil nach § 14 Nr. 6 zu übertragen, sofern dies von der Gesellschafterversammlung statt der Einziehung beschlossen wird. Der Geschäftsanteil des ausgeschiedenen Gesellschafters ist dabei jeweils nach Maßgabe von § 15 zu vergüten.

5. Erfolgt die Übernahme der Geschäftsanteile des ausscheidenden Gesellschafters gemäß Abs. 4 nicht innerhalb einer Frist von drei (3) Monaten nach Zugang der Kündigung, so ist der kündigende Gesellschafter befugt, seine Geschäftsanteile, ohne dass es einer Zustimmung gemäß § 6 bedarf, frei zu veräußern. Dies gilt jedoch nur, wenn der Erwerber zu den in § 59e Abs. 1 BRAO bezeichneten Personen gehört.

6. Das Stimmrecht des Gesellschafters, der die Gesellschaft gekündigt hat, ruht ab dem Zugang der Kündigungserklärung bei der Gesellschaft. [56]

§ 17 Ehelicher Güterstand [57]

1. Die Gesellschafter sind verpflichtet, durch Ehevertrag zu vereinbaren, dass der/die Geschäftsanteil/Geschäftsanteile den Beschränkungen des § 1365 BGB nicht unterliegt/unterliegen und sein/seine Gesellschaftsanteil/Geschäftsanteile im Fall der Beendigung der Ehe bei der Berechnung eines eventuellen Zugewinns außer Betracht bleibt/bleiben.

2. Auf schriftliche Aufforderung der Gesellschaft oder eines anderen Gesellschafters hin hat der betreffende Gesellschafter der Gesellschaft unverzüglich – längstens innerhalb von drei Monaten seit Empfang der Aufforderung – nachzuweisen, dass er die Verpflichtung gemäß Absatz 1 erfüllt hat.

§ 18 Wettbewerbsverbot [58]

1. Die Gesellschafter und die Geschäftsführer der Gesellschaft sind verpflichtet, während der Dauer ihrer Mitgliedschaft in der Gesellschaft weder unmittelbar noch mittelbar Unternehmungen zu betreiben oder zu unterstützen oder sich an Unternehmungen zu beteiligen, zu erwerben oder in irgendeiner Weise dafür tätig zu werden, die mit der Gesellschaft auf dem Markt für ____________ in ____________ in Konkurrenz treten können. Davon ausgenommen sind lediglich rein kapitalistische Minderheitsbeteiligungen an anderen Unternehmen ohne Einfluss auf deren Geschäftsführung, ohne Tätigkeit im Unternehmen und ohne Möglichkeit, diese zu beherrschen oder auf sonstige Weise Einfluss auf deren unternehmerische Entscheidungen zu nehmen. [59]

2. Diese Verpflichtung besteht für einen ausscheidenden Gesellschafter bei Fortbestehen der Gesellschaft für die Dauer von zwei Jahren nach dem Ausscheiden fort. [60]

3. Die Gesellschafter können durch einstimmigen Beschluss Ausnahmen von diesem Wettbewerbsverbot gestatten.

4. Verstößt ein Gesellschafter während der Dauer seiner Mitgliedschaft in der Gesellschaft gegen das Wettbewerbsverbot gemäß Abs. 1, gibt er damit Anlass, ihn aus wichtigem Grund aus der Gesellschaft auszuschließen. Nach dem Ausscheiden aus der Gesellschaft hat der ausgeschiedene Gesellschafter für jeden Verstoß gegen das Wettbewerbsverbot gemäß Abs. 2 eine Vertragsstrafe von ____________ € (in

Worten: __________ Euro) an die Gesellschaft zu zahlen. Das Recht, Schadensersatz oder Unterlassung zu verlangen, wird durch den Ausschluss aus der Gesellschaft oder die Zahlung der Vertragsstrafe nicht berührt. [61]

§ 19 Auflösung, Abwicklung [62]

1. Im Falle der Auflösung oder Abwicklung der Gesellschaft sind der/die Geschäftsführer Liquidator/en.

2. Die Auflösung der Gesellschaft kann nur mit einer Mehrheit von 70 % aller Stimmen beschlossen werden.

§ 20 Gründungsaufwand [63]

Die mit der Gründung der Gesellschaft verbundenen Kosten (Notar-, Gerichts- und Veröffentlichungskosten sowie etwaige Kosten der Rechts- und/oder Steuerberatung im Zusammenhang mit der Gründung) werden bis zu einem Gesamtbetrag in Höhe von __________ € von der Gesellschaft getragen. Einen darüber hinausgehenden Gründungsaufwand tragen die Gründungsgesellschafter im Verhältnis ihrer Geschäftsanteile.

§ 21 Schlussbestimmungen [64]

1. Sollte eine Bestimmung dieses Gesellschaftsvertrages oder eine künftig in ihn aufgenommene Bestimmung ganz oder teilweise unwirksam oder undurchführbar sein oder werden, so wird die Rechtsgültigkeit der übrigen Bestimmungen davon nicht berührt. Die Parteien sind in einem solchen Fall verpflichtet, die unwirksame oder undurchführbare Bestimmung im Wege der Satzungsänderung durch eine wirksame und durchführbare Bestimmung zu ersetzen, welche dem Sinn und Zweck der unwirksamen oder undurchführbaren Bestimmung so nahe wie möglich kommt. Soweit sich herausstellen sollte, dass dieser Gesellschaftsvertrag unbeabsichtigte Lücken enthält, sind die Parteien verpflichtet, zur Schließung der unbeabsichtigten Lücken ergänzende Satzungsbestimmungen zu vereinbaren, welche sie nach Sinn und Zweck dieses Gesellschaftsvertrages gewollt und von Anfang an vereinbart hätten, wenn sie den von der Lücke betroffenen Punkt bereits bei Abschluss des Gesellschaftsvertrages bedacht hätten. Betrifft der Mangel notwendige Bestandteile des Gesellschaftsvertrages, ist eine solche Regelung nach Maßgabe des § 53 Abs. 2 GmbHG zu vereinbaren.

2. Alle das Gesellschaftsverhältnis betreffenden Vereinbarungen zwischen den Gesellschaftern oder zwischen der Gesellschaft und den Gesellschaftern bedürfen zu ihrer Wirksamkeit der Schriftform, soweit nicht kraft Gesetzes notarielle Beurkundung vorgeschrieben ist. Dies gilt auch für einen etwaigen Verzicht auf das Erfordernis der Schriftform.

3. Der Vertrag unterliegt dem Recht der Bundesrepublik Deutschland.

4. Gerichtsstand und Erfüllungsort für alle Verpflichtungen aus diesem Vertrag ist, soweit kein anderer gesetzlicher Gerichtsstand besteht, der Sitz der Gesellschaft.

Template

492 **Articles of Association of A GmbH [1]**

Preamble [2]

Section 1 Company and Registered Office

1. The Company conducts its business activities under the name

»A« Rechtsanwaltsgesellschaft mbH [3]

2. The Company´s registered office is ____________

3. To the extent that A retires from the Company and no longer actively practices law, he – as well has his legal successors – under indemnification from all personal liability, however without any claim to collateral security, upon request of the Company, shall allow continued use of his name in the Company name free of charge. [4]

Section 2 Purpose of the Company

1. The purpose of the Company is to provide advice and representation in legal cases, including forensic matters. [5]

2. The purpose of the Company is furthermore the professional practice of members of other professions employed by the Company within the scope of their own professional prerogatives, with whom lawyers are allowed to associate as a joint professional practice according to their professional regulations.

3. The official duties of notaries are not included in the purpose of the Company. Joint professional practice with notary attorneys is possible, however, whereby in carrying out official duties as a notary, this is without exception subject to the requirements of notarial professional regulations. [6]

4. The Company is authorized to engage in all activities deemed directly or indirectly suitable for serving the aforementioned purposes. The Company may establish branch offices. It is allowed to participate in mergers domestically and abroad, to the extent that these are geared towards joint professional practice.

5. The Company may establish a joint law office or several law offices. If the Company establishes several law offices, at least one shareholder must be practicing in each law office, who is an attorney and appointed as Managing Director and for whom that law office constitutes the main focus of his professional activity.

Section 3 Duration of the Company, Financial Year

1. The Company is established for an indefinite period. [7]

2. The financial year corresponds to the calendar year. The first fiscal year is a short fiscal year, beginning with entry in the Commercial Register and ending on December 31 following entry in the Commercial Register. [8]

Section 4 Notices

The Company shall make notices exclusively in the Federal Gazette (Bundesanzeiger). [9]

Section 5 Shareholders

Shareholders can only be attorneys (*Rechtsanwälte*) and members of the other professions referred to in Section 59a para. 1 sentence 1 and para. 2 German Federal Lawyers´ Act (BRAO). They must practice their profession in the Company. [10]

Section 6 Professional Activity of the Shareholders

Each shareholder shall engage in his professional practice, in adherence with the applicable provisions under the rules of professional practice. If the German na-

tional rules of professional practice for attorneys set higher or stricter standards, these are also to be upheld even by the shareholders who are not attorneys licensed to practice law.

Section 7 Share Capital, Capital Contributions

1. The share capital of the Company is __________ € (in words: Euros). [11]

2. Thereof, the shareholders shall take over shares as follows: [12]

Shareholder A: Company share at the nominal value of __________ € (in words: __________ Euros) (»Company share 1«) [13]**, representing __________ % of the share capital** [14]

Shareholder B: Company share at the nominal value of __________ € (in words: __________ Euros) (»Company share 2«), representing __________ % of the share capital

Shareholder C: Company share at the nominal value of __________ € (in words: __________ Euros) (»Company share 3«), representing __________ % of the share capital

3. The shareholders are to pay in the capital contributions in cash [15]**. These are to be paid [in full/up to 50 %/up to one-quarter 16] immediately. The complete capital contributions are to be paid in by the shareholders by __________**

4. As a general rule, the shareholders have no additional capital contribution obligation. The shareholders are not obliged to make additional payments beyond the nominal amounts of their Company shares, unless it is so decided through unanimous shareholder resolution. [17]

Section 8 Disposition of Company Shares

1. The assignment of Company shares, as well as parts of shares, requires the approval of all shareholders and the Company. [18]

2. This approval may not be granted if the acquiring party does not belong to the persons designated in Section 59e para. 1 German Federal Lawyers´ Act (BRAO). [19]

3. In case of a sale of a Company share or portions of a Company share by a shareholder, the remaining shareholders have a right of pre-emption, subject to the provisions in the above Number 2.

4. The shareholders are entitled to pre-emptive rights in proportion to the nominal amount of the Company shares held by them in relation to each other. The seller shall immediately inform all the other shareholders in writing of the content of the agreement concluded with the acquirer. The right of pre-emption can only be exercised through a written statement to the seller within one month from receipt of the communication. If a shareholder does not exercise his pre-emptive right, the pre-emptive right of the other shareholders increases in proportion to the nominal amount of Company shares held by them in relation to each other. [20]

5. The shareholder exercising his pre-emptive right first is entitled to any non-divisible fractional amounts.

6. In case of the sale of a Company share or a portion of Company shares to shareholders, the other shareholders and the Company are required to grant their approval to the sale, subject to the provisions in the above Number 2.

Section 9 Management

1. The Company has one or more managing directors. Managing director can only be a person who is entitled to practice one of the professions referred tin Section 59e para. 1 sentence 1 German Federal Lawyers´ Act (BRAO). [21]

2. The rights and obligations of the managing directors derive from the law, the employment contract, the management rules of procedure and the instructions issued by the shareholders, to the extent that the latter do not affect the independence in carrying out the legal profession. [22]

3. The managing directors are obliged to ensure that financial loss liability insurance as required by rules of professional practice is obtained and maintained for all the persons employed by the Company. [23]

Section 10 Representation

1. If only one managing director is appointed, he solely represents the Company. If more than one managing director has been appointed, the two will represent together, or one managing director will represent the Company jointly with an authorized officer (Prokurist). [24]

2. Through shareholder resolution, each managing director may be granted the power of sole representation and exemption from the restrictions of Section 181 German Civil Code (BGB). [25]

3. Each shareholder, to the extent he is not a managing director, is granted single procuration. [26]

Section 11 Shareholders´ Meeting

1. Each year, an ordinary shareholders´ meeting shall take place, which, in particular, shall make resolutions concerning the annual financial statements, discharge of managing directors as well as the distribution of the annual profit or loss, especially whether and to what extent amounts shall be paid out as dividends, allocated to revenue reserves or carried forward as profits.

Moreover, extraordinary shareholders´ meetings are to be called if this is necessary in the interest of the Company or requested by a shareholder. [27]

2. The meeting is called by the managing directors by means of a registered letter, through personal delivery or transmittal by courier, with notification of the agenda. The meeting can also be called via fax or e-mail [28] **if no shareholder objects to this form of invitation.**

The invitation to the ordinary shareholders´ meeting is to be accompanied by the annual financial statements, the management report, and possibly an audit report by the statutory auditors. [29]

The notice period for ordinary shareholders´ meetings is four weeks, for extraordinary shareholders´ meetings two weeks, and it begins with the dispatch of the invitation by mail, the transmittal of the invitation, the personal delivery or delivery by courier, whereby the day sent or delivered and the day of the meeting are not counted.

Each shareholder is solely entitled to call a meeting. [30]

3. The shareholders´ meetings take place at the Company´s registered office. [31] **The meeting elects a chairman by simple majority of the votes submitted. He presides**

over the meeting. If the shareholders cannot agree on a chairman, the shareholder having the largest percentage of share capital is responsible for leading the meeting. [32]

4. In lieu of the resolution in a shareholders´ meeting, a written, e-mail or fax, telephone or telegraphic vote is permitted, if no shareholders object to such a procedure.

A written, e-mail or fax, telephone, or telegraphic vote is not permissible if it is intended to be used for amending the Articles of Association or if another form is prescribed by law. [33]

Section 12 Shareholder Resolutions

1. The shareholders adopt their resolutions in shareholders´ meetings.

2. The shareholders´ meeting forms a quorum if at least 70 percent of the shareholders, in per capita terms [34]**, are present or represented.**

A shareholder can only be represented in the shareholders´ meetings by other shareholders. [35]

If the shareholders´ meeting does not form a quorum, in observance of paragraph 2, a new shareholders´ meeting is to be called immediately, which then shall form a quorum without consideration of the number of shareholders present. This is to be pointed out in the invitation to the shareholders´ meeting.

3. A written record, stating the decision circumstances, is to be prepared and signed by the managing directors and the meeting chairman for all shareholder resolutions – to the extent they are not to be notarized. [36] **The shareholders receive a facsimile copy of the minutes of the shareholders´ meeting via registered letter, through personal delivery, dispatch by courier, drop-off in their mailbox, via fax or e-mail.**

4. Shareholder resolutions shall be passed by a simple majority of the votes submitted, unless a different majority is prescribed by law or by this agreement. [37] **The shareholders´ meeting decides on the following matters in particular:**

a. Amendments to the Articles of Association,

b. Increase of share capital and issue of new Company shares,

c. Conversions as well as the conclusion of enterprise agreements with other companies,

d. Dissolution of the Company and its consequences,

e. Sale of all or essential assets of the Company,

f. Approval of the annual financial statements of the Company and decision on the allocation of the profit for the year,

g. Appointment of the statutory auditors, to the extent that auditors are to be appointed as prescribed by the Commercial Code,

h. Appointment and discharge of the managing directors as well as the decision on the conditions of their employment,

i. Decision on granting or revoking powers of attorney

j. Exclusion or termination of a shareholder

k. All other decisions which are assigned to the shareholders´ meeting as mandated by law.

5. Each shareholder has one vote. Abstentions are treated as no votes. [38]

6. Shareholder resolutions can only be contested within a period of one (1) month. The period begins with the day upon receipt of the minutes in which the contested resolution is documented. [39]

Section 13 Annual financial statements and Appropriation of earnings

1. The annual financial statements (balance sheet, along with the profit and loss statement) are to be prepared by the managing directors in accordance with the provisions of the Commercial Code and the shareholders together with an audit report by the statutory auditor – if the annual financial statements and the management report are to be audited by a statutory auditor – within the first three (3) months [40] of a financial year.

2. The shareholders decide within eight (8) months [41] of the current financial year on the approval of the annual financial statements and the discharge of the managing directors for the past financial year – if the annual financial statements and the management report are to be audited by a statutory auditor – and on the selection of the statutory auditor for the current year.

3. The shareholders decide by a simple majority on the appropriation of the balance sheet profit in compliance with the provisions of Section 29 Limited Liability Company Act (GmbHG). [42]

Section 14 Redemption of Company Shares [43]

1. The shareholders may approve the redemption of Company shares if the concerned shareholder and the Company consent.

2. The shareholders may approve the redemption of Company shares, with requiring the consent of the shareholder concerned and the Company, if [44]

a. liens are placed on the shareholder´s Company shares or bankruptcy proceedings are opened on his assets or the opening of such proceedings is denied due to lack of assets,

b. the shareholder – irrespective of corresponding reasons – declares his withdrawal from the Company in writing,

c. the shareholder disposes over his Company shares against Section 8 No. 1 without consent of the other shareholder,

d. a professional or representation ban has been imposed on the shareholder, or if he loses or gives up his license to practice the profession, [45]

e. the employment relationship between the shareholder and the Company ends regardless of the legal grounds,

f. there is good cause, in particular if the shareholder makes the achievement of the Company purpose impossible or significantly jeopardizes it, or if the shareholder makes his continued presence in the Company unbearable,

g. the shareholder passes away.

3. The redemption can only be decided by the shareholders within a period of three (3) months after learning that the above-mentioned condition has occurred. [46]

4. The redemption of shares is decided by shareholder resolution. The shareholder concerned has no vote in this. [47] **To the extent legally permissible, the redemption becomes immediately effective upon the announcement or rather the receipt of the resolution of redemption by the concerned shareholder, independent of the payment of the compensation pursuant to Section 15.** [48] **From the day the redemption resolution is adopted, up to the date when the redemption becomes effective, the voting rights allocated to the shares to be redeemed shall remain dormant.**

5. The re-issue of a redeemed Company share is permissible. [49] **It occurs through unanimous shareholder resolution.**

6. Instead of redemption of the Company shares pursuant to Section 13 No. 1 and 2, the shareholders´ meeting can decide by a 75 % majority of votes – without the voting right of the exiting shareholder – that part or all of the relevant Company shares be transferred to the Company or one or several third parties specified by the shareholders´ meeting (including additional shareholders), specifically in such way as that the Company shares are partially redeemed and otherwise assigned to the Company or the third party or parties. In case of an assignment to a third party, it shall be ensured that this person belongs to the persons designated in Section 59e para. 1 German Federal Lawyers´ Act (BRAO).

7. The redemption occurs in exchange for payment of compensation. The amount of this compensation is governed by Section 15 of this agreement.

Section 15 Compensation [50]

1. The compensation for the redeemed or transferred Company shares corresponds to the book value of the redeemed Company shares. [51]

2. The book value of the Company shares is calculated based on the annual financial statements for the financial year preceding the redemption or transfer of the Company shares. Hidden reserves of any type shall remain unaffected.

3. The Company shall disburse the compensation payment in three equal installments. The first installment must be paid within six (6) months after the redemption resolution. Each additional installment is due one (1) year after the payment date of the previous installment and subject to interest at ____________ percentage points per annum above the relevant base interest rate from the exit date. The interest is paid at the same time with the appropriate installment. The Company has the right to pay the compensation at any time in full or in part prior to the due date and to offset it with payments due in the future. [52]

4. The shareholder concerned has no entitlement to the provision of collateral.

5. Section 15 No. 1 to 4 applies accordingly if the shareholders´ meeting, instead of redemption, calls for the transfer of the Company shares to the Company or to a third party designated by the shareholders´ meeting pursuant to Section 14 No. 6, whereby the transferee involved owes the compensation as payment for the transferred Company shares.

Section 16 Giving Notice of Termination [53]

1. Each shareholder has the right to give proper notice of termination to the Company with a period of six months to the end of any financial year. This shall not affect the right of each shareholder to resign without notice for good cause. [54]

2. The notice of termination is to be made by registered letter to the Company or to be handed over personally to one of the managing directors (under no circumstances, however, to oneself).

3. When notice of termination is submitted to the Company, the Company is not dissolved, but rather continued by the remaining shareholders, to the extent that they do not decide to dissolve the Company within three (3) months after receiving notice. [55]

4. The withdrawing shareholder is obliged to tolerate the redemption of his Company share pursuant to Section 14 or to transfer the Company share according to Section 14 No. 6, to the extent this is decided by the shareholders´ meeting instead of redemption. The Company share of the resigned shareholder is to be compensated in each case in accordance with Section 15.

5. If the takeover of the Company shares of the withdrawing shareholder pursuant to para. 4 does not occur within a period of three (3) months after receipt of the termination notice, the terminating shareholder is entitled to sell his shares freely without requiring consent pursuant to Section 6. This only applies, however, if the acquiring party belongs to the persons designated in Section 59e para. 1 German Federal Lawyers´ Act (BRAO).

6. The voting right of the shareholder who has given termination notice to the Company shall remain dormant from the time the termination notice has been received by the Company. [56]

Section 17 Matrimonial property regime [57]

1. The shareholders are obliged to arrange via prenuptial agreement that the Company share(s) is/are not subject to the limitations of Section 1365 German Civil Code (BGB) and the Company share(s) shall be disregarded in the calculation of possible economic gains in case the marriage ends.

2. Upon written request of the Company or another shareholder, the shareholder concerned is to demonstrate to the Company without delay – at the latest, within three months since receiving the request – that he has fulfilled his obligation pursuant to para. 1.

Section 18 Non-competition clause [58]

1. The shareholders and the managing director of the Company are obliged during their tenure with the Company to refrain from directly or indirectly operating or supporting any enterprises or participating in, acquiring or engaging in any employment on behalf of enterprises that may be in competition with the Company in the market for ____________ in ____________. Excluded from this are only purely capitalist minority interests in other companies without influence on their management, without activity in the enterprise and without possibility to control them or to take influence on their entrepreneurial decisions in any other way. [59]

2. For an exiting shareholder, this obligation exists for a period of two years after exit if the Company remains in business. [60]

3. The shareholders may decide on exceptions to this non-competition clause through unanimous resolution.

4. If a shareholder is in breach of the non-competition clause pursuant to para. 1 during his tenure with the Company, this constitutes good cause for excluding him from the Company. After being excluded from the Company, the excluded sharehol-

der shall pay a contractual penalty of ____________ € (in words: ____________ Euros) to the Company for each breach of the non-competition clause. The right to seek claims for damages or injunctive relief shall remain unaffected by the exclusion from the Company or the payment of the contractual penalty. [61]

Section 19 Dissolution, Winding up [62]

1. In case of dissolution or winding up of the Company, the shareholder(s) shall be the liquidator(s).

2. The dissolution of the Company can only be decided with a 70 % majority of all votes.

Section 20 Formation Expenses [63]

Costs associated with the formation of the Company (notary costs, court costs and publication costs as well as any costs for legal and/or tax advice in connection with the formation) shall be borne by the Company up to a total amount of ____________ €. Formation expenses exceeding this amount shall be borne by the founding shareholders at the ratio of their shareholdings.

Section 21 Final provisions [64]

1. Should any provision of these Articles of Association, or any future provision adopted in them, be or become invalid or unenforceable in part or whole, this shall not affect the legal validity of the remaining provisions. In such a case, the parties are obliged, through amendment of the Articles of Association, to replace the invalid or unenforceable provision with a valid and enforceable provision that most closely fulfills the intent and purpose of the invalid or unenforceable provision. In case any unintentional gaps should be discovered in these Articles of Association, the parties are obliged to close the unintentional gaps by agreeing upon supplementary provisions to the Articles of Association, which according to the intent and purpose of this shareholder agreement, they would have intended and agreed upon from the beginning, had they considered the item affected by the gap already upon concluding the Articles of Association. If the deficiency affects essential components of the Articles of Association, such a resolution is to be agreed as specified by Section 53 para. 2 German Limited Liability Company Act (GmbHG).

2. All agreements affecting the relationship between the shareholders or between the Company and the shareholders require the written form for their validity, to the extent that notarial attestation is not mandatory by law. This also applies to any waiver of the written form requirement.

3. The agreement is subject to the law of the Federal Republic of Germany.

4. The jurisdiction and place of performance for all obligations arising from this agreement is the Company's registered office, to the extent that no other registered office exists.

Erläuterungen

Literatur: *Bambring*, Güterstandsklauseln in Gesellschaftsverträgen, DNotZ 2008, 724 ff.; *Henssler*, Die gesetzliche Regelung der Rechtsanwalts-GmbH, NJW 1999, 241; *Henssler/Prütting*, Bundesrechtsanwaltsordnung 4. Aufl. 2014; *Juretzek*, Rechtsanwaltsgesellschaften und die Rechtsfolgen der Nichtbeachtung des gemäß § 59e I 2 BRAO geltenden Tätigkeitsgebots, GWR 2012, 241; *Passarge*, Besondere Rechtsformen in der Liquidation – Zur Liquidation von Vor-GmbH, Unternehmergesellschaft, Freiberufler-GmbH und gemeinnütziger GmbH, NZG 2010, 646; *Priester*, Aktuelle Gestaltungsfragen bei GmbH-Verträgen, DStR 1992, 254; *Sörgel/Engelmann*, Möglichkeiten der Anpassung von Buchwertabfindungen an den niedrigeren

Verkehrswert bei der GmbH, DStR 2003, 1260; *von Rechenberg/Ludwig,* Kölner Handbuch Handels- und Gesellschaftsrecht, 4. Aufl. 2017.

1. Dazu Muster A 18 (Rdn. A 241). 493

2. Die Präambel ist weder gesetzlich vorgeschrieben, noch zwingender Bestandteil eines Gesellschaftsvertrages. Dennoch bietet es sich an, in der Präambel die Ziele der Gesellschaft zu formulieren, Sinn und Zweck des Vertrages zu definieren und mögliche wesentliche Umstände, die zu der Gründung der Gesellschaft geführt haben, darzulegen. Dies kann insbesondere für die Auslegung des Vertrages bedeutsam sein (vgl. allgemein zur Auslegung von Gesellschaftsverträgen Scholz/*Cramer* § 2 Rn. 39 ff.; von Rechenberg/Ludwig/*Meyer* Kap. 13 Rn. 214 f.). Dabei ist jedoch zu beachten, dass der Gesellschaftsvertrag zum Handelsregister einzureichen ist und insofern Registerpublizität genießt. Rein interne Regelungen, die nicht in die Öffentlichkeit gelangen sollen, sollten daher nicht in der Präambel niedergelegt werden. 494

3. Firma und Sitz der Gesellschaft sind gemäß § 3 Abs. 1 Nr. 1 GmbHG zwingender Bestandteil des Gesellschaftsvertrages. Dazu Muster A 18 (Rdn. A 242 ff.). 495

Bei einer Rechtsanwalts-GmbH muss die Firma zudem gemäß § 59k Abs. 1 BRAO den Namen wenigstens eines Gesellschafters, der Rechtsanwalt ist, und die Bezeichnung »Rechtsanwaltsgesellschaft« enthalten. Damit ist dies für Rechtsanwaltsgesellschaften ebenso ausdrücklich geregelt wie in § 31 S. 1 WPO für Wirtschaftsprüfer, in § 53 S. 1 StBerG für Steuerberater und in § 52k PAO für Patentanwälte. Andere als zugelassene Rechtsanwaltsgesellschaften dürfen die Bezeichnung »Rechtsanwaltsgesellschaft« nicht führen, § 59k Abs. 2 S. 1 BRAO. Da die Gesellschafter in der Gesellschaft tätig sein müssen (§ 59e Abs. 1 S. 2 BRAO) kann die Gesellschaft grundsätzlich nur den Namen eines aktiven Rechtsanwalts führen. Scheidet dieser jedoch aus der Gesellschaft aus, so kann dessen Name in der Firma fortgeführt werden (Henssler/Prütting/*Henssler* § 59k Rn. 9; vgl. nachfolgend Anmerkung Nr. 4 (Rdn. A 497)). Weiterhin erforderlich für die Firma ist gemäß § 4 GmbHG die Bezeichnung »Gesellschaft mit beschränkter Haftung« oder eine allgemein verständliche Abkürzung dieser Bezeichnung. Dabei genügt auch die Abkürzung »mbH« (BGH NJW 1974, 1088). 496

4. Diese Regelung soll die Fortführung der Firma für den Fall des Ausscheidens des namensgebenden Gesellschafters sichern. Dies kann im Geschäftsverkehr von erheblicher Bedeutung sein. Zwar ist die Regelung des § 24 HGB auf die GmbH nicht anwendbar (BGH NJW 1972, 1419) und in der landgerichtlichen Rechtsprechung ist bereits entschieden worden, dass eine Rechtsanwalts-GmbH im Zweifel zur Fortführung ihrer Firma berechtigt ist, auch wenn ein namensgebender Gesellschafter ausscheidet (LG Köln AnwBl. 2005, 788). Allerdings wird in der Literatur auch vertreten, dass es gem. § 59k a.F. nach dem Ausscheiden eines Gesellschafters, dessen Name in der Firma enthalten ist, der ausdrücklichen Einwilligung des Gesellschafters oder seiner Erben bedarf, wenn die Firma mit dem Namen des ausgeschiedenen Gesellschafters fortgeführt werden soll (Henssler/Prütting/*Henssler* § 59k Rn. 9). Nach der Einführung des § 59k n.F. ist § 24 Abs. 2 HGB nicht länger auf die Rechtsanwaltsgesellschaft anwendbar. Damit ist die Einwilligung des Gesellschafters oder seiner Erben nicht mehr notwendig. Es empfiehlt sich daher, die vorgeschlagene Regelung zur Vermeidung von Unsicherheiten in jedem Fall vorsorglich in die Satzung mit aufzunehmen. 497

5. Die Beschreibung des Gegenstandes des Unternehmens ist gemäß § 3 Abs. 1 Nr. 2 GmbHG notwendiger Bestandteil des Gesellschaftsvertrages. Dazu Muster A 18 (Rdn. A 245). 498

Die im vorliegenden Muster gewählte Beschreibung des Gegenstandes der Gesellschaft ist ausschließlich auf die Bedürfnisse der Rechtsanwalts-GmbH zugeschnitten. Gemäß § 59c Abs. 1 BRAO ist Unternehmensgegenstand einer Rechtsanwaltsgesellschaft in Form einer GmbH die Beratung und Vertretung in Rechtsangelegenheiten. Gemäß § 59l BRAO kann die Rechtsanwaltsgesellschaft als Prozess- und Verfahrensbevollmächtigte beauftragt werden. Dabei hat die GmbH selbst die Rechte und Pflichten eines Rechtsanwalts. Allerdings handelt sie als juristische Person nur durch ihre Organe und Vertreter. Dies ist ein Grund dafür, dass die Mehrheit der Rechtsan- 499 walts-GmbH Rechtsanwälte sein muss, § 59 Abs. 2 BRAO. Die Beschreibung des Gegenstandes der Gesellschaft muss im Fall von anderen Freiberuflerzusammenschlüssen in Form einer GmbH an die jeweiligen Bedürfnisse angepasst werden. Für Patentanwälte sind insbesondere die §§ 52c, e PAO zu beachten.

500 **6.** Diese Regelung entspricht den Anforderungen des § 59a Abs. 1 S. 3, 4 BRAO.

501 **7.** Dazu Muster A 18 (Rdn. A 246).

502 **8.** Dazu Muster A 18 (Rdn. A 247).

503 **9.** Dazu Muster A 18 (Rdn. A 248 f.).

504 **10.** § 59e Abs. 1 S. 1 BRAO bestimmt, dass Gesellschafter einer Rechtsanwaltsgesellschaft nur Rechtsanwälte und Angehörige der in § 59a Abs. 1 Satz 1 und Abs. 2 BRAO genannten Berufe sein können. Nach einer der berufsrechtlich viel beachteten Entscheidung des BGH aus dem Jahr 2017 spricht der Wortlaut des § 59e Abs. 1 Satz 1 BRAO dafür, dass nur Angehörige der dort genannten freien Berufe, mithin natürliche Personen, Gesellschafter einer Rechtsanwaltsgesellschaft sein können, nicht hingegen juristische Personen mit eigener, von den an ihnen beteiligten Berufsangehörigen vollständig losgelöster Rechtspersönlichkeit, und dementsprechend auch nicht etwa Personengesellschaften, die – wie die Partnerschaftsgesellschaft nach dem PartGG – einer juristischen Person weitgehend angenähert sind (BGH, NJW 2017, 1681 ff., 1683 unter Verweis auf seine Entscheidung in BGHZ 148, 270, 276 = NJW 2002, 68 und mit Verweis auf BT-Drs. 12/6152, 9, 16). Nach der vorstehend zitierten Rechtsprechung des BGH aus dem Jahr 2017 kann daher eine Partnerschaftsgesellschaft, auch wenn sie aus Rechtsanwälten gebildet ist, nicht Gesellschafterin einer Rechtsanwaltsgesellschaft sein (BGH, NJW 2017, a.a.O.). Diese Sichtweise entspricht, wie der BGH in der vorbezeichneten Entscheidung unter Verweis auf die Entscheidung aus dem Jahr 2002 ausführlich begründet hat, auch dem Willen des Gesetzgebers bei der Einführung der gesetzlichen Regelungen über die Rechtsanwaltsgesellschaft (zur Entscheidung des BGH in NJW 2017, 1681 vgl. auch die ausführliche Besprechung von *Henssler*, NJW 2017, 1644).

§ 59e Abs. 1 S. 2 BRAO bestimmt darüber hinaus, dass die sozietätsfähigen Gesellschafter einer Rechtsanwaltsgesellschaft, also die in § 59e Abs. 1 S. 1 BRAO genannten Personen, auch (jeweils) aktiv in der Rechtsanwaltsgesellschaft beruflich tätig sein müssen (vgl. dazu Henssler/Prütting/*Henssler* § 59e Rn. 12). Eine Festlegung des Umfangs der »beruflichen Tätigkeit« hat der Gesetzgeber dabei zwar unterlassen, aber doch deutlich gemacht, dass ein Mindestmaß an beruflichen Aktivitäten gegeben sein muss (vgl. OLG Düsseldorf NJOZ 2012, 1359, 1361 mit Verweis auf die amtliche Begründung zu § 59e BRAO in BT-Drs. 13/9820, S. 14). Das Tätigkeitsgebot des § 59e BRAO verlangt insoweit eine Einbringung der Leistungen in der und für die Rechtsanwaltsgesellschaft selbst (OLG Düsseldorf NJOZ 2012, 1359). Damit soll verhindert werden, dass die Rechtsanwaltsgesellschaft als Kapitalanlageform ausgestaltet wird (Henssler/Prütting/*Henssler* § 59e Rn. 12). Ein Verstoß gegen das Tätigkeitsgebot durch einen sozietätsfähigen Nicht-Rechtsanwalts-Gesellschafter führt allerdings nicht ohne Weiteres zur Unwirksamkeit des Gesellschaftsvertrags oder dazu, dass er nicht Gesellschafter geworden ist (OLG Düsseldorf NJOZ 2012, 1359; zu den Folgen eines Verstoßes gegen das Tätigkeitsgebot siehe im Übrigen *Juretzek* GWR 2012, 241).

505 Die Regelung in § 59e Abs. 2 S. 1 BRAO sah noch weitergehend vor, dass die Mehrheit der Geschäftsanteile und der Stimmrechte Rechtsanwälten zustehen muss. Dass die Mehrheit der Geschäftsanteile und der Stimmrechte Angehörigen der in § 59a Abs. 1 Satz 1 und Abs. 2 BRAO genannten sozietätsfähigen Berufe zusteht, genügte dabei nach dem Wortlaut des Gesetzes nicht. Nach der Begründung des Regierungsentwurfs (BT-Drs. 13/9820, S. 14) sollte § 59e Abs. 2 BRAO vielmehr den maßgeblichen Einfluss von Rechtsanwälten auf die Geschicke der Rechtsanwaltsgesellschaft sichern.

Auch der BGH hatte aus dem Aufgabenbereich der Rechtsanwalts-GmbH zunächst die Notwendigkeit gefolgert, dass in einer solchen Gesellschaft die ausschlaggebende Entscheidungsgewalt Rechtsanwälten zustehen muss (BGH NJW 2012, 461 unter Verweis auf BT-Drs. 13/9820, S. 15).

Der BGH (a.a.O.) hatte deshalb auch entschieden, dass eine Gesellschaft mit beschränkter Haftung, bei welcher die Mehrheit der Geschäftsanteile und der Stimmanteile Patentanwälten zusteht, welche nicht zugleich Rechtsanwälte sind, nicht als Rechtsanwaltsgesellschaft zugelassen werden kann. Diese Rechtsprechung ist inzwischen jedoch überholt, da das Bundesverfassungsgericht mit Beschluss vom 14. Januar 2014 (BVerfG NZG 2014, 258 ff.) festgestellt hat, dass die von § 59e Abs. 2 Satz 1 BRAO geforderte Anteils- und Stimmrechtsmehrheit von Rechtsanwälten bei einer GmbH, die zum Zweck der gemeinsamen Berufsausübung von Rechts- und Patentanwälten gegründet wird, das Grundrecht der Berufsfreiheit in Art. 12 GG verletzt. Die Regelung in § 59f Abs. 1 BRAO wurde insoweit als mit Art. 12 Abs. 1 GG unvereinbar und nichtig erklärt. Die Regelung in § 59e Abs. 2 Satz 1 BRAO, welche eine Anteils- und Stimmrechtsmehrheit von Rechtsanwälten verlangte, ist daher – anders als noch in der Vorauflage – im vorliegenden Muster nicht mehr berücksichtigt.

Im Falle der Gründung einer anderen Freiberuflergesellschaft sind die Vorgaben der entsprechenden standesrechtlichen Vorschriften zu beachten. 506

11. Dazu Muster A 18 (Rdn. A 250). 507

12. Dazu Muster A 18 (Rdn. A 251 f.). 508

13. Dazu Muster A 18 (Rdn. A 253). 509

14. Dazu Muster A 18 (Rdn. A 254). 510

15. Dazu Muster A 18 (Rdn. A 255). 511

16. Dazu Muster A 18 (Rdn. A 256). 512

17. Gemäß § 26 GmbHG kann im Gesellschaftsvertrag bestimmt werden, dass die Gesellschafter über die Nennbeträge der Geschäftsanteile hinaus die Einforderung von weiteren Einzahlungen (Nachschüssen) beschließen können. Dabei hat gemäß § 26 Abs. 2 GmbHG die Nachschusspflicht nach dem Verhältnis der Geschäftsanteile zu erfolgen und kann gemäß § 26 Abs. 3 GmbHG auf einen bestimmten Betrag beschränkt werden (im Einzelnen von Rechenberg/Ludwig/*Meyer* Kap. 13 Rn. 291 ff.; Baumbach/Hueck/*Fastrich* § 26 Rn. 1 ff.). Das Formular geht vom Grundsatz des Nichtbestehens einer Nachschussverpflichtung der Gesellschafter aus. Allerdings sieht es die Möglichkeit der Herbeiführung der Nachschusspflicht durch einstimmigen Gesellschafterbeschluss vor. Um den zwingend erforderlichen Gesellschafterbeschluss in der Praxis leichter erlangen zu können, kann in dem Gesellschaftsvertrag selbstverständlich auch ein geringeres Mehrheitserfordernis festgesetzt werden. 513

18. Dazu Muster A 18 (Rdn. A 260). Für Steuerberatungs- bzw. Wirtschaftsprüfungsgesellschaften sind die gesetzlichen Regelungen der § 50 Abs. 5 S. 2, 3 StBerG bzw. § 28 Abs. 5 S. 2, 3 WPO zu berücksichtigen. 514

19. Dies stellt eine speziell für die Rechtsanwalts-GmbH notwendige Regelung dar, die den Anforderungen des § 59e Abs. 2 BRAO entspricht. Hintergrund ist, dass nur der in § 59a BRAO genannte Personenkreis Geschäftsanteile erwerben darf. 515

20. Der Gesellschaftsvertrag sieht ein Vorkaufsrecht für die anderen Gesellschafter im Verhältnis der Nennbeträge ihrer Geschäftsanteile vor. Dazu Muster A 20 (Rdn. A 363 f.). Damit soll grundsätzlich verhindert werden, dass unerwünschte Außenstehende infolge des Verkaufs eines Geschäftsanteils zu Gesellschaftern werden (Michalski/*Ebbing* § 15 Rn. 68). Für das Verfahren der Ausübung des Vorkaufsrecht empfiehlt es sich, in dem Gesellschaftsvertrag Regelungen zu treffen, wenn nicht der Anwendungsbereich der §§ 463 ff. BGB eröffnet sein soll. Danach ist insbesondere die Ausübung formlos möglich, § 464 Abs. 1 S. 2 BGB und es besteht grundsätzlich eine kurze Ausübungsfrist, § 469 Abs. 2 BGB. Das vorliegende Muster sieht daher ein eigenes, von den Regelungen des BGB teilweise abweichendes Verfahren zur Ausübung des Vorkaufsrechts vor. 516

517 **21.** Das Muster entspricht der gesetzlichen Regelung in § 59f Abs. 2 BRAO und ist insoweit rein deklaratorisch. Die ehemals weitergehende zwingende Regelung in § 59f Abs. 1 BRAO, wonach die Rechtsanwaltsgesellschaft zum einen verantwortlich von Rechtsanwälten geführt werden musste und wonach die Geschäftsführer insoweit auch mehrheitlich Rechtsanwälte sein mussten, wurde vom Bundesverfassungsgericht mit Beschluss vom 14. Januar 2014 als mit Art. 12 Abs. 1 GG unvereinbar und nichtig erklärt (BVerfG NZG 2014, 258 ff.). Die Regelung in § 59f Abs. 1 BRAO ist daher im vorliegenden Muster bei der Regelung über die Geschäftsführung – anders als noch in der Vorauflage – nicht mehr berücksichtigt.

518 **22.** Die Geschäftsführer der GmbH sind – anders etwa als der Vorstand einer AG – weisungsgebunden (Roth/Altmeppen/*Altmeppen* § 37 Rn. 3; Lutter/Hommelhoff/*Kleindiek* § 37 Rn. 1). So regelt § 37 Abs. 1 GmbHG, dass die Geschäftsführungsbefugnis der Geschäftsführer den Weisungen und sonstigen Vorgaben, welche die Gesellschafter im Gesellschaftsvertrag oder durch Beschlüsse festgesetzt haben, unterworfen ist (vgl. dazu etwa Wicke § 37 Rn. 1, 4 sowie Scholz/*Schneider* § 37 Rn. 37). Diese gesellschaftsrechtliche Vorgabe modifiziert die BRAO zugunsten der anwaltlichen Unabhängigkeit (Henssler/Prütting/*Henssler* § 59f Rn. 25). So ist gemäß § 59f Abs. 4 BRAO die Unabhängigkeit der Rechtsanwälte, die Geschäftsführer oder gemäß § 59f Abs. 3 BRAO bevollmächtigt sind (Prokuristen und Handlungsbevollmächtigte), bei der Ausübung ihres Rechtsanwaltsberufs zu gewährleisten. Danach sind Einflussnahmen der Gesellschafter, namentlich durch Weisungen oder vertragliche Bindungen, unzulässig. Es ist zu empfehlen, eine entsprechende Regelung zur Klarstellung in den Gesellschaftsvertrag der Rechtsanwalts-GmbH aufzunehmen.

519 **23.** Bei Einführung der §§ 59c ff. BRAO hat der Gesetzgeber bewusst auf eine Regelung verzichtet, mit der abweichend vom allgemeinen GmbH-Recht eine persönliche Haftung des mit der Bearbeitung des Auftrags befassten Geschäftsführers anordnet wird (dazu OLG Nürnberg NJW-RR 2009, 140 f. mit Verweis auf BT-Drs. 13/9820 und BR-Drs. 1002/97, S. 13; vgl. auch Henssler/Prütting/*Henssler*, Vorb. § 59c Rn. 5 ff.). Zwar kommt eine persönliche Haftung des Geschäftsführers einer Rechtsanwalts-GmbH nach der Rechtsprechung dann in Betracht, wenn er in besonderem Maß persönliches Vertrauen in Anspruch genommen oder ein unmittelbar eigenes wirtschaftliches Interesse verfolgt hat (OLG Nürnberg NJW-RR 2009, 140 ff.). Abgesehen von solchen Ausnahmefällen gilt jedoch, dass eine persönliche Haftung des mit der Bearbeitung eines Mandats befassten Geschäftsführers oder angestellten Anwalts grundsätzlich nicht gegeben ist. Stattdessen haftet den Gläubigern der Rechtsanwalts-GmbH gemäß § 13 Abs. 2 GmbHG nur das Gesellschaftsvermögen der Rechtsanwalts-GmbH.

520 Allerdings wollte der Gesetzgeber den Schutz des rechtsuchenden Publikums dennoch gewährleisten und das Risiko ausgleichen, welches sich daraus ergibt, dass dem Mandanten grundsätzlich nur das Gesellschaftsvermögen der GmbH haftet (OLG Nürnberg NJW-RR 2009, 140 f. mit Verweis auf BT-Drs. 13/9820 sowie auf *BVerfG* NJW 2001, 1560 Rn. 9). Der Gesetzgeber hat die Rechtsanwalts-GmbH daher in § 59j BRAO zum Abschluss einer eigenen Berufshaftpflichtversicherung verpflichtet. Gemäß § 59j BRAO ist eine Berufshaftpflichtversicherung mit einer Mindestversicherungssumme in Höhe von 2.500.000 € für jeden Versicherungsfall und einer Jahreshöchstleistung von mindestens 10.000.000 € abzuschließen. Die Mindestversicherungssumme einer Rechtsanwalts-GmbH ist damit zehn Mal so hoch wie die Mindestversicherungssumme für einen einzelnen Rechtsanwalt. Darüber hinaus ist gemäß § 51 Abs. 1 BRAO jeder Rechtsanwalt selbst versicherungspflichtig. Unterhält die Rechtsanwalts-GmbH die Berufshaftpflichtversicherung nicht oder nicht in dem vorgeschriebenen Umfang, so haften gemäß § 59j Abs. 4 BRAO neben der Gesellschaft die Gesellschafter und die Geschäftsführer persönlich in Höhe des fehlenden Versicherungsschutzes. Fehlt es an einer entsprechenden Versicherung der Rechtsanwalts-GmbH, ist gemäß § 59h Abs. 3 BRAO die Zulassung zu widerrufen (zur Berufshaftpflichtversicherung der Rechtsanwalts-GmbH vgl. auch *Henssler* NJW 1999, 241, 244).

521 **24.** Dazu Muster A 19 (Rdn. A 289).

522 **25.** Dazu Muster A 18 (Rdn. A 262).

26. Der vorliegende Gesellschaftsvertrag sieht die Erteilung von Einzelprokura für jeden Gesellschafter vor. Gemäß § 49 Abs. 1 HGB ermächtigt die Prokura zu allen Arten von gerichtlichen und außergerichtlichen Geschäften und Rechtshandlungen, die der Betrieb des Handelsgewerbes mit sich bringt. Zur Veräußerung und Belastung von Grundstücken ist der Prokurist nur ermächtigt, wenn ihm diese Befugnis besonders erteilt ist, § 49 Abs. 2 HGB. Es ist darauf zu achten, dass ausschließlich natürlichen Personen Prokura erteilt werden kann (Baumbach/Hopt/*Hopt* § 48 Rn. 2). Für die Ausübung der Tätigkeit als Rechtsanwalt ist die Erteilung der Prokura nicht erforderlich. Hinreichend dafür ist, dass sowohl die Gesellschaft als auch der Handelnde über die entsprechende Zulassung zur Anwaltschaft verfügen. Die Erteilung der (Einzel-)Prokura gewährt neben der berufsrechtlichen Tätigkeit lediglich das Recht, die Gesellschaft in dem gesetzlich bestimmten Rahmen zu vertreten. 523

27. Es ist üblich, im Gesellschaftsvertrag eine mindestens einmal jährlich stattfindende Gesellschafterversammlung vorzusehen. Gemäß § 49 Abs. 2 GmbHG ist die Gesellschafterversammlung außer in den gesetzlich bestimmten Fällen (u.a. bei Verlust der Hälfte des Stammkapitals (§ 49 Abs. 3 GmbHG), Einberufungsverlangen einer Gesellschafterminderheit (§ 50 Abs. 1 GmbHG), Verschmelzung (§ 13 Abs. 1 S. 2 UmwG), Spaltung (§§ 125 S. 1 i.V.m. 13 Abs. 1 S. 2 UmwG)) einzuberufen, wenn es im Interesse der Gesellschaft erforderlich erscheint. Darüber hinaus kann der Gesellschaftsvertrag weitere Regelungen treffen, die eine Einberufung der Gesellschafterversammlung begründen. Wann und ob eine Gesellschafterversammlung erforderlich ist, haben die Geschäftsführer – sofern kein zwingender Einberufungsfall vorliegt – nach pflichtgemäßem Ermessen zu entscheiden (vgl. von Rechenberg/Ludwig/*von Wedel* Kap. 13 Rn. 962 ff.; allgemein zu Einberufungsrecht und -pflicht vgl. Lutter/Hommelhoff/*Bayer* § 49 Rn. 11 ff.). 524

28. Dazu Muster A 19 (Rdn. A 292). 525

29. Dazu Muster A 19 (Rdn. A 293). 526

30. Gemäß § 49 Abs. 1 GmbHG wird die Gesellschafterversammlung durch die Geschäftsführer einberufen. Bei mehreren Geschäftsführern ist jeder einzelne einberufungsberechtigt, gleichgültig wie die Geschäftsführung und Vertretung geregelt sind (Baumbach/Hueck/*Noack* § 49 Rn. 3; Scholz/*Seibt* § 49 Rn. 4) Davon abweichend kann der Gesellschaftsvertrag jedoch die Einberufungskompetenz auch den Gesellschaftern einzeln, dem Aufsichtsrat oder anderen Organen der Gesellschaft zuweisen (von Rechenberg/Ludwig/*von Wedel* Kap. 13 Rn. 975; Roth/Altmeppen/*Roth* § 49 Rn. 2). 527

31. Dazu Muster A 19 (Rdn. A 296). 528

32. Das Muster sieht die Wahl eines Vorsitzenden vor, der mit der Leitung der Gesellschafterversammlung betraut wird. Dies ist weder gesetzlich vorgeschrieben noch zwingend erforderlich. Aber auch ohne Regelung im Gesellschaftsvertrag ist allgemein anerkannt, dass die Gesellschafterversammlung mit einfacher Mehrheit einen Versammlungsleiter bestellen kann (Baumbach/Hueck/*Noack*, § 48 Rn. 16 m.w.N.; von Rechenberg/Ludwig/*von Wedel* Kap. 13 Rn. 1017). Kann ein Versammlungsleiter bei Gesellschaften mit wenigen Gesellschaftern u.U. unterbleiben, ist dies gerade bei größeren Gesellschaften empfehlenswert. Der Versammlungsleiter soll den ordnungsgemäßen Ablauf der Versammlung sicherstellen, Abstimmungen leiten, Beschlussergebnisse feststellen, Störungen unterbinden etc. (Roth/Altmeppen/*Roth* § 48 Rn. 9; zur rechtlichen Stellung und zu den Aufgaben des Versammlungsleiters siehe im Einzelnen auch MüKo GmbH/*Liebscher* § 48 Rn. 105 ff. und Michalski/*Römermann* § 48 Rn. 105 ff. sowie *Bunz*, NZG 2017, 1366 ff.). Zu beachten ist auch, dass der in einer GmbH-Gesellschafterversammlung bestimmte Versammlungsleiter die Befugnis zur Beschlussfeststellung haben kann, mit der Folge, dass der Beschluss zunächst als wirksam gefasst anzusehen ist und die Wirksamkeit nur durch Klage beseitigt werden kann (vgl. KG GmbHR 2016, 58). Eine verbindliche Beschlussfeststellung durch den Versammlungsleiter ist dabei auch bei dessen unmittelbare Selbstbetroffenheit durch den fraglichen Beschluss nicht ausgeschlossen (OLG München, NZG 2017, 1260). Ein ad hoc bestellter Versammlungsleiter hat diese mit den genannten Wirkungen versehene Befugnis zur Beschlussfeststellung allerdings nur dann, wenn sie ihm ausdrücklich oder jedenfalls stillschweigend durch die Gesellschafter erteilt worden ist (KG GmbHR 2016, 58). 529

530 **33.** Dazu Muster A 19 (Rdn. A 298).

531 **34.** Dazu Muster A 19 (Rdn. A 299). Das vorliegende Muster sieht die Besonderheit der Berechnung des erforderlichen Prozentsatzes für die Beschlussfähigkeit der Gesellschafterversammlung pro Kopf und damit nicht anhand des Stammkapitals vor. Eine solche Regelung empfiehlt sich insbesondere bei Gesellschaften, bei denen es auf die Anwesenheit der einzelnen Gesellschafter als Personen und nicht auf die jeweilige Beteiligung am Stammkapital ankommt.

532 **35.** Jeder Gesellschafter kann sich in der Gesellschafterversammlung von einem Dritten vertreten lassen (dazu Muster A 19 (Rdn. A 306)). In dem Gesellschaftsvertrag kann geregelt werden, ob allgemein ein »Dritter«, oder lediglich bestimmte Dritte die Vertretung übernehmen sollen. Das vorliegende Muster sieht dabei vor, dass sich die Gesellschafter in der Gesellschafterversammlung nur durch andere Gesellschafter vertreten lassen können, was im Ergebnis auch der effektiven Wahrung von berufsrechtlichen Verschwiegenheitspflichten in Bezug auf die Angelegenheiten der Rechtsanwaltsgesellschaft dient. Die Vollmacht bedarf wegen § 47 Abs. 2 GmbHG grundsätzlich der Schriftform.

533 **36.** Dazu Muster A 19 (Rdn. A 304).

534 **37.** Dazu Muster A 19 (Rdn. A 302). Zu Gestaltungsfragen in Bezug auf das grundsätzlich geltende Mehrheitsprinzip vgl. im Übrigen ausführlich *Blath*, RNotZ 2017, 218.

535 **38.** Nach der gesetzlichen Regelung des § 47 Abs. 2 GmbHG gewährt jeder Euro eines Geschäftsanteils eine Stimme. Davon abweichend kann der Gesellschaftsvertrag jedoch auch das Stimmrecht nach Köpfen regeln oder nach anderen Kriterien verteilen, z.B. von der Einlageleistung abhängig machen oder einzelnen Geschäftsanteilen Mehrheitsrechte verleihen (von Rechenberg/Ludwig/*von Wedel* Kap. 13 Rn. 1066; Baumbach/Hueck/*Noack* § 47 Rn. 67); so kann die Stimmkraft auf Leistungen der Gesellschafter (erbrachte Einlagen, Nebenleistungen) oder andere, auch gesellschaftsexterne Parameter abstellen, sofern diese hinreichend bestimmbar sind (Roth/Altmeppen/*Roth* § 47 Rn. 24).

536 Ohne abweichende Regelung im Gesellschaftsvertrag bleiben alle nicht mit »Ja« oder »Nein« abgegebenen Stimmen bei der Auszählung unberücksichtigt (Roth/Altmeppen/*Roth* § 47 Rn. 3). Davon abweichend kann der Gesellschaftsvertrag jedoch auch vorsehen, dass Stimmenthaltungen als Ja- bzw. Nein-Stimmen gelten. Dies muss jedoch eindeutig zum Ausdruck kommen (Lutter/Hommelhoff/*Bayer* § 47 Rn. 7)

537 **39.** Dazu Muster A 19 (Rdn. A 307 ff.).

538 **40.** Dazu Muster A 19 (Rdn. A 310).

539 **41.** Dazu Muster A 19 (Rdn. A 311).

540 **42.** Dazu Muster A 19 (Rdn. A 312).

541 **43.** Dazu Muster A 19 (Rdn. A 317).

Für weitergehende Erläuterungen zur Einziehung mit einem leicht abgewandelten Formulierungsvorschlag für eine Einziehungsklausel siehe Muster J 1 (Rdn. J 1 ff.).

542 **44.** Dazu Muster A 19 (Rdn. A 319).

543 **45.** Für die Rechtsanwalts-GmbH ist zu empfehlen, in dem Gesellschaftsvertrag eine Regelung für die zwangsweise Einziehung von Geschäftsanteilen aufgrund eines Berufs- oder Vertretungsverbots bzw. dem Verlust der Zulassung eines Gesellschafters als Rechtsanwalt vorzusehen (lit. d. der Einziehungsgründe). Dies stellt einen allgemein anerkannten sachlichen Grund zur Einziehung dar (Baumbach/Hueck/*Fastrich* § 34 Rn. 10, Lutter/Hommelhoff/*Lutter/Kleindiek* § 34 Rn. 31; Michalski/*Sosnitza* § 34 Rn. 36).

Grundsätzlich wirksam ist darüber hinaus auch etwa eine Satzungsbestimmung, nach der die Einziehung eines Geschäftsanteils an die Beendigung der Mitarbeit geknüpft wird, wenn der Geschäftsanteil maßgeblich im Hinblick auf die partnerschaftliche Mitarbeit des Gesellschafters in der Gesellschaft eingeräumt wurde (so ausdrücklich OLG München, GmbHR 2017, 40 zum Fall einer Unternehmensberatungsgesellschaft; vgl. auch BGH, DStR 2005, 1910). Dies ist daher auch in lit. e. der Einziehungsgründe berücksichtigt. Unwirksam wäre dagegen eine Satzungsbestimmung, wonach im Falle eines Streits über die Wirksamkeit der Kündigung des Vertragsverhältnisses zwischen dem Gesellschafter und der Gesellschaft die wirksame Beendigung fingiert wird und dann im Hinblick darauf eine Einziehung des Geschäftsanteils durch Gesellschaftsbeschluss zulässt. Die damit verbundene Möglichkeit willkürlicher Einziehung begründet die Sittenwidrigkeit einer solchen Klausel (OLG München, GmbHR 2017, 40).

46. Dazu Muster A 19 (Rdn. A 320). 544

47. Dazu Muster A 19 (Rdn. A 321). 545

Ein Formulierungsvorschlag für einen Einziehungsbeschluss der Gesellschafterversammlung findet sich nebst Erläuterungen in Muster J 2 (Rdn. J 10 ff.).

Ein Formulierungsvorschlag für die Mitteilung des Einziehungsbeschlusses an den Gesellschafter findet sich nebst Erläuterungen in Muster J 3 (Rdn. J 16 ff.).

48. Dazu Muster A 19 (Rdn. A 324 ff.). 546

49. Dazu Muster A 19 (Rdn. A 327). 547

50. Dazu Muster A 19 (Rdn. A 329 ff.). Neben dem im Rahmen der Abfindung grundsätzlich 548
in Ausgleich zu bringenden Interessengegensatzes sind bei einer Freiberuflergesellschaft weitere Besonderheiten zu beachten. Da gerade bei einer Rechtsanwaltsgesellschaft die Mandate in aller Regel personenbezogen sind, besteht durch das Ausscheiden eines Gesellschafters das Risiko, dass nach dem Ausscheiden des Gesellschafters auch der Verlust der Mandate droht. Aus diesem Grund liegt es häufig im Interesse der Gesellschaft, dem Gesellschafter eine möglichst geringe Abfindung zu zahlen, damit der finanzielle Verlust für die Gesellschaft nicht zu groß wird. Unter Berücksichtigung der Tatsache, dass jedoch bei Abfindungsklauseln oftmals das Risiko der Unwirksamkeit besteht (vgl. dazu von Rechenberg/Ludwig/*Meyer* Kap. 13 Rn. 269 ff.), ist zu empfehlen, die Abfindung dennoch nicht zu niedrig zu halten. Dies gilt insbesondere im Hinblick darauf, dass die Unwirksamkeit einer Abfindungsklausel zur Folge hat, dass ein Gericht die Abfindung nach dem Verkehrswert und damit nach der im Regelfall für die Gesellschaft kostenintensivsten Methode berechnet (Beck´sches NotarHdb/*Mayer/Weiler* D.I. Rn. 157, 160 ff.

Im Grundsatz sind für die Abfindung verschiedene Berechnungsmethoden anerkannt. Dabei han- 549
delt es sich insbesondere um sog. Buchwertklauseln, Substanzwertklauseln, Nennwert- oder Ertragswertklauseln (vgl. im Einzelnen Baumbach/Hueck/*Fastrich* § 34 Rn. 34 ff. m.w.N.). Erhält der ausscheidende Gesellschafter bei Buchwertklauseln seinen Anteil am buchmäßigen Eigenkapital der Gesellschaft, wird im Gegensatz dazu bei Substanzwertklauseln das Aktivvermögen der Gesellschaft mit Verkehrswerten bewertet, nicht mit Buchwerten (von Rechenberg/Ludwig/*Meyer* Kap. 13 Rn. 268). Bei Nennwertklauseln wird die Abfindung auf den Betrag der nicht durch Verlust geminderten Einlage beschränkt und selbst offen ausgewiesene Rücklagen werden außer Betracht gelassen (Baumbach/Hueck/*Fastrich* § 34 Rn. 35). Bei der reinen Ertragswertklausel erhält der Gesellschafter, sofern der Ertragswert den tatsächlichen Wert des Unternehmens widerspiegelt, eine Abfindung zum Verkehrswert der Geschäftsanteile. Darüber hinaus gibt es weitere Berechnungsmethoden und Mischverfahren, die hier jedoch nicht näher dargestellt werden. Wird der Wert des Geschäftsanteils nicht durch den Gesellschaftsvertrag bestimmt, ist der Geschäftsanteil immer mit dem Verkehrswert zu bemessen (BGHZ 116, 359, 370).

Die Rechtsprechung hat sich nicht abschließend für eine der Methoden entschieden, in der Praxis 550
wird jedoch oftmals die Ertragswertklausel empfohlen bzw. angewandt (vgl. Baumbach/Hueck/*Fas-*

trich § 34 Rn. 23 m.w.N.; BGH NZG 1998, 644, 646). Zwingend ist dies jedoch nicht. Stattdessen sollte im Einzelfall entschieden werden, welche der Berechnungsmethoden dem Regelungszweck am ehesten entspricht. Als grundsätzlich wirksame und für die Parteien verbindliche Abfindungsklausel kann im Gesellschaftsvertrag etwa auch vereinbart werden, dass die anlässlich des Ausscheidens eines Gesellschafters zu leistende Abfindung nach dem im so genannten »Stuttgarter Verfahren« ermittelten Wert seines Anteils berechnet wird (OLG Stuttgart, NZG 2017, 582). Eine gesellschaftsvertragliche Abfindungsregelung, die an eine Anteilsbewertung nach dem »Stuttgarter Verfahren« anknüpft, kann jedoch im Einzelfall dann unanwendbar und der Abfindungsbetrag anzupassen sein, wenn der sich nach dem »Stuttgarter Verfahren« ergebende Anteilswert vom tatsächlichen Verkehrswert des Anteils erheblich abweicht (OLG Stuttgart, a.a.O.). Das gilt auch dann, wenn der tatsächliche Verkehrswert deutlich niedriger liegt als der nach »Stuttgarter Verfahren« ermittelte Anteilswert (OLG Stuttgart, a.a.O.).

551 **51.** Der vorliegende Gesellschaftsvertrag enthält eine Buchwertklausel. Vorteil einer solchen Berechnungsmethode ist, dass dadurch eine Unternehmensbewertung nicht zwingend notwendig ist. Stattdessen legen Buchwertklauseln die im vorausgehenden oder folgenden Jahresabschluss ausgewiesenen Buchwerte des Gesellschaftsvermögens abzüglich der Schulden zugrunde, berücksichtigen dabei offene Rücklagen einschließlich Gewinnvortrag, nicht hingegen stille Reserven und den Geschäfts- oder Firmenwert (Baumbach/Hueck/*Fastrich* § 34 Rn. 35). Dies führt dazu, dass Buchwertklauseln regelmäßig bei Gründung der Gesellschaft wirksam sind, jedoch bei erfolgreicher Tätigkeit des Unternehmens aufgrund der Nichtberücksichtigung des Geschäfts- und Firmenwertes und der stillen Reserven wegen eines groben Missverhältnisses zwischen Abfindung und Verkehrswert unwirksam werden können (BGH NJW 1985, 192, 193; BGH NJW 1993, 3193). Der Ausschluss der stillen Reserven bei Bemessung der Abfindung allein macht die Klausel in der Regel allerdings nicht sittenwidrig, da hierin eine zulässige Abfindungsbeschränkung liegen kann (BGH NJW 1985, 192, 193). Buchwertklauseln sollen jedoch dann unzulässig sein, wenn zwischen dem Buchwert und dem Verkehrswert ein Missverhältnis besteht (vgl. grundlegend BGH NJW 1993, 2101 und NJW 1993, 3193). Unbillig und von Anfang an sittenwidrig ist danach eine Klausel, die die Abfindung auf den halben Buchwert beschränkt (BGH NJW 1989, 2685, 2686). Für den in der Praxis eher seltenen Fall, dass eine Buchwertabfindung ausnahmsweise über dem Verkehrswert liegt und die Frage einer Anpassung an den niedrigeren Verkehrswert vgl. ausführlich *Sörgel/Engelmann* DStR 2003, 1260.

552 **52.** Dazu Muster A 19 (Rdn. A 336).

553 **53.** Dazu Muster A 19 (Rdn. A 313).

554 **54.** Dazu Muster A 19 (Rdn. A 314) sowie Muster J 7 (Rdn. J 42 ff.) und Muster J 8 (Rdn. J 46 ff.).

555 **55.** Als Folge der Kündigung des Gesellschafters kann der Gesellschaftsvertrag entweder die Auflösung und Abwicklung der Gesellschaft oder die Fortsetzung der Gesellschafter durch die übrigen Gesellschafter vorsehen (vgl. dazu Muster A 19 (Rdn. A 315). Das Muster sieht in Abs. 2 die Fortführung der Gesellschaft unter den verbleibenden Gesellschaftern vor.

556 **56.** Dazu Muster A 19 (Rdn. A 316) und Muster J 7 (Rdn. J 45).

557 **57.** Lebt ein Gesellschafter im gesetzlichen Güterstand der Zugewinngemeinschaft gemäß § 1365 BGB, bedürfen Rechtsgeschäfte, die eine Verfügung über das Vermögen eines Ehegatten im Ganzen betreffen, grundsätzlich der Zustimmung des anderen Ehegatten. Zudem erfolgt im Fall der Scheidung ein Zugewinnausgleich, § 1373 ff. BGB. In der Praxis hat sich gezeigt, dass gerade bei Freiberuflergesellschaften ein Bedürfnis besteht, die Beteiligung bei Scheidung der Ehe vom Zugewinnausgleich auszuschließen (*Bambring* DNotZ 2008, 724, 726). Aus diesem Grund sieht das Muster die Herausnahme der Gesellschaftsbeteiligung aus dem Zugewinnausgleich durch Vereinbarung im Ehevertrag vor. Dafür spricht insbesondere, dass die Gesellschaft anderenfalls in ernsthafte Liquiditätsprobleme geraten könnte, so dass die gesetzliche Zugewinngemeinschaft für den Bestand der Gesellschaft und damit für alle Gesellschafter ein erhebliches Risiko darstellen kann (*Bambring*

DNotZ 2008, 724, 726 m.w.N.). Das Muster regelt in Abs. 2 zwar die Pflicht zum Nachweis des Abschlusses des Ehevertrages, sieht jedoch keine Sanktion für den Fall vor, dass der betroffene Gesellschafter der Aufforderung zum Nachweis nicht nachkommt oder gar vom Abschluss eines entsprechenden Ehevertrags absieht. Ist dies im Einzelfall gewünscht, siehe *Bambring* DNotZ 2008, 724 ff. mit verschiedenen Regelungsvorschlägen.

58. Dazu Muster A 20 (Rdn. A 403 ff.). 558

59. Dazu Muster A 20 (Rdn. A 405). 559

60. Dazu Muster A 20 (Rdn. A 406). Insbesondere bei Freiberuflergesellschaften kann die Obergrenze von zwei Jahren bei kurzer Mitgliedschaft in der Gesellschaft erheblich unterschritten werden und die Vereinbarung einer Karenzentschädigung erforderlich machen (OLG Stuttgart NZG 1999, 252). 560

61. Dazu Muster A 20 (Rdn. A 408). 561

62. § 60 GmbHG regelt die Gründe für die Auflösung einer GmbH und sieht in Abs. 2 ausdrücklich die Möglichkeit des Festsetzung weiterer Auflösungsgründe im Gesellschaftsvertrag vor. Die Auflösung erfolgt durch Gesellschafterbeschluss. Dieser setzt die Mehrheit von 75 % der abgegebenen Stimmen voraus, soweit im Gesellschaftsvertrag keine abweichende Regelung getroffen wird. Dieser kann sowohl eine größere, als auch – wie im Muster – eine geringere Mehrheit vorsehen (Baumbach/Hueck/*Haas* § 60 Rn. 17). Die Auflösung führt bei der GmbH jedoch noch nicht zur Beendigung der Gesellschaft. Stattdessen schließt sich die Liquidation an. Diese erfolgt gemäß § 66 Abs. 1 S. 1 GmbHG grundsätzlich durch die Geschäftsführer, soweit der Gesellschaftsvertrag keine abweichende Regelung trifft. In Bezug auf eine Rechtsanwalts-GmbH ist dabei jedoch zu beachten, dass diese mit der Auflösung gemäß § 59h Abs. 1 BRAO automatisch ihre Zulassung verliert. Die aufgelöste und in Liquidation befindliche Rechtsanwalts-GmbH darf daher auch im Rahmen der Abwicklung ihrer Geschäfte nicht mehr als Rechtsberatungsgesellschaft geschäftlich aktiv sein und kann keine Rechtsberatungsleistungen erbringen. Mit dem zwangsläufigen Wegfall ihrer Zulassung unterliegt die aufgelöste Rechtsanwalts-GmbH allerdings auch nicht mehr den berufsrechtlichen Anforderungen der §§ 59c ff. In der Literatur wird daher vertreten, dass der Liquidator einer Rechtsanwalts-GmbH folglich kein Rechtsanwalt oder Angehöriger eines sozietätsfähigen Berufs sein muss, da § 59f BRAO auf die Rechtsanwalts-GmbH i.L. nicht mehr anwendbar ist (*Passarge* NZG 2010, 646, 647 f. mit weiteren instruktiven Hinweisen zu den Besonderheiten der Liquidation einer Rechtsanwalts-GmbH). 562

63. Dazu Muster A 18 (Rdn. A 263). 563

64. Dazu Muster A 19 (Rdn. A 340). 564

23. Komplementärgesellschaft

Vorbemerkung

Die GmbH & Co. KG ist eine Kommanditgesellschaft, bei der eine GmbH persönlich haftender Gesellschafter ist (sog. Komplementär-GmbH) und andere Personen Kommanditisten sind. Für die GmbH & Co. KG als Rechtsform spricht insbesondere die Tatsache, dass keiner der Gesellschafter eine unbeschränkte persönliche Haftung übernehmen muss (*Michalski/Heidinger/Leible/J. Schmidt*, GmbH-Gesetz, Syst. Darst. 1, Rn. 33–40). In der Praxis werden zuweilen auch Kommanditgesellschaften mit zwei Komplementären angetroffen. Solche Gestaltungen sind jedoch eher selten und in aller Regel auf Besonderheiten im Gesellschafterkreis der Kommanditgesellschaft zurückzuführen. Vorliegend wird der klassische Fall einer Kommanditgesellschaft mit einer Komplementär-GmbH, deren Gesellschafter zugleich Kommanditisten mit identischen Beteiligungsquoten sind, angenommen. 565

566 Eine GmbH & Co. KG kann u.a. aus einer bereits existierenden KG entstehen, indem an die Stelle des bisherigen Komplementärs eine GmbH eintritt oder durch Neugründung beider Gesellschaften, der Kommanditgesellschaft und der GmbH als Komplementärin (Roth/Altmeppen/*Roth* § 11 Rn. 88; zu weiteren Entstehungsmöglichkeiten von Rechenberg/Ludwig/*von Wedel* 10. Kap. Rn. 107). In dem Fall der Neugründung ist neben der Gründung der KG die Errichtung der Komplementär-GmbH erforderlich. Dabei kann die GmbH bereits als Vor-GmbH Komplementärin der KG sein (BGH NJW 1981, 1373; Baumbach/Hueck/*Hueck/Fastrich* § 11 Rn. 16).

567 Gründung und Gesellschaftsverträge der GmbH und der KG sollten insbesondere bei der beteiligungsidentischen GmbH & Co. KG genau aufeinander abgestimmt werden (so auch Ebenroth/Boujong/Joost/Strohn/*Henze* Anh. § 177a A. Rn. 19). Wichtig für die Gründung ist insbesondere die Frage des Formerfordernisses. Der Gesellschaftsvertrag der GmbH bedarf gemäß § 2 Abs. 1 GmbHG der notariellen Form, der Abschluss des KG-Vertrages ist hingegen grundsätzlich formlos möglich. Wird die Komplementär-GmbH jedoch gleichzeitig mit dem Abschluss des Gesellschaftsvertrages der KG errichtet, ist davon auszugehen, dass die Beurkundungspflicht des GmbH-Vertrages auch auf den KG-Vertrag durchschlägt (so auch *Binz/Mayer* NJW 2002, 3054, 3055 sowie Münchener Handbuch des Gesellschaftsrechts, Band 2/*Gummert* § 50 Rn. 19 m.w.N. jeweils mit einer Beschreibung der Möglichkeiten, die Beurkundungspflicht des KG Vertrages zu vermeiden).

568 Das vorliegende Muster sieht den Gesellschaftsvertrag einer Komplementär-GmbH vor, der als einzige Komplementärin der GmbH & Co. KG die Führung der Geschäfte der KG und deren Vertretung obliegt. Weiterhin wird davon ausgegangen, dass das operative Geschäft und damit das maßgebliche wirtschaftliche Interesse mit der Geschäftstätigkeit der Kommanditgesellschaft verfolgt wird. Die Konstellation, dass die Komplementär-GmbH keinen eigenen Geschäftsbetrieb führt, sondern lediglich die Haftungs- und Geschäftsführungsfunktion für die Kommanditgesellschaft übernimmt, ist typisch, jedoch keineswegs zwingend. Sie hat jedoch grundsätzlich insbesondere den Vorteil, dass die Geschäfte von einer juristischen Person geführt werden und damit das Risiko der Haftung auf das Kapital der Komplementärin beschränkt ist (von Rechenberg/Ludwig/*von Wedel* 10. Kap. Rn. 104).

Muster

569 **Gesellschaftsvertrag der AB GmbH** [1]

Präambel [2]

____

§ 1 Firma und Sitz der Gesellschaft

1. Die Gesellschaft betreibt ihre Geschäfte unter der Firma

AB GmbH. [3]

2. Sitz der Gesellschaft ist ___________

§ 2 Gegenstand der Gesellschaft

1. Gegenstand der Gesellschaft ist die Beteiligung als persönlich haftende Gesellschafterin und die Übernahme der Geschäftsführung an der ___________ KG. Gegenstand der ___________ KG ist ___________ [4]

2. Die Gesellschaft kann sich an anderen Unternehmen gleicher oder ähnlicher Art beteiligen, solche erwerben oder sich mit solchen vereinigen.

§ 3 Dauer der Gesellschaft und Geschäftsjahr

1. Die Gesellschaft ist auf unbestimmte Zeit errichtet. [5]

2. Das Geschäftsjahr entspricht dem Kalenderjahr. Das erste Geschäftsjahr ist ein Rumpfgeschäftsjahr, beginnend mit der Eintragung der Gesellschaft in das Handelsregister und endend mit dem auf die Eintragung in das Handelsregister folgenden 31. Dezember. [6]

§ 4 Bekanntmachungen

Die Bekanntmachungen der Gesellschaft erfolgen nur im Bundesanzeiger. [7]

§ 5 Stammkapital, Geschäftsanteile, Einlagen der Gesellschafter

1. Das Stammkapital der Gesellschaft beträgt ___________ € [8] (in Worten: ___________ Euro).

2. Hiervon übernehmen die Gesellschafter Gesellschaftsanteile wie folgt: [9]

Gesellschafter A: Geschäftsanteil im Nennbetrag von ___________ € (in Worten: ___________ Euro) (»Geschäftsanteil 1«) [10], entspricht ___________ % des Stammkapitals [11]

Gesellschafter B: Geschäftsanteil im Nennbetrag von ___________ € (in Worten: ___________ Euro) (»Geschäftsanteil 2«), entspricht ___________ % des Stammkapitals.

3. Die Gesellschafter haben die Einlagen in bar zu erbringen. Diese sind sofort in voller Höhe einzuzahlen. [12]

§ 6 Verfügung über Geschäftsanteile [13]

Die Verfügung über Geschäftsanteile oder Teile von Geschäftsanteilen an der Gesellschaft ist nur wirksam, wenn zugleich über den Kommanditgesellschaftsanteil an den gleichen Erwerber mitverfügt wird. [14]

§ 7 Geschäftsführung [15]

1. Die Gesellschaft hat einen oder mehrere Geschäftsführer.

2. Die Rechte und Pflichten der Geschäftsführer ergeben sich aus dem Gesetz, dem Anstellungsvertrag [16], der Geschäftsordnung und den von den Gesellschaftern gegebenen Anweisungen.

3. Die Geschäftsführer sind, unbeschadet ihrer Vertretungsmacht nach außen, nur gemeinschaftlich zur Geschäftsführung befugt. [17]

§ 8 Vertretung

1. Hat die Gesellschaft nur einen Geschäftsführer, so vertritt dieser die Gesellschaft allein. Hat die Gesellschaft mehrere Geschäftsführer, so wird die Gesellschaft durch die Geschäftsführer gemeinsam oder durch einen Geschäftsführer in Gemeinschaft mit einem Prokuristen vertreten. [18]

2. Durch Gesellschafterbeschluss kann den Geschäftsführern Einzelvertretungsbefugnis und/oder ganz oder teilweise Befreiung von den Beschränkungen des § 181 BGB erteilt werden. Für Geschäfte mit der ___________ KG sind die Geschäftsführer von den Beschränkungen des § 181 BGB befreit. [19]

§ 9 Gesellschafterversammlung [20]

1. Die Einberufung der Gesellschafterversammlung erfolgt durch die Geschäftsführer mittels eingeschriebenen Briefs unter Mitteilung der Tagesordnung. Die Einberufung kann auch per Telefax oder E-Mail [21] erfolgen, wenn kein Gesellschafter dieser Form der Einladung widerspricht.

Der Einladung zur ordentlichen Gesellschafterversammlung sind der Jahresabschluss, der Lagebericht und ein etwaiger Prüfungsbericht der Abschlussprüfer [22] beizufügen.

Die Ladungsfrist beträgt bei ordentlichen Gesellschafterversammlungen vier Wochen, bei außerordentlichen Gesellschafterversammlungen zwei Wochen und beginnt mit der Aufgabe der Einladung zur Post, der Absendung der Einladung, der persönlichen Übergabe oder der Übergabe durch Boten wobei der Tag der Absendung bzw. der Übergabe und der Tag der Versammlung nicht mitgerechnet werden. [23]

Jeder Geschäftsführer ist allein einberufungsberechtigt. [24]

2. Die Gesellschafterversammlungen finden am Sitz der Gesellschaft statt. [25] Wenn sich sämtliche Gesellschafter damit einverstanden erklären, kann eine Gesellschafterversammlung auch per Video-Konferenz abgehalten werden. [26]

3. Anstelle der Beschlussfassung in einer Gesellschafterversammlung ist auch eine schriftliche, fernschriftliche, fernmündliche oder telegrafische Abstimmung zulässig, falls kein Gesellschafter einem solchen Verfahren widerspricht.

Die schriftliche, fernschriftliche, fernmündliche oder telegrafische Abstimmung ist unzulässig, wenn durch sie eine Änderung des Gesellschaftsvertrags herbeigeführt werden soll oder nach dem Gesetz eine andere Form vorgeschrieben ist. [27]

§ 10 Gesellschafterbeschlüsse

1. Die Gesellschafter fassen ihre Beschlüsse in Gesellschafterversammlungen.

2. Die Gesellschafterversammlung ist beschlussfähig, wenn 75 % des Stammkapitals [28] anwesend oder vertreten sind. Ist die Gesellschafterversammlung nicht beschlussfähig, so ist unverzüglich eine neue Gesellschafterversammlung einzuberufen, die dann ohne Rücksicht auf die Zahl der anwesenden Gesellschafter beschließen kann. Darauf ist in der Ladung zur Gesellschafterversammlung hinzuweisen.

3. Die Abstimmung erfolgt nach Geschäftsanteilen. Eine Beteiligung von je ____________ € (in Worten ____________ Euro) am Stammkapital der Gesellschaft gewährt eine Stimme. [29] Jeder Gesellschafter kann sein Stimmrecht für die von ihm gehaltenen Geschäftsanteile nur einheitlich ausüben. [30]

4. Die Gesellschafterversammlung beschließt grundsätzlich mit einer Dreiviertelmehrheit der abgegebenen Stimmen. [31]

5. Die Gesellschafterversammlung ist zuständig für alle Entscheidungen, die ihr durch Gesetz oder durch diesen Gesellschaftsvertrag zugewiesen sind. Insbesondere entscheidet die Gesellschafterversammlung über: [32]

a. Änderungen des Gesellschaftsvertrages,

b. Erhöhung des Stammkapitals und Ausgabe neuer Geschäftsanteile,

c. Umwandlungen sowie Abschluss von Unternehmensverträgen mit anderen Gesellschaften,

d. **Auflösung der Gesellschaft und deren Folgen,**

e. **Verkauf von allen oder wesentlichen Vermögensgegenständen der Gesellschaft oder der Kommanditgesellschaft, deren Geschäfte die Gesellschaft führt,**

f. **Feststellung des Jahresabschlusses der Gesellschaft und Entscheidung über die Verwendung des Jahresergebnisses,**

g. **Bestellung der Abschlussprüfer, sofern Abschlussprüfer nach Maßgabe des Handelsgesetzbuches zu bestellen sind,**

h. **Bestellung und Entlastung der Geschäftsführer sowie die Entscheidung über die Bedingungen von deren Beschäftigung,**

i. **alle sonstigen Beschlüsse, die nach dem Gesetz zwingend der Gesellschafterversammlung zugewiesen sind.**

6. Soweit das Gesetz nicht zwingend eine notarielle Beurkundung vorschreibt, wird in jeder Gesellschafterversammlung ein Protokollführer bestimmt, der die in der Gesellschafterversammlung gefassten Beschlüsse schriftlich festhält und den Gesellschaftern innerhalb von zwei (2) Wochen nach der Gesellschafterversammlung zur Verfügung stellt. [33]

7. Jeder Gesellschafter kann sich in der Gesellschafterversammlung durch einen schriftlich bevollmächtigten Vertreter oder ein Mitglied der rechts- oder steuerberatenden Berufe oder einem Wirtschaftsprüfer vertreten lassen, der gesetzlich zur Geheimhaltung verpflichtet ist. [34]

8. Gesellschafterbeschlüsse können nur innerhalb einer Frist von einem (1) Monat angefochten werden. Die Frist beginnt mit dem Tag des Zugangs des Protokolls, in dem der angefochtene Beschluss niedergelegt ist. [35]

§ 11 Jahresabschluss, Gewinnverwendung

1. Der Jahresabschluss (Bilanz nebst Gewinn- und Verlustrechnung) ist von den Geschäftsführern in Übereinstimmung mit den Vorschriften des Handelsgesetzbuches aufzustellen und den Gesellschaftern zusammen mit einem Prüfungsbericht des Abschlussprüfers – wenn der Jahresabschluss und der Lagebericht von einem Abschlussprüfer zu prüfen ist – innerhalb der ersten drei (3) Monate eines Geschäftsjahres vorzulegen. [36]

2. Die Gesellschafter beschließen innerhalb von acht (8) Monaten des laufenden Geschäftsjahres über die Feststellung des Jahresabschlusses und die Entlastung der Geschäftsführer für das vergangene Geschäftsjahr sowie – wenn der Jahresabschluss und der Lagebericht von einem Abschlussprüfer zu prüfen ist – über die Wahl des Abschlussprüfers für das laufende Jahr. [37]

3. Die Gesellschafter bestimmen unter Beachtung der Vorschrift des § 29 GmbHG mit einfacher Mehrheit über die Verwendung des Bilanzgewinnes. [38]

§ 12 Kündigung [39]

1. Jeder Gesellschafter hat das Recht, die Gesellschaft mit einer Frist von sechs Monaten zum Ende eines jeden Geschäftsjahres ordentlich zu kündigen. Hiervon unberührt bleibt das Recht eines jeden Gesellschafters zur Kündigung der Gesellschaft aus wichtigem Grund. [40]

2. Die Erklärung der Kündigung hat schriftlich mittels eingeschriebenen Briefs an die Gesellschaft oder persönliche Übergabe der Kündigung an einen der Geschäftsführer (auf keinen Fall jedoch an sich selbst) zu erfolgen.

3. Durch die Kündigung wird die Gesellschaft nicht aufgelöst, sondern von dem/den verbleibenden Gesellschafter/n fortgesetzt. [41]

4. Der ausscheidende Gesellschafter ist verpflichtet, seinen Anteil an der Gesellschaft an die Person, die auch seinen Kommanditgesellschaftsanteil erwirbt, abzutreten.

5. Das Stimmrecht des Gesellschafters, der die Gesellschaft gekündigt hat, ruht ab dem Zugang der Kündigungserklärung bei der Gesellschaft.

§ 13 Wettbewerbsverbot [42]

1. Die Gesellschafter und die Geschäftsführer der Gesellschaft sind verpflichtet, während der Dauer ihrer Mitgliedschaft in der Gesellschaft weder unmittelbar noch mittelbar Unternehmungen zu betreiben oder zu unterstützen oder sich an Unternehmungen mit mehr als 5 % zu beteiligen, zu erwerben oder in irgendeiner Weise dafür tätig zu werden, die mit der Gesellschaft oder der Kommanditgesellschaft, deren Geschäfte die Gesellschaft führt auf dem Markt für ______ in ______ [43] **in Konkurrenz treten können.**

(2) Diese Verpflichtung besteht für einen ausscheidenden Gesellschafter bei Fortbestehen der Gesellschaft für die Dauer von zwei Jahren nach dem Ausscheiden fort. [44]

(3) Die Gesellschafter können durch einstimmigen Beschluss Ausnahmen von diesem Wettbewerbsverbot gestatten.

(4) Verstößt ein Gesellschafter während der Dauer seiner Mitgliedschaft in der Gesellschaft gegen das Wettbewerbsverbot gemäß Abs. 1, gibt er damit Anlass, ihn aus wichtigem Grund aus der Gesellschaft auszuschließen. Nach dem Ausscheiden aus der Gesellschaft hat der ausgeschiedene Gesellschafter für jeden Verstoß gegen das Wettbewerbsverbot gemäß Abs. 2 eine Vertragsstrafe von ______ € (in Worten: ______ Euro) an die Gesellschaft zu zahlen. Das Recht, Schadensersatz oder Unterlassung zu verlangen, wird durch den Ausschluss aus der Gesellschaft oder die Zahlung der Vertragsstrafe nicht berührt. [45]

§ 14 Gründungsaufwand [46]

Die mit der Gründung der Gesellschaft verbundenen Kosten (Notar-, Gerichts- und Veröffentlichungskosten sowie etwaige Kosten der Rechts- und/oder Steuerberatung im Zusammenhang mit der Gründung) werden bis zu einem Gesamtbetrag in Höhe von ______ € von der Gesellschaft getragen. Einen darüber hinausgehenden Gründungsaufwand tragen die Gründungsgesellschafter im Verhältnis ihrer Geschäftsanteile.

§ 15 Schlussbestimmungen [47]

1. Sollte eine Bestimmung dieses Gesellschaftsvertrages oder eine künftig in ihn aufgenommene Bestimmung ganz oder teilweise unwirksam oder undurchführbar sein oder werden, so wird die Rechtsgültigkeit der übrigen Bestimmungen davon nicht berührt. Die Parteien sind in einem solchen Fall verpflichtet, die unwirksame oder undurchführbare Bestimmung im Wege der Satzungsänderung durch eine wirksame und durchführbare Bestimmung zu ersetzen, welche dem Sinn und Zweck der unwirksamen oder undurchführbaren Bestimmung so nahe wie möglich

kommt. Soweit sich herausstellen sollte, dass dieser Gesellschaftsvertrag unbeabsichtigte Lücken enthält, sind die Parteien verpflichtet, zur Schließung der unbeabsichtigten Lücken ergänzende Satzungsbestimmungen zu vereinbaren, welche sie nach Sinn und Zweck dieses Gesellschaftsvertrages gewollt und von Anfang an vereinbart hätten, wenn sie den von der Lücke betroffenen Punkt bereits bei Abschluss des Gesellschaftsvertrages bedacht hätten. Betrifft der Mangel notwenige Bestandteile des Gesellschaftsvertrages, ist eine solche Regelung nach Maßgabe des § 53 Abs. 2 GmbHG zu vereinbaren.

2. Alle das Gesellschaftsverhältnis betreffenden Vereinbarungen zwischen den Gesellschaftern oder zwischen der Gesellschaft und den Gesellschaftern bedürfen zu ihrer Wirksamkeit der Schriftform, soweit nicht kraft Gesetzes notarielle Beurkundung vorgeschrieben ist. Dies gilt auch für einen etwaigen Verzicht auf das Erfordernis der Schriftform.

3. Der Vertrag unterliegt dem Recht der Bundesrepublik Deutschland.

4. Gerichtsstand und Erfüllungsort für alle Verpflichtungen aus diesem Vertrag ist, soweit kein anderer gesetzlicher Gerichtsstand besteht, der Sitz der Gesellschaft.

Template

Articles of Association of AB GmbH [1] 570

Preamble [2]

____

Section 1 Company Name and Registered Office

1. The Company conducts its business activities under the name AB GmbH. [3]

2. The Company´s registered office is ____________

Section 2 Purpose of the Company

1. The purpose of the Company is to participate as general partner in and to assume the management of the ____________ KG (limited partnership). The purpose of ____________ KG is ____________ [4]

2. The Company may participate in, acquire or merge with other companies of the same or similar type.

Section 3 Duration of the Company, Financial Year

1. The Company is established for an indefinite period. [5]

2. The financial year corresponds to the calendar year. The first fiscal year is a short fiscal year, beginning with the date of entry in the Commercial Register and ending on December 31 following the date of entry in the Commercial Register. [6]

Section 4 Notices

The Company shall make notices exclusively in the Federal Gazette (Bundesanzeiger). [7]

Section 5 Share Capital, Company Shares, Capital Contributions of the Shareholders

1. The share capital of the Company is ________ € [8] (in words: ________ Euros).

2. Thereof, the shareholders shall take over shares as follows: [9]

Shareholder A: Company share at the nominal value of € (in words: ________ Euros) (»Company share 1«) [10], representing ________ % of the share capital [11]

Shareholder B: Company share at the nominal value of ________ € (in words: ________ Euros) (»Company share 2«), representing ________ % of the share capital.

3. The shareholders are to contribute in cash to the capital. These contributions are to be paid immediately in full. [12]

Section 6 Disposal of Company Shares [13]

The disposal of Company shares or parts of shares in the Company is only valid if at the same time shares in the limited partnership are sold to the same purchaser. [14]

Section 7 Management [15]

1. The Company has one or more managing directors.

2. The rights and obligations of the managing directors derive from the law, the employment contract, [16] the management rules of procedure and the instructions issued by the shareholders.

3. Regardless of their external powers of attorney, if there are several managers they will only be authorized to manage the Company jointly. [17]

Section 8 Representation

1. If the Company has only one managing director, he solely represents the Company. If the Company has several managing directors, the Company shall be jointly represented by the managing directors or by one managing director together with one authorized officer (Prokurist). [18]

2. Through shareholder resolution, the managing directors may be granted the power of sole representation and be exempted from the restrictions of Section 181 German Civil Code (BGB). For transactions with ________ KG, the managing director is exempt from the restrictions of Section 181 German Civil Code (BGB). [19]

Section 9 Shareholders´ Meeting [20]

1. The shareholders´ meeting is called by the managing directors by means of a registered letter, with notification of the agenda. The meeting can also be called via fax or e-mail [21] if no shareholder objects to this form of invitation.

The invitation to the ordinary shareholders´ meeting is to be accompanied by the annual financial statements, the management report, and any audit report by the statutory auditors. [22]

The notice period for calling ordinary shareholders´ meetings is four weeks, for extraordinary shareholders´ meetings two weeks, and it begins when the invitation is sent out by mail, the invitation is dispatched, the invitation is delivered personally or by courier, whereby the day of dispatch or delivery and the day of the meeting are not counted. [23]

Each general manager is solely entitled to call a meeting. [24]

2. The shareholders´ meetings take place at the Company´s registered office. [25] **If all shareholders agree, a shareholders´ meeting may also be convened per video-conference.** [26]

3. In lieu of resolutions in a shareholders´ meeting, a written, e-mail or fax, telephone or telegraphic vote is permitted, if no shareholders object to such a procedure.

A written, e-mail or fax, telephone, or telegraphic vote is not allowed if it is intended to be used for amending the Articles of Association or if another form is prescribed by law. [27]

Section 10 Shareholder resolutions

1. The shareholders adopt their resolutions in shareholders´ meetings.

2. The shareholders´ meeting shall have a quorum if 75 % of the share capital [28] **is present or represented. If the shareholders´ meeting does not form a quorum, a new shareholders´ meeting is to be called immediately, which then shall form a quorum without consideration for the number of shareholders present. This is to be pointed out in the invitation to the shareholders´ meeting.**

3. The voting occurs according to Company shares. An investment of each ____________ € (in words ____________ Euros) in the share capital of the Company grants one vote. [29] **Each shareholder is only allowed to exercise his right to vote uniformly for the Company shares held by him.** [30]

4. The shareholders´ meeting generally adopts resolutions by a $^{3}/4$ majority of the votes submitted. [31]

5. The shareholders´ meeting is competent for all decisions assigned to it by law or by the Articles of Association. In particular, the shareholders´ meeting decides on: [32]

a. Amendments to the Articles of Association,

b. Increase of share capital and issue of new Company shares,

c. Conversions as well as the conclusion of inter-company agreements with other companies,

d. Dissolution of the Company and its consequences,

e. Sale of all or essential assets belonging to the Company or to the limited partnership whose business is managed by the Company,

f. Approval of the annual financial statements of the Company and decision on the allocation of profits for the year,

g. Appointment of the statutory auditors, to the extent that auditors are to be appointed as prescribed by the Commercial Code,

h. Appointment and discharge of the managing directors as well as the decision on the conditions of their employment,

i. All other decisions which are assigned to the shareholders´ meeting as mandated by law.

6. To the extent the law does not require notarial attestation, a secretary is designated in each shareholders´ meeting, who keeps a written record of the resolutions adopted in the shareholders´ meeting and makes it available to the shareholders within two (2) weeks after the shareholders´ meeting. [33]

7. Each shareholder may be represented at the shareholders´ meeting by an authorized representative in writing or a member of the legal or tax advising professions or an auditor who is legally bound to secrecy. [34]

8. Shareholder resolutions can only be contested within a period of one (1) month. The period begins with the day of receipt of the minutes in which the contested resolution is documented. [35]

Section 11 Annual financial statements and Appropriation of earnings

1. The annual financial statements (balance sheet, along with the profit and loss statement) is to be prepared by the managing directors in accordance with the provisions of the Commercial Code and in agreement with the shareholders together with an audit report by the statutory auditor – if the annual financial statements and the management report are to be audited by a statutory auditor – within the first three (3) months of a financial year. [36]

2. The shareholders decide within eight (8) months from the beginning of the current financial year on the approval of the annual financial statements and on the dismissal of the managing directors for the past financial year – if the annual financial statements and the management report are to be audited by a statutory auditor – and on the selection of the statutory auditor for the current year. [37]

3. The shareholders decide by a simple majority on the appropriation of the balance sheet profits in compliance with the provisions of Section 29 Limited Liability Company Act (GmbHG). [38]

Section 12 Notice of withdrawal [39]

1. Each shareholder has the right to give proper notice of withdrawal to the Company with a period of six months to the end of any financial year. This shall not affect the right of each shareholder to withdraw from the Company without notice for good cause. [40]

2. The notice of withdrawal is to be made by registered letter to the Company or to be handed over personally to one of the managing directors (under no circumstances, however, to oneself).

3. When withdrawal notice is submitted to the Company, the Company is not dissolved, but rather continued by the remaining shareholder(s). [41]

4. The withdrawing shareholder is obliged to sale his stake in the company to the person who is also acquiring his stake in the limited partnership.

5. The voting right of the shareholder who has given notice of withdrawal to the Company shall be suspended from the time notice has been received by the Company.

Section 13 Non-competition clause [42]

1. The shareholders and the managing directors of the Company are obliged during their tenure with the Company to refrain from directly or indirectly operating or supporting any business or participating with more than a 5 % stake in, acquiring or engaging in any kind of activities on behalf of businesses that may be in competition with the Company or the limited partnership whose business is managed by the Company in the market for ___________ in ___________ [43]

2. For an exiting shareholder, this obligation exists for a period of two years after exit if the Company remains in business. [44]

3. The shareholders may decide on exceptions to this non-competition clause through unanimous resolution.

4. If a shareholder is in breach of the non-competition clause pursuant to para. 1 during his tenure with the Company, this constitutes good cause for excluding him from the Company. After being excluded from the Company, the excluded shareholder shall pay a contractual penalty of ____________ (in words: ____________ Euros) to the Company for each breach of the non-competition clause. The right to seek claims for damages or injunctive reliefs shall remain unaffected by the exclusion from the Company or the payment of the contractual penalty. [45]

Section 14 Formation Expenses [46]

Costs associated with the formation of the Company (notary costs, court costs and publication costs as well as any costs for legal and/or tax advice in connection with the formation) shall be borne by the Company up to a total amount of ____________ €. Formation expenses exceeding this amount shall be borne by the founding shareholders at the ratio of their shareholdings.

Section 15 Final provisions [47]

1. Should any provision of these Articles of Association, or any future provision adopted in them, be or become invalid or unenforceable in part or in whole, this shall not affect the legal validity of the remaining provisions. In such a case, the parties are obliged, through amendment of the Articles of Association, to replace the invalid or unenforceable provision with a valid and enforceable provision that most closely fulfills the intent and purpose of the invalid or unenforceable provision. In case any unintentional gaps should be discovered in these Articles of Association, the parties are obliged to close the unintentional gaps by agreeing upon supplementary provisions to the Articles of Association, which according to the intent and purpose of this shareholder agreement, they would have intended and agreed upon from the beginning, had they considered the item affected by the gap already upon concluding the Articles of Association. If the deficiency affects essential components of the Articles of Association, such a resolution is to be agreed as specified by Section 53 para. 2 German Limited Liability Company Act (GmbHG).

2. All agreements affecting the relationship between the shareholders or between the Company and the shareholders require the written form for their validity, to the extent that notarial attestation is not mandatory by law. This also applies to any waiver of the written form requirement.

3. The agreement is subject to the law of the Federal Republic of Germany.

4. The jurisdiction and place of performance for all obligations arising from this agreement is the Company´s registered office, to the extent that no other registered office exists.

Erläuterungen

Literatur: *Binz/Mayer*, Beurkundungspflichten bei der GmbH & Co. KG, NJW 2002, 3054; *Binz/Sorg*, Die GmbH & Co. KG, 12. Aufl. 2018; *Hahn*, Das Informationsrecht des Kommanditisten, BB 1997, 741; *Priester*, Aktuelle Gestaltungsfragen bei GmbH-Verträgen, DStR 1992, 254; *Reichert*, GmbH & Co. KG, 7. Aufl. 2015, *Wertenbruch*, Geschäftsführungsbezogene Gesellschafterbeschlüsse in KG und GmbH & Co. KG, NZG 2016, 1081; *von Rechenberg/Ludwig*, Kölner Handbuch Handels- und Gesellschaftsrecht, 4. Aufl. 2017.

571 **1.** Dazu Muster A 18 (Rdn. A 241).

572 **2.** Dazu Muster A 22 (Rdn. A 536).

573 **3.** Dazu Muster A 18 (Rdn. A 242 ff.).

574 **4.** Dazu Muster A 18 (Rdn. A 245). Die Beschreibung des Unternehmensgegenstandes ist insbesondere im Hinblick auf die Individualisierung bei der Komplementär GmbH sorgfältig vorzunehmen. Typischer Unternehmensgegenstand der Komplementär GmbH ist die Beteiligung als Komplementärin an der KG. Insbesondere die frühere Rechtsprechung verlangte bei der Beschreibung des Unternehmensgegenstandes in dem Gesellschaftsvertrag der Komplementär-GmbH auch die Angabe des Tätigkeitsbereichs der KG (BayObLG GmbHR 1976, 38). Diese Auffassung wurde teilweise mit dem Argument abgelehnt, dass dadurch die Eigen- und Fremdgeschäftsführung der Komplementär-GmbH in unzulässiger Weise vermischt werde. Schließlich sei Träger des von der GmbH & Co. KG betriebenen Unternehmens nicht die GmbH, sondern die KG selbst (*Binz/Sorg* § 3 Rn. 31–33). Zum Teil wird zur Information des Geschäftsverkehrs jedenfalls die Aufnahme der Bezeichnung der konkreten KG, an der sich die GmbH als Komplementärin beteiligt, sofern diese bereits feststeht, in den Gesellschaftsvertrag verlangt (Roth/Altmeppen/*Roth* § 3 Rn. 6–8; *Michalski* § 3 Rn. 22 m.w.N.). Aufgrund der nicht eindeutig geklärten Rechtslage und zur Vermeidung von Problemen und Verzögerungen bei der Handelsregisteranmeldung kann es empfehlenswert sein, weiterhin die Beschreibung des Unternehmensgegenstandes der KG in den Gesellschaftsvertrag der Komplementär-GmbH aufzunehmen. Diesem Ansatz folgt auch das vorliegende Muster.

575 **5.** Dazu Muster A 18 (Rdn. A 246).

576 **6.** Dazu Muster A 18 (Rdn. A 247).

577 **7.** Dazu Muster A 18 (Rdn. A 248 f.).

578 **8.** Dazu Muster A 18 (Rdn. A 250). In der Praxis kommt einer GmbH, die lediglich die Funktion der Komplementärin in einer Kommanditgesellschaft übernehmen soll, oftmals keine darüber hinausgehende eigenständige Bedeutung zu. Daher ist in der Regel lediglich das Mindest-Stammkapital gemäß § 5 Abs. 1 GmbHG in Höhe von 25.000 € für die Komplementär-GmbH vorgesehen. Dies ist jedoch keineswegs zwingend.

579 **9.** Dazu Muster A 18 (Rdn. A 251 f.). Typischerweise sind die Kommanditisten der KG zugleich Gesellschafter der GmbH. Zwingend ist dies jedoch nicht, wie etwa bei der Einheits GmbH & Co. KG, bei der die KG selbst sämtliche Anteile an der GmbH hält (vgl. dazu Baumbach/Hopt/*Roth* Anh. § 177a Rn. 8; von Rechenberg/Ludwig/*von Wedel* 10. Kap. Rn. 120 ff.; zu den Besonderheiten der Gründung und der Satzungsgestaltung bei der Einheits GmbH & Co. KG vgl. im Übrigen auch *Freiherr v. Proff*, DStR 2017, 2590). Sind jedoch wie im Regelfall (und in dem vorliegenden Muster) die Kommanditisten der KG zugleich Gesellschafter der GmbH, erweitern sich ihre Informationsrechte deutlich (von Rechenberg/Ludwig/*von Wedel* 10. Kap. Rn. 113; ausführlich zu den Informationsrechten des Kommanditisten *Hahn* BB 1997, 741): Gemäß § 166 HGB ist der Nur-Kommanditist nämlich lediglich berechtigt, eine Abschrift des Jahresabschlusses zu verlangen und dessen Richtigkeit unter Einsichtnahme in die Bücher und Papiere zu prüfen. Das Informationsrecht des Kommanditisten ist somit sowohl in sachlicher als auch in zeitlicher Hinsicht auf den Jahresabschluss beschränkt (*Hahn* BB 1997, 741). Ist der Kommanditist jedoch zugleich Gesellschafter der GmbH, hat er daneben ein Informationsrecht aus § 51a GmbHG (Baumbach/Hopt/*Roth* Anh. § 177a Rn. 25). Das Informationsrecht aus § 51a GmbHG geht weit über das Recht des § 166 HGB hinaus. Gemäß § 51a GmbHG hat jeder Gesellschafter auf Verlangen ein Recht auf unverzügliche Auskunft über die Angelegenheiten der Gesellschaft sowie auf Einsicht in die Bücher und Schriften. In der GmbH & Co. KG gehören zu den Angelegenheiten der Gesellschaft grundsätzlich auch diejenigen der KG (Baumbach/Hueck/*Zöllner* § 51a Rn. 13).

580 **10.** Dazu Muster A 18 (Rdn. A 253).

581 **11.** Dazu Muster A 18 (Rdn. A 254).

12. Dazu Muster A 20 (Rdn. A 359). 582

13. Dazu Muster A 18 (Rdn. A 258 f.). 583

14. Sind die Kommanditisten zugleich Gesellschafter der GmbH, ist der Gleichlauf der Inhaberschaft an dem KG- und dem GmbH-Anteil durch geeignete Regelungen im Gesellschaftsvertrag sicherzustellen. Dies geschieht in der Regel u.a. in der Weise, dass in beiden Gesellschaftsverträgen Klauseln aufgenommen werden, wonach die Geschäftsanteile jeweils nur gemeinsam übertragen werden können (von Rechenberg/Ludwig/*von Wedel* 10. Kap. Rn. 112). Diesem Ansatz folgt auch das vorliegende Muster. 584

15. Dazu Muster A 19 (Rdn. A 286). Die Komplementär-GmbH ist regelmäßig Geschäftsführerin der KG, zwingend ist dies jedoch nicht. Selbstverständlich hat der Geschäftsführer der GmbH zunächst die Verpflichtung, die GmbH zu führen. Sofern die GmbH kein eigenes operatives Geschäft betreibt sondern, wie es bei der Komplementär-GmbH üblich ist, die Geschäfte der Kommanditgesellschaft führt, beschränken sich die Tätigkeiten des Geschäftsführers für die GmbH regelmäßig auf die rechtlich notwendigen Maßnahmen (Bsp.: Einberufung und Abhaltung von Gesellschafterversammlungen, Erteilung von Auskünften etc.). 585

16. Dazu Muster A 19 (Rdn. A 287). In der Praxis besteht die Hauptaufgabe des Geschäftsführers der Komplementär-GmbH oftmals in der Führung der Geschäfte der KG. Dennoch hat der Geschäftsführer der GmbH grundsätzlich einen Anstellungsvertrag mit der GmbH (Baumbach/*Hopt* Anh. § 177a Rn. 27). Jedoch kann der Anstellungsvertrag des Geschäftsführers wahlweise auch mit der GmbH & Co. KG oder mit beiden Gesellschaften abgeschlossen werden (Wertenbruch: Geschäftsführungsbezogene Gesellschafterbeschlüsse in KG und GmbH & Co. KG, NZG 2016, 1081 ff, m.w.N. und Hinweis auf BGH, NZG 2016, 826). 586

17. Dazu Muster A 19 (Rdn. A 288). 587

18. Dazu Muster A 19 (Rdn. A 289). Auch bei der Komplementär-GmbH ist anerkannt, dass sie durch Prokuristen vertreten werden kann (Baumbach/*Hopt* Anh. § 177a Rn. 37). 588

19. Dazu Muster A 18 (Rdn. A 262). § 181 BGB gilt auch für Geschäfte zwischen zwei Gesellschaften, die denselben Geschäftsführer haben und insbesondere bei der GmbH & Co KG auch für Geschäfte zwischen GmbH und KG sowie zwischen dem GmbH-Geschäftsführer und der KG (Roth/Altmeppen/*Altmeppen* § 35 Rn. 77 m.w.N.; Baumbach/Hopt/*Roth* Anh. § 177a Rn. 39 ff.). Die grundsätzliche Befreiung von § 181 BGB für Geschäfte mit der KG dient daher der Erleichterung des Abschlusses von Geschäften der GmbH mit der GmbH & Co. KG im Rechtsverkehr. Fehlt eine entsprechende Bestimmung im Gesellschaftsvertrag, verbleibt es bei der Regelung, dass es für jedes Geschäft zur Befreiung von den Beschränkungen des § 181 BGB eines Gesellschafterbeschlusses bedarf. 589

20. Dazu Muster A 19 (Rdn. A 291). 590

21. Dazu Muster A 19 (Rdn. A 292). 591

22. Dazu Muster A 19 (Rdn. A 293). 592

23. Dazu Muster A 19 (Rdn. A 294). 593

24. Dazu Muster A 19 (Rdn. A 295). 594

25. Dazu Muster A 19 (Rdn. A 296). 595

26. Dazu Muster A 19 (Rdn. A 297). 596

27. Dazu Muster A 19 (Rdn. A 298). 597

28. Dazu Muster A 19 (Rdn. A 299). 598

29. Dazu Muster A 19 (Rdn. A 300). 599

600 **30.** Dazu Muster A 19 (Rdn. A 301).

601 **31.** Dazu Muster A 19 (Rdn. A 302).

602 **32.** Dazu Muster A 19 (Rdn. A 303).

603 **33.** Dazu Muster A 19 (Rdn. A 304).

604 **34.** Dazu Muster A 19 (Rdn. A 306).

605 **35.** Dazu Muster A 19 (Rdn. A 307 ff.).

606 **36.** Dazu Muster A 19 (Rdn. A 310).

607 **37.** Dazu Muster A 19 (Rdn. A 311).

608 **38.** Dazu Muster A 19 (Rdn. A 312 ff.).

609 **39.** Dazu Muster A 19 (Rdn. A 313).

610 **40.** Die Austrittsmöglichkeiten für die Gesellschafter aus der GmbH und der KG sind aneinander anzupassen und in Einklang zu bringen. Durch diese Regelung soll der Gleichlauf der Inhaberschaft an den Gesellschaftsanteilen der GmbH und der KG sichergestellt werden. So wird für stets gleiche Beteiligungsverhältnisse in der GmbH und der KG gesorgt (von Rechenberg/Ludwig/*von Wedel* 10. Kap. Rn. 112); vgl. in diesem Zusammenhang auch Anmerkung 14. Zur Erklärung der Kündigung siehe Muster J 8 (Rdn. J 46 ff.) und zum unentziehbaren Recht auf außerordentliche Kündigung aus wichtigem Grund vgl. Muster J 7 (Rdn. J 44).

611 **41.** Dazu Muster A 19 (Rdn. A 315).

612 **42.** Dazu Muster A 20 (Rdn. A 403 ff.).

613 **43.** Dazu Muster A 20 (Rdn. A 405).

614 **44.** Dazu Muster A 20 (Rdn. A 406).

615 **45.** Dazu Muster A 20 (Rdn. A 408).

616 **46.** Dazu Muster A 18 (Rdn. A 263).

617 **47.** Dazu Muster A 19 (Rdn. A 340).

24. Gesellschaftsvertrag eines Gemeinschaftsunternehmens mit zwei Gesellschaftern

Vorbemerkung

618 Der Gesellschaftsvertrag eines Gemeinschaftsunternehmens ist in der Regel Teil eines Joint-Venture-Gesamtvertragswerkes, im Rahmen dessen üblicherweise (mindestens) zwei rechtlich und wirtschaftlich getrennte Gründungsgesellschaften eine neue, rechtlich selbstständige Geschäftseinheit, das Gemeinschaftsunternehmen, gründen. In der Praxis bringen die Gesellschaften oftmals neben dem Kapital auch Produktionsanlagen oder Teile davon, Know-How, Schutzrechte, Kundenkontakte o.ä. in das Gemeinschaftsunternehmen ein. Die Parteien schließen dafür zunächst einen Joint-Venture-Vertrag (auch Grundvereinbarung oder Konsortialvertrag genannt) ab, der regelmäßig im Grundsatz die Beziehungen und die Zusammenarbeit in dem Gemeinschaftsunternehmen zwischen den Parteien regelt. Dabei finden in diesem Vertrag in der Praxis oftmals auch solche Regelungen Eingang, die die Parteien aufgrund der Publizität des Handelsregisters nicht in dem Gesellschaftsvertrag geregelt haben wollen. Zudem dient der Joint-Venture-Vertrag oftmals der Vorbereitung des Gesellschaftsvertrages des Gemeinschaftsunternehmens, in dem die Einzelheiten der Kooperation der Gesellschafter geregelt werden. Diese richten sich nach den tatsächlichen konkreten Erfordernissen und Bedürfnissen des neuen Gemeinschaftsunternehmens.

Das Muster geht von einer Beteiligung zweier Gesellschafter in dem Gemeinschaftsunternehmen von jeweils 50 % aus. Die vornehmlich zu lösenden gesellschaftsrechtlichen Schwierigkeiten sind in der paritätischen Beteiligung der Gesellschafter zu sehen. Die Parität wirft insofern praktische Probleme auf, als die Gesellschafter im Grundsatz bestrebt sein werden, ihre Ziele durchzusetzen und die Geschäftsführung in ihrem Sinne zu beeinflussen. Voraussetzung hierfür ist aber jeweils eine Mehrheit, die wegen der paritätischen Beteiligung keiner der Gesellschafter hat. Diesen Interessenausgleich zweier gleich starker Partner, sowohl auf Gesellschafter- als auch auf Geschäftsführungsebene herbeizuführen, ist eines der Hauptprobleme eines Gemeinschaftsunternehmens; Patt-Situationen sind nichts Ungewöhnliches. Es ist daher zu empfehlen, bereits im Gesellschaftsvertrag einen Lösungsmechanismus zur Überwindung von Patt-Situationen, die insbesondere im Rahmen von Abstimmungen in der Gesellschafterversammlung, aber auch in der Geschäftsführung auftreten, zu regeln. Die Schaffung eines weiteren gesellschaftsrechtlichen Organs, wie eines Beirates oder Aufsichtsrates, ist dringend zu empfehlen, um eine wechselseitige Blockade in der Gesellschaft nach Möglichkeit zu vermeiden. 619

Bei der Gründung eines Gemeinschaftsunternehmens ist zudem nationales und europäisches Kartellrecht zu berücksichtigen, sowie wettbewerbsrechtliche Fragen im Auge zu behalten bzw. gesellschaftsvertraglich zu regeln. Nach dem Prinzip der Doppelkontrolle (Zweischrankentheorie) ist die Gründung eines Gemeinschaftsunternehmens nicht nur nach den Vorschriften der Fusionskontrolle, sondern immer auch anhand der Voraussetzungen des § 1 GWB bzw. Art. 101 Abs. 1 AEUV zu beurteilen (BGH, WuW/E DE-R 2742, 2744 – Gratiszeitung Hallo = NZG 2010, 76). Der kartellrechtliche Aspekt hatte bereits erheblich an Bedeutung gewonnen, nachdem das BKartA im September 2012 seinen Untersuchungsbericht zum Sektor »Walzasphalt« veröffentlicht hatte (BKartA, Sektoruntersuchung Walzasphalt, Bericht gem. § 32e GWB, 2012). Diesen Aspekt hat das BKartA auch jüngst im Bericht zur Sektoruntersuchung »Zement und Transportbeton« wieder hervorgehoben (BKartA, Sektoruntersuchung Zement und Transportbeton, Bericht gem. § 32e GWB, 2017). Bei der Gründung von Gemeinschaftsunternehmen ist daher weiterhin intensiv darauf zu achten, dass kartellrechtliche Vorgaben eingehalten und ggf. ein Selbsteinschätzungsverfahren nach § 2 GWB bzw. Art. 101 Abs. 3 AEUV durchgeführt wird (siehe im Einzelnen Anmerkung 2 unten (Rdn. A 624 ff.)). 620

Muster

Gesellschaftsvertrag der AB GmbH [1, 2] 621

Präambel [3]

____

§ 1 Firma und Sitz der Gesellschaft

1. Die Gesellschaft betreibt ihre Geschäfte unter der Firma

AB GmbH [4].

2. Sitz der Gesellschaft ist __________ [5].

§ 2 Gegenstand der Gesellschaft

1. Gegenstand der Gesellschaft ist __________ [6] sowie der Abschluss aller damit im Zusammenhang stehenden Geschäfte.

2. Die Gesellschaft kann alle Geschäfte betreiben, welche dem Gesellschaftszweck unmittelbar oder mittelbar zu dienen geeignet sind.

3. Die Gesellschaft kann Zweigniederlassungen errichten, andere Unternehmen gründen, sich an anderen Unternehmen beteiligen, die Geschäftsführung und per-

sönliche Haftung eines anderen Unternehmens übernehmen sowie Unternehmensverträge mit anderen Unternehmen abschließen. [7]

§ 3 Dauer der Gesellschaft und Geschäftsjahr

1. Die Gesellschaft ist auf unbestimmte Zeit errichtet. [8]

2. Das Geschäftsjahr entspricht dem Kalenderjahr. Das erste Geschäftsjahr ist ein Rumpfgeschäftsjahr, beginnend mit der Eintragung der Gesellschaft in das Handelsregister und endend mit dem auf die Eintragung in das Handelsregister folgenden 31. Dezember. [9]

§ 4 Bekanntmachungen

Die Bekanntmachungen der Gesellschaft erfolgen nur im Bundesanzeiger. [10]

§ 5 Stammkapital, Geschäftsanteile, Einlagen der Gesellschafter

1. Das Stammkapital der Gesellschaft beträgt __________ € [11] **(in Worten: __________ Euro).**

2. Hiervon übernehmen die Gesellschafter Geschäftsanteile wie folgt: [12]

Gesellschafter A: Geschäftsanteil im Nennbetrag von __________ € (in Worten: __________ Euro) (»Geschäftsanteil 1«) [13]**, entspricht 50 % des Stammkapitals** [14]

Gesellschafter B: Geschäftsanteil im Nennbetrag von __________ € (in Worten: __________ Euro) (»Geschäftsanteil 2«), entspricht 50 % des Stammkapitals.

3. Die Gesellschafter haben die Einlagen in bar [15] **zu erbringen. Diese sind sofort [in voller Höhe/zur Hälfte/zu einem Viertel** [16]**] einzuzahlen. Die vollständigen Einlagen sind bis zum __________ von den Gesellschaftern zu erbringen.**

§ 6 Verfügung über Geschäftsanteile

1. Die Verfügung über Geschäftsanteile oder Teile von Geschäftsanteilen an der Gesellschaft bedarf zu ihrer Wirksamkeit der vorherigen schriftlichen Zustimmung des jeweils anderen Gesellschafters. [17]

§ 7 Organe der Gesellschaft [18]

Organe der Gesellschaft sind

- **die Geschäftsführung**
- **die Gesellschafterversammlung**
- **der Aufsichtsrat.** [19]

§ 8 Geschäftsführung

1. Die Gesellschaft hat zwei Geschäftsführer. Jeder Gesellschafter benennt einen Geschäftsführer. [20]

2. Die Rechte und Pflichten der Geschäftsführer ergeben sich aus dem Gesetz, dem Gesellschaftsvertrag, dem Anstellungsvertrag und der Geschäftsordnung. [21]

3. Die Geschäftsführer sind, unbeschadet ihrer Vertretungsmacht nach außen, nur gemeinschaftlich zur Geschäftsführung befugt.

4. Die Geschäftsführer entscheiden einstimmig über Geschäftsführungsmaßnahmen. Können Sie eine einstimmige Entscheidung nicht herbeiführen, sind sie verpflichtet, die Entscheidung des Aufsichtsrates über die entsprechende Geschäftsführungsmaßnahme herbeizuführen. [22]

§ 9 Vertretung

1. Die Gesellschaft wird durch die Geschäftsführer gemeinsam oder durch einen Geschäftsführer in Gemeinschaft mit einem Prokuristen vertreten. [23]

2. Durch Gesellschafterbeschluss kann den Geschäftsführern Einzelvertretungsbefugnis und/oder ganz oder teilweise Befreiung von den Beschränkungen des § 181 BGB erteilt werden. [24]

§ 10 Gesellschafterversammlung

1. Die Einberufung der Gesellschafterversammlung erfolgt durch die Geschäftsführer mittels eingeschriebenen Briefs unter Mitteilung der Tagesordnung. Die Einberufung kann auch per Telefax oder E-Mail [25] **erfolgen, wenn kein Gesellschafter dieser Form der Einladung widerspricht.**

Der Einladung zur ordentlichen Gesellschafterversammlung sind der Jahresabschluss, der Lagebericht und ein etwaiger Prüfungsbericht der Abschlussprüfer [26] **beizufügen.**

Die Ladungsfrist beträgt bei ordentlichen Gesellschafterversammlungen vier Wochen, bei außerordentlichen Gesellschafterversammlungen zwei Wochen und beginnt mit der Aufgabe der Einladung zur Post, der Absendung der Einladung, der persönlichen Übergabe oder der Übergabe durch Boten wobei der Tag der Absendung bzw. der Übergabe und der Tag der Versammlung nicht mitgerechnet werden. [27]

Jeder Geschäftsführer ist allein einberufungsberechtigt. [28]

2. Die Gesellschafterversammlungen finden am Sitz der Gesellschaft statt. [29] **Wenn sich sämtliche Gesellschafter damit einverstanden erklären, kann eine Gesellschafterversammlung auch per Video-Konferenz abgehalten werden.** [30]

3. Anstelle der Beschlussfassung in einer Gesellschafterversammlung ist auch eine schriftliche, fernschriftliche, fernmündliche oder telegrafische Abstimmung zulässig, falls kein Gesellschafter einem solchen Verfahren widerspricht.

Die schriftliche, fernschriftliche, fernmündliche oder telegrafische Abstimmung ist unzulässig, wenn durch sie eine Änderung des Gesellschaftsvertrags herbeigeführt werden soll oder nach dem Gesetz eine andere Form vorgeschrieben ist. [31]

§ 11 Gesellschafterbeschlüsse

1. Die Gesellschafter fassen ihre Beschlüsse in Gesellschafterversammlungen.

2. Die Gesellschafterversammlung ist beschlussfähig, wenn beide Gesellschafter anwesend oder vertreten sind. [32] **Ist die Gesellschafterversammlung nicht beschlussfähig, so ist unverzüglich eine neue Gesellschafterversammlung einzuberufen, die dann ohne Rücksicht auf die Zahl der anwesenden Gesellschafter beschließen kann. Darauf ist in der Ladung zur Gesellschafterversammlung hinzuweisen.** [33]

3. Die Abstimmung erfolgt nach Geschäftsanteilen. Eine Beteiligung von je __________ € (in Worten __________ Euro) am Stammkapital der Gesell-

schaft gewährt eine Stimme. [34] Jeder Gesellschafter kann sein Stimmrecht für die von ihm gehaltenen Geschäftsanteile nur einheitlich ausüben.

4. Die Gesellschafterversammlung beschließt grundsätzlich einstimmig. [35]

5. Die Gesellschafterversammlung ist zuständig für alle Entscheidungen, die ihr durch Gesetz oder durch diesen Vertrag zugewiesen sind. Insbesondere entscheidet die Gesellschafterversammlung über: [36]

a. Änderungen des Gesellschaftsvertrages,

b. Erhöhung des Stammkapitals und Ausgabe neuer Geschäftsanteile,

c. Umwandlungen sowie Abschluss von Unternehmensverträgen mit anderen Gesellschaften,

d. Auflösung der Gesellschaft und deren Folgen,

e. Verkauf von allen oder wesentlichen Vermögensgegenständen der Gesellschaft,

f. Feststellung des Jahresabschlusses der Gesellschaft und Entscheidung über die Verwendung des Jahresergebnisses,

g. Bestellung der Abschlussprüfer, sofern Abschlussprüfer nach Maßgabe des Handelsgesetzbuches zu bestellen sind,

h. Bestellung und Entlastung der Mitglieder des Aufsichtsrates

i. alle sonstigen Beschlüsse, die nach dem Gesetz zwingend der Gesellschafterversammlung zugewiesen sind.

Die Gesellschafterversammlung kann eine Geschäftsordnung für die Geschäftsführung sowie für den Aufsichtsrat erlassen. [37]

6. Tritt bezüglich eines Beschlusses – abgesehen von den in § 11 Abs. 5 genannten Beschlüssen – eine Pattsituation ein, ist jeder Gesellschafter berechtigt, eine neue Abstimmung bezüglich des gleichen Tagesordnungspunktes in derselben oder in einer weiteren Gesellschafterversammlung zu verlangen. Wird die Pattsituation in dieser weiteren Abstimmung nicht aufgelöst, entscheidet der Aufsichtsrat. [38]

7. Soweit das Gesetz nicht zwingend eine notarielle Beurkundung vorschreibt, wird in jeder Gesellschafterversammlung ein Protokollführer bestimmt, der die in der Gesellschafterversammlung gefassten Beschlüsse schriftlich festhält und den Gesellschaftern innerhalb von zwei (2) Wochen nach der Gesellschafterversammlung zur Verfügung stellt. [39]

8. Jeder Gesellschafter kann sich in der Gesellschafterversammlung durch einen schriftlich bevollmächtigten Vertreter oder ein Mitglied der rechts- oder steuerberatenden Berufe oder einem Wirtschaftsprüfer vertreten lassen, der gesetzlich zur Geheimhaltung verpflichtet ist. [40]

9. Gesellschafterbeschlüsse können nur innerhalb einer Frist von einem (1) Monat angefochten werden. Die Frist beginnt mit dem Tag des Zugangs des Protokolls, in dem der angefochtene Beschluss niedergelegt ist. [41]

§ 12 Aufsichtsrat [42]

1. Die Gesellschaft hat einen Aufsichtsrat, der aus vier (4) Mitgliedern besteht. Jeder Gesellschafter bestellt zwei Mitglieder. Die Aufsichtsratsmitglieder werden bis zur Beendigung der ordentlichen Gesellschafterversammlung bestellt, die über die

Entlastung für das vierte Geschäftsjahr nach Beginn der Amtszeit entscheidet. Eine erneute Bestellung ist zulässig.

2. Für aus dem Aufsichtsrat während der Amtszeit ausscheidende Mitglieder tritt ein Ersatzmitglied in den Aufsichtsrat ein. Das Ersatzmitglied wird von dem Gesellschafter bestellt, der auch das ausscheidende Mitglied bestellt hat. Die Amtszeit des Ersatzmitgliedes endet zu dem Zeitpunkt, in dem auch die Amtszeit des ausscheidenden Mitgliedes enden würde. Eine erneute Bestellung eines Ersatzmitgliedes ist zulässig. [43]

3. Der Aufsichtsrat wählt aus seiner Mitte jährlich vor Ablauf eines Kalenderjahres für das nächste Kalenderjahr einen Vorsitzenden und einen Stellvertreter. [44] **Der Vorsitzende, im Fall seiner Verhinderung der Stellvertreter, vertreten den Aufsichtsrat nach außen. Im Falle eines Stimmengleichgewichts bei einer Beschlussfassung hat der Vorsitzende eine weitere Stimme.**

4. Der Aufsichtsrat berät und überwacht die Geschäftsführung. Weitere Aufgaben können dem Aufsichtsrat durch diesen Gesellschaftsvertrag sowie durch Beschluss der Gesellschafterversammlung zugewiesen werden.

5. Bestimmungen über die Einberufung, Beschlussfassung, Stimmabgabe u.a. regelt die Geschäftsordnung des Aufsichtsrates.

6. Die Mitglieder des Aufsichtsrates erhalten einen angemessenen Ersatz ihrer Aufwendungen. Die Gesellschafterversammlung entscheidet über eine Vergütung. [45] **Die Mitglieder des Aufsichtsrates sind für die Versteuerung selbst verantwortlich.**

§ 13 Jahresabschluss, Gewinnverwendung

1. Der Jahresabschluss (Bilanz nebst Gewinn- und Verlustrechnung) ist von den Geschäftsführern in Übereinstimmung mit den Vorschriften des Handelsgesetzbuches aufzustellen und den Gesellschaftern zusammen mit einem Prüfungsbericht des Abschlussprüfers – wenn der Jahresabschluss und der Lagebericht von einem Abschlussprüfer zu prüfen ist – innerhalb der ersten drei (3) Monate [46] **eines Geschäftsjahres vorzulegen.**

2. Die Gesellschafter beschließen innerhalb von acht (8) Monaten [47] **des laufenden Geschäftsjahres über die Feststellung des Jahresabschlusses und die Entlastung der Geschäftsführer für das vergangene Geschäftsjahr sowie – wenn der Jahresabschluss und der Lagebericht von einem Abschlussprüfer zu prüfen ist – über die Wahl des Abschlussprüfers für das laufende Jahr.**

3. Die Gesellschafter bestimmen unter Beachtung der Vorschrift des § 29 GmbHG einstimmig über die Verwendung des Bilanzgewinnes. Können sich die Gesellschafter nicht auf eine Verwendung einigen, entscheidet der Aufsichtsrat. [48]

§ 14 Kündigung, Auflösung der Gesellschaft [49]

1. Die Gesellschafter sind bis zum ____________ nicht zur Kündigung berechtigt. [50]

2. Mit Ablauf dieses Zeitpunktes ist jeder Gesellschafter berechtigt, das Gesellschaftsverhältnis mit einer Frist von sechs Monaten zum Ende eines Geschäftsjahrs mittels eingeschriebenen Briefs an den jeweils anderen Gesellschafter zu kündigen.

3. Die Kündigung führt zur Auflösung der Gesellschaft. Die Geschäftsführer sind in diesem Fall die Liquidator/en der Gesellschaft. [51]

§ 15 Wettbewerbsverbot [52]

1. Die Gesellschafter sind verpflichtet, während der Dauer ihrer Mitgliedschaft in der Gesellschaft weder unmittelbar noch mittelbar Unternehmungen zu betreiben oder zu unterstützen oder sich an Unternehmungen zu beteiligen, zu erwerben oder in irgendeiner Weise dafür tätig zu werden, die mit der Gesellschaft auf dem Markt für __________ in __________ [53] in Konkurrenz treten können.

2. Diese Verpflichtung besteht für einen ausscheidenden Gesellschafter bei Fortbestehen der Gesellschaft für die Dauer von zwei Jahren nach dem Ausscheiden fort. [54]

3. Die Gesellschafter können durch einstimmigen Beschluss Ausnahmen von diesem Wettbewerbsverbot zulassen, insbesondere wenn nur eins der Mütterunternehmen eine konkurrierende Tätigkeit aufnimmt. [55]

4. Verstößt ein Gesellschafter während der Dauer seiner Mitgliedschaft in der Gesellschaft gegen das Wettbewerbsverbot gemäß Abs. 1, gibt er damit Anlass, ihn aus wichtigem Grund aus der Gesellschaft auszuschließen. Nach dem Ausscheiden aus der Gesellschaft hat der ausgeschiedene Gesellschafter für jeden Verstoß gegen das Wettbewerbsverbot gemäß Abs. 2 eine Vertragsstrafe von __________ € (in Worten: __________ Euro) an die Gesellschaft zu zahlen. Das Recht, Schadensersatz oder Unterlassung zu verlangen, wird durch den Ausschluss aus der Gesellschaft oder die Zahlung der Vertragsstrafe nicht berührt. [56] Ein eventueller Schadensersatz ist auf die Vertragsstrafe anzurechnen.

§ 16 Gründungsaufwand [57]

Die mit der Gründung der Gesellschaft verbundenen Kosten (Notar-, Gerichts- und Veröffentlichungskosten sowie etwaige Kosten der Rechts- und/oder Steuerberatung im Zusammenhang mit der Gründung) werden bis zu einem Gesamtbetrag in Höhe von __________ € von der Gesellschaft getragen. Einen darüber hinausgehenden Gründungsaufwand tragen die Gründungsgesellschafter im Verhältnis ihrer Geschäftsanteile.

§ 17 Schlussbestimmungen [58]

1. Sollte eine Bestimmung dieses Gesellschaftsvertrages oder eine künftig in ihn aufgenommene Bestimmung ganz oder teilweise unwirksam oder undurchführbar sein oder werden, so wird die Rechtsgültigkeit der übrigen Bestimmungen davon nicht berührt. Die Parteien sind in einem solchen Fall verpflichtet, die unwirksame oder undurchführbare Bestimmung im Wege der Satzungsänderung durch eine wirksame und durchführbare Bestimmung zu ersetzen, welche dem Sinn und Zweck der unwirksamen oder undurchführbaren Bestimmung so nahe wie möglich kommt. Soweit sich herausstellen sollte, dass dieser Gesellschaftsvertrag unbeabsichtigte Lücken enthält, sind die Parteien verpflichtet, zur Schließung der unbeabsichtigten Lücken ergänzende Satzungsbestimmungen zu vereinbaren, welche sie nach Sinn und Zweck dieses Gesellschaftsvertrages gewollt und von Anfang an vereinbart hätten, wenn sie den von der Lücke betroffenen Punkt bereits bei Abschluss des Gesellschaftsvertrages bedacht hätten. Betrifft der Mangel notwendige Bestandteile des Gesellschaftsvertrages, ist eine solche Regelung nach Maßgabe des § 53 Abs. 2 GmbHG zu vereinbaren.

2. Alle das Gesellschaftsverhältnis betreffenden Vereinbarungen zwischen den Gesellschaftern oder zwischen der Gesellschaft und den Gesellschaftern bedürfen zu ihrer Wirksamkeit der Schriftform, soweit nicht kraft Gesetzes notarielle Beurkun-

dung vorgeschrieben ist. Dies gilt auch für einen etwaigen Verzicht auf das Erfordernis der Schriftform.

3. Der Vertrag unterliegt dem Recht der Bundesrepublik Deutschland.

4. Gerichtsstand und Erfüllungsort für alle Verpflichtungen aus diesem Vertrag ist, soweit kein anderer gesetzlicher Gerichtsstand besteht, der Sitz der Gesellschaft.

Template

Articles of Association of AB GmbH [1, 2] 622

Preamble [3]

____

Section 1 Company Name and Registered Office

1. The Company conducts its business activities under the name AB GmbH [4].

2. The Company's registered office is ___________ [5]

Section 2 Purpose of the Company

1. The purpose of the Company is ___________ [6] as well as to engage in all related business activities.

2. The Company is allowed to engage in all business dealings that are deemed suitable to directly or indirectly serve the business purpose.

3. The Company may set up branch offices, establish other companies, participate in other companies, take over the management and personal liability of another firm and conclude inter-company agreements with other companies. [7]

Section 3 Duration of the Company, Financial Year

1. The Company is established for an indefinite period. [8]

2. The financial year corresponds to the calendar year. The first fiscal year is a short fiscal year, beginning with the date of entry in the Commercial Register and ending on December 31 following the date of entry in the Commercial Register. [9]

Section 4 Notices

The Company shall make notices exclusively in the Federal Gazette (Bundesanzeiger). [10]

Section 5 Share Capital, Company Shares, Capital Contributions of the Shareholders

1. The share capital of the Company is ___________ € [11] (in words: ___________ Euros).

2. Thereof, the shareholders shall take over Company shares as follows: [12]

Shareholder A: Company share at the nominal value of ___________ € (in words: ___________ Euros) (»Company share 1«) [13], representing 50 % of the share capital [14]

Shareholder B: Company share at the nominal value of __________ € (in words: __________ Euros) (»Company share 2«), representing 50 % of the share capital.

3. The shareholders are to contribute in cash to the the capital [15]. These contributions are to be paid [in full/up to 50 %/up to one-quarter 16] immediately. The shareholders are to pay in their capital contributions by __________

Section 6 Disposal of Company Shares

1. The disposal of Company shares or parts of shares in the Company requires prior written consent of the other respective shareholder. [17]

Section 7 Executive bodies of the Company [18]

The executive bodies of the Company are

- **management**
- **the shareholders´ meeting**
- **the supervisory board. [19]**

Section 8 Management

1. The Company has two managing directors. Each shareholder appoints a managing director. [20]

2. The rights and obligations of the managing directors derive from the law, the Articles of Association, employment contract and the management rules of procedure. [21]

3. Regardless of their external powers of attorney, if there are several managers they will only be authorized to manage the Company jointly.

4. The managing directors decide unanimously on management measures. If they cannot reach a unanimous decision, they are obliged to have the Supervisory Board decide on the relevant management measure. [22]

Section 9 Representation

1. The Company is jointly represented by the managing directors or by one managing director together with one authorized officer (Prokurist). [23]

2. Through shareholder resolution, the managing directors may be granted the power of sole representation and be exempted from the restrictions of Section 181 German Civil Code (BGB). [24]

Section 10 Shareholders´ Meeting

1. The shareholders´ meeting is called by the managing directors by means of a registered letter, with notification of the agenda. The meeting can also be called via fax or e-mail [25] if no shareholder object to this form of invitation.

The invitation to the ordinary shareholders´ meeting is to be accompanied by the annual financial statements, the management report, and any audit report by the statutory auditors. [26]

The notice period for calling ordinary shareholders´ meetings is four weeks, for extraordinary shareholders´ meetings two weeks, and it begins when the invitation is

sent out by mail, the invitation is dispatched, the invitation is delivered personally or by courier, whereby the day of dispatch or delivery and the day of the meeting are not counted. [27]

Each general manager is solely entitled to call a meeting. [28]

2. The shareholders´ meetings take place at the Company´s registered office. [29] If all shareholders agree, a shareholders´ meeting may also be convened per video-conference. [30]

3. In lieu of resolutions in a shareholders´ meeting, a written, e-mail or fax, telephone or telegraphic vote is permitted, if no shareholders object to such a procedure.

A written, e-mail or fax, telephone, or telegraphic vote is not allowed if it is intended to be used for amending the Articles of Association or another form is prescribed by law. [31]

Section 11 Shareholder Resolutions

1. The shareholders pass their resolutions in shareholders´ meetings.

2. The shareholders´ meeting shall have a quorum if both shareholders are present or represented. [32] If the shareholders´ meeting does not form a quorum, a new shareholders´ meeting is to be called immediately, which then shall form a quorum without consideration for the number of shareholders present. This is to be pointed out in the invitation to the shareholders´ meeting. [33]

3. The voting occurs according to Company shares. An investment of each __________ € (in words __________ Euros) in the share capital of the Company grants one vote. [34] Each shareholder is only allowed to exercise his right to vote uniformly for the Company shares held by him.

4. The shareholders´ meeting generally adopts resolution by unanimous vote: [35]

5. The shareholders´ meeting is competent for all decisions assigned to it by law or by this agreement. In particular, the shareholders´ meeting decides on: [36]

a. Amendments to the Articles of Association,

b. Increase of share capital and issue of new Company shares,

c. Conversions as well as the conclusion of inter-company agreements with other companies,

d. Dissolution of the Company and its consequences,

e. Sale of all or essential assets belonging to the Company,

f. Approval of the annual financial statements of the Company and decision on the allocation of profits for the year,

g. Appointment of the statutory auditors, to the extent that auditors are to be appointed as prescribed by the Commercial Code,

h. Appointment and discharge of members of the Supervisory Board;

i. All other decisions which are assigned to the shareholders´ meeting as mandated by law.

The shareholders´ meeting may issue rules of procedure for management as well as for the Supervisory Board. [37]

6. If a deadlock occurs concerning a resolution – apart from resolutions specified in Section 11 para. 5 – each shareholder is entitled to request a new vote on the same item on the agenda or in another shareholders´ meeting. If the deadlock is not resolved in this additional vote, the Supervisory Board shall decide. [38]

7. To the extent the law does not require notarial attestation, a secretary is designated in each shareholders´ meeting, who keeps a written record of the resolutions adopted in the shareholders´ meeting and makes it available to the shareholders within two (2) weeks after the shareholders´ meeting. [39]

8. Each shareholder may be represented at the shareholders´ meeting by an authorized representative in writing or a member of the legal or tax advising professions or an auditor who is legally bound to secrecy. [40]

9. Shareholder resolutions can only be contested within a period of one (1) month. The period begins with the day of receipt of the minutes in which the contested resolution is documented. [41]

Section 12 Supervisory board [42]

1. The Company has a Supervisory Board consisting of four (4) members. Each shareholder appoints two members. The members of the Supervisory Board are appointed until the end of the ordinary shareholders´ meeting deciding on the dismissal of management for the fourth financial year after the beginning of their tenure. A re-appointment is permissible.

2. A substitute member shall serve on the Supervisory Board to take the place of any members dismissed, retiring or withdrawing from the Supervisory Board during their term. The substitute member is appointed by the shareholder who also appointed the exiting member. The term of the substitute member ends at the time at which the term of the exiting member would end. A re-appointment of a substitute member is permissible. [43]

3. Yearly, before the end of a calendar year and for the duration of the next calendar year, the Supervisory Board elects a chairman and a deputy picked among its members. [44] **The chairman, and in case he is impaired, the deputy, represent the Supervisory Board externally. In case of a tie vote on a resolution, the chairman has an additional vote.**

4. The Supervisory Board advises and oversees management. Additional duties may also be assigned to the Supervisory Board through these Articles of Association, as well as through a resolution of the shareholders´ meeting.

5. Provisions concerning invitations, resolutions, voting procedures etc. are governed by the rules of procedure of the Supervisory Board.

6. The members of the Supervisory Board shall receive proper reimbursement for their expenses. The shareholders´ meeting decides on compensation. [45] **The members of the Supervisory Board are responsible for their own tax.**

Section 13 Annual financial statements and Appropriation of earnings

1. The annual financial statements (balance sheet, along with the profit and loss statement) are to be prepared by the managing directors in accordance with the provisions of the Commercial Code and in agreement with the shareholders together with an audit report by the statutory auditor – if the annual financial statements and the management report are to be audited by a statutory auditor – within the first three (3) months [46] **of a financial year.**

2. The shareholders decide within eight (8) months [47] from the beginning of the current financial year on the approval of the annual financial statements and on the dismissal of the managing directors for the past financial year – if the annual financial statements and the management report are to be audited by a statutory auditor – and on the selection of the statutory auditor for the current year.

3. The shareholders decide by unanimous vote on the appropriation of the balance sheet profit in compliance with the provisions of Section 29 Limited Liability Company Act (GmbHG). If the shareholders cannot agree on the appropriation of profits, the Supervisory Board shall decide. [48]

Section 14 Withdrawal, Dissolution of the Company [49]

1. The shareholders are not entitled to give notice of withdrawal until ____________ [50]

2. Upon expiry of this date, each shareholder is entitled to withdraw from the shareholder relationship with six months´ notice at the end of a financial year by registered letter to each of the other shareholders.

3. Withdrawal leads to the dissolution of the Company. In this case, the managing directors are the liquidator(s) of the Company. [51]

Section 15 Non-competition clause [52]

1. The shareholders are obliged during their tenure with the Company to refrain from directly or indirectly operating or supporting any business or participating in, acquiring or engaging in any kind of activities on behalf of enterprises that may be in competition with the Company in the market for ____________ in ____________ [53]

2. For an existing shareholder, this obligation exists for a period of two years after exit if the Company remains in business. [54]

3. The shareholders may decide on exceptions to this non-competition clause through unanimous resolution, in particular if only one of the parent companies takes up a competitive activity. [55]

4. If a shareholder is in breach of the non-competition clause pursuant to para. 1 during his tenure with the Company, this constitutes good cause for excluding him from the Company. After being excluded from the Company, the excluded shareholder shall pay a contractual penalty of ____________ (in words: ____________ Euros) to the Company for each breach of the non-competition clause. The right to seek claims for damages or injunctive relief shall remain unaffected by the exclusion from the Company or the payment of the contractual penalty. [56]

Section 16 Formation Expenses [57]

Costs associated with the formation of the Company (notary costs, court costs and publication costs as well as any costs for legal and/or tax advice in connection with the formation) shall be borne by the Company up to a total amount of ____________ €. Formation expenses exceeding this amount shall be borne by the founding shareholders at the ratio of their shareholdings.

Section 17 Final provisions [58]

1. Should any provision of these Articles of Association or any future provision adopted in them be or become invalid or unenforceable in part or in whole, this shall not affect the legal validity of the remaining provisions. In such a case, the parties

are obliged, through amendment of the Articles of Association, to replace the invalid or unenforceable provision with a valid and enforceable provision that most closely fulfills the intent and purpose of the invalid or unenforceable provision. In case any unintentional gaps should be discovered in these Articles of Association, the parties are obliged to close the unintentional gaps by agreeing upon supplementary provisions to the Articles of Association, which according to the intent and purpose of this shareholder agreement, they would have intended and agreed upon from the beginning, had they considered the item affected by the gap already upon concluding the Articles of Association. If the deficiency affects essential components of the Articles of Association, such a resolution is to be agreed as specified by Section 53 para. 2 German Limited Liability Company Act (GmbHG).

2. All agreements affecting the relationship between shareholders or between the Company and the shareholders require the written form for their validity, to the extent that notarial attestation is not mandatory by law. This also applies to any waiver of the written form requirement.

3. The agreement is subject to the law of the Federal Republic of Germany.

4. The jurisdiction and place of performance for all obligations arising from this agreement is the Company's registered office, to the extent that no other registered office exists.

Erläuterungen

Literatur: *Michalski/Heidinger/Leible/J. Schmidt*, GmbH-Gesetz, 3. Auflage 2017; *Priester*, Aktuelle Gestaltungsfragen bei GmbH-Verträgen, DStR 1992, 254; *Schulte/Sieger*, »Russian Roulette« und »Texan Shoot Out« – Zur Gestaltung von radikalen Ausstiegsklauseln in Gesellschaftsverträgen von Joint-Venture-Gesellschaften (GmbH und GmbH & Co. KG) NZG 2005, 24 ff.; *Theurer*, Zur Nichtigkeit von kartellrechtswidrigen Personengesellschaften, BB 2013, 137 ff.; *Valdini/Koch*, Die missbräuchliche Verwendung von Russian-Roulette-Klauseln, GWR 2016, 179 ff.; Wenz, Der Begriff der Kontrolle im europäischen und deutschen Fusionskontrollrecht, 2007; *Willms/Bicker*, Shoot-Out – der wirksame Ausstieg aus einem paritätischen Joint Venture, BB 2014, 1347; *von Rechenberg/Ludwig*, Kölner Handbuch Handels- und Gesellschaftsrecht, 4. Aufl. 2017.

623 **1.** Dazu Muster A 18 (Rdn. A 241).

624 **2.** Die Gründung von oder der Beitritt zu einem Gemeinschaftsunternehmen hat häufig auch eine kartellrechtliche Dimension. Dies gilt sowohl unter dem Gesichtspunkt der europäischen (vgl. VO 139/2004) oder nationalen Fusionskontrolle (§§ 35 ff. GWB), als auch unter dem Aspekt des Kartellverbots (Art. 1 Abs. 1 AEUV bzw. § 1 GWB).

625 Die europäische Fusionskontrollverordnung (VO 139/2004 FKVO) ist anwendbar, wenn die in Art. 1 der FKVO niedergelegten Schwellenwerte überschritten werden und ein Zusammenschluss im Sinne von Art. 3 FKVO vorliegt. Im Hinblick auf Gemeinschaftsunternehmen ist dies nur dann der Fall, wenn das Gemeinschaftsunternehmen von mehreren Gesellschaftern jeweils mitkontrolliert (Art. 3 Abs. 1 lit. b) FKVO) wird und es sich um ein sogenanntes Vollfunktionsgemeinschaftsunternehmen handelt. Die für die Anwendung der FKVO notwendige Mitkontrolle kann sich zum einen aus der Beteiligungsquote (insbesondere bei einem paritätisch Gemeinschaftsunternehmen), als auch aus der Einräumung von Vetorechten bezüglich wichtiger Entscheidungen ergeben (vgl. dazu näher *Wenz*, S. 122 ff.). Nach der Praxis der Europäischen Kommission ist dies insbesondere dann der Fall, wenn ein Gesellschafter über Vetorechte hinsichtlich der Bestellung der Geschäftsführer, der Entscheidung über die Entscheidung des Budgets und der Investitionsplanung verfügt (vgl. konsolidierte Mitteilung der Kommission zu Zuständigkeitsfragen 2009/C 43/09, Rn. 65 ff.) Die Vollfunktionalität ist dann gegeben, wenn das Gemeinschafts-

unternehmen auf Dauer alle Funktionen einer selbstständigen, wirtschaftlichen Einheit erfüllt (Art. 3 Abs. 4 FKVO).

Unterliegt ein Vorhaben – sei es weil die Schwellenwerte für die Anwendung der FKVO nicht erreicht werden oder kein Zusammenschluss im Sinne des Art. 3 FKVO vorliegt – nicht der europäischen Fusionskontrolle, kommt immer die Anwendung nationaler Fusionskontrollregime in Betracht. Die §§ 35 ff. GWB sind dann anwendbar, wenn (1) ein Zusammenschlusstatbestand im Sinne des § 37 Abs. 1 GWB vorliegt, (2) die Schwellenwerte des § 35 Abs. 1 GWB überschritten werden und (3) keine Ausnahmen im Sinne von § 35 Abs. 2 vorliegen. Im Hinblick auf Gemeinschaftsunternehmen ist zu berücksichtigen, dass das deutsche Fusionskontrollrecht für seine Anwendbarkeit weder eine Vollfunktionalität noch den Erwerb einer (Mit-)Kontrolle durch die Gesellschafter verlangt. Entsprechend können auch der Erwerb von Minderheitsbeteiligungen über 25 % der Stimmrechte oder Anteile (§ 37 Abs. 1 Nr. 3 lit. b) GWB) sowie der Erwerb eines wettbewerblich erheblichen Einflusses bei Beteiligungsquoten von weniger als 25 % (§ 37 Abs. 1 Nr. 4 GWB) der deutschen Fusionskontrollpflicht unterliegen. 626

Neben der europäischen und nationalen Fusionskontrolle ist bei Gemeinschaftsunternehmen immer auch die Anwendbarkeit des Kartellverbots (Art. 101 Abs. 1 AEUV bzw. § 1 GWB) zu berücksichtigen. Kartellrechtlich besonders problematisch ist die Situation, wenn neben dem Gemeinschaftsunternehmen die jeweiligen Mütterunternehmen auf demselben sachlich und räumlich relevanten Markt des Gemeinschaftsunternehmens tätig bleiben. In diesem Fall besteht das Risiko, dass das Gemeinschaftsunternehmen als »Scharnier« zwischen den Mütterunternehmen wirkt und die Mütter auf diese Weise ihre jeweiligen Interessen untereinander koordinieren. Solche Konstellationen werden nach der Praxis und Rechtsprechung als kartellrechtswidrig eingestuft (vgl. WuW/E BGH 2169 – Mischwerke, BGH WuW/E DE-R 711 – Ost-Fleisch). 627

Kartellrechtliche Relevanz haben auch Wettbewerbsbeschränkungen zu Lasten des Gemeinschaftsunternehmens und/oder zu Lasten einzelner Gesellschafter. Insoweit ist auf die Ausführungen zum Wettbewerbsverbot (siehe Anmerkungen Nr. 52 ff.) zu verweisen. 628

Durch die Entscheidung des Bundesgerichtshofes in der Angelegenheit Nord-KS (BGH, Beschl. v. 04.03.2008, Az. KVZ 55/07) ist die höchstrichterliche Rechtsprechung zu diesem Thema noch weiter verdichtet worden. Das Bundeskartellamt hat seine ursprünglich in der Sektoruntersuchung Walzasphalt entwickelte Einteilung von Gemeinschaftsunternehmen nach Typen (Typ-A, B 1, B 2, B 3 und C) auch im Bericht zur Sektoruntersuchung »Zement und Transportbeton« aufgegriffen. Nach Auffassung des Bundeskartellamts liegt ein Typ A Gemeinschaftsunternehmen vor, wenn mindestens zwei Gesellschafter und das GU auf ein und demselben sachlichen und räumlichen Markt tätig sind (BKartA, Sektoruntersuchung Zement und Transportbeton, Bericht gem. § 32e GWB 2017, Rn. 507 ff.). Diese Fälle unterliegen nach Auffassung des Bundeskartellamts der Regelvermutung eines Kartellverstoßes. Die Verträge dieser Gesellschaften sind von der Nichtigkeitsfolge des Kartellverbotes bedroht, wobei die unmittelbare Nichtigkeitsfolge nur für Personalgesellschaften gelten soll (vgl. *Theurer* BB 2013, S. 137 ff.). 629

Daneben gibt es Typ B 1 – Fälle, wenn beispielsweise mindestens zwei Gesellschafter neben dem Gemeinschaftsunternehmen über Beteiligungsgesellschaften auf dem sachlich und räumlich relevanten Markt tätig sind, aber nur ein Gesellschafter eine dieser Beteiligungsgesellschaften beherrscht. Ist nur ein Gesellschafter auf demselben räumlichen Markt wie das GU tätig und ist mindestens ein weiterer Gesellschafter nur auf einem räumlich eng benachbarten Markt aktiv, liegt ein Typ-B 2 Fall vor. Sind mindestens zwei GU-Gesellschafter zwar nicht auf dem konkreten Markt des GU oder einem räumlich eng benachbarten Markt tätig, treffen sie aber zusätzlich in anderen räumlichen Märkten als Wettbewerber aufeinander, handelt es sich um einen Typ-B 3 Fall (vgl. jüngst den Bericht zur Sektoruntersuchung Zement und Transportbeton, Rn. 507 ff.). Daneben gibt es noch so genannte Typ C Fälle, wenn Wettbewerbsbeschränkungen durch Informationsflüsse zwischen dem Gemeinschaftsunternehmen und einzelnen oder mehreren Gesellschaftern denkbar sind (sogenannte Typ C Fälle, Rn. 194 des Berichts zur Sektoruntersuchung Walzasphalt). Für die 630

Typ B und C-Fälle gilt zwar die Regelvermutung der Rechtsprechung nicht. Gleichwohl können in diesen Fällen Kartellverstöße angenommen werden (vgl. Rn. 182 ff. des Berichts zur Sektoruntersuchung Walzasphalt).

631 Im Ergebnis bedeutet diese weitreichende Auslegung des Kartellverbotes durch das Bundeskartellamt, dass in aller Regel im Zusammenhang mit der Gründung von Gemeinschaftsunternehmen ein besonderes Augenmerk auf die mögliche Verletzung des Kartellverbotes gerichtet werden muss. Bestehende und neu gegründete Gemeinschaftsunternehmen können gegen das Kartellverbot verstoßen, wenn die Mütterunternehmen auf demselben sachlich relevanten Markt, auf vor- oder nachgelagerten Märkten – wenn auch auf anderen räumlich relevanten Märkten – (noch) tätig sind. Ein Kartellverstoß kann nur dann sicher ausgeschlossen werden, wenn die Mütterunternehmen ihr gesamtes Geschäft in dem Gemeinschaftsunternehmen konzentrieren. In allen Fällen, in denen dies nicht geschieht, ist zu empfehlen, ein kartellrechtliches Selbsteinschätzungsverfahren im Zusammenhang mit der Gründung eines Gemeinschaftsunternehmens durchzuführen.

632 Das Bundeskartellamt kann Gemeinschaftsunternehmen, die gegen das Kartellverbot verstoßen, mit einem Betätigungsverbot belegen, § 32 Abs. 2 GWB (siehe hierzu: Bundeskartellamt, Beschl. v. 12.11.2012 – B3–19/08). Eine solche gegen das Gemeinschaftsunternehmen gerichtete Maßnahme kann einschneidender als ein Bußgeldverfahren sein.

633 **3.** Dazu Muster A 22 (Rdn. A 494).

634 **4.** Dazu Muster A 18 (Rdn. A 242 f.).

635 **5.** Dazu Muster A 18 (Rdn. A 244).

636 **6.** Dazu Muster A 18 (Rdn. A 272).

637 **7.** Dazu Muster A 19 (Rdn. A 246).

638 **8.** Dazu Muster A 18 (Rdn. A 247).

639 **9.** Dazu Muster A 18 (Rdn. A 248).

640 **10.** Dazu Muster A 18 (Rdn. A 250 f.).

641 **11.** Dazu Muster A 18 (Rdn. A 251).

642 **12.** Dazu Muster A 18 (Rdn. A 251).

643 **13.** Dazu Muster A 18 (Rdn. A 253).

644 **14.** Dazu Muster A 18 (Rdn. A 254).

645 **15.** Dazu Muster A 18 (Rdn. A 255).

646 **16.** Dazu Muster A 18 (Rdn. A 256). Beträgt das Stammkapital nur 25.000 €, reicht die Einzahlung von einem Viertel der jeweiligen Einlageverpflichtung der Gesellschafter nicht aus, um die Mindestsumme von 12.500 € zu erreichen (vgl. von Rechenberg/Ludwig/*Fehrenbacher* 13. Kap. Rn. 101).

647 **17.** Dazu Muster A 18 (Rdn. A 258 ff.). Bei einem Gemeinschaftsunternehmen sind Gesellschafterwechsel besonders bedeutsam, da sich die Gesellschafter gerade den anderen Gesellschafter ausgesucht haben, um das Gemeinschaftsunternehmen zu gründen und zu betreiben. Deshalb besteht das praktische Bedürfnis, bei der Verfügung über Geschäftsanteile des einen Gesellschafters für den jeweils anderen Gesellschafter entweder eine Übernahme- oder eine Mitwirkungsmöglichkeit bei der Auswahl bzw. dem Eintritt eines neuen Gesellschafters vorzusehen.

648 **18.** Eine Auflistung der Gesellschaftsorgane ist nicht vorgeschrieben oder zwingend erforderlich. Sie ist in jedem Fall dann entbehrlich, wenn die GmbH ohnehin nur über die für die GmbH obligatorischen Organe der Geschäftsführung und der Gesellschafterversammlung verfügt. Sieht die Gesellschaft jedoch ausnahmsweise weitere Organe vor (wie vorliegend den Aufsichtsrat), kann eine

entsprechende Auflistung der Übersichtlichkeit dienen. Zwingend ist sie jedoch auch in diesem Fall nicht. Sinnvoll ist die Einrichtung eines Aufsichtsrates bzw. Beirates in einem Gemeinschaftsunternehmen, um einen notwendigen Interessenausgleich zwischen den Gesellschaftern vorzubereiten und um die Gesellschafterversammlung als »Eskalationsstufe« zum Aufsichtsrat zu gestalten.

19. Im Gegensatz zur Aktiengesellschaft ist nach dem gesetzlichen Leitbild der GmbH kein Aufsichtsrat vorgesehen. Eine Verpflichtung zur Bestellung eines Aufsichtsrates kann sich aus dem Mitbestimmungsrecht ergeben. Bei Gesellschaften mit mehr als 500 Beschäftigten ist ein Aufsichtsrat gemäß § 1 Drittelbeteiligungsgesetz bzw. bei mehr als 2000 Beschäftigten gemäß § 1 Mitbestimmungsgesetz obligatorisch. Darüber hinaus sind das Montan-Mitbestimmungsgesetz, das Mitbestimmungsergänzungsgesetz, das Mitbestimmungsgesetz bei einer grenzüberschreitenden Verschmelzung sowie das Kapitalanlagegesetzbuch zu berücksichtigen (vgl. näher Baumbach/Hueck/*Zöllner/Noack,* § 52, Rn. 7 ff.). 649

Soweit das Mitbestimmungsrecht keine gesetzliche Pflicht zur Errichtung begründet, kann der Gesellschaftsvertrag gemäß § 52 GmbHG fakultativ einen Aufsichtsrat vorsehen. Für diesen gelten gemäß § 52 Abs. 1 GmbHG die dort genannten Vorschriften des Aktiengesetzes, soweit im Gesellschaftsvertrag der GmbH keine abweichenden Regelungen getroffen werden, entsprechend. Im Falle eines fakultativen Aufsichtsrates kann dieser durch den Gesellschaftsvertrag relativ frei ausgestaltet und im Hinblick auf Anzahl der Mitglieder, Aufgaben und Befugnisse etc. an die jeweiligen Bedürfnisse der Gesellschaft angepasst werden. Den Gesellschaftern steht es dabei auch frei, im Gesellschaftsvertrag andere vergleichbare Gremien zu bestimmen, z.B. einen Beirat oder einen Verwaltungsrat (Baumbach/Hueck/*Zöllner,* § 45, Rn. 17; von Rechenberg/Ludwig/*von Wedel* 13. Kap. Rn. 1257. Die Aufgaben und Kompetenzen dieser Organe sind durch Regelungen im Gesellschaftsvertrag zu bestimmen, bzw. falls entsprechende Regelungen fehlen, durch Auslegung zu ermitteln (Baumbach/Hueck/*Zöllner,* § 45, Rn. 19). Die in der Satzung einer GmbH vorgesehene Möglichkeit, einen Beirat mit einfacher Stimmenmehrheit einzurichten, kann nicht verwirkt werden (OLG München NZG 2012, 1184, nachgehend BGH v. 09.07.2013 – II ZR 284/12, Nichtzulassungsbeschwerde zurückgewiesen.). Zum fakultativen Aufsichtsrat siehe auch Muster C 15 (Rdn. C 104 ff.) mit den zugehörigen Erläuterungen. 650

20. Dazu Muster A 19 (Rdn. A 286). Die paritätische Beteiligung der Gesellschafter wird in der Praxis häufig durch eine entsprechende Anzahl von Geschäftsführern zum Ausdruck gebracht. Dies ist nicht zwingend, aber üblich. Eine paritätische Besetzung der Geschäftsführung birgt jedoch das Risiko der Entscheidungsblockade oder von Patt-Situationen. Eine solche Patt-Situation sollte nach Möglichkeit vermieden werden. Denkbar wäre eine Regelung in der Geschäftsordnung der Geschäftsführer, dass im Falle einer Entscheidungsblockade die Geschäftsführer verpflichtet sind, diese Frage zur Entscheidung dem Aufsichtsrat oder Beirat der Gesellschaft vorzulegen (siehe auch nachfolgend Anmerkung 22 (Rdn. A 653)). 651

21. Dazu Muster A 19 (Rdn. A 287). 652

22. Zur Auflösung von Patt-Situationen zwischen den Geschäftsführern über Geschäftsführungsmaßnahmen sind mehrere Lösungsvarianten möglich. Man kann den Kompetenzkonflikt entweder sachlich oder zeitlich auflösen oder dadurch lösen, dass die Entscheidungskompetenz einem anderen Gesellschaftsorgan zugewiesen wird. Den Kompetenzkonflikt in zeitlicher Hinsicht könnte man dadurch lösen, dass man die Geschäftsführer im Turnus mit einer vorrangigen Entscheidungsmacht ausstattet. Dieses Modell hat zwar den Vorteil besonders klar zu sein, ist aber mit dem Nachteil verbunden, dass dem jeweiligen Geschäftsführer ein deutliches Übergewicht in der Geschäftsführung zuerkannt wird. Praktisch empfiehlt sich daher der sachliche Lösungsansatz, wonach den Geschäftsführern verschiedene Geschäftsbereiche zugewiesen werden. Innerhalb dieser zugewiesenen Geschäftsbereiche kommt dem jeweiligen Geschäftsführer die Entscheidungskompetenz zu. Die Details dieser sachlichen Zuordnung werden üblicherweise in einer Geschäftsordnung für die Geschäftsführung geregelt. Wenn eine Geschäftsordnung vorgesehen ist, sollte im Gesellschaftsvertrag geregelt werden, wer die Geschäftsordnung erlässt. Üblicherweise fällt diese Aufgabe in die Kompetenz der Gesellschafterversammlung. Die dritte Variante zur Lösung von Patt-Situationen 653 ist die Zuweisung der Entscheidungskompetenz an ein anderes Gesellschaftsorgan. Dafür kommt nach der Kompetenzordnung des GmbHG zunächst die Gesellschafterversammlung in Betracht. Bei Gemeinschaftsunternehmen verhält es sich häufig so, dass die Gesellschafter des Gemeinschaftsunternehmens ihrerseits Gesellschaften sind. Die Gesellschafter hätten daher in die Gesellschafterversammlung des Gemeinschaftsunternehmens jeweils Mitglieder ihrer Vertretungsorgane oder von diesen Bevollmächtigte zu entsenden. Das kann je nach Rechtsform und Größe des jeweiligen Gesellschafters durchaus praktisch problematisch sein. Zur Lösung dieser Frage bietet sich daher die Bestellung eines Aufsichtsrates an. Diesem Ansatz folgt das vorliegende Muster.

654 Im vorliegenden Muster nicht vorgesehen, aber als Alternative oder ergänzende Regelung zur Lösung von dauerhaften Patt-Situationen in einer paritätischen Joint-Venture GmbH durchaus denkbar, wäre auch die Aufnahme einer *»Russian-Roulette-Klausel«*. Dabei handelt es sich allgemein formuliert um eine Klausel, nach der jeder Gesellschafter berechtigt ist, dem jeweils anderen Gesellschafter seine Gesellschaftsbeteiligung unter Nennung eines konkreten Preises zum Ankauf anzubieten, und die zugleich vorsieht, dass der Empfänger des Angebots im Falle der Nichtannahme des Angebots seinerseits verpflichtet ist, seine Gesellschaftsbeteiligung unverzüglich an den anbietenden Gesellschafter zu dem gleichen Kaufpreis zu verkaufen und abzutreten (vgl. *Willms/Bicker*, BB 2014, 1347 ff., zur Wirksamkeit einer Russian-Roulette-Klausel OLG Nürnberg, NZG 2014, 222, zu den Möglichkeiten des Mißbrauchs *Valdini/Koch*, Die missbräuchliche Verwendung von Russian-Roulette-Klauseln, GWR 2016, 179 ff.).

655 Als Variante der *»Russian-Roulette-Klauseln«* sind auch so genannte *»Texan Shoot-Out«*-Klauseln verbreitet. Dabei handelt es sich um Klauseln, nach denen jeder Gesellschafter berechtigt ist, dem jeweils anderen den Ankauf von dessen Gesellschaftsbeteiligung zu einem bestimmten Preis anzubieten, und die zugleich vorsehen, dass der Empfänger des Angebots im Falle der Nichtannahme des Angebots verpflichtet ist, seinerseits ein noch höheres Gegenangebot für den Ankauf der Gesellschaftsbeteiligung des ersten Gesellschafters zu unterbreiten, das dieser wiederum nur bei Abgabe eines noch höheren Gegen-Kaufangebots ablehnen darf (zu den einzelnen Gestaltungmöglichkeiten vgl. etwa *Willms/Bicker*, BB 2014, 1347 ff. m.w.N.). Derartige aus der anglo-amerikanischen Kautelarpraxis übernommene Klauseln werden von der Rechtsprechung zumindest bei einer zweigliedrigen GmbH mit paritätisch beteiligten Gesellschaftern nicht als per se unwirksame Hinauskündigungsklauseln angesehen, sondern als zulässige Regelungen, mit denen sich »Deadlock« Blockaden in der GmbH durch einen Ausstieg sachgerecht lösen lassen (vgl. insoweit etwa OLG Nürnberg NZG 2014, 222 ff., *Valdini/Koch*, Die missbräuchliche Verwendung von Russian-Roulette-Klauseln, GWR 2016, 179 ff., *Schulte, Sieger*, »Russian Roulette« und »Texan Shoot Out« – Zur Gestaltung von radikalen Ausstiegsklauseln in Gesellschaftsverträgen von Joint-Venture-Gesellschaften (GmbH und GmbH & Co. KG) NZG 2005, 24 ff, *Sosnitza*, Michalski/Heidinger/Leible/J. Schmidt, § 34 Rn. 76).

656 Von der Rechtsprechung ebenfalls als zulässig angesehen werden Klauseln, die im Zusammenhang mit *»Russian-Roulette-Klauseln«* eine Beendigung der Anstellungsverhältnisse des ausscheidenden Gesellschafters und dessen Verpflichtung zur Niederlegung seiner Ämter in der Gesellschaft anordnen (vgl. auch insoweit ausdrücklich OLG Nürnberg a.a.O.). Das vorliegende Muster beschränkt sich jedoch darauf, Patt-Situation durch die Einschaltung des Aufsichtsrats zu lösen; zwingend ist dies aber nicht.

657 **23.** Dazu Muster A 19 (Rdn. A 289).

658 **24.** Dazu Muster A 18 (Rdn. A 262).

659 **25.** Dazu Muster A 19 (Rdn. A 292).

660 **26.** Dazu Muster A 19 (Rdn. A 293).

661 **27.** Dazu Muster A 19 (Rdn. A 294).

28. Dazu Muster A 19 (Rdn. A 295). Die Regelung in dem vorliegenden Gesellschaftsvertrag dient lediglich der Klarstellung. 662

29. Dazu Muster A 19 (Rdn. A 296). 663

30. Dazu Muster A 19 (Rdn. A 297). 664

31. Dazu Muster A 19 (Rdn. A 298). 665

32. Dazu Muster A 19 (Rdn. A 299). Das vorliegende Muster sieht die Besonderheit des mit lediglich zwei Gesellschaftern paritätisch besetzten Gemeinschaftsunternehmens vor. In diesem Fall ist es empfehlenswert, die Beschlussfähigkeit der Gesellschafterversammlung an die Präsenz beider Gesellschafter zu knüpfen. 666

33. Zur Auflösung einer möglichen Blockade durch einen Gesellschafter, sieht der Gesellschaftsvertrag die Möglichkeit einer erneuten Einberufung der Gesellschafterversammlung vor. Es ist zu empfehlen, die zweite Gesellschafterversammlung zeitnah einzuberufen. Zudem ist zwingend der Hinweis in der Ladung aufzunehmen, dass die Gesellschafterversammlung in diesem Fall auch ohne den anderen Gesellschafter Entscheidungen treffen kann. 667

34. Dazu Muster A 19 (Rdn. A 300). 668

35. Dazu Muster A 19 (Rdn. A 302). Der vorliegende Gesellschaftsvertrag eines Gemeinschaftsunternehmens mit nur zwei Gesellschaftern sieht das Einstimmigkeitserfordernis für Beschlüsse der Gesellschafterversammlung vor. Mehrheitsbeschlüsse kommen bereits wegen der Parität nicht in Betracht, es sei denn die Gesellschafter wären berechtigt, ihr Stimmrecht unterschiedlich auszuüben. Voraussetzung hierfür wäre, dass die Gesellschafter mindestens zwei Geschäftsanteile halten. Die Zweckmäßigkeit einer solchen Regelung dürfte indes höchst fraglich sein (vgl. hierzu allgemein Muster A 19 (Rdn. A 301)). Das Einstimmigkeitserfordernis führt jedoch in der Praxis regelmäßig zu Patt-Situationen. Es empfiehlt sich daher, in dem Gesellschaftsvertrag bereits einen Lösungsmechanismus zur Überwindung solcher Patt-Situationen vorzusehen, siehe § 11 Nr. 6 (Muster A 25 (Rdn. A 672) sowie Rdn. A 653 – A 656). 669

36. Die Frage, welche Beschlussgegenstände der Gesellschafterversammlung – über die gesetzlich zwingenden hinaus – zugewiesen werden sollen, ist bei einem Gemeinschaftsunternehmen sehr sorgfältig abzuwägen, insbesondere wenn auch ein Aufsichtsrat vorhanden ist. Geht man davon aus, dass der Aufsichtsrat das organisatorisch einfacher handhabbare Gesellschaftsorgan ist, empfiehlt es sich, dem Aufsichtsrat möglichst alle Kompetenzen zu übertragen, die nicht zwingend der Gesellschafterversammlung zuzuweisen sind. 670

37. Zur Regelung der inneren Ordnung des Aufsichtsrates bietet sich der Erlass einer Geschäftsordnung an. Dafür zuständig ist die Gesellschafterversammlung. 671

38. Zur Vermeidung einer Blockade und zur Sicherung der Handlungsfähigkeit des Gemeinschaftsunternehmens im Fall einer 50:50 Beteiligung zweier Gesellschafter an dem Gemeinschaftsunternehmen, bedarf es im Gesellschaftsvertrag eine Regelung für die »Patt-Situationen«. Für den Fall, dass keine Entscheidung gefunden werden kann, wird diese vorliegend, soweit gesetzlich zulässig, dem Aufsichtsrat übertragen. Zu aggressiveren Möglichkeiten der Lösung von Patt-Situationen siehe Rdn. A 653 – A 656. 672

39. Dazu Muster A 19 (Rdn. A 304). 673

40. Dazu Muster A 19 (Rdn. A 306). 674

41. Dazu Muster A 19 (Rdn. A 307). 675

42. Gemäß § 52 Abs. 1 GmbHG können die Gesellschafter die Regelungsmechanismen für den Aufsichtsrat im Gesellschaftsvertrag weitgehend frei gestalten (von Rechenberg/Ludwig/*von Wedel* 13. Kap. Rn. 1150; vgl. im Einzelnen Roth/Altmeppen/*Altmeppen* § 52 Rn. 2 ff.). Soweit der Gesellschaftsvertrag keine Regelung enthält, sind die in § 52 Abs. 1 GmbHG im Einzelnen aufgeführ- 676 ten Bestimmungen des AktG entsprechend anzuwenden. Im vorliegenden Fall soll der Aufsichtsrat aufgrund der besonderen Situation eines paritätischen Gemeinschaftsunternehmens insbesondere die Lösung von Patt-Situationen in der Gesellschafterversammlung übernehmen. Die Anzahl der Mitglieder und deren Amtszeit kann in dem Gesellschaftsvertrag weitgehend frei bestimmt werden. Es empfiehlt sich jedoch, im Gesellschaftsvertrag eine feste Amtszeit festzulegen (von Rechenberg/Ludwig/*von Wedel* 13. Kap. Rn. 1165; Lutter/Hommelhoff/*Lutter* § 52 Rn. 8).

677 **43.** Der Gesellschaftsvertrag sieht in Anlehnung an § 101 Abs. 3 AktG die Möglichkeit der Bestellung eines Ersatzmitglieds für den Fall des Ausscheidens eines Aufsichtsratsmitglieds vor Ablauf der im Gesellschaftsvertrag bestimmten Amtszeit vor.

678 **44.** Das Formular geht davon aus, dass sich die Mitglieder des Aufsichtsrates jährlich erneut auf einen Vorsitzenden bzw. Stellvertreter einigen und der Vorsitzende bei Stimmengleichheit eine Zusatzstimme hat. So sollen mögliche Patt-Situationen, die aufgrund der in dem Formular vorgesehenen Anzahl von vier Mitgliedern möglich sind, vermieden werden. Mit der jährlichen Neubestimmung verbindet sich die Erwartung, dass sich die von den jeweiligen Gesellschaftern paritätisch bestellten Aufsichtsratsmitglieder bei der Bestimmung des Vorsitzenden abwechseln und so einen zeitlichen Interessenausgleich schaffen. Möglicherweise bietet es sich zusätzlich an, die turnusmäßige Bestimmung des Vorsitzenden bzw. seines Stellvertreters, in regelmäßiger Abwechslung der Gesellschafter (1. Jahr: Gesellschafter A, 2. Jahr: Gesellschafter B, 3. Jahr: Gesellschafter A, 4. Jahr: Gesellschafter B) explizit vorzuschreiben, z.B. in dem den Gesellschaftsvertrag überwölbenden Joint-Venture-Vertrag.

679 **45.** Jedes Aufsichtsratsmitglied hat aufgrund seiner Bestellung und der dadurch übernommenen Verpflichtung zur Amtserfüllung Anspruch auf Ersatz der notwendigen Aufwendungen gemäß § 670 BGB (von Rechenberg/Ludwig/*von Wedel* 13. Kap. Rn. 1173; a.A. *Lutter*/Hommelhoff § 52 Rn. 70, der Ersatz von Aufwendungen gemäß §§ 670, 675 BGB nur in Einzelfällen zulässt). In Bezug auf die Vergütung für die Mitglieder des Aufsichtsrates kann analog § 113 Abs. 1 AktG für ihre Tätigkeit eine Vergütung gewährt werden (Roth/Altmeppen/*Altmeppen* § 52 Rn. 16). Zwingend ist dies jedoch nicht. Nach der herrschenden Meinung ist eine Vergütung geschuldet, wenn Dritte, also Nichtgesellschafter, in den Aufsichtsrat einer wirtschaftlich tätigen GmbH berufen werden (von Rechenberg/Ludwig/*von Wedel* 13. Kap. Rn. 1172). In jedem Fall soll sie in einem angemessenen Verhältnis zu den Aufgaben der Aufsichtsratsmitglieder und zur Lage der Gesellschaft stehen.

680 **46.** Dazu Muster A 19 (Rdn. A 310).

681 **47.** Dazu Muster A 19 (Rdn. A 311).

682 **48.** Dazu Muster A 19 (Rdn. A 312 ff.). Die vorgesehene einstimmige Entscheidung ist der besonderen Konstellation des Gemeinschaftsunternehmens mit zwei gleichberechtigten Gesellschaftern geschuldet. Allerdings besteht bei einem Einstimmigkeitserfordernis stets die Gefahr, dass die Gesellschafter keine Entscheidung herbeiführen können. Aus diesem Grund sieht der Gesellschaftsvertrag für den Fall einer Patt-Situation auch für die Entscheidung über die Verwendung des Bilanzgewinns die Übertragung der Entscheidung auf den Aufsichtsrat vor.

683 **49.** Zu Kündigungsregelungen vgl. Muster A 19 (Rdn. A 313 ff.) sowie Muster J 7 (Rdn. J 42 ff.).

684 **50.** Mit dem Ausschluss der Kündigungsmöglichkeit der Gesellschafter bis zu einem individuell zu bestimmenden Zeitpunkt soll sichergestellt werden, dass der durch den Zusammenschluss bzw. die Gründung des Gemeinschaftsunternehmens beabsichtigte Zweck erfüllt werden kann.

685 **51.** Als Folge der Kündigung eines Gesellschafters kann der Gesellschaftsvertrag entweder die Auflösung oder die Fortsetzung der Gesellschaft vorsehen. Die im Formular vorgesehene Regelung, dass die Kündigung durch einen der Gesellschafter die Auflösung der Gesellschaft zur Folge hat, ist daher nicht zwingend. Gerade im Fall eines Gemeinschaftsunternehmens mit zwei Gesellschaftern kann jedoch in der Praxis die Kündigung eines Gesellschafters oftmals dazu führen, dass eine Fort-

setzung der Gesellschaft (ggf. mit einem neuen Gesellschafter) nicht gewollt ist, da der ursprüngliche Zweck des bewussten Zusammenschlusses mit dem jeweils anderen Gesellschafter dadurch nicht mehr gewahrt ist. Selbstverständlich kann im Einzelfall auch eine Fortsetzung der Gesellschaft vorgesehen werden. Entscheidend ist allein, dass die (voraussichtlichen) Bedürfnisse ausdrücklich im Gesellschaftsvertrag festgeschrieben werden, um Unklarheiten über die Folgen der Kündigung zu vermeiden.

52. Dazu Muster A 20 (Rdn. A 403 ff.). Bei Gemeinschaftsunternehmen ist ergänzend zu beachten, dass nur konzentrative, d.h. unabhängig von den Muttergesellschaften und nicht im Wettbewerb zu ihnen alle Funktionen eines Vollunternehmens ausübende Gemeinschaftsunternehmen als kartellrechtsneutral gelten können. Bei kooperativen Gemeinschaftsunternehmen, die ihre Geschäftstätigkeit auf demselben sachlichen Markt wie die im Wettbewerb stehenden Muttergesellschaften erbringen, ist die Vereinbarung eines Wettbewerbsverbots nur zulässig, wenn es infolge eines geringen gemeinsamen Marktanteils an der Spürbarkeit der Wettbewerbsbeschränkung fehlt oder eine Freistellung vom Kartellverbot gemäß § 2 GWB bzw. Art. 101 Abs. 3 AEUV in Betracht kommt. Allerdings erscheint in den übrigen Fällen eine Aufnahme eines Wettbewerbsverbotes wegen der neuerlichen Einschätzung der deutschen Kartellbehörde (siehe oben Anmerkung 2 (Rdn. A 629 ff.)) geradezu geboten, um die Aufnahme einer zum Gemeinschaftsunternehmen konkurrierenden Tätigkeit zu verhindern. 686

53. Dazu Muster A 20 (Rdn. A 405). 687

54. Dazu Muster A 20 (Rdn. A 406). 688

55. Im vorliegenden Fall eines Gemeinschaftsunternehmens mit zwei gleichberechtigten Gesellschaftern bedarf die Zulassung von Ausnahmen vom Wettbewerbsverbot eines einstimmigen Gesellschafterbeschlusses, mithin der Zustimmung des jeweils anderen Gesellschafters. Aus kartellrechtlichen Gründen kann es im Einzelfall möglich sein, dass nur eins der Mütterunternehmen eine konkurrierende Tätigkeit aufnimmt. Soweit beide Mütterunternehmen eine konkurrierende Tätigkeit aufnehmen, kann dies erhebliche kartellrechtliche Probleme auslösen (siehe Anmerkung 2 (Rdn. A 629 ff.)). Zur Vorbereitung eines solchen weitgehenden Beschlusses ist auf jeden Fall eine kartellrechtliche Selbsteinschätzung zu empfehlen. 689

56. Dazu Muster A 20 (Rdn. A 408). 690

57. Dazu Muster A 18 (Rdn. A 263). 691

58. Dazu Muster A 19 (Rdn. A 340). 692

VI. Zweigniederlassung

25. Handelsregisteranmeldung einer Zweigniederlassung einer inländischen GmbH

Vorbemerkung

Der Begriff der Zweigniederlassung ist vom Gesetzgeber nicht definiert, sondern wird von den §§ 13 ff. HGB vorausgesetzt. Bei einer Zweigniederlassung handelt es sich um einen rechtlich unselbstständigen Teil des Gesamtunternehmens ohne eigene Rechtspersönlichkeit. Um als Zweigniederlassung anerkannt werden zu können, muss dieser Unternehmensteil den Unternehmenszielen des Kaufmanns bzw. der Gesellschaft (nachfolgend auch: Hauptniederlassung) dienen, wobei das Geschäft der Zweigniederlassung in wirtschaftlicher Hinsicht durchaus größer und bedeutsamer sein darf als das der Hauptniederlassung. In tatsächlicher Hinsicht muss die Zweigniederlassung sich nach dem Gesamtbild in räumlicher, sachlicher, organisatorischer und personeller Hinsicht als eine selbstständige Organisationseinheit darstellen, von 693 der aus *dauerhaft* selbstständig Geschäfte abgeschlossen werden (Ebenroth/Boujong/*Pentz* § 13 Rn. 22). Erforderlich ist hierfür zunächst eine räumliche Trennung von dem Geschäftslokal der Hauptniederlassung (so zuletzt OLG Düsseldorf, Urt. v. 28.10.2008 – 18 U 36/08, NZG 2009, 314, 315). Dies schließt allerdings nicht aus, dass eine Zweigniederlassung in derselben Stadt oder Gemeinde errichtet werden kann, in der die GmbH ihren Sitz bzw. ihr Geschäftslokal hat (allg. Ansicht, siehe Baumbach/Hopt/*Hopt* § 13 Rn. 3 m.w.N.). Weiter muss der Zweigniederlassung in sachlicher, organisatorischer und personeller Hinsicht eine gewisse auf Dauer angelegte Selbstständigkeit zukommen. Sachlich ist hierzu eine ausreichende Ausstattung mit eigenen Betriebsmitteln erforderlich und damit die interne Zuweisung eines gesonderten Teils des Betriebsvermögens (Ebenroth/Boujong/*Pentz* § 13 Rn. 25, a.A. *Krafka/Kühn* Rn. 293). Typischerweise wird eine Zweigniederlassung auch ein eigenes Bankkonto haben. Begriffsnotwendig für eine Zweigniederlassung ist dies indessen nicht (*K. Schmidt*, Handelsrecht, 5. Aufl., § 4 III 2a). An der früher vertretenen Auffassung, dass die Zweigniederlassung über eine eigene Buchführung verfügen muss, ist angesichts der heute weitgehend üblichen Zentralisierung der Buchhaltung bei der Hauptniederlassung nicht mehr festzuhalten. Erforderlich ist indessen, dass Zahlungsein- und -ausgänge, welche die Zweigniederlassung betreffen, in einem eigenen Buchungskreis erfasst werden und so gesondert ausweisbar sind (BayObLG, Beschl. v. 11.05.1979 – BReg 1 Z 21/79, GmbHR 1979, 251 = BB 1980, 335). In organisatorischer Hinsicht ist zur Abgrenzung von unselbstständigen Unternehmensteilen wie reinen Produktionsstätten, Warenlagern, Empfangs- und Auslieferungsstellen oder bloßen Verkaufsstellen erforderlich, dass von der Zweigniederlassung nicht nur untergeordnete Hilfs- oder Ausführungsgeschäfte getätigt werden, sondern sachlich gleichartige Geschäfte wie bei der Hauptniederlassung, wobei nicht notwendig ist, dass die Zweigniederlassung auf allen Geschäftsfeldern der Hauptniederlassung tätig ist. Es reicht, dass sie einen Ausschnitt von den Geschäften tätigt, welche die Gesellschaft (Hauptniederlassung) ausführt (*Krafka/Kühn* Rn. 292; Lutter/Hommelhoff/*Bayer* Anh. zu § 4a, Rn. 2, OLG Thüringen, Beschl. v. 22.04.1999 – 6W 209/99, GmbHR 1999, 822, 883 zu der Anmeldung einer inländischen Zweigniederlassung einer polnischen GmbH). Schließlich ist in personeller Hinsicht für eine Zweigniederlassung kennzeichnend, dass dort Personal unter einem im Wesentlichen zu selbstständigem Handeln befugten Leiter beschäftigt ist. Hierzu wird dem oder den Leitern der Zweigniederlassung in der Regel Prokura, zumindest aber Handlungsvollmacht erteilt. Insgesamt muss der als Zweigniederlassung eingerichtete Unternehmensteil so ausgestattet sein, dass er, wenn er von der Hauptniederlassung abgespalten würde, ohne wesentliche Änderungen eigenständig fortbestehen könnte (BayObLG, Beschl. v. 11.05.1979 – BReg 1 Z 21/79, GmbHR 1979, 251 = BB 1980, 335).

694 Die Eintragung der Zweigniederlassung erfolgt seit Inkrafttreten des EHUG zum 1. Januar 2007 nur noch bei dem Handelsregister am Sitz der Gesellschaft (Hauptniederlassung). § 13 HGB wurde auf Vorschlag des Rechtsausschusses entsprechend geändert (BT-Drucks. 16/2781). Seitdem werden sämtliche die Gesellschaft betreffenden Eintragungen einschließlich der Angaben für errichtete Zweigniederlassungen ausschließlich bei dem Registergericht der Gesellschaft vorgenommen. Bis Ende 2006 erfolgte eine Doppeleintragung. Bei dem für den Ort der Zweigniederlassung zuständigen Registergericht wurde ein eigenständiges Registerblatt geführt, in das die für die Zweigniederlassung maßgeblichen Tatsachen eingetragen wurden. Anschließend wurde im Register der Gesellschaft (Hauptniederlassung) auf diese Eintragung unter Angabe des Registergerichts der Zweigniederlassung, deren HRB Nummer und, soweit sich die Firma der Zweigniederlassung von der der Gesellschaft unterschied, deren Firma verwiesen (§ 13 Abs. 1 u. 4 HGB a.F.). Damit waren in der Regel zwei verschiedene Registergerichte mit jeweils eigener Prüfungskompetenz mit der Anmeldung befasst. Hierbei kam es nicht selten zu einer unterschiedlichen rechtlichen Beurteilung der Anmeldung und zu Abstimmungsproblemen zwischen den beteiligten Registergerichten bei der Frage, ob die o.g. Voraussetzungen für eine Zweigniederlassung erfüllt waren. Mit der Neuregelung durch das EHUG wurden diese Schwierigkeiten beseitigt und das Verfahren zur Eintragung von Zweigniederlassungen insgesamt vereinfacht und beschleunigt. Die zuvor für Zweigniederlassungen

bei dem Gericht der Zweigniederlassung angelegten Registerblätter waren mit Inkrafttreten des EHUG zum 1. Januar 2007 zu schließen und wurden hierbei von Amts wegen mit dem Vermerk versehen, dass die Eintragungen zu der jeweiligen Zweigniederlassung ab dem 1. Januar 2007 nur noch bei dem Registergericht der Hauptniederlassung (bei einer GmbH bei dessen Sitzgericht) geführt werden, Art. 61 Abs. 6 EGHGB.

Muster

Anmeldung der Errichtung [1] einer inländischen [2] Zweigniederlassung einer GmbH 695

An das

Amtsgericht ____________ [3]

Handelsregister

____

HRB ____________

____________ GmbH

Errichtung einer Zweigniederlassung

Zur Eintragung in das Handelsregister melde ich als einzelvertretungsberechtigter Geschäftsführer/melden wir als gemeinsam vertretungsberechtigte Geschäftsführer [4] die Errichtung einer Zweigniederlassung der Gesellschaft in ____________ unter der Firma [5] ____________ GmbH Zweigniederlassung ____________ zur Eintragung an.

Die inländische Geschäftsanschrift der Zweigniederlassung lautet: [Straße], [PLZ, Ort].

Dies ist auch die Lage der Geschäftsräume der Zweigniederlassung. [6]

Herrn/Frau ____________, geboren am ____________, wohnhaft in ____________, wurde Einzelprokura [6a] erteilt. Die Prokura ist auf den Betrieb der Zweigniederlassung beschränkt. [7]

(Ggf.: Erweiterung der Prokura auf Grundstücksgeschäfte sowie Befreiung von den Beschränkungen des § 181 BGB) [7a].

Die Prokura des/der bereits eingetragenen Prokuristen/in ____________ ist fortan auf die Vertretung der Hauptniederlassung beschränkt. [8]

Die inländische Geschäftsanschrift der Hauptniederlassung lautet unverändert [Straße], [PLZ, Ort]. Hier befinden sich auch weiterhin ihre Geschäftsräume. [9]

____________, den ____________

[Unterschrift des/der Geschäftsführer[s]]

UR-Nr. ____________

(notarieller Beglaubigungsvermerk) [10]

____________, den ____________

[Unterschrift Notar]

Template

696 **Local Court of ______________**

Commercial Register -

HRB ___________

___________ GmbH

Establishment of a Branch Office

In my/our capacity as a managing director with the power to represent the company alone/as managing directors with the power to represent the company jointly I/we apply for entry into the Commercial Register the establishment of a branch office in ___________ with the name

(Firma) _______________ GmbH Zweigniederlassung.

The domestic business adress of the branch office is:

[street] ___________,

[postal code, place] ___________.

This is also the location of the branch office. [6]

Individual power of procuration (general commercial power to represent the company alone) has been conferred to

Mr./Mrs. ___________,

born on ___________,

place of residence: ___________

His/her power of representation is limited to the branch´s business. [7]

The procuration of the already registered procurator Mr./Mrs. ___________ is from now on limited to the business of the company at its main office. [8]

The English wording of this application is for information purposes only. In the case of any differences or inconsistencies between the English and the German wording the German version prevails.

[date of signature] ___________

[signature of director/s] ___________

Notarial Deed No. ___________

(Certification of signature/s by the notary) [10, 11, 12]

[date] ___________

[signature of notary] ___________

Erläuterungen

Literatur: *Blasche*, Zweigniederlassungen in- und ausländischer Kapitalgesellschaften, GWR 2012, 169 ff.; *Dirksen/Volkers*, Die Firma der Zweigniederlassung von AG und GmbH, BB 1993, 598–600; *Krafka/Kühn*, Rn. 268 ff. sowie 289 ff.; *Lutter/Hommelhoff/Bayer*, GmbHG, Anhang zu § 4a; *Voigt*, Das Handelsrecht der Zweigniederlassung, Nomos 2010.

697 **1. Errichtung der Zweigniederlassung:** Die Errichtung der Zweigniederlassung ist ebenso wie deren Verlegung und Aufhebung ein tatsächlicher Vorgang. Die nachfolgende Eintragung in

das Handelsregister hat nur deklaratorische Wirkung. Zu der Errichtung zählt alles, was konkret zur Eröffnung des Geschäftsbetriebs der Zweigniederlassung erforderlich ist, sei es, dass ein neuer Geschäftsbetrieb eingerichtet wird, sei es, dass ein bereits bestehender Geschäftsbetrieb von einem anderen Unternehmen erworben wird. Die Zweigniederlassung ist errichtet und damit existent, wenn die für ihr Bestehen erforderlichen organisatorischen Maßnahmen getroffen sind. Hierzu muss ein Geschäftslokal bestehen, das zum Betrieb der Zweigniederlassung erforderliche Personal muss vorhanden sein und die Zweigniederlassung muss mit den für ihren Betrieb notwendigen Betriebsmitteln ausgestattet sein (Ebenroth/Boujong/Joost/Strohn/*Pentz* § 13 Rn. 35). Die Betriebseröffnung selbst ist nach ganz überwiegender Meinung nicht erforderlich, so dass die Anmeldung auch bereits vor der Eröffnung des Geschäftsbetriebs der Zweigniederlassung erfolgen kann (MüKo HGB/*Krafka* § 13 Rn. 16; Hachenburg/Ulmer/*Ulmer* 8. Aufl. 1991, § 12a.F. Rn. 10; zur Zweigniederlassung einer Aktiengesellschaft: Hüffer/*Koch* Anh. § 45 zu § 13 HGB, Rn. 7; so jetzt auch Baumbach/Hopt/*Hopt* § 13 Rn. 10). Die Aufnahme einer nach außen gerichteten Tätigkeit muss allerdings beabsichtigt sein.

Die Errichtung der Zweigniederlassung stellt eine Maßnahme der Geschäftsführung dar. Auch 698
wenn häufig in dem Gesellschaftsvertrag bestimmt ist, dass die Gesellschaft Zweigniederlassungen errichten kann, bedarf es einer derartigen Ermächtigung in der Satzung grundsätzlich nicht. Etwas anderes gilt allerdings dann, wenn die Zweigniederlassung unter einer völlig anderen Firma geführt werden soll (siehe unten Anmerkung 5, Rdn. A 705 ff.).

Für die Entscheidung darüber, ob eine Zweigniederlassung errichtet werden soll, ist die Geschäfts- 699
führung zuständig. Es handelt sich nicht um ein Grundlagengeschäft, das in die Zuständigkeit der Gesellschafter fällt und für das die Geschäftsführung zuvor die Zustimmung der Gesellschafterversammlung einholen muss (Baumbach/Hopt/*Hopt* § 13 Rn. 6; MünchHdBGesR III/*Freitag/Riemenschneider* § 11 Rn. 14; BayObLG, Beschl. v. 19.03.1992 – 3Z BR 15/92, DNotZ 1993, 622 zu einer KGaA; a.A. offenbar *Krafka/Kühn* Rn. 296 sowie ausdrücklich – für die GmbH – Ebenroth/Boujong/Joost/Strohn/*Pentz* § 13 Rn. 33), es sei denn, durch eine entsprechende Regelung in dem Gesellschaftsvertrag ist die Entscheidung über die Errichtung von Zweigniederlassungen ausdrücklich der Gesellschafterversammlung vorbehalten. Bei einer solchen Satzungsbestimmung handelt es sich indessen um eine lediglich interne Beschränkung der nach außen hin grundsätzlich unbeschränkten Vertretungsmacht der Geschäftsführung, § 37 Abs. 2 GmbHG. Das Registergericht darf daher die Eintragung einer Zweigniederlassung nicht von dem Nachweis einer entsprechenden Zustimmung oder Genehmigung der Gesellschafterversammlung abhängig machen und die Vorlage eines entsprechenden Beschlusses der Gesellschafterversammlung anfordern.

2. nur inländische Zweigniederlassung: Es können nur inländische Zweigniederlassungen 700
der Gesellschaft in das Handelsregister eingetragen werden, Zweigniederlassungen, die eine deutsche GmbH im Ausland hält, dagegen nicht. Die Errichtung einer ausländischen Zweigniederlassung ist nach den am ausländischen Niederlassungsort geltenden Vorschriften bei der dort zuständigen Registerstelle (Gericht/Behörde) anzumelden, soweit das dortige Recht eine Anmeldung und Eintragung zulässt. Eine Eintragung der ausländischen Zweigniederlassung (auch) in das hiesige Registerblatt der Hauptniederlassung bei dem für die Gesellschaft zuständigen inländischen Handelsregister mag zwar wünschenswert sein (so ausdrücklich *Krafka/Kühn* Rn. 289), ist jedoch de lege lata unzulässig. Es fehlt hierzu die entsprechende gesetzliche Grundlage. Die §§ 13 ff. HGB regeln nur die Eintragung inländischer Niederlassungen. Die Errichtung einer ausländischen Zweigniederlassung einer inländischen GmbH ist damit weder eintragungspflichtig noch eintragungsfähig (allg. Meinung, siehe Ebenroth/Boujong/*Pentz* § 13, Rn. 48; Baumbach/Hopt/*Hopt* § 13 Rn. 11; LG Köln, Beschl. v. 19.01.1979 – 29 T 1/79, DB 1979, 984 sowie zuletzt OLG Düsseldorf, Beschl. v. 26.10.2009 – I-3 Wx 142/09, NZG 2009, 1355 = FGPrax 2010, 85).

3. zuständiges Gericht: Die Anmeldung ist an das Amtsgericht zu richten, bei dem die Gesell- 701
schaft (Hauptniederlassung) im Register eingetragen ist (Sitzgericht). Die Errichtung der Zweigniederlassung wird nur noch in dieses Handelsregister eingetragen. Bei dem für den Ort der Zweigniederlassung zuständigen Registergericht erfolgt seit 2007 aufgrund der Änderung von § 13 HGB durch das EHUG keine Eintragung mehr.

702 **4. Anmeldepflicht/Anmeldungspflichtiger:** Sobald eine Zweigniederlassung errichtet ist, ist sie zum Handelsregister anzumelden. Anmeldepflichtig ist die Geschäftsführung, welche die Anmeldung durch den bzw. die Geschäftsführer der Gesellschaft in vertretungsberechtigter Anzahl vorzunehmen hat. Lässt der Gesellschaftsvertrag eine unechte Gesamtvertretung zu, kann die Anmeldung auch durch einen Geschäftsführer gemeinsam mit einem Prokuristen bewirkt werden. Dies ist indessen nur zulässig. wnn die Anmeldung nicht (auch) den mitwirkenden Prokuristen selbst betrifft (BayObLG, Beschl. v. 16.06.1973 – 2 Z 21/73 = NJW 1973 sowie OLG Frankfurt, Beschl. v. 28.02.2005 – 20 W 451/04, NZG 2005, 765, a.A. MüKo HGB/*Krebs* § 53 Rn. 10).

Allein, d.h. ohne Mitwirkung eines Geschäftsführers, sind Prokuristen nicht zur Anmeldung befugt, es sei denn ihnen ist von dem/den Geschäftsführer/n hierzu eine gesonderte Anmeldevollmacht in notariell beglaubigter Form erteilt.

703 **5. Firma:** Die Zweigniederlassung hat, soweit nicht Abweichendes angemeldet wird, als rechtlich unselbstständiger Teil des Gesamtunternehmens grundsätzlich keine eigene Firma. Ihre Firma ist mit der Firma der Gesellschaft identisch. Entsprechend dem Grundsatz der Firmeneinheit führt die Zweigniederlassung ihre Geschäfte unter derselben Firma wie die Hauptniederlassung. Eines Zusatzes in der Firma, mit dem darauf hingewiesen wird, dass es sich bei ihr lediglich um die Zweigniederlassung einer anderenorts eingetragenen Gesellschaft handelt, bedarf es nicht. Ändert die Gesellschaft ihre Firma, ändert sich dann auch automatisch die Firma der Zweigniederlassung. Einer besonderen Anmeldung zur Firmenänderung bei der Zweigniederlassung bedarf es in diesem Fall nicht.

704 In der Praxis wird indessen der Firma der Zweigniederlassung zumeist ein Filialzusatz hinzugefügt. Das bloße Hinzufügen der Bezeichnung »Zweigniederlassung« allein genügt allerdings nicht, vielmehr ist ein weiterer Zusatz erforderlich (Baumbach/Hopt/*Hopt* § 13 Rn. 7). Häufig wird ein örtlicher Filialzusatz gewählt, der auf den Ort, die Region, das Bundesland etc. verweist, in dem die Niederlassung errichtet wird bzw. für das sie zuständig sein soll, wie z.B. XY GmbH Niederlassung München, XY GmbH Filiale Bayern oder XY GmbH Zweigniederlassung Süd.

705 Aus den §§ 30 Abs. 3, 50 Abs. 3 HGB folgt, dass die Zweigniederlassung auch eine von der Firma der Gesellschaft gänzlich abweichende selbstständige Firma erhalten *kann*. Wenn an dem Ort oder der Gemeinde, in der die Zweigniederlassung errichtet werden soll, bereits eine gleiche oder verwechselungsfähige Firma besteht und bei dem zuständigen Handels- oder das Genossenschaftsregister eingetragen ist, so *muss* die Zweigniederlassung eine von der Hauptniederlassungsfirma abweichende selbstständige Firma erhalten. Dies gilt auch dann, wenn die am Ort der Zweigniederlassung bestehende Firma jünger ist als die gleiche oder verwechselungsfähige Firma der Gesellschaft/Hauptniederlassung (Baumbach/Hopt/*Hopt* § 30 Rn. 6).

706 Die Verwendung einer selbstständigen Firma kommt ansonsten insbesondere dann in Betracht, wenn die Gesellschaft ein anderes Unternehmen erworben hat und dessen Geschäft unter dessen Firma durch eine Zweigniederlassung fortführen will. Ebenso kann bei einer Verschmelzung das Bedürfnis bestehen, den Geschäftsbetrieb des übertragenen Rechtsträgers nunmehr in Form einer Zweigniederlassung unter der bei Kunden und Lieferanten eingeführten bisherigen Firma weiterzuführen. Während die Rechtsprechung des Reichsgerichts und das frühere Schrifttum eine solche Firmenbildung ablehnten und nur Zusätze zu der Firma der Hauptniederlassung erlaubten, wird heute eine auch vom dem Firmenkern der Hauptniederlassung gänzlich abweichende Firma der Zweigniederlassung allgemein als zulässig angesehen (Baumbach/Hopt/*Hopt* § 13 Rn. 7, Ebenroth/Boujong/Joost/Strohn/*Pentz* § 13 Rn. 27, *Krafka/Kühn* Rn. 270; BayObLG, Beschl. v. 19.03.1992 – 3Z BR 15/92, DNotZ 1993, 622 mit ausführlichen Hinweisen zur älteren Rechtsprechung sowie früherem Schrifttum). Da eine GmbH grundsätzlich nicht mehrere selbstständige Firmen führen darf, muss die Firma der Zweigniederlassung dann aber einen (erweiterten) Filialzusatz erhalten, der die Zugehörigkeit der Zweigniederlassung zu der Gesellschaft erkennen lässt und auf deren Rechtsform hinweist. Erwirbt z.B. die XY GmbH das unter der Firma ABC Lampenwerk e.K. geführte Einzelunternehmen, so

kann sie dessen Betrieb als Zweigniederlassung unter der Firma »ABC Lampenwerk, Niederlassung der XY GmbH« fortführen.

Soll für die Zweigniederlassung eine völlig selbstständige Firma gebildet werden, bedarf es hierzu einer Regelung in der Satzung (h.m.; a.A. Lutter/Hommelhoff/*Bayer*, Anhang § 4a Rn. 3). Denn es ist grundsätzlich Aufgabe der Gesellschafter, durch eine entsprechende Regelung im Gesellschaftsvertrag festzulegen, unter welcher Firma die Gesellschaft im Verkehr auftritt. Wird allerdings – wie in dem vorstehenden Beispiel – der abweichenden Firma der Zweigniederlassung die Firma der Gesellschaft (Hauptniederlassung) nicht nur hinsichtlich des Firmenkerns, sondern ***vollständig*** hinzugefügt, so muss nach Auffassung des BayObLG die (genaue) Firma der Zweigniederlassung nicht in die Satzung aufgenommen sein. In diesem Fall soll eine Satzungsbestimmung des Inhalts genügen, dass die Gesellschaft Zweigniederlassungen errichten darf, die den Zusatz »Zweigniederlassung der … GmbH (vollständige Firma der Gesellschaft)« enthalten. Eine solche Satzungsbestimmung bildet dann eine ausreichende Ermächtigung zur abschließenden Firmenbildung der Zweigniederlassung durch die Geschäftsführung (BayObLG, Beschl. v. 01.06.1995 – 3 Z BR 123/95, NJW-RR 1995, 1370; so auch *Dirksen/Volkers*, BB 1993, 598, 560). 707

6. Anschrift der Zweigniederlassung: Nach § 13 Abs. 1 HGB ist die inländische Geschäftsanschrift der Zweigniederlassung anzumelden. Die Anmeldung muss die vollständige (Zustellungs-) Anschrift mit Postleitzahl, Ortsangabe, Straßennamen und Hausnummer enthalten. 708

Da auch bei einer inländischen Zweigniederlassung Geschäftsanschrift und Lage der Geschäftsräume von einander abweichen können, ist neben der Zustellungsanschrift gemäß § 24 Abs. 2 und 3 HRV weiter anzugeben, wo sich ihre Geschäftsräume befinden.

7. Prokura/Filialprokura: Für die Zweigniederlassung können Prokuristen bestellt werden, deren Vertretungsbefugnis auf den Geschäftsbetrieb der Zweigniederlassung beschränkt ist (»Filialprokura«). Bestehen mehrere Zweigniederlassungen kann die »Filialprokura« für einzelne, mehrere oder auch alle Zweigniederlassungen erteilt werden. Die Beschränkung auf die Zweigniederlassung ist ausdrücklich in die Anmeldung aufzunehmen. Gegenüber Dritten ist diese Beschränkung der Vertretungsbefugnis nur wirksam, wenn sie im Handelsregister eingetragen ist, § 50 Abs. 3 HGB. Voraussetzung für die Erteilung einer Filialprokura ist allerdings, dass die Gesellschaft (Hauptniederlassung) und die Zweigniederlassung(en) unter verschiedenen Firmen betrieben werden, § 50 Abs. 3 HGB. Ausreichend hierfür ist, dass der Firma der Zweigniederlassung(en) ein Filialzusatz angefügt ist. Völlig unterschiedliche Firmen sind nicht erforderlich. Die Vertretungsmacht eines *Geschäftsführers* kann dagegen nicht auf den Betrieb einer oder mehrerer Niederlassungen beschränkt werden. 709

Dem Prokuristen kann zur Vertretung der Zweigniederlassung sowohl Einzel- als auch Gesamtprokura erteilt werden, § 49 Abs. 2 HGB. Zulässig ist weiter auch eine gemischte Gesamtvertretung des Prokuristen zusammen mit einem Geschäftsführer. Wird dem Prokuristen Einzelprokura erteilt, ist dies der Normalfall der Prokura. Daher besteht keine besondere Pflicht zur Anmeldung der alleinigen Vertretungsbefugnis. Da in das Handelsregister der Einzelprokurist mit einem vorangestellten Vermerk Einzelprokura eingetragen wird, empfiehlt sich indessen, um etwaige Nachfragen des Registergerichts zu der Anmeldung vorwegzunehmen, auch die Anmeldung entsprechend zu formulieren (so auch *Krafka/Kühn*, Rn. 347).

Der Umfang der Prokura erstreckt sich auf alle Geschäfte und Rechtshandlungen, die der Betrieb eines Handelsgeschäfts mit sich bringt, § 49 Abs. 1 HGB. Eine Ausnahme gilt für die Veräußerung und Belastung von Grundstücken. Zum Abschluss solcher Geschäfte ist ein Prokurist nur befugt, wenn ihm diese Befugnis besonders erteilt ist. Diese Befugnis ist bei entsprechender Ermächtigung zur Eintragung in das Handelsregister in die Anmeldung mit aufzunehmen.

Einer Namenszeichnung des Prokuristen bedarf es seit 2007 nicht mehr. An dem Anmeldeverfahren muss der Prokurist daher nicht mehr mitwirken.

710 **8. Beschränkung von Prokuren auf die Hauptniederlassung:** Die Vertretungsbefugnis eines Prokuristen ist Dritten gegenüber grundsätzlich unbeschränkbar, § 50 Abs. 1 HGB. Sie kann daher weder auf gewisse Vertretungsfälle noch auf gewisse Geschäfte (z.B. für bestimmte von der Gesellschaft gehandelte Waren) oder gewisse Arten von Geschäften (z.B. nur den Einkauf) beschränkt werden. Ihre Ausübung kann auch nicht nur für einzelne Orte erteilt werden. Die Vertretungsbefugnis eines bei der Gesellschaft eingetragenen Prokuristen erstreckt sich damit grundsätzlich auch auf alle Geschäfte der Zweigniederlassung. Hierzu bedarf es keiner besonderen Anmeldung und Eintragung.

Es ist jedoch bereits nach der Rechtsprechung bereits des Reichsgerichts zulässig, im Zusammenhang mit der Errichtung von Zweigniederlassungen die Prokura eines bereits bestellten und eingetragenen Prokuristen, wenn sie nicht auch für den Betrieb der Zweitniederlassung gelten soll, auf den Betrieb der Hauptniederlassung zu beschränken (siehe Staub/*Joost*, HGB § 50 Rn. 18 mit Nachweisen zur Rechtsprechung des Reichgerichts). Voraussetzung hierfür ist wie bei der Beschränkung einer Prokura auf den Betrieb der Zweigniederlassung, dass sich die Firmen von Haupt- und Zweigniederlassung unterscheiden. Eine entsprechende Beschränkung ist erst zulässig, wenn eine Zweigniederlassung errichtet wird. Sie kann nicht schon für den eventuellen Fall einer späteren Errichtung einer Zweigniederlassung vorsorglich ausgesprochen und zur Eintragung in das Register angemeldet werden. In der Anmeldung der Zweigniederlassung ist eine entsprechende Beschränkung dann indessen ausdrücklich anzumelden. Erfolgt die Beschränkung erst später, so ist sie unverzüglich nach Vornahme der Beschränkung zur Registereintragung anzumelden.

711 **9. Anschrift der Hauptniederlassung:** Gemäß § 24 Abs. 2 Satz 1 HRV ist bei (jeder) Anmeldung die Lage der Geschäftsräume anzugeben. Dies gilt nach Satz 2 indessen nicht, wenn die Lage der Geschäftsräume als inländische Geschäftsanschrift zur Eintragung in das Handelsregister angemeldet wird oder bereits in das Handelsregister eingetragen worden ist. Ist die Lage der Geschäftsräume der Hauptniederlassung unverändert, müsste sie vorliegend nicht in die Anmeldung aufgenommen werden. Es empfiehlt sich indessen diese Passage in das Muster für die Anmeldung der Zweigniederlassung zu übernehmen, damit bei einer etwaigen Änderung der Geschäftsanschrift oder der Lage der Geschäftsräume der Hauptniederlassung die entsprechende Angabe in der Anmeldung nicht vergessen wird.

712 **10. Form der Anmeldung:** Die Anmeldung der Zweigniederlassung bedarf wie jede Anmeldung zum Handelsregister gemäß § 12 Abs. 1 Satz 1 HGB der öffentlichen Beglaubigung. Seit dem 1. Januar 2007 (Inkrafttreten des EHUG) ist die Anmeldung zudem in elektronischer Form bei dem Registergericht einzureichen.

713 **11. Prüfung durch das Registergericht:** Das Sitzgericht prüft die Anmeldung dahin, ob diese formell ordnungsgemäß ist. In materieller Hinsicht ist die Prüfungsbefugnis des Registergerichts durch das EHUG beschränkt worden. Zu einer Prüfung, ob nach den tatsächlichen Gegebenheiten bei der angemeldeten Betriebsstätte von einer Zweigniederlassung ausgegangen werden kann, ist das Registergericht nicht mehr befugt. Es kann die Eintragung der Zweigniederlassung nach § 13 Abs. 2 Satz 2 HGB nur dann ablehnen, wenn eine Zweigniederlassung offensichtlich nicht errichtet ist.

714 **12. Rechtliche Wirkung der Eintragung:** Eingetragen wird die Zweigniederlassung in Spalte 2b) des Registerblatts. Die bloß deklaratorische Eintragung führt nicht zu einer eigenen Rechtspersönlichkeit der Zweigniederlassung, diese bleibt vielmehr rechtlich unselbstständiger Teil der Hauptniederlassung. Sie erwirbt auch keine Parteifähigkeit, auch wenn die Gesellschaft unter der Firma der Zweigniederlassung klagen und am Ort der Zweigniederlassung verklagt werden kann, § 21 ZPO.

715 **13. Kosten:** a) *Notargebühren*: Bereitet der Notar den Entwurf der Registeranmeldung vor und beglaubigt er sodann die Unterschrift des/der anmeldenden Geschäftsführer, entsteht eine 0,5 Gebühr für den Entwurf gemäß KV 24102 sowie eine 0,3 Gebühr (maximal € 250,00) für

die Erstellung der XML-Strukturdaten gemäß KV 22114. Beglaubigt der Notar hingegen nur die Unterschrift(en) unter einem Fremdentwurf, erhält er für die Unterschriftsbeglaubigung nur eine 0,2 Gebühr (maximal € 70,00) gemäß KV 25100. In diesem Fall erhöht sich die Vollzugsgebühr für die Erstellung der XML-Strukturdaten auf eine 0,6 Gebühr (Vorbemerkung KV 2.2.1.2.). Die Privilegierung der Anmeldung einer Zweigniederlassung nach § 41 Abs. 5 KostO wurde gestrichen. Anzusetzen ist der volle gewöhnliche Geschäftswert gemäß § 105 Abs. 4 Nr. 1 GNotKG (1 % des eingetragenen Stammkapitals der Gesellschaft, mindestens jedoch € 30.000,00, höchstens € 1,0 Mio.). Für die gleichzeitige Anmeldung einer Filialprokura bzw. die Beschränkung einer bereits für die Gesellschaft eingetragenen Prokura erhöht sich der Geschäftswert um jeweils weitere mindestens € 30.000,00 (§ 111Nr. 3 GNotKG). Hinzu kommen noch die üblichen Auslagenpauschalen nach KV-Nr. 3200 (Dokumentenpauschale Papier- und Daten) sowie KV-Nr. 32005 (Post- und Telekommunikationspauschale).

b) *Gerichtskosten:* Für die Eintragung der Zweigniederlassung entstehen unabhängig von dem Kapital der Gesellschaft Gebühren in Höhe von € 120,00 (GVHR Nr. 2220. Für die Eintragung eines Prokuristen sowie die Einschränkung einer bereits bestehenden Prokura fallen jeweils weitere € 40,00 an, § 2 Abs. 1 HRegGebV, GV Nr. 4000).

Werden Haupt- und Zweigniederlassung in einer Urkunde gemeinsam angemeldet, liegen verschiedene Tatsachen i.S.v. § 35 GNotKG vor. Die Geschäftswerte für die (erste) Anmeldung der Hauptniederlassung (§ 105 Abs. 1 und 3 GNotkG) sowie der Anmeldung der Zweigniederlassung (§ 105 Abs. 4) sind zu addieren.

26. Handelsregisteranmeldung der Zweigniederlassung einer ausländischen Kapitalgesellschaft (GmbH)

Vorbemerkung

Will ein ausländisches Unternehmen in der Bundesrepublik geschäftlich tätig werden, so kann es hierzu eine inländische Gesellschaft gründen in Form einer GmbH, einer Aktiengesellschaft oder ggf. auch einer Societas Europae (SE). Soll dagegen kein eigener Rechtsträger geschaffen werden, so ist eine inländische Zweigniederlassung zu errichten, für welche die §§ 13d bis 13g HGB gelten. 716

Diese Vorschriften finden auch Anwendung, wenn es sich bei der ausländischen Gesellschaft um eine sog. »Scheinauslandsgesellschaft« aus einem Staat der EU oder aus den USA handelt, die in ihrem Heimatstaat lediglich ordnungsgemäß gegründet wurde, dort aber weder einen Verwaltungssitz hat noch sonst geschäftlich tätig ist, sondern lediglich mit einen »registered office« gemeldet ist und ansonsten ausschließlich im deutschen Inland tätig ist. Aufgrund der Niederlassungsfreiheit nach Art. 49, 54 EUV finden auf diese Gesellschaften, auch wenn es sich bei ihrer inländischen Niederlassung faktisch um die Hauptniederlassung handelt, die Vorschriften für Zweigniederlassungen ausländischer Gesellschaften Anwendung. Zu den Nachteilen einer »Schein-Limited« siehe *Heckschen*/Heidinger, Kap. 1 Rn. 67–72. 717

Das nachstehende Muster und die Erläuterungen beschränken sich auf die Anmeldung der inländischen ZN einer ausländischen *GmbH*. Für die Anmeldung der ZN einer ausländischen *Aktiengesellschaft* gilt anstelle von § 13g HGB die Vorschrift des § 13f HGB mit den darin normierten besonderen Regelungen für die ZN einer Auslandsaktiengesellschaft. 718

Das Muster geht davon aus, dass es sich bei der ausländischen Gesellschaft um eine GmbH englischen Rechts (*private limited company* oder auch *private company limited by shares*) handelt, welche bei dem Companies House in Cardiff, dem Gesellschaftsregister für England und Wales, eingetragen ist. Die englische Limited war bisher in der deutschen Registerpraxis die am häufigsten anzutreffende ausländische Rechtsform, die auch den meisten gerichtlichen Entscheidungen zugrunde lag, welche bisher zu der Eintragung inländischer Zweigniederlassungen von Auslandsgesellschaften ergangen sind. 719

720 Muster

Amtsgericht ______ **– Handelsregister -** [Anschrift] [3]	**To** **the County Court of ______** **– Commercial Register –** [adress]
HRB (neu)	**HRB (new)**
Errichtung einer inländischen Zweigniederlassung [1] der XYZ ______ Ltd. mit Sitz in ______ [4a]	**Application for registration of a German branch for the YXZ ______ Ltd. with its registered office in**
Zur Eintragung in das Handelsregister wird angemeldet: [2]	
Die XYZ ______ Ltd. mit satzungsmäßigem Sitz in ______/Vereinigtes Königreich hat unter der Firma [4]	**The XYZ ______ Ltd. (the Company) with its registered office in ______/United Kingdom has established a German branch under the name**
XYZ ______ Ltd. (Germany)	**YXZ ______ Ltd. (Germany)**
eine Zweigniederlassung in [Ort] errichtet.	**in [name of the place].**
(Ggf. zusätzlich):	***(If necessary additionally):***
Weitere Zweigniederlassungen sind in [Ort] und [Ort] errichtet. [3b]) »Hauptzweigniederlassung« i.S.v. § 13e Abs. 5 HGB ist die Zweigniederlassung in ______)	***Further branch offices have been established in [place] and [place]. The »Head Office« of the domestic branch offices within the meaning of § 13 para. 5 HGB (German Commercial Code) is the domestic branch in ______)***
I. Angaben zu der ausländischen Gesellschaft:	**I. Information about the foreign company:**
1. Die Gesellschaft ist bei dem Companies House in Cardiff, dem Gesellschaftsregister für England und Wales, unter der Gesellschaftsnummer ______ eingetragen. Sie hat die Rechtsform einer Gesellschaft mit beschränkter Haftung (private company limited by shares) und unterliegt dem Recht von England und Wales. [4a])	**1. The Company is registered with the Companies House/Cardiff, the Company Register for England and Wales, under the Company Number ______ The company has the legal form of a private company limited by shares and is governed by the laws of England and Wales.**
2. Die Anschrift der Gesellschaft (registered office) lautet: [vollständige Anschrift]. [4b])	**2. The address of the Company (registered office) is: [complete address].**

3. **Der Gesellschaftsvertrag der Gesellschaft wurde geschlossen am ____________ und zuletzt geändert am ____________.** [4c]

(Ggf. zusätzlich: Die Ersteintragung der Gesellschaft erfolgte bei dem Companies House unter ihrer ursprünglichen Firma ____________ am ____________; die jetzige Firma wurde am ____________ bei dem Companies House registriert.)

Die Gesellschaft ist auf unbestimmte Zeit errichtet.[4d]

3. **The memorandum of association and the articles were adopted on ____________ and last amended on ____________. *(If necessary: The Company first was registered with the Companies House under the name ____________; the current name was registered with the Companies House on ____________)***

The Company is established for an indefinite period.

4. **Das nominelle Stammkapital (share capital) der Gesellschaft beträgt ____________ GBP.**

Hierauf sind bisher ____________ Anteile zu je 1,00 GBP, insgesamt damit Anteile in Höhe von ____________ GBP ausgegeben.[4e]

4. **The nominal share capital of the Company amounts to ____________ GBP. So far ____________ shares of GBP 1,00 each have been issued, adding up to a total issued share capital of ____________ GBP.**

5. **Sacheinlagen wurden bei der Gründung weder vereinbart noch geleistet.** [4 f)]

5. **Contributions in kind were neither agreed nor made at the time of formation.**

6. **Die Vertretung der Gesellschaft (abstrakte Vertretungsbefugnis)** [4g)] **ist wie folgt geregelt: Ist nur ein Geschäftsführer (director) bestellt, so vertritt er allein. Sind mehrere Geschäftsführer bestellt, so vertreten sie gemeinsam.**

6. **The representation of the Company (abstract power of representation) is governed by English law and is regulated as follows: If only one director is appointed, he shall represent the Company alone. If several directors are appointed, they shall represent the Company jointly.**

7. **Zu Geschäftsführern (directors) der Gesellschaft sind derzeit bestellt:** [4h), 5]

   a. **Herr** [Vorname, Zuname]**, geboren am ____________, wohnhaft in** [Wohnort]**;**

   b. **Frau** [Vorname, Zuname]**, geboren am** [Datum]**, wohnhaft in** [Wohnort]**.**

   Herr ____________ und Frau ____________ vertreten die Gesellschaft gemeinsam.

7. **The managing directors of the Company currently are:**

   a. **Mr.** [first name, surname]**, born on ____________, resident in ____________,**

   b. **Mrs.** [first name, surname]**, born on** [date]**, resident in** [place of residence]**.**

   Mr. ____________ and Mrs. ____________ have been authorized to represent the Company jointly.

II. Angaben zu der inländischen Zweigniederlassung:

1. **Die Firma der Zweigniederlassung lautet: XYZ __________ Ltd. (Germany).** [6a)]
2. **Gegenstand der Zweigniederlassung ist __________** [6b)]
3. ***Gegebenenfalls:***

   Der Geschäftsführer (director) __________ ist in Bezug auf Geschäfte der Zweigniederlassung alleinvertretungsbefugt. [6c)]
4. ***Gegebenenfalls***

   Zum ständigen Vertreter der Zweigniederlassung gemäß § 13e Abs. 2 Satz 5 Nr. 3 HGB wurde bestellt: [6d)] **Herr __[Vorname, Zuname]__, geboren am __[Datum]__, wohnhaft in __[Wohnort]__. Der ständige Vertreter vertritt die Zweigniederlassung in allen gerichtlichen und außergerichtlichen Angelegenheiten. Er vertritt allein und ist von den Beschränkungen des § 181 BGB befreit.** ***(Ggf. alternativ und/oder zusätzlich:***

   Bestellung von Prokuristen für die Zweigniederlassung nebst Angabe ihrer Vertretungsmacht, [6e)]

   Bestellung eines Empfangsberechtigten i.S.v. § 10 Abs. 2 Satz 2 HGB) [6 f)]
5. **Die inländische Geschäftsanschrift der Zweigniederlassung lautet:** [7]

   __[Straße, Hausnummer]__, __[Postleitzahl, Ort]__. Hier sind auch die Geschäftsräume der Zweigniederlassung belegen.

II. Information on the domestic German branch:

1. **The name of the branch is: XYZ __________ Ltd. (Germany).**
2. **The object of the branch is __________.**
3. ***If necessary:***

   In relation to the business of the domestic branch, the managing director Mr. __________ is authorized to solely represent the branch.
4. ***If necessary:***

   As a permanent representative of the branch in accordance with § 13e para. 2 sentence 5 no. 3 HGB (German Commercial Code) has been appointed: Mr. __[first name, surname]__, date of birth: __[date]__, resident in __________ The permanent representative has the power to represent the domestic branch in all judicial and non-judicial matters. He represents alone and is exempted from the restrictions on self-contracting according to § 181 BGB (German Civil Code). *(If necessary as an alternative or additionally:*

   appointment of procura-holder for the business of the domestic branch and indication of their power of representation,

   appointment of an authorized recipient according to § 10 para. 2 sentence 2 HGB (German Commercial Code)
5. **The branch's business domestic address is: __[street, number]__ __[zip code, city]__.**

   The business premises of the branch are also located there.

III. Versicherung der Geschäftsführer (directors): [8]

Jeder der unterzeichnenden Geschäftsführer versichert:

Es liegen keine Umstände vor, die nach § 13e Abs. 3 Satz 2 HGB i.V.m. § 6 Abs. 2 Sätze 2 und 3 GmbHG meiner Tätigkeit als Geschäftsführer (director) der Gesellschaft in Bezug auf die Zweigniederlassung entgegenstehen.

Ich unterliege keinem Einwilligungsvorbehalt nach § 1903 BGB.

Mir ist weder durch gerichtliches Urteil noch durch vollziehbare Entscheidung einer Verwaltungsbehörde die Ausübung eines Berufes, Berufszweiges, Gewerbes oder Gewerbezweiges untersagt.

Ich bin noch nie, weder im Inland (Deutschland) noch im Ausland, wegen einer vorsätzlichen Straftat verurteilt worden.

(Alternative:

Während der letzten fünf Jahre wurde ich nicht rechtskräftig verurteilt wegen einer oder mehrerer vorsätzlich begangener Straftaten

a) des Unterlassens der Stellung eines Insolvenzantrages (Insolvenzverschleppung, § 15a Abs. 4 InsO),

b) nach den §§ 283 bis 283d des Strafgesetzbuchs (Insolvenzstraftaten, Bankrott, schwerer Bankrott, Verletzung der Buchführungspflicht, Gläubiger- oder Schuldnerbegünstigung),

III. Affirmation of the managing directors:

Each of the managing directors affirms:

I affirm that no circumstances exist which would preclude my appointment as a director in relation to the domestic branch in accordance with § 13 e para. 3 sentencen2 HGB (German Commercial Code) in connection with § 6 para. 2 sent. 2 and 3 GmbHG (German Limited Liability Companies Act).

I am not subject to any reservation of consent according to § 1903 BGB (German Civil Code).

I am not prohibited on the basis of a court judgement or an enforceable decision issued by an administrative authority to exercise a profession, a part of profession, a trade or a branch of trade.

I have never been convicted of an intentional criminal offense, neither in Germany nor in another country.

(Alternative:

I have not been finally convicted of one or more intentional offenses within the last five years

a) of failure of filing an application for the opening of insolvency proceedings (delay in filing a petition in insolvency according to § 15a para. 4 InsO (German Insolvency Act),

b) pursuant to §§ 283 to 283d StGB (German Criminal Code; insolvency offences, bankruptcy, serious case of bankruptcy, violation of accounting obligations, preference of creditors or debtors),

c) wegen falscher Angaben nach § 82 GmbHG oder § 399 AktG,

d) wegen unrichtiger Darstellung nach § 400 AktG, § 331 HGB, § 313 UmwG oder § 17 PublG

e) zu einer Freiheitsstrafe von mindestens einem Jahr nach den § 263 StGB (Betrug), § 263a StGB (Computerbetrug), § 264 StGB (Subventionsbetrug), § 264a StGB (Kapitalanlagebetrug), § 265b StGB (Kreditbetrug), § 265c StGB (Sportbetrug), 265d StGB (Manipulation von berufssportlichen Wettbewerben), § 265e StGB (Besonders schwere Fälle des Sportwettbetrugs und der Manipulation von berufssportlichen Wettbewerben), § 266 StGB (Untreue) oder § 266a StGB (Vorenthalten und Veruntreuen von Arbeitsentgelt)

Auch im Ausland wurde ich nicht wegen einer Tat verurteilt, die mit einer der vorstehend genannten Taten vergleichbar ist.

Mir ist bekannt, dass die Fünfjahresfrist erst ab Rechtskraft einer etwaigen Verurteilung zu laufen beginnt und in diese Frist die Zeit, die ein Täter auf behördliche Anordnung in einer Anstalt verwahrt wird, nicht eingerechnet wird.)

Von dem beglaubigenden Notar/Konsularbeamten wurde ich (ggf. einfügen: schriftlich) über meine unbeschränkte Auskunftspflicht gegenüber dem Registergericht nach § 53 Abs. 2 BZRG sowie über die Strafbarkeit einer falschen Versicherung belehrt.

c) of giving incorrect information according to § 82 GmbHG or § 399 AktG (German Stock Corporation Act).

d) due to incorrect presentation in accordance with § 400 AktG, § 331 HGB, § 313 UmwG (German Transformation Act), § 17 PublG (German Disclosure Act).

e) to a prison sentence of at least one year in accordance with § 263 StGB (fraud), § 263a StGB (computer fraud), § 264 StGB (subsidy fraud), § 264a StGB (capital investment fraud), § 265b StGB (credit fraud),§ 265c StGB (sports betting fraud), § 265d StGB (manipulations of sports betting), § 265e StGB (manipulation of professional sports competitions), § 266 StGB (breach of trust) or § 266a StGB (withholding or embezzlement of employment remunerations).

I also have not been convicted abroad for an offense which is comparable to one of the above mentioned criminal offences.

I know that the time period of five years starts running at the date a sentence becomes final and that the time period is not included during which the delinquent is detained in an institution upon an official order.)

The acting notary/consular officer has instructed me about my unrestricted obligation to disclose information to the commercial register pursuant § 53 para. 2 BZRG (Federal Act on the German Central Criminal Register) and about the criminal liability of any false affirmation.

IV. Anlagen zur Anmeldung: [9]

Als Anlage sind der Anmeldung beigefügt:

Certificate of Incorporation,

Certificate of Change of Name,

Current Appointments Report,

Öffentlich beglaubigte Abschrift des aktuellen Gesellschaftsvertrags (memorandum of association und articles of association) nebst beglaubigter Übersetzung in die deutsche Sprache).

Beschluss der Gesellschafterversammlung/des Board of Directors vom __________ mit der Bestellung der Geschäftsführer sowie der Ermächtigung des Geschäftsführers __________ zur Einzelvertretung der Gesellschaft in Bezug auf die Zweigniederlassung sowie der Bestellung von Herrn __________ zum ständigen Vertreter mit der Bescheinigung des Secretary Mr. __________, dass dieser Beschluss weiterhin gültig ist.

IV. Attachments:

Attached are the following documents:

Certificate of Incorporation,

Certificate of Change of Name,

Current Appointments Report,

Certified copy of the current memorandum of association and articles of association with a certified German translation,

Certified copy of the minutes of the shareholders meeting/of the resolution of the board of directors referring to the appointment of directors and the scope of their representation and authorization of the director Mr. __________ to represent the company individually with respect to the German branch office and the appointment of Mr. __________ as a permanent representative with the certificate of the secretary Mr. __________ stating that this resolution continues to be valid.

V. Vollmacht: [10]

Die Mitarbeiter des amtierenden Notars Frau __________ und Herr __________ werden hiermit bevollmächtigt, und zwar jeder für sich allein und unter Befreiung von den Beschränkungen des § 181 BGB, alle noch mit der Eintragung der Zweigniederlassung zusammenhängenden Erklärungen abzugeben und entgegenzunehmen und insbesondere zur Erledigung von Verfügungen des Registergerichts Änderungen und Ergänzungen der Anmeldung vorzunehmen.

V. Power of Attorney:

The assistants of the acting notary Mrs __________ and Mr __________ are hereby authorized – each of them individually and with exemption from the restrictions of § 181 BGB – to make and receive all declarations in connection with the registration of the branch, in particular to make amendments and additions to the application in order to execute orders of the registry court.

Von dieser Vollmacht darf nur vor dem amtierenden Notar, seinen Sozien bzw. deren amtlich bestellten Notarvertretern Gebrauch gemacht werden. Die Vollmacht erlischt einen Monat nach der Eintragung der Zweigniederlassung im Handelsregister.

This power of attorney may only be exercised before the acting notary, his partners or his officially appointed notary representative.

The power of attorney expires one month after the branch office is entered in the commercial register.

VI.

Für den Fall der Abweichung zwischen dem deutschen und dem englischen Text dieser Anmeldung hat die deutsche Fassung Vorrang. [11]

In the event of discrepancies between the German and the English wordings of this application the German version shall prevail.

___________, den ___________

[Unterschriften *sämtlicher* Geschäftsführer]

[signatures of *all* directors]

[Beglaubigungsvermerk]

[notarial attestation]

Erläuterungen

Literatur: *Bischoff*, in: Kölner Handbuch Gesellschaftsrecht, Kapitel 6 Rn. B 21 ff.; *Blasche*, Zweigniederlassungen in- und ausländischer Kapitalgesellschaften, GWR 2012, 169; *Bönner*, Zweigniederlassungen ausländischer Gesellschaften in der notariellen Praxis, *RheinNotZ 2015, 253–275; Hoger*, Offene Rechtsfragen zur Eintragung der inländischen Zweigniederlassung einer Kapitalgesellschaft mit Sitz im Ausland, NZG 2015, 1219–1225; *Krafka/Kühn*, Registerrecht, 9. Aufl. Rn. 311–337; *Kögel*, Firmenbildung von Zweigniederlassungen in -und ausländischer Unternehmen, DRpfl 1993, 8–10; *Kühn/Krafka*, Die Handelsregistereintragung auf die Zweigniederlassung beschränkter Prokuren bei ausländischen Kapitalgesellschaften, NZG 2011, 209–210; *Niese*, Beteiligung ausländischer Gesellschaften im Registerverfahren, NotBZ 2015, 368–374; *Wachter*, Zweigniederlassungen von EU-Auslandgesellschaften im deutschen Handelsregister, in *Süß/Wachter*, Handbuch des internationalen GmbH-Rechts, 3. Aufl. 2016, § 2; *speziell zur Anmeldung der Zweigniederlassung einer englischen Limited: Deutscher Anwaltsverein*, Checkliste für die Anmeldung der Zweigniederlassung einer Limited (Ltd.) zum deutschen Handelsregister, AnwBl 2005, 54; *Heinz/Hartung, Die englische Limited*, 3. Aufl. 2011, 91–103; *Just*, Die englische Limited in der Praxis, 4. Aufl. 2012, *Leefedag* in: Süß/Wachter, Handbuch des internationalen GmbH-Rechts, 3. Aufl. 2016, 669–804; Lutter/Hommelhoff/*Bayer*, Anhang II zu § 4a; *Melchior*, Die englische Limited in der Praxis – zwei Jahre nach dem MoMiG. Juristische Eckdaten zu Gründung, Betrieb, Veränderungen und Löschung, AnwBl 2011, 20–22; *Klose-Mockroß*, Die Eintragung einer englischen »private limited company« in das deutsche Handelsregister, DStR 2005, 971 – 975 (Teil 1) und 1013 – 1018 (Teil 2); *Schäfer*, Das registerliche Verfahren betreffend die Zweigniederlassung einer »private limited company« nach englischem und walisischem Recht (Anmeldung und Eintragung), ZNotP 2007, 450–455; *Wachter*, Zweigniederlassungen englischer private limited companies im deutschen Handelsregister, ZNotP 2005, 122–145; *Wachter*, in: Süß/Wachter, Handbuch des internationalen GmbH-Rechts, 3. Aufl., § 2; *zu möglichen Auswirkungen des »BREXIT« auf englische Limiteds und etwaige Optionen für deren Gesellschafter: Bode/Bron*, Brexit als Risiko für die Anerkennung von Limited und LLP, GmbHR 9/2016, R129; *Marc Seeger*, Die Folgen des »Brexit« für die britische Limited mit Verwaltungssitz in Deutschland DStR 2016, 1817–1824; *Heckschen*, Der Brexit und ausgewählte gesellschaftsrechtliche Fragen aus deutscher Sicht, NotBZ 2017, 401; *Mäsch/Gausing*, Deutsche Ltd., PLC und LLP: Gesellschaften mit beschränkter Lebensdauer? – Folgen des Brexit für pseudo-englische Gesellschaften mit Verwaltungssitz in Deutschland, RPfl. 11/17, 601–608; *Weber/Seggewiße*, Auswirkungen eines britischen Austritts aus der Europäischen Union auf die in Deutschland tätigen Limiteds, GmbHR 2016, 1302–1304.

Das Registerverfahren für die Anmeldung und Eintragung einer inländischen Zweigniederlassung eines ausländischen Unternehmens ist in den §§ 13d bis 13g HGB geregelt. Die Regelungen beruhen weitgehend auf den Vorgaben der europäischen Zweigniederlassungsrichtlinie (RL 89/666/EWG, ABl Nr. L 395/36), welche bei der Auslegung vorrangig zu berücksichtigen ist (*Wachter*, Die GmbH nach MoMiG im internationalen Rechtsverkehr, Sonderheft GmbHR 2008, 80 ff., 87). 721

§ 13d HGB bildet hierbei die Grundnorm für alle Unternehmen und wird für Zweigniederlassungen von ausländischen Kapitalgesellschaften durch § 13e HGB und speziell für die GmbH weiter noch durch § 13g HGB ergänzt, während § 13f HGB ergänzende Sonderbestimmungen für die Zweigniederlassung einer ausländischen Aktiengesellschaft enthält. Für die registergerichtliche Behandlung muss die ausländische Kapitalgesellschaft damit einer dieser beiden deutschen Unternehmensformen zugeordnet werden. Soweit es um eine Kapitalgesellschaft aus einem EU-Mitgliedstaat geht, kann hierzu auf die Auflistungen in den gesellschaftsrechtlichen Harmonisierungsrichtlinien der EU zurückgegriffen werden, vgl. zuletzt in Art. 1 der 12. Richtlinie 89/667 vom 30.12.1989 (*»Einpersonenrichtlinie«* – ABl. Nr. L 395, S. 40). Danach ist die englische *»private company limited by shares«* als GmbH einzuordnen (so auch KG, Beschl. v. 18.11.2003 – 1 W 444/02, NJW-RR 2004, 331 = DNotZ 2004, 730). Bei einer Kapitalgesellschaft aus einem Drittstaat ist eine rechtsvergleichende Qualifizierung vorzunehmen, welche sich an den jeweils typenbestimmenden Merkmalen der AG bzw. GmbH orientiert (Oetker/*Preuß*, HGB § 13e Rn. 11, MüKo HGB/*Krafka*, § 13e Rn., 4KG). Kataloge dazu, welche Gesellschaften als AG bzw. als GmbH einzuordnen sind, finden sich z.B. bei Schmidt-Kessel/Leuthner/*Müther*, Handelsregisterrecht § 13f Rn. 8 und 14, § 13g Rn. 6 und 11 sowie in den einschlägigen Großkommentaren zum HGB, siehe z.B. Ebenroth/Boujong/Joost/Strohn/*Pentz*, § 13e Rn. 12–15; MüKo HGB/*Krafka*, § 13e Rn. 5 f.; nur für mit der deutschen GmbH vergleichbare ausländische Gesellschaften: Lutter/Hommelhoff/*Bayer* Anh. zu § 4a Rn. 9). 722

Gemäß § 13d Abs. 3 HGB werden Zweigniederlassungen ausländischer Gesellschaften im Inland registerrechtlich wie »Hauptniederlassungen« behandelt. Die Eintragung hat jedoch ausschließlich deklaratorische Wirkung (*Krafka/Kühn* Rn. 313 m.w.N. in Fn. 5). 723

Für das Registerverfahren gilt als lex fori das deutsche Registerrecht (OLG Hamm, Beschl. v. 12.02.2008 – 15 W 359/07, GmbHR 2008, 545–548 = NZG 2008, 949–951; *Krafka/Kühn* Rn. 312). Die Gerichtssprache ist nach § 184 GVG Deutsch. Dies bedeutet, dass zumindest alle Urkunden, welche Anträge und Erklärungen der Beteiligten enthalten, in deutscher Sprache abgefasst sein müssen (OLG Schleswig; Beschl. v. 13.12.2007 – 2 W 198/07, DNotZ 2008, 709–716 mit Anm. *Apfelbaum*). Zu der Frage, inwieweit auch zum Nachweis der Existenz und Vertretungsbefugnis der Gesellschaft mit der Anmeldung bei dem Registergericht einzureichende Dokumente mit einer Übersetzung vorgelegt werden müssen siehe unten Rdn. A 754 ff.). 724

1. Begriff der Zweigniederlassung/Errichtung/Anmeldepflicht: Zum Begriff der Zweigniederlassung siehe Muster A 25 Vorbemerkung Rdn. A 693; zu deren Errichtung siehe Muster A 25 Rdn. A 696 ff.). 725

Die Errichtung ist einer Zweigniederlassung einer ausländischen Kapitalgesellschaft ist ein tatsächlicher Vorgang, an den das deutsche Recht in § 13e Abs. 2 Satz 1 HGB die Verpflichtung zur Anmeldung anknüpft. Die Anmeldung kann von dem Registergericht allerdings nur gegenüber in Deutschland ansässigen Anmeldepflichtigen durch Androhung und Festsetzung von Zwangsgeld gemäß den §§ 14 HGB, 388 f. FamFG durchgesetzt werden. Aufgrund der territorialen Begrenzung von Zwangsmitteln ist eine Vollstreckung des verhängten Zwangsgelds gegen einen anmeldepflichtigen Geschäftsführer im Ausland nicht möglich, es sei denn, dass staatsvertragliche Vollstreckungsabkommen eine solche Vollstreckung im Ausland erlauben (siehe Staub/*Koch*, Großkomm. HGB § 13d Rn. 61). 726

727 Anders als bei der Anmeldung der Zweigniederlassung einer inländischen Gesellschaft hat das Registergericht bei Zweigniederlassungen ausländischer Kapitalgesellschaften die Anmeldung nicht nur formell zu prüfen, sondern auch sachlich festzustellen, ob die Zweigniederlassung im Inland tatsächlich errichtet ist (OLG Karlsruhe Beschl. v. 29.06.2010 – 11 Wx 35/10, GmbHR 2011, 1324–1326 = NZG 2012, 553–554; *Krafka/Kühn,* Rn. 326). Gemäß *Wachter* ist die Praxis der Registergerichte dabei unterschiedlich. Zum Teil wird von den Registergerichten eine Stellungnahme der zuständigen Industrie- und Handelskammer angefordert. Andere Registergerichte überprüfen das Bestehen der Zweigniederlassung lediglich durch die Anforderung eines Kostenvorschusses unter der angemeldeten Anschrift und/oder verlangen – bei einer von der Zweigniederlassung ausgeübten gewerblichen Tätigkeit – den Nachweis der Gewerbeanmelddung (Süß/*Wachter*, Handbuch § 2 Rn. 49 ff.).

728 **2. Anmeldung: Anmeldeform, Anmeldebefugnis:** Für das Registerverfahren gilt als lex fori das deutsche Recht. Die Anmeldung muss in öffentlich beglaubigter Form elektronisch eingereicht werden, § 12 Abs. 1 Satz 1 HGB. Anmeldebefugt und anmeldepflichtig sind die organschaftlichen Vertreter der ausländischen Gesellschaft in vertretungsberechtigter Anzahl (KG, Beschl. vom 18.11.2003 – 1 W 444/02, GmbHR 116–119 = NZG 2004, 49–52, h.M.; siehe *Krafka/Kühn,* Rn. 314 m.w.N.; a.A. Staub/*Koch*, Großkomm. HGB § 13d Rn. 58: sämtliche Mitglieder).

729 Zu der Frage, wer Organmitglied ist sowie ob alle oder nur die anmeldenden Organmitglieder die erforderlichen Versicherungen abgeben müssen, siehe unten Rdn. A 748 sowie A 786 f.

730 Noch nicht abschließend geklärt ist, ob auch ein rechtsgeschäftlicher Vertreter (etwa ein Prokurist der ausländischen Gesellschaft oder ein Ständiger Vertreter (§ 13e Abs. 2 Satz 5 Nr. 3), welcher zum Leiter der Zweigniederlassung bestellt wurde) die Anmeldung der Errichtung einer inländischen Zweigniederlassung vornehmen kann (dafür: Schmidt-Kessel/Leutner/Müther/*Schmidt-Kessel* § 13d Rn. 92, ferner wohl auch *Krafka/Kühn* Rn. 114 sowie Süß/*Wachter*, Handbuch § 2 Rn. 203 bei formgerechter Bevollmächtigung durch den bzw. die gesetzlichen Vertreter (Vorstand bzw. Geschäftsführer) der ausländischen Gesellschaft gemäß § 12 Abs. 2 Satz 2 HGB). Nach überwiegender Ansicht kann die (Erst-)Anmeldung der Zweigniederlassung nur durch organschaftliche Vertreter vorgenommen werden (näher hierzu Oetker/*Preuß*, HGB § 13d Rn. 40 mit weiteren Nachweisen).

731 **3. zuständiges Gericht; mehrere inländische Zweigniederlassungen:** 3a. Zuständiges Registergericht ist das für Registersachen zuständige Amtsgericht für den Ort, in dessen Bezirk die Zweigniederlassung errichtet ist, § 13d Abs. 1 HGB. Das ist derjenige Ort, in dem die Geschäftsräume der inländischen Zweigniederlassung belegen sind (Lageort). Die inländische Geschäftsanschrift der Zweigniederlassung kann hiervon abweichen. Errichtet die ausländische Gesellschaft eine bzw. zeitgleich oder zeitversetzt mehrere weitere Zweigniederlassungen, ist für diese nicht das Gericht zuständig, bei dem die erste Zweigniederlassung eingetragen wird bzw. eine Zweigniederlassung bereits eingetragen ist. Zuständig ist vielmehr das jeweilige Registergericht am jeweiligen Lageort der jeweiligen weiteren Zweigniederlassung (OLG Schleswig, Beschl. v. 11.07.2007, 2 W 143/07, DRpfl 2007, 666 = RheinNotZ 2008, 45, a.A. *Müther*, Das Handelsregister in der Praxis, § 12 Rn. 27: Anmeldung aller weiteren Zweigniederlassungen bei dem Gericht der »Hauptzweigniederlassung«).

732 **3b.** Hat das ausländische Unternehmen mehrere Zweigniederlassungen im Inland, so kann es allerdings eine der Zweigniederlassung zur »Hauptzweigniederlassung« gemäß § 13e Abs. 5 HGB bestimmen. Eine Verpflichtung bei mehreren inländischen Zweigniederlassungen, eines der Zweigniederlassungsregister als »führendes Register« zu bestimmen besteht jedoch nicht (OLG Schleswig, Beschl. v. 11.07.2007 – 2 W 143/07, RPfleger 2007, 666 = NZG 2007, 2007, 918). Wird von dem Wahlrecht des § 13e Abs. 5 HGB Gebrauch gemacht, muss der Gesellschaftsvertrag bzw. die Satzung des ausländischen Unternehmens nebst der erforderlichen Übersetzung nur zu dem »führenden« Handelsregister (das OLG Schleswig spricht in der Entscheidung vom 11.07.2007 insoweit von dem »Hauptregister«) eingereicht werden. In die Anmeldung der weiteren Zweig-

niederlassung(en) ist in diesem Fall aufzunehmen, bei welchem Registergericht und unter welcher Registernummer die »führende« Zweigniederlassung eingetragen ist. In der Registereintragung wird dann auf die »führende Registereintragung« verwiesen. Bei dem »führenden Register (Hauptregister)«erfolgt indessen kein Hinweis darauf, dass weitere inländische Zweigniederlassungen bestehen und dass es zum »führenden Zweigniederlassungsregister« bestimmt worden ist. Entsprechend ist dieser Umstand auch nicht zur Eintragung in das Register der »Hauptzweigniederlassung« anzumelden und einzutragen (Schmidt-Kessel/Leutner/Müther/*Schmidt-Kessel*, Handelsregisterrecht, § 13f Rn. 74).

4. Angaben zu der ausländischen Gesellschaft: 733

4a. *Firma, Sitz, Rechtsform und Registerstelle:* Der Inhalt der Anmeldung der deutschen Zweigniederlassung einer ausländischen GmbH bestimmt sich nach den §§ 13d und 13e HGB in Verbindung mit § 13g Abs. 3 HGB. Aufzunehmen in die Anmeldung sind die Firma der Gesellschaft, der Sitz sowie, sofern es ein Register gibt in dem Staat, in dem die ausländische Gesellschaft ihren Sitz hat, das Register sowie die Nummer der dortigen Registereintragung.

Maßgeblich für die Bildung der Firma der ausländischen Gesellschaft sind die Sachnormen des ausländischen Gesellschaftsstatuts. Das Registergericht kann daher die Eintragung der Zweigniederlassung nicht ablehnen, weil die Firma der ausländischen Gesellschaft z.B. mangels hinreichender Individualisierung nicht den Anforderungen des deutschen Firmenrechts entspricht oder keinen Rechtsformzusatz enthält. Soweit die ausländische Firma in lateinischen Buchstaben geschrieben ist, ist die ausländische Sprachfassung zu übernehmen. Etwaige andere ausländische Schriftzeichen sind in lateinische Buchstaben zu übertragen (*Müther*, in: Das Handelsregister in der Praxis, § 12 Rn. 28). Sachbestandteile der Firma sind nicht zu übersetzen. Das gleiche gilt für den Rechtsformzusatz, der unverändert in der ausländischen Kurzform anzugeben ist (Oetker/*Preuß*, § 13d Rn. 34 sowie 37 ff.). 734

Anzugeben ist gemäß § 13e Abs. 2 Satz 5 Nr. 2 HGB ferner die Rechtsform der Gesellschaft. Genannt werden sollte ferner das auf sie anwendbare Gesellschaftsrecht. Letzteres ist allerdings gemäß § 13e Abs. 2 Satz 5 Nr. 4 HGB nur bei solchen Gesellschaften zwingend in die Anmeldung aufzunehmen, die nicht dem Recht eines EU- oder EWR-Mitgliedstaats unterliegen. 735

4b. *Anschrift der Gesellschaft:* In das vorstehende Muster ist die Geschäftsanschrift der Gesellschaft aufgenommen, unter der im Ausland Zustellungen an die Gesellschaft erfolgen können. Eine gesetzliche Pflicht zur Aufnahme der Anschrift in die Anmeldung besteht allerdings nicht, da nur die Anschrift der Zweigniederlassung, nicht jedoch auch die Anschrift der Gesellschaft in das hiesige Handelsregister eingetragen wird. Nach Auffassung des Autors sollte indessen auch die »Heimatanschrift« der Gesellschaft in der Anmeldung zumindest mitgeteilt werden, damit diese in den Registerunterlagen bei dem Registergericht vermerkt werden kann und die Gesellschaft für den Fall, dass die Eintragung der Zweigniederlassung scheitert z.B., weil ein von dem Registergericht angeordneter Kostenvorschuss unter der angemeldeten Anschrift der Zweigniederlassung nicht angefordert werden kann oder die Zweigniederlassung später aufgegeben wird, ohne dass eine Anmeldung hierzu erfolgt, unter ihrer »Heimatanschrift« erreicht werden kann, ohne dass das Heimatregister der Gesellschaft eingesehen werden muss oder gar das ausländische Registergericht/die Registerbehörde angeschrieben werden muss und dort nach der »Heimatanschrift« nachgefragt werden muss. 736

4c. *Abschluss des Gesellschaftsvertrags und ggf. Dauer der Gesellschaft (GmbH):* Gemäß §§ 13g Abs. 3 und 4 HGB, 10 Abs. 1 GmbHG sind bei einer ausländischen GmbH der Tag zu nennen, an dem der Gesellschaftsvertrag abgeschlossen wurde, und, soweit seitdem Änderungen erfolgten, auch das Datum der letzten Änderung des Gesellschaftsvertrags (siehe insoweit § 43 Nr. 6 lit. a HRV). Ist die Dauer der ausländischen GmbH von Gesetzes wegen oder aufgrund Gesellschaftervereinbarung zeitlich beschränkt, ist auch dies in der Anmeldung anzugeben, §§ 13g Abs. 3 HGB, 10 Abs 2 GmbHG. Bei unbestimmter Dauer der Gesellschaft ist hierzu keine Angabe gesetzlich vorgeschrieben. In diesem Fall wird indessen empfohlen, dies trotzdem in der Anmeldung anzugeben, um 737 eventuelle Rückfragen des Registergerichts zu einer etwaigen beschränkten Dauer der Gesellschaft und die damit verbundene Verzögerung im Registerverfahren von vornherein zu vermeiden.

738 **4d.** *Gegenstand der Gesellschaft:* Nach § 13e Abs. 2 Satz 3 hat die Anmeldung der Zweigniederlassung einer ausländischen Kapitalgesellschaft *auch* den Gegenstand der Zweigniederlassung zu enthalten. Umstritten ist, ob auch der ggf. umfassendere Unternehmensgegenstand der ausländischen Gesellschaft (Hauptniederlassung) in der Anmeldung angegeben sein muss und dieser auch in das Handelsregister einzutragen ist. Nach heute wohl überwiegender Meinung ist das zumindest im Anwendungsbereich der Zweigniederlassungsrichtlinie nicht der Fall (OLG Hamm Beschl. v. 28.06.2005 – 15 W 159/05 –, GmbHR 1130–1132 mit Anm. *Wachter*; 2005; OLG Düsseldorf Beschl. v. 21.02.2006 – 3 Wx 210/05, GmbHR 2006, 548–549; OLG Celle Beschl. v. 01.12.2006 – 9 W 91/06, GmbHR 2007, 2003.2006 mit Anm. *Wachter*; OLG Jena Beschl. v. 09.09.2005 – 6 W 302/05; Röhricht/Graf von Westphalen/Haas/*Ries* § 13e HGB Rn. 6; *Krafka/Kühn* Rn. 314 u. 327; Oetker/*Preuß* § 13e Rn. 33 ff.; Süß/*Wachter*, § 2 Rn. 155; a.A. LG Berlin, Beschl. vom 24.11.2006 – 102 T 57/04, GmbHR 2005, 686 mit Anm. *Melchior*; Lutter/Hommelhoff/*Bayer*, Anh. I zu § 4a Rn. 24; Rowedder/*Schmidt-Leithoff*, § 4a Rn. 219 FN 219; *J. Schmidt*, Innovation durch »Innoventif«? Die EuGH-Entscheidung »innoventif« und die Eintragung der Zweigniederlassung einer englischen Limited ins deutsche Handelsregister, NZG 2006, 899–901).

739 In der Registerpraxis wird nach dem Eintragungsmuster in *Krafka/Kühn*, Rn. 330 sowie der Kommentierung von *Krafka* im Münchener Kommentar zum HGB (§ 13 Rn. 8) heute von der überwiegenden Zahl der Registergerichte nur noch der konkrete Unternehmensgegenstand der Zweigniederlassung in das Handelsregister eingetragen, daneben nicht auch der ggf. hiervon abweichende in der Regel weitere Gegenstand der ausländischen Gesellschaft (a.A. ausdrücklich Rowedder/*Schmidt-Leithoff*, § 4a Rn. 219 FN 219). In das obige Muster sind daher Angaben zum Gegenstand der Gesellschaft nicht aufgenommen.

740 **4e.** *Kapital der Gesellschaft:* In der Anmeldung der Zweigniederlassung ist das Stammkapital der Gesellschaft anzugeben, § 13g Abs. 3 in Verbindung mit § 10 S. 1 GmbHG. Das Betriebsvermögen der Zweigniederlassung ist entgegen einer früher vielfach geübten Praxis nicht zusätzlich in die Anmeldung aufzunehmen.

741 Das englische Recht kennt kein Mindeststammkapital für die Limited. In dem *memorandum of association* sind das *(nominal) share capital* und dessen Aufteilung in einzelne Anteile (*shares*) anzugeben, ferner die Gesellschafter, welche jeweils mindestens einen Anteil bei der Gründung übernehmen (siehe Sec. 8 Companies Act 2006). Es müssen bei der Gründung keinesfalls bereits alle Anteile des *(nominal) share capital* übernommen werden. Dieses Kapital kennzeichnet vielmehr den Höchstbetrag, bis zu dem die Gesellschaft Anteile ausgeben darf. Es ähnelt hinsichtlich der noch nicht ausgegebenen Anteile damit dem genehmigten Kapital bei einer deutschen GmbH gemäß § 55a GmbHG. Nicht das *(nonimal) share capital* ist für die Haftung der Gesellschafter maßgebend, sondern das von ihnen bei der Gründung und ggf. bei einer späteren Ausgabe übernommene sog. *issued share capital.* Eine Mindesteinzahlung auf die übernommenen Anteile ist weder bei der Gründung noch bei einer späteren Übernahme von Anteilen erforderlich.

742 Eingetragen wird in das Register der Zweigniederlassung in Spalte 3 nicht das *(nominal) share capital*, sondern das tatsächlich übernommene (gezeichnete) *issued share capital* (*Krafka/Kühn* Rn. 350; *Melchior*, AnwBl 2011, 20, 21). Das *nominal share capital* wird in Spalte 6b (sonstige Rechtsverhältnisse) vermerkt. Angaben, ob und inwieweit Einzahlungen auf die einzelnen Anteile bereits geleistet sind, sind nicht erforderlich, können indessen in die Anmeldung aufgenommen werden.

743 Das Gesellschaftskapital ist in der ausländischen Währung anzugeben. Eine Umrechnung in Euro und entsprechende Angabe in der Anmeldung sind nicht erforderlich. Das englische Gesellschaftsrecht lässt allerdings auch eine Gründung in ausländischer Währung zu, so dass in den deutschen Handelsregistern auch viele englische Scheinauslandsgesellschaften als inländische Zweigniederlassungen mit einem Kapital von z.B. 1,00 EUR bzw. 100,00 EUR eingetragen sind.

4f. *Angaben über etwaige Sacheinlagen bei der Gründung:* Erfolgt die Anmeldung der Zweigniederlassung in den ersten zwei Jahren nach Eintragung (Registrierung) der ausländischen GmbH im Heimatregister, sind, soweit nicht das ausländische Recht Abweichungen hiervon nötig macht, etwaige Sacheinlagen und der Betrag der Stammeinlage, auf den sich die Sacheinlage bezogen hat, in der Anmeldung anzugeben, § 13g Abs. 2 Satz 3 HGB i.V.m. § 5 Abs. 4 Satz 1 GmbHG. 744

4g. *allgemeine (abstrakte) Vertretung der Gesellschaft:* Gemäß § 13g Abs. 2 Satz 2 HGB in Verbindung mit § 8 Abs. 4 Nr. 2 GmbHG sind die Art und der Umfang der Vertretungsbefugnis der Geschäftsführer anzumelden. Einzutragen und entsprechend aufzunehmen in die Anmeldung sind sowohl die allgemeine als auch die ggf. für einzelne Geschäftsführer hiervon abweichende besondere (konkrete) Vertretungsmacht (OLG Karlsruhe, Beschl. v. 29.06.2010 -11 Wx 35/10, GmbHR 2011, 1324–1326 mit Anmerkung *Anhäusser* = NZG 2013, 553–554; *Krafka/Kühn* Rn. 322). 745

Die Bestellung sowie die organschaftliche Vertretungsbefugnis der Geschäftsführer der ausländischen Gesellschaft richtet sich nach dem Gesellschaftsstatut. Wenn das maßgebliche ausländische Gesellschaftsrecht keine organschaftliche, sondern nur eine rechtsgeschäftlich erteilte Vertretungsmacht für das jeweilige Geschäftsführungsorgan kennt oder nicht zwischen abstrakter und konkreter Vertretungsmacht unterscheidet, sondern vorsieht, dass bei der Bestellung mehrerer Geschäftsführer die Vertretungsbefugnis durch die Gesellschafter oder ein sonstiges Bestellungsorgan (z.B. Beschluss des Verwaltungsorgans bei skandinavischen Gesellschaften oder des *»board of directors«* bei Limiteds nach englischem Vorbild) festgelegt wird, so ist nur die jeweils konkrete Vertretungsbefugnis für den jeweiligen Geschäftsführer anzumelden und einzutragen (*Krafka/Kühn* Rn. 322). 746

Bei der englischen Limited ist die Vertretungsbefugnis der *directors* gesetzlich nicht geregelt. In der Regel enthalten alle *articles of association* (Gesellschaftsvertrag) die Regelung, dass die Gesellschaft durch die *directors* gerichtlich und außergerichtlich vertreten wird, und es wird in den *articles* weiter geregelt, ob mehrere *directors* einzeln oder nur gemeinschaftlich zur Vertretung der Gesellschaft berechtigt sind. Fehlt eine entsprechende Regelung in den *articles*, so sind alle *directors* nur gemeinsam geschäftsführungs- und vertretungsbefugt (Süß/Wachter/*Levedag*, Handbuch des int. GmbH-Recht, S. 795; *Heinz/Hartung*, Die englische Limited, S. 52 f.). 747

4h. *Geschäftsführer der Gesellschaft und deren konkrete Vertretungsbefugnis für die Gesellschaft:* In der Anmeldung müssen alle organschaftlichen Vertreter der ausländischen Gesellschaft mit Name, Vorname und Geburtsdatum und Wohnort angegeben werden. Maßgebend für die Bestellung der organschaftlichen Vertreter der Gesellschaft ist das ausländische Gesellschaftsrecht. Die Bestellung erfolgt durch dasjenige Gesellschaftsorgan, welches nach dem jeweiligen Gesellschaftsstatut Vertretungsmacht verleihen kann. In der Regel enthält auch der Gesellschaftsvertrag der Gesellschaft hierzu noch nähere Regelungen. 748

Bei einer englischen Limited erfolgt die Bestellung der ersten Geschäftsführer (*directors*) der Gesellschaft dadurch, dass sie mit ihrer Zustimmung in den bei dem Companies House einzureichenden Gründungspapieren benannt werden. Nach der Gründung richtet sich die Bestellung nach den Vorgaben in den *articles*. Darin können die Geschäftsführer ermächtigt werden, einen Nachfolger für einen ausscheidenden Geschäftsführer oder einen weiteren Geschäftsführer bis zu der in den *articles* vorgesehenen Höchstzahl zu bestellen. Alternativ kann in den *articles* bestimmt werden, dass ein neuer Geschäftsführer durch die Gesellschafterversammlung bestellt wird (so auch Art. 17 *Model Articles*). Anzumelden sind sämtliche (organschaftlichen) Vertreter der Gesellschaft, nicht etwa nur diejenigen Geschäftsführer, welche nach einer etwaigen internen Geschäftsverteilung (u.U. nur) für die Geschäfte der Zweigniederlassung zuständig sein sollen. 749

Die Geschäftsführer sind mit Vor- und Zunamen, Geburtsdatum und Wohnort sowie weiter ihrer konkreten Vertretungsbefugnis in das Handelsregister einzutragen, § 43 Nr. 4 S. 3 HRV. Die Anmeldung muss daher die entsprechenden Angaben hierzu enthalten. Einer Namenszeichnung der Geschäftsführer bedarf es nicht mehr. Die Regelungen zur Namenszeichnung wurden durch das EHUG zum 1. Januar 2007 aufgehoben. 750

751 Gesetzlicher Vertreter muss nicht immer eine natürliche Person sein. Eine Reihe von ausländischen Rechtsordnungen ermöglicht es, auch eine juristische Person (oder auch mehrere) zum Vertretungsorgan zu bestellen (so z.B. in Frankreich, England und den Beneluxstaaten). Es stellt sich dann die Frage, ob nur die direkt vertretungsberechtigten Organe anzumelden und einzutragen sind oder auch die natürlichen Personen, welche für den organschaftlichen Vertreter wiederum als deren Vertreter bestellt worden sind. Die Frage wird in der Literatur unterschiedlich beantwortet (siehe hierzu mit weiteren Nachweisen *Bönner*, a.a.O., 258 f.). Richtigerweise sollte nur die juristische Person als organschaftlicher Vertreter angemeldet und einzutragen werden (so auch *Krafka/Kühn* Rn. 328; a.A. *Süß*, DNotZ 2005, 180,184). Für die zusätzliche Eintragung von deren Vertretern fehlt es an einer gesetzlichen Grundlage. Es wäre dann im Übrigen auch jede Veränderung in der Vertretung des organschaftlichen Vertreters anzumelden. Weiter müsste dann, wenn die Gesellschaft, welche der organschaftliche Vertreter ist, nicht von natürlichen Personen, sondern wiederum von einer juristischen Person vertreten wird, weiter auch noch diese Gesellschaft eingetragen werden. Bei weiteren gesellschaftlichen Verschachtelungen fragt sich, wo die Grenze zu ziehen ist, ab wann letztlich die Kette von mit der Vertretung berufen Gesellschaften dann nicht mehr einzutragen ist (*Klose-Mockroß*, DStR 2005, 1013,1015).

752 Streitig ist, ob dem gesetzlichen Vertreter der Gesellschaft eine Befreiung von den Beschränkungen des § 181 BGB erteilt und diese im Handelsregister bei der inländischen Zweigniederlassung eingetragen werden kann. Die meisten ausländischen Rechtsordnungen kennen keine mit § 181 BGB vergleichbare Regelung oder weisen Insichgeschäften eine andere zumeist weniger weitreichende Rechtsfolge zu. Da sich der Umfang der Vertretungsmacht des (organschaftlichen) Vertreters nach dem Gesellschaftsstatut bestimmt und damit das ausländische Recht für die Vertretungsbefugnis maßgeblich ist, scheidet eine Eintragung der Befreiung von den Beschränkungen des § 181 BGB in der Regel aus. Um dennoch eine solche Befreiung des Geschäftsführers (*director*) einer Limited möglich zu machen, sahen in der Hochzeit der Limiteds mit Verwaltungssitz in Deutschland in den Jahren nach der *»Inspire-Art Ltd«*-Entscheidung des EUGH vom 30.09.2003 bis zu dem Inkrafttreten des MoMiG im November 2008 die »Limited-Angebote« von deutschen Gründungshelfern bzw. Anbietern von Limited-Vorratsgesellschaften häufig vor, dass dem in der Regel in Inland wohnhaften Geschäftsführer in dem Bestellungsbeschluss ausdrücklich eine Befreiung von dem Verbot des § 181 BGB erteilt wurde, und zwar zumeist hinsichtlich der beiden Alternativen des § 181 BGB. Einige Landgerichte, so das Landgericht Freiburg mit Beschluss vom 22.07.2004 (10 T 5/04, NJW-RR 2004, 1686–1687), sahen eine solche Befreiung als zulässig und eintragungsfähig an, woraufhin viele Registergerichte die entsprechende Eintragung dann auch vornahmen. Mehrere Oberlandesgerichte und der überwiegende Teil der Literatur vertrat dagegen die Auffassung, dass die Eintragung der Befreiung des *directors* einer englischen Limited von dem Verbot des § 181 BGB unzulässig ist (siehe hierzu die Nachweise in Fußnote 152 bei Süß/*Wachter*, § 2 Rn. 108). Dies gilt nach Ansicht des Oberlandesgerichts Frankfurt auch dann, wenn in die Satzung der Limited, den *articles of association,* ausdrücklich eine Regelung aufgenommen ist, nach der der *director* von den Beschränkungen des § 181 BGB befreit ist, er damit explizit von dem deutschen Verbot des Selbstkontrahierens und der Mehrfachvertretung ausgenommen ist (OLG Frankfurt, Beschl. v. 19.02.2008 – 20 W 263/07, FGPrax 2008, 165–167 = GmbHR 2009, 214–216; a.A. *Heinz/Hartung*, Kap. 12 Rn. 53).

753 Zu der Frage, ob ein Geschäftsführer auch zugleich als ständiger Vertreter eingetragen werden kann und ihm als solcher eine Befreiung von den Beschränkungen des § 181 BGB erteilt werden kann, siehe unten Rdn. A 777).

754 **5. Nachweis der Existenz der Gesellschaft, der Bestellung ihrer Geschäftsführer und deren Vertretungsmacht:** Gemäß § 13e Abs. 2 Satz 2 HGB ist bei der Anmeldung der inländischen Zweigniederlassung das Bestehen der ausländischen Gesellschaft als solcher nachzuweisen. Hierbei richtet sich die Existenz der Gesellschaft nach dem ausländischen Recht, die Beurteilung, ob der Nachweis ausreichend erbracht ist, dagegen nach deutschem Recht (*Blasche*, GWR 2012, 169). Des Weiteren muss die Gesellschaft den Nachweis führen, dass es sich um eine Gesellschaft handelt, die nach den hierfür maßgeblichen Gesichtspunkten als eine Aktiengesellschaft bzw. GmbH zu qualifizieren ist.

Soweit in dem Heimatstaat der Gesellschaft ein Handelsregister geführt wird, bereitet dieser Nachweis in der Regel keine besonderen Schwierigkeiten. Der Nachweis kann in diesem Fall durch Vorlage eines beglaubigten Registerauszugs erfolgen, welcher regelmäßig nicht mehr als zwei bis vier Wochen alt sein sollte (*Krafka/Kühn* Rn. 320). Der Registerauszug bedarf der Legalisation bzw. Apostille nach dem Haager Übereinkommen zur Befreiung ausländischer öffentlicher Urkunden von der Legalisation vom 5.10.1961, soweit nicht aufgrund völkerrechtlicher Vereinbarung zwischen dem Heimatstaat der Gesellschaft und der Bundesrepublik Deutschland hiervon abgesehen werden kann (so z.B. für Belgien, Dänemark, Frankreich, Italien und Österreich). Eine Auflistung der Staaten, die dem Haager Übereinkommen beigetreten sind, sowie eine Aufstellung der bilateralen Verträge, aufgrund derer kein Echtheitsnachweis erforderlich ist, findet sich auf der Internetseite des Auswärtigen Amtes, ferner in den über das Internet aufrufbaren *Arbeitshilfen/IPR* des Deutschen Notarinstituts (dort in der *»Kurzübersicht Apostille und Legalisation«*). Weiter ist eine Übersetzung des Registerauszugs beizufügen, wobei die Übersetzung von einem öffentlich bestellten und vereidigten Übersetzer vorgenommen sein muss. Aus dem Registerauszügen ergibt sich in der Regel auch, wer Vorstand oder Geschäftsführer der ausländischen Gesellschaft ist und wie seine Vertretungsbefugnis ausgestaltet ist. 755

Existiert in dem Heimatstaat der Gesellschaft kein Registergericht, keine Registerbehörde oder vergleichbare Registrierungsstelle oder werden dort einem Registerauszug vergleichbare Bescheinigungen nicht ausgestellt, muss der Existenz- und Vertretungsnachweis auf andere Weise erbracht werden. Denkbar ist etwa eine Konsularbescheinigung, die gutachtliche Bescheinigung der deutschen Außenhandelsvertretung in dem jeweiligen Land, die Bescheinigung eines ausländischen Notars u.ä. (Ebenroth/Boujong/Joost/Strohn/*Pentz* § 13e Rn. 23), ggf. auch die gutachtliche Bescheinigung einer international tätigen Anwaltskanzlei. 756

Umstritten ist, inwieweit eine Bescheinigung eines deutschen Notars entsprechend § 21 BNotO als Existenz- und Vertretungsnachweis genügt, die auf der Einsicht des Notars in das in dem betreffenden Heimatstaat elektronisch geführte Register beruht (vgl. hierzu näher *Krafka/Kühn* Rn. 314 sowie ausführlich *Niese*, NotBZ 2015, 368–374). Zumindest dann, wenn das ausländische Register dem deutschen Handelsregister funktional gleichwertig ist, ist der erforderliche Nachweis durch eine entsprechende Notarbescheinigung zulässig (siehe OLG Schleswig, Beschl. v. 13.12.2007 – 2 W 198/07, NotBZ 2008, 428 = DNotZ 2008,709: Nachweis aufgrund Einsicht in das schwedische Handelsregister). Aus der Bescheinigung sollte hervorgehen, welche Dokumente der Notar im Einzelnen online eingesehen hat und wann er die Einsicht vorgenommen hat. 757

Bei einer englischen Limited kann deren Gründung durch das von dem Companies House nach dortiger Einreichung der Gründungsdokumente ausgestellte *Certificate of Incorporation* nachgewiesen werden. Soweit die Gründung der Gesellschaft schon längere Zeit zurückliegt, kann die Existenz der Gesellschaft und deren ggf. nach der Gründung geänderte Firma auch durch ein sog. *Certificate of Good Standing* des Companies House nachgewiesen werden. Soweit in dieses *Certificate* nicht auch bereits die aktuell bestellten Geschäftsführer (*directors*) aufgenommenen sind, stellt das Companies House hierzu einen sog. *Current Appointments Report* aus, aus dem sich die erforderlichen Angaben zu der Person der Geschäftsführer (*directors*) ergeben. Angaben zu der Vertretungsbefugnis werden von dem Companies House in diese Bescheinigungen allerdings nicht aufgenommen. Hat die Limited ausweislich dieser Bescheinigungen aktuell nur einen *director*, so reicht nach der Rechtsprechung des OLG Schleswig (Beschl. v. 01.02.2013 – 1 W 10/12, GmbHR 2012, 799) sowie des OLG Rostock (Beschl. v. 08.10.2009 – 3 W 83/08, IPRspr 2009, 763–764: Vertretungsnachweis im Grundbuchverfahren) diese Bescheinigung des Companies House aus. Die Bescheinigung bedarf der Apostille. 758

Hat die Limited dagegen mehrere Geschäftsführer (*directors*), so kann deren konkrete Vertretungsbefugnis, soweit diese von der sich ggf. aus den *articles* ergebenden allgemeinen Vertretungsregelung abweicht, durch eine Erklärung des *secretary* der Gesellschaft bescheinigt werden, mit der dieser auf der Grundlage der im Protokollbuch (*minute book*) der Gesellschaft eingetragenen Gesellschafterbeschlüsse bescheinigt, wer derzeit *director* der Gesellschaft ist und welche Vertretungsbefugnis er hat 759 (siehe LG Berlin, Beschl. v. 22.06.2004 – 102 T 48/42, GmbHR 2005, 686 mit Anm. *Melchior* = ZIP 2005, 1278). Die Erklärung des *secretary* bedarf der notariellen Beglaubigung sowie der Apostille. Allerdings muss neuerdings nach dem Companies Act 2006 eine *private limited company* nicht mehr zwingend einen *secretary* bestellen, dessen Aufgaben kann auch jetzt z.B. auch ein *director* übernehmen.

760 Ansonsten ist die Vertretungsbefugnis durch einen englischen Notar zu bescheinigen. Hierbei genügt nach der Rechtsprechung mehrerer Oberlandesgericht allerdings nicht, wenn die Bescheinigung des Notars allein auf einer Einsichtnahme des Notars in das bei dem Companies House geführte Register beruht (KG, Beschl. v. 20.04.2010 – 1 W 164–165/10, DNotZ 2012, 604–606 für die entsprechende Bescheinigung eines deutschen Notars; OLG Köln, Beschl. v. 25.09.2012 – 2 Wx 184/12, FGPrax 2013, 18–20, ungenügende Bescheinigung eines englischen Notars), vielmehr muss, wie sich im Einzelnen aus der Bescheinigung ergeben muss, der englische Notar auch Einsicht in das Protokollbuch der Gesellschaft genommen haben, wobei nach der sehr strengen Beurteilung des OLG Nürnberg die Erklärung des Notars auch noch nähere Angaben zu den einzelnen Schriftstücken (Beschlüssen) enthalten muss, durch welche die Bestellung des *director*/der *directors* erfolgt ist (OLG Nürnberg, Beschl. v. 25.03.2014 – 15 W 381/14; DNotZ 2014, 626–630 = FGPrax 2014, 156–158). Die Notarbescheinigung bedarf der Apostille. Einige der Notare der City of London (sog. *Scrivener Notaries*) erstellen eine solche Bescheinigung auch bereits in deutscher Sprache.

761 Nach Auskunft von Notaren soll die Praxis der Registergerichte zu der Frage, welche Nachweise im Einzelnen vorzulegen sind und welche Details der Nachweis im konkreten Fall enthalten muss, sehr unterschiedlich sein. Es empfiehlt sich daher, vor Beschaffung der Nachweisunterlagen die Frage, welche Unterlagen mit welchem Inhalt das jeweilige Gericht für erforderlich hält, durch eine telefonische oder schriftliche Anfrage mit dem jeweils zuständigen Registerrichter bzw. -Registerrechtspfleger abzustimmen.

6. Angaben zu der inländischen Zweigniederlassung:

762 6a. *Firma der Zweigniederlassung:* Ebenso wie bei einem inländischen Unternehmen kann für die Zweigniederlassung eines ausländischen Unternehmens die Firma der Hauptniederlassung grundsätzlich unverändert übernommen werden (*Krafka/Kühn* Rn. 272 ff.). Es kann aber auch – wie bei der Zweigniederlassung einer inländischen Kapitalgesellschaft – eine eigenständige Firma gebildet werden. Soweit der Firma der Zweigniederlassung ein Niederlassungszusatz hinzugefügt ist, ist dieser gemäß Zusatz gemäß § 13d Abs. 2 2. Halbs. HGB einzutragen. Entsprechend muss die Firma der Zweigniederlassung mit diesem Zusatz dann auch in der Anmeldung angeführt werden.

763 Soll die Zweigniederlassung unter derselben Firma wie die ausländische Gesellschaft betrieben werden, war in der Literatur lange Zeit umstritten, ob der Firma der »ausländischen« Zweigniederlassung zwingend ein Zusatz hinzugefügt sein muss, durch den deutlich gemacht wird, dass es sich um eine Zweigniederlassung eines ausländischen Unternehmensträgers handelt. Nach inzwischen wohl überwiegender Ansicht in der Literatur sowie der Rechtsprechung bedarf es – wie bei der Zweigniederlassung einer inländischen Gesellschaft – bei der Zweigniederlassung einer ausländischen Gesellschaft eines solchen Zusatzes auch dann nicht, wenn die Firma der Zweigniederlassung mit der ausländischen Firma der Gesellschaft identisch ist (so jetzt auch OLG Düsseldorf, Beschl. v. 22.02.2017 mit umfangreichen Nachweisen zur älteren Literatur dafür und dagegen, GmbHR 2017, 586–589 mit Anm. *Gerlach* = NZG 2017, 624–625 = NJW-RR 2017, 742–743).

764 Die Firma der Zweigniederlassung wird zumeist in der fremden Sprache der ausländischen Gesellschaft oder bei international tätigen Unternehmen häufig in englischer Sprache gehalten. Eine Übersetzung von Sachbestandteilen der Firma ins Deutsche ist nicht erforderlich. Wenn die Firma der Gesellschaft nicht aus lateinischen, sondern z.B. aus arabischen oder kyrillischen Buchstaben besteht, ist eine Übertragung in die lateinische Schreibweise erforderlich.

765 Entsprechendes gilt für den ausländischen Rechtsformzusatz. Dieser darf in der Firma der Zweigniederlassung in der vom Heimatrecht der Gesellschaft gestatteten Abkürzung verwendet werden.

Etwas anderes gilt allerdings bei mit deutschen Zusätzen verwechselungsfähigen ausländischen Rechtsformzusätzen (wie z.B. bei einer österreichischen GmbH oder einer Schweizer AG). Wenn hier nicht bereits aus dem Firmenkern der Zweigniederlassung eindeutig erkennbar ist, dass es sich bei dem unter dieser Firma in der Bundesrepublik handelnden Unternehmen um eine Zweigniederlassung eines ausländischen Rechtsträgers handelt, ist ein hierauf hinweisender Zusatz (z.B. des ausländischen Sitzortes) erforderlich (siehe hierzu weiter die Beispiele in MüKo/*Krafka* § 13d Rn. 21 sowie *Krafka/Kühn* Rn. 272 ff.).

Im Übrigen gelten für die Bildung der Zweigniederlassungsfirma keine Besonderheiten. Soweit die ausländische Firma der Gesellschaft auch für die Firma der inländischen Zweigniederlassung verwandt werden soll, muss deren Firma nach überwiegender Meinung auch den Anforderungen des deutschen Firmenrechts genügen (OLG München, Beschl. v. 01.07.2010 – 31 Wx 88/10, GmbHR 2010, 1156–1157 = NZG 2011, 157; *Krafka/Kühn* Rn. 272a; a.A. Baumbach/*Hopt*, § 13d Rn. 4; vermittelnd Süß/*Wachter*, Handbuch, § 2 Rn. 163, wonach das Firmenrecht nicht dazu führen darf, dass hierdurch die Niederlassungsfreiheit aus anderen EU-Mitgliedstaaten in sachlich nicht gerechtfertigter Weise beeinträchtigt wird). Die Firma der inländischen Zweigniederlassung muss damit über eine ausreichende Kennzeichnungs- und Unterscheidungskraft verfügen. Weiter müssen die Reglungen zur hinreichend deutlichen-Unterscheidbarkeit zu bereits vorhandenen Firmen beachtet werden (§ 30 HGB). Schließlich darf die Zweigniederlassungsfirma nicht gegen das Irreführungsverbot des § 18 HGB verstoßen. 766

6b. *Gegenstand der Zweigniederlassung:* Gemäß § 13e Abs. 2 Satz 3 HGB hat die Anmeldung neben der inländischen Geschäftsanschrift auch den Gegenstand der Zweigniederlassung zu enthalten. Nur dieser wird nach heute wohl ganz überwiegender Registerpraxis in das Handelsregister eingetragen. Die inhaltlichen Anforderungen an die Umschreibung des Gegenstands der Zweigniederlassung richten sich nach deutschem Registerrecht, wonach für die Bezeichnung des Unternehmensgegenstandes eine ausreichende Konkretisierung und Individualisierung erforderlich ist (OLG Schleswig, Beschl. v. 09.01.2008 – 2 W 278/07, GmbHR 2008, 1041–1042). Dazu muss der Unternehmensgegenstand so bestimmt angegeben werden, dass der Schwerpunkt der Geschäftstätigkeit für die betreffenden Wirtschaftskreise hinreichend erkennbar wird (OLG Düsseldorf, Beschl. v. 21.02.2006 – 3 Wx 210/05, GmbHR 2006, 292–294 = NJW-RR 1040–1042). Der Gegenstand der Zweigniederlassung muss nicht mit dem Gegenstand der Gesellschaft übereinstimmen (OLG Hamm, Beschl. v. 28.06.2005 – 15 W 159/05, GmbHR 2005, 1130–1131 mit Anm. *Wachter*). Die Tätigkeit der Zweigniederlassung kann auf einen Teil der Unternehmenstätigkeit der ausländischen Gesellschaft beschränkt sein, darf jedoch richtigerweise über diese nicht hinausgehen (*Bönner*, RheinNotZ 2015, 253, 162). Ob der angemeldete Gegenstand der hier tätigen Zweigniederlassung noch von dem Unternehmensgegenstand der Hauptniederlassung gedeckt ist, darf das Registergericht indessen nicht überprüfen (OLG Hamm Beschl. v. 28.06.2005 – 15 Wx 159/05, a.a.O.; OLG Düsseldorf, Beschl. v. 21.06.2006 – 3 Wx 210/05; a.a.O.). Der registerrechtlichen Prüfung der Anmeldung kommt keine Ordnungsfunktion dahingehend zu, ob die hiesige Tätigkeit der Zweigniederlassung den satzungsrechtlichen Rahmen der ausländischen Kapitalgesellschaft wahrt (Staub/*Koch*, Großkomm. HGB § 13e Rn. 24). 767

6c. *Ggf. abweichende auf die deutsche Zweigniederlassung beschränkte Einzelvertretungsmacht eines oder mehrerer gesamtvertretungsbefugter Geschäftsführer:* Nach der Entscheidung des OLG Frankfurt vom 3. Februar 2015 ist bei einer englischen Limited die auf die Zweigniederlassung beschränkte konkrete Einzelvertretungsmacht eines im übrigen gesamtvertretungsberechtigten *directors* eintragungsfähig (Beschl. v. 03.02.2015 – 20 W 199/2013, GmbHR 2015, 648–652 mit Anmerkung *Lennert* = NZG 2015, 707–710 = NW-RR 2015, 873–876). Das Oberlandesgericht begründet die Eintragungsfähigkeit einer solchen gespaltenen gesetzlichen Vertretungsmacht damit, »dass die Befugnisse eines *director* einer englischen Limited tatsächlich nicht aus seiner Stellung als gesetzlicher Vertreter erwachsen, sondern dieser vielmehr als Beauftragter der Gesellschaft und nicht als Organ ... anzusehen ist«. Der Begriff des organschaftlichen Vertreters sei dem englischen Rechts fremd. Wenn – wie allgemein angenommen – dennoch die Eintragung einer nach 768 englischem Recht erteilten umfassenden Einzelvertretungsbefugnis möglich und erforderlich sei, dann müsse auch ein Weniger hierzu, nämlich die Eintragung einer auf die Zweigniederlassung beschränkten Einzelvertretungsbefugnis zulässig sein.

769 Es bleibt abzuwarten, ob diese Rechtsauffassung des Oberlandesgerichts Frankfurt sich in der Registerpraxis durchsetzt und andere Oberlandesgerichte sich dieser rechtlichen Beurteilung anschließen. Nach Auffassung ist Autors kommt eine gespaltene Vertretungsmacht bei der Eintragung der Vertretungsbefugnis des Geschäftsführers (*director*) einer englischen Limited nicht in Betracht. Eine sachlich gespaltene gesetzliche Vertretungsmacht ist dem deutschen Recht fremd. Bei einem im übrigen gesamtvertretungsberechtigten Geschäftsführer einer Gesellschaft kann nicht in die Spalte 4b, in welche die gesetzlichen Vertreter der Gesellschaft mit ihrer für die Gesellschaft bestehenden (organschaftlichen) Vertretungsbefugnis eingetragen werden, zugleich eine hiervon abweichend für die Geschäfte der Zweigniederlassung erteilte (organschaftliche) Einzelvertretungsbefugnis eingetragen werden. Da die Zweigniederlassung kein selbstständiger Rechtsträger ist, sind die organschaftlichen Vertreter der Hauptniederlassung stets auch für die Zweigniederlassung vertretungsbefugt, und zwar in gleicher Weise wie für die Hauptniederlassung.

770 Nach Auffassung des Autors wäre es in dem der Entscheidung des Oberlandesgerichts zugrunde liegenden Fall daher richtiger gewesen, den fraglichen *director* als gesamtvertretungsberechtigten Geschäftsführer (*director*) und daneben als einzelvertretungsbefugten *ständigen Vertreter* mit umfassender Einzelvertretungsbefugnis für die Geschäfte der inländischen Zweigniederlassung anzumelden und einzutragen (so auch *Lennert*, a.a.O.). Eine doppelte Eintragung zum einen als (organschaftlich befugter) Geschäftsführer (*director*) und zum anderen als (rechtsgeschäftlich bevollmächtigter) ständiger Vertreter wird zumindest dann, wenn einem von mehreren *directors* die Befugnis zur alleinigen Vertretung der Zweigniederlassung eingeräumt ist, als zulässig angesehen (OLG Karlsruhe, Beschl. v. 29.06.2010 – 11 Wx 35/10, GmbHR 2011, 1324–1326; siehe ferner *Krafka/Kühn* Rn. 317 und die dortigen zwei Vorschläge für den Text einer solchermaßen möglichen Eintragung in Spalte 4b des Registerblatts).

771 6d. *Ständiger Vertreter:* Nach § 13e Abs. 2 Satz 5 Nr. 3 HGB sind Personen, die befugt sind, als »ständige Vertreter« für die Tätigkeit der Zweigniederlassung die Gesellschaft gerichtlich und außergerichtlich zu vertreten, in der Anmeldung unter Angabe ihrer Befugnisse anzugeben. Der Begriff des ständigen Vertreters ist gesetzlich nicht weiter definiert. Nach allgemeiner Auffassung handelt es sich hierbei um Personen, welche aufgrund rechtsgeschäftlicher Bevollmächtigung nicht nur vorübergehend zur Vertretung der Zweigniederlassung berechtigt sind. Dazu gehören insbesondere Prokuristen, aber auch Handlungsbevollmächtigte, soweit sie auch gemäß § 54 Abs. 2 HGB zur Prozessführung ermächtigt sind.

772 Eine gesetzliche Verpflichtung, einen ständigen Vertreter zu bestellen und zur Eintragung in das Handelsregister anzumelden, besteht in der Regel nicht (OLG München Beschl. v. 14.02.2008, 31 Wx 67/07, GmbHR 2008, 363–364 = DNotZ 627–628, siehe § 13e Abs. 2 Satz 4 HGB: *»kann«*; a.A. *Hoger*, a.a.O., 1222, nach dem es zwingend erforderlich *»erscheint«*, einen eigenen Vertreter für die Zweigniederlassung zu bestellen, um hierdurch die personelle Selbstständigkeit der Zweigniederlassung zu gewährleisten). Etwas anderes gilt indessen für die Zweigniederlassung eines ausländischen Kreditunternehmens, für die nach § 53 Abs. 2 Nr. 1 KWG mindestens zwei *Geschäftsleiter* zu bestellen und zum Handelsregister anzumelden sind, sowie gemäß § 68 Abs. 2 VAG für den Hauptbevollmächtigten der inländischen Zweigniederlassung eines ausländischen Versicherungsunternehmens. Die Geschäftsleiter bzw. der Hauptbevollmächtigte sind dann zugleich mit ihrer Funktionsbezeichnung in die Spalte 4b des Registerblatts eingetragen, § 43 Nr. 4 Satz 3 HRV.

773 Für die Person des ständigen Vertreters bestehen keinerlei gesetzliche Vorgaben. Bestellt werden können jedoch nur unbeschränkt geschäftsfähige natürliche Personen, nicht auch juristische Personen. Bei seiner Anmeldung muss ein ständiger Vertreter nicht die Versicherung abgeben, dass in seiner Person keine Bestellungshindernisse im Sinne von § 8 Abs. 3 GmbHG bestehen (*Hoger*, NZG 2015, 1219 (1224) sowie *Krafka/Kühn* Rn 317). Es kann demnach auch eine Person, die wegen

eines Bestellungshindernisses im Sinne von § 6 Abs. 2 GmbHG nicht zum Geschäftsführer einer inländischen GmbH bestellt werden könnte, als ständiger Vertreter der inländischen Zweigniederlassung einer ausländischen GmbH tätig werden (a.A. *Kilian*, notar 2009, 19 ff, 23 sowie MüKo BGB/*Kindler*, Bd. 11, IntGesR Rn. 18: analoge Anwendung der für Organmitglieder geltenden Bestellungshindernisse, sodass ein ständiger Vertreter ebenfalls die für Organmitglieder vorgeschriebenen gesetzlichen Versicherungen zu den Bestellungshindernissen abgeben muss).

Umstritten ist, inwieweit ein ständiger Vertreter zu Registeranmeldungen befugt ist. Nach über- 774
wiegender Auffassung sind ständiger Vertreter aufgrund der Regelung in §§ 13e Abs. 3 Satz 1 und 4 HGB nur für die dort genannten Änderungen anmeldebefugt. Andere Anmeldungen können sie nach überwiegender Meinung in Rechtsprechung und Schrifttum nur vornehmen, wenn sie von dem/den Geschäftsführern in vertretungsberechtigter Zahl in öffentlich beglaubigter Vollmacht (§ 12 Abs. 1 Satz 2 HGB) hierzu ermächtigt worden sind (KG, Beschl. v. 19.01.2012 – 225 W 66/11, juris Rn. 22; anderer Ansicht offenbar OLG Bremen, Beschl. v. 18.12.2012 – 2 W 97/12, NZG 2013, 144–145 = DNotZ 2013; 472–473).

Eingetragen wurden die ständigen Vertreter bis zum Inkrafttreten des MoMiG in Spalte 6b des 775
Registerblatts. Seitdem werden sie gemäß § 46 Nr. 4 Satz 3 HRV in die Spalte 4b eingetragen, und zwar mit Vor- und Familienname, Geburtsdatum und Wohnort unter Angabe ihrer Befugnisse. Entsprechend muss die Anmeldung auch die hierzu erforderlichen Angaben enthalten. Hinsichtlich der Befugnisse ist nicht nur anzugeben, wie die Vertretung durch den jeweiligen ständigen Vertreter erfolgen soll (Einzelvertretung oder im Falle der Gesamtvertretung, mit wem der ständige Vertreter zusammen vertretungsbefugt ist – z.B. mit einem weiteren ständigen Vertreter, einem Prokuristen, einem Geschäftsführer etc.), sondern es muss auch der *sachliche* Umfang der Vertretungsbefugnis angegeben werden (hierzu siehe *Hoger*, NZG 2015, 1219, 1222). In der Praxis wird der Umfang der Vertretungsbefugnis eines ständigen Vertreters in aller Regel nicht sachlich eingeschränkt. Vielmehr wird dem Vertreter in dem jeweiligen Bestellungsbeschluss die Befugnis zur Vertretung der Zweigniederlassung in *allen gerichtlichen und außergerichtlichen Angelegenheiten* verliehen. Der Bestellungsbeschluss sollte der Anmeldung beigefügt sein. Zwingend erforderlich ist dies indessen nicht.

Eintragungsfähig ist bei einem ständigen Vertreter auch die Befreiung von den Beschränkungen des 776
§ 181 BGB, da es sich bei der Vertretungsbefugnis des ständigen Vertreters nach inzwischen wohl überwiegender Ansicht nicht um eine organschaftliche, sondern um eine rechtsgeschäftlich erteilte Vertretungsmacht handelt, so dass sich der Umfang der Vertretungsmacht entsprechend dem Wirkungslandprinzip nach dem Vollmachtstatut richtet und damit deutsches Recht zur Anwendung kommt (*Krafka*/*Kühn* Rn. 11; Lutter/Hommelhoff/*Bayer*, Anh. I zu § 4a Rn. 25 m.w.N.).

Umstritten ist, ob ein Geschäftsführer auch zum ständigen Vertreter bestellt werden kann (siehe 777
hierzu im Einzelnen Süß/*Wachter*, Hdb Int. GesR, § 2 Rn. 117 sowie *Hoger*, NZG 2015, 1219, (1223 f.) m.w.N. sowie *Schmidt-Kessel*/LeutnerMüther, § 13e, Fn. 98). Nach wohl überwiegender Meinung ist dies zumindest dann zulässig, wenn er als einer von mehreren organschaftlichen Vertretern für die Gesellschaft lediglich gesamtvertretungsberechtigt ist, ihm dagegen als ständiger Vertreter für die Zweigniederlassung Einzelvertretungsbefugnis eingeräumt ist (siehe OLG Karlsruhe, Beschl. v. 29.10.2010 – 11 Wx 35/10; GmbHR 2011, 1324–1326 mit Anm. *Anhäuser* = NZG 2012, 553–554). In diesem Fall hat die dem jeweiligen Geschäftsführer eingeräumte Stellung als ständiger Vertreter hinsichtlich der Vertretungsbefugnis einen über seine Stellung als organschaftlicher Vertreter hinausgehenden Gehalt und ist deshalb ebenfalls eintragungsfähig (*Hoger*, a.a.O. sowie *Krafka*/*Kühn* Rn. 317 mit einem Vorschlag zur Formulierung der entsprechenden Registereintragung). Zur Doppeleintragung einerseits als ständiger Vertreter und andererseits al Prokurist, siehe nachfolgend unter Rdn. A 789.

6e. *Eintragung von Prokuristen:* Nach allgemeiner Meinung wird bei einem Vertretergeschäft inter- 778
national privatrechtlich nach dem Wirkungslandprinzip an diejenige Rechtsordnung angeknüpft, in der das Vertretergeschäft vorgenommen wird. Damit ist bei der inländischen Zweigniederlassung einer ausländischen Kapitalgesellschaft der Anwendungsbereich der § 48 ff. HGB eröffnet, so dass

für die Geschäfte der Zweigniederlassung auch Prokuristen bestellt und eingetragen werden können (siehe hierzu im Einzelnen *Kühn/Wachter*, NZG 2011, 209–2010). Die Prokura kann als Einzelprokura oder als Gesamtprokura erteilt werden. Zulässig ist auch eine unechte Gesamtprokura, d.h. eine gemeinsame Vertretung mit einem Geschäftsführer. Der sachliche Umfang der Vertretungsbefugnis eines Prokuristen ist gemäß § 49 Abs. 1 HGB unbeschränkt. Grundstücksgeschäfte sind ihm allerdings verwehrt, wenn ihm nicht ausdrücklich die Befugnis zur Veräußerung und Belastung von Grundstücken gemäß § 49 Abs. 2 HGB besonders erteilt ist. Von den Beschränkungen des § 181 BGB kann ein Prokurist befreit werden. Bei mehreren inländischen Zweigniederlassungen kann die Prokura auch auf eine oder mehrere Zweigniederlassungen beschränkt werden, allerdings nur soweit die Zweigniederlassungen unterschiedliche Firmen (z.B. unterschiedliche Ortszusätze) haben, siehe § 50 Abs. 3 HGB.

779 Fraglich ist, inwieweit eine Doppeleintragung sowohl als Prokurist als auch als ständiger Vertreter zulässig ist. Das OLG München hat diese Frage in dem Beschluss vom 10. August 2011 (31 Wx 239/11, GmbHR 2011, 1042–1043 = NZG 2011, 1072–1073) nicht abschließend entschieden und nur für die der Entscheidung zugrunde liegende konkrete Konstellation, bei der dem ständigen Vertreter eine allumfassende Vertretungsbefugnis eingeräumt war, die zusätzliche Eintragung als Prokurist als unzulässig angesehen. Begründet wurde dies damit, dass dem ständigen Vertreter eine alleinige und umfassende Vertretungsbefugnis eingeräumt worden sei, welche sämtliche Befugnisse eines Prokuristen miteinschließe, so dass kein Bedürfnis bestehe, die im Vergleich dazu vom Vertretungsumfang her eingeschränkte Prokura im Register einzutragen.

780 In der Literatur sind die Meinungen zu einer Doppeleintragung geteilt (siehe hierzu die Nachweise bei Schmidt-Kessel/Leutner/Müther/*Schmidt-Kessel*, § 13e Rn. 57, Fn. 97 sowie *Hoger*, a.a.O. Fn. 62 u. 64). Zumindest dann, wenn die Vertretungsbefugnisse abweichend geregelt sind, sollte auch bei Personenidentität des jeweiligen Vertreters eine Registereintragung sowohl als ständiger Vertreter als auch Prokurist mit der jeweiligen Vertretungsbefugnis zulässig sein (so auch *Krafka/Kühn* Rn. 317; ferner Süß/Wachter/*Wachter*, Hdb. int. GesR § 2 Rn. 134 sowie *Kühn/Krafka*, NZG 2011, 209).

781 Die den Prokuristen der Zweigniederlassung betreffenden Eintragungen erfolgen in der Spalte 5 des Registerblatts. Dort werden die Prokuristen mit ihrem vollständigen Namen (Vor- und Familiennamen), Geburtsdatum und Wohnort eingetragen. Vermerkt wird ferner die Art der Vertretung (Einzel- oder Gesamtprokura) sowie ggf. der auf einzelne Zweigniederlassungen beschränkte Umfang der Prokura. Die Anmeldung muss hierzu die entsprechenden Angaben enthalten. Eine Zeichnung des Prokuristen ist seit dem Inkrafttreten des EHUG nicht mehr erforderlich. Entsprechend müssen Prokuristen an der Anmeldung auch nicht mitwirken.

782 6f. *Bestellung eines Empfangsberechtigten:* Nach § 13e Abs. 2 Satz 4 HGB kann für eine inländische Zweigniederlassung (ebenso wie bei einer deutschen GmbH gemäß § 10 Abs. 2 Satz 2 GmbHG) eine Person zur Eintragung in das Handelsregister angemeldet werden, die für Willenserklärungen und Zustellungen an die Gesellschaft empfangsberechtigt ist. Eine Verpflichtung, einen Empfangsberechtigten zu bestellen und in das Handelsregister eintragen zu lassen, besteht jedoch nicht. Zulässig ist nur die Bestellung und Anmeldung eines einzigen Empfangsberechtigten. Mehrere Empfangsberechtigte können weder bestellt noch eingetragen werden (*Krafka/Kühn* Rn. 316). Empfangsberechtige können sowohl natürliche als auch juristische Personen sein. In Betracht hierfür kommen vor allem Steuerberater, Rechtsanwälte oder auch Notare, ggf. aber auch ein Gesellschafter, der im Inland über eine Zustelladresse verfügt.

783 In der Anmeldung müssen bei einer natürlichen Person der Vor- und Zuname des Empfangsberechtigten sowie seine zustellungsfähige inländische Anschrift genannt sein, nicht auch das Geburtsdatum sowie der Wohnort. Ist der Empfangsberechtigte eine juristische Person, sind in der Registeranmeldung ihre Firma, der Sitz, das Registergericht sowie die Registernummer und die Zustellungsanschrift anzugeben. Die Eintragung des Empfangsberechtigen erfolgt auf dem Registerblatt in der Spalte 2 Unterspalte b, siehe § 43 Nr. 2b HRV.

7. Anschrift der Zweigniederlassung sowie Lage der Geschäftsräume In der Anmeldung ist die inländische Geschäftsanschrift Anschrift anzugeben, § 13e Abs. 2 Satz 3 HGB. Hierzu muss die Anmeldung die vollständige (zustellungsfähige) Anschrift der der Zweigniederlassung mit Postleitzahl, Ortsangabe Straßenamen und Hausnummer enthalten. Eine Postfachanschrift reicht nicht. 784

Da auch bei einer Zweigniederlassung Zustellungsanschrift und die Lage der Geschäftsräume voneinander abweichen können, ist neben er Zustellungsanschrift gemäß § 24 Abs. 2 und 3 HRV auch anzugeben, wo Geschäftsräume der Zweigniederlassung belegen sind. 785

8. Versicherung des/der Geschäftsführer(s) (sog. Eignungsversicherung) Bei der Anmeldung der inländischen Zweigniederlassung müssen gemäß dem § 13e Abs. 3 Satz 2 HGB die gesetzlichen Vertreter der Gesellschaft (Hauptniederlassung) versichern, dass in ihrer Person keine Bestellungshindernisse im Sinne von § 6 Abs. 2 Satz 2 u. 3 GmbHG vorliegen. Die Versicherung (auch Eignungsversicherung genannt) bezieht sich nicht auf etwaige Bestellungshindernisse des Heimatrechts, sondern auf die Bestellungshindernisse des deutschen Rechts. Die Regelung wurde durch das MoMiG in das HGB aufgenommen. Mit ihr soll verhindert werden, dass ein Geschäftsführer, gegen den im Inland ein Gewerbeverbot verhängt worden ist, das Bestellungshindernis umgeht, indem er eine Auslandsgesellschaft gründet, sich für diese Gesellschaft zum Geschäftsführer bestellt und über die Zweigniederlassung sodann im Inland tätig wird (siehe BT-Drucks. 16/6140 S. 49 f.). Die Frage, ob in diesem Fall, die Bestellungshindernisse des § 6 Abs. 2 Satz 2 und 3 GmbHG zur Anwendung kamen, war in Rechtsprechung und Literatur bis zum Inkrafttreten des MoMiG umstritten gewesen. Ebenso umstritten war, ob nur die Unterzeichner der Anmeldung der inländischen Zweigniederlassung eine entsprechende Versicherung abgeben musste oder sämtliche Geschäftsführer (*directors*) der Gesellschaft. 786

Nach dem insoweit eindeutigen Wortlaut von § 13e Abs. 3 Satz 2 HGB gelten nunmehr die Bestellungshindernisse in Bezug auf die Zweigniederlassung für *die* gesetzlichen Vertreter, d.h. für *alle* gesetzlichen Vertreter. Die Versicherungserklärung ist damit nicht etwa nur von denjenigen gesetzlichen Vertretern der Auslandsgesellschaft abzugeben, welche für die Zweigniederlassung im Inland tätig werden sollen, sondern nach ganz überwiegender Meinung von *allen* gesetzlichen Vertretern der Gesellschaft (siehe *Hoger*, NZG 2015, 1219 (1220) m.w.N.). Die Versicherung muss, da sie im Fall falscher Angaben gemäß § 82 Abs. 1 Nr. 5 GmbHG mit Strafe bedroht ist, von jedem der Geschäftsführer *höchstpersönlich* abgegeben werden, eine Vertretung ist insoweit nicht zulässig. Schließlich bedarf die Unterzeichnung der Versicherung der öffentlichen Beglaubigung, was bei den betroffenen Geschäftsführern im Ausland angesichts des damit verbundenen Aufwands für Apostille bzw. Legalisation sowie der hierbei anfallenden Kosten nicht selten auf Unverständnis und Unwillen stößt (*Krafka/Kühn* Rn. 322a.). 787

Zu der beiden in dem obigen Muster enthaltenen Varianten der Eignungserklärung sowie der erforderlichen persönlichen Belehrung über die unbeschränkte Auskunftspflicht siehe die Hinweise zu der Anmeldung in Muster B 4 Rdn. B 135 bis 144). Bei Abgabe der Versicherung vor einem Notar im Ausland erfolgt die erforderliche Belehrung in der Regel in schriftlicher Form. Zum Text einer entsprechenden »Fernbelehrung« durch einen deutschen Notar oder Rechtsanwalt siehe das Muster A 4 Rdn. A 49. mit weiteren Hinweisen. 788

9. Anlagen zur Anmeldung: Die Existenz der ausländischen Gesellschaft sowie der Bestellung ihrer gesetzlichen Vertreter ist in geeigneter Weise nachzuweisen, siehe hierzu im Einzelnen oben unter Hinweis 5 Rdn. A 754 ff. 789

Gemäß § 13g Abs. 2 Satz 1 HGB ist der Registeranmeldung der *Gesellschaftsvertrag* der ausländischen Gesellschaft in öffentlich beglaubigter Abschrift nebst Übersetzung in die deutsche Sprache beizufügen. Gemeint ist dabei die bei Einreichung der Anmeldung gültige aktuelle Fassung des Gesellschaftsvertrags (Schmidt-Kessel/*Leutner/Müthel/Schmidt-Kessel*, § 13g). Wenn beim ausländischen Register bei der Anmeldung von Änderungen wie bei einer inländischen GmbH gemäß § 54 Abs. 1 Satz 2 GmbHG der aktuelle Wortlaut des Gesellschaftsvertrags mit der Änderungsanmeldung einzureichen ist, bereitet es keine Schwierigkeiten, eine vom Urkundsbeamten des Registers beglaubigte aktuelle Version des Gesellschaftsvertrags zu beschaffen. Wenn dies nicht der Fall ist, 790 muss der aktuelle Wortlaut des Gesellschaftsvertrags auf andere Weise erstellt und bescheinigt werden. Dies kann z.B. durch eine Stellungnahme eines Notars geschehen, der auf der Grundlage der von ihm eingesehenen Protokolle der Gesellschafterversammlungen eine entsprechende Fassung erstellt. Bei einer englischen Limited kann eine solche Bescheinigung auch durch den *secretary* ausgestellt werden. Seine Bescheinigung bedarf der notariellen Beglaubigung nebst Apostille. Der Text einer entsprechenden Bescheinigung könnte etwa wir folgt lauten:

»I, ____________ (firstname, surname), the Secretary of ____________ (the »Company«), a limited liability company incorporated under the laws of England and Wales, do hereby certify on behalf of the Company as follows: The attached wording of the Memorandum and Articles of Association of the Company is true, accurate and complete in all respects and incorporates all amendments prior the date hereof.«

791 Der Gesellschaftsvertrag einer englischen Limited bestand nach dem Companies Act 1985 aus dem sog. *memorandum of association* sowie den *articles of association*. Diese Einteilung wurde durch den Companies Act 2006 (CA 2006) aufgegeben. Das memorandum of association enthält seitdem nur noch die Gründungserklärung. Den eigentlichen Gesellschaftsvertrag (the company`s constitution) bilden gemäß Sec. 17 CA 2006 die *company`s articles (of association)* zusammen mit den *resolutions and agreements* gemäß Sec. 29 CA 2006. Bei Gesellschaften, die vor dem Inkrafttreten dieser Regelung am 1.10 2009 gegründet worden sind, werden die in dem *memorandum* enthaltenen Regelungen so behandelt, als wären sie Bestandteil der *articles of association*, siehe Sec. 28 CA 2006.

792 Nach Sec. 20 CA 2006 besteht die Möglichkeit, bei der Gründung einer Limited vollständig oder ergänzend auf eine gesetzliche Mustersatzung (*model articles*) zu verweisen. Die M*odel Articles* wurden durch Verordnung vom 16.12.2008 erlassen (The Companies (Model Articles) Regulations 2008, SI 2008 No. 3229) und wurden seitdem mehrfach aktualisiert. Die derzeit aktuelle Fassung vom 12.10.2017 kann auf der Webseite des Companies House eingesehen und heruntergeladen werden. Die Model Articles sind an die Stelle der zuvor zum Companies Act 1985 erlassenen *»articles Table A«* getreten.

793 Erfolgte die Gesellschaftsgründung in England unter Verwendung der Model Articles, so fragt sich, von welchen Gründungsdokumenten beglaubigte Ablichtungen sowie Übersetzungen vorgelegt werden müssen. Nach einer Entscheidung des OLG Frankfurt/Main vom August 2017 muss in diesem Fall der Registeranmeldung zur Eintragung der Zweigniederlassung lediglich eine beglaubigte Ablichtung des bei dem Companies House bei der Limited-Gründung eingereichten *Memorandum of Association* nebst Übersetzung beigefügt werden. Die *model articles* müssen nach Auffassung des Oberlandesgerichts nicht vorgelegt werden. Bei ihnen handele es sich um kodifiziertes englisches Recht, das aufgrund entsprechender Auswahl bei der Gründung der Gesellschaft automatisch für sie gelte (OLG Frankfurt, Beschl. v. 08.08.2017 – 20 W 229/14, GmbHR 2018, 259–266 = BB 2018, 144–147 mit Anm. *Otte-Gräbner*; so zuvor für die *articles Table A* bereits OLG Hamm, Beschl. v. 28.02.2008 – 3 W 36/08, GmbHR 2009, 147–148). Gegen die Entscheidung des OLG Frankfurt ist Rechtsbeschwerde zum Bundesgerichtshof eingelegt. Bis zur höchstrichterlichen Klärung empfiehlt sich, mit dem zuständigen Registergericht vorab zu klären, welche Urkunden und Nachweise der Anmeldung beizufügen sind (so auch *Otte-Gräbner*, BB 2018, 148).

794 **10. Vollmacht:** In die Anmeldung sollte auf jeden Fall eine Vollmacht aufgenommen werden, mit der Mitarbeiter des Notars bevollmächtigt werden, etwaige von dem Registergericht für notwendig erachtete Änderungen und Ergänzungen der Anmeldung vorzunehmen. Ergänzungen der Versicherungserklärung (»Eignungserklärung«) können allerdings nicht in Vollmacht durch einen Vertreter erfolgen. Bei höchstpersönlich abzulegenden Erklärungen ist eine Vertretung nicht zulässig.

795 **11. Übersetzungshinweis:** Durch den Hinweis wird klargestellt, dass der deutsche Text der maßgebliche Text der Anmeldung ist und der englische Text lediglich der lediglich der Information von ausländischen Geschäftsführern dient, welche der deutschen Sprache nicht mächtig sind.

796 **12. Prüfung durch das Registergericht, rechtliche Wirkung der Eintragung:** Das Registergericht prüft die Registeranmeldung ohne Einschränkung in formeller und materieller Hin-

sicht. Die inländische Zweigniederlassung wird durch das Registergericht wie eine inländische Hauptniederlassung behandelt, da das ausländische Unternehmen in keinem inländischen Register erfasst und daher registerrechtlich noch nicht geprüft ist. Es ist daher befugt, alle Voraussetzungen der Eintragung, auch die nach ausländischem Recht zu beurteilenden Umstände, mit freier Würdigung der Beweismittel und ohne Bindung an ausländische Entscheidungen, Registereintragungen etc. zu prüfen, so insbesondere, ob die Gründung der Gesellschaft im Ausland wirksam ist und ihre Organe wirksam bestellt und welche Vertretungsmacht ihnen per Gesetz zusteht bzw. durch Beschluss des hierfür zuständigen Gesellschaftsorgans erteilt wurde.

Hinsichtlich der Anmeldung prüft das Gericht, ob sie alle notwendigen Angaben enthält und die **797**
erforderlichen Urkunden und Nachweise beigefügt sind.

Nach Einzahlung des gegebenenfalls angeforderten Kostenvorschuss trägt das Gericht sodann die **798**
Zweigniederlassung in die Abteilung B des Handelsregisters ein. Der Eintragung kommt keine deklaratorische, sondern lediglich deklaratorische Wirkung zu. Sie führt nicht zu einer eigenen Rechtspersönlichkeit der Zweigniederlassung. Diese bleibt rechtlich unselbstständiger Teil der ausländischen Gesellschaft. Sie erwirbt mit der Eintragung auch keine Parteifähigkeit, auch wenn die Gesellschaft unter der Firma der Zweigniederlassung klagen und am Ort der Zweigniederlassung verklagt werden kann, siehe § 17 Abs. 2 HGB sowie § 21 ZPO.

13. Kosten: a) *Notargebühren*: Bereitet der Notar den Entwurf der Registeranmeldung vor und **799**
beglaubigt er sodann die Unterschrift(en) des/der anmeldenden Geschäftsführer, entsteht eine 0,5 Gebühr für den Entwurf gemäß KV 24102 sowie eine 0,3 Gebühr (maximal € 250,00) für die Erstellung der XML-Strukturdaten gemäß KV 22114. Beglaubigt der Notar hingegen nur die Unterschrift(en) unter einem Fremdentwurf, erhält er für die Unterschriftsbeglaubigung nur eine 0,2 Gebühr (mindestens € 20,00, maximal € 70,00) gemäß KV 25100. In diesem Fall erhöht sich die Vollzugsgebühr für die Erstellung der XML-Strukturdaten auf eine 0,6 Gebühr (Vorbemerkung KV 2.2.1.2.). Die Privilegierung der Anmeldung einer Zweigniederlassung nach § 41 Abs. 5 KostO wurde gestrichen.

Wird die Zweigniederlassung eines ausländischen Unternehmens erstmals zur Eintragung ange- **800**
meldet, handelt es sich um eine erste Anmeldung im Sinne von § 105 Abs. 1 GNotKG, bei der auch das Stammkapital der Gesellschaft eingetragen wird (allg. Ansicht, siehe Bormann/Diehn/Sommerfeld/*Bormann*, § 105 Rn. 7). Der Geschäftswert richtet sich nach der Höhe des Kapitals der Gesellschaft, umgerechnet in Euro. Er beträgt mindestens € 30.000,00 und höchstens € 1 Mio. Bei späteren Anmeldungen gilt § 105 Abs. 4 Nr. 1, wonach als Geschäftswert 1 % des eingetragenen Kapitals, mindestens indessen € 30.000 anzusetzen sind. Für die gleichzeitige Anmeldung einer Filialprokura bzw. die Beschränkung einer bereits für die Gesellschaft eingetragenen Prokura erhöht sich der Geschäftswert um jeweils weitere mindestens € 30.000,00 (§ 111 Nr. 3 GNotKG). Hinzu kommen noch die üblichen Auslagenpauschalen nach KV-Nr. 3200 (Dokumentenpauschale Papier- und Daten) sowie KV-Nr. 32005 (Post- und Telekommunikationspauschale). b) *Gerichtskosten:* Gemäß der Vorbemerkung 2 (1) vor GV Nr. 2100 HaRegGV wird die inländische Zweigniederlassung einer ausländischen Kapitalgesellschaft wie eine Hauptniederlassung behandelt. Für die Eintragung fallen unabhängig von der Höhe des Kapitals der ausländischen Gesellschaft Gebühren in Höhe von € 150,00 (GV Nr. 2100). Für die Eintragung von Prokuristen entstehen gesonderte Gebühren von € 40,00 für den ersten Prokuristen und jeweils € 30,00 für zugleich angemeldete weitere Prokuristen, siehe § 2 Abs. 1 HRegGebV, GV-Nr. 4000, 4001. Für die Eintragung von ständigen Vertretern wird keine gesonderte Gebühr erhoben. Sie werden gebührenrechtlich wie Geschäftsführer behandelt (Korintenberg/*Thamke* § 58 Anh. Rn. 13), deren Eintragung bei der Ersteintragung von der Pauschalgebühr GV-Nr. 2100 abgedeckt ist. Für die Bekanntmachung der Eintragung in dem gemeinsamen Registerportal aller Bundesländer werden keine Auslagen berechnet. Die Bekanntmachung kann in dem gemeinsamen Registerportal für alle Registergerichte (*www.handelsregister.de*) und auf der Internetseite *www.handelsregisterbekanntmachungen.de* kostenlos aufgerufen und eingesehen werden.

B. Die UG (haftungsbeschränkt) und die Gründung im vereinfachten Verfahren gemäß § 2 Abs. 1a GmbHG

1. Gründungsprotokoll einer UG (haftungsbeschränkt) als Mehrpersonengesellschaft mit individueller Satzung

Vorbemerkung

1 Die gesetzlichen Bestimmungen zur UG (haftungsbeschränkt) finden sich in § 5a GmbHG, der durch das MoMiG in das GmbHG eingefügt wurde. Bei der UG handelt es sich nicht um eine eigenständige Rechtsform. Sie ist nach der Konzeption des Gesetzgebers vielmehr lediglich eine »Rechtsformvariante« (so der *RegE MoMiG*, BT-Drs. 16/6140, 31) und damit eine Sonderform bzw. Unterart der »normalen« GmbH, auf die sämtliche Vorschriften des GmbHG Anwendung finden, soweit in § 5a GmbHG nicht Sonderregelungen für die UG normiert sind.

2 Diese Sonderregeln bestehen gemäß § 5a GmbHG in den folgenden Abweichungen von der Normalform der GmbH:

- Das Stammkapital der UG beträgt weniger als 25.000 €, mindestens aber 1 €, § 5a Abs. 1 S. 1 GmbHG.
- Die Gesellschaft muss in der Firma statt des Rechtsformzusatzes »GmbH« die Bezeichnung »Unternehmergesellschaft (haftungsbeschränkt)« oder »UG (haftungsbeschränkt)« führen, § 5a Abs. 1 S. 2 GmbHG.
- Vor Einreichung der Anmeldung muss das jeweilige Stammkapital in voller Höhe eingezahlt sein, § 5a Abs. 2 S. 1 GmbHG.
- Die Einlagen müssen bar eingezahlt werden; eine Sachgründung ist nicht zulässig, § 5a Abs. 2 S. 2 GmbHG.
- Die Gesellschaft ist verpflichtet, eine gesetzliche Rücklage zu bilden, in die ein Viertel des jeweiligen Jahresüberschusses einzustellen ist, § 5a Abs. 3 GmbHG.
- Bei drohender Zahlungsunfähigkeit ist unverzüglich eine Gesellschafterversammlung einzuberufen, § 5a Abs. 4 GmbHG.

3 Die Sonderregelungen finden auf die Gesellschaft solange Anwendung, als ihr Stammkapital den Betrag von 25.000 € unterschreitet. Dies gilt auch dann, wenn die nach § 5a Abs. 3 GmbHG gebildete gesetzliche Rücklage zusammen mit dem Stammkapital oder die Rücklage selbst den Betrag von 25.000 € erreicht oder diese Summe gar überschreitet. Maßgeblich für die Geltung der Sonderregeln ist allein das statuarische Stammkapital der Gesellschaft. Erst wenn dieses in dem Gesellschaftsvertrag auf 25.000 € oder höher geändert ist, kommen ab dem Zeitpunkt der Registereintragung die gesetzlichen Vorschriften zur UG nicht mehr zur Anwendung, § 5a Abs. 5 S. 1 GmbHG. Ihre bisherige Firma, d.h. die Bezeichnung als »Unternehmergesellschaft« bzw. »UG« mit dem Klammerzusatz »(haftungsbeschränkt)« darf die Gesellschaft jedoch gemäß § 5a Abs. 4 Halbs. 2 GmbHG nach der Erhöhung des Stammkapitals auf 25.000 € unverändert fortführen, was in der Praxis allerdings nur selten vorkommt.

4 Entstehen kann die UG ausschließlich durch originäre Neugründung. Es ist weder ein Formwechsel in eine UG nach den §§ 190 ff. UmwG zulässig (allg.M., s. Baumbach/Hueck/*Fastrich* § 5a Rn. 17 m.w.N. sowie insbes. *Berninger*, Die Unternehmergesellschaft (haftungsbeschränkt) – Sachkapitalerhöhungsverbot und Umwandlungsrecht, GmbHR 2010, 63–71) noch kann durch eine Kapitalherabsetzung auf einen Betrag unter 25.000 € im Wege des sog. »Downgradings« eine UG geschaffen werden (allg.M., s. u.a. s. Ensthaler/Füller/Schmidt/*Füller* § 5a, Rn. 3 m.w.N. sowie Lutter/Hommelhoff/*Lutter* § 5a, Rn. 71). In der Gründungsphase ist das »Downgrading« einer GmbH in eine UG jedoch zulässig, solange die GmbH noch nicht in das Handelsregister eingetragen ist (so ausdrücklich OLG Frankfurt, Beschl. vom 20.12.2010, 20 W 388/10, GmbHR 2011, 98).

Zur Beteiligung einer *bestehenden* UG an anderen Umwandlungsvorgängen siehe Ensthaler/Füller/Schmidt/*Füller* § 5a, Rn. 17 ff. sowie ausführlich *Heinemann,* Die UG als Zielgesellschaft von Formwechsel, Verschmelzung und Spaltung nach dem Umwandlungsgesetz, NZG 2008, 820–822. 5

Nach der Vorstellung des Gesetzgebers soll mit der UG vor allem Existenzgründern eine Einstiegsvariante für eine haftungsbeschränkte Kapitalgesellschaft mit einem geringeren Eigenkapital als dem für die reguläre GmbH erforderlichen Mindestkapital von 25.000 € zur Verfügung gestellt werden. Daneben kann die UG aber auch zu anderen Zwecken eingesetzt werden (s. hierzu insbes. *Miras*, Die neue Unternehmergesellschaft, Rn. 393 ff. sowie *Waldenburger/Sieber*, Die Unternehmergesellschaft (haftungsbeschränkt) jenseits der »Existenzgründer«, GmbHR 2009, 114, 120 ff.). So kommt die UG auch als Komplementärin einer Kommanditgesellschaft in Betracht (zur Firma der KG s. unten Anm. 5 Rdn. B 17). Sie kann nach überwiegender Ansicht auch als gemeinnützige Gesellschaft oder als Stiftungsverwaltungsgesellschaft verwandt werden (s. hierzu: Anwendungserlass zur AO, zu § 55 Ziffer 21, zur Firma s. hierzu unten Rdn. B 15). Bei diesen weiteren Verwendungszwecken ist allerdings bei der Formulierung des Gesellschaftsvertrags zu beachten, dass die einzelnen Regelungen im Gesellschaftsvertrag mit dem gesetzlichen Thesaurierungsgebot des § 5a Abs. 3 GmbHG zu vereinbaren sind. Schließlich wird die UG gelegentlich auch für berufsrechtliche Gesellschaften als Rechtsformvariante der GmbH genutzt wie z.B. für Architekten- oder auch Rechtsanwaltsgesellschaften, wenn die besonderen berufsrechtlichen Regelungen für berufsrechtliche Gesellschaften kein Mindestkapital erfordern (s. z.B. die §§ 59c ff. BRAO, anders dagegen z.B. § 28 Abs. 6 WPO: bei einer WP-GmbH mindestens 25.000 €) und die sonstigen besonderen berufsrechtlichen Anforderungen (bei einer Rechtsanwaltsgesellschaft z.B. der Abschluss der erforderlichen Berufshaftpflichtversicherung sowie die Firmierung, § 59d BRAO) eingehalten werden (s. *Axmann/Deister*, Die Unternehmergesellschaft [haftungsbeschränkt] – Geeignete Rechtsform für Anwälte?, NJW 2009, 2941–2943; *Offermann*, Anwaltliches Gesellschaftsrecht – Die Basics der Anwalts-GmbH, AnwBl 2015, 18 ff.). 6

Eine UG kann sowohl im Normalverfahren mit einem individuellen Gesellschaftsvertrag als auch im vereinfachten Verfahren mit Musterprotokoll gemäß § 2 Abs. 1a GmbHG errichtet werden. In der Praxis werden aufgrund der damit verbundenen Kostenersparnis bei den Beurkundungskosten (s. §§ 105 Abs. 6, 107 Abs. 1 S. 2 GNotKG) UG ganz überwiegend im vereinfachten Verfahren unter Verwendung eines der beiden Musterprotokolle gemäß der Anlage zum GmbHG gegründet. 7

Das nachstehende Muster betrifft die Gründung einer Mehrpersonen-UG im Normalverfahren mit individuellem Gesellschaftsvertrag. Zur Gründung einer Einpersonen-GmbH im vereinfachten Verfahren mit Musterprotokoll s. das Muster B 2 (Rdn. B 39 ff.) sowie zur vereinfachten Gründung einer Mehrpersonen-UG das Muster B 3 (Rdn. B 94). 8

Muster [1] 9

UR.-Nr. __________/__________

Verhandelt in __________

am __________

Vor mir, dem Notar/der Notarin __________

mit dem Amtssitz in __________

erschienen heute in meinen Amtsräumen in __________

1. **Herr A,**
   geboren am __________,
   wohnhaft __________,
   ausgewiesen durch __________,
   handelnd
   zu a) im eigenen Namen,
   zu b) seiner Erklärung nach in seiner Eigenschaft als einzelvertretungsberechtigter und von den Beschränkungen des § 181 BGB befreiter Geschäftsführer für die Gesellschaft mit beschränkter Haftung in Firma
   B-GmbH mit dem Sitz in __________,
   Geschäftsanschrift: __________,
   eingetragen im Handelsregister des Amtsgerichts __________ unter HRB __________.
   Hiermit bescheinige ich, der Notar/die Notarin, gemäß § 21 Abs. 1 Nr. 1 BNotO die vorgenannte Vertretungsberechtigung, und zwar aufgrund heutiger Einsicht/Einsicht am __________ in das elektronische Handelsregister des Amtsgerichts __________. [2]

2. **Frau C,**
   geboren am __________,
   wohnhaft __________,
   ausgewiesen durch __________,
   handelnd im eigenem Namen.

Die Erschienenen erklärten zu meinem Protokoll: [3]

I. Errichtung

1. **Wir** [4] **errichten hiermit eine Unternehmergesellschaft (haftungsbeschränkt) mit der Firma**

   XYZ Unternehmergesellschaft (haftungsbeschränkt) [5]

   mit dem Sitz in __________. [6]

2. **Das Stammkapital** [7] **der Gesellschaft beträgt 1.000,00 € (in Worten: eintausend Euro) und ist eingeteilt in 1.000 Geschäftsanteile im Nennbetrag von je 1,00 €.** [8]

   Die Geschäftsanteile werden wir folgt übernommen: [9]

   a) **Herr A übernimmt 400 Anteile (Anteile Nr. 1 bis 400) mit einer Gesamteinlage von 400,00 €.**

   b) **Die B-GmbH übernimmt 500 Anteile (Anteile Nr. 401 bis 900) mit einer Gesamteinlage von 500,00 €.**

   c) **Frau C übernimmt 100 Anteile (Anteile Nr. 901 bis 1000) mit einer Gesamteinlage von 100,00 €.**

   Die Einlagen auf die Geschäftsanteile sind in Geld zu leisten, und zwar sofort in voller Höhe. [10, 11]

3. Den Gesellschaftsvertrag stellen wir gemäß der dieser Niederschrift beigefügten Anlage fest. [12]

4. Die Geschäftsanschrift der Gesellschaft lautet: ______________. [13]

II. Geschäftsführerbestellung [14]

Unter Verzicht auf die Einhaltung aller Form- und Fristvorschriften halten wir hiermit zugleich eine erste Gesellschafterversammlung ab und bestellen zu Geschäftsführern wie folgt:

a) **Frau C, wohnhaft in ______________, geboren am ______________.**

Sie vertritt die Gesellschaft stets allein und ist von den Beschränkungen des § 181 BGB befreit, d.h. sie ist befugt, die Gesellschaft auch bei solchen Geschäften zu vertreten, die sie mit sich im eigenen Namen oder als Vertreter eines Dritten abschließt.

b) **Herrn D, wohnhaft in ______________, geboren am ______________.**

Er vertritt die Gesellschaft satzungsgemäß zusammen mit einem weiteren Geschäftsführer oder einem Prokuristen. Soweit kein weiterer Geschäftsführer vorhanden ist, vertritt er die Gesellschaft allein.

III. Kosten [15]

Die Gesellschaft trägt die mit der Gründung verbundenen Notarkosten sowie Gerichtskosten bis zu einem Betrag von netto € 850,00. Darüber hinaus gehende Kosten tragen die Gesellschafter im Verhältnis der Nennbeträge ihrer Geschäftsanteile.

IV. Vollmacht [16]

Die Mitarbeiter des amtierenden Notars/der amtierenden Notarin Frau X und Herr Y werden hiermit bevollmächtigt, und zwar jeder für sich allein und unter Befreiung von den Beschränkungen des § 181 BGB, für die Erschienenen alle noch mit der Eintragung der Gesellschaft zusammenhängenden Erklärungen entgegenzunehmen sowie abzugeben und insbesondere zur Erledigung von Verfügungen des Registergerichts Änderungen des Gesellschaftsvertrages vorzunehmen sowie sonstige Gesellschafterbeschlüsse zu fassen und diese Änderungen zum Handelsregister anzumelden. Von dieser Vollmacht darf nur vor dem amtierenden Notar/der amtierenden Notarin in, seinen/ihren Sozien bzw. deren amtlich bestellten Notarvertretern Gebrauch gemacht werden. Die Vollmacht erlischt einen Monat nach der Eintragung der Gesellschaft im Handelsregister.

V. Hinweise [17]

Die Erschienenen wurden von dem Notar/von der Notarin insbesondere auf das Folgende hingewiesen:

a) **Die Gesellschaft als solche entsteht erst mit ihrer Eintragung im Handelsregister.**

b) **Der/die Gründungsgesellschafter, der/die Geschäftsführer und sonstige für die Vorgesellschaft handelnde Personen haften bis zu der Eintragung der Gesellschaft in das Handelsregister gesamtschuldnerisch und unbeschränkt.**

c) **Alle Gründungsgesellschafter haften unbeschränkt und persönlich für etwaige Fehlbeträge, wenn im Zeitpunkt der Registereintragung der Wert des Gesellschaftsvermögens (zuzüglich des satzungsmäßig festgelegten von der Gesell-**

schaft zu übernehmenden Gründungsaufwands) niedriger ist als das nominelle Stammkapital (Differenzhaftung zum Ausgleich einer Unterbilanz),

d) Die vereinbarten Bareinlagen dürfen erst nach der heutigen Beurkundung erbracht werden. Sie müssen ausschließlich an die Gesellschaft in Gründung geleistet werden. Etwaige vor der heutigen Gründung geleistete Zahlungen haben regelmäßig keine Tilgungswirkung.

e) Eine Bareinlage kann nicht durch Verrechnung/Aufrechnung mit Forderungen gegen die Gesellschaft erbracht werden.

f) Verdeckte Sacheinlagen, d.h. Geldeinlagen, die aufgrund einer Abrede im Zusammenhang mit der Übernahme eines Geschäftsanteils getroffen werden und die bei wirtschaftlicher Betrachtung als Sacheinlagen zu werten sind, befreien regelmäßig nicht von der übernommenen Verpflichtung zur Leistung einer Bareinlage.

g) Geldeinlagen, die zeitlich unmittelbar nach der Gründung darlehensweise oder aufgrund anderweitiger Vereinbarung an einen Gesellschafter wieder ausgezahlt werden, tilgen die Einlageschuld nur dann, wenn der Rückzahlungsanspruch der Gesellschaft vollwertig und jederzeit fällig ist und die Auszahlung sowie die Rückzahlungsvereinbarung zwischen dem Gesellschafter und der Gesellschaft in der Anmeldung zum Handelsregister angegeben sind.

h) Jeder Gesellschafter haftet auch für den Fall seines Ausscheidens aus der Gesellschaft neben dem Erwerber seines Geschäftsanteils für dessen Volleinzahlung.

i) Alle Gesellschafter haften im Verhältnis ihrer Geschäftsanteile für die Einzahlung derjenigen Einlagen, auf die die Leistungen der dazu verpflichteten Gesellschafter nicht zu erlangen sind; dies kann bei Ausfall aller übrigen Gesellschafter zu der Haftung eines einzelnen Gesellschafters für das gesamte Stammkapital führen; diese Haftung gilt insbesondere auch für solche Einlageleistungen, die keine Tilgungswirkung haben, die schon vor der Registereintragung ohne Werterhaltung verbraucht sind oder die an die Gesellschafter zurückgezahlt wurden

j) Die Gesellschafter und Geschäftsführer haften als Gesamtschuldner der Gesellschaft gegenüber für fehlende Einzahlungen, wenn zum Zwecke der Errichtung der Gesellschaft falsche Angaben gemacht werden.

k) Falsche Angaben im Zusammenhang mit der Gründung der Gesellschaft sind nach § 82 GmbHG mit Freiheitsstrafe bis zu drei Jahren oder Geldstrafe bedroht.

l) Die Unternehmergesellschaft hat nach § 5a Abs. 3 GmbHG bei Aufstellung des Jahresabschlusses in der Bilanz jedes Jahr zwingend eine gesetzliche Rücklage zu bilden, in die ein Viertel des (um einen etwaigen Verlustvortrag geminderten) Jahresüberschusses einzustellen ist. Diese Rücklage darf nur für die in § 5a Abs. 3 GmbHG genannten Zwecke verwendet werden.

m) Eine Gesellschafterversammlung ist immer dann einzuberufen, wenn es im Interesse der Gesellschaft erforderlich erscheint. Bei drohender Zahlungsunfähigkeit der Gesellschaft muss die Einberufung gemäß § 5a Abs. 4 GmbHG abweichend von § 49 Abs. 3 GmbHG unverzüglich erfolgen.

VI. Abschriften [18]

Von dieser Urkunde erhalten jeweils eine beglaubigte Abschrift:

- **die Gesellschaft,**
- **die Gesellschafter,**

– das Registergericht (in elektronischer Form),

– das für die Gesellschaft zuständige Finanzamt (Körperschaftsteuerstelle).

Vorgelesen einschließlich der Anlage, von dem Erschienenen genehmigt und unterschrieben. [19, 20]

[Unterschrift der Erschienenen]

[Unterschrift des Notars/der Notarin] LS [Notariatssiegel]

Anlage zu der Urkunde UR-Nr. ________ vom ________ des Notars ________ in ________

Gesellschaftsvertrag der ________ UG (haftungsbeschränkt)

mit Sitz in ________

____

Template

Notarial deed no. UR-Nr.________/________ 10

Negotiated in ________

on [date]

Before me, the notary [name]

with the registered office in [city]

today appeared in my notary's business premises situated at [address]

1. Mr. A,

born on [date],

residing at [address],

personally known to the notary/identified by valid German ID card/passport no. ________,

acting

(a) on his own behalf,

(b) according to his declaration in his capacity as managing director with sole power of representation and exempted from the restrictions of Sec. 181 BGB (German Civil Code) on behalf of the limited liability company under the firm name of

B-GmbH

with registered office at [city],

business address: ________,

registered in the commercial register of the local court of ________ division B, number HRB ________.

I, the notary, hereby confirm the aforementioned power of representation in accordance with Sec. 21 para. 1 no. 1 BNotO, on the basis of today's inspec-

tion/inspection on [date] in the electronical commercial register of the local court of ________, division B, number HRB ________

2. Ms C,

born on [date],

resident at [address],

personally, known to the notary/identified by valid ________ German ID card/passport, acting on their own behalf.

The persons appeared requested the deed to be recorded in the German language. The English version is only a non-binding translation and is quoted for information purposes only.

The persons appeared – acting as stated above – then declared to my record:

I. Incorporation of the Unternehmergesellschaft (haftungsbeschränkt) (entrepreneurial company with limited liability)

1. **We hereby establish an entrepreneurial company (with limited liability) with the company name XYZ Unternehmergesellschaft (haftungsbeschränkt) with its registered office in ________ (the »Company«).**
2. **The nominal share capital of the Company amounts to € 1,000.00 (in words: EUR one thousand) and is divided into 1.000 shares with a nominal value of € 1.00 each**

   We subscribe to the shares of the Company as follows:

   a) **Mr. A subscribes to 400 shares (shares no. 1 to 400) with a total contribution of € 400.00.**

   b) **B-GmbH subscribes to 500 shares (shares no. 401 to 900) with a total contribution of € 500.00.**

   c) **Ms C subscribes to 100 shares (shares no. 901 to 1000) with a total contribution of 100.00 €.**

   Contributions to the shares are to be paid immediately and in full.

3 The Articles of Association of the Company shall be adopted as shown in the Annex.

4 The domestic business address of the Company is: ________

II. Appointment of managing directors

By waiving compliance with all formalities and deadlines, we hereby hold an initial shareholders' meeting and appoint managing directors as follows:

a) Ms. C, residing in ________, born on ________.

b) She always represents the Company alone and is exempted from the restrictions of Sec. 181 BGB, i.e. she is also allowed to represent the Company in transactions which she concludes in her own name or as a representative of a third party.

b) Mr. D, residing in ________, born on ________.

In accordance with the articles of association, he represents the Company together with another managing director or an officer of the company with general commercial power of representation. If no other managing director is appointed, he represents the Company alone.

Further resolutions are not adopted.

III. Costs

The Company bears the notary costs associated with the foundation as well as court costs up to an amount of € 850.00. The shareholders bear any additional costs in proportion to the nominal amounts of their shares.

IV. Power of attorney

The employees of the notary, Ms. X and Mr. Y, are hereby authorised to receive and make all declarations relating to the registration of the company on behalf of the persons appearing and, in particular, to make amendments to the memorandum and articles of association and other shareholder resolutions and to enter these amendments with the commercial register in order to execute orders of the register court. The power of attorney may only be exercised before the acting notary, his or her partners or their officially appointed representatives. The power of attorney expires one month after the entry of the Company in the commercial register.

V. Notarial instructions:

The notary advised the appearing parties in particular of the following:

a) The company as a legal entity is not incorporated until it is entered in the commercial register.

b) The founding shareholder(s), the managing director(s) and other persons acting on behalf of the preliminary company are jointly and unrestrictedly liable until the company has been entered in the commercial register.

c) The founding shareholders are personally and without limitation liable for any shortfalls if, at the time of registration, the value of the company's assets (plus the formation costs to be borne by the company as stipulated in the articles of association) is lower than the nominal share capital (difference liability to offset a sub-balance sheet),

d) The agreed cash contributions may only be made after today's notarization. They must be paid exclusively to the company in formation. Any payments made prior to today's foundation have no redemption effect.

e) The cash contributions cannot be made by offsetting/setting against claims against the company.

f) Hidden contributions in kind, i.e. contributions in cash made under an agreement in connection with the subscription of a share and which, from an economic point of view, are to be evaluated as a contribution in kind, do not generally exempt from the obligation accepted to make a cash contribution.

g) Contributions in cash, which are repaid to a shareholder by way of a loan agreement or on the basis of another agreement before the company is entered in the commercial register, will only release from the obligation to the share contribution if the repayment claim of the company is completely valid and due at any time and the repayment agreement between the shareholder and the company is stated in the application to the commercial register.

h) In the event of withdrawal, each shareholder is liable for the complete payment of his share in addition to the person acquiring the share.

i) All shareholders are liable in proportion to the their shares for the payment of those shares for which the contribution of a shareholder cannot be obtained;

this may lead to the liability of an individual shareholder for the entire share capital in the event of the default of all other shareholders; this liability shall also apply in particular to such contributions which have no redemption effect, which have been spent prior to registration of the company without preservation of value or which have been repaid to shareholders.

j) The shareholders and managing directors are jointly and severally liable to the company for insufficient contributions if false statements are made for the purpose of establishing the company.

k) Incorrect information in connection with the foundation of the company can be punished by imprisonment for up to three years or a fine according to Sec. 82 GmbHG (German limited company Act).

l) Pursuant to Sec. 5a para. 3 GmbHG, the entrepreneurial company shall establish a legally required reserve each year when preparing the annual financial statements in the balance sheet to which one quarter of the annual net profit (reduced by any loss carried forward) must be allocated and that this reserve may only be used for the purposes stated in Sec. 5 para. 3 GmbHG.

m) A shareholder meeting is to be called whenever it appears necessary in the interests of the company. In derogation of Sec. 49 para. 3 of the GmbHG, the meeting must be convened without delay in case of threat of insolvency (see Sec. 5a para. 4 GmbHG).

VI. Copies

Certified copies of this document shall be made for:

- **the company,**
- **the shareholders,**
- **the commercial register (in electronic form),**
- **the tax office responsible for the company (corporation tax office).**

Read aloud, including the appendix, approved and signed by the persons appearing.

[signatures of the persons appearing]

[notary's signature] L.S. [notary's seal]

______

Appendix to the notarial deed number UR-Nr. ______/______ of the notary ______

in ______, dated ______

Articles of association

of ______ UG (haftungsbeschränkt)

with registered office in ______

______

Erläuterungen

Literatur: *Axmann/Deister*, Die Unternehmergesellschaft (haftungsbeschränkt) – Geeignete Rechtsform für Anwälte?, NJW 2009, 2941–2943; *Berninger*, Die Unternehmergesellschaft (haftungsbeschränkt) – Sachkapitalerhöhungsverbot und Umwandlungsrecht, GmbHR 2010, 63–71; *Heckschen*, Gründungserleichterungen nach dem MoMiG – Zweifelsfragen der Praxis, DStR 2009, 166–174; *Heinemann*, Die Unternehmergesellschaft als Zielgesellschaft von Formwechsel, Verschmelzung, und Spaltung nach dem Umwandlungsgesetz, NZG 2008, 820–822; *Heinze*, Verdeckte Sacheinlagen und verdeckte Finanzierungen nach dem MOMIG, GmbHR 2008, 1065, 1066; *Hennrichs*, Die UG (haftungsbeschränkt) – Reichweite des Sacheinlagenverbots und gesetzliche Rücklage – Sacheinlage, Sachkapitalerhöhung, Umwandlung, Zuzahlungen und Rücklagen bei der UG, NZG 2009, 1161–1167; *Kessel*, Unternehmergesellschaft (haftungsbeschränkt): Umgehungsmöglichkeiten der Thesaurierungsverpflichtung – und wie man ihnen begegnet, GmbHR 2016, 199–205; *Miras*, Aktuelle Fragen zur Unternehmergesellschaft (haftungsbeschränkt, NZG 2012, 486–491; *Miras*, Anwaltliche Beratung bei der Gründung einer Unternehmergesellschaft (haftungsbeschränkt), NJW 2013, 212 f.; *Müller*, Die gesetzliche Rücklage bei der Unternehmergesellschaft, ZGR 2012, 81–112; *Offermann*, Anwaltliches Gesellschaftsrecht – Die Basics der Anwalts-GmbH, AnwBl 2015, 18 ff.; *Seebach*, Die Unternehmergesellschaft (haftungsbeschränkt) in der notariellen Praxis, RNotZ 2013, 261–284; *Veil*, Die Unternehmergesellschaft im System der Kapitalgesellschaften, ZGR 2009, 623–643; v. Rechenberg/Ludwig/*Fehrenbacher/Traut*, Kölner Hdb. Handels- und Gesellschaftsrecht, 4. Aufl. 2017 (GmbH), Kapitel 13, Rn. 1747 ff.; *Wachter*, Die neue Unternehmehrgesellschaft (haftungsbeschränkt), in: Römermann/Wachter, GmbHR-Sonderheft 2008, 25–36; *Wachter*, Auswirkungen der Finanzmarktkrise auf die Unternehmergesellschaft (haftungsbeschränkt), GmbHR 2008, 1296; *Waldenberger/Sieber*, Die Unternehmergesellschaft (haftungsbeschränkt) jenseits der »Existenzgründer«, GmbHR 2009, 114–124; *Weber*, Die Unternehmergesellschaft (haftungsbeschränkt), BB 2009, 842, 844; *Werner*, Aktuelle Entwicklungen des Rechts der Unternehmergesellschaft, GmbHR 2011, 459–464.

1. Sachverhalt: Das vorstehende Muster betrifft den Fall der Gründung einer Unternehmergesellschaft (haftungsbeschränkt) im »Normalverfahren« mit Feststellung eines individuellen Gesellschaftsvertrags als Mehrpersonengesellschaft. Das Stammkapital der Gesellschaft soll 1.000 € betragen und ist eingeteilt in 1.000 Anteile zu je 1,00 €. Hiervon soll der Gesellschafter A 40 % (400 €), die von ihm vertretene B-GmbH 50 % (500 €) und Frau C 10 % (100 €) übernehmen. Zu Geschäftsführern werden die Gründungsgesellschafterin C sowie als Fremdgeschäftsführer Herr D bestellt. 11

2. Vertretungsbescheinigung: Zur Beschleunigung des Eintragungsverfahrens empfiehlt sich eine notarielle Bescheinigung zu der Vertretungsbefugnis. Anderenfalls kann, soweit die vertretene Gesellschaft nicht bei demselben Handelsregister eingetragen ist, das Registergericht einen Vertretungsnachweis in Form eines Registerauszugs anfordern. 12

3. Notarielle Beurkundung: Die Errichtung der Unternehmergesellschaft bedarf wie die Gründung der normalen GmbH der notariellen Beurkundung, § 2 Abs. 1 S. 1 GmbHG. 13

4. Gründerfähigkeit: Was die Gründerfähigkeit angeht, so gelten keine Besonderheiten. Gründer können daher wie bei der Normal-GmbH natürliche und/oder juristische Personen sowie Personenhandelsgesellschaften sein. Ebenso ist die Gründerfähigkeit der GbR sowie der Erbengemeinschaft mittlerweile allgemein anerkannt. Auch hinsichtlich der Zahl der Gründer bestehen keine Beschränkungen, soweit die Gründung nicht gemäß Musterprotokoll im vereinfachten Verfahren erfolgt. 14

5. Firma: Nach § 5a Abs. 1 GmbHG muss die Firma als Rechtsformzusatz zwingend die Bezeichnung »Unternehmergesellschaft« bzw. »UG« sowie den Klammerzusatz »(haftungsbeschränkt)« enthalten. Hiervon abweichende Abkürzungen bzw. Bezeichnungen, wie z.B. »UGhb«, »Unternehmergesellschaft mbH (haftungsbeschränkt)«, »Unternehmensgründergesellschaft (haftungsbeschränkt)« oder Abkürzungen des Klammerzusatzes (wie z.B. »hbr.« oder »haftbeschr.«), sind nicht zulässig. Zwischen der Bezeichnung »Unternehmergesellschaft« bzw. »UG« und dem Klammerzusatz »haftungsbeschränkt« dürfen keine weiteren Worte eingefügt werden (OLG Hamburg, Beschl. vom 02.11.2010, 11 W 84/10, GmbHR 2011, 257 = NZG 2011, 872). Eine Firma wie z.B. »XY UG für Rohkaffeeimport (haftungsbeschränkt)« ist damit unzulässig. Bei einer gemein- 15 nützigen Unternehmergesellschaft ist nach überwiegender Ansicht anders als bei der GmbH, für die der Gesetzgeber den Rechtsformzusatz »gGmbH« ausdrücklich in § 4 S. 2 GmbHG zugelassen hat, die auf die Gemeinnützigkeit hinweisende Kurzbezeichnung »gUG (haftungsbeschränkt)« als Rechtsformzusatz nicht zulässig (s. DNotI-Report 2013, 181 f., *Roth/Altmeppen* § 5a Rn. 10, *Wicke* GmbHG sowie BeckOK GmbHG/*Miras*, § 5a Rn. 52, § 5a Rn. 6, a.A. Lutter/Hommelhoff/*Kleindiek* § 5a Rn. 56).

16 Ansonsten sind bei der Wahl der Firma keine Besonderheiten zu beachten. Es gelten die allgemeinen Grundsätze zur Firmierung. Die Firma kann als Personen- oder als Sachfirma gebildet werden. Zulässig sind auch Mischformen oder die Verwendung eines Fantasiebegriffs. Die allgemeinen handelsrechtlichen Bestimmungen zur Firmenbildung nach dem HGB kommen zur Anwendung. So muss die Firma nach § 18 HGB ausreichende Kennzeichnungs- und Unterscheidungskraft haben und darf keine irreführenden Angaben über geschäftliche Verhältnisse enthalten, welche für die angesprochenen Verkehrskreise wesentlich sind. Schließlich ist der Grundsatz der Firmenausschließlichkeit gemäß § 30 HGB zu beachten, wonach die Firma sich von allen anderen an demselben Ort oder in derselben Gemeinde bereits bestehenden und eingetragenen Firmen deutlich unterscheiden muss.

17 Wird eine UG als alleinige Komplementärin einer Kommanditgesellschaft eingesetzt, so muss die Bezeichnung »Unternehmergesellschaft (haftungsbeschränkt)« bzw. »UG (haftungsbeschränkt)« auch in die Firma der Kommanditgesellschaft aufgenommen werden (KG Berlin, Beschl. vom 08.09.2009, 1 W 244/09, GmbHR 2009, 1281 mit Anm. *Omlor* sowie NZG 2009, 1159 mit Anm. *Wachter*).

18 **6. Sitz:** Gemäß § 4a GmbHG ist Sitz der Gesellschaft der Ort, d.h. die politische Gemeinde im Inland, den der Gesellschaftsvertrag bestimmt. Nach Streichung von § 4a Abs. 2 GmbHG a.F. durch das MoMiG kann der Satzungssitz frei gewählt werden (allg.M., *Krafka/Kühn* Rn. 926). Der Satzungssitz kann von dem Verwaltungssitz der Gesellschaft abweichen. Letzterer kann jetzt auch im Ausland liegen (RegE MoMiG, BT-Drs. 16/6140, 29).

19 **7./8.** Stammkapital/Geschäftsanteile: Das Stammkapital der UG muss mindestens 1,00 € und darf höchstens 24.999,00 € betragen. Es muss auf Euro lauten. Anders als z.B. bei der englischen »Limited« ist ein Stammkapital in ausländischer Währung nicht zulässig. Das Kapital ist betragsmäßig fest zu beziffern. Die Bestimmung eines Mindest- oder Höchstbetrages (»höchstens« oder »bis zu«) ist nicht zulässig. Die Summe der Nennbeträge aller Geschäftsanteile muss dem Stammkapital entsprechen, § 5 Abs. 3 S. 2 GmbHG. Der Nennbetrag eines jeden Geschäftsanteils muss auf volle Euro lauten, § 5 Abs. 2 S. 1 GmbHG; der Mindestnennbetrag für einen Geschäftsanteil beträgt damit 1,00 €.

20 **9. Übernehmer:** Ebenso wie bei der Gründung einer regulären GmbH kann jeder Gründer mehrere Geschäftsanteile übernehmen, § 5 Abs. 2 S. 2 GmbHG.

21 **10. Bargründung:** Die Errichtung einer UG ist ausschließlich als Bargründung möglich; Sacheinlagen sind nicht zulässig, § 5a Abs. 2 S. 2 GmbHG. Inwieweit bei Leistung einer verdeckten Sacheinlage eine Anrechnung gemäß § 19 Abs. 4 GmbHG zur Anwendung kommen kann, ist umstritten und – soweit ersichtlich – gerichtlich bisher nicht geklärt. Nach der wohl überwiegenden Meinung im Schrifttum gilt § 19 Abs. 4 GmbHG auch für die G (so u.a. *Heinze*, GmbHR 2008, 1065, 1066; Lutter/Hommelhoff/*Kleindiek* § 5a, Rn. 27 ff.; MüKo GmbHG/*Rieder* § 5a Rn. 23 m.w.N.; a.A. u.a. *Miras*, Rn. 155, 349 ff.; Baumbach/Hueck/*Fastrich* § 19 Rn. 4, 48; *Wicke*, § 5a Rn. 8; *Wachter*, Die neue Unternehmehrgesellschaft (haftungsbeschränkt), in: Römermann/Wachter, GmbHR-Sonderheft 2008, 25, 32 f.).

22 **11. Volleinzahlung:** Das Stammkapital ist bei der UG stets in voller Höhe einzahlen. Auch bei einem 12.500 € übersteigenden Kapital genügt nicht wie bei der normalen GmbH die Einzahlung dieses Mindestgesamtbetrages sowie im Übrigen die Einzahlung von einem Viertel auf jede der Einlagen auf die Geschäftsanteile. Aufgrund der vorrangigen Sonderregelung für die UG in § 5a Abs. 2

S. 1 GmbHG gilt § 7 Abs. 2 GmbHG nicht. Es müssen daher sämtliche Einlagen stets in voller Höhe vor Anmeldung und Eintragung der Gesellschaft eingezahlt sein. Was das Hin- und Herzahlen von Einlagen vor der Anmeldung und Eintragung angeht, ist § 19 Abs. 5 GmbHG nach ganz überwiegender Meinung auch auf die UG anwendbar (s. nur Lutter/Hommelhoff/*Bayer* § 19 Rn. 120; Baumbach/Hueck/*Fastrich* § 5a Rn. 12; MüKo GmbHG/*Rieder* § 5a Rn. 23 jeweils m.w.N.; *Wachter*, Die neue Unternehmehrgesellschaft (haftungsbeschränkt), in: Römermann/Wachter, GmbHR-Sonderheft 2008, 19, 32; a.A. *Weber*, BB 2009, 842, 844 sowie *Wicke*, § 5a Rn. 7).

12. Gesellschaftsvertrag: Es empfiehlt sich, die Satzung als den eigentlichen Gesellschaftsvertrag dem Gründungsprotokoll als Anlage (wesentlicher Bestandteil i.S.v. § 9 Abs. 1 S. 2 BeurkG) beizufügen. Dies erleichtert bei späteren Änderungen des Gesellschaftsvertrags die Erstellung des aktuellen Wortlauts gemäß § 54 Abs. 1 S. 2 GmbHG. 23

Hinsichtlich des Inhalts des Gesellschaftsvertrags gelten keine Besonderheiten. Der Mindestinhalt ergibt sich aus § 3 GmbHG. Ansonsten besteht wie bei der normalen GmbH eine weitgehende Gestaltungsfreiheit. Die Gestaltungsfreiheit findet allerdings ihre Grenze in den für die UG zwingenden Vorgaben des § 5a Abs. 1–4 GmbHG. 24

13. Inländische Geschäftsanschrift: Gemäß § 8 Abs. 4 Nr. 1 GmbHG ist die inländische Geschäftsanschrift der Gesellschaft anzumelden. Zwar muss die Anschrift nach Vorgaben des GmbHG nicht auch in das Gründungsprotokoll mit aufgenommen werden. Es empfiehlt sich indessen, die Anschrift quasi als »Merkposten« auch hier zu erwähnen (so auch *Pfisterer*, Beck´sches Formularbuch GmbH-Recht, B.I.2., Anm. 10). 25

14. Geschäftsführerbestellung: Bei einer UG mit individueller Satzung bestehen für die Geschäftsführerbestellung keinerlei Besonderheiten im Vergleich zu einer normalen GmbHG. Bei dem vorstehenden Muster wird davon ausgegangen, dass die Satzung – wie zumeist im Gesellschaftsvertrag vereinbart – eine von der gesetzlichen Vertretungsregelung (Gesamtvertretung aller Geschäftsführer, § 35 Abs. 2 GmbHG) abweichende Bestimmung dahin enthält, dass bei Bestellung mehrerer Geschäftsführer die Gesellschaft gemeinschaftlich durch zwei Geschäftsführer oder durch einen Geschäftsführer gemeinsam mit einem Prokuristen vertreten wird, ferner, dass der Gesellschaftsvertrag die Ermächtigung (auch »Öffnungsklausel« genannt) enthält, nach der die Gesellschafterversammlung einem oder allen Geschäftsführern Alleinvertretungsbefugnis sowie die Befreiung von den Beschränkungen des § 181 BGB erteilen kann. 26

15. Gründungskosten: Analog § 26 Abs. 2 AktG ist die Gesellschaft nur dann zur Übernahme der Gründungskosten verpflichtet, wenn dies in dem *Gesellschaftsvertrag* vereinbart und insoweit auch ein Gesamtbetrag als Höchstbetrag festgelegt ist. Die Festsetzung allein in der Gründungsvereinbarung (Mantelerklärung) genügt nicht (BGH, Beschl. vom 20.02.1989, II ZB 10/88, BGHZ 107, 1 sowie zuletzt KG Berlin, Beschl. vom 28.02.2012, 25 W 88/11, GmbHR 2012, 856), vielmehr muss eine entsprechende Regelung (auch) in der Satzung enthalten sein. Die Registergerichte erkennen im Falle einer Standard-Gründung einer GmbH mit einem Stammkapital von 25.000 € zumeist Pauschalbeträge von bis zu 10 % des Stammkapitals ohne nähere Aufgliederung und Nachweise an. 27

In den beiden Musterprotokollen zur Gründung im vereinfachten Verfahren ist bis zu dem Stammkapital von 300,00 € eine Belastung bis zu 100 % des jeweils gewählten Kapitals zulässig. Hieraus wurde abgeleitet, dass bei der Gründung einer UG mit individueller Satzung auch die 10 %-Grenze übersteigende Gründungskosten anzuerkennen seien (so bereits OLG Hamburg mit Beschl. vom 18.03.2011, 11 W 19/11, DNotZ 2011, 457: zulässige Gründungskosten von 700,00 € bei einem Stammkapital von 1.000,00 €). Die Grenze bildet die Höhe des Stammkapitals (KG Berlin, Beschl. vom 27.07.2015, 22 W 67/14, GmbHR 2015, 1158: Stammkapital und Gründungskosten jeweils 1.000,00 €). Für die Gründungskosten darf dann aber nicht nur der von der Gesellschaft zu tragende Gesamtbetrag in dem Gesellschaftsvertrag angegeben sein. Die Gründungskosten, welche die Gesellschaft übernehmen soll, müssen dann vielmehr ihrer Art nach im Einzelnen benannt sein (KG Berlin, Beschl. vom 28.02.2012, 25 W 88/11, GmbHR 2012, 856/857 sowie der vorstehend genannte Beschluss vom 27.07.2015, a.a.O.). Ein konkreter Betrag muss für die einzelnen Positio- 28 nen jedoch nicht angegeben werden. Es genügt neben der Angabe der einzelnen Kostenpositionen die Angabe eines Gesamthöchstbetrages.

29 Der in das obige Muster aufgenommene Wert von 850,00 € orientiert sich an den vorliegend bei der Gründung einer UG mit einem Stammkapital von 1.000,00 € anfallenden Notar- und Gerichtskosten.

30 An Notarkosten fallen für die Beurkundung der Gesellschaftsgründung sowie der Geschäftsführerbestellung vorliegend 384,00 € an (eine 2,0-Beurkundungsgebühr gemäß § 97 GNotKG i.V.m. KV-Nr. 21100 nach dem Geschäftswert von 60.000 € [je 30.000 € Mindestwert für den Gesellschaftsvertrag sowie die Geschäftsführerbestellung]), weiter 96,00 € für die Erstellung der Gesellschafterliste (0,5-Vollzugsgebühr gemäß § 112 GNotKG, KV-Nr. 22110 i.V.m. Vorbemerkung KV 2.2.1.1 Abs. 1 S. 2 Nr. 3 nach dem Wert von 60.000 € [Wert des Beurkundungsverfahrens]), ferner 62,50 € für die Fertigung der Handelsregisteranmeldung (0,5-Entwurfsgebühr gemäß §§ 119, 105 Abs. 1 Nr. 1 S. 1 GNotKG sowie KV-Nr. 24102 nach dem Mindestgeschäftswert von 30.000 € gemäß § 105 Abs. 1 S. 2 GNotKG) und schließlich 37,50 € (0,3-Vollzugsgebühr für die Erstellung der XML-Strukturdaten nach KV-Nr. 22114 ebenfalls nach dem Wert von 30.000 €). Insgesamt ergeben sich so Notarkosten von netto 580,00 €, hinzukommen noch die Kosten für die Auslagen gemäß KV-Nr. 32000 ff. sowie die Umsatzsteuer.

31 Die Gerichtskosten belaufen sich nach § 58 GNotKG und KV-Nr. 2100 des Gebührenverzeichnisses zur HRegGebV für die Ersteintragung einer GmbH sowie einer UG unabhängig von der Höhe des Stammkapitals und der Zahl der einzutragenden Geschäftsführer stets auf 150,00 €. Mit dem Betrag von 850,00 € dürften damit alle vorliegend (netto) anfallenden Notarkosten sowie die gerichtlichen Eintragungskosten gedeckt sein.

32 **16. Vollmacht:** Damit etwaige Beanstandungen des Registergerichts schnell erledigt werden können, ohne dass alle Gründungsgesellschafter zur Beurkundung einer Änderungsverhandlung erneut bei dem Notar erscheinen müssen, ist es zweckmäßig, eine Änderungs- und Anmeldungsvollmacht auf die Mitarbeiter des Notars in das Gründungsprotokoll aufzunehmen. Soweit die Gründungsgesellschafter zu der gemäß dem Muster vorgeschlagenen Bevollmächtigung der Notarmitarbeiter nicht bereit sein sollten, kommt bei einer Mehrpersonengründung als Alternative auch eine gegenseitige Änderungsvollmacht der Gründungsgesellschafter auf einen von ihnen in Betracht, was insbesondere dann, wenn die Gründungsgesellschafter nicht an demselben Ort wohnen, es erleichtert, einen Termin zur Änderungsbeurkundung zu vereinbaren.

33 Weiter empfiehlt sich, die Vollmacht nicht bereits mit der Registereintragung erlöschen zu lassen. Wie es der Autor von Zeit zu Zeit erlebt hat, kommt es immer wieder vor, dass Registereintragungen berichtigt werden müssen, weil den Beteiligten in dem Gründungsprotokoll und/oder der Anmeldung kleinere Fehler unterlaufen, wie z.B. falsche Angaben zum Namen, insbesondere bei ausländischen Geschäftsführern (Verwechselung von Vor- und Zunamen), ein Zahlendreher bei Angabe des Geburtsdatums eines Geschäftsführers, bei der Postleitzahl oder der Hausnummer der inländischen Geschäftsanschrift, die dann auch Eingang in die Registereintragung finden und von den Beteiligten erst nach Erhalt der Eintragungsmitteilung bemerkt werden. Wenn die Vollmacht dann noch nicht erloschen ist, kann ein solcher Fehler, soweit er nicht durch notarielle Schreibfehlerberichtigung behoben werden kann, unkompliziert in einer notariellen Berichtigungsurkunde durch die bevollmächtigten Notarmitarbeiter korrigiert werden.

34 **17. Hinweise:** Zur Dokumentation, dass der Urkundsnotar der ihm gemäß § 17 Abs. 1 S. 1 BeurkG obliegenden Pflicht zur Belehrung über die rechtliche Tragweite des beurkundeten Geschäfts nachgekommen ist, werden üblicherweise rechtliche Hinweise in die Gründungsurkunde aufgenommen. Für sie gelten bei der Errichtung der UG grundsätzlich keine Besonderheiten gegenüber der normalen GmbH. Lediglich die in dem Muster vorgeschlagenen Hinweise zu l) und m) sind den ansonsten auch für die Errichtung einer normalen GmbH verwendbaren Hinweisen hinzugefügt. Mit ihnen wird den Sonderregelungen für die UG nach § 5a Abs. 3 und 4 GmbHG Rechnung getragen.

Für die übrigen Hinweise gilt das Folgende: Mit dem Hinweis zu a) wird auf die konstitutive Wirkung der Registereintragung gemäß § 11 Abs. 1 GmbHG verwiesen. Der Hinweis zu b) betrifft die Handelndenhaftung gemäß § 11 Abs. 2 GmbHG bzw. die Verlustdeckungshaftung der Gesellschafter für den Fall, dass es nicht zur Eintragung der Gesellschaft kommt. Die Hinweise zu c) bis g) beziehen sich auf die Unterbilanzhaftung (Differenzhaftung), das Aufrechnungsverbot des § 19 Abs. 1 GmbHG, das Verbot verdeckter Sacheinlagen gemäß § 19 Abs. 4 S. 1 GmbHG sowie auf die Voraussetzungen, unter denen nach § 19 Abs. 5 GmbHG ein »Hin- und Herzahlen« ausnahmsweise die Einlageschuld tilgt. Die Hinweise zu h) und i) betreffen die Regress- bzw. Ausfallhaftung nach den §§ 21 Abs. 3, 22 und 24 GmbHG. Mit dem Hinweis zu j) und k) wird auf die gesamtschuldnerische Haftung von Gesellschaftern und Geschäftsführern nach § 9a GmbHG sowie auf die Strafbarkeit falscher Angaben gemäß § 82 GmbHG verwiesen. 35

18. Abschriften: Nach § 54 EStDV hat der Notar von der Gründungsurkunde eine beglaubigte Abschrift dem zuständigen Finanzamt (Körperschaftsteuerstelle) zu übersenden. Bei dem Registergericht ist zusammen mit der Anmeldung eine Ausfertigung oder beglaubigte Abschrift des Gründungsprotokolls in elektronischer Form einzureichen. 36

19. Schlussvermerk: Hiermit wird dokumentiert, dass auch der als Anlage dem Gründungsprotokoll beigefügte eigentliche Gesellschaftsvertrag als wesentlicher Teil des beurkundeten Geschäfts gemäß § 13 Abs. 1 BeurkG verlesen wurde. 37

20. Kosten: Zu der Höhe der anfallenden Notar- und Gerichtskosten s.o. unter Rdn. B 30 und 31 die Erläuterungen zu der Satzungsbestimmung, mit der die Übertragung der Gründungskosten auf die Gesellschaft geregelt wird. Wird der Urkunde eine von dem Notar ohne Hinzuziehung eines Dolmetschers gefertigte Übersetzung hinzugefügt, löst dies die Zusatzgebühr nach KV-Nr. 26001 aus in Höhe von 30 % der für die Beurkundung zu erhebenden Gebühr. 38

2. Gründungsprotokoll für die Errichtung einer Einpersonen-GmbH mit einem Stammkapital von 25.000 € im vereinfachten Verfahren mit Musterprotokoll gem. § 2 Abs. 1a GmbHG

Vorbemerkung

Mit dem MoMiG wurde in § 2 GmbHG der Abs. 1a eingefügt und damit die Möglichkeit geschaffen, eine GmbH in einem vereinfachten Verfahren unter Verwendung eines vom Gesetzgeber formulierten Musterprotokolls zu errichten. Auch wenn in der Praxis das Musterprotokoll vornehmlich bei der Gründung von UG Anwendung findet, kann auch eine »reguläre« GmbH mit einem Stammkapital von € 25.000 oder mehr im vereinfachten Verfahren errichtet werden. 39

Für die vereinfachte Gründung stehen in den Anlagen zum GmbHG zwei Musterprotokolle als Gründungsformulare zur Verfügung, welche jeweils die Gründungserklärung, den eigentlichen Gesellschaftsvertrag sowie die Geschäftsführerbestellung in einer Urkunde zusammenfassen. Weiter gilt das Musterprotokoll nach § 2 Abs. 1a S. 4 GmbHG zugleich als Gesellschafterliste. 40

Die Anl. a) zum GmbHG ist bestimmt für die Gründung einer Einpersonengesellschaft und die Anl. b) für die Gründung einer Mehrpersonengesellschaft mit höchstens drei Gesellschaftern. Inhaltlich beschränken sich die beiden Formulare auf die Regelungen, welche gemäß § 3 GmbHG zum Mindestinhalt des Gesellschaftsvertrags gehören. Hierzu ist das jeweilige Musterprotokoll an den vorgesehenen Stellen auszufüllen. Darüber hinaus dürfen keine von den Musterprotokollen abweichenden Bestimmungen in das Gründungsprotokoll aufgenommen werden, § 2 Abs. 1a S. 3 GmbHG. Zulässig ist ausschließlich die Bargründung, wobei die Musterformulare in der jeweiligen Ziffer 3 alternativ die hälftige oder die volle Einzahlung auf die jeweils übernommene Bareinlage vorsehen. Weiter ist in der jeweiligen Ziffer 4 eine Regelung zur Bestellung des ersten Geschäftsführers enthalten. Danach kann – auch bei einer Mehrpersonengesellschaft – nur ein einziger Geschäftsführer bestellt werden, welcher zwingend von dem Verbot des Selbstkontrahierens und der Mehrfachvertretung (§ 181 BGB) befreit ist. 41

42 Die Gründung der Gesellschaft im vereinfachten Verfahren sowie die Anmeldung zur Eintragung in das Handelsregister sind hinsichtlich der anfallenden Notargebühren nach § 105 Abs. 6 Abs. 1 S. 1 Nr. 1 GNotKG sowie § 107 Abs. 1 S. 2 GNotKG insoweit kostenrechtlich privilegiert, als hierfür die Mindestgeschäftswerte von 30.000,00 € für das Gründungsprotokoll sowie die Anmeldung nicht gelten. Allerdings wirkt sich die Begünstigung bei den Notarkosten nur dann aus, wenn das Stammkapital unter 30.000 € liegt, insbesondere bei der Gründung einer UG mit einem Stammkapital unter 25.000 €. Bei den Gerichtskosten gibt es dagegen keine Ermäßigung. Sie betragen für die Eintragung der Gesellschaft unabhängig von der Höhe des Stammkapitals und dem Gründungsverfahren stets 150,00 € (Nr. 2100 HRegGebV).

43 Dem mit der Gründung im vereinfachten Verfahren verbundenen Kostenvorteil bei den Notargebühren stehen erhebliche **Nachteile** gegenüber. Diese ergeben sich vor allem aus dem Folgenden:
- Die Anzahl der Gesellschafter ist im vereinfachten Gründungsverfahren auf maximal drei beschränkt.
- Es kann nur ein Geschäftsführer bestellt werden, der zwingend von den Beschränkungen des § 181 BGB befreit ist.
- Sacheinlagen sind nicht zulässig.
- Ein vom Kalenderjahr abweichendes Geschäftsjahr kann nicht gewählt werden.
- Die beiden Musterformulare erlauben keine Regelungen, die bei einer Gründung im regulärem Verfahren üblicherweise in den Gesellschaftsvertrag aufgenommenen werden, wie z.B. Vinkulierungsklauseln, Regelungen über Vorkaufsrechte, zur Einziehung von Geschäftsanteilen und zur Kündigung und Abfindung von Gesellschaftern, weiter Bestimmungen zu Wettbewerbsverboten, ferner Regelungen zur Beschlussfähigkeit der Gesellschafterversammlung und zur Form der Beschlussfassung sowie schließlich Zustimmungsvorbehalte der Gesellschafterversammlung für bestimmte Geschäfte. Regelungen zu diesen Sachverhalten dürfen nicht ergänzend in das Musterprotokoll aufgenommen werden.
- Weiterer Nachteil ist schließlich, dass die Gesellschaft die Gründungskosten nur bis zu dem Betrag von 300 € übernehmen darf. Damit sind allenfalls die Kosten für die Beurkundung des Gründungsprotokolls, die Beglaubigung der Anmeldung sowie für die Registereintragung und deren Bekanntmachung bei einer UG mit einem geringen Stammkapital abgedeckt. Darüber hinausgehende Kosten (insbesondere die Kosten für eine im Zusammenhang mit der Gründung etwa erforderliche Beratung durch Rechtsanwälte, Steuerberater und/oder sonstige Gründungsberater) sind von den Gesellschaftern zu tragen.

44 Gegenüber diesen Nachteilen sind die verhältnismäßig geringfügigen Kostenvorteile des vereinfachten Verfahrens stets im Einzelfall genauestens abzuwägen. Anderenfalls kann der Notar oder anwaltliche Berater, welcher aus Kostengründen zu der Gründung im vereinfachten Verfahren geraten hat, sich später dem Vorwurf fehlerhafter Beratung ausgesetzt sehen. Dies insbesondere dann, wenn bei der Gesellschaftsgründung bereits absehbar war, dass alsbald nach Eintragung der Gesellschaft eine kostenauslösende Änderung des mit Musterprotokoll beschlossenen Gesellschaftsvertrags erforderlich werden würde.

45 Die Verwendung des Musterprotokolls eignet sich damit letztlich nur für einfachste Konstellationen, wie beispielsweise die Errichtung von Vorratsgesellschaften oder einer Einpersonengesellschaft, bei der der Gründungsgesellschafter zugleich das Amt des Geschäftsführers übernimmt. Für die Errichtung einer Mehrpersonengesellschaft ist das Musterprotokoll i.d.R. untauglich, da bei der Beteiligung mehrerer Gesellschafter zusätzliche Satzungsklauseln zumeist unverzichtbar sind.

46 Für die Anmeldung hat der Gesetzgeber – anders als noch im RegE MoMiG – kein Muster vorgesehen. Es gelten die allgemeinen Vorschriften (§§ 7und 8 GmbHG).

47 Eine Verkürzung der registergerichtlichen Eintragungsdauer ist mit der Gründung im vereinfachten Verfahren i.d.R. nicht verbunden. Der Prüfungsaufwand ist für das Registergericht bei der Verwendung des Musterprotokolls ggf. sogar größer als bei einer GmbH mit einem Standardgesellschaftsvertrag, da der Richter bzw. Rechtspfleger darauf achten muss, dass das Gründungsprotokoll nur an

den in dem jeweiligen Musterprotokoll vorgesehenen Stellen ausgefüllt ist und ansonsten keinerlei Abweichungen und Ergänzungen zu der gesetzlichen Vorgabe enthält (*Miras*, Aktuelle Frage zur Unternehmergesellschaft [haftungsbeschränkt], NZG 2012, 486, 488).

In der bisherigen Registerpraxis kommt die vereinfachte Gründung mittels Musterprotokoll vor allem bei der Gründung von UG mit geringem Stammkapital zur Anwendung (s. hierzu Muster B 3, Rdn. B 94), ferner bei Vorratsgesellschaften. Schließlich wird sie seit einiger Zeit auch zunehmend als Komplementärin bei Kommanditgesellschaften eingesetzt. 48

Die Verwendung des Musterprotokolls genügt den neuen Transparenzanforderungen nach dem GwG. Wenn, wie sich aus einem Bericht der Ländernotarkasse (*Prüfungsabteilung der Ländernotarkasse A.d.ö.R.*, Gründung einer Unternehmergesellschaft mit Musterprotokoll, NotBZ 2017, 302 ff.) ergibt, Registergerichte aufgrund der Änderung des § 40 GmbHG durch das Geldwäscherichtlinien-Umsetzungsgesetz vom 23.06.2017 (BGBl 2017 I 1822) zusätzlich die Einreichung einer Gesellschafterliste verlangen, aus der sich die nach § 40 Abs. 1 GmbHG erforderlichen prozentualen Angaben zum jeweiligen Geschäftsanteil sowie zur Gesamtbeteiligung eines Gesellschafters am Stammkapital der Gesellschaft ergeben, so ist dieser Anforderung entgegenzutreten. Gleiches gilt – wie z.T. vorgeschlagen wird – für die Forderung, in dem mittels Musterprotokoll gefassten Gesellschaftsvertrag die Angaben zu dem/den übernommenen Geschäftsanteil(en) um die jeweilige prozentuale Beteiligungsquote zu ergänzen (so *Melchior*, GmbH-Gesellschafterliste und das Transparenzregister – eine Arbeitshilfe, NotBZ 2017, 281 [284]; s. hierzu auch *Scholz/Wicke* § 2 Rn. 133 f.). Dies ist weder gesellschaftsrechtlich noch geldwäscherechtlich vonnöten (s. *Seibert/Bochmann/Cziupka*, Musterprotokoll als Transparenzhindernis, GmbHR 2017, R289–290). Der Gesetzgeber hat bei Änderung des § 40 GmbHG nicht auch den § 2 Abs. 1a S. 4 GmbHG geändert. Weiter ist in §§ 20 Abs. 2 S. 1, 22 Abs. 1 Nr. 4 GwG ausdrücklich bestimmt, dass Gesellschaftsverträge dann mitteilungsersetzende Wirkung haben, wenn es sich um (im vereinfachten Verfahren mittels Musterprotokoll) vereinbarte Gesellschaftsverträge handelt, welche gemäß § 2 Abs. 1a S. 4 GmbHG als Gesellschafterlisten gelten. 49

Muster [1] 50

UR.-Nr. ____________/____________

Verhandelt in ____________

am ____________.

Vor mir, dem Notar/der Notarin ____________

mit dem Amtssitz in ____________

erschien heute in meinen Amtsräumen in ____________

Herr A,

geboren am ____________,

wohnhaft ____________,

ausgewiesen durch ____________,

handelnd seiner Erklärung nach in seiner Eigenschaft als einzelvertretungsberechtigter und von den Beschränkungen des § 181 BGB befreiter Geschäftsführer für die Gesellschaft mit beschränkter Haftung in Firma

A-GmbH mit dem Sitz in ____________,

Geschäftsanschrift: ____________,

eingetragen im Handelsregister des Amtsgerichts __________ unter HRB __________.

Hiermit bescheinige ich, der Notar/die Notarin, gemäß § 21 Abs. 1 Nr. 1 BNotO die vorgenannte Vertretungsberechtigung, und zwar aufgrund Einsicht in das elektronische Handelsregister des Amtsgerichts __________ am __________.

Der Erschienene erklärte zu meinem Protokoll: [2, 3]

1. **Die A-GmbH errichtet hiermit im vereinfachten Verfahren nach § 2 Abs. 1a GmbHG eine Gesellschaft mit beschränkter Haftung unter der Firma** [4]

   XYZ __________ GmbH

   mit dem Sitz [5] **in __________.**

2. **Gegenstand** [6] **des Unternehmens ist __________.**
3. **Das Stammkapital der Gesellschaft beträgt 25.000 € (i.W. fünfundzwanzigtausend Euro)** [7] **und wird vollständig von der A-GmbH (Geschäftsanteil Nr. 1) übernommen.** [8, 9] **Die Einlage ist in Geld** [10] **zu erbringen und zwar zu 50 % sofort, im Übrigen sobald die Gesellschafterversammlung ihre Einforderung beschließt.** [11]
4. **Zum Geschäftsführer der Gesellschaft wird**

   Herr A,

   geboren am __________,

   wohnhaft in __________,

   bestellt. [12] **Der Geschäftsführer ist von den Beschränkungen des § 181 des Bürgerlichen Gesetzbuchs befreit.** [13]

5. **Die Gesellschaft trägt die mit der Gründung verbundenen Kosten bis zu einem Gesamtbetrag von 300 €, höchstens jedoch bis zum Betrag ihres Stammkapitals. Darüber hinaus gehende Kosten trägt der Gesellschafter.** [14]
6. **Von dieser Urkunde erhält eine Ausfertigung der Gesellschafter, beglaubigte Ablichtungen die Gesellschaft und das Registergericht (in elektronischer Form) sowie eine einfache Abschrift das Finanzamt – Körperschaftsteuerstelle –.** [15]
7. **Der Erschienene wurde von dem Notar/von der Notarin insbesondere auf das Folgende hingewiesen:** [16]

   a) **Die Gesellschaft als solche entsteht erst mit ihrer Eintragung im Handelsregister.**

   b) **Die Gründungsgesellschafter, der Geschäftsführer und sonstige für die Vorgesellschaft handelnde Personen haften bis zu der Registereintragung der Gesellschaft gesamtschuldnerisch und unbeschränkt.**

   c) **Alle Gründungsgesellschafter haften unbeschränkt und persönlich für etwaige Fehlbeträge, wenn im Zeitpunkt der Eintragung der Gesellschaft in das Handelsregister der Wert des Gesellschaftsvermögens (zuzüglich des satzungsmäßig festgelegten Gründungsaufwands) niedriger ist als das nominelle Stammkapital (Differenzhaftung zum Ausgleich einer Unterbilanz).**

   d) **Die vereinbarten Bareinlagen dürfen erst nach der heutigen Beurkundung erbracht werden. Sie müssen ausschließlich an die Gesellschaft in Gründung geleistet werden. Etwaige vor der heutigen Gründung geleistete Zahlungen haben regelmäßig keine Tilgungswirkung.**

e) Eine Bareinlage kann nicht durch Verrechnung/Aufrechnung mit Forderungen gegen die Gesellschaft erbracht werden.

f) Verdeckte Sacheinlagen, d.h. Geldeinlagen, die aufgrund einer Abrede im Zusammenhang mit der Übernahme eines Geschäftsanteils getroffen werden und die bei wirtschaftlicher Betrachtung als Sacheinlage zu bewerten sind, befreien regelmäßig nicht von der übernommenen Verpflichtung zur Leistung einer Bareinlage.

g) Geldeinlagen, die nach der Gründung darlehensweise oder aufgrund anderweitiger Vereinbarung an den Gesellschafter wieder ausgezahlt werden, tilgen die Einlageschuld nur dann, wenn der Rückzahlungsanspruch der Gesellschaft vollwertig und jederzeit fällig ist und die Auszahlung sowie die Rückzahlungsvereinbarung zwischen dem Gesellschafter und der Gesellschaft in der Anmeldung zum Handelsregister angegeben sind.

h) Ein Gesellschafter haftet auch für den Fall seines Ausscheidens aus der Gesellschaft neben dem Erwerber seines Geschäftsanteils für die Volleinzahlung des Anteils.

i) Alle Gesellschafter haften im Verhältnis ihrer Geschäftsanteile für die Einzahlung derjenigen Einlagen, auf die die Leistungen der dazu verpflichteten Gesellschafter nicht zu erlangen sind. Dies kann bei Ausfall aller übrigen Gesellschafter zu der Haftung eines einzelnen Gesellschafters für das gesamte Stammkapital führen; diese Haftung gilt insbesondere auch für solche Einlageleistungen, die keine Tilgungswirkung haben, schon vor Eintragung ohne Werterhaltung verbraucht sind oder an die Gesellschafter zurückgezahlt wurden.

j) Die Gesellschafter und Geschäftsführer haften als Gesamtschuldner der Gesellschaft gegenüber für fehlende Einzahlungen, wenn zum Zwecke der Errichtung der Gesellschaft falsche Angaben gemacht werden.

k) Falsche Angaben im Zusammenhang mit der Gründung sind nach § 82 GmbHG mit Freiheitsstrafe bis zu drei Jahren oder Geldstrafe bedroht.

Vorgelesen, von dem Erschienenen genehmigt und unterschrieben. [17]

[Unterschrift des Erschienenen]

[Unterschrift des Notars/der Notarin] L.S. [Notariatssiegel].

Template

Notarial Deed No. UR-Nr.: ____/____ 51

Negotiated in ____

on [date].

Before me, the notary [name]

with the registered office in [city]

appeared today in my notary's business premises at [address]

Mr. A,

born on [date],

residing at [address],

identified by valid German ID card/passport No. ____________,

acting according to his declaration in his capacity as managing director with sole power of representation and exempted from the restrictions of Sec. 181 BGB on behalf of the limited liability company under the firm name of

A-GmbH with its registered office at [city],

business address: [street and house number; zip code name of the city]

registered in the commercial register of the local court of ____________ under HRB ____________.

I, the notary, hereby certify the aforementioned power of representation in accordance with Sec. 21 para 1 no. 1 BNotO, on the basis of today's inspection/of the inspection on [date] of the electronic commercial register of the local court of ____________, register number HRB ____________.

The person appeared requested the deed to be recorded in the German language. The English version is a non-binding translation and is quoted for information purposes only.

The person appeared declared for my record:

1. **Hereby, A-GmbH establishes a limited liability company in accordance with Sec. 2 para. 1a GmbHG (German Limited Liability Companies Act) under the company name**

   XYZ ____________ GmbH (the »Company«)

   with registered office in ____________.
2. **Object of the Company is ____________.**
3. **The share capital of the Company amounts to € 25,000 (in words: twenty-five thousand euros) and is being subscribed complete by A-GmbH (share no. 1). The capital contribution shall be made in cash, 50 % of the contribution shall be paid in immediately, the rest as soon as the shareholders' meeting resolves on its payment.**
4. **Managing director of the company shall be**

   Mr A,

   born on [date],

   residing in [city].

   The managing director shall be exempt from the restrictions of Sec. 181 BGB (German Civil Code).
5. **The Company shall reimburse the costs associated with the formation up to the total amount of € 300, but not exceeding the amount of the share capital. Any additional costs shall be borne by the shareholder.**
6. **The shareholder shall receive an authentic copy of this document, the company shall receive a certified copy and the court of registration as well (in electronic form), the tax office for corporations shall receive a simple copy.**
7. **The notary instructed the person appearing in particular as follows:**

   a) **The company as a legal entity is not incorporated until it is entered into the commercial register.**

b) The founding shareholder(s), the managing director(s) and other persons acting on behalf of the preliminary company are jointly and unrestrictedly liable until the company has been entered in the commercial register.

c) The founding shareholders are personally and without limitation liable for any shortfalls if, at the time of registration, the value of the company's assets (plus the formation costs to be borne by the company as stipulated in the articles of association) is lower than the nominal share capital (difference liability to offset a sub-balance sheet),

d) The agreed cash contributions may only be made after today's notarization. They must be paid exclusively to the company in formation. Any payments made prior to today's foundation have no redemption effect.

e) Cash contributions cannot be made by offsetting/setting claims against the company.

f) Hidden contributions in kind, i.e. contributions in cash made under an agreement in connection with the subscription of a share and which, from an economic point of view, are to be evaluated as a contribution in kind, do generally not exempt from the obligation accepted to make a cash contribution.

g) Contributions in cash which are repaid to a shareholder by way of a loan agreement or on the basis of another agreement before the company is entered into the commercial register will only release from the obligation to the share contribution if the company's repayment claim is completely valid and due at any time and the repayment agreement between the shareholder and the company is stated in the application to the commercial register.

h) In the event of withdrawal, each shareholder is liable for the complete payment of the share in addition to the person acquiring the share.

i) All shareholders are liable in proportion to their shares for the payment of those shares for which the contribution of a shareholder cannot be obtained; this may lead to the liability of an individual shareholder for the entire share capital in the event of the default of all other shareholders; this liability shall also apply in particular to such contributions which have no redemption effect, which have been spent prior to registration of the company without preservation of value or which have been repaid to shareholders.

j) The shareholders and managing directors are jointly and severally liable to the company for insufficient contributions if false statements are made for the purpose of establishing the company.

Read aloud, approved and signed.

[signatures of the persons appearing]

[notary's signature] L.S. [notary's seal]

Erläuterungen

Literatur: Büchel/von Rechenberg/*Fehrenbacher*, Kölner Hdb. Handels- und Gesellschaftsrecht, Kap. 11, Rn. 67 ff.; *Blasche*, Musterprotokoll und Vertretungsmacht des bei der Gründung bestellten Geschäftsführers sowie etwaiger weiterer Geschäftsführer, GmbHR 2015, 403–408; *Heidinger/Blath*, Das Musterprotokoll – Mehr Fluch als Segen, ZNotP 2010, 376–386, 402–409; *Heckschen*, Die GmbH-Reform – Wege und Irrwege, DStR 2007, 144 ff.; *Heckschen/Heidinger*, § 2 Abschnitt H Rn. 135 ff.; *Herrler/König*, Aktuelle Fragen zur GmbH-Gründung im vereinfachten Verfahren, DStR 2010, 2138–2144; *Krafka/Kühn*, Rn.940a–941e;

Melchior, GmbH-Gesellschafterliste und das Transparenzregister – eine Arbeitshilfe, NotBZ 2017, 281 (284); *Miras*, Rn. 254–295; *ders.*, Aktuelle Fragen zur Unternehmergesellschaft (haftungsbeschränkt), NZG 2012, 486–491; *ders.*, Anwaltliche Beratung bei Gründung einer Unternehmergesellschaft (haftungsbeschränkt), NJW 2013, 212 f.; *Noack*, Der Regierungsentwurf des MoMiG – Die Reform des GmbH-Rechts geht in die Endrunde, DB 2007, 1395, 1398; *Prüfungsabteilung der Ländernotarkasse A.d.ö.R.*, Gründung einer Unternehmergesellschaft mit Musterprotokoll, NotBZ 2017, 302 ff.; *Ries*, Muster ohne Wert, NZG 2009, 739, 740; *Römermann*, Die vereinfachte Gründung mittels Musterprotokoll, GmbHR Sonderheft 2008, 16–25; *Seebach*, Die Unternehmergesellschaft (haftungsbeschränkt) in der notariellen Praxis, RNotZ 2013, 261, 268–273; *Seibert/Bochmann/Cziupka*, Musterprotokoll als Transparenzhindernis, GmbHR 2017, R289–290; *Völkelt*, Die Unternehmergesellschaft (UG), Gründung, Geschäftsführung und Steuern, 3. Aufl. 2015; *Wachter*, Aktuelle Rechtsprechung zum MoMiG, GmbHR 2009, 785, 791; *Wälzholz*, Die Reform des GmbH-Rechts, MittBayNot 2008, 425 ff.; *Weigl*, Die Geschäftsführerbestellung im Musterprotokoll gemäß MoMiG und Änderungen der Bestellung und Vertretung, notar 2008, 378 ff.; *Wicke*, Abweichungen und Änderungen beim Musterprotokoll gemäß § 2 Abs. 1a GmbHG, DNotZ 2012, 15, 16–25.

52 **1. Sachverhalt:** Das vorstehende Muster betrifft den Fall der Gründung einer **Einpersonengesellschaft** mit der Firma XYZ GmbH in der Rechtsform der GmbH mit einem Stammkapital von 25.000,00 € im vereinfachten Verfahren unter Verwendung des Musterprotokolls gemäß der Anl. a) zum GmbHG. Für die Gründung einer Mehrpersonengesellschaft im vereinfachten Verfahren gemäß der Anl. b) siehe das folgende Muster unter B 3 zur Gründung einer UG mit drei Gesellschaftern (Rdn. B 94).

53 Das Stammkapital wird von der A-GmbH übernommen, wobei die Gründungsgesellschafterin von ihrem alleinvertretungsbefugten Geschäftsführer A vertreten wird, der ebenfalls Geschäftsführer der XYZ GmbH werden soll. Um diese Bestellung vornehmen zu können, muss A als Geschäftsführer der A-GmbH von den Beschränkungen des § 181 BGB befreit sein.

54 **2.** Abweichungen vom Musterprotokoll: Das Musterprotokoll ist lediglich an den in dem Muster durch Unterstrich gekennzeichneten Stellen auszufüllen. Darüber hinaus dürfen keinerlei Änderungen an dem von dem Musterprotokoll vorgegebenen Text vorgenommen und keinerlei Ergänzungen hinzugefügt werden, § 2 Abs. 1a S. 3 GmbHG.

55 Die Reichweite dieser Regelung ist von der Rechtsprechung allerdings bisher nur teilweise geklärt. Es besteht weitgehend Einigkeit, dass das Abänderungs- und Ergänzungsverbot nicht für solche Teile des Musterprotokolls gilt, die zwingende beurkundungsrechtliche Vorgaben erfüllen müssen, wie z.B. die Angabe des Beurkundungsortes (§ 9 Abs. 2 BeurkG), Angaben zur Identitätsfeststellung (§ 10 Abs. 2 BeurkG) oder die Aufnahme eines Dolmetschervermerkes nach § 16 Abs. 3 BeurkG sowie bei Anwaltsnotaren ggf. ein nach § 3 Abs. 1 S. 2 BeurkG erforderlicher Vorbefassungsvermerk. Derartige üblicherweise in den Urkundeneingang aufgenommene Ergänzungen des Musterprotokolls sind auf jeden Fall zulässig (s. OLG Düsseldorf, Beschl. vom 12.07.2011, 3 Wx 75/11, GmbHR 2011, 1319 = ZIP 2011, 2468; zuvor bereits LG Chemnitz, Beschl. vom 11.08.2009, 2 HKT 546/09, NotBZ 2009, 378 mit Zust. *Wachter*, EWiR 2010, 19 f. sowie *Römermann*, in: Römermann/WachterDie vereinfachte Gründung mittels Musterprotokoll, GmbHR-Sonderheft 2008, 16, 18).

56 Ebenso besteht inzwischen weitgehend Einigkeit, dass Abweichungen rein formaler Art unschädlich sind. Entgegen der Forderung einzelner Registergerichte nach Inkrafttreten des MoMiG müssen keinesfalls das Schriftbild und die Formatierung der Muster übernommen werden. Ebenso stellen Schreibfehler sowie unbedeutende Abweichungen bei Zeichensetzung, Satzstellung und Wortwahl, die keinerlei Auswirkungen auf den Inhalt des mit dem Musterprotokoll festgestellten Gesellschaftsvertrags haben, keine unzulässige Abweichung i.S.v. § 2 Abs. 1a S. 3 GmbHG dar (OLG München, Beschl. vom 28.09.2010, 31 Wx 173/10, GmbHR 2010, 1262 = ZIP 2010, 2044; OLG Düsseldorf, Beschl. vom 12.07.2011, 3 Wx 75/11; GmbHR 2011, 1319 = ZIP 2011, 2468).

57 Ob für Ergänzungen am Urkundenende ähnliches gilt, ist bisher nicht entschieden. So ist fraglich, ob – wie bei der »normalen« Gründung üblich – am Ende der Urkunde eine Durchfüh-

rungsvollmacht auf Mitarbeiter des Notars für etwa erforderliche Änderungen des Gründungsprotokolls aufgenommen und hierzu das Gründungsprotokoll z.B. um eine Ziffer 8 ergänzt werden kann. Eine solche Ergänzung dürfte keine unbedeutende Änderung darstellen und damit unzulässig sein (so auch Hauschild/Kallrath/Wachter/*Terbrack*, Notarhandbuch, 1. Aufl. 2012, § 13 Rn. 27 sowie *Heckschen*, Das MoMiG in der notariellen Praxis, Rn. 332; ferner *Heckschen/Heidinger* Kap. 2 Rn. 176; differenzierend *Seebach*, Die Unternehmergesellschaft (haftungsbeschränkt) in der notariellen Praxis, RNotZ 2013, 261, 271, der eine gesonderte Vollmacht in einem »Teil II« mit entsprechender Kostenfolge gem. § 41 KostO = jetzt § 98 Abs. 1 GNotKG für zulässig erachtet). Bei einer Einmann-Gründung, bei der der Gründungsgesellschafter zugleich der erste Geschäftsführer der Gesellschaft ist, kommt als Lösung in Betracht, eine entsprechende Vollmacht in die Handelsregisteranmeldung aufzunehmen (*Heckschen*, a.a.O.). Ansonsten sollte ggf. eine Abwicklungsvollmacht in einer gesonderten Urkunde erteilt werden.

Weicht der im vereinfachten Verfahren festgestellte Gesellschaftsvertrag inhaltlich von einem der 58
beiden Muster ab, so liegt eine nach § 2 Abs. 1a S. 3 GmbHG unzulässige Abänderung vor. Als Beispiele aus der bisherigen Registerpraxis sowie Rspr. können hierzu die folgenden Abweichungen angeführt werden: Erhöhung der Gründungkosten in Ziffer 5 des Musterprotokolls auf einen Betrag über 300,00 € (OLG München, Beschl. vom 12.05.2010, 31 Wx 19/10 GmbHR 2010, 755), Bestellung eines weiteren Geschäftsführers oder Abweichungen von der in Ziffer 4 vorgegebenen Vertretungsregelung für den Erstgeschäftsführer (OLG Rostock, Beschl. vom 12.03.2010, 1 W 83/09, GmbHR 2010, 872). Nach Auffassung des OLG Düsseldorf ist es bereits unzulässig, in Ziffer 1 anstelle der Formulierung »... errichtet ... eine *Gesellschaft mit beschränkter Haftung*« die Worte »...errichtet ... eine *Einpersonen-Unternehmergesellschaft* ...« zu verwenden (Beschl. vom 12.07.2011, 3 Wx 75/11, GmbHR 2011, 1319).

Noch nicht abschließend geklärt ist die Frage, was die Rechtsfolge einer unzulässigen Abwei- 59
chung ist. Soweit diese nicht durch eine Nachtragsurkunde beseitigt wird (s. hierzu *Heckschen/Heidinger*, Kap. 2 Rn. 204), besteht weitgehend Einigkeit darin, dass mit der Abweichung das Kostenprivileg nach den §§ 107 Abs. 1, 105 Abs. 6 GNotKG verloren geht und die vom Musterprotokoll abweichende Gründungsurkunde nicht mehr zugleich als Gesellschafterliste anerkannt werden kann. Das Registergericht kann in diesem Fall eine Liste der Gesellschafter anfordern und darf, solange diese nicht in elektronischer Form eingereicht ist, die Eintragung der Gesellschaft zurückhalten. Die Annahme, dass die Errichtung der Gesellschaft gemäß § 134 BGB nichtig ist (so offenbar OLG München, Beschl. vom 12.05.2010, 31 Wx 19/10, GmbHR 2010, 755), geht zu weit. Vielmehr liegt bei Abweichungen und/oder Ergänzungen vom Musterprotokoll dann eine »normale« GmbH-Gründung vor, für die die Gründungserleichterungen des § 2 Abs. 1a GmbHG und die Kostenvergünstigung gemäß dem GNotKG dann nicht (mehr) gelten (so auch Lutter/Hommelhoff/*Bayer* § 2 Rn. 55 unter Verweis auf § 140 BGB, Baumbach/Hueck/*Fastrich* § 2 Rn. 53 sowie *Heckschen/Heidinger* Kap. 2 Rn. 203 m.w.N. aus der Literatur in dortiger Fn. 498). Sind alle sonstigen für die Errichtung einer GmbH erforderlichen Bedingungen erfüllt, ist insbesondere auch eine Liste der Gesellschafter erstellt und eingereicht, so hat das Registergericht die Gesellschaft in das Handelsregister einzutragen, wenn durch eine Nachtragsurkunde der Hinweis auf die Gründung im vereinfachten Verfahren in Ziffer 1 des Gesellschaftsvertrags gestrichen ist.

Ebenso ist bisher gerichtlich noch nicht geklärt, ob auf die gemäß Nr. 7 des Musterprotokolls vor- 60
gesehene Angabe von Hinweisen verzichtet werden kann. *Knaier*, in: Heckschen/Heidinger vertritt hierzu die Auffassung, dass dies unschädlich sei. Dem Notar stehe die Ausgestaltung des Beurkundungsverfahrens grundsätzlich frei. Dies gelte auch für die Erfüllung der notariellen Hinweis- und Belehrungspflichten. Ein vollständiges Weglassen der Hinweise gemäß Nr. 7 des Musterprotokolls sei daher unschädlich (Heckschen/Heidinger/*Knaier* Kap. 2 Rn. 177). Es erscheint mehr als fraglich, ob die Registergerichte sich dieser Auffassung anschließen werden. Entscheidungen hierzu gibt es – soweit ersichtlich – bisher nicht.

61 **3. Notarielle Beurkundung:** Auch bei Verwendung des Musterprotokolls bedarf die Gründung der Gesellschaft der notariellen Beurkundung gemäß § 2 Abs. 1 S. 1 GmbHG. Die im Regierungsentwurf vom Gesetzgeber zunächst vorgesehene beurkundungsfreie Errichtung unter Verwendung des in der Anlage a) vorgesehenen Mustergesellschaftsvertrags bei bloßer Beglaubigung der Unterschriften des oder der Gründungsgesellschafter wurde im Gesetzgebungsverfahren aufgrund Intervention des Bundesrates aufgegeben (s. insoweit auch *Heckschen*, DStR 2007, 144 ff.; *Wälzholz*, MittBayNot 2008, 452 ff.).

62 **4. Firma:** Hinsichtlich der Firma sind bei der Gründung im vereinfachten Verfahren keine Besonderheiten zu beachten. Es gelten die allgemeinen Grundsätze zur Firmenbildung (s. hierzu z.B. Büchel/von Rechenberg/*Fehrenbacher*, Kölner Hdb. Handels- und Gesellschaftsrecht, Kap. 11, Rn. 67 ff.). Die Firma kann gebildet werden als Personenfirma oder als Sachfirma. Zulässig sind auch Mischformen oder die Verwendung eines Fantasiebegriffs. Gemäß § 4 GmbHG muss die Firma als Rechtsformzusatz die Bezeichnung »Gesellschaft mit beschränkter Haftung« oder eine allgemein verständliche Abkürzung dieser Bezeichnung, wie »GmbH«, enthalten. Im Übrigen sind die allgemeinen handelsrechtlichen Bestimmungen zur Firmenbildung nach dem HGB zu beachten. So muss die Firma nach § 18 HGB ausreichende Kennzeichnungs- und Unterscheidungskraft besitzen und darf keine irreführenden Angaben über geschäftliche Verhältnisse enthalten, welche für die angesprochenen Verkehrskreise wesentlich sind. Schließlich ist der Grundsatz der Firmenausschließlichkeit gemäß § 30 HGB zu beachten, wonach die Firma sich von allen an demselben Ort oder in derselben Gemeinde bereits bestehenden und eingetragenen Firmen deutlich unterscheiden muss.

63 Wird eine UG unter Verwendung des Musterprotokolls gegründet, ist § 5a Abs. 1 GmbHG zu beachten. Als Rechtsformzusatz ist anstelle des GmbH-Zusatzes in diesem Fall die Bezeichnung »Unternehmergesellschaft (haftungsbeschränkt)« oder »UG (haftungsbeschränkt)« in die Firma aufzunehmen. Abweichungen hiervon oder andere Abkürzungen sind nicht zulässig, s. hierzu oben Muster B 1 Rdn. B 15.

64 **5. Sitz:** Gemäß § 4a GmbHG ist Sitz der Gesellschaft der Ort, d.h. die politische Gemeinde, den der Gesellschaftsvertrag bestimmt. Nach Streichung von § 4a Abs. 2 GmbHG a.F. durch das MoMiG kann der Satzungssitz im Inland frei gewählt werden (allg.M.). Ein ausländischer Satzungssitz ist nicht zulässig. Der statuarische Sitz kann von dem Verwaltungssitz der Gesellschaft abweichen. Letzterer kann jetzt auch im Ausland liegen (RegE MoMiG, BT-Drs. 16/6140, 29).

65 **6. Gegenstand:** Wie bei der Gründung im regulären Verfahren ist auch bei Verwendung des Musterprotokolls der Unternehmensgegenstand in Ziffer 2 so aussagekräftig und informativ zu beschreiben, dass der vorgesehene Tätigkeitsbereich der Gesellschaft für die interessierten Verkehrskreise hieraus erkennbar ist und eine Zuordnung zu einem Geschäftszweig möglich ist (Baumbach/Hueck/*Fastrich* § 3 Rn. 8 m.w.N.; Lutter/Hommelhoff/*Bayer* § 3 Rn. 9). Bloße Leerformeln, wie z.B. »die Produktion und der Vertrieb von Waren aller Art« oder der »Handel mit Waren aller Art«, genügen nicht (BayObLG, Beschl. vom 01.08.1994, 3 ZR 157/94, GmbHR 1994, 705 sowie BayObLG, Beschl. vom 08.01.2003, 3 Z BR 234/02, NJW-RR 2003, 686 sowie aus jüngerer Zeit OLG Düsseldorf, Beschl. vom 03.11.2010, I-3 Wx 231/10, GmbHR 2010, 1261). Als Maß für die erforderliche Konkretisierung kann § 23 Abs. 3 Nr. 2 AktG herangezogen werden (Baumbach/Hueck/*Fastrich* § 3 Rn. 8).

66 In dem RegE MoMiG hatte der Gesetzgeber für die vereinfachte Gründung noch eine Abkehr von dem allgemein anerkannten Gebot zur Individualisierung des Unternehmensgegenstands vorgesehen, indem dort in der sog. Mustersatzung drei unterschiedliche Varianten mit einem ganz allgemein gefassten Gegenstand (»Erbringung von Dienstleistungen«, »Handel mit Waren« und »Produktion von Waren«) aufgenommen waren, von denen eine Variante ausgewählt werden musste. Nachdem diese Regelung nicht Gesetz geworden ist, bleibt es bei dem Individualisierungsgebot. Die hinreichende Individualisierung des Unternehmensgegenstandes ist im Registerverfahren von dem Registergericht zu prüfen. Eine unzureichende Individualisierung stellt gemäß § 9c Abs. 2

Nr. 1 GmbHG ein Eintragungshindernis dar, nicht aber einen Nichtigkeitsgrund (Lutter/Hommelhoff/*Bayer* § 3 Rn. 10, Baumbach/Hueck/*Fastrich* § 3 Rn. 10).

7. Mindeststammkapital: Soweit in dem vereinfachten Verfahren nicht eine UG errichtet 67
wird, gilt § 5 Abs. 1 GmbHG. Das Stammkapital muss dann mindestens 25.000 € betragen. Nach oben sind keine Grenzen gesetzt. Eine vereinfachte Gründung könnte z.B. auch bei einem Stammkapital von 10 Mio. € vorgenommen werden.

8. Zahl der Gründer/Gründereigenschaft: Die Zahl der Gründungsgesellschafter ist bei der 68
Gründung im vereinfachten Verfahren auf drei beschränkt. Soweit abweichend von dem Musterprotokoll gemäß der Anl. b) nur zwei Gesellschafter an der Gründung beteiligt sind, ist das dritte für den weiteren Gesellschafter vorgesehene Feld bzw. der hierfür vorgesehene Text zu streichen, auch wenn sich dies nicht ausdrücklich aus dem Musterprotokoll und den dazu gehörigen amtlichen Hinweisen ergibt (*Römermann*, Die vereinfachte Gründung mittels Musterprotokoll, GmbHR-Sonderheft 2008, 16, 24). Eine unzulässige Abweichung von dem Text des Musterprotokolls liegt darin nicht.

Abzustellen ist allein auf die formelle Zahl von Gründungsgesellschaftern. Ein Gesellschafter zählt 69
auch dann nur als eine Person, wenn er den Geschäftsanteil treuhänderisch für eine Vielzahl von wirtschaftlich Mitberechtigten hält (*Römermann*, Die vereinfachte Gründung mittels Musterprotokoll, GmbHR-Sonderheft 2008, 16, 17). Entsprechendes gilt für Unterbeteiligungen. Die Unterbeteiligten zählen nicht mit. Ist eine Personengesellschaft Gründerin, zählt nur sie, nicht die Zahl der an ihr beteiligten Gesellschafter (Baumbach/Hueck/*Fastrich* § 2 Rn. 17).

Die Begrenzung der Zahl der Gesellschafter auf höchstens drei gilt nur bis zur Eintragung der 70
Gesellschaft. Eine Aufnahme eines weiteren Gesellschafters vor Eintragung ist nicht zulässig. Unmittelbar danach können indessen weitere Gesellschafter aufgenommen werden, sei es im Wege der Kapitalerhöhung durch Übernahme neuer Einlagen, sei es durch Teilung und Übertragung eines Teils des bei der Gründung übernommenen Geschäftsanteils. Eine Karenzzeit, innerhalb derer es bei der im Musterprotokoll vorgesehenen Höchstzahl von drei Gesellschaftern bleiben muss, sieht das Gesetz nicht vor. Eine als Rechtsmissbrauch unzulässige Verwendung des Musterprotokolls liegt selbst dann nicht vor, wenn der oder die Gründungsgesellschafter bereits bei der Errichtung der Gesellschaft die Erweiterung des Gesellschafterkreises unmittelbar nach Eintragung ins Auge gefasst hatten (so *Römermann*, Die vereinfachte Gründung mittels Musterprotokoll, GmbHR-Sonderheft 2008, 16, 18, *Seebach*, Die Unternehmergesellschaft [haftungsbeschränkt] in der notariellen Praxis, 271). Ob dies ggf. auch für eine auf den Zeitpunkt der Registereintragung aufschiebend bedingt erklärte Teilung und Übertragung von Teilgeschäftsanteilen auf einen oder mehrere weitere Gesellschafter gilt, ist – soweit ersichtlich – bisher noch nicht entschieden.

Ungeachtet der vom Gesetzgeber in den beiden Musterprotokollen gewählten Formulierung 71
»Herr/Frau« können im vereinfachten Verfahren nicht nur natürliche Personen Gründungsgesellschafter sein, sondern auch juristische Personen, wie sich aus dem gesetzlichen Hinweis 1) zu den Musterprotokollen ergibt. Ob auch Personenhandelsgesellschaften (OHG und KG) und andere rechtsfähige Gesamthandsgemeinschaften, wie insbesondere die BGB-Gesellschaft, Gründungsgesellschafter im vereinfachten Verfahren sein können, ist – soweit ersichtlich – von der Rspr. noch nicht geklärt. Aus dem Umstand, dass in dem Hinweis 1) nur juristische Personen genannt sind, wurde z.T. gefolgert, dass Personengesellschaften als Gründer im vereinfachten Verfahren ausscheiden (so *Noack*, Der Regierungsentwurf des MoMiG – Die Reform des GmbH-Rechts geht in die Endrunde, DB 2007, 1395, 1398). Dieser Auffassung ist insbesondere *Heckschen* entgegengetreten (*Heckschen*, Rn. 293). Seiner Auffassung nach kann nicht allein aus dem Umstand, dass die Anmerkung 1) nur auf juristische Personen verweist, eine Beschränkung der Gründer auf natürliche Personen sowie juristische Personen abgeleitet werden, da weder der Regierungsbegründung noch dem Bericht des Rechtsausschusses der Wille des Gesetzgebers für eine solche Einschränkung des Gründerkreises entnommen werden könne. Zumindest den Personenhandelsgesellschaften, für die

der Vertretungsnachweis leicht mithilfe eines Registerauszugs geführt werden kann, sollte daher der Weg der Gesellschaftsgründung unter Verwendung des Musterprotokolls offenstehen. Die Literatur hat sich dem weitgehend angeschlossen (Lutter/Hommelhoff/*Bayer* § 2 Rn. 54; Baumbach/Hueck/*Fastrich* § 2 Rn. 17; *Wicke* § 2 Rn. 16). Dagegen wird der GbR und sonstigen nicht in öffentliche Register eingetragenen Personenmehrheiten die Gründerfähigkeit teilweise abgesprochen (*Noack*, Der Regierungsentwurf des MoMiG – Die Reform des GmbH-Rechts geht in die Endrunde, DB 2007, 1395, 1398; *Michalski* § 2 Rn. 116; so zunächst auch *Heckschen*, DStR 2007, 1442, 1444; Scholz/*Wicke* § 2 Rn. 124; unklar mit Hinweis auf die Problematik des Musterprotokolls als Gesellschafterliste: Lutter/Hommelhoff/*Bayer* § 2 Rn. 54; differenzierend: MüKo GmbHG/*J. Mayer*, § 2 Rn. 228; bejahend: *Roth/Altmeppen*, § 2 Rn. 58; ausführlich zu der Problematik: *Seebach*, Die Unternehmergesellschaft (haftungsbeschränkt) in der notariellen Praxis, RNotZ 2013, 269).

72 Lässt man die GbR als Gesellschafterin zu, so fragt sich, ob angesichts der in § 40 Abs. 1 S. 2 GmbH (i.d.F. vom 23.06.2017) neu geregelten Verpflichtung zu den Angaben in der Gesellschafterliste auch bei der Gründung im vereinfachten Verfahren bei einer GbR als Gesellschafter deren einzelne Mitglieder mit Namen, Wohnanschrift und Geburtsdatum im Einzelnen in das Musterprotokoll aufzunehmen sind. Inwieweit dies bei einer Vielzahl von GbR-Gesellschaftern noch mit der von dem Gesetzgeber gewollten Vereinfachungs- und Beschleunigungsfunktion der vereinfachten Gründung zu vereinbaren ist, scheint fraglich.

73 Solange die Frage der Gründereigenschaft der GbR und von sonstigen Personenvereinigungen (nicht rechtsfähiger Verein, Erbengemeinschaft) im vereinfachten Verfahren in der Rspr. nicht entschieden ist, ist es ratsam, bei dem zuständigen Registergericht dessen Praxis hierzu vorher abzuklären.

74 **9. Geschäftsanteil:** Bei der Gründung im Normalverfahren kann ein Gründer gemäß § 5 Abs. 2 S. 2 GmbHG mehrere Geschäftsanteile übernehmen. Abweichend hiervon kann bei Verwendung des Musterprotokolls jeder Gesellschafter nur einen einzigen Geschäftsanteil übernehmen.

75 **10. Zwingende Bargründung:** Das Musterprotokoll sieht zwingend die Bargründung vor. Eine Sachgründung mit der Einlage von Sachleistungen ist im vereinfachten Verfahren nicht zulässig.

76 **11. Einzahlung:** Das Musterprotokoll lässt alternativ die Volleinzahlung oder hälftige Einzahlung auf die von den Gründungsgesellschaftern übernommenen Einlagen zu. Dies gilt auch bei einem das gesetzliche Mindestkapital von 25.000,00 € übersteigenden Stammkapital. Während nach § 7 Abs. 2 GmbHG bei einer im normalen Verfahren errichteten GmbH die Anmeldung bereits dann erfolgen kann, wenn auf jeden Geschäftsanteil ein Viertel und insgesamt mindestens 12.500,00 € eingezahlt sind, kann und darf bei Verwendung des Musterprotokolls die Anmeldung erst dann erfolgen, wenn auf jeden übernommenen Geschäftsanteil mindestens 50 % und – bei einer GmbH-Gründung – mindestens 12.500 € geleistet sind. Die restliche Einlage ist fällig, sobald die Gesellschafterversammlung die Einforderung beschließt. Der jeweilige Beschluss hierzu bedarf keiner Beurkundung. Letzteres gilt auch dann, wenn dieser Beschluss bereits vor Eintragung der Gesellschaft gefasst wird.

77 Wird unter Verwendung des Musterprotokolls eine UG gegründet, ist die übernommene Einlage indessen stets vollständig vor der Anmeldung zum Handelsregister einzuzahlen, § 5a Abs. 2 GmbHG (s. Muster B 3, Anm. 9 Rdn. B 104).

78 **12. Geschäftsführerbestellung:** Das Musterprotokoll enthält auch die erste Geschäftsführerbestellung. Es kann nur ein einziger Geschäftsführer bestellt werden. Es wird dies häufig der Gründungsgesellschafter bzw. bei einer Mehrpersonengründung einer der Gründungsgesellschafter sein. Zwingend ist dies indessen nicht. Wie bei der Errichtung im Normalverfahren kann auch ein Dritter zum Geschäftsführer (Fremdgeschäftsführer) bestellt werden.

79 Bis zur Eintragung der Gesellschaft kann kein weiterer Geschäftsführer bestellt werden. Eine Abberufung des im Gründungsprotokoll bestellten Geschäftsführers und die Bestellung eines anderen

Geschäftsführers *vor Eintragung* bedarf, wenn die Gründung im vereinfachten Verfahren erfolgte, der notariell beurkundeten Änderung des Gründungsprotokolls (s. hierzu Muster B 5, Rdn. B 151). Wenn nicht die sofortige Wirksamkeit des Geschäftsführerwechsels aus wirtschaftlichen oder sonstigen Gründen erforderlich ist, bietet sich in diesem Fall eine auf die Eintragung aufschiebend bedingte Abberufung des alten und Bestellung des neuen Geschäftsführers als Alternative an. Eine unzulässige Umgehung der Vorschriften zur Musterprotokollgründung liegt nach hiesiger Auffassung hierin nicht.

Die Geschäftsführerbestellung gemäß Ziffer 4 des Musterprotokolls stellt dogmatisch keine materielle Satzungsregelung dar, sondern ist als ein sog. unechter Satzungsbestandteil zu qualifizieren (h.M. vgl. Lutter/Hommelhoff/*Bayer,* § 2 Rn. 62; *Heckschen*, Rn. 297; Baumbach/Hueck/*Fastrich,* § 2 Rn. 18; MünchHdbGesR III/*Riemenschneider/Freitag*, § 8b Rn. 17 ff., 21; OLG Bremen, Beschl. vom 15.09.2009, 2 W 61/09, GmbHR 2009, 1210, NJW 2010, 542; a.A. *Weigl*, Die Geschäftsführerbestellung im Musterprotokoll gemäß MoMiG und Änderungen der Bestellung und Vertretung, notar 2008, 378 ff.; differenzierend *Blasche*, Musterprotokoll und Vertretungsmacht des bei der Gründung bestellten Geschäftsführers sowie etwaiger weiterer Geschäftsführer, GmbHR 2015, 403, 405). 80

Diese rechtliche Einordnung hat folgende Konsequenzen: Wie bei der im Normalverfahren gegründeten GmbH können nach Eintragung der Gesellschaft weitere Geschäftsführer bestellt werden, ohne dass hierzu eine Änderung des Gesellschaftsvertrags erforderlich ist (OLG Bremen, Beschl. vom 15.09.2009, 2 W 61/09, GmbHR 2009, 1210 = NJW 2010; OLG Hamm, Beschl. vom 15.10.2009, Wx 208/09, GmbHR 2009, 1334 = NZG 2009, 1431, OLG Rostock, Beschl. vom 12.03.2010,1 W 83/09, GmbHR 2010, 872); s. hierzu das Muster B 10, Rdn. B 245. Ferner ist dem mit dem Gründungsprotokoll bestellten Erstgeschäftsführer kein statuarisches Sonderrecht zur Geschäftsführung eingeräumt, welches ihm nur aus wichtigem Grund unter den Voraussetzungen des § 38 Abs. 2 GmbHG entzogen werden könnte. Schließlich bedarf es für seine Abberufung nicht der für Satzungsänderungen erforderlichen Dreiviertelmehrheit gemäß § 53 Abs. 2 GmbHG, die Abberufung kann vielmehr durch formlosen Gesellschafterbeschluss mit einfacher Stimmenmehrheit erfolgen. 81

Da das Musterprotokoll keine allgemeine Vertretungsregelung enthält, sondern nur für den mit dem Musterprotokoll bestellten Erstgeschäftsführer eine Regelung von dessen Befugnissen, kommt für die (aktive) Vertretungsbefugnis eines oder mehrerer weiterer Geschäftsführer, die *nach* der Registereintragung der Gesellschaft bestellt werden, mangels einer entsprechenden satzungsmäßigen Ermächtigung stets die gesetzliche Regelung zum Tragen. Danach vertreten mehrere Geschäftsführer die Gesellschaft gemäß § 35 Abs. 2 GmbHG gemeinsam (OLG Stuttgart, Beschl. vom 28.04.2009, 8 W 116/09, GmbHR 2009, 827 = NZG 2009, 754; Baumbach/Hueck/*Fastrich* § 2 Rn. 18 sowie Lutter/Hommelhoff/*Bayer* § 2 Rn. 63, jeweils m.w.N.). Ebenso vertritt von diesem Zeitpunkt an der Erstgeschäftsführer nicht mehr allein, sondern nur gemeinsam mit dem bzw. den weiteren Geschäftsführern. Soll von der gesetzlich vorgesehenen Gesamtvertretung durch alle Geschäftsführer abgewichen werden, muss der im vereinfachten Verfahren gemäß Musterprotokoll festgestellte Gesellschaftsvertrag in Ziffer 4 abgeändert werden, wenn die Gesellschaft aus diesem Anlass nicht ohnehin einen neuen individuellen Gesellschaftsvertrag erhält. 82

13. Zwingende Befreiung von den Beschränkungen des § 181 BGB: Ziffer 4 des Musterprotokolls schreibt zwingend vor, dass der erste Geschäftsführer von den Beschränkungen des § 181 BGB befreit ist. Da es sich hierbei nur um die Bestimmung der konkreten Vertretungsbefugnis des in der Gründungsurkunde namentlich benannten Erstgeschäftsführers handelt, gilt diese Befreiung nicht auch für nach Eintragung der Gesellschaft hinzukommende Geschäftsführer (OLG Stuttgart, Beschl. vom 28.04.2009, 8 W 116/09, GmbHR 2009, 827 = NZG 2009, 754, 755; OLG Düsseldorf, Beschl. vom 12.07.2011, I-3 Wx 75/11, GmbHR 2011, 1309; Lutter/Hommelhoff/*Bayer* § 2 Rn. 47) und auch dann nicht, wenn der Gründungsgeschäftsführer durch einen anderen alleinigen Geschäftsführer ersetzt wird (a.A. Roth/Altmeppen/*Roth* § 2 Rn. 56a). Wenn der Nachfolger bzw. ein hinzukommender Geschäftsführer nicht nur für ein einzelnes Geschäft, sondern generell von 83 den Beschränkungen des § 181 BGB befreit sein soll, ist zuvor eine entsprechende Satzungsgrundlage zu schaffen, die die Gesellschafterversammlung ermächtigt, eine entsprechende Befreiung zu erteilen.

84 Noch nicht abschließend geklärt ist die Frage, ob die Befreiung des Erstgeschäftsführers von den Beschränkungen des § 181 BGB mit der Bestellung weiterer Geschäftsführer fortbesteht oder automatisch endet. Nach Auffassung des OLG Stuttgart ist Letzteres der Fall (Beschl. vom 28.04.2009, 8 W 116/09, GmbHR 2009, 827 = NZG 2009, 754, 755; zustimmend Baumbach/Hueck/*Fastrich* § 2 Rn. 59; so weiter jetzt auch OLG Nürnberg, Beschl. vom 15.07.2015, 12 W 1208/15; GmbHR 2015, 486 = NZG 2016, 153–155). Der Entscheidung des OLG Stuttgart wurde in der Literatur überwiegend zu Recht widersprochen (s. *Jeep/Kilian/Weiler*, notar 2009, 358, 359 f.; *Ries*, Muster ohne Wert, NZG 2009, 739, 740; *Klutzny*, NotBZ 2009, 255–257; *Heckschen/Heidinger* § 2 Rn. 211; *Scholz/Wicke* § 2 Rn. 102 m.w.N.), ebenso der Entscheidung des OLG Nürnberg (s. *H.Schmidt*, ZIP 2016, 75–77). Es ist nicht einzusehen, wieso die dem Gründungsgeschäftsführer in der Gründungsurkunde erteilte besondere Vertretungsbefugnis im Hinblick auf die Befreiung von den Beschränkungen des § 181 BGB mit der Bestellung eines weiteren Geschäftsführers von selbst entfallen soll. Vielmehr bleibt die ihm insoweit eingeräumte Vertretungsmacht bis zum (nach erster Eintragung der Gesellschaft jederzeit möglichen) ausdrücklichen Entzug dieser Befreiung bestehen (so auch *Wachter*, Aktuelle Rechtsprechung zum MoMiG, GmbHR 2009, 785, 791; *Wicke*, Abweichungen und Änderungen beim Musterprotokoll gemäß § 2 Abs. 1a GmbHG, DNotZ 2012, 15, 25; *Blasche*, Musterprotokoll und Vertretungsmacht des bei der Gründung bestellten Geschäftsführers sowie etwaiger weiterer Geschäftsführer, GmbHR 2015, 403, 407). Nachdem mit dem OLG Nürnberg sich ein weiteres OLG der Mindermeinung des OLG Stuttgart angeschlossen hat, wäre zu wünschen, dass zu dieser Frage alsbald eine Klärung durch eine Entscheidung des BGH erfolgt. Bis zu einer Klärung wird empfohlen, bei der Bestellung eines oder mehrerer weiterer Geschäftsführer in den Bestellungsbeschluss vorsorglich aufzunehmen, dass die Befreiung des Erstgeschäftsführers von den Beschränkungen des § 181 BGB bestehen bleibt (s. unten Muster B 10, Rdn. B 245)

85 **14. Gründungskosten:** Zu den Gründungskosten gehören die mit der Errichtung der Gesellschaft und der Erbringung der Einlagen verbundenen Kosten sowie die Eintragungskosten. Ferner zählen hierzu die Kosten der Gründungsberatung. Bei Verwendung des Musterprotokolls ist der Gründungsaufwand, der von der Gesellschaft übernommen werden kann, auf den Betrag von 300,00 € bzw. bei einem Stammkapital unter 300,00 € auf dessen Höhe begrenzt. Darüber hinausgehende Kosten tragen die Gesellschafter anteilig im Verhältnis der Nennbeträge ihrer Geschäftsanteile.

86 Bei späteren Änderungen des Gesellschaftsvertrags, insbesondere wenn der im vereinfachten Gründungsverfahren festgestellte Gesellschaftsvertrag durch eine individuelle Satzung ersetzt werden soll, ist zu beachten, dass die Festsetzungen zum Gründungsaufwand gemäß Ziffer 5 der Gründungsurkunde in die geänderte Satzung aufgenommen werden müssen und erst nach Ablauf von *fünf* bzw. nach neuerer Rspr. der OLG Oldenburg sowie Celle *zehn* Jahren ab der ersten Eintragung der Gesellschaft gestrichen werden dürfen (s. OLG Oldenburg, Beschl. vom 22.08.2016, 12 W 121/16, GmbHR 2016, 1305–1307 sowie OLG Celle. Beschl. vom 02.02.2018, 9 W 15/18, GmbHR 2018, 372 = NZG 2018, 308, so auch Scholz/*Veil* § 5 Rn. 112; Baumbach/Hueck/*Fastrich* § 5 Rn. 57; nach anderer auch aus Sicht des Autors zutreffender Ansicht nur fünf Jahre analog § 26 Abs. 4 AktG: OLG München, Beschl. vom 06.10.2010, 31 Wx 143/10, GmbHR 2010, 1263–1264, so *Wachter*, Anm. GmbHR 2016, 1307–1310 sowie EWiR 2018, 265–266).

87 **15. Ausfertigungen/Abschriften:** Nach dem Text des Musterprotokolls hat der Notar von der Gründungsurkunde eine einfache Abschrift bei dem zuständigen Finanzamt (Körperschaftsteuerstelle) einzureichen. § 54 EStDV verlangt dagegen eine beglaubigte Abschrift. Nach *Heckschen* (DStR 2009, 166, 167) handelt es sich um ein Redaktionsversehen des Gesetzgebers. Ebenso lässt sich die Auffassung vertreten, dass die Regelung in dem Musterprotokoll als lex posterior bzw. als lex specialis Vorrang vor der älteren steuerlichen Regelung in § 54 EStDV hat, sodass bei einer Musterprotokollgründung die Übersendung einer einfachen Abschrift genügt.

16. Hinweise: Für die von dem Urkundsnotar in das Gründungsprotokoll aufgenommenen rechtlichen Hinweise gelten bei der Verwendung des Musterprotokolls keine Besonderheiten. Mit dem Hinweis zu a) wird auf die konstitutive Wirkung der Registereintragung gemäß § 11 Abs. 1 GmbHG verwiesen. Der Hinweis zu b) betrifft die Handelndenhaftung gemäß § 11 Abs. 2 GmbHG bzw. die Verlustdeckungshaftung der Gesellschafter für den Fall, dass es nicht zur Eintragung der Gesellschaft kommt. Die Hinweise zu c) bis g) beziehen sich auf die Unterbilanzhaftung (Differenzhaftung), das Aufrechnungsverbot des § 19 Abs. 1 GmbHG, das Verbot verdeckter Sacheinlagen gemäß § 19 Abs. 4 S. 1 GmbHG sowie auf die Voraussetzungen, unter denen nach § 19 Abs. 5 GmbHG ein »Hin- und Herzahlen« ausnahmsweise die Einlageschuld tilgt. Die Hinweise zu h) und i) betreffen die Regress- bzw. Ausfallhaftung nach den §§ 21 Abs. 3, 22 und 24 GmbHG. Mit den Hinweisen zu j) und k) wird auf die gesamtschuldnerische Haftung von Gesellschaftern und Geschäftsführer nach § 9a GmbHG sowie die Strafbarkeit falscher Angaben gemäß § 82 GmbHG verwiesen. 88

17. Schlussvermerk: Der übliche und gemäß § 13 Abs. 1 BeurkG vorgesehene Schlussvermerk, wonach der Inhalt der Urkunde den Beteiligten vorgelesen und von ihnen genehmigt und unterschrieben ist, findet sich in den Musterprotokollen nicht. Das ändert indessen nichts daran, dass dieser Vermerk in das notarielle Protokoll aufzunehmen ist. 89

18. Kosten: Die Notarkosten für die Beurkundung des Gründungsprotokolls belaufen sich vorliegend netto auf 120,00 € und einschließlich Mehrwertsteuer auf 142,80 €. Dieser Betrag errechnet sich wie folgt: 90

Für die Beurkundung des Gründungsprotokolls fällt bei einer Einpersonengründung eine 1,0-Gebühr gemäß KV-Nr. 21200 GNotKG an, mindestens jedoch 120,00 €. Der Geschäftswert bemisst sich gemäß § 97 Abs. 1 GNotKG nach dem Stammkapital, beträgt nach § 107 Abs. 1 S. 1 GNotKG hierbei jedoch mindestens 30.000 € und höchstens 10 Mio. €. Bei der Gründung im vereinfachten Verfahren gilt der Mindestwert von 30.000 € indessen gemäß §§ 107 Abs. 1 S. 2, 105 Abs. 6 GNotKG nicht. Vorliegend würden danach 115,00 € anfallen (eine 1,0-Gebühr nach einem Geschäftswert in Höhe des Stammkapitals von 25.000 €). Da dieser Betrag den Mindestwert für das Beurkundungsverfahren nicht erreicht, erhält der Notar vorliegend für die Beurkundung des Gründungsprotokolls die Mindestgebühr von 120,00 € nach KV-Nr. 21100 GNotKG. Für die in Ziffer 4 des Musterprotokolls enthaltene Geschäftsführerbestellung fallen keine weiteren Gebühren an. Die Geschäftsführerbestellung ist kein verschiedener Beurkundungsgegenstand i.S.v. § 110 Nr. 1 GNotKG, sondern integraler Teil des Musterprotokolls. Entsprechendes gilt für die Gesellschafterliste, die bei einer Gründung im vereinfachten Verfahren gemäß § 2 Abs. 1a S. 4 GNotKG nicht gesondert eingereicht werden muss. Neben der Mindestgebühr fallen noch die üblichen Auslagenpauschalen nach den KV-Nr. 32001 (Papier s/w) und 32005 (Post und TK) sowie die Mehrwertsteuer (KV-NR. 32014) an. 91

Wird der Urkunde eine von dem Notar ohne Hinzuziehung eines Dolmetschers gefertigte Übersetzung hinzugefügt, löst dies die Zusatzgebühr nach KV-Nr. 26001 aus in Höhe von 30 % der für die Beurkundung zu erhebenden Gebühr.

3. Gründung einer Mehrpersonen-UG (haftungsbeschränkt) im vereinfachten Verfahren mit Musterprotokoll

Vorbemerkung

Das nachstehende Formular kombiniert die Errichtung einer UG – hier mit drei Gesellschaftern – mit der Gründung der Gesellschaft im vereinfachten Verfahren. Geschätzte 80 % aller UG-Gründungen erfolgen in dem vereinfachten Gründungsverfahren. 92

Zu den Vor- und Nachteilen der Gründung im vereinfachten Verfahren wird auf die Vorbemerkung zu dem Muster B 2 (Rdn. B 39 ff.) verwiesen. Die Sonderregeln, welche nach § 5a GmbHG auf die UG Anwendung finden, sind in der Vorbemerkung zu dem Muster B 1 näher dargelegt (Rdn. B 1 ff.). 93

Muster [1]

94 **UR.-Nr. ____________/____________**

Verhandelt in ____________

am ____________.

Vor mir, dem Notar/der Notarin ____________

mit dem Amtssitz in ____________

erschienen heute in meinen Amtsräumen in ____________

1. Herr A,

geboren am ____________,

wohnhaft ____________,

persönlich bekannt/ausgewiesen durch Personalausweis/Reisepass Nr. ____________,

handelnd

zu a) im eigenen Namen,

zu b) seiner Erklärung nach in seiner Eigenschaft als einzelvertretungsberechtigter und von den Beschränkungen des § 181 BGB befreiter Geschäftsführer für die Gesellschaft mit beschränkter Haftung in Firma

B-GmbH mit dem Sitz in ____________,

Geschäftsanschrift: ____________,

eingetragen im Handelsregister des Amtsgerichts ____________ unter HRB ____________.

Hiermit bescheinige ich, der Notar/die Notarin, gemäß § 21 Abs. 1 Nr. 1 BNotO die vorgenannte Vertretungsberechtigung, und zwar aufgrund heutiger Einsicht/Einsicht am ____________ in das elektronische Handelsregister des Amtsgerichts ____________. [3]

2. Frau C,

geboren am ____________,

wohnhaft ____________,

ausgewiesen durch ____________,

handelnd im eigenem Namen.

Die Erschienenen erklärten zu meinem Protokoll: [2]

1. Wir sowie die von Herrn A vertretene B-GmbH [4] **errichten hiermit nach § 2 Abs. 1a GmbHG eine Gesellschaft mit beschränkter Haftung unter der**

Firma XYZ UG (haftungsbeschränkt) [5]

mit dem Sitz in [Ort] [6]

2. Gegenstand des Unternehmens ist ____________. [7]

3. Das Stammkapital der Gesellschaft beträgt

1.200,00 € (i.W. eintausendzweihundert Euro)

und wird wie folgt übernommen: [8]

Herr A übernimmt einen Geschäftsanteil mit einem Nennbetrag

in Höhe von 600,00 € (i.W. sechshundert Euro) (Geschäftsanteil Nr. 1),

die B-GmbH übernimmt einen Geschäftsanteil mit einem Nennbetrag

in Höhe von 200,00 € (i.W. zweihundert Euro) (Geschäftsanteil Nr. 2)

Frau C übernimmt einen Geschäftsanteil mit einem Nennbetrag

in Höhe von 400,00 € (i.W. vierhundert Euro) (Geschäftsanteil Nr. 3).

Die Einlagen sind in Geld zu erbringen, und zwar sofort in voller Höhe. [9]

4. **Zum Geschäftsführer** [10] **der Gesellschaft wird**

   Herr D,

   geboren am __________,

   wohnhaft in __________,

   bestellt.

   Der Geschäftsführer ist von den Beschränkungen des § 181 Bürgerlichen Gesetzbuchs befreit.

5. **Die Gesellschaft trägt die mit der Gründung verbundenen Kosten bis zu einem Gesamtbetrag von 300 €, höchstens jedoch bis zum Betrag ihres Stammkapitals. Darüberhinausgehende Kosten tragen die Gesellschafter im Verhältnis der Nennbeträge ihrer Geschäftsanteile.** [11]

6. **Von dieser Urkunde erhält eine Ausfertigung jeder Gesellschafter, beglaubigte Ablichtungen die Gesellschaft und das Registergericht (in elektronischer Form) sowie eine einfache Abschrift das Finanzamt – Körperschaftsstelle –.** [12]

7. **Die Erschienenen wurden von dem Notar/der Notarin insbesondere auf das Folgende hingewiesen:** [13]

   a) **Die Gesellschaft als solche entsteht erst mit ihrer Eintragung im Handelsregister.**

   b) **Jeder Gründungsgesellschafter, der Geschäftsführer sowie sonstige für die Vorgesellschaft handelnden Personen haften bis zu der Registereintragung der Gesellschaft gesamtschuldnerisch und unbeschränkt.**

   c) **Jeder Gründungsgesellschafter haftet unbeschränkt und persönlich für etwaige Fehlbeträge, wenn im Zeitpunkt der Eintragung der Gesellschaft in das Handelsregister der Wert des Gesellschaftsvermögens (zuzüglich des in Ziffer 5 festgelegten von der Gesellschaft übernommenen Gründungsaufwands) niedriger ist als das nominelle Stammkapital (Differenzhaftung zum Ausgleich einer Unterbilanz).**

   d) **Die festgesetzten Bareinlagen dürfen erst nach der heutigen Beurkundung erbracht werden. Sie müssen ausschließlich an die Gesellschaft in Gründung geleistet werden. Vor der heutigen Gründung geleistete Zahlungen haben regelmäßig keine Tilgungswirkung.**

e) Eine Bareinlage kann nicht durch Verrechnung/Aufrechnung mit Forderungen gegen die Gesellschaft erbracht werden.

f) Sacheinlagen, d.h. Geldeinlagen, die bei wirtschaftlicher Betrachtung aufgrund einer im Zusammenhang mit der Übernahme getroffenen Abrede als Sacheinlage zu bewerten sind, befreien regelmäßig nicht von der übernommenen Verpflichtung zur Leistung der Bareinlage.

g) Geldeinlagen, die zeitlich unmittelbar nach der Gründung darlehensweise oder aufgrund anderweitiger Vereinbarung an einen Gesellschafter wieder ausgezahlt werden, tilgen die Einlageschuld nur dann, wenn der Rückzahlungsanspruch der Gesellschaft vollwertig und jederzeit fällig ist und die Auszahlung sowie die Rückzahlungsvereinbarung zwischen dem Gesellschafter und der Gesellschaft in der Anmeldung zum Handelsregister angegeben sind.

h) Ein Gesellschafter haftet, auch wenn er aus der Gesellschaft ausscheidet, neben dem Erwerber seines Geschäftsanteils für die Volleinzahlung des Anteils.

i) Falsche Angaben sind nach § 82 GmbHG mit Freiheitsstrafe bis zu drei Jahren oder Geldstrafe bedroht.

j) Die Unternehmergesellschaft hat nach § 5a Abs. 3 GmbHG bei der Aufstellung des Jahresabschlusses jedes Jahr in der Bilanz zwingend eine gesetzliche Rücklage zu bilden, in die ein Viertel des (um einen etwaigen Verlustvortrag geminderten) Jahresüberschusses einzustellen ist. Diese Rücklage darf nur für die in § 5a Abs. 3 GmbHG genannten Zwecke (Kapitalerhöhung bzw. Ausgleich eines Jahresfehlbetrags bzw. eines Verlustvortrags) verwendet werden.

k) Eine Gesellschafterversammlung ist immer dann einzuberufen, wenn dies im Interesse der Gesellschaft erforderlich erscheint. Bei drohender Zahlungsunfähigkeit der Gesellschaft muss dies unverzüglich erfolgen (§ 5a Abs. 4 GmbHG).

Vorgelesen, von den Erschienenen genehmigt und unterschrieben [14]

[Unterschrift der Erschienenen]

[Unterschrift des Notars/der Notarin], L.S. [Notariatssiegel]

Template

95 **Notarial deed no. UR-Nr. ____________/____________**

Negotiated in ____________

on [date].

Before me, the notary [name],

with the registered office in [city]

today appeared in my notary's business premises situated at [address]

1. Mr. A,

born on [date],

residing at [address],

personally known to the notary/identified by valid German ID card/passport no. ____________,

acting

(a) on his own behalf,

(b) according to his declaration in his capacity as managing director with sole power of representation and exempted from the restrictions of Sec. 181 BGB (German Civil Code) on behalf of the limited liability company under the business name of

B-GmbH

with registered office at ___[place]___,

business address: ____________,

registered in the commercial register of the local court of ____________ under division B,

number HRB ____________.

I, the notary, hereby confirm the aforementioned power of representation in accordance with Sec. 21 para 1 no. 1 BNotO, on the basis of today's inspection/inspection on ____________ [date] in the electronic commercial register of the local court of ____________, division B, number HRB ____________.

2. Ms. C,

born on ___[date]___,

resident at ___[address]___,

personally known to the notary/identified by valid German ID card/passport no. ____________,

acting on her own behalf.

The persons appeared requested the deed to be recorded in the German language. The English version is only a non-binding translation and is quoted for information purposes only.

The persons appeared – acting as stated above – then declared to my record:

1. We and B-GmbH, represented by Mr. A, establish a limited liability company in accordance with Sec. 2 para. 1a GmbHG (German Limited Liability Companies Act) under the company name

XYZ ____________ UG (haftungsbeschränkt) (the »Company«)

with registered office in ___[place]___

2. Object of the Company is ____________.

3. The nominal share capital of the Company amounts to € 1,200.00 (in words: one thousand two hundred euros) and is being subscribed to as follows:

Mr. A subscribes to one share with the nominal value of € 600.00 (in words: six hundred euros) (share no. 1),

B-GmbH subscribes to one share with the nominal value of €200.00 (in words: two hundred euros) (share no. 2),

Ms. C subscribes to one share with the nominal value of € 400.00 (in words: four hundred euros) (share no. 3).

The capital contribution shall be paid immediately and in the full amount.

4. **Managing director of the company shall be**

   Mr. D,

   born on __[date]__,

   residing in __[city]__.

   The managing director shall be exempt from the restrictions of Sec. 181 BGB (German Civil Code).

5. **The Company shall reimburse the costs associated with the formation up to the total amount of € 300, but not exceeding the amount of the share capital. Any additional costs shall be borne by the shareholders.**

6. **The shareholder shall receive an authentic copy of this document, the company shall receive a certified copy and the court of registration as well (in electronic form), the tax office for corporations shall receive a simple copy.**

7. **The notary advised the person appearing in particular as follows:**

   a) **The company as a legal entity is not incorporated until it is entered into the commercial register.**

   b) **The founding shareholder(s), the managing director(s) and other persons acting on behalf of the preliminary company are jointly and unrestrictedly liable until the company has been entered in the commercial register.**

   c) **The founding shareholders are personally and without limitation liable for any shortfalls if, at the time of registration, the value of the company's assets (plus the formation costs to be borne by the company as stipulated in the articles of association) is lower than the nominal share capital (difference liability to offset a sub-balance sheet).**

   d) **The agreed cash contributions may only be made after today's notarization. They must be paid exclusively to the company in formation. Any payments made prior to today's foundation have no redemption effect.**

   e) **Cash contributions cannot be made by offsetting/setting claims against the company.**

   f) **Hidden contributions in kind, i.e. contributions in cash made under an agreement in connection with the subscription of a share and which, from an economic point of view, are to be evaluated as a contribution in kind, do generally not exempt from the obligation accepted to make a cash contribution.**

   g) **Contributions in cash which are repaid to a shareholder by way of a loan agreement or on the basis of another agreement before the company is entered into the commercial register will only release from the obligation to pay in the share contribution if the company's repayment claim is completely valid and due at any time and the repayment agreement between the shareholder and the company is stated in the application to the commercial register.**

   h) **In the event of withdrawal, each shareholder is liable for the complete payment of his share in addition to the person acquiring the share.**

   i) **Incorrect information in connection with the foundation of the company can be punished by imprisonment for up to three years or a fine according to Sec. 82 GmbHG (German Limited Liability Company Act).**

j) **Pursuant to Sec. 5a para. 3 GmbHG, the entrepreneurial company shall establish a legally required reserve each year when preparing the annual financial statements in the balance sheet to which one quarter of the annual net profit (reduced by any loss carried forward) must be allocated and that this reserve may only be used for the purposes stated in Sec. 5 para. 3 GmbHG.**

k) **A shareholder meeting is to be called whenever it appears necessary in the interests of the company. In derogation of Sec. 49 para. 3 of the GmbHG, the meeting must be convened without delay in case of threat of insolvency (see Sec. 5a para. 4 GmbHG).**

Read aloud, approved and signed.

[signatures of the persons appearing]

[notary's signature] L.S. [notary's seal)

Erläuterungen

Literatur: Siehe hierzu die Nachweise zu den Mustern B 1 (vor Rdn. B 11) sowie B 2 (vor Rdn. B 52).

1. Sachverhalt: Das vorstehende Muster betrifft die Gründung einer Mehrpersonengesellschaft als UG (haftungsbeschränkt) im vereinfachten Verfahren unter Verwendung des Musterprotokolls gemäß der Anl. b) zum GmbHG. Das Stammkapital der Gesellschaft soll 1.200,00 € betragen, vom dem der A einen Anteil von 600,00 € (1/2 des Stammkapitals) übernimmt, die von ihm vertretene B-GmbH einen Anteil von 200,00 € (1/6 des Stammkapitals) und die C einen Anteil von 400,00 € (1/3 des Stammkapitals). Zum Geschäftsführer wird der D (als Fremdgeschäftsführer) bestellt. 96

2. Erforderliche notarielle Beurkundung/Abweichungen von dem Musterprotokoll: 97
Weder die Sonderregeln in § 2 Abs. 1a GmbHG, welche mit dem MoMiG für die Gründung einer Gesellschaft im vereinfachten Verfahren in das GmbHG aufgenommenen worden sind, noch die für die UG maßgeblichen Sondervorschriften gemäß § 5a GmbHG suspendieren von dem Erfordernis der notariellen Beurkundung des Gesellschaftsvertrags gemäß § 2 Abs. 1 S. 1 GmbHG.

Das gesetzliche Muster gemäß der Anl. b) ist an den durch Unterstrich gekennzeichneten Formularfeldern auszufüllen. Abweichungen und Ergänzungen sind nach § 2 Abs. 1a S. 3 GmbHG nicht zulässig, s. dazu näher Anm. 2 zum Muster B 2, Rdn. B 54 ff. 98

3. Vertretungsbescheinigung: Zur Beschleunigung des Eintragungsverfahrens empfiehlt sich eine notarielle Bescheinigung über die Vertretungsbefugnis des A für die von ihm bei der Gründung vertretene B-GmbH gemäß § 21 Abs. 1 Ziff. 1 BNotO. Anderenfalls kann, soweit die Gesellschaft nicht bei demselben Handelsregister eingetragen ist, das Registergericht einen Vertretungsnachweis in Form eines Registerauszugs anfordern. 99

4. Gründereignung: Gründer können natürliche Personen, Kapitalgesellschaften sowie nach ganz überwiegender Meinung auch Personenhandelsgesellschaften sein. Zu der streitigen Gründereigenschaft von sonstigen Personenvereinigungen, insbesondere der GbR s.o. Anm. 8 zu Muster B 2 Rdn. B 68 ff. 100

5./6./7. Firma, Sitz und Gegenstand: Zu den Anforderungen an die Firma und den Rechtsformzusatz bei der UG s.o. Muster B 1 Anm. 5 (Rdn. B 15), zum Sitz s.o. Muster B 1 Anm. 6 (Rdn. B 18) und zum Gegenstand s. Muster B 2 Anm. 6 (Rdn. B 65). 101

8. Stammkapital/Geschäftsanteil: Das Stammkapital der UG muss mindestens 1,00 € und darf höchstens 24.999,00 € betragen. Die Gründungsgesellschafter können bei der Errichtung im vereinfachten Verfahren abweichend von der Gründung im Normalverfahren, bei der ein Gesellschafter gemäß § 3 Abs. 1 Ziff. 4 GmbHG mehrere Geschäftsanteile übernehmen kann, nach den 102

Vorgaben des Musterprotokolls nur jeweils einen einzigen Anteil übernehmen. Der Nennbetrag der Geschäftsanteile muss auf volle Euro lauten, § 5 Abs. 2 GmbHG.

103 Die Angabe zu dem jeweils übernommenen Geschäftsanteil bedarf keiner Ergänzung um den prozentualen Anteil am gesamten Stammkapital. Der mit dem Musterprotokoll vorgegebene Text genügt dem Transparenzgebot nach den Anforderungen des GwG (s. hierzu die Vorbemerkung zu dem Muster B 2 Rdn. B 49).

104 **9. Zwingende Bareinlagen und Pflicht zur Volleinzahlung:** Die Einlagen sind zwingend in Geld zu erbringen. Sacheinlagen sind bei der Gründung im vereinfachten Verfahren in dem Musterprotokoll nicht vorgesehen und damit nicht zulässig. Darüber hinaus schließt auch § 5a Abs. 2 S. 2 GmbHG die Vereinbarung von Sachleinlagen für die UG aus. Die Bareinlagen sind jeweils sofort in voller Höhe fällig. § 7 Abs. 2 GmbHG, der die Anmeldung bei einer Standard-GmbH bereits zulässt, sobald auf jeden Geschäftsanteil mindestens ein Viertel und insgesamt mindestens 12.500,00 € eingezahlt sind, wird für die UG durch die Sonderregelung in § 5a Abs. 1 S. 1 GmbHG verdrängt.

105 **10. Bestellung des Erstgeschäftsführers; zwingende Befreiung von den Beschränkungen des § 181 BGB:** Wie bei der Gründung im Normalverfahren sind die Gesellschafter in der Wahl des Geschäftsführers frei. Auch wenn in der Praxis i.d.R. einer der Gründungsgesellschafter zum Geschäftsführer bestellt wird, kann – wie vorliegend gemäß dem Muster mit Herrn D. – auch ein Dritter zum Geschäftsführer (Fremdgeschäftsführer) bestellt werden. Der Umstand, dass das Gründungsprotokoll nach § 2 Abs. 1a S. 4 GmbHG zugleich als Gesellschafterliste gilt, führt nicht dazu, dass in diesem Fall der Fremdgeschäftsführer die Gründungsurkunde mitunterzeichnen muss. Ebenso muss in diesem Fall keine von ihm unterzeichnete Gesellschafterliste eingereicht werden. Die Spezialregelung des § 2 Abs. 1a S. 4 GmbHG verdrängt auch insoweit die allgemeinen Vorschriften für den in § 8 Abs. 1 Nr. 3 GmbHG geregelten Normalfall (so zutreffend Gutachten des *DNotI*, DNotI-Report 2011, 149 f.).

106 Bei der Gründung im vereinfachten Verfahren kann nur einziger Geschäftsführer bestellt werden, der dazu noch zwingend von den Beschränkungen des § 181 BGB befreit ist. Siehe dazu im Einzelnen Muster B 2 Anm. 12 und 13 (Rdn. B 78 ff.). Soll für die Gesellschaft noch ein weiterer Geschäftsführer tätig sein, so bietet sich an, diesen bereits – durch gesonderten formlosen Gesellschafterbeschluss aufschiebend bedingt auf die Eintragung der Gesellschaft – zum Geschäftsführer zu bestellen und die zugehörige Anmeldung unmittelbar nach Eintragung der Gesellschaft bei dem Handelsregister einzureichen. In einem solchen Vorgehen wird nach überwiegender Auffassung nicht eine unzulässige Umgehung der zwingenden Ein-Geschäftsführer-Regelung in dem Musterprotokoll gesehen (vgl. hierzu oben auch Rdn. B 70, zu der konkreten Vertretungsbefugnis des weiteren Geschäftsführers s. unten Muster B 11, Rdn. B 254/256).

107 **11. Gründungskosten:** Dazu s. Muster B 2, Anm. 14 (Rdn. B 85).

108 **12./13./14. Ausfertigungen und Abschriften/Hinweise/Schlussvermerk:** Dazu s. Muster B 2 Anm. 15, 16 und 17 (Rdn. B 87 ff.).

109 **15. Beurkundungskosten:** Die Gründung im vereinfachten Verfahren ist gebührenprivilegiert. Der Mindestgeschäftswert von 30.000 € gemäß § 107 Abs. 1 S. 1 GNotKG gilt nach S. 2 dieser Bestimmung nicht, vielmehr bestimmt sich der Geschäftswert nach der Höhe des Stammkapitals, sodass vorliegend bei dem Stammkapital von 1.200,00 € sich Gebühren von 2,0 × 23,00 € = 46,00 € ergäben. Da dieser Betrag den für das Beurkundungsverfahren in KV-Nr. 21100 GNotKG festgelegten Mindestwert unterschreitet, fällt vorliegend die Mindestgebühr von 120,00 € an. Für die Geschäftsführerbestellung fallen keine zusätzlichen Kosten an. Sie ist auch dann kein gesonderter Beurkundungsgegenstand, wenn – wie vorliegend – ein Dritter, der an dem Beurkundungsverfahren nicht beteiligt ist, zum Fremdgeschäftsführer bestellt wird. Auch in diesem Fall ist die Geschäftsführerbestellung Bestandteil des einheitlichen Gründungvorgangs im Rahmen der vereinfachten Gründung unter Verwendung des Musterprotokolls gemäß § 2 Abs. 1a GmbHG (*Bor-*

mann/Diehn/Sommerfeldt, GNotKG, 2. Aufl., § 107 Rn. 11). Das Gleiche gilt für die Befreiung des Geschäftsführers von den Beschränkungen des § 181 BGB (Korintenberg/*Tiedke*, GNotKG, 19. Aufl. § 107 Rn. 39).

4. Handelsregisteranmeldung einer im vereinfachten Verfahren errichteten Unternehmergesellschaft

Vorbemerkung

Das nachstehende Muster enthält die Anmeldung zu der gemäß Muster B 3 (Rdn. B 94 ff.) im vereinfachten Verfahren errichteten Dreipersonen-Unternehmergesellschaft. 110

Muster [1]

An das 111

Amtsgericht __________ [2]

Handelsregister

[Anschrift]

HRB neu [3]

XYZ UG (haftungsbeschränkt) mit dem Sitz in [Ort]

I. Zur Eintragung in das Handelsregister wird angemeldet: [4]

1. Unter der Firma

XYZ UG (haftungsbeschränkt)

ist unter Verwendung des Musterprotokolls gemäß § 2 Abs. 1a GmbHG eine Gesellschaft mit beschränkter Haftung mit Sitz in __________ mit einem Stammkapital von € 1.200,00 __________ errichtet worden.

2. Die inländische Geschäftsanschrift der Gesellschaft lautet: __________.

Dort befinden sich auch die Geschäftsräume der Gesellschaft. [5]

3. Die allgemeine Vertretungsbefugnis der Geschäftsführer ergibt sich mangels einer besonderen Regelung in dem gemäß Musterprotokoll festgestellten Gesellschaftsvertrag aus dem Gesetz:

Ist nur ein Geschäftsführer bestellt, vertritt er die Gesellschaft allein. Sind mehrere Geschäftsführer bestellt, wird die Gesellschaft durch sämtliche Geschäftsführer gemeinsam vertreten. [6]

4. Zum Geschäftsführer [7] **wurde bestellt:**

Herr D,

geboren am __________,

wohnhaft in __________.

Herr D vertritt die Gesellschaft, solange er alleiniger Geschäftsführer ist, allein, ansonsten nach Maßgabe der gesetzlichen Vertretungsregelung in § 35 Abs. 2 S. 1 GmbHG gemeinsam mit dem oder den weiter bestellten Geschäftsführern. Von den Beschränkungen des § 181 BGB ist er befreit, das heißt er ist befugt,

im Namen der Gesellschaft Rechtsgeschäfte mit sich im eigenen Namen oder als Vertreter eines Dritten abschließen. [8]

II. Versicherungen des Geschäftsführers

1. Einzahlungsversicherung: [9]

Herr D als Geschäftsführer versichert, dass von den Gründungsgesellschaftern die Einlagen auf die Geschäftsanteile Nr. 1 bis 3 vollständig bewirkt sind. Im Einzelnen wurden folgende Zahlungen geleistet:

Nummer	***Gesellschafter***	***Nennbetrag***	***Einzahlungsbetrag***
1	**Herr A**	**EUR 600,00**	**EUR 600,00**
2	**B-GmbH**	**EUR 200,00**	**EUR 200,00**
3	**Frau C**	**EUR 400,00**	**EUR 400,00**
	Summe	**EUR 1.200,00**	**EUR 1.200,00**

Der Geschäftsführer versichert, dass die eingezahlten Beträge von insgesamt € 1.200,00 sich endgültig in der freien Verfügung der Geschäftsführung befinden [10] und dass das Stammkapital über den in dem Gesellschaftsvertrag festgesetzten Gründungsaufwand hinaus nicht mit Verbindlichkeiten vorbelastet ist. [11]

Es wird zudem versichert, dass eingezahlte Beträge nicht an einen Einleger zurückgezahlt worden sind. [12]

2. Weitere Versicherung:

Herr D als Geschäftsführer versichert ferner:

Es liegen keine Umstände vor, die meiner Bestellung als Geschäftsführer nach § 6 Abs. 2 S. 2 Nr. 2 und 3 sowie S. 3 GmbHG entgegenstehen: [13]

a) Mir ist weder durch gerichtliches Urteil noch durch vollziehbare Entscheidung einer Verwaltungsbehörde die Ausübung eines Berufs, Berufszweiges, Gewerbes oder Gewerbezweiges untersagt.

b) Ich bin noch nie, weder im Inland noch im Ausland, wegen einer Straftat verurteilt worden.

c) Von dem Notar bin ich über meine unbeschränkte Auskunftspflicht gegenüber dem Gericht belehrt worden. [14]

Der Notar hat mich auf die Haftung gemäß § 9a GmbHG sowie auf die Strafdrohung des § 82 GmbHG für falsche Angaben hingewiesen.

Alternative zu der Versicherung zu b):

b) Während der letzten fünf Jahre, gerechnet ab der Rechtskraft einer etwaigen Verurteilung, wurde ich nicht rechtskräftig verurteilt wegen einer oder mehrerer vorsätzlich begangener Straftaten

(1) des Unterlassens der Stellung eines Insolvenzantrages (Insolvenzverschleppung, u.a. § 15a Abs. 4 InsO),

(2) nach den §§ 283 bis 283d des Strafgesetzbuchs (Insolvenzstraftaten: Bankrott, schwerer Bankrott, Verletzung der Buchführungspflicht, Gläubiger- oder Schuldnerbegünstigung),

(3) wegen falscher Angaben nach § 82 GmbHG oder § 399 AktG,

(4) wegen unrichtiger Darstellung nach § 400 AktG, § 331 HGB, § 313 UmwG oder § 17 PublG,

(5) zu einer Freiheitsstrafe von mindestens einem Jahr nach den § 263 StGB (Betrug), § 263a StGB (Computerbetrug), § 264 StGB (Subventionsbetrug), § 264a StGB (Kapitalanlagebetrug), § 265b StGB (Kreditbetrug), § 265c StGB (Sportwettbetrug), § 265d StGB (Manipulation von berufssportlichen Wettbewerben), § 265e (besonders schwere Fälle des Sportwettbetrugs und der Manipulation von berufssportlichen Wettbewerben), § 266 StGB (Untreue) oder § 266a StGB (Vorenthalten und Veruntreuen von Arbeitsentgelt).

Auch im Ausland wurde ich in dem genannten Zeitraum nicht wegen einer Tat verurteilt, die mit einer der vorstehend genannten Straftaten vergleichbar ist.

Mir ist bekannt, dass in die Fünfjahresfrist die Zeit, die ein Täter auf behördliche Anordnung in einer Anstalt verwahrt wird, nicht eingerechnet wird.

III. Vollzugsauftrag, Vollmacht [15]

Der Geschäftsführer beauftragt und bevollmächtigt den amtierenden Notar, die vorstehende Anmeldung bei dem Registergericht einzureichen und ihn im Registerverfahren zu vertreten. Der Notar wird angewiesen, die Einreichung bei dem Handelsregister erst dann vorzunehmen, nachdem ihm ein geeigneter Nachweis darüber vorgelegt worden ist, dass die oben versicherte Bareinlage geleistet ist (z.B. durch einen Kontoauszug für die Gesellschaft in Gründung).

Die Mitarbeiter des amtierenden Notars Frau ____________ und Herr ____________ werden hiermit bevollmächtigt, und zwar jeder für sich allein und unter Befreiung von den Beschränkungen des § 181 BGB, diese Anmeldung zu ändern oder zu ergänzen, sofern dies für die Handelsregistereintragung der Gesellschaft erforderlich oder zweckmäßig ist. Von dieser Vollmacht darf nur vor dem amtierenden Notar, seinem amtlich bestellten Vertreter bzw. seinen Sozien Gebrauch gemacht werden. Die Vollmacht erlischt einen Monat nach Eintragung der Gesellschaft in das Handelsregister.

IV. Anlage [16]

Als Anlage ist beigefügt eine elektronisch beglaubigte Abschrift der Gründungsurkunde UR-Nr. ____________ vom ____________ des beglaubigenden Notars.

Die Urschrift dieser Anmeldung soll neben der Gründungsurkunde in die Urkundensammlung des Notars aufgenommen werden.

____________, den ____________

[Unterschrift D]

UR-Nr. ____________/____________

(notarieller Beglaubigungsvermerk)

____________, den ____________

[Unterschrift Notar] L.S. [Notarsiegel]

Template

County Court of ____________ 112

-Commercial Register-

[address]

Division B, HRB new

XYZ UG (haftungsbeschränkt) with registered office in ___________

I. It is applied for entry into the Commercial Register:

1. **Under the business name XYZ UG (haftungsbeschränkt) a limited liability company with its registered office at ___________ and the share capital of € 1.200,00 ___________ has been established as an entrepreneurial company with limited liability, using the model protocol pursuant to Sec. 2 para. 1a) of the German Limited Liability Companies Act (GmbHG).**

2. **The Company's domestic business address is ___________.**

   The Company's business premises are also located there.

3. **Due to the lack of a special stipulation in the articles of association (model protocol), the general power of representation of the managing directors is governed by law as follows: If only one managing director is appointed, he represents the Company alone. If several managing directors are appointed, the Company is represented jointly by all of them.**

4. **As managing director was appointed:**

   Mr. D,

   born on ___________;

   resident in ___________.

   Mr. D represents the Company, as long as he is the sole managing director, alone, otherwise he represents the Company in accordance with the legal representation provision in Sec. 35 para. 2 sent. 1 GmbHG together with the further appointed managing director(s). He is exempt from the restrictions of Sec. 181 German Civil Code (BGB), i.e. he is authorized to conclude business transactions on behalf of the Company in his own name or as representative of a third party.

II. Affirmations of the managing director

1. Confirmation of payment

Mr. A, as managing director, affirms:

The contributions to the shares no. 1 to 3 have been fully paid in by the founding shareholders. In detail, the following payments were made:

Number of share	Shareholder	Nominal value of share	Amount of contribution
1	Mr. A	EUR 600.00	EUR 600.00
2	B-GmbH	EUR 200.00	EUR 200.00
2	Ms. C	EUR 400.00	EUR 400.00
	total	EUR 1,200.00	EUR 1,200.00

Mr. A. further affirms:

The contributions totalling € 1.200,00 are still finally at the free disposal of the management. The share capital is neither encumbered with liabilities nor it is covered by value in excess of the formation expenses stipulated in the articles of association.

In addition, it is affirmed that contributions to the shares have not been repaid to a subscriber.

2. Further, Mr. A, as managing director, affirms:

There are no circumstances which conflict with my appointment as managing director of the Company pursuant to Sec. 6 para. 2 sent. 2 no. 2 and 3 GmbHG (German Limited Liability Companies Act)

a) I am not prohibited from carrying out any profession, part of profession, business or part of business due to a court decision or an enforceable decision of an administrative authority.

b) I have never been convicted for having committed a criminal offence, neither domestically (in Germany) or abroad.

c) I have been instructed by the certifying notary regarding my unlimited duty of disclosure to the commercial registry court.

The certifying notary informed me about the liability according to Sec. 9a GmbHG as well as the threat of penal punishment according to Sec. 82 GmbHG for giving false information.

As an alternative to the affirmation to b):

During the last five years, I have not been convicted for having intentionally committed one or several of the following criminal offences

(1) failure to file for insolvency petition (delay in insolvency request, e.g. Sec. 15a para. 4 InsO),

(2) pursuant to Sections 283 to 283d StGB (German Criminal Code) (insolvency offences: bankruptcy, serious bankruptcy, breach of accounting obligations, privileges for creditors or debtors),

(3) due to incorrect information pursuant to Sec. 82 GmbHG or Sec. 399 AktG,

(4) due to incorrect presentation pursuant to Sec. 400 AktG, Sec. 331 HGB, Sec. 313 UmwG or Sec. 17 PublG,

(5) to a custodial sentence of at least one year according to Sec. 263 StGB (fraud), Sec. 263a StGB (computer fraud), Sec. 264 StGB (subsidy fraud), Sec. 264a StGB (capital investment fraud), Sec. 265b StGB (credit fraud), Sec. 265c (sports betting fraud), Sec. 265d (manipulation of professional sports competitions), Sec. 265e (serious cases of sports betting fraud and manipulation of professional sports competitions), Sec. 266 StGB (embezzlement) or Sec. 266a StGB (withholding and embezzlement of remuneration).

Nor was I convicted abroad for a criminal offence which is comparable to one of the above-mentioned offences.

During this period, no such judgment became final.

I am aware that the five-year period does not begin until a possible judgement has become final and that this period does not include the time an offender is held in custody in an institution by order of the authorities.

III. Execution mandate; power of attorney

The managing director instructs and authorizes the certifying notary to submit the above application to the commercial registry court and to represent him in the re-

gister procedure. The notary is instructed to file the application only upon presentation of suitable proof that the cash contributions insured above have been made (e.g. by a bank account statement for the company in formation).

The employees of the certifying notary, Ms. __________ and Mr. __________; are hereby authorized, each individually and exempted from the restrictions of Sec. 181 BGB, to amend or supplement the application, insofar as this is necessary or expedient for the entry in the commercial register of the company. The power of attorney may only be exercised before the certifying notary, his officially appointed representative or his partner notaries. The power of attorney expires on month after the entry of the company into the commercial register,

IV. Annex

An electronically certified copy of the incorporation deed is attached, UR-No. of the certifying notary.

The original of this application deed shall be entered in the notary's deed collection in addition to the deed of incorporation.

[place], the [date]

[signature D]

Notarial deed number UR-No.:__________/__________

[place], the [date]

[Notary's signature] LS [Notary's seal]

Erläuterungen

Literatur: *Büchel*, Kapitalaufbringung, insbesondere Regelung der verdeckten Sacheinlage nach dem Regierungsentwurf, GmbHR 2007, 1065, 1067; Heckschen/Heidinger/*Knaier*, Kap. 2 Rn. 89 ff.; *Knaier*, Stolpersteine bei den Geschäftsführerversicherungen nach § 8 Abs. 2 und 3 GmbHG, ZNotP 2017, 409–420; *Krafka/Kühn*, Rn. 942–971, 974a; *Melchior/Böhringer*, Sportwettbetrug, Gesellschafterliste und Eintragungsbescheinigung, Drei (Groß-)Baustellen im Handelsregister, GmbHR 2017, 1074 f.; *Stenzel*, Handelsregistereintragung von »c/o«-Adressen, NZG 2011, 851–854.

113 **1. Allgemeines:** In dem Regierungsentwurf zum MoMiG hatte der Gesetzgeber neben dem Muster für den Gesellschaftsvertrag als Anlage 2 (zu § 7 GmbHG) auch ein Muster für die Registeranmeldung vorgesehen (BT-Drucks. 16/6140, S. 21 f.). Aufgrund der Empfehlung des Rechtsausschusses wurde hiervon Abstand genommen. Für die Anmeldung einer im vereinfachten Verfahren nach § 2 Abs. 1a GmbHG gegründeten GmbH gelten daher keine Besonderheiten gegenüber der Registeranmeldung einer im Normalverfahren errichteten Gesellschaft.

114 **2. Zuständiges Gericht:** Gemäß § 7 Abs. 1 GmbHG ist die Gesellschaft bei dem zuständigen Gericht zur Eintragung in das Handelsregister anzumelden. Die Anmeldung ist elektronisch in öffentlich beglaubigter Form einzureichen, § 12 Abs. 1 S. 1 HGB. Die Die Registereintragung (§ 10 GmbHG) ist konstitutiv. Erst mit ihr entsteht die GmbH als juristische Person, § 13 GmbH.

115 Sachlich zuständig zur Führung der Handelsregister sind die Amtsgerichte, § 23a Abs. 1 Nr. 2, Abs. 2 Nr. 3 GVG, wobei nach den §§ 374 Nr. 1, 376 Abs. 1 FamFG das Amtsgericht, in dessen Bezirk ein Landgericht seinen Sitz hat, für den gesamten Bezirk dieses LG örtlich zuständig ist. Nach § 376 Abs. 2 FamFG sind die Landesregierungen allerdings ermächtigt, durch Rechtsverordnung die Führung des Handelsregisters anderen oder zusätzlichen Gerichten zu übertragen und die Bezirke abweichend von der Regelung in § 376 Abs. 1 FamFG festzulegen. Die Länder haben von dieser Ermächtigung in unterschiedlicher Weise Gebrauch gemacht (s. im Einzelnen hierzu Keidel/*Hei-*

nemann FamFG, § 376 Rn. 10 ff. mit der Auflistung der Registergerichte mit ihrem jeweiligen Zuständigkeitsbezirk, ebenso bei *Krafka/Kühn* Rn. 13).

Maßgeblich für die örtliche Zuständigkeit ist der Ort, der in Satzung als Sitz der Gesellschaft gemäß § 3 Abs. 1 Nr. 1 GmbHG bestimmt ist (auch statuarischer Sitz genannt). Von dem Satzungssitz sind der Verwaltungssitz, welcher auch im Ausland liegen kann, sowie die inländische Geschäftsanschrift der Gesellschaft im Sinne von § 8 Abs. 4 Nr. 1 GmbHG zu unterscheiden. 116

3. Eintragung in der Abteilung B: Die Eintragung einer GmbH erfolgt in der Abteilung B des Handelsregisters, § 3 Abs. 3 HRV. 117

4. Anmeldepflichtiger: Die Anmeldung ist von dem in Ziffer 4 des Gründungsprotokolls bestellten Geschäftsführer zu bewirken, § 78 GmbHG. Inwieweit die Anmeldung durch Bevollmächtigte erfolgen kann, wird unterschiedlich beurteilt. Für die Versicherungen nach § 8 Abs. 2 und 3 GmbHG ist unstreitig, dass wegen der persönlichen Verantwortung des Geschäftsführers für die Richtigkeit dieser Angaben die Versicherung nur von dem Geschäftsführer höchstpersönlich abgegeben werden kann. Die Versicherung durch einen Bevollmächtigten im Rahmen rechtsgeschäftlicher Stellvertretung ist insoweit ausgeschlossen. Hinsichtlich der eigentlichen Anmeldungserklärung (§ 7 Abs. 1 GmbHG) sind die Meinungen geteilt. Nach Auffassung des OLG Köln (Beschl. vom 01.10.1986, 2 Wx 53/86, GmbHR 1987, 394 = NJW 1987, 135) ist insoweit eine rechtsgeschäftliche Stellvertretung zulässig (so auch *Krafka/Kühn* Rn. 942 sowie Fleischhauer/Preuß/*Fleischhauer*, Handelsregisterrecht, S. 343), wobei für die Vollmacht § 12 Abs. 1 S. 2 HGB zu beachten ist, somit eine öffentliche Beglaubigung erforderlich ist. Nach anderer Meinung ist dagegen bei der Erstanmeldung der GmbH eine Stellvertretung ausgeschlossen (BayObLG, Beschl. vom 12.06.1986, BReg. 3 Z 29/86, NJW 1987, 136; Michalski/*Heyder*, § 7 Rn. 8; Lutter/Hommelhoff/*Bayer* § 7 Rn. 1; Baumbach/Hueck/*Fastrich* § 7 Rn. 3; Scholz/Winter/*Veil* § 7 Rn. 10). Der Streit ist wenig praxisrelevant. Da der Geschäftsführer die Versicherungen nur höchstpersönlich abgeben kann, wird er in der Regel auch die eigentliche Anmeldung der Gesellschaft gleich selbst vornehmen. Bei Änderungen und Ergänzungen der Erstanmeldung ist unstreitig, dass Anmeldungen hierzu durch Bevollmächtigte erfolgen können. Eine unvollständige oder fehlerhafte Versicherung kann indessen nur durch den jeweiligen Geschäftsführer selbst ergänzt werden, keinesfalls durch einen Bevollmächtigten. 118

5. Geschäftsanschrift: Gemäß § 8 Abs. 4 Nr. 1 GmbHG ist in der Anmeldung die inländische Geschäftsanschrift anzugeben. Diese wird seit Inkrafttreten des MoMiG nach § 10 Abs. 1 S. 1 GmbHG auch in das Handelsregister eingetragen, und zwar gemäß § 43 Nr. 2 HRV in der Spalte 2 unter dem Buchstaben b). Anzumelden ist die vollständige Anschrift mit Angabe von Straße, Hausnummer sowie Ort einschließlich der Postleitzahl (Lutter/Hommelhoff/*Bayer* § 8 Rn. 20; Scholz/*Veil* § 8 Rn. 88). Von der inländischen Geschäftsanschrift sind die Lage der Geschäftsräume (auch Verwaltungssitz genannt) sowie der statuarische Sitz (Satzungssitz) zu unterscheiden. 119

Zulässig ist als inländische Geschäftsanschrift auch eine Anschrift mit einem c/o-Zusatz, soweit dort eine zuverlässige und auf eine gewisse Dauer angelegte Zustellungsmöglichkeit besteht (s. OLG Hamm, Beschl. vom 20.01.2011, 15 W 485/10, NZG 2011, 994: c/o des Insolvenzverwalters bei einer AG sowie Beschl. vom. 07.05.2015, 27 W 51/15, GmbHR 2015, 1630 = NZG 2015, 833 mit Anm. *Heckelmann*, jurisPR-HaGesR 8/2015 Anm. 5 zu der c/o-Anschrift des für die Gesellschaft handelnden Rechtsanwalts bei einer in der Liquidation befindlichen Gesellschaft; s. auch *Stenzel*, Handelsregistereintragung von »c/o«-Adressen, NZG 2011, 851–854; einschränkend OLG Rostock, Beschl. vom 31.05.2010, 1 W 6/10, GmbHR 2011, 30). Inwieweit dies bei bestimmten Büroserviceanbietern und insbesondere bei sog. MBO-Services (»Mail Box Office«-Dienste) anbietenden Dienstleistern der Fall ist, ist aus Sicht des Autors aufgrund wiederholter leidvoller Erfahrungen mit solchen Anschriften fraglich. Gleiches gilt für eine c/o-Adresse bei Rechtsanwälten oder Steuerberatern, wenn Anhaltspunkte dafür vorhanden sind, dass deren Zustellungsvollmacht nur zur Erreichung der Registereintragung erteilt ist. In solchen Fällen sollte das Registergericht befugt sein, die Gesellschaft aufzufordern, nähere Angaben darüber zu machen, in welcher Beziehung sie zu dem mit der c/o-Anschrift bezeichneten Personen steht, und bei Bürodienstleistern sich den Miet- bzw. Dienstvertrag vorlegen zu lassen und ggf. eine Zustellungsvollmacht zu fordern, welche 120 bis zur Anmeldung einer neuen Anschrift nicht widerrufen werden kann (s. insoweit OLG Naumburg, Beschl. vom 08.05.2009, 5 Wx 4/09, GmbHR 2009, 832 = NotBZ 2009, 284).

121 **6. Allgemeine Vertretungsregelung:** Nach § 8 Abs. 4 Nr. 2 GmbHG sind in der Anmeldung Art und Umfang der Vertretungsbefugnis der Geschäftsführer anzugeben. Die Vertretungsbefugnis muss in der Anmeldung stets ausdrücklich und vollständig ausformuliert sein. Dies gilt auch dann, wenn sie mit der gesetzlichen Regelung übereinstimmt (BayObLG, Beschl. vom 07.05.1997, 3Z BR 101/97, GmbHR 1997, 741 = NJW-RR 1998, 400). Eine Bezugnahme allein auf § 35 GmbHG oder auf die Regelung in dem der Anmeldung beigefügten Gesellschaftsvertrag genügt nicht.

122 Die Vertretungsbefugnis wird gemäß § 10 Abs. 1 S. 2 GmbHG in das Handelsregister eingetragen. Dabei ist zu unterscheiden zwischen der allgemeinen Regelung zur Vertretung der Gesellschaft nach Gesetz und Gesellschaftsvertrag (häufig auch genannt: »abstrakte« Vertretungsbefugnis), welche gemäß § 43 Nr. 4 S. 1 lit. a) HRV in dem Registerblatt in Spalte 4 unter dem Buchstaben a) vermerkt wird, und der besonderen (häufig auch genannt: »konkreten«) personenbezogenen Vertretungsbefugnis des oder der jeweils bestellten Geschäftsführer. Letztere wird bei dem jeweiligen Geschäftsführer nur dann in das Handelsregister in Spalte 4 unter dem Buchstaben b) eingetragen, soweit sie von der in Spalte 4a) eingetragenen allgemeinen Vertretungsregelung abweicht, § 43 Nr. 4 S. 2 HRV. Nicht wenige Registergerichte – so auch das Registergericht Hamburg – vermerken allerdings auch für den Fall, dass dem Geschäftsführer keine von der allgemeinen Vertretungsregelung abweichende Vertretungsmacht eingeräumt wurde, zur Klarstellung in diesem Fall als konkrete Vertretungsbefugnis bei dem jeweiligen Geschäftsführer in der Spalte 4b) des Registerblatts, dass dieser satzungsgemäß bzw. gemäß der allgemeinen Vertretungsregelung die Gesellschaft vertritt.

123 Das Musterprotokoll enthält keine allgemeine Vertretungsregelung, sondern für den gemäß Ziffer 4 bestellten Erstgeschäftsführers nur die Regelung seiner besonderen Vertretungsbefugnis dahin, dass er von den Beschränkungen des § 181 BGB befreit ist. Für die allgemeine Vertretungsregelung gelten daher § 35 Abs. 1 und 2 GmbHG (OLG Bremen, Beschl. vom 15.09.2009, 2 W 61/09, GmbHR 2009, 1210 = NJW 2010, 542; OLG Hamm, Beschl. vom 15.10.2009, I-15 Wx 208/09, GmbHR 2009, 1334 = NZG 2009, 1431, OLG Stuttgart, Beschl. vom 28.04.2009, 8 W 116/09, GmbHR 2009, 827 = NZG 2009, 754 sowie zuletzt OLG Nürnberg, Beschl. vom 15.07.2015, 12 W 1208/15, GmbHR 2015, 486).

124 Der in dem Muster für die Anmeldung vorgeschlagene Text der allgemeinen Vertretungsbefugnis entspricht der gesetzlichen Regelung nach § 35 Abs. 1 und 2 GmbHG, nach der die Gesellschaft, solange nur ein alleiniger Geschäftsführer bestellt ist, von diesem allein vertreten wird, und bei Bestellung mehrerer Geschäftsführer diese allesamt gemeinsam die Gesellschaft vertreten.

125 **7. Geschäftsführer:** Der Geschäftsführer ist mit Vornamen, Familiennamen, Geburtsdatum und Wohnort anzumelden, §§ 24 Abs. 1, 43 Nr. 4 S. 1 lit. b) HRV. Die vollständige Wohnanschrift muss hier nicht angegeben werden, wohl aber in dem Beglaubigungsvermerk.

126 **8. Besondere Vertretungsregelung:** Der gemäß Ziffer 4 des Musterprotokolls bestellte erste Geschäftsführer ist von den Beschränkungen des § 181 BGB befreit. Die Befreiung gilt nach ganz überwiegender Meinung nur für ihn, nicht auch für nach Eintragung hinzukommende Geschäftsführer oder einen Alleingeschäftsführer, welcher nach Eintragung der Gesellschaft den Erstgeschäftsführer ablöst (s. oben Anm. 13 zu Muster B 2 Rdn. B 83 f. m.w.N.). Die dem Erstgeschäftsführer gewährte Befreiung von den Beschränkungen des § 181 BGB muss daher für ihn als besondere Vertretungsbefugnis besonders angemeldet werden. Zu der streitigen Frage, ob die ihm eingeräumte Befreiung von den Beschränkungen des § 181 BGB fortbesteht oder mit der nach Eintragung der Gesellschaft vorgenommenen Bestellung eines weiteren Geschäftsführers automatisch erlischt, s. oben die Anm. Nr. 13 zu Muster B 2 Rdn. B 84.

127 **9. Einzahlungsversicherung; Volleinzahlung:** Das Musterprotokoll lässt lediglich Bareinlagen zu und stellt als Alternativen entweder die hälftige oder die volle sofortige Einzahlung der

Einlagen zur Verfügung. Je nach gewählter Alternative kann die Anmeldung erst erfolgen, wenn auf jeden Geschäftsanteil der hälftige oder volle Betrag eingezahlt ist. Dies gilt bei einer Gründung im vereinfachten Verfahren auch dann, wenn ein höheres Stammkapital als 25.000,00 € vereinbart ist. Ziffer 3 des jeweiligen Musterprotokolls modifiziert insoweit § 7 Abs. 2 GmbHG, wonach Voraussetzung für die Anmeldung bei einer im Normalverfahren errichteten GmbH ist, dass auf jeden Geschäftsanteil lediglich mindestens ein Viertel des Nennbetrags eingezahlt sein muss. Allerdings müssen die Einzahlungen auf alle Geschäftsanteile mindestens die Hälfte des Mindeststammkapitals von 25.000,00 € erreichen, damit die Anmeldung bei dem Handelsregister eingereicht werden kann.

Ist – wie vorliegend gemäß dem Muster B 3 – nicht nur eine Gründung im vereinfachten Verfahren vorgenommen worden, sondern hierbei auch noch eine Unternehmergesellschaft mit einem Stammkapital unter 25.000 € errichtet worden, so kann aufgrund des Volleinzahlungsgebots für die UG (§ 5a Abs. 2 S. 1 GmbHG) die Anmeldung erst nach der vollen Einzahlung des jeweils in Ziffer 3 des Gesellschaftsvertrags (Musterprotokoll) bestimmten Stammkapitals erfolgen. 128

Nach § 8 Abs. 2 GmbHG hat der Geschäftsführer die entsprechende Einzahlung in der Anmeldung zu versichern. Diese Versicherung ist stets erforderlich. Auf sie kann auch dann nicht verzichtet werden, wenn der Anmeldung entsprechende Unterlagen, wie z.B. Überweisungs- oder Einzahlungsbelege, ein Kontoauszug oder gar eine Bankbetätigung zum Nachweis der Einzahlung auf ein Bankkonto der Gesellschaft (in Gründung), beigefügt werden. Grundsätzlich sind derartige Nachweise nicht erforderlich. Durch das MoMiG hat der Gesetzgeber in § 8 Abs. 2 S. 2 GmbHG klargestellt, dass die Einzahlungsversicherung grundsätzlich ausreicht und das Registergericht nur dann, wenn erhebliche Zweifel an der Richtigkeit der Versicherung bestehen, die Vorlage entsprechender Nachweise verlangen darf. 129

In der Versicherung ist im Einzelnen konkret anzugeben, welcher Gründungsgesellschafter welchen Betrag auf den von ihm übernommenen Geschäftsanteil gezahlt hat (BayObLG, Beschl. vom 18.12.1979, 1 Z 83/79, DB 1980, 438, 439 = DNotZ 1980, 646; Baumbach/Hueck/*Fastrich* § 8 Rn. 12; Lutter/Hommelhoff/*Bayer* § 8 Rn. 11). Hieran orientiert sich der Text der Anmeldung, damit das Muster nicht nur für die Anmeldung der dem Volleinzahlungsgebot unterliegenden Unternehmergesellschaft verwendet werden kann, sondern auch für eine im vereinfachten Verfahren errichtete GmbH mit einem Stammkapital von mindestens 25.000,00 €, bei der die Einzahlung von 12.500,00 € genügt. Es müssen dann lediglich der Text vor der Tabelle geändert (zur Hälfte statt vollständig) und in der Tabelle die einzelnen Einzahlungsbeträge angepasst werden. 130

Bei der Unternehmergesellschaft muss das Stammkapital aufgrund des Volleinzahlungsgebots gemäß § 5a Abs. 2 GmbHG stets vor der Anmeldung in voller Höhe eingezahlt sein. In diesem Fall kann auf die detaillierte Angabe der einzelnen Zahlungen verzichtet werden. Es würde daher vorliegend auch die Versicherung genügen, dass das Stammkapital in voller Höhe eingezahlt ist (OLG Düsseldorf, Beschl. vom 04.09.1985, 3 Wx 267/85, GmbHR 1986, 266, 267 = DNotZ 1986, 179, 180; OLG Frankfurt, Beschl. vom 27.05.1992, 20 W 134/92, DNotZ 1992, 744; *Krafka/Kühn* Rn. 945). 131

10. Versicherung der freien Verfügung: Nach § 8 Abs. 2 S. 1 hat der Geschäftsführer ferner zu versichern, dass die eingezahlten Beträge sich endgültig in seiner freien Verfügung befinden. Dies setzt voraus, dass alle Gründungsgesellschafter die Zahlung ihrer Einlagen ohne Vorbehalte und Einschränkungen an die Gesellschaft geleistet haben, die Einlagen damit tatsächlich und rechtlich endgültig in das Vermögen der Gesellschaft übergegangen sind und der Geschäftsführer damit uneingeschränkt über die eingezahlten Gesamtbeträge verfügen kann. 132

11. Versicherung zur »Vorbelastung«: In die Einzahlungsversicherung des Geschäftsführers sind weiter Angaben darüber aufzunehmen, ob und inwieweit das Anfangskapital durch Verbindlichkeiten vorbelastet ist, für die keine wertgleiche Deckung vorhanden ist, um den Registergericht die Prüfung zu ermöglichen, ob und inwieweit das Stammkapital hierdurch gemindert und diese Differenz ggf. durch zusätzliche Leistungen der Gesellschafter ausgeglichen ist (BGH, Urt. vom 09.03.1981, II ZR 54/80, BGHZ 80, 129, 143; KG, Beschl. vom 24.09.1996, 1 W 4534/95, 133

NJW-RR 1997, 794 = GmbHR 1997, 412). Bei der Gründung im vereinfachten Verfahren ist die Minderung des Stammkapitals durch den Gründungsaufwand bis zur Höhe von 300,00 € unschädlich. Bis zu dieser Höhe darf nach dem Musterprotokoll der Gründungsaufwand von der Gesellschaft übernommen werden. Darüber hinausgehende Gründungskosten haben die Gesellschafter zu tragen. Bei einem geringeren, unter 300,00 € liegenden Stammkapital trägt die Gesellschaft gemäß Ziffer 5 des Musterprotokolls den Gründungsaufwand nur bis zu diesem niedrigeren Betrag.

134 **12. Kein Hin- und Herzahlen:** Wird ein Einlagebetrag ganz oder teilweise an einen Gesellschafter oder an ein mit ihm verbundenes Unternehmen zurückgezahlt, z.B. aufgrund eines Darlehensvertrags oder einer Cashpool-Vereinbarung, so befindet sich die Einlage in dieser Höhe nicht (mehr) in der freien Verfügung des Geschäftsführers. Dieses sog. »Hin- und Herzahlen« führt nach dem mit dem MoMiG in das GmbHG neu eingefügten § 19 Abs. 5 GmbHG nur dann zur Tilgung der Einlageverpflichtung und steht der Eintragung der Gesellschaft nicht entgegen, soweit die Auszahlung an den Gesellschafter durch einen Rückgewähranspruch der Gesellschaft gedeckt ist, der vollwertig ist (s. hierzu insbes. Ensthaler/Füller/Schmidt/*Ensthaler*, § 19 Rn. 30–34) und entweder jederzeit fällig ist oder durch fristlose Kündigung der Gesellschaft jederzeit fällig gestellt werden kann. Hierzu muss die Einlagerückzahlung sowie die der Rückzahlung zugrunde liegende Vereinbarung in der Anmeldung offengelegt werden, damit der Registerrichter/-Rechtspfleger prüfen kann, ob die Voraussetzungen dafür, dass der Gesellschafter von seiner Einlageverpflichtung gemäß § 19 Abs. 5 GmbHG frei geworden ist, auch tatsächlich im Einzelnen vorliegen. Maßgeblicher Zeitpunkt insbesondere für die Frage der Vollwertigkeit des Rückgewähranspruches ist der Zeitpunkt, zu dem die Rückzahlung an den Gesellschafter vorgenommen wird (so Scholz/*Veil* § 19 Rn. 183; Lutter/Hommelhoff/*Bayer* § 19 Rn. 115 m.w.N.; a.A. *Büchel*, Kapitalaufbringung, insbesondere Regelung der verdeckten Sacheinlage nach dem Regierungsentwurf, GmbHR 2007, 1065, 1067: Zeitpunkt der Eintragung bzw. der [späteren] Rückzahlung).

135 **13. Eignungsversicherung des Geschäftsführers:** Nach § 8 Abs. 3 GmbHG hat der Geschäftsführer in der Anmeldung zu versichern, dass in seiner Person keine Umstände vorliegen, die seiner Bestellung nach § 6 Abs. 2 S. 2 Nr. 2 und 3 sowie S. 3 GmbHG entgegenstehen.

136 a) *(Kein Berufs- oder Gewerbeverbot)*: Die Versicherung des Geschäftsführers gemäß § 8 Abs. 3 GmbHG i.V.m. § 6 Abs. 2 S. 2 Nr. 2 GmbHG, dass gegen ihn kein Berufs- bzw. Gewerbeverbot verhängt wurde, muss entweder so formuliert sein, dass für ihn überhaupt kein Berufs- und Gewerbeverbot und keine Untersagung der Geschäftsführertätigkeit (gleich welcher Art) vorliegt oder aber es müssen etwaige Berufsverbote und Gewerbeuntersagungen in der Anmeldung konkret angegeben werden. Keinesfalls darf die Versicherung auf einen Unternehmensgegenstand eingeschränkt werden, der ganz oder zum Teil mit dem Gegenstand der Gesellschaft übereinstimmt. Denn die Prüfung, ob im konkreten Fall der Unternehmensgegenstand der Gesellschaft ganz oder teilweise mit dem Gegenstand des Verbots übereinstimmt, ist eine Rechtsfrage, die dem Registergericht obliegt und nicht der Beurteilung des Geschäftsführers überlassen bleiben darf (bisher herrschende Ansicht, s. MüKo-GmbH/*Herrler* [2014], § 8 Rn. 70 *m.w.N.* sowie aus der Rspr. OLG Schleswig, Beschl. vom 03.06.2014, 2 W 36/14; GmbHR, 1095 = NZG 2015, 23 sowie OLG Frankfurt, zuletzt Beschl. vom 09.04.2015, 2 W 215, GmbHR 2015, 863 mit ablehnender Anm. *Oppenländer* unter Hinweis auf OLG Stuttgart, Beschl. vom 10.10.2012, 8 W 241/12, GmbHR 2013, 91).

137 b) *(Keine strafrechtliche Verurteilung):* Weiter hat der Geschäftsführer zu versichern, dass keine Verurteilung hinsichtlich der in § 6 Abs. 2 S. 2 Nr. 3 GmbHG genannten Straftatbestände vorliegt. Dabei genügte bis zu der Entscheidung des BGH mit Beschl. vom 17.05.2010 nach bis dahin ganz überwiegend vertretener Auffassung in Rspr. und Literatur nicht, dass der Geschäftsführer pauschal versichert, dass die Ausschlussgründe der in § 6 Abs. 2 S. 2 Nr. 3 GmbHG genannten Art bei ihm nicht vorliegen. Vielmehr waren in der Anmeldung die Bestellungshindernisse im Einzelnen anzuführen und zu verneinen (BayObLG, Beschl. vom 10.12.1981, BReg 1 Z 184/81, WM 1982, 168 = GmbHR 1982, 210; OLG Düsseldorf, Beschl. vom 07.10.1996, 3 Wx 400/96, GmbHR 1997, 71 und zuletzt OLG München zu der Versicherung eines Liquidators, Beschl. vom 27.04.2009, 31 Wx 42/09, GmbHR 2009, 831). Hiervon abweichend vertrat das OLG Karlsruhe

die Auffassung, die in § 6 Abs. 2 S. 2 Nr. 3 GmbHG aufgeführten Straftatbestände müssten nicht im Einzelnen genannt werden (OLG Karlsruhe, Vorlagebeschl. vom 05.02.2010, 11 Wx 118/09, GmbHR 2010, 634, 644; so auch *Krafka/Kühn* Rn. 956). Mit Entscheidung vom 17.05.2010 hat sich der BGH der Auffassung des OLG Karlsruhe angeschlossen (Beschl. vom 17.05.2010, II ZB 5/10, GmbHR 2010, 812 = ZIP 2010, 1337 = WM 2010, 1268 = DStR 2010, 1582).

Das vorstehende Muster orientiert sich textlich an der Formulierung der Versicherung, wie sie in dem der Entscheidung des BGH zugrunde liegenden Fall gefasst war. Soweit der Geschäftsführer bisher niemals strafrechtlich verurteilt worden ist (auch nicht wegen z.B. einer Trunkenheitsfahrt), kann die Eignungsversicherung zu den in § 6 Abs. 2 S. 2 Nr. 3 GmbHG genannten Straftaten entsprechend dem obigen Muster vorgenommen werden. Sollte eine etwaige Verurteilung schon vor längerer Zeit erfolgt sein und sollten seit der Rechtskraft dieser Verurteilung mehr als fünf Jahre verstrichen sein, kann ggf. der in dem Muster vorgeschlagene Text wie folgt ergänzt werden: 138

»Ich bin in den vergangenen fünf Jahren weder im Inland noch im Ausland wegen einer vorsätzlich begangenen Straftat verurteilt worden. In dieser Zeit ist auch kein zuvor gegen mich ergangenes Urteil rechtskräftig geworden. Mir ist bekannt, dass in die Fünfjahresfrist die Zeit, die ein Täter auf behördliche Anordnung in einer Anstalt verwahrt wird, nicht eingerechnet wird.«

Anderenfalls ist die in dem Muster als Alternative vorgeschlagene ausführliche Versicherung zu wählen. In dieser sind die Straftaten, hinsichtlich derer eine Verurteilung die Bestellung zum Geschäftsführer hindert, im Einzelnen aufgeführt. Hier ist bei der Formulierung und textlichen Gestaltung der Versicherung zu beachten, dass für die Straftaten nach § 6 Abs. 2 S. 2 Nr. 3 lit. a) bis d) *jegliche* Verurteilung ein Bestellungshindernis darstellt, während hinsichtlich der in Buchst. e) genannten Betrugs- und Untreuestraftaten erst eine Verurteilung zu einer Freiheitsstrafe ab einem Jahr schädlich ist. Eine Verurteilung zu einer kürzeren Freiheitsstrafe sowie zu einer Geldstrafe steht bei diesen Straftraten der Bestellung zum Geschäftsführer damit nicht entgegen. 139

c) Durch das 51. StGBÄndG vom 11.04.2017 (BGBl. I 2017, 815 ff.) sind die §§ 265c bis 265e in das StGB eingefügt worden. Hierzu ist streitig, ob dadurch der Katalog der Straftaten, welche gemäß § 6 Abs. 2 S. 2 Nr. 3e GmbHG zur Amtsunfähigkeit eines Geschäftsführers führen, erweitert wurde. Zum Teil wird dies verneint mit der Begründung, bei der Verweisung in § 6 Abs. 2 S. 2 Nr. 3e GmbHG handele es sich um eine statische Verweisung, so dass nur diejenigen Straftatbestände erfasst seien, die bei Einfügung dieser Vorschrift durch das MoMiG bereits bestanden (so insbes. *DNotI-Report* 2017, 2017, 73 ff.). Demgegenüber wird darauf verwiesen, dass der Wortlaut von § 6 Abs. 2 S. 2 Nr. 3e StGB eindeutig sei, somit von einer dynamischen Verweisung auszugehen sei und damit auch die neuen Straftatbestände umfasst seien. Aus der Gesetzesbegründung ergebe sich nichts dazu, dass nicht auch eine Verurteilung wegen dieser Straftaten dazu führe, dass der insoweit Verurteilte als Geschäftsführer im Amt bleiben oder zum Geschäftsführer bestellt werden könne (s. OLG Oldenburg, Beschl. vom 08.01.2018, 12 W 126/17, GmbHR 2018, 310–314 mit Anm. *Wachter* = NZG 2018, 278–279 = NJW-RR 2018, 21–22). Bis zu einer etwaigen höchstrichterlichen Entscheidung durch den BGH sollten in den Text der Geschäftsführerversicherung daher auf jeden Fall auch die neuen Straftatbestände zum Sportwettbetrug aufgenommen werden (so auch die Empfehlung von *Melchior/Böhringer*, Sportwettbetrug, Gesellschafterliste und Eintragungsbescheinigung: Drei (Groß-) Baustellen im Handelsregister, GmbHR 2017, 1074 f.). 140

d) *(Anknüpfung an die Rechtskraft):* Schließlich muss aus der Formulierung der Versicherung hervorgehen, dass das fünfjährige Bestellungshindernis einer strafrechtlichen Verurteilung zeitlich an die Rechtskraft der Verurteilung anknüpft (s. BGH, Beschl. vom 07.06.2011, II ZB 24/10, GmbHR 2011, 864 mit Anm. *Wachter*). Erst von diesem Zeitpunkt an beginnt die Fünfjahresfrist zu laufen, nicht schon mit dem Tag der Verurteilung. 141

d) Zu den Ausschlussgründen gemäß § 6 Abs. 2 S. 2 Nr. 1 GmbHG muss keine Versicherung abgegeben werden. § 8 Abs. 3 GmbHG verweist ausdrücklich nur auf S. 2 Nr. 2 und 3 sowie S. 3 von § 6 Abs. 2 des Gesetzes und damit nicht auf § 6 Abs. 2 GmbHG insgesamt (so auch OLG Hamm vom 29.09.2010, I-15 W 460/10, GmbHR 2011, 30). 142

143 **14. Versicherung zur Belehrung über die unbeschränkte Auskunftspflicht:** Das Registergericht kann nach § 41 Abs. 1 Nr. 1 BZRG eine unbeschränkte Auskunft verlangen. Anzugeben sind daher nicht nur die in ein Führungszeugnis aufzunehmenden Verurteilungen zu den in § 6 Abs. 3 S. 2 GmbHG genannten Straftaten, sondern jegliche diesbezügliche Verurteilung. Voraussetzung hierfür ist nach § 52 Abs. 2 BZRG allerdings, dass der Geschäftsführer hierüber belehrt worden ist, was er gemäß § 8 Abs. 3 GmbHG in der Anmeldung zu versichern hat (s. hierzu auch OLG Dresden, Beschl. vom 14.10.2011, 12 W 0987/11, wonach die Formulierung »Nach Belehrung über die unbeschränkte Auskunftspflicht … versichert *der Geschäftsführer:* …« nicht ausreicht, vielmehr müsse ausdrücklich von ihm *versichert* werden, dass eine entsprechende Belehrung stattgefunden hat; zutreffend weniger streng insoweit OLG Karlsruhe, Beschl. vom 20.04.2012, 11 Wx 33/12, GmbHR 2012, 797 = NZG 2012, 598).

144 Die Belehrung über die Inhabilitätsgründe konnte früher nach § 8 Abs. 3 S. 2 GmbHG a.F. nur durch das Registergericht oder durch einen deutschen Notar erfolgen. Nach § 8 Abs. 3 S. 2 GmbHG in der Fassung des MoMiG kann die Belehrung auch schriftlich erteilt werden und sie kann nunmehr auch von einem ausländischen Notar, von Vertretern eines vergleichbaren rechtsberatenden Berufs und weiter auch von einem deutschen Konsularbeamten vorgenommen werden.

145 **15. Vollmacht:** Es empfiehlt sich, dass der Geschäftsführer in der Anmeldung Sozien und/oder Mitarbeiter des beglaubigenden Notars bevollmächtigt, damit diese etwaige von dem Registergericht angeforderte Änderungen und Ergänzungen zu der Anmeldung vornehmen können. Hinsichtlich der von dem Geschäftsführer in der Anmeldung abzugebenden höchstpersönlichen Versicherungen gemäß § 8 Abs. 2 und 3 GmbHG ist allerdings eine Änderung oder Ergänzung nur durch den Geschäftsführer selbst möglich. Eine rechtsgeschäftliche Vertretung ist insoweit nicht zulässig (s. oben Anmerkung 4, Rdn. B 118).

146 Dabei ist ratsam, die Vollmacht nicht bereits mit der Registereintragung erlöschen zu lassen. Wie der Autor es von Zeit zu Zeit erlebt, müssen immer mal wieder Eintragungen berichtigt werden, weil den Beteiligten in dem Gründungsprotokoll und/oder in der Anmeldung kleinere Fehler unterlaufen, wie z.B. die Angabe eines falschen ersten Vornamens des Geschäftsführers oder ein Zahlendreher bei dem Geburtsdatum, der Postleitzahl oder der Hausnummer der inländischen Geschäftsanschrift oder sonstige Schreibfehler, insbesondere bei einem ausländischen Namen des Geschäftsführers, die erst nach entsprechend fehlerhafter Registereintragung bei Überprüfung der Eintragungsmitteilung bemerkt werden. Wenn die Vollmacht dann noch nicht erloschen ist, kann ein solcher Fehler, soweit er nicht bereits durch eine notarielle Schreibfehlerberichtigung korrigiert werden kann, in der erforderlichen Nachtragsurkunde unkompliziert durch die bevollmächtigten Notarmitarbeiter berichtigt werden.

147 **16. Anlagen, § 8 Abs. 1 GmbHG:** Es wird empfohlen, die der Anmeldung beizufügenden Anlagen ausdrücklich zu benennen, damit bei der (elektronischen) Übermittlung der Anmeldung zum Handelsregister deren Beifügung nicht vergessen wird. Ist – wie vorliegend – die Gründung der Gesellschaft im vereinfachten Verfahren erfolgt, so muss lediglich das Gründungsprotokoll übersandt werden. Eine Liste der Gesellschafter muss der Anmeldung nicht beigefügt werden, ebenso wenig die Legitimation des Geschäftsführers (Bestellungsbeschluss). Das Musterprotokoll ersetzt gemäß § 2 Abs. 1a S. 5 GmbHG diese beiden Urkunden.

148 **17. Kosten:** a) *Notargebühren*: Für die Handelsregisteranmeldung fallen vorliegend Beurkundungskosten von netto 30,00 € zuzüglich Nebenkosten an. Dieser Betrag errechnet sich wie folgt: Soweit der Notar die Anmeldung selbst entwirft, entsteht eine 0,5-Gebühr nach GNotKG GV NR. 24102. Erste Unterschriftsbeglaubigungen nach Entwurf sind gebührenfrei, wenn sie »demnächst« und am selben Tag erfolgen (Vorbemerkung GV-Nr. 2.4.1 Nr. 2). Der Geschäftswert der Anmeldung bemisst sich grundsätzlich nach dem in das Handelsregister einzutragenden Stammkapital, vorliegend somit nach dem Wert von 1.200 €; der Mindestwert von 30.000 € gemäß § 105 Abs. 1 Nr. 1 gilt für die Anmeldung einer im vereinfachten Verfahren gegründeten GmbH insoweit nicht, s. § 105 Abs. 6 GNotKG. Der Betrag von 0,5 × 23,00 € = 11,50 € liegt indessen unter der Mindestgebühr nach GV Nr. 24102 von 30,00 €. In die Notarkostenrechnung ist daher vorliegend

die Mindestgebühr einzusetzen. Hinzu kommt für die elektronische Einreichung und die dabei vorgenommene Erzeugung der XML-Strukturdaten eine 0,3-Vollzugsgebühr gemäß GV Nr. 22224 in Höhe von 6,90 € sowie eine 0,5-Betreuungsgebühr nach KV Nr. 22200 in Höhe von 11,50 €, wenn – wie vorliegend gemäß dem Muster – der Notar angewiesen wird, die Anmeldung erst nach Nachweis der Einzahlung des Stammkapitals bei dem Registergericht einzureichen. Weiter sind noch die üblichen Auslagenpauschalen nach KV-Nr. 3200 (Dokumentenpauschale Papier und Daten) sowie Nr. 32005 (Post- und TK-Pauschale) in die Kostenrechnung einzustellen.

b) *Gerichtskosten*: Die Kosten der Registereintragung belaufen sich auf 150,00 € (GV Nr. 2100. HaRegGebVO). Für eine im vereinfachten Verfahren gegründete GmbH oder Unternehmergesellschaft gibt es anders als bei den Notarkosten keine Vergünstigung bei den gerichtlichen Eintragungsgebühren. Auslagen für die Bekanntmachung der Registereintragung gemäß § 10 HGB fallen keine an. Die Kosten hierfür sind mit den Eintragungskosten abgegolten. 149

5. Änderung des Gesellschaftsvertrags (Musterprotokolls) der im vereinfachten Verfahren gegründeten UG *vor* Eintragung (hier: Änderung von Firma und Gegenstand und Auswechselung des Geschäftsführers)

Vorbemerkung

Änderungen des im vereinfachten Gründungsverfahren mithilfe des Musterprotokolls festgestellten Gesellschaftsvertrags können sowohl vor als auch nach der Eintragung im Handelsregister notwendig werden. Hierbei steht es den Gesellschaftern frei, den Gesellschaftsvertrag nur in einzelnen Ziffern des Gesellschaftsvertrags (Musterprotokoll) abzuändern oder den Gesellschaftsvertrag insgesamt zu ändern und hierbei eine individuelle Satzung zu vereinbaren. Die Änderungsbeurkundung sowie die zugehörige Anmeldung sind gemäß §§ 107 Abs. 1 S. 1, 105 Abs. 6 Nr. 2 GNotKG allerdings nur dann kostenprivilegiert, soweit die Änderungen im Rahmen der Vorgaben der beiden Musterprotokolle bleiben, die Änderungen somit lediglich die Festsetzungen an den ausfüllungsbedürftigen Textstellen des jeweiligen Musterprotokolls betreffen. Werden dagegen weitergehende Abweichungen und/oder Ergänzungen zu dem in den Musterprotokollen vorgegebenen Text beurkundet, führt dies zum Übergang in das normale Gründungsverfahren mit der Folge, dass das Musterprotokoll dann nicht mehr zugleich die Funktion der Gesellschafterliste erfüllt, sodass der Änderungsanmeldung neben dem Änderungsprotokoll und dem geänderten Wortlaut des Gesellschaftsvertrags mit Notarbescheinigung anlog § 54 Abs. 1 S. 2 GmbHG auch eine von dem Geschäftsführer unterschriebene Gesellschafterliste beizufügen ist, um dem Erfordernis des § 8 Abs. 1 Nr. 3 GmbHG zu genügen. 150

Muster [1, 2]

UR.-Nr. ____________/____________ 151

Verhandelt in ____________

am ____________

Vor mir, dem Notar/der Notarin ____________

mit dem Amtssitz in ____________

erschienen heute in meinen Amtsräumen in ____________

1. Herr A,

geboren am ____________,

wohnhaft ____________,

persönlich bekannt/ausgewiesen durch gültigen ___[deutschen]___ Personalausweis/Reisepass Nr. ___________,

handelnd

zu a) im eigenen Namen,

zu b) seiner Erklärung nach in seiner Eigenschaft als einzelvertretungsberechtigter und von den Beschränkungen des § 181 BGB befreiter Geschäftsführer für die Gesellschaft mit beschränkter Haftung in Firma

B-GmbH mit dem Sitz in ___________,

Geschäftsanschrift: ___________,

eingetragen im Handelsregister des Amtsgerichts ___________ unter HRB ___________.

Hiermit bescheinige ich, der Notar/die Notarin, gemäß § 21 Abs. 1 Nr. 1 BNotO die vorgenannte Vertretungsberechtigung, und zwar aufgrund heutiger Einsicht/Einsicht am ___________ in das elektronische Handelsregister des Amtsgerichts ___________ unter HRB ___________. [3]

2. Frau C,

geboren am ___________,

wohnhaft ___________,

ausgewiesen durch gültigen ___[deutschen]___ Personalausweis/Reisepass Nr. ___________,

handelnd im eigenem Namen.

Die Erschienenen erklärten zu meinem Protokoll:

Wir und die von Herrn A vertretene B-GmbH [4] **haben zu Protokoll des Notars am ___________ eine Gesellschaft mit beschränkter Haftung als Unternehmergesellschaft mit der Firma XYZ UG (haftungsbeschränkt) im vereinfachten Verfahren gemäß § 2 Abs. 1a GmbHG gegründet. (UR-Nr. ___________/___________ des beurkundenden Notars).**

Aufgrund Beanstandung des Registergerichts ist die Firma zu ändern. Ferner soll der Gegenstand des Unternehmens erweitert werden sowie ein Wechsel in der Geschäftsführung erfolgen.

Zu diesem Zweck vereinbaren wir wie folgt:

1. Die Firma in Ziffer 1 des Gesellschaftsvertrags wird geändert in »ABC ___________ UG (haftungsbeschränkt)«.

Ziffer 1 des Gesellschaftsvertrags (Musterprotokoll) erhält nunmehr dem folgenden Wortlaut: [5] **»Die nach § 2 Abs. 1a GmbHG errichtete Gesellschaft mit beschränkter Haftung führt die Firma ABC ___________ UG (haftungsbeschränkt). Sie hat ihren Sitz in ___________.«**

2. Der Gegenstand in Ziffer 2 wird um folgende Worte »sowie der Handel mit ___________« ergänzt.

Ziffer 2 des Gesellschaftsvertrags (Musterprotokoll) lautet damit wie folgt:»Gegenstand des Unternehmens ist ___________ sowie der Handel mit ___________.«

3. **Der im Gründungsprotokoll bestellte Geschäftsführer D wird abberufen. Ihm wird Entlastung erteilt.**

An seiner Stelle wird

Herr A,

geboren am ____________,

wohnhaft in ____________,

zum Geschäftsführer bestellt. Der Geschäftsführer ist von den Beschränkungen des § 181 BGB befreit. [6]

Ziffer 4 des Gesellschaftsvertrags wird geändert und lautet nunmehr wie folgt:»Zum Geschäftsführer der Gesellschaft wird Herr A, geboren am ____________, wohnhaft in ____________ bestellt. Der Geschäftsführer ist von den Beschränkungen des § 181 des Bürgerlichen Gesetzbuchs befreit.«

Vorstehende Verhandlung wurde den Erschienenen von dem Notar/der Notarin vorgelesen, von ihnen genehmigt und – wie folgt – eigenhändig unterschrieben.

[Unterschrift der Erschienenen]

[Unterschrift des Notars/der Notarin] LS [Notariatssiegel]

Template

Notarial deed no. UR-Nr. ____________/____________ 152

Negotiated in [city]

on [date].

Before me, the notary [name],

with the registered office in [place]

today appeared in my notary's business premises situated at [address]

1. **Mr. A,**

   born on [date],

   residing at [address],

   personally known to the notary/identified by valid [German] ID card/passport no. ____________,

   acting

   (a) on his own behalf,

   (b) according to his declaration in his capacity as managing director with sole power of representation and exempted from the restrictions of Sec. 181 BGB (German Civil Code) on behalf of the limited liability company under the firm name of

   B-GmbH

   with registered office at [place],

   business address: ____________,

   registered in the commercial register of the local court of ____________ division B, number HRB ____________.

I, the notary, hereby confirm the aforementioned power of representation in accordance with Sec. 21 para 1 no. 1 BNotO, on the basis of today's inspection/inspection on __[date]__ in the electronic commercial register of the local court of ________, division B, number HRB ________.

2. Ms C,

born on __[date]__,

resident at __[address]__,

identified by valid __[German]__ ID-card/passport no. ________,

acting on their own behalf.

The persons appeared requested the deed to be recorded in the German language. The English version is only a non-binding translation and is quoted for information purposes only.

The persons appeared – acting as stated above – then declared to my record:

We and B-GmbH, represented by Mr. A, established a limited liability company with the company's business name XYZ UG (haftungsbeschränkt), i.e. an entrepreneurial company (with limited liability) in the simplified procedure according to Sec. 2 para. 1a GmbHG for the acting notary's record, deed no. UR-Nr.________/________.

The Company's business name has to be changed due to a complaint of the register court. Furthermore, the object of the company shall be expanded and there shall be a change in management.

Therefore, we agree as follows:

1. The company's business name is changed to »ABC ________ UG (haftungsbeschränkt)«.

Clause no. 1 of the articles of association (standard protocol) is changed and reads as follows:»

The company's business name of the limited liability company set up in the simplified procedure according to Sec. 2 para. 1a GmbHG is ABC ________ UG (haftungsbeschränkt). The registered office of the company is ________.«

2. The object of the company in clause no. 2 of the articles of association shall be supplemented by the following words »and the trade in ________«.

Clause no. 2 of the articles of association (standard protocol) read as follows:

»The object of the company is ________ and trading with ________.«

3. The managing director Mr. D, appointed in the memorandum/articles of association, is dismissed. He will be granted discharge.

He is substituted by

Mr. A,

born on ________,

resident at ________.

The new managing director is exempt from the restrictions of Sec. 181 of the German Civil Code. No. 4 of the articles of the association is amended and reads as follows:

»Mr. A, born on __________, resident at __________ shall be appointed managing director of the company. The managing director is exempt from the restrictions of Sec. 181 of the German Civil Code.«

The above negotiation was read aloud by the notary to the persons appearing, approved by them and personally signed as follows:

[signatures of the appearing persons]

[notary's signature] LS [notary's seal]

Erläuterungen

Literatur: *Heidinger/Blath*, Das Musterprotokoll – Mehr Fluch als Segen? ZNotP 2010, 376–386 (Teil 1) und 403–409 (Teil 2); *Herrler/König*, Aktuelle Praxisfragen zur GmbH-Gründung im vereinfachten Verfahren (Musterprotokoll), DStR 2010, 2138–2144; *Kallweit*, Anm. zu OLG München, Beschl. vom 03.11.2009, 31 Wx 131/09, GmbHR 2010, 312; *Krafka*, Anm. zu OLG München Beschl. vom 03.11.2009, 31 Wx 131/09, NotBZ 2010, 110; *Sagmeister*, Anm. zu OLG München, Beschl. vom 23.10.2014, 31 Wx 415/14, MittBayNotZ 2015, 250 f.; *Seebach*, Die Unternehmergesellschaft (haftungsbeschränkt) in der notariellen Praxis, RNotZ 2013, 261, 279 f.; *Wicke*, Abweichungen und Änderungen beim Musterprotokoll gemäß § 2 Abs. 1a GmbHG, DNotZ 2012, 15–25.

1. Allgemeines: Änderungen des im vereinfachten Verfahren unter Verwendung eines der beiden Musterprotokolle festgestellten Gesellschaftsvertrags können vor und nach der Eintragung erforderlich werden. Soll bei einer im Normalverfahren gegründeten Gesellschaft der (individuelle) Gesellschaftsvertrag vor der Eintragung im Handelsregister geändert werden, so ist nach allgemeiner Ansicht ein notariell beurkundeter Änderungsbeschluss erforderlich, an dem nach einhelliger Auffassung in der Rechtsprechung und überwiegender Auffassung im Schrifttum *alle* Gesellschafter mitwirken und dem auch *alle* zustimmen müssen (vgl. nur BGH, Urt. v. 12.07.1956, – II ZR 218/54 = BGHZ 21, 242; Heckschen/*Heidinger* Kap. 3 Rn. 88 m.w.N. in dortiger Fn. 199, a.A. hingegen vor allem *Priester*, ZIP 1987, 280, 285 und Scholz/*K. Schmidt*, GmbHG, § 11 Rn. 56: Anwendung von §§ 53 ff. GmbHG mit den für Satzungsänderungen maßgeblichen Regelungen). 153

Entsprechendes gilt für die im vereinfachten Gründungsverfahren gemäß § 2 Abs. 1a GmbHG unter Verwendung des Musterprotokolls gegründete Gesellschaft (Heckschen/Heidinger/*Knaier*, Kap. 2 Rn. 213. Der anfangs nach Inkrafttreten des MoMiG wohl von einigen Registergerichten vertretenen Auffassung, das Musterprotokoll könne allein nur für die erste Beurkundung der Gründung herangezogen werden, bei Änderungen – gleich, ob vor oder nach der Eintragung – müsse stets ein individueller Gesellschaftsvertrag beschlossen werden, kann nicht gefolgt werden. Sie war mit der bis zum Inkrafttreten des GNotKG gültigen Regelung in § 41d Alt. 2 KostO nicht vereinbar, wonach die Kostenprivilegierung nach dieser Vorschrift nicht nur für die Gründung gemäß § 2 Abs. 1a GmbHG, sondern ebenso für Änderungen des mit Musterprotokoll festgestellten Gesellschaftsvertrags galt unter der Voraussetzung, dass hierbei von den Vorgaben des Musterprotokolls nicht abgewichen wird. Die entsprechende Kostenvergünstigung findet sich nunmehr in den §§ 105 Abs. 6 Nr. 2, 107 Abs. 1 S. 2 GNotKG. 154

Die Beurkundung einer Änderung des Gesellschaftsvertrags (Musterprotokolls) *vor* Eintragung der Gesellschaft kann auf zweierlei Weise erfolgen, zum einen durch eine Ergänzungsurkunde, mit der nur die einzelnen Änderungen beurkundet werden und zum anderen durch eine (komplette) Neufassung des gesamten Gründungsprotokolls (Scholz/*Wicke* § 2 Rn. 146; Roth/Altmeppen/*Roth* § 2 Rn. 61). Letzteres empfiehlt sich nicht nur dann, wenn eine Anmeldung der Gesellschaftsgründung noch nicht bei dem Handelsregister eingereicht worden ist, sondern insbesondere auch dann, wenn eine Herabsetzung oder Erhöhung des Stammkapitals oder eine sonstige Änderung in 155 der Beteiligung der bisherigen Gesellschafter erfolgen soll (z.B. der Austausch eines Gesellschafters, s. hierzu Muster B 8 Rdn. B 209). Das neue Gründungsprotokoll erfüllt in diesem Fall dann auch zugleich die Funktion einer neuen Gesellschafterliste. Soll dagegen nur eine Änderung von Firma, Sitz (Ziff. 1 des Musterprotokolls) oder des Gegenstands (Ziff. 2 des Musterprotokolls) erfolgen, so genügt eine Nachtragsurkunde, mit der die jeweilige Ziffer des Gründungsprotokolls geändert wird. Der Änderungsanmeldung (s. hierzu Muster B 6 Rdn. B 171) ist in diesem Fall der geänderte Wortlaut des gemäß Musterprotokoll ursprünglich vereinbarten und nunmehr geänderten Gesellschaftsvertrags mit der erforderlichen Bescheinigung des Notars entsprechend § 54 Abs. 1 S. 2 GmbHG beizufügen (s. hierzu Muster B 7 Rdn. B 198).

156 **2. Sachverhalt:** Das vorstehende Muster knüpft an das Muster B 3 (oben Rdn. B 89) an, mit dem die XYZ UG (haftungsbeschränkt) mit einem Stammkapital von 1.200,00 € im vereinfachten Verfahren unter Verwendung des Musterprotokolls gemäß der Anlage b) zum GmbHG gegründet wurde. Geändert werden soll die Firma der Gesellschaft, nachdem das Registergericht diese wegen der Gefahr der Verwechselung mit einer bereits in dem dortigen Handelsregister eingetragenen Firma beanstandet hat. Ferner soll der Unternehmensgegenstand erweitert werden. Schließlich soll ein Wechsel in der Geschäftsführung erfolgen. Der im Gründungsprotokoll bestellte Fremdgeschäftsführer D soll durch den Gesellschafter A ersetzt werden.

157 **3. Vertretungsbescheinigung:** Zur Beschleunigung des Eintragungsverfahrens empfiehlt sich, eine entsprechende Vertretungsbescheinigung gemäß § 21 Abs. 1 Nr. 1 BNotO beizufügen, es sei denn, die vertretene Gesellschaft ist bei demselben Registergericht eingetragen, sodass der für die Eintragung zuständige Richter oder Rechtspfleger die Vertretung ohne weiteren Aufwand selbst überprüfen kann.

158 **4. Beteiligung aller Gesellschafter:** Bei der Änderung des mit Musterprotokoll vereinbarten Gesellschaftsvertrags müssen wie bei der Gründung einer GmbH oder UG im Normalverfahren (vgl. hierzu nur Baumbach/Hueck-*Fastrich* § 2 Rn. 13, Lutter/Hommelhoff/*Bayer* § 2 Rn. 33, OLG Köln, Urt. v. 21.02.2002 – 18 U 124/01, NZG 2002, 870) alle Gründungsgesellschafter mitwirken (Scholz/*Wicke* § 2 Rn. 146), wobei – wie bei der Gründung – eine Vertretung eines Gesellschafters unter Vorlage einer zumindest notariell beglaubigten Vollmacht zulässig ist. Der Änderung müssen nach der Rspr. und ganz überwiegender Auffassung in der Literatur sämtliche Gründer zustimmen. § 53 GmbHG, der eine Satzungsänderung mit qualifizierter Mehrheit von drei Viertel aller Stimmen zulässt, findet auf Änderungen in der Gründungsphase keine Anwendung (s.o. Hinweis 1 Rdn. B 153). Entsprechendes gilt für die Änderung des im vereinfachten Verfahren mit Musterprotokoll festgestellten Gesellschaftsvertrags. Auch hier erfolgt die Änderung durch entsprechende notariell beurkundete Erklärung *sämtlicher* Gesellschafter.

159 **5. Abänderung des vorgegebenen Textes von Ziff. 1 des Musterprotokolls:** Nach der Auffassung des OLG München kann bei *»späteren Änderungen«* des mit Musterprotokoll verfassten Gesellschaftsvertrags *»eine Beibehaltung des genauen Wortlauts des Musterprotokolls nicht gefordert«* werden, da das Musterprotokoll nach § 2 Abs. 1a GmbHG ausschließlich *»für die Gründung«* zu verwenden sei. Vielmehr muss nach dem OLG München bei einer Änderung des Gründungsprotokolls eine redaktionelle Anpassung des Gesellschaftsvertrags hinsichtlich derjenigen Formulierungen vorgenommen werden, die sich allein auf die *»einmalige« Errichtung der Gesellschaft* beziehen (OLG München, Beschl. vom 03.11.2009, 31 Wx 131/09, GmbHR 2010, 312 mit Anm. *Kallweit* = NotBZ 2010, 2010, 110 mit Anm. *Krafka*). Dies gilt vor allem für die Eingangsformulierung in Ziff. 1, in der es nach den Musterprotokollen heißt *»Der Erschienene errichtet …«* bzw. *»Die Erschienenen errichten …«*. Bei einer Änderung des Musterprotokolls treffen diese Formulierungen nicht mehr zu. Sie sind »inhaltlich falsch und irreführend« (so OLG München, Beschl. vom 06.07.2010, 31 Wx 112/10, GmbHR 2010, 922 = NZG 2010, 989 = DNotZ 2010, 939). Denn wenn eine Anpassung von Ziff. 1 unterbliebe, würde der unzutreffende Eindruck erweckt, die Gesellschaft sei bereits mit der geänderten Firma und dem geänderten Gegenstand gegründet worden.

160 Das OLG Düsseldorf hat sich der Auffassung des OLG München angeschlossen, indem es in dem Beschl. vom 10.05.2010 (3 Wx 106/10, GmbHR 2010, 1343 = NZG 2010, 719) ausdrücklich

auf die Entscheidung des OLG München vom 03.11.2009 hingewiesen hat (siehe jetzt auch OLG Karlsruhe, Beschl. vom 30.08.2017, 11 W 73/17, GmbHR 2018, 642–644 = ZNotP 2017, 443–445). Ebenso hat die Literatur weitgehend der Rspr. des OLG München zugestimmt (*Heidinger/Blath*, Das Musterprotokoll – Mehr Fluch als Segen?, ZNotP 2010, 376, 405 f.; *Herrler/König*, Aktuelle Praxisfragen zur GmbH-Gründung im vereinfachten Verfahren, DStR 2010, 2138, 2143 f.; *Krafka*, Anm. zu OLG München, Beschl. vom 03.11.2009, 31 Wx 131/09, NotBZ 2010, 110, 111; *Wicke*, Abweichungen und Änderungen beim Musterprotokoll gemäß § 2 Abs. 1a GmbHG, DNotZ 2012, 15, 21 sowie Scholz/*Wicke* § 2 Rn. 144 ff.; *Seebach*, Die Unternehmergesellschaft [haftungsbeschränkt] in der notariellen Praxis, RNotZ 2013, 261, 280; *Sagmeister*, Anm. zu OLG München, Beschl. vom 23.10.2014, 31 Wx 415/14, MittBayNotZ 2015, 251 f.).

Die vorstehend genannten Entscheidungen betrafen allerdings Sachverhalte, in denen die im vereinfachten Verfahren gegründeten Gesellschaften jeweils schon eingetragen waren. Entsprechendes muss jedoch auch für Änderungen des im vereinfachten Verfahren vereinbarten Gesellschaftsvertrags *nach* der Musterprotokollgründung, aber *vor* Eintragung der Gesellschaft gelten. Denn nach dem Wortlaut des § 2 Abs. 1a GmbHG kann das Musterprotokoll verwendet werden, wenn eine Gesellschaft unter den in der Bestimmung genannten Voraussetzungen *»gegründet«* werden soll. Abzustellen ist hierbei auf die erste Stufe des zweistufigen Gründungsvorgangs, welcher mit der Beurkundung des Gründungsprotokolls beginnt und mit dem eine Vorgesellschaft (s. § 11 GmbHG) entsteht, und nicht auf die zweite Stufe, auf der mit der Eintragung die GmbH (bzw. hier die haftungsbeschränkte UG) erst als solche entsteht. Folgt nach notarieller Beurkundung der Musterprotokollgründung der Gesellschaft eine Änderung des Gesellschaftsvertrags, ist nach Auffassung des Autors daher auch dann eine Umformulierung der Ziff. 1 des Gründungsprotokolls geboten, wenn die Gesellschaft zu diesem Zeitpunkt noch nicht in das Handelsregister eingetragen ist. Rspr. hierzu ist – soweit ersichtlich – allerdings noch nicht erfolgt. 161

Das vorstehende Muster für die vor Eintragung beschlossene Änderung des mit Musterprotokoll vereinbarten Gesellschaftsvertrags trägt daher der oben angeführten Rechtsprechung der OLG München und Düsseldorf Rechnung, indem darin nicht nur die Änderung von Firma und Gegenstand aufgenommen ist, sondern auch der Wortlaut von Ziff. 1 des Musterprotokolls geändert ist. 162

Diese zur Herbeiführung einer widerspruchsfreien Fassung der Ziff. 1 vorgenommene Änderung liegt wie die von der Rspr. bei Änderungen nach Eintragung geforderte Umformulierung noch im Rahmen der mit § 107 Abs. 1 S. 2 i.V.m. § 105 Abs. 6 S. 1 Nr. 2 GNotKG zulässigen kostenprivilegierten Abweichungen, so jetzt auch ausdrücklich die Regelung in § 105 Abs. 6 S. 2 GNotKG. 163

Als Alternative kommt bei Änderungen des Gesellschaftsvertrags *vor* Eintragung nach z.T. in der Literatur vertretener Auffassung auch eine komplette Neufassung des Gründungsprotokolls in Betracht (Roth/Altmeppen/*Roth* § 2 Rn. 61, Scholz/*Wicke* § 2 Rn. 146). *Wicke* (a.a.O.) spricht insoweit von einer *»Neuausfertigung des Musterprotokolls«*. Insbesondere dann, wenn vor Eintragung ein Wechsel im Gesellschafterbestand erfolgt und damit eine sog. »Umgründung« erfolgt, wird die erneute Verwendung des Musterprotokolls noch als eine solche *»für die Gründung«* i.S.v. § 2 Abs. 1a GmbHG angesehen (Bork/Schäfer/*Schäfer* § 2 Rn. 95), s. hierzu das Muster B 8, Rdn. B 209). 164

6. Geschäftsführerwechsel: Soll noch vor der Eintragung ein anderer Geschäftsführer bestellt und seine Bestellung nicht erst nach Eintragung der Gesellschaft wirksam werden, sondern sofort, so kann seine Bestellung bei der Gründung im vereinfachten Verfahren nur auf die Weise vollzogen werden, dass der im vereinfachten Gründungsprotokoll zunächst bestellte Erstgeschäftsführer abberufen und an seine Stelle ein neuer Geschäftsführer tritt. Denn nach § 2 Abs. 1a GmbHG kann bei einer Gründung im vereinfachten Verfahren nur *ein* Geschäftsführer bestellt werden. Die Abberufung des Erstgeschäftsführers mit einfachem privatschriftlichen Gesellschafterbeschluss und die Bestellung eines neuen Geschäftsführers, wie sie bei der Gründung einer GmbH oder UG im Normalverfahren auch bereits vor Eintragung der Gesellschaft jederzeit möglich ist, ist bei der im vereinfachten Verfahren erfolgten Gründung nicht zulässig. Vielmehr muss, solange die Gesell- 165 schaft noch nicht eingetragen ist, die Ziff. 4 des Musterprotokolls durch notariell beurkundeten Beschluss geändert werden, weil ansonsten bei Eintragung der Gesellschaft zwischen dem Text des Gesellschaftsvertrages, nach der die im Gründungsprotokoll bestellte Person (noch) Geschäftsführer ist, und der tatsächlichen Vertretung (ausschließlich) durch den neu bestellten Geschäftsführer ebenfalls ein Widerspruch bestünde, welcher – nach der oben zitierten Rechtsprechung der OLG München und Düsseldorf und der diesen Entscheidungen zugrunde liegenden Wertung – der Eintragung der Gesellschaft entgegensteht.

166 Damit keine den Verlust der Kostenprivilegierung auslösende Abweichung von dem Musterprotokoll vereinbart wird, muss dann ferner noch beschlossen werden, dass der an die Stelle des Erstgeschäftsführers tretende neue Geschäftsführer von den Beschränkungen des § 181 BGB befreit ist.

167 Weitere Regelungen, insbesondere die Einräumung der Befugnis zur alleinigen Vertretung der Gesellschaft auch für den Fall, dass nachträglich (nach Eintragung der Gesellschaft) ein oder mehrere weitere Geschäftsführer bestellt werden, sind nicht zulässig, da das Musterprotokoll keine Regelung der allgemeinen Vertretungsbefugnis enthält. Für die Einräumung einer von der gesetzlichen Regelung der Gesamtvertretung in § 35 Abs. 2 S. 1 GmbHG abweichenden ständigen Alleinvertretungsbefugnis wäre eine (individuelle) Satzung mit der entsprechenden allgemeinen Ermächtigung der Gesellschafterversammlung zur Verleihung einer solchen Vertretungsbefugnis erforderlich (sog. Ermächtigungs- oder auch Öffnungsklausel). Bei einer Gründung im vereinfachten Verfahren kann eine solche Regelung ohne Verlust des Kostenprivilegs nach den §§ 107 Abs. 1, 105 Abs. 6 GNotKG nicht in den gemäß Musterprotokoll vereinbarten Gesellschaftsvertrag aufgenommen werden.

168 **7. Kosten:** Die Notarkosten für das Beurkundungsverfahren bestimmen sich nach §§ 97, 108 Abs. 1, 105 Abs. 4 Nr. 1 (entsprechend), Abs. 6 S. 1 Nr. 2 GNotKG. Der Geschäftswert beträgt danach 1 % des vorgesehenen Stammkapitals (1.200 €), vorliegend damit = 12,00 €. Nach § 109 Abs. 2 S. 1 Nr. 4 c) GNotKG sind mehrere Änderungen des Gesellschaftsvertrags derselbe Gegenstand, sodass vorliegend die Änderung der Firma sowie die Gegenstandserweiterung gebührenrechtlich nur einen Gegenstand bilden. Fraglich ist, ob die Abberufung des Geschäftsführers D und die Bestellung von Frau C zur neuen Geschäftsführerin weitere Gegenstände sind oder integraler Bestandteil des Änderungsprotokolls, so wie bei der Gründung der Gesellschaft die Bestellung von Frau D Bestandteil der »Musterprotokollgründung« war (s.o. Rdn. B 90). Nach Auffassung des Autors ist die Musterprotokollgründung ein Sonderfall. Für die Änderungen der mittels Musterprotokoll geschaffenen Rechtslage gelten dagegen die allgemeinen Regeln, sodass in diesem Fall drei unterschiedliche Beurkundungsgegenstände (Satzungsänderung, Abberufung des D und Bestellung von C) vorliegen. Für das Beurkundungsverfahren fallen somit Notarkosten in Höhe von insgesamt 90,00 € an (3 × 15,00 € [Wert von 12,00 €] × 2,0 [Gebühr nach KV-Nr. 21101] = 90,00 €). Hinzu kommen noch die Kosten für die Registereinsicht sowie die Vertretungsbescheinigung, ferner die in die Kostenrechnung einzustellenden Dokumentenpauschalen nach KV-Nr. 32001 (Papier) und KV-Nr. 32005 (Post und Telekommunikation) und schließlich die Umsatzsteuer (KV-Nr. 32014)

169 Wird der Urkunde eine von dem Notar ohne Hinzuziehung eines Dolmetschers gefertigte Übersetzung hinzugefügt, löst dies die Zusatzgebühr nach KV-Nr. 26001 aus in Höhe von 30 % der für die Beurkundung zu erhebenden Gebühr.

6. Anmeldung der vor Eintragung erfolgten Änderungen des Gesellschaftsvertrags (Musterprotokoll) bei Gründung im vereinfachten Verfahren

Vorbemerkung

170 Mit dem nachstehenden Muster werden die gemäß dem Muster B 5 vereinbarten Änderungen von Firma und Gegenstand sowie der Austausch des Geschäftsführers bei der noch nicht eingetragenen Unternehmergesellschaft angemeldet.

Muster

An das 171

Amtsgericht __________ 1

Handelsregister

[Anschrift]

AR __________ 2

XYZ UG (haftungsbeschränkt) mit dem Sitz in __________ 3

I. Zur Eintragung in das Handelsregister wird angemeldet: 4

1. Die Firma der Gesellschaft wurde geändert in ABC __________ UG (haftungsbeschränkt). Ferner wurde der Gegenstand des Unternehmens erweitert.

Die Ziffern 1 und 2 des im vereinfachten Verfahren unter Verwendung des Musterprotokolls vereinbarten Gesellschaftsvertrags haben die aus der anliegenden Nachtragsurkunde ersichtliche Fassung erhalten. 5

2. Der im Gründungsprotokoll vom __________ bestellte Geschäftsführer D. wurde abberufen. Zum neuen Geschäftsführer wurde

Herr A,

geboren am __________,

wohnhaft in __________,

bestellt. 6

Herr A vertritt die Gesellschaft, solange er alleiniger Geschäftsführer ist, allein, ansonsten nach Maßgabe der gesetzlichen Vertretungsregelung in § 35 Abs. 2 S. 1 GmbHG gemeinsam mit dem oder den weiter bestellten Geschäftsführern. Von den Beschränkungen des § 181 BGB ist er befreit, das heißt er ist befugt, im Namen der Gesellschaft Rechtsgeschäfte mit sich im eigenen Namen oder als Vertreter eines Dritten abschließen. 7

3. Ziffer 4 des Gesellschaftsvertrags (Musterprotokoll) wurde entsprechend geändert. 8

II. Versicherungen des Geschäftsführers

Herr A als Geschäftsführer versichert:

Es liegen keine Umstände vor, die meiner Bestellung als Geschäftsführer nach § 6 Abs. 2 S. 2 Nr. 2 und 3 sowie S. 3 GmbHG entgegenstehen. 9

a) Mir ist weder durch gerichtliches Urteil noch durch vollziehbare Entscheidung einer Verwaltungsbehörde die Ausübung eines Berufs, Berufszweiges, Gewerbes oder Gewerbezweiges untersagt.

b) Ich bin noch nie, weder im Inland noch im Ausland, wegen einer Straftat verurteilt worden.

c) Von dem die Anmeldung beglaubigenden Notar bin ich über meine unbeschränkte Auskunftspflicht gegenüber dem Gericht belehrt worden.

Der Notar hat mich weiter auf die Haftung gemäß § 9a GmbHG sowie auf die Strafdrohung des § 82 GmbHG für falsche Angaben hingewiesen.[10]

Herr A als Geschäftsführer versichert ferner, dass von den Gründungsgesellschaftern die Einlagen auf die Geschäftsanteile Nr. 1 bis 3 vollständig bewirkt sind. [11] Im Einzelnen wurden folgende Zahlungen geleistet:

Anteilsnummer	*Gesellschafter*	*Nennbetrag*	*Einzahlungsbetrag*
1	Herr A	EUR 600,00	EUR 600,00
2	B-GmbH	EUR 200,00	EUR 200,00
3	Frau C	EUR 400,00	EUR 400,00
	Summe:	EUR 1.200,00	EUR 1.200,00

Es wird weiter versichert, dass die eingezahlten Beträge von insgesamt € 1.200,00 sich weiterhin endgültig in der freien Verfügung der Geschäftsführung befinden und dass das Stammkapital über den in dem Gesellschaftsvertrag festgesetzten Gründungsaufwand hinaus nicht mit Verbindlichkeiten vorbelastet ist bzw. das Stammkapital wertmäßig gedeckt ist.

Zudem wird versichert, dass eingezahlte Beträge nicht an einen Einleger zurückgezahlt worden sind.

III. Vollzugsauftrag, Vollmacht [12]

Der Geschäftsführer beauftragt und bevollmächtigt den amtierenden Notar, die vorstehende Anmeldung bei dem Registergericht einzureichen und ihn im Registerverfahren umfassend zu vertreten. Die Mitarbeiter des amtierenden Notars Frau __________ und Herr __________ werden hiermit bevollmächtigt, und zwar jeder für sich allein und unter Befreiung von den Beschränkungen des § 181 BGB, diese Anmeldung zu ändern oder zu ergänzen, sofern dies zur Handelsregistereintragung der Gesellschaft erforderlich oder zweckmäßig ist. Von dieser Vollmacht darf nur vor dem amtierenden Notar bzw. seinen Sozien Gebrauch gemacht werden. Die Vollmacht erlischt einen Monat nach Eintragung der Gesellschaft in das Handelsregister.

IV. Anlagen: [13]

Als Anlagen sind beigefügt eine elektronisch beglaubigte Abschrift der Nachtragsurkunde UR-Nr. __________ vom __________ des beglaubigenden Notars sowie der geänderte Wortlaut des Gesellschaftsvertrags (Musterprotokoll) mit Satzungsbescheinigung des Notars.

[Unterschrift des A __________, den __________

__________]

UR-Nr. __________

[Notarieller Beglaubigungsvermerk]

__________, den __________

[Unterschrift Notar]

Template

To County Court of ____________, 172

-Commercial Register-

[address]

AR ____________

XYZ UG (haftungsbeschränkt) with registered office in ____________

I. It is applied for entry into the Commercial Register:

1. **The business name of the company has been changed to ABC ____________ UG (haftungsbeschränkt). Furthermore, the object of the company has been expanded.**

   Clause 1 and 2 of the articles of association, agreed under the simplified procedure by using the model protocol, have been amended as shown in the attached document.

2. **The managing director D, appointed with the notarial record establishing the company on [date], was dismissed. Appointed as the new managing director is**

   Mr. A,

   born on ____________,

   resident in ____________.

   Mr. A represents the company, as long as he is the sole managing director, alone, otherwise he represents the company in accordance with the legal representation provision in Sec. 35 para. 2 sent. 1 GmbHG together with the further appointed managing director(s). He is exempt from the restrictions of Sec. 181 BGB, i.e. he is authorized to conclude business transactions on behalf of the company in his own name or as representative of a third party.

3. **Clause 4 of the articles of association (model protocol) was amended accordingly.**

II. Affirmations of the managing director:

Mr. A in his capacity as managing director affirms:

There are no circumstances which conflict with my appointment as managing director of the company pursuant to Sec. 6 para. 2 sent. 2 no. 2 and 3 GmbHG (German Limited Liability Companies Act).

a) **I am not prohibited from carrying out any profession, part of profession, business or part of business due to a court decision or an enforceable decision of an administrative authority.**

b) **I have never been convicted for having committed a criminal offence, neither domestically (in Germany) or abroad.**

c) **I have been instructed by the certifying notary regarding my unlimited duty of disclosure to the commercial registry court.**

The certifying notary informed me about the liability according to Sec. 9a GmbHG as well as the threat of penal punishment according Sec. 82 GmbHG for giving false information.

Mr. A, as managing director, further affirms:

The contributions to the shares no. 1 to 3 have been fully paid in by the founding shareholders. In detail, the following payments were made:

Number of share	***Shareholder***	***Nominal value of share***	***Amount of contribution***
1	**Mr. A**	**EUR 600.00**	**EUR 600.00**
2	**B-GmbH**	**EUR 200.00**	**EUR 200.00**
2	**Ms. C**	**EUR 400.00**	**EUR 400.00**
	total:	**EUR 1,200.00**	**EUR 1,200.00**

Mr. A. further affirms: The contributions totalling € 1,200.00 are still finally at the free disposal of the management. The share capital is neither encumbered with liabilities nor it is covered by value in excess of the formation expenses stipulated in the articles of association.

In addition, it is affirmed that contributions to the shares have not been repaid to a subscriber.

III. Execution order, power of attorney:

The managing director instructs and authorises the certifying notary to submit the above application to the commercial registry court and to represent him in the register procedure. The employees of the notary, Ms. ____________ and Mr. ____________, are hereby authorized, each individually and with exemption from the restrictions of Sec. 181 BGB, to amend or supplement this application. The power of attorney only may be exercised before the acting notary, his partners or his officially appointed representative. The power of attorney expires one month after the entry of the company into the commercial register.

IV. Attachments:

Attached are an electronically certified copy of the supplementary document, deed no. ____________ of the certifying notary and the amended version of the articles of the articles of association (model protocol), certified by the notary.

[place], the [date]

A [signature of the managing director]

UR-Nr (notarial deed number) ____________/____________

[notary's signature] **LS [notary's seal].**

Erläuterungen

173 **1. Zuständiges Registergericht:** Die Anmeldung ist bei dem Registergericht einzureichen, bei dem auch die erste Anmeldung eingereicht wurde.

174 Wurde mit der Nachtragsurkunde auch der Sitz der Gesellschaft geändert, so muss die Einreichung der Anmeldung ebenfalls bei diesem Gericht (Erstgericht) erfolgen. Das Erstgericht prüft in diesem Fall, ob eine formell ordnungsgemäße Anmeldung zur Sitzverlegung vorliegt, und gibt sodann, wenn dies der Fall ist, die Sache an das für den neuen Sitz zuständige Registergericht ab. Mit der Abgabe übermittelt es auch alle bei ihm elektronisch eingereichten Dokumente an das neue Register-

gericht. Die weitere Prüfung und Eintragung der Gesellschaft ist dann Sache des neuen Sitzgerichts. Wenn noch keine erste Anmeldung erfolgt ist, so ist bei der Änderung des Sitzes die Anmeldung der Gesellschaft mit dem neuen Sitz dann gleich bei dem neuen Sitzgericht vorzunehmen.

2./3. Angabe von AR-Nummer und bisheriger Firma: In der Anmeldung sollte die von dem Registergericht (Erstgericht) vergebene AR-Nummer aufgenommen werden. Ist diese noch nicht bekannt, so empfiehlt sich, die Nummer telefonisch bei dem Gericht zu erfragen, um eine Beschleunigung des Eintragungsverfahrens zu erreichen. Die Anmeldung ist zu der bisherigen Firma vorzunehmen, da die Registerakte nach dem Eingang der Erstanmeldung zu dieser Firma angelegt wurde. Durch die entsprechenden Angaben wird dem Registergericht eine schnelle Zuordnung der Anmeldung zu der Registerakte ermöglicht. 175

4. Anmeldepflicht, Anmeldepflichtiger: Inwieweit Änderungen des Gesellschaftsvertrags explizit förmlich anzumelden sind oder ob die bloße Anzeige der Änderung mit der Übersendung des Änderungsbeschlusses sowie des mit Notarbescheinigung analog § 54 Abs. 1 S. 2 GmbHG versehenen neuen Textes des Gesellschaftsvertrags (s. hierzu das nachfolgende Muster B 7, Rdn. B 198) ausreicht ist noch nicht geklärt. Nach Entscheidungen des BayObLG (Beschl. vom 31.01.1978, Breg 1 Z 5/78) sowie des OLG Zweibrücken (Beschl. vom 12.09.2000, 3 W 178/00 = GmbHR 2000, 1204) ist keine Anmeldung erforderlich (so auch Lutter/Hommelhoff/*Bayer* § 2 Rn. 48, *Krafka/Kühn* Registerrecht, Rn. 917 m.w.N.). In der älteren Literatur wurde dagegen eine förmliche Anmeldung gefordert (s. die Nachweise bei Heckschen/*Heidinger* Kap. 3 Rn. 93, Fn. 208). Nach *Heidinger* fordern auch heute noch viele Registergerichte eine entsprechende Anmeldung. 176

Ausdrücklich anzumelden ist aber auf jeden Fall der nach dem Sachverhalt vorliegend beschlossene Wechsel in der Geschäftsführung. Da die Mehrkosten gering sind, die dadurch entstehen, dass auch die Änderung des Gesellschaftsvertrags angemeldet wird, ist in das Muster, der Forderung vieler Registergerichte nachkommend, auch die Anmeldung der Satzungsänderung in den Ziffern 1 (Firma) und 2 (Gegenstand) aufgenommen. 177

Für die im vereinfachten Verfahren gegründete Gesellschaft enthält § 2 Abs. 1a GmbHG keine Sondernormen für die Anmeldung. Wie bei der Gründungsanmeldung bestehen für die Änderungsanmeldung keine Besonderheiten. Es gelten die allgemeinen Verfahrensvorschriften, d.h., die Anmeldung bedarf der öffentlichen Beglaubigung und muss auf elektronischem Wege bei dem Registergericht eingereicht werden, § 12 Abs. 1 HGB. 178

Anmeldepflichtig ist der Geschäftsführer. Wurde – wie vorliegend – mit der Änderung des Musterprotokolls zugleich der bisherige Geschäftsführer abberufen und an seiner Stelle ein neuer Geschäftsführer bestellt, so ist allein der neue Geschäftsführer zu der Anmeldung befugt. Der bisherige Geschäftsführer kann die Anmeldung der Satzungsänderung nicht mehr vornehmen, da seine Anmeldebefugnis mit seiner Abberufung erloschen ist, es sei denn, seine Abberufung und die Bestellung des neuen Geschäftsführers sollen erst aufschiebend bedingt mit der Eintragung wirksam werden. Dies muss in dem Änderungsbeschluss dann auch entsprechend erklärt werden. 179

5. Anmeldung der Änderung von Firma und Gegenstand: Bei der Änderung von Firma und/oder Gegenstand genügt es nicht, lediglich ganz allgemein in der Anmeldung zu formulieren, der Gesellschaftsvertrag sei geändert, und hierzu auf die beigefügte Änderungsurkunde zu verweisen. Auf die Änderung von gemäß § 10 GmbHG eintragungspflichtigen Tatsachen muss in der Änderungsanmeldung zumindest schlagwortartig hingewiesen werden (BGH, Beschl. vom 16.02.1987, II ZB 12/86, NJW 1987, 3191 = GmbHR 1987, 423) und es sollte auch der Paragraf bzw. die Ziffer des Gesellschaftsvertrags, welche(r) geändert wurde, angegeben werden. Der genaue Wortlaut der geänderten Satzungsbestimmung(en) muss und sollte nicht in die Anmeldung aufgenommen werden, um diese nicht aufzublähen. Dies gilt insbesondere für die Änderung des häufig längeren Unternehmensgegenstandes. Es genügt der Verweis auf die als Anlage beigefügte Änderungsurkunde. 180

181 **6. Anmeldung von Abberufung und Neubestellung des Geschäftsführers:** Anzumelden ist nicht nur die Bestellung des neuen, sondern auch die Abberufung des zuvor im Gründungsprotokoll bestellten Geschäftsführers, auch wenn eine Eintragung der Gesellschaft und ihres (ersten) Geschäftsführers noch nicht erfolgt ist (s. OLG Köln, Beschl. vom 03.06.2015, 2 Wx 117/15, GmbHR 2015, 1156 mit Anm. *Wösthoff*). Alternativ wäre auch eine (Teil-)Rücknahme der Erstanmeldung hinsichtlich der Bestellung des bisherigen Geschäftsführers möglich.

182 Die Anmeldung des neuen Geschäftsführers hat zu seiner Person die Angaben zu enthalten, welche das Gericht bei seiner Eintragung in das Register aufnehmen muss. Gemäß § 43 Nr. 4b) HRV sind dies Familienname, alle Vornamen, Geburtsdatum und Wohnort. Die vollständige Wohnanschrift des Geschäftsführers muss hier nicht angegeben werden, wohl aber im Beglaubigungsvermerk.

183 **7. Besondere (konkrete) Vertretungsbefugnis:** Das Musterprotokoll enthält keine allgemeine Vertretungsregelung bezüglich des Geschäftsführers. Bei der Regelung in Ziffer 4 handelt es sich nach ganz überwiegender Auffassung um einen unechten Satzungsbestandteil, mit dem nur für den Erstgeschäftsführer und – bei entsprechender Änderung des Musterprotokolls in Ziffer 4 und ausdrücklicher Aufnahme eines Folgegeschäftsführers in den Text des Musterprotokolls anstelle des Erstgeschäftsführers – auch für diesen die Befreiung von den Beschränkungen des § 181 BGB bestimmt wird. Diese besondere – nur für den in Ziffer 4 namentlich genannten Geschäftsführer geltende – Befreiung ist anzumelden und von dem Registergericht als *besondere* Vertretungsregelung in Spalte 4 Unterspalte b) des Registerblatts einzutragen.

184 In das vorstehende Anmeldungsmuster ist darüber hinaus auch noch die Angabe aufgenommen worden, dass der zum neuen Geschäftsführer bestellte A die Gesellschaft allein vertritt, solange er alleiniger Geschäftsführer ist, und bei weiter bestellten Geschäftsführern die Gesellschaft gemeinsam mit diesen vertritt. Diese Angabe ist zwar nicht zwingend notwendig, da es sich hierbei nur um die Wiedergabe der gesetzlichen Vertretungsregelung gemäß § 35 Abs. 2 S. 1 GmbHG handelt. Nach Auffassung des Autors schadet es indessen nicht, neben der Befreiung des Geschäftsführers von den Beschränkungen des § 181 BGB, welche als besondere Vertretungsregelung auf jeden Fall anzumelden ist, auch die Regelung zu seiner konkreten, sich aus dem Gesetz ergebenden Vertretungsbefugnis in die Anmeldung aufzunehmen. Der Geschäftsführer, der häufig nicht die Bestimmung des § 35 GmbHG kennt, wird hierdurch schon jetzt deutlich darauf hingewiesen, dass seine Einzelvertretungsbefugnis endet, sobald ein weiterer Geschäftsführer bestellt ist.

185 **8. Anmeldung der Änderung von Ziffer 4:** Da es sich bei der Regelung in Ziffer 4 des Musterprotokolls nach ganz überwiegender Meinung um einen – wenn auch unechten – Satzungsbestandteil handelt, ist nicht nur der Gesellschafterwechsel anzumelden, sondern auch die mit dem Austausch des Geschäftsführers zugleich beschlossene Änderung dieser Ziffer des Gesellschaftsvertrags.

186 **9. Eignungsversicherung:** Ein neu bestellter Geschäftsführer muss weiter – gleich ob seine Bestellung vor oder nach Eintragung der Gesellschaft erfolgt – in der Anmeldung versichern, dass in seiner Person keine Umstände vorliegen, die seiner Bestellung nach § 6 Abs. 2 S. 2 Nr. 2 und 3 sowie S. 3 GmbHG entgegenstehen, und dass er über seine unbeschränkte Auskunftspflicht gegenüber dem Gericht belehrt worden ist. Die Pflicht zur Abgabe der Versicherung ergibt sich, soweit die Gesellschaft bereits zuvor ordnungsgemäß zur Eintragung angemeldet wurde, nicht aus § 8 Abs. 3, sondern aus § 39 Abs. 3 GmbHG. Diese Vorschrift findet auch bereits dann Anwendung, wenn – wie vorliegend – die Gesellschaft noch nicht eingetragen ist.

187 In das vorstehende Muster ist hinsichtlich der strafrechtlichen Hinderungsgründe die nach der Rspr. des BGH zulässige pauschale Verneinung jeglicher strafrechtlichen Verurteilung aufgenommen. Für eine ausführliche Versicherung, in der die in § 6 Abs. 2 Nr. 3 GmbHG genannten Straftaten im Einzelnen aufgeführt sind, wird auf den Wortlaut der in dem Muster B 4 dargestellten »Alternative zu der Versicherung zu b)« verwiesen (s. Muster B 4 Rdn. B 111).

Wegen des Inhalts der Eignungsversicherung siehe im Einzelnen die Anm. 13 zu dem Muster B 4 (Rdn. B 135 ff.). 188

10. Versicherung zur Belehrung über die unbeschränkte Auskunftspflicht: Siehe hierzu oben Anm. 14 zu Muster B 4, Rdn. B 143 f. 189

11. Einzahlungsversicherung gemäß § 8 Abs. 2 GmbHG: Ein nach Einreichung der Erstanmeldung, aber vor Eintragung der Gesellschaft, bestellter Geschäftsführer braucht grundsätzlich nicht die von dem Erstgeschäftsführer abgegebene Einzahlungsversicherung zu wiederholen (Roth/Altmeppen/*Roth* § 8 Rn. 19, Baumbach/Hueck/*Fastrich* § 8 Rn. 11; Scholz/*Veil* § 8 Nr. 25; a.A. Rowedder/Schmidt-Leithoff/*Schmidt-Leithoff* § 8 Rn. 19). Dies gilt grundsätzlich auch dann, wenn, wie vorliegend, die Geschäftsführung vollständig ausgewechselt wird und ein neu bestellter Geschäftsführer an die Stelle des abberufenen Erstgeschäftsführers tritt (Lutter/Hommelhoff/*Bayer* § 8 Rn. 10). Anders ist die Situation allerdings dann, wenn die Erstanmeldung unvollständig war oder wenn – wie vorliegend – aufgrund Unzulässigkeit der Firma wegen der Verwechslungsgefahr mit der Firma einer bereits eingetragenen Gesellschaft oder aufgrund anderer Beanstandungen des Registergerichts die Eintragung der Gesellschaft auf der Grundlage der Erstanmeldung nicht erfolgen konnte, vielmehr eine Nachtragsurkunde und eine Ergänzungsanmeldung erforderlich geworden sind. In diesen Fällen ist der Anmeldevorgang mit der Erstanmeldung noch nicht abgeschlossen. Erst zusammen mit der Ergänzungsanmeldung liegt dann eine (vollständige) eintragungsfähige Anmeldung der Gesellschaft i.S.v. § 8 Abs. 2 GmbHG vor, sodass – wie vorliegend in diesem Fall – ein nachträglich bestellter Geschäftsführer ebenfalls die Einzahlungsversicherung zu erklären hat (vgl. KG Berlin, Beschl. vom 30.11.1971, 1 W 1188/71, NJW 1972, 951; Roth/Altmeppen/*Roth* § 8 Rn. 19; Lutter/Hommelhoff/*Bayer* § 8 Rn. 10, Scholz/*Veil* § 8 Nr. 25). Gleiches gilt, wenn zwischen der eingereichten ersten Anmeldung und der Einreichung der Änderungsanmeldung ein unverhältnismäßig langer Zeitraum verstrichen ist, ohne dass die Eintragung der Gesellschaft erfolgte, weil z.B. der angeforderte Kostenvorschuss nicht alsbald gezahlt wurde. In diesem Fall wird eine erneute Einzahlungsversicherung (sogenannte »Nachversicherung«) erforderlich, in der der neue Geschäftsführer versichern muss, dass das Stammkapital in der versicherten Höhe noch immer vorhanden ist. 190

Entsprechend muss vorliegend der anstelle des abberufenen Herrn D zum neuen Geschäftsführer bestellte Herr A gemäß § 8 Abs. 2 GmbHG versichern, dass die Einlagen auf die von den Gründungsgesellschaftern übernommenen Geschäftsanteile vollständig bewirkt sind, sich die eingezahlten Beträge weiterhin in der freien Verfügung der Geschäftsführung befinden und dass das Stammkapital der Gesellschaft mit Ausnahme der Gründungskosten in der in dem Gesellschaftsvertrag festgesetzten Höhe nicht mit Verbindlichkeiten vorbelastet ist bzw. eine entsprechende Wertdeckung vorhanden ist. 191

Wegen der Einzelheiten zur Einzahlungsversicherung wird auf die Anm. 9 bis 12 zu dem Muster B 4, Rdn. B 127 bis 134) verwiesen. 192

12. Vollmacht: Siehe hierzu Muster B 4, Anmerkung 15, Rdn. B 145 f. 193

13. Anlagen: Bei der Einreichung bei dem Registergericht sind der Anmeldung das Nachtragsprotokoll sowie der aktuelle Wortlaut des Gesellschaftsvertrags mit notarieller Bescheinigung entsprechend § 54 Abs. 1 S. 2 GmbHG (s. hierzu das nachfolgende Muster B 7, Rdn. B 198) beizufügen. 194

14. Kosten: Für die Anmeldung fallen vorliegend Notargebühren von insgesamt netto 48,80 € zuzüglich Nebenkosten an. 195

Der Geschäftswert für jeden Gegenstand der Anmeldung beträgt 12,00 € (1 % des Stammkapitals von vorliegend 1.200,00 € gemäß § 105 Abs. 4 Nr. 1 GNotKG. Der Mindestwert von 30.000,00 € gemäß dieser Bestimmung von findet keine Anwendung, wenn – wie vorliegend – die Änderungsanmeldung gemäß § 105 Abs. 6 S. 1 Nr. 2 GNotKG kostenprivilegiert ist. Die Anmeldung der Firmen- sowie der Gegenstandsänderung nebst zugehöriger Satzungsänderung bilden einen Verfahrensgegenstand i.S.v. § 93 GNotKG. Die Abberufung des Geschäftsführers D und die Bestellung von Herrn A zum neuen Geschäftsführer sind jeweils gesonderte Gegenstände, deren Werte nach § 35 Abs. 1 GNotKG zu addieren sind, sodass sich für den Entwurf der Anmeldung der Gesamtgeschäftswert von 3 × 12,00 € = 36,00 € ergibt. Bei einer 0,5-Entwurfsgebühr errechnet sich so der Betrag von 18,00 €, welcher unter der Mindestentwurfsgebühr von 30,00 € liegt. Diese Mindestgebühr ist vorliegend für die Erstellung der Anmeldung in die Notarkostenrechnung einzustellen. Für die Beglaubigung der Unterschrift des neuen Geschäftsführers A fällt neben der Entwurfsgebühr keine Gebühr an, wenn die Unterschriftsbeglaubigung »demnächst« erfolgt (Vorbemerkung Nr. 2.4.1. Nr. 2 KV-GNotKG). Hinzu kommt für die elektronische Einreichung der Anmeldung und Erstellung der XML-Strukturdaten nach § 112 GNotKG die 0,3-Vollzugsgebühr gemäß GV NR. 22114 zu dem Gesamtgeschäftswert von 36,00 € = 10,80 €, wodurch sich die o.g. Gesamtnotarkosten von netto 48,80 € ergeben. Daneben fallen noch die üblichen Kosten für Auslagen bzw. Pauschalen (Papier- und Telekommunikationspauschalen nach den Nr. 32000 ff. KV-GNotKG) sowie die Mehrwertsteuer an.

196 Wird der Anmeldung eine Übersetzung beigefügt, so fällt, soweit der Notar die Übersetzung selbst erstellt hat und nicht einen Übersetzer hinzugezogen hat, weiter noch eine Zusatzgebühr gemäß KV-NR. 26001 in Höhe von 30 % der vorliegend zu erhebenden Geschäftsgebühr an.

7. Gesellschaftsvertrag der mit Musterprotokoll gegründeten Gesellschaft nach Änderung mit Notarbescheinigung

Vorbemerkung

197 Der Anmeldung der Änderung des Gesellschaftsvertrags einer im vereinfachten Verfahren unter Verwendung des Musterprotokolls gegründeten Gesellschaft ist der neue vollständige Wortlaut des Gesellschaftsvertrags beizufügen; bei Änderung *vor* Eintragung der Gesellschaft in *entsprechender* Anwendung von § 54 Abs. 1 S. 2 GmbHG. Das nachstehende Muster knüpft an die vereinfachte Gründung der Gesellschaft gemäß dem Muster B 3 sowie der Änderung des Gesellschaftsvertrags gemäß dem Muster B 5 an.

Muster

198 **Gesellschaftsvertrag [1, 2]**

der

ABC __________ UG (haftungsbeschränkt)

mit Sitz in __________.

1. **Die nach § 2 Abs. 1a GmbHG errichtete GmbH führt die Firma ABC __________ UG (haftungsbeschränkt). Sie hat ihren Sitz in __________.**
2. **Gegenstand des Unternehmens ist __________ sowie der Handel mit __________.**
3. **Das Stammkapital der Gesellschaft beträgt 1.200,00 € (i.W. eintausendzweihundert Euro)**

   und wird wie folgt übernommen:

   Herr A übernimmt einen Geschäftsanteil mit einem Nennbetrag in Höhe von 600,00 € (i.W. sechshundert Euro) (Geschäftsanteil Nr. 1),

die B-GmbH übernimmt einen Geschäftsanteil mit einem Nennbetrag in Höhe von 200,00 € (i.W. zweihundert Euro) (Geschäftsanteil Nr. 2)

Frau C übernimmt einen Geschäftsanteil mit einem Nennbetrag in Höhe von 400,00 € (i.W. vierhundert Euro) (Geschäftsanteil Nr. 3).

Die Einlagen sind in Geld zu erbringen, und zwar sofort in voller Höhe.

4. **Zum Geschäftsführer der Gesellschaft wird**

   Herr A,

   geboren am ___________,

   wohnhaft in ___________,

   bestellt.

   Der Geschäftsführer ist von den Beschränkungen des § 181 Bürgerlichen Gesetzbuchs befreit.

5. **Die Gesellschaft trägt die mit der Gründung verbundenen Kosten bis zu einem Gesamtbetrag von 300 €, höchstens jedoch bis zum Betrag ihres Stammkapitals. Darüber hinausgehende Kosten tragen die Gesellschafter im Verhältnis der Nennbeträge ihrer Geschäftsanteile.**

Notarielle Bescheinigung gemäß § 54 Abs. 1 S. 2 GmbHG

Zu dem vorstehenden Text des Gesellschaftsvertrages der unter Verwendung des Musterprotokolls errichteten Gesellschaft bescheinige ich, der unterzeichnende Notar ___________ mit Amtssitz in ___________ [3], dass die geänderten Bestimmungen mit den Beschluss der Gesellschafterversammlung vom ___________ über die Änderung des Gesellschaftsvertrags gemäß der von mir aufgenommen notariellen Niederschrift zu UR-Nr. ___________ und die unveränderten Bestimmungen des Gesellschaftsvertrags mit dem nach Gründung der Gesellschaft zum Handelsregister eingereichten Wortlaut des Gründungsprotokolls (Musterprotokolls) – meine UR-Nr. ___________ vom ___________ übereinstimmen. [4]

___________, den ___________

[Unterschrift des Notars]___________ und Siegel [5]

Template

Articles of Association 199

of

ABC ___________ UG (haftungsbeschränkt)

with registered office in ___________

1. **The business name of the company, established as an entrepreneurial company with limited liability in accordance with Sec. 2 para. 1a GmbHG (German Limited Liability Companies Act), is**

   ABC ___________ UG (haftungsbeschränkt).

   The registered office of the company is [place]

2. **Object of the Company is ___________ and trading with ___________.**

3. **The nominal share capital of the Company amounts to € 1.200,00 (in words: one thousand two hundred euros) and is being subscribed to as follows:**

Mr. A subscribes to one share with the nominal value of € 600,00 (in words: six hundred euros) (share no. 1),

B-GmbH subscribes to one share with the nominal value of € 200,00 (in words: two hundred euros) (share no. 2),

Ms. C subscribes to one share with the nominal value of € 400,00 (in words: four hundred euros) (share no. 3).

The capital contribution shall be rendered immediately and in the full amount.

4. **Managing director of the company shall be**

   Mr. A,

   born on ___[date]___,

   residing in ___[city]___.

   The managing director shall be exempt from the restrictions of Sec. 181 BGB (German Civil Code).

5. **The Company shall reimburse the costs associated with the formation up to the total amount of € 300, but not exceeding the amount of the share capital. Any additional costs shall be borne by the shareholders.**

Notary certification according Sec. 54 para 1 sent. 2 GmbHG

With regard to the above text of the Company's articles of association having been established by using the standard protocol, the signing notary ___[name]___ with official seat in ___[place]___ certifies that the amended provisions of the articles comply with the negotiation to my notarial record UR number ___________ and that the unchanged provisions of the articles of association correspond to the wording of the articles submitted to the commercial register after foundation of the company according to my deed UR number ___________ of ___[date]___.

___[signature of notary]___

Notary seal

Erläuterungen

Literatur: *Deutsches Notarinstitut,* DNotI-Report 2010, 217; *Heidinger/Blath,* Das Musterprotokoll, ZNotP 2010, 376, 386; *Herrler/König,* Aktuelle Praxisfragen zur GmbH-Gründung im vereinfachten Verfahren, DStR 2010, 2138.

200 **1.** Wird der Gesellschaftsvertrag in einzelnen Punkten geändert, ist der Anmeldung der vollständige Text des geänderten Gesellschaftsvertrags mit einer Notarbescheinigung beizufügen. Dies gilt nicht nur für die Änderung des Gesellschaftsvertrags nach Eintragung der Gesellschaft, sondern in entsprechender Anwendung von § 54 Abs. 1 S. 2 GmbHG auch für Änderungen, welche vor der Eintragung erfolgen und zum Handelsregister angemeldet werden (OLG Zweibrücken, Beschl. vom 12.09.2000 – 3 W 178/00, GmbHR 2000, 1204 = DNotZ 2001, 411; Lutter/Hommelhoff/*Bayer* § 2 Rn. 33, *Krafka/Kühn* Rn. 973). Mit dieser Bestimmung ist bezweckt, dass von jedem Interessenten, der das Handelsregister zu der betreffenden Gesellschaft einsieht, der aktuelle Gesellschaftsvertrag in einem einzigen Dokument eingesehen und abgerufen werden kann und er nicht durch Einsicht in das Gründungsprotokoll und ggf. mehrere Änderungsbeschlüsse mühsam ermitteln muss, ob und inwieweit die einzelnen Bestimmungen des ursprünglichen Gesellschaftsvertrags geändert worden sind.

2. Wie im Einzelnen bei Änderung des Musterprotokolls die Satzungsbescheinigung auszugestalten ist, insbesondere, welche einzelnen Teile des Gründungsprotokolls unter Berücksichtigung der Änderung zum neuen vollständigen Wortlaut des geänderten Musterprotokolls gehören, ist umstritten und richterlich noch nicht geklärt. Unstreitig ist, dass die im Urkundeneingang des Gründungsprotokolls aufgenommenen Angaben zu den bei der Beurkundung erschienenen Personen nicht Teil des Gesellschaftsvertrags sind. Diese Angaben gehören damit nicht in die Satzungsbescheinigung. Bezüglich der Ziffern 6 und 7 des Musterprotokolls sind dagegen die Ansichten geteilt. Nach zum Teil vertretener Auffassung muss – unter Berücksichtigung der Änderung – in der Satzungsbescheinigung der gesamte Text des Gründungsprotokolls einschließlich der Ziffern 6 und 7 wiederholt werden. Etwas anderes soll nur dann gelten, wenn in der Änderungsurkunde ausdrücklich festgestellt wird, dass als Gesellschaftsvertrag nur noch die Ziffern 1 bis 5 des Musterprotokolls gelten sollen (*Krafka*, NotBZ 2010, 110, 111) oder die Ziffern 6 und 7 des Musterprotokolls in der Änderungsurkunde (ausdrücklich) aufgehoben werden (*Melchior*, notar, 2010, 305, 307). Nach der Gegenansicht hat der bescheinigte Satzungstext nur die Ziffern 1 bis 5 zu enthalten (so insbes. *Herrler/König*, DStR 2010, 2138, 2143 f.; *Heidinger/Blath*, ZNotP 2010, 376, 386 sowie Gutachten des *Deutschen Notarinstituts*, DNotI-Report 2010, 217, 218; ferner OLG München, Beschl. vom 23.10.2014, 31 Wx 415/14, BeckRS 2015, 98522). Dieser Auffassung ist zuzustimmen. Denn zum »Wortlaut des Gesellschaftsvertrags« i.S.v. § 54 Abs. 1 S. 2 GmbHG gehören richtigerweise nur die Teile des Musterprotokolls, welche die statuarischen Bestimmungen für die im vereinfachten Verfahren errichtete Gesellschaft enthalten. Dies sind nur die Ziffern 1 bis 5 des Musterprotokolls. Bei den Ziffern 6 und 7 handelt es sich weder um echte noch um unechte Satzungsbestandteile. Sie enthalten lediglich abwicklungstechnische Regelungen für das Gründungsprotokoll. 201

Ausführlich zu der Frage der Abfassung des Textes der Satzungsbescheinigung einer im vereinfachten Verfahren gegründeten und eingetragenen Gesellschaft bei Sitzverlegung siehe jetzt auch OLG Karlsruhe, Beschl. vom 30.08.2017, 11 W 73/17, GmbHR 2018, 642–644 = ZNotP 2017, 443–445 mit Anm. *Wegener*. Danach schadet es nicht, wenn die Ziffern 6 und 7 in die Satzungsbescheinigung aufgenommen sind, solange wie diese Regelungen nicht ausdrücklich aufgehoben oder abgeändert sind. 202

Das vorstehende Muster enthält daher nur die Ziffern 1 bis 5 des geänderten Musterprotokolls. Soweit die Praxis des zuständigen Registergerichts hierzu nicht bekannt ist, empfiehlt sich, angesichts der unterschiedlichen Auffassungen zur Ausgestaltung der Satzungsbescheinigung zur Vermeidung von Zwischenverfügungen bei dem für die Eintragung zuständigen Richter oder Rechtspfleger anzurufen und zu erfragen, wie die Satzungsbescheinigung im konkreten Fall im Einzelnen gefasst sein soll. 203

3. Der Wortlaut der notariellen Bescheinigung ist angelehnt an den gesetzlichen Wortlaut des § 54 Abs. 1 S. 2 GmbHG. Eigenschöpfungen oder größere Abweichungen von der gesetzlichen Vorgabe sind für die Fassung der Bescheinigung nicht zu empfehlen. Bei ihnen besteht stets das Risiko, dass das Registergericht die Bescheinigung beanstandet. 204

4. Aus der Bescheinigung sollten der vollständige Name des Notars und zu seiner näheren Identifizierung auch sein Amtssitz hervorgehen. 205

5. Die Bescheinigung ist gemäß § 39 BeurkG von dem Notar unter Beifügung seines Präge- oder Farbsiegels zu unterzeichnen und es müssen Ort und Datum der Ausstellung der Bescheinigung angegeben sein. Für die Einreichung bei dem Registergericht ist die Bescheinigung in elektronischer Form zu erstellen. Dazu muss das Dokument gemäß § 39a BeurkG mit einer qualifizierten elektronischen Signatur des Notars versehen werden. 206

6. Für die Erstellung des aktuellen Wortlauts des Gesellschaftsvertrags mit der Bescheinigung nach § 54 Abs. 1 S. 2 GmbHG und die Einreichung zum Handelsregister fallen keine zusätzlichen Notarkosten an, wenn der Notar die Änderung des Gesellschaftsvertrags beurkundet hat. Die Fertigung der sog. »bescheinigten Satzung« ist nach der Vorbemerkung KV-Nr. 2.1.1 Abs. 1 Nr. 4 GNotKG gebührenfreies Nebengeschäft zu der Änderungsbeurkundung (Korintenberg/*Tiedtke*, GNotKG, 19. Aufl. Vorbem. 2.1.1. Rn. 15 f.). 207

8. Gesellschafterwechsel bei einer im vereinfachten Verfahren gegründeten UG vor Eintragung (sog. Umgründung)

Vorbemerkung

208 Nicht selten ergibt sich schon kurzfristig nach der Gründung einer UG die Notwendigkeit, noch vor der Eintragung das Stammkapital zu erhöhen oder die Beteiligungsquoten zu ändern, weil z.B. einer der Gesellschafter die Einlage auf den von ihm übernommenen Geschäftsanteil nicht in der übernommenen Höhe erbringen kann. Ebenso kann die Situation eintreten, dass ein Gründungsgesellschafter sich nicht weiter an der Gesellschaft beteiligen will. Soweit das Stammkapital in diesem Fall nicht verringert werden soll, müssen die Anteile der verbliebenen Gesellschafter erhöht werden oder es muss an seiner Stelle ein neuer Gesellschafter treten, der seinen Anteil übernimmt.

Muster [1, 2]

209 **UR.-Nr. ____________/____________**

Verhandelt in ____________

am ____________

Vor mir, dem Notar/der Notarin ____________ [3]

mit dem Amtssitz in ____________

erschienen heute in meinen Amtsräumen in ____________

1. Herr A,

geboren am ____________,

wohnhaft ____________,

ausgewiesen durch ____________,

handelnd

zu a) im eigenen Namen,

zu b) seiner Erklärung nach in seiner Eigenschaft als einzelvertretungsberechtigter und von den Beschränkungen des § 181 BGB befreiter Geschäftsführer für die Gesellschaft mit beschränkter Haftung in Firma

B-GmbH mit dem Sitz in ____________,

Geschäftsanschrift: ____________,

eingetragen im Handelsregister des Amtsgerichts ____________ unter HRB ____________.

Hiermit bescheinige ich, der Notar/die Notarin, gemäß § 21 Abs. 1 Nr. 1 BNotO die vorgenannte Vertretungsberechtigung, und zwar aufgrund heutiger Einsicht/Einsicht am ____________ in das elektronische Handelsregister des Amtsgerichts ____________,

zu c) im Namen von Frau C [4], geboren am ____________, wohnhaft in ____________, aufgrund mündlich erteilter Vollmacht, mit dem Versprechen, eine notariell beglaubigte Vollmachtsbestätigung/Genehmigung der C nachzureichen. [5]

2. Herr D,

geboren am ____________,

wohnhaft ____________,

ausgewiesen durch ____________,

handelnd im eigenem Namen.

Die Erschienenen erklärten zu meinem Protokoll:

Präambel

Herr A, die B-GmbH sowie Frau C haben am ____________ zu Protokoll des amtierenden Notars/der amtierenden Notarin zu der UR-Nr. ____________ im vereinfachten Verfahren gemäß § 2 Abs. 1a GmbHG eine GmbH unter der Firma XYZ UG (haftungsbeschränkt) gegründet. Das Stammkapital der Gesellschaft beträgt € 1.200,00.

Gemäß Ziffer 3 des Gesellschaftsvertrags (Musterprotokoll) wurden die Geschäftsanteile hierbei wie folgt übernommen:

- **von Herrn A ein Geschäftsanteil im Nennbetrag in Höhe von € 600,00 (Geschäftsanteil Nr. 1),**
- **von der B-GmbH ein Geschäftsanteil im Nennbetrag in Höhe von € 200,00 (Geschäftsanteil Nr. 2),**
- **von Frau C ein Geschäftsanteil im Nennbetrag in Höhe von € 400,00 (Geschäftsanteil Nr. 3).**

Die Einlage von Frau C auf den Geschäftsanteil Nr. 3 wurde noch nicht erbracht. Die Gesellschaft wurde noch nicht zum Handelsregister angemeldet.

Die Beteiligten sind übereingekommen, dass Herr D anstelle von Frau C Gesellschafter der XYZ UG (haftungsbeschränkt) werden soll.

Dies vorausgeschickt, vereinbaren die Erschienenen für sich und die von Herrn A Vertretenen einstimmig, dass das Gründungsprotokoll wie folgt neugefasst wird: [6]

1. **Die Erschienenen und die von Herrn A vertretene B-GmbH errichten hiermit nach § 2 Abs. 1a GmbHG eine Gesellschaft mit beschränkter Haftung unter der**

   Firma XYZ UG (haftungsbeschränkt)

   mit dem Sitz in ____________.

2. **Gegenstand des Unternehmens ist ____________.**

3. **Das Stammkapital der Gesellschaft beträgt 1.200,00 € (i.W.: eintausendzweihundert Euro)**

   und wird wie folgt übernommen:

   Herr A übernimmt einen Geschäftsanteil mit einem Nennbetrag in Höhe von 600,00 € (i.W.: sechshundert Euro) (Geschäftsanteil Nr. 1),

   die B-GmbH übernimmt einen Geschäftsanteil mit einem Nennbetrag in Höhe von 200,00 € (i.W.: zweihundert Euro) (Geschäftsanteil Nr. 2),

   Herr D übernimmt einen Geschäftsanteil mit einem Nennbetrag in Höhe von 400,00 € (i.W.: vierhundert Euro) (Geschäftsanteil Nr. 3).

Die Einlagen sind in Geld zu erbringen, und zwar sofort in voller Höhe.

4. **Zum Geschäftsführer der Gesellschaft wird**

   Herr D ____________,

   geboren am ____________,

   wohnhaft in ____________,

   bestellt. Der Geschäftsführer ist von den Beschränkungen des § 181 Bürgerlichen Gesetzbuchs befreit.

5. **Die Gesellschaft trägt die mit der Gründung verbundenen Kosten bis zu einem Gesamtbetrag von 300 €, höchstens jedoch bis zum Betrag ihres Stammkapitals. Darüber hinausgehende Kosten tragen die Gesellschafter im Verhältnis der Nennbeträge ihrer Geschäftsanteile.**
6. **Von dieser Urkunde erhält eine Ausfertigung jeder Gesellschafter, beglaubigte Ablichtungen die Gesellschaft und das Registergericht (in elektronischer Form) sowie eine einfache Abschrift das Finanzamt – Körperschaftsstelle –.**
7. **Die Erschienenen wurden von dem Notar/der Notarin insbesondere auf das Folgende hingewiesen:**

   a) ____________ k)____________

   (hier folgen die Hinweise zu a) bis k) sowie der Urkundenabschluss gemäß dem Muster B 3 (Rdn. B 94).

Template

210 **Notarial deed number UR-Nr. ____________/____________**

Negotiated in [place]

on [date].

Before me, the notary [name],

with the registered office in [city]

today appeared in my notary's offices situated at [address]

1. **Mr. A,**

   born on [date],

   residing at [address],

   personally known to the notary/identified by valid German ID-card/passport no. ____________,

   acting

   to a) on his own behalf,

   to b) according to his declaration in his capacity as managing director with sole power of representation and exempted from the restrictions of Sec. 181 BGB (German Civil Code) on behalf of the limited liability company under the firm name of

   B-GmbH

   with registered office at [place],

   business address: ____________,

registered in the commercial register of the local court of ___________, division B,

number HRB ___________.

I, the notary, hereby confirm the aforementioned power of representation in accordance with Sec. 21 para 1 no. 1 BNotO, on the basis of today's inspection/inspection on [date] in the electronical commercial register of the local court of ___________, division B, number HRB ___________.

to c) on behalf of Ms C, born ___________, residing at [address],

on the basis of oral authorization, with the promise to submit a notarial certified power of attorney/confirmation of authorization subsequently.

2. Mr. D,

born on [date],

resident at [address],

personally known to the notary/identified by valid ___________ German ID card/passport no. ___________,

acting on his own behalf.

Preamble

The persons appeared requested the deed to be recorded in the German language. The English version is only a non-binding translation and is quoted for information purposes only.

The persons appeared – acting as stated above – declared to my record:

Mr. A, B-GmbH and Ms C, both represented by Mr. A, have established a limited liability company under the company's business XYZ UG (with limited liability) to the notary's deed UR-No. ___________/___________ in the simplified procedure pursuant Sec. 2 para 1a GmbHG. The share capital of the company amounts to € 1.200,00

In accordance with clause 3 of the articles of association (model protocol), the shares were subscribed as follows:

- **by Mr. A one share in the nominal amount of € 600,00 (share no. 1),**
- **from B-GmbH one share in the nominal amount of € 200,00 (share no. 2),**
- **by Ms C a share one the nominal amount of € 400,00 (share no. 3).**

Ms C has not yet paid in the contribution for her share. The company has not yet been applied for entry in the commercial register.

The parties have agreed that Mr. D shall become a shareholder of XYZ UG (haftungsbeschränkt) instead of Ms C.

Based on the foregoing, the persons appearing and the persons represented by Mr. A unanimously agree that the memorandum of association of the company shall be reworded as follows:

1. We, B-GmbH, represented by Mr. A, establish a limited liability company in accordance with Sec. 2 para. 1a GmbHG (German Limited Liability Companies Act) under the company name

XYZ ___________ UG (haftungsbeschränkt) (the »Company«)

with registered office in [place].

2. **Object of the Company is ___________.**
3. **The nominal share capital of the Company amounts to € 1.200,00 (in words: one thousand two hundred euros) and is being subscribed to as follows:**

   Mr. A subscribes to one share with the nominal value of € 600,00 (in words: six hundred euros) (share no. 1),

   B-GmbH subscribes to one share with the nominal value of € 200,00 (in words: two hundred euros) (share no. 2),

   Mr. D subscribes to one share with the nominal value of € 400,00 (in words: four hundred euros) (share no. 3).

   The capital contributions shall be paid immediately and in full.
4. **Managing director of the company shall be**

   Mr. D,

   born on [date],

   residing in [city].

   The managing director shall be exempt from the restrictions of Sec. 181 BGB (German Civil Code).
5. **The Company shall reimburse the costs associated with the formation up to the total amount of € 300, but not exceeding the amount of the share capital. Any additional costs shall be borne by the shareholders.**
6. **The shareholder shall receive an authentic copy of this document, the company shall receive a certified copy and the court of registration as well (in electronic form); the tax office for corporations shall receive a simple copy.**
7. **The notary advised the person appearing in particular as follows:**

____

(this is followed by the instructions regarding a) to k) and the conclusion of the deed in accordance with the model form B 3 (Rdn. B 87)).

Erläuterungen

Literatur: *Fröhlich/Primaczenko*, Veräußerung und Belastung künftiger GmbH-Geschäftsanteile, NZG 2016, 133–136; *Lohr*, Gesellschafterwechsel und -beitritt in der Vor-GmbH, Gestaltungshinweise bezüglich der Änderung der Gründungsdokumente, GmbH-StB 2013, 91–92; *Karsten Schmidt*, Zur Übertragung von Vor-Gesellschaftsanteilen, GmbHR 1997, 869 ff.; weiter s. die Literaturnachweise zu Muster B 5 (vor Rdn. B 153), insbesondere Heckschen/*Heidinger/Knauer*, Kap. 2, Rn. 233 ff.; *Seebach*, Die Unternehmergesellschaft (haftungsbeschränkt) in der notariellen Praxis, RNotZ 2013, 261, 279 f. sowie Scholz/*Wicke*, § 2 Rn. 148 ff.

211 **1. Sachverhalt:** Das vorstehende Muster knüpft an die gemäß Muster B 3 im vereinfachten Verfahren gegründete UG an. Frau C will sich nicht weiter an der Gesellschaft beteiligen. An ihre Stelle soll mit sofortiger Wirkung der im Gründungsprotokoll bereits zum Geschäftsführer bestellte Herr D treten und den bei der Gründung von ihr übernommenen Geschäftsanteil in Höhe von 400,00 € übernehmen.

2. Allgemeines: Nach der Rspr. kann ein Geschäftsanteil einer GmbH vor der Eintragung nicht im Wege der Abtretung nach § 15 GmbHG übertragen werden, da die Geschäftsanteile bei der GmbH erst mit der Eintragung entstehen (BGH, Urt. vom 16.02.1959, II ZR 170/57, BGHZ 29, 300). Für den Wechsel im Mitgliederbestand der Vorgesellschaft ist daher eine notariell zu beurkundende Vereinbarung und Änderung des Gesellschaftsvertrags erforderlich, an der sämtliche bisherigen Gesellschafter sowie der neue Gesellschafter mitwirken müssen. In der Registerpraxis wird dieser Vorgang z.T. prägend auch als »Umgründung« bezeichnet. 212

Auch wenn aufgrund des durch das MoMiG veränderten Wortlauts in § 3 Abs. 1 Nr. 4 GmbHG in der Literatur vermehrt der zuvor insbes. von *Karsten Schmidt* (GmbHR 1997, 869 ff.) vertretenen Auffassung gefolgt wird, nach der die Geschäftsanteile bereits vor Eintragung mit Abschluss des Gesellschaftsvertrages entstehen (so z.B. MüKoGmbHG/*Reichert/Weller* § 11 Rn. 44; MünchHdbGesR III/*Heinrich* § 5 Rn. 51) und deshalb auch schon vor der Eintragung eine Abtretung möglich sein soll ist, ist nach überwiegender Ansicht daran festzuhalten, dass für einen Gesellschafterwechsel vor Eintragung weiterhin eine Änderung des Gesellschaftsvertrags erforderlich ist, an der wie bei einer sonstigen Änderung, wie z.B. der Firmenänderung (s. hierzu oben Muster B 5, Rdn. B 151 ff.), alle Gesellschafter mitwirken und auch alle der Änderung zustimmen müssen (Baumbach/Hueck/*Fastrich* § 11 Rn. 8; Lutter/Hommelhoff/*Bayer* § 15 Rn. 6 sowie ausführlich § 11 Rn. 11a ff.; ferner Roth/Altmeppen/*Altmeppen* § 14 Rn. 8 sowie zuletzt OLG Thüringen, Urt. vom 05.12.2012, 2 U 557/12, GmbHR 2013, 145). Zu der Frage der Haftung des ausscheidenden sowie des neu eintretenden Gesellschafters für etwaige bereits vor dem Gesellschafterwechsel in der Vorgesellschaft entstandene Verbindlichkeiten s. im Einzelnen Heckschen/*Heidinger* Kap. 3 Rn. 97 ff. 213

Wenn anders, als vorliegend von den Beteiligten gewünscht, der Gesellschafterwechsel nicht sofort wirksam werden soll, wäre alternativ denkbar, im Wege eines Verfügungsgeschäfts, an dem nur der bisherige und der neue Gesellschafter teilnehmen müssten, eine Übertragung des (zukünftigen) Geschäftsanteils gemäß § 15 GmbHG im Wege der Abtretung aufschiebend bedingt auf die Eintragung der Gesellschaft zu vereinbaren (BGH, Urt. vom 13.12.2004, II ZR 409/02, GmbHR 2005, 354 = NZG 2005, 354; s.a. *Fröhlich/Primaczenko*, Veräußerung und Belastung künftiger GmbH-Geschäftsanteile, NZG 2016, 133–136). 214

3. Notarielle Beurkundung erforderlich: Auf vor Eintragung der Gesellschaft vorgenommene Änderungen sowie eine etwaige Neufassung des Gesellschaftsvertrags findet § 2 Abs. 1 GmbHG Anwendung. Die Änderung bedarf somit der notariellen Beurkundung. Dies gilt nicht nur für die im Normalverfahren mit individueller Satzung gegründete Gesellschaft, sondern ebenso für eine im vereinfachten Verfahren unter Verwendung des Musterprotokolls gemäß § 2 Abs. 1a GmbHG gegründete GmbH oder – wie hier – UG. 215

4. Beteiligung auch des ausscheidenden Gesellschafters: An der Änderung des Gesellschaftsvertrages müssen sämtliche Gesellschafter mitwirken, bei einem Gesellschafterwechsel im Gründungsstadium somit insbesondere auch der ausscheidende Gesellschafter. 216

5. Vertretung des ausscheidenden Gesellschafters: Wie bei der Gründung ist auch bei der Unterzeichnung des Änderungsprotokolls in entsprechender Anwendung von § 2 Abs. 2 GmbHG eine Stellvertretung durch Bevollmächtigte zulässig. Hierbei ist das Formerfordernis des § 2 Abs. 2 GmbHG zu beachten, nach der die Vollmacht formbedürftig ist und damit zumindest notariell beglaubigt sein muss. Bei vollmachtloser Stellvertretung oder wenn im Zeitpunkt der Beurkundung lediglich eine mündliche oder (formlos) schriftlich erteilte Vollmacht vorliegt, bedarf die Genehmigung/Vollmachtsbestätigung des Vertretenen ebenfalls der Form des § 2 Abs. 2 GmbHG. 217

6. Neufassung des Gründungsprotokolls unter Verwendung des Musterprotokolls: 218
Anstelle der punktuellen Änderung von lediglich Ziff. 3 des Musterprotokolls sowie einer Anpassung von Ziff. 1, wie in dem Muster B 5 vorgeschlagen, kommt, solange die Eintragung der im vereinfachten Verfahren gegründeten Gesellschaft noch nicht erfolgt ist, auch eine (vollständige) Neufassung des Gründungsprotokolls in Betracht. Bei der Neufassung handelt es sich, solange die

Gesellschaft noch nicht eingetragen und die Gründungsphase damit noch nicht abgeschlossen ist, noch um eine zulässige Verwendung des Musterprotokolls »für die Gründung« i.S.v. § 2 Abs. 1a GmbHG (Bork/*Schäfer*, § 2 Rn. 95). Soweit bei der Neufassung – *Wicke* verwendet hierfür den Begriff der »Neuausfertigung« (s. Scholz/*Wicke* § 2 Rn. 146) – keine unzulässigen Abweichungen oder Änderungen von den Vorgaben der Musterprotokolle beschlossen werden, gilt die kostenrechtliche Privilegierung gemäß den §§ 107 Abs. 1 S. 2, 105 Abs. 6 GNotKG auch für diese Beurkundung.

219 Das Musterprotokoll gilt gemäß § 2 Abs. 1a S. 4 GmbHG zugleich als Gesellschaftsvertrag und als Gesellschafterliste, sodass zumindest dann, wenn das ursprüngliche Gründungsprotokoll noch nicht dem Handelsregister übersandt und eine Anmeldung der Gründung noch nicht erfolgt ist, die Einreichung des Änderungsprotokolls mit der Neufassung/Neuausfertigung des (abgeänderten) Gründungsprotokoll mit dem Text des Musterprotokolls genügt. Eine von dem anmeldenden Geschäftsführer unterzeichnete Gesellschafterliste i.S.v. § 8 Abs. 1 Nr. 3 GmbHG muss der Anmeldung in diesem Fall nicht beigefügt werden. Das neue Gründungsprotokoll gilt dann zugleich als Liste der Gesellschafter. Anders dagegen, wenn das ursprüngliche Gründungsprotokoll nur punktuell in der Ziff. 3 geändert wird.

220 Gleiches gilt nach Auffassung des Autors in entsprechender Anwendung des § 2 Abs. 1a S. 4 GmbHG aber auch für den Fall, dass das ursprüngliche Gründungsprotokoll zusammen mit der zugehörigen Anmeldung bereits zuvor bei dem Handelsregister eingereicht worden war. Auch hier reicht – neben der erforderlichen Änderungsanmeldung, die bei einer Änderung des Stammkapitals, der Beteiligungsquoten oder – wie vorliegend – bei einem Wechsel im Gesellschafterbestand auch eine neue Einzahlungsversicherung enthalten muss – die Einreichung des Änderungsprotokolls im Falle der vollständigen Neufassung des Gründungsprotokolls entsprechend den Vorgaben des Musterprotokolls aus. Das neue Gründungsprotokoll fungiert dann in entsprechender Anwendung von § 2 Abs. 1a S. 4 GmbHG zugleich als (neue) Gesellschafterliste.

221 Diese Auffassung soll allerdings nicht von allen Registergerichten geteilt werden. Wird eine entsprechende Anwendung von § 2 Abs. 1a S. 4 GmbHG nicht für möglich erachtet, so muss der Änderungsanmeldung eine von dem Geschäftsführer unterschriebene Liste der Gesellschafter gemäß § 8 Abs. 1 Nr. 3 GmbHG beigefügt werden, welche die erforderlichen Angaben gemäß § 40 GmbHG i.V.m. den §§ 1–4 GesLV enthält. Ferner ist dann in analoger Anwendung von § 54 Abs. 1 S. 2 GmbHG der mit Notarbescheinigung versehene Wortlaut des (insgesamt neugefassten) Gesellschaftsvertrags (s. hierzu Muster B 7 Rdn. B 198) zusammen mit der Anmeldung einzureichen.

222 **7. Kosten:** Für die Beurkundung der Umgründung fällt vorliegend die Mindestgebühr von 120,00 € gemäß KV-Nr. 21100 GNotKG an. Wird – wie vorliegend – hierbei eine Neufassung des Gründungsprotokolls insgesamt beurkundet, sind nicht nur die etwaige Änderung von Firma und Gegenstand derselbe Beurkundungsgegenstand (s. § 109 Abs. 2 Nr. 4 lit. c GNotKG). Vielmehr bilden auch Änderungen im Kreis der Gesellschafter sowie ein etwaiger Geschäftsführerwechsel einen einheitlichen Beurkundungsvorgang, für den, soweit die mit der Neuausfertigung verbundenen Änderungen sich im Rahmen der Vorgaben des Musterprotokolls halten, nach § 108 Abs. 1 S. 1 in Verbindung mit § 105 Abs. 6 S. 1 Nr. 2 GNotKG der Mindestwert von 30.000 € nicht gilt, sodass vorliegend lediglich einmal die Mindestgebühr von 120,00 € nach KV-Nr. 21100 für das Beurkundungsverfahren anfällt. Hinzu kommen die Auslagenpauschalen nach den KV-Nr. 32001 (Dokumentenpauschale Papier) und 32005 (Post- und TK-Pauschale) sowie die Mehrwertsteuer.

223 Wird der Anmeldung eine Übersetzung beigefügt, so fällt, soweit der Notar die Übersetzung selbst erstellt hat und nicht einen Übersetzer hinzugezogen hat, weiter noch eine Zusatzgebühr gemäß KV-Nr. 26001 in Höhe von 30 % der vorliegend zu erhebenden Geschäftsgebühr an.

9. Änderung der Firma bei einer im vereinfachten Verfahrenen errichteten UG (haftungsbeschränkt) *nach* Eintragung der Gesellschaft im Handelsregister

Vorbemerkung

Werden *nach* der Eintragung einer unter Verwendung des Musterprotokolls errichteten Gesellschaft Satzungsänderungen erforderlich, so müssen die Gesellschafter sich entscheiden, ob sie bei dieser Gelegenheit einen individuellen maßgeschneiderten Gesellschaftsvertrag vereinbaren wollen oder, wenn z.B. nur eine Änderung der Firma bzw. des Gegenstands vorgenommen werden soll, sie lediglich eine gemäß §§ 107 Abs. 1 S. 2, 105 Abs. 6 S. 1 Nr. 2 GNotKG kostenprivilegierte Änderung des bei der vereinfachten Gründung vereinbarten Gesellschaftsvertrags vornehmen wollen. Im letzteren Fall sind einige Besonderheiten zu beachten, die in dem nachstehenden Muster Berücksichtigung finden. 224

Muster [1, 2]

UR.-Nr. ________/________ 225

Verhandelt in ________

am ________

Vor mir, dem Notar/der Notarin ________

mit dem Amtssitz in ________

erschienen heute in meinen Amtsräumen in ________

1. Herr A,

geboren am ________,

wohnhaft ________,

dem Notar persönlich bekannt/ausgewiesen durch gültigen deutschen Personalausweis/Reisepass Nr. ________,

handelnd

zu a) im eigenen Namen,

zu b) seiner Erklärung nach in seiner Eigenschaft als einzelvertretungsberechtigter und von den Beschränkungen des § 181 BGB befreiter Geschäftsführer für die Gesellschaft mit beschränkter Haftung in Firma

B-GmbH mit dem Sitz in ________,

Geschäftsanschrift: ________,

eingetragen im Handelsregister des Amtsgerichts ________ unter HRB ________.

Hiermit bescheinige ich, der Notar/die Notarin, gemäß § 21 Abs. 1 Nr. 1 BNotO die vorgenannte Vertretungsberechtigung, und zwar aufgrund heutiger Einsicht/Einsicht am ________ in das elektronische Handelsregister des Amtsgerichts ________.

2. Herr E,

geboren am ________,

wohnhaft ____________,

ausgewiesen durch ____________,

handelnd im eigenem Namen.

Die Erschienenen erklärten zu meinem Protokoll: [3]

I. Vorbemerkung

Herr A, die von ihm vertretene B-GmbH und Herr E sind sämtliche Gesellschafter der im Handelsregister des Amtsgerichts ____________ unter der HRB ____________ eingetragenen XYZ UG (haftungsbeschränkt) mit Sitz in ____________.

An dem Stammkapital von 1.200,00 € sind beteiligt:

Herr A mit dem Geschäftsanteil Nr. 1 mit einem Nennbetrag von 600.00 €, die B-GmbH mit dem Geschäftsanteil Nr. 2 mit einem Nennbetrag von 200,00 € sowie Herr E mit dem Geschäftsanteil Nr. 3 mit einem Nennbetrag von 400,00 €.

Die vorstehenden Beteiligungsverhältnisse entsprechen der zuletzt in das Handelsregister aufgenommenen Gesellschafterliste vom ____________, wovon sich der Notar/die Notarin durch Einsicht in das online geführte Handelsregister am heutigen Tag/am ____________ überzeugt hat. Ein Ausdruck dieser Gesellschafterliste ist zu Beweiszwecken dieser Niederschrift als Anlage 1 beigefügt.

II.

Unter Verzicht auf die Einhaltung aller Form- und Fristvorschriften für die Einberufung und Abhaltung einer Gesellschafterversammlung halten wir hiermit eine außerordentliche Gesellschafterversammlung der vorgenannten Gesellschaft ab und beschließen einstimmig [4] wie folgt:

1. **Die Firma der Gesellschaft wird geändert in ABC ____________ UG (haftungsbeschränkt).**

   Entsprechend wird Ziffer 1 des Gesellschaftsvertrags geändert und lautet nunmehr wie folgt:»Die im vereinfachten Verfahren nach § 2 Abs. 1a GmbHG errichtete Gesellschaft mit beschränkter Haftung führt die Firma ABC ____________ UG (haftungsbeschränkt). Sie hat ihren Sitz in ____________.« [5]

2. **Die Ziffern 6 und 7 des Gesellschaftsvertrags werden ersatzlos gestrichen.[05a]**
3. **Weitere Änderungen des Gesellschaftsvertrages werden nicht beschlossen. [6]**

III.

Der Notar/Die Notarin wies die Erschienenen darauf hin, dass die Änderung der Firma erst mit der Eintragung im Handelsregister wirksam wird. [7]

IV. Anlage

Anlage 1: Kopie der aktuellen zuletzt in das Handelsregister aufgenommenen Liste der Gesellschafter vom ____________

Vorstehende Verhandlung wurde den Erschienenen von dem Notar/der Notarin vorgelesen, von ihnen genehmigt und – wie folgt – eigenhändig unterschrieben.

[Unterschrift der Erschienenen]

[Unterschrift des Notars/der Notarin] L.S. [Notariatssiegel]

Template

Notarial deed number UR-Nr. ____________/____________ 226

Negotiated in [place]

on [date].

Before me, the notary [name],

with the registered office in [city]

today appeared in my notary's offices situated at [address]

1. Mr. A,

born on [date],

residing at [address],

personally known to the notary/identified by valid German ID-card/passport no. ____________,

acting

to a) on his own behalf,

to b) according to his declaration in his capacity as managing director with sole power of representation and exempted from the restrictions of Sec. 181 BGB (German Civil Code) on behalf of the limited liability company under the business name of

B-GmbH

with registered office at [place],

business address: ____________,

registered in the commercial register of the local court of ____________, division B,number HRB ____________.

I, the notary, hereby confirm the aforementioned power of representation in accordance with § 21 para 1 no. 1 BNotO, on the basis of today's inspection/inspection on [date] in the electronical commercial register of the local court of ____________, division B, number HRB ____________.

2. Mr. E, born on [date], resident at [address], personally known to the notary/identified by valid ____________ German ID card/passport no. ____________ acting on his own behalf.

The persons appeared requested the deed to be recorded in the German language. The English version is only a non-binding translation and is quoted for information purposes only.

The persons appeared – acting as stated above – then declared to my record:

I. Preamble

Mr. A, B-GmbH, represented by Mr. A and Mr. E are the shareholders of XYZ UG (limited liability), registered in the commercial register of the local court ____________ under HRB ____________, with registered office at [address] – hereinafter called *»the Company«*.

I.

The share-capital of the Company amounts to 1.200,00 € and is owned by Mr. A (share no. 1 with the nominal amount of 600,00 €), B-GmbH (share no. 2 with the nominal amount of 200,00 €) and by Mr. E (share no. 3 with the nominal 400,00 €).

The above shareholding ratios correspond to the current electronic list of shareholders from ___[date],___, most recently submitted to the commercial register, which the notary has inspected today/on the ___[date]___. A copy of this list of shareholders is attached as Annex 1 to this deed for evidence purposes.

II.

Waiving all requirements with respect to form and time of summoning a shareholders' meeting, we hereby hold an extraordinary shareholders' meeting of the Company and unanimously resolve as follows:

1. **The business name of the Company is changed to ABC ________ UG (haftungsbeschränkt).**

   Accordingly, clause 1 of the articles of association is changed and now reads as follows:

   »The business name of the company, established as an entrepreneurial company with limited liability in accordance with Sec. 2 para. 1a GmbHG (German Limited Liability Companies Act), is ABC ________ UG (haftungsbeschränkt). The registered office of the company is ___[place]___.«

2. **Clauses No. 6 and 7 of the articles of association are deleted without substitution.**
3. **Further amendments to the articles of association are not resolved.**

III.

The notary informed the persons appearing that the amendment to the articles takes effect upon the entry in the commercial register.

The above negotiation was read aloud to the persons appearing by the notary, approved by them and signed personally.

IV. Annex:

– ***Current list of shareholders of the Company, last submitted to the commercial register.***

[signature of the appeared]

[signature of the notary] L.S. [notary's seal]

Erläuterungen

Literatur: *DNotI-Report* 2010, 217 (218); *Heidinger/Blath*, Das Musterprotokoll – Mehr Fluch als Segen? ZNotP 2010, 376–386 (Teil 1) und 403–409 (Teil 2); *Herrler/König*, Aktuelle Praxisfragen zur GmbH-Gründung im vereinfachten Verfahren (Musterprotokoll), DStR 2010, 2138–2144; *Kallweit*, Anm. zu OLG München, Beschl. vom 03.11.2009, 31 Wx 131/09, GmbHR 2010, 312; *Krafka*, Anm. zu OLG München, Beschl. vom 03.11.2009, 31 Wx 131/09, NotBZ 2010, 110; *Melchior*, Das Musterprotokoll nach Eintragung der GmbH, notar 2010, 305 (306); *Omlor/Spies*, GmbHR-Kommentar zu OLG Düsseldorf, Beschl. vom 10.05.2010, I-3 Wx 106/10, GmbHR 2010, 759, 760; *Seebach*, Die Unternehmergesellschaft (haftungsbeschränkt) in der notariellen Praxis, RNotZ 2013, 261, 279 f.; *Wegener*, Anm. zu OLG Karlsruhe, Beschl. vom 30.08.2017, 11 W 73/17, ZNotP 2017, 443; *Wicke*, Abweichungen und Änderungen beim Musterprotokoll gemäß § 2 Abs. 1a GmbHG, DNotZ 2012, 15–25.

1. Sachverhalt: Das vorstehende Muster geht davon aus, dass bei der gemäß dem Muster B 3 gegründeten und in das Handelsregister eingetragenen UG zwischenzeitlich ein Wechsel im Gesellschafterbestand erfolgte, indem Frau C den von ihr bei Gründung übernommenen Geschäftsanteil an Herrn E übertragen hat, welcher neben dem bereits bei der Gründung im vereinfachten Verfahren gemäß dem Musterprotokoll in Ziff. 4 bestellten Fremdgeschäftsführer Herrn D anlässlich seines Beitritts zum weiteren Geschäftsführer bestellt werden soll. Zugleich soll die Firma der UG geändert werden, wobei die Kostenvergünstigung gem. § 108 Abs. 1 S. 1 i.V.m. § 105 Abs. 6 S. 1 Nr. 2 GNotKG in Anspruch genommen werden soll. Die Geschäftsführerbestellung des E soll aus Kostengründen nicht in das notarielle Beschlussprotokoll aufgenommen werden, sondern durch gesonderten privatschriftlichen Beschluss erfolgen (hierzu s. Muster B 10 Rdn. B 245 ff.). 227

2. Allgemeines: § 2 Abs. 1a GmbHG regelt nur die vereinfachte Gründung mittels Musterprotokoll. Eine besondere Regelung für die spätere Änderung des unter Verwendung des Musterprotokolls verfassten Gesellschaftsvertrags hat der Gesetzgeber mit dem MoMiG nicht in das GmbHG aufgenommen. Für Änderungen des bei Gründung gemäß Musterprotokoll gefassten Gesellschaftsvertrags *nach* Registereintragung der Gesellschaft gelten daher die allgemeinen Vorschriften der §§ 53 und 54 GmbHG (Baumbach/Hueck/*Fastrich* § 2 Rn. 62, Lutter/Hommelhoff/*Bayer* § 2 Rn. 58). Die Gesellschafter haben dabei die Wahl, ob sie für die Gesellschaft ein »maßgeschneidertes Rechtsgewand« (*Omlor/Spies*, GmbHR 2010, 759, 760) in Form einer individuellen Satzung vereinbaren oder das Musterprotokoll nur in einzelnen Punkten abändern wollen. Das Abweichungsverbot des § 2 Abs. 1a S. 3 GmbHG ist hierbei nicht mehr zu beachten, da es nur für die Gründung gilt (Baumbach/Hueck/*Fastrich* § 2 Rn. 62). So kann insbes. die Ziff. 4 des Musterprotokolls geändert werden und hier die bei Gründung im Normalverfahren häufig vereinbarte Klausel aufgenommen werden, dass einzelnen und/oder allen Geschäftsführern auch bei Bestellung mehrerer Geschäftsführer Einzelvertretungsbefugnis eingeräumt und ihnen eine Befreiung von den Beschränkungen des § 181 BGB erteilt werden kann. Allerdings ist eine solche Änderung dann nicht mehr kostenprivilegiert gemäß gem. § 108 Abs. 1 S. 1 i.V.m. § 105 Abs. 6 S. 1 Nr. 2 GNotKG. 228

Soll dagegen die Änderung des Gesellschaftsvertrags kostenvergünstigt nach diesen Vorschriften des § 108 Abs. 1 S. 1 i.V.m. § 105 Abs. 6 S. 1 Nr. 2 GNotKG erfolgen, darf von dem in der Anlage a) oder b) zum GmbHG bestimmten Musterprotokoll nicht abgewichen werden. Bei der Änderung der gemäß Musterprotokoll gefassten Satzung dürfen dann nur die variablen Textpassagen abgeändert werden, die bei der Gründung in das Musterprotokoll an den ausfüllungbedürftigen Stellen eingesetzt wurden. Dabei kann, aber muss keine vollständige Neufassung des Gesellschaftsvertrags (gemäß Musterprotokoll) unter Einfügung der gewünschten Änderung an den variablen Stellen des Musterprotokolls erfolgen (so die Empfehlung von *Wicke* in: Scholz/Emmerich-Wicke § 2 Rn. 16). Es kann – wie in dem obigen Muster – auch lediglich punktuell nur eine Ziffer des Gesellschaftsvertrags geändert werden (OLG Düsseldorf, Beschl. vom 10.05.2010, 3 Wx 106/10, GmbHR 2010, 757 = NZG 2010, 719). 229

3. Notarielle Form: Für die Änderung des Gesellschaftsvertrags ist ein Beschluss der Gesellschafterversammlung erforderlich; der Beschluss bedarf der notariellen Beurkundung, § 53 Abs. 1 und 2 GmbHG. 230

4. Erforderliche Stimmmehrheit: Einstimmigkeit, wie in den Mustertext aufgenommen, ist nicht erforderlich. Für die Firmenänderung bedarf es gemäß § 53 Abs. 2 GmbHG einer Dreiviertelmehrheit; für die gesondert außerhalb des notariellen Protokolls vorgenommene Geschäftsführerbestellung des E (s. hierzu Muster B 10) genügt die einfache Mehrheit. Da in der Praxis derartige Beschlüsse i.d.R. einstimmig erfolgen, ist in das Muster eine entsprechende Formulierung aufgenommen. 231

5. Erforderliche Umformulierung von Ziff. 1 des Musterprotokolls: Der Text der beiden Musterprotokolle ist auf den Gründungsvorgang zugeschnitten. Nach der Rspr. des OLG München kann daher bei der späteren Änderung der Firma oder des Gegenstands einer mit Musterprotokoll errichteten Gesellschaft nicht einfach ein Austausch der Firma oder des Gegenstands in dem mittels Musterprotokoll festgestellten Gesellschaftsvertrag vorgenommen werden. Vielmehr 232 muss eine redaktionelle Anpassung der sprachlichen Fassung des Musterprotokolls hinsichtlich derjenigen Formulierungen vorgenommen werden, die sich allein auf die »einmalige« Errichtung der Gesellschaft beziehen (OLG München, Beschl. vom 03.11.2009, 31 Wx 131/09, GmbHR 2010, 312 mit Anm. *Kallweit* = NotBZ 2010, 2010, 110 mit Anm. *Krafka*). Dies gilt vor allem für die Formulierung von der Ziff. 1, in der es nach den Musterprotokollen heißt *»Der Erschienene errichtet …«* bzw. *»Die Erschienenen errichten …«*. Bei einer Änderung des per Musterprotokoll festgestellten Gesellschaftsvertrags treffen diese Formulierungen nicht mehr zu. Sie sind »inhaltlich falsch und irreführend« (so OLG München, Beschl. vom 06.07.2010, 31 Wx 112/10, GmbHR 2010, 922 = NZG 2010, 989 = DNotZ 2010, 939). Bei Beibehaltung dieses Textes würde hierdurch der unzutreffende Eindruck erweckt, die Gesellschaft sei bereits mit der geänderten Firma oder dem geänderten Gegenstand gegründet worden. Die Ziff. 1 ist daher entsprechend umzuformulieren.

233 Das OLG Düsseldorf hat sich der Auffassung des OLG München ausdrücklich angeschlossen, indem es in dem Beschluss vom 10.05.2010 (3 Wx 106/10, GmbHR 2010, 1343 = NZG 2010, 719) ausdrücklich auf die Entscheidung des OLG München vom 03.11.2009 hingewiesen hat. Ebenso hat die Literatur weitgehend der Rspr. des OLG München zugestimmt (*Heidinger/Blath*, Das Musterprotokoll – Mehr Fluch als Segen?, ZNotP 2010, 376, 405 f. sowie *Heckschen*/Heidinger § 2 Rn. 218 ff.; *Herrler/König*, Aktuelle Praxisfragen zur GmbH-Gründung im vereinfachten Verfahren, DStR 2010, 2138, 2143 f.; *Krafka*, Anm. zu OLG München, Beschl. vom 03.11.2009, 31 Wx 131/09, NotBZ 2010, 110, 111; *Schmidt/Sikora/Tiedtke* Rn. 1334; *Wicke*, Abweichungen und Änderungen beim Musterprotokoll gemäß § 2 Abs. 1a GmbHG, DNotZ 2012, 15, 21; *Seebach*, Die Unternehmergesellschaft (haftungsbeschränkt) in der notariellen Praxis, RNotZ 2013, 261, 279 f. sowie Scholz/*Wicke* § 2 Rn. 115 ff.). Das OLG Karlsruhe hat sich in einer aktuellen Entscheidung ebenfalls dieser Auffassung angeschlossen (s. OLG Karlsruhe, Beschl. vom 30.08.2017, 11 W 73/17, GmbHR 2018, 443–445 = ZNotP 2017, 443–445 mit Anm. *Wegener*).

234 Das obige Muster trägt der vorstehend angeführten Rspr. des OLG München Rechnung, indem darin nicht allein die neue Firma eingearbeitet ist, sondern auch eine Umformulierung des Wortlauts von Ziff. 1 des Musterprotokolls insgesamt vorgenommen wird.

235 Diese – von der Rspr. geforderte – Umformulierung und die damit verbundene Herstellung einer widerspruchsfreien Fassung der Ziff. 1 liegt noch im Rahmen der mit § 105 Abs. 6 S. 1 Nr. 2 GNotKG zulässigen Abweichungen und führt nicht zu einem Verlust der gebührenrechtlichen Privilegierung (*Schmidt/Sikora/Tiedtke*, 6. Aufl. 2011, Rn. 1334) zu der aufgehobenen Regelung von § 41d 2. Hs. KostO). Anderenfalls liefe die Regelung zur Kostenvergünstigung leer, so jetzt auch ausdrücklich § 105 Abs. 6 S. 2 GNotKG.

236 **5a. Aufhebung von Ziff. 6 und 7:** Bei den Ziff. 6 und 7 des Musterprotokolls handelt es sich lediglich um Abwicklungsvorschriften zur Gründung per Musterprotokoll im vereinfachten Verfahren gemäß § 2 Abs. 1a GmbHG. Dies führt nach zutreffender Auffassung sowohl in der Rspr. (so ausdrücklich OLG München, Beschl. vom 23.10.2014, 31 Wx 415/14, juris R n.1 = MittBayNot 2015, 250–252; offengelassen von OLG Karlsruhe, Beschl. vom 30.08.2017, 11 W 73/17, GmbHR 2017, 642–644 = ZNotP 2017, 443–445 mit Anm. *Wegener*) als auch in der Literatur (*Melchior*, notar 2010, 305 [306]; *Heidinger/Blath*,Das Musterprotokoll – Mehr Fluch als Segen?, ZNotP 2010, 402 [408], *DNotI-Report* 2010, 217 [218]) dazu, dass nur die Ziff. 1–5 den eigentlichen Gesellschaftsvertrag bilden und nur sie bei einer Änderung des Gesellschaftsvertrags in den aktuellen Wortlaut mit der Notarbescheinigung gemäß § 54 Abs. 1 S. 1 GmbHG aufzunehmen sind. Da offenbar nicht nur von vielen Registergerichten (so auch das Registergericht Karlsruhe in dem der Entscheidung des OLG Karlsruhe vom 30.08.2017 zugrunde liegenden Fall), sondern auch in der Literatur die Auffassung vertreten wird, dass die bei der Musterprotokollgründung in die Gründungsurkunde aufgenommenen Ziff. 6 und 7 ebenfalls zum Gesellschaftsvertrag gehören, wird geraten, soweit die jeweilige Registerpraxis nicht bekannt ist, vorsorglich die Ziff. 6 und 7 auf-

zuheben (so auch *Wegener* in der Anm. zu der Entscheidung des OLG Karlsruhe, ZNotP 2017, 442 [446]). Zusätzliche Kosten entstehen hierdurch nicht. Die Kostenprivilegierung für die »vereinfachte Änderung« gemäß den §§ 105 Abs. 6 S. 2, 108 Abs. 1 S. 1 GNotKG geht durch eine solche Aufhebung nicht verloren (Korintenberg/*Tiedtke*, 20. Aufl. 2017, § 108 Rn. 5a).

6. Keine weitere Umformulierung erforderlich: Eine weitere Umformulierung des Musterprotokolls ist nicht erforderlich. Auch wenn – wie nach dem Sachverhalt angenommen – die Gründungsgesellschafterin C nicht mehr an der Gesellschaft beteiligt ist und ihr Anteil vielmehr aufgrund Abtretung nunmehr von E gehalten wird, muss eine Anpassung von Ziff. 3 an die jetzige Gesellschaftersituation nicht erfolgen. Denn mit der Ziff. 3 wird nur die »Übernahme« der Geschäftsanteile *bei der Gründung* geregelt. Da für die Abtretung von Anteilen keine Satzungsänderung erforderlich ist, kann ebenso wie bei einer im Normalverfahren gegründeten GmbH auch bei einer mittels Musterprotokoll errichteten Gesellschaft nicht davon ausgegangen werden, dass die bei Gründung übernommenen Geschäftsanteile bis zu einer etwaigen Änderung des Musterprotokolls weiterhin von den Gründungsgesellschaftern gehalten werden. Der unverändert gebliebene Text der Ziff. 3 kann daher nicht zu einer fehlerhaften Vorstellung des Rechtsverkehrs darüber führen, wer aktuell die Anteile an der Gesellschaft hält. Wer jeweils Gesellschafter ist, ergibt sich vielmehr aus der jeweils zuletzt in das Handelsregister aufgenommenen Gesellschafterliste. Ist keine Gesellschafterliste aufgenommen, so sind nach wie vor die Gründer an der Gesellschaft beteiligt. Das bei der Anmeldung der Gründung eingereichte Musterprotokoll gilt in diesem Fall dann weiterhin als aktuelle Gesellschafterliste. 237

Denkbar wäre allerdings auch das Musterprotokoll in Ziff. 3 dahin abzuändern, dass hierin nur noch das Stammkapital genannt ist und die Angaben zu den Geschäftsanteilen und deren Übernehmern gestrichen werden, sodass der Text von Ziff. 3 dann vorliegend nur noch lauten würde *»Das Stammkapital der Gesellschaft beträgt 1.200,00 €.«* Eine solche Änderung des Musterprotokolls hält sich noch im Rahmen einer zulässigen Änderung, die gemäß § 105 Abs. 6 S. 2 GNotKG nicht zu einem Verlust der Kostenvergünstigung führt, da damit keine inhaltliche Änderung des Gesellschaftsvertrags vorgenommen wird. 238

Entsprechendes gilt für die Regelung in Ziff. 4. Nach dem angenommenen Sachverhalt soll der neben dem gemäß Musterprotokoll bei Gründung bestellten Geschäftsführer D Herr E zum weiteren Geschäftsführer bestellt werden. Da mit der Ziff. 4 des Musterprotokolls nur geregelt wird, wer *bei Gründung* der Gesellschaft deren erster Geschäftsführer sein soll, es für seine – nach Eintragung der Gesellschaft – etwa erfolgende Ersetzung durch einen Folgegeschäftsführer oder – wie vorliegend nach dem Sachverhalt angenommen – für die Bestellung eines weiteren Geschäftsführers keiner Satzungsänderung bedarf, vielmehr hierzu ein privatschriftlicher Beschluss der Gesellschafterversammlung ausreicht, muss auch bei einer späteren Satzungsänderung eine Anpassung der Satzung nicht vorgenommen werden. Allerdings könnte auch hier im Rahmen der mit der Änderung der Firma erforderlichen Beurkundung der Änderung von Ziff. 1 des Gesellschaftsvertrags zu der Ziff. 4 beschlossen werden, dass diese Ziffer insgesamt gestrichen wird, ohne dass damit die Kostenvergünstigung des § 105 Abs. 6 GNotKG entfiele. 239

7. Wirksamwerden der Satzungsänderung: Die Änderung des Gesellschaftsvertrags ist zur Eintragung bei dem für die Gesellschaft zuständigen Registergericht anzumelden, § 54 Abs. 1 S. 1 GmbHG. Für die Anmeldung gelten keine Besonderheiten. Ihr ist der vollständige Wortlaut des geänderten Gesellschaftsvertrags mit Satzungsbescheinigung des Notars gemäß § 54 Abs. 1 S. 2 beizufügen (s. hierzu Muster B 7 Rdn. B 198). Erst mit der Eintragung im Handelsregister wird die Satzungsänderung wirksam, § 54 Abs. 3 GmbHG. 240

8. Kosten: Für die Beurkundung einer Satzungsänderung fällt nach KV-Nr. 21100 GNotKG eine 2,0-Gebühr an, mindestens jedoch der Betrag von 120,00 €. Der in § 105 Abs. 4 Nr. 1 GNotKG bestimmte Mindestgeschäftswert von 30.000 € gilt vorliegend aufgrund der Kostenbegünstigung für Änderungen des Musterprotokolls gemäß § 105 Abs. 6 S. 1 Nr. 2 GNotKG nicht, sodass sich 241 der Geschäftswert nach dem Stammkapital richtet und vorliegend lediglich 12,00 € beträgt (1 % des unverändert gebliebenen Stammkapitals). Die Notargebühren betrügen damit lediglich 2 × 15,00 € = 30,00 €. Dieser Betrag unterschreitet indessen die gesetzlich in KV-Nr. 21100 festgelegte Mindestgebühr, sodass sich für die Beurkundung des Firmenänderungsbeschlusses vorliegend Notargebühren auf den Mindestbetrag von netto 120,00 € belaufen. Hinzu kommen die üblichen Pauschalen nach KV-Nr. 32001 (Papierpauschale), 32002 (Datenpauschale) und 32005 (Post- und TK-Pauschale) sowie die Mehrwertsteuer.

242 Erfolgt eine Übersetzung der Urkunde, so fällt, soweit der Notar die Übersetzung selbst erstellt hat und nicht einen Übersetzer hinzugezogen hat, weiter noch die Zusatzgebühr gemäß KV-Nr. 26001 in Höhe von 30 % der vorliegend zu erhebenden Geschäftsgebühr an.

10. Beschluss zur Bestellung eines weiteren Geschäftsführers *nach* Eintragung der mit Musterprotokoll gegründeten UG und Aufhebung der Befreiung des Erstgeschäftsführers von den Beschränkungen des § 181 BGB

Vorbemerkung

243 Für die Bestellung und Abberufung von Geschäftsführern einer im vereinfachten Verfahren mit Musterprotokoll errichteten Gesellschaften gelten keine Besonderheiten. Die Bestellung erfolgt durch Beschluss der Gesellschafter, § 46 Nr. 5 GmbHG. Die Beschlussfassung erfolgt üblicherweise gemäß § 47 Abs. 1 GmbHG in einer Gesellschafterversammlung. Daneben ist gemäß § 48 Abs. 2 GmbHG unter den dort genannten Voraussetzungen (Einstimmigkeit, Textform) auch eine Beschlussfassung im schriftlichen Verfahren zulässig (z.B. durch Beschlussfassung im Umlaufverfahren).

244 Das nachstehende Muster geht von einer Gesellschafterversammlung aus, an der alle Gesellschafter teilnehmen (Universalversammlung).

Muster [1]

245 **Protokoll der außerordentlichen Gesellschafterversammlung der XYZ UG (haftungsbeschränkt) mit Sitz in __________ [2]**

Wir, die Herren A und E sowie die von Herrn A als Geschäftsführer vertretene B-GmbH sind die alleinigen Gesellschafter der im Handelsregister des Amtsgerichts in __________ unter der HRB __________ eingetragenen XYZ UG (haftungsbeschränkt), welche durch Beschluss vom heutigen Tage zu Protokoll des Notas/der Notarin __________ (UR-Nr. __________/__________) ihre Firma in ABC UG (haftungsbeschränkt) geändert hat.

An dem Stammkapital der Gesellschaft in Höhe von 1.200,00 € sind beteiligt

- **Herr A mit dem Geschäftsanteil Nr. 1 im Nennbetrag von 600,00 €,**
- **die B-GmbH mit dem Geschäftsanteil Nr. 2 im Nennbetrag von 200,00 €,**
- **Herr E mit dem Geschäftsanteil Nr. 3 im Nennbetrag von 400,00 €.**

Damit ist das gesamte Stammkapital vertreten.

Unter Verzicht auf die Einhaltung aller Form- und Fristvorschriften für die Einhaltung einer Gesellschafterversammlung halten wir hiermit eine außerordentliche Gesellschafterversammlung ab und beschließen einstimmig:

1. Mit sofortiger Wirkung[3]/mit Wirkung zum __________ wird

Herr E [Vorname und Zuname],

geboren am __________,

wohnhaft in __________, [4]

zum weiteren Geschäftsführer der Gesellschaft bestellt. [5]

2. Herr D bleibt weiter Geschäftsführer der Gesellschaft. Er vertritt ab sofort gemeinsam mit dem bzw. den ggf. zukünftig weiter bestellten Geschäftsführern. Die ihm erteilte Befreiung von den Beschränkungen des § 181 BGB wird aufgehoben. [6]

Weitere Beschlüsse werden nicht gefasst.

__________, den __________

(Unterschriften von E sowie von A im eigenen Namen und im Namen der B-GmbH)

Template

Minutes of the extraordinary shareholders' meeting of XYZ UG (haftungsbeschränkt) with registered office in __________ 246

We, Mr. A and Mr. E and B-GmbH, represented by Mr. A as managing director, are the sole shareholders of XYZ UG (with limited liability), which is registered in the commercial register of the local court in __________ under HRB __________ and which has changed its business name to ABC UG (limited liability) by today's resolution to the notarial record number UR-Nr. __________of notary __________, __ [notary's name and city]

The company's share capital in the amount of 1,200.00 € is held by

- **Mr. A with share no. 1 with a nominal value of € 600.00,**
- **B-GmbH with share no. 2 in the amount of € 200.00,**
- **Mr. E with share no. 3 with a nominal value of € 400.00.**

Thus, the total share capital is represented.

Waiving all requirements with respect to form and time of summoning a shareholders' meeting, we hold an extraordinary shareholder's meeting and unanimously resolve:

1. With immediate effect/with effect from [date] Mr. E;

born on __________,

resident in __________,

is appointed as an additional managing director.

2. Mr. D remains managing director of the company. From now on, he will represent the company jointly with all further appointed managing directors. He is no longer granted exemption from the restrictions of Sec. 181 BGB (German Civil Code).

No further resolutions will be passed.

[place], the [date]

[signatures of A in his own name and in the name of B-GmbH and signature of E]

Erläuterungen

247 **1. Sachverhalt:** Das vorstehende Muster geht davon aus, dass auf einer Universalversammlung der gemäß Muster B 3 im vereinfachten per Musterprotokoll gegründeten Gesellschaft der Gesellschafter E, welcher zwischenzeitlich den Geschäftsanteil der C erworben hat, zum weiteren Geschäftsführer berufen werden soll. Der Fremdgeschäftsführer D, welcher gemäß dem Muster B 3 bereits bei der Gründung in Ziffer 4 des Musterprotokolls bestellt wurde, soll weiterhin Geschäftsführer bleiben. Die ihm bei der Gründung mit dem Musterprotokoll zwingend erteilte Befreiung von dem Verbot des Selbstkontrahierens sowie der Mehrfachvertretung (Befreiung von den Beschränkungen des § 181 BGB) soll jedoch aufgehoben werden. Die gemäß dem vorstehenden Muster B9 beschlossene Firmenänderung in ABC UG (haftungsbeschränkt) ist noch nicht bei dem Handelsregister angemeldet worden und entsprechend mangels Eintragung noch nicht wirksam geworden.

248 **2. Bestellung durch einfachen Gesellschafterbeschluss (ohne Satzungsänderung):** Nach allgemeiner Meinung handelt es sich bei der Bestellung des Erstgeschäftsführers bei der Gründung im vereinfachten Verfahren gemäß Ziffer 4 des Musterprotokolls keinesfalls um einen sog. echten Satzungsbestandteil, was zur Folge hätte, dass bei einer mit Musterprotokoll errichteten Gesellschaft eine Abberufung des ersten Geschäftsführers oder die Bestellung weiterer Geschäftsführer nur Wege der Satzungsänderung erfolgen könnten. Vielmehr handelt es sich bei der Regelung in Ziffer 4 lediglich um einen unechten Satzungsbestandteil, mit dem der erste Geschäftsführer bestellt und (nur) seine konkrete Vertretungsbefugnis bestimmt wird (siehe hierzu im Einzelnen oben Anm. 12 zu Muster B 2, Rdn. B 78 ff.). Die Bestellung eines weiteren Geschäftsführers kann nach Eintragung der mit Musterprotokoll gegründeten Gesellschaft daher wie bei einer im regulären Verfahren errichteten GmbH jederzeit durch einfachen Gesellschafterbeschluss erfolgen.

249 Hierzu ist nicht zwingend eine Gesellschafterversammlung einzuberufen. Unter den Voraussetzungen von § 48 Abs. 2 GmbHG ist auch eine schriftliche Stimmabgabe zulässig. Hierbei kann, soweit die Voraussetzungen der Textform gem. § 126b BGB beachtet sind, die Stimmabgabe auch elektronisch (z.B. per PDF-Anhang zu einer E-Mail) erfolgen. Da gemäß § 39 Abs. 2 GmbHG bei der Anmeldung des neuen Geschäftsführers zum Handelsregister »die Urkunden über die Bestellung« beizufügen sind, ist über die Beschlussfassung ein Protokoll zu errichten, wobei die einfache Schriftform ausreicht.

250 Einer Änderung und Anpassung des Gesellschaftsvertrags (Musterprotokolls) in Ziffer 4 bedarf es nicht.

251 **3. Wirksamwerden der Bestellung:** Die Bestellung des Geschäftsführers wird, wenn der bestellte Geschäftsführer Gesellschafter ist und er an der Gesellschafterversammlung teilgenommen sowie seiner Bestellung zugestimmt hat, sofort wirksam, es sei denn, dass gemäß ausdrücklicher Festlegung in dem Beschluss die Bestellung erst zu einem späteren Zeitpunkt wirksam werden soll. Einer gesonderten Annahmeerklärung bedarf es in diesem Fall nicht (Baumbach/Hueck/*Zöllner/Noack* § 35 Rn. 10). Ansonsten ist für die Wirksamkeit der Bestellung die Annahme des Bestellten erforderlich (Baumbach/Hueck/*Zöllner/Noack* a.a.O.; Lutter/Hommelhoff/*Kleindiek* vor § 35 Rn. 6).

252 Die nachfolgende Eintragung der Bestellung des neuen Geschäftsführers aufgrund entsprechender Anmeldung in das Handelsregister ist bloß deklaratorischer Natur. Die Wirksamkeit der Bestellung ist ferner unabhängig von dem zumeist daneben abgeschlossenen Dienst- oder (bei einem Fremdgeschäftsführer) Anstellungsvertrag. Für die Wirksamkeit der organschaftlichen Bestellung bedarf es des Abschlusses eines solchen Vertrages nicht.

253 **4. Angaben zum neuen Geschäftsführer:** Der neue Geschäftsführer wird gemäß § 43 Nr. 4 Buchst. b) HRV mit Vor- und Familiennamen, Geburtsdatum und Wohnort in Spalte 4 in das Handelsregister eingetragen. Diese Angaben müssen daher auch in der Anmeldung enthalten sein. Zur genauen Identifizierung der zum Geschäftsführer bestellten Person sollten diese Angaben auch in den Bestellungsbeschluss aufgenommen werden.

5. Vertretungsbefugnis: Dem neu bestellten Geschäftsführer E kann mangels entsprechender Regelung in dem Musterprotokoll keine besondere Vertretungsbefugnis eingeräumt werden. Er vertritt daher gemäß der gesetzlichen Vertretungsregelung in § 35 Abs. 2 GmbHG gemeinschaftlich mit dem/den weiteren Geschäftsführer/n, vorliegend somit, solange nicht noch ein weiterer Geschäftsführer bestellt ist, gemeinsam mit dem bei Gründung bereits bestellten Fremdgeschäftsführer D. Dieser vertritt von dem Zeitpunkt der *Bestellung* des E an (und nicht erst ab dessen *Eintragung*) die Gesellschaft nicht mehr wie bisher allein, sondern nur noch gemeinsam mit dem D. Diese kraft Gesetzes eintretende Änderung seiner Vertretungsmacht sollte, um bei den Beteiligten Irrtümer über seine Vertretungsbefugnis zu vermeiden, ausdrücklich in den Gesellschafterbeschluss aufgenommen werden. Soll es dagegen dabeibleiben, dass D – wie zuvor als alleiniger Geschäftsführer – die Gesellschaft auch weiterhin allein vertritt, müsste durch einen notariell beurkundeten Beschluss der Gesellschaftsvertrag geändert und eine entsprechende Ermächtigung der Gesellschaftersammlung (sog. Öffnungsklausel) in den bei Gründung gemäß Musterprotokoll gefassten Gesellschaftsvertrag aufgenommen werden. Die entsprechende Änderung des Gesellschaftsvertrags könnte indessen nicht kostenvergünstigt nach § 108 Abs. 1 S. 1 i.V.m. § 105 Abs. 6 S. 1 Nr. 2 GNotKG erfolgen, da mit einer solchen Änderung von den gesetzlichen Vorgaben zur Ausgestaltung des Gesellschaftsvertrags bei der vereinfachten Gründung gemäß Musterprotokoll abgewichen würde. 254

Entsprechendes gilt, wenn dem neuen Geschäftsführer E Einzelvertretungsmacht eingeräumt werden soll. Auch diese Änderung von Ziffer 4 des Gesellschaftsvertrags könnte nicht kostenvergünstigt beurkundet werden. 255

Für eine etwaige Befreiung des neuen Geschäftsführers E von den Beschränkungen des § 181 BGB gilt entsprechendes. Nach allgemeiner Meinung gilt die dem Erstgeschäftsführer D gemäß Ziffer 4 Satz 2 des Musterprotokolls eingeräumte Befreiung von den Beschränkungen des § 181 BGB als konkrete Vertretungsregelung ausschließlich für den bei der vereinfachten Gründung bestellten ersten Geschäftsführer, dagegen nicht auch für später bestellte Geschäftsführer (siehe hierzu im Einzelnen oben Anmerkung 13 zum Muster B 2, Rdn. B 83 ff.). Wenn einem oder mehreren neuen Geschäftsführern eine Befugnis zur Selbst- und/oder Mehrfachvertretung erteilt werden soll, müsste auch hierzu – unter Verlust des Kostenprivilegs des § 105 Abs. 6 GNotKG – zunächst durch entsprechende Satzungsregelung eine Ermächtigung der Gesellschafterversammlung zu der Einräumung einer solchen Vertretungsbefugnis geschaffen werden. Bei der konkreten Ermächtigung des neuen Geschäftsführers ist zu beachten, dass erst mit Wirkung auf den Zeitpunkt der Eintragung die Befreiung von den Beschränkungen des § 181 BGB dann beschlossen werden kann. 256

6. Aufhebung der Befreiung des bisherigen Geschäftsführers von den Beschränkungen des § 181 BGB: Es ist umstritten, ob bei Bestellung eines weiteren Geschäftsführers die dem *Erstgeschäftsführer* gemäß dem Musterprotokoll zwingend erteilte Befreiung von den Beschränkungen des § 181 BGB entfällt oder bestehen bleibt. Nach den Beschl. des OLG Stuttgart vom 28.04.2009 und jetzt auch des OLG Nürnberg vom 15.07.2015 ist Ersteres der Fall, nach der ganz überwiegenden Auffassung im Schrifttum dagegen nicht. Vielmehr behält der Erstgeschäftsführer die ihm bei der Gründung hinsichtlich § 181 BGB eingeräumte Befreiung, s. hierzu im Einzelnen oben die Ausführungen in der Anm. 13 zum Muster B 2 (Rdn. B 84). Angesichts der unterschiedlichen Auffassung in Rspr. und Schrifttum empfiehlt sich, solange eine Entscheidung des BGH zu dieser Streitfrage nicht vorliegt, eine Klarstellung bei der Bestellung des neuen Geschäftsführers in den Bestellungsbeschluss aufzunehmen und anzugeben, ob die Befreiung des Erstgeschäftsführers weiter Bestand haben soll oder diese Befugnis mit der Bestellung des weiteren Geschäftsführers endet. Entsprechend ist in das obige Beschlussmuster die Aufhebung der Befreiung des D von den Beschränkungen des § 181 BGB ausdrücklich aufgenommen. 257

Da vorliegend nicht davon ausgegangen werden kann, dass nach der Bestellung des E zum weiteren Geschäftsführer, dem – ohne nicht kostenvergünstigte entsprechende Änderung des Musterprotokolls – keine Befreiung von § 181 BGB erteilt werden kann, die Gesellschafter damit einverstanden sind, dass dem D als Fremdgeschäftsführer die bei Gründung gemäß Ziffer 4 Satz 2 des Musterprotokolls ihm (zwingend) eingeräumte Befugnis der Selbst- und Mehrfachvertretung weiterhin 258 zustehen soll, wird in dem obigen Muster die dem D erteilte Befugnis ausdrücklich aufgehoben. Einer Satzungsanpassung bedarf es hierzu nicht. Nach allgemeiner Meinung kann die dem Erstgeschäftsführer mit dem Musterprotokoll bei Gründung gewährte Befreiung nach Eintragung der Gesellschaft jederzeit durch einfachen Gesellschafterbeschluss entzogen werden (Lutter/Hommelhoff/*Bayer* § 2 Rn. 47; Scholz/*Wicke* Rn. 102 jeweils m.w.N.).

259 **7. Kosten:** Da der Beschluss nicht notariell beurkundet werden muss, sondern privatschriftlich gefasst werden kann, fällt, soweit der Notar den Beschlusstext entwirft, lediglich die Entwurfsgebühr nach KV-Nr. 24101 GNotKG an. Es fragt sich, ob hinsichtlich des dabei zugrunde zu legenden Geschäftswerts auch die Kostenvergünstigung des § 105 Abs. 6 Satz 1 Nr. 2 GNotKG entsprechend anzuwenden ist, wenn – wie vorliegend bei dem Muster unterstellt – die Geschäftsführerbestellung bei einer im vereinfachten Verfahren kostenprivilegiert errichteten Gesellschaft erfolgt oder ob der Mindestwert von € 30.000 gemäß §§ 108 Abs. 1 Satz 1, 104 Abs. 4 Nr. 1 GNotKG in die Kostenberechnung einzustellen ist. Der Unterschied ist nicht ganz unerheblich. Ohne Kostenvergünstigung beläuft sich, wenn der Notar den Entwurf vollständig gefertigt hat und damit gemäß § 92 Abs. 2 die 1,0-Höchstgebühr des Gebührenrahmens nach KV-Nr. 24101 anzusetzen ist, die Entwurfsgebühr bei dem gemäß § 105 Abs. 4 Nr. 1 GNotKG zugrunde zu legenden Mindestwert von € 30.000,00 auf € 125,00. Wendet man die Kostenvergünstigung des § 105 Abs. 6 Nr. 2 GNotKG im vorliegenden Fall entsprechend an, so fällt nur die Mindestgebühr von € 60,00 nach KV-NR. 24101 an. Nach Auffassung des Autors sollte vorliegend eine entsprechende Anwendung der Kostenvergünstigung nach § 105 Abs. 6 Satz 1 Nr. 2 GNotKG erwogen werden. Denn anderenfalls ergäbe sich das gebührenrechtliche Paradoxon, dass für Beurkundung der Änderung des Gesellschaftsvertrags unter den in § 105 Abs. 6 Satz 1 Nr. 2 GNotKG normierten Voraussetzungen geringere Notargebühren anfallen als für die Fertigung des Entwurfs eines Gesellschafterbeschlusses, mit dem ein weiterer Geschäftsführer bestellt wird.

260 Zu der Entwurfsgebühr hinzu kommen dann noch die üblichen Auslagenpauschalen (KV-Nrn. 32001, 32002 sowie 32005) sowie die Umsatzsteuer. Entwirft der Notar den Gesellschafterbeschluss auch in englischer Sprache, erhält er die Zusatzgebühr nach KV-Nr. 26001.

11. Anmeldung der Änderung des Gesellschaftsvertrags und der Bestellung eines weiteren Geschäftsführers

Vorbemerkung

261 Das nachstehende Muster verbindet die Anmeldung der gemäß Muster B 9 beschlossenen Änderung des Gesellschaftsvertrags (Firmenänderung) mit der Anmeldung der weiter beschlossenen Änderungen in der Geschäftsführung der Unternehmergesellschaft gemäß dem Muster B 10 (Bestellung des weiteren Geschäftsführers E sowie Aufhebung der Befreiung des Geschäftsführers D von den Beschränkungen des § 181 BGB).

262 **Muster**

An das

Amtsgericht ____________

Handelsregister

____

HRB ____________

XYZ UG (haftungsbeschränkt) mit dem Sitz in ____________

I. Zur Eintragung in das Handelsregister wird angemeldet: [1, 2, 3]

1. Die Firma der Gesellschaft ist geändert in ABC UG (haftungsbeschränkt).

Ziffer 1 des Gesellschaftsvertrags (Musterprotokoll) ist entsprechend geändert worden und hat die aus dem anliegenden Beschluss ersichtliche Fassung erhalten. [4]

2. Zum weiteren Geschäftsführer wurde bestellt: [5]

Herr E ____________,

geboren am ____________,

wohnhaft in ____________. [5]

Er vertritt gemäß der allgemeinen Vertretungsregelung gemeinsam mit allen weiteren Geschäftsführern. [5a]

3. Die Vertretungsbefugnis des Geschäftsführers D ist geändert. Er ist nicht mehr von den Beschränkungen des § 181 BGB befreit. [6]

II. Herr E als Geschäftsführer versichert: [7]
Es liegen keine Umstände vor, die meiner Bestellung als Geschäftsführer nach § 6 Abs. 2 S. 2 Nr. 2 und 3 sowie S. 3 GmbHG entgegenstehen:

a) Mir ist weder durch gerichtliches Urteil noch durch vollziehbare Entscheidung einer Verwaltungsbehörde die Ausübung eines Berufs, Berufszweiges, Gewerbes oder Gewerbezweiges untersagt.

b) Ich bin noch nie, weder im Inland noch im Ausland, wegen einer Straftat verurteilt worden.

c) Von dem die Anmeldung beglaubigenden Notar bin ich über meine unbeschränkte Auskunftspflicht gegenüber dem Gericht belehrt worden.

d) Der Notar hat mich ferner auf die Strafbarkeit falscher Angaben gemäß § 82 StGB hingewiesen.

III. Die inländische Geschäftsanschrift der Gesellschaft ist unverändert ____________.
Dies ist auch weiterhin die Lage der Geschäftsräume. [8]

IV. Anlagen [9]

1. notariell beurkundeter Beschluss der Gesellschafterversammlung vom ____________ (Satzungsänderung),

2. privatschriftlicher Beschluss der Gesellschafterversammlung vom ____________ (Geschäftsführerbestellung),

3. vollständiger Wortlaut des Gesellschaftsvertrags mit Notarbescheinigung gemäß § 54 Abs. 1 S. 2 GmbHG.

____________, den ____________

[Unterschriften D und E]

(Notarieller Beglaubigungsvermerk)

Template

To 263

the County Court of ____________

-Commercial Register-

[address]

HRB ____________

XYZ UG (haftungsbeschränkt)

I. It is applied for entry in the Commercial Register:

1. The business name of the company has been changed to ABC UG (haftungsbeschränkt).

Clause no. 1 of the articles of association (standard protocol) has been amended accordingly as set out in the attached notarial deed of the shareholders' resolution.

2 Mr. E,

born on ____________,

resident in ____________,
has been appointed as a further managing director.

In accordance with the general rules of representation, he represents the company together with all other managing directors.

3. The power of representation of managing director D has been changed. He is no longer exempted from the restrictions of Sec. 181 BGB.

II. Being a managing director, Mr. E affirms:

There are no circumstances which conflict with my appointment as managing director of the Company pursuant to Sec 6 para. 2 sent. 2 no. 2 and 3 GmbHG (German Limited Liability Companies Act).

a) I am not prohibited from carrying out any profession, part of profession, business or part of business due to a court decision or an enforceable decision of an administrative authority.

b) I have never been convicted for having committed a criminal offence, neither domestically (in Germany) nor abroad.

c) I have been instructed by the certifying notary regarding my unlimited duty of disclosure to the court.

d) The certifying notary informed me about the threat of penal punishment according to Sec. 82 GmbHG for giving false information.

III. The domestic business address of the company remains unchanged ____________. This continues to be the location of the business premises.

IV. Attachments:

1. Notarized resolution of the shareholders' meeting of ____________

2. Certified copy of the minutes of shareholders' meeting of ____________

3. Complete wording of the articles of association with notarial certificate in accordance with Sec. 54 para. 1 sent. 2 GmbHG.

____________ [Signatures E and D]

UR-Nr. ____________/____________

([Notarial certification clause])

Erläuterungen

1. Allgemeines: Gemäß § 54 Abs. 1 S. 1 GmbHG ist jede Änderung des Gesellschaftsvertrags zur Eintragung in das Handelsregister anzumelden. Für die Änderung eines bei der Gründung mit Musterprotokoll festgestellten Gesellschaftsvertrags enthält das GmbHG keine abweichenden Vorschriften, sodass jede Änderung in gleicher Weise wie bei der Änderung des Gesellschaftsvertrags einer im regulären Verfahren errichteten GmbH anzumelden ist. Entsprechendes gilt für die Anmeldung von Änderungen in der Geschäftsführung. Gemäß § 39 Abs. 1 GmbHG ist jede Änderung in den Personen der Geschäftsführer sowie die Beendigung ihrer Vertretungsbefugnis bei dem zuständigen Handelsregister zur Eintragung anzumelden. Über den Gesetzeswortlaut gilt dies auch für jede Veränderung bei der Vertretungsmacht eines bereits eingetragenen Geschäftsführers (Lutter/Hommelhoff/*Kleindiek* § 39 Rn. 4; Baumbach/Hueck/*Zöller/Noack* § 39 Rn. 2 m.w.N.). So muss vorliegend neben der Bestellung des neuen Geschäftsführers E die von der Gesellschafterversammlung beschlossene Aufhebung der dem Geschäftsführer D bei Gründung der Gesellschaft mit der Ziffer 4 des Musterprotokolls eingeräumten Befreiung von den Beschränkungen des § 181 BGB angemeldet und eingetragen werden. 264

2. Anmeldepflichtige: Nach § 78 GmbHG muss die Anmeldung von den Geschäftsführern in vertretungsberechtigter Zahl vorgenommen werden. Bei einer gemäß Musterprotokoll im vereinfachten Verfahren errichteten Gesellschaft müssen somit mangels abweichender allgemeiner Vertretungsregelung *sämtliche* Geschäftsführer entsprechend der gesetzlichen Vertretungsregelung in § 35 Abs. 2 GmbHG die Anmeldung vornehmen. Da die Bestellung des E sofort mit dem Bestellungsbeschluss wirksam wurde (s. Hinweis 3 zu dem Muster B 10, Rdn. B 251), müssen vorliegend die Geschäftsführer D und E die Anmeldung gemeinsam vornehmen. 265

Kommen die Geschäftsführer ihrer Pflicht zur Anmeldung nicht nach, können sie hinsichtlich der Veränderungen in der Geschäftsführung von dem Registergericht durch Androhung und Festsetzung von Zwangsgeld zur Anmeldung angehalten werden, § 14 HGB. Das Verfahren bestimmt sich nach den §§ 388 ff. FamFG. Die Anmeldung der Firmenänderung kann dagegen von dem Registergericht nicht erzwungen werden, § 79 Abs. 2 GmbHG. Es steht im Belieben der Gesellschafter, ob sie eine Satzungsänderung durch Eintragung im Handelsregister wirksam werden lassen wollen oder nicht (Lutter/Hommelhoff/*Bayer* § 54 Rn. 7, Baumbach/Hueck/*Zöllner/Noack* § 54 Rn. 1). Die Gesellschafter können die Geschäftsführer daher anweisen, von der Anmeldung einer beschlossenen Satzungsänderung abzusehen. 266

3. Form der Anmeldung: Wie jede Anmeldung zum Handelsregister bedarf die Anmeldung der Firmenänderung sowie der Änderung in der Geschäftsführung der notariellen Beglaubigung. Die Einreichung muss auf elektronischem Wege erfolgen, § 12 Abs. 1 HGB. 267

4. Anmeldung der Satzungsänderung (Firmenänderung): In der Anmeldung müssen bei einer Satzungsänderung diejenigen Veränderungen zumindest schlagwortartig genannt werden, welche eine Abänderung der nach § 10 Abs. 1 und 2 GmbHG in das Handelsregister einzutragenden Angaben zum Gegenstand haben. Die pauschale Erklärung, der Gesellschaftsvertrag sei gemäß dem beigefügten Beschluss der Gesellschafterversammlung geändert worden, genügt insoweit nicht (BGH, Beschl. vom 16.02.1987, II B 12/86, NJW 1987, 3191 = GmbHR 1987, 423; *Krafka/Kühn* Rn. 1019 sowie Lutter/Hommelhoff/*Bayer* § 54 Rn. 5, jeweils m.w.N.; a.A. Baumbach/Hueck/*Zöllner/Noack* § 54 Rn. 6). Entsprechend muss in der Anmeldung erklärt werden, dass die Firma geändert wurde. Die neue Firma muss nicht ausdrücklich genannt werden. Die Angabe empfiehlt sich indessen ebenso wie die Angabe des geänderten Paragrafen des Gesellschaftsvertrags bzw. der Ziffer des Musterprotokolls. 268

5./5a) Anmeldung der Geschäftsführerbestellung: Der neu bestellte Geschäftsführer E ist gemäß § 43 Nr. 4 HRV mit Vor- und Familiennamen, Geburtsdatum und Wohnort in das Handelsregister einzutragen. Die Anmeldung muss die erforderlichen Angaben hierzu enthalten. 269

Zu der (konkreten) Vertretungsbefugnis des neu bestellten Geschäftsführers E sind in der Anmeldung keine besonderen Angaben zwingend erforderlich, da seine Vertretungsmacht nicht von der 270 gesetzlichen Vertretungsregelung des § 35 Abs. 2 GmbH abweicht. Zur Klarstellung für die Beteiligten kann und sollte indessen auf die gemeinsame Vertretung gemäß der allgemeinen Vertretungsregelung hingewiesen werden. Manche Registergerichte tragen diese auch bei dem jeweiligen Geschäftsführer in die Spalte 4 Unterspalte b) ein.

271 **6. Anmeldung der Änderung der konkreten Vertretungsbefugnis bei dem bisherigen Geschäftsführer:** Bei dem im Gründungsprotokoll bestellten Geschäftsführer D, dem gemäß Ziffer 4 des Musterprotokolls bei der Gründung der Gesellschaft zwingend eine Befreiung von den Beschränkungen des § 181 BGB eingeräumt werden musste, ist die Aufhebung dieser besonderen konkreten Vertretungsbefugnis anzumelden. Die Aufhebung wird bei ihm in Spalte 4 Unterspalte b) des Registerblatts eingetragen. Die bisherige Eintragung hierzu wird gerötet.

272 **7. Versicherungen des neuen Geschäftsführers:** Ein neu bestellter Geschäftsführer hat in der Anmeldung gemäß § 39 Abs. 2 GmbHG zu versichern, dass bei ihm keine Umstände vorliegen, die seiner Bestellung nach § 6 Abs. 2 S. 2 Nr. 2 und 3 sowie S. 3 GmbHG entgegenstehen. Ferner hat er zu versichern, dass er über seine unbeschränkte Auskunftspflicht dem Gericht gegenüber belehrt worden ist.

273 Wegen der Einzelheiten hierzu wird auf die Anm. 13 und 14 zum obigen Muster B 4 (Rdn. B 135 ff.) verwiesen.

274 **8. Angabe der inländischen Geschäftsanschrift sowie der Lage der Geschäftsräume:** Seit Inkrafttreten des MoMiG wird auch die inländische Geschäftsanschrift der GmbH in das Handelsregister eingetragen, s. § 10 Abs. 1 GmbHG, und zwar gemäß § 40 Nr. 2 HRV in Spalte 2 unter dem Buchst. b) des Registerblatts. Änderungen der Anschrift sind nach § 31 Abs. 1 HGB zur entsprechenden Änderungseintragung bei dem Registergericht anzumelden. In der Praxis wird dies aus Unkenntnis oder Nachlässigkeit häufig versäumt. Damit für den Fall einer etwaigen Anschriftenänderung die ggf. versäumte Anmeldung nachgeholt wird, nehmen viele Notare quasi als Erinnerungsposten in jede Anmeldung die Angabe der inländischen Geschäftsanschrift auf, auch wenn diese sich nicht geändert hat. Das obige Muster folgt dieser – aus Sicht des Autors – sinnvollen Praxis.

275 Eine unter Umständen von der inländischen Geschäftsanschrift abweichende Lage der Geschäftsräume ist nach § 24 Abs. 2 HRV bei der Anmeldung anzugeben. Sie wird nicht in das Handelsregister eingetragen. Änderungen der Lage der Geschäftsräume sind dem Handelsregister indessen unverzüglich anzuzeigen. Die Anzeige kann auch außerhalb einer Anmeldung formlos erfolgen.

276 **9. Anlagen:** Der Registeranmeldung ist das notarielle Protokoll der Gesellschafterversammlung mit dem Beschluss zur Satzungsänderung (vorliegend Änderung der Firma in Ziffer 1des Gesellschaftsvertrags) in Ausfertigung oder notariell beglaubigter Abschrift beizufügen. Die Einreichungspflicht ist zwar nicht ausdrücklich im GmbHG geregelt, sie folgt indessen aus dem Zweck des Formerfordernisses in § 53 Abs. 2 GmbHG und soll dem Registergericht die Prüfung der Satzungsänderung ermöglichen. Ebenso ist der formlose Beschluss der Gesellschafterversammlung, mit dem die Änderungen in der Geschäftsführung beschlossen wurden, in Urschrift oder beglaubigter Abschrift der Anmeldung beizufügen, § 39 Abs. 2 GmbHG.

277 Weiter ist der Anmeldung der vollständige Wortlaut des geänderten Gesellschaftsvertrags mit Notarbescheinigung (häufig »Satzungsbescheinigung des Notars« genannt) beizufügen. Die Pflicht zur Einreichung folgt aus § 54 Abs. 1 S. 2 GmbHG. Wegen der Ausgestaltung des aktuellen Wortlauts des geänderten »Musterprotokolls«, insbesondere zu der Frage, ob auch die Ziffern 6 und 7 hierin aufzunehmen sind und zur Fassung der notariellen Bescheinigung wird auf Anm. 2 und 3 zu dem obigen Muster B 7 verwiesen (s. Rdn. B 201 ff.).

278 Die Anlagen sind zusammen mit der Anmeldung elektronisch bei dem Handelsregister einzureichen, § 12 Abs. 1 und 2 HGB.

279 **10. Kosten:** a) *Notarkosten*: Die Anmeldung zum Handelsregister ist stets ein besonderer Beurkundungsgegenstand, § 111 Nr. 3 GNotKG. Hierbei bildet jede Tatsache, die zur Eintragung in das

Handelsregister anzumelden ist, einen eigenen Beurkundungsgegenstand. Vorliegend sind dies drei Tatsachen, nämlich die Firmenänderung, die Bestellung des Geschäftsführers E sowie die Änderung der Vertretungsbefugnis bei dem bisherigen Geschäftsführer D. Die Geschäftswerte bestimmen sich nach den § 105 Abs. 4 Nr. 1 und Abs. 6 S. 1 Nr. 2 GNotKG. Sie sind jeweils gesondert zu ermitteln und sodann gemäß § 35 Abs. 1 GNotKG zu addieren. Beglaubigt der Notar nicht nur den anderweitig erstellten Entwurf zu der Registeranmeldung, sondern fertigt er diesen selbst, erhält er nicht die 0,2-Beglaubigungsgebühr nach GNotKG KV-Nr. 25100, sondern die höhere Entwurfsgebühr nach der KV-Nr. 24102 (Faktor von 0,3 bis 0,5, wobei bei vollständiger Entwurfsfertigung durch den Notar gemäß § 92 Abs. 2 GNotKG stets der Höchstsatz von 0,5 zu erheben ist). Für die elektronische Einreichung der Anmeldung fällt bei Erstellung der XML-Strukturdaten eine gesonderte Vollzugsgebühr nach KV-Nr. 22114 an. Hinzu kommen die Auslagenpauschalen nach Teil 3 Nr. 2 des KV zu den Nr. 32001 (Pauschale Papier s/w), 32002 (Datenpauschale) sowie 32005 (Post und TK-Pauschale), ferner die Umsatzsteuer. Für eine etwaige Übersetzung der Anmeldung durch den Notar fällt eine Zusatzgebühr nach KV-Nr. 26001 an.

b) *Gerichtskosten*: Die Kosten für die Registereintragung bestimmen sich nach den GV-Nr. 2500 280
und 2501 GNotKG. Sie belaufen sich auf 70,00 € für die erste einzutragende Tatsache und 40,00 € für jede weitere Tatsache. Vorliegend ergibt sich damit der Betrag von 150,00 € (70,00 € für die Firmenänderung und je 40,00 € für die Eintragung des Geschäftsführers E sowie die Änderung der Vertretungsbefugnis bei dem Geschäftsführer D). Bekanntmachungskosten für die Bekanntmachung der Eintragung gemäß § 10 HGB in dem Justizportal unter »www.handelregisterbekanntmachungen.de« fallen keine an. Die nach dem GKG zuletzt hierfür noch erhobene Pauschale von 1,00 € ist mit Inkrafttreten des GNotKG entfallen. Die Bekanntmachungskosten sind mit den Eintragungsgebühren abgegolten.

12. Kapitalerhöhung bei der Unternehmergesellschaft durch Aufstockung bisheriger Anteile und Bildung eines neuen Anteils *nach* Eintragung (auf ein Stammkapital *unter* 25.000 €)

Vorbemerkung

Unternehmergesellschaften (UG) werden bei der Gründung zumeist mit nur geringem Stammka- 281
pital ausgestattet, welches häufig nicht einmal die Kosten der Geschäftseröffnung deckt, sodass die Gesellschafter nicht selten schon alsbald nach Eintragung der Gesellschaft und noch vor der Geschäftsaufnahme zusätzliche Mittel in Form von Gesellschafterdarlehen gewähren müssen. Damit keine Insolvenzreife eintritt, muss dabei ein Rangrücktritt vereinbart werden.

Weiter kann nach einiger Zeit zur Aufrechterhaltung oder Ausweitung des Geschäftsbetriebes auch 282
eine Stärkung des Eigenkapitals notwendig werden, wozu das Stammkapital der UG zu erhöhen ist. Soweit die Gesellschaft entsprechend § 5a Abs. 3 GmbHG bereits eine gesetzliche Rücklage gebildet hat, kann anstelle oder neben einer (effektiven) Barkapitalerhöhung auch eine Kapitalerhöhung aus Gesellschaftsmitteln vereinbart werden. Hierbei ist allerdings zu berücksichtigen, dass eine Kapitalerhöhung aus Gesellschaftsmitteln nur auf der Grundlage einer *geprüften* Bilanz erfolgen kann, die mit dem uneingeschränkten Bestätigungsvermerk des Abschlussprüfers versehen sein muss (s. §§ 57e GmbHG, 322 HGB). Da die Prüfung nach den §§ 316 ff. HGB nur durch einen Wirtschaftsprüfer bzw. vereidigten Buchprüfer vorgenommen werden kann und deshalb mit nicht geringen Kosten verbunden ist, wird bei Unternehmergesellschaften in der Praxis zumeist aus Kostengründen von einer Kapitalerhöhung aus Gesellschaftsmitteln abgesehen.

Die in § 105 Abs. 6 GNotKG normierte Kostenvergünstigung, nach der für die Gründung im 283
vereinfachten Verfahren sowie für die Änderungen von in diesem Verfahren gemäß Musterprotokoll festgestellten Gesellschaftsverträgen unter den in § 105 Abs. 6 S. 2 Nr. 2 GNotKG geregelten Voraussetzungen bei der Berechnung der Notarkosten die Mindestgeschäftswerte des § 105 Abs. 1 Nr. 1 und Abs. 4 Nr. 1 GNotKG nicht zu berücksichtigen sind, kommt bei einer Kapitalerhöhung

nicht zur Anwendung, da Kapitalmaßnahmen über eine bloße Satzungsänderung hinausgehen (Bormann/Diehn/Sommerfeld/*Bormann,* 2. Aufl. 2016. § 105 Rn. 37; *Diehn/Sikora/Tiedtke* Das neue Notarkostenrecht, Rn. 427).

Muster [1], [2]

284 **UR.-Nr. __________/__________**

Verhandelt in __________

am __________

Vor mir, dem Notar/der Notarin __________

mit dem Amtssitz in __________

erschienen heute in meinen Amtsräumen in __________

1. **Herr A,**

   geboren am __________,

   wohnhaft __________,

   ausgewiesen durch gültigen deutschen Personalausweis/Reisepass Nr. __________,

   handelnd

   zu a) im eigenen Namen,

   zu b) seiner Erklärung nach in seiner Eigenschaft als einzelvertretungsberechtigter und von den Beschränkungen des § 181 BGB befreiter Geschäftsführer für die Gesellschaft mit beschränkter Haftung in Firma

   B-GmbH mit dem Sitz in __________

   Geschäftsanschrift: __________

   eingetragen im Handelsregister des Amtsgerichts __________ unter HRB __________.

   Hiermit bescheinige ich, der Notar/die Notarin, gemäß § 21 Abs. 1 Nr. 1 BNotO die vorgenannte Vertretungsberechtigung, und zwar aufgrund heutiger Einsicht/Einsicht am __________ in das elektronische Handelsregister des Amtsgerichts __________. [3]

2. **Frau C,**
   geboren am __________,
   wohnhaft __________,
   ausgewiesen durch gültigen deutschen Personalausweis/Reisepass Nr. __________,
   handelnd im eigenem Namen.

3. **Herr D,**

   geboren am __________,

   wohnhaft __________,

   ausgewiesen durch gültigen Personalausweis/Reisepass Nr. __________,

   handelnd im eigenem Namen.

Die Erschienenen erklärten zu meinem Protokoll:

I. Vorbemerkung

Der Erschienene zu 1), die von ihm vertretene B-GmbH und die Erschienene zu 2) sind die alleinigen Gesellschafter der im Handelsregister des Amtsgerichts __________ unter der HRB __________ eingetragenen XYZ UG (haftungsbeschränkt) mit Sitz in __________.

An dem Stammkapital der Gesellschaft von 1.200,00 € sind sie wie folgt beteiligt:

a) Herr A mit dem Geschäftsanteil Nr. 1 mit einem Nennbetrag von 600,00 €,

b) die B-GmbH mit dem Geschäftsanteil Nr. 2 mit einem Nennbetrag von 200,00 €,

c) Frau C mit dem Geschäftsanteil Nr. 3 mit einem Nennbetrag von 400,00 €.

Die vorstehenden Beteiligungsverhältnisse entsprechen der zuletzt in das Handelsregister aufgenommenen Gesellschafterliste vom __________, wovon sich der Notar/die Notarin durch Einsicht in das online geführte Handelsregister am heutigen Tag/am __________ überzeugt hat. Ein Ausdruck dieser Gesellschafterliste ist zu Beweiszwecken dieser Niederschrift als Anlage 1 beigefügt.

II. Gesellschafterbeschluss

Unter Verzicht auf die Einhaltung aller Form- und Fristvorschriften für die Einberufung und Abhaltung einer Gesellschafterversammlung halten wir hiermit eine Gesellschafterversammlung ab und beschließen einstimmig [4] wie folgt:

(1) Das Stammkapital der Gesellschaft wird von 1.200,00 € um 6.800,00 € auf 8.000,00 € erhöht. Die Kapitalerhöhung erfolgt zum einen im Wege der Aufstockung der bisherigen Geschäftsanteile (Geschäftsanteile Nrn. 1 bis 3) auf den Nennbetrag von jeweils 2.000,00 € und zum anderen durch Ausgabe eines neuen Anteils (Geschäftsanteil Nr. 4) in Höhe von 2.000,00 €. [5]

(2) Die bisherigen Geschäftsanteile werden hierzu wie folgt erhöht: [6]

- **der Geschäftsanteil des A (Geschäftsanteil Nr. 1) um 1.400,00 € auf 2.000,00 €,**
- **der Geschäftsanteil der B-GmbH (Geschäftsanteil Nr. 2) um 1.800,00 € auf 2.000,00 €,**
- **der Geschäftsanteil der C (Geschäftsanteil Nr. 3) um 1.600,00 € auf 2.000,00 €.**

Die Aufstockung der Geschäftsanteile erfolgt jeweils zum Nennbetrag. [7]

(3) Der neue Geschäftsanteil Nr. 4 im Nennbetrag von 2.000,00 € wird zuzüglich eines Agios von 1.000,00 € ausgegeben. Zur Übernahme des Geschäftsanteils wird der Erschienene zu 3), Herr D, zugelassen. [8]

(4) Die aufgestockten Geschäftsanteile Nrn. 1 bis 3 sowie der neue Geschäftsanteil Nr. 4 sind sofort in voller Höhe in bar zu erbringen. Das Agio auf den neuen Anteil Nr. 4 ist bis zum __________ einzuzahlen. [9]

(5) Die neuen Geschäftsanteile sind ab Beginn des bei Eintragung der Kapitalerhöhung laufenden Geschäftsjahres am Gewinn der Gesellschaft beteiligt. [10]

(6) Ziffer 3 des Gesellschaftsvertrags (bisher gemäß Musterprotokoll) wird vollständig geändert und lautet künftig wie folgt:

»Das Stammkapital der Gesellschaft beträgt 8.000,00 € (i.W.: achttausend Euro).« [11]

(7) Ferner wird Ziffer 1 des Gesellschaftsvertrags wie folgt geändert:

»Die nach § 2 Abs. 1a GmbHG errichtete Gesellschaft mit beschränkter Haftung führt die Firma XYZ UG (haftungsbeschränkt). Sie hat ihren Sitz in ___________.« [12]

(8) Die Ziffern 6 und 7 des Gesellschaftsvertrags werden ersatzlos aufgehoben. [12a]

(9) Weitere Änderungen des Gesellschaftsvertrages werden nicht beschlossen.

III. Übernahmeerklärungen [13]

(1) So dann erklärten die Erschienenen zu 1) und 2), Herr A zugleich für die von ihm vertretene B-GmbH:

Unter Bezug auf die vorstehend unter II. beschlossene Kapitalerhöhung übernehmen wir jeweils die neuen Aufstockungsanteile auf die Geschäftsanteile Nrn. 1 bis 3 zu den in dem Beschluss genannten Bedingungen und verpflichten uns zur sofortigen Einzahlung des jeweiligen Aufstockungsbetrags.

(2) Weiter erklärte der Erschiene zu 3), Herr D:

Ich übernehme zu den in dem vorstehenden Beschluss genannten Bedingungen den neuen Geschäftsanteil Nr. 4 im Nennbetrag von € 2.000,00 und verpflichte mich zur sofortigen Einzahlung des Nennbetrags sowie zur Zahlung des Agios bis zum ___________.

IV. Vollmachten: [14]

Die Mitarbeiter des amtierenden Notars Frau X ___________ und Herr Y werden hiermit von den Erschienenen bevollmächtigt, und zwar jeder für sich allein und unter Befreiung von den Beschränkungen des § 181 BGB, für sie alle Erklärungen abzugeben und alle Änderung dieser Urkunde, welche insbesondere zur Erledigung von Verfügungen des Registergerichts erforderlich sind, zu beschließen und zum Handelsregister anzumelden. Von dieser Vollmacht darf nur vor dem amtierenden Notar, seinen Sozien bzw. seinem amtlich bestellten Notarvertreter Gebrauch gemacht werden. Die Vollmacht erlischt einen Monat nach Eintragung der beschlossenen Änderungen.

V. Kosten

Die Kosten dieser Urkunde einschließlich der Kosten der Übernahmeerklärungen sowie die Kosten der Registereintragung trägt die Gesellschaft.

VI. Hinweise des Notars [15]

Der Notar wies darauf hin, dass

(1) die Kapitalerhöhung sowie die Satzungsänderung erst mit der Eintragung im Handelsregister wirksam werden. [16]

(2) Zahlungen auf die Aufstockungsanteile der Geschäftsanteile Nrn. 1 bis 3 sowie auf den neuen Geschäftsanteil Nr. 4 erst nach der heutigen Beurkundung geleistet werden dürfen. Etwaige Zahlungen, die bereits vor der heutigen Beurkundung vorgenommen sein sollten, haben regelmäßig keine tilgende Wirkung.

Die Beteiligten erklärten hierzu, dass sie keine Voreinzahlungen geleistet haben.

(3) die vereinbarten Geldeinlagen nicht durch Aufrechnung/Verrechnung mit Forderungen gegen die Gesellschaft erbracht werden können.

(4) die übrigen Gesellschafter im Verhältnis ihrer Anteile für die Leistungen auf die Geschäftsanteile haften, auf die der geschuldete Einzahlungsbetrag von dem jeweils dazu verpflichteten Gesellschafter nicht zu erlangen ist.

(5) Geldeinlagen, die zeitlich unmittelbar nach der Kapitalerhöhung darlehensweise oder aufgrund anderweitiger Vereinbarung an einen Gesellschafter wieder ausgezahlt werden, die Einlageschuld nur dann tilgen, wenn der Rückzahlungsanspruch der Gesellschaft vollwertig und jederzeit fällig ist und die Auszahlung sowie die Rückzahlungsvereinbarung zwischen dem Gesellschafter und der Gesellschaft in der Anmeldung zum Handelsregister angegeben sind.

Vorstehende Verhandlung wurde den Erschienenen von dem Notar/der Notarin vorgelesen, von ihnen genehmigt und wie folgt eigenhändig unterschrieben.

[Unterschrift der Erschienenen] [Unterschrift des Notars/der Notarin] L.S. [Notariatssiegel]

Template

Notarial deed number: UR ______/______ 285

Negotiated in [city]

on [date].

Before me, the notary [name],

with registered office in [city]

today appeared in my notary's offices at [address]

1. Mr. A,

   born on

   resident at ______,

   identified by valid German ID card/passport no. ______,

   acting

   (a) on his own behalf,

   (b) according to his declaration in his capacity as managing director with sole power of representation and exempted from the restrictions of Sec. 181 BGB (German Civil Code) on behalf of the limited liability company under the firm name of B-GmbH

   with registered office at [place],

   business address: ______,

   registered in the commercial register of the local court of ______ division B,number HRB ______.

   I, the notary, hereby confirm the aforementioned power of representation in accordance with Sec. 21 para 1 no. 1 BNotO, on the basis of today's inspection/inspection on [date] in the electronical commercial register of the local court of ______, division B, number HRB ______.

2. Ms. C,
born on ____________,
resident at ____________,
identified by valid German ID card/passport no. ____________,
acting on her own behalf,

3. Mr. D,
born on____________,
resident at ____________,
identified by valid German ID card/passport no. ____________,
acting on his own behalf.

The persons appeared requested the deed to be recorded in the German language. The English version is only a non-binding translation and is quoted for information purposes only.

The persons appeared – acting as stated above – then declared to my record:

I. Preamble

We, Mr. A, B-GmbH, represented by Mr. A, und Ms C are the sole shareholders of XYZ UG (with limited liability), registered in the commercial register of the County Court of ____________, Division B, HRB ____________ (hereinafter called »the Company«) with registered office in ____________.

The share capital of the Company amounts to 1,200.00 € and is owned by

a) Mr. A (share no. 1 with the nominal amount of 600.00 €),

b) B-GmbH (share no. 2 with the nominal amount of 200.00 €),

c) Ms. C (share no. 3 with the nominal amount of 400.00 €).

The above shareholding ratios correspond to the current electronic list of shareholders from __[date]__., most recently submitted to the commercial register, which the notary has inspected today/on the day of __[date]__. A copy of this list of shareholders is attached as annex 1 to this deed for evidence purposes.

II. Shareholders' resolution

Waiving all requirements with respect to form and time of summoning a shareholders' meeting, we hereby hold an extraordinary shareholders' meeting of the Company and unanimously resolve as follows:

(1) The share capital of the Company shall be increased from 1,200.00 € by 6,800.00 € to 8,000.00 €. The increase will be executed by increasing the existing shares (shares no. 1 to 3) to the nominal amount of 2,000.00 € each and by issuing a new share (share no. 4) in the amount of 2,000.00 €.

(2) The existing shares will be increased as follows:

– the share of A (share no. 1) by 1,400.00 € to 2,000.00 €,

– the share of B-GmbH (share no. 2) by 1,800,00 € to 2,000.00 €,

– the share of C (share no. 3) by 1,600.00 € to 2,000.00 €.

(3) The new share no. 4 with a nominal value of 2,000.00 € will be issued plus a premium of 1,000.00 €. Mr. D is allowed to subscribe for the share.

(4) The share increased no. 1 to 3 and the new share no. 4 must be paid immediately, in full and in cash. The premium on the new share no. 4 must be paid in until the ___[date]___.

(5) The new shares shall participate in the profits of the Company from the beginning of the fiscal year in which the capital increase is entered into the commercial register.

(6) Clause no. 3 of the articles of association (previously in accordance with the standard protocol) will be completely changed and will be read as follows:

»The share capital of the company amounts to 8,000.00 €(in words: eight thousand euros).«

(7) Furthermore, clause no. 1 of the articles of association shall be amended as follows:

»The business name of the limited liability company, established in accordance with Sec. 2 para. 1a GmbHG, is XYZ UG (haftungsbeschränkt). The Company has its registered office in ______________.«

(8) Clauses no. 6 and 7 of the articles of association shall be deleted without replacement.

(9) Further amendments to the articles of association are not resolved.

III. Declarations of subscribers

(1) The persons appearing to 1) and 2), Mr. A also acting on behalf of the B-GmbH represented by him, declared:

With reference to the capital increase resolved under part II. above, we will subscribe to the additional contributions for increasing the nominal value of the shares no. 1 to 3 and undertake to pay in the respective supplementary amount immediately.

(2) Further, the person appeared to 3), Mr. D, declared:

I subscribe for the new share no. 4 in the nominal amount of 2,000.00 € under the conditions stated in the above resolution (part II.) and undertake to pay in the nominal amount of 2,000.00 € immediately and the premium of 1,000.00 € until ____________.

IV. Power of attorney

Ms. X ____________ and Mr. Y ____________, employees of the acting notary, are hereby authorised, each individually and exempt from the restrictions of Sec. 181 BGB (German Civil Code), to make all declarations and all amendments to this deed, being necessary in particular for the execution of dispositions of the register court, and to register the amendments with the commercial register. This power of attorney may only be exercised before the acting notary, his or her partners or their officially appointed representative. The power of attorney expires one month after the entry of the resolved amendments in the commercial register.

V. Costs

The costs of this deed, including the costs of the take-over declarations, and the costs of the register entry shall be borne by the Company.

VI. Notarial instructions

The notary notes that

(1) the capital increase and the amendment to the articles of association shall only become effective upon entry in the commercial register.

(2) payments for the increase of the shares no. 1 to 3 and the new share no. 4 may only be made after today's notarisation.

The parties declare that they have not made any prepayments.

(3) the agreed cash contributions cannot be made by offsetting/setting against claims against the Company.

(4) the other shareholders shall be liable in proportion to their shares for the payment of contributions on the shares for which the amount owed by a shareholder cannot be obtained.

(5) contributions in cash being repaid to a shareholder by way of a loan agreement or another agreement immediately after the capital increase is resolved and before the increase is registered will only release from the obligation to the share contribution if the repayment claim of the company is fully valid and due at any time and the payment as well as the repayment agreement between the respective shareholder and the Company are indicated in the application for registration with the commercial register.

The above negotiation was read aloud to the persons appearing by the notary, approved by them and signed as follows:

[signatures of the persons appeared]

[notary's signature]

L.S. [notary's seal]

Literatur: *Diehn/Sikora/Tiedtke* Das neue Notarkostenrecht, Rn. 427; Heckschen/Heidinger/*Heckschen*, Kap. 10, S. 895 ff.; *Wachter* Form der Übernahmeerklärung, GmbHR 2018, 134–138.

Erläuterungen

286 **1. Sachverhalt:** Das vorstehende Muster knüpft an die gemäß dem Muster B 3 im vereinfachten Verfahren gegründete UG mit den Gesellschaftern Herrn A, der B-GmbH sowie Frau C. Das Stammkapital der Gesellschaft soll auf 8.000,00 € erhöht werden. Hieran sollen nach der Kapitalerhöhung die drei bisherigen Gesellschafter sowie der D, der nach dem Muster B 3 bei der Gründung keinen Geschäftsanteil übernommen hatte, sondern lediglich zum (Fremd-)Geschäftsführer bestellt worden war, zu gleichen Teilen mit jeweils 2.000,00 € beteiligt sein. Für die drei bisherigen Gesellschafter sollen keine neuen Geschäftsanteile ausgegeben werden. Vielmehr sollen ihre Geschäftsanteile auf jeweils 2.000,00 € erhöht (aufgestockt) werden. Der neue Anteil für den D soll mit einem Agio von 1.000,00 € ausgegeben werden, da er nach seinem Beitritt von der zwischenzeitlich nach § 5a Abs. 3 GmbHG bei der UG (zwingend) angesparten gesetzlichen Rücklage von angenommen 3.000,00 € partizipiert.

287 **2. Rechtliche Grundlagen:** Soll bei einer mittels Musterprotokoll im vereinfachten Verfahren gegründeten Gesellschaft das Stammkapital nach Eintragung der Gesellschaft erhöht werden, gelten keine Besonderheiten. Wie bei einer im Normalverfahren gegründeten Gesellschaft ist für die Kapitalerhöhung das statuarische Stammkapital durch Beschluss der Gesellschafterversammlung zu ändern. Der Beschluss bedarf gemäß § 53 Abs. 2 S. 1 GmbHG der notariellen Beurkundung. Die weiteren Einzelheiten zur Kapitalerhöhung finden sich in den §§ 55 ff. GmbHG.

Handelt es sich bei der Gesellschaft um eine UG mit einem Stammkapital unter 25.000,00 €, so ist daneben noch die Sonderregelung in § 5a Abs. 2 GmbHG zu beachten. Danach sind Sacheinlagen bei einer UG nicht zulässig. Ferner darf bei einer UG die Anmeldung der Kapitalerhöhung erst dann zum Handelsregister eingereicht werden, wenn die bei der Kapitalerhöhung übernommenen Bareinlagen in voller Höhe erbracht worden sind. Das Verbot der Sacheinlage sowie die Volleinzahlungspflicht gelten, auch wenn die Vorschrift des § 5a GmbHG in dem mit Errichtung der GmbH überschriebenen Abschnitt 1 des GmbH-Gesetzes aufgenommen ist, nicht nur für die Gründung der UG, sondern gemäß § 5a Abs. 5 GmbHG auch für nach der Eintragung vorgenommene Kapitalerhöhungen, solange bei der Kapitalerhöhung nicht das Mindeststammkapital der GmbH von 25.000,00 €(§ 5 Abs. 3 GmbHG) erreicht wird. Zu einer Erhöhung des Stammkapitals auf diesen Betrag s. das Muster B 15 (Rdn. B 363). 288

3. Vertretungsbescheinigung: Zur Beschleunigung des Eintragungsverfahrens empfiehlt sich eine notarielle Bescheinigung über die Vertretungsbefugnis des A für die von ihm in der Gesellschafterversammlung vertretene B-GmbH gemäß § 21 Abs. 1 Nr. 1 BNotO. Anderenfalls kann, soweit die Gesellschaft nicht in demselben Handelsregister eingetragen ist, das Registergericht einen Vertretungsnachweis in Form eines Registerauszugs anfordern. 289

4. Erforderliche Mehrheit: Für den Erhöhungsbeschluss ist nach § 53 Abs. 2 GmbHG eine Mehrheit von drei Viertel der abgegebenen Stimmen erforderlich. In der Praxis wird der Beschluss i.d.R. einstimmig auf einer Universalversammlung aller Gesellschafter gefasst. Entsprechend ist der Text des obigen Musters gefasst. 290

5./6. Aufstockung der bisherigen Geschäftsanteile, Angabe der Aufstockungsanteile: 291
Nach § 55 Abs. 3 GmbHG erwirbt ein der Gesellschaft bereits angehörender Gesellschafter, der bei einer Kapitalerhöhung einen Anteil von dem erhöhten Kapital übernimmt, einen weiteren Geschäftsanteil. Wegen dieser gesetzlichen Regelung war nach älterer, mittlerweile überkommener Ansicht eine Erhöhung des Nennbetrags bestehender Geschäftsanteile nicht statthaft. Heute entspricht es allgemeiner Ansicht, dass § 55 Abs. 3 GmbHG dispositiv ist und abweichend von dieser Regelung bei einer Kapitalerhöhung anstelle der Ausgabe neuer Anteile auch bisherige Geschäftsanteile aufgestockt werden können (BGH, Beschl. vom 24.10.1974, II ZB 1/74, BGHZ 63, 116; BayObLG, Beschl. vom 20.02.2002 – 3Z BR 30/02 -GmbHR 2002, 497; Baumbach/Hueck/*Zöllner/Fastrich* § 55 Rn. 46; Lutter/Hommelhoff/*Lutter/Bayer* § 55 Rn. 15). Voraussetzung für eine Aufstockung ist allerdings, dass der jeweilige Anteil, sofern er noch nicht voll eingezahlt ist, sich noch in der Hand des Gründungsgesellschafters (oder eines Gesamtrechtsnachfolgers) befindet. Da bei einer UG die bisherigen Geschäftsanteile gemäß § 5a Abs. 2 S. 1 GmbHG stets in voller Höhe eingezahlt sein müssen, stellt sich bei einer UG dieses Problem bei der Kapitalerhöhung nicht. Bei einer Kapitalerhöhung einer UG kann daher stets auch dann eine Aufstockung beschlossen werden, wenn ein oder alle bei der Gründung übernommenen Geschäftsanteil(e) in der Zwischenzeit an Dritte übertragen worden sind.

Die Einzelheiten der Aufstockung können nicht den Übernahmeerklärungen vorbehalten bleiben, sondern sind bereits in dem Erhöhungsbeschluss festzulegen. Es ist daher in dem Beschluss für diejenigen Anteile, die aufgestockt werden sollen, im Einzelnen festzulegen, auf welchen neuen Nennbetrag sie jeweils erhöht werden. Der jeweilige Aufstockungsbetrag muss auf volle Euro lauten (vgl. § 57h Abs. 1 GmbHG für die Kapitalerhöhung aus Gesellschaftsmitteln). 292

In dem obigen Muster werden die Anteile von allen der drei bisher beteiligten Gesellschafter aufgestockt. Zulässig ist auch eine Kombination zwischen Aufstockung und Ausgabe neuer Anteile (Lutter/Hommelhoff/*Lutter/Bayer* § 55 Rn. 15). Vorliegend wäre es z.B. daher auch ohne Weiteres möglich, den Anteil der B-GmbH statt der Aufstockung um 1.800,00 € lediglich um den Betrag von 800,00 € auf € 1.000,00 € zu erhöhen und weiter einen neuen Geschäftsanteil von 1.000,00 € an die B-GmbH auszugeben. Zu beachten ist in allen Fällen lediglich, dass die Summe der Erhöhungsbeträge (Nennbeträge) aller Geschäftsanteile mit dem Gesamterhöhungsbetrag übereinstimmt. 293

294 Grundsätzlich steht den bisherigen Gesellschaftern der Anspruch zu, an dem erhöhten Stammkapital im Verhältnis ihrer bisherigen Geschäftsanteile beteiligt zu werden. Wenn – wie vorliegend nach dem Sachverhalt unterstellt – alle Gesellschafter mit einer nicht quotenwahrenden Aufteilung des Erhöhungsbetrages einverstanden sind, können die Erhöhungsanteile auch hiervon abweichend festgelegt werden. Zu den Voraussetzungen, unter denen ansonsten eine Einschränkung oder auch ein gänzlicher Ausschluss des Bezugsrechts der bisherigen Gesellschafter zulässig ist, ist auf die einschlägigen Kommentierungen zu verweisen (z.B. in Baumbach/Hueck/*Zöllner/Fastrich* § 55 Rn. 20 ff. und Lutter/Hommelhoff-*Lutter/Bayer* § 55 Rn. 17 ff. m.w.N. sowie ausführlich Heckschen/Heidinger/*Heckschen* § 10 Rn. 39 ff.).

295 Entsprechendes gilt, wenn ein Dritter, der – wie vorliegend der D – bisher nicht an dem Stammkapital der Gesellschaft beteiligt ist, bei der Kapitalerhöhung Gesellschafter werden soll. Grundsätzlich können mit der für Satzungsänderungen erforderlichen qualifizierten Dreiviertelmehrheit (§ 53 Abs. 2 GmbHG) auch neue Gesellschafter zugelassen werden.

296 **7./8. Nur Bareinlagen zulässig, sofortige Volleinzahlung:** Solange bei einer UG mit der Kapitalerhöhung nicht das gesetzliche Mindeststammkapital der »normalen« GmbH von 25.000,00 € (§ 5 Abs. 1 GmbHG) erreicht wird, kommen gemäß § 5a Abs. 5 GmbHG die Sonderregelungen weiter zur Anwendung, welche in § 5 Abs. 1 bis 4 GNotKG für die Gründung einer UG normiert sind. Damit ist eine Kapitalerhöhung gegen Sacheinlage ausgeschlossen, solange das mit der Erhöhung erreichte Stammkapital der Gesellschaft unter dem Betrag von 25.000,00 € bleibt.

297 Weiter sind, anders als bei der Kapitalerhöhung bei einer »normalen« GmbH, bei der nach §§ 56a i.V.m. § 7 Abs. 2 S. 1 GmbHG es ausreicht, dass im Zeitpunkt der Anmeldung lediglich ein Viertel auf die neu übernommenen Anteile eingezahlt ist, bei einer UG die bei der Kapitalerhöhung übernommenen Einlagen sofort in *voller* Höhe fällig, s. § 5a Abs. 2 S. 1 GmbHG. Erst wenn alle neuen Anteile – vorliegend die übernommenen Aufstockungsanteile auf die bisherigen Geschäftsanteile Nr. 1 bis 3 sowie der neue Anteil Nr. 4 des D – vollständig eingezahlt sind, kann und darf bei einer UG die Kapitalerhöhung zur Eintragung bei dem Handelsregister angemeldet werden.

298 **9. Agio:** Für die bei einer Kapitalerhöhung geschaffenen neuen Geschäftsanteile kann in dem Erhöhungsbeschluss auch ein Aufgeld (Agio) festgesetzt werden. Anders als die Einlage auf den neuen Geschäftsanteil ist dieses nicht zwingend in bar zu erbringen. Es kann somit auch bereits bei einer UG ein Sachagio, z.B. die Übertragung von Betriebsmitteln oder auch die Einbringung eines Darlehens oder von immateriellen Gütern, wie etwa eines Patents, einer Marke oder eines noch in der Entwicklung befindlichen Computerprogramms, vereinbart werden. Weiter muss das Agio nicht sofort vor Einreichung der Anmeldung der Kapitalerhöhung bei dem Handelsregister geleistet sein. Es kann ohne Weiteres beschlossen werden, dass das Agio erst zu einem späteren Zeitpunkt erbracht werden soll.

299 **10. Gewinnbeteiligung:** Die Kapitalerhöhung wird wie jede Satzungsänderung erst mit der Eintragung im Handelsregister wirksam, § 54 Abs. 3 GmbHG. Erst zu diesem Zeitpunkt erhöhen sich die von den drei bisherigen Gesellschaftern gehaltenen Geschäftsanteile und erwirbt der D den neuen Geschäftsanteil. Da vorliegend keine quotenwahrende Erhöhung vorgenommen und ein neuer Gesellschafter aufgenommen wurde, verändert sich von diesem Zeitpunkt an auch die Gewinnbeteiligung der bisherigen Gesellschafter nach § 29 Abs. 3 GmbHG. Damit vorliegend nicht ein Zwischenabschluss auf diesen Zeitpunkt erstellt werden muss, wird mit der in das Beschlussmuster aufgenommenen Erklärung – wie aus Kostengründen i.d.R. üblich – vereinbart, dass die Höhe der neuen Geschäftsanteile bei der Gewinnverwendung für das gesamte bei der Eintragung laufende Geschäftsjahr maßgeblich ist.

300 **11. Änderung des Wortlauts in Ziffer 3 des Gesellschaftsvertrags:** Neben dem Kapitalerhöhungsbeschluss ist ein zusätzlicher Beschluss zur redaktionellen Anpassung des Stammkapitalbetrags in Ziffer 3 des Gesellschaftsvertrags an sich nicht erforderlich (BGH, Urt. vom 15.10.2007, II ZR 216/06, GmbHR 2008, 147 = DNotZ 2008, 461). Der Beschluss über die Erhöhung des Stammkapitals beinhaltet die Erhöhung der Stammkapitalziffer, sodass insoweit eine redaktionell

angepasste Satzung genügt (BGH, Beschl. vom 15.10.2007, II ZR 2116/06, juris Rn. 15). Vielfach verlangen Registergerichte indessen eine ausdrückliche Anpassung durch Gesellschafterbeschluss. Nicht nur aus diesem Grund, sondern aus Gründen der Klarstellung ist daher insoweit stets eine ausdrückliche Beschlussfassung ratsam (vgl. *Krafka/Kühn* Rn. 1044 sowie Lutter/Hommelhoff/*Lutter/Bayer* § 55 Rn. 8). Weiter sollte auch der weitere Wortlaut in Ziffer 3 des Gesellschaftsvertrags geändert werden. Ohne eine entsprechende Anpassung des Wortlauts würde die Summe der (bisherigen) Nennbeträge der Geschäftsanteile Nr. 1 bis 3 weiter lediglich auf 1.200,00 € lauten, während das Stammkapital im Rahmen der redaktionellen Anpassung mit 8.000,00 € zu beziffern ist. Durch den bloßen Austausch der Kapitalziffer beim Stammkapital würde sich damit keine widerspruchsfreie Fassung des Gesellschaftsvertrags herstellen lassen, zumal der D vorliegend nicht zu den Gründungsgesellschaftern gehörte. In diesem Fall bedarf es daher nach der Rspr. des OLG München eines gesonderten Gesellschafterbeschlusses hinsichtlich der textlichen Anpassung des Gesellschaftsvertrags (OLG München, Beschl. vom 06.07.2010, 31 Wx 112/10, GmbHR 2010, 998 = DNotZ 2010, 939).

Die erforderliche Anpassung erfolgt nach dem obigen Muster auf die Weise, dass in Ziffer 3 nur 301
noch der Betrag des mit der Kapitalerhöhung erreichten Stammkapitals genannt ist. Die Angaben über die ursprünglichen Stammeinlagen und die Namen ihrer Übernehmer sind gestrichen, was nach allg.M. zumindest dann zulässig ist, wenn die Geschäftsanteile – was bei einer UG aufgrund des Volleinzahlungsgebotes in § 5a Abs. 2 S. 1 GmbHG ja stets der Fall ist – voll eingezahlt sind (OLG München, a.a.O.; s. weiter nur Lutter/Hommelhoff/*Bayer* § 3 Rn. 45; Baumbach/Hueck/*Fastrich* § 3 Rn. 18 jeweils m.w.N). Anstelle der Streichung könnten in Ziffer 3 auch die jetzigen Gesellschafter mit den aufgestockten Anteilen sowie der D mit dem von ihm übernommenen Anteil Nr. 4 genannt werden.

Indes müssen die Namen der Übernehmer sowie die Zahl und die Nennbeträge der von ihnen über- 302
nommenen neuen Anteile nicht in die Satzung aufgenommen werden, da die Übernahme nicht Inhalt des satzungsändernden Kapitalerhöhungsbeschlusses ist, sondern außerhalb der Satzung durch die – vorliegend in dieselbe Urkunde aufgenommenen – gesondert abzugebenden Übernahmeerklärungen erfolgt. § 3 Abs. 1 Nr. 4 GmbHG kommt nur bei der Gründung zur Anwendung und gilt nicht – auch nicht entsprechend – für eine nach Eintragung der Gesellschaft beschlossene Kapitalerhöhung (BayObLG, Beschl. vom 17.09.1981, BReg 1 Z 69/81, GmbHR 1982, 185 = DNotZ 1982, 177).

12. Anpassung von Ziffer 1 des Musterprotokolls: Damit nicht der unzutreffende Eindruck 303
entsteht, die Gesellschaft sei bereits mit dem erhöhten Stammkapital gegründet worden, enthält das obige Muster weiter den Beschluss der Gesellschafterversammlung zur Änderung von Ziffer 1 des bei Gründung mittels Musterprotokoll vereinbarten Gesellschaftsvertrags. Die auf die Errichtung hinweisende ursprüngliche Formulierung im Gründungsprotokoll »Die Erschienenen errichten ...« entfällt und wird durch die in dem Muster vorgeschlagene Formulierung ersetzt. Zu der nach der Rspr. der OLG München, Düsseldorf und zuletzt auch Karlsruhe bestehenden Notwendigkeit dieser redaktionellen Anpassung von Ziffer 1 des unter Verwendung des Musterprotokolls im vereinfachten Gründungsverfahren festgestellten Gesellschaftsvertrags s. im Einzelnen die Erläuterungen oben zu dem Muster B 5 Hinweis 5 (Rdn. B 159 ff.).

12a. Aufhebung der Ziffern 6 und 7 des Musterprotokolls: Siehe hierzu oben den Hin- 304
weis 5a zu Muster B9 (Rdn. 236).

13. Übernahmeerklärungen: Die Übernahme der neuen Geschäftsanteile erfolgt nicht durch 305
einseitige Erklärung des Übernehmers, sondern durch Vereinbarung zwischen den Übernehmern und der Gesellschaft. Der Übernahmevertrag ist seiner Natur nach kein Austauschvertrag, sondern ein korporationsrechtlicher Vertrag, bei dessen Abschluss die Gesellschaft von ihren Gesellschaftern oder bei entsprechender – auch stillschweigend möglicher – Ermächtigung von den Geschäftsführern vertreten wird (BGH, Urt. vom 30.11.1967 – II ZR 68/65, BGHZ 49, 117 = NJW 1968, 398). Als Vertrag kommt die Übernahme durch entsprechende beiderseitige Willenserklärungen

zustande, wobei die Erklärung des Übernehmers gemäß § 55 Abs. 1 GmbHG mindestens der notariellen Beglaubigung bedarf. Die Erklärung der GmbH kann dagegen formfrei und damit auch konkludent erfolgen (Lutter/Hommelhoff/*Bayer* § 55 Rn. 32).

306 Inhaltlich muss in der Übernahmeerklärung neben dem Nennbetrag des neuen Geschäftsanteils – bei einer Aufstockung eines Geschäftsanteils neben dem Nennbetrag der Aufstockung – der Betrag der hierauf zu leistenden Einlage angegeben werden. Wenn, wie vorliegend, für den neuen Geschäftsanteil Ziffer 4 ein Agio verlangt wird, müssen sich auch die Festsetzungen hierzu im Einzelnen aus der Übernahmeerklärung ergeben. Entsprechendes gilt im Falle der Übernahme eines neuen Anteils durch einen Dritten, der bisher nicht an der Gesellschaft beteiligt war, für etwaige sonstige gesellschaftsvertraglich vorgesehene Nebenverpflichtungen der Gesellschafter, insbesondere etwa eine Nachschusspflicht, § 55 Abs. 2 GmbHG.

307 Ergeben sich – wie vorliegend – bereits aus dem Kapitalerhöhungsbeschluss alle Angaben, welche in die jeweiligen Übernahmeerklärungen aufgenommen werden müssen, so genügt es, wenn in den Übernahmeerklärungen mit der Formulierung der Übernahme »zu dem in dem Erhöhungsbeschluss genannten Bedingungen« verwiesen wird (Baumbach/Hueck/*Zöllner/Noack* § 55 Rn. 33).

308 Der Abschluss des Übernahmevertrages und die hierzu notwendige gesonderte förmliche Übernahmeerklärung des Übernehmers sind in jedem Fall erforderlich. Die Übernahmeerklärung wäre auch dann nicht entbehrlich, wenn in einem unter Beteiligung aller Gesellschafter einstimmig gefassten Kapitalerhöhungsbeschluss nur die bisherigen Gesellschafter zur Übernahme der neuen Geschäftsanteile oder – wie vorliegend – Aufstockungsanteile zugelassen würden und der Beschluss bereits alle Einzelheiten der Übernahme bestimmt (OLG Celle, Beschl. vom 11.03.1999, 9 W 26/99, GmbHR 1999, 1253).

309 Die Übernahmeerklärungen können zusammen mit dem Kapitalerhöhungsbeschluss in der derselben Urkunde beurkundet werden, soweit der Notar den Beschluss der Gesellschafterversammlung nicht nur nach §§ 36 f. BeurkG beurkundet, sondern die Beurkundung des Erhöhungsbeschlusses vielmehr in der Form der §§ 8, 13 BeurkG (Beurkundung von Willenserklärungen) erfolgt. In diesem Fall kommt der Übernahmevertrag bereits (konkludent) mit der Beurkundung zustande. Eine besondere ausdrückliche Annahmeerklärung ist dann nicht nötig (Rowedder/Schmidt-Leithoff/*Schnorbus* § 55 Rn. 53; Scholz/*Priester* § 55 Rn. 94).

310 **14. Vollmacht:** Siehe hierzu oben Hinweis 16 zu Muster B 1, Rdn. B 32.

311 **15. Hinweise** Siehe hierzu oben Hinweis 17 zu Muster B 1, Rdn. B 33.

312 **16. Wirksamkeit:** Wie jede Satzungsänderung, wird die Kapitalerhöhung erst mit der Eintragung im Handelsregister wirksam, § 54 Abs. 3 GmbHG. Zur Anmeldung der Kapitalerhöhung s. das folgende Muster B 13.

313 **17. Notarkosten** Der Erhöhungsbeschluss nebst Beschluss zur Satzungsänderung in den Ziffern 1 und 3 des Gesellschaftsvertrags sowie die Übernahmeerklärungen sind verschiedene Gegenstände, § 110 Nr. 1 GNotKG. Für den Gesellschafterbeschluss fällt eine 2,0-Gebühr nach KV-Nr. 21100 GNotKG an, für die Übernahmeerklärungen eine 1,0-Gebühr nach KV-Nr. 21200. Als Geschäftswert ist für den Gesellschafterbeschluss nach §§ 97 Abs. 1, 108 Abs. 1, 105 Abs. 1 S. 1 Nr. 3 GNotKG der Mindestwert nach § 105 Abs. 1 S. 2 GNotKG von 30.000,00 € anzusetzen, sodass sich Gebühren von 2,0 × 125,00 € = 250,00 € errechnen. Der Geschäftswert für die Übernahmeerklärungen beläuft sich unter Berücksichtigung des Agios gemäß § 97 GNotKG auf 7.800,00 €. Damit ergeben sich bei dem Gebührenfaktor von 1,0 = Gebühren in Höhe von 63,00 €. Nach § 94 Abs. 1 GNotKG entstehen bei verschiedenen Beurkundungsgegenständen, soweit verschiedene Gebührensätze anzuwenden sind, gesonderte Gebühren, jedoch nicht mehr als die nach dem höchsten Gebührensatz berechnete Gebühr aus dem Gesamtbetrag der Werte. Bei der danach vorzunehmenden Vergleichsberechnung sind

die einzelnen Geschäftswerte zu addieren. Vorliegend ergibt sich so ein Gesamtgeschäftswert von 37.800,00 €. Als höchste Gebühr ist die 2,0-Gebühr nach KV-NR. 21100 entstanden. Bei dem Gebührensatz von 2,0 ergibt sich für den Gesamtgeschäftswert von 37.800,00 € eine Gebühr von 2 × 145,00 € = 290,00 €. In die Notarkostenrechnung ist für das Beurkundungsverfahren für den Kapitalerhöhungs- und Satzungsänderungsbeschluss nebst Übernahmeerklärung daher nur dieser Betrag einzustellen. Hinzu kommen die Auslagenpauschalen nach den KV-Nr. 32001 (Dokumentenpauschale Papier s/w), 32005 (Post und TK-Pauschale) sowie die Umsatzsteuer (KV-Nr. 32014).

Sofern der Notar die Übersetzung selbst ohne Hinzuziehung eines Übersetzers gefertigt hat, erhält 314
er hierfür die Zusatzgebühr nach KV-Nr. 26001 in Höhe von 30 % der für das Beurkundungsverfahren zu erhebenden Gebühr, vorliegend somit 30 % von 290,00 € = 87,00 € (netto).

13. Anmeldung der Kapitalerhöhung der UG zum Handelsregister

Vorbemerkung

Die Kapitalerhöhung ist gemäß § 57 GmbHG von der Geschäftsführung zur Eintragung in das 315
Handelsregister anzumelden, sobald das erhöhte Kapital durch Übernahme von Geschäftsanteilen gedeckt ist und die erforderlichen Einzahlungen hierauf geleistet sind.

Muster [1, 2]

An das 316

Amtsgericht

– Handelsregister –

[Anschrift]

HRB __________

XYZ __________ UG (haftungsbeschränkt) mit dem Sitz in __________

I. Zur Eintragung in das Handelsregister wird angemeldet: [3, 4]

Durch Beschluss der Gesellschafterversammlung vom __________ ist das Stammkapital der Gesellschaft von 1.200,00 € um 6.800,00 € auf 8.000,00 € gegen Bareinlagen durch Aufstockung der bisherigen Geschäftsanteile (Anteile Nrn. 1 bis 3) auf den Nennbetrag von jeweils 2.000,00 € sowie durch Übernahme eines neuen Geschäftsanteils (Anteil Nr. 4) im Nennbetrag von 2.000,00 € erhöht worden. [5]

Ziffer 3 des Gesellschaftsvertrags ist entsprechend geändert worden und hat die aus dem anliegenden Beschluss ersichtliche Fassung erhalten. [6]

Ferner wurde Ziffer 1 des Gesellschaftsvertrags geändert. Die Ziffern 6 und 7 des Gesellschaftsvertrags wurden ersatzlos aufgehoben.

II. Herr A sowie Herr D als sämtliche Geschäftsführer der Gesellschaft versichern hiermit, dass die Einlagen auf die Aufstockungsanteile sowie auf den neuen Geschäftsanteil im Nennbetrag von insgesamt 6,800,00 € zu 100 % in bar erbracht sind. [7, 8]

Im Einzelnen wurden folgende Zahlungen geleistet:

Nummer des Geschäftsanteils	*Gesellschafter (Übernehmer)*	*Nennbetrag des Aufstockungs- bzw. neuen Geschäftsanteilsanteils*	*Einzahlungsbetrag*
1	**Herr A**	**1.400,00 € (Aufstockung)**	**1.400,00 €**
2	**B-GmbH**	**1.800,00 € (Aufstockung)**	**1.800,00 €**
3	**Frau C**	**1.600,00 € (Aufstockung)**	**1.600,00 €**
4	**Herr D**	**2.000,00 €**	**2.000,00 €**
	Summe:	**6.800,00 €**	**6.800,00 €**

Die eingezahlten Beträge von insgesamt 6.800,00 € befinden sich endgültig in der freien Verfügung der Geschäftsführung und wurden nicht an die Übernehmer zurückgezahlt.

Auf das Verbot verdeckter Sacheinlagen und deren Rechtsfolgen wurden wir von dem Notar hingewiesen. Das Gleiche gilt für die Regelung zum sog. Hin- und Herzahlen. Uns ist bekannt, dass ein solcher Fall in der Anmeldung offenzulegen wäre.

III. Die inländische Geschäftsanschrift lautet unverändert ___________. Dies ist auch weiterhin die Lage der Geschäftsräume. [9]

IV. Vollzugsauftrag, Vollmacht: [10]

Die Geschäftsführer beauftragen und bevollmächtigen den amtierenden Notar, die vorstehende Anmeldung bei dem Registergericht einzureichen und sie im Registerverfahren umfassend zu vertreten. Der Notar wird angewiesen, die Anmeldung bei dem Handelsregister erst dann einzureichen, nachdem ihm ein geeigneter Nachweis darüber vorgelegt worden ist, dass die oben versicherten Bareinlagen erbracht worden sind (z.B. Einzahlungsbelege oder Kontoauszüge).

Die Mitarbeiter des amtierenden Notars Frau ___________ und Herr werden hiermit bevollmächtigt, und zwar jeder für sich allein und unter Befreiung von den Beschränkungen des § 181 BGB, diese Anmeldung zu ändern oder zu ergänzen, sofern dies zur Handelsregistereintragung der Gesellschaft erforderlich oder zweckmäßig ist. Von dieser Vollmacht darf nur vor dem amtierenden Notar, seinem amtlich bestellten Vertreter bzw. seinen Sozien Gebrauch gemacht werden. Die Vollmacht erlischt einen Monat nach Eintragung der angemeldeten Veränderungen in das Handelsregister.

V. Anlagen:[11]

- **notarielles Protokoll der Gesellschafterversammlung vom ___________, welches auch die Übernahmeerklärungen enthält,**
- **Liste der Übernehmer,**
- **vollständiger Wortlaut des Gesellschaftsvertrags mit Notarbescheinigung nach § 54 Abs. 1 S. 2 GmbHG.**

__[Ort]__, den __[Datum]__

[Unterschriften der Geschäftsführer A und D]

(notarieller Beglaubigungsvermerk) [12, 13]

Template

To the 317

County Court of __________

-Commercial Register-

[address]

I. It is applied for entry into the commercial register:

By resolution of the shareholders' meeting of __________ the company's share capital was increased from € 1,200.00 by € 6,800.00 to € 8,000.00 against cash contributions by increasing the existing shares (shares nos. 1 to 3) to the nominal amount of 2,000.00 € each and by issuing a new share (share no. 4) with the nominal amount of 2,000.00 €.

Clause no. 3 of the articles of association has been amended as set out in the attached resolution.

Clause no. 1 of the articles of association was also amended. Clauses nos. 6 and 7 of the articles of association have been deleted without replacement.

II. The managing directors of the company Mr. A and Mr. D hereby assure that the contributions to the increased shares nos. 1 to 3 and the contribution to the new share no. 4 in the nominal amount of a total of € 6,800.00 have been made in cash in full.

In detail, the following payments were made:

Number of share	*Shareholder (Subscriber)*	*Nominal amount of the share*	*Amount paid in*
1	Mr. A	1,400.00 € (increase)	1,400.00 €
2	B-GmbH	1,800.00 € (increase)	1,800.00 €
3	Ms. C	1,600.00 € (increase)	1,600.00 €
4	Mr. D	2,000.00 €	2,000.00 €
	Total:	6,800.00 €	6.800,00 €

The contributions paid in totalling 6,800.00 € are finally at the free disposal of the managing directors and have not been repaid to the subscribers.

We were informed by the notary of the prohibition of concealed contributions in kind and their legal consequences. The same applies to the regulations of so-called back and payments. We are aware that such a case would have been disclosed in the application.

III. The domestic business address of the company is unchanged at __________. The business premises are also located there.

IV. Execution mandate; power of attorney

The managing directors instruct and authorize the certifying notary to submit the above application to the commercial registry court and to represent them in the register procedure. The notary is instructed to file the application only when he has been presented with suitable proof that the cash contributions assured above have been made (e.g. by a bank account statement).

The employees of the certifying notary, Ms. __________ and Mr. __________, are hereby authorized, each individually and exempted from the restrictions of Sec. 181 BGB, to amend or supplement the application, insofar as this is necessary or expedient for the entry in the commercial register of the company. The power of attorney may only be exercised before the certifying notary, his officially appointed representative or his partner notaries. The power of attorney expires one month after the entry of the capital increase into the commercial register.

V. Attachments:

- **notarial protocol of the shareholders' meeting of __________, which also contains the takeover declarations,**
- **list of subscribers,**
- **complete wording of the articles of association with notarial certificate according to Sec. 54 para 1 sent. 2 GmbHG (German Limited Liability Company Act).**

[place], the [date]

[signatures of the managing directors A and D]

(notary certification note) [12]

Erläuterungen

318 **1. Sachverhalt:** Das vorstehende Muster geht von der gemäß dem Muster B 12 beschlossenen Kapitalerhöhung um 6.800,00 € bei der XYZ UG (haftungsbeschränkt) aus. Neben dem bei der Gründung der Gesellschaft gemäß dem Muster B 3 zum Geschäftsführer bestellten Herrn D wurde zwischenzeitlich auch der Gesellschafter Herr A zum Geschäftsführer bestellt.

319 **2. Allgemeines:** Für die Anmeldung einer Barkapitalerhöhung bei einer mit Musterprotokoll gegründeten haftungsbeschränkten UG gelten grundsätzlich keine Besonderheiten. Sie ist wie die Kapitalerhöhung bei einer im regulären Verfahren errichteten GmbH von der Geschäftsführung zur Eintragung im Handelsregister anzumelden, sobald das erhöhte Kapital durch Übernahme von Geschäftsanteilen – bei der Aufstockung von Aufstockungsanteilen – gedeckt ist und die hierauf zu erbringenden Bareinlagen eingezahlt sind, § 57 GmbHG.

320 **3. Anmeldung durch sämtliche Geschäftsführer, keine Anmeldung durch Bevollmächtigte:** Anders als bei sonstigen Satzungsänderungen, bei der die Unterzeichnung der Anmeldung von Geschäftsführern in vertretungsberechtigter Zahl ausreicht, ist die Anmeldung einer Kapitalerhöhung gemäß § 78 GmbHG stets von sämtlichen Geschäftsführern zu bewirken. Die Anmeldung muss dabei jedoch nicht zwingend in der Weise erfolgen, dass die Geschäftsführer alle zusammen in derselben Urkunde unterzeichnen müssen. Vielmehr kann die Anmeldung auch in getrennten Urkunden erfolgen.

321 Die Frage, inwieweit eine Anmeldung auch durch Bevollmächtigte zulässig ist, ist streitig. Für die mit der Anmeldung abzugebende Einzahlungsversicherung besteht Einigkeit, dass diese auf dem persönlichen Wissen der Geschäftsführer fußt und angesichts der Strafbewehrung gemäß § 82 GmbHG nur höchstpersönlich abgegeben werden kann. Eine Stellvertretung ist insoweit nicht zulässig. Nach zu einem Teil vertretener Auffassung ist indessen zu unterscheiden zwischen der Anmeldung der Kapitalerhöhung sowie Satzungsänderung einerseits und der erforderlichen Einzahlungsversicherung andererseits. Für die Anmeldung der Kapitalerhöhung sowie der Satzungsänderung wird eine Erklärung durch Bevollmächtige für zulässig erachtet (OLG Köln, Beschl. vom 01.10.1986, 2 Wx 53/86, GmbHR 1987, 394 = NJW 1987, 135; Gehrlein/Ekkenga/Simon/*Bormann* § 55 Rn. 18). Nach a.A. bilden Anmeldung und Einzahlungsversicherung dagegen ein *»untrennbares Bündel von Erklärungen«* mit der Folge, dass die Anmeldung einer Kapitalerhöhung durch Bevollmächtigte nicht zulässig ist (BayObLG, Beschl. vom 21.06.1986, BReg 3 Z 29/86, NJW 987, 136; Lutter/Hommelhoff/*Lutter/Bayer* § 57 Rn. 1).

Der Streit ist indessen wenig praxisrelevant. Schon aus Kostengründen erfolgen Anmeldung und Versicherung i.d.R. in einer Urkunde, sodass sich die Frage, inwieweit eine gesonderte Anmeldung der Kapitalerhöhung und hierbei eine Stellvertretung zulässig sind, in der Registerpraxis nur dann stellt, wenn die Anmeldung berichtigt werden muss und die Berichtigung durch Bevollmächtigte erfolgen soll. Soweit nicht die Einzahlungsversicherung zu berichtigen ist, wird eine Vertretung bei der Berichtigung der Anmeldung allgemein als zulässig angesehen. 322

4. Keine Anmeldepflicht: Die Anmeldung der Kapitalerhöhung kann von dem Registergericht nicht durch die Androhung und Festsetzung von Zwangsgeld erzwungen werden, § 78 Abs. 2 GmbHG. Es besteht damit keine öffentlich-rechtliche Pflicht der Geschäftsführer, die von der Gesellschafterversammlung beschlossene Kapitalerhöhung auch anzumelden, sobald die Anmeldevoraussetzungen erfüllt sind. Allerdings sind die Geschäftsführer aufgrund ihrer Organstellung gegenüber der Gesellschaft vorbehaltlich ausdrücklicher anderweitiger Anweisung durch die Gesellschafterversammlung verpflichtet, die Kapitalerhöhung zur Eintragung ins Handelsregister anzumelden (Rowedder/Schmidt-Leithoff/*Schnorbus* § 57 Rn. 16). 323

5. Inhalt der Anmeldung: Was bei einer Kapitalerhöhung im Einzelnen in die Anmeldung aufgenommen werden muss, wird unterschiedlich beurteilt. Zum Teil wird gefordert, dass die Anmeldung sowohl den Erhöhungsbetrag als auch den neuen Betrag des Stammkapitals enthalten muss (Lutter/Hommelhoff/*Lutter/Bayer* § 57 Rn. 4). Nach a.A. soll es genügen, dass lediglich der Erhöhungsbetrag angegeben wird, der Endbetrag müsse nicht genannt sein, vielmehr sei dem Registergericht die einfache Rechenoperation zuzumuten (Baumbach/Hueck/*Zöller/Fastrich* § 57 Rn. 7). Schließlich wird auch die bloße Bezugnahme auf das beigefügte notarielle Protokoll des Erhöhungsbeschlusses als ausreichend angesehen, wenn hierbei nur schlagwortartig erwähnt wird, dass das Kapital der Gesellschaft erhöht wurde (Scholz/*Priester* § 55 Rn. 4). 324

In der Praxis wird in der Anmeldung üblicherweise angegeben, auf welche Art die Kapitalerhöhung durchgeführt wurde, entweder durch Ausgabe neuer Geschäftsanteile und/oder Aufstockung bisheriger Geschäftsanteile. Ferner werden sowohl der Erhöhungs- als auch der neue Betrag des Stammkapitals genannt, häufig wird auch noch der Ausgangsbetrag des Stammkapitals und bei Aufstockung auch weiter noch der jeweilige Ausgangsbetrag für die einzelnen Anteile angeführt. Das obige Formular folgt dieser Praxis. Es wird empfohlen, alle drei Beträge in die Anmeldung aufzunehmen, um eine etwaige Zwischenverfügung des Registergerichts und eine Auseinandersetzung darüber, welche Angaben notwendigerweise bei einer Kapitalerhöhung im Einzelnen in der Anmeldung enthalten sein müssen, von vorneherein zu vermeiden (so auch die Empfehlung von Lutter/Hommelhoff/*Lutter/Bayer* a.a.O. sowie Roth/Altmeppen/*Roth* § 57 Rn. 5 a.E.). 325

6. Anmeldung der Satzungsänderung: Bei einer Kapitalerhöhung wird auch immer die Stammkapitalziffer in dem Gesellschaftsvertrag geändert. Üblich, aber nicht zwingend notwendig, ist es, diese mit der Erhöhung verbundene Satzungsänderung als solche eigens anzumelden (Lutter/Hommelhoff/*Lutter/Bayer* § 57 Rn. 4; Baumbach/Hueck/*Zöllner/Fastrich* § 57 Rn. 7). Ist dagegen nicht nur in Anpassung an die Kapitalerhöhung der Betrag des Stammkapitals geändert, sondern sind – wie vorliegend – weitere Veränderungen des Gesellschaftsvertrags im Zusammenhang mit der Kapitalerhöhung beschlossen worden (hier die Streichung der Angaben in Ziffer 3 S. 1 des Gesellschaftsvertrags zu den Namen der Gesellschafter, welche bei der vereinfachten Gründung die Geschäftsanteile übernommen haben), ist die entsprechende Änderung des Gesellschaftsvertrags (hier der Angaben zu den bei Gründung beteiligten Übernehmern) schlagwortartig anzumelden. Der genaue Wortlaut der neuen gesellschaftsvertraglichen Regelung (hier von Ziffer 3 der Satzung) ist dagegen nicht in die Anmeldung mit aufzunehmen. Es genügt die Angabe, dass Ziffer 3 des Gesellschaftsvertrags gemäß dem beigefügten Beschluss der Gesellschafterversammlung geändert worden ist. 326

Entsprechendes gilt für die weitere Änderung des Gesellschaftsvertrags zu Ziffer 1. Auch diese Änderung des bei der Gründung gemäß Musterprotokoll festgestellten Gesellschaftsvertrags ist schlagwortartig anzumelden, auch wenn – wie hier – keine inhaltliche Änderung, sondern nur eine redak- 327 tionelle Anpassung durch Streichung der Textteile vorgenommen wurde, welche auf die Gründung der Gesellschaft im vereinfachten Verfahren per Musterprotokoll hingewiesen haben.

328 Weiter sollte vorsorglich auch die Aufhebung der Ziffern 6 und 7 des Musterprotokolls angemeldet werden, um damit einer Verfügung des Registergerichts zuvorzukommen für den Fall, dass das Registergericht diese beiden Klauseln als Bestandteil des bei Gründung im vereinfachten Verfahren vereinbarten Gesellschaftsvertrags ansieht und daher die Anmeldung der ersatzlosen Streichung für erforderlich hält.

329 **7. Anmeldevoraussetzung: Volleinzahlung der Einlagen auf die neuen Geschäftsanteile:** § 56a GmbHG verweist auf § 7 Abs. 2 S. 1 GmbHG. Danach darf die Anmeldung der Kapitalerhöhung grundsätzlich erst dann erfolgen, wenn auf jeden übernommenen Geschäftsanteil (wenigstens) ein Viertel eingezahlt ist.

330 Abweichend hiervon ist bei einer UG § 5a Abs. 2 S. 1 i.V.m. Abs. 5 GmbHG zu beachten. § 7 Abs. 2 S. 1 GmbHG wird hier verdrängt durch die für die UG geschaffene Spezialnorm des § 5a Abs. 2 S. 1 GmbHG. Danach darf die Anmeldung einer Kapitalerhöhung bei einer UG erst dann erfolgen, wenn das Stammkapital in *voller* Höhe eingezahlt ist. Das Volleinzahlungsgebot gilt, wie sich aus § 5a Abs. 5 GmbHG ergibt, nicht nur für die Gründung, sondern auch für Kapitalerhöhungen, welche nach der Gründung und erster Eintragung der UG beschlossen werden, solange mit der Kapitalerhöhung das Stammkapital nicht den gesetzlichen GmbH-Mindestbetrag von 25.000,00 € erreicht oder übersteigt (s. hierzu Muster B 15 Rdn. B 363).

331 **8. Einzahlungsversicherung der Geschäftsführer:** Die Einzahlungsversicherung der Geschäftsführer zur Kapitalaufbringung richtet sich bei einer Barkapitalerhöhung einer UG nach § 57 Abs. 2 i.V.m. § 5a Abs. 2 S. 1 GmbHG. Danach haben die Geschäftsführer zu versichern, dass die Bareinlagen auf die übernommenen bzw. aufgestockten Geschäftsanteile in voller Höhe eingezahlt worden sind und die eingezahlten Beträge sich endgültig in der freien Verfügung der Geschäftsführer befinden. Ferner müssen die Geschäftsführer nach der Rspr. des BGH über den Wortlaut von § 57 Abs. 2 GmbHG hinaus versichern, dass die Einlagebeträge nicht an die Einleger zurückgezahlt worden sind (BGH, Urt. vom 18.03.2002, II ZR 363/00, BGHZ 150, 197 = GmbHR 2002, 545). Seit dem MoMiG ist allerdings im Hinblick auf die neue Regelung in § 19 Abs. 5 GmbHG fraglich, ob diese Versicherung weiterhin verlangt werden kann. Denn nach § 19 Abs. 5 GmbHG ist unter den dort genannten Voraussetzungen nunmehr eine Rückzahlung der Einlage an einen Gesellschafter zulässig. Allerdings ist die Rückzahlung dann in der Anmeldung offenzulegen. Um Rückfragen des Registergerichts zu einer etwaigen Rückzahlung zu vermeiden, sollte daher weiterhin – wie in dem obigen Muster vorgesehen – in die Anmeldung, die Erklärung aufgenommen werden, dass die Geschäftsführer auf die gesetzliche Regelung zum Hin- und Herzahlen von dem Notar hingewiesen wurden, ferner, dass im konkreten Fall keine Rückzahlungen an einen Übernehmer der Einlagen erfolgt sind.

332 Die Versicherung der Geschäftsführer muss sich nur auf die bei der Kapitalerhöhung geschaffenen neuen Kapitalanteile (vorliegend die Aufstockungsanteile zu den Geschäftsanteilen Nr. 1–3 sowie den neuen Anteil Nr. 4) beziehen. Dass das ursprüngliche bei der Gründung festgelegte Stammkapital (vorliegend 1.200,00 €) (voll) eingezahlt wurde und noch weiterhin vorhanden ist, muss bei der Anmeldung der Kapitalerhöhung nicht versichert werden (s. OLG Celle, Beschl. vom 17.07.2017 – 9 W 70/17, GmbHR 2017, 1034–1035 mit Anm. *Wachter*).

333 Einzahlungsnachweise zum Beleg der Volleinzahlung der bei der Kapitalerhöhung übernommenen Geschäftsanteile (bzw. Aufstockungsanteile) können, aber müssen der Anmeldung nicht beigefügt werden. Das Registergericht kann allerdings gemäß §§ 57 Abs. 2 S. 2, 8 Abs. 2 S. 2 GmbHG verlangen, dass entsprechende Einzahlungsbelege vorgelegt werden, wenn es erhebliche Zweifel an der Richtigkeit der Einzahlungsversicherung hat.

334 Gemäß § 57 Abs. 4 i.V.m. § 9a GmbHG haftet ein Geschäftsführer gegenüber der Gesellschaft, wenn er bei der Anmeldung der Kapitalerhöhung falsche Angaben macht und der Gesellschaft

daraus ein Schaden entsteht. Bei einer vorsätzlich falschen Einzahlungsversicherung macht er sich darüber hinaus gemäß § 82 Abs. 1 Nr. 3 GmbHG strafbar.

9. Angabe der inländischen Geschäftsanschrift sowie der Lage der Geschäftsräume: Seit Inkrafttreten des MoMiG wird auch die inländische Geschäftsanschrift der GmbH in das Handelsregister eingetragen, siehe § 10 Abs. 1 GmbHG, und zwar gemäß § 40 Nr. 2 HRV in Spalte 2 unter dem Buchstaben b. Änderungen der Anschrift sind nach § 31 Abs. 1 HGB zur entsprechenden Änderungseintragung bei dem Registergericht anzumelden. In der Praxis wird dies aus Unkenntnis oder Nachlässigkeit häufig versäumt. Damit für den Fall einer etwaigen Anschriftenänderung die ggf. versäumte Anmeldung nachgeholt wird, nehmen viele Notare quasi als Erinnerungsposten in jede Anmeldung die Angabe der inländischen Geschäftsanschrift auf, auch wenn diese sich nicht geändert hat. Das obige Muster folgt dieser aus Sicht des Autors sinnvollen Praxis. 335

Die u.U. von der inländischen Geschäftsanschrift abweichende Lage der Geschäftsräume ist nach § 24 Abs. 2 HRV bei der Anmeldung anzugeben. Sie wird nicht in das Handelsregister eingetragen. Änderungen der Lage der Geschäftsräume sind dem Handelsregister unverzüglich anzuzeigen. 336

10. Vollmacht/Vollzugauftrag: Vollmacht und Vollzugsauftrag sind keine zwingend notwendigen Bestandteile der Anmeldung, werden indessen regelmäßig in die Anmeldung mit aufgenommen. Zu beachten ist hierbei allerdings, dass die in das Muster aufgenommene Anweisung an den Notar, die Anmeldung erst nach Vorlage von Bankbelegen und deren Überprüfung bei dem Registergericht einzureichen, eine Vollzugsgebühr auslöst. 337

11. Anlagen: Der Anmeldung sind nicht nur die in § 57 Abs. 3 GmbHG genannten Dokumente beizufügen, sondern die folgenden Unterlagen: 338

1. das notarielle Protokoll über den Kapitalerhöhungsbeschluss in Ausfertigung oder beglaubigter Abschrift. Die Pflicht zur Einreichung der notariellen Urkunde wird abgeleitet aus § 54 Abs. 2 GmbHG. 339
2. der vollständige Wortlaut des Gesellschaftsvertrags unter Berücksichtigung der durch die Kapitalerhöhung geänderten Stammkapitalziffer sowie, wenn – wie vorliegend – weitere Änderungen des Satzungstextes beschlossenen wurden, unter Berücksichtigung auch dieser Änderungen. Der aktuelle Wortlaut muss mit der Bescheinigung des Notars gemäß § 54 Abs. 1 S. 2 GmbHG versehen sein. Aus dieser Bestimmung ergibt sich auch die Pflicht, den aktuellen Gesellschaftsvertrag der Anmeldung beizufügen. Zu dem Umfang des neuen Wortlauts bei einer Änderung des mit Musterprotokoll bei Gründung festgestellten Gesellschaftsvertrags, insbesondere ob die Ziffern 6 und 7 des Musterprotokolls hierin aufzunehmen sind, wenn diese nicht – wie in dem Muster vorgesehen – ausdrücklich aufgehoben werden sowie zur Fassung der notariellen Bescheinigung wird auf die Hinweise 2 und 3 zu dem obigen Muster B 7 (Rdn. B 198) verwiesen.
3. die Übernahmeerklärungen gemäß § 57 Abs. 3 Nr. 1 i.V.m. § 55 Abs. 1 GmbHG. Sind die Übernahmeerklärungen – wie vorliegend in dem Muster B 12 – zusammen mit dem Erhöhungsbeschluss der Gesellschafterversammlung in derselben Urkunde beurkundet, muss und sollte diese Urkunde nicht noch einmal gesondert eingereicht werden, auch wenn die »Laufzettel« einiger Notarprogramme dies angeblich erfordern. Dies führt nur zu einer unnötigen und ärgerlichen Verdoppelung der von dem Registergericht bei Sichtung der elektronischen Eingänge zu prüfenden Dokumente.
4. die Liste der Übernehmer mit den in § 57 Abs. 3 Nr. 2 GmbHG genannten Angaben, s. hierzu das folgende Muster B 14 (Rdn. B 347).

Die Anlagen sind wie die Anmeldung auf elektronischen Wege bei dem Registergericht einzureichen, § 12 Abs. 1 und 2 HGB. 340

12. Form der Anmeldung: Die Anmeldung bedarf – wie jede Anmeldung zum Handelsregister – der öffentlichen Beglaubigung, § 12 Abs. 1 S. 1 HGB. 341

342 **13. Kosten:** a) *Notarkosten*: Die Anmeldung zum Handelsregister ist ein besonderer Beurkundungsgegenstand, § 111 Nr. 3 GNotKG. Die Anmeldung von Kapitalerhöhung und Satzungsänderung in Ziffer 3 des Gesellschaftsvertrags sind ein und dieselbe Tatsache, da mit der Kapitalerhöhung diese Satzungsänderung notwendigerweise erfolgt. Die Änderung der Ziffer 1 sowie die Aufhebung der Ziffern 6 und 7 und ist dagegen eine weitere Tatsche.

343 Entwirft der die Unterschriftsbeglaubigung vornehmende Notar die Anmeldung, so erhält er hierfür nicht nur die 0,2-Beglaubigungsgebühr nach KV-Nr. 25100, sondern die höhere Entwurfsgebühr nach KV-Nr. 24102 mit dem Gebührensatz 0,3 bis 0,5, wobei vorliegend bei vollständiger Fertigung des Entwurfs gemäß § 92 Abs. 2 GNotKG der Höchstrahmen von 0,5 zwingend anzusetzen ist (Korintenberg/Diehn,19. Aufl. 2015, KV-NR. 24102 Rn. 4). Der Geschäftswert für die Anmeldung der Kapitalerhöhung bestimmt sich nach § 105 Abs. 1 S. 1 Nr. 3 GNotKG nach dem Kapitalerhöhungsbetrag, wobei gemäß S. 2 der Vorschrift mindestens der Wert von 30.000,00 € in die Kostenberechnung einzustellen ist. Entsprechendes gilt für die Anmeldung der Satzungsänderung nach § 105 Abs. 4 Nr. 1 GNotKG. Auch hier ist der gesetzliche Mindestwert von 30.000,00 € anzusetzen. Die beiden Mindestwerte sind nach § 35 Abs. 1 GNotKG zu addieren. Bei der Summe von 60.000,00 € ergibt sich nach der Gebührentabelle eine Gebühr von 0,5 × 192,00 = 96,00 € (netto). Für die elektronische Einreichung der Anmeldung kommt bei Erstellung der XML-Strukturdaten die gesondert abzurechnende Vollzugsgebühr nach KV-Nr. 22114 GNotKG hinzu, ferner die Pauschalen nach den Gebührentatbeständen KV-Nr. 32001, 32002 sowie Auslagenpauschale 32005. Für die Erstellung der Liste der Übernehmer, welche der Anmeldung beizufügen ist, erhält der Notar eine gesonderte Vollzugsgebühr, s. hierzu die Kostenanmerkung zu dem nachfolgenden Muster B 14 Anm. 5 (Rdn. B 313).

344 Hat der Notar der Anmeldung eine selbst gefertigte Übersetzung beigefügt, so erhält er hierfür die Zusatzgebühr nach KV-Nr. 26001 in Höhe von 30 % der für das Beurkundungsverfahren zu erhebenden Gebühr, vorliegend somit 30 % von 96,00 € = 28,80 € (netto).

345 b) *Gerichtskosten:* Bei den Gerichtskosten fällt für die Eintragung der Kapitalerhöhung eine Gebühr von 70,00 € an (s. Nr. 2500 HRegGebV). Für die Entgegennahme der Übernehmerliste fällt keine zusätzliche Gebühr an, für die neue (aktuelle) Liste der Gesellschafter, welche der Notar unverzüglich nach Wirksamwerden der Kapitalerhöhung mit der Bescheinigung gemäß § 40 Abs. 2 S. 2 GmbHG zu erstellen, in Abschrift an die Gesellschaft zu übermitteln und in elektronischer Form bei dem Handelsregister einzureichen hat, fällt für die Entgegennahme, Prüfung und Einstellung und Aufbewahrung (d.h. Einstellung in den elektronischen Registerordner) eine Gebühr in Höhe von 30,00 € an (Nr. 5002 HRegGebVO).

14. Liste der Übernehmer

Vorbemerkung

346 Gemäß § 57 Abs. 3 Nr. 2 GmbHG ist der Handelsregisteranmeldung, mit der die Kapitalerhöhung zur Eintragung in das Handelsregister angemeldet wird, eine Liste derjenigen Personen beizufügen, die die neuen Geschäftsanteile übernommen haben.

Muster

347 **Liste der Übernehmer [1, 2]**

Liste der Gesellschafter, die bei der Kapitalerhöhung der

YXZ ____________ UG (haftungsbeschränkt)

mit Sitz in ____________

AG ____________, HRB ____________

Geschäftsanteile übernommen haben: [3]

Lfd. Nummer des Geschäfts-anteils	Name/Firma des Gesellschafters	Geburtsdatum/ HR-Nummer	Wohnort/Sitz des Gesellschaf-ters	Erhöhungs-betrag in EUR
1 (Aufsto-ckung)	A____________ [Vor-u- Zuname]	tt.mm.jjjjj [Geburtsdatum]	____________	1.400,00
2 (Aufsto-ckung)	B-GmbH	AG ____________ HRB ____________	____________	1.800,00
3 (Aufsto-ckung)	C____________ [Vor-u- Zuname]	tt.mm.jjjjj [Geburtsdatum]	____________	1.600,00
4	D____________ [Vor-u- Zuname]	tt.mm.jjjjj [Geburtsdatum]	____________	2.000,00
			Total	6.800,00

____________, den [Ort, Datum]

[Unterschriften *sämtlicher* Geschäftsführer [4, 5]]

Template

List of Subscribers 348

of increased or new shares of

YXZ ____________UG (with limited liability)

with its registered office at ____________

County Court of ____________, HRB. ____________

Serial num-ber of share	Name/business name of shareholder	Date of birth/ registry num-ber	Residence/ registered office	Increase amount in euros
1 (increa-sed)	A____________ [name and surname]	dd.mm.yyyy [date of birth]	____________	1,400.00
2 (increased)	B-GmbH	AG ____________ HRB ____________	____________	1,800.00
3 (increased)	C ____________ [name and surname]	dd.mm.yyyy [date of birth]	____________	1,600.00
4	D ____________ [name and surname]	dd.mm.yyyy [date of birth]	____________	2,000.00
			Total	6,800.00

____________, the [place, date]

[signature of all managing directors]

Erläuterungen

Literatur: *Hasselmann,* Die Gesellschafterliste nach dem MoMiG, NZG 2009, 415, 412; *Vossius,* Gutgläubiger Erwerb von GmbH-Anteilen nach MoMiG, DB 2007, 2299, 2300.

349 **1. Sachverhalt:** Das vorstehende Muster für die Liste der Übernehmer kann für die gemäß Muster B 12 beschlossene Kapitalerhöhung verwendet werden.

350 **2. Gesetzliche Grundlage:** Die Pflicht zur Erstellung und Einreichung der Übernehmerliste ergibt sich aus § 57 Abs. 2 Nr. 3 GmbHG. Danach ist eine Liste der Personen, die bei der Kapitalerhöhung neue Geschäftsanteile übernommen haben, der Anmeldung beizufügen. Hierzu gehören nicht nur der Gesellschaft neu beitretende Gesellschafter, sondern auch die Altgesellschafter, wenn sie bei der Kapitalerhöhung neue Anteile übernommen haben. Das Gleiche gilt, wenn bei der Kapitalerhöhung nicht (nur) neue Geschäftsanteile ausgegeben werden, sondern die Kapitalerhöhung ganz oder zum Teil durch Aufstockung bestehender Geschäftsanteile erfolgt. In diesem Fall gehören die Gesellschafter für diese Aufstockungsanteile ebenfalls zu den Übernehmern, die in die Liste aufgenommen werden müssen (Lutter/Hommelhoff/*Lutter/Bayer* § 55 Rn. 11).

351 **3. Erforderliche Angaben:** Zu den Angaben, welche in die Übernehmerliste aufzunehmen sind, heißt es in § 57 Abs. 3 Nr. 2 GmbHG lediglich, dass aus der Liste die Personen ersichtlich sein müssen, welche die neuen Geschäftsanteile übernommen haben und weiter die von ihnen jeweils übernommenen Geschäftsanteile mit ihren Nennbeträgen. Wie die Personen, welche bei der Kapitalerhöhung die neuen Anteile übernommen haben, in die Übernehmerliste aufgenommen werden müssen, ergibt sich nicht aus der Regelung in § 57 Abs. 2 Nr. 3 GmbHG. Nach allg. Ansicht findet insoweit § 8 Abs. 1 Nr. 3 GmbHG in der bis zum 25.06.2018 gültigen Fassung entsprechende Anwendung, sodass bei natürlichen Personen der Vor- und Zuname, das Geburtsdatum sowie der Wohnort (ohne Postleitzahl und ohne von Angabe der Straße und Hausnummer) angegeben werden müssen. Bei juristischen Personen und Handelsgesellschaften genügt die Angabe von Firma und Sitz (Lutter/Hommelhoff/*Bayer* § 8 Rn. 4; Baumbach/Hueck/*Fastrich* § 8 Rn. 7; Scholz/*Veil* § 8 Rn. 10). Die Angabe von Handelsregister und Registernummer war zwar nicht vorgeschrieben. Deren Aufnahme in die Liste wurde und wird jedoch weithin als zweckmäßig angesehen (Rowedder/*Schmidt-Leithoff* § 8 Rn. 5a; *Hasselmann,* Die Gesellschafterliste nach dem MoMiG, NZG 2009, 415, 412) und sollte nach zutreffender Ansicht von *Vossius* anstelle des Geburtsdatums bei natürlichen Personen zur näheren Identifizierung der Gesellschaft stets hinzugefügt werden.

352 Weiter müssen aus der Liste die Nennbeträge der bei der Kapitalerhöhung übernommenen Geschäftsanteile ersichtlich sein. Die (laufenden) Nummern der neu ausgegebenen bzw. aufgestockten Geschäftsanteile brauchen nicht genannt zu werden. Die Angabe der jeweiligen Anteilsnummer empfiehlt sich gleichwohl, damit die Anteile in der von dem Notar nach Wirksamwerden der Kapitalerhöhung gemäß § 40 Abs. 2 S. 2 GmbHG zu erstellenden und bei dem Registergericht zur Aufnahme in das Handelsregister einzureichenden Gesellschafterliste einfach ohne nähere Einsicht in den Kapitalerhöhungsbeschluss und die Übernahmeerklärung(en) zugeordnet werden können.

353 Weitere Angaben sind nicht erforderlich. Insbesondere muss die Übernehmerliste nicht die weiteren Angaben enthalten, welche nach § 40 Abs. 1 GmbHG i.d.F. des Gesetzes vom 23.06.2017 (Gesetz zur Umsetzung der Vierten EU-Geldwäscherichtlichtlinie […], BGBl. I 2017, 1822) sowie der hierzu erlassenen Gesellschafterlistenverordnung (GesLV) vom 20.06.2018 (BGBl. I 2018, 870) in die Gesellschafterliste aufgenommen werden müssen. Der Gesetzgeber hat anlässlich der Neufassung von § 40 GmbHG lediglich auch § 8 Abs. 1 Nr. 3 GmbHG geändert. § 57 Abs. 2 Nr. 3 GmbHG wurde nicht entsprechend abgeändert. Es bedarf daher in der Übernehmerliste nicht der Angabe des prozentualen Anteils eines neuen Geschäftsanteils am Gesamtkapital der Gesellschaft. Ebenso muss nicht angegeben werden, welchen Anteil ein Über-

nehmer, welcher aufgrund der Kapitalerhöhung ggf. neu der Gesellschaft angehört und der bei der Kapitalerhöhung u.U. mehrere Anteile übernommen hat, damit insgesamt an dem Kapital der Gesellschaft damit erworben hat. Auch eine Veränderungsspalte (s. hierzu § 2 GesLV) ist nicht erforderlich. Bei der Aufstockung von Geschäftsanteilen empfiehlt sich allerdings, dies in der Übernehmerliste zu vermerken, um damit kenntlich zu machen, dass insoweit kein neuer Geschäftsanteil geschaffen wurde, sondern lediglich der Nennbetrag des Anteils erhöht wurde. Dies kann in einer gesonderten Veränderungsspalte vermerkt werden oder – wie in dem obigen Muster – durch einen Zusatz (Klammerzusatz) in der ersten Spalte bei der laufenden Nummer des jeweiligen aufgestockten Anteils.

4. Unterzeichner: Die Übernehmerliste ist nicht von dem die Kapitalerhöhung beurkundenden Notar, sondern von den *Anmeldenden*, d.h. den Geschäftsführern, zu unterzeichnen. Da die Anmeldung der Kapitalerhöhung nach § 78 GmbHG von sämtlichen Geschäftsführern vorgenommen werden muss, genügt nicht die Unterzeichnung durch die Geschäftsführer in vertretungsberechtigter Zahl. Vielmehr muss die Übernehmerliste von *allen* Geschäftsführern unterzeichnet werden. Eine besondere Form ist hierbei nicht zu beachten, insbesondere bedarf die Unterzeichnung durch die Geschäftsführer nicht der notariellen Beglaubigung. 354

5. Kosten: a) *Notarkosten:* Erstellt der Notar die Übernehmerliste, fällt hierfür nach der Vorb. 2.2.1.1 Abs. 1 S. 2 Nr. 3 eine 0,5-Vollzugsgebühr nach KV-Nr. 22110 GNotKG an. Der Geschäftswert bestimmt sich gemäß § 112 S. 1 GNotKG nach dem Wert des Beurkundungsverfahrens. Bei dem vorliegend für die Beurkundung der Kapitalerhöhung und Satzungsänderung maßgeblichen Mindestwert von 36.800,00 € (s.o. Muster B 12, Anm. 15 Rdn. B 313) errechnet sich so für die Übernehmerliste eine Gebühr von 0,5 × 145,00 € = 72,50 € (netto). Wird die Übernehmerliste zusätzlich zur Information der Beteiligten auch noch in übersetzter Form erstellt, fällt, soweit der Notar die Übersetzung selbst gefertigt hat, die Zusatzgebühr nach KV-Nr. 26001 in Höhe von 30 % der zu erhebenden Gebühren an. 355

b) *Gerichtskosten:* Die Übernehmerliste wird mit den sonstigen bei der Anmeldung eingereichten Dokumenten bei Eintragung der Kapitalerhöhung in den Registerordner eingestellt. Besondere Gerichtsgebühren für die Entgegennahme und Prüfung der Übernehmerliste fallen nicht an. Der Aufwand hierfür ist mit den Gebühren für die Eintragung der Kapitalerhöhung abgegolten. 356

15. »Upgrading« der UG zur GmbH durch Kapitalerhöhung auf das Mindeststammkapital der GmbH von 25.000 €

Vorbemerkung

Die UG wurde mit dem MoMiG in das GmbHG aufgenommen. Nach der Vorstellung des Gesetzgebers und der Konzeption des Gesetzes handelt es sich bei der UG in erster Linie um eine für Unternehmensgründer gedachte Sonderform der GmbH, mit der jungen Existenzgründern, die nicht über ausreichend Eigenkapital verfügen, eine Einstiegsvariante für eine haftungsbegrenzte Kapitalgesellschaft zur Verfügung gestellt werden soll, bei der das Stammkapital nicht den für eine »normale« GmbH nach § 5 Abs. 1 GmbHG erforderlichen Mindestbetrag von 25.000,00 € betragen muss. Nach der Vorstellung des Gesetzgebers soll es Ziel der UG-Gründer sein, nach einiger Zeit die Gesellschaft in eine »normale« GmbH mit dem gesetzlich normierten Stammkapital von mindestens 25.000,00 € zu überführen. Zu diesem Zweck hat die UG nach § 5a Abs. 3 GmbHG eine gesetzliche Rücklage zu bilden. Hierdurch soll eine von Jahr zu Jahr steigende Eigenkapitalausstattung der UG bewirkt werden. Nach Erreichen der jeweils erforderlichen Höhe soll die Pflichtrücklage dann – so die idealtypische Vorstellung des Gesetzgebers – zur Umwandlung in Stammkapital verwandt und hierdurch das Mindeststammkapital der GmbH von 25.000,00 € aufgebracht werden. 357

358 Der Übergang zur normalen GmbH erfolgt indessen nicht allein durch das Ansparen entsprechender Mittel. Vielmehr ist hierzu nach § 5a Abs. 3 GmbHG eine Kapitalerhöhung erforderlich, mit der durch notariell beurkundeten Beschluss der Gesellschafterversammlung das Stammkapital der UG auf das für die »normale« GmbH notwendige Mindeststammkapitals von 25.000,00 € erhöht wird.

359 In der Praxis kommt es allerdings nur verhältnismäßig selten vor, dass die Gesellschafter einer UG die in die Pflichtrücklage gemäß § 5a Abs. 3 GmbHG eingestellten Beträge zu einer Kapitalerhöhung aus Gesellschaftsmitteln verwenden und hierdurch die Gesellschaft in eine reguläre GmbH überführen. Der Grund hierfür dürfte darin liegen, dass eine Kapitalerhöhung aus Gesellschaftsmitteln nach § 57e GmbHG nur auf der Grundlage einer geprüften und mit dem uneingeschränkten Bestätigungsvermerk eines Wirtschaftsprüfers oder – bei Gesellschaften, die nicht große i.S.v. § 267 Abs. 3 HGB sind, was bei UG regelmäßig der Fall ist – eines vereidigten Buchprüfers versehenen Bilanz vorgenommen werden kann. Die nicht unerheblichen Kosten einer entsprechenden Abschlussprüfung scheuen die Gesellschafter i.d.R.

360 In der Praxis erfolgt die Überführung der UG in eine GmbH daher i.d.R. durch Barkapitalerhöhung, gelegentlich auch durch Sachkapitalerhöhung (hier zumeist durch Einbringung von Gesellschafterdarlehen oder Anteilen an einer anderen Gesellschaft). Ohne Weiteres zulässig ist auch eine Kombination der Kapitalerhöhung aus Gesellschaftsmitteln mit der (effektiven) Kapitalerhöhung gegen Bar- und Sacheinlage.

361 Mit der Kapitalerhöhung auf das Stammkapital von 25.000,00 € erfolgt keine Umwandlung im Rechtssinne und auch kein sonstiger Übergang in eine andere Rechtsform. Bei der UG handelt es sich von Anfang an um eine GmbH, für die das GmbHG in § 5a einige wenige Sonderregelungen vorsieht; s. hierzu näher oben die Erläuterungen zu dem Muster B1 unter Rdn. B 1 ff. Mit Erreichen des Mindeststammkapitals der GmbH von 25.000,00 € (§ 5 Abs. 1 GmbHG) finden gemäß § 5a Abs. 5 GmbHG dann die für die UG in den Abs. 1–4 dieser Bestimmung normierten Beschränkungen keine Anwendung mehr. Durch die Kapitalerhöhung auf mindestens 25.000,00 € wird die Gesellschaft von der GmbH-Sonderform der UG in eine normale »Voll-GmbH« überführt. Für diese Maßnahme wird in der Literatur auch treffend der Begriff des »Upgradings der UG« verwandt. Ebenso ist die Rede von dem »Erwachsenwerden« der UG (»Baby-GmbH«) zur »Voll-GmbH.«

362 Das nachstehende Muster betrifft den Regelfall der Kapitalerhöhung gegen Bareinlagen.

Muster [1], [2]

363 **UR.-Nr. __________/__________**

Verhandelt in __________

am __________

Vor mir, dem Notar/der Notarin __________

mit dem Amtssitz in __________

erschienen heute in meinen Amtsräumen in __________:

1. Herr A,

geboren am __________,

wohnhaft __________,

ausgewiesen durch __________,

handelnd im eigenen Namen.

2. Frau B,

geboren am ____________,

wohnhaft ____________,

ausgewiesen durch ____________,

handelnd im eigenen Namen.

Die Erschienenen erklärten zu meinem Protokoll: [1, 2]

A. Vorbemerkung

Wir, Herr A und Frau B, sind sämtliche Gesellschafter der im Handelsregister des Amtsgerichts ____________ unter HRB ____________ eingetragenen A. & B. UG (haftungsbeschränkt) mit Sitz in ____________.

An dem Stammkapital von 1.000,00 € sind wir im Einzelnen wie folgt beteiligt:

- **Herr A mit dem bei Gründung der Gesellschaft übernommenen Geschäftsanteil Nr. 1 mit einem Nennbetrag von 500,00 € sowie**
- **Frau B mit dem bei Gründung der Gesellschaft übernommenen Geschäftsanteil Nr. 2 mit einem Nennbetrag von ebenfalls 500,00 €.**

B. Gesellschafterversammlung [3]

I. Kapitalerhöhung

Unter Verzicht auf die Einhaltung aller Form- und Fristvorschriften für die Einberufung und Abhaltung einer Gesellschafterversammlung halten wir hiermit eine Gesellschafterversammlung der vorgenannten Gesellschaft ab und beschließen einstimmig wie folgt:

Das Stammkapital der Gesellschaft wird im Wege der Kapitalerhöhung gegen Bareinlagen von 1.000,00 € um 24.000,00 € auf 25.000 € erhöht, und zwar durch Ausgabe von zwei neuen Geschäftsanteilen im Nennwert von jeweils 12.000,00. [4, 5]

Zur Übernahme der neuen Geschäftsanteile werden die bisherigen Gesellschafter zugelassen, und zwar wie folgt: [6]

Übernehmer	**neuer Geschäftsanteil, lfd. Nummer**	**Nennbetrag in Euro**
Herr A	**3**	**12.000,00**
Frau B	**4**	**12.000,00**

Die neuen Geschäftsanteile werden zum Nennwert [7] ausgegeben; die Einlagen sind in Geld zu erbringen. Auf sie sind jeweils 5.750,00 € sofort und der jeweilige Restbetrag nach Aufforderung der Geschäftsführung zur Zahlung fällig. [8]

Die neuen Geschäftsanteile sind von Beginn des bei der Eintragung der Kapitalerhöhung in das Handelsregister laufenden Geschäftsjahres an gewinnberechtigt.

II. Satzungsänderung [9]

Die Firma der Gesellschaft wird geändert in A. & B. GmbH.

Im Übrigen wird der Gesellschaftsvertrag der Gesellschaft gemäß der Anlage vollständig neugefasst.

III. Geschäftsführerbestellung [10]

Frau B wird zur weiteren Geschäftsführerin der Gesellschaft bestellt. Ab Eintragung der Satzungsänderung vertritt sie die Gesellschaft stets allein und ist von den Beschränkungen des § 181 BGB befreit. Bis zu der Eintragung der Satzungsänderung vertritt sie die Gesellschaft gemäß der bisherigen allgemeinen Vertretungsregelgung, d.h. gemeinsam mit dem Geschäftsführer A.

Die Vertretungsbefugnis des Geschäftsführers A wird dahin geändert, dass auch er ab Eintragung der Satzungsänderung die Gesellschaft stets allein vertritt. Er bleibt weiterhin von den Beschränkungen des § 181 BGB befreit ist.

Weitere Beschlüsse werden nicht gefasst. Die Gesellschafterversammlung ist damit beendet.

C. Übernahmeerklärung [11]

Sodann erklärten die Erschienenen:

Wir übernehmen hiermit zu den vorstehend unter B.I. genannten Bedingungen jeweils den entsprechenden neuen Geschäftsanteil.

D. Vollmacht

Die Mitarbeiter des amtierenden Notars Frau __________ X und Herr __________ Y werden hiermit von den Erschienenen bevollmächtigt, und zwar jeder für sich allein und unter Befreiung von den Beschränkungen des § 181 BGB, für sie alle Erklärungen abzugeben, die zur Durchführung bzw. Änderung dieser Urkunde erforderlich sind, insbesondere zur Erledigung von Verfügungen des Registergerichts, und die Änderungen zum Handelsregister anzumelden. Von dieser Vollmacht darf nur vor dem amtierenden Notar, seinen Sozien bzw. deren amtlich bestellten Notarvertretern Gebrauch gemacht werden. Die Vollmacht erlischt einen Monat nach der Eintragung der Gesellschaft im Handelsregister.

E. Kosten

Die Kosten dieser Urkunde sowie die Kosten des Registergerichts im Zusammenhang mit der Kapitalerhöhung trägt die Gesellschaft.

F. Hinweise

Der Notar wies die Erschienenen insbesondere darauf hin, dass

- **die Kapitalerhöhung und die Satzungsänderung erst mit der Eintragung im Handelsregister wirksam werden,**
- **die festgesetzten Bareinlagen erst nach der heutigen Beurkundung erbracht werden dürfen und etwa geleistete Voreinzahlungen in der Regel keine Tilgungswirkung haben,**
- **die vereinbarten Geldeinlagen nicht durch Aufrechnung/Verrechnung mit Forderungen gegen die Gesellschaft erbracht werden dürfen,**
- **die übrigen Gesellschafter für die Einzahlung der übernommenen, von den Übernehmern aber nicht vollständig eingezahlten Einlagen nach § 24 GmbHG haften,**
- **Geldeinlagen, die zeitlich unmittelbar nach der Kapitalerhöhung darlehensweise oder aufgrund anderweitiger Vereinbarung an einen Gesellschafter wieder ausgezahlt werden, die Einlageschuld nur dann tilgen, wenn der Rückzahlungs-**

anspruch der Gesellschaft vollwertig und jederzeit fällig ist und die Auszahlung sowie die Rückzahlungsvereinbarung zwischen dem Gesellschafter und der Gesellschaft in der Anmeldung zum Handelsregister angegeben sind.

Anlage

Neuer Gesellschaftsvertrag der A. & B. GmbH

Vorstehende Verhandlung wurde den Erschienenen einschließlich der Anlage von dem Notar/der Notarin vorgelesen, von ihnen genehmigt und wie folgt eigenhändig unterschrieben:

[Unterschrift der Erschienenen]

[Unterschrift des Notars/der Notarin] L.S. [Notariatssiegel]

Template

Notarial deed no. UR-Nr. ____________/____________ 364

Negotiated in ____________

on [date]

Before me, the notary [name]

with the registered office at [city]

appeared today in my notary's premises in ____________

1. **Mr. A,**

   born on ____________,

   resident at ____________,

   identified by ____________,

   acting on his own behalf,

2. **Ms. B,**

   born on ____________,

   resident at ____________,

   identified by ____________,

   acting on her own behalf.

Those who appeared requested the deed to be recorded in the German language. The English version is only a non-binding translation and is quoted for information purposes only.

The persons appeared declared to my record:

A. Preamble

We, Mr. A and Ms B, are shareholders of A. & B. UG (haftungsbeschränkt) with its registered office at ____________, registered in the commercial register of the county court of ____________, division B under HRB ____________.

We hold all the shares in the share capital of € 1,000.00. The share capital is owned by ourselves as follows:

- **Mr. A with a share in the nominal value of € 500.00 (share no. 1), taken over when the company was founded, and**
- **Ms. B with a share in the nominal value of € 500.00 (share no. 2) as well, taken over when the company was founded.**

B. Shareholders' meeting

I. Capital increase

By waiving all formalities and deadlines for convening and holding a shareholders' meeting, we hereby hold a shareholders' meeting of the company aforementioned and resolve unanimously as follows:

The share capital of the company shall be increased by € 24,000.00 from € 1,000.00 to € 25,000.00 against cash contributions, in particular by issuing of two new shares, each with a nominal value of € 12,000.00.

We, the present shareholders, are admitted to subscribe to the new shares as follows:

Subscriber	New share, serial number	Nominal value in Euros
Mr. A	3	12,000.00
Ms. B	4	12,000.00

The new shares are issued at par value; the contributions are to be rendered and € 5,750.00 € each are due for payment immediately; the respective remaining amount is due upon request of the management.

The new shares shall participate to the profits of the company from the beginning of the fiscal year in which the capital increase is entered in the commercial register.

II. Amendment of the articles of association

The business name of the company is changed to »A. & B. GmbH«.

Further, the articles of association shall be completely revised as set out in the annex.

III. Appointment of a managing director

Ms. B is appointed as a further managing director of the company. From the entry of the amendment of the articles of association, she represents the company alone and is exempt from the restrictions of Sec. 181 BGB (German Civil Code). Until the entry of the amendment, she represents the company in accordance with the present general rule of representation, i.e. together with the managing director Mr. A.

The power of representation of the managing director Mr. A is modified. From the entry of the amendment of the articles of association, he, too, represents the company alone at all times. He remains exempted from the restrictions of Sec. 181 BGB.

No further resolutions will be passed. The shareholders' meeting is closed.

C. Subscribers' declaration

Then, Mr. A and Ms. B declared:

We herewith take over the respective new share under the conditions mentioned above under B.1.

D. Power of attorney

Ms. X ____________ and Mr. Y ____________, employees of the acting notary, are hereby authorised, each individually and exempt from the restrictions of Sec. 181 BGB (German Civil Code), to make all declarations and all amendments to this deed, which are necessary in particular for the execution of dispositions of the register court, and to register the amendments with the commercial register. This power of attorney may only be exercised before the acting notary, his or her partners or their officially appointed representatives. The power of attorney expires one month after the entry of the resolved amendments in the commercial register.

E. Expenses

The costs of this deed and the costs which the registry court will charge for the registration of the capital increase shall be borne by the company.

F. Notarial instructions

The notary notes that

- **the capital increase and the amendment to the articles of association shall only become effective upon entry in the commercial register.**
- **payments for the shares may only be made after today's notarisation. Mr. A and Ms. B declared that they have not made any prepayments.**
- **the agreed cash contributions cannot be made by offsetting/setting against claims against the Company.**
- **the other shareholders shall be liable for the payment of the contribution on the share for which the amount owed by the other transferees cannot be obtained.**
- **contributions in cash which are repaid to a shareholder by way of a loan agreement or another agreement immediately after the capital increase is resolved and before the increase is registered will only release from the obligation to the share contribution if the repayment claim of the company is fully valid and due at any time and the payment as well as the repayment agreement between the respective shareholder and the Company are indicated in the application for registration with the commercial register.**

Annex

resolved text of the new articles of association of A. & B. GmbH.

The above negotiation, including the annex, was read aloud to the appearing persons by the notary, approved by them and signed as follows:

[signatures of the persons appeared]

[notary's signature]

[notary's seal]

Erläuterungen

Literatur: Berninger, Aufstieg der UG (haftungsbeschränkt) zur vollwertigen GmbH, GmbHR 2011, 953; *Bremer,* GmbHR-Kommentar zu den Entscheidungen des BGH vom 11.04.2011 und 19.04.2011, GmbHR 2011, 703; Heckschen/Heidinger/*Heckschen/Strnad,* Kap. 5, Rn. 90 ff.; *Goette,* Einführung in das neue GmbH-Recht, Rn. 47; *Klein,* Wenn die Unternehmergesellschaft (haftungsbeschränkt) erwachsen werden will ..., NZG 2011, 377; *Klose,* Zur Frage der Umwandlung einer UG in eine reguläre GmbH ohne Volleinzahlung bei einer Kapitalerhöhung, GmbHR 2010, 1212; *Krafka/Kühn,* Registerrecht, Rn. 1023; *Lange,* Wenn die UG erwachsen werden soll – »Umwandlung« in die GmbH, NJW 2010, 3686; *Lieder/Hoffman,* Upgrades von Unternehmergesellschaften, Der Übergang von der UG zur Voll-GmbH: Rechtstatsachen und Streitfragen, GmbHR 2011, 561; *Miras,* Sacheinlageverbot und Volleinzahlungsgebot bei der Unternehmergesellschaft im Vorgang der Kapitalerhöhung, DStR 2011, 1379; *Miras,* Die neue Unternehmergesellschaft, 2. Aufl., Rn. 158 ff.; *Wachter,* Sacheinlagen bei der Unternehmergesellschaft (haftungsbeschränkt), NJW 2011, 2620; *ders.,* Form der Übernahmeerklärung, GmbHR 2018, 134–138.

365 **1. Sachverhalt:** Das vorstehende Muster geht von folgendem Sachverhalt aus: Gesellschafter der UG sind Herr A und Frau B, welche bei der im vereinfachten Verfahren mit Musterprotokoll vorgenommenen Gründung jeweils einen Geschäftsanteil in Höhe von 500,00 € übernommen haben. Zum Geschäftsführer wurde der A bestellt. Frau B war bisher nicht an der Geschäftsführung beteiligt. Die UG soll in eine GmbH überführt werden. Beide bisherigen Gesellschafter wollen an der erforderlichen Kapitalerhöhung gleichermaßen beteiligt sein und übernehmen jeweils einen Anteil von 12.000,00 €. Mit der Kapitalerhöhung soll nicht nur die Firma dahin geändert werden, dass der Rechtsformzusatz »UG (haftungsbeschränkt)« durch den GmbH-Zusatz ersetzt wird, vielmehr soll die Gesellschaft nunmehr einen individuellen Gesellschaftsvertrag erhalten. Des Weiteren soll Frau B ebenfalls zur Geschäftsführerin bestellt werden. Hierbei wird davon ausgegangen, dass in den neuen Gesellschaftsvertrag zur allgemeinen Vertretungsbefugnis die üblicherweise in GmbH-Satzungen vorzufindende Regelung aufgenommenen wird, dass die Gesellschaft durch zwei Geschäftsführer oder durch einen Geschäftsführer zusammen mit einem Prokuristen vertreten wird und dass durch Beschluss der Gesellschafterversammlung einzelnen oder allen Geschäftsführern Einzelvertretungsbefugnis erteilt werden kann und einzelne oder alle Geschäftsführer von den Beschränkungen des § 181 BGB befreit werden können.

366 **2. Rechtliche Grundlagen:** Für die UG enthält § 5a Abs. 2 GmbHG zwei wesentliche Sonderregelungen. Zum einen sind nach S. 2 Sacheinlagen ausgeschlossen, zum anderen ist nach S. 1 das Stammkapital vor der Anmeldung stets in voller Höhe einzuzahlen. Diese beiden Sonderregelungen sind nicht nur bei der Errichtung einer UG zu beachten, sondern sie gelten, wie sich aus § 5a Abs. 5 GmbHG ergibt, auch für nach der Ersteintragung beschlossene Kapitalerhöhungen, und zwar solange, bis das Stammkapital den Betrag des Mindeststammkapitals gemäß § 5 Abs. 1 GmbHG von 25.000,00 € erreicht oder übersteigt.

367 Zu dieser Bestimmung war nach Inkrafttreten des MoMiG zunächst ausgesprochen streitig, von welchem Zeitpunkt an die Volleinzahlungspflicht sowie das Sachkapitalerhöhungsverbot keine Anwendung mehr finden. Die Literatur war gespalten. Die Registerpraxis war ausgesprochen uneinheitlich. Zu einem Teil wurde die Meinung vertreten, dass § 5a Abs. 2 GmbHG erst dann nicht mehr zu beachten sei, wenn das Stammkapital zuvor bei einer früheren Kapitalerhöhung auf den Betrag von mindestens 25.000,00 € erhöht worden ist und das Kapital in dieser Höhe auch voll erbracht worden ist. Erst bei einer anschließenden Kapitalerhöhung entfiel nach dieser Auffassung die Anwendung von § 5a Abs. 2 GmbHG. Nach a.M. sollten Sacheinlageverbot und Volleinzahlungspflicht bereits dann entfallen, wenn mit dem fraglichen Erhöhungsbeschluss das Stammkapital auf 25.000,00 € erhöht wird.

368 Die Rspr. folgte zunächst der strengeren Linie. So entschied das OLG München für die Barkapitalerhöhung im September 2010, dass die Beschränkungen der § 5a Abs. 1–4 GmbHG erst dann entfielen, wenn das Mindeststammkapital von 25.000,00 € in voller Höhe eingezahlt worden sei (OLG München, Beschl. vom 23.09.2010, 31 Wx 149/10, NJW 2011, 464 = GmbHR 2010, 1210). Das OLG Hamburg folgte dieser Entscheidung für den Fall einer Sachkapitalerhöhung

und ließ den Übergang einer UG in eine GmbH durch Kapitalerhöhung auf 25.000,00 € gegen Sacheinlage nicht zu (Beschl. vom 12.10.2010, 11 W 78/10). Auf die Rechtsbeschwerde der betroffenen Gesellschaft hin hob der BGH indessen die Entscheidung des OLG Hamburg auf und entschied, dass bereits für eine den Betrag des Mindeststammkapitals von 25.000,00 € erreichende (oder übersteigende) Kapitalerhöhung das Sacheinlageverbot des § 5a Abs. 2 Satz 2 GmbHG nicht (mehr) gilt (Beschl. vom 19.04.2011, II ZB 25/10, BGHZ 189, 254 = NJW 2011, 1881 = GmbHR 2011, 699 mit Komm. *Bremer* GmbHR 2011, 703). Nur wenige Tage nach dem BGH entschied das OLG Hamm für eine Barkapitalerhöhung bei einer UG in Abweichung von dem Beschluss des OLG München, dass die Sonderregelung der Volleinzahlungspflicht gemäß § 5a Abs. 2 Satz 2 GmbHG bereits für diejenige Kapitalerhöhung nicht mehr gilt, mit der das Mindeststammkapital von 25.000,00 € erreicht wird. Der Wegfall der Beschränkungen für die UG sei bei einer solchen Kapitalerhöhung nicht von einer Volleinzahlung des Stammkapitals abhängig (OLG Hamm, Beschl. vom 05.05.2011, 27 W 24/11, GmbHR 2011, 655 = FGPrax 2011, 248). Das OLG Stuttgart folgte dieser Entscheidung mit Beschl. vom 13.10.2011 (8 W 314/11, GmbHR 2011, 1275 = NZG 2012, 22) und auch das OLG München schloss sich im Hinblick auf die Entscheidung des BGH dieser Rspr. unter ausdrücklicher Aufgabe seiner im dem früheren Beschluss vom 23.09.2010 vertretenen Auffassung an (Beschl. vom 07.11.2011 – 31 Wx 475/2011, GmbHR 2011, 1276 = NZG 2012, 151).

Als weitere Besonderheit ist allerdings bei der Barkapitalerhöhung zu beachten, dass es nicht ausreicht, dass gemäß § 56a GmbHG i.V.m. § 7 Abs. 2 S. 1 GmbHG jeweils nur ein Viertel auf die neuen Geschäftsanteile eingezahlt wird, solange nicht das ursprünglich eingezahlte Kapital der UG und die auf die Kapitalerhöhung geleisteten Einlagen zusammen mindestens 12.500,00 € erreichen. Denn ansonsten könnte durch die Gründung einer UG und eine anschließende Kapitalerhöhung die Halbeinzahlungspflicht des § 7 Abs. 2 S. 2 GmbHG umgangen werden. Diese Vorschrift ist daher bei einer UG, wenn diese ihr Stammkapital zwecks Übergang zur regulären GmbH auf das Mindeststammkapital gemäß § 5 Abs. 1 GmbHG von 25.000,00 € erhöht, entsprechend anzuwenden (OLG Hamm, Beschl. vom 05.05.2011, 27 W 24/11, GmbHR 2011, 655 = FGPrax 2011, 248; Lutter/Hommelhoff/Lutter/*Kleindiek* § 5a Rn. 26; *Krafka/Willer,* 10. Aufl. 2017 Rn. 1044a). 369

3. Beschluss der Gesellschafterversammlung, Form, Mehrheit: Für die Kapitalerhöhung zum »Upgrading« einer UG zur GmbH gelten ansonsten keine Besonderheiten. Für die Kapitalerhöhung ist der Gesellschaftsvertrag durch Beschluss der Gesellschafterversammlung zu ändern. Der Beschluss muss notariell beurkundet werden, § 53 Abs. 2 S. 1 GmbHG. Er bedarf der Mehrheit von drei Viertel der abgegebenen Stimmen, § 53 Abs. 2 GmbHG. In der Praxis erfolgt die Beschlussfassung zumeist entsprechend der mit dem Muster vorgeschlagenen Formulierung einstimmig in einer Universalversammlung. 370

4. Inhalt des Erhöhungsbeschlusses: Der Erhöhungsbeschluss muss auf jeden Fall den Betrag festlegen, um den das bisherige Stammkapital erhöht werden soll. Üblicherweise wird hierzu ein fester Betrag beschlossen. Diese Gestaltung sollte allerdings nur dann gewählt werden, wenn – was i.d.R. der Fall ist und vorliegend nach dem Sachverhalt unterstellt wird – im Zeitpunkt der Beschlussfassung feststeht, dass das erhöhte Kapital auch vollen Umfangs übernommen wird. Denn anderenfalls bestünde die Gefahr, dass das neue Kapital nicht vollständig gezeichnet wird mit der Folge, dass wegen fehlender Deckung des Erhöhungsbetrages die Kapitalerhöhung dann nicht zur Eintragung in das Handelsregister angemeldet werden kann, § 57 Abs. 1 GmbHG. Steht dagegen bei der Beschlussfassung noch nicht fest, in welcher Höhe das neue Kapital übernommen werden wird (vorliegend z.B. eine Kapitalerhöhung um 24.000 € auf 25.000 € oder u.U. um bis zu 34.000 € auf bis zu 35.000 €, weil im Zeitpunkt der Beschlussfassung der genaue Kapitalbedarf noch nicht ermittelt werden konnte), so ist es möglich und zulässig, anstelle eines Fixbetrages durch Angabe eines Minimal- und/oder Maximalbetrags den Rahmen für die Kapitalerhöhung zu bestimmen und den endgültigen Umfang der Kapitalerhöhung von dem Ausmaß der Übernahme abhängig zu machen (Baumbach/Hueck/*Zöllner/Fastrich* § 55 Rn. 11; Kölner Handbuch/*Tebben*, Kap 12 Rn. 1052). Die Vorgabe eines Höchstbetrags ist dabei allerdings zwingend (RGZ 85, 205; 371

Scholz/*Priester* § 55 Rn. 19). Bei dieser Gestaltung sollte bzw. muss nach z.T. in der Literatur vertretener Ansicht der Erhöhungsbeschluss eine angemessene Frist festlegen, binnen derer die Übernahme des Erhöhungsbetrages erfolgen muss, wobei allgemein eine Frist von maximal sechs Monaten als zulässig angesehen wird (s. im Einzelnen hierzu Lutter/Hommelhoff/*Lutter*/*Bayer* § 55 Rn. 9; Baumbach/Hueck/*Zöllner*/*Fastrich* § 55 Rn. 11; Rowedder/Schmidt-Leithoff/*Schnorbus* § 55 Rn. 12 jeweils m.w.N.). Bei dem »Upgrading« ist als Mindestbetrag der Kapitalerhöhung derjenige Betrag festzusetzen, der erforderlich ist, um zusammen mit dem bisherigen Stammkapital der UG den Mindestbetrag der GmbH von 25.000 € zu erreichen.

372 Der Erhöhungsbetrag muss auf volle Euro lauten. Er muss jedoch nicht mehr wie noch vor Inkrafttreten des MoMiG aufgrund der Regelung in den §§ 5 Abs. 3, 55 Abs. 4 GmbHG a.F. durch 50 teilbar sein. Bei der Bemessung des Erhöhungsbetrags ist zu beachten, dass jeder Gesellschafter sich entsprechend seinem Bezugsrecht an der Kapitalerhöhung beteiligen kann, soweit er nicht auf das Bezugsrecht verzichtet hat.

373 Die mit der Kapitalerhöhung erreichte neue Stammkapitalziffer muss nicht zwingend in dem Erhöhungsbeschluss genannt sein, es reicht die Angabe des Erhöhungsbetrages (a.A. Lutter/Hommelhoff/*Lutter*/*Bayer* § 55 Rn. 8). Die Angabe beider Beträge ist indessen zweckmäßig (Baumbach/Hueck/*Zöllner*/*Fastrich* § 55 Rn. 10). In der Praxis wird neben diesen beiden Beträgen i.d.R., wie in dem obigen Muster, auch noch das bisherige Stammkapital als Ausgangsbetrag für die Kapitalerhöhung angeführt.

374 **5. Kapitalerhöhung durch Ausgabe neuer Geschäftsanteile:** Die Kapitalerhöhung erfolgt durch Ausgabe und Übernahme eines oder mehrerer neuer Geschäftsanteile. Dies ist der vom Gesetzgeber gemäß § 55 Abs. 3 GmbHG vorgesehene Regelfall. Nach allg.M. kann eine Kapitalerhöhung allerdings auch ganz oder auch nur zu einem Teil auf die Weise durchgeführt werden, dass die Nennbeträge von allen oder auch nur einzelnen bisherigen Geschäftsanteilen erhöht werden (sog. Aufstockung, s. hierzu Muster B 12 und dort insbesondere die Anm. 5/6, Rdn. B 291 ff.).

375 Erfolgt – wie vorliegend – die Kapitalerhöhung durch Ausgabe von neuen Geschäftsanteilen, so werden i.d.R. in dem Erhöhungsbeschluss auch die Zahl und die Nennbeträge der neuen Anteile festgelegt. Hierbei ist § 5 Abs. 2 und 3 GmbHG zu beachten. Der Nennbetrag jedes einzelnen Geschäftsanteils muss auf volle Euro lauten. Die Summe aller Nennbeträge der neuen Geschäftsanteile muss mit dem Erhöhungsbetrag übereinstimmen. Nach im Schrifttum überwiegender Meinung muss der Kapitalerhöhungsbeschluss nicht zwingend notwendig diese Angaben enthalten, vielmehr kann diese Festsetzung auch erst bei der Durchführung der Kapitalerhöhung vorgenommen werden (s. Baumbach/Hueck/*Zöllner*/*Fastrich* § 55 Rn. 12 sowie Rowedder/Schmidt-Leithoff/*Schnorbus* § 55 Rn. 14 m.w.N., a.A. indessen Lutter/Hommelhoff/*Lutter*/*Bayer* § 55 Rn. 12 sowie Gehrlein/Ekkenga/Simon/*Bormann* § 55 Rn. 7).

376 **6. Angabe der Übernehmer der neuen Anteile:** Entsprechendes gilt für die Angaben dazu, wer zu der Übernahme der neuen Geschäftsanteile zugelassen werden soll. Festsetzungen hierzu sind ebenfalls kein zwingender Bestandteil des Erhöhungsbeschlusses (Lutter/Hommelhoff/*Lutter*/*Bayer* § 55 Rn. 13), werden in der Praxis gleichwohl in aller Regel in den Erhöhungsbeschluss aufgenommen. Sinnvollerweise erfolgt in dem Gesellschafterbeschuss auch gleich eine Nummerierung der neuen Geschäftsanteile. Dann kann bei Abgabe der Übernahmeerklärungen auf die jeweilige Anteilsnummer Bezug genommen werden. Ferner wird damit zugleich die Reihenfolge für die Liste der Gesellschafter festgelegt, welche der Notar gemäß § 40 Abs. 2 GmbHG nach Wirksamwerden der Kapitalerhöhung zu erstellen und bei dem Registergericht zur Aufnahme in das Handelsregister einzureichen hat.

377 **7. Angabe des Ausgabepreises:** Die neuen Geschäftsanteile sind mindestens zu ihrem Nennwert auszugeben. Eine Unterpariemission ist unzulässig. Soll die Ausgabe zum Nennwert erfolgen, muss dies nicht extra in dem Erhöhungsbeschluss erwähnt werden, gleichwohl wird in der Praxis eine entsprechende Erklärung üblicherweise in den Beschluss aufgenommen. Sollen die neuen Anteile über pari mit einem Aufgeld (Agio) ausgegeben werden, so ist der Ausgabebetrag in dem Er-

höhungsbeschluss festzulegen, wobei eine betragsmäßige Festlegung nicht zwingend erforderlich ist. Es reicht aus, wenn aufgrund der in dem Beschluss genannten Kriterien die Höhe des Aufgelds bestimmbar ist.

8. Einzahlungsbetrag: Soll durch die Kapitalerhöhung auf 25.000,00 € die UG in eine GmbH überführt werden, so reicht es vorliegend nicht aus, dass entsprechend § 56a i.V.m. § 7 Abs. 2 S. 1 GmbHG lediglich ein Viertel auf die neuen Anteile (jeweils 3.000,00 €) eingezahlt wird. Zusammen mit dem bei der Gründung der Gesellschaft eingezahlten 1.000,00 € wären vorliegend dann nur 7.000,00 € erbracht. Da bei der Gründung einer GmbH die Anmeldung der Gesellschaft nach § 7 Abs. 2 S. 2 GmbHG erst erfolgen kann, wenn mindestens die Hälfte des gesetzlichen Mindeststammkapitals eingezahlt ist, müssen für das Upgrading der UG zur GmbH ebenfalls Einzahlungen in Höhe von insgesamt mindestens 12.500,00 € geleistet sein, bevor die Kapitalerhöhung zur Eintragung in das Handelsregister angemeldet werden kann. Vorliegend sind daher im Rahmen der Kapitalerhöhung, mit der die UG zu einer regulären GmbH überführt werden soll, mindestens 11.500,00 € sofort einzuzahlen. Auf jeden der beiden Gesellschafter entfällt damit ein sofort fälliger Einzahlungsbetrag von 5.750,00 €. Ohne Weiteres möglich wäre mit Zustimmung beider Gesellschafter auch eine andere Aufteilung, soweit der Mindesteinzahlungsbetrag von einem Viertel des Nennwerts bei keinem der neuen Geschäftsanteile unterschritten wird, §§ 56a, 7 Abs. 1 S. 1 GmbHG, und insgesamt zusammen mit dem bisher eingezahlten Stammkapital der Betrag von 12.500,00 € erreicht wird. Vorliegend könnte daher z.B. auch bestimmt werden, dass von Herrn A lediglich 3.000,00 € sofort einzuzahlen sind und von Frau B 8.500,00 €. Anstelle einer Bareinlage könnte ebenso auch für einen oder beide vorgesehenen Übernehmer eine Sacheinlage vereinbart werden. Zulässig ist auch eine sog. Mischeinlage, was bedeutet, dass die Einlage auf den von einem Gesellschafter übernommenen neuen Anteil zu einem Teil durch Sacheinlage und zum anderen Teil durch Bareinlage zu erbringen ist. Hierbei ist bei der Anmeldung zu berücksichtigen, dass diese erst eingereicht werden kann, wenn unabhängig von der Höhe des Sachanteils auf den Geldanteil mindestens ein Viertel eingezahlt ist (OLG Celle, Beschl. vom 05.01.2016, 9 W 150/15 zu einer Mischeinlage bei Gründung, GmbHR 2016, 288–289 mit Kommentar *Wachter*; Scholz/*Priester*, § 56a Rn. 3). 378

9. Firmenänderung und Satzungsänderung: Mit Erreichen des Mindeststammkapitals von 25.000,00 € entfällt die Verpflichtung, weiter den für die UG gemäß § 5a Abs. 1 GmbHG zwingend erforderlichen Rechtsformzusatz »Unternehmergesellschaft« bzw. »UG« mit dem angehängten Klammerzusatz »(haftungsbeschränkt)« zu führen. Eine Verpflichtung zur Abänderung des mit der Kapitalerhöhung an sich unrichtig gewordenen Rechtsformzusatzes besteht zwar nach allg.M. nicht (a.A. allerdings *Goette* Einführung in das neue GmbH-Recht, Rn. 47). In der Praxis wird jedoch der Rechtsformzusatz stets abgeändert. Da der Zusatz Bestandteil der Firma ist und diese nach § 3 Abs. 1 Nr. 1 GmbHG im Gesellschaftsvertrag festgelegt sein muss, kann die Änderung des UG-Zusatzes in den GmbH-Zusatz nicht einfach durch formlosen Beschluss der Geschäftsführung oder der Gesellschafter oder gar durch bloße Abänderung des Rechtsformzusatzes durch den Notar in der Satzungsbescheinigung gemäß § 54 Abs. 1 S. 2 GmbHG vorgenommen werden, vielmehr bedarf es hierzu eines notariell beurkundeten satzungsändernden Beschlusses der Gesellschafterversammlung. 379

Ist – wie vorliegend nach dem Sachverhalt unterstellt – die Gesellschaft im vereinfachten Verfahren gemäß § 2 Abs. 1a GmbHG errichtet worden, nehmen die Gesellschafter die Kapitalerhöhung auf das Mindeststammkapital in aller Regel zum Anlass, nicht nur eine Änderung des bei Gründung mittels Musterprotokolls vereinbarten Gesellschaftsvertrags in den Ziffern 1 (Firma) und 3 (Höhe des Stammkapitals) zu beschließen. Vielmehr wird in diesen Fällen üblicherweise die Kapitalerhöhung zum Anlass genommen, für die Gesellschaft einen individuellen Gesellschaftsvertrag zu vereinbaren. 380

Solange noch nicht fünf Jahre (nach Auffassung der OLG Oldenburg und Celle sogar zehn Jahre) seit Gründung und Eintragung der Gesellschaft vergangen sind, ist bei der Neufassung des Gesellschaftsvertrags zu beachten, dass die Kostenregelung aus der Gründungsurkunde (bei vereinfachter Gründung per Musterprotokoll die Ziff. 5) auch in den neuen Gesellschaftsvertrag übernommen wird (s. hierzu Anm. 14 zum Muster B 2, Rdn. B 86). 381

382 **10. Geschäftsführerbestellung:** Beschließen die Gesellschafter, wovon vorliegend nach dem unterstellten Sachverhalt ausgegangen wird, einen neuen Gesellschaftsvertrag mit einer von § 35 GmbHG abweichenden allgemeinen Vertretungsregelung und ermächtigen sie die Gesellschafterversammlung durch eine entsprechende Satzungsklausel, einzelnen oder auch allen Geschäftsführern Alleinvertretungsbefugnis einzuräumen und sie weiter auch von den Beschränkungen des § 181 BGB zu befreien, so ist, sofern hiervon für den bisherigen Geschäftsführer Herrn A Gebrauch gemacht werden soll, dies von der Gesellschafterversammlung zu beschließen. Der Beschluss bedarf nicht der notariellen Beurkundung, sondern kann auch formlos erfolgen, wird i.d.R. jedoch in die notarielle Urkunde mit aufgenommen. Entsprechendes gilt für die vorliegend in das Muster aufgenommene Bestellung von Frau B zur weiteren Geschäftsführerin. Zu beachten ist vorliegend, dass Herrn A und Frau B die Alleinvertretungsbefugnis erst ab Eintragung der Satzungsänderung erteilt werden kann. Denn erst von diesem Zeitpunkt wird die Ermächtigungsklausel in dem neuen Gesellschaftsvertrag wirksam. Bis zu der Eintragung der Satzungsänderung gilt der bisherige bei Gründung im vereinfachten Verfahren mittels Musterprotokoll vereinbarte Gesellschaftsvertrag weiter, der keine allgemeine Vertretungsregelung enthält, sodass bei Bestellung von mehreren Geschäftsführern die gesetzliche Regelung in § 35 Abs. 2 S. 1 GmbHG Anwendung findet, nach der bis zu der Eintragung der Satzungsänderung mehrere Geschäftsführer noch in echter Gesamtvertretung nur gemeinschaftlich vertretungsbefugt sind.

383 **11. Übernahmeerklärungen:** Die Übernahme der neuen Geschäftsanteile erfolgt nicht durch einseitige Erklärung der Übernehmer, sondern durch Vereinbarung zwischen den Übernehmern und der Gesellschaft. Der Übernahmevertrag ist seiner Natur nach kein Austauschvertrag, sondern ein korporationsrechtlicher Vertrag, bei dessen Abschluss die Gesellschaft von ihren Gesellschaftern oder bei entsprechender – auch stillschweigend möglicher – Ermächtigung von den Geschäftsführern vertreten wird (BGH, Urt. vom 30.11.1967, II ZR 68/65, BGHZ 49, 117 = NJW 1968, 398). Als Vertrag kommt die Übernahme durch entsprechende beiderseitige Willenserklärungen zustande, wobei die Erklärung des Übernehmers gemäß § 55 Abs. 1 GmbHG nicht der Beurkundung bedarf, sondern die notarielle Beglaubigung hier ausreicht. Die Erklärung der GmbH kann dagegen formfrei und damit auch konkludent erfolgen (Lutter/Hommelhoff/*Bayer* § 55 Rn. 32).

384 Inhaltlich muss in der Übernahmeerklärung neben dem Nennbetrag des neuen Geschäftsanteils der Betrag der hierauf zu leistenden Einlage und ein etwa festgesetztes Agio angegeben werden. Im Falle der Übernahme eines Geschäftsanteils durch einen Dritten, der bisher nicht an der Gesellschaft beteiligt war, müssen in der Übernahmeerklärung weiter auch noch etwaige gesellschaftsvertraglich vorgesehene sonstige Nebenverpflichtungen der Gesellschafter, insbesondere eine etwaige Nachschusspflicht, erwähnt werden, § 55 Abs. 2 GmbHG.

385 Ergeben sich – wie vorliegend – bereits aus dem Kapitalerhöhungsbeschluss sämtliche in die jeweiligen Übernahmeerklärungen aufzunehmenden Angaben, so wird diesen Anforderungen genügt, wenn in den Übernahmeerklärungen hierauf mit der Formulierung »zu dem in dem Erhöhungsbeschluss genannten Bedingungen« verwiesen wird (Baumbach/Hueck/*Zöllner*/*Noack* § 55 Rn. 33).

386 Der Abschluss des Übernahmevertrages und die gesonderte förmliche Übernahmeerklärung des Übernehmers sind in jedem Fall erforderlich. Die Übernahmeerklärung ist auch dann nicht entbehrlich, wenn – wie vorliegend – in dem unter Beteiligung aller Gesellschafter einstimmig gefassten Kapitalerhöhungsbeschluss nur die bisherigen Gesellschafter zur Übernahme der neuen Geschäftsanteile zugelassen werden und der Beschluss bereits alle Einzelheiten der Übernahme bestimmt (OLG Celle, Beschl. vom 11.03.1999, 9 W 26/99, GmbHR 1999, 1253).

387 Die Übernahmeerklärungen können und werden i.d.R. – wie auch vorliegend – zusammen mit dem Kapitalerhöhungsbeschluss in der derselben Urkunde beurkundet, soweit der Notar den Beschluss der Gesellschafterversammlung nicht nur nach §§ 36 f. BeurkG beurkundet, sondern die Beurkundung des Erhöhungsbeschlusses vielmehr in der Form der §§ 8, 13 BeurkG (Beurkundung von Willenserklärungen) erfolgt. In diesem Fall kommt der Übernahmevertrag konkludent bereits mit der Beurkundung zustande. Eine gesonderte Annahmeerklärung ist dann nicht nötig (Rowedder/Schmidt-Leithoff/*Schnorbus* § 55 Rn. 53; Scholz/*Priester* § 55 Rn. 94).

12. Neufassung/Aktueller Wortlaut: Wird der Gesellschaftsvertrag – wie nach dem vorliegenden Muster – vollständig neugefasst, ist umstritten, ob mit der Anmeldung der Gesellschaftsvertrag mit der notariellen Bescheinigung gemäß § 54 Abs. 1 S. 2 GmbHG auch noch einmal gesondert eingereicht werden muss oder aber in diesem Fall die Vorlage der notariellen Urkunde mit dem Beschluss der Gesellschaftersammlung mit dem neuen Wortlaut in der Anlage ausreicht. 388

Die obergerichtliche Rspr. ließ überwiegend Letzteres ausreichen (s. OLG Zweibrücken, Beschl. vom 10.10.2001, 3 W 200/01, FGPrax 2002, 34–35 = GmbHR 2001, 1117 sowie zuletzt noch das OLG Hamm, Beschl. vom 07.01.2010, 15 Wx 179/09, NotBZ 2011, 372) mit Zustimmung eines Teils der Literatur (z.B. *Roth*-Altmeppen § 54 Rn. 7; *Wicke* § 54 Rn. 3). Anders dagegen die überwiegende Auffassung im Schrifttum: Danach ist auch bei vollständiger Neufassung des Gesellschaftsvertrags der vollständige Wortlaut mit der Bescheinigung nach § 54 Abs. 1 S. 2 GmbHG als ein gesondertes Dokument einzureichen, damit derjenige, der über das Internet Einsicht in den jedermann zugänglichen Registerordner nimmt, den aktuell gültigen Wortlaut des Gesellschaftsvertrags aus einem einzigen einfach zu handhabenden Dokument entnehmen kann (so insbes. *Krafka/Kühn* Registerrecht, Rn. 1023, aus der Literatur s. Baumbach/Hueck/*Zöllner* § 54 Rn. 10 sowie Lutter/Hommelhoff-*Bayer* § 54 Rn. 4 m.w.N. in der dortigen Fn. 4 sowie OLG Schleswig, DNotZ 1973, 482: Dieser Meinung hat sich zuletzt das OLG Jena mit Beschl. vom 14.09.2015, 2 W 375/15, GmbHR 2016, 487–488 = NZG 2016, 152–153 angeschlossen. 389

12. Anmeldung und Wirksamkeit: Die Kapitalerhöhung und Satzungsänderung sind, sobald die erforderlichen sofort fälligen Geldleistungen erbracht sind, durch die Geschäftsführer zur Eintragung in das Handelsregister bei dem für die Gesellschaft zuständigen Registergericht anzumelden, § 57 Abs. 1 GmbHG. Für die Anmeldung der Kapitalerhöhung gelten für das Upgrading keine Besonderheiten. Da die Anmeldung der Kapitalerhöhung gemäß § 78 GmbHG durch sämtliche Geschäftsführer zu bewirken ist, ist die Anmeldung vorliegend durch die Geschäftsführer A und B zu unterzeichnen und beide müssen hierin die übliche Einzahlungsversicherung abgeben, nach der sich die gemäß § 56a i.V.m. § 7 Abs. 2 S. 1 und 2 GmbHG mindestens zu leistenden Einlagen bewirkt sind und die eingezahlten Beträge sich endgültig in der freien Verfügung der Geschäftsführer befinden. Hierbei ist bei dem »Upgrading« indessen der Halbaufbringungsgrundsatz zu beachten (s.o. Anm. 8, Rdn. B 378), somit vorliegend versichert werden muss, dass (mindestens) 11.500,00 € eingezahlt sind. Dass das bei der Gründung der Gesellschaft eingezahlte Kapital von 1.000,00 € noch weiterhin vorhanden ist bzw. durch entsprechende Werte gedeckt ist, muss nach einer Entscheidung des OLG Celle dagegen nicht versichert werden (so ausdrücklich OLG Celle, Beschl. vom 17.07.2017, 9 W 70/17, GmbHR 2017, 1034–1035 mit Anm. *Wachter*, 1035–1037 = NZG 2017, 1222–1223). Da hierdurch nicht gesichert ist, dass bei Erstarkung der UG zur GmbH wenigstens ein Kapital von 12.500,00 € auch tatsächlich vorhanden ist, bleibt abzuwarten, ob sich alle Registergerichte dieser Auffassung anschließen. 390

Ferner sind die Veränderungen in der Geschäftsführung anzumelden. Hierzu muss die neu bestellte Geschäftsführerin Frau B in der Anmeldung die übliche nach § 39 Abs. 3 GmbHG erforderliche Eignungsversicherung abgeben (s. hierzu oben ausführlich Muster B 4 Anm. 13 ff. (Rdn. B 135 ff.). 391

Die Anmeldung ist auf elektronischem Weg einzureichen, § 12 Abs. 1 GmbHG. Ihr ist das notarielle Protokoll mit den Beschlüssen der Gesellschafterversammlung zu der Kapitalerhöhung und der Satzungsneufassung und sowie den Übernahmeerklärungen beizufügen. Ferner ist eine Liste der Übernehmer zu erstellen und mit der Anmeldung einzureichen, § 57 Abs. 3 Nr. 2 GmbHG. Die Liste muss von allen die Kapitalerhöhung »Anmeldenden« unterzeichnet sein, folglich von *allen* Geschäftsführern. Schließlich ist der Anmeldung der aktuelle geänderte Wortlaut mit der notariellen Bescheinigung nach § 54 Abs. 1 S. 2 beizufügen. 392

Die Kapitalerhöhung sowie die Satzungsneufassung werden gemäß § 54 Abs. 3 GmbHG erst mit der Eintragung wirksam. Die Bestellung der Geschäftsführerin Frau B wird dagegen bereits mit der Beschlussfassung wirksam. Ihre Eintragung im Handelsregister hat insoweit nur deklaratorische Wirkung. Die ihr und dem bisherigen Geschäftsführer A eingeräumte Einzelvertretungsbefugnis sowie die ihr erteilte Befreiung von den Beschränkungen des § 181 BGB können vorliegend dagegen nicht bereits 393 mit der Beschlussfassung wirksam werden, sondern erst mit Eintragung der Satzungsneufassung, da für diese Befugnis Voraussetzung ist, dass die mit der Satzungsänderung beschlossene Ermächtigungsklausel wirksam geworden ist, was erst mit der Eintragung der Fall ist. Dies ist bei der Fassung der Anmeldung zu berücksichtigen, indem formuliert wird: »Sie vertritt ab Eintragung der Satzungsänderung die Gesellschaft stets allein und ist von den Beschränkungen des § 181 BGB befreit.«

394 **13. Kosten:** a) *Notarkosten*: Der Kapitalerhöhungsbeschluss sowie die Satzungsneufassung und ferner die Änderung der Geschäftsführungsbefugnis bei dem Geschäftsführer D sowie die Bestellung des A zum weiteren Geschäftsführer sind vier verschiedene Tatsachen, die vorliegend nach § 108 Abs. 1 GNotKG i.V.m. § 105 Abs. 4 GNotKG jeweils mit dem Mindestgeschäftswertwert 30.000 € anzusetzen sind. Die einzelnen Werte sind zu addieren, sodass sich insoweit ein Gesamtwert von 120.000,00 € ergibt. Bei dem nach KV-Nr. 21200 maßgeblichen Gebührensatz von 2,0 ergibt sich damit eine Gebühr in Höhe von 600,00 €.

395 Übernahmeerklärung und der Kapitalerhöhungsbeschluss sind grundsätzlich verschiedene Gegenstände. Der Geschäftswert für die Übernahmeerklärung bestimmt sich nach § 97GNotKG und beträgt vorliegend 7.800,00 € (6.800,00 € Erhöhungsbetrag plus Agio 1.000,00 €). Bei dem Gebührensatz nach KV-Nr. 21200 von 1,0 ergibt sich für die Übernahmeerklärung eine Gebühr von 63,00 €.

396 Wenn für einzelne Beurkundungsgegenstände verschiedene Gebührensätze anzuwenden sind, ist nach § 94 Abs. 1 GNotkG eine Vergleichsberechnung durchzuführen. Bei dieser errechnet sich vorliegend eine geringere Gesamtgebühr von 654,00 € (2,0-Gebühr auf den Gesamtwert von 127.800,00 €). In die Notarkostenrechnung ist dann lediglich diese Gebühr einzustellen.

397 Für die Satzungsbescheinigung fällt keine Gebühr an. Sie ist gemäß der Vorbemerkung 2.1 Abs. Nr. 4 mit der Beurkundungsgebühr abgegolten. Für die Erstellung der Übernehmerliste erhält der Notar nach der Vorbemerkung 2.2.1.1 S. 2 Nr. 2 gemäß KV-Nr. 22110 eine 0,5-Vollzugsgebühr in Höhe von 163,50 € nach dem vollen Verfahrenswert des Beurkundungsverfahrens (127.000,00 €). Für die Übersetzung der Urkunde fällt, wenn der Notar die Übersetzung selbst (ohne Hinzuziehung eines Übersetzers) erstellt hat, eine Zusatzgebühr in Höhe von 98,10 € an (gemäß KV-Nr. 26001: 30 % der aus dem vollen Verfahrensgeschäftswert von 127.800,00 € abgeleiteten Gebühr in Höhe 327,00 €). Für die Registereinsicht und Vertretungsbescheinigung für den A als Geschäftsführer der B-GmbH fallen gemäß KV-NR. 25200 weiter noch 15 € an.

398 Hinzukommen weiter noch die üblichen Pauschalen (Dokumentenpauschalen Papier s/w, für Daten sowie die Auslagenpausche Post und Telekommunikation sowie die Umsatzsteuer.

399 b) *Gerichtskosten*: An Gerichtsgebühren fallen vorliegend, wenn aufgrund des obigen Beschlusses die Kapitalerhöhung, die Firmenänderung, die Neufassung des Gesellschaftsvertrags und die damit geänderte allgemeine Vertretungsregelung, ferner die Bestellung der B zur weiteren Geschäftsführerin sowie die Änderung der konkreten Vertretungsbefugnis bei dem Geschäftsführer A angemeldet worden sind, und diese Veränderungen eingetragen werden, gemäß GV-Nr. 2500 und 2501 HRegGebVO für die erste einzutragende Tatsache 70,00 € und für jede weitere einzutragende Tatsache jeweils 40,00 € an. Nach § 2 Abs. 2 S. 1 HRegGebVO ist für jede Tatsache die Gebühr gesondert zu erheben. § 2 Abs. 3 Nr. 4 HRegGebVO, wonach die Änderung eingetragener Angaben und die ihnen zugrunde liegende Satzungsänderung als dieselbe Tatsache zu behandeln sind, kommt vorliegend nicht zur Anwendung. Denn es wird in der Spalte 6 b) nicht nur die Änderung des Gesellschaftsvertrags zu den in den anderen Spalten vermerkten Änderungen von Firma und Stammkapital eingetragen, sondern die Neufassung der Satzung.

400 Wenn die gemäß dem Muster beschlossenen Änderungen sämtlich zur Eintragung in das Handelsregister angemeldet werden, werden damit in Vollzug der Anmeldung mehrere »Tatsachen« eingetragen, nämlich die Änderung der Firma in Spalte 2 a) des Registerblatts, das erhöhte Stammkapital in Spalte 3, die Änderung der allgemeinen Vertretungsregelung in Spalte 4 a), die Bestellung der B zur neuen Geschäftsführerin, die Änderung der konkreten Vertretungsbefugnis bei dem Geschäftsführer jeweils in Spalte 4 b) sowie die Neufassung der Satzung. Insgesamt werden damit sechs Tatsachen eingetragen, sodass sich die Eintragungskosten sich auf 270,00 € belaufen.

C. Organe

I. Gesellschafterversammlung

1. Einladung zu einer ordentlichen Gesellschafterversammlung durch den Geschäftsführer

Vorbemerkung

Gemäß § 48 Abs. 1 GmbHG werden die Beschlüsse der Gesellschafter in Versammlungen gefasst. Regelungen zur Form und zu dem Verfahren der Beschlussfassung in Gesellschafterversammlungen finden sich in den §§ 48–51 GmbHG. Das Gesetz unterscheidet nicht zwischen ordentlicher und außerordentlicher Gesellschafterversammlung. Als ordentliche Gesellschafterversammlung wird üblicherweise diejenige Versammlung verstanden, die über die Feststellung des Jahresabschlusses, die Ergebnisverwendung und die Entlastung der Geschäftsführer entscheidet vgl. hierzu insgesamt *Wicke*, GmbHR 2017, 777 ff.). 1

Muster

Per Einschreiben [1] 2

An die Gesellschafter [2] **der**
C-GmbH

Einladung zu einer ordentlichen Gesellschafterversammlung der C-GmbH am __________ in __________ um __________ [3]

Sehr geehrte(r) Frau/Herr __________,

in meiner Eigenschaft als Geschäftsführer [3] **der C-GmbH lade ich Sie zur ordentlichen Gesellschafterversammlung der C-GmbH am __________** [4]**, den __________ um __________** [5] **in die Geschäftsräume der C-GmbH in __________ Konferenzsaal, 7. OG** [6]**, mit folgender**

Tagesordnung [7]

ein:

1. **Feststellung des Jahresabschlusses zum __________**

   Eine Abschrift des aus Bilanz sowie Gewinn- und Verlustrechnung samt Anhang bestehenden Jahresabschlusses der C-GmbH samt Lagebericht ist beigefügt.

2. **Verwendung des Ergebnisses**

   Die Geschäftsführung schlägt vor, den sich aus dem Jahresabschluss ergebenden Jahresüberschuss von insgesamt EUR __________ in Höhe eines Teilbetrages von EUR __________ an die Gesellschafter auszuschütten und den restlichen Teilbetrag in Höhe von EUR __________ in die Gewinnrücklage einzustellen.

3. **Entlastung des Geschäftsführers __________ für das Geschäftsjahr _____**

__________ den __________

____

Geschäftsführer der C-GmbH [8, 9, 10]

Erläuterungen

3 **1.** Gemäß § 51 Abs. 1 S. 1 GmbHG erfolgt die Einberufung der Versammlung durch Einladung der Gesellschafter mittels eingeschriebener Briefe. Die Einberufung zur Gesellschafterversammlung ist ihrer Rechtsnatur nach keine rechtsgeschäftliche Willenserklärung, sondern eine verbandsinterne Leitungsmaßnahme der Geschäftsführer (Scholz/*Seibt* § 49 Rn. 3; Baumbach/Hueck/*Zöllner*/*Noack* § 49 Rn. 2). Hiervon zu unterscheiden ist die Einladung, die lediglich das konkrete Verfahren zur Einberufung beschreibt. Aufgrund ihrer Rechtsnatur als verbandsinterne Leitungsmaßnahme der Geschäftsführer wird eine analoge Anwendung der Vorschriften über Willenserklärungen und Rechtsgeschäfte nur in sehr engen Grenzen und bezogen auf einzelne Rechtsfragen erwogen (Scholz/*Seibt* § 49 Rn. 3). Folge dessen ist u.a., dass eine irrtümlich erfolgte Einberufung nur zurückgenommen, nicht allerdings im Wege der Anfechtung gem. §§ 142, 119 BGB vernichtet werden kann und die Befugnis zur Einberufung bei nur gemeinschaftlich zur Vertretung der Gesellschaft befugten Geschäftsführern jedem Geschäftsführer einzeln zusteht und sich die Rechtzeitigkeit einer erfolgten Einberufung nicht nach dem tatsächlichen Zugang beurteilt (Scholz/*Seibt* § 49 Rn. 3). § 51 GmbHG gilt sowohl für die ordentliche als auch die außerordentliche Gesellschafterversammlung, auch bereits in der Vor-GmbH (vgl. Lutter/Hommelhoff/*Bayer* § 51 Rn. 1). Aus § 25 Abs. 2 GmbHG ergibt sich, dass die gesetzlichen Regelungen über die Einberufung und Ankündigung einer Gesellschafterversammlung nicht zwingend sind (OLG Jena GmbHR 1996, 536). In dem Gesellschaftsvertrag können erschwerende Anforderungen an die Einberufung einer Gesellschafterversammlung vorgesehen werden. So kann die Frist zur Einberufung der Gesellschafterversammlung verlängert (Baumbach/Hueck/*Zöllner*/*Noack* § 51 Rn. 59), die Einladung durch förmliche Zustellung (Scholz/*Seibt* § 51 Rn. 3) oder aber durch Bekanntmachung in den Gesellschaftsblättern vorgesehen werden (Scholz/*Seibt* § 51 Rn. 3; Baumbach/Hueck/*Zöllner*/*Noack* § 51 Rn. 3). Nach der gesetzlichen Regelung muss die Einladung schriftlich in Papierform erfolgen. Die Einladung in sonstiger Textform oder per E-Mail, selbst wenn diese mit qualifizierter elektronischer Signatur i.S.v. § 126a BGB versehen ist, genügt nicht (BGH GmbHR 2006, 538, 539; Baumbach/Hueck/*Zöllner*/*Noack* § 51 Rn. 11). Die Einladung hat gemäß § 51 Abs. 1 S. 1 GmbHG mittels eingeschriebenen Briefs zu erfolgen. Hierunter wird überwiegend ein Einschreiben im Sinne der geltenden Postregelungen (derzeit AGB Deutsche Post AG BRIEF NATIONAL § 1 Abs. 1 Nr. 3) verstanden (Baumbach/Hueck/*Zöllner* § 51 Rn. 12; Scholz/*Seibt* § 51 Rn. 10), wobei auch das sog. Einwurf-Einschreiben mittlerweile überwiegend als ausreichend angesehen wird, dem gesetzlichen Erfordernis der Einladung mittels Einschreiben zu genügen (Scholz/*Seibt* § 51 Rn. 12; vgl. aber auch Putz NJW 2007, 2450; Baumbach/Hueck/*Zöllner*/*Noack* § 51 Rn. 12). Eine Zustellung durch Gerichtsvollzieher reicht nach überwiegender Meinung ebenfalls aus, da diese Form der Zustellung der Einladung mittels Einschreiben gleichwertig ist (OLG Düsseldorf NZG 2000, 1182; Baumbach/Hueck/*Zöllner*/*Noack* § 51 Rn. 12; Scholz/*Seibt* § 51 Rn. 10). Die Einladung per Kurierdienst reicht zumindest dann aus, wenn der Kurierdienst eine Versandform anbietet, die der von der Deutsche Post AG angebotenen Versandform per Einschreiben im Sinne der geltenden Postregelung entspricht (Scholz/*Seibt* § 51 Rn. 10).

4 **2.** Die Einladung zu einer Gesellschafterversammlung ist an alle Gesellschafter im Sinne des § 16 Abs. 1 GmbHG zu richten, auch soweit sie nicht stimmberechtigt (BGH NJW 1971, 2225) oder im Einzelfall von einem Stimmverbot betroffen sind (BGH WM 1985, 567, 568; Baumbach/Hueck/*Zöllner*/*Noack* § 51 Rn. 3; Scholz/*Seibt* § 51 Rn. 5; Michalski/*Römermann* § 51 Rn. 21). In Fällen der Abtretung, Ausschließung, Einziehung oder Kündigung ist der betroffene Gesellschafter einzuladen, solange er noch Inhaber des Geschäftsanteils ist (BGH WM 1983, 1354). Maßgeblich für die Adressierung der Einladung zu einer Gesellschafterversammlung ist ausschließlich die in der im Handelsregister aufgenommenen Gesellschafterliste gemäß § 40 Abs. 1 Satz 1 GmbHG vermerkte Adresse (Lutter/Hommelhoff/*Bayer* § 51 Rn. 6; Baumbach/Hueck/*Zöllner*/*Noack* § 51 Rn. 4; Scholz/*Seibt* § 51 Rn. 5). Wurde der Gesellschaft die Änderung der Adresse eines Gesellschafters bereits mitgeteilt, aber in das Handelsregister noch keine geänderte Gesellschafterliste eingereicht, so gilt bis zur Aufnahme der geänderten Gesellschafterliste in das Handelsregister § 16

Abs. 1 Satz 2 GmbHG in entsprechender Anwendung, so dass die Einladung bereits an die neue Adresse gesendet werden kann und ex tunc als ordnungsgemäß gilt, wenn die geänderte Gesellschafterliste unverzüglich in das Handelsregister aufgenommen wird, wobei sich allerdings empfiehlt, die Einladung an beide Adressen zu versenden (Lutter/Hommelhoff/*Bayer* § 51 Rn. 6, 10). Ist eine mitgeteilte Anschrift unrichtig geworden, so trifft die Gesellschaft keine Pflicht, sich um die richtige Adresse zu bemühen (Baumbach/Hueck/*Zöllner/Noack* § 51 Rn. 4). Uneinheitlich wird allerdings die Frage beantwortet, ob die Verwendung einer anderen, der Gesellschaft bekannt gewordenen Adresse, nur dann zu einer wirksamen Einladung führt, wenn der Gesellschafter auch wirklich erreicht wird (Scholz/*Seibt* § 51 Rn. 5; Baumbach/Hueck/*Zöllner/Noack* § 51 Rn. 4). Ist nicht der Gesellschafter unbekannt, sondern lediglich der Aufenthaltsort des Gesellschafters, wurde bislang allgemein die Möglichkeit einer öffentlichen Zustellung nach §§ 185 ff. ZPO oder aber die Bestellung eines Abwesenheitspflegers gemäß § 1911 BGB befürwortet (vgl. Scholz/*Seibt* § 51 Rn. 8), wobei sich in Anbetracht der Änderung von § 16 Abs. 1 Satz 1 GmbHG dieses Problem eigentlich nicht mehr stellen dürfte (Lutter/Hommelhoff/*Bayer* § 51 Rn. 6). Verreist hingegen der Gesellschafter für eine längere Zeit mit unbekanntem Ziel, so war es auch bislang der Gesellschaft möglich, ihn ohne Verfahrensfehler bei der zuletzt benannten Anschrift zu laden (OLG Düsseldorf NJW-RR 1990, 806). Ist ein Gesellschafter verstorben und ist dies der Gesellschaft nicht bekannt geworden, so wird teilweise vertreten, dass die Ladung des Verstorbenen unter der bisherigen Adresse genügt (Lutter/Hommelhoff/*Bayer* § 51 Rn. 10; Baumbach/Hueck/*Zöllner/Noack* § 51 Rn. 6; *Lange*, NJW 2016, 1852 ff.). Soweit der Gesellschaft der Tod mitgeteilt und auch die Person des oder der Erben nachgewiesen ist, ist unverzüglich die Gesellschafterliste zu ändern und zum Handelsregister einzureichen (vgl. hierzu auch *Lange*, GmbHR 2013, 113 ff.). Werden Gesellschafter gesetzlich vertreten, ist die Einladung an die Gesellschafter zu richten, vertreten durch den oder die gesetzlichen Vertreter (vgl. BayObLG, GmbHR 1993, 223, 224). Steht der Gesellschafter unter Betreuung gemäß §§ 1896 ff. BGB, ist die Einladung an den Gesellschafter und an den Betreuer zu adressieren. Auch im Falle der Abwesenheitspflegschaft und einer angeordneten Nachlasspflegschaft nach § 1960 BGB ist die Einladung an den Gesellschafter, vertreten durch den Abwesenheits- bzw. Nachlasspfleger zu richten. Ist der Gesellschaft zwar der Tod des Gesellschafters bekannt, nicht aber die Erben des verstorbenen Gesellschafters, sollte eine Nachlasspflegschaft i.S.v. § 1960 BGB eingeleitet werden, ggf. unter Beschränkung auf die Aufgabe der Wahrnehmung der Gesellschafterrechte in der GmbH (vgl. KG NJW 1965, 1719; LG Berlin NJW-RR 1986, 159; Baumbach/Hueck/*Zöllner/Noack* § 51 Rn. 6; Lutter/Hommelhoff/*Bayer* § 51 Rn. 10). Bei juristischen Personen ist die Einladung an die juristische Person, vertreten durch ihr Vertretungsorgan, zu adressieren (Lutter/Hommelhoff/*Bayer* § 51 Rn. 7). Ist eine Einladung an eine öffentlich rechtliche Körperschaft zu richten, ist sie an die zuständige Behörde zu adressieren (vgl. Scholz/*Seibt* § 51 Rn. 6). Sind Personengesellschaften des Handelsrechts, Partnerschaftsgesellschaften oder eine EWIV einzuladen, so ist die Einladung an die entsprechende Gesellschaft zu richten, vertreten durch ihren geschäftsführenden Gesellschafter. Ist über das Vermögen eines Gesellschafters das Insolvenzverfahren eröffnet worden, so ist gemäß § 80 Abs. 1 InsO die Einladung an den Insolvenzverwalter zu richten, sofern dem Einberufungsorgan das Insolvenzverfahren bekannt geworden ist. (vgl. OLG Düsseldorf GmbHR 1996, 447). Bei Treuhandverhältnissen ist die Einladung an den Treuhänder zu richten. Im Falle der Verpfändung oder Pfändung von Geschäftsanteilen bzw. der Bestellung eines Nießbrauchrechts ist jeweils der Gesellschafter richtiger Adressat der Einladung (Baumbach/Hueck/*Zöllner* § 51 Rn. 9; Scholz/*Seibt* § 51 Rn. 7). Dies gilt auch dann, wenn die Einladung als unzustellbar an das Einberufungsorgan zurückgesandt wird (OLG Düsseldorf NJW-RR 1990, 806; vgl. aber auch LG Dortmund NZG 1998, 390).

3. Die grundsätzliche Zuständigkeit zur Einberufung der Gesellschafterversammlung liegt gemäß 5
§ 49 Abs. 1 GmbHG bei den Geschäftsführern. Einberufungsbefugt – auch im Falle der Gesamtvertretung gemäß § 35 Abs. 2 Satz 2 GmbHG – ist jeder Geschäftsführer allein (Scholz/*K. Schmidt/Seibt* § 49 Rn. 4; Baumbach/Hueck/*Zöllner/Noack* § 49 Rn. 3, Michalski/*Römermann* § 49 Rn. 34). Ein vorläufig wirksam abberufener, aber im Handelsregister noch eingetragener Geschäftsführer ist nicht zur Einberufung befugt (BGH GmbHR 2017, 188; vgl. zur Frage der Ein-

berufung der Gesellschafterversammlung durch einen zu Unrecht im Handelsregister eingetragenen Geschäftsführer *Liebscher/Steinbrück*, GmbHR 2017, 497 ff.). Ob der Gesellschaftsvertrag die Befugnis der Geschäftsführer zur Einberufung ausschließen oder beschränken kann, ist umstritten (vgl. Scholz/*Seibt* § 49 Rn. 4; Baumbach/Hueck/*Zöllner/Noack* § 49 Rn. 3; Lutter/Hommelhoff/*Bayer* § 49 Rn. 8). Wird die Gesellschaft liquidiert, sind die Liquidatoren für die Einberufung zuständig (Scholz/*Seibt* § 49 Rn. 6; Baumbach/Hueck/*Zöllner/Noack* § 49 Rn. 3) Dem Insolvenzverwalter steht in der Insolvenz der Gesellschaft nach überwiegender Meinung kein eigenes Recht zur Einberufung zu, das in diesem Fall bei den Geschäftsführern verbleibt, die neben dem Insolvenzverwalter im Amt verbleiben (Scholz/*Seibt* § 49 Rn. 6; vgl. auch OLG Düsseldorf GmbHR 2011, 252). Ist die Gesellschaft mitbestimmt, so ist der Aufsichtsrat gemäß § 1 Abs. 1 Nr. 3 S. 2 DrittelbG, § 25 Abs. 1 S. 1 Nr. 2 MitbestG bzw. § 3 Abs. 2 MontanMitbestG i.V.m. § 111 Abs. 3 S. 1 AktG zur Einberufung berechtigt, wenn das Wohl der Gesellschaft die Einberufung erfordert. Einberufungsbefugt ist der Aufsichtsrat nur als Organ, wobei er die Versammlung aufgrund eines mit einfacher Mehrheit gefassten Beschlusses einberuft (Baumbach/Hueck/*Zöllner/Noack* § 49 Rn. 6). Einzelnen Mitgliedern des Aufsichtsrates steht kein Recht zur Einberufung zu (Lutter/Hommelhoff/*Bayer* § 49 Rn. 6; Michalski/*Römermann* § 49 Rn. 37 ff.). Auch dem fakultativen Aufsichtsrat steht gemäß § 52 Abs. 1 GmbHG i.V.m. § 111 Abs. 3 AktG das Recht zur Einberufung der Versammlung zu. Anders als bei der mitbestimmten GmbH kann der Gesellschaftsvertrag jedoch anderes bestimmen (Lutter/Hommelhoff/*Bayer* § 49 Rn. 6; Baumbach/Hueck/*Zöllner/Noack* § 49 Rn. 6). Einem Beirat steht das Recht zur Einberufung der Versammlung zumindest dann zu, wenn der Gesellschaftsvertrag ein entsprechendes Recht zugunsten des Beirates vorsieht (Scholz/*Seibt* § 49 Rn. 8; Lutter/Hommelhoff/*Bayer* § 49 Rn. 6, Baumbach/Hueck/*Zöllner/Noack* § 49 Rn. 8, Michalski/*Römermann* § 49 Rn. 41). Unter den Voraussetzungen des § 50 Abs. 3 GmbHG steht den Gesellschaftern ebenfalls das Recht zur Einberufung einer Gesellschafterversammlung zu. Darüber hinaus ist es möglich, in dem Gesellschaftsvertrag der Gesellschaft sämtlichen, einigen oder nur einem bestimmten Gesellschafter das Einberufungsrecht einzuräumen (Scholz/*Seibt* § 49 Rn. 9). Sonstigen Dritten, etwa Prokuristen oder Generalhandlungsbevollmächtigten, steht ein Recht zur Einberufung der Versammlung vorbehaltlich abweichender Regelungen in dem Gesellschaftsvertrag der Gesellschaft nicht zu (Scholz/*Seibt* § 49 Rn. 11; Baumbach/Hueck/*Zöllner/Noack* § 49 Rn. 9; Lutter/Hommelhoff/*Bayer* § 49 Rn. 7; vgl. hierzu auch OLG Dresden, GmbHR 2016, 1149 ff.). Von dem Recht zur Einberufung zu unterscheiden ist die Pflicht zur Einberufung. Gemäß § 49 Abs. 2 GmbHG ist die Versammlung außer in den ausdrücklich bestimmten Fällen einzuberufen, wenn es im Interesse der Gesellschaft erforderlich erscheint (vgl. *Geißler*, GmbHR 2010, 457 ff.). Gemäß § 49 Abs. 2 GmbHG muss die Versammlung insbesondere unverzüglich einberufen werden, wenn sich aus der Jahresbilanz oder aus einer im Laufe des Geschäftsjahres aufgestellten Bilanz ergibt, dass die Hälfte des Stammkapitals verloren ist. Im Rahmen der Einberufungspflicht gemäß § 49 Abs. 2 GmbHG muss der Geschäftsführer nicht nur nach pflichtgemäßem Ermessen und auf der Grundlage seiner eigenen Kenntnis prüfen, ob die Einberufung der Versammlung im Interesse der Gesellschaft erforderlich ist, sondern er muss auch für die eigene gehörige Information sorgen (Scholz/*Seibt* § 49 Rn. 20; vgl. zum Schutz der Minderheit bei der Einberufung und Durchführung der GmbH-Gesellschafterversammlung *Geißler*, GmbHR 2016, 1289 ff.). Über die der Gesellschafterversammlung in §§ 26 Abs. 1, 53 Abs. 1, 60 Abs. 1 Nr. 2 und Abs. 2, 66 Abs. 1 2. Fall oder aber in § 13 Abs. 1 S. 2 ggf. i.V.m. §§ 16 Abs. 1 S. 1, 125 S. 1, 126 Abs. 1 und § 193 Abs. 1 S. 2 UmwG oder den Gesellschaftsvertrag zugewiesenen Zuständigkeiten hinaus besteht eine Einberufungspflicht nach § 49 Abs. 2 GmbHG in Geschäftsführungsangelegenheiten jedenfalls dann, wenn über diese im Rahmen ihrer Eilzuständigkeit die in einer Versammlung zusammengefassten Gesellschafter entscheiden sollten (Scholz/*Seibt* § 49 Rn. 20). Dies wird im Wesentlichen grundsätzlich bedeutsame oder außergewöhnliche Geschäfte sowie sonstige Geschäfte betreffen, deren Billigung durch die Gesellschafter objektiv zweifelhaft und im Interesse der Gesellschaft im Vorhinein einzuholen ist (vgl. Scholz/*Seibt* § 49 Rn. 22). Während der Gesellschaftsvertrag die Pflicht zur Einberufung erweitern kann und die Einberufung der Versammlung zu reinen Informations- und Beratungszwecken in nicht dringenden Fällen vorsehen kann (Baumbach/Hueck/*Zöllner/Noack* § 49 Rn. 22), kann der Gesellschaftsvertrag die

Pflicht zur Einberufung nicht einschränken, sofern es um die Einberufungspflicht nach § 49 Abs. 3 GmbHG geht (Baumbach/Hueck/*Zöllner/Noack* § 49 Rn. 22). Ergibt sich aus der Bilanz, dass die Hälfte des Stammkapitals verloren ist, besteht gemäß § 49 Abs. 3 GmbHG die Pflicht der Geschäftsführung zur Einberufung. Ein Entscheidungsermessen der Geschäftsführer ist in diesem Fall ausgeschlossen (Scholz/*Seibt* § 49, Rn. 23; Michalski/*Römermann* § 49 Rn. 95). Allgemein anerkannt ist darüber hinaus, dass über den in § 49 Abs. 3 GmbHG enthaltenen Wortlaut eine Pflicht zur Einberufung der Versammlung auch dann besteht, wenn die Geschäftsführer ohne Aufstellung einer Zwischenbilanz Kenntnis davon haben, dass die Hälfte des Stammkapitals verloren ist (Baumbach/Hueck/*Zöllner/Noack* § 49 Rn. 19; Scholz/*Seibt* § 49 Rn. 23). Dem entspricht die Verpflichtung der Geschäftsführung, die wirtschaftliche Lage der Gesellschaft laufend zu beobachten und genauer nachzuforschen, wenn Anzeichen für eine kritische Entwicklung des Stammkapitals erkennbar sind (BGH ZIP 1995, 560). Über den Wortlaut von § 49 GmbHG hinaus trifft auch den Aufsichtsrat der Gesellschaft die Pflicht, eine Gesellschafterversammlung einzuberufen, wenn das Wohl der Gesellschaft es erfordert. Dies betrifft sowohl den nach den Vorschriften über die Unternehmensmitbestimmung (§ 1 Abs. 1 Nr. 3 S. 2 DrittelbG, § 25 Abs. 1 S. 1 Nr. 2 MitbestG, § 3 Abs. 2 Montan MitbestG i.V.m. § 111 Abs. 3 S. 1 AktG) als auch den ohne Anteilseignervertreter gemäß § 52 GmbHG i.V.m. § 111 Abs. 3. S. 1 AktG zusammengesetzten Aufsichtsrat. Bei schuldhafter Verletzung der Einberufungspflicht können die Geschäftsführer nach § 43 Abs. 2 GmbHG der Gesellschaft zu Schadensersatz verpflichtet sein. Die Verletzung der Einberufungspflicht kann auch einen wichtigen Grund darstellen, der die Abberufung vom Amt des Geschäftsführers oder die Kündigung des Anstellungsvertrages rechtfertigt. Gläubigern der Gesellschaft gegenüber besteht eine Haftung des Geschäftsführers gemäß § 823 Abs. 2 BGB in der Regel nicht, da die Gläubiger der Gesellschaft regelmäßig in den Schutzzweck der §§ 49 Abs. 2 oder Abs. 3 GmbHG nicht primär einbezogen sind (vgl. Scholz/*Seibt* § 49 Rn. 35). Gemäß § 84 Abs. 1 GmbHG ist die Verletzung der Verlustanzeigepflicht gemäß § 49 Abs. 3 GmbHG mit einer Freiheitsstrafe von bis zu drei Jahren oder mit Geldstrafe belegt. Sofern Mitglieder des Aufsichtsrates ihre Pflicht zur Einberufung der Gesellschafterversammlung verletzen, gelten für die Haftung gemäß § 1 Abs. 1 Nr. 3 S. 2 DrittelbG, § 25 Abs. 1 Nr. 2 MitbestG bzw. § 3 Abs. 2 MontanMitbestG bzw. § 52 Abs. 1 GmbHG die §§ 116, 93 AktG.

4. Die Einberufung ist gemäß § 51 Abs. 1 S. 2 GmbHG mit einer Frist von mindestens einer Woche zu bewirken. Die Frist wird nach Maßgabe der §§ 187 Abs. 1, 188 BGB berechnet (Scholz/*Seibt* § 51 Rn. 11). Die Frist beginnt mit dem Tag, der auf den Tag des gemäß § 187 Abs. 1 BGB fristauslösenden Ereignisses folgt und endet gemäß § 188 Abs. 2 BGB mit dem Ablauf desjenigen Tages, der dem Tag entspricht, an dem das fristauslösende Ereignis stattgefunden hat (Scholz/*Seibt* § 51 Rn. 11). Die zumindest entsprechende Anwendung von § 193 BGB wird überwiegend bejaht (OLG Naumburg, GmbHR 1998, 90, 91; Scholz/*Seibt* § 51 Rn. 11; Lutter/Hommelhoff/*Bayer* § 51 Rn. 13). Für das Bewirken der Einladung i.S.v. § 51 Abs. 1 S. 2 GmbHG kommt es nicht auf den tatsächlichen Zugang der Einladung bei allen Gesellschaftern an (BGH BB 1987, 1552). Nach überwiegender Meinung beginnt die Frist an dem Tag, an dem die Einladung mittels Einschreiben bei ordnungsgemäßer Zustellung dem letzten Gesellschafter unter normalen Umständen zugegangen wäre (BGHZ 100, 267 f.; Lutter/Hommelhoff/*Bayer* § 51 Rn. 14; Baumbach/Hueck/*Zöllner/Noack* § 51 Rn. 19). Bei der Zustellung von Einladungen im Inland wird man mit dem Zugang am übernächsten Tag nach der Aufgabe zur Post rechnen dürfen (Baumbach/Hueck/*Zöllner/Noack* § 51 Rn. 19; Scholz/*Seibt* § 51 Rn. 12), bei Zustellungen im Ausland frühestens am vierten Tag nach der Aufgabe (Lutter/Hommelhoff/*Bayer* § 51 Rn. 14; Baumbach/Hueck/*Zöllner/Noack* § 51 Rn. 19; Scholz/*Seibt* § 51 Rn. 12; vgl. auch OLG Hamm, GmbHG 2016, 423 f.). Bestehen spezielle Postlaufhindernisse bei einzelnen Gesellschaftern, etwa bei einem Wohnsitz eines Gesellschafters in Übersee oder in einem von einem Krieg betroffenen Ausland oder im Falle der Untersuchungshaft eines Gesellschafters, wird der Fristbeginn grundsätzlich nicht verschoben (OLG Brandenburg NZG 1999, 828, 832; Scholz/*Seibt* § 51 Rn. 12). Teilweise wird jedoch angenommen, dass Treuepflichten in diesen Fällen bestehen können oder die Gesellschaft eventuell zum gleichzeitigen Einsatz moderner Kommunikationsmittel verpflichtet ist (Baumbach/Hueck/*Zöllner/Noack* § 51 Rn. 19; Scholz/*Seibt* § 51 Rn. 12). 6

7 **5.** Das Gesetz enthält keine Regelung über die Zeit, zu der eine Versammlung einzuberufen ist. Im Grundsatz bestimmt derjenige, der zur Einberufung der Gesellschafterversammlung berechtigt ist, die Versammlungszeit. Die Versammlungszeit muss verkehrs- und ortsüblich und für die Gesellschafter zumutbar sein (Baumbach/Hueck/*Zöllner/Noack* § 51 Rn. 14). Eine Einberufung der Versammlung auf einen Sonn- oder Feiertag ist vorbehaltlich abweichender Regelungen in dem Gesellschaftsvertrag zulässig. Allerdings ist bei personalistisch strukturierten Gesellschaften Rücksicht auf solche Verhinderungen einzelner Gesellschafter zu nehmen, die deren Erscheinen unzumutbar machen (Scholz/*Seibt* § 48 Rn. 12; Baumbach/Hueck/*Zöllner/Noack* § 51 Rn. 14). Eine Einladung zur Unzeit, also etwa zu einem Zeitpunkt, von dem dem Einberufenen bekannt ist, dass Gesellschafter nachhaltig verhindert sind, ist unzulässig (Baumbach/Hueck/*Zöllner/Noack* § 51 Rn. 14; Scholz/*Seibt* § 48 Rn. 12). Aus dem Inhalt der Einberufung muss sich daher neben der Zeit auch das Datum der Gesellschafterversammlung ergeben (Lutter/Hommelhoff/*Bayer* § 51 Rn. 16).

8 **6.** Auch über den Versammlungsort enthält das Gesetz keine Regelungen. Maßgeblich ist in diesem Fall der Gesellschaftsvertrag der Gesellschaft, der jeden in zumutbarer Zeit und Weise erreichbaren Ort im Inland festlegen kann (Scholz/*Seibt* § 48 Rn. 6). Der Gesellschaftsvertrag kann als Versammlungsort auch eine politische Gemeinde, ein Bundesland oder aber einen konkreten Ort festlegen (Scholz/*Seibt* § 48 Rn. 6). Die Durchführung der Versammlung an einem anderen als dem in dem Gesellschaftsvertrag vorgesehenen Ort bedarf im Grundsatz der Zustimmung aller Gesellschafter. Bestehen Schwierigkeiten bei der Durchführung der Gesellschafterversammlung an dem in dem Gesellschaftsvertrag vorgesehen Ort ist es zulässig, dass ein anderer geeigneter, den Gesellschaftern zumutbarer Ort gewählt wird (Baumbach/Hueck/*Zöllner/Noack* § 51 Rn. 15). Bei einer personalistisch strukturierten Gesellschaft kann auch ein Ort gewählt werden, von dem feststeht, dass die Teilnahme der Gesellschafter wegen dessen besserer Erreichbarkeit erleichtert wird (BGH WM 1985, 568; OLG Naumburg, NZG 2000, 44, 45; OLG Düsseldorf NZG 2003, 976). Der Gesellschaftsvertrag kann als Versammlungsort auch einen Ort im Ausland vorsehen (Baumbach/Hueck/*Zöllner/Noack* § 51 Rn. 15; Scholz/*Seibt* § 48 Rn. 9). Allerdings reicht es nicht aus, wenn der Gesellschaftsvertrag lediglich vorsieht, dass Gesellschafterversammlungen auch im Ausland stattfinden könnten. Erforderlich ist vielmehr, dass der Gesellschaftsvertrag einen konkreten Ort im Ausland bestimmt, an dem die Versammlung durchgeführt werden soll (Scholz/*Seibt* § 48 Rn. 10). Etwas anderes soll wie bei der vergleichbaren Rechtslage bei Inlandsversammlungsorten nur dann gelten, wenn der im Ausland bestimmte Ort für die Versammlung für einen Teil der Gesellschafter unzumutbar ist, während am Ort des Sitzes der Gesellschaft im Inland eine zumutbare Teilnahmetätigkeit für alle Gesellschafter besteht (Scholz/*Seibt* § 48 Rn. 10). Wird nachträglich eine Regelung in den Gesellschaftsvertrag aufgenommen, wonach für die Durchführung der Versammlungen der Gesellschaft ein Auslandsort bestimmt werden soll, bedarf die nachträgliche Aufnahme der Zustimmung sämtlicher Gesellschafter (Scholz/*Seibt* § 48 Rn. 10). Durch die Aufhebung von § 4a Abs. 2 GmbHG ist es deutschen Gesellschaften auch möglich, einen Verwaltungssitz zu wählen, der nicht notwendig mit dem im Gesellschaftsvertrag bestimmten Sitz übereinstimmt und auch im Ausland liegen kann (Lutter/Hommelhoff/*Bayer* § 4a Rn. 1). Teilweise wird daher vertreten, dass unter Zumutbarkeitsgesichtspunkten die Gesellschafterversammlung auch an diesem ausländischen Ort einberufen werden kann (Scholz/*Seibt* § 48 Rn. 10). Fehlt eine Regelung in dem Gesellschaftsvertrag, so bestimmt der Einberufungsberechtigte das konkrete Versammlungslokal nach pflichtgemäßem Ermessen unter Berücksichtigung der berechtigten Interessen aller Gesellschafter (Scholz/*Seibt* § 48, Rn. 8). Im Regelfall dürften dies die Geschäftsräume am Ort des Gesellschaftssitzes nach § 4a GmbHG sein (OLG Düsseldorf NZG 2003, 975, 976; OLG Naumburg NZG 2000, 44, 45; Scholz/*Seibt* § 48, Rn. 6). Allerdings ist zu berücksichtigen, dass eine sachwidrige Auswahl des Versammlungslokals die Teilnahmerechte der Gesellschafter beeinträchtigen kann, etwa bei Einladung in die private Wohnung eines verfeindeten Gesellschafters oder aber in die Kanzleiräume der beratenden Rechtsanwälte eines Mitgesellschafters (BGH GmbHR 2016, 587; OLG Düsseldorf GmbHR 2004, 572, 579; OLG Celle GmbHR 1997, 748).

7. Gemäß § 51 Abs. 2 GmbHG soll bei der Berufung der Zweck der Versammlung angekündigt werden. Gemäß § 51 Abs. 4 GmbHG müssen Beschlussgegenstände spätestens drei Tage vor der Versammlung angekündigt werden. Eine weitere inhaltliche Ausgestaltung der Ankündigung enthält das Gesetz nicht. Allgemein wird zwar davon ausgegangen, dass nicht jeder konkrete Beschlussantrag angekündigt werden muss, jedoch ist es erforderlich, dass aus Sicht eines durchschnittlichen Gesellschafters die Ankündigung so gefasst ist, dass jeder Gesellschafter sich ein Bild davon machen kann, welche Gegenstände in der Gesellschafterversammlung erörtert werden sollen (Scholz/*Seibt* § 51 Rn. 19). Einerseits muss die Tagesordnung so deutlich sein, dass sich die Gesellschafter auf die Erörterung der Beschlussfassung vorbereiten können und vor Überrumpelungen geschützt sind (BGH NZG 2003, 127, 129). Andererseits darf er sich auch nicht formalistisch darauf berufen können, dass es an einigen Details fehle (Scholz/*Seibt* § 51 Rn. 19). Für Beschlussfassungen, die in die Angelegenheiten der Gesellschafter eingreifen, genügt die Ankündigung »Verschiedenes« nicht. Die Ankündigung »Interne Angelegenheit« reicht im Hinblick auf die beabsichtigte Ausschließung eines Mitglieds aus, wenn sich aus einem Hinweis an anderer Stelle ergibt, dass es sich um die Ausschließung eines Mitglieds handelt (RG JW 1908, 674). Unzureichend ist die Ankündigung »Änderung der Geschäftsführung«, wenn ein Geschäftsführer abberufen werden soll (BGH BB 1962, 110; OLG Nürnberg GmbHR 1990, 169). Die Ankündigung »Abberufung eines Geschäftsführers« genügt nicht, wenn mehrere Geschäftsführer vorhanden sind und für die Empfänger nicht ersichtlich ist, welcher Geschäftsführer gemeint ist (Baumbach/Hueck/*Zöllner*/*Noack* § 51 Rn. 25). Soll die Feststellung des Jahresabschlusses beschlossen werden, so genügt die Ankündigung »Erörterung des Jahresabschlusses« nicht (OLG Karlsruhe GmbHR 1989, 206). Beschlussanträge, die allerdings in der Ankündigung als Möglichkeit enthalten sind, sind von der Ankündigung gedeckt, was beispielsweise bei einer Kapitalerhöhung mit Bezugsrecht anstatt ohne Bezugsrecht gelten soll (Scholz/*Seibt* § 51 Rn. 19). Die Ankündigung, »Beschlussfassung über die Wahl eines Aufsichtsratsmitgliedes« ist unzureichend, wenn es um die Abberufung eines Aufsichtsratsmitglieds von seinem Amt gehen soll (Scholz/*Seibt* § 51 Rn. 20). Die Ankündigung muss nicht zwischen der Abberufung aus wichtigem Grund und der Abberufung ohne wichtigen Grund unterscheiden (OLG Hamm GmbHR 1995, 736, 738), wobei die Ankündigung einer »Abberufung aus wichtigem Grund« allerdings nicht in jedem Fall für eine Abberufung ohne wichtigen Grund ausreicht (BGH GmbHR 1995, 256, 259). Zu berücksichtigen ist ferner, dass Änderungen des Gesellschaftsvertrages ihrem wesentlichen Gegenstand nach angekündigt werden müssen, was insbesondere auch für Grundlagenbeschlüsse gilt (OLG Celle WM 1992, 1703; Scholz/*Seibt* § 51 Rn. 20; Baumbach/Hueck/*Zöllner*/*Noack* § 51 Rn. 26; Lutter/Hommelhoff/*Bayer* § 51 Rn. 26). Kapitalerhöhungen müssen ihrer Größenordnung nach festgelegt werden (RGZ 87, 155). Unternehmensverträge sind entsprechend § 124 Abs. 2 S. 2 AktG wenigstens ihrem wesentlichen Inhalt nach mitzuteilen (Lutter/Hommelhoff/*Bayer* § 51 Rn. 26). Beschlüsse, die im weitesten Sinne zur Geschäftsordnung gehören, etwa Beschlüsse über die Versammlungsleitung oder Vertagungsbeschlüsse bedürfen hingegen keiner Ankündigung als Tagesordnungspunkte (Scholz/*Seibt* § 51 Rn. 21). Gleiches gilt für eine bestimmte Beratungs- und Beschlussreihenfolge (Scholz/*Seibt* § 51 Rn. 21). 9

8. Geschäftsführer haben weder aus dem Recht zur Einberufung gemäß § 49 Abs. 1 GmbHG oder der Pflicht zur Einberufung gemäß § 49 Abs. 2 und 3 GmbHG ein Recht auf Teilnahme an der Gesellschafterversammlung (Scholz/*Seibt* § 48 Rn. 20). Gleichwohl wird die Hinzuziehung im Regelfall sachgemäß sein, so dass regelmäßig durch den Gesellschaftsvertrag ein Teilnahmerecht des Geschäftsführers begründet werden kann (Scholz/*Seibt* § 48 Rn. 20). Auch der Insolvenzverwalter hat kein eigenes Teilnahmerecht einer in der Insolvenz befindlichen Gesellschaft (Scholz/*Seibt* § 48 Rn. 20). Für die Mitglieder des Aufsichtsrates in der mitbestimmten GmbH begründen § 25 Abs. 1 S. 1 Nr. 2 MitbestG und § 1 Abs. 1 Nr. 3 S. 2 DrittelbG i.V.m. § 118 Abs. 2 AktG ein Teilnahmerecht. Etwas anderes gilt für den fakultativen Aufsichtsrat gemäß § 52 GmbHG mangels Verweis auf § 118 Abs. 2 AktG. Abweichendes kann jedoch in dem Gesellschaftsvertrag geregelt werden, was auch für einen Beirat gilt (Scholz/*Seibt* § 48 Rn. 21). Auch der Abschlussprüfer hat kein eigenes Teilnahmerecht. Auf Verlangen eines Gesellschafters muss er allerdings an den Verhandlungen über den Jahresabschluss teilnehmen. Bei juristischen Personen und Personengesell- 10

schaften üben die Organe deren Teilnahmerecht aus. Bei Eltern, Vormund, Betreuer, Abwesenheitspfleger oder Behördenvertreter stehen die aus der Mitgliedschaft abgeleiteten Teilnahmerechte den gesetzlichen Vertretern eines Gesellschafters zu. Das Teilnahmerecht hat keinen höchstpersönlichen Charakter, so dass es durch Bevollmächtigte ausgeübt werden kann (Scholz/*Seibt* § 48 Rn. 24). Sonstige Dritte, etwa Führungskräfte der Gesellschaft, Vertreter von Funk und Fernsehen oder sonstiger Medien, Kreditinstituten oder Vertragspartnern haben ebenso wie Berater der Gesellschaft grundsätzlich kein eigenes mitgliedschaftliches Teilnahmerecht. Über die Zulassung der entsprechenden Personen entscheiden grundsätzlich die Gesellschafter mit einfacher Mehrheit im Wege eines Geschäftsordnungsbeschlusses oder der Versammlungsleiter, soweit der Gesellschaftsvertrag eine entsprechende Regelung vorsieht (*Werner* GmbHR 2006, 871 f.). Das Recht eines Gesellschafters, einen persönlichen Beistand oder Berater zur Versammlung hinzuzuziehen, besteht vorbehaltlich einer abweichenden Regelung in dem Gesellschaftsvertrag nicht (OLG Naumburg, GmbHR 1996, 934, 936; OLG Stuttgart, GmbHR 1997, 1107; vgl. auch *Werner*, GmbHR 2006, 871 ff.). Wenn eine schwierige Sachentscheidung zu treffen ist und der Gesellschafter selbst über keine ausreichende Sachkunde verfügt, kann allerdings ein Anspruch darauf bestehen, einen Dritten zuzulassen (OLG Stuttgart GmbHR 1997, 1107; OLG Düsseldorf GmbHR 2002, 67; Lutter/Hommelhoff/*Bayer* § 48 Rn. 8). Bereitet der Nachweis des Teilnahmerechts Schwierigkeiten (vgl. hierzu Scholz/*Seibt* § 48 Rn. 27) liegt die Entscheidung über das Recht zur Teilnahme unter Berücksichtigung der schutzwürdigen Interessen der Gesellschaft und der Gesellschafter in der Hand der Versammlung (Scholz/*Seibt* § 48 Rn. 28). Zur Zulässigkeit von Ton und Filmaufnahmen vgl. Muster C 6 (Rdn. C 43 f.).

11 **9.** Die Einladung muss den Einladenden ausweisen, wobei eine eigenhändige Unterschrift erforderlich ist (BGH GmbHR 2006, 538, 539; Baumbach/Hueck/*Zöllner/Noack* § 51 Rn. 11). Aus der Einladung muss sich ferner die Identität der Gesellschaft ergeben (Scholz/*Seibt* § 51 Rn. 13).

12 **10.** Das GmbHG regelt nicht die Rechtsfolgen bei Verstößen gegen Vorschriften, die die Gesellschaftsversammlung betreffen (vgl. hierzu ausführlich *Lutz*, GmbHR 2016, 785 ff). Rechtsprechung und das überwiegende Schrifttum wenden in diesem Fall grundsätzlich die aktienrechtlichen Anfechtungs- und Nichtigkeitsvorschriften der §§ 241 ff. AktG analog an (BGH NJW 1983, 1677; Baumbach/Hueck/*Zöllner/Noack* § 51 Rn. 28; Scholz/*Seibt* § 51 Rn. 24). Die Benachrichtigung der Gesellschafter von Beschlussmängelstreitigkeiten obliegt in entsprechender Anwendung von § 246 Abs. 4 S. 1 AktG der Geschäftsführung (vgl. *Rensen* NZG 2011, 569 ff.). Einberufungsmängel führen dabei nicht zu einer »Nichtversammlung« (Scholz/*Seibt* § 51 Rn. 24). Allerdings ist ein Beschluss nichtig, wenn keine Einberufung erfolgt ist (Scholz/*Seibt* § 51 Rn. 24), eine Einberufung nicht allen Gesellschaftern gegenüber erfolgt ist (BGH WM 1984, 473; OLG Frankfurt NJW-RR 1997, 612; OLG Celle, GmbHR 1983, 273), die Einberufung unter Verstoß gegen eine Regelung der Einberufungsbefugnis durchgeführt wurde (Scholz/*Seibt* § 51 Rn. 24; vgl. auch *Bayer/Illhardt*, GmbHR 2011, 758 ff.), die Einberufung von einer unzuständigen Person ausgegangen ist (BGH NJW 1983, 1677; OLG München GmbHR 2000, 486; Baumbach/Hueck/*Zöllner/Noack* § 51 Rn. 28) oder Zeit oder Ort der Gesellschafterversammlung nicht oder nicht hinreichend angegeben sind (Baumbach/Hueck/*Zöllner/Noack* Anh. zu § 47 Rn. 12). Die Nichtigkeit von Beschlüssen einer Gesellschafterversammlung wird auch dann angenommen, wenn die in der allgemeinen Urlaubszeit anberaumte Gesellschafterversammlung nicht verlegt wird, obwohl einem Gesellschafter die Teilnahme an der einberufenen Gesellschafterversammlung wegen eines 14-tägigen Urlaubs nicht möglich war und er dies rechtzeitig angezeigt hat (OLG Saarbrücken GmbHR 2007, 143). Verstöße gegen Form oder Frist einer Einberufung führen hingegen grundsätzlich zur Anfechtbarkeit etwaiger Beschlüsse (Scholz/*Seibt* § 51, Rn. 24; Lutter/Hommelhoff/*Bayer* Anh. zu § 47 Rn. 13). Etwas anderes soll nur dann gelten, wenn der Mangel nicht nur die Modalitäten der Einberufung betrifft, sondern die Einberufung als nicht erfolgt erscheinen lässt (Scholz/*Seibt* § 51 Rn. 24). Einen Anfechtungsmangel stellt daher eine bloß mündliche Einberufung dar (Scholz/*Seibt* § 51 Rn. 24), die Einladung an einen unzulässigen Ort (Scholz/*Seibt* § 51 Rn. 27, BGH WM 1985, 567, 568; OLG Düsseldorf DB 2003, 2324) oder wenn auf der Einladung zwar das Datum der vorgesehenen Gesellschafterversammlung, nicht aber die Versammlungszeit angegeben ist (Scholz/

Seibt § 51 Rn. 26). Auch bei Nichtbeachtung der gesetzlichen oder nach dem Gesellschaftsvertrag vorgesehenen Einberufungsfrist ist lediglich eine Anfechtbarkeit gegeben, es sei denn, die Nichtbeachtung führt dazu, dass die Teilnahme nicht mehr erwartet werden kann (BGH GmbHR 2006, 538, 539). Wird die Einladung nicht als Einschreiben versandt oder nicht eigenhändig unterschrieben, führt auch dies zur Anfechtbarkeit, zumindest dann, wenn die Authentizität der Einberufung zweifelsfrei ist (Scholz/*Seibt* § 51 Rn. 24; vgl. aber auch Lutter/Hommelhoff/*Bayer* Anh. zu § 47 Rn. 12; BGH GmbHR 1989, 120, 122). Mängel in der Ankündigung der Tagesordnung führen grundsätzlich nur zur Anfechtbarkeit (BGH GmbHR 1989, 120, 122; Scholz/*Seibt* § 51 Rn. 26). Auch Einladungsmängel, etwa die Verletzung des Teilnahmerechts, führen nur zur Anfechtbarkeit der Beschlüsse, soweit eine konkrete Beeinträchtigung des Teilnahmerechts vorliegt (OLG Hamm GmbHR 1992, 805). Allerdings ist allgemein anerkannt, dass ein Gesellschafterbeschluss in Folge von Verfahrensverstößen nur dann anfechtbar ist, wenn die Verfahrensverstöße relevant sind und die Nichtigerklärung des Gesellschafterbeschlusses in Folge der Anfechtung auch nicht unverhältnismäßig ist (vgl. nur BGH NZG 2005, 77, 79; Lutter/Hommelhoff/*Bayer*, Anh. zu § 47 Rn. 50). Die Relevanz des Verfahrensverstoßes für das Mitgliedschafts- bzw. Mitwirkungsrecht des Gesellschafters ist dabei durch eine wertende, am Schutzzweck der verletzten Norm orientierten Betrachtung mit der Folge der Anfechtbarkeit gemäß § 243 Abs. 1 AktG analog festzustellen (vgl. nur BGH NZG 2005, 77, 79; Lutter/Hommelhoff/*Bayer*, Anh. zu § 47 Rn. 51). Hingegen findet § 246a AktG (Freigabeverfahren) auf die GmbH keine analoge Anwendung (vgl. KG Berlin GmbHR 2011, 1044 ff.).

2. Minderheitsverlangen auf Einberufung einer Gesellschafterversammlung

Vorbemerkung

Gemäß § 50 Abs. 1 GmbHG sind Gesellschafter berechtigt, deren Geschäftsanteile zumindest 10 % des Stammkapitals entsprechen, die Abhaltung einer Gesellschafterversammlung zu verlangen und gemäß § 50 Abs. 2 GmbHG bei Nichterfüllung die Einberufung oder Ankündigung selbst vornehmen. Die in § 50 GmbHG niedergelegten Minderheitenrechte sind als Mindestsicherung der Minderheit zwingend (Baumbach/Hueck/*Zöllner/Noack* § 50 Rn. 2; vgl. auch OLG Hamburg, GmbHR 2016, 1039 f).). 13

Muster

Per Einschreiben 14

An die Geschäftsführer der [1]
C-GmbH

Frau/Herrn Geschäftsführer(in) ____________

Einberufung einer Gesellschafterversammlung durch eine Minderheit

Sehr geehrte(r) Frau/Herr ____________,

in unserer Eigenschaft als Gesellschafter der C-GmbH [2] verlangen wir gemäß § 50 Abs. 1 GmbHG die Einberufung einer Gesellschafterversammlung.

Das Stammkapital der C-GmbH beträgt 100.000,00 € [3]. Von diesem Stammkapital hält der unterzeichnende Gesellschafter A einen Geschäftsanteil in Höhe von 5.000,00 € sowie der unterzeichnende Gesellschafter B einen Geschäftsanteil in Höhe von 7.000,00 €, so dass wir gemeinsam berechtigt sind, die Einberufung der Gesellschafterversammlung zu verlangen. [4]

Uns ist zur Kenntnis gebracht worden, dass Frau/Herr Geschäftsführer(in) im Namen der Gesellschaft ein unbesichertes Darlehen in Höhe von 1,5 Mio. € an die B-GmbH ausgereicht hat, welches uneinbringlich ist und nunmehr beabsichtigt, ein weiteres Darlehen an die B-GmbH ohne Sicherheit auszureichen. Um weiteren Schaden von der Gesellschaft abzuwenden, halten wir die unverzügliche Durchführung einer Gesellschafterversammlung für zwingend erforderlich. Wir fordern Sie auf, mit folgender

Tagesordnung [5]

unverzüglich eine Gesellschafterversammlung einzuberufen:

1. **Abberufung von Frau/Herrn Geschäftsführer(in) ________ vom Amt der Geschäftsführerin/des Geschäftsführers aus wichtigem Grunde**
2. **Geltendmachung von Schadensersatzansprüchen gegen Frau/Herrn Geschäftsführer(in) ________**

Wir weisen darauf hin, dass wir von unserem Recht, die Gesellschafterversammlung gemäß § 50 Abs. 3 GmbHG selbst einzuberufen, Gebrauch machen werden, sollten Sie unserem Verlangen nicht unverzüglich nachkommen.

________ **den** ________

____________ ____________

Gesellschafter A **Gesellschafter B**

Erläuterungen

15 **1.** Der Adressat des Einberufungsverlangens ist die Gesellschaft, vertreten durch den Geschäftsführer (Baumbach/Hueck/*Zöllner/Noack* § 50 Rn. 4). Ist in dem Gesellschaftsvertrag vorgesehen, dass auch andere Personen berechtigt oder verpflichtet sind, Gesellschafterversammlungen im Namen der Gesellschaft einzuberufen und liegen die Voraussetzungen für deren Einberufungszuständigkeit vor, können auch diese Personen dem Minderheitsverlangen stattgeben (Baumbach/Hueck/*Zöllner/Noack* § 50 Rn. 4). Gleiches gilt für die Einberufungszuständigkeit des Aufsichtsrats (Baumbach/Hueck/*Zöllner/Noack* § 50 Rn. 4).

16 **2.** Berechtigt, das Minderheitenverlangen gemäß § 50 Abs. 1 GmbHG geltend zu machen, sind alle teilnahmeberechtigten Gesellschafter, die wirksam Geschäftsanteile der Gesellschaft übernommen bzw. erworben haben und nach § 16 GmbHG als Gesellschafter gelten (Scholz/*Seibt* § 50 Rn. 8). Diese in § 50 GmbHG niedergelegte Mindestsicherung kann weder durch Regelungen in dem Gesellschaftsvertrag und auch nicht durch eine mehrheitlich beschlossene Änderung des Gesellschaftsvertrages beseitigt werden (Baumbach/Hueck/*Zöllner/Noack* § 50 Rn. 2; Scholz/*Seibt* § 50 Rn. 6). Möglich bleiben allerdings reine Verfahrensregeln, die lediglich die Form der Ausübung der Minderheitsrechte betreffen, nicht aber Regelungen, die vorsehen, dass Gesellschafter lediglich eine schriftliche Beschlussfassung einleiten können (OLG Stuttgart, GmbHR 1974, 257; Scholz/*Seibt* § 50 Rn. 6). Eine Verlagerung des Rechts auf Einberufung auf den Beirat ist nur dann zulässig, wenn das Verlangen nach § 50 Abs. 1 GmbHG an den Beirat zu richten ist. Hingegen steht das Recht aus § 50 Abs. 2 GmbHG zwingend den Gesellschaftern selbst zu (Scholz/*Seibt* § 50 Rn. 6). Zulässig ist eine Erweiterung des Minderheitenrechts. Insbesondere kann der Gesellschaftsvertrag das Quorum von 10 % auf einen niedrigeren Wert herabsetzen oder auch neben den Gesellschaftern einem anderen Gremium das Recht auf Einberufung oder Ankündigung einräumen (Scholz/*Seibt* § 50 Rn. 6). Unabhängig von dem in § 50 GmbHG enthaltenen Minderheitenrecht steht den Gesellschaftern ein Individualrecht auf Einberufung einer Gesellschafterversammlung zu, wenn das Gesetz oder der Gesellschaftsvertrag eine Beschlussfassung verlangen oder wenn die Einberufung nach den in §§ 49 Abs. 2 GmbHG und Abs. 3 GmbH enthaltenen Regelungen geboten ist (BGH NJW 1993, 2246, 2248). Der Gesellschafter ist

in diesen Fällen berechtigt, gegen die Gesellschaft zu klagen und kann notfalls auch eine einstweilige Verfügung nach § 940 ZPO erwirken (Scholz/*Seibt* § 50 Rn. 5). Die Eigenschaft als Gesellschafter muss im Zeitpunkt vorliegen, in dem die Einberufung bzw. Ankündigung verlangt wird und bis zur Durchführung der Versammlung fortbestehen (Baumbach/Hueck/*Zöllner/Noack* § 50 Rn. 25; Lutter/Hommelhoff/*Bayer* § 50 Rn. 6). Wird der Geschäftsanteil des Gesellschafters nach dem Verlangen nach Einberufung eingezogen oder der Gesellschafter rechtswirksam aus der Gesellschaft ausgeschlossen, stehen ihm die Rechte des § 50 GmbHG nicht mehr zu (Scholz/*Seibt* § 50 Rn. 8; Baumbach/Hueck/*Zöllner/Noack* § 50 Rn. 25; Michalski/*Römermann* § 50 Rn. 10 ff.). In diesem Fall zählen die entsprechenden Geschäftsanteile für die Berechnung des Quorums gemäß § 50 Abs. 1 GmbHG nicht mehr mit (Baumbach/Hueck/*Zöllner/Noack* § 50 Rn. 25), so dass die Gesellschaft das Verlangen nicht mehr auszuführen braucht. Bei der Veräußerung von Geschäftsanteilen und im Erbfall braucht die Gesellschaft das Verlangen nicht mehr auszuführen, falls die Erben bzw. der Erwerber das Verlangen zurückziehen (Baumbach/Hueck/*Zöllner/Noack* § 50 Rn. 25; Scholz/*Seibt* § 50 Rn. 8).

3. Bei der Ermittlung des Quorums gemäß § 50 Abs. 1 GmbHG ist vom satzungsmäßigen Stammkapital auszugehen. Abzuziehen sind nicht übernommene Geschäftsanteile sowie wirksam eingezogene Geschäftsanteile gemäß § 34 GmbHG. Nicht ausreichend ist ein Pfandrecht oder ein Nießbrauch am Gewinnstammrecht (Michalski/*Römermann* § 50 Rn. 20 ff.). Liegt eine Treuhand vor, so stehen die Rechte dem Treuhänder und nicht dem Treugeber zu (Michalski/*Römermann* § 50 Rn. 23). Bei Mitberechtigten gilt § 18 Abs. 1 GmbHG (Scholz/*Seibt* § 50 Rn. 9). Unerheblich ist auch, ob der betroffene Gesellschafter seine Einlagepflicht erfüllt hat oder bei einer etwaigen Abstimmung nach § 47 GmbHG von der Abstimmung ausgeschlossen ist (Scholz/*Seibt* § 50 Rn. 9). 17

4. Das Gesetzt sieht keine bestimmte Form für das Einberufungsverlangen gemäß § 50 Abs. 1 GmbHG vor. Das Einberufungsverlangen ist formlos möglich und kann auch mündlich z.B. telefonisch, per E-Mail oder auf sonstige Weise mitgeteilt werden (Scholz/*Seibt* § 50 Rn. 13; Michalski/*Römermann* § 50 Rn. 39 ff.; Lutter/Hommelhoff/*Bayer* § 50 Rn. 7). Natürlich ist es ratsam, das Einberufungsverlangen per Einschreiben zu übersenden. Möglich ist, dass das Verlangen vorbehaltlich abweichender Bestimmungen im Gesellschaftsvertrag auch durch einen Bevollmächtigten im Namen der Gesellschaft erklärt wird (Scholz/*Seibt* § 50 Rn. 13). Unzulässig sind jedoch Regelungen, wonach die Ausübung des Einberufungsverlangens durch gesetzliche Vertreter ausgeschlossen wird (Scholz/*Seibt* § 50 Rn. 13). Einem besonderen Formerfordernis unterliegt eine entsprechende Vollmacht nicht, wobei allerdings vertreten wird, dass die Gesellschaft entsprechend § 47 Abs. 3 GmbHG, § 126 BGB einen textförmigen Vollmachtsnachweis verlangen kann (Scholz/*Seibt* § 50 Rn. 13; a.A. Baumbach/Hueck/*Zöllner/Noack* § 50 Rn. 5). 18

5. Das Einberufungsverlangen muss Zweck und Gründe angeben. Dies umfasst zum einen den beabsichtigten Gegenstand der Beratung und der Beschlussfassung (Tagesordnung) und zum anderen die Gründe für die Eilbedürftigkeit (Baumbach/Hueck/*Zöllner/Noack* § 50 Rn. 6; Scholz/*Seibt* § 50 Rn. 14). Eine förmliche Tagesordnung oder ausformulierte Beschlussanträge können hingegen nicht verlangt werden (Scholz/*Seibt* § 50 Rn. 14; Lutter/Hommelhoff/*Bayer* § 50 Rn. 7). Das Einberufungsverlangen soll allerdings dann rechtsmissbräuchlich und daher unbeachtlich sein, wenn der Zweck oder die Gründe des Einberufungsverlangens sinnlos oder fadenscheinig sind (Baumbach/Hueck/*Zöllner/Noack* § 50 Rn. 6). Ansonsten ist es nicht erforderlich, dass der Zweck und die Gründe für den Geschäftsführer überzeugend sind (Baumbach/Hueck/*Zöllner/Noack* § 50 Rn. 6; OLG Köln, NJW-RR 1999, 979). Das Verlangen kann jederzeit zurückgezogen werden (Baumbach/Hueck/*Zöllner/Noack* § 50 Rn. 6; Scholz/*Seibt* § 50 Rn. 15; Michalski/*Römermann* § 50 Rn. 52). 19

3. Einberufung der Gesellschafterversammlung durch eine Minderheit

Vorbemerkung

Verlangen Gesellschafter, deren Geschäftsanteile zusammen mindestens 10 % des Stammkapitals entsprechen, formgerecht und inhaltlich ordnungsgemäß die Einberufung einer Gesellschafterver- 20 sammlung, so begründet dieses Verlangen eine Einberufungspflicht des Geschäftsführers bzw. der sonst zuständigen Einberufungsorgane, sofern nicht eine missbräuchliche Ausübung des Minderheitsrechts vorliegt (Scholz/*Seibt* § 50 Rn. 16). Entsprechen die Geschäftsführer dem Verlangen nicht oder sind Personen, an welche das Einberufungsverlangen zu richten wäre, nicht vorhanden, so steht den Gesellschaftern gemäß § 50 Abs. 3 GmbHG das Recht zu, die Gesellschafterversammlung im Wege des sog. Selbsthilferechts einzuberufen (Scholz/*Seibt* § 50 Rn. 21).

Muster

21 **Per Einschreiben**

An die Gesellschafter der
C-GmbH

Einberufung einer Gesellschafterversammlung

Sehr geehrte(r) Frau/Herr __________,

in unserer Eigenschaft als Gesellschafter [1] der C-GmbH laden wir Sie hiermit gemäß § 50 Abs. 3 GmbHG zu einer außerordentlichen Gesellschafterversammlung der C-GmbH am __________ den __________ um __________ in den Geschäftsräumen der Gesellschaft ein. [2]

Gemäß § 50 Abs. 3 i.V.m. Abs. 1 GmbHG sind Gesellschafter, deren Geschäftsanteile zusammen mindestens den zehnten Teil des Stammkapitals entsprechen, berechtigt, unter Angabe des Zwecks und der Gründe die Gesellschafterversammlung einzuberufen, wenn ihrem Verlangen auf Einberufung nicht entsprochen worden ist. [3]

Das Stammkapital der C-GmbH beträgt 100.000,00 €. Von diesem Stammkapital hält der unterzeichnende Gesellschafter A einen Geschäftsanteil in Höhe von 5.000,00 € sowie der unterzeichnende Gesellschafter B einen Geschäftsanteil in Höhe von 7.000,00 €, so dass wir gemäß § 50 Abs. 3 i.V.m. Abs. 1 GmbHG berechtigt sind, die Gesellschafterversammlung der C-GmbH einzuberufen. Mit dem als Anlage 1 dieser Einladung beigefügten Schreiben vom __________ haben wir die Geschäftsführung der C-GmbH gemäß § 50 Abs. 1 GmbHG unter Angabe des Zwecks und der Gründe hierfür erfolglos aufgefordert, eine Gesellschafterversammlung einzuberufen. Unser Schreiben vom __________ ist der Geschäftsführung auch zugegangen, was sich aus der als Anlage 2 diesem Schreiben beigefügten Kopie des Rückscheins ergibt. Infolge dessen steht uns gemäß § 50 Abs. 3 i.V.m. Abs. 1 GmbHG das Recht zu, die Gesellschafterversammlung unsererseits einzuladen.

Die Tagesordnung ergibt sich aus unserem als Anlage 3 beigefügten Schreiben vom __________ [4]

____

[Ort] den [Datum]	**[Ort] den [Datum]**
__________	__________
Gesellschafter A	**Gesellschafter B**

Erläuterungen

22 **1.** Berechtigt zur Vornahme des Selbsthilferechts sind dieselben Personen, denen auch die Rechte aus §§ 50 Abs. 1 und 2 GmbHG zustehen (vgl. hierzu Muster C 2 (Rdn. C 16 f.)). Erforderlich ist

wiederum, dass die Geschäftsanteile der handelnden Gesellschafter 10 % des Stammkapitals entsprechen. Die Gesellschafter sind zur Vornahme der Selbsthilfe berechtigt, wenn der Einberufungsberechtigte, also etwa der Geschäftsführer, dem formgerechten und inhaltlich ordnungsgemäßen Einberufungsverlangen nicht oder nicht rechtzeitig oder nicht vollständig nachgekommen ist. Notwendig ist es daher in dem Einberufungsverlangen diejenigen Umstände anzugeben, aus welchen sich das Recht zur Einberufung der Gesellschafter ergibt. Die Einberufung ist unverzüglich, ohne schuldhaftes Zögern vorzunehmen (Baumbach/Hueck/*Zöllner*/*Noack* § 50 Rn. 8; Scholz/*Seibt* § 50 Rn. 17). Ferner muss der Termin, zu dem die Versammlung einberufen wird, angemessen sein (Lutter/Hommelhoff/*Bayer* § 50 Rn. 9; Scholz/*Seibt* § 50 Rn. 17). Die Frage der Angemessenheit ist nach den Umständen des Einzelfalles unter Berücksichtigung sowohl der Interessen und der Dringlichkeit aber auch dem Prinzip der Kosteneffizienz zu bestimmen (Scholz/*Seibt* § 50 Rn. 17; Baumbach/Hueck/*Zöllner*/*Noack* § 50 Rn. 10). Im Grundsatz wird man davon ausgehen können, dass regelmäßig ein Monat genügt, die Frist jedoch auch kürzer und in Ausnahmefällen länger bemessen werden kann. Als Faustregel gilt, dass die gesetzliche Einberufungsfrist gemäß § 51 Abs. 1 S. 2 GmbHG immer, eine längere satzungsmäßige Frist nicht notwendig, aber in der Regel angemessen ist (Scholz/*Seibt* § 50 Rn. 17). Der Einberufungsberechtigte kann jedoch auch bei relativ unwichtigen Angelegenheiten die Einberufung nicht weit hinausschieben (Baumbach/Hueck/*Zöllner*/*Noack* § 50 Rn. 9). Allerdings kann eine binnen angemessener Frist ins Haus stehende Gesellschafterversammlung abgewartet werden (Baumbach/Hueck/*Zöllner*/*Noack* § 50 Rn. 10).

2. Für die Durchführung des Selbsthilferechts gelten im Hinblick auf die Form, die Frist und den Inhalt die allgemeinen Grundsätze (vgl. dazu Muster C 1 (Rdn. C 3 ff.)) Allerdings muss das Einberufungsverlangen nach § 50 Abs. 1 GmbHG unter anderem eine Begründung für die Eilbedürftigkeit enthalten, um wirksam zu sein. Fehlt es hieran, soll den Gesellschaftern anschließend kein Selbsthilferecht aus § 50 Abs. 3 S. 1 GmbHG zustehen (vgl. OLG Brandenburg, BB 2019, 596). 23

3. Das Einberufungsorgan hat seine Einberufungspflicht nicht erfüllt, wenn es zwar innerhalb angemessener Frist die Einberufung durchführt, jedoch der Text des Einberufungsverlangens umformuliert wird, ohne dass das Minderheitsbegehren noch erkennbar bleibt oder aber der Einberufungsberechtigte ein textförmiges bzw. schriftliches Verfahren nach § 48 Abs. 2 GmbHG durchführt (Scholz/*Seibt* § 50 Rn. 18; OLG Stuttgart, NJW 1974, 1568). Zwischen dem Selbsthilferecht gemäß § 50 Abs. 3 GmbHG und dem Einberufungsrecht der hierzu Berechtigten besteht im Grundsatz Konkurrenz, so dass das Selbsthilferecht der Gesellschafter das Einberufungsrecht nicht verdrängt (Lutter/Hommelhoff/*Bayer* § 50 Rn. 14). Trotz Ausübung des Selbsthilferechts durch die Gesellschafter steht es den übrigen zur Einberufung Berechtigten frei, eine Gesellschafterversammlung einzuberufen, welche auch diejenigen Beschlussgegenstände behandelt, die im Wege des Selbsthilferechts behandelt werden sollen (Lutter/Hommelhoff/*Bayer* § 50 Rn. 14). In diesem Fall wird durch die Einberufung durch die Geschäftsführung das Einberufungsrecht der Minderheitengesellschafter zum Erlöschen gebracht (Lutter/Hommelhoff/*Bayer* § 50 Rn. 14). Hat die Minderheit von ihrem durch Fristablauf entstandenen Einberufungsrecht Gebrauch gemacht und die Versammlung nach Ablauf einer angemessenen Frist selber einberufen, und ruft danach der Geschäftsführer eine Versammlung ein, bleibt die von der Minderheit einberufene Versammlung auch dann als rechtmäßig einberufen, wenn die von dem Geschäftsführer einberufene Versammlung zeitlich vor der von den Minderheitengesellschaften einberufenen Versammlung liegt (Lutter/Hommelhoff/*Bayer* § 50 Rn. 14; Baumbach/Hueck/*Zöllner*/Noack § 50 Rn. 11; BGH WM 1985, 568). Machen die Gesellschafter ohne Vorliegen der Voraussetzungen von ihrem Selbsthilferecht Gebrauch, sind etwaige sodann gefassten Beschlüsse einer Gesellschafterversammlung entsprechend § 241 Nr. 1. AktG nichtig (BGHZ 87, 1, 3; Baumbach/Hueck/*Zöllner*/*Noack* § 50 Rn. 20; Michalski/*Römermann* § 50 Rn. 158 ff.). 24

4. Gemäß § 50 Abs. 3 S. 2 GmbHG beschließt die Gesellschafterversammlung, ob die entstandenen Kosten von der Gesellschaft zu tragen sind. Die Beschlussfassung über die Kostentragung bedarf keiner Ankündigung, sondern ist kraft Gesetzes Tagesordnungspunkt (Baumbach/Hueck/*Zöllner*/*Noack* § 50 Rn. 21; Scholz//*Seibt* § 50 Rn. 34). Bei der Beschlussfassung hierüber entscheidet die 25

Gesellschafterversammlung nicht frei, sondern unter Beachtung der Gesellschaftertreuepflicht (Lutter/Hommelhoff/*Bayer* § 50 Rn. 17; Baumbach/Hueck/*Zöllner/Noack* § 50 Rn. 22). Nur wenn die Einberufung offensichtlich überflüssig oder unvernünftig war, kann die Gesellschafterversammlung eine Kostenübernahme verweigern (Baumbach/Hueck/*Zöllner/Noack* § 50 Rn. 22; Michalski/*Römermann* § 50 Rn. 166). In Betracht kommt bei verursachten aber nicht angemessenen Kosten allerdings auch eine Teilübernahme (Baumbach/Hueck/*Zöllner/Noack* § 50 Rn. 22).

4. Ergänzungsverlangen zur Tagesordnung durch eine Minderheit

Vorbemerkung

26 Gemäß § 50 Abs. 2 GmbHG haben Gesellschafter, deren Geschäftsanteile zusammen mindestens den 10. Teil des Stammkapitals entsprechen, das Recht zu verlangen, dass Gegenstände zur Beschlussfassung der Versammlung angekündigt werden. § 50 Abs. 2 GmbHG ergänzt das in § 50 Abs. 1 GmbHG und § 50 Abs. 3 GmbHG enthaltene Minderheitenrecht.

Muster

27 **Per Einschreiben [1]**

An die Geschäftsführer [2] der
C-GmbH

____

Ergänzung der Tagesordnung

Sehr geehrte(r) Frau/Herr ____________,

ich beziehe mich auf die Einladung zur Durchführung einer Gesellschafterversammlung der C-GmbH vom ____________ am ____________ [3]

Gemäß § 50 Abs. 2 GmbHG haben Gesellschafter, deren Geschäftsanteile zusammen mindestens dem zehnten Teil des Stammkapitals entsprechen, das Recht zu verlangen, dass Gegenstände zur Beschlussfassung der Versammlung angekündigt werden. Das Stammkapital der C-GmbH beträgt 100.000,00 €. Ich bin Inhaber eines Geschäftsanteils in Höhe von 15.000,00 €, so dass ich gemäß § 50 Abs. 2 GmbHG berechtigt bin, zu verlangen, dass weitere Gegenstände zur Beschlussfassung der Gesellschafterversammlung angekündigt werden.

Gemäß § 50 Abs. 2 GmbHG verlange ich daher, nachfolgende Gegenstände zur Beschlussfassung der Versammlung anzukündigen: [4]

1. **Abberufung von Frau/Herrn ____________ als Geschäftsführer(in) der C-GmbH.**
2. **Bestellung von Frau/Herrn ____________ als zur alleinigen Vertretung der C-GmbH berechtigten und von den Beschränkungen des § 181 BGB befreiten Geschäftsführer(in) der C-GmbH.**

Ich weise darauf hin, dass ich von meinem Recht gemäß § 50 Abs. 3 GmbHG, die Ankündigung selbst vorzunehmen, Gebrauch machen werde, wenn Sie meinem Verlangen nicht unverzüglich nachkommen. [5]

[Ort] den [Datum]

____

Gesellschafter

Erläuterungen

1. Berechtigt zur Ankündigung von Gegenständen zur Tagesordnung sind dieselben Personen, denen auch das Recht aus § 50 Abs. 1 und Abs. 3 zusteht (Michalski/*Römermann* § 50 Rn. 5 ff., 28 ff., 109; vgl. hierzu Muster C 2 (Rdn. C 16 f.)). 28

2. Der Adressat des Verlangens, Gegenstände zur Tagesordnung anzukündigen, ist die Gesellschaft, vertreten durch den Geschäftsführer (Michalski/*Römermann* § 50 Rn. 103). 29

3. Wie das Einberufungsverlangen gemäß § 50 Abs. 1 GmbHG ist auch das Verlangen, Gegenstände zur Tagesordnung gemäß § 50 Abs. 2 GmbHG anzukündigen, formlos möglich (Baumbach/Hueck/*Zöllner/Noack* § 50 Rn. 14). Bedeutung hat das Recht zur Ankündigung von Gegenständen zur Tagesordnung nur, wenn ohnehin eine Gesellschafterversammlung stattfinden soll. Dem entsprechend beinhaltet § 50 Abs. 2 GmbHG das Recht der Minderheitsgesellschafter, die Erweiterung einer bereits bekannt gegebenen Tagesordnung für eine Gesellschafterversammlung zu verlangen (Baumbach/Hueck/*Zöllner/Noack* § 50 Rn. 14). Das Recht, die Ankündigung von Gegenständen zur Tagesordnung zu verlangen, bezieht sich sowohl auf die Ankündigung von Tagesordnungspunkten für eine noch anzuberaumende Versammlung aber auch auf eine Erweiterung der Tagesordnung für eine bereits anberaumte Versammlung, wobei in diesem Fall § 51 Abs. 3 GmbHG zu beachten ist (Scholz/*Seibt* § 50 Rn. 20). Die Notwendigkeit, eine bestimmte Eilbedürftigkeit zu begründen, besteht grundsätzlich nicht (Baumbach/Hueck/*Zöllner/Noack* § 50 Rn. 14), ist allerdings dann zu empfehlen, wenn die Tagesordnung der anstehenden Gesellschafterversammlung überlastet ist (Baumbach/Hueck/*Zöllner/Noack* § 50 Rn. 14). 30

4. In dem Verlangen, Gegenstände zur Tagesordnung gemäß § 50 Abs. 2 GmbHG anzukündigen, sind die Beteiligungsverhältnisse darzulegen, aus denen sich die Berechtigung für das Verlangen herleitet. Das Verlangen muss weiter den Zweck, die Gründe und den Gegenstand, dessen Ankündigung zur Tagesordnung verlangt wird, angeben (Baumbach/Hueck/*Zöllner/Noack* § 50 Rn. 14). Hierbei muss der Gegenstand der Beschlussfassung, dessen Ankündigung verlangt wird, so bezeichnet werden, dass den nach § 51 Abs. 2 GmbHG an die Ankündigung der Tagesordnung zu stellenden Anforderungen entsprochen wird (Baumbach/Hueck/*Zöllner/Noack* § 50 Rn. 14). Ein Beschlussvorschlag muss nicht beigefügt werden (BGH WM 1993, 1339). 31

5. Das Einberufungsorgan ist unverzüglich und ohne schuldhaftes Zögern verpflichtet, einem formgerechten und inhaltlich ordnungsgemäßen Ankündigungsverlangen nachzukommen, ohne deren Zweckmäßigkeit überprüfen zu dürfen (Scholz/*Seibt* § 50 Rn. 10). Eine Grenze bildet hier lediglich ein offensichtlich unsinniges Verlangen oder ein rechtsmissbräuchliches Verlangen (Scholz/*Seibt* § 50 Rn. 12). Ungeachtet des wohl fehlenden Rechtschutzbedürfnisses wegen der in § 50 Abs. 3 GmbHG enthaltenen Regelung (Scholz/*Seibt* § 50 Rn. 31) dürfte eine Erzwingung im Wege der Klage sowohl beim Ankündigungsverlangen als auch beim Einberufungsverlangen bereits aus zeitlichen Gründen wenig praktikabel sein. 32

5. Ankündigung von Gegenständen zur Beschlussfassung durch eine Minderheit

Vorbemerkung

Verlangen Gesellschafter, deren Geschäftsanteile zusammen zumindest den 10. Teil des Stammkapitals entsprechen, formgerecht und inhaltlich ordnungsgemäß die Ankündigung von Gegenständen zur Tagesordnung, so begründet auch dieses Verlangen eine Ankündigungspflicht der Geschäftsführung. Allerdings braucht dem Verlangen nur entsprochen zu werden, wenn die Ankündigungsfrist gemäß § 51 Abs. 4 GmbHG noch eingehalten werden kann (Baumbach/Hueck/*Zöllner/Noack* § 50 Rn. 14). Entspricht die Geschäftsführung dem Verlangen nicht, so steht den Gesellschaftern gemäß § 50 Abs. 3 GmbHG das Recht zu, die Ankündigung der Gegenstände zur Tagesordnung im Wege des sog. Selbsthilferechts selbst zu bewirken (Scholz/*Seibt* § 50 Rn. 20). 33

Muster

34 **Per Einschreiben [1]**

An die Gesellschafter der
C-GmbH

____

Ankündigung von Gegenständen zur Beschlussfassung

Sehr geehrte(r) Frau/Herr ______________,

ich beziehe mich auf die Einladung zur Gesellschafterversammlung der C-GmbH vom ______________

Gemäß § 50 Abs. 3 i.V.m. Abs. 1 GmbH sind Gesellschafter, deren Geschäftsanteile zusammen mindestens dem zehnten Teil des Stammkapitals entsprechen, berechtigt, Gegenstände zur Beschlussfassung der Versammlung anzukündigen, wenn ihrem Verlangen, Gegenstände zur Beschlussfassung anzukündigen, nicht nachgekommen wurde.

Das Stammkapital der C-GmbH beträgt 100.000,00 €. Ich bin Inhaber eines Geschäftsanteils in Höhe von 15.000,00 €, so dass ich gemäß § 50 Abs. 3 i.V.m. Abs. 1 GmbHG berechtigt bin, Gegenstände zur Beschlussfassung anzukündigen. Mit dem als Anlage 1 beigefügten Schreiben vom ______________ an die Geschäftsführung der C-GmbH habe ich erfolglos verlangt, die dort aufgeführten Gegenstände zur Beschlussfassung der Gesellschafterversammlung anzukündigen. Das als Anlage 1 beigefügte Schreiben ist ausweislich des als Anlage 2 in Kopie beigefügten Rückscheins der Geschäftsführung der C-GmbH auch zugegangen. Infolge dessen bin ich gemäß § 50 Abs. 3 GmbHG berechtigt, selbst Gegenstände zur Beschlussfassung der Gesellschafterversammlung anzukündigen. Gemäß § 50 Abs. 3 S. 1 GmbHG kündige ich hiermit als weitere

Gegenstände zur Beschlussfassung

der Gesellschafterversammlung folgende Punkte an:

1. **Abberufung von Frau/Herrn Geschäftsführer(in) als Geschäftsführer(in) der C-GmbH**
2. **Bestellung von Frau/Herrn X als zur alleinigen Vertretung der C-GmbH und von den Beschränkungen des § 181 BGB befreite(n) Geschäftsführer(in) der C-GmbH**

______________ den ______________

____

Gesellschafter [2, 3]

Erläuterungen

35 **1.** Gemäß § 51 Abs. 1 S. 1 GmbHG muss die Ankündigung mittels eingeschriebenen Briefs und gemäß § 51 Abs. 4 GmbHG wenigstens drei Tage vor der Versammlung erfolgen. Inhaltlich muss die Ankündigung den Gegenstand, Zweck und die Gründe des Verlangens angeben (Scholz/*Seibt* § 50 Rn. 28) und damit die gleichen Angaben enthalten, wie auch das an die Gesellschaft gerichtete Verlangen auf Ankündigung von Gegenständen zur Tagesordnung. Zudem erfordert die Ankündigung eine Mitteilung über die die Ankündigung rechtfertigenden Umstände (Scholz/*Seibt* § 50 Rn. 28). Emp-

fehlenswert ist zudem mitzuteilen, dass dem an das Einberufungsorgan gerichteten Verlangen, Gegenstände zur Tagesordnung anzukündigen, nicht innerhalb angemessener Frist nachgekommen wurde.

2. Berechtigt zur Vornahme des Selbsthilferechts sind wiederum dieselben Personen, denen auch die Rechte aus §§ 50 Abs. 1 und 3 GmbHG zustehen. 36

3. Im Hinblick auf die Kosten gilt § 50 Abs. 3 S. 2 GmbHG (vgl. hierzu Muster C 3 (Rdn. C 25)). 37

6. Protokoll einer Gesellschafterversammlung

Vorbemerkung

Gesellschafterbeschlüsse bedürfen nur in den gesetzlich vorgeschriebenen Fällen einer bestimmten Form. Allerdings empfiehlt sich auch unabhängig hiervon den wesentlichen Inhalt der Gesellschafterversammlung, also den Ort, das Datum und den Inhalt der Beschlussfassung allein aus Gründen der Beweissicherung festzuhalten. 38

Muster

Niederschrift über die ordentliche Gesellschafterversammlung der C-GmbH am __________ den __________ in den Geschäftsräumen der C-GmbH in __________ [1] 39

I. Teilnehmer [2]

Um __________ am __________ den __________ erschienen in den Geschäftsräumen der C-GmbH __________ die nachfolgenden Personen:

1. __________

2. __________

3. __________

II. Versammlungsleitung

Frau/Herr Geschäftsführer(in) __________ übernahm die Leitung der Gesellschafterversammlung mit Zustimmung aller Teilnehmer.

III. Feststellungen

1. Das Stammkapital der Gesellschaft beträgt EUR 100.000,00. Von dem Stammkapital halten die Gesellschafter A und B jeweils einen Geschäftsanteil von EUR 20.000,00 und der Gesellschafter C einen Geschäftsanteil in Höhe von EUR 60.000,00.

2. Herr Wirtschaftsprüfer __________ legt eine von dem Gesellschafter C unterschriebene auf ihn lautende Vollmacht vom __________ vor, mit der der Gesellschafter C Herrn Wirtschaftsprüfer __________ bevollmächtigt hat, in der heutigen Gesellschafterversammlung die Gesellschafterrechte des Gesellschafters C, insbesondere dessen Stimmrecht, auszuüben und alle für die Wahrnehmung der Gesellschafterrechte des Gesellschafters C erforderlichen Erklärungen abzugeben und entgegenzunehmen. Gegen Form und Inhalt der Vollmacht werden von den Erschienenen keine Einwände erhoben.

3. Die Erschienenen erheben ferner keine Beanstandungen gegen Form und Frist der Einberufung und Ankündigung der Gesellschafterversammlung. Die Gesellschafter A und B sowie Herr Wirtschaftsprüfer __________ erklären darüber hinaus, die Einladung vom __________ erhalten zu haben.

IV. Beratung und Beschlussfassung der Tagesordnung vom __________

1. Feststellung des Jahresabschlusses zum __________

Der Jahresabschluss zum 31.12. __________ wird gemäß Anlage mit den Stimmen aller Gesellschafter festgestellt.

2. Verwendung des Ergebnisses

Mit den Stimmen aller Gesellschafter wird beschlossen, den Jahresüberschuss in Höhe von EUR __________ in Höhe eines Teilbetrages von EUR __________ an die Gesellschafter auszuschütten und in Höhe des verbleibenden Teilbetrages in Höhe von EUR __________ in die Gewinnrücklage einzustellen.

V. Sonstiges

Die Gesellschafterversammlung wurde um __________ beendet.

__________ den __________

____

Versammlungsleiter [3, 4, 5, 6]

Erläuterungen

40 **1.** Eine Protokollierung des Versammlungsablaufs ist in § 48 Abs. 3 GmbHG nur bei der Einpersonen Gesellschaft vorgesehen. Im Übrigen nicht (Baumbach/Hueck/*Zöllner/Noack* § 48 Rn. 22). Besondere Formerfordernisse können sich allerdings bei einem Beschluss über die Abänderung des Gesellschaftsvertrages gemäß § 53 Abs. 2 GmbHG ergeben, der ebenso der notariellen Beurkundung bedarf wie der Beschluss über die Erhöhung des Stammkapitals aus Gesellschaftsmitteln gemäß § 57c Abs. 4 GmbHG oder aber der Beschluss über die Kapitalherabsetzung gemäß § 58a Abs. 5 GmbHG. Entsprechendes gilt für Beschlussfassungen nach Maßgabe von §§ 13 Abs. 3, 125, 193 Abs. 3 UmwG. Daneben kann sich eine Protokollierungspflicht nur aus dem Gesellschaftsvertrag oder einer möglichen Geschäftsordnung ergeben oder durch die Gesellschafter beschlossen werden. Ist ein Versammlungsleiter vorhanden, gehört es zu seinen ihm gegenüber der Gesellschaft obliegenden Pflichten, für eine ordnungsgemäße Protokollierung des Versammlungsverlaufs samt Beschlussfassungen Sorge zu tragen (Baumbach/Hueck/*Zöllner/Noack* § 48 Rn. 22; Lange, NJW 2015, 3190, 3192).

41 **2.** Das Gesetz enthält keine Regelungen darüber, welche Inhalte zweckmäßigerweise in einem Protokoll enthalten sein sollen. Im Grundsatz ist sich daran zu orientieren, dass das Protokoll den wesentlichen Inhalt der Beratung und Beschlussfassung erkennen lassen soll. Es sollte zunächst als Protokoll oder aber auch als Niederschrift überschrieben sein. Ferner sollte es Angaben über den Tag, das Datum, den Ort, den Beginn und das Ende der Versammlung enthalten. Zu empfehlen ist ferner, die erschienenen Teilnehmer der Versammlung, also insbesondere die Gesellschafter, Geschäftsführer oder aber die Vertreter der Gesellschafter samt Vollmachtnachweis aufzunehmen und hierüber ein Teilnehmerverzeichnis zu erstellen. Ebenfalls und sofern der Gesellschaftsvertrag hierüber keine abweichende Regelung enthält, ist die Wahl des Versammlungsleiters und dessen Bezeichnung aufzunehmen. Es ist auch zu empfehlen, die Feststellung ordnungsgemäßer Einberufung in das Protokoll aufzunehmen. Selbstverständlich sind in der Versammlung gestellte Anträge oder aber Verfahrensrügen ebenso in das Protokoll aufzunehmen, wie die Art der Abstimmung und das Ergebnis der Abstimmung samt Auszählung und Feststellung des Abstimmungsergebnisses. Empfehlenswert ist es auch, vorgetragene Stimmverbote gemäß § 47 Abs. 4 GmbH im Protokoll festzuhalten (vgl. zum Stimmrechtsausschluss *Villeda,* AG 2013, 57 ff.). Wird Widerspruch erhoben oder werden Rügeverzichte erklärt, sollte dies ebenfalls in dem Protokoll aufgenommen

werden. Werden Ordnungsmaßnahmen oder sonstige verfahrensleitende Verfügungen von dem Versammlungsleiter angeordnet, ist dies ebenfalls aufzunehmen (Baumbach/Hueck/*Zöllner/Noack* § 48 Rn. 22). Verantwortlich für die Aufbewahrung des Protokolls ist der Geschäftsführer (Scholz/*Seibt* § 48 Rn. 42). Ein Anspruch auf eine Abschrift des Protokolls sieht das Gesetz nicht vor. Möglich ist aber die Einsichtnahme eines jeden Gesellschafters gemäß § 51a GmbHG und das Anfertigen von Kopien auf eigene Kosten (§ 48 Rn. 42; Baumbach/Hueck/*Zöllner/Noack* § 48 Rn. 25).

3. Das Gesetz enthält auch keine Regelungen zur Rechtsstellung des Versammlungsleiters (vgl. 42
hierzu *Noack*, GmbHR 2017, 792 ff.). Überwiegend wird angenommen, dass der Versammlungsleiter in einem auftragsähnlichen, dem Körperschaftsrecht zuzuordnenden Rechtsverhältnis zur Gesellschaft steht (Baumbach/Hueck/*Zöllner/Noack* § 48 Rn. 19). Er ist kein eigenes Organ der Gesellschaft, sondern Funktionsgehilfe der Gesellschafter (Scholz/*Seibt* § 48 Rn. 32), woraus auch die Weisungsberechtigung der Gesellschafter gegenüber dem Versammlungsleiter folgen kann (Scholz/*Seibt* § 48 Rn. 32). Enthält der Gesellschaftsvertrag keine Regelung über die Person des Versammlungsleiters oder aber über dessen Bestimmung, so entscheiden grundsätzlich die in der Versammlung zusammengekommenen Gesellschafter mit einfacher Mehrheit im Wege eines Geschäftsordnungsbeschlusses (OLG München GmbHR 2005, 624; Baumbach/Hueck/*Zöllner/Noack* § 48 Rn. 16). Ein satzungsgemäß zum Versammlungsleiter in den Gesellschafterversammlungen einer GmbH berufener Gesellschafter unterliegt bei der Abstimmung über den Antrag, ihm die Versammlungsleitung im Hinblick auf einen Interessenkonflikt bei einzelnen Gegenständen der Tagesordnung zu entziehen, keinem Stimmverbot nach § 47 Abs. 4 GmbHG im Hinblick auf diesen Interessenkonflikt (BGH NJW 2010, 3027 ff.; Lange, NJW 2015, 3190, 3194). Es ist nicht notwendig, dass der Versammlungsleiter Gesellschafter ist (Scholz/*Seibt* § 48 Rn. 33; Baumbach/Hueck/*Zöllner/Noack* § 48 Rn. 16). In Verfahrensfragen ist der Versammlungsleiter zur Neutralität verpflichtet. Er kann seine Funktion jederzeit auch während der Versammlung und auch wenn ein wichtiger Grund nicht vorliegt, niederlegen (Scholz/*Seibt* § 48 Rn. 34 f.; Lange, NJW 2015, 3190, 3193). Er hat Ordnungsgewalt in der Versammlung (Scholz/*Seibt* § 48 Rn. 37; Baumbach/Hueck/*Zöllner/Noack* § 48 Rn. 18) und ist im Zweifel auch ermächtigt, das Hausrecht auszuüben (Scholz/*Seibt* § 48 Rn. 37). Von dem Versammlungsleiter ist die Beschlussfähigkeit festzustellen (Lange, NJW 2015, 3190, 3193; KG Berlin, GmbHR 2016, 58 f.; vgl. auch *Altmeppen*, GmbHR 2018, 225 ff.). Ist kein Versammlungsleiter bestellt, stellen die in der Versammlung zusammengekommenen Gesellschafter die Beschlussfähigkeit fest (Baumbach/Hueck/*Zöllner/Noack* § 48, Rn. 21). Maßgeblich für die Beantwortung der Frage, über welche Anträge und Gegenanträge in der Versammlung beschlossen werden darf oder sogar muss, ist die Tagesordnung. Ausreichend ist dabei, dass ein Antrag in der Versammlung gestellt wird. Nicht notwendig ist, dass der Antrag bereits in der Tagesordnung angekündigt war. Ist allerdings kein sachlicher Bezug zu der Tagesordnung vorhanden, so ist eine Beschlussfassung über den Antrag nur im Einvernehmen aller Gesellschafter möglich. Vorbehaltlich abweichender Regelungen in dem Gesellschaftsvertrag oder einer Geschäftsordnung ordnet der Versammlungsleiter das Abstimmungsverfahren an (Scholz/*Seibt* § 48, Rn. 48). Grundsätzlich besteht kein Anspruch auf eine geheime Abstimmung (Scholz/*Seibt* GmbHG, § 48 Rn. 49). Der Versammlungsleiter ist im Zweifel auch dazu berechtigt, die Beschlüsse der Gesellschafterversammlung festzustellen. Die Beschlussfeststellung und Verkündung stellt dabei einen konstitutiven Rechtsakt dar, der nur durch Anfechtungsklage angreifbar ist, sofern keine Nichtigkeitsgründe vorliegen (Scholz/*Seibt* § 48 Rn. 53).

4. Zwischen Ton- und Videoaufzeichnungen von der Versammlung ist zu unterscheiden: Im 43
Grundsatz ist eine Ton- und Videoaufzeichnung der Versammlung nur mit Zustimmung aller Teilnehmer der Versammlung zulässig (OLG Karlsruhe NZG 1998, 259, 260; Baumbach/Hueck/*Zöllner/Noack* § 48 Rn. 24; Lutter/Hommelhoff/*Bayer* § 48 Rn. 19). Enthält der Gesellschaftsvertrag Regelungen über die Zulässigkeit von Ton- und Videoaufzeichnungen, so wird teilweise vertreten, dass ein Widerspruch eines Teilnehmers in diesem Fall nur dazu führt, dass sein eigener

Wortbeitrag nicht aufgenommen oder Dritten nicht zugänglich gemacht werden darf (Baumbach/Hueck/*Zöllner/Noack* § 48 Rn. 24).

44 **5.** Die Kosten der Gesellschafterversammlung sind Kosten der Gesellschaft (OLG Celle BB 1966, 1411; OLG Düsseldorf GmbHR 1955, 61).

45 **6.** Zu beachten ist, dass der Gesellschaft der Einwand falscher Protokollierung grundsätzlich in jedem Verfahren entgegengehalten werden kann, in dem sich die Gesellschaft auf diese Niederschrift beruft, wobei der betroffene Gesellschafter aber auch auf Feststellung klagen kann, dass ein Beschluss anders als protokolliert gefasst wurde (vgl. hierzu *Abramenko*, GmbHR 2003, 1043 ff.).

7. Protokoll einer beschlussunfähigen Gesellschafterversammlung

Vorbemerkung

46 Das GmbHG stellt keine Mindestanforderungen an die Beschlussfähigkeit (vgl. *Winstel*, GmbHR 2010, 793 ff.). Im Grundsatz ist es ausreichend, wenn auch nur ein Gesellschafter anwesend bzw. vertreten ist (OLG Köln GmbHR 2002, 495; Baumbach/Hueck/*Zöllner/Noack* § 48 Rn. 2; Lutter/Hommelhoff/*Bayer* § 48 Rn. 20). Regelungen zur Beschlussfähigkeit können sich jedoch aus dem Gesellschaftsvertrag ergeben, etwa kann vorgesehen werden, dass eine Mindestanzahl von Gesellschaftern erschienen (Baumbach/Hueck/*Zöllner/Noack* § 48 Rn. 3) oder zumindest die Hälfte des stimmberechtigten Stammkapitals vertreten sein muss.

Muster

47 **Niederschrift über die ordentliche Gesellschafterversammlung der C-GmbH am ________ den ________ in den Geschäftsräumen der C-GmbH in ________ [1]**

I. Teilnehmer

Um ________ am ________ den ________ erschienen in den Geschäftsräumen der C-GmbH ________ die nachfolgenden Personen:

1. ________

2. ________

3. ________

II. Versammlungsleitung

Frau/Herr Geschäftsführer(in) ________ übernahm die Leitung der Gesellschafterversammlung mit Zustimmung aller Teilnehmer.

III. Feststellungen

1. Das Stammkapital der Gesellschaft beträgt EUR 100.000,00. An diesem Stammkapital sind die Gesellschafter A mit einem Geschäftsanteil im Nennbetrag von EUR 20.000,00, der Gesellschafter B mit einem Geschäftsanteil im Nennbetrag von EUR 25.000,00 sowie der Gesellschafter C mit einem Geschäftsanteil im Nennbetrag von EUR 55.000,00 beteiligt.

2. Gemäß § ________ des Gesellschaftsvertrages der C-GmbH ist die Gesellschafterversammlung beschlussfähig, wenn mindestens 50 % des Stammkapitals der Gesellschaft vertreten sind.

Da der Gesellschafter C trotz ordnungsgemäßer Ladung nicht erschienen ist, sind von dem Stammkapital der Gesellschaft nur 45 % vertreten, so dass die Gesellschafterversammlung beschlussunfähig ist. [2]

3. Gemäß § ____________ des Gesellschaftsvertrages der C-GmbH sind die Geschäftsführer verpflichtet, unverzüglich mit gleicher Tagesordnung eine neue Gesellschafterversammlung einzuberufen, die ohne Rücksicht auf das vertretene Stammkapital beschlussfähig ist, falls hierauf in der Einberufung hingewiesen wird. [3]

Herr Geschäftsführer __________ erklärt, dass er unverzüglich eine neue Gesellschafterversammlung mit gleicher Tagesordnung auf __________ den __________ um __________ in die Geschäftsräume der Gesellschaft einberufen wird. Er erklärt ferner, in der Einladung auf § __________ des Gesellschaftsvertrages der C-GmbH hinzuweisen, wonach die neue Gesellschafterversammlung ohne Rücksicht auf das vertretene Stammkapital beschlussfähig sein wird.

IV. Sonstiges

Die Gesellschafterversammlung wurde um __________ beendet. [4]

__________ **den** __________

____

Versammlungsleiter

Erläuterungen

1. Auch das Protokoll einer beschlussunfähigen Gesellschafterversammlung sollte sich von dem Grundsatz leiten lassen, alle wesentlichen Inhalte erkennen zu lassen. Im Übrigen gilt Muster C 6 (Rdn. C 40 ff.). 48

2. Die Beschlussunfähigkeit der Gesellschafterversammlung wird – sofern ein Versammlungsleiter bestellt ist – von diesem festgestellt. Ansonsten verbleibt es wiederum dabei, dass hierfür die Zuständigkeit der in der Versammlung zusammengekommenen Gesellschafter besteht. Das Fernbleiben eines Gesellschafters zum Zwecke der Herbeiführung der Beschlussunfähigkeit stellt eine Treuepflichtverletzung dar (OLG Hamburg WM 1992, 272). Einer Neueinberufung bedarf es in diesem Falle nicht, da sich der absichtlich ausgebliebene Gesellschafter dann auf die Beschlussunfähigkeit nicht berufen kann (OLG Hamburg NJW-RR 1991, 673; Lutter/Hommelhoff/*Bayer* § 48 Rn. 20). Im Falle der Beschlussunfähigkeit einer einberufenen Gesellschafterversammlung enthält das Gesetz keine Regelung darüber, unverzüglich eine weitere Gesellschafterversammlung einzuberufen. Eine derartige Pflicht ergibt sich allerdings regelmäßig aus dem Gesellschaftsvertrag der Gesellschaft. Fehlt eine solche Regelung, kann eine Pflicht zur Einberufung einer weiteren Versammlung nur damit begründet werden, dass dies im Zweifel im Interesse der Gesellschaft liegt. 49

3. Zu beachten ist, dass zu einer weiteren Gesellschafterversammlung nicht schon vor Durchführung der ersten Versammlung eingeladen werden darf (Baumbach/Hueck/*Zöllner/Noack* § 48 Rn. 4; BGH GmbHR 1998, 287), weil die Ladungsfrist auch als Überlegungsfrist nach dem Scheitern der ersten Versammlung dienen soll (BGH GmbHR 1998, 287; Baumbach/Hueck/*Zöllner/Noack* § 48 Rn. 4). Zweckmäßig erscheint es allerdings, bereits in der beschlussunfähigen Gesellschafterversammlung Ort, Tag und Zeit der neuen Gesellschafterversammlung mitzuteilen. Dies befreit aber nicht von der Verpflichtung zur nochmaligen form- und fristgerechten Ladung. 50

4. Die Einberufung der weiteren Gesellschafterversammlung unterliegt den allgemeinen für die Einberufung einer Gesellschafterversammlung geltenden Regelungen (vgl. hierzu Muster C 1 (Rdn. C 3 ff.)). 51

8. Wiederholte Einladung zu einer Gesellschafterversammlung ohne Quorum

Vorbemerkung

52 Ist die einberufene Gesellschafterversammlung beschlussunfähig, so findet sich im Gesetz keine Regelung darüber, dass unverzüglich eine weitere Gesellschafterversammlung einzuberufen ist. Es ist daher dringend zu empfehlen, in den Gesellschaftsvertrag der Gesellschaft eine Regelung aufzunehmen, nach der bei Beschlussunfähigkeit eine zweite Versammlung einzuberufen ist und diese zweite Versammlung ohne Rücksicht auf die Zahl der Erschienenen oder auf die Höhe des vertretenen Kapitals beschlussfähig ist (Scholz/*Seibt* § 48, Rn. 44a).

Muster

53 **Per Einschreiben**
An die Gesellschafter der
C-GmbH

____

Einladung zur Gesellschafterversammlung wegen Beschlussunfähigkeit der Gesellschafterversammlung vom ____________ [1]

Sehr geehrte(r) Frau/Herr ____________ [2]

gemäß § ____________ des Gesellschaftsvertrages der C-GmbH ist die Gesellschafterversammlung beschlussfähig, wenn mindestens 50 % des Stammkapitals der Gesellschaft vertreten sind. Die mit eingeschriebenen Briefen vom ____________ an alle Gesellschafter ____________ einberufene außerordentliche Gesellschafterversammlung der C-GmbH war beschlussunfähig, da von dem Stammkapital der C-GmbH lediglich 45 % vertreten waren. Somit lag gemäß § ____________ des Gesellschaftsvertrages Beschlussunfähigkeit vor.

In meiner Eigenschaft als Geschäftsführer der C-GmbH lade ich Sie hiermit gemäß des Gesellschaftsvertrages zu einer zweiten außerordentlichen Gesellschafterversammlung der C-GmbH am ____________ den ____________ um ____________ in die Geschäftsräume der C-GmbH ____________ mit folgender

Tagesordnung [3]

ein, die derjenigen Tagesordnung entspricht, zu deren Behandlung die auf den ____________ einberufene beschlussunfähige Gesellschafterversammlung vorgesehen war:

1. **Abberufung von Frau/Herrn Geschäftsführer(in) ____________ vom Amt der Geschäftsführerin/des Geschäftsführers aus wichtigem Grunde.**
2. **Geltendmachung von Schadensersatzansprüchen gegen Frau/Herrn Geschäftsführer(in) ____________.**

Gemäß § ____________ des Gesellschaftervertrages weise ich darauf hin, dass die auf den ____________ einberufene zweite außerordentliche Gesellschafterversammlung unabhängig von dem vertretenen Stammkapital beschlussfähig sein wird.

____________ **den** ____________

____

Geschäftsführer der C-GmbH

Erläuterungen

1. Das Gesetz enthält keine Regelungen darüber, wann eine Gesellschafterversammlung beschlussfähig ist. Bei ordnungsgemäßer Berufung ist die Zahl und die Beteiligungshöhe der erschienenen Gesellschafter für die Beschlussfähigkeit der Gesellschafterversammlung belanglos (Baumbach/Hueck/*Zöllner/Noack* § 48 Rn. 3). Regelungen über die Beschlussfähigkeit und deren Feststellung finden sich üblicherweise ebenso im Gesellschaftsvertrag wie Regelungen zur Einberufung einer weiteren Gesellschafterversammlung bei Beschlussunfähigkeit der ersten Gesellschafterversammlung. 54

2. Enthält der Gesellschaftsvertrag keine Regelungen zur Einberufung einer weiteren Gesellschafterversammlung bei Beschlussunfähigkeit der ersten Gesellschafterversammlung, kann man eine Pflicht zur Einberufung einer weiteren Versammlung nur damit begründen, dass dies im Zweifel in dem Interesse der Gesellschaft liegt (vgl. hierzu Muster C 7 (Rdn. C 49)). 55

3. Für die Einladung zu der weiteren Gesellschafterversammlung gelten die allgemeinen Anforderungen (vgl. hierzu Muster C 1 (Rdn. C 3 ff.)). Es ist rechtlich nicht erforderlich, allerdings zweckmäßig, der Einladung zur zweiten Versammlung die Einladung zur ersten Versammlung samt Niederschrift beizufügen. Soweit der Gesellschaftsvertrag der Gesellschaft es vorsieht, ist darauf hinzuweisen, dass die Beschlussfähigkeit der zweiten Versammlung unabhängig davon gegeben ist, in welchem Umfang das Stammkapital der Gesellschaft vertreten ist. 56

9. Gesellschafterbeschluss unter Verzicht auf Formen und Fristen (Universalversammlung)

Vorbemerkung

Sind sämtliche Gesellschafter auf einer Versammlung anwesend oder wirksam vertreten oder mit der Abhaltung der Versammlung zum Zwecke der Beschlussfassung einverstanden, sind Formen und Fristen der Einberufung und Ankündigung der Versammlung gemäß § 51 Abs. 3, Abs. 4 GmbHG verzichtbar (BGHZ 100, 264; Lutter/Hommelhoff/*Bayer* § 51 Rn. 21 ff.). Die Durchführung einer Universal- oder Vollversammlung dient vor allem bei Gesellschaften mit überschaubarem Gesellschafterkreis der Ersparnis von Zeit und Kosten (Scholz/*Seibt* § 48 Rn. 31). 57

Muster

Niederschrift der unter Verzicht auf die Formen und Fristen der Einberufung, Ankündigung und Durchführung einberufenen Gesellschafterversammlung der C-GmbH vom __________ [1] 58

Das Stammkapital der C-GmbH beträgt 100.000,00 € und ist eingeteilt in einen Geschäftsanteil in Höhe von 60.000,00 € und einen weiteren Geschäftsanteil in Höhe von 40.000,00 €. Inhaber des Geschäftsanteils in Höhe von 60.000,00 € ist Frau/Herr __________. Inhaber des weiteren Geschäftsanteils in Höhe von 40.000,00 € ist Frau/Herr __________.

Unter Verzicht auf alle gesetzlichen und nach dem Gesellschaftsvertrag der C-GmbH zu beachtenden Formen und Fristen der Einberufung, Ankündigung und Durchführung halten wir hiermit eine außerordentliche Gesellschafterversammlung der C-GmbH ab. Einstimmig beschließen wir was folgt: [2, 3]

1. **Frau/Herr __________ wird hiermit zur/zum Geschäftsführer(in) der C-GmbH bestellt.**

2. Frau/Herr ____________ wird hiermit als Geschäftsführer(in) der C-GmbH abberufen.

3. Frau/Herr ____________ vertritt die C-GmbH gemeinschaftlich mit einer/einem anderen Geschäftsführer(in) oder einer/einem Prokuristin/Prokuristen.

Die Gesellschafterversammlung ist hiermit beendet.

____________ den ____________ ____________ den ________

____________ ____________

Gesellschafter(in) der C-GmbH Gesellschafter(in) der C-GmbH

Erläuterungen

59 **1.** Voraussetzung für die Annahme einer Universal- oder Vollversammlung ist, dass alle Gesellschafter entweder anwesend oder wirksam vertreten sind. Ein nicht ordnungsgemäß geladener Gesellschafter kann allerdings trotz Anwesenheit die Teilnahme an einer Beschlussfassung zu allen oder zu einzelnen Punkten der Tagesordnung verweigern (OLG Hamburg GmbHR 1997, 796) oder der Beschlussfassung der übrigen Gesellschafter vor oder spätestens während der Abstimmung widersprechen (BGH GmbHR 2003, 174; OLG München GmbHR 2000, 489). Folge dessen ist, dass er als abwesend gilt, so dass keine Universal- oder Vollversammlung vorliegt (BGHZ 100, 264). Voraussetzung für die Annahme einer Universal- oder Vollversammlung ist auch die Anwesenheit teilnahme- aber nicht stimmberechtigter Gesellschafter (Lutter/Hommelhoff/*Bayer* § 48 Rn. 23). Uneinheitlich wird die Frage beantwortet, ob für die Annahme einer Universal- oder Vollversammlung auch ein Gesellschafter mitzurechnen ist, der auf die Teilnahme verzichtet hat (RG JW 1934, 976). Möglich ist eine nachträgliche Genehmigung des Handelns eines vollmachtlosen Vertreters (OLG Dresden GmbHR 2001, 1047, 1048).

60 **2.** Neben der Anwesenheit sämtlicher Gesellschafter ist in jedem Fall zusätzlich das Einvernehmen aller Gesellschafter mit der Abhaltung der Gesellschafterversammlung zum Zwecke der Beschlussfassung erforderlich (BGHZ 100, 270; BGH NZG 2003, 127; Baumbach/Hueck/*Zöllner/Noack* § 51 Rn. 31). Zu beachten ist, dass ein solches Einvernehmen ausdrücklich aber auch konkludent erklärt werden kann, beispielsweise durch die Teilnahme an einer Abstimmung (Baumbach/Hueck/*Zöllner/Noack* § 51 Rn. 31). Ein Gesellschafter ist dann nicht im Sinne des § 51 Abs. 3 GmbHG anwesend, wenn er in der Versammlung zwar erschienen oder vertreten ist, sich an der Diskussion und Abstimmung jedoch überhaupt nicht beteiligt oder ihr gar widerspricht bzw. die Versammlung nach einer entsprechenden Rüge wieder verlässt (BGH GmbHR 1987, 424, 426; OLG Hamburg GmbHR 1997, 796; OLG München GmbHR 2000, 486, 489; Michalski/*Römermann* § 51 Rn. 94). Hingegen sind Gesellschafter anwesend, die mit einer Beschlussfassung über einen bestimmten Gegenstand entweder ausdrücklich oder stillschweigend einverstanden sind. Dies gilt auch, wenn sie bei der Abstimmung gegen den dem Beschluss zugrunde liegenden sachlichen Antrag gestimmt haben, sich der Stimme enthalten haben oder nicht stimmberechtigt sind (OLG Hamm, GmbHR 1996, 768, 769).

61 **3.** Es empfiehlt sich, in der Niederschrift über die Beschlussfassung im Rahmen einer Universalversammlung aufzunehmen, dass die teilnehmenden Gesellschafter auf die Formen und Fristen der Einberufung, Ankündigung und Durchführung verzichten.

10. Gesellschafterbeschluss im schriftlichen Verfahren

Vorbemerkung

62 Gemäß § 48 Abs. 2 GmbHG bedarf es der Abhaltung einer Versammlung nicht, wenn sich sämtliche Gesellschafter in Textform mit der zu treffenden Bestimmung oder mit der schriftlichen Abgabe der Stimme einverstanden erklären. § 48 Abs. 2 GmbHG unterscheidet zwischen der einstimmigen Beschlussfassung

aller Gesellschafter einerseits und der schriftlichen Abstimmung bei Einverständnis aller Gesellschafter mit diesem Verfahren andererseits (vgl. nur Baumbach/Hueck/*Zöllner/Noack* § 48, Rn. 30 ff.).

Muster

Per Einschreiben 63

An die Gesellschafter der
C-GmbH

____

Gesellschafterbeschluss im schriftlichen Verfahren [1]

Sehr geehrte(r) Frau/Herr,

in meiner Eigenschaft als Geschäftsführer(in) der C-GmbH bitte ich Sie gemäß § 48 Abs. 2 GmbHG über die nachfolgend aufgeführten Beschlussvorschläge ohne Abhaltung einer Gesellschafterversammlung zu entscheiden. Gemäß § 48 Abs. 2 GmbHG bedarf es der Abhaltung einer Gesellschafterversammlung nicht, wenn sämtliche Gesellschafter sich mit der Beschlussfassung im schriftlichen Verfahren einverstanden erklären. In diesem Fall ist es möglich, den Beschluss auch durch Mehrheitsentscheidung zu fassen.

Ich bitte Sie, über folgenden

Beschlussvorschlag
zu entscheiden:

Frau/Herr ______________ geb. ______________, Berlin, wird zum/zur Geschäftsführer(in) der C-GmbH bestellt. Sie/Er ist zur alleinigen Vertretung der C-GmbH berechtigt, auch wenn mehrere Geschäftsführer bestellt sind. Sie/Er ist von den Beschränkungen des § 181 BGB befreit. [2]

Ich darf Sie um Rücksendung des als Anlage beigefügten Abstimmungsbogens bis zum ______________ bitten. [3] Unverzüglich nach dem ______________ werde ich Sie über das Ergebnis der Beschlussfassung informieren. [4] Für den Fall, dass nicht alle Gesellschafter bis zum ______________ zu der Beschlussfassung im schriftlichen Verfahren ihr Einverständnis erklärt haben, werde ich unverzüglich eine Gesellschafterversammlung einberufen.

______________ den ______________

____

Geschäftsführer

An die Geschäftsführung [5] der
C-GmbH

____

Beschlussfassung im schriftlichen Verfahren

Sehr geehrte(r) Frau/Herr ______________,

ich bin mit der Beschlussfassung im schriftlichen Verfahren einverstanden und stimme hierzu wie folgt ab:

Ich stimme dem vorgeschlagenen Beschluss zu. ☐

Ich stimme dem vorgeschlagenen Beschluss nicht zu. ☐

Ich enthalte mich zu dem vorgeschlagenen Beschluss meiner Stimme. ☐

Ich bin nicht stimmberechtigt, stimme dem Verfahren aber zu. ☐

Mit einer Beschlussfassung im schriftlichen Verfahren bin ich nicht einverstanden. ☐

____________ **den** ____________

____

Unterschrift Gesellschafter [6]

Erläuterungen

64 **1.** Gemäß § 48 Abs. 2 GmbHG bedarf es der Abhaltung einer Versammlung nicht, wenn sich sämtliche Gesellschafter in Textform mit der Beschlussfassung im schriftlichen Verfahren einverstanden erklären. Der Gesellschaftsvertrag kann die Möglichkeit der Beschlussfassung ohne Versammlung erleichtern und ausdehnen aber auch erschweren (vgl. Lutter/Hommelhoff/*Bayer* § 48 Rn. 28 ff.). Über alle über § 48 Abs. 2 GmbHG hinausgehende Formen der versammlungslosen Beschlussfassung ist nach der Rechtsprechung des Bundesgerichtshofes eine Regelung im Gesellschaftsvertrag notwendig (vgl. BGH GmbHR 2006, 706; vgl. *Blasche*, GmbHR 2011, 232 ff.). In dem Gesellschaftsvertrag kann eine kombinierte Beschlussfassung vorgesehen werden, bei der ein Teil der Gesellschafter im Rahmen einer Versammlung ihre Stimmen abgibt und ein anderer Teil der Gesellschafter ihre Stimmen schriftlich, textförmig oder mündlich abgeben (Scholz/*Seibt* § 48 Rn. 65). Möglich ist auch, in dem Gesellschaftsvertrag vorzusehen, dass eine Beschlussfassung in einer Telefonkonferenz, in einem telefonischen Rundruf (Baumbach/Hueck/*Zöllner/Noack* § 48 Rn. 41 f.) oder aber im Rahmen einer Videokonferenz erfolgen kann (Baumbach/Hueck/*Zöllner/Noack* § 48 Rn. 41 f). Empfehlenswert ist in jedem Fall, dass der Gesellschaftsvertrag oder die Geschäftsordnung das Verfahren auch mit Mindestfristen oder aber mit Empfangszuständigkeiten für die Stimmabgabe regeln. § 48 Abs. 2 GmbHG erster Fall betrifft damit die einstimmige Beschlussfassung aller Gesellschafter. Zur Wirksamkeit der einstimmigen Beschlussfassung aller Gesellschafter ist die Einverständniserklärung von allen Gesellschaftern erforderlich. Hierunter fallen auch Inhaber stimmrechtsloser Geschäftsanteile oder nach § 47 Abs. 4 GmbHG von der Abstimmung ausgeschlossene Gesellschafter (OLG Düsseldorf ZIP 1989, 1554; Baumbach/Hueck/*Zöllner/Noack* § 48 Rn. 30).

65 **2.** § 48 Abs. 2 GmbHG ist auf alle Beschlussgegenstände im Grundsatz anwendbar (Baumbach/Hueck/*Zöllner/Noack* § 48 Rn. 28). Ausnahmsweise ist § 48 Abs. 2 GmbHG hingegen nicht anwendbar, soweit das Gesetz vorschreibt, dass Gesellschafterbeschlüsse nur in Gesellschafterversammlungen gefasst werden können. Hierzu zählt die Beschlussfassung gemäß § 193 Abs. 1 S. 2 UmwG, § 13 Abs. 1 S. 2 UmwG und § 125 i.V.m. § 13 Abs. 1 S. 2 UmwG. Nach überwiegender Auffassung soll auch ein Auflösungsbeschluss außerhalb der Gesellschafterversammlung gefasst werden können (Baumbach/Hueck/*Zöllner/Noack* § 48 Rn. 28; BayObLG GmbHR 1995, 54). Während die überwiegende Meinung im wissenschaftlichen Schrifttum eine Beschlussfassung im schriftlichen Verfahren auch bei Satzungsänderungen als zulässig ansieht (vgl. Baumbach/Hueck/*Zöllner/Noack* § 53 Rn. 60) hält die Rechtsprechung dies nicht für zulässig (BGHZ 15, 328). Das aus § 118 Abs. 2 AktG i.V.m. § 1 Abs. 1 Nr. 3 S. 2 DrittelbG, § 25 Abs. 1 Nr. 2 MitbestG bzw. § 3 Abs. 2 MontanMitbestG folgende Teilnahmerecht des Aufsichtsrates steht der Befugnis zur versammlungsfreien Beschlussfassung nach § 48 Abs. 2 GmbHG auch bei Bestehen eines den mitbestimmungsrechtlichen Regelungen unterliegenden Aufsichtsrates nicht entgegen (Baumbach/Hueck/*Zöllner/Noack* § 48 Rn. 29).

3. Für die Durchführung der Beschlussfassung sieht das Gesetz in § 48 Abs. 2 GmbHG keine bestimmte Form des Beschlussantrages vor (Scholz/*Seibt* § 48 Rn. 60). Unerheblich ist, von wem der Beschlussantrag ausgeht und von wem das Verfahren in Gang gesetzt wird (Baumbach/Hueck/*Zöllner/Noack* § 48 Rn. 31). Ein nicht geschäftsführender Gesellschafter kann auch einen Beschlussantrag im schriftlichen Verfahren auf den Weg bringen (Baumbach/Hueck/*Zöllner/Noack* § 48 Rn. 31). Ein Formerfordernis für die Beschlussfassung im schriftlichen Verfahren sieht das Gesetz allerdings für die Einverständniserklärung vor. Diese bedarf der Textform gemäß § 126b) BGB (vgl. Scholz/*Seibt* § 48 Rn. 59). Dies bedeutet, dass es sich um eine lesbare Erklärung des Gesellschafters handeln muss, die auch den Erklärenden erkennen lässt (Scholz/*Seibt* § 48 Rn. 61). Eine eigenhändige Unterschrift des Gesellschafters ist nicht erforderlich (Baumbach/Hueck/*Zöllner/Noack* § 48 Rn. 32). Ausreichend ist eine Einverständniserklärung per Telefax oder E-Mail. Auch die Schriftform gemäß § 126 BGB wahrt das Erfordernis der Textform (Baumbach/Hueck/*Zöllner/Noack* § 48 Rn. 32). Ebenfalls ausreichend sein soll die Unterzeichnung einer Handelsregisteranmeldung (BGHZ 15, 324, 329) oder der Abschluss eines Prozessvergleiches (KGJ 51, A 136). Ob die Erklärung dabei eine bloß vorläufige Meinungsäußerung oder lediglich eine verbindliche Stimmabgabe sein soll, ist nach Maßgabe des objektivierten Empfängerhorizontes festzustellen (BGHZ 15, 324, 329; Scholz/*Seibt* § 48 Rn. 60). 66

4. Auch wenn der Gesellschaftsvertrag keine Regelungen zu einer Protokollierung oder sonstigen förmlichen Feststellung des Beschlusses oder über die Mitteilung des Beschlusses an die Gesellschafter enthält oder dies sogar zur Wirksamkeitsvoraussetzung macht, wird man als Wirksamkeitsvoraussetzung neben dem Zugang der letzten Stimme bei der Gesellschaft im Grundsatz auch eine Beschlussfeststellung sowie eine Mitteilung an die Gesellschafter ansehen müssen (Lutter/Hommelhoff/*Bayer* § 48 Rn. 27), wobei sich eine Beschlussfeststellung und Mitteilung an die Gesellschafter bereits aus Beweisgründen ohnehin empfiehlt. 67

5. Erforderlich ist für die Wirksamkeit der Stimmabgabe der Zugang bei der Gesellschaft. Diese wird bei der Beschlussfassung im schriftlichen Verfahren durch ihre Geschäftsführer oder durch den Initiator der Abstimmung vertreten (Scholz/*Seibt* § 48 Rn. 60; Baumbach/Hueck/*Zöllner/Noack* § 48 Rn. 31). Bis zum Zugang der Einverständniserklärung und der hierin bei dem stimmberechtigten Gesellschafter enthaltenen Stimmabgabe bleibt die Einverständniserklärung widerruflich (Scholz/*Seibt* § 48 Rn. 60). Wird die Beschlussfassung im Wege des Umlaufverfahrens durchgeführt, bleibt trotz Weitergabe der Einverständniserklärung und Stimmabgabe an einen Mitgesellschafter die Einverständniserklärung und Stimmabgabe solange widerruflich, bis das Schriftstück der Gesellschaft zugeht (Baumbach/Hueck/*Zöllner/Noack* § 48 Rn. 31). Ein bestimmter Wortlaut der Einverständniserklärung ist nicht erforderlich. Erforderlich ist es allerdings, soweit die Einverständniserklärungen jeweils selbstständig abgegeben werden, dass sachlich eine vollständige Inhaltsgleichheit besteht (Baumbach/Hueck/*Zöllner/Noack* § 48, Rn. 31). 68

6. Neben der einstimmigen Beschlussfassung aller Gesellschafter sieht § 48 Abs. 2 GmbHG auch die Möglichkeit einer schriftlichen Abstimmung bei Einverständnis aller Gesellschafter mit diesem Verfahren vor (§ 48 Abs. 2 Fall 2 GmbHG). In diesem Fall kommt ein Beschluss nicht bereits durch die Übermittlung der Einverständniserklärung zustande, da die Einverständniserklärung lediglich Verfahrenshandlung ist, die von der Stimmabgabe zu unterscheiden ist (Scholz/*Seibt* § 48 Rn. 62). Die Einverständniserklärung ist formlos möglich, kann also auch stillschweigend erfolgen (Baumbach/Hueck/*Zöllner/Noack* § 48 Rn. 35). Überwiegend wird allerdings vertreten, dass eine schriftliche Stimmabgabe nicht ohne Weiteres auch ein Einverständnis mit der schriftlichen Mehrheitsentscheidung bedeutet (Baumbach/Hueck/*Zöllner/Noack* § 48 Rn. 35). Dies dürfte eine Auslegungsfrage sein, die dann zu bejahen ist, wenn in der Aufforderung zu der schriftlichen Stimmabgabe auf die Herbeiführung einer Mehrheitsentscheidung hingewiesen wurde (Baumbach/Hueck/*Zöllner/Noack* § 48 Rn. 35). Nach der Rechtsprechung des Bundesgerichtshofes muss die Einverständniserklärung als Voraussetzung der schriftlichen Abstimmung vor deren Durchführung vorliegen (BGHZ 28, 354, 358 f.). Für die Stimmabgabe verlangt das Gesetz in diesem Fall gemäß 69

§ 48 Abs. 2 GmbHG Schriftlichkeit. Vorsorglich sollte von der strengeren Schriftform i.S.v. § 126 BGB ausgegangen werden, auch wenn teilweise vertreten wird, dass ein sachlicher Grund, beide in § 48 Abs. 2 GmbHG geregelten Fälle unterschiedlich zu behandeln, nicht besteht (Baumbach/Hueck/*Zöllner/Noack* § 48 Rn. 37).

11. Gesellschafterbeschluss der Ein-Mann-Gesellschaft

Vorbemerkung

70 Befinden sich alle Geschäftsanteile der Gesellschaft in der Hand eines Gesellschafters oder daneben in der Hand der Gesellschaft, so ist gem. § 48 Abs. 3 GmbHG unverzüglich nach der Beschlussfassung eine Niederschrift aufzunehmen und zu unterschreiben. Alle Geschäftsanteile befinden sich dann in der Hand eines Gesellschafters, wenn abgesehen von eigenen Geschäftsanteilen der Gesellschaft kein weiterer Gesellschafter existiert, auch nicht als Treuhänder oder verbundenes Unternehmen (Lutter/Hommelhoff/*Bayer* § 48 Rn. 33).

Muster

71 **Niederschrift über die Beschlussfassung der C-GmbH**
vom __________ [1]

In meiner Eigenschaft als alleiniger Gesellschafter der C-GmbH beschließe ich was folgt: [2]

1. Der Jahresabschluss der C-GmbH zum __________ wird wie aus der Anlage ersichtlich festgestellt.

2. Der Jahresüberschuss von insgesamt __________ wird in Höhe eines Teilbetrages von __________ ausgeschüttet. Der weitere Teilbetrag in Höhe von __________ des Jahresüberschusses wird in die Gewinnrücklage eingestellt.

3. Herrn/Frau Geschäftsführer(in) __________ wird Entlastung für das Geschäftsjahr erteilt.

__________ den __________ [3]

____

Gesellschafter(in) der C-GmbH

Erläuterungen

72 **1.** Bei einer Ein-Mann-GmbH ist der Gesellschafter unverzüglich nach der Beschlussfassung verpflichtet, eine Niederschrift aufzunehmen und zu unterschreiben (§ 48 Abs. 3 GmbHG). Die Protokollpflicht ist unverzüglich, d.h. ohne schuldhaftes Zögern, zu erfüllen. Grundsätzlich unterschreibt der Gesellschafter und bei einer Handelsgesellschaft ihr Vertretungsorgan die Niederschrift. Wird die Niederschrift durch einen Dritten aufgenommen, so muss dieser mit unterschreiben, sofern er der Urheber der Urkunde und nicht eine bloße technische Hilfe ist (vgl. Scholz/Seibt § 48 Rn. 72)

73 **2.** In der Niederschrift sind der Inhalt des Beschlossenen sowie Datum, Ort und Zeit der Beschlussfassung anzugeben (Scholz/*Seibt* § 48 Rn. 72). Auch die Angabe der Uhrzeit erscheint immer dann sinnvoll, wenn die zeitliche Abfolge der Beschlussfassungen und anderer hiermit ggf. im Zusammenhang stehender Ereignisse rechtlich relevant sein könnten. Natürlich lässt § 48 Abs. 3 GmbHG weitergehende Formerfordernisse (§§ 53 ff. GmbH, §§ 13 Abs. 3, 193 Abs. 3 UmwG) unberührt.

3. § 48 Abs. 3 GmbHG ist nicht zu entnehmen, welche rechtlichen Konsequenzen eine nicht erfolgte Aufnahme der Niederschrift hat. Überwiegend wird vertreten, dass die Aufnahme der Niederschrift keine Wirksamkeitsvoraussetzung des Beschlusses ist (BGHZ 1995, 643; Baumbach/Hueck/*Zöllner/Noack* § 48 Rn. 48). Zu beachten ist allerdings, dass die Pflicht zur unverzüglichen Protokollierung eine körperschaftsrechtliche Pflicht des Ein-Mann-Gesellschafters ist, deren Verletzung ggf. Schadensersatzpflichten nach sich ziehen könnte (Baumbach/Hueck/*Zöllner/Noack* § 48 Rn. 48; Lutter/Hommelhoff/*Bayer* § 48 Rn. 37). 74

12. Stimmrechtsvollmacht

Vorbemerkung

Das Teilnahmerecht des Gesellschafters an Gesellschaftsversammlungen hat keinen höchstpersönlichen Charakter (vgl. Scholz/*Seibt* § 48 Rn. 24). Dementsprechend kann das Teilnahmerecht des Gesellschafters auch durch einen Bevollmächtigten ausgeübt werden, wodurch dieser nicht ein eigenes, sondern lediglich ein aus dem Mitgliedschaftsrecht des Vertretenen abgeleitetes Recht ausübt (Baumbach/Hueck/*Zöllner/Noack* § 48 Rn. 8). 75

Muster

Vollmacht [1] 76

Hiermit bevollmächtige [2, 3] **ich in meiner Eigenschaft als Gesellschafter(in) mit einem Anteil in Höhe von EUR 20.000,00 am Stammkapital der C-GmbH in Höhe von insgesamt EUR 100.000,00 Herrn/Frau** [4] **__________ mich** [5]

1. **in der am __________ stattfindenden ordentlichen Gesellschafterversammlung der C-GmbH zu vertreten,**
2. **dort meine Rechte als Gesellschafter(in) der C-GmbH wahrzunehmen, insbesondere mein Stimmrecht auszuüben und**
3. **in meinem Namen alle zur Ausübung meiner Rechte als Gesellschafter(in) der C-GmbH notwendigen und nach dem Dafürhalten von Frau/Herrn __________ nützlichen Erklärungen abzugeben und entgegenzunehmen.**

Herr/Frau __________ ist berechtigt, Untervollmacht zu erteilen und ist von den Beschränkungen des § 181 BGB befreit. [6, 7]

__________ den __________

____

Gesellschafter(in) der C-GmbH

Erläuterungen

1. Nach § 47 Abs. 3 GmbHG bedürfen Stimmrechtsvollmachten zu ihrer Gültigkeit der Textform, also der Form des § 126b BGB (*Schmidt*, GmbHR 2013, 1177 ff.). Für die Erteilung der Vollmacht gemäß § 47 Abs. 3 GmbHG gelten darüber hinaus die allgemeinen Regeln der § 164 ff. BGB. Sie erfolgt gemäß § 167 Abs. 1 BGB entweder gegenüber dem Bevollmächtigten oder aber der Gesellschaft. Gemäß § 166 Abs. 2 BGB ist die Vollmacht die durch Rechtsgeschäft erteilte Vertretungsmacht. Gesetzliche Vertreter nehmen ohne Weiteres an Versammlungen und Abstimmungen teil (Scholz/*K. Schmidt* § 47 Rn. 77). Die Legitimation der gesetzlichen Vertreter gegenüber der Gesellschaft erfolgt nicht nach § 47 Abs. 3 GmbHG, sondern in der Regel durch Vorlage 77 des Handelsregisterauszuges, einer Bestallungsurkunde oder des Testamentsvollstreckerzeugnisses (Scholz/*K. Schmidt* § 47 Rn. 77). Eine Stimmabgabe mittels Boten ist in einer Versammlung nur zulässig, wenn der Gesellschaftsvertrag überhaupt ein Stimmrecht für abwesende Gesellschafter enthält (Scholz/*K. Schmidt* § 47 Rn. 78; Baumbach/Hueck/*Zöllner/Noack* § 47 Rn. 56) oder wenn alle Gesellschafter dieses Verfahren billigen (Scholz/*K. Schmidt* § 47 Rn. 78).

78 **2.** Das Formular sieht eine Spezialvollmacht für die Vertretung eines Gesellschafters in einer bestimmten Versammlung vor. Neben einer solchen Spezialvollmacht ist es auch möglich, dass mehreren Vertretern Einzelvertretungsmacht oder Gesamtvertretungsmacht gegeben wird, so dass die Gesamtvertreter nur gemeinsam abstimmen können (Baumbach/Hueck/*Zöllner/Noack* § 47 Rn. 48). Enthält der Gesellschaftsvertrag allerdings keine Regelung zu einer Gesamtvertretung, so ist es dem Gesellschafter im Grundsatz nicht möglich, beliebig viele Vertreter zu entsenden. Nur soweit ein berechtigtes Interesse an einer Gesamtvertretung besteht, ist es dem Versammlungsleiter versagt, die Gesamtvertreter zurückzuweisen (Scholz/*K. Schmidt* § 47 Rn. 80). Neben der Gesamtvertretung ist auch die Gruppenvertretung möglich, bei der sich mehrere Gesellschafter als Gruppe von einem Vertreter oder einzelnen Vertretern vertreten lassen. Umstritten ist die Frage, ob bei einer sogenannten Vertreterklausel, die die Gruppenvertretung vorschreibt, nur ein einstimmig bestellter Gruppenvertreter zur Stimmabgabe zugelassen werden kann oder die Mehrheit der Gruppe hierfür ausreichend ist (Scholz/*K. Schmidt* § 47 Rn. 80). Von der Gesamtvertretung schließlich ist die stimmrechtsspaltende geteilte Einzelvertretung zu unterscheiden, bei der mehrere Vertreter für mehrere Geschäftsanteile in der Gesellschafterversammlung unabhängig voneinander Stimmen abgeben können (RGZ 137, 311). Voraussetzung hierfür ist jedoch, dass eine entsprechende Regelung im Gesellschaftsvertrag vorhanden ist. Gesetzlich geregelt ist die Bestellung eines gemeinsamen Vertreters in § 18 Abs. 1 GmbHG, bei der die Ausübung nur einheitlich erfolgen kann (Baumbach/Hueck/*Fastrich* § 18 Rn. 4, Schmidt, NZG 2015, 1049 ff.; vgl. *Blasche* GmbHR 2016, 99 ff.; vgl. zur Ausübung der Rechte aus einem Geschäftsanteil durch eine Miterbengemeinschaft OLG Stuttgart, GmbHR 2015, 192; OLG Nürnberg, ZIP 2014, 2081 ff.; *Wachter*, EWiR 2015, 277 f.; *Schürnbrand*, NZG 2016, 241 ff.). Trotz Erteilung der Vollmacht behält der Vollmachtgeber sein Teilnahmerecht an der Gesellschafterversammlung und auch sein Stimmrecht (Scholz/*K. Schmidt* § 47 Rn. 82; Baumbach/Hueck/*Zöllner/Noack* § 47 Rn. 50). Allerdings ist zu berücksichtigen, dass gegen den Willen der Mitgesellschafter beide Teilnahmerechte nicht nebeneinander ausgeübt werden können (Scholz/Seibt § 48 Rn. 24).

79 **3.** Die Stimmrechtsvollmacht ist widerruflich ausgestaltet, was unbedenklich zulässig ist (Baumbach/Hueck/*Zöllner/Noack* GmbHG, § 47 Rn. 50; Scholz/*K. Schmidt* § 47 Rn. 83). Bei der Ausgestaltung einer Stimmrechtsvollmacht als unwiderruflich ist das sogenannte Abspaltungsverbot zu beachten, wonach eine verdrängende unwiderrufliche Stimmrechtsvollmacht unzulässig ist (BGH WM 1966, 1250; KG NZG 1999, 446, 447). Eine Vollmacht kann auch mit Wirkung über den Tod des Vollmachtgebers hinaus erteilt werden.

80 **4.** Der Vertretende ist vorbehaltlich abweichender Regelungen in dem Gesellschaftsvertrag bei der Auswahl des Bevollmächtigten frei. Die Auswahl des Bevollmächtigten kann jedoch mit schutzwürdigen Interessen der Gesellschaft kollidieren und treuwidrig sein, so dass die Versammlung zur Zurückweisung seiner Teilnahme berechtigt ist (Baumbach/Hueck/*Zöllner/Noack* § 47 Rn. 45).

81 **5.** Gemäß § 47 Abs. 3 GmbHG bedarf die Vollmacht zu ihrer Gültigkeit der Textform. Insoweit verweist § 47 Abs. 3 GmbHG auf § 126b BGB. Nach überwiegender Meinung wird das in § 47 Abs. 3 GmbHG enthaltene Formerfordernis als Wirksamkeitsvoraussetzung angesehen (BGHZ 49, 184, 194, Baumbach/Hueck/*Zöllner/Noack* § 47 Rn. 51). Erforderlich ist deshalb eine dauerhafte Wiedergabe der Erklärung in Schriftform, in der die Person des Erklärenden genannt und auch der Abschluss der Erklärung durch Nachbildung der Namensunterschrift oder Anderes erkennbar gemacht wird (Baumbach/Hueck/*Zöllner/Noack* § 47 Rn. 51). Ausreichend sind demnach ein Fax oder ein Telegramm und auch eine E-Mail. Ausreichend ist auch die Schriftform gemäß § 126 BGB. Eine Unterzeichnung oder aber eine Beglaubigung ist nicht erforderlich (Baumbach/Hueck/*Zöllner/Noack* § 47 Rn. 51). Grundsätzlich ist die Vollmacht in deutscher Sprache zu er-

teilen (OLG Brandenburg GmbHR 1998, 1037). Die Zurückweisung einer nicht in der deutschen Sprache verfassten Vollmacht kann jedoch dann treuwidrig sein, wenn deren Inhalt leicht verständlich bzw. leicht zu klären ist (Baumbach/Hueck/*Zöllner/Noack* § 47, Rn. 51; OLG Brandenburg GmbHR 1998, 1037). Die Entscheidung über die Zulassung eines Bevollmächtigten liegt in der Hand der Versammlung, nicht der des Versammlungsleiters (Scholz/Seibt § 48 Rn. 28). Wird die Zulassung beanstandet, so beschließt die Gesellschafterversammlung vorbehaltlich abweichender Regelungen in dem Gesellschaftsvertrag mit einfacher Mehrheit über die Zulassung. Wurde der Bevollmächtigte grundlos nicht zugelassen, so begründet dies einen Verfahrensfehler, allerdings nur dann, wenn es für das Beschlussergebnis auf die Vertreterstimme ankam (Scholz/*K. Schmidt* § 47 Rn. 94). Ist ein Vertreter hingegen trotz fehlenden Ausweises zugelassen worden, so werden hierdurch die Rechte der Mitgesellschafter in der Regel nicht verletzt, da die bloße Zulassung ohne hinreichende Legitimation einen bloßen Ordnungsverstoß darstellt, nicht jedoch die Anfechtbarkeit etwaiger Beschlüsse begründet, da es für die Wirksamkeit der Stimmabgabe allein auf die Wirksamkeit der Vollmacht, nicht jedoch auf den formgerechten Nachweis ankommt (Scholz/*K. Schmidt* § 47 Rn. 94). Wenn alle Gesellschafter damit einverstanden sind, ist auch eine Vertretung ohne Vertretungsmacht mit der Möglichkeit nachträglicher, formloser Genehmigung durch den Vertretenen nach § 180 S. 2, 177 BGB möglich (OLG Frankfurt NZG 2003, 438; Baumbach/Hueck/*Zöllner/Noack* § 47 Rn. 55).

6. Ob § 181 BGB auf die Stimmrechtsausübung anwendbar ist, ist nach wie vor umstritten. Zwischenzeitlich überwiegt wohl diejenige Auffassung, wonach § 181 BGB jedenfalls bei Beschlüssen, die das Rechtsverhältnis der Gesellschafter untereinander betreffen, eingreift (BGH GmbHR 1988, 337, 338). Hierbei handelt sich um Beschlüsse, die den Gesellschaftsvertrag ändern oder Rechte und Pflichten unter den Gesellschaftern begründen, ändern oder aufheben, die neben dem Gesellschaftsvertrag begründet worden sind (Scholz/*K. Schmidt* § 47 Rn. 180). Hierunter fallen auch Beschlüsse über die Auflösung der Gesellschaft oder andere Grundlagenbeschlüsse mit vertragsändernder Wirkung wie Verschmelzungs-, Umwandlungs- oder Ausschließungsbeschlüsse (Scholz/*K. Schmidt* § 47 Rn. 180). § 181 BGB ist aber nicht nur bei Beschlüssen anwendbar, die das Rechtsverhältnis der Gesellschafter untereinander betreffen, sondern auch bei solchen Beschlüssen, die sonstige Rechtsverhältnisse desjenigen betreffen, der das Stimmrecht als Vertreter ausübt (Scholz/*K. Schmidt* § 47 Rn. 181; Baumbach/Hueck/*Zöllner/Noack* § 47 Rn. 60). Ein Organ einer an der GmbH beteiligten Körperschaft kann deshalb keine wirksame Stimme bei der eigenen Bestellung zum Geschäftsführer abgeben, wenn keine Befreiung von den Beschränkungen des § 181 BGB vorliegt (BayObLG, GmbHR 2001, 72). Ein Testamentsvollstrecker ist nach § 181 BGB von der Abstimmung ausgeschlossen, wenn es um dessen Bestellung zum Geschäftsführer geht (BGHZ 51, 209, vgl. dazu Baumbach/Hueck/*Zöllner/Noack* § 47 Rn. 63). Das Formular sieht deshalb eine Befreiung von den Beschränkungen des § 181 BGB vor, die allein in der Hand des vertretenen Gesellschafters liegt und durch den Gesellschaftsvertrag nicht abbedungen werden kann (Scholz/*K. Schmidt* § 47 Rn. 182; Baumbach/Hueck/*Zöllner/Noack* § 47 Rn. 61). Eine Befreiung von § 181 BGB kann ausdrücklich oder auch konkludent geschehen (Scholz/*K. Schmidt* § 47 Rn. 182). Liegt keine Befreiung von § 181 BGB vor, so kann die Stimmrechtsausübung in der Gesellschafterversammlung analog § 180 BGB zurückgewiesen werden (Baumbach/Hueck/ *Zöllner/Noack* § 47 Rn. 65). Erfolgt keine Zurückweisung, so ist die Stimmrechtsausübung schwebend unwirksam und kann vom Vertretenen mit ex-tunc-Wirkung genehmigt werden (Baumbach/Hueck/*Zöllner/Noack* § 47 Rn. 65). Auch auf Beschlussfassungen in der Ein-Mann-GmbH ist § 181 BGB anwendbar. Hat danach ein Vertreter eines Ein-Mann-Gesellschafters gemäß § 181 BGB unwirksam abgestimmt, so ist der Beschluss unwirksam. Der Ein-Mann-Gesellschafter kann ihn aber genehmigen (Baumbach/Hueck/*Zöllner/Noack* § 47 Rn. 65). 82

7. Maßgeblich für die Berechtigung zur Erteilung einer Untervollmacht ist das Innenverhältnis zum Gesellschafter. Im Außenverhältnis ist die Erteilung einer Untervollmacht zulässig, solange sie nicht in der Hauptvollmacht ausgeschlossen worden ist (Baumbach/Hueck/*Zöllner/Noack* § 47 Rn. 53). 83

13. Anfechtungsklage gegen einen Gesellschafterbeschluss

Vorbemerkung

84 Nicht selten kommt es zwischen den Gesellschaftern zum Streit über die Rechtmäßigkeit und Wirksamkeit von Beschlüssen der Gesellschafterversammlung. Die Anfechtbarkeit eines Beschlusses kann der in der Gesellschafterversammlung unterlegene Gesellschafter in diesem Fall mit der Beschlussanfechtungsklage geltend machen. Obwohl diese in der Praxis daher von großer Bedeutung ist, enthält das GmbHG allerdings keine Regelungen über die Anfechtbarkeit oder Nichtigkeit von Beschlüssen der Gesellschafterversammlung. Stattdessen werden die aktienrechtlichen Regelungen der §§ 241 ff. AktG analog angewandt, sofern aufgrund der Besonderheiten der GmbH keine abweichende Regelung geboten ist.

Muster

85 **Landgericht ____________ [1]**
– Kammer für Handelssachen – [2]

____

Klage

des ____________

– Kläger –

Prozessbevollmächtigte: ____________

gegen

die ____________ GmbH, gesetzlich vertreten durch ____________ [3]

– Beklagte –

wegen: Anfechtung eines Gesellschafterbeschlusses

vorläufiger Streitwert: ____________ € [4]

Namens und im Auftrag des Klägers erheben wir Klage mit dem Antrag,

> **den Beschluss der Gesellschafterversammlung der im Handelsregister des Amtsgerichts ____________ unter HRB ____________ eingetragenen Beklagten vom ____________ über die Einziehung des Geschäftsanteils des Klägers an der Beklagten mit dem folgenden Wortlaut**
>
> **»Der Geschäftsanteil des ____________ im Nennbetrag von ____________ € wird gemäß § ____________ der Satzung eingezogen. Der Geschäftsführer wird mit der Ermittlung und Auszahlung des Abfindungsbetrags gemäß § ____________ der Satzung beauftragt.«**
>
> **für nichtig zu erklären. [5]**

Begründung

I. Sachverhalt [6]

Die Beklagte ist eine Gesellschaft mit beschränkter Haftung, die im Handelsregister des Amtsgerichts ____________ unter HRB ____________ eingetragen ist. Das Stammkapital der Beklagten beträgt ____________ €.

Beweis: Handelsregisterauszug der Beklagten vom _______________, in Kopie anbei als

– Anlage K 1 –

Der Kläger ist Gesellschafter der Beklagten mit einem Geschäftsanteil von ___________ €. Weitere Gesellschafter der Beklagten sind A und B mit je einem Geschäftsanteil im Wert von ___________ €.

Beweis: Gesellschafterliste der Beklagten vom _______________, in Kopie anbei als

– Anlage K 2 –

Ursprünglicher Inhaber des mit dem angegriffenen Gesellschafterbeschluss eingezogenen Geschäftsanteils des Klägers war ___________. Über deren Vermögen wurde am ___________ das Insolvenzverfahren eröffnet und Rechtsanwalt ___________ zum Insolvenzverwalter bestellt.

Beweis: Eröffnungsbeschluss des Amtsgerichts _______________ vom _______________, in Kopie anbei als

– Anlage K 3 –

Der Kläger erwarb den Geschäftsanteil vom Insolvenzverwalter mit notariellem Geschäftsanteilskauf- und -übertragungsvertrag vom ___________

Beweis: Geschäftsanteilskauf- und -übertragungsvertrag vom _______________, in Kopie anbei als

– Anlage K 4 –

Die Satzung der Beklagten lässt in § ___________ die Einziehung von Geschäftsanteilen unter anderem dann zu, wenn über das Vermögen eines Gesellschafters das Insolvenzverfahren eröffnet wird. [7]

Beweis: Satzung der Beklagten vom _______________, in Kopie anbei als

– Anlage K 5 –

In der Gesellschafterversammlung der Beklagten vom ___________ wurde dementsprechend die Einziehung des zwischenzeitlich vom Kläger gehaltenen Geschäftsanteils beschlossen. [8]

Beweis: Protokoll der Gesellschafterversammlung vom _______________, in Kopie anbei als

– Anlage K 6 –

Zu diesem Zeitpunkt befand sich die Beklagte allerdings bereits selbst in einer erheblichen wirtschaftlichen Schieflage, weswegen die Beklagte nicht in der Lage war, die geschuldete Abfindung aus freiem Vermögen zu leisten. ***(Wird ausgeführt.)***

II. Rechtliche Würdigung

Der Beschluss der Gesellschafterversammlung der Beklagten vom ___________ über die Einziehung des Geschäftsanteils des Klägers an der Beklagten ist für nichtig zu erklären. Denn der Beschluss über die Einziehung eines Geschäftsanteils ist wegen Verstoßes gegen § 34 Abs. 3 GmbHG nichtig, wenn bereits im Zeitpunkt der Beschlussfassung feststeht, dass die Gesellschaft eine geschuldete Abfindung nicht aus freiem Vermögen aufbringen kann (BGH vom 08.12.2008, II ZR 263/07, NJW-RR 2009, 464; BGH vom 19.06.2000, II ZR 73/99, NJW 2000, 2819, 2820). ***(Wird ausgeführt.)***

Erläuterungen

Literatur: *Baumbach/Hueck*, GmbHG, 21. Auflage 2017, Anh. nach § 47 Rn. 81 ff.; *Borris*, Die »Ergänzenden Regeln für gesellschaftsrechtliche Streitigkeiten« der DIS (»DIS-ERGeS«), SchiedsVZ 2009, 299; *Büchel/von Rechenberg*, Kölner Handbuch Handels- und Gesellschaftsrecht, 3. Auflage 2015, Kap. 12 Rn. 1262 ff.; *Gehrlein/Ekkenga/Simon*, GmbHG, 2. Auflage 2015, Anh. § 47 Rn. 68 ff.; *Hauschild/Böttcher*, Schiedsvereinbarungen in Gesellschaftsverträgen, DNotZ 2012, 577; *Lutter/Hommelhoff*, GmbHG, 19. Auflage 2016, Anh. zu § 47 Rn. 67 ff.; *MüKo*, GmbH Band 2, 2. Auflage 2016, Anh. § 47 Rn. 166 ff.; *Scholz*, GmbHG, Band 2, 11. Auflage 2013, § 45 Rn. 127 ff.; *Waclawik*, Prozessführung im Gesellschaftsrecht, 2. Aufl. 2013, Rn. 398 ff.

86 **1.** Ausschließlich zuständig ist das Landgericht, in dessen Bezirk die Gesellschaft ihren Sitz hat, § 246 Abs. 3 S. 1 AktG analog (Baumbach/Hueck/*Zöllner*, Anh. nach § 47 Rn. 168; Lutter/Hommelhoff/*Bayer*, Anh. zu § 47 Rn. 81; *Waclawik*, Rn. 404; vgl. auch BGH vom 29.03.1996, II ZR 124/95, NJW 1996, 1753, 1755). Eine Schiedsvereinbarung ist unter bestimmten Voraussetzungen zulässig (BGH vom 06.04.2009, II ZR 255/08, NJW 2009, 1962; siehe hierzu auch *Hauschild/Böttcher*, DNotZ 2012, 577). Die Deutsche Institution für Schiedsgerichtsbarkeit (DIS) hat entsprechend der Vorgaben des BGH »Ergänzende Regeln für gesellschaftsrechtliche Streitigkeiten« erarbeitet (siehe hierzu *Borris*, SchiedsVZ 2009, 299).

87 **2.** Die Zuständigkeit der Kammer für Handelssachen ergibt sich aus § 246 Abs. 3 S. 1 AktG analog und ist daher von Amts wegen zu berücksichtigen (OLG München vom 14.09.2007, 31 AR 211/07, NZG 2007, 947; Gehrlein/Ekkenga/Simon/*Teichmann*, Anh. § 47 Rn. 71; *Waclawik*, Rn. 370). § 95 Abs. 1 Nr. 4a GVG gilt insoweit nicht (a.A. Büchel/von Rechenberg/*Eberl*, Kap. 12 Rn. 1283).

88 **3.** Beklagte im Anfechtungsrechtsstreit ist die Gesellschaft (Büchel/von Rechenberg/*Eberl*, Kap. 12 Rn. 1281; MüKo GmbH/*Wertenbruch*, Anh. § 47, Rn. 211; *Waclawik*, Rn. 404). Diese wird durch die Geschäftsführer vertreten, und zwar anders als gemäß § 246 Abs. 2 AktG auch dann, wenn ein Aufsichtsrat besteht (Lutter/Hommelhoff/*Bayer*, Anh. zu § 47 Rn. 32, 77; MüKo GmbH/*Wertenbruch*, Anh. § 47, Rn. 213; zu Sonderfällen siehe Büchel/von Rechenberg/*Eberl*, Kap. 12 Rn. 1282 m.w.N.) Die Gesellschafter, welche analog § 246 Abs. 4 AktG von den Geschäftsführern unverzüglich zu unterrichten sind, können als Nebenintervenient – sowohl auf Seiten des Anfechtungsklägers als auch auf Seiten der Gesellschaft – beitreten (Baumbach/Hueck/*Zöllner*, Anh. nach § 47 Rn. 169; Büchel/von Rechenberg/*Eberl*, Kap. 12 Rn. 1289; vgl. zur Nebenintervention bei der Anfechtungsklage allgemein auch MüKo GmbH/*Wertenbruch*, Anh. § 47, Rn. 218 ff.). Das stattgebende Urteil wirkt für und gegen jedermann (Baumbach/Hueck/*Zöllner*, Anh. nach § 47 Rn. 177; Büchel/von Rechenberg/*Eberl*, Kap. 12 Rn. 1294).

89 **4.** Für die Streitwertbemessung gilt § 247 Abs. 1 S. 1 AktG analog (MüKo GmbH/*Wertenbruch*, Anh. § 47, Rn. 272). Entscheidend ist daher die Bedeutung der Sache für die Parteien, nicht alleine das Interesse des Klägers (so allgemeine Meinung für § 3 ZPO). Inwieweit die Begrenzung des § 247 Abs. 1 S. 2 AktG gilt, ist umstritten (dagegen etwa: Büchel/von Rechenberg/*Eberl*, Kap. 12 Rn. 1293; für eine partielle Anwendung: MüKo GmbH/*Wertenbruch*, Anh. § 47, Rn. 272; eine Orientierung am gesetzlichen Höchstwert befürwortend OLG des Landes Sachsen-Anhalt vom 10.02.2015, 2 U 143/12, NZG 2015, 1323 Rn. 14; Lutter/Hommelhoff/*Bayer*, Anh. zu § 47 Rn. 83;). Eine Streitwertspaltung gemäß § 247 Abs. 2, 3 AktG analog ist zulässig (Büchel/von Rechenberg/*Eberl*, Kap. 12 Rn. 1293; Lutter/Hommelhoff/*Bayer*, Anh. zu § 47 Rn. 83; Gehrlein/Ekkenga/Simon/*Teichmann*, Anh. § 47 Rn. 72; MüKo GmbH/*Wertenbruch*, Anh. § 47, Rn. 272).

90 **5.** Der Antrag ist analog § 241 Nr. 5 AktG darauf gerichtet, den angefochtenen Beschluss für nichtig zu erklären. Der Beschluss ist hinreichend zu individualisieren. Die Wiedergabe des Wortlauts ist daher zweckmäßig. Anfechtungs- und Nichtigkeitsklage (§ 249 AktG

analog) verfolgen das gleiche prozessuale Ziel, unterliegen aber unterschiedlichen prozessualen und materiellen Voraussetzungen. Die aktienrechtlichen Regelungen in §§ 249 und 241 AktG gelten entsprechend (*Waclawik*, Rn. 428 ff., 139 ff.; zur Fassung der Klageanträge vgl. auch MüKo GmbH/*Wertenbruch*, Anh. § 47, Rn. 251 ff.). Nicht unüblich ist auch, hilfsweise die Feststellung der Nichtigkeit des Beschlusses zu beantragen. Möglich ist auch die Verbindung mit einer Beschlussfeststellungsklage (Gehrlein/Ekkenga/Simon/*Teichmann*, Anh. § 47 Rn. 79).

6. Erforderlich ist es, den Lebenssachverhalt vorzutragen, aus dem die Anfechtbarkeit des Beschlusses hergeleitet wird. 91

7. Eine Regelung über die Einziehung von Geschäftsanteilen bei Insolvenz des Gesellschafters ist zulässig (Baumbach/Hueck/*Fastrich*, § 34 Rn. 10). Sie wäre allerdings wegen Gläubigerdiskriminierung nichtig, wenn der Gesellschaftsvertrag in diesem Fall lediglich ein geringwertiges Entgelt vorsieht, wobei eine Heilung analog § 242 Abs. 2 AktG möglich ist (BGH vom 19.06.2000, II ZR 73/99, NJW 2000, 2819). 92

8. Die Anfechtungsfrist des § 246 Abs. 1 AktG ist aus Gründen der Vorsorge grundsätzlich einzuhalten. Ein Nachschieben von Gründen ist nicht möglich (BGH vom 13.07.2009, II ZR 272/08, WM 2009, 1896; BGH vom 12.12.2005, II ZR 253/03, DStR 2006, 526, 528). Allerdings gilt die aktienrechtliche Monatsfrist im GmbH-Recht nicht. Zum einen besteht hier Satzungsfreiheit, zum anderen bestehen nach der Rechtsprechung bewegliche Schranken, wonach die Klageerhebung auch nach Ablauf der Monatsfrist erfolgen kann, dann aber besonderer Rechtfertigung bedarf (BGH Beschluss v. 13.07.2009 II ZR 272/08 = ZIP 2009, 1880). Für den Beginn der Anfechtungsfrist ist auf den Tag der Beschlussfassung abzustellen (*Waclawik*, Rn. 416). Die Frist wird durch Einreichung der Klage gewahrt, wenn die Zustellung demnächst erfolgt (§§ 253 Abs. 1, 167 ZPO). 93

14. Einfache Beschlussfeststellungsklage

Vorbemerkung

Die einfache Beschlussfeststellungsklage ist insbesondere dann praktisch bedeutsam, wenn eine förmliche Feststellung des Beschlussergebnisses nicht erfolgt ist. Anders als im Fall der positiven Beschlussfeststellungsklage analog § 248 AktG ist sie nicht mit einer Anfechtungsklage verbunden. 94

Bei der einfachen Beschlussfeststellungsklage handelt es sich um eine allgemeine Feststellungsklage i.S.v. § 256 ZPO. Sie ist zu unterscheiden von der mit einer Anfechtungsklage verbundenen positiven Beschlussfeststellungsklage analog § 248 AktG (hierzu Büchel/von Rechenberg/*Eberl*, Kap. 12 Rn. 1317 ff.; MüKo GmbH/*Wertenbruch*, Anh. § 47, Rn. 283 ff.; zur Unterscheidung vgl. auch BGH vom 10.05.2001, III ZR 262/00, NJW 2001, 2176, 2177). Nur für letztere gelten die Grundsätze für die Anfechtungsklage weitgehend entsprechend, so etwa in Bezug auf die Anfechtungsfrist (BGH vom 13.03.1980, II ZR 54/78, NJW 1980, 1465, 1467; anders bei der allgemeinen Feststellungsklage gemäß § 256 ZPO: BGH vom 13.11.1995, II ZR 288/94, NJW 1996, 259, BGH vom 01.03.1999, II ZR 205/98, NJW 1999, 2268) und die Gestaltungswirkung für und gegen jedermann (BGH vom 13.03.1980, II ZR 54/78, NJW 1980, 1465, 1467; BGH vom 10.05.2001, III ZR 262/00, NJW 2001, 2176, 2177; für eine analoge Anwendung des § 248 AktG auch auf die einfache Beschlussfeststellungsklage OLG München vom 27.03.1996, 7 U 6037/95, NJW-RR 1997, 988; vgl. zum Streit auch Baumbach/Hueck/*Zöllner*, Anh. nach § 47 Rn. 182).

Muster

95 **Landgericht ____________** [1]

– Kammer für Handelssachen – [2]

____

Klage

des ____________

– Kläger –

Prozessbevollmächtigte: ____________

gegen

die ____________ GmbH, gesetzlich vertreten durch ____________ [3]

– Beklagte –

wegen: Beschlussfeststellung

vorläufiger Streitwert: ____________ € [4]

Namens und im Auftrag des Klägers erheben wir Klage mit dem Antrag,

> **festzustellen, dass in der Gesellschafterversammlung der im Handelsregister des Amtsgerichts ____________ unter HRB ____________ eingetragenen Beklagten vom ____________ der folgende Beschluss gefasst worden ist:**
>
> **»Der Geschäftsführer X wird angewiesen, die in Ziff. ____________ des Mietvertrags über Lagerflächen zwischen der ____________ GmbH und C vom vorgesehene Verlängerungsoption gegenüber C auszuüben.«** [5]

Begründung

I. Sachverhalt

Die Beklagte ist eine Gesellschaft mit beschränkter Haftung, die im Handelsregister des Amtsgerichts ____________ unter HRB ____________ eingetragen ist. Das Stammkapital der Beklagten beträgt 60.000,00 €.

Beweis: Handelsregisterauszug der Beklagten vom ____________, in Kopie anbei als

– Anlage K 1 –

Der Kläger ist Gesellschafter der Beklagten mit einem Geschäftsanteil von 20.000 €. Weitere Gesellschafter der Beklagten sind die A GmbH und B ebenfalls mit je einem Geschäftsanteil im Wert von 20.000 €.

Beweis: Gesellschafterliste der Beklagten vom ____________, in Kopie anbei als

– Anlage K 2 –

Zwischen der Beklagten und C besteht ein Mietvertrag über Lagerflächen vom mit einer Laufzeit bis zum ____________ (Ziff. ____________ des Mietvertrags) und einer einmaligen Verlängerungsoption bis zum ____________ (Ziff. ____________ des Mietvertrags).

Beweis: Mietvertrag vom ____________, in Kopie anbei als

– Anlage K 3 –

C ist Minderheitsgesellschafter der A GmbH ohne maßgeblichen Einfluss. ***(Wird ausgeführt.)***

Beweis: Gesellschafterliste der A GmbH, in Kopie anbei als

– Anlage K 4 –

Zeugnis des ________________

In der ordnungsgemäß einberufenen Gesellschafterversammlung der Beklagten vom __________, in der sämtliche Gesellschafter der Beklagten anwesend waren, wurde über den im Klageantrag im Wortlaut wiedergegeben Antrag abgestimmt. Dabei stimmten der Kläger und der alleinvertretungsberechtigte Geschäftsführer Y der A GmbH für den Antrag, B stimmte dagegen.

Beweis: Protokoll der Gesellschafterversammlung vom ______________, in Kopie anbei als

– Anlage K 3 –

Aufgrund der Tatsache, dass C Gesellschafter der A GmbH ist, bestand in der Gesellschafterversammlung Streit über die Stimmberechtigung der A GmbH. Eine Feststellung des Beschlussergebnisses erfolgte nicht.

Beweis: Wie vor.

II. Rechtliche Würdigung

Die Klage ist als allgemeine Feststellungsklage zulässig. Insbesondere hat der Kläger als Gesellschafter der Beklagten ein Interesse an der Feststellung des in der Gesellschafterversammlung gefassten Beschlusses.

Die Klage ist auch begründet. Denn der im Antrag genannte Beschluss ist wirksam zustande gekommen. Unbeachtlich ist, dass C als Gesellschafter der A GmbH gemäß § 47 GmbH von der Abstimmung ausgeschlossen gewesen wäre. Denn die Stimmabgabe einer juristischen Person, deren Gesellschafter von einem Stimmverbot erfasst wird, ist nur bei einem maßgeblichen Einfluss des Gesellschafter-Gesellschafters auf die Abstimmungsentscheidung des Gesellschafters ausgeschlossen (*Baumbach/Hueck/Zöllner*, § 47 Rn. 98 m.w.N.). Einen solchen maßgeblichen Einfluss hatte C jedoch nicht. ***(Wird ausgeführt.)*** [6]

Erläuterungen

Literatur: *Baumbach/Hueck*, GmbHG, 21. Auflage 2017, Anh. nach § 47 Rn. 181 ff.; *Büchel/von Rechenberg*, Kölner Handbuch Handels- und Gesellschaftsrecht, 3. Auflage 2015, Kap. 12 Rn. 1323 ff.; *MüKo*, GmbH Band 2, 2. Auflage 2016, Anh. § 47, Rn. 290 ff.; *Waclawik*, Prozessführung im Gesellschaftsrecht, 2. Aufl. 2013, Rn. 431 ff.

1. Zuständig ist das Landgericht, in dessen Bezirk die Gesellschaft ihren Sitz hat, wobei regelmäßig offen bleiben kann, ob dies auf §§ 12, 17 ZPO oder § 246 Abs. 3 S. 1 AktG analog beruht. 96

2. Die Zuständigkeit der Kammer für Handelssachen ergibt sich jedenfalls aus § 95 Abs. 1 Nr. 4a GVG. 97

3. Die einfache Beschlussfeststellungsklage kann als allgemeine Feststellungsklage grundsätzlich von jedem gegen jedermann erhoben werden (Büchel/von Rechenberg/*Eberl*, Kap. 12 Rn. 1325). Der Regelfall dürfte wie bei der Anfechtungsklage auch aber die Klage des Gesellschafters gegen die Gesellschaft sein (Baumbach/Hueck/*Zöllner*, Anh. nach § 47 Rn. 182; MüKo GmbH/*Wertenbruch*, 98

Anh. § 47, Rn. 290). Weitere Gesellschafter sind wie bei der Anfechtungsklage zu informieren und können als Nebenintervenienten beitreten (Baumbach/Hueck/*Zöllner*, Anh. nach § 47 Rn. 182).

99 **4.** Für die Streitwertbemessung gilt § 3 ZPO. § 247 AktG dürfte auch nicht analog anwendbar sein.

100 **5.** Der festzustellende Beschlussinhalt ist wiederzugeben.

101 **6.** Die einfache Beschlussfeststellungsklage ist nicht fristgebunden, Verwirkung ist jedoch möglich (Baumbach/Hueck/*Zöllner*, Anh. nach § 47 Rn. 181; Büchel/von Rechenberg/*Eberl*, Kap. 12 Rn. 1326; MüKo GmbH/*Wertenbruch*, Anh. § 47, Rn. 291; *Waclawik*, Rn. 434).

II. Aufsichtsrat

15. Beschlussfassung über die Schaffung eines fakultativen Aufsichtsrats/Beirats

Vorbemerkung

102 Eine GmbH ist grundsätzlich nur in Abhängigkeit der von ihr regelmäßig beschäftigten Arbeitnehmer verpflichtet, einen Aufsichtsrat zu bilden. Dies ist einerseits nach § 1 Abs. 1 Nr. 3 i.V.m. § 2 Abs. 2 DrittelbG der Fall, wenn die Gesellschaft selbst in der Regel mehr als 500 Arbeitnehmer beschäftigt oder ihr bei Bestehen eines Beherrschungsvertrags Arbeitnehmer abhängiger Unternehmen zugerechnet werden. Bei Beschäftigung von in der Regel mehr als 2.000 Arbeitnehmern (unter Berücksichtigung der Zurechnungsvorschriften der §§ 4 und 5 MitbestG) ist eine GmbH nach den Regeln des Mitbestimmungsgesetzes verpflichtet, einen Aufsichtsrat unter Beteiligung der Arbeitnehmer zu bilden. Daneben gelten auch die Bestimmungen des MontanMitbestG und des MitbestErG für die GmbH, die mehr als 1.000 Mitarbeiter beschäftigt.

103 Sind diese Schwellen nicht erreicht, steht es (ausgenommen sog. externe Kapitalverwaltungsgesellschaften, die auch in der Rechtsform der GmbH unabhängig von der Mitarbeiterzahl nach § 18 Abs. 2 KAGB stets einen Aufsichtsrat unter Geltung aktienrechtlicher Vorschriften zu bilden haben) im Belieben der Gesellschafter, ob sie einen Aufsichtsrat oder Beirat in ihrer Gesellschaft einrichten. Dabei besteht weitestgehend Gestaltungsfreiheit, da das Gesetz einen Verweis auf die aufsichtsratsrechtlichen Bestimmungen des Aktiengesetzes nur anordnet, soweit im Gesellschaftsvertrag nichts anderes bestimmt ist, § 52 Abs. 1 GmbHG. Das nachfolgende Muster befasst sich mit dieser Konstellation und beinhaltet die Schaffung eines fakultativen Aufsichtsrats unter Abbedingung der Regeln des Aktiengesetzes. Die Einrichtung eines drittelmitbestimmten Aufsichtsrats wird (teilweise) von Mustern C 16 und C 17 (Rdn. C 127 ff., C 138 ff.) behandelt, den Auszug der Satzung einer paritätisch mitbestimmten Gesellschaft beinhaltet Muster C 29 (Rdn. C 336 ff.). Das Muster eines fakultativen Aufsichtsrats ist auch in dem Muster eines Gesellschaftsvertrags A 25, Rdn. A 691 ff., enthalten.

Muster

104 **Notarielles Protokoll einer Gesellschafterversammlung**

Vor dem Notar __________ in __________ erschienen A, B und C, jeweils handelnd im eigenen Namen und gaben folgende Erklärungen ab:

A hält einen Geschäftsanteil im Nennbetrag von 30.000 €, B einen Geschäftsanteil im Nennbetrag von 30.000 € und C einen Geschäftsanteil im Nennbetrag von 40.000 € an der C-GmbH mit dem Sitz in Köln, mit einem ingesamten Stammkapital in Höhe von 100.000 € und eingetragen im Handelsregister des Amtsgerichts Köln unter Nr. HRB __________. Die Erschienenen vertreten damit das gesamte Stammkapital der C-GmbH. Sie treten hiermit unter Verzicht auf alle Formen und Fristen für die Einberufung und Abhaltung einer Gesellschafterversammlung der C-GmbH zu einer Gesellschafterversammlung dieser Gesellschaft zusammen und beschließen was folgt:

I. Änderung des Gesellschaftsvertrags

Der Gesellschaftsvertrag der Gesellschaft wird um einen neuen § 5a ergänzt [1]:

»§ 5a Aufsichtsrat

1. Die Gesellschaft hat einen Aufsichtsrat [2], der aus drei, nicht weisungsgebundenen natürlichen Personen [3] besteht. Die Mitglieder des Aufsichtsrats werden von der Gesellschafterversammlung mit einfacher Mehrheit für eine Amtszeit von bis zu fünf Jahren [4] gewählt und abberufen [5]. § 52 Abs. 1 GmbHG ist nicht anwendbar [6].

2. Der Aufsichtsrat berät und überwacht die Geschäftsführung. Ihm steht das Auskunfts- und Einsichtsrecht nach § 51a GmbHG [7] zu. Er beschließt anstelle der Gesellschafterversammlung über [8]:

a) die Planung der Gesellschaft für das kommende Geschäftsjahr einschließlich einer rollierenden Mittelfristplanung für jeweils zwei Folgejahre;

b) über die zustimmungsbedürftigen Geschäfte nach § ______________ des Gesellschaftsvertrags und

c) [evtl. weitere, genau zu bezeichnende Beschlussgegenstände]

d) weitere Gegenstände, die die Gesellschafterversammlung dem Aufsichtsrat zuweist [9].Er prüft den Jahresabschluss der Gesellschaft und unterbreitet der ordentlichen Gesellschafterversammlung (§ ______________ des Gesellschaftsvertrags) einen Beschlussvorschlag betreffend die Feststellung des Jahresabschlusses und die Verwendung des Bilanzgewinns [10].

3. Der Aufsichtsrat tritt mindestens vier Mal im Kalenderjahr zusammen [11]. An seinen Sitzungen nehmen die Mitglieder der Geschäftsführung teil, soweit der Aufsichtsrat im Einzelnen nicht etwas anderes beschließt [12]. Die Gesellschafter sind zur Teilnahme an den Sitzungen des Aufsichtsrats jederzeit berechtigt. Der Aufsichtsrat trifft seine Entscheidungen mit der Mehrheit seiner Mitglieder. Im Übrigen gibt sich der Aufsichtsrat eine Geschäftsordnung, in der die näheren Einzelheiten seiner Arbeitsweise festgelegt sind [13].

4. Für die Sorgfalt und Verantwortlichkeit des Aufsichtsrats gelten §§ 116, 93 Abs. 1 und 2 AktG entsprechend [14].

5. Die Mitglieder des Aufsichtsrats erhalten für jedes volle Geschäftsjahr ihrer Zugehörigkeit zum Aufsichtsrat, gegebenenfalls zeitanteilig, eine Vergütung in Höhe von ______________, die im Anschluss an die ordentliche Gesellschafterversammlung des jeweils folgenden Geschäftsjahrs zahlbar ist. Daneben erhalten sie Ersatz aller Aufwendungen und der etwa auf Vergütung und Auslagen entfallenden Umsatzsteuer [15]«

II. Wahl von Aufsichtsmitgliedern [16]

Zu Mitgliedern des ersten Aufsichtsrats der Gesellschaft werden mit einer Amtsdauer von fünf Jahren hiermit bestellt:

1. [Name/Beruf/Wohnort],

2. [Name/Beruf/Wohnort],

3. [Name/Beruf/Wohnort].

Weitere Beschlüsse wurden nicht gefasst.

Erläuterungen

Literatur: *Dahlbender*, Errichtung eines fakultativen Aufsichtsrats, GmbH-StB 2012, 222; *Deilmann*, Beschlussfassung im Aufsichtsrat: Beschlussfähigkeit und Mehrheitserfordernisse, BB 2012, 2191; *Deilmann*, Abgrenzung der Überwachungsbefugnisse von Gesellschafterversammlung und Aufsichtsrat einer GmbH unter besonderer Berücksichtigung des mitbestimmten Aufsichtsrat, BB 2004, 2253; *Gräwe/Stütze*, Rechte und Pflichten des GmbH-Beirats bei offenen Satzungsgestaltungen, GmbHR 2012, 877; *Heidel*, Zur Weisungsgebundenheit von Aufsichtsratsmitgliedern bei Beteiligung von Gebietskörperschaften und Alleinaktionären, NZG 2012, 48; *Keiluweit*, Unterschiede zwischen obligatorischen und fakultativen Aufsichtsgremien – ein Vergleich zwischen Aktiengesellschaft und GmbH, BB 2011, 1795; *Link/Vogt*, Professionalisierung von Aufsichtsräten: Auch ein Thema für die GmbH? BB 2011, S. 1899; *Lutter/Krieger/Verse*, Rechte und Pflichten des Aufsichtsrats, 6. Aufl. 2014; *Sanders*, Der Beirat als Instrument der Family Business Governance in der Entwicklung des Familienunternehmens, NZG 2017, 961; *Semler/v. Schenk*, Arbeitshandbuch für Aufsichtsratsmitglieder, 4. Aufl. 2013; *Pauly/Schüler*, Der Aufsichtsrat kommunaler GmbHs zwischen Gemeindewirtschafts- und Gesellschaftsrecht, DÖV 2012, 339; *Spindler/Kepper*, Funktionen, rechtliche Rahmenbedingungen und Gestaltungsmöglichkeiten des GmbH-Beirats, DStR 2005, 1738 ff. und 1775 ff., i.E.; *Vetter*, Zur Haftung im fakultativen Aufsichtsrat der GmbH, GmbHR 2012, 181; *Vetter*, Corporate Governance in den GmbH – Aufgaben des Aufsichtsrats der GmbH, GmbHR 2011, 449; *Voormann*, Der Beirat im Gesellschaftsrecht, 2. Aufl. 1990; *Wicke*, Corporate Governance-Fragen in der Kautelarjurisprudenz kleiner und mittelgroßer Unternehmen, ZGR 2012, 450.

105 **1.** Die Einrichtung auch eines fakultativen Aufsichtsrats bei einer GmbH muss im Gesellschaftsvertrag verankert werden, wenn er im Interesse der Gesellschaft Überwachungsaufgaben und organschaftliche Befugnisse haben soll (MüKo GmbHG/*Spindler* § 52 Rn. 34). Die Neueinführung eines solchen Aufsichtsrats bedarf daher eines notariell beurkundeten Beschlusses zur Änderung des Gesellschaftsvertrags (§§ 53, 54 GmbHG), wenn nicht der Aufsichtsrat schon in der Gründungssatzung als »Kann-« Bestimmung (Ermächtigungsklausel) vorgesehen wurde (anders KG Berlin Urt. v. 23.07.2015 – 23 U 18/15, GmbHR 2016, 29). In diesem Falle wird es je nach der konkreten Satzungsregelung nur einer einfachen Beschlussfassung der Gesellschafter bedürfen, um den Aufsichtsrat einzurichten. Folgte man aus Gründen der Vorsicht dem KG Berlin, bedürfte es jedenfalls der notariellen Beurkundung und der Eintragung im Handelsregister (s. *Otto*, GmbHR 2016, 19 ff.). Der fakultative Aufsichtsrat kann bei entsprechender Satzungsermächtigung durch Gesellschafterbeschluss mit satzungsändernder Mehrheit jederzeit beseitigt werden, andernfalls nur durch Satzungsänderung. Weder die Nichtbesetzung eines Aufsichtsrats noch dessen Untätigkeit führen für sich genommen zu seinem Wegfall, weil dies eine Satzungsdurchbrechung wäre (hierzu und zu weiteren Konstellationen s. nur MüKo GmbHG/*Spindler* § 52 Rn. 108 f.).

106 Demgegenüber sind auch auf rein schuldrechtlicher Basis eingerichtete Beratungsgremien denkbar, für die § 52 Abs. 1 GmbHG nicht gilt, denen aber keine organschaftlichen Befugnisse eingeräumt werden können. (Baumbach/Hueck/*Zöllner/Noack* GmbHG § 52 Rn. 22; Scholz/*Uwe H. Schneider*, § 52 Rn. 49; MüKo GmbHG/*Spindler* § 52 Rn. 723; Lutter/Hommelhoff/*Lutter* § 52 Rn. 111).

107 **2.** Hinsichtlich der Frage, ob das hier neu zu schaffende Gesellschaftsorgan Beirat, Gesellschafterausschuss oder Aufsichtsrat genannt wird, gibt es keine rechtlichen Vorgaben. Allerdings wird man mit einem Beirat eher rein beratende oder organisatorische Aufgaben, nicht jedoch Überwachungsaufgaben verbinden, wie es im vorliegenden Muster vorgesehen ist (Sanders, NZG 2017, 961, 962; *Lutter/Krieger/Verse* § 16 Rn. 1207; MüKo GmbHG/*Spindler*, § 52 Rn. 36, 725; Baumbach/Hueck/*Zöllner/Noack*, § 52 Rn. 27). Auf die Bezeichnung kommt es aber nicht an, maßgeblich für die rechtliche Einordnung sind die Kompetenzen des Gremiums (vgl. auch Rdn. C 110, 115).

3. § 52 Abs. 1 GmbHG verweist nur auf § 95 Satz 1 AktG und legt damit bei Schweigen des Gesellschaftsvertrags eine Mindestgröße von drei Aufsichtsratsmitgliedern fest. Ob der Gesellschaftsvertrag auch einen kleineren oder auch nur aus nur einem Mitglied bestehenden Aufsichtsrat vorsehen darf, ist streitig (jedoch h.M. vgl. Baumbach/Hueck/*Zöllner/Noack* § 52 Rn. 32; MüKo GmbHG/*Spindler*, § 52 Rn. 82). Im Übrigen richtet sich eine höhere Zahl von Aufsichtsratsmitgliedern nach dem von den Gesellschaftern an dieser Stelle beabsichtigten Zweck und dem Aufwand. Die nach § 95 Satz 3 und 4 AktG geltenden weiteren Einschränkungen sind für den fakultativen GmbH-Aufsichtsrat nicht beachtlich. Schon nach § 95 Abs. 1 Satz 3 AktG in der seit 1. Januar 2016 geltenden Fassung besteht für nicht mitbestimmte Gesellschaften das Gebot der Teilbarkeit durch drei nicht mehr. 108

Da mit dem im Muster vorgesehenen kontrollierenden Aufsichtsrat konkrete Beschlussfassungen verbunden sind, empfiehlt es sich, eine ungerade Zahl von Aufsichtsratsmitgliedern festzulegen oder bei der Beschlussfassung ein Stichentscheidungsrecht vorzusehen, um eine Patt-Situation auszuschließen. Bei einem nur dreiköpfigen obligatorischen Aufsichtsrat stellen sich vor dem Hintergrund der zwingenden Bestimmung im § 108 Abs. 2 Satz 3 AktG, wonach mindestens drei Mitglieder an einer Beschlussfassung teilnehmen müssen, Fragen nach der Beschlussfähigkeit. Für den fakultativen Aufsichtsrat gelten § 108 Abs. 2 Satz 2 und 3 AktG und die dort bestimmten Untergrenzen für die Beschlussfähigkeit indessen nicht. 109

Deklaratorisch ist hier vorgesehen, dass die Aufsichtsratsmitglieder an Weisungen der Gesellschafterversammlung oder einzelner Gesellschafter nicht gebunden sind. Dies korreliert mit den hier vorgesehenen organschaftlichen Aufgaben des Aufsichtsrats und der unter Abs. 4 des Musters vorgesehenen Haftung für ihre Amtstätigkeit. Andere Gestaltungsmöglichkeiten sind denkbar, insbesondere dann, wenn der Aufsichtsrat erklärtermaßen (nur) ein Repräsentativorgan für die Gesellschafter sein soll, so dass diese Vertreter ihres Vertrauens in den Aufsichtsrat entsenden und abberufen können, etwa für von Gebietskörperschaften beherrschte Gesellschaften (für eine Weisungsbefugnis beim fakultativen Aufsichtsrat einer kommunalen GmbH OVG Münster Urt. v. 24.04.2009, ZIP 2009, 1719, 1720 und BVerwG Urt. v. 31.08.2011, GmbHR 2011, 1205; Ahnis/Brunz IR 2016, 4). In diesem Fall ist streitig, ob dann noch die Bezeichnung Aufsichtsrat verwendet werden dürfe (Baumbach/Hueck/*Zöllner/Noack*, § 52 Rn. 130; MüKo GmbHG/*Spindler*, § 52 Rn. 220; Lutter/Hommelhoff/*Lutter*, § 52 Rn. 30a). Es empfiehlt sich, die Weisungsgebundenheit dann ausdrücklich vorzusehen und mit einer vertraglichen Maßstäben entsprechenden Haftung, etwa für vorsätzliche und grob fahrlässige Pflichtverletzungen (also Sorgfaltspflicht wie in eigenen Angelegenheiten nach §§ 277, 708 BGB), zu kombinieren (vgl. *Vetter* GmbHR 2012, 181; MüKo GmbHG/*Spindler*, § 52 Rn. 621). 110

4. Für die Dauer der Bestellung gelten ebenfalls keine gesetzlichen Bestimmungen. Die hier vorgeschlagene Amtszeit von maximal fünf Jahren ist an die Regelung des § 102 AktG angelehnt, der allerdings für den fakultativen GmbH-Aufsichtsrat nicht gilt. Nach dieser Formulierung ist eine kürzere Bestellung nicht ausgeschlossen. Im Gesellschaftsvertrag könnte aber auch eine längere Bestelldauer oder eine Bestellung auf unbestimmte Zeit vorgesehen werden, da die Gesellschaft durch die Möglichkeit der jederzeitigen unbegründeten Abberufung durch Mehrheitsbeschluss (bei Geltung des § 52 GmbHG gemäß § 103 Abs. 1 Satz 2 AktG mit Dreiviertel-Mehrheit) hinreichend geschützt ist (Baumbach/Hueck/*Zöllner/Noack*, § 52 Rn. 47 f.). Auch weitere Regelungen wären möglich, allerdings darf die Abberufung nicht an die Geschäftsführer delegiert werden, da das mit der Überwachungsfunktion kollidieren würde (MüKo GmbHG/*Spindler*, § 52 Rn. 200). 111

5. Das Muster sieht eine Wahl und Abberufung mit einfacher Mehrheit der Gesellschafterversammlung vor. Dies kann bei Bedarf anders geregelt werden, insbesondere können höhere Mehrheiten zum Schutz einer Gesellschafterminderheit sowie zur Wahrung der Unabhängigkeit der Aufsichtsratsmitglieder, insbesondere auch für den Fall der Abberufung, vorgesehen werden. Kooptation ist beispielsweise möglich, die Bestellung durch Nichtgesellschafter und Behörden hingegen nicht (Baumbach/Hueck/*Zöllner/Noack*, § 52 Rn. 41, 43; Lutter/Hommelhoff/*Lutter*, § 52 Rn. 6). 112

113 **6.** Nur wenn ein Aufsichtsrat vom Gesellschaftsvertrag festgelegt ist, kommt es zur Geltung des § 52 Abs. 1 GmbHG. Auch hier kommt es indessen nicht auf die Bezeichnung, sondern die Funktion des jeweiligen Gremiums an. Nach § 52 Abs. 1 GmbHG ist die Geltung der dort genannten Bestimmungen des AktG abdingbar. Es gilt der absolute Vorrang der Satzung. Eine Ausnahme gilt für die Inkompabilitätsvorschrift des § 105 AktG, wonach eine gleichzeitige Zugehörigkeit zum Aufsichtsorgan Aufsichtsrat einerseits und dem Geschäftsführungsorgan andererseits ausgeschlossen ist, und die dies ergänzende Bestimmung des § 100 Abs. 2 Nr. 2 AktG (Ausschluss gesetzlicher Vertreter eines abhängigen Unternehmens). Diese Vorschriften sollen nach herrschender Meinung bei die Geschäftsführung überwachenden Aufsichtsräten zwingend sein (streitig, Baumbach/Hueck/*Zöllner*/*Noack*, § 52 Rn. 28; MüKo GmbHG/*Spindler*, § 52 Rn. 117–119; dagegen von Rechenberg/Ludwig/*von Wedel*, Kap. 13, Rn. 1158, 1159). Es ist im Einzelfall abzuwägen, ob im konkreten Fall eine vollständige oder teilweise Geltung der sonstigen, in § 52 Abs. 1 GmbHG für anwendbar erklärten aktienrechtlichen Vorschriften nicht doch sinnvoll ist. Bei vielen, insbesondere in kleineren GmbHs wird dies nicht der Fall sein. Der Ausschluss der aktienrechtlichen Normen kann umfassend oder nur durch im Einzelfall verdrängende Satzungsregeln erfolgen. Umgekehrt steht es den Gesellschaftern frei, auch einzelne aktienrechtliche Bestimmungen für anwendbar zu erklären.

114 **7.** Zur Ermöglichung der Überwachung und Beratung soll dem Aufsichtsrat im Muster nur das Büchereinsichtsrecht des § 51a GmbHG mit den dafür geltenden Grenzen eingeräumt werden. Dies ist eine zulässige Herabsetzung der Einsichtsrechte, die ansonsten nach § 111 Abs. 2 Satz 1 und 2 AktG bestehen würden und hinsichtlich derer kein Verweigerungsrecht der Geschäftsführer gilt. Zum Umfang der Prüfrechte nach dieser Vorschrift siehe Hüffer/*Koch*, § 111 Rn. 19 ff. Allerdings dürfte das Auskunftsverweigerungsrecht nach § 51a Abs. 2 GmbHG gegenüber einem satzungsmäßig bestellten Aufsichtsrat kaum relevant werden. Ob damit auch aktive Informationspflichten der Geschäftsführung gegenüber dem Aufsichtsrat als die nötige Informationsbasis für die Erfüllung der Überwachungsaufgabe an Stelle der ansonsten in § 52 Abs. 1 GmbHG in Bezug genommenen Berichtspflichten nach § 90 Abs. 3 und 4 AktG ersetzt sein sollen, bleibt abzuwägen.

115 **8.** Ein Gremium mit der Bezeichnung Aufsichtsrat muss zwingend Überwachungsaufgaben in Bezug auf die Geschäftsführung haben (Baumbach/Hueck/*Zöllner*/*Noack*, § 52 Rn. 27, 100; MüKo GmbHG/*Spindler*, § 52 Rn. 263). Dies konkretisiert sich in den im Muster unter 2. lit. a) und b) genannten Beschlusszuständigkeiten sowie der am Ende von Abs. 2 genannten Verpflichtung, den Jahresabschluss der Gesellschaft zu prüfen und Beschlussvorschläge für die Feststellung des Jahresabschlusses und die Verwendung des Bilanzgewinns zu unterbreiten. Es könnten dem Aufsichtsrat auch weitergehende Befugnisse, insbesondere auch die Aufgabe zur Beratung der Geschäftsführung, zugewiesen werden, wobei es aber nicht zu einer vollständigen Kompetenzverlagerung von Geschäftsführung und Gesellschafterversammlung auf den Aufsichtsrat kommen darf (Grundsatz der Verbandssouveränität, siehe von Rechenberg/Ludwig/*von Wedel*, Kap. 13, Rn. 1200 ff., 1204 ff.; MüKo GmbHG/*Spindler*, § 52 Rn. 265, 276; Sanders, NZG 2017, 961, 963). Insbesondere zulässig wäre es aber, dem Aufsichtsrat die Befugnis zu geben, die Bestellung und Abberufung der Geschäftsführer und die Beschlussfassung über ihre Anstellungsverträge zuzuweisen. Ohne eine solche gesellschaftsvertragliche Bestimmung würde es nach § 52 Abs. 1 GmbHG für den fakultativen Aufsichtsrat jedoch nicht zu einer solchen Kompetenz kommen, da auf § 84 AktG nicht verwiesen ist. Ist die Bestellung und Abberufung der Geschäftsführer dem Aufsichtsrat übertragen, umfasst das als Annexkompetenz auch den Abschluss und die Kündigung des Dienstvertrags (MüKo GmbHG/*Spindler*, § 52 Rn. 386).

116 Über die Detailliertheit und die Betragsgrenzen des Kataloges der nach dem Muster der Zustimmung des Aufsichtsrats bedürfenden Geschäfte und Maßnahmen der Geschäftsführer lässt sich bestimmen, in welchem Umfang die Geschäftstätigkeit an die Zustimmung des Aufsichtsrats gebunden werden soll. Erfolgt keine ausdrückliche Abbedingung, muss der Aufsichtsrat gemäß § 52 Abs. 1 GmbHG i.V.m. § 111 Abs. 4 AktG einen solchen Zustimmungskatalog festlegen (*Lutter*/*Krieger*/*Verse*, § 16 Rn. 1206; MüKo GmbHG/*Spindler*, § 52, Rn. 367). Auf welche Geschäfte oder

Maßnahmen sich der Katalog beziehen muss, lässt das Gesetz offen. Er muss sich auf konkrete Arten von Geschäften beziehen, darf sich nicht nur auf ersichtliche Belanglosigkeiten beschränken und andererseits nicht den gegenüber dem Aufsichtsrat freien Kernbereich der Geschäftsführung einschränken (MüKo GmbHG/*Spindler*, § 52 Rn. 368, 369). Der Deutsche Corporate Governance Kodex spricht in seiner Ziffer 3.3 von die Vermögens-, Finanz- oder Ertragslage des Unternehmens grundlegend ändernden Geschäften und Maßnahmen. Wegen der Prärogative der Entscheidungen der Gesellschafterversammlung (insbesondere auf deren Weisung beruhende Geschäfte) sind diese der Überwachung und der Zustimmung des Aufsichtsrats entzogen (streitig, wie hier MüKo GmbHG/*Spindler*, § 52 Rn. 268; Roth/Altmeppen GmbHG, § 52 Rn. 25). Im Übrigen stünde es den Gesellschaftern auch frei, dem fakultativen Aufsichtsrat Weisungsrechte an die Geschäftsführer einzuräumen (dazu und zum Verhältnis zu Gesellschafterversammlung in diesem Fall, Baumbach/Hueck/*Zöllner/Noack*, § 52 Rn. 124, 125).

9. Um einem möglicherweise sich im Zeitablauf verändernden Bedarf bei der Einbindung des Aufsichtsrats ohne die Förmlichkeiten einer notariell zu beurkundenden und zum Handelsregister einzutragenden Satzungsänderung Rechnung tragen zu können, ist unter Abs. 2 lit. d) des Musters vorgesehen, dass die Gesellschafterversammlung durch einfachen Beschluss dem Aufsichtsrat weitere Aufgaben zuweist (und damit auf dem gleichen Weg auch wieder entziehen kann). Diese Vorgehensweise könnte sich auch für den unter Abs. 2 lit. b) des Musters vorgesehenen Katalog zustimmungsbedürftiger Geschäfte empfehlen, dessen Gegenstand und dessen Betragsgrenzen einem häufigeren Anpassungsbedarf unterliegen mögen. 117

10. Die im Muster vorgesehene Prüfung des Jahresabschlusses durch den Aufsichtsrat und die Unterbreitung von Beschlussvorschlägen für die Feststellung des Jahresabschlusses und die Verwendung des Bilanzgewinns unterstreicht die überwachende Aufgabe des Aufsichtsrats. Es ist streitig, ob die Prüfung des Jahresabschlusses als zwingender Bestandteil der Überwachungspflicht anzusehen ist (so Baumbach/Hueck/*Zöllner/Noack*, § 52 Rn. 113; für Satzungsautonomie Lutter/Hommelhoff/*Lutter*, § 52 Rn. 21). Jedoch bleibt die Beschlussfassung über den Jahresabschluss (Feststellung) sowie die Gewinnverwendung letztlich Sache der Gesellschafter, die an die Beschlussvorschläge nicht gebunden sind. Auf § 172 AktG wird in § 52 Abs. 1 GmbHG nicht verwiesen. Es wäre zulässig, hiervon abweichend dem Aufsichtsrat auch das Recht zur Feststellung des Jahresabschlusses und zur Beschlussfassung über den Bilanzgewinn zu übertragen (Scholz/*Karsten Schmidt*, § 46 Rn. 46; MüKo GmbHG/*Spindler*, § 52 Rn. 294). 118

11. Über den Verweis auf § 110 Abs. 3 AktG wäre bei Schweigen der Satzung eine Sitzungsfrequenz von mindestens einmal halbjährlich zwingend. Das Muster sieht freiwillig eine höhere Frequenz vor. Eine demgegenüber so stark abgesenkte Frequenz, dass die Erfüllung der Überwachungsaufgabe nicht mehr möglich ist, wäre unzulässig. Als Sitzungen in diesem Sinne zählen auch Video- und Telefonkonferenzen (Hüffer/*Koch*, § 110 Rn. 11). Beschlüsse außerhalb von Sitzungen sind- je nach Ausformung in der Geschäftsordnung oder in der Satzung- auch schriftlich, in Textform (§ 126b BGB) oder telefonisch möglich. 119

12. Die Regelung des § 109 AktG zum Teilnahmerecht Dritter an Aufsichtsratssitzungen gelten für den fakultativen Aufsichtsrat nicht von Gesetzes wegen. Der Gesellschaftsvertrag und eine Geschäftsordnung haben daher weitestgehend Gestaltungsmöglichkeiten. Allerdings wäre eine uneingeschränkte Öffentlichkeit der Sitzungen auch bei kommunal beherrschten Gesellschaften nur bei ausdrücklicher Gestattung im Gesellschaftsvertrag zulässig (MüKo GmbHG/*Spindler*, § 52 Rn. 606). Die Anordnung eines Teilnahmerechts der Gesellschafter im Muster ist ein Vorschlag, der vor dem Hintergrund der jeweiligen Gesellschafterstruktur erwogen werden mag. 120

13. Abs. 3 des Musters lässt die sonstigen Fragen der inneren Ordnung des Aufsichtsrats ungeregelt und verweist auf eine vom Aufsichtsrat selbst zu erlassene Geschäftsordnung. Eine Regelung im Gesellschaftsvertrag in Bezug auf die Bildung von Ausschüssen wäre nach aktienrechtlichem Verständnis unwirksam, da sie die Selbstorganisationsfreiheit des Aufsichtsrats berührte (vgl. nur Hüffer/*Koch*, § 107 Rn. 18). Im GmbH-Recht gilt diese Begrenzung nicht, es empfiehlt sich aber, die 121

Regelung der inneren Ordnung des Aufsichtsrats weitgehend in Form einer Geschäftsordnung zu regeln, um den Aufwand und die Beschlussmehrheiten ansonsten erforderlicher satzungsändernder Beschlüsse zu vermeiden und größere Flexibilität zu gewinnen (vgl. Muster C 27 (Rdn. C 261 ff.)).

122 **14.** Über die hier vorgeschlagenen, gesellschaftsvertraglich getroffenen Regelungen hinaus könnte sich die Geschäftsordnung mit Fragen der Einberufung und Ladung von Aufsichtsratssitzungen, weiteren Einzelheiten des Teilnahmerechts (auch Dritter), der Beschlussfähigkeit und der Beschlussfassung sowie Fragen der Protokollierung von Aufsichtsratsbeschlüssen befassen. Letzteres ist schon mit Blick auf die Haftung der Aufsichtsratsmitglieder gegenüber der Gesellschaft empfehlenswert. Soweit einzelne Regelungen nicht getroffen werden, werden wegen des hier aufsichtsführende Aufgaben innehabenden Aufsichtsrats aktienrechtliche Regelungen im Wesentlichen sinngemäß zur Geltung kommen (vgl. nur von Rechenberg/Ludwig/*von Wedel*, Kap. 13, Rn. 1186 ff.; Baumbach/Hueck/*Zöllner/Noack*, § 52 Rn. 82). Dies gilt auch für die Grundgedanken der §§ 107 bis 109 AktG, die nach § 52 Abs. 1 GmbHG nicht einbezogen sind. Es könnte sich der Aufsichtsrat diese Regeln durch Beschluss zu Eigen machen (MüKoGmbHG/*Spindler*, § 52 Rn. 445).

123 Zur Haftung der Mitglieder des Aufsichtsrats in Abhängigkeit von ihrer Aufgabe wird zunächst auf oben Rdn. C 110 verwiesen. Mit dem Verweis auf die auch in § 52 Abs. 1 GmbHG in Bezug genommenen §§ 116, 93 Abs. 1 und 2 AktG ist der grundsätzlich strenge Haftungsmaßstab der aktienrechtlichen Organhaftung für anwendbar erklärt. Für die Geltendmachung von Schadensersatzansprüchen, als auch für die Entlastung und Freistellung von Ersatzansprüchen, gelten GmbH-rechtliche Vorgaben, insbesondere, weil § 93 Abs. 4 und Abs. 5 nicht in Bezug genommen sind (weitere Einzelheiten siehe bei von Rechenberg/Ludwig/*von Wedel*, Kap. 13, Rn. 1179 ff., 1183; Baumbach/Hueck/*Zöllner/Noack*, § 52 Rn. 70 f.; *Keiluweit* BB 2011, S. 1795). Zur Haftung des fakultativen Aufsichtsrats für Zahlungen nach Insolvenzreife siehe BGH Urt. v. 20.09.2010 – II ZR 78/09.

124 **15.** Hinsichtlich der Vergütung der Mitglieder des Aufsichtsrats besteht weitestgehend Vertragsfreiheit. § 113 AktG fände zwar bei Schweigen der Satzung Anwendung, enthält aber ebenfalls kaum Vorgaben. Allerdings muss die Vergütung entweder im Gesellschaftsvertrag oder durch Beschluss der Gesellschafterversammlung, die hierüber von Mal zu Mal oder mit bis auf weiteres geltenden Beschlüssen beschließt – gegebenenfalls auch kombiniert – festgelegt werden. Dabei reicht eine Festlegung der Vergütungshöhe aus, die interne Verteilung kann dem Aufsichtsrat selbst überlassen werden. Inhaltlich sind außer der hier vorgeschlagenen Fixvergütung auch variable Vergütungen oder Vergütungsbestandteile denkbar, die an die Zahl der Sitzungen (Sitzungsgelder) oder die innerhalb des Aufsichtsrats übernommenen Aufgaben (Vorsitz, stellvertretender Vorsitz, Ausschüsse) anknüpfen. Auch dürfte es zulässig sein, den unterschiedlichen Erfahrungen und Kenntnissen einzelner Aufsichtsratsmitglieder durch die Vergütung besonders Rechnung zu tragen, wobei im Übrigen eine Gleichbehandlung sinnvoll, aber nicht zwingend ist (Baumbach/Hueck/*Zöllner/Noack*, § 52 Rn. 60; Lutter/Hommelhoff/*Lutter*, § 52 Rn. 70 ff.). Die Vergütung für Gesellschafter, die zugleich Aufsichtsratsmitglieder sind, darf das übliche Maß nicht übersteigen, um nicht die Rechtsfolgen einer verdeckten Gewinnausschüttung auszulösen. Zusätzliche Beratungsverträge mit Mitgliedern des Aufsichtsrats, die sich mit der Überwachungs- und Beratungsaufgabe gemäß dem Gesellschaftsvertrag überschneiden (vgl. dazu Hüffer/*Koch*, § 114 Rn. 6 m.w.N.), werden auch dann als nichtig anzusehen sein, wenn § 113 AktG, wie hier, durch die Abbedingung von § 52 Abs. 1 AktG keine Geltung beansprucht (von Rechenberg/Ludwig/*von Wedel*, Kap. 13, Rn. 1174; Baumbach/Hueck/*Zöllner/Noack*, § 52 Rn. 63, 101 f.; MüKo GmbHG/*Spindler*, § 52 Rn. 253). Ansonsten ist § 114 AktG abdingbar, indem eine Zustimmung zu Beratungsverträgen nicht erforderlich ist oder der Gesellschafterversammlung übertragen wird.

125 **16.** Zweckmäßigerweise wird zugleich mit dem Gesellschafterbeschluss über die Änderung des Gesellschaftsvertrages und damit die Einrichtung des Aufsichtsrats der erste Aufsichtsrat gewählt. Für die persönlichen Voraussetzungen verweist bei Schweigen der Satzung § 52 Abs. 1 GmbHG auf §§ 100 Abs. 1, 2 Nr. 2 und Abs. 5, 105 AktG. Diese Vorschriften sind bei einem überwachenden Aufsichtsrat entgegen dem Gesetzeswortlaut nicht dispositiv (streitig, s. Baum-

bach/Hueck/*Zöllner/Noack*, § 52 Rn. 36, 39, 34; Lutter/Hommelhoff/*Lutter*, § 52 Rn. 11 ff.; vgl. auch oben Rdn. C 113). In Ziffer 1. des Satzungsmusters ist daher die Mitgliedschaft auf natürliche Personen beschränkt, dazu von Rechenberg/Ludwig/*von Wedel*, Kap. 13, Rn. 1156.

Die neu gewählten Mitglieder des Aufsichtsrats sind nach § 52 Abs. 3 Satz 2 GmbHG dem Handelsregister mitzuteilen. Diese Vorschrift ist ebenso wenig wie § 35a Abs. 1 Satz 1 GmbHG (betreffend die Angabe des Aufsichtsratsvorsitzenden auf den Geschäftsbriefen) abdingbar, wenn die Gesellschafter einen Aufsichtsrat eingesetzt haben und dieser aufsichtsratstypische Funktionen ausübt (vgl. *Roth/Altmeppen* ,§ 52 Rn. 52; Baumbach/Hueck/*Zöllner/Noack*, § 52 Rn. 25). Da bei der zum Handelsregister einzureichenden Liste der Mitglieder des Aufsichtsrats neben Name und Vorname auch ausgeübter Beruf und Wohnort der Mitglieder des Aufsichtsrats anzugeben ist, empfiehlt es sich, diese Angaben bereits anlässlich der Aufsichtsratswahl zu beschaffen und in das Beschlussprotokoll aufzunehmen. Das Muster einer Wahl von Aufsichtsratsmitgliedern eines nach dem DrittelbG mitbestimmten Aufsichtsrats findet sich unter Muster C 17, Rdn. C 138 ff. 126

16. Bekanntmachung über eine vorschriftswidrige Zusammensetzung des Aufsichtsrats (Statusverfahren)

Vorbemerkung

Für die Zusammensetzung des fakultativen Aufsichtsrats bei einer GmbH gilt nach § 52 Abs. 1 GmbHG lediglich § 95 Satz 1 AktG, sofern die Gesellschafter im Gesellschaftsvertrag an dieser Stelle nichts Abweichendes bestimmen. Die Vorschriften über das so genannte »Statusverfahren«, die sich mit einem Systemwechsel in der Zusammensetzung des Aufsichtsrats befassen (§§ 96–98 AktG), gelten insoweit nicht. Anders ist dies, wenn die Grenzen des obligatorischen Aufsichtsrats nach den Mitbestimmungsgesetzen (§ 1 Abs. 1 Nr. 3 Satz 2 DrittelbG oder § 6 Abs. 2 Satz 1 MitbestG) berührt werden. Die Vorschriften über das Statusverfahren sind immer dann anwendbar, wenn eine GmbH aus dem fakultativen Aufsichtsrat durch Überschreiten der Mitarbeiterzahlen in den obligatorischen Aufsichtsrat hineinwächst (BAG v. 16.04.2008 – 7 ABR 6/07 = NZA 2008, 1025; Baumbach/Hueck/*Zöllner/Noack*, § 52 Rn. 15; *Roth/Altmeppen*, § 52 Rn. 54; Lutter/Hommelhoff/*Lutter*, § 52 Rn. 38), innerhalb der obligatorischen Aufsichtsratssysteme durch Über- oder Unterschreiten der Mitarbeiterzahlen das System wechselt oder aus dem Bereich der obligatorischen Aufsichtsräte herausfällt. Das nachstehende Muster behandelt den Fall, dass ein bislang paritätisch nach den Regeln des Mitbestimmungsgesetzes zusammengesetzter Aufsichtsrat einer GmbH durch Absinken der maßgeblichen Arbeitnehmerzahl zukünftig nur noch nach den Regeln des DrittelbG zusammenzusetzen ist. Das Statusverfahren wird durch das hier vorgestellte Muster einer Bekanntmachung nach § 97 Abs. 1 AktG eingeleitet. 127

Muster

Bekanntmachung nach § 97 Abs. 1 AktG 128

A-GmbH

[Ort]

Bekanntmachung über die Zusammensetzung des Aufsichtsrats nach §§ 97 Abs. 1 AktG [1]

Die Geschäftsführung der A-GmbH ist der Ansicht, dass der Aufsichtsrat der Gesellschaft derzeit nicht nach den für ihn maßgeblichen gesetzlichen Vorschriften zusammengesetzt ist. Anstelle der bisherigen Zusammensetzung nach den Regeln des Mitbestimmungsgesetzes ist der Aufsichtsrat nach Auffassung der Geschäftsführung gemäß § 96 Abs. 14. Alt. AktG aus Aufsichtsratsmitgliedern der Gesell-

schafter und der Arbeitnehmer nach den Regeln des Drittelbeteiligungsgesetzes zusammenzusetzen [2]. Der Aufsichtsrat wird demnach zukünftig aus sechs Mitgliedern, die von der Gesellschafterversammlung zu wählen sind, und drei Mitgliedern, die von den Arbeitnehmern zu wählen sind, zusammengesetzt [3], wenn nicht Antragsberechtigte nach § 98 Abs. 2 AktG innerhalb eines Monats nach Veröffentlichung dieser Bekanntmachung im elektronischen Bundesanzeiger das nach § 98 Abs. 1 AktG zuständige Gericht, das Landgericht in __________, [Kammer für Handelssachen] anrufen [4].

__________ im März 2016 [5, 6]

Der Vorstand

Erläuterungen

Literatur: *Jänig/Leissring*, FamFG: Neues Verfahrensrecht für Streitigkeiten in AG und GmbH, ZIP 2010, 110; *Jannott/Gressinger*, Heilende Kraft des Kontinuitätsprinzips oder Perpetuierung nichtiger Aufsichtsratswahlen, BB 2013, 2120; *Kauffmann-Lauven/Lenze*, Auswirkungen der Verschmelzung auf den mitbestimmten Aufsichtsrat, AG 2010, 532 ff.; *Norbert Meier*, Aufsichtsratssysteme bei einer GmbH – Auswirkungen eines Wechsels innerhalb der Amtsperiode, DStR 2011, 1430; *Mohr/Rehm*, Grundlagen und Grenzen der Bildung eines mitbestimmten Aufsichtsrats in der GmbH auf Initiative des Betriebsrats, BB 2009, S. 1806; *Nießen/Sandhaus*, Das Statusverfahren, NJW-Spezial 2008, 687; *Sick*, Rückenwind für die Mitbestimmung durch den EuGH, WPg 2018, 121.

129 **1.** §§ 96–98 AktG beinhalten für Aktiengesellschaften die Regelungen über die Zusammensetzung des Aufsichtsrats und das Verfahren, welches einzuhalten ist, wenn sich die Zusammensetzung des Aufsichtsrats ändert. Dieses ist von dem in § 96 Abs. 2 AktG verankerten Kontinuitätsgrundsatz geprägt. Danach kommt es zu einer verbindlichen Geltung einer anderen Zusammensetzung des Aufsichtsrats nur durch die Einhaltung entweder des Verfahrens nach § 97 AktG (widerspruchsfreie Bekanntmachung durch den Vorstand nach § 97 Abs. 1 und Abs. 2 AktG) oder durch die gerichtliche Entscheidung des zuständigen Landgerichts nach § 98 AktG (Einzelheiten zum Statusverfahren siehe von Rechenberg/Ludwig/*Ludwig/Zeising*, Kap. 14 Rn. 632 ff; Hüffer/*Koch*, § 97 Rn. 3 ff.). Durch die Verweise von § 1 Abs. 1 Nr. 3 Satz 2 DrittelbG bzw. § 6 Abs. 2 Satz 1 MitbestG gelten diese Vorschriften auch für solche GmbHs, welche unter Anwendung des DrittelbG bzw. des MitbestG obligatorisch einen Aufsichtsrat zu bilden haben. Demnach unterliegt keinem Zweifel, dass die §§ 96–98 AktG dann anzuwenden sind, wenn eine GmbH mit bestehendem obligatorischen Aufsichtsrat unter Anwendung der Mitbestimmungsgesetze einer Veränderung der Zusammensetzung ihres Aufsichtsrats unterliegt. Dies ist beim Übergang von der drittelparitätischen auf die paritätische Mitbestimmung oder umgekehrt sowie bei Unterschreiten der für die Anwendung des DrittelbG geltenden Voraussetzungen der Fall. Für den Fall der erstmaligen Anwendung des Mitbestimmungsgesetzes gilt § 37 MitbestG, der die aktienrechtlichen Regelungen über das Statusverfahren ausdrücklich in Bezug nimmt und über § 97 Abs. 2 Satz 2 AktG hinausgehend bestimmt, dass mit der Durchführung des Statusverfahrens nicht nur die Bestimmungen des Gesellschaftsvertrags über die Zusammensetzung des Aufsichtsrats, die Zahl der Aufsichtsratsmitglieder, ihre Wahl, Abberufung und Entsendung von Gesetzes wegen außer Kraft treten, sondern auch sonstige, dem MitbestG widersprechende Bestimmungen (z. B. zum Verfahren des Aufsichtsrats), § 37 Abs. 1 Satz 1 MitbestG.

130 Streitig ist, ob §§ 97 und 98 AktG auch auf Veränderungen der relevanten Schwellenzahlen innerhalb desselben Aufsichtsratsregimes (nach h.M. ja, vgl. dazu OLG Düsseldorf OLG Düsseldorf, Beschluss vom 20.06.1978 – 19 W 3/78 –, DB 1978, 1358; Hüffer/*Koch*, § 97 Rn. 3; Spindler/Stilz/*Spindler*, § 97 Rn. 8–11; von Rechenberg/Ludwig/*Ludwig/Zeising*, Kap. 14, Rn. 632; Hachenburg/*Raiser*, GmbHG, 8. Aufl. 1991, § 2 Rn. 163; im Ergebnis auch *Raiser*/Veil/Jacobs, § 6 Rn. 5, jeweils m.w.N.) oder beim erstmaligen Übergang einer GmbH, die bisher aufsichtsratslos war, auf einen obligatorischen Aufsichtsrat nach den Mitbestimmungsgesetzen anzuwenden sind

(nach herrschender Meinung eine sinngemäße Anwendung, vgl. BAG v. 16.04.2008, NZA 2008, 1025; Baumbach/Hueck/*Zöllner/Noack*, § 52 Rn. 15; Scholz/*Uwe. H. Schneider*, § 52 Rn. 46, Lutter/Hommelhoff/*Lutter*, § 52 Rn. 38).

Streitig ist auch, ob das Statusverfahren in Fällen freiwilliger Änderung der Satzung, also für Vergrößerung oder Verkleinerung des Aufsichtsrats bei gleichbleibenden Mitbestimmungsmodell, anzuwenden ist. Für den Fall einer Verringerung der Zahl der Aufsichtsratsmitglieder hat das BAG entschieden, dass §§ 97 ff. AktG direkte Anwendung fänden (BAG, Beschl. v. 03.10.1989, WM 1989, 633, 636; ihm folgend vor allem *Oetker*, ZGR 2000, 19, 21 f.). Nach herrschender Meinung ist indes dem Wortlaut des § 97 Abs. 1 AktG zu folgen, wonach nur gesetzlich veranlasste Änderungen der Aufsichtsratszusammensetzung ein Statusverfahren auslösen können (OLG Hamburg, AG 1989, 64 (65); *Spindler* Spindler/Stilz, AktG, § 97 Rn. 8, 9; KK AktG/*Mertens/Cahn*, §§ 97–99 Rn. 44; MüKoAktG/*Habersack*, § 97 Rn. 14; Hüffer/*Koch*, § 97 Rn. 3). Da Satzungsänderungen gemäß § 54 Abs. 3 GmbHG erst mit Eintragung im Handelsregister Wirksamkeit erlangen, schaffe dies die auch in diesen Fällen erforderliche Rechtssicherheit. 131

Schließlich werden Statusverfahren (durch direkte Anrufung der zuständigen Gerichte nach § 98 AktG) in der aktuellen Praxis eingeleitet, um Fragen der Zusammensetzung der Arbeitnehmerbank im Zusammenhang mit europäischem Recht aufzuwerfen: Das Kammergericht Berlin hat durch Beschluss vom 16.10.2015 dem EuGH die Frage vorgelegt, ob es mit Artikel 18 AEUV (Diskriminierungsverbot) und Artikel 45 AEUV (Freizügigkeit der Arbeitnehmer) vereinbar ist, dass ein Mitgliedstaat das aktive und passive Wahlrecht für die Vertreter der Arbeitnehmer in das Aufsichtsorgan eines Unternehmens nur solchen Arbeitnehmern einräumt, die in Betrieben des Unternehmens oder in Konzernunternehmen im Inland beschäftigt sind (KG Berlin, Beschl. v. 16.10.2015 – 14 W 89/15 –, AG 2015, 872). Der EuGH hat indes mit seiner Vorabentscheidung vom 18. Juli 2017 (C-566/15) entschieden, dass die Bestimmungen des deutschen MitbestG keine unzulässige Diskriminierung der im EU-Ausland tätigen Mitarbeiter bedeuten (dazu Rödl: Wichtige Einsichten: Territorialanknüpfung des Arbeitsrechts und allseitige Kollisionsnormen mit Unionsrecht vereinbar, EuZA 2018, 88). Dem haben sich nicht nur das Kammergericht in dem Ausgangsverfahren (KG Berlin, Beschluss vom 02.11.2017 – 14 W 89/15), sondern inzwischen auch zahlreiche andere Gerichte in zahlreichen von Kleinaktionären eingeleiteter Statusverfahren angeschlossen (OLG München, Beschluss vom 06.03.2018 – 31 Wx 321/15; LG Frankfurt, Beschlüsse vom 21.12.2017 – 3–05 O 80/17, 3–05 O 85/17, 3–05 O 88/17, 3–05 O 92/17, 3–05 O 93/17 und 3–05 O 93/17; LG Hamburg, Beschlüsse vom 06.02.2018 – 403 HKO 130/17 und 403 HKO 131/17; LG Stuttgart, Beschlüsse vom 01.02.2018 – 31 O 46/17 KfH AktG, 31 O 47/17 KfH AktG, 31 O 48/17 KfH AktG). 132

2. Der Inhalt der Bekanntmachung nach § 97 Abs. 1 AktG ist im Gesetz nur kursorisch beschrieben. Es muss zumindest deutlich werden, dass die Geschäftsführung den Aufsichtsrat nicht nach den für ihn maßgeblichen gesetzlichen Vorschriften zusammengesetzt hält. Zwingend anzugeben sind die genauen Vorschriften, nach denen sich der Aufsichtsrat zukünftig zusammen setzen soll. 133

3. Üblicherweise wird die neue Zusammensetzung des Aufsichtsrats auch zahlenmäßig konkret benannt. Im Muster ist damit gegenüber der bisherigen Zusammensetzung auch eine Verkleinerung des Aufsichtsrats von zwölf auf neun Mitglieder verbunden. Beim Hineinwachsen in Mitbestimmungsmodelle kann es zwingend zu einer Veränderung der Mitgliederzahlen kommen (für den neuen Fall der durch den Verzicht auf die Dreiteilbarkeit in § 95 Satz 3 AktG veranlassten Änderung siehe Bayer/Scholz, ZIP 2016, 193). Angaben dazu, warum die Geschäftsführung die bisherige Zusammensetzung des Aufsichtsrats für gesetzeswidrig hält oder aus welchen Gründen sie eine bestimmte neue Zusammensetzung des Aufsichtsrats für richtig hält (z.B. Bespiel durch die Benennung von Mitarbeiterzahlen), sind nicht erforderlich (str., wie hier: Großkomm AktG/*Hopt/Roth/Peddinghaus*, § 97 Rn. 38; KK AktG/*Mertens/Cahn*, §§ 97–99 Rn. 11; MüKo AktG/*Habersack*, § 97 Rn. 24; Hüffer/*Koch*, § 97 Rn. 4; a.A. *Oetker*, ZHR 149 (1985), 575, 592 f.). 134

135 **4.** Nach § 97 Abs. 1 Satz 3 AktG muss in der Bekanntmachung auf die Rechtsfolge einer nicht rechtzeitigen Anrufung des Gerichts hingewiesen werden. Auf das in casu zuständige Gericht muss nicht, wird aber in der Regel hingewiesen. Das zuständige Gericht ergibt sich aus § 98 Abs. 1 AktG, soweit nicht durch Rechtsverordnung der Landesregierungen eine Zuständigkeitskonzentration angeordnet wurde. Zu Angaben zur Zuständigkeitskonzentration in verschiedenen Bundesländern siehe KK–AktG/*Mertens/Cahn*, §§ 97–99 Rn. 43. Das hiernach zuständige Gericht ist also, ggf. abweichend von dem sonst örtlich zuständigen Landgericht, zu benennen. Zuständig ist die Kammer für Handelssachen (§§ 71 Abs. 2 Nr. 4b, 95 Abs. 2 Nr. 2 GVG). Ob eine Kammer für Handelssachen eingerichtet ist, kann dem Geschäftsverteilungsplan des zuständigen Landgerichts entnommen werden. Das Verfahren folgt gemäß § 99 Abs. 1 AktG grundsätzlich dem FamFG. Weder hierauf noch auf den Kreis der möglichen Antragsteller nach § 98 Abs. 2 Satz 1 AktG ist hinzuweisen. Es handelt sich nicht um eine Rechtsbehelfsbelehrung (Hüffer/*Koch*, § 97 Rn. 4; KK-AktG/*Mertens/Cahn*, §§ 97–99 Rn. 12, 13).

136 **5.** Die Bekanntmachung ist unverzüglich vorzunehmen, sobald die Geschäftsführung der Ansicht ist, dass der Aufsichtsrat derzeit nicht nach den anwendbaren gesetzlichen Vorschriften richtig zusammengesetzt ist. Die Verletzung dieser Pflicht ist nach § 43 GmbHG grundsätzlich eine Obliegenheitsverletzung, die zu einer Schadensersatzpflicht gegenüber der Gesellschaft führt. Ein nachweislicher Schaden für die Gesellschaft wird mit einer verspäteten Bekanntmachung jedoch in der Regel nicht verbunden sein. Allerdings riskiert die Geschäftsführung, dass Antragsberechtigte nach § 98 Abs. 2 Satz 1 AktG einen Antrag auf gerichtliche Entscheidung über die Zusammensetzung des Aufsichtsrats stellen. Solange dies nicht erfolgt und die Geschäftsführung keine Bekanntmachung veranlasst, bleibt es nach § 96 Abs. 2 AktG bei der bisherigen Zusammensetzung des Aufsichtsrats. Dies ergibt einen gewissen praktischen Handlungsspielraum, die Bekanntmachung zu einem bestimmten Zeitpunkt früher oder später zu veranlassen, etwa um unter Berücksichtigung der bei Nichtanrufung des Gerichtes ausgelösten Fristen (§ 97 Abs. 2 AktG) der Arbeitnehmerseite noch zuvor die Durchführung des zeitaufwändigen Wahlverfahrens nach den einschlägigen Wahlordnungen zu ermöglichen.

137 **6.** Die Bekanntmachung erfolgt in den Gesellschaftsblättern; nach § 12 Abs. 1 GmbHG also mindestens im Bundesanzeiger. Die Kosten ergeben sich aus der *»Preisliste Bundesanzeiger für entgeltliche Publikationen«* unter **https://www.bundesanzeiger.de/**. Sie ist außerdem zeitgleich durch Aushang in sämtlichen Betrieben der Gesellschaft und ihren Konzernunternehmen bekannt zu geben. Der Fristlauf nach § 97 Abs. 2 Satz 1 AktG berechnet sich jedoch nur von dem Tag der Bekanntmachung im Bundesanzeiger an. Die Bekanntmachungspflichten nach der WO-Drittelbeteiligungsgesetz vom 23.06.2004 (BGBl. I 1393) bzw. nach §§ 2 der ersten, zweiten und dritten WO zum Mitbestimmungsgesetz (1. Wahlordnung zum MitbestG vom 27.05.2002, geändert am 10.10.2005, BGBl. I, 2927; 2. Wahlordnung zum MitbestG vom 27.05.2002, geändert am 10.10.2005, ebenda und 3. Wahlordnung zum MitbestG v. 27.05.2002, geändert am 10.10.2005, ebenda) bleiben unberührt. Solange die Monatsfrist nach § 97 Abs. 2 AktG noch nicht abgelaufen ist, ist es der Geschäftsführung möglich, die Bekanntmachung auf dem gleichen Wege zu widerrufen oder zu korrigieren (KK-AktG/*Mertens/Cahn §§ 97*–99 Rn. 18. m.w.N.; Spindler/Stilz/*Spindler*, AktG, § 97 Rn. 22).

17. Gesellschafterbeschluss zur Wahl von Aufsichtsratsmitgliedern

Vorbemerkung

138 Einen Fall der Wahl der Mitglieder des Aufsichtsrats eines bei einer GmbH neu eingerichteten Aufsichtsrats behandelt bereits das Muster C 15, Rdn. C 102 ff. Während es sich dort um einen nicht mitbestimmten fakultativen Aufsichtsrat einer GmbH, bestehend aus drei Aufsichtsratsmitgliedern, die von der Gesellschafterversammlung gewählt werden, handelt, soll hier der Fall gebildet werden, dass die Gesellschafterversammlung nach turnusgemäßem Amtszeitende eine insgesamte Neuwahl vorzunehmen hat. Dabei wird angenommen, dass die Gesellschaft in der Regel mehr als 500 Arbeitnehmer beschäftigt und mithin nach § 1 Abs. 1 Nr. 3 DrittelbG obligatorisch einen Aufsichtsrat zu

bilden hat, auf den aktienrechtliche Vorschriften in einem weiten Umfang Anwendung finden. In der Alternative wird in Fortschreibung von Muster C 16, Rdn. C 127 ff. der Fall der Neuwahl von Aufsichtsratsmitgliedern nach erfolgreichem Durchlaufen des Statusverfahrens wegen Beendigung der Ämter der bisherigen Aufsichtsratsmitglieder nach § 97 Abs. 2 Satz 3 AktG und die dazugehörigen Änderung des Gesellschaftsvertrags behandelt. Schließlich ist für den drittelmitbestimmten Aufsichtsrat die nach dem Gesetz für die gleichberechtigte Teilhabe von Frauen und Männern an Führungspositionen in der Privatwirtschaft und im öffentlichen Dienst (FührposGleichberG) vom 24.04.2015 (BGBl. I 642) und der dadurch geänderten Fassung des § 52 Abs. 2 Satz 1 GmbHG erforderliche Festlegung der Frauenquote im Muster behandelt. Zu der Festlegung der Frauenquote in den ersten beiden Führungsebenen durch die Geschäftsführer siehe Rdn. C 454 ff.

Muster

Protokoll einer Gesellschafterversammlung der C-GmbH[1] 139

Vor dem Notar __________ in __________ erschienen A, B und C, jeweils handelnd im eigenen Namen und gaben folgende Erklärungen ab:

A hält einen Geschäftsanteil im Nennbetrag von 30.000 €, B einen Geschäftsanteil im Nennbetrag von 30.000 € und C einen Geschäftsanteil im Nennbetrag von 40.000 € an der C-GmbH (»Gesellschaft«), mit dem Sitz in Köln, mit einem ingesamten Stammkapital in Höhe von 100.000 € und eingetragen im Handelsregister des Amtsgerichts Köln unter Nr. HRB __________. Die Erschienenen vertreten damit das gesamte Stammkapital der C-GmbH. Sie treten hiermit unter Verzicht auf alle Formen und Fristen für die Einberufung und Abhaltung einer Gesellschafterversammlung der C-GmbH zu einer Gesellschafterversammlung dieser Gesellschaft zusammen und beschließen einstimmig was folgt:

Alternative:

I. Beschlussfassung über eine Änderung des Gesellschaftsvertrags

Die Geschäftsführung der Gesellschaft hat am __________ 2018 gemäß § 1 Abs. 1 Nr. 3 DrittelbG i.V.m. § 97 Abs. 1 AktG in den Gesellschaftsblättern sowie durch Aushang in sämtlichen Betrieben der Gesellschaft bekannt gemacht, dass der Aufsichtsrat der Gesellschaft nach ihrer Ansicht nicht mehr nach den Regeln des Mitbestimmungsgesetzes, sondern gemäß §§ 1 Abs. 1 Nr. 3 DrittelbG i.V.m. § 96 Abs. 1 4. Alt. AktG nach den Regeln des Drittelbeteiligungsgesetzes zusammen zu setzen und zu wählen ist. Eine Anrufung des zuständigen Gerichts hiergegen ist innerhalb der Frist des § 97 Abs. 1 Satz 3 AktG nicht erfolgt. Der Aufsichtsrat der Gesellschaft wird demnach zukünftig aus sechs Mitgliedern, die von der Gesellschafterversammlung zu wählen sind, und drei Mitgliedern, die von den Arbeitnehmern zu wählen sind, zusammengesetzt. Gemäß § 97 Abs. 2 Satz 2 AktG treten zugleich die bisherigen Bestimmungen der Satzung über die Zusammensetzung des Aufsichtsrats und die Zahl der Aufsichtsratsmitglieder außer Kraft soweit sie den nunmehr anzuwendenden Vorschriften des Drittelbeteiligungsgesetzes widersprechen. § __ Abs. _ des Gesellschaftsvertrags wird daher aufgehoben und insgesamt wie folgt neu gefasst:

»§ __________ Aufsichtsrat

1. Die Gesellschaft hat einen Aufsichtsrat, der sich aus sechs Mitgliedern, die von der Gesellschafterversammlung gewählt werden, und aus drei Mitgliedern, die von den Arbeitnehmern gewählt werden, zusammensetzt [3].«

II. Beschlussfassung über Wahlen zum Aufsichtsrat

Die Amtszeit der derzeit amtierenden Mitglieder des Aufsichtsrats endet mit Ablauf der ordentlichen Gesellschafterversammlung, die über die Entlastung für das Geschäftsjahr 2018 beschließt. Für die von der Gesellschafterversammlung gewählten Mitglieder des Aufsichtsrats müssen daher in der heutigen Gesellschafterversammlung Neuwahlen vorgenommen werden. Der Aufsichtsrat der Gesellschaft setzt sich gemäß § 1 Abs. 1 Nr. 3 DrittelbG i.V.m. §§ 95, 96 Abs. 1 4. Alt. AktG aus sechs Mitgliedern, die von der Gesellschafterversammlung gewählt werden, [4] und drei Mitgliedern, die von den Arbeitnehmern gewählt werden, zusammen. [5]

Alternative:

Aus den zu Tagesordnungspunkt I. genannten Gründen ist der Aufsichtsrat der Gesellschaft zukünftig aus sechs Mitgliedern, die von der Gesellschafterversammlung zu wählen sind, und drei Mitgliedern, die von den Arbeitnehmern zu wählen sind, zusammengesetzt. Nach § 97 Abs. 2 Satz 2 i.V.m. Satz 3 AktG erlischt das Amt der bisherigen Aufsichtsratsmitglieder mit dem Ende dieser Gesellschafterversammlung. Es sind daher durch die Gesellschafterversammlung sechs Mitglieder des Aufsichtsrats zu wählen.

Dies vorausgeschickt, wählt die Gesellschafterversammlung hiermit für den Zeitraum bis zur Beendigung der Gesellschafterversammlung, die über die Entlastung für das vierte Geschäftsjahr nach dem Beginn der Amtszeit ohne Berücksichtigung des Geschäftsjahrs, in dem die Amtszeit beginnt, [6]:

1. [Name/Beruf/Wohnort] [7],

2. [Name/Beruf/Wohnort],

3. [Name/Beruf/Wohnort],

4. [Name/Beruf/Wohnort],

5. [Name/Beruf/Wohnort],

6. [Name/Beruf/Wohnort].

Die Kandidaten haben für den Fall ihrer Wahl die Annahme des Amts erklärt [8].

III. Beschlussfassung über die Festlegung von Zielgrößen für den Frauenanteil im Aufsichtsrat und in der Geschäftsführung [9]

Der Aufsichtsrat hatte mit Beschluss vom ____________ 2015 die Zielgröße für den Anteil von Frauen im Aufsichtsrat auf __ % und die Zielgröße für den Anteil von Frauen in der Geschäftsführung auf __ % festgelegt. Zur Erreichung dieser Zielgrößen wurde eine Frist bis zum 30. Juni 2017 festgelegt. Mit Wirkung ab dem 1. Juli 2017 müssen daher die Zielgrößen für den Anteil von Frauen im Aufsichtsrat und in der Geschäftsführung der Gesellschaft und die Fristen für deren Erreichung jeweils neu festgelegt werden.

Dem Aufsichtsrat gehören derzeit ____________ Frau(en) an. Dies entspricht einem Anteil von __ %. Der Geschäftsführung gehört derzeit (k)eine Frau an. Der Frauenanteil in der Geschäftsführung beträgt demnach __ %. Die erreichten Quoten dürfen gemäß § 52 Abs. 2 Satz 3 GmbHG bei der Zielfestlegung nicht unterschritten werden.

Als neue Zielgröße für den Anteil von Frauen im Aufsichtsrat legt die Gesellschafterversammlung __ % fest, als neue Zielgröße für den Frauenanteil in der Ge-

schäftsführung __ %. Die Frist für die Umsetzung dieser Zielfestlegungen läuft bis zum 30. Juni 2022 [10].

Weitere Beschlüsse werden nicht gefasst.

Template

Notarial deed of a shareholders' meeting [1] of C-GmbH 140

Before me, the undersigning notary ____________ with office in ____________ appeared today A, B and C each acting in his/her own name, and declared:

The English text in this document does not form part of this notarial deed and is for simplification purposes only. The persons appearing declared this expressly and waived an official reading.

A holds one share in the nominal amount of € 30,000.00, B holds one share in the nominal amount of € 30,000.00 and C holds one share in the nominal amount of € 40,000.00 in C-GmbH (»Company«), registered with the commercial register of the Local Court of Cologne under HRB ____________ with a total share capital of € 100,000.00. The persons appearing therefore represent the total of the registered share capital in C-GmbH.

Waiving all form and notice requirements for the calling and execution of a shareholders' meeting they hold a shareholders' meeting of the Company and resolve with all votes as follows:

Option:

I. Resolution about an amendment of the Articles of Association

Pursuant to sec. 1 para. 1 no. 3 German One-Third Participation Act (DrittelbG) in connection with sec. 97 para. 1 German Stock Corporation Act (AktG)the managing directors of the Company published in the Company's designated publications on 2018 and displayed in the company´s premises, that in the opinion of the managing directors the supervisory board of the Company has to be composed not anymore pursuant to the rules of the German Co-Determination Act (MitbestG) but pursuant to sec. 1 para. 1 no. 3 DrittelbG in connection with sec. 96 para. 1, 4. alt. AktG. No motion to the competent court was filed within the period pursuant to sec. 97 para. 1 sent. 3 AktG. In future the supervisory board of the Company therefore will be composed of six members elected by the shareholders and three members elected by the employees. According to sec. 97 sec. 2 sent. 2 AktG at the same time those rules of the Articles of Association about the composition of the supervisory board and the number of its members in contradiction to the rules of the DrittelbG now applicable cease to be effective. Sec. __ para. _ of the Articles of Association therefore will be suspended and restated as follows [2]:

»§ __ Supervisory Board

The company has a supervisory board composed of six members elected by the shareholders and three members elected by the employees.« [3]

II. Resolution about the election of members to the supervisory board

The actual supervisory board members' term of appointment will expire with the adjournment of the ordinary shareholders‹ meeting resolving about the discharge for the financial year 2017. Therefore the members of the supervisory board elected by the shareholders' meeting need to be reelected in the present shareholders'

meeting. Pursuant to sec. 1 para. 1 no. 3 DrittelbG in connection with sec. 95, 96 para. 1, 4. alt. AktG the supervisory board of the Company is composed of six members elected by the shareholders [4] and three members elected by the employees [5].

Option:

According to the reasons named under agenda item I in future the supervisory board of the Company will be composed of six members elected by the shareholders and three members elected by the employees. According to sec. 97 para. 2 sent. 2 in connection with sent. 3 AktG the actual supervisory board member's term of appointment will expire with the end of this shareholders' meeting. Therefore six members of the supervisory board need to be elected by the shareholders' meeting.

With this said the shareholders' meeting hereby elects for a term until the adjournment of the shareholders' meeting resolving about the discharge for fourth the financial year after the commencement of their term without taking into account the financial year in which the term commences: [6]

1. ***[name/profession/place of residence]*** [7]
2. ***[name/profession/place of residence]***
3. ***[name/profession/place of residence]***
4. ***[name/profession/place of residence]***
5. ***[name/profession/place of residence]***
6. ***[name/profession/place of residence]***

In case of their election the candidates have declared to accept the office. [8]

III. Resolution about determination of the target ratios for the percentage of women in the supervisory

board and in the management board [9]

By resolution dated ____________ 2015 the supervisory board has determined the target ratios for the percentages of women in the supervisory board with __ % and in the management board with __ %. The time period for attaining these target ratios has been set for 30 June 2017. Effective from 1 July 2017 it is therefore required to determine new target ratios for the percentage of women in the supervisory board and in the management board and the time for attaining them.

Currently __ women are a member of the supervisory board. This equals a ratio of __ %. No (one) woman is member of the management board. The ratio of women in the management board therefore equals __ %. Pursuant to sec. 52 para. 2 sent. 3 German Limited Liability Act (GmbHG) the target ratios may not be lower than the rate already achieved.

As new target ratio for the percentage of women in the supervisory board the supervisory board hereby determines __ % and as new target ratio for the percentage of women in the management board __ %. The time period for attaining the target ratios expires 30 June 2022.[10]

No further resolutions were passed.

Erläuterungen

Literatur: *Fromholzer/Simons*, Die Festlegung von Zielgrößen für den Frauenanteil in Aufsichtsrat, Geschäftsleitung und Führungspositionen, AG 2015, 457; *Herb*, Gesetz für die gleichberechtigte Teilhabe an Führungspositionen – Umsetzung in der Praxis, DB 2015, 964; *Seibt*, Geschlechterquote im Aufsichtsrat und Zielgrößen für die Frauenbeteiligung in Organen und Führungsebenen in der Privatwirtschaft, ZIP 2015, 1193; *Wasmann/Rothenburg*, Praktische Tipps zum Umgang mit der Frauenquote, DB 2015, 291.

1. Der Beschluss der Gesellschafterversammlung über die Wahl von Aufsichtsräten ist keine Satzungsänderung und bedarf daher nicht der notariell beurkundeten Form (zum Protokoll einer Gesellschafterversammlung s. ansonsten Muster C 6, Rdn. C 38 ff.). Soweit allerdings in der Gestaltung der Alternative eine Anpassung der Satzung an ein neues Mitbestimmungsmodell nach durchlaufenem Statusverfahren der §§ 97 ff. AktG durchzuführen ist, liegt hierin eine Satzungsänderung im Sinne des § 53 GmbHG, die nach § 53 Abs. 2 GmbHG grundsätzlich der notariellen Beurkundung bedarf. Allerdings gilt für eine derartige Satzungsänderung nach § 1 Abs. 1 Nr. 3 DrittelbG i.V.m. § 97 Abs. 2 Satz 4 AktG eine gesetzliche Absenkung der Stimmrechtsmehrheit. Danach ist ohne Rücksicht auf anderweitige Satzungsbestimmungen für die Einführung der durch das neue Mitbestimmungsmodell ausgelösten Satzungsanpassungen einfache Stimmrechtsmehrheit ausreichend, sofern die Gesellschafterversammlung innerhalb einer Frist von sechs Monaten nach Ende der Anrufungsfrist des § 97 Abs. 1 AktG stattfindet. 141

2. Die Notwendigkeit zur Anpassung der Satzung folgt aus § 97 Abs. 2 Satz 2 AktG. Danach scheiden nicht nur sämtliche bisherigen Aufsichtsratsmitglieder in der ersten Gesellschafterversammlung nach Ablauf der Monatsfrist, spätestens nach sechs Monaten aus dem Amt, sondern zum gleichen Zeitpunkt treten auch die dem neuen Mitbestimmungsmodell widersprechenden Satzungsbestimmungen betreffend die Zusammensetzung des Aufsichtsrats, die Zahl der Aufsichtsratsmitglieder, ihre Wahl, Abberufung und Entsendung außer Kraft (im Falle paritätisch mitbestimmter Gesellschaften nach § 37 Abs. 1 MitbestG auch alle anderen dem MitbestG widersprechenden Bestimmungen). Allerdings würde es aufgrund dieser gesetzlichen Regelung nur zu einem Außerkrafttreten der insoweit widersprüchlichen Satzungsbestimmungen kommen und der Gesellschaftsvertrag muss über die zwingend gesetzlich vorgeschriebene Zusammensetzung des Aufsichtsrats nicht notwendigerweise etwas sagen. Vielmehr gelten dann ohne Weiteres die gesetzlichen Vorschriften. In der Praxis soll vielfach eine solche Aussage jedoch getroffen werden. Wenn der Gesellschaftsvertrag neutral gefasst ist, muss es danach also nicht zu einer Anpassung kommen. Im Einzelfall zu prüfen bleibt, ob noch weitere Bestimmungen des Gesellschaftsvertrags, insbesondere über die Verfahrensweise des Aufsichtsrats anzupassen sind. 142

3. Die Neufassung des Gesellschaftsvertrags in Anpassung an das nunmehr geltende Mitbestimmungsmodell wird gem. § 54 Abs. 3 GmbHG erst mit ihrer Eintragung im Handelsregister wirksam. Da aber nach § 97 Abs. 2 Satz 2 AktG die der neuen Zusammensetzung des Aufsichtsrats entgegenstehenden Bestimmungen der bisherigen Satzung bereits mit dem Tag der ersten Gesellschafterversammlung, die nach Ablauf der Anrufungsfrist einberufen wird, außer Kraft treten und es im Beispiel bei der bisherigen Zahl der Anteilseignervertreter nach beiden Mitbestimmungsmodellen bleibt (die Verkleinerung von 12 auf 9 betrifft nur die Arbeitnehmervertreter), kann auch in der Alternative die Wahl der neuen Mitglieder des Aufsichtsrats gemäß dem vorangehenden Beschluss der Gesellschafterversammlung mit sofortiger Wirkung erfolgen, ohne den Tag des Wirksamwerdens der Satzungsänderung abzuwarten. In den Fällen, wo zugleich mit der Änderung des Mitbestimmungsmodells zulässige Modifikationen der gesetzlichen Regelung in Bezug auf die Zahl der Aufsichtsratsmitglieder erfolgen sollen, kommt es für deren Geltung nicht auf das Ende der Gesellschafterversammlung und die Geltung des neuen Mitbestimmungsregeln an und es muss die Wahl der Anteilseignervertreter bedingt auf dir Eintragung der Satzungsänderung erfolgen (*Nießen/Sandhaus*, NJW-Spezial 2008, 687; Hüffer/*Koch*, § 97 Rn. 5). 143

4. Es ist für die GmbH nicht gesetzlich vorgeschrieben, in der Einladung zur Gesellschafterversammlung oder in dem Beschluss der Gesellschafterversammlung selbst die Vorschriften, nach 144 denen sich der Aufsichtsrat der Gesellschaft zusammensetzt, anzugeben. Die entsprechende aktienrechtliche Vorschrift in § 124 Abs. 2 AktG ist weder in § 1 Abs. 1 Nr. 1 DrittelbG noch in § 6 Abs. 2 Satz 1 MitbestG in Bezug genommen. Ein entsprechender Vermerk empfiehlt sich zum Zwecke der Klarstellung gleichwohl. Ebenso ist es zweckmäßig und üblich, den Grund für eine Neuwahl in den Aufsichtsrat zu beschreiben, also etwa den hier gegebenen Fall des turnusmäßigen Endes der Amtszeiten der bisherigen Aufsichtsratsmitglieder oder einen anderen im Einzelfall gegebenen Grund. Im Vergleich zur Lage bei der Aktiengesellschaft ist es nicht erforderlich, auf die anderweitigen Aufsichtsratsmandate der Kandidaten (§ 125 Abs. 1 Satz 5 AktG, nur bei Börsennotierung) einzugehen.

145 **5.** Bei einer nach dem Drittelbeteiligungsgesetz mitbestimmten Gesellschaft beschließt die Gesellschafterversammlung nur über die Wahl der Aufsichtsratsmitglieder, die von der Arbeitgeberseite gestellt werden. Die Aufsichtsratsmitglieder der Arbeitnehmer, die jeweils ein Drittel der Mitglieder des Gesamtaufsichtsrats stellen (§ 4 Abs. 1 DrittelbG i.V.m. § 95 Satz 1–3 AktG), erfolgt nach den Bestimmungen der §§ 5 ff. DrittelbG bzw. der Wahlordnung zum Drittelbeteiligungsgesetz vom 23. Juni 2004 (Verordnung zur Wahl der Aufsichtsratsmitglieder der Arbeitnehmer nach dem Drittelbeteiligungsgesetz (Wahlordnung zum Drittelbeteiligungsgesetz/WO DrittelbG, BGBL I, Seite 1393). Es besteht eine zeitliche Diskrepanz zwischen den Wahlverfahren. Nach § 1 der Wahlordnung zum Drittelbeteiligungsgesetz beginnt das Wahlverfahren spätestens 14 Wochen vor dem voraussichtlichen Beginn der Amtszeit der zu wählenden Aufsichtsratsmitglieder der Arbeitnehmer. Demgegenüber wird die Gesellschafterversammlung sehr viel kurzfristiger in der Lage sein, die von ihr durchzuführende Wahl vorzunehmen. In der Regel wird ein Interesse daran bestehen, dass bei der Neukonstituierung des Aufsichtsrats im Anschluss an die Sitzung der Gesellschafterversammlung die Arbeitnehmerseite bereits vertreten ist. Anderenfalls besteht zumindest rein theoretisch die Gefahr, dass der auch ohne die Arbeitnehmervertreter beschlussfähige Aufsichtsrat (§ 108 Abs. 2 AkG) ohne die Mitwirkung der Aufsichtsratsmitglieder der Arbeitnehmer Entscheidungen fasst. Ist daher absehbar, dass das Wahlverfahren der Arbeitnehmer nicht rechtzeitig zum Tage der Gesellschafterversammlung beendet ist, kann es sich anbieten, die Mitglieder des Aufsichtsrats der Arbeitnehmer über ein Notbestellungsverfahren nach § 104 AktG durch das zuständige Amtsgericht für die Dauer bis zum Abschluss des Wahlverfahrens, bestellen zu lassen (dazu nachstehendes Muster C 18, Rdn. C 156 ff.). Allerdings muss in diesen Fällen ein Eilbedürfnis nach § 104 Abs. 2 Satz 2 AktG dargelegt werden. Lediglich in dem hier nicht behandelten Fall des Mitbestimmungsgesetzes oder des Mitbestimmungsergänzungsgesetzes liegt bei Fehlen auch nur eines Aufsichtsratsmitglieds nach § 104 Abs. 3 Nr. 2 AktG stets ein dringender Fall vor, so dass das Gericht auch ohne Ablauf der Wartefrist nach § 104 Abs. 3 Satz 1 AktG zur gerichtlichen Bestellung verpflichtet ist.

146 **6.** Für die Amtszeit gilt nach § 1 Abs. 1 Nr. 3 DrittelbG i.V.m. § 102 Abs. 1 AktG eine Höchstdauer bis zur Beendigung der Hauptversammlung, die über die Entlastung für das vierte Geschäftsjahr nach dem Beginn der Amtszeit beschließt, wie es hier im Muster formuliert ist. Danach ergibt sich eine Amtszeit von ungefähr fünf Jahren, die genaue Dauer der Amtszeit hängt von dem Tag des Stattfindens der jeweiligen ordentlichen Gesellschafterversammlung ab. Die Amtsperiode gilt für jedes gewählte Aufsichtsratsmitglied individuell. Die Gesellschafterversammlung kann daher insgesamt, aber auch für einzelne Aufsichtsratsmitglieder kürzere Amtszeiten bestimmen. Eventuelle Bestimmungen des Gesellschaftsvertrags hierzu sind möglich und wären zu beachten. Wiederwahl ist zulässig, jedoch soll nach herrschender Meinung eine Wiederwahl vor Ablauf der Amtszeit nur insoweit möglich sein, als der Rest der laufenden Amtszeit in die Berechnung der dann erneut geltenden gesetzlichen Höchstdauer mit eingerechnet wird (vgl. nur Hüffer/*Koch*, § 102 Rn. 6).

147 **7.** Für die Wahl der Aufsichtsräte selbst gilt hier über § 1 Abs. 1 Nr. 3 DrittelbG die unmittelbare Geltung der persönlichen Amtsvoraussetzungen des § 100 AktG sowie die Inkompatibilitätsvorschrift des § 105 AktG (dazu näher oben Rdn. C 113 und 125). Weitere besondere Wählbarkeitsvoraussetzungen könnte die Satzung der Gesellschaft enthalten. Ferner könnte die Satzung Entsendungsrechte nach § 101 Abs. 2 AktG vorsehen. Außerdem kann die Gesellschafterversammlung

auch ohne satzungsmäßige Grundlage Ersatzmitglieder nach § 101 Abs. 3 AktG wählen, die an die Stelle eines bestimmten Aufsichtsratsmitglieds, das vor Ablauf seiner Amtszeit ausscheidet, treten. Die Angabe von (ausgeübtem) Beruf und Wohnort ist nicht gesetzlich vorgeschrieben (anders § 124 Abs. 3 Satz 4 AktG), dient jedoch mit Blick auf die später von der Gesellschaft zu veranlassende Bekanntmachung nach § 106 AktG, der ebenfalls in § 1 Abs. 1 Nr. 3 DrittelbG für anwendbar erklärt ist, der Erleichterung. Außerdem sind das für die Wahlentscheidung der Gesellschafter möglicherweise relevante Informationen.

8. Die Wahl selbst erfolgt mit einfacher Mehrheit der abgegebenen Stimmen, soweit der Gesellschaftsvertrag nicht eine größere Mehrheit vorgeschrieben hat. Lediglich für die in der Alternative angesprochene Änderung des Gesellschaftsvertrags gilt nach § 53 Abs. 2 GmbHG eine Dreiviertel-Mehrheit, sofern nicht aufgrund der oben, Rdn. C 141 geschilderten Umstände eine erleichterte Mehrheit gilt oder die Satzung eine geringere Stimmrechtsmehrheit bestimmt. Da die wirksame Bestellung zum Mitglied des Aufsichtsrats außer der Wahl auch die Annahme des Amts durch den Gewählten voraussetzt (siehe nur Hüffer/*Koch*, § 101 Rn. 8), wird diese häufig im Voraus erklärt und auf diese Weise dokumentiert. 148

9. Nach der durch das Gesetz für die gleichberechtigte Teilhabe von Frauen und Männern an Führungspositionen in der Privatwirtschaft und im öffentlichen Dienst (FührposGleichberG) vom 24.04.2015 (BGBl. I 642) geänderten Fassung des § 52 Abs. 2 Satz 1 GmbHG hat die Gesellschafterversammlung einer dem DrittelbG unterliegenden GmbH für den Frauenanteil im Aufsichtsrat und in der Geschäftsführung Zielgrößen und Fristen zu deren Erreichung festzulegen. Ist die Kompetenz zur Geschäftsführerbestellung dem Aufsichtsrat übertragen, kommt diesem die Aufgabe der Zielquotenfestlegung für die Geschäftsführung zu. Unterliegt eine GmbH -anders als im dem hier zugrunde gelegten Muster -den strengeren Mitbestimmungsgesetzen, insbesondere der paritätischen Mitbestimmung nach dem MitBestG, ist es gemäß § 52 Abs. 2 Satz 2 GmbHG allein Sache des Aufsichtsrats die Zielquoten für den Frauenanteil in Aufsichtsrat und Geschäftsführung festzulegen. Diese Regelungen sind über den Verweis auf § 111 AktG und dessen neuen Abs. 5 in den Mitbestimmungsgesetzen (§ 1 Abs. 1 Nr. 3 DrittelBG, § 25 Abs. 1 Nr. 2 MitBestG) ebenfalls anwendbar. 149

Die Zielgrößen werden nach unternehmerischem Ermessen festgelegt. Eine starre Quote ist nicht vorgeschrieben (*Herb*, DB 2015. 964, 969). Damit hat der Gesetzgeber die sogenannte flexible Frauenquote eingeführt. Die Verhältnisse der konkreten Gesellschaft, der Branche, Leistungskriterien und im Allgemeinen das Interesse der Gesellschaft dürfen und müssen berücksichtigt werden. Einzige Einschränkung bei der Wahl der Zielgrößen ist, dass das Verschlechterungsverbot berücksichtigt werden muss. Danach dürfen die festzulegenden Zielgrößen den tatsächlich in der Gesellschaft erreichten Anteil nicht unterschreiten, sofern dieser unter 30 Prozent liegt. In diesem Rahmen dürfen die zuständigen Organe (hier die Gesellschafterversammlung) auch Zielgrößen festlegen, die den aktuellen Frauenanteil nicht überschreiten, so dass bei einer Frauenquote von null eine Zielquote von mindestens null % zulässig ist (*Wasmann/Rothenburg*, DB 2015, 291, 295; *Herb*, DB 2015, 964, 969 f.; *Fromholzer/Simons*, AG 2015, 457, 459 f. mwN; *Schulz/Ruf*, BB 2015, 1155, 1162). Dies mag dem gesetzgeberischen Anliegen zur Steigerung der Frauenquote widersprechen, ist aber oftmals schon durch bestehende Verträge oder Bestellungen rechtlich vorgegeben, was auch die Regierungsbegründung anerkennt (Begr. RegE, BT-Drucks. 18/3784, 130). Im Rahmen des unternehmerischen Ermessens und des nach dem AGG geltenden Diskriminierungsverbots sind auch umgekehrt Zielgrößen von 100 % legitim (*Fromholzer/Simons*, AG 2015, 457, 460 f.; *Herb*, DB 2015, 964, 969 f.). Ist einmal die gesetzliche Mindestquote von 30 % überschritten, wird die betroffene Gesellschaft dergestalt mit einer größeren Flexibilität belohnt, dass die erreichte Quote in der nächsten Zielfestlegung auch wieder unterschritten werden darf (Begr. RegE, BT-Drucks. 18/3784, S. 129 f.; zu dieser Deutung *Wasmann/Rothenburg*, DB 2015, 291, 295; *Fromholzer/Simons*, AG 2015, 457, 460; MüKo GmbHG/*Spindler*, § 52 Rn. 104b). 150

151 Die Festlegung der Zielquote muss nicht in Prozent erfolgen, sondern kann auch in Köpfen festgelegt werden. Sie muss in jedem Fall hinreichend konkret sein, so dass rein qualitative Beschreibungen ausscheiden. Bei Anwendung des Verschlechterungsverbots soll die für die fixe Frauenquote für den Aufsichtsrat börsennotierter und paritätisch mitbestimmter Gesellschaften gesetzlich bestimmte Rundungsregel in § 96 Abs. 2 Satz 4 AktG (mathematische Aufrundung nach Köpfen) angewandt werden können (so *Fromholzer/Simons*, AG 2015, 457, 460). Eine getrennte Festlegung nach Arbeitnehmer- oder Anteilseignervertretern dürfte mit Zustimmung der Bänke möglich sein, für die Berechnung der gesetzlichen Mindestquote ist aber allein der Gesamtaufsichtsrat zugrunde zu legen (*Fromholzer/Simons*, AG 2015, 457, 462).

152 **10.** Die erstmalige Frist zur Zielerreichung durfte den 30. Juni 2017 nicht überschreiten (§ 5 EGGmbHG). Anschließend dürfen die Fristen jeweils nicht länger als fünf Jahre sein (§ 52 Abs. 2 Satz 5 GmbHG). Somit ist grundsätzlich auch eine langfristige Planung zur Erhöhung des Frauenanteils durch Festlegung einer Zielgröße, die in drei, vier oder fünf Jahren erreicht werden soll, möglich (Begr. RegE, BT-Drucks. 18/3487, 130). Für die am 30. Juni 2017 endenden ersten Zielperioden mussten also vor Ablauf dieser Frist neue Zielfestlegungen für einen neuen, am 1. Juli 2017 beginnenden Zielzeitraum erfolgen. Im Muster wird vielfacher Praxis entsprechend angenommen, dass hierfür der volle Fünfjahreszeitraum ausgeschöpft wird. Eine Begründung für eine etwaige Nichterreichung der bislang gesetzten Ziele oder für die neuen Ziele muss nicht in den Beschluss aufgenommen werden.

153 Die Regelungen zur Festlegung von Zielgrößen enthalten ausdrücklich keine Rechtsfolgen für den Fall, dass eine angestrebte Zielquote nicht erreicht wird (Begr. RegE, BT-Drucks. 18/3487, 120). Jedoch verlangt das Gesetz eine umfassende Offenlegung. Gemäß § 289a Abs. 4 Satz 1 i.V.m. Abs. 2 Nr. 4 HGB müssen GmbHs als gesonderten Bestandteil des Lageberichts zum einen jährlich über die festgelegten Zielgrößen zum Frauenanteil und die Fristen für deren Erreichung berichten und zum anderen offen legen, ob die festgelegten Zielgrößen innerhalb der selbstgelegten Fristen eingehalten worden sind und, wenn nein, warum nicht. Eine Veröffentlichung kann wahlweise auch nur auf der Internetseite des Unternehmens erfolgen, § 298a Abs. 4 Satz 1 i.V.m. Abs. 1 Satz 2 und 3 HGB. Gesellschaften, die keinen Lagebericht erstellen müssen (etwa wegen Einbeziehung in den Konzernabschluss eines Mutterunternehmens), müssen eine gesonderte Erklärung oder einen freiwilligen Lagebericht auf ihrer Internetseite zugänglich machen. Die neuen Offenlegungsvorschriften waren erstmals anzuwenden auf Lageberichte, die sich auf Geschäftsjahre mit einem nach dem 30.9.2015 liegenden Abschlussstichtag beziehen, Art. 73 EGHGB.

154 Eine (vorsätzlich) fehlende oder fehlerhafte Erklärung ist nach § 334 Abs. 1 Nr. 3 HGB bußgeldbewehrt, schlimmstenfalls nach § 331 Nr. 1 HGB strafbar, falls die Erklärung zur Zielfestsetzung im Rahmen eines Lageberichts ergehen muss. Dadurch erreicht der Gesetzgeber primär eine Öffentlichkeit in Bezug auf die Zielfestlegungen und deren Erfolg, bzw. eine als Sanktion empfundene negative Öffentlichkeitswirkung bei Unternehmen, die keine Zielgrößen festlegen oder die ihre Zielgrößen nicht erreichen (Begr. RegE, BT-Drs. 18/4227, 132; vergl. insgesamt zu den Sanktionen MüKo GmbHG/*Spindler*, § 52 Rn. 104g; *Fromholzer/Simons*, AG 2015, 457, 465 ff.).

155 Eine unzureichende Veröffentlichung, wie auch eine falsche oder unterlassene Zielfestlegung selbst bedeuten grundsätzlich eine Pflichtverletzung der verantwortlichen Organe und können deren Entlastung verhindern. Verletzt der Aufsichtsrat seine Pflichten kann er sich gemäß §§ 93 Abs. 2 Satz 1, 116 AktG, § 52 Abs. 1 GmbHG schadensersatzpflichtig machen (*Stüber*, DStR 2015, 947). Dies wird allerdings nur in den seltensten Fällen praktisch relevant werden, da es regelmäßig an einem hieraus entstandenen Schaden fehlen wird (vgl. MüKo GmbHG/*Spindler*, § 52 Rn. 104 f; Baumbach/Hueck/*Zöllner/Noack*, GmbHG § 52 Rn. 349). Die Gesellschafterversammlung, soweit für die Festlegungen zuständig, haftet nicht (Begr. RegE, BT-Drucks. 18/3487, 130).

18. Antrag auf gerichtliche Bestellung von Aufsichtsratsmitgliedern

Vorbemerkung

Im Fall der nicht vollständigen Besetzung des Aufsichtsrats besteht neben der Zuwahl der Aufsichtsratsmitglieder durch die Gesellschafterversammlung oder die Arbeitnehmer (im Falle eines mitbestimmten Aufsichtsrats) die Möglichkeit einer Bestellung durch das Gericht nach § 104 AktG. Diese Vorschrift ist zwar nicht nach § 52 Abs. 1 AktG für einen fakultativen Aufsichtsrat in einer GmbH anwendbar, aber sowohl bei einem obligatorischen drittelmitbestimmten Aufsichtsrat nach § 1 Abs. 1 Nr. 3 DrittelbG als auch beim paritätisch mitbestimmten obligatorischen Aufsichtsrat nach § 6 Abs. 2 Satz 1 MitbestG. Dabei besteht in der Praxis der GmbH primär Bedarf zur gerichtlichen Bestellung von Arbeitnehmervertretern im Aufsichtsrat, da deren Wahlverfahren nach den einschlägigen Wahlordnungen der Mitbestimmungsgesetze zeitaufwändig ist und Unterbesetzungen auf dieser Seite durch das gerichtliche Bestellungsverfahren vermieden werden können. Auf Seiten der Anteilseignervertreter ist demgegenüber die Gesellschafterversammlung in der Regel ausreichend flexibel, um schnell (anders als die Hauptversammlung einer beispielsweise börsennotierten Aktiengesellschaft) unerwartet ausscheidende Aufsichtsratsmitglieder durch Zuwahl der Gesellschafter kurzfristig ersetzen zu können. Das nachfolgende Muster behandelt daher den Fall der gerichtlichen Bestellung eines Arbeitnehmervertreters eines paritätisch mitbestimmten Aufsichtsrats. 156

Muster

Amtsgericht Köln 157

– Registergericht – [1]

In Sachen

der C-GmbH, Köln, HRB __________

beantragen wir als gemeinsam zur Vertretung berechtigte Geschäftsführer [2] **der C-GmbH gem. § 104 Abs. 2 i.V.m. Abs. 3 Nr. 2 AktG i.V.m. § 6 Abs. 2 MitbestG,**

Herrn/Frau __________, wohnhaft in __________, Beruf __________ [3]

mit Wirkung vom 01. April 2018 [4] **zum Mitglied des Aufsichtsrats der C-GmbH zu bestellen.**

Begründung:

1. **Die Gesellschaft unterliegt der paritätischen Mitbestimmung nach den Vorschriften des Mitbestimmungsgesetzes.** [5] **Sie hat deswegen gem. § 1 Abs. 1 i.V.m. § 6 MitbestG einen Aufsichtsrat zu bilden, der sich gem. § 6 Abs. 2 MitbestG i.V.m. mit §§ 96 Abs. 1, 101 Abs. 1 AktG und § 7 Abs. 1 Nr. MitbestG aus 12 Mitgliedern zusammensetzt, von denen je die Hälfte von der Gesellschafterversammlung und den Arbeitnehmern gewählt wird.**

2. **Das Aufsichtsratsmitglied Herr/Frau __________ wird mit Wirkung zum Ablauf des 31. März 2018 aus dem Unternehmen ausscheiden.** [6] **Als Mitglied des Aufsichtsrats nach § 7 Abs. 2 i.V.m. Abs. 3 MitbestG verliert es durch das Ausscheiden aus dem Unternehmen zugleich sein Amt im Aufsichtsrat (§ 24 Abs. 1 MitbestG). Dem Aufsichtsrat werden damit ab dem 01. April 2018 weniger Mitglieder als die durch die Satzung festgelegte Zahl angehören und das für seine Zusammensetzung maßgebende zahlenmäßige Verhältnis zwischen Arbeitnehmervertretern und Gesellschaftervertretern wird nicht mehr gegeben sein.**

3. **Die Neuwahl eines Aufsichtsratsmitglieds der Arbeitnehmer, die sich nach den Bestimmungen und der einschlägigen Wahlordnung des Mitbestimmungsgesetzes richtet, kann aus organisatorischen und rechtlichen Gründen nicht zeitnah erfolgen. Eine solche Wahl würde etwa 6 Monate in Anspruch nehmen und soll erst mit den nächsten turnusmäßigen Arbeitnehmerwahlen verbunden werden. Bis zum Abschluss des Wahlverfahrens wird der Aufsichtsrat nicht mit der nach dem Gesetz erforderlichen Zahl der Arbeitnehmervertreter besetzt sein. Die hier beantragte gerichtliche Bestellung eines Aufsichtsratsmitglieds hat daher bereits vor Ablauf der dreimonatigen Frist des § 104 Abs. 2 Satz 1 AktG zu erfolgen. Es liegt ein dringender Fall für die Bestellung im Sinne des § 104 Abs. 2 Satz 2 AktG i.V.m. Abs. 3 Nr. 2 AktG vor, weil der Aufsichtsrat der Gesellschaft nach den Bestimmungen des Mitbestimmungsgesetzes zu bilden ist [7].**

4. **Dieser Vorschlag wird in Abstimmung mit dem zuständigen Betriebsrat unseres Unternehmens sowie der zuständigen Gewerkschaft, der ____ [Namen] ____, ____, unterbreitet. Der gemäß dem Antrag vorgeschlagene Kandidat ist auch bereit das Aufsichtsratsamt zu übernehmen. Er hat eine entsprechende Erklärung sowie eine Erklärung darüber abgegeben, dass keine Bestellungshindernisse im Sinne der §§ 100, 105 AktG und § 7 Abs. 3 MitbestG vorliegen [8].**

5. **Mit Blick auf § 104 Abs. 5 AktG wird vorsorglich erklärt: §§ 104 Abs. 5, 96 Abs. 2 AktG sind nur auf börsennotierte und paritätisch mitbestimmte Aktiengesellschaften anwendbar und mithin hier nicht zu beachten. Gemäß § 52 Abs. 2 Satz 2 GmbHG hat der Aufsichtsrat der Gesellschaft durch Beschluss vom ____ die Zielgröße für den Frauenanteil im Aufsichtsrat, zu erreichen bis zum 30. Juni 2022, mit ____ % festgelegt. Die hier gestellte Antrag auf Bestellung von Herrn/Frau ____ trägt zur Erreichung dieser Zielgröße bei, da sich der insgesamt zwölfköpfige Aufsichtsrat der Gesellschaft mit der beantragten Bestellung aus ____ Männern und ____ Frauen zusammensetzen wird [9].**

6. **Als Anlagen sind diesem Antrag beigefügt:**

   a) **Schreiben von Herrn/Frau ____ betreffend die fristgemäße Kündigung des bestehenden Anstellungsverhältnisses mit Wirkung zum 31. März 2018;**

   b) **Erklärung des Betriebsrats und/oder der Gewerkschaft über den Vorschlag, Herrn/Frau ____ zum Mitglied des Aufsichtsrats der C-GmbH zu bestellen;**

   c) **Erklärung von Herrn/Frau ____ über die Bereitschaft zur Annahme des Amtes und zum Nichtvorliegen von Bestellungshindernissen vom ____.**

Es wird gebeten, den Gerichtskostenvorschuss für die gerichtliche Bestellung telefonisch bei der Gesellschaft anzufordern, damit eine bevorzugte Bearbeitung des Antrages möglich ist. [10] Eine Zustellung des Bestellungsbeschlusses kann an die Geschäftsadresse der Gesellschaft als Zustellungsbevollmächtigte erfolgen. [11]

____, ____

____ ____

Geschäftsführer **Geschäftsführer**

Erläuterungen

Literatur: *Drehsen*, Massenhafte Beteiligung bei gerichtlicher Bestellung von Aufsichtsratsmitgliedern nach § 104 Abs. 1 AktG, AG 2015, 775; *Felt/Theusinger*, Die gerichtliche Bestellung von Aufsichtsratsmitgliedern – Einsatzmöglichkeiten und Fallstricke, AG 2010, 425 ff.; *Jänig/Leissring*, FamFG: Neues Verfahrensrecht für Streitigkeiten in AG und GmbH, ZIP 2010, 110; Meier, Der praktische Fall: Arbeitnehmervertreter im Aufsichtsrat einer mitbestimmten GmbH nach dem DrittelbG – Auswirkungen bei Ausscheiden aus dem Unternehmen, GmbHR 2008, 585; *Reichard*, Gerichtliche Aufsichtsratsergänzung bei Beschlussboykott, AG 2012, 359; *Markus Roth*, Unabhängige Aufsichtsratsmitglieder, ZHR 175 (2011), 605.

1. Nach § 23a Abs. 1 Nr. 2 i.V.m. Abs. 2 Nr. 4 GVG ist für den Antrag auf gerichtliche Bestellung eines Aufsichtsratsmitglieds das Registergericht sachlich zuständig. Das Gericht entscheidet in einem Verfahren der freiwilligen Gerichtsbarkeit nach §§ 374 ff. FamFG. Der Bestellungsantrag ist nach § 375 Nr. 3 FamFG ein unternehmensrechtliches Verfahren (nicht Registersache). Die örtliche Zuständigkeit des Amtsgerichts ergibt sich aus § 377 Abs. 1 FamFG und folgt dem Satzungssitz der Gesellschaft. Es bietet sich ggf. an, diese Vorschriften im Antrag selbst auch wiederzugeben. Bei nur fakultativ eingerichteten Aufsichtsräten besteht hingegen nach h.M. kein Antragsrecht auf gerichtliche Bestellung, weil die Gesellschaft trotz unterbesetztem Aufsichtsrat grundsätzlich durch die Gesellschafter handlungsfähig bleibt (OLG Frankfurt, Beschl. v. 19.11.2013 – 20 W 335/13; von Rechenberg/Ludwig/*von Wedel*, Kap. 13 Rn. 1163; Müko GmbHG/*Spindler* § 52 Rn. 147). 158

2. Die Antragsbefugnis der Geschäftsführer ergibt sich aus § 104 Abs. 1 Satz 1 AktG. Neben der Geschäftsführung könnte auch ein Gesellschafter nach dieser Vorschrift einen Antrag stellen. Ferner könnten in dem hier gegebenen Fall der paritätischen Zusammensetzung des Aufsichtsrats nach Mitbestimmungsgesetz auch die in § 104 Abs. 3 Nr. 1–7 AktG genannten Betriebsräte, Sprecher, Ausschüsse, Quoren von Arbeitnehmern sowie Spitzenorganisationen von Gewerkschaften und einzelne Gewerkschaften einen Antrag stellen. In der Praxis werden die Anträge jedoch auch dann oft durch die Geschäftsleitung gestellt, wenn es um die Ergänzung der Aufsichtsräte durch Vertreter der Arbeitnehmer geht. In diesem Fall empfiehlt es sich, das Gericht, wie hier im Muster (unter Ziffer 5. der Begründung) vorgesehen, über die zuvor erfolgte Abstimmung mit Betriebsrat und zuständiger Gewerkschaft zu unterrichten. Ansonsten ist das Gericht gehalten, entsprechende Vorschläge dieser Stellen einzuholen (§ 104 Abs. 4 Satz 4 AktG: KK-AktG/*Mertens/Cahn*, § 104 Rn. 21; Hüffer/*Koch*, § 104 Rn. 14). Bei Antragstellung durch die Geschäftsführung reicht ein Handeln in vertretungsberechtigter Zahl, das heißt, ggf. auch in unechter Gesamtvertretung mit einem Prokuristen (Hüffer/*Koch*, § 104 Rn. 3 m.w.N.). 159

Für die Geschäftsführung besteht eine Verpflichtung zur Antragstellung, es sei denn, es ist mit einer Vervollständigung des Aufsichtsrats vor dessen nächster Sitzung zu rechnen (§ 104 Abs. 1 Satz 2 AktG, dazu näher KK-AktG/*Mertens/Cahn* § 104 Rn. 8). In dem hier gegebenen Fall ist dies offensichtlich nicht der Fall, so dass nähere Ausführungen nicht erforderlich sind. 160

3. Wesentlicher Inhalt des Bestellungsantrages ist der Vorschlag des Antragstellers zur Person des oder der Kandidaten für den Aufsichtsrat. Die persönlichen Angaben folgen aus § 106 AktG. 161

Das Gericht ist bei seiner Entscheidung grundsätzlich nicht an den Vorschlag der Antragsteller gebunden. Eine Ausnahme besteht allerdings in den Fällen des §§ 104 Abs. 4 AktG, wenn es um die Berücksichtigung des bei der Zusammensetzung des Aufsichtsrats maßgebenden zahlenmäßigen Verhältnisses von Aufsichtsratsmitgliedern der Arbeitnehmer und der Anteilseigner geht. 162

Gegen den Beschluss des Gerichts besteht das Rechtsmittel der Beschwerde nach §§ 402, 58 ff. FamFG. Die Beschwerdefrist besteht nach § 63 FamFG einen Monat seit Zustellung oder Bekanntgabe, die Beschwerdeberechtigung ergibt sich aus § 59 FamFG. Über die Beschwerde entscheidet das Oberlandesgericht (§ 119 Abs. 1 GVG). 163

4. Gibt der Bestellungsantrag keinen Zeitpunkt, auf den die Bestellung hin wirksam werden soll, vor, würde die Bestellung mit der Zustellung des Beschlusses wirksam werden. Im Muster ist unterstellt, dass der Bestellungsantrag vor Ausscheiden des bisherigen Amtsinhabers und mithin so rechtzeitig gestellt wird, dass eine Bestellung für einen in der Zukunft liegenden Zeitpunkt und genau 164 dann erfolgt, wenn das Amt des bisherigen Aufsichtsratsmitglieds (hier durch Ausscheiden aus den Diensten der Gesellschaft) endet. Wird der Bestellungsantrag beispielsweise im Vorgriff auf das turnusmäßige Ende eines amtierenden Aufsichtsratsmitglieds gestellt, würde an dieser Stelle das Datum der das Amtsende markierenden Gesellschafterversammlung einzusetzen sein.

165 Wird, wie hier im Muster, keine bestimmte Amtsdauer angegeben, erfolgt die Bestellung nach § 104 Abs. 5 AktG für den Zeitraum, bis zu dem der Mangel, das heißt die Unterbesetzung des Aufsichtsrats, behoben ist. Das gerichtlich bestellte Aufsichtsratsmitglied verliert sein Amt automatisch, sobald der Mangel durch entsprechende Zuwahl oder ein sonstiges Ereignis beendet ist. Es bedarf nicht einer Abberufung durch das Gericht oder eines Beschlusses der wahlberechtigten Organe (Hüffer/*Koch*, § 104 Rn. 15). Das Amt endet jedenfalls mit dem Zeitpunkt, mit dem durch entsprechende Neuwahl der Aufsichtsrat wieder ordnungsgemäß und turnusgemäß besetzt ist. Es kann aber auch aus anderen Gründen zu einem vorzeitigen Wegfall der Unterbesetzung des Aufsichtsrats kommen, etwa durch Herabsetzung der Zahl der Mitglieder des Aufsichtsrats infolge einer Satzungsänderung (vgl. weiter Hüffer/*Koch*, § 104 Rn. 16; KK-AktG/*Mertens/Cahn*, § 104 Rn. 31 ff.). Im Muster würde das Amt des gerichtlich bestellten Arbeitnehmervertreters also nach Durchführung und Beendigung des Wahlverfahrens der Arbeitnehmerschaft enden. Würde es sich um ein Aufsichtsratsmitglied der Anteilseigner handeln, käme es auf die entsprechende Zuwahl in den Aufsichtsrat durch einen Beschluss der Gesellschafterversammlung an. Dabei ist die nächste Gesellschafterversammlung jedoch nicht verpflichtet, eine solche Zuwahl vorzunehmen, so dass das Amt eines gerichtlich bestellten Aufsichtsratsmitglieds in diesen Fällen durchaus über Jahre andauern kann, längstens jedoch bis zum Ende der nach § 6 Abs. 2 Satz 1 MitbestG oder §§ 1 Abs. 1 Nr. 3, 5 Abs. 1 DrittelbG i.V.m. § 102 Abs. 1 AktG bestimmten Amtszeit.

166 **5.** Das Mitbestimmungsgesetz gewährleistet und regelt in Deutschland die Aufnahme von Arbeitnehmervertretern in den Aufsichtsrat eines Unternehmens. Die Vorschriften des Gesetzes finden zwingend Anwendung, wenn die Voraussetzungen des § 1 MitbestG vorliegen. Danach muss es sich zunächst um ein Unternehmen handeln, das in der Rechtsform einer AG, GmbH, KGaA oder einer Genossenschaft betrieben wird, § 1 Abs. 1 Nr. 1 MitbestG. Kumulativ muss das Unternehmen mindestens 2.000 Arbeitnehmer beschäftigen, § 1 Abs. 1 Nr. 2 MitbestG, wobei die Zurechnungsvorschriften bei der persönlich haftenden Gesellschafterin einer KG (§ 4 MitbestG) oder im Konzern (§ 5 MitbestG) bestehen. Seine Anwendung auf eine GmbH ergibt sich entweder aus entsprechenden Festlegungen im Gesellschaftsvertrag oder einem durchgeführten Statusverfahren nach §§ 97, 98 AktG, vgl. Muster C 16, Rdn. C 128.

167 Im Gesellschaftsvertrag einer GmbH, die nicht zwingend dem MitbestG unterliegt, kann festgelegt werden, dass die gesetzlichen Grundlagen der Arbeitnehmermitbestimmung nach dem MitbestG anzuwenden sind. Hierfür spricht, dass es den Gesellschaften freisteht, sich einem strengeren Mitbestimmungsregiment zu unterwerfen (von Rechenberg/Ludwig/*von Wedel*, Kap. 13, Rn. 1155; Heidel/*Wichert*, § 1 MitbestG, Rn. 29, OLG Bremen Beschluss vom 22.03.1977 – 2 W 102/75). Streitigkeiten darüber, ob ein Unternehmen dem MitbestG unterfällt, sind in dem Statusverfahren gem. § 6 Abs. 2 MitbestG iVm. § 97 AktG zu klären (vgl. dazu Rdn. C 129 ff.).

168 **6.** In der Begründung des Antrags ist die Unterbesetzung des Aufsichtsrats dem Gericht darzustellen. Dies erfolgt hier durch das Kündigungsschreiben des bisherigen Aufsichtsratsmitglieds, welches damit sein Aufsichtsratsamt nach den zitierten Vorschriften von Rechts wegen verliert. Oft wird insoweit jedoch auch mit der Vorlage von Niederlegungsschreiben verfahren. Steht ein turnusmäßiges Amtsende als Auslöser für ein gerichtliches Bestellungsverfahren an, wäre beispielsweise der seinerzeitige Bestellungsbeschluss mit den entsprechenden Angaben über die Bestellungsdauer vorzulegen.

169 **7.** Nach § 104 Abs. 2 Satz 1 AktG gilt grundsätzlich eine Wartefrist von drei Monaten bei Unterbesetzung, bevor das Gericht eine Ergänzung durch Beschluss vornehmen kann. Eine Ausnahme ist dann nur in so genannten »dringenden Fällen« möglich, wobei dem Gericht die Dringlichkeit glaubhaft zu machen ist. Diese kann etwa in einer innerhalb der drei Monatsfrist bevorstehenden

Aufsichtsratssitzung mit wichtigen Beschlüssen liegen (Beispiele bei Spindler/Stilz/*Spindler*, § 104 Rn. 37; Hüffer/*Koch*, § 104 Rn. 10; KK-AktG/*Mertens/Cahn*, § 104 Rn. 17).

Nach § 104 Abs. 3 AktG liegt in bestimmten Fällen jedoch stets eine Dringlichkeit vor. Dies ist in dem hier gewählten Muster der Fall, da der Aufsichtsrat nach dem Mitbestimmungsgesetz zusammengesetzt ist und daher schon jede Unterbesetzung als dringender Fall angesehen ist. Nach der ratio legis soll die Störung der gesetzlich vorgesehenen Parität umgehend beseitigt werden. Es kommt daher eigentlich nicht auf die vorangehende Schilderung der zeitlichen Abläufe der Wahl der Arbeitnehmervertreter nach den einschlägigen Wahlordnungen zum MitbestG an (§ 39 MitbestG). Es ist aber sinnvoll dem Gericht diese Zusammenhänge zur Vermeidung von Rückfragen zu schildern. 170

8. Da das Gericht Bestellungshindernisse nach § 100 AktG, die nach § 6 Abs. 2 Satz 1 MitbestG zu berücksichtigen sind, beachten muss, erspart es eine besondere Anhörung des Gerichts bei dem vorgeschlagenen Aufsichtsratskandidaten, wenn eine Erklärung über das Fehlen der in §§ 100, 105 AktG und den jeweiligen Mitbestimmungsgesetzen (§ 7 Abs. 7 MitbestG oder § 4 Abs. 3 DrittelbG – soweit einschlägig) genannten Bestellungshindernisse durch die vorgeschlagene Person beigefügt wird und diese bei der Gelegenheit zugleich erklärt, dass sie für den Fall ihrer Bestellung das Amt anzunehmen bereit ist. 171

Nur bei einer kapitalmarktorientierten Gesellschaft im Sinne des § 264d HGB (z.B. bei Ausgabe börsennotierter Schuldverschreibungen) ist gegebenenfalls auch die Person des Finanzexperten nach § 100 Abs. 5 AktG darzulegen, wenn im Zusammenhang mit der beantragten Neubestellung gerade diese Position zu ergänzen ist. Die besondere Eignung oder Fachkunde als Finanzexperte liegt vor, wenn diese Person beruflich mit Rechnungslegung und/oder Abschlussprüfung befasst ist oder war (Hüffer/*Koch*, § 100 Rn. 25). Dies kann beispielsweise auch angenommen werden für Finanzvorstände, fachkundige Angestellte aus den Bereichen Rechnungswesen und Controlling, Analysten sowie langjährige Mitglieder in Prüfungsausschüssen oder Betriebsräte, die sich diese Fähigkeit im Zuge ihrer Tätigkeit durch Weiterbildung angeeignet haben (Begr. RegE, BT-Drucks. 16/10067 S. 102; LG München I, Urteil vom 05.11.2009 – 5 HKO 15312/09, AG 2010, 339–340). Der Nachweis kann durch Beifügung eines entsprechenden Lebenslaufs erfolgen. Die Anforderung der Unabhängigkeit ist nach dem Gesetz zur Umsetzung der prüfungsbezogenen Regelungen der Richtlinie 2014/56/EU sowie zur Ausführung der entsprechenden Vorgaben der Verordnung (EU) Nr. 537/2014 im Hinblick auf die Abschlussprüfung bei Unternehmen von öffentlichem Interesse (Abschlussprüfungsreformgesetz – AReG) in Deutschland in Folge der Ausübung eines Mitgliedstaatenwahlrechts vom 10.05.2016, BGBl. 2016, 1142 entfallen. Stattdessen muss der Aufsichtsrat zukünftig in seiner Gesamtheit Fachkunde in Bezug auf den Sektor, in dem die Gesellschaft tätig ist, aufweisen (dazu *Blöink/Woodtli*, Der Konzern 2016, 75, 83; siehe auch Rdn. C 329). 172

Das Gericht kann zu seiner Entscheidung andere Organe der Gesellschaft und auch die Gesellschafter anhören. Von dem Verfahren unmittelbar betroffene Dritte sind nach § 7 Abs. 2 Nr. 1 FamFG als Beteiligte hinzuziehen (MüKo AktG/*Habersack*, § 104 Rn. 38). Es sind vor allem andere Aufsichtsräte und Gesellschafter, die sich unter Berufung auf ihre eigene Antragsberechtigung nach § 104 Abs. 1 AktG (KK-AktG/*Mertens/Cahn*, § 104 Rn. 25) in das Verfahren einbringen können. Demnach sind alle Antragsberechtigten durch das Verfahren unmittelbar betroffen, auch wenn diese keinen Antrag gestellt haben, da eine Beeinträchtigung der Antragsrechte auch darin liegen kann, dass die bestellte Person nicht von den in § 104 AktG Genannten vorgeschlagen wurde (*Drehsen*, AG 2015, 775). Zur Beschleunigung des Verfahrens ist es daher empfohlen, möglichst schon mit dem Antrag Stellungnahmen solcher Beteiligten beizufügen, Das können nicht nur wie hier vorgeschlagen, die Erklärung der Bereitschaft zur Amtsübernahme durch den vorgeschlagenen Kandidaten oder bei einem Arbeitnehmervertreter, wie hier, die Erklärung des Betriebsrats oder der zuständigen Gewerkschaft sein, sondern auch eine Erklärung des Aufsichtsratsvorsitzenden für den Aufsichtsrat sein, wenn der Antrag von der Geschäftsleitung gestellt ist. Die Praxis der Gerichte ist hier im Wandel und sollte ggf. vorab erfragt werden. 173

174 Kommt es zu vom Antrag abweichenden Stellungnahmen, können sich hieraus quasi streitige Verfahren ergeben (vgl. etwa OLG Schleswig, Beschluss v. 26.04.2004 – 2 W 46/04, FGPrax 2004, 444 – MOBILCOM; Landgericht Hannover, Beschluss v. 12.03.2009 – 21 T 2/09, ZIP 2009, 761, 762 – Continental). Bei gegenläufigen Anträgen anderer Antragsberechtigter (oft geht es dann um die vermeintlich fehlende Qualifikation oder Unabhängigkeit des Kandidaten, wo es in Wirklichkeit um die Machtfrage geht), besteht die Gefahr, dass das Gericht unabhängige Dritte nach seiner eigenen Auswahl bestellt (KK-AktG/*Mertens/Cahn*, § 104 Rn. 22). Beteiligte ohne eigene Antragstellung müssen indessen nicht zwingend angehört werden, § 34 FamFG. Die Anhörung des zu bestellenden Kandidaten wird durch eine schriftliche, vorab mit dem Antrag eingereichte Stellungnahme ersetzt.

175 **9.** Nach dem Gesetz für die gleichberechtigte Teilhabe von Frauen und Männern an Führungspositionen in der Privatwirtschaft und im öffentlichen Dienst (FührposGleichberG) vom 24.04.2015 (BGBl. I 642) und der dadurch geänderten Fassung des § 52 Abs. 2 Satz 2 GmbHG muss der Aufsichtsrat einer paritätisch mitbestimmten GmbH eine Zielfestlegung für den Frauenanteil im Aufsichtsrat beschließen. Diese umfasst grundsätzlich auch die Arbeitnehmerbank (*Seibt*, ZIP 2015, 1193, 1206; *Fromholzer/Simons*, AG 2015, 457, 462), wenn nicht der Aufsichtsrat getrennte Zielgrößen festlegt. Diese Festlegungen sind für die gerichtliche Entscheidung ohne Belang. Die Antragsteller müssen anhand der geltenden Zielfestlegung vielmehr selbst abwägen, ob der Bestellungsvorschlag zielgerecht ist oder nicht. Um jedoch Rückfragen in der Anwendung der hier neuen Vorschriften zur vermeiden, empfiehlt es sich – wie hier vorgeschlagen – über die erfolgte Zielfestlegung und die Komptabilität des Vorschlags dazu zu informieren. Natürlich kann diese je nach Situation auch anders ausfallen. Wichtig ist es aber jedenfalls festzuhalten, dass der neue § 104 Abs. 5 AktG nur für börsennotierte und mindestens paritätisch mitbestimmte Aktiengesellschaften und mithin nicht für eine GmbH gilt.

176 **10.** Durch das zweite Kostenmodernisierungsgesetz vom 23.07.2013 (BGBl. I S. 2586) werden nunmehr die Gebühren für das gerichtliche Verfahren über die Zusammensetzung des Aufsichtsrats unmittelbar nach dem GNotKG erhoben (*Spindler*/Stilz/Spindler, AktG, § 99 Rn. 21). Grundsätzlich wird der Geschäftswert von Amts wegen ermittelt, § 79 GNotG. Jedoch bestimmt § 67 Abs. 1 Nr. 1 GNotKG, dass in gerichtlichen Verfahren auf Bestellung oder Abberufung in Kapitalgesellschaften von einem Geschäftswert in Höhe von € 60.000 auszugehen ist. Für die erste Instanz fallen 2,0 Gebühren an (§ 34 GNotKG iVm. Nr. 13500 KV), für die Beschwerde 3,0 Gebühren (Nr. 13610 KV) und für die Rechtsbeschwerde 4,0 Gebühren (Nr. 13620 KV).

177 Die Kosten des Verfahrens trägt gemäß § 23 Nr. 10 GNotKG in der Regel die betroffene Gesellschaft, da diese auch ein Interesse daran hat, dass der Aufsichtsrat richtig zusammengestellt ist. Bei offensichtlich unzulässigen oder unbegründeten Anträgen kann das Gericht nach billigem Ermessen die Gebühren auch teilweise bis ganz dem Antragssteller auferlegen, § 99 Abs. 6 S. 1 AktG (Hüffer/*Koch*, § 99 Rn. 12, *Spindler*/Stilz/Spindler, § 99 Rn. 22, BT-Drucks. 17/11471, S. 161, BT-Drucks. 17/11471, S. 161). Kosten der Beteiligten, wie etwa Anwaltsgebühren und Auslagen, werden nach § 99 Abs. 6 S. 2 AktG nicht erstattet.

178 **11.** Da in der Praxis manchmal Schwierigkeiten bei der Zustellung der Bestellungsbeschlüsse an das zu bestellende Aufsichtsratsmitglied zu beobachten sind, empfiehlt sich die Bitte auf Zustellung an die Gesellschaft, die das Verfahren auch eingeleitet hat. Parallel dazu erfolgt in jedem Fall auch eine Zustellung an das gerichtlich bestellte Aufsichtsratsmitglied sowie etwa sonstige Beteiligte des Verfahrens. Nicht am Verfahren beteiligte Dritte werden über die nach § 106 AktG erforderliche Bekanntmachung über die personellen Veränderungen im Aufsichtsrat informiert und können etwaige Rechtsmittel ab dieser Bekanntmachung mit einer Rechtsmittelfrist, die ab Bekanntmachung zu laufen beginnt, einlegen (KK-AktG/*Mertens/Cahn*, § 104 Rn. 27, 28; Hüffer/*Koch*, § 104 Rn. 6, 7).

19. Bekanntmachung von Änderungen im Aufsichtsrat

Vorbemerkung

§ 106 AktG in Verbindung mit den Verweisnormen der Mitbestimmungsgesetze verlangt von den Geschäftsführern bei Änderungen in der personellen Zusammensetzung der Aufsichtsratsmitglieder die Einreichung einer Liste der Mitglieder des Aufsichtsrats beim Handelsregister und vom Registergericht eine entsprechende Hinweisbekanntmachung hierauf. Entsprechendes gilt für den fakultativen Aufsichtsrat nach § 52 Abs. 3 Satz 2 GmbHG. Diese Bekanntmachungspflicht ist nicht zu verwechseln mit der sich teilweise überschneidenden Bekanntmachungspflicht nach den Mitbestimmungsgesetzen, nämlich in § 8 DrittelbG bzw. § 19 MitbestG (siehe hierzu nachstehend Muster C 20 (Rdn. C 187 ff.)). Das nachstehende Muster orientiert sich an der Fallgestaltung des voranstehenden Musters unter Muster C 18 (Rdn. C 156 ff.). 179

Muster

C-GmbH 180

An das Amtsgericht

Köln [1]

– Handelsregister –

In Sachen

der C-GmbH, Köln, HRB ____________

Liste der Mitglieder des Aufsichtsrats nach §§ 106 AktG, 6 Abs. 2 MitbestG

Im Aufsichtsrat der Gesellschaft hat es durch gerichtliche Bestellung des Amtsgerichts Köln vom ____________ 2018 eine Änderung bei den Mitgliedern des Aufsichtsrats der Gesellschaft gegeben. Als Nachfolger von Herrn/Frau ____________ ist Herr/Frau ____________ mit Wirkung vom 1. April 2018 zum Mitglied des Aufsichtsrats der C-GmbH bestellt worden.

Dem Aufsichtsrat der Gesellschaft gehören damit an:

[Name, Vorname, ausgeübter Beruf, Wohnort], **Aufsichtsratsvorsitzender**

[Name, Vorname, ausgeübter Beruf, Wohnort], **stellvertretender Aufsichtsratsvorsitzender**

[Name, Vorname, ausgeübter Beruf, Wohnort]

[Name, Vorname, ausgeübter Beruf, Wohnort]

[Name, Vorname, ausgeübter Beruf, Wohnort]

[Name, Vorname, ausgeübter Beruf, Wohnort]

[Name, Vorname, ausgeübter Beruf, Wohnort]

[Name, Vorname, ausgeübter Beruf, Wohnort]

[Name, Vorname, ausgeübter Beruf, Wohnort]

[Name, Vorname, ausgeübter Beruf, Wohnort]

[Name, Vorname, ausgeübter Beruf, Wohnort]

[Name, Vorname, ausgeübter Beruf, Wohnort] 2.

C-GmbH

durch

______________ ______________

Geschäftsführer 3 **Geschäftsführer**

Erläuterungen

181 **1.** § 106 AktG ist bei Gesellschaften in der Rechtsform der GmbH nur dann anwendbar, wenn diese obligatorisch einen mitbestimmten Aufsichtsrat zu bilden haben. Dies ist in § 6 Abs. 2 Satz 1 MitbestG bzw. § 1 Abs. 1 Nr. 3 DrittelbG angeordnet. Danach ist die Geschäftsführung bei jeder Änderung in den Personen der Aufsichtsratsmitglieder verpflichtet, unverzüglich eine Liste der Mitglieder des Aufsichtsrats bei dem Handelsregister einzureichen, welches seinerseits eine Hinweisbekanntmachung auf die Einreichung nach § 10 HGB veranlasst. Die Gesellschaft muss keine Bekanntmachung über die Änderungen im Aufsichtsrat und eine Liste ihrer Aufsichtsratsmitglieder selbst im Bundesanzeiger veröffentlichen (wie dies indessen noch häufig geschieht). Zu einer Veröffentlichung im Bundesanzeiger sind die betroffenen Gesellschaften jedoch unabhängig von der Geltung des § 106 AktG nach §§ 19 MitbestG bzw. 8 DrittelbG verpflichtet (dazu nachstehend Muster C 20, Rdn. C 187). Ebenfalls losgelöst von § 106 AktG ist die für obligatorische Aufsichtsräte bestehende Pflicht, zum Handelsregister anzumelden, wer als Vorsitzender bzw. Stellvertreter des Aufsichtsrats gewählt worden ist (§ 107 Abs. 1 Satz 2 AktG). Hierbei handelt es sich lediglich um eine Anmeldung zum Handelsregister (nicht jedoch zur Eintragung im Handelsregister), die keine Veröffentlichungspflicht nach sich zieht.

182 Eine § 106 AktG entsprechende, zwingende Offenlegungspflicht in Bezug auf die Mitglieder des Aufsichtsrats gilt auch für Gesellschaften mit fakultativem Aufsichtsrat über § 52 Abs. 3 Satz 2 GmbHG i.V.m. § 37 Abs. 4 Nr. 3a) AktG. Diese Bestimmung ist anders als § 52 Abs. 1 GmbHG nicht satzungsdispositiv (Baumbach/Hueck/*Zöllner/Noack*, § 52 Rn. 139–143), sie ist nicht von dem Verweis des § 52 Abs. 1 Satz 1 GmbHG auf die aktienrechtlichen Vorschriften erfasst. Ihre Anwendbarkeit setzt allerdings voraus, dass die Gesellschaft einen Überwachungsfunktionen ausübenden »echten« Aufsichtsrat eingerichtet hat (*Wicke*, § 52 Rn. 13).

183 Die Einreichung erfolgt nach § 12 Abs. 2 Satz 2 1. Hs. HGB in elektronischer Form (über das Elektronische Gerichts- und Verwaltungspostfach – EGVP), das heißt in der Praxis unter Zuhilfenahme eines Notariats, obwohl die Unterschrift der Geschäftsführung nicht zu beglaubigen ist. Die Einreichung der Liste hat keine konstitutive Bedeutung für das Amt und auch sonst keine Rechtswirkungen (KK-AktG/*Mertens/Cahn*, § 106 Rn. 10; MüKo GmbHG/*Spindler*, § 52 Rn. 708 f.).

184 **2.** Gegenstand der Einreichungspflicht der Geschäftsführung ist eine Liste sämtlicher Aufsichtsratsmitglieder, auch wenn nur das Ausscheiden oder der Eintritt eines einzelnen Mitglieds erfolgt ist. Die Bekanntmachungspflicht wird hier durch das zeitgleich wirksam werdende Ausscheiden des bisherigen Aufsichtsratsmitglieds und den durch gerichtliche Bestellung bewirkten Eintritt des neuen Aufsichtsratsmitglieds zum selben Zeitpunkt ausgelöst. Bei Auseinanderfallen dieser beiden Zeitpunkte ist theoretisch eine mehrfache Einreichung einer berichtigten Liste der Aufsichtsratsmitglieder erforderlich. Mit Blick auf die geringen Sanktionen dieser Verpflichtung (s. unten Rdn. C 186) wird in der Praxis die Zusammenfassung zeitlich nahe liegender Ein- und Austrittsfälle in einer aktualisierten Liste vertretbar sein. Ausgelöst wird die Verpflichtung zur Einreichung einer Liste der Mitglieder des Aufsichtsrats auch durch das Einrücken eines etwaigen Ersatzmitglieds. Dagegen bedarf es bei Wiederwahlen, sonstiger Amtsverlängerung oder bloßem

Wechsel im Namen, des Berufs oder des Wohnorts keiner Einreichung einer Mitgliederliste (KK-AktG/*Mertens/Cahn*, § 106 Rn. 4).

Bei sämtlichen in diesen Fällen anzugebenden aktuellen Mitgliedern des Aufsichtsrats muss die Liste die Angabe von Name, Vorname, ausgeübtem Beruf und Wohnort beinhalten und unterscheidet sich damit auch inhaltlich von den Bekanntmachungspflichten nach Mitbestimmungsgesetz bzw. Drittelbeteiligungsgesetz, wonach lediglich die Namen der Mitglieder und Ersatzmitglieder des Aufsichtsrats bekanntzumachen sind. Die Nennung des Vorsitzenden und des stellv. Vorsitzenden des Aufsichtsrats ist hier nicht vorgeschrieben, aber zweckmäßig. Die Gründe eines Ausscheidens oder die Art der Bestellung müssen nicht angegeben werden (KK-AktG/*Mertens/Cahn*, § 106 Rn. 5). 185

3. Die Verpflichtung zur Einreichung der geänderten Listen von Mitgliedern des Aufsichtsrats trifft die Geschäftsführung der Gesellschaft, die hier indes in Vertretung der Gesellschaft handelt. Erforderlich und genügend ist also das Handeln der Geschäftsführer in vertretungsberechtigter Zahl (Hüffer/*Koch*, § 106 Rn. 2). Die Einreichung muss unverzüglich erfolgen und kann ggf. im Zwangsgeldverfahren nach § 14 HGB durchgesetzt werden. 186

20. Bekanntmachung der Mitglieder des Aufsichtsrats nach DrittelbG/MitbestG

Vorbemerkung

Eine GmbH mit obligatorischem Aufsichtsrat, der der Arbeitnehmermitbestimmung nach Drittelbeteiligungsgesetz bzw. Mitbestimmungsgesetz unterliegt, muss die Namen der Mitglieder und der Ersatzmitglieder ihres Aufsichtsrats unverzüglich nach ihrer Bestellung bekanntmachen (§§ 19 MitbestG, 8 DrittelbG). Das nachstehende Muster schließt an den Fall der vorstehenden Muster C 18, Rdn. C 156 ff. an. 187

Muster

C-GmbH, Köln 188

Bekanntmachung [1] nach § 19 MitbestG [2]

Für das am 31. März 2018 ausgeschiedene Aufsichtsratsmitglied der Arbeitnehmerseite Herr/Frau __________ wurde durch Beschluss des Amtsgerichts Köln mit Wirkung zum 01. April 2018 als Vertreter der Arbeitnehmer in den Aufsichtsrat bestellt. Damit setzt sich der Aufsichtsrat der C-GmbH nunmehr wie folgt zusammen:

[Name, Vorname]	[Name, Vorname]
[Name, Vorname]	[Name, Vorname]
[Name, Vorname]	[Name, Vorname]
[Name, Vorname]	[Name, Vorname]
[Name, Vorname]	[Name, Vorname]
[Name, Vorname]	[Name, Vorname] [3].

Köln, im Mai [4] 2018

C-GmbH

Die Geschäftsführung

Erläuterungen

189 **1.** Die Bekanntmachung ist bei jeder Neubestellung von Aufsichtsratsmitgliedern eines mitbestimmten Aufsichtsrats vorzunehmen. Das gilt auch, wenn Vertreter der Anteilseigner neu bestellt wurden. Sie erfolgt durch die Geschäftsführung durch Veröffentlichung im Bundesanzeiger. Sie ist ferner auch in den Betrieben des Unternehmens durch Aushang bekannt zu machen, und zwar in den Betrieben solcher Unternehmen, deren Arbeitnehmer an der Wahl von Aufsichtsratsmitgliedern der Arbeitnehmer teilnehmen. Anstelle einer Bekanntmachung durch Aushang kann die Bekanntmachung in den Betrieben auch durch Einsatz moderner Informations- und Kommunikationstechnik erfolgen (so die Begründung des Gesetzesentwurfs der Bundesregierung v. 12.12.2001, BR-Drucks. 1069/01, 17 zum Gesetz zur Vereinfachung der Wahl der Arbeitnehmervertreter in den Aufsichtsrat v. 27.03.2002 und ErfK/*Oetker*, § 19 Rn. 1).

190 **2.** Ist entgegen dem hier gewählten Beispiel die Bekanntmachung nach § 8 des DrittelbG vorzunehmen, wäre diese Vorschrift hier zu benennen. Weder dem Inhalt noch der Art und Weise der Bekanntmachung nach ergeben sich jedoch Unterschiede. Die Vorschriften sind wortgleich.

191 **3.** Bekannt zu machen, ist nur der Name der neu in den Aufsichtsrat bestellten Mitglieder des Aufsichtsrats und (sofern dies der Fall ist) der neuen Ersatzmitglieder des Aufsichtsrats. Eine Veröffentlichung der Gesamtliste der Mitglieder des Aufsichtsrats, wie sie hier im Muster vorgenommen wurde, ist gesetzlich nicht vorgeschrieben, erfolgt in der Praxis jedoch häufig. Fakultativ könnten darüber hinaus auch Funktionsbezeichnungen, wie diejenigen des Vorsitzenden und stellvertretenden Vorsitzenden und eine Unterteilung nach Arbeitgeber- und Arbeitnehmerbank vorgenommen werden. Anders als bei § 106 AktG ist beim bloßen Ausscheiden von Aufsichtsratsmitgliedern keine Bekanntmachung veranlasst. Vielfach veröffentlichen die Unternehmen im Bundesanzeiger noch Listen ihrer Aufsichtsratsmitglieder, die sämtliche Angaben nach § 106 AktG und den einschlägigen Mitbestimmungsgesetzen beinhalten. Schädlich ist dieses nicht.

192 **4.** Die Bekanntmachung nach § 19 MitbestG ist deklaratorisch. Sie muss unabhängig vom Amtsantritt unverzüglich nach der Wahl oder Bestellung des betreffenden Aufsichtsratsmitglieds erfolgen. Sie löst die Wahlanfechtungsfrist nach § 22 Abs. 2 Satz 2 MitbestG aus.

21. Protokoll der konstituierenden Sitzung des Aufsichtsrats

Vorbemerkung

193 Wird der Aufsichtsrat nach Ablauf der bisherigen Amtszeit seiner Mitglieder insgesamt neu bestellt oder ist er aufgrund entsprechender gesellschaftsrechtlicher Maßnahmen bei einer GmbH neu einzurichten, steht die so genannte »konstituierende Aufsichtsratssitzung« an, in welcher der Aufsichtsrat unabhängig von sonstigen sachlichen Tagesordnungspunkten bestimmte Beschlüsse betreffend seine innere Ordnung fassen muss. Dies umfasst in jedem Fall die Wahl des Aufsichtsratsvorsitzenden und seines Stellvertreters und die Bildung etwa durch die Geschäftsordnung des Aufsichtsrats oder das Gesetz vorgeschriebener Ausschüsse. Im Falle des dem nachstehenden Muster zugrunde liegenden Aufsichtsrats, der nach den Regeln des Mitbestimmungsgesetzes zusammengesetzt ist, erfolgt die Wahl des Aufsichtsratsvorsitzenden und seines Stellvertreters nach einem im Mitbestimmungsgesetz verankerten Verfahren. Darüber hinaus ist in diesem Fall der nach § 27 Abs. 3 MitbestG vorgeschriebene Vermittlungsausschuss zu bilden. Im nachstehenden Muster wird der Fall gebildet, dass nach Durchführung eines Statusverfahrens der Aufsichtsrat einer GmbH nach den Regeln des Mitbestimmungsgesetzes erstmals zusammen zu setzen ist und infolgedessen vollständige Neuwahlen sowohl auf Anteilseigner- wie auch auf Arbeitnehmerseite stattgefunden haben bzw. eine gerichtliche Bestellung erfolgt ist. Gelten, was in der Praxis selten ist, unterschiedliche Amtszeiten für die einzelnen Mitglieder des Aufsichtsrats, wird es nicht aller hier vorgeschlagenen

Beschlussgegenstände auf einmal bedürfen, sondern immer nur insoweit, wie durch Ausscheiden und Neuwahl einzelner Mitglieder einzelne Ämter neu zu besetzen sind. Schließlich werden im nachstehenden Muster die nach dem Gesetz für die gleichberechtigte Teilhabe von Frauen und Männern an Führungspositionen in der Privatwirtschaft und im öffentlichen Dienst (FührposGleichberG) vom 24.04.2015 (BGBl. I 642) und der dadurch geänderten Fassung des § 52 Abs. 2 Satz 2 GmbHG die bei Neukonstituierung erforderlichen Festlegungen der Frauenquote in der Geschäftsführung und im Aufsichtsrat behandelt.

Muster

Protokoll der konstituierenden Aufsichtsratssitzung [1] 194

der

C-GmbH, Köln,

am __________ April 2018 in __________.

I. Teilnehmer:

1. Aufsichtsratsmitglieder

a) als Mitglieder des/der Anteilseigner/s:

Herr __________

Herr __________

Frau __________

Frau __________

Herr __________

Frau __________

b) als Mitglieder der Arbeitnehmer:

Herr __________

Frau __________

Herr __________

Herr __________

Herr __________

Frau __________

2. Geschäftsführung [2]

Frau __________

Herr __________

Herr __________

3. Protokollführer [3]

Herr __________

II. Tagesordnung

1. Begrüßung und Feststellung der Beschlussfähigkeit

Herr/Frau ____________ eröffnete um ____________ mit der Zustimmung aller Teilnehmer die Sitzung. Er/Sie übernahm für die Geschäftsführung der C-GmbH (nachfolgend: »die Gesellschaft«) [4] die Begrüßung der Anwesenden und stellte die Teilnahme und damit die Beschlussfähigkeit wie vorstehend wiedergegeben fest. Hinsichtlich der Mitglieder des Aufsichtsrats der Arbeitnehmer verwies er auf den Beschluss des Amtsgerichts Köln vom ____________ 2018, durch welchen eine gerichtliche Bestellung der Arbeitnehmervertreter gemäß §§ 104 AktG und 6 Abs. 2 MitbestG erfolgt ist. Hinsichtlich der Mitglieder des Aufsichtsrats des Anteilseigners verwies er/sie auf den Wahlbeschluss der Gesellschafterversammlung vom ____________.

Da es sich um die erste, konstituierende Sitzung eines insgesamt neu gewählten Aufsichtsrats handelt, ist die Einladung zu dieser Sitzung durch die Geschäftsführer mit Schreiben vom ____________ 2018 erfolgt. Es wurde ohne Widerspruch der Teilnehmer festgestellt, dass die Sitzung damit form- und fristgerecht entsprechend den Bestimmungen des Gesellschaftsvertrags einberufen wurde.[5]

Herr/Frau ____________ bat sodann um die Bestimmung eines Sitzungsleiters bis zur Wahl eines Aufsichtsratsvorsitzenden. Durch [einstimmige/mehrheitliche] Stimmabgabe wurde Herr/Frau ____________ zum vorläufigen Sitzungsleiter gewählt. Herr/Frau ____________ nahm das Amt an. Er/Sie stellte durch entsprechende Nachfrage fest, dass gegen die Protokollführung durch Herrn ____________ keine Einwände bestehen.

2. Wahl des Aufsichtsratsvorsitzenden

Der/die vorläufige Sitzungsleiter(in) rief sodann TOP 2 (Wahl des Vorsitzenden des Aufsichtsrats) [6] auf. Er/Sie erläuterte, dass die Wahl des Aufsichtsratsvorsitzenden nach § 27 Abs. 1 MitbestG mit der Mehrheit von zwei Dritteln aller Mitglieder des Aufsichtsrats erfolgen muss, aus denen er insgesamt zu bestehen hat. Dies entspricht einer Mehrheit von mindestens acht Stimmen. Für den Fall, dass diese erforderliche Mehrheit nicht erreicht wird, findet ein nach Anteilseigner- und Arbeitnehmervertretern getrennter zweiter Wahlgang statt. Als Kandidaten für den Aufsichtsratsvorsitz wurden ____________ und ____________ genannt. Der/die Sitzungsleiter[in] stellte zunächst die Wahl von Herrn/Frau ____________ zur Abstimmung. Die Abstimmung erfolgte durch Handaufheben. [7]

Mit [einstimmiger/qualifiziert mehrheitlicher] Stimmabgabe wurde Herr/Frau für die Dauer seiner/ihrer Amtszeit zum/zur Vorsitzenden des Aufsichtsrats gewählt [8]. Der Sitzungsleiter stellte den gefassten Beschluss fest. Herr/Frau bedankte sich für das ausgesprochene Vertrauen, nahm das Amt an und übernahm die Sitzungsleitung.

3. Wahl des stellvertretenden Vorsitzenden des Aufsichtsrats

Unter Aufruf von TOP 3 (Wahl des Stellvertretenden Vorsitzenden des Aufsichtsrats) [9] verwies der/die Vorsitzende erneut auf § 27 Abs. 1 MitbestG, wonach für die Wahl des Stellvertreters die gleichen Mehrheitserfordernisse und das gleiche Prozedere eines zweiten Wahlganges gelten, wie für die Wahl des Aufsichtsratsvorsitzenden. Als Kandidaten für den stellvertretenden Aufsichtsratsvorsitz wurden und ____________ vorgeschlagen. Der/die Vorsitzende stellte zunächst die Wahl von Herrn/Frau ____________ zur Wahl. Die Wahl erfolgte durch Handaufheben.

Mit ___[einstimmiger/qualifiziert mehrheitlicher]___ Stimmabgabe wurde Herr/Frau für die Dauer seiner/ihrer Amtszeit als Stellvertretende[r] Vorsitzende[r] des Aufsichtsrats gewählt. Der Vorsitzende stellte den gefassten Beschluss fest. Herr/Frau nahm das Amt an und bedankte sich für das ausgesprochene Vertrauen.

4. Wahlen zum Vermittlungsausschuss und zum Präsidialausschuss

Unter Verweis auf die gesetzlichen Bestimmungen in § 27 Abs. 3 MitbestG rief der/die Vorsitzende TOP 4 (Wahlen zum Vermittlungs- und Präsidialausschuss) [10] auf und bat Anteilseigner- und Arbeitnehmervertreter um jeweils getrennte Bestellung je eines weiteren Mitglieds des Vermittlungsausschusses. Er/sie wies darauf hin, dass der Vermittlungsausschuss im Übrigen aus dem/der Aufsichtsratsvorsitzenden und seinem/ihrer Stellvertreter[in] gesetzlich zusammenzusetzen ist.

Durch Handaufheben und mit Mehrheit der jeweiligen Bank wurden Herr/Frau und Herr/Frau ___________ für die Dauer ihrer Amtszeit zu weiteren Mitgliedern des Vermittlungsausschusses bestellt.

Unter weiterem Aufruf der Bildung eines Präsidialausschusses [11] wies der/die Vorsitzende darauf hin, dass der Aufsichtsrat weitere Ausschüsse bilden kann. Gemäß dem nachfolgenden TOP 5 (Beschlussfassung über den Erlass einer Geschäftsordnung des Aufsichtsrats) ist vorgesehen, dass der Aufsichtsrat einen Präsidialausschuss bildet, der aus den vier Mitgliedern des nach § 27 Abs. 3 MitbestG gebildeten Vermittlungsausschusses besteht. Vorsitzender des Präsidialausschusses soll der/die Vorsitzende des Aufsichtsrats sein. Der/Die Vorsitzende erläuterte, dass der Präsidialausschuss die Personalentscheidungen des Aufsichtsrats vorbereitet, insbesondere die Bestellung und Abberufung der Geschäftsführer und anstelle des Aufsichtsrats über (i) Abschluss, Änderung und Beendigung der Anstellungsverträge mit den Mitgliedern der Geschäftsführung [12], (ii) sonstige Rechtsgeschäfte gegenüber Mitgliedern der Geschäftsführung entsprechend § 112 AktG sowie (iii) die Zustimmung zu Verträgen zwischen der Gesellschaft und den Aufsichtsratsmitgliedern entsprechend § 114 AktG beschließt. Der/Die Vorsitzende stellte sodann die Bildung des Präsidialausschusses, seine Zusammensetzung und die Übertragung der vorbezeichneten Aufgaben an diesen zur Abstimmung. Die Beschlussfassung erfolgte durch Handaufheben.

Mit ___[einstimmiger/mehrheitlicher]___ Stimmabgabe und gemäß Feststellung des Vorsitzenden wurde der Präsidialausschuss mit den vorgenannten Mitgliedern eingerichtet und ihm die vorgenannten Aufgaben übertragen.

5. Beschlussfassung über den Erlass einer Geschäftsordnung für den Aufsichtsrat [13]

Der/Die Vorsitzende rief TOP 5 (Erlass einer Geschäftsordnung für den Aufsichtsrat) auf. Er/Sie stellte fest, dass der als Anlage diesem Protokoll beigefügte Entwurf der Geschäftsordnung sämtlichen Aufsichtsratsmitgliedern mit der Einladung zur Aufsichtsratssitzung rechtzeitig zur Verfügung gestellt worden ist. Es erfolgte eine Diskussion zu verschiedenen Aspekten der Geschäftsordnung, insbesondere über den Katalog zustimmungsbedürftiger Geschäfte. […]

Der/Die Vorsitzende stellte die in der Anlage beigefügte Geschäftsordnung zur Abstimmung. Die Beschlussfassung erfolgte durch Handaufheben.

Mit ___[einstimmiger/mehrheitlicher]___ Stimmabgabe gab der Aufsichtsrat sich die in der Anlage beigefügte Geschäftsordnung. Der/Die Vorsitzende stellte diesen Beschluss fest.

6. Berichterstattung an den Aufsichtsrat [14]

Der/Die Vorsitzende rief sodann TOP 6 auf und erläuterte, dass in Ergänzung zu dem Recht des Aufsichtsrats einzelne Berichte von der Geschäftsführung zu verlangen, eine regelmäßige Berichterstattung der Geschäftsführung an den Aufsichtsrat zweckmäßig sei. Der/Die Vorsitzende übergab sodann das Wort an den Vorsitzenden der Geschäftsführung der Gesellschaft, der seine Vorstellungen hierzu erläuterte. Der Aufsichtsrat nahm diese zustimmend zur Kenntnis und behielt sich weitere Beschlussfassung dazu vor.

7. Festlegung der Zielgrößen für den Frauenanteil im Aufsichtsrat und in der Geschäftsführung und Fristen für deren Umsetzung [15]

Der/Die Vorsitzende rief sodann TOP 7 auf und verwies auf § 52 Abs. 2 Satz. 2 GmbHG, der den Aufsichtsrat verpflichtet, für den Frauenanteil im Aufsichtsrat und in der Geschäftsführung Zielgrößen und Fristen für deren Umsetzung festzusetzen. Sodann wurde der aktuelle Frauenanteil in Aufsichtsrat und Geschäftsführung festgestellt. Er beträgt ________ % im Aufsichtsrat und ________ % in der Geschäftsführung. Unter Berücksichtigung der laufenden Amtszeiten wurde mit [einstimmiger/mehrheitlicher] Stimmabgabe beschlossen, dass diese Anteile bis zum 30. Juni 2022 beibehalten und nicht unterschritten werden sollen. Dies wurde von Vorsitzenden festgestellt.

8. Bestellung des Arbeitsdirektors [16]

Der/die Vorsitzende rief TOP 8 (Bestellung des Arbeitsdirektors) auf und verwies auf die Regelung des § 33 MitbestG rief. Er/Sie erläuterte, dass für die Bestellung des Arbeitsdirektors § 31 Abs. 1 MitbestG gilt. Daraus ergibt sich, dass für die Wahl des Arbeitsdirektors die gleichen Mehrheitserfordernisse und die gleiche Verfahrensweise für einen zweiten Wahlgang gelten, wie für die Bestellung der anderen Geschäftsführer. Als Arbeitsdirektor wurden ________ und vorgeschlagen. Der/Die Vorsitzende stellte zunächst die Wahl von Herrn/Frau zur Wahl. Die Wahl erfolgte durch Handaufheben.

Mit [einstimmiger/qualifiziert mehrheitlicher] Stimmabgabe wurde Herr/Frau zum Arbeitsdirektor bestellt und dieser Beschluss vom Vorsitzenden festgestellt. Herr/Frau ________ nahm das Amt an.

9. Verschiedenes

Unter Verschiedenes wurden die Orte und Termine für die kommenden Sitzungen des Aufsichtsrates wie folgt festgelegt: [Daten/Orte]. [17]

Weitere Beschlüsse wurden nicht gefasst.

Die Sitzung schloss um ________.

Köln, den ________ April 2018

________ ________

Vorsitzende[r] des Aufsichtsrats [18] **Protokollführer**

Template

195 **Minutes of the Constituent Meeting of the Supervisory [1]**

C-GmbH, Cologne

on __ April 2018

I. Participants:

1. Members of the Supervisory Board

a) as representatives of the shareholder (-s):

Mr./Mrs. __________

____

b) as representatives of the employees:

Mr./Mrs. __________

____

2. Members of the Management Board [2]

Mr./Mrs. ____________________

3. Minute-taker [3]

Mr./Mrs. __________

II. Agenda

1. Greeting of participants and establishment of a quorum

With the consent of all participants Mr./Mrs. __________ opened the Supervisory Board meeting at __:__ hours (CET) and expressed his/her welcome to this Supervisory Board meeting in the name of the Management Board of C-GmbH.[4] He/she stated the presence of the participants as mentioned above and, thus, the Supervisory Board had a quorum. With regard to the representatives of the employees he/she made reference to the order of the Local Court Cologne dated __________ 2018, by which the representatives of the employees have been appointed pursuant to sec. 104 German Stock Corporation Act (»AktG«) and sec. 6 para. 2 German Co-Determination Act (»MitbestG«). With regard to the representatives of the shareholders he/she made reference to the resolution of the shareholders' meeting of __________.

Since this was the first, constituent meeting of the Supervisory Board members after their appointment the invitation to this meeting was issued through the Management Board by letter dated __________ 2018. It was stated without opposition, that the meeting has been convened in due time and form according to the regulations in the Articles of Association.[5]

Mr./Mrs. __________ then asked for the election of a person running the meeting until the election of the Chairman/Chairwoman of the Supervisory Board. By resolution passed __________ [unanimously/with the majority of the votes] Mr./Mrs. was elected as person running the meeting until the election of the Chairman/Chairwoman of the Supervisory Board and accepted the office. His/her question regarding taking the minutes of the meeting by Mr./Mrs. __________ was met without opposition.

2. Election of the Chairman/Chairwoman of the Supervisory Board

The person running the meeting then called agenda item 2 (Election of the Chairman of the Supervisory Board).[6] He/she pointed out, that pursuant to sec. 27 para. 1 MitbestG the election of the chairman requires a majority of 2/3 of all members of the Supervisory Board. This equals a majority of at least eight votes. If this majority is not obtained, a second voting in two separated elections by the representatives of the shareholders and the employees is held. As candidates for the chairman of the Supervisory Board __________ and __________ were proposed.

The person running the meeting at first called for the voting about the candidacy of Mr./Mrs. ____________. Voting was done by raising of hands. [7]

By resolution passed ____________ [unanimously/with the majority of the votes] Mr./Mrs. ____________ was elected as Chairman/Chairwoman of the Supervisory Board for the duration of his/her term of office. [8] The person running the meeting announced the resolution as passed. Mr./Mrs. ____________ accepted the position and expressed his/her thanks for the trust put in him/her and took the chair of the meeting.

3. Election of the Deputy Chairman/Chairwoman of the Supervisory Board

The Chairman/Chairwoman called agenda item 3 (Election of the Deputy Chairman/Chairwoman of the Supervisory Board). [9] He/she again made reference to sec. 27 para. 1 MitbestG, pursuant to which for the election of the Deputy Chairman the same majority requirements and the same procedure for a second voting apply as for the election of the Chairman/Chairwoman of the Supervisory Board. As candidates for the Deputy Chairman/Chairwoman of the Supervisory Board ____________ and were proposed. The Chairman/Chairwoman at first called for the voting about the candidacy of Mr./Mrs. ____________. Voting was done by raising of hands.

By resolution passed ____________ [unanimously/with the majority of the votes] Mr./Mrs. ____________ was elected as Deputy Chairman/Chairwoman of the Supervisory Board for the duration of his/her term of office. The Chairman/Chairwoman announced the resolution as passed. Mr./Mrs. ____________ accepted the position and expressed his/her thanks for the trust put in him/her.

4. Elections to the Conciliation Committee and to the Presidential Committee

With reference to the mandatory legal provisions of sec. 27 para. 3 MitbestG the Chairman/Chairwoman called agenda item 4 (Elections to the Conciliation and Presidential Committee) [10] and asked the representatives of the shareholders and the employees to separately vote for one additional member to the conciliation committee each. He/She explained that the conciliation committee is by law to be composed further by the Chairman/Chairwoman and the Deputy Chairman/Chairwoman of the Supervisory Board.

By raising of hands and ____________ [unanimously/with the majority of the votes in each group] Mr./Mrs. ____________ and Mr./Mrs. ____________ were elected as additional members to the conciliation committee for the duration of his/her term of office.

The Chairman/Chairwoman then called for the establishment of a presidential committee [11] and explained, that the Supervisory Board may establish further committees. According to the next agenda item 5 (Adoption of the Rules of Procedure of the Supervisory Board) it is intended that the Supervisory Board establishes a presidential committee composed by the four members of the conciliation committee pursuant to sec. 27 para. 3 MitbestG. Chairman/Chairwoman of the presidential committee shall be the Chairman/Chairwoman of the Supervisory Board. The Chairman/Chairwoman pointed out, that the presidential committee prepares the personnel decisions of the Supervisory Board, in particular the appointment and dismissal of members of the management board, and decides in lieu of the supervisory board about (i) conclusion, amendment and termination of the service agreements with the members of the Management Board [12], (ii) other contracts with the members of the Management Board pursuant to sec 112 AktG and (iii) about the approval of contracts between the company and members of the Supervisory Board according to sec. 114 AktG. The Chairman/Chairwoman called for vote about the establishment

of the presidential committee, its composition and the delegation of decision-making as described. Voting was done by raising of hands.

By resolution passed ___________ [unanimously/with the majority of the votes] and, as stated by the chairman, the presidential committee was established with the above mentioned members and the aforementioned tasks were assigned to it.

5. Resolution of the adoption of the Rules of Procedure of the Supervisory Board[13]

The Chairman/Chairwoman called agenda item 5 (Adoption of the Rules of Procedure of the Supervisory Board). He stated, that the draft of the rules of procedure have been made available to all Supervisory Board members together with the invitation of this meeting. Several items of the Rules of Procedure, especially the catalogue of transactions requiring prior approval of the Supervisory Board were discussed. [....]

The Chairman/Chairwoman called for vote about the adoption of the Rules of Procedure of the Supervisory Board. Voting was done by raising of hands. By resolution passed [unanimously/with the majority of the votes] the Supervisory Board adopted the Rules of Procedures as attached to the minutes. The Chairman/Chairwoman announced the resolution as passed.

6. Reporting to the Supervisory Board [14]

The Chairman/Chairwoman called agenda item 6 and explained, that in addition to the right of the Supervisory Board to ask for single reports from the Management Board a regular reporting of the management board to the supervisory board is advisable. He/She gave the floor to Chairman/Chairwoman of the Management Board, who elaborated on his intentions in this regard. The Supervisory Board noted with approval but reserved the right to pass a further resolution hereto.

7. Determination of targets regarding the proportion of women on the Supervisory and the Management Board and periods for their implementation [15]

The Chairman/Chairwoman called agenda item 7 and made reference to § 52 para. 2 German Limited Liability Companies Act (»GmbHG«) according to which the Supervisory Board is obliged to determine targets regarding the proportion of women on the Supervisory and the Management Board and periods for their implementation. He stated the current proportion of women in the Supervisory and the Management Board which is __ % in the Supervisory Board and __ % in the Management Board. Taking into account the running terms of office the supervisory board determined by resolution passed ___________ [unanimously/with the majority of the votes] that the proportion of women in the Supervisory Board and the management board for the period until 30 June 2022 shall not fall under this proportion. The Chairman/Chairwoman announced the resolution as passed.

8. Appointment of a Managing Director of Labor Relations [16]

The Chairman/Chairwoman called agenda item 8 (appointment of a Managing Director of Labor Relations) and made reference to sec 33 MitbestG. He/she explained, that for the appointment of the Managing Director of Labor Relations sec. 31 para. 1 MitbestG is applicable. Therefore the majority requirements and the procedures for a second voting apply in the same way as for the appointment of a regular member of the Management Board. As candidates for the office as Managing Director of Labor Relations ___________ and ___________ were proposed. The Chairman/Chairwoman at first called for the voting about the candidacy of Mr./Mrs. ___________. Voting was done by raising of hands.

By resolution passed ______ [unanimously/with the majority of the votes] Mr./Mrs. ______ was appointed as Managing Director of Labor Relations. The Chairman/Chairwoman announced the resolution as passed. Mr./Mrs. accepted the position.

9. Miscellaneous

Upon calling of this last agenda item date and venues of the up-coming Supervisory Board meetings were set as follows: [date/venue]. [17]

No further resolutions were passed.

The supervisory board meeting was closed at __:__ hours (CET).

Cologne, ______ 2018

______ ______

Chairman/Chairwoman of the Supervisory Board [18] **Minute-taker**

Erläuterungen

Literatur: *Fedke*, Rechtsfragen der Bestellung von Geschäftsführern in der mitbestimmungspflichtigen GmbH – Zu den gesellschaftsrechtlichen Risiken bei unerkannter Anwendbarkeit des Mitbestimmungsgesetzes und fehlendem Aufsichtsrat, NZG 2017, 848; *Döring/Grau*, NZG 2010, 1328, Verfahren und Mehrheitserfordernisse für die Bestellung und Abwahl des Aufsichtsratsvorsitzenden in mitbestimmten Unternehmen; *Oetker*, Die Vergütung des GmbH-Geschäftsführers im Aufsichtsrat der mitbestimmten GmbH, FS Säcker 2011, 443.

196 **1.** Das Gesetz kennt den Begriff »konstituierende Aufsichtsratssitzung« nicht. Der Sprachgebrauch findet sich jedoch auch im Kontext anderer Gremien insbesondere der Politik und des Arbeitnehmermitbestimmung. Er bezeichnet eine erste Aufsichtsratssitzung nach der Wahl seiner Mitglieder, die die gesetzlich notwendigen Beschlüsse zur Binnenorganisation des Aufsichtsrats fasst. In vielen Geschäftsordnungen und zum Teil auch Gesellschaftsverträgen finden sich spezielle Regeln für die konstituierende Aufsichtsratssitzung, wonach es für diese keiner besonderen Einladung und auch nicht der Mitteilung der Tagesordnung bedarf. Vielmehr wird vorgesehen, dass die konstituierende Sitzung unmittelbar im Anschluss an die Wahl der Vertreter der Anteilseigner durch die Gesellschafterversammlung stattfindet. Dies bietet auch die Möglichkeit zu einem ersten persönlichen Kennenlernen, welches sich auf die zukünftige Zusammenarbeit positiv auswirken kann. Allerdings ist auch die Beschlussfassung außerhalb einer Sitzung möglich, zum Beispiel schriftlich, telefonisch oder auf eine sonstige, von der Geschäftsordnung oder der Satzung zugelassenen Weise. Das Muster geht hingegen von einer Präsenzsitzung aus, zu der unter Einhaltung der Formen und Fristen eingeladen wurde (dazu nachstehend Muster C 23 unter Rdn. C 209 ff.).

197 Die Inhalte des Protokolls einer Aufsichtsratssitzung ergeben sich aus § 107 Abs. 2 Satz 2 AktG, der über § 25 Abs. 1 Nr. 2 MitbestG Anwendung findet. Danach hat die Niederschrift mindestens den Ort und den Tag der Sitzung, die Teilnehmer, die Gegenstände der Tagesordnung und den wesentlichen Inhalt der Verhandlungen und die gefassten Beschlüsse (diese in ihrem vollen Wortlaut) anzugeben. In der Praxis der Gesellschaften sind die Protokolle manchmal ausführlicher und halten in einer Mischung von Verlaufs- und Ergebnisprotokoll auch einzelne Diskussionsbeiträge der Teilnehmer fest. Dies ist nicht zwingend, jedoch können die Mitglieder zur Beeinflussung ihrer Haftungssituation das ebenso, wie die Protokollierung ihres persönlichen Stimmverhaltens verlangen (*Semler/von Schenck*, § 5 Rn. 164; KK-AktG/*Mertens/Cahn*, § 107 Rn. 78 f.).

198 **2.** Die Teilnahme der Geschäftsführer an der konstituierenden Sitzung des Aufsichtsrats ist anders als bei regulären Aufsichtsratssitzungen, in deren Rahmen Berichte und Vorlagen der Geschäftsführung Gegenstand der Tagesordnung sind, nicht zwingend geboten. Allerdings spricht umgekehrt nichts gegen eine Anwesenheit der Geschäftsführer und unter dem Aspekt eines ersten wechselseitigen Kennenlernens ist dies sogar zweckmäßig. Abstimmungsbedarf kann sich zu Tagesordnungspunkten 5 bis 8 ergeben.

3. Wie bei jeder Aufsichtsratssitzung sollte ein nicht dem Aufsichtsrat selbst angehörender Protokollführer hinzugezogen werden, der in dem Aufsichtsratsprotokoll auch entsprechend namhaft gemacht wird. Der Protokollführer gilt als Hilfsperson des Aufsichtsratsvorsitzenden und hat als solcher das Recht an der Sitzung teilzunehmen, wenn kein Aufsichtsratsmitglied widerspricht (streitig, wie hier: KK-AktG/*Mertens/Cahn*, § 107 Rn. 80; Hüffer/*Koch*, § 107 Rn. 13; Spindler/Stilz/*Spindler*, § 107 Rn. 66; a.A. Ausschluss des Protokollführers nur durch Mehrheitsbeschluss: MüKo AktG/*Habersack*, § 107 Rn. 76). Der Protokollführer sollte von Berufs wegen oder aufgrund einer entsprechenden Vereinbarung zur Vertraulichkeit verpflichtet sein. Das Recht des Aufsichtsratsvorsitzenden einen zur Verschwiegenheit verpflichteten Protokollführer zu bestimmen, ist in der Regel auch in der Geschäftsordnung des Aufsichtsrats verankert. Bei Widerspruch aus dem Kreis der Aufsichtsratsmitglieder muss hierüber ein Geschäftsordnungsbeschluss gefasst werden, notfalls das Protokoll durch den Vorsitzenden selbst geführt werden. 199

4. Die Eröffnung der Sitzung erfolgt nach dem Vorschlag des Musters durch den einladenden Geschäftsführer der Gesellschaft. Dies ist eine Folge der Tatsache, dass zu diesem Zeitpunkt ein Aufsichtsratsvorsitzender nicht gewählt ist und der diesem Muster zu Grunde liegenden Annahme, dass es zuvor keinen Aufsichtsrat in der Gesellschaft gab. Die Aufgabe erschöpft sich in der Begrüßung der Anwesenden, der Feststellung der Anwesenheit sowie der Herbeiführung der Wahl eines vorläufigen Sitzungsleiters. 200

5. Ein gewisses praktisches Problem enthält die Frage, wer zu einer konstituierenden Aufsichtsratssitzung einzuladen hat. Wenn dies nicht bereits durch den bisherigen Aufsichtsratsvorsitzenden erfolgt ist, ist der Aufsichtsrat auf die Hilfestellung durch die Gesellschafter oder die Gesellschaft selbst angewiesen. Für den Fall der Einberufung des ersten Aufsichtsrats nach Neugründung oder Umwandlung der Gesellschaft wird vertreten, dass die Einberufungskompetenz den Gründern der Gesellschaft zukommt (*Semler/von Schenck*, § 3 Rn. 67 m.w.N.). Für den aktienrechtlichen Aufsichtsrat wird nach allgemeiner Meinung bei Fehlen eines Aufsichtsratsvorsitzenden und seines Stellvertreters analog § 110 Abs. 2 AktG ein Einberufungsrecht eines jeden Aufsichtsratsmitglieds, alternativ des Vorstands, bejaht (Hüffer/*Koch*, § 110 Rn. 2 m.w.N.; MüKo AktG/*Habersack*, § 110 Rn. 11; KK-AktG/*Mertens/Cahn*, § 110 Rn. 2). Eine Einladung durch die Geschäftsführung, die zudem praktischerweise zugleich die organisatorischen Bedürfnisse der Aufsichtsratssitzung sicherstellen kann, ist demzufolge zulässig. Der Einladende sollte sodann auch die Eröffnung der Sitzung übernehmen. 201

6. Der obligatorische Aufsichtsrat auch einer GmbH ist gesetzlich gezwungen, aus dem Kreis seiner Mitglieder einen Aufsichtsratsvorsitzenden und seinen Stellvertreter zu wählen. Das folgt aus § 107 Abs. 1, dessen Geltung § 25 Abs. 1 Nr. 2 MitbestG bzw. § 1 Abs. 1 Nr. 3 DrittelbG vorschreibt. Für den paritätisch mitbestimmten Aufsichtsrat schreibt § 27 MitbestG darüber hinaus dafür auch bestimmte Mehrheiten und ein Wahlverfahren vor (dazu unten Rdn. C 204). An der Wahl des Vorsitzenden des Aufsichtsrats hat nicht nur das Gesamtgremium im Interesse seiner Arbeitsfähigkeit, sondern insbesondere auch die Anteilseignerseite ein vorrangiges Interesse, da lediglich dem gewählten Aufsichtsratsvorsitzenden im paritätisch mitbestimmten Aufsichtsrat nach MitbestG das Doppelstimmrecht nach § 29 Abs. 2 MitbestG zusteht. 202

7. Im Muster vorgesehen ist hier eine offene Abstimmung durch Handaufheben. Gerade in Fällen der Wahl des Aufsichtsratsvorsitzenden, wie auch bei bestimmten Personalentscheidungen, kommt es aber nicht selten vor, dass einzelne Aufsichtsratsmitglieder oder Gruppen von Aufsichtsratsmitgliedern eine geheime Abstimmung wünschen. Einem dahingehenden Antrag kann der Aufsichtsratsvorsitzende, muss ihm aber nicht entsprechen. Eine solche Entscheidung ist Ausfluss seiner Kompetenz als Sitzungsleiter (h.M., aber im Einzelnen streitig; siehe *Semler/von Schenck*, § 5 Rn. 122 ff.; Hüffer/*Koch*, AktG, § 108 Rn. 5; a.A. Verbot geheimer Abstimmung: KK-AktG/*Mertens/Cahn* § 108 Rn. 52; Spindler/Stilz/*Spindler*, § 108 Rn. 17 ff., 19; MüKo GmbHG/*Spindler*, § 52 Rn. 543 m.w.N). Darüber hinaus wird vertreten, dass eine einfache Mehrheit im Aufsichtsrat durch entsprechenden Verfahrensantrag die geheime Abstimmung unabhängig von der Einschätzung des Sitzungsleiters erzwingen kann (Hüffer/*Koch*, § 108 Rn. 5a). In der Praxis ist die Persona- 203 lie des Aufsichtsratsvorsitzenden und seines Stellvertreters indessen oft im Vorfeld geklärt, so dass es nicht zu Kampfabstimmungen kommt.

204 **8.** Die Wahl erfolgt nach § 27 Abs. 1 MitbestG mit einer Mehrheit von mindestens zwei Dritteln der Sollstärke des Aufsichtsrats (»der Mitglieder, aus denen er insgesamt zu bestehen hat«). Bei Zustandekommen der Wahl hat sich ein etwaiger Alternativvorschlag erledigt. Falls die erforderliche Mehrheit von hier mindestens 8 Stimmen nicht erreicht wird, ist die so genannte »Gruppenwahl« nach § 7 Abs. 2 MitbestG durchzuführen, das heißt, über die Wahl des/der Aufsichtsratsvorsitzenden wird allein durch die Anteilseignerbank abgestimmt, wobei mindestens die Hälfte der gesetzlichen Mitglieder an der Abstimmung teilnehmen muss (§ 28 MitbestG). Wird der/die Vorsitzende auf diesem Wege gewählt, ist auch sein(e)/ihr(e) Vertreter(in) nach diesem Verfahren durch die Aufsichtsratsmitglieder der Arbeitnehmerseite zu wählen. Einem evtl. Wunsch auf getrennte und vertrauliche Abstimmung sollte stattgegeben werden. Bei Nichterreichen der Mehrheit im gemeinsamen Wahlgang zum Vorsitzenden könnte mit Einverständnis aller Aufsichtsratsmitglieder eine Wiederholung der Wahl vorgenommen und somit der Versuch einer Vermeidung der Gruppenwahl nach § 27 Abs. 2 MitbestG unternommen werden (ErfK/*Oetker*, § 27 MitbestG, Rn. 3 m.w.N.). Sofern der zweite Wahlgang nach dem Verfahren von § 27 Abs. 2 MitbestG durchzuführen ist, kann dieser in derselben Sitzung stattfinden (MünchHdbGesR IV/*Hoffmann/Becking*, § 31 Rn. 28 m.w.N.; *Raiser*/Veil/Jacobs, § 27 Rn. 13).

205 **9.** Die Bedingungen des § 27 MitbestG gelten auch für die Wahl des stellvertretenden Aufsichtsratsvorsitzenden, wozu hier auf oben, Rdn. C 203, 204 verwiesen wird.

206 **10.** Die Einrichtung, die Zusammensetzung und das Wahlverfahren für den sog. Vermittlungsausschuss sind in § 27 Abs. 3 MitbestG zwingend geregelt. Ihm obliegt im paritätisch mitbestimmten Aufsichtsrat die Mitwirkung bei der Bestellung und Abberufung von Mitgliedern des Vorstands/der Geschäftsführung in den in § 31 Abs. 3 und 5 MitbestG bestimmten Fällen. Es wäre möglich, dem Vermittlungsausschuss darüber hinausgehend weitere Aufgaben zuzuweisen (ErfK/*Oetker*, § 27 MitbestG Rn. 8).

207 **11.** Die weiterhin unter Tagesordnungspunkt 4 des Musters vorgesehene Besetzung zusätzlicher Ausschüsse richtet sich nach der Geschäftsordnung des Aufsichtsrats. Sowohl bei der Frage der Bildung solcher Ausschüsse als auch bei der Übertragung der Aufgaben auf solche Ausschüsse ist der Aufsichtsrat frei. Das Selbstorganisationsrecht des (mitbestimmten) Aufsichtsrats lässt insoweit keine Vorgaben des Gesellschaftsvertrags zu, soweit es sich nicht um von der Satzung selbst dem Aufsichtsrat übertragene Aufgaben handelt (Hüffer/*Koch*, § 107 Rn. 18; Spindler/Stilz/*Spindler*, § 107 Rn. 86 m.w.N.). Im Sinne von § 264d HGB kapitalmarktorientierten GmbH (etwa bei Ausgabe von am regulierten Markt notierten Anleihen) ist allerdings nach § 107 Abs. 4 AktG vorgeschrieben, dass bei Bildung eines Prüfungsausschusses dieser mit mindestens einem Finanzexperten im Sinne des § 100 Abs. 5 AktG zu besetzen ist und in seiner Gesamtheit Sektorkenntnisse besitzt (siehe näher Rdn. C 329). Im Muster ist vorgesehen, dass ein Präsidialausschuss bestimmte Fragen der Anstellung der Geschäftsführer anstelle des Gesamtaufsichtsrats entscheidet und personengleich mit dem Vermittlungsausschuss zusammengesetzt ist. Für Ausschüsse gilt ansonsten über § 25 Abs. 2 Nr. 2 MitbestG § 107 Abs. 3 AktG, der Vorgaben zur inneren Ordnung sowie zur Übertragbarkeit von Entscheidungen auf Ausschüsse enthält. Ein Paritätsgebot bei der Besetzung von Ausschüssen besteht auch im nach MitbestG mitbestimmten Aufsichtsrat nicht generell, sondern nur in Abhängigkeit von den übertragenen Aufgaben (h.M. KK-AktG/*Mertens/Cahn*, § 107 Rn. 126; Hüffer/*Koch*, § 107 Rn. 31; MüKo GmbHG/*Spindler*, § 52 Rn. 503).

208 **12.** Soweit § 107 Abs. 3 Satz 3 AktG in der Fassung durch das Gesetz zur Angemessenheit der Vorstandsvergütung vom 05.08.2009 die Festsetzung von Vergütungen nicht mehr einem Aufsichtsratsausschuss zu übertragen gestattet, findet diese Einschränkung keine Anwendung auf die mitbestimmte GmbH, da das Mitbestimmungsgesetz eine Anwendung von § 87 AktG nicht gesetzlich vorschreibt (*Greven* BB 2009, 2154, 2159; *Knapp* DStR 2010, 56 f.; ebenso – mit anderer Begründung – *Feddersen/von Kube*, NJW 2010, 576, 578; *Habersack* ZHR 174 (2010),

2, 9 f.; a.A. *Gaul/Janz* GmbHR 2009, 959, 962; *Baeck/Götze/Arnold* NZG 2009, 1121, 1126; *C. Jaeger* Beck'scher Online-Kommentar GmbHG, Stand: 01.11.2017, § 52 Rn. 61; ErfKK/*Oetker*, § 31 Rn. 10; *Lunk/Stolz*, NZA 2010, 121, 127 zur Vergütungsherabsetzung; MüKo GmbHG/*Spindler*, § 52 Rn. 394 m.w.N.). Wegen möglicherweise weiter einzurichtender Ausschüsse und deren Zusammensetzung wird auf das Muster zu nachstehend C 28 (Rdn. C 290, 315 f.) verwiesen.

13. Der Erlass einer Geschäftsordnung ist als Ausschluss der Organisationsautonomie des Aufsichtsrats diesem selbst überlassen. Eine gesetzliche Ermächtigung hierzu (die auch für die Aktiengesellschaft nicht existiert, vielmehr setzt § 82 Abs. 2 AktG die Zulässigkeit einer Geschäftsordnung voraus) ist nicht vorhanden und auch nicht nötig. Eine Regelung der inneren Ordnung des Aufsichtsrats durch eine vom Aufsichtsrat selbst erlassene Geschäftsordnung ist einer entsprechenden Regelung durch den Gesellschaftsvertrag vorzuziehen, weil damit eine größere Flexibilität und der Wegfall der Förmlichkeiten einer ggf. erforderlichen Satzungsänderung verbunden sind. Soweit allerdings der Gesellschaftsvertrag Regelungen zu Arbeit des Aufsichtsrats enthält, ist der Aufsichtsrat hieran gebunden und darf auch nicht im Wege der Geschäftsordnung hiervon abweichen (vgl. unten C Rdn. 264). Zum Inhalt einer Geschäftsordnung wird ansonsten auf nachstehende Muster C 27, Rdn. 261 ff. und C 28, Rdn. C 290 ff. verwiesen. Besteht schon eine Geschäftsordnung, muss diese auch bei vollständiger Neuwahl aller Aufsichtsratsmitglieder nicht neu beschlossen werden, sondern besteht vorbehaltlich eines zukünftigen, modifizierenden Beschlusses fort. Sollte es bei einem sich neu konstituierenden Aufsichtsrat noch nicht möglich gewesen sein, eine Geschäftsordnung vorzubereiten und zu beraten, spricht nichts dagegen, diesen Punkt einer späteren Sitzung oder Beschlussfassung vorzubehalten. Damit verbundene weitere Beschlüsse zur Besetzung von Ausschüssen müssen dann ebenfalls verschoben werden. 209

14. § 25 Abs. 1 Ziffer 2. MitbestG verweist für die Berichterstattung der Geschäftsführung an den Aufsichtsrat auf § 90 Abs. 3, 4 und 5 Satz 1 und 2 AktG. Damit ist die Regelberichterstattung nach § 90 Abs. 1 und Abs. 2 AktG für mitbestimmte GmbHs nicht anwendbar. Allerdings stehen dem Aufsichtsrat der mitbestimmten GmbH über § 25 Abs. 1 Nr. 2 GmbHG die Rechte nach § 90 Abs. 3 AktG zu, was es ihm gestattet, durch entsprechende (mehrheitliche) Beschlussfassung auch eine periodische Berichterstattung des Vorstands zu verlangen (siehe nur ErfK/*Oetker*, § 25 MitbestG Rn. 9 m.w.N.). Über die von ihm zu stellenden Anforderungen an die Berichterstattung muss der Aufsichtsrat in jedem Fall zusammen mit der Geschäftsführung sorgfältig beraten und unter Berücksichtigung der Verhältnisse der jeweiligen Gesellschaft entscheiden. Die Berichterstattung der Geschäftsführer ist nicht zuletzt die Basis für eigene unternehmerische Entscheidungen des Aufsichtsrats und das damit nach § 116 AktG verbundene Haftungsrisiko. Sie ist zudem in den mitbestimmten GmbH-Aufsichtsräten, deren Geschäftsführung von der Gesellschafterversammlung dominiert wird, für die Arbeitnehmerbank von besonderem Interesse. 210

15. Anders als bei dem nur drittelparitätisch zusammengesetzten obligatorischen Aufsichtsrat, wo die Festlegung des Frauenanteils in Aufsichtsrat und Geschäftsführung grundsätzlich der Gesellschafterversammlung obliegt (§ 52 Abs. 2 Satz 1 GmbHG in der Fassung des FührposGleichberG, vgl. Rdn. C 149 ff.), ist diese Aufgabe im paritätisch mitbestimmten Aufsichtsrat dem Aufsichtsrat selbst übertragen. In der dem Muster zu Grunde gelegten Fallkonstellation der erstmaligen Bildung des paritätisch zusammengesetzten Aufsichtsrats nach Statusverfahren sind die entsprechenden Festlegungen also zeitnah zu beschließen. Für die gesetzlichen Vorgaben und Konsequenzen dieser Festlegungen wird auf oben Rdn. C 149 ff. verwiesen. 211

16. Die Bestellung des Arbeitsdirektors hat erstmals zu erfolgen, wenn sich der Aufsichtsrat nach den Vorschriften des MitbestG zusammensetzt (§ 37 Abs. 2 MitbestG). Mangels spezialgesetzlicher Ausgestaltung gelten für die Bestellung des Arbeitsdirektors die gleichen Verfahrensvorschriften wie für die Bestellung der übrigen Geschäftsführer. Sie richtet sich demnach nach § 31 MitbestG. Danach ist der Aufsichtsrat für die Bestellung des Arbeitsdirektors zuständig. Die Wahl eines Kandidaten ist im ersten Wahlgang erfolgreich, wenn dieser mindestens 2/3 der Stimmen der Mitglieder 212 des Aufsichtsrats auf sich vereinigt (§ 31 Abs. 2 MtbestG). Andersfalls kommt es zu einer Anrufung des Vermittlungsausschusses (dazu oben Rdn. C 206), über dessen Vorschlag der Aufsichtsrat mehrheitlich beschließen kann. Kommt dieser Beschluss nicht zustande, kommt in einer erneuten Abstimmung das Doppelstimmrecht des Vorsitzenden zur Geltung (§ 31 Abs. 4 MitbestG). Zu den von Gesetzes wegen unentziehbaren Aufgaben des Arbeitsdirektors gehört die Wahrnehmung der Personal- und Sozialangelegenheiten des Unternehmens auf Geschäftsführungsebene, worunter das Personalwesen, das Gesundheitswesen, der Arbeitsschutz, die Berufsaus- und Weiterbildung sowie die Sozial- und Altersfürsorge zu zählen sind (Einzelheiten bei ErfK/*Oetker*, § 33 MitbestG Rn. 11–13 m.w.N). Unbedenklich ist es, dem Arbeitsdirektor hingegen weitere, über diesen Bereich hinausgehende Aufgaben durch den Aufsichtsrat (im Wege der Geschäftsordnung oder einer Geschäftsverteilung) zuzuweisen. Vergleiche auch Rdn. C 339.

213 **17.** Die Zahl der Pflichtsitzungen des Aufsichtsrats ergibt sich aus § 110 Abs. 3 AktG i.V.m. § 25 Abs. 1 Nr. 2 MitbestG. Danach sind zwei Sitzungen pro Kalenderjahr abzuhalten, soweit nicht der Aufsichtsrat beschließt, dass es bei einer Sitzung pro Kalenderhalbjahr verbleibt. Im Interesse einer regelmäßigen Wahrnehmung der Überwachungsaufgabe sollte es bei vier Sitzungen pro Jahr verbleiben (siehe dazu Muster C 27, Rdn. C 271 und Muster C 28, Rdn. C 300, 304). Die vorherige Festlegung und Abstimmung der Termine mit den Aufsichtsratsmitgliedern ist eine sinnvolle Praxis.

214 **18.** Die Unterzeichnung des Protokolls durch den/die neuen/neue Vorsitzenden/Vorsitzende des Aufsichtsrats ergibt sich aus § 107 Abs. 2 Satz 1 AktG i.V.m. § 25 Abs. 1 Nr. 2 MitbestG. Die im Muster weiter vorgesehene Unterschrift des Protokollführers ist demgegenüber nicht gesetzlich vorgeschrieben, aber zweckmäßig.

22. Anmeldung des Aufsichtsratsvorsitzenden und des Stellvertreters zum Handelsregister

Vorbemerkung

215 Die Anmeldung des Aufsichtsratsvorsitzenden und seines Stellvertreters zum Handelsregister folgt aus § 107 Abs. 1 Satz 2 AktG und ist nach der entsprechenden Wahl durch den Aufsichtsrat durch die Geschäftsführung vorzunehmen. Der Sachverhalt folgt dem vorstehenden Muster C 21, Rdn. C 193.

Muster

216 **Anmeldung des Aufsichtsratsvorsitzenden und des Stellvertreters zum Handelsregister**

C-GmbH

An das Amtsgericht

Köln

– Handelsregister [1] –

In Sachen

der C-GmbH, Köln, HRB ___________

gemäß § 25 Abs. 1 Nr. 2 MitbestG i.V.m. § 107 Abs. 1 Satz 2 AktG melden die unterzeichneten Geschäftsführer der Gesellschaft zum Handelsregister an, dass der Aufsichtsrat der Gesellschaft in seiner Sitzung vom ___________ März 2018 Herrn/Frau ___[Vorname, Name, Anschrift, Ort]___ [2] zum/zur Vorsitzenden des Aufsichtsrats und

Herrn/Frau [Vorname, Name, Anschrift, Ort] zum/zur Stellvertreter/in des/der Aufsichtsratsvorsitzenden gewählt hat.

Köln, den ____________ 2018

C-GmbH

durch

____________ ____________

Geschäftsführer **Geschäftsführer** [3]

Erläuterungen

1. Die Verpflichtung zur Anmeldung des Aufsichtsratsvorsitzenden und seines Stellvertreters zum Handelsregister folgt aus § 25 Abs. 1 Nr. 2 MitbestG i.V.m. § 107 Abs. 1 Satz 2 AktG. Das gilt nach § 1 Abs. 1 Nr. 3 DrittelbG auch für den drittelparitätisch mitbestimmten GmbH-Aufsichtsrat. Eine Eintragung des Aufsichtsratsvorsitzenden und seines Stellvertreters zum Handelsregister sowie eine gerichtliche Bekanntmachung erfolgen nicht. Die Anmeldung ist mithin rein deklaratorisch und erfolgt zu Informationszwecken. Über § 9 HGB wird die Registeröffentlichkeit hierdurch hergestellt. Die Erfüllung der Anmeldepflicht kann nach § 14 HGB durch Zwangsgeld erzwungen werden. 217

Die Pflicht zur Anmeldung besteht nach Durchführung der Wahl durch den Aufsichtsrat. Sollten Streitigkeiten über die Wirksamkeit der Wahl bestehen, kann es unter Umständen angezeigt sein, dass die Geschäftsführung auch für die Dauer eines gerichtlichen Verfahrens auf Feststellung der Unwirksamkeit zunächst eine Anmeldung vornimmt (GroßKomm-AktG/*Hopt/Roth*, § 107 Rn. 41; Spindler/Stilz/*Spindler*, § 107 Rn. 61). Für die GmbH wird vertreten, dass die Anmeldung durch die entsprechende Funktionskennzeichnung in der Liste der Aufsichtsratsmitglieder erfolgen könne (BeckOK GmbHG/*C. Jaeger*, GmbHG § 52 Rn. 47, zur Liste siehe Muster C 19 Rdn. C 180). Dies ist durch den Gesetzeswortlaut nicht gedeckt und übersieht auch, dass die Liste der Aufsichtsratsmitglieder und die Anmeldung des Vorsitzenden unterschiedliche Behandlungen seitens des Registergerichts erfahren. 218

Da es sich nicht um eine Anmeldung zur Eintragung in das Handelsregister handelt (unstreitig, siehe nur Hüffer/*Koch*, § 107 Rn. 11 m.w.N.), kann die Anmeldung papierschriftlich erfolgen und braucht nicht in der Form des § 12 HGB zu erfolgen (KK-AktG/*Mertens/Cahn*, § 107 Rn. 26). Ansonsten erfolgt die Einreichung im elektronischen Rechtsverkehr wie die Liste der Aufsichtsratsmitglieder nach § 106 AktG, vgl. Rdn. C 183. 219

2. Anzumelden ist jedenfalls der Name des Vorsitzenden und seines Stellvertreters. Streitig ist, ob auch die Anschrift dieser Personen angemeldet werden muss (so Hüffer/*Koch*, § 107 Rn. 11; Spindler/Stilz/*Spindler*, § 107 Rn. 61; a.A. GroßKomm-AktG/*Hopt/Roth*, § 107 Rn. 42; KK-AktG/*Mertens/Cahn*, § 107 Rn. 26). Mit Blick auf die Passivvertretung des Aufsichtsrats und die Zustellung an ihn in bestimmten Fällen (zum Beispiel bei Streitigkeiten wegen der Abberufung eines Geschäftsführers) dürfte die Angabe der vollständigen Anschrift sachgerecht sein. 220

3. Die Anmeldung erfolgt durch die Geschäftsführer der Gesellschaft in vertretungsberechtigter Zahl, mithin gegebenenfalls im Wege der unechten Gesamtvertretung unter Einbeziehung eines Prokuristen. Für die Anmeldung genügt Schriftform. Eine notarielle Beglaubigung ist mit Blick darauf, dass die Anmeldung nicht zur Eintragung im Handelsregister erfolgt, entbehrlich (herrschende Meinung siehe nur Hüffer/*Koch*, § 107 Rn. 11). 221

23. Einladung zu einer Aufsichtsratssitzung

Vorbemerkung

222 Das nachstehende Muster behandelt den Fall der Einberufung zu einer Aufsichtsratssitzung zur Bestellung von Geschäftsführern in einer den Regeln des DrittelbG unterliegenden GmbH. Nach § 1 Abs. 1 Nr. 3 DrittelbG gelten für einen derartigen Aufsichtsrat die §§ 95 bis 114 AktG betreffend die innere Ordnung des Aufsichtsrats. Sollte es sich um einen fakultativen Aufsichtsrat einer GmbH handeln, auf den nach § 52 Abs. 1 GmbHG die dort genannten Bestimmungen des Aktiengesetzes anzuwenden sind, gelten die nachstehenden Erläuterungen nur partiell. Vorgaben des Gesellschaftsvertrags oder einer etwa bestehenden Geschäftsordnung für den Aufsichtsrat sind zu beachten.

Muster

223 **Einladung zu einer Aufsichtsratssitzung [1]**

C-GmbH

[Anschriften]

Sehr geehrte Damen und Herren,

hiermit lade ich zu einer

Sitzung des Aufsichtsrats der C-GmbH

am __________ Juni 2018, um __________ Uhr, in den Geschäftsräumen der Gesellschaft [genaue Anschrift, ggf. Stockwerk, Raum etc.] [2]

ein.

Es steht folgende Tagesordnung [3] an:

1. **Genehmigung der Niederschrift über die Aufsichtsratssitzung vom __________ April 2018**
2. **Bestellung eines weiteren Geschäftsführers sowie Regelung seiner Vertretungsbefugnis;**
3. **Beschlussfassung über den Abschluss eines Dienstvertrags mit den neu zu bestellenden Geschäftsführern und [4]**
4. **Neuregelung der Geschäftsverteilung für die Geschäftsführung.**

Mit Blick auf die Gegenstände der Tagesordnung ist die Geschäftsführung gebeten worden, an dieser Sitzung nicht teilzunehmen. [5]

Zu Tagesordnungspunkten 2. und 4. sind dieser Einladung Lebenslauf und weitere Unterlagen des neu zu bestellenden Geschäftsführers sowie der Entwurf der neu gefassten Geschäftsordnung für die Geschäftsführung beigefügt. Zu Tagesordnungspunkt 3. wird in der Aufsichtsratssitzung als Tischvorlage der Entwurf der entsprechenden Anstellungsverträge vorgelegt. Da sich diese derzeit noch in Verhandlung befinden, kann eine Übermittlung zum derzeitigen Zeitpunkt nicht erfolgen. [6]

Köln, __________

____

Unterschrift

Vorsitzender des Aufsichtsrats [7]

Erläuterungen

1. Hinsichtlich der Formen und Fristen der Einladung zu einer Aufsichtsratssitzung macht das Gesetz keine Vorgaben. Regelmäßig werden dazu jedoch Bestimmungen entweder in die Satzung der Gesellschaft oder in die Geschäftsordnung für den Aufsichtsrat aufgenommen, die dann als verbindlich zu beachten sind. Wenn nichts geregelt ist, kann die Einberufung in jeder Weise, gegebenenfalls auch nur mündlich erfolgen, und es muss eine lediglich angemessene Frist bis zum Tag der Sitzung gewahrt bleiben (siehe nur Hüffer/*Koch,* AktG, § 110 Rn. 3). 224

Um den Vorwurf der nicht ausreichenden Vorbereitungszeit zu vermeiden, sollte die Einberufungsfrist nicht zu kurz bemessen werden. In Anlehnung an die, allerdings an eine andere Fallkonstellation anknüpfende Frist in § 110 Abs. 1 Satz 2 AktG wird eine 14-tägige Frist jedenfalls für ausreichend gehalten (*Hopt/Roth* GK-AktG, § 110 Rn. 18). In Anlehnung an die Frist für die Einladung einer Gesellschafterversammlung der GmbH nach § 51 Abs. 1 Satz 2 GmbHG sollte sie jedenfalls nicht unter einer Woche liegen (MüKo AktG/*Habersack,* § 110 Rn. 16). Der Fristlauf wird mit der Aufgabe zur Post zuzüglich der für den Zugang normalerweise erwartbaren Zeit berechnet. Der Zugang selbst ist für den Fristlauf nicht maßgeblich (siehe nur Hüffer/*Koch,* AktG, § 110 Rn. 3 am Ende). 225

2. Zu den unverzichtbaren Angaben der Einladung zu einer Aufsichtsratssitzung gehören Ort, Tag und Uhrzeit der Aufsichtsratssitzung. Ferner sollten Name und Sitz der Gesellschaft sowie die Person des Einberufenden angegeben werden. Hinsichtlich der Form ist schon aus Beweisgründen mindestens die Wahrung der Textform (§ 126b BGB) angezeigt, wenn Geschäftsordnung oder Gesellschaftsvertrag nichts anderes vorschreiben. 226

Mängel der Einberufung können zur Nichtigkeit des Beschlusses führen, dies gilt insbesondere für eine unangemessen kurze Ladungsfrist, fehlende Angabe von Ort und/oder Zeit sowie die unterbliebene Angabe von Beschlussgegenständen (dazu nachstehend 3.). Einzelheiten zu den Rechtsfolgen und den Voraussetzungen mangelhafter Aufsichtsratsbeschlüsse (die im Übrigen auf inhaltlichen Fehlern des Beschlusses oder unwirksam abgegebenen Stimmen beruhen können), sind zu weiten Teilen als nicht endgültig geklärt anzusehen (siehe nur Hüffer/*Koch,* AktG, § 108 Rn. 25 ff., § 110 Rn. 5 zu Einberufungsmängeln; KK-AktG/*Mertens/Cahn,* § 108 Rn. 101 ff.; *Hopt/Roth* GK-AktG, § 108 Rn. 131 ff., *Lutter/Krieger/Verse,* § 11 Rn. 737 ff.; MüKo GmbHG/*Spindler,* § 52 Rn. 574 ff. m.w.N.). Zutreffenderweise ist zwischen uneingeschränkter und eingeschränkter Nichtigkeit als Folge eines fehlerhaften Aufsichtsratsbeschlusses zu unterscheiden, wobei bei fehlerhaften Beschlüssen mit bloß eingeschränkter Nichtigkeitsfolge eine Geltendmachung innerhalb angemessener Frist erforderlich ist. 227

3. Nach ganz herrschender Meinung ist zwingender Bestandteil der Einberufung einer Aufsichtsratssitzung ferner die Angabe der Gegenstände der Tagesordnung. Damit ist lediglich die Angabe von Beschlussgegenständen, nicht jedoch die Mitteilung von ausformulierten Beschlussanträgen gemeint (Hüffer/*Koch,* § 110 Rn. 4; GroßKomm-AktG *Hopt/Roth,* § 110, Rn. 21 ff.; KK-AktG/*Mertens/Cahn,* § 110 Rn. 4). Über nicht angekündigte Beschlussgegenstände kann nicht abgestimmt werden. Insbesondere zu einem Tagesordnungspunkt »Verschiedenes« ist ohne Zustimmung aller Aufsichtsratsmitglieder keine wirksame Beschlussfassung möglich. In Personalangelegenheiten ist insbesondere ein Tagesordnungspunkt »Geschäftsführungsangelegenheiten« nicht ausreichend, wenn über die Abberufung eines Geschäftsführers beschlossen werden soll (BGH, Urteil v. 29.05.2000 – II ZR 47/99 = WM 2000, 1543, 1544; OLG Naumburg, Urteil v. 11.01.2001 – 2 U 27/00 = NZG 2001, 901, 902 oder OLG Stuttgart, Urteil v. 12.02.2003 – 3 U 142/02 = DB 2003, 932). Eine präzise Angabe der Beschlussanträge selbst ist jedenfalls dann erforderlich, wenn die Möglichkeit bestehen soll, von einer schriftlichen Stimmabgabe nach § 108 Abs. 3 AktG Gebrauch zu machen (GroßKomm-AktG/*Hopt/Roth,* § 110, Rn. 23; *Lutter/Krieger/Verse,* § 11 Rn. 725, 727; zu zulässigen Verfahrensweisen mit späterer Anweisung an den Stimmboten siehe KK-AktG/*Mertens/Cahn,* § 108 Rn. 30 ff., 34;). Die Einholung von Stimm- 228 botschaften, die im mitbestimmten Aufsichtsrat über die Verweisung der Mitbestimmungsgesetze möglich ist, ist zur Vermeidung von Zufallsmehrheiten und nach entsprechender Vorabstimmung ein praktisch sehr bedeutsames Mittel der Beschlussfindung. Im fakultativen Aufsichtsrat hängt es von der Gestaltung des Gesellschaftsvertrags ab, ob Stimmbotschaften zulässig sind. Bei Schweigen des Gesellschaftsvertrags sollen trotz fehlenden Verweises auf § 108 Abs. 3 in § 52 Abs. 1 GmbHG dessen Grundsätze Anwendung finden (Lutter/Hommelhoff/*Lutter*, § 52 Rn. 27; MüKo GmbHG/*Spindler*, § 52 Rn. 566 ff. m.w.N).

229 **4.** Die Beschlussfassung über den Anstellungsvertrag gehört bei einer drittelmitbestimmten GmbH nicht zu den zwingenden Aufgaben des Aufsichtsrats und wäre demzufolge nur dann Gegenstand einer Beschlussfassung des Aufsichtsrats, wenn dies in der Satzung der Gesellschaft entsprechend vorgeschrieben ist. Anderenfalls bliebe es insoweit bei der Zuständigkeit der Gesellschafterversammlung nach § 46 Nr. 5 GmbHG (als Annexkompetenz, siehe Lutter/Hommelhoff/*Bayer*, § 46 Rn. 23 und *Lutter*, § 52 Rn. 77; MüKo GmbHG/*Spindler*, § 52 Rn. 385).

230 Für paritätisch mitbestimmte GmbHs ist die Zuständigkeit des Aufsichtsrats für den Anstellungsvertrag nicht dem Wortlaut der §§ 31, 25 Abs. 1 Nr. 2 MitbestG zu entnehmen. Gleichwohl gilt anders als in der drittelmitbestimmten GmbH eine satzungsfeste Kompetenz des Aufsichtsrats für den Abschluss des Anstellungsvertrages, die als Annexkompetenz des Aufsichtsrats für alle anstellungsrechtlichen Fragen anerkannt ist (ErfK/*Oetker*, § 31 MitbestG Rn. 10; Ulmer/Habersack/Henssler/*Ulmer/Habersack*, § 31 MitbestG Rn. 38, 39; WWKK/*Koberski*, § 31 Rn. 35; MüKo GmbHG/*Spindler*, § 52 Rn. 391 ff.).

231 Es stellt sich dann allerdings die Frage, ob nach der durch das Gesetz zur Angemessenheit der Vorstandsvergütung vom 05. August 2009 geänderten Fassung des § 107 Abs. 3 Satz 3 AktG die mit der Beschlussfassung über den Anstellungsvertrag verbundene Vergütungsfestsetzung nach § 87 Abs. 1 AktG gegebenenfalls auch einem Aufsichtsratsausschuss übertragen werden kann oder dem Aufsichtsratsplenum vorbehalten ist, wie es hier im Muster vorgesehen ist. Für eine Übertragung auf einen Ausschuss besteht jedoch derzeit eine unsichere Rechtslage (dafür etwa: *Greven* BB 2009, 2154, 2159; dagegen z.B.: *Lunk/Stolz* NZA 2010, 121, 127, betreffend die Herabsetzung der Vorstandsvergütung). Vergleiche dazu oben, Rdn. C 208.

232 **5.** An der Aufsichtsratssitzung nehmen üblicherweise die Mitglieder der Geschäftsführung teil. Bei einer ausschließlich auf Personalpunkte beschränkten Tagesordnung sollte dies nicht der Fall sein. Sollen sonstige Dritte ganz oder teilweise an einer Aufsichtsratssitzung teilnehmen, könnte es sich empfehlen, dieses in der Einladung deutlich zu machen. Dies darf jedoch nur im Rahmen des § 109 Abs. 1 Satz 2 AktG erfolgen, soweit es um den Mitbestimmungsgesetzen unterliegende GmbH-Aufsichtsräte geht.

233 **6.** Es ist gesetzlich nicht näher geregelt, ob und wann den Mitgliedern des Aufsichtsrats zur Vorbereitung der Sitzung weitere Unterlagen zu übermitteln sind. Es hängt insoweit vom Gegenstand der Beschlussfassung ab, ob bestimmte Unterlagen so komplex oder umfangreich sind, dass eine nur kurzfristige Übermittlung oder gar Vorlage erst in der Aufsichtsratssitzung selbst mit der pflichtgemäßen Erfüllung der Überwachungsfunktion durch den Aufsichtsrat nicht mehr vereinbar sind. Es ist am Aufsichtsrat selbst, durch geeignete Bestimmungen in der Geschäftsordnung und durch Einwirken auf die Geschäftsführung eine rechtzeitige Information sicherzustellen und dadurch die eigene Haftung zu begrenzen. Für die Übermittlung der Abschlussunterlagen ist in § 52 Abs. 1 GmbHG und den Mitbestimmungsgesetzen auf § 170 Abs. 3 AktG verwiesen, in dessen Rahmen ein Recht auf rechtzeitige Übermittlung dieser Unterlagen anerkannt ist (siehe nur Hüffer/*Koch*, § 170 Rn. 14).

234 **7.** Die Einladung zur Aufsichtsratssitzung erfolgt durch den Aufsichtsratsvorsitzenden. Eine Regelung hierüber enthält das Aktiengesetz nicht. § 110 Abs. 1 Satz 1 AktG geht allerdings von einer Einberufungskompetenz des Aufsichtsratsvorsitzenden aus. Wenn ein Vorsitzender nicht vorhanden oder verhindert ist, fällt die Aufgabe zur Einberufung dem stellvertretenden Aufsichtsratsvor-

sitzenden anheim. Im Übrigen bleibt die Einberufung einer Aufsichtsratssitzung durch die nach § 110 Abs. 2 AktG Berechtigten (also der Vorstand in seiner Gesamtheit oder jedes einzelne Aufsichtsratsmitglied) möglich, wenn ein vergebliches Einberufungsverlangen nach § 110 Abs. 1 AktG gestellt wurde oder wenn der Adressat für ein Einberufungsverlangen nach § 110 Abs. 1 Satz 1 AktG, nämlich der Aufsichtsratsvorsitzende und sein Stellvertreter, nicht vorhanden sind (so Groß-Komm-AktG/*Hopt/Roth*, § 110 Rn. 13; Hüffer/*Koch*, § 110 Rn. 2; KK-AktG/*Mertens/Cahn*, § 110 Rn. 10 m.w.N.).

Nicht zu beanstanden und in der Praxis relativ häufig ist, dass die Geschäftsführung im Auftrag des Aufsichtsratsvorsitzenden die Einladung zu einer Aufsichtsratssitzung übernimmt. 235

24. Schriftliche Stimmabgabe eines Aufsichtsratsmitglieds

Vorbemerkung

Zur Teilnahme an einer Aufsichtsratssitzung verhinderte Aufsichtsratsmitglieder können nach § 108 Abs. 3 AktG durch Abgabe einer schriftlichen Stimme an der Beschlussfassung teilnehmen. Dies ersetzt nicht andere Formen der Beschlussfassung außerhalb einer Sitzung, welche nach Maßgabe der Satzung bzw. der Geschäftsordnung stattfinden können (vgl. dazu nachstehendes Muster C 25, Rdn. C 247 ff.). 236

Muster

Schriftliche Stimmabgabe [1] 237

Für eine Sitzung des Aufsichtsrats der C-GmbH am __________ August 2018 ist unter Tagesordnungspunkt 3 die

Beschlussfassung über den Erwerb der 100 % der Geschäftsanteile an der D-GmbH

aufgerufen. Die mit der Einladung zur Aufsichtsratssitzung am __________ Juli 2018 übersandte Beschlussvorlage zu diesem Tagesordnungspunkt ist mir bekannt.

Als Mitglied des Aufsichtsrats stimme ich der Beschlussvorlage hiermit zu [2] **und beauftrage das Mitglied des Aufsichtsrats** [3]**, Herr/Frau __________ mit der Überreichung** [4] **dieser schriftlichen Stimmabgabe.**

Köln, den __________. Juli 2018

____

(Name/Mitglied des Aufsichtsrats) [5, 6]

Template

Written vote [1] 238

For a meeting of the Supervisory Board of C-GmbH on __________ August 2018 the

resolution on the acquisition of 100 % of the shares in D-GmbH

is to be voted on under item no. 3. I am aware of the draft resolution on this item sent together with the invitation to the meeting of the Supervisory Board on __________ July 2018.

As a member of the Supervisory Board, I herewith approve of this draft resolution [2] and ask the Supervisory Board member [3], Mr./Ms. ____________ to submit [4] this written vote.

Cologne, on ____________. July 2018

____

(Name/Supervisory Board member) [5, 6]

Erläuterungen

239 **1.** Die schriftliche Stimmabgabe ist in § 108 Abs. 3 AktG geregelt. Die Vorschrift ist sowohl für paritätisch mitbestimmte Aufsichtsräte (§ 25 Abs. 2 Nr. 2 MitbestG) als auch für drittelmitbestimmte Aufsichtsräte (§ 1 Abs. 1 Nr. 3 DrittelbG) einer GmbH anzuwenden. Sie gilt nach § 29 Abs. 2 Satz 2 MitbestG auch für die Zweitstimme des Aufsichtsratsvorsitzenden. Bei einem fakultativen Aufsichtsrat nach § 52 Abs. 1 GmbHG hingegen ist die schriftliche Stimmbotschaft nicht vorgesehen, es sei denn, der Gesellschaftsvertrag würde ausdrücklich einen entsprechenden Verweis enthalten. Die schriftliche Stimmabgabe setzt eine Präsenzsitzung voraus (Spindler/Stilz/*Spindler*, § 108 Rn. 55; MüKo AktG/*Habersack*, § 108 Rn. 51; KK-AktG/*Mertens/Cahn*, § 108 Rn. 35).

240 Die schriftliche Stimmabgabe gilt nach dem Wortlaut von § 108 Abs. 3 Satz 1 AktG als Teilnahme an der Beschlussfassung im Sinne des § 108 Abs. 2 AktG und kann damit die Beschlussfähigkeit sicherstellen.

241 **2.** Die Möglichkeit der schriftlichen Stimmabgabe bedeutet keine Vertretung des abwesenden Aufsichtsratsmitglieds, sondern die Übergabe einer Stimme durch einen Stimmboten (Hüffer/*Koch*, § 108 Rn. 19). Daraus folgt, dass das mit der Stimmabgabe beauftragte andere Aufsichtsratsmitglied kein eigenes Ermessen bei der Stimmabgabe haben darf. Vielmehr muss sich die Stimmabgabe auf einen konkret angegebenen Beschluss beziehen. Streitig ist, ob die konkrete Weisung zur Stimmabgabe auch noch während der Sitzung erteilt werden kann, so dass ein vorher schriftlich erteiltes Blanko vom beauftragten anderen Aufsichtsratsmitglied entsprechend dieser Weisung ausgefüllt und zur Stimmabgabe übergeben werden kann (dagegen: Hüffer/*Koch*, § 108 Rn. 19; Spindler/Stilz/*Spindler*, § 108 Rn. 57, jeweils mit Darstellung des Streitstands; dafür: KK-AktG/*Mertens/Cahn*, § 108 Rn. 34; *Happ* Muster 9.12 Rn. 2). Inwieweit man sich in der Praxis auf flexiblere Verfahrensweisen einlassen wird, wird ebenfalls von der Bedeutung des jeweiligen Beschlussgegenstandes und der Stimmabgabe abhängen.

242 Der Beschluss muss nicht wörtlich wiedergegeben werden. Wie hier vorgeschlagen, ist eine Formulierung ausreichend, die zweifelsfrei erkennen lässt, welcher Beschluss gemeint ist (MünchHdb GesR IV *Hoffmann-Becking*, § 31 Rn. 89). Dabei ist es auch möglich, eine Stimmbotschaft zu noch nicht gestellten Beschlussanträgen abzugeben.

243 **3.** Nach § 108 Abs. 3 Satz 2 AktG dürfen schriftliche Stimmabgaben ohne Einhaltung weiterer Voraussetzungen von anderen Aufsichtsratsmitgliedern überreicht werden. Nach § 109 Abs. 3 AktG kommen dafür auch dritte Personen in Betracht, soweit die Satzung die Teilnahme Dritter anstelle von verhinderten Aufsichtsratsmitgliedern zulässt (§ 108 Abs. 3 Satz 3 AktG).

244 **4.** Die schriftliche Stimmabgabe muss von dem mit der Stimmabgabe beauftragten Aufsichtsratsmitglied dem Aufsichtsvorsitzenden übergeben werden, der diese bei der Beschlussfassung zu berücksichtigen und zur Anlage zu seinem Protokoll zu nehmen hat. Freilich ist es nicht zwingend erforderlich, den Namen des überreichenden Aufsichtsratsmitglieds zu benennen. Dies ist kein für die Wirksamkeit der Stimmabgabe vorgeschriebener Inhalt, anders jedoch, wenn nach Maßgabe einer satzungsmäßigen Ermächtigung (§ 108 Abs. 3 Satz 3 AktG) ein Dritter die Stimme übergeben soll.

5. Für die Form der Stimmabgabe ist nach dem Wortlaut des § 108 Abs. 3 Satz 1 AktG von der Schriftform auszugehen. Dies macht vor dem Hintergrund, dass nach anderen Bestimmungen im Aufsichtsratsrecht inzwischen auch andere Formen der Übermittlung zulässig sind (vgl. § 108 Abs. 4 AktG für andere Formen der Beschlussfassung des Aufsichtsrats oder § 109 Abs. 3 AktG für die Teilnahme Dritter anstelle verhinderter Aufsichtsratsmitglieder durch Ermächtigung in Textform), wenig Sinn. Die hieraus zu ziehenden Schlussfolgerungen müssen jedoch nach wie vor als streitig bezeichnet werden (für Erleichterungen Hüffer/*Koch*, § 108 Rn. 20; Spindler/Stilz/*Spindler*, § 108 Rn. 59 m.w.N.; differenzierend – Telefax ja, Textform nein – MüKo AktG/*Habersack*, § 108 Rn. 53; und KK-AktG/*Mertens/Cahn*, § 108 Rn. 25 – Telegramm, Telefax und E-Mail mit elektronischer Signatur ja, sonst nein; kritisch auch *Lutter/Krieger/Verse*, § 11 Rn. 725). Je nach Beschlussgegenstand und Ausschlag, den die fragliche schriftliche Stimmabgabe gibt, sollte daher erwogen werden, an Schriftform oder Telefax festzuhalten. Eine telefonische Übermittlung scheidet jedenfalls aus. 245

6. Die Unterzeichnung muss durch das verhinderte Aufsichtsratsmitglied selbst erfolgen, eine Vertretung ist wegen § 111 Abs. 5 und § 101 Abs. 3 Satz 1 AktG nicht zulässig. Je nach Entscheidung der Schriftformfrage (s. oben, Rdn. C 245) ist es erforderlich, dass das Original der schriftlichen Stimmabgabe oder mindestens ihr Ausdruck in der fraglichen Aufsichtsratssitzung überreicht und einsehbar gemacht wird. 246

25. Niederschrift über eine schriftliche Beschlussfassung des Aufsichtsrats

Vorbemerkung

Das nachfolgende Muster behandelt eine Beschlussfassung des Aufsichtsrats, die ausschließlich im schriftlichen Wege zustande gekommen ist. Es kann entsprechend für in anderen Formen zustande gekommene Beschlüsse verwendet werden, wie sie in § 108 Abs. 4 AktG vorgesehen sind, wenn sie durch Satzung oder Geschäftsordnung vorgesehen sind oder kein Mitglied einem derartigen Verfahren widersprochen hat. Das Muster einer Feststellung eines telefonisch zustande gekommenen Beschlusses ist als Alternative in den Anmerkungen enthalten. Derartige beweissichernde Niederschriften sind nach § 107 Abs. 2 Satz 1 AktG für Beschlüsse außerhalb von Sitzungen gesetzlich nicht direkt vorgeschrieben, werden aber in analoger Anwendung dieser Vorschrift für geboten gehalten (allg. Meinung, vgl. nur KK-AktG/*Mertens/Cahn*, § 107 Rn. 90; Spindler/Stilz/*Spindler*, § 107 Rn. 67 m.w.N.) und sind überdies in der Praxis durch Gesellschaftsvertrag oder Geschäftsordnung für den Aufsichtsrat regelmäßig vorgesehen. 247

Muster

Niederschrift [1] 248

über die schriftliche Beschlussfassung des Aufsichtsrats

der

C-GmbH

In der Sitzung des Aufsichtsrats der Gesellschaft am 15. Juni 2018 ist beschlossen worden [2], die Beschlussfassung zur Neubestellung zweier Geschäftsführer der Gesellschaft im Wege einer schriftlichen Abstimmung im Umlaufverfahren gemäß § ____________ des Gesellschaftsvertrags vorzunehmen. Der Vorsitzende des Aufsichtsrats hat daher mit Schreiben vom 13.07.2018 um Abgabe der schriftlichen Stimmabgaben bis zum 23.07.2018 gebeten. [3]

Einziger Gegenstand der schriftlichen Beschlussfassung war die Bestellung der Herren ____________ und ____________ zu Geschäftsführern der C-GmbH und die

Festlegung ihrer Vertretungsbefugnisse. Die Bestellung der Geschäftsführer fällt nach § 31 Abs. 1 MitbestG in den Zuständigkeitsbereich des Aufsichtsrats und bedarf der Beschlussfassung mit mindestens Zweidrittelmehrheit.

Alle Aufsichtsratsmitglieder haben an der schriftlichen Beschlussfassung durch Übermittlung schriftlicher Stimmabgaben teilgenommen. Aufgrund der schriftlichen Stimmabgaben, die dem Unterzeichner im Zeitraum vom ________ 2018 bis ________ 2018, ________ Uhr, und damit innerhalb der gesetzten Frist zugegangen sind [4], hat der Aufsichtsrat im Wege einer schriftlichen Beschlussfassung [einstimmig/mit der erforderlichen Mehrheit] seiner Mitglieder Folgendes beschlossen:

1. Herr ________; geboren: ________

Wohnort: ________ und

2. Herr ________; geboren: ________

Wohnort: ________

werden jeweils mit Wirkung zum 1. September 2018 zu Geschäftsführern der C-GmbH bestellt. Sie vertreten die Gesellschaft jeweils gemeinschaftlich mit einem weiteren Geschäftsführer oder einem Prokuristen und sind jeweils befugt, im Namen der Gesellschaft mit sich selbst als Vertreter eines Dritten Rechtsgeschäfte vorzunehmen.

Diese Beschlussfassung wird hiermit festgestellt. Allen Mitgliedern des Aufsichtsrats wird eine Abschrift dieser Niederschrift und der schriftlichen Stimmabgaben [5] übermittelt.

Köln, den ________

Vorsitzender des Aufsichtsrats

Erläuterungen

249 **1.** Für Beschlussfassungen außerhalb von Präsenzsitzungen schreibt das Aktiengesetz nicht die Erstellung eines Protokolls vor. Nach herrschender Meinung wird § 107 Abs. 2 Satz 1 AktG jedoch analog angewandt (Spindler/Stilz/*Spindler*, § 107 Rn. 67; KK-AktG/*Mertens/Cahn*, § 107 Rn. 90; GroßKomm-AktG/*Hopt/Roth*, § 107 Rn. 174 m.w.N.; für den praktisch häufigen Fall der im Umlaufverfahren beschlossenen Abberufung vgl. OLG Düsseldorf vom 17.11.2004 – I-15 V 225/02 = NZG 2004, 141, 143). Während bei schriftlichen Stimmabgaben der Beweis des Beschlusses notfalls auch mit deren Hilfe geführt werden könnte, ist das bei flüchtigeren Beschlussformen nicht anders als über die schriftliche Protokollierung durch den Aufsichtsratsvorsitzenden zu leisten. Deswegen wird in der Praxis durch Geschäftsordnung oder Satzung unabhängig von der Frage der analogen Anwendbarkeit des § 107 Abs. 2 Satz 1 AktG eine Protokollniederschrift in der hier vorgeschlagenen Form festgelegt. § 107 Abs. 2 AktG gilt bei den GmbHs mit obligatorischem Aufsichtsrat unmittelbar. Bei einem fakultativen Aufsichtsrat nach § 52 Abs. 1 GmbHG hingegen gibt es keinen gesetzlichen Verweis auf diese Vorschrift, allerdings könnte der Gesellschaftsvertrag einen entsprechenden Verweis enthalten.

250 **2.** Soweit die aktienrechtlichen Vorschriften zwingend anzuwenden sind (bei den obligatorischen Aufsichtsräten nach dem Mitbestimmungsgesetz), richtet sich die Frage, ob Beschlüsse außerhalb von Sitzungen gefasst werden können, nach § 108 Abs. 4 AktG. Diese Vorschrift ist durch das Gesetz zur Namensaktie und zur Erleichterung der Stimmrechtsausübung (NaStraG) vom 18.01.2001, BGBl. I S. 123, mit dem Ziel novelliert worden, Beschlüsse ohne Sitzung zu erleichtern. Während grundsätzlich Beschlussfassungen außerhalb von Sitzungen nur zulässig sind, wenn kein Mitglied des Aufsichtsrats diesem Verfahren widerspricht, kann seitdem durch

Satzung oder Geschäftsordnung eine derartige Form der Beschlussfassung festgelegt werden, die nicht von der Zustimmung aller Mitglieder zu diesem Verfahren abhängt. Hiervon wird in der Praxis regelmäßig dergestalt Gebrauch gemacht, dass dem Vorsitzenden des Aufsichtsrats ein entsprechendes Recht eingeräumt wird (siehe auch nachstehend Muster C 27, Rdn. C 261 und C 28, Rdn. C 304). Im Muster wird davon ausgegangen, dass eine derartige Ermächtigung nicht besteht, dass aber vom Aufsichtsrat auf seiner vorangehenden Präsenzsitzung hierüber ein entsprechender Beschluss gefasst wurde. Ein derartiger Beschluss muss aber von allen Aufsichtsräten, das heißt, einstimmig gefasst werden, ein bloßer Mehrheitsbeschluss wäre an dieser Stelle unzureichend (zu weiteren Formen von Beschlussfassungen außerhalb von Sitzungen und deren Grenzen, siehe Semler/von Schenk/*von Schenck*, § 5 Rn. 143 ff. und KK-AktG/*Mertens/Cahn*,- § 108 Rn. 37 ff.; Spindler/Stilz/*Spindler*, § 108 Rn. 60 ff.). In Betracht kommt auch ein Verzicht auf Formen- und Fristen (hier für eine telefonische Beschlussfassung), der wie folgt aussehen könnte:

»Der Aufsichtsrat trat unter Verzicht aller Aufsichtsratsmitglieder auf sämtliche Formen und Fristen der Einberufung und der Durchführung zu einer heute im Wege der Telefonkonferenz abgehaltenen Aufsichtsratssitzung zusammen. Es nahmen an der Sitzung sämtliche Mitglieder des Aufsichtsrats, nämlich ______________ teil. Einziger Tagesordnungspunkt der Sitzung war ______________. Der Aufsichtsrat beschloss einstimmig im Wege telefonischer Stimmabgabe, was folgt:« 251

3. Es wird hier davon ausgegangen, dass die schriftlichen Stimmabgaben nicht in einem Umlaufverfahren, sondern in einem Parallelverfahren gleichzeitig von allen Aufsichtsratsmitgliedern abgegeben und an den Aufsichtsratsvorsitzenden geschickt werden. Dies ist aus Gründen der Zeitersparnis geraten. Der Zeitraum für die Stimmabgabe und gegebenenfalls Widerspruch gegen das gewählte schriftliche Verfahren (wenn dies nicht, wie hier, vorher bereits durch alle Aufsichtsratsmitglieder beschlossen ist) darf kürzer sein, als die Einladung zu einer Aufsichtsratssitzung (siehe *Lutter/Krieger Verse*, § 11 Rn. 728; nur für Eilfälle, sonst die 14-Tage-Frist des § 110 Abs. 1 Satz 2 AktG: GroßKomm-AktG/*Hopt/Roth*, § 108 Rn. 120; KK-AktG/*Mertens/Cahn*, § 108 Rn. 42). 252

4. Bei der Beschlussfassung werden nur die innerhalb der gesetzten Frist zugegangenen schriftlichen Stimmabgaben gewertet, wobei allerdings vertreten wird, dass auch verspätet abgegebene Stimmabgaben noch so lange berücksichtigt werden können, bis der Aufsichtsratsvorsitzende das Beschlussergebnis festgestellt hat (so GroßKomm-AktG/*Hopt/Roth*, § 108 Rn. 120; KK-AktG/*Mertens/Cahn*, § 108 Rn. 42; a.A. *Lutter/Krieger/Verse*, § 11 Rn. 728). Spätestens zum Zeitpunkt der Erstellung der Niederschrift mit der Feststellung des Beschlussergebnisses muss auch der Aufsichtsratsvorsitzende seine Stimme abgegeben haben, wobei die Erstellung der Niederschrift mit einem entsprechenden Stimmergebnis die Abgabe einer gesonderten schriftlichen Stimmabgabe durch den Vorsitzenden nicht entbehrlich macht. 253

5. Entsprechend den Vorschriften über Sitzungsprotokolle muss die Niederschrift über die Beschlussfassung im schriftlichen Verfahren nach § 107 Abs. 2 Satz 4 AktG den Mitgliedern des Aufsichtsrats übermittelt werden. Zum Beleg für das zustande gekommene Stimmverhalten ist dabei hier auch die Übersendung von Kopien der schriftlichen Stimmabgaben vorgesehen. Dies ist aber nicht zwingend. Da üblicherweise Abstimmungen in einem Aufsichtsrat nicht geheim erfolgen, sollte das Abstimmungsergebnis auch bei Abstimmungen außerhalb von Sitzungen auf diese Weise innerhalb des Gremiums offen gelegt werden. Nach herrschender Meinung sind geheime Abstimmungen im Aufsichtsrat aufgrund im Rahmen pflichtgemäßen Ermessens getroffener Entscheidung des Aufsichtsratsvorsitzenden oder durch entsprechenden Mehrheitsbeschluss des Aufsichtsrats zulässig (vgl. dazu m.w.N. GroßKomm-AktG/*Hopt/Roth*, § 108 Rn. 40 ff.; Hüffer/*Koch*, § 108 Rn. 5 f.; a.A. KK-AktG/*Mertens/Cahn*, § 108 Rn. 52; Spindler/Stilz/*Spindler*, § 108 Rn. 17 ff., 19; MüKo GmbHG/*Spindler*, § 52 Rn. 543 m.w.N., siehe auch oben, Rdn. C 203). 254

26. Niederlegung eines Aufsichtsratsamts

Vorbemerkung

255 Die Amtszeit von Aufsichtsratsmitgliedern kann auf verschiedene Weise enden. Bei den obligatorischen Aufsichtsräten nach dem MitbestG bzw. im DrittelbG (§ 6 Abs. 2 Satz 1 MitbestG bzw. § 1 Abs. 1 Nr. 3 DrittelbG) werden Aufsichtsräte auf eine Amtszeit von höchstens fünf Jahren gewählt, so dass das Ende der Amtszeit mit Ablauf der befristeten Bestellung endet. Hierbei bereitet die Anwendung des § 102 Abs. 1 Satz 1 AktG Schwierigkeiten, wenn die Gesellschafterversammlung, die über die Entlastung zu beschließen hat, nicht stattfindet oder über die Entlastung nicht beschließt (dazu Hüffer/*Koch*, § 102 Rn. 3). Der BGH (Urteil v. 24.06.2002 – II ZR 296/01 = AG 2002, 676 ff.; ihm folgend OLG München Beschluss v. 09.11.2009 – 31 Wx 136/09 = NZG 2009, 1430) geht davon aus, dass die Amtszeit in diesem Fall mit Ablauf der Hauptversammlung, die zu beschließen hätte, endet. Gemäß §§ 175 Abs. 1 Satz 2, 120 Abs. 3 AktG ist dies spätestens bei der AG nach Ablauf von acht Monaten nach Ende des vierten vollen Geschäftsjahrs der Fall. Bei der GmbH gibt es keine dementsprechenden Vorschriften. Neben dem Ablauf der Amtszeit kann die Amtszeit von durch die Anteilseigner gewählten Aufsichtsratsmitgliedern durch Abberufung nach § 103 AktG enden. Dies kann durch Beschluss der Gesellschafter (§ 103 Abs. 1 AktG) oder durch das Gericht auf Antrag des Aufsichtsrats nach § 103 Abs. 3 AktG geschehen. Für die Aufsichtsratsmitglieder, die von den Arbeitnehmervertretern gewählt wurden, gelten nur § 103 Abs. 3 AktG (Abberufung durch gerichtliches Verfahren) sowie Spezialvorschriften der Mitbestimmungsgesetze, die in § 103 Abs. 4 AktG in Bezug genommen sind. Unabhängig davon endet das Aufsichtsratsamt von Arbeitnehmervertretern, wenn ihre Wählbarkeit von der Arbeitnehmereigenschaft im Unternehmen abhängt, mit dem Ende der Arbeitnehmereigenschaft, etwa durch Kündigung oder altersbedingtes Ausscheiden aus dem Arbeitsverhältnis (§ 4 Abs. 2 Satz 1 DrittelbG bzw. § 24 Abs. 1 MitbestG). Ein gegenüber diesen Fällen weitaus häufigerer Fall ist jedoch die vom Aufsichtsratsmitglied selbst ausgehende Amtsniederlegung, die Gegenstand des nachstehenden Musters ist. Bei dauerhaftem Interessenkonflikt kann eine Verpflichtung zur Amtsniederlegung bestehen (GroßKomm-AktG/*Hopf/Roth*, § 103 Rn. 96, 97; MüKo AktG/*Habersack*, § 103 Rn. 60).

Muster

256 **An die C-GmbH**

z.Hd. Geschäftsführung

z.Hd. Vorsitzender des Aufsichtsrats [1]

____

Betr.: Mein Aufsichtsratsamt

Sehr geehrte Damen und Herren,

hiermit lege ich mein Amt als Mitglied des Aufsichtsrats der C-GmbH [2] **zum ___[Datum]___** [3] **nieder.**

Mit freundlichen Grüßen

____________ [4]

Erläuterungen

Literatur: *Berner/Stadler*, Die gerichtliche Abberufung von Aufsichtsmitgliedern im dreiköpfigen Aufsichtsrat – ein bisher ungelöstes Problem, NZG 2003, 49; *Dornhegge*, Niederlegung von Aufsichtsratsmandaten, NJW-Spezial 2011, 143–144; *Link*, Amtsniederlegung durch Gesellschaftsorgane, 2003; *Singhof*, Die Amtsniederlegung durch das Aufsichtsratsmitglied einer Aktiengesellschaft, AG 1998, 318; *Wardenbach*, Niederlegung des Aufsichtsratsmandats bei Interessenkollisionen, AG 1999, 74.

1. Die Niederlegungserklärung ist eine empfangsbedürftige, gestaltende Willenserklärung, die als solche bedingungsfeindlich ist. Da umstritten ist, wer die Gesellschaft bei dem Zugang der Niederlegungserklärung vertritt, ist es in der Praxis empfehlenswert, die Niederlegungserklärung sowohl der Geschäftsführung als auch dem Vorsitzenden des Aufsichtsrats zuzuleiten (vgl. GroßKomm-AktG/*Hopt/Roth*, § 103 Rn. 89; für eine vorrangige Zuständigkeit der Geschäftsführung bei Fehlen einer Satzungsbestimmung: OLG Stuttgart Urteil v. 01.07.2009 – 20 U 8/08 = DB 2009, 1521 und Nichtzulassungsbeschluss BGH v. 21.06.2010 – II ZR 166/09 = BB 2010, 2397; Hüffer/*Koch*, § 103 Rn. 17 – Zugang beim Aufsichtsratsvorsitzenden reicht, wenn er an den Vorstand weiterleitet; für Zuständigkeit beider Organe: KK-AktG/*Mertens/Cahn*, § 103 Rn. 59; für Zuständigkeit der Geschäftsführung: MüKo GmbHG/*Spindler*, § 52 Rn. 213). 257

2. Nach inzwischen weit überwiegender Meinung hat jedes Aufsichtsratsmitglied das Recht, sein Amt jederzeit ohne Vorliegen eines wichtigen Grundes niederzulegen (Großkomm AktG/*Hopt/Roth*, § 103 Rn. 82 ff.; *Lutter/Krieger/Verse*, § 1 Rn. 35 ff.; Hüffer/*Koch*, § 103 Rn. 17 jeweils m.w.N.; KK-AktG/*Mertens/Cahn*, § 103 Rn. 57; MüKo GmbHG/*Spindler*, § 52 Rn. 211; a.A. Baumbach/Hueck/*Zöllner/Noack*, § 52 Rn. 52). Allerdings ist anerkannt, dass die Grenzen der jederzeitigen unbegründeten Amtsniederlegung in der zur Unzeit erfolgten Amtsniederlegung liegen. Die Niederlegung zur Unzeit ist zwar als solche nicht unwirksam, kann jedoch zu Schadensersatz führen (MüKo GmbHG/*Spindler*, § 52 Rn. 212; MüKo AktG *Habersack*, § 103 Rn. 60; von Rechenberg/Ludwig/*von Wedel*, Kap. 13, Rn. 1170). Bedenken können insbesondere bestehen, wenn die Amtsniederlegung zu einer Beschlussunfähigkeit des Aufsichtsrats führt und keine rechtzeitige Möglichkeit zu einer (ggf. gerichtlichen) Ersatzbestellung (§ 104 AktG) besteht (siehe GroßKomm-AktG/*Hopt/Roth*, § 103 Rn. 85; MüKo AktG *Habersack*, § 103 Rn. 60). Es ist daher zulässig, dass der Gesellschaftsvertrag der Gesellschaft die Amtsniederlegung unter Festsetzung einer Erklärungsfrist vorsieht. 258

3. Sofern, wie häufig, der Gesellschaftsvertrag eine Erklärungsfrist für die Wirksamkeit der Niederlegungserklärung bestimmt, empfiehlt es sich, diese in das Niederlegungsschreiben aufzunehmen und den Zeitpunkt des Wirksamwerdens dieser Niederlegungserklärung durch Angabe des entsprechenden Datums zu fixieren. Die Aufnahme einer weitergehenden Begründung oder Erläuterung ist weder rechtlich noch praktisch erforderlich. In der Praxis wird das betreffende Aufsichtsratsmitglied vor Absendung der förmlichen Niederlegungserklärung ohnehin mit der Geschäftsführung und dem Aufsichtsratsvorsitzenden hierüber gesprochen haben. 259

4. Die hier dargelegten Grundsätze zur Amtsniederlegung gelten auch für aufgrund gesellschaftsvertraglicher Bestimmung entsandte Aufsichtsratsmitglieder (siehe nur MüKo AktG *Habersack*, § 103 Rn. 59). 260

27. Geschäftsordnung eines fakultativen Aufsichtsrats

Vorbemerkung

Das Recht zur Organisation seiner Arbeit liegt grundsätzlich beim Aufsichtsrat selbst. Ein wesentliches Mittel dazu ist der Erlass einer Geschäftsordnung. Vorgeschrieben ist der Erlass einer Geschäftsordnung jedoch nicht. Das Aktiengesetz sieht in §§ 82 Abs. 2, 108 Abs. 4 die Existenz einer Geschäftsordnung des Aufsichtsrats vor und geht damit wie selbstverständlich von ihrer Zulässigkeit aus. Dies gilt auch für Aufsichtsräte der GmbH, gleich, ob es sich hierbei um freiwillig eingerichtete, fakultative Aufsichtsräte handelt oder solche, die nach dem MitbestG oder dem DrittelbG zwingend zu bilden sind. Der Erlass einer Geschäftsordnung entspricht jedoch guter Corporate Governance und ist jedem Aufsichtsrat dringend zu empfehlen, um über die Vorschriften des Gesellschaftsvertrages hinaus einen Rahmen für seine Arbeit zu setzen und damit ansonsten möglicherweise haftungsträchtige Unklarheiten zu vermeiden. Dies gilt auch für den fakultativen Aufsichtsrat einer GmbH, zumindest dann, wenn dieser neben Beratungs- auch Überwachungsaufgaben haben soll (vgl. oben Rdn. C 115). Das nachstehende Muster knüpft an das Muster unter C 15, Rdn. C 102 ff. und damit an eine solche Konstellation an. 261

Muster

262 **Geschäftsordnung für den Aufsichtsrat der C-GmbH**

Der Aufsichtsrat der C-GmbH hat sich durch Beschluss [1] vom ___________ folgende Geschäftsordnung gegeben:

§ 1
Allgemeines [2]

Der Aufsichtsrat führt seine Geschäfte nach den Vorschriften der bestehenden Gesetze, des Gesellschaftsvertrags und dieser Geschäftsordnung. Er ist verpflichtet, in enger Zusammenarbeit mit der Geschäftsführung zum Wohle und im Interesse der Gesellschaft zu arbeiten.

§ 2
Vorsitzender/Stellvertreter

1. **Der Aufsichtsrat wählt unter Vorsitz des an Lebensjahren ältesten Aufsichtsratsmitglieds in seiner ersten, ohne besondere Einladung stattfindenden Sitzung [3] aus seiner Mitte einen Vorsitzenden und einen Stellvertreter. Die Wahl erfolgt jeweils für die Zugehörigkeit des Gewählten zum Aufsichtsrat.**
2. **Scheidet der Vorsitzende des Aufsichtsrats oder sein Stellvertreter vor Ablauf seiner Amtszeit aus, hat der Aufsichtsrat unverzüglich eine Neuwahl für die restliche Amtszeit des Ausgeschiedenen vorzunehmen.**
3. **Der Vorsitzende des Aufsichtsrats koordiniert die Arbeit des Aufsichtsrats und ist ermächtigt, Willenserklärungen des Aufsichtsrats im Namen des Aufsichtsrats abzugeben. [4]**
4. **Der stellvertretende Vorsitzende des Aufsichtsrats hat die Rechte und Pflichten des Vorsitzenden des Aufsichtsrats, wenn dieser verhindert ist, sein Amt auszuüben.**

§ 3
Sitzungen des Aufsichtsrats

1. **Der Aufsichtsrat wird nach Bedarf einberufen. Der Aufsichtsrat soll einmal im Kalendervierteljahr eine Sitzung abhalten, kann jedoch beschließen, nur eine Sitzung pro Kalenderhalbjahr abzuhalten. [5]**
2. **Aufsichtsratssitzungen im Sinne von Abs. 1 Satz 2 sind als Präsenzsitzungen mit persönlicher Teilnahme der Aufsichtsratsmitglieder abzuhalten. Daneben können Sitzungen des Aufsichtsrats auch schriftlich oder im Wege einer Telefon- oder Videokonferenz durchgeführt werden, wenn kein Mitglied diesem Verfahren widerspricht. [6]**
3. **Die Sitzungen des Aufsichtsrats werden durch den Vorsitzenden des Aufsichtsrats mit einer Frist von 14 Tagen per Post, Telefax, fernmündlich oder per E-Mail einberufen. Bei der Berechnung der Frist werden der Tag der Absendung der Einladung und der Tag der Sitzung nicht mitgerechnet [7]. In dringenden Fällen kann der Vorsitzende diese Frist angemessen verkürzen oder auch fernmündlich einladen. [8]**
4. **Mit der Einberufung sind die Gegenstände der Tagesordnung mitzuteilen und die für die Entscheidung maßgeblichen Unterlagen den Mitgliedern des**

Aufsichtsrats zuzuleiten. Unterlagen können nachgereicht werden, jedoch soll dies so rechtzeitig geschehen, dass eine angemessene Vorbereitung der Mitglieder des Aufsichtsrats gewährleistet ist, mindestens jedoch sieben Kalendertage vor der Sitzung. In dringenden Fällen darf diese Frist durch den Aufsichtsratsvorsitzenden weiter verkürzt werden. Über nicht angekündigte Gegenstände der Tagesordnung darf nur beschlossen werden, wenn kein Aufsichtsratsmitglied dem widerspricht.

§ 4
Sitzungsleitung

1. **Der Vorsitzende des Aufsichtsrats leitet die Aufsichtsratssitzung. Er bestimmt die Reihenfolge der Tagesordnungspunkte und die Art der Abstimmung. Er kann die Behandlung einzelner Tagesordnungspunkte vertagen.** [9]
2. **An den Sitzungen des Aufsichtsrats nehmen die Mitglieder der Geschäftsführung teil, soweit nicht der Aufsichtsrat etwas anderes bestimmt.** [10]
3. **Der Vorsitzende des Aufsichtsrats kann einen nicht dem Aufsichtsrat angehörenden und zur Verschwiegenheit verpflichteten Protokollführer bestimmen. Er darf sachverständige Auskunftspersonen zur Beratung über einzelne Gegenstände der Tagesordnung hinzuziehen.** [11]

§ 5
Beschlussfassung

1. **Beschlüsse des Aufsichtsrats werden, soweit nicht zwingend etwas anderes bestimmt ist, mit einfacher Mehrheit der abgegebenen Stimmen gefasst. Bei Wahlen genügt die verhältnismäßige Mehrheit.** [12]
2. **Der Aufsichtsrat ist beschlussfähig, wenn sämtliche seiner Mitglieder, aus denen er nach den Bestimmungen der Satzung zu bestehen hat, an der Beschlussfassung teilnehmen. Ein Mitglied nimmt auch dann an der Beschlussfassung teil, wenn es sich bei der Abstimmung der Stimme enthält oder eine schriftliche Stimme nach Abs. 3 dieses § 5 abgibt.** [13]
3. **Abwesende Aufsichtsratsmitglieder können an Beschlussfassungen des Aufsichtsrats dadurch teilnehmen, dass sie durch ein anderes Mitglied des Aufsichtsrats eine schriftliche Stimmabgabe überreichen lassen.**

§ 6
Niederschriften

1. **Über alle Sitzungen und Beschlüsse des Aufsichtsrats ist eine Niederschrift anzufertigen. Die Niederschrift wird durch einen vom Vorsitzenden bestimmten Protokollführer angefertigt und von diesem sowie dem Vorsitzenden des Aufsichtsrats unterzeichnet. Niederschriften über Beschlüsse des Aufsichtsrats außerhalb von Sitzungen werden vom Aufsichtsratsvorsitzenden alleine unterzeichnet.** [14]
2. **In der Niederschrift sind der Ort und der Tag der Sitzung oder Beschlussfassung, die Teilnehmer, die Gegenstände der Tagesordnung, der wesentliche Inhalt der Verhandlungen und die Beschlüsse des Aufsichtsrats anzugeben.** [15]
3. **Die Niederschrift soll binnen 14 Tagen nach dem Tag der Sitzung oder Beschlussfassung abgeschlossen werden und den Mitgliedern des Aufsichtsrats zugeleitet werden.**

4. Die Niederschrift ist in der jeweils nächsten Sitzung des Aufsichtsrats durch Beschluss des Aufsichtsrats zu genehmigen. Einzelne Aufsichtsratsmitglieder haben das Recht, zu verlangen, dass in der Niederschrift ihre persönliche Stimmabgabe und gegebenenfalls eine gesonderte Begründung dafür aufgenommen werden. [16]

§ 7
Schweigepflicht

1. Die Mitglieder des Aufsichtsrats haben über die ihnen bei ihrer Tätigkeit als Aufsichtsratsmitglied bekannt gewordenen Tatsachen, deren Offenbarung die Interessen der Gesellschaft oder eines mit ihr verbundenen Unternehmens beeinträchtigen könnten, Dritten gegenüber Stillschweigen zu bewahren. Dies gilt auch für die Beratungen und Beschlussfassungen des Aufsichtsrats. Die Mitglieder des Aufsichtsrats sind verpflichtet, von ihnen eingeschaltete Mitarbeiter und Berater in gleicher Weise zur Verschwiegenheit zu verpflichten. [17]

2. Die Verschwiegenheitsverpflichtung nach Abs. 1 besteht nach Beendigung des Amtes fort. Die Mitglieder des Aufsichtsrats sind bei ihrem Ausscheiden aus dem Amt verpflichtet, sämtliche Unterlagen, die sich auf die Angelegenheiten der Gesellschaft beziehen und sich in ihrem Besitz befinden, an die Gesellschaft zu übergeben. Ein Zurückbehaltungsrecht an derartigen Unterlagen besteht nicht.

3. Beabsichtigt ein Mitglied des Aufsichtsrats Informationen, deren Mitteilung möglicherweise die Interessen der Gesellschaft berühren könnte, an Dritte weiterzugeben, so soll es hierüber zuvor den Vorsitzenden des Aufsichtsrats informieren. Stimmt der Aufsichtsratsvorsitzende der beabsichtigten Informationsweitergabe nicht zu, wird er die anderen Mitglieder des Aufsichtsrats über die Situation unterrichten und um eine Stellungnahme bitten. Dem, die Informationsweitergabe beabsichtigenden Aufsichtsratsmitglied ist empfohlen, bis zum Eingang der Stellungnahmen Stillschweigen über die betreffenden Tatsachen zu bewahren. [18]

§ 8
Informationspflichten

1. Die Geschäftsführung ist verpflichtet, in regelmäßigen Abständen und mindestens zu jeder Aufsichtsratssitzung über die in § 90 Abs. 1 AktG genannten Gegenstände Bericht zu erstatten. [19]

2. Der Aufsichtsrat kann darüber hinaus von der Geschäftsführung jederzeit einen Bericht über einzelne Angelegenheiten der Gesellschaft und der mit ihr verbundenen Unternehmen, die auf die Lage der Gesellschaft und der mit ihr verbundenen Unternehmen von erheblichem Einfluss sein können, verlangen.

§ 9
Zusammenarbeit mit dem Abschlussprüfer [20]

Für die Prüfung des Jahresabschlusses der Gesellschaft werden dem Aufsichtsrat von der Geschäftsführung der Jahresabschluss nebst Lagebericht, der Prüfungsbericht des Abschlussprüfers sowie der Gewinnverwendungsvorschlag der Geschäftsführung mindestens einen Monat vor der Gesellschafterversammlung, die über die Feststellung des Jahresabschlusses beschließen soll, vorgelegt. Die Sitzung des Aufsichtsrats zur Prüfung des Jahresabschlusses der Gesellschaft soll frühestens zwei

Wochen nach Zuleitung der Unterlagen an die Aufsichtsratsmitglieder erfolgen. An der Sitzung des Aufsichtsrats soll ein Vertreter des Abschlussprüfers teilnehmen.

Der Aufsichtsrat wird über das Ergebnis seiner Prüfung des Jahresabschlusses schriftlich an die Gesellschafterversammlung berichten und einen Beschlussvorschlag betreffend die Feststellung des Jahresabschlusses und die Verwendung des Bilanzgewinns unterbreiten.

Erläuterungen

Literatur: *Bank*, Die Verschwiegenheitspflicht von Organmitgliedern in Fällen multipler Organmitgliedschaften, NZG 2013, 801; *Dittmar*, Weitergabe von Informationen im faktischen Aktienkonzern, AG 2013, 498; *Johannsen-Roth/Kießling*, Das Amt des Ehrenvorsitzenden des Aufsichtsrats, NZG 2013, 972; *Veil*, Weitergabe von Informationen durch den Aufsichtsrat an Aktionäre und Dritte, ZHR 172 (2008), 239; *E. Vetter*, Corporate Governance in der GmbH – Aufgaben des Aufsichtsrats der GmbH, GmbHR 2011.

1. Der Erlass einer Geschäftsordnung ist als Mittel der Selbstorganisation sowohl ein Recht als auch eine Pflicht des Aufsichtsrats. Zur sachgerechten Erfüllung seiner Aufgaben wird der Erlass einer Geschäftsordnung unerlässlich sein. Für börsennotierte Gesellschaften empfiehlt Ziffer 5.1.3 des Deutschen Corporate Governance Kodex dem Aufsichtsrat, sich eine Geschäftsordnung zu geben. Soweit die Satzung der Gesellschaft dem Aufsichtsrat eine Pflicht zum Erlass einer Geschäftsordnung auferlegt, ist dem nachzukommen (vgl. nur Großkomm-AktG/*Hopt/Roth*, § 107 Rn. 207). Die Geschäftsordnung wird durch Mehrheitsbeschluss erlassen und besteht unbeschadet der Amtsperioden und der Zusammensetzung des Aufsichtsrats bis zu einem aufhebenden oder modifizierenden Beschluss fort (KK-AktG/*Mertens/Cahn*, § 107 Rn. 184 f.). Verletzt der Aufsichtsrat eine auf Satzungsrecht beruhende Bestimmung der Geschäftsordnung, wird das nur ausnahmsweise zur Nichtigkeit des Beschlusses führen. Ansonsten kann darin eine zulässige Durchbrechung der eigenen Geschäftsordnung liegen (KK-AktG/*Mertens/Cahn*, § 107 Rn. 189 f.; Spindler/Stilz/*Spindler*, § 107 Rn. 16; *Lutter/Krieger/Verse*, § 11 Rn. 653). Es empfiehlt sich, das in dem jeweiligen Beschluss entsprechend klarzustellen. Siehe auch § 14 des Musters C 28. Rdn. C 291. 263

Allerdings ist die Abgrenzung zu dem, was der Gesellschaftsvertrag und was die Geschäftsordnung regeln darf, nicht immer zweifelsfrei. Dies liegt daran, dass eine Organisationsautonomie des Aufsichtsrats angenommen wird, innerhalb derer Satzungsbestimmungen unzulässig sind. Von Organisationsautonomie umfasst soll insbesondere die sachliche Gestaltung der Aufsichtsratsarbeit, z.B. betreffend die Bildung, Besetzung und Aufgabenzuweisung von Ausschüssen oder betreffend den Aufsichtsratsvorsitzenden sein (GroßKomm-AktG/*Hopt/Roth*, § 107 Rn. 205; Hüffer/*Koch*, § 107 Rn. 34 m.w.N.; KK-AktG/*Mertens/Cahn*, § 107 Rn. 182, 186 ff.). Soweit der Gesellschaftsvertrag demgegenüber Fragen der inneren Ordnung des Aufsichtsrats regeln darf, hat er Vorrang gegenüber Geschäftsordnungsbestimmungen. Die Gesellschafterversammlung könnte also insoweit durch satzungsändernden Beschluss die Geschäftsordnung des Aufsichtsrats überformen oder auch an sich ziehen (auch in obligatorisch zu bildenden Aufsichtsräten, vgl. *Lutter/Krieger/Verse*, § 15 Rn. 1145). Die Befugnis zum Erlass einer Geschäftsordnung muss allerdings nicht durch die Satzung erteilt werden, sondern steht dem Aufsichtsrat auch ohne dem zu. Daneben empfiehlt sich der Erlass der Geschäftsordnung, um den Mitgliedern des Aufsichtsrats eine Zusammenfassung der verstreut im Gesetz (zumindest bei Pflichtaufsichtsräten in der GmbH) und in dem Gesellschaftsvertrag stehenden Vorschriften an die Hand zu geben (von Rechenberg/Ludwig/*von Wedel*, Kap. 13, Rn. 1188). 264

2. Die allgemeine Umschreibung der Pflichtenstellung des Aufsichtsrats in § 1 des Musters ist nur deklaratorischer Natur. Sie ergibt sich bereits von Gesetzes wegen aus §§ 116, 93 AktG, die über § 52 Abs. 1 GmbHG auch für den fakultativen GmbH-Aufsichtsrat gelten und auch dort nur eingeschränkt (nämlich hinsichtlich des Haftungsmaßstabs) abbedungen werden können (vgl. Lutter/Hommelhoff/*Lutter*, § 52 Rn. 32; Baumbach/Hueck/*Zöllner/Noack*, § 52 Rn. 72). 265

266 **3.** § 2 Abs. 1 des Musters behandelt die so genannte »konstituierende Sitzung« des Aufsichtsrats. In der hier zugrunde liegenden Konstellation reicht es aus, in der konstituierenden Aufsichtsratssitzung den Aufsichtsratsvorsitzenden und seinen Stellvertreter zu wählen. In größeren Aufsichtsräten sollte bei der Gelegenheit auch die Besetzung der Ausschüsse erfolgen. Die konstituierende Aufsichtsratssitzung geht von der Situation aus, dass alle Mitglieder des Aufsichtsrats (oder zumindest alle von den Anteilseignern gewählten Mitglieder des Aufsichtsrats) durch einen Wahlvorgang neu gewählt worden sind (vgl. dazu auch Muster C 21, Rdn. C 193 ff.). In der Regel werden die Amtszeiten so gewählt, dass es zu gleichzeitigen Neuwahlen für alle Aufsichtsratsmitglieder der Anteilseigner kommt. In diesem Fall befreit die vorliegende Regelung der Geschäftsordnung von der Einladung zu der konstituierenden Sitzung und stellt damit eine erhebliche Erleichterung dar.

267 Die Wahl des Aufsichtsratsvorsitzenden und seines Stellvertreters erfolgen jeweils für die Dauer des Amtes, so dass bei Zuwahl anderer Aufsichtsratsmitglieder keine Neuwahl dieser Positionen erforderlich ist.

268 Für die Wahl des Aufsichtsratsvorsitzenden gelten bei den dem MitbestG unterliegenden Gesellschaften die besonderen Verfahrensvorschriften aus § 27 Abs. 1 und Abs. 2 MitbestG (dazu Muster C 21, Rdn. C 193 ff., 204). Fakultative Aufsichtsräte nach § 52 Abs. 1 GmbHG müssen nicht notwendigerweise einen Aufsichtsratsvorsitzenden bestellen und der Gesellschaftsvertrag könnte abweichende Regeln für seine Bestellung und seine Aufgaben festlegen (MüKo GmbHG/*Spindler*, § 52 Rn. 448, 449; von Rechenberg/Ludwig/*von Wedel*, Kap. 13, Rn. 1189).

269 **4.** Die in § 2 Abs. 3 des Musters angesprochene Koordinationsaufgabe des Aufsichtsratsvorsitzenden entspricht derjenigen Aufgabe, die der Vorsitzende eines Kollegiums üblicherweise hat, insbesondere die Einberufung, Vorbereitung und Leitung von Sitzungen sowie etwaigen Ausschüssen des Aufsichtsrats und die ständige Repräsentation des Aufsichtsrats gegenüber der Geschäftsführung und den damit verbundenen administrativen Aufgaben im Zusammenhang mit der Verteilung von Berichten (siehe nur Hüffer/*Koch*, § 107 Rn. 8; MüKo GmbHG/*Spindler* § 52, Rn. 470). Eine ähnliche Beschreibung allgemein gültiger Natur findet sich in Ziffer 5.2 des Deutschen Corporate Governance Kodex. Dort ist insbesondere noch die Mittlerrolle des Aufsichtsratsvorsitzenden als primärer Ansprechpartner der Geschäftsführung auch zwischen den Sitzungen des Aufsichtsrats hervorgehoben.

270 Soweit der Aufsichtsratsvorsitzende Willenserklärungen im Namen des Aufsichtsrats und damit im Namen der Gesellschaft abgibt, muss dies stets auf einem Beschluss des Aufsichtsrats (oder eines gegebenenfalls zuständigen Ausschusses) beruhen. Die in § 2 Abs. 3 des Musters vorgesehene Ermächtigung eine Willenserklärung für den Aufsichtsrat abzugeben, ersetzt also nur eine besondere Ermächtigung im Rahmen des jeweiligen Sachbeschlusses des Aufsichtsrats (vgl. *Lutter/Krieger/Verse*, § 11 Rn. 681, 682; MüKo GmbHG/*Spindler*, § 52, Rn. 474; KK-AktG/*Mertens/Cahn*, § 107 Rn. 51, 52). Als Erklärungsvertreter besteht dabei für den Aufsichtsratsvorsitzenden kein Handlungsspielraum.

271 **5.** Der in § 3 Abs. 1 des Musters vorgesehene Sitzungsturnus folgt aus § 110 Abs. 3 AktG, wonach eine nicht börsennotierte Gesellschaft zwei Sitzungen pro Kalenderjahr abhalten muss, soweit nicht der Aufsichtsrat beschließt, nur eine Sitzung im Kalenderhalbjahr abzuhalten. Diese Vorschrift ist für einen fakultativen Aufsichtsrat mit Geltung der aktienrechtlichen Bestimmungen nach § 52 Abs. 1 GmbHG einschlägig. Soweit die Geltung der aktienrechtlichen Vorschriften abbedungen ist, wäre auch der hier wiedergegebene aktienrechtliche Mindestturnus nicht einschlägig. Für einen Aufsichtsrat, der indessen ernsthaft überwachende und beratende Aufgaben wahrnehmen soll, sind vier Präsenzsitzungen im Jahr anzuraten.

272 **6.** § 3 Abs. 2 des Musters unterscheidet Präsenzsitzungen von solchen, die in anderer Weise abgehandelt werden. Dies wäre für einen fakultativen GmbH-Aufsichtsrat nicht zwingend, sondern ergäbe sich nur aus der Geltung von § 110 Abs. 3 AktG (dazu Muster C 28, Rdn. C 304). Dabei sollen die Pflichtsitzungen nach § 3 Abs. 1 des Musters als Präsenzsitzungen abgehalten werden.

Hinsichtlich anderer Formen der Beschlussfassung, die für die sonstigen Beschlussfassungen in Betracht kommen, ist auf nachstehendes Muster C 28, Rdn. C 304 zu verweisen. Geschäftsordnung und Gesellschaftsvertrag könnten diese Formen der Beschlussfassung auch für die Pflichtsitzungen zulassen und weiterhin, dass diese Formen der Beschlussfassung auch nicht der Zustimmung jedes einzelnen Aufsichtsratsmitglieds bedürfen, sondern durch den Aufsichtsratsvorsitzenden bindend angeordnet werden können (§ 108 Abs. 4 AktG, vgl. dazu Rdn. C 304).

7. Bis auf den Sonderfall des § 110 Abs. 1 Satz 2 AktG (Einberufung der Sitzung auf Verlangen eines Aufsichtsratsmitglieds) enthält das Aktiengesetz keine Bestimmungen betreffend die Frist für die Einberufung einer Aufsichtsratssitzung. Nicht nur die Frist, sondern auch die Form sind demnach einer freien Regelung durch die Satzung oder die Geschäftsordnung zugänglich. Eine Frist von 14 Tagen ist weitgehend üblich und in der Praxis einhaltbar. Hierbei steht auch die Wochenfrist des § 51 GmbHG Pate. Entscheidend ist, dass den Aufsichtsratsmitgliedern Zeit für eine ordnungsgemäße Vorbereitung der Sitzung bleibt (vgl. weiter GroßKomm-AktG/*Hopt/Roth*, § 110 Rn. 19; KK-AktG/*Mertens/Cahn*, § 110 Rn. 4 und oben Muster C 23 Rdn. C 222, 233) Auch hinsichtlich der Form enthält das Gesetz keine Vorgaben. Jedoch ist, wie hier vorgeschlagen, Schrift- oder zumindest Textform (§ 126b BGB) schon aus Beweisgründen ratsam. 273

8. Die Ermächtigung dafür, in dringenden Fällen auch unter Verkürzung der 14-Tagefrist und telefonisch statt schriftlich einzuladen, ist üblich und sinnvoll. Hiervon wird kein Aufsichtsratsvorsitzender bedenkenlos Gebrauch machen. Dem steht das eigene (Haftung-)Interesse des Aufsichtsratsplenums an einer rechtzeitigen Information über die anstehenden Tagesordnungspunkte und an einer informierten Beschlussfassung entgegen. 274

9. Die Aufgabe der Sitzungsleitung obliegt dem Aufsichtsratsvorsitzenden, wobei § 4 Abs. 1 des Musters einzelne Aufgaben der Leitung herausgreift, ohne sie abschließend zu umschreiben (weitere Einzelheiten bei *Lutter/Krieger/Verse*, § 11 Rn. 705; GroßKomm-AktG/*Hopt/Roth*, § 107 Rn. 98 ff.; KK-AktG/*Mertens/Cahn*, § 107 Rn. 46 ff. jeweils m.w.N.). Streitig ist dabei die Frage der Vertagung einzelner Tagesordnungspunkte, die nach der herrschenden Meinung nur aufgrund eines Plenumsbeschlusses erfolgen kann (dafür KK-AktG/*Mertens/Cahn*, § 107 Rn. 48; *Lutter/Krieger/Verse*, § 11 Rn. 724; a.A. GroßKomm-AktG/*Hopt/Roth*, § 107 Rn. 98 ff.). Hauptsächlich ist diese Streitfrage eine solche zwingender Aufsichtsräte nach Mitbestimmungsrecht, wo es um die Frage der Geltung der Regelung zur Beschlussfähigkeit und der Gleichbehandlung der Aufsichtsratsmitglieder geht (vgl. Muster C 28, Rdn. C 306). Für die hier gewählte Fallkonstellation eines dreiköpfigen, fakultativen Aufsichtsrats sollte die Vertagungsklausel in dieser Form zulässig sein. 275

10. Die Teilnahme der Mitglieder der Geschäftsführung an den Aufsichtsratssitzungen ist zweckmäßig. Nach § 4 Abs. 2 des Musters ist vorgesehen, dass der Aufsichtsrat durch Plenumsbeschluss etwas anderes beschließen kann. Zulässig wäre es auch, eine entsprechende Befugnis dem Aufsichtsratsvorsitzenden zu geben. Zu einem Ausschluss der Mitglieder der Geschäftsführung von den Aufsichtsratssitzungen wird es regelmäßig in Personalangelegenheiten kommen. Das im Muster C 15 (Rdn. C 101) vorgesehene Teilnahmerecht der Gesellschafter ist beim fakultativen Aufsichtsrat zulässig, verstieße aber in einem obligatorischen Aufsichtsrat gegen § 109 Abs. 1 Satz 1 AktG. Über die sonstige Teilnahme Dritter kann die Geschäftsordnung Bestimmungen treffen, insbesondere Beschlüsse des Aufsichtsrats hierzu zulassen (von Rechenberg/Ludwig/*von Wedel*, Kap. 13, Rn. 1192 f.). 276

11. Zur Rolle, Auswahl und den Anforderungen an einen Protokollführer siehe Muster C 21, Rdn. C 199. Die Regelung betreffend die Hinzuziehung Sachverständiger entspricht § 109 Abs. 1 Satz 2 AktG. Sie ist für fakultative GmbH-Aufsichtsräte nicht zwingend, aber sinnvoll. 277

12. Nach § 108 Abs. 1 AktG gilt mangels abweichender Regelung grundsätzlich einfache (Kopf-) Mehrheit für das Zustandekommen von Aufsichtsratsbeschlüssen (siehe nur Hüffer/*Koch*, § 108 Rn. 6). Lediglich die Satzung, nicht aber die Geschäftsordnung kann hiervon Abweichendes festlegen (Hüffer/*Koch*, AktG, § 108 Rn. 7, 8; GroßKomm-AktG/*Hopt/Roth*, § 107 Rn. 218; MüKo GmbHG/*Spindler*, § 52, Rn. 545). Abweichende Satzungsregelungen sind nur im Sinne einer Ver- 278 schärfung des Mehrheitserfordernisses denkbar. Hierbei gelten für mitbestimmte Aufsichtsräte aber auch für fakultative Aufsichtsräte Grenzen, deren Einzelheiten umstritten sind (GroßKomm-AktG/*Hopt/Roth*, § 108 Rn. 35 ff.). Die im hiesigen Muster aufgeführte besondere Regelung für Wahlen stimmt nicht mit der gesellschaftsvertragliche Bestimmung des Musters C 15, Rdn. C 102 ff. überein. Nach dem oben Gesagten müsste sich die Geschäftsordnung darauf beschränken, an dieser Stelle die satzungsmäßige Regelung wiederzugeben. Die Festlegung einer relativen Mehrheit bei Wahlen ist außerhalb des dem MitbestG unterliegenden Aufsichtsrat nach allg. M. aber zulässig (s. GroßKomm-AktG/*Hopt/Roth*, § 108 Rn. 34; MüKo AktG/*Habersack*, § 107 Rn. 22 m.w.N.) Praktisch wird das nur bei der Wahl des Aufsichtsratsvorsitzenden.

279 **13.** Der Geschäftsordnung ebenfalls nicht zugänglich sind eigenständige Regelungen zur Beschlussfähigkeit des Aufsichtsrats. Die hier in § 5 Abs. 2 Muster wiedergegebene Regelung entspricht der Gesetzeslage nach § 108 Abs. 2 Satz 2 und Satz 3 AktG. Danach müssen bei einem dreiköpfigen Aufsichtsrat alle Mitglieder an der Beschlussfassung teilnehmen. Ebenfalls eine Wiedergabe der gesetzlichen Regelung ist, dass die Teilnahme an der Beschlussfassung auch vorliegt, wenn eine schriftliche Stimmabgabe erfolgt (§ 108 Abs. 3 Satz 1 AktG). Der Gesellschaftsvertrag könnte beim obligatorischen Aufsichtsrat (außerhalb der Geltung der zwingenden Regelung des § 28 MitbestG) Erleichterung bis zur gesetzlichen Untergrenze von drei Mitgliedern bestimmen. Beim fakultativen Aufsichtsrat verweist § 52 Abs. 1 AktG nicht auf § 108 AktG, so dass grundsätzlich keine gesetzliche Regelung zur Beschlussfähigkeit gilt und Beschlüsse theoretisch mit einem Aufsichtsratsmitglied gefasst werden können, wenn nicht der Gesellschaftsvertrag strengere Regeln aufstellt (h.M.MüKo GmbHG/*Spindler*, § 52, Rn. 554; Baumbach/Hueck/*Zöllner/Noack*, § 52 Rn. 88; Lutter/Hommelhoff/*Lutter*, § 52 Rn. 31; *Lutter/Krieger/Verse*, § 16 Rn. 1223). Das Muster einer schriftlichen Stimmabgabe findet sich unter Muster C 24, Rdn. C 236 ff.

280 **14.** Die Verpflichtung zur Erstellung von Protokollniederschriften über den Verlauf und die Beschlüsse von Aufsichtsratssitzungen ergibt sich aus § 107 Abs. 2 AktG. Hier ist zulässigerweise nur der Einsatz eines Protokollführers geregelt. Wegen weiterer Einzelheiten kann auf Muster C 21, Rdn. C 193 ff. verwiesen werden. Für den hier zugrunde gelegten Fall des fakultativen GmbH-Aufsichtsrats gilt § 107 Abs. 2 AktG nicht. Zu Zwecken der Dokumentation und Enthaftung ist aber die Protokollierung der Sitzungen und Beschlüsse in jedem Fall dringend angeraten.

281 **15.** Zum Inhalt der Niederschrift ist hier die gesetzliche Bestimmung von § 107 Abs. 2 Satz 2 AktG wiedergegeben. Wichtig ist dabei, dass es sich grundsätzlich nicht um ein Wort-, sondern um ein Ergebnisprotokoll handelt. Im Übrigen siehe oben, Rdn. C 197.

282 **16.** Eine förmliche Genehmigung des Protokolls in der nächsten Aufsichtsratssitzung ist im Gesetz nicht vorgesehen. Vielmehr gilt insoweit grundsätzlich die Entscheidung des Aufsichtsvorsitzenden allein (GroßKomm-AktG/*Hopt/Roth*, § 107 Rn. 188; KK-AktG/*Mertens/Cahn* § 107 Rn. 83; Hüffer/*Koch*, § 107 Rn. 14; MüKo GmbHG/*Spindler*, § 52, Rn. 535). Da jedoch der Aufsichtsratsvorsitzende in der Regel eine entsprechende Entscheidung von einem Stimmungsbild des Aufsichtsrats abhängig machen wird, spricht nichts dagegen, wie hier vorgesehen, über die Genehmigung des Protokolls einen Aufsichtsratsbeschluss herbeizuführen. Dabei steht es ohnehin jedem Aufsichtsratsmitglied zu, eine Erklärung zu Protokoll zu geben und damit seinen Diskussionsbeitrag und seine Stimmabgabe persönlich zuzuordnen (siehe GroßKomm-AktG/*Hopt/Roth*, § 107 Rn. 182, 185). Hier nicht als Bestandteil der Geschäftsordnung mit aufgenommen sind die weiteren gesetzlichen Regelungen zum Protokoll, wonach das Fehlen einer Protokollierung oder ein Protokollierungsfehler der Wirksamkeit eines Beschlusses nicht entgegenstehen und wonach weiter jedem Mitglied des Aufsichtsrats auf Verlangen eine Abschrift der Sitzungsniederschrift auszuhändigen ist (§ 107 Abs. 2 Satz 3 und Satz 4 AktG). Die Aushändigung wird hier durch die in § 6 Abs. 3 des Musters vorgesehene (selbstverständliche) Zuleitung der Niederschrift an die Mitglieder des Aufsichtsrats sichergestellt.

283 **17.** Die Pflicht zur Verschwiegenheit durch die Aufsichtsratsmitglieder folgt aus dem Gesetz (§ 116 AktG, § 52 Abs. 1 GmbHG). Sie ist nach § 85 Abs. 1 GmbHG auch strafrechtlich sanktioniert. Gleiches gilt für die obligatorischen Aufsichtsräte nach dem MitbestG bzw. DrittelbG. Im

fakultativen Aufsichtsrat kann der Gesellschaftsvertrag indessen diese Regeln lockern wie auch verschärfen (MüKo GmbHG/*Spindler*, § 52, Rn. 661; Lutter/Hommelhoff/*Lutter*, § 52 Rn. 26; einschränkend: Baumbach/Hueck/*Zöllner/Noack*, § 52 Rn. 67). Auch in der GmbH gelten die nach §§ 394, 395 AktG eingeschränkten Vertraulichkeitsverpflichtungen für die in den Aufsichtsrat entsandten oder auf deren Veranlassung gewählten Vertreter von Gebietskörperschaften (siehe zu Einzelheiten: MüKoGmbHG/*Spindler*, § 52, Rn. 665; Eine Vertraulichkeitspflicht besteht grundsätzlich nicht gegenüber der Geschäftsführung und den Gesellschaftern (MüKo GmbHG/*Spindler*, § 52, Rn. 666; einschränkend Baumbach/Hueck/*Zöllner/Noack*, § 52 Rn. 67).

§ 7 des Musters gibt die gesetzliche Regelung des § 116 AktG im Wesentlichen lediglich wieder. 284
Dabei lässt sich eine nähere Eingrenzung dessen, welche Informationen hiernach durch die Mitglieder des Aufsichtsrats vertraulich zu behandeln sind, im Rahmen einer Geschäftsordnung nicht abschließend niederlegen. Dies muss vielmehr von jedem Aufsichtsratsmitglied in Bezug auf die konkrete Information selbstverantwortlich entschieden werden. Allerdings lässt sich festhalten, dass jedenfalls das so genannte »Sitzungsgeheimnis«, das heißt also Abstimmungsergebnisse, Stimmabgabe einzelner Aufsichtsratsmitglieder, Stellungnahmen und persönliche Äußerungen von Aufsichtsratsmitgliedern und insbesondere alle Personalangelegenheiten des Vorstands in besonderem Maße vertraulich zu behandeln sind.

Weiter können Maßnahmen von besonderer Bedeutung, die Planung des Unternehmens und seine 285
Know-How-Grundlage sowie Marktanteile und Kreditangelegenheiten als im Regelfall vertraulich angesehen werden. Darüber hinaus sind als vertraulich solche Informationen anzusehen, hinsichtlich derer Vorstand oder Aufsichtsrat einem Dritten die Vertraulichkeit zugesichert haben oder die der Vorstand bei Vorlagen an den Aufsichtsrat von sich aus als vertraulich gekennzeichnet hat (siehe *Lutter/Krieger/Verse*, § 6 Rn. 254, 259 und 266 ff.; KK-AktG/*Mertens/Cahn*, § 116 Rn. 51; Baumbach/Hueck/*Zöllner/Noack*, § 52 Rn. 67). Da die Verschwiegenheitspflicht eine Ausprägung der allgemeinen Treupflicht des Aufsichtsratsmitglieds gegenüber der Gesellschaft ist, besteht die Verschwiegenheitspflicht (soweit Informationen nicht in der Zwischenzeit öffentlich bekannt geworden sind) auch nach dem Amtsende fort. Ebenso ist es Ausfluss der Geheimhaltungspflicht, dass nach Amtsende alle im Laufe und in Zusammenhang mit dem Amt erhaltenen schriftlichen Unterlagen an die Gesellschaft zurückzugeben sind.

18. Die in § 7 Abs. 3 vorgeschlagenen Verfahren bei beabsichtigten Informationsweitergaben, 286
die möglicherweise der Schweigepflicht unterliegen, beruhen nicht auf gesetzlichen Vorbildern, entsprechen aber einer sinnvollen Praxis und sind als Empfehlung zu verstehen. Inhaltlich wird dadurch die Schweigepflicht weder erleichtert noch verschärft. Zu derartigen Regelungen der Geschäftsordnung siehe nur GroßKomm-AktG/*Hopt/Roth*, § 116 Rn. 244; Hüffer/*Koch*, § 116 Rn. 11 m.w.N.; KK-AktG/*Mertens/Cahn*, § 116 Rn. 51.

19. § 8 des Musters betrifft einen wesentlichen Aspekt der Aufsichtsratsarbeit. Der Aufsichtsrat kann 287
seinen Überwachungs- und Beratungspflichten nur auf der Grundlage ausreichender und angemessener Informationen nachkommen. Er ist schon zur Vermeidung seiner eigenen Haftung verpflichtet, entsprechende Grundlagen durch die Aufstellung eines entsprechenden Informationssystems zu schaffen (von Rechenberg/Ludwig/*von Wedel*, Kap. 13, Rn. 1212). Für börsennotierte Gesellschaften sieht daher Ziffer 3.4 des Deutschen Corporate Governance Kodex die Verpflichtung des Aufsichtsrats vor, die Informations- und Berichtspflichten des Vorstands näher festzulegen und beschreibt dies als eine gemeinsame Aufgabe von Vorstand und Aufsichtsrat. Dabei enthält § 90 Abs. 1 AktG einen sinnvollen Katalog regelmäßiger Berichtsgegenstände, der jedoch unter Bezug auf besondere Verhältnisse bei den einzelnen Gesellschaften durchaus noch präzisiert werden kann. Diese Vorschrift sowie auch die Vorschrift in § 90 Abs. 2 AktG über den Turnus von Vorstandsberichten nehmen weder § 52 Abs. 1 GmbHG noch die Mitbestimmungsgesetze in Bezug. Dort bleibt es vielmehr bei den Anforderungsberichten nach § 90 Abs. 3 AktG, die hier ihren Niederschlag in § 8 Abs. 2 des Musters gefunden haben. Im Muster ist demgegenüber eine Berichterstattung über die in § 90 Abs. 1 AktG genannten Inhalte jedenfalls jeweils vor einer Aufsichtsratssitzung vorgeschrieben. Abweichende, beispielsweise monatliche Berichtspflichten sind ohne Weiteres auch denkbar und vielfach üblich.

288 Ein Katalog zustimmungsbedürftiger Geschäfte als wesentliches Instrument der Überwachung muss bei fakultativem Aufsichtsrat, für den die aktienrechtlichen Vorschriften nach § 52 Abs. 1 GmbHG nicht gelten, nicht vorgesehen werden. Allerdings bedarf es dafür einer ausdrücklichen Abbedingung im Gesellschaftsvertrag (*Lutter/Krieger/Verse,* § 16 Rn. 1206; MüKo GmbHG/*Spindler* § 52, Rn. 367; a.A. von Rechenberg/Ludwig/*von Wedel*, Kap. 13, Rn. 1206). Für obligatorische GmbH-Aufsichtsräte siehe nachstehend Muster C 28, Rdn. C 321.

289 **20.** § 9 des Musters spiegelt die gesellschaftsvertraglichen Festsetzungen gemäß Muster C 15, Rdn. C 102 ff. Weil danach (entsprechend dem Verweis in § 52 Abs. 1 GmbHG) für den fakultativen Aufsichtsrat eine starke Einbindung des Aufsichtsrats in die Prüfung des Jahresabschlusses der Gesellschaft vorgesehen ist (vgl. nur von Rechenberg/Ludwig/*von Wedel*, Kap. 13, Rn. 1199), ist hier in der Geschäftsordnung lediglich näher geregelt, wann die entsprechenden Unterlagen dem Aufsichtsrat vorzulegen sind und dass an der Sitzung des Aufsichtsrats ein Vertreter des Abschlussprüfers teilnehmen soll. Dies ergibt sich zwanglos aus den entsprechenden Pflichten, die der Aufsichtsrat nach der Satzung in diesem Fall haben soll. Dazu gehört auch die Vorlage eines schriftlichen Berichts über die Prüfung des Jahresabschlusses, wie es am Ende von § 9 des Musters enthalten ist. Es empfiehlt es sich zu Dokumentation und der eigenen Enthaftung des Aufsichtsrats auch unabhängig von einer möglichen Abbedingung von dieser Vorschrift einen schriftlichen Bericht hierüber zu verabschieden.

28. Geschäftsordnung eines paritätisch mitbestimmten Aufsichtsrats

Vorbemerkung

290 Das nachfolgende Muster befasst sich mit der Geschäftsordnung eines paritätisch mitbestimmten Aufsichtsrats, mithin mit der Situation, in welcher über § 25 Abs. 1 Nr. 2 MitbestG eine Vielzahl der Vorschriften über die innere Ordnung des Aufsichtsrats, die im Aktiengesetz niedergelegt sind, unmittelbare Geltung beanspruchen. Hinzu kommen zwingende Regeln des MitbestG selbst. Auch in dieser Lage ist der Erlass einer Geschäftsordnung nicht zwingend vorgeschrieben, sondern nach § 82 Abs. 2 AktG und § 25 Abs. 2 MitbestG lediglich als zulässig vorausgesetzt. Wie im Fall des vorstehenden Musters C 27, Rdn. C 261 ff. empfiehlt sich aber der Erlass einer Geschäftsordnung aus Gründen der Haftungsminimierung und hier auch deshalb, um den Mitgliedern des Aufsichtsrats durch die Zusammenfassung und Wiedergabe der wesentlichen gesetzlichen und gesellschaftsvertraglichen Vorschriften ein übersichtliches Dokument über die für die Arbeit des Aufsichtsrats maßgebliche Rechtslage an die Hand zu geben.

Muster

291 **Geschäftsordnung für den Aufsichtsrat der C-GmbH**

Der Aufsichtsrat der C-GmbH hat sich durch Beschluss vom ____________ folgende Geschäftsordnung gegeben:

§ 1
Allgemeines [1]

Der Aufsichtsrat ist verpflichtet, unter Einhaltung der bestehenden Gesetze, des Gesellschaftsvertrags und dieser Geschäftsordnung in enger Zusammenarbeit mit der Geschäftsführung zum Wohle und im Interesse der Gesellschaft zu arbeiten. Seine Mitglieder haben gleiche Rechte und Pflichten, soweit nicht Gesetz oder Gesellschaftsvertrag etwas Anderes bestimmen. Sie sind an Weisungen nicht gebunden.

§ 2
Vorsitzender und Stellvertreter, Besetzung von Ausschüssen

1. **Unter Vorsitz des an Lebensjahren ältesten Aufsichtsratsmitglieds wählt der Aufsichtsrat in seiner ersten, ohne besondere Einladung stattfindenden Sitzung nach seiner Wahl aus seiner Mitte einen Vorsitzenden und einen Stellvertreter. Für die Durchführung der Wahl gelten § 27 Abs. 1 und 2 MitbestG. Ebenfalls in dieser Sitzung beschließt der Aufsichtsrat über die Errichtung und Besetzung der Ausschüsse gemäß § 7 Abs. 1 und Abs. 2. Die Wahlen und die Besetzung der Ausschüsse erfolgen jeweils für die Dauer der Zugehörigkeit der gewählten Aufsichtsratsmitglieder zum Aufsichtsrat, soweit der Aufsichtsrat nicht etwas anderes beschließt.** [2]

2. **Der Aufsichtsratsvorsitzende koordiniert die Arbeit im Aufsichtsrat, leitet dessen Sitzungen und nimmt die Belange des Aufsichtsrats nach außen wahr. Er hält regelmäßigen Kontakt mit dem Vorsitzenden der Geschäftsführung. Der Aufsichtsratsvorsitzende wird über wichtige Ereignisse, die für die Beurteilung der Lage und Entwicklung sowie für die Leitung des Unternehmens von wesentlicher Bedeutung sind, unverzüglich durch den Vorsitzenden der Geschäftsführung informiert. Der Aufsichtsratsvorsitzende unterrichtet den Aufsichtsrat und beruft erforderlichenfalls eine außerordentliche Aufsichtsratssitzung ein.** [3]

3. **Der Stellvertreter hat nur die Rechte und Pflichten des Vorsitzenden, wenn dieser verhindert ist und Gesetz oder Gesellschaftsvertrag ihm diese Rechte und Pflichten ausdrücklich übertragen. Das Zweitstimmrecht steht dem Stellvertreter nicht zu.** [4]

4. **Der Aufsichtsratsvorsitzende oder sein Stellvertreter ist ermächtigt, im Namen des Aufsichtsrats die zur Durchführung seiner Beschlüsse erforderlichen Erklärungen abzugeben.** [5]

5. **Scheiden während der Amtsdauer des Aufsichtsrats der Vorsitzende oder der Stellvertreter aus ihrem Amt aus, so hat der Aufsichtsrat unverzüglich eine Neuwahl für die restliche Amtszeit des Ausgeschiedenen vorzunehmen.**

§ 3
Einberufung

1. **Der Aufsichtsrat soll einmal im Kalendervierteljahr, er muss einmal im Kalenderhalbjahr einberufen werden. Der Aufsichtsrat wird von dem Vorsitzenden oder seinem Stellvertreter einberufen. Das Recht der Geschäftsführung oder einzelner Mitglieder des Aufsichtsrats, unter der Angabe des Zweckes und der Gründe die Einberufung des Aufsichtsrats zu verlangen, bleibt unberührt.** [6]

2. **Die Einberufung erfolgt schriftlich, fernschriftlich oder per E-Mail unter der zuletzt bekannt gegebenen Anschrift. Der Vorsitzende bestimmt Tagungsort, Tagungszeit, Tagesordnung sowie die Art der Abstimmung. Die Einladung soll in der Regel unter Einhaltung einer Frist von zwei Wochen erfolgen, wobei der Tag der Absendung der Einladung und der Tag der Sitzung nicht mitgerechnet werden Der Vorsitzende kann die Einladungsfrist in dringenden Fällen abkürzen und mündlich, telefonisch oder unter Verwendung sonstiger gebräuchlicher Kommunikationsmittel einladen. Mit der Einladung sind die Gegenstände der Tagesordnung und Beschlussvorschläge anzugeben.**

   Soweit die Geschäftsführung vorab Unterlagen versendet, soll dies so rechtzeitig geschehen, dass eine angemessene Vorbereitung gewährleistet ist, mindestens jedoch eine Woche vor der Sitzung. Dies gilt nicht in dringenden Fällen. [7]

3. Ist ein Tagesordnungspunkt nicht ordnungsgemäß angekündigt worden, darf hierüber nur beschlossen werden, wenn kein Aufsichtsratsmitglied widerspricht. Abwesenden Aufsichtsratsmitgliedern ist in einem solchen Fall Gelegenheit zu geben, binnen einer vom Vorsitzenden zu bestimmenden, angemessenen Frist der Beschlussfassung zu widersprechen oder ihre Stimme schriftlich abzugeben. Der Beschluss wird erst wirksam, wenn die abwesenden Aufsichtsratsmitglieder innerhalb der bestimmten Frist nicht widersprochen haben. [8]

§ 4
Sitzungen und Beschlussfassungen

1. Beschlüsse des Aufsichtsrats werden in der Regel in Sitzungen gefasst. Beschlüsse können auch außerhalb einer Sitzung im Wege schriftlicher, fernmündlicher oder im Wege vergleichbarer Formen, insbesondere auch Videokonferenzen gefasst werden, wenn dies durch den Aufsichtsratsvorsitzenden angeordnet wird. Ein Widerspruchsrecht der Aufsichtsratsmitglieder besteht nicht. Kombinierte Beschlussfassungen, wobei ein Teil der Stimmen in der Sitzung und ein anderer Teil der Stimmen schriftlich oder in vergleichbarer Form oder durch Videokonferenz abgegeben werden, sind möglich. [9]
2. Die Sitzungen und Beschlussfassungen werden vom Vorsitzenden des Aufsichtsrats oder seinem Stellvertreter geleitet. Der Vorsitzende bestimmt die Reihenfolge, in der die Gegenstände der Tagesordnung verhandelt werden, die Art der Abstimmung sowie die Arbeitssprache der Sitzung. [10]
3. Der Aufsichtsrat ist beschlussfähig, wenn alle Mitglieder des Aufsichtsrats ordnungsgemäß geladen sind und wenigstens die Hälfte der Mitglieder, aus denen er nach Gesetz oder Satzung insgesamt zu bestehen hat, an der Beschlussfassung teilnehmen. Ein Mitglied nimmt an der Abstimmung auch teil, wenn es sich in der Abstimmung der Stimme enthält. [11]
4. Die Beschlussfassung über einzelne oder sämtliche Gegenstände der Tagesordnung ist auf Antrag von zwei Aufsichtsratsmitgliedern zu vertagen, wenn an der Beschlussfassung nicht die gleiche Anzahl von Aufsichtsratsmitgliedern der Anteilseigner und der Arbeitnehmer teilnehmen würde. Vertagungen für mehr als zwei Monate sind nicht zulässig. Eine erneute Vertagung der Beschlussfassung über denselben Tagesordnungspunkt ist nicht zulässig. [12]
5. Abwesende Aufsichtsratsmitglieder können dadurch an der Beschlussfassung des Aufsichtsrats teilnehmen, dass sie gem. § 108 Abs. 3 AktG schriftliche Stimmabgaben überreichen lassen. [13]
6. Beschlüsse des Aufsichtsrats werden, soweit keine abweichende gesetzliche Bestimmung besteht, mit einfacher Mehrheit der abgegebenen Stimmen gefasst. Ergibt eine Abstimmung im Aufsichtsrat Stimmengleichheit, so muss der Aufsichtsrat auf Verlangen eines seiner Mitglieder in derselben Sitzung eine erneute Abstimmung über denselben Beschlussantrag durchführen. Ergibt sich auch bei dieser Abstimmung Stimmengleichheit, so zählt die Stimme des Vorsitzenden doppelt. Das Gleiche gilt, wenn der Aufsichtsratsvorsitzende gem. § 25 Abs. 1 Nr. 2 MitbestG i.V.m. § 108 Abs. 3 AktG schriftliche Stimmabgaben überreichen lässt. Dem Stellvertreter steht die zweite Stimme nicht zu. [14]

§ 5
Niederschriften [15]

1. Über alle Sitzungen und Beschlüsse des Aufsichtsrats ist eine Niederschrift anzufertigen. Die Niederschrift wird durch einen vom Vorsitzenden bestimmten

Protokollführer angefertigt und von diesem sowie dem Vorsitzenden des Aufsichtsrats unterzeichnet. Niederschriften über Beschlüsse des Aufsichtsrats außerhalb von Sitzungen können auch vom Aufsichtsratsvorsitzenden alleine unterzeichnet werden.

2. **In der Niederschrift sind der Ort und der Tag der Sitzung oder Beschlussfassung, die Teilnehmer, die Gegenstände der Tagesordnung, der wesentliche Inhalt der Verhandlungen und die Beschlüsse des Aufsichtsrats anzugeben. Den Inhalt der Niederschrift bestimmt der Vorsitzende des Aufsichtsrats.**
3. **Die Niederschrift soll binnen eines Monats nach dem Tag der Sitzung oder Beschlussfassung abgeschlossen werden und den Mitgliedern des Aufsichtsrats zugeleitet werden.**
4. **Die Niederschrift ist in der jeweils nächsten Sitzung des Aufsichtsrats durch Beschluss des Aufsichtsrats zu genehmigen. Einzelne Aufsichtsratsmitglieder haben das Recht, zu verlangen, dass in der Niederschrift ihre persönliche Stimmabgabe und gegebenenfalls eine gesonderte Begründung dafür aufgenommen werden.**

§ 6
Verschwiegenheitspflicht und Verantwortlichkeit der Aufsichtsratsmitglieder [16]

1. **Die Mitglieder des Aufsichtsrats haben über vertrauliche Angaben und Geheimnisse der Gesellschaft, namentlich Betriebs- und Geschäftsgeheimnisse, die ihnen durch ihre Tätigkeit im Aufsichtsrat bekannt werden, Dritten gegenüber Stillschweigen zu bewahren. Der Verschwiegenheitspflicht unterliegen auch die Stimmabgaben, der Verlauf der Debatte und die Stellungnahmen sowie persönliche Äußerungen der einzelnen Aufsichtsratsmitglieder.**
2. **Beabsichtigt ein Mitglied des Aufsichtsrats, Angaben zu Gegenständen weiterzugeben, die es nicht für vertraulich hält, von denen es aber weiß oder den Umständen nach annehmen muss, dass sie von der Gesellschaft, ihr verbundenen Unternehmen oder Beteiligungsgesellschaften als vertraulich angesehen werden könnten, soll es zuvor den Aufsichtsratsvorsitzenden, im Falle seiner Verhinderung seinen Stellvertreter, über seine Absichten zu unterrichten und, wenn dieser der Offenlegung nicht zustimmt, eine Stellungnahme des Aufsichtsrats abwarten.**
3. **Die Verschwiegenheitsverpflichtung nach Abs. 1 besteht nach Beendigung des Amtes fort. Die Mitglieder des Aufsichtsrats sind bei ihrem Ausscheiden aus dem Amt verpflichtet, sämtliche Unterlagen, die sich auf die Angelegenheiten der Gesellschaft beziehen und sich in ihrem Besitz befinden, an die Gesellschaft zu übergeben. Ein Zurückbehaltungsrecht an derartigen Unterlagen besteht nicht.**
4. **Aufsichtsratsmitglieder, die ihre Pflicht verletzen, sind der Gesellschaft zum Ersatz des daraus entstehenden Schadens als Gesamtschuldner verpflichtet.**

§ 7
Ausschüsse

1. **Der Aufsichtsrat wählt unmittelbar nach der Wahl des Aufsichtsratsvorsitzenden und seines Stellvertreters zur Wahrnehmung der in § 31 Abs. 3 MitbestG genannten Aufgaben den in § 27 Abs. 3 MitbestG bezeichneten Ausschuss. Diesem Ausschuss gehören der Aufsichtsratsvorsitzende, sein Stellvertreter sowie je ein von den Aufsichtsratsmitgliedern der Arbeitnehmer und von den**

Aufsichtsratsmitgliedern der Anteilseigner mit der Mehrheit der abgegebenen Stimmen zu wählendes Mitglied an.[17]

2. **Der Aufsichtsrat kann zusätzlich zu dem in § 27 Abs. 3 MitbestG bezeichneten Ausschuss weitere Ausschüsse aus seiner Mitte bilden. Den Ausschüssen können, soweit gesetzlich zulässig, Entscheidungsbefugnisse an Stelle des Aufsichtsrats übertragen werden. Der Aufsichtsrat kann insbesondere einen Präsidialausschuss bilden, für den die nachfolgend unter § 8 geregelten Bestimmungen gelten.[18]**

3. **Scheiden während der Amtsdauer des Aufsichtsrats Mitglieder der Ausschüsse aus ihrem Amt aus, so hat der Aufsichtsrat unverzüglich eine Neuwahl für die restliche Amtszeit der Ausgeschiedenen vorzunehmen.**

4. **Der Ausschuss bestellt ein Ausschussmitglied zum Ausschussvorsitzenden, wenn nicht der Aufsichtsrat einen Vorsitzenden bestimmt. Die Ausschussvorsitzenden berichten in der Regel in der jeweils nächsten Aufsichtsratssitzung über die Arbeit und Beschlüsse der Ausschüsse. Ergibt eine Abstimmung in einem Ausschuss Stimmengleichheit, so hat bei einer erneuten Abstimmung über denselben Gegenstand, wenn auch sie Stimmengleichheit ergibt, der Ausschussvorsitzende zwei Stimmen. Die zwingenden gesetzlichen Regeln für den Ausschuss nach § 27 Abs. 3 MitbestG bleiben unberührt.[19]**

5. **Soweit keine abweichenden gesetzlichen Bestimmungen bestehen, gelten für die Beschlussfassung in Aufsichtsratsausschüssen die vorstehenden Bestimmungen des § 4 Abs. 1–5 sowie § 9 sinngemäß.**

§ 8
Präsidialausschuss

1. **Der Präsidialausschuss besteht aus vier Mitgliedern. Dem Ausschuss gehören der Aufsichtsratsvorsitzende, sein Stellvertreter sowie zwei mit der Mehrheit der abgegebenen Stimmen zu wählende Mitglieder aus dem Kreis des Aufsichtsrats an. Vorsitzender des Präsidialausschusses ist der Vorsitzende des Aufsichtsrats.[20]**

2. **Dem Präsidialausschuss obliegt die Koordination der Arbeit des Aufsichtsrats und die Vorbereitung seiner Sitzungen Der Präsidialausschuss bereitet die Personalentscheidungen des Aufsichtsrats vor. Er beschließt an Stelle des Aufsichtsrats über[21]**
   a. **Rechtsgeschäfte gegenüber Mitgliedern der Geschäftsführung nach § 25 Abs. 1 Nr. 2 MitbestG i.V.m. § 112 AktG,**
   b. **Gewährung von Darlehen an Aufsichtsratsmitglieder gem. § 25 Abs. 1 Nr. 2 MitbestG i.V.m. 115 AktG und**
   c. **Zustimmung zu Verträgen mit Aufsichtsratsmitgliedern nach § 25 Abs. 1 Nr. 2 MitbestG i.V.m. § 114 AktG.**

§ 9
Teilnahme an Sitzungen des Aufsichtsrats oder der Ausschüsse

1. **An den Sitzungen des Aufsichtsrats nehmen die Mitglieder der Geschäftsführung teil, sofern der Aufsichtsratsvorsitzende im Einzelfall keine abweichende Anordnung trifft. Der Aufsichtsratsvorsitzende kann weitere Personen im Einzelfall zur Aufsichtsratssitzung zulassen, soweit nicht der Aufsichtsrat etwas anderes beschließt.[22]**

2. **Sofern nach diesen Bestimmungen Dritte an Aufsichtsratssitzungen oder Sitzungen seiner Ausschüsse teilnehmen, die nicht von Berufs wegen zur Verschwiegenheit verpflichtet sind, ist eine Verschwiegenheitserklärung vom Aufsichtsratsvorsitzenden einzuholen.**

§ 10
Zustimmungsbedürftige Geschäfte [23]

1. **Die nachfolgenden Geschäfte und Maßnahmen kann die Geschäftsführung nur mit vorheriger Zustimmung des Aufsichtsrats vornehmen, soweit deren Vornahme nicht auf Anweisung der Gesellschafterversammlung erfolgt:**

   a. **die Budgets für jedes einzelne Geschäftsjahr, unterteilt nach Geschäftsbereichen sowie je einem Investitions- und Finanzrahmenplan;**

   b. **Erwerb und Veräußerung von Unternehmen und Unternehmensbeteiligungen, soweit sie nicht durch den genehmigten Investitions- und Finanzrahmenplan gedeckt sind oder der Geschäftswert des einzelnen Vorhabens € ____________ übersteigt;**

   c. **Stilllegung von Unternehmen oder Betrieben mit mehr als ____________ Mitarbeitern;**

   d. **Investitionen, soweit nicht vom genehmigten Investitions- und Finanzrahmenplan gedeckt oder die Anschaffungskosten im Einzelnen € ____________ übersteigen;**

   e. **die Aufnahme von Anleihen, Krediten, Darlehen sowie der Abschluss von sonstigen Finanzgeschäften, die einen Betrag, soweit sie nicht durch den genehmigten Finanzrahmenplan gedeckt sind oder den Betrag von € ____________ im Einzelfall oder € ____________ in einem Geschäftsjahr übersteigen;**

   f. **Einstellung oder Entlassung von Mitarbeitern mit einem Jahresbrutto-Einkommen von mehr als € ____________;**

   g. **Erwerb, Veräußerung und Belastung von Grundstücken oder grundstücksgleichen Rechten, sofern nicht vom genehmigten Investitions- oder Finanzrahmenplan gedeckt oder das Vorhaben einen Wert von € ____________ übersteigt; und**

   h. **alle vorstehend nicht genannten Rechtsgeschäfte, die über den gewöhnlichen Geschäftsbetrieb hinausgehen, sofern der Geschäftswert im Einzelfall € ____________ übersteigt.**

2. **Die Geschäftsführung hat außerdem die Zustimmung des Aufsichtsrats einzuholen, falls sie bei nachgeordneten verbundenen Gesellschaften an Geschäften der in Abs. 1 lit. a) bis h) bestimmten Art durch Weisung, Zustimmung, Stimmabgabe oder auf andere Weise mitwirkt.** [24]

3. **Der Aufsichtsrat kann weitere Geschäfte bestimmen, die seiner Zustimmung bedürfen.**

4. **Bei zustimmungsbedürftigen Geschäften, bei denen ohne Gefährdung wichtiger Belange der Gesellschaft ein Aufsichtsratsbeschluss nicht rechtzeitig herbeigeführt werden kann, sind der Aufsichtsratsvorsitzende und der Präsidialausschuss vorab über die geplante Maßnahme zu unterrichten und die nachträgliche Genehmigung des Aufsichtsrats unverzüglich einzuholen.**

§ 11
Informationspflichten

1. Die Geschäftsführung ist verpflichtet, dem Aufsichtsrat über die in § 90 Abs. 1 AktG genannten Gegenstände Bericht zu erstatten. Dabei ist auf Abweichungen des Geschäftsverlaufs von den Plänen (Soll-Ist-Vergleich) unter Angabe der Gründe einzugehen. [25]
2. Außerhalb der Berichterstattung nach Abs. 1 ist der Aufsichtsrat bzw. dem Präsidialausschuss über alle Angelegenheiten von wesentlicher Bedeutung durch den Vorsitzende der Geschäftsführung unverzüglich schriftlich oder mündlich zu berichten. [26]
3. Die Verpflichtung zur Berichterstattung an den Aufsichtsrat obliegt der Gesamtgeschäftsführung unter Federführung des Vorsitzenden der Geschäftsführung. Die Geschäftsführungsberichte sind in aller Regel schriftlich vorzulegen, wenn nicht im Einzelfall wegen der Dringlichkeit mündliche Berichterstattung genügt oder geboten ist.
4. Die Geschäftsführung hat dem Aufsichtsrat außerdem jeweils in der ersten Sitzung eines jeden Geschäftsjahres eine Unternehmensplanung für das laufende Geschäftsjahr, einschließlich eines Investitions- und Finanzrahmenplans sowie Mitte des Geschäftsjahres eine strategische Mittelfristplanung für die drei folgenden Geschäftsjahre, zur Genehmigung vorzulegen.
5. Die zur Erfüllung der Informationspflichten erforderlichen Unterlagen dürfen auch per E-Mail versandt werden. [27]

§ 12
Abschlussprüfung [28]

1. Der Aufsichtsrat erteilt dem Abschlussprüfer den Prüfungsauftrag für den Jahres- und den Konzernabschluss gemäß § 290 HGB unverzüglich nach der Wahl des Abschlussprüfers durch die Gesellschafterversammlung. [29]
2. Die Vorlagen gemäß § 171 Abs. 1 AktG und Prüfungsberichte sind jedem Aufsichtsratsmitglied oder, soweit der Aufsichtsrat dies beschlossen hat, den Mitgliedern eines Ausschusses auszuhändigen. Die Zuleitung erfolgt über den Vorsitzenden des Aufsichtsrats. Dieser nimmt die Vorlagen von der Geschäftsführung, den Prüfungsbericht direkt vom Abschlussprüfer entgegen.
3. Der Aufsichtsrat hat den Jahresabschluss, den Lagebericht und den Vorschlag für die Verwendung des Bilanzgewinns sowie den Konzernabschluss und den Konzernlagebericht zu prüfen. Er hat über das Ergebnis der Prüfung schriftlich an die Gesellschafterversammlung zu berichten. Der Inhalt dieser Berichtspflicht bestimmt sich nach § 171 Abs. 2 AktG. [30]
4. Der Abschlussprüfer nimmt an den Verhandlungen des Aufsichtsrats oder eines Ausschusses über die in § 171 Abs. 1 AktG genannten Vorlagen teil und berichtet über die wesentlichen Ergebnisse seiner Prüfung.

§ 13
Interessenkonflikte [31]

1. Aufsichtsräte müssen Interessenkonflikte, insbesondere solche, die auf Grund einer Beratung oder einer Organfunktion bei Kunden, Lieferanten, Kreditgebern oder sonstigen Geschäftspartnern entstehen, können dem Vorsitzenden

gegenüber offenlegen. Der Vorsitzende entscheidet, an wen die Information weitergegeben wird und über die Teilnahme des Aufsichtsratsmitglieds an einer konkreten Beschlussvorbereitung und Beschlussfassung des Aufsichtsrats. Bei wesentlichen und nicht nur vorübergehenden Interessenkonflikten hat das Aufsichtsratsmitglied sein Amt niederzulegen.

2. **Aufsichtsratsmitglieder dürfen bei ihren Entscheidungen keine eigenen Interessen oder die ihnen nahe stehender Personen oder Unternehmen verfolgen, die im Widerspruch zu den Interessen der Gesellschaft und der Konzernunternehmen stehen, oder Geschäftschancen, die der Gesellschaft oder ihren Konzernunternehmen zustehen, an sich ziehen. Bei Interessenkonflikten haben die Interessen der Gesellschaft und ihrer Konzernunternehmen Vorrang und die betroffenen Aufsichtsratsmitglieder sind gehalten, sich der Stimme zu enthalten.**
3. **Aufsichtsratsmitglieder dürfen im Zusammenhang mit ihrer Tätigkeit Zuwendungen oder sonstige Vorteile weder für sich noch für Dritte fordern oder annehmen, soweit dadurch die Interessen des Unternehmens oder Kundeninteressen beeinträchtigt werden.**

§ 14
Geltung [32]

1. **Diese Geschäftsordnung bleibt so lange in Kraft, bis der Aufsichtsrat anders beschließt.**
2. **Der Aufsichtsrat kann mit einfacher Mehrheit beschließen, im Einzelfall von der Geschäftsordnung abzuweichen, soweit die jeweilige Bestimmung nicht auf dem Gesellschaftsvertrag der Gesellschaft beruht.**

Template

Rules of Procedure of the Supervisory Board of C-GmbH 292

By resolution of __________ the Supervisory Board of C-GmbH has adopted the following Rules of Procedure:

§ 1
General Provisions [1]

The Supervisory Board is obliged to work in close cooperation with the Management Board for the benefit and in the interests of the Company and in compliance with the existing laws, the Articles of Association and these Rules of Procedure. Its members have equal rights and duties, unless statute or the Articles of Association provide otherwise. They are not bound by instructions.

§ 2
Chairperson and Deputy, Composition of committees

1. **Under the chairmanship of the eldest member of the Supervisory Board, the Supervisory Board elects in its first meeting after its election without special invitation a Chairperson and a Deputy Chairperson from among its members. The election is held pursuant to Sec. 27 para. 1 and 2 German Co-determination Act. In the same meeting the Supervisory Board resolves on the formation and the composition of the committees according to Sec. 7 para. 1 and 2. Unless the**

Supervisory Board resolves otherwise, the Chairperson and the Deputy Chairperson and the members of the committees shall be elected for the term of their office on the Supervisory Board. [2]

2. **The Chairperson of the Supervisory Board coordinates the work of the Supervisory Board, chairs its meetings and attends to the affairs of the Supervisory Board externally. The Chairperson of the Supervisory Board keeps contact with the Chairperson of the Management Board. The Chairperson of the Supervisory Board will be informed by the Chairperson of the Management Board without delay of important events which are essential for the assessment of the situation and the management of the Company. The Chairperson of the Supervisory Board shall then inform the Supervisory Board and, if required, convene an extraordinary meeting of the Supervisory Board.** [3]

3. **The Deputy Chairperson has the right and obligations of the Chairperson only if the latter is unable to attend and statute or the Articles of Association expressly assign such rights and obligations to him. The Deputy Chairperson is not entitled to the deciding vote.** [4]

4. **The Chairperson or the Deputy Chairperson is authorized to make any declarations on behalf of the Supervisory Board that are required for the execution of its resolutions.** [5]

5. **If the Chairperson of the Supervisory Board or the Deputy Chairperson resigns from office before the end of his/her term of office, the Supervisory Board must proceed with a re-election in the next meeting of the Supervisory Board for the remaining term of the resigned member without undue delay.**

§ 3
Convocation

1. **The Supervisory Board should hold a meeting once each calendar quarter, it must hold a meeting once every six months. The meetings of the Supervisory Board shall be convened by the Chairperson or the Deputy. The rights of the Management Board or single members of the Supervisory Board to request a convocation of the Supervisory Board stating the purpose and the reasons remain unaffected.** [6]

2. **The convocation notice shall be sent by post, by facsimile or by e-mail to the addresses made available to the company. The Chairperson determines the venue, the date, the time, the agenda and the type of voting. As a rule the convocation shall be sent with at least a two weeks´ notice, the day on which the invitation is sent and the day of the meeting not included. In urgent cases the Chairperson of the Supervisory Board may shorten the notice period and may also give notice orally, by telephone or by other usual way of communication. The convocation notice shall include the agenda items and the draft resolutions.**

   Any supporting documentation prepared by the Management Board shall be sent in a timely manner to ensure an adequate preparation of the meeting, how ever, at least no later than one week before the meeting. This does not apply to emergencies. [7]

3. **Items on the agenda, which have not been properly announced, may be put for vote only, if no member of the Supervisory Board objects. Absent members of the Supervisory Board shall be given the opportunity to object to such passing of a resolution or to vote on such resolution in writing within a reasonable period of time to be set by the Chairperson of the Supervisory Board. The resolution**

will only come into effect, if the absent members of the Supervisory Board have not raised any objections within the period of notice. [8]

§ 4
Meetings and resolutions

1. **Resolutions of the Supervisory Board are usually adopted at meetings. By order of the Chairperson of the Supervisory Board, resolutions may also be adopted outside of meetings in writing, by means of oral or telephone vote or similar means of telecommunication, particularly also by video conferences. The members of the Supervisory Board have no right to object to this practice. Combined resolutions, passed partly in a meeting and partly by written or similar vote or by video conference are admitted. [9]**

2. **The Chairperson of the Supervisory Board or the Deputy shall preside over the meetings. The Chairperson of the Supervisory Board determines the order of the agenda items, the type of voting and the language in which the meeting is held. [10]**

3. **The Supervisory Board shall have a quorum if all members of the Supervisory Board have been duly invited and at least half of the members that should comprise the entire Supervisory Board pursuant to statute or Articles of Association participate in the passing of a resolution. A member shall also be deemed to take part in the resolution when abstaining from voting. [11]**

4. **The passing of a resolution on individual or all items of the agenda shall be adjourned on the motion of two Supervisory Board members if not an equal number of shareholder representatives and employee representatives on the Supervisory Board would take part in the passing of the resolution. Adjournments by more than two months are not permitted. A second adjournment of the passing of a resolution on the same agenda item is not permitted. [12]**

5. **Absent members of the Supervisory Board may participate in resolutions of the Supervisory Board by casting written votes through other Supervisory Board members pursuant to Sec. 108 para. 3 German Stock Corporation Act. [13]**

6. **Resolutions of the Supervisory Board shall be passed by a simple majority of the votes cast, unless otherwise stipulated by law. In the event of a tie, the Supervisory Board by motion of one of its members shall pass a second voting on such matter in the same meeting. In the event of yet another tie the vote of the Chairperson counts twice. This also applies if the Chairperson of the Supervisory Board submits votes in writing pursuant to Sec. 25 para. 1 no. 2 German Co-Determination Act and Sec. 108 para. 3 German Stock Corporation Act. The Deputy Chairperson is not entitled to such a second vote. [14]**

§ 5
Minutes [15]

1. **Minutes shall be kept of all meetings and resolutions of the Supervisory Board. The minutes shall be taken by a minute-taker determined by Chairperson and shall be signed by the Chairperson and the minute-taker. Minutes of resolutions adopted outside of meetings may be signed by the Chairperson only.**

2. **The minutes shall record the place and date of the meeting or resolution, the participants, the items of the agenda, the essential content of the proceedings and the resolutions of the Supervisory Board. The Chairperson determines the content of the minutes.**

3. The minutes shall be finalized and sent to all members of the Supervisory Board within one month after the meeting or after the passed resolution.

4. The minutes shall be adopted in the next regular meeting of the Supervisory Board by way of a resolution. Each member of the Supervisory Board may request that his vote and, if necessary, a personal reasoning be recorded in the minutes.

§ 6
Confidentiality and responsability of the Supervisory Board members [16]

1. The members of the Supervisory Board shall not disclose confidential matters and secrets of the company, i.e. business and trade secrets, which become known to them in the course of their activities on the Supervisory Board to any person outside the Supervisory Board. The confidentiality obligation shall also comprise the voting, the debates and views expressed as well as personal statements made by individual members of the Supervisory Board.

2. If a member of the Supervisory Board intends to disclose information on items that he or she does not consider to be confidential, but which he or she has knowledge or has to assume under the circumstances that it is considered confidential by the Company, its affiliates or subsidiaries, he or she should inform the Chairperson of the Supervisory Board, or in the case of the latter being unavailable, the Deputy Chairperson, of his or her intent and, if the Chairperson or the Deputy does not agree to the disclosure to await a statement by the Supervisory Board.

3. The confidentiality pursuant to para. 1 obligation shall survive the expiration of the Supervisory Board members´ terms. Upon resignation from their office, members of the Supervisory Board must return all documents in relation to the company and which are in their possession to the Chairperson of the Supervisory Board. The right of retention does not exist.

4. Supervisory Board members who infringe their duties are jointly and severally liable to reimburse the company for the resulting damage.

§ 7
Committees

1. The Supervisory Board shall form a committee pursuant to Sec. 27 para. 3 German Co-determination Act to perform the task set forth in Sec. 31 para. 3 sentence 1 German Co-Determination Act, directly after the Chairperson and the Deputy Chairperson of the Supervisory Board have been elected. Such committee shall be composed of the Chairperson of the Supervisory Board, the Deputy as well as one member elected by the employee representatives and one member elected by the shareholder representatives on the Supervisory Board, each to be elected with the majority of the votes cast. [17]

2. In addition to the committee pursuant to Sec. 27 para. 3 German Co-Determination Act the Supervisory Board may set-up further committees from among its members. As far as legally admissible the committees may be assigned the power to decide in lieu of the Supervisory Board. The Supervisory Board may in particular establish a General committee, to which the rules in Sec. 8 below apply. [18]

3. If a member of a committee resigns from office before the end of his/her term of office, the Supervisory Board must proceed with a re-election in the next meet-

ing of the Supervisory Board for the remaining term of the resigned member without undue delay.

4. **The committee shall appoint a member of the committee as the committee Chairperson unless the Supervisory Board appoints a Chairperson. As a rule the Chairpersons of the committees shall report in the following Supervisory Board meeting on the work and resolutions of the committees. In the event of a tie, the committees shall pass a second voting on such matter. The Chairperson of the committee shall have a second vote if there is still a tie. The legal provisions mandatory for the committee pursuant to Sec. 27 para. 3 German Co-Determination Act remain unaffected.** [19]

5. **Provided that no legal provisions exist to the contrary, the provisions of Sec. 4 para. 1 to 5 and para. 9 apply *mutatis mutandis* to resolutions passed by Supervisory Board committees.**

§ 8
General Committee

1. **The General Committee consists of four members. Such committee shall be composed of the Chairperson of the Supervisory Board, his Deputy as well as two members elected by the Supervisory Board with the majority of the votes cast. Chairperson of the General Committee is the Chairperson of the Supervisory Board.** [20]

2. **The General Committee has the duty to coordinate and prepare the meetings of the Supervisory Board. The General Committee prepares the personnel decisions of the Supervisory Board. It decides in lieu of the Supervisory Board about:** [21]

   a. **Legal transactions with the members of the Management Board pursuant to Sec. 25 para. 1 no. 2 German Co-Determination Act in connection with Sec. 112 German Stock Corporation Act,**

   b. **Granting of loans to members of the Supervisory Board pursuant to Sec. 25 para. 1 no. 2 German Co-Determination Act in connection with Sec. 115 German Stock Corporation Act, and**

   c. **Approval of contracts with members of the Supervisory Board pursuant to Sec. 25 para. 1 no. 2 German Co-Determination Act in connection with Sec. 114 German Stock Corporation Act.**

§ 9
Participation in meetings of the Supervisory Board or its committees

1. **The members of the Management Board shall take part in the meetings of the Supervisory Board, unless the Chairperson of the Supervisory Board decides otherwise. The Chairperson of the Supervisory Board can admit other persons to take part in Supervisory Board meetings, unless the Supervisory Board decides otherwise.** [22]

2. **Should according to these provisions third parties, who are not subject to a professional duty of secrecy, take part in Supervisory Board meetings or meetings of its committees, the Chairman of the Supervisory Board shall ensure that they sign a separate non-disclosure agreement.**

§ 10
Business transactions requiring approval [23]

1. **The following business transactions and measures may be executed by the Management Board only after obtaining prior approval by the Supervisory Board, unless they are based on an instruction by the shareholders´ meeting:**
   a. **the budgets for each financial year divided into business segments and including an investment and financial plan;**
   b. **acquisition and sale of companies or shares in companies unless covered by the approved investment and financial plan or the transaction value of the individual venture exceeds __________ €;**
   c. **closure of companies or businesses with more than __________ employees;**
   d. **investments, unless covered by the approved investment and financial plan or the acquisition costs exceed __________ € for each measure;**
   e. **taking out bonds, credit and loans as well as concluding other financial transactions unless covered by the approved investment and financial plan or exceed a total value of more than __________ € for each measure or more than __________ € within one financial year;**
   f. **hire or dismissal of employees with a yearly gross income of more than __________ €;**
   g. **acquisition, sale and encumbrance of real estate properties or rights equivalent to real property unless covered by the approved investment and financial plan or the transaction value exceeds __________ €; and**
   h. **all other business transactions which are outside the ordinary course of business if the transaction value exceeds __________ € for each measure.**
2. **Moreover, the Managment Board has to seek approval from the Supervisory Board if it is involved in transactions according to para. 1 lit. a) to h) in subordinated affiliated companies by means of instructions, approval, voting or in any other way. [24]**
3. **The Supervisory Board may determine further transactions which require its approval.**
4. **In the case of business transactions requiring approval in which the resolution of the Supervisory Board cannot be obtained in due time without endangering the fundamental interests of the company, the Chairperson of the Supervisory Board and the General Committee must be informed in advance of the planned measure and the subsequent approval by the Supervisory Board is to be obtained without delay.**

§ 11
Reporting duties

1. **The Management Board is obliged to report to the Supervisory Board on the subjects set out in sec. 90 para. 1 German Stock Corporation Act. If the business developments deviate from the budgets/plans (target-performance comparison) the Management Board is obliged to adress them by giving reasons. [25]**

2. **Besides the reporting pursuant to para. 1 the Chairperson of the Management Board shall inform the Supervisory Board or the General Committee without delay in writing or orally of all matters of material importance.** [26]

3. **The duty to report to the Supervisory Board is the responsibility of the Management Board as a whole under the leadership of the Chairperson of the Management Board. As a rule the reporting is due in written form unless oral communication is sufficient or advisable in view of the urgency of the matter.**

4. **Furthermore, the Management Board shall submit for approval to the Supervisory Board at the first meeting of each financial year the budget for the current financial year including an investment and financial plan as well as a strategic corporate planning in writing for the next three years at the middle of the financial year.**

5. **The documents prepared to comply with the reporting obligation may be submitted by e-mail.** [27]

§ 12
Audit [28]

1. **The Supervisory Board shall appoint the auditor of the annual financial statements and the consolidated financial statements pursuant to Sec. 290 German Commercial Code without delay following the election of the auditor by the Shareholders´ Meeting.** [29]
2. **The documents pursuant to Sec. 171 1 para, 1 German Stock Corporation Act and the audit reports shall be delivered to each member of the Supervisory Board or, if resolved by the Supervisory Board, to the members of a committee. The delivery occurs via the Chairperson of the Supervisory Board, who receives the documents from the Management Board and the audit reports from the auditor directly.**

3. **The Supervisory Board shall examine the annual financial statements, the management report, the proposal for the appropriation of the profit, as well as the consolidated financial statements and the group management report. He shall report the results of the audit in writing to the Shareholders´ Meeting. The content of this reporting duty is laid down in Sec. 171 para. 2 German Stock Corporation Act.** [30]

4. **The auditor shall participate in the meetings of the Supervisory Board or any of its committees in which the documents mentioned in sec. 171 para. 1 German Stock Corporation Act are discussed and shall report on the key findings of his or her audit.**

§ 13
Conflicts of interests [31]

1. **Supervisory Board members must disclose conflicts of interest, especially those that can arise based on consulting or on a position in a corporate function at customers, suppliers, creditors or other business partners of the company. The Chairperson shall decide to whom the information will be relayed and whether the Supervisory Board member should participate in the specific preparation and the decision-making of the Supervisory Board. In case of material conflicts of interest and not of a temporary nature, the member of the supervisory Board shall resign his office.**

2. When making decisions, Supervisory Board members may not follow their own interests or those of related persons or enterprises that conflict with the interests of the Company and Group companies, and may not pursue business opportunities to which the Company or Group companies are entitled. In the case of conflicts of interests, the interests of the Company and Group companies shall prevail and the Supervisory Board members concerned are obliged to abstain from voting.

3. Supervisory Board members must not demand or accept gifts or other favours in relation to their activities either for themselves or for third parties, if the interests of the Company or of its customers could be affected as a result.

§ 14
Validity [32]

1. These Rules of Procedure shall remain in force until the Supervisory Board resolves otherwise.

2. The Supervisory Board can resolve by a simple majority to deviate from these Rules of Procedure in individual cases, provided the the relevant provision is not based on the Articles of Association.

3. The German version of these Rules of Procedure prevails over the English translation.

Erläuterungen

Literatur: *Bernhardt/Bredol*, Rechtsfragen zur Organstellung und Anstellungsvertrag von Geschäftsführern einer paritätisch mitbestimmten GmbH, NZG 2015, 419; *Gaul/Otto*, Auswirkungen des TransPuG auf das Verhältnis zwischen GmbH-Geschäftsführung und Aufsichtsrat, GmbHR 2003, 6; *Keilich/Brummer*, Reden ist Silber, Schweigen ist Gold – Geheimhaltungspflichten auch für die Arbeitnehmervertreter im Aufsichtsrat, BB 2012, 897; *Lenz*, Zustimmungsvorbehalte im Konzern AG 1997, 448; *Oetker*, Weisungsrecht der Gesellschafterversammlung und Zustimmungsvorbehalt des Aufsichtsrats in der mitbestimmten GmbH, ZIP 2015, 1461; *Säcker*, Die Geschäftsordnung für den Aufsichtsrat eines mitbestimmten Unternehmens, DB 1977, 2013; *Streyl/Schaper*, Kompetenzverteilung und Haftung bei Strukturmaßnahmen in der AG und im Konzern, ZIP 2017, 410; *v. Hoyningen-Huene*, Unterrichtung des Aufsichtsrats in der mitbestimmten GmbH, BB 2001, 529.

293 **1.** Zu den Zwecken einer Geschäftsordnung siehe oben Rdn. C 263. Bei einem mitbestimmten Aufsichtsrat, das heißt, bei einem solchen, der aus Arbeitnehmervertretern und Anteilseignervertretern zusammengesetzt ist, kann es angezeigt sein, über die Verpflichtung auf die geltenden gesetzlichen und gesellschaftsvertraglichen Regelungen sowie die Regelungen der Geschäftsordnung hinaus auf die Gleichheit der Aufsichtsratsmitglieder und ihre Weisungsungebundenheit hinzuweisen. Diese Hinweise sind aber nur deklaratorischer Natur. Insbesondere sind die Aufsichtsratsmitglieder ohne Unterschied auf ihre Gruppenzugehörigkeit gleichmäßig auf die Wahrung des Unternehmensinteresses verpflichtet, haben die gleichen Pflichten zur Mitwirkung innerhalb des Aufsichtsrats und stehen in gleicher Haftung (zuletzt BGH v. 15.12.1996, AG 1997, 152; WWKK/*Koberski*, § 25 Rn. 76; *Lutter/Krieger/Verse*, § 12 Rn. 821 m.w.N.). Die Weisungsfreiheit ist ebenfalls als selbstverständlich anzusehen, sie findet ihren gesetzlichen Niederschlag in § 111 Abs. 5 AktG (vgl. auch WWKK/*Koberski*,. § 25 Rn. 77 ff.). Das MitbestG erkennt in § 25 Abs. 2 die Geltung einer Geschäftsordnung ausdrücklich an.

294 Die Kompetenz zum Erlass einer Geschäftsordnung liegt beim Aufsichtsrat, soweit nicht einzelne Bestimmungen durch den Gesellschaftsvertrag vorgegeben sind (vgl. oben Rdn. C 264).

295 **2.** Die Wahl des Vorsitzenden und des Stellvertreters erfolgt in der so genannten »konstituierenden Aufsichtsratssitzung« nach der Wahl der Aufsichtsratsmitglieder. Dazu siehe oben Rdn. C 266).

Für die Wahl des Aufsichtsratsvorsitzenden und seines Stellvertreters gelten zwingend § 27 Abs. 1 und Abs. 2 MitbestG, wonach die Wahl dieser Positionen grundsätzlich mit einer 2/3-Mehrheit aller Mitglieder erfolgen muss, anderenfalls der Aufsichtsratsvorsitzende und sein Stellvertreter mit einfacher Mehrheit jeweils durch die Aufsichtsratsmitglieder der Anteilseigner bzw. der Aufsichtsratsmitglieder der Arbeitnehmern (»nach Bänken«) erfolgen muss (vgl. dazu Muster C 21, Rdn. C 204). Die Wahlen erfolgen für die Dauer der Amtszeit, soweit der Aufsichtsrat nicht eine kürzere Amtszeit beschließt.

Ebenfalls in der ohne Einladung und Mitteilung der Tagesordnung stattfindenden konstituierenden Aufsichtsratssitzung muss über die Besetzung der Ausschüsse entschieden werden. Das gilt nicht nur, wie gesondert in § 7 Abs. 1 des Musters angesprochen, für den so genannten »Mitbestimmungsausschuss« nach § 27 Abs. 3 MitbestG, sondern auch für weitere Ausschüsse, die sich der Aufsichtsrat gegeben hat. 296

3. Die hier enthaltene Beschreibung der Aufgaben des Aufsichtsratsvorsitzenden ist deklaratorisch. Sie folgt im Wesentlichen den Formulierungen aus Ziffer 5.2 des Deutschen Corporate Governance Kodex in seiner Fassung vom 15. Mai 2012 und fasst die typischen Aufgaben eines Gremienvorsitzenden zusammen (vgl. etwa auch Hüffer/*Koch*, § 107 Rn. 8). Eine zusammenfassende Bestimmung im Gesetz fehlt. 297

4. Die Bestimmung wiederholt die gesetzliche Regelung über den Vertretungsfall in § 107 Abs. 1 Satz 3 AktG. Weiter verfeinernde Regelungen wären nötig, wenn der Aufsichtsrat mehr als einen 1. stellvertretenden Vorsitzenden haben soll. Dies wäre auch im mitbestimmten Aufsichtsrat möglich (BGH Urt. v. 25.02.1982 – Z 83, 106, 111 f.; ErfK/*Oetker*, § 27 MitbestG Rn. 7). Entsprechend § 29 Abs. 2 Satz 3 MitbestG steht dem Stellvertreter jedoch das Zweitstimmrecht des Vorsitzenden nicht zu. 298

5. Zu der in § 2 Abs. 4 des Musters enthaltenen (deklaratorischen) Regelung wird auf oben Rdn. C 270 verwiesen. 299

6. Der in § 3 Abs. 1 des Musters vorgesehene Sitzungsturnus folgt aus § 110 Abs. 3 AktG, der nach § 25 Abs. 1 Nr. 2 MitbestG zwingend anzuwenden ist. Der Aufsichtsrat bzw. der Gesellschaftsvertrag könnte eine bloß einmal halbjährlich stattfindende Sitzung bestimmen, wovon hier Gebrauch gemacht ist. In Anbetracht der gesetzlichen Aufgaben des Aufsichtsrats und seiner Verantwortung ist eine nur halbjährliche Sitzungsfrequenz zweifelhaft. Im Übrigen ist deklaratorisch das Selbsthilferecht nach § 110 Abs. 2 AktG vorbehalten. 300

Die in § 3 Abs. 2 letzter Satz vorgeschlagene Mitteilung der Beschlussvorschläge geht über die gesetzliche Anforderung der Angabe der Beschlussgegenstände (vgl. dazu nur Hüffer/*Koch*, § 110, Rn. 4 und oben Rdn. C 228) hinaus. Sie ist aber sinnvoll, wenn dadurch schriftliche Stimmabgaben vorbereitet werden sollen (vgl. oben Rdn. C 228 und Muster C 24). 301

7. Für die Formen und Fristen der Einladung sowie die Vorbereitung der Aufsichtsratssitzung durch Übersendung von Unterlagen wird auf oben Rdn. C 273 f. verwiesen. 302

8. Die hier im Vergleich zu der Geschäftsordnung eines nicht mitbestimmten, fakultativen Aufsichtsrats ausführlichere Behandlung von Beschlussfassung über nicht angekündigte Gegenstände der Tagesordnung mag bei einer größeren Zahl von Aufsichtsratsmitgliedern und einem engeren Pflichtenkatalog des Aufsichtsrats (insbesondere betreffend die Genehmigung unter Umständen auch eilbedürftiger wesentlicher Geschäfte des Unternehmens) zweckmäßig sein. Vorschriften bestehen hierzu nicht. 303

9. Die Bestimmung in § 4 Abs. 1 des Musters rekurriert auf § 108 Abs. 4 AktG. Nach der Änderung der Formulierung in § 110 Abs. 3 AktG durch das Transparenz- und Publizitätsgesetz von 2002, wonach die dort bestimmten Sitzungen nur noch »abzuhalten« sind, (früher »zusammentreten«) ist im Grundsatz nicht mehr streitig, dass auch die Pflichtsitzungen in begründeten Ausnahmefällen in telefonischer Form oder per Videokonferenz stattfinden können (siehe nur 304

Hüffer/*Koch*, § 110 Rn. 11; *Lutter/Krieger/Verse*, § 11 Rn. 690 m.w.N.; GroßKomm-AktG/*Hopt/Roth*, § 110 Rn. 69 ff.; nicht für Telefonkonferenzen: KK-AktG/*Mertens/Cahn*, § 110 Rn. 33). Dass physische Sitzungen eine andere Beratungsintensität ermöglichen, ist einleuchtend und sollte dazu führen, dass wichtige Sitzungen, etwa die jährliche Bilanzsitzung, in dieser Form abgehalten werden.

305 Im Übrigen wird von § 108 Abs. 4 2. Halbsatz AktG Gebrauch gemacht, wonach die Geschäftsordnung Regelungen zu Beschlussfassungen außerhalb von Sitzungen festlegen und insoweit das Widerspruchsrecht einzelner Mitglieder des Aufsichtsrats ausschließen kann (dazu Hüffer/*Koch*, § 108, Rn. 23). Eine solche Ermächtigung an den Aufsichtsratsvorsitzenden ist inzwischen recht weit verbreitet und bei größeren Aufsichtsräten sinnvoll.

306 **10.** Zu den mit der Sitzungsleitung verbundenen Kompetenzen vergleiche oben Rdn. C 275. Beispielhaft als weitere Frage der Sitzungsleitung ist die Arbeitssprache der Aufsichtsratssitzung aufgenommen, was bei größeren Gesellschaften und zunehmend internationaleren Aufsichtsräten ein praktisches Bedürfnis sein kann. Vielfach wird darüber hinaus vorgesehen, dass für solche Aufsichtsratsmitglieder, die der jeweiligen Arbeitssprache nicht mächtig sind, Simultandolmetscher bereit zu stellen sind. Dies sollte jedoch selbstverständlich sein, da sich anderenfalls das betreffende Aufsichtsratsmitglied entgegen den ihm obliegenden Aufgaben nicht in die Aufsichtsratsarbeit einbringen könnte (dazu GroßKomm-AktG/*Hopt/Roth*, § 107 Rn. 99). Hinsichtlich des Sprachregimes sind weitere Regelungen denkbar, die die Sitzungseinladungen und -unterlagen sowie die Protokolle betreffen.

307 **11.** Die Regelung über die Beschlussfähigkeit gibt die gesetzlich zwingende Bestimmung von § 28 MitbestG wieder. Entgegen § 108 Abs. 2 Satz 2 AktG darf hier der Gesellschaftsvertrag keine erleichternde Bestimmung treffen. Inwieweit erschwerende Bestimmungen zulässig sind, ist im Einzelnen streitig (dagegen die:h. M., siehe Ulmer/Habersack/Henssler/*Ulmer/Habersack* § 28 MitbestG Rn. 4a m.w.N.; ErfK/*Oetker*, § 29 MitbestG Rn. 2; WWKK/*Koberski*, § 28 Rn. 6 m.w.N.; Hüffer/*Koch*, § 108 Rn. 18, a. A. *Lutter/Krieger/Verse*, § 11 Rn. 718). Jedenfalls unzulässig wären Klauseln der Geschäftsordnung, wonach die Überparität einer Bank durch Ungleichbehandlung gesichert werden soll (insbesondere BGH vom 25.02.1982 = AG 1982, 223; vgl. auch *Lutter/Krieger/Verse*, § 11 Rn. 718).

308 **12.** Abweichend von der Rechtslage beim fakultativen Aufsichtsrat (vgl. Rdn. C 275) ist hier das dem Aufsichtsratsvorsitzenden eingeräumte Recht zur Absetzung und Vertagung einzelner Tagesordnungspunkte nur eingeschränkt zulässig. Bestimmungen, nach denen die Vertagung zulässig ist, falls die Anteilseignerseite unvollständig ist oder der Vorsitzende fehlt, sollen ebenso unzulässig sein, wie eine mehrfache Vertagung (so insbesondere WWKK/*Koberski*, § 28 Rn. 7; und *Raiser*/Veil/Jacobs, § 28 Rn. 4; für das Recht auf einmalige Vertagung auf Antrag oder nach pflichtgemäßem Ermessen des Aufsichtsratsvorsitzenden: KK–AktG/*Mertens/Cahn*, Anh. § 117 B § 28 MitbestG Rn. 3; Ulmer/Habersack/Henssler/*Ulmer/Habersack*, § 28 MitbestG Rn. 7 m.w.N.). Die vorgeschlagene Regelung beachtet die Vorgaben der Gleichbehandlung und schränkt das Vertagungsrecht auf eine einmalige Vertagung ein. Ferner ist es möglich, die Vertagungsmöglichkeit im Gesellschaftsvertrag zu verankern (dazu *Lutter/Krieger/Verse*, § 11 Rn. 724 m.w.N.; MünchHdb GesR IV *Hoffmann-Becking*, § 31 Rn. 86 f.).

309 **13.** Die Regelung des § 108 Abs. 3, wonach abwesende Aufsichtsratsmitglieder durch Abgabe einer schriftlichen Stimmabgabe an der Beschlussfassung einer Präsenzsitzung teilnehmen und dadurch die Beschlussfähigkeit sicherstellen können, gilt auch unter der Ägide des MitbestG. Sie erlangt hier entsprechend höhere praktische Bedeutung. Vgl. auch Muster C 24, Rdn. C 236 ff.).

310 **14.** § 4 Abs. 5 des Musters gibt die gesetzliche Regelung von § 29 Abs. 1 und Abs. 2 MitbestG wieder. Der Stichentscheid (die Zweitstimme des Aufsichtsratsvorsitzenden) stellt sicher, dass es nicht zu einer Patt-Situation im Aufsichtsrat kommt und gibt darüber hinaus der Anteilseignerseite das Übergewicht. Der Grundsatz einfacher Stimmenmehrheit ist im Übrigen zwingend (§ 29 Abs. 1 MitbestG). Die Bestimmungen über die die Zweitstimme auslösende zweite Beschlussfas-

sung (auf Antrag eines Mitglieds und in derselben Sitzung) sind zulässige Regelungen, die sich der Aufsichtsrats im Rahmen seiner Organisationsautonomie geben kann (ErfK/*Oetker*, § 29 MitbestG Rn. 5). Der Geschäftsführung dürfen insoweit keine Rechte eingeräumt werden. Sollte hier nichts bestimmt sein, liegt es in der Hand des Aufsichtsratsvorsitzenden eine zweite Abstimmung anzuordnen, wenn nicht die Mehrheit etwas anderes beschließt (vgl. *Lutter/Krieger/Verse*, § 11 Rn. 735 f.).

Hinsichtlich der Zweitstimme des Aufsichtsratsvorsitzenden bestimmt § 29 Abs. 2 Satz 3 MitbestG, 311 dass diese dem stellvertretenden Vorsitzenden nicht zusteht. Das ist eine zwingende Bestimmung. Die Zweitstimme kann auch nicht mit Zustimmung des Vorsitzenden einem Dritten zur Ausübung überlassen werden. Sie fällt dem Stellvertreter auch nicht bei Verhinderung oder Wegfall des Vorsitzendem an (ErfK/*Oetker*, § 29 MitbestG Rn. 8).

15. Zur Verpflichtung zur Führung von Protokollen, ihrem Inhalt und der Genehmigung der 312 Niederschrift wird auf oben Rdn. C 197 verwiesen. Allerdings ist § 107 AktG, der hier im Wesentlichen abgebildet ist, für den obligatorisch, nach dem MitbestG eingerichteten GmbH-Aufsichtsrat zwingend.

16. Hinsichtlich der Verschwiegenheit der Aufsichtsratsmitglieder kann auf Muster C 27, 313 Rdn. C 284–286 verwiesen werden. Für den mitbestimmten, obligatorischen Aufsichtsrat bei einer GmbH gilt nichts Abweichendes. Zusätzlich, jedoch rein deklaratorisch, ist auf die Schadensersatzverpflichtung der Aufsichtsratsmitglieder verwiesen, sofern sie schuldhaft ihre Pflichten verletzen. Für den Sorgfaltsmaßstab und die Verantwortlichkeit gilt über § 116 Satz 1 AktG der § 93 AktG mit Ausnahme seines Abs. 2 Satz 3 AktG entsprechend (vgl. weiter Muster C 15, Rdn. C 123).

17. § 7 Abs. 1 des Musters befasst sich mit dem zwingend nach § 27 Abs. 3 MitbestG einzu- 314 richtenden so genannten »Mitbestimmungsausschuss«. Dieser hat lediglich die nach § 31 Abs. 3 MitbestG bezeichneten Aufgaben bei der Bestellung und dem Widerruf der Geschäftsführer der Gesellschaft.

18. In Anbetracht der Größe eines mitbestimmten Aufsichtsrats (von mindestens 12 Aufsichts- 315 ratsmitgliedern, § 7 Abs. 1 Nr. 1 MitbestG) kann die Bildung weiterer Ausschüsse sinnvoll sein. Das Muster sieht in § 8 lediglich die Bildung eines so genannten »Präsidialausschusses« vor, der sich mit Personalangelegenheiten, sowohl der Mitglieder der Geschäftsführung als auch der Aufsichtsratsmitglieder selbst befasst. Häufig werden weitere Ausschüsse eingerichtet, beispielsweise ein Investitionsausschuss zur Vorprüfung und gegebenenfalls auch Entscheidung zu zustimmungsbedürftigen Geschäften oder ein Prüfungsausschuss zur Vorprüfung des Jahresabschlusses bzw. des Konzernabschlusses der Gesellschaft. Die im Sinne von § 264d HBG kapitalmarktorientierte GmbH muss gemäß § 107 Abs. 4 AktG i.V.m. § 25 Abs. 1 Nr. 2 MitbestG bei Einrichtung eines Prüfungsausschusses diesen mit einem Finanzexperten besetzen (vgl. Rdn. C 172). Zulässig wäre es weiterhin, die Aufgaben nach § 32 MitbestG einem Beteiligungsausschuss zuzuweisen, der nur von Anteilseignervertretern zu besetzen ist (ErfK/*Oetker*, § 32 MitbestG Rn. 5; MüKo AktG/*Gach*, § 32 Rn. 27; KK-AktG/*Mertens/Cahn*, Anh. § 117 B § 32 MitbestG Rn. 20).

Hinsichtlich der Zusammensetzung weiterer Ausschüsse, die im MitbestG nicht näher geregelt ist, 316 sind viele Einzelheiten streitig. Dies gilt insbesondere für die Frage, ob die Ausschüsse ebenfalls paritätisch zusammengesetzt sein müssen, ob nicht wenigstens ein Arbeitnehmervertreter in ihnen enthalten sein muss und ob unter Heranziehung besonderer rechtfertigender Gründe nicht von diesen Regeln abgewichen werden kann (im Einzelnen siehe KK-AktG/*Mertens/Cahn* § 107 Rn. 126; Ulmer/Habersack/Henssler/*Ulmer/Habersack*, § 25 Rn. 124, 126 ff.; WWKK/*Koberski*, 3. Aufl. 2008, § 29 Rn. 35; *Lutter/Krieger/Verse*, § 11 Rn. 766 m.w.N.; außer dem oben Rdn. C 207). Richtig dürfte sein, dass dem MitbestG das Leitbild der paritätischen Besetzung auch der Aufsichtsratsausschüsse zu entnehmen ist. Dies schließt jedoch nicht aus, für den konkreten Fall und aus sachlich gerechtfertigten Gründen, die im Wesentlichen in der Aufgabe des jeweiligen Ausschusses begründet sein werden, hiervon abzuweichen.

317 **19.** Die Regelungen über die Mehrheiten und das Doppelstimmrecht des Ausschussvorsitzenden in der Beschlussfassung der Ausschüsse (mit Ausnahme des Mitbestimmungsausschusses) sind mitbestimmungsrechtlich zulässig (nach wohl herrschender Meinung siehe nur: Ulmer/Habersack/Henssler/*Ulmer/Habersack*, § 25 Rn. 136; Raiser/Veil/*Raiser*, § 25 MitbestG Rn. 66; Spindler/Stilz/*Spindler*, § 107 Rn. 113; a.A. WWKK/*Koberski*, § 29 Rn. 45 m.w.N.; *Lutter/Krieger/Verse*, § 11 Rn. 776). Dies gilt auch, soweit der Ausschussvorsitzende nicht zugleich der Aufsichtsratsvorsitzende ist. Allerdings beruht dieses Doppelstimmrecht nur auf der Geschäftsordnung, nicht auf § 29 Abs. 2 MitbestG.

318 **20.** Hinsichtlich des Präsidialausschusses wird hier eine nicht paritätische Besetzung vorgeschlagen. Durch die gesetzte Mitgliedschaft des stellvertretenden Aufsichtsratsvorsitzenden ist aber die Beteiligung der Arbeitnehmervertreter sichergestellt (vgl. oben Rdn. C 316).

319 **21.** Für die Frage, ob dem Präsidialausschuss nach § 8 Abs. 2 des Musters die Kompetenz zur Beschlussfassung über Angelegenheiten des Anstellungsvertrages unter Einschluss der Vergütungsfestsetzung übertragen werden darf, oder ob insoweit lediglich eine vorbereitende Befassung des Präsidialausschusses zulässig ist und die Beschlussfassung selbst dem Plenum vorbehalten bleibt, besteht nach der durch das Gesetz zur Angemessenheit der Vorstandsvergütung vom 05.08.2009 geänderten Fassung des § 107 Abs. 3 Satz 3 AktG Unsicherheit (vgl. dazu oben Rdn. C 208). Es wird hier empfohlen, insoweit nur eine vorbereitende Befassung des Präsidialausschusses vorzusehen. Dies ermöglicht immer noch das Verhandeln und Vorbereiten der Anstellungsverträge in dem kleineren Kreis des Ausschusses mit den damit verbundenen Vorteilen für die Schnelligkeit und Flexibilität des Agierens, behält aber dem Aufsichtsratsplenum die Entscheidung zu dem letztgültig abzuschließenden Vertrag vor. Im Übrigen ist der Katalog der weiteren, nicht übertragbaren Aufgaben nach § 107 Abs. 3 Satz 3 AktG zu beachten.

320 **22.** § 9 Abs. 1 des Musters spiegelt den nach § 25 Abs. 1 Nr. 2 MitbestG zwingend anwendbaren § 109 Abs. 1 AktG. Insbesondere auch die regelmäßige Teilnahme von Gesellschaftern an der Aufsichtsratssitzung ist demnach nicht zulässig. Gemäß § 7 Abs. 4 des Musters soll diese Regelung auch für die Teilnahme an Ausschusssitzungen gelten. Dabei ist § 109 Abs. 2 AktG nicht abdingbar. Das Teilnahmerecht einzelner Aufsichtsratsmitglieder kann ausschließlich vom Aufsichtsratsvorsitzenden nach pflichtgemäßem Ermessen ausgeschlossen werden (näher dazu Lutter/Krieger/*Verse*, § 11 Rn. 773 f.)

321 **23.** § 10 des Musters sieht einen Katalog von Geschäften vor, die die Geschäftsführung nur nach vorheriger Zustimmung des Aufsichtsrats vornehmen darf. Ein derartiger Katalog zustimmungsbedürftiger Geschäfte ist nach § 111 Abs. 4 Satz 3 AktG grundsätzlich verpflichtend (vgl. Rdn. C 116). Er kann wahlweise im Gesellschaftsvertrag festgelegt oder durch Beschluss des Aufsichtsrats bestimmt sein. Wegen der größeren Flexibilität bei notwendigen Anpassungen ist letzteres zu bevorzugen und wie vielfach üblich hier als Bestandteil der Geschäftsordnung verankert. Der Katalog muss sich auf bestimmte Geschäfte oder Maßnahmen beziehen. Allerdings ist nicht näher bestimmt, welche Geschäfte grundlegender Bedeutung im Einzelnen einer Zustimmung des Aufsichtsrats unterworfen werden müssen. Der Gesetzgeber hat hierauf mit Blick auf die unterschiedlichen Verhältnisse der verschiedenen Gesellschaften verzichtet (vgl. nur Hüffer/*Koch*, § 111 Rn. 35, 36 m.w.N.; MüKo GmbHG/*Spindler*, § 52 Rn. 368 ff.). Die hier im Muster genannten zustimmungsbedürftigen Geschäfte sind daher nur als Beispiele zu verstehen, die jedoch als typisch angesehen werden können. Zwingend ist die Zustimmung des Aufsichtsrats in den in § 32 MitbestG genannten Maßnahmen in ihrerseits paritätisch mitbestimmten Tochtergesellschaften, allerdings muss hier nur die Anteilseignerbank den Zustimmungsbeschluss fassen. Wegen der ohnehin zwingenden Geltung dieser auch relativ selten anwendbaren Bestimmung ist eine besondere Behandlung in den Geschäftsordnungen nicht geboten.

322 Die Betragsgrenzen sind in Relation zu dem Geschäftsumfang der jeweiligen Gesellschaft zu ermitteln und einzusetzen. Zu niedrige wie auch zu hohe Betragsgrenzen sollten vermieden werden. Die Gesellschafter können es dem Aufsichtsrat nicht untersagen, einen Zustimmungskatalog zu

erlassen oder einen im Gesellschaftsvertrag enthaltenen Katalog zu ergänzen (h.M. *Lutter/Krieger/Verse*, § 15 Rn. 1126; WWKK/*Koberski*, § 25 MitbestG Rn. 48; Baumbach/Hueck/*Zöllner/Noack*, § 52 Rn. 253; MüKo GmbHG *Spindler*, § 52 Rn. 363 f.; für eine Ausschlussmöglichkeit *Hoffmann/Neumann* GmbHR 1976, 152; *Hölters*, BB 1978, 643). Der Zustimmungskatalog kann von vorneherein keine Wirkung entfalten, soweit eine Maßnahme oder ein Geschäft auf einer entsprechenden (mehrheitlich beschlossenen) Weisung der Gesellschafterversammlung beruht. Dies ist hier in Abs. 1 Satz 1 des Muster klargestellt und folgt aus der umfassenden Kompetenz der Gesellschafter (h.M. *Lutter/Krieger/Verse*, § 15 Rn. 1120; MüKo GmbHG/*Spindler*, § 52 Rn. 365, 381 m.w.N.; *Streyl/Schaper*, ZIP 2017, 410, 415; a.A. Ulmer/Habersack/Henssler/*Ulmer/Habersack*, § 25 Rn. 65; *Oetker*, ZIP 2015, 1461, 1465;). In diesen Fällen hat die Geschäftsführung keinen eigenen Beurteilungsspielraum. Gemäß § 111 Abs. 4 Satz 3 AktG kann die verweigerte Zustimmung des Aufsichtsrats durch einen Gesellschafterbeschluss ersetzt werden.

24. Die effiziente Überwachung der Geschäftsleitung als Geschäftsführung der Obergesellschaft 323
eines Konzernverbunds verlangt vom Aufsichtsrat eine konzernweite Dimension bei der Gestaltung des Zustimmungskatalogs. Dies ergibt sich zwanglos aus den konzernweit angelegten Berichtspflichten an den Aufsichtsrat (§ 90 Abs. 1 Satz 2 AktG) und seiner Pflicht zur Prüfung auch des Konzernabschlusses (§ 171 Abs. 1 Satz 1 AktG). Es entspricht daher guter Praxis, Zustimmungskataloge auf entsprechende Maßnahmen in Konzernunternehmen zu erstrecken, soweit der von dem Zustimmungsvorbehalt gebundenen Geschäftsführung eine Beachtung rechtlich möglich ist (vgl. dazu MüKo GmbHG/*Spindler*, § 52 Rn. 350–352; *Lutter/Krieger/Verse*, § 4 Rn. 159 ff.; Hüffer/*Koch*, AktG § 111 Rn. 51 ff., 53). Ist dazu ausdrücklich nichts bestimmt, wäre es Frage der Auslegung, ob die Zustimmungsvorbehalte eine konzernweite Geltung beanspruchen.

25. § 11 beschreibt die laufende und außerordentliche Berichterstattung der Geschäftsführung 324
gegenüber dem Aufsichtsrat. Hierzu wird zunächst auf oben Rdn. C 287 verwiesen. In Anbetracht der dem Aufsichtsrat im Rahmen einer mitbestimmten Gesellschaft zukommenden weitgehenden Pflichten und Verantwortlichkeiten ist in § 11 Abs. 1 des Musters der Geschäftsführung eine Berichterstattung über die § 90 Abs. 1 AktG bestimmten Gegenstände und in dem danach geltenden Intervallen (§ 90 Abs. 2 AktG) auferlegt. Nach § 25 Abs. 1 Nr. 2 MitbestG gilt § 90 Abs. 1 und Abs. 2 AktG jedoch nicht. Vielmehr ist dort nur auf die Anforderungsberichte nach § 90 Abs. 3 AktG verwiesen. Es dürfte aber gerade für den mitbestimmten Aufsichtsrat auch einer GmbH dringend empfohlen sein, durch Beschluss des Aufsichtsrats eine regelmäßige Berichterstattung sicherzustellen (siehe hierzu *Lutter/Krieger/Verse*, § 15 Rn. 1122 f. m.w.N.).

26. § 11 Abs. 2 des Musters behandelt die außerplanmäßige Berichterstattung, die nach dem 325
Vorschlag ebenfalls aktiv durch die Geschäftsführung zu erstatten ist. Für die Art und Weise der Erbringung der Berichterstattung, sowohl nach § 11 Abs. 1 als auch nach § 11 Abs. 2 gilt § 11 Abs. 3 des Musters, der sich an die gesetzlichen Bestimmungen von § 90 Abs. 4 AktG anlehnt.

27. Im Übrigen sieht § 11 Abs. 5 des Musters vor, dass die Berichterstattung auch per E-Mail 326
erfolgen kann. Nach § 90 Abs. 4 AktG, der über § 25 Abs. 1 Nr. 2 MitbestG zwingende Geltung beansprucht, kann die Geschäftsführung auch Textform im Sinne des § 126b BGB in Anspruch nehmen. Hiermit wollte der Gesetzgeber die elektronische Übermittlung ermöglichen (vgl. Hüffer/*Koch*, § 90 Rn. 13). Die Vertraulichkeit muss gewahrt werden. Die Gesellschaft sollte erwägen, einen verschlüsselten E-Mail Verkehr einzurichten oder die Aufsichtsräte über einen virtuellen Datenraum mit Zugangssperre zu unterrichten.

28. Die besonderen Rechte und Pflichten des GmbH-Aufsichtsrats, der nach den Regeln des 327
MitbestG gebildet ist, mit Bezug auf den Jahresabschluss ergeben sich aus § 25 Abs. 1 Nr. 2 MitbestG i.V.m. §§ 170, 171 AktG. Danach ist die Geschäftsführung verpflichtet, den Jahresabschluss und den Lagebericht der Gesellschaft sowie gegebenenfalls den Konzernabschluss und den Konzernlagebericht dem Aufsichtsrat zusammen mit einem Vorschlag über die Verwendung des Bilanzgewinns vorzulegen. Jedes Mitglied des Aufsichtsrats hat danach das Recht von diesen Vorlagen sowie dem Prüfungsbericht des Abschlussprüfers Kenntnis zu nehmen. Nach § 171 AktG

muss der Aufsichtsrat die vorgelegten Unterlagen sodann prüfen und der Gesellschafterversammlung hierüber schriftlich berichten. Allerdings obliegt es der Gesellschafterversammlung den Jahresabschluss festzustellen: § 172 AktG gilt nicht, vielmehr bleibt es insoweit bei der Zuständigkeit der Gesellschafterversammlung nach § 46 Nr. 1 GmbHG. § 12 des Musters spiegelt diese Rechtslage, vgl. *Lutter/Krieger/Verse*, § 15 Rn. 1130 f. Es empfiehlt sich, diese und die anderen rechnungslegungsbezogenen Aufgaben des Aufsichtsrats, die sich für den obligatorischen Aufsichtsrat im Detail aus § 107 Abs. 3 Satz 2 AktG ergeben, einem Prüfungsausschuss zu überweisen. Aus dieser Bestimmung ergeben sich mittelbar auch die dem Gesamtaufsichtsrat in diesem Zusammenhang obliegenden Aufgaben (vgl. nur Hüffer/*Koch*, § 107 Rn. 24 m.N.).

328 **29.** Die Erteilung des Prüfungsauftrages nach der Wahl des Abschlussprüfers durch die Gesellschafterversammlung ist jedoch wiederum Kompetenz des Aufsichtsrats, wie sich aus § 111 Abs. 2 Satz 3 AktG ergibt. Die Erteilung des Prüfungsauftrages bedeutetet, dass sich der Aufsichtsrat oder der hierzu möglicherweise ermächtigte Prüfungsausschuss Gedanken über eine mögliche Schwerpunktsetzung der Prüfung durch den Abschlussprüfer machen kann und die Fragen der Vergütung des Abschlussprüfers regeln muss (vgl. zu diesen Einzelheiten: Hüffer/*Koch*, § 111 Rn. 27–29).

329 Mit den ab 17.06.2016 geltenden Neuregelungen durch die Europäische Abschlussprüfungsrichtlinie 2014/56/EU (APRL) und die EU-Verordnung Nr. 537/2014 (APVO) hinsichtlich der Abschlussprüfer sind dem Aufsichtsrat von gemäß § 264d HGB kapitalmarktorientierten GmbH weitere Aufgaben auferlegt worden. Kapitalmarktorientierte GmbH sind vor allem solche, die mit Inhaber- oder Orderschuldverschreibungen oder Derivaten hierauf staatlich regulierte Kapitalmärkte innerhalb der EU/des EWR in Anspruch nehmen (Beck´sches Handbuch der GmbH/*Langseder* § 9 Rn. 66 ff.). Dabei besteht nach wie vor keine Verpflichtung dazu, einen Prüfungsausschuss einzurichten (*Blöink/Woodtli*, Der Konzern 2016, 75, 82). Wird kein Prüfungsausschuss eingerichtet, fallen die nachstehend beschriebenen Aufgaben dem Aufsichtsratsplenum anheim. Für die Zusammensetzung des Aufsichtsrats mit einem Finanzexperten gilt bei kapitalmarktorientierten GmbH § 100 Abs. 5 AktG, bzw. für die Zusammensetzung eines etwa gebildeten Aufsichtsrats gilt § 107 Abs. 4 AktG (vgl. dazu oben Rdn. C 172). Diese Vorschriften gelten über §§ 6 Abs. 2, 25 Abs. 1 Nr. 2 MitbestG, § 1 Abs. 1 Nr. 3 DrittelbG unmittelbar für zwingend zu bildende Aufsichtsräte und durch einen geänderten Verweis in § 52 Abs. 1 GmbHG auch für fakultative Aufsichtsräte.

330 Nach dem Umsetzungsgesetz der obengenannten unionsrechtlichen Regelungen (Gesetz zur Umsetzung der prüfungsbezogenen Regelungen der Richtlinie 2014/56/EU sowie zur Ausführung der entsprechenden Vorgaben der Verordnung (EU) Nr. 537/2014 im Hinblick auf die Abschlussprüfung bei Unternehmen von öffentlichem Interesse – AReG, BGBl. 2016, 1142 ff.) obliegt dem Aufsichtsrat bzw. dessen Prüfungsausschuss zunächst die Auswahl und Empfehlung des Abschlussprüfers an die Gesellschafterversammlung und damit Überwachung und Durchführung der neuen Regelungen zur sog. externen Prüferrotation. Der Abschlussprüfer (und nicht lediglich der verantwortliche Prüfungspartner – interne Rotation gemäß § 319a Abs. 1 Nr. 4 HGB alt = Art. 17 Abs. 7 APVO) in einem Unternehmen müssen zukünftig gemäß Art. 17 Abs. 1 APVO alle zehn Jahre gewechselt werden. Dieser Zeitraum kann um weitere zehn Jahre verlängert werden, wenn nach der Prüferwahl für das elfte Geschäftsjahr in Folge ein Ausschreibungsverfahren nach den Bedingungen des Art. 16 Abs. 2 bis 5 APVO vorangeht, § 318 Abs. 1a HGB. Im Übrigen muss bei jedem Wechsel des Abschlussprüfers und nach Ablauf der Höchstlaufzeit eines (verlängerten) Prüfmandates ein solches Ausschreibungsverfahren erfolgen. Die Einzelheiten des Ausschreibungsverfahrens ergeben sich aus Art. 16 Abs. 3 APVO. Insbesondere muss der Prüfungsausschuss aufgrund dieses Verfahrens einen alternativen Wahlvorschlag machen und eine Präferenz dazu begründen. Eine Anlehnung an die förmlichen Vorschriften des öffentlichen Vergaberechts ist nicht erfolgt, allerdings scheint die Praxis, soweit bisher zu beobachten, eine öffentliche Bekanntmachung im Bundesanzeiger zur Abgabe von Interessenbekundungen für richtig zu halten.

331 Weitere Aufgaben des Prüfungsausschusses ergeben sich aus § 319a Abs. 3 HGB. Danach müssen zukünftig bestimmte, als Nichtprüfungsleistung gestattete Steuerberatungsleistungen des Abschlussprüfers vorab durch den Prüfungsausschuss genehmigt werden, vgl. im Einzelnen Art. 5

Abs. 1 Unterabsatz 2 lit. a) und Art. 5 Abs. 4 APVO (dazu *Blöink/Woodtli*, Der Konzern 2016, 75, 79 ff.; *Schilha*, ZIP 2016, 1316 ff.). Die Aufgaben des Prüfungsausschusses erweitert § 107 Abs. 3 Satz 2 AktG durch die besondere Erwähnung der Prüferauswahl und die Befugnis, zur Unterbreitung von »*Empfehlungen oder Vorschlägen zur Gewährleistung der Integrität des Rechnungslegungsprozesses.*«

Die Erledigung dieser neuen Aufgaben des Prüfungsausschusses sollte sorgsam schriftlich dokumentiert werden. Die nach § 324 Abs. 3 HGB neu eingerichtete Abschlussprüferaufsichtsstelle kann von dem Unternehmen eine Darstellung und Erläuterung des Ergebnisses sowie der Durchführung seiner Tätigkeit verlangen. Die Verletzung von Pflichten bei der Abschlussprüfung kapitalmarktorientierter GmbH ist auch für die Mitglieder des Aufsichtsrats oder des Prüfungsausschusses nach §§ 86 und 87 GmbhG straf- und bußgeldbewehrt. 332

30. Die nach § 171 Abs. 2 AktG vorgeschriebene Berichtspflicht des Aufsichtsrats gegenüber der Gesellschafterversammlung umfasst nicht lediglich das Ergebnis der Überprüfung des Jahres- und gegebenenfalls Konzernabschlusses, sondern auch einen Bericht darüber, ob und inwieweit der Aufsichtsrat die Geschäftsführung überprüft hat. Dabei haben sich die Anforderungen an die inhaltliche Tiefe der Berichterstattung in den letzten Jahren auch durch die Rechtsprechung kontinuierlich gesteigert. Die früher auch bei börsennotierten Aktiengesellschaften weithin übliche formelhaft verknappte Berichterstattung ist demnach nicht mehr zulässig (vgl. im Einzelnen: Hüffer/*Koch*, § 171 Rn. 19 ff. m.w.N.). Inwieweit diese Anforderungen auch bei einer GmbH in gleicher strenger Weise gelten, dürfte noch nicht ausgemacht sein. Jedenfalls ist der Aufsichtsrat im Interesse der Minimierung seiner eigenen Haftung gut beraten, wenn er seine Berichtspflichten an dieser Stelle ernst nimmt (Lutter/Hommelhoff/*Lutter*, § 52 Rn. 89). 333

31. In § 13 des Muster findet sich eine weitgehend deklaratorische Regelung zur Behandlung von Interessenkonflikten im Aufsichtsrat. Diese sieht in Anlehnung an entsprechende Bestimmungen des Deutschen Corporate Governance Kodex (Ziffer 5.5 DCGK) in Abs. 2 und 3 als Grundprinzip die Verpflichtung auf die Interessen der Gesellschaft fest und fordert in Abs. 1 die Offenlegung der Interessenkonflikte gegenüber dem Vorsitzenden ein. Damit ist noch nicht geregelt, wie mit einem offengelegten Interessenkonflikt umzugehen ist. Dies ist im Einzelfall vom Vorsitzenden und gegebenenfalls vom Plenum zu entscheiden. In Betracht kommt vor allem eine Nichtteilnahme an der Beratung und Beschlussfassung zu einzelnen Beschlussgegenständen. Ein gesetzliches Stimmrechtsverbot besteht in Anlehnung an § 34 BGB nur bei der Beschlussfassung über Einleitung und Erledigung von Rechtstreitigkeiten mit dem betroffenen Aufsichtsratsmitglied. Die Mitwirkung im Wege einer Enthaltung zur Aufrechterhaltung der Beschlussfähigkeit bleibt auch in diesem Fall zulässig. Vgl. zu alledem *Lutter/Krieger/Verse*, § 11 Rn. 730, 731; Hüffer/*Koch*, § 108 Rn. 9, 10 ff.; Müko GmbHG/*Spindler*, § 52 Rn. 548). In einem Fall nicht nur punktuellen, sondern strukturellen und anhaltenden Interessenkonflikts muss eine Lösung durch Amtsniederlegung gesucht werden (so auch die Empfehlung in Ziffer 5.5.3 Satz 2 des Deutschen Corporate Governance Kodex und etwa GroßKomm-AktG/*Hopf/Roth*, § 103 Rn. 96, 97; MüKo AktG/*Habersack*, § 103 Rn. 60). 334

32. § 14 Abs. 1 des Musters stellt klar, dass die Geschäftsordnung grundsätzlich Veränderungen der personellen Zusammensetzung des Aufsichtsrats überdauert. § 14 Abs. 2 knüpft an die Erlasskompetenz des Aufsichtsrats für die Geschäftsordnung an: soweit nicht zwingende Vorgaben des Gesetzes oder der Satzung bestehen, kann der Aufsichtsrat von den Vorgaben der selbsterlassenen Geschäftsordnung jederzeit und durch Mehrheitsbeschluss abweichen (vgl. oben Rdn. C 263). 335

29. Gesellschaftsvertrag für eine paritätisch mitbestimmte GmbH (Auszug)

Vorbemerkung

Der Gesellschaftsvertrag einer GmbH, deren Aufsichtsrat nach dem Drittelbeteiligungsgesetz oder dem Mitbestimmungsgesetz mitbestimmt ist und auf den infolgedessen aktienrechtliche Bestimmungen Anwendung finden, enthält gegenüber einem normalen Gesellschaftsvertrag zusätzliche 336

Bestimmungen. Diese sind in dem nachstehenden Muster auszugsweise wiedergegeben. Im Übrigen wird auf die Muster A 22, Rdn. A 412 und C 15, Rdn. C 102 bzw. für eine Gesellschaft mit einem drittelmitbestimmten Aufsichtsrat auf das Muster C 17, Rdn. C 138 ff. verwiesen. Weitere oft im Gesellschaftsvertrag enthaltene Bestimmungen über die interne Organisation des Aufsichtsrats sind nachstehend nicht wiedergegeben. Dazu kann auf die entsprechenden Formulierungen in den Geschäftsordnungen, Muster C 28, Rdn. C 290 ff. und C 27, Rdn. C 261 ff. verwiesen werden. Zum Verhältnis Gesellschaftsvertrag/Geschäftsordnung im Einzelnen, siehe oben Rdn. C 264, zu einer evt. Vertagungsklausel Rdn. C 308.

Muster

337 **Auszug aus dem Gesellschaftsvertrag für eine paritätisch mitbestimmte GmbH**

---

§ ______
Organe der Gesellschaft

Die Organe der Gesellschaft sind:

a) die Geschäftsführer,

b) der Aufsichtsrat, [1]

c) die Gesellschafterversammlung.

Die Geschäftsführung

§ ______
Geschäftsführer

1. **Die Gesellschaft hat mindestens zwei Geschäftsführer. Ein Geschäftsführer führt den Titel »Arbeitsdirektor« [2].**
2. **Die Geschäftsführer werden durch den Aufsichtsrat bestellt und abberufen. Die Bestellung kann nur aus wichtigem Grund widerrufen werden.**
3. **Die Bestellung eines Geschäftsführers erfolgt in der Regel für die Dauer eines Kalenderjahres. Die Geschäftsführerbestellung verlängert sich automatisch um jeweils ein weiteres Kalenderjahr bis zum Ablauf des fünften Kalenderjahres nach Erstbestellung, soweit nicht der Geschäftsführer zum Ablauf einer Bestellungsperiode oder aus wichtigem Grund abberufen wurde. Die Wiederbestellung eines Geschäftsführers nach Ablauf von fünf Jahren erfolgt durch Aufsichtsratsbeschluss. [3]**
4. **Bei Abschluss, Änderung oder Beendigung der Dienstverträgen mit Geschäftsführern der Gesellschaft wird die Gesellschaft durch den Aufsichtsrat vertreten. [4]**

Aufsichtsrat

§ ______
Aufsichtsrat, Zusammensetzung, Mitgliedschaft

1. **Die Gesellschaft hat einen Aufsichtsrat, der sich aus insgesamt 12 Mitgliedern zusammensetzt. Sechs Mitglieder des Aufsichtsrats werden von der Gesellschafterversammlung durch Gesellschafterbeschluss bestellt; sechs Mitglieder werden von den Arbeitnehmern nach den Vorschriften des MitbestG gewählt. [5]**

2. **Gleichzeitig mit der durch Gesellschafterbeschluss vorgenommenen Bestellung der Aufsichtsratsmitglieder kann durch weiteren Gesellschafterbeschluss für das jeweilige Aufsichtsratsmitglied ein Ersatzmitglied bestellt werden, welches in den Aufsichtsrat an die Stelle desjenigen nachrückt, der als Aufsichtsratsmitglied vor Ablauf seiner Amtszeit ausfällt. Das den Arbeitnehmern zustehende Recht zur Wahl eines Ersatzmitglieds für die von ihnen gewählten Aufsichtsratsmitglieder bleibt hiervon unberührt.** [6]

3. **Die Aufsichtsratsmitglieder werden für die Zeit bis zur Beendigung der Gesellschafterversammlung bestellt, die über die Entlastung für das vierte Geschäftsjahr nach Beginn der Amtszeit beschließt. Das Geschäftsjahr, in dem die Amtszeit beginnt, wird nicht mitgerechnet. Für die durch Gesellschafterbeschluss bestellten Aufsichtsratsmitglieder kann durch die Gesellschafter eine kürzere Amtszeit bestimmt werden.** [7]

4. **Die Amtszeit von Ersatzmitgliedern endet mit Ablauf der ursprünglich vorgesehenen Amtszeit des weggefallenen Mitglieds. Für die durch Gesellschafterbeschluss bestellten Ersatzmitglieder kann bei deren Bestellung bestimmt werden, dass ihre Amtszeit mit der Beendigung der Gesellschafterversammlung endet, die über die Entlastung für das Geschäftsjahr beschließt, in welchem die Amtszeit begonnen hat.**

5. **Mitglieder oder Ersatzmitglieder, die durch Gesellschafterbeschluss bestellt wurden, können ohne Angabe von Gründen jederzeit vor Ablauf ihrer Amtszeit durch mit einfacher Mehrheit gefassten Gesellschafterbeschluss abberufen werden. Ersatz-, Entschädigungs- und Abfindungsansprüche stehen dem abberufenen Mitglied nicht zu.**

6. **Mitglieder und Ersatzmitglieder des Aufsichtsrats können ihr Amt mit einer Frist von einem Monat ohne Angabe von Gründen vor Ablauf ihrer Amtszeit durch schriftliche Erklärung gegenüber dem Vorsitzenden des Aufsichtsrats und der Geschäftsführung niederlegen.** [8]

7. **Scheidet ein Aufsichtsratsmitglied vor Ablauf seiner Amtszeit aus dem Aufsichtsrat aus, ohne dass ein Ersatzmitglied nachrückt, so erfolgt die Bestellung des Nachfolgers für den Rest der Amtszeit des ausgeschiedenen Mitglieds in der nächsten Gesellschafterversammlung. Gleiches gilt, wenn ein gewähltes Aufsichtsratsmitglied oder Ersatzmitglied das angebotene Amt nicht annimmt oder das Amt infolge Wahlanfechtung wegfällt. Eine auch mehrfache Wiederwahl eines Mitglieds ist zulässig.**

§ ______

Vorsitz im Aufsichtsrat [9]

1. **Anlässlich seiner konstituierenden Sitzung wählt der Aufsichtsrat aus seiner Mitte gemäß § 27 Abs. 1 und 2 MitbestG einen Vorsitzenden und einen Stellvertreter in getrennten Wahlgängen. Beschlussfähigkeit für einen zweiten Wahlgang ist gegeben, wenn mindestens die Hälfte der Vertreter der Gesellschafter und der Arbeitnehmer an der Abstimmung teilnimmt.**

2. **Der Aufsichtsrat kann weitere Stellvertreter des Aufsichtsratsvorsitzenden wählen. Die Wahl weiterer Stellvertreter erfolgt mit einfacher Mehrheit.**

3. **Der Aufsichtsratsvorsitzende und der Stellvertreter sind für die Dauer der Amtszeit des Aufsichtsrats gemäß § [vorhergehenden] Abs. 3 gewählt.**

4. Der Aufsichtsrat kann die Bestellung des Vorsitzenden oder des Stellvertreters vor Ablauf der Amtszeit ohne Angabe von Gründen durch mit Zweidrittelmehrheit gefassten Beschluss widerrufen. Kommt die Zweidrittelmehrheit nicht zustande und erfolgte die Bestellung aufgrund einer Wahl nach § 27 Abs. 2 MitbestG, so kann die Bestellung zum Vorsitzenden oder Stellvertreter auch mit der Mehrheit der Stimmen der für die Wahl des jeweiligen Amtes zuständigen Seite widerrufen werden.

§ ________

Vergütung von Aufsichtsratsmitgliedern [10]

1. Die Mitglieder des Aufsichtsrats erhalten für ihre Aufsichtsratstätigkeit eine jährliche Vergütung in Höhe von € ________ (in Worten: ________ €) je vollem Geschäftsjahr.

2. Beginnt oder endet das Aufsichtsratsmandat während eines Geschäftsjahres, wird die Vergütung pro rata temporis (je Monat der Mitgliedschaft 1/12, wobei der Ein- bzw. Austrittsmonat mitzählt) gezahlt. Die Aufsichtsratsmitglieder können zudem Ersatz ihrer nachgewiesenen Aufwendungen und Auslagen für die Teilnahme an Sitzungen des Aufsichtsrats und seiner Ausschüsse verlangen.

3. Die Vergütung für Aufsichtsratsmitglieder ist nach Ablauf des betreffenden Geschäftsjahres bis zum jeweiligen 10. Werktag des Folgejahres fällig. Im Falle der unterjährigen Mandatsbeendigung ist die pro rata temporis zu zahlende Vergütung binnen 30 Tagen nach Ablauf des Monats, in welchem das Aufsichtsratsmandat geendet hat, zur Zahlung fällig.

4. Die Gesellschaft erstattet dem Aufsichtsratsmitglied die auf seine Vergütung entfallende Umsatzsteuer. Das Aufsichtsratsmitglied hat der Gesellschaft das Bestehen, wie auch den Wegfall der Umsatzsteuerpflicht unverzüglich anzuzeigen. Die Mitglieder des Aufsichtsrats werden in die von der Gesellschaft unterhaltene Vermögensschadenhaftpflichtversicherung (D&O-Versicherung) auf Kosten der Gesellschaft mit einbezogen.

Erläuterungen

338 **1.** Der obligatorische Aufsichtsrat einer mitbestimmten GmbH ist Organ der Gesellschaft. Es ist daher in einer der Gliederung dienenden Bestimmung dieser Art aufzuführen.

339 **2.** Die Verpflichtung zur Bestellung eines Arbeitsdirektors ergibt sich aus § 33 MitbestG. Es handelt sich um ein gleichberechtigtes Mitglied der Geschäftsführung mit einem Kernbereich von Zuständigkeiten im Personalbereich. Die gesetzliche Zuständigkeit im Kernbereich von Personal- und Sozialfragen des Unternehmens darf weder durch den Gesellschaftsvertrag des Unternehmens noch durch eine Geschäftsordnung der Geschäftsführung entzogen werden (Ulmer/Habersack/Henssler/*Henssler*, § 33 MitbestG Rn. 44). Der Arbeitsdirektor darf auch nicht im Bereich der Vertretungsbefugnis diskriminiert werden. Nach § 46 GmbHG unterliegt er - wie alle übrigen Geschäftsführer auch - der Weisungsmacht der Gesellschafter (ErfK/*Oetker*, § 33 MitbestG Rn. 10). Abgesehen von der zwingenden, auch für den Aufsichtsrat bindenden Ressortzuständigkeit gelten für die Bestellung und Abberufung des Arbeitsdirektors keine Besonderheiten. Da § 33 Abs. 1 Satz 1 MitbestG hinsichtlich des Arbeitsdirektors von einem gleichberechtigten Mitglied innerhalb der Geschäftsführung der GmbH ausgeht, ergibt sich hieraus indirekt, dass die Geschäftsführung aus mindestens zwei Geschäftsführern bestehen muss (ErfK/*Oetker* § 33 MitbestG Rn. 3; Ulmer/Habersack/Henssler/*Henssler*, § 33 MitbestG Rn. 2). Die Bestellung einer darüber hinausgehenden Zahl von Geschäftsführern bleibt ohne Weiteres möglich.

3. Für die Dauer der Bestellung der Geschäftsführer gilt über § 31 Abs. 1 MitbestG i.V.m. § 84 AktG grundsätzlich eine Höchstfrist von fünf Jahren. Innerhalb der befristeten Bestellung ist die Abberufung anders als nach § 38 Abs. 1 GmbHG nur aus wichtigem Grund zulässig. Im Muster ist eine Regelung getroffen, die die jederzeitige Widerruflichkeit nach Ablauf einjähriger Bestellungsperioden der GmbH-rechtlichen Lösung soweit wie möglich annähert. Alternativ wäre auch eine gesellschaftsvertragliche Regelung denkbar, wonach der Aufsichtsrat ermächtigt wird, Bestellungen nur für eine kürzere Amtszeit als fünf Jahre vorzunehmen. 340

4. Hinsichtlich des Abschlusses von Dienstverträgen mit den Geschäftsführern ergibt sich eine Annex-Kompetenz des Aufsichtsrats aus § 31 Abs. 1 MitbestG (vgl. Muster C 23, Rdn. C 230). 341

5. Die Zusammensetzung und Größe des Aufsichtsrats ergibt sich aus § 7 Abs. 1 und Abs. 2 MitbestG. Dabei muss über die nähere Zusammensetzung der von den Arbeitnehmern zu wählenden Mitgliedern des Aufsichtsrats (Vertreter der Gewerkschaft und leitende Angestellte) im Gesellschaftsvertrag nichts näher bestimmt werden. 342

6. Die Wahl von Ersatzmitgliedern der Arbeitnehmer richtet sich zwingend nach § 17 MitbestG. Für die Aufsichtsratsmitglieder der Anteilseigner ergibt sich die Zulässigkeit zur Wahl von Ersatzmitgliedern nach § 101 Abs. 3 Satz 2–4 AktG. 343

7. Für die Dauer der Amtszeiten des Aufsichtsrats gilt unter dem Mitbestimmungsgesetz nichts Abweichendes, es bleibt bei der Regelung des § 102 AktG (§ 6 Abs. 2 Satz 1 MitbestG). 344

8. Zur Amtsniederlegung vergleiche Muster C 26, Rdn. C 255 ff. 345

9. Die Bestimmungen in dieser Vorschrift geben die gesetzlich geltende Regelung nach § 27 MitbestG wieder. Zum Wahlverfahren siehe auch Muster C 21, Rdn. C 191 ff., 204. 346

10. Lediglich in dem Gesellschaftsvertrag, nicht in der Geschäftsordnung, kann die Vergütung von Aufsichtsratsmitgliedern geregelt werden. Die Geltung der aktienrechtlichen Vorschriften in §§ 113, 114 AktG ist über § 25 Abs. 1 Nr. 2 MitbestG angeordnet. Auf die Erläuterungen im Muster C 15, Rdn. C 124 wird verwiesen. Zusätzlich ist hier die Übernahme der Prämien für ein D&O-Versicherung angesprochen. Da es sich um Auslagen im Zusammenhang mit der Amtsführung handelt, ist eine satzungsmäßige Verankerung empfohlen und weitgehend üblich (Hüffer/*Koch*, § 113 Rn. 2a). 347

III. Geschäftsführer

30. Gesellschafterbeschluss über die Bestellung von Geschäftsführern

Vorbemerkung

Für die Bestellung und die Abberufung von Geschäftsführern sind gemäß § 46 Nr. 5 GmbHG die Gesellschafter zuständig. Sofern die Bestellung nicht in dem Gesellschaftsvertrag selbst enthalten ist (§ 6 Abs. 3 Satz 2 GmbHG), was jedoch bei jeder Änderung eine zu beurkundende Satzungsänderung erfordert, weshalb diese Ausgestaltung in der Praxis so gut wie nicht vorkommt, oder die Satzung abweichende Bestimmungen (beispielsweise Delegierung der Bestellungskompetenz auf einen vorhandenen Beirat oder auf einen einzelnen Gesellschafter) enthält, erfolgt sie durch Gesellschafterbeschluss mit einfacher Mehrheit der abgegebenen Stimmen (§ 47 Abs. 1 GmbHG). Bei einer mitbestimmten GmbH nach den Vorschriften des MitbestG obliegt die Bestellung und Abberufung der Geschäftsführer zwingend dem Aufsichtsrat, § 31 Abs. 1 MitbestG. Da der Bestellungsbeschluss rein intern ist, muss er gegenüber dem berufenen Geschäftsführer, sofern dieser bei der Beschlussfassung nicht anwesend war, erklärt werden (§ 130 Abs. 1 BGB) und dieser muss die Bestellung, um ihr Wirksamkeit zu verleihen, annehmen. Diese Annahmeerklärung bedarf keiner besonderen Form und erfolgt i.d.R. konkludent durch Vornahme der Handelsregisteranmeldung. Zu sich aus der Person des designierten Geschäftsführers ergebenden Bestellungshindernissen vgl. 348

§ 6 Abs. 2 GmbHG. Das nachfolgende Muster dient zur Bestellung eines Geschäftsführers einer bereits existierenden GmbH; für die Bestellung des Geschäftsführers anlässlich der Gründung vgl. die Muster A 1 (Rdn. A 1 ff.) und A 7 (Rdn. A 66 ff.). Nach erfolgter Bestellung ist diese nach § 39 Abs. 1 GmbHG zur Eintragung in das Handelsregister anzumelden, wobei die Eintragung lediglich deklaratorische Wirkung hat; vgl. dazu unten Muster C 34 (Rdn. C 392 ff.).

Muster

349 **Niederschrift über eine außerordentliche Gesellschafterversammlung der A-GmbH, Köln [1]**

Die alleinigen Gesellschafter der im Handelsregister des Amtsgerichts Köln unter HRB ____________ eingetragenen A-GmbH mit einem Stammkapital von 25.000 € sind:

Herr B mit einem Geschäftsanteil im Nennbetrag von 10.000 €,

Herr C mit einem Geschäftsanteil im Nennbetrag von 10.000 € und

die D-GmbH, vertreten durch ihren einzelvertretungsberechtigten Geschäftsführer Herrn E, mit einem Geschäftsanteil im Nennbetrag von 5.000 €.

Die Erschienenen vertreten damit das gesamte Stammkapital der A-GmbH und halten hiermit unter Verzicht auf alle Formen und Fristen für die Einberufung und Abhaltung einer Gesellschafterversammlung der A-GmbH eine außerordentliche Gesellschafterversammlung dieser Gesellschaft ab und beschließen einstimmig was folgt:

1. **Herr Z __[Geburtsdatum, Privatanschrift]__ [2] wird mit sofortiger Wirkung zum Geschäftsführer [3] der A-GmbH bestellt. [4] Er vertritt die Gesellschaft satzungsgemäß, d.h. er vertritt sie einzeln, wenn nur ein Geschäftsführer bestellt ist, und in Gemeinschaft mit einem anderen Geschäftsführer oder einem Prokuristen, wenn mehrere Geschäftsführer bestellt sind. [5] Er ist berechtigt, die Gesellschaft bei der Vornahme von Rechtsgeschäften mit sich im eigenen Namen oder als Vertreter eines Dritten zu vertreten (Befreiung von den Beschränkungen des § 181 BGB). [6]**
2. **Der der Gesellschafterversammlung vorliegende Entwurf eines Anstellungsvertrages mit Herrn Z wird genehmigt und die übrigen Geschäftsführer der Gesellschaft werden bevollmächtigt, diesen Vertrag mit Herrn Z abzuschließen. [7]**

Weitere Beschlüsse wurden nicht gefasst.

Der maßgebliche Text ist derjenige in deutscher Sprache. Im Falle von Widersprüchen zwischen der deutschen und der englischen Fassung hat daher die deutsche Fassung Vorrang.

Ort ____________, den ____________

(Unterschriften)

Template

350 **Minutes of an extraordinary shareholders´ meeting of A-GmbH, Cologne [1]**

Sole shareholders of A-GmbH, registered with the commercial register of the Local Court of Cologne under HRB ____________ with a registered share capital of € 25,000 are:

Mr. B holding one share in the nominal amount of € 10,000;

Mr. C holding one share in the nominal amount of € 10,000; and

D-GmbH, represented by its managing director with sole representation power Mr. E, holding one share in the nominal amount of € 5,000.

The entire issued registered share capital of A-GmbH is represented by the persons appearing who, waiving all requirements as to the form and notice periods for the calling and holding of shareholders´ meetings of A-GmbH, hereby hold an extraordinary shareholders´ meeting of said company and unanimously resolve the following:

1. **Mr. Z __[date of birth, residential address]__ [2] is appointed as managing director [3] of A-GmbH with immediate effect. [4] He represents the company in accordance with the stipulations of the articles of association, i.e. in case he is the sole appointed managing director he represents the company solely and in case more than one managing director have been appointed he represents the company jointly together with another managing director or a holder of a registered general commercial power of representation (Prokurist). [5] He is entitled to represent the company in entering into transactions with himself in his own name or as representative of a third party (release from the restrictions of section 181 of the German Civil Code (BGB)). [6]**
2. **The draft of the service agreement with Mr. Z which was presented and available to the shareholders´ meeting is hereby approved and the further managing directors of the company are authorized to conclude and enter into this agreement with Mr. Z. [7]**

No further resolutions have been adopted

The German wording shall be decisive. In case of any inconsistencies between the German and the English wording, the German wording shall therefore prevail.

Place ____________, this ____________

(Signatures)

Erläuterungen

1. Für den Bestellungsbeschluss bestehen nach Gesetz keine bestimmten Formvorschriften. Ist nur ein Gesellschafter vorhanden, ist der Beschluss nach § 38 Abs. 3 GmbHG zu protokollieren. Da die Bestellung nach § 39 Abs. 1 GmbHG zur Eintragung in das Handelsregister anzumelden ist und hierbei nach § 39 Abs. 2 GmbHG entsprechende Urkunden beizufügen sind, ist einfache Schriftform erforderlich. Das Muster geht zum einen davon aus, dass die Bestellung durch die Gesellschafterversammlung erfolgt, in der Satzung also keine Delegation des Bestellungsrechts auf einen einzelnen Mitgesellschafter oder ein bestimmtes Gremium vorgesehen ist (vgl. dazu MünchHdbGesR III/*Freitag* § 6 Rn. 28 ff.; MünchHdbGesR III/*Diekmann* § 42 Rn. 27 f.). Zum anderen erfolgt die Bestellung durch Gesellschafterbeschluss bei gleichzeitigem Rügeverzicht auf die Einhaltung gesetzlicher und etwaiger gesellschaftsvertraglicher Vorschriften. Für die förmliche Abhaltung einer Gesellschafterversammlung vgl. die Muster B 1–7. 351

2. Wegen der entsprechenden registerrechtlichen Vorschrift des § 43 Nr. 4 lit. b) HRV sollte auch der Bestellungsbeschluss folgende Elemente umfassen: Vor- und Zuname, Geburtsdatum und Wohnort. Hinsichtlich der Bestellung von Ausländern als Geschäftsführer einer deutschen GmbH wurde registerrechtlich ehemals verlangt, dass diese jederzeit in die Bundesrepublik einreisen können. Aufgrund des im Rahmen des MoMiG geänderten § 4a GmbHG können nach jüngs- 352 ter Rechtsprechung jedoch auch Nicht-EU-Ausländer, für die die vorgenannte Bedingung nicht zutrifft, als Geschäftsführer bestellt und entsprechend eingetragen werden; vgl. OLG Frankfurt am Main, Beschl. v. 12.11.2010, 20 W 370/10; OLG München, Beschl. v. 17.12.2009, 31 Wx 142/09, NZG 2010, 157; OLG Düsseldorf, Beschl. v. 16.04.2009, I-3 Wx 85/09, FGPrax 2009, 178.

353 **3.** Hat eine Gesellschaft mehrere Geschäftsführer kann im Innenverhältnis einer dieser Geschäftsführer zum Vorsitzenden oder Sprecher der Geschäftsführung ernannt werden. Welche Kompetenzen diesem Vorsitzenden oder Sprecher zukommen, ist im Rahmen der gesetzlich zulässigen Kompetenzverteilung eine Frage des Innenorganisationsrechts der Gesellschaft. Eine Registereintragung als Sprecher der Geschäftsführung kommt dagegen nicht in Betracht, da es sich dabei weder um eine eintragungspflichtige noch um eine eintragungsfähige Tatsache handelt (OLG München, Beschl. v. 05.03.2012 – 31 Wx 47/21, NJW-RR 2012, 614).

Daneben sieht das GmbHG in § 44 auch die Bestellung von Stellvertretern von Geschäftsführern vor. Vgl. allgemein zu Stellvertretern von Geschäftsführern *van Venrooy* GmbHR 2010, 169 ff. sowie die einschlägige Kommentierung zu § 44 GmbHG. Während im Außenverhältnis keine Unterscheidung zwischen Geschäftsführern und deren Stellvertretern erfolgt, ist die Stellung Letztgenannter im Innenverhältnis subsidiär, d.h. ihre Geschäftsführerkompetenzen greifen jeweils nur in Unterordnung oder bei Verhinderung des ordentlichen Geschäftsführers (Baumbach/Hueck/*Zöllner*/*Noack* § 44 Rn. 4). Folgt man dieser Auffassung ergeben sich für den Bestellungsbeschluss keine Besonderheiten in der Hinsicht, dass der Beschluss eine Beschreibung der Stellvertretung erfordern würde (so allerdings *Venrooy* GmbHR 2010, 169, 173). Der Beschlusstext lautet dann: »Herr Z … [Geburtsdatum, Privatanschrift] wird mit sofortiger Wirkung zum stellvertretenden Geschäftsführer der Gesellschaft bestellt.«

Hinsichtlich der Vertretungsmacht steht der Stellvertreter dem ordentlichen Geschäftsführer gleich, so dass der Stellvertreter bei Gesamtvertretung durch mehrere Geschäftsführer gleichwertig mitwirken kann und im Fall der Gesamtvertretung durch sämtliche Geschäftsführer mitwirken muss (Baumbach/Hueck/*Zöllner*/*Noack* § 44 Rn. 7 ff.).

Die Eintragung im Handelsregister erfolgt ohne Stellvertreterzusatz (BGH, Beschl. v. 10.11.1998, II ZB 6/97, NJW 1998, 1071). Zur Vermeidung von Irreführungen und zur Vereinheitlichung mit den Registerangaben sollte auch keine Aufnahme des Stellvertreterzusatzes innerhalb der Pflichtangaben auf Geschäftsbriefen nach § 35a GmbH erfolgen (so auch MüKo GmbHG/*Stephan*/*Tieves* § 35a Rn. 22 m.w.N.).

354 **4.** Für die Wirksamkeit der Bestellung kommt es nicht auf die Eintragung des Geschäftsführers im Handelsregister an; diese wird, wie bereits unter Rdn. C 348 oben ausgeführt, mit ihrer Annahme durch den neu bestellten Geschäftsführer wirksam (MünchHdbGesR III/*Diekmann* § 42 Rn. 20). Die Eintragung ist deklaratorischer Natur und dient lediglich der Sicherheit des Rechtsverkehrs. Auch bedarf es für die Wirksamkeit der Bestellung nicht des Abschlusses eines Anstellungsvertrages, dies ist von dem Bestellungsvorgang, mit dem der Geschäftsführer Organ der Gesellschaft wird, zu unterscheiden.

355 **5.** Nach dem Grundprinzip des § 35 Abs. 1 Satz 1 und Abs. 2 Satz 1 GmbHG wird die GmbH durch sämtliche Geschäftsführer vertreten, es sei denn der Gesellschaftsvertrag bestimmt etwas anderes (§ 35 Abs. 2 Satz 1 a.E.). Das Muster geht von der in der Praxis üblichen Satzungsregelung aus, wonach die Gesellschaft, solange nur ein Geschäftsführer bestellt ist, von diesem vertreten wird und einer gemeinsamen Vertretung von zwei Geschäftsführern oder von einem Geschäftsführer gemeinsam mit einem Prokuristen, wenn mehrere Geschäftsführer bestellt sind. Soll dem zu bestellenden Geschäftsführer Einzelvertretungsbefugnis eingeräumt werden, lautet der Beschluss: »Er vertritt die Gesellschaft einzeln, auch wenn mehrere Geschäftsführer bestellt sind./*He represents the company solely at all times even if more than one managing directors have been appointed.*«. Dies setzt jedoch eine entsprechende Möglichkeit zur Erteilung von Einzelvertretungsbefugnis in der Satzung voraus.

6. In Betracht kommt auch eine teilweise Befreiung von den Beschränkungen des § 181 BGB. So kann der Geschäftsführer beispielsweise vom Verbot der Mehrfachvertretung befreit werden, während das Verbot des Selbstkontrahierens für ihn fortbesteht (»Er ist, soweit er als Vertreter eines Dritten handelt, von den Beschränkungen des § 181 BGB befreit./*Insofar as he acts as representative of a third party, he is released from the restrictions of section 181 of the German Civil Code (BGB)*«). Mindestinhalt der Bestellungserklärung ist die Bestellung an sich, die Ausgestaltung der Vertretung (Einzel- oder Gesamtvertretungsbefugnis) und Befreiung von § 181 BGB. Daneben können Termine für Beginn und Ende des Amtes, Bedingungen, Befristungen oder Auflagen in die Erklärung aufgenommen werden; vgl. zur Zulässigkeit der Bestellung unter einer auflösenden Bedingung BGH, Urt. v. 24.10.2005 – II ZR 55/04, NZG 2006, 62; ansonsten allgemein Lutter/Hommelhoff/*Kleindiek* GmbHG § 6 Rn. 41; MünchHdbGesR III/*Freitag* § 6 Rn. 40; MünchHdbGesR III/*Diekmann* § 42 Rn. 39. 356

7. Auch der Abschluss des Dienstvertrages fällt, sofern der Gesellschaftsvertrag keine abweichende Zuständigkeit (etwa des Beirats oder Aufsichtsrats) vorsieht, als Annexkompetenz zu § 46 Nr. 5 GmbHG in die Zuständigkeit der Gesellschafter (Lutter/Hommelhoff/*Bayer* § 46 Rn. 23 m.w.N.). Anders im Fall der mitbestimmten GmbH, wo zwingend der Aufsichtsrat zuständig ist (MünchHdbGesR III/*Diekmann* § 42 Rn. 29 ff.). Die Gesellschafter werden sich, wie im Formular vorgesehen, bei dem Abschluss des Vertrages i.d.R. eines oder der sonstigen Geschäftsführer bedienen und diese zum Abschluss anweisen, wobei diese dann jedoch nicht als Organ, sondern als Bevollmächtigte der Gesellschafter handeln. Es kann jedoch auch jede beliebige sonstige Person zum Abschluss bevollmächtigt werden. Von daher empfiehlt sich die Aufnahme einer entsprechenden Regelung in den Bestellungsbeschluss. 357

31. Beschluss des Aufsichtsrats über die Bestellung von Geschäftsführern

Vorbemerkung

Grundsätzlich kann der Geschäftsführer einer GmbH durch entsprechende Regelung im Gesellschaftsvertrag (vgl. § 6 Abs. 3 Satz 2 GmbHG) durch Beschluss der Gesellschafter (vgl. § 46 Nr. 5 GmbHG; Muster C 30 (Rdn. C 348 ff.)) oder durch sonstige Gremien, denen diese Befugnis durch die Satzung zugewiesen ist, bestellt werden. Neben einem Beirat, Gesellschafterausschuss, einzelnen Gesellschaftern oder sogar außen stehenden Stellen (str.; vgl. MünchHdbGesR III/*Diekmann* § 42 Rn. 27 f. m.w.N.) kann dies auch ein fakultativer Aufsichtsrat nach § 52 GmbHG sein. 358

Unterliegt die Gesellschaft der unternehmerischen Mitbestimmung werden die Geschäftsführer abweichend von § 46 Nr. 5 GmbHG stets durch den in diesem Fall obligatorischen Aufsichtsrat bestellt (§ 31 MitbestG, § 12 MontanMitbestG, § 13 MontanMitbestGErgG jeweils i.V.m. § 84 AktG). Unterfällt die Gesellschaft erstmalig der Mitbestimmung, greift § 37 Abs. 3 Satz 5 MitbestG und die bereits bestellten Geschäftsführer sind, sofern deren Amtszeit fünf Jahre überschreitet, nach Ablauf von fünf Jahren auch ohne Vorliegen eines wichtigen Grundes abrufbar. Bei einer mitbestimmten GmbH nach DrittelbG verbleibt es bei der grundsätzlichen Kompetenz der Gesellschafterversammlung; eine Verlagerung auf den Aufsichtsrat kraft Gesetz findet nicht statt, kann jedoch in der Satzung verankert werden. 359

Von der durch einen (fakultativen oder obligatorischen) Aufsichtsrat erfolgten Bestellung des Geschäftsführers, wodurch dieser Organ der Gesellschaft wird, rechtlich zu trennen ist der Abschluss des Anstellungsvertrages, für den ebenfalls der Aufsichtsrat zuständig ist. Des Weiteren ist zur Wirksamkeit der Bestellung die Annahme durch den Bestellten erforderlich (vgl. dazu bereits Vorbemerkung zu Muster C 30 (Rdn. C 348)). 360

Muster

361 **Niederschrift über die schriftliche Beschlussfassung des Aufsichtsrats der A-GmbH, Köln [1]**

Der Aufsichtsrat der A-GmbH, Köln (»Gesellschaft«) hat auf Anordnung des Vorsitzenden des Aufsichtsrats gemäß § ________ der Satzung und § ________ der Geschäftsordnung für den Aufsichtsrat eine Beschlussfassung im schriftlichen Umlaufverfahren durchgeführt.

An der Beschlussfassung haben folgende Mitglieder des Aufsichtsrats teilgenommen:

____

Damit war der Aufsichtsrat beschlussfähig (§ ________ der Satzung; § ________ der Geschäftsordnung für den Aufsichtsrat).

Es wurde über den folgenden einzigen Punkt der Tagesordnung beschlossen: Bestellung des Herrn Z zum Geschäftsführer der Gesellschaft.

Der Aufsichtsrat fasste mit

________ Ja-Stimmen

________ Nein-Stimmen

________ Enthaltungen

folgenden Beschluss:

Herr Z [Geburtsdatum, Privatanschrift] [2] wird mit sofortiger Wirkung und für die Dauer von fünf Jahren zum Geschäftsführer der A-GmbH bestellt. [3] Er vertritt die Gesellschaft satzungsgemäß, d.h. er vertritt sie einzeln, wenn nur ein Geschäftsführer bestellt ist, und in Gemeinschaft mit einem anderen Geschäftsführer oder einem Prokuristen, wenn mehrere Geschäftsführer bestellt sind. Er ist berechtigt, die Gesellschaft bei der Vornahme von Rechtsgeschäften mit sich im eigenen Namen oder als Vertreter eines Dritten zu vertreten (Befreiung von den Beschränkungen des § 181 BGB). [4, 5]

Vorstehender Beschluss wird hiermit festgestellt. Weitere Beschlüsse wurden nicht gefasst.

________, den ________

(Unterschriften)

Erläuterungen

362 **1.** Hinsichtlich der Einladung und Abhaltung der Aufsichtsratssitzung vgl. oben Muster C 23–25. Dieses Muster setzt voraus, dass der Aufsichtsratsvorsitzende gemäß entsprechender Satzungsbestimmung ein schriftliches Verfahren anordnen kann. Dies ist im Bereich einer mitbestimmten Gesellschaft zwingend (§ 25 Abs. 1 Nr. 2 MitbestG, § 1 Abs. 1 Nr. 3 DrittelbG, jeweils i.V.m. § 108 Abs. 4 AktG). Jedoch ist dies in Abwesenheit einer dies zulassenden Regelung in der Satzung oder der Geschäftsordnung des Aufsichtsrates nur zulässig, wenn kein Mitglied dieser Verfahrensweise widersprochen hat (§ 108 Abs. 4 AktG).

363 **2.** Hinsichtlich der Bestellung von Ausländern als Geschäftsführer einer deutschen GmbH wurde registerrechtlich ehemals verlangt, dass diese jederzeit in die Bundesrepublik einreisen können. Aufgrund des im Rahmen des MoMiG geänderten § 4a GmbHG können nunmehr jedoch auch Nicht-EU-Aus-

länder, für die die vorgenannte Bedingung nicht zutrifft, als Geschäftsführer bestellt und entsprechend eingetragen werden; vgl. OLG Frankfurt am Main, Beschl. v. 12.11.2010, 20 W 370/10; OLG München, Beschl. v. 17.12.2009, 31 Wx 142/09, NZG 2010, 157; OLG Düsseldorf, Beschl. v. 16.04.2009, I-3 Wx 85/09, FGPrax 2009, 178; s. auch MünchHdbGesR III/*Diekmann* § 42 Rn. 2).

3. Im Bereich mitbestimmter Gesellschaften mit einem obligatorischen Aufsichtsrat kann die Bestellung aufgrund der Geltung von § 84 Abs. 1 Satz 1 AktG auf höchstens fünf Jahre erfolgen. Ist keine explizite zeitliche Regelung getroffen ist von einer Bestellung für den maximal zulässigen Zeitraum auszugehen. 364

Für die Wirksamkeit der Bestellung kommt es nicht auf die Eintragung des Geschäftsführers im Handelsregister an; diese wird wie bereits unter Rdn. C 348 oben ausgeführt, mit ihrer Annahme durch den neu bestellten Geschäftsführer wirksam (MünchHdbGesR III/*Diekmann* § 42 Rn. 20). Die Eintragung ist deklaratorischer Natur und dient lediglich der Sicherheit des Rechtsverkehrs. Auch bedarf es für die Wirksamkeit der Bestellung nicht des Abschlusses eines Anstellungsvertrages, dies ist von dem Bestellungsvorgang, mit dem der Geschäftsführer Organ der Gesellschaft wird, zu unterscheiden. 365

4. Zu Umfang der Vertretungsmacht, Befreiung vom Verbot des Selbstkontrahierens nach § 181 BGB, usw. vgl. Anmerkungen zu Muster C 30 (Rdn. C 348 ff.). Der hier gewählte Formulartext basiert auf der Annahme eines fakultativen Aufsichtsrats und einer Gesellschaft, die auch nur einen Geschäftsführer haben kann. Im Bereich des MitbestG und des MontanMitbestG muss die Geschäftsführung wegen des Vorhandenseins eines Arbeitsdirektors aus mindestens zwei Mitgliedern bestehen (ErfK/*Oetker* § 12 MontanMitbestG Rn. 2; ErfK/*Oetker* § 33 MitbestG Rn. 3). 366

5. Im Anwendungsbereich des MitbestG erfordert die Bestellung des Geschäftsführers nach § 31 Abs. 2 MitbestG eine Mehrheit von zwei Drittel der Stimmen. Kommt diese nicht zustande, regelt sich das danach einzuhaltende Verfahren nach § 31 Abs. 3 und 4 MitbestG i.V.m. § 27 Abs. 3 MitbestG. Im Bereich des MontanMitbestG genügt die einfache Mehrheit. In Abwesenheit anderslautender Satzungsbestimmungen gilt dies auch für den fakultativen Aufsichtsrat. Soll ein Mitglied des Aufsichtsrats zum Geschäftsführer bestellt werden, ist es von der Stimmabgabe ausgeschlossen (str.; vgl. MünchHdbGesR III/*Diekmann* § 48 Rn. 75 m.w.N.). 367

32. Antrag auf gerichtliche Notbestellung eines Geschäftsführers

Vorbemerkung

Die gerichtliche Bestellung eines Notgeschäftsführers nach § 29 BGB analog (bei einer mitbestimmten Gesellschaft nach § 85 AktG) kommt bei Fehlen eines erforderlichen Geschäftsführers in Betracht, wenn also die Gesellschaft entweder keinen Geschäftsführer mehr hat oder vorhandene Geschäftsführer aufgrund tatsächlicher Umstände (beispielsweise lang andauernde Krankheit, Tod, Niederlegung) oder rechtlicher Gründe (bspw. Fehlen der erforderlichen Anzahl von Geschäftsführern bei Gesamtvertretung) dauerhaft an der Amtsausübung gehindert sind. 368

Das Verfahren bestimmt sich nach dem FamFG, setzt einen Antrag voraus und erfordert nach § 31 FamFG die Glaubhaftmachung der Voraussetzungen der Notbestellung (vgl. allg. zu dem Verfahren – jedoch noch unter Anwendung des FGG – auch *Helmschrott* ZIP 2001, 636 ff.). 369

Die Bestellung des Notgeschäftsführers ist von Amts wegen und ohne Besonderheiten zur Eintragung in das zuständige Handelsregister anzumelden (§ 67 Abs. 2 BGB analog). Durch die Bestellung entsteht ein Geschäftsbesorgungsverhältnis nach §§ 611, 675 BGB und der Notgeschäftsführer hat Anspruch gegen die Gesellschaft (str.) auf Vergütung und Ersatz von Auslagen. 370

Das Amt endet mit Erledigung der zugewiesenen Aufgabe, der Bestellung eines ordentlichen Geschäftsführers oder Abberufung durch das bestellende Gericht aus wichtigem Grund. Die Gesellschafter selbst können den Notgeschäftsführer nicht abberufen. 371

Muster

372 **An das**

Amtsgericht Köln

Justizzentrum Luxemburger Str. 101

50939 Köln

Betr.: A-GmbH, AG Köln HRB 1234 [1]

Antrag [2] **auf Bestellung eines Notgeschäftsführers**

In der Registersache der A-GmbH mit Sitz in Köln, eingetragen im Handelsregister des Amtsgerichts Köln unter HRB 1234 (»Gesellschaft«) wird hiermit beantragt, Herrn N, geboren am __________ und wohnhaft __________ [3] **mit sofortiger Wirkung zum Notgeschäftsführer der Gesellschaft zu bestellen.**

Begründung:

1. Für die Gesellschaft ist im Grundbuch __________ eine Auflassungsvormerkung eingetragen (Grundbuchauszug in Anlage 1) [4]**. Die Antragstellerin hat am __________ hinsichtlich vorgenannten Grundstücks einen notariellen Kaufvertrag (UR-Nr. __________ des Notars __________, Köln) abgeschlossen. Für den Vollzug dieser Urkunde ist die Löschung der Auflassungsvormerkung erforderlich.**

2. Die zur Löschung der Auflassungsvormerkung zu erteilende Löschungsbewilligung kann durch die Gesellschaft derzeit nicht abgegeben werden, da der alleinige Geschäftsführer der Gesellschaft, Herr A, am __________ verstorben ist. Herr A war auch Gesellschafter der Gesellschaft mit einem Geschäftsanteil im Nennbetrag von 12.500 €, was 50 % des Stammkapitals der Gesellschaft entspricht (Gesellschafterliste der Gesellschaft in Anlage 2).

3. Nach dessen Tod sind alleinige Gesellschafter der Gesellschaft Herr B, der einen Geschäftsanteil im Nennbetrag von 12.500 € hält, mithin also zu 50 % am Stammkapital der Gesellschaft beteiligt ist, sowie die Erben des Herrn A. Mit Schreiben vom __________ teilte das zuständige Nachlassgericht mit, dass ein Erbschein derzeit nicht erteilt werden könne, da nicht geklärt sei, wer Erbe des Herrn A geworden sei (Anlage 3).

4. Vor diesem Hintergrund ist es dem verbliebenen Gesellschafter Herrn B nicht möglich, eine Gesellschafterversammlung einzuberufen, um in deren Rahmen einen Geschäftsführer der Gesellschaft zu bestellen und die derzeitige Führungslosigkeit zu beenden.

5. Die Bestellung eines Notgeschäftsführers ist auch dringlich [5]**, da der Antragstellerin ohne die Notbestellung Schaden droht. Kann die derzeit noch zugunsten der Gesellschaft eingetragener Auflassungsvormerkung nicht gelöscht werden, wozu es nach § 19 GBO der Bewilligung der Gesellschaft bedarf, und damit der o.g. Kaufvertrag zugunsten der Antragstellerin nicht wirksam grundbuchrechtlich vollzogen werden, droht der Antragstellerin insofern Schaden, als dass ihr das Grundstück nicht als Sicherheit für einen abzuschließenden Kreditvertrag mit der K Bank zur Verfügung steht. Ohne diese Sicherheit ist die K Bank nicht bereit, der Antragstellerin das Darlehen zu gewähren und der Antragstellerin stehen keine Mittel zur Finanzierung dringend benötigter Produktionsanlagen zur Verfügung.**

6. Die Antragstellerin schlägt vor, Herrn C als Notgeschäftsführer zu bestellen. [3] **Bei Herrn C handelt es sich um einen langjährigen Mitarbeiter der Gesellschaft, der mit sämtlichen Geschäftsvorgängen vertraut ist und aufgrund seiner Qualifikation, langjährigen Erfahrung und bisherigen beruflichen Tätigkeit als Geschäftsführer der Gesellschaft geeignet ist. Mit Schreiben vom ________ (Anlage 4) hat Herr C gegenüber der Gesellschaft, der Antragstellerin sowie dem Gericht für den Fall, dass das Gericht ihn als Notgeschäftsführer bestellen sollte, seine Annahme dieses Amtes erklärt.** [6] **In der Person des Herrn C liegen auch keine Bestellungshindernisse nach § 6 Abs. 2 GmbHG vor. Eine entsprechende notarielle Versicherung nach § 39 Abs. 3 GmbHG hat Herr C abgegeben (Anlage 5).** [7] **Die Satzung der Gesellschaft sieht keine weiteren, über die gesetzlichen Eignungsvoraussetzungen hinausgehende vor.** [7]

7. Des Weiteren hat sich Herr B schriftlich bereit erklärt, für die Zeit der Notbestellung des Herrn C und bis zur ordentlichen Bestellung eines Geschäftsführers Herrn C als Notgeschäftsführer eine angemessene Vergütung zu übernehmen (Anlage 6). [8]

8. Vor diesem Hintergrund ist dem Antrag stattzugeben. [9]

Köln, den ________

Z-GmbH

Erläuterungen

1. Zuständig für die Notbestellung ist das Amtsgericht am Sitz (Satzungssitz nach § 4a GmbHG) der Gesellschaft. 373

2. Die Notbestellung erfolgt nur auf Antrag, nicht ex officio. Antragsberechtigt sind die nach § 29 BGB *Beteiligten*, was Gesellschafter, Aufsichtsratsmitglieder, Gläubiger oder auch ein bei vorgeschriebener Gesamtvertretung einzig verbliebene Geschäftsführer sein können. Das Muster sieht den Antrag eines Gläubigers vor, der von der führungslosen Gesellschaft die Abgabe einer Löschungsbewilligung verlangen kann (nachgebildet nach LG Frankenthal, Beschl. v. 11.02.2003, GmbHR 2003, 586). 374

3. Sofern möglich, sollte der Antragsteller dem Gericht sinnvollerweise in dem Antrag einen Vorschlag für die Person des zu bestellenden Notgeschäftsführers unterbreiten, da das Gericht den Antrag, wenn eine zur Übernahme des Amtes bereite Person weder vom Antragsteller benannt noch sonst gefunden werden kann, zurückweisen kann. Der Vorschlag ist jedoch unverbindlich. Auch besteht selbstverständlich kein Zwang zur Annahme der Bestellung. 375

4. Die Voraussetzungen der Notbestellung sind glaubhaft zu machen (§ 31 FamFG). 376

5. Die Dringlichkeit ist eine zentrale Voraussetzung der Notgeschäftsführerbestellung und muss als solche ebenfalls glaubhaft gemacht werden. Ein dringender Fall für die Bestellung eines Notgeschäftsführers einer GmbH liegt nur vor, wenn die Gesellschaftsorgane selbst nicht in der Lage sind, innerhalb einer Frist den Mangel zu beseitigen und der Gesellschaft oder einem Beteiligten ohne Notgeschäftsführerbestellung Schaden drohen würde oder eine alsbald erforderliche Handlung nicht vorgenommen werden könnte (OLG Zweibrücken, Beschl. v. 30.09.2011 – 3 W 119/11; vgl. auch Lutter/Hommelhoff/*Kleindiek* Vor § 35 Rn. 16; MünchHdbGesR III/*Diekmann* § 42 Rn. 34 jeweils m.w.N.). Keine Dringlichkeit und damit kein Anlass für eine gerichtliche Bestellung ist gegeben, wenn sich die Gesellschafter bloß nicht einigen können. Die Notbestellung durch das Gericht ist ultima ratio und soll nicht Streitigkeiten zwischen den zur Bestellung berufenen Gesellschaftern lösen. Sofern hierdurch die Erfüllung bestimmter gesetzlicher Pflichten (bspw. § 15a InsO) gefährdet ist oder ein Dritter durch die Notbestellung seine berechtigten Interessen wahren will, kommt jedoch auch bei einer solchen Situation eine gerichtliche Bestellung in Betracht. 377

378 **6.** Die Organstellung erlangt der bestellte Notgeschäftsführer erst mit der Annahme seiner Bestellung gegenüber der Gesellschaft oder gegenüber dem Gericht. Vor seiner Bestellung hat das Gericht zu klären, ob die zu ernennende Person zur Annahme des Amtes bereit ist; eine Pflicht zur Annahme des Amtes besteht nicht. Unterbreitet der Antragsteller, wie vorliegend, einen (unverbindlichen) Vorschlag, empfiehlt es sich, aus Gründen der Verfahrensbeschleunigung bereits das Einverständnis der jeweiligen Person einzuholen und dem Gericht die Einverständniserklärung mitzuteilen.

379 **7.** Bei seiner Entscheidung für eine bestimmte Person hat das Gericht die gesetzlichen (sowie etwaige gesellschaftsvertragliche) Eignungsvoraussetzungen (§ 6 Abs. 2 GmbHG) zu beachten, weshalb diese auch bei dem zu unterbreitenden Vorschlag zu berücksichtigen sind. Die Versicherungen nach § 39 Abs. 3 GmbHG i.V.m. § 6 Abs. 2 Satz 3 und 4 GmbHG sind nicht Eintragungserfordernis, da sie das Gericht bereits bei der Bestellung prüft (*Krafka/Kühn* Rn. 1258). Dennoch empfiehlt es sich, dem Gericht eine solche Versicherung vorzulegen.

380 **8.** Der Notgeschäftsführer hat gegenüber der GmbH Anspruch auf Vergütung. Insbesondere bei vermögenslosen Gesellschaften ist davon auszugehen, dass er die Annahme seiner Bestellung nur gegen die Zusage einer Vergütung erklären wird. Deswegen kann das Gericht bei solchen Gesellschaften die Bestellung gemäß § 14 GNotKG von der Zahlung eines Vorschusses oder der Zusage der Zahlung einer Vergütung abhängig machen (*Krafka/Kühn* Rn. 1256).

381 **9.** Das Gericht kann in seiner Entscheidung die Geschäftsführungsbefugnis des Notgeschäftsführers auf den Bereich und die Rechtshandlungen beschränken, deren Wahrnehmung im Interesse des Antragstellers liegt. Bei dem Muster zugrunde liegenden Sachverhalt käme daher in Betracht, die Bestellung auf die Abgabe der Löschungsbewilligung zu begrenzen (LG Frankenthal, Beschl. v. 11.02.2003, GmbHR 2003, 586). Die Vertretungsmacht des Notgeschäftsführers ist nach § 37 Abs. 2 GmbH unbeschränkt.

33. GmbH & Co. KG: Bestellung der Geschäftsführer durch die Kommanditisten

Vorbemerkung

382 Auch bei einer GmbH, die Komplementärin einer GmbH & Co. KG ist, gilt selbstverständlich der gesetzliche Grundsatz, wonach die Gesellschafterversammlung über die Bestellung und Abberufung von Geschäftsführern entscheidet (§ 46 Nr. 5 GmbHG). Ist jedoch alleinige Gesellschafterin der Komplementär-GmbH die GmbH & Co. KG, handelt es sich also um eine sogenannte Einheitsgesellschaft, führt dies zu folgender Konstellation:

383 Die Stimmrechte in der über die Bestellung des Geschäftsführers der Komplementär-GmbH entscheidungsbefugten Gesellschafterversammlung derselben werden von der GmbH & Co. KG als deren Alleingesellschafterin ausgeübt. Die GmbH & Co. KG wird wiederum durch die Geschäftsführer ihrer Komplementär-GmbH vertreten. Es wird als zulässig angesehen, dass Mitgeschäftsführer über die Bestellung und Abbestellung ihrer Geschäftsführerkollegen entscheiden (BGH, Urt. v. 16.07.2007, II ZR 109/06).

384 Zur Vermeidung dieser Situation wird in Gesellschaftsverträgen von Einheits-GmbH & Co. KGs regelmäßig eine Konstruktion gewählt, wonach die Kommanditisten bevollmächtigt werden, die Gesellschafterrechte aus den Geschäftsanteilen der GmbH & Co. KG an der Komplementär-GmbH auszuüben (vgl. MünchHdbGesR II/*Gummert* § 51 Rn. 11 ff.; *Bahnsen* GmbHR 2001, 186; Scholz/*K. Schmidt* Anh. § 45 Rn. 60).

385 Eine alternative Regelungsgestaltung kann darin liegen, dass bei der GmbH ein Beirat gebildet wird, dem die Bestellungskompetenz zugewiesen wird, oder dass die Bestellung der Geschäftsführer der Zustimmung der Kommanditisten der GmbH & Co. KG bedarf (Scholz/*K. Schmidt* § 46 Rn. 84).

Muster

Niederschrift über eine außerordentliche Gesellschafterversammlung der A-GmbH, Köln (»Gesellschaft«) [1] 386

Die B-GmbH mit Sitz in Köln, eingetragen im Handelsregister des Amtsgerichts Köln unter HRB ____________, ist die alleinige Kommanditistin der A-GmbH & Co. KG mit Sitz in Köln, eingetragen im Handelsregister des Amtsgerichts Köln unter HRA ____________.

Die A-GmbH & Co. KG ist wiederum die alleinige Gesellschafterin der Gesellschaft und diese ist die persönlich haftende Gesellschafterin der A-GmbH & Co. KG. Der Gesellschaftsvertrag der A-GmbH & Co. KG sieht in § ____________ eine Bevollmächtigung vor, wonach die Gesellschafterrechte aus Geschäftsanteilen an der Gesellschaft durch die Kommanditistin der A-GmbH & Co. KG, also die B-GmbH, ausgeübt werden.

Dies vorweggeschickt hält die B-GmbH hiermit unter Verzicht auf alle Formen und Fristen für die Einberufung und Abhaltung einer Gesellschafterversammlung der Gesellschaft eine außerordentliche Gesellschafterversammlung dieser Gesellschaft ab und beschließt was folgt:

1. Herr Z [Geburtsdatum, Privatanschrift] wird mit sofortiger Wirkung zum Geschäftsführer der Gesellschaft bestellt. Er vertritt die Gesellschaft satzungsgemäß, d.h. er vertritt sie einzeln, wenn nur ein Geschäftsführer bestellt ist, und in Gemeinschaft mit einem anderen Geschäftsführer oder einem Prokuristen, wenn mehrere Geschäftsführer bestellt sind. [2] Er ist berechtigt, die Gesellschaft bei der Vornahme von Rechtsgeschäften mit sich im eigenen Namen oder als Vertreter eines Dritten zu vertreten (Befreiung von den Beschränkungen des § 181 BGB). [3]
2. Der der Gesellschafterversammlung vorliegende Entwurf eines Anstellungsvertrages mit Herrn Z wird genehmigt und die übrigen Geschäftsführer der Gesellschaft werden bevollmächtigt, diesen Vertrag mit Herrn Z abzuschließen. [4]

Weitere Beschlüsse wurden nicht gefasst.

Der maßgebliche Text ist derjenige in deutscher Sprache. Im Falle von Widersprüchen zwischen der deutschen und der englischen Fassung hat daher die deutsche Fassung Vorrang.

Ort ____________, den ____________

____

B-GmbH

vertreten durch

____

Template

Minutes of an extraordinary shareholder meeting of A-GmbH, Cologne (»Company«) [1] 387

B-GmbH with registered office in Cologne and registered with the commercial register of the Local Court of Cologne under HRB ____________ is the sole limited

partner of A-GmbH & Co KG with registered office in Cologne and registered with the commercial register of the Local Court of Cologne under HRA ___________.

A-GmbH & Co. KG, in turn, is the sole shareholder in the Company and the Company is the general partner of A-GmbH & Co. KG. The partnership agreement of A-GmbH & Co. KG contains in section ___________ a power of attorney which provides that all shareholder's rights deriving from the shares in the Company shall be exercised by the limited partner of A-GmbH & Co. KG, i.e. B-GmbH.

Against this background and waiving all requirements as to the form and notice periods for the calling and holding of shareholder meetings of the Company, B-GmbH hereby holds an extraordinary shareholders' meeting of the Company and resolves the following:

1. **Mr. Z [date of birth, residential address] is appointed as managing director of the Company with immediate effect. He represents the Company in accordance with the stipulations of the articles of association, i.e. in case he is the sole appointed managing director he represents the Company solely and in case more than one managing directors have been appointed he represents the Company jointly together with another managing director or a holder of a registered general commercial power of representation (*Prokurist*).** [2] **He is entitled to represent the Company in entering into transactions with himself in his own name or as representative of a third party (release from the restrictions of section 181 of the German Civil Code (BGB)).** [3]
2. **The draft of the service agreement with Mr. Z which was presented and available to the shareholder meeting is hereby approved and the further managing directors of the Company are authorized to conclude and enter into this agreement with Mr. Z.** [4]

No further resolutions have been adopted

The German wording shall be decisive. In case of any inconsistencies between the German and the English wording, the German wording shall therefore prevail.

place ___________, this ___________

____

B-GmbH

represented by

____

Erläuterungen

388 **1.** Dem Muster liegt folgende Konstellation zugrunde: die A-GmbH ist Komplementärin der A GmbH & Co. KG. Sämtliche Geschäftsanteile an der A-GmbH werden durch die A-GmbH & Co. KG gehalten, es handelt sich also um eine Einheits-KG. Alleinige Kommanditistin der A-GmbH & Co. KG ist die B-GmbH. Bei der A-GmbH soll ein neuer Geschäftsführer bestellt werden. Der Gesellschaftsvertrag der A-GmbH & Co. KG enthält eine Bestimmung, wonach die Kommanditisten bevollmächtigt werden, das Stimmrecht der KG in der Gesellschafterversammlung der A-GmbH auszuüben.

389 **2.** Vgl. zu den Einzelheiten des Bestellungsbeschlusses Muster C 30 (Rdn. C 348).

390 **3.** Wegen den Beziehungen in einer Einheits-KG zwischen der GmbH & Co. KG und ihrer Komplementärin werden die Gesellschaftsverträge der Komplementär-GmbH und der GmbH & Co. KG regelmäßig eine Befreiung der Komplementär-GmbH und ihrer Geschäftsführer von § 181

BGB hinsichtlich Geschäften zwischen diesen Gesellschaften enthalten. Ob der zu bestellende Geschäftsführer, wie in dem Formular vorgesehen, auch darüber hinaus von § 181 BGB befreit werden soll, ist eine Frage des Einzelfalls.

4. Auch der Abschluss des Dienstvertrages fällt als Annexkompetenz zu § 46 Nr. 5 GmbHG in 391
die Zuständigkeit der Gesellschafter (Lutter/Hommelhoff/*Bayer* § 46 Rn. 23 m.w.N.). Die Bevollmächtigung der Kommanditistin erstreckt sich insofern auch darauf. Das Muster sieht eine Unterbevollmächtigung der weiteren Geschäftsführer der A-GmbH zum Abschluss des Geschäftsführeranstellungsvertrages vor. Auch eine Bevollmächtigung sonstiger Personen kommt in Betracht.

34. Anmeldung der Bestellung von Geschäftsführern zum Handelsregister

Vorbemerkung

Gemäß § 39 Abs. 1 GmbHG ist jede Änderung in den Personen der Geschäftsführer sowie die 392
Beendigung der Vertretungsbefugnis eines Geschäftsführers zur Eintragung in das Handelsregister anzumelden. Darüber hinaus muss auch jede Änderung der Vertretungsbefugnis angemeldet werden (Baumbach/Hueck/*Zöllner/Noack* § 39 Rn. 2 m.w.N.). Die Eintragung des neu bestellten Geschäftsführers ist jedoch lediglich deklaratorischer Natur; seine Bestellung wird mit Erklärung der Bestellung gegenüber dem Geschäftsführer und mit ihrer Annahme durch diesen wirksam.

Gemäß § 78 GmbHG erfolgt die Anmeldung durch die Geschäftsführer in vertretungsberechtig- 393
ter Zahl. Der neu bestellte Geschäftsführer kann an seiner Anmeldung mitwirken, bzw. wenn er einzelvertretungsberechtigt ist alleine vornehmen, da die darauf folgende Eintragung lediglich deklaratorischer Natur ist.

Muster

An das 394

Amtsgericht Köln

– Registergericht –

Reichenspergerplatz 1

50670 Köln

Betr.: C-GmbH, HRB 1234 (»Gesellschaft«) [1]

Wir, die unterzeichnenden Geschäftsführer, überreichen: [8]

– Gesellschafterbeschluss der Gesellschaft vom ____________ in beglaubigter Ablichtung [2]

und melden zur Eintragung in das Handelsregister an:

1. Herr Z, geboren am ____________, wohnhaft ____________ [3] ist zum weiteren Geschäftsführer der Gesellschaft bestellt worden.

Herr Z vertritt die Gesellschaft einzeln, wenn nur ein Geschäftsführer bestellt ist, und in Gemeinschaft mit einem anderen Geschäftsführer oder einem Prokuristen, wenn mehrere Geschäftsführer bestellt sind. [4] Er ist berechtigt, die Gesellschaft bei der Vornahme von Rechtsgeschäften mit sich im eigenen Namen oder als Vertreter eines Dritten zu vertreten (Befreiung von den Beschränkungen des § 181 BGB). [5]

2. **Herr Y, geboren am ___________, wohnhaft ___________ [3] ist zum weiteren Geschäftsführer der Gesellschaft bestellt worden.**

   Herr Y vertritt die Gesellschaft stets einzeln, auch wenn mehrere Geschäftsführer bestellt sind. [4]Herr Y ist bei Geschäften mit der A-GmbH von den Beschränkungen des § 181 BGB befreit. [5]

Jeder der neu bestellten Geschäftsführer versichert [6], jeder einzeln und für sich, dass keine Umstände vorliegen, die seiner Bestellung als Geschäftsführer nach § 6 Abs. 2 Satz 2 Nr. 2 und Nr. 3, Satz 3 GmbH entgegenstehen, namentlich

a) er niemals, insbesondere nicht in den letzten fünf Jahren, rechtskräftig wegen einer oder mehrerer vorsätzlich begangener Straftaten

   - **des Unterlassens der Stellung eines Antrags auf Eröffnung des Insolvenzverfahrens (Insolvenzverschleppung),**
   - **nach den §§ 283 bis 283d StGB (Bankrott, Verletzung der Buchführungspflicht, Gläubiger- oder Schuldnerbegünstigung),**
   - **der falschen Angaben nach § 82 GmbHG oder § 399 AktG,**
   - **der unrichtigen Darstellung nach § 400 AktG, § 331 HGB, § 313 UmwG oder § 17 PublG,**
   - **nach den §§ 263 bis 264a oder den §§ 265b bis 266a StGB (Betrug, Computerbetrug, Subventionsbetrug, Kapitalanlagebetrug, Kreditbetrug, Sportwettbetrug, Manipulation von berufssportlichen Wettbewerben, besonders schwere Fälle des Sportwettbetrugs und der Manipulation von berufssportlichen Wettbewerben, Untreue, Vorenthalten und Veruntreuen von Arbeitsentgelt) zu einer Freiheitsstrafe von mindestens einem Jahr oder**
   - **im Ausland wegen einer mit den vorgenannten Taten vergleichbaren Straftat verurteilt worden ist, wobei ihm bekannt ist, dass in die Fünfjahresfrist die Zeit nicht eingerechnet wird, in der ein Täter auf behördliche Anordnung in einer Anstalt verwahrt worden ist,**

b) ihm gegenwärtig weder durch gerichtliches Urteil noch durch vollziehbare Entscheidung einer Verwaltungsbehörde die Ausübung eines Berufs, Berufszweiges, Gewerbes oder Gewerbezweiges untersagt ist, [7] und

c) er durch den diese Anmeldung beglaubigenden Notar [8] über seine unbeschränkte Auskunftspflicht gegenüber dem Gericht nach § 53 Abs. 2 BZRG belehrt worden ist.

Die inländische Geschäftsanschrift der Gesellschaft befindet sich weiterhin in [inländische Geschäftsanschrift].

Der maßgebliche Text ist derjenige in deutscher Sprache. Im Falle von Widersprüchen zwischen der deutschen und der englischen Fassung hat daher die deutsche Fassung Vorrang.

Ort ___________, den ___________

Unterschriften Geschäftsführer [9]

Beglaubigungsvermerk Notar [10, 11]

Template

An das 395

Amtsgericht Köln

– Registergericht –

Reichenspergerplatz 1

50670 Köln

Betr.: C-GmbH, HRB 1234 (»Company«) [1]

We, the undersigning managing directors, submit [8]

– a certified copy [2] of the Company's shareholder resolution dated __________

and apply for registration in the commercial register of the following:

1. **Mr. Z, born on __________, residing at __________ [3] has been appointed as further managing director of the Company.**

   In case Mr. Z is the sole appointed managing director he represents the Company solely and in case more than one managing director have been appointed Mr. Z represents the Company jointly together with another managing director or a holder of a registered general commercial power of representation (*Prokurist*). [4]He is entitled to represent the Company in entering into transactions with himself in his own name or as representative of a third party (release from the restrictions of section 181 of the German Civil Code (BGB)). [5]

2. **Mr. Y, born on __________, residing at __________ [3] has been appointed as further managing director of the Company.**

   Mr. Y represents the Company solely at all times even if more than one managing director have been appointed. [4]Mr. Y is granted release from the restrictions of section 181 of the German Civil Code (BGB) as far as transactions with A-GmbH are concerned. [5]

Each of the newly appointed managing directors affirms for himself [6] that no such circumstances exist which would bar his appointment as managing director pursuant to section 6 para. 2 sentence no. 2 and no. 3, sentence 3 of the German Limited Liability Companies Act (*GmbHG*), namely

a) **he has never, in particular not in the last five years, been finally (*rechtskräftig*) convicted in a legally binding way of one or several willfully committed offences**

   - **of failure to file a petition in insolvency (insolvency protraction);**
   - **under sections 283–283d of the German Criminal Code (StGB) (criminal offences in connection with insolvency);**
   - **of providing false information under section 82 GmbHG or section 399 of the German Stock Corporation Act (AktG);**
   - **of providing false representation under section 400 of the German Stock Corporation Act (AktG), section 331 of the German Commercial Code (HGB), section 313 of the German Reorganisation of Companies Act (UmwG) or section 17 of the German Company Disclosure Act (PublG);**

- **under sections 263 to 264a or sections 265b to 266a of the German Criminal Code (StGB) (fraud, computer fraud, subsidy fraud, capital investment fraud, credit fraud, sports betting fraud, manipulation of professional sports competitions, aggravated sports betting fraud and manipulation of professional sports competitions, criminal breach of trust, withholding and misappropriation of employment remuneration) to serve a prison sentence of at least one year; or**
- **of any offence committed abroad comparable to the aforementioned offences,**
- **whereas he knows that the five-year term does not encompass periods in which an offender has been held in custody on order of the authorities;**

b) currently no court judgment or enforceable order of an administrative authority prohibits him from carrying out any profession, branch of a profession, trade or branch of a trade [7]; and

c) the officiating notary [8] has advised him about his unrestricted obligation to furnish information to the court in accordance with section 53 para. 2 of the German Federal Central Register Act *(Bundeszentralregistergesetz);*

The domestic business premises continue to be located at ___[inländische Geschäftsanschrift]___.

The German wording shall be decisive. In case of any inconsistencies between the German and the English wording, the German wording shall therefore prevail.

Place ____________, this ____________

Signatures

authentication by notary public

Erläuterungen

396 **1.** Dem Muster liegt der gedachte Sachverhalt zugrunde, dass zwei Geschäftsführer bestellt wurden, deren Vertretungsmacht unterschiedlich ausgestaltet ist. Die neu bestellten Geschäftsführer melden ihre Bestellung selbst an, was unproblematisch ist, da die Eintragung lediglich deklaratorisch wirkt. Des Weiteren geht das Muster davon aus, dass die Geschäftsführer durch den die Anmeldung beglaubigenden Notar über ihre Auskunftspflicht gegenüber dem Handelsregister nach § 53 Abs. 2 BZRG belehrt wurden. Die durch das MoMiG eingeführte Möglichkeit in § 8 Abs. 3 Satz 2 GmbHG, dass auch Rechtsanwälte die Belehrung vornehmen können, wird in (Rdn. C 403) angesprochen. Auch wenn die Anmeldung der eigenen Bestellung durch den Geschäftsführer wegen der durch den neu bestellten Geschäftsführer abzugebenden Versicherungen am praktikabelsten ist, so ist dies nicht zwingend erforderlich. Die eigentliche Anmeldung und die Versicherungen, beide in notariell beglaubigter Form, können auch getrennt erfolgen.

397 **2.** Gemäß § 39 Abs. 2 GmbHG sind der Anmeldung die Urkunden über die Bestellung der Geschäftsführer in Urschrift oder öffentlich beglaubigter Abschrift beizufügen.

398 **3.** Name, Vorname, Geburtsdatum und Wohnort des Geschäftsführers sind anzugeben, da diese nach § 43 Nr. 4 HRV einzutragen sind. Hinsichtlich des Wohnorts wird vereinzelt von Registergerichten die Auffassung vertreten, hierzu gehöre auch die gesamte Privatanschrift (also auch die Straße und Hausnummer). Wenngleich sich dies dem Wortlaut des vorgenannten § 43 Nr. 4 HRV nicht entnehmen lässt (so auch MüKo HGB/*Langhein* § 106 Rn. 22, 5; Ebenroth/Boujong/Joost/Strohn/*Born* § 106 Rn. 9), ist ggf. eine vorherige Abstimmung oder Nachfrage bei dem zuständigen Registergericht ratsam.

399 **4.** Die Vertretungsbefugnis richtet sich nach der der Anmeldung zugrunde liegenden Bestellung. Die konkrete Vertretungsbefugnis der Geschäftsführer ist jedoch nur anzumelden und einzutra-

gen, wenn sie von der allgemeinen, satzungsgemäßen Vertretungsregelung abweicht (*Krafka/Kühn* Rn. 995). Dies ist bei der Anmeldung des zweiten Geschäftsführers der Fall. Stimmt sie mit der allgemeinen Vertretungsregelung überein, bedarf es an sich hierzu keiner speziellen Anmeldung. Aus Gründen der Klarheit erwähnt das Muster im Falle des ersten Geschäftsführers, der satzungsgemäß vertritt, dennoch dessen (konkrete) Vertretungsbefugnis.

5. Die (generelle oder nur beschränkte) Befreiung von § 181 BGB ist eine eintragungspflichtige Tatsache (BGH, Beschl. v. 28.02.1983 II ZB 8/82, BGHZ 87, 59). Die Anmeldung hat daher entsprechende Angaben zu enthalten, wobei eine Bezugnahme auf die Gesetzesbestimmung ausreicht, also nicht wie im Muster vorgesehen der gesamte Wortlaut wiedergegeben werden muss. Bei dem zweiten Geschäftsführer ist die Befreiung von § 181 BGB eingeschränkt und umfasst nur Rechtsgeschäfte mit einer weiteren Gesellschaft. Auch eine solche beschränkte Befreiung ist anzumelden und entsprechend einzutragen (Baumbach/Hueck/*Zöllner/Noack* § 35 Rn. 133 m.w.N.). Dabei muss die Eintragung dergestalt erfolgen, dass der Umfang der Vertretungsmacht aus der Eintragung selbst heraus klar erkennbar ist. Dies muss auch bei der Anmeldung beachtet werden. 400

6. Gemäß §§ 8 Abs. 3, 39 Abs. 3 Satz 1 GmbHG haben die neuen Geschäftsführer in der Anmeldung zu versichern, dass keine Umstände vorliegen, die ihrer Bestellung entgegenstehen und dass sie über ihre unbeschränkte Auskunftspflicht gegenüber dem Registergericht nach § 53 Abs. 2 Bundeszentralregistergesetz belehrt worden sind. Der Mustertext listet die einzelnen Ausschlussgründe des § 6 Abs. 2 GmbHG – insbesondere die in § 6 Abs. 2 GmbHG genannten Straftatbestände – einzeln auf. Dies ist nicht zwingend erforderlich. Zwar ist die pauschale Versicherung, es lägen keine Ausschlussgründe nach § 6 GmbHG vor, nicht ausreichend, jedoch ist nach der Rechtsprechung des BGH im Hinblick auf die Straftatbestände die pauschale Erklärung »noch nie, weder im Inland noch im Ausland, wegen einer Straftat verurteilt worden zu sein« zulässig und ausreichend (BGH, Beschl. v. 17.05.2010, – II ZB 5/10, NZG 2010, 829). Dennoch ist eine Auflistung empfehlenswert, um dem erklärenden Geschäftsführer die einzelnen einschlägigen Tatbestände zu seinem Schutz vor einer falschen Versicherung vor Augen zu führen. Seit dem 19.4.2017 sind auch der Sportwettbetrug und die Manipulation von berufssportlichen Wettbewerben Straftaten. Eingefügt als §§ 265c – e StGB durch das »Einundfünfzigste Gesetz zur Änderung des Strafgesetzbuches – Strafbarkeit von Sportwettbetrug und der Manipulation von berufssportlichen Wettbewerben« vom 11.4.2017 (BGBl. I 2017, 815 f.) sind sie vom Wortlaut des § 6 Abs. 2 GmbHG erfasst und sollten somit auch in die hier empfohlene namentliche Auflistung aufzunehmen (vgl. OLG Oldenburg, Beschl. v. 08.01.2018 – 12 W 126/17, NZG 2018, 264). 401

7. § 6 Abs. 2 Nr. 2 GmbHG bestimmt, dass Geschäftsführer nicht sein kann, wer aufgrund eines gerichtlichen Urteils oder einer vollziehbaren Entscheidung einer Verwaltungsbehörde einen Beruf, einen Berufszweig, ein Gewerbe oder einen Gewerbezweig nicht ausüben darf, sofern der Unternehmensgegenstand ganz oder teilweise mit dem Gegenstand des Verbots übereinstimmt. Die Einschränkung »sofern der Unternehmensgegenstand ganz oder teilweise mit dem Gegenstand des Verbots übereinstimmt« wurde in der Formulierung des Musters bewusst nicht übernommen, sondern stattdessen wird diese Versicherung unbeschränkt abgegeben. Hintergrund ist die von einigen Registergerichten vertretene Auffassung, wonach die Prüfung, ob der Unternehmensgegenstand ganz oder teilweise mit dem Gegenstand eines etwaigen Berufs- oder Gewerbeverbots übereinstimmt, dem Registergericht obliege und nicht dem anmeldenden Geschäftsführer. Gebe der Geschäftsführer lediglich eine den Gesetzeswortlaut wiederholende Versicherung ab, enthalte dies eine Wertung, die für das Registergericht nicht nachprüfbar sei (OLG Frankfurt, Beschl. v. 11.07.2011 – 20 W 246/11, GmbHR 2011, 1156). Zur Vermeidung von Beanstandungen wird daher die Verwendung des Wortlautes im Formular empfohlen. 402

8. § 8 Abs. 3 Satz 2 GmbHG eröffnet in seiner durch das MoMiG geschaffenen Fassung nun die Möglichkeit, dass die Belehrung nach § 53 Abs. 2 BZRG auch schriftlich, durch einen ausländischen Notar, durch einen vergleichbaren rechtsberatenden Beruf (z.B. einen Rechtsanwalt; BegrRegE MoMiG, BR-Drucks 354/07, 80) oder einen Konsularbeamten vorgenommen werden kann. Das Muster geht davon aus, dass die Belehrung durch den die Anmeldung beglaubigenden Notar vorgenommen wurde. Sofern sie durch einen Rechtsanwalt vorgenommen wurde, ist der Wort- 403 laut wie folgt zu ändern: »c) er durch den Rechtsanwalt [Name Rechtsanwalt], Köln, über seine unbeschränkte Auskunftspflicht gegenüber dem Gericht nach § 53 Abs. 2 BZRG belehrt worden ist./c) he has been advised by attorney at law [Name Rechtsanwalt], Cologne about his unrestricted obligation to furnish information to the court in accordance with section 53 para. 2 of the German Federal Central Register Act (*Bundeszentralregistergesetz*)«. Sofern die Belehrung schriftlich erfolgte, sind dem Gericht als Nachweis auch das durch den Geschäftsführer gegengezeichnete Belehrungsschreiben zu übersenden.

404 **9.** Die Anmeldung hat grundsätzlich durch die Geschäftsführer in vertretungsberechtigter Zahl zu erfolgen. Bei unechter Gesamtvertretung kann auch ein Prokurist hieran mitwirken. Auch ist Stellvertretung aufgrund rechtsgeschäftlicher Vollmacht bei einer Handelsregisteranmeldung einer Geschäftsführerbestellung grundsätzlich möglich, wobei die Vollmacht in Ausnahme von § 167 Abs. 2 BGB ebenfalls der notariellen Beglaubigung bedarf (§ 12 Abs. 1 Satz 2 HGB). Hinsichtlich der Versicherungen kommt eine Stellvertretung allerdings nicht in Betracht, da diese persönlicher Natur sind.

405 **10.** Die Anmeldung hat nach § 12 Abs. 1 HGB elektronisch in öffentlich beglaubigter Form zu erfolgen. Nach Unterzeichnung hat der Notar die Anmeldung elektronisch einzureichen (§ 12 Abs. 2 HGB).

406 **11.** Kosten: Beglaubigt der Notar lediglich die Anmeldung entsteht nach Nr. 25100 KV GNotKG eine 0,2 Gebühr, welche mindestens € 20 und höchstens € 70 beträgt; der Geschäftswert wird nach § 105 Abs. 4 Nr. 1 GNotKG ermittelt und beträgt 1 % des eingetragenen Stammkapitals, mindestens € 30.000, höchstens € 1 Mio. (§ 106 GNotKG). Bei der Anmeldung mehrerer Geschäftsführer liegen gemäß § 111 Nr. 3 GNotKG mehrere gesonderte Beurkundungsgegenstände vor, deren Geschäftswerte nach § 35 Abs. 1 GNotKG addiert werden (vgl. Korintenberg/*Diehn* GNotKG § 111 Rn. 21 ff.). Entwirft der Notar auch die Anmeldung entsteht eine 0,5 Gebühr, die mindestens € 30 beträgt (Nr. 24102 KV GNotKG). Die Gerichtskosten betragen 40 € (Nr. 2500 HRegGebV). Für jede weitere Eintragung, also auch den zweiten mit dem Muster anzumeldenden Geschäftsführer entstehen weiter 30 € (Nr. 2501 HRegGebV).

35. Anmeldung von Prokuristen zum Handelsregister

Vorbemerkung

407 Im Innenverhältnis obliegt die Entscheidung über die Bestellung von Prokuristen den Gesellschaftern (§ 46 Nr. 7 GmbHG). Die tatsächliche Erteilung der Prokura als Vertretungshandlung nach außen nehmen die Geschäftsführer in vertretungsberechtigter Zahl vor. Nach erfolgter Bestellung ist gemäß § 53 Abs. 1 Satz 1 HGB die Erteilung der Prokura zur Eintragung in das Handelsregister anzumelden. Dies gilt für Einzelprokura, Niederlassungsprokura sowie nach § 53 Abs. 1 Satz 2 HGB auch für echte Gesamtprokura und gemischte Gesamtvertretung (unechte Gesamtprokura; Ebenroth/Boujong/Joost/Strohn/*Weber* § 53 Rn. 2 m.w.N.). Die Anmeldung erfolgt durch die Geschäftsführer in vertretungsberechtigter Zahl. Die erfolgte Eintragung wirkt lediglich deklaratorisch.

Muster

408 **An das**

Amtsgericht Köln

– Registergericht –

Reichenspergerplatz 1

50670 Köln

Betr.: C-GmbH, HRB 1234 (»Gesellschaft«)

Wir, die unterzeichnenden Geschäftsführer, [1] melden zur Eintragung in das Handelsregister an:

1. **Herr X __[Geburtsdatum, Wohnort]__ [2] ist Gesamtprokura erteilt worden. Er vertritt die Gesellschaft in Gemeinschaft mit einem Geschäftsführer oder einem anderen Prokuristen. [3]**
2. **Herr Y __[Geburtsdatum, Wohnort]__ [2] ist Gesamtprokura erteilt worden. Er vertritt die Gesellschaft in Gemeinschaft mit einem Geschäftsführer oder einem anderen Prokuristen. Er ist befugt, Rechtsgeschäfte im Namen der Gesellschaft mit sich im eigenen Namen oder als Vertreter eines Dritten abzuschließen. [4]**
3. **Herr Z __[Geburtsdatum, Wohnort]__ [2] ist Einzelprokura mit der Befugnis zur Veräußerung und Belastung von Grundstücken erteilt worden. [5]**

Unterschrift

Notarielle Beglaubigung [6]

Template

An das 409

Amtsgericht Köln

– Registergericht –

Reichenspergerplatz 1

50670 Köln

Betr.: C-GmbH, HRB 1234 (»Company«)

We, the undersigning managing directors, [1] apply for registration in the commercial register of the following:

1. **Mr. X, __[date of birth, place of residence]__ [2] has been granted joint general commercial power of representation (*Gesamtprokura)*. He represents the Company jointly together with a managing director or another holder of a registered general commercial power of representation (*Prokurist)*.[3]**
2. **Mr. Y, __[date of birth, place of residence]__ [2] has been granted joint general commercial power of representation *(Gesamtprokura)*. He represents the Company jointly together with a managing director or another holder of a registered general commercial power of representation *(Prokurist)*. He is entitled to represent the Company in entering into transactions with himself in his own name or as representative of a third party (release from the restrictions of section 181 of the German Civil Code (BGB)). [5]**

Signatures

authentication by notary public

Erläuterungen

1. Die Anmeldung der Prokura zur Eintragung in das Handelsregister hat durch die Geschäftsführer in vertretungsberechtigter Zahl zu erfolgen. Im Rahmen der unechten Gesamtvertretung kann daran auch ein (bereits bestellter) Prokurist mitwirken. Die Anmeldung der eigenen Prokura ist selbst in unechter Gesamtvertretung, also gemeinsam mit einem Geschäftsführer, grundsätzlich **410**

nicht möglich. Teilweise wird vertreten, dass der Prokurist bei Vorlage eines Nachweises der ordnungsgemäßen Bestellung entsprechend der Regelung für den Geschäftsführer nach § 39 Abs. 2 GmbHG bei unechter Gesamtvertretung zur Anmeldung seiner eigenen Eintragung berechtigt sein soll (*Krafka/Kühn* Rn. 361).

411 **2.** In der Anmeldung sind Familienname, Vorname, Geburtsdatum und Wohnort des Prokuristen anzugeben (§ 43 Nr. 5 HRV). Entgegen dem Wortlaut Wohnort wird von Registergerichten vereinzelt die gesamte Privatanschrift verlangt. Vgl. dazu Muster C 34 (Rdn. C 398).

412 **3.** Der Umfang der Prokura richtet sich nach dem der Anmeldung zugrunde liegenden Gesellschafterbeschluss. Hier ist dem Prokuristen Gesamtprokura gemeinsam mit einem Geschäftsführer oder einem weiteren Prokuristen erteilt worden.

413 **4.** Der Prokurist kann von den Beschränkungen des § 181 BGB befreit werden. Dies ist zur Eintragung anzumelden (*Krafka/Kühn* Rn. 369).

414 **5.** Neben der Art der erteilten Prokura und der Person des Prokuristen sind auch Erweiterungen der Prokura auf die Veräußerung und Belastung von Grundstücken gemäß § 49 Abs. 2 HGB und die Befreiung von den Beschränkungen des § 181 BGB eintragungspflichtig (MüKo HGB/*Krebs* § 53 Rn. 5 m.w.N.).

415 **6.** Anders als bei der Anmeldung der Bestellung von Geschäftsführern, sind bei der Erteilung von Prokura keine weiteren Unterlagen einzureichen. Auch überprüft das Registergericht nicht das Vorliegen eines entsprechenden Gesellschafterbeschlusses, da dies das Innenverhältnis betrifft.

36. Amtsniederlegung des Geschäftsführers

Vorbemerkung

416 Ein GmbH Geschäftsführer kann sein Amt jederzeit, sowohl bei Vorliegen eines wichtigen Grundes als auch wenn ein solcher Grund nicht vorliegt (BGH, Urt. v. 08.02.1993, II ZR 58/92, NJW 1993, 1198), fristlos niederlegen (allg. zu der Amtsniederlegung: *Lohr* DStR 2002, 2173; *Schuhmann* GmbHR 2007, 305). Die Satzung der Gesellschaft kann Einschränkungen hiervon enthalten, etwa das Vorliegen eines wichtigen Grundes für die fristlose Niederlegung voraussetzen. Sofern die Niederlegung unbegründet, missbräuchlich oder zur Unzeit erfolgt, kann dies Haftungsfolgen für den Geschäftsführer wegen Verletzung der Pflichten des Anstellungsvertrages nach sich ziehen und ggf. auch dessen fristlose Kündigung durch die Gesellschaft rechtfertigen. Bei einer Amtsniederlegung zur Unzeit oder in rechtsmissbräuchlicher Art und Weise kann sie ausnahmsweise, insbesondere bei der Einmann-GmbH, und bei Vorliegen bestimmter weiterer Umstände nach allerdings str. Ansicht sogar unwirksam sein (vgl. Scholz/*Schneider/Schneider* GmbHG § 38 Rn. 90; Lutter/Hommelhoff/*Kleindiek* § 38 Rn. 42; MünchHdbGesR III/*Diekmann* § 42 Rn. 72 jeweils m.w.N.).

417 Aus dem Vorgesagten ergibt sich bereits, dass die Beendigung der Organstellung grundsätzlich unabhängig von dem Anstellungsvertrag ist, die Amtsniederlegung also nicht auch zugleich und automatisch zur Beendigung desselben führt. Der Geschäftsführer kann daher sein Amt niederlegen, ohne zugleich das Anstellungsverhältnis kündigen zu müssen, er kann aber auch zeitgleich dessen Kündigung aussprechen. Erforderlich ist dies allerdings nicht. Ob zugleich eine Kündigung des Anstellungsvertrages erfolgen soll, ist ggf. im Wege der Auslegung zu ermitteln.

418 Die Niederlegung wird mit Zugang der Erklärung wirksam; die darauf folgende Eintragung im Handelsregister hat nur deklaratorische Wirkung.

Muster

An 419

persönlich/vertraulich

Herrn A

Luxemburger Str. 139

50939 Köln

und

B-GmbH

Bahnhofstr. 18

66111 Saarbrücken

als die alleinigen Gesellschafter [2] der A-GmbH, Köln

Köln, den ____________ 2019

per Einschreiben Rückschein [1]

Niederlegung meines Amtes als Geschäftsführer der A-GmbH und Kündigung meines Anstellungsvertrages

Sehr geehrte Damen und Herren,

hiermit lege ich mein Amt als Geschäftsführers der A-GmbH mit sofortiger Wirkung [oder: mit Wirkung zum Zeitpunkt der Eintragung des Herrn C als Geschäftsführer der A-GmbH im Handelsregister [3]] nieder. [1, 5]

Zugleich kündige ich ordentlich zum nächstmöglichen Zeitpunkt meinen mit der A-GmbH abgeschlossenen Geschäftsführer-Anstellungsvertrag [*oder:* kündige ich meinen mit der A-GmbH abgeschlossenen Geschäftsführer-Anstellungsvertrag aus wichtigem Grund fristlos, hilfsweise ordentlich zum nächstmöglichen Termin.]. [4]

Des Weiteren fordere ich Sie dazu auf, im Hinblick auf die Anmeldepflicht nach §§ 39, 78 GmbHG dafür Sorge zu tragen, dass meine Amtsniederlegung zur Eintragung in das Handelsregister angemeldet wird. [6]

Als Zeichen Ihrer Kenntnisnahme der Amtsniederlegung darf ich Sie bitten, die beigefügte Kopie dieses Schreibens an der dafür vorgesehenen Stelle gegenzuzeichnen und an mich zurückzusenden. [1]

Mit freundlichen Grüßen

(Unterschrift Geschäftsführer)

Wir haben von der Amtsniederlegung Kenntnis genommen: [6]

____[Ort]____, den ____________

(Unterschriften Herr A und Vertreter B-GmbH)

Template

420 **An**

personally/confidential

Mr. A

Luxemburger Str. 139

50939 Köln

and

B-GmbH

Bahnhofstr. 18

66111 Saarbrücken

as the sole shareholders [2] of A-GmbH, Köln

Köln, this ______________ 2019

by registered letter [1]

Resignation from office as managing director of A-GmbH and termination of my service agreement

Dear Sirs,

I hereby resign from my office as managing director of A-GmbH with immediate effect [*oder*: with effect as of the registration of Mr. C as managing director of A-GmbH in the commercial register[3]]. [1, 5]

At the same time, I hereby terminate by regular notice and with effect as of the next possible point in time my managing director service agreement with A-GmbH [*oder:* with immediate effect and for cause, alternatively by regular notice and with effect as of the next possible point in time, my managing director serivce agreement wth A-GmbH.]. [4]

Furthermore, against the background of the registration obligation pursuant to sections 39 and 78 of the German Limited Liabilities Companies Act, I hereby kindly request to arrange for the registration of my resignation within the commercial register. [6]

I kindly ask you to countersign the attached copy of this letter where indicated as sign of your acknowledgement of the resignation and to return such countersigned copy to me. [1]

Yours sincerely,

(Unterschrift Geschäftsführer)

We hereby confirm acknowledgment of the resignation: [6]

___[Place]___, this______________

(Unterschriften Herr A und Vertreter B-GmbH)

Erläuterungen

421 **1.** Die Amtsniederlegung erfolgt durch formfreie empfangsbedürftige Erklärung und wird mit Zugang der Erklärung wirksam. Auch wenn die Niederlegung grundsätzlich formlos möglich ist,

sollte sie einerseits aus Gründen der Rechtsklarheit und andererseits wegen der bei der Anmeldung der Niederlegung zum Handelsregister nach § 39 Abs. 2 GmbHG vorzulegenden Urkunde über den Zugang der Niederlegungserklärung (zuletzt etwa OLG Jena, Beschl. v. 29.07.2010, NZG 2011, 28) schriftlich erfolgen (zu der Anmeldung der Niederlegung vgl. unten Muster C 38 (Rdn. C 443 ff.)). Zum Nachweis des Zugangs ist daher die Gegenzeichnung durch das Bestellungsorgan empfehlenswert (nach vorgenanntem Beschluss des OLG Jena ist auch ein mit Datum versehener Eingangsstempel der Alleingesellschafterin ausreichend). Die Übersendung per Einschreiben mit Rückschein dient dem Nachweis des Zugangs des Niederlegungsschreibens. Zu Fragen des Zugangs bzw. dem erforderlichen Nachweis bei einem ausländischen Gesellschafter vgl. BGH, Beschl. v. 21.06.2011 – II ZB 15/10, NJW-RR 2011, 1184.

2. Die Niederlegung ist gegenüber dem Organ zu erklären, das für die Bestellung zuständig ist (Scholz/*Schneider/Schneider* § 38 Rn. 91), i.d.R. also gegenüber der Gesellschafterversammlung (oder in mitbestimmten Gesellschaften gegenüber dem Aufsichtsrat) und nicht gegenüber anderen Geschäftsführern. Anders als in dem Muster vorgesehen genügt dabei gemäß § 35 Abs. 2 Satz 2 GmbHG analog die Erklärung gegenüber nur einem Gesellschafter (BGH, Urt. v. 17.09.2001, II ZR 378/99, GmbHR 2002, 27). 422

3. Wie in der Alternative des Musters vorgesehen, kann die Niederlegung auch auf einen bestimmten Zeitpunkt abstellen oder mit einer aufschiebenden Bedingung versehen werden, was der Gesellschafterversammlung die Möglichkeit zur Vorsorge gibt (vgl. Lutter/Hommelhoff/*Kleindiek* § 39 Rn. 7). Damit der Geschäftsführer noch selbst sein Ausscheiden anmelden kann ist es auch möglich, dass das Wirksamwerden der Amtsniederlegung vom Eingang der Anmeldung beim Registergericht oder der Eintragung im Handelsregister abhängig gemacht wird (OLG Frankfurt a.M., Beschl. v. 16.06.1993, 20 W 178/93, GmbHR 1993, 738). Ohne derartige Einschränkungen ist die Amtsniederlegungserklärung sofort wirksam. 423

4. Soll zugleich der Anstellungsvertrag durch den Geschäftsführer gekündigt werden, sollte dies aus Gründen der Klarheit auch so explizit in dem Niederlegungsschreiben ausgesprochen werden. Andernfalls ist das Schreiben auszulegen. Falls die Niederlegung aus wichtigem Grund erfolgt, kann unter Umständen auch eine fristlose Kündigung des Anstellungsvertrages in Betracht kommen. 424

5. Da das Vorliegen eines wichtigen Grundes gerade keine Voraussetzung für die Wirksamkeit der Niederlegung ist, bedarf es keiner Begründung in dem Niederlegungsschreiben. 425

6. Zur Handelsregisteranmeldung: Hat der Geschäftsführer sein Amt bereits mit sofortiger Wirkung niedergelegt, ist er nicht mehr anmeldeberechtigt. Nach str. Auffassung soll jedoch der einzig verbliebene Geschäftsführer, der sein Amt niederlegt, anmeldebefugt sein, sofern ein enger zeitlicher Zusammenhang zur Anmeldung besteht (LG Köln, Beschl. v. 14.08.1997, 87 T 25/97, GmbHR 1998, 183; *Wachter* GmbHR 2001, 1129, 1136; ablehnend zahlreiche obergerichtliche Urteile zuletzt etwa OLG Bamberg, Beschl. v. 26.06.2012, 1 W 29/12, NZG 2012, 1106). In der Praxis kann dies vermieden werden, indem die Niederlegung unter der aufschiebenden Bedingung des Eingangs der Anmeldung beim Handelsregister erklärt wird. Die Gegenzeichnung durch den Empfänger hat zu erfolgen, da der Handelsregisteranmeldung gemäß § 39 Abs. 2 GmbHG als Urkunde über die Beendigung der Vertretungsbefugnis sowohl die Erklärung des Geschäftsführers über die Niederlegung als auch der Nachweis über den Zugang vorzulegen ist (vgl. *Krafka/Kühn* Rn. 1092). 426

37. Gesellschafterbeschluss über die Abberufung eines Geschäftsführers und Kündigung des Anstellungsvertrags

Vorbemerkung

Nach § 38 Abs. 1 GmbHG kann ein Geschäftsführer jederzeit und ohne jegliche Begründung abberufen werden. Nach § 38 Abs. 2 GmbHG kann die freie Abberufbarkeit durch den Ge- 427 sellschaftsvertrag jedoch beschränkt, etwa an das Vorliegen eines wichtigen Grundes geknüpft werden. Weitere Einschränkungen können sich aus MitbestG, aus Satzungsregelungen, oder aus Treuebindungen im Falle von Gesellschafter-Geschäftsführern ergeben (zu Einschränkungen der freien Abberufung vgl. allg. Lutter/Hommelhoff/*Kleindiek* § 38 Rn. 7 ff.; Baumbach/Hueck/*Zöllner/Noack* § 38 Rn. 4 ff.).

428 Für Aufsehen und Fragen im Hinblick auf die jederzeitige Abberufbarkeit einer GmbH Fremdgeschäftsführerin sorgte die Danosa-Entscheidung des EuGH (Urt. v. 11.11.2010 – C-232/09, NJW 2011, 2343). Der Entscheidung zugrunde lag die Abberufung einer zum Zeitpunkt der Abberufung schwangeren Geschäftsführerin einer lettischen Aktiengesellschaft. Der EuGH entschied, dass die Arbeitnehmereigenschaft eines Mitglieds der Unternehmensleitung einer Kapitalgesellschaft zu bejahen sei, wenn es seine Tätigkeit für eine bestimmte Zeit nach der Weisung und unter der Aufsicht eines anderen Organs dieser Gesellschaft ausübe. Aufgrund dieser Entscheidung wird nun für den GmbH Geschäftsführer, der nach hergebrachtem deutsch-rechtlichen Verständnis kein Arbeitnehmer ist, diskutiert, ob eine europarechtskonforme Auslegung nicht zu einem anderen Ergebnis führt (zur Diskussion vgl. bspw. *von Alvensleben/Haug/Schnabel* BB 2012, 774). Dies hätte hinsichtlich der freien Abberufbarkeit nach § 38 Abs. 1 GmbHG zur Folge, dass diese durch § 1 Nr. 1 MuSchG eingeschränkt sein könnte. Dagegen argumentiert Baumbach/Hueck/*Zöllner/Noack* § 38 Rn. 6, dass diesbezüglich eine einschränkende Interpretation geboten sei und nicht die Abberufung von der Organstellung, sondern lediglich die Kündigung des Anstellungsverhältnisses unwirksam sei.

429 Das nachfolgende Muster geht von dem Regelfall, der Abberufung durch entsprechenden Gesellschafterbeschluss, aus. Hierfür ist die einfache Mehrheit der abgegebenen Stimmen erforderlich (§ 47 Abs. 1 GmbHG). Für seine Wirksamkeit muss der Abberufungsbeschluss noch dem abzuberufenden Geschäftsführer gegenüber, sofern dieser bei der Beschlussfassung nicht anwesend war, erklärt werden (§ 130 Abs. 1 BGB).

430 Von der Abberufung zu unterscheiden ist die Beendigung des Anstellungsverhältnisses; die Beendigung der Organstellung führt nicht auch automatisch zu der des Anstellungsvertrages. Dies erfolgt separat per Kündigung.

Muster

431 **Niederschrift über eine außerordentliche Gesellschafterversammlung der A-GmbH, Köln (»Gesellschaft«) [1, 9]**

Die alleinigen Gesellschafter der im Handelsregister des Amtsgerichts Köln unter HRB __________ eingetragenen A-GmbH mit einem Stammkapital von 25.000 € sind:

Herr B mit einem Geschäftsanteil im Nennbetrag von 10.000 €,

Herr C mit einem Geschäftsanteil im Nennbetrag von 10.000 € und

die D-GmbH, vertreten durch ihren einzelvertretungsberechtigten Geschäftsführer Herrn E, mit einem Geschäftsanteil im Nennbetrag von 5.000 €.

Die Erschienenen vertreten damit das gesamte Stammkapital der Gesellschaft und halten hiermit unter Verzicht auf alle Formen und Fristen für die Einberufung und Abhaltung einer Gesellschafterversammlung der Gesellschaft eine außerordentliche Gesellschafterversammlung dieser Gesellschaft ab und beschließen einstimmig was [2] folgt:

1. **Herr Z wird mit sofortiger Wirkung [*oder:* mit Wirkung zum __________] als Geschäftsführer abberufen. [3, 4]**
2. **Herrn Z wird Entlastung erteilt. [5]**

3. Der zwischen der Gesellschaft und Herrn Z bestehende Geschäftsführer-Anstellungsvertrag vom ____________ wird ordentlich unter Wahrung der entsprechenden Kündigungsfrist zum ____________ gekündigt. [6]

4. Der Geschäftsführer Y wird beauftragt und bevollmächtigt, sämtliche zur Umsetzung dieses Beschlusses erforderlichen Handlungen vorzunehmen und Erklärungen abzugeben und entgegenzunehmen, insbesondere

– den Anstellungsvertrag zwischen Herrn Z und der Gesellschaft mit Wirkung zum Ablauf des ____________ zu kündigen 7 und

– dem abberufenen Geschäftsführer Herrn Z diesen Abberufungsbeschluss mitzuteilen. [8]

Weitere Beschlüsse wurden nicht gefasst.

Der maßgebliche Text ist derjenige in deutscher Sprache. Im Falle von Widersprüchen zwischen der deutschen und der englischen Fassung hat daher die deutsche Fassung Vorrang.

Ort ____________, den ____________

(Unterschriften)

Template

Minutes of an extraordinary shareholders´ meeting of A-GmbH, Cologne (»Company«) [1, 9] 432

Sole shareholders of A-GmbH, registered with the commercial register of the Local Court of Cologne under HRB ____________ with a registered share capital of € 25,000 are:

Mr. B holding one share in the nominal amount of € 10,000;

Mr. C holding one share in the nominal amount of € 10,000; and

D-GmbH, represented by its managing director with sole representation power Mr. E, holding one share in the nominal amount of € 5,000.

The entire issued registered share capital of the Company is represented by the persons appearing who, waiving all requirements as to the form and notice periods for the calling and holding of shareholders´ meetings of the Company, hereby hold an extraordinary shareholders´ meeting of said company and unanimously resolve the following:

1. Mr. Z ____________ is withdrawn from office as managing director with immediate effect [or: with effect as of ____________]. [3, 4]

2. Mr. Z´s activities as managing director are hereby approved and he is hereby granted formal discharge. [5]

3. The service agreement between the Company and Mr. Z dated ____________ is hereby terminated in accordance with the applicable notice period and with effect as of ____________. [6]

4. Managing director Y is hereby instructed and authorized to take all such action and to issue and to receive all such declarations which are required for the implementation of the above resolutions, in particular:

- **to serve notice of termination in order to terminate the service agreement between Mr. Z and the Company with effect as of ___________ 7 and**
- **to inform the dismissed managing director Mr. Z about this resolution. 8**

No further resolutions have been adopted

The German wording shall be decisive. In case of any inconsistencies between the German and the English wording, the German wording shall therefore prevail.

Place ___________, this ___________

(Signatures)

Erläuterungen

433 **1.** Für den Abberufungsbeschluss besteht kein Formerfordernis, insbesondere kein Bedürfnis der notariellen Beurkundung. Auch eine Begründung ist nicht erforderlich. Wird jedoch ein Dritter zur Erklärung der Kündigung des Anstellungsverhältnisses mit dem Geschäftsführer ermächtigt, sollte mit der Kündigungserklärung zugleich ein Original des ermächtigenden Beschlusses vorgelegt werden. Allein aus diesem Grund sollte der Beschluss schriftlich gefasst werden.

434 **2.** Entscheiden wie im Formular vorgesehen die Gesellschafter nach § 46 Nr. 5 GmbHG über die Abberufung, bedarf der Beschluss nach § 47 Abs. 1 GmbHG der einfachen Mehrheit; die Satzung kann hiervon abweichende Bestimmungen vorsehen, die jedoch nicht für eine Abberufung aus wichtigem Grund gelten (BGH, Urt. v. 20.12.1982, II ZR 110/82, BGHZ 86, 177). Ein Gesellschafter-Geschäftsführer ist bei der Beschlussfassung über seine Abberufung stimmberechtigt, sofern es sich nicht um eine Abberufung aus wichtigem Grund handelt (MünchHdbGesR III/*Diekmann* § 42 Rn. 61 m.w.N. zu dem Streit, ob in diesem Fall der wichtige Grund tatsächlich vorliegen muss oder dessen Behauptung ausreicht).

435 **3.** Gemäß § 38 Abs. 1 GmbHG ist die Bestellung der Geschäftsführer zu jeder Zeit widerruflich. Durch den Widerruf der Geschäftsführerbestellung – auch »Abberufung« genannt – wird die Organstellung ex nunc beendet (Baumbach/Hueck/*Zöllner/Noack* § 38 Rn. 1 m.w.N.). Einschränkungen der freien Abberufbarkeit können sich aus der Satzung, aus schuldrechtlichen Nebenvereinbarungen zwischen einem Gesellschafter-Geschäftsführer und den übrigen Gesellschaftern oder für Gesellschafter-Geschäftsführer bei personalistisch geprägten Gesellschaften aufgrund der gesellschafterlichen Treuepflicht ergeben (vgl. MünchHdbGesR III/*Diekmann* § 42 Rn. 49 ff.). Ist die Abberufbarkeit derart beschränkt, dass ein wichtiger Grund (§ 38 Abs. 2 GmbHG) vorliegen muss, ist anhand der Umstände des Einzelfalles zu überprüfen, ob der Gesellschaft bei Würdigung aller Umstände unter Berücksichtigung der widerstreitenden Interessen der Verbleib des Geschäftsführers in seiner bisherigen Stellung und bis zum Ablauf seiner Amtszeit nicht mehr zugemutet werden kann (Lutter/Hommelhoff/*Kleindiek* § 38 Rn. 20 m.w.N.).

436 **4.** Die Zuständigkeit für die Abberufung richtet sich nach der für die Bestellung (vgl. dazu bereits oben Muster C 30 (Rdn. C 348 ff.)): in Abwesenheit einer besonderen Satzungsbestimmung, die diese Aufgabe einem anderen Organ (fakultativer Aufsichtsrat, Beirat, Gesellschafterausschuss) überträgt, gehören Abberufung und Entlastung von Geschäftsführern gemäß § 46 Nr. 5 GmbHG zum Aufgabenkreis der Gesellschafter. Zu der Zuständigkeit eines obligatorischen Aufsichtsrats in mitbestimmten Gesellschaften vgl. ebenfalls bereits oben Muster C 30 (Rdn. C 348). In solchen Gesellschaften setzt die Abberufung während der Amtszeit des Geschäftsführers jedoch einen wichtigen Grund voraus (§ 31 MitbestG, § 12 MontanMitbestG, § 13 MontanMitbestGErgG jeweils i.V.m. § 84 Abs. 3 AktG).

437 **5.** Auch die Entlastung fällt nach § 46 Nr. 5 GmbHG in den Aufgabenbereich der Gesellschafter. Mit ihrem Ausspruch billigen sie die Amtsführung des Geschäftsführers für die Dauer der zurückliegenden Entlastungsperiode. Darüber hinaus ist die Gesellschaft bei erteilter Entlastung mit Ersatzansprüchen

ausgeschlossen, die der Gesellschafterversammlung bei sorgfältiger Prüfung aller Vorlagen und Berichte erkennbar sind (BGH, Urt. v. 20.05.1985, II ZR 165/84, BGHZ 94, 324). Der Geschäftsführer hat keinen Anspruch auf Entlastung (BGH, a.a.O.). Bei erkennbarem Fehlverhalten sollte die Entlastung verweigert werden, um die vorgenannte Präklusionswirkung zu vermeiden. Sind relevante Pflichtverletzungen indes nicht erkennbar, ist die Verweigerung der Entlastung fehlerhaft (Baumbach/Hueck/*Zöllner/Noack* § 46 Rn. 45)

Anders als der Abberufungsbeschluss ist der Entlastungsbeschluss nicht zugangsbedürftig; er entfaltet Wirkung unmittelbar mit Beschlussfassung. Der Ausspruch der Entlastung bei schweren Gesetzes- oder Satzungsverstößen ist treuwidrig, der Beschluss anfechtbar (Lutter/Hommelhoff/*Bayer* § 46 Rn. 27), denn nach § 47 Abs. 4 GmbHG hat ein Gesellschafter-Geschäftsführer hinsichtlich der Entlastung kein Stimmrecht. 438

6. Die Beendigung der Organstellung des Geschäftsführers hat nicht automatisch auch die Beendigung des schuldrechtlichen Anstellungsvertrags zur Folge (BAG, Beschl. v. 06.05.1999, 5 AZB 22/98, NJW 1999, 3068). Wegen der grundsätzlichen Trennung der beiden Verhältnisse ist eine separate Beendigung des Anstellungsvertrages erforderlich. Für die Beendigung/Kündigung zuständig ist das für die Anstellung zuständige Organ, wobei diese Zuständigkeit eine Annexkompetenz der Bestellungskompetenz ist (vgl. Muster C 30 Rdn. C 348). Dies ist i.d.R. die Gesellschafterversammlung. Neben der Kündigung besteht auch die Möglichkeit einer einvernehmlichen Vertragsaufhebung des Anstellungsvertrages. In diesem Fall hat der Beschluss die Ermächtigung zum Abschluss eines solchen Vertrages auszusprechen. 439

7. Bei der Abgabe der Kündigungserklärung, also dem Kündigungsschreiben, können sich die hierfür zuständigen Gesellschafter – wie im Formular vorgesehen – vertreten lassen, indem sie beispielsweise einen Mitgesellschafter, einen verbliebenen Geschäftsführer oder jede beliebige dritte Person hierzu bevollmächtigen (MünchHdbArbeitsR/*Moll/Grobys* § 77 Rn. 59). Wird eine dritte Person zum Ausspruch der Kündigung ermächtigt, sollte dem Geschäftsführer mit dem Kündigungsschreiben ein Original des Gesellschafterbeschlusses mit der Ermächtigung als Inhalt vorgelegt werden, da der Geschäftsführer die Kündigungserklärung nach § 174 Satz 1 BGB ansonsten zurückweisen könnte. Zu weiteren Voraussetzungen der Kündigung vgl. MünchHdbGesR III/*Diekmann* § 43 Rn. 81 ff. 440

8. Der Abberufungsbeschluss muss, sofern der abberufene Geschäftsführer in der Versammlung nicht anwesend war, diesem zugehen, um wirksam zu werden (MünchHdbGesR III/*Diekmann* § 42 Rn. 64). Das Muster sieht eine Anweisung an einen verbliebenen Geschäftsführer vor, den abberufenen Geschäftsführer über den Beschluss in Kenntnis zu setzen. 441

9. Die Abberufung ist nach § 39 GmbHG zur Eintragung in das Handelsregister anzumelden. Da die Eintragung lediglich deklaratorischer Natur ist, kann der abberufene Geschäftsführer an der Anmeldung nicht mitwirken. Er hat jedoch wegen der Haftungsgefahr nach § 177 BGB einen Anspruch gegen die Gesellschaft auf unverzügliche Anmeldung (Baumbach/Hueck/*Zöllner/Noack* § 39 Rn. 9). Es besteht jedoch die Möglichkeit, den Abberufungsbeschluss unter die Bedingung des Eingangs der Anmeldung beim Gericht oder der Eintragung des Ausscheidens des Geschäftsführers im Handelsregister zu stellen (LG Frankenthal, Beschl. v. 23.04.1996, 1 HK T 1/96, GmbHR 1996, 939). In diesem Fall ist ein Mitwirken an der Handelsregisteranmeldung möglich. 442

38. Anmeldung der Amtsniederlegung/Abberufung eines Geschäftsführers zum Handelsregister

Vorbemerkung

Gemäß § 39 Abs. 1 GmbHG ist jede Änderung in den Personen der Geschäftsführer sowie die Beendigung der Vertretungsbefugnis eines Geschäftsführers zur Eintragung in das Handelsregister anzu- 443 melden. Unter Änderung in der Person des Geschäftsführers fallen sowohl die Abberufung wie auch die Amtsniederlegung. Auch diese sind daher zur Eintragung in das Handelsregister anzumelden.

Muster

444 **An das**

Amtsgericht Köln

– Registergericht –

Reichenspergerplatz 1

50670 Köln

Betr.: C-GmbH, HRB 1234 (»Gesellschaft«) [1]

Wir, die unterzeichnenden Geschäftsführer, überreichen:

- **Gesellschafterbeschluss der Gesellschaft vom ______________ in beglaubigter Ablichtung** [2, 3]
- **Amtsniederlegungsschreiben des Geschäftsführers Y vom ______________ mitsamt Zugangsnachweis vom ______________** [4]

und melden zur Eintragung in das Handelsregister an:

1. **Herr X, geboren am ____________, ist als Geschäftsführer der Gesellschaft abberufen worden.**
2. **Herr Y, geboren am ____________, hat sein Amt als Geschäftsführer der Gesellschaft aufschiebend bedingt auf die Eintragung seines Ausscheidens** [5] **niedergelegt.**

Die inländische Geschäftsanschrift der Gesellschaft befindet sich weiterhin [inländische Geschäftsanschrift].

Der maßgebliche Text ist derjenige in deutscher Sprache. Im Falle von Widersprüchen zwischen der deutschen und der englischen Fassung hat daher die deutsche Fassung Vorrang.

Ort ____________, den ____________

Unterschriften Geschäftsführer [5, 6, 7]

Beglaubigungsvermerk Notar [8]

Template

445 **An das**

Amtsgericht Köln

– Registergericht –

Reichenspergerplatz 1

50670 Köln

Betr.: C-GmbH, HRB 1234 (»Company«) [1]

We, the undersigning managing directors, submit

- **a certified copy [2] of the Company´s shareholder resolution [3] dated ________**
- **resignation letter by the managing director Z dated ____________ together with an acknowledgment of receipt dated ____________ [4]**

and apply for registration in the commercial register of the following:

1. **Mr. X, born on ________ has been withdrawn from the office as managing director of the Company.**
2. **Mr. Y, born on ________, has resigned from the office as managing director of the Company with effect of and subject to the registration of his resignation.**

The domestic business premises continue to be located at [inländische Geschäftsanschrift].

The German wording shall be decisive. In case of any inconsistencies between the German and the English wording, the German wording shall therefore prevail.

Place ________, this ________

Signatures managing director [5, 6, 7]

authentication by public notary

Erläuterungen

1. Dem Muster liegt der gedachte Sachverhalt zugrunde, dass das Ausscheiden von zwei Geschäftsführern zur Eintragung in das Handelsregister anzumelden ist: Während der Erste per Gesellschafterbeschluss abberufen wurde, hat der Zweite sein Amt niedergelegt. Angemeldet wird lediglich die Beendigung der Organstellung. Die Entlastung des abberufenen Geschäftsführers (vgl. Muster C 37 (Rdn. C 427)) stellt keine eintragungsfähige Tatsache dar und kann deshalb nicht angemeldet werden. 446

2. Nach § 39 Abs. 2 GmbHG sind der Anmeldung die Urkunden über die Beendigung der Vertretungsbefugnis in Urschrift oder öffentlich beglaubigter Abschrift beizufügen. Daher sind im hier vorliegenden Beispiel für den durch die Gesellschafterversammlung abberufenen Geschäftsführer der Gesellschafterbeschluss und für den niederlegenden Geschäftsführer das Niederlegungsschreiben samt Zugangsnachweis an die Gesellschafter (bzw. das zuständige Bestellungsorgan; vgl. *Krafka/Kühn* Rn. 1092 m.w.N.) der Anmeldung jeweils in der von § 39 Abs. 2 GmbHG geforderten Form beizufügen. 447

3. Im Fall der Abberufung per Gesellschafterbeschluss bedarf es für deren Wirksamkeit zwar der Mitteilung der Abberufung gegenüber dem abzuberufenden Geschäftsführer, jedoch ist der Zugang gegenüber dem Registergericht nicht nachzuweisen (OLG Hamm, Beschl. v. 26.09.2002, 15 W 321/01, FGPrax 2003, 38). 448

4. Im Falle der Amtsniederlegung umfassen die nach § 39 Abs. 2 GmbHG vorzulegenden Urkunden auch den Zugang der Niederlegungserklärung bei den berechtigten Erklärungsempfängern (OLG Frankfurt a.M., Beschl. v. 19.07.2006, 20 W 229/06, BB 2006, 2154). Da der BGH (Urt. v. 17.09.2001, II ZR 378/99, BGHZ 149, 28) unter Anwendung der allgemeinen Grundsätze der Empfangszuständigkeit bei Gesamtvertretung (vgl. § 35 Abs. 2 Satz 3 GmbHG) den Zugang gegenüber einem Gesellschafter ausreichen lässt, ist auch in der Handelsregisteranmeldung der Amtsniederlegung der Zugang an nur einen Gesellschafter (beispielsweise durch Vorlage des gegengezeichneten Schreibens oder durch Einschreiben Rückschein) ausreichend. 449

450 **5.** Legt ein Geschäftsführer mit sofortiger Wirkung sein Amt nieder, so kann er an der diesbezüglichen Handelsregisteranmeldung nicht mehr mitwirken. Hier ist die Anmeldung von den verbliebenen Geschäftsführern oder von einem nach § 29 BGB analog zu bestellenden Notgeschäftsführer vorzunehmen. Dem niederlegenden Geschäftsführer ist es jedoch unbenommen, die Niederlegung – wie im Muster vorgesehen – beispielsweise unter die Bedingung der Eintragung seines Ausscheidens im Handelsregister zu stellen.

451 **6.** Die Anmeldung hat grundsätzlich durch die Geschäftsführer in vertretungsberechtigter Zahl zu erfolgen. Bei der Abberufung ist zu beachten, dass nur die Geschäftsführer anmelden können, die zum Zeitpunkt des Wirksamwerdens der Anmeldung, d.h. mit Eingang derselben bei Gericht, (noch) vertretungsberechtigt sind. Zum Mitwirken des abzuberufenden Geschäftsführers vgl. unten Muster C 40 (Rdn. C 452) und zur Mitwirkung des niederlegenden Geschäftsführers vgl. oben Muster C 40 (Rdn. C 450). Bei unechter Gesamtvertretung kann auch ein Prokurist hieran mitwirken. Auch ist Stellvertretung aufgrund rechtsgeschäftlicher Vollmacht bei einer Handelsregisteranmeldung einer Geschäftsführerbestellung grundsätzlich möglich, wobei die Vollmacht in Ausnahme von § 167 Abs. 2 BGB ebenfalls der notariellen Beglaubigung bedarf (§ 12 Abs. 1 Satz 2 HGB).

452 **7.** Der bereits abberufene Geschäftsführer kann, da die Eintragung der Abberufung nur deklaratorischer Natur ist, bei der entsprechenden Anmeldung nicht mehr mitwirken. Jedoch besteht die Möglichkeit, die Abberufung unter die Bedingung des Eingangs der Anmeldung beim Registergericht oder der Eintragung zu stellen, so dass ein Mitwirken möglich ist (Baumbach/Hueck/*Zöllner/Noack* § 39 Rn. 9).

453 **8.** Die Anmeldung hat nach § 12 Abs. 1 HGB elektronisch in öffentlich beglaubigter Form zu erfolgen. Nach Unterzeichnung hat der Notar die Anmeldung elektronisch einzureichen (§ 12 Abs. 2 HGB).

39. Festlegung der Frauenquote in den ersten zwei Führungsebenen unterhalb der Geschäftsführung

Vorbemerkung

454 Der durch das Gesetz für die gleichberechtigte Teilhabe von Frauen und Männern an Führungspositionen in der Privatwirtschaft und im öffentlichen Dienst (FührposGleichberG) vom 24.04.2015 (BGBl. I 642) neu geschaffene § 36 GmbHG stellt für die Geschäftsführung einer mitbestimmten GmbH die Pflicht auf, Zielgrößen für den Frauenanteil in den beiden Führungsebenen unterhalb der Geschäftsführung festzulegen und zugleich Fristen zu deren Umsetzung zu bestimmen. Zur Beschlussfassung über die Festlegung von Zielgrößen im Aufsichtsrat und in der Geschäftsführung selbst vgl. oben Muster C 17 (Rdn. C 138).

Muster

455 **Zielfestlegung der Geschäftsführung [1] der A-GmbH, Köln, gemäß § 36 GmbHG**

Gemäß § 36 GmbHG ist die Geschäftsführung in mitbestimmten Gesellschaften [2] mit beschränkter Haftung verpflichtet, Zielgrößen für den Frauenanteil in den beiden Führungsebenen unterhalb der Geschäftsführer [3] sowie eine Frist für die Erreichung der Zielgrößen festzulegen. Die Zielgröße darf gemäß § 36 Satz 2 GmbHG den zum Zeitpunkt der Zielfestlegung erreichten Frauenanteil nicht mehr unterschreiten, sofern der Frauenanteil zu diesem Zeitpunkt unter 30 % liegt.

Die A-GmbH (»Gesellschaft«) hat derzeit ____________ Mitarbeiter. In der gesellschaftsinternen Organisationsstruktur bilden die Vice Presidents die erste der Ge-

schäftsführung nachgeordnete Führungsebene, deren Mitglieder direkt an den jeweiligen ressortzuständigen Geschäftsführer berichten und Personalführungsverantwortung haben. Die Gesellschaft hat derzeit __________ Vice Presidents, die den Abteilungen Legal & Compliance, Risk, __________ und __________ vorstehen. Diese Positionen sind derzeit mit __________ Frau/en und __________ Männern besetzt. Der Frauenanteil auf der ersten Führungsebene unterhalb der Geschäftsführung beträgt derzeit somit __________ %.

Unter dieser ersten Führungsebene gibt es bei der Gesellschaft derzeit __________ Mitarbeiter, die an die Vice Presidents berichten und Personalführungsverantwortung tragen. Diese Positionen sind derzeit mit __________ Frau/en und __________ Männern besetzt. Der Frauenanteil auf der zweiten Führungsebene unterhalb der Geschäftsführung beträgt derzeit somit __________ %.

Dies vorausgeschickt legt die Geschäftsführung der Gesellschaft die Zielgrößen für den Frauenanteil wie folgt fest:

- **Die Geschäftsführung der Gesellschaft begrüßt ausdrücklich die Beteiligung von Frauen in Führungspositionen bei der Gesellschaft und ermutigt Frauen, sich um diese Positionen zu bewerben.**
- **Auf der ersten Führungsebene unterhalb der Geschäftsführung beträgt der Frauenanteil derzeit __________ %. [Dieser Anteil darf gemäß § 36 Satz 2 GmbHG bei der Festlegung der Zielgröße für den Frauenanteil auf der ersten Führungsebene unterhalb der Geschäftsführung nicht unterschritten werden.] Als Zielgröße für den Anteil von Frauen auf der ersten Führungsebene unterhalb der Geschäftsführung legt die Geschäftsführung einen Anteil von __________ % [6] fest. Die Frist für die Umsetzung der Zielfestlegung läuft bis zum __________ [5].**
- **Auf der zweiten Führungsebene unterhalb der Geschäftsführung beträgt der Frauenanteil derzeit __________ %. [Dieser Anteil darf gemäß § 36 Satz 2 GmbHG bei der Festlegung der Zielgröße für den Frauenanteil auf der zweiten Führungsebene unterhalb der Geschäftsführung nicht unterschritten werden.] Als Zielgröße für den Anteil von Frauen auf der zweiten Führungsebene unterhalb der Geschäftsführung legt die Geschäftsführung einen Anteil von __________ % fest. Die Frist für die Umsetzung der Zielfestlegung läuft bis zum __________ [5].**

Weitere Beschlüsse wurden nicht gefasst.

Der maßgebliche Text ist derjenige in deutscher Sprache. Im Falle von Widersprüchen zwischen der deutschen und der englischen Fassung hat daher die deutsche Fassung Vorrang.

Ort __________, den __________

(Unterschriften) [7, 8]

Template

Determination of targets pursuant to section 36 of the German Limited Liability Companies Act (GmbHG) by the management board [1] of A-GmbH, Cologne 456

In limited liability companies subject to co-determination [2] the management board is obliged to determine targets regarding the proportion of women in the first two management levels below the management board [3] and periods for their imple-

mentation pursuant to section 36 of the German Limited Liability Companies Act (*GmbHG*). Pursuant to section 36 sentence 2 of the GmbHG the targets must not fall below the proportion of women represented at the time of the determination of the target, as long as the proportion of women represented is below 30 % at such time. [4]

Currently, A-GmbH (»Company«) has ____________ employees. In the internal hierarchy of the Company the group of vice presidents constitutes the first management level below the management board whose members directly report to the competent managing director and have managerial responsibilities for staff. The Company currently has ____________ vice presidents managing the resorts legal & compliance, risk, ____________ and ____________. Currently, these positions are staffed with ____________ women and ____________ men. The proportion of women in the first management level below the management board, therefore, currently amounts to ____________ %.

Below this first management level currently there are ____________ employees reporting to the vice presidents and who have managerial responsibilities for staff. Currently, these positions are staffed with ____________ women and ____________ men. The proportion of women in the second management level below the management board, therefore, currently amounts to ____________ %.

Against this background, the Management Board of the Company determines the targets for proportion of women as follows:

- **The Management Board of the Company expressly welcomes the participation of women in management positions in the Company and encourages women to apply for these positions.**
- **The proportion of women in the first management level below the management board currently amounts to ________________ %. [Pursuant to section 36 sentence 2 of the GmbHG the target for the proportion of women on the first management level must not fall below the proportion of the current participation.] As target for the participation of women on the first management level below the management board the management board determines the target with ________________ %.** [6] **The period for the implementation of the target ends on ________________.** [5]
- **The proportion of women in the second management level below the management board currently amounts to ________________ %. [Pursuant to section 36 sentence 2 of the GmbHG the target for the proportion of women on the second management level must not fall below the proportion of the current participation.] As target for the participation of women on the second management level below the management board the management board determines the target with ________________ %. The period for the implementation of the target ends on ________________.** [5]

No further resolutions have been adopted

The German wording shall be decisive. In case of any inconsistencies between the German and the English wording, the German wording shall therefore prevail.

Place ____________, this ____________

Signatures [7, 8]

Erläuterungen

1. Zuständig für die Festlegung der Zielgrößen ist die Geschäftsführung. Da es sich bei der Festlegung um eine Maßnahme der Geschäftsführung handelt, ist, sofern Satzung oder eine etwaige Geschäftsordnung für die Geschäftsführung keine abweichende Regelungen enthalten, Einstimmigkeit erforderlich (Roth/Altmeppen/*Altmeppen* § 36 Rn. 6). Die Geschäftsführung ist dabei an etwaige Weisungen der Gesellschafterversammlung gebunden (*Müller-Bonanni/Forst*, GmbHR 2015, 621, 622). In der Literatur wird die Auffassung vertreten, dass die Festlegung als Maßnahme der Unternehmenspolitik in den den Gesellschaftern vorbehaltenen Bereich fällt und die vorgesehene Entscheidung durch die Geschäftsführung daher vorab, insbesondere wenn es um die erstmalige Festlegung geht, den Gesellschaftern zur Entscheidung vorzulegen ist (Roth/Altmeppen/*Altmeppen* § 36 Rn. 10). 457

2. § 36 GmbH findet auf Gesellschaften Anwendung, die der Mitbestimmung unterliegen, damit auf Gesellschaften, die dem Anwendungsbereich des MitbestG, des MontanMitbestG, des MitbestErgG oder des DrittelbG unterliegen; für die Rechtsform der GmbH einzig relevant sind dabei MitbestG und DrittelbG. Zu der Frage, ob dabei auf den Soll-Zustand (Mitbestimmung nach Gesetz erforderlich jedoch entgegen gesetzlichem Gebot nicht umgesetzt) oder den Ist-Zustand (Mitbestimmung tatsächlich vorhanden) abzustellen ist vgl. *Fromholzer/Simons*, AG 2015, 457, 458 m.w.N. 458

3. Die Zielgrößen sind für die beiden Führungsebenen unterhalb der Geschäftsführung festzulegen. Die Pflicht läuft daher ins Leere, wenn es – wie bspw. bei Gesellschaften mit Holdingfunktion – unterhalb der Geschäftsführung kein weiteres Führungspersonal existiert. Außerdem ist für jede Konzerngesellschaft eine getrennte Betrachtung vorzunehmen, ob die jeweilige Gesellschaft die Voraussetzungen des § 36 GmbHG für eine Festlegung erfüllt. Eine starre, allgemeingültige Festlegung, welcher Bereich als eine der beiden Führungsebenen unterhalb der Geschäftsführung zu verstehen ist, kann in Anbetracht der Vielzahl betrieblicher Organisationsformen nicht erfolgen. Nach der Gesetzesbegründung sind die tatsächlich im Unternehmen eingerichteten Hierarchieebenen unterhalb der Geschäftsführung gemeint, wobei unter Hierarchieebene organisatorische Einheiten zu verstehen sind, welche zueinander gleichberechtigt, aber einer gemeinsamen Führung untergeordnet sind (BT-Drucks. 18/3784, S. 119). Bei der Festlegung ergibt sich somit ein gewisser Argumentationsspielraum für die Unternehmen. Argumente, die dabei in einer Gesamtschau herangezogen werden können, sind das Vorhandensein einer Über-Unterordnungsverhältnisses, Weisungsrechte, Berichtsstrukturen, tatsächliche Wahrnehmung von Führungsaufgaben, Handlungsvollmachten/Prokuren, Anstellungsbedingungen, Zugehörigkeit zu in Unternehmen bestehenden Führungskreisen, Budgethoheit, Mitarbeiterverantwortung, usw. Vgl. die Ausführungen bei *Fromholzer/Simons*, AG 2015, 457, 463; *Müller-Bonanni/Forst*, GmbHR 2015, 621, 623. Sofern aufgrund der konkreten Situation eines Unternehmens nur eine Führungsebene unterhalb der Geschäftsführung existiert, ist auch nur diese von der Verpflichtung zur Festlegung einer Zielgröße erfasst (BT-Drucks. 18/3784, S. 119). 459

4. Bei der Festlegung der Zielgröße ist die Geschäftsführung völlig frei; es ist keine Mindestgröße vorgegeben (Roth/Altmeppen/*Altmeppen* § 36 Rn. 8). Die einzige Grenze ergibt sich aus dem Gesetzeswortlaut selbst: nach § 36 Satz 2 GmbHG darf die Zielgröße, sofern der Frauenanteil bei Festlegung der Zielgröße unter 30 % liegt, den auf der jeweiligen Ebene Eben den erreichten Anteil nicht mehr unterschreiten. Ist der Wert von 30 % auf einer Ebene jedoch bereits überschritten, ist nach dem Wortlaut auch ein Zurückfallen, wohl bis auf die Schwelle von 30 %, zulässig (Roth/Altmeppen/*Altmeppen* § 36 Rn. 8). Zu der Frage, ob bei der Berechnung auf eine Stichtags- oder Durchschnittsbetrachtung abzustellen ist vgl. *Müller-Bonanni/Forst*, GmbHR 2015, 621, 623. 460

5. Mit der Festlegung der Zielgrößen sind gleichzeitig nach § 36 Satz 3 GmbHG Fristen zu deren Erreichung festzulegen, die nach § 36 Satz 4 GmbH nicht länger als fünf Jahre sein dürfen. Bei der Wahl der Frist sind die Geschäftsführer wieder frei. Denkbar sind etwa starre Fristen aber auch eine 461 stufenweise Erhöhung (Roth/Altmeppen/*Altmeppen* § 36 Rn. 11). Eine erstmalige Festlegung hatte gemäß § 5 EGGmbHG bis zum 30. Juni 2017 zu erfolgen.

462 **6.** Die Zielgrößen können sowohl (wie im Muster vorgesehen) in Prozent, aber auch in Köpfen benannt festgelegt werden, solange eine hinreichend konkrete Angabe erfolgt (*Fromholzer/Simons*, AG 2015, 457, 462).

463 **7.** Nach § 289a Abs. 4 Satz 1 i.V.m. Abs. 2 Nr. 4 HGB hat die GmbH in ihrem Lagebericht, und damit jährlich, als gesonderten Abschnitt eine Erklärung der Unternehmensführung über die festgelegten Zielgrößen und die Fristen für deren Erreichung aufzunehmen. Außerdem ist zu berichten, ob die festgelegten Größen innerhalb der festgelegten Frist erreicht wurden. Ist dies nicht der Fall sind Angaben zu den Gründen zu machen. In Ermangelung gesetzlicher Vorgaben ist es dem betroffenen Unternehmen überlassen, in welcher Detailtiefe es hierzu berichten möchte, wobei nach der Gesetzesbegründung eine nachvollziehbare Darlegung zu erfolgen hat. Eine Veröffentlichung kann wahlweise auch nur auf der Internetseite des Unternehmens erfolgen, § 298a Abs. 4 Satz 1 i.V.m. Abs. 1 Satz 2 und 3 HGB.

464 **8.** Unterlässt die Geschäftsführung die Festlegung von Zielgrößen, sind nach dem Gesetz keine Sanktionen vorgesehen. Gleiches gilt für das Verfehlen von gemachten Zielvorgaben. Theoretisch haftet die Geschäftsführung, die entgegen § 36 GmbHG keine Zielgröße aufstellt aufgrund § 43 Abs. 2 GmbHG. Allerdings wird es regelmäßig an einem tatsächlichen Schaden fehlen. Vgl. dazu auch *Müller-Bonanni/Forst*, GmbHR 2015, 621, 622. Diskutiert wird indes, dass sofern keine Zielgrößen und Fristen festgelegt werden, der Lagebericht – sofern ein solcher zu erstellen ist – unvollständig sei, für den die gesetzlichen Sanktionen in §§ 334 f. HGB greifen (*Stüber*, BB 2015, 2243, 2246).

40. Antrag auf Erlass einer einstweiligen Verfügung gegen die Abberufung als Geschäftsführer in einer zweigliedrigen Gesellschaft

Vorbemerkung

465 Ein Bereich, in dem häufig einstweiliger Rechtsschutz in Anspruch genommen wird, sind Streitigkeiten zwischen den Gesellschaftern einer zweigliedrigen GmbH, insbesondere über die (gegenseitige) Abberufung als Geschäftsführer. Rechtsschutzziel kann dabei grundsätzlich sowohl die Verhinderung des Vollzugs einer Abberufung als auch die Durchsetzung einer Abberufung durch Untersagung von Maßnahmen der Geschäftsführung sein. Bei einer gegenseitigen Abberufung kommt letzteres allerdings nur im Ausnahmefall in Betracht (OLG Düsseldorf vom 30.06.1988, 6 U 310/87, NJW 1989, 172).

Muster

466 **Landgericht __________ [1]**

– Kammer für Handelssachen – [2]

____

EILT! Bitte sofort vorlegen!

Antrag auf Erlass einer einstweiligen Verfügung

des __________

– Antragsteller –

Verfahrensbevollmächtigte: __________

gegen

die ____________ GmbH, gesetzlich vertreten durch A ____________ [3]

– Antragsgegnerin –

wegen: Verhinderung des Vollzugs der Abberufung als Geschäftsführer

vorläufiger Streitwert: ____________ € [4]

Wir bestellen uns als Verfahrensbevollmächtigte des Antragstellers und beantragen,

der besonderen Dringlichkeit wegen ohne mündliche Verhandlung, durch den Vorsitzenden, im Wege der einstweiligen Verfügung,

1. **die Eintragung der Abberufung des Antragstellers als Geschäftsführer der Antragsgegnerin in das Handelsregister für unzulässig zu erklären sowie**
2. **der Antragsgegnerin aufzugeben, es bei Vermeidung eines vom Gericht für jeden Fall der Zuwiderhandlung festzusetzenden Ordnungsgeldes bis zu EUR 250.000,00, ersatzweise Ordnungshaft, oder Ordnungshaft bis zu 6 Monaten, zu unterlassen, dem Antragsteller den Zugang zu den Geschäftsräumen der Antragsgegnerin in ____________ zu verweigern und gegenüber Dritten die fortbestehende Geschäftsführungsbefugnis des Antragstellers zu bestreiten.** [5]

Sollte das Gericht dem Antrag wider Erwarten nicht ohne mündliche Verhandlung stattgeben wollen, bitten wir um kurzfristige telefonische Kontaktierung des Unterzeichners unter ____________.

Begründung

I. Sachverhalt

Die Antragsgegnerin ist eine Gesellschaft mit beschränkter Haftung, die im Handelsregister des Amtsgerichts ____________ unter HRB ____________ eingetragen ist. Das Stammkapital der Antragsgegnerin beträgt 50.000,00 €.

Glaubhaftmachung: Handelsregisterauszug der Antragsgegnerin vom ____________, in Kopie anbei als

– Anlage ASt 1 –

Der Antragsteller ist Gesellschafter der Antragsgegnerin mit einem Geschäftsanteil von 25.000 €. Weiterer Gesellschafter der Antragsgegnerin ist A ebenfalls mit einem Geschäftsanteil im Wert von 25.000 €. Mit Gesellschafterbeschluss vom ____________ wurden sowohl der Antragsteller als auch A zum jeweils alleinvertretungsberechtigten Geschäftsführer der Antragsgegnerin bestellt.

Glaubhaftmachung: Gesellschafterliste der Antragsgegnerin vom ____________, in Kopie anbei als

– Anlage ASt 2 –

Gesellschafterbeschluss vom ____________, in Kopie anbei als

– Anlage ASt 3 –

Handelsregisterauszug der Antragsgegnerin vom ____________, bereits in Kopie vorgelegt als Anlage ASt 1

Nachdem es zu einem tiefgreifenden Zerwürfnis zwischen dem Antragsteller und A gekommen war, fand am ____________ eine Gesellschafterversammlung der Antragsgegnerin statt. In dieser beschlossen sowohl der Antragsteller als auch A wechselseitig und gegen die Stimmen des anderen die Abberufung des jeweils anderen als Geschäftsführer der Antragsgegnerin aus wichtigem Grund.

Glaubhaftmachung: Protokoll der Gesellschafterversammlung vom ________________, in Kopie anbei als

– Anlage ASt 4 –

Ein wichtiger Grund zur Abberufung des Antragstellers lag allerdings nicht vor. *(Wird ausgeführt.)* Die Abberufung des A war dagegen wirksam. *(Wird ausgeführt.)*

Glaubhaftmachung: Eidesstattliche Versicherung des Antragstellers, im Original anbei als

– Anlage ASt 5 –

Im Anschluss an die Gesellschafterversammlung ließ A das Türschloss der Eingangstür zu den Geschäftsräumen der Antragsgegnerin austauschen und teilte Arbeitnehmern und Geschäftspartnern der Antragsgegnerin mit, der Antragsteller sei nicht mehr Geschäftsführer der Antragsgegnerin, welche nun allein von A geleitet werde.

Glaubhaftmachung: Wie vor.

II. Rechtliche Würdigung

Die einstweilige Verfügung ist antragsgemäß zu erlassen.

Es ist in der Rechtsprechung anerkannt, dass der Gesellschafter-Geschäftsführer in einer zweigliedrigen GmbH sich im Wege der einstweiligen Verfügung gegen den Vollzug seiner zu Unrecht erfolgten Abberufung aus wichtigem Grund zu Wehr setzen kann (OLG Hamm vom 06.07.1992, 8 W 18/92, GmbHR 1993, 163; OLG Stuttgart vom 18.02.1997, 20 W 11/97, GmbHR 1997, 312; OLG Düsseldorf vom 20.06.1998, 6 U 310/87, NJW 1989, 172). *(Wird ausgeführt.)* Die Zulässigkeit des Antrags zu Ziff. 1 ergibt sich aus § 16 Abs. 2 HGB.

Auch ein Verfügungsgrund liegt vor. *(Wird ausgeführt.)* [6]

Erläuterungen

Literatur: *Baumbach/Hueck*, GmbHG, 21. Auflage 2018, § 38 Rn. 69 ff.; *Lutter/Hommelhoff*, GmbHG, 19. Auflage 2016, § 38 Rn. 35a ff.; *Liebscher/Alles*, Einstweiliger Rechtsschutz im GmbH-Recht, ZIP 2015, 1; *Lutz*, Einstweiliger Rechtsschutz bei Gesellschafterstreit in der GmbH, BB 2000, 833; *Scholz*, GmbHG, Band 2, 11. Auflage 2013, § 38 Rn. 72 ff.; *Waclawik*, Prozessführung im Gesellschaftsrecht, 2. Aufl. 2013, Rn. 529 ff., 554; *Werner*, Einstweiliger Rechtsschutz im Gesellschafterstreit in der GmbH, NZG 2006, 761.

467 **1.** Zuständig ist gemäß §§ 937, 943 ZPO das Gericht der Hauptsache. Ist die Hauptsacheklage eine Anfechtungsklage gegen den Abberufungsbeschluss, ist analog § 246 Abs. 3 S. 1 AktG das Landgericht, in dessen Bezirk die Gesellschaft ihren Sitz hat, ausschließlich zuständig.

468 **2.** Ist die Hauptsacheklage eine Anfechtungsklage gegen den Abberufungsbeschluss, ergibt sich die Zuständigkeit der Kammer für Handelssachen aus § 246 Abs. 3 S. 1 AktG analog.

469 **3.** Parteien des einstweiligen Verfügungsverfahrens sind grundsätzlich der abberufene Gesellschafter-Geschäftsführer und die Gesellschaft (Baumbach/Hueck/*Zöllner/Noack*, § 38 Rn. 71). Ist – wie

in der Regel – kein Aufsichtsrat vorhanden, wird die Gesellschaft durch denjenigen vertreten, der bei Abweisung der gegen die Abberufung gerichteten Hauptsacheklage Geschäftsführer wäre (Baumbach/Hueck/*Zöllner/Noack*, § 38 Rn. 72), hier also A.

4. In der Regel erfolgt eine Bruchteilsbewertung im Rahmen der unteren Hälfte des Hauptsache- 470
streitwerts (meist 1/3), der sich nach § 247 Abs. 1 S. 1 AktG richtet.

5. Die Wirksamkeit einer aus wichtigem Grund ausgesprochenen Abberufung hängt in der zwei- 471
gliedrigen GmbH grundsätzlich allein von der materiellen Rechtslage nach § 38 Abs. 2 GmbHG ab; § 84 Abs. 3 Satz 4 AktG ist nicht entsprechend anwendbar (BGH vom 20.12.1982, II ZR 110/82, NJW 1983, 938, 939). Rechtschutzziel der einstweiligen Verfügung ist daher die Verhinderung des Vollzugs der Abberufung. Die vom anderen Gesellschafter-Geschäftsführer gemäß §§ 39, 78 GmbHG veranlasste, nicht konstitutive Eintragung der Abberufung in das Handelsregister kann gemäß § 16 Abs. 2 HGB durch eine einstweilige Verfügung und Widerspruch gegen die Eintragung verhindert werden. Möglich ist darüber hinaus, sich durch einstweilige Verfügung einzelne Geschäftsführungsbefugnisse zu sichern (Baumbach/Hueck/*Zöllner/Noack*, § 38 Rn. 75; Liebscher/Alles, ZIP 2015, 1, 4; *Werner*, NZG 2006, 761, 764; *Lutz*, BB 2000, 833, 837). Nach h.M. ist ausnahmsweise auch eine einstweilige Verfügung schon im Vorfeld zur Verhinderung des Abberufungsbeschlusses zulässig (OLG Stuttgart vom 18.02.1997, 20 W 11/97, GmbHR 1997, 312; OLG Hamm vom 06.07.1992, 8 W 18/92, GmbHR 1993, 163; OLG Koblenz vom 27.02.1986, 6 U 261/86, NJW 1986, 1692; Liebscher/Alles, ZIP 2015, 1, 3; *Werner*, NZG 2006, 761, 762; *Lutz*, BB 2000, 833, 837).

6. Als Verfügungsgrund sind Nachteile darzulegen und glaubhaft zu machen, die auch im Falle eines erfolgreichen Anfechtungsverfahrens nicht mehr rückgängig gemacht werden können.

41. Geschäftsordnung für die Geschäftsführung

Vorbemerkung

Grundsätzlich sind sämtliche Geschäftsführer einer GmbH nicht nur gesamtvertretungsberech- 472
tigt (§ 35 Abs. 2 Satz 1 GmbHG), sondern auch im Innenverhältnis nur gemeinschaftlich zur Geschäftsführung befugt (MünchHdbGesR III/*Diekmann* § 44 Rn. 78). Darüber hinaus besteht auch eine Allzuständigkeit, d.h. jeder Geschäftsführer ist für alle Angelegenheiten und die Erledigung sämtlicher Geschäfte der Gesellschaft zuständig, sowie eine Gesamtverantwortung, wonach alle Geschäftsführer für die Erfüllung der Pflichten gemeinsam verantwortlich sind (BGH, Urt. v. 08.11.1989, 3 StR 249/89, GmbHR 1990, 298) und demzufolge auch solidarisch haften.

Es versteht sich von allein, dass gerade in großen Unternehmen diese gesetzliche Lage nicht der 473
tatsächlichen Situation und den Bedürfnissen einer effektiven Geschäftsführung entspricht. Deswegen ist es erforderlich, die Geschäftsführung derart zu organisieren, dass bestimmte Ressortzuständigkeiten zugewiesen, zugleich aber auch Informationspflichten der Geschäftsführer untereinander sowie allgemeine Entscheidungsfindungsregeln geschaffen werden. All dies lässt sich durch eine Geschäftsordnung erreichen, die, je nach Bedarf im Einzelfall, die Geschäftsverteilung, die Berichterstattung an die Gesellschafter, die Willensbildung und Entscheidungsfindung zwischen den Geschäftsführern, Art und Weise der gegenseitigen Information usw. regelt. Dass durch Schaffung einer solchen Geschäftsordnung von dem Prinzip der Gesamtgeschäftsführungsbefugnis abgewichen werden kann, ist allgemein anerkannt (MünchHdbGesR III/*Diekmann* § 44 Rn. 86 f. m.w.N.). Grundsätzlich ist auch eine Regelung dieser Aspekte in der Satzung denkbar, doch würde dies nicht nur bei jeder Änderung eine notariell zu beurkundende Satzungsänderung und Handelsregistereintragung erfordern (§§ 53 f. GmbHG), sondern wäre zudem auch für Außenstehende transparent. Von daher bietet sich die Regelung in einer internen Geschäftsordnung eher an.

Muster

474 **Geschäftsordnung für die Geschäftsführung der ______________ GmbH [1, 2, 3]**

1. Grundlagen der Geschäftsführung

Die Geschäftsführung der ____________ GmbH insgesamt sowie jedes ihrer Mitglieder (die Geschäftsführer) führen die Geschäfte der ____________ GmbH (»Gesellschaft«) mit der Sorgfalt eines ordentlichen und gewissenhaften Geschäftsleiters nach Maßgabe der Gesetze, des Gesellschaftsvertrages, dieser Geschäftsordnung, des Geschäftsverteilungsplanes, der Weisungen der Gesellschafterversammlung und den in ihren Dienstverträgen enthaltenen Bestimmungen.

Die Geschäftsführung arbeitet mit den übrigen Organen zum Wohle der Gesellschaft vertrauensvoll zusammen.

2. Gesamt- und Einzelgeschäftsführung

2.1. Die Geschäftsführer führen die Geschäfte der Gesellschaft gemeinschaftlich unter der Leitung des Vorsitzenden der Geschäftsführung, der von der Gesellschafterversammlung ernannt wird. [4]

2.2 Die Geschäftsführung bezweckt eine einheitliche, einvernehmliche und effektive Leitung der Gesellschaft. Sofern nicht gesetzliche Bestimmungen, der Gesellschaftsvertrag oder die Geschäftsordnung Einstimmigkeit oder ein Handeln sämtlicher Mitglieder der Geschäftsführung vorsehen [5], wird die Zuständigkeit, einschließlich der Zuständigkeit im Verhinderungsfall, für bestimmte Bereiche der Geschäftsführung durch den in Anlage 1 enthaltenen Geschäftsverteilungsplan bestimmt. [6] Eine Einzelvertretungsbefugnis wird dadurch nicht begründet. [7]

2.3 Unbeschadet der Gesamtverantwortung der Geschäftsführung ist jeder Geschäftsführer für den ihm zugewiesenen Geschäftsbereich unmittelbar verantwortlich und – vorbehaltlich abweichender Regelung in dieser Geschäftsordnung – berechtigt, innerhalb seines Geschäftsbereichs selbstständig Entscheidungen zu treffen und Anordnungen zu erteilen. [7]

2.4 Maßnahmen der Geschäftsführung, die nach dem Geschäftsverteilungsplan die Tätigkeitsbereiche mehrerer Geschäftsführer betreffen, bedürfen der vorherigen Zustimmung aller beteiligten Geschäftsführer. Wird eine hiernach erforderliche Zustimmung nicht eingeholt oder erteilt, so kann jeder beteiligte Geschäftsführer eine Beschlussfassung durch die gesamte Geschäftsführung verlangen.

2.5 Wenn eine Maßnahme nach dem pflichtgemäßen Ermessen eines Geschäftsführers zur Vermeidung unmittelbar drohender schwerer Nachteile für die Gesellschaft erforderlich ist und die Einholung der vorherigen Zustimmung des/der zuständigen Geschäftsführer(s) nicht möglich ist, darf ein Geschäftsführer auch in Geschäftsbereichen tätig werden, für die er nicht, bzw. nicht allein unmittelbar zuständig ist. [8] Die Maßnahme darf allerdings nicht weiter gehen, als zur Vermeidung der Nachteile notwendig ist. Über ein solches Handeln ist die Gesamtgeschäftsführung unverzüglich zu unterrichten.

2.6 Der Gesamtgeschäftsführung unterliegen: [9]

2.6.1 Entscheidungen, die nach Gesetz, dem Gesellschaftsvertrag oder dieser Geschäftsordnung nicht delegiert werden können und einer Entscheidung der gesamten Geschäftsführung bedürfen,

2.6.2 die Geschäftspolitik und die Unternehmensplanung,

2.6.3 die Aufstellung des Jahresabschlusses und des Lageberichts,

2.6.4 die Vorbereitung, Einberufung und Berichterstattung an die Gesellschafterversammlung sowie alle an diese zu richtenden Vorlagen sowie Beschlussvorschläge,

2.6.5 alle sonstige Angelegenheiten, denen – sei es auch nur aus der erklärten Auffassung eines einzelnen Geschäftsführers – grundsätzliche oder allgemeine Bedeutung zukommt oder hinsichtlich derer eine gemeinsame Beratung und Beschlussfassung verlangt wird.

2.7 Jeder Geschäftsführer ist jedem anderen Geschäftsführer auskunftspflichtig. [10] **Über Maßnahmen, Ereignisse und Umstände, die für das Unternehmen insgesamt von Bedeutung sind, hat jeder Geschäftsführer die übrigen unaufgefordert zu informieren und zwar unabhängig davon, ob diese Maßnahmen, Ereignisse und Umstände in das jeweilige Ressort des Geschäftsführers fallen.** [11]

3. Sitzungen und Beschlussfassungen

3.1 Die Gesamtgeschäftsführung kommt wöchentlich zur Koordination der Geschäftsführung, der Entscheidungsfindung, der allgemeinen gegenseitigen Information, usw. zu Sitzungen zusammen.

3.2 Beschlüsse können auch schriftlich, per Telefax, per E-Mail oder per Telefon gefasst werden, sofern kein Mitglied der Geschäftsführung diesem Verfahren widerspricht. Auf diese Weise gefasste Beschlüsse sind in das Protokoll der nächstfolgenden Sitzung der Geschäftsführung aufzunehmen.

3.3 Der Vorsitzende der Geschäftsführung, bzw. bei seiner Verhinderung der dienstälteste anwesende Geschäftsführer, ruft die Sitzungen ein und führt sie. Der Einberufung soll die Tagesordnung beigefügt sein. Auf Verlangen eines Geschäftsführers ist der Vorsitzende verpflichtet, eine Sitzung einzuberufen.

3.4 Die Gesamtgeschäftsführung ist beschlussfähig, wenn alle Mitglieder ordnungsgemäß eingeladen worden sind, und die Mehrheit der Mitglieder der Geschäftsführung, darunter zumindest der Vorsitzende oder sein Stellvertreter, anwesend ist. Als anwesend gilt auch, wer trotz Abwesenheit schriftlich, per Telefax, per E-Mail oder per Telefon an der Beschlussfassung teilnimmt.

3.5 Die Geschäftsführer entscheiden nach Möglichkeit einstimmig. Lässt sich dies nicht erreichen, beschließt die Gesamtgeschäftsführung mit einfacher Mehrheit, soweit das Gesetz, der Gesellschaftsvertrag oder die Geschäftsordnung nichts anderes vorsehen. Bei Stimmengleichheit gibt die Stimme des Vorsitzenden der Geschäftsführung den Ausschlag.

3.6 Über die Sitzung ist ein Protokoll zu führen, das von allen Mitgliedern der Geschäftsführung, die an der Sitzung teilgenommen haben, zu unterzeichnen und dann allen Geschäftsführern zuzuleiten ist.

4. Zustimmungspflichtige Maßnahmen

Folgende Geschäfte bedürfen der vorherigen Zustimmung der Gesellschafterversammlung: [12]

5. Berichterstattung

5.1 Die Geschäftsführung hat der Gesellschafterversammlung regelmäßig über die Geschäftslage und die Entwicklung der Gesellschaft sowie alle wichtigen Angelegenheiten zu berichten.

5.2 In den Fällen, in denen die Gesellschafterversammlung eine Zustimmung zu erteilen hat, hat die Geschäftsführung alle Vorbereitungen zu treffen, die für eine sachgerechte Entscheidung erforderlich sind.

6. Abwesenheit eines Geschäftsführers

Urlaubsabwesenheiten und beabsichtigte Dienstreisen sind den anderen Geschäftsführern mitzuteilen, so dass die Vertretung gewährleistet ist.

7. Aufhebung, Ergänzung und Änderung der Geschäftsordnung

Aufhebung, Ergänzung und Änderung der Geschäftsordnung bedürfen der Zustimmung der Gesellschafterversammlung.

8. Inkrafttreten der Geschäftsordnung

Diese Geschäftsordnung tritt am ____________ in Kraft.

Erläuterungen

475 **1.** Umfang und Regelungsinhalt der Geschäftsordnung sind nach den Bedürfnissen im Einzelfall, insbesondere der Größe des Unternehmens und der Geschäftsführung, dem Ressortzuschnitt, usw. anzupassen.

476 **2.** Die Geschäftsordnung wird i.d.R. durch die Gesellschafter erlassen, die Satzung kann jedoch eine Übertragung dieser Kompetenz beispielsweise an den Aufsichtsrat vorsehen; in diesen Fällen spricht man von einer organexternen Geschäftsordnung. Aber auch eine organinterne Geschäftsordnung, die sich die Geschäftsführer selbst geben, ist möglich (Scholz/*Schneider/Schneider* § 37 Rn. 69). In einer mitbestimmten Gesellschaft mit obligatorischem Aufsichtsrat ist dieser ohne explizite Zuständigkeitszuweisung in der Satzung nicht automatisch zum Erlass einer Geschäftsordnung berufen (Scholz/*Schneider/Schneider* § 37 Rn. 73). Wird die Geschäftsordnung durch die Gesellschafterversammlung per Beschluss erlassen, reicht hierfür nach h.M. die einfache Mehrheit nach § 47 Abs. 1 GmbHG aus (vgl. Lutter/Hommelhoff/*Kleindiek* § 37 Rn. 36 m.w.N.).

477 **3.** Für die Geschäftsordnung ist Schriftform erforderlich (Scholz/*Schneider/Schneider* § 37 Rn. 69 m.w.N.).

478 **4.** Dem Vorsitzenden können in der Geschäftsordnung auch weitergehende Befugnisse und Aufgaben erteilt werden, z.B. eine generelle Entscheidungsbefugnis bei Fragen von grundsätzlicher Bedeutung, die (regelmäßige) Berichterstattung an die Gesellschafterversammlung bzw. andere Organe etc. Ob es grundsätzlich der Ernennung eines Geschäftsführungsvorsitzenden bedarf, ist im Einzelfall zu entscheiden.

479 **5.** Trotz der Schaffung von Ressortzuständigkeiten nach Maßgabe des Geschäftsverteilungsplans sind bestimmte Aufgaben, etwa Insolvenzantragspflicht oder Anmeldungen zum Handelsregister, nicht delegationsfähig und erfordern deshalb stets das Handeln sämtlicher Geschäftsführer. Das gleiche gilt für Maßnahmen von grundsätzlicher Bedeutung (bspw. Festlegung der Organisationsstruktur, Unternehmenspolitik), die ebenfalls durch das Gesamtgremium entschieden werden müssen (vgl. Scholz/*Schneider* § 43 Rn. 42 ff.).

6. Die Zuweisung von Ressortzuständigkeiten mittels eines Geschäftsverteilungsplans kann funktional erfolgen (Finanzen, Personal usw.) oder auch nach Stufen der Wertschöpfung (F&E, Einkauf, Produktion, Vertrieb). Letztlich entscheidend sind die Bedürfnisse und Situation des Einzelfalls. 480

7. Grundsätzlich sind bei der GmbH alle Geschäftsführer gemeinsam für die Geschäftsführung verantwortlich (Gesamtverantwortung). Dies ist jedoch nicht zwingend und die Gesellschafter können, wie vorliegend, durch die Geschäftsordnung für die mittels des Geschäftsverteilungsplans zugewiesenen Aufgaben geschehen, hiervon abweichende Regelungen treffen und einzelne oder alle Geschäftsführer mit Einzelgeschäftsführungsbefugnis ausstatten (Baumbach/Hueck/*Zöllner/Noack* § 37 Rn. 29). Durch die Geschäftsverteilung, also die Zuweisung bestimmter Geschäfts- und Verantwortungsbereiche an einzelne, bestimmte Geschäftsführer, sind diese in dem ihnen zugewiesenen Bereich dann entscheidungsbefugt und daher einzelgeschäftsführungsbefugt. 481

Die Geschäftsverteilung setzt voraus, dass die dem jeweiligen Ressort zugewiesenen Aufgaben im Rahmen einer eindeutigen schriftlichen Klarstellung präzise beschrieben werden. Des Weiteren muss der für ein bestimmtes Ressort vorgesehene Geschäftsführer persönlich hierfür geeignet und befähigt sein. Schließlich dürfen bestimmte, namentlich genuine Leitungsaufgaben nicht delegiert werden (vgl. oben Muster C 41 (Rdn. C 479)). Trotz einer diese Voraussetzungen erfüllenden Delegation von grundsätzlich delegationsfähigen Angelegenheiten verbleibt als Ausfluss der Gesamtverantwortlichkeit aber, dass die übrigen Geschäftsführer hinsichtlich der ihnen nicht zugewiesenen Ressorts eine Überwachungs- und Kontrollpflicht haben, die sich beispielsweise in einem Auskunftsrecht niederschlägt. Dies korrespondiert mit der Informationspflicht der Geschäftsführer und hilft somit der Schaffung eines Berichtssystems. Durch die Schaffung von Ressortzuständigkeiten wird also trotz des allgemeinen Prinzips der Gesamtverantwortung der Pflichtenkatalog der einzelnen Geschäftsführer reduziert: Jeder Geschäftsführer ist nur noch für das ihm zugewiesene Ressort zuständig und verantwortlich. Unabhängig davon und ressortüberschreitend trifft aber alle Geschäftsführer weiterhin eine Pflicht zur Information und Überwachung. 482

Folge einer diesen Voraussetzungen genügenden Geschäftsverteilung mit gleichzeitigen Überwachungs- und Informationspflichten ist eine Haftungsreduzierung: Wenn ein Geschäftsführer von Unregelmäßigkeiten im Geschäftsbereich seines Mitgeschäftsführers nichts wusste und hierbei auch seine allgemeine Überwachungspflicht nicht verletzt hat, liegt weder eine haftungsbegründende Pflichtverletzung, noch ein zu vertretendes Verschulden vor (Scholz/*Schneider* § 43 Rn. 36). Damit dient die Geschäftsordnung also ganz praktisch einer Haftungsreduzierung. 483

8. Durch die Schaffung von Ressortzuständigkeiten trägt der jeweilige Geschäftsführer für seinen Bereich die Verantwortung. Dies bedeutet aber nicht, dass die übrigen Geschäftsführer deswegen für die anderweitig zugewiesenen Bereiche aus der Verantwortung entlassen wären. Für sie verbleibt vielmehr eine Überwachungspflicht hinsichtlich der Nachbarressorts. Erfordert es die Lage der Gesellschaft, da bestimmte Verpflichtungen (beispielsweise öffentlich-rechtlicher Natur oder in Steuersachen) nicht eingehalten werden, sind auch die nach der Ressortzuständigkeit eigentlich nicht verantwortlichen Geschäftsführer zum Handeln verpflichtet. 484

9. Bestimmte Aufgaben sind nicht delegationsfähig; hinsichtlich dieser verbleibt es bei der grundsätzlichen Gesamtzuständigkeit und Gesamtverantwortung aller Geschäftsführer (vgl. bereits oben Muster C 41 (Rdn. C 479)). Darüber hinaus bleibt es den Gesellschaftern natürlich unbenommen, auch sonstige Elemente unter die Gesamtzuständigkeit zu stellen. 485

10. Die gegenseitige Überwachungspflicht macht es erforderlich, dass den Geschäftsführern zur effektiven Wahrnehmung ein Auskunftsrecht eingeräumt wird. 486

11. Trotz Zuweisung von Ressorts sind Geschäftsführer verpflichtet, sich unaufgefordert gegenseitig über alle Angelegenheiten zu informieren, die sich in ihren Ressorts ergeben und für die anderen Geschäftsführer aufgrund deren Ressortzuständigkeit oder aufgrund der Bedeutung für 487 das Unternehmen für alle Geschäftsführer von Bedeutung sind (Oppenländer/Trölitzsch/*Trölitzsch* § 16 Rn. 15).

488 **12.** Zu einem Katalog zustimmungsbedürftiger Geschäfte vgl. unten Muster C 42 (Rdn. C 489 ff.).

42. Gesellschafterbeschluss über den Katalog zustimmungsbedürftiger Geschäfte

Vorbemerkung

489 Grundsätzlich umfasst die Geschäftsführungsbefugnis der Geschäftsführer alle zur Verfolgung des Gesellschaftszwecks erforderlichen Maßnahmen und Entscheidungen (Baumbach/Hueck/*Zöllner/Noack* § 37 Rn. 2). Den Gesellschaftern ist es aber unbenommen, Einschränkungen dieser umfassenden Geschäftsführungsbefugnis zu schaffen (Lutter/Hommelhoff/*Kleindiek* § 37 Rn. 16). Dies kann bereits in der Satzung erfolgen, durch die Schaffung einer Geschäftsordnung (vgl. Muster C 41 (Rdn. C 472 ff.)) oder durch einen Gesellschafterbeschluss.

490 Die per Gesellschafterbeschluss eingeführten Zustimmungsvorbehalte wirken jedoch nur im Innenverhältnis. Die nach außen gerichtete Vertretungsmacht der Geschäftsführer ist sachlich nicht beschränkbar, also auch nicht durch einen Gesellschafterbeschluss (Baumbach/Hueck/*Zöllner/Noack* § 37 Rn. 37). Eine Grenze zieht die Rechtsprechung im Falle eines Rechtsmissbrauchs (bspw. Kollusion); hier soll in Ausnahmefällen die Überschreitung der im Innenverhältnis bestehenden Grenzen auch die Wirksamkeit der nach außen abgegebenen Erklärung treffen, mit den Folgen des § 177 BGB oder, im Falle der Kollusion, sogar der Nichtigkeit der Erklärung (Baumbach/Hueck/*Zöllner/Noack* § 37 Rn. 41 ff.). Überschreitet der Geschäftsführer die ihm im Innenverhältnis per Schaffung eines Kataloges von zustimmungsbedürftigen Geschäften aufgestellten Grenzen, begeht er eine Pflichtverletzung (§ 43 GmbHG). Diese kann einen wichtigen Grund im Sinne von § 38 Abs. 2 GmbHG zur Abberufung bzw. zur Kündigung des Anstellungsvertrages darstellen.

Muster

491 **Niederschrift über eine außerordentliche Gesellschafterversammlung der A-GmbH, Köln**

Alleinige Gesellschafterin der A-GmbH, eingetragen im Handelsregister des Amtsgerichts Köln unter HRB __________ (im Folgenden »Gesellschaft«), ist die B-GmbH.

Unter Verzicht auf alle Formen und Fristen für die Einberufung und Abhaltung einer Gesellschafterversammlung hält die B-GmbH hiermit eine außerordentliche Gesellschafterversammlung der Gesellschaft ab und beschließt was folgt:

Für die Geschäftsführung der Gesellschaft wird folgender Katalog zustimmungsbedürftiger Geschäfte geschaffen. [1] Für die nachfolgend aufgeführten Geschäfte bedürfen die Geschäftsführer der Gesellschaft der vorherigen schriftlichen Zustimmung der Gesellschafterversammlung: [2]

- **Errichtung und Aufhebung von Zweigniederlassungen und Betriebsstätten,**
- **Erwerb, Veräußerung und Belastung von Beteiligungen, einschließlich stiller Beteiligungen und der Erwerb und die Veräußerung von Unternehmen, Betrieben oder Betriebsteilen,**
- **Gründung oder Liquidation von Tochterunternehmen,**

– **Abschluss, Änderung und Beendigung von Unternehmensverträgen i.S.v. §§ 292 ff. AktG sowie von Joint-Venture- oder ähnlichen Kooperations- oder Rahmenvereinbarungen,**

– **Aufstellung und Änderung der Unternehmensplanung (Finanzplanung, Personalplanung, usw.) einschließlich der Festlegung und Änderung der Vertriebs- und Preispolitik,**

– **Aufstellung der Investitionsplanung für das kommende Geschäftsjahr,**

– **wesentliche Änderungen, Erweiterungen, Einschränkungen oder Aufgabe von Tätigkeitsgebieten der Gesellschaft oder des Geschäftszweiges der Gesellschaft oder die Aufnahme eines neuen Geschäftszweiges,**

– **Aufnahme von Darlehen, sofern diese vom genehmigten Finanz- und Investitionsplan (falls vorhanden) abweichen und im Einzelfall __________ € übersteigen,**

– **Kreditgewährung, mit Ausnahme handelsüblicher Zahlungsziele,**

– **Übernahme von Bürgschaften, Garantien oder Stellung sonstiger Sicherheiten für Dritte, einschließlich des Eingehens von Wechselverbindlichkeiten und ähnlichen Verbindlichkeiten im Wert von __________ € oder mehr im Einzelfall,**

– **Eingehen von teilweisen oder umfassenden Forderungsverzichten, soweit diese im Einzelfall einen Betrag von __________ € übersteigen,**

– **Abschluss, Änderung und Beendigung von Anstellungs- und Dienstverträgen mit einer jährlichen Vergütung im Einzelfall von __________ € p.a. oder mehr oder unter Einschluss einer Gewinn- und Umsatzbeteiligung,**

– **Festsetzung oder Änderung der Konditionen für leitende Angestellte,**

– **Abschluss, Änderung und Beendigung von Verträgen mit Organmitgliedern der Gesellschaft und deren Angehörigen i.S.v. § 15 AO oder mit Unternehmen, an denen solche Personen mit 5 % unmittelbar oder mittelbar beteiligt sind,**

– **Abschluss oder Änderung von Pensionsvereinbarungen oder Abfindungsvereinbarungen,**

– **Abschluss von Betriebsvereinbarungen oder Vereinbarungen über Sozialpläne und den Interessenausgleich,**

– **Erteilung und Widerruf von Prokuren oder Generalhandlungsvollmachten,**

– **Aufstellung oder Änderung einer betrieblichen Altersversorgung,**

– **Erwerb, Veräußerung und Belastung von Grundstücken, Gebäuden und grundstücksgleichen Rechten oder das Eingehen einer Verpflichtung hierzu,** [3]

– **Abschluss, Änderung und Beendigung von Dauerschuldverhältnissen (beispielsweise Lizenzverträgen) mit einer Laufzeit von mehr als drei Jahren oder einem Volumen von __________ € p.a. oder mehr,**

– **Abschluss, Änderung und Beendigung von Miet- oder Pachtverträgen mit einer Laufzeit von mehr als drei Jahren oder einem Miet- oder Pachtzins von __________ € p.a. oder mehr,**

– **Abschluss, Änderung oder Beendigung sonstiger Verträge oder einmaliger Investitionen mit einem Volumen von mehr als __________ € p.a. oder im Einzelfall,** [3]

- **Einleitung von Rechtsstreitigkeiten, unabhängig ob vor staatlichen Gerichten oder vor Schiedsgerichten, mit einem Streitwert von mehr als ______ €,**
- **Beendigung solcher Rechtsstreitigkeiten durch Vergleich, Anerkenntnis oder Erlass sofern im Einzelfall eine Forderung im Wert ______ € oder mehr betroffen ist,**
- **Eingehen von Rechtsgeschäften und Vornahme von Rechtshandlungen, die über den gewöhnlichen Geschäftsbetrieb des Unternehmens hinausgehen oder für die Gesellschaft von besonderer Bedeutung sind,**

______, den ______

(Unterschriften)

Erläuterungen

492 **1.** Gegenüber der Einfügung eines solchen Katalogs in die Satzung der Gesellschaft bietet die Variante der Einführung eines solchen Katalogs per Gesellschafterbeschluss den Vorteil größerer Flexibilität, da für eine Änderung ein entsprechender Änderungsbeschluss ausreicht und keine notarielle Beurkundung der Satzungsänderung zu erfolgen hat. Ohnehin bedürfen Zustimmungsvorbehalte keiner satzungsmäßigen Regelung.

493 **2.** Der Umfang des Katalogs hat sich an den Bedürfnissen im Einzelfall zu orientieren. Das Muster zeigt lediglich einige der Regelungsaspekte, die häufig in derartigen Katalogen anzutreffen sind. Bei der Formulierung ist neben dem Wunsch der Kontrolle über die Geschäftsführung einerseits zugleich auch daran zu denken, keine zu ausufernde Regelung zu treffen, die eine effektive Geschäftsführung lähmen könnte.

494 **3.** Sofern vom Gesellschaftszweck oder einem bestehenden Investitionsplan derartige Geschäfte umfasst sind, kann folgender einschränkender Halbsatz aufgenommen werden: »… soweit diese nicht für die Verwirklichung des Gesellschaftszweckes der Gesellschaft notwendig oder zweckmäßig sind« oder »… soweit diese nicht im genehmigten Investitionsplan enthalten sind«.

43. Innenvollmacht auf einen anderen Geschäftsführer

Vorbemerkung

495 Bei gesamtvertretungsberechtigten Geschäftsführern kann es zu Situationen kommen (beispielsweise wegen Urlaubsabwesenheit, Krankheit), in denen die an sich gemeinsam Handlungsberechtigten nicht anwesend sind. Auch ist es aus Gründen der Praktikabilität mitunter sinnvoll, dass bestimmte, in ein Ressort eines Geschäftsführers fallende Rechtsgeschäfte von diesem allein abgeschlossen werden können. Um in diesen Fällen eine wirksame Vertretung der Gesellschaft zu ermöglichen, kann einem der gesamtvertretungsberechtigten Geschäftsführer eine entsprechende Ermächtigung erteilt werden. Die Ermächtigung basiert auf dem Rechtsgedanken der §§ 78 Abs. 4 AktG, 125 Abs. 2 Satz 2 HGB und ist auch für die Geschäftsführer einer GmbH anerkannt.

Muster

496 **Ermächtigung [1, 2]**

Wir, Herr A und Herr B, sind vertretungsberechtigte Geschäftsführer der

C-GmbH,

mit Sitz in Köln, AG Köln HRB 1234.

Hiermit ermächtigen [3] wir

[Name des ermächtigten Geschäftsführers]

die C-GmbH bei Willenserklärungen, die in Verbindung mit dem Abschluss, der Durchführung und der Kündigung von Arbeitsverhältnissen [4] abzugeben und entgegenzunehmen sind, alleine zu vertreten.

Unterschriften der Geschäftsführer Herr A und Herr B [5, 6]

Template

Authorization [1, 2] 497

We, Mr. A and Mr. B, are managing directors with the authority of joint representation of

C-GmbH,

with registered office in Cologne, registered in the commercial register of the Local Court of Cologne under HRB 1234.

We hereby authorize [3]

[Name des ermächtigten Geschäftsführers]

to solely represent C-GmbH in connection with the issuance and the acceptance of declarations for the conclusion, the performance and the termination of employment contracts [4].

Signatures [5, 6]

Erläuterungen

1. Dem Muster liegt der gedachte Sachverhalt zugrunde, dass die C-GmbH zwei Geschäftsführer, Herrn A und Herrn B, hat, die gesamtvertretungsberechtigt sind. Herr A ist intern für das Personalwesen zuständig, deshalb soll er alleine in der Lage sein, Arbeitsverträge abzuschließen oder kündigen zu können. Regelfall für die Ermächtigung ist die Vornahme innerhalb des mit Gesamtvertretungsmacht ausgestatteten Geschäftsführerkollegiums. Nach einer jüngeren Entscheidung des OLG München soll auch die Gesellschafterversammlung die Ermächtigung erteilen können (OLG München, Beschl. v. 16.09.2011 – 34 Wx 376/11, DNotZ 2011, 951; ablehnend Roth/Altmeppen/*Altmeppen* § 35 Rn. 61). 498

2. Grundsätzlich kann die Ermächtigung auch formlos oder konkludent erteilt werden, was gemäß § 167 Abs. 2 BGB auch dann gilt, wenn das Rechtsgeschäft, auf das sich die Ermächtigung bezieht, formbedürftig ist. Die Ermächtigung wird nicht in das Handelsregister eingetragen. 499

3. Bei der Ermächtigung handelt es sich nicht um eine solche im Sinne des § 185 BGB. Vielmehr stellt sie einen organschaftlichen Akt besonderer Art dar, durch den die organschaftliche Gesamtvertretungsmacht zu einer Alleinvertretungsmacht erstarkt (Baumbach/Hueck/*Zöllner/Noack* § 35 Rn. 120 m.w.N.; ausführlich *Schwarz* NZG 2001, 529 ff.). 500

4. Vorliegend wird die Ermächtigung für den Abschluss und die Kündigung von Arbeitsverträgen erteilt. Die Ermächtigung kann stets nur für einzelne konkrete (beispielsweise Abschluss eines bestimmten Vertrages) oder nach ihrer Art bestimmte Rechtsgeschäfte, wie vorliegend, erteilt werden; sie darf nicht dazu führen, dass sich die Gesamtvertretung de-facto in eine Einzelvertretung wandelt. Eine umfassende Ermächtigung darf nicht gewährt werden, da dies dem Konzept der eigentlich vorherrschenden Gesamtvertretung widerspräche (BGH, Urt. v. 12.12.1960, II 501

ZR 255/59, BGHZ 34, 27). Nach der Rechtsprechung nicht möglich ist eine ressortbezogene Ermächtigung für sämtliche, in dem entsprechenden Bereich anfallenden Rechtsgeschäfte (BGH, Urt. v. 16.11.1987, II ZR 92/98, BB 1988, 291; str. vgl. Roth/Altmeppen/*Altmeppen* § 35 Rn. 64).

502 **5.** Der zu ermächtigende Geschäftsführer A hat an der Ermächtigung mitgewirkt. Unabhängig ob er von § 181 BGB befreit ist, steht diese Norm seinem Mitwirken nicht entgegen (Baumbach/Hueck/*Zöllner/Noack* § 35 Rn. 120 m.w.N.)

503 **6.** Ein Widerruf der Ermächtigung ist jederzeit möglich, wobei daran auch Geschäftsführer mitwirken können, die an der Erteilung nicht beteiligt waren.

44. Ausführlicher Anstellungsvertrag mit variabler Vergütung und nachvertraglichem Wettbewerbsverbot

Vorbemerkung

504 Die Organstellung des Geschäftsführers in der GmbH ergibt sich aufgrund der Bestellung (§§ 6, 35 GmbHG). Damit sind alle durch den Gesetzgeber für essentiell erachteten Regelungen über das Verhältnis zwischen Gesellschaft und Geschäftsführung vorgegeben. Das Gesetz nimmt allerdings nicht nur die Interessen der unmittelbar betroffenen Gesellschaft, ihrer Gesellschafter und des Geschäftsführers in den Blick, sondern auch die Interessen Dritter in den Rollen der Gläubiger, Geschäfts- und Vertragspartner der Gesellschaft sowie des Rechtsverkehrs allgemein. Dies schlägt sich für den Geschäftsführer insbesondere in den Bestimmungen über die gerichtliche und außergerichtliche Vertretung der Gesellschaft (§§ 35–37 GmbHG), der Regelung der Haftung der Geschäftsführer gegenüber der Gesellschaft (§ 43 GmbHG), der Pflicht zur Buchführung, zur Erstellung der Bilanz und zur Vorlage von Jahresabschluss und Lagebericht (§§ 41–42a GmbHG), der Abgrenzung der Aufgabenkreise zwischen den Gesellschaftern und der Geschäftsführung und schließlich auch in der jederzeitig gegebenen Möglichkeit des Widerrufs der Bestellung der Geschäftsführer (§ 38 GmbHG) nieder. Das Organverhältnis in der GmbH ist zudem vom Grundsatz der Weisungsabhängigkeit gekennzeichnet. Im Unterschied zum Vorstand einer Aktiengesellschaft führt der Geschäftsführer die Gesellschaft nicht in eigener Verantwortung, er unterliegt vielmehr den Weisungen der Gesellschafterversammlung (§ 37 Abs. 1 GmbHG). Für eine gesetzmäßig funktionierende Geschäftsführung bedarf es damit keines Anstellungsvertrags mit weiteren Regelungen (*Schiefer/Worzalla*, ZfA 2013, 41, 43).

505 Dennoch werden in fast allen Fällen Anstellungsverträge zwischen der GmbH und ihren Geschäftsführern geschlossen. Dies entspringt vor allem – aber nicht nur – dem Sicherungsbedürfnis der Geschäftsführer, die hinsichtlich ihrer Vergütungsansprüche verständlicherweise nicht auf die übliche Vergütung für ihre Dienstleistung (§ 612 Abs. 2 BGB) verwiesen werden wollen (vgl. BGH, 16.01.1995, II ZR 290/93, NJW 1995, 1158). Tatsächlich wird die Bedeutung der Vergütungsregelungen, insbesondere einer angemessenen und wirtschaftlich zielgerichteten Regelung der variablen Vergütung, für ein langfristiges und fruchtbares Zusammenwirken zwischen Gesellschaft und Geschäftsführung oft nicht ausreichend gewürdigt (Oppenländer/*Trölitzsch*/*Baumann* § 14 Rn. 35 ff.). Aber auch andere gesetzlich nicht ausführlich gestaltete Rechte und Pflichten, die typischerweise im Anstellungsvertrag eines GmbH-Geschäftsführers berücksichtigt werden, sind für Geschäftsführer und Gesellschaft von großer Bedeutung. Insbesondere die Vereinbarung eines nachvertraglichen Wettbewerbsverbots, die Anwendbarkeit der Bestimmungen des Arbeitnehmererfindergesetzes oder die interessengerechte Ausgestaltung der Laufzeit des Anstellungsvertrags erfordern schriftliche Regelungen. Bei allen Regelungen des Anstellungsvertrags ist auf eine detaillierte und auf die Funktion ausgerichtete Abstimmung mit den Festlegungen, die sich aus der Satzung und aus dem oben skizzierten gesetzlichen Rechtsrahmen der Organstellung ergeben, zu achten.

Während beim Gesellschafter-Geschäftsführers die Interessen des Geschäftsführers und der Gesellschaft in aller Regel gleichgerichtet und austariert sind, kommt es bei der Gestaltung des Fremdgeschäftsführervertrags darauf an, die Interessen der jeweiligen Partei zu wahren. Dies lässt sehr einseitige, aber auch sehr ausgewogene und im besten Sinne faire Gestaltungen zu. Der Gestaltungsspielraum ist grundsätzlich weit. Einschränkungen ergeben sich allerdings durch die Nähe der Dienstverträge angestellter Geschäftsführer zum Arbeitsvertrag, was einerseits durch die Anwendung des AGB-Rechts der §§ 305 ff. BGB auf Geschäftsführerverträge und andererseits durch die immer wieder aufkommende Diskussion über die Qualifizierung des abhängig tätigen Geschäftsführers als Arbeitnehmer zum Ausdruck kommt. Die Anwendung des Rechts allgemeiner Geschäftsbedingungen muss geprüft werden, weil ein Geschäftsführer bei Abschluss seines Anstellungsvertrags als Verbraucher i.S.v. § 13 BGB handelt, wenn er nicht zugleich als Gesellschafter über zumindest eine Sperrminorität verfügt oder sonst Leitungsmacht über die Gesellschaft ausüben kann (ausführlich BAG, Urteil v. 19.05.2010 – 5 AZR 253/09, NZA 2010, 939 m.w.N.; OLG Karlsruhe 25.10.2016 – 8 U 122/15, NZG 2017,226). Die Geschäftsführung einer GmbH ist insoweit keine selbstständige sondern eine angestellte und letztlich weisungsabhängige berufliche Tätigkeit (*Hümmerich* NZA 2006, 709, 710; Däubler/Bonin/Deinert/*Däubler* Einl. Rn. 47). Die hieraus folgende Möglichkeit der Kontrolle von Geschäftsführer-Anstellungsverträgen am Prüfungskanon der §§ 305 ff. BGB verpflichtet bei der Erstellung des Anstellungsvertrags zu besonderer Sorgfalt hinsichtlich Klarheit und Angemessenheit der verwendeten Regelungen. 506

Eine materielle Arbeitnehmerstellung des Geschäftsführers besteht in der Regel in Deutschland nicht. Die zwingenden Schutzregelungen für Arbeitnehmer finden daher überwiegend keine Anwendung. So gelten bislang in Deutschland nicht der Kündigungsschutz, die Regelungen zu Mutterschutz, Elternzeit, Teilzeit und Befristung, die Mindestnormen zum Urlaub und zur Entgeltfortzahlung während einer Erkrankung, das Recht des Betriebsübergangs und das Arbeitnehmererfinderrecht. Die sog. Danosa-Entscheidung des EuGH könnte aber dazu führen, dass künftig doch einzelne Arbeitnehmerschutzregelungen für Geschäftsführer gelten, jedenfalls dann, wenn die Norm an den europarechtlichen Arbeitnehmerbegriff anknüpft (Hümmerich/Reufels, Arbeitsverträge, § 2, Rn. 18, 28). Dies ist namentlich beim MuSchG der Fall (EuGH, 11.11.2010, NZA 2011, 143). Entsprechende Absicherungen des Geschäftsführers müssen folglich vertraglich geregelt werden. Das BAG hält allerdings in Ausnahmefällen eine materielle Arbeitnehmerstellung für gegeben, wenn das konkrete Dienstverhältnis durch eine starke persönliche Abhängigkeit geprägt ist und die konkrete Tätigkeit durch Weisungen ausgestaltet wird. Dies gilt insbesondere, wenn die Gesellschafter oder gar Mitgeschäftsführer dem einzelnen Geschäftsführer konkrete Weisungen zu Art, Ort und Zeit der Tätigkeit an sich erteilen, so dass letztlich die Kriterien für die Unterscheidung zwischen Arbeitnehmer und freiem Mitarbeiter/Werkvertragsunternehmer zugunsten des Arbeitsrechts ausschlagen (BAG v. 24.11.2005, GmbHR 2006, 592 mit Anm. *Haase*; Bauer/Lingemann/Diller/Haußmann-*Lingemann*, Kap. 4 Rn. 17).

Das nachfolgende Muster beinhaltet Klauselvorschläge für die in der Praxis regelmäßig relevanten Regelungsbereiche. 507

Muster

Anstellungsvertrag des Geschäftsführers [1] 508

vom...

zwischen der

____________ GmbH, eingetragen im Handelsregister des Amtgerichts ____________ unter Nr. HRB ____________, Anschrift: ____________, vertreten durch [2]

(entweder)

[ihren alleinigen Gesellschafter Herrn...]

(oder)

[die Gesellschafterversammlung, diese vertreten durch ihren Bevollmächtigten, Herrn...]

(oder)

[den [Kraft Gesetzes]/[Kraft Satzung] zuständigen Aufsichtsrat/Beirat, dieser vertreten durch seinen Vorsitzenden Herrn...] [3]

– Gesellschaft –

und

Frau/Herrn ____________, Anschrift: ____________

– Geschäftsführer –

§ 1 Beginn des Vertragsverhältnisses [4]

Der Geschäftsführer ist seit...zum Geschäftsführer der Gesellschaft bestellt [wird mit Beschluss der Gesellschafterversammlung vom... mit Wirkung zum... als Geschäftsführer der Gesellschaft bestellt].

Dieser Dienstvertrag regelt die Vertragsverhältnisse der Parteien ab dem ...und ersetzt insoweit vollständig sämtliche vorgehenden arbeits- und dienstvertragliche Regelungen zwischen den Parteien, etwaige aktive oder ruhende Arbeitsverhältnisse werden hiermit beendet. Rechte aus etwaigen vorgehenden Vertragsverhältnissen werden nicht übernommen werden, soweit diese Rechte nicht ausdrücklich in diesem Vertrag benannt werden.

§ 2 Anstellung, Aufgaben und Pflichten [5]

1. **Der Geschäftsführer ist als Geschäftsführer/Hauptgeschäftsführer/Vorsitzender der Geschäftsführung angestellt. Er führt zudem den Titel...[z.B.: CEO/CFO/ Compliance Officer/Arbeitsdirektor].**
2. **Der Geschäftsführer führt die Geschäfte der Gesellschaft gemäß der einschlägigen gesetzlichen Regelungen und unter strikter Beachtung des Gesellschaftsvertrags, der Weisungen der Gesellschafterversammlung, dieses Dienstvertrags und einer etwaigen Geschäftsordnung. Sofern ein Geschäftsverteilungsplan verabschiedet wird richten sich die Aufgaben des Geschäftsführers insbesondere nach dem ihm zugewiesenen Aufgabenbereich. Die Gesellschafterversammlung ist berechtigt, die Geschäftsordnung und den Geschäftsverteilungsplan jederzeit neu zu regeln, hierbei ist auf die Interessen des Geschäftsführers in angemessener Weise Rücksicht zu nehmen.**
3. **Der Geschäftsführer vertritt die Gesellschaft gerichtlich und außergerichtlich. Soweit nur ein Geschäftsführer bestellt ist, hat der Geschäftsführer Alleinvertretungsbefugnis. Soweit mehrere Geschäftsführer bestellt sind, vertritt der Geschäftsführer grundsätzlich nur gemeinsam mit einem anderen Geschäftsführer oder einem Prokuristen, es sei denn, dass ihm von der Gesellschafterversammlung Alleinvertretungsbefugnis erteilt wird. Die Gesellschafterversammlung ist berechtigt, die Bestimmungen über die Vertretungsbefugnis jederzeit neu zu regeln. Von dem Verbot des Selbstkontrahierens (§ 181 BGB) ist der Geschäftsführer nicht befreit.**

§ 3 Allgemeine Vertragspflichten [6]

1. **Der Geschäftsführer verpflichtet sich, seine gesamte Arbeitskraft für die in diesem Vertrag bestimmten Zwecke einzusetzen, sowie durch einwandfreies persönliches Auftreten und Verhalten dem Ansehen und dem Interesse der Gesellschaft nicht zu schaden.**

2. **Der Geschäftsführer stellt der Gesellschaft seine gesamten beruflichen Kenntnisse und seine Erfahrung vorbehaltslos zur Verfügung.**

3. **Während der Dauer dieses Anstellungsvertrags unterliegt der Geschäftsführer einem strikten Wettbewerbsverbot. Der Geschäftsführer darf eine Nebentätigkeit zudem nur ausüben, wenn sie den berechtigten Interessen der Gesellschaft nicht abträglich ist. Die Übernahme jeder auf Erwerb gerichteten Nebentätigkeit, darunter fallen auch die Beteiligung an anderen Unternehmen, sowie die Übernahme von Aufsichtsratsmandaten, beruflichen Ehrenämtern oder ähnlicher Funktionen, unterliegt vorheriger Zustimmung der Gesellschafterversammlung, die ihre Zustimmung erteilen wird, wenn vorrangige berechtigte Interessen der Gesellschaft nicht entgegenstehen. Erwerb und Besitz von Anteilen börsennotierter Gesellschaften zu Zwecken der reinen Kapitalanlage, die keinen Einfluss auf die Geschäftsführung vermitteln, ist zulässig. Die Gesellschaft kann im Falle eines Verstoßes gegen diese Bestimmung gegebenenfalls zur fristlosen Kündigung dieses Vertrags aus wichtigem Grund berechtigt sein, ohne dass es noch einer Abmahnung bedarf.**

4. **Der Geschäftsführer bedarf für Vorträge, Aufsätze oder sonstige Veröffentlichungen, soweit sich diese auf das Geschäft der oder seine Tätigkeit bei der Gesellschaft beziehen, ebenfalls einer vorherigen Zustimmung der Gesellschafterversammlung, die ihre Zustimmung erteilen wird, wenn vorrangige berechtigte Interessen der Gesellschaft nicht entgegenstehen. [7]**

5. **Der Geschäftsführer wird jegliche Erfindung, die er während der Laufzeit dieses Anstellungsvertrags macht, der Gesellschaft als Diensterfindung anbieten. Es gelten die Vorschriften des Gesetzes über Arbeitnehmererfindungen in der jeweiligen Fassung. Für sonstige Entwicklungen in der Verantwortung oder der Urheberschaft des Geschäftsführers während der Laufzeit dieses Anstellungsvertrags, die außerhalb des Anwendungsbereichs des Arbeitnehmererfindergesetzes liegen, stehen die Schutzrechte, soweit rechtlich möglich, und das Recht zur Verwertung ausschließlich der Gesellschaft zu. Die Vergütung hierfür gilt als mit der Geschäftsführervergütung gem. § 4 abgegolten. [8]**

6. **Auf Wunsch der Gesellschaft übernimmt der Geschäftsführer Aufsichtsratsmandate und ähnliche Ämter in Gesellschaften, mit denen die Gesellschaft verbunden ist, sowie in Organisationen oder Vereinigungen, an deren Tätigkeit die Gesellschaft ein geschäftliches Interesse hat. [9]**

7. **Zur Vornahme von Rechtsgeschäften, welche über den gewöhnlichen Geschäftsbetrieb der Gesellschaft hinausgehen, bedarf der Geschäftsführer der vorherigen Zustimmung der Gesellschafterversammlung. [10] Dies gilt insbesondere für:**

   a) **Erwerb, Veräußerung und Belastung von Grundstücken und grundstücksgleichen Rechten;**

   b) **Aufgabe bestehender und Aufnahme neuer Geschäftsbereiche;**

   c) **Erwerb und Veräußerung von Betrieben und dauernden Beteiligungen;**

d) Errichtung, Aufhebung und Veräußerung von Zweigniederlassungen und Zweigbetrieben;

e) Abschluss, Änderung und Aufhebung von Betriebsüberlassungs- und Ergebnisübernahmeverträgen;

f) Vereinbarung von Kreditlinien für Kontokorrent- und Wechselkredite sowie Änderungen einer solchen Vereinbarung;

g) Aufnahme und Rückzahlung sowie Gewährung von Krediten außerhalb des normalen Geschäftsverkehrs;

h) Gewährung von Sicherheiten für Dritte, insbesondere Übernahmen von Bürgschaften und Garantien;

i) Erteilung und Widerruf von Prokura und Handlungsvollmacht;

j) Abschluss, Änderung und Beendigung von Dienstverträgen mit Prokuristen, Handlungsbevollmächtigten und Angestellten in vergleichbaren Positionen.

Eine allgemeine Zustimmung gilt als erteilt, sofern die Entscheidung im Rahmen eines von der Gesellschafterversammlung verabschiedeten Jahresplans oder Budgets liegt. Die Liste der Geschäfte und Maßnahmen, deren Ausführung der vorherigen Zustimmung der Gesellschafterversammlung bedarf, kann durch Beschluss der Gesellschafterversammlung jederzeit erweitert oder eingeschränkt werden.

8. Die Verpflichtung zur Einholung einer Zustimmung für Maßnahmen nach § 3 Abs. 7 berührt nicht die Verpflichtung des Geschäftsführers, sich aller tatsächlicher oder rechtlicher Maßnahmen zu enthalten, die außerhalb des normalen Geschäftsbetriebs der Gesellschaft liegen und die die Grenzen des Gesellschaftszwecks überschreiten, nicht in Übereinstimmung mit der Geschäftspolitik der Gesellschaft stehen oder außergewöhnlich sind, oder die in sonstiger Weise der Gesellschafterversammlung aufgrund ihrer rechtlichen Funktion vorbehalten sind.

§ 4 Bezüge [11]

1. Der Geschäftsführer erhält für seine Tätigkeit eine feste Jahresbruttovergütung in Höhe von ________ € (in Worten: ________ Euro) (Jahresbruttovergütung). Sie wird in zwölf gleichen Monatsbeträgen jeweils zum Monatsende – nach Abzug von gesetzlichen Steuern und Sozialabgaben – ausbezahlt. Mit der Jahresbruttovergütung sind etwaige Ansprüche auf Mehrarbeits- oder Überstundenvergütung, Vergütung für Sonn- und Feiertagsarbeit und etwaige Zuschläge hierfür abgegolten.

Das Gehalt wird jährlich überprüft, erstmals zum ________.

2. Sollte der Geschäftsführer im Auftrag oder im Interesse der Gesellschaft in anderen Ämtern oder in anderen Positionen tätig werden, für die eine Vergütung gezahlt wird, so wird diese Vergütung nach Auszahlung jeweils auf die nächsten Monatszahlungen der Jahresbruttovergütung angerechnet. [12]

3. Der Geschäftsführer erhält neben der Jahresbruttovergütung eine variable, ergebnis- und erfolgsabhängige Vergütung nach Maßgabe der folgenden Regelungen:

***(Alt. 1)* [13]**

[Die variable Vergütung wird von der Gesellschafterversammlung zugleich mit der Feststellung des Jahresabschlusses nach billigem Ermessen festgesetzt. Die Grund-

lage der Festsetzung ist zu gleichen Teilen die jeweilige Zielerreichung gegenüber dem für das Vorjahr maßgeblichen Business-Plan und das Ergebnis des Jahresabschlusses.]

(Alt. 2) [14]

[Die variable Vergütung richtet sich nach dem Jahresüberschuss der Gesellschaft. Sie wird auf der Basis des festgestellten Jahresabschlusses errechnet und von der Gesellschafterversammlung beschlossen. Die variable Vergütung beträgt grundsätzlich ____________ % des Jahresüberschusses, jedoch maximal ____________ % der Jahresbruttovergütung. Unter besonderen Umständen ist die Gesellschafterversammlung berechtigt, die variable Vergütung unter Abwägung der Interessen der Gesellschaft und des Geschäftsführers heraufzusetzen oder zu reduzieren. Besondere Umstände im Sinne dieser Regelung sind etwa außergewöhnliche Marktentwicklungen, erhebliche wirtschaftliche Schwierigkeiten oder weit über Budget liegende Ergebnisse der Gesellschaft oder Rechtsänderungen, insbesondere im Bereich des Steuerrechts, mit erheblichen Auswirkungen auf die Gesellschaft. Die Leistung des Geschäftsführers ist dabei stets in die Abwägung einzubeziehen.]

Die festgesetzte variable Vergütung wird nachträglich in zwölf gleichen Teilen monatlich mit der anteiligen Jahresbruttovergütung ausgezahlt. Für die ersten zwölf Monate ab Vertragsbeginn wird die erfolgsabhängige Vergütung mit einem Betrag von insgesamt... € garantiert und monatlich anteilig ausbezahlt.

4. Der Geschäftsführer erhält für die Dauer des Vertragsverhältnisses einen Dienstwagen mit maximalen monatlichen Leasing- und Versicherungskosten von insgesamt bis zu ____________ € netto (zzgl. Umsatz- und Versicherungsteuer). Soweit der Geschäftsführer einen Dienstwagen bereits privat geleast hat, ist er berechtigt, den Leasingvertrag auf die Gesellschaft zu übertragen. Den Dienstwagen darf er auch uneingeschränkt privat nutzen. Die Gesellschaft trägt neben den Leasing- und Versicherungskosten auch alle Betriebskosten des Dienstwagens. Der Geschäftsführer versteuert den geldwerten Vorteil für die Privatnutzung gemäß den jeweiligen steuerlichen Regelungen. Näheres regelt ein gesonderter Überlassungsvertrag. [15]

5. Reisekosten und andere ausschließlich im Interesse der Gesellschaft gemachten Aufwendungen werden dem Geschäftsführer unter Berücksichtigung der steuerlichen Vorschriften erstattet. Die Gesellschaft kann eine Reisekosten- und Bewirtungsrichtlinie erlassen.

§ 5 Betriebliche Altersversorgung [16]

1. Der Geschäftsführer hat Anspruch auf eine betriebliche Altersversorgung in der Form einer kapitalbildenden Direktversicherung. Die Gesellschaft leistet hierzu eine monatliche Versicherungsprämie von... € und übernimmt die Versteuerung. Die Versicherungssumme und die Möglichkeiten zum Abruf der Leistungen ergeben sich aus dem Versicherungsschein. Leistungen aus der Überschuss- und sonstigen Gewinnbeteiligung erhöhen die Versicherungssumme.

2. Der Geschäftsführer erhält nach Ablauf von fünf Jahren ab Beginn dieser Zusage (Unverfallbarkeit) das unwiderrufliche Bezugsrecht auf die Versicherungsleistung. Das unwiderrufliche Bezugsrecht darf weder beliehen noch abgetreten oder verpfändet werden. Im Falle seines Ausscheidens nach Eintritt der Unverfallbarkeit ist er berechtigt, die Versicherung mit eigenen Beiträgen fortzusetzen.

3. In folgenden Fällen ist die Gesellschaft zum Widerruf des Bezugsrechts berechtigt, in diesen Fällen kann die sie die Versicherung selbst verwerten:

a) Das Anstellungsverhältnis endet vor Eintritt der Unverfallbarkeit.

b) Das Anstellungsverhältnis endet nach Eintritt der Unverfallbarkeit aus Gründen, die der Gesellschaft materiell das Recht zu einer außerordentlichen Kündigung geben und so schwerwiegend sind, dass die Gewährung der Versorgungsleistung für die Gesellschaft unzumutbar ist. Das gleiche gilt, wenn derartige Umstände nach dem Ausscheiden des Geschäftsführers, gleich ob vor oder nach Beginn der Abrufphase der Versicherungsleistungen, bekannt werden.

4. Im Übrigen ist die Gesellschaft berechtigt, die Prämienzahlungen herabzusetzen oder einzustellen, wenn wichtige Gründe, insbesondere eine wesentliche Verschlechterung der wirtschaftlichen Lage der Gesellschaft, dies erforderlich machen.

5. Der Versorgungsanspruch aus der Direktversicherung ist begrenzt auf die von dem Versicherer auf Grund des Versicherungsvertrages zu erbringende Versicherungsleistung auf Basis der bis zum Tag des Ausscheidens geleisteten Prämienzahlungen (§ 2 Abs. 2 S. 2 BetrAVG).

§ 6 Krankheit [17]

1. Im Fall der Dienstverhinderung ist der Geschäftsführer verpflichtet, die Gesellschaft unverzüglich zu unterrichten. Dauert die Dienstverhinderung voraussichtlich länger als einen Monat, ist unverzüglich die Gesellschafterversammlung zu unterrichten. Dauert eine krankheitsbedingte Dienstunfähigkeit länger als drei Tage, ist eine ärztliche Arbeitsunfähigkeitsbescheinigung vorzulegen.

2. Im Fall einer unverschuldeten, durch Krankheit oder Unfall verursachten Arbeitsunfähigkeit werden dem Geschäftsführer die in § 4 festgesetzten Bezüge inkl. der variablen Vergütung für bis zu [sechs] Monate fortgezahlt, längstens bis zum Ende dieses Vertrags. Anderweitige Leistungen wie Krankentagegeld werden in Anrechnung gebracht.

3. Wird der Geschäftsführer durch einen Dritten schuldhaft verletzt, tritt er seine Schadensersatzansprüche insoweit bereits jetzt an die Gesellschaft ab, als die Gesellschaft Leistungen während der Arbeitsunfähigkeit erbringt.

§ 7 Entgeltfortzahlung im Todesfall

Im Todesfall wird die dem Geschäftsführer zustehende anteilige Jahresbruttovergütung gemäß § 4 Abs. 1 über den Sterbemonat hinaus für weitere [drei] Monate an die/den Lebenspartner oder Ehegattin des Geschäftsführers und seine in der Berufsausbildung befindlichen Kinder als Gesamtgläubiger weiterbezahlt, wobei die Verpflichtung durch Zahlung auf das bekannte Konto erfüllt wird.

§ 8 Versicherungen [18]

1. Die Gesellschaft wird den Geschäftsführer auf ihre Kosten in eine Unfallversicherung einbeziehen (Versicherungssumme… € bei Tod,… € bei Invalidität). Die Leistungspflicht der Gesellschaft ist in jedem Fall auf die tatsächlich erfolgende Leistung der Versicherungsgesellschaft begrenzt.

2. Die Gesellschaft wird eine Vermögensschaden- und Haftpflichtversicherung (D&O-Versicherung) sowie eine Rechtsschutzversicherung für die Geschäftsführung abschließen, in die der Geschäftsführer mit eingeschlossen ist.

§ 9 Urlaub [19]

1. Der Geschäftsführer hat Anspruch auf einen jährlichen Erholungsurlaub von 30 Arbeitstagen, auf Basis von fünf Arbeitstagen pro Woche. Dieser Urlaub ist so zu nehmen, dass ein ungehinderter Geschäftsgang der Gesellschaft gewährleistet ist. Der Urlaub ist mit den anderen Geschäftsführern, im Falle des Alleingeschäftsführers mit der Gesellschafterversammlung abzustimmen.

2. Der Urlaub ist bis zum 31.12. eines jeden Jahres zu nehmen. Kann der Geschäftsführer den Urlaub aus zwingenden geschäftlichen Gründen ganz oder teilweise nicht nehmen, so ist der Urlaub im Folgejahr bis zum 31.03. zu nehmen. Im Ausnahmenfall kann zwischen der Gesellschafterversammlung und dem Geschäftsführer eine gesonderte zeitliche oder finanzielle Vereinbarung getroffen werden, ansonsten gilt das Bundesurlaubsgesetz.

§ 10 Verschwiegenheitspflicht [20]

1. Der Geschäftsführer ist zur Verschwiegenheit verpflichtet. Insbesondere ist er verpflichtet, es zu unterlassen, dritten Personen gegenüber außerhalb des für seine ordnungsgemäße Tätigkeit Erforderlichen irgendwelche Informationen abzugeben, schriftlich niederzulegen oder sonst wie zu verbreiten, die sich auf die Gesellschaft und ihre Betriebstätigkeit, deren Abnehmer, Kunden, Lieferanten, Geschäftspartner oder Gesellschafter beziehen, sofern:

a) die Gesellschaft oder die Gesellschafter diese Information als vertraulich ansehen oder ansehen könnten; oder

b) diese der Gesellschaft, deren Mitarbeitern oder deren Gesellschaftern unter Umständen zur Kenntnis gebracht worden sind, durch die eine Verpflichtung zur Verschwiegenheit entstanden ist.

2. Unabhängig von sonstigen Verpflichtungen zur Verschwiegenheit, die der Geschäftsführer der Gesellschaft schuldet (sei es durch konkludente vertragliche Verpflichtung oder durch eine ähnliche Vertrauensverpflichtung oder sonstige Rechtsgründe), darf der Geschäftsführer zu keiner Zeit auch nach Beendigung dieses Vertrages einer dritten Person Geschäftsgeheimnisse oder sonstige vertrauliche Informationen mitteilen, schriftlich niederlegen oder sonst wie offenbaren, soweit sich diese Informationen auf die Gesellschaft und ihre Betriebstätigkeit, deren Abnehmer, Kunden, Lieferanten oder Gesellschafter beziehen. Vertraulich zu halten sind insbesondere:

a) Informationen über Abnehmer oder Kunden der Gesellschaft und mit ihnen bestehende Geschäftsbeziehungen;

b) Informationen, die vertraulich von Kunden, Abnehmern oder dritten Parteien geliefert worden sind, denen gegenüber die Gesellschaft Vertraulichkeit schuldet;

c) Informationen über Lieferanten der Gesellschaft;

d) Informationen privater oder vertraulicher Art, die sich auf Mitarbeiter oder andere Geschäftsführer der Gesellschaft beziehen;

e) Informationen zu den Geschäftsmethoden, Finanzen, Preisen oder zur Preispolitik, zu Marketing- oder Entwicklungsplänen, zur Produktentwicklung oder zu Strategien der Gesellschaft;

f) technische Informationen in Bezug auf die Herstellungsprozesse von Produkten der Gesellschaft;

g) das vertrauliche Know-how der Gesellschaft und für die Gesellschaft spezifizierte Software;

h) Informationen betreffend Wettbewerbsstrategien;

i) Daten und Untersuchungsergebnisse über Wettbewerber der Gesellschaft, deren Kunden und Abnehmer;

j) Marktforschungsdaten.

Diese Liste ist nicht erschöpfend und enthält lediglich Beispiele für Informationen, bei denen eine gesteigerte Verpflichtung zur Vertraulichkeit vorliegt.

3. Diese Bestimmung betrifft nicht den Schutz von Informationen, die ohne Verschulden des Geschäftsführers oder einer dritten Person öffentlich bekannt werden.

4. Der Geschäftsführer hat die Angelegenheiten der Gesellschaft betreffende Äußerungen oder Auftritte in der Presse, im Rundfunk, im Fernsehen oder in einem anderen Medium (einschließlich einer öffentlichen oder geschlossenen Benutzergruppe im Internet oder einem vergleichbaren Kommunikationssystem) zuvor mit der Gesellschafterversammlung abzustimmen.

5. Für jeden Fall der Zuwiderhandlung gegen die hier geregelten Verschwiegenheitspflichten hat der Geschäftsführer eine Vertragsstrafe in Höhe von drei Monatsvergütungen zu zahlen. Die Geltendmachung eines darüber hinaus gehenden Schadens bleibt vorbehalten.

§ 11 Nachvertragliches Wettbewerbsverbot [21]

1. Der Geschäftsführer verpflichtet sich, für die Dauer von __________ Monate [max. 24!] nach Beendigung dieses Anstellungsverhältnisses weder in selbstständiger, unselbstständiger oder sonstiger Weise unmittelbar oder mittelbar für ein Wettbewerbsunternehmen der Gesellschaft tätig zu werden. Er wird ferner weder unmittelbar noch mittelbar ein solches Unternehmen errichten, erwerben, betreiben oder sich an einem solchen Unternehmen beteiligen.

Wettbewerbsunternehmen im Sinne dieser Vorschrift sind insbesondere folgende Unternehmen, wobei diese Aufzählung nicht abschließend zu verstehen ist:

____

____

____

2. Das nachvertragliche Wettbewerbsverbot ist räumlich beschränkt auf das Gebiet, in dem die Gesellschaft in ihrer zum Zeitpunkt des Ausscheidens bestehenden Ausprägung betrieblich, entweder gegenüber Abnehmern oder Lieferanten, tätig ist oder werbend auftritt, dies sind derzeit [neben den Mitgliedstaaten der Europäischen Union und der EFTA-Staaten] insbesondere folgende Länder:

____

____

____

3. Für jeden Fall der schuldhaften Zuwiderhandlung gegen dieses Wettbewerbsverbot hat der Geschäftsführer eine Vertragsstrafe in Höhe von drei Monatsvergütungen (§ 4 Abs. 1 und Abs. 3) zu zahlen. Im Falle eines Dauerverstoßes (Tätigkeit oder Beteiligung von über einem Monat) wird die Vertragsstrafe für jeden angefangenen Monat neu verwirkt. Die Geltendmachung eines darüber hinaus gehenden Schadens bleibt vorbehalten, ebenso die Durchsetzung sämtlicher sonstiger gesetzlicher Ansprüche und Rechte, die aus einer Verletzung dieser Verpflichtung folgen können. [22]

4. Für die Dauer des nachvertraglichen Wettbewerbsverbots zahlt die Gesellschaft dem Geschäftsführer eine Entschädigung, die für jedes Jahr des Verbots die Hälfte der von dem Geschäftsführer zuletzt bezogenen Jahresbruttovergütung beträgt. Die Entschädigung wird monatlich anteilig ausgezahlt. Anderweitigen Erwerb muss sich der Geschäftsführer gem. § 74c HGB auf die Entschädigung anrechnen lassen. Hierzu wird er die Gesellschaft während der Laufzeit des Verbots regelmäßig und unverzüglich über seine Einnahmen aus anderweitiger Verwendung seiner Arbeitskraft informieren. Kommt der Geschäftsführer seiner Auskunftspflicht nicht oder nicht vollständig nach, so steht der Gesellschaft bis zur Erfüllung der Pflicht ein Zurückbehaltungsrecht an der Karenzentschädigung zu. [23]

5. Die nachvertragliche Wettbewerbsabrede gilt nicht, wenn der Geschäftsführer bei seinem Ausscheiden aus dem Dienstverhältnis in den Ruhestand tritt oder das Dienstverhältnis wegen Dienstunfähigkeit endet.

6. Die Gesellschaft kann vor Beendigung des Anstellungsvertrags jederzeit durch schriftliche Erklärung auf das nachvertragliche Wettbewerbsverbot mit der Wirkung verzichten, dass sie mit Ablauf von drei Monaten seit der Erklärung von der Verpflichtung frei wird, die Karenzentschädigung zu zahlen. [24]

7. Im Übrigen gelten die §§ 74–75c des HGB.

§ 12 Dauer und Beendigung des Vertrags [25]

1. Dieser Anstellungsvertrag wird auf unbestimmte Dauer abgeschlossen. Er kann von jeder Vertragspartei mit einer Frist von [zwölf] Monaten zum Ende eines jeden Monats gekündigt werden. Das Recht zur außerordentlichen Kündigung bleibt unberührt.

2. Jede Kündigung dieses Vertrages bedarf der Schriftform. Die Kündigung durch den Geschäftsführer ist, wenn ein weiterer Geschäftsführer vorhanden ist, gegenüber der Gesellschaft zu Händen des weiteren Geschäftsführers zu erklären, sonst gegenüber dem Gesellschafter mit der höchsten Kapitalbeteiligung an der Gesellschaft. Die Kündigung durch die Gesellschaft erfolgt durch schriftliche Mitteilung eines entsprechenden Beschlusses der Gesellschafter.

4. Eine Abberufung des Geschäftsführers, die jederzeit durch Beschluss der Gesellschafterversammlung erfolgen kann, gilt zugleich als Kündigung des Anstellungsvertrages durch die Gesellschaft zu dem nach diesem Vertrag nächst zulässigen Zeitpunkt und ist dem Geschäftsführer in der für die Kündigung vorgesehenen Form mitzuteilen. [26]

5. Im Falle der Kündigung des Anstellungsverhältnisses hat die Gesellschaft das Recht, den Geschäftsführer unter Fortzahlung der ihm nach diesem Vertrag zustehenden Vergütung bis zum Ablauf der Kündigungsfrist von der Dienstleistung freizustellen. [27]

6. Dieser Anstellungsvertrag endet, ohne dass es einer Kündigung bedarf, mit dem Ende des Monats, in dem der Geschäftsführer die Altersgrenze der gesetzlichen Rentenversicherung erreicht.

§ 13 Rückgabe von Gegenständen und insbesondere Unterlagen

Der Geschäftsführer hat im Fall seiner Abberufung als Geschäftsführer sowie bei Beendigung dieses Anstellungsvertrags alle der Gesellschaft gehörenden Gegenstände, insbesondere technische Geräte, Datenträger, Unterlagen, Urkunden, Aufzeichnungen, Notizen und Entwürfe, unaufgefordert an die Gesellschaft zurückzugeben. Ihm stehen an diesen Gegenständen keine Zurückbehaltungsrechte gegenüber der Gesellschaft zu.

§ 14 Schlussbestimmungen [28]

1. Dieser Vertrag regelt die dienstvertraglichen Beziehungen der Parteien abschließend. Nebenabreden mit Ausnahme der hier ggf. erwähnten Anlagen sind nicht getroffen. Änderungen und Ergänzungen bedürfen zu ihrer Wirksamkeit eines Gesellschafterbeschlusses und der Schriftform, dies gilt auch für eine Aufhebung dieser Schriftformklausel.

2. Jeder Vertragspartner hat ein Original dieses Vertrages erhalten.

3. Das Dienstverhältnis untersteht ausschließlich dem deutschen Recht. Ausschließlicher Gerichtstand ist der Sitz der Gesellschaft. [29]

4. Sollten einzelne Bestimmungen dieses Vertrages ganz oder teilweise unwirksam sein oder werden, oder sollte sich in diesem Vertrag eine Lücke befinden, so wird hierdurch die Wirksamkeit der übrigen Bestimmungen nicht berührt. Anstelle der unwirksamen Bestimmung gilt diejenige wirksame Bestimmung als vereinbart, die dem Sinn und Zweck der unwirksamen Bestimmung am nächsten kommt. Im Falle einer Lücke gilt diejenige Bestimmung als vereinbart, die dem entspricht, was nach Sinn und Zweck dieses Vertrags rechtswirksam vereinbart worden wäre, wenn die Lücke bei Vertragsabschluss bedacht worden wäre. Dies gilt auch dann, wenn die Unwirksamkeit der Bestimmung auf einem Maß der Leistung oder der Zeit beruht; es gilt dann das rechtlich zulässige Maß.

____

Gesellschaft, vertreten durch die…[Gesellschafterversammlung]/[den Aufsichtsrat]/[den Beirat] [30]

____

Geschäftsführer

Erläuterungen

Literatur: *Altmeppen*, In-sich-Geschäfte der Geschäftsführer in der GmbH, NZG 2013, 401; *Arens*, Der GmbH-Geschäftsführer im Arbeits-, Sozialversicherungs- und Steuerrecht – aktuelle Entwicklungen, DStR 2010, 115; *ders./Beckmann*, Die anwaltliche Beratung des GmbH-Geschäftsführers, 2006; *Bauer/Diller*, Wettbewerbsverbote, 7. Aufl. 2015; *Bauer/Lingemann/Diller/Haußmann*, Anwalts-Formularbuch Arbeitsrecht, 6. Aufl. 2017; aumert, Kündigung eines GmbH-Geschäftsführers – Rechtsweg und Kündigungsschutz, NZG 2018, 536; *Beckmann/Matusche-Beckmann*, Versicherungsrechts-Handbuch, 3. Aufl. 2015; *Blomeyer/Rolfs/Otto*, BetrAVG, 7. Aufl. 2018; *Brandmüller*, Der GmbH-Geschäftsführer im Gesellschafts-, Steuer- und Sozialversicherungsrecht, 14. Aufl. 2005; *Däubler/Bonin/Deinert*, AGB-Kontrolle im Arbeitsrecht, 4. Aufl. 2014; *Feddersen/von Cube*, Vorstand wider Willen? Auswirkungen des Gesetzes zur Angemessenheit der Vorstandsvergütung auf GmbHs, NJW 2010, 576; *Gach/Kock*, Rentenversicherungspflicht von Gesellschafter-Geschäftsführern einer GmbH und ähnlichen Selbständigen, NJW 2006, 1089; *Gehlhaar*, Die Rechtsprechung zu (ruhenden) Arbeitsverhältnissen von Organen juristischer Personen, NZA-RR 2009, 569; *Goll-Müller/Langenhan-Komus*, Der Geschäftsführer mit Arbeitsvertrag und dennoch ohne Kündigungsschutz, NZA 2008, 687; *Goette*, Zur Umdeutung der fristlosen in eine ordentliche Kündigung des Geschäftsführer-Anstellungsvertrages, DStR 2000, 525; *Grobys/Glanz*, Kopplungsklauseln in Geschäftsführerverträgen, NJW-Spezial 2007, 129; *Holthausen/Steinkraus*, Die janusköpfige Rechtsstellung des GmbH-Geschäftsführers im Arbeitsrecht, NZA-RR 2002, 281; *Hümmerich/Reufels*, Gestaltung von Arbeitsverträgen, 4. Aufl. 2019; *Jooß*, Aufhebung des Arbeitsverhältnisses durch Abschluss eines Geschäftsführerdienstvertrags, RdA 2008, 285; *Kort*, Compliance-Pflicht und Haftung von GmbH-Geschäftsführern, GmbHR 2013, 566; *ders.*, Sind GmbH-Geschäftsführer und Vorstandsmitglieder diskriminierungsschutzrechtlich Arbeitnehmer?, NZG 2013, 601; *Kruse/Stenslik*, Mutterschutz für Organe von Gesellschaften?, NZA 2013, 596; *Langner*, Die aktuelle Rechtsprechung zu § 623 BGB bei der Bestellung von Arbeitnehmern zu Organmitgliedern, DStR 2007, 535; *Leuering/Dornhegge*, Geschäftsverteilung zwischen GmbH-Geschäftsführern, NZG 2010, 13; *Lohr*, Die Amtsniederlegung des GmbH-Geschäftsführers, RNotZ 2002, 164; *Lutter/Hommelhoff*, GmbH-Gesetz, 18. Aufl. 2012; *Maschmann/Sieg/Göpfert*, Vertragsgestaltung im Arbeitsrecht, 2012; *Meier*, Der fehlerhafte Anstellungsvertrag von Organmitgliedern und die Rückabwicklung der Vergütung, NZA 2011, 267; *Meier/Recktenwald*, Direktzusage in der betrieblichen Altersversorgung: ein Durchführungsweg mit Zukunft, BB 2006, 707; *Melot de Beauregard/Gleich*, Aktuelle Problemfelder bei der D&O Versicherung, NJW 2013, 824; *Menke*, Gestaltung nachvertraglicher Wettbewerbsverbote mit GmbH-Geschäftsführern – Verzicht statt Karenzentschädigung, NJW 2009, 636; *Nägele*, Der Anstellungsvertrag des Geschäftsführers, BB 2001, 305; *Ogorek/Wilsing*, Kündigung des Geschäftsführer-Anstellungsvertrags wegen unterlassener Konzernkontrolle, NZG 2010, 216; *Olbrich/Kassing*, Der Selbstbehalt in der D&O Versicherung: Gesetzliche Neuregelung lässt viele Fragen offen, BB 2009, 1659; *Oppenländer/Trölitzsch*, Praxishandbuch der GmbH-Geschäftsführung, 2. Aufl. 2011; *Reiserer*, Die außerordentliche Kündigung des Dienstvertrags des GmbH-Geschäftsführers, BB 2002, 1199; *Reufels*, Ausgewählte Fragen zur Gestaltung von Geschäftsführerdienstverträgen, ArbRB 2002, 59; *Rolfs*, Die Inhaltskontrolle arbeitsvertraglicher Individual- und Betriebsvereinbarungen, RdA 2006, 349; *Röhrborn*, Die örtliche Versetzung des GmbH-Geschäftsführers und AG-Vorstands, BB 2013, 693; *Sasse/Schnitger*, Das ruhende Arbeitsverhältnis des GmbH-Geschäftsführers, BB 2007, 154; *Schiefer/Worzalla*, Der Anstellungsvertrag des GmbH-Geschäftsführers, ZfA 2013, 41; *Stenslik/Zahn*, Diskriminierungsschutz für Organe von Kapitalgesellschaften, DStR 2012, 1865; *Thüsing*, Nachorganschaftliche Wettbewerbsverbote bei Vorständen und Geschäftsführern, NZG 2004, 9; *ders./Granetzny*, Zur Abdingbarkeit des BetrAVG bei Organmitgliedern, NZG 2010, 449; *Tillmann/Mohr*, GmbH-Geschäftsführer: Rechts- und Steuerberatung, Vertragsgestaltung, 10. Aufl. 2013; *Trauth*, Der Geschäftsführer auf der »Abschussliste«, BB 2013, 1333; *Uhlenbruck*, Die Kündigung und Vergütung von Beratern, Vorständen und Geschäftsführern in der Unternehmensinsolvenz, BB 2003, 1185; *von Alvensleben/Haug/Schnabel*, Der Fremdgeschäftsführer im Spannungsfeld von Arbeitgeberposition und Arbeitnehmereigenschaft, BB 2012, 774; *von Kann/Keiluweit*, Nachvertragliches Wettbewerbsverbot und Karenzentschädigung bei Organmitgliedern einer Gesellschaft – ein Überblick, BB 2010, 2050; *von Woedtke*, Entwicklungen der GmbH-Geschäftsführerhaftung in der neueren Rechtsprechung, NZG 2013, 484; *Wachter*, Ausländer als GmbH-Gesellschafter und -Geschäftsführer, ZIP 1999, 1577; *Weber/Hoß/Burmester*, Handbuch der Managerverträge, 2000; *Wisskirchen/Kuhn*, Beck´scher Online-Kommentar GmbHG §§ 6, 35, 37, Ed. 38, August 2017; *Wortmann/Tschöpe*, Abberufung und außerordentliche Kündigung von geschäftsführenden Organvertretern – Grundlagen und Verfahrensfragen, NZG 2009, 85; *dies.*, Der wichtige Grund bei Abberufungen und außerordentlichen Kündigungen von geschäftsführenden Organvertretern, NZG 2009, 161

1. Der Anstellungsvertrag des Geschäftsführers ist ein **Dienstvertrag mit Geschäftsbesorgungs-** 509
elementen (§§ 611, 675 BGB), der durch die unternehmerische Funktion und Verantwortung des Geschäftsführers geprägt ist (Ensthaler/Füller/Schmidt/*Schmidt* § 35 Rn. 58). Nach der herrschenden **Trennungstheorie** stehen die Organstellung, begründet durch Bestellung und beendet durch Abberufung oder Niederlegung des Amtes, und die **Anstellung** als eigenständiges schuldrechtliches Vertragsverhältnis nebeneinander (Hümmerich/Reufels/*Reufels* § 2 Rn. 1). Zur Begründung wird richtigerweise auf § 38 Abs. 1 GmbHG verwiesen, der bestimmt, dass die Bestellung des Geschäftsführers jederzeit widerruflich ist, hierdurch jedoch etwaige vertragliche Entschädigungsansprüche nicht berührt werden. Wird kein Anstellungsvertrag geschlossen, so geht die Rechtsprechung von einem **faktischen Dienstverhältnis** aus (BGH, Urteil v. 03.07.2000 – II ZR 282/98, BB 2001, 305). Die Gesellschaft schuldet in diesem Fall die **übliche Vergütung** gem.

§ 612 Abs. 2 BGB, das faktische Dienstverhältnis kann für die Zukunft von beiden Seiten jederzeit beendet werden. Der Abschluss eines Anstellungsvertrags ist zur dauerhaften Regelung der Leistungsbeziehung erforderlich. Der Anstellungsvertrag bedarf keiner Form, er wird jedoch im Regelfall schon deshalb schriftlich abgeschlossen, um das Anstellungsverhältnis nachweisen und die steuerliche Absetzbarkeit der Geschäftsführervergütung als Betriebsausgabe erreichen zu können (Ensthaler/Füller/Schmidt/*Schmidt* § 35 Rn. 59).

510 Der Anstellungsvertrag des Geschäftsführers ist **grundsätzlich kein Arbeitsverhältnis.** Von Gesetzes wegen ist der Geschäftsführer vom Schutzbereich des Kündigungsschutzgesetzes ausgenommen (§ 14 Nr. 1 KSchG) und dem Regelungsbereich des BetrVG entzogen (§ 5 Abs. 2 Nr. 1 BetrVG). Nach ständiger Rechtsprechung der allgemeinen Zivilgerichte ist der Anstellungsvertrag mit dem Geschäftsführer zwingend ein Dienstvertrag, da der Geschäftsführer als Vertretungsorgan der Gesellschaft **Arbeitgeberfunktionen** wahrnimmt und gesetzliche Mindestpflichten hat, von denen er weder durch den Gesellschaftsvertrag noch durch die Gesellschafter befreit werden kann (BGH, Urteil 07.12.1961 – II ZR 117/60, NJW 1962, 340; BGH, Urteil v. 10.05.2010 – II ZR 70/09, NJW 2010, 2343). Der BGH sieht auch keine Notwendigkeit für die Umwandlung eines Dienstverhältnisses in ein Arbeitsverhältnis bei Verlust der Organstellung. Eine als freier Dienstnehmer begründete Rechtsstellung geht nicht dadurch verloren, dass der Geschäftsführer seine Organstellung einbüßt (BGH, Urteil v. 10.01.2000 – II ZR 251/98, NZA 2000, 376; *Nägele*, BB 2001, 305). Das Bundesarbeitsgericht vertritt dagegen – ebenfalls in ständiger Rechtsprechung – die Auffassung, dass der GmbH-Geschäftsführer auch Arbeitnehmer oder eine arbeitnehmerähnliche Person sein kann (BAG, Urteil v. 10.07.1980 – 3 AZR 68/79, NJW 1981, 302; BAG, Urteil v. 25.10.2007 – 6 AZR 1045/06, NJW 2008, 1018). Maßgeblich für die Frage, ob ein Arbeitsverhältnis vorliegt, ist nach Auffassung des BAG in erster Linie der Grad der persönlichen Abhängigkeit, in der sich der zur Dienstleistung Verpflichtete jeweils befindet. Eine **persönliche Abhängigkeit** des Geschäftsführers gegenüber der Gesellschaft ist insbesondere gegeben, wenn er in den **Betrieb eingegliedert** wird, d.h. regelmäßig einem Zeit, Dauer, Ort und Art der Ausführung umfassenden **Direktionsrecht der Gesellschafter** unterliegt. Selbst wenn die Weisungsgebundenheit nur eingeschränkt wahrgenommen wird, kann die Dienstleistung trotzdem noch fremdbestimmt sein, wenn sie in der vorgegebenen Ordnung des Betriebes aufgeht. Der Geschäftsführer ist hingegen selbstständig wenn er seine Tätigkeit im Wesentlichen frei gestalten und seine Arbeitszeit bestimmen kann (BAG, Urteil v. 13.05.1992 – 5 AZR 344/91, GmbHR 1993, 35; BAG, Urteil v. 26.05.1999 – 5 AZR 664/98, NJW 1999, 3731; BAG, Urteil v. 25.10.2007 – 6 AZR 1045/06, NJW 2008, 1018). In einzelnen Ausnahmefällen hat die Arbeitsgerichtsbarkeit auch Geschäftsführern eine Arbeitnehmerstellung zugesprochen (*Gehlhaar*, NZA-RR 2009, 569). Da der Rechtsweg von Organmitgliedern jedoch durch § 5 Abs. 1 S. 3 ArbGG die Zuständigkeit der Arbeitsgerichte ausschließt und unabhängig vom (behaupteten) Vorliegen eines Arbeitsverhältnisses zwingend zur **allgemeinen Zivilgerichtsbarkeit** führt, kommt es wesentlich auf die Rechtsansicht des BGH an (*Goll-Müller/Langenhan-Komus*, NZA 2008, 687). Aber auch nach Ansicht des BGH können einzelne arbeitsrechtliche Schutzvorschriften im Geschäftsführerdienstverhältnis anwendbar sein. Der BGH entscheidet darüber nach den gleichen Kriterien, die auch das BAG für die Entscheidung der Einordnung als Arbeitnehmer insgesamt anwendet, also danach, ob der Geschäftsführer wie ein Unternehmer frei wirken kann oder durch Satzung, Weisungen der Gesellschafterversammlung oder Regelungen im Anstellungsvertrag soweit fremdbestimmt ist, dass von einer arbeitnehmerähnlichen, weisungsabhängigen Stellung auszugehen ist. Im übrigen führt allein die Beendigung der Organstellung unter Fortdauer des Anstellungsvertrages nicht zur Begründung eines Arbeitsverhältnisses, wenn der Geschäftsführer nicht nach der Abberufung für eine Restdauer des Vertrags zu arbeitnehmertypischen Leistungen herangezogen wird.

511 **2.** Wer die Gesellschaft beim **Abschluss des Anstellungsvertrags** mit dem Geschäftsführer vertritt ist gesetzlich nicht geregelt. § 46 Nr. 5 weist der Gesellschafterversammlung lediglich die Bestellung und die Abberufung von Geschäftsführern sowie die Entlastungsbeschlüsse zu. Nach ständiger Rechtsprechung des BGH ergibt sich allerdings aus dem Recht zur Entscheidung

über die Bestellung als **Annexkompetenz** auch das Recht, den Anstellungsvertrag mit dem Geschäftsführer abzuschließen und auch zu kündigen (BGH, Urteil v. 25.03.1991 – II ZR 169/90, NJW 1991, 1680; OLG Hamm, Urteil v. 26.04.2007 – 27 U 7/07, GmbHR 2007, 820). Die Satzung der Gesellschaft kann die Zuständigkeit allerdings **auf ein anderes Organ verlagern**. Dies kann ein Gesellschafterausschuss, ein Aufsichtsrat oder ein Beirat sein (BGH, Beschluss v. 26.11.2007 – II ZR 161/06, NJW-RR 2008, 484). Die Geschäftsführer/Mitgeschäftsführer sind hingegen nicht befugt, Verträge mit anderen Geschäftsführern abzuschließen, zu ändern oder zu beenden, da ansonsten Interessenkollisionen zu befürchten sind. Zulässig ist es hingegen, wenn die Gesellschafterversammlung einen einzelnen Geschäftsführer damit bevollmächtigt und beauftragt, als Vertreter der Gesellschaft den Anstellungsvertrag im Einzelnen auszuhandeln und zu unterzeichnen. Dabei müssen jedoch alle wesentlichen Konditionen des Anstellungsvertrags zuvor von der Gesellschafterversammlung selbst festgelegt werden (Hümmerich/Reufels/*Reufels* § 2 Rn. 134).

3. Beschäftigt die Gesellschaft mehr als 2.000 Arbeitnehmer, so fällt sie in den Anwendungsbereich des **Mitbestimmungsgesetzes 1976**. Sie ist dann verpflichtet, einen **mitbestimmten Aufsichtsrat** einzurichten, der für Bestellung und Abberufung der Geschäftsführer und damit auch, wiederum als Annexkompetenz, für den Abschluss, die Änderung und die Beendigung von Geschäftsführerdienstverträgen zwingend zuständig ist (§§ 31 MitbestG, 12 MontanMitbestG, 13 MontMitbestErgG i.V.m. § 84 AktG). Liegen bei einer Gesellschaft mit mehr als 500 Arbeitnehmern lediglich die Voraussetzungen einer Mitbestimmung nach dem Drittelbeteiligungsgesetz (DrittelbG) vor, so kommt es nicht zu einer Zuständigkeitsübertragung auf den mitbestimmten Aufsichtsrat, die Gesellschafterversammlung bleibt zuständig (Ensthaler/Füller/Schmidt/*Schmidt* § 35 Rn. 61). 512

4. Der Beginn des Anstellungsvertrages muss nicht zwingend mit der Bestellung zum Geschäftsführer zusammenfallen. So kann der Geschäftsführer den Anstellungsvertrag auch schon mit der **Vor-GmbH** abschließen, um bei Gründung der Gesellschaft von Anfang an unternehmerisch handlungsfähig zu sein (vgl. BAG, Beschluss v. 25.06.1997 – 5 AZB 41/96, NZA 1997, 1363). 513

Nach neuerer Rechtsprechung gilt, dass **mit Abschluss des Dienstvertrages** als Geschäftsführer ein eventuell bestehendes Arbeitsverhältnis im Zweifel, also wenn keine vertragliche Regelung besteht, **aufgehoben** ist (BAG, Urteil v. 08.06.2000 – 2 AZR 207/99, NZA 2000, 1013; BAG, Urteil v. 14.06.2006 – 5 AZR 592/05, NZA 2006, 1154). Die Rechtsprechungsänderung des BAG ist nicht ohne Kritik geblieben (*Jooß*, RdA 2008, 285, 287 f.), wobei insbesondere auf die nach § 623 BGB erforderliche Schriftform zur Beendigung von Arbeitsverträgen abgestellt wird. Die Gesellschafterversammlung kann die Gesellschaft gegenüber einem Arbeitnehmer jedoch nicht vertreten. Zur Absicherung empfiehlt sich daher, das Arbeitsverhältnis mit einem arbeitsrechtlichen Aufhebungsvertrag zu beenden. 514

Häufig wird von Seiten der Geschäftsführer, die aus einem arbeitsrechtlichen Anstellungsverhältnis in die Geschäftsführung wechseln, die Anerkennung der bisherigen Betriebszugehörigkeit verlangt. Im Muster ist diese in § 1 S. 3 gerade ausgeschlossen. Da die bisherige Dienstzeit in der Funktion als Arbeitnehmer für die Ausgestaltung des Geschäftsführeranstellungsverhältnisses ohne Belang ist, sollte nach Möglichkeit darauf verzichtet werden, durch die Aufnahme oder sogar Anerkennung der Vorbeschäftigungszeit den Eindruck einer tatsächlich nicht bestehenden Absicherung zu erwecken. Falls die Vorbeschäftigungszeit in der Gesellschaft oder Gruppe im Rahmen einer Versorgungsregelung berücksichtigt werden soll, empfiehlt sich, eine detaillierte Regelung hierzu in der Versorgungszusage selbst zu treffen. Derartige Reglungen werden durch die hier vorgeschlagene Formulierung nicht ausgehebelt. 515

5. Es ist in der Praxis der Vertragsgestaltung durchaus üblich, im Anstellungsvertrag die Regelungen der Satzung über **Aufgaben und Pflichten der Geschäftsführung**, häufig in zusammengefasster Form, wiederzugeben und zudem weitere Festlegungen in Bezug auf geschäftliche Zu- 516 ständigkeiten des Geschäftsführers festzuschreiben. Durch den Anstellungsvertrag können jedoch weder zwingendes Gesetzesrecht noch die Regelungen des Gesellschaftsvertrags der Gesellschaft eingeschränkt werden. Schon wegen der Publizität der Organisationsverfassung, dem Schutz künftiger Gesellschafter und dem Informationsinteresse sonstiger Publizitätsadressaten geht die Satzung den Bestimmungen des Anstellungsvertrags vor (Ensthaler/Füller/Schmidt/*Schmidt* § 35 Rn. 62; Lutter/Hommelhoff/*Hommelhoff/Kleindiek* Anh. § 6 Rn. 13). Der Gesellschaftsvertrag geht auch dann vor, wenn Regelungen der Geschäftsführung dort erst nach Abschluss des Anstellungsvertrages geändert oder eingeführt werden (Lutter/Hommelhoff/*Hommelhoff/Kleindiek* Anh. § 6 Rn. 15). Um einen vollständigen Gleichklang zwischen Satzung und Anstellungsvertrag zu erreichen wäre daher eigentlich eine **Verweisung auf die Regelungen der Satzung** rechtlich vollständig ausreichend.

517 Bei **Beratung der Gesellschaft** ist es demgemäß auch vorzugswürdig, im Anstellungsvertrag keine oder nur sehr allgemeine Angaben zu den Aufgaben und Befugnissen des Geschäftsführers zu vereinbaren. Es ist dann jederzeit möglich, die Geschäftsführungsbefugnis in der Satzung neu zu fassen und abzuändern, ohne Gegenrechte des Geschäftsführers befürchten zu müssen. Sind hingegen im Anstellungsvertrag Festlegungen ohne Änderungsvorbehalt enthalten, so ist zu beachten, dass es durch die Änderung oder Ergänzung der Satzung nicht zu einer Änderung des Anstellungsvertrags kommt. Vielmehr bleiben die dort getroffenen Vereinbarungen schuldrechtlich verbindlich, ohne allerdings einen Erfüllungsanspruch des Geschäftsführers zu begründen (OLG Frankfurt, Urteil v. 17.12.1992 – 26 U 54/92, NJW-RR 1993, 1259, 1260; Ensthaler/Füller/Schmidt/*Schmidt* § 35 Rn. 62; Lutter/Hommelhoff/*Hommelhoff/Kleindiek* Anh. § 6 Rn. 15).

518 Der **Konflikt** zwischen dem **Vorrang des Organisationsrechts** der Gesellschaft und den **vertraglichen Verpflichtungen** gegenüber dem Geschäftsführer wird gelöst, indem der Geschäftsführer seinerseits organisationsrechtliche und allgemein **schuldrechtliche Gegenrechte** ausüben kann. Er kann sein Amt niederlegen, den Anstellungsvertrag außerordentlich kündigen und Schadensersatz (§ 628 Abs. 2 BGB) geltend machen. Die Gesellschaft schuldet Schadensersatz auch dann, wenn die Änderungen des Gesellschaftsvertrags sachlich berechtigt waren, eine besondere Missachtung oder willkürliche Beeinträchtigung der Rechte des Geschäftsführers ist hierfür nicht notwendig (Lutter/Hommelhoff/*Hommelhoff/Kleindiek* Anh. § 6 Rn. 16). Bei der vertraglichen Vereinbarung von Regelungen unterhalb der Satzung, etwa bei in Bezug genommenen **Geschäftsverteilungsplänen** oder vertraglich vereinbarten Sonderaufgaben, besteht eine stärkere **Bindungswirkung** mit Erfüllungsanspruch, die Gesellschaft kann derartig gemachte Zusicherungen nicht ohne Weiteres unbeachtet lassen.

519 Bei der **Vertragsgestaltung für den Geschäftsführer** empfiehlt es sich, darauf zu achten, dass die Position und die Aufgaben des Geschäftsführers in der Gesellschaft vertraglich so festgelegt werden, dass die Gesellschaft dieses später nicht durch einseitige Beschlüsse wieder ändern und den Geschäftsführer zur Wahrnehmung seiner Aufgaben in einer den ursprünglichen Absprachen widersprechenden Führungskonstellation verpflichten kann. Hierzu sollten insbesondere Verweisungen auf die Satzung mit **Jeweiligkeitsklauseln** kritisch geprüft werden. Als scheinbarer Kompromiss wird in der Vertragsgestaltung nämlich häufig vereinbart, durch die Aufnahme der Angaben zu Position und Aufgabenbereich in den Vertrag und gleichzeitige Vereinbarung eines umfassenden **Änderungsvorbehalts** für die Gesellschaft beide Positionen festzuschreiben. Es kommt dann auf den genauen Wortlaut an, ob dem Geschäftsführer bei einschneidenden Änderungen seiner Stellung überhaupt Gegenrechte verbleiben. Fraglich ist, ob derartige Änderungsvorbehalte zugunsten einer Seite vertraglich unbeschränkt wirksam sind. Aus der Anwendbarkeit der Bestimmungen zur Vertragskontrolle nach §§ 305 ff. BGB ergeben sich **Bedenken gegen die Wirksamkeit umfassender Änderungsvorbehalte** jedenfalls bei einem sog. Verbraucher-Geschäftsführer (§§ 310 Abs. 3 Nr. 2; 307 Abs. 1 S. 2; Abs. 2 Nr. 2 BGB). Dies gilt insbesondere, wenn nach dem jeweiligen Wortlaut nicht vorgesehen ist, dass unter Zumutbarkeitsgesichtspunkten die Interessen des Geschäftsführers berücksichtigt werden müssen. Zwar handelt es sich bei

der vertraglichen Festlegung von Arbeitsaufgaben und Position in der Gesellschaft um die Festlegung von Hauptleistungspflichten, was eigentlich der Kontrolle dieser Klauseln nach AGB-Recht entgegensteht (ErfK/*Preis* §§ 305–310 BGB Rn. 38; *Rolfs*, RdA 2006, 349, 353). Die Rechtsprechung hat jedoch auch in der Vergangenheit häufig synallagmatische Vertragsbestimmungen einer Anwendung der §§ 305 ff. und der AGB-Kontrolle unterworfen. § 308 Nr. 4 BGB findet hingegen keine Anwendung, weil von dem Änderungsvorbehalt nicht die Leistung des Verwenders, hier der Gesellschaft, sondern die Leistung des Geschäftsführers betroffen ist (Hümmerich/Reufels/*Borgmann* § 2 Rn. 401).

Die Musterklausel sieht in diesem für die Führung der Geschäfte wichtigen Bereich interessen- 520
gerecht vor, dass die **Gesellschafterversammlung berechtigt ist**, die Geschäftsordnung und den Geschäftsverteilungsplan jederzeit neu zu regeln. Dabei ist aus Gründen der **Angemessenheitskontrolle** allerdings ebenfalls geregelt, dass auf die Interessen des Geschäftsführers in angemessener Weise Rücksicht zu nehmen ist. Ob diese vorsorgliche Einschränkung der Klausel auch in Zukunft zu uneingeschränkter Wirksamkeit verhilft, kann derzeit noch nicht abschließend beurteilt werden, eine gesicherte Rechtsprechung zur Anwendbarkeit der §§ 305 ff. BGB auf Organverträge bildet sich gerade erst heraus.

Hinsichtlich der **Vertretungsregelungen** und ihrer Festlegung in § 2 Abs. 3 des Mustervertrags gilt 521
nichts anderes. Legt die Gesellschaft auf die **Flexibilität** ihrer Vertretungsregelungen und deren Abänderung besonderen Wert, so wäre zu empfehlen, Regelungen zur Vertretungsbefugnis des Geschäftsführers nur in der Satzung und dem Geschäftsverteilungsplan, **nicht** jedoch im Anstellungsvertrag zu regeln.

6. Das Muster enthält in § 3 Regelungen zu **allgemeinen Vertragspflichten.** 522

Abs. 1 beschreibt die Verpflichtung, die **gesamte Arbeitskraft** für die Gesellschaft einzusetzen. 523
Diese Formulierung kann bei einem Fremdgeschäftsführer mitunter problematisch sein. Zwar wird allgemein angenommen, dass ein angestellter Fremdgeschäftsführer vertraglich verpflichtet werden kann, seine gesamte Arbeitskraft für die Gesellschaft einzusetzen (*Tillmann/Mohr* Rn. 204; Oppenländer/Trölitzsch/*Baumann*, § 14 Rn. 1; Bauer/Lingemann/Diller/Haußmann/*Lingemann*, M4.1a Anm. 50). Diese Meinung kann sich darauf stützen, dass das **Arbeitszeitgesetz** auch für Fremdgeschäftsführer **nicht gilt**, da diese keine Arbeitnehmer im Sinne von § 2 Abs. 2 ArbZG sind (Scholz//*Schneider* § 35 Rn. 164b). In der Rechtsprechung sind allerdings Tendenzen dahingehend erkennbar, **übertriebene Leistungsanforderungen** zurückzudrängen. So hat der BGH bereits 1987 im Falle einer vertraglichen Verpflichtung, die Arbeitskraft vollständig zur Verfügung zu stellen, durch Auslegung das Ergebnis gewonnen, hiermit sei lediglich eine Tätigkeit an den fünf üblichen Wochenarbeitstagen gemeint (BGH, Urteil v. 07.12.1987 – II ZR 206/87, NJW-RR 1988, 420). Die tatsächlichen Anforderungen an die Leistungsbereitschaft des Geschäftsführers dürfen keinesfalls so weit gehen, dass der Geschäftsführer durch Überforderung in die Nähe einer Gesundheitsgefährdung gerät. Aus Sicht des Geschäftsführers wäre es daher zwar durchaus zu empfehlen, eine Grenze der zeitlichen Verfügbarkeit aufzunehmen, dies lässt sich jedoch kaum durchsetzen. Die weiterhin in der Klausel vorgesehene Verpflichtung, durch **einwandfreies persönliches Auftreten** dem Interesse und Ansehen der Gesellschaft nicht zu schaden, hat aufgrund ihrer vagen inhaltlichen Ausgestaltung keine eigenständige Regelungs-, sondern nur eine **Appellfunktion.**

Bereits aufgrund der sich aus § 85 GmbHG ergebenden **Treuepflichten** zur Gesellschaft unterlie- 524
gen GmbH-Geschäftsführer für die Dauer ihrer Bestellung einem **Wettbewerbsverbot**, insbesondere dürfen sie ihre Stellung nicht dazu ausnutzen, auf Kosten der Gesellschaft eigene Geschäfte zu tätigen. Das Wettbewerbsverbot gilt während der gesamten Bestellungszeit, es endet erst mit dem rechtlichen Ende es Anstellungsvertrags (BGH, Urteil v. 19.10.1987 – II ZR 97/87, ZIP 1988, 47; *Tillmann/Mohr* Rn. 211). Das Wettbewerbsverbot verpflichtet den Geschäftsführer jedoch nur, keine anderweitige Tätigkeit im Bereich des **Unternehmensgegenstandes** auszuüben. Andere Nebentätigkeiten können dem Geschäftsführer der Gesellschaft nur dann verboten werden, wenn

sie den **berechtigten Interessen der GmbH** entgegenlaufen. Zur Absicherung der Wirksamkeit der Wettbewerbsklausel und des Verbots gesellschaftsschädigender Nebentätigkeiten ist es ratsam, die Gesellschaft für den Fall zur Erlaubnis der Nebentätigkeit zu verpflichten, dass berechtigte Interessen nicht entgegenstehen.

525 **7.** Das in § 3 Abs. 4 enthaltene **Genehmigungserfordernis für Vorträge**, Aufsätze oder sonstige Veröffentlichungen des Geschäftsführers auf dem Arbeitsgebiet der Gesellschaft stellt eine vergleichsweise weite Einschränkung des Geschäftsführers dar und wird sicherlich nicht in allen Gesellschaften benötigt. Zur Absicherung der Wirksamkeit der Klausel ist eine Verpflichtung der Gesellschaft aufgenommen, die Zustimmung zu erteilen, wenn keine vorrangigen berechtigten Interessen entgegenstehen. Damit sichert die Klausel insbesondere die **Kenntnis** der Gesellschafterversammlung über die **medialen Aktivitäten** ihres Geschäftsführers.

526 **8.** Da das **Arbeitnehmererfindergesetz** für Organe einer juristischen Person nicht unmittelbar gilt, sieht das Muster eine **modifizierte Anwendung** des Arbeitnehmererfindergesetzes und die Sicherung jeglichen sonstigen Wertes der Dienstvertragsdauer des Geschäftsführers entstehenden Know-hows zu. Der Klauselvorschlag sieht eine **bezahlte Verwertung** durch die Gesellschaft vor, soweit es sich um Erfindungen handelt. Für sonstige Entwicklungen des Geschäftsführers sieht der Vertrag wirksam vor, dass die Übertragung auf und Verwertung durch die Gesellschaft **mit der vertraglichen Vergütung** abgegolten ist. Ließe man die Regelung entfallen, so hätte der Geschäftsführer im Falle sonstiger Entwicklungen Anspruch auf die übliche Vergütung gemäß § 612 Abs. 2 BGB (Bauer/Lingemann/Diller/Haußmann/*Lingemann* M 4.1a Anm. 62).

527 **9.** Die Klausel in § 3 Abs. 6, wonach der Geschäftsführer auf Wunsch der Gesellschaft **Aufsichtsratsmandate und ähnliche Ämter** in verbundenen Gesellschaften übernimmt, ist weit verbreitet. Bei einem Fremdgeschäftsführer stößt die Wirksamkeit der Klausel allerdings auf Bedenken wegen **§ 307 Abs. 2 Nr. 1 BGB**, da die Verpflichtung, eine unbegrenzte Anzahl weiterer Aufgaben übernehmen zu müssen, ohne hierfür ein erhöhtes Entgelt zu erhalten, unzulässigerweise von § 612 Abs. 1 BGB abweicht. Aufsichtsratsmandate und vergleichbare Ämter in anderen Gesellschaften werden **üblicherweise** gegen ein Entgelt erbracht. Die Abrede lässt sich auch nicht mit dem Einwand rechtfertigen, dass der Geschäftsführer ohnehin seine gesamte Arbeitskraft für die Gesellschaft aufzuwenden hat, da in der vertraglich vorbehaltenen Möglichkeit der Zuweisung unbeschränkt vieler weitere Tätigkeiten ein Zwang des Geschäftsführers dahingehend entsteht, seinen **Arbeitseinsatz noch zu erhöhen**. Zudem entstehen **zusätzliche Haftungsrisiken**. Die Klausel kann daher im Einzelfall unwirksam sein (vgl. Hümmerich/Reufels/*Borgmann* § 2 Rn. 314).

528 **10.** Der Kanon **zustimmungsbedürftiger Geschäfte** wird sinnvollerweise in der Satzung geregelt. Für die Gesellschaft besteht dann der Vorteil, dass sie die Liste zustimmungsbedürftiger Geschäfte jederzeit wirksam ändern kann. Eine **ausschließlich im Anstellungsvertrag** des Geschäftsführers vereinbarte Vorbehaltsliste kann nur im Einvernehmen mit dem Geschäftsführer geändert werden.

529 In der Musterklausel wird die **Satzung lediglich wiedergegeben**. Dem Geschäftsführer wird hierdurch die Bedeutung der Einhaltung der Vertretungsbeschränkungen verdeutlicht. Aufgrund der in der Klausel vorgesehenen **Jeweiligkeitsregelung** kann die Gesellschaft den Katalog jederzeit auch im Anstellungsvertrag interessengerecht erweitern, ändern oder reduzieren (*Tillmann/Mohr* Rn. 85; Bauer/Lingemann/Diller/Haußmann/*Lingemann* M 4.1 Rn. 1). Die in dem Klauselvorschlag vorgesehene Liste zustimmungsbedürftiger Geschäfte ist vergleichsweise ausführlich gehalten, sie sieht jedoch bewusst davon ab, finanzielle Obergrenzen für einzelne Geschäfte aufzuführen. Diese müssen im Zweifel je nach Branche und Größe der Gesellschaft ergänzt werden.

530 **11.** Die Gestaltung der **Vergütungsregelung** kann beim Fremdgeschäftsführer weitgehend frei erfolgen. Beim Gesellschaftergeschäftsführer sind hier **steuerrechtliche Einschränkungen** zu beachten, damit es nicht zu einer verdeckten Gewinnausschüttung kommt (siehe Muster C 46, Rdn. C 631, C 644). Der Klauselvorschlag sieht eine feste Jahresbruttovergütung vor, die jährlich

überprüft wird. Durch die Überprüfung ist jedoch noch kein **Anspruch** auf eine Erhöhung der Vergütung gegeben. Die Gesellschaft hat die Überprüfung allerdings nach billigem Ermessen (§ 315 BGB) durchzuführen.

Die Vergütung des Geschäftsführers ist steuerlich als **Arbeitsentgelt** eingeordnet und unterliegt daher der Lohn- und Kirchensteuer. Bei einem Fremdgeschäftsführer ist die Gesellschaft ferner in aller Regel verpflichtet, **Sozialabgaben** bis zur Höhe der Beitragsbemessungsgrenze, die allerdings bei einer Geschäftsführervergütung in der Regel überschritten sein wird, zu zahlen (*Nägele*, BB 2001, 305, 311). Bei Gesellschafter-Geschäftsführern ist jeweils zu prüfen, ob **Sozialversicherungspflicht** vorliegt (*Gach/Kock*, NJW 2006, 1089). Der **Umfang der Beteiligung des Geschäftsführers** an der Gesellschaft ist hierfür ein maßgebliches Kriterium, so dass ein Mehrheitsgesellschafter als Geschäftsführer immer Unternehmer und damit auch sozialversicherungsrechtlich als selbstständig einzustufen ist. Aber auch ein Minderheitsgesellschafter- und sogar ein Fremdgeschäftsführer kann als Unternehmer sozialversicherungsfrei sein, wenn er die Gesellschaft tatsächlich wie seine eigene leitet und er als einziger über die entscheidenden Branchenkenntnisse, Kontakte oder technischen Kenntnisse verfügt, um die Geschäfte der Gesellschaft zu führen (BSG, Urteil v. 18.12.2001 – B 12 KR 10/01 R, GmbHR 2001, 324). In Zweifelsfällen kann ein sog. **Statusverfahren** bei der Deutschen Rentenversicherung durchgeführt werden (*Arens*, DStR 2010, 115, 117). 531

Lediglich zur Klarstellung ist aufgeführt, dass dem Geschäftsführer **kein** Urlaubs- oder Weihnachtsgeld sowie keine Mehrarbeits- oder Überstundenvergütung gezahlt wird. Derartige Zahlungen sind gegenüber einem Geschäftsführer **unüblich**. Auch aus dem arbeitsrechtlichen **Gleichbehandlungsgrundsatz** ist die Gesellschaft nicht verpflichtet, den Geschäftsführer wie einen Arbeitnehmer zu behandeln. Lediglich wenn auf gleicher Hierarchiestufe beschäftigte Personen wie andere Geschäftsführer derartige Leistungen erhalten, könnte sich hieraus eine Verpflichtung zur Gleichbehandlung ergeben, wenn die Ungleichbehandlung nicht gerechtfertigt ist (BGH, Urteil v. 14.05.1990 – II ZR 122/89, DB 1990, 1810). 532

12. Die Klausel in § 4 Abs. 2 sieht vor, dass **andere Vergütungen**, die dem Geschäftsführer dafür zufließen, dass er im Interesse der Gesellschaft in anderen Ämtern oder Positionen tätig wird, mit den Leistungen der Gesellschaft jeweils nach Auszahlung **verrechnet** werden. Diese Klausel korrespondiert mit dem Vorschlag in § 3 Abs. 6, wonach die Gesellschaft für die Übernahme weiterer Tätigkeiten keine zusätzliche Vergütung gewährt. Aus Sicht der Gesellschaft ist die Anrechnung derartiger Vergütungen interessengerecht, da der Kläger nach der Konzeption des hier vorgeschlagenen Vertrages mit seiner gesamten Arbeitskraft bei der Gesellschaft unter Vertrag ist, worauf auch die Vergütung auszurichten sein wird. Durch die Anrechnung anderweitiger Vergütung wird zudem vermieden, dass der Geschäftsführer anderweitige Tätigkeiten, die ihm eine zusätzliche Einnahmequelle gewähren, vorrangig und im Konflikt zu seinen eigentlichen Geschäftsführungsaufgaben verfolgt. Die oben unter Muster C 44 (Rdn. C 527) dargestellten **Wirksamkeitsbedenken** wegen einer möglichen AGB-Widrigkeit bestehen allerdings auch für diese Klausel. 533

13. Eine **variable Vergütung** steht dem Geschäftsführer nur zu, wenn sie zumindest dem Grunde nach vertraglich festgelegt wurde. Bei einem Fremdgeschäftsführer könnte die Gesellschafterversammlung zwar auch **freiwillige Gratifikationen** gewähren, die nicht im Anstellungsvertrag vereinbart sind; bei einem Gesellschafter-Geschäftsführer wären solche Zahlungen aber als **verdeckte Gewinnausschüttung** zu qualifizieren. Dies ergibt sich aus dem sog. **Durchführungsgebot**: Werden vertragliche Vereinbarungen nicht, nicht ordnungsgemäß oder nicht zeitnah durchgeführt, besteht die Gefahr, dass die Finanzverwaltung den Betriebsausgabenabzug nicht anerkennt und eine sog. verdeckte Gewinnausschüttung annimmt (*Arens*, DStR 2010, 115, 118). Das gleiche gilt, wenn Ausgaben nicht durch den Vertrag gedeckt sind. Hinsichtlich Tantiemeregelungen für Gesellschaftergeschäftsführer ist im Übrigen auf das Muster C 46 (Rdn. C 649 f.) zu verweisen. 534

Bei der hier dargestellten **Ermessenstantieme** ist zu berücksichtigen, dass die Anreizwirkung gegenüber dem Geschäftsführer vergleichsweise gering ist, da während des laufenden Geschäftsjahres nicht absehbar ist, wie die Gesellschafterversammlung sich bei der Feststellung des Jahresabschlus- 535 ses zu der Tantieme verhalten wird. Durch die in Satz 2 vorgegebenen Leitlinien der Zielerreichung gegenüber dem maßgeblichen Businessplan und dem Jahresergebnis kann diese **Unsicherheit** nur teilweise aufgefangen werden. Die Höhe der Tantieme ist gem. § 315 BGB nach billigem Ermessen festzulegen.

536 **14.** Die alternativ dargestellte Tantiemevereinbarung enthält eine **einfache Ergebnisbeteiligung** und bietet aufgrund der **klaren Berechnungsparameter** eine **gute Anreizwirkung**. Sie ist zudem einfach zu handhaben. Erfahrungsgemäß bergen komplizierte Zielvereinbarungssysteme aufgrund des hohen Aufwands, der für ihre Pflege und Administration erforderlich ist, das Risiko nachfolgender streitiger Auseinandersetzungen, da diese Systeme letztlich doch nicht buchstabengetreu umgesetzt werden. Es ist daher insbesondere in kleineren Gesellschaften zu empfehlen, einfache Tantiemevereinbarungen mit einer hohen Anreizwirkung zu wählen. Für die Berücksichtigung **außergewöhnlicher Ereignisse** sieht die Klausel vor, dass die Gesellschafterversammlung berechtigt ist, die Tantieme heraufzusetzen oder zu reduzieren. Zur Vermeidung einer AGB-widrigen einseitigen Benachteiligung des (Verbraucher-)Geschäftsführers ist es erforderlich, die **Flexibilisierung** der Klausel in beide Richtungen, Erhöhung und Reduzierung der Tantieme, auszugestalten.

537 Die Regelung zur Fälligkeit der Tantieme sieht vor, dass die Tantieme gestreckt über das Jahr gezahlt wird. Wahlweise kann auch eine Einmalzahlung vereinbart werden.

538 **15.** Die Musterklausel zum **Dienstwagen** sieht eine vollständige Kostenübernahme bei fest begrenztem Kostenrahmen vor. Alternativ kann eine Fahrzeugklasse mit Festlegung des Modells nach Wahl der Gesellschaft oder des Geschäftsführers vereinbart werden, diese Regelung bedarf über die Jahre keiner Anpassung an steigende Leasingkosten. Die Versteuerung der Privatnutzung, dazu gehört auch der tägliche Weg zwischen Wohnung und Gesellschaftssitz, obliegt dem Geschäftsführer. Die **private Nutzungsmöglichkeit** eines betrieblichen Pkw wird als geldwerter Vorteil typisierend nach der sog. 1 %-Regelung besteuert: anzusetzen ist pro Monat 1 % des Listenpreises bei Anschaffung des Fahrzeugs einschließlich Zubehör. Zusätzlich ist der geldwerte Vorteil um monatlich 0,03 % des Listenpreises für jeden Kilometer der Entfernung zwischen Wohnung und Arbeitsstätte zu erhöhen, wenn das Fahrzeug auch für die Fahrten zwischen Wohnung und Arbeitsstätte genutzt werden kann (vgl. ESTG § 8 Absatz 2 Satz 3 EStG). Nach der Auffassung des BFH ist diese Erhöhung des geldwerten Vorteils um monatlich 0,03 % jedoch nur dann gerechtfertigt, wenn der Arbeitnehmer das Fahrzeug auch für die Fahrten zwischen Wohnung und Arbeitsstätte tatsächlich nutzt, dies wird von der Finanzverwaltung regelmäßig vermutet (zur Möglichkeit, diese Vermutung zu widerlegen, vgl. *Arens*, DStR 2010, 115, 119).

539 Die **Gewährung eines Dienstfahrzeuges** für den Geschäftsführer ist üblich. Zum Schutz der Gesellschaft sollte jedoch keinesfalls auf einen ausführlichen **Dienstwagenüberlassungsvertrag** verzichtet werden, in dem dann auch Details zur Versicherung des Fahrzeugs, zu den mit den Nutzungen des Fahrzeugs verbundenen Nebenpflichten, zur Haftungsverteilung bei Benutzung des Fahrzeugs bzw. zur Haftungsübernahme bei Privatnutzung und zu den Einzelheiten der Rückgabemodalitäten geregelt werden sollten (vgl. etwa das Muster »Dienstwagenklauseln« bei Hümmerich/Reufels/*Borgmann* § 1 A. II. 25; Bauer/Lingemann/Diller/Haußmann/*Lingemann* M 12.22).

540 **16.** Die **betriebliche Altersversorgung** stellt gerade für Geschäftsführer aufgrund der häufig weit über der Beitragsbemessungsgrenze liegenden Vergütung eine wichtige Ergänzung ihrer staatlichen Rente und privaten Vorsorge dar (zu statistischen Angaben über die Verteilung von Versorgungszusagen vgl. *Tänzer*, BB 2004, 2757 f.). Dabei können sämtliche **Durchführungswege**, die das deutsche Betriebsrentenrecht zur Verfügung stellt, genutzt werden. Insoweit gilt das **Gesetz zur Verbesserung der betrieblichen Altersversorgung** (BetrAVG) gemäß § 17 Abs. 1 S. 2 für Geschäftsführer zwingend, wenn diese nicht selbst Unternehmer sind, also für die große Zahl der Fremdgeschäftsführer und Minderheitsgesellschafter-Geschäftsführer (zur Frage der Abdingbarkeit *Thüsing/Granetzny*, NZG 2010, 449). **Beherrschende Gesellschaftergeschäftsführer** scheiden jedoch aus dem

Anwendungsbereich des BetrAVG aus (BAG, Urteil v. 25.01.2000 – 3 AZR 769/98, NZA 2001, 2102; BGH, Urteil v. 13.07.2006 – IX ZR 90/05, NJW 2006, 3638; *Thüsing/Granetzny*, NZG 2010, 449, 450). Es spricht dennoch nichts dagegen, die Versorgung der Unternehmer-Geschäftsführer den anerkannten **Systemen des BetrAVG** nachzubilden (*Tillmann/Mohr* Rn. 310 ff., 337).

Während beim Gesellschaftergeschäftsführer bestimmte Voraussetzungen einzuhalten sind, um die steuerliche Anerkennung der Versorgung nicht zu gefährden (s. Muster C 46 [Rdn. C 632]), kann die Versorgungsregelung beim Fremdgeschäftsführer weitgehend frei getroffen werden. Die versicherungsförmige Gewährung von Versorgungsversprechen, insbesondere in Form der weitgehend standardisierten **Direktversicherungen**, gehört zu den häufig genutzten Versorgungsformen, da sie einfach zu administrieren und portabel ist (*Meier/Recktenwald*, BB 2006, 707; Blomeyer/Rolfs/Otto/*Rolfs* Anh. § 1 Rn. 698, 753). Der **Nachteil** gegenüber der **Direktzusage**, bei der Versorgungsleistungen direkt aus der Gesellschaft gezahlt und vorher steuerwirksam zurückgestellt werden können, liegt in dem **permanenten Abfluss der Prämienzahlungen**. Bei den häufig vergleichsweise kleinen Versorgungsversprechen von Fremdgeschäftsführern, bei denen diese betriebliche Altersversorgung nur ein Baustein neben einer privaten und einer gesetzlichen Altersversorgung ist, fällt dieser Nachteil allerdings nicht entscheidend ins Gewicht. Die Direktversicherung hat dazu den **Vorteil**, wegen des Wegfalls der Anpassungsprüfungspflicht nach § 16 BetrAVG für die Gesellschaften weitaus **besser kalkulierbar** zu sein als betriebliche Direktzusagen (Blomeyer/Rolfs/Otto/*Rolfs* Anh. § 1 Rn. 792). 541

Der Klauselentwurf sieht vor, dass dem Geschäftsführer eine **kapitalbildende Direktversicherung** gewährt wird, für die durch die Gesellschaft monatliche Versicherungsprämien einschließlich deren Versteuerung geleistet werden (zu Einzelheiten der Versteuerung s. Blomeyer/Rolfs/Otto/*Otto* 4. Teil, Überblick, Rn. 5 f.). Während der ersten fünf Jahre des Bestands der Zusage ist diese **noch nicht unverfallbar**, sollte der Geschäftsführer in diesem Zeitraum ausscheiden, steht die Versicherung der Gesellschaft zu. Sollte der Geschäftsführer sich an einer solchen Versicherung durch eigene Beiträge (**Entgeltumwandlung**) beteiligen, kommt es zur **sofortigen Unverfallbarkeit** bezüglich der von ihm selbst finanzierten Anteile (Blomeyer/Rolfs/Otto/*Rolfs* § 1b BetrAVG Rn. 329 f.). 542

17. Der Klauselvorschlag zur Fortzahlung der Vergütung im Falle von **krankheitsbedingter Arbeitsunfähigkeit** sieht in Abs. 1 Meldepflichten und in Abs. 2 eine angemessene Versorgung des Geschäftsführers vor. Der Geschäftsführer muss jede Art von Dienstverhinderung sofort gegenüber der Gesellschaft mitteilen. Diese **Mitteilungspflicht** besteht gegenüber einem Mitgeschäftsführer oder, falls der Geschäftsführer Alleingeschäftsführer ist, gegenüber sonstigen Personen, die die Gesellschaft rechtlich vertreten dürfen. Eine Verpflichtung zur Information der Gesellschafter ist hier zwingend ab einer Dienstunfähigkeit von einem Monat vorgesehen. 543

Da das **Entgeltfortzahlungsgesetz** auf Geschäftsführer (Fremd- und Gesellschaftergeschäftsführer) **nicht anwendbar** ist, stünde einem Geschäftsführer ohne diese Regelung nur Vergütungsfortzahlung »für eine verhältnismäßig nicht erhebliche Zeit« (§ 616 BGB) zu. Eine längere Entgeltfortzahlungszeit, wie hier mit sechs Monaten vorgeschlagen, ist daher interessengerecht und üblich. 544

18. Der Einbezug des Geschäftsführers in eine (**Gruppen-)Unfallversicherung** gehört zu den Nebenleistungen, die sehr häufig gewährt werden. Selbst bei hohen Versicherungssummen sind die Beiträge der Gruppenversicherung relativ günstig. Wichtig ist, dass die Gesellschaft ihre **Leistungspflicht** auf die **tatsächlich ausgezahlte Leistung** der Versicherungsgesellschaft **begrenzt**, da ansonsten eine Garantiehaftung der Gesellschaft droht, wenn die Versicherungsgesellschaft im Versicherungsfall die Leistung nicht erbringen kann. 545

Abs. 2 der Musterklausel sieht den Abschluss einer **Vermögensschaden- und Haftpflichtversicherung** sowie einer **Rechtsschutzversicherung** für die Geschäftsführung vor. Diese sogenannte D&O-Versicherung bietet Versicherungsschutz gegen das **persönliche Haftungsrisiko** von Geschäftsführern. Damit lässt sich zwar das unternehmerische Risiko und die Folgen kaufmännischer Fehlentscheidungen nicht abdecken, versichert ist aber, dass der Geschäftsführer wegen eines Vermögensschadens in Anspruch genommen wird, den er bei der Ausübung seines Amtes **fahrlässig** verursacht und für den er aufgrund gesetzlicher Bestimmungen **zu haften hat** (Oppenländer/ 546

Trölitzsch/*Baumann* § 14 Rn. 41). Der Geschäftsführer haftet zum einen im Innenverhältnis **zur Gesellschaft** bei Verletzung von organschaftlichen, dienstvertraglichen oder deliktischen Pflichten und zum anderen **gegenüber Dritten** (Beckmann/Matusche-*Beckmann* § 28 D&O-Versicherung, Rn. 28). Die **Innenhaftung** ist gesetzlich im GmbHG (§§ 43 Abs. 2 u. 3, 44, 64 Abs. 2 GmbHG) und im allgemeinen Zivilhaftungsrecht weitgehend geregelt. Bei der **Außenhaftung** gibt es eine Reihe spezieller Haftungstatbestände, insbesondere die steuerliche Ausfallhaftung (§§ 69, 34 AO) und die vor Eintragung der Gesellschaft bestehende **Handelndenhaftung** (§ 11 Abs. 2 GmbHG), sowie **deliktische Haftungsgrundlagen** wie § 823 Abs. 2 BGB in Verbindung mit einem Schutzgesetz, etwa der Insolvenzantragspflicht (§ 64 Abs. 1 BGB) oder der Nichtabführung von Sozialversicherungsbeiträgen (§ 266a StGB). Insgesamt sind die Haftungsrisiken eines Geschäftsführers durchaus hoch und der Abschluss einer D&O-Versicherung zu empfehlen (Beckmann/Matusche-*Beckmann* § 28 D&O-Versicherung, Rn. 30 f., 42 f., jew. m.w.N.).

547 Die angebotenen **D&O-Versicherungen** haben weder eine einheitliche Struktur noch einheitliche Versicherungsbedingungen, insbesondere die Ausschlussklauseln sind von Versicherungsgesellschaft zu Versicherungsgesellschaft unterschiedlich (vgl. *Koch*, WM 2007, 2173). Die Grundstruktur der Angebote ist jedoch relativ ähnlich. Danach ist die **Gesellschaft selbst Versicherungsnehmerin**, versicherte Person ist das jeweilige Organ (Geschäftsführer oder Vorstand). Das versicherte Risiko ist die mögliche Inanspruchnahme der versicherten Person aus persönlichen Haftungstatbeständen, sowohl durch Dritte als auch durch die Gesellschaft selbst (vgl. *Koch*, WM 2007, 2175). Letztlich sichert die Gesellschaft damit in beiden Fällen auch sich selbst gegen ruinöse Fehler ihres Geschäftsführers, der mit seinem Privatvermögen meist nicht in der Lage ist, größere Schäden zu decken. Beim Abschluss einer D&O-Versicherung sollte die Gesellschaft unbedingt einen erfahrenen Versicherungsmakler einschalten, der die Angebote verschiedener Gesellschaften vergleichen und erläutern kann. Für den **Geschäftsführer** selbst dürfte es sich im Übrigen empfehlen, neben dem in der Musterklausel gewährten Rechtsschutz durch die betriebliche Gruppenversicherung eine **eigene Rechtsschutzversicherung** mit Deckung für Geschäftsführungstätigkeiten vorzuhalten. Bei einem Fehlverhalten, das die Inanspruchnahme der D&O-Versicherung erfordert, wird der verantwortliche Geschäftsführer in aller Regel abberufen und, gegebenenfalls sogar außerordentlich, gekündigt. Damit endet auch der Einbezug in die betriebliche Rechtsschutzversicherung. Die D&O-Versicherung hingegen deckt die in der Vergangenheit liegenden Fälle weiterhin ab (*Koch*, WM 2007, 2173, 2175), hier ist also keine ergänzende Absicherung erforderlich, wenn der Deckungsschutz und das Bedingungswerk auf die jeweils individuelle Situation des Geschäftsführers passend abgestimmt wurde.

548 Durch das am 05.08.2009 in Kraft getretene **Gesetz zur Angemessenheit der Vorstandsvergütung** (VorstAG) sind die Vorstände von Aktiengesellschaften verpflichtet worden, bei Abschluss einer D&O-Versicherung einen Selbstbehalt von mindestens 10 % des Schadens bis mindestens zur Höhe des 1 $^{1}/_{2}$-fachen der festen jährlichen Vergütung des Vorstandsmitglieds vorzusehen. Eine **Anwendbarkeit** des VorstAG auf GmbH-Geschäftsführer besteht allerdings nach herrschender Meinung **nicht**, nicht einmal in mitbestimmten GmbHs, in denen über das Mitbestimmungsgesetz auf Vorschriften des AktG verwiesen wird (dazu *Feddersen/von Cube*, NJW 2010, 576 m.w.N.). Dennoch kann auch in der GmbH überlegt werden, ob ein **Selbstbehalt** des Geschäftsführers bei der D&O-Versicherung eine sinnvolle Maßnahme der Corporate Governance darstellt. Argumentiert wird hier regelmäßig mit der verhaltensleitenden Wirkung von Selbstbehalten (*Olbrich/Kassing*, BB 2009, 1659). Jedenfalls in großen Gesellschaften ist denkbar, dass aus dem Gesellschafterkreis die Forderung erhoben wird, Geschäftsführern ebenso wie Vorständen einer Aktiengesellschaft nur noch D&O-Versicherungen mit Selbstbehalt zu gewähren. Insoweit ist darauf hinzuweisen, dass der Selbstbehalt durch den Geschäftsführer unproblematisch versichert werden kann, meistens sogar bei der gleichen Versicherungsgesellschaft, die auch die D&O-Versicherung bei der Gesellschaft gezeichnet hat.

19. Das **Bundesurlaubsgesetz** (BUrlG) findet auf Geschäftsführer keine Anwendung (Ensthaler/Füller/Schmidt/*Schmidt* § 35 Rn. 58; Lutter/Hommelhoff/*Kleindiek* Anh. § 6 Rn. 29). Eine 5

Pflicht zur Gewährung von bezahltem Urlaub ist jedoch aus der **Treue- bzw. Fürsorgepflicht** der Gesellschaft gegenüber dem Geschäftsführer herzuleiten (Lutter/Hommelhoff/*Kleindiek* Anh. § 6 Rn. 29). Der Urlaub sollte vertraglich vereinbart werden. Soll Urlaubsgeld an einen beherrschenden Geschäftsführer gezahlt werden, bedarf es einer klaren, im Voraus getroffenen und tatsächlich durchgeführten Vereinbarung. Sonst kann darin eine verdeckte Gewinnausschüttung liegen (FG Hamburg, GmbHR 2000, 291).

Die **Dauer des Urlaubs** unterliegt keiner rechtlichen Vorgabe und stellt den Kern der vertraglichen 550
Regelung dar. Die Musterklausel sieht in Anlehnung an verbreitete tarifliche Urlaubsansprüche und den üblichen Anspruch leitender Angestellter eine Dauer von sechs Wochen (30 Tage auf Basis der Fünf-Tage-Woche) pro Kalenderjahr vor. Kann der Urlaub in diesem Zeitraum nicht genommen werden, so findet entweder eine **Übertragung** in den nächsten Urlaubszeitraum, eine finanzielle Abgeltung oder ein Verfall der Ansprüche statt. Das BUrlG sieht vor, dass Urlaubsansprüche nach einer Übertragungsdauer von maximal drei Monaten verfallen. Diese Regelung gilt durch den Verweis auch hier, falls nicht zuvor eine andere Regelung getroffen wird. Der Geschäftsführer müsste insofern auf die Gesellschafterversammlung zukommen und eine derartige Regelung anregen. Dies ist interessengerecht, da die Gesellschafter in aller Regel **keine Kontrolle** über die Urlaubsplanungen der Geschäftsführer haben und nicht ohne Möglichkeit des Eingreifens mit hohen Abgeltungsforderungen konfrontiert sein sollten.

20. Der Geschäftsführer ist aufgrund seiner allgemeinen Treupflichten als Organ der Gesellschaft 551
zur Verschwiegenheit verpflichtet. Dennoch ist es üblich, die **Verschwiegenheitspflicht** im Anstellungsvertrag **abzusichern**. Dies erfolgt in der Musterklausel durch eine vergleichsweise ausführliche Regelung mit vielen Beispielen und ein **Vertragsstrafeversprechen**, wonach bei Verstoß gegen die Verpflichtung zur Verschwiegenheit bis zu drei Monatsgehälter an die Gesellschaft gezahlt werden müssen. Die Vertragsstrafeklausel an sich begegnet keinen Bedenken.

Problematisch kann die weit reichende und zeitlich unbeschränkte Verschwiegenheitsklausel gegen- 552
über einem (Verbraucher-)Geschäftsführer unter dem Aspekt der **unangemessenen Benachteiligung** sein. Nach § 307 Abs. 2 Satz 1 BGB sind vertragliche Bestimmungen unwirksam, die in unangemessener Art und Weise von der gesetzlichen Regelung abweichen (Hümmerich/Reufels/*Reufels* § 2 Rn. 1062). Auch gefestigte Rechtsprechung ist als gesetzliche Regelung in diesem Sinne anzusehen, hier also die entsprechende Rechtsprechung des BAG hinsichtlich der erforderlichen Beschränkung der Verschwiegenheitspflichten für Arbeitnehmer (BAG, Urteil v. 19.05.1998 – 9 AZR 394/97, NZA 1999, 200). Die Regelung könnte daher unwirksam sein; es verbleibt dann aber in jedem Fall bei der **organschaftlichen Verschwiegenheitspflicht**.

21. Die Klausel in § 11 enthält ein ausführliches **nachvertragliches Wettbewerbsverbot**. Derarti- 553
ge Verbote können weitgehenden Schutz gegen eine Verwendung von Kenntnissen und Kontakten aus dem vorangegangenen Dienstverhältnis gewähren. Vor Vereinbarung eines nachvertraglichen Wettbewerbsverbots mit einem Geschäftsführer muss eine besonders **sorgfältige Analyse** der Interessen der jeweils beratenen Vertragspartei durchgeführt werden, da es bei den vielfältigen streitigen Fragen und Unsicherheiten darauf ankommt, ob der sicherste Weg für die Wirksamkeit des Wettbewerbsverbots gegangen werden soll oder ob die Gesellschaft im Zweifel das Risiko einer Unwirksamkeit eingehen kann, wenn hierdurch anderweitige Vorteile erzielt werden.

Im Wesentlichen sind es **drei Themenkomplexe**, mit denen das Wettbewerbsverbot ausgestaltet 554
wird: erstens die **Reichweite** des Wettbewerbsverbots in zeitlicher, sachlicher und räumlicher Hinsicht, zweitens die Frage der **Karenzentschädigung** und drittens die Möglichkeit des **Verzichts** auf das Wettbewerbsverbot. Im Hinblick auf Wirksamkeit und Kosten hängen diese Themenkomplexe eng zusammen. Um ein sicheres nachvertragliches Wettbewerbsverbot zu vereinbaren, sollte die Reichweite des Verbots soweit wie möglich einschränkt werden, zugleich sollte die Karenzentschädigung wie in § 74 Abs. 2 HGB für Arbeitnehmer vorgesehen mindestens 50 % der zuletzt bezogenen vertragsgemäßen Vergütung einschließlich aller Geld- und Sachleistungen betragen (*von Kann/Keiluweit*, BB 2010, 2050). Ist die Gesellschaft letztlich nicht bereit, eine derartig hohe Vergütung

für das Verbot einzuplanen, so kann zum einen mit einer verkürzten Verzichtsfrist reagiert werden, so dass die Gesellschaft jederzeit die Kosten des Verbots reduzieren kann. Zum anderen kann auch ein Verbot ohne Karenzentschädigung vereinbart und auf die Fortführung der gesellschaftsfreundlichen Rechtsprechung des BGH vertraut werden, dies ist allerdings wegen einer weitgehend uneinheitlichen Entscheidungspraxis der OLG's eine nicht ungefährliche Strategie (dazu *Bauer/Diller* § 24 Rn. 715).

555 Die **rechtliche Prüfung** nachvertraglicher Wettbewerbsverbote muss zunächst die Frage klären, ob die für Arbeitnehmer geltenden §§ 74 ff. HGB auch **für Geschäftsführer anwendbar** sind. Der **BGH** verneint eine direkte Anwendbarkeit in ständiger Rechtsprechung (BGH, Urteil v. 07.01.1965 – II ZR 187/63, WM IV 1965, 310; Urteil v. 26.03.1984 – II ZR 229/83, NJW 1984, 2366; Urteil v. 28.04.2008 – II ZR 11/07, DB 2008, 1558, vgl. *Freckmann*, DStR 2008, 52 f.). Das **BAG** hat diese Ansicht bislang nicht bestätigt sondern im Gegenteil stets offen gelassen, ob ein Geschäftsführer, wenn er aufgrund starker Weisungsabhängigkeit materiell als Arbeitnehmer einzustufen ist, auch in den **Anwendungsbereich der §§ 74 ff. HGB** fallen kann. Die Literatur folgt weitgehend der vorsichtigeren Ansicht des BAG und hält die direkte Anwendung der Vorschriften für möglich (*Bauer/Diller* § 24 Rn. 711 m.w.N.). Allerdings sieht auch der BGH schranken- und entschädigungslose Wettbewerbsverbote wegen **sittenwidriger Beschränkung der Berufsfreiheit** als unwirksam an, Prüfungsmaßstab sei »§ 138 – i.V.m. Art. 2 und 12 GG – und die hierzu ergangene Rechtsprechung« (BGH, Urteil v. 26.03.1984 – II ZR 229/83, NJW 1984, 2366; *Bauer/Diller* § 24 Rn. 714). Maßgeblich für die Gestaltung der Wettbewerbsklausel sollte die Ansicht des BGH zugrunde gelegt werden, mit je nach Interessenlage mehr oder weniger Absicherung über die faktische Anwendung der arbeitnehmerschützenden Regelungen in §§ 74 ff. HGB.

556 Konkret ist die vom BGH vorgenommenen **Zwei-Stufen-Prüfung** anzuwenden (BGH, Urteil v. 04.03.2002 – II ZR 77/00, NJW 2002, 1875; *Menke*, NJW 2009, 636, 637; vgl. auch *Salger/Breitfeld*, BB 2005, 154, 156):

557 Bei der Dauer und Reichweite des Wettbewerbsverbots muss die Gesellschaft ein **berechtigtes Interesse** am Umfang der Wettbewerbsbeschränkung (1. Stufe) haben. Die **Dauer der Wettbewerbssperre** sollte 24 Monate, die Maximaldauer nach § 74 HGB, keinesfalls überschreiten. In den meisten Fällen dürften zwölf Monate ausreichen, um die Interessen der Gesellschaft zu schützen (vgl. *von Kann/Keiluweit*, BB 2010, 2050, 2051 m.w.N.). Die Musterklausel sieht ferner vor, dass die **Wettbewerbsunternehmen**, von denen die größte Konkurrenzgefahr ausgeht, namentlich benannt werden. Noch sicherer wäre die Klausel, wenn die Aufzählung der Wettbewerbsunternehmen nicht beispielhaft, sondern abschließend gestaltet wäre, es ist dann jedoch ohne Vertragsänderung nicht möglich, auf zukünftige Entwicklungen im Kreis der Wettbewerber zu reagieren. Hinsichtlich der **Länder**, in denen das Verbot gelten soll, ist es erforderlich, diese im Einzelnen aufzuführen oder regional präzise zu umschreiben, da ansonsten ein weltweiter Geltungsanspruch besteht, der in den meisten Fällen nicht vom berechtigten Interesse der Gesellschaft gedeckt sein wird (*von Kann/Keiluweit*, BB 2010, 2050, 2051 f.).

558 Ferner darf das Verbot die zukünftige **Berufsausübung** bzw. die wirtschaftliche Betätigung des Geschäftsführers weder nach Ort oder Zeit noch nach Gegenstand des Verbots (2. Stufe) **unbillig erschweren.** Bei der Prüfung unbilliger Erschwernis wird auch auf die zugesagte Karenzentschädigung abgestellt (*Bauer/Diller* § 24 Rn. 1071). Zwar muss diese nicht zwingend wie in § 74 Abs. 2 HGB geregelt **50 % der zuletzt bezogenen vertragsgemäßen Vergütung** einschließlich aller Geld- und Sachleistungen betragen. Es kann ausreichend sein, die Entschädigung auf **50 % der Festvergütung** anzusetzen, wie es auch in der hier besprochenen Musterklausel vorgesehen ist, insbesondere dann, wenn die variable Vergütung keinen übermäßig hohen Anteil an der Gesamtvergütung ausmacht (vgl. *Salger/Breitfeld*, BB 2005, 154, 157). Es ist aber nicht an starren Empfehlungen festzuhalten, sondern stets im Einzelfall auf die Wechselwirkungen zwischen Ort, Reichweite und Dauer einerseits und die Höhe der Karenzentschädigung andererseits abzustellen (*Bauer/Diller* § 24 Rn. 1075, 1077). Dies macht die Erstellung einer wirksamen und interessengerechten Wettbewerbsklausel **aufwendig** und **schwierig**.

Denkbar ist auch, das **Wettbewerbsverbot ohne Entschädigung** zu vereinbaren. Über die Wirksamkeit eines umfassenden entschädigungslosen nachvertraglichen Wettbewerbsverbots hatte der BGH noch nicht zu entscheiden. Die wohl herrschende Meinung hält die Vereinbarung eines solchen Verbots für **sittenwidrig und insgesamt nichtig** (*Menke*, NJW 2009, 636, 637). Die Rechtsfolge der Nichtigkeit des Verbots wäre, dass weder GmbH noch Geschäftsführer auf die Durchführung des Wettbewerbsverbots bestehen können. Kommt es der Gesellschaft auf die Gültigkeit des Wettbewerbsverbots an, ist deshalb zur Vereinbarung einer Karenzentschädigung entsprechend § 74 Abs. 2 HGB zu raten. 559

22. Das Vertragsmuster sieht in Abs. 3 eine **Vertragsstrafe** für Verstöße gegen das Wettbewerbsverbot vor. Dies ist dringend zu raten (*Bauer/Diller* § 21 Rn. 921 f.). Rechtsfolge eines festgestellten Verstoßes gegen ein nachvertragliches Wettbewerbsverbot ist nämlich ansonsten lediglich die Einstellung der Karenzzahlung für die Dauer des Verstoßes und die Verpflichtung des Geschäftsführers zur Unterlassung der dem Wettbewerbsverbot zuwiderlaufenden Tätigkeit, die in der Regel durch **einstweilige Verfügung** durchgesetzt werden kann. Zwar kommen auch **Schadensersatzansprüche** in Betracht, der Nachweis der Kausalität und eines konkreten Schadens ist jedoch häufig nicht möglich (*Bauer/Diller* § 21 Rn. 907, 909). 560

Die Vertragsstrafe fällt auch bei einem (Verbraucher-)Fremdgeschäftsführer nach herrschender Meinung nicht unter § 309 Nr. 5 und 6 BGB (formularmäßige Vertragsstrafeversprechen). Ein Verstoß gegen § 307 BGB kann vorliegen, wenn nicht klar beschrieben ist, welche konkrete Pflichtverletzung zu einer Vertragsstrafe führt (Däubler/Bonin/Deinert/*Bonin* § 307 BGB Rn. 156b). Das Muster erfüllt die Anforderung an eine wirksame Beschreibung des strafbewehrten Verhaltens. Eine unangemessene Benachteiligung kann schließlich noch in der **Höhe der Vertragsstrafe** liegen, die hier vorgeschlagenen drei Monatsvergütungen dürften bei einem Geschäftsführer unkritisch sein. 561

23. Die in der Musterklausel vorgesehene **Karenzentschädigung** sieht in der Höhe 50 % der festen Jahresbruttovergütung vor. Die weitere Gestaltung ist eng an die üblichen Regelungen bei Wettbewerbsverboten mit Arbeitnehmern angelehnt und ausgewogen, gegen die Wirksamkeit bestehen keine Bedenken. Ob eine Karenzentschädigung überhaupt vorgesehen wird hängt von der Interessenlage der Gesellschaft ab. Das Risiko, dass die Vereinbarung eines nachvertraglichen Wettbewerbsverbots ohne Entschädigungsregelung dem Maßstab des § 138 BGB i.V.m. Art. 2 und Art. 12 GG nicht genügt, ist vorstehend erläutert worden. Oft wird auch der Geschäftsführer ein Verbot ohne Entschädigung nicht akzeptieren. 562

Eine höchstrichterliche Entscheidung zur notwendigen **Höhe der Entschädigung** kann nicht erwartet werden, da der BGH seine Beurteilung an den Umständen des konkreten Einzelfalls ausrichtet. Hier hilft eine Rückbesinnung auf die zwischen den einzelnen Wirksamkeitsvoraussetzungen eines nachvertraglichen Wettbewerbsverbots bestehenden Interdependenzen. Danach wird die dem Organmitglied zu gewährende Entschädigung umso höher dotiert werden müssen, je weiter das ihm auferlegte Wettbewerbsverbot reicht (*Jäger*, DStR 1995, 724, 729). Bei Vereinbarung einer bloßen **Kundenschutzklausel** kann wegen ihres eingeschränkten Geltungsbereichs davon ausgegangen werden, dass die Verpflichtung der Gesellschaft zur Zahlung einer Entschädigung vollständig entfällt. 563

Ferner sieht die Musterklausel in Abs. 5 vor, dass das nachvertragliche Wettbewerbsverbot mit dem Eintritt in den **Ruhestand** sowie bei **Dienstunfähigkeit** nicht gilt. Sollte das nachvertragliche Wettbewerbsverbot auch nach Eintritt in den Ruhestand in Kraft bleiben müssen, so empfiehlt es sich, dies in die Vereinbarung aufzunehmen, um Missverständnisse zu vermeiden. 564

24. Schließlich sieht die Musterklausel vor, dass die Gesellschaft auf die Einhaltung des **Wettbewerbsverbots** vor Ende des Anstellungsverhältnisses mit einer Frist von drei Monaten **verzichten** kann. Diese Bestimmung weicht erheblich von der gesetzlichen Regelung ab, das damit verbundene Risiko ist aber aus folgenden Gründen unkritisch: 565

566 Gemäß dem gesetzlichen Leitbild des **§ 75a HGB** kann der Dienstberechtigte (nur) **vor Beendigung** des Dienstverhältnisses durch schriftliche Erklärung auf das (nachvertragliche) Wettbewerbsverbot mit der Wirkung **verzichten**, dass er mit Ablauf eines Jahres seit der (Verzichts-)Erklärung von der Verpflichtung zur Zahlung der Entschädigung frei wird. Ob diese Bestimmung auf Geschäftsführer anwendbar ist konnte durch den BGH noch nicht entschieden werden, es wird in Literatur und Rechtsprechung der Instanzgerichte uneinheitlich beurteilt (vgl. insbesondere *Menke*, NJW 2009, 636, 638 m.w.N.). Zusammenfassend lässt sich festhalten, dass der Gesellschaft durchaus **erhebliche Gestaltungsspielräume** gelassen werden, wenn die sonstigen Parameter der Wettbewerbsabrede, also Umfang, Dauer und Entschädigungsanspruch, angemessen sind. Weicht die Vertragsklausel also von der Jahresfrist des Verzichts nach § 75a HGB ab, so ist dies nicht grundsätzlich unwirksam. Sollte es jedoch unwirksam sein, so wäre durch die ergänzend vereinbarte Anwendbarkeit der §§ 74 ff. HGB (vgl. Musterklausel Abs. 7) ein **Verzicht immer noch mit Jahresfrist** bis zur Beendigung des Anstellungsvertrags möglich.

567 Allerdings ist bei einer Regelung zum jederzeitigen Verzicht auf das nachvertragliche Wettbewerbsverbot unter sofortigem Wegfall der Karenzentschädigung zu unterscheiden, ob die Verzichtsklausel Teil vorformulierter Vertragsbedingungen oder ausgehandelter Vertragskomponenten ist. Bei der **AGB-Kontrolle** unterliegenden Klauseln ist der sofortige Verzicht als ungewöhnliche, vom gesetzlichen Leitbild abweichende Regelung mit großer Wahrscheinlichkeit unwirksam. Anders wird die hier vorgeschlagene Verzichtsfrist von drei Monaten zu beurteilen sein, risikolos ist sie freilich nicht.

568 Bei ausgehandelten und nicht an §§ 305 ff. BGB zu messenden Vertragsbestimmungen bestehen gegen die Wirksamkeit nur geringe Bedenken (*Menke*, NJW 2009, 636, 639). Allerdings hat das OLG Frankfurt a.M. schon **vor Geltung des AGB-Rechts** für Anstellungsverträge das Fehlen einer Karenzentschädigung und einer zeitlichen Begrenzung des Verzichts insbesondere deshalb als **sittenwidrig** i.S. von § 138 BGB angesehen, weil dem Geschäftsführer ein so geringes Gehalt gezahlt wurde, dass keine Rücklagen gebildet werden konnten (OLG Frankfurt, Urteil v. 06.12.1972 – 6 U 152/71, DB 1973, 139).

569 **25.** Die **Laufzeit** des Geschäftsführervertrags unterliegt keinen arbeitsrechtlichen Vorgaben, insbesondere sind die Beschränkungen des Teilzeit- und Befristungsgesetzes (TzBfG) nicht anwendbar. Daher kann ein Anstellungsvertrag auch befristet geschlossen werden. Dies war früher in vielen Fällen üblich, dabei wurden regelmäßig Laufzeiten **zwischen drei und fünf Jahren**, in Einzelfällen sogar längere Laufzeiten vereinbart. Auch heute spricht rechtlich nichts gegen eine feste Laufzeit von mehreren Jahren. In der mitbestimmten GmbH ist die **Befristung** des Anstellungsvertrages vorgeschrieben (§§ 84 AktG, 31 Abs. 1 MitbestG).

570 Hierdurch wird die Frage der personellen Besetzung der Geschäftsführung über den entsprechenden Zeitraum festgelegt, der Geschäftsführer kann auf längere Sicht planen. Die Praxis zeigt aber, dass längere Laufzeiten bei Meinungsverschiedenheiten zwischen Geschäftsführung und Gesellschaftern kein Hinderungsgrund sind, den Geschäftsführer abzuberufen und den Vertrag zu beenden. Sind die durch die lange Laufzeit verursachten Entschädigungskosten hoch, so wird häufig versucht, über eine **fristlose Kündigung** eine für die Gesellschaft günstigere Auflösung des Vertrags zu erreichen.

571 Eine Alternative bietet sich in der hier vorgeschlagenen Regelung unbeschränkter Laufzeit mit langen **Kündigungsfristen**, hier von zwölf Monaten. Häufig wird die Laufzeit mit einem festen Kündigungszeitpunkt, etwa zum Quartal oder zum Jahresende, verbunden. Dies bietet dem Geschäftsführer eine in aller Regel ausreichende **Phase der Neuorientierung** unter finanzieller Absicherung, ohne die Gesellschaft zu überlasten. Wird in einem Dienstvertrag hingegen keine Kündigungsfrist vorgesehen, so richtet sich die Beendigung des Vertrages bei Kündigung nach umstrittener, aber richtiger Ansicht nach § 621 Nr. 3 BGB, nach anderer (wohl noch herrschender) Ansicht nach § 622 BGB (vgl. Hümmerich/Reufels/*Reufels*, § 2 Rn. 485 f. m.w.N.).

Das **Schriftformerfordernis** für die Kündigungserklärung bedeutet, dass sie von einem hierzu bevollmächtigten Vertreter der Gesellschafterversammlung unterzeichnet sein und im Original übergeben werden muss. Wenn nicht alle Gesellschafter mit unterschreiben, sondern ein Bevollmächtigter der Gesellschafterversammlung, muss auch der Beschluss der Gesellschafterversammlung beigefügt sein, der von den Gesellschaftern unterschrieben ist, wobei dieser Beschluss der Gesellschafterversammlung auch die explizite Bevollmächtigung derjenigen Person enthalten muss, die das Kündigungsschreiben unterzeichnet. 572

26. Durch sog. **unechte Koppelungsklauseln** wird die Abberufung als Geschäftsführer mit der Beendigung des Anstellungsvertrages verknüpft. Sie entspringen dem Interesse der Gesellschaft, bei Abberufung aus der Organstellung regelmäßig auch den Anstellungsvertrag aufzulösen. In der hier gewählten Variante gilt die **Abberufung als Kündigung** mit der ordentlichen Kündigungsfrist, in der Konstruktion der Klausel zwölf Monate. Das ist für beide Seiten interessengerecht und unproblematisch wirksam, zumal die Abberufung in der für die Kündigung vorgeschriebenen Form mitgeteilt werden muss. 573

Fraglich ist die Wirksamkeit von **echten Koppelungsklauseln**, wonach das Anstellungsverhältnis jederzeit aus wichtigem Grund außerordentlich kündbar sein soll, wobei als wichtiger Grund die Abberufung vom Amt des Geschäftsführers gilt (*Wortmann/Tschöpe*, NZG 2009, 161, 162). Eine solche Klausel würde die **gesetzliche Mindestkündigungsfrist aus § 622 BGB unterlaufen**. Derartige Vereinbarungen werden deswegen allenfalls mit der Maßgabe akzeptiert, dass die Kündigung nicht sofort wirkt, sondern nur mit einer § 622 BGB entsprechenden Frist (*Arens/Beckmann* § 1 Rn. 117). Ungeklärt ist aber noch, ob derartige Koppelungsklauseln in langfristigen Verträgen als überraschende und damit **unwirksame Klauseln** im Sinne des § 305c BGB anzusehen sind. Nach § 622 Abs. 6 BGB ist es unzulässig, für die arbeitnehmerseitige Kündigung eine längere Frist vorzusehen als für die arbeitgeberseitige Kündigung (*Arens/Beckmann* § 1 Rn. 117). Wenn die Abberufung als wichtigen Grund zur Kündigung gilt, so kann die Gesellschaft den Anstellungsvertrag jederzeit kurzfristig zu beenden. Nimmt man die Unvereinbarkeit solcher Klauseln mit § 622 Abs. 6 BGB an, so folgt daraus nach überwiegender Meinung, dass für beide Parteien die jeweils längere, insbesondere die vertraglich vereinbarte Frist gilt (*Wortmann/Tschöpe*, NZG 2009, 161, 162). Bei einem befristeten Vertrag wäre die Kündigung ausgeschlossen, wenn sie nicht ausdrücklich vorbehalten worden ist (*Arens/Beckmann* § 1 Rn. 117). 574

27. Die Musterklausel gewährt der Gesellschaft ein **Freistellungsrecht** im Falle der Kündigung des Anstellungsvertrags. Bei Zeitverträgen wäre entsprechend ein Freistellungsrecht nach Abberufung zu vereinbaren. Ob einem Geschäftsführer nach der Abberufung ein **Beschäftigungsanspruch** gegen die Gesellschaft zustehen kann, ist gerichtlich nicht entschieden, es erscheint aufgrund der Anwendbarkeit der §§ 305 ff. BGB allerdings nicht ausgeschlossen. Aus der Funktion als Organ der Gesellschaft, die Gegenstand des Anstellungsvertrags ist, ergibt sich indes, dass nach der Abberufung kein Beschäftigungsanspruch mehr bestehen kann. Der Geschäftsführer ist quasi zwangsweise freizustellen, da eine Beschäftigung unterhalb der Organebene regelmäßig nicht geschuldet wird. Abzulehnen ist die Auffassung, der Geschäftsführer könne nach der Abberufung eine angemessene Beschäftigung in leitender Position verlangen kann, soweit berechtigte Interessen der Gesellschaft nicht entgegenstehen (*Leuchten*, GmbHR 2001, 750; Scholz/Schneider/*Sethe* § 35 Rn. 294). Stattdessen kann der Geschäftsführer außerordentlich kündigen und unter den Voraussetzungen des § 628 Abs. 2 BGB Schadensersatz verlangen. Es bleibt abzuwarten, wie sich die Rechtsprechung in einer solchen Konstellation positionieren wird. 575

28. Die in Abs. 1 der Schlussbestimmung vorgesehene **Schriftformklausel** bedeutet, dass Änderungen von einem hierzu bevollmächtigten Vertreter der Gesellschafterversammlung unterzeichnet sein und im Original übergeben werden müssen. Wenn nicht alle Gesellschafter mit unterschreiben, sondern ein Bevollmächtigter der Gesellschafterversammlung, empfiehlt sich für den Geschäftsführer Einsicht in den Beschluss der Gesellschafterversammlung, der von den Gesellschaftern unterschrieben ist. 576

577 Die Bestätigung des **wechselseitigen Austauschs** von Originaldokumenten in Abs. 2 ist wegen des nachvertraglichen Wettbewerbsverbots und der dort vereinbarten Anwendbarkeit des § 74 Abs. 1 HGB erforderlich. Ohne Übergabe eines Originals der Wettbewerbsabrede, die hier in den Anstellungsvertrag integriert ist, ist das nachvertragliche Wettbewerbsverbot unwirksam.

578 **29.** Die Klausel sieht die Anwendung deutschen Rechts vor. Eine **Rechtswahlklausel** sollte bei Geschäftsführerverträgen generell nicht fehlen. Die auf den Anstellungsvertrag anzuwendende Rechtsordnung kann frei vereinbart werden, eine Verbindung zu einem anderen Staat ist hierfür nicht gefordert (Art. 3 Abs. 1 Rom I-VO). Als anzuwendendes Recht kann das Recht des Inlandes, das Recht des Auslandes oder sogar das Recht eines anderen Landes vereinbart werden. Es ist auch möglich, wenngleich nicht empfehlenswert, nur für Teile des Dienstvertrages auf eine andere Rechtsordnung Bezug zu nehmen, mit der Folge, dass unter Umständen auf ein einziges Dienstverhältnis **mehrere Rechtsordnungen** gleichzeitig Anwendung finden. Erfahrungsgemäß bewahrt es beide Parteien vor Enttäuschungen, wenn ihnen die gewählte Rechtsordnung **vertraut und bekannt ist** (vgl. *Schlachter*, NZA 2000, 58). Sollte der Geschäftsführer im Ausland tätig sein, so ist in praktischer Hinsicht aber zu bedenken, dass die mit etwaigen Streitfällen befassten Gerichte nur ihre jeweilige »Heimat«-Rechtsordnung kennen und bei Anwendung fremden Rechts auf externen Sachverstand angewiesen sind. Die Prozessführung wird damit für beide Seiten erheblich verteuert und verlängert und der Prozessausgang insgesamt unvorhersehbar. Ist bei Vertragserstellung schon absehbar, dass gerichtliche Zuständigkeit und anwendbares Recht auseinanderfallen, sollte die möglichen Vorteile einer solchen (deutschen) Rechtswahl sorgfältig abgewogen werden (Hümmerich/Reufels/*Borgmann* § 2 Rn. 811 f.).

579 Ferner sieht die Musterklausel einen **örtlichen Gerichtsstand** am Sitz der Gesellschaft vor. **Gerichtsstandsvereinbarungen** sollten bei Anstellungsverträgen mit grenzüberschreitendem Charakter stets vorgesehen werden. Es dient der Rechtsklarheit, wenn durch Festlegung eines ausschließlichen Gerichtsstandes die konkurrierende Zuständigkeit der Gerichte mehrerer Staaten beseitigt wird.

580 Bei Rechtsstreitigkeiten ohne Auslandsberührung oder mit Berührung ausländischer Staaten, die nicht dem Anwendungsbereich der EuGVVO unterfallen, sind Gerichtsstandsvereinbarungen **nur unter den engen Voraussetzungen des § 38 ZPO** zulässig, etwa wenn beide Vertragsparteien Kaufleute sind oder die Vereinbarung nach dem Entstehen der Streitigkeit geschlossen wird. Diese Voraussetzung ist beim Geschäftsführeranstellungsvertrag nicht gegeben, die Gerichtsstandsklausel ist also in der Regel unwirksam und kann beiden Parteien die Klage an anderen Gerichtsständen nicht abschneiden.

581 Eine Gerichtsstandsvereinbarung kann hingegen auch von Nichtkaufläuten wirksam abgeschlossen werden, wenn mindestens eine der Parteien **keinen allgemeinen Wohnsitz** im Inland hat (§ 38 Abs. 2 ZPO). Wenn eine der Parteien einen Wohnsitz in Deutschland hat, so kann allerdings in Deutschland nur die Zuständigkeit desjenigen Gerichts vereinbart werden, bei dem diese Partei den allgemeinen Gerichtsstand hat. Für die Prorogation eines ausländischen Gerichts gilt diese Einschränkung nicht. § 38 Abs. 2 ZPO greift freilich nur dann, wenn nicht die höherrangige EuGVVO oder das Luganer Übereinkommen anwendbar ist. Zudem ist eine Gerichtsstandsvereinbarung nur zulässig, wenn eine konkurrierende internationale Zuständigkeit vorliegt (Hümmerich/Reufels/*Borgmann* § 2 Rn. 820 f.).

582 **30.** Bei der **Unterschrift des Anstellungsvertrags** sollte mit besonderer Sorgfalt darauf geachtet werden, dass die richtigen Parteien unterzeichnen. Gerade wenn innerhalb von Unternehmensgruppen verschiedene Personen auf mehreren Ebenen gleichzeitig als Geschäftsführer tätig sind empfiehlt es sich, die jeweils **ausgeübte Funktion** bei der Unterschrift hinzuzusetzen, um die richtige Vertretung zu dokumentieren. In der GmbH mit Aufsichtsrat nach MitbestG ist abweichend vom allgemeinen GmbH-Recht die Kompetenz zur Abberufung und Kündigung auf den Aufsichtsrat übertragen, der in aller Regel durch seinen Vorsitzenden vertreten wird. Auch dies sollte in der Unterschriftenzeile klarstellend hinzugesetzt werden.

45. Anstellungsvertrag im Konzern (Drittanstellung)

Vorbemerkung

In vielen Fällen werden Geschäftsführer in Konzernstrukturen tätig. Ein Konzern i.S.d. § 18 Abs. 1 AktG liegt bereits vor, wenn lediglich zwei Unternehmen in der Weise organisatorisch verbunden sind, dass eine Gesellschaft die andere beherrscht. Neben der Konzernmutter (Holding-GmbH) benötigen auch die Konzerntöchter jeweils Organe, die in dieser Funktion die gesetzliche Vertretung der Gesellschaften zu übernehmen haben. Dies kann entweder durch Mehrfachbestellung der Holdinggeschäftsführer oder durch Anstellung von weiteren Geschäftsführern für die (operativen) Tochter-GmbHs erfolgen. In beiden Konstellationen hat die Geschäftsführung die gesetzlichen Pflichten für die jeweils vertretene Gesellschaft wahrzunehmen, insbesondere die im Interesse des Gläubigerschutzes bestehende Kapitalerhaltungspflicht sowie die Insolvenzantragspflicht. Diese Pflichten sind ohne Rücksicht auf Interessen der anderen Konzerngesellschaften auszuüben (Oppenländer/Trölitzsch/*Drygala* § 40 Rn. 1 f. m.w.N.). Die Berater der Anstellungsgesellschaft wie auch des Geschäftsführers müssen vor Erstellung der Anstellungsverträge insbesondere diese Fragen der Interessenkollisionen und die Reichweite der Tätigkeitsfelder im Konzern klären und den Vertrag dann auf die jeweilige Konstellation präzise abstimmen. 583

Das nachfolgende Muster beinhaltet einen Vorschlag für einen typischen Konzernanstellungsvertrag einer deutschen Unternehmensgruppe. Ergänzt wird der Vertrag durch eine Version in englischer Sprache, die inhaltsidentisch ist. 584

Muster

Geschäftsführeranstellungsvertrag [1] 585

Zwischen der

__________ (Holding) GmbH, eingetragen im Handelsregister des Amtgerichts __________ unter Nr. HRB __________, Anschrift: __________, vertreten durch die Geschäftsführung [2]

– Holding –

und

Frau/Herrn..., Anschrift:...

– Geschäftsführer –

wird folgender Anstellungsvertrag für die Tätigkeit als Geschäftsführer der __________GmbH (Gesellschaft) geschlossen.

Präambel

Der Geschäftsführer war bislang leitender Angestellter der Holding. Er wird ab dem zum __________ Geschäftsführer der Gesellschaft bestellt. Dieser Anstellungsvertrag regelt die gesamte Tätigkeit des Geschäftsführers in seiner Organstellung für die Gesellschaft. Aufgrund seiner Tätigkeit als Geschäftsführer der Gesellschaft wird der Geschäftsführer zukünftig der erweiterten Geschäftsleitung der Holding angehören. [3]

Dies vorausgeschickt, vereinbaren die Parteien was folgt:

§ 1 Tätigkeitsbereich und Aufgabengebiet

1. Die Holding überträgt dem Geschäftsführer die Position des Geschäftsführers der Gesellschaft mit Zuständigkeit für die Bereiche...und.... Der Geschäftsführer hat in dieser Eigenschaft die Geschäfte der Gesellschaft, gemeinsam mit anderen Geschäftsführern oder Prokuristen, nach Maßgabe der Gesetze, des Gesellschaftsvertrages (Anlage), der Geschäftsordnung (Anlage) und der Weisungen der Holdinggeschäftsleitung mit der Sorgfalt eines ordentlichen Kaufmannes zu führen. [4]

2. Der Verantwortungsbereich des Geschäftsführers umfasst die Aufgaben gemäß dem Geschäftsverteilungsplan (Anlage – Bestandteil der Geschäftsordnung) in der jeweils gültigen Fassung. [5]

3. Die Holding behält sich vor, dem Geschäftsführer innerhalb der Gruppe bei unveränderten Bezügen weitere Aufgaben oder auch eine andere, seiner Vorbildung und seinen Fähigkeiten entsprechende Tätigkeit zu übertragen. Eine Versetzung an einen anderen Ort kann nur im Einvernehmen mit Geschäftsführer erfolgen. [6]

4. Dienstort ist der Sitz der Gesellschaft.

§ 2 Tätigkeitspflicht

Der Geschäftsführer ist verpflichtet, seine volle Arbeitskraft und alle seine Kenntnisse in den Dienst der Gesellschaft zu stellen und die Interessen der Gesellschaft nach bestem Wissen und Können zu fördern. [7]

§ 3 Zustimmungspflichtige Geschäfte [8]

Die Tätigkeit des Geschäftsführers unterliegt der Geschäftsordnung für die Geschäftsführer der Holding in der jeweiligen Fassung, die im Intranet für die erweiterte Geschäftsleitung der Holding jederzeit abrufbar ist. Hierin sind bestimmte Geschäfte und Maßnahmen bezeichnet, die vor ihrer Vornahme der Zustimmung der Geschäftsführung der Holding bedürfen. Diese vorherige Zustimmung ist unter allen Umständen einzuholen; ein Verstoß gegen diese Verpflichtung kann einen wichtigen Grund für eine Kündigung darstellen.

§ 4 Vergütung/Versicherung [9]

1. Der Geschäftsführer erhält ein jährliches Festgehalt in Höhe von... € (in Worten:... Euro) brutto, das in zwölf gleichen Teilbeträgen monatlich im Nachhinein zahlbar ist. Ist der Geschäftsführer nicht das ganze Jahr tätig wird das Jahresfestgehalt entsprechend zeitanteilig gezahlt.

Das Festgehalt wird jährlich auf seine Angemessenheit überprüft.

2. Zusätzlich erhält der Geschäftsführer einen jährlichen Bonus nach dem Bonusplan der Holding. Die Ausgestaltung des Bonusplans wird jährlich durch die Holding festgelegt. Bei voller Zielerreichung wird dem Geschäftsführer aus dem Bonusplan ein Bonus von... % des jeweiligen Festgehaltes gewährt.

Im ersten Jahr der Tätigkeit als Geschäftsführer wird der Bonus als... %iger Festbonus auf das Festgehalt gewährt.

Kündigt die Holding das Anstellungsverhältnis aus wichtigem Grund, entfällt der Anspruch auf den Bonus für das Jahr, in dem die Kündigung ausgesprochen wurde. Kündigt die Holding das Anstellungsverhältnis, ohne dass ein wichtiger Grund vorliegt, hat der Geschäftsführer Anspruch auf einen anteiligen Bonus entsprechend der rechtlichen Dauer des Anstellungsverhältnisses im Kalenderjahr der Kündigung. Entsprechendes gilt im Falle einer Kündigung durch den Geschäftsführer.

3. Weihnachtsgeld, Urlaubsgeld und ähnliche Zuwendungen erhält der Geschäftsführer nicht. [10]

4. Der Geschäftsführer unterliegt der deutschen Sozialversicherungspflicht. Die Holding ist verpflichtet, die Arbeitgeberanteile (im sozialversicherungsrechtlichen Sinne) zur Sozialversicherung zu übernehmen. Im Falle einer freiwilligen Krankenversicherung übernimmt die Holding die Arbeitgeberanteile nur bis zur Höhe dessen, was bei einer Versicherung in der gesetzlichen Krankenversicherung zu zahlen wäre, maximal jedoch die Hälfte der dem Geschäftsführer tatsächlich entstehenden Aufwendungen.

5. Die Holding stellt dem Geschäftsführer einen angemessenen Dienstwagen gem. der Dienstwagenordnung der Gruppe in der jeweiligen Fassung zur Verfügung, der von Geschäftsführer auch zu Privatfahrten einschließlich Urlaubsreisen genutzt werden kann. Der geldwerte Vorteil ist von Geschäftsführer selbst zu versteuern. [11]

Die Holding ist berechtigt, die Gebrauchsüberlassung des Dienstwagens auch vor Beendigung des Anstellungsverhältnisses bei Vorliegen sachlicher Gründe ohne Ausgleichszahlung jederzeit zu widerrufen und die Herausgabe des Fahrzeuges zu verlangen. Diese Gründe können insbesondere wichtige betriebliche Gründe oder Gründe in der Person des Geschäftsführers sein. Solche Gründe liegen u.a. vor

- **im Falle eines durch den Geschäftsführer zu vertretenden schwerwiegenden Verstoßes gegen die Dienstwagenordnung;**
- **bei Kündigung des Anstellungsverhältnisses und bei Freistellung des Geschäftsführers;**
- **im Falle des Entzugs der Fahrerlaubnis für mehr als drei Monate;**
- **im Falle der Arbeitsunfähigkeit von mehr als drei Monaten;**
- **im Falle der Änderung der für Dienstwagen geltenden steuerrechtlichen Bestimmungen.**

Soweit möglich und sofern dies unter Berücksichtigung der Belange des Geschäftsführers erforderlich ist, soll der Widerruf der Gebrauchsüberlassung mit einer vorherigen Ankündigungsfrist von mindestens vier Wochen erfolgen.

Bei Beendigung der Gebrauchsüberlassung ist der Geschäftsführer verpflichtet, den Dienstwagen in technisch und optisch betriebsüblichem Stand einschließlich aller Schlüssel und Papiere an die Gesellschaft zurückzugeben.

6. Der Geschäftsführer wird in das Versicherungspaket einbezogen, dass die Holding für die Mitglieder der erweiterten Geschäftsleitung abgeschlossen hat. Hierin sind insbesondere eine Unfallversicherung mit Invaliditäts- und Todesfallschutz, eine D&O-Versicherung sowie eine Rechtsschutzversicherung für Organmitglieder enthalten. Die Einzelheiten zu diesem Versicherungspaket können bei der Holding jederzeit eingesehen werden. Bei allen hiernach zugesagten Versicherungsverträgen ist die Leistungspflicht der Gesellschaft und der Holding in jedem Fall auf die tatsächlich erfolgende Leistung der Versicherungsgesellschaft begrenzt. [12]

7. Der Geschäftsführer hat Anspruch auf Abschluss bzw. Fortführung einer Direktversicherung mit einem jährlichen Beitrag von… €, die darauf entfallende Versteuerung trägt der Geschäftsführer. Sofern der Geschäftsführer den Beitrag im Rahmen einer Entgeltumwandlung aufstocken will steht ihm dies frei.

8. Mit den vorgenannten Vergütungsbestandteilen ist die gesamte Tätigkeit des Geschäftsführers für die Holding einschließlich Mehr- und Überarbeit, Sonn- und Feiertagsarbeit abgegolten, auch soweit sie sich auf andere Gesellschaften erstreckt, an denen die Gesellschaft oder die Holding, gleich mit welcher Quote, direkt oder indirekt beteiligt sind (Beteiligungsgesellschaften).

§ 5 Reisekostenvergütung

Für die Erstattung der Kosten anlässlich von Dienstreisen oder sonstiger Auslagen gelten die steuerlichen Höchstsätze. Wird statt der Pauschalsätze nach effektiven Auslagen abgerechnet, so werden diese erstattet, falls sie sich in einem bei der Gruppe üblichen und insgesamt angemessenen Rahmen halten. Die allgemeine Reisekostenrichtlinie der Gruppe gilt für die Mitglieder der erweiterten Geschäftsleitung entsprechend.

§ 6 Arbeitsunfähigkeit/Tod [13]

1. Im Falle der Arbeitsunfähigkeit durch Krankheit oder Unfall hat der Geschäftsführer die Holding unverzüglich über seine Abwesenheit und deren voraussichtliche Dauer zu informieren. Er hat Anspruch auf die in § 2 Abs. 1 geregelte Vergütung für bis zu sechs Wochen. Anschließend erhält der Geschäftsführer unter Einbezug der Leistungen seiner Krankenkasse einen Krankengeldzuschuss bis zur Höhe seiner vor der Arbeitsunfähigkeit bezogenen monatlichen Nettobezüge. Im Falle einer privaten Krankenversicherung des Geschäftsführers werden als Leistungen der Krankenversicherung die Leistungen angerechnet, die auch bei Mitgliedern einer gesetzlichen Krankenkasse gezahlt würden. Der Zuschuss wird längstens für einen ununterbrochenen Zeitraum von sechs Monaten gezahlt.

2. Verstirbt der Geschäftsführer während der Laufzeit dieses Vertrages, so haben seine Hinterbliebenen (Witwe und unterhaltsberechtigte Kinder) Anspruch auf Zahlung der Vergütung gem. § 2 Abs. 1 für den gesamten Sterbemonat sowie für die folgenden drei Monate.

§ 7 Mutterschutz [14]

Die Geschäftsführerin hat im Falle einer Schwangerschaft das Recht, Mutterschaftsurlaub im Umfang von 14 Wochen zu nehmen. Im Übrigen gelten die Bestimmungen der Richtlinie EU 92/85/EWG. Für die Zeit des Mutterschaftsurlaubs ruht die Bestellung der Geschäftsführerin in der Weise, dass sie im Innenverhältnis von sämtlichen Pflichten der Geschäftsführung freigestellt wird; die rechtliche Stellung als Geschäftsführerin bleibt unberührt. Die Geschäftsführerin wird jedoch sicherstellen, dass sie im erforderlichen Umfang, etwa bei qualifizierten Anmeldungen zum Handelsregister nach § 78 GmbHG, zur Verfügung steht. Die Geschäftsführerin wird zudem sicherstellen, dass sie auch während des Mutterschutzes für Mitteilungen und Rückfragen der Gesellschaft in den unabdingbaren Fällen grundsätzlich erreichbar ist.

§ 8 Urlaub [15]

Der Geschäftsführer hat Anspruch auf einen Jahresurlaub von 30 Arbeitstagen. Die Urlaubszeiten sind unter Berücksichtigung der betrieblichen Belange mit den weiteren Geschäftsführern der Gesellschaft abzustimmen. Im Übrigen gilt das Bundesurlaubsgesetz.

§ 9 Geheimhaltung [16]

Aufgrund seiner Tätigkeit nimmt der Geschäftsführer bei der Holding eine Vertrauensstellung ein. Er wird daher alles unterlassen, was mit der aus dem Wesen dieser Vertrauensstellung folgenden, erhöhten Treuepflicht gegenüber der Holding und insbesondere gegenüber der Gesellschaft nicht zu vereinbaren ist.

Der Geschäftsführer ist insbesondere verpflichtet, über den Inhalt dieses Anstellungsvertrags und über alle ihm im Rahmen seiner Tätigkeit zur Kenntnis gelangenden, geschäftlichen Angelegenheiten und Vorgänge der Gesellschaft, der Holding und der Beteiligungsgesellschaften, insbesondere über Geschäfts- und Betriebsgeheimnisse, Stillschweigen zu bewahren und diese Kenntnisse auch nicht für sich selbst zu verwerten. Diese Verpflichtung besteht auch nach der Beendigung des Vertrages fort.

Bei Beendigung des Vertrags, gleich aus welchem Grunde, hat der Geschäftsführer sämtliche in seinem Besitz befindliche Unterlagen der Gesellschaft, der Holding und der Beteiligungsgesellschaften, einschließlich aller persönlichen Aufzeichnungen, mit der Versicherung der Vollständigkeit an die Holding herauszugeben. Ein Zurückbehaltungsrecht des Geschäftsführes ist insoweit gegenüber der Gesellschaft und der Holding ausgeschlossen.

§ 10 Nebentätigkeit und Wettbewerb

1. Die Übernahme einer entgeltlichen oder unentgeltlichen Nebentätigkeit im beruflichen oder geschäftlichen Bereich sowie die Übernahme von Ehrenämtern, Aufsichtsratsmandaten und ähnlichen Funktionen in anderen Unternehmen bedarf der vorherigen schriftlichen Zustimmung der Geschäftsführung der Holding; diese wird ihre Zustimmung erteilen, wenn überwiegende berechtigte Interessen der Holding oder der Gesellschaft nicht entgegenstehen. Veröffentlichungen und Vorträge des Geschäftsführers bedürfen insoweit der Zustimmung der Geschäftsführung der Holding, als dadurch die Interessen der Gruppe berührt werden. [17]

2. Der Geschäftsführer ist während der Dauer dieses Vertrags nicht berechtigt, mittelbar oder unmittelbar, geschäftlich oder privat, gelegentlich oder gewerbsmäßig für die Interessen von Unternehmen, die mit der Gesellschaft, der Holding oder einer Beteiligungsgesellschaft im Wettbewerb stehen, tätig zu werden oder diesen in anderer Weise direkt oder indirekt Wettbewerb zu machen oder fremden Wettbewerb in sonstiger Weise zu unterstützen. Er darf sich während der Dauer des Anstellungsvertrags nicht an einem Unternehmen besteiligen, das mit der Gesellschaft, der Holding oder einer der Beteiligungsgesellschaften im Wettbewerb steht oder Geschäftsbeziehungen unterhält. [18]

3. Jede Beteiligung des Geschäftsführers an anderen Unternehmen bedarf der vorherigen schriftlichen Zustimmung der Geschäftsführung der Holding; der Besitz von Aktien, welcher nicht mehr als 5 % des Grundkapitals beträgt und keinen wesentlichen Einfluss auf die Verwaltung der betreffenden Aktiengesellschaften ermöglicht, gilt hierbei nicht als Beteiligung an einem anderen Unternehmen.

§ 11 Rechte an Arbeitsergebnissen [19]

Das gesamte [technische] Wissen, das der Geschäftsführer während der Dauer dieses Vertrages oder vorheriger Verträge mit der Gesellschaft, der Holding oder einer Beteiligungsgesellschaft entwickelt oder erarbeitet, insbesondere etwaige Erfindungen, Verbesserungsvorschläge und sonst schutzwürdige Entwürfe, Gestaltungen oder Verfahren, stehen ausschließlich der Gesellschaft zu und sind mit der vertraglichen Vergütung abgegolten.

§ 12 Vertragsdauer [20]

1. Dieser Vertrag tritt mit dem Zeitpunkt der Bestellung zum Geschäftsführer der Gesellschaft in Kraft. Er läuft auf unbestimmte Zeit und ist mit einer Frist von sechs Monaten zum Monatsende ordentlich kündbar. Das Recht zur Kündigung aus wichtigem Grund bleibt unberührt. Jede gesetzliche Verlängerung der Kündigungsfrist gilt gleichermaßen für beide Vertragspartner.

2. Jede Kündigung bedarf zu ihrer Rechtswirksamkeit der Schriftform. [21]

3. Das Anstellungsverhältnis des Geschäftsführers endet bei Erreichen der jeweiligen gesetzlichen Altersgrenze (derzeit mit Erreichen des 67. Lebensjahres), ohne dass es einer Kündigung bedarf.

§ 13 Freistellung [22]

Im Falle der Vertragskündigung ist die Holding berechtigt, den Geschäftsführer während der Kündigungsfrist von der Verpflichtung zur Erbringung der Dienstleistung unter Anrechnung offener Urlaubsansprüche freizustellen. Ein etwaiger anderweitiger Verdienst wird im Falle der Freistellung in voller Höhe brutto auf die Vergütung nach diesem Vertrag angerechnet (§ 615 BGB).

§ 14 Aufhebung sonstiger Vertragsverhältnisse [23]

Die Parteien sind sich einig, dass mit Abschluss dieses Anstellungsvertrags sämtliche sonstigen Dienst- und Arbeitsverhältnisse zwischen der Holding, der Gesellschaft und den Beteiligungsgesellschaften aufgehoben werden. Die Holding hat insoweit entsprechende Vollmachten eingeholt, um die Vertragsaufhebung für sämtliche der Gruppe angehörenden Gesellschaften zu vereinbaren.

§ 15 Schlussbestimmungen

1. Vereinbarungen außerhalb dieses Vertrages und der in ihm bezeichneten Anlagen bestehen nicht. Änderungen und Ergänzungen dieses Vertrages, auch dieser Klausel, bedürfen zu ihrer Rechtswirksamkeit der Schriftform.

2. Der Anstellungsvertrag untersteht ausschließlich dem deutschen Recht. Ausschließlicher Gerichtstand ist der Sitz der Gesellschaft. [24]

3. Sollten Bestimmungen dieses Vertrages ganz oder teilweise unwirksam oder undurchführbar sein oder werden oder sollte sich in diesem Vertrag eine Lücke herausstellen, so wird hierdurch die Gültigkeit der übrigen Bestimmungen nicht berührt. Anstelle der unwirksamen oder undurchführbaren Bestimmung bzw. eines Teiles einer solchen oder zur Ausfüllung der Lücke soll eine angemessene Regelung gelten, die, soweit rechtlich nur möglich, dem am nächsten kommt, was die Vertragspartner gewollt oder gewollt haben würden, sofern sie den Punkt bedacht hätten. Beruht die Ungültigkeit einer Bestimmung auf einem angegebenen Maß der Leistung oder Zeit (Frist oder Termin), so soll ein dem Gewollten möglichst nahe kommendes, rechtlich zulässiges Maß an die Stelle des Vereinbarten treten.

____

(Holding) GmbH, vertreten durch die Geschäftsführung

____

Geschäftsführer

Template

Managing Director Service Agreement [1] 586

The Parties

____________(Holding) GmbH, registered in the Commercial Register of Local Court ________________ under no. HRB ____________, registered address: ____________, represented by the registered management [2]

– Holding –

and

Ms/Mr..., address:...

– Managing Director –

agree herewith to the following Service Agreement for the duties of a Managing Director of ____________GmbH (Company).

Preamble

The Managing Director was until now a management employee of Holding. He shall be appointed Managing Director as of .... This Service Agreement shall apply to the entire services of the Managing Director in his registered position for the Company. In recognition of the service duties as Managing Director of Company the Managing Director shall be appointed member of the wider management team of Holding.

On the basis of the aforementioned, the Parties agree as follows:

Sec 1 Operational duties and area of responsibility

1. Holding assigns to the Managing Director the position of Managing Director of the Company with responsibility for the areas ____________ and ____________ In this capacity the Managing Director has to manage the affairs of the Company, together with other managers or authorized representatives, in accordance with the law, the articles of association (Annex), the Rules of Procedure (Annex) and the instructions of Holding's Executive Board with the diligence of a prudent businessman.

2. The responsibilities of the Managing Director include the tasks set out in the organization chart (Annex – part of the Rules of Procedure) as amended from time to time.

3. Holding reserves the right to assign additional duties and responsibilities to the Managing Director within the group insofar as the level of compensation is not affected, or other objectives which are in line with his education and his abilities. Transferring the Managing Director to another principle location shall require the consent of the Managing Director.

4. Place of work shall be the registered seat of the Company.

Sec 2 Provision of services

The Managing Director shall be obliged to devote his full working capacity and his entire know-how to the service for the Company and to foster the interests of the Company to his best knowledge and ability.

Sec 3 Restricted dealings requiring consent from Holding

The Managing Director shall conduct the business of the Company in accordance with the rules of procedure for management of Holding as amended from time to time, which can be reviewed in the Group's intranet for the larger holding management any time. Within these rules of procedure certain dealings and measures are listed which require consent of the management of the Holding prior to their implementation. This consent has to be obtained in any case, a violation of this provision may form an important reason for termination of this Agreement.

Sec 4 Salary/Insurance

1. The Managing Director shall receive an annual gross salary of ____________ € (in words: ____________ Euro), to be paid in 12 equal installments at the end of each month. The annual salary shall be paid pro rata if the Managing Director is not occupied during the entire year.

The annual salary shall be reviewed every year.

2. The Managing Director shall further receive an annual bonus according to the bonus plan of Holding. The details of the bonus plan shall be determined annually by Holding. If performing at 100 % on target the Managing Director shall receive a bonus under the bonus plan of ____________ % of the annual gross salary stipulated under para. 1. For the first year of the Managing Director's occupation the bonus shall be fixed with ____________ % of said annual gross salary.

Should Holding terminate this Agreement for compelling reasons any entitlement to a bonus for the current year shall lapse. Should Holding terminate the Agreement without a compelling reason, the Managing Director shall be entitled to a bonus pro rata to the term of the Agreement in the given year. This shall apply simultaneously in case of notice given by the Managing Director

3. The Managing Director shall not be entitled to Christmas pay, holiday pay or similar allowances.

4. The Managing Director is subject to German social security contributions. Holding is obliged to deduct and pay the employer's contributions. In case of a private health insurance the Company shall reimburse 50 % of the premium cost but only up to the contribution that would have to be paid if the Managing Director was member of the statutory health insurance, and limited to half of the actual cost of premium paid by the Managing Director.

5. The Company shall provide the Managing Director with an appropriate company car according to the car policy of Holding as amended from time to time. The company car may be used for private purposes including holiday trips. The wage tax relating to the taxable benefit shall be borne by the Managing Director.

The Company shall be entitled to revoke the right to use the company car any time even before the effective termination of the Agreement in case of justified reasons without compensation and to request the return of the company car. Justified reasons could be in particular important business reasons or reasons related to the person of the Managing Director. Such reasons could be in particular

- **a major violation of the company's car policy accountable to the Managing Director;**
- **termination of the Agreement and/or release of the Managing Director from the duty to work;**

- a loss of the driving license for more than three months;
- the inability to work for more than three months;
- an amendment of the tax provisions for company cars.

As far as possible and required taking into account the interests of the Managing Director the revocation of the use of the company car shall only be exercised with a notice of at least four weeks

The Managing Director is obliged to return the company car to the Company in technical and visible acceptable condition including all keys and related documents.

6. The Managing Director shall be included in the insurance package which Holding takes out for the members of the larger management team. Included herein are in particular an accident insurance including protection for invalidity and death, a D&O-insurance and a legal insurance for company representatives. Details of this insurance package can be reviewed at Holding any time. The obligations of Company and Holding resulting from all relevant insurance policies shall in each case be limited to the payments actually made by the insurance company.

7. The Managing Director is entitled to take out or continue a pension insurance (e.g. »Riester« contract or similar direct insurance) contract with direct contributions of annually… €, all taxes shall be borne by the Managing Director. The Managing Director may contribute to this insurance policy further in the way of deferred compensation.

8. The aforementioned compensation components shall compensate for the entire activity of the Managing Director including overtime, work on Sundays and public holidays and work for other legal entities belonging directly or indirectly to Holding (subsidiaries).

Sec 5 Expenses

Expenses for business travel or other expenses shall be reimbursed up to the applicable tax threshold. If reimbursement deviates from tax lump sum terms but shall apply actual receipts such expenses shall only be reimbursed if the request does not exceeding a level customarily applied in the group and which is overall acceptable. The general Travel and Expense Policy of Holding, as amended from time to time, shall fully apply to the members of larger management team.

Sec 6 Incapacity to work/death

1. The Managing Director shall inform Holding without delay about any case of incapacity to work due to illness or accident and about the foreseeable duration of such incapacity. He shall be entitled to the salary as stipulated in sec what a 2 para. 1 for up to six weeks. Thereafter the Managing Director shall receive an illness allowance amounting to the net pay received prior to the incapacity deducting any payments from his health insurance. In case of a private health insurance all payments of the insurance shall be deducted which a statutory health insurance would be obliged to pay to its members as well. Such allowance shall be paid for an uninterrupted period of up to six months

2. Should the Managing Director die during the term of this Agreement his dependents (widow and dependent children) shall be entitled to payment of the salary as stipulated in sec 2 para. 1 for the entire month of death and the following three months.

Sec 7 Maternity Protection

In case of pregnancy the Managing Director shall be entitled to maternity leave for up to 14 weeks. EC Directive 92/85/EEC shall apply accordingly. For the duration of maternity leave the appointment as managing director shall be dormant in such a way that the Managing Director is released internally from all duties of management, the formal position as registered managing director remains unaffected. The Managing Director has to ensure that she shall be available to the extent required, for example in case of qualified applications to the commercial register according to sec 78 German Limited Company Act. The Managing Director shall ensure to be available even during maternity leave for notices and urgent questions in cases requiring immediate attention.

Sec 8 Holidays

The Managing Director may take up to 30 days of holiday. Holidays shall be planned considering the current business affairs and in agreement with further managing directors, if any. The German Holiday Act shall apply.

Sec 9 Secrecy

Because of his occupation the Managing Director holds a position of special trust at Holding. He shall therefore refrain from everything that is not acceptable under the extended duty of trust towards the Holding or the Company resulting from this occupation

In particular the Managing Director shall be obliged to maintain strict secrecy about the content of this Agreement and all business affairs and dealings at the Company, the Holding and the Subsidiaries, in particular about company secrets and trade secrets. He is also obliged not to use such knowledge for own purposes. This obligation shall continue beyond the termination of this Agreement.

In case of termination of this Agreement, regardless for which reason, the Managing Director shall return all documents of the Company, the Holding or the Subsidiaries in his possession, including personal notes, together with the declaration that the return is fully and completely exectued. Any right of retention of the Managing Director versus the Company or Holding is excluded.

Sec 10 Side activities and competition

1. Engagement in any paid or unpaid side activity in the occupational or business area as well as accepting any honorary positions, mandates in supervisory boards and similar functions in other companies shall require the prior written consent of the management of Holding; whereby Holding shall not withhold its consent unless justified interest of Holding or Company request otherwise. Publications and public speeches of the Managing Director shall require the consent of the management of Holding as far as the interests of the Group may be affected.

2. For the duration of this Agreement, the Managing Director shall neither as a self-employed or employed person nor otherwise, directly or indirectly, act for an enterprise competing with the Company, Holding or any subsidiary, or engage in competition otherwise or support another person's competition. During the term of this Agreement he shall further neither directly nor indirectly participate or invest in any business that acts in a competing relationship to the Company, the Holding or any Subsidiary, or hold a business relationship to those.

3. Any investment of the Managing Director into another business requires the prior written consent of the management of Holding. Holding of stock of less than 5 % of the basic capital without any material influence to the management of the related business does not form an investment into another business.

Sec 11 Rights to work results

The whole [technical] knowledge that the Managing Director invents or develops during the term of this Agreement or any proceeding agreement with the Company, Holding or subsidiaries, in particular any inventions, improvements and other proposals, designs or processes, which can be subject of recognized protected rights or intellectual property, belong exclusively to the Company and shall be accepted as entirely compensated by the contractual remuneration.

Sec 12 Term of Agreement

1. This Agreement shall commence with the appointment of the Managing Director for the Company. It shall run for an indefinite period and may be terminated by either Party with notice of [six] months to the end of a month. The right to dismiss for cause is retained. Any prolongation of the notice under German statutory law shall apply likewise to both Parties.

2. Any dismissal requires the written form to be legally valid.

3. The service relationship of the Managing Director shall end when the Managing Director reaches the statutory pensionable age (currently age 67) without requiring any further notice.

Sec 13 Release from duty to work

In case of either Party giving notice the Holding shall be entitled to release the Managing Director from the duty to work for the duration of the notice period, thereby setting off any untaken holiday and leave days entitlements. In case of such release any other compensation for the use of working capacity shall be set off fully against the gross compensation under this Agreement (sec. 615 German Civil Code).

Sec 14 Termination of other contractual relationships

The Parties agree that with formation of this Service Agreement all other service or employment relationships between the Managing Director and Holding, Company and any other group entities shall end. Holding holds sufficient proxy from the aforementioned legal entities to legally terminate the respective agreements for all legal entities of the group.

Sec 15 Miscellaneous

1. There are no agreements outside this Agreement and its Annexes, if any. Amdendments and additions to this Agreement, including this clause, must be in writing to be legally valid.

2. This Agreement is exclusively subject to German law. The registered seat of the Company shall determine the place of exclusive jurisdiction.

3. Should any provision of this Agreement become wholly or partially invalid or unenforceable, or should any omission or gap in this Agreement become apparent, this shall not affect the validity of the remaining provisions. Instead of the invalid or unenforceable provision or a part thereof or to fill the gap, an appropriate provision shall apply, to the extent legally possible, which comes closest

to what the Parties would have intended or wanted if they had considered the issue. Should the invalidity be based on a determination of a specified measure of performance or time (deadline or date) such term should be replaced with a legally permissible provision which comes as close as possible to the original provision.

Date/Time

____

(Holding) GmbH, represented by its registered management

____

Managing Director

Erläuterungen

Literatur: *Altmeppen*, In-sich-Geschäfte der Geschäftsführer in der GmbH, NZG 2013, 401; *Arens*, Der GmbH-Geschäftsführer im Arbeits-, Sozialversicherungs- und Steuerrecht – aktuelle Entwicklungen, DStR 2010, 115; *ders./Beckmann*, Die anwaltliche Beratung des GmbH-Geschäftsführers, 2006; *Bauer/Diller*, Wettbewerbsverbote, 7. Aufl. 2015; *Bauer/Lingemann/Diller/Haußmann*, Anwalts-Formularbuch Arbeitsrecht, 6. Aufl. 2017; *Baumbach/Hueck*, GmbH-Gesetz, 20. Aufl. 2013; *Beckmann/Matusche-Beckmann*, Versicherungsrechts-Handbuch, 3. Aufl. 2015; *Blomeyer/Rolfs/Otto*, BetrAVG, 7. Aufl. 2018; *Brandmüller*, Der GmbH-Geschäftsführer im Gesellschafts-, Steuer- und Sozialversicherungsrecht, 14. Aufl. 2005; *Däubler/Bonin/Deinert*, AGB-Kontrolle im Arbeitsrecht 4. Aufl. 2014; *Feddersen/von Cube*, Vorstand wider Willen? Auswirkungen des Gesetzes zur Angemessenheit der Vorstandsvergütung auf GmbHs, NJW 2010, 576; *Gach/Kock*, Rentenversicherungspflicht von Gesellschafter-Geschäftsführern einer GmbH und ähnlichen Selbständigen, NJW 2006, 1089; *Gehlhaar*, Die Rechtsprechung zu (ruhenden) Arbeitsverhältnissen von Organen juristischer Personen, NZA-RR 2009, 569; *Goll-Müller/Langenhan-Komus*, Der Geschäftsführer mit Arbeitsvertrag und dennoch ohne Kündigungsschutz, NZA 2008, 687; *Goette*, Zur Umdeutung der fristlosen in eine ordentliche Kündigung des Geschäftsführer-Anstellungsvertrages, DStR 2000, 525; *Grobys/Glanz*, Kopplungsklauseln in Geschäftsführerverträgen, NJW-Spezial 2007, 129; *Henssler*, Das Anstellungsverhältnis der Organmitglieder, RdA 1992, 289; *Holthausen/Steinkraus*, Die janusköpfige Rechtsstellung des GmbH-Geschäftsführers im Arbeitsrecht, NZA-RR 2002, 281; *Hümmerich/Reufels*, Gestaltung von Arbeitsverträgen, 3. Aufl. 2015; *Jooß*, Aufhebung des Arbeitsverhältnisses durch Abschluss eines Geschäftsführerdienstvertrags, RdA 2008, 285; *Kort*, Compliance-Pflicht und Haftung von GmbH-Geschäftsführern, GmbHR 2013, 566; *ders.*, Sind GmbH-Geschäftsführer und Vorstandsmitglieder diskriminierungsschutzrechtlich Arbeitnehmer?, NZG 2013, 601; *Langner*, Die aktuelle Rechtsprechung zu § 623 BGB bei der Bestellung von Arbeitnehmern zu Organmitgliedern, DStR 2007, 535; *Leuering/Dornhegge*, Geschäftsverteilung zwischen GmbH-Geschäftsführern, NZG 2010, 13; *Lohr*, Die Amtsniederlegung des GmbH-Geschäftsführers, RNotZ 2002, 164; *Lutter/Hommelhoff*, GmbH-Gesetz, 18. Aufl. 2012; *Lunk*, Der GmbH-Geschäftsführer und die Arbeitsgerichtsbarkeit – Das BAG macht den Weg frei!, NJW 2015, 528; *Maschmann/Sieg/Göpfert*, Vertragsgestaltung im Arbeitsrecht, 2012; *Meier/Recktenwald*, Direktzusage in der betrieblichen Altersversorgung: ein Durchführungsweg mit Zukunft, BB 2006, 707; *Melot de Beauregard/Gleich*, Aktuelle Problemfelder bei der D&O Versicherung, NJW 2013, 824; *Menke*, Gestaltung nachvertraglicher Wettbewerbsverbote mit GmbH-Geschäftsführern – Verzicht statt Karenzentschädigung, NJW 2009, 636; *Nägele*, Der Anstellungsvertrag des Geschäftsführers, BB 2001, 305; *Ogorek/Wilsing*, Kündigung des Geschäftsführer-Anstellungsvertrags wegen unterlassener Konzernkontrolle, NZG 2010, 216; *Olbrich/Kassing*, Der Selbstbehalt in der D&O Versicherung: Gesetzliche Neuregelung lässt viele Fragen offen, BB 2009, 1659; *Oppenländer/Trölitzsch*, Praxishandbuch der GmbH-Geschäftsführung, 2. Aufl. 2011; *Reiserer*, Die außerordentliche Kündigung des Dienstvertrags des GmbH-Geschäftsführers, BB 2002, 1199; *Reufels*, Ausgewählte Fragen zur Gestaltung von Geschäftsführerdienstverträgen, ArbRB 2002, 59; *Rolfs*, Die Inhaltskontrolle arbeitsvertraglicher Individual- und Betriebsvereinbarungen, RdA 2006, 349; *Röhrborn*, Die örtliche Versetzung des GmbH-Geschäftsführers und AG-Vorstands, BB 2013, 693; *Rouenhoff*, Mehrfachbeschäftigung von Führungskräften im Konzern, CCZ 2013, 18; *Sasse/Schnitger*, Das ruhende Arbeitsverhältnis des GmbH-Geschäftsführers, BB 2007, 154; *Schiefer/Worzalla*, Der Anstellungsvertrag des GmbH-Geschäftsführers,

ZfA 2013, 41; *Sigle*, Die Entlastung des GmbH-Geschäftsführers und ihre Wirkung, DStR 1992, 469; *Stenslik/Zahn*, Diskriminierungsschutz für Organe von Kapitalgesellschaften, DStR 2012, 1865; *Thüsing*, Nachorganschaftliche Wettbewerbsverbote bei Vorständen und Geschäftsführern, NZG 2004, 9; *ders./Granetzny*, Zur Abdingbarkeit des BetrAVG bei Organmitgliedern, NZG 2010, 449; *Tillmann/Mohr*, GmbH-Geschäftsführer: Rechts- und Steuerberatung, Vertragsgestaltung, 10. Aufl. 2013; *Trauth*, Der Geschäftsführer auf der »Abschussliste«, BB 2013, 1333; *Uhlenbruck*, Die Kündigung und Vergütung von Beratern, Vorständen und Geschäftsführern in der Unternehmensinsolvenz, BB 2003, 1185; *von Woedtke*, Entwicklungen der GmbH-Geschäftsführerhaftung in der neueren Rechtsprechung, NZG 2013, 484; *Wachter*, Ausländer als GmbH-Gesellschafter und -Geschäftsführer, ZIP 1999, 1577; *Weber/Hoß/Burmester*, Handbuch der Managerverträge, 2000; *Wegmann*, Rechtsfolgen einer Überschreitung der Geschäftsführungs- und Vertretungsbefugnisse eines GmbH-Geschäftsführers, DStR 1992, 866; *Wisskirchen/Kuhn*, Beck'scher Online-Kommentar GmbHG §§ 6, 35, 37, Ed. 24, Juni 2015; *Wortmann/Tschöpe*, Abberufung und außerordentliche Kündigung von geschäftsführenden Organvertretern – Grundlagen und Verfahrensfragen, NZG 2009, 85; *dies.*, Der wichtige Grund bei Abberufungen und außerordentlichen Kündigungen von geschäftsführenden Organvertretern, NZG 2009, 161.

1. Der Anstellungsvertrag des Geschäftsführers ist ein **Dienstvertrag mit Geschäftsbesorgungselementen** (§§ 611, 675 BGB), der durch die unternehmerische Funktion und Verantwortung des Geschäftsführers geprägt ist (Ensthaler/Füller/Schmidt/*Schmidt* § 35 Rn. 58). Nach der herrschenden **Trennungstheorie** stehen die **Organstellung**, begründet durch Bestellung und beendet durch Abberufung oder Niederlegung des Amtes, und die **Anstellung** als eigenständiges schuldrechtliches Vertragsverhältnis nebeneinander (Hümmerich/Reufels/*Reufels* § 2 Rn. 1). Zur Begründung wird richtigerweise auf § 38 Abs. 1 GmbHG verwiesen, der bestimmt, dass die Bestellung des Geschäftsführers jederzeit widerruflich ist, hierdurch jedoch etwaige vertragliche Entschädigungsansprüche nicht berührt werden. 587

Der Anstellungsvertrag des Geschäftsführers, auch **in Konzernstrukturen**, ist grundsätzlich **kein Arbeitsverhältnis**. Dies gilt auch dann, wenn der Anstellungsvertrag – wie in der hier vorliegenden Mustervariante – nicht mit der Gesellschaft geschlossen wird, bei der die Organstellung eingenommen wird. Von Gesetzes wegen ist der Geschäftsführer vom Schutzbereich des Kündigungsschutzgesetzes ausgenommen (§ 14 Nr. 1 KSchG) und dem Regelungsbereich des BetrVG entzogen (§ 5 Abs. 2 Nr. 1 BetrVG). Nach ständiger Rechtsprechung der allgemeinen Zivilgerichte ist der Anstellungsvertrag mit dem Geschäftsführer zwingend ein Dienstvertrag, da der Geschäftsführer als Vertretungsorgan der Gesellschaft **Arbeitgeberfunktionen** wahrnimmt und gesetzliche Mindestpflichten hat, von denen er weder durch den Gesellschaftsvertrag noch durch die Gesellschafter befreit werden kann (BGH, Urteil 07.12.1961 – II ZR 117/60, NJW 1962, 340; BGH, Urteil v. 10.05.2010 – II ZR 70/09, NJW 2010, 2343). Der BGH sieht auch keine Notwendigkeit für die Umwandlung eines Dienstverhältnisses in ein Arbeitsverhältnis bei Verlust der Organstellung. Eine als freier Dienstnehmer begründete Rechtsstellung geht nicht dadurch verloren, dass der Geschäftsführer seine Organstellung einbüßt (BGH, Urteil v. 10.01.2000 – II ZR 251/98, NZA 2000, 376; Nägele, BB 2001, 305). 588

Das Bundesarbeitsgericht vertritt dagegen – ebenfalls in ständiger Rechtsprechung – die Auffassung, dass der GmbH-Geschäftsführer auch Arbeitnehmer oder eine arbeitnehmerähnliche Person sein kann (BAG, Urteil v. 10.07.1980 – 3 AZR 68/79, NJW 1981, 302; BAG, Urteil v. 25.10.2007 – 6 AZR 1045/06, NJW 2008, 1018). Maßgeblich für die Frage, ob ein Arbeitsverhältnis vorliegt, ist nach Auffassung des BAG in erster Linie der Grad der persönlichen Abhängigkeit, in der sich der zur Dienstleistung Verpflichtete jeweils befindet. Eine **persönliche Abhängigkeit** des Geschäftsführers gegenüber der Gesellschaft ist insbesondere gegeben, wenn er in den **Betrieb eingegliedert** wird, d.h. regelmäßig einem Zeit, Dauer, Ort und Art der Ausführung umfassenden **Direktionsrecht der Gesellschafter** unterliegt. Selbst wenn die Weisungsgebundenheit nur eingeschränkt wahrgenommen wird, kann die Dienstleistung trotzdem noch fremdbestimmt sein, wenn sie in der vorgegebenen Ordnung des Betriebes aufgeht. Der Geschäftsführer ist hingegen selbstständig, wenn er seine Tätigkeit im Wesentlichen frei gestalten und seine Arbeitszeit bestimmen kann (BAG, 589

Urteil v. 13.05.1992 – 5 AZR 344/91, GmbHR 1993, 35; BAG, Urteil v. 26.05.1999 – 5 AZR 664/98, NJW 1999, 3731; BAG, Urteil v. 25.10.2007 – 6 AZR 1045/06, NJW 2008, 1018). In einzelnen Ausnahmefällen hat die Arbeitsgerichtsbarkeit auch Geschäftsführern eine Arbeitnehmerstellung zugesprochen (*Gehlhaar*, NZA-RR 2009, 569).

Mit einem Beschluss des Bundesarbeitsgerichts aus 2015 ist eine für die Praxis wesentliche Änderung der Rechtswegzuständigkeit eingetreten (BAG 9. Senat, Beschluss vom 08.09.2015 – 9 AZB 21/15). Zuvor war Organvertretern der Rechtsweg zum Arbeitsgericht in aller Regel versperrt, weil die Fiktion des § 5 Abs. 1 Satz 3 ArbGG den Rechtsweg zur ordentlichen Gerichtsbarkeit festlegt. Dies galt auch nach Abberufung, sofern nicht ein neues Arbeitsverhältnis begründet wurde. Nunmehr begrenzt das BAG die Wirkung des § 5 Abs. 1 Satz 3 ArbGG auf den Bestand der Bestellung, so dass mit der im Regelfall bei Kündigung erfolgenden Abberufung die Zuständigkeit der Arbeitsgerichtsbarkeit nach allgemeinen Regeln zu prüfen ist. Auch durch eine Amtsniederlegung, die während des gerichtlichen Verfahrens bis zur Rechtskraft einer Vorabentscheidung über die Rechtswegfrage erfolgen kann, lässt sich die Fiktion des § 5 Abs. 1 Satz 3 ArbGG beseitigen.

Aus einer arbeitsgerichtlichen Zuständigkeit folgen mit der Kostengünstigkeit des arbeitsgerichtlichen Verfahrens und den besseren Vergleichsmöglichkeiten aufgrund des vorgeschalteten Güteverfahrens strategische Vorteile für den Geschäftsführer (vgl. *Lunk*, NJW 2015, 528). Aber auch nach Ansicht des BGH können arbeitsrechtliche Schutzvorschriften im Geschäftsführerdienstverhältnis anwendbar sein. Der BGH entscheidet darüber nach den gleichen Kriterien, die auch das BAG für die Entscheidung der Einordnung als Arbeitnehmer anwendet, also danach, ob der Geschäftsführer wie ein Unternehmer frei wirken kann oder durch Satzung, Weisungen der Gesellschafterversammlung oder Regelungen im Anstellungsvertrag soweit fremdbestimmt ist, dass von einer arbeitnehmerähnlichen, weisungsabhängigen Stellung auszugehen ist.

590 **2.** In aller Regel wird der Anstellungsvertrag mit der Gesellschaft abgeschlossen, deren Organ der Geschäftsführer ist bzw. werden soll, **zuständig ist die Gesellschafterversammlung** (vgl. **Muster C 44** [Rdn. C 511]). Bei einem **Holdingvertrag** wird diese Frage jedoch anders gehandhabt, da die Anstellung bei der vertretenen Gesellschaft nicht rechtlich zwingend ist (Oppenländer/Trölitzsch/*Baumann* § 13 Rn. 25 f.). Außer in Konzernzusammenhängen ist die **Drittanstellung** bei der GmbH & Co. KG mit der KG anstelle der Komplementär-GmbH weit verbreitet und zulässig (Lutter/Hommelhoff/*Hommelhoff/Kleindiek* Anh. § 6 Rn. 9). Die GmbH muss aber mit dieser Vertragsgestaltung einverstanden sein (Oppenländer/Trölitzsch/*Baumann* § 13 Rn. 25). Da die Anstellungsgesellschaft den Anstellungsvertrag nicht mit ihrem eigenen Organ abschließt, stellt der Vertragsschluss einen Gegenstand der **gewöhnlichen Geschäftstätigkeit** der Gesellschaft dar, für den die Geschäftsführer der Holding zuständig sind. Es ist allerdings auch hier möglich, die Zuständigkeit für sämtliche Geschäftsführerverträge einer Unternehmensgruppe einem Beirat oder gewillkürten Aufsichtsrat zu übertragen.

591 Beschäftigt die Gesellschaft mehr als 2.000 Arbeitnehmer, so fällt sie in den Anwendungsbereich des **Mitbestimmungsgesetzes 1976**. Sie ist dann verpflichtet, einen **mitbestimmten Aufsichtsrat** einzurichten, der für Bestellung und Abberufung der Geschäftsführer und damit auch, wiederum als Annexkompetenz, für den Abschluss, die Änderung und die Beendigung von Geschäftsführerdienstverträgen zwingend zuständig ist (§§ 31 MitbestG, 12 MontanMitbestG, 13 MontMitbestErgG i.V.m. § 84 AktG). In diesem Fall kann eine Drittanstellung ausscheiden, weil der **Aufsichtsrat für das Anstellungsverhältnis kraft Gesetzes** zuständig ist. Diese Kompetenz muss dem Aufsichtsrat erhalten bleiben (BGH Urteil v. 14.11.1983 – II ZR 33/83, NJW 1984, 733).

592 **3.** In der Präambel wird der Hintergrund des Vertragsschlusses erläutert. Im Muster-Sachverhalt wird davon ausgegangen, dass der Geschäftsführer in der Unternehmensgruppe bereits zuvor als leitender Angestellter tätig war. Ferner wird dem Geschäftsführer die Zugehörigkeit zur sog. »Erweiterten Geschäftsleitung der Holding« zuerkannt.

4. Es ist in der Praxis der Vertragsgestaltung durchaus üblich, im Anstellungsvertrag die **Regelungen** der Satzung über **Aufgaben und Pflichten der Geschäftsführung**, häufig in zusammengefasster Form, wiederzugeben und zudem weitere Festlegungen in Bezug auf geschäftliche Zuständigkeiten des Geschäftsführers festzuschreiben. Durch den Anstellungsvertrag können jedoch weder zwingendes Gesetzesrecht noch die Regelungen des Gesellschaftsvertrags der Gesellschaft eingeschränkt werden. Schon wegen der Publizität der Organisationsverfassung, dem Schutz künftiger Gesellschafter und dem Informationsinteresse sonstiger Publizitätsadressaten geht die Satzung den Bestimmungen des Anstellungsvertrags vor (Ensthaler/Füller/Schmidt/*Schmidt* § 35 Rn. 62; Lutter/Hommelhoff/*Hommelhoff/Kleindiek* Anh. § 6 Rn. 13). Der Gesellschaftsvertrag geht auch dann vor, wenn Regelungen der Geschäftsführung dort erst nach Abschluss des Anstellungsvertrages geändert oder eingeführt werden (Lutter/Hommelhoff/*Hommelhoff/Kleindiek* Anh. § 6 Rn. 15). Um einen vollständigen Gleichklang zwischen Satzung und Anstellungsvertrag zu erreichen wäre daher eigentlich eine **Verweisung auf die Regelungen der Satzung** rechtlich vollständig ausreichend. 593

Bei **Beratung der Gesellschaft** ist es demgemäß auch vorzugswürdig, im Anstellungsvertrag keine oder nur sehr allgemeine Angaben zu den Aufgaben und Befugnissen des Geschäftsführers zu vereinbaren. Es ist dann jederzeit möglich, die Geschäftsführungsbefugnis in der Satzung neu zu fassen und abzuändern, ohne Gegenrechte des Geschäftsführers befürchten zu müssen. Die Musterklausel sieht entsprechende Regelungen vor. 594

Bei der **Vertragsgestaltung für den Geschäftsführer** sollte gerade bei einem Holding-Vertrag darauf geachtet werden, dass die Position und die Aufgaben des Geschäftsführers innerhalb der Gruppe vertraglich so festgelegt werden, dass die Vertragspartner dieses später nicht durch einseitige Beschlüsse wieder ändern und den Geschäftsführer zur Wahrnehmung seiner Aufgaben in einer den ursprünglichen Absprachen widersprechenden Führungskonstellation verpflichten kann. Hierzu sollten insbesondere Verweisungen auf die Satzung mit **Jeweiligkeitsklauseln** kritisch geprüft werden. 595

Höchstrichterlich bislang ungeklärt ist, ob einseitige Jeweiligkeitsvorbehalte, wie sie in der Musterklausel zugunsten Gesellschaft und Holding gefasst sind, vertraglich unbeschränkt wirksam sind. Aus der Anwendbarkeit der Bestimmungen zur Vertragskontrolle nach §§ 305 ff. BGB ergeben sich **Bedenken gegen die Wirksamkeit umfassender Änderungsvorbehalte** nicht nur bei Arbeitnehmern, sondern auch bei angestellten Fremd-Geschäftsführern, die als sog. Verbraucher-Geschäftsführer (§§ 310 Abs. 3 Nr. 2, 307 Abs. 1 S. 2, Abs. 2 Nr. 2 BGB) in den Anwendungsbereich der AGB-Kontrolle fallen. Dies gilt insbesondere, wenn – wie ebenfalls in dem vorliegenden Muster – nach dem jeweiligen Wortlaut nicht vorgesehen ist, dass unter Zumutbarkeitsgesichtspunkten die Interessen des Geschäftsführers berücksichtigt werden müssen. Zwar handelt es sich bei der vertraglichen Festlegung von Arbeitsaufgaben und Position in der Gesellschaft um die Festlegung von Hauptleistungspflichten, was eigentlich der Kontrolle dieser Klauseln nach AGB-Recht entgegensteht (ErfK/*Preis* §§ 305–310 BGB Rn. 38; *Rolfs*, RdA 2006, 349, 353). Die Rechtsprechung hat jedoch auch in der Vergangenheit häufig synallagmatische Vertragsbestimmung einer Anwendung der §§ 305 ff. und der AGB-Kontrolle unterworfen. 596

5. Hinsichtlich der Festlegung der Verantwortungsbereiche in § 1 Abs. 2 des Mustervertrags gilt nichts anderes. In der Musterklausel enthält der Anstellungsvertrag keinerlei Festlegung, sondern verweist nur auf Dokumente, die von dem Vertragspartner einseitig jederzeit geändert werden können und dann in der neuen Fassung gelten sollen. Trotz der Bedenken bzgl. der Wirksamkeit unter Berücksichtigung der AGB-Kontrollen entspricht diese Flexibilität einem wirtschaftlichen Bedürfnis der Holdinggesellschaft und ist weit verbreitet. 597

6. Die Klausel in § 1 Abs. 3, wonach die Holding sich vorbehält, den Geschäftsführer auch mit weitern Aufgaben und Tätigkeiten zu beschäftigten, ist für die Gesellschaft nicht ungefährlich, allerdings durchaus üblich und wirtschaftlich in den meisten Fällen auch erforderlich. Mit der 598

Klausel wird der Geschäftsführer weitgehend einem arbeitnehmerähnlichen **Direktionsrecht der Holdinggesellschaft** unterstellt, das nicht auf die Tätigkeit im Organzusammenhang begrenzt ist. Hierdurch kann sich materiell eine Arbeitnehmerstellung des Geschäftsführers begründen lassen.

599 Zudem stößt die **Wirksamkeit der Klausel** auf Bedenken wegen § 307 Abs. 2 Nr. 1 BGB, da die Verpflichtung, eine unbegrenzte Anzahl weiterer Aufgaben übernehmen zu müssen, ohne hierfür ein erhöhtes Entgelt zu erhalten, unzulässigerweise von § 612 Abs. 1 BGB abweicht. Weitere Aufgaben neben der Geschäftsführertätigkeit in anderen Gesellschaften werden üblicherweise gegen ein Entgelt erbracht. Ein weiteres Entgelt ist jedoch, wie sich aus § 4 Abs. 8 des Mustervertrags ergibt, nicht vorgesehen. Die Abrede lässt sich auch nicht mit dem Einwand rechtfertigen, dass der Geschäftsführer ohnehin seine gesamte Arbeitskraft für die Gesellschaft aufzuwenden hat, da in der vertraglich vorbehaltenen Möglichkeit der Zuweisung unbeschränkt vieler weitere Tätigkeiten ein Zwang des Geschäftsführers dahingehend entsteht, seinen Arbeitseinsatz noch zu erhöhen. Zudem entstehen **zusätzliche Haftungsrisiken**. Die Klausel kann daher im Einzelfall unwirksam sein (vgl. Hümmerich/Reufels/*Borgmann* § 2 Rn. 314). Es ist jedoch gleichfalls davor zu warnen, im Vertrag des Geschäftsführers einer Konzerngesellschaft falsche Vorstellungen dadurch zu erwecken, dass eine tatsächlich nicht erwünschte unternehmerische Entscheidungsfreiheit der Geschäftsführer festgeschrieben wird. Hierdurch wären zukünftige Auseinandersetzungen über die Kompetenzen der Geschäftsführer vorprogrammiert. Zudem ließen sich die Risiken der Arbeitnehmerstellung des angestellten Geschäftsführers nicht ausschließen, weil bei der Beurteilung auf die tatsächliche Durchführung des Vertrags und nicht auf den Wortlaut abgestellt wird.

600 **7.** Das Muster enthält in § 2 die Verpflichtung, die **gesamte Arbeitskraft** für die Gesellschaft einzusetzen. Diese Formulierung kann bei einem Fremdgeschäftsführer mitunter problematisch sein. Zwar wird allgemein angenommen, dass ein angestellter Fremdgeschäftsführer vertraglich verpflichtet werden kann, seine gesamte Arbeitskraft für die Gesellschaft einzusetzen (*Tillmann/Mohr* Rn. 204; Oppenländer/Trölitzsch/*Baumann* § 14 Rn. 1; Bauer/Lingemann/Diller/Haußmann/*Lingemann* M4.1a Anm. 50). Diese Meinung kann sich darauf stützen, dass das Arbeitszeitgesetz auch für Fremdgeschäftsführer **nicht gilt**, da diese keine Arbeitnehmer im Sinne von § 2 Abs. 2 ArbZG sind (Scholz//*Schneider* § 35 Rn. 164b). In der Rechtsprechung sind allerdings Tendenzen dahingehend erkennbar, **übertriebene Leistungsanforderungen** zurückzudrängen. So hat der BGH bereits 1987 im Falle einer vertraglichen Verpflichtung, die Arbeitskraft vollständig zur Verfügung zu stellen, durch Auslegung das Ergebnis gewonnen, hiermit sei lediglich eine Tätigkeit an den fünf üblichen Wochenarbeitstagen gemeint (BGH, Urteil v. 07.12.1987 – II ZR 206/87, NJW-RR 1988, 420). Die tatsächlichen Anforderungen an die Leistungsbereitschaft des Geschäftsführers dürfen keinesfalls so weit gehen, dass der Geschäftsführer durch Überforderung in die Nähe einer Gesundheitsgefährdung gerät. Aus Sicht des Geschäftsführers wäre es daher zwar durchaus zu empfehlen, eine Grenze der zeitlichen Verfügbarkeit aufzunehmen, dies lässt sich jedoch kaum durchsetzen.

601 **8.** Der **Kanon zustimmungsbedürftiger Geschäfte** wird meist in der Satzung geregelt, in **Konzernstrukturen** gibt es häufig **übergreifende Bestimmungen** für die Zuständigkeitsabgrenzung zwischen den Geschäftsführungen der Tochtergesellschaft und der Holding. Auf diese Geschäftsordnung wird in der vorliegenden Klausel verwiesen. Für die Gesellschaft besteht dann der Vorteil, dass sie die Liste zustimmungsbedürftiger Geschäfte jederzeit wirksam ändern kann. Auf Seiten der Gesellschaft erfordert eine derartige Struktur den **Abgleich zwischen den einzelnen Gesellschaftsverträgen** mit der hier in Bezug genommenen Geschäftsführer-Geschäftsordnung der Gruppe. Auch wenn im Anstellungsvertrag keine Vertretungsbeschränkung des Geschäftsführers erwähnt ist, so muss er die in der jeweiligen Satzung enthalten Bestimmungen über seine Vertretung einhalten (Baumbach/Hueck/*Zöllner/Noack* § 35 GmbHG Rn. 14). Der Geschäftsführer ist insoweit auch verpflichtet, sich über den Inhalt der Satzung zu informieren, jedenfalls kann er sich auf Unkenntnis der Satzung nicht berufen.

9. Die Gestaltung der **Vergütungsregelung** kann beim Fremdgeschäftsführer weitgehend frei erfolgen. Der Klauselvorschlag sieht in § 4 eine feste Jahresbruttovergütung vor, die jährlich überprüft wird. Durch die Überprüfung ist jedoch noch kein **Anspruch** auf eine Erhöhung der Vergütung gegeben. Die Gesellschaft hat die Überprüfung allerdings nach billigem Ermessen (§ 315 BGB) durchzuführen. Die Vergütung des Geschäftsführers ist **steuerlich als Arbeitsentgelt** eingeordnet und unterliegt daher der Lohn- und Kirchensteuer. Bei einem Fremdgeschäftsführer ist die Gesellschaft ferner in aller Regel verpflichtet, **Sozialabgaben** bis zur Höhe der Beitragsbemessungsgrenze, die allerdings bei einer Geschäftsführervergütung in der Regel überschritten sein wird, zu zahlen (*Nägele*, BB 2001, 305, 311). 602

Eine **variable Vergütung** steht dem Geschäftsführer nur zu, wenn sie zumindest dem Grunde nach vertraglich festgelegt wurde. Das hier in Bezug genommene **Bonussystem** ist nur in den Eckpunkten im Vertrag festgelegt, so wird insbesondere eine Obergrenze der Bonusberechtigung geregelt. Im Übrigen wird auf den Bonusplan der Gesellschafterin (Holding) verwiesen. Die Regelung zur Fälligkeit des Bonus ist ebenfalls in den Bonusplan verwiesen. 603

Der **Bonus** entfällt entsprechend der Regelung, wenn das Anstellungsverhältnis aus wichtigem Grund gekündigt wird. Diese Regelung kann unwirksam sein, da eine bereits verdiente Vergütungsleistung nachträglich entzogen wird (vgl. ErfK/*Preis* § 611 BGB Rn. 503). Bei einer ordentlichen Kündigung wird der Bonus anteilig gezahlt. Diese Bestimmung begegnet keine Bedenken im Hinblick auf die AGB Kontrolle. 604

10. Lediglich zur Klarstellung ist aufgeführt, dass dem Geschäftsführer **kein** Urlaubs- oder Weihnachtsgeld gezahlt wird. Derartige Zahlungen sind gegenüber einem Geschäftsführer **unüblich**. Auch aus dem arbeitsrechtlichen **Gleichbehandlungsgrundsatz** ist die Gesellschaft nicht verpflichtet, den Geschäftsführer wie einen Arbeitnehmer zu behandeln. Lediglich wenn auf gleicher Hierarchiestufe beschäftigte Personen wie andere Geschäftsführer derartige Leistungen erhalten, könnte sich hieraus eine Verpflichtung zur Gleichbehandlung ergeben, wenn die Ungleichbehandlung nicht gerechtfertigt ist (BGH, Urteil v. 14.05.1990 – II ZR 122/89, DB 1990, 1810). 605

11. In den meisten Anstellungsverträgen wird dem Geschäftsführer die **Nutzung eines Dienstfahrzeuges** zugesagt, als Gründe werden das Prestige und die steuerliche Behandlung der Überlassung genannt (*Arens/Beckmann* § 1 Rn. 73). Die hier aufgenommene Musterklausel zum Dienstwagen verweist wie in größeren Unternehmenseinheiten üblich auf eine **Dienstwagenordnung** (vgl. etwa das Muster »Dienstwagenklauseln« bei Hümmerich/Reufels/*Borgmann* § 1 A. II. 25; Bauer/Lingemann/Diller/Haußmann/*Lingemann* M 12.22). Inhaltlich wird dem Geschäftsführer ein angemessener Wagen zugesagt, die Einzelheiten zu Klasse und Marke legt in diesem Fall die Dienstwagenordnung fest, dabei ist billiges Ermessen (§ 315 BGB) zu wahren. 606

Die **Versteuerung** der Privatnutzung, dazu gehört auch der tägliche Weg zwischen Wohnung und Gesellschaftssitz, obliegt dem Geschäftsführer. Die **private Nutzungsmöglichkeit** eines betrieblichen Pkw wird als geldwerter Vorteil typisierend nach der sog. 1 %-Regelung besteuert: anzusetzen ist pro Monat 1 % des Listenpreises bei Anschaffung des Fahrzeugs einschließlich Zubehör. Zusätzlich ist der geldwerte Vorteil um monatlich 0,03 % des Listenpreises für jeden Kilometer der Entfernung zwischen Wohnung und Arbeitsstätte zu erhöhen, wenn das Fahrzeug auch für die Fahrten zwischen Wohnung und Arbeitsstätte genutzt werden kann (vgl. § 8 Absatz 2 Satz 3 EStG). Nach der Auffassung des BFH ist diese Erhöhung des geldwerten Vorteils um monatlich 0,03 % jedoch nur dann gerechtfertigt, wenn der Arbeitnehmer das Fahrzeug auch für die Fahrten zwischen Wohnung und Arbeitsstätte tatsächlich nutzt, dies wird von der Finanzverwaltung regelmäßig vermutet (zur Möglichkeit, diese Vermutung zu widerlegen, vgl. *Arens*, DStR 2010, 115, 119). 607

Ein Sonderproblem ist der **Widerruf der Dienstwagenüberlassung**. Die Musterklausel sieht eine Widerrufsmöglichkeit ohne Ausgleichszahlung vor. Bei einem Geschäftsführer ist umstritten, ob die Überlassung mit dem Recht zur privaten Nutzung ohne Weiteres entschädigungsfrei widerrufen werden kann (Bauer/Lingemann/Diller/Haußmann/*Lingemann* M4.1a Anm. 48). Ausgangspunkt 608 der Überlegungen ist, dass die Dienstwagenüberlassung durch Gestattung der **Privatnutzung Teil des Vergütungsanspruchs** wird. Folgt man der Rechtsprechung des BAG zu Widerrufsklauseln nach Geltung der AGB-Kontrolle, so ist ein Widerruf nur dann möglich, wenn der Wert der widerrufenen Leistung weniger als 25 % der **Gesamtvergütung** ausmacht und die Gründe für den vorbehaltenen Widerruf im Voraus benannt sind (BAG, Urteil v. 12.01.2005 – 5 AZR 364/04, NJW 2005, 1820; Urteil v. 19.12.2006 – 9 AZR 294/06, NZA 2007, 809). Angesicht der Höhe üblicher Geschäftsführervergütungen wird die Leistungsgrenze von 25 % sicherlich nicht erreicht, die hier vorgeschlagene Klausel benennt die Widerrufsgründe exemplarisch; die Klausel dürfte daher wirksam sein.

609 **12.** Der Einbezug des Geschäftsführers in ein **Versicherungspaket**, das für den gesamten Führungskreis als **Gruppenversicherung** abgeschlossen ist, gehört zu den **Nebenleistungen**, die sehr häufig gewährt werden. Selbst bei hohen Versicherungssummen sind die Beiträge der Gruppenversicherung relativ günstig. Wichtig ist, dass die Gesellschaft ihre Leistungspflicht auf die **tatsächlich ausgezahlte Leistung** der Versicherungsgesellschaft **begrenzt**, da ansonsten eine Garantiehaftung der Gesellschaft droht, wenn die Versicherungsgesellschaft im Versicherungsfall die Leistung nicht erbringen kann.

610 Bezüglich des mit der Klausel gewährten Anspruchs auf eine sogenannte D&O-Versicherung wird auf die umfangreichen Erläuterungen in **Muster C 44** (Rdn. C 547) verwiesen.

611 **13.** Der Klauselvorschlag zur **Fortzahlung der Vergütung im Falle von krankheits- oder unfallbedingter Arbeitsunfähigkeit** vor, dass der Geschäftsführer die Dienstverhinderung sofort gegenüber der Gesellschaft (Holding) **mitteilen**.

612 Da das **Entgeltfortzahlungsgesetz** auf den Geschäftsführer (Fremd- und Gesellschaftergeschäftsführer) **nicht anwendbar** ist, stünde einem Geschäftsführer ohne diese Regelung nur Vergütungsfortzahlung »für eine verhältnismäßig nicht erhebliche Zeit« (§ 616 BGB) zu. Wie lange dieser Anspruch vorhält ist unklar, teilweise wird vertreten, er decke entsprechend zum Entgeltfortzahlungsgesetz für Arbeitnehmer eine Dauer von sechs Wochen ab (*Arens/Beckmann* § 1 V. Rn. 76). Zur sozialen Absicherung des Geschäftsführers ist die Zeit der Vergütungsfortzahlung hier ausdrücklich benannt, über die ersten sechs Wochen hinaus gewährt die Klausel bis zum Ablauf von sechs Monaten eine Aufstockung des Krankengelds bis zur Höhe der ehemaligen Nettovergütung.

613 **14.** Die in § 7 vorgesehene Klausel zum **Mutterschutz** empfiehlt sich aufgrund der durch den EuGH ergangenen Entscheidung Danosa (EuGH, Urt. v. 11.11.2010 – Rs. C-232/09, DB 2011, 2270), wonach sich das Kündigungsverbot der europäischen Richtlinie zum Mutterschutz nicht nur auf den Anstellungsvertrag einer Geschäftsführerin, sondern auch auf den Bestand ihres Organverhältnisses bezieht, um das Schutzziel der Richtlinie effektiv abzusichern. Nach herkömmlicher Auffassung gilt das deutsche Mutterschutzgesetz jedoch nur für Arbeitnehmerinnen, auf Geschäftsführerinnen ist es nicht anwendbar. Auch der EuGH erstreckt den traditionellen Arbeitnehmerbegriff nicht auf die Geschäftsführung, er wendet jedoch mit dem »europarechtlichen Arbeitnehmer« einen eigenen Begriff an, der jedenfalls für angestellte Geschäftsführerinnen eine Anwendung der Mutterschutzrichtlinie ermöglicht (vgl. *Schiefer/Worzalla*, ZfA 2013, 41, 43 f.). Die Abberufung einer Geschäftsführerin aufgrund Schwangerschaft oder Beginn der Mutterschutzfristen verstößt damit gegen die Mutterschutzrichtlinie. Ob eine derartige Abberufung in Deutschland rechtlich unwirksam wäre ist umstritten und richtigerweise abzulehnen, weil die Funktionsfähigkeit der Gesellschaft vorrangig zu bewerten ist (*Schiefer/Worzalla*, ZfA 2013, 41, 44; Kort, NZG 2013, 601 f.). Eine Klärung durch die Gerichte bleibt in dieser Frage abzuwarten.

Das in Klausel § 7 vorgeschlagene Regelungsmodell nimmt im Sinne der Gesellschaft den aus der EU-Richtlinie folgenden Schutz in die dienstvertragliche Vereinbarung auf und regelt mit einer Entbindung von allen Pflichten durch das Ruhen der Geschäftsführerbestellung eine Arbeitsgrundlage für die verbliebenen Geschäftsführer, auch wenn sie nur gemeinsam vertretungsberechtigt sind. Ist die Beteiligung der gesamten Geschäftsführung gesetzlich vorgeschrieben sieht die Klausel entsprechende Reaktionspflichten der Geschäftsführerin auch während der Mutterschutzfrist vor.

15. Das **Bundesurlaubsgesetz** (BUrlG) findet auf Geschäftsführer keine Anwendung (Ensthaler/Füller/Schmidt/*Schmidt* § 35 Rn. 58; Lutter/Hommelhoff/*Kleindiek* Anh. § 6 Rn. 29). Eine Pflicht zur Gewährung von bezahltem Urlaub ist jedoch aus der **Treue- bzw. Fürsorgepflicht** der Gesellschaft gegenüber dem Geschäftsführer herzuleiten (Lutter/Hommelhoff/*Kleindiek*, Anh. § 6 Rn. 29). Der Urlaub sollte vertraglich vereinbart werden. Die **Dauer des Urlaubs** unterliegt keiner rechtlichen Vorgabe und stellt den Kern der vertraglichen Regelung dar. Die Musterklausel sieht in Anlehnung an verbreitete tarifliche Urlaubsansprüche und den üblichen Anspruch leitender Angestellter eine Dauer von sechs Wochen (30 Tage auf Basis der Fünf-Tage-Woche) pro Kalenderjahr vor. Im Übrigen wird auf das BUrG verwiesen. Dieses sieht vor, dass Urlaubsansprüche nach einer **Übertragungsdauer** von maximal drei Monaten verfallen, wenn sie nicht im Urlaubsjahr genommen werden. 614

16. Der Geschäftsführer ist aufgrund seiner allgemeinen Treupflichten als Organ der Gesellschaft zur Verschwiegenheit verpflichtet. Dennoch ist es üblich, die **Verschwiegenheitspflicht** im Anstellungsvertrag **abzusichern**. 615

In der Musterklausel besteht die **Besonderheit**, dass in die vertraulichen Informationen auch die Vorgänge in der **Konzernobergesellschaft** und sonstigen verbundenen Gesellschaften **einbezogen** sind. An der **Ausweitung der Vertraulichkeitsklausel** auf die Gruppe besteht ein nachvollziehbares wirtschaftliches Interesse der Gesellschaft. Dennoch besteht bei einer derartig weit reichenden und zeitlich unbeschränkte Verschwiegenheitsklausel das **Risiko der Unwirksamkeit** wegen unangemessenen Benachteiligung. Nach § 307 Abs. 2 Satz 1 BGB sind vertragliche Bestimmungen unwirksam, die in unangemessener Art und Weise von der gesetzlichen Regelung abweichen (Hümmerich/Reufels/*Reufels* § 2 Rn. 1011). Auch gefestigte Rechtsprechung ist als gesetzliche Regelung in diesem Sinne anzusehen, hier also die entsprechende Rechtsprechung des BAG hinsichtlich der erforderlichen Beschränkung der Verschwiegenheitspflichten für Arbeitnehmer (BAG, Urteil v. 19.05.1998 – 9 AZR 394/97, NZA 1999, 200). Es verbleibt dann aber in jedem Fall bei der **organschaftlichen Verschwiegenheitspflicht** des Geschäftsführers. 616

17. Das Muster enthält in § 9 Abs. 1 Regelungen zu **Nebentätigkeiten** während der Dauer des Anstellungsvertrags. Kern der Regelung ist ein umfassender **Zustimmungsvorbehalt für Nebentätigkeiten** im beruflichen oder geschäftlichen (nicht im privaten) Bereich. Zwar können Nebentätigkeiten dem Geschäftsführer nur dann wirksam versagt werden, wenn sie den berechtigten Interessen der GmbH entgegenlaufen. Dennoch darf die Holding wirksam die Einholung der Zustimmung verlangen, da sie hierdurch auch über den Umfang und die Art der Nebentätigkeiten informiert ist. Auch die Klausel zur Abstimmung über Vorträge und Veröffentlichungen entspricht einem berechtigten Interesse der Holding und ist damit wirksam. 617

18. Bereits aufgrund der sich aus § 85 GmbHG ergebenden Treuepflichten zur Gesellschaft unterliegen GmbH-Geschäftsführer für die Dauer ihrer Bestellung einem **Wettbewerbsverbot**, insbesondere dürfen sie ihre Stellung nicht dazu ausnutzen, auf Kosten der Gesellschaft eigene Geschäfte zu tätigen. Das Wettbewerbsverbot gilt während der gesamten Bestellungszeit und endet erst mit dem rechtlichen Ende es Anstellungsvertrags (BGH, Urteil v. 19.10.1987 – II ZR 97/87, ZIP 1988, 47; *Tillmann/Mohr* Rn. 211). Das Wettbewerbsverbot aus § 85 GmbHG verpflichtet den Geschäftsführer jedoch nur, **keine anderweitige Tätigkeit im Bereich der Gesellschaft** auszuüben. Die Klausel erweitert in § 9 Abs. 2 diese Verpflichtung auf die Holding und verbundene Gesellschaften. Wirksamkeitsbedenken bestehen hier nicht. Das in Abs. 3 geregelte Beteiligungsverbot rundet das Wettbewerbsverbot ab, lässt aber die normale Kapitalanlage an der Börse unberührt. 618

19. Da das Arbeitnehmererfindergesetz für Geschäftsführer nicht gilt, sieht das Muster in § 10 eine **Übertragung sämtlicher Arbeitsergebnisse** einschließlich von Erfindungen auf die Gesellschaft vor. Der Klauselvorschlag sieht für diese Arbeitsergebnisse des Geschäftsführers die Übertragung auf und **Verwertung durch die Gesellschaft** vor. Diese Rechteübertragung oder ggf. Lizenz ist mit der vertraglichen **Vergütung abgegolten** ist. Ließe man die Regelung entfallen, so hätte der 619

Geschäftsführer im Falle von Erfindungen und sonstigen Entwicklungen Anspruch auf die übliche Vergütung gemäß § 612 Abs. 2 BGB (Bauer/Lingemann/Diller/Haußmann/*Lingemann* M 4.1a Anm. 62).

620 **20.** Die in § 12 des Mustervertrags geregelte **Laufzeit** des Geschäftsführervertrags unterliegt keinen arbeitsrechtlichen Vorgaben, insbesondere sind die Beschränkungen des Teilzeit- und Befristungsgesetzes (TzBfG) nicht anwendbar. Daher kann ein Anstellungsvertrag auch befristet geschlossen werden. Dies war früher in vielen Fällen üblich, dabei wurden regelmäßig Laufzeiten zwischen **drei und fünf Jahren**, in Einzelfällen sogar längere Laufzeiten vereinbart. Auch heute spricht rechtlich nichts gegen eine feste Laufzeit von mehreren Jahren. Durch länger laufende **feste Vertragszeiten** wird die Frage der personellen Besetzung der Geschäftsführung über den entsprechenden Zeitraum geklärt, auch der Geschäftsführer kann auf längere Sicht planen. Die Praxis zeigt aber, dass längere Laufzeiten bei Meinungsverschiedenheiten zwischen Geschäftsführung und Gesellschaftern kein Hinderungsgrund sind, den Geschäftsführer abzuberufen und den Vertrag zu beenden. Sind die durch die lange Laufzeit verursachten **Entschädigungskosten** hoch, so wird häufig versucht, über eine **fristlose Kündigung** eine für die Gesellschaft günstigere Auflösung des Vertrags zu erreichen. Zudem kommt es jeweils bei Auslaufen des Anstellungszeitraums zu einem für beide Seiten problematischen Entscheidungszwang, den Vertrag erneut langfristig fortzusetzen oder auslaufen zu lassen. Insbesondere in einer Drittanstellungskonstellation im Konzern besteht in aller Regel auf Seiten der Gesellschaft kein Interesse an einer mehrjährigen Festvertragsregelung.

621 Eine Alternative bietet sich mit der hier vorgeschlagenen **unbeschränkten Laufzeit** mit längeren **Kündigungsfristen** an, hier beispielhaft mit sechs Monaten. Häufig wird die Laufzeit mit einem festen Kündigungstermin, etwa jeweils zum Kalenderquartal oder zum Jahresende, verbunden. Dies bietet dem Geschäftsführer eine in aller Regel ausreichende **Phase der Neuorientierung** unter finanzieller Absicherung, ohne die Gesellschaft zu überlasten. Wird in einem Dienstvertrag überhaupt keine Kündigungsfrist vorgesehen, so gilt nach umstrittener, aber richtiger Ansicht § 621 Nr. 3 BGB, nach anderer (wohl noch herrschender) Ansicht § 622 BGB mit der auf für Arbeitnehmer geltenden Staffelung von bis zu sieben Monaten (vgl. Hümmerich/Reufels/*Reufels* § 2 Rn. 485 f. m.w.N.). Dass die vertragliche Kündigungsfrist geringer ist als die längste Kündigungsfrist nach § 622 BGB ist vorsorglich vorgesehen, dass eine Verlängerung der Kündigungsfristen kraft Gesetzes immer für beide Seiten verbindlich erfolgt.

622 In der **mitbestimmten GmbH** ist die Befristung des Anstellungsvertrages auf maximal fünf Jahre vorgeschrieben (§§ 84 AktG, 31 Abs. 1 MitbestG). Dies betrifft allerdings nur die Geschäftsführer der mitbestimmten Gesellschaft selbst, nicht etwa die Geschäftsführer von Beteiligungsgesellschaften, die mit der mitbestimmten Gesellschaft als Konzernholding einen Drittanstellungs-Vertrag geschlossen haben.

623 **21.** Das **Schriftformerfordernis** für die Kündigungserklärung bedeutet, dass sie von einem hierzu bevollmächtigten Vertreter der Gesellschafterversammlung unterzeichnet sein und im Original übergeben werden muss. Auch bei der Drittanstellung im Konzern ist sorgfältig zu prüfen, dass die Kündigung durch das richtige Organ im richtigen **Vertretungsverhältnis**, im Beispiel der Musterklausel also der Geschäftsführung der Holding, erfolgt.

624 **22.** Die Musterklausel gewährt der Holding als Anstellungsgesellschaft ein **Freistellungsrecht** im Falle der Kündigung des Anstellungsvertrags. Bei Zeitverträgen wäre entsprechend ein Freistellungsrecht nach Abberufung zu vereinbaren. Ob einem Geschäftsführer nach der Abberufung ein Beschäftigungsanspruch gegen die Gesellschaft zustehen kann ist gerichtlich nicht entschieden. Aus der Funktion als Organ der Gesellschaft, die Gegenstand des Anstellungsvertrags ist, ergibt sich indes, dass nach der Abberufung **kein Beschäftigungsanspruch** mehr bestehen kann. Der Geschäftsführer ist quasi zwangsweise freizustellen, da eine Beschäftigung unterhalb der Organebene regelmäßig nicht geschuldet wird und damit auch nicht erzwungen werden kann. Abzulehnen ist auch bei vorheriger Tätigkeit als leitender Angestellter innerhalb einer Holdingstruktur die Auffassung, der Geschäftsführer könne nach der Abberufung eine angemessene Be-

schäftigung in leitender Position verlangen kann, soweit berechtigte Interessen der Gesellschaft nicht entgegenstehen (*Leuchten*, GmbHR 2001, 750; Scholz/Schneider/*Sethe* § 35 Rn. 294). Mit der Bestellung zum Geschäftsführer ist die Sphäre der leitenden Angestellten verlassen und sollte nicht wieder aufleben. Stattdessen kann der Geschäftsführer **außerordentlich kündigen** und unter den Voraussetzungen des § 628 Abs. 2 BGB **Schadensersatz** verlangen. Es bleibt abzuwarten, wie sich die Rechtsprechung in einer solchen Konstellation positionieren wird. Erzielt der Geschäftsführer während der Zeit der Freistellung einen anderweitigen Verdienst, so sind seine dort erzielten Einkünfte auf die von der Gesellschaft/Holding geschuldete Vergütung anzurechnen (§ 615 BGB).

23. Zur Absicherung der Beendigung des Arbeitsvertrags empfiehlt sich die ausdrückliche Aufnahme einer Beendigungsklausel, wie sie in § 12 Abs. 3 vorgesehen ist. Dabei ist darauf zu achten, dass bei Unternehmensgruppen auch wirklich eine Vollmacht zur Aufhebung des Anstellungsvertrags vorliegt, in der Musterklausel wird das Vorliegen der Vollmachten behauptet. 625

Die Regelung des Schicksals einer eventuellen vorherigen abhängigen Beschäftigung des Geschäftsführers waren in der Vergangenheit von erheblicher praktischer Relevanz (*Jooß*, RdA 2008, 285). Vielfach werden **leitende Angestellte** im Wege von Nachfolgeregelungen zu Geschäftsführern bestellt. Nach früherer Rechtsprechung war in Ermangelung anderer ausdrücklicher vertraglicher Festlegungen davon auszugehen, dass ein vorher bestehendes Arbeitsverhältnis durch die Bestellung zum Geschäftsführer nicht beendet wurde, sondern ruhend fortbestand (*Jooß*, RdA 2008, 285, 287). Es konnte daher im Fall der Abberufung aus der Geschäftsführung wieder aufleben. Hierdurch erlangten die ehemaligen Geschäftsführer eine vorteilhafte Stellung aufgrund der dann wieder gegebenen Anwendbarkeit des Kündigungsschutzgesetzes. Nach **neuerer Rechtsprechung** gilt, dass **jedenfalls bei schriftlichem Abschluss des Dienstvertrages** als Geschäftsführer das bisherige Arbeitsverhältnis im Zweifel, also wenn keine vertragliche Regelung besteht, **aufgehoben** ist (BAG, Urteil v. 08.06.2000 – 2 AZR 207/99, NZA 2000, 1013; BAG, Urteil v. 14.06.2006 – 5 AZR 592/05, NZA 2006, 1154). Diese Rechtsprechung ist nicht ohne Kritik geblieben und von verschiedenen unteren Instanzen bereits in Frage gestellt worden, die sichere Beendigung vorheriger Arbeitsverträge ist daher dringend anzuraten. 626

24. Die Schlussbestimmungen entsprechen vertragstechnischem Standard. Einzugehen ist jedoch auf die **Rechtswahl- und Gerichtsstandsklausel**, insbesondere vor dem Hintergrund der Internationalisierung der Wirtschaft und der möglichen Auslandstätigkeit eines Geschäftsführers in einer ggf. auch im Ausland engagierten Holdingstruktur. 627

Die Klausel sieht die Anwendung deutschen Rechts vor. Eine Rechtswahlklausel sollte bei Geschäftsführerverträgen generell nicht fehlen, wenn auch nur die Möglichkeit besteht, dass es im Verlauf der Tätigkeit zu Auslandsberührungen kommt. Die auf den Anstellungsvertrag anzuwendende Rechtsordnung kann frei vereinbart werden, eine Verbindung zu einem anderen Staat ist hierfür nicht gefordert (Art. 3 Abs. 1 Rom I-VO). Als anzuwendendes Recht kann das Recht des Inlandes, das Recht des Auslandes oder sogar das Recht eines anderen Landes vereinbart werden. Es ist auch möglich, wenngleich nicht empfehlenswert, nur für Teile des Dienstvertrages auf eine andere Rechtsordnung Bezug zu nehmen, mit der Folge, dass unter Umständen auf ein einziges Dienstverhältnis **mehrere Rechtsordnungen** gleichzeitig Anwendung finden. Erfahrungsgemäß bewahrt es hingegen beide Parteien vor Enttäuschungen, wenn ihnen die gewählte Rechtsordnung **vertraut und bekannt** ist (vgl. *Schlachter*, NZA 2000, 58). Sollte der Geschäftsführer im Ausland tätig sein, so ist in praktischer Hinsicht aber zu bedenken, dass die mit etwaigen Streitfällen befassten ausländischen Gerichte nur ihre jeweilige »Heimat«-Rechtsordnung kennen und bei Anwendung fremden Rechts auf externen Sachverstand angewiesen sind. Die Prozessführung wird damit für beide Seiten erheblich verteuert und verlängert und der Prozessausgang insgesamt unvorhersehbar. Ist bei Vertragserstellung schon absehbar, dass gerichtliche Zuständigkeit und anwendbares Recht auseinanderfallen, sollten die möglichen Vorteile einer solchen (deutschen) Rechtswahl sorgfältig abgewogen werden (Hümmerich/Reufels/*Borgmann* § 2 Rn. 811 f.). Alternativ kann über eine Schiedsklausel nachgedacht werden. Zwar wird eine verpflichtende Schiedsklausel unwirksam sein, deklaratorisch 628 bietet sie für beide Vertragspartner gerade in Fällen mit Auslandsberührung eine Möglichkeit, aufkommende Meinungs- und Interessenverschiedenheiten zügig und sachnah klären zu lassen.

629 Ferner sieht die Musterklausel einen **örtlichen Gerichtsstand** am Sitz der Gesellschaft vor. **Gerichtsstandsvereinbarungen** sollten bei Anstellungsverträgen mit grenzüberschreitendem Charakter stets vorgesehen werden. Es dient der Rechtsklarheit, wenn durch Festlegung eines ausschließlichen Gerichtsstandes die konkurrierende Zuständigkeit der Gerichte mehrerer Staaten beseitigt wird. Bei **Verträgen ohne Auslandsberührung** oder mit Berührung ausländischer Staaten, die nicht dem Anwendungsbereich der EuGVVO unterfallen, sind Gerichtsstandsvereinbarungen regelmäßig **unwirksam**, da § 38 Abs. 1 ZPO erfordert, dass entweder beide Vertragsparteien Kaufleute sind oder die Vereinbarung nach dem Entstehen der Streitigkeit geschlossen wird. Diese Voraussetzungen sind beim Geschäftsführeranstellungsvertrag nicht gegeben. Damit ist beiden Parteien die Klage an anderen Gerichtsständen möglich. Eine Gerichtsstandsvereinbarung kann hingegen auch von Nichtkaufläuten wirksam abgeschlossen werden, wenn mindestens eine der Parteien **keinen allgemeinen Wohnsitz im Inland** hat (§ 38 Abs. 2 ZPO). Die in Deutschland ansässige Partei kann dabei allerdings nur die Zuständigkeit desjenigen Gerichts vereinbaren, bei dem sie den allgemeinen Gerichtsstand hat.

46. Gesellschafter-Geschäftsführervertrag

Vorbemerkung

630 Der Dienstvertrag eines Gesellschafter-Geschäftsführers unterscheidet sich vom allgemeinen Fremdgeschäftsführervertrag neben der anderen Interessengewichtung vor allem in der hervorgehobenen Berücksichtigung steuerrechtlicher Gesichtspunkte (*Spiegelberger*, MittBayNot 1989, 237, 238). Aufgrund der Unterschiede im Steuersatz zwischen Einkommensteuer und Körperschaftsteuer achtet die Finanzverwaltung akribisch darauf, dass die der Gesellschaft wirtschaftlich zugeordneten Gewinne (§ 8 Abs. 3 S. 2 KStG) nicht über die steuerlich weniger belastete Geschäftsführervergütung abfließen (sog. »verdeckte Gewinnausschüttung« (vGA)). Hierzu hat sich ein sehr detailliertes System von Einzelfallweisungen der Finanzverwaltung und Rechtsprechung der Finanzgerichte herausgebildet, wobei jeweils maßgeblich auf den sog. Fremdvergleich, also auf einen nicht am Kapital der Gesellschaft beteiligten »fremden« Geschäftsführer, abgestellt wird (vgl. Hümmerich/Reufels/*Borgmann* § 2, A. I. 3. c); *Schulte/Behnes* ABC der verdeckten Gewinnausschüttung, Special 9 zu BB 2007, 10 ff.). Jedenfalls bei einem alleinigen Gesellschafter, der zugleich die Geschäftsführung selbst ausübt, muss der Anstellungsvertrag auf die individuelle steuerliche Situation abgestimmt werden, sonstige Gestaltungsfragen sind demgegenüber fast immer nur zweitrangig. Bei mehreren Gesellschafter-Geschäftsführern können im Dienstvertrag Regelungen getroffen werden, die letztlich auf die Verhältnisse in der Gesellschafterversammlung abzielen bzw. die Rechte der Gesellschafter gegen erwartete oder befürchtete Änderungen der Mehrheitsverhältnisse sichern, etwa durch eine lange Laufzeit des Vertrags, die Zusicherung bestimmter Zuständigkeiten innerhalb der Geschäftsführung oder Abfindungsklauseln. Ein Verbot der Abberufung aus der Geschäftsführung kann allerdings nicht wirksam vereinbart werden, im ernstlichen Konfliktfall wird der entmachtete Gesellschafter-Geschäftsführer auf Schadensersatzansprüche gegen die Gesellschaft verwiesen.

631 Das Muster sieht einen Dienstvertrag für einen beherrschenden Gesellschafter-Geschäftsführer einer neu gegründeten Gesellschaft vor.

Muster

632 **Dienstvertrag des Gesellschafter-Geschäftsführers** [1]

vom __________

zwischen der

____________ GmbH, eingetragen im Handelsregister des Amtsgerichts ____________ unter Nr. HRB ____________, Anschrift: ____________, vertreten durch [den alleinigen Gesellschafter Herrn ____________]/[die Gesellschafterversammlung, bestehend aus den Gesellschaftern ____________ und ____________], [2]

– Gesellschaft –

und

Herrn ____________, Anschrift: ____________

– Gesellschafter-Geschäftsführer –

Präambel [3]

Herr…ist [alleiniger]/[gemeinsam mit Herrn ____________] Gesellschafter der Gesellschaft. Er wird ab dem Zeitpunkt der Gründung der Gesellschaft zu ihrem Geschäftsführer bestellt und gleichzeitig bei der Gesellschaft als Geschäftsführer angestellt. Hierzu wird zwischen der Gesellschaft und dem Gesellschafter-Geschäftsführer folgender Dienstvertrag geschlossen:

§ 1 Aufgaben und Pflichten [4]

1. Der Gesellschafter-Geschäftsführer ist zum Geschäftsführer der Gesellschaft bestellt. Er vertritt die Gesellschaft gerichtlich und außergerichtlich stets alleine und ist von den Beschränkungen des § 181 BGB befreit.

2. Der Gesellschafter-Geschäftsführer führt seine Aufgaben nach Maßgabe der Gesetze und des Gesellschaftsvertrages, im Übrigen selbstständig und eigenverantwortlich.

3. Die Abberufung des Gesellschafter-Geschäftsführers als Geschäftsführer ist nur aus wichtigem Grund möglich, der Abberufungsbeschluss ist gegenüber dem Gesellschafter-Geschäftsführer nur wirksam, wenn der wichtige Grund darin angegeben ist. [5]

4. Die Gesellschaft kann jederzeit weitere Geschäftsführer bestellen oder Geschäftsführer abberufen. Alle übrigen Bestimmungen dieser Vereinbarung bleiben von derartigen Maßnahmen unberührt.

§ 2 Umfang und Ort der Dienste [6]

1. Der Gesellschafter-Geschäftsführer wird die Geschäfte der Gesellschaft sorgfältig und ordnungsgemäß führen sowie die Interessen der Gesellschaft in bestmöglichem Umfang wahren.

2. Sind mehrere Geschäftsführer bestellt, so übernimmt der Gesellschafter-Geschäftsführer den Vorsitz der Geschäftsführung.

3. Der Gesellschafter-Geschäftsführer verpflichtet sich, sein ganzes Können und Wissen in die Dienste der Gesellschaft zu stellen. Der Umfang der Dienstleistung soll in der Regel 40 Stunden nicht überschreiten. Dabei ist der Gesellschafter-Geschäftsführer in der Bestimmung der Lage seiner Arbeitszeit frei, er hat jedoch jederzeit, soweit es die Interessen der Gesellschaft oder die Bestimmungen dieses Vertrags erfordern, zur Leistung von Diensten als Geschäftsführer zur Verfügung zu stehen und seine sich daraus ergebenden Pflichten wahrzunehmen.

4. Dienstort des Geschäftsführers ist ____________.

§ 3 Vergütung [7]

1. Der Gesellschafter-Geschäftsführer erhält für seine Tätigkeit eine jährliche feste Vergütung in Höhe von brutto ____________ € (in Worten: ____________ Euro) (Jahresbruttovergütung), zahlbar in zwölf gleichen Anteilen zu jeweils ________ € am Ende eines Kalendermonats. Die Vergütungspflicht beginnt mit dem Monat____________.

2. Die Gesellschaft führt die auf die Vergütung entfallende Lohnsteuer an das für die Gesellschaft zuständige Finanzamt ab. Soweit die Tätigkeit des Gesellschafter-Geschäftsführers sozialversicherungspflichtig ist, trägt die Gesellschaft die gesetzlichen Arbeitgeberbeiträge. Besteht keine Beitragspflicht zur gesetzlichen Sozialversicherung, so zahlt die Gesellschaft dem Gesellschafter-Geschäftsführer zum Zwecke der eigenen Absicherung zusätzlich einen Betrag in Höhe der Arbeitgeberbeiträge. Die Gesellschaft trägt anteilige Beiträge zur Kranken- und Pflegeversicherung auch dann, wenn der Gesellschafter-Geschäftsführer hier freiwillig versichert ist, in Höhe des normalen Arbeitgeberanteils in der entsprechenden gesetzlichen Sozialversicherung, aber begrenzt auf die Hälfte der Summe, die der Gesellschafter-Geschäftsführer tatsächlich aufwendet.

3. Die Gesellschaft wird den entsprechenden Nettobetrag auf das jeweils angegebene Konto des Gesellschafter-Geschäftsführers (derzeitige Bankverbindung: ____________) überweisen.

§ 4 Akquisitionsprovision [8]

Der Gesellschafter-Geschäftsführer erhält für die Aufträge, die der Gesellschaft allein durch seine akquisitorische Tätigkeit erteilt werden, eine Akquisitionsprovision in Höhe von… % des aus dem jeweiligen Auftrag erhaltenen Gesamthonorars. Die Akquisitionsprovision wird jeweils am Ende eines Quartals auf die bis dahin der Gesellschaft auf den akquirierten Auftrag bezogenen gutgeschriebenen Zahlungen berechnet und mit der anteiligen Jahresbruttovergütung für den folgenden Monat ausgezahlt. Die Akquisitionsprovision wird aufgrund der Gründungssituation der Gesellschaft gewährt und jährlich darauf überprüft, ob sie zur leistungsgerechten Vergütung des Gesellschafter-Geschäftsführers noch erforderlich ist. Sie entfällt spätestens nach Ablauf von fünf Geschäftsjahren seit Gründung der Gesellschaft.

§ 5 Tantieme [9]

Nach Wegfall der Akquisitionsprovision erhält der Gesellschafter-Geschäftsführer eine gewinnabhängige Vergütung (Tantieme) in Abhängigkeit des Ergebnisses des Jahresabschlusses. Maßgebend ist der steuerliche Jahresüberschuss der Gesellschaft vor Abzug von Steuern vom Einkommen oder Ertrag sowie ohne Berücksichtigung von Sonderabschreibungen und Gewinn-/Verlustvorträgen oder -rückträgen, sowie ohne Abzug von Tantiemezahlungen. Die Tantieme beträgt … % des so bereinigten Jahresgewinns. Sie ist fällig mit Feststellung des Jahresabschlusses durch die Gesellschafterversammlung. Die Tantieme ist der Höhe nach begrenzt auf maximal 25 % des Jahresfestgehalts.

§ 6 Betriebliche Altersversorgung [10]

1. Die Gesellschaft übernimmt die Stellung als Versicherungsnehmer für den bestehenden Direktversicherungsvertrag des Gesellschafter-Geschäftsführers bei der Versicherungsgesellschaft…, Versicherungsschein Nr.…. Versicherte Person bleibt der Gesellschafter-Geschäftsführer. Die Gesellschaft erbringt die Prämienzahlun-

gen und, soweit gesetzlich zulässig, sämtliche darauf entfallende Steuern. Dem Gesellschafter-Geschäftsführer steht das unwiderrufliche Bezugsrecht weiterhin zu.

2. Die Gesellschaft sagt dem Gesellschafter-Geschäftsführer eine betriebliche Alters-, Berufsunfähigkeits- und Hinterbliebenenversorgung nach Maßgabe der folgenden Bestimmungen zu:

a) Versorgungsleistungen werden gewährt als Ruhegehalt, Berufsunfähigkeitsrente und Hinterbliebenenversorgung.

b) Das Ruhegehalt wird ab Vollendung des 65. Lebensjahres des Gesellschafter-Geschäftsführers gezahlt. Die Auszahlung erfolgt jeweils in monatlich gleichen Anteilen. Scheidet der Gesellschafter-Geschäftsführer mit Vollendung des 65. Lebensjahres aus der Gesellschaft aus, so beträgt das Ruhegehalt [60 %] der Jahresbruttovergütung zum Zeitpunkt des Ausscheidens. Bei einem vorzeitigen Ausscheiden aus den Diensten der Gesellschaft wird der Anspruch in entsprechender Anwendung von § 2 Abs. 1 BetrAVG ratierlich gekürzt. Ein vorzeitiger Bezug des Ruhegehalts ist ab Vollendung des 60. Lebensjahres nach Wunsch des Gesellschafter-Geschäftsführers möglich, in diesem Fall reduziert sich die Höhe des (ggf. ratierlich gekürzten) Ruhegehalts für jeden Monat des vorzeitigen Bezugs um 0,3 %.

c) Die Berufsunfähigkeitsrente wird gezahlt, wenn der Gesellschafter-Geschäftsführer seine berufliche Tätigkeit für mehr als sechs Monate nicht ausüben kann. Die Gesellschaft ist berechtigt, über die Berufsunfähigkeit ein ärztliches Gutachten zu verlangen, die Kosten hierfür trägt die Gesellschaft. Die Höhe der Rente entspricht der Höhe des Ruhegehalts.

d) Die Hinterbliebenenversorgung wird an die Ehefrau und die Kinder des Gesellschafter-Geschäftsführers gezahlt, wenn dieser verstirbt. Die Höhe der Hinterbliebenenversorgung beträgt für die Witwe 60 %, für jedes hinterbliebene Kind bis zur Vollendung der Berufsausbildung 15 %, insgesamt jedoch nicht mehr als 100 % des Ruhegehalts.

e) Die Versorgungszusage entfällt, wenn der Geschäftsführer vor Ablauf von zehn Jahren nach Erteilung der Zusage aus den Diensten der Gesellschaft ausscheidet. Danach wird die Versorgungszusage unverfallbar.

f) Die Gesellschaft ist verpflichtet, diese Versorgungszusage durch eine Rückdeckungsversicherung mit einer der deutschen Versicherungsaufsicht unterliegenden Versicherungsgesellschaft abzusichern. Mit Eintritt der Unverfallbarkeit ist die Gesellschaft verpflichtet, die Rückdeckungsversicherung an den Gesellschafter-Geschäftsführer zu verpfänden und die Verpfändung der Versicherungsgesellschaft anzuzeigen.

3. Weitere Regelungen über eine zusätzliche Versorgung des Gesellschafter-Geschäftsführers können in einer separaten Vereinbarung getroffen werden.

§ 7 Dienstwagen und sonstige Leistungen [11]

1. Zur Erfüllung seiner Aufgaben ist der Gesellschafter-Geschäftsführer berechtigt, ein angemessenes Dienstfahrzeug zu nutzen. Im Rahmen der dienstlichen Nutzung kann der Gesellschafter-Geschäftsführer das Dienstfahrzeug auch für private Zwecke nutzen. Die Gesellschaft trägt alle Kosten der Versicherung, des Unterhalts und der Wartung. Die auf die Privatnutzung anfallenden Steuern trägt der Gesellschafter-Geschäftsführer.

2. Die Gesellschaft zahlt dem Gesellschafter-Geschäftsführer die gesetzlichen Verpflegungs- und Übernachtungspauschalen auf Nachweis mit der Reisekostenabrechnung. Darüber hinaus zahlt die Gesellschaft mit der Reisekostenabrechnung für jeden Arbeitstag mit einer Abwesenheit vom vertraglichen Dienstort von mehr als 14 Stunden eine pauschale Zulage von 50 €.

3. Die Gesellschaft übernimmt die Beiträge für den Kindergarten, die Schule und die Betreuung der Kinder des Gesellschafter-Geschäftsführers und zahlt diese auf Nachweis.

4. Stirbt der Gesellschafter-Geschäftsführer während der Dauer dieses Vertrages, so zahlt die Gesellschaft seiner Ehefrau die anteilige Jahresbruttovergütung für den Sterbemonat und sechs weitere Monate fort.

§ 8 Erstattung von Aufwendungen und Spesen

1. Die Gesellschaft erstattet dem Gesellschafter-Geschäftsführer alle ihm in der Ausübung seiner Pflichten entstehenden angemessenen und ordnungsgemäß nachgewiesenen Auslagen, Spesen und Reisekosten.

2. Die Gesellschaft wird dem Gesellschafter-Geschäftsführer zeitgemäße mobile Kommunikationsgeräte (Notebook, Mobiltelefon etc.) zur Verfügung stellen, die er auch privat in angemessenem Umfang nutzen darf.

§ 9 Befreiung vom Wettbewerbsverbot [12]

Der Gesellschafter-Geschäftsführer ist berechtigt, seinen anderweitigen unternehmerischen Aktivitäten, insbesondere betreffend…, weiterhin nachzugehen, auch wenn dies im Geschäftsbereich der Gesellschaft erfolgen sollte. Er ist berechtigt, Geschäftschancen, die nicht eindeutig im Tätigkeitsbereich der Gesellschaft liegen, im Rahmen seiner anderweitigen unternehmerischen Aktivitäten zu verwerten. Der Gesellschaftsvertrag sieht eine entsprechende Befreiung vom Wettbewerbsverbot vor.

§ 10 Dienstverhinderung [13]

1. Der Gesellschafter-Geschäftsführer wird jede Verhinderung an der Erbringung seiner Dienste einem etwaigen weiteren Geschäftsführer unverzüglich zur Kenntnis bringen. Ist kein weiterer Geschäftsführer bestellt entfällt die Mitteilungspflicht.

2. Die Fortzahlung der Vergütung im Krankheitsfall beläuft sich für jede Erkrankung, auch im Falle einer erneuten Erkrankung an derselben Krankheit, auf die Dauer von bis zu sechs Monaten, längstens jedoch bis zur Beendigung dieses Vertrags. Krankengeld und ähnliche Ersatzleistungen, die der Gesellschafter-Geschäftsführer aufgrund eines Versicherungsverhältnisses beanspruchen kann, sind auf die Vergütungszahlung anzurechnen.

3. Der Gesellschafter-Geschäftsführer wird die Gesellschaft unverzüglich davon in Kenntnis setzen, wenn ein Dritter schuldhaft die Dienstunfähigkeit verschuldet hat. Er tritt schon jetzt für den Fall der Vergütungsfortzahlung eventuelle Schadensersatzansprüche gegen den Dritten an die Gesellschaft in Höhe der fortgezahlten Vergütungskosten nach dieser Vereinbarung ab.

§ 11 Urlaub [14]

1. Der Gesellschafter-Geschäftsführer hat einen kalenderjährlichen Anspruch auf Erholungsurlaub von 40 Arbeitstagen (acht Wochen).

2. Die Zeit seines Urlaubs legt er unter Berücksichtigung der Interessen der Gesellschaft eigenverantwortlich fest.

3. Urlaub, der nicht innerhalb des laufenden Geschäftsjahres genommen wird, ist nach Wahl des Gesellschafter-Geschäftsführers zu übertragen oder auszuzahlen. Hierbei wird die jeweils aktuelle Jahresbruttovergütung zugrunde gelegt. Urlaub kann auch für mehrere Jahre übertragen werden. Ein Verfall der Urlaubsansprüche ist ausgeschlossen.

§ 12 Eigentum der Gesellschaft [15]

Bei Beendigung des Dienstvertrages hat der Gesellschafter-Geschäftsführer sämtliches in seinem Besitz befindliches Eigentum der Gesellschaft unverzüglich zurückzugeben. Zurückbehaltungsrechte sind ausgeschlossen.

§ 13 Dauer dieses Dienstvertrags [16]

1. Das Dienstverhältnis beginnt am ____________ und läuft auf unbestimmte Zeit. Es endet spätestens mit dem Ablauf des Monats, in dem der Gesellschafter-Geschäftsführer das 67. Lebensjahr vollendet.

2. Dieser Dienstvertrag ist für die Gesellschaft nur aus wichtigem Grund kündbar. Die Kündigung bedarf zu ihrer Wirksamkeit der Angabe des Kündigungsgrundes. [17]

3. Für den Gesellschafter-Geschäftsführer gilt die gesetzliche Kündigungsfrist. [18]

4. Jede Kündigung muss stets in Schriftform erfolgen, die elektronische Form ist ausgeschlossen.

§ 14 Schlussbestimmungen

1. Dieser Vertrag regelt die dienstvertraglichen Beziehungen der Parteien abschließend. Nebenabreden mit Ausnahme der hier ggf. erwähnten Anlagen sind nicht getroffen. Änderungen und Ergänzungen bedürfen zu ihrer Wirksamkeit der Schriftform, dies gilt auch für eine Aufhebung dieser Schriftformklausel.

2. Sollte eine Bestimmung dieses Vertrages ganz oder teilweise unwirksam sein oder werden, oder sollte der Vertrag eine Lücke enthalten, so wird hierdurch die Wirksamkeit der übrigen Bestimmungen nicht berührt. Anstelle der unwirksamen Bestimmung gilt diejenige wirksame Bestimmung als vereinbart, die dem Sinn und Zweck der unwirksamen Bestimmung am nächsten kommt. Dies gilt auch dann, wenn die Unwirksamkeit der Bestimmung auf einem Maß der Leistung oder der Zeit beruht; es gilt dann das rechtlich zulässige Maß. Im Falle einer Lücke gilt diejenige Bestimmung als vereinbart, die dem entspricht, was nach Sinn und Zweck dieses Vertrags rechtswirksam vereinbart worden wäre, wenn die Lücke bei Vertragsabschluss bedacht worden wäre.

3. Das Dienstverhältnis untersteht ausschließlich dem deutschen Recht. Ausschließlicher Gerichtstand ist der Sitz der Gesellschaft. [19]

____

Gesellschafter-Geschäftsführer als Alleingesellschafter

____

Gesellschafter-Geschäftsführer als Geschäftsführer

Erläuterungen

Literatur: *Altmeppen*, In-sich-Geschäfte der Geschäftsführer in der GmbH, NZG 2013, 401; *Arens*, Der GmbH-Geschäftsführer im Arbeits-, Sozialversicherungs- und Steuerrecht – aktuelle Entwicklungen, DStR 2010, 115; *ders./Beckmann*, Die anwaltliche Beratung des GmbH-Geschäftsführers, 2006; *Bauder*, Vertragliche Altersgrenze im Anstellungsvertrag des GmbH-Geschäftsführers, BB 1994, 945; *Bauer/Lingemann/Diller/Haußmann*, Anwalts-Formularbuch Arbeitsrecht, 6. Aufl. 2017; *Baumbach/Hueck* GmbH-Gesetz, 21. Aufl. 2017; *Beckmann/Matusche-Beckmann*, Versicherungsrechts-Handbuch, 3. Aufl. 2015; *Bisle*, Probezeit bei Pensionszusagen an Gesellschafter-Geschäftsführer, SteuK 2013, 182; *Blomeyer/Rolfs/Otto*, BetrAVG, 7. Aufl. 2018; *Brandmüller*, Der GmbH-Geschäftsführer im Gesellschafts-, Steuer- und Sozialversicherungsrecht, 14. Aufl. 2005; *Büchel/von Rechenberg*, Handbuch Handels- und Gesellschaftsrecht, 1. Aufl. 2009; *Feddersen/von Cube*, Vorstand wider Willen? Auswirkungen des Gesetzes zur Angemessenheit der Vorstandsvergütung auf GmbHs, NJW 2010, 576; *Gach/Kock*, Rentenversicherungspflicht von Gesellschafter-Geschäftsführern einer GmbH und ähnlichen Selbständigen, NJW 2006, 1089; *Goette*, Zur Umdeutung der fristlosen in eine ordentliche Kündigung des Geschäftsführer-Anstellungsvertrages, DStR 2000, 525; *Grobys/Glanz*, Kopplungsklauseln in Geschäftsführerverträgen, NJW-Spezial 2007, 129; *Hümmerich/Reufels*, Gestaltung von Arbeitsverträgen, 3. Aufl. 2015; *Krudewig*, Firmenwagen beim GmbH-Gesellschafter: Arbeitslohn, Miete oder verdeckte Gewinnausschüttung?, BB 2013, 220; *Leuering/Dornhegge*, Geschäftsverteilung zwischen GmbH-Geschäftsführern, NZG 2010, 13; *Lohr*, Die Amtsniederlegung des GmbH-Geschäftsführers, RNotZ 2002, 164; *Löwisch*, Protokollierungspflicht bei Kündigungen von Anstellungsverträgen in Einmann-Gesellschaften, NZG 2013, 121; *Lutter/Hommelhoff*, GmbH-Gesetz, 18. Aufl. 2012; *Maschmann/Sieg/Göpfert*, Vertragsgestaltung im Arbeitsrecht, 2012; *Meier/Recktenwald*, Direktzusage in der betrieblichen Altersversorgung: ein Durchführungsweg mit Zukunft, BB 2006, 707; *Nägele*, Der Anstellungsvertrag des Geschäftsführers, BB 2001, 305; *Neumann*, Tantiemevereinbarungen mit dem beherrschenden Geschäftsführer einer GmbH, GmbHR 1996, 740; *Ogorek/Wilsing*, Kündigung des Geschäftsführer-Anstellungsvertrags wegen unterlassener Konzernkontrolle, NZG 2010, 216; *Olbrich/Kassing*, Der Selbstbehalt in der D&O Versicherung: Gesetzliche Neuregelung lässt viele Fragen offen, BB 2009, 1659; *Oppenländer/Trölitzsch*, Praxishandbuch der GmbH-Geschäftsführung, 2. Aufl. 2011; *Reiserer*, Die außerordentliche Kündigung des Dienstvertrags des GmbH-Geschäftsführers, BB 2002, 1199; *Reufels*, Ausgewählte Fragen zur Gestaltung von Geschäftsführerdienstverträgen, ArbRB 2002, 59; *Rodewald/Wohlfarter*, Gesellschafterweisungen in der GmbH mit (fakultativem und obligatorischem) Aufsichtsrat, GmbHR 2013, 689; *Rolfs*, Die Inhaltskontrolle arbeitsvertraglicher Individual- und Betriebsvereinbarungen, RdA 2006, 349; *Röhrborn*, Die örtliche Versetzung des GmbH-Geschäftsführers und AG-Vorstands, BB 2013, 693; *Schiefer/Worzalla*, Der Anstellungsvertrag des GmbH-Geschäftsführers, ZfA 2013, 41; *Schulte/Behnes*, Jüngere Entwicklungen zur verdeckten Gewinnausschüttung in der Rechtsprechung, Special 9 zu BB 2007, 1; *dies.*, ABC der verdeckten Gewinnausschüttung, Special 9 zu BB 2007, 10; *Sigle*, Die Entlastung des GmbH-Geschäftsführers und ihre Wirkung, DStR 1992, 469; *Spiegelberger*, Der GmbH-Gesellschafter-Geschäftsführer, MittBayNot 1989, 237; *Thüsing/Granetzny*, Zur Abdingbarkeit des BetrAVG bei Organmitgliedern, NZG 2010, 449; *Tillmann/Mohr*, GmbH-Geschäftsführer: Rechts- und Steuerberatung, Vertragsgestaltung, 10. Aufl. 2011; *Uhlenbruck*, Die Kündigung und Vergütung von Beratern, Vorständen und Geschäftsführern in der Unternehmensinsolvenz, BB 2003, 1185; *von Woedtke*, Entwicklungen der GmbH-Geschäftsführerhaftung in der neueren Rechtsprechung, NZG 2013, 484; *Weber/Hoß/Burmester*, Handbuch der Managerverträge, 2000; *Wegmann*, Rechtsfolgen einer Überschreitung der Geschäftsführungs- und Vertretungsbefugnisse eines GmbH-Geschäftsführers, DStR 1992, 866; *Wimmer*, Der Anstellungsvertrag des GmbH-Geschäftsführers, DStR 1997, 247; *Wortmann/Tschöpe*, Abberufung und außerordentliche Kündigung von geschäftsführenden Organvertretern – Grundlagen und Verfahrensfragen, NZG 2009, 85; *dies.*, Der wichtige Grund bei Abberufungen und außerordentlichen Kündigungen von geschäftsführenden Organvertretern, NZG 2009, 161.

1. Auch beim Gesellschafter-Geschäftsführers erfolgt die Geschäftsführung in aller Regel im Rahmen eines Dienstvertrags mit Geschäftsbesorgungselementen (§§ 611, 675 BGB), der durch die unternehmerische Funktion und Verantwortung des Geschäftsführers geprägt ist (Ensthaler/Füller/Schmidt/*Schmidt* § 35 Rn. 58). Nach der herrschenden **Trennungstheorie** stehen die Organstellung, begründet durch Bestellung und beendet durch Abberufung oder Niederlegung des Amtes, und die Anstellung als eigenständiges schuldrechtliches Vertragsverhältnis nebeneinander (Hümmerich/Reufels/*Reufels* § 2 Rn. 1). Zur Begründung wird richtigerweise auf § 38 Abs. 1 GmbHG verwiesen, der bestimmt, dass die **Bestellung** des Geschäftsführers **jederzeit widerruflich** ist, hierdurch jedoch etwaige vertragliche Entschädigungsansprüche nicht berührt werden. Das gilt ohne Einschränkung auch gegenüber Mehrheits-Gesellschafter-Geschäftsführern und sogar bei der sog. **Ein-Mann-GmbH**. Würde man die Trennungstheorie in diesen Konstellationen aufgeben hieße dies, die GmbH als eigenständige juristische Person nicht anzuerkennen. Wird kein Anstellungsvertrag geschlossen, so geht die Rechtsprechung von einem faktischen Dienstverhältnis aus (BGH, Urteil v. 03.07.2000 – II ZR 282/98, BB 2001, 305). Die Gesellschaft schuldet in diesem Fall die übliche Vergütung gem. § 612 Abs. 2 BGB, das faktische Dienstverhältnis kann für die Zukunft von beiden Seiten jederzeit beendet werden. Der Anstellungsvertrag bedarf keiner Form, er wird jedoch im Regelfall schon deshalb schriftlich abgeschlossen, um das Anstellungsverhältnis nachweisen und die **steuerliche Absetzbarkeit** der Geschäftsführervergütung als Betriebsausgabe erreichen zu können (Ensthaler/Füller/Schmidt/*Schmidt* § 35 Rn. 59; *Spiegelberger*, MittBayNot 1989, 237 f.). Dies ist beim beherrschenden Gesellschafter-Geschäftsführer von besonderer Bedeutung, da sämtliche Leistungen, die er von der GmbH bezieht, steuerlich nur anerkannt werden, wenn sie **im Voraus** klar und eindeutig schriftlich festgelegt wurden. Die **rückwirkende Vereinbarung** von Leistungen ist steuerrechtlich **unbeachtlich** (*Schulte/Behnes*, Special 9 zu BB 2997, 10, 11). 633

Bei einem **beherrschenden Gesellschafter-Geschäftsführer** besteht allgemeine Übereinstimmung, dass eine Unternehmerstellung in der Gesellschaft besteht, die ein Arbeitsverhältnis zu ihr ausschließt. Bei einem Gesellschafter-Geschäftsführer mit **Minderheitsbeteiligung** steht ebenfalls fest, dass grundsätzlich kein Arbeitsverhältnis vorliegt, Ausnahmen erscheinen jedoch denkbar: Nach ständiger Rechtsprechung der allgemeinen Zivilgerichte ist der Anstellungsvertrag mit dem Geschäftsführer **zwingend ein Dienstvertrag**, da der Geschäftsführer als Vertretungsorgan der Gesellschaft Arbeitgeberfunktionen wahrnimmt und gesetzliche Mindestpflichten hat, von denen er weder durch den Gesellschaftsvertrag noch durch die Gesellschafter befreit werden kann (BGH, Urteil 07.12.1961 – II ZR 117/60, NJW 1962, 340; BGH, Urteil v. 10.05.2010 – II ZR 70/09, NJW 2010, 2343). Es ist allerdings auch denkbar, dass ein (insbesondere beherrschender) Gesellschafter nicht Organ sein will und nur einen **Beratervertrag** mit der Gesellschaft abschließt. Die Organstellung muss dann allerdings durch einen anderen Geschäftsführer ausgeübt werden, da die GmbH kraft ihrer Organisationsverfassung einen Geschäftsführer notwendig braucht. Ist der Gesellschafter zugleich Geschäftsführer, so ist ein derartiger Beratervertrag als Annex zum Anstellungsvertrag anzusehen, die Angemessenheit der Vergütung ist in diesem Fall anhand der Gesamtvergütung zu prüfen (Baumbach/Hueck/*Zöllner/Noack* § 35 Rn. 164). Die Separierung der Beratungsaufgabe kann aber dennoch sinnvoll sein, z.B. wenn sie auf besonderem Know-how des Geschäftsführers basiert und unabhängig von der Organstellung des Geschäftsführers für die Gesellschaft erhalten bleiben soll. Will ein beherrschender Gesellschafter nur geringe Teilbereiche der Geschäftsführung wahrnehmen, etwa nur Repräsentationsaufgaben, so steht das seiner Bestellung als weiterer Geschäftsführer neben einem Hauptgeschäftsführer nicht entgegen, die Tätigkeit kann dann als Berater- oder allgemeine selbstständige Tätigkeit ausgestaltet sein (*Spiegelberger*, MittBayNot 1989, 237 240). 634

Das Bundesarbeitsgericht vertritt die Auffassung, dass der (minderheitsbeteiligte oder gesellschaftsfremde) GmbH-Geschäftsführer **auch Arbeitnehmer** oder arbeitnehmerähnliche Person sein kann (BAG, Urteil v. 10.07.1980 – 3 AZR 68/79, NJW 1981, 302; BAG, Urteil v. 25.10.2007 – 6 AZR 1045/06, NJW 2008, 1018). Maßgeblich für die Frage, ob ein Arbeitsverhältnis vorliegt, ist nach Auffassung des BAG in erster Linie der **Grad der persönlichen** 635

Abhängigkeit, in der sich der zur Dienstleistung Verpflichtete jeweils befindet. Eine persönliche Abhängigkeit des Geschäftsführers gegenüber der Gesellschaft ist insbesondere gegeben, wenn er in den Betrieb eingegliedert wird, d.h. regelmäßig einem **Zeit, Dauer, Ort und Art der Ausführung** umfassenden Direktionsrecht der Gesellschafter unterliegt. Das kann auch bei einem Gesellschafter-Geschäftsführer der Fall sein, wenn er neben einem beherrschenden Gesellschafter tätig ist, der über seine Doppelstellung als Mehrheitsgesellschafter und selbstbewilligter Vorsitzender der Geschäftsführung sämtliche Entscheidungskompetenzen an sich ziehen kann. Selbst wenn die Weisungsgebundenheit nur eingeschränkt wahrgenommen wird, kann die Dienstleistung trotzdem noch fremdbestimmt sein, wenn sie in der vorgegebenen Ordnung des Betriebes aufgeht.

636 Der Geschäftsführer ist hingegen **kein Arbeitnehmer**, wenn er seine Tätigkeit im Wesentlichen frei gestalten und seine Arbeitszeit selbst bestimmen kann (BAG, Urteil v. 13.05.1992 – 5 AZR 344/91, GmbHR 1993, 35; BAG, Urteil v. 26.05.1999 – 5 AZR 664/98, NJW 1999, 3731; BAG, Urteil v. 25.10.2007 – 6 AZR 1045/06, NJW 2008, 1018). Zu weiteren Einzelheiten der möglichen Arbeitnehmerstellung s. **Muster C 44** (Rdn. C 510).

637 **2.** Wer die Gesellschaft beim Abschluss des Anstellungsvertrags mit dem Geschäftsführer vertritt, ist gesetzlich nicht geregelt. § 46 Nr. 5 weist der Gesellschafterversammlung lediglich die Bestellung und die Abberufung von Geschäftsführern sowie die Entlastungsbeschlüsse zu. Der **Alleingesellschafter**, der sich selbst zum Geschäftsführer bestellt, hat darüber nach § 48 Abs. 3 GmbHG eine Niederschrift aufzunehmen und zu unterschreiben.

638 Nach ständiger Rechtsprechung des BGH ergibt sich allerdings aus dem Recht zur Entscheidung über die Bestellung als **Annexkompetenz** auch das Recht, den Anstellungsvertrag mit dem Geschäftsführer abzuschließen und auch zu kündigen (BGH, Urteil v. 25.03.1991 – II ZR 169/90, NJW 1991, 1680; OLG Hamm, Urteil v. 26.04.2007 – 27 U 7/07, GmbHR 2007, 820). Dies gilt auch für einen Gesellschafter-Geschäftsführer. Die Satzung der Gesellschaft kann die **Zuständigkeit** allerdings auf ein anderes Organ **verlagern**. Dies kann ein Gesellschafterausschuss, ein Aufsichtsrat oder ein Beirat sein (BGH, Beschluss v. 26.11.2007 – II ZR 161/06, NJW-RR 2008, 484). Die Geschäftsführer/Mitgeschäftsführer sind hingegen nicht befugt, Verträge mit anderen Geschäftsführern abzuschließen, zu ändern oder zu beenden, da ansonsten **Interessenkollisionen** zu befürchten sind. Zulässig ist es hingegen, wenn die Gesellschafterversammlung einen einzelnen Geschäftsführer damit bevollmächtigt und beauftragt, als Vertreter der Gesellschaft den Anstellungsvertrag im Einzelnen auszuhandeln und zu unterzeichnen. Dabei müssen jedoch alle wesentlichen Konditionen des Anstellungsvertrags zuvor von der Gesellschafterversammlung selbst festgelegt werden (Hümmerich/Reufels/*Reufels* § 2 Rn. 151).

639 **3.** Mit der Präambel kann die Situation bei Vertragsschluss dargestellt und so eine Auslegungshilfe für den Vertrag gegeben werden. Erforderlich ist die Aufnahme einer Präambel nicht, mitunter wird sie für schädlich gehalten, da die Tendenz bestehe, Regelungen dort kursorisch aufzunehmen, die eigentlich im Vertrag ausgestaltet sein sollten. In der Musterklausel stellt die Präambel die Gesellschafterbeziehung des Geschäftsführers dar und zeigt auf, dass es sich um eine Gründungssituation handelt. In dieser kurzen Gestaltungsform ist eine Präambel sicherlich hilfreich und erleichtert den nicht immer rechtskundigen Parteien, sich in den Vertrag einzufinden.

640 **4.** Während es im Anstellungsvertrag des Fremd- oder Minderheitsgesellschafter-Geschäftsführers üblich ist, Festlegungen in Bezug auf **geschäftliche Zuständigkeiten des Geschäftsführers** festzuschreiben, macht dies bei einem beherrschenden Geschäftsführer wenig Sinn, da dieser etwaige Regelungen der Satzung ohnehin jederzeit ändern kann. Die Musterklausel beschränkt sich daher in Abs. 1 darauf, die Tatsache der Bestellung als Angabe des Vertragszwecks und die Vertretungsverhältnisse festzustellen. Die **Befreiung vom Verbot des Selbstkontrahierens** gem. § 181 BGB muss beim Alleingesellschafter-Geschäftsführer in der Satzung niedergelegt sein, ihre Wiederholung im Anstellungsvertrags ist lediglich deklaratorisch (§ 35 Abs. 3 GmbHG).

Es ist auch bei einem beherrschenden Geschäftsführer zulässig, **Position und Aufgaben** des Geschäftsführers in der Gesellschaft vertraglich so festzulegen, dass die Gesellschaft dieses später, möglicherweise nach einer Änderung der Beteiligungsverhältnisse, nicht durch einseitige Beschlüsse wieder **ändern** und den Geschäftsführer zur Wahrnehmung seiner Aufgaben in einer den ursprünglichen Vorstellungen widersprechenden Führungskonstellation verpflichten kann. An der Möglichkeit der Gesellschafterversammlung, die Satzung der Gesellschaft zu ändern und diesen Änderungen gegenüber dem Geschäftsführer auch Geltung zu verschaffen, ändert das allerdings im Ergebnis nichts. Schon wegen der **Publizität der Organisationsverfassung**, dem **Schutz künftiger Gesellschafter** und dem **Informationsinteresse sonstiger Publizitätsadressaten** geht die Satzung den Bestimmungen des Anstellungsvertrags immer vor (Ensthaler/Füller/Schmidt/*Schmidt* § 35 Rn. 62; Lutter/Hommelhoff/*Hommelhoff/Kleindiek* Anh. § 6 Rn. 13). Zwar hatte der BGH in einer älteren Entscheidung eine Abberufung und Kündigung eines Gesellschafter-Geschäftsführers wegen Verstoß gegen die »gesellschafterliche Treuepflicht« für unwirksam erklärt, diese Entscheidung ist jedoch ein Ausreißer geblieben (*Meilicke*, DB 1994, 1761). Der Geschäftsführer ist im Fall einer anstellungsvertragswidrigen Abberufung oder Vertretungsbeschränkung auf seine **vertraglichen Gegenrechte** verwiesen (vgl. **Muster C 44** [Rdn. C 516]). 641

5. Die Musterklausel in § 1 Abs. 3 erfordert eine entsprechende Regelung im Gesellschaftsvertrag. Die **Abberufung** des Geschäftsführers ist dann nur aus **wichtigem Grund** möglich, dies korrespondiert auch mit der Festlegung in der Musterklausel zur Kündigung des Anstellungsvertrags, § 12 Abs. 2 (s. Muster C 46, Rdn. C 666). Ziel einer solchen Vertragsgestaltung im Anstellungs- und Gesellschaftsvertrag ist es, bei einem etwaigen **Wechsel der Mehrheitsverhältnisse** eine gesicherte Position in der Gesellschaft zu behalten. Bei Fehlen des wichtigen Grundes ist der Abberufungsbeschluss wegen Satzungswidrigkeit anfechtbar (Baumbach/Hueck/*Zöllner/Noack* § 38 Rn. 50). Tatsächlich lässt sich durch diese Gestaltung jedoch **nicht verhindern**, dass die neue Mehrheit in der Gesellschafterversammlung die Satzung ändert und die Sonderrechte des ehemaligen beherrschenden Geschäftsführers eliminiert. Anschließend kann dann auch der vertraglich so gesicherte Geschäftsführer durchaus wirksam abberufen werden. 642

6. Das Muster enthält in § 2 Regelungen zu **allgemeinen Vertragspflichten**. Während die in Abs. 1 geregelten Treuepflichten lediglich deklaratorisch sind, beinhaltet Abs. 2 ein weiteres Recht zur Sicherung beherrschenden Einflusses des Mehrheitsgesellschafters in der Geschäftsführung. Mit der Formulierung ist ein wirksamer Anspruch auf Übernahme des **Vorsitzes der Geschäftsführung** gewährt, wenn in der Gesellschaft mehrere Geschäftsführer bestellt werden. Organisationsänderungen auf Satzungsebene lassen sich zwar durch diese Klausel ebenfalls nicht verhindern, dem Geschäftsführer werden jedoch weitere Gegenrechte ermöglicht. 643

Abs. 3 sieht Regelungen zum Umfang des Einsatzes des Geschäftsführers vor. Der Geschäftsführer ist **nicht** notwendigerweise verpflichtet, seine **gesamte Arbeitskraft** für jede Gesellschaft aufzubringen, in der er Geschäftsführer ist (so aber Baumbach/Hueck/*Zöllner/Noack* § 35 Rn. 164, *Tillmann/Mohr* Rn. 204; Oppenländer/Trölitzsch/*Baumann* § 14 Rn. 1). Er kann seine Einsatzpflicht im Anstellungsvertrag durchaus wirksam **beschränken** und sich darüber hinausgehende Anforderungen als zusätzliche Leistung auch **zusätzlich** vergüten lassen. Hintergrund der Klausel ist die Überlegung, von der Gesellschaft eine zusätzliche Vergütung für zeitliche Inanspruchnahme über den geregelten Umfang hinaus erhalten zu können, ohne dass dies als verdeckte Gewinnausschüttung angesehen wird. Allerdings sieht der BFH in seiner bisherigen Rechtsprechung eine **Überstunden- oder Mehrarbeitsvergütung regelmäßig als verdeckte Gewinnausschüttung** an (BFH 14.07.2004 – I R 24/04, BFH/NV 2005, 247; *Schulte/Behnes*, Special 9 zu BB 2997, 10, 20 m.w.N.). Die Klausel bietet insofern einen Ansatzpunkt für weitere Gestaltungen zur Regelung der mit dem Umfang der Arbeitszeit verknüpften Vergütungsregelungen ohne verdeckte Gewinnausschüttung. Ein Beispiel wäre die Notwendigkeit eines Mehrfach-Alleingesellschafters, seine Zeit zwischen den von ihm geführten Gesellschaften aufzuteilen und auf der Basis dieser Aufteilung seine Gesamtvergütung zu bemessen. Zudem hat der BGH bereits 1987 im Falle einer vertraglichen 644

Verpflichtung, die Arbeitskraft vollständig zur Verfügung zu stellen, durch Auslegung das Ergebnis gewonnen, hiermit sei lediglich eine Tätigkeit an den fünf üblichen Wochenarbeitstagen gemeint (BGH, Urteil v. 07.12.1987 – II ZR 206/87, NJW-RR 1988, 420). Dies ließe immerhin die steuerlich anzuerkennende Zahlung **von Sonn- und Feiertagszuschlägen** zu (umstr., vgl. *Schulte/Behnes*, Special 9 zu BB 2997, 10, 20 m.w.N.).

645 **7.** Die Gestaltung der **Vergütungsregelung** kann beim Gesellschafter-Geschäftsführer nur unter strikter Beachtung der steuerlichen Regelungen erfolgen, damit es nicht zu einer verdeckten Gewinnausschüttung kommt. Die Vergütung ist nur dann als **Betriebsausgabe** anzuerkennen, wenn sie nach Ansicht der Finanzverwaltung bzw. Finanzgerichtsbarkeit **angemessen** ist. Dabei sind alle geldwerten Vorteile in die Prüfung einzubeziehen. Als Vergleichsmaßstab zieht der BFH in der Regel die Bezüge heran, die auch ein Fremdgeschäftsführer erhalten würde (zum Ganzen detailliert *Schulte/Behnes*, Special 9 zu BB 2997, 1, 2 m.w.N.).

646 Der Klauselvorschlag sieht eine feste **Jahresbruttovergütung** vor, die Höhe muss jeweils im Einzelfall angemessen festgelegt werden. Dabei kann auf verschiedene Veröffentlichungen und Studien – unter anderem eine Tabelle der Finanzverwaltung (sog. Karlsruher Tabelle) – zurückgegriffen werden (*Wimmer*, DStR 1997, 247, 248).

647 Die Vergütung des Geschäftsführers ist **steuerlich** als Arbeitsentgelt eingeordnet und unterliegt daher der Lohn- und Kirchensteuer. Bei einem **Fremdgeschäftsführer** ist die Gesellschaft ferner in aller Regel verpflichtet, **Sozialabgaben** bis zur Höhe der Beitragsbemessungsgrenze, die allerdings bei einer Geschäftsführervergütung in der Regel überschritten sein wird, zu zahlen (*Nägele*, BB 2001, 305, 311). Bei **Gesellschafter-Geschäftsführern** ist jeweils zu prüfen, ob eine Sozialversicherungspflicht vorliegt (*Gach/Kock*, NJW 2006, 1089). Der Umfang der Beteiligung des Geschäftsführers an der Gesellschaft ist hierfür ein maßgebliches Kriterium, so dass ein Mehrheitsgesellschafter als Geschäftsführer immer **Unternehmer** und damit auch sozialversicherungsrechtlich als selbstständig einzustufen ist. Aber auch ein Minderheitsgesellschafter- und sogar ein Fremdgeschäftsführer **kann** als Unternehmer sozialversicherungsfrei sein, wenn er die Gesellschaft tatsächlich **wie seine eigene** leitet und er als einziger über die entscheidenden **Branchenkenntnisse**, **Kontakte** oder **technischen** Kenntnisse verfügt, um die Geschäfte der Gesellschaft zu führen (BSG, Urteil v. 18.12.2001 – B 12 KR 10/01 R, GmbHR 2001, 324). In Zweifelsfällen kann ein sog. **Statusverfahren** bei der Deutschen Rentenversicherung durchgeführt werden (*Arens*, DStR 2010, 115, 117).

648 **8.** Eine **variable Vergütung** steht dem Geschäftsführer nur zu, wenn sie vertraglich im Voraus so festgelegt wurde, dass keine Ermessensentscheidung mehr erforderlich ist. Dies ergibt sich aus dem sog. **Durchführungsgebot**. Werden vertragliche Vereinbarungen nicht, nicht ordnungsgemäß oder nicht zeitnah durchgeführt, besteht die Gefahr, dass die Finanzverwaltung den Betriebsausgabenabzug nicht anerkennt und eine verdeckte Gewinnausschüttung annimmt (*Arens*, DStR 2010, 115, 118). Das gleiche gilt, wenn Ausgaben nicht durch den Vertrag gedeckt sind. Eine von vornherein abgeschlossene Vereinbarung liegt grundsätzlich nur vor, wenn diese vor Erbringung der von dem beherrschenden Gesellschafter geschuldeten Leistung und nicht erst vor Zahlung der Vergütung an den Gesellschafter getroffen wird (BFH, Urteil v. 11.12.1991 – I R 49/90, DStR 1992, 614).

649 Nach ständiger Rechtsprechung des BFH sind **Umsatztantiemen** nicht steuerlich anzuerkennen, weil diese unabhängig vom Erfolg des Unternehmens geleistet werden müssen und derartige Tantiemen einem fremden Geschäftsführer auch nicht gewährt würden (BFH, Urteil v. 19.02.1999 – IR 105–107/97; BStBl. II 1999, 321 m.w.N.). Liegt hingegen ein besonderer (betrieblicher) Grund für die Zusage einer Umsatztantieme vor, kann auch eine Umsatztantieme als Betriebsausgabe abgezogen werden (vgl. BFH, Urteil v. 06.04.2005 – IR 10/04, zit. n. juris). Dies wäre denkbar, wenn die mit der variablen Vergütung angestrebte Leistungssteigerung durch eine **Gewinntantieme** nicht zu erreichen ist, was vornehmlich in der Aufbauphase eines Unternehmens der Fall sein kann. Die Zahlung der Umsatztantieme sollte daher tatsächlich auf die

Dauer der Aufbauphase beschränkt bleiben. Ferner muss im konkreten Einzelfall Grund zur Annahme bestehen, dass auch unter fremden Dritten eine entsprechende Tantiemevereinbarung getroffen worden wäre (*Schulte/Behnes*, Special 9 zu BB 2997, 10, 19 m.w.N.). Diesen Anforderungen wird die vorliegende Klausel einer **Akquisitionsprovision** gerecht, indem zum einen nur die tatsächlich gezahlten Umsätzen von Akquisitionen, die der Geschäftsführer selbst eingeworben hat, zur Bemessung der Tantieme herangezogen werden, und zum anderen eine jährliche Überprüfung und eine **maximale Dauer von fünf Jahren** vorgesehen ist. In der Aufbauphase einer Gesellschaft ist es ohne Weiteres als wahrscheinlich zu unterstellen, dass ein solcher Anreiz zum Einwerben von Neugeschäft auch einem gesellschaftsfremden Geschäftsführer gewährt würde.

9. Die alternativ dargestellte Tantiemevereinbarung enthält eine **einfache Ergebnisbeteiligung.** 650
Eine derartige Tantiemeregelung ist auch für einen Gesellschafter-Geschäftsführer zu empfehlen. Dabei ist wichtig, dass die Tantiemebemessung ohne weitere Ermessensausübung der Gesellschafterversammlung erfolgen kann, da nur so eine vertraglich festgelegte Verpflichtung besteht (vgl. BFH Urteil v 29.10.1997 – IR 52/97, BB 1998, 730; *Neumann*, GmbHR 1996, 740). Erfahrungsgemäß nimmt das Finanzamt bei einer Betriebsprüfung Einblick in die vertraglichen Originalunterlagen und vergleicht die vertragliche Regelung detailliert mit der tatsächlichen Abrechnung in der Praxis der Gesellschaft, die Regelung ist also von Zeit zu Zeit mit der tatsächlichen Handhabung abzugleichen. Zur Vermeidung einer verdeckten Gewinnausschüttung ist die Tantiemeklausel auf **maximal 25 %** des Jahresfestgehalts begrenzt. Die Regelung zur Fälligkeit der Tantieme sieht eine Einmalzahlung nach Feststellung des Jahresabschlusses vor. Die Klausel dürfte in dieser Form keinen Bedenken einer verdeckten Gewinnausschüttung begegnen (*Schulte/Behnes*, Special 9 zu BB 2997, 10, 19 f.).

10. Die **betriebliche Altersversorgung** stellt auch für Geschäftsführer eine wichtige Ergänzung 651
ihrer staatlichen Rente und privaten Vorsorge dar (zu statistischen Angaben über die Verteilung von Versorgungszusagen vgl. *Tänzer*, BB 2004, 2757 f.). Dabei können sämtliche **Durchführungswege**, die das deutsche Betriebsrentenrecht zur Verfügung stellt, genutzt werden. Insoweit gilt das Gesetz zur Verbesserung der betrieblichen Altersversorgung (BetrAVG) gemäß § 17 Abs. 1 S. 2 für Geschäftsführer zwingend, wenn diese nicht selbst Unternehmer sind, also für die große Zahl der Fremdgeschäftsführer und Minderheitsgesellschafter-Geschäftsführer (zur Frage der Abdingbarkeit *Thüsing/Granetzny*, NZG 2010, 449). **Beherrschende Gesellschaftergeschäftsführer** scheiden jedoch aus dem **Anwendungsbereich des BetrAVG** aus (BAG, Urteil v. 25.01.2000 – 3 AZR 769/98, NZA 2001, 2102; BGH, Urteil v. 13.07.2006 – IX ZR 90/05, NJW 2006, 3638; *Thüsing/Granetzny*, NZG 2010, 449, 450). Es spricht dennoch nichts dagegen, die Versorgung der Unternehmer-Geschäftsführer den anerkannten Systemen des BetrAVG **nachzubilden** (*Tillmann/Mohr* Rn. 333, 337 ff.). Erdient werden kann eine Pension von einem beherrschenden Gesellschafter, wenn zwischen Zusagezeitpunkt und dem vorgesehenen Zeitpunkt des Eintritts in den Ruhestand noch mindestens 10 Jahre liegen, und von einem nicht beherrschenden Gesellschafter, wenn im vorgesehenen Zeitpunkt des Eintritts in den Ruhestand der Beginn der Betriebszugehörigkeit mindestens 12 Jahre zurückliegt und die Zusage für mindestens 3 Jahre bestanden hat.

Bei einem Gesellschaftergeschäftsführer sind eine Vielzahl von bestimmte Voraussetzungen einzu- 652
halten, um die **steuerliche Anerkennung der Versorgung** nicht zu gefährden (*Schulte/Behnes*, Special 9 zu BB 2997, 10, 16 f. m.w.N.). Die Rechtsprechung des BFH zu diesem Thema **entwickelt sich** ständig. Es empfiehlt sich daher, für den endgültigen Entwurf der für viele Jahre laufenden Versorgungszusage jedenfalls fachkundige Berater zu konsultieren.

Zunächst ist die Versorgung über eine **Direktversicherung** dargestellt (Abs. 1), für die durch 653
die Gesellschaft monatliche Versicherungsprämien einschließlich deren Versteuerung geleistet werden (zu Einzelheiten der Versteuerung s. Blomeyer/Rolfs/Otto/*Otto* 4. Teil, Überblick, Rn. 5 f.). Der Nachteil gegenüber der Direktzusage, bei der Versorgungsleistungen direkt aus der Gesellschaft gezahlt und vorher steuerwirksam zurückgestellt werden können, liegt in dem

permanenten Abfluss der Prämienzahlungen. Die Direktversicherung hat dazu den Vorteil, wegen des **Wegfalls der Anpassungsprüfungspflicht** nach § 16 BetrAVG für die Gesellschaften weitaus besser kalkulierbar zu sein als betriebliche Direktzusagen (Blomeyer/Rolfs/Otto/*Rolfs* Anh. § 1 Rn. 792).

654 Die in Abs. 2 sodann vorgestellte **Gestaltung einer Pensionszusage** ist auf die steuerrechtlichen Anforderungen ausgerichtet. Probleme entstehen hier insbesondere dann, wenn ein beherrschender Gesellschafter-Geschäftsführer **bei Erteilung der Zusage bereits älter** ist, so dass er die Pension nach Ansicht der Finanzverwaltung und -gerichte nicht mehr erdienen kann. Hierfür werden bei einem beherrschenden Gesellschafter-Geschäftsführer grundsätzlich **zehn Jahre aktive Tätigkeit** in der Gesellschaft gefordert. Wird diese Dauer unterschritten droht, dass die in der Steuerbilanz eingestellten **Pensionsrückstellung** als verdeckte Gewinnausschüttung angesehen, als Gewinn der Gesellschaft versteuert und nicht als Betriebsausgabe anerkannt werden (BFH, Urt. v. 14.07.2004 – I R 14/04, zit. n. juris; BFH, Urt. v. 11.08.2004 – I R 108–110/03, zit. n. juris). Nach der Verkürzung der **arbeitsrechtlichen Unverfallbarkeitsfristen** für betriebliche Versorgungszusagen durch § 1b Abs. 1 S. 1 BetrAVG von zehn auf fünf Jahre war vielfach vertreten worden, dass auch die steuerlich erforderliche Dauer des Erdienenszeitraums für Versorgungszusagen an beherrschende Gesellschafter-Geschäftsführer zu verkürzen sei (so z.B. *Cramer*, DStR 2002, 387, 390; *Langohr-Plato*, Information StW 2003, 256, 259 f.). Der BFH hat dieser Ansicht mehrfach eine Absage erteilt (zuletzt ausführlich begründet in BFH, Beschl. v. 19.11.2008 – I B 108/08, dazu *Langohr-Plato*, jurisPR-ArbR 15/2009 Anm. 3). Die Kritik an dieser Rechtsprechung ist berechtigt, da eine verdeckte Gewinnausschüttung im Sinne von § 8 Abs. 3 Satz 2 KStG i.V.m. Abschn. 32 KStR nur dann vorliegt, wenn ein Gesellschafter oder eine ihm nahe stehende Person Zuwendungen erhalten, die nicht betrieblich, also etwa durch die Vergütung der Dienstleistung »Geschäftsführung«, sondern durch das Gesellschaftsverhältnis veranlasst sind und in keinem Zusammenhang mit einer offenen Ausschüttung steht. Die **Testfrage** ist, ob ein gewissenhafter Geschäftsleiter einer Person, die nicht Gesellschafter ist, unter sonst gleichen Umständen eine derartige Leistung gewährt hätte (BFH, v. 24.04.2002 – I R 18/01 – DB 2002, 1973). Insofern wird vom BFH im Zusammenhang mit der **Erdienbarkeitsfrist** übersehen, dass eine vGA gerade dann nicht vorliegen kann, wenn der Gesellschafter-Geschäftsführer genau die gleiche Vergütung oder Versorgung bekommt, wie ein vergleichbarer Fremdgeschäftsführer, dem eine Versorgung unstreitig mit einer **fünfjährigen Unverfallbarkeitsfrist** und im Übrigen rechtswirksam sogar erst bei Rentenbeginn gewährt werden könnte. Gesellschafter-Geschäftsführer sind daher durch die gegenwärtige Position der Finanzverwaltung und die Rechtsprechung des BFH hinsichtlich der Erdienbarkeit von betrieblichen Versorgungszusagen gegenüber Fremdgeschäftsführern benachteiligt (*Langohr-Plato*, jurisPR-ArbR 15/2009 Anm. 3 C.). In der Vertragspraxis ist allerdings die **Erdienbarkeitsfrist von zehn Jahren** grundsätzlich zwingend zu beachten, um eine steuerliche Anerkennung der Versorgungszusage bzw. der hierfür gebildeten Pensionsrückstellung sicherzustellen. Es bestehen jedoch Gestaltungsalternativen für den Fall, dass einem beherrschenden Gesellschafter-Geschäftsführer aufgrund fortgeschrittenen Alters keine wirksame Zusage mehr erteilt werden kann: in diesem Fall sollte die reguläre Vergütung des Gesellschafter-Geschäftsführers einschließlich aller Möglichkeiten der variablen Vergütung bis an die steuerliche **Angemessenheitsgrenze** erhöht werden, anschließend kann hieraus im Wege der Entgeltumwandlung eine steuerlich privilegierte Direktversicherung ausfinanziert werden (vgl. *Langohr-Plato*, jurisPR-ArbR 15/2009 Anm. 3 D.).

655 **11.** Die Regelung in Abs. 1 zur Überlassung eines **Dienstwagens** entspricht dem, was auch zwischen Fremdgeschäftsführer und Gesellschaft üblicherweise vereinbart wird. Auch bei einem Gesellschafter-Geschäftsführer wird die zugelassene **Privatnutzung** über die allgemeine 1 %-Regelung als geldwerter Vorteil versteuert. Allerdings sollte die Privatnutzung vertraglich vereinbart werden, um auszuschließen, dass eine vertragswidrige Privatnutzung als verdeckte Gewinnausschüttung behandelt wird (vgl. BFH, Urteil v. 23.04.2009 – VI R 81/06, DStR 2007, 879). Bei

einem beherrschenden Gesellschafter-Geschäftsführer wird meist auf weitere Festlegungen der Bedingungen für die Fahrzeugüberlassung verzichtet. Hat die Gesellschaft mehrere Gesellschafter-Geschäftsführer empfiehlt es sich allerdings, zusätzliche Regelungen, insbesondere über die Haftung der Nutzung des Fahrzeugs und seine Versicherung, aufzunehmen.

Die sonstigen Regelungen in Abs. 2 der Musterklausel sind zusätzliche Vergütungsbestandteile, die bei der Prüfung der Angemessenheit der Vergütung mit ihrem jeweiligen Wert in die Gesamtvergütung einbezogen werden. 656

12. Die Musterklausel § 8 sieht vor, dass der Gesellschafter-Geschäftsführer von dem Verbot, gegenüber der Gesellschaft in **Wettbewerb** zu treten und Geschäftschancen aus dem Unternehmensbereich der Gesellschaft selbst oder anderweitig auszunutzen, **befreit** ist. Das Wettbewerbsverbot wird aus § 43 GmbHG und der gesellschaftsrechtlichen Treuepflicht abgeleitet, es kann abbedungen werden (*Meier*, DStR 1992, 344, 345; Büchel/von Rechenberg/*Schultze/Petzold* Kap. 11 Rn. 389). Geht der Geschäftsführer außer seiner Tätigkeit in der Gesellschaft noch **weiteren unternehmerischen Aktivitäten** nach, so ist die Befreiung **unbedingt erforderlich.** 657

Bei einem nicht beherrschenden Gesellschafter-Geschäftsführer genügt die hier vorgeschlagene Vertragsklausel. Bei einem beherrschenden Gesellschafter-Geschäftsführer muss diese allerdings in der Satzung geregelt sein, der Dienstvertrag kann diese Befreiung nur wiedergeben bzw. einen schuldrechtlichen Anspruch auf die Befreiung in der Satzung gewähren. 658

Auch bei **Befreiung vom Wettbewerbsverbot** kann eine verdeckte Gewinnausschüttung vorliegen, wenn der Gesellschafter-Geschäftsführer unter Überschreitung des eingeräumten Wettbewerbsrahmens eigennützig Informationen oder Geschäftschancen der GmbH nutzt (dazu im Einzelnen *Schulte/Behnes*, Special 9 zu BB 2997, 10, 21). 659

13. Der Klauselvorschlag zur **Dienstverhinderung** sieht in Abs. 1 Meldepflichten und in Abs. 2 eine angemessene Versorgung des Gesellschafter-Geschäftsführers vor. Der Geschäftsführer muss jede Art von Dienstverhinderung sofort gegenüber einem evtl. vorhandenen weiteren Geschäftsführer mitteilen. Diese **Mitteilungspflicht** entfällt logischerweise, falls der Geschäftsführer Alleingeschäftsführer ist. 660

Da das **Entgeltfortzahlungsgesetz** auf den Gesellschafter-Geschäftsführer nicht anwendbar ist (Ensthaler/Füller/Schmidt/*Schmidt* § 35 Rn. 58; Lutter/Hommelhoff/*Kleindiek* Anh. § 6 Rn. 29), stünde einem Geschäftsführer ohne eine entsprechende vertragliche Regelung nur Vergütungsfortzahlung »für eine verhältnismäßig nicht erhebliche Zeit« (§ 616 BGB) zu. Eine **längere Zeit der Absicherung**, wie sie hier mit sechs Monaten pro Krankheit vorgeschlagen wird, ist daher interessengerecht und üblich. Häufig wird auch ein Zeitraum von einem Jahr vorgesehen. Bedenken hiergegen bestehen, auch unter steuerlichen Aspekten, nicht; allerdings wird die längere Absicherung bei der Feststellung der **Angemessenheit der Gesamtvergütung** in Höhe der Kosten, die durch eine entsprechende Tagesgeldversicherung entstehen würden, einbezogen (*Schulte/Behnes*, Special 9 zu BB 2997, 10, 14). 661

14. Das Bundesurlaubsgesetz (BUrlG) findet auf Geschäftsführer keine Anwendung (Ensthaler/Füller/Schmidt/*Schmidt* § 35 Rn. 58; Lutter/Hommelhoff/*Hommelhoff/Kleindiek* Anh. § 6 Rn. 29). Eine Pflicht zur Gewährung von **bezahltem Urlaub** ist jedoch aus der Treue- bzw. Fürsorgepflicht der Gesellschaft gegenüber dem Geschäftsführer herzuleiten (Lutter/Hommelhoff/*Hommelhoff/Kleindiek* Anh. § 6 Rn. 29). Der Urlaub sollte vertraglich vereinbart werden. Soll Urlaubsgeld an einen beherrschenden Geschäftsführer gezahlt werden, bedarf es einer klaren, im Voraus getroffenen und tatsächlich durchgeführten Vereinbarung, fehlt diese dürfte eine verdeckte Gewinnausschüttung anzunehmen sein (FG Hamburg, GmbHR 2000, 291). Kann der Urlaub im Jahreszeitraum nicht genommen werden, so ist er nach Wahl des Gesellschafter-Geschäftsführers entweder zu **übertragen** oder **auszuzahlen**. Dies entspricht der Rechtsprechungspraxis des BFH, wonach sich der Urlaubsanspruch sogar dann zivilrechtlich in einen Geldleistungsanspruch wegen erbrachter Mehrleistungen umwandelt, wenn hierfür keine gesonderte Vereinbarung getroffen 662 wurde (BFH, 28.01.2004 – I R 50/03, BB 2004, 815 m.w.N.). Zur Vermeidung von Unklarheiten ist die vertragliche Regelung aber zu empfehlen.

663 Die **Dauer des Urlaubs** unterliegt keiner rechtlichen Vorgabe und stellt den Kern der vertraglichen Regelung dar. Die Musterklausel sieht eine Dauer von acht Wochen (40 Tage auf Basis der Fünf-Tage-Woche) pro Kalenderjahr vor. Die Länge des Urlaubs ist steuerlich motiviert, da die Möglichkeit besteht, nicht genommenen Urlaub **auszuzahlen**, ohne dass eine verdeckte Gewinnausschüttung angenommen wird. Der **Abgeltungsanspruch** folgt nach dieser Rechtsprechung bereits unmittelbar aus der Einräumung des Urlaubsanspruchs im Dienstvertrag, die hier vorgeschlagene vertragliche Absicherung kann daher nicht schädlich sein. Das aus § 7 Abs. 4 BUrlG abgeleitete arbeitsrechtliche Verbot der Urlaubsabgeltung steht dem Abgeltungsanspruch nicht entgegen, weil das BUrlG als Arbeitnehmerschutzgesetz auf den Gesellschafter-Geschäftsführer nicht anwendbar ist.

664 **15.** Die Klausel bestätigt die nach § 985 BGB bestehende Rückgabeverpflichtung wenn das Recht zum Besitz endet. Auch bei einem Gesellschafter-Geschäftsführer entfällt das Recht zum Besitz an Gesellschaftseigentum, das er in seiner Eigenschaft als Geschäftsführer innehatte, spätestens mit Beendigung des Dienstverhältnisses.

665 **16.** Die Musterklausel sieht vor, dass das Anstellungsverhältnis auf **unbestimmte Zeit läuft** und erst mit dem **Ruhestand** des Gesellschafter-Geschäftsführers, der hier mit 67 Jahren angesetzt ist, endet. Bei Bedarf kann der Geschäftsführer vorzeitig in den Ruhestand gehen, seine Altersversorgung ist dann entsprechend zu kürzen.

666 Die Laufzeit des Geschäftsführervertrags unterliegt (außer in der mitbestimmten GmbH nach MitbestG) keinen gesellschaftsrechtlichen Vorgaben, insbesondere sind die Beschränkungen des Teilzeit- und Befristungsgesetzes (TzBfG) nicht anwendbar. Daher kann ein Anstellungsvertrag auch befristet geschlossen werden. Dies erscheint jedoch bei einem Gesellschafter-Geschäftsführer nicht sinnvoll, insbesondere entsteht ein steuerliches Risiko, wenn die jeweils notwendige Erneuerung nicht rechtzeitig durchgeführt wird.

667 **17.** Vor Ausspruch der **außerordentlichen Kündigung** eines Gesellschafter-Geschäftsführers ist eine **Abmahnung** gemäß § 314 Abs. 2 BGB nicht erforderlich. Dies entspricht der gefestigten Rechtsprechung des BGH, der entscheidend darauf abstellt, dass der organschaftliche Vertreter einer Kapitalgesellschaft **Arbeitgeberfunktionen** wahrzunehmen hat. Auch aus § 314 Abs. 2 BGB ergibt sich die Notwendigkeit einer Abmahnung nicht, weil die genannte Funktionszuweisung ein besonderer Umstand i.S. von § 323 Abs. 2 Nr. 3 BGB ist, auf den § 314 Abs. 2 Satz 2 BGB verweist (BGH, Beschl. v. 02.07.2007 – II ZR 71/06, DStR 2007, 1640).

668 **18.** Es ist zulässig, für den Gesellschafter-Geschäftsführer eine andere **Kündigungsmöglichkeit** vorzusehen als für die Gesellschaft. Die gesetzliche Kündigungsfrist, auf die in dem Klauselvorschlag Bezug genommen wird, bestimmt sich nach **§ 621 Nr. 3 BGB**, da das Dienstverhältnis eines Gesellschafter-Geschäftsführers kein Arbeitsverhältnis ist (OLG Hamm, Urteil v. 27.01.1992 – 8 U 200/91, NJW-RR 1993, 493). Die Kündigung ist danach jeweils bis zum 15. eines Monats für den Schluss desselben Monats möglich, alterniert also zwischen einer Frist von zwei bis zu sechs Wochen, je nach Kündigungszeitpunkt.

669 **19.** Die Klausel sieht die Anwendung deutschen Rechts vor. Eine **Rechtswahlklausel** sollte bei Geschäftsführerverträgen jedenfalls dann nicht fehlen, wenn die Möglichkeit der Auslandsberührung besteht (vgl. auch **Muster C 44** (Rdn. C 578).

670 Ferner sieht die Musterklausel einen ausschließlichen **örtlichen Gerichtsstand am Sitz der Gesellschaft** vor. Bei Rechtsstreitigkeiten ohne Auslandsberührung oder mit Berührung ausländischer Staaten, die nicht dem Anwendungsbereich der EuGVVO unterfallen, sind Gerichtsstandsvereinbarungen allerdings nur unter den engen Voraussetzungen des **§ 38 Abs. 1 ZPO** zulässig, etwa wenn beide Vertragsparteien Kaufleute sind oder die Vereinbarung nach dem Entstehen der Streitigkeit geschlossen wird. Diese Voraussetzung kann bei einem Mehrheits-Gesellschafter-Geschäfts-

führer vorliegen, meist ist sie jedoch nicht gegeben und die Gerichtsstandsklausel damit unwirksam. Wirksam wäre die Klausel, wenn mindestens eine der Parteien **keinen allgemeinen Wohnsitz im Inland** hat (§ 38 Abs. 2 ZPO), was sich auch durch Wegzug des Geschäftsführers ins Ausland ergeben kann.

Als Alternative bietet sich bei einem Gesellschafter-Geschäftsführervertrag an, für sämtliche Strei- 671
tigkeiten die **Zuständigkeit eines Schiedsgerichts** zu vereinbaren. Die Schiedsklausel sollte dann allerdings auf entsprechende Regelungen im Gesellschaftervertrag abgestimmt werden.

47. Aufhebungsvertrag

Vorbemerkung

Die Beendigung der Tätigkeit eines Geschäftsführers erfordert sowohl die Abberufung (vgl. dazu 672
Muster C 37 [Rdn. C 392]) als auch die Beendigung des Anstellungsverhältnisses. Während die Abberufung als einseitiger Beschluss der Gesellschafterversammlung oder des Beirats bzw. Aufsichtsrats sofort wirksam wird und die Organstellung des Geschäftsführers beendet, führt die Kündigung regelmäßig, außer im seltenen Fall der außerordentlichen Kündigung, erst nach Ablauf der Kündigungsfrist zu einer Auflösung des bestehenden Dienstvertrags. In dieser Situation haben häufig beide Parteien den Wunsch nach einer schnellen und verbindlichen Regelung der noch offenen Fragen, selbst wenn an der Wirksamkeit der Kündigung keine Zweifel bestehen. Die vertragliche Aufhebung des Dienstvertrags ist daher in der Praxis eher die Regel als die Ausnahme.

Das nachfolgende Muster enthält über die einfache Aufhebung des Dienstvertrags hinaus Klauseln 673
für den Fall, dass noch kein Abberufungsbeschluss durch die Gesellschafterversammlung besteht, sowie für eine vorzeitige Beendigung der Anstellung und Regelungen zu nachvertraglichen Wettbewerbs- und Abwerbeverboten, die insbesondere bei der Aufhebung von Geschäftsführerverträgen mit internationalen Konzernen häufig erwartet werden.

Muster

Aufhebungsvertrag [1] 674

zwischen der

__________ GmbH, eingetragen im Handelsregister des Amtsgerichts __________ unter Nr. HRB __________, Anschrift: __________, vertreten durch [2]

(entweder)

[ihren alleinigen Gesellschafter Herrn…]

(oder)

[die Gesellschafterversammlung, diese vertreten durch ihren Bevollmächtigten, Herrn __________]

(oder)

[den [Kraft Gesetzes]/[Kraft Satzung] zuständigen Aufsichtsrat/Beirat, dieser vertreten durch seinen Vorsitzenden Herrn…]

– Gesellschaft –

und

Frau/Herrn ________, Anschrift: __________

– Geschäftsführer –

Präambel:

Der Geschäftsführer ist Geschäftsführer der Gesellschaft. Zwischen der Gesellschaft und dem Geschäftsführer besteht ein Dienstverhältnis auf der Grundlage des Dienstvertrags vom...nebst späteren Ergänzungen. Zwischen den Gesellschaftern und dem Geschäftsführer bestehen Meinungsverschiedenheiten über die künftige Ausrichtung der Geschäftspolitik, die eine weitere Zusammenarbeit ausschließen. Zur bestmöglichen Wahrung der Interessen der Gesellschaft sind die Parteien übereingekommen, die Zusammenarbeit in gutem Einvernehmen zu beenden. Der Geschäftsführer wird daher nach Maßgabe der folgenden Bestimmungen durch Niederlegung seines Amts als Geschäftsführer aus der Gesellschaft ausscheiden, das bestehende Dienstverhältnis wird einvernehmlich vorzeitig beendet und aufgelöst. [3]

Hierzu treffen die Parteien folgende Vereinbarungen:

§ 1 Ausscheiden aus der Geschäftsführung und Beendigung des Dienstverhältnisses

1. Mit Abschluss dieser Vereinbarung bestätigen die Parteien die Beendigung des Amts des Geschäftsführers als Geschäftsführer der Gesellschaft sowie sämtlicher sonstigen Ämter, die er innerhalb der Gesellschaft und im Verhältnis zu deren Gesellschaftern bekleidete. Der Geschäftsführer wird die vereinbarte Erklärung über die Niederlegung des Amts als Geschäftsführer zugleich mit dieser Vereinbarung unterzeichnen. [4] **Die Gesellschaft verpflichtet sich im Gegenzug, die Amtsniederlegung unverzüglich beim Handelsregister anzuzeigen und auf eine unverzügliche Eintragung der Niederlegung hinzuwirken.**

2. Die Parteien sind sich einig, dass das zwischen ihnen bestehende Dienstverhältnis mit Ablauf des ___________ (im Folgenden »Beendigungszeitpunkt«) beendet wird. [5]

3. Der Geschäftsführer ist berechtigt, das Dienstverhältnis mit einer Ankündigungsfrist von mindestens zwei Wochen jederzeit zu beenden. Hierzu ist eine schriftliche Erklärung an die Gesellschaft, vertreten durch Herrn ___________, erforderlich. In diesem Fall gilt das neue Beendigungsdatum als »Beendigungszeitpunkt« im Sinne von Abs. 2.

§ 2 Freistellung und Fortzahlung der Bezüge

1. Der Geschäftsführer wird ab Unterzeichnung dieser Vereinbarung bis zum Beendigungszeitpunkt von sämtlichen Dienstpflichten unter Fortzahlung der vertragsgemäßen Vergütung unwiderruflich freigestellt. §§ 326 Abs. 2 S. 2, 615 S. 2 BGB (Anrechnung anderweitigen Erwerbs während der Freistellung) finden Anwendung. [6]

2. Zu der vertragsgemäßen Vergütung gehören insbesondere das monatliche Gehalt in Höhe von ___________ € brutto sowie die regelmäßig gewährten Zuschüsse zur Kranken- und Pflegeversicherung, der Beitrag zur Direktversicherung, die fortgesetzte Stellung des Dienstwagens zur unbegrenzten privaten Nutzung einschließlich Erstattung der ordnungsgemäß abgerechneten und belegten Reisekosten. Die Frist für die Einreichung der noch offenen Reisekostenabrechnungen beträgt fünf Bankarbeitstage nach Unterzeichnung dieser Vereinbarung. Die Auszahlung erfolgt netto auf das bekannte Bankkonto des Geschäftsführers binnen zehn Bankarbeitstagen nach Einreichung der Reisekostenabrechnung. [7]

§ 3 Abfindung [8]

1. Die Gesellschaft zahlt an den Geschäftsführer als Entschädigung für die Aufgabe der Tätigkeit und die Beendigung des Dienstverhältnisses eine Abfindung in Höhe von brutto ___________ € (in Worten: ___________ Euro). Sollte der Geschäftsführer von der Möglichkeit der vorzeitigen Beendigung gem. § 1 Abs. 3 Gebrauch machen, so erhöht sich die Abfindung um ___________ % der dadurch für die Gesellschaft ersparten Bruttovergütung.

Die auf die Abfindung entfallende Lohnsteuer wird von der Gesellschaft unter Berücksichtigung der Fünftelregelung (§ 34 Abs. 1 EStG) berechnet, wobei der Geschäftsführer rechtzeitig eine Bestätigung der voraussichtlichen sonstigen Einkünfte des zum Auszahlungszeitpunkt laufenden Veranlagungszeitraums an die Gesellschaft übermitteln wird. Die auf die Abfindung entfallende Lohnsteuer wird von der Gesellschaft unmittelbar an die Finanzverwaltung abgeführt. Der verbleibende Nettobetrag wird ohne weitere Abzüge an den Geschäftsführer ausgezahlt.

2. Die Abfindung wird am___________fällig. Sie ist auf das der Gesellschaft bekannte Konto des Geschäftsführers zu überweisen. Geht die Zahlung nicht spätestens am___________auf dem Konto des Geschäftsführers ein, so hat die Gesellschaft Zinsen gemäß § 288 Abs. 2 BGB (Verzugszinsen in Höhe von acht Prozentpunkten über dem Basiszinssatz) zu zahlen.

3. Sollte der Geschäftsführer zum Zeitpunkt der Fälligkeit verstorben sein, so steht die Abfindung seinen Erben zu.

§ 4 Versicherungen [9]

1. Die Gesellschaft wird die entsprechend der Vereinbarung in § 7 Abs. 1 des Dienstvertrags zu Gunsten des Geschäftsführers abgeschlossene Unfallversicherung bis zum Beendigungszeitpunkt aufrechterhalten.

2. Die Gesellschaft verpflichtet sich, die zu Gunsten des Geschäftsführers bei der___________Versicherungs-AG bestehende Direktversicherung (Gruppenvertrag/Versicherungsschein Nr___________.) zum Beendigungszeitpunkt auf den Geschäftsführer zu übertragen und alle hierfür erforderlichen Erklärungen abzugeben, damit der Geschäftsführer diese Versicherung auf eigene Kosten fortführen oder auf eine neue Anstellungsgesellschaft übertragen kann. Etwaige durch die Übertragung der Versicherung anfallenden Kosten trägt die Gesellschaft.

3. Die Gesellschaft verpflichtet sich, die bestehende Directors´ & Officers´ Liability Policy (D&O Policy) für den Geschäftsführer in der Weise aufrecht zu erhalten, dass sämtliche gegen den Geschäftsführer gerichteten Ansprüche aus seiner Tätigkeit für die Gesellschaft und die Gesellschafter durch die D&O Policy im Rahmen der anwendbaren Vertragsbedingungen versichert sind. [10]

§ 5 Zusage auf betriebliche Altersversorgung [11]

1. Die Gesellschaft gewährt dem Geschäftsführer eine unverfallbare betriebliche Altersversorgung im Sinne der Bestimmungen des Gesetzes zur Verbesserung der betrieblichen Altersversorgung (BetrAVG) mit einer jährlichen Altersrente von brutto___________ € (in Worten:___________ Euro). Die Rentenzahlung erfolgt monatlich und beginnt ab dem Monat, in dem der Geschäftsführer das 67. Lebensjahr vollendet. Für Invaliditäts- und Hinterbliebenenrenten verbleibt es bei den Regelungen im Pensionsvertrag vom ___________.

2. Die Gesellschaft verpflichtet sich, bis spätestens zum___________für die Gesamtleistung der betrieblichen Versorgungszusage einschließlich der Invaliditäts-

und Hinterbliebenenversorgung eine kongruente Rückdeckungsversicherung bei einer anerkannten Versicherungsgesellschaft (Standard & Poor´s Rating mindestens AA-), die der deutschen Versicherungsaufsicht unterliegt, abzuschließen und die Ansprüche aus dieser Versicherung an den Geschäftsführer unwiderruflich zu verpfänden und dies der Versicherungsgesellschaft anzuzeigen.[12]

§ 6 Übernahme von Kosten für eine Outplacement-Beratung [13]

Die Gesellschaft verpflichtet sich, die Kosten für eine Outplacement-Beratung bis zu einem Maximalbetrag von brutto__________ € (in Worten:__________ Euro) zu übernehmen. Die Auswahl und Beauftragung des Beraters darf der Geschäftsführer frei vornehmen. Die Durchführung der Outplacement-Beratung liegt im betrieblichen Interesse der Gesellschaft, da der Geschäftsführer ansonsten der Auflösung des Anstellungsverhältnisses nicht zugestimmt hätte. Die Gesellschaft übernimmt daher die Freistellung des Geschäftsführers von weiteren Kosten der Outplacement-Beratung, einschließlich der Versteuerung; die Rechnung ist auf die Gesellschaft auszustellen.

§ 7 Herausgabe von Arbeitsmitteln [14]

Der Geschäftsführer ist verpflichtet, unverzüglich, jedoch spätestens bis zum Ablauf von fünf Bankarbeitstagen nach Unterzeichnung dieser Vereinbarung, alle Gegenstände der Gesellschaft und ihrer Tochteruntergesellschaften, die sich in seinem Besitz oder unter seiner Kontrolle befinden, insbesondere Schlüssel, Zugangscodes und Passwörter, Computerhard- und -software, Kreditkarten, Daten, Dateien, Akten und Listen, auch auf eigenen Speichermedien, einschließlich etwaiger Kopien, Duplikate und Reproduktionen etc., herauszugeben.

§ 8 Dienstwagen [15]

1. Dem Geschäftsführer bleibt der ihm überlassene Dienstwagen bis zum Beendigungsdatum zur unbeschränkten Nutzung überlassen. Die Betriebs- und Unterhaltskosten trägt die Gesellschaft in dem bisherig gewährten Umfang.

2. Die Gesellschaft verpflichtet sich, dafür zu sorgen und die erforderlichen Erklärungen abzugeben, um den vom Geschäftsführer auf die Gesellschaft übertragenen Schadensfreiheitsrabatt der Kfz-Versicherung des Geschäftsführers unverzüglich nach der Rückgabe des Dienstwagens auf diesen zurück zu übertragen.

§ 9 Kosten dieser Vereinbarung [16]

Die Gesellschaft verpflichtet sich, gegen Vorlage einer detaillierten Rechnung, die dem Geschäftsführer entstandenen Kosten der Rechtsberatung für den Abschluss dieser Vereinbarung bis zur Höhe von__________ € zu übernehmen. Die Rechnung der insoweit beratenden Rechtsanwälte ist auf die Gesellschaft auszustellen.

§ 10 Pflicht zur Verschwiegenheit und Wettbewerbsverbot [17]

1. Der Geschäftsführer verpflichtet sich, auch nach dem Beendigungszeitpunkt keine vertraulichen Informationen zum eigenen Nutzten oder zum Nutzen Dritter weiterzugeben, es sei denn, dass für den Geschäftsführer eine gesetzliche Verpflichtung besteht oder die Gesellschaft zuvor ihre schriftliche Einwilligung erklärt hat.

2. Der Begriff »vertrauliche Informationen«, wie er in dieser Vereinbarung benutzt wird, umfasst alle Informationen, zu denen der Geschäftsführer Zugang hatte oder über die er Kenntnis aufgrund oder in Verbindung mit seiner Beschäftigung bei der

Gesellschaft oder einer ihrer Tochtergesellschaften erlangt hat, und die außerhalb der Gesellschaft nicht bekannt sind, insbesondere technische, geschäftliche oder finanzielle Informationen, Geschäftsgeheimnisse der Gesellschaft oder ihrer Tochtergesellschaften. Umfasst sind weiter solche Informationen, die der Geschäftsführer unter vertraulichen Bedingungen von Dritten erhalten hat.

3. Das zwischen den Parteien bestehende nachvertragliche Wettbewerbsverbot wird mit sofortiger Wirkung aufgehoben. Bis zum Beendigungszeitpunkt gilt jedoch, dass der Geschäftsführer jeden Wettbewerb zur Gesellschaft zu unterlassen hat. Will der Geschäftsführer vor dem Beendigungszeitpunkt eine anderweitige Tätigkeit aufnehmen, hat er die Gesellschaft darüber zu informieren, damit diese prüfen kann, ob hierdurch wettbewerbliche Interessen der Gesellschaft gefährdet oder verletzt werden.

§ 11 Sprachregelung, Zeugnis und Wohlverhalten [18]

1. Die Parteien verständigen sich auf folgende Sprachregelung:

»Herr __________ hat sein Amt als Geschäftsführer der __________ GmbH aufgrund strategischer Differenzen über die zukünftige Geschäftsausrichtung zum niedergelegt. Gemeinsam mit der Gesellschafterversammlung ist eine einvernehmliche Regelung über das Ausscheiden aus den Diensten der Gesellschaft gefunden worden, über deren Einzelheiten haben die Parteien Stillschweigen vereinbart.«

2. Der Geschäftsführer verpflichtet sich, sich weder mündlich noch schriftlich in herabwürdigender oder sonst negativer Weise über die Gesellschaft oder die Gesellschafter zu äußern. Ebenso wird er auch keine entsprechenden Äußerungen veranlassen.

3. Die Gesellschaft verpflichtet sich, sich nicht in herabwürdigender oder sonst negativer Weise über den Geschäftsführer zu äußern. Ebenso wird sie solche Äußerungen nicht veranlassen.

4. Die Gesellschaft wird dem Geschäftsführer zum Beendigungszeitpunkt ein ausführliches Zeugnis in einer für Geschäftsführer angemessenen Form mit der Bewertung »gut«/»sehr gut« erteilen. Der Geschäftsführer ist berechtigt, hierzu bis zum Beendigungszeitpunkt einen Entwurf vorzulegen, von dem die Gesellschaft nur aus Gründen der Zeugniswahrheit abweichen darf.

5. Die Parteien verpflichten sich, Stillschweigen über den Inhalt dieser Vereinbarung zu wahren. Die Pflicht zum Stillschweigen gilt für den Geschäftsführer nicht gegenüber nahen Angehörigen, Rechtsanwälten und Finanz-/Steuerberatern des Geschäftsführer und für die Gesellschaft nicht gegenüber den Gesellschaftern, deren Rechtsanwälten, der Geschäftsführung und den mit der Durchführung dieser Vereinbarung notwendig befassten Mitarbeitern. Soweit eine gesetzliche Verpflichtung zur Auskunft besteht, zum Beispiel eine Offenlegung im Zusammenhang mit aufsichtsrechtlichen Pflichten, oder die andere Partei ihre schriftliche Einwilligung erklärt hat, besteht keine Verpflichtung zum Stillschweigen.

§ 12 Verfügbarkeit während der Freistellung und nach dem Beendigungszeitpunkt [19]

1. Der Geschäftsführer erklärt sich bereit, für die Gesellschaft und ihre Gesellschafter im angemessenen Rahmen im Zusammenhang mit anhängigen Gerichtsverfahren, Schiedsverfahren oder sonstigen Verfahren zur Verfügung zu stehen und seine Kenntnisse über Tatsachen, Geschehnisse und Geschehensabläufe mitzuteilen. Sämtliche notwendigen Kosten der Rechtsberatung des Geschäftsführers im

Zusammenhang mit seinen Aussagen und Stellungnahmen nach dieser Regelung werden von der Gesellschaft übernommen, die Rechnung der rechtlichen Berater wird auf die Gesellschaft ausgestellt.

2. Der Geschäftsführer erklärt sich bereit, sich zeitnah (binnen der kommenden drei Wochen) mit Vertretern der Gesellschaft, ihren Rechtsberatern und sonstigen Beratern zu treffen. Im Rahmen dieses Treffens wird der Geschäftsführer über alle Angelegenheiten, an denen die Gesellschaft ein berechtigtes Interesse hat, Auskünfte erteilen.

3. Der Geschäftsführer verpflichtet sich darüber hinaus, auch nach dem Beendigungszeitpunkt der Gesellschaft zu vorher einvernehmlich vereinbarten Terminen zur Verfügung zu stehen, um der Gesellschaft in den oben genannten Angelegenheiten durch die Erteilung von Auskünften behilflich zu sein.

§ 13 In-Kraft-Treten und Ausfertigungen

Diese Vereinbarung wird mit ihrer Unterzeichnung durch die Parteien wirksam. Sie wird in zwei Originalurkunden ausgefertigt, jede Partei erhält eine Originalurkunde dieser Vereinbarung.

§ 14 Erledigungsklausel, Schriftform [20]

1. In dieser Aufhebungsvereinbarung ist der Fortbestand des Dienstverhältnisses zwischen der Gesellschaft und dem Geschäftsführer bis zum Beendigungszeitpunkt sowie die Beendigung aller vertraglichen Beziehungen zwischen dem Geschäftsführer und der Gesellschaft und ihrer Gesellschafter abschließend geregelt. Zugleich sind mit der Erfüllung der Verpflichtungen aus dieser Vereinbarung sämtliche wechselseitigen Ansprüche der Parteien endgültig erledigt.

Dies gilt nicht für Ansprüche, welchen eine vorsätzliche oder grob fahrlässige Verletzung von Pflichten der Parteien unter dieser Vereinbarung oder dem Dienstverhältnis zugrunde liegt. Derartige Ansprüche sind der Gesellschaft zum Zeitpunkt des Abschlusses dieser Vereinbarung nicht bekannt. Ausgenommen sind ferner Ausgleichsansprüche des Geschäftsführers gegen die Gesellschaft in dem Fall, dass er von Dritten aufgrund seiner Tätigkeit für die Gesellschaft direkt in Anspruch genommen wird. Derartige Ansprüche sind dem Geschäftsführer zum Zeitpunkt des Abschlusses dieser Vereinbarung nicht bekannt. Ferner ausgenommen hiervon sind die in § 5 dieser Vereinbarung geregelten Ansprüche (betriebliche Altersversorgung).

2. Nebenabreden oder Ergänzungen zu dieser Vereinbarung und den in ihr bezeichneten Anlagen sind nicht getroffen worden. Änderungen und Ergänzungen dieser Vereinbarung bedürfen zu ihrer Wirksamkeit der Schriftform, dies gilt auch für eine Aufhebung der Schriftformklausel.

§ 15 Geltungserhaltung

Sollte eine Bestimmung dieser Vereinbarung ganz oder teilweise unwirksam sein oder werden, oder sollte sich in dieser Vereinbarung eine Lücke herausstellen, so berührt das die Wirksamkeit dieser Vereinbarung im Übrigen nicht. An Stelle der unwirksamen Bestimmungen und/oder zur Ausfüllung der Lücke soll diejenige wirksame Bestimmung gelten, die wirtschaftlich dem von den Parteien Gewollten am nächsten kommt.

§ 16 Anwendbares Recht und Gerichtsstand

Auf diese Vereinbarung und alle daraus resultierenden Rechtsstreitigkeiten findet das Recht der Bundesrepublik Deutschland Anwendung. Für alle Streitigkeiten aus und im Zusammenhang mit dieser Vereinbarung sind die für______________zuständigen Gerichte ausschließlich zuständig. [21]

____

Gesellschaft, vertreten durch die Gesellschafterversammlung/den Aufsichts-/Beirat

____

Geschäftsführer

Erläuterungen

Literatur: *Arens*, Der GmbH-Geschäftsführer im Arbeits-, Sozialversicherungs- und Steuerrecht – aktuelle Entwicklungen, DStR 2010, 115; *ders./Beckmann*, Die anwaltliche Beratung des GmbH-Geschäftsführers, 2006; *Bauder*, Vertragliche Altersgrenze im Anstellungsvertrag des GmbH-Geschäftsführers, BB 1994, 945; *Bauer/Krieger/Arnold*, Arbeitsrechtliche Aufhebungsverträge, 9 Aufl. 2014; *ders./Diller*, Wettbewerbsverbote, 8. Aufl. 2019; *Bauer/Lingemann/Diller/Haußmann*, Anwalts-Formularbuch Arbeitsrecht, 6. Aufl. 2017; *Boemke*, Das Dienstverhältnis des GmbH-Geschäftsführers zwischen Gesellschafts- und Arbeitsrecht, ZfA 1998, 209; *Brandmüller*, Der GmbH-Geschäftsführer im Gesellschafts-, Steuer- und Sozialversicherungsrecht, 14. Aufl. 2005; *Büchel/von Rechenberg*, Handbuch Handels- und Gesellschaftsrecht, 1. Aufl. 2009; *Däubler/Bonin/Deinert* AGB-Kontrolle im Arbeitsrecht 4. Aufl. 2014; *Gehrlein*, Die Entlassung einer GmbH-Geschäftsführers, BB 1996, 2257; *Goll-Müller/Langenhan-Komus*, Der Geschäftsführer mit Arbeitsvertrag und dennoch ohne Kündigungsschutz, NZA 2008, 687; *Goette*, Zur Umdeutung der fristlosen in eine ordentliche Kündigung des Geschäftsführer-Anstellungsvertrages, DStR 2000, 525; *Grobys/Glanz*, Kopplungsklauseln in Geschäftsführerverträgen, NJW-Spezial 2007, 129; *Hümmerich/Reufels*, Gestaltung von Arbeitsverträgen, 4. Aufl. 2019; *ders./Schmidt-Westphal*, Integrierte Aufhebungsvereinbarungen im Dienstvertrag des GmbH-Geschäftsführers, DB 2007, 222; *Jooß*, Aufhebung des Arbeitsverhältnisses durch Abschluss eines Geschäftsführerdienstvertrags, RdA 2008, 285; *Kort*, Compliance-Pflicht und Haftung von GmbH-Geschäftsführern, GmbHR 2013, 566; *Lange*, Praxisfragen der D&O-Versicherung (Teil II), DStR 2002, 1674; *Langner*, Die aktuelle Rechtsprechung zu § 623 BGB bei der Bestellung von Arbeitnehmern zu Organmitgliedern, DStR 2007, 535; *Lohr*, Die Amtsniederlegung des GmbH-Geschäftsführers, RNotZ 2002, 164; *Löwisch*, Protokollierungspflicht bei Kündigungen von Anstellungsverträgen in Einmann-Gesellschaften, NZG 2013, 121; *Lutter/Hommelhoff*, GmbH-Gesetz, 18. Aufl. 2012; *Maschmann/Sieg/Göpfert*, Vertragsgestaltung im Arbeitsrecht, 2012; *Menke*, Gestaltung nachvertraglicher Wettbewerbsverbote mit GmbH-Geschäftsführern – Verzicht statt Karenzentschädigung, NJW 2009, 636; *Mohr*, Die Abfindungsklausel auf dem erbschaft- und schenkungsteuerlichen Prüfstand, GmbH-StB 2010, 73 f.; *Münch*, Amtsniederlegung, Abberufung und Geschäftsunfähigkeit des Geschäftsführers einer GmbH, DStR 1993, 916; *Ogorek/Wilsing*, Kündigung des Geschäftsführer-Anstellungsvertrags wegen unterlassener Konzernkontrolle, NZG 2010, 216; *Oppenländer/Trölitzsch*, Praxishandbuch der GmbH-Geschäftsführung, 2. Aufl. 2011; *Reiserer*, Die außerordentliche Kündigung des Dienstvertrags des GmbH-Geschäftsführers, BB 2002, 1199; *Sasse/Schnitger*, Das ruhende Arbeitsverhältnis des GmbH-Geschäftsführers, BB 2007, 154; *Schiefer/Worzalla*, Der Anstellungsvertrag des GmbH-Geschäftsführers, ZfA 2013, 41; *Stenslik/Zahn*, Diskriminierungsschutz für Organe von Kapitalgesellschaften, DStR 2012, 1865; *Thüsing*, Nachorganschaftliche Wettbewerbsverbote bei Vorständen und Geschäftsführern, NZG 2004, 9; *Tillmann/Mohr*, GmbH-Geschäftsführer: Rechts- und Steuerberatung, Vertragsgestaltung, 10. Aufl. 2011; *Uhlenbruck*, Die Kündigung und Vergütung von Beratern, Vorständen und Geschäftsführern in der Unternehmensinsolvenz, BB 2003, 1185; *von Kann/Keiluweit*, Nachvertragliches Wettbewerbsverbot und Karenzentschädigung bei Organmitgliedern einer Gesellschaft – ein Überblick, BB 2010, 2050; *von Woedtke*, Entwicklungen der GmbH-Geschäftsführerhaftung in der neueren Rechtsprechung, NZG 2013, 484; *Weber/Hoß/Burmester*, Handbuch der Managerverträge, 2000; *Weber/Ehrich/Burmester*, Handbuch der arbeitsrechtlichen Aufhebungsverträge, 4. Aufl. 2004; *Wortmann/Tschöpe*, Abberufung und außerordentliche Kündigung von geschäftsführenden Organvertretern – Grundlagen und Verfahrensfragen, NZG 2009, 85; *dies.*, Der wichtige Grund bei Abberufungen und außerordentlichen Kündigungen von geschäftsführenden Organvertretern, NZG 2009, 161.

675 **1.** Die Beendigung des Anstellungsverhältnisses des Geschäftsführers erfolgt in der Regel durch einen **Aufhebungsvertrag** (*Tillmann/Mohr* Rn. 459). Die Alternative, dass der Geschäftsführer nach seiner Abberufung von der Organstellung in einem fortbestehenden Anstellungsverhältnis, aber ohne aktive Beschäftigung verbleibt, ist in der Regel für beide Seiten unbefriedigend und von rechtlicher Unsicherheit gekennzeichnet. Da Geschäftsführer keinen arbeitsrechtlichen **Kündigungsschutz** genießen ist es nicht erforderlich, über die Ausgestaltung eines sog. Abwicklungsvertrages, also einer Kündigung mit nachfolgendem Vertrag zur einvernehmlichen Regelung der Kündigungsfolgen, nachzudenken (*Bauer/Krieger/Arnold* D Rn. 148 f.). Der Geschäftsführer erhält nach Ablauf der Kündigungsfrist **Arbeitslosengeld** ohne das Risiko einer Sperrzeit, da er sich gegen die Kündigung mangels Kündigungsschutz ohnehin nicht zur Wehr setzen kann. Eine Vertragsbeendigung unter Verkürzung der Kündigungsfrist kann hingegen zum Ruhen des Anspruchs auf Arbeitslosengeld führen (§ 158 SGB III).

676 **2.** Die Gesellschaft wird gegenüber dem Geschäftsführer beim **Abschluss** des Aufhebungsvertrages durch die **Gesellschafterversammlung** vertreten (*Bauer/Krieger/Arnold* D Rn. 35 f.). Die rechtliche Situation ist nicht anders als bei der Begründung des Anstellungsvertrages (vgl. **Muster C 44**, Rdn. C 461). Die Gesellschafterversammlung kann einen **Gesellschafter** oder auch eine **dritte Person** zum Abschluss des Aufhebungsvertrages **bevollmächtigen** (Büchel/von Rechenberg/*Schultze/Petzold* Kap. 11 Rn. 394 f.).

677 Bei einer **mitbestimmten Gesellschaft nach Mitbestimmungsgesetz 1976** wird diese durch den Aufsichtsrat vertreten. Ist die Gesellschaft nach dem Drittelbeteiligungsgesetz mitbestimmt (mehr als 500 Arbeitnehmer), so bleibt es bei den allgemeinen Zuständigkeiten, da das DrittelbG keine Vorschriften über die Personalkompetenz des Aufsichtsrats enthält (*Bauer/Krieger/Arnold* D Rn. 36).Bei einem Beirat oder gewillkürten Aufsichtsrat, dem die Kompetenz zur Bestellung und zum Abschluss des Anstellungsvertrages mit Geschäftsführern zugewiesen ist, besteht auch die Kompetenz zur Kündigung und zum Abschluss des Aufhebungsvertrages mit diesem Organ. Auch hier ist es möglich, ein Mitglied des Beirats/Aufsichtsrats oder einen externen Dritten zum Abschluss des Aufhebungsvertrages zu bevollmächtigen.

678 Werden mit dem Aufhebungsvertrag über die Auflösung des Anstellungsvertrags hinaus Rechtspositionen geregelt, die einen **Gesellschafterbeschluss erfordern**, sollte der Geschäftsführer sicherstellten, dass ein solcher Gesellschafterbeschluss auch getroffen wurde. Im Zweifel sollte er auf Vorlage des Beschlussprotokolls bestehen. Dies gilt insbesondere für eine **Generalbereinigung** zwischen den Parteien.

679 **3.** Die Musterklausel geht davon aus, dass der Geschäftsführer nicht durch die Gesellschafterversammlung abberufen wird, sondern sein **Amt niederlegt** (vgl. **Muster einer Niederlegungserklärung** Muster C 36, Rdn. C 385). Die Amtsniederlegung durch den Geschäftsführer wird sofort wirksam, sie muss durch die Gesellschaft zur Eintragung in das Handelsregister angemeldet werden (Büchel/von Rechenberg/*Schultze/Petzold* Kap. 11 Rn. 426 f.). Eine solche Regelung wird häufig gewählt, wenn eine schnelle und einvernehmliche Trennung angestrebt wird, da sie dem Geschäftsführer ein selbstbestimmtes Ausscheiden aus der Gesellschaft ermöglicht.

680 Alternativ müsste der Geschäftsführer vom zuständigen Organ abberufen werden (vgl. **Muster eines Abberufungsbeschlusses** Muster C 37, Rdn. C 392). Gleiches gilt, wenn der Geschäftsführer mit der vertraglich zugesagten **Niederlegungserklärung in Verzug** gerät. Die Abberufungskompetenz der Gesellschafterversammlung bzw. des Aufsichtsrats/Beirats wird durch die anderslautende vertragliche Absprache mit dem Geschäftsführer nicht aufgehoben (*Bauer/Krieger/Arnold* D Rn. 44 f.).

681 **4.** Mit dem Klauseltext in § 1 Abs. 1 wird vertraglich vereinbart, dass nicht nur die Organstellung bei der Gesellschaft, sondern **sämtliche sonstigen Ämter**, die in Verbindung mit der Geschäftsführerstellung bekleidet wurden, beendet werden. Dies kann für die Gesellschaft einen administrative Erleichterung darstellen, häufig hat die Gesellschaft selbst zunächst überhaupt keine Kenntnis, welche verschiedenen Ämter (Wirtschafts- und Branchenverbände, Kammern, Arbeitskreise etc.) der Geschäftsführer tätig war.

5. Mit der Klausel in § 1 Abs. 2 wird das Dienstverhältnis/Anstellungsverhältnis zu einem festen Zeitpunkt beendet. Der Zeitpunkt der **Beendigung** sollte **nicht vor Ablauf** der regulären Kündigungsfrist des Dienstvertrages liegen, wenn der Geschäftsführer anschließend **Arbeitslosengeld** beziehen möchte. Für die Gesellschaft kommt es insofern auf den Beendigungszeitpunkt an, da bis dahin das **gesetzliche Wettbewerbsverbot** des Geschäftsführers sowie sämtliche sonstigen **Treuepflichten** fortgelten, ohne dass hierzu eine weitere Vereinbarung erforderlich ist. 682

In § 1 Abs. 3 der Musterklausel wird dem Geschäftsführer die Möglichkeit eingeräumt, das Anstellungsverhältnis **vorzeitig** zu beenden. Diese Regelung empfiehlt sich nur, wenn die Gesellschaft **kein Interesse** am Fortbestand der mit dem Anstellungsverhältnis verbundenen Nebenpflichten, insbesondere an der weiteren Geltung des vertraglichen (und damit umfassenden) **Wettbewerbsverbots** hat. Der Geschäftsführer kann, wenn er diese Klausel vereinbart, während der Freistellung nach einer neuen Beschäftigung suchen und sodann seine alte Anstellung rechtzeitig vor Aufnahme der neuen Tätigkeit beenden. 683

6. Bei der **Freistellung** sollte die Gesellschaft bedenken, ob sie auf eine, wenn auch nur sporadische, Mitwirkung, Zuarbeit oder Übergabe des Geschäftsführers in Zukunft noch angewiesen ist. In diesem Fall sollten Regelungen über den voraussichtlichen **Umfang** der zukünftigen Inanspruchnahme während der Freistellung getroffen werden, wie dies im Mustervertrag unter § 12 beispielhaft erfolgt ist. Ansonsten kann sich der Geschäftsführer auf die **unwiderrufliche Freistellung** berufen und weitere Arbeiten für die Gesellschaft, abgesehen von dringend erforderlichen Auskünften, die er im Rahmen der Treuepflicht schuldet, verweigern. Wird die Freistellung **widerruflich** ausgesprochen, so hätte die Gesellschaft zwar die Möglichkeit, den Geschäftsführer zu bestimmten Tätigkeiten im Zusammenhang mit seiner früheren Organstellung heranzuziehen; sie kann jedoch Urlaub nicht ohne Weiteres anrechnen. Der abberufene Geschäftsführer wird in aller Regel einer widerruflichen Freistellung nicht zustimmen. 684

Soweit in der Vergangenheit aus **sozialversicherungsrechtlichen Gründen** vor **unwiderruflichen Freistellungen** gewarnt wurde, hat das BSG mit einer Grundsatzentscheidung die Rechtslage dahingehend geklärt, dass unwiderrufliche Freistellungen auch über längere Zeiträume **nicht** dazu führen, dass sozialversicherungsrechtlich kein Beschäftigungsverhältnis mehr vorliegt (BSG, 24.09.2008 – B 12 KR 22/07 R, DB 2009, 2326; dazu im Einzelnen *Kock/Fandel*, DB 2009, 2324). Die Spitzenverbände der Sozialversicherungsträger haben die BSG-Entscheidung zwischenzeitlich als abschließend **verbindlich anerkannt** und die Weisungslage in ihren Behörden angepasst. 685

Der Hinweis auf die Anwendbarkeit von § 615 S. 2 BGB, der die Anrechnung anderweitigen Erwerbs während der Freistellung vorsieht, bzw. der entsprechenden Regelung in § 326 Abs. 2 S. 1 BGB, ist aus Gründen der Information über die Anrechnung sinnvoll. Nach richtiger Ansicht gelten die Bestimmungen aber auch, wenn der Hinweis im Anstellungsvertrag nicht aufgenommen ist (*Bauer/Krieger/Arnold* C Rn. 225, D Rn. 197). 686

7. Es ist dringend zu empfehlen, es während der Freistellung nicht bei der allgemeinen Verpflichtung zur Fortzahlung der »vertragsgemäßen Vergütung« zu belassen, sondern diese vertragsgemäße Vergütung im Einzelnen zu **beziffern** und **aufzulisten**. Nur durch eine derart detaillierte Regelung werden die typischen Streitpunkte bei der Beendigung des Anstellungsvertrages abschließend erledigt. Sinnvoll ist ferner, **kurze Ausschlussfristen** für die Klärung noch offener, nicht zu beziffernder Vergütungspositionen zu vereinbaren. 687

8. Die Musterklausel in § 3 enthält eine **Abfindungsregelung**. Die Zahlung einer Abfindung ist keineswegs zwingend. Da der Geschäftsführer keinen Kündigungsschutz hat besteht für die Gesellschaft **keine Veranlassung**, eine soziale Abfindung zum Ausgleich des Risikos einer unwirksamen Kündigung zu zahlen. Ist daher, wie in den meisten Fällen, im Anstellungsvertrag keine Abfindung vereinbart, so steht dem Geschäftsführer auch keine Abfindungszahlung zu. Bei einem Ge- 688 sellschaftergeschäftsführer kann die Zahlung einer Abfindung als **verdeckte Gewinnausschüttung** zu qualifizieren sein, wenn sie nicht bereits im Anstellungsvertrag vereinbart worden ist (*Schulte/Behnes*, Special 9 zu BB 2007, 10). Wird hingegen einem Fremdgeschäftsführer eine Abfindung durch einen Aufsichtsrat zugesprochen, die im Anstellungsvertrag nicht vorgesehen ist und auch ansonsten, etwa zur Abwehr eines rechtlichen Risikos, nicht erforderlich ist, so kann eine **Untreue** gegenüber der Gesellschaft vorliegen (vgl. BGH Urteil v. 21.12.2005 – 3 StR 470/04, NJW 2006, 522; vgl. hierzu Hümmerich/Reufels/*Reufels* § 2 Rn. 419).

689 Soweit das Anstellungsverhältnis **vorzeitig** aufgehoben wird, entweder unter Abkürzung eines festen Vertrages oder Aufhebung unter Verkürzung der Kündigungsfrist, werden die für die Gesellschaft ersparten Gehälter hingegen in aller Regel **kapitalisiert** und als Abfindung gezahlt. Die Abfindung ist an sich **sozialversicherungsfrei**, dies gilt auch für die kapitalisierten Vergütungsbeträge, die wegen Vertragsaufhebung nicht mehr aktiv verdient werden. Aufgrund des durch den Beendigungszeitpunkt vorgezogenen Endes des sozialversicherungsrechtlichen Beschäftigungsverhältnisses wird dies auch von den Sozialversicherungsträgern nicht beanstandet.

690 Die Regelung zur Abführung von **Lohnsteuer** unter Berücksichtigung der **Fünftelregelung** (§§ 24 Abs. 1, 34 Abs. 1 EStG) ist vor allem für den Geschäftsführer günstig, da er sonst erst bei seiner Jahreseinkommensteuererklärung in den (ohnehin begrenzten) Genuss der sog. Fünftelregelung kommt. Wie der BFH mit Urteil vom 24.6.2009 festgestellt hat kommt die Regelung auch bei einem Gesellschaftergeschäftsführer in Betracht, wenn die Abfindung einen Ersatz für entgehende, also künftig nicht mehr entstehende Einnahmen darstellt (BFH, Urteil v. 24.6.2009 – IV R 94/06, DB 2009, 2129). Für die Gesellschaft kann die Anwendung der Fünftelregelung dann ein **Risiko** darstellen, wenn der Geschäftsführer in dem gleichen Veranlagungszeitraum **in erheblichem Umfang** weitere Einnahmen hat, die bei der Veranlagung nicht berücksichtigt wurden. In diesem Fall wäre die Lohnsteuer auf die Abfindung zu gering bemessen. Die Klausel sieht daher vor, dass der Geschäftsführer der Gesellschaft entsprechende **Angaben über seine Einkünfte** zu machen hat. Im Übrigen ist der Gesellschaft bei größeren Beträgen zu empfehlen, die Berücksichtigung der Fünftelregelung vor Abschluss des Aufhebungsvertrags mit der Finanzverwaltung abzusprechen; für eine verbindliche Auskunft wird die Zeit in den meisten Fällen nicht ausreichen (instruktiv mit Beispielrechnung aber FG Nürnberg, Urteil v. 12.10.2006 – VI 131/2004, zit. n. juris).

691 **9.** Die Gesellschaft ist grundsätzlich nicht verpflichtet, bestehende **Versicherungen** auf den Geschäftsführer zu **übertragen**. Dies kann im Aufhebungsvertrag vereinbart werden, allerdings muss zuvor sichergestellt sein, dass die Versicherungsgesellschaft einer solchen Übertragung zustimmt. Bei **Direktversicherungen**, die den Regelungen des BetrAVG unterfallen, ist eine Übertragung nur dann nach den Bestimmungen von § 4 BetrAVG durchzuführen, wenn die Prämien durch **Entgeltumwandlung** gezahlt wurden oder die Versicherung bereits **unverfallbar** ist (vgl. Blomeyer/Rolfs/Otto/*Rolfs* § 4 Rn. 49). In diesen Fällen wird der Geschäftsführer über ein unwiderrufliches Bezugsrecht verfügen, dass seine Rechtsposition absichert.

692 **10.** Mit der in § 4 Abs. 3 enthaltenen Musterklausel sichert sich der Geschäftsführer gegenüber der Gesellschaft daraufhin ab, dass bestehende Vermögensschadens-Haftpflichtversicherungen (**D&O-Versicherungen**) fortgeführt werden. Dies kann bei einer längeren Freistellungsphase sinnvoll sein, wenn der Geschäftsführer sicher gehen möchte, dass auch etwaige Handlungen, zu denen er **während der Freistellung** herangezogen wird, noch von der Versicherung erfasst werden. Im Normalfall, also bei Beendigung sämtlicher Tätigkeiten mit Ende der Bestellung, ist die Klausel entbehrlich, da bei D&O-Versicherungen das **Anspruchserhebungsprinzip** gilt (*Lange*, DStR 2002, 1674, f.). Darauf, dass der Schaden oder die Pflichtverletzung erst später bekannt werden, kommt es nicht an.

693 **11.** Bei den Regelungen betreffend die **betriebliche Altersversorgung** ist größte Sorgfalt erforderlich. Die Formulierung in Abs. 1 stellt das Bestehen einer Versorgungszusage in der Form der Direktzusage fest. Sollte der Aufhebungsvertrag einen Gesellschafter-Geschäftsführer betreffen, so

ist darauf zu achten, dass die Zusage nicht über den Umfang der vorher vereinbarten Verpflichtung hinausgeht, da sonst eine verdeckte Gewinnausschüttung vorliegen kann.

12. Die Regelung in § 5 Abs. 2 sieht die **Absicherung** einer Direktzusage gegen das Insolvenzrisiko vor. Der Geschäftsführer hat ein Bedürfnis für eine solche Abwicklung, entweder weil er als Gesellschafter-Geschäftsführer **keinen Insolvenzschutz** durch den Pensionssicherungsverein a.G. (PSV) genießt, falls das BetrAVG auf ihn keine Anwendung findet, oder soweit seine Versorgungszusage die vom PSV abgesicherten Höchstgrenzen überschreitet. 694

Für die Gesellschaft ist zu bedenken, dass eine derartige Rückdeckungsversicherung mit **sehr hohen Kosten** verbunden ist. Vor Abschluss einer solchen vertraglichen Verpflichtung sind daher in jedem Fall Angebote von Versicherungsunternehmen einzuholen, um den Umfang der dadurch begründeten finanziellen Belastung genau zu erfassen. 695

13. Durch eine **Outplacement-Beratung** wird ein Geschäftsführer bei der Neuorientierung auf dem Arbeitsmarkt unterstützt. Gute Outplacement-Beratungsunternehmen unterhalten darüber hinaus Netzwerke mit Unternehmen, denen sie zugleich als Personalvermittlung dienen. Von der Finanzverwaltung wird die Outplacement-Beratung meistens als **geldwerter Vorteil** des Geschäftsführers gesehen, so dass sie **lohnsteuerpflichtig** ist. Mit der vorliegenden Klausel verspricht die Gesellschaft die Übernahme etwaiger derartiger Belastungen, also auch der darauf entfallenden Einkommensteuer. 696

14. Nach § 7 hat der Geschäftsführer alle Gegenstände der Gesellschaft herauszugeben. Mit Beendigung der Organstellung steht ihm hieran ohnehin **kein Besitzrecht** mehr zu. 697

15. Die in § 8 getroffenen Regelungen zur **weiteren Überlassung des Dienstwagens** während der Freistellung sind üblich. Auch nach Ende der Bestellung ändert sich an der Versteuerung des Dienstwagens nichts, der Geschäftsführer kann jedoch beantragen, dass ihm die steuerliche Berücksichtigung des Weges zwischen Wohnung und Arbeitsstätte (0,03 %-Regelung pro Entfernungskilometer) erlassen wird, da er nachweisen kann, dass er diesen Weg nicht mehr arbeitstäglich wahrzunehmen hat. 698

16. Üblicherweise tragen beide Seiten ihre jeweiligen Beraterkosten **selber**. Mit der Klausel in § 9 wird die Übernahme von Kosten der Rechtsberatung des Geschäftsführers bei zu einem gewissen Betrag zugesagt. 699

17. Die dem Geschäftsführer bereits nach § 85 GmbHG obliegende Verschwiegenheitspflicht dauert über die Beendigung des Anstellungsverhältnisses hinaus an. Die Musterklausel in § 10 hat also weitgehend **deklaratorischen Charakter**. Es wird allerdings empfohlen, diese Klausel aufzunehmen, da sie dem Geschäftsführer seine Verpflichtung verdeutlicht. 700

In § 10 Abs. 3 des Mustervertrags wird ein bestehendes nachvertragliches Wettbewerbsverbot mit sofortiger Wirkung aufgehoben. Die Gesellschaft muss in diesem Fall keine Karenzentschädigung zahlen, da die einvernehmliche Aufhebung, anders als der einseitige Verzicht, mit sofortiger Wirkung möglich ist (*Bauer/Krieger/Arnold* C Rn. 333 f.). Zugleich wird das allgemeine Wettbewerbsverbot bis zum Beendigungszeitpunkt bestätigt, es besteht nach allg. Ansicht jedoch auch ohne ausdrückliche Vereinbarung kraft nachwirkende Treupflicht aus der Organstellung (vgl. *Bauer/Krieger/Arnold* D Rn. 242 f.). Schließlich kann es für die Gesellschaft sinnvoll sein, ein Informationsrecht darüber zu vereinbaren, wenn der Geschäftsführer vor dem Beendigungszeitpunkt eine anderweitige Beschäftigung aufnimmt. 701

18. Die Aufhebung des Anstellungsvertrages erfolgt häufig in einer Zeit belasteter Beziehungen. Es ist hier sinnvoll, Einvernehmen über die **Verlautbarung gegenüber Dritten** zu erzielen. Mit der Klausel in § 11 ist dies in sehr detaillierter Weise vorgegeben. Zur weiteren Absicherung ließe sich noch eine **Vertragsstrafe** aufnehmen, wenn eine Partei von den Vereinbarungen abweicht. Geschieht dies nicht, könnte die verletzte Partei lediglich **Unterlassung** für die Zukunft und **Schadensersatz** fordern, wobei Letzterer wegen des praktisch nicht zu beziffernden Schadens regelmäßig leer läuft. 702

703 Gemäß § 630 BGB haben Geschäftsführer einen gesetzlichen **Anspruch auf ein Zeugnis**. Es empfiehlt sich jedoch, die Erteilung eines Zeugnisses mit der Gesellschaft zu **vereinbaren**. Zur Vermeidung von Streitigkeiten und auch zur Arbeitserleichterung ist es sinnvoll, wenn der Geschäftsführer einen Zeugnisentwurf vorlegen kann, der dann von der Gesellschaft überprüft wird. Dabei die ist die in der Musterklausel gewählte Formulierung, dass die Gesellschaft nur aus erheblichen Gründen abweichen darf, zum Schutz der Interessen der Gesellschaft jedenfalls ausreichend, die Gesellschaft könnte auch mit einer noch weitergehenden Einschränkung nicht rechtlich verpflichtet werden, ein sachlich falsches Zeugnis auszustellen.

704 **19.** Aufgrund der **unwiderruflichen Freistellung** ist der Geschäftsführer nicht verpflichtet, weiterhin für die Gesellschaft tätig zu werden. Legt die Gesellschaft hierauf besonderen Wert, sollte dies im Rahmen einer detaillierten Regelung, wie in der Musterklausel § 12, niedergelegt werden. Insbesondere wenn sich die Gesellschaft von einem Geschäftsführer in einer **Krisensituation** trennt kann es für die weitere Führung der Geschäfte außerordentlich wertvoll sein, in gewissem Umfang auf die Kenntnisse des ehemaligen Geschäftsführers zurückgreifen zu können. Gleiches gilt, wenn die Gesellschaft **gerichtliche oder schiedsgerichtliche Auseinandersetzungen** führt, in denen sie zur Vorbereitung ihrer Darlegungen und Strategie auf die Kenntnisse der seinerzeit aktiv Handelnden angewiesen ist.

705 **20.** Die **Erledigungsklausel** ist in den meisten Fällen für beide Seiten von Interesse. Für die Gesellschaft kommt es zu einer klaren Begrenzung und Berechnung der **finanziellen Folgen** des Aufhebungsvertrags, weil ausgeschlossen ist, dass der Geschäftsführer noch andere, nicht verjährte Forderungen aus den letzten drei Jahren erhebt. Sie hat zudem eine, je nach getroffener Vereinbarung, sichere Position hinsichtlich der weiteren **Personalplanung**. Für den Geschäftsführer ergeben sich ebenfalls Vorteile, da er gegen mögliche **Ersatzansprüche** der geschützt wird. Hierzu enthält die Musterklausel allerdings für beide Seite Einschränkungen, welche Ansprüche und Pflichten noch nicht erledigt sind.

706 **21.** Die Klausel in § 16 sieht die Anwendung deutschen Rechts vor. Eine Rechtswahlklausel sollte bei Aufhebungsverträgen immer dann aufgenommen werden, wenn auch nur die Möglichkeit besteht, dass es im Verlauf der Abwicklung des Vertrags zu Auslandsberührungen kommt. Dies ist durch Umzug des ehemaligen Geschäftsführers ins Ausland jederzeit ohne Weiteres möglich.

707 Die auf den Aufhebungsvertrag anzuwendende Rechtsordnung kann frei vereinbart werden, eine Verbindung zu einem anderen Staat ist hierfür nicht gefordert (Art. 3 Abs. 1 Rom I-VO). Als anzuwendendes Recht kann das Recht des Inlandes, das Recht des Auslandes oder sogar das Recht eines anderen Landes vereinbart werden.

708 Ferner sieht die Musterklausel einen **örtlichen Gerichtsstand** am Sitz der Gesellschaft vor. **Gerichtsstandsvereinbarungen** sollten wie Rechtswahlklauseln vorgesehen werden, wenn ein Auslandsbezug entstehen kann. Es dient der Rechtsklarheit, wenn durch Festlegung eines ausschließlichen Gerichtsstandes die konkurrierende Zuständigkeit der Gerichte mehrerer Staaten beseitigt wird. Bei **Verträgen ohne Auslandsberührung** oder mit Berührung ausländischer Staaten, die nicht dem Anwendungsbereich der EuGVVO unterfallen, sind Gerichtsstandsvereinbarungen in Deutschland regelmäßig **unwirksam**, da § 38 Abs. 1 ZPO erfordert, dass entweder beide Vertragsparteien Kaufleute sind oder die Vereinbarung nach dem Entstehen der Streitigkeit geschlossen wird. Diese Voraussetzungen sind beim Aufhebungsvertrag nicht gegeben. Damit ist beiden Parteien im Inland die Klage an anderen Gerichtsständen möglich. Eine Gerichtsstandsvereinbarung kann hingegen auch von Nichtkaufleuten wirksam abgeschlossen werden, wenn mindestens eine der Parteien **keinen allgemeinen Wohnsitz im Inland** hat (§ 38 Abs. 2 ZPO). Die in Deutschland ansässige Partei kann dabei allerdings nur die Zuständigkeit desjenigen Gerichts vereinbaren, bei dem sie den allgemeinen Gerichtsstand hat.

D. Rechtsbeziehungen zwischen der Gesellschaft und den einzelnen Gesellschaftern

I. Leistungen an die Gesellschaft

1. Einforderung von Einlagen durch die Geschäftsführer

Vorbemerkung

Soweit für die Einforderung von Einlagen (früher: Leistungen auf die Stammeinlage) nicht ein bestimmter Fälligkeitstermin gesetzlich bestimmt ist oder schon in dem Gesellschaftsvertrag bzw. im Kapitalerhöhungsbeschluss festgelegt wurde, ist ein im Regelfalle durch die Gesellschafter zu fassender Einforderungsbeschluss erforderlich (§ 46 Nr. 2 GmbHG). Werden die Einlagen eingefordert, steht den Gesellschaftern die Einrede nach § 19 Abs. 1 GmbHG zu, wonach die Gesellschafter bei der Einzahlung der Stammeinlage gleich zu behandeln sind (von Rechenberg/Ludwig/*Fehrenbacher* Kap. 13 Rn. 104 sowie von Rechenberg/Ludwig/*Meyer* 13. Kap. Rn. 1271). Der Einforderungsbeschluss der Gesellschafter kann so konkret gefasst werden, dass er von den Geschäftsführern schlicht im Sinne einer Zahlungsaufforderung durchzuführen ist. Die Geschäftsführer können von den Gesellschaftern aber auch ermächtigt werden, die Einforderung entsprechend dem Bedarf der Gesellschaft selbst durchzuführen (Lutter/Hommelhoff/*Bayer* § 46 Rn. 13; Roth/Altmeppen/*Roth* § 46 Rn. 11). In beiden Fällen wird den Geschäftsführern jedoch keine eigene Entscheidungskompetenz im Sinne einer eigenen unternehmerischen Entscheidung für die Einforderung der Einlagen eingeräumt. Soll dies geschehen, muss die Gesellschafterversammlung ihre Entscheidungsbefugnis durch eine entsprechende Bestimmung im Gesellschaftsvertrag ausdrücklich auf die Geschäftsführer delegieren (zu den Anforderungen vgl. OLG Celle NJW-RR 1998, 970, 971: danach genügt eine Bestimmung, nach der die Einlage »auf Anfordern der Gesellschaft« einzuzahlen ist, für eine Übertragung auf die Geschäftsführer nicht). Das Vorhandensein einer solchen Gesellschaftsvertragsbestimmung wird in dem nachfolgenden Muster unterstellt (siehe auch Muster A 20 (Rdn. A 282)). 1

Muster

Herrn A 2

Bei der Gründung der ____________ GmbH mit Sitz in Frankfurt am Main haben Sie [einen] Geschäftsanteil[e] [1] wie folgt übernommen:

1. Geschäftsanteil Nr. ____________ im Nennbetrag von ____________ €;

2. Geschäftsanteil Nr. ____________ im Nennbetrag von ____________ €;

3. [ggf. weitere Geschäftsanteile auflisten].

Auf die vorstehenden Geschäftsanteile haben Sie bisher folgende Zahlungen geleistet:

1. ____________ € auf Geschäftsanteil Nr. ____________ d.h. ____________ % des Nennbetrages;

2. ____________ € auf Geschäftsanteil Nr. ____________ d.h. ____________ % des Nennbetrages;

3. [ggf. Zahlungen auf weitere Geschäftsanteile auflisten].

Gemäß § ____________ des Gesellschaftsvertrags sind die Geschäftsführer ermächtigt, die noch ausstehenden Einlagen unter Beachtung der gesetzlichen Regelungen, insbesondere des § 19 GmbHG, nach eigenem Ermessen einzufordern. [2, 3]

Wir fordern daher hiermit von Ihnen im Einzelnen ein:

1. **auf den Geschäftsanteil Nr. [die noch ausstehende Einlage/einen weiteren Teilbetrag] in Höhe von ____________ €, d.h. weitere ____________ % des Nennbetrages;**
2. **auf den Geschäftsanteil Nr. [die noch ausstehende Einlage/einen weiteren Teilbetrag] in Höhe von ____________ €, d.h. weitere ____________ % des Nennbetrages;**
3. **[ggf. zu leistende Zahlungen auf weitere Geschäftsanteile auflisten].**

Wir haben Sie daher aufzufordern, den Gesamtbetrag von ____________ € bis spätestens zum ____________ an die Gesellschaft unter Nutzung der folgenden Bankverbindung

____

zu überweisen. [4]

Zu Ihrer Information dürfen wir Ihnen mitteilen, dass die Einforderung gegenüber allen Gesellschaftern gleichmäßig erfolgt und Ihre Mitgesellschafter ____________ und ____________ dem Nennbetrag ihrer Geschäftsanteile entsprechende, gleichlautende Aufforderungsschreiben erhalten haben. [5]

Geschäftsführer der ____________ GmbH [6]

Template

3 **Mr. A**

When ____________ GmbH was established with its registered office in Frankfurt am Main, you took over [one] company share[s] [1] as follows:

1. **Company share No. ____________ having the nominal value of ____________ €;**
2. **Company share No. ____________ having the nominal value of ____________ €;**
3. **[list additional company shares where applicable].**

You have paid in the following amounts for the aforementioned company shares:

1. **____________ € towards company share No. ____________ i.e. ____________ % of the nominal value;**
2. **____________ € towards company share No. ____________ i.e. ____________ % of the nominal value;**
3. **[list additional company shares where applicable].**

Pursuant to Section ____________ of the Articles of Association, the Managing Directors are authorized to call for outstanding payments on shares, at their own discretion, in adherence with legal requirements, in particular with Section 19 GmbHG. [2, 3]

We hereby call upon you to make the following specific capital contributions:

1. **on company share No. [the outstanding share contribution/an additional part payment] in the amount of ____________ €, i.e. an additional ____________ % of the nominal value;**

2. on company share No. [the outstanding share contribution/an additional part payment] in the amount of ________ €, i.e. an additional ________ % of the nominal value;

3. [list any additional payments to be made on additional company shares where applicable].

We therefore kindly request that you remit the entire amount of ________ € no later than ________ to the company, using the following banking coordinates ________ [4]

For your information, we wish to inform you that this call on shares is being made to all shareholders equally and your co-shareholders ________ and ________ have received the same corresponding call notice according to the nominal value of their company shares. [5]

Managing Directors of ________ GmbH [6]

Erläuterungen

1. Seit Inkrafttreten des MoMiG am 01.11.2008 werden an die Gestaltung der Geschäftsanteile gelockerte Anforderungen gestellt. Nach § 5 Abs. 2 S. 2 GmbHG ist entgegen der bisherigen Rechtslage die Übernahme mehrerer Geschäftsanteile ausdrücklich und bereits bei Gründung der GmbH erlaubt (vgl. Roth/Altmeppen/*Roth* § 5 Rn. 24; von Rechenberg/Ludwig/*Fehrenbacher* Kap. 13 Rn. 97). Handlungen und Erklärungen gegenüber den einzelnen Gesellschaftern sind daher jeweils geschäftsanteilsbezogen durchzuführen. 4

2. Die Einforderung von Einlagen im Sinne des § 46 Nr. 2 GmbHG bezieht sich auf Einlagen, deren Fälligkeit nicht bereits durch das Gesetz, den Gesellschaftsvertrag oder den Kapitalerhöhungsbeschluss vorgegeben ist (Scholz/*K. Schmidt* § 46 Rn. 51; Baumbach/Hueck/*Noack* § 46 Rn. 25 f.). § 46 Nr. 2 betrifft daher nicht die Mindesteinlagen, die vor der Anmeldung zu leisten sind (25 % des Nennbetrages auf jeden Geschäftsanteil sowie die Sacheinlagen, vgl. § 7 Abs. 2 Satz 1, Abs. 3 GmbHG sowie § 56a, 57 Abs. 2 GmbHG für Kapitalerhöhungsbeschlüsse). Eine gesonderte Einforderung scheidet auch in den Fällen aus, in denen der Gesellschaftsvertrag oder der Kapitalerhöhungsbeschluss bereits einen bestimmten (oder eindeutig bestimmbaren) Fälligkeitstermin vorgeben (Scholz/*Veil* § 19 Rn. 13; Lutter/Hommelhoff/*Bayer* § 46 Rn. 12 m.w.N.). Der Begriff der Einlage umfasst auch ein vereinbartes Aufgeld (Agio) (h.M. vgl. Lutter/Hommelhoff/*Bayer* § 19 Rn. 2; GroßkommGmbHG/*Casper* § 19 Rn. 23; Baumbach/Hueck/*Noack* § 46 Rn. 25). 5

3. Die Entscheidung über die Einforderung der Einlagen obliegt gemäß § 46 Nr. 2 GmbHG grundsätzlich den Gesellschaftern. An einer solchen Beschlussfassung können alle Gesellschafter teilnehmen, auch die von der Einforderung betroffenen Gesellschafter unterliegen keinem Stimmverbot (BGH NJW 1991, 172, 173; Lutter/Hommelhoff/*Bayer* § 19 Rn. 9; Michalski/*Römermann*, § 46 Rn. 121). Die Gesellschafter können die Geschäftsführer aber auch zur eigenen Einforderung der Einlagen ermächtigen, wobei die Entscheidung den Geschäftsführern dann allerdings nicht nach freiem Ermessen obliegt, sondern diese die Zahlungen nach Bedarf der Gesellschaft anzufordern haben (Roth/Altmeppen/*Roth* § 46 Rn. 11; Michalski/*Römermann* § 46 Rn. 146). Sollen die Geschäftsführer – wie vorliegend – eine eigene Einforderungsentscheidung treffen, ist eine Ermächtigung in dem Gesellschaftsvertrag erforderlich aber nach ganz h.M. auch durchaus zulässig (BGH Beschl. vom 11.12.1995 – II ZR 268/94, mit Anm. *Goette* DStR 1996, 111). Entscheidend ist in diesen Fällen, das die Zuständigkeitsverschiebung in dem Gesellschaftsvertrag eindeutig geregelt ist. Der bisher insoweit sehr strengen aber umstrittenen Rechtsprechung reicht es nicht aus, wenn der Gesellschaftsvertrag schlicht auf eine »Aufforderung« oder »Anforderung« durch die Geschäftsführer verweist; eine solche könnte nämlich auch die Fälle meinen, in denen die Geschäftsführer einen mehr oder weniger detaillierten Gesellschafterbeschluss schlicht durchführt (vgl. zur The- 6 matik im einzelnen BGH Beschl. vom 11.12.1995 – II ZR 268/94, mit Anm. *Goette* DStR 1996, 111; Michalski/*Römermann*, § 46 Rn. 145–150; Lutter/Hommelhoff/*Bayer* § 19 Rn. 10 m.w.N.; Baumbach/Hueck/*Noack* § 46 Rn. 29). In der Praxis ist es den Geschäftsführern bei Vorliegen einer nicht ganz eindeutigen Bestimmung im Gesellschaftsvertrag zu empfehlen, einen Gesellschafterbeschluss gemäß § 46 Abs. 2 GmbHG einzuholen. Ist ein solcher nämlich erforderlich und handeln die Geschäftsführer gleichwohl aus eigener Machtvollkommenheit, ist die Einforderung unwirksam (Baumbach/Hueck/*Noack* § 46 Rn. 25).

7 **4.** Mit der Einforderung der Einlage im Sinne des § 46 Abs. 2 GmbHG entsteht ein klagbarer Anspruch gegen die Gesellschafter, die Einlageforderung wird (soweit die Einforderung nicht einen bestimmten Fälligkeitstermin vorsieht) fällig (Scholz/*K. Schmidt* § 46 Rn. 56), die 10-jährige Verjährungsfrist des § 19 Abs. 6 Satz 1 GmbHG beginnt. Maßgebend ist der Zugang der entsprechenden Einforderung beim Schuldner, d.h. dem Gesellschafter. Dementsprechend ist es auch folgerichtig, in den Fällen, in denen der Gesellschaftsvertrag keine Kompetenzverschiebung vorsieht und die Gesellschafter einen Einforderungsbeschluss fassen, die Fälligkeit für die bei der Beschlussfassung anwesenden Gesellschafter an das Datum der Beschlussfassung zu knüpfen (Baumbach/Hueck/*Noack* § 46 Rn. 25). In der Insolvenz der Gesellschaft kann der Insolvenzverwalter die restliche Einlage auch ohne Gesellschafterbeschluss einfordern und damit fällig stellen (vgl. BGH NZG 2008, 73, 76; OLG Jena NZG 2007, 717 sowie OLG Jena, GmbHR 2017, 754; Michalski/*Römermann* § 46 Rn. 109; Baumbach/Hueck/*Noack* § 46 Rn. 27).

Die Zahlung auf die eingeforderte (Rest-)Einlageschuld des Gesellschafters bewirkt nur dann die Erfüllung der Einlageschuld, wenn sie tatsächlich, vollwertig, unbeschränkt und definitiv dem Vermögen der Gesellschaft zufließt (OLG München, MittayNot 2017, 286). Eine Erfüllungswirkung bezüglich der Einlageschuld kann insoweit zwar auch durch eine Zahlung an den Geschäftsführer als Gläubiger der Gesellschaft aufgrund eines Vergütungsanspruchs eintreten, allerdings nur dann, wenn diesbezüglich eine hinreichende Bestimmtheit der Drittforderung vorliegt und eine ausdrückliche Tilgungsbestimmung bezogen auf diese Schuld getroffen ist (OLG München, a.a.O.). Die Aushändigung von Bargeld an den Geschäftsführer und Mitgesellschafter, der sich in »desolater finanzieller Situation befindet« und das Geld für seinen Lebensunterhalt benötigt, stellt jedenfalls keine Erfüllung der Einlageschuld dar, auch wenn die Kassenabrechnung und das Kassenzählprotokoll entsprechende Eintragungen enthalten zufließt (OLG München, a.a.O.).

8 **5.** Das Gleichbehandlungsgebot nach § 19 Abs. 1 GmbHG verlangt eine Inanspruchnahme der Gesellschafter nach dem Verhältnis der Geschäftsanteile. Bei § 19 Abs. 1 GmbHG handelt es sich um dispositives Recht (näher hierzu GroßkommGmbHG/*Casper* § 19 Rn. 21 f.; Roth/Altmeppen/*Roth* § 19 Rn. 4). Somit können sowohl in dem Gesellschaftsvertrag als auch nachträglich durch Gesellschafterbeschluss mit Zustimmung aller benachteiligten Gesellschafter Abweichungen vom Gleichbehandlungsgrundsatz vereinbart und von den Gesellschaftern unterschiedliche Beträge, auch zu unterschiedlichen Zeiten eingefordert werden (Baumbach/Hueck/*Fastrich* § 19 Rn. 10; GroßkommGmbHG/*Casper* § 19 Rn. 36 f.; von Rechenberg/Ludwig/*Meyer* Kap. 13 Rn. 1271). Allerdings ist bei einer nachträglichen Änderung der Fälligkeitsbestimmungen darauf zu achten, dass dadurch kein Verstoß gegen das Befreiungsverbot des § 19 Abs. 2 GmbHG (welches auch ein Stundungsverbot umfasst) erfolgt (Lutter/Hommelhoff/*Bayer* § 19 Rn. 6; Baumbach/Hueck/*Fastrich* § 19 Rn. 10). Da der Gesellschafter jederzeit Auskunft über den Stand der Einforderung gegenüber seinen Mitgesellschaftern verlangen kann und die Rechtsfolgen der §§ 20, 21 GmbHG vor Erteilung der Auskunft auch bei nicht rechtzeitiger Zahlung des Gesellschafters nicht eintreten (Roth/Altmeppen/*Roth* § 19 Rn. 5; Lutter/Hommelhoff/*Bayer* § 19 Rn. 7), ist es in der Praxis empfehlenswert, schon im Einforderungsverlangen klarzustellen, dass der Gleichbehandlungsgrundsatz eingehalten wird.

9 **6.** Die Einforderung von Einlagen durch die Geschäftsführung ist – ebenso wie die einfache Aufforderung – eine einseitige, empfangsbedürftige, nicht formgebundene Willenserklärung der Gesellschaft (Baumbach/Hueck/*Noack* § 46 Rn. 25; Lutter/Hommelhoff/*Bayer* § 19 Rn. 9). Mit dem Gesellschafterbeschluss und der entsprechenden Aufforderung bzw. der Einforderung wird gegebe-

nenfalls auch der Grundstein für das Kaduzierungsverfahren gelegt (vgl. zu letzterem Muster D 3 (Rdn. D 22 ff.)). Es ist zu empfehlen, für eine beweissichere Zugangsform Sorge zu tragen.

2. Gesellschafterbeschluss über die Einforderung eines Nachschusses

Vorbemerkung

Grundsätzlich sind Gesellschafter über ihre Stammeinlage und eventuelle Nebenleistungspflichten (dazu Muster D 8 (Rdn. D 85 ff.)) hinaus zur Leistung weiterer Beträge nicht verpflichtet. Die Pflicht zur Leistung von Nachschüssen bei einer GmbH ist daher eher die Ausnahme. Nachschüsse können ausschließlich auf der Grundlage einer entsprechenden Bestimmung im Gesellschaftsvertrag gefordert werden (§ 26 Abs. 1 GmbHG). § 26 Abs. 1 GmbHG ist nicht dispositiv (Scholz/*Emmerich*, § 27 Rn. 2). Wie bei den Einlagen, handelt es sich bei Nachschüssen um Einzahlungen in das Eigenkapital der Gesellschaft, allerdings über den Nennbetrag der Geschäftsanteile hinaus (Roth/Altmeppen/*Altmeppen* § 26 Rn. 2; Baumbach/Hueck/*Fastrich* § 26 Rn. 2; Lutter/Hommelhoff/*Bayer* § 26 Rn. 2). Bei entsprechender gesellschaftsvertraglicher Vorbereitung kann die Einforderung von Nachschüssen eine einfache und rasche Methode zur Stärkung des Eigenkapitals der Gesellschaft sein, wobei jedoch zu beachten ist, dass die ergänzende Vertragsauslegung von Bestimmungen eines GmbH-Gesellschaftsvertrages ergeben kann, dass die dort enthaltene Verpflichtung der Gesellschafter zum Ausgleich der Verluste und zur Mittelausstattung der Gesellschaft nach der Eröffnung des Insolvenzverfahrens über das Vermögen der GmbH nicht mehr gilt (vgl. OLG Schleswig GmbHR 2015, 990). Soweit Nachschüsse zu leisten sind, sind sie immer in bar zu leisten; Sachleistungen können von der Gesellschaft nur an Erfüllungs Statt akzeptiert werden (Baumbach/Hueck/*Fastrich* § 26 Rn. 2; Michalski/*Mock* § 26 Rn. 19, 39). Der Gesellschaftsvertrag kann eine unbeschränkte oder auch betragsmäßig beschränkte Nachschusspflicht bestimmen (§ 26 Abs. 3 GmbHG). Das Formular behandelt den Fall einer auf den Nennbetrag des Geschäftsanteils beschränkten Nachschusspflicht aller Gesellschafter, wobei der Höchstbetrag nicht komplett ausgenutzt wird, sondern vorläufig nur 50 % des Nennbetrages gefordert werden. 10

Muster

Protokoll einer Gesellschafterversammlung 11

A hält einen Geschäftsanteil im Nennbetrag von 30.000 €, B einen Geschäftsanteil im Nennbetrag von 30.000 € und C zwei Geschäftsanteile mit einem Nennbetrag von jeweils 20.000 € an der C-GmbH mit Sitz in Köln, mit einem Stammkapital in Höhe von insgesamt 100.000 €, eingetragen im Handelsregister des Amtsgerichts Köln unter Nr. HRB ______. Die Unterzeichnenden vertreten damit das gesamte Stammkapital der C-GmbH und beschließen [1] hiermit unter Verzicht auf alle Formen und Fristen für die Einberufung und Abhaltung einer Gesellschafterversammlung der C-GmbH was folgt:

Gemäß § ______ des Gesellschaftsvertrages [2] der C-GmbH besteht für jeden Gesellschafter eine Nachschusspflicht bis zur Höhe des Nennbetrages der von ihm gehaltenen Geschäftsanteile. Der Nachschuss kann ganz oder in Teilen eingefordert werden.

Von jedem Gesellschafter wird hiermit ein Nachschuss in Höhe von 50 % des Nennbetrages eines jeden von ihm gehaltenen Geschäftsanteils [3] eingefordert. Die vollständige oder teilweise Einforderung der weiteren 50 % des Nennbetrages bleibt unberührt und ggf. einem weiteren Gesellschafterbeschluss vorbehalten. [4] Damit ergeben sich im Einzelnen folgende Zahlungspflichten: [5]

1. Gesellschafter A

Nachschusspflicht in Höhe von 15.000 € auf den Geschäftsanteil Nr. ____________ von nominal 30.000 €; entspricht 50 % des Nennbetrages.

2. Gesellschafter B

Nachschusspflicht in Höhe von 15.000 € auf den Geschäftsanteil Nr. ____________ von nominal 30.000 €; entspricht 50 % des Nennbetrages.

3. Gesellschafter C

a) Nachschusspflicht in Höhe von 10.000 € auf den Geschäftsanteil Nr. ____________ von nominal 20.000 €; entspricht 50 % des Nennbetrages;

b) Nachschusspflicht in Höhe von 10.000 € auf den Geschäftsanteil Nr. ____________ von nominal 20.000 €; entspricht 50 % des Nennbetrages.

Die Nachschusszahlungen sind bis spätestens zum ____________ an die Gesellschaft unter Nutzung der folgenden Bankverbindung

____

zu überweisen. [6]

Weitere Beschlüsse wurden nicht gefasst.

Template

12 **Minutes of a Shareholders´ meeting**

A shall receive a company share having the nominal value of 30,000 €, B a company share with the nominal value of 30,000 € and C two company shares having a nominal value each of 20,000 in C-GmbH registered in Cologne, with share capital totaling 100,000 €, registered in the Commercial Register of the Local Court of Cologne under No. HRB ____________. The signatories thus represent the entire share capital of C-GmbH and decide [1]**, hereby waiving all forms, deadlines or notice periods for convening and holding a Shareholder´s Meeting of C-GmbH as follows:**

Pursuant to Section ____________ of the Articles of Association [2] **of C-GmbH, each shareholder has an obligation to make an additional capital contribution up to the nominal value of the company shares held by him. The additional capital contribution can be called in parts or in whole.**

Each shareholder is hereby called to make an additional capital contribution in the amount of 50 % of the nominal amount of the company share [3] **held by him. The complete or partial call on the additional 50 % of the nominal value shall remain unaffected or, where applicable, be subject to another shareholder resolution.** [4] **This results in the following specific payment obligations:** [5]

1. Shareholder A

Obligation to make an additional capital contribution in the amount of 15,000 € on the company share No. ____________ nominally valued at 30,000 €; representing 50 % of the nominal value.

2. Shareholder B

Obligation to make an additional capital contribution in the amount of 15,000 € on the company share No. ____________ nominally valued at 30,000 €; representing 50 % of the nominal value.

3. Shareholder C

a) Obligation to make an additional capital contribution in the amount of 10,000 € on the company share No. ____________ nominally valued at 20,000 €; representing 50 % of the nominal value;

b) Obligation to make an additional capital contribution in the amount of 10,000 € on the company share No. ____________ nominally valued at 20,000 €; representing 50 % of the nominal value.

You are requested to make the additional capital contributions to the company no later than ____________, using the following banking coordinates ____________ [6]

No other resolutions were made.

Erläuterungen

1. Die Nachschusspflicht muss zwingend von den Gesellschaftern beschlossen werden (OLG Frankfurt NJW-RR 1992, 1512), der Gesellschaftsvertrag kann die zusätzliche Mitwirkung weiterer Organe (Aufsichtsrat/Beirat) vorsehen, den Gesellschaftern die Zuständigkeit jedoch nicht entziehen (Michalski/*Mock* § 26 Rn. 18, 24 f.; Scholz/*Emmerich* § 26 Rn. 14a; Baumbach/Hueck/*Fastrich* § 26 Rn. 8; Roth/Altmeppen/*Altmeppen* § 26 Rn. 10 m.w.N.). Der Gesellschafterbeschluss bedarf der einfachen Mehrheit (Lutter/Hommelhoff/*Bayer* § 26 Rn. 8; Scholz/*Emmerich* § 26 Rn. 15). Soweit der Gesellschaftsvertrag nichts anderes vorsieht, ist eine notarielle Beurkundung nicht erforderlich. Der Gesellschafterbeschluss muss nicht begründet werden, die Einforderung von Nachschüssen setzt auch keinen entsprechenden Finanzbedarf der Gesellschaft oder ähnliches voraus (Baumbach/Hueck/*Fastrich* § 26 Rn. 8). Allerdings kann die Einforderung von Nachschüssen treuwidrig sein, wenn sie nur dazu dient, einen Mitgesellschafter zur Preisgabe seiner Geschäftsanteile zu animieren bzw. aus der Gesellschaft zu »vertreiben« (Baumbach/Hueck/*Fastrich* GmbHG § 26 Rn. 8; Michalski/*Mock* § 26 Rn. 30 m.w.N.; zur Preisgabe siehe Muster D 5 (Rdn. D 44 ff.)). 13

2. Die Möglichkeit der Gesellschafterversammlung zur Einforderung von Nachschüssen setzt eine entsprechende Pflicht der Gesellschafter im Gesellschaftsvertrag voraus, § 26 Abs. 1 GmbHG. Ist diese nicht von vornherein vorgesehen, kann die Nachschusspflicht durch einen den Gesellschaftsvertrag abändernden, notariell zu beurkundenden, Beschluss nachträglich eingeführt werden (Scholz/*Emmerich* § 26 Rn. 9a; Michalski/*Mock* § 26 Rn. 21 f.; Lutter/Hommelhoff/*Bayer* § 26 Rn. 7). Der Beschluss bedarf der $^{3}/4$ Mehrheit des § 53 Abs. 2 GmbHG sowie der Zustimmung aller von der Nachschusspflicht betroffenen Gesellschafter (§ 53 Abs. 3 GmbHG), was in der Regel freilich bedeutet, dass die Zustimmung sämtlicher Gesellschafter erforderlich ist, wenn die Nachschusspflicht für alle Gesellschafter gleichermaßen gilt (von Rechenberg/Ludwig/*Meyer* Kap. 13 Rn. 295). Fehlt die erforderliche notarielle Beurkundung (§ 53 Abs. 2 GmbHG) oder wird die nachträgliche Einführung der Nachschusspflicht nicht in das Handelsregister eingetragen (§ 54 GmbHG), ist diese unwirksam (KG NZG 2000, 688, 689; Baumbach/Hueck/*Fastrich* GmbHG § 26 Rn. 7; Lutter/Hommelhoff/*Bayer* § 26 Rn. 7). Nachschusspflichten sind von freiwilligen Zuschüssen, Gesellschafterdarlehen und Nebenleistungen gemäß § 3 Abs. 2 GmbHG zu unterscheiden (siehe hierzu Roth/Altmeppen/*Altmeppen* § 26 Rn. 3 ff. m.w.N.; Baumbach/Hueck/*Fastrich* § 26 Rn. 2; grundlegend: BGH NJW-RR 1993, 607; OLG Nürnberg GmbHR 1981, 242; OLG München GmbHR 2000, 981; OLG Hamburg NJW-RR 1992, 1512). Die ergänzende Ver- 14 tragsauslegung von Bestimmungen eines GmbH-Gesellschaftsvertrages kann ergeben, dass die dort enthaltene Verpflichtung der Gesellschafter zum Ausgleich der Verluste und zur Mittelausstattung der Gesellschaft nach der Eröffnung des Insolvenzverfahrens über das Vermögen der GmbH nicht mehr gilt.

15 **3.** Die Nachschüsse müssen in demselben Verhältnis zueinander stehen, wie die Geschäftsanteile der Gesellschafter, § 26 Abs. 2 GmbHG. Verstöße gegen den Gleichbehandlungsgrundsatz machen den Einforderungsbeschluss anfechtbar (Scholz/*Emmerich* § 26 Rn. 24 f.; Michalski/*Mock* § 26 Rn. 44, 46; Lutter/Hommelhoff/*Bayer* § 26 Rn. 8).

16 **4.** Das Muster geht davon aus, dass der im Gesellschaftsvertrag vorgesehene Höchstbetrag nur zu 50 % ausgenutzt wird. Das ist der Klarstellung halber hier explizit in dem Gesellschaftsvertrag geregelt, aber auch sonst ohne Weiteres zulässig; § 26 Abs. 3 GmbHG sieht nur eine Höchstgrenze vor, so dass sich die Nachschusspflicht im Gesellschaftsvertrag auch auf einen bestimmten Betrag begrenzen lässt (Michalski/*Mock* § 26 Rn. 47; Lutter/Hommelhoff/*Bayer* § 26 Rn. 11; Scholz/*Emmerich* § 26 Rn. 11). Dies gilt unabhängig von der konkreten Ausgestaltung des Höchstbetrages, z.B. als Gesamtbetrag, als individueller Betrag für jeden Geschäftsanteil oder als Quote (Roth/Altmeppen/*Altmeppen* § 26 Rn. 7, 16; nach Baumbach/Hueck/*Fastrich* § 26 Rn. 4 sollte die Beschränkungsbestimmung jedoch so genau sein, dass der Gesellschafter die Höhe der Nachschusspflicht vorausberechnen kann). Die Feststellung, dass auch die weiteren 50 % noch eingefordert werden, ist rein klarstellender Natur; um Missverständnisse auszuschließen jedoch gerade in den Fällen hilfreich, in denen eine notarielle Beurkundung und damit eine Belehrung nicht erfolgt.

17 **5.** Die Angabe der Zahlungspflichten im Einzelnen kann auch dem (nach h.M. auch in den Fällen der Anwesenheit aller Gesellschafter bei der Beschlussfassung zwingenden) Aufforderungsschreiben der Geschäftsführer vorbehalten bleiben (für viele: Roth/Altmeppen/*Altmeppen* § 26 Rn. 11 mit Verweis auf den Wortlaut des § 27 Abs. 1 Satz 1 GmbHG). Dabei darf den Geschäftsführern aber kein Entscheidungsermessen eingeräumt sein (Lutter/Hommelhoff/*Bayer* § 26 Rn. 9; Scholz/*Emmerich* § 26 Rn. 20). Das Aufforderungsschreiben darf hier (anders als bei der Einforderung von Einlagen, dazu Muster D 1 (Rdn. D 2 ff.)) immer nur rein ausführender Natur sein. Es bedarf – soweit im Gesellschaftsvertrag keine abweichende Regelung getroffen worden ist – keiner besonderen Form. Allerdings ist im Hinblick auf das Preisgaberecht nach § 27 GmbHG zu Beweiszwecken die Schriftform mit Zustellungsnachweis zu empfehlen (Michalski/*Mock* § 26 Rn. 33; vgl. auch Baumbach/Hueck/*Fastrich* § 26 Rn. 9).

18 **6.** Wird auf die Bestimmung eines Fälligkeitszeitpunktes verzichtet und ergibt sich ein solcher auch nicht aus dem Gesellschaftsvertrag, so ist der Nachschuss sofort fällig (Lutter/Hommelhoff/*Bayer* § 26 Rn. 8; GroßkommGmbHG/*Müller* § 26 Rn. 46 f. m.w.N., der jedoch zutreffend auf die Notwendigkeit der Aufforderung durch die Geschäftsführer hinweist; vgl. auch Michalski/*Mock* 26 Rn. 33). Es empfiehlt sich dementsprechend, einen Fälligkeitstermin in den Beschluss aufzunehmen; zur Vermeidung von Unklarheiten sollte bei Anwesenheit aller Gesellschafter ein bestimmtes Datum gewählt werden. Möglich sind jedoch auch Zeitangaben, wie etwa »4 Wochen nach Aufforderung zur Leistung der Nachschusszahlung durch die Geschäftsführer« oder Ähnliches. Für die Angabe der genauen Zahlungsmodalitäten gilt wiederum, dass diese auch dem Aufforderungsschreiben der Geschäftsführer vorbehalten bleiben kann (siehe vorstehend Muster D 3 (Rdn. D 17).

3. Erneute Aufforderung zur Einzahlung einer Bareinlage mit Nachfristsetzung und Androhung des Ausschlusses (Kaduzierung)

Vorbemerkung

19 Das nachstehende Muster behandelt die »erneute Aufforderung« zur Zahlung gemäß § 21 Abs. 1 GmbHG. Die Vorschriften der §§ 21–25 GmbHG betreffen das Kaduzierungsverfahren, d.h. die Möglichkeit, einen Gesellschafter, der seine Einlageverpflichtungen nicht erfüllt, entschädigungs-

los aus der Gesellschaft auszuschließen. Dieser schärfste Eingriff in die Rechte eines Gesellschafters folgt strengen Formvorschriften, die im Interesse einer wirksamen Kaduzierung strikt einzuhalten sind. Aus diesem Grund sind die Formvorschriften als Mindestbestimmungen zu verstehen, so dass sie durch Gesellschaftsvertrag zwar verschärft, aber nicht abgemildert werden dürfen (Scholz/*Emmerich* § 21 Rn. 19b; Lutter/Hommelhoff/*Bayer* § 21 Rn. 1). Die Kaduzierung muss nicht erfolgen, sondern steht im pflichtgemäßen Ermessen der Geschäftsführers, auch schließt sie andere Sanktionsmöglichkeiten für den Fall verzögerter Einlageleistungen nicht aus (von Rechenberg/Ludwig/*Schultze-Petzold* Kap. 13 Rn. 903; Roth/Altmeppen/*Altmeppen* § 21 Rn. 1); die Erhebung einer Leistungsklage auf Zahlung ist ebenso möglich, wie beispielsweise ein Einziehungsverfahren nach § 34 GmbHG (zu den Unterschieden zwischen Kaduzierung und Einziehung BGH DStR 1997, 1257) oder auch die Kündigung der Gesellschaft aus wichtigem Grund. Im Unterschied zur Kaduzierung erfolgen derartige Ausschlussverfahren nicht entschädigungslos (Michalski/*Ebbing* § 21 Rn. 9 f.).

Praktische Relevanz hat das Kaduzierungsverfahren vor allem als Druckmittel gegenüber säumigen 20
Gesellschaftern, die Einlage doch noch zu leisten und in Insolvenzfällen (Baumbach/Hueck/*Fastrich* § 21 Rn. 1; Lutter/Hommelhoff/*Bayer* § 21 Rn. 5). Im Falle von mehreren säumigen Gesellschaftern ist bei der Kaduzierung zwar grundsätzlich der Gleichbehandlungsgrundsatz zu beachten, was aber sachlich gerechtfertigte Differenzierungen durchaus zulässt (OLG Hamm GmbHR 2010, 707).

Das Muster schließt an die Einforderung der Einlagen durch die Geschäftsführung (erste Auffor- 21
derung) gemäß Muster D 1 (Rdn. D 2 ff.) an und behandelt den Fall, dass ein Gesellschafter mehrere Geschäftsanteile inne und schon Teilzahlungen geleistet hat.

Muster

Einschreiben [1] 22

Herrn A

Bei der Gründung der C-GmbH mit Sitz in Köln haben Sie [einen] Geschäftsanteil[e] [2] **wie folgt übernommen:**

1. **Geschäftsanteil Nr. ______ im Nennbetrag von ______ €.**
2. **Geschäftsanteil Nr. ______ im Nennbetrag von ______ €.**
3. **[ggf. weitere Geschäftsanteile auflisten].**

Die Einlagen sind gemäß § ______ des Gesellschaftsvertrages in bar zu leisten. [3]

Auf die vorstehenden Geschäftsanteile haben Sie bisher folgende Zahlungen geleistet:

1. **______ € auf den Geschäftsanteil Nr. ______, d.h. ______ % des Nennbetrages.**
2. **______ € auf den Geschäftsanteil Nr. ______, d.h. ______ % des Nennbetrages.**
3. **[ggf. Zahlungen auf weitere Geschäftsanteile auflisten].**

Mit Datum vom ______ haben die Geschäftsführer die noch ausstehenden Einlagen in Höhe von jeweils ______ % des Nennbetrages auf die noch ausstehenden Einlagen von sämtlichen Gesellschaftern [5] **eingefordert. Für Sie ergaben sich im Einzelnen die folgenden Beträge:**

1. ___________ € auf den Geschäftsanteil Nr. ___________, d.h. weitere ___________ % des Nennbetrages;

2. ___________ € auf den Geschäftsanteil Nr. ___________, d.h. weitere ___________ % des Nennbetrages;

3. [ggf. zu leistende Zahlungen auf weitere Geschäftsanteile auflisten].

Wir haben Sie dementsprechend aufgefordert, den Gesamtbetrag von ___________ € bis spätestens zum ___________ an die Gesellschaft zu bezahlen.

Dieser Aufforderung sind Sie nicht nachgekommen, bis zum heutigen Tag ist keine Zahlung von Ihnen eingegangen. [4]

Wir fordern Sie hiermit erneut auf, den ausstehenden Gesamtbetrag von ___________ € 5 an die Gesellschaft unter Nutzung der folgenden Bankverbindung

____

zu bezahlen.

Für den Eingang dieser Zahlung setzen wir Ihnen eine Nachfrist von [einem] Monat[en] ab dem Zeitpunkt des Zugangs dieses Schreibens. [6] Sollte bis zum Ablauf dieser Nachfrist kein Zahlungseingang erfolgt sein, werden Sie gemäß § 21 Abs. 2 GmbHG mit denjenigen Geschäftsanteilen, auf welche die Geldeinlage nicht vollständig geleistet ist, aus der Gesellschaft ausgeschlossen. [7] Die Leistung eines Ausgleichs erfolgt nicht.

Geschäftsführer der ___________ GmbH [8]

Template

23 **Registered letter [1]**

Mr. A

When C-GmbH was established with its registered office in Cologne, you took over [one] company share[s] [2] as follows:

1. Company share No. ___________ at nominal value of ___________ €.

2. Company share No. ___________ at nominal value of ___________ €.

3. [list additional company shares where applicable].

The capital contributions are to be paid in cash according to Section ___________ of the Articles of Association. [3]

You have paid in the following amounts for the aforementioned company shares:

1. ___________ € towards company share No. ___________ i.e. ___________ % of the nominal value.

2. ___________ € towards company share No. ___________ i.e. ___________ % of the nominal value.

3. [list additional company shares where applicable].

On the date of ___________ the managing directors called the yet outstanding capital contributions, each in the amount of ___________ % of the nominal value

on the yet outstanding capital contributions of all the shareholders. [5] Specifically, this resulted in the following amounts for you:

1. **__________ € towards company share No. __________ i.e. __________ % of the nominal value;**
2. **__________ € towards company share No. __________ i.e. __________ % of the nominal value;**
3. **[list any additional payments to be made on additional company shares where applicable].**

We sent you a call notice to pay the entire amount of __________ € to the company by no later than __________

You have not complied with this capital call, as of today´s date we have not yet received your payment. [4]

We hereby call on you once again to pay the total outstanding capital contribution of __________ € 5 to the company, using the following banking coordinates __________

For receipt of payment, we are giving you a deadline of [one] month[s] from the date on which this letter is received. [6] Should the call payment not be received by the expiry of this deadline, pursuant to Section 21 para. 2 German Limited Liability Act (GmbHG), you will be excluded from the company with the company shares on which the call payment has not been made in full. [7] There shall be no compensation made.

Managing Director of __________ GmbH [8]

Erläuterungen

1. Nach dem Wortlaut des § 21 Abs. 1 S. 2 GmbHG hat die erneute Zahlungsaufforderung mittels »eingeschriebenen Briefes«, also per Einschreiben zu erfolgen. Nach einer Auffassung im Schrifttum muss dies mindestens ein Übergabe-Einschreiben sein, wobei ein Übergabe-Einschreiben mit Rückschein nicht gefordert wird (vgl. etwa Lutter/Hommelhoff/*Bayer* § 21 Rn. 8; GroßkommGmbHG/*Müller*, § 21 Rn. 37). Nach anderer Auffassung genügt demgegenüber auch die Zahlungsaufforderung durch Einwurf-Einschreiben den Anforderungen des § 21 Abs. 1 S. 2 GmbHG (vgl. Wicke § 21 Rn. 4 mit § 51 Rn. 2). Der BGH hat sich der letztgenannten Ansicht angeschlossen und in einer ausführlich begründeten Entscheidung klargestellt, dass die von § 21 Abs. 1 S. 2 GmbHG aufgestellten formalen Anforderungen einer erneuten Aufforderung mittels eingeschriebenen Briefs auch durch ein Einwurf-Einschreiben der Deutschen Post AG gewahrt werden und zum Teil sogar Vorteile gegenüber einem Übergabe-Einschreiben bestehen (BGH, NZG 2016, 1417; dazu auch ausführlich *Lieder/Bialluch*, NZG 2017, 9 ff. und, 15 und *Lubberich Lubberich*, DNotZ 2017, 418 ff.). Es handelt sich bei der Übermittlung mittels eingeschriebenen Briefs um eine Mindestanforderung, nicht um eine bloße Beweislastverteilungsregelung (ausführlich hierzu GroßkommGmbHG/*Müller* § 21 Rn. 37 ff.; Scholz/*Emmerich* § 21 Rn. 19–19b). Daher kann sich die Gesellschaft auch einer strengeren Form mit mindestens gleichem Beweiswert wie der Zustellung durch Gerichtsvollzieher, § 132 Abs. 1 BGB, bzw. einer öffentlichen Zustellung gemäß § 132 Abs. 2 BGB, bedienen (Roth/Altmeppen/*Altmeppen* § 21 Rn. 14; Baumbach/Hueck/*Fastrich* § 21 Rn. 8; Michalski/*Ebbing* § 21 Rn. 76). Im Hinblick auf die vorstehend zitierte Entscheidung des BGH und die dortigen (auch für andere Fälle lesenswerten) Ausführungen zum Beweiswert eines Einwurf-Einschreibens ist jedoch die Übermittlung durch Einwurf-Einschreiben für die Praxis als vorzugswürdig zu empfehlen (vgl. insoweit auch *Lieder/Bialluch*, NZG 2017, 9, 15 und *Lubberich*, DNotZ 2017, 418, 424 m.w.N. in Rn. 24). 24

25 **2.** Gemäß § 21 Abs. 1 S. 1 GmbHG erfolgt der Ausschluss jeweils mit dem Geschäftsanteil, auf den die Geldeinlage nicht geleistet wurde. Dementsprechend sind die Geschäftsanteile, eventuell bereits geleistete Einlagen und vor allem die rückständigen Einlagen genau aufzulisten und zu bezeichnen.

26 **3.** Geschäftsanteile können nur kaduziert werden, wenn der Gesellschafter Geldbeträge schuldig bleibt. Das sind nach allgemeiner Ansicht Geldeinlagen und der Baranteil gemischter Einlagen (Roth/Altmeppen/*Altmeppen* § 21 Rn. 5; Baumbach/Hueck/*Fastrich* § 21 Rn. 3). Die h.M. bejaht die Anwendbarkeit des Kaduzierungsverfahrens auch bei der Umwandlung einer Sacheinlagepflicht in eine Geldeinlagepflicht (zu den insoweit bestehenden Möglichkeiten siehe z.B. Lutter/Hommelhoff/*Bayer* § 5 Rn. 37; Michalski/*Ebbing* § 21 Rn. 17). Die Zahlungspflichten aus Differenzhaftung nach § 9 GmbHG (das ist die Haftung für die Differenz zwischen tatsächlichem Wert der Sacheinlage und dem Nennwert des entsprechenden Geschäftsanteils) und Vorbelastungshaftung (das ist die richterrechtlich entwickelte Haftung der Gründer für eine Kapitalunterdeckung bei Eintragung der GmbH, siehe näher z.B. Lutter/Hommelhoff/*Bayer* § 11 Rn. 41 ff.) können nach h.M. ebenfalls ein Kaduzierungsverfahren begründen (Scholz/*Emmerich* § 21 Rn. 5a m.w.N.). Gemäß § 28 Abs. 1 GmbHG gelten die Vorschriften der §§ 21–23 auch für die verzögerte Leistung aufgrund einer beschränkten Nachschusspflicht. Ausgeschlossen ist die Kaduzierung zur Sanktionierung der verzögerten Erfüllung von Nebenpflichten, der Mithaftung nach § 24 GmbHG, der Zinspflicht, sowie bei versäumter Zahlung eines Aufgeldes (Agio) (h.M.; für viele Baumbach/Hueck/*Fastrich* § 21 Rn. 3 m.w.N.; Michalski/*Ebbing* § 21 Rn. 23).

27 **4.** Voraussetzung für die »erneute« Aufforderung nach § 21 Abs. 1 GmbHG ist die verzögerte Leistung der Geldeinlage. Die Verzögerung ist nicht gleichzusetzen mit dem zivilrechtlichen Verzug im Sinne des § 286 BGB (Scholz/*Emmerich* § 21 Rn. 7 a.; Michalski/*Ebbing* § 21 Rn. 30). Maßgebend sind die vereinfachten Voraussetzungen für die Verpflichtung zur Zahlung von Verzugszinsen nach § 20 GmbHG (Roth/Altmeppen/*Altmeppen* § 21 Rn. 6). Erforderlich sind damit die (i) nicht rechtzeitige Zahlung einer (ii) fälligen Einlageverpflichtung, ohne dass sich die Gesellschaft in (iii) Annahmeverzug befindet. Das Vorliegen der Fälligkeitsvoraussetzungen sollte sorgfältig geprüft werden (vgl. hierzu z.B. Baumbach/Hueck/*Fastrich* § 19 Rn. 6 und § 21 Rn. 4 jeweils m.w.N.). Ein Verschulden des säumigen Gesellschafters ist nicht erforderlich (Michalski/*Ebbing* § 21 Rn. 30; Roth/Altmeppen/*Altmeppen* § 21 Rn. 6). Zur Vermeidung von Rechtsrisiken ist in jedem Falle zu empfehlen, der »erneuten« Aufforderung eine erste Aufforderung vorausgehen zu lassen.

28 **5.** Der geschuldete rückständige Geldbetrag ist genau zu bezeichnen. Eine zu niedrige Bezifferung des tatsächlich geschuldeten Betrages ist zwar unschädlich und macht die Aufforderung nicht unwirksam, führt aber dazu, dass der Gesellschafter die Kaduzierung bereits dadurch abwenden kann, dass er den in der Zahlungsaufforderung fälschlich zu gering angegebenen Betrag zahlt (Roth/Altmeppen/*Altmeppen* § 21 Rn. 11; Scholz/*Emmerich* § 21 Rn. 16; Lutter/Hommelhoff/*Bayer* § 21 Rn. 9; Baumbach/Hueck/*Fastrich* § 21 Rn. 5a m.w.N.) Auch bei einer zu hohen Bezifferung des geforderten Betrages bejaht die wohl h.M. die Wirksamkeit der Zahlungsaufforderung, sofern der fälschlich zu hoch angegebene Betrag den tatsächlich geschuldeten Betrag nur geringfügig übersteigt, während jedoch bei einer erheblichen Zuvielforderung zum Schutz des Gesellschafters eine Unwirksamkeit der Zahlungsaufforderung angenommen wird (Roth/Altmeppen/*Altmeppen* § 21 Rn. 11; Scholz/*Emmerich* § 21 Rn. 16; Lutter/Hommelhoff/*Bayer* § 21 Rn. 9; Baumbach/Hueck/*Fastrich* § 21 Rn. 5).

29 **6.** Die Monatsfrist des § 21 Abs. 1 S. 3 GmbHG ist eine Mindestfrist. Sie beginnt mit dem Zugang der erneuten Aufforderung bei dem säumigen Gesellschafter (Michalski/*Ebbing* § 21 Rn. 72. Die häufig praktizierte Angabe von bestimmten Zahlungsterminen ist daher nur bedingt zu empfehlen, zumal im Falle einer zu kurzen Fristsetzung nicht etwa die gesetzliche Mindestfrist in Lauf gesetzt wird, sondern die erneute Aufforderung insgesamt unwirksam ist (vgl. Lutter/Hommelhoff/*Bayer* § 21 Rn. 10; von Rechenberg/Ludwig/*Schultze-Petzold* Kap. 13 Rn. 907 und OLG Hamm, GmbHR 2011, 588 unter II. 2. b) aa) sowie Thüringisches OLG, NZG 2007, 717). Aus diesem Grund ist auch genau darauf zu achten, dass die Frist in der Aufforderung exakt als »1 Monat ab Zugang des Schreibens« bezeichnet wird, da eine Nachfrist von »4 Wochen« zu kurz und damit unwirksam ist (Baumbach/Hueck/*Fastrich* § 21 Rn. 5a m.w.N.)

7. Gemäß § 21 Abs. 1 S. 1 GmbHG erfolgt der Ausschluss jeweils mit dem Geschäftsanteil, auf 30
den die Geldeinlage nicht geleistet wurde. Der Ausschluss muss für den Fall, dass der Gesellschafter nicht in der gesetzten Frist leistet, deutlich angedroht werden (Roth/Altmeppen/*Altmeppen* § 21 Rn. 13; Lutter/Hommelhoff/*Bayer* § 21 Rn. 11; Scholz/*Emmerich* § 21 Rn. 18). Ungeklärt ist, soweit ersichtlich in Rechtsprechung und Literatur, wie bei Teilzahlungen zu verfahren ist, die von dem betroffenen Gesellschafter nicht einem bestimmten Geschäftsanteil zugewiesen wurden und für die Erfüllung der Einlageforderungen auf einen Teil der Geschäftsanteile, aber nicht alle reichen würden. Hier dürfte zu empfehlen sein, den Gesellschafter zunächst zur nachträglichen Leistungsbestimmung gemäß § 366 BGB aufzufordern und – falls dies innerhalb der gesetzten Frist nicht geschieht – eine Leistungsbestimmung gemäß § 366 Abs. 2 BGB vorzunehmen.

8. Die erneute Aufforderung ist von den Geschäftsführern der Gesellschaft (Geschäftsführer in 31
vertretungsberechtigter Anzahl) zu erklären (Scholz/*Emmerich* § 21 Rn. 9). Vorbehaltlich anderweitiger Bestimmung im Gesellschaftsvertrag bedarf es keines gesonderten Gesellschafterbeschlusses (Baumbach/Hueck/*Fastrich* § 21 Rn. 6; Michalski/*Ebbing* § 21 Rn. 56; Scholz/*Emmerich* § 21 Rn. 10). In der Insolvenz der Gesellschaft hat die erneute Aufforderung durch den Insolvenzverwalter zu erfolgen. Auch er muss die Monatsfrist des § 21 Abs. 1 Satz 3 GmbHG einhalten (vgl. OLG Jena NZG 2007, 717).

4. Erklärung des Ausschlusses (Kaduzierung)

Vorbemerkung

Das Verstreichenlassen der Nachfrist führt nicht automatisch zum Ausschluss des Gesellschafters 32
und zur Kaduzierung des Geschäftsanteils. Erst die Ausschlusserklärung der Gesellschaft nach § 21 Abs. 2 S. 1 GmbHG führt zum Ausschluss des säumigen Gesellschafters (Michalski/*Ebbing* § 21 Rn. 88; von Rechenberg/Ludwig/*Schultze-Petzold* Kap. 13 Rn. 908), und zwar mit den Geschäftsanteilen, auf welche die rückständige Zahlung zu erfolgen hat. Der entsprechende Geschäftsanteil geht nicht unter, sondern fällt der Gesellschaft zur treuhänderischen Verwertung zu (h.M. im Einzelnen umstritten, vgl. Scholz/*Emmerich* § 21 Rn. 29 m.w.N.; vgl. auch Anmerkung 7). Entgegen dem Wortlaut des § 21 Abs. 2 S. 1 GmbHG ist die Gesellschaft zur Einziehung nicht verpflichtet. Vielmehr liegt die Kaduzierung im pflichtgemäßen Ermessen (§ 43 Abs. 1 GmbHG) der Geschäftsführer (Roth/Altmeppen/*Altmeppen* § 21 Rn. 1; Scholz/*Emmerich* § 21 Rn. 21). Eines entsprechenden Gesellschafterbeschlusses bedarf es nicht, jedoch sind die Geschäftsführer bei der Erklärung der Kaduzierung an Weisungen der Gesellschafterversammlung gebunden (vgl. § 37 Abs. 1 2. Alt. GmbHG, Lutter/Hommelhoff/*Bayer* § 21 Rn. 6; Baumbach/Hueck/*Fastrich* § 21 Rn. 10). Das nachstehende Muster baut auf dem Sachverhalt zu Muster D 1 (Rdn. D 2 ff.) und D 3 (Rdn. D 22 ff.) auf.

Muster

Einschreiben [1] 33

Herrn A

Mit Schreiben vom ____________ [2] haben wir Sie aufgefordert, die ausstehenden Geldeinlagen auf Ihre Geschäftsanteile, im Einzelnen:

1. ____________ € auf Geschäftsanteil Nr. ____________, d.h. weitere ____________ % des Nennbetrages;

2. ____________ € auf den Geschäftsanteil Nr. ____________, d.h. weitere ____________ % des Nennbetrages;

3. [ggf. zu leistende Zahlungen auf weitere Geschäftsanteile auflisten]

bis spätestens zum ____________ an die Gesellschaft zu bezahlen.

Dieser Aufforderung sind Sie nicht nachgekommen.

Mit weiterem Schreiben vom ____________ [3] haben wir Sie erneut aufgefordert, den ausstehenden Betrag von insgesamt ____________ € an die Gesellschaft zu bezahlen und Ihnen hierzu, unter Androhung des Ausschlusses, eine Nachfrist von einem Monat gesetzt. Die Nachfrist ist verstrichen. [4] Wir konnten bis heute keinen Zahlungseingang verzeichnen. [5]

Wir erklären Sie hiermit Ihrer Geschäftsanteile

1. **Geschäftsanteil Nr. ____________;**
2. **Geschäftsanteil Nr. ____________;**
3. **[ggf. weitere Geschäftsanteile auflisten]**

und der hierauf geleisteten Teilzahlungen zugunsten der Gesellschaft für verlustig und schließen Sie mit den vorgenannten Geschäftsanteilen aus der Gesellschaft aus. [6] Einen Ausgleich erhalten Sie hierfür nicht.

Bitte teilen Sie uns bis zum ____________ mit, ob Sie mit einem freihändigen Verkauf Ihrer Geschäftsanteile einverstanden sind. Ansonsten werden wir die Geschäftsanteile im Wege öffentlicher Versteigerung verkaufen lassen. [7]

Bitte beachten Sie, dass Sie trotz des Verlustes Ihrer Mitgliedschaftsrechte gemäß § 21 Abs. 3 GmbHG weiterhin unbefristet für alle Ausfälle haften, welche die Gesellschaft wegen des rückständigen Betrags oder später auf ihre Geschäftsanteile eingeforderte Beträge der Stammeinlage erleidet. [8]

Geschäftsführer der ____________ GmbH

Template

34 **Registered letter [1]**

Mr. A

In our letter of ____________ [2], we requested that you make the outstanding call payment on your company shares, specifically:

1. **____________ € towards company share No. ____________ i.e. ____________ % of the nominal value;**
2. **____________ € towards company share No. ____________ i.e. ____________ % of the nominal value;**
3. **[list any additional payments to be made on additional company shares where applicable]**

to the company by no later than ____________

You have not complied with this capital call.

In an additional letter dated ____________ [3] we requested once more that you make the call payment of ____________ € in total to the company and, under threat of exclusion, extended you a deadline of one month. This deadline has expired. [4] We have not received any call payment to date. [5]

We hereby declare your company shares

1. Company share No. ___________;

2. Company share No. ___________;

3. [list additional company shares where applicable]

and the partial payments to the company as forfeited and exclude you from the company with the above-mentioned company shares. [6] **You shall not receive any compensation for this.**

Please inform us if you consent to the sale of your company shares in the open market. Otherwise we will have the company shares sold by way of a public auction. [7]

Please note that despite the loss of your membership rights, pursuant to Section 21 para. 3 German Limited Liability Act (GmbHG), you shall continue to be liable for all defaults that the company suffers due to the overdue capital contribution or later for amounts called on the paid-in capital stock based on your company shares. [8]

Managing Director of ___________ GmbH

Erläuterungen

1. Die Ausschlusserklärung ist eine einseitige empfangsbedürftige Willenserklärung, die mit Zugang beim betroffenen Gesellschafter wirksam wird (von Rechenberg/Ludwig/*Schultze-Petzold* Kap. 13 Rn. 908; Michalski/*Ebbing* § 21 Rn. 89). Wie die erneute Aufforderung (siehe Muster D 3 (Rdn. D 22 ff.)) hat auch die Erklärung des Ausschlusses mittels eingeschriebenen Briefes zu erfolgen (§ 21 Abs. 2 Satz 2 GmbHG). Auch hier handelt es sich um eine Mindestanforderung, nicht um eine bloße Beweislastverteilungsregelung (ausführlich hierzu: GroßkommGmbHG/*Müller* § 21 Rn. 37). 35

2. Hier ist das Datum der ersten Aufforderung einzufügen, siehe hierzu Muster D 1 (Rdn. D 2 ff.) sowie Muster D 3 (Rdn. D 27). 36

3. Hier ist das Datum der erneuten Aufforderung einzufügen, siehe hierzu Muster D 3 (Rdn. D 22 ff.). 37

4. Der Ablauf der Nachfrist gemäß § 21 Abs. 1 Satz 3 GmbHG muss vor Zugang der Ausschlusserklärung erfolgt sein. Eine verfrühte Ausschlusserklärung ist nichtig, kann jedoch nachgeholt werden (Baumbach/Hueck/*Fastrich* § 21 Rn. 9, 17; Michalski/*Ebbing* § 21 Rn. 98). Nach h.M. ist der Zugang, nicht etwa die Abgabe der Erklärung maßgeblich (Roth/Altmeppen/*Altmeppen* § 21 Rn. 16), sodass eine vorherige Absendung der Ausschlusserklärung zwar unschädlich, aus praktischer Sicht allerdings nicht empfehlenswert ist. Für den Zeitraum zwischen Ablauf der Nachfrist und Zugang der Ausschlusserklärung gibt es keine gesetzliche Frist; das Recht zum Ausschluss kann allerdings verwirkt werden (OLG Hamburg DStR 1993, 1268; im Einzelnen GroßkommGmbHG/*Müller* § 21 Rn. 50; Roth/Altmeppen/*Altmeppen* § 21 Rn. 16). 38

5. Der säumige Gesellschafter kann die Kaduzierung durch Zahlung der Einlage auch noch nach Ablauf der Nachfrist abwenden, und zwar bis zum Zeitpunkt des Zugangs der Ausschlusserklärung (Michalski/*Ebbing* § 21 Rn. 101; Scholz/*Emmerich* § 21 Rn. 31). Maßgeblich ist der Zeitpunkt des Eingang der rückständigen Einlageleistungen auf dem Konto der Gesellschaft (h.M. für viele vgl. GroßkommGmbHG/*Müller* § 21 Rn. 51 m.w.N.). 39

6. Die Folge des Ausschlusses aus der Gesellschaft und der Verlust aller Ansprüche ist dem Gesellschafter in der Erklärung deutlich zu machen. Die Wiederholung bzw. Anlehnung an den Gesetzeswortlaut ist empfehlenswert (Baumbach/Hueck/*Fastrich* § 21 Rn. 10; Lutter/Hommelhoff/*Bayer* § 21 Rn. 12; *Wicke* § 21 Rn. 10). 40

41 **7.** Inhaberin der kaduzierten Geschäftsanteile ist die Gesellschaft. Diese hält die Geschäftsanteile treuhänderisch (h.M., dogmatische Begründung umstritten, vgl. GroßkommGmbHG/*Müller* § 21 Rn. 61; Baumbach/Hueck/*Fastrich* § 21 Rn. 12; Roth/Altmeppen/*Altmeppen* § 21 Rn. 19; Lutter/Hommelhoff/*Bayer* § 21 Rn. 15; von Rechenberg/Ludwig/*Schultze-Petzold* Kap. 13 Rn. 909) und ist verpflichtet, sie gemäß den §§ 22, 23 GmbHG zu verwerten, wobei vor Verkauf der Geschäftsanteile zunächst die Inanspruchnahme eventueller Rechtsvorgänger gemäß § 22 GmbHG zu erfolgen hat (OLG Dresden NZG 1998, 852; Roth/Altmeppen/*Altmeppen* § 21 Rn. 23; Wicke § 21 Rn. 13). Der Verkauf im Wege öffentlicher Versteigerung ist zwingend, es sei denn, der freihändige Verkauf ist in dem Gesellschaftsvertrag festgelegt oder der ausgeschlossene Gesellschafter hat dem zugestimmt (GroßkommGmbHG/*Müller* § 21 Rn. 64).

42 **8.** Gemäß § 21 Abs. 3 GmbHG haftet der ausgeschlossene Gesellschafter weiterhin für die nicht geleisteten Einlagen, auch soweit sie erst nach seinem Ausschluss fällig werden (Baumbach/Hueck/*Fastrich* § 21 Rn. 14; von Rechenberg/Ludwig/*Schultze-Petzold* Kap. 13 Rn. 910). Vorrangig ist allerdings die Haftung der Rechtsvorgänger gemäß § 22 GmbHG sowie die Verpflichtung der Gesellschaft zum Verkauf gemäß § 23 GmbHG. Die Haftung des ausgeschlossenen Gesellschafters ist insoweit subsidiär (Michalski/*Ebbing* § 21 Rn. 142; Baumbach/Hueck/*Fastrich* § 21 Rn. 15; *Wicke* § 21 Rn. 13; Scholz/*Emmerich* § 21 Rn. 33). Nicht vorrangig ist allerdings die Inanspruchnahme der Mitgesellschafter gemäß § 24 GmbHG (vgl. im Einzelnen von Rechenberg/Ludwig/*Schultze-Petzold* Kap. 13 Rn. 910; Lutter/Hommelhoff/*Bayer* § 21 Rn. 17 jeweils m.w.N.).

5. Preisgabe von Geschäftsanteilen

Vorbemerkung

43 Gegenstück der unbeschränkten Nachschusspflicht eines Gesellschafters (siehe hierzu Muster D 2 (Rdn. D 11 ff.)) ist das unabdingbare Recht eines Gesellschafters, seine von der Nachschusspflicht betroffenen Geschäftsanteile preiszugeben (Abandon), indem der Gesellschafter nach der Aufforderung zur Einzahlung des Nachschusses seinen Geschäftsanteil der Gesellschaft zur Befriedigung aus demselben zur Verfügung stellt (von Rechenberg/Ludwig/*Schultze-Petzold* Kap. 13 Rn. 584 ff.; Roth/Altmeppen/*Altmeppen* § 27 Rn. 1 f.). Dieses Recht trägt dem Umstand Rechnung, dass eine gesellschaftsvertraglich vereinbarte, unbeschränkte Nachschusspflicht ein nicht unerhebliches Belastungspotenzial für die betroffenen Gesellschafter birgt (Scholz/*Emmerich* § 27 Rn. 1a;). § 27 Abs. 1 GmbHG soll einen Ausgleich zwischen dem sich verändernden Kapitalbedarf einer GmbH und der Leistungsfähigkeit Ihrer Gesellschafter bieten. Das nachstehende Muster baut auf dem Sachverhalt zu Muster D 2 (Rdn. D 11 ff.) auf, geht im Gegensatz dazu aber von einer unbeschränkten Nachschusspflicht aus.

Muster

44 **An die C-GmbH [1]**

Sie haben mich mit Schreiben vom ____________ aufgefordert auf die von mir an der C-GmbH gehaltenen Geschäftsanteile [2] folgende Nachschüsse zu leisten:

a) 10.000 € auf den Geschäftsanteil Nr. ____________ von nominal 20.000 €, entspricht einer Nachschusspflicht in Höhe von 50 % des Nennbetrages;

b) 10.000 € auf den Geschäftsanteil Nr. ____________ von nominal 20.000 €, entspricht einer Nachschusspflicht in Höhe von 50 % des Nennbetrages. [3]

Dieses Schreiben ist mir am ____________ zugegangen. [4] Meine Geschäftsanteile sind jeweils voll eingezahlt. [5]

Ich mache hiermit von meinem Recht Gebrauch, mich von meinen Nachschusspflichten dadurch zu befreien, dass ich der Gesellschaft meine voll eingezahlten Geschäftsanteile zum Zwecke der Befriedigung zur Verfügung zu stelle. [6]

Einem freihändigen Verkauf stimme ich zu. [7]

(Unterschrift)

Template

To C-GmbH [1] 45

With your letter dated ___________, you requested that I make the two following call payments on the company shares [2] **in C-GmbH held by me:**

a) **10,000 € on the company share No. ___________ nominally valued at 20,000 €, representing an obligation to make an additional capital contribution in the amount of 50 % of the nominal value;**

b) **10,000 € on the company share No. ___________ nominally valued at 20,000 €, representing an obligation to make an additional capital contribution in the amount of 50 % of the nominal value;** [3]

I received this letter on the ___________ [4] **Each of my company shares is paid in full.** [5]

I hereby exercise my right to free myself of my obligation to make an additional capital contribution by making my fully paid-in company shares available to the company for the purpose of settlement. [6]

I consent to sale in the open market. [7]

(Signature)

Erläuterungen

1. Die Erklärung der Preisgabe nach § 27 Abs. 1 S. 1 GmbHG ist nicht form- jedoch fristgebunden. Die Preisgabeerklärung muss der Gesellschaft innerhalb eines Monats nach Zugang der Aufforderung zur Leistung des Nachschusses bei dem betroffenen Gesellschafter zugegangen sein. Daher ist eine Versendungsform mit geeignetem Zugangsnachweis zu empfehlen (in diesem Sinne auch Michalski/*Mock* § 27 Rn. 14). Nach Ablauf der Frist endet das Preisgaberecht des Gesellschafters und wandelt sich um in ein Verwertungsrecht der Gesellschaft (Lutter/Hommelhoff/*Bayer* § 27 Rn. 2; Michalski/*Mock* § 27 Rn. 34, 39 ff.). 46

2. Das Preisgaberecht bezieht sich auf den jeweiligen Geschäftsanteil, dementsprechend ist auch die Erklärung auf den entsprechenden Geschäftsanteil zu beziehen (GroßkommGmbHG/*Müller* § 27 Rn. 22 m.w.N.; Scholz/*Emmerich* § 27 Rn. 4). 47

3. Auf den Betrag des im Einzelfall geforderten Nachschusses kommt es für die Berechtigung zum Abandon nicht an. Entscheidend ist allein, dass der Gesellschaftsvertrag eine unbeschränkte Nachschusspflicht vorsieht (Roth/Altmeppen/*Altmeppen* § 27 Rn. 3; Baumbach/Hueck/*Fastrich* § 27 Rn. 3). Der Gesellschaftsvertrag kann allerdings vorsehen, dass das Recht zum Abandon nur besteht, wenn der Nachschuss einen bestimmten Betrag überschreitet (§ 27 Abs. 4 GmbHG). Umgekehrt ist es auch möglich, das Preisgaberecht durch entsprechende Bestimmungen im Gesellschaftsvertrag auf die Fälle der beschränkten Nachschusspflicht zu erweitern oder etwa durch eine Verlängerung der Frist zu erleichtern (h.M.; vgl. Lutter/Hommelhoff/*Bayer* § 27 Rn. 4 m.w.N.; *Wicke* § 27 Rn. 1; Scholz/*Emmerich* § 27 Rn. 2a). 48

49 **4.** Im Hinblick auf die Monatsfrist zur Ausübung des Preisgaberechts ist die Angabe des Zugangsdatums zu empfehlen.

50 **5.** Das Recht zum Abandon besteht nur, wenn die Geschäftsanteile (mit Ausnahme des geforderten Nachschusses) voll eingezahlt sind, § 27 Abs. 1 S. 1 GmbHG (Michalski/*Mock* § 27 Rn. 9 ff.; Baumbach/Hueck/*Fastrich* § 27 Rn. 4; *Wicke* § 27 Rn. 2). Eine abweichende Regelung im Gesellschaftsvertrag ist nicht möglich (GroßkommGmbHG/*Müller* § 27 Rn. 7; Roth/Altmeppen/*Altmeppen* § 27 Rn. 10).

51 **6.** Rechtsfolge der wirksamen Preisgabe sind einerseits die Befreiung des Gesellschafters von seiner Nachschusspflicht (nicht von sonstigen rückständigen Leistungspflichten) und als Gegenstück dazu ein Verwertungsrecht der GmbH an dem preisgegebenen Geschäftsanteil (Lutter/Hommelhoff/*Bayer* § 27 Rn. 2; Scholz/*Emmerich* § 27 Rn. 18). Die Preisgabe bewirkt aber weder einen Ausschluss noch eine Einziehung, der Preisgebende bleibt Gesellschafter, ist aber nicht mehr berechtigt, über seine betroffenen Geschäftsanteile zu verfügen (vgl. im einzelnen Baumbach/Hueck/*Fastrich* § 27 Rn. 7 ff.; Roth/Altmeppen/*Altmeppen* § 27 Rn. 12 ff.; GroßkommGmbHG/*Müller* § 27 Rn. 45 ff.). Zu beachten ist im Falle der erfolglosen Verwertung (siehe nachstehend Anm. 7) allerdings § 27 Abs. 3 GmbHG. Der Geschäftsanteil fällt dann der Gesellschaft zu.

52 **7.** Die Verwertung erfolgt nach § 27 Abs. 2 GmbHG im Wege öffentlicher Versteigerung oder – bei Zustimmung des betroffenen Gesellschafters – durch freihändigen Verkauf (Baumbach/Hueck/*Fastrich* § 27 Rn. 8; Roth/Altmeppen/*Altmeppen* § 27 Rn. 15; GroßkommGmbHG/*Müller* § 27 Rn. 54; Michalski/*Mock* § 27 Rn. 41, 44). Die Regelung des § 27 Abs. 2 GmbHG entspricht im Wesentlichen den Verwertungsbestimmungen für den Fall der Kaduzierung (siehe hierzu Muster D 4 (Rdn. D 33 ff.)). Ein Überschuss verbleibt im Falle der Preisgabe allerdings dem Gesellschafter (§ 27 Abs. 2 S. 3 GmbHG).

6. Fiktion der Preisgabe von Geschäftsanteilen

Vorbemerkung

53 Übt der Gesellschafter sein Preisgaberecht gemäß § 27 Abs. 1 S. 1 GmbHG innerhalb der ihm gesetzten Frist (mindestens Monatsfrist, § 27 Abs. 1 S. 1 GmbHG) nicht aus und zahlt er auch die geforderten Nachschüsse nicht, so kann die Gesellschaft den Abandon der betroffenen Geschäftsanteile durch Erklärung gegenüber dem Gesellschafter fingieren (Baumbach/Hueck/*Fastrich* § 27 Rn. 6; Lutter/Hommelhoff/*Bayer* § 27 Rn. 2). Damit kann die Geschäftsführung den Weg zur Befriedigung der Gesellschaft durch Verkauf des Geschäftsanteils nach § 27 Abs. 2 GmbHG ebnen, ohne auf eine Klage auf Zahlung des Nachschusses gegen den säumigen Gesellschafter angewiesen zu sein (vgl. Scholz/*Emmerich* § 27 Rn. 16).

54 Das nachstehende Muster bildet das Gegenstück zu Muster D 5 (Rdn. D 44).

Muster

55 **Einschreiben [1]**

Herrn A

Wir haben Sie mit Schreiben vom __________ aufgefordert auf die von Ihnen an der C-GmbH gehaltenen Geschäftsanteile folgende Nachschüsse zu leisten:

a) 10.000 € auf den Geschäftsanteil Nr. __________ von nominal 20.000 €, entspricht einer Nachschusspflicht in Höhe von 50 % des Nennbetrages;

b) 10.000 € auf den Geschäftsanteil Nr. __________ von nominal 20.000 €, entspricht einer Nachschusspflicht in Höhe von 50 % des Nennbetrages.

Dieses Schreiben ist Ihnen am __________ zugegangen. Sie haben Ihre Nachschusspflichten bis heute nicht erfüllt und der Gesellschaft Ihre Geschäftsanteile auch nicht innerhalb der Monatsfrist zur Befriedigung zur Verfügung gestellt. [2]

Namens der C-GmbH erklären wir hiermit, dass wir Ihre vorstehend genannten Geschäftsanteile Nr. __________ und Nr. __________ als zum Zwecke der Befriedigung der Nachschusspflicht zur Verfügung gestellt betrachten. [3]

Bitte teilen Sie uns bis zum __________ mit, ob Sie mit dem freihändigen Verkauf Ihrer Geschäftsanteile einverstanden sind. [4]

Geschäftsführer der __________ GmbH [5]

Template

Registered letter [1] 56

Mr. A

In our letter dated __________, we requested that you make the two following call payments on the company shares in C-GmbH held by you:

a) 10,000 € on the company share No. __________ nominally valued at 20,000 €, representing an obligation to make an additional capital contribution in the amount of 50 % of the nominal value;

b) 10,000 € on the company share No. __________ nominally valued at 20,000 €, representing an obligation to make an additional capital contribution in the amount of 50 % of the nominal value.

This letter was delivered to you on __________. To this date, you have not fulfilled your obligations to make additional capital contributions and have not surrendered your company shares to the company within the one-month deadline for the purpose of settlement. [2]

In the name of C-GmbH, we hereby declare that we considered your aforementioned company shares No. __________ and No. __________ surrendered for the purpose of settling the obligation to make an additional capital contribution. [3]

Please inform us by __________ whether you consent to the sale of your company shares in the open market. [4]

Managing Director of __________ GmbH [5]

Erläuterungen

1. Im Gegensatz zur Preisgabeerklärung des Gesellschafters muss die Fiktionserklärung der Gesellschaft durch eingeschriebenen Brief erfolgen (§ 27 Abs. 1 S. 2). Das fingierte Preisgaberecht der Gesellschaft unterliegt im Hinblick auf eine zeitliche Beschränkung lediglich der Verwirkung (Roth/Altmeppen/*Altmeppen* § 27 Rn. 11; MüKo GmbHG/*Schütz* Rn. 61; noch weitergehend Michalski/Mock § 27 Rn. 29: »*keine zeitlichen Schranken*«). Allerdings ist zu beachten, dass das fingierte Preisgaberecht auch dann endet, wenn der Gesellschafter den Nachschuss in voller Höhe zahlt, wozu er auch nach Ablauf der Monatsfrist berechtigt ist (vgl. MüKo GmbHG/*Schütz* Rn. 61) 57

2. Die Voraussetzungen für die Fiktionserklärung der Gesellschaft sind das Vorliegen eines Preisgaberechts des Gesellschafters im Hinblick auf die betroffenen Geschäftsanteile, die Nichtausübung dieses Preisgaberechts durch den Gesellschafter innerhalb der gesetzten Frist sowie die Nichterfül- 58 lung der Nachschusspflichten. Maßgebender Zeitpunkt ist der Zugang der Fiktionserklärung (Baumbach/*Hueck*/*Fastrich* § 27 Rn. 6). Bis zu diesem Zeitpunkt kann der Gesellschafter die Fiktion noch durch Zahlung abwenden (Lutter/Hommelhoff/*Bayer* § 27 Rn. 2; Roth/Altmeppen/*Altmeppen* § 27 Rn. 11).

59 **3.** Das Wiederholen/Aufgreifen des Gesetzeswortlauts ist empfehlenswert.

60 **4.** Die Rechtsfolgen der Preisgabe durch den Gesellschafter und der entsprechenden Fiktion durch die Gesellschaft sind identisch. Siehe hierzu Muster D 5 (Rdn. D 51 f.).

61 **5.** Die Erklärung der Preisgabefiktion steht im Ermessen der Geschäftsführer (näher hierzu GroßkommGmbHG/*Müller* § 27 Rn. 39; vgl. auch Michalski/*Mock* § 27 Rn. 30; Scholz/*Emmerich* § 27 Rn. 17). Ein Gesellschafterbeschluss ist nicht erforderlich, jedoch sind die Geschäftsführer an die Weisungen der Gesellschafter gebunden (GroßkommGmbHG/*Müller* § 27 Rn. 42; Baumbach/Hueck/*Fastrich* § 27 Rn. 6).

7. Anforderung von Fehlbeträgen bei den übrigen Gesellschaftern

Vorbemerkung

62 Die weitgehend unbekannte, aber zwingende Norm des § 24 GmbHG komplettiert die Vorschriften zum Schutz der Kapitalaufbringung bei der GmbH. Für den Fall, dass eine fällige Einlage (oder traditionell nach dem derzeitigen Wortlaut der §§ 20 bis 25 GmbHG »Stammeinlage«) weder von dem kaduzierten Gesellschafter (§ 21 GmbHG), noch von seinen Rechtsvorgängern (§ 22 GmbHG), noch durch Verkauf (§ 23 GmbHG) erlangt werden kann, besteht eine subsidiäre Ausfallhaftung der übrigen Gesellschafter (Scholz/*Emmerich* § 24 Rn. 1, 4; Roth/Altmeppen/*Altmeppen* § 24 Rn. 5). Die Ausfallhaftung setzt das Bestehen rückständiger Geldeinlageforderungen im Sinne des § 21 Abs. 1 GmbHG, die wirksame Kaduzierung gemäß § 21 Abs. 2 GmbHG, die (zumindest teilweise) erfolglose Verwertung gemäß den §§ 22 und 23 GmbHG sowie die (zumindest teilweise) erfolglose Inanspruchnahme des säumigen Gesellschafters gemäß § 21 Abs. 3 GmbHG voraus (siehe hierzu Muster D 3 (Rdn. D 22 ff.) und D 4 (Rdn. D 33 ff.)).

63 Die Ausfallhaftung des § 24 GmbHG betrifft die »übrigen Gesellschafter« also nicht den Kaduzierten und nicht dessen Rechtsvorgänger oder Rechtsnachfolger, sondern die gemäß §§ 16 Abs. 1, 8 Abs. 1 Nr. 3 und § 40 GmbHG in der Gesellschafterliste eingetragenen Mitgesellschafter (Lutter/Hommelhoff/*Bayer* § 24 Rn. 9; *Wicke* § 24 Rn. 4 f.; Michalski/*Ebbing* § 24 Rn. 21). Maßgebend ist dabei nach h.M. die Gesellschafterstellung zum Zeitpunkt der Fälligkeit der Einlageforderung, d.h. Schuldner des Anspruchs ist nur der Gesellschafter, der die Gesellschaftereigenschaft bereits zu dem Zeitpunkt hatte, zu dem die Einlageforderung, welche die Ausfallhaftung begründen soll, fällig geworden ist (BGH NJW 1996, 2306 m.w.N.).

64 Ein Gesellschafter, der bereits vor Eintritt der Fälligkeit der Einlageschuld auf den Geschäftsanteil eines Mitgesellschafters aus der Gesellschaft ausgeschieden ist, haftet, soweit die (später fällig gewordene und nicht erfüllte) Stammeinlage auf den Geschäftsanteil des Mitgesellschafters nach dessen Ausschluss im Wege der Kaduzierung weder von den Zahlungspflichtigen noch durch Verkauf des Geschäftsanteils gedeckt werden kann, grundsätzlich für diese Fehlbeträge nicht; dies gilt auch, wenn er durch Übertragung seines Geschäftsanteils auf den später mit seinem eigenen Geschäftsanteil kaduzierten Mitgesellschafter aus der Gesellschaft ausgeschieden ist (BGH GmbHR 2015, 935 = NJW 2015, 2731).

Gemäß § 25 GmbHG ist die Regelung des § 24 GmbHG zwingend. Sie kann daher nicht durch Gesellschaftsvertrag eingeschränkt oder ausgeschlossen werden; eine Verschärfung ist jedoch zulässig (Baumbach/Hueck/*Fastrich* GmbHG § 24 Rn. 1; Scholz/*Emmerich* § 24 Rn. 2).

Zur Ausfallhaftung des ausgeschiedenen GmbH-Gesellschafters gem. § 24 GmbHG nach Anteilsabtretung an einen später kaduzierten Mitgesellschafter vgl. im Übrigen *Bayer/Scholz*, NZG 2015, 1089 ff. sowie *Schütz*, DStR 2015, 2556 und *Wachter*, NZG 2016, 961. 65

Das nachstehende Muster schließt an den Sachverhalt der Muster D 3 (Rdn. D 22 ff.) und D 4 (Rdn. D 33 ff.) an. Es wird davon ausgegangen, dass die Gesellschafter A, B und C die C-GmbH gegründet haben. 66

Muster

Herrn B [1] 67

Mit Schreiben vom __________ [2] **haben wir sämtliche Gesellschafter, namentlich auch den Gesellschafter A, aufgefordert, die ausstehenden Geldeinlagen auf seine Geschäftsanteile, im Einzelnen:**

1. __________ € auf Geschäftsanteil Nr. __________, d.h. weitere __________ % des Nennbetrages;

2. __________ € auf den Geschäftsanteil Nr. __________, d.h. weitere __________ % des Nennbetrages;

3. [ggf. zu leistende Zahlungen auf weitere Geschäftsanteile auflisten]

bis spätestens zum __________ an die Gesellschaft zu bezahlen.

Dieser Aufforderung ist der Gesellschafter A nicht nachgekommen.

Mit weiterem Schreiben vom __________ [3] **haben wir den Gesellschafter A erneut aufgefordert, den ausstehenden Betrag von insgesamt __________ € an die Gesellschaft zu bezahlen und ihm hierzu eine Nachfrist von einem Monat gesetzt. Die Nachfrist ist erfolglos verstrichen.**

Mit Schreiben vom __________ haben wir den Gesellschafter A seiner Geschäftsanteile

1. Geschäftsanteil Nr. __________;

2. Geschäftsanteil Nr. __________;

3. [ggf. weitere Geschäftsanteile auflisten]

und der hierauf geleisteten Teilzahlungen zugunsten der Gesellschaft für verlustig erklärt. [4]

Der Gesellschafter A hat sich mit einem freihändigen Verkauf seiner Geschäftsanteile einverstanden erklärt.

Mit Datum vom __________ haben wir die vorgenannten Geschäftsanteile an den neuen Gesellschafter D verkauft (URNr. __________ des Notars __________ in Köln). Dem Abschluss des Kaufvertrages hat die Gesellschafterversammlung mit Datum vom __________ zugestimmt, der Kaufpreis beträgt __________ € je Geschäftsanteil, d.h. insgesamt __________ €. [5]

Damit verbleibt eine Differenz auf die ausstehenden Geldeinlagen des Gesellschafters A von __________ € je Geschäftsanteil, d.h. insgesamt __________ €. Der Gesellschafter A hat mit Datum vom __________ Insolvenz angemeldet. Eine Inanspruchnahme des Gesellschafters A wegen des vorstehenden Differenzbetrages ist daher aussichtslos. [6]

Sie haften daher, ebenso wie der Gesellschafter C, im Verhältnis Ihrer Beteiligung [7] für den verbleibenden Fehlbetrag von insgesamt ___________ €, aufgeschlüsselt wie folgt:

1. **Differenz zwischen Kaufpreis und ausstehenden Geldeinlagen auf den Geschäftsanteil Nr. ___________: ___________ €**
2. **Differenz zwischen Kaufpreis und ausstehenden Geldeinlagen auf den Geschäftsanteil Nr. ___________: ___________ €**

Gesamtbetrag: ___________ € [8]

Entsprechend dem Nennbetrag Ihres Geschäftsanteiles, der in der Höhe dem des Gesellschafters C entspricht, nehmen wir Sie daher auf 50 % des Gesamtbetrages in Anspruch.

Bitte zahlen Sie die Summe von ___________ € bis spätestens zum ___________ an die Gesellschaft unter Nutzung der folgenden Bankverbindung: [9]

____

Geschäftsführer der ___________ GmbH

Template

68 **Mr. B [1]**

In our letter of ___________ [2], we requested all shareholders, specifically including Shareholder A, to make the outstanding call payment on his company shares, in detail:

1. **___________ € towards company share No. ___________, i.e. additional ___________ % of the nominal value;**
2. **___________ € towards company share No. ___________, i.e. additional ___________ % of the nominal value;**
3. **[list any additional payments to be made on additional company shares where applicable]**

to the company by no later than ___________

Shareholder A did not comply with this capital call.

With an additional letter dated ___________, [3] we once again requested that Shareholder A pay the total call amount of ___________ € to the company, and we gave him a deadline of one month to do so. This deadline has expired without payment.

With the letter dated ___________ we have declared the Shareholder A to have forfeited his company shares

1. **company share No. ___________;**
2. **company share No. ___________;**
3. **[list additional company shares where applicable]**

and the partial payments made to the company. [4]

Shareholder A has consented to the sale of his company shares in the open market.

On ____________, we sold the above-mentioned company shares to the new shareholder D (Roll of deeds No. ____________ of the notary ____________ in Cologne). The shareholders´ meeting agreed to conclude the purchase contract on ____________, the purchase price is ____________ € per company share, i.e. a total of ____________ €. [5]

This leaves a difference between the outstanding capital contributions of Shareholder A of ____________ € per company share, i.e. ____________ € in total. Shareholder A filed for bankruptcy on ____________. Asserting a claim against Shareholder A due to the difference is therefore pointless. [6]

Therefore, you are liable for the remaining shortfall of ____________ € in total, along with Shareholder C, proportionate to your participation [7], broken down as follows:

1. **Difference between the purchase price and the outstanding capital contributions on the company share No. ____________: ____________ €**
2. **Difference between the purchase price and the outstanding capital contributions on the company share No. ____________: ____________ €**

Total amount: ____________ € [8]

Proportionate to the nominal value of your company share, which corresponds to that of Shareholder C, we therefore request payment of 50 % of the total amount.

Please pay the entire amount of ____________ € no later than ____________ [9] to the company, using the following banking coordinates ____________

Managing Director of ____________ GmbH

Erläuterungen

1. Zuständig für die Geltendmachung der Ausfallhaftung nach § 24 GmbHG sind die Geschäftsführer. Eines Gesellschafterbeschlusses bedarf es nicht (*Wicke* § 24 Rn. 6; Baumbach/Hueck/*Fastrich* § 24 Rn. 9; Michalski/*Ebbing* § 24 Rn. 99). Sind sämtliche Voraussetzungen für die Haftung nach § 24 GmbHG erfüllt, so sind die Geschäftsführer zur Geltendmachung verpflichtet, nach h.M. in der Literatur steht ihnen insoweit ein Ermessen nicht zu (GroßkommGmbHG/*Müller* § 24 Rn. 9; Lutter/Hommelhoff/*Bayer* § 24 Rn. 1; Scholz/*Emmerich* § 24 Rn. 20; Michalski/*Ebbing* § 24 Rn. 100). Das Gesetz sieht für die Geltendmachung keine besonderen Formvorschriften vor. Schriftlichkeit und eine nachweissichere Zugangsform sind zu empfehlen. Das Muster gibt einen detaillierten Überblick über die »Historie des Kaduzierungsverfahrens« und die bisherigen Bemühungen zur Beitreibung der rückständigen Beträge. Das ist rechtlich nicht zwingend aber zweckmäßig. Die Beweislast für das Vorliegen der Voraussetzungen des § 24 GmbHG trägt die Gesellschaft (OLG Hamm, GmbHR 2011, 588; OLG Köln NZG 2009, 505, 506). Zur Ausfallhaftung des ausgeschiedenen GmbH-Gesellschafters gem. § 24 GmbHG nach Anteilsabtretung an einen später kaduzierten Mitgesellschafter vgl. *Bayer/Scholz*, NZG 2015, 1089 ff. sowie *Schütz*, DStR 2015, 2556 und *Wachter*, NZG 2016, 961. 69

2. Hier ist das Datum der ersten Zahlungsaufforderung einzufügen, siehe hierzu Muster D 1 (Rdn. D 2 ff.) sowie D 3 (Rdn. D 27). Die Mitteilung dieses Datums ist auch schon deshalb zweckmäßig, weil es für die Ausfallhaftung nach § 24 GmbHG nach h.M. auf die Gesellschafterstellung zum Zeitpunkt der Fälligkeit der Einlageforderung ankommt (vgl. BGH NJW 1996, 2306 ff.; zum Streitstand im einzelnen Baumbach/Hueck/*Fastrich* § 24 Rn. 6 m.w.N.). 70

3. Hier ist das Datum der erneuten Zahlungsaufforderung einzufügen, siehe hierzu Muster D 1 (Rdn. D 2 ff.). 71

72 **4.** Hier ist das Datum der Kaduzierung einzufügen, siehe hierzu Muster D 4 (Rdn. D 33 ff.).

73 **5.** Die Zustimmung der Gesellschafterversammlung zum Abschluss des Kaufvertrages ist nicht zwingend notwendig. Ein »schlechter« Kaufvertrag hindert auch nicht die Inanspruchnahme der übrigen Gesellschafter gemäß § 24 GmbHG (Michalski/*Ebbing* § 24 Rn. 83). Gleichwohl empfiehlt sich die Einholung der Zustimmung der Gesellschafterversammlung. Nach h.M. können die gemäß § 24 GmbHG haftenden Gesellschafter gegen die Geschäftsführer einen Schadensersatzanspruch geltend machen, wenn der Kaufpreis pflichtwidrig zu gering war (str.; zum Streitstand im Einzelnen vgl. Roth/Altmeppen/*Altmeppen* § 24 Rn. 28 m.w.N.; Scholz/*Emmerich* § 24 Rn. 25).

74 Die Ausfallhaftung nach § 24 GmbHG besteht auch, wenn der Geschäftsanteil nicht veräußerlich ist. Voraussetzung hierfür ist grundsätzlich, dass der Verkauf versucht wurde (Baumbach/Hueck/*Fastrich* § 24 Rn. 3; Roth/Altmeppen/*Altmeppen* § 24 Rn. 8). Bei Aussichtslosigkeit, so z.B. wenn über das Vermögen der Gesellschaft das Insolvenzverfahren eröffnet ist (dazu Lutter/Hommelhoff/*Bayer* § 24 Rn. 2 m.w.N.) oder bei Unzumutbarkeit des Vorgehens im Ausland (BGH DStR 1993, 1528, 1529), kann der Versuch unterbleiben (OLG Hamm NJW-RR 1994, 611, 612; GroßkommGmbHG/*Müller* § 24 Rn. 25 m.w.N.; Michalski/*Ebbing* § 24 Rn. 17). Die Beweislast trägt die Gesellschaft (BGH NJW 1996, 2306, 207; zur Beweispflicht bei Aussichtslosigkeit vgl. OLG Celle GmbHR 1994, 801). Die gegenüber § 24 GmbHG ebenfalls vorrangige Rechtsvorgängerhaftung des § 22 GmbHG kommt im vorliegenden Muster nicht zum Tragen; der Sachverhalt geht davon aus, dass A, B und C die C-GmbH gegründet haben, ein Rechtsvorgänger daher nicht vorhanden ist. Zur Rechtsvorgängerhaftung im Einzelnen vgl. z.B. Baumbach/Hueck/*Fastrich* § 4 Rn. 3. Sie erlischt, wenn die betroffenen Geschäftsanteile gemäß § 23 GmbHG verwertet werden (Michalski/*Ebbing* § 24 Rn. 81).

75 **6.** Die Ausfallhaftung der übrigen Gesellschafter ist gegenüber der des Kaduzierten subsidiär (Baumbach/Hueck/*Hueck/Fastrich* § 24 Rn. 3; Scholz/*Emmerich* § 24 Rn. 4). Voraussetzung für die Inanspruchnahme der übrigen Gesellschafter gemäß § 24 GmbHG ist neben den zumindest teilweise erfolglosen Verwertungshandlungen bzw. der Inanspruchnahme gemäß §§ 22, 23 GmbHG die erfolglose Inanspruchnahme des kaduzierten Gesellschafters gemäß § 21 Abs. 3 GmbHG (Roth/Altmeppen/*Altmeppen* § 24 Rn. 5 f.; Michalski/*Ebbing* § 24 Rn. 18). Die Vermutungsregelung des § 22 Abs. 2 GmbHG gilt im Verhältnis zwischen dem kaduzierten Gesellschafter und den übrigen Gesellschaftern nicht (OLG Celle GmbHR 1994, 801; GroßkommGmbHG/*Müller* § 24 Rn. 26; Baumbach/Hueck/*Fastrich* § 24 Rn. 3). Die Aussichtslosigkeit der Inanspruchnahme des kaduzierten Gesellschafters steht fest, wenn dieser Insolvenz angemeldet hat (OLG Köln NJW-RR 1994, 1192, 1194). Die Beendigung des Insolvenzverfahrens oder auch die Bestimmung einer Quote müssen nicht abgewartet werden (Michalski/*Ebbing* § 24 Rn. 73). Aussichtslosigkeit im Sinne des Gesetzes liegt auch vor, wenn feststeht, dass eine Erfüllung der Zahlungspflichten bei dem kaduzierten Gesellschafter nur über einen längeren Zeitraum (im Streitfall 55 Monate) erwartet werden kann (OLG Köln GmbHR 2004, 1587). Im Übrigen reicht eine reine Zahlungsaufforderung nach § 21 Abs. 2 GmbHG jedoch nicht aus. Die Gesellschaft ist vielmehr verpflichtet, gerichtliche Hilfe zur Durchsetzung ihrer Forderung in Anspruch zu nehmen (Michalski/*Ebbing* § 24 Rn. 102 m.w.N.). Besonders kostenintensive langwierige und nicht aussichtsreiche Gerichtsverfahren im Ausland müssen allerdings nicht angestrengt werden (vgl. BGH DStR 1993, 1528, 1529).

76 **7.** Die übrigen Gesellschafter haften nach § 24 GmbHG nicht gesamtschuldnerisch, sondern pro rata im Verhältnis ihrer Beteiligung (Baumbach/Hueck/*Fastrich* § 24 Rn. 7; Roth/Altmeppen/*Altmeppen* § 24 Rn. 21; GroßkommGmbHG/*Müller* § 24 Rn. 42; mit Rechenbeispiel Michalski/*Ebbing* § 24 Rn. 64 ff.). Gemäß § 24 S. 2 GmbHG werden allerdings Beträge, die von einem Gesellschafter nicht zu erlangen sind, wiederum pro rata auf die dann noch Verbleibenden verteilt. Das kann im äußersten Fall dazu führen, dass ein einziger Minderheitsgesellschafter für das gesamte Stammkapital haftet (siehe hierzu GroßkommGmbHG/*Müller* § 24 Rn. 47 ff.; Scholz/*Emmerich* § 24 Rn. 2a m.w.N.). Der nach § 24 GmbHG in Anspruch genommene Gesellschafter kann dabei auch nicht mit Erfolg einwenden, er sei selbst nur geringfügig an der GmbH beteiligt (OLG Hamm, GmbHR 2011, 588).

8. Die subsidiäre Ausfallhaftung des § 24 GmbHG betrifft die rückständige Einlageforderung sowie alle seither fällig gewordenen Einlageleistungen (vgl. nur Lutter/Hommelhoff/*Bayer* § 24 Rn. 4). Die Kosten des Kaduzierungsverfahrens oder des Verkaufs nach § 23 GmbHG können den übrigen Gesellschaftern nicht auferlegt werden (Michalski/*Ebbing* § 24 Rn. 57). 77

9. Der gemäß § 24 GmbHG in Anspruch genommene Gesellschafter ist zwar nicht Erwerber des kaduzierten Geschäftsanteils, hat jedoch einen Regressanspruch gegen den Kaduzierten, sowie im Falle einer zusätzlichen Inanspruchnahme nach § 24 S. 2 GmbHG gegen den ausgefallenen Mitgesellschafter. Dieses Ergebnis ist weitgehend unstreitig (OLG Hamm NJW-RR 1994, 611, 612 m.w.N.; Baumbach/Hueck/*Fastrich* § 24 Rn. 10); diskutiert wird allerdings die Rechtsgrundlage (gesetzlicher Forderungsübergang gemäß § 774 BGB analog, so wohl Lutter/Hommelhoff/*Bayer* § 24 Rn. 16 oder gemäß § 426 BGB analog, so wohl Scholz/*Emmerich* § 24 Rn. 24). Teilweise wird auch auf das gesellschaftsrechtliche Verhältnis der Beteiligten verwiesen (vgl. zum Streitstand Michalski/*Ebbing* § 24 Rn. 90 ff.). Da Voraussetzung für die Ausfallhaftung nach § 24 GmbHG die Aussichtslosigkeit der Inanspruchnahme des Kaduzierten ist, erscheint die Diskussion um die Regressforderung eher theoretischer Natur. Das Muster verzichtet daher auf einen entsprechenden Hinweis an den haftenden Mitgesellschafter. 78

8. Gesellschaftsvertragliche Bestimmungen über Nebenpflichten

Vorbemerkung

Im Gegensatz zu den Gesellschaftern einer Aktiengesellschaft können sich die Gesellschafter einer GmbH zu beliebigen Leistungen an die Gesellschaft (über die Einlageleistungen hinaus) verpflichten (Michalski/*J. Schmidt* § 3 Rn. 48; Scholz/*Cziupka* § 3 Rn. 69; Lutter/Hommelhoff/*Bayer* § 3 Rn. 24 ff.). Sollen derartige Pflichten an die Gesellschaftereigenschaft des Verpflichteten gebunden sein und auch zukünftige Gesellschafter binden, so bedürfen sie als Nebenpflichten im Sinne des § 3 Abs. 2 GmbHG der Aufnahme in den Gesellschaftsvertrag (BGH NJW-RR 1993, 607). 79

Hiervon zu unterscheiden sind schuldrechtliche Nebenabreden zwischen einzelnen oder allen Gesellschaftern. Die Abgrenzung der beiden Rechtsinstitute kann in der Praxis problematisch sein, zumal identische Pflichten (z.B. Finanzierung der Gesellschaft durch Hingabe eines Darlehens) sowohl als gesellschaftsvertragliche Nebenpflicht wie auch als rein schuldrechtliche Abrede begründet werden können (Michalski/*J. Schmidt* § 3 Rn. 49, 92 ff.; Scholz/*Cziupka* § 3 Rn. 69). 80

Wichtiger Anhaltspunkt für die Abgrenzung ist häufig der Standort der Regelung. Bei in dem Gesellschaftsvertrag enthaltenen Regelungen handelt es sich zumeist auch um echte gesellschaftsvertragliche Bestimmungen (Scholz/*Cziupka* § 3 Rn. 97; Wicke DNotZ 2006, 419, 434; a.A. Baumbach/Hueck/*Fastrich* § 3 Rn. 55); schon um Publizität zu vermeiden sind schuldrechtliche Nebenabreden in den meisten Fällen in gesonderten Verträgen anzutreffen (vgl. Lutter/Hommelhoff/*Bayer* § 3 Rn. 60 m.w.N.). 81

Gesellschaftsvertragliche Nebenpflichten der Gesellschafter können Geld- oder Sachleistungspflichten sein (z.B. das zur Verfügung stellen von Geschäftsräumlichkeiten), Handlungspflichten (z.B. die Übernahme der Geschäftsführertätigkeit) oder auch Unterlassungspflichten (z.B. Wettbewerbsverbote) (BGH DStR 1993, 613; weitere Beispiele Michalski/*J. Schmidt* § 3 Rn. 58 ff.; Baumbach/Hueck/*Fastrich* § 3 Rn. 39 f.). 82

Grundsätzlich können die Nebenleistungspflichten entgeltlicher oder unentgeltlicher Natur sein (Roth/Altmeppen/*Roth* § 3 Rn. 29; *Wicke* § 3 Rn. 17), auch gemischte Pflichten (Vermietung eines Betriebsgrundstücks unter Marktwert) kommen in Betracht. Allerdings kann die (teilweise) Unentgeltlichkeit wie auch die Überteuerung einer Nebenleistung zu zahlreichen rechtlichen, insbesondere auch steuerrechtlichen Schwierigkeiten führen (verdeckte Einlage/verdeckte Gewinnausschüttung). Eine steuerliche Prüfung des Einzelfalls sollte daher grundsätzlich vorgenommen werden. Häufig dürfte es empfehlenswert sein, für die Erbringung der Nebenpflichten eine marktübliche 83

Gegenleistung der Gesellschaft vorzusehen (vgl. zur Problematik etwa *Tolksdorf* Schenkungsteuer bei disquotalen Einlagen und Gewinnausschüttungen, DStR 2010, 423).

84 Das nachstehende Muster geht von einer GmbH, der C-GmbH mit Sitz in Frankfurt am Main, aus, deren Gesellschafter eine natürliche und zwei juristische Personen sind. Die natürliche Person ist Mehrheitsgesellschafter (Gesellschafter C), sie hat das Geschäft aufgebaut und soll auch weiterhin zur Geschäftsführung berechtigt und verpflichtet sein. Außerdem soll sie weiterhin die Räumlichkeiten zu Verfügung stellen, in denen die Verwaltung der Gesellschaft sitzt. Die beiden anderen Gesellschafter sind juristische Personen (Gesellschafter A und B); sie sollen das Geschäft finanzieren und im Falle des Gesellschafters B außerdem eine weitere Vertriebsschiene im Ausland eröffnen.

Muster

85 **Gesellschaftsvertrag der C-GmbH [1]**

§ 1 Firma und Sitz der Gesellschaft

1. Die Gesellschaft betreibt ihre Geschäfte unter der Firma

C-GmbH.

2. Sitz der Gesellschaft ist Frankfurt am Main.

§ 2 Stammkapital, Stammeinlagen

1. Das Stammkapital der Gesellschaft beträgt ____________ € (in Worten: ____________ Euro).

2. Hiervon übernehmen die Gesellschafter Gesellschaftsanteile wie folgt:

Gesellschafter A: Geschäftsanteil im Nennbetrag von ____________ € (in Worten: ____________ Euro) (»Geschäftsanteil A«), entspricht 30 % des Stammkapitals;

Gesellschafter B: Geschäftsanteil im Nennbetrag von ____________ € (in Worten: ____________ Euro) (»Geschäftsanteil B«), entspricht 18 % des Stammkapitals;

Gesellschafter C: Geschäftsanteil im Nennbetrag von ____________ € (in Worten: ____________ Euro) (»Geschäftsanteil C«), entspricht 52 % des Stammkapitals;

§ 3 Geschäftsführung durch den Gesellschafter C

1. Die Geschäftsführung der Gesellschaft übernimmt der Gesellschafter C. [2] C ist berechtigt, die Gesellschaft allein zu vertreten. Dies gilt auch für den Fall, dass weitere Geschäftsführer bestellt werden. [3]

2. Der Gesellschafter C ist zur Geschäftsführung in der Gesellschaft verpflichtet, solange er Gesellschafter der Gesellschaft ist und nicht durch Beschluss der Gesellschafterversammlung, der einer Mehrheit von 3/4 der abgegebenen Stimmen bedarf, von seiner Geschäftsführungspflicht befreit wurde. [4]

3. Der Gesellschafter C ist zur Geschäftsführung in der Gesellschaft berechtigt, solange er mehr als 50 % des Stammkapitals an der Gesellschaft hält und nicht durch Gesellschafterbeschluss, der einer Mehrheit von 3/4 der abgegebenen Stimmen bedarf, und bei welchem dem Gesellschafter C ein Stimmrecht nicht zusteht, aus wichtigem Grund abberufen wurde. [5]

4. C wird mit der Gesellschaft, vertreten durch die Gesellschafter A und B, einen Geschäftsführerdienstvertrag zu marktüblichen und der Lage der Gesellschaft ent-

sprechenden Konditionen schließen. Kann eine Einigung über den Inhalt des Geschäftsführerdienstvertrages zwischen C und der Gesellschaft nicht getroffen werden, gilt nachstehend § __________ entsprechend. [6]

§ 4 Geschäftsräumlichkeiten

1. Der Gesellschafter C ist Eigentümer des Bürogebäudes __________ [7] Die Gesellschaft nutzt dieses Bürogebäude derzeit als Verwaltungsgebäude aufgrund Mietvertrages vom __________.

2. Solange C Gesellschafter der Gesellschaft ist, ist er zur ordentlichen Kündigung des Mietvertrages nicht berechtigt. Ab dem Zeitpunkt, ab dem C aus der Gesellschaft ausgeschieden ist, ist er berechtigt, den Mietvertrag entsprechend den dort vorgesehenen Bestimmungen ordentlich mit einer Kündigungsfrist von __________ zu kündigen.

3. Die Gesellschaft ist berechtigt, den Mietvertrag entsprechend den dort vorgesehenen Bestimmungen ordentlich mit einer Kündigungsfrist von __________ zu kündigen, erstmals zum __________.

4. Die Gesellschaft und der Gesellschafter C werden dafür Sorge tragen, dass der für die Dauer seiner Gesellschafterstellung ausgesprochene Verzicht des C, sein ordentliches Kündigungsrecht auszuüben, durch einen entsprechenden Nachtrag in den bestehenden Mietvertrag aufgenommen wird. [8]

5. Änderungen des Mietvertrages sowie seine Beendigung (einschließlich der Kündigung durch die Gesellschaft) bedürfen eines Beschlusses der Gesellschafterversammlung, der einer Mehrheit von 3/4 der abgegebenen Stimmen bedarf. Einer Anpassung des Mietzinses, die einem Marktvergleich standhält, wird die Gesellschafterversammlung zustimmen, wenn seit der letzten Anpassung des Mietzinses mindestens __________ vergangen sind. [9]

§ 5 Finanzierung der Gesellschaft

1. Die jeweiligen Inhaber der Geschäftsanteile mit den lfd. Nummern __________ und __________ sind verpflichtet, zur Finanzierung der Gesellschaft bis zu einem Höchstbetrag von bis zu 200 % des Nennbetrages der Geschäftsanteile und für die Dauer von mindestens __________ Jahren beizutragen.

2. Hierzu haben die Gesellschafter der Gesellschaft nach eigenem Ermessen jeweils selbst ein Kontokorrentdarlehen zur Verfügung zu stellen oder aber dafür Sorge zu tragen, dass Dritte der Gesellschaft ein entsprechendes Darlehen gewähren. [10]

3. Zur Besicherung der Darlehen ist die Gesellschaft nicht verpflichtet. Gegenüber Dritten haben gegebenenfalls die Gesellschafter die Besicherung zu übernehmen. [11]

4. Im Übrigen sind die Darlehen zu marktüblichen Konditionen zu gewähren, wobei für die Gesellschafter/Dritten vergleichbare Konditionen zu vereinbaren sind. Die Gewährung der Darlehen durch Dritte darf die Gesellschaft nicht schlechter stellen, als sie bei direkter Gewährung der Darlehen durch die Gesellschafter stünde.

5. Die Gesellschaft wird mit den Darlehensgebern jeweils Darlehensverträge schließen.

6. Veräußert ein Gesellschafter einen Geschäftsanteil, ist er verpflichtet, seinem Rechtsnachfolger die Rechte und Pflichten aus dem Darlehensvertrag gegen die Gesellschaft abzutreten. [12]

7. Die Gesellschafter A und B erklären bereits heute einen Nachrang ihrer sich aus der Finanzierungsverpflichtung dieses § 5 ergebenden Forderungen gegen die Gesellschaft hinter den in § 39 Abs. 1 Nr. 1 bis 5 Insolvenzordnung bezeichneten Forderungen. Sie werden diese Rangrücktrittserklärung mit bzw. nach Darlehensabschluss – soweit rechtlich erforderlich – nochmals abgeben bzw. bestätigen. [13]

§ 6 Auslandsgeschäft

1. Die Gesellschafter planen, den Absatz der von der Gesellschaft vertriebenen Produkte verstärkt außerhalb der Bundesrepublik Deutschland in möglichst allen Märkten des europäischen Wirtschaftsraumes zu forcieren.

2. Der Gesellschafter B wird zu diesem Zwecke dafür Sorge tragen, dass die für den Vertrieb der Produkte des B-Konzerns in Europa zuständige Gesellschaft, die ____________ B.V., ____________, Niederlande mit der C-GmbH ernsthafte Verhandlungen über den Abschluss eines Distributionsvertrages aufnimmt. [14]

3. Gegenstand des Distributionsvertrages wird der Vertrieb aller Produkte der C-GmbH in den Ländern des Europäischen Wirtschaftsraumes, vornehmlich in den Ländern ____________ und ____________ sein. Der Abschluss des Distributionsvertrages bedarf der Zustimmung der Gesellschafterversammlung. [15]

Template

86 **Articles of Association of C-GmbH** [1]

Section 1 Company and Registered office

1. The Company conducts its business activities under the name of

C-GmbH.

2. The Company´s registered office is Frankfurt am Main.

Section 2 Share Capital, Capital Contributions

1. The share capital of the Company is ____________ € (in words: ____________ Euros).

2. Thereof, the shareholders shall take over Company shares as follows:

Shareholder A: Company share at the nominal value of ____________ € (in words: ____________ Euros) (»Company share A«), representing 30 % of the share capital;

Shareholder B: Company share at the nominal value of ____________ € (in words: ____________ Euros) (»Company share B«), representing 18 % of the share capital;

Shareholder C: Company share at the nominal value of ____________ € (in words: ____________ Euros) (»Company share C«), representing 52 % of the share capital;

Section 3 Management by Shareholder C

1. Shareholder C shall assume management duties of the Company. [2] **C is authorized to solely represent the Company. This also applies in case additional managing directors are appointed.** [3]

2. The shareholder C is obliged to serve in the company´s management as long as he is a shareholder in the Company and has not been relieved of his duties as managing director by resolution of the shareholders´ meeting, requiring a majority of 3/4 of the votes submitted. [4]

3. The shareholder C is entitled to serve in the Company´s management as long as he holds more than 50 % of the share capital in the Company and has not been relieved of his duties as managing director for good cause by shareholder resolution, requiring a majority of 3/4 of the votes submitted, and at which shareholder C is not entitled to a voting right. [5]

4. C shall conclude a managing director services agreement with the Company, represented by the shareholders A and B, under conditions in accordance with normal commercial terms and the situation of the Company. If an agreement on the terms of the managing director employment agreement cannot be reached between C and the Company, Section ____________ applies mutatis mutandis. [6]

Section 4 Company Facilities

1. The shareholder C is the owner of the office building ____________ [7] The Company is currently using this office building as an administrative facility, based on the lease dated ____________

2. As long as C is a shareholder in the Company, he is not entitled to an orderly termination of the lease. From the time at which C has retired from the Company, he is entitled to terminate the lease in an orderly manner in accordance with the provisions contained in the lease, allowing for notice of ____________

3. The Company is entitled to terminate the lease in an orderly manner in accordance with the provisions contained in the lease, allowing for notice of ____________, at the earliest on ____________

4. The Company and the shareholder C shall undertake to ensure that C´s explicit waiver of his orderly right to termination shall be adopted in an appropriate supplement to the existing lease for the duration of his position as shareholder. [8]

5. Amendments to the lease, as well as its cancellation (including termination by the Company) require a resolution of the shareholders´ meeting, with a mandatory 3/4 majority of the votes submitted. The shareholders´ meeting shall consent to a rent adjustment that withstands a market comparison if it has been at least ____________ since the last rent adjustment. [9]

Section 5 Financing of the Company

1. The respective owners of the Company shares with the sequential numbers ____________ and ____________ are obliged to contribute to the financing of the Company up to a maximum amount of 200 % of the nominal value of the Company shares and for the duration of at least ____________ years.

2. For this purpose, each of the shareholders at his own discretion is to provide the Company with a line of credit or, however, to ensure that third parties provide the company with an appropriate loan. [10]

3. The Company is not required to provide collateral for the loans. Where necessary, the shareholders are to assume guarantees towards third parties. [11]

4. What´s more, the loans are to be provided at normal market conditions, whereby comparable conditions are to be negotiated for the shareholders/third parties.

The granting of loans by third parties shall not put the Company at a disadvantage compared to the shareholders´ granting the loans directly.

5. The Company shall conclude loan agreements with each lender.

6. If a shareholder sells a Company share, he is obliged to assign his legal successor the rights and duties arising from the loan agreement towards the Company. [12]

7. Already today, the shareholders A and B declare that any claims against the Company based on their financing obligation of this Section 5 are subordinated to the claims specified in Section 39 Para. 1 No. 1 to 5 Bankruptcy Code. They shall once again submit or confirm this subordination statement when or after loans are taken out – to the extent required by law. [13]

Section 6 Foreign Business

1. The shareholders plan to increasingly promote the sales of the products distributed by the Company outside the Federal Republic of Germany, ideally in all markets of the European Economic Area.

2. For this purpose, shareholder B shall undertake to ensure that the company responsible for distributing the products of the B Group in Europe, ____________ B.V., ____________, Netherlands, will initiate serious negotiations with C-GmbH concerning the conclusion of a distribution agreement. [14]

3. The subject of the distribution agreement will be the sale of all products of C-GmbH in the countries of the European Economic Area, primarily in the countries ____________ and ____________. The conclusion of the distribution agreement requires the approval of the shareholders´ meeting. [15]

Erläuterungen

Literatur: *Dahl/Schmitz*, Eigenkapitalersatz nach dem MoMiG aus insolvenzrechtlicher Sicht, NZG 2009, 325; *Gehrlein*, Die Behandlung von Gesellschafterdarlehen durch das MoMiG, BB 2008, 846; *Kahlert/Gehrke*, Der Rangrücktritt nach MoMiG im GmbH-Recht: Insolvenz- und steuerrechtliche Aspekte, DStR 2010, 227; *Wicke*, *GmbHG Kommentar*, 3. Auf. 2016; *ders.*, Echte und unechte Bestandteile im Gesellschaftsvertrag der GmbH, DNotZ 2006, 419; *ders.*, Schuldrechtliche Nebenvereinbarungen bei der GmbH – Motive, rechtliche Behandlung, Verhältnis zum Gesellschaftsvertrag, DStR 2006, 1137.

87 **1.** Siehe zum Inhalt und Aufbau von Gesellschaftsverträgen Muster A 19 ff. (Rdn. A 239 ff.); das vorliegende Muster enthält lediglich die für die Frage der gesellschaftsvertraglichen Nebenpflichten relevanten §§.

88 **2.** Die gesellschaftsvertragliche Geschäftsführung durch einen der Gesellschafter kann als Nebenleistungspflicht aber auch als Sonderrecht ausgestaltet sein (vgl. Scholz/*Cziupka* § 3 Rn. 70, 82; Michalski/*J. Schmidt* § 3 Rn. 77–81; Baumbach/Hueck/*Fastrich* § 6 Rn. 27, GroßkommGmbHG/*Löbbe* Rn. 77 und GroßkommGmbHG/*Paefgen*, § 6 Rn. 67 ff., jeweils auch mit weiteren Hinweisen zu gesellschaftsvertraglichen Sonderrechten einzelner Gesellschafter). Vorliegend wurden beide Varianten gewählt (vgl. Abs. 2 und 4 des § 3).

89 **3.** Es dürfte in der Praxis häufig vorkommen, dass der Mehrheitsgesellschafter in jedem Falle Alleinvertretungsbefugnis hat, ist aber gesetzlich keinesfalls zwingend.

90 **4.** Zur Vermeidung von Auslegungsschwierigkeiten und Streitigkeiten empfiehlt es sich in allen Fällen, den Umfang und die Dauer einer Nebenleistungspflicht eindeutig festzulegen (BGH DStR 1993, 613 mit Anm. *Goette*; Scholz/*Cziupka* § 3 Rn. 72; Roth/Altmeppen/*Roth* § 3 Rn. 30b; nach BGH NZG 2008, 148 ist die Verpflichtung der Gesellschafter im Gesellschaftsvertrag zur Übernahme von Verlusten als Nebenleistungspflicht unwirksam, wenn sie weder zeitlich begrenzt ist

noch eine Obergrenze enthält). Die vorliegende Regelung stellt klar, dass die Geschäftsführungspflicht des C besteht, solange er Gesellschafter ist. Sonst könnte die Fortdauer der Pflicht bereits bei Verlust der Mehrheitsposition des C zweifelhaft sein.

Die Aufhebung einer gesellschaftsvertraglichen Nebenpflicht erfolgt grundsätzlich durch notariell zu beurkundenden, den Gesellschaftsvertrag ändernden Beschluss (GroßkommGmbHG/*Löbbe* § 3 Rn. 112; vgl. auch für den umgekehrten Fall der Aufhebung satzungsmäßiger Sonderrechte Scholz/*Schneider/Schneider* § 6 Rn. 85). Das Erfordernis der notariellen Beurkundung soll hier vermieden werden, indem die Notwendigkeit der Aufhebung der Pflicht durch einfachen Gesellschafterbeschluss in den Gesellschaftervertrag aufgenommen wurde. Gemäß § 47 Abs. 4 S. 1 Alt. 2 GmbHG unterliegt ein Gesellschafter, welcher von einer Nebenleistungspflicht (»Verbindlichkeit«) befreit werden soll, die nicht alle Gesellschafter gleichmäßig trifft, einem Stimmverbot (Baumbach/Hueck/*Noack* § 46 Rn. 62 und § 47 Rn. 93; Michalski/*Römermann* § 47 Rn. 197). Gleichwohl wurde vorliegend eine $^{3}/4$ Mehrheit für die Beschlussfassung vorgesehen; der Gesellschafter A soll nicht allein über die Aufhebung der Geschäftsführungspflicht des C entscheiden können. Eine gesetzliche Notwendigkeit besteht für diese Regelung freilich nicht. 91

5. Solange C Mehrheitsgesellschafter ist, soll er nicht nur die Pflicht, sondern auch das Recht haben, die Geschäftsführung der Gesellschaft zu übernehmen (vgl. zu einem solchen Recht auf Geschäftsführung z.B. ausführlich GroßkommGmbHG/*Ulmer* § 6 Rn. 68 ff.; Michalski/*Tebben* § 6 Rn. 51). Die Frage, ob der Gesellschafter C bei der Aufhebung seines Geschäftsführungssonderrechtes ebenfalls einem Stimmverbot unterliegt, ist nicht ganz so eindeutig zu beantworten, wie im Falle der Aufhebung der Verpflichtung gemäß der vorstehenden Anm. 4 (vgl. zum Streitstand Roth/Altmeppen/*Roth* § 47 Rn. 61 f.; Lutter/Hommelhoff/*Bayer* § 47 Rn. 45 ff.). Das GmbHG sieht ein allgemeines Stimmverbot für Gesellschafter, die bei der Stimmabgabe einem möglichen Interessenkonflikt ausgesetzt sein könnten, nicht vor. § 47 Abs. 4 S. 2 Alt. 1 GmbHG statuiert ein Stimmverbot für den Fall der Vornahme von Rechtsgeschäften gegenüber einem Gesellschafter. Die Reichweite dieser Bestimmung ist nicht unumstritten (ausführlich Michalski/*Römermann* § 47 Rn. 211 ff.; Baumbach/Hueck/*Noack* § 47 Rn. 80). Überwiegend wird darauf abgestellt, ob es sich um rein schuldrechtliche Rechtsbeziehungen wie unter fremden Dritten handelt (dann Stimmverbot gemäß § 47 Abs. 4 S. 2 Alt. 1 GmbHG) oder um Rechtsgeschäfte im Zusammenhang mit der gesellschaftsrechtlichen Beziehung der Beteiligten (dann kein Stimmverbot) (BGHZ 51, 209, 215; Scholz/*K. Schmidt* § 47 Rn. 110 ff. m.w.N.). In letzterem Fall wird das Stimmverbot überwiegend wiederum bejaht, wenn es um die Vornahme einseitiger Rechtshandlungen aus wichtigem Grund geht. Die Abberufung als Geschäftsführer aus wichtigem Grund wäre ein derartiger Fall (BGHZ 86, 177, 178; so auch Roth/Altmeppen/*Roth* § 47 Rn. 62; Michalski/*Römermann* § 47 Rn. 239 f. m.w.N.; von Rechenberg/Ludwig/*Schultze-Petzold* Kap. 13 Rn. 1081). Vorliegend geht es allerdings um den Entzug der Geschäftsführungsbefugnis als solcher. Im Übrigen ist gerade in den Fällen, in denen die Rechtslage nicht ganz eindeutig ist, eine eindeutige Bestimmung im Gesellschaftsvertrag zu empfehlen. Das Muster entscheidet sich entsprechend der h.M. dafür, dem Geschäftsführer bei dem Entzug seines Geschäftsführungsrechtes ein Stimmrecht nicht zuzugestehen. Im Gegenzug kann ihm dieses nur aus wichtigem Grund entzogen werden. In einem sehr detaillierten Gesellschaftsvertrag könnte es sich sogar empfehlen, einige wichtige Gründe beispielhaft aufzulisten. 92

6. Entsprechend den Ausführungen der Vorbemerkung entscheidet sich das Muster dafür, mit dem Gesellschafter C einen Geschäftsführerdienstvertrag abzuschließen und diesem seine Tätigkeit marktüblich zu vergüten (zu den Voraussetzungen näher Lutter/Hommelhoff/*Kleindiek* Anh. zu § 6 Rn. 2 ff.). Aus steuerlichen Gründen ist diese Vorgehensweise absolut geboten (siehe hierzu im einzelnen Muster C 44 (Rdn. C 556 ff.) und Muster C 46 (Rdn. C 682 ff.)). Grundsätzlich ist es empfehlenswert, die Einzelheiten des Geschäftsführungsdienstvertrages vor oder zumindest gleichzeitig mit der Aufnahme der entsprechenden Bestimmung in die Satzung zu verhandeln (zu möglichen Problemen bei Widersprüchen Michalski/*Tebben* § 6 Rn. 107 ff.; Lutter/Hommelhoff/*Kleindiek* Anh. zu § 6 Rn. 11 f.). Die Beifügung des entsprechenden Vertrages als Anlage dürfte aber schon aus Geheimhaltungsgründen in den allermeisten Fällen nicht gewünscht 93 sein. Insofern besteht ein Bedürfnis für die Aufnahme einer Streit schlichtenden Regelung, wie in dem Muster angedeutet. In Betracht kommen hier Mediationsverfahren, schiedsgutachterliche Lösungen oder ähnliches. In jedem Falle sollte die Beteiligung von praxisnahen Experten vorgesehen werden, wegen der steuerlichen Implikationen wäre die Beteiligung eines Steuerexperten, für die Marktüblichkeit möglicherweise zusätzlich die Beteiligung eines Unternehmens- oder Personalberaters vorzusehen.

94 **7.** Gerade in personalistisch strukturierten GmbHs ist es häufig üblich, dass eine oder mehrere Gesellschafter der Gesellschaft Betriebsgrundstücke, Geschäftsräumlichkeiten oder ähnliches zur Verfügung stellen (vgl. Michalski/*J. Schmidt* § 3 Rn. 48, 60; *Wicke* § 3 Rn. 22). Sehr häufig geschieht dies außerhalb des Gesellschaftsvertrages im Rahmen rein schuldrechtlicher Abreden zwischen der Gesellschaft und dem einzelnen Gesellschafter. Wollen die Parteien, hier insbesondere die übrigen Gesellschafter zugunsten der Gesellschaft, allerdings sichergehen, dass der Gesellschafter C das Grundstück auch für die Dauer der Gesellschafterstellung zur Verfügung hält, empfiehlt es sich, eine entsprechende Regelung in den Gesellschaftsvertrag aufzunehmen.

95 **8.** Für die wirksame Bestimmung einer Nebenpflicht reicht es nicht aus, auf (zudem noch privatschriftliche) Urkunden außerhalb des Gesellschaftsvertrages zu verweisen, vielmehr ist es erforderlich, dass der Umfang der Nebenpflicht bereits in der Satzung so hinreichend bestimmt wird, dass es den aktuellen und künftigen Gesellschaftern möglich ist, das Ausmaß der auf sie zukommenden Pflichten zu überschauen, auch wenn die weitere Konkretisierung und Ausführung einem Gesellschafterbeschluss bzw. einem Ausführungsvertrag vorbehalten sein kann (vgl. Scholz/*Cziupka* § 3 Rn. 72 f.; Baumbach/Hueck/*Fastrich* § 3 Rn. 24). Der vorliegende Hinweis auf den Mietvertrag ist jedoch möglich. Er stellt keinen Verweis im Sinne des BeurkG, sondern die schlichte Bezugnahme auf ein außerhalb des Gesellschaftsvertrages bestehendes Rechtsverhältnis zwischen der Gesellschaft und dem Gesellschafter C dar; die genaue Bezeichnung dieses Rechtsverhältnisses dient nur als Identifizierungsmittel (siehe zur Abgrenzung z.B. Beck´sches NotarHdb/*Bernhard* Abschnitt G Rn. 182 ff., 187). Es ist allerdings zu beachten, dass die gesellschaftsvertraglichen Nebenpflichten den Mietvertrag nicht ändern. Damit der zeitlich begrenzte Kündigungsverzicht des C auch gegenüber einem Grundstückserwerber wirkt, ist die entsprechende Ergänzung des Mietvertrages notwendig; der Nachtrag empfiehlt sich auch im Hinblick auf die Vorschriften der §§ 550, 566 BGB.

96 **9.** Wie schon in der Vorbemerkung erwähnt, empfiehlt es sich schon aus steuerlichen Gründen, die Regelungen des Mietverhältnisses in einem schriftlichen Vertrag festzulegen und marktübliche Bestimmungen vorzusehen. Eine Anpassung des Mietzinses dürfte im Regelfalle nicht ganz unproblematisch sein. Sollten die Gesellschafter nicht für eine Indexierung plädieren, ist es sinnvoll, zumindest rudimentäre Anpassungsregelungen vorzusehen.

97 **10.** Die Verpflichtung zur Finanzierung der Gesellschaft ist ebenfalls eine in der Praxis relativ häufig anzutreffende, schon fast klassische Nebenpflicht. Darlehen sind dabei die häufigste Form, nicht unüblich ist auch die Verpflichtung zur Leistung von Umlagen oder die Verpflichtung zur Einlage von Gewinnen als Rücklagen (siehe hierzu und zu weiteren Geldleistungen auch Baumbach/Hueck/*Fastrich* § 3 Rn. 39; GroßkommGmbHG/*Löbbe* § 3 Rn. 71). Das Recht der Gesellschafterdarlehen wurde durch das MoMiG grundlegend geändert (vgl. hierzu beispielsweise Lutter/Hommelhoff/*Lutter/Hommelhoff* Einl. Rn. 33 m.w.N, Michalski/*J. Schmidt* Syst. Darst. 1; instruktiv auch die Aufsätze von *Gehrlein* BB 2008, S. 846; *Dahl/Schmitz* NZG 2009, 325). Die Zulässigkeit von Gesellschafterdarlehen bleibt unverändert bestehen. Die mögliche Umqualifizierung von Gesellschafterdarlehen in »Eigenkapitalersatz« existiert nicht mehr. Die Kapitalerhaltungsregelungen der §§ 30 bis 32 GmbHG sind auf Gesellschafterdarlehen ausdrücklich nicht anwendbar (§ 30 Abs. 1 S. 3 GmbHG). Der Schutz der Gesellschaft erfolgt jetzt über das Ausplünderungsverbot des § 64 S. 3 GmbHG (der Geschäftsführer kann die Rückzahlung eines fälligen Darlehensanspruches verweigern, wenn diese zur Insolvenz führen würde) und die Vorschriften der Insolvenzordnung (Nachrang von Darlehensforderungen gemäß § 39 Abs. 1 Nr. 5 InsO sowie Anfechtungsbestimmungen des § 135 Abs. 1 und 4 InsO), letztere für die Einzel-

zwangsvollstreckung flankiert durch die Vorschriften des Anfechtungsgesetzes (vgl. Scholz/K. *Schmidt* § 64 Rn. 65 ff. m.w.N.).

Einer eingehenden Prüfung bedarf die steuerliche und bilanzielle Behandlung von Gesellschafter- und diesen gleichgestellten Darlehen. Hier haben sich in der Vergangenheit diverse Änderungen nicht nur durch das MoMiG sondern auch durch das Unternehmensteuerreformgesetz 2008 ergeben (zu den insoweit bestehenden offenen Fragen vgl. Eingabe der BStBK vom 25. Juni 2010, abrufbar unter www.bstbk.de, Rubrik Presse/Stellungnahmen). Zu beachten ist auch die Zinsschranke des § 8a KStG. 98

11. Da die Gesellschafter für die Finanzierung einen marktüblichen Zinssatz erhalten sollen, liegt der wahre Vorteil der Gesellschaft (neben der Sicherheit, überhaupt eine Finanzierung des laufenden Geschäfts zu erhalten) in der Regelung, dass die Gesellschaft das Darlehen nicht besichern muss. Das ist durchaus üblich und auch sachgerecht, zumal unter Berücksichtigung der Nachrangigkeitsregelung in der Insolvenzordnung (vgl. hierzu nachstehend Muster D 9 (Rdn. D 101). 99

12. Die Finanzierungsverpflichtung ist in Abs. 1 des Musters an die Inhaberschaft bestimmter Geschäftsanteile geknüpft. Insofern gilt sie ohne Weiteres auch für den Rechtsnachfolger in einen Geschäftsanteil. Auf Gutglaubensschutz kann sich dieser nicht berufen (vgl. Baumbach/Hueck/*Fastrich* § 16 Rn. 26 und Lutter/Hommelhoff/*Bayer* § 16 Rn. 74, jeweils m.w.N.). Um sicherzustellen, dass der Wechsel eines Gesellschafters nicht zu einer Hin- und Herzahlungspflicht führt, was für die Gesellschaft im Falle mangelnder Bereitschaft des neuen Gesellschafters, seine Finanzierungsverpflichtung freiwillig zu erfüllen, zu erheblichen Rechtsnachteilen führen könnte, wurde ergänzend geregelt, dass der Altgesellschafter seine Rechte und Pflichten aus dem Darlehensvertrag oder der Besicherungsvereinbarung auf den Neugesellschafter übertragen muss. 100

13. Die Bestimmung greift die Regelung des § 19 Abs. 2 InsO auf. Danach sind Gesellschafterdarlehen, für die ein Rangrücktritt erklärt wurde, in einer Überschuldungsbilanz nicht zu passivieren. Da Gesellschafterdarlehen in der Insolvenz ohnehin nachrangig sind, benachteiligt dies die Gesellschafter auch nicht unangemessen. Sollten außerhalb des Gesellschaftsvertrags weitere Gesellschafterdarlehen gewährt werden, werden die von der gesellschaftsvertraglichen Verpflichtung zum Rangrücktritt betroffenen Gesellschafter darauf zu drängen haben, dass der Rangrücktritt auch für diese Darlehen erklärt wird (vgl. Michalski/*J. Schmidt* Syst. Darst. 1). Ansonsten wären die gesellschaftsvertragsgemäßen Darlehen in einer Insolvenz hinter den weiteren Gesellschafterdarlehen nachrangig zu behandeln. Zum Rangrücktritt, insbesondere auch unter Berücksichtigung steuerlicher Aspekte, vgl. z.B. *Kahlert/Gehrke* DStR 2010, 227. 101

14. Handlungspflichten der Gesellschafter sind in dem Gesellschaftsvertrag so bestimmt zu regeln, dass der betroffene Gesellschafter und gegebenenfalls auch sein Rechtsnachfolger den Inhalt und den Umfang seiner Verpflichtungen überblicken kann (BGH ZIP 2008, 148). Bei der vorliegenden Verpflichtung, den Auslandsvertrieb der Gesellschaft über eine Konzerntochter des Gesellschafters zu organisieren, ist eine detaillierte Regelung nur bedingt möglich und interessengerecht, zumal die Aufnahme detaillierter Regelungen des Distributionsvertrages in einem publizitätspflichtigen Gesellschaftsvertrag wohl kaum dem Willen der Gesellschafter entsprechend dürfte (vgl. Michalski/*J. Schmidt* § 3 Rn. 92; Scholz/*Cziupka* § 3 Rn. 104; *Wicke* DStR 2006, 1137). Die Verpflichtung des Gesellschafters B wurde deshalb darauf reduziert, dafür Sorge zu tragen, dass seine Konzerntochter mit der C-GmbH ernsthafte Verhandlungen über einen Distributionsvertrag aufnimmt. Eine weitergehende Verpflichtung wäre grundsätzlich zwar rechtlich möglich, aber schon wegen der mangelnden Durchsetzbarkeit wenig sachdienlich. Etwas anders dürfte sich die Sachlage darstellen, wenn die Vertragsverhandlungen schon vor Vereinbarung der gesellschaftsvertraglichen Regelungen aufgenommen und weitgehend zum Abschluss gebracht wurden. Dann könnte eine Verpflichtung zum Abschluss (bzw. Geltendmachung des beherrschenden Einflusses zum Abschluss) oder zur Aufrechterhaltung eines Vertrages vorgesehen werden. 102

103 **15.** Soweit es sich bei der Konzerntochter des B und der C-GmbH um Wettbewerber handelt, sind für den Abschluss eines Distributionsvertrages auch die Vorschriften des Kartellrechts (insbesondere § 1 GWB, Art. 101, 102 AEUV) zu beachten (vgl. hierzu beispielsweise Muster A 25 (Rdn. A 621 ff.)) (ebenso Baumbach/Hueck/*Fastrich* § 3 Rn. 40; vgl. auch Michalski/*J. Schmidt* § 3 Rn. 64).

9. Anforderung von Nebenpflichten durch den Geschäftsführer

Vorbemerkung

104 Die Einforderung von statutarischen Nebenpflichten ist Aufgabe der Geschäftsführer. Sie haben im Interesse der Gesellschaft zu prüfen, ob die Gesellschafter ihre Nebenpflichten erfüllen und die Erfüllung zu verlangen, im Streitfalle auch gerichtlich durchzusetzen.

105 Sieht der Gesellschaftsvertrag besondere Rechtsfolgen für die Nichterfüllung von Nebenpflichten nicht vor (in Betracht kommen beispielsweise Ausschließungs- oder Kündigungsrechte, eventuell auch die Anordnung der entsprechenden Anwendung der Bestimmungen über die Kaduzierung oder auch Vertragsstrafen im Sinne der §§ 339 BGB), gelten insoweit die allgemeinen Bestimmungen des BGB (Michalski/*J. Schmidt* § 3 Rn. 67; Baumbach/Hueck/*Fastrich* § 3 Rn. 48; *Wicke* DStR 2006, 1137, 1141). Die Gesellschafter sind gegebenenfalls gerichtlich auf Leistung und/oder Schadensersatz in Anspruch zu nehmen. Soweit der Gesellschaftsvertrag besondere Regelungen zur Streitschlichtung (Mediation/Schiedsverfahren) vorsieht, sind diese im Zweifelsfalle auch auf die Erfüllung von Nebenpflichten anzuwenden (Scholz/*Cziupka* § 3 Rn. 89).

106 Das nachstehende Formular baut auf den gesellschaftsvertraglichen Bestimmungen über Nebenpflichten gemäß dem Muster D 8 (Rdn. D 85 ff.) auf. Im Gegensatz zum Gesellschafter A ist der Gesellschafter B seiner Finanzierungsverpflichtung nicht nachgekommen.

Muster

107 **Schreiben an den Gesellschafter B** [1]

Sehr geehrte Damen und Herren, [2]

die von Ihnen vertretene B-AG ist Inhaber des Geschäftsanteils mit der lfd. Nummer __________ der C-GmbH.

Gemäß § 5 des Gesellschaftsvertrags der C-GmbH ist die B-AG daher verpflichtet, zur Finanzierung der Gesellschaft durch Gewährung oder Besicherung eines Kontokorrentdarlehens bis zu einem Höchstbetrag von __________ € (dies entspricht 200 % des Nennbetrages des Geschäftsanteils der B-AG) und mit einer Laufzeit von mindestens __________ Jahren beizutragen.

In den vergangenen Wochen haben zu diesem Zwecke zwar verschiedene Gespräche mit der __________ Sparkasse in __________ stattgefunden. Die Vereinbarung des entsprechenden Darlehensvertrages ist bisher allerdings daran gescheitert, dass die B-AG nicht bereit war, die von der __________ Sparkasse geforderte Bürgschaftserklärung abzugeben.

Wir fordern Sie hiermit auf, bis spätestens zum __________ entweder die von der __________ Sparkasse geforderte Bürgschaftserklärung abzugeben oder aber den in der Anlage beigefügten Darlehensvertrag zwischen der B-AG und der

C-GmbH zu unterzeichnen und der Gesellschaft die derzeit benötigte Liquidität von ____________ € durch Einzahlung auf das Konto der Gesellschaft wie folgt

____

zur Verfügung zu stellen. [3]

Wir dürfen darauf hinweisen, dass der Gesellschafter A seiner gleichlautenden Finanzierungspflicht vollumfänglich nachgekommen ist und der von ihm besicherte Kontokorrentkredit beider ____________ Bank derzeit in Höhe von ____________ € in Anspruch genommen wird. [4]

Mit freundlichen Grüßen,

Geschäftsführer der C-GmbH

Template

Letter to Shareholder B [1] 108

Dear Sir or Madam, [2]

The B-AG you represent is the owner of the company share of C-GmbH with the sequential number ____________

Pursuant to Section 5 of the Articles of Association of C-GmbH, the B-AG is therefore to contribute to the financing of the company by granting or guaranteeing a line of credit up to a maximum amount of ____________ € (this represents 200 % of the nominal value of the company share of B-AG) and with a term of at least ____________ years.

For this purpose, over the past weeks various discussions have indeed taken place with the Sparkasse (savings bank) in ____________. The negotiation on the appropriate loan contract, however, has always broken down due to the fact that the B-AG is not willing to submit the bank guarantee required by the ____________ Sparkasse.

We hereby call upon you to either submit the bank guarantee required by the ____________ Sparkasse no later than ____________ or, however, to sign the loan contract between the B-AG and C-GmbH included as an attachment and to provide the company the currently required liquidity of ____________ € through a deposit to the company's bank account as follows ____________ [3]

We wish to point out that shareholder A has completely fulfilled his identical financing obligation, and the line of credit secured by him at the ____________ Bank is currently drawn in the amount of ____________ [4]

Sincerely yours,

Managing Director of C-GmbH

Erläuterungen

1. Eine gesetzliche Form ist für die Einforderung von Nebenleistungen durch die Geschäftsführer nicht vorgeschrieben. Empfehlenswert ist eine beweissichere Zustellungsform. 109

2. Handelt es sich bei dem Gesellschafter um eine juristische Person, sollte deren Geschäftsführer angeschrieben werden. 110

111 **3.** Nach herrschender Ansicht in Rechtsprechung und Literatur erfasst die Regelung des § 46 Nr. 8 GmbHG, wonach die Entscheidung über die Geltendmachung von Ersatzansprüchen gegen Gesellschafter der Gesellschafterversammlung vorbehalten bleibt, Ersatzansprüche aller Art, soweit sie ihre Grundlage im Gesellschaftsverhältnis haben (vgl. dazu ausführlich Groß-kommGmbHG/*Hüffer/Schürnbrand* § 46 Rn. 100 ff.; Michalski/*Römermann* § 46 Rn. 416). § 46 Nr. 8 GmbHG gilt hingegen nicht für Ansprüche aus sonstigen Rechtsverhältnissen (Rechtsgeschäften) der GmbH mit dem Gesellschafter (BGH GmbHR 2000, 1258; Roth/Altmeppen/*Roth* § 46 Rn. 62). Vorliegend geht es jedoch um die Einforderung einer gesellschaftsvertraglichen Nebenpflicht, nicht etwa um vertragliche Erfüllungsansprüche aus einem (wie zwischen fremden Dritten) außerhalb des Gesellschaftsvertrags zwischen der Gesellschaft und dem Gesellschafter abgeschlossenen Vertrag. Leistet der Gesellschafter auf die vorliegende Anforderung der Geschäftsführer daher nicht, haben diese einen Gesellschafterbeschluss über die gerichtliche Geltendmachung von Erfüllungs- bzw. Ersatzansprüchen einzuholen (vgl. Roth/Altmeppen/*Roth* § 46 Rn. 60). Dem betroffenen Gesellschafter steht ein Stimmrecht bei der Beschlussfassung nicht zu, § 47 Abs. 4 S. 2 GmbHG (vgl. Baumbach/Hueck/*Noack* § 46 Rn. 62 und § 47 Rn. 93).

112 **4.** Da die Verpflichtungen der Gesellschafter A und B hinsichtlich der Finanzierung gleichlautend sind, ist das Gleichbehandlungsgebot als allgemeiner Rechtsgrundsatz zu beachten (vgl. etwa Baumbach/Hueck/*Fastrich* § 13 Rn. 31, 37). Grundsätzlich besteht jedoch bei Nebenleistungspflichten keine Pflicht, die Gesellschafter gleichmäßig mit Nebenleistungspflichten zu belasten (Michalski/*J. Schmidt* § 3 Rn. 56; Baumbach/Hueck/*Fastrich* § 3 Rn. 38). Daher können die Gesellschafter in dem Gesellschaftsvertrag zur Erbringung unterschiedlicher Nebenleistungen verpflichtet werden (Michalski/*J. Schmidt* § 3 Rn. 56). Sieht der Gesellschaftsvertrag aber identische Nebenleistungspflichten für die Gesellschafter vor, ist für deren Einforderung das Gleichbehandlungsgebot zu beachten.

II. Gewinnverwendung

10. Gesellschafterbeschluss über die Gewinnverwendung

Vorbemerkung

113 Gemäß § 46 Nr. 1 GmbHG sind die Gesellschafter für die Feststellung des (handelsrechtlichen) Jahresabschlusses und die Verwendung des im Jahresabschluss ausgewiesenen Geschäftsergebnisses zuständig. Im Beschluss über die Verwendung des Ergebnisses (Ergebnisverwendungsbeschluss) können die Gesellschafter, wenn der Gesellschaftsvertrag nichts anderes bestimmt, Beträge in Gewinnrücklagen einstellen oder als Gewinn vortragen, § 29 Abs. 2 GmbHG.

Muster

114 **Niederschrift über eine ordentliche [1] Gesellschafterversammlung der A-GmbH, Köln**

Die alleinigen Gesellschafter der im Handelsregister des Amtsgerichts Köln unter HRB 1234 eingetragenen A-GmbH mit einem Stammkapital von 25.000 € sind:

Herr B mit einem Geschäftsanteil im Nennbetrag von 10.000 €,

Herr C mit einem Geschäftsanteil im Nennbetrag von 10.000 € und

die D-GmbH, vertreten durch ihren einzelvertretungsberechtigten Geschäftsführer Herrn E, mit einem Geschäftsanteil im Nennbetrag von 5.000 €.

Die Erschienenen vertreten damit das gesamte Stammkapital der A-GmbH und halten hiermit unter Verzicht auf alle Formen und Fristen für die Einberufung und Abhaltung einer Gesellschafterversammlung der A-GmbH eine ordentliche Gesellschafterversammlung dieser Gesellschaft ab und beschließen einstimmig [3] was folgt:

1. **Der Jahresabschluss der A-GmbH für das Geschäftsjahr vom 01.01.2017 bis 31.12.2017 wird [in der mit dem uneingeschränkten Bestätigungsvermerk der Wirtschaftsprüfungsgesellschaft __[Name Wirtschaftsprüfungsgesellschaft]__ vom __________ versehenen Fassung] gemäß Anlage [4] festgestellt. [2]**
2. **Der Jahresüberschuss des Geschäftsjahres 2017 beträgt 567.400 €. Davon wird ein Teilbetrag in Höhe von 167.400 € in die Gewinnrücklagen eingestellt, ein weiterer Teilbetrag von 100.000 € als Gewinn vorgetragen und ein Teilbetrag von 300.000 € an die Gesellschafter ausgeschüttet. [4, 5]**
3. **Der Geschäftsführung wird für das Geschäftsjahr vom 01.01.2017 bis 31.12.2017 Entlastung erteilt. [6]**

Weitere Beschlüsse wurden nicht gefasst.

Der maßgebliche Text ist derjenige in deutscher Sprache. Im Falle von Widersprüchen zwischen der deutschen und der englischen Fassung hat daher die deutsche Fassung Vorrang.

Ort __________, den __________

Unterschriften Gesellschafter

Template

Minutes of the ordinary [1] shareholders´ meeting of A-GmbH, Cologne 115

Sole shareholders of A-GmbH, registered with the commercial register of the Local Court of Cologne under HRB __________ with a registered share capital of € 25,000 are:

Mr. B holding one share in the nominal amount of € 10,000;

Mr. C holding one share in the nominal amount of € 10,000; and

D-GmbH, represented by its managing director with sole representation power Mr. E, holding one share in the nominal amount of € 5,000.

The entire issued registered share capital of A-GmbH is represented by the persons appearing who, waiving all requirements as to the form and notice periods for the calling and holding of shareholders´ meetings of A-GmbH, hereby hold an ordinary shareholders´ meeting of said company and unanimously [3] resolve the following:

1. **The annual financial statements of A-GmbH for the fiscal year 1 January 2017 to 31 December 2017 attached hereto as annex [4] are herewith adopted [in the format comprising the unqualified audit opinion *(Bestätigungsvermerk)* of the auditor __[Name Wirtschaftsprüfungsgesellschaft]__ dated __________]. [2]**
2. **The annual result in the fiscal year 2017 amounts to € 567,400. Thereof a partial amount of € 167,400 is transferred and booked towards the retained income (*Gewinnrücklage*). A further partial amount of € 100,000 is carried forward and a partial amount of € 300,000 is distributed to the shareholders. [5]**

3. The acts of management of the Company for the fiscal year 1 January 2017 to 31 December 2017 are herewith ratified. [6]

No further resolutions have been adopted

The German wording shall be decisive. In case of any inconsistencies between the German and the English wording, the German wording shall therefore prevail.

Place ______________, this ______________

Signatures

Erläuterungen

116 **1.** Die Gesellschafterversammlung, die über die Feststellung des Jahresabschlusses, die Ergebnisverwendung sowie die Entlastung der Geschäftsführung beschließt, wird allgemein als ordentliche Gesellschafterversammlung bezeichnet. Üblicherweise wird im Rahmen dieser Versammlung der Jahresabschluss festgestellt sowie über die Ergebnisverwendung (Ausschüttung, Vortrag auf neue Rechnung, Einstellung in Gewinnrücklagen usw.) und die Entlastung der Geschäftsführung entschieden. Ist die Gesellschaft nach §§ 316 ff. HGB prüfungspflichtig, kann in diesem Rahmen auch der Abschlussprüfer für das laufende Geschäftsjahr durch die Gesellschafter gewählt werden (vgl. § 318 Abs. 1 Satz 1 HGB). Zu beachten ist dabei, dass die Wahl immer nur für die Prüfung des eines Jahresabschlusses erfolgen kann; die Wahl für mehrere Jahre ist unzulässig (MüKo HGB/*Ebke* § 318 Rn. 12).

117 **2.** Nach §§ 46 Nr. 1, 42a Abs. 2 GmbHG ist es Aufgabe der Gesellschafter, den Jahresabschluss (Bilanz, Gewinn- und Verlustrechnung und Anhang) festzustellen und über die Ergebnisverwendung zu beschließen und zwar spätestens bis zum Ablauf der ersten acht Monate (bzw. elf Monate bei kleinen Gesellschaften im Sinne von § 267 Abs. 1 HGB) des Geschäftsjahres. Wird diese Frist überschritten, zieht dies zunächst keine Sanktionen nach sich und macht den Beschluss auch weder anfechtbar noch nichtig. Sanktioniert ist alleine eine verspätete Offenlegung des Jahresabschlusses nach §§ 325 ff., 334, 335 HGB. Die in § 42a GmbHG hinsichtlich der Aufstellung (Abs. 1) und Feststellung (Abs. 2) des Jahresabschluss genannten Fristen sollen eine rechtzeitige Offenlegung sicherstellen. Die Satzung kann die Frist auch noch verkürzen.

118 Die Feststellung bewirkt, dass der von den Geschäftsführern zuvor aufgestellte Jahresabschluss als richtig anerkannt wird und er damit für die Gesellschaft und die Gesellschafter verbindlich wird. Des Weiteren ist die Feststellung Voraussetzung für den Ergebnisverwendungsbeschluss und Grundlage ergebnisabhängiger Ansprüche (Baumbach/Hueck/*Haas* § 42a Rn. 14). Bis zu seiner Feststellung ist der durch die Geschäftsführung aufgestellte Jahresabschluss lediglich als Entwurf anzusehen.

119 Schließlich ist es möglich, dass die Satzung die Kompetenz zur Jahresabschlussfeststellung auf andere Organe übertragen kann.

120 Ist der Jahresabschluss nach § 316 Abs. 1 HGB prüfpflichtig, kann die Feststellung durch die Gesellschafter erst erfolgen, wenn die Prüfung stattgefunden hat (§ 316 Abs. 1 Satz 2 HGB).

121 **3.** Für den Feststellungs-, Ergebnisverwendungs- und Entlastungsbeschluss genügt die einfache Mehrheit der abgegebenen Stimmen (§ 47 Abs. 1 GmbHG).

122 **4.** Nach Aufstellung des Jahresabschlusses durch die hierfür zuständige Geschäftsführung (§ 264 Abs. 1 Satz 1 HGB) haben die Geschäftsführer diesen nach § 42a Abs. 1 Satz 1 GmbHG unverzüglich den Gesellschaftern zum Zwecke der Feststellung vorzulegen. Die Gesellschafter sind bei der Feststellung aber nicht an den vorgelegten Entwurf des Jahresabschlusses, der ja erst mit Feststellung verbindlich wird, gebunden, sondern können diesen, unter Beachtung der für die Aufstellung geltenden Vorschriften, ändern.

123 **5.** Auch für die Fassung des Ergebnisverwendungsbeschlusses sind die Gesellschafter nach §§ 46 Nr. 1, 29 Abs. 2, 42a Abs. 2 Satz 1 GmbHG in den unter Anmerkung 2 genannten Fristen zuständig. Die Satzung kann diese Befugnis anderen Organen zuweisen, andere Mehrheiten oder

bestimmte Verwendungsarten vorsehen. Mit welchem Inhalt der Ergebnisverwendungsbeschluss gefasst wird (beispielsweise Vortrag eines Verlustes auf neue Rechnung, Ausschüttung eines Gewinns, Einstellung in Gewinnrücklage, Vortrag eines Gewinns; vgl. § 29 Abs. 2 GmbHG) hängt von der Situation im Einzelfall ab (zu den Verwendungsarten vgl. Baumbach/Hueck/*Fastrich* § 29 Rn. 23 ff.). Das Muster geht von einem positiven Ergebnis aus und sieht eine Kombination vor.

Der Ergebnisverwendungsbeschluss ist Voraussetzung für die Wirksamkeit der Ergebnisverwendung, so dass, sofern ein Jahresüberschuss an die Gesellschafter ausgeschüttet werden soll, der Gewinnauszahlungsanspruch dieser erst mit Fassung des Ergebnisverwendungsbeschlusses entsteht (Baumbach/Hueck/*Fastrich* § 29 Rn. 49). Den Gesellschaftern steht nach Maßgabe des § 29 Abs. 1 GmbHG ein Anspruch auf Gewinnausschüttung zu. Gegenstand des Anspruchs ist der bilanziell ausgewiesene Jahresüberschuss (Satz 1) bzw. der Bilanzgewinn (Satz 2). Sofern der Gesellschaftsvertrag keine anderen Maßstäbe festsetzt, hat die Gewinnverteilung im Verhältnis der Geschäftsanteile zu erfolgen, § 29 Abs. 3 GmbHG. 124

Auch der Ergebnisverwendungsbeschluss ist nach §§ 325 Abs. 1, 326 HGB offen zu legen. 125

6. Die Entlastung der Geschäftsführung obliegt nach § 46 Nr. 5 GmbHG ebenfalls der Gesellschafterversammlung. Wird Entlastung erteilt, so bedeutet dies, dass die Geschäftsführung gebilligt wird. Ein gefasster Entlastungsbeschluss zeitigt Präklusionswirkung, indem die Gesellschaft im Umfang der Entlastung keine Ansprüche gegen die Geschäftsführung mehr geltend machen kann. Jedoch erstreckt sich diese Verzichtswirkung nur auf Ansprüche, die auf solchen Tatsachen fußen, die die Gesellschafter aufgrund der Berichterstattung oder aus den durch die Geschäftsführung vorgelegten Unterlagen und erstatteten Berichten kennen oder bei sorgfältiger Prüfung hätten erkennen können (BGH, Urt. v. 21.04.1986, II ZR 165/85, BGHZ 97, 382 ff.). 126

11. Gesellschafterbeschluss über eine Vorabausschüttung

Vorbemerkung

Vorabausschüttungen (auch als Vorab- oder Zwischendividende oder Gewinnvorschuss bezeichnet) sind Zahlungen an die Gesellschafter vor Feststellung des Jahresabschlusses und Fassung des Gewinnverwendungsbeschlusses im Hinblick auf ein erwartetes Ergebnis. Sie sind gesetzlich nicht geregelt, unter bestimmten Voraussetzungen jedoch zulässig, auch ohne entsprechende ausdrückliche Zulassung einer Vorabausschüttung in der Satzung (MünchHdbGesR III/*Priester* § 57 Rn. 59). 127

Muster

Niederschrift über eine außerordentliche Gesellschafterversammlung der A-GmbH, Köln [1] 128

Die alleinigen Gesellschafter der im Handelsregister des Amtsgerichts Köln unter HRB 1234 eingetragenen A-GmbH mit einem Stammkapital von 25.000 € sind:

Herr B mit einem Geschäftsanteil im Nennbetrag von 10.000 €,

Herr C mit einem Geschäftsanteil im Nennbetrag von 10.000 € und

die D-GmbH, vertreten durch ihren einzelvertretungsberechtigten Geschäftsführer Herrn E, mit einem Geschäftsanteil im Nennbetrag von 5.000 €.

Die Erschienenen vertreten damit das gesamte Stammkapital der A-GmbH und halten hiermit unter Verzicht auf alle Formen und Fristen für die Einberufung und Abhaltung einer Gesellschafterversammlung der A-GmbH eine außerordentliche Gesellschafterversammlung dieser Gesellschaft ab und beschließen [2] einstimmig was folgt:

1. Die A-GmbH zahlt im Hinblick auf ihr im laufenden Geschäftsjahr 2018 zu erwartendes Ergebnis [3] an ihre Gesellschafter eine Vorabausschüttung in bar in Höhe von insgesamt € ___________ [5]

2. Die Vorabausschüttung steht unter dem Vorbehalt, dass der festgestellte [und geprüfte] Jahresabschluss der A-GmbH für das Geschäftsjahr 2018 einen Gewinn in entsprechender Höhe ausweist. [3] Ist dies nicht der Fall, sind die Gesellschafter zum Ausgleich der Unterdeckung verpflichtet, freie Rücklagen der A-GmbH aufzulösen oder den insoweit übersteigenden Betrag der Vorabausschüttung an die A-GmbH zurückzahlen. [4]

Weitere Beschlüsse wurden nicht gefasst.

Der maßgebliche Text ist derjenige in deutscher Sprache. Im Falle von Widersprüchen zwischen der deutschen und der englischen Fassung hat daher die deutsche Fassung Vorrang.

Ort, ___________, den ___________

Unterschriften Gesellschafter

Template

129 **Minutes of an extraordinary shareholders´ meeting of A-GmbH, Cologne [1]**

Sole shareholders of A-GmbH, registered with the commercial register of the Local Court of Cologne under HRB ___________ with a registered share capital of € 25,000 are:

Mr. B holding one share in the nominal amount of € 10,000;

Mr. C holding one share in the nominal amount of € 10,000; and

D-GmbH, represented by its managing director with sole representation power Mr. E, holding one share in the nominal amount of € 5,000.

The entire issued registered share capital of A-GmbH is represented by the persons appearing who, waiving all requirements as to the form and notice periods for the calling and holding of shareholders´ meetings of A-GmbH, hereby hold an extraordinary shareholders´ meeting of said company and unanimously resolve [2] the following:

1. With regard to the annual result [3] expected in the current fiscal year 2018, A-GmbH distributes to the shareholders an interim dividend in cash in an amount of € ___________. [5]

2. The interim dividend is subject to the approved [and audited] annual financial statements for the fiscal year 2018 showing a result in a corresponding amount. If, however, this will not be the case, the shareholders are obliged to compensate the respective deficit by dissolving capital reserves of A-GmbH or by repaying the excess amount to A-GmbH in cash. [4]

No further resolutions have been adopted

The German wording shall be decisive. In case of any inconsistencies between the German and the English wording, the German wording shall therefore prevail.

Place ___________, this ___________

Signatures

Erläuterungen

1. Vorabausschüttungen haben ihre Grundlage in § 29 GmbHG und sind unter den nachgenannten Voraussetzungen generell zulässig (statt aller OLG Hamm, Urt. vom 05.02.1992, 8 U 159/91, GmbHR 1992, 456): (i) begründete Erwartung eines Gewinns für das laufende Geschäftsjahr, (ii) die Zahlung darf nicht gegen § 30 GmbHG verstoßen und (iii) Vorliegen eines entsprechenden Gesellschafterbeschlusses (einfache Mehrheit nach § 47 Abs. 1 GmbHG ausreichend). Vgl. allg. zu Vorabausschüttungen: Lutter/Hommelhoff/*Hommelhoff* GmbHG § 29 Rn. 45 ff.; MünchHdbGesR III/*Priester* § 57 Rn. 58 ff.). 130

2. Da Vorabausschüttungen Maßnahme der Ergebnisverwendung sind, bedürfen sie, sofern keine satzungsgemäße Regelung vorliegt, nach § 46 Nr. 1 GmbHG eines Gesellschafterbeschlusses. 131

3. Wie unter Anmerkung 1. bereits erwähnt, setzt die Zahlung einer Vorabausschüttung die begründete Erwartung eines Jahresüberschusses voraus (h.M.; dagegen MünchHdbGesR III/*Priester* § 57 Rn. 61). Die Aufstellung einer Zwischenbilanz ist nicht erforderlich, jedoch muss der Gewinn in der angenommenen Höhe bei gewissenhafter Prüfung nach ordentlichen kaufmännischen Grundsätzen wahrscheinlich sein (Baumbach/Hueck/*Fastrich* § 29 Rn. 61). 132

4. Die Zahlung einer Vorabdividende steht stets unter dem Vorbehalt, dass der Jahresabschluss einen entsprechenden Gewinn ausweist. Auch wenn anders als in dem Muster vorgesehen ein solcher Vorbehalt nicht explizit aufgenommen wurde, soll ein solcher der Beschlussfassung stillschweigend innewohnen (OLG Hamm, Urt. v. 05.02.1992, 8 U 159/91, GmbHR 1992, 456). Rechtstechnisch handelt es sich dabei um eine auflösende Bedingung. Ist dies nicht der Fall, sind die Gesellschafter mit Bedingungseintritt nach § 812 Abs. 1 Satz 2 Alt. 2 BGB zur Rückzahlung des nicht durch das Jahresergebnis gedeckten (Teil-)Betrages verpflichtet. Der Entreicherungseinrede nach § 818 Abs. 3 BGB steht der Vorbehalt entgegen. Statt der Rückzahlung ist es auch möglich, vorhandene freie Rücklagen aufzulösen. 133

5. Die Verteilung des vorab auszuschüttenden Betrages erfolgt in Ermangelung einer anderslautenden Satzungsregelung nach dem Maßstab des § 29 Abs. 3 GmbHG. 134

12. Gesellschafterbeschluss über eine inkongruente Gewinnausschüttung

Vorbemerkung

Grundsätzlicher Maßstab für die Gewinnverteilung in einer GmbH ist nach § 29 Abs. 3 Satz 1 GmbHG das Verhältnis der Geschäftsanteile. Wie sich bereits aus § 29 Abs. 3 Satz 2 GmbHG, der einen in der Satzung geregelten anderen Maßstab für die Verteilung zulässt, ergibt, kann hiervon abgewichen werden. In diesem Fall spricht man von einer inkongruenten oder disquotalen Gewinnausschüttung. Die Motive für eine solche Verteilung des Ergebnisses können vielfältiger Natur sein, etwa aus Gründen der Steueroptimierung bei einzelnen Gesellschaftern erfolgen (Vermeidung progressionsbedingter Spitzenbelastung; Nutzung von Verlustvorträgen), auf unterschiedlichem Liquiditätsbedarf bei Gesellschaftern beruhen oder sie dienen der Abgeltung von Sonderleistungen bestimmter Gesellschafter oder der Honorierung des Erfolgs nur eines bestimmten Sektors des Unternehmens. Voraussetzung für eine inkongruente Gewinnausschüttung ist dabei stets eine entsprechende, dies zulassende Satzungsbestimmung. 135

Muster [1]

Niederschrift über eine ordentliche [2] Gesellschafterversammlung der A-GmbH, Köln 136

Die alleinigen Gesellschafter der im Handelsregister des Amtsgerichts Köln unter HRB 1234 eingetragenen A-GmbH mit einem Stammkapital von 25.000 € sind:

Herr B mit einem Geschäftsanteil im Nennbetrag von 10.000 €,

Herr C mit einem Geschäftsanteil im Nennbetrag von 10.000 € und

die D-GmbH, vertreten durch ihren einzelvertretungsberechtigten Geschäftsführer Herrn E, mit einem Geschäftsanteil im Nennbetrag von 5.000 €.

Die Erschienenen vertreten damit das gesamte Stammkapital der A-GmbH und halten hiermit unter Verzicht auf alle Formen und Fristen für die Einberufung und Abhaltung einer Gesellschafterversammlung der A-GmbH eine ordentliche Gesellschafterversammlung dieser Gesellschaft ab und beschließen einstimmig [3] was folgt:

1. [Feststellung des Jahresabschlusses] [2]

2. Der Jahresüberschuss des Geschäftsjahres 2017 beträgt 567.400 €. Hinsichtlich der Gewinnverteilung bestimmt § ________ der Satzung Folgendes: Der ausgeschüttete Gewinn steht den Gesellschaftern entsprechend ihren Geschäftsanteilen zu, soweit sie nicht unter Zustimmung des oder der nachteilig betroffenen Gesellschafter etwas anderes beschließen. [4]

Auf Grundlage vorgenannter Satzungsbestimmung wird von dem oben genannten Jahresüberschuss, der insgesamt an die Gesellschafter ausgeschüttet wird, ein Teilbetrag in Höhe von 283.700 € an die Gesellschafterin D-GmbH und weitere Teilbeträge in Höhe von jeweils 141.850 € an die Gesellschafter Herrn B und Herrn C ausgeschüttet. [5] Die Gesellschafter Herr B und Herr C erklären hinsichtlich dieser für sie im Vergleich zu einer Verteilung des Ergebnisses nach den Verhältnissen der Geschäftsanteile nachteiligen Regelung ihr ausdrückliches Einverständnis.

3. [Entlastung der Geschäftsführung] [2]

Weitere Beschlüsse wurden nicht gefasst.

Unterschriften Gesellschafter

Template [1]

137 **Minutes of an ordinary[2] shareholders´ meeting of A-GmbH, Cologne**

Sole shareholders of A-GmbH, registered with the commercial register of the Local Court of Cologne under HRB 1234 with a registered share capital of € 25,000 are:

Mr. B holding one share in the nominal amount of € 10,000;

Mr. C holding one share in the nominal amount of € 10,000; and

D-GmbH, represented by its managing director with sole representation power Mr. E, holding one share in the nominal amount of € 5,000.

The entire issued registered share capital of A-GmbH is represented by the persons appearing who, waiving all requirements as to the form and notice periods for the calling and holding of shareholders´ meetings of A-GmbH, hereby hold an ordinary shareholders´ meeting of said company and unanimously resolve [3] the following:

1. [Feststellung Jahresabschluss] [2]

2. The annual profit for the fiscal year 2017 amounts to 567,400 €. With regard to the appropriation of profits section ________ of the company's articles of association provides for the following: The shareholders are entitled to the

profit to be distributed in accordance with their participation in the shares in the company unless the shareholders do not resolve differently with the explicit approval of those shareholder(s) negatively affected by such decision. [4]

On the basis of aforementioned provision of the articles of association, it is hereby resolved that out of the aforementioned annual profit which shall be distributed in total to the shareholders, a partial amount in the amount of 283,700 € shall be distributed to the shareholder D-GmbH and further partial amounts in the amount of 141,850 € each shall be distributed to the shareholders Mr. B and Mr. C. [5] **The shareholders Mr. B and Mr. C hereby explicitly consent to such appropriation which is compared to an appropriation in accordance with the participation in the shares in the company disadvantageous for them.**

3. [Entlastung der Geschäftsführung] [2]

No further resolutions have been adopted

The German wording shall be decisive. In case of any inconsistencies between the German and the English wording, the German wording shall therefore prevail.

Place ____________, this ____________

Signatures

Erläuterungen

1. Das Muster sieht eine von dem gesetzlichen Regelfall des § 29 Abs. 3 Satz 1 GmbHG (Verteilung nach Verhältnis der Geschäftsanteile) abweichende Verteilung des Ausschüttungsbetrages vor. Nach der Beteiligung der Gesellschafter im Beispiel wäre der Ausschüttungsbetrag zu jeweils 40 % an die Gesellschafter Herrn B und Herrn C und zu 20 % an die Gesellschafterin D-GmbH zu verteilen. Nach dem Muster soll jedoch 50 % an die D-GmbH und jeweils 25 % an die beiden verbleibenden Gesellschafter ausgeschüttet werden. Die grundsätzliche Zulässigkeit einer solchen disquotalen, also von dem Verhältnis der Geschäftsanteile abweichenden Ausschüttung ergibt sich unmittelbar aus § 29 Abs. 3 Satz 2 GmbHG. Voraussetzung hierfür ist nach dem Gesetzeswortlaut das Vorliegen einer entsprechenden, dies zulassenden und hinreichend klaren und konkreten Satzungsbestimmung. Eine solche Bestimmung kann entweder bereits konkret den Verteilungsmaßstab oder dessen Berechnung vorgeben (bspw. Verteilung nach Köpfen oder variabel nach Umsätzen der Gesellschafter mit der Gesellschaft, vgl. Beispiele bei MünchHdbGesR III/*Priester* § 57 Rn. 45), woraus sich eine in der Satzung verankerte und generelle Abweichung der Verteilung ergibt. Daneben sind aber auch sogenannte Öffnungsklauseln zulässig, nach denen bei der alljährlichen Beschlussfassung hinsichtlich der Ergebnisverteilung, also im Einzelfall, und mit Zustimmung der betroffenen Gesellschafter eine abweichende Verteilung erlaubt ist (BayObLG, Beschl. vom 23.05.2001, 3Z BR 31/01, BayObLGZ 2001, 137). Das Muster geht von letztgenannter Variante aus. 138

2. Der Gewinnausschüttungsbeschluss ist Teil der ordentlichen Gesellschafterversammlung, die über Feststellung des Jahresabschlusses und Entlastung der Geschäftsführung beschließt. Vgl. dazu bereits oben Muster D 10 (Rdn. D 113 ff.). 139

3. Grundsätzlich genügt für den Feststellungs-, Ergebnisverwendungs- und Entlastungsbeschluss die einfache Mehrheit der abgegebenen Stimmen (§ 47 Abs. 1 GmbHG). Gemäß der Öffnungsklausel in der Satzung bedarf es für einen solchen Beschluss jedoch der ausdrücklichen Zustimmung der nachteilig betroffenen Gesellschafter. 140

4. Grundsätzlich bedarf es nicht der Wiederholung des Satzungswortlautes in dem Verwendungsbeschluss. Der Verweis auf die entsprechende Satzungsnorm oder wie hier deren wörtliche Wiedergabe erfolgt zur Rechtsklarheit. 141

142 **5.** Aus steuerlicher Sicht hatte der BFH mit Urt. v. 19.08.1999 (I R 77/96, BB 1999, 2443) die steuerliche Zulässigkeit inkongruenter Gewinnausschüttungen anerkannt. Hierauf erging ein Nichtanwendungserlass der Finanzverwaltung (BMF-Schreiben vom 07.12.2000, IV A 2 – S. 28100–4/00, BStBl. I 2001, 47). Demzufolge werden derartige Gewinnausschüttungen nur anerkannt, wenn für die abweichende Verteilung besondere Leistungen eines oder mehrerer Gesellschafter ursächlich sind, der oder die Gesellschafter also zusätzliche Beiträge zum Gesellschaftszweck wie beispielsweise die Übernahme der Geschäftsführung ohne gesonderte Vergütung oder die unentgeltliche Überlassung eines Grundstücks an die Gesellschaft erbracht haben. Die die inkongruente Ausschüttung rechtfertigende Sonderleistung muss im Verhältnis zwischen der Gesellschaft und dem Gesellschafter bestehen. Fehlt es an den vorgenannten Voraussetzungen, sollen die Ausschüttungen den Gesellschaftern ertragsteuerlich im Verhältnis ihrer kapitalmäßigen Beteiligung zugerechnet werden (dazu ausführlich *Erhart/Riedel* BB 2008, 2266). Mittlerweile wurden diese Anforderungen an die steuerliche Anerkennung inkongruenter Gewinnausschüttungen gesenkt: Mit BMF-Schreiben vom 17.12.2013 (IV C 2 – S 2750-a/11/10001) schließt sich die Finanzverwaltung der Rechtsprechung des BFH an und erkennt bei Vorliegen einer zivilrechtlich wirksamen Gewinnverteilungsabrede die inkongruente Gewinnausschüttung steuerlich an (ausführlich *Dunkmann/Schönhaar* GWR 2014, 361).

13. Steuerklausel zur verdeckten Gewinnausschüttung im Gesellschaftsvertrag

Vorbemerkung

143 Satzungsbestimmungen zu verdeckten Gewinnausschüttungen (vGA) empfehlen sich dort, wo es von vornherein absehbar einen Leistungsaustausch zwischen Gesellschaft und einzelnen Gesellschaftern geben wird (bspw. Lieferungen durch Gesellschafter an Gesellschaft oder Erbringung von Dienstleistungen für Gesellschaft) und daraus latent ein Benachteiligungsrisiko zu Lasten der übrigen Gesellschafter besteht. Allerdings erstreckt sich die Wirkung einer solchen Satzungsregelung heute nur noch darauf, einen eindeutigen Rückgewähranspruch für unzulässige vGA zur Verfügung zu stellen. Die ursprünglich hiermit ebenfalls bezweckte rückwirkende steuerliche Vermeidung von vGA wird in Anbetracht der Rechtsprechung des BFH nicht (mehr) erreicht.

144 Unter dem aus dem Steuerrecht stammenden Begriff der vGA (vgl. § 8 Abs. 3 Satz 2 KStG) wird in steuerlicher Hinsicht eine Vermögensminderung oder verhinderte Vermögensmehrung (bspw. durch Verzicht der Gesellschaft auf Geschäftschancen zugunsten eines Gesellschafters) verstanden, die durch das Gesellschaftsverhältnis veranlasst ist, sich auf die Höhe des Einkommens der GmbH auswirkt und nicht im Zusammenhang mit einer offenen, auf einem Gewinnverwendungsbeschluss beruhenden Ausschüttung steht. § 8 Abs. 3 Satz 2 KStG nimmt diesbezüglich eine Gewinnkorrektur vor und rechnet die vGA dem Einkommen der Gesellschaft zu.

145 Gesellschaftsrechtlich werfen vGA Fragen nach der Behandlung von Vermögenszuwendungen der Gesellschaft an die Gesellschafter außerhalb des Verfahrens der Gewinnverwendung nach § 29 GmbHG auf. Hier werden alle ohne förmlichen Gewinnverwendungsbeschluss an einen Gesellschafter (oder an eine ihm nahe stehende Person) aus dem Gesellschaftsvermögen ohne äquivalente Gegenleistung vorgenommenen Leistungen als vGA verstanden. Ob sich ein ohne Gewinnverwendungsbeschluss vorgenommenes Geschäft im Einzelfall als vGA darstellt, ist anhand eines Drittvergleichs zu werten, also daran, ob ein gewissenhaft und ordentlich handelnder Geschäftsführer das Geschäft auch zu gleichen Bedingungen mit einem Nicht-Gesellschafter abgeschlossen hätte. Ist dies nicht der Fall, liegt eine vGA vor.

146 Grundsätzlich sind vGA unzulässig. Dies gilt uneingeschränkt, wenn sie in den Anwendungsbereich von § 30 GmbHG fallen. Auch wenn das durch § 30 GmbHG geschützte Stammkapital durch eine vGA nicht beeinträchtigt wird, ist diese, da sie eine Verteilung von Gesellschaftsvermögen und Ergebnisverwendung darstellt, wegen Verstoßes gegen die gesellschaftsinterne Kompetenzordnung und den Gleichbehandlungsgrundsatz und wegen Verletzung von Treuepflichten gegenüber den

Mitgesellschaftern dennoch unzulässig. Etwas anderes gilt nur, wenn der Ausschüttung ein mit der erforderlichen Mehrheit gefasster Gewinnverwendungsbeschluss zugrunde liegt. Handelt es sich um eine nur einseitig begünstigende vGA zu Gunsten nur einzelner Gesellschafter, müssen darüber hinaus die nachteilig betroffenen Gesellschafter dieser zugestimmt haben (§ 53 Abs. 3 GmbHG analog; ausführlich zu vGA Lutter/Hommelhoff/*Hommelhoff* § 29 Rn. 48 ff.; Scholz/*Verse* § 29 Rn. 115 ff.).

Rechtsfolge einer nach den vorgenannten Grundsätzen unzulässigen vGA ist ein Anspruch der Gesellschaft gegen den Gesellschafter auf Rückgewähr des Ausschüttungsgegenstandes, dessen Rechtsgrundlage teilweise im Kondiktionsrecht, teilweise in § 31 GmbHG analog verortet wird (str., vgl. Scholz/*Verse* GmbHG § 29 Rn. 123 ff.; Lutter/Hommelhoff/*Hommelhoff* § 29 Rn. 54 jeweils m.w.N.). 147

Um hierbei auf eine klare Anspruchsgrundlage zurückgreifen zu können, empfiehlt sich die Aufnahme einer entsprechenden Satzungsregelung. 148

Muster [1]

(1) Ein Gesellschafter hat Anspruch auf den Jahresüberschuss nur, soweit ein entsprechender ordnungsgemäßer Beschluss der Gesellschafterversammlung über eine teilweise oder vollständige Ausschüttung ergangen ist. 149

(2) Außerhalb eines ordnungsgemäß ergangenen Ergebnisverwendungsbeschlusses darf die Gesellschaft und dürfen deren Geschäftsführer weder durch Vertrag noch durch einseitige Handlungen oder in sonstiger Weise einem Gesellschafter oder einer einem Gesellschafter nahe stehenden natürlichen oder juristischen Person im Sinne von § 15 AO Vermögensvorteile gewähren, die unabhängigen Dritten von einem ordentlichen und pflichtgemäß handelnden Geschäftsführer nicht gewährt worden wären oder die steuerlich als verdeckte Gewinnausschüttung anzusehen wären oder gegen § 30 GmbHG [2] verstoßen.

(3) Jegliche in Verletzung dieser Vorschrift erhaltenen Vorteile hat der Begünstigte der Gesellschaft zurückzuerstatten oder ihr nach ihrer Wahl den entstandenen Nachteil auszugleichen [3], jeweils zuzüglich angemessener Zinsen/Zinsen in Höhe von ____________ Prozentpunkten über dem jeweiligen Basiszinssatz für den Zeitraum ab der Vorteilsgewährung bis zur Rückerstattung bzw. zum Nachteilsausgleich. Als Begünstigter gilt derjenige Gesellschafter, dem der Vorteil steuerlich zuzurechnen ist. Ist der Begünstigte kein Gesellschafter oder kann Erstattung oder Nachteilsausgleich von ihm nicht beansprucht oder verlangt werden, richtet sich der Anspruch nach Satz 1 gegen den ihm nahe stehenden Gesellschafter. [4] Die Gesellschaft ist insoweit zur Aufrechnung gegen künftige Gewinnansprüche oder gegen sonstige Zahlungsansprüche des Begünstigten berechtigt. [5]

(4) Noch nicht tatsächlich durch Auszahlung des zur Auszahlung beschlossenen Gewinns vollzogene Beschlüsse über die Gewinnverwendung eines Jahres, in dem eine verdeckte Gewinnausschüttung stattgefunden hat, sind nichtig, sofern sie in Unkenntnis hiervon gefasst wurden. [5] Über die Gewinnverwendung ist unter Berücksichtigung der verdeckten Gewinnausschüttung erneut Beschluss zu fassen.

Erläuterungen

1. Die Aufnahme einer Satzungsregelung zu verdeckten Gewinnausschüttungen ist weder gesetzlich zwingender Satzungsbestandteil, noch in allen Fällen angeraten. Eine solche Klausel empfiehlt sich jedoch insbesondere in Mehrpersonen-Gesellschaften, bei denen es von vornherein absehbar zu 150 einem Leistungsaustausch zwischen der Gesellschaft und den Gesellschaftern kommt (bspw. durch Bezug von Waren oder Dienstleistungen der Gesellschaft von Gesellschaftern). Kommt es dabei zu Ungleichbehandlungen der Gesellschafter in Form von vGA, stellt die Satzungsklausel eine klare Anspruchsgrundlage für deren Beseitigung und zur Geltendmachung von Rückgewähransprüchen dar. Eine früher noch damit beabsichtigte steuerlich rückwirkende Vermeidung von vGA kann in Anbetracht der aktuellen BFH Rechtsprechung nicht mehr erreicht werden.

151 Ursprünglich bezweckten Satzungsklauseln zu vGA neben dem Stellen eines Rückgewähranspruches auch den Zweck, die vGA insgesamt steuerlich rückwirkend zu vermeiden. Dies sollte durch eine rückwirkende Aktivierung der aus der Satzungsbestimmung resultierenden Rückgewährforderung erreicht werden, wodurch bilanziell eine Gewinnminderung ausgeschlossen sei. Allerdings ist es nach der aktuellen Rechtsprechung des BFH und der Praxis der Finanzverwaltung nicht mehr möglich, den Rückgewähranspruch zeitgleich mit der den Gewinn mindernden vGA erfolgswirksam zu aktivieren. Denn die Aktivierung eines Anspruches setzt nicht nur dessen objektives Bestehen, sondern auch die Kenntnis des Gläubigers und den Willen zur Geltendmachung des Anspruches voraus. In der Regel wird mangels Bewusstseins um das Vorliegen einer vGA diese letztgenannte Voraussetzung in dem Geschäftsjahr, in dem es zu der vGA gekommen ist, nicht gegeben sein. Darüber hinaus ist die Erstattung der vGA in Erfüllung der satzungsmäßigen Rückgewährforderung auch keine Rückabwicklung derselben, sondern eine weitere, aus dem Gesellschaftsverhältnis resultierende Einlage i.S.v. § 4 Abs. 1 Satz 7 EStG. Die Einlageforderung ist jedoch gewinnneutral, und die Einlage ist im Eigenkapital der Gesellschaft erst mit ihrer Leistung zu buchen. Eine »Neutralisierung« der vGA findet damit nicht statt. Vgl. dazu BFH, Urt. vom 29.05.1996, I R 188/93, GmbHR 1999, 997; BMF-Schreiben vom 28.05.2002, IV A 2 – S 2742 – 32/02.

152 **2.** Im Anwendungsbereich des § 30 GmbHG folgt der Rückzahlungsanspruch bereits unmittelbar aus Gesetz, namentlich aus § 31 GmbHG. Diesbezüglich hat die Satzungsregelung nur klarstellende Bedeutung.

153 **3.** Diese Wahlmöglichkeit eröffnet der Gesellschaft Flexibilität. Sie kann wählen, ob bspw. bei dem überteuerten Überlassen eines Gegenstandes sie diesen behalten möchte und lediglich die Differenz zu dem angemessenen Wert durch den Gesellschafter zu erstatten ist oder ob das Geschäft insgesamt rückabgewickelt werden soll.

154 **4.** Auch eine Leistung an Dritte kann eine vGA darstellen, wenn der Dritte in relevanter Nähe zu einem Gesellschafter steht (Scholz/*Verse* § 29 Rn. 117). Mangels gesellschaftsrechtlicher Rechtsbeziehung zwischen Drittem und Gesellschaft kann dieser aber (von besonderen Ausnahmefällen abgesehen; vgl. Bsp. bei Lutter/Hommelhoff/*Hommelhoff* § 29 Rn. 55) nicht Schuldner des Rückgewähranspruchs sein. Dies ist stets der Gesellschafter, in dessen Nähe der Dritte steht.

155 **5.** Die in Absatz 4 angeordnete Nichtigkeitsfolge erstreckt sich nur auf noch nicht vollzogene Gewinnverwendungsbeschlüsse, d.h. entweder auf solche, die eine Vorabdividende für das laufende Geschäftsjahr gewähren, die noch nicht ausgezahlt wurde, oder für ordentliche, jedoch noch nicht ausgezahlte Gewinnverwendungsbeschlüsse des vergangenen Jahres. Sind diese Beschlüsse entsprechend der Satzungsregelung neu zu fassen, können sie nunmehr in Ansehung der vGA in dem jeweiligen Geschäftsjahr der vGA erfolgen und durch entsprechende Berücksichtigung der unterjährigen Ausschüttung in Form der vGA für Ausgleich sorgen. Ist jedoch entweder der neugefasste und die vGA berücksichtigende Beschluss zu deren Ausgleich nicht ausreichend oder ist wegen Vollzugs des Gewinnverwendungsbeschlusses keine Berücksichtigung durch Neufassung mehr möglich, kann statt der Geltendmachung von Rückzahlungsansprüchen und der Durchführung von Zahlungsflüssen auf Grundlage der in Absatz 3 a.E. vorgesehenen Aufrechnungsbefugnis auch der Einfachheit halber mit dem Rückgewähranspruch gegen zukünftige Gewinnansprüche oder sonstige Zahlungsansprüche des Gesellschafters aufgerechnet werden.

14. Abtretung des Gewinnauszahlungsanspruchs

Vorbemerkung

Der mit der Fassung des Ergebnisverwendungsbeschlusses entstehende (h.M.; vgl. BGH Urt. vom 14.09.1998, II ZR 172/97; BGHZ 139, 299, 302 f.) und fällig werdende Anspruch der Gesellschafter gegen die Gesellschaft auf Auszahlung des Gewinns aus § 29 Abs. 1 GmbHG ist grundsätzlich abtretbar (statt aller Baumbach/Hueck/*Fastrich* § 29 Rn. 58). Dabei kann die Abtretung auch bereits vor Fassung des Verwendungsbeschlusses erfolgen, da nach allgemeinen Regeln auch zukünftige Forderungen abgetreten werden können, solange sie nur hinreichend bestimmbar sind (BGH, Urt. vom 30.06.2004, VIII ZR 349/03, WM 2004, 1684, 1685). 156

Muster [1]

Abtretungsvertrag [2] 157

Zwischen

[Name, Firma, Anschrift]

– im Folgenden: »Zedent« –

und

[Name, Firma, Anschrift]

– im Folgenden: »Zessionar« –

Präambel

Der Zedent ist Gesellschafter der A-GmbH mit Sitz in Köln, eingetragen im Handelsregister des Amtsgerichts Köln unter HRB 1234. Aufgrund des zwischen den Parteien geschlossenen Kaufvertrages vom __________ hat der Zessionar gegen den Zedenten eine Forderung von € __________ zuzüglich Zinsen in Höhe von __________ (im Folgenden: »Forderung«). Zur teilweisen Tilgung der Forderung beabsichtigt der Zedent seinen ihm in seiner Eigenschaft als Gesellschafter der A-GmbH zustehenden zukünftigen Gewinnanspruch für das Geschäftsjahr 2018 an den Zessionar abzutreten.

Dies vorweggeschickt schließen die Parteien folgenden Abtretungsvertrag:

§ 1 Gegenstand der Abtretung

Zur Tilgung der Forderung tritt der Zedent hiermit an den dies annehmenden Zessionar seinen zukünftigen, sich auf das vergangene Geschäftsjahr 2018 [3] erstreckenden Gewinnauszahlungsanspruch gegen die A-GmbH erfüllungshalber [4] ab.

§ 2 Verpflichtungen des Zedenten

1. Der Zedent verpflichtet sich, in Gesellschafterversammlungen der A-GmbH, die über die Feststellung des Jahresabschlusses 2018 und die Verwendung des Ergebnisses für das Geschäftsjahr 2018 zu beschließen haben, sein Stimmrecht im Rahmen des gesetzlich Zulässigen dergestalt auszuüben, dass der gesamte, im jeweiligen Geschäftsjahr zur Ausschüttung an die Gesellschafter der A-GmbH zur Verfügung stehende Gewinn an diese ausgeschüttet wird. Er wird alles unterlassen, was das Zustandekommen eines derartigen Beschlusses oder die tatsächlich Auszahlung der zur Ausschüttung vorgesehenen Beträge beeinträchtigen könnte. [5] Des Weiteren wird der Zedent nach erfolgter Beschlussfassung gemäß Satz 1 kei-

nen weiteren Beschlüssen der Gesellschafterversammlung der A-GmbH zustimmen, mit denen der bereits gefasste und wirksame Verwendungsbeschluss im Ergebnis wieder rückgängig gemacht werden soll. [6]

2. Der Zedent wird die Abtretung der A-GmbH unverzüglich offenlegen. [7]

§ 3 Verfügungsberechtigung; Abtretungsverbot

Der Zedent versichert, dass

- **er Gesellschafter der A-GmbH ist,**
- **er über den Gewinnauszahlungsanspruch uneingeschränkt verfügungsberechtigt ist, die Satzung der A-GmbH insbesondere in Ansehung des Gewinnauszahlungsanspruchs kein Abtretungsverbot i.S.d. § 399 BGB enthält [8], und er auch vorab nicht hierüber verfügt hat,**
- **ihm ein entsprechend seiner Beteiligung auszuschüttender Gewinn für das Geschäftsjahr 2018 insgesamt zusteht und keine Vereinbarung oder Verpflichtung existiert, wonach ein Dritter daran pro rata temporis teilnimmt [9] und**
- **der A-GmbH keine Forderungen gegen ihn zustehen, mit denen sie gegen einen Gewinnauszahlungsanspruch aufrechnen könnte.**

§ 4 Auskunftspflicht

Der Zedent verpflichtet sich, dem Zessionar unverzüglich die Auskünfte zu geben, die zur Geltendmachung des Gewinnauszahlungsanspruchs erforderlich sind und entsprechende Nachweise und Urkunden – insbesondere den Gewinnverwendungsbeschluss – zur Verfügung zu stellen, soweit einer solchen Information keine gesetzlichen oder satzungsmäßigen Vorschriften entgegen stehen. [10]

Der Zedent wird den Zessionar unverzüglich über alle Umstände informieren, die sich auf das Jahresergebnis der A-GmbH und damit den Wert des abgetretenen Gewinnauszahlungsanspruchs nicht unerheblich auswirken oder auswirken können.

§ 5 Auflösende Bedingung

Diese Vereinbarung steht unter folgenden auflösenden Bedingungen:

- **der festgestellte Jahresabschluss der A-GmbH für das Geschäftsjahr 2018 weist kein positives Ergebnis aus,**
- **die Gesellschafter der A-GmbH haben bis einschließlich 31. Dezember 2019 keinen Feststellungs- und Ergebnisverwendungsbeschluss gefasst [11],**
- **die Gesellschafter der A-GmbH beschließen wirksam ein grundsätzlich zur Ausschüttung zur Verfügung stehendes Ergebnis der A-GmbH im Geschäftsjahr 2019 nicht auszuschütten, oder**
- **es wurde ein Antrag auf Eröffnung eines Insolvenzverfahrens über das Vermögen der A-GmbH gestellt.**

§ 6 Schlussbestimmungen

[salvatorische Klausel, Gerichtsstand, Vertraulichkeit usw.]

____

(Unterschriften der Beteiligten)

Erläuterungen

1. Dem Muster liegt der gedachte Sachverhalt zu Grunde, dass die Abtretung erfüllungshalber zur Tilgung einer Forderung des Zessionars gegen den Zedenten erfolgt. Die Abtretung bezieht sich auf den Gewinnauszahlungsanspruch für das Geschäftsjahr 2018. Dabei geht das Muster davon aus, dass dieses Geschäftsjahr bereits abgelaufen ist, die Abtretungsvereinbarung also im Geschäftsjahr 2019 geschlossen wird, die Gesellschafter der A-GmbH aber noch nicht den Gewinnverwendungsbeschluss gefasst haben, so dass ein Gewinnauszahlungsanspruch (nach h.M.) noch nicht entstanden ist. Daher handelt es sich um die Zession einer künftigen Forderung. Dies ist auch in Ansehung des Gewinnauszahlungsanspruchs grundsätzlich möglich, da dieser ein bestimmbarer Anspruch und damit tauglicher Gegenstand einer Zession eines zukünftigen Anspruchs sein kann (statt aller Scholz/*Verse* § 29 Rn. 84). Der Anspruch des Zessionars entsteht in diesem Fall erst, sobald alle hierfür erforderlichen Voraussetzungen aus § 29 GmbHG sowie § 398 BGB erfüllt sind. Namentlich muss der Gewinnverwendungsbeschluss wirksam geworden sein. Der Anspruch entsteht dann unmittelbar in der Person des Zessionars; ein Durchgangserwerb beim Zedenten findet nicht statt (MünchHdbGesR III/*Priester* § 57 Rn. 53). 158

2. Bei der Abtretung des Gewinnauszahlungsanspruchs handelt es sich um eine Forderungsabtretung nach § 398 BGB. Besondere Formerfordernisse bestehen nicht. 159

3. Die (zulässige) Abtretung zukünftiger Forderungen setzt deren Bestimmbarkeit voraus. Daher ist das bzw. sind die Geschäftsjahre zu benennen, für die der Gewinnauszahlungsanspruch abgetreten wird. Andernfalls wäre, wie bei dem Muster zugrundeliegenden Sachverhalt der Abtretung des Anspruchs des vergangenen Jahres, noch vor Fassung des entsprechenden Verwendungsbeschlusses unklar, ob sich die Abtretung auf das vergangene oder laufende Geschäftsjahr bezieht. Der Anspruch entsteht dann mit Fassung des Ergebnisverwendungsbeschlusses (Baumbach/Hueck/*Fastrich* § 29 Rn. 58). 160

Bei der Vorausabtretung des Gewinnauszahlungsanspruchs ist jedoch zu beachten, dass im Falle der Übertragung der von dem Zedenten an der Gesellschaft gehaltenen Geschäftsanteile vor Entstehung des Gewinnauszahlungsanspruchs die Abtretung ins Leere geht (BGH, Urt. vom 19.09.1983, II ZR 12/83, NJW 1984, 492). 161

4. Der Hinweis auf die Abtretung erfüllungshalber ist klarstellender Natur. Auch bei seinem Fehlen würde man aufgrund der gesetzlichen Wertung in § 364 Abs. 2 BGB von einer Abtretung erfüllungshalber ausgehen. Denkbar ist auch eine Abtretung an Erfüllungs statt (§ 364 Abs. 1 BGB), doch wird dies, wie bei Forderungsabtretungen allgemein, kaum im Interesse des Zessionars liegen. Sie sollte daher aus dessen Sicht nur bei einem bereits bestehenden und bezifferbaren, jedoch noch nicht ausgezahltem Gewinnauszahlungsanspruch und bei unzweifelhafter Liquidität der Gesellschaft zur Auszahlung in Betracht gezogen werden. In diesem Fall würde § 1 lauten: 162

Zur Erfüllung (an Erfüllungs statt) der Forderung tritt der Zedent an den dies annehmenden Zessionar hiermit seinen zukünftigen, sich auf das vergangene Geschäftsjahr 2018 erstreckenden Gewinnauszahlungsanspruch gegen die A-GmbH ab. 163

5. Diese Klausel soll gewährleisten, dass auch tatsächlich ein Ausschüttungsbeschluss gefasst wird. Dabei handelt es sich der Sache nach um einen zulässigen Stimmbindungsvertrag. Stimmt er entgegen der hier eingegangenen Verpflichtung, ist die Stimmabgabe dennoch wirksam; der Stimmbindungsvertrag hat nur schuldrechtliche Wirkung (Baumbach/Hueck/*Zöllner/Noack* § 47 Rn. 117). Der Zedent würde sich hierdurch schadensersatzpflichtig machen. Disziplinierend kann ggf. die Aufnahme einer Vertragsstrafe bei Abweichung von der Stimmbindung wirken. Auch die übrigen Gesellschafter müssen bei der Beschlussfassung keine Rücksicht auf den Zessionar nehmen. Verfügt also der Zedent nicht über die erforderliche Mehrheit zur Fassung eines Ausschüttungsbeschlusses besteht die Gefahr des Ergehens eines Thesaurierungsbeschlusses. In einem solchen Fall geht der Anspruch des Zessionars ins Leere. Ihm bleiben aber ggf. Schadensersatzansprüche gegen den Zedenten, sofern dieser absprachewidrig für eine Thesaurierung gestimmt haben sollte. 164

165 **6.** Der mit Fassung des Verwendungsbeschlusses fällig werdende Auszahlungsanspruch kann dem Gesellschafter als Gläubiger desselben grundsätzlich nicht mehr durch gegenläufigen Beschluss entzogen werden, es sei denn er stimmt dem Entzug ausdrücklich zu (MünchHdbGesR III/*Priester* § 57 Rn. 52). Dem soll die gewählte Formulierung und die darin zu sehende Stimmbindungsvereinbarung vorbeugen. Denn der Stimmbindungsvertrag hat nur schuldrechtliche Wirkung und bleibt somit ohne Einfluss auf die Wirksamkeit der Stimmangabe (Baumbach/Hueck/*Zöllner/Noack* § 47 Rn. 117). Sofern dies angebracht erscheint und im Einzelfall durchsetzbar ist, kann dem Interesse des Zessionars durch die Aufnahme einer Vertragsstrafe Rechnung getragen werden, die für den Fall einer entsprechenden Beschlussfassung unter Zustimmung des Zedenten eine sofortige Zahlungsverpflichtung über einen der abgetretenen Forderung (mindestens) entsprechenden Betrag aufstellt.

166 **7.** Die Offenlegung der Zession erfolgt vor dem Hintergrund der §§ 407 Abs. 1 und 410 Abs. 2 BGB. Durch die Abtretungsanzeige wird die A-GmbH als Schuldnerin des abgetretenen (zukünftigen) Anspruchs hierüber in Kenntnis gesetzt. Sie kann daher nicht mehr mit schuldbefreiender Wirkung an den Zedenten leisten (§ 407 BGB).

167 **8.** Ein in der Satzung verankertes Abtretungsverbot nach § 399 BGB würde die Abtretung ins Leere laufen lassen; die Abtretung wäre unwirksam (MüKo BGB/*Roth/Kieninger* § 399 Rn. 41).

168 **9.** Diese Klausel sollte insbesondere dann aufgenommen werden, wenn der Zedent die Beteiligung erst im laufenden oder in dem Geschäftsjahr, auf den sich der abgetretene Gewinnauszahlungsanspruch bezieht, erworben hat, auch wenn etwaige Absprachen zwischen Zedent und vorherigem Gesellschafter in aller Regel schuldrechtlicher Natur und damit ohne Einfluss auf die Abtretung sein werden.

169 **10.** Aus dem Wortlaut des § 402 BGB folgt bereits die Pflicht des Zedenten, die zur Geltendmachung des Anspruchs notwendigen Auskünfte zu erteilen und die zum Beweis erforderlichen Urkunden auszuhändigen. Diese Klausel stellt insofern nur eine Wiedergabe des Gesetzes dar. Aus Gründen der Klarstellung empfiehlt es sich, insbesondere den Gewinnverwendungsbeschluss zu nennen.

170 **11.** Durch die Aufnahme eines sog. long-stop-Datums für eine auflösende Bedingung wird verhindert, dass bei Verzögerungen der Begleichung der abgetretenen Forderung Fragen auftauchen, ob der Zessionar nun (schon) gegen den Zedenten aus seiner ursprünglichen Forderung vorgehen kann, oder ob der Zedent einem solchen Vorgehen entgegen halten kann, der Zessionar müsse zunächst die Verwertung des erfüllungshalber hingegebenen Vermögensgegenstandes versuchen. Solange, bis der Versuch der anderweitigen Befriedigung aus der abgetretenen Forderung gescheitert ist, soll hinsichtlich der ursprünglichen Forderung eine Stundung vorliegen (str., vgl. MüKo BGB/*Fetzer* § 364 Rn. 14). Mit Eintritt der auflösenden Bedingung ist klar, dass der Zessionar aus dem der ursprünglichen Forderung zugrunde liegenden Rechtsverhältnis gegen den Zedenten mit dem Ziel der Begleichung der Forderung vorgehen kann.

15. Gesellschafterbeschluss über die Befreiung vom Wettbewerbsverbot

Vorbemerkung

171 GmbH Gesellschafter unterliegen grundsätzlich keinem Wettbewerbsverbot (Roth/Altmeppen/*Altmeppen* § 13 Rn. 46; Baumbach/Hueck/*Fastrich* § 13 Rn. 28). Ein solches Verbot kann jedoch in der Satzung verankert werden. Aber auch in Ermangelung einer diesbezüglichen Satzungsregelung kommt in bestimmten Konstellationen ein aus der gesellschaftsrechtlichen Treuepflicht abgeleitetes Wettbewerbsverbot in Betracht, etwa bei dem beherrschenden Gesellschafter einer personalistisch ausgestalteten GmbH (BGH, Urt. vom 05.12.1983, II ZR 242/82, NJW 1984, 1351, 1352; zu der Frage, in welchen Konstellationen ein solches, sich aus Treuepflicht ergebendes Wettbewerbsverbot anzunehmen ist vgl. MünchHdb GesR III/*Böhm* § 34 Rn. 4 ff.).

Von seiner Reichweite her erstreckt sich das Wettbewerbsverbot auf den räumlichen und inhaltlichen Umfang des Unternehmens der Gesellschaft (BGH, Urt. vom 05.12.1983, II ZR 242/82, NJW 1984, 1351, 1353). Der dem Verbot unterliegende Gesellschafter darf damit kein Handelsgewerbe konkurrierender Art oder einzelne Geschäfte im Geschäftszweig der Gesellschaft betreiben. Eine Verletzung des Wettbewerbsverbots führt zu Unterlassungs- und Schadensersatzansprüchen, sowohl der Gesellschaft als auch der Mitgesellschafter, und kann einen Ausschluss- oder Einziehungsgrund bedeuten. 172

Soll ein Gesellschafter von dem in der Satzung enthaltenen oder auch – sofern im Einzelfall einschlägig – von dem ungeschriebenen, sich aus der gesellschaftsrechtlichen Treuepflicht ergebenden Wettbewerbsverbot befreit werden, bedarf es hierzu eines satzungsändernden Beschlusses und der Eintragung der Satzungsänderung im Handelsregister (§§ 53, 54 GmbHG). 173

Ein einfacher Gesellschafterbeschluss ist dagegen ausreichend, wenn die Satzung bereits eine sog. Öffnungsklausel enthält. Die Befreiung und deren Umfang wird dann durch einen solchen Beschluss im Einzelfall konkretisiert. 174

Bei der Befreiung vom Wettbewerbsverbot sind auch steuerliche Vorgaben vor dem Hintergrund möglicher verdeckter Gewinnausschüttungen zu beachten. Ursprünglich wurde eine solche bei einem bestehenden Wettbewerbsverbot angenommen, wenn die Gesellschaft verzichtete, Schadensersatz- oder Herausgabeansprüche gegen den gegen das Wettbewerbsverbot verstoßenden Gesellschafter-Geschäftsführer oder beherrschenden Gesellschafter geltend zu machen (BFH, Urt. vom 23.05.1984, I R 294/81, GmbHR 1984, 323). Gleiches sollte gelten, wenn die Befreiung vom Wettbewerbsverbot ohne angemessene Gegenleistung zu Gunsten der Gesellschaft erfolgte. Nach den damaligen Grundsätzen lag keine verdeckte Gewinnausschüttung vor, wenn der Gesellschafter per Satzung oder per auf einer Öffnungsklausel beruhendem Gesellschafterbeschluss von dem Wettbewerbsverbot befreit wurde, dabei eine klare Aufgabenabgrenzung erfolgte und eine angemessene Gegenleistung, die auch von einem Dritten verlangt worden wäre, vereinbart wurde (zu der damaligen Rechtsprechung vgl. MünchHdb GesR III/*Böhm* § 34 Rn. 19 ff.). Diese Rechtsprechung hat der BFH nunmehr geändert und eingeschränkt (BFH, Urt. vom 30.08.1995, I R 155/94, DStR 1995, 1873; allgemein dazu *Gosch*, DStR 1997, 442). Nicht mehr die bloße Wettbewerbstätigkeit kann zu der Annahme einer verdeckten Gewinnausschüttung führen. Eine solche ist nur dann anzunehmen, wenn der Alleingesellschafter zugleich der Gesellschaft zur Deckung des Stammkapitals benötigtes Vermögen entzieht, wenn ein gegen das Wettbewerbsverbot verstoßender Gesellschafter-Geschäftsführer dabei *konkrete* Geschäftschancen der Gesellschaft nutzt, für die ein Dritter Entgelt gezahlt hätte (BFH, Urt. vom 30.01.2002, I R 13/01, BFH/NV 2002, 1172), oder Möglichkeiten und Kenntnisse der Gesellschaft für das Eigengeschäft nutzt (BFH, Urt. vom 07.08.2002, I R 64/01, GmbHR 2003, 183). Zusammenfassend gilt nach wie vor, dass die Beurteilung, ob eine gegen ein Wettbewerbsverbot verstoßende Tätigkeit letztlich zu einer verdeckten Gewinnausschüttung gereichen kann, mit erheblichen Unsicherheiten belastet ist. Zwecks Vermeidung dieses Risikos empfiehlt sich die klare Regelung der Befreiung vom Wettbewerbsverbot in Form eines Gesellschafterbeschlusses mit entsprechender Aufgabenabgrenzung, die eine willkürliche Zuordnung von Geschäften unterbindet, und ggf. unter Aufnahme einer Gegenleistung für den Dispens (zu den steuerlichen Anforderungen einer Befreiung vgl. MünchHdb GesR III/*Schiessl/Böhm* § 34 Rn. 19 ff.). 175

Muster [1]

Niederschrift über eine außerordentliche Gesellschafterversammlung der A-GmbH, Köln 176

Die alleinigen Gesellschafter der im Handelsregister des Amtsgerichts Köln unter HRB 1234 eingetragenen A-GmbH mit einem Stammkapital von 25.000 € sind:

Herr B mit einem Geschäftsanteil im Nennbetrag von 10.000 €,

Herr C mit einem Geschäftsanteil im Nennbetrag von 10.000 € und

die D-GmbH, vertreten durch ihren einzelvertretungsberechtigten Geschäftsführer Herrn E, mit einem Geschäftsanteil im Nennbetrag von 5.000 €.

Die Erschienenen vertreten damit das gesamte Stammkapital der A-GmbH.

Vorbemerkung:

Nach § __________ der Satzung der Gesellschaft besteht für die Gesellschafter ein Wettbewerbsverbot. Zugleich eröffnet vorgenannte Satzungsbestimmung die Möglichkeit, dass einzelnen Gesellschaftern per Beschluss der Gesellschafterversammlung Befreiung erteilt werden kann. Es ist beabsichtigt, den Gesellschafter Herrn B gestützt auf vorgenannte Satzungsbestimmung in einem bestimmten Umfang Befreiung zu erteilen. Nach vorgenannter Satzungsbestimmung ist er bei der diesbezüglichen Beschlussfassung vom Stimmrecht ausgeschlossen. [2]

Dies vorweggeschickt halten die Gesellschafter der A-GmbH hiermit unter Verzicht auf alle Formen und Fristen für die Einberufung und Abhaltung einer Gesellschafterversammlung der A-GmbH eine außerordentliche Gesellschafterversammlung dieser Gesellschaft ab. Die Gesellschafter, mit Ausnahme des vom Stimmrecht ausgeschlossenen Gesellschafters Herrn B, beschließen sodann einstimmig [3] **was folgt:**

Herrn B ist mit sofortiger Wirkung/mit Wirkung zum __________ nach Maßgabe der folgenden Bestimmungen vom Wettbewerbsverbot nach § __________ der Satzung befreit: [4]

1. Herrn B wird gestattet, eigene gewerbliche/freiberufliche Tätigkeit im Tätigkeitsbereich der Gesellschaft zu entfalten.

2. Herr B darf sich direkt oder indirekt an Konkurrenzunternehmen wesentlich beteiligen und als deren Vorstand, Geschäftsführer oder sonst in leitender Stellung tätig werden. [5]

Oder:

Das Wettbewerbsverbot findet keine Anwendung auf Tätigkeiten, die die Gesellschaft nur als Nebentätigkeit ausführt. Der genaue Umfang der erlaubten Tätigkeiten ist dem Anhang I zu diesem Beschluss zu entnehmen. [4, 6]

Oder:

Das Wettbewerbsverbot des Gesellschafters Herrn B wird hiermit auf das Gebiet der Bundesrepublik Deutschland räumlich beschränkt. Für Tätigkeiten ausschließlich außerhalb dieses Gebietes wird Herr B von dem Wettbewerbsverbot befreit. [4]

Weitere Beschlüsse wurden nicht gefasst.

Unterschriften Gesellschafter

Template [1]

177 **Minutes of an extraordinary shareholders´ meeting of A-GmbH, Cologne**

Sole shareholders of A-GmbH, registered with the commercial register of the Local Court of Cologne under HRB 1234 with a registered share capital of € 25,000 are:

Mr. B holding one share in the nominal amount of € 10,000;

Mr. C holding one share in the nominal amount of € 10,000; and

D-GmbH, represented by its managing director with sole representation power Mr. E, holding one share in the nominal amount of € 5,000.

The entire issued registered share capital of A-GmbH is represented by the persons appearing.

Preliminary Remarks:

According to section __________ of the Company's articles of association, the Company's shareholders are bound by a non-compete covenant. At the same time, aforementioned provision of the articles of association allows to release individual shareholders by means of a corresponding resolution by the shareholders' meeting. Based on such provision of the articles of association it is intended to release shareholder Mr. B from the non-compete covenant to a certain extent as described below. Aforementioned provision of the articles of association further provides that he is excluded from voting in such vote. [2]

Against this background and waiving all requirements as to the form and notice periods for the calling and holding of shareholders´ meetings of A-GmbH, the shareholders of A-GmbH hereby hold an extraordinary shareholders´ meeting of said company. The shareholders, with the exception of shareholder Mr. B who is excluded from voting, unanimously resolve [3] **the following:**

With immediate effect/With effect as of __________, Mr. B is released from the non-compete covenant as set out in section __________ of the Company's articles of association as follows: [4]

1. Mr. B is allowed to pursue a commercial/self-employed activity within the scope of activity of the Company.

2. Mr. B is allowed to directly or indirectly hold material participations in competing businesses and to serve as board member or other leading position in such businesses. [5]

Or:

The non-compete covenant does not apply to activities which are rendered and performed by the Company as mere ancillary activities. The exact scope of the permitted activities is sent out in detail in Annex I to this shareholders' resolution. [4, 6]

Or:

With regard to Mr. B, the non-compete covenant is hereby limited in geographic scope to the territory of Germany. Mr. B is granted released from the non-compete covenant for all activities rendered and performed exclusively outside such territory. [4]

No further resolutions have been adopted

The German wording shall be decisive. In case of any inconsistencies between the German and the English wording, the German wording shall therefore prevail.

Signatures

Erläuterungen

1. Dem Muster liegt der gedachte Sachverhalt zu Grunde, dass die Satzung der Gesellschaft ein Wettbewerbsverbot für die Gesellschafter aufstellt, zugleich aber eine Öffnungsklausel enthält, die die Gesellschafterversammlung ermächtigt, einem Gesellschafter per Beschluss Befreiung zu erteilen und die jeweils näheren Einzelheiten zu regeln. 178

179 **2.** Auch ohne eine solche Satzungsbestimmung ist der Betroffene nach § 47 Abs. 4 GmbHG vom Stimmrecht ausgeschlossen (BGH, Urt. vom 16.02.1981, II ZR 168/79, NJW 1981, 1512; OLG Bamberg, Urt. vom 11.12.2009, 6 U 12/09, NZG 2010, 385).

180 **3.** In Ermangelung einer anders lautenden Satzungsbestimmung bedarf die Befreiung vom Wettbewerbsverbot gemäß § 47 Abs. 1 GmbHG der einfachen Mehrheit der abgegebenen Stimmen (BGH, Urt. vom 16.02.1981, II ZR 168/79, NJW 1981, 1512).

181 **4.** Die Möglichkeiten der Ausgestaltung der Befreiung vom Wettbewerbsverbot sind mannigfaltig und auf die Anforderungen der konkreten Situation anzupassen. So kann es für die Beteiligten u.U. ratsam sein, die Befreiung zeitlich, inhaltlich oder örtlich zu modifizieren. Sind keine Beschränkungen der Befreiung gewünscht, sondern soll der Gesellschafter umfassend und insgesamt von einem Wettbewerbsverbot befreit werden, beschränkt sich der Beschluss auf die Feststellung, dass »der Gesellschafter von dem Wettbewerbsverbot befreit« wird.

182 **5.** Da das einen GmbH Gesellschafter treffende Wettbewerbsverbot (über § 112 HGB hinaus) auch unternehmerische Beteiligungen an konkurrierenden Gesellschaften erfasst (Baumbach/Hueck/*Beurskens* Schlussanhang Rn. 40), kann sich die Befreiung auch hierauf erstrecken.

183 **6.** Die konkrete Abgrenzung, welche Tätigkeiten und Geschäfte dem Gesellschafter gestattet sind, ist insbesondere vor dem Hintergrund einer möglichen verdeckten Gewinnausschüttung durch die Nutzung konkreter Geschäftschancen der Gesellschaft zweckmäßig (vgl. dazu bereits die Ausführungen in der Vorbemerkung Muster D 15 (Rdn. D 171 ff.)).

16. Anforderung der Erstattung verbotener Rückzahlungen

Vorbemerkung

184 Nach § 30 Abs. 1 Satz 1 GmbHG darf das zur Erhaltung des Stammkapitals erforderliche Vermögen der Gesellschaft an die Gesellschafter nicht ausgezahlt werden. § 30 Abs. 1 Satz 2 und 3 GmbHG enthalten hiervon bestimmte Ausnahmen. Eine entgegen § 30 Abs. 1 Satz 1 GmbHG vorgenommene und damit verbotene Rückzahlung muss nach § 31 Abs. 1 GmbHG der Gesellschaft erstattet werden. Der Erstattungsanspruch ist gesellschaftsrechtlicher Natur und dient dazu, das Gesellschaftsvermögen in Höhe des Stammkapitals vor Zugriffen der Gesellschafter zu schützen und so als Mindestbetriebsvermögen zur Bestandssicherung der Gesellschaft und als Befriedigungsreserve zugunsten der Gesellschaftsgläubiger zu erhalten (zuletzt etwa BGH, Urt. vom 17.03.2008, II ZR 24/07, BGHZ 176, 62). Da der Anspruch gesellschaftsrechtlicher und nicht bereicherungsrechtlicher Natur ist, ist er nicht nach §§ 814, 818 Abs. 3 BGB ausgeschlossen.

185 Durch § 31 Abs. 2 GmbHG wird der Rückerstattungsanspruch zugunsten eines im Hinblick auf die Unversehrtheit des Stammkapitals gutgläubigen Leistungsempfängers reduziert: In diesem Fall besteht er nur und soweit die Rückerstattung zur Befriedigung von Gesellschaftsgläubigern erforderlich ist, was im Falle der Überschuldung, Illiquidität oder Zahlungsstockung stets der Fall ist. Kann der Anspruch gegen den Schuldner nicht verwirklicht werden, haften die übrigen Gesellschafter nach § 31 Abs. 3 GmbHG solidarisch (zu Einzelheiten vgl. Lutter/Hommelhoff/*Hommelhoff* GmbHG § 31 Rn. 20 ff.).

Muster [1]

186 [Briefkopf Gesellschaft] [2]

An [Anschrift Gesellschafter]

Köln, den

Betr.: Anforderung der Rückerstattung verbotener Auszahlung

Sehr geehrter Herr ___________, [3]

Sie sind Gesellschafter der A-GmbH. Nach § 9.6 der Satzung der A-GmbH ist die von Ihnen geleistete Stammeinlage jährlich fest mit einem Satz von ___________ % zu verzinsen, wobei die Zinszahlungen jeweils halbjährlich erfolgen sollen. Des Weiteren steht die Auszahlung der Verzinsung nach vorgenannter Satzungsbestimmung unter dem Vorbehalt, dass ein entsprechender Jahresüberschuss (auch als Vorabdividende) vorliegt und dass durch sie keine Beeinträchtigung des zur Erhaltung des Stammkapitals der Gesellschaft erforderlichen Vermögens erfolgt (§ 30 Abs. 1 GmbHG).

Entsprechend dieser Satzungsklausel wurden Ihnen am 2. Juli 2017 gemäß Gesellschafterbeschluss vom 15. Juni 2017 die nach der Satzung geschuldeten Zinsen als Vorabdividende ausgezahlt.

Wegen der sich abzeichnenden Inanspruchnahme der A-GmbH durch die C-Bank für eine durch die A-GmbH zugunsten der C-Bank gewährten Bürgschaft für bestimmte Verbindlichkeiten der B-GmbH, der 100 %igen Tochter der A-GmbH, musste eine entsprechende Rückstellung gebildet werden. Dies hatte zur Folge, dass im Zeitpunkt der Auszahlung der Einlagenzinsen diese zu einer Unterbilanz führten. Über die mögliche Inanspruchnahme hatte ich Sie mit Schreiben vom 24. Juni 2017 bereits in Kenntnis gesetzt. [4]

Damit stellte die Auszahlung der Einlagenzinsen eine nach § 30 Abs. 1 GmbHG verbotene Rückzahlung dar. Diese haben Sie gemäß § 31 Abs. 1 GmbHG der A-GmbH zu erstatten und zwar in voller Höhe, auch wenn lediglich 70 % der gezahlten Zinsen zu der Unterbilanz führten. [5]

Ich darf Sie daher bitten, den gezahlten Betrag von € ___________ innerhalb von 14 Tagen auf das Ihnen bekannte Geschäftskonto der A-GmbH zurückzuzahlen. [6]

Vorsorglich weise ich Sie darauf hin, dass nach Ablauf der vorgesetzten Zahlungsfrist von Ihnen Verzugszinsen in Höhe von fünf Prozentpunkten über dem jeweiligen Basiszinssatz p.a. zu zahlen sind [7] und dass nach Gesetz und Rechtsprechung auf den geltend gemachten Anspruch weder verzichtet werden kann, noch eine Stundung, die Annahme einer Leistung an Erfüllung statt oder die Aufrechnung mit einer etwaigen, Ihnen gegen die Gesellschaft zustehenden Forderung zulässig sind. [8]

Sollte zwischenzeitlich die von der Gesellschafterversammlung beschlossene Einlage der Gesellschafter in die Kapitalrücklage geleistet worden sein und dadurch bilanziell die Unterbilanz entfallen, so hat dies keine Auswirkung auf die von Ihnen zu leistende Erstattung, [9] worauf ich vorsorglich hinweise.

Unterschrift Geschäftsführer [10]

Erläuterungen

1. Dem Muster liegt der gedachte Sachverhalt zu Grunde, dass die verbotene Rückzahlung durch die Auszahlung einer Barleistung an die Gesellschafter erfolgte. Zu Fallgruppen verbotener Rückzahlungen vgl. MünchHdb GesR III/*Fronhöfer/Bernauer* § 51 Rn. 13; Baumbach/Hueck/*Fastrich* § 30 Rn. 48 ff. 187

2. Gläubiger des Erstattungsanspruchs ist die Gesellschaft (Lutter/Hommelhoff/*Hommelhoff* § 31 Rn. 3). 188

3. Schuldner des Erstattungsanspruchs ist der Gesellschafter, an den die unzulässige Zahlung erbracht wurde. Auch wenn der Gesellschafter seinen Geschäftsanteil nach Erhalt der verbotenen Auszahlung mittlerweile abgetreten haben sollte, bleibt er Schuldner (Lutter/Hommelhoff/*Hommelhoff* § 31 Rn. 6 f.). 189

190 **4.** War der Gesellschafter bei dem Empfang der verbotenen Rückzahlung in gutem Glauben, kann eine Erstattung nur insoweit verlangt werden, als dies zur Befriedigung der Gläubiger der Gesellschaft erforderlich ist, § 31 Abs. 2 GmbHG. Von dem Umstand, dass die Auszahlung zu einer Unterbilanz führt, darf er weder positive Kenntnis noch grob fahrlässige Unkenntnis haben (Baumbach/Hueck/*Fastrich* § 31 Rn. 18a).

191 **5.** Vom Umfang her ist der Erstattungsanspruch auf Wertausgleich in der vollen Höhe der verbotenen Auszahlung gerichtet (Lutter/Hommelhoff/*Hommelhoff* § 31 Rn. 9; Baumbach/Hueck/*Fastrich* § 31 Rn. 16). Ziel des Erstattungsanspruchs ist es, das Vermögen der Gesellschaft durch Rückführung des Auszahlungsgegenstandes auf den Stand vor der Auszahlung zu bringen und zwar durch Rückgängigmachung des Auszahlungsgeschäfts. Bei Geldleistungen sind diese zurückzuzahlen, bei Sachleistung sind die verbotswidrig empfangenen Gegenstände zurückzugewähren. Ist dies unmöglich oder ist in Ansehung des Gegenstandes mittlerweile ein Wertverlust eingetreten, ist Wertersatz in Geld zu leisten (BGH, Urt. vom 17.03.2008, II ZR 24/07, BGHZ 176, 62). Ist der Wertverlust aber nicht in Folge der Weggabe entstanden, sondern wäre auch im Falle des Verbleibs des Gegenstandes bei der Gesellschaft eingetreten, wofür der Gesellschafter beweispflichtig ist, muss der Wertverlust nicht ausgeglichen werden (BGH, ebd.). Erfolgte die verbotene Rückzahlung durch Begründung oder den Erlass einer Forderung des Gesellschafters gegen die Gesellschaft bzw. umgekehrt, ist diese wieder aufzuheben bzw. wieder zu begründen.

192 **6.** Der Erstattungsanspruch gegen den Zahlungsempfänger nach § 31 Abs. 1 GmbHG entsteht mit der verbotenen Auszahlung und wird mit ihr auch sofort fällig. Die Geltendmachung hat durch die Geschäftsführer zu erfolgen und setzt keinen vorherigen Gesellschafterbeschluss voraus (Lutter/Hommelhoff/*Hommelhoff* § 31 Rn. 11).

193 **7.** Mit Verzug der Erstattung entsteht der Gesellschaft als Gläubigerin des Anspruchs ein Zinsanspruch nach §§ 286, 288 BGB, nicht nach § 20 GmbHG (Lutter/Hommelhoff/*Hommelhoff* § 31 Rn. 11).

194 **8.** Nach § 31 Abs. 4 GmbHG kann aus Gründen des Gläubigerschutzes der Erstattungsanspruch dem Gesellschafter nicht erlassen werden. Ebenso wenig sind eine Stundung, die Annahme einer Leistung an Erfüllungs statt sowie Aufrechnung durch den Gesellschafter zulässig (Lutter/Hommelhoff/*Hommelhoff* § 31 Rn. 26 ff. m.w.N.).

195 **9.** Sollte die durch die verbotene Rückzahlung eingetretene Unterbilanz vor Geltendmachung oder Begleichung des Erstattungsanspruchs anderweitig wieder ausgeglichen worden sein, lässt dies den einmal entstandenen Erstattungsanspruch nicht entfallen (BGH, Urt. vom 29.05.2000, II ZR 118/98, BGHZ 144, 341). Auch entsteht aus der anderweitigen Wiederherstellung des Stammkapitals kein Leistungsverweigerungsrecht zugunsten des Gesellschafters (Lutter/Hommelhoff/*Hommelhoff* § 31 Rn. 13).

196 **10.** Auch wenn Gläubigerin die Gesellschaft ist, wird diese nach den allgemeinen Regeln bei der Geltendmachung durch den Geschäftsführer dabei vertreten (MünchHdb GesR III/*Fronhöfer*/*Bernauer* § 51 Rn. 67).

III. Erwerb eigener Geschäftsanteile

17. Kaufvertrag über den Erwerb eigener Geschäftsanteile

Vorbemerkung

197 Der Erwerb eigener Geschäftsanteile durch die Gesellschaft unterscheidet sich im Grundsatz nicht vom Erwerb von Geschäftsanteilen durch Mitgesellschafter oder Dritte. Jedoch sind die Besonderheiten und Einschränkungen des § 33 GmbHG zu beachten. Das Muster enthält einen knappen Anteilskaufvertrag mit einigen (wenigen) Garantien unter ausdrücklicher Berücksichtigung des § 33 GmbHG.

Muster

Kaufvertrag über den Erwerb eigener Geschäftsanteile [1] 198

UR.-Nr. ____________

Verhandelt zu ____________ am ____________

Vor mir, dem Notar ____________ mit Amtssitz in ____________ erschienen:

A, geboren am ____________, wohnhaft ____________, ausgewiesen durch ____________,

B, geboren am ____________, wohnhaft ____________, ausgewiesen durch ____________, nicht handelnd für sich selbst, sondern als von den Beschränkungen des § 181 BGB befreiter alleinvertretungsberechtigter Geschäftsführer der C-GmbH mit Sitz in ____________,

C, geboren am ____________, wohnhaft ____________, ausgewiesen durch ____________,

D, geboren am ____________, wohnhaft ____________, ausgewiesen durch ____________.

Der unterzeichnende Notar bescheinigt nach Einsicht in das elektronische Handelsregister vom heutigen Tage, dass im Handelsregister des Amtsgerichts ____________ unter HRB ____________ die C-GmbH und als ihr alleinvertretungsberechtigter und von den Beschränkungen des § 181 BGB befreiter Geschäftsführer der B eingetragen ist.

A wird im Folgenden auch nur kurz »Veräußerer« genannt.

Die C-GmbH wird in Folgenden auch nur kurz »Erwerber« genannt.

Veräußerer und Erwerber werden zusammen nachstehend auch nur kurz »Beteiligte« genannt.

Die Erschienenen, handelnd wie angegeben, erklärten:

Geschäftsanteilskauf- und -übertragungsvertrag

§ 1 Gegenstand des Vertrages

1. Im Handelsregister des Amtsgerichts ____________ ist unter der Registernummer ____________ die Gesellschaft mit beschränkter Haftung unter der Firma C-GmbH mit Sitz in ____________ (Geschäftsanschrift: ____________) eingetragen. Die C-GmbH wird im Folgenden auch nur kurz »Gesellschaft« genannt.

2. Das Stammkapital der Gesellschaft beträgt 500.000 €.

3. Der Veräußerer hält einen Geschäftsanteil in nominaler Höhe an der Gesellschaft wie folgt:

Geschäftsanteil Nr. 1 in Höhe von 100.000 €.

Dieser Geschäftsanteil wird im Folgenden auch kurz »Geschäftsanteil« genannt.

§ 2 Kauf und Abtretung

1. Der Veräußerer verkauft den Geschäftsanteil an den dies annehmenden Erwerber.

2. Der Veräußerer tritt den Geschäftsanteil an den dies annehmenden Erwerber ab.

3. Die Beteiligten wünschen ausdrücklich keine Befristung oder aufschiebende Bedingung, etwa durch Zahlung des Kaufpreises, für die Abtretung. Der verkaufte Geschäftsanteil geht deshalb sogleich auf den Erwerber über.

§ 3 Kaufpreis

1. Der Kaufpreis beträgt

150.000 €

(einhundertfünfzigtausend Euro).

2. Der Kaufpreis ist fällig und zahlbar bis zum __________ (Kontogutschrift), jedoch nicht bevor der Notar dem Erwerber bestätigt hat, dass alle Zustimmungen zur Veräußerung und Abtretung vorliegen. Der Erwerber hat den Kaufpreis dann bei Fälligkeit an den Veräußerer auf folgendes Konto zu überweisen:

Kontoinhaber: __________,

Kreditinstitut: __________,

IBAN: __________,

BIC: __________.

3. Wird der Kaufpreis bei Fälligkeit nicht gezahlt, kann der Veräußerer den Erwerber durch Mahnung in Verzug setzen. Ab dann kann er Verzugszinsen in Höhe von jährlich __________ Prozentpunkten über dem Basiszinssatz sowie Ersatz seines etwaigen weiteren Verzugsschadens verlangen; zudem kann er eine Nachfrist von mindestens 14 Tagen setzen und dann vom Vertrag zurücktreten.

4. Der Erwerber unterwirft sich wegen seiner Verpflichtung zur Zahlung des Kaufpreises samt Verzugszinsen in Höhe von jährlich __________ Prozentpunkten über dem Basiszinssatz, die zur Wahrung des vollstreckungsrechtlichen Bestimmtheitsgrundsatzes als ab dem Tag der Beurkundung dieses Vertrags geschuldet gelten, dem Veräußerer gegenüber der sofortigen Zwangsvollstreckung aus dieser Urkunde in sein gesamtes Vermögen. Sobald die vorstehend genannten Voraussetzungen für die Fälligkeit vorliegen, darf der Notar dem Veräußerer ohne weitere Nachweise eine vollstreckbare Ausfertigung dieser Urkunde erteilen. Auch für die Zinsen ist die Fälligkeit maßgeblich; der Notar hat die Vollstreckungsklausel entsprechend einzuschränken.

§ 4 Weitere Vereinbarungen

1. Der Veräußerer garantiert (gemäß § 311 Abs. 1 BGB), dass der Geschäftsanteil so besteht, wie er verkauft ist, dass er nicht mit Rechten Dritter belastet ist und dass er darüber frei verfügen kann.

2. Der Veräußerer garantiert (gemäß § 311 Abs. 1 BGB), dass der Geschäftsanteil voll eingezahlt ist.

3. Der Geschäftsanteil wird im Übrigen unter Ausschluss jeder Haftung und ohne weitere Garantien verkauft. Insbesondere haftet der Veräußerer nicht für Güte und Ertragskraft des Geschäftsanteils oder einzelner Gegenstände im Gesellschaftsvermögen. Der Haftungsausschluss gilt nicht für Ansprüche und Rechte des Erwerbers, die auf einer vorsätzlichen Pflichtverletzung des Veräußerers beruhen. [3]

4. Das Gewinnbezugsrecht steht dem Veräußerer bis zur Wirksamkeit der Abtretung des Geschäftsanteils zu. Das Gewinnbezugsrecht des Erwerbers ruht ab

diesem Zeitpunkt, soweit es nicht zuvor bereits Dritten zustand. Ebenso ruht das Stimmrecht für den Geschäftsanteil, solange der Erwerber ihn hält. [2] **Noch nicht zur Ausschüttung beschlossene Gewinne stehen dem Veräußerer zu, wenn der Ausschüttungsbeschluss vor Wirksamkeit der Abtretung gefasst wird, danach ruht das Gewinnbezugsrecht auch hinsichtlich dieser Gewinne.**

5. Die Gesellschaft hat keinen Grundbesitz.

6. Die Kosten dieser Urkunde und ihres Vollzugs trägt der Erwerber. [3a]

§ 5 Zustimmungen [4]

B erklärt, vorsorglich einen Zustimmungsbeschluss der Gesellschafter zum Erwerb des Geschäftsanteils durch die Gesellschaft eingeholt zu haben.

Der Zustimmungsbeschluss wird als Anlage ____________ zu dieser Urkunde genommen.

oder:

Die Übertragung bedarf nach Abschnitt ____________ des Gesellschaftsvertrages der Zustimmung der Mitgesellschafter, um wirksam zu werden.

C und D erteilen hiermit als sämtliche Mitgesellschafter ihre Zustimmung zum Erwerb der Anteile durch die Gesellschaft.

oder:

Die Zustimmungen werden als Anlage ____________ zu dieser Urkunde genommen.

oder:

Die Übertragung von Geschäftsanteilen bedarf nach Abschnitt ____________ des Gesellschaftsvertrages der Zustimmung der Gesellschaft, um wirksam zu werden.

Vorsorglich wird hiermit (1) unter Verzicht auf alle Formen und Fristen aus Gesetz oder Gesellschaftsvertrag mit allen Stimmen die Zustimmung zur Übertragung des Geschäftsanteils an die Gesellschaft beschlossen und (2) von B als Geschäftsführer der Gesellschaft erklärt.

oder:

B erklärt vorsorglich als Geschäftsführer die Zustimmung der Gesellschaft zur Übertragung. Der zugrunde liegende Zustimmungsbeschluss wird als Anlage ____________ zu dieser Urkunde genommen.

§ 6 Beachtung des § 33 GmbHG

1. Der Notar hat die Erschienenen darauf hingewiesen, dass die Gesellschaft gemäß § 33 Abs. 1 GmbHG keine eigenen Geschäftsanteile, auf welche Einlagen noch nicht vollständig geleistet sind, erwerben oder als Pfand nehmen kann. [5]

2. Eigene Geschäftsanteile, auf welche die Einlagen vollständig geleistet sind, darf die Gesellschaft nur erwerben, sofern sie im Zeitpunkt des Erwerbs eine Rücklage in Höhe der Aufwendungen für den Erwerb bilden könnte, ohne das Stammkapital oder eine nach dem Gesellschaftsvertrag zu bildende Rücklage zu mindern, die nicht zu Zahlungen an die Gesellschaft verwandt werden darf (§ 33 Abs. 2 GmbHG). [6]

3. Die Beteiligten erklären, dass die Einlage auf den Geschäftsanteil vollständig geleistet ist und auch nicht zurückgewährt worden ist.

4. Die Gesellschaft, vertreten durch B als alleinvertretungsberechtigten Geschäftsführer, erklärt, dass (1) der für den Erwerb des Geschäftsanteils zu zahlende Betrag aus dem Vermögen geleistet werden kann, welches über den Betrag des Stammkapitals hinaus vorhanden ist, und dass (2) die Gesellschaft eine entsprechende Rücklage bilden könnte, ohne das Stammkapital oder eine nach dem Gesellschaftsvertrag zu bildende Rücklage zu mindern, die nicht zu Zahlungen an die Gesellschafter verwandt werden darf. [7, 8]

§ 7 Beteiligung ab Wirksamkeit der Abtretung [9]

An der Gesellschaft bestehen ab Wirksamkeit der Abtretung folgende Beteiligungsverhältnisse:

C-GmbH:	**Geschäftsanteil Nr. 1 – 100.000 €,**
C:	**Geschäftsanteil Nr. 2 – 200.000 €,**
D:	**Geschäftsanteil Nr. 3 – 200.000 €.**

§ 8 Hinweise, Heilungsklausel

1. Alle Genehmigungen und Erklärungen, die zur Durchführung dieses Vertrages im Übrigen notwendig sind, sollen vom Notar eingeholt werden und auch mit Eingang bei ihm allen Beteiligten gegenüber wirksam werden.

2. Der Notar hat darauf hingewiesen, dass:

- **Veräußerer und Erwerber für Kosten und Steuern** [10] **als Gesamtschuldner haften,**
- **alle vertraglichen Vereinbarungen der Beteiligten beurkundungspflichtig sind und Nebenabreden außerhalb dieser Urkunde zur Nichtigkeit des gesamten Vertrags führen können,**
- **nach § 16 Abs. 3 GmbHG auf der Grundlage der beim Handelsregister vorliegenden Gesellschafterliste zwar der gutgläubige Erwerb, nicht aber der gutgläubig lastenfreie Erwerb eines Geschäftsanteils vom Nichtberechtigten möglich ist, so dass der Erwerber insoweit auf Richtigkeit und Vollständigkeit der Angaben des Veräußerers angewiesen ist,**
- **Veräußerer und Erwerber gegenüber der Gesellschaft und deren Gläubigern kraft Gesetzes für etwa nicht erbrachte Einlagen auf das Stammkapital haften.**

3. Der Notar hat den Beteiligten, insbesondere dem Veräußerer, den Entwurf dieses Vertrages am ___________ zugesandt. Die Beteiligten bestätigen das. [3]

4. Soweit eine Bestimmung dieses Vertrags unwirksam sein oder werden sollte, bleiben die übrigen Bestimmungen wirksam. Die unwirksame Bestimmung soll durch die ihr am nächsten kommende wirksame Bestimmung ersetzt werden. Das gleiche gilt für Lücken.

Diese Niederschrift wurde den Erschienenen vom Notar vorgelesen, von ihnen genehmigt und von ihnen und dem Notar wie folgt eigenhändig unterschrieben.

Template

199 **Purchase Contract for Purchase of Own Shares** [1]

Deed No. ___________

Heard in ___________ on ___________

Before me, the notary ___________ with office in ___________ appeared:

A, born on ___________, resident at ___________, identified by ___________,

B, born on ___________, resident at ___________, identified by ___________, not acting for themselves in own name but as Managing Director of C-GmbH with place of business in ___________, exempted from the limitations of section 181 *BGB* [*Bürgerliches Gesetzbuch*, German Civil Code] and with sole power of representation,

C, born on ___________, resident at ___________, identified by ___________,

D, born on ___________, resident at ___________, identified by ___________.

The undersigning notary confirms, following inspection of the electronic commercial register as of today, that registered with the commercial register of the Local Court of ___________ under HRB ___________ is C-GmbH and that listed as its Managing Director with sole power of representation and exempted from the limitations of section 181 *BGB* is B.

A is hereinafter also referred to as »Seller«.

C-GmbH is hereinafter also referred to as »Purchaser«.

Seller and Purchaser are hereinafter also jointly referred to as the »Parties«.

The parties appearing, acting as stated, declared:

Company Shares Purchase and Transfer Contract

Section 1 Contractual Object

1. Registered with the commercial register of the Local Court of ___________ under the register number ___________ is the *Gesellschaft mit beschränkter Haftung* [private limited company] with the name C-GmbH and place of business in ___________ (business address: ___________). C-GmbH is hereinafter also referred to as »Company«.

2. The share capital of Company amounts to EUR 500,000.

3. Seller holds a nominal company share in Company as follows:

Company share no. 1 in the amount of EUR 100,000.

The company share is hereinafter also referred to as »Company Share«.

Section 2 Purchase and Transfer

1. Seller sells the Company Share to Purchaser, who accepts the sale.

2. Seller transfers the Company Share to Purchaser, who accepts the transfer.

3. The Parties expressly waive any limitation or condition precedent, such as payment of a purchase price, for this transfer. The sold Company Share is thus transferred to Purchaser with immediate effect.

Section 3 Purchase Price

1. The purchase price amounts to

EUR 150,000

(one hundred fifty thousand Euro).

2. The purchase price is due and payable by __________ (account credit), but not until the notary confirmed towards Purchaser that all approvals required for the sale and transfer were granted. Purchaser shall then transfer the purchase price to the following account of Seller on the due date:

Account holder: __________,

Bank: __________,

IBAN: __________,

BIC: __________.

3. If the purchase price is not paid on the due date, Seller may declare Purchaser to be in default by issuing a warning. From that date onwards, Seller may demand interest on arrears of __________ percentage point above the base rate per year as well as reimbursement for any other damage caused by the delay; furthermore, Seller may set a grace period of 14 days and withdraw from the contract following that period.

4. In regard to their obligation to pay the purchase price plus interest on arrears of __________ percentage points above the base rate per year that are deemed owed from the day on which this deed is certified in order to comply with the principle of certainty under enforcement provisions, Purchaser agrees towards Seller to the immediate compulsory execution in regard to Purchaser's entire assets under this contract. As soon as the conditions for maturity as set out above are met, the notary may issue Seller with an enforceable copy of this deed without further proof being required. Maturity shall also be decisive for interest payments; the notary shall limit the corresponding enforcement clause.

Section 4 Other Covenants

1. Seller guarantees (in accordance with section 311 clause 1 *BGB*) that the Company Share exists in the form as sold, that it is not encumbered by third-party rights, and that Seller may freely dispose of it.

2. Seller guarantees (in accordance with section 311 clause 1 *BGB*) that the Company Share was fully paid in.

3. Apart from the above, the Company Share is sold under exclusion of any liability and without any further guarantees. In particular, Seller does not assume liability for quality and profitability of the Company Share or of individual items of Company's assets. The exclusion of liability does not apply to claims and rights of Purchaser that arise following a deliberate violation of duties on the part of Seller. [3]

4. The profit participation right belongs to Seller until the transfer of the Company Share becomes effective. The profit participation right of Purchaser shall be dormant from that time, unless third parties were already entitled to it previously. Likewise, the voting right for the Company Share shall be dormant for as long as it is owned by Purchaser. [2] **Seller shall be entitled to any profit not released for distribution if the decision for distribution is made prior to the effective date of the transfer; afterwards, the profit participation right shall be dormant in regard to this profit as well.**

5. Company does not own landed property.

6. The costs of this deed and its enforcement shall be borne by Purchaser. [3a]

Section 5 Approvals [4]

B declares to have obtained a positive decision from the shareholders regarding the purchase of the Company Share by Company as precautionary measure.

The positive decision is attached to this deed as annex ____________.

or:

The transfer shall require the approval of the other shareholders in order to be effective, in accordance with section ____________ of the articles of association.

C and D as all remaining shareholders hereby grant their approval of the purchase of the Company Shares by Company.

or:

The approvals are attached to this deed as annex ____________.

or:

The transfer of Company Shares shall require the approval of Company in order to be effective, in accordance with section ____________ of the articles of association.

As a precautionary measure, the following is declared hereby: (1) waiving any and all formal and time-related requirements under the law or articles of association, approval of the transfer of the Company Share to Company is decided unanimously, and (2) the transfer is declared by B as Managing Director of Company.

or:

As precautionary measure, B as Managing Director of Company declares that Company approves the transfer. The underlying positive decision is attached to this deed as annex ____________.

Section 6 Compliance with Section 33 *GmbHG* [*GmbH-Gesetz*, Private Limited Companies Act]

1. The notary informed the appearing parties that in terms of section 33 clause 1 *GmbHG*, Company cannot acquire or take as security own company shares for which the contributions were not yet made in full. [5]

2. Own company shares for which the contributions were made in full may only be acquired by Company if Company can create provisions to an amount equal to the purchase costs at the time of purchase without reducing the share capital or any provisions that must be created under the articles of association, which may not be used to make payments to Company (section 33 clause 2 *GmbHG*). [6]

3. The Parties declared that the contribution for the Company Share was made in full and that it has not been paid back.

4. Company, represented by B as Managing Director with sole power of representation, declares that (1) the amount payable for the purchase of the Company Share can be paid from the assets that are available in excess of the share capital, and that (2) Company can create a corresponding provision without reducing the share capital or any provisions that must be created under the articles of association, which may not be used to make payments to the shareholders. [7], [8]

Section 7 Participation after the Transfer enters into Effect [9]

After the transfer entered into effect, Company has the following ownership structure:

C-GmbH:	**Company Share no. 1 – EUR 100,000,**
C:	**Company Share no. 2 – EUR 200,000,**
D:	**Company Share no. 3 – EUR 200,000.**

Sections 8 Notes, Severability Clause

1. All other approvals and declarations that are required for execution of this contract shall be obtained by the notary and shall also enter into effect for all Parties involved when they are received by the notary.

2. The notary pointed out that:

- **Seller and Purchaser have joint and several liability for costs and taxes [10],**
- **all contractual agreements of the Parties require certification in a deed and that ancillary agreements outwith this deed could result in the entire contract becoming void,**
- **according to section 16 clause 3 *GmbHG*, the bona fide purchase of a company share, but not the bona fide purchase of a company share free from encumbrances from a non-entitled party is possible based on the list of shareholders registered with the commercial register, so that Purchaser is insofar dependent on the information given by Seller being accurate and complete,**
- **Seller and Purchaser are by law liable towards Company and its creditors for any contributions to the share capital that were not paid.**

3. The notary sent a draft of this contract to the Parties, especially to Seller, on ___________. The Parties confirm this. [3]

4. If a provision of this contract is or becomes void, the remaining provisions shall remain valid. The void provision shall be replaced by the effective provision that comes closest to it. The same shall apply to gaps.

This record was read to the Parties appearing by the notary, was approved by them, and was signed by them and the notary in their own hand as follows.

Erläuterungen

Literatur: *Bloching/Kettinger*, Kapitalerhaltung oder Kapitalquelle? – Eine Analyse des § 33 Abs. 2 GmbHG im Lichte der aktuellen Rechtsprechung zum Kapitalschutz, BB 2006, 172–176; *Geißler*, Der Erwerb eigener GmbH-Anteile zur Realisierung von Strukturmaßnahmen, GmbHR 2008, 1018–1024; *Hohage*, Erwerb eigener Anteile, Einziehung, Aufstockung und vGA bei der GmbH, DB 2009, 1033–1036; *Najdecki*, Erwerb eigener Anteile durch die GmbH, NWB 2010, 349–355; *Rodewald/Pohl*, Neuregelungen des Erwerbs von eigenen Anteilen durch die GmbH im Bilanzrechtsmodernisierungsgesetz (BilMoG), GmbHR 2009, 32–35; *Ulmer*, Die Einziehung von GmbH-Anteilen – ein Opfer der MoMiG-Reform?, DB 2010, 321–323; *Wachter*, Weitere Gesetzesänderungen im GmbH-Recht nach dem MoMiG, GmbHR 2009, 953–958.

200 **1.** Der **Erwerb eigener Anteile** ist nach § 33 GmbHG grundsätzlich zulässig. Er kann sinnvoll sein, wenn der erworbene Anteil zu einem späteren Zeitpunkt von der Gesellschaft weiter veräußert werden soll. Auch kann er zweckmäßig sein, wenn verhindert werden soll, dass durch den Erwerb des zum Verkauf stehenden Anteils durch einen der übrigen Gesellschafter die Beteiligungsverhältnisse der Gesellschafter untereinander in unerwünschter Weise verschoben werden. Zur Sicherung

der Kapitalaufbringung und der Kapitalerhaltung ist der Erwerb eigener Anteile jedoch gemäß § 33 Abs. 1, 2 und 3 GmbHG in bestimmten Fällen unzulässig.

2. Solange die Gesellschaft den Geschäftsanteil hält, ruhen **Rechte und Pflichten aus dem Geschäftsanteil**, insbesondere Stimmrecht und Gewinnbezugsrecht (BGH NJW 1995, 1027 (1028); Roth/Altmeppen/*Altmeppen*, § 33 Rn. 31). Das Ruhen des Stimmrechts kann zu einer unerwünschten Verschiebung der Machtverhältnisse unter den Gesellschaftern führen. Bereits vor der Abtretung begründete Rechte Dritter auf den Gewinnanteil, etwa ein Nießbrauch, bestehen fort, so dass dem Nießbraucher das Gewinnbezugsrecht zusteht. Bestehen solche Rechte nicht, entscheidet die Gesellschafterversammlung über die Verwendung der auf den eigenen Anteil entfallenden Gewinnanteile zusammen mit den übrigen Gewinnanteilen (Baumbach/Hueck/*Fastrich* § 33 Rn. 25). Wenn für eine Abstimmung in der Gesellschafterversammlung die Höhe des Anteils der Gesellschafter am Stammkapital maßgeblich ist, ist insoweit auf das um den der Gesellschaft gehörenden Anteil gekürzte Stammkapital und die Anteile daran abzustellen (Roth/Altmeppen/*Altmeppen*, § 33 Rn. 31). 201

3. Die Gesellschaft wird den Vertrag regelmäßig in Ausübung ihrer gewerblichen Tätigkeit schließen und ist dann gemäß § 14 Abs. 1 BGB als Unternehmer zu qualifizieren. Schließt der andere Vertragsteil den Vertrag zu Zwecken ab, die überwiegend weder seiner gewerblichen noch selbstständigen beruflichen Tätigkeit zugerechnet werden können, ist er gemäß § 13 BGB als Verbraucher zu qualifizieren. Der Vertrag ist dann nach § 310 Abs. 3 BGB ein **Verbrauchervertrag.** Die Bereichsausnahme des § 310 Abs. 4 BGB gilt dafür nicht, da es sich nicht um einen Vertrag auf dem Gebiet des Gesellschaftsrechts handelt, sondern um einen schuldrechtlichen Kaufvertrag nach §§ 453 Abs. 1, 433 ff. BGB. Materiell ist der Ausschluss der Mängelhaftung des Veräußerers dennoch nicht gemäß § 310 Abs. 3 Nr. 2 in Verbindung mit § 309 Nr. 7 a) und b) BGB einzugrenzen, da er nicht gegenüber dem Verbraucher gelten soll, sondern zugunsten des Verbrauchers (anders im nachfolgenden Muster 18). Beurkundungsrechtlich sind § 17 Abs. 2a Nr. 1 und Nr. 2 BeurkG zu beachten: Der Verbraucher soll den Vertrag persönlich schließen oder durch eine Vertrauensperson vertreten werden (dazu zählen Mitarbeiter des Notars nicht). Der Verbraucher soll ausreichend Gelegenheit haben, sich vorab mit dem Gegenstand der Beurkundung auseinanderzusetzen. Die Beurkundungspflicht folgt aus § 15 Abs. 3 und Abs. 4 GmbHG, sodass die Pflicht zur Übersendung des Entwurfs und die Wartefrist von zwei Wochen nach § 17 Abs. 2a Nr. 2 BeurkG nach dem Gesetzeswortlaut (wohl noch) nicht einschlägig sind; nichtsdestoweniger sollte sie angesichts der Tendenz des Gesetzgebers zur Formalisierung des Verbraucherschutzes bereits im Blick sein. Vorsorglich sollte der Notar dies zur eigenen Absicherung in der Urkunde auch dokumentieren. 202

3a. Für die Beurkundung des Anteilskaufvertrages fällt eine 2,0-Gebühr nach KV-Nr. 21100 GNotKG an. Der Wert richtet sich nach dem Kaufpreis (§ 47 GNotKG) bzw. dem Wert der Anteile (§ 54 GNotKG). Wird der Zustimmungsbeschluss (siehe Muster 19) notariell mitbeurkundet, ist er gegenstandsverschieden zur Beurkundung des Anteilskaufvertrages (§ 110 Nr. 1 GNotKG). Für den beurkundeten Zustimmungsbeschluss fällt ebenfalls eine 2,0-Gebühr nach KV-Nr. 21100 GNotKG an. Der Wert des Zustimmungsbeschlusses richtet sich nach dem Wert des Anteilskaufvertrages (§ 108 Abs. 2 GNotKG), er beträgt mindestens EUR 30.000 (§ 108 Abs. 1 S. 2, § 105 Abs. 1 S. 2 GNotKG). Die Werte der Beurkundungsgegenstände (Kauf und Beschluss) sind dann gemäß § 35 Abs. 1 GNotKG zu addieren. 203

4. Im Muster sind verschiedene (mögliche) Zustimmungserklärungen als Bestandteil der Urkunde angelegt. Soweit Zustimmungen vorab eingeholt werden, können sie auch mit einem kurzen Verweis als Anlage zur Urkunde genommen werden. Damit wird sichergestellt, dass später keine Zweifel aufkommen, ob seinerzeit alle etwa erforderlichen Zustimmungen erteilt waren. Eine positive Zulassung des Erwerbs eigener Geschäftsanteile im Gesellschaftsvertrag ist vom Gesetz nicht gefordert (und wird auch nicht diskutiert). Ob allerdings die Gesellschafterversammlung dem Erwerb grundsätzlich wegen der Erhöhung der Beteiligungsquoten der verbleibenden Gesellschafter zustimmen muss, ist in der Literatur streitig. Vertreten wird auch, dass der Geschäftsführer die Gesellschafter vorab (nur) von dem geplanten Erwerb in Kenntnis setzen muss, damit sie gegebenenfalls gemäß § 50 GmbHG eine Gesellschafterversammlung einberufen und den Erwerb durch An- 204 weisung verhindern können (Lutter/Hommelhoff/*Lutter* § 33 Rn. 33 ff.; Roth/Altmeppen/*Altmeppen* § 33 Rn. 27 m.w.N.). Soweit beim Erwerb möglich sollte immer ein Zustimmungsbeschluss aufgenommen werden, entweder vorab als Anlage zur Urkunde oder in der Urkunde selbst. Der Gesellschaftsvertrag kann nach allgemeinen Regeln (§ 15 Abs. 5 GmbHG) über § 33 GmbHG hinausgehende Voraussetzungen für den Erwerb eigener Anteile vorsehen, insbesondere kann die **Zustimmung der Gesellschafterversammlung** oder die **Zustimmung der Mitgesellschafter** verlangt sein. Auch sie sollten vorab gefasst und als Anlage zur Urkunde genommen werden oder in die Urkunde selbst aufgenommen werden.

205 **5.** Nach § 33 Abs. 1 GmbHG kann die Gesellschaft Anteile, auf die die **Einlage noch nicht vollständig geleistet** ist, nicht erwerben oder als Pfand nehmen, auch nicht, wenn der Erwerb unentgeltlich erfolgt. Auch Umgehungsgestaltungen sind insoweit unzulässig (vgl. Lutter/Hommelhoff/*Lutter* § 33 Rn. 12). Bei Verstoß gegen Abs. 1 sind schuldrechtliches und dingliches Geschäft gemäß § 134 BGB nichtig. Eine Heilung durch nachträgliche Leistung der Einlage ist nicht möglich (Baumbach/Hueck/*Fastrich* § 33 Rn. 6). Zulässig ist der Erwerb unter der aufschiebenden Bedingung der Volleinzahlung, die Einlage darf dann jedoch nicht aus dem nach § 33 Abs. 1 GmbHG nicht geschuldeten Kaufpreis erbracht werden (Ring/Grziwotz/*Nagel* GmbH-Recht, § 33 Rn. 5 m.w.N.). Dass sonstige Leistungen, wie Aufgeld, Zinsen, Vertragsstrafen oder andere Nebenleistungen nicht erbracht sind, steht dem Erwerb nicht entgegen. Soweit die Einlage entgegen § 30 GmbHG zurückgewährt wurde, ist strittig, ob dann eine offene Einlage i.S.d. § 33 Abs. 1 GmbHG gegeben ist (dagegen Baumbach/Hueck/*Fastrich* § 33 Rn. 2; a.A. Scholz/*Westermann* § 33 Rn. 5).

206 **6.** Weiterhin darf die Gesellschaft nach § 33 Abs. 2 und 3 GmbHG eigene Anteile nicht erwerben, wenn sie dazu das Stammkapital oder eine nach dem Gesellschaftsvertrag zu bildende **Rücklage**, die nicht an die Gesellschafter ausgezahlt werden darf, verwendet oder mindert. Zulässig ist der Erwerb von vollständig eingezahlten Geschäftsanteilen somit, wenn die Gesellschaft zum Zeitpunkt des Erwerbs eine Rücklage in Höhe der Aufwendungen für den Erwerb bilden könnte, ohne das Stammkapital oder eine nach dem Gesellschaftsvertrag zu bildende Rücklage, die nicht zur Zahlung an die Gesellschafter verwandt werden darf, zu mindern (vgl. *Wachter*, GmbHR 2009, 953 (954); *Ulmer*, DB 2010, 321 f.). Es muss also eine entsprechende ausschüttungsfähige Rücklage oder ein entsprechender festgestellter Bilanzgewinn verfügbar sein. Eine Rücklage für die eigenen Anteile ist nach der Änderung des § 272 Abs. 4 HGB nicht mehr zu bilden (Baumbach/Hueck/*Fastrich* § 33 Rn. 9; näher *Rodewald/Pohl*, GmbHR 2009, 32 (34)). Eine nach dem Gesellschaftsvertrag bestehende Pflicht, eine nicht ausschüttungsfähige Rücklage zu bilden, kann durch Beschluss zur Änderung des Gesellschaftsvertrages aufgehoben werden, wenn diese den Erwerb verhindert. **Zeitpunkt des Erwerbs** ist der Zeitpunkt der Zahlung des Kaufpreises (BGH NJW 1998, 3121 (3122)). Zusätzlich wird teilweise auch auf den Zeitpunkt des Abschlusses des schuldrechtlichen Geschäfts bzw. die Wirksamkeit der Übertragung abgestellt (str.; vgl. OLG Rostock, Teilurt. v. 30.01.2013 – 1 U 75/11, NZG 2013, 543 m.w.N.; Baumbach/Hueck/*Fastrich* § 33 Rn. 11 m.w.N). Zu diesem Zeitpunkt muss die Bildung der Rücklage möglich sein. Die Möglichkeit der Bildung einer solchen Rücklage muss anhand einer nach § 42 GmbHG erstellten Bilanz zu fortgeführten Buchwerten ohne Berücksichtigung nicht aufgelöster stiller Reserven festgestellt werden. Bei Verstoß gegen die Regelungen der Abs. 2 und 3 (freie Rücklage) ist das dingliche Rechtsgeschäft wirksam. Das schuldrechtliche Geschäft ist rückabzuwickeln, soweit es schon (teil-)vollzogen ist; daneben greift § 31 GmbHG (eingehender siehe Lutter/Hommelhoff/*Lutter* § 33 Rn. 20 ff.; Baumbach/Hueck/*Fastrich* § 33 Rn. 14). Verschlechtert sich die finanzielle Lage der Gesellschaft zwischen Vertragsschluss und Erfüllung, so dass die Voraussetzungen des § 33 Abs. 2 GmbHG nicht mehr gewahrt sind, darf die Gesellschaft nicht erfüllen (§ 30 Abs. 1 GmbHG; näher *Bloching/Kettinger*, BB 2006, 172 ff.).

207 **7.** Insoweit ist in den Vertrag wenigstens ein Hinweis des Notars auf die Regelung des § 33 GmbHG aufzunehmen. Weitergehend kann eine explizite **Versicherung des Geschäftsführers** aufgenommen werden, dass die Voraussetzungen des § 33 GmbHG gewahrt sind, gegebenenfalls unter Beifügung einer Bilanz (so *Najdecki*, NWB 2010, 349 (350 f.)); *Wachter*, GmbHR 2009, 953 (954)). Wenn zwischen dem Zeitpunkt der Beurkundung und dem Zeitpunkt der Erfüllung

eine Unterbilanz entstehen und die Voraussetzungen des § 33 GmbHG nicht mehr gewahrt sein könnten, ist ein Recht auf Erfüllungsverweigerung für den Erwerber in den Vertrag aufzunehmen.

8. In Fällen des § 33 Abs. 3 GmbHG, also zur Abfindung eines Minderheitsgesellschafters infolge 208
einer **Umwandlung**, der der Gesellschafter widersprochen hat, ist eine begrenzte Durchbrechung der Regelung des § 33 Abs. 2 GmbHG möglich (näher Lutter/Hommelhoff/*Lutter* § 33 Rn. 30 f.; Baumbach/Hueck/*Fastrich* § 33 Rn. 15 ff.; *Geißler*, GmbHR 2008, 1018 ff.).

9. Eine spätere **Einziehung** der erworbenen Anteile bleibt nach den allgemeinen Regeln zulässig. 209
Nach § 40 Abs. 2 GmbHG ist eine neue Gesellschafterliste durch den Notar zum Handelsregister einzureichen.

10. Der Veräußerungsgewinn ist nunmehr seit 2009 unabhängig von der Höhe der Beteiligung 210
als Einkunft aus Kapitalvermögen steuerpflichtig. Soweit der Kaufpreis über dem Verkehrswert des Anteils liegt, ist eine verdeckte Gewinnausschüttung gegeben, soweit der Kaufpreis darunter liegt, könnte sich eine schenkungsteuerrechtliche Problematik ergeben (zu Fragen der Besteuerung vgl. *Hohage*, DB 2009, 1033 ff.).

18. Vertrag über die Veräußerung eigener Geschäftsanteile

Vorbemerkung

Die Veräußerung eigener Geschäftsanteile durch die Gesellschaft unterscheidet sich im Grundsatz 211
nicht von der Veräußerung von Geschäftsanteilen durch Mitgesellschafter oder Dritte. Allerdings sind hinsichtlich der Zustimmung der Gesellschafterversammlung bzw. der anderen Gesellschafter besondere Aspekte zu beachten. Das Muster enthält einen Anteilskaufvertrag mit einigen (wenigen) Garantien unter Hinweis auf den bei dem vorangegangenen Erwerb zu beachtenden § 33 GmbHG (siehe dazu auch Muster D 17 (Rdn. D 198)).

Muster

Vertrag über die Veräußerung eigener Geschäftsanteile 212

UR.-Nr. ____________

Verhandelt zu ____________ am ____________

Vor mir, dem Notar ____________ mit Amtssitz in ____________ erschienen:

A, geboren am ____________, etc. nicht handelnd für sich selbst, sondern als von den Beschränkungen des § 181 BGB befreiter alleinvertretungsberechtigter Geschäftsführer der C-GmbH mit Sitz in ____________, Amtsgericht ____________, HRB ____________; der Notar bescheinigt aufgrund heutiger Einsichtnahme in dieses Handelsregister, dass dort die C-GmbH und A als deren wie vorstehend angeführt vertretungsberechtigter Geschäftsführer eingetragen stehen;

B, geboren am ____________, etc.,

C, geboren am ____________, etc.,

D, geboren am ____________, etc.

Die C-GmbH wird im Folgenden auch nur kurz »Veräußerer« genannt.

B wird im Folgenden auch nur kurz »Erwerber« genannt.

Veräußerer und Erwerber werden zusammen nachstehend auch nur kurz »Beteiligte« genannt.

Die Erschienenen, handelnd wie angegeben, erklärten:

Geschäftsanteilskauf- und -übertragungsvertrag

§ 1 Gegenstand des Vertrages

1. Im Handelsregister des Amtsgerichts ______ ist unter der Registernummer ______ die Gesellschaft mit beschränkter Haftung unter der Firma C-GmbH mit Sitz in ______ (Geschäftsanschrift: ______) eingetragen. Die C-GmbH wird im Folgenden auch nur kurz »Gesellschaft« genannt.

2. Das Stammkapital der Gesellschaft beträgt 500.000 €.

3. Der Veräußerer hält Geschäftsanteile in nominaler Höhe an der Gesellschaft wie folgt: [1]

Geschäftsanteil Nr. 1 in Höhe von 100.000 €.

Dieser Geschäftsanteil wird im Folgenden auch kurz »Geschäftsanteil« genannt.

§ 2 Kauf und Abtretung

1. Der Veräußerer verkauft den Geschäftsanteil an den dies annehmenden Erwerber.

2. Der Veräußerer tritt den Geschäftsanteil an den dies annehmenden Erwerber ab.

3. Die Beteiligten wünschen ausdrücklich keine Befristung oder aufschiebende Bedingung, etwa durch Zahlung des Kaufpreises, für die Abtretung. Der verkaufte Geschäftsanteil geht deshalb sogleich auf den Erwerber über.

§ 3 Kaufpreis

1. Der Kaufpreis beträgt

150.000 €

(einhundertfünfzigtausend Euro).

2. Der Kaufpreis ist fällig und zahlbar bis zum ______ (Kontogutschrift), jedoch nicht bevor der Notar dem Erwerber bestätigt hat, dass alle Zustimmungen zur Abtretung vorliegen. Der Erwerber hat den Kaufpreis dann bei Fälligkeit an den Veräußerer auf folgendes Konto zu überweisen:

Kontoinhaber: ______

Kreditinstitut: ______

IBAN: ______

BIC: ______

3. Wird der Kaufpreis bei Fälligkeit nicht gezahlt, kann der Veräußerer den Erwerber durch Mahnung in Verzug setzen. Ab dann kann er Verzugszinsen in Höhe von jährlich ______ Prozentpunkten über dem Basiszinssatz sowie Ersatz seines etwaigen weiteren Verzugsschadens verlangen; zudem kann er eine Nachfrist von mindestens 14 Tagen setzen und dann vom Vertrag zurücktreten.

4. Der Erwerber unterwirft sich wegen seiner Verpflichtung zur Zahlung des Kaufpreises samt Verzugszinsen in Höhe von jährlich ______ Prozent-

punkten über dem Basiszinssatz, die zur Wahrung des vollstreckungsrechtlichen Bestimmtheitsgrundsatzes als ab dem Tag der Beurkundung dieses Vertrags geschuldet gelten, dem Veräußerer gegenüber der sofortigen Zwangsvollstreckung aus dieser Urkunde in sein gesamtes Vermögen. Sobald die vorstehend genannten Voraussetzungen für die Fälligkeit vorliegen, darf der Notar dem Veräußerer ohne weitere Nachweise eine vollstreckbare Ausfertigung dieser Urkunde erteilen. Auch für die Zinsen ist die Fälligkeit maßgeblich; der Notar hat die Vollstreckungsklausel entsprechend einzuschränken.

§ 4 Weitere Vereinbarungen

1. Der Veräußerer garantiert (gemäß § 311 Abs. 1 BGB), dass der verkaufte Geschäftsanteil so besteht, wie er verkauft ist, dass er nicht mit Rechten Dritter belastet ist und dass er darüber frei verfügen kann.

2. Der Veräußerer garantiert (gemäß § 311 Abs. 1 BGB), dass der verkaufte Geschäftsanteil voll eingezahlt ist.

3. Der Veräußerer garantiert (gemäß § 311 Abs. 1 BGB), dass er selbst den Geschäftsanteil unter Beachtung der Bestimmung des § 33 GmbHG erworben hat, dass insbesondere die Einlage auf den Geschäftsanteil beim Erwerb vollständig geleistet war und auch nicht zurückgewährt worden ist. [2]

4. Der Geschäftsanteil wird im Übrigen unter Ausschluss jeder Haftung und ohne weitere Garantien verkauft. Insbesondere haftet der Veräußerer nicht für Güte und Ertragskraft des Geschäftsanteils oder einzelner Gegenstände im Gesellschaftsvermögen. Der Haftungsausschluss gilt nicht für Ansprüche und Rechte des Erwerbers, die auf einer vorsätzlichen Pflichtverletzung des Veräußerers beruhen. Der Haftungsausschluss gilt weiter nicht für eine Haftung für Schäden aus der Verletzung des Lebens, des Körpers oder der Gesundheit, die auf einer fahrlässigen Pflichtverletzung des Veräußerers, seiner gesetzlichen Vertreter oder Erfüllungsgehilfen beruhen, sowie für eine Haftung für sonstige Schäden, die auf einer grob fahrlässigen Pflichtverletzung des Veräußerers, seiner gesetzlichen Vertreter oder Erfüllungsgehilfen beruhen. [3]

5. Das Gewinnbezugsrecht ruht bis zur Wirksamkeit der Abtretung. [4] **Ab diesem Zeitpunkt steht das Gewinnbezugsrecht dem Erwerber zu. Auch für Gewinne aus vergangenen Geschäftsjahren, über deren Ausschüttung erst nach Wirksamkeit der Abtretung beschlossen wird, steht das Gewinnbezugsrecht ab Wirksamkeit der Abtretung dem Erwerber zu.**

6. Die Gesellschaft hat Grundbesitz. Etwaige Grunderwerbsteuer trägt der Erwerber.

7. Die Kosten dieser Urkunde und ihres Vollzugs trägt der Erwerber. [5]

§ 5 Zustimmungen, Bezugsrechte [6]

1. B erklärt, vorsorglich einen Zustimmungsbeschluss der Gesellschafter zur Veräußerung des Geschäftsanteils durch die Gesellschaft eingeholt zu haben.

Der Zustimmungsbeschluss wird als Anlage __________ zu dieser Urkunde genommen.

oder:

1. Die Übertragung bedarf nach Abschnitt __________ des Gesellschaftsvertrages der Zustimmung der Mitgesellschafter, um wirksam zu werden.

C und D erteilen hiermit als Mitgesellschafter ihre Zustimmung zur Veräußerung der Anteile durch die Gesellschaft.

oder:

Die Zustimmungen werden als Anlage ________ zu dieser Urkunde genommen.

oder:

1. Die Übertragung von Geschäftsanteilen bedarf nach Abschnitt ________ des Gesellschaftsvertrages der Zustimmung der Gesellschaft, um wirksam zu werden.

Vorsorglich wird hiermit (1) unter Verzicht auf alle Formen und Fristen aus Gesetz oder Gesellschaftsvertrag mit allen Stimmen die Zustimmung zur Übertragung des Geschäftsanteils an B beschlossen und (2) von A als Geschäftsführer der Gesellschaft erklärt.

oder:

A erklärt vorsorglich als Geschäftsführer die Zustimmung der Gesellschaft zur Übertragung. Der zugrunde liegende Zustimmungsbeschluss wird als Anlage ________ zu dieser Urkunde genommen.

2. C und D verzichten hinsichtlich der Veräußerung des Geschäftsanteils auf etwaige Bezugsrechte.

oder:

Der Verzicht von C und D auf etwaige Bezugsrechte ist in Anlage ________ zu dieser Urkunde enthalten.

§ 6 Beteiligung ab Wirksamkeit der Abtretung:

An der Gesellschaft bestehen ab Wirksamkeit der Abtretung folgende Beteiligungsverhältnisse:

B Geschäftsanteil Nr. 1 – 100.000 €

C Geschäftsanteil Nr. 2 – 200.000 €

D Geschäftsanteil Nr. 3 – 200.000 €

§ 7 Hinweise, Heilungsklausel

1. Alle Genehmigungen und Erklärungen, die zur Durchführung dieses Vertrages im Übrigen notwendig sind, sollen vom Notar eingeholt werden und auch mit Eingang bei ihm allen Beteiligten gegenüber wirksam werden.

2. Der Notar hat darauf hingewiesen, dass:

- **Veräußerer und Erwerber für Kosten und Steuern [7] als Gesamtschuldner haften,**
- **alle vertraglichen Vereinbarungen beurkundungspflichtig sind und Nebenabreden außerhalb dieser Urkunde zur Nichtigkeit des gesamten Vertrags führen können,**
- **nach § 16 Abs. 3 GmbHG auf der Grundlage der beim Handelsregister vorliegenden Gesellschafterliste zwar der gutgläubige Erwerb, nicht aber der gutgläubig lastenfreie Erwerb eines Geschäftsanteils vom Nichtberechtigten möglich ist, so dass der Erwerber insoweit auf Richtigkeit und Vollständigkeit der Angaben des Veräußerers angewiesen ist,**

– Veräußerer und Erwerber gegenüber der Gesellschaft und deren Gläubigern kraft Gesetzes für etwa nicht erbrachte Einlagen auf das Stammkapital haften.

3. Der Notar hat den Beteiligten, insbesondere dem Erwerber, den Entwurf dieses Vertrages am ___________ zugesandt. Die Beteiligten bestätigen das. [3]

4. Soweit eine Bestimmung dieses Vertrags unwirksam sein oder werden sollte, bleiben die übrigen Bestimmungen wirksam. Die unwirksame Bestimmung soll durch die ihr am nächsten kommende wirksame Bestimmung ersetzt werden. Das gleiche gilt für Lücken.

Diese Niederschrift wurde den Erschienenen vom Notar vorgelesen, von ihnen genehmigt und von ihnen und dem Notar wie folgt eigenhändig unterschrieben.

Template

Contract regarding Sale of Own Company Shares 213

Deed No. ___________

Heard in ___________ on ___________

Before me, the notary ___________ with office in ___________ appeared:

A, born on ___________, etc. not acting for themselves in own name but as Managing Director of C-GmbH with place of business in ___________, Local Court of ___________, HRB ___________, exempted from the limitations of section 181 *BGB [Bürgerliches Gesetzbuch*, German Civil Code] and with sole power of representation; the notary confirms, following inspection of this commercial register as of today, that listed there are C-GmbH and A as its Managing Director with sole power of representation as stated above;

B, born on ___________, etc.,

C, born on ___________, etc.,

D, born on ___________, etc.

C-GmbH is hereinafter also referred to as »Seller«.

B is hereinafter also referred to as »Purchaser«.

Seller and Purchaser are hereinafter also jointly referred to as the »Parties«.

The parties appearing, acting as stated, declared:

Company Shares Purchase and Transfer Contract

Section 1 Contractual Object

1. Registered with the commercial register of the Local Court of ___________ under the register number ___________ is the *Gesellschaft mit beschränkter Haftung* [private limited company] with the name C-GmbH and place of business in ___________ (business address: ___________). C-GmbH is hereinafter also referred to as »Company«.

2. The share capital of Company amounts to EUR 500,000.

3. Seller holds nominal company shares in Company as follows: [1]

Company share no. 1 in the amount of EUR 100,000.

The company share is hereinafter also referred to as »Company Share«.

Section 2 Purchase and Transfer

1. Seller sells the Company Share to Purchaser, who accepts the sale.

2. Seller transfers the Company Share to Purchaser, who accepts the transfer.

3. The Parties expressly waive any limitation or condition precedent, such as payment of a purchase price, for this transfer. The sold Company Share is thus transferred to Purchaser with immediate effect.

Section 3 Purchase Price

1. The purchase price amounts to

EUR 150,000

(one hundred fifty thousand Euro).

2. The purchase price is due and payable by __________ (account credit), but not until the notary confirmed towards Purchaser that all approvals required for the transfer were granted. Purchaser shall then transfer the purchase price to the following account of Seller on the due date:

Account holder: __________

Bank: __________

IBAN: __________

BIC: __________

3. If the purchase price is not paid on the due date, Seller may declare Purchaser to be in default by issuing a warning. From that date onwards, Seller may demand interest on arrears of __________ percentage point above the base rate per year as well as reimbursement for any other damage caused by the delay; furthermore, Seller may set a grace period of 14 days and withdraw from the contract following that period.

4. In regard to their obligation to pay the purchase price plus interest on arrears of __________ percentage points above the base rate per year that are deemed owed from the day on which this deed is certified in order to comply with the principle of certainty under enforcement provisions, Purchaser agrees towards Seller to the immediate compulsory execution in regard to Purchaser's entire assets under this contract. As soon as the conditions for maturity as set out above are met, the notary may issue Seller with an enforceable copy of this deed without further proof being required. Maturity shall also be decisive for interest payments; the notary shall limit the corresponding enforcement clause.

Section 4 Other Covenants

1. Seller guarantees (in accordance with section 311 clause 1 *BGB*) that the sold Company Share exists in the form as sold, that it is not encumbered by third-party rights, and that Seller may freely dispose of it.

2. Seller guarantees (in accordance with section 311 clause 1 *BGB*) that the sold Company Share was fully paid in.

3. Seller guarantees (in accordance with section 311 clause 1 *BGB*) that they themselves acquired the Company Share in compliance with section 33 *GmbHG*, and especially that the contribution for the Company Share was made in full upon purchase and that it has not been paid back. [2]

4. Apart from the above, the Company Share is sold under exclusion of any liability and without any further guarantees. In particular, Seller does not assume liability for quality and profitability of the Company Share or of individual items of Company's assets. The exclusion of liability does not apply to claims and rights of Purchaser that arise following a deliberate violation of duties on the part of Seller. Furthermore, the exclusion of liability does not apply to damage caused by injury to life, limb or health following from a negligent violation of duty on the part of Seller, their legal representatives or vicarious agents, nor to any liability for other damage caused by a grossly negligent violation of duty on the part of Seller, their legal representatives or vicarious agents. [3]

5. The profit participation right shall be dormant until the transfer becomes effective. [4] **From this time onwards, Purchaser shall be entitled to the profit participation right. Also in regard to profit from previous business years distribution of which was only decided after transfer, Purchaser shall be entitled to the profit participation right after the transfer becomes effective.**

6. Company does own landed property. Any land transfer tax shall be payable by Purchaser.

7. The costs of this deed and its enforcement shall be borne by Purchaser. [5]

Section 5 Approvals, Participation Rights [6]

1. B declares to have obtained a positive decision from the shareholders regarding the sale of the Company Share by Company as precautionary measure.

The positive decision is attached to this deed as annex ____________.

or:

1. The transfer shall require the approval of the other shareholders in order to be effective, in accordance with section ____________ of the articles of association.

C and D as remaining shareholders hereby grant their approval of the sale of the Company Shares by Company.

or:

The approvals are attached to this deed as annex ____________.

or:

1. The transfer of Company Shares shall require the approval of Company in order to be effective, in accordance with section ____________ of the articles of association.

As a precautionary measure, the following is declared hereby: (1) waiving any and all formal and time-related requirements under the law or articles of association, approval of the transfer of the Company Share to B is decided unanimously, and (2) the transfer is declared by A as Managing Director of Company.

or:

As precautionary measure, A as Managing Director of Company declares that Company approves the transfer. The underlying positive decision is attached to this deed as annex ____________.

2. C and D waive any participation rights in regard to the sale of the Company Share.

or:

The waiver of C and D of any participation rights is attached to this deed as annex ___________.

Section 6 Participation after the Transfer enters into Effect:

After the transfer entered into effect, Company has the following ownership structure:

B Company Share no. 1 – EUR 100,000

C Company Share no. 2 – EUR 200,000

D Company Share no. 3 – EUR 200,000

Sections 7 Notes, Severability Clause

1. All other approvals and declarations that are required for execution of this contract shall be obtained by the notary and shall also enter into effect for all Parties involved when they are received by the notary.

2. The notary pointed out that:

- **Seller and Purchaser have joint and several liability for costs and taxes [7],**
- **all contractual agreements require certification in a deed and that ancillary agreements outwith this deed could result in the entire contract becoming void,**
- **according to section 16 clause 3 *GmbHG*, the bona fide purchase of a company share, but not the bona fide purchase of a company share free from encumbrances from a non-entitled party is possible based on the list of shareholders registered with the commercial register, so that Purchaser is insofar dependent on the information given by Seller being accurate and complete,**
- **Seller and Purchaser are by law liable towards Company and its creditors for any contributions to the share capital that were not paid.**

3. The notary sent a draft of this contract to the Parties, especially to Purchaser, on ___________. The Parties confirm this. [3]

4. If a provision of this contract is or becomes void, the remaining provisions shall remain valid. The void provision shall be replaced by the effective provision that comes closest to it. The same shall apply to gaps.

This record was read to the Parties appearing by the notary, was approved by them, and was signed by them and the notary in their own hand as follows.

Erläuterungen

214 **1.** Ist der Erwerb eigener Anteile erfolgt, bleibt der **Gesellschaftsanteil selbstständig** und kann von der Gesellschaft veräußert werden, jedenfalls soweit der Gesellschaftsvertrag keine besonderen Anforderungen enthält (*Wicke* § 33 Rn. 10).

215 **2.** Auch wenn die Gesellschaft eigene Anteile unter Verstoß gegen die Regelung des § 33 Abs. 1 GmbHG (nicht wirksam) erworben hat, ist bei der Veräußerung ein **gutgläubiger Erwerb** gemäß § 16 GmbHG möglich. Der gutgläubige Erwerber hat dann die rückständige Einlage zu erbringen (Baumbach/Hueck/*Fastrich* § 33 Rn. 28). Insoweit sollte eine entsprechende Versicherung oder Garantie des Veräußerers hinsichtlich der Volleinzahlung der Einlage aufgenommen werden.

3. Die Gesellschaft wird den Vertrag regelmäßig in Ausübung ihrer gewerblichen Tätigkeit schließen und ist dann gemäß § 14 Abs. 1 BGB als Unternehmer zu qualifizieren. Schließt der andere Vertragsteil den Vertrag zu Zwecken ab, die überwiegend weder seiner gewerblichen noch selbstständigen beruflichen Tätigkeit zugerechnet werden können, ist er gemäß § 13 BGB als Verbraucher zu qualifizieren. Der Vertrag ist dann nach § 310 Abs. 3 BGB ein **Verbrauchervertrag.** Die Bereichsausnahme des § 310 Abs. 4 BGB gilt dafür nicht (für Ausnahmen bei Erwerb einer unternehmerischen Position ab Erwerb von 25 % des Stammkapitals *Ulmer* in Ulmer/Brandner/Hensen AGB-Recht, 11. Aufl. 2011, § 310 BGB, Rn. 61), da es sich nicht um einen Vertrag auf dem Gebiet des Gesellschaftsrechts handelt, sondern um einen schuldrechtlichen Kaufvertrag nach §§ 453 Abs. 1, 433 ff. BGB. Das hat verschiedene Folgen: Materiell ist der Ausschluss der Mängelhaftung des Veräußerers gemäß § 310 Abs. 3 Nr. 2 in Verbindung mit § 309 Nr. 7 a) und b) BGB einzugrenzen, damit er wirksam ist. Es handelt sich um ein Klausel-Verbot ohne Wertungsmöglichkeit, sodass die gesetzliche Formulierung übernommen und möglichst transparent formuliert werden sollte, Verkürzungen und Umformulierungen sind nicht ratsam. Beurkundungsrechtlich sind § 17 Abs. 2a Nr. 1 und Nr. 2 BeurkG zu beachten: Der Verbraucher soll den Vertrag persönlich schließen oder durch eine Vertrauensperson vertreten werden (dazu zählen Mitarbeiter des Notars nicht). Der Verbraucher soll ausreichend Gelegenheit haben, sich vorab mit dem Gegenstand der Beurkundung auseinanderzusetzen. Die Beurkundungspflicht folgt aus § 15 Abs. 3 und Abs. 4 GmbHG, sodass die Pflicht zur Übersendung des Entwurfs und die Wartefrist von zwei Wochen nach § 17 Abs. 2a Nr. 2 BeurkG nach dem Gesetzeswortlaut (noch) nicht einschlägig sind; nichtsdestoweniger sollte sie angesichts der Tendenz des Gesetzgebers zur Formalisierung des Verbraucherschutzes bereits im Blick sein. Angesichts der Haftungsfreude der Gerichte gegenüber freien Berufen erscheint es sinnvoll, wenn der Notar dies zum eigenen Schutz in der Urkunde auch dokumentiert. 216

4. Solange die Geschäftsanteile der Gesellschaft gehören, **ruhen Rechte und Pflichten** aus dem Anteil, die Gesellschaft nimmt aber aus eigenen Mitteln an einer Kapitalerhöhung teil. Die nach Abtretung fällig werdenden mitgliedschaftlichen Rechte und Pflichten leben ex nunc mit der (wirksamen) Abtretung des Anteils durch die Gesellschaft wieder auf (str.; vgl. Lutter/Hommelhoff/*Lutter* § 33 Rn. 39; Roth/Altmeppen/*Altmeppen* § 33 Rn. 56). 217

5. Für die Beurkundung des Anteilskaufvertrages fällt eine 2,0-Gebühr nach KV-Nr. 21100 GNotKG an. Der Wert richtet sich nach dem Kaufpreis (§ 47 GNotKG) bzw. dem Wert der Anteile (§ 54 GNotKG). Wird der Zustimmungsbeschluss (siehe Muster 19) notariell mitbeurkundet, ist er gegenstandsverschieden zur Beurkundung des Anteilskaufvertrages (§ 110 Nr. 1 GNotKG). Für den beurkundeten Zustimmungsbeschluss fällt ebenfalls eine 2,0-Gebühr nach KV-Nr. 21100 GNotKG an. Der Wert des Zustimmungsbeschlusses richtet sich nach dem Wert des Anteilskaufvertrages (§ 108 Abs. 2 GNotKG), er beträgt mindestens EUR 30.000 (§ 108 Abs. 1 S. 2, § 105 Abs. 1 S. 2 GNotKG). Die Werte der Beurkundungsgegenstände (Kauf und Beschluss) sind dann gemäß § 35 Abs. 1 GNotKG zu addieren. 218

6. Da es sich um ein Geschäft handelt, das die Beteiligungsstruktur an der Gesellschaft betrifft, ist unklar/umstritten, (1) ob die Veräußerung ohne Weiteres von der **Geschäftsführungsbefugnis** gedeckt ist oder ob der Geschäftsführer für die Veräußerung die **Zustimmung der Gesellschafterversammlung** benötigt, (2) mit welcher Mehrheit ein Zustimmungsbeschluss gefasst wird, sowie (3) ob die Zustimmung nur intern wirkt oder ob sie auch im Außenverhältnis gegenüber dem Erwerber, also zur Wirksamkeit der Übertragung, benötigt wird (vgl. Roth/Altmeppen/ *Altmeppen* § 33 Rn. 55 m.w.N.). Insoweit dürfte jedenfalls ein zustimmender Beschluss der Gesellschafterversammlung mit einfacher oder, soweit der Gesellschaftsvertrag dies vorsieht, mit qualifizierter Mehrheit ausreichend sein. Bei der Vorbereitung sollten die Beteiligten darauf hingewiesen werden. Der Beschluss sollte, soweit möglich, immer in der Urkunde mitbehandelt werden, indem er entweder vorab gefasst und als Anlage zur Urkunde genommen wird oder in die Urkunde selbst aufgenommen wird. Kann kein Beschluss gefasst werden, sollte zumindest ein entsprechender Hinweis in die Urkunde aufgenommen werden. 219

Soweit die Gesellschaft nur einen Gesellschafter hat, ist dieser zur Verfügung über den Anteil, der der Gesellschaft gehört, befugt, auch wenn er nicht Geschäftsführer ist (BGH NZG 2003, 1164). Im Muster sind verschiedene (mögliche) Zustimmungserklärungen als Bestandteil der Urkunde angelegt. Soweit Zustimmungen vorab eingeholt werden, können sie auch mit einem kurzen Verweis als Anlage zur Urkunde genommen werden. Damit wird sichergestellt, dass später keine Zweifel aufkommen, ob seinerzeit alle etwa erforderlichen Zustimmungen erteilt waren. Zudem wird vertreten, dass, um dem **Bezugsrecht der Gesellschafter** gerecht zu werden, der zu veräußernde Anteil zunächst den vorhandenen Gesellschaftern entsprechend ihrer Beteiligungsanteile anzubieten ist. Gegebenenfalls ist der Geschäftsanteil insoweit zu teilen oder den Gesellschaftern zum gemeinsamen Erwerb anzubieten (vgl. Lutter/Hommelhoff/*Lutter* § 33 Rn. 34 m.w.N.; a.A. Baumbach/Hueck/*Fastrich* § 33 Rn. 28 m.w.N.). Durch eine Zustimmung der Gesellschafterversammlung zur Veräußerung und einen Verzicht auf möglicherweise bestehende Erwerbsrechte wird auch diese Hürde genommen.

220 **7.** Steuerlich wird die Veräußerung so behandelt wie die Veräußerung von Anteilen an anderen Kapitalgesellschaften. Hinsichtlich der Beurkundungskosten gelten dieselben Regelungen wie bei der Veräußerung von Anteilen an anderen Kapitalgesellschaften.

19. Zustimmung der Gesellschafterversammlung

Vorbemerkung

221 Das Muster enthält einen – seltenen – gesonderten Zustimmungsbeschluss zum Erwerb eigener Anteile. Regelmäßig wird ein solcher Beschluss jedoch nicht gesondert zu notarieller Urkunde gefasst, sondern in den Anteilskaufvertrag integriert oder vorab privatschriftlich gefasst.

Muster

222 **UR.-Nr. ____________**

Verhandelt zu ____________ am ____________

Vor mir, dem Notar ____________ mit Amtssitz in ____________ erschienen:

A, geboren am ____________, etc.,

B, geboren am ____________, etc.,

C, geboren am ____________, etc.,

D, geboren am ____________, etc.

Die Erschienenen, handelnd wie angegeben, erklärten:

§ 1 Vorbemerkung

1. A, B, C und D sind die Gesellschafter der im Handelsregister des Amtsgerichts ____________ unter HRB ____________ eingetragenen X-GmbH mit Sitz in ____________.

2. A hält einen Geschäftsanteil in Höhe von 20.000 €,

B hält einen Geschäftsanteil in Höhe von 20.000 €,

C hält einen Geschäftsanteil in Höhe von 30.000 €,

D hält einen Geschäftsanteil in Höhe von 30.000 €.

3. Das Stammkapital beträgt 100.000 € und ist in voller Höhe eingezahlt.

§ 2 Gesellschafterversammlung

1. Unter Verzicht auf alle Formen und Fristen aus Gesetz oder Gesellschaftsvertrag wird hiermit eine Gesellschafterversammlung der X-GmbH abgehalten und einstimmig mit allen vorhandenen Stimmen beschlossen (bei Erwerb eigener Anteile von A: wobei A als veräußerungswilliger Gesellschafter gemäß § 47 Abs. 4 Satz 2 GmbHG vom Stimmrecht ausgeschlossen ist und nicht mit abstimmt): [1, 2]

Bei Erwerb eigener Anteile: [3, 4]

2. Dem Erwerb des bisher von A gehaltenen, voll eingezahlten Geschäftsanteils im Nominalwert von ____________ € (lfd. Nr. ____________ der Gesellschafterliste, der »Geschäftsanteil«) durch die X-GmbH wird zugestimmt. Beim Erwerb ist die Regelung des § 33 GmbHG zu beachten. Ein eventuelles Andienungsrecht der übrigen Gesellschafter hinsichtlich ihrer Geschäftsanteile wird vorsorglich ausgeschlossen. [5, 6]

3. Solange die Gesellschaft den Geschäftsanteil hält, ruhen Rechte und Pflichten aus dem Geschäftsanteil, insbesondere Stimmrecht und Gewinnbezugsrecht.

Bei Veräußerung eigener Anteile:

2. Der Veräußerung des bisher von der X-GmbH selbst gehaltenen voll eingezahlten Geschäftsanteils im Nominalwert von ____________ € (lfd. Nr. ____________ der Gesellschafterliste, der »Geschäftsanteil«) an den Y wird zugestimmt. [7]

3. Die Gesellschafter verzichten vorsorglich auf ein ihnen nach dem Gesellschaftsvertrag oder gegebenenfalls nach Gesetz zustehendes Bezugsrecht hinsichtlich des Geschäftsanteils. [8, 9]

Diese Niederschrift wurde den Erschienenen vom Notar vorgelesen, von ihnen genehmigt und von ihnen und dem Notar unterschrieben: [10]

Template

Deed No. ____________ 223

Heard in ____________ on ____________

Before me, the notary ____________ with office in ____________ appeared:

A, born on ____________, etc.,

B, born on ____________, etc.,

C, born on ____________, etc.,

D, born on ____________, etc.

The parties appearing, acting as stated, declared:

Section 1 Preamble

1. A, B, C, and D are the shareholders of X-GmbH, registered with the commercial register of the Local Court of ____________ under HRB ____________ and with place of business in ____________.

2. A holds a company share in the amount of EUR 20,000,

B holds a company share in the amount of EUR 20,000,

C holds a company share in the amount of EUR 30,000,

D holds a company share in the amount of EUR 30,000.

3. The share capital amounts to EUR 100,000 and was fully paid in.

Section 2 General Meeting

1. Waiving any and all formal and time-related requirements under the law or the articles of association, a general meeting of X-GmbH is held and it is decided unanimously with all present votes (in case of purchase of own company shares of A: whereby A as the shareholder looking to sell is excluded from the right to vote in accordance with section 47 clause 4 second sentence *GmbHG* [*GmbH-Gesetz*, Private Limited Companies Act] and does not vote): [1, 2]

In case of purchase of own company shares: [3, 4]

2. The purchase of the fully paid-in company share previously held by A with a nominal value of EUR ______________ (seq. no. ______________ on the list of shareholders, the »Company Share«) by X-GmbH is approved. Section 33 *GmbHG* must be complied with in the purchase. Any right of the remaining shareholders to offer their company shares for purchase is excluded as precautionary measure. [5, 6]

3. While Company holds the Company Share, rights and obligations regarding the Company Share remain dormant, especially voting rights and the right to profit participation.

In case of sale of own company shares:

2. The sale of the fully paid-in company share previously held by X-GmbH itself with a nominal value of EUR ______________ (seq. no. ______________ on the list of shareholders, the »Company Share«) to Y is approved. [7]

3. As a precautionary measure, the shareholders waive any option rights regarding the Company Share they may be entitled to under the articles of association or, as the case may be, the law. [8, 9]

This record was read to the Parties appearing by the notary, was approved by them, and was signed by them and the notary as follows: [10]

Erläuterungen

224 **1.** Im Muster ist ein separater Zustimmungsbeschluss zu notarieller Urkunde vorgesehen. Zwingend ist das nicht: Der Beschluss kann auch formlos gefasst werden, zur Beweissicherung ist dann ein privatschriftlicher Beschluss mit den Unterschriften aller Gesellschafter oder mindestens ein Beschlussprotokoll, welches allen Gesellschaftern zugeleitet wird, zu empfehlen. Der Beschluss/das Beschlussprotokoll sollte nach Möglichkeit als Anlage zu dem Übertragungsvertrag genommen werden (so die Muster Ziffer D 17 (Rdn. D 198) und D 18 (Rdn. D 212)).

225 **2.** Um auf die Formen und Fristen verzichten zu können, muss eine Vollversammlung nach § 51 Abs. 3 GmbHG vorliegen, d.h. alle Gesellschafter müssen anwesend/vertreten sein und keiner von ihnen darf der Durchführung oder der Beschlussfassung widersprechen. Dies gilt auch für den Gesellschafter, dessen **Stimmrecht** gemäß § 47 Abs. 4 Satz 2 GmbHG ausgeschlossen ist, da er an die Gesellschaft veräußert (vgl. *Wicke* § 33 Rn. 8).

3. Der zustimmende Beschluss der Gesellschafterversammlung in Fällen des Erwerbs eigener Anteile unterscheidet sich von demjenigen in Fällen der Veräußerung eigener Anteile: 226

4. Im Falle des Erwerbs dürfte ein **Zustimmungsbeschluss** mit einfacher Mehrheit ausreichen, wobei dieser aber trotz der Ungewöhnlichkeit des Geschäfts keine Wirksamkeitsvoraussetzung für den Erwerb sein soll (Roth/Altmeppen/*Altmeppen* § 33 Rn. 27; Scholz/*Westermann* § 33 Rn. 27, str.). Allerdings wird ein ohne entsprechenden Beschluss erfolgter Erwerb regelmäßig nach den Regeln des Missbrauchs der Vertretungsmacht unwirksam sein, da der Vertragspartner als Gesellschafter den Mangel kennt (Lutter/Hommelhoff/*Lutter* § 33 Rn. 37). 227

5. Der Hinweis auf die Regelung des § 33 GmbHG hat rein klarstellende Funktion. Ein **Andienungsrecht** der übrigen Gesellschafter, das nach teilweise vertretener Ansicht hergeleitet aus dem Gleichbehandlungsgrundsatz besteht (Lutter/Hommelhoff/*Lutter* § 33 Rn. 34), kann – vorzugsweise explizit – ausgeschlossen oder es kann darauf verzichtet werden. 228

6. Zudem kann gleichzeitig ein Beschluss dahingehend gefasst werden, dass eine nach dem Gesellschaftsvertrag vorgesehene Rücklage aufgelöst wird, also der Gesellschaftsvertrag insoweit geändert wird, um den Anforderungen des § 33 Abs. 2 bzw. Abs. 3 GmbHG gerecht zu werden. 229

7. Im Falle der Veräußerung ist umstritten, ob die Veräußerung von der **Geschäftsführungsbefugnis** des Geschäftsführers gedeckt ist oder er die **Zustimmung der Gesellschafterversammlung** benötigt und ob er die Zustimmung nur intern oder auch im Außenverhältnis gegenüber dem Erwerber benötigt (vgl. dazu Rdn. D 219; Roth/Altmeppen/*Altmeppen* § 33 Rn. 55 m.w.N.). Insoweit dürfte jedenfalls ein zustimmender Beschluss der Gesellschafterversammlung mit einfacher oder, soweit der Gesellschaftsvertrag dies vorsieht, mit qualifizierter Mehrheit ausreichend sein. Der Beschluss sollte deshalb, soweit möglich, in der Urkunde mitbehandelt werden, indem er entweder vorab gefasst und als Anlage zur Urkunde genommen wird oder in die Urkunde selbst aufgenommen wird. Kann kein Beschluss gefasst werden, sollte zumindest ein entsprechender Hinweis in die Urkunde aufgenommen werden. 230

8. Bei der Veräußerung der eigenen Anteile durch die Gesellschaft kann zur Klarstellung das möglicherweise gegebene **Bezugsrecht** der bisherigen Gesellschafter (vgl. Lutter/Hommelhoff/*Lutter* § 33 Rn. 34 m.w.N. str.) ausdrücklich ausgeschlossen werden, oder die Gesellschafter verzichten ausdrücklich auf die Ausübung. 231

9. Auch kann bei der Veräußerung eigener Anteile ggf. gleichzeitig ein Beschluss über die **Auflösung einer Rücklage** gemäß § 272 Abs. 4 Satz 2 HGB a.F., die für den gehaltenen Geschäftsanteil gebildet wurde, gefasst werden (Roth/Altmeppen/*Altmeppen* § 33 Rn. 56). 232

10. Wird der Beschluss notariell beurkundet, fällt eine 2,0-Gebühr nach KV-Nr. 21100 GNotKG an. Der Wert des Zustimmungsbeschlusses richtet sich nach dem Wert des Anteilskaufvertrages (§ 108 Abs. 2 GNotKG) mindestens EUR 30.000 (§ 108 Abs. 1 S. 2, § 105 Abs. 1 S. 2). Wird der Zustimmungsbeschluss in einer Urkunde mit dem Anteilskaufvertrag mitbeurkundet, ist er gegenstandsverschieden zum Anteilskaufvertrag (§ 110 Nr. 1 GNotKG). Die Werte der Beurkundungsgegenstände (Kauf und Beschluss) sind dann gemäß § 35 Abs. 1 GNotKG zu addieren. 233

IV. Ausübung von Informationsrechten

20. Verlangen auf Auskunft/Einsicht durch einen Gesellschafter

Vorbemerkung

§ 51a GmbHG gewährt dem Gesellschafter ein umfassendes Informationsrecht gegenüber der Gesellschaft, das nicht abdingbar ist (§ 51a Abs. 3 GmbHG). Es erstreckt sich auf alle Angelegenheiten der Gesellschaft sowie auf die Einsicht in deren Unterlagen. 234

Muster

235 **An**

__________ GmbH [1]

____

Informationsverlangen gemäß § 51a GmbHG

Sehr geehrte/r __________,

wie Ihnen bekannt ist, beabsichtige ich meinen Geschäftsanteil an der __________ GmbH demnächst zu veräußern. Um Grundlagen für die Anteilsbewertung zu erlangen, [2] **mache ich als Gesellschafter** [3] **der __________ GmbH hiermit von meinem Auskunfts- und Einsichtsrecht aus § 51a GmbHG Gebrauch.** [4]

Ich bitte darum, mir Einsicht in sämtliche Bücher und Geschäftsunterlagen der __________ GmbH zu gewähren. Darüber hinaus bitte ich um Auskunft über den Stand der Verhandlungen mit X über die Verlängerung des bis zum __________ befristeten Exklusivvertrags über den Vertrieb von Teeprodukten der X. [5]

Mit freundlichen Grüßen

Erläuterungen

Literatur: *Baumbach/Hueck*, GmbHG, 21. Auflage 2017, § 51a Rn. 1 ff.; *Büchel/von Rechenberg*, Kölner Handbuch Handels- und Gesellschaftsrecht, 3. Auflage 2015, Kap. 12 Rn. 335 ff.; *Gehrlein/Ekkenga/Simon*, GmbHG, 2. Auflage 2015, § 51a GmbHG Rn. 1 ff.; *Lutter/Hommelhoff*, GmbHG, 19. Auflage 2016, § 51a Rn. 1 ff.; *MüKo* GmbHG Band 2, 2. Auflage 2016, § 51a Rn. 1 ff.; *Scholz*, GmbHG, Band 2, 11. Auflage 2013, § 51a Rn. 1 ff.

236 **1.** Informationspflichtig ist trotz des missverständlichen Wortlauts von § 51a GmbHG die Gesellschaft, die sich zur Erfüllung ihrer Informationspflichten ihrer Geschäftsführer als Organe bedient (BGH vom 06.03.1997, II ZB 4/96, NJW 1997, 1985, 1986).

237 **2.** Inwieweit Voraussetzung des Informationsanspruchs ein Informationsbedürfnis des Gesellschafters ist, ist in den Einzelheiten umstritten (vgl. Baumbach/Hueck/*Zöllner/Noack*, § 51a Rn. 27 ff.; Lutter/Hommelhoff/*Bayer*, § 51a Rn. 2; MüKo GmbHG/*Hillmann*, § 51a Rn. 76 ff.; Scholz/*K. Schmidt*, § 51a Rn. 8). Zur Zulässigkeit der Geltendmachung des Informationsanspruchs zu dem Zweck, Grundlagen für die Anteilsbewertung zu erlangen, siehe Scholz/*K. Schmidt*, § 51a Rn. 19 a.E.

238 **3.** Gläubiger des Informationsanspruchs ist jeder Gesellschafter unabhängig von der Größe seiner Beteiligung (Gehrlein/Ekkenga/Simon/*Teichmann*, § 51a Rn. 5). Dem ausgeschiedenen Gesellschafter steht das Informationsrecht des § 51a GmbHG allerdings nicht mehr zu (dazu Muster D 23 (Rdn. D 256 ff.)).

239 **4.** Die Information ist gemäß § 51a Abs. 1 GmbHG auf entsprechendes Verlangen zu gewähren. Eine bestimmte Form ist nicht vorgeschrieben. Auch eine Begründung des Informationsverlangens ist grundsätzlich nicht erforderlich (Scholz/*K. Schmidt*, § 51a Rn. 18). Der Gesellschafter muss lediglich den Gegenstand der begehrten Information bezeichnen. Die Anforderungen an die Konkretisierung hängen davon ab, inwieweit der Gesellschafter bereits informiert und dadurch in der Lage zu einer näheren Konkretisierung ist (OLG Düsseldorf vom 16.10.1990, 17 W 37/90, ZIP 1990, 1569; Scholz/*K. Schmidt*, § 51a Rn. 18). Je allgemeiner das Auskunftsbegehren ist, desto allgemeiner kann allerdings die Auskunft ausfallen (Baumbach/Hueck/*Zöllner/Noack*, § 51a Rn. 15; Lutter/Hommelhoff/*Bayer*, § 51a Rn. 27; Scholz/*K. Schmidt*, § 51a Rn. 18). Wird Einsicht verlangt, ist eine Konkretisierung grundsätzlich nicht erforderlich (Lutter/Hommelhoff/*Bayer*, § 51a

Rn. 27; einschränkend Scholz/*K. Schmidt*, § 51a Rn. 18). Darüber hinaus soll grundsätzlich auch die Art der Information (Auskunft oder Einsicht) benannt werden (Lutter/Hommelhoff/*Bayer*, § 51a Rn. 27; Scholz/*K. Schmidt*, § 51a Rn. 18). Dies ist jedoch schon deswegen zweifelhaft, weil das Informationsrecht nach h.M. ein einheitliches Recht darstellt, das nicht in ein Auskunfts- und ein Einsichtsrecht aufgespaltet werden kann (Scholz/*K. Schmidt*, § 51a Rn. 10). Das Informationsverlangen unterliegt auch nicht den für den Antrag im gerichtlichen Informationserzwingungsverfahren geltenden Bestimmtheitsanforderungen (Scholz/*K. Schmidt*, § 51a Rn. 18).

5. Gegenstand des Informationsbegehrens sind gemäß § 51a GmbHG die Angelegenheiten der Gesellschaft. Dieser Begriff ist grundsätzlich weit zu fassen (Baumbach/Hueck/*Zöllner/Noack*, § 51a Rn. 10 ff.; Lutter/Hommelhoff/*Bayer*, § 51a Rn. 12; Scholz/*K. Schmidt*, § 51a Rn. 19). Er umfasst insbesondere alle rechtlichen und wirtschaftlichen Verhältnisse innerhalb der Gesellschaft oder gegenüber Dritten (Baumbach/Hueck/*Zöllner/Noack*, § 51a Rn. 11; Scholz/*K. Schmidt*, § 51a Rn. 19). 240

21. Verweigerung eines Auskunfts- oder Einsichtsverlangen durch die Geschäftsführung

Muster

An 241

____

Ablehnung Ihres Informationsverlangens gemäß § 51a GmbHG [1]

Sehr geehrte/r __________,

wir beziehen uns auf Ihr Schreiben vom __________.

Ihrem Informationsverlangen können wir nicht entsprechen, da zu besorgen ist, dass Sie die begehrten Informationen zu gesellschaftsfremden Zwecken verwenden und dadurch unserer Gesellschaft einen nicht unerheblichen Nachteil zufügen werden (§ 51a Abs. 2 GmbHG). [2]

Wie uns bekannt ist, verhandeln Sie derzeit mit der Y über den Erwerb Ihres Geschäftsanteils an unserer Gesellschaft. Bei der Y handelt es sich wie bei unserer Gesellschaft um ein auf den Vertrieb von Teespezialitäten ausgerichtetes Unternehmen, welches mit unserer Gesellschaft in unmittelbarem Wettbewerb steht. Es ist zu erwarten, dass Sie die begehrten Informationen an die Y weitergeben werden. [3]

Die o.g. Bedenken werden von der Mehrheit der Gesellschafter geteilt. Mit Gesellschafterbeschluss vom __________ ist daher beschlossen worden, Ihnen die begehrte Information zu verweigern. [4]

Mit freundlichen Grüßen

Erläuterungen

Literatur: *Baumbach/Hueck*, GmbHG, 21. Auflage 2017, § 51a Rn. 1 ff.; *Büchel/von Rechenberg*, Kölner Handbuch Handels- und Gesellschaftsrecht, 3. Auflage 2015, Kap. 12 Rn. 335 ff.; *Gehrlein/Ekkenga/Simon*, GmbHG, 2. Auflage 2015, § 51a GmbHG Rn. 1 ff.; *Lutter/Hommelhoff*, GmbHG, 19. Auflage 2016, § 51a Rn. 1 ff.; *MüKo* GmbHG Band 2, 2. Auflage 2016, § 51a Rn. 1 ff.; *Scholz*, GmbHG, Band 2, 11. Auflage 2013, § 51a Rn. 1 ff.

242 **1.** Die Informationsverweigerung erfolgt durch den für die Gesellschaft handelnden Geschäftsführer und bedarf regelmäßig der Begründung. Eine fehlende oder lediglich vorgeschobene Begründung stellt ein pflichtwidriges Handeln des Geschäftsführers dar und kann Auswirkungen auf die Kostenentscheidung im späteren gerichtlichen Informationserzwingungsverfahren haben (Scholz/*K. Schmidt*, § 51a Rn. 30).

243 **2.** Die Verweigerung der Information ist gemäß § 51a Abs. 2 zulässig, wenn zu besorgen ist, dass der Gesellschafter die begehrte Information zu gesellschaftsfremden Zwecken verwenden und dadurch der Gesellschaft oder einem verbundenen Unternehmen einen nicht unerheblichen Nachteil zufügen wird. Darüber hinaus ist eine Verweigerung auch dann zulässig, wenn die Voraussetzungen des § 51a Abs. 1 GmbHG nicht erfüllt sind oder die Berufung auf das Informationsrecht gegen Treu und Glauben verstößt (Scholz/*K. Schmidt*, § 51a Rn. 28 ff.; zu den verschiedenen Verweigerungsgründen auch Baumbach/Hueck/*Zöllner/Noack*, § 51a Rn. 27 ff.; Gehrlein/Ekkenga/Simon/*Teichmann*, § 51a Rn. 33 ff.).

244 **3.** Ob die Weitergabe von Informationen an einen Erwerbsinteressenten des Geschäftsanteils gesellschaftsfremd ist, ist umstritten (bejahend Lutter/Hommelhoff/*Bayer*, § 51a Rn. 35; dagegen (»nicht ohne Weiteres gesellschaftsfremd«) Scholz/*K. Schmidt*, § 51a Rn. 39; differenzierend Baumbach/Hueck/*Zöllner/Noack*, § 51a Rn. 37), bei einem Konkurrenzunternehmen aber wohl zu bejahen (Baumbach/Hueck/*Zöllner/Noack*, § 51a Rn. 37; vgl. auch Scholz/*K. Schmidt*, § 51a Rn. 39). Möglich ist insoweit allerdings die Einschaltung eines zur Verschwiegenheit verpflichteten Dritten als Sachverständiger, der die Auswertung vornimmt (Baumbach/Hueck/*Zöllner/Noack*, § 51a Rn. 37; Lutter/Hommelhoff/*Bayer*, § 51a Rn. 35).

245 **4.** Bei einer Ablehnung aus den in § 51a Abs. 2 S. 1 GmbHG genannten Gründen bedarf die Informationsverweigerung gemäß § 51a Abs. 2 S. 2 GmbHG eines Gesellschafterbeschlusses. Ob auch darüber hinaus ein solcher Beschluss erforderlich ist, wenn die Ablehnung aus anderen Gründen erfolgt (vgl. Anmerkung 2), ist umstritten (vgl. Lutter/Hommelhoff/*Bayer*, § 51a Rn. 38; Scholz/*K. Schmidt*, § 51a Rn. 32). Ein Gesellschafterbeschluss ist jedenfalls dann nicht erforderlich, wenn sich der Geschäftsführer durch Erteilung der Auskunft strafbar machen würde (BGH vom 06.03.1997, II ZB 4/96, NJW 1997, 1985, 1986).

22. Antrag auf gerichtliche Entscheidung über das Informations- und Einsichtsrecht

Vorbemerkung

246 Zur Durchsetzung des Informationsanspruchs des Gesellschafters nach § 51a GmbHG sieht § 51b GmbHG die Möglichkeit vor, eine gerichtliche Entscheidung in einem Verfahren der freiwilligen Gerichtsbarkeit herbeizuführen.

Muster

247 **Landgericht __________** [1]

– Kammer für Handelssachen – [2]

____

Antrag auf gerichtliche Entscheidung gemäß § 51b GmbHG [3]

des __________

– Antragsteller –

Verfahrensbevollmächtigte: __________ [4]

gegen

die __________ GmbH, gesetzlich vertreten durch __________ [5]

– Antragsgegnerin –

Geschäftswert: __________ € [6]

Namens und im Auftrag des Antragstellers stellen wir den Antrag,

1. **die Antragsgegnerin zu verpflichten, dem Antragsteller die Einsicht aller für eine Unternehmensbewertung der Antragsgegnerin relevanten Bücher und Schriften der Antragsgegnerin zu gestatten,**
2. **hilfsweise, die Antragsgegnerin zu verpflichten, einem noch zu benennenden Wirtschaftsprüfer die Einsicht aller für eine Unternehmensbewertung der Antragsgegnerin relevanten Bücher und Schriften der Antragsgegnerin zu gestatten,**
3. **die Antragsgegnerin zu verpflichten, dem Antragsteller Auskunft über den Stand der Verhandlungen mit X über die Verlängerung des bis zum __________ befristeten Exklusivvertrags über den Vertrieb von Teeprodukten der X zu geben,**
4. **hilfsweise, die Antragsgegnerin zu verpflichten, einem noch zu benennenden Wirtschaftsprüfer Auskunft über den Stand der Verhandlungen mit X über die Verlängerung des bis zum __________ befristeten Exklusivvertrags über den Vertrieb von Teeprodukten der X zu geben.** [7]

Begründung

I. Sachverhalt

Die Antragsgegnerin ist eine Gesellschaft mit beschränkter Haftung, die im Handelsregister des Amtsgerichts __________ unter HRB __________ eingetragen ist. Das Stammkapital der Antragsgegnerin beträgt 150.000 €. Gegenstand des Unternehmens der Antragsgegnerin ist der Vertrieb hochwertiger Teespezialitäten.

Beweis: Handelsregisterauszug der Antragsgegnerin vom __________, in Kopie anbei als

– Anlage ASt 1 –

Der Antragsteller ist Gesellschafter der Antragsgegnerin mit einem Geschäftsanteil von 10.000 €. Weitere Gesellschafter der Antragsgegnerin sind die A GmbH und B mit je einem Geschäftsanteil im Wert von 70.000 €.

Beweis: Gesellschafterliste der Antragsgegnerin vom __________, in Kopie anbei als

– Anlage ASt 2 –

Der Antragsteller beabsichtigt, seinen Geschäftsanteil an der Antragsgegnerin demnächst zu veräußern. Mit Schreiben vom __________ hat er die Antragsgegnerin aufgefordert, ihm zum Zwecke der Vornahme einer Anteilsbewertung Einsicht in die Unterlagen der Antragsgegnerin zu gewähren und darüber hinaus Auskunft über den Stand der Verhandlungen mit X über die Verlängerung des bis zum __________ befristeten Exklusivvertrags über den Vertrieb von Teeprodukten der X zu erteilen.

Beweis: Schreiben des Antragstellers vom ________________, in Kopie anbei als

– Anlage ASt 3 –

Mit Schreiben vom _____________ verweigerte die Antragsgegnerin dem Antragsteller die begehrten Informationen mit der Begründung, der Antragsteller würde die Informationen an Y, ein Konkurrenzunternehmen der Antragsgegnerin, weitergeben, mit der der Antragsteller über den Verkauf seines Geschäftsanteils verhandele.

Beweis: Schreiben der Antragsgegnerin vom ________________, in Kopie anbei als

– Anlage ASt 4 –

Zuvor hatte die Gesellschafterversammlung der Antragsgegnerin das Informationsverlangen des Antragstellers ebenfalls abschlägig beschieden. [8]

Beweis: Protokoll der Gesellschafterversammlung vom ________________, in Kopie anbei als

– Anlage ASt 5 –

Zutreffend ist zwar, dass der Antragsteller u.a. mit Y über den Verkauf seines Anteils Verhandlungen aufgenommen hat. Der Antragsteller beabsichtigt aber nicht, die von ihm begehrten Informationen an Y herauszugeben, sondern will sich nur zunächst selbst ein genaueres Bild von dem Wert seines Anteils verschaffen.

Beweis: Vernehmung des Antragstellers

II. Rechtliche Würdigung

Der gemäß § 51b GmbHG zulässige Antrag ist begründet. Der Anspruch des Antragstellers ergibt sich aus § 51a Abs. 1 GmbHG. Ein Verweigerungsgrund i.S.d. § 51a Abs. 2 S. 1 GmbHG besteht entgegen der Ansicht der Antragsgegnerin nicht. Allein die Tatsache von Verhandlungen des Antragstellers mit Y rechtfertigt nicht die Besorgnis der Verwendung der Informationen für gesellschaftsfremde Zwecke.

Hilfsweise begehrt der Antragsteller die Informationserteilung an einen zur Verschwiegenheit verpflichteten Wirtschaftsprüfer als Sachverständigen, der dem Antragsteller lediglich eine Auswertung der Informationen zur Verfügung stellen soll (siehe hierzu Baumbach/Hueck/*Zöllner/Noack*, § 51a Rn. 37; Lutter/Hommelhoff/*Bayer*, § 51a GmbHG Rn. 35).

Erläuterungen

Literatur: *Baumbach/Hueck*, GmbHG, 21. Auflage 2017, § 51b Rn. 1 ff.; *Büchel/von Rechenberg*, Kölner Handbuch Handels- und Gesellschaftsrecht, 3. Auflage 2015, Kap. 12 Rn. 335 ff.; *Gehrlein/Ekkenga/Simon*, GmbHG, 2. Auflage 2015, § 51b GmbHG Rn. 1 ff.; Lutter/Hommelhoff, GmbHG, 19. Auflage 2016, § 51b Rn. 1 ff.; *MüKo*, GmbHG Band 2, 2. Auflage 2016, § 51b Rn. 1 ff.; *Roth/Altmeppen, GmbHG*, 8. Auflage 2015, § 51b Rn. 1 ff.; *Scholz*, GmbHG, Band 2, 11. Auflage 2013, § 51b Rn. 1 ff.

248 **1.** Ausschließlich zuständig ist gemäß § 51b S. 1 GmbHG i.V.m. § 132 Abs. 1 AktG das Landgericht, in dessen Bezirk die Gesellschaft ihren Sitz hat. Gemäß § 71 Abs. 4 i.V.m. 71 Abs. 2 Nr. 4b) GVG kann die örtliche Zuständigkeit durch landesrechtliche Vorschriften für Bezirke mehrerer Landgerichte einem von ihnen übertragen werden, wobei eine Konzentration von Verfahren nach §§ 132, 99 AktG nicht notwendigerweise auch für Verfahren nach § 51b GmbHG gelten soll (BGH vom 05.02.1987, I ARZ 737/86, NJW-RR 1987, 1058; OLG Köln vom 29.09.2003, 16 Wx 188/03, GmbHR 2004, 499).

2. Die Zuständigkeit der Kammer für Handelssachen ergibt sich aus § 95 Abs. 2 Nr. 2 i.V.m. § 71 Abs. 2 Nr. 4b) GVG. 249

3. Auf das Verfahren ist gemäß § 51b S. 1 i.V.m. § 132 Abs. 3 S. 1, § 99 Abs. 1 AktG das Gesetz über das Verfahren in Familiensachen und in den Angelegenheiten der freiwilligen Gerichtsbarkeit (FamFG) anzuwenden. Einstweiliger Rechtsschutz ist – anders als noch bei Geltung des FGG – gemäß §§ 49 ff. FamFG grundsätzlich möglich (Lutter/Hommelhoff/*Bayer*, § 51b Rn. 10; Gehrlein/Ekkenga/Simon/*Teichmann*, § 51b Rn. 12; zweifelnd Baumbach/Hueck/*Zöllner/Noack*, § 51b Rn. 10a; vor dem Hintergrund einer mit einer einstweiligen Informationserzwingung in der Regel einhergehenden Vorwegnahme der Hauptsache kritisch auch MüKo GmbHG/*Hilmann*, § 51b Rn. 30). 250

4. Die Vertretung durch einen Rechtsanwalt ist gemäß § 10 FamFG freigestellt. Erst die Beschwerde gegen die Entscheidung des Landgerichts muss gemäß § 51b S. 1 i.V.m. § 132 Abs. 3 S. 1, § 99 Abs. 3 S. 4 AktG zwingend durch die Einreichung einer von einem Rechtsanwalt unterzeichneten Beschwerdeschrift eingelegt werden. 251

5. Antragsgegner ist die Gesellschaft, gesetzlich vertreten durch die Geschäftsführer (BGH vom 06.03.1997, II ZB 4/96, NJW 1997, 1985, 1986; Baumbach/Hueck/*Zöllner/Noack*, § 51b Rn. 7; Lutter/Hommelhoff/*Bayer*, § 51b Rn. 17; MüKo GmbHG/*Hilmann*, § 51b Rn. 15; Scholz/*K. Schmidt*, § 51b Rn. 19). In der Insolvenz der Gesellschaft besteht der Auskunftsanspruch mit Einschränkungen fort; Antragsgegner ist der Insolvenzverwalter in seiner Eigenschaft als Amtswalter über das Vermögen der Gesellschaft (OLG Köln vom 21.11.2007, 2 U 110/07, ZIP 2008, 1131; BayObLG vom 08.04.2005, 3Z BR 246/04, NZI 2005, 631; OLG Hamm vom 25.10.2001, 15 W 118/01, NZI 2002, 103; Lutter/Hommelhoff/*Bayer*, § 51a Rn. 8 und § 51b Rn. 17; Scholz/*K. Schmidt*, § 51a Rn. 16 und § 51b Rn. 19; MüKo GmbHG/*Hilmann*, § 51a Rn. 89 und § 51b Rn. 15; Baumbach/Hueck/*Zöllner/Noack*, § 51a Rn. 9). 252

6. Für die Kosten des Verfahrens gilt das Gerichts- und Notarkostengesetz (GNotKG), siehe § 1 Abs. 2 Nr. 2 GNotKG. Der Geschäftswert ist nach billigem Ermessen zu bestimmen und beträgt bei Fehlen genügender Anhaltspunkte für eine solche Festsetzung 5.000 € (§ 36 Abs. 1 und 3 GNotKG; vgl. hierzu auch MüKo GmbHG/*Hilmann*, § 51b Rn. 45). Die Kostenentscheidung erfolgt gemäß § 81 FamFG grundsätzlich nach billigem Ermessen (MüKo GmbHG/*Hilmann*, § 51b Rn. 46; a.A. Scholz/*K. Schmidt*, § 51b Rn. 31: § 132 Abs. 5 AktG analog). 253

7. Die begehrte Art der Information muss vom Antragsteller soweit bestimmbar gemacht werden, dass das Gericht einen hinreichend bestimmten Tenor formulieren kann (OLG Frankfurt vom 15.11.1996, 20 W 610/94, DB 1997, 85; OLG Düsseldorf vom 21.06.1995, 19 W 2/95 AktE, NJW-RR 1996, 414, 415). Nach verbreiteter Ansicht sollen Antrag und Beschlusstenor – obwohl der Sache nach Leistungsausspruch – auf Feststellung lauten (Baumbach/Hueck/*Zöllner/Noack*, § 51b Rn. 1), was allgemein als unschädlich angesehen wird (Scholz/*K. Schmidt*, § 51b Rn. 8). Richtiger ist allerdings der im Formular vorgeschlagene Leistungsantrag (Scholz/*K. Schmidt*, § 51b Rn. 8, 26; vgl. auch Roth/Altmeppen/*Roth*, § 51b Rn. 5). 254

8. Der Antrag nach §§ 51a, 51b GmbHG setzt einen Verweigerungsbeschluss i.S.d. § 51a Abs. 2 GmbHG nicht voraus (BGH vom 06.03.1997, II ZB 4/96, NJW 1997, 1985, 1986). 255

23. Verlangen auf Auskunft und Einsicht eines ausgeschiedenen Gesellschafters

Vorbemerkung

Dem ausgeschiedenen Gesellschafter steht zwar das Informationsrecht des § 51a GmbHG nicht mehr zu. Auch er kann allerdings ein rechtlich geschütztes Informationsinteresse haben, welches er gegenüber der Gesellschaft geltend machen kann. 256

Muster

257 **An**

__________ GmbH [1]

____

Einsicht in Jahresabschluss, Lagebericht und Prüfungsbericht

Sehr geehrte/r __________,

wie Ihnen bekannt ist, habe ich meinen Geschäftsanteil an der __________ GmbH mit Wirkung zum __________ an Y übertragen. [2] Die Veräußerung erfolgte unter dem ausdrücklichen Vorbehalt des Gewinnbezugsrechts für den Zeitraum bis zum Übertragungsstichtag. [3]

Zur Nachvollziehung der Berechnung meiner Gewinnbezugsrechte bitte ich darum, mir Einsicht in Jahresabschluss, Lagebericht und Prüfungsbericht des Abschlussprüfers für das Geschäftsjahr __________ zu gewähren. Der Anspruch auf die begehrte Einsichtnahme ergibt sich aus § 810 BGB. [4]

Mit freundlichen Grüßen

Erläuterungen

258 **1.** Der Anspruch aus § 810 BGB richtet sich gegen jeden, der gegenwärtig im Besitz der einzusehenden Urkunden ist. Dies wird regelmäßig die Gesellschaft sein (vgl. BGH vom 11.07.1988, II ZR 346/87, NJW 1989, 225, 226).

259 **2.** Der ausgeschiedene Gesellschafter hat gemäß § 810 BGB ein Einsichtsrecht in die Geschäftsunterlagen der Gesellschaft, soweit sie für die Prüfung der Frage von Bedeutung sind, ob ihm Forderungen gegen die Gesellschafter aus der Zeit vor seinem Ausscheiden zustehen (BGH vom 11.07.1988, II ZR 346/87, NJW 1989, 225, 226), oder soweit sie zur Berechnung des Einziehungsentgelts notwendig sind (BGH vom 28.04.1977, II ZR 208/75, WM 1977, 781). Ein Informationsanspruch soll sich darüber hinaus auch aus der nachwirkenden Sonderrechtsbeziehung zur Gesellschaft ergeben können (Lutter/Hommelhoff/*Bayer*, § 51a Rn. 5; Scholz/*K. Schmidt*, § 51a Rn. 13).

Der Informationsanspruch des ausgeschiedenen Gesellschafters ist ggf. im normalen Klageweg geltend zu machen; § 51b GmbHG gilt nicht (OLG Frankfurt vom 21.08.1995, 20 W 124/95, NJW-RR 1996, 871; Scholz/*K. Schmidt*, § 51a Rn. 13).

260 **3.** Das Gewinnbezugsrecht geht im Fall der Übertragung des Geschäftsanteils mit diesem auf den Erwerber über. Erfolgt die Veräußerung unter dem Vorbehalt des Gewinnbezugsrechts für den Zeitraum bis zum Übertragungsstichtag, so handelt es sich dabei rechtlich gesehen um die Rückabtretung des künftigen Gewinnanspruchs des Erwerbers an den Veräußerer (BGH vom 30.06.2004, VIII ZR 349/03, NZG 2004, 912, 913).

261 **4.** Voraussetzung für einen Anspruch des ausgeschiedenen Gesellschafters aus § 810 BGB ist ein rechtliches Interesse des ehemaligen Gesellschafters an der Einsichtnahme der Urkunde, die zumindest auch in seinem Interesse errichtet wurde. Unerheblich ist dagegen, ob die Urkunde erst nach dem Ausscheiden des Gesellschafters errichtet wurde. Vielmehr genügt es für den Anspruch aus § 810 BGB auf Einsichtnahme in einen Jahresabschluss oder einen Prüfungsbericht, dass sich die entsprechende Urkunde auf einen Zeitraum bezieht, in dem der Anspruchsteller noch Gesellschafter war und für den ihm z.B. noch Gewinnbezugsrechte zustehen. Denn in diesem Fall ist davon auszugehen, dass die Urkunde zumindest auch im Interesse des Anspruchstellers errichtet wurde; das rechtliche Interesse an der Einsichtnahme ergibt sich aus der Möglichkeit zur Überprüfung der Gewinnansprüche (vgl. BGH vom 11.07.1988, II ZR 346/87, NJW 1989, 225, 226).

E. Verfügungen über den Geschäftsanteil

I. Verkauf und Abtretung von Geschäftsanteilen

1. Kauf und Abtretung eines Geschäftsanteils (einfach)

Vorbemerkung

Zunächst wird ein allgemeines Muster eines Geschäftsanteilskauf- und -übertragungsvertrags vorgestellt, bei dem keine solche Besonderheiten bestehen, welche in folgenden Mustern berücksichtigt werden. 1

Muster [1]

UR. Nr. ____________ 2

Verhandelt zu ____________ am ____________

Vor mir, dem Notar [2] ____________

mit Amtssitz in ____________ erschienen:

A [3] ____________, geboren am ____________, etc.,

B ____________, geboren am ____________, etc.

A wird im Folgenden auch nur kurz »Veräußerer« genannt.

B wird im Folgenden auch nur kurz »Erwerber« genannt.

Veräußerer und Erwerber werden zusammen nachstehend auch nur kurz »Beteiligte« genannt.

Die Erschienenen erklärten:

Geschäftsanteilskauf- und -übertragungsvertrag

§ 1 Gegenstand des Vertrags [4]

1. Im Handelsregister des Amtsgerichts ____________ ist unter der Registernummer ____________ die Gesellschaft mit beschränkter Haftung unter der Firma »X-GmbH« mit Sitz in ____________ (Geschäftsanschrift: ____________) eingetragen. Die X-GmbH wird im Folgenden auch nur kurz »Gesellschaft« genannt.

2. Das Stammkapital der Gesellschaft beträgt 100.000 € und ist in voller Höhe eingezahlt.

3. Der Veräußerer hält Geschäftsanteile in nominaler Höhe an der Gesellschaft wie folgt:

Geschäftsanteile Nrn. 1 bis 50.000 zu je 1 €.

Diese Geschäftsanteile werden im Folgenden auch kurz »Geschäftsanteile« genannt.

§ 2 Kauf und Abtretung

1. Der Veräußerer verkauft dem dies annehmenden Erwerber die Geschäftsanteile Nrn. 1 bis 50.000 von je 1 €.

2. Der Veräußerer tritt die Geschäftsanteile an den dies annehmenden Erwerber ab.

3. Die Abtretungen stehen jeweils unter der Bedingung der vollständigen Kaufpreiszahlung. [5] Sie werden jedoch nicht vor dem ___________ um ___________ Uhr (»Stichtag«) wirksam. Der Veräußerer hat dem Notar unverzüglich schriftlich den Erhalt des vollständigen Kaufpreises zu bestätigen. Spätestens mit Zugang dieser Bestätigung beim Notar gilt die Bedingung als eingetreten. Der Erwerber hat die Möglichkeit, dem Notar die Zahlung des Kaufpreises durch eine entsprechende Bankbestätigung nachzuweisen. Der Notar wird die notarbescheinigte Gesellschafterliste erst dann dem Handelsregister einreichen, wenn ihm die Bestätigung des Veräußerers oder der Nachweis des Erwerbers vorliegt, dass der Kaufpreis gezahlt ist.

§ 3 Kaufpreis [6]

1. Der Kaufpreis beträgt

___________ €

(in Worten ___________ Euro).

2. Der Kaufpreis ist fällig und zahlbar bis zum ___________ (Kontogutschrift), jedoch nicht bevor der Notar dem Erwerber bestätigt hat, dass alle Zustimmungen zur Abtretung vorliegen. Der Erwerber hat den Kaufpreis dann bei Fälligkeit an den Veräußerer auf ein von diesem noch anzugebendes Konto zu überweisen.

3. Wird der Kaufpreis bei Fälligkeit nicht gezahlt, kann der Veräußerer den Erwerber durch Mahnung in Verzug setzen. Ab dann kann er Verzugszinsen in Höhe von jährlich ___________ Prozentpunkten über dem Basiszinssatz sowie Ersatz seines etwaigen weiteren Verzugsschadens verlangen; zudem kann er eine Nachfrist von mindestens 14 Tagen setzen und dann vom Vertrag zurücktreten.

4. Der Erwerber unterwirft sich wegen seiner Verpflichtung zur Zahlung des Kaufpreises samt Verzugszinsen in Höhe von jährlich ___________ Prozentpunkten über dem Basiszinssatz, die zur Wahrung des vollstreckungsrechtlichen Bestimmtheitsgrundsatzes als ab dem Tag der Beurkundung dieses Vertrags geschuldet gelten, dem Veräußerer gegenüber der sofortigen Zwangsvollstreckung aus dieser Urkunde in sein gesamtes Vermögen. Sobald die vorstehend genannten Voraussetzungen für die Fälligkeit vorliegen, darf der Notar dem Veräußerer ohne weitere Nachweise eine vollstreckbare Ausfertigung dieser Urkunde erteilen. Auch für die Zinsen ist die Fälligkeit maßgeblich; der Notar hat die Vollstreckungsklausel entsprechend einzuschränken.

§ 4 Weitere Vereinbarungen [7]

1. Der Veräußerer garantiert (gemäß § 311 Abs. 1 BGB), dass die Geschäftsanteile so bestehen, wie sie verkauft sind, dass sie nicht mit Rechten Dritter belastet sind und dass er darüber frei verfügen kann. [8]

2. Der Veräußerer garantiert (gemäß § 311 Abs. 1 BGB), dass die Geschäftsanteile voll eingezahlt sind.

3. Die Geschäftsanteile werden im Übrigen unter Ausschluss jeder Haftung und ohne weitere Garantien verkauft. Insbesondere haftet der Veräußerer nicht für Güte und Ertragskraft der Geschäftsanteile oder einzelner Gegenstände im Gesellschaftsvermögen. Der Haftungsausschluss gilt nicht für Ansprüche und Rechte des Erwerbers, die auf einer vorsätzlichen Pflichtverletzung des Veräußerers beruhen.

Der Haftungsausschluss gilt weiter nicht für eine Haftung für Schäden aus der Verletzung des Lebens, des Körpers oder der Gesundheit, die auf einer fahrlässigen Pflichtverletzung des Veräußerers, seiner gesetzlichen Vertreter oder Erfüllungsgehilfen beruhen, sowie für eine Haftung für sonstige Schäden, die auf einer grob fahrlässigen Pflichtverletzung des Veräußerers, seiner gesetzlichen Vertreter oder Erfüllungsgehilfen beruhen. [9]

4. Das Recht zum Gewinnbezug für das laufende Geschäftsjahr sowie etwa noch nicht verteilter Gewinn vergangener Geschäftsjahre steht dem Erwerber zu. [10]

5. Die Gesellschaft hat Grundbesitz. Etwaige Grunderwerbsteuer trägt der Erwerber. [11]

6. Die Kosten dieser Urkunde und ihres Vollzugs trägt der Erwerber. [12]

§ 5 Zustimmungen [13]

1. Die Übertragung bedarf nach dem Gesellschaftsvertrag nicht der Zustimmung der Gesellschaft.

2. Die Übertragung bedarf nach dem Gesellschaftsvertrag nicht der Zustimmung der Mitgesellschafter oder der Gesellschafterversammlung.

3. Beteiligung ab Wirksamkeit der Abtretungen:

An der Gesellschaft bestehen ab Wirksamkeit der Abtretungen folgende Beteiligungsverhältnisse:

B: Geschäftsanteile Nr. 1 bis 50.000 zu je 1 €

C: Geschäftsanteile Nr. 50.001 bis 100.000 zu je 1 €

§ 6 Hinweise, Heilungsklausel

1. Alle Genehmigungen und Erklärungen, die zur Durchführung dieses Vertrags im Übrigen notwendig sind, sollen vom Notar eingeholt werden und auch mit Eingang bei ihm allen Beteiligten gegenüber wirksam werden.

2. Der Notar hat darauf hingewiesen, dass:

- **Veräußerer und Erwerber für Kosten und Steuern als Gesamtschuldner haften,**
- **alle Vereinbarungen beurkundungspflichtig sind und Nebenabreden außerhalb dieser Urkunde zur Nichtigkeit des gesamten Vertrags führen können,**
- **nach § 16 Abs. 1 Satz 1 GmbHG im Verhältnis zur Gesellschaft nur derjenige als Gesellschafter gilt, der in der im Handelsregister aufgenommenen Liste als Gesellschafter geführt ist, [14]**
- **bei Vorliegen der Voraussetzungen des § 16 Abs. 3 GmbHG auf der Grundlage der beim Handelsregister vorliegenden Gesellschafterliste zwar der gutgläubige Erwerb, nicht aber der gutgläubig lastenfreie Erwerb eines Geschäftsanteils vom Nichtberechtigten möglich ist, so dass der Erwerber auf Richtigkeit und Vollständigkeit der Angaben des Veräußerers angewiesen ist,**
- **Veräußerer und Erwerber gegenüber der Gesellschaft und deren Gläubigern kraft Gesetzes für etwa nicht erbrachte Einlagen auf das Stammkapital haften.**

3. Soweit eine Bestimmung dieses Vertrags unwirksam sein oder werden sollte, bleiben die übrigen Bestimmungen wirksam. Die unwirksame Bestimmung gilt als durch die ihr am nächsten kommende wirksame Bestimmung ersetzt. Das gleiche gilt für Lücken.

Diese Niederschrift wurde dem Erschienenen vom Notar vorgelesen, von ihm genehmigt und von ihm und dem Notar eigenhändig wie folgt unterschrieben:

Template [1]

3 **Deed No. ___________**

Heard in ___________ on ___________

Before me, the notary [2] ___________

with office in ___________ appeared:

A [3] ___________, born on ___________, etc.,

B ___________, born on ___________, etc.

A is hereinafter also referred to as »Seller«.

B is hereinafter also referred to as »Purchaser«.

Seller and Purchaser are hereinafter also jointly referred to as the »Parties«.

The parties appearing declared:

Company Shares Purchase and Transfer Contract

Section 1 Contractual Object [4]

1. Registered with the commercial register of the Local Court of ___________ under the register number ___________ is the *Gesellschaft mit beschränkter Haftung* [private limited company] with the name »X-GmbH« and place of business in ___________ (business address: ___________). X-GmbH is hereinafter also referred to as »Company«.

2. The share capital of Company amounts to EUR 100,000 and was fully paid in.

3. Seller holds nominal company shares in Company as follows:

Company shares no.1 to no. 50,000 of EUR 1.00 each.

These company shares are hereinafter also referred to as »Company Shares«.

Section 2 Purchase and Transfer

1. Seller sells to Purchaser, who accepts the sale, the Company Shares no.1 to no. 50,000 of EUR 1.00 each.

2. Seller transfers the Company Shares to Purchaser, who accepts the transfer.

3. The transfers are all subject to payment of the purchase price in full. [5] They shall, however, not become effective until ___________ at ___________ o'clock (»Effective Date«). Seller shall inform the notary immediately and in writing of receipt of the full purchase price. No later than upon the notary receiving this confirmation the condition shall be deemed met. Purchaser shall have the option to prove payment of the purchase price to the notary with a corresponding confirmation by the bank. The notary shall only submit the certified list of shareholders to the commercial register once the confirmation by Seller or the proof of Purchaser regarding payment of the purchase price was submitted to him.

Section 3 Purchase Price [6]

1. The purchase price amounts to

EUR __________

(in words __________ euro).

2. The purchase price is due and payable by __________ (account credit), but not until the notary confirmed towards Purchaser that all approvals required for the transfer were granted. Purchaser shall then transfer the purchase price to the account of Seller that has yet to be specified by Seller on the due date.

3. If the purchase price is not paid on the due date, Seller may declare Purchaser to be in default by issuing a warning. From that date onwards, Seller may demand interest on arrears of __________ percentage point above the base rate per year as well as reimbursement for any other damage caused by the delay; furthermore, Seller may set a grace period of 14 days and withdraw from the contract following that period.

4. In regard to their obligation to pay the purchase price plus interest on arrears of __________ percentage points above the base rate per year that are deemed owed from the day on which this deed is certified in order to comply with the principle of certainty under enforcement provisions, Purchaser agrees towards Seller to the immediate compulsory execution in regard to Purchaser's entire assets under this contract. As soon as the conditions for maturity as set out above are met, the notary may issue Seller with an enforceable copy of this deed without further proof being required. Maturity shall also be decisive for interest payments; the notary shall limit the corresponding enforcement clause.

Section 4 Other Covenants [7]

1. Seller guarantees (in accordance with section 311 clause 1 *BGB*) that the Company Shares exist in the form as sold, that they are not encumbered by third-party rights, and that Seller may freely dispose of them. [8]

2. Seller guarantees (in accordance with section 311 clause 1 *BGB*) that the Company Shares were fully paid in.

3. Apart from the above, the Company Shares are sold under exclusion of any liability and without any further guarantees. In particular, Seller does not assume liability for quality and profitability of the Company Shares or of individual items of Company's assets. The exclusion of liability does not apply to claims and rights of Purchaser that arise following a deliberate violation of duties on the part of Seller. Furthermore, the exclusion of liability does not apply to damage caused by injury to life, limb or health following from a negligent violation of duty on the part of Seller, their legal representatives or vicarious agents, nor to any liability for other damage caused by a grossly negligent violation of duty on the part of Seller, their legal representatives or vicarious agents. [9]

4. Purchaser shall be entitled to the profit participation right for the current business year as well as for any not yet distributed profit from previous business years. [10]

5. Company does own landed property. Any land transfer tax shall be payable by Purchaser. [11]

6. The costs of this deed and its enforcement shall be borne by Purchaser. [12]

Section 5 Approvals [13]

1. According to the articles of association, the transfer does not require the approval of Company.

2. According to the articles of association, the transfer does not require the approval of the other shareholders or the general meeting.

3. Participation after the transfers enter into effect:

After the transfers entered into effect, Company has the following ownership structure:

B: Company shares no.1 to no. 50,000 of EUR 1.00 each
C: Company shares no. 50,001 to no. 100,000 of EUR 1.00 each

Sections 6 Notes, Severability Clause

1. All other approvals and declarations that are required for execution of this contract shall be obtained by the notary and shall also enter into effect for all Parties involved when they are received by the notary.

2. The notary pointed out that:

- **Seller and Purchaser have joint and several liability for costs and taxes,**
- **all agreements require certification in a deed and that ancillary agreements outwith this deed could result in the entire contract becoming void,**
- **according to section 16 clause 1 first sentence** *GmbHG*, **only that entity shall be deemed a shareholder in the relationship with Company who is listed on the list of shareholders that was submitted to the commercial register,** [14]
- **when the provisions of section 16 clause 3** *GmbHG* **are met, the bona fide purchase of a company share, but not the bona fide purchase of a company share free from encumbrances from a non-entitled party is possible based on the list of shareholders registered with the commercial register, so that Purchaser is dependent on the information given by Seller being accurate and complete,**
- **Seller and Purchaser are by law liable towards Company and its creditors for any contributions to the share capital that were not paid.**

3. If a provision of this contract is or becomes void, the remaining provisions shall remain valid. The void provision shall be deemed replaced by that effective provision which comes closest to it. The same shall apply to gaps.

This record was read to the Party appearing by the notary, was approved by them, and was signed by them and the notary in their own hand as follows:

Erläuterungen

4 **1.** Das Muster betrifft den Grundfall einer Anteilsabtretung ohne erhebliche Besonderheiten. An unterschiedlichen Stellen können sich aufgrund der jeweiligen Sachlage Besonderheiten ergeben, etwa weil die Teilung eines Anteils nötig ist, oder besondere Zustimmungen eingeholt werden müssen.

5 **2.** Die Verpflichtung zur Abtretung und die Abtretung von Geschäftsanteilen an einer GmbH sind gemäß § 15 Abs. 4 und Abs. 3 GmbHG beurkundungspflichtig. Hierbei sind Verpflichtungs- und Verfügungsgeschäfts grundsätzlich getrennt voneinander zu beurteilen (vgl. etwa OLG Frankfurt a.M., NZG 2012, 466 ff.). Dabei müssen auch alle Nebenabreden, soweit mit ihnen der Ver-

trag steht und fällt mit beurkundet werden. Insoweit gelten die gleichen Grundsätze wie bei § 311b BGB. Entsprechend ist der Hinweis am Ende im Muster gefasst.

3. Eine Vertretung der Parteien durch Bevollmächtigte ist zulässig, wobei die Vollmacht grundsätzlich nicht der notariellen Form bedarf (vgl. zu einer Ausnahme aber etwa Rdn. E 9). Bei Vertragsbeteiligten, die verheiratet sind, ist ggf. § 1365 BGB und bei ausländischen verheirateten Beteiligten ist der ausländische Güterstand zu beachten, was ggf. dazu führen kann, dass Ehepartner nur gemeinsam veräußern können oder auch automatisch gemeinsam erwerben. 6

4. Die Parteien und der Vertragsgegenstand sind so genau wie möglich zu bezeichnen. Dabei ist dem Bestimmtheitserfordernis Rechnung zu tragen. Die Nummerierung der Anteile gemäß der Gesellschafterliste ist in den Vertrag aufzunehmen; sinnvoll ist es auch, zum Nachweis eine Kopie der aktuellen Gesellschafterliste als Anlage zum Vertrag zu nehmen. Andernfalls und ggf. zusätzlich kann es sich empfehlen, im Vertrag festzuhalten, wie der Veräußerer den Anteil erworben hat, wann er ggf. geteilt wurde, etc. 7

5. Die dingliche Abtretung kann frühestens am Tage der Beurkundung erfolgen. Schuldrechtlich und steuerrechtlich kann ggf. aber eine zeitliche Vorverlagerung (wirtschaftliche Rückwirkung) dieses Termins erfolgen. Oftmals wird der dingliche Vollzug dadurch bedingt, dass die Kaufpreiszahlung erfolgt ist. Dies ist auch im Muster der Fall. Den Eintritt der Bedingung hat der beurkundende Notar zu überwachen, da er erst mit Wirksamkeit der Abtretung die geänderte Gesellschafterliste einzureichen hat. Dementsprechend sollte der Vertrag Pflichten der Beteiligten vorsehen, den Notar schriftlich und mit geeigneten Nachweisen über den Bedingungseintritt zu informieren. Im Muster ist dies hinsichtlich der Bedingung der Kaufpreiszahlung vorgesehen, es können aber vielfältige weitere Bedingungen und Befristungen vorgesehen werden, für die ggf. entsprechende Mitteilungspflichten aufzunehmen wären. Bedingungen können angesichts ihrer fast »digitalen« Wirkung (ja/nein) tückisch sein; sie sollten immer klar und möglichst einfach gefasst werden. Gerade bei umfangreichen Bedingungskatalogen ist ausgesprochene Zurückhaltung geboten. Jede Unsicherheit über den dinglichen Übergang der Geschäftsanteile ist zu vermeiden. Keinesfalls sollte auf Nachweise bezüglich des Bedingungseintritts, die auch gegenüber dem Notar zu erbringen sind, verzichtet werden. In Hinblick auf Rechtssicherheit ausgesprochen sinnvoll ist eine Klausel im Vertrag, wonach die Bedingung für die Anteilsabtretung spätestens mit der der Unterzeichnung eines Vollzugsprotokolls durch die Beteiligten oder auch mit einer Mitteilung an den Notar eintritt. Die Nachweise sollten im Nachhinein auch der Urschrift beigeheftet werden und nicht lediglich in der Beiakte verwahrt werden. Wünschen die Beteiligten ausdrücklich keine Bedingung der Abtretung, so dass die Abtretung mit sofortiger Wirkung erfolgt, ist dies im Vertrag explizit festzuhalten. Eine bedingte Abtretung von Geschäftsanteilen kommt etwa bei einer noch in Gründung befindlichen GmbH in Betracht. 8

6. Hinsichtlich der Modalitäten der Kaufpreiszahlung sind unterschiedlichste Gestaltungen denkbar. Die Fälligkeit kann etwa von der Erteilung ggf. nötiger Genehmigungen durch Dritte abhängig gemacht werden, die dann vom Notar eingeholt werden und durch ihn den Beteiligten mitgeteilt werden sollten. Hier wird von einem Standardfall des noch zu zahlenden Kaufpreises ausgegangen. Ob eine Zwangsvollstreckungsunterwerfung aufzunehmen ist, hängt vom Einzelfall ab, in der Regel ist sie aber sinnvoll. Zu beachten ist, dass die Vollmacht eines Käufers dann zumindest der notariellen Beglaubigung bedarf. Ist der Kaufpreis bereits gezahlt, ist dies im Vertrag vom Veräußerer zu bestätigen. Neben dem Kaufpreis können weitere Gegenleistungen durch den Erwerber vorgesehen werden. 9

7. Mit der Anteilsabtretung sollte neben der ggf. noch offenen Einzahlungspflicht regelmäßig auch das Schicksal **sonstiger Rechtsbeziehungen** zwischen veräußerndem Gesellschafter und Gesellschaft oder anderen Gesellschaftern geregelt werden, wenn solche bestehen. Insbesondere sind Sicherheiten, die der veräußernde Gesellschafter Dritten gegenüber zur Absicherung von Verbindlichkeiten der Gesellschaft gewährt hat, nunmehr vom Erwerber zu stellen. Ob dies möglich ist, ist eine Frage des Einzelfalls. Jedenfalls sollte der Erwerber sich verpflichten, den Veräußerer bei 10 einer Inanspruchnahme freizustellen. Ggf. sind auch Darlehen des Veräußerers an die Gesellschaft vom Erwerber gegen entsprechende Zahlung zu übernehmen. Gleiches kann für Verpflichtungen des Veräußerers gegenüber der Gesellschaft oder gegenüber Mitgesellschaftern oder Dritten gelten. Eine Garantie bezüglich der Tatsache, dass der dem Erwerber **vorgelegte Gesellschaftsvertrag** der Gesellschaft nicht geändert wurde, kann in den Vertrag aufgenommen werden, ist aber nicht zwingend notwendig.

11 **8.** Die Mängel des Erwerbers richten sich nach den allgemeinen kaufrechtlichen Regelungen (§§ 453, 433, 437 BGB). Die Gewährleistung wird regelmäßig auf den Bestand der Anteile, die Tatsache, dass sie dem Veräußerer zustehen, die Tatsache, dass sie nicht mit Rechten Dritter belastet und voll eingezahlt sind, und die freie Verfügungsbefugnis des Veräußerers beschränkt. Im Übrigen wird eine Gewährleistung außer für Fälle vorsätzlich pflichtwidrigen Verhaltens des Veräußerers ausgeschlossen. Ggf. kann auch eine Erklärung des Veräußerers dahingehend aufgenommen werden, dass die Gesellschaft ihren Steuerpflichten ordnungsgemäß nachgekommen ist.

12 **9.** Wird der Vertrag zwischen einem Unternehmer gemäß § 14 Abs. 1 BGB und einem Verbraucher gemäß § 13 BGB geschlossen, handelt es sich nach § 310 Abs. 3 BGB um einen Verbrauchervertrag. Die Bereichsausnahme des § 310 Abs. 4 BGB gilt dafür nicht (für Ausnahmen bei Erwerb einer unternehmerischen Position ab Erwerb von 25 % des Stammkapitals *Ulmer* in Ulmer/Brandner/Hensen AGB-Recht, 11. Aufl. 2011, § 310 BGB, Rn. 61), da es sich nicht um einen Vertrag auf dem Gebiet des Gesellschaftsrechts handelt, sondern um einen schuldrechtlichen Kaufvertrag nach §§ 453 Abs. 1, 433 ff. BGB. Das hat verschiedene Folgen: Ist der Erwerber der Verbraucher, so ist der Ausschluss der Mängelhaftung des Veräußerers gemäß § 310 Abs. 3 Nr. 2 BGB in Verbindung mit § 309 Nr. 7 a), b) BGB einzugrenzen, damit er wirksam ist. Es handelt sich um ein Klausel-Verbot ohne Wertungsmöglichkeit, sodass die gesetzliche Formulierung übernommen und möglichst transparent formuliert werden sollte, Verkürzungen und Umformulierungen sind nicht ratsam. Ist der Veräußerer der Verbraucher, braucht der Haftungsausschluss nicht so weit eingegrenzt zu werden, da er nicht gegenüber dem Verbraucher gelten soll, sondern zugunsten des Verbrauchers (lediglich die Haftung für Vorsatz des Verbrauchers kann nicht ausgeschlossen werden, § 276 Abs. 3 BGB). Beurkundungsrechtlich sind vom Notar jedenfalls § 17 Abs. 2a Nr. 1 und Nr. 2 BeurkG zu beachten: Der Verbraucher soll den Vertrag persönlich schließen oder durch eine Vertrauensperson vertreten werden (dazu zählen Mitarbeiter des Notars nicht). Der Verbraucher soll ausreichend Gelegenheit haben, sich vorab mit dem Gegenstand der Beurkundung auseinanderzusetzen. Die Beurkundungspflicht folgt aus § 15 Abs. 3 und Abs. 4 GmbHG, sodass die Pflicht zur Übersendung des Entwurfs und die Wartefrist von zwei Wochen nach § 17 Abs. 2a Nr. 2 BeurkG nach dem Gesetzeswortlaut (wohl noch) nicht einschlägig sind; nichtsdestoweniger sollte sie in Hinblick auf die Tendenz des Gesetzgebers zur Formalisierung des Verbraucherschutzes bereits im Blick sein. Vorsorglich sollte der Notar dies zur eigenen Absicherung in der Urkunde auch dokumentieren.

13 **10.** Das Gewinnbezugsrecht sollte vertraglich ebenfalls klar zwischen Erwerber und Veräußerer verteilt werden. Die gesetzliche Regelung des § 101 Nr. 2 BGB sieht vor, dass bis zur dinglichen Übertragung der Anteile das Gewinnbezugsrecht dem Veräußerer, danach dem Erwerber, zusteht. Allerdings entsteht das Gewinnbezugsrecht erst mit Beschluss der Gesellschafterversammlung gemäß § 29 GmbHG. Regelmäßig wird der Veräußerer zu diesem Zeitpunkt nicht mehr Inhaber der Anteile sein und daher nicht mitentscheiden können, welche Gewinne für das laufende Jahr ausgeschüttet werden. Auch ist klarzustellen, dass ggf. nicht nur der Gewinn des laufenden Geschäftsjahres sondern auch noch nicht verteilter Gewinn vorheriger Geschäftsjahre umfasst ist. Sinnvoll ist es, dem Erwerber, der regelmäßig auch über die Gewinnausschüttung mitentscheiden kann, das Gewinnbezugsrecht für das laufende Geschäftsjahr (und vorherige Jahre) zu übertragen, was wertmäßig im Rahmen des Kaufpreises berücksichtigt werden kann. Soweit ein Beherrschungs- und Gewinnabführungsvertrag oder Ergebnisabführungsvertrag besteht, geht das Gewinnbezugsrecht zunächst nicht auf den Erwerber über, sondern erst mit Ablauf oder Aufhebung des Beherrschungs- und Gewinnabführungsvertrags bzw. Ergebnisabführungsvertrags.

11. Hat die Gesellschaft Grundbesitz, so ist der Vertrag nach § 18, § 19 GrEStG dem Finanzamt, Grunderwerbsteuerstelle, anzuzeigen. Die Anzeigepflicht nach § 54 EStDV besteht daneben fort. Im Vertrag zu regeln ist dann, wer einer eventuelle Grunderwerbsteuer trägt. 14

12. Die Notarkosten werden typischerweise (wohl entsprechend § 448 BGB), aber nicht notwendig, vom Erwerber übernommen. Für die Beurkundung des Anteilskaufvertrags fällt eine 2,0-Gebühr nach KV-Nr. 21100 GNotKG an. Der Wert richtet sich nach dem Kaufpreis (§ 47 GNotKG) bzw. dem Wert der Anteile (§ 54 GNotKG). 15

13. Vielfach ist im Gesellschaftsvertrag vorgesehen, dass die Gesellschaft, einzelne Gesellschafter oder die Gesellschafterversammlung der Abtretung zustimmen müssen. Liegt eine erforderliche Zustimmung nicht vor, ist die Abtretung schwebend unwirksam. Im Muster wird von einem Gesellschaftsvertrag ohne Zustimmungserfordernisse ausgegangen. Sind Zustimmungen erforderlich, können diese entweder bereits erteilt sein, in der Urkunde selbst erteilt werden, oder später erfolgen. Im letzten Fall ist es sinnvoll, dass der Notar die Zustimmungen anfordert, die mit Eingang bei ihm allen Beteiligten gegenüber wirksam werden. Ggf. sind auch Vorkaufs- und Ankaufsrechte aus dem Gesellschaftsvertrag zu beachten und entsprechende Erklärungen einzuholen. Die Zustimmung der Gesellschaft wird nach außen durch die Geschäftsführung erteilt, wobei insoweit im Innenverhältnis ein Beschluss der Gesellschafterversammlung nötig sein kann. Für die Zustimmungen gemäß § 15 Abs. 5 GmbHG gelten die §§ 182 ff. BGB. 16

14. Es empfiehlt sich auch darauf hinzuweisen, dass nach § 16 Abs. 1 Satz 1 GmbHG im Verhältnis zur Gesellschaft nur derjenige als Gesellschafter gilt, der in der in das Handelsregister aufgenommenen Liste als Gesellschafter geführt ist (Dies gilt jedenfalls, soweit es sich bei der aktuell in das Register aufgenommenen Liste um eine solche handelt, die nach dem In-Kraft-Treten des MoMiG am 01.11.2008 erstellt wurde, vgl. OLG Dresden, RNotZ 2017, 323). Bevor die Liste in das Handelsregister aufgenommen ist, sind etwa Handlungen des neuen Gesellschafters gegenüber der Gesellschaft, die er als Gesellschafter vornimmt grundsätzlich unwirksam, es sei denn, die Liste wird unverzüglich nach Vornahme der Handlung in das Register aufgenommen. Zur zwischenzeitlichen Lösung kann eine Vollmacht für den Erwerber aufgenommen werden, im Zeitraum ab Wirksamkeit der Abtretung bis zur Einstellung der Liste im Handelsregister gegenüber der Gesellschaft bereits Handlungen als Gesellschafter vorzunehmen. Zudem kann auf die Gefahr des gutgläubigen Erwerbs durch Dritte vor Aufnahme der geänderten Liste in das Register hingewiesen werden. 17

2. Unternehmenskaufvertrag

Vorbemerkung

Der Unternehmenskauf kann in Form eines **asset deal** oder eines **share deal** vollzogen werden. Beim *asset deal* ist Kaufgegenstand die Gesamtheit der Wirtschaftsgüter des Unternehmens. Beim *share deal* werden die Anteile der das Unternehmen tragenden Gesellschaft erworben. Der *share deal* ist schuldrechtlich als **Rechtskauf i.S.d. § 453 BGB** einzuordnen. Die Schuldrechtsreform brachte mit der Einführung dieser Norm das erfreuliche Ergebnis, dass heute auf beide Arten des Unternehmenskaufs prinzipiell die gleichen Vorschriften – nämlich die über den Kaufvertrag – Anwendung finden. Trotz dieser grundsätzlichen Anwendbarkeit haben sich in der Praxis bestimmte Übungen und Standards entwickelt, die teilweise eine Abkehr von den kaufvertraglichen Regelungen und die Schaffung eines eigenen Regelungsregime innerhalb des Vertrags vorsehen (insbesondere im Bereich der Gewährleistung). 18

Das folgende Muster hat einen *share deal* zum Vorbild, bei dem Kaufgegenstand sämtliche GmbH-Geschäftsanteile der Zielgesellschaft sind. Bei einem solchen Rechtsgeschäft übernimmt der Käufer die Gesellschaft mit allen anhaftenden bereits bestehenden und zukünftigen Chancen und Risiken. 19

Bedingt durch die praktischen Erfordernisse hat sich ein üblicher Aufbau und Inhalt für den Unternehmenskaufvertrag entwickelt. Der genaue Umfang hängt selbstverständlich von der Situation im 20

Einzelfall und der Verhandlungsmacht der Parteien ab. Allgemein lassen sich die Regelungsbereiche eines Unternehmenskaufvertrags grob in folgende Elemente gliedern: Kaufgegenstand, Kauf und Abtretung, erforderlichenfalls aufschiebende Bedingungen (bspw. fusionskontrollrechtliche Freigabe) für dingliche Abtretung, Kaufpreis und ggf. Kaufpreisanpassungsregelungen, Garantiekatalog und in sich geschlossenes, d.h. nicht auf gesetzliche Gewährleistungsregelungen rekurrierendes System von Rechtsfolgen im Falle von Garantieverletzungen, Freistellungen, sonstige Verpflichtungen der Parteien im Zusammenhang mit der Transaktion.

Muster [1]

21 **UR-Nr. __________**

Verhandelt

zu Köln am __________

Vor mir, dem unterzeichnenden Notar im Bezirk des Oberlandesgerichts Köln

[Name Notar] [2]

mit dem Amtssitz in Köln erschienen heute:

1. **Herr A, geboren am __________, wohnhaft __________, dem Notar von Person bekannt/ausgewiesen durch Vorlage eines Personalausweises Nr. __________, nicht handelnd im eigenen Namen, sondern in seiner Eigenschaft als einzelvertretungsberechtigter Geschäftsführer der A-GmbH mit Sitz in Köln, eingetragen im Handelsregister des Amtsgerichts Köln unter HRB 1234**

»Verkäufer 1«

2. **Herr B, geboren am __________, wohnhaft __________, dem Notar von Person bekannt/ausgewiesen durch Vorlage eines Personalausweises Nr. __________, nicht handelnd im eigenen Namen, sondern im Namen der B-AG mit Sitz in Münster, eingetragen im Handelsregister des Amtsgerichts Münster unter HRB 5678, aufgrund Vollmacht [3] vom __________, die bei Beurkundung im Original vorlag und die dieser Urkunde in beglaubigter Abschrift beigefügt ist**

»Verkäufer 2«

3. **Herr C, geboren am __________, wohnhaft __________, dem Notar von Person bekannt/ausgewiesen durch Vorlage eines Personalausweises Nr. __________, nicht handelnd im eigenen Namen, sondern im Namen der C-AG mit Sitz in Köln, eingetragen im Handelsregister des Amtsgerichts Köln unter HRB 1357, aufgrund Vollmacht vom __________, die bei Beurkundung im Original vorlag und die dieser Urkunde in beglaubigter Abschrift beigefügt ist**

»Garantiegeber«

4. **Herr D, geboren am __________, wohnhaft __________, dem Notar von Person bekannt/ausgewiesen durch Vorlage eines Personalausweises Nr. __________, nicht handelnd im eigenen Namen, sondern im Namen der D-GmbH mit Sitz in Saarbrücken, eingetragen im Handelsregister des Amtsgerichts Saarbrücken unter HRB 2468, aufgrund Vollmacht vom __________, die bei Beurkundung im Original vorlag und die dieser Urkunde in beglaubigter Abschrift beigefügt ist**

»Käufer«

Der Notar bescheinigt aufgrund Einsicht in das Handelsregister des Amtsgerichts Köln, dass der Erschienene zu 1. als einzelvertretungsberechtigter Geschäftsführer des Verkäufers zu 1. eingetragen ist.

Der Verkäufer zu 1. und der Verkäufer zu 2. werden zusammen als »Verkäufer« bezeichnet. Die Verkäufer, der Käufer und der Garantiegeber werden jeweils auch als »Partei« und zusammen als »Parteien« bezeichnet.

Der Notar wies darauf hin, dass er vor Beurkundung danach zu fragen hat, ob er oder einer seiner mit ihm zur gemeinsamen Berufsausübung verbundenen Sozien außerhalb seiner Amtstätigkeit in der nachfolgend beurkundeten Angelegenheit bereits tätig war oder ist. Die Erschienenen erklärten, dass dies nicht der Fall sei. [4]

Die Erschienenen, handelnd wie angegeben, erklärten zur Beurkundung den folgenden

Geschäftsanteilskauf- und -abtretungsvertrag

[Inhaltsverzeichnis und Verzeichnisse der Definitionen und Anlagen]

Vorbemerkung

Soweit in diesem Geschäftsanteilskauf- und -abtretungsvertrag auf Anlagen verwiesen wird, handelt es sich um die mit der Urkunden UR-Nr. ____________ des beurkundenden Notars vom ____________ (»Bezugsurkunde«) beurkundeten Anlagen. Auf die Bezugsurkunde, die vor und während der heutigen Beurkundung in Urschrift vorlag, wird verwiesen. Nach Belehrung durch den Notar über die Rechtsfolgen der Verweisung erklärten die Erschienenen, dass ihnen der Inhalt der Bezugsurkunde bekannt sei. Nach weiterer Belehrung durch den Notar verzichteten sie auf das Vorlesen und Mitausfertigen der Bezugsurkunde. [5]

Präambel

Der Verkäufer zu 1. und der Verkäufer zu 2. sind die alleinigen Gesellschafter der Zielgesellschaft GmbH, einer nach deutschem Recht errichteten Gesellschaft mit beschränkter Haftung mit Sitz in Saarbrücken, eingetragen im Handelsregister des Amtsgerichts Saarbrücken unter HRB 1357 (»Gesellschaft«). Das Stammkapital der Gesellschaft beträgt 500.000 € (in Worten: Euro fünfhunderttausend), ist voll eingezahlt und in 500.000 Geschäftsanteile mit den laufenden Nr. 1 bis Nr. 500.000 in der aktuellen im Handelsregister aufgenommenen Gesellschafterliste vom ____________ mit einem Nennbetrag von jeweils 1 € (in Worten: Euro eins) eingeteilt.

Der Verkäufer zu 1. hält die Geschäftsanteile unter den laufenden Nr. 1 bis 250.000 (»Geschäftsanteile 1«) und der Verkäufer zu 2. die unter den laufenden Nr. 250.001 bis 500.000 (»Geschäftsanteile 2«; Geschäftsanteile 1 und Geschäftsanteile 2 werden im Folgenden zusammen auch als »Geschäftsanteile« bezeichnet). [6]

Die Verkäufer beabsichtigen, mit diesem Geschäftsanteilskauf- und -abtretungsvertrag (»Vertrag«) die Geschäftsanteile an den Käufer zu veräußern und der Käufer beabsichtigt, die Geschäftsanteile von den Verkäufern zu erwerben.

Der Garantiegeber hat zugestimmt, für alle Ansprüche, die von den Verkäufern gemäß diesem Vertrag an den Käufer gestellt werden können gemeinsam mit diesem gesamtschuldnerisch zu haften. [49]

Dies vorweggeschickt, vereinbaren die Parteien, was folgt:

§ 1 Verkauf und Abtretung der Geschäftsanteile

1. Verkäufer 1 verkauft hiermit die Geschäftsanteile 1 und Verkäufer 2 verkauft hiermit die Geschäftsanteile 2 jeweils nach Maßgabe der Bestimmungen dieses Vertrags an den dies annehmenden Käufer.

2. Der Verkauf nach § 1.1 erstreckt sich auf sämtliche Nebenrechte aus den Geschäftsanteilen einschließlich des Gewinnbezugsrechts für das laufende Geschäftsjahr. Nicht ausgeschüttete Gewinne für vorangegangene Geschäftsjahre stehen dem Käufer zu. § 101 Nr. 2 BGB wird abbedungen. [7]

3. Verkäufer 1 tritt hiermit die Geschäftsanteile 1 und Verkäufer 2 tritt hiermit die Geschäftsanteile 2 nach Maßgabe der Bestimmungen dieses Vertrags an den dies annehmenden Käufer ab. Die Abtretung nach diesem § 1.3 erfolgt dabei unter den aufschiebenden Bedingungen nach § 2.1. In wirtschaftlicher Hinsicht erfolgt die Abtretung mit Wirkung zum Stichtag.

4. Die Verkäufer in ihrer Eigenschaft als alleinige Gesellschafter der Gesellschaft erklären hiermit ihre Zustimmung zum Verkauf und zur Übertragung der Geschäftsanteile und verzichten auf jedes Vorkaufsrecht und sonstige Rechte, die ihnen ggf. unter der Satzung der Gesellschaft, die diesem Vertrag als Anlage 1.4 beigefügt ist, oder unter einer anderen Gesellschaftervereinbarung im Zusammenhang mit der Gesellschaft eingeräumt wurden.

§ 2 Aufschiebende Bedingungen [8, 9]

1. Die dingliche Abtretung der Geschäftsanteile nach § 1.3 dieses Vertrags steht unter den folgenden aufschiebenden Bedingungen:

(a) Zahlung [alternativ aus Verkäufersicht: Gutschrift] des Vorläufigen Kaufpreises nach Maßgabe des § 3.6;

(b) Eintritt der in § 12 geregelten Bedingung (Fusionskontrolle);

(c) Eintritt der in § 11.1.(a) geregelten Bedingung [;

(d) ggf. weitere aufschiebende Bedingungen, bspw. Vorlage eines Freigabeschreibens einer Bank und Freigabeerklärung von Sicherheiten, sofern im Rahmen des Vollzugs eine vorhandene Bankverbindlichkeit zurückgezahlt wird] [10]**.**

2. Die vorstehend in § 2.1 geregelten aufschiebenden Bedingungen werden als »Aufschiebende Bedingungen« bezeichnet. Die Parteien können, soweit gesetzlich zulässig, gemeinsam auf den Eintritt der Aufschiebenden Bedingung nach § 2.1.(b) und der Käufer auf den Eintritt der Aufschiebenden Bedingung nach § 2.1.(c) schriftlich verzichten. [bei weiteren Bedingungen: Darüber hinaus können die Verkäufer schriftlich auf den Eintritt der in § ____________ genannten, und der Käufer schriftlich auf die in § ____________ genannten Aufschiebenden Bedingungen verzichten].

3. Die Parteien werden sich nach besten Kräften um einen schnellstmöglichen Eintritt der Aufschiebenden Bedingungen bemühen. Die jeweilige Partei hat den übrigen Parteien unmittelbar nach Eintritt einer Aufschiebenden Bedingung bzw. auf den Verzicht hierauf dies schriftlich mitzuteilen.

§ 3 Kaufpreis [11, 12]

1. Der Gesamtkaufpreis (»Kaufpreis«) für die Geschäftsanteile setzt sich zusammen aus:

(a) einem Betrag in Höhe von ____________ € (in Worten: Euro ____________ 00/100),

(b) zuzüglich der Summe der Barmittel gemäß § 3.2 und [13]

(c) abzüglich der Fremdverbindlichkeiten gemäß § 3.3 und [13]

(d) zuzüglich bzw. abzüglich eines negativen oder positiven Nettoumlaufvermögens nach § 3.4 [alternativ, sofern es für Nettoumlaufvermögen bestimmte Zielgröße gibt: zuzüglich bzw. abzüglich des Betrages, um den das Nettoumlaufvermögen nach § 3.4 einen Betrag von __________ € (in Worten: Euro __________) über- bzw. untersteigt]. [14]

2. Barmittel bezeichnet die Summe folgender sich aus dem Stichtagsabschluss (wie in § 4.1 definiert) ergebender Posten: [13]

(a) Kassenbestand, Bundesbankguthaben, Guthaben bei Kreditinstituten und Schecks im Sinne des § 266 Abs. 2 B IV HGB;

(b) Forderungen gegenüber verbundenen Unternehmen im Sinne des § 266 Abs. 2 B II Nr. 2 HGB;

(c) Forderungen gegenüber Unternehmen, mit denen ein Beteiligungsverhältnis besteht, im Sinne im Sinne des § 266 Abs. 2 B II Nr. 3 HGB;

(d) sonstige Wertpapiere im Sinne des § 266 Abs. 2 B III Nr. 2 HGB, sowie

(e) aktive Rechnungsabgrenzungsposten im Sinne des § 266 Abs. 2 C HGB.

3. Fremdverbindlichkeiten bezeichnet die Summe folgender, sich aus dem Stichtagsabschluss (wie in § 4.1 definiert) ergebender Posten: [13]

(a) Verbindlichkeiten gegenüber Kreditinstituten im Sinne des § 266 Abs. 3 C Nr. 2 HGB [sofern im Rahmen des Vollzugs eine Bankverbindlichkeit zurückgeführt wird: Verbindlichkeiten gegenüber Kreditinstituten im Sinne des § 266 Abs. 3 C Nr. 2 HGB, wobei hinsichtlich der zurückzuführenden Verbindlichkeit der Gesellschaft gegenüber der XYZ Bank AG der Betrag anzusetzen ist, den die XYZ Bank AG in ihrem Freigabeschreiben zur vollständigen Tilgung ihres Engagements (einschließlich etwaiger Vorfälligkeits- oder sonstiger Gebühren) mitgeteilt hat];

(b) Wechselverbindlichkeiten im Sinne des § 266 Abs. 3 C Nr. 5 HGB;

(c) Verbindlichkeiten gegenüber verbundenen Unternehmen im Sinne des § 266 Abs. 3 C Nr. 6 HGB;

(d) Verbindlichkeiten gegenüber Unternehmen, mit denen ein Beteiligungsverhältnis besteht im Sinne des § 266 Abs. 3 C Nr. 7 HGB;

(e) passive Rechnungsabgrenzungsposten im Sinne des § 266 Abs. 3 D HGB, sowie

(f) aufgelaufene, aber noch nicht bezahlte Zinsen und Gebühren, die zum Stichtag fällig sind, sowie Vorfälligkeitsentschädigungen oder ähnliche Gebühren im Zusammenhang mit den in vorstehenden Absätzen (a) bis (e) genannten Positionen, soweit solche Beträge nicht bereits in den in Absätzen (a) bis (e) genannten Positionen enthalten sind.

4. Das Nettoumlaufvermögen berechnet sich aus folgenden Posten des Stichtagsabschlusses: [14]

(a) der Summe aus Vorräten, Forderungen aus Lieferungen und Leistungen, Forderungen gegenüber verbundenen Unternehmen sowie sonstigen Vermögensgegenständen, jeweils im Sinne des § 266 Abs. 2 B I, B II Nr. 1, und B II Nr. 4 HGB, abzüglich

(b) der Summe aus erhaltenen Anzahlungen auf Bestellungen, Verbindlichkeiten aus Lieferungen und Leistungen, sowie sonstigen Verbindlichkeiten (insbesondere aus Verbrauchs- und Umsatzsteuer) im Sinne des § 266 Abs. 3 C Nr. 3, 4, 6, 7 und 8 HGB, sowie abzüglich

(c) aller Steuerrückstellungen und sonstigen Rückstellungen, ausgenommen Jubiläumsrückstellungen und Rückstellungen für zukünftige Pensionssicherungsvereinsbeiträge, im Sinne des § 266 Abs. 3 B Nr. 2 und 3 HGB.

5. Die Aufteilung des Kaufpreises unter den Verkäufern erfolgt im Innenverhältnis entsprechend der Höhe der von jedem Verkäufer verkauften und abgetretenen Geschäftsanteile.

6. Eine Beispielrechnung des Kaufpreises auf Grundlage der Planzahlen zum __________ ist als Anlage 3.6 beigefügt.

7. Die Verkäufer und der Käufer einigen sich auf Basis ihrer Schätzungen der Barmittel, der Fremdverbindlichkeiten und des Differenzbetrages des Nettoumlaufvermögens zum Stichtag auf einen vorläufig zahlbaren Kaufpreis in Höhe von __________ € (in Worten: Euro __________ 00/100; »Vorläufiger Kaufpreis«).

8. Der Vorläufige Kaufpreis ist am Vollzugstag fällig und vom Käufer wie folgt zu zahlen: [15]

(a) der zur Tilgung des bestehenden Bankdarlehens der Gesellschaft bei der X-Bank erforderliche Betrag ist auf das Konto mit der IBAN __________ bei der Bank __________ unter dem Verwendungszweck __________ zu zahlen und

(b) soweit der Vorläufige Kaufpreis nicht zur Ablösung der vorstehenden Verbindlichkeit zu verwenden ist, ist er auf das gemeinsame Konto der Verkäufer mit der IBAN __________ bei der Bank __________, unter dem Verwendungszweck __________ zu überweisen.

9. Der Differenzbetrag zwischen dem Vorläufigen Kaufpreis und dem Kaufpreis ist innerhalb von __________ Bankarbeitstagen nachdem der Stichtagsabschluss nach § 4.3 verbindlich geworden ist an die Verkäufer auf das in § 3.8 (b) genannte Konto zu zahlen zuzüglich Zinsen nach § 3.10 ab dem Stichtag. Im Falle eines negativen Differenzbetrages werden die Verkäufer innerhalb von __________ Bankarbeitstagen nachdem der Stichtagsabschluss nach § 4.3 verbindlich geworden ist den Differenzbetrag an den Käufer erstatten und zusätzlich den Erstattungsbetrag ab dem Zeitpunkt, zu dem der Käufer den Vorläufigen Kaufpreis an sie gezahlt hat, mit Zinsen nach § 3.10 verzinsen. Der Käufer wird hierfür unverzüglich nachdem der Stichtagsabschluss verbindlich geworden ist den Verkäufern ein Konto mitteilen.

10. Jegliche Zahlung nach diesem Vertrag hat frei von jeglichen Steuern, Bankspesen und sonstigen Abzügen durch Überweisung mit gleichtägiger Gutschrift zu erfolgen. Des Weiteren ist jede Zahlung ab Fälligkeit mit einem Zinssatz von __________ Prozentpunkten über dem jeweiligen Basiszinssatz gemäß § 247 BGB zu verzinsen. [16] Die Geltendmachung von Verzugszinsen und eines weiteren Verzugsschadens ist davon unberührt.

11. Hinsichtlich der Zahlungsansprüche aus diesem § 3 ist ein Aufrechnungs- und/oder Zurückbehaltungsrecht ausgeschlossen, es sei denn, die Gegenforderung ist unstreitig oder rechtskräftig festgestellt.

12. Die Parteien gehen davon aus, dass für die in diesem Vertrag vorgesehene Transaktion keine Umsatzsteuer anfällt. Für den Fall, dass die zuständige Finanzbehörde einer anderen Auffassung sein sollte, ist der Kaufpreis zuzüglich gesetzlicher Umsatzsteuer zu entrichten. Die Verkäufer werden in diesem Fall unverzüglich eine den gesetzlichen Anforderungen entsprechende Rechnung ausstellen. [17]

§ 4 Stichtagsabschluss [18]

1. »Stichtag« ist der Tag, 24 Uhr, an dem die letzte der Aufschiebenden Bedingungen eingetreten ist oder die Parteien, soweit nach diesem Vertrag möglich, darauf verzichtet haben. [Alternative für eine monatliche Abgrenzung: »Stichtag« ist der letzte Kalendertag des Monats, 24 Uhr, in dem die letzte der Aufschiebenden Bedingungen eingetreten ist oder die Parteien, soweit nach diesem Vertrag möglich, darauf verzichtet haben.]

2. Die Parteien werden dafür Sorge tragen, dass die Gesellschaft durch die Wirtschaftsprüfungsgesellschaft __________ unter Wahrung der Grundsätze der Bilanzierungs- und Bewertungskontinuität und unter Anwendung der Grundsätze ordnungsgemäßer Buchführung und Bilanzierung der Bundesrepublik Deutschland (wobei im Falle von Widersprüchen die Bilanzkontinuität Vorrang haben soll) [19] einen handelsrechtlichen Abschluss für die Gesellschaft, bestehend aus einer Bilanz auf den Stichtag, einer Gewinn- und Verlustrechnung für den Zeitraum vom ____[Beginn des laufenden Geschäftsjahres]____ bis zum Stichtag und einem Anhang aufstellt (»Stichtagsabschluss«). Des Weiteren ist die vorgenannte Wirtschaftsprüfungsgesellschaft zu beauftragen, basierend auf dem Stichtagsabschluss eine Aufstellung der Barmittel nach § 3.2, der Fremdverbindlichkeiten nach § 3.3 und des Nettoumlaufvermögens nach § 3.4 jeweils zum Stichtag zu verfassen (»Stichtagsaufstellungen«).

3. Die Parteien werden dafür Sorge tragen, dass die Gesellschaft der Wirtschaftsprüfungsgesellschaft __________ alle nötigen und sinnvollen Auskünfte erteilt und Unterlagen zur Verfügung stellt und übergibt.

4. Der Stichtagsabschluss und die Stichtagsaufstellungen sind innerhalb von __________ Wochen nach dem Stichtag aufzustellen und den Parteien zusammen mit dem Prüfbericht per eingeschriebenem Brief zu übersenden. Der Prüfungszeitraum für den Stichtagsabschluss und die Stichtagsaufstellungen beträgt einen Monat ab Zugang (»Prüfungszeitraum«). Einwendungen gegen den Stichtagsabschluss und/oder die Stichtagsaufstellungen müssen schriftlich vorgebracht werden und sind zu begründen. Die Begründung muss innerhalb des Prüfungszeitraums eingehen. Gehen Einwendungen nicht oder nicht rechtzeitig ein, werden der Stichtagsabschluss und die Stichtagsaufstellungen für die Parteien verbindlich. Einwendungen auf Verkäuferseite werden nur berücksichtigt, wenn sie von beiden Verkäufern gleichlautend erhoben werden. Werden Einwendungen form- und fristgerecht erhoben, kann die jeweils andere Seite durch schriftliche Erklärung innerhalb einer Frist von [einem Monat] nach Ablauf des Prüfungszeitraums die Einwendungen ganz oder teilweise anerkennen. Anerkannte Einwendungen werden zu verbindlichen Teilen des Stichtagsabschlusses und/oder der Stichtagsaufstellungen. Werden alle Einwendungen anerkannt, sind der Stichtagsabschluss und die Stichtagsaufstellungen in der durch die Einwendungen modifizierten Form insgesamt verbindlich. Über nicht anerkannte Einwendungen entscheidet eine unabhängige und unparteiische Wirtschaftsprüfungsgesellschaft, die, sofern sich die Parteien nicht einigen können, durch das Institut der Wirtschaftsprüfer e.V. in Düsseldorf zu benennen ist, schiedsgutachterlich nach §§ 317 ff. BGB. §§ 4.1 und 4.2 gelten für die Erstellung des Schiedsgutachtens entsprechend. Der so erstellte Abschluss und/

oder Aufstellungen ist als Stichtagsabschluss und/oder Stichtagsaufstellungen für die Parteien verbindlich; § 319 BGB wird ausgeschlossen. Die Kosten des Schiedsgutachters tragen die Parteien im Verhältnis ihres Obsiegens und Unterliegens. [20]

§ 5 Vollzug [21]

1. Das »Unterzeichnungsdatum« bezeichnet das Datum dieses Vertrags.

2. Der Vollzug der Transaktion (»Vollzug«) findet am letzten Bankarbeitstag des Monats statt, in dem die letzte der Aufschiebenden Bedingungen nach § 2.1 (b) bis § 2.1 (d) (»Vollzugsbedingungen«; d.h. sämtliche Aufschiebende Bedingungen mit Ausnahme der Zahlung [alternativ aus Verkäufersicht: Gutschrift] des Vorläufigen Kaufpreises nach § 2.1 (a)) eintritt oder die Parteien, soweit möglich, auf deren Eintritt verzichtet haben (»Vollzugstag«). [Sofern die letzte Vollzugsbedingung innerhalb der letzten fünf Bankarbeitstage eines Monats eintritt oder auf sie verzichtet wird, ist Vollzugstag und erfolgt der Vollzug am letzten Bankarbeitstag des darauf folgenden Monats.] Den Parteien steht es frei, übereinstimmend einen anderen Tag zu vereinbaren. [22] **Wenn die Parteien nichts Abweichendes vereinbaren, findet der Vollzug in den Geschäftsräumen des Käufers statt.**

3. Bei Vollzug

(a) werden die Parteien, soweit nicht bereits erfolgt, die sonstigen in §§ 11.1 bis 11.3 genannten Rechtsgeschäfte und Maßnahmen abschließen und die dort genannten Verträge unterzeichnen und austauschen bzw. deren Abschluss, Unterzeichnung und Austausch veranlassen,

(b) wird der Verkäufer einen Gesellschafterbeschluss über die Änderung der Geschäftsführung zum Vollzugstag gemäß Anlage 5.3 (b) fassen [. Der Käufer wird sich bemühen [/aus Verkäufersicht: dafür Sorge tragen], dass diese Änderungen unverzüglich zur Eintragung in das Handelsregister angemeldet werden],

(c) wird der Käufer den Vorläufigen Kaufpreis gemäß den Bestimmungen des § 3.8 zahlen und

(d) werden die Parteien ein im Wesentlichen Anlage 5.3 (d) entsprechendes Vollzugsprotokoll unterzeichnen, in dem zu Beweiszwecken (i) der Eintritt bzw. der Verzicht sämtlicher Vollzugsbedingungen sowie (ii) der Vollzug der Handlungen gemäß diesem § 5.3 bzw. der Verzicht hierauf bestätigt wird. Die Parteien werden den beurkundenden Notar unverzüglich nach dem Stichtag eine Abschrift des Vollzugsprotokolls übermitteln und weisen ihn bereits jetzt an, nach Erhalt dieses Protokolls die aktualisierte Gesellschafterliste der Gesellschaft zum Handelsregister einzureichen. Die Verkäufer erteilen dem Käufer hiermit mit Wirkung ab dem Stichtag eine Vollmacht zur Ausübung sämtlicher Gesellschafterrechte in der Gesellschaft.

4. Die Parteien können, soweit gesetzlich zulässig, gemeinsam auf die Vornahme der bei Vollzug vorzunehmenden Handlungen nach § ________ und der Käufer auf die Vornahme der bei Vollzug vorzunehmenden Handlungen nach § ________ schriftlich verzichten. Darüber hinaus können die Verkäufer schriftlich auf die Vornahme der bei Vollzug vorzunehmenden Handlungen nach § ________ verzichten.

5. Im Rahmen des Vollzugs oder zu anderen Zeitpunkten werden die Parteien alle weiteren Erklärungen abgeben und Handlungen vornehmen, die erforderlich oder sinnvoll sind, um die in diesem Vertrag festgelegten tatsächlichen, rechtlichen und wirtschaftlichen Wirkungen zu erzielen.

§ 6 Garantien der Verkäufer [23, 24]

Die Verkäufer garantieren, in Form selbstständiger Garantieversprechen im Sinne des § 311 Abs. 1 BGB, bei denen es sich nach dem ausdrücklichen Willen der Parteien weder um Beschaffenheitsvereinbarungen i.S.v. § 434 Abs. 1 BGB noch um Beschaffenheitsgarantien i.S.d. §§ 443, 444 Alt. 2 BGB, sondern um von vornherein nur mit dem in § 6 dieses Vertrags eingeschränkten Inhalt abgegebene Versprechen handelt und unter denen sie gesamtschuldnerisch haften, gegenüber dem Käufer, dass die in dem nachfolgenden § 6 ausgeführten Darstellungen (»Garantien«) wahrheitsgetreu, vollständig, exakt und nicht irreführend sind. [25]

1. Gesellschaftsrechtliche Verhältnisse [26]

(a) Die Gesellschaft ist eine nach deutschem Recht ordnungsgemäß errichtete und bestehende Gesellschaft mit beschränkter Haftung. Die aktuelle Fassung des Gesellschaftsvertrags der Gesellschaft ist in Anlage 6.1 (a)(i) enthalten. Änderungen des Gesellschaftsvertrags sind nicht beschlossen. Alle eintragungsfähigen Tatsachen der Gesellschaft sind im Handelsregister eingetragen und es bestehen keine schwebenden Eintragungsverfahren. Die als Anlage 6.1 (a)(ii) beigefügten Ausdrucke geben den Inhalt des Handelsregisterblattes der Gesellschaft vollständig und richtig wieder.

(b) Die gesellschaftsrechtlichen Angaben in Bezug auf die Gesellschaft in der Präambel sind vollständig und richtig. Die Geschäftsanteile sind wirksam ausgegeben und die auf sie geleisteten Einlagen auf das Stammkapital sind vollständig erbracht und nicht zurückgezahlt worden. [bei Sacheinlagen: Auf die Geschäftsanteile geleistete Sacheinlagen sind voll werthaltig.] Verdeckte Sacheinlagen wurden nicht geleistet. Es besteht keine Nachschusspflicht.

(c) Die Verkäufer sind rechtlich und wirtschaftlich Eigentümer der Geschäftsanteile und Inhaber aller damit verbundenen Rechte. Sie können frei über die Geschäftsanteile verfügen, insbesondere ohne dazu die Zustimmung Dritter zu benötigen oder dadurch Rechte Dritter, z.B. Vorkaufsrechte oder andere Erwerbsvorrechte, zu beeinträchtigen. Es bestehen auch keine dinglichen oder sonstigen Rechte Dritter an den oder in Bezug auf die Geschäftsanteile oder an den mit ihnen verbundenen Nebenrechten (z.B. Pfandrechte, Nießbrauchrechte, Stimmbindungsvereinbarungen, Ergebnisbeteiligung, Optionen, Vorkaufsrechte).

(d) An der Gesellschaft bestehen keine anderen als die in der Präambel aufgeführten Beteiligungen der Verkäufer, einschließlich stiller Beteiligungen oder Unterbeteiligungen und es bestehen keine Verpflichtungen oder bindende Angebote zur Begründung solcher Beteiligungen. Es existieren weder Treuhandvereinbarungen oder ähnliche Vereinbarungen in Bezug auf die Geschäftsanteile. Die Gesellschaft hat keine Unternehmensverträge nach §§ 291 ff. AktG und keine Verträge über die Begründung stiller Gesellschaften abgeschlossen.

(e) Weder die Gesellschaft noch die Verkäufer sind überschuldet oder zahlungsunfähig noch droht eine Überschuldung oder Zahlungsunfähigkeit. Über das Vermögen der Gesellschaft wurden keine Insolvenzverfahren beantragt, eröffnet oder mangels Masse abgelehnt. Es bestehen keine Umstände, die eine Anfechtung der Veräußerung der Geschäftsanteile nach den Bestimmungen der Insolvenzordnung oder des Anfechtungsgesetz rechtfertigen würden.

(f) Die Gesellschaft hält keine Beteiligungen an anderen Unternehmen und es bestehen keine Verpflichtungen zum Erwerb von Beteiligungen. Anlage 6.1 (f) enthält eine Liste sämtlicher Mitgliedschaften der Gesellschaft in Verbänden, Arbeitsgemeinschaften oder anderen Zusammenschlüssen und Organisationen. [26]

2. Jahresabschlüsse und finanzielle Verhältnisse der Gesellschaft [27]

(a) Die nach Handels- und Steuerrecht zu führenden Bücher und Unterlagen der Gesellschaft sind ordnungsgemäß, vollständig und richtig geführt und werden entsprechend den Aufbewahrungspflichten nach § 257 HGB oder vergleichbaren Vorschriften vollständig und ordnungsgemäß aufbewahrt.

(b) Die der Käuferin übergebenen [und geprüften und mit dem uneingeschränkten Bestätigungsvermerk versehenen] Jahresabschlüsse der Gesellschaft (bestehend aus Bilanz, Gewinn- und Verlustrechnung und Anhang) [sowie die dazugehörigen Lageberichte] für die Geschäftsjahre __________ bis __________ wurden in Übereinstimmung mit den einschlägigen gesetzlichen Vorschriften und den Grundsätzen ordnungsgemäßer Buchführung, insbesondere unter Wahrung der Bilanz- und Bewertungskontinuität, erstellt. Sie vermitteln ein den tatsächlichen Verhältnissen entsprechendes Bild der Vermögens-, Finanz- und Ertragslage der Gesellschaft zum jeweiligen Bilanzstichtag.

(c) Bei der Gesellschaft existieren am Stichtag keine Verbindlichkeiten, die nicht in dem Stichtagsabschluss ausgewiesen sind und für die nicht auch in voller Höhe Rückstellungen gebildet wurden. Es besteht keine Notwendigkeit, Rückstellungen zu bilden, die über die im Stichtagsabschluss ausgewiesenen Rückstellungen hinausgehen. Auch bestehen keine Eventualverbindlichkeiten und Haftungsverhältnisse im Sinne des § 251 HGB, die, soweit nicht passivierungspflichtig, im Stichtagsabschluss nicht unter der Bilanz vermerkt sind.

(d) Die in dem Stichtagsabschluss ausgewiesenen Forderungen sind ordnungsgemäß gebucht und sind unter Berücksichtigung und Anrechnung etwa in ausreichendem Umfang gebildeter Einzel- und Pauschalwertberichtigungen werthaltig und einbringlich und können innerhalb eines Zeitraums von __________ Monaten ab dem Stichtag ohne besondere Inkassomaßnahmen eingezogen werden.

(e) Letztmalig ist eine Gewinnausschüttung am __________ erfolgt. Seither hat die Gesellschaft keine Gewinne offen oder verdeckt ausgeschüttet oder offene oder verdeckte Gewinnausschüttungen beschlossen.

3. Vermögensgegenstände

(a) Sämtliche Vermögensgegenstände des in dem Stichtagsabschluss ausgewiesenen Anlage- und Umlaufvermögens stehen im rechtlichen und wirtschaftlichen Eigentum der Gesellschaft. Sie sind frei von dinglichen und schuldrechtlichen Ansprüchen Dritter, soweit sie nicht von im gewöhnlichen Geschäftsbetrieb begründeten Sicherungsrechten oder Eigentumsvorbehalten oder gesetzlichen Pfandrechten für Verbindlichkeiten unterliegen, die im Stichtagsabschluss ausgewiesen sind [und soweit sich nicht aus Anlage 6.3 (a) etwas anderes ergibt].

(b) Sämtliche Vermögensgegenstände des in dem Stichtagsabschluss ausgewiesenen Anlage- und Umlaufvermögen sind in einem einwandfreien/ihrem Alter entsprechenden Zustand, wurden regelmäßig gewartet und repariert und erlauben zusammen mit sonstigen von der Gesellschaft rechtmäßig genutzten beweglichen oder unbeweglichen Gegenständen und Rechten eine [unveränderte/im Wesentlichen identische] Fortführung des bisherigen Geschäftsbetriebs der Gesellschaft.

4. Grundbesitz

Die Gesellschaft ist Eigentümerin des im als Anlage 6.4 beigefügten aktuellen Grundbuchauszuges genannten und aufgeführten Grundbesitzes. Der Grundbesitz ist frei von Lasten und Belastungen sowie Rechten Dritter soweit sich nicht aus

Anlage 6.4.1 etwas anderes ergibt. Es bestehen auch keine Verpflichtungen, derartige Rechte, Lasten oder Belastungen zu gewähren. Darüber hinaus ist die Gesellschaft auch Besitzerin des Grundbesitzes und es bestehen keine Nutzungsrechte Dritter (bspw. Miete, Pacht) am Grundbesitz [soweit sich aus Anlage 6.4.2 nicht etwas anderes ergibt].

5. Gewerbliche Schutzrechte [28]

(a) Anlage 6.5 (a) enthält eine vollständige und zutreffende Aufstellung aller in- und ausländischen gewerblichen Schutzrechte (Patente, Marken, Gebrauchs- und Geschmacksmuster, Halbleiterschutzrechte, Topografien und Sortenschutzrechte, Warenzeichen und Logos, einschließlich aller Registrierungen und Anmeldungen), Urheberrechte, Betriebsgeheimnisse, vertrauliche oder geschützte Informationen (insbesondere Software (andere als handelsübliche, serienmäßig produzierte Software), technische Verfahren, technische Informationen), Know-How und patentierfähige Erfindungen und Entdeckungen und Domain-Namen (zusammen »Gewerblichen Schutzrechte«), deren ausschließliche und unbeschränkte Inhaberin die Gesellschaft ist oder an denen der Gesellschaft ein Nutzungsrecht zusteht einschließlich der betreffenden Lizenzverträge.

(b) Außer den in Anlage 6.5 (a) aufgeführten Gewerblichen Schutzrechten werden von der Gesellschaft für die Fortführung und Aufrechterhaltung des Geschäftsbetriebs keine gewerblichen Schutzrechte genutzt oder benötigt. Ist die Gesellschaft Lizenznehmerin Gewerblicher Schutzrechte, sind Zahlungen fälliger Lizenzgebühren sowie alle sonst zur Aufrechterhaltung der Gewerblichen Schutzrechte erforderlichen Maßnahmen vollständig und rechtzeitig erfolgt. Die Lizenzen sind nicht gekündigt und es liegen – außer den in den jeweiligen Vertragsbestimmungen vorgesehenen – keine Umstände vor, die zur Kündigung dieser Vereinbarung berechtigen würden.

(c) Alle Gewerblichen Schutzrechte bestehen wirksam und sind durchsetzbar. Die Gewerblichen Schutzrechte, deren ausschließliche und unbeschränkte Inhaberin die Gesellschaft ist, sind frei von Belastungen, Pfandrechten oder sonstigen Rechten Dritter. Die Gewerblichen Schutzrechte sind nach bestem Wissen der Verkäufer zum Unterzeichnungsdatum weder Gegenstand gerichtlicher oder behördlicher Verfahren noch werden sie nach bestem Wissen der Verkäufer durch Dritte verletzt.

(d) Nach bestem Wissen der Verkäufer verletzt die Gesellschaft keine Gewerblichen Schutzrechte Dritter und es wurden diesbezüglich keine Unterlassungs- oder Schadensersatzansprüche gegen die Gesellschaft erhoben oder angedroht.

6. Erlaubnisse, Genehmigungen und Zuschüsse

(a) Die Gesellschaft verfügt über alle öffentlich-rechtlichen und privatrechtlichen Genehmigungen und Erlaubnisse, die für die Führung und Fortsetzung des gegenwärtigen Geschäftsbetriebes erforderlich oder zweckdienlich sind. Der Geschäftsbetrieb der Gesellschaft wird in Übereinstimmung mit diesen Genehmigungen und Erlaubnissen in ihren jeweiligen Fassungen geführt. Nach bestem Wissen der Verkäufer bestehen oder drohen zum Unterzeichnungsdatum weder Aufhebung, Widerruf oder Einschränkung einer solchen Genehmigung oder Erlaubnis.

(b) Die betrieblichen Anlagen der Gesellschaft sind unter Beachtung aller anwendbaren Rechtsvorschriften und behördlichen Weisungen (insbesondere auf den Gebieten des Umweltschutz-, Bau- und Gewerberechts) errichtet und nachfolgende Änderungen oder Erweiterungen in Übereinstimmung hiermit vorgenommen worden.

(c) Sowohl der Geschäftsbetrieb der Gesellschaft als auch deren betriebliche Anlagen werden in Übereinstimmung mit öffentlich-rechtlichen Bestimmungen jeglicher Art geführt. Weder sie noch die von der Gesellschaft hergestellten Produkte oder Dienstleistungen verletzen anwendbare in- und ausländische Rechtsvorschriften (unter anderem Produkthaftungs-, Sicherheits-, Arbeitsschutz- und Unfallverhütungsvorschriften und technische Normen), behördliche Weisungen oder Rechte Dritter. Nach bestem Wissen der Verkäufer sind gegen die Gesellschaft zum Unterzeichnungsdatum weder Ansprüche wegen angeblicher Rechtsverletzungen oder fehlerhafter Produkte erhoben, noch angedroht noch sind Umstände ersichtlich, die eine solche Erhebung erwarten lassen.

(d) Die Gesellschaft hat keine offenen oder verdeckten öffentlichen Zuschüsse, Zulagen, Beihilfen oder vergleichbare Leistungen öffentlich-rechtlicher Art erhalten. [alternativ im Falle der Gewährung solcher Beihilfen: Die Gesellschaft hat nur die in Anlage 6.6 (d) aufgeführten öffentlichen Zuschüsse, Zulagen, Beihilfen oder vergleichbare Leistungen öffentlich-rechtlicher Art erhalten und diese nur in Übereinstimmung mit den anwendbaren Rechtsvorschriften und unter Beachtung jeglicher behördlicher Anordnungen, Bedingungen und Auflagen beantragt, empfangen und verwandt.]

7. Personalangelegenheiten

(a) Anlage 6.7 (a) enthält eine vollständige und zutreffende, jedoch pseudonymisierte und auch ansonsten den datenschutzrechtlichen Anforderungen entsprechende Aufstellung sämtlicher Arbeitnehmer und Organmitglieder der Gesellschaft, einschließlich ihrer Position, ihres Alters, Eintrittsdatums, Brutto-Jahresgehalt, Kündigungsfristen, etwaig einschlägiger Besonderheiten (Schwerbehinderung, Mutterschutz, usw.) und sonstiger gesetzlich oder vertraglich geschuldeter oder gewährter Zuwendungen (insbesondere Versorgungszusagen, Tantieme, Arbeitnehmerdarlehen, usw.).

(b) Anlage 6.7 (b) enthält alle aktuellen Dienstverträge der Geschäftsführer der Gesellschaft, alle mit ihnen abgeschlossenen oder angebotenen Zusatzvereinbarungen sowie eine Liste aller diesen sonst gewährten Vergünstigungen oder Zuwendungen. Außer den in den Anlage 6.7 (a) und 6.7 (b) aufgeführten Vereinbarungen oder Zuwendungen bestehen keine weiteren, die eine Beteiligung am Gewinn der Gesellschaft oder Sonderleistungen wie Boni, Optionen, Tantiemen oder Prämien vorsehen.

(c) Keiner der Verträge der in den Anlagen 6.7 (a) und 6.7 (b) aufgeführten Arbeitnehmer oder Organmitglieder ist gekündigt und keine der genannten Personen hat die Kündigung gegenüber der Gesellschaft schriftlich angekündigt oder in Aussicht gestellt. Bei keinem der in den Anlagen 6.7 (a) und 6.7 (b) aufgeführten Arbeitnehmer oder Organmitglieder hat sich die Gesamtvergütung in den letzten ____________ Monaten vor dem Unterzeichnungsdatum um mehr als ____________ % erhöht [, soweit nicht in Anlage 6.7 (c) etwas anderes angegeben ist].

(d) Die Gesellschaft unterliegt keiner Tarifbindung [alternativ im Falle der Tarifbindung: Anlage 6.7 (d) enthält eine vollständige und zutreffende Aufstellung aller für die Gesellschaft geltender Tarifverträge, Betriebsvereinbarungen, Sozialpläne und Verpflichtungen aufgrund betrieblicher Übung.]

(e) Die Gesellschaft hat alle fälligen Sozialversicherungsbeiträge bei Fälligkeit gezahlt sowie alle vom Gehalt einzubehaltenden Steuern richtig ermittelt, abgerechnet, einbehalten und bei Fälligkeit an die Empfänger abgeführt.

8. Wesentliche Verträge [29]

(a) Anlage 6.8 (a) enthält eine vollständige und zutreffende Aufstellung folgender, für die Gesellschaft und deren Geschäftsbetrieb wichtiger und noch nicht vollum-

fänglich beiderseits erfüllter Verträge, jeweils mit Angabe der Vertragspartner, wesentlicher Vertragsleistungen, Laufzeiten und Kündigungsfristen und -modalitäten:

(i) Verträge mit Beratern oder anderen Dienstleistern, soweit die Gesellschaft darin zur Zahlung eines Honorars oder einer sonstigen Vergütung von ______________ € p.a. verpflichtet wird;

(ii) Verträge mit Handelsvertretern, Vertragshändlern und ähnlichen Vertriebsmittlern sowie sämtliche Vertriebsverträge;

(iii) Joint-Venture, Kooperations- und vergleichbare Verträge;

(iv) Verträge über die Anschaffung oder Veräußerung von Gegenständen des Anlagevermögens einschließlich immaterieller Vermögensgegenstände, Sachanlagen und Finanzanlagen, deren Wert ______________ € im Einzelfall übersteigt;

(v) Miet-, Pacht-, oder Leasingverträge (mit Ausnahme von Kfz-Leasingverträgen), deren jährliche Nettoraten im Einzelfall ______________ € übersteigen;

(vi) Lizenzverträge, die die Gesellschaft als Lizenznehmer oder -geber eingegangen ist und deren jährliche Nettolizenzgebühren im Einzelfall ______________ € übersteigen;

(vii) Kreditverträge der Gesellschaft mit Ausnahme üblicher Warenkredite im gewöhnlichen Geschäftsbetrieb;

(viii) Garantien, Bürgschaften oder ähnliche Verpflichtungen, die für Verbindlichkeiten Dritter übernommen wurden und

(ix) sonstige Verträge oder Verpflichtungen, die im Einzelfall Leistungen oder Verpflichtungen der Gesellschaft von mehr als ______________ € begründen oder die außerhalb des gewöhnlichen Geschäftsbetriebs der Gesellschaft liegen und die nicht von den vorstehenden Garantien umfasst sind.

(b) Sämtliche der in Anlage 6.8 (a) aufgeführten Verträge sind wirksam und werden vertragsgemäß durchgeführt. Der Fortgeltung dieser Verträge steht nichts entgegen und es ist nach bestem Wissen der Verkäufer keine Kündigung zu erwarten. Der Vollzug der in diesem Vertrag niedergelegten Transaktion wird keiner Partei eines solchen Vertrags ein Recht zur außerordentlichen Kündigung gewähren.

9. Versicherungen

Anlage 6.9 enthält eine vollständige und zutreffende Aufstellung aller von der Gesellschaft oder zu ihren Gunsten abgeschlossenen Versicherungen. Es existieren nach bestem Wissen der Verkäufer keine Umstände, die Versicherungsleistungen ausschließen könnten. Alle fälligen Versicherungsprämien sind ordnungsgemäß gezahlt worden. Durch den Vollzug der in diesem Vertrag niedergelegten Transaktion entfällt kein Versicherungsschutz. Der Umfang des aus diesen Versicherungen resultierenden Schutzes entspricht dem Umfang, der im Rahmen einer pflichtgemäßen Geschäftsführung abgeschlossen wird und erstreckt sich auf die mit dem Geschäftsbetrieb der Gesellschaft verbundenen Risiken aus Betriebshaftpflicht, Betriebsunterbrechung und Produkthaftung.

10. Rechtsstreitigkeiten

Soweit sich aus Anlage 6.10 nichts anderes ergibt, ist die Gesellschaft zum Unterzeichnungsdatum nicht Partei gerichtlicher oder behördlicher Verfahren oder von Schiedsverfahren, sei es als Klägerin, Beklagte oder in anderer Weise. Nach bestem Wissen der Verkäufer bestehen keine Anzeichen dafür, dass (weitere) derartige Verfahren drohen.

11. Altlasten [30]

Auf denen der Gesellschaft gehörenden und in Anlage 6.4.1 aufgeführten sowie auf denen von der Gesellschaft genutzten Grundstücken, Gebäuden und baulichen Anlagen bestehen keine Altlasten oder schädlichen Bodenveränderungen nach dem BBodSchG.

12. Steuerangelegenheiten [31]

Die Gesellschaft hat alle sich auf den Zeitraum bis einschließlich des Stichtages beziehenden Steuererklärungen ordnungsgemäß aufgestellt und ordnungsgemäß und rechtzeitig abgegeben bzw. wird diese ordnungsgemäß erstellen und abgeben. Alle Steuern einschließlich Steuervorauszahlungen und sonstige öffentlich rechtliche Abgaben und alle damit im Zusammenhang angefallenen Nebenleistungen wurden bei Fälligkeit bis zum Stichtag ordnungsgemäß gezahlt und es wurden diesbezüglich ordnungsgemäß Rückstellungen gebildet.

13. Fortführung der Geschäfte

Der Geschäftsbetrieb der Gesellschaft ist im Zeitraum seit Beginn des laufenden Geschäftsjahres bis zum Unterzeichnungsdatum ausschließlich [verkäuferfreundlich: im Wesentlichen] im Rahmen des gewöhnlichen Geschäftsgangs, mit der Sorgfalt eines ordentlichen Geschäftsmanns und [verkäuferfreundlich: im Wesentlichen] in Übereinstimmung mit dem vorherigen Geschäftsgang und der bisherigen Geschäftspraxis geführt worden.

§ 7 Ergänzende Bestimmungen zu den Garantien [32]

1. Die Garantien in § 6 beziehen sich sowohl auf das Unterzeichnungsdatum als auch auf den Stichtag, sofern nicht in den einzelnen Garantien ein anderes Datum angegeben ist. [33]

2. Für die Unrichtigkeit oder Unvollständigkeit von Garantien haften die Verkäufer nur, wenn weder der Käufer noch die in Anlage 7.2.1 genannten Personen Kenntnis von Tatsachen haben oder bei Beachtung der Sorgfalt eines ordentlichen Kaufmanns hätten haben können, die zur Unrichtigkeit und/oder Unvollständigkeit einer oder mehrerer Garantien führen. Als dem Käufer bzw. einer der in Anlage 7.2.1 genannten Personen bekannt gelten alle Dokumente, Daten, Informationen und Umstände, die dem Käufer, einem seiner Berater oder einer der in Anlage 7.2.1 genannten Personen im Rahmen der diesem Vertrag vorangegangenen Untersuchung des Unternehmens der Gesellschaft im Datenraum oder auf andere Weise schriftlich und fair offengelegt wurden (wie z.B. im Rahmen der Management Präsentationen, durch Informationsmemoranden), insbesondere durch Vorlage der Dokumente, die in dem als Anlage 7.2.2 beigefügten Datenraumindex aufgeführt sind. [34]

3. Für die Unrichtigkeit und Unvollständigkeit von Garantien haften die Verkäufer auch, wenn sie die entsprechende Unrichtigkeit oder Unvollständigkeit nicht zu vertreten haben. Soweit Garantien »nach bestem Wissen der Verkäufer« gegeben werden, haften die Verkäufer nur, wenn sie Kenntnis oder grob fahrlässige Unkenntnis von den Tatsachen haben, die zur Unrichtigkeit bzw. Unvollständigkeit der jeweiligen Garantie führen, wobei es nicht darauf ankommt, ob sie von den Tatsachen auf die Unrichtigkeit bzw. Unvollständigkeit der jeweiligen Garantie geschlossen haben; die Kenntnis oder grob fahrlässige Unkenntnis eines der Verkäufer oder einer der in Anlage 7.3 aufgeführten Personen wird allen Verkäufern zugerechnet. [35]

§ 8 Rechtsfolgen im Falle unrichtiger oder unvollständiger Garantien [36]

1. Sollten eine oder mehrere Garantien in § 6 ganz oder teilweise unrichtig und/oder unvollständig sein und ist die Haftung der Verkäufer nicht nach § 7 ausgeschlossen, wird der Käufer die Verkäufer zunächst über das mögliche Bestehen eine Anspruchs nach diesem Vertrag schriftlich informieren und zwar innerhalb einer angemessenen Frist, nachdem er von allen wesentlichen anspruchsbegründenden Tatsachen Kenntnis erlangt hat. Zugleich wird er den geltend gemachten Anspruch begründen und mit den erforderlichen Unterlagen belegen. Innerhalb von [vier] Wochen werden die Verkäufer den Käufer informieren, ob sie den geltend gemachten Anspruch anerkennen oder bestreiten. Erkennen sie den geltend gemachten Anspruch an, haben sie außerdem mitzuteilen, ob und dass sie den Zustand spätestens innerhalb einer Frist von [vier] Wochen herstellen, der bestünde, wenn die betroffene Garantie bzw. Garantien zutreffend oder vollständig wären (Naturalrestitution). Wenn die Verkäufer den Käufer nicht innerhalb der vereinbarten Frist über die Anerkennung des geltend gemachten Anspruchs informieren oder den Anspruch zwar anerkennen, jedoch nicht, nicht frist- oder ordnungsgemäß Naturalrestitution leisten oder diese nicht möglich oder eine Entschädigung des Käufers nach § 251 Abs. 1 BGB nicht genügend ist, kann der Käufer ausschließlich Schadensersatz in Geld verlangen. Die Verpflichtung zum Schadensersatz ist beschränkt auf den Ersatz tatsächlich bei dem Käufer entstandener, unmittelbarer Schäden sowie für mittelbare oder Folgeschäden, im Übrigen aber ausgeschlossen. Der Ausschluss umfasst auch interne Verwaltungs- oder Fixkosten, eventuell infolge geleisteter Schadensersatzzahlungen anfallende oder erwartete zusätzliche Steuern sowie einen geminderten Unternehmenswert. Der Einwand, dass der Kaufpreis aufgrund unrichtiger Annahmen berechnet worden sei, ist ausgeschlossen.[37] Dabei kann der Käufer nach seiner Wahl Leistung des Schadensersatzes an sich oder an die Gesellschaft verlangen.

2. Führt ein Sachverhalt zu der Verletzung mehrerer Garantien oder zu der Verletzung einer Garantie und der Verursachung eines Freistellungsanspruchs nach § 9, haften die Verkäufer hierfür nur einmal. Ansprüche des Käufers nach diesem § 8 bestehen nur, soweit diesem keine Ansprüche gegen Dritte, insbesondere gegen Versicherungen, zustehen und diese nicht realisiert werden konnten. Ebenfalls besteht keine Haftung der Verkäufer, soweit der aus der Garantieverletzung resultierende Schaden sich bei der Ermittlung des Kaufpreises (vgl. §§ 3.1 i.V.m. 4) kaufpreismindernd ausgewirkt hat. Des Weiteren sind bei der Schadensermittlung alle gegenwärtigen und zukünftigen Vorteile (bspw. Ersparnisse, Wertsteigerungen) anspruchsmindernd zu berücksichtigen. [38]

3. Die Verkäufer haften wegen einer unrichtigen oder unvollständigen Garantie nur, soweit der daraus resultierende Schaden im Einzelfall einen Betrag von ____________ € übersteigt und die Summe solcher einzelner relevanter Schäden insgesamt einen Betrag von ____________ € übersteigt; dann aber in voller Höhe (Freigrenze). Die Haftung der Verkäufer ist insgesamt auf einen Höchstbetrag von ____________ €/den Kaufpreis beschränkt. [39] Für Zwecke dieses § 8.3 gelten mehrere auftretende Schäden, die aus der gleichen Ursache resultieren und zwischen denen ein innerer Zusammenhang besteht (Serienschäden) unabhängig vom tatsächlichen Zeitpunkt ihres Eintritts sowohl in ihrer Gesamtheit als auch in Teilen hieraus als ein Einzelfall. Diese Haftungsbeschränkungen gelten nicht bei Vorsatz und hinsichtlich der Haftung für Rechtsmängel nach § 6.1.

4. Ansprüche des Käufers nach § 8.1 verjähren [zwei] Jahre nach dem Stichtag. Dies gilt nicht für Ansprüche wegen Unrichtigkeit oder Unvollständigkeit der Garantien aus § 6.1. Diese verjähren [fünf] Jahre nach dem Stichtag. [40]

5. Machen Dritte Ansprüche gegen den Käufer oder gegen die Gesellschaft geltend, die zu einer Haftung der Verkäufer nach diesem § 8 führen können, wird der Käufer sicherstellen, dass die Verkäufer innerhalb angemessener Frist hierüber unterrichtet werden. Der Käufer wird weiter sicherstellen, dass den Verkäufern alle für die Beurteilung der Begründetheit geltend gemachter oder angedrohter Drittansprüche erforderlichen Unterlagen zugänglich gemacht und Auskünfte erteilt werden und ihnen wird Gelegenheit gegeben, ihn oder die Gesellschaft bei der Abwehr solcher Drittansprüche zu unterstützen; die hiermit verbundenen Kosten sind von den Verkäufern zu tragen. Der Käufer wird insbesondere sicherstellen, dass ohne vorherige Zustimmung der Verkäufer keine verfahrensbeendenden Erklärungen abgegeben oder Vergleiche abgeschlossen werden.

6. Dem Käufer stehen Ansprüche und Rechte wegen Unrichtigkeit oder Unvollständigkeit der Garantien nur zu, soweit diese ausdrücklich in diesem Vertrag geregelt sind. Im Übrigen sind Ansprüche und Rechte des Käufers, insbesondere weitergehende Mängel- oder Ausgleichsansprüche, Ansprüche nach § 280 BGB, Anfechtungsrechte wegen Fehlens wesentlicher Eigenschaften und Ansprüche aus § 313 BGB, soweit gesetzlich zulässig, ausgeschlossen; das gilt auch für Ansprüche auf Minderung des Kaufpreises, Schadensersatz wegen Geschäftsunterbrechung, interner Kosten oder Gemeinkosten, Ersatz fehlgeschlagener Aufwendungen, Ersatz entgangenen Gewinns oder Wertminderung auf Grund des Verlusts von Einnahmen, Ersatz von Folgeschäden, Ansprüche mit dem Argument, der Kaufpreis sei auf einer falschen Grundlage berechnet oder der Schaden sei unter Berücksichtigung der Bewertungsmethode des Käufers zu berechnen, sowie für die Berücksichtigung steuerlicher Folgen von Zahlungen der Verkäufer nach Inanspruchnahme auf Grund dieses Vertrags. [41] Das Recht des Käufers von diesem Vertrag zurückzutreten bestimmt sich einzig nach Maßgabe des § 10.

7. Zahlungen der Verkäufer gemäß dieses § 8 sind im Verhältnis zwischen dem Käufer und den Verkäufern als Herabsetzung des Kaufpreises anzusehen. Zahlungen der Verkäufer an die Gesellschaft gelten als Einlage des Käufers in das Vermögen der Gesellschaft.

§ 9 Steuern und Abgaben [42]

1. Die Verkäufer stellen den Käufer oder nach dessen Wahl die Gesellschaft von allen bei der Gesellschaft anfallenden und endgültig durch Bescheid festgesetzten oder für sofort vollziehbar erklärten Steuern, steuerlichen Nebenleistungen i.S.v. § 3 Abs. 4 AO und sonstigen öffentlich-rechtlichen Abgaben und Gebühren, einschließlich Sozialversicherungsbeiträgen frei, die gegen die Gesellschaft erhoben werden und die sich auf den Zeitraum bis zum Stichtag einschließlich beziehen. Die Freistellung gilt für vorgenannte Zahlungsverpflichtungen soweit der Stichtagsabschluss diesbezüglich keine Rückstellungen oder Verbindlichkeiten oder Rückstellungen oder Verbindlichkeiten in nicht ausreichender Höhe ausweist und sich diese nicht bereits auf den Kaufpreis ausgewirkt haben oder soweit sie nicht bis zum Stichtag vollständig bezahlt wurden.

2. Die Freistellung nach § 9.1 besteht nur, soweit die Mehrsteuern nicht aus einer nach dem Stichtag ergehenden Gesetzesänderung oder Änderung der Verwaltungspraxis oder Änderungen in der steuerlichen Handhabung seitens der Gesellschaft nach dem Stichtag (einschließlich Änderungen der Bilanzierungspraxis oder in der Ausübung steuerlicher Wahlrechte), aus der Strukturierung und Implementierung der in diesem Vertrag niedergelegten Transaktion und/oder aus Rechtsgeschäften, Handlungen oder Unterlassungen nach dem Stichtag resultieren, die zu einer nachträglichen, rückwirkenden oder höheren Steuer führt bzw. führen.

3. Soweit der Steuernachteil in einem Veranlagungszeitraum oder einem Teil durch Steuervorteile der Gesellschaft in den folgenden Veranlagungszeiträumen kompensiert wird, sind diese Vorteile bei der Freistellung nach § 9.1 anzurechnen/findet ein Ausgleich nicht statt.

4. § 8.7 gilt für Zahlungen nach § 9.1 entsprechend. Die Zahlung ist __________ Bankarbeitstage vor Fälligkeit der Steuerschuld der Gesellschaft fällig, frühestens jedoch __________ Bankarbeitstage nach einer Mitteilung des Käufers über die Fälligkeit und Höhe des zu zahlenden Betrages, der prüfungsfähigen Unterlagen und einer Kopie des Steuerbescheids und einer Darstellung der bilanzierten Verbindlichkeit und Rücklagen sowie aller weiterer, für den Anspruch und dessen Beurteilung relevanter Unterlagen. Freistellungsansprüche nach § 9.1 verjähren [sechs] Monate nach Bestandskraft des Bescheides für die betreffende Steuer.

5. Wenn und soweit durch steuerliche Außenprüfungen die Interessen der Verkäufer berührt werden, wird der Käufer den Verkäufern und deren zur Berufsverschwiegenheit verpflichteten Beratern Gelegenheit zur Mitwirkung geben. Des Weiteren wird der Käufer sicherstellen, dass Steuererklärungen, die zumindest teilweise Zeiträume oder Ereignisse bis zum Stichtag betreffen, in Abstimmung mit den Verkäufern erstellt werden.

6. § 7.2 gilt entsprechend.

§ 10 Rücktrittsrecht [43, 44]

1. Jede Partei ist zum Rücktritt berechtigt, wenn die Bedingung nach § 2.1 (b) i.V.m. § 12 (Fusionskontrolle) nicht spätestens bis zum __________ eingetreten ist oder das Bundeskartellamt das Zusammenschlussvorhaben endgültig untersagt.

2. Jede Partei ist ferner zum Rücktritt berechtigt, wenn die Vollzugsbedingungen nach § 2.1 (c) i.V.m. § 11.2 (a) nicht spätestens bis __________ eingetreten ist oder der Käufer hierauf nicht schriftlich verzichtet hat.

[Ggf. weitere, auch nur einseitige Rücktrittsrechte zugunsten bestimmter Parteien, für den Fall, dass etwaige weitere Aufschiebende Bedingungen nicht bis zu einem bestimmten Zeitpunkt eingetreten sind oder darauf verzichtet wurde].

3. Ein Rücktrittsrecht besteht nicht, wenn die Partei, die den Rücktritt erklärt, den Eintritt der Vollzugsbedingung wider Treu und Glauben verhindert hat.

4. Der Rücktritt nach einer der vorgenannten Bestimmungen ist innerhalb von __________ Tagen nach Kenntnis von den zum Rücktritt berechtigenden Umständen schriftlich gegenüber den übrigen Parteien und unter Benachrichtigung des beurkundenden Notars zu erklären.

5. Im Falle eines Rücktritts entfallen alle Verpflichtungen zwischen den Parteien mit Ausnahme der §§ 14, 15, 17, 18 und 19.

§ 11 Weitere Verträge und Maßnahmen/Fortführung der Geschäfte/Vollzugsvoraussetzungen

1. Gemeinsame Verpflichtungen der Verkäufer und des Käufers

Zwischen dem Unterzeichnungsdatum und dem Stichtag werden die Verkäufer und der Käufer gemeinsam folgende Verträge aushandeln und abschließen und sonstige Maßnahmen und Handlungen vornehmen:

(a) Abschluss eines Transitional Service Agreement zwischen Verkäufer 1 und der Gesellschaft hinsichtlich Logistik- und Lagerdienstleistungen, um einen reibungslosen Übergang der Gesellschaft zu gewährleisten.

(b) [ggf. weitere gemeinsam zu erfolgende Maßnahmen, bspw. Erwirken einer Vormerkung falls im Rahmen der Transaktion auch ein Grundstück aufgelassen wird, usw.]

Am Vollzugstag werden die Parteien die vorgenannten Verträge unterzeichnen und austauschen.

2. Verpflichtungen des Käufers

Der Käufer verpflichtet sich, bis zum bzw. mit Wirkung zum Stichtag die folgenden weiteren Maßnahmen und Handlungen vorzunehmen:

(a) Der Aufsichtsrat des Käufers hat der hierin niedergelegten Transaktion zuzustimmen. Die dingliche Abtretung der Geschäftsanteile steht daher unter der aufschiebenden Bedingung der Erteilung der Zustimmung des Aufsichtsrats. Der Käufer wird sich darum bemühen, dass die Zustimmung unverzüglich nach dem Unterzeichnungsdatum erteilt wird.

(b) [bei Fortbestand der bisherigen Geschäftsführung und sofern einschlägig: Der Käufer wird mit den derzeitigen Geschäftsführern der Gesellschaft neue Anstellungsverträge gemäß den in Anlage 11.2 (b) genannten Konditionen abschließen.]

(c) [ggf. weitere Verpflichtungen des Käufers, die spätestens zum Stichtag vorliegen müssen und Voraussetzung für den Vollzug sind, bspw. Vorlage einer Finanzierungsbestätigung oder Bankgarantie, usw.]

3. Verpflichtungen der Verkäufer

Die Verkäufer verpflichten sich, bis zum bzw. mit Wirkung zum Stichtag die folgenden weiteren Maßnahmen und Handlungen vorzunehmen:

(a) [bei Fortbestand der bisherigen Geschäftsführung und sofern einschlägig: Die Verkäufer werden sich darum bemühen, dass die derzeitigen Geschäftsführer der Gesellschaft ihre derzeit mit der Gesellschaft bestehenden Anstellungsverträge zum Stichtag einvernehmlich aufheben und zwar Zug-um-Zug gegen Abschluss der unter § 11.2 (b) genannten zukünftigen Anstellungsverträge.]

(b) [ggf. weitere Verpflichtungen der Verkäufer, die spätestens zum Vollzug vorliegen müssen und Voraussetzungen für den Vollzug sind, bspw. Vorlage von Sicherheiten zur Sicherung von Gewährleistungsansprüchen, Beendigung bestehender Vertragsverhältnisse auf der Ebene der Gesellschaft, usw.]

4. Fortführung der Geschäfte [45]

Des Weiteren verpflichten sich die Verkäufer, soweit einschlägige Gesetze dem nicht entgegenstehen, gegenüber dem Käufer dafür Sorge zu tragen, dass der Betrieb der Gesellschaft bis zum Stichtag ausschließlich im Rahmen des gewöhnlichen Geschäftsgangs mit vorsichtiger Geschäftspraxis und im Wesentlichen in gleicher Weise wie bisher geführt wird und dass bis zum Stichtag keine über den gewöhnlichen Geschäftsbetrieb hinausgehenden Maßnahmen und Rechtsgeschäfte vorgenommen werden, insbesondere

(a) der Gesellschaftsvertrag der Gesellschaft nicht geändert wird;

(b) bei der Gesellschaft keine Gewinnausschüttungen für das laufende Geschäftsjahr beschlossen werden und erfolgen;

(c) keine Änderungen bestehender Anstellungsverträge der Gesellschaft mit Organmitgliedern vorgenommen werden;

(d) die Gesellschaft keine Darlehen oder sonstige Finanzierungen mit Ausnahme kurzfristiger Kredite bis zu ____________ € im Einzelfall aufnimmt;

(e) die Gesellschaft keine Verbindlichkeiten begründet, die im Einzelfall einen Betrag von ____________ € übersteigen und

(f) [sonstige Maßnahmen bspw. Begeben von Sicherheiten, Veräußerung oder Belastung von Vermögensgegenständen über bestimmten Schwellenwert, Durchführung von Kapitalmaßnahmen, Erwerb von Beteiligungen, usw.]

und auch ansonsten keine wesentlichen Änderungen hinsichtlich des Gegenstandes und/oder des Umfangs der Geschäftsaktivitäten, des Geschäftsbetriebs im Übrigen, der Vermögens-, Finanz- und Ertragslage der Gesellschaft erfolgen.

§ 12 Fusionskontrolle [46]

1. Die Abtretung der Geschäftsanteile steht unter der aufschiebenden Bedingung der fusionskontrollrechtlichen Freigabe durch die zuständige Fusionskontrollbehörde, soweit eine fusionskontrollrechtliche Freigabe erforderlich ist. Eine fusionskontrollrechtliche Freigabe wird auch bei Eintreten einer entsprechenden gesetzlichen Fiktion angenommen. Erfolgt die Freigabe unter einer aufschiebenden Bedingung, gilt der Eintritt dieser aufschiebenden Bedingung als maßgeblicher Zeitpunkt für die Freigabe. Die Parteien gehen davon aus, dass das Bundeskartellamt zuständig ist. Die Verkäufer verpflichten sich, nach Aufforderung des Käufers, soweit rechtlich zulässig, alle für die Anmeldung erforderlichen Auskünfte über die Gesellschaft zu erteilen bzw. die Gesellschaft anzuweisen, solche Auskünfte zu erteilen. Der Käufer wird das Zusammenschlussvorhaben nach Erteilung der Auskünfte unverzüglich, spätestens jedoch innerhalb von ____________ Wochen nach dem Unterzeichnungsdatum dort anmelden bzw. gegenüber den Verkäufern schriftlich bestätigen, dass eine fusionskontrollrechtliche Freigabe nicht erforderlich ist. Keine Partei wird eine Fristverlängerung ohne die vorherige Zustimmung der anderen Partei vereinbaren. Etwaige Kosten des Fusionskontrollverfahrens trägt der Käufer.

2. Sollte eine Untersagungsverfügung der zuständigen Fusionskontrollbehörde drohen oder ergehen, werden sich die Parteien im Rahmen des Zumutbaren bemühen, die der Freigabe entgegenstehenden Umstände zu beseitigen. Der Käufer ist berechtigt, nicht jedoch verpflichtet, in Abstimmung mit den Verkäufern und auf eigenen Kosten Rechtsmittel gegen die Untersagungsverfügung einzulegen. Keine Partei ist verpflichtet, untersagungsabwendende Zusagen abzugeben. [47]

§ 13 Wettbewerbsverbot [48]

1. Die Verkäufer verpflichten sich, für einen Zeitraum von [zwei] Jahren ab dem Stichtag innerhalb des bisherigen räumlichen und sachlichen Tätigkeitsbereiches der Gesellschaft weder direkt noch indirekt in Wettbewerb zu der Gesellschaft zu treten und/oder Wettbewerb Dritter zu fördern. Sie werden diesbezüglich insbesondere kein Unternehmen, das in dem vorgenannten Tätigkeitsbereich der Gesellschaft tätig ist, gründen oder sich daran beteiligen noch in sonstiger Art und Weise unterstützen. Davon ausgenommen sind reine Kapitalbeteiligungen an anderen Gesellschaften, die ____________ % des stimmberechtigten Kapitals und der Stimmrechte nicht übersteigen.

2. Die Verkäufer verpflichten sich, für einen Zeitraum von [zwei] Jahren ab dem Stichtag keine Personen abzuwerben, die in den letzten [zwei] Jahren vor dem Stichtag Geschäftsführer oder leitende Angestellte der Gesellschaft waren.

3. Die Verkäufer verpflichten sich, dafür Sorge zu tragen, dass die Verbote nach § 13.1 und § 13.2 auch von allen mit ihnen jeweils verbundenen Unternehmen beachtet werden. Für jeden Fall der Zuwiderhandlung gegen § 13.1 und § 13.2 hat jeder dagegen verstoßende Verkäufer an den Käufer eine Vertragsstrafe von __________ € zu zahlen. Wird die Zuwiderhandlung fortgesetzt, wird die Vertragsstrafe jeweils nach einem Zeitraum von __________ erneut verwirkt. Die Ansprüche des Käufers auf Schadensersatz oder Unterlassung bleiben unberührt.

§ 14 Vertraulichkeit [49]

1. Die Verkäufer werden, soweit die betreffenden Umstände nicht öffentlich bekannt sind und soweit keine gesetzlichen Offenlegungspflichten bestehen, ihre Kenntnisse über die Gesellschaft und deren vertrauliche Angelegenheiten geheim halten und darüber Stillschweigen halten.

2. Die Parteien verpflichten sich, den Inhalt dieses Vertrags und den Inhalt aller Verhandlungen sowie alle im Zusammenhang mit seiner Verhandlung, seinem Abschluss und Durchführung erlangten Informationen vertraulich zu behandeln.

§ 15 Mitteilungen

1. Sämtliche, nach diesem Vertrag zu erfolgenden empfangsbedürftigen Willenserklärungen und Erklärungen bedürfen der Schriftform/müssen per Einschreiben mit Rückschein erfolgen und sollen gleichzeitig per Telefax oder E-Mail erfolgen, soweit nicht notarielle Beurkundung oder eine andere Form durch Gesetz vorgeschrieben ist.

2. Die Verkäufer ernennen und bevollmächtigen hiermit Verkäufer 1 als ihren gemeinsamen Empfangsbevollmächtigten. Des Weiteren wird der Verkäufer zu 1. durch den Verkäufer zu 2. hiermit ermächtigt, sämtliche unter diesem Vertrag gegenüber den übrigen Parteien abzugebende Erklärungen und Mitteilungen im Namen des Verkäufers zu 2. abzugeben.

§ 16 Abtretungsbeschränkung

Ansprüche aus oder im Zusammenhang mit diesem Vertrag können nur mit vorheriger Zustimmung der jeweils anderen Partei abgetreten werden. Die gilt nicht im Falle einer Abtretung an ein mit einer Partei im Sinne des § 15 AktG verbundenes Unternehmen.

§ 17 Kosten und Verkehrssteuern

Die Kosten der notariellen Beurkundung sowie der Durchführung dieses Vertrags, einschließlich etwaiger Verkehrssteuern sowie alle sonstigen Gebühren und Abgaben trägt der Käufer. Im Übrigen trägt jede Partei die bei ihr im Zusammenhang mit der Vorbereitung, Verhandlung und Abschluss des Vertrags entstandenen Kosten und Auslagen, einschließlich der Honorare ihrer Berater, selbst.

§ 18 Garantiegeber [50]

Der Garantiegeber übernimmt im Wege des Schuldbeitritts alle Verpflichtungen des Käufers aus diesem Vertrag sowie alle hiermit zusammenhängenden Vereinbarungen als eigene Schuld zur gesamtschuldnerischen Haftung.

§ 19 Schlussbestimmungen

1. Die Verkäufer haften für sämtliche ihnen gegenüber bestehenden Ansprüche des Käufers als Gesamtschuldner und sie sind hinsichtlich der ihnen gegen den Käufer oder den Garantiegeber zustehenden Forderungen Gesamtgläubiger.

2. Dieser Vertrag enthält alle zwischen den Parteien zum Gegenstand dieses Vertrages getroffenen Vereinbarungen. Es existieren keine Nebenabreden.

3. Änderungen und Ergänzungen dieses Vertrags sowie der Verzicht auf sich aus diesem Vertrag ergebende Rechte bedürfen zu ihrer Wirksamkeit der Schriftform, soweit nicht notarielle Beurkundung erforderlich ist. Dies gilt auch für die Aufhebung oder Änderung dieser Schriftformklausel.

4. Ausschließlicher Gerichtsstand für alle Streitigkeiten zwischen den Parteien ist Köln. Dieser Vertrag unterliegt dem Recht der Bundesrepublik Deutschland. [51]

5. Sollte eine Bestimmung dieses Vertrags oder eine später in ihn aufgenommene Bestimmung ganz oder teilweise nichtig sein oder werden oder sollte sich eine Lücke in diesem Vertrag herausstellen, wird dadurch die Wirksamkeit der übrigen Bestimmungen nicht berührt. Den Parteien ist die Rechtsprechung des Bundesgerichtshofs bekannt, wonach eine salvatorische Erhaltensklausel lediglich die Beweislast umkehrt. Es ist jedoch der ausdrückliche Wille der Parteien, die Wirksamkeit der übrigen Vertragsbestimmungen unter allen Umständen aufrechtzuerhalten und damit § 139 BGB insgesamt abzubedingen. An Stelle der nichtigen Bestimmung oder zur Ausfüllung der Lücke ist diejenige wirksame und durchführbare Regelung zu vereinbaren, die rechtlich und wirtschaftlich dem am nächsten kommt, was die Parteien gewollt haben oder nach dem Sinn und Zweck dieses Vertrags gewollt hätten, wenn sie diesen Punkt beim Abschluss des Vertrags bedacht hätten. Beruht die Nichtigkeit einer Bestimmung auf einem darin festgelegten Maß der Leistung oder der Zeit (Frist oder Termin), so ist die Bestimmung mit einem dem ursprünglichen Maß am nächsten kommenden rechtlich zulässigen Maß zu vereinbaren.

Der Notar belehrte die Erschienenen darüber, dass:

- **nach § 16 Abs. 1 Satz 1 GmbHG im Verhältnis zur Gesellschaft nur derjenige als Gesellschafter gilt, der in der ins Handelsregister aufgenommenen Liste als Gesellschafter geführt ist,**
- **bei Vorliegen der Voraussetzungen des § 16 Abs. 3 GmbHG auf der Grundlage der beim Handelsregister vorliegenden Gesellschafterliste zwar der gutgläubige Erwerb, nicht aber der gutgläubig lastenfreie Erwerb eines Geschäftsanteils vom Nichtberechtigten möglich ist; so dass der Erwerber auf Richtigkeit und Vollständigkeit der Angaben der Veräußerer angewiesen ist, und**
- **Veräußerer und Erwerber gegenüber der Gesellschaft und deren Gläubigern kraft Gesetzes für etwa nicht erbrachte Einlagen auf das Stammkapital haften.**

Diese Niederschrift wurde den Erschienenen vom Notar vorgelesen, von ihnen genehmigt und von ihnen und dem Notar eigenhändig wie folgt unterschrieben:

Erläuterungen

Literatur: *Begemann/Nölle*, Rechtswahlklauseln in Unternehmenskaufverträgen und ihre kostenrechtliche Relevanz nach dem Gerichts- und Notarkostengesetz, BB 2016, 137; *Bisle*, Gewährleistungs- und Garantieklauseln in Unternehmenskaufverträgen, DStR 2013, 364; *Bruski*, Kaufpreisbemessung und Kaufpreisanpassung im Unternehmenskaufvertrag, BB 2005, Sonderbeilage 7, 19; *Eilers/Beutel*, Seminar G: Steuerfreistellungen und -gewährleistungen in M&A-Transaktionen, IStR 2010, 564; *Grabowski/Harrer*, Wesentliche Elemente von Zusicherungen und/oder Garantien beim Unternehmenskauf, DStR 1993, 20; *Herrler*, Gutgläubiger Erwerb bei aufschiebend bedingter GmbH-Geschäftsanteilsabtretung – Sicherung durch Vermerk in Gesellschafterliste, BB 2009, 2272; *Hermanns*, Beurkundungspflichten, Beurkundungsverfahren und Beurkundungsmängel unter besonderer Berücksichtigung des Unternehmenskaufvertrags, DNotZ 2013, 9; *Hilgard*, Cash-free/Debt-free-Klauseln beim Unternehmenskauf, DB 2007, 559; *Hilgard*, Schaden bei Verletzung von Garantien eines Unternehmenskaufvertrages, ZIP 2005, 1813; *Holzapfel/Pöllath*, Unternehmenskauf in Recht und Praxis, 14. Auflage 2010; *Hülsmann*, Die Steuerklausel im Unternehmenskaufvertrag, DStR 2008, 2402; *Kiem*, Kaufpreisregelungen beim Unternehmenskauf; *Knott/Rodewald*, Beendigung der handels- und steuerrechtlichen Organschaften bei unterjähriger Anteilsveräußerung, BB 1996, 472; *König/Bormann*, Zum Schutz vor Zwischenverfügungen beim aufschiebend bedingten Erwerb eines GmbH-Geschäftsanteils, ZIP 2009, 1913; *Kuntz*, Die Auslegung von Material Adverse Change (MAC)-Klauseln in Unternehmenskaufverträgen, DStR 2009, 377; *Lang/Hunke*, Aufklärungs- und Informationspflichten bei der Veräußerung von Altlastengrundstücken für Verkäufer, Käufer und Banken, NJOZ 2009, 2508; *Mehrbrey*, Handbuch Streitigkeiten beim Unternehmenskauf, 2018; *Meyer-Sparenberg/Jäckle*, Beck'sches M&A Handbuch, 2017; *Mielke/Welling*, Kartellrechtliche Zulässigkeit von Conduct of Business-Klauseln in Unternehmenskaufverträgen, BB 2007, 277; *Müller*, Auslandsbeurkundungen von Abtretungen deutscher GmbH-Geschäftsanteile in der Schweiz, NJW 2014, 1994; *Munkert*, Unternehmenstransaktionen erfolgreich managen, DStR 2008, 2501; *Picot*, Handbuch Mergers & Acquisitions, Planung – Durchführung – Integration, 5. Auflage 2012; *Roschmann*, Haftungsklauseln in Unternehmenskaufverträgen, ZIP 1998, 1941; *Semler/Volhard*, Arbeitshandbuch für Unternehmensübernahmen Band 1, 2001; *Stanek/Kindt*, MAC-Klauseln in der Krise, BB 2010, 1490; *Völker*, Das geistige Eigentum beim Unternehmenskauf, BB 1999, 2413; *Wicke*, Kein gutgläubiger Erwerb eines bereits zuvor aufschiebend bedingt abgetretenen GmbH-Geschäftsanteils – Vertane Chance des BGH zu einer praxisgerechten Rechtsfortbildung.

22 **1.** Dem Muster liegt folgender gedachter Sachverhalt zugrunde: die Zielgesellschaft hat zwei Gesellschafter, die sämtliche Geschäftsanteile an der Zielgesellschaft veräußern. Der dingliche Übergang der Anteile hat aufschiebend bedingt zu erfolgen, da auf Seiten des Käufers ein Gremienvorbehalt besteht und die Transaktion fusionskontrollpflichtig ist. Des Weiteren werden Ansprüche der Verkäufer durch einen Garantiegeber abgesichert. Das Muster versucht einen Zwischenweg zwischen verkäufer- und käuferfreundlich zu gehen. Sind einzelne Bestimmungen für eine Partei nachteilig, wird dies in den Anmerkungen erläutert und es werden Alternativformulierungen gegeben.

23 **2. Beurkundungserfordernis:** Das notarielle Beurkundungserfordernis ergibt sich aus § 15 Abs. 3 und 4 GmbHG. Was den Umfang des Beurkundungserfordernisses anbelangt, verlangt der BGH, dass »die gesamte Vereinbarung […] unter Einschluss aller mit ihr verbundener Abreden« in die Urkunde aufgenommen wird (BGH, Urt. v. 14.04.1986, II ZR 155/85, NJW 1986, 2642; dazu auch *Hermanns* DNotZ 2013, 9). Die auch vorher umstrittene Frage nach der Zulässigkeit von aufgrund von Kostenvorteilen vorgenommenen **Auslandsbeurkundungen**, namentlich in bestimmten Schweizer Kantonen, wurde durch die Novellierung des GmbHG durch das Gesetz zur Modernisierung des GmbH-Rechts und zur Bekämpfung von Missbräuchen (**MoMiG**) vom 23. Oktober 2008 zuletzt erneut belebt. Teilweise wurde die Zulässigkeit von Auslandsbeurkundungen unter Bezugnahme auf die in § 40 Abs. 2 GmbHG enthaltene Verpflichtung des Notars zur Einreichung einer aktualisierten Gesellschafterliste abgelehnt, da ein ausländischer Notar wegen Fehlens von Amtsbefugnissen in Deutschland dieser Verpflichtung nicht nachkommen könne (LG Frankfurt a.M., Urt. v. 07.10.2009, 3–13 O 46/09, NJW 2010, 683; a.A. OLG Düsseldorf, Beschl. v. 02.03.2011 – 3 Wx 236/10, NJW 2011, 1370). Der BGH hat vor dem Hintergrund einer in Basel erfolgten Beurkundung mit Beschluss vom 17.12.2013 nunmehr anknüpfend an die frühere Rechtsprechung entschieden, dass eine Zurückweisung der Gesellschafterliste durch das Handelsregister nicht schon deshalb erfolgen darf, weil sie von einem Notar mit Sitz in Basel eingereicht wurde und dass eine nach dem GmbHG vorgesehene Beurkundung auch nach dem Inkrafttreten des MoMiG durch einen ausländischen Notar vorgenommen werden kann, sofern die ausländische Beurkundung der deutschen gleichwertig ist (BGH, Beschluss vom 17.12.2013, II ZB 6/13, NJW 2014, 2026). Die von dem BGH angesprochene Gleichwertigkeit wurde durch

die Rechtsprechung etwa für Notare mit Amtssitz in Basel-Stadt und Zürich-Altstadt bejaht (dazu *Winter*, in: Gehrlein/Born/Simon, GmbHG, § 15 Rn. 79; Roth/Altmeppen/*Altmeppen* § 15 Rn. 92 ff.). Trotz fortdauernder Kritik aus dem deutschen Notariatswesen (bspw. *Müller* NJW 2014, 1994) hat damit die Auslandsbeurkundung, nicht zuletzt auch vor dem Hintergrund der Reform des Notarkostenwesens und der damit einhergehenden Gebührenerhöhungen, wieder an Attraktivität für die Praxis gewonnen.

3. Vollmacht: Die an der Beurkundung beteiligten Parteien können sich dabei durch rechtsge- 24
schäftliche Vollmacht vertreten lassen. Auch wenn der Verkauf und die Übertragung von GmbH-Geschäftsanteilen nach § 15 Abs. 3 und 4 GmbHG der notariellen Form bedarf, erstreckt sich dieses Formbedürfnis nicht auf die Vollmachten (§ 167 Abs. 2 BGB). Im Falle der Beteiligung von ausländischen Parteien empfiehlt es sich jedoch, mit dem die Beurkundung vornehmenden Notar vorab die Vorlage etwaiger ausländischer Existenz- und Vertretungsnachweise abzuklären, da der Notar gemäß § 40 Abs. 2 GmbHG nach erfolgter Abtretung die aktualisierte Gesellschafterliste zum Register einzureichen hat und hierfür oftmals hinreichende Gewissheit über die ordnungsgemäße Bevollmächtigung der Parteien benötigt.

4. Vorbefassung: Vorbefassungsverbot nach § 3 Abs. 1 Nr. 7 BeurkG; erforderlich nur bei An- 25
walts-Notar.

5. Bezugsurkunde: Vgl. § 13a Abs. 1 BeurkG; die vorherige Beurkundung von Anlagen emp- 26
fiehlt sich bei zahlreichen und/oder umfangreichen Anlagen.

6. Verkaufsgegenstand: Der **sachenrechtliche Bestimmtheitsgrundsatz** erfordert eine ein- 27
deutige Bestimmung der den Verkaufsgegenstand darstellenden Geschäftsanteile. Dies geschieht üblicherweise dadurch, dass in der Präambel die Beteiligungsverhältnisse dargestellt, und hier der Verkaufsgegenstand definiert wird, so dass im weiteren Verlauf des Vertrages durchgehend auf die verwendete Definition zurückgegriffen werden kann. Der Beschreibung der gesellschaftsrechtlichen Situation und des Verhältnisses von Verkäufer zu Zielgesellschaft und Verkaufsgegenstand sollte darüber hinaus auch deswegen genaue Beachtung geschenkt werden, da die gesellschaftsrechtlichen Garantien (vgl. § 6.1 des Vertrages) hierauf Bezug nehmen. Soll nur ein bestimmter Prozentsatz des Stammkapitals verkauft werden, werden in einem ersten Schritt sämtliche Geschäftsanteile durch Gesellschafterbeschluss (§ 46 Nr. 4 GmbHG) zusammengelegt und so geteilt, dass der gewünschte, den zu veräußernden prozentualen Anteil abbildende Geschäftsanteil entsteht. Eine Zusammenlegung und anschließende Teilung kann auch dann erforderlich sein, wenn zwar die Höhe der zu erwerbenden Beteiligung klar ist, nicht aber die derzeitige Aufteilung des Stammkapitals.

7. Gewinnbezugsrecht: Das Gewinnbezugsrecht ist mit der Mitgliedschaft untrennbar verbun- 28
den und geht mit dem Anteilsübergang automatisch über (Baumbach/Hueck/*Fastrich* § 29 Rn. 48). Der Gewinnauszahlungsanspruch entsteht erst mit Fassung des Gewinnverwendungsbeschlusses (Baumbach/Hueck/*Fastrich* § 29 Rn. 49). Liegt also wie im Beispielsfall der dingliche Vollzug des Anteilsübergangs unterjährig, hätte der Käufer mit Fassung des Ergebnisverwendungsbeschlusses für das Geschäftsjahr, in dem der Vollzug lag, gesellschaftsrechtlich Anspruch auf das gesamte Ergebnis des Geschäftsjahres. Nach § 101 Nr. 2 BGB wiederum hat der Verkäufer im Innenverhältnis Anspruch auf einen zeitanteiligen Gewinnauszahlungsanspruch. Dies führt zu steuerrechtlichen Friktionen, da der Käufer nach § 20 Abs. 5, Abs. 1 Nr. 1 EStG für den im Folgejahr ausgeschütteten Gewinn für das Jahr, in dem der Anteilsübergang liegt, steuerpflichtig ist. Daher sieht das Muster vor, dass der Käufer Anspruch auf den Gewinn sowohl des laufenden als auch auf etwaige nicht-ausgeschütteten Gewinne des Vorjahres hat; § 101 Nr. 2 BGB wird damit abbedungen und das Auseinanderfallen von Gewinnbezugsrecht und Ertragsbesteuerung vermieden. Dies Regelung entspricht auch der im Muster gewählten Kaufpreisregelung, wonach eine Kaufpreisanpassung auf Grundlage einer debt-free/cash-free Variante erfolgt (vgl. §§ 3 und 4 des Vertrages). Dadurch schlägt sich der stehen gelassene Gewinn unter Umständen in einer Erhöhung der liquiden Mittel nieder und wird so durch die Kaufpreisanpassung ohnehin den Verkäufern zugeschlagen. Soll tatsächlich eine Abgrenzung der Gewinne zum Stichtag erfolgen, müsste die Bestimmung lauten: »Der

Verkauf nach § 1.1 erstreckt sich auf sämtliche Nebenrechte aus den Geschäftsanteilen einschließlich des Gewinnbezugsrechts für die Gewinne, die auf den Zeitraum nach dem Stichtag erfolgen. Noch nicht ausgeschüttete Gewinne der Gesellschaft für vergangene Geschäftsjahre sowie für das laufende Geschäftsjahr bis zum Ablauf des Stichtags stehen dem Verkäufer zu.«

29 **8. Aufschiebend bedingte Anteilsabtretung:** Grundsätzlich kann zeitgleich mit Vertragsunterzeichnung auch der dingliche Übergang der Anteile vereinbart werden. Dies wird bei überschaubaren Transaktionen der Fall sein, wo bspw. keine fusionskontrollrechtliche Freigabe erlangt werden muss, Gremien dem Vollzug der Transaktion nicht zustimmen müssen oder auch sonstige Rahmenbedingungen nicht erst noch implementiert werden müssen. Aus Sicht des Verkäufers sollte der dingliche Übergang zu seiner Sicherheit aber stets von der **Kaufpreiszahlung** abhängig gemacht werden (vgl. § 2.1 (a) des Vertrages). In einer einfachen und übersichtlichen Konstellation, die kein aufwendiges »Closing« (vgl. dazu unten § 5 des Vertrages) erfordert und in der der Anteilsübergang einzig und allein von der Kaufpreiszahlung abhängt, ist die aufschiebende Bedingung für den dinglichen Übergang hierauf zu beschränken. Dabei ist aus Gründen der Rechtssicherheit und -klarheit folgende weitere Bestimmung aufzunehmen: »Die Verkäufer werden den Käufer und den beurkundenden Notar unmittelbar nach Eingang des vollständigen Kaufpreises hierüber schriftlich in Kenntnis setzen. Die Parteien weisen den beurkundenden Notar an, unmittelbar nach Erhalt vorgenannter Bestätigung die aktualisierte Gesellschafterliste der Gesellschaft zum Handelsregister einzureichen. Der Verkäufer ermächtigt den Käufer hiermit aufschiebend bedingt auf den Eintritt der aufschiebenden Bedingung der Kaufpreiszahlung und befristet bis zur Aufnahme der aktualisierten Gesellschafterliste im Handelsregister der Gesellschaft sämtliche Gesellschafterrechte in der Gesellschaft auszuüben.« Diese Formulierung erfolgt vor dem Hintergrund der §§ 16 Abs. 1, 40 Abs. 2 GmbHG und gewährleistet, dass der Käufer mit dem Anteilsübergang wirksam Gesellschafterrechte ausüben kann, unabhängig davon, ob die **Gesellschafterliste** unverzüglich im Handelsregister aufgenommen wird.

30 Das Muster sieht als weitere Vollzugsvoraussetzungen die Fusionskontrollfreigabe nach §§ 35 ff. GWB (§ 2.1 (b) i.V.m. § 12 des Vertrages) und die Zustimmung des Aufsichtsrates des Käufers vor (§ 2.1 (c) i.V.m. § 11.2 (a) des Vertrages).

31 **9. Keine Möglichkeit des gutgläubigen Zwischenerwerbs bei Auseinanderfallen von Vertragsunterzeichnung und dinglichem Anteilsübergang:** Durch das MoMiG wurde die Möglichkeit eines gutgläubigen Erwerbs von GmbH-Geschäftsanteilen geschaffen (vgl. § 16 Abs. 3 GmbHG). Aufgrund dieser Möglichkeit wurde nun diskutiert, ob es auch einen gutgläubigen Erwerb von aufschiebend bedingt übertragenen Geschäftsanteilen geben könne. Dieser Aspekt war von praktisch hoher Relevanz. Sofern man von der Möglichkeit eines gutgläubigen Zwischenerwerbs ausging (bspw. LG Köln, Beschl. v. 16.06.2009, 88 T 13/09, ZIP 2009, 1915) stellte sich immer dann, wenn Geschäftsanteile nicht zeitgleich mit der Vertragsunterzeichnung dinglich übertragen wurden, sondern – wie im Muster – stattdessen eine aufschiebend bedingte Übertragung (bspw. wegen einer zuvor noch einzuholenden fusionskontrollrechtlichen Freigabe) vorgesehen war die Frage nach vertraglichen Schutzmechanismen (dazu bspw. *Herrler* BB 2009, 2272; *König/Bormann* ZIP 2009, 1913). Dazu wurden zahlreiche Varianten vertreten. Mittlerweile hat sich das Bedürfnis für solche Schutzmechanismen erledigt, denn mit Beschluss vom 20.09.2011 entschied der BGH, dass ein aufschiebend bedingt abgetretener Geschäftsanteil nicht nach § 161 Abs. 3 BGB i.V.m. § 16 Abs. 3 GmbHG vor Bedingungseintritt von einem Zweiterwerber gutgläubig erworben werden könne (II ZB 17/10, NZG 2011, 1268; dazu auch *Wicke* DStR 2011, 2356).

32 **10. Sonstige aufschiebende Bedingungen:** Ob der dingliche Übergang von weiteren zukünftigen Ereignissen und damit von weiteren aufschiebenden Bedingungen abhängig gemacht werden muss, ist eine Frage des Einzelfalls. Als weitere solche Bedingungen kommen bspw. in Betracht: Gremienvorbehalte, der Abschluss oder die Änderung von Anstellungsverträgen mit Geschäftsführern der Zielgesellschaft, die Bestätigung von Vertragspartnern oder der Geschäftsführung der Zielgesellschaft, dass diese nicht von »change-of-control« Klauseln Gebrauch machen werden, die Vorlage von Finanzierungsbestätigungen oder Bankgarantien, usw. Dabei ist aus Sicht

der Parteien darauf zu achten, dass diese Bestimmungen nicht die **Transaktionssicherheit** beeinträchtigen, indem sie Möglichkeiten zugunsten der anderen Partei schaffen, durch das bewusste Nicht-Eintreten-Lassen einer Bedingung (bspw. das Nicht-Einholen der Zustimmung eines Gremiums) die Umsetzung des Unternehmenskaufes zu verzögern oder letztlich sogar zu verhindern. Wenn es deswegen in Verhandlungen nicht gelingt, die Aufnahme risikoträchtiger Bedingungen zu streichen, sollten zumindest vertragliche Vorkehrungen getroffen werden (bspw. das Recht zu einem Verzicht auf den Eintritt bestimmter Bedingungen oder die Aufnahme eines Rücktrittsrechts, wenn der Bedingungseintritt nicht spätestens bis zu einem bestimmten Datum – sog. long-stop-date – vorliegt). Das Muster sieht in § 11 weitere Verpflichtungen der Parteien vor, die diese bis zum oder am Stichtag umsetzen müssen (bspw. Abschluss eines Transitional Service Agreement zwischen einem Verkäufer und der Gesellschaft, vgl. Muster E 2 (Rdn. E 74.)). Denkbar wäre, auch diese Maßnahmen zu aufschiebenden Bedingungen zu erklären.

Gremienvorbehalte der anderen Partei (insbesondere des Käufers) als aufschiebende Bedingung sollten, wenn überhaupt, dann nur zurückhaltend akzeptiert werden, eröffnet sich – insbesondere zugunsten des Käufers – ansonsten die Möglichkeit eines »Hinterausgangs« zur Transaktion. Die hier verwendete Bedingung erstreckt sich nur auf den dinglichen Vollzug. Ist auch das Verpflichtungsgeschäft von der Zustimmung abhängig zu machen, muss der gesamte Vertrag unter die aufschiebende Bedingung gestellt werden. 33

11. Kaufpreisgestaltung: Die Kaufpreisregelung ist eine der zentralen Bestimmungen des Unternehmenskaufvertrages. Vor Entwurf des Vertrages durch die rechtlichen Berater der Parteien müssen diese sich über eine grundsätzliche Bestimmung bzw. Berechnungsmethode des Kaufpreises einigen. Die möglichen Anknüpfungspunkte für den Kaufpreis sind zahlreich: Eigenkapital, Multiplikator der Mieteinkünfte bei ausschließlich Grundeigentum haltenden Gesellschaften, Multiplikator des EBIT oder EBITDA, zusätzliche Earn-out Bestimmungen, fester Kaufpreis (Locked-box), usw. (vgl. dazu allg. *Picot* Handbuch Mergers & Acquisitions, S. 213 ff.; Semler/Volhard/*Streyl* Arbeitshdb. für Unternehmensübernahmen I, § 12 Rn. 53 ff.; *Kiem* Kaufpreisregelungen beim Unternehmenskauf). Das Muster folgt einer in der Praxis häufig vorkommenden Kaufpreisgestaltung, bei der als Kaufpreis ein nach der sog. Discounted-Cash-Flow Methode (DCF Methode) ermittelter Unternehmenswert zugrunde gelegt wird (vgl. § 3.1 (a) des Musters). Diese Methode führt eine Unternehmensbewertung auf der Basis abgezinster erwarteter zukünftiger Cash-Flows durch. Der so ermittelte Unternehmenswert basiert auf der Annahme, dass die Zielgesellschaft keine Fremdverbindlichkeiten und keine nicht-betriebsnotwendige Liquidität aufweist. Da dies in der Realität natürlich nicht der Fall ist, müssen zur letztendlichen Kaufpreisbestimmung mittels eines auf den Stichtag abstellenden Stichtagsabschlusses die Netto-Finanzverbindlichkeiten (sog. net debt) ermittelt werden, um die der Kaufpreis anzupassen ist, d.h. welche liquiden Mittel sind in der Zielgesellschaft vorhanden und wirken sich kaufpreiserhöhend aus (vgl. § 3.1 (b) des Musters), und welche Finanzverbindlichkeiten erwirbt der Käufer mit, die daher kaufpreismindernd wirken (vgl. § 3.1 (c) des Musters; sog. cash-free/debt-free Klausel; vgl. dazu *Hilgard* DB 2007, 559). Zusätzlich wird der Kaufpreis um Veränderungen des Nettoumlaufvermögens (sog. Working Capital) angepasst (vgl. § 3.1 (d) des Musters), da nur die nicht-betriebsnotwendige Liquidität bei der Ermittlung des Unternehmenswertes außer Acht bleiben soll und da der Käufer bestimmte Erwartungen an die Ausstattung der Zielgesellschaft mit Nettoumlaufvermögen hat (vgl. dazu Muster E 2 (Rdn. E 39 f.)). 34

12. Alternative Kaufpreisgestaltungen: Das Muster sieht eine Kaufpreisgestaltung nach der cash-free/debt-free Variante vor (vgl. Anm. 13). Eine alternative Kaufpreisregelung, die auf das (zum Stichtag angepasste) **Eigenkapital** abstellt, könnte wie folgt lauten und §§ 3.1 bis 3.4 des Musters ersetzen: 35

»§ 3.1 Der Gesamtkaufpreis (»Kaufpreis«) für die Geschäftsanteile setzt sich zusammen aus: (a) einem vorläufigen Kaufpreis in Höhe von ____________ € (in Worten: Euro ____________ 00/100; »Vorläufiger Kaufpreis«) und (b) zuzüglich oder abzüglich eines Differenzbetrages nach § 3.2. 36

§ 3.2 Über- oder unterschreitet das im verbindlichen Stichtagsabschluss ausgewiesene Eigenkapital den Vorläufigen Kaufpreis, so erhöht bzw. vermindert sich der Kaufpreis um den Differenzbetrag.«

37 Der Vorläufige Kaufpreis entspricht dabei dem im letzten Jahresabschluss ausgewiesenen Eigenkapital. Bei Übernahme dieser Kaufpreisklausel müssen ggf. weitere vertragliche Bedingungen des Musters angepasst werden.

38 Eine weitere Kaufpreisgestaltung ist das sog. »**locked-box**« Konzept. Hier wird der Kaufpreis auf Grundlage eines bestimmten, vor Vertragsunterzeichnung liegenden Zeitpunktes (bspw. letzter Jahresabschluss; sog. »locked-box-date«) gewählt und eine Anpassung dieses Preises findet nicht statt (weswegen bei dieser Variante die Bestimmungen zum Stichtagsabschluss in § 4 des Vertrages entfallen können). Da der Käufer bei diesem Konzept das Risiko von Verschlechterungen zwischen locked-box-date und Übergang der Anteile trägt, hat der Vertrag Garantien über die Art und Weise der Fortführung des Unternehmens seit dem locked-box-date bis zum Übergang sowie dazu, dass keine Liquiditätsabflüsse seit dem locked-box-date stattgefunden haben (bzw. nur solche, die im Vertrag ausdrücklich zugelassen sind), zu enthalten. Die vertragliche Klausel bei diesem Kaufpreismodell könnte lauten: »§ 3.1 Der Kaufpreis für die Geschäftsanteile beträgt ____________ € zuzüglich ____________ % Zinsen p.a., jeweils einschließlich, für den Zeitraum ab [locked-box-date] bis zum Stichtag.« Des Weiteren muss der Vertrag eine Garantie über die Fortführung der Geschäfte der Zielgesellschaft seit dem locked-box-date bis zum Übergang der Anteile enthalten, die wie folgt lauten könnte: »Die Verkäufer garantieren in Form eines selbstständigen Garantieversprechens nach § 311 Abs. 1 BGB, dass in dem Zeitraum zwischen dem [locked-box-date] und dem Stichtag, mit Ausnahme der in Anlage aufgeführten Geschäfte, die Geschäfte der Gesellschaft im Rahmen des gewöhnlichen Geschäftsbetriebes und im Wesentlichen in der gleichen Weise wie zuvor geführt wurden, insbesondere (i) keine Investitionsmaßnahmen jedweder Art mit einem Volumen von mehr als ____________ € getätigt, (ii) keine Gegenstände des Anlagevermögens der Gesellschaft, die einen Buchwert/Anschaffungswert von mehr als ____________ € aufweisen, veräußert oder erworben, (iii) keine anderen Verpflichtungen mit einem Gesamtwert von über ____________ € eingegangen, (iv) keine neuen Bankdarlehen aufgenommen, (v) keine Vergütungen der Arbeitnehmer außerhalb des gewöhnlichen Geschäftsbetriebes erhöht wurden, usw.« Darüber hinaus kann auch positiv bestimmt werden, welche einzelnen Liquiditätsabflüsse als sog. »permitted leakage« gestattet sind, bspw. vertragsgemäße Rückzahlung von Darlehen, Zahlungen von Verbindlichkeiten aus Lieferung und Leistung, usw.

39 **13. Cash-free/debt-free Anpassung:** Das Muster geht von einer Kaufpreisgestaltung aus, die eine schulden- und liquiditätsfreie Übergabe der Zielgesellschaft zum Stichtag vorsieht. Welche **Barmittel und Verbindlichkeiten am Stichtag** vorhanden und damit **kaufpreisbeeinflussend** sind, ist aus dem Stichtagsabschluss (vgl. § 4 des Vertrages) zu ermitteln. Dabei sollte nach Möglichkeit detailliert bestimmt werden, welche Posten des Stichtagsabschluss zu berücksichtigen sind. Das gewählte Beispiel (aus *Bruski* BB 2005, Sonderbeilage 7, 19, 25) muss immer an die Gegebenheiten des Einzelfalles angepasst werden (bspw. Ausnahme von Verbindlichkeiten und Forderungen aus Lieferung und Leistung aus § 3.2 (b) und (c) und § 3.3 (c) und (d)). Allgemein sollte sich die Bestimmung der Fremdverbindlichkeiten und Barmittel daran ausrichten, ob die zugrunde liegende Bewertungsmethode eine Berücksichtigung verlangt (bei der DCF Methode sind dies nur zinstragende Verbindlichkeiten). Ein bloßer Verweis auf Bilanzgliederungsposten nach § 266 HGB greift dabei möglicherweise zu kurz und ermöglicht keine genaue Zuordnung bestimmter Posten. Bei den einzubeziehenden Verbindlichkeiten wird der Verkäufer daran interessiert sein, diese gering zu halten, bspw. durch die Anschaffung von Anlagevermögen mittels Leasingverträgen statt Fremdfinanzierung durch Darlehen. Dem Käufer wird demgegenüber daran gelegen sein, die Definition weiter zu machen und auch solche Finanzschulden einzubeziehen, die bilanziell nicht als Verbindlichkeiten erfasst sind (bspw. Leasing-Finanzierungen). Vergleichbare Probleme stellen sich auch bei Pensionsrückstellungen. Andere Fragen können sich etwa im Zusammenhang mit Forderungen aus einem Ergebnisabführungsvertrag zwischen Zielgesellschaft und Verkäufer, der im Rahmen der Transaktion beendet wird, stellen. Zu dieser Problematik vgl. *Hilgard* DB 2007, 559, 563 f., *von Braunschweig* DB 2002, 1815 ff. Dies zeigt, dass eine blinde Übernahme der Musterklausel nicht

erfolgen kann, sondern anhand des Einzelfalles zu definieren ist, welche Elemente von der cash-free/debt-free Klausel umfasst werden sollen.

14. Working Capital Anpassung: Des Weiteren ist der Kaufpreis bei einer auf der DCF-Methode mit cash-free/debt-free Anpassung beruhenden Kaufpreisfindung um **Veränderungen des Nettoumlaufvermögens** (Working Capital) anzupassen. Das Working Capital stellt den Saldo zwischen Vorräten und kurzfristigen Forderungen aus Lieferungen und Leistung einerseits und Verbindlichkeiten aus Lieferung und Leistung andererseits dar. Diese weitere Anpassung ist erforderlich, da durch die gesteuerte Veränderung des Working Capital die Netto-Finanzverbindlichkeiten verändert werden können (bspw. aktiveres Forderungsmanagement, Veräußerung von Vorräten, schleppende Begleichung von Verbindlichkeiten), dem Verkäufer also Möglichkeiten eröffnet werden, die liquiden Mittel und dadurch den Kaufpreis (vgl. § 3.1 (b) des Vertrages) zu erhöhen. Eine schwierige Aufgabe ist, einen Referenzbetrag zu finden, dessen Über- bzw. Unterschreiten kaufpreiswirksam sein soll. Ggf. kann auch auf Durchschnittswerte vergangener Jahre rekurriert werden. Das gewählte Beispiel entstammt *Bruski* BB 2005, Sonderbeilage 7, 19, 26. Auch hier muss wieder in jedem Einzelfall geklärt werden, welche Posten Einfluss haben sollen. 40

15. Kaufpreiseinbehalt: Der Käufer kann ein Interesse daran haben, zur Besicherung etwaiger Ansprüche (bspw. aus unrichtigen Garantien) einen Teil des Kaufpreises einzubehalten. In diesem Fall wäre von dem Vorläufigen Kaufpreis ein **Einbehalt** in Abzug zu bringen. Dazu könnte ein neuer § 3.8 (b) mit folgender Formulierung eingefügt werden: »abzüglich des in § __________ geregelten Kaufpreiseinbehaltes«. Diese würde Bezug auf folgende weitere Bestimmung nehmen: »Zur Sicherung der Garantieansprüche wird der Käufer einen Betrag von __________ € (in Worten: Euro 00/100) (»Sicherungsbetrag«) vom Vorläufigen Kaufpreis für die Dauer von zwölf Monaten ab dem Vollzugstag (»Sicherungsperiode«) einbehalten. Der Käufer ist verpflichtet, den Sicherungsbetrag nach Ablauf der Sicherungsperiode innerhalb von __________ Bankarbeitstagen auf ein im Vorhinein von den Verkäufern benanntes gemeinsames Konto diesen zu überweisen. Der nach Ablauf der Sicherungsperiode rückzahlbare Sicherungsbetrag verringert sich gegebenenfalls um den Betrag der Garantieansprüche, den der Käufer innerhalb der Sicherungsperiode entweder (i) schriftlich geltend gemacht hat und soweit ihn die Verkäufer anerkannt haben oder (ii) gerichtlich geltend gemacht hat, der also rechtshängig ist.« Alternativ zu einem Kaufpreiseinbehalt kann dem Interesse des Käufers auch durch die Stellung einer Bankgarantie für die Sicherungsperiode durch den Verkäufer genüge getan werden. Im Musterbeispiel wäre die Stellung der Bankgarantie dann auch eine »Closing-Deliverable«, also ein unter § 5.3 des Vertrages am Vollzugstag auszutauschendes Dokument. 41

16. Fälligkeit und Verzinsung: Das Muster sieht vor, dass jegliche Zahlungsforderungen ab deren Fälligkeit mit einem bestimmten Zinssatz zu verzinsen sind. Für die im Muster vorgesehene Strukturierung ist dies sinnvoll, da der Stichtag (was der Fälligkeit des Vorläufigen Kaufpreises entspricht) abstrakt bestimmbar ist (vgl. §§ 3.8 und 5.2 des Vertrages: Monatsende nach Eintritt der letzten Vollzugsbedingung). Ist dies nicht der Fall und soll bspw. der Vollzug unmittelbar mit Eintritt einer aufschiebenden Bedingung und damit ohne das weitere Erfordernis eines förmlichen Closings stattfinden, sollte dem Käufer eine übliche Zahlungsfrist gewährt werden (»Der vorläufige Kaufpreis ist innerhalb von __________ Bankarbeitstagen nach Eintritt der Zahlungsvoraussetzungen fällig«). 42

17. Umsatzsteuer: Nach § 4 Nr. 8 lit. f) UStG ist die Veräußerung von GmbH Geschäftsanteilen grundsätzlich steuerfrei, jedoch kann nach § 9 Abs. 1 UStG optiert werden auf die Steuerbefreiung zu verzichten. Ob dies sinnvoll ist (bspw. wegen Möglichkeit zum Vorsteuerabzug) muss im Einzelfall beurteilt werden. 43

18. Kaufpreisanpassung auf Grundlage eines Stichtagsabschlusses: Bei vielen Kaufpreisvarianten gehen die Parteien von bestimmten, den Kaufpreis beeinflussenden Parametern aus. Um zu überprüfen, ob diese zum Stichtag auch weiterhin zutreffen, bzw. um deren Veränderungen interessengerecht auf entweder den Käufer (Kaufpreiserhöhung) oder den Verkäufer (Kaufpreisminderung) zu verteilen, ist ein Stichtagsabschluss erforderlich, der die wirtschaftliche Situation der Zielgesellschaft punktgenau auf den Stichtag abbildet. Im Beispielsfall soll der Unternehmenskauf 44 zum Vollzugstag cash-free/debt-free erfolgen; der Stichtagsabschluss dient damit der Ermittlung, welche Bilanzposten kaufpreiserhöhend (liquiden Mittel) bzw. -mindernd (Verbindlichkeiten) zu berücksichtigen sind. Würde der Kaufpreis an das Eigenkapital als Bewertungsgrundlage anknüpfen (vgl. Kaufpreisvariante in Anm. 12), wären die sich aus der Stichtagsbilanz ergebenden positiven oder negativen Abweichungen kaufpreiswirksam. Allgemein zu Situationen und Kaufpreisgestaltungen, die eine Kaufpreisanpassung erforderlich machen *Bruski* BB 2005, Sonderbeilage 7, 19 ff.

45 **19. Bilanzierungsgrundsätze des Stichtagabschlusses:** Es sollte so genau wie möglich im Vertrag festgelegt werden, nach welchen Bilanzierungsregelungen der Stichtagsabschluss aufzustellen ist. Nur so kann eine **objektive Überprüfung** im Nachhinein erfolgen. In der Regel wird es angemessen und vernünftig sein, die **bisherigen Bilanzierungsregelungen** auch für den Stichtagsabschluss vorzugeben, da so eine **Vergleichbarkeit** mit der bisherigen bilanziellen Situation gewährleistet ist. Unabhängig davon kann es im Einzelfall erforderlich sein, dem Ersteller des Stichtagsabschlusses weitere Richtlinien für die Bilanzierung bestimmter Posten an die Hand zu geben, bspw. weil diese Gegenstand einer eigenen vertraglichen Sonderregelung zwischen den Parteien sind und daher bei der bilanziellen Betrachtung außen vor zu bleiben haben.

46 **20. Verbindlichkeit des Stichtagsabschlusses für Parteien:** Durch die Anwendbarkeit der §§ 317 ff. BGB unterliegt das Schiedsgutachten auch einer **eingeschränkten gerichtlichen Inhaltskontrolle** (für den Fall der offenbaren Unbilligkeit). In diesem Fall kann das Gericht Ersatzfeststellungen treffen, bei denen es nicht an Bilanzansätze der Parteien gebunden ist. Aus Sicht des Käufers kann sich dies nachteilig auf den Kaufpreis auswirken, weshalb aus seiner Sicht an eine Abbedingung des § 319 BGB gedacht werden kann. Ohne expliziten Ausschluss sollte zumindest eine Ausschlussfrist vereinbart werden.

47 **21. Vollzug:** Das Muster geht von einem **Auseinanderfallen von Vertragsunterzeichnung und Vollzug** des Unternehmenskaufs, auch »**Closing**« oder »Completion« bezeichnet, aus. Dies ist nicht zwingend. In einfachen und übersichtlichen Sachverhalten können Vertragsunterzeichnung und Vollzug auch durchaus zusammenfallen oder der dingliche Anteilsübergang einzig und alleine von der Kaufpreiszahlung abhängig gemacht werden, die bspw. innerhalb einer gewissen Zeitraums nach Vertragsunterzeichnung fällig ist. In diesem Fall können die Vertragsbestimmungen zum Closing entfallen. Vgl. dazu bereits oben Muster E 2 (Rdn. E 29).

48 Ein separates Closing empfiehlt sich dann, wenn für den Vollzug erst noch weitere Voraussetzungen eintreten (bspw. fusionskontrollrechtliche Freigabe) oder im Zusammenhang mit dem Vollzug noch weitere Maßnahmen erfolgen oder Unterlagen ausgetauscht werden müssen (Abschluss von Anstellungsverträgen mit dem Management, Übergabe von Bankgarantien als Gewährleistungssicherheit für den Käufer, Freigabe von Sicherheiten, usw.). Die Vollzugsvoraussetzungen werden auch als »**Closing Conditions**« und die Maßnahmen als »**Closing Deliverables**« bezeichnet. Stets wird die Zahlung des (vorläufigen) Kaufpreises eine der am Closing vorzunehmenden Maßnahmen und natürlich prominenteste Voraussetzung des Anteilübergangs sein. Es empfiehlt sich, über die am Closing nach dem Vertrag vorzunehmenden Handlungen ein sog. **Closing Memorandum** zu erstellen (vgl. § 5.3(d) des Vertrages), in dem die Vornahme der Handlungen und der Eintritt sämtlicher aufschiebender Bedingungen für den Anteilsübergang schriftlich durch die Parteien bestätigt wird. Ohne ein solches, den Eintritt sämtlicher Bedingungen bestätigendes Schriftstück wäre es unter Umständen kompliziert, im Nachhinein den Eintritt der Bedingungen für den Anteilsübergang nachzuweisen. Das Closing Memorandum sollte dann auch dem Notar als **Nachweis des Anteilsübergangs** zur Verfügung gestellt werden und zugleich die Aufforderung an ihn enthalten, die aktualisierte, d.h. den Käufer als Inhaber der Geschäftsanteile ausweisende Gesellschafterliste nach § 40 Abs. 2 GmbHG einzureichen. Oftmals sind auch Transaktionsstrukturierungen anzutreffen, in denen am Closing erst der eigentliche Anteilsübergang nach § 15 Abs. 3 GmbHG in Form einer kurzen Abtretungsurkunde beurkundet wird. Wird diese Strukturierung gewählt, wäre im Muster auf die Abtretung (vgl. § 1.3 des Vertrages) zu verzichten.

49 **22. Stichtag:** Zunächst ist es wegen des auf den Stichtag zu erstellenden Stichtagsabschlusses hilfreich, den Stichtag auf ein Monatsende zu legen. Ist das Closing umfangreicher und bedarf

es einiger Zeit für die organisatorische Vorbereitung (bspw. für Organisation der Zahlungsvorgänge), ist es üblich, bei Eintritt der Vollzugsbedingungen gegen Monatsende eine Verschiebung des Closings, etwa auf das Ende des Folgemonats, vorzusehen. In diesem Fall wäre in § 5.3 des Vertrages folgender Satz 2 aufzunehmen: »Fällt der Eintritt der letzten Vollzugsbedingung in die letzten [fünf] Bankarbeitstage eines Monates, findet der Vollzug am letzten Bankarbeitstag des Folgemonats statt.«

23. Gewährleistungssystem bei Unternehmenskäufen: Es ist üblich für Unternehmens- 50
kaufverträge, dass deren Parteien sich darin von dem gesetzlichen Gewährleistungsregime des BGB lösen und stattdessen Umfang und Rechtsfolgen der Gewährleistungen einem eigenen vertraglichen Regelungswerk unterwerfen (dazu auch *Bisle* DStR 2013, 364). Dies erfolgt dadurch, dass zunächst ein – je nach Situation und Verhandlungsposition – mehr oder weniger umfangreicher Katalog selbstständiger Garantieversprechen nach § 311 Abs. 1 BGB formuliert wird, für die der Verkäufer verschuldensunabhängig und, je nach Ausgestaltung, auch unabhängig von der Kenntnis des Käufers einsteht. Im Anschluss daran werden die Rechtsfolgen im Falle unrichtiger Garantien, also die dem Käufer bei Garantieverletzungen zustehenden Rechte genannt. Letzteres ist erforderlich, da das BGB selbst keine Regelungen über die Rechtsfolgen bei Verletzungen selbstständiger Garantieversprechen enthält. Der Grund, warum die Garantien ausdrücklich keine Beschaffenheitsvereinbarungen im Sinne des § 434 Abs. 1 BGB und auch keine Beschaffenheits- und Haltbarkeitsgarantien im Sinne der §§ 443, 444 BGB sein sollen liegt darin, dass die nach BGB vorgesehenen Rechtsfolgen im Falle der Verletzung von Beschaffenheitsvereinbarungen bzw. unrichtiger Beschaffenheitsgarantien auf eine Art und Weise ausgestaltet sind, die den Interessen der Parteien nicht entspricht (z.B. setzt der Schadensersatz nach §§ 472 Nr. 3, 280 ff. BGB Verschulden des Verkäufers voraus oder es werden nach Vollzug praktisch nicht umsetzbare Rücktrittsrechte gewährt). Demgegenüber ermöglicht die Vereinbarung selbstständiger Garantieversprechen, die Rechtsfolgen im Falle von Garantieverletzungen maßzuschneidern, d.h. es können Verjährung, haftungsausschließende Kenntnis des Käufers oder auch Haftungsbegrenzungen (bspw. Haftungshöchstbeträge) individuell vereinbart werden.

24. Umfang der Garantien: Der Umfang des Garantienkatalogs ist stark von den Umständen 51
des Einzelfalls und der jeweiligen Perspektive abhängig. Während er aus Sicht des Verkäufers wegen des Haftungsrisikos schlank sein sollte, ist der Käufer natürlich an möglichst umfassenden Garantien interessiert. Darüber hinaus liegt es auch im Interesse des Käufers, dass die Garantien objektiv abgegeben werden, wohingegen der Verkäufer diese regelmäßig durch sein Wissen qualifiziert haben möchte. Daneben wird der Umfang des Katalogs natürlich auch durch die Eigenschaften der Zielgesellschaft prädeterminiert: Handelt es sich bspw. um ein Unternehmen, das nach BImSchG genehmigungsbedürftige Anlagen unterhält, müssen bspw. auch Garantien hinsichtlich der Altlastenfreiheit von Grundstücken von dem Katalog umfasst sein, was bei einem Unternehmen, das Software entwickelt, nicht erforderlich ist. Bei diesem wäre stattdessen Wert auf die Garantien zu gewerblichen Schutzrechten zu legen. Der im Muster enthaltene Garantienkatalog erhebt keinen Anspruch auf Vollständigkeit und geht einen Mittelweg, was Interessen des Verkäufers bzw. Käufers anbelangt. Vgl. allg. zu üblichen Garantien auch *Munkert* DStR 2008, 2501; *Grabowski/Harrer* DStR 1993, 20; *Eilers/Beutel* IStR 2010, 564; *Hülsmann* DStR 2008, 2402.

25. Regelungstechnik zur Einschränkung einzelner Garantien: Bekannte Umstände, 52
die nach dem Wortlaut der jeweiligen Garantie eine Verletzung derselben darstellen würden, sind jeweils offen zu legen. Regelungstechnisch erfolgt dies, indem zu der jeweiligen Garantie eine Anlage genommen wird, in der die jeweiligen Tatsachen vermerkt sind. In dem Wortlaut der Garantie ist dann jeweils zu ergänzen: »sofern sich nicht aus Anlage … etwas anderes ergibt«.

26. Gesellschaftsrechtliche Angelegenheiten: Sofern die Zielgesellschaft **Beteiligungen** 53
hält, lautet die Formulierung wie folgt: »Anlage 6.1 (f)(i) enthält eine Liste aller Unternehmen, an denen die Gesellschaft beteiligt ist ohne Ansehung, ob es sich im Einzelfall um eine unmittelbare, mittelbare (bspw. über Treuhänder), stille- oder Unterbeteiligung handelt. Für jedes Unternehmen, an dem eine solche Beteiligung existiert (»Beteiligungsunternehmen«), enthält Anlage 6.1(f)

(i) den jeweiligen Sitz, Handelsregisternummer, Grund-, Stamm- bzw. Festkapital, Informationen bezüglich weiterer Gesellschafter und die Höhe der von der Gesellschaft gehaltenen Beteiligung. Es bestehen keine Verpflichtungen, Anteile an Beteiligungsunternehmen zu veräußern oder Anteile oder Beteiligungen zu erwerben.« Das Vorhandensein solcher **Beteiligungsunternehmen** hat auch weitergehenden Einfluss auf die Garantien. Der Käufer wird verlangen, dass diese nicht nur auf die Zielgesellschaft, sondern auch auf die Beteiligungsunternehmen, zumindest Tochter- und Mehrheitsgesellschaftern, abgegeben werden. Zu der Thematik bei bestehenden Unternehmensverträgen zwischen Verkäufer und Zielgesellschaft, die im Rahmen der Transaktion beendet werden sollen vgl. *Knott/Rodewald* BB 1996, 472.

54 **27. Jahresabschlüsse und finanzielle Verhältnisse der Gesellschaft:** Auch bei diesem Punkt ist der Umfang der Garantien abhängig von der Situation der Vertragspartner bzw. deren Verhandlungsmacht. Auch in einem verkäuferfreundlichen Vertrag kann man zumindest die Garantien in lit. a) und b) erwarten. Die darüber hinausgehenden Garantien in lit. c) bis e) für die Durchsetzbarkeit und Befriedigung von Forderungen, umfassende Darstellung von Verbindlichkeiten und Rückstellungen oder den Ausweis von Eventualverbindlichkeiten sind käuferfreundlich. Sollte sich der Verkäufer hierauf nicht einlassen wollen besteht ein Kompromiss mglw. darin, diese auf das beste Wissen des Verkäufers zu qualifizieren.

55 **28. Gewerbliche Schutzrechte:** Der Umfang oder auch das Erfordernis dieser Garantien hängt von der Geschäftstätigkeit der Zielgesellschaft ab. Die Garantie in § 6.5 (c), dass Gewerbliche Rechte und deren Gebrauch keine Rechte Dritter verletzen, sollte aus Verkäufersicht stets nur nach bestem Wissen abgegeben werden, da trotz Registrierung eines Patents letztlich nicht mit Sicherheit behauptet werden kann, dass aus momentan noch unbekannten Gründen nicht doch eine Schutzrechtsverletzung vorliegt. Vgl. hierzu auch *Völker* BB 1999, 2413.

56 **29. Vertragsverhältnisse:** Um die Auflistung der bestehenden Verträge für die der Verkäufer garantiert, insbesondere bei größeren Zielgesellschaften, nicht ins Uferlose ausarten zu lassen, empfiehlt es sich, sich auf die wesentlichen Verträge zu konzentrieren. Wesentlich sind solche Verträge, die entweder für die Fortführung des Geschäftsbetriebs notwendig oder zweckdienlich sind, oder solche, aus denen einen bestimmten Schwellenwert übersteigende Zahlungsverbindlichkeiten resultieren.

57 **30. Altlasten:** Die mit Altlasten potenziell verbundenen Haftungsrisiken sind hoch. Besteht der Anlass zur Annahme, dass die Zielgesellschaft Eigentümerin oder auch nur Mieterin eines kontaminierten Grundstücks ist (auch eine Inanspruchnahme des Inhabers der tatsächlichen Gewalt kommt durch § 4 Abs. 3 BBodSchG in Betracht), sollte neben einer Garantie auch eine Freistellung vereinbart werden. Weiterführend *Lang/Hunke* NJOZ 2009, 2508. Sofern feststeht oder aus Sicht des Käufer zu befürchten ist, dass Altlasten oder schädliche Bodenveränderungen in der Gesellschaft gehörenden oder von ihr genutzten Grundstücken vorhanden sind, deren Ausmaß und die für deren Beseitigung anfallenden Sanierungskosten jedoch noch nicht beziffert werden können, sollte dieses Risiko für den Käufer durch zusätzliche Freistellungen in dem Unternehmenskaufvertrag abgesichert werden. Eine solche Freistellung ist angezeigt, da Sanierungspflichtiger nach dem BBodSchG der Grundstückseigentümer, Inhaber der tatsächlichen Gewalt (z.B. Mieter), aber auch derjenige ist, der aus gesellschaftsrechtlichem Grund für eine juristische Person einzustehen hat, der ein kontaminiertes Grundstück gehört (§ 4 Abs. 3 BBodSchG). Wird eine solche Freistellung aufgenommen ist ebenfalls zu beachten, ob etwaige Haftungsbeschränkungen, Verjährungsfristen, Unterrichtungspflichten im Falle des Eintritts eines Haftungsfalls, usw. der Garantieregelungen entsprechend geltend sollen, oder ob für die Freistellung eigene diesbezügliche Regelungen aufgestellt werden.

58 **31. Steuergarantien:** Die in dem Muster verwendete Steuerklausel ist verkäuferfreundlich und beschränkt sich auf die Gewährleistungen, dass Steuererklärungen vollständig abgegeben und bis zum Stichtag fällige Steueransprüche gezahlt wurden. In einer umfangreicheren Garantie könnten auch Regelungen zu der steuerlichen Anerkennung von Organschaften, das (Nicht-)Vorhandensein

verbindlicher Auskünfte oder die Anhängigkeit von Einsprüchen umfasst sein. Die Steuergarantie ist im Zusammenhang mit der in § 9 des Vertrages enthaltenen Freistellung zu sehen, wonach der Verkäufer für Steueransprüche haftet, die sich auf Zeiträume bis zum Stichtag beziehen.

32. Reichweite der Garantien: Sofern der Käufer mittelbar auch Tochter- und Beteiligungsunternehmen der Zielgesellschaft erwirbt, sollte hier klargestellt werden, dass die Garantien des § 6 sich auch auf diese beziehen. Sollen einzelne Garantien von der Erstreckung ausgenommen werden, muss dies entsprechend deutlich gemacht werden. 59

33. Zeitpunkt auf den Garantien abgegeben werden: In Konstellationen, in denen – wie im Muster – Vertragsunterzeichnung und Anteilsübergang auseinander fallen, muss geregelt werden, ob Garantien nur zum Unterzeichnungstag oder auch zum Vollzugstag abgegeben werden sollen und abgegeben werden können. Während der **Verkäufer** wegen des höheren Haftungsrisikos seine Aussagen **auf den Unterzeichnungstag beschränken** möchte, sind die Interessen des Käufers naturgemäß anders. Bei bestimmten Garantien kann der Verkäufer zum Zeitpunkt der Vertragsunterzeichnung auch schlichtweg keine auf den späteren Zeitpunkt abstellenden Garantien abgeben, etwa dass keine Rechtsstreitigkeiten anhängig sind. Sollen auch solche Garantien auf den späteren Zeitpunkt abgegeben werden, ist es aus Verkäufersicht mitunter wünschenswert, im Rahmen des Vollzugs als weitere Closing Deliverable (vgl. § 5.3 des Vertrages) auf den Stichtag aktualisierte und fortgeschriebene Anlagen zu den einzelnen Garantien vorlegen zu können bzw. ihm ein vertragliches Recht zu gewähren, wonach er bis zum Stichtag den Käufer über garantieeinschränkende Umstände informieren darf. Der Käufer wird dies vor allem bei solchen Garantien ablehnen, bei denen der Verkäufer einen bestimmten Zustand garantiert mit Ausnahme der in einer Anlage offen gelegten Umstände (bspw. Rechtsstreitigkeiten). Wären weitere Offenlegungen möglich, würde dies zur Aushöhlung der Garantien führen, da eine Offenlegung dem Käufer die Geltendmachung von Ansprüchen verwehrt. Dass zwischen Unterzeichnung und Anteilsübergang keine wesentlichen, die Situation des Käufers nachteilig beeinträchtigende Maßnahmen und Rechtsgeschäfte mehr vorgenommen werden dürfen, sichert auch schon § 11.4 des Vertrages ab. 60

In einem käuferfreundlichen Vertrag würde man darüber hinaus im Rahmen der Closing Deliverables in § 5.3 des Vertrages auch noch eine weitere Erklärung des bzw. der Verkäufer verlangen, dass keine der Garantien verletzt ist. Diese könnte wie folgt lauten:

»wird der Verkäufer eine Erklärung entsprechend dem Muster in Anlage ____________ abgeben, aus der sich ergibt, dass zum Zeitpunkt der Abgabe der Erklärung keine Garantien oder sonstige Pflichten aus diesem Vertrag verletzt sind oder ggf. welche Umstände eine Verletzung welcher Garantie, bzw. welcher sonstigen Pflicht begründen oder begründen könnten, und welcher Schaden daraus droht«

Eine solche Erklärung führt zu einer verschärften Haftung des Verkäufers, da sich hieraus eine Vorsatzhaftung – sofern die Erklärung falsch ist – herleiten kann.

34. Haftungsausschließende Kenntnis des Käufers: Die hier gewählte Formulierung ist verkäuferfreundlich. Sie folgt dem Rechtsgedanken des § 442 Abs. 1 BGB. Eine käuferfreundliche Formulierung würde stattdessen lauten: »Soweit Garantien durch Offenlegung von Umständen in der einschlägigen Garantie oder in einer Anlage, auf die dort ausdrücklich verwiesen wird, nur eingeschränkt abgegeben werden, gilt die jeweilige Einschränkung nur für die Garantie, auf die sie sich bezieht. Soweit die Verkäufer dem Käufer oder seinen Beratern außerhalb dieses Vertrags Tatsachen offen gelegt haben oder der Käufer auf andere Weise Kenntnis von Tatsachen erhalten hat, die sich auf einzelne der Garantien beziehen, muss sich der Käufer seine Kenntnis nur entgegenhalten lassen, wenn und soweit diese Tatsachen ausdrücklich in der einschlägigen Garantie oder in einer Anlage enthalten sind, auf die dort ausdrücklich verwiesen wird; § 442 BGB findet keine Anwendung.« Diese Formulierung bewirkt, dass wenn der Käufer im Rahmen der transaktionsvorbereitenden Due Diligence Prüfung der Zielgesellschaft auf Informationen gestoßen ist, aus denen 61 sich die Unrichtigkeit einer Garantie ergibt, sich der Käufer dieses Wissen bei der Geltendmachung von Garantieansprüchen nicht entgegenhalten lassen muss.

62 **35. Garantien nach bestem Wissen der Verkäufer:** Der Käufer wird akzeptieren, dass bestimmte Garantien nur nach bestem Wissen der Verkäufer abgegeben werden können. Der Verkäufer kann bestimmte Garantien schlichtweg nicht objektiv abgeben, bspw. kann er nicht objektiv sagen, ob Gewerbliche Schutzrechte Gegenstand behördlicher oder gerichtlicher Verfahren sind, wenn die Gesellschaft hierüber noch nicht informiert wurde. Der Verkäufer wird natürlich daran interessiert sein, möglichst viele Garantien nicht objektiv abgeben zu müssen, sondern diese durch sein bestes Wissen zu qualifizieren. Das Muster definiert bestes Wissen als positive Kenntnis oder grob fahrlässige Unkenntnis. Noch verkäuferfreundlicher wäre eine Beschränkung auf positive Kenntnis. Darüber hinaus ist es auch üblich, den Personenkreis näher zu bezeichnen auf dessen positive Kenntnis bzw. grob fahrlässige Unkenntnis es einzig und alleine ankommt (bspw. Geschäftsführer der Zielgesellschaft). Auch hier wird der Verkäufer interessiert sein, den Personenkreis möglichst klein zu halten.

63 **36. Rechtsfolgen im Falle von Garantieverletzungen:** Da sich die Parteien von dem gesetzlichen Gewährleistungsrecht gelöst haben (vgl. Muster E 2 (Rdn. E 50)), steht es ihnen frei, die Rechtsfolgen von Garantieverletzungen nach ihren Vorstellungen zu regeln. Dabei sind zahlreiche Ausgestaltungen denkbar, die von der Sicht der jeweiligen Vertragspartei bzw. der Verhandlungsmacht abhängen. Die im Muster gewählte Formulierung ist verkäuferfreundlich, indem sie zunächst eine Informationspflicht zugunsten des Verkäufers aufstellt und diesem sodann die Möglichkeit zur Naturalrestitution gewährt. Eine käuferfreundlichere Variante wäre folgende:

64 »Sollten eine oder mehrere Garantien in § 6 ganz oder teilweise unrichtig und/oder unvollständig sein und ist die Haftung der Verkäufer nicht nach § 7 ausgeschlossen, sind die Verkäufer auf eine schriftliche Mitteilung und Aufforderung des Käufers hin unverzüglich, spätestens jedoch innerhalb von ____________ Wochen nach dieser Mitteilung verpflichtet, nach Wahl des Käufers entweder den Zustand herzustellen, der bestehen würde, wenn die betroffene Garantie bzw. Garantien zutreffend oder vollständig wäre bzw. wären, oder unmittelbar Schadensersatz in Geld zu leisten.«

65 Aus Sicht des Verkäufers kann darüber hinaus Interesse an einer Regelung bestehen, dass der Käufer den Verkäufer bei gerichtlichen Auseinandersetzungen der Gesellschaft oder des Käufers zu informieren und im gewissen Umfang zu beteiligen hat, sofern diese Verfahren potenziell haftungsträchtig zu Lasten des Verkäufer sind. Der Käufer wird möglicherweise an einer »engagierten« Abwehr eines durch einen Dritten erhobenen Anspruchs gegen die Gesellschaft nicht sehr interessiert sein und stattdessen den ihm einfacher erscheinenden Weg, nämlich die Inanspruchnahme des Verkäufers aus den Garantien, verfolgen. Diesbezüglich können dem Verkäufer Informations- und Mitspracherechte hinsichtlich des Verfahrens mit dem Dritten eingeräumt werden, bspw. dass bestimmte verfahrensrelevante Schritte (Anerkenntnis, Vergleich, usw.) nur nach Absprache oder Zustimmung mit dem Verkäufer eingelegt werden, dass Prozesse oder Verfahren nach Weisung des Verkäufers geführt werden, usw.

66 **37. Umfang des Schadensersatzes:** Ein wesentlicher Verhandlungspunkt ist oftmals die Reichweite des Schadensersatzes im Falle einer Garantieverletzung. In Abwesenheit einer vertraglichen Regelung greifen §§ 249 ff. BGB, was zu einer oftmals nicht gewollten Regelung führt. Stattdessen verhandeln die Parteien in der Regel über individuelle Lösungen, die in einer verkäuferfreundlichen Ausprägung nur den direkten und unmittelbaren Schaden umfassen, in einer mehr käuferfreundlichen Fassung auch den mittelbaren und Folgeschaden einschließen. Vermittelnd wird oft eine Begrenzung auf den typischerweise vorhersehbaren mittelbaren Schaden vorgenommen. Insgesamt sind, im Rahmen der Privatautonomie, diverse Ausgestaltungen möglich. Aus Verkäufersicht sollte insbesondere Augenmerk darauf gelegt werden, dass der Käufer seinen Schaden nicht dadurch darlegen darf, dass er bei Zugrundelegung des tatsächlichen, also den Fall der Garantieverletzung berücksichtigenden Sachverhaltes eine andere Bewertung der Zielgesellschaft vorgenommen hätte, der Schaden also in einem für ihn geminderten Unternehmenswert besteht. Gerade wenn für die

Unternehmensbewertung und Kaufpreisfindung ein Multiplikator eine Rolle spielt, kann auch ein Schaden, der eigentlich nur einen Einmaleffekt bedeutet, bei der Schadensberechnung aufgrund des anzuwendenden Multiplikators zu nicht gewollten Effekten führen. Daher wird, wie im Muster im vorletzten Satz von § 8 Abs. 1 vorgesehen, ein Minderwert des verkauften Unternehmens regelmäßig ausgeschlossen. Aus Verkäufersicht empfiehlt sich, auch hinsichtlich des entgangenen Gewinns ebenso zu verfahren und diesen auszuschließen. Auf welche Regelungen man sich letztlich einigt ist eine Frage der Verhandlungsmacht. Vgl. zu dieser Thematik auch BeckHdB M&A/*Meyer-Sparenberg* § 45 Rn. 15 ff; Mehrbrey/*Andreas H. Meyer/Löwe* Streitigkeiten beim Unternehmenskauf § 19 Rn. 84 ff.

38. Keine doppelte Inanspruchnahme: Vielfach wird ein und derselbe Sachverhalt mehrere Garantien betreffen. Besteht bspw. ein wesentlicher Vertrag nicht rechtswirksam, kann dies sowohl die Garantie hinsichtlich der wesentlichen Verträge, zugleich aber auch die Garantie hinsichtlich der Jahresabschlüsse betreffen. Diese Situation kann auch auftreten, wenn die Garantieverletzung sich in der Kaufpreisanpassung widerspiegelt. Insbesondere im Bereich von Steuern und Abgaben kann es zu Überschneidungen kommen, wenn einerseits eine Steuererklärung in der Vergangenheit nicht vollständig oder ordnungsgemäß abgegeben wurde (Garantieanspruch) und daraus eine Steuernachzahlung resultiert, die zu einem Freistellungsanspruch nach § 9 führt. § 8.2 des Vertrages stellt diesbezüglich zugunsten des Verkäufers klar, dass keine doppelte Inanspruchnahme erfolgt. 67

39. Haftungsfreigrenzen und -höchstbeträge: Es kommt in Unternehmenskaufverträgen häufig vor, dass Mindestsummen für Schäden vereinbart werden, ab deren Erreichen der Verkäufer haftet. Durch solche **de-minimis Schwellen** soll die Geltendmachung von **Bagatellschäden** verhindert werden. In einem weiteren Schritt wird dann häufig vereinbart, dass einzelne Schäden jenseits der de-minimis Schwelle nur geltend gemacht werden können, wenn sie insgesamt einen weiteren Schwellenbetrag überschreiten. Wird dieser überschritten muss bestimmt werden, ob der Käufer dann auch den vollen Betrag (Freigrenze) oder nur das die Schwelle überschreitende Delta verlangen kann (Freibetrag). Auch werden oftmals **Haftungshöchstbeträge** vereinbart, auf die die Haftung des Verkäufers insgesamt gedeckelt ist (bspw. der Kaufpreis oder Prozentsatz des Kaufpreises). Dabei werden Ansprüche, die aus der Verletzung bestimmter Garantien resultieren üblicherweise von der Deckelung ausgenommen, insbesondere Ansprüche wegen Verletzung der Garantien in § 6.1 (Rechtsmängelhaftung hinsichtlich der Geschäftsanteile). Vgl. dazu allgemein *Roschmann* ZIP 1998, 1941. 68

40. Verjährung: Auch die Verjährung von Garantieansprüchen wird in Unternehmenskaufverträgen ausgehandelt. Ohne explizite Regelung gilt die regelmäßige Verjährungsfrist von drei Jahren nach § 195 BGB (Palandt/*Ellenberger* § 195 Rn. 3). Bei der Regelung der Verjährung wird differenziert zwischen der Haftung für die lastenfreie Übertragung der Geschäftsanteile, für die eine längere Verjährung (üblich sind fünf bis zehn Jahre; ggf. auch für Ansprüche aus Altlastengarantien) gelten soll, und sonstigen Garantieverletzungen. Bei letzteren sollte dem Käufer mindestens die Erstellung von zwei Jahresabschlüssen zur Aufdeckung möglicher Ansprüche zugestanden werden, so dass – je nach Zeitpunkt des Stichtages – eine Mindestfrist von 18 Monaten üblich ist. Zusätzlich kann man auch noch Regelungen bezüglich der Hemmung aufnehmen und der Verkäufer wird an einem Ausschluss von § 203 Satz 2 BGB interessiert sein. 69

41. Umfang der Gewährleistungsansprüche: Die gewählte Formulierung ist verkäuferfreundlich, indem die Schadensarten, für die der Verkäufer haftet, beschränkt werden. Auch hier kommt es auf das an, was die Parteien vereinbaren. Eine käuferfreundlichere Formulierung wäre: »Der zu zahlende Schadensersatz umfasst auch einen etwaig entgangenen Gewinn der Gesellschaft und einen entgangenen Gewinn der Käufers im Falle eines Weiterverkaufs der Geschäftsanteile oder des Unternehmens der Gesellschaft.« Allgemein zur Schadensberechnung *Hilgard* ZIP 2005, 1813. 70

42. Steuerklausel: Zweck der Steuerklausel ist die **Abgrenzung** steuerlicher Risiken **nach zeitlichen Aspekten** zwischen Käufer und Verkäufer: Steuern nach dem Stichtag trägt der Käufer und für Steuern, die Zeiträume bis zum Stichtag betreffen, hat der Verkäufer den Käufer bzw. die Zielgesellschaft freizustellen. Bei der Formulierung der Steuerklausel ist darauf zu achten, dass solche 71 aufgrund der zeitlichen Abgrenzung von dem Verkäufer zu tragenden Steuerverbindlichkeiten dann nicht der Freistellung unterliegen, wenn sie sich bereits (etwa im Rahmen einer Kaufpreisanpassung auf Grundlage einer Stichtagsbilanz) reduzierend auf den Kaufpreis ausgewirkt haben. Bei der Freistellung sollte des Weiteren Wert darauf gelegt werden, dass diese nicht den Regelungen über die Gewährleistungsansprüche (bspw. was Verjährung, de-minimis Schwellen oder Haftungshöchstgrenzen) unterliegt. De-minimis Schwellen sind nicht erforderlich, da der genaue Betrag der Steuerzahlung sich ohne Weiteres feststellen lässt und hinsichtlich der Verjährung würden kurze Fristen dazu führen, dass oft erst in der Zukunft, bspw. nach Betriebsprüfungen, entstehende Steuerverbindlichkeiten unberücksichtigt blieben. Dennoch kann ein Verkäufer natürlich Interesse an einer de-minimis Schwelle auch für die Steuerfreistellung haben. Wird im Einzelfall durch den Verkäufer eine derartige Schwelle durchgesetzt, sollte der Käufer darauf achten, dass Ansprüche, die unter die Schwelle fallen, erst dann verjähren, wenn alle potenziellen Ansprüche aus der Steuerfreistellung verjähren. Haftungshöchstbeträge sind bei Steuerfreistellungen unüblich. Des Weiteren findet nach § 9.7 des Musters § 7.2 (keine Haftung des Verkäufers bei Kenntnis/grob fahrlässiger Unkenntnis des Käufers) Anwendung. Aus Käufersicht wäre diese Klausel natürlich zu streichen. Sonstige Regelungsaspekte der Steuerklausel betreffen Mitwirkungsrechte des Verkäufers bei Steuerverfahren oder die Gegenrechnung von Steuervorteilen. Allgemein zu Ausgestaltung sowohl von Steuergewährleistungen wie -freistellungen vgl. *Eilers/Beutel* IStR 2010, 564; *Hülsmann* DStR 2008, 2402.

72 **43. Rücktrittsrechte:** Unterliegt die Transaktion der Fusionskontrolle, sollte für beide Seiten ein Rücktrittsrecht für den Fall vorgesehen werden, dass der Zusammenschluss endgültig untersagt oder nicht innerhalb einer bestimmten Frist freigegeben wird. Mitunter finden sich auch Rücktrittsrechte die dann greifen, wenn eine Freigabe nur unter (wesentlichen) Auflagen, Bedingungen oder Einschränkungen erfolgt oder solche Nebenbestimmungen durch das Bundeskartellamt angekündigt werden. Dies kann aber die Transaktionssicherheit beeinträchtigen und zu Diskussionen führen, ob und inwieweit der Käufer zur Umsetzung der Transaktion verpflichtet ist, falls die zuständige Behörde eine Erfordernis für Zusagen erkennen lässt.

73 **44. Rücktrittsrecht wegen »Material Adverse Change«:** Mitunter versuchen Käufer sich vor erheblichen Verschlechterungen des Zustands der Zielgesellschaft zwischen Vertragsunterzeichnung und Stichtag durch sog. »Material Adverse Change«, kurz **MAC-Klauseln** abzusichern, die für den Fall einer solchen wesentlichen Verschlechterung ein Rücktrittsrecht des Käufers vorsehen. Diskussionsbedarf bereitet dabei stets, welche Umstände eine erhebliche, die Ausübung des Rücktrittsrechts rechtfertigende Verschlechterung begründen sollen. Dies wird mitunter dadurch versucht zu objektivieren, indem bestimmte Schwellenwerte festgelegt werden, deren Erreichen ein Rücktrittsrecht begründet. Eine einfache Klausel könnte wie folgt lauten: »Der Käufer ist zum Rücktritt von diesem Vertrag berechtigt, wenn zwischen Unterzeichnungsdatum und Stichtag eine der Verkäufergarantien in § 6 verletzt wurde und der daraus resultierende oder vernünftigerweise zu erwartende Garantieanspruch einen Betrag von … € übersteigt und der Käufer die Verkäufer unter Setzung einer angemessenen Frist fruchtlos zur Herstellung des garantierten Zustands, wobei die Beseitigung der Verletzung und Herstellung des garantierten Zustands nach Wahl der Verkäufer durch Naturalrestitution oder Wertersatz erfolgen kann, aufgefordert hat.« Aus Verkäufersicht sind MAC-Klauseln mit Vorsicht zu genießen, beeinträchtigen sie doch die Transaktionssicherheit. Vgl. dazu *Kuntz* DStR 2009, 377; *Stanek/Kindt* BB 2010, 1490; BeckHdB M&A/*Meyer-Sparenberg* § 43 Rn. 43 ff.

74 **45. Fortführung der Geschäfte:** Dem Käufer ist daran gelegen, dass er das Unternehmen der Zielgesellschaft so erwirbt, wie er es im Rahmen seiner Due Diligence Prüfung vorgefunden hat. Diesem Interesse dient zum einen der Garantienkatalog, der auch auf den Zeitpunkt des Stichtags abstellt. Daneben werden in § 11.4 dem Verkäufer weitere **konkrete Verhaltenspflichten** auferlegt, wie das Unternehmen bis zum Stichtag zu führen ist. Ist der Zusammenschluss fusionskontrollpflichtig, ist bei solchen Verhaltenspflichten zu beachten, dass diese nicht gegen das Vollzugsverbot verstoßen (vgl. dazu auch Muster E 2 (Rdn. E 75)). Deswegen dürfen die Klauseln nicht so weit reichen, dass der Käufer auf Geschäftsführungsmaßnahmen der Zielgesellschaft einwirken kann. Besondere Vorsicht ist bei Gestaltungen geboten, bei denen bestimmte Geschäfte der Zustimmung

des Käufers bedürfen. Vgl. dazu *Mielke/Welling* BB 2007, 277; *Picot* Handbuch Mergers & Acquisitions, S. 254.

46. Fusionskontrolle: Ob ein Unternehmenskauf in Deutschland, der EU oder sonstigen Jurisdiktionen dem jeweils einschlägigen Fusionskontrollregime (§§ 35 ff. GWB, Verordnung (EG) Nr. 139/2004 des Rates vom 20. Januar 2004 über die Kontrolle von Unternehmenszusammenschlüssen (»EG-Fusionskontrollverordnung«)) unterliegt, sollte **rechtzeitig im Vorfeld** der Transaktion abgeklärt werden. In den meisten Ländern ist ein Vollzug ohne bzw. vor Vorliegen einer Freigabe sanktionsbewehrt (vgl. § 41 Abs. 1 i.V.m. § 81 Abs. 2 Nr. 1 GWB). Von daher ist das Vorliegen einer förmlichen Freigabe bzw. eine Freigabefiktion (§ 40 Abs. 1 Satz 1 GWB, § 40 Abs. 2 Satz 1 GWB) als aufschiebende Bedingung für den dinglichen Übergang der Geschäftsanteile ausgestaltet. Das Muster geht von einer Zuständigkeit des Bundeskartellamtes aus. Im Rahmen dieser Vertragsklausel kann, sofern gewünscht, detailliert geregelt werden, welche Partei welche Aufgaben während des Fusionskontrollverfahrens übernimmt, inwieweit sich die Parteien während des Verfahren gegenseitig zu unterrichten haben oder ob sie sich über Verfahrensschritte und verfahrensleitende Anträge vorab abstimmen müssen, wer welche Risiken im Falle einer Untersagung trägt (bspw. Zahlung eines anteiligen Kaufpreises auch bei Untersagung; sollen bei Untersagung – mitunter langwierige – Rechtsmittel eingelegt werden oder wird für diesen Fall ein Rücktrittsrecht eingeräumt, müssen Zusagen durch den Käufer im Falle einer drohenden Untersagung abgegeben werden) usw. Im Muster wird ein Rücktrittsrecht für den Fall gewährt, dass eine Untersagung ergeht. Alternativ kann man auch den schuldrechtlichen Vertrag unter die aufschiebende Bedingung stellen, die sich hier nur auf die Abtretung erstreckt. 75

47. Abgabe von Zusagen im Rahmen des Fusionskontrollverfahrens: Das Muster sieht vor, dass keine Partei verpflichtet ist, untersagungsabwendende Zusagen abzugeben. Aus Sicht des Verkäufers ist dabei zu beachten, dass dies die Transaktionssicherheit gefährdet, wenn ohne derartige Zusagen eine Freigabe nicht erreicht werden kann. Aus seiner Sicht wäre es daher vorteilhafter, den Käufer vertraglich zu verpflichten, für den Fall einer drohenden Untersagung zumutbare Zusagen gegenüber der Fusionskontrollbehörde abzugeben. Aus Sicht des Käufers wiederum kann ein Rücktrittsrecht für den Fall erstrebenswert sein, dass eine Freigabe nur nach vorheriger Absage von Zusagen in Betracht kommt. Alternativ kann man auch vereinbaren, dass erforderliche Zusagen Einfluss auf den Kaufpreis haben sollen. 76

48. Wettbewerbsverbot: Wettbewerbsverbote sind an § 1 GWB und § 138 BGB zu messen und allgemein nur zulässig, wenn sie sachlich, räumlich und zeitlich angemessen sind. Hinsichtlich der zeitlichen Komponente bedürfen Wettbewerbsverbote über drei Jahre einer besonderen Rechtfertigung. Auch ist es aus Sicht des Käufers sinnvoll, das Wettbewerbsverbot durch eine disziplinierend wirkende Vertragsstrafe scharf zu sanktionieren. Mit einer solchen Poenale kann der Käufer ohne Bezifferung und Nachweis seines Schadens eine Ausgleichzahlung für die Verletzung des Vollzugsverbotes verlangen. Vgl. auch *Picot* Handbuch Mergers & Acquisitions, S. 255 f.; BeckHdB M&A/*Meyer-Sparenberg* § 47 Rn. 1 ff. 77

49. Vertraulichkeit: Die Formulierung würde die Offenlegung des Vertrages im Falle bspw. der Veräußerung des Verkäufers oder der Zielgesellschaft im Rahmen einer zukünftigen Due Diligence nicht erlauben. Daher wäre die Statthaftigkeit einer solchen Offenlegung ggf. noch ausdrücklich zu nennen. Dabei kann auch vereinbart werden, dass eine Weitergabe nur soweit erfolgen darf, wie sensible Informationen (bspw. Kaufpreis) nicht betroffen sind. Derartige Details müssten dann geschwärzt werden. 78

50. Garantiegeber: Handelt es sich bei dem Käufer um ein bloßes Akquisitionsvehikel, wird der Verkäufer gut beraten sein, eine entsprechende Sicherheit für die Erfüllung der dem Käufer obliegenden Verpflichtungen, insbesondere der Kaufpreiszahlung, zu fordern. Dies kann einerseits wie im Muster durch die Abgabe eines Garantieversprechens etwa der Konzernmutter oder eines anderen hinreichend werthaltigen Konzernunternehmens geschehen. Eine andere Variante wäre die Stellung einer **Bankbürgschaft**. Denkbar und in der Praxis ebenfalls häufig anzutreffen ist auch der umgekehrte Fall, dass es sich bei dem Verkäufer um eine weitgehend vermögenslose Gesellschaft handelt. 79

In diesem Fall liegt es im Interesse des Käufers, von dem Verkäufer Sicherheit bspw. für die Erfüllung etwaiger Garantieansprüche zu fordern. Dies kann etwa durch die gesamtschuldnerische Haftung eines im Lager der Verkäufer stehenden Garantiegebers oder durch Kaufpreiseinbehalte (entweder aufgeschobene Zahlung eines Teils des Kaufpreises oder auch treuhänderische Verwahrung des Kaufpreises durch einen Notar jeweils bis Ablauf der Verjährung für Garantieansprüche) geschehen.

80 **51. Kostenfolge der Rechtswahlklausel:** Mit der Reform des Notarkostenrechts (GNotKG) stellt die Beurkundung einer Rechtswahlklausel einen besonderen Beurkundungsgegenstand nach § 111 Nr. 4 GNotKG dar, wodurch der Geschäftswert der Beurkundung grundsätzlich um 30 % steigt (§ 104 Abs. 3 GNotKG). Um dies zu verhindern sollte bei reinen Inlandssachverhalten, wo sich die Frage nach dem anwendbaren Recht nicht stellt auf die Aufnahme einer expliziten Rechtswahlklausel verzichtet werden. Ausführlich *Begemann/Nölle*, BB 2016, 137.

3. Angebot zum Kauf und zur Abtretung von Geschäftsanteilen

Vorbemerkung

81 Verkauf und Abtretung eines Geschäftsanteils können nach den allgemeinen Regeln wie jeder Vertrag auch durch Angebot und getrennte spätere Annahme erfolgen. Der Vertrag ist dann erst mit der Annahme geschlossen. Die Beteiligten sind weitgehend frei, wer das Angebot macht und wie es inhaltlich ausgestaltet wird. In vielen Fällen wirkt der Angebotsempfänger auch bereits am Angebot mit, etwa in Hinblick auf die Bindung des Anbietenden oder in Hinblick auf Kostenregelungen. Bindende Angebote werden häufig auch als »Option« zum Verkauf (auch »put-Option«) oder zum Kauf (auch »call-Option«) bezeichnet. Das Angebot ist zu unterscheiden vom Optionsvertrag, also dem (bedingten) Anteilskaufvertrag, der zur Wirksamkeit nur noch einer Ausübungserklärung bedarf. Das Muster enthält ein Angebot des Veräußerers mit Bindungsfrist.

Muster

82 **Angebot zum Kauf und zur Abtretung eines Geschäftsanteils**

UR.-Nr. ____________

Verhandelt zu ____________ am ____________.

Vor mir, dem Notar ____________ mit Amtssitz in ____________ erschien: [1]

A, geboren am ____________, etc.

A wird im Folgenden auch nur kurz »Veräußerer« genannt.

Der Erschienene erklärte:

Angebot zum Geschäftsanteilskauf- und -übertragungsvertrag

§ 1 Gegenstand und Empfänger des Angebots

1. Im Handelsregister des Amtsgerichts ____________ ist unter der Registernummer ____________ die Gesellschaft mit beschränkter Haftung unter der Firma »X-GmbH« mit Sitz in ____________ (Geschäftsanschrift: ____________) eingetragen. Die X-GmbH wird im Folgenden auch nur kurz »Gesellschaft« genannt.

2. Das Stammkapital der Gesellschaft beträgt 500.000 € und ist in voller Höhe eingezahlt.

3. Der Veräußerer hält einen Geschäftsanteil in nominaler Höhe an der Gesellschaft wie folgt:

Geschäftsanteil Nr. 1 in Höhe von 100.000 €.

Dieser Geschäftsanteil wird im Folgenden auch kurz »Geschäftsanteil« genannt.

4. Empfänger des Angebots gemäß dieser Urkunde ist ____________, wohnhaft/geschäftsansässig in ____________ /mit Sitz in ____________, eingetragen im Handelsregister des Amtsgerichtes ____________ unter ____________. Er/Sie wird in dieser Urkunde auch »Erwerber« genannt.

§ 2 Angebot, Kauf und Abtretung [2]

1. Der Veräußerer bietet dem Erwerber hiermit den Kauf des Geschäftsanteils wie folgt an:

Der Veräußerer verkauft den Geschäftsanteil an den dies annehmenden Erwerber.

2. Der Veräußerer bietet dem Erwerber hiermit die Abtretung des Geschäftsanteils wie folgt an:

Der Veräußerer tritt den Geschäftsanteil an den dies annehmenden Erwerber ab. [3]

3. Die Rechte des Erwerbers aus diesem Angebot, insbesondere das Recht auf Annahme, sind nicht übertragbar.

§ 3 Kaufpreis [4]

1. Der Kaufpreis beträgt ____________ € (in Worten: ____________ Euro).

2. Der Kaufpreis wird zur Zahlung fällig binnen ____________ Tagen/Wochen nach Beurkundung der Annahme.

3. Der Kaufpreis ist bei Fälligkeit zahlbar wie folgt: ____________

§ 4 Weitere Bestimmungen [5]

Entweder: ____________ (weitere Bestimmungen des Anteilskaufvertrages) ________

Oder: Die weiteren Bestimmungen des angebotenen Anteils-Kaufvertrages sind in Anlage ____________ enthalten. Auf die Anlage wird Bezug genommen und verwiesen. Sie ist ein wesentlicher Bestandteil dieses Angebotes.

§ 5 Bindungsfrist [6], Wirksamkeit der Annahme

1. An dieses Angebot hält sich der Veräußerer unwiderruflich bis zum Ablauf von vier Wochen ab der Abgabe dieses Angebotes gebunden (»Bindungsfrist«).

Während der Bindungsfrist kann das Angebot von dem Veräußerer einseitig weder widerrufen noch inhaltlich abgeändert werden.

Das Angebot kann vom Erwerber nur während der Bindungsfrist angenommen werden. Mit Ablauf der Bindungsfrist erlischt das Angebot von selbst, ohne dass es eines Widerrufs bedürfte.

2. Zur Wirksamkeit der Annahme ist lediglich erforderlich, dass die Annahmeerklärung vor Ablauf der Bindungsfrist vor einem Notar abgegeben wird, nicht dagegen der Zugang der Annahmeerklärung an den Verkäufer binnen der Bindungsfrist. Der die Annahme beurkundende Notar wird ersucht, dem Veräußerer unverzüglich eine Ausfertigung der Annahmeurkunde zu übersenden und den beurkundenden Notar hierüber in Kenntnis zu setzen.

3. Zur Wirksamkeit der Annahme ist weiter erforderlich, dass sich der Erwerber wegen der Verpflichtung zur Zahlung des Kaufpreises samt Verzugszinsen in Höhe von jährlich ___________ Prozentpunkten über dem Basiszinssatz, die zur Wahrung des vollstreckungsrechtlichen Bestimmtheitsgrundsatzes als ab dem Tag der Beurkundung der Annahme geschuldet gelten, der sofortigen Zwangsvollstreckung in sein gesamtes Vermögen unterwirft und den Notar anweist, dem Veräußerer auf dessen Antrag ohne weitere Nachweise eine vollstreckbare Ausfertigung der Annahmeurkunde zu erteilen.

§ 6 Kosten [7], Steuern

Die Kosten der Beurkundung des Angebotes trägt zunächst der Veräußerer. Im Fall der Annahme übernimmt der Erwerber diese Kosten; er ist dann dem Veräußerer gegenüber zur Freistellung und zur Erstattung verpflichtet.

Die Kosten der Beurkundung der Annahme trägt der Erwerber.

Die Gesellschaft hat Grundbesitz. Etwaige Grunderwerbsteuer trägt der Erwerber. [8]

Diese Niederschrift [einschließlich der Anlage ___________] wurde dem Erschienenen vom Notar [9] vorgelesen, von ihm genehmigt und von ihm und dem Notar unterschrieben:

Template

83 **Offer for Purchase and Transfer of a Company Share**

Deed No. ___________

Heard in ___________ on ___________.

Before me, the notary ___________ with office in ___________ appeared: [1]

A, born on ___________, etc.

A is hereinafter also referred to as »Seller«.

The party appearing declared:

Offer regarding Company Shares Purchase and Transfer Contract

Section 1 Purpose and Recipient of the Offer

1. Registered with the commercial register of the Local Court of ___________ under the register number ___________ is the *Gesellschaft mit beschränkter Haftung* [private limited company] with the name »X-GmbH« and place of business in ___________ (business address: ___________). X-GmbH is hereinafter also referred to as »Company«.

2. The share capital of Company amounts to EUR 500,000 and was fully paid in.

3. Seller holds a nominal company share in Company as follows:

Company share no. 1 in the amount of EUR 100,000.

The company share is hereinafter also referred to as »Company Share«.

4. The recipient of this offer in accordance with this deed is ___________, resident/place of business in ___________/with seat in ___________, registered with the commercial register of the Local Court of ___________ under ___________. He/she is also referred to as »Purchaser« in this deed.

Section 2 Offer, Purchase and Transfer [2]

1. Seller hereby offers Purchaser the option to acquire the company share as follows:

Seller sells the Company Share to Purchaser, who accepts the sale.

2. Seller hereby offers Purchaser to transfer the company share as follows:

Seller transfers the Company Share to Purchaser, who accepts the transfer. [3]

3. The rights of Purchaser under this offer, especially the right to accept the offer, are not transferable.

Section 3 Purchase Price [4]

1. The purchase price amounts to EUR __________ (in words: __________ euro).

2. The purchase price shall become payable within __________ days/weeks after certification of acceptance.

3. The purchase price shall be payable as follows on the due date: __________

Section 4 Other Provisions [5]

Either: __________ (other conditions of the company share purchase contract) __________

Or: The remaining provisions of the proposed purchase of a company share are set out in annex __________. Reference is made to this annex. It is an integral part of this offer.

Section 5 Binding Period [6], Effectiveness of Acceptance

1. Seller shall be irrevocably bound by this offer until the lapse of four weeks from making the offer (»Binding Period«).

During the Binding Period, the offer may neither be unilaterally revoked nor the content changed by Seller.

Purchaser may only accept the offer during the Binding Period. Upon lapse of the Binding Period, the offer shall expire automatically without it having to be withdrawn.

2. In order for acceptance to be effective, the acceptance declaration must only be made towards a notary before lapse of the Binding Period; it is not necessary that Seller receives the acceptance declaration prior to lapse of the Binding Period. The notary certifying acceptance is requested to send Seller a copy of the acceptance deed immediately and to inform the certifying notary thereof.

3. Another requirement for effectiveness of acceptance is that Purchaser, in regard to their obligation to pay the purchase price plus interest on arrears of __________ percentage points above the base rate per year that are deemed owed from the day on which this deed is certified in order to comply with the principle of certainty under enforcement provisions, agrees towards Seller to immediate compulsory execution in regard to Purchaser's entire assets and Purchaser instructs the notary to issue Seller with an enforceable copy of the acceptance declaration on Seller's request without further proof.

Section 6 Costs [7], Taxes

The costs of certification of the offer shall initially be borne by Seller. In the case of acceptance, Purchaser shall bear these costs; Purchaser shall then be obliged to indemnify and hold harmless and to reimburse Seller.

The costs of certification of acceptance shall be borne by Purchaser.

Company does own landed property. Any land transfer tax shall be payable by Purchaser. [8]

This record [including the annex] was read to the Party appearing by the notary [9], was approved by them, and was signed by them and the notary as follows:

Erläuterungen

Literatur: *Armbrüster*, Zur Beurkundungspflichtigkeit von Treuhandabreden über GmbH-Anteile – Zugleich ein Beitrag zu den Formzwecken des § 15 Abs. 4 Satz 1 GmbHG, DNotZ 1997, 762; *Barth*, Keine Erfüllung der Formerfordernisse des § 15 Abs. 3 und Abs. 4 GmbHG durch antizipierende Satzungsklausel, GmbHR 2004, 383–391; *Eickelberg/Ries*, Bedingt listenfähig – Aktuelles von der GmbH-Gesellschafterliste, NZG 2015, 1103–1107; *Fembacher/Walz*, Mehr Haftung als Haftungsbeschränkung? Eine Gesamtschau zu den Risiken der GmbH-Anteilsabtretung, BB 2004, 680–683; *Heidenhain*, Zum Umfang der notariellen Beurkundung bei der Veräußerung von Geschäftsanteilen, NJW 1999, 3073–3077; *Huke*, Aktuelle Probleme der Abtretung von GmbH-Geschäftsanteilen–Gestaltung statt Heilung, BWNotZ 1997, 156–169; *Kleinert/Blöse/v. Xylander*, Sehr wohl – Erfüllung der Formerfordernisse nach § 15 Abs. 3 und Abs. 4 GmbHG durch antizipierende Satzungsklauseln, GmbHR 2004, 630–642; *Loritz*, Rechtsfragen der notariellen Beurkundung bei Verkauf und Abtretung von GmbH-Geschäftsanteilen, DNotZ 2000, 90–109; *Roth*, Die mittelbare Mitwirkung des Notars an Veränderungen in der Person oder der Beteiligung des GmbH-Gesellschafters, RNotZ 2014, 470–482; *Stoppel*, Reichweite der Heilung bei fehlender Beurkundung von Anteilsverkäufen, GmbHR 2010, 225–230; *Walz/Fembacher*, Zweck und Umfang der Beurkundung nach § 15 GmbHG, NZG 2003, 1134–1143.

84 **1.** Das Angebot zum Verkauf und zur Abtretung eines Geschäftsanteils bedarf nach § 15 Abs. 4 Satz 1 und Abs. 3 GmbHG der **notariellen Beurkundung** (Scholz/*Seibt* § 15 Rn. 55, weitergehend zum Formerfordernis und zur Heilung vgl. *Barth*, GmbHR 2004, 383 ff.; *Kleinert/Blöse/v. Xylander*, GmbHR 2004, 630 ff.; *Heidenhain*, NJW 1999, 3073 ff.; *Armbrüster*, DNotZ 1997, 762 ff.; *Loritz*, DNotZ 2000, 90; *Walz/Fembacher*, NZG 2003, 1134 ff.; *Stoppel*, GmbHR 2010, 225 ff.).

85 **2.** Inhaltlich sind für das Angebot im Vergleich zum einheitlich beurkundeten Anteilskauf- und Abtretungsvertrag keine Besonderheiten zu beachten. Klargestellt werden muss, ob es sich bloß um das Angebot zum **schuldrechtlichen Geschäft** des Verkaufs oder zugleich um ein Angebot zur **Abtretung** handelt; in einer notariellen Urkunde darf insoweit kein Raum für Auslegung bleiben. Kauf und Abtretung sind oft gewollt, schon um einen zweiten notariell zu beurkundenden Vorgang zu vermeiden; ohnehin werden Kauf und Abtretung von (anwaltlich nicht beratenen) Beteiligten häufig nicht so differenziert gesehen. In manchen Fällen, zum Beispiel bei Put- und Call-Optionen, wird jedoch die Abtretung bewusst nicht mit angeboten, sondern einer gesonderten Erklärung vorbehalten, gerade um eine »automatische« Abtretung bereits mit Beurkundung der Annahme zu vermeiden.

86 **3.** Der angebotene Geschäftsanteil muss stets so genau wie möglich bezeichnet werden, um dem sachenrechtlichen **Bestimmtheits- bzw. Bestimmbarkeitserfordernis** beim dinglichen Geschäft zu genügen (vgl. Roth/Altmeppen/*Altmeppen* § 15 Rn. 17; *Huke*, BWNotZ 1997, 156 ff.). Soweit die Geschäftsanteile in der letzten im Handelsregister eingestellten Gesellschafterliste bereits nummeriert sind, ist unbedingt die Nummer des Anteils anzugeben. Soweit die Geschäftsanteile noch nicht nummeriert sind, ist die **Nummerierung** in der neuen einzureichenden Gesellschafterliste erstmals vorzunehmen; in der Angebotsurkunde sollte dann auf diese neue Nummerierung bereits Bezug genommen werden. Auch kann zusätzlich oder alternativ angegeben werden, wann und auf welche Weise der Anteil durch den Anbietenden erworben wurde.

4. Die Modalitäten der Annahme des Angebotes, eine etwaige Bindung des Anbietenden und die Möglichkeit des Widerrufes des Angebots sollten möglichst eindeutig geregelt werden. Gleiches gilt für die Bedingung der Kaufpreiszahlung. 87

5. Das Angebot hat nach den allgemeinen Regeln bereits den vollständigen Inhalt des angebotenen Anteils-Kaufvertrages zu enthalten. Jede Änderung oder Ergänzung des Angebotes im Rahmen der Annahme gilt nach dem Gesetz als Ablehnung, verbunden mit einem erneuten (entsprechend geänderten) Angebot (§ 150 Abs. 2 BGB). Eine Frage der Beurkundungstechnik, der Praktikabilität und des persönlichen Geschmackes ist es hingegen, ob der komplette Vertragsinhalt in die Urkunde aufgenommen wird oder ob und inwieweit er in eine Anlage zur Urkunde aufgenommen wird. Eine Urkunde ohne Anlage bietet sich etwa bei einem inhaltlich knappen, prägnanten Angebot an. Eine Urkunde mit Anlage kann man vorziehen, wenn nur die wesentlichen Rahmendaten des Angebotes prominent in der Urkunde erscheinen sollen oder wenn die Nebenbestimmungen besonders umfänglich sind. Wird so mit einer Anlage gearbeitet, muss die Anlage beurkundungsrechtlich zwingend mit vorgelesen werden (§§ 9 Abs. 1 Satz 2, 13 Abs. 1 Satz 1 BeurkG); zum Nachweis sollte dies auch in der Urkunde vermerkt werden; zudem sollte die Anlage ebenfalls unterschrieben werden. Im Vergleich zum **Optionsvertrag** ist das Angebot etwas unflexibler, da etwa kein Bindungsentgelt vereinbart werden kann. Zudem kann die Option bei beurkundetem Optionsvertrag formfrei ausgeübt werden, während die Annahme des Angebots notarieller Form bedarf (Lutter/Hommelhoff/*Bayer* § 15 Rn. 46; Scholz/*Seibt* § 15 Rn. 55). 88

6. Wird das Angebot von einem Verbraucher gemäß § 13 BGB gegenüber einem Unternehmer gemäß § 14 Abs. 1 BGB abgegeben, handelt es sich um ein Angebot auf Abschluss eines **Verbrauchervertrag**es nach § 310 Abs. 3 BGB, für den die §§ 307 ff. BGB gelten. Die Bereichsausnahme des § 310 Abs. 4 BGB gilt dafür nicht (für Ausnahmen bei Erwerb einer unternehmerischen Position ab Erwerb von 25 % des Stammkapitals *Ulmer* in Ulmer/Brandner/Hensen AGB-Recht, 11. Aufl. 2011, § 310 BGB, Rn. 61), da es sich nicht um ein Angebot auf Abschluss eines Vertrages auf dem Gebiet des Gesellschaftsrechts handelt, sondern ein Angebot auf Abschluss eines schuldrechtlichen Kaufvertrages nach §§ 453 Abs. 1, 433 ff. BGB. Die Bindungsfrist für den Erwerber darf dann gemäß der Rechtsprechung des BGH (BGH NJW 2010, 2873 und folgende, zu allerletzt BGH III ZR 160/15 vom 21.01.2016), nach § 308 Nr. 1 BGB in Verbindung mit § 147 Abs. 2 BGB maximal vier (4) Wochen ab Abgabe (nicht: Zugang) des Angebotes betragen. Eine längere Bindungsfrist ist nach BGH unwirksam, sodass das Angebot nach Ablauf von vier Wochen erlischt und eine spätere Annahme als erneutes Angebot (des Unternehmers) gilt. Die Rechtsprechung ist sachlich wohl falsch, da sie in § 147 Abs. 2 BGB eine starre Frist hineinliest, die dort schlicht nicht steht und auch vom Gesetzgeber nie beabsichtigt war. Sie ist nichtsdestoweniger für die Praxis bei der Gestaltung zu beachten: Eine längere Bindungsfrist als vier Wochen für den Verbraucher kann danach nur – im Einzelfall und Ausnahmefall – individuell verhandelt und vereinbart werden; hier ist für den Vertragsgestalter Vorsicht geboten. Die Verhandlungen zu diesem Punkt sollten jedenfalls dokumentiert werden, zudem sollte in die Urkunde ein entsprechender Hinweis des Notars aufgenommen werden. 89

7. Für die Beurkundung des Angebotes fällt eine 2,0-Gebühr nach KV-Nr. 21100 GNotKG an. Der Wert richtet sich nach dem Kaufpreis (§ 47 GNotKG) bzw. dem Wert der Anteile (§ 54 GNotKG). Gegenüber dem Notar ist zunächst der Anbietende Kostenschuldner. Durch Vereinbarung unter den Beteiligten können die Kosten differenziert verteilt und gegebenenfalls entsprechende Erstattungsansprüche aufgenommen werden. 90

8. Durch die Beurkundung des Angebots wird bei Grundbesitz der Gesellschaft noch keine Grunderwerbsteuerpflicht ausgelöst. Diese entsteht erst mit Annahme des Angebots. Anders ist dies jedoch, wenn mit Beurkundung des Angebots bereits wirtschaftliches Eigentum auf den Angebotsempfänger übergeht, er insbesondere schon Gewinnbezugs- und Stimmrechte erhält (vgl. MünchVertrHdb I S. 594 m.w.N.). 91

92 **9.** Die Gesellschafterliste gemäß § 40 Abs. 2 GmbHG sollte der Notar einreichen, der die Annahme beurkundet, obwohl auch der Notar, der das Angebot beurkundet an der Veränderung mitwirkt (Baumbach/Hueck/*Zöllner/Noack* § 40 Rn. 53, str.); für den Fall eines die Angebote beurkundenden »Zentralnotars« wurde entschieden, dass das Registergericht eine solche Einreichung jedenfalls nicht zurückweisen darf (OLG München, RNotZ 2013, 56; vgl. auch etwa *Eickelberg/Ries*, NZG 2015, 1103 (1104); *Roth*, RNotZ 2014, 470 (474 f.)).

4. Annahme eines Angebots zum Kauf und zur Abtretung von Geschäftsanteilen

Vorbemerkung

93 Verkauf und Abtretung eines Geschäftsanteils können nach den allgemeinen Regeln wie jeder Vertrag auch durch Angebot und getrennte spätere Annahme erfolgen. Der Vertrag ist dann erst mit der Annahme geschlossen. Das Muster enthält eine Annahme des Erwerbers in Hinblick auf ein Angebot des Veräußerers entsprechend dem vorstehenden Muster E 3 (Rdn. E 82).

Muster

94 **UR.-Nr. ____________**

Verhandelt zu ____________ am ____________.

Vor mir, dem Notar [1] ____________ mit Amtssitz in ____________ erschien:

A, geboren am ____________, etc.

A wird im Folgenden auch nur kurz »Erwerber« genannt.

Der Erschienene erklärte:

Annahme eines Angebots zum Geschäftsanteilskauf- und -übertragungsvertrag

§ 1 Empfänger und Gegenstand der Annahme

1. Empfänger der Annahme-Erklärung gemäß dieser Urkunde ist ____________, wohnhaft/geschäftsansässig in ____________ /mit Sitz in ____________, eingetragen im Handelsregister des Amtsgerichtes ____________ unter ____________. Er/Sie wird in dieser Urkunde auch »Veräußerer« genannt.

2. Im Handelsregister des Amtsgerichts ____________ ist unter der Registernummer ____________ die Gesellschaft mit beschränkter Haftung unter der Firma »X-GmbH« mit Sitz in____________ Firmensitz (Geschäftsanschrift: ____________) eingetragen. Die X-GmbH wird im Folgenden auch nur kurz »Gesellschaft« genannt.

3. Das Stammkapital der Gesellschaft beträgt 500.000 € und ist in voller Höhe eingezahlt.

4. Der Veräußerer hält einen Geschäftsanteil in nominaler Höhe an der Gesellschaft wie folgt:

Geschäftsanteil Nr. 1 in Höhe von 100.000 €.

Dieser Geschäftsanteil wird im Folgenden auch kurz »Geschäftsanteil« genannt.

§ 2 Annahme

1. Der Veräußerer hat dem Erwerber seinen oben in § 1 Abs. 4 dieser Urkunde genannten Geschäftsanteil an der Gesellschaft am ____________ mit notariell beurkun-

deter Erklärung (Urk.-Nr. ___________ des Notars ___________ aus ___________) zum Kauf und zur Abtretung angeboten (»Angebot«).

2. Der Erwerber nimmt das Angebot des Veräußerers zum Kauf des Geschäftsanteils hiermit an.

2. Der Erwerber nimmt das Angebot des Veräußerers zur Abtretung des Geschäftsanteils hiermit an.

3. Der diese Annahmen beurkundende Notar wird ersucht, dem Veräußerer unverzüglich eine Ausfertigung der Annahmeurkunde zu übersenden und den das Angebot beurkundenden Notar hierüber in Kenntnis zu setzen. [2]

4. Der Erwerber unterwirft sich gegenüber dem Veräußerer wegen seiner Verpflichtung zur Zahlung des Kaufpreises in Höhe von ___________ € samt Verzugszinsen in Höhe von jährlich ___________ Prozentpunkten über dem Basiszinssatz, die zur Wahrung des vollstreckungsrechtlichen Bestimmtheitsgrundsatzes als ab dem Tag der Beurkundung dieser Annahme geschuldet gelten, der sofortigen Zwangsvollstreckung in sein gesamtes Vermögen und weist den Notar an, dem Veräußerer auf dessen Antrag ohne weitere Nachweise eine vollstreckbare Ausfertigung dieser Urkunde zu erteilen.

§ 6 Kosten [3]

1. Die Kosten der Beurkundung der Annahme trägt der Erwerber.

2. Die Kosten der Beurkundung des Angebotes hat zunächst der Veräußerer getragen. Der Erwerber übernimmt diese Kosten; er ist dem Veräußerer gegenüber zur Freistellung und zur Erstattung verpflichtet.

Diese Niederschrift wurde in Gegenwart des Notars dem Erschienenen vorgelesen, von ihm genehmigt und sodann von ihm und dem Notar eigenhändig wie folgt unterschrieben:

Template

Deed No. ___________ 95

Heard in ___________ on ___________.

Before me, the notary [1] ___________ with office in ___________ appeared:

A, born on ___________, etc.

A is hereinafter also referred to as »Purchaser«.

The party appearing declared:

Acceptance of an Offer regarding a Company Shares Purchase and Transfer Contract

Section 1 Recipient and Object of Acceptance

1. The recipient of the acceptance declaration in accordance with this deed is ___________, resident/place of business in ___________/with seat in ___________, registered with the commercial register of the Local Court of ___________ under ___________. He/she is also referred to as »Seller« in this deed.

2. Registered with the commercial register of the Local Court of __________ under the register number __________ is the *Gesellschaft mit beschränkter Haftung* [private limited company] with the name »X-GmbH« and place of business in __________ office in (business address: __________). X-GmbH is hereinafter also referred to as »Company«.

3. The share capital of Company amounts to EUR 500,000 and was fully paid in.

4. Seller holds a nominal company share in Company as follows:

Company share no. 1 in the amount of EUR 100,000.

The company share is hereinafter also referred to as »Company Share«.

Section 2 Acceptance

1. Seller offered Purchaser their company share in Company as set out in section 1 clause 4 of this deed by certified declaration (deed no __________ of the notary __________ from __________) for purchase and transfer (»Offer«) on __________.

2. Purchaser hereby accepts the offer of Seller for purchase of the Company Share.

2. Purchaser hereby accepts the offer of Seller for transfer of the Company Share.

3. The notary certifying these acceptances is requested to send Seller a copy of the acceptance deed immediately and to inform the notary certifying the offer thereof. [2]

4. Purchaser, in regard to their obligation to pay the purchase price plus interest on arrears of __________ percentage points above the base rate per year that are deemed owed from the day on which this deed is certified in order to comply with the principle of certainty under enforcement provisions, agrees towards Seller to immediate compulsory execution in regard to Purchaser's entire assets and Purchaser instructs the notary to issue Seller with an enforceable copy of the acceptance declaration on Seller's request without further proof.

Section 6 Costs [3]

1. The costs of certification of acceptance shall be borne by Purchaser.

2. The costs of certification of the offer were initially borne by Seller. Purchaser shall bear these costs; Purchaser is obliged to indemnify and hold harmless and to reimburse Seller.

This record was read to the Party appearing in the presence of the notary, was approved by them, and was then signed by them and the notary in their own hand as follows:

Erläuterungen

96 **1.** Die **Annahme** eines Angebotes zum Kauf und zur Abtretung von Geschäftsanteilen ist anders als die **Ausübung eines Optionsrechts** in notarieller Form zu erklären (vgl. Lutter/Hommelhoff/*Bayer* § 15 Rn. 46). Das Angebot kann nur so angenommen werden, wie es gemacht wurde.

97 **2.** Der Notar, der die Annahme beurkundet, hat nach § 40 Abs. 2 GmbHG die geänderte Gesellschafterliste einzureichen, sobald die Veränderung im Gesellschafterbestand wirksam ist. Soweit er den Eintritt einer aufschiebenden Bedingung zu überwachen hat, sollten in der Urkunde entsprechende Anzeige- und Nachweispflichten vorgesehen werden (vgl. dazu bereits Rdn. E 92).

98 **3.** Für die Beurkundung der Annahme fällt eine 0,5-Gebühr nach KV-Nr. 21101 GNotKG an. Der Wert richtet sich nach dem Kaufpreis (§ 47 GNotKG) bzw. dem Wert der Anteile (§ 54

GNotKG). Wird die Zwangsvollstreckungsunterwerfung mitbeurkundet ist anstelle der 0,5-Gebühr eine 1,0-Gebühr nach KV-Nr. 21200 GNotKG anzusetzen.

5. Verkauf eines teileingezahlten Geschäftsanteils

Vorbemerkung

Der Verkauf und die Abtretung eines Geschäftsanteils, dessen Nennbetrag nur zum Teil eingezahlt ist, folgen im Grundsatz den »normalen« Regeln. Allerdings ergeben sich einige Besonderheiten in Hinblick auf die noch offene Einlage. Im Muster sind (nur) diese Besonderheiten behandelt; es kann an passender Stelle in eines der anderen Muster eingearbeitet werden. 99

Muster

§ __________ Weitere Vereinbarungen 100

1. Der Veräußerer garantiert (§ 311 Abs. 1 BGB), dass der verkaufte Geschäftsanteil so besteht, wie er verkauft ist, dass er nicht mit Rechten Dritter belastet ist und dass er darüber frei verfügen kann.

2. Der Veräußerer garantiert, dass auf den verkauften Geschäftsanteil ein Betrag in Höhe von __________ € geleistet ist. [1]

3. Der Veräußerer erklärt, dass auf den verkauften Geschäftsanteil ein Betrag in Höhe der weiteren __________ € noch nicht eingezahlt ist (»die noch nicht geleistete Einlage«). Dazu halten die Beteiligten fest und vereinbaren:

4. Gegenüber der Gesellschaft besteht die Verpflichtung des jeweiligen Inhabers des Geschäftsanteiles zur Zahlung der noch nicht geleisteten Einlage. Schuldner ist der jeweilige Inhaber des Geschäftsanteiles, mithin ab Wirksamkeit der Abtretung gemäß dieser Urkunde der Erwerber. Der Anspruch der Gesellschaft wird fällig mit Anforderung der noch nicht geleisteten Einlage durch die Geschäftsführung. Der Veräußerer erklärt, dass die Geschäftsführung die noch nicht geleistete Einlage bislang nicht angefordert hat. Die noch nicht geleistete Einlage ist bei Bemessung des Kaufpreises für den Geschäftsanteil von den Beteiligten berücksichtigt worden.

5. Der Erwerber übernimmt im Verhältnis zum Veräußerer die Pflicht zur Einzahlung der noch nicht geleisteten Einlage. Der Erwerber verpflichtet sich gegenüber dem Veräußerer (1) zur Freistellung, soweit der Veräußerer von der Gesellschaft noch auf Zahlung der noch nicht geleisteten Einlage in Anspruch genommen wird, sowie (2) zur Erstattung, soweit der Veräußerer darauf Zahlungen erbringt.

6. Der Notar hat den Erwerber darauf hingewiesen, dass er damit gegenüber der Gesellschaft und gegenüber dem Veräußerer zur Zahlung der noch nicht geleisteten Einlage verpflichtet ist.

7. Der Notar hat den Veräußerer darauf hingewiesen, dass er gegenüber der Gesellschaft kraft Gesetzes als Rechtsvorgänger des Erwerbers zur Zahlung noch nicht geleisteten Einlage verhaftet bleibt, falls die Gesellschaft vom Erwerber keine Zahlung erlangen kann (§§ 21, 22, 25 GmbHG). [2]

8. Der Veräußerer garantiert (§ 311 Abs. 1 BGB) dass die weiteren (hier nicht verkauften) Geschäftsanteile an der Gesellschaft jeweils in Höhe von __________ € eingezahlt sind. [3]

9. Der Notar hat den Erwerber darauf hingewiesen, dass er als Inhaber der Geschäftsanteiles gegenüber der Gesellschaft kraft Gesetzes (§§ 24, 25 GmbHG) verpflichtet ist, etwaige Fehlbeträge auf noch nicht geleistete Einlagen anderer Gesellschafter aufzubringen, soweit sie weder von den anderen Gesellschaften gezahlt noch durch Verkauf von deren Geschäftsanteilen gedeckt werden.

10. Der Erwerber stellt den Veräußerer von allen Verbindlichkeiten frei, die dieser zur Absicherung von Verbindlichkeiten der Gesellschaft gegenüber Dritten übernommen hat. [4]

Template

101 **Section ___________ Other Provisions**

1. Seller guarantees (section 311 clause 1 *BGB* [*Bürgerliches Gesetzbuch*, German Civil Code]) that the sold Company Share exists in the form as sold, that it is not encumbered by third-party rights, and that Seller may freely dispose of it.

2. Seller guarantees that a contribution of EUR ___________ was paid towards the sold Company Share. [1]

3. Seller declares that an amount of another EUR ___________ was not yet paid towards the sold Company Share (»contribution not yet made«). The Parties record hereto and agree:

4. The respective owner of the Company Share shall be obliged towards Company to pay the contribution not yet made. The liable party shall be the respective owner of the Company Share, therefore upon effectiveness of the transfer in accordance with this deed Purchaser. The claim of Company shall mature with the request by the management for the contribution not yet made. Seller declares that the management has not yet requested the contribution not yet made. The contribution not yet made was taken into consideration by the Parties when determining the purchase price for the Company Share.

5. In their relationship with Seller, Purchaser assumes the obligation to pay the contribution not yet made. Purchaser commits towards Seller (1) to indemnify and hold Seller harmless should Seller be held liable by Company for payment of the contribution not yet made, as well as (2) to reimburse Seller should Seller make any payments in this regard.

6. The notary pointed out to Purchaser that Purchaser is hereby obliged towards Company and towards Seller to pay the contribution not yet made.

7. The notary informed Seller that Seller remains by law liable for payment of the contribution not yet made as legal predecessors of Purchaser should Company not be able to obtain payment from Purchaser (sections 21, 22, 25 *GmbHG* [*GmbH-Gesetz*, Private Limited Companies Act]). [2]

8. Seller guarantees (section 311 clause 1 *BGB*) that the remaining (here not sold) company shares in Company were paid in to an amount of EUR ___________ each. [3]

9. The notary informed Purchaser that Purchaser as holder of the Company Share is by law (sections 24, 25 *GmbHG*) obliged towards Company to raise any shortfalls regarding any contributions of other shareholders that were not yet made, insofar as they are neither covered by the other shareholders nor covered by the sale of company shares.

10. Purchaser holds Seller harmless in regard to any liabilities Seller assumed to secure liabilities of Company towards third parties. [4]

Erläuterungen

Literatur: *Fembacher/Walz*, Mehr Haftung als Haftungsbeschränkung? Eine Gesamtschau zu den Risiken der GmbH-Anteilsabtretung, BB 2004, 680–683; *Schütz*, Ausfallhaftung des ausgeschiedenen GmbH-Gesellschafters, DStR 2015, 2556–2557.

1. Bei Verkauf und Abtretung eines Geschäftsanteiles, auf den die Stammeinlage nur zum Teil (in Geld oder als Sacheinlage) geleistet ist, ist zu beachten, dass die **Teileinzahlung** deutlich festgestellt wird, um Mängelansprüche des Erwerbers auszuschließen. Die offene Einlageverpflichtung wird regelmäßig durch den Erwerber übernommen. Der Veräußerer wird von der Einlagepflicht durch den Erwerber freigestellt. Im Muster sind ein Anspruch auf Freistellung und ein Anspruch auf Erstattung aufgenommen. 102

2. Trotz der Übernahme besteht eine **gesetzliche Haftung des Veräußerers als Rechtsvorgänger** gegenüber der Gesellschaft (§ 16 Abs. 2, §§ 21, 22 GmbHG) nachrangig weiter (näher Baumbach/Hueck/*Fastrich* § 22 Rn. 3 ff.; *Schütz*, DStR 2015, 2556 f.). Diese gesetzliche Haftung gegenüber der Gesellschaft kann durch Vereinbarung der Beteiligten auch nicht ausgeschlossen werden. Der Veräußerer sollte darauf deutlich hingewiesen werden; dies sollte auch in der Urkunde dokumentiert werden. 103

3. Wegen der Möglichkeit der Haftung nach § 24 GmbHG für nicht eingezahlte Geschäftsanteile anderer Gesellschafter sollte in der Urkunde festgehalten werden, in welchem Umfang die übrigen Geschäftsanteile eingezahlt sind. Ggf. kann vom Veräußerer eine entsprechende Erklärung abgegeben oder (zur Begründung einer schärferen Haftung) eine Garantie übernommen werden. 104

4. Hinsichtlich der übrigen Vertragsteile und der Zustimmung der übrigen Gesellschafter und der Gesellschaft wird auf das Muster zum Anteilskauf und zur Anteilsabtretung verwiesen; insoweit gelten keine Besonderheiten. Hinsichtlich der Kosten der Beurkundung wird auf die Anmerkung zu den vorherigen Mustern verwiesen. 105

6. Verkauf und Abtretung eines Teilgeschäftsanteils

Vorbemerkung

Der Verkauf von Teilen eines Geschäftsanteiles ist schuldrechtlich möglich; zur Erfüllung muss der Geschäftsanteil geteilt und so der verkaufte Teil-Geschäftsanteil geschaffen werden. Die Teilung des Geschäftsanteiles erfordert nach dem GmbHG in der Fassung durch das MoMiG grundsätzlich einen entsprechenden Beschluss der Gesellschafterversammlung (§ 46 Nr. 4 GmbHG). Das Muster behandelt Verkauf und Abtretung eines Teil-Geschäftsanteiles samt Teilungsbeschluss. Das Muster folgt der Gliederung des vorstehenden allgemeinen Musters zum Verkauf und zur Abtretung von Geschäftsanteilen; zur Vermeidung von Wiederholungen sind hier nur die Bestimmungen aufgenommen, welche davon abweichen. 106

Muster 107

UR. Nr. __________

Verhandelt zu __________ am __________

Vor mir, dem Notar N

mit Amtssitz in __________ erschienen:

A, geboren am __________, etc.,

B, geboren am __________, etc.,

C, geboren am __________, etc.,

D, geboren am __________, etc.

A wird im Folgenden auch nur kurz »Veräußerer« genannt.

D wird im Folgenden auch nur kurz »Erwerber« genannt.

Veräußerer, Erwerber, B und C werden nachstehend auch nur kurz »Beteiligte« genannt.

Die Erschienenen erklärten, handelnd wie angegeben:

§ 1 Gegenstand des Vertrages, Gesellschafterversammlung [1]

1. Im Handelsregister des Amtsgerichts __________ ist unter der Registernummer __________ die Gesellschaft mit beschränkter Haftung unter der Firma »Y-GmbH« mit Sitz in __________ (Geschäftsanschrift: __________) eingetragen. Die Y-GmbH wird im Folgenden auch nur kurz »Gesellschaft« genannt.

2. Das Stammkapital der Gesellschaft beträgt 100.000 € und ist vollständig eingezahlt.

3. Der Veräußerer hält einen Geschäftsanteil in nominaler Höhe an der Gesellschaft wie folgt:

A: Geschäftsanteil Nr. 1 in Höhe von 20.000 €

4. Die weiteren Geschäftsanteile an der Gesellschaft werden in nominaler Höhe wie folgt gehalten:

B: Geschäftsanteil Nr. 2 in Höhe von 20.000 €

C: Geschäftsanteil Nr. 3 in Höhe von 60.000 €

5. A möchte einen Teil seines Geschäftsanteiles in Höhe von nominal 5.000 € an D verkaufen.

6. Unter Verzicht auf alle Formen und Fristen aus Gesetz oder Gesellschaftsvertrag wird hiermit eine Gesellschafterversammlung der Gesellschaft abgehalten und einstimmig mit allen vorhandenen Stimmen beschlossen und erklärt: [2, 3, 4, 5, 6, 7]

a) Der Geschäftsanteil Nr. 1 im Nennbetrag von 20.000 € des Gesellschafters A wird in einen Geschäftsanteil (neue Nr. 4) im Nennbetrag von 15.000 € und einen Geschäftsanteil (neue Nr. 5) im Nennbetrag von 5.000 € geteilt. [8, 9]

Der neue Geschäftsanteil Nr. 5 in Höhe von 5.000 € wird im Folgenden auch kurz »Geschäftsanteil« genannt.

b) Der Gesellschafter A stimmt der Teilung seines bisherigen Geschäftsanteils Nr. 1 zu.

c) Der Übertragung des Geschäftsanteils an D wird zugestimmt.

Damit ist die Gesellschafterversammlung beendet.

§ 2 Kauf und Abtretung

1. Der Veräußerer verkauft den Geschäftsanteil an den dies annehmenden Erwerber.

2. Der Veräußerer tritt den Geschäftsanteil an den dies annehmenden Erwerber ab.

3. Die Beteiligten wünschen ausdrücklich keine Befristung oder aufschiebende Bedingung, etwa. durch Zahlung des Kaufpreises, für die Abtretung. Der verkaufte Geschäftsanteil geht deshalb sogleich auf den Erwerber über.

....

§ 3 Kaufpreis

....

§ 4 Weitere Vereinbarungen

....

Kosten [10]

....

§ 5 Zustimmungen

....

§ 6 Beteiligung ab Wirksamkeit der Abtretung:

An der Gesellschaft bestehen ab Wirksamkeit der Abtretung folgende Beteiligungsverhältnisse:

A: Geschäftsanteil Nr. 4 in Höhe von 15.000 €

B: Geschäftsanteil Nr. 2 in Höhe von 20.000 €

C: Geschäftsanteil Nr. 3 in Höhe von 60.000 €

D: Geschäftsanteil Nr. 5 in Höhe von 5.000 €

§ 7 Hinweise, Heilungsklausel

....

Niederschriftsvermerk

Template

Deed No. ____________ 108

Heard in ____________ on ____________

Before me, the notary N

with office in ____________ appeared:

A, born on ____________, etc.,

B, born on ____________, etc.,

C, born on ____________, etc.,

D, born on ____________, etc.

A is hereinafter also referred to as »Seller«.

D is hereinafter also referred to as »Purchaser«.

Seller, Purchaser, B, and C are hereinafter also jointly referred to as the »Parties«.

The parties appearing, acting as stated, declared:

Section 1 Contractual Object, General Meeting [1]

1. Registered with the commercial register of the Local Court of ___________ under the register number ___________ is the *Gesellschaft mit beschränkter Haftung* [private limited company] with the name »Y-GmbH« and place of business in ___________ (business address: ___________). Y-GmbH is hereinafter also referred to as »Company«.

2. The share capital of Company amounts to EUR 100,000 and was fully paid in.

3. Seller holds a nominal company share in Company as follows:

A: Company share

4. The remaining company shares in Company with the following nominal values are held as follows:

B: Company share no. 2 in the amount of EUR 20,000

C: Company share no. 3 in the amount of EUR 60,000

5. A would like to sell part of their company share with a nominal value of EUR 5,000 to D.

6. Waiving any and all formal and time-related requirements under the law or the articles of association, we hereby hold a general meeting of Company and decide unanimously with all present votes and declare: [2, 3, 4, 5, 6, 7]

a) The company share no 1 with a nominal value of EUR 20,000 of shareholder A is split into a company share (new no. 4) with a nominal value of EUR 15,000 and a company share (new no. 5) with a nominal value of EUR 5,000. [8, 9]

The new company share no. 5 with a nominal value of EUR 5,000 is hereinafter also referred to as »Company Share«.

b) The shareholder A agrees to the splitting of their previous company share no 1.

c) The transfer of the Company Share to D is approved.

The general meeting is hereby concluded.

Section 2 Purchase and Transfer

1. Seller sells the Company Share to Purchaser, who accepts the sale.

2. Seller transfers the Company Share to Purchaser, who accepts the transfer.

3. The Parties expressly waive any limitation or condition precedent, such as payment of a purchase price, for this transfer. The sold Company Share is thus transferred to Purchaser with immediate effect.

....

Section 3 Purchase Price

....

Section 4 Other Covenants

....

Costs [10]

....

Section 5 Approvals

....

Section 6 Participation after the Transfer enters into Effect:

After the transfer entered into effect, Company has the following ownership structure:

A: Company share no. 4 in the amount of EUR 15,000

B: Company share no. 2 in the amount of EUR 20,000

C: Company share no. 3 in the amount of EUR 60,000

D: Company share no. 5 in the amount of EUR 5,000

Sections 7 Notes, Severability Clause

....

Record note

Erläuterungen

Literatur: *Förl*, Die neue Teilbarkeit von Geschäftsanteilen – einfach (und) gut?, RNotZ 2008, 409–417; *Rubel*, Teilung von GmbH-Geschäftsanteilen nach MoMiG, NJW-Spezial 2009, 367–368; *Wachter*, GmbH-Reform: Auswirkungen auf die Übertragung von GmbH-Geschäftsanteilen, ZNotP 2008, 378–400; *Witte/Rousseau*, Praxisprobleme bei der Teilung von Geschäftsanteilen, GmbHR 2010, R65–R66.

1. Das Muster betrifft einen gewöhnlichen Anteilsübertragungsvertrag mit der Besonderheit der **Teilung eines Geschäftsanteils** vor der Übertragung des einen Teils des geteilten Geschäftsanteils. Der zu veräußernde Teil des Geschäftsanteils ist genau zu bezeichnen, um dem sachenrechtlichen **Bestimmtheitsgrundsatz** zu genügen (vgl. Roth/Altmeppen/*Altmeppen* § 15 Rn. 17; Beck´sches Handbuch der GmbH/*Schacht* § 12 Rn. 46). Dies ist insbesondere von Bedeutung, wenn der Veräußerer mehrere Anteile hält (BGH NZI 2010, 697 ff.). Es kann sich empfehlen, insoweit aufzunehmen, wie der Veräußerer den Anteil erworben hat (Übernahme bei Gründung, Anteilsabtretung, etc.). Soweit die bei Handelsregister vorliegende Gesellschafterliste bereits eine Nummerierung der Geschäftsanteile enthält, ist die entsprechende Nummerierung zur Bezeichnung zu verwenden, wie es im Muster geschehen ist. Anderenfalls sollte im Beschluss über die Teilung der Geschäftsanteile bereits eine **Nummerierung** aller Anteile neu vorgenommen werden, auf die in der Urkunde bereits Bezug genommen werden kann. 109

2. Die **Teilung** eines Geschäftsanteils erfolgt nach § 46 Nr. 4 GmbHG durch **Beschluss der Gesellschafterversammlung** mit einfacher Mehrheit (vgl. Baumbach/Hueck/*Zöllner* § 46 Rn. 31a, der zur einfachen Mehrheit aber Zweifel geltend macht). Daneben ist nach der Rechtsprechung des BGH die Teilung **auch** durch **Veräußerung mit Zustimmung der Gesellschafter** möglich, soweit der Gesellschaftsvertrag keine gegenteilige Regelung enthält (BGH NZG 2014, 184). Die Zustimmung ist formfrei. Sie ist bereits genügend bestimmt, wenn in der Zustimmungserklärung auf die Teilungserklärung im Veräußerungsvertrag Bezug genommen wird. Bei der Gestaltung sollte dieser Rechtsprechung nicht ohne Not gefolgt werden, sondern regelmäßig ein Gesellschafterbeschluss vorgesehen werden. Ist ein solcher Beschluss nicht möglich oder (auch aus Kostengründen, siehe Anmerkung 10), nicht gewünscht, sollten die Zustimmungserklärungen jedenfalls schriftlich erteilt werden und als Anlage zum Nachweis zur Urkunde genommen werden. 110

111 **3.** Die Teilung erfolgt hier unmittelbar durch den Beschluss der Gesellschafterversammlung und nicht durch den Veräußerer mit anschließender Zustimmung der Gesellschafterversammlung (*Förl*, RNotZ 2008, 409 (411); *Rubel*, NJW-Spezial 2009, 367 (367); *Witte/Rousseau*, GmbHR 2010, R65). Sie erfolgt im Muster in der Urkunde in einem ersten Teil vor der Übertragung.

112 **4.** Der Gesellschafter, der die Teilung seines Geschäftsanteiles betreibt, hat **keinen Anspruch auf Teilungsbeschluss** gegen seine Mitgesellschafter, soweit sich ein solcher Anspruch nicht aus einer besonderen Gesellschaftervereinbarung oder ausdrücklich aus dem Gesellschaftsvertrag ergibt. Deshalb ist es regelmäßig sinnvoll, den Teilungsbeschluss vor der Veräußerung privatschriftlich zu fassen und dann als Anlage zur Urkunde zu nehmen. Der Teilungsbeschluss kann – wie im Muster – auch in die Urkunde mit aufgenommen werden, wenn alle Gesellschafter anwesend/vertreten sind; dies bietet sich insbesondere bei einer geringen Zahl von Gesellschaftern an.

113 Ob der von der Teilung **betroffene Gesellschafter der Teilung zustimmen** muss, ist streitig, aber mit der Gesetzesbegründung wohl abzulehnen. Trotzdem sollte der Vorsicht halber soweit möglich seine Zustimmung vorgesehen werden (*Förl*, RNotZ 2008, 409 (411)). Eine Teilung sogenannte **Vorratsteilung**, also ohne konkrete Veräußerungsabsicht, in Geschäftsanteile von minimal je 1,– Euro ist möglich. Auch können mehrere Teile von einem oder mehreren Geschäftsanteilen eines Gesellschafters an einen Erwerber übertragen werden (vgl. dazu § 17 Abs. 5 GmbHG a.F.; *Wicke* § 46 Rn. 9; Baumbach/Hueck/*Zöllner* § 46 Rn. 31).

114 **5.** Bei der Veräußerung von Teilgeschäftsanteilen durch einen Alleingesellschafter und bei der Veräußerung eines Gesellschafters an den einzigen anderen Gesellschafter soll es neben der Mitwirkung an dem Veräußerungsgeschäft keines gesonderten Beschlusses über die Teilung (Roth/Altmeppen/*Roth* § 46 Rn. 17d m.w.N.) bedürfen. Wenn alle Gesellschafter an der Abtretung mitwirken oder ihr im Falle der Vinkulierung zustimmen, soll es keines ausdrücklichen Teilungsbeschlusses bedürfen, dieser liegt dann konkludent vor (Lutter/Hommelhoff/*Bayer* § 46 Rn. 19). Nichtsdestoweniger ist für die Praxis auch in solchen Fällen zu empfehlen, einen ausdrücklichen Teilungsbeschluss – ohnehin ein Dreizeiler – zu fassen (»ausdrücklich sticht konkludent«, zur Kostenfolge bei Mitbeurkundung siehe Anmerkung 10).

115 **6.** Der Gesellschaftsvertrag kann **abweichende Regelungen** für die Teilung von Geschäftsanteilen enthalten. Es kann etwa das Erfordernis eines zustimmenden Beschlusses der Gesellschafterversammlung entfallen oder es können erhöhte Anforderungen an die für einen solchen Beschluss nötige Mehrheit gestellt und die Zustimmung der Gesellschaft vorgesehen werden (Scholz/*K. Schmidt* § 46 Nachtrag MoMiG Rn. 5; Beck´sches Handbuch der GmbH/*Schacht* § 12 Rn. 83; Lutter/Hommelhoff/*Bayer* § 46 Rn. 22). Wenn der Gesellschaftsvertrag noch einen Verweis auf § 17 GmbHG alter Fassung enthält, dürfte im Zweifel davon auszugehen sein, dass dieser Verweis gegenstandslos geworden ist, da er nur dem alten zwingenden Recht genügen wollte (*Wachter*, ZNotP 2008, 378 (399); *Witte/Rousseau*, GmbHR 2010, R65, str. vgl. *Schacht* a.a.O.). Soweit nach dem Gesellschaftsvertrag etwa Vorkaufsrechte bzgl. des Geschäftsanteils bestehen, müssen die Verzichtserklärungen mit in die Urkunde aufgenommen oder gesondert eingeholt werden, um die Durchführung des Vertrags sicherzustellen.

116 **7.** Der Beschluss zur Teilung kann in der notariellen Urkunde über den Kauf und die Abtretung oder separat erfolgen. Sieht der Gesellschaftsvertrag die Zustimmung der Gesellschafterversammlung zur Teilung vor und stimmen die Gesellschafter der Teilung und Abtretung jeder einzeln, aber nicht im Wege eines Beschlusses zu, so reicht dies nicht aus (Baumbach/Hueck/*Fastrich* § 15 Rn. 42, bestätigt durch BGH NZG 2014, 184). Die Teilung durch Beschluss der Gesellschafterversammlung kann vor der (bedingten) Abtretung, gleichzeitig mit ihr oder nach der Abtretung erfolgen. Er ist nicht formbedürftig (vgl. BGH, NZG 2014, 184 (187)), sollte aber zu Beweiszwecken zumindest schriftlich gefasst werden und als Anlage zur Urkunde genommen werden. Erfolgt der Beschluss erst nach der Abtretung, wird ein zukünftiger Geschäftsanteil abgetreten, denn er entsteht erst durch die Teilung, also mit dem Gesellschafterbeschluss (bzw. mit der Zustimmung aller Gesellschafter, siehe Anmerkung 2).

8. Durch die Teilung entstehen mehrere **selbstständige Geschäftsanteile**. Die Summe der Nennbeträge der neuen Anteile muss dem Nennbetrag des geteilten Anteils entsprechen. Auch bei der Teilung ist § 5 Abs. 2 Satz 1 GmbHG zu beachten (*Wicke* § 46 Rn. 9), sodass der Nennbetrag jedes Geschäftsanteiles auf volle Euro lauten muss. 117

9. Die **Rechte und Pflichten** aus dem geteilten Anteil verteilen sich proportional auf die neuen Anteile. Für unteilbare Pflichten besteht eine gesamtschuldnerische Haftung der Inhaber der neuen Anteile. Unteilbare Rechte, wie etwa das Informationsrecht, bestehen in vollem Umfang aus jedem neuen Anteil (vgl. Roth/Altmeppen/*Roth* § 46 Rn. 17a ff.). Für unteilbare Sonderrechte, die mit dem alten Anteil verbunden sind, sollte eine Regelung darüber getroffen werden, wem sie nach der Teilung zustehen. 118

Die Teilung und Abtretung nicht voll eingezahlter Geschäftsanteile ist unter Berücksichtigung der beschriebenen proportionalen Aufteilung grundsätzlich zulässig (Roth/Altmeppen/*Roth* § 46 Rn. 17a; vgl. auch *Wicke* § 46 Rn. 10); im Gegensatz dazu ist die Zusammenlegung nicht voll eingezahlter Geschäftsanteile grundsätzlich unzulässig (MüKo-GmbHG/*Liebscher* § 46 Rn. 89; vgl. Muster E 8).

10. Für die Beurkundung des Anteilskaufvertrages fällt eine 2,0-Gebühr nach KV-Nr. 21100 GNotKG an. Der Wert richtet sich nach dem Kaufpreis (§ 47 GNotKG) bzw. dem Wert der Anteile (§ 54 GNotKG). Wird der Teilungs- und Zustimmungsbeschluss notariell mitbeurkundet, ist dieser gegenstandsverschieden zur Beurkundung des Anteilskaufvertrages (§ 110 Nr. 1 GNotKG). Für den beurkundeten Teilungs- und Zustimmungsbeschluss fällt ebenfalls eine 2,0-Gebühr nach KV-Nr. 21100 GNotKG an. Der Wert des Teilungsbeschlusses und des Zustimmungsbeschlusses (beide Beschlüsse sind wohl gegenstandsgleich im Sinne des § 109 Abs. 1 GNotKG) richtet sich nach dem Wert des Anteilskaufvertrages (§ 108 Abs. 2 GNotKG), er beträgt mindestens EUR 30.000 (§ 108 Abs. 1 S. 2, § 105 Abs. 1 S. 2 GNotKG). Die Werte der Beurkundungsgegenstände (Kauf und Beschlüsse) sind dann gemäß § 35 Abs. 1 GNotKG zu addieren. Wird neben dem Anteilskaufvertrag nur der Teilungsbeschluss beurkundet, bestimmt sich der Wert nach §§ 108 Abs. 1, 105 Abs. 4 Nr. 1 GNotKG (ein Prozent des Stammkapitals, mindestens EUR 30.000). 119

7. Gesellschafterbeschluss über die Teilung eines Geschäftsanteils

Vorbemerkung

Die Teilung eines Geschäftsanteiles erfordert nach § 46 Nr. 4 1. Alt. GmbHG einen Beschluss der Gesellschafterversammlung. Das Muster enthält einen selbstständigen Beschluss für eine sogenannte Vorratsteilung, also eine Teilung ohne konkrete Veräußerungsabsicht eines Gesellschafters. Das Muster baut auf dem vorgehenden Muster E 6 (Rdn. E 107) auf. 120

Muster

Gesellschafterversammlung

1. Wir, A, B, C und D, sind die sämtlichen Gesellschafter der im Handelsregister des Amtsgerichts __________ unter HRB __________ eingetragenen Y-GmbH (»Gesellschaft«) mit Sitz in __________ 121

2. Die Geschäftsanteile an der Gesellschaft werden in nominaler Höhe wie folgt gehalten:

A hält den Geschäftsanteil Nr. 4 in Höhe von 15.000 €,

B hält den Geschäftsanteil Nr. 2 in Höhe von 20.000 €,

C hält den Geschäftsanteil Nr. 3 in Höhe von 60.000 €,

D hält den Geschäftsanteil Nr. 5 in Höhe von 5.000 €.

3. Das Stammkapital beträgt 100.000 € und ist in voller Höhe eingezahlt.

4. Unter Verzicht auf alle Formen und Fristen aus Gesetz oder Gesellschaftsvertrag wird hiermit eine Gesellschafterversammlung der Gesellschaft einberufen und abgehalten und einstimmig mit allen vorhandenen Stimmen beschlossen und erklärt: [1, 2, 3, 4, 5, 6]

5. Der Geschäftsanteil Nr. 3 im Nennbetrag von 60.000 € des Gesellschafters C wird in einen Geschäftsanteil im Nennbetrag von 10.001 € (neue Nr. 6) und einen Geschäftsanteil im Nennbetrag von 49.999 € (neue Nr. 7) geteilt. [7, 8, 9]

6. Der Gesellschafter C erklärt zu Protokoll der Gesellschafterversammlung:

7. Ich stimme dem vorgenannten Beschluss zur Teilung meines Geschäftsanteils zu. [10, 11]

8. Damit ist die Gesellschafterversammlung beendet.

9. Die Geschäftsanteile an der Gesellschaft werden nun in nominaler Höhe wie folgt gehalten:

A hält den Geschäftsanteil Nr. 4 in Höhe von 15.000 €,

B hält den Geschäftsanteil Nr. 2 in Höhe von 20.000 €,

C hält den Geschäftsanteil Nr. 6 in Höhe von 10.001 €,

C hält den Geschäftsanteil Nr. 7 in Höhe von 49.999 €,

D hält den Geschäftsanteil Nr. 5 in Höhe von 5.000 €.

10. Die Geschäftsführung wird angewiesen, unverzüglich die entsprechende neue Liste der Gesellschafter zum Handelsregister einzureichen.

Ort, Datum, Unterschriften A, B, C, D [12, 13]

Template

122 **General Meeting**

1. We, A, B, C, and D are all the shareholders of Y-GmbH (»Company«), registered with the commercial register of the Local Court of __________ under HRB __________ and with place of business in __________

2. The company shares in Company with the following nominal values are held as follows:

A holds the company share no. 4 in the amount of EUR 15,000,

B holds the company share no. 2 in the amount of EUR 20,000,

C holds the company share no. 3 in the amount of EUR 60,000,

D holds the company share no. 5 in the amount of EUR 5,000.

3. The share capital amounts to EUR 100,000 and was fully paid in.

4. Waiving any and all formal and time-related requirements under the law or the articles of association, we hereby convene and hold a general meeting of Company and decide unanimously with all present votes and declare: [1, 2, 3, 4, 5, 6]

5. The company share no. 3 with a nominal value of EUR 60,000 of the shareholder C is split into a company share with a nominal value of EUR 10,001 (new no. 6) and a company share with a nominal value of EUR 49,999 (new no. 7). [7, 8, 9]

6. The shareholder C declares for the minutes of the general meeting:

7. I agree to the above resolution regarding the splitting of my company share. [10, 11]

8. The general meeting is hereby concluded.

9. The company shares in Company with the following nominal values are now held as follows:

A holds the company share no. 4 in the amount of EUR 15,000,

B holds the company share no. 2 in the amount of EUR 20,000,

C holds the company share no. 6 in the amount of EUR 10,001,

C holds the company share no. 7 in the amount of EUR 49,999,

D holds the company share no. 5 in the amount of EUR 5,000.

10. The management is instructed to immediately submit the corresponding new list of shareholders to the commercial register.

Place, date, signatures A, B, C, D [12, 13]

Erläuterungen

Literatur: *Förl*, Die neue Teilbarkeit von Geschäftsanteilen – einfach (und) gut?, RNotZ 2008, 409–417; *Mayer*, Der Erwerb einer GmbH nach den Änderungen durch das MoMiG, DNotZ 2008, 403–433; *Rubel*, Teilung von GmbH-Geschäftsanteilen nach MoMiG, NJW-Spezial 2009, 367–368; *Wachter*, GmbH-Reform: Auswirkungen auf die Übertragung von GmbH-Geschäftsanteilen, ZNotP 2008, 378–400; *Witte/Rousseau*, Praxisprobleme bei der Teilung von Geschäftsanteilen, GmbHR 2010, R65–R66.

1. Zulässig ist eine Teilung (unter Beachtung des § 5 Abs. 2 Satz 1 GmbHG) in **Geschäftsanteile von je mindestens 1,– Euro.** Zudem ist eine Teilung auch auf Vorrat ohne konkreten sonstigen Anlass möglich (Baumbach/Hueck/*Zöllner* § 46 Rn. 31; *Wicke* § 46 Rn. 9). 123

2. Die **Teilung** eines Geschäftsanteils erfordert nach § 46 Nr. 4 GmbHG einen **Beschluss der Gesellschafterversammlung.** Dieser Beschluss ist konstitutiv und hat unmittelbar gestaltende Wirkung im Außenverhältnis (*Rubel*, NJW-Spezial 2009, 367 (368); *Förl*, RNotZ 2008, 409 (411); Lutter/Hommelhoff/*Bayer* § 46 Rn. 18; str.). Er kann vor der Abtretung des geteilten Anteils, gleichzeitig mit ihr, später oder auch unabhängig von ihr erklärt werden. Er muss aber, soweit eine Übertragung des geteilten Anteils erfolgt, vor Vollzug der Übertragung gefasst sein (Baumbach/Hueck/*Zöllner* § 46 Rn. 31). Bei dem Beschluss ist auch der Gesellschafter, dessen Anteil geteilt wird, stimmberechtigt (Scholz/*K. Schmidt* § 46 Nachtrag MoMiG Rn. 5). Anlässlich einer konkreten Veräußerung ist daneben nach der Rechtsprechung des BGH die Teilung **auch** durch die **Veräußerung mit Zustimmung der Gesellschafter** möglich, soweit der Gesellschaftsvertrag keine gegenteilige Regelung enthält (BGH NZG 2014, 184). 124

3. Soweit der Gesellschaftsvertrag keine besonderen Erfordernisse aufstellt, kann der **Beschluss mit einfacher Mehrheit** gefasst werden. Zwar handelt es sich um eine Strukturänderung der Gesellschaft und es kann argumentiert werden, dass die Teilung, die den Gesellschaftsvertragsinhalt gemäß § 3 Abs. 1 Nr. 4 GmbHG, nämlich die Stückelung des Stammkapitals betrifft, an sich eine Gesellschaftsvertragsänderung darstellt. Der Gesetzgeber hat aber durch die ausdrückliche Erwähnung und **Einordnung der Teilung in § 46 GmbHG** klargestellt, dass **keine Gesellschaftsvertragsänderung** gegeben ist (näher Baumbach/Hueck/*Zöllner* § 46 Rn. 31a). 125

126 **4.** Wirken alle Gesellschafter an der Abtretung eines Teilgeschäftsanteils mit, ohne dass zuvor eine Teilung durch einen ausdrücklichen Beschluss erfolgt ist, soll ein **konkludenter Teilungsbeschluss** vorliegen (vgl. Lutter/Hommelhoff/*Bayer* § 46 Rn. 19; BGH BB 1968, 1053), zu empfehlen ist dies nicht. Ein selbstständiger Teilungsbeschluss für eine Vorratsteilung ist allenfalls theoretisch vorstellbar, praktisch ist er jedenfalls als **ausdrücklicher Teilungsbeschluss** zu fassen und zu dokumentieren.

127 **5.** Zum Teil wird auch der Beschluss der Gesellschafterversammlung als Zustimmung zu einer vorherigen Teilung durch den betroffenen Gesellschafter gesehen (Ring/Grziwotz/*Krause* § 46 Rn. 14). Dies dürfte nach altem Recht gedacht und nach dem Gesetzeswortlaut des § 46 Nr. 4 GmbHG nicht mehr zutreffend sein (vgl. Lutter/Hommelhoff/*Bayer* § 46 Rn. 18). Die Teilung wird durch den **Beschluss** der Gesellschafterversammlung **unmittelbar** bewirkt (*Wicke* § 46 Rn. 9; *Mayer*, DNotZ 2008, 403 (425)). Ein entsprechender Zustimmungsbeschluss dürfte aber als konstitutiver Teilungsbeschluss auszulegen sein.

128 **6.** Eine **Genehmigung der Gesellschaft** ist für die Teilung nicht erforderlich (vgl. etwa Baumbach/Hueck/*Zöllner* § 46 Rn. 31). Soweit ein Gesellschaftsvertrag noch auf § 17 GmbHG a.F. (bis 2007) verweist, dürfte dieser Verweis ins Leere laufen, da er nur der zwingenden alten Gesetzeslage Rechnung tragen sollte (*Wachter*, ZNotP 2008, 378 (399)). Aus äußerster Vorsicht kann in solchen Fällen aber auch die Zustimmung der Gesellschaft durch den Geschäftsführer mit aufgenommen werden (*Witte/Rousseau*, GmbHR 2010, R65 (R66)).

129 **7.** Die Teilung stellt die Spaltung eines bisher bestehenden Anteils in mehrere, **neue und selbstständige Anteile** dar, die jeweils veräußerbar sind. Die Summe der Nennbeträge der neuen Teile muss dem Nennwert des geteilten Anteils entsprechen. Rechte, die mit dem geteilten Anteil verbunden sind, gehen anteilig auf die Teile über, soweit sie teilbar sind. Soweit sie nicht teilbar sind (z.B. Informationsrecht) bestehen sie vollständig aus jedem neuen Anteil (vgl. Roth/Altmeppen/*Roth* § 46 Rn. 17a ff.). Für unteilbare Sonderrechte, die sich aus dem alten Anteil ergeben, ist möglichst eine Regelung über das Schicksal dieser Rechte zu treffen.

130 **8.** Hinsichtlich der **Nummerierung** der Geschäftsanteile hat der Gesetzgeber in § 40 Abs. 1 Satz 1 GmbHG bestimmt, dass aus der Gesellschafterliste die »laufenden Nummern« der Geschäftsanteile zu entnehmen sein müssen. Seit dem Inkrafttreten der Gesellschafterlistenverordnung vom 20.06.2018 am 01.07.2018 (BGBl. I S. 870 (Nr. 22)) herrscht Klarheit darüber, wie die neu entstandenen Geschäftsanteile zu nummerieren sind: Sie können (wie im hier gegebenen Beispiel) nach § 1 Abs. 3 der Gesellschafterlistenverordnung **neue Nummern** als sog. Einzelnummern bekommen, wobei die nächste freie arabische Zahl zu nutzen ist. Die frühere Nummer des geteilten Geschäftsanteils bleibt dann schlicht leer. Zulässig ist es nach dieser Verordnung auch, nach einer Teilung sog. Abschnittsnummern zu verwenden, also mit ganzen arabischen Zahlen in dezimaler Gliederung die Herkunft der neuen Anteile offenzulegen. Zum Zweck der Offenlegung ist nach § 2 dieser Verordnung auch eine **Veränderungsspalte** hinzuzufügen, in welcher auf die Teilung hinzuweisen ist.

131 **9.** Zu beachten ist, dass, soweit der Gesellschaftsvertrag **Regelungen zu Stimmrechten** pro Kapitalanteil enthält, diese den geteilten Anteilen anzupassen sind. Ist im Gesellschaftsvertrag pro 1.000 € Kapitalanteil eine Stimme vorgesehen, erfolgt nun aber eine Teilung in kleinere Anteile, sollte die Stimmrechtsregelung geändert werden, da ansonsten ggf. stimmrechtslose Anteile entstehen können.

132 **10.** Nach der Begründung zum Regierungsentwurf des MoMiG ist eine **Zustimmung des betroffenen Gesellschafters** nicht notwendig (Begründung des RegE MoMiG, BR-Drucks 354/07, Lutter/Hommelhoff/*Bayer* § 46 Rn. 20; *Förl*, RNotZ 2008, 409 (411)). Gleichwohl ist im Muster vorsorglich seine explizite Zustimmung enthalten, wobei er im Muster auch dem Beschluss schon zugestimmt hat.

11. Die Gesellschafter haben wohl **keinen Anspruch auf Teilungsbeschluss** gegeneinander, soweit sich ein solcher Anspruch nicht aus einer besonderen Gesellschaftervereinbarung oder ausdrücklich aus dem Gesellschaftsvertrag ergibt. 133

12. Der **Beschluss** bedarf nicht der notariellen Beurkundung (vgl. BGH, NZG 2014, 184 (187)), sollte aber **zumindest privatschriftlich** erfolgen. Erfolgt er notariell, hat der Notar die geänderte Gesellschafterliste gemäß § 40 Abs. 2 GmbHG einzureichen. Erfolgt er privatschriftlich, ist diese vom Geschäftsführer einzureichen. Auch kann der Teilungsbeschluss in die Beurkundung der Abtretung des geteilten Anteils aufgenommen werden. 134

13. Wird der Teilungsbeschluss beurkundet, fällt hierfür eine 2,0-Gebühr nach KV-Nr. 21100 GNotKG an. Der Wert bestimmt sich nach §§ 108 Abs. 1, 105 Abs. 4 Nr. 1 GNotKG (ein Prozent des Stammkapitals, mindestens EUR 30.000). Für eine etwa mitbeurkundete Zustimmungserklärung des betroffenen Gesellschafters ist eine 1,0-Gebühr nach KV 21200 GNotKG aus dem hälftigen Wert des Beschlusses (§ 98 Abs. 1 GNotKG) zusätzlich zu erheben. 135

8. Gesellschafterbeschluss über die Zusammenlegung von Geschäftsanteilen

Vorbemerkung

Auch die Zusammenlegung von Gesellschaftsanteilen erfordert gemäß § 46 Nr. 4 Alt. 2 GmbHG einen Beschluss der Gesellschafter. Das Muster enthält einen selbstständigen Beschluss für eine Zusammenlegung. Das Muster baut auf den vorgehenden Mustern E 6 (Rdn. E 107) und E 7 (Rdn. E 121) auf. 136

Muster

Gesellschafterversammlung

1. Wir, A, B, C und D, sind die sämtlichen Gesellschafter der im Handelsregister des Amtsgerichts __________ unter HRB __________ eingetragenen Y-GmbH (»Gesellschaft«) mit Sitz in __________. 137

2. Die Geschäftsanteile an der Gesellschaft werden in nominaler Höhe wie folgt gehalten:

A hält den Geschäftsanteil Nr. 4 in Höhe von 15.000 €,

B hält den Geschäftsanteil Nr. 2 in Höhe von 20.000 €,

C hält den Geschäftsanteil Nr. 6 in Höhe von 10.001 €,

C hält den Geschäftsanteil Nr. 7 in Höhe von 49.999 €,

D hält den Geschäftsanteil Nr. 5 in Höhe von 5.000 €.

3. Das Stammkapital beträgt 100.000 € und ist in voller Höhe eingezahlt.

4. Unter Verzicht auf alle Formen und Fristen aus Gesetz oder Gesellschaftsvertrag wird hiermit eine Gesellschafterversammlung der Gesellschaft einberufen und abgehalten und einstimmig mit allen vorhandenen Stimmen beschlossen und erklärt:

4.1 Der Geschäftsanteil Nr. 6 im Nennbetrag von 10.001 € des Gesellschafters C und der Gesellschaftsanteil Nr. 7 im Nennbetrag von 49.999 € des Gesellschafters C werden zu einem Geschäftsanteil (neue Nr. 8) in Höhe von 60.000 € zusammengelegt. [1, 2, 3]

4.2 Beide Geschäftsanteile sind voll eingezahlt und nicht unterschiedlich mit Rechten Dritter belastet. [4]

4.3 Der Gesellschafter C erklärt zu Protokoll der Gesellschafterversammlung: Ich stimme dem vorgenanntem Beschluss zur Zusammenlegung meiner Geschäftsanteile zu und bestätige die Feststellung unter der vorstehenden Nr. 4.2. [5, 6]

4.4 Damit ist die Gesellschafterversammlung beendet.

5. Die Geschäftsanteile an der Gesellschaft werden nun in nominaler Höhe wie folgt gehalten:

A hält den Geschäftsanteil Nr. 4 in Höhe von 15.000 €,

B hält den Geschäftsanteil Nr. 2 in Höhe von 20.000 €,

C hält den Geschäftsanteil Nr. 8 in Höhe von 60.000 €,

D hält den Geschäftsanteil Nr. 5 in Höhe von 5.000 €.

6. Die Geschäftsführung wird angewiesen, unverzüglich die entsprechende neue Liste der Gesellschafter zum Handelsregister einzureichen.

Ort, Datum, Unterschriften A, B, C, D [7, 8]

Template

138 **General Meeting**

1. We, A, B, C, and D are all the shareholders of Y-GmbH (»Company«), registered with the commercial register of the Local Court of ____________ under HRB ____________ and with place of business in ____________.

2. The company shares in Company with the following nominal values are held as follows:

A holds the company share no. 4 in the amount of EUR 15,000,

B holds the company share no. 2 in the amount of EUR 20,000,

C holds the company share no. 6 in the amount of EUR 10,001,

C holds the company share no. 7 in the amount of EUR 49,999,

D holds the company share no. 5 in the amount of EUR 5,000.

3. The share capital amounts to EUR 100,000 and was fully paid in.

4. Waiving any and all formal and time-related requirements under the law or the articles of association, we hereby convene and hold a general meeting of Company and decide unanimously with all present votes and declare:

4.1 The company share no. 6 with a nominal value of EUR 10,001 € of shareholder C and the company share no. 7 with a nominal value of EUR 49,999 of shareholder C are combined into one company share (new no. 8) with a value of 60,000. [1, 2, 3]

4.2 Both company shares are fully paid in and are not subject to different third-party rights. [4]

4.3 The shareholder C declares for the minutes of the general meeting: I agree with the above resolution regarding the combination of my two company shares and confirm the statement under the preceding no. 4.2. [5, 6]

4.4 The general meeting is hereby concluded.

5. The company shares in Company with the following nominal values are now held as follows:

A holds the company share no. 4 in the amount of EUR 15,000,

B holds the company share no. 2 in the amount of EUR 20,000,

C holds the company share no. 8 in the amount of EUR 60,000,

D holds the company share no. 5 in the amount of EUR 5,000.

6. The management is instructed to immediately submit the corresponding new list of shareholders to the commercial register.

Place, date, signatures A, B, C, D [7, 8]

Erläuterungen

Literatur: *Brauer/Levedag*, Die Zusammenlegung eines verpfändeten GmbH-Geschäftsanteils mit einem pfandfreien GmbH-Geschäftsanteil ohne Zustimmung des Pfandgläubigers, GmbHR 2002, 572–578; *Mayer*, Der Erwerb einer GmbH nach den Änderungen durch das MoMiG, DNotZ 2008, 403–433.

1. Die Zusammenlegung von Geschäftsanteilen bedarf nunmehr auch eines Beschlusses der Gesellschafterversammlung gemäß § 46 Nr. 4 Alt. 2, § 47 GmbHG. Die Zusammenlegung wurde durch das MoMiG neu in den Katalog des § 46 GmbHG aufgenommen (vgl. Lutter/Hommelhoff/*Bayer* § 46 Rn. 20). Eine Zulassung der Zusammenlegung im Gesellschaftsvertrag ist nicht mehr notwendig. Der betroffene Gesellschafter ist von der Beschlussfassung nicht gemäß § 47 Abs. 4 GmbHG ausgeschlossen (Scholz/*K. Schmidt* § 46 Nachtrag MoMiG Rn. 5). 139

2. Der **Nennbetrag** des entstehenden Geschäftsanteils muss der Summe der zusammengelegten Anteile entsprechen. 140

3. Hinsichtlich der **Nummerierung** der Geschäftsanteile hat der Gesetzgeber in § 40 Abs. 1 Satz 1 GmbHG nur bestimmt, dass aus der Gesellschafterliste die »laufenden Nummern« der Geschäftsanteile zu entnehmen sein müssen. Dies lässt offen, ob die Nummern der Geschäftsanteile bei der Zusammenlegung erneut von 1 bis × hochzuzählen sind oder ob neue Nummern zu vergeben sind und die Nummern der zusammengelegten Geschäftsanteile verschwinden und nicht wieder vergeben werden. Der Wortlaut des Gesetzes, der »laufenden« Nummer, spricht dafür, dass neu entstandene Geschäftsanteile neue Nummern bekommen. Nimmt man als Sinn der fortlaufenden Nummerierung, die Geschäftsanteile eindeutig und zweifelsfrei zu kennzeichnen und zu identifizieren, erscheint es logisch, nach der Zusammenlegung (ebenso wie nach einer Teilung) **neue Nummern** zu vergeben; damit wird die zweifelsfreie Identifizierung erreicht. Die früheren Nummern der zusammengelegten Geschäftsanteile bleiben dann schlicht leer (so zur Teilung *Hasselmann*, KSzW 2013, 46 (49)). Zulässig ist es nach der Rechtsprechung (zur Teilung BGH NZG 2011, 516) zwar auch, die Geschäftsanteile unter Kennzeichnung ihrer Herkunft neu zu nummerieren, dafür kann auch eine **Veränderungsspalte** hinzugefügt werden. Dies kann in der Praxis leicht für Verwirrung sorgen; deshalb ist davon abzuraten. 141

4. Die zusammenzulegenden Anteile müssen **vollständig eingezahlt** und ohne Nachschusspflicht sein oder die Inanspruchnahme eines Rechtsvorgängers muss nach § 22 Abs. 3 GmbHG ausgeschlossen sein (h.M. Baumbach/Hueck/*Fastrich* § 15 Rn. 19; *Wicke* § 46 Rn. 12; a.A. Roth/Altmeppen/*Roth* § 46 Rn. 18, mit Verweis auf die Gesetzesbegründung) und dürfen **nicht unterschiedlich mit Rechten Dritter belastet** sein. Dies wird im Muster festgestellt und durch den betroffenen Gesellschafter bestätigt. Grund dafür, dass nicht voll eingezahlte Geschäftsanteile nicht zusammengelegt werden dürfen, ist, dass für die Haftung des Rechtsvorgängers des Gesellschafters gemäß § 22 Abs. 1 und § 28 Abs. 1 GmbHG die erworbenen Anteile und die mit ihnen verbundenen Rechte und Pflichten bestimmbar bleiben müssen. Unterschiedlich mit Rechten Dritter belastete Anteile, also etwa verpfändete und nicht verpfändete Anteile, dürfen wegen der Notwendigkeit der Teilung bei Verwertung nicht zusammengelegt werden (Baumbach/Hueck/*Fastrich* § 15 Rn. 19; a.A. *Brauer/Levedag*, GmbHR 2002, 572 ff.). Sind die zusammenzulegenden Anteile 142 in gleicher Weise an dieselbe Person verpfändet, bedarf die Zusammenlegung ihrer Zustimmung gemäß § 1276 BGB.

143 **5.** Nach der Begründung zum Regierungsentwurf des MoMiG (Begr. RegE BT-Drucksache 16/6140, S. 45) soll die **Zustimmung des betroffenen Gesellschafters** zur Zusammenlegung nicht nötig sein. Dem dürfte nicht zu folgen sein (*Mayer*, DNotZ 2008, 403 (426); Baumbach/Hueck/*Fastrich* § 15 Rn. 19 m.w.N., Baumbach/Hueck/*Zöllner* § 46 Rn. 32a), da der betroffene Gesellschafter bei der Zusammenlegung in schutzwürdigen Interessen betroffen ist, denn schon für eine spätere Teilung – um etwa einen Teil seines zusammengelegten Geschäftsanteils zu veräußern – bedarf der betroffene Gesellschafter eines neuen Beschlusses der Gesellschafterversammlung; einen Anspruch darauf hat er dann freilich nicht. Dementsprechend ist die Zustimmung des betroffenen Gesellschafters zur Zusammenlegung erforderlich und auch im Muster mit aufgenommen.

144 **6.** Der Gesellschaftsvertrag kann **besondere Regelungen** für die Zusammenlegung enthalten und ist insoweit immer zu überprüfen. Er kann auch etwa vorsehen, dass eine Zusammenlegung gänzlich ausgeschlossen ist oder dass sie entgegen § 46 Nr. 4 GmbHG keines Gesellschafterbeschlusses, sondern nur der Erklärung des betroffenen Gesellschafters bedarf (Lutter/Hommelhoff/*Bayer* § 46 Rn. 22; *Mayer*, DNotZ 2008, 406 (425)).

145 **7.** Der Beschluss zur Zusammenlegung bedarf nicht der notariellen Beurkundung, sollte aber zumindest privatschriftlich erfolgen, um Beweiszwecken Rechnung zu tragen. Eine entsprechend der Zusammenlegung geänderte Gesellschafterliste ist vom Notar bzw. vom Geschäftsführer gemäß § 40 GmbHG zum Handelsregister einzureichen.

146 **8.** Wird der Zusammenlegungsbeschluss beurkundet, fällt eine 2,0-Gebühr nach KV 21100 GNotKG an. Der Wert bestimmt sich nach §§ 108 Abs. 1, 105 Abs. 4 Nr. 1 GNotKG (ein Prozent des Stammkapitals, mindestens EUR 30.000). Eine etwa mitbeurkundete Zustimmungserklärung des betroffenen Gesellschafters ist mit einer 1,0-Gebühr nach KV 21200 GNotKG und dem hälftigen Wert des Beschlusses (§ 98 Abs. 1 GNotKG) zusätzlich zu bewerten.

9. Gesellschafterbeschluss mit Zustimmung zur Verfügung über Geschäftsanteile

Muster

147 **Gesellschafterversammlung**

1. Wir, A, B, C und D, sind die sämtlichen Gesellschafter der im Handelsregister des Amtsgerichts __________ unter HRB __________ eingetragenen Y-GmbH (»Gesellschaft«) mit Sitz in __________

2. Die Geschäftsanteile an der Gesellschaft werden in nominaler Höhe wie folgt gehalten:

A hält den Geschäftsanteil Nr. 4 in Höhe von 15.000 €,

B hält den Geschäftsanteil Nr. 2 in Höhe von 20.000 €,

C hält den Geschäftsanteil Nr. 8 in Höhe von 60.000 €,

D hält den Geschäftsanteil Nr. 5 in Höhe von 5.000 €.

3. Das Stammkapital beträgt 100.000 € und ist in voller Höhe eingezahlt.

4. Unter Verzicht auf alle Formen und Fristen aus Gesetz oder Gesellschaftsvertrag wird hiermit eine Gesellschafterversammlung der Gesellschaft einberufen und abgehalten und einstimmig mit allen vorhandenen Stimmen beschlossen und erklärt:

a) Der Gesellschafter B hat mitgeteilt, dass er beabsichtigt, seinen Geschäftsanteil Nr. 2 an E als Erwerber zu verkaufen und abzutreten. Die Veräußerung von Geschäftsanteilen bedarf nach § __________ des Gesellschaftsvertrages der Zustimmung der Gesellschaft. Die Gesellschafterversammlung erteilt hiermit die Zustimmung zu diesem Verkauf und der Abtretung des Geschäftsanteiles Nr. 2. [1, 2, 3, 4]

b) Die Geschäftsführung wird angewiesen, die Zustimmung der Gesellschaft in Vollzug des Zustimmungsbeschlusses gemäß Ziffer 4.a) zu erklären. [5]

c) Damit ist die Gesellschafterversammlung beendet.

5. A, nun handelnd als alleinvertretungsberechtigter Geschäftsführer der Gesellschaft, erklärt hiermit die Zustimmung zu dem Verkauf und der Abtretung gemäß vorstehender Ziffer 4.a). B nimmt diese Zustimmung entgegen. [6]

Ort, Datum, Unterschriften A, B, C, D [7]

Template

General Meeting 148

1. We, A, B, C, and D are all the shareholders of Y-GmbH (»Company«), registered with the commercial register of the Local Court of __________ under HRB __________ and with place of business in __________

2. The company shares in Company with the following nominal values are held as follows:

A holds the company share no. 4 in the amount of EUR 15,000,

B holds the company share no. 2 in the amount of EUR 20,000,

C holds the company share no. 8 in the amount of EUR 60,000,

D holds the company share no. 5 in the amount of EUR 5,000.

3. The share capital amounts to EUR 100,000 and was fully paid in.

4. Waiving any and all formal and time-related requirements under the law or the articles of association, we hereby convene and hold a general meeting of Company and decide unanimously with all present votes and declare:

a) The shareholder B has announced their intention to sell and transfer their company share no. 2 to E as purchaser. The sale of company shares requires the approval of Company in accordance with section __________ of the articles of association. The general meeting hereby grants its consent to this sale and transfer of the company share no. 2. [1, 2, 3, 4]

b) The management is instructed to declare consent of the Company in fulfilment of the positive decision as set out in section 4.a). [5]

c) The general meeting is hereby concluded.

5. A, now acting as Managing Director of the Company with sole power of representation, hereby declares consent to the sale and transfer in accordance with the above section 4.a). B accepts this consent. [6]

Place, date, signatures A, B, C, D [7]

Erläuterungen

Literatur: *Blasche*, Vinkulierungsklauseln in GmbH-Gesellschaftsverträgen, RNotZ 2013, 515–534; *Transfeld*, Anteilsübertragung trotz Vinkulierung – ein vermeintlicher Widerspruch?, GmbHR 2010, 185–189.

149 **1.** Die Verfügung über Geschäftsanteile bedarf oftmals nach dem Gesellschaftsvertrag (vgl. § 15 Abs. 5 GmbHG) der **Zustimmung** der **Gesellschafter**, und/oder der **Gesellschafterversammlung** und/oder der **Gesellschaft**. Hier ist genau zu differenzieren, wer genau (1) die Zustimmung zu erteilen hat, und (2) wer die Zustimmung dann zu erklären hat. Solange eine erforderliche Zustimmung nicht vorliegt, ist die Verfügung schwebend unwirksam (BGHZ 13, 186; Scholz/*Seibt* § 15 Rn. 133). Das Muster geht von einer Zustimmung der Gesellschaft aus. Dafür sollte zunächst der entsprechende Zustimmungsbeschluss gefasst und dann die Zustimmung von der Geschäftsführung (in vertretungsberechtigter Zahl) erklärt werden (vgl. *Blasche*, RNotZ 2013, 515 (525 f.)).

150 **2.** Muss die **Gesellschafterversammlung** zustimmen, ist ebenfalls ein **Beschluss** nötig, eine Zustimmung der einzelnen Gesellschafter, die nicht als Beschluss erfolgt, ist dann nicht ausreichend (Baumbach/Hueck/*Fastrich* § 15 Rn. 42). Die Gesellschafterversammlung erklärt dann auch die Zustimmung im Außenverhältnis, eine Beteiligung der Geschäftsführung ist dann nicht erforderlich.

151 **3.** Verlangt der Gesellschaftsvertrag die **Zustimmung der Gesellschafter**, ist fraglich, ob die einzelnen Gesellschafter oder die Gesellschaftsversammlung durch Mehrheitsbeschluss zustimmen muss. Dies hängt von der Auslegung im Einzelfall und von der mehr oder weniger personalistischen Struktur der Gesellschaft ab (str.; vgl. *Blasche* RNotZ 2013, 515 (526 f.); Scholz/*Seibt* § 15 Rn. 126; Baumbach/Hueck/*Fastrich* § 15 Rn. 44). Im Zweifel dürfte ein Beschluss der Gesellschafterversammlung gefordert sein. Eine einfache Mehrheit ist ausreichend, es sei denn, der Gesellschaftsvertrag sieht insoweit besondere Mehrheiten oder die Zustimmung eines bestimmten Gesellschafters vor. An der Verfügung beteiligte Gesellschafter sind nicht vom Stimmrecht ausgeschlossen (Roth/Altmeppen/*Altmeppen* § 15 Rn. 104). Zur begrenzten Reichweite von Vinkulierungsklauseln und Umgehungsmöglichkeiten vgl. *Transfeld*, GmbHR 2010, 185 ff.

152 **4.** Die Zustimmung kann im Rahmen der die Verfügung enthaltenden Urkunde selbst oder gesondert zuvor oder später erfolgen. Sie bedarf nicht der notariellen Beurkundung und kann ggf. auch konkludent erfolgen.

153 **5.** Für die **Zustimmung** gelten die §§ 182 ff. BGB, sie ist also gegenüber einem der an der Verfügung Beteiligten zu erklären und wird gemäß § 130 BGB mit Zugang wirksam. Bis zum Abschluss des dinglichen Geschäfts kann die vorherige Zustimmung nach § 183 BGB widerrufen werden. Die Gesellschafterversammlung kann die Geschäftsführung zur Mitteilung der Zustimmung an die Beteiligten ermächtigen, kann aber auch selbst die Mitteilung vornehmen (str.; Baumbach/Hueck/*Fastrich* § 15 Rn. 43; a.A. Roth/Altmeppen/*Altmeppen* § 15 Rn. 109).

154 **6.** Muss auch die Gesellschaft der Verfügung zustimmen, wird diese Zustimmung im Außenverhältnis durch die Geschäftsführung erteilt. Dass im Innenverhältnis zwischen Geschäftsführung und Gesellschaftern eine Zustimmung der Gesellschafterversammlung zu dieser Handlung der Geschäftsführung nötig ist, berührt das Außenverhältnis und damit die Wirksamkeit der Zustimmung der Geschäftsführung nicht. Es sind aber die allgemeinen Regeln über den Missbrauch der Vertretungsmacht zu beachten (Baumbach/Hueck/*Fastrich* § 15 Rn. 42).

155 **7.** Wird der Zustimmungsbeschluss beurkundet, fällt eine 2,0-Gebühr nach KV 21100 GNotKG an. Der Wert richtet sich nach dem Kaufpreis (§ 47 GNotKG) bzw. dem Wert der Anteile (§ 54 GNotKG). Eine etwa mitbeurkundete Zustimmungserklärung des Geschäftsführers ist mit einer 1,0-Gebühr nach KV 21200 GNotKG und dem hälftigen Wert des Beschlusses (§ 98 Abs. 1 GNotKG) zusätzlich zu bewerten.

10. Gesellschafterliste nach Veränderung mit Notarbescheinigung (§ 40 Abs. 2 GmbHG)

Vorbemerkung

Die Gesellschafterliste hat durch das MoMiG sehr an praktischer Bedeutung gewonnen. Zugleich sind aber unterschiedliche Fragen im Zusammenhang mit der Gesellschafterliste neu aufgetreten. Durch eine Reihe von Gerichtsentscheidungen sind viele Zweifelsfragen für die Praxis geklärt. Das Muster enthält eine »typische« Gesellschafterliste; in den Anmerkungen wird auf verschiedene praktisch relevante Fragen eingegangen. 156

Muster

Notarbescheinigte Liste der Gesellschafter [1, 2, 3] 157

der Gesellschaft unter der

Firma X-GmbH

mit Sitz in ____________ (Amtsgericht ____________, HRB ____________)

Gesellschafter der oben angegebenen GmbH sind: [4, 5, 6]

Lfd. Nr.	Gesellschafter (Name, Vorname, Geburtsdatum und Wohnort bzw. Firma und Sitz, Registernummer, Registergericht)	Anzahl Geschäftsanteil(e) und Nominalbetrag pro Geschäftsanteil	Prozentuale Beteiligung am Gesamtkapital pro Geschäftsanteil	Nennbetrag Geschäftsanteil(e) insgesamt in EUR	Prozentuale Gesamtbeteiligung des jeweiligen Gesellschafters am Stammkapital	Veränderungen
1– 15.000	Muster Holding GmbH mit Sitz in ______, eingetragen beim Amtsgericht ______ unter HRB ______	15.000 Geschäftsanteile zu jeweils EUR 1,00	0,004 %	15.000,00	60 %	Übertragen vom ehemaligen Gesellschafter X GmbH mit Urkunde des Notars ______ – UR.-Nr.______, wirksam geworden am ______.
15.001–15.100	Muster GbR bestehend aus (1) Max Muster, geboren am ______, wohnhaft in ______ und (2) Lisa Muster, geb. Müller, geboren am ______, wohnhaft in ______	100 Geschäftsanteile zu jeweils EUR 10,00	0,04 %	1.000,00	4 %	
15.101	Theo Muster, geboren am ______, wohnhaft in ______	1 Geschäftsanteil zu EUR 9.000,00	36 %	9.000,00	36 %	
	Stammkapital insgesamt			25.000,00		

Die vorstehende Liste enthält die Veränderungen, die sich aufgrund meiner Urkunde vom ______ – UR.-Nr. ______ – ergeben. Die Veränderungen sind am ______ um ______ wirksam geworden. Die vorstehende Liste stimmt ansonsten mit den Eintragungen der zuletzt im Handelsregister aufgenommenen Liste überein.[14]

Datum: ______

Notar [7, 8, 9, 10, 11, 12, 13, 15]

Template

List of Shareholders certified by the Notary [1, 2, 3] 158

of the Company under the

name X-GmbH

with place of business in ______ (Local Court of ______, HRB ______)

The shareholders of the above GmbH are: [4, 5, 6]

Seq. number	Shareholder (Surname, first name, date of birth and address or company name and place of business, register number, register court)	Quantity Company share(s) and nominal value of each company share	Proportional share in the overall capital per company share	Total nominal value of the company share(s) in EUR	Proportional share in the overall capital of the respective shareholder	Changes
1 – 15,000	Muster Holding GmbH with place of business in ____________, registered with the Local Court of ____________ under HRB ____________	15,000 company shares of EUR 1.00 each	0.004 %	15,000.00	60 %	Transferred from former shareholder X GmbH with deed of the notary ____________-deed. no. ____________, entered into effect on ____________.
15,001 – 15,100	Muster GbR, consisting of (1) Max Muster, born on ____________, resident at ____________, and (2) Lisa Muster, née Müller, born on ____________, resident at ____________	100 company shares of EUR 10.00 each	0.04 %	1,000.00	4 %	
15,101	Theo Muster, born on ____________, resident at ____________	1 company share of EUR 9,000.00	36 %	9,000.00	36 %	
	Totals share capital			25,000.00		

The above list contains the changes resulting from my deed dated ____________ -deed no. ____________. The changes entered into effect on ____________ at ____________. Apart from that, the above list corresponds to the entries in the last list registered with the commercial register.[14]

Date: ____________

Notary [7, 8, 9, 10, 11, 12, 13, 15]

Erläuterungen

Literatur: *Blasche*, Aktuelle Praxisfragen zur Gesellschafterliste, RNotZ 2014, 34–39; *Bohrer*, Geschäftsanteilsverkehr, Beschlussfassungskompetenz und Gesellschafterliste, MittBayNot 2010, 17–22; *Eickelberg*, Bedingt listenfähig – Aktuelles von der GmbH-Gesellschafterliste, NZG 2015, 1103–1107; *Flick*, Die Gesellschafterliste bei einer Verschmelzung mit Kapitalerhöhung, NZG 2010, 170–172; *Hasselmann*, Anmerkungen aus der Praxis zur Gesellschafterliste, KSzW 2013, 46–54; *Heilmeier*, Listeneinreichungszuständigkeit bei mittelbarer Mitwirkung eines Notars nach § 40 GmbHG, NZG 2012, 217–217; *Herrler*, Neues aus Karlsruhe zur Gesellschafterliste, NZG 2011, 536–539; *Ising*, Gesellschafterliste nach Umwandlungen: Probleme der Praxis, NZG 2010, 812–816; *ders.*, Zuständigkeit des Notars zur Listeneinreichung bei mittelbarer Mitwirkung, DNotZ 2010, 214–218; *Jeep*, Die ungenutzte Chance des BGH zur Aufwertung der GmbH-Gesellschafterliste, NJW 2012, 658–661; *Kilian*, Registerrecht, notar 2013, 10–15; Lieder, Teilung und Listenkorrektur im GmbH-Recht, NZG 2014, 329–332; *D. Mayer*, Probleme rund um die Gesellschafterliste; MittBayNot 2014, 24–35; 114–128; *Melchior*, Die GmbH-Gesellschafterliste – ein Zwischenstand, GmbHR 2010, 418–421; *Omlor*, Pflicht des Geschäftsführers zur Einreichung der geänderten Gesellschafterliste bei Eintritt der auflösenden Bedingung für die Übertragung eines Geschäftsanteils, MittBayNot 2013, 401–403; *Omlor/Spies*, Grundfragen der Gesellschafterliste, MittBayNot 2011, 353–366; *Ries*, Never ending story, die Gesellschafterliste, NZG 2010, 135–136; *Roth*, Die mittelbare Mitwirkung des Notars an Veränderungen in der Person oder der Beteiligung des GmbH-Gesellschafters, RNotZ 2014, 470–482; *Schmidt*, Gesellschafterliste i.S.v. § 40 GmbHG – Unendliches Thema, RNotZ 2011, 148–151; *Wachter*, Einreichung von »Zwischenlisten« bei Kettenabtretungen von Geschäftsanteilen, GmbHR 2010, 151–155; *ders.*, Die neue Gesellschafterliste – ein Erfolgsmodell!, GmbHR 2010, R113-R114; *ders.*, Mittelbare Mitwirkung bei Einreichung der Gesellschafterliste, DNotZ 2014, 539–545; *Weiler*, Jahresrückblick Gesellschaftsrecht – Aktuelle Entwicklungen, notar 2014, 406–421; *Wicke*, Kein gutgläubiger Erwerb eines bereits zuvor aufschiebend bedingt abgetretenen GmbH-Geschäftsanteils, DStR 2011, 2356 –2359; *ders.*, »Best Practice« bei der Nummerierung in der Gesellschafterliste, MittBayNot 2010, 283–285; *Wolff*, Die Verbindlichkeit der Gesellschafterliste für Stimmrecht und Beschlussverfahren, BB 2010, 454–461.

1. Der bei Handelsregister eingereichten **Gesellschafterliste** kommt nach der Neuordnung des 159
GmbHG erhebliche Bedeutung zu. Nach ihr richtet sich, wer gegenüber der Gesellschaft als Gesellschafter gilt (§ 16 Abs. 1 GmbH). Zudem ist sie Grundlage für einen **gutgläubigen Erwerb** von Geschäftsanteilen vom Nichtberechtigten gemäß § 16 Abs. 3 GmbHG.

2. Die Liste der Gesellschafter ist gemäß § 40 Abs. 2 Satz 1 GmbHG vom Notar zu unter- 160
schreiben und unverzüglich zum **Registergericht** einzureichen, wenn er an der Veränderung des Gesellschafterbestandes mitgewirkt hat (Veränderung in Person der Gesellschafter oder Umfang der Beteiligung). Wirkt kein Notar mit, ist die Liste von der Geschäftsführung der Gesellschaft zu unterschreiben und einzureichen. Eine **Mitwirkung** des Notars ist insbesondere bei Veränderungen, wie Anteilsabtretungen und Kapitalmaßnahmen, aber auch bei Beglaubigung eines Entwurfs *des Notars* mit Auswirkungen auf den Gesellschafterbestand gegeben (Lutter/Hommelhoff/*Bayer* § 40 Rn. 24; Roth/Altmeppen/*Altmeppen* § 40 Rn. 22). Werden Angebot und Annahme zur Übertragung eines Anteils getrennt beurkundet, sind beide Notare zur Einreichung verpflichtet. Nur der Notar, der die Annahme beurkundet, kann aber unmittelbar die Wirksamkeit feststellen, so dass regelmäßig er die Gesellschafterliste einzureichen hat (zur Berechtigung auch des das Angebot beurkundenden Notars vgl. OLG München, NZG 2013, 822 f.). Wirken **mehrere Notare** an einer Veränderung mit, sollte derjenige die Liste einreichen, der den Gesamtvorgang am besten überblicken kann (Baumbach/Hueck/*Zöllner*/

Noack § 40 Rn. 51 ff.). Hier sollten sich die beteiligten Notare abstimmen. Soweit ein entsprechender Vollzugsauftrag an einer der beteiligten Notare aus den Dokumenten ersichtlich ist, ist er für die Bestimmung der Zuständigkeit vorrangig (Roth/Altmeppen/*Altmeppen* § 40 Rn. 25; *Wicke* § 40 Rn. 14a; im Einzelnen str., zum Meinungsstand vgl. etwa *Blasche*, RNotZ 2014, 34 (38)).

161 **3.** Der Begriff der **Mitwirkung** ist wenig präzise. Die Tätigkeit des Notars muss »kausal für die Veränderung und final darauf gerichtet« sein, wobei zweifelhaft ist, ob diese abstrakte Abgrenzung praktisch weiterhilft. Während die **unmittelbare Mitwirkung** eines Notars – abgesehen von den Problemen der Abgrenzung der Zuständigkeiten mehrere mitwirkender Notare – noch recht eindeutig ist, ist die Frage der Einreichungspflicht für die sogenannte **mittelbare Mitwirkung**, etwa durch Beurkundung von **Maßnahmen nach dem UmwG**, streitig (eine umfassende Darstellung bei *Roth* RNotZ 2014, 470 ff.). Teilweise wird eine Einreichungspflicht des Notars in diesen Fällen bejaht (*Wicke*, NotBZ 2009, 13), teilweise wird sie abgelehnt (Lutter/Hommelhoff/*Bayer* § 40 Rn. 25; Baumbach/Hueck/*Zöllner*/*Noack* § 40 Rn. 56; *Flick*, NZG 2010, 170 (171 f.); *Heilmeier*, NZG 2012, 217 (219)). Eine »Veränderung des Umfangs der Beteiligung« liegt etwa bei der Beurkundung einer Kapitalerhöhung vor (OLG München, DStR 2010, 1537), obwohl die Veränderung formal erst mit der nachfolgenden Eintragung im Handelsregister eintritt. Ansonsten sind Fälle mittelbarer Mitwirkung, insbesondere bei Maßnahmen nach dem UmwG, noch immer streitig: Bei Beurkundung einer Verschmelzung hat der Notar oft keine Kenntnis, dass zum Vermögen der zu verschmelzenden Gesellschaft ein GmbH-Anteil gehört, also insoweit eine Veränderung bei dieser GmbH eintritt. Anders ist dies bei Spaltungen (vgl. *Ries*, NZG 2010, 135 (136)). Es ist für die Praxis zu empfehlen, dass in Zweifelsfällen der Mitwirkung sowohl der Geschäftsführer als auch der Notar die Liste unterzeichnen, so dass jedenfalls die verpflichtete Person die Liste unterzeichnet hat und das Registergericht sie nicht zurückweisen darf (so auch *Blasche* RNotZ 2014, 34 (38); *Weiler*, notar 2014, 406 (412)). Dem **Notar** steht bei Zwischenverfügungen des Registergerichts in Fällen des § 40 Abs. 2 GmbHG nach § 59 Abs. 1 FamFG ein **eigenes Beschwerderecht** i.S.d. § 382 Abs. 4 Satz 2 FamFG zu (BGH, NZG 2011, 516 f.; KG, NZG 2012, 315).

162 **4.** Die Liste muss nach § 40 Abs. 1 GmbHG **Namen, Vornamen, Geburtsdaten** und **Wohnorte** der Gesellschafter bzw. bei juristischen Personen als Gesellschafter **Firma, zuständiges Registergericht, Handelsregisternummer und Sitz** enthalten. Die bloße Mitwirkung des Notars an der Beurkundung des Beschlusses zur Firmenänderung bei fehlender Kenntnis vom Beteiligungsbesitz verpflichtet den Notar nicht automatisch zur Einreichung einer Gesellschafterliste nach § 40 Abs. 2 GmbHG (OLG Hamm, NZG 2011, 1395 ff.). Weiterhin müssen die **Nennbeträge** und die **laufenden Nummern** der einzelnen Anteile in der Liste aufgeführt sein. Seit dem 26.06.2017 müssen neue Gesellschafterlisten außerdem die **durch den jeweiligen Geschäftsanteil vermittelte prozentuale Beteiligung am Stammkapital** angeben sowie ebenfalls den **Gesamtumfang der Beteiligung eines Gesellschafters am Stammkapital** als Prozentsatz, soweit dieser mehrere Anteile hält. Mit Erlass einer Rechtsverordnung iSv § 40 Abs. 4 GmbHG, nämlich der **Gesellschafterlistenverordnung** vom 20.06.2018, (BGBl. I S. 870 (Nr. 22)), die am 01.07.2018 in Kraft getreten ist, steht fest, dass Rundungen bis auf eine Dezimalstelle zulässig (aber nicht obligatorisch) sind. Unzulässig ist danach jedoch eine Abrundung auf 0,0 %, 25,0 % oder 50,0 %. Prozentuale Beteiligungen von unter 1 % dürfen als solche angegeben werden (z.B. < 1 %). Statt einer Rundung können auch die Nachkommastellen bis auf eine Dezimalstelle weggelassen werden; die Summe der Prozentangaben muss dann nicht 100 % ergeben. Weitere Einzelheiten lassen sich der Verordnung entnehmen. Falls ein Gesellschafter selbst eine **nicht eingetragene Gesellschaft** ist, müssen jedenfalls seit dem 26.06.2017 die Gesellschafterlisten die jeweiligen Gesellschafter unter einer zusammenfassenden Bezeichnung mit Name, Vorname, Wohnort und Geburtsdatum nennen. Eine Übergangsregelung findet sich in § 8 EGGmbHG, die im Ergebnis dazu führt, dass »Alt-Listen« erst auf den aktuellen Gesetzesstand zu bringen sind, wenn sich Veränderungen ergeben, welche schon nach dem alten Recht die Einreichung einer neuen Liste erfordert hätten. Auch die Gesellschafterlistenverordnung

ist nach ihrem § 5 erst auf Listen anzuwenden, wenn eine neue Liste aufgrund einer Veränderung anzufertigen ist.

5. Bei der Einreichung einer geänderten Liste muss eine **Nummerierung** der Geschäftsanteile vorgenommen werden, soweit sie nicht bereits existiert. Zweckmäßigerweise übernimmt dies der mitwirkende Notar, gegebenenfalls nach Absprache mit den Beteiligten. Nach einer Teilung und nach einer Zusammenlegung müssen **neue Nummern** als Einzelnummern oder Abschnittnummern vergeben werden und die früheren Nummern der geteilten/zusammengelegten Geschäftsanteile leer bleiben (vgl. dazu die Anforderungen der Gesellschafterlistenverordnung unter E 7 Rdn. 162). 163

6. Eine **Veränderungsspalte** in der Liste war bis zum Inkrafttreten der Gesellschafterlistenverordnung nicht notwendig und praktisch auch nicht zu empfehlen, aber bei Registerklarheit zulässig (OLG Jena, NZG 2010, 591 f.; Baumbach/Hueck/*Zöllner/Noack* § 40 Rn. 15 ff.; vgl. auch BGH, NZG 2011, 1268 (Rn. 10) und NZG 2011, 516 f.; *Hasselmann*, KSzW 2013, 46 (47)). Seit dem Inkrafttreten der Verordnung am 01.07.2018 ist eine Veränderungsspalte ausdrücklich zulässig und für folgende Fälle sogar notwendig: Teilung, Zusammenlegung oder Einziehung von Anteilen, Kapitalerhöhung mit Ausgabe neuer oder durch Aufstockung alter Anteile, Kapitalherabsetzung und Anteilsübertragung. Ob die *Belastung* von Anteilen, etwa die **Verpfändung oder ein Nießbrauch**, angegeben werden kann (also eine Veränderung i.S.d. § 40 Abs. 1 Satz 1 GmbHG darstellt), ist zweifelhaft und für die Praxis zu verneinen. Solche Angaben wären zwar zur Information des Rechtsverkehrs und zum Schutz des durch die Belastung Berechtigten sinnvoll. Nach der Rechtsprechung des BGH (BGH NJW 2015, 1303 ff., vorher schon BGH NZG 2011, 1268 ff.) ist die Aufnahme von **Verfügungsbeschränkungen** in die Gesellschafterliste jedoch **unzulässig** (zur aufschiebend bedingten Abtretung eines Geschäftsanteils BGH NZG 2011, 1268 ff. mit Anm. *Wicke*, DStR 2011, 2356; bestätigt durch BGH NJW 2015, 1303 (1304), zur Testamentsvollstreckung BGH NJW 2015, 1303 ff.). Gleichfalls nicht eintragungsfähig sind Vinkulierungen oder schuldrechtliche Rechte Dritter (wie Put-/Call-Optionen, Vorkaufsrechte oder Poolverträge; vgl. *Hasselmann*, KSzW 2013, 46 (47)). Ein **gutgläubig lastenfreier Erwerb** von Anteilen ist nach h.M. ausgeschlossen (BGH, NZG 2011, 1268 ff.; Baumbach/Hueck/*Fastrich* § 16 Rn. 26; str.). 164

7. Die geänderte Liste ist vom Notar zu unterzeichnen. Insoweit stellt sich die Frage, ob dies auch gilt, wenn er zusätzlich ohnehin die Notarbescheinigung nach § 40 Abs. 2 Satz 2 GmbHG unterschreibt. Der Wortlaut legt nahe, dass zwei **Unterschriften des Notars** erforderlich sind: unter der Liste und unter der Bescheinigung. Lediglich eine Unterschrift wird von den Registergerichten nicht beanstandet und erscheint auch unproblematisch, wenn deutlich ist, dass die Unterschrift des Notars unter der Bescheinigung auch die Liste mit abdeckt. Eine Verantwortlichkeit für den nicht von der Veränderung erfassten Inhalt der Liste trifft den Notar nur im Rahmen der Bescheinigung. 165

8. Die Gesellschafterliste darf erst zum Register eingereicht werden, wenn die Veränderung im Gesellschafterbestand **wirksam geworden**, also etwa der Anteil wirksam auf den Erwerber übergegangen ist. Entsprechend sollte auch die Datumsangabe vor der Unterschrift des Notars gefasst werden. Die Voraussetzungen für das Wirksamwerden der Veränderung hat der Notar zu prüfen und zu **überwachen**. Dementsprechend sollten in die Urkunde bereits entsprechende Pflichten der Beteiligten aufgenommen werden, den Notar über die Wirksamkeitsvoraussetzungen und eventuelle andere Veränderungen zu unterrichten und ihm näher zu bestimmende Nachweise (z.B. das Vollzugsprotokoll oder das »closing memorandum«) vorzulegen (*Roth*, RNotZ 2014, 470 (481); *Wachter*, GmbHR 2009, 51 (56 f.)). Auf diese Mitteilungen und Nachweise – soweit sie nicht greifbar falsch sind – wird der Notar sich verlassen dürfen, eigene, unabhängige Nachforschungen muss er nicht anstrengen. Kann der Notar sich jedoch mangels erbrachter Nachweise nicht von der Wirksamkeit des Anteilsübergangs überzeugen und daher keine neue Liste einreichen, bleibt er dennoch ausschließlich zuständig für die Einreichung einer Liste, die die Veränderungen wiedergibt, an denen er mitgewirkt hat (vgl. OLG Rostock, RNotZ 2017, 480 ff.). Gegebenheiten, die nachträglich eintreten und die Verfügung rückwirkend unwirksam machen, sind für den Notar bei 166 der Einreichung der Liste gemäß § 40 Abs. 2 Satz 1 GmbHG irrelevant, soweit ihre Wirkung nicht schon eingetreten ist.

167 **9.** Zweifelhaft ist, wann die Liste wirksam wird und zu welchem **Zeitpunkt** sie richtig sein muss. Mögliche Zeitpunkte sind die Abgabe durch den Notar, der Eingang beim Register oder das Einstellen in die Registerakte. Zu beachten ist auch, dass die Liste auch an die Gesellschaft selbst zu übermitteln ist und auch zum Zeitpunkt des Zugangs bei der Gesellschaft richtig sein muss. Für die Richtigkeit dürfte auf den Stand am Tag der Übermittlung an das Registergericht abzustellen sein (Baumbach/Hueck/*Zöllner/Noack* § 40 Rn. 33; dazu vgl. auch *Wachter*, GmbHR 2010, R113 (R114); Roth/Altmeppen/*Altmeppen* § 40 Rn. 6).

168 **10.** Sämtliche Veränderungen müssen anhand der Liste(n) lückenlos nachvollzogen werden können. Für den Fall mehrerer, aufeinander bezogener Veränderungen, etwa bei einer **Kettenveräußerung** oder der Veräußerung eines Teilgeschäftsanteils (in der Teilung und der Abtretung des Geschäftsanteils), ist daher grundsätzlich für jede gesellschaftsrechtlich gesondert zu beurteilende Veränderung, auch wenn diese nur eine »juristische Sekunde« nacheinander stattfinden, eine gesonderte Gesellschafterliste einzureichen. Bei Kettenveräußerungen sollte zur Vermeidung von Verwirrung und zur leichteren Nachprüfbarkeit für Dritte das Datum und ggf die genaue Uhrzeit, wann die jeweilige Veränderung wirksam geworden ist, angegeben werden. Eine »**zusammenfassende Gesellschafterliste**« ist demgegenüber **nicht** zu empfehlen und wohl auch nicht zulässig (str., so wie hier OLG Köln, NZG 2013, 1431 (1432); MüKo GmbHG/*Heidinger* § 40 Rn. 250 f.). Eine gleichzeitige Listeneinreichung mit Anweisung an das Registergericht zur Reihenfolge der Aufnahme dürfte zulässig sein. Ein Folgeproblem ergibt sich bei Einreichung auch einer Zwischenliste für die an den Inhalt der »zuletzt im Handelsregister aufgenommenen Liste« anzuknüpfende Notarbescheinigung nach § 40 Abs. 2 Satz 2 GmbHG: Bei gleichzeitiger Listeneinreichung kann die Notarbescheinigung der zweiten Gesellschafterliste sich nur auf die »zuletzt zum Handelsregister eingereichte« Gesellschafterliste beziehen; dies dürfte hierbei aber ausnahmsweise zulässig sein (MüKo GmbHG/*Heidinger* § 40 Rn. 253; str.).

169 **11.** Die Liste ist vom Notar neben dem Handelsregister auch **der Gesellschaft zu übermitteln** (§ 40 Abs. 2 Satz 1 2. Hs. GmbHG). Insoweit besteht dann für die Geschäftsführung eine Kontrollpflicht hinsichtlich der Liste. Vor Einreichung einer korrigierten Liste hat sie den Betroffenen Gelegenheit zur Stellungnahme zu geben. Im Anschluss ist die Geschäftsführung auch zur Korrektur einer notariellen Gesellschafterliste berechtigt (So BGH, NZG 2014, 184 (188) m.w.N. auch zu abw. A.; vgl. dazu auch *Lieder*, NZG 2014, 329 (331)). Entsprechendes dürfte gelten, wenn sich durch zeitnahe Beurkundung von Veränderungen bei unterschiedlichen Notaren – insbesondere bei Gesellschaften mit großem Gesellschafterkreis – ergibt, dass sich kreuzende, nicht aufeinander abgestimmte Listen von den beteiligten Notaren eingereicht werden. Die Notare dürfte hier keine Kontrollpflicht treffen, vielmehr liegt diese bei der Geschäftsführung (vgl. Baumbach/Hueck/*Zöllner/Noack* § 40 Rn. 40). Eine Korrekturpflicht trifft den Notar nur, wenn sich eine vom ihm eingereichte Liste aufgrund einer eigenen Fehlbeurteilung als unrichtig erweist (Roth/Altmeppen/*Altmeppen* § 40 Rn. 16; *Herrler*, NZG 2011, 536 (538)).

170 **12.** Ein **ausländischer Notar**, der an einer Veränderung mitgewirkt hat, unterliegt nicht der deutschen öffentlich-rechtlichen Einreichungspflicht. Nach der – für die Praxis hinzunehmenden – Rechtsprechung des BGH soll er dennoch berechtigt sein, eine Gesellschafterliste zum Handelsregister einzureichen, wenn die in ihr dokumentierte Veränderung auf einer Auslandsbeurkundung beruht, welche einer Beurkundung durch einen deutschen Notar gleichwertig und infolgedessen wirksam ist (BGH, NJW 2014, 2026 (2027); Bespr. bei *Mense/Klie*, GWR 2014, 83; a.A. noch die Vorinstanz zu BGH a.a.O.: a.A. auch OLG München, NZG 2013, 340 f.). Unzulässig ist die Einreichung der Liste durch einen deutschen Notar bei einer Auslandsbeurkundung, da er daran nicht »mitgewirkt« hat (Baumbach/Hueck/*Zöllner/Noack* § 40 Rn. 71).

13. Die **Übermittlung** der Liste zum Handelsregister erfolgt gemäß § 12 Abs. 2 Satz 1 HGB **elektronisch**, wobei allein für die Liste eine qualifizierte elektronische Signatur nicht erforderlich, sondern eine einfache elektronische Abschrift ausreichend wäre (Baumbach/Hueck/*Zöllner/Noack*, § 40 Rn. 36). Die Notarbescheinigung ist in öffentlich beglaubigter Form einzureichen (§ 39a BeurkG). Da die Liste und die Notarbescheinigung regelmäßig miteinander verbunden werden, ist insgesamt die qualifizierte elektronische Signatur erforderlich. 171

14. Die Gesellschafterliste, die der Notar übermittelt, muss zusätzlich mit einer **notariellen Bescheinigung** nach § 40 Abs. 2 Satz 2 GmbHG versehen sein, wie sie sich im Muster findet. Die Bescheinigung kann nur auf der Grundlage einer beim Handelsregister eingereichten Liste erstellt werden. Fehlt es an einer solchen Liste, muss zunächst eine Gesellschafterliste von der Geschäftsführung zum Register eingereicht werden. Ist diese im Register eingestellt, kann der Notar die Bescheinigung an diese Liste anknüpfend abgeben. Er darf sich auf die Richtigkeit der letzten beim Handelsregister eingereichten Liste grundsätzlich verlassen, wenn er seine Bescheinigung erstellt (näher DNotI-Report 2010, 53; zu Kettenabtretungen *Wachter*, GmbHR 2010, 151 (153 ff.)). Der Notar hat die Wirksamkeit der Veränderungen, an denen er mitgewirkt hat, in ausschließlicher Zuständigkeit zu prüfen (vgl. auch OLG Rostock, RNotZ 2017, 480 ff.). Die Bescheinigung hat unabhängig vom Datum der *Aufnahme* der jeweiligen Liste in Überschneidungsfällen an die *aktuellste* im Registerordner aufgenommene Liste der Gesellschafter anzuknüpfen (OLG München, NZG 2012, 588; teleologische Reduktion von § 40 Abs. 2 Satz 2 GmbHG: *Kilian*, notar 2013, 10 (11)). Ob und in welchen Fällen die Notarbescheinigung eingeschränkt erteilt werden kann, ist nicht abschließend geklärt (vgl. OLG Stuttgart, NZG 2011, 752). 172

15. Das Registergericht erhebt eine Gebühr von EUR 20,00 für die Entgegennahme der Liste (Gebührenvereichnis. Nr. 5002 HRegGebV). Der die Anteilsveräußerung beurkundende Notar erhält für die Erstellung der notarbescheinigten Liste eine 0,5-Gebühr nach KV-Nrn. 22110, 22113 und dem Wert der Anteilsveräußerung (§ 112 GNotKG) und eine 0,3-Gebühr nach KV-Nr. 22114 für die Erstellung des Strukturdatensatzes zur elektronischen Einreichung beim Handelsregister. Hat der Notar außerhalb der Urkunde die Wirksamkeit des Anteilsübergangs zu prüfen, erhält er zusätzlich die 0,5-Gebühr nach KV-Nr. 22200 nach dem Wert der Anteilsveräußerung (§ 113 GNotKG). 173

11. Gesellschafterliste nach Veränderung durch die Geschäftsführung

Vorbemerkung

Nach § 40 Abs. 1 GmbHG haben die Geschäftsführer unverzüglich nach Wirksamwerden jeder Veränderung des Gesellschafterbestandes eine geänderte Gesellschafterliste zum Registergericht einzureichen. 174

Muster

Liste der Gesellschafter [1, 2] 175

der Gesellschaft unter der

Firma X-GmbH

mit Sitz in __________ (Amtsgericht __________, HRB __________)

Gesellschafter der oben angegebenen GmbH sind: [3]

Lfd. Nr.	Gesellschafter (Name, Vorname, Geburtsdatum und Wohnort bzw. Firma und Sitz, Registernummer, Registergericht)	Anzahl Geschäftsanteil(e) und Nominalbetrag pro Geschäftsanteil	Prozentuale Beteiligung am Gesamtkapital pro Geschäftsanteil	Nennbetrag Geschäftsanteil(e) insgesamt in EUR	Prozentuale Gesamtbeteiligung des jeweiligen Gesellschafters am Stammkapital	Veränderungen
1–15.000	Muster Holding GmbH mit Sitz in ______, eingetragen beim Amtsgericht ______ unter HRB ______	15.000 Geschäftsanteile zu jeweils EUR 1,00	0,004 %	15.000,00	60 %	
15.001–15.100	Muster GbR bestehend aus (1) Max Muster, geboren am ______, wohnhaft in ______ und (2) Lisa Muster, geb. Müller, geboren am ______, wohnhaft in ______	100 Geschäftsanteile zu jeweils EUR 10,00	0,04 %	1.000,00	4 %	Nach Änderung des Nachnamens der Gesellschafterin (2) berichtigt
15.101	Theo Muster, geboren am ______, wohnhaft in ______	1 Geschäftsanteil zu EUR 9.000,00	36 %	9.000,00	36 %	
	Stammkapital insgesamt			25.000,00		

Datum: ______

Unterschrift Geschäftsführer [4]

Template

List of Shareholders [1, 2] 176

of the Company under the

name X-GmbH

with place of business in ____________ (Local Court of ____________, HRB ____________)

The shareholders of the above GmbH are: [3]

Seq. number	Shareholder(Surname, first name, date of birth and address or company name and place of business, register number, register court)	QuantityCompany share(s) and nominal value of each company share	Proportional share in the overall capital per company share	Total nominal value of the company share(s) in EUR	Proportional share in the overall capital of the respective shareholder	Changes
1 – 15,000	Muster Holding GmbH with place of business in ____________, registered with the Local Court of ____________ under HRB ____________	15,000 company shares of EUR 1.00 each	0.004 %	15,000.00	60 %	
15,001 – 15,100	Muster GbR, consisting of (1) Max Muster, born on ____________, resident at ____________, and(2) Lisa Muster, née Müller, born on ____________, resident at ____________	100 company shares of EUR 10.00 each	0.04 %	1,000.00	4 %	Corrected after change of surname of shareholder (2)
15,101	Theo Muster, born on ____________, resident at ____________	1 company share of EUR 9,000.00	36 %	9,000.00	36 %	
	Totals share capital			25,000.00		

Date: ____________

Signature Managing Director [4]

Erläuterungen

Literatur: *Schneider*, Neue Haftungsrisiken für GmbH-Geschäftsführer bei Erstellung und Einreichung der Gesellschafterliste, GmbHR 2009, 393–396; siehe im Übrigen auch Literaturhinweise zum vorherigen Muster.

177 **1.** Die Geschäftsführer haben die **erste Liste** der Gesellschafter **bei Gründung** der GmbH einzureichen (§ 8 Abs. 1 Nr. 3 GmbHG). Hat bei einer **Veränderung** im Gesellschafterbestand oder bei einer Veränderung der Beteiligungsverhältnisse kein Notar mitgewirkt, ist die neue geänderte Gesellschafterliste gemäß § 40 Abs. 1 GmbHG unverzüglich von der **Geschäftsführung** einzureichen. Dies kann erforderlich werden beim Tod eines Gesellschafters, bei einer Änderung im Gesellschafterkreis einer an der GmbH beteiligten GbR, bei nicht beurkundeten Beschlüssen zur Zusammenlegung oder Teilung von Geschäftsanteilen oder im Fall einer Kaduzierung (*Wicke* § 40 Rn. 9; Baumbach/Hueck/*Zöllner/Noack* § 40 Rn. 17; zur Abgrenzung der Zuständigkeit von Notar und Geschäftsführung vgl. bereits Rdn. E 160 f.).

178 **2.** Nach § 40 Abs. 1 Satz 2 GmbHG erfolgt die Änderung der Liste auf **Mitteilung und Nachweis** hin. Die Geschäftsführung trifft insoweit keine besondere Nachforschungspflicht, sie muss aber die mitgeteilten Tatsachen prüfen und vom Rechtsübergang bzw. der Veränderung überzeugend unterrichtet sein (BGH NJW-RR 1996, 1377 f.; Lutter/Hommelhoff/*Bayer* § 40 Rn. 12, 19 f.). Sie wird sich entsprechende Beschlüsse oder sonstige Urkunden, soweit möglich, vorlegen lassen (*Wicke* § 40 Rn. 10). Verletzt die Geschäftsführung ihre **Prüfungspflicht**, kann eine Haftung nach § 40 Abs. 3 GmbHG eingreifen. Von sich aus darf die Geschäftsführung die Liste grundsätzlich nicht ändern, selbst wenn sie eine Unrichtigkeit erkennt. Eine Änderung erfolgt nur auf Mitteilung und Nachweis hin, es sei denn die Geschäftsführung hat selbst an der Veränderung mitgewirkt (z.B. bei Kaduzierung) und verfügt »von Amts wegen« über die nötige Kenntnis. Somit hat die Geschäftsführung die betroffenen Gesellschafter grundsätzlich zunächst zur Mitteilung aufzufordern und diese abzuwarten (eingehender, auch zu Ausnahmen: Baumbach/Hueck/*Zöllner/Noack* § 40 Rn. 18 ff., 38 ff. m.w.N.; Lutter/Hommelhoff/*Bayer* § 40 Rn. 22). Nach wohl h.M. besteht ein Anspruch der Gesellschaft gegen den betroffenen Gesellschafter auf Mitteilung und Nachweis bei Eintritt einer listenrelevanten Veränderung (So Lutter/Hommelhoff/*Bayer* § 40 Rn. 19; *Wicke* § 40 Rn. 8; Roth/Altmeppen/*Altmeppen*, § 40 Rn. 12 m.w.N.; a.A. etwa Baumbach/Hueck/*Zöllner/Noack* § 40 Rn. 24).

179 **3.** Der **Inhalt der Liste** unterscheidet sich nicht von dem einer durch den Notar eingereichten Liste. Noch im Detail ungeklärt ist die Verfahrensweise bei der Eintragung unbekannter Erben bzw. eines Nachlasspflegers (vgl. dazu *D. Mayer*, MittBayNot 2014, 114 (124 f.); MüKo GmbHG/*Heidinger* § 40 Rn. 18 f.). Ist eine GbR Gesellschafterin unter Nennung der GbR-Gesellschafter in der Gesellschafterliste aufgeführt, macht eine Veränderung im GbR-Gesellschafterbestand, vergleichbar einer Namensänderung, richtigerweise die Einreichung einer neuen Gesellschafterliste gemäß § 40 Abs. 1 GmbHG erforderlich (*D. Mayer*, MittBayNot 2014, 24 (31 f.)).

180 **4.** Die geänderte Gesellschafterliste ist von den Geschäftsführern in vertretungsberechtigter Zahl zu unterzeichnen und einzureichen; unzulässig ist die Unterzeichnung durch Geschäftsführer und Prokuristen in unechter Gesamtvertretung (OLG Jena, NZG 2011, 909 ff.). Insoweit besteht ein gerichtlich durchsetzbarer **Anspruch** des betroffenen Gesellschafters gegen die Gesellschaft (OLG München, GmbHR 2011, 429; Scholz/Seibt § 40 Rn. 53; Roth/Altmeppen/*Altmeppen*, § 40 Rn. 12).

12. Vollmacht zum Verkauf und zur Abtretung von Geschäftsanteilen

Muster

181 **Vollmacht**

Die Unterzeichnenden, nämlich:

A, geboren am ____________, und B, geboren am ____________, beide wohnhaft ____________, nachstehend jeder auch kurz »Vollmachtgeber« genannt

erteilen hiermit Vollmacht an [1]

C, geboren am ____________, wohnhaft ____________, nachstehend auch nur kurz »Bevollmächtigter« genannt

die Vollmachtgeber bei der Veräußerung der Geschäftsanteile Nr. 1 in Höhe von 100.000 € und Nr. 2 in Höhe von 50.000 € (beide: »die Geschäftsanteile«) an der X-GmbH mit Sitz in ____________, eingetragen beim Handelsregister des Amtsgerichts ____________ unter HRB ____________ (die »Gesellschaft«), zu vertreten.

Der Bevollmächtigte kann die Geschäftsanteile ganz oder teilweise an beliebige Dritte (alternativ: an Y) als Erwerber veräußern und abtreten. [2]

Der Kaufpreis für die Geschäftsanteile muss insgesamt mindestens 220.000 € EUR betragen.

Der Bevollmächtigte kann die weiteren Bestimmungen des Veräußerungsvertrages frei bestimmen.

Der Bevollmächtigte ist befugt, sämtliche zur Erfüllung des Veräußerungsvertrages erforderlichen dinglichen Abtretungserklärungen abzugeben und entgegenzunehmen.

Der Bevollmächtigte kann alle Erklärungen abgeben und an allen Beschlüsse in der Gesellschafterversammlung oder anderweitig mitwirken, durch welche Geschäftsanteile an der Gesellschaft zusammengelegt oder geteilt werden oder durch welche der Veräußerung und der Abtretung von Geschäftsanteilen zugestimmt wird. [3]

Der Bevollmächtigt ist auch befugt, auf nach dem Gesellschaftsvertrag etwa bestehende Vorkaufsrechte oder Erwerbsrechte bezüglich der Geschäftsanteile zu verzichten und an entsprechenden Beschlüssen oder Erklärungen mitzuwirken.

Der Bevollmächtigte ist im Übrigen befugt, alle erforderlichen oder zweckmäßigen Beschlüsse zu fassen, Erklärungen abzugeben und entgegenzunehmen, Anträge zu stellen und Handlungen vorzunehmen, die im Zusammenhang mit oder zur Durchführung der genannten Angelegenheiten notwendig oder zweckmäßig werden. [4]

Der Bevollmächtigte ist befugt, Rechtsgeschäfte mit sich im eigenen Namen oder als Vertreter eines Dritten vorzunehmen (Befreiung von § 181 BGB).

Der Bevollmächtigte ist befugt, Untervollmachten zu erteilen.

Diese Vollmacht ist in Zweifelsfällen weit auszulegen. [4] Sie unterliegt deutschem Recht.

Diese Vollmacht erlischt durch Widerruf. Sie erlischt nicht durch Tod eines der Vollmachtgeber oder durch den Tod beider Vollmachtgeber.

Ort, Datum, **Unterschriften (A und B) [5]**

Template

Power of Attorney 182

The signatories, namely:

A, born on ____________, and B, born on ____________, both resident at ____________, hereinafter each also referred to as »Principal«

hereby grant a power of attorney to [1]

C, born on ____________, resident at ____________, hereinafter each also referred to as »Representative«,

to represent the Principals in the sale of the company shares no. 1 in the amount of EUR 100,000 and no. 2 in the amount of EUR 50,000 (both: »the Company Shares«) in X-GmbH with place of business in ____________, registered with the commercial register of the Local Court of ____________ under HRB ____________ (the »Company«).

The Representative may sell and transfer the Company Shares, either in part or in whole, to any third party (alternatively: to Y) as Purchaser. [2]

The purchase price for the Company Shares must amount to at least EUR 220,000 in total.

The Representative may decide the further provisions of the sales contract at their own discretion.

The Representative shall have the right to make and to receive any and all material transfer declarations necessary to fulfil the contract.

The Representative may make all declarations and participate in all decisions of the general meeting or otherwise with which company shares in the Company are combined or split or with which the sale and the transfer of Company Shares are approved. [3]

The Representative shall also have the right to waive any rights of first refusal or purchase rights in regard to the Company Shares that are set out in the articles of association and to participate in corresponding resolutions or declarations.

Apart from the above, the Representative shall have the right to make all necessary or expedient decisions, to make and receive declarations, to file applications, and to undertake actions that become necessary or expedient in connection with or for execution of the aforementioned matters. [4]

The Representative is allowed to conclude legal transactions with himself in own name or as representative of a third party (exemption from section 181 *BGB* [*Bürgerliches Gesetzbuch*, German Civil Code]).

The Representative has the right to grant sub-authorisations.

In cases of doubt, a broad interpretation shall be applied to this power of attorney. [4] It is subject to German law.

This power of attorney ceases upon revocation. It does not cease as a result of the death of one of the Principals or of the deaths of both Principals.

Place, date, Signatures (A and B) [5]

Erläuterungen

183 **1.** Der Verkauf und die Abtretung von Geschäftsanteilen kann durch einen **Bevollmächtigten** vorgenommen werden. Dies geschieht in der Praxis häufig. Die Vollmacht kann auch für die formbedürftige Geschäftsanteilsübertragung gemäß § 167 Abs. 2 BGB **privatschriftlich** erteilt werden, und zwar auch dann, wenn von den Beschränkungen des § 181 BGB befreit wird oder die Vollmacht unwiderruflich ist (BGHZ 13, 49 (52); Baumbach/Hueck/*Fastrich* § 15 Rn. 23; Lutter/Hommelhoff/*Bayer* § 15 Rn. 32). Die Vollmacht zur Gründung einer GmbH bedarf zumindest der **notariellen** Beglaubigung (§ 2 Abs. 2 GmbHG). Vielfach wird die notarielle Beglaubigung auch von Bevollmächtigten zur eigenen Absicherung gewünscht. Wenn für den Gesellschafter bei

der Übertragung ein vollmachtloser Vertreter gehandelt hat, kann die Genehmigung privatschriftlich erfolgen (§ 177 Abs. 1, § 182 Abs. 2 BGB). **Blankovollmachten**, die den Bevollmächtigten nicht benennen und von Hand zu Hand weitergegeben werden können, sind praktisch **nicht** zu empfehlen, nach der in der Literatur ganz überwiegenden Ansicht sind sie sogar nichtig (vgl. MüKo GmbHG/*Reichert*/*Weller* § 15 Rn. 63; Scholz/*Seibt* § 15 Rn. 95 je m.w.N.).

2. Wie die Vollmacht **inhaltlich auszugestalten** ist, richtet sich nach dem konkreten Geschäft, das der Bevollmächtigte vornehmen soll. Insbesondere können dem Bevollmächtigten strengere oder weniger strenge Vorgaben für den Verkauf und die Abtretung des Anteils gemacht werden, etwa im Hinblick auf den Erwerber, den Kaufpreis, etc. In Ausnahmefällen wird der Entwurf des Vertrages der Vollmacht beigefügt. Vollmachtgeber und Bevollmächtigter sind so genau wie möglich zu bezeichnen. Es kann sich anbieten ggf. auch Ausweisnummern etc. aufzunehmen, um eine sichere Identifizierung zu gewährleisten. Eine notarielle Vollmacht kann insoweit zu einer erhöhten Richtigkeitsgewähr beitragen. 184

3. Die Vollmacht sollte regelmäßig auch die Befugnisse umfassen, die nötig sind, um die nach Gesetz und Gesellschaftsvertrag erforderlichen **Beschlüsse und Zustimmungen** für die Veräußerung und die Abtretung zu fassen bzw. zu erteilen. Insoweit übt der Bevollmächtigte das Stimmrecht des Vollmachtgebers aus und gibt für ihn Erklärungen ab. 185

4. Die Vollmacht sollte immer einen »catch-all« enthalten, also eine Bestimmung, wonach alle die Handlungen von der Vollmacht gedeckt sind, die zur Durchführung des Geschäfts anfallen oder nötig werden. Die ausdrücklich angeordnete weite Auslegung ergänzt dies. 186

5. Für die notarielle Beurkundung der Vollmacht entsteht eine 1,0-Gebühr nach KV-Nr. 21200 GNotKG, wobei sich der Wert nach der Hälfte des Wertes des Geschäfts bestimmt, für das die Vollmacht erteilt wird (§ 98 Abs. 1 GNotKG). Für die reine notarielle Unterschriftsbeglaubigung unter der Vollmacht entsteht eine 0,2-Gebühr nach KV-Nr. 25100 GNotKG nach dem gleichen Wert. Entwirft der Notar den Text der Vollmacht vollständig, entsteht für den Entwurf eine 1,0-Entwurfsgebühr nach KV-Nr. 24101 GNotKG in Verbindung mit KV-Nr. 21200 GNotKG, wiederum nach dem gleichen Wert; die Beglaubigung wird daneben nicht berechnet (Vorbemerkungen 2.4.1 Abs. 2 GNotKG). 187

II. Sonstige Verfügungen

13. Bestellung eines Nießbrauchs an Geschäftsanteilen

Vorbemerkung

Die Bestellung eines Nießbrauchs an einem Recht unterliegt nach § 1069 Abs. 1 BGB den Vorschriften für die Übertragung des Rechts. Für die Bestellung des Nießbrauchs ist daher die notarielle Beurkundung erforderlich (§ 15 Abs. 3 GmbHG); lediglich das schuldrechtliche Verpflichtungsgeschäft ist nicht nach § 15 Abs. 4 Satz 1 GmbHG formgebunden. Zudem müssen satzungsmäßige Abtretungsbeschränkungen, insbesondere Zustimmungserfordernisse, gewahrt werden, insoweit gilt § 15 Abs. 5 GmbHG. Der Nießbrauch kann auch nur an einem Teil eines Geschäftsanteils begründet werden. 188

Der Nießbrauch findet insbesondere im Rahmen von unentgeltlichen Übertragungen sowie von Verfügungen von Todes wegen in solchen Konstellationen Anwendung, in denen dem Schenker (sog. Vorbehaltsnießbrauch) oder Dritten (sog. Zuwendungsnießbrauch) auf Zeit das Nutzungsrecht einschließlich des Gewinnbezugsrechts zustehen soll. Teils wird der Nießbrauch aus steuerlichen Motiven bei der Gestaltung von Unternehmensnachfolgen genutzt. Zu den steuerlichen Erwägungen siehe Rdn. 203 Auch die Minderung von Pflichtteilsergänzungsansprüchen kann u.U. eingeschränkt herbeigeführt werden. 189

190 Der Nießbraucher ist nach der gesetzlichen Grundkonzeption berechtigt, die Nutzungen des Geschäftsanteils zu ziehen (§§ 1068, 1030 BGB). Der Gewinnanspruch steht unmittelbar dem Nießbraucher zu. Der Nießbrauch erstreckt sich auch auf den Anteil am Liquidationserlös sowie auf andere Ersatzansprüche des Gesellschafters. Wird der Nießbrauch während eines Geschäftsjahres bestellt, so steht der Gewinn vorangegangener Geschäftsjahre dem Gesellschafter, der Gewinn des laufenden Geschäftsjahres dem Gesellschafter und dem Nießbraucher anteilig zu, soweit nichts anderes vereinbart wurde.

191 An stillen Reserven/Gewinnrücklagen partizipiert der Nießbraucher nach h.M. nur, wenn dies ausdrücklich vereinbart ist.

192 Ist der Nießbraucher berechtigt, sämtliche Nutzungen zu ziehen, spricht man vom sog. Vollrechtsnießbrauch. Der Quotennießbrauch gewährt demgegenüber dem Nießbraucher nur eine definierte Quote der Gesamtnutzungen, birgt jedoch wegen der dann entstehenden Nutzungs- und Verwaltungsgemeinschaft zwischen Gesellschafter und Nießbraucher erhebliches Konfliktpotential (MünchHdbGesR III § 26, Rn. 66).

Muster

193 **Verhandelt am ____________ in ____________**

Vor mir, dem unterzeichneten Notar [1] ____________

erschienen heute:

1. Herr A

geb. am ____________ in ____________

wohnhaft ____________

ausgewiesen durch [2] ____________

2. Herr B

geb. am ____________ in ____________

wohnhaft ____________

ausgewiesen durch ____________

3. Herr C

geb. am ____________ in ____________

wohnhaft ____________

ausgewiesen durch ____________

und erklärten zu meinem Protokoll:

I. Bestellung [3] eines Nießbrauchs

Wir vereinbaren hiermit die Bestellung eines Nießbrauchs an einem GmbH-Geschäftsanteil:

§ 1 Gesellschaftsverhältnisse

Herr A und Herr B sind nach deren Versicherung die alleinigen Gesellschafter der im Handelsregister des Amtsgerichts Hamburg unter HRB ____________ eingetragenen XYZ Handelsgesellschaft mbH. Herr A hält einen Geschäftsanteil Nr. 1 im Nenn-

betrag von 15.000,– € Herr B hält einen Geschäftsanteil Nr. 2 im Nennbetrag von 10.000,– €. Das voll eingezahlte Stammkapital der Gesellschaft beträgt 25.000,– €.

Die zuletzt zum Handelsregister genommene Liste der Gesellschafter vom ____________ ist anliegend in Kopie beigefügt.

§ 2 Bestellung eines Nießbrauchs

Herr A bestellt hiermit seinem Sohn C auf dessen Lebenszeit den unentgeltlichen Nießbrauch an seinem in § 1 bezeichneten Geschäftsanteil Nr. 1 [4]. Der Nießbrauch beginnt mit dem Beginn des auf die Bestellung folgenden Geschäftsjahres. Herr C nimmt die Bestellung des Nießbrauchs an.

§ 3 Rechte und Pflichten der Vertragsparteien

(1) Der Nießbraucher C übt alle Rechte aus dem Geschäftsanteil Nr. 1, einschließlich des Stimmrechts, allein aus. A bevollmächtigt C hiermit unwiderruflich auf Dauer des Nießbrauchs, das Stimmrecht aus dem Geschäftsanteil Nr. 1 auszuüben. Er verpflichtet sich, von seinem eigenen Stimmrecht keinen Gebrauch zu machen oder nur nach Weisung des Nießbrauchers Gebrauch zu machen. [5]

(2) Das Gewinnbezugsrecht steht ab Beginn des Nießbrauchs für dessen Dauer allein dem Nießbraucher zu. An während der Dauer des Nießbrauchs in die Rücklagen der Gesellschaft eingestellten Gewinnen sowie an während dieser entstandenen stillen Reserven soll der Nießbraucher [NICHT] beteiligt sein. Die entsprechenden Ansprüche werden [*Alternativ:* Das Gewinnbezugsrecht wird] vorsorglich an den dies annehmenden Nießbraucher abgetreten.

(3) Für den Fall, dass Herr A im Rahmen einer Kapitalerhöhung einen oder mehrere weitere Geschäftsanteile hinzu erwirbt oder der Geschäftsanteil Nr. 1 aufgestockt wird, erstreckt sich der Nießbrauch auch auf den neuen Geschäftsanteil oder den Aufstockungsbetrag.

Die Einlagen auf den/die neue/n Geschäftsanteile oder Aufstockungsbeträge sind vom Nießbraucher zu tragen. Bei Beendigung des Nießbrauchs hat Herr A dem Herrn C diese Einlagen zu erstatten. [6]

(4) Der Nießbrauchsgeber und der Nießbrauchsberechtigte sind einander zur jederzeitigen umfassenden Information über die Belange der Gesellschaft verpflichtet.

(5) Der Nießbrauchsgeber und der Nießbrauchsberechtigte verpflichten sich, sämtliche Maßnahmen zu unterlassen, die zu einem Untergang, einer Verringerung oder einer sonstigen nachteiligen Veränderung des mit dem Nießbrauch belasteten Geschäftsanteils führen können, und derartigen Maßnahmen auch nicht zuzustimmen. Hierzu gehören auch die Kündigung oder der Austritt aus der Gesellschaft, einschließlich der Zustimmung zur Einziehung [7].

II. Zustimmung des Mitgesellschafters

Gemäß § 7 der Satzung der Gesellschaft ist die Verfügung über Geschäftsanteile nur mit Zustimmung der übrigen Gesellschafter zulässig. Herr B erteilt hiermit seine Zustimmung zu der vorstehenden Nießbrauchsbestellung.

III. Sonstiges [8, 9]

Die Kosten dieser Urkunde trägt Herr A.

Vorgelesen, genehmigt und unterschrieben:

Erläuterungen

Literatur: *Barry*, Nießbrauch an GmbH Gesellschaftsanteilen RNotZ 2014, 401; *Flore/Lewinski*, Beteiligungsformen an GmbH-Gesellschaftsanteilen, Stille Beteiligung, Unterbeteiligung, Treuhand und Nießbrauch am Anteil, GmbH-StB 2003, 102; *Frank*, Der Nießbrauch an Gesellschaftsanteilen, MittBayNot 2010, 96; *Fricke*, Der Nießbrauch am GmbH-Anteil Zivil- und Steuerrecht GmbHR 2008, 739; *Mohr/Janita*, Nießbrauch an GmbH-Geschäftsanteilen. Wichtiges Instrument zur Ausgestaltung der Unternehmensnachfolge, GmbH-StB 2010, 269; *Werner*, Der Nießbrauch an einem GmbH-Geschäftsanteil als Instrument der Unternehmensnachfolge, ZErb 2015,38.

194 **1.** Dazu Muster A 1 (Rdn. A 4). Das Formular behandelt den sog. Zuwendungsnießbrauch, d.h. der Gesellschafter räumt einem Dritten den Nießbrauch ein. Soll ein sogenannter Vorbehaltsnießbrauch, d.h. der Gesellschafter tritt den Geschäftsanteil an einen Dritten ab und behält sich den Nießbrauch vor, eingeräumt werden, müsste eine entsprechende spiegelbildliche Regelung in eine Geschäftsanteilsabtretungsvertrag aufgenommen werden.

195 **2.** Dazu Muster A 1 (Rdn. A 5).

196 **3.** Die Bestellung des Nießbrauchs erfolgt durch notariellen Vertrag zwischen Nießbrauchsgeber und Nießbrauchsberechtigtem, ggf. unter Zustimmung von Mitgesellschaftern.

197 **4.** Der Gesellschafter bleibt Inhaber der Mitgliedschaftsrechte. Im Verhältnis zwischen Gesellschafter und Nießbraucher hat regelmäßig allein der Gesellschafter Einlagenleistungen und Nachschüsse zu erbringen. Ihm verbleiben die Mitverwaltungsrechte sowie die Auskunftsrechte. Der Nießbraucher kann jedoch insbesondere zur Vermeidung einer fortdauernden Thesaurierung von Gewinnen zur Ausübung des Stimmrechts bevollmächtigt werden, sofern insoweit ein vertragliche Absicherung des Nießbrauchers für nicht ausreichend erachtet wird (Reichert/Weller MüKo GmbHG § 15 Rn 336 ff.) oder aus steuerrechtlichen Erwägungen heraus erforderlich ist (siehe hierzu Fußnote 191). Zwar wird der Gesellschafter die Interessen des Nießbrauchers bei der Ausübung seiner Gesellschafterrechte ohnehin zu berücksichtigen haben; Einzelheiten sind hier jedoch umstritten (siehe zum Meinungsstand Reichert/Weller aaO Rn 336 f), so dass wegen des Konfliktpotentials eine ausdrückliche Regelung sinnvoll erscheint.

198 **5.** Strittig ist, ob auf die Bestellung des Nießbrauchs § 16 GmbHG anzuwenden ist. Eine Eintragung des Nießbrauchers in die Gesellschafterliste wird überwiegend abgelehnt (vgl. Reichert/Weller MüKo GmbHG § 15 Rn 327). Jedoch scheint zur Wahrung der Interessen des Nießbrauchers eine Anzeige des Nießbrauchs gegenüber der Gesellschaft auch nach Wegfall des § 16 Abs. 2 a.F. GmbHG erforderlich, da diese anderenfalls insbesondere bei der Gewinnausschüttung mit schuldbefreiender Wirkung an den Gesellschafter leisten kann (Reichert/Weller MüKo GmbHG § 15 Rn 327).

199 Da auch im Übrigen viele Einzelheiten der Rechtsstellung des Nießbrauchers streitig sind, empfiehlt sich eine möglichst ausführliche Regelung in der Bestellungsurkunde.

200 **6.** Insbesondere wenn Kapitalerhöhungen konkret ins Auge gefasst werden, sollten an dieser Stelle dezidierte Regelungen zur Ausübung von Stimmrechten sowie zu den Bedingungen der Übernahme von Anteilen getroffen werden.

201 **7.** Im Hinblick auf § 1071 BGB und den diesbezüglichen Streitstand (insbesondere zur Einziehung von Anteilen, Kündigung der Gesellschaft, Geltendmachung eines Austrittsrechts, Herbeiführung der Auflösung der Gesellschaft) (siehe hierzu: Reichert/Weller MüKO GmbHG § 15 Rn 351 mwN) ist eine eindeutige Regelung zu empfehlen. Für Verfügungen über den Geschäftsanteil erscheint dies wegen des Fortbestands des Nießbrauchs nicht zwingend, kann jedoch im Hinblick auf obligatorische Rechte des Nießbrauchers (z.B. Stimmrecht) sinnvoll sein.

202 **8.** Die Aufhebung des Nießbrauchsrechts erfolgt durch formlose Vereinbarung oder durch einseitige Erklärung des Nießbrauchers (§§ 1072, 1064 BGB). Der Nießbrauch ist erlischt mit dem Tod des Nießbrauchers (§§ 1086, 1061 BGB) und ist grundsätzlich als höchstpersönliches Recht nicht

übertragbar (§§ 1068, 1059 ff. BGB); er kann jedoch Dritten zur Ausübung überlassen werden (§ 1059 Abs. 2 BGB).

9. 1. Einkommensteuerliche Aspekte 203

Grundsätzlich ist zwischen Vorbehalts- und Zuwendungsnießbrauch sowie zwischen entgeltlicher und unentgeltlicher Bestellung des Nießbrauchs zu unterscheiden.

1.1. Unentgeltliche Bestellung

1.1.1 Zuwendungsnießbrauch

Die ertragsteuerlichen Anerkennung eine unentgeltlich zugewandten Nießbrauchs hat der BFH generell in Frage gestellt (BFH BStBl 1977 II, 115), was angesichts der gesetzlichen Regelung in § 20 Abs 5 Satz 2 EStG problematisch ist. Dem Nießbrauchsberechtigten können im Einzelfall die Einkünfte aus dem nießbrauchsbelasteten Geschäftsanteil zuzurechnen sein. Dazu ist zumindest erforderlich, dass er in die Lage versetzt wird, »Marktchancen« zu nutzen (Bordewin, DStR 1981,519), das Vermögen zu verwalten, mit dem GmbH Anteil verbundene Stimm-, Anfechtungs- und andere Mitgliedschaftsrechte umfassend auszuüben (vergl. BGH DStR 1996,246), die Modalitäten der Kapitalanlage zu ändern, oder die Leistung durch Zurückziehen des Kapitalvermögens zu verweigern (BFH, BFHNV 2001,1251; zum GmbH-Anteil: FG Münster, EFG 2003, 690 rkr, mit Anm Braun; Schmidt/Levedag EStG 37. Aufl. § 20 Rn. 176). Ein unentgeltlicher Zuwendungsnießbrauch wird sich in der Regel auf eine einkommensteuerlich unbeachtliche Vorausabtretung der Ertragsansprüche beschränken. In diesem Zusammenhang spielen die dem Nießbrauchsbesteller verbleibenden Verwaltungs- und Mitgliedschaftsrechte eine wesentliche Rolle.

1.1.2 Vorbehaltsnießbrauch

Bei einen Vorbehalts- oder Vermächtnisnießbrauch sind die Einnahmen grundsätzlich dem Nießbrauchsberechtigten zuzurechnen. (BMF, BStBL 19983 I, 503 Rz. 55; zwar nicht auf Positivliste, aber BFH, BStBl 1992 II, 605; BFH, BFHNV 2001,1393; Götz/Hülsmann, DStR 2010,3432; Schmidt/Levedag EStG 37. Aufl. § 20 Rn. 176 mwN zum Meinungsstand).

1.2 Entgeltliche Bestellung

Nach der Rechtsprechung des BFH ist die entgeltliche Bestellung eines Nießbrauchs an einem Grundstück eine Vermögensnutzung. Das Entgelt wird- abgesehen vom Vorbehaltsnießbrauch- bei den Einnahmen nach § 21 Abs. 1 Nr. 1 EStG (BMF, BStBl 2013 I, 1184 Rz, 28) erfasst. Das ist bei Vermögensnutzungen nach § 20 EStG nicht anders zu bewerten. (Schmidt/Levedag EStG 37. Aufl § 20 Rn 178).Beim Nießbrauchsberechtigen folgt die Besteuerung der Besteuerung beim Nießbrauchsbesteller. Der Nießbraucher hat die Ausschüttungen zu versteuern. Ist das Nießbrauchsrecht zeitlich beschränkt, erfolgt ein Ausgleich durch AfA auf die Anschaffungskosten des Nießbrauchsberechtigten (§ 9 Abs. 1 Nr. 7 EStG iVm § 7 EStG wie bei Vermietung und Verpachtung) (Schmidt/Levedag EStG 37. Aufl. § 20 Rn. 178 f).

1.3. Rechtsfolgen der Versagung einer einkommensteuerlichen Anerkennung des Nießbrauchs

Bei unentgeltlicher Bestellung erzielt der Nießbrauchsberechtigte keine Kapitaleinkünfte. Die Einkünfte erzielt nach wie vor der Nießbrauchsbesteller. Bei entgeltlicher Bestellung handelt es sich wohl um die Veräußerung des Ertragsanspruchs mit Besteuerung des Veräußerungsentgelts beim Nießbrauchsbesteller (BMF, BStBl 1983 I, 508 Rz. 58, fraglich. Wie hier Schmidt/Levedag EStG 37 Aufl. § 20 Rn. 180) unter Umständen ist auch eine einkommensteuerlich völlig irrelevant Abtretung von Ertragsansprüchen denkbar.

2. Erbschafts- und schenkungsteuerliche Aspekte

2.1. Zuwendungsnießbrauch

Die unentgeltliche Zuwendung eines Nießbrauchs ist, unabhängig davon ob es sich um einem Zuwendungs- oder Vermächtnisnießbrauch handelt, als Erwerb von Todes wegen(§ 3 Abs. 1 Nr. 1 ErbStG) oder als Verfügung unter Lebenden (§ 7 Abs. 1 ErbStG) grundsätzlich erbschaftsteuerpflichtig. Eine Schenkung in diesem Sinne liegt auch bei einem Vorbehaltsnießbrauch vor, bei dem der Schenker wirtschaftlicher Eigentümer des GmbH- Anteils bleibt (siehe dazu oben unter 1.) (BFH, BStBl 1993 II 179). Die Bewertung des Nießbrauchs für die Zwecke des ErbStG richtet sich nach dem BewG (3 13 Abs. 1 ErbStG). Gegenstand der Bewertung ist beim Zuwendungs- bzw. Vermächtnisnießbrauch nicht der GmbH- Anteil selbst, sondern das Nutzungsrecht. Der Wert entspricht der kapitalisierten jährlichen Nutzung (§§ 11 bis 13 BewG). Maßgeblich ist der Durchschnitt der in Zukunft anfallenden jährlichen Erträgnisse (§ 15 Abs. 3 BewG). Obergrenze ist jedoch in jedem Fall der nachgewiesene gemeine Wert (§ 13 Abs. 3 BewG), soweit der gemeine Wert aufgrund von Erfahrungssätzen und der Logik zwingend vom Kapitalwert abweicht (BFH, BStBl 2005 II, 259). Dem Nießbraucher steht nach § 23 ErbStG ein Wahlrecht zu, statt des Kapitalwerts des Nießbrauchs auf Antrag jährlich den Jahreswert des Nießbrauchs zu versteuern. Wird zunächst der Jahreswert versteuert, kann der Steuerpflichtige die Jahressteuer zum nächsten Termin mit dem Kapitalwert ablösen. Die Vergünstigungen für Betriebsvermögen (§§ 13a, 13b, 19a ErbStG) gelten nicht, da der Nießbrauchsberechtigte nicht die GmbH-Anteile selbst erwirbt. Erwirbt der Nießbrauchsberechtigte binnen 10 Jahren nach unentgeltlicher Bestellung des Nießbrauchs auch die damit belasteten GmbH- Anteile, ist § 14 ErbStG zu beachten. Danach sind für Zwecke der ErbSt von der selben Person erhaltenden unentgeltlichen Zuwendungen der letzten 10 Jahre zusammen zu rechnen. Der Zeitpunkt der jeweiligen Schenkung, insbesondere der der Substanzschenkung ist daher sorgfältig zu überlegen (dazu weiterführend Barry, RNotZ 2014, 401).

2.2. Vorbehaltsnießbrauch

Bei einer GmbH-Anteilsübertragung unter Vorbehalt des Nießbrauchs, ist der noch den oben beschriebenen Grundsätzen ermittelte Kapitalwert des Nießbrauchs von der Bemessungsgrundlage für die ErbSt auf die Schenkung der GmbH-Anteile vollständig abzugsfähig. Der Vorbehalt des Nießbrauchs steht der Anwendung der Begünstigungen für Betriebsvermögen (§§ 13a, 13b, 19a ErbStG) nicht entgegen, bei der Übertragung von Kapitalgesellschaftsanteilen erbschaftsteuerlich allein auf die Zivilrechtslage abgestellt wird. (Troll/Gebel/Jühlicher ErbStG 46 Aufl§ 13b R 187; Scherer/von Sothen Münchner Anwaltshandbuch ErbR 4. Aufl § 36 Rn 243; Barry, RNotz 2014, 401). Sie sind daher beim Erwerber der GmbH-Anteile selbst dann anwendbar, wenn der Nießbrauchsbesteller wirtschaftlicher Eigentümer der übertragenen GmbH-Anteile bleibt. (Barry RNotZ 2014, 401; Götz DStR 2012,448). Liegen die Voraussetzungen einer entsprechenden Begünstigung im Einzelfall vor, wird die Nießbrauchsbelastung gemäß § 10 Abs. 6 Satz 4 ErbStG anteilig, soweit das Betriebsvermögen der ErbSt unterliegt, berücksichtigt. (Moench/Weinermann ErbStG § 10 Rn 101 (Stand Mai 2009); Götz/Hülsmann Der Nießbrauch im Zivil- und Steuerrecht 9 Aufl. Rn 1527 ff; Barry RNotz 2014, 401). Bei einem Vorbehaltsnießbrauch kann sich aus § 14 Abs 2 BewG eine Nachentrichtung von ErbSt für den Erwerber der nießbrauchsbelasteten GmbH-Anteile ergeben, wenn der Schenker »zu früh« stirbt. Auf einen vorzeitigen Verzicht auf den Nießbrauch findet § 14 Abs. 2 BewG aber wegen seines insoweit eindeutigen Wortlauts keine Anwendung (Barry, RNotZ 2014, 401 mwN).

14. Stimmbindungsvertrag

Vorbemerkung

204 Stimmbindungsverträge sind in der Praxis ein weit verbreitetes Instrumentarium, mit dem Mitgesellschafter außerhalb des Gesellschaftsvertrages die einheitliche Ausübung von Stimmrechten regeln. Aufgrund des durch einen Stimmbindungsvertrag begründeten »Stimmenpoolings« werden Stimmbindungsverträge teilweise auch als Stimmpool- bzw. Poolverträge bezeichnet. Nach ganz h.M. sind Stimmbindungsverträge als Ausfluss des Grundsatzes der freien Stimmrechtsausübung grundsätzlich zulässig (BGH ZIP 1983, 432; OLG Frankfurt NZG 2000, 378; Roth/Altmeppen/*Roth* § 47 Rn. 38 m.w.N.; *Hergeth/Mingau* DStR 2001, 1217). Der Gesellschaftsvertrag

kann allerdings die Zulässigkeit von Stimmbindungsvereinbarungen beschränken, wobei allein eine Vinkulierung von Geschäftsanteilen nicht bedeutet, dass die GmbH dem Abschluss eines Stimmbindungsvertrages zustimmen muss (so die wohl h.M. vgl. u.a. Baumbach/Hueck/*Zöllner* § 47 Rn. 113 und MüKo GmbHG/*Drescher* GmbHG § 47 Rn. 241, Lutter/Hommelhoff/*Bayer* § 47 Rn. 15 m.w.N.; a.A:. Michalski/*Römermann* § 47 Rn. 505 f.). Bei Abschluss von Stimmbindungsverträgen ist stets der Vorbehalt der §§ 134, 138 BGB, ein möglicher Verstoß gegen die gesellschaftsrechtliche Treuepflicht und insbesondere das Kartellverbot zu beachten (Lutter/Hommelhoff/*Bayer* § 47 Rn. 17 m.w.N.; *Wicke* § 47 Rn. 12 Roth/Altmeppen/*Roth* § 47 Rn. 39). Stimmbindungsverträge können gegen § 1 GWB verstoßen, wenn sie eine Verhinderung, Einschränkung oder Verfälschung des Wettbewerbs durch Verhaltensabstimmung bezwecken oder bewirken (Lutter/Hommelhoff/*Bayer* § 47 Rn. 21; *Piehler* DStR 1992, 1654, 1655; im Einzelnen vgl. Kommentierungen zu § 1 GWB). Stimmbindungsverträge bedürfen grundsätzlich keiner besonderen Form (*Hergeth/Mingau* DStR 2001, 1217; *Müller* GmbHR 2007, 113; Baumbach/Hueck/*Zöllner* § 47 Rn. 113), es sei denn die Gesellschafter einer GmbH vereinbaren im Stimmbindungsvertrag wechselseitige Andienungs- und Vorkaufsrechte, die insoweit eine notarielle Beurkundung erforderlich machen. Auch aus anderen Gründen kann zumindest der privatschriftliche Abschluss einer Stimmbindungsvereinbarung empfehlenswert sein, z.B. um das Vorliegen der Voraussetzungen des § 13b Abs. 1 Nr. 3 ErbStG nachzuweisen. Gemäß § 19 Abs. 3 Nr. 1 b) GWG kann sich seit dem 01.10.2017 außerdem die Pflicht zur Publikation der durch die Stimmbindungsvereinbarung geänderten Mehrheitsverhältnisse im Transparenzregister ergeben (siehe dazu die vom Bundesverwaltungsamt herausgegebenen FAQ zum Transparenzregister, abrufbar unter www.bva.bund.de). Zu den Auswirkungen einer Stimmbindungsvereinbarung auf die Sozialversicherungspflicht von Gesellschafter-Geschäftsführern vgl. *Medem*, DStR 2014, 2027 und *von Steinau-Steinrück*; NJW-Spezial 2016, 306 jeweils mit Verweis auf die neuere Rechtsprechung der Sozialgerichte.

Das nachstehende Formular geht davon aus, dass sich drei Altgesellschafter in einem Stimmpool 205
zusammenschließen, um ihren Mehrheitseinfluss auf die GmbH gegenüber dem Mitgesellschafter mit dem höchsten Einzelanteil am Stammkapital zu sichern.

Muster

Stimmbindungsvertrag 206

Präambel

Die Parteien (nachfolgend »Stimmpoolmitglieder« genannt) sind Mitgesellschafter [1] der C GmbH, Frankfurt am Main eingetragen im Handelsregister des Amtsgerichtes Frankfurt am Main unter HRB __________.

Hauptgesellschafter der C GmbH (nachfolgend »Gesellschaft« genannt) ist die A GmbH, deren Geschäftsanteile derzeit insgesamt 49 % des Stammkapitals der Gesellschaft repräsentieren.

Die Stimmpoolmitglieder halten zusammen die restlichen 51 % des Stammkapitals an der Gesellschaft wie folgt:

1. B ist Inhaber des Geschäftsanteils mit der lfd. Nummer __________ mit einem Nennbetrag von __________ €, entspricht 17 % des Stammkapitals.

2. D ist Inhaber des Geschäftsanteils mit der lfd. Nummer __________ mit einem Nennbetrag von __________ €, entspricht 17 % des Stammkapitals.

3. E GmbH ist Inhaber des Geschäftsanteils mit der lfd. Nummer __________ mit einem Nennbetrag von __________ €, entspricht 17 % des Stammkapitals.

Dies vorausgeschickt schließen die Stimmpoolmitglieder sich zu einer Gesellschaft bürgerlichen Rechts in Form einer Innengesellschaft ohne Gesamthandsvermögen [2] zusammen und schließen den folgenden Stimmbindungsvertrag:

§ 1 Stimmbindung

1. Sinn und Zweck dieses Vertrages ist die Bündelung der Interessen der Stimmpoolmitglieder zur Erhaltung und Sicherung ihres Einflusses auf die C GmbH, insbesondere durch einheitliche Stimmabgabe bei sämtlichen zu fassenden Beschlüssen und durchzuführenden Wahlen der C-GmbH. [3]

2. Den Regelungen dieses Stimmbindungsvertrages unterfallen sämtliche Geschäftsanteile der C-GmbH, die die Stimmpoolmitglieder gegenwärtig oder zukünftig an dieser halten, unabhängig davon, ob die Geschäftsanteile unmittelbar selbst durch die Stimmpoolmitglieder oder mittelbar durch Dritte, z.B. Treuhänder, gehalten werden.

3. Die Stimmpoolmitglieder verpflichten sich hiermit wechselseitig, ihre Stimmrechte aus den gemäß Absatz 2 vertragsgegenständlichen Geschäftsanteilen bei allen zukünftigen Beschlüssen und Wahlen der C-GmbH nach Maßgabe der nachfolgenden Bestimmungen nur übereinstimmend und einheitlich wahrzunehmen und gemeinsam mit Ja oder Nein abzustimmen oder sich gemeinsam der Stimme zu enthalten. Soweit in dieser Vereinbarung nichts anderes geregelt ist, bleiben im Übrigen sämtliche Rechte und Pflichten der Stimmpoolmitglieder aus ihren Geschäftsanteilen an der C GmbH, insbesondere bestehende Informations- und Antragsrechte, von dieser Vereinbarung unberührt.

§ 2 Stimmpoolversammlungen

1. Zur Sicherstellung der einheitlichen Stimmangabe bei Gesellschafterbeschlüssen und Gesellschafterversammlungen der C GmbH, stimmen die Parteien rechtzeitig vor jedem Gesellschafterbeschluss und vor jeder Gesellschafterversammlung ihr Stimmverhalten durch Beschluss ab. Derartige Beschlüsse werden in der Regel in einer Stimmpoolversammlung gefasst, die spätestens drei Tage vor jeder Gesellschafterversammlung der C GmbH stattfinden soll und in der darüber zu entscheiden ist, wie das Stimmrecht zu den einzelnen Punkten der Tagesordnung der Gesellschafterversammlung der C GmbH oder zum Gegenstand sonstiger Beschlussfassungen auszuüben ist.

2. Ausnahmsweise können mit Zustimmung aller Stimmpoolmitglieder Stimmpoolbeschlüsse auch durch schriftliche Abstimmung außerhalb einer Stimmpoolversammlung gefasst werden. Als schriftliche Abstimmung gilt auch die Stimmabgabe durch Telefax oder E-Mail.

3. Jedes Stimmpoolmitglied verpflichtet sich, in den Gesellschafterversammlungen oder bei sonstigen Beschlussfassungen der C GmbH entsprechend dem in der Stimmpoolversammlung gefassten Beschluss abzustimmen und zwar unabhängig davon, ob und wie er bei der Beschlussfassung im Stimmpool seine Stimme abgegeben hat und unabhängig davon, ob er in der betreffenden Stimmpoolversammlung anwesend bzw. vertreten war oder nicht. [4]

4. Die Stimmpoolversammlung hat einen Vorsitzenden und einen stellvertretenden Vorsitzenden, die jeweils für 2 Jahre von der Stimmpoolversammlung gewählt werden.

Stimmpoolversammlungen finden am Sitz der Gesellschaft statt. Sie werden vom Vorsitzenden der Stimmpoolversammlung mit einer Frist von mindestens einer

Woche schriftlich oder per Telefax einberufen, wobei der Tag der Absendung der Einladung und der Tag der Stimmpoolversammlung nicht mitzuzählen sind. In dringenden Fällen kann der Vorsitzende die Frist angemessen verkürzen und auch mündlich einladen. Der Vorsitzende entscheidet auch über die Durchführung einer Beschlussfassung im schriftlichen Verfahren gemäß Absatz 2. Stimmpoolversammlungen sind weiter einzuberufen, sofern dies von Stimmpoolmitgliedern, die allein oder zusammen mindestens __________ % des Stammkapitals der Gesellschaft halten, verlangt wird.

5. Jedes Stimmpoolmitglied kann sich in den Stimmpoolversammlungen durch ein anderes Mitglied aufgrund einer schriftlichen Vollmacht vertreten lassen.

6. Das Stimmrecht eines jedes Stimmpoolmitgliedes entspricht seinem Stimmrecht in der C-GmbH. Ist ein Stimmpoolmitglied bei der Abstimmung über einen Beschlussgegenstand in der Gesellschafterversammlung der C GmbH vom Stimmrecht ausgeschlossen, so hat dieses Stimmpoolmitglied auch bei der entsprechenden Beschlussfassung in der Stimmpoolversammlung kein Stimmrecht. [5]

7. Soweit in dieser Vereinbarung nicht ausdrücklich etwas anderes bestimmt ist, werden sämtliche Beschlüsse der Stimmpoolversammlung mit der einfachen Mehrheit der abgegebenen Stimmen gefasst. Dies gilt auch dann, wenn sich der Beschluss der Stimmpoolversammlung auf einen in der Gesellschafterversammlungen der C GmbH zu fassenden Beschluss bezieht, welcher dort einer qualifizierten Mehrheit oder der Einstimmigkeit bedarf. [6]

8. Über sämtliche in der Stimmpoolversammlung gefassten Beschlüsse ist ein Protokoll zu fertigen. Das Protokoll ist von dem Vorsitzenden der Stimmpoolversammlung zu unterzeichnen und allen Stimmpoolmitgliedern zu übersenden.

§ 3 Übertragung von Geschäftsanteilen an der C GmbH [7]

1. Gemäß § __________ des Gesellschaftsvertrages der C-GmbH sind die Stimmpoolmitglieder berechtigt, über ihre Geschäftsanteile zugunsten ihrer Ehegatten oder Abkömmlinge oder zugunsten eines gemäß § 15 AktG verbundenen Unternehmens zu verfügen, ohne dass es einer Zustimmung der übrigen Gesellschafter oder der Gesellschaft bedarf. Diese Regelung gilt auch im Verhältnis der Stimmpoolmitglieder untereinander, vorausgesetzt, der jeweilige Verfügungsempfänger tritt diesem Stimmbindungsvertrag durch schriftliche Erklärung gegenüber dem Vorsitzenden der Stimmpoolversammlung bei. Eine Annahmeerklärung der übrigen Stimmpoolmitglieder ist nicht erforderlich.

2. Die Übertragung von Geschäftsanteilen der C GmbH an andere als die in Abs. 1 genannten Verfügungsempfänger ist nur dann zulässig, wenn der Übertragung vorher sämtliche Stimmpoolmitglieder zugestimmt haben und der jeweilige Verfügungsempfänger diesem Stimmbindungsvertrag durch schriftliche Erklärung gegenüber dem Vorsitzenden der Stimmpoolversammlung beitritt. Eine Annahmeerklärung der übrigen Stimmpoolmitglieder ist nicht erforderlich.

3. Regelungen des Gesellschaftsvertrages der C-GmbH, nach denen eine Übertragung von Geschäftsanteilen oder Teilen von Geschäftsanteilen der Zustimmung oder Andienungs- bzw. Vorkaufsrechten der Gesellschafter der C-GmbH unterliegen, bleiben unberührt. [8]

4. Verstirbt ein Stimmpoolmitglied, so wird dieser Vertrag mit dem oder den Erben seiner Geschäftsanteile an der C GmbH fortgesetzt.

§ 4 Vertragsstrafe [9]

1. Für den Fall des abredewidrigen Abstimmungsverhaltens einer der Vertragsparteien hat das zuwiderhandelnde Stimmpoolmitglied den übrigen Stimmpoolmitgliedern zusammen für jeden Fall der Zuwiderhandlung eine Vertragsstrafe in Höhe von ____________ € zu zahlen.

2. Weitergehende Schadensersatzansprüche der übrigen Stimmpoolmitglieder bleiben ebenso unberührt wie das Recht, Unterlassung zu verlangen. Die Vertragsstrafe wird auf den Schadensersatz angerechnet.

§ 5 Vertragsdauer

1. Diese Vereinbarung tritt am 01.01. ____________ in Kraft und ist für die Dauer von 5 Jahren, bis zum 31.12. ____________, fest abgeschlossen und kann auf einen davor liegenden Zeitpunkt nur aus wichtigem Grund schriftlich gegenüber allen Stimmpoolmitgliedern gekündigt werden. [10]

2. Scheidet ein Stimmpoolmitglied als Gesellschafter, gleich aus welchem Rechtsgrund, aus der C GmbH aus, so scheidet diese Partei auch aus diesem Stimmpool aus; dieser wird unter den verbleibenden Stimmpoolmitgliedern, gegebenenfalls gemeinsam mit den neuen Anteilsinhabern gemäß § 3, fortgeführt.

3. Ein Stimmpoolmitglied, das sich fortgesetzt und in erheblichen Umfang ein die C GmbH oder diesen Stimmpool schädigendes Verhalten zuschulden kommen lässt, insbesondere mehr als ____________ mal stimmpoolwidrig seine Stimme in Gesellschafterversammlungen der C-GmbH abgibt, kann aus dem Stimmpool ausgeschlossen werden, wenn dies die übrigen Stimmpoolmitglieder einstimmig beschließen. Das betroffene Stimmpoolmitglied hat hierbei kein Stimmrecht. Der Stimmpool wird dann von den übrigen Stimmpoolmitgliedern fortgesetzt. [11]

§ 6 Schiedsgerichtsklausel

1. Über alle Streitigkeiten aus oder im Zusammenhang mit diesem Vertrag, insbesondere über die Wirksamkeit einzelner Bestimmungen, entscheidet, unter Ausschluss des ordentlichen Rechtswegs, ein Schiedsgericht. Ausgenommen hiervon sind Streitigkeiten, die von Gesetzes wegen einem Schiedsgericht nicht zur Entscheidung zugewiesen werden können. Zuständigkeit, Zusammensetzung und Verfahren des Schiedsgerichts sind in einem gesonderten Schiedsvertrag zwischen den Parteien geregelt. [12]

2. Jedes neue Stimmpoolmitglied, das dem Stimmpool beitritt, gleichgültig auf Grundlage welchen Rechtsvorgangs, unterwirft sich dem Schiedsgericht entsprechend den in dem Schiedsvertrag getroffenen Vereinbarungen.

§ 7 Schlussbestimmungen

1. Sollte eine Bestimmung dieses Vertrages oder eine künftig in ihn aufgenommene Bestimmung ganz oder teilweise unwirksam oder undurchführbar sein, so wird die Rechtsgültigkeit der übrigen Bestimmungen davon nicht berührt. An die Stelle der unwirksamen oder undurchführbaren Regelung tritt diejenige, die die Parteien getroffen hätten, wenn sie die Unwirksamkeit oder Undurchführbarkeit der in Rede stehenden Bestimmung gekannt hätten.

2. Alle Vereinbarungen zwischen den Vertragsparteien bedürfen zu ihrer Wirksamkeit der Schriftform, soweit nicht kraft Gesetzes die notarielle Beurkundung vor-

geschrieben ist. Dies gilt auch für einen etwaigen Verzicht auf das Erfordernis der Schriftform.

3. Der Vertrag unterliegt dem Recht der Bundesrepublik Deutschland.

__________ den __________

__________ Unterschrift

Template

Shareholder Voting Agreement 207

Preamble

The parties (referred to below as »voting pool members«) are shareholders of [1] C GmbH, Frankfurt am Main, entered in the Commercial Register of the Local Court of Frankfurt am Main under HRB __________

The majority shareholder of C GmbH (referred to below as the »Company«) is A GmbH, whose shares in the Company currently represent in total 49 % of the Company´s share capital.

The voting pool members collectively hold the remaining 51 % of the Company´s share capital as follows:

1. B is the owner of Company shares numbered __________ having a nominal value of __________ €, representing 17 % of the share capital.

2. D is the owner of Company shares numbered __________ having a nominal value of __________ €, representing 17 % of the share capital.

3. E GmbH is the owner of Company shares numbered __________ with a nominal value of __________ €, representing 17 % of the share capital.

Now, therefore, the voting pool members are forming a partnership under the Civil Code in the form of an undisclosed partnership without joint property [2] and are entering into the following Shareholder Voting Agreement:

Section 1 Voting

1. The intent and purpose of this agreement is to bundle the interests of the voting pool members to maintain and safeguard their influence on C GmbH, in particular through uniform voting on all resolutions requiring a vote and all elections to be carried out by C GmbH. [3]

2. The provisions of this shareholder voting agreement cover all Company shares of C-GmbH, which the voting pool members hold now or in the future, independently of whether the Company shares are held directly by the shareholder or indirectly through third parties, i.e. trustees.

3. The voting pool members undertake to mutually exercise their voting rights arising from the Company shares covered by this agreement pursuant to paragraph 2 for all future resolutions and elections of C-GmbH according to the terms of the following provisions only consistently and uniformly and to collectively cast a yes or no vote or to collectively abstain from voting. Unless otherwise specified by this agreement, all other rights and duties of the voting pool members arising from their shares in C GmbH, in particular, information and petition rights shall remain unaffected by this agreement.

Section 2 Voting Pool Meetings

1. To guarantee a uniform voting on shareholder resolutions and shareholders´ meeting of C GmbH, the parties shall duly coordinate their voting behavior by resolution prior to each shareholder resolution and in advance of each shareholders´ meeting. These resolutions are generally taken during a voting pool meeting, which is to take place no later than three days prior to each shareholders´ meeting of C GmbH and is to decide how the voting rights shall be exercised with respect to the individual items of the agenda of the shareholders´ meeting of C GmbH or on the subject of other resolutions.

2. As an exception, with the consent of all voting pool members, voting pool resolutions may also be taken through written vote outside of a voting pool meeting. Written voting also includes vote submission by telefax or email.

3. Each voting pool member undertakes to vote according to resolutions passed at the voting pool meeting in shareholders´ meetings or for other resolutions of C GmbH, specifically regardless of whether and how he submitted his vote on the resolution in the voting pool and independently of whether he was present or represented at the relevant voting pool meeting or not. [4]

4. The voting pool meeting has a chairman and a deputy chairman, each of whom is elected by the voting pool meeting for a period of two years.

Voting pool meetings are held at the registered office of the Company. They are called by the chairman of the voting pool meeting at least one week in advance by letter or by telefax, whereby the day the invitation is sent and the day the voting pool meeting takes place shall not be counted. In urgent cases, the chairman may also reasonably shorten the advance notice or even issue verbal invitations. The chairman also decides on whether to take a resolution through a written procedure pursuant to paragraph 2. Furthermore, voting pool meetings may also be called as requested by voting pool members who solely or collectively hold at least ___________ % of the Company´s share capital.

5. Each voting pool member may be represented at the voting pool meetings by another member based on a written power of attorney.

6. The voting rights of each voting pool member correspond to his voting rights in C-GmbH. If a voting pool member's voting rights are excluded by a resolution taken during the shareholders´ meeting of C GmbH, that voting pool member accordingly has no voting rights in the corresponding resolution in the voting pool meeting. [5]

7. Unless otherwise expressly specified, all resolutions of the voting pool meeting shall be taken by simple majority of the votes submitted. This shall apply even if the resolution of the voting pool meeting concerns a resolution put before the shareholders´ meetings of C GmbH, which requires a qualified majority or a unanimous vote. [6]

8. Minutes are to be kept of all resolutions passed during the voting pool meeting. The minutes are to be signed by the chairman of the voting pool meeting and distributed to all voting pool members.

Section 3 Transfer of C-GmbH Company Shares [7]

1. Pursuant to Section ___________ of the Articles of Association of C-GmbH, the voting pool members are entitled to transfer their Company shares to their spouses or descendants, or to an affiliate pursuant to Section 15 German Stock Corporation

Act, without requiring the consent of the other shareholders or the Company. This rule also applies among the voting pool members, provided that the particular share recipient enter into this shareholder voting agreement by written declaration to the chairman of the voting pool meeting. A declaration of acceptance by the other voting pool members is not required.

2. The transfer of Company shares in C GmbH to any share recipient other than those stated in paragraph 1 is only allowed if all the voting pool members have agreed to the transfer in advance and the recipient enters into this voting agreement by written declaration to the chairman of the voting pool meeting. A declaration of acceptance by the other voting pool members is not required.

3. Rules of C GmbH' Articles of Association by which a transfer of Company shares or parts of Company shares requires the consent of C-GmbH's shareholders or any sell-out rights or pre-emption rights of C-GmbH's shareholders shall remain unaffected. [8]

4. If a voting pool member dies, this agreement shall continue with the heir(s) of his Company shares in C GmbH.

Section 4 Contractual Penalty [9]

1. In case one of the parties breaches the agreed voting conduct, the voting pool member in breach is to pay the other voting pool members collectively a contractual penalty in the amount of ____________ € for each breach.

2. This is irrespective of any additional claims for damages by the other voting pool members, as well as the right to plea for injunctive relief. The contractual penalty will be deducted from any possible damages.

Section 5 Term of contract

1. This agreement goes into effect January 01, ____________ and is concluded for a fixed term of 5 years, up to December 31, ____________, and can only be terminated at a time prior to that date for good cause with a written statement to all voting pool members. [10]

2. If a voting pool member withdraw from C GmbH as a shareholder, regardless of the reason, this party shall also withdraw from the voting pool; his duties shall be assumed by the other voting pool members if necessary together with the new shareholders pursuant to § 3.

3. A voting pool member who continuously and to a great extent acts in ways that are harmful to C GmbH and this voting pool, in particular votes against the voting pool more than ____________ times in shareholders´ meetings of C GmbH may be excluded from the voting pool if this is resolved unanimously by the other voting pool members. The voting pool member involved has no voting right in this regard. The voting pool shall then be continued by the remaining voting pool members. [11]

Section 6 Arbitration Clause

1. An arbitral tribunal shall have jurisdiction over all disputes arising from or in association with this agreement, in particular concerning the validity of individual provisions, at the exclusion of ordinary legal recourse. Exempted from this are disputes that by law cannot be submitted to arbitration for resolution. The competence, composition and procedure of the arbitral tribunal shall be determined in a separate arbitration agreement between the parties. [12]

2. Each new voting pool member joining the voting pool, regardless on which ground, shall submit to arbitral tribunal in accordance with the provisions negotiated in the arbitration agreement.

Section 7 Final provisions

1. Should any provision of this agreement or any future provision adopted in it be invalid or unenforceable in part or whole, this shall not affect the legal validity of the remaining provisions. The invalid or unenforceable rule shall be replaced by one that the parties would have agreed upon if they had been aware of the invalidity or unenforceability of the provision in question.

2. All agreements between the contractual parties require the written form for their validity, to the extent that notarial attestation is not mandatory by law. This also applies to any waiver of the written form requirement.

3. The agreement is subject to the law of the Federal Republic of Germany.

Place ____________, date ____________

____________ Signature

Erläuterungen

Literatur: *Baumbach/Hueck,* GmbHG, 21. Auflage 2017; *Hergeth/Mingau,* Beteiligungsverträge bei der GmbH, DStR 2001, 1217; *Lutter,* Kommentar zum GmbH-Gesetz, 19. neu bearbeitete Auflage 2016, *Medem,* Die Auswirkung einer Stimmbindungsvereinbarung auf die Sozialversicherungspflicht von Gesellschafter-Geschäftsführern, DStR 2014, 2027; MüKo GmbHG, 3. Auflage 2018; *Müller,* Stimmbindungen von GmbH-Gesellschaftern GmbHR 2007, 113; *Piehler,* Die Stimmbindungsabrede bei der GmbH, DStR 1992, 1654; *von Rechenberg/Ludwig,* Kölner Handbuch Handels- und Gesellschaftsrecht, 4. Aufl. 2017; *Wicke,* Schuldrechtliche Nebenvereinbarungen bei der GmbH – Motive, rechtliche Behandlung, Verhältnis zum Gesellschaftsvertrag, DStR 2006, 1137; *von Steinau-Steinrück,* Sozialversicherungspflicht auch für »Kopf und Seele« des Unternehmens, NJW-Spezial 2016, 306.

208 **1.** Umstritten ist, ob eine schuldrechtliche Vereinbarung zur Stimmbindung unter Einbeziehung eines Dritten, der nicht Gesellschafter ist, rechtlich zulässig ist. Die h.M. bejaht die Möglichkeit der Stimmbindung auch gegenüber Dritten, wenn auch teilweise mit inhaltlichen und/oder persönlichen Beschränkungen (*Hergeth/Mingau* DStR 2001, 1218; Lutter/Hommelhoff/*Bayer* § 47 Rn. 16; *Wicke* DStR 2006, 1137, 1139; *Piehler* DStR 1992, 1654, 1657), während ein Teil der Literatur schon prinzipiell Bedenken hat, weil ein Dritter, der nicht dem Gesellschafterinteresse und der gesellschaftsrechtlichen Treupflicht unterworfen ist, nicht die innergesellschaftliche Willensbildung beeinflussen solle (vgl. Darstellung des Meinungsstandes in Lutter/Hommelhoff/*Bayer* § 47 Rn. 20). In der Praxis sind allerdings ohnehin Stimmbindungsverträge unter Gesellschaftern die Regel, zumal Stimmbindungsvereinbarungen mit Dritten ab einer bestimmten Schwelle auch im Transparenzregister offenzulegen wären (§ 19 Abs. 3 Nr. 1 b) GWG).

209 **2.** Die in der Praxis häufigste Form des Zusammenschlusses ist die, bei der die vertragsgegenständlichen Geschäftsanteile nicht in das Vermögen der Stimmpoolgesellschaft eingebracht werden. Es ist zu beachten, dass für die Ausgestaltung des Verhältnisses der Stimmpoolmitglieder untereinander grundsätzlich die Regelungen der §§ 705 ff. BGB maßgeblich sind, nicht die des GmbHG (vgl. auch Michalski/*Römermann* § 47 Rn. 479; Baumbach/Hueck/*Zöllner* § 47 Rn. 113).

210 **3.** In diesem Muster ist vorgesehen, dass ohne Ausnahme für alle Beschlussgegenstände in der GmbH eine Stimmbindung erfolgen soll. Man kann die Stimmbindung natürlich auch auf einzelne Beschlussgegenstände, z.B. Bestellung der Geschäftsführer, Gewinnverteilung etc. beschränken (in diesem Sinne auch Roth/Altmeppen/*Roth* § 47 Rn. 38; Baumbach/Hueck/*Zöllner* § 47 Rn. 113). Soweit Stimmbindungsvereinbarungen auch satzungsändernde Beschlüsse der Stimm-

bindung unterwerfen, wird in Teilen der Literatur auch die Auffassung vertreten, dass der Stimmbindungsvertrag in den Fällen der sog. harten Stimmbindung notariell zu beurkunden ist (vgl. u.a. Scholz/*K. Schmidt* § 47 Rn. 46). Die wohl h.M. hält jedoch den formlosen Abschluss auch in diesen Fällen für zulässig (*Müller* GmbHR 2007, 113; Baumbach/Hueck/*Zöllner* § 47 Rn. 113). Ein Beurkundungszwang besteht nur dann, wenn der Stimmbindungsvertrag Andienungs- und/oder Vorkaufsrechte begründet.

4. Die konkrete Festlegung der Stimmrechtsausübung erfolgt durch Beschlüsse der Poolmitglieder in – den Gesellschaftsversammlungen zeitlich vorgeschalteten – Stimmpoolversammlungen. Ein Verstoß gegen Beschlüsse der Stimmpoolversammlung, d.h. eine stimmbindungswidrige Stimmabgabe, führt weder zur Ungültigkeit der Stimmabgabe selbst, noch zur Anfechtbarkeit des hierauf beruhenden Beschlusses in der Gesellschafterversammlung der GmbH (vgl. u.a. Baumbach/Hueck/*Zöllner* § 47 Rn. 117). Eine Ausnahme soll nur dann gelten, wenn ein Verstoß gegen einen **alle Gesellschafter** verpflichtenden Stimmbindungsvertrag vorliegt (vgl. BGH NJW 1983, 1910, 1911; Lutter/Hommelhoff/*Bayer* § 47 Rn. 20 m.w.N.). 211

Der Stimmbindungsvertrag entfaltet als rein schuldrechtliche Vereinbarung grundsätzlich keine Außenwirkung (*Hergeth/Mingau* DStR 2001, 1217; Lutter/Hommelhoff/*Bayer* § 47 Rn. 15). Als Sanktion für Verletzungen des Stimmbindungsvertrages ist daher eine Vertragsstrafenregelung zu empfehlen (so auch Baumbach/Hueck/*Zöllner* § 47 Rn. 119; vgl. § 4 des Musters und Rdn. E 217). 212

5. Mit dieser Regelung wird sichergestellt, dass insbesondere das gesetzliche Stimmverbot des § 47 Abs. 4 GmbHG auch bei den Beschlussfassungen des Stimmpool zu beachten ist. Ein Gesellschafter, der per Gesetz vom Stimmrecht ausgeschlossen ist, darf nicht über den Umweg einer Stimmbindungsvereinbarung Einfluss auf die Willensbildung nehmen (OLG Frankfurt NZG 2000, 378; Lutter/Hommelhoff/*Bayer* § 47 Rn. 17). Ein Stimmverbot bei Beschlüssen der GmbH schlägt auf die Ebene des Stimmbindungsvertrages durch. Eine Umgehung führt zur Unwirksamkeit der Stimmbindung (vgl. von Rechenberg/Ludwig/*von Wedel* 13. Kap. Rn. 1092). 213

6. Das für Beschlüsse in einer GbR grundsätzlich vorgesehene Einstimmigkeitsprinzip (§ 709 Abs. 1 BGB) kann gemäß § 709 Abs. 2 BGB durch den Gesellschaftsvertrag abbedungen und durch das Prinzip der einfachen Mehrheit ersetzt werden (MüKo BGB/*Schäfer* § 709 Rn. 13, 16). Der BGH hat ausdrücklich klargestellt, dass das im Rahmen von Stimmbindungsverträgen vereinbarte Prinzip der einfachen Mehrheit auch dann gültig ist, wenn die Beschlüsse in der Gesellschafterversammlung der GmbH einer qualifizierten Mehrheit oder der Einstimmigkeit bedürfen (vgl. BGH NJW 2009, 669). Danach ist die durch eine derartige Vereinbarung begründete Bindung der jeweiligen Minderheit in Abweichung von Mehrheitserfordernissen in der GmbH weder per se treuwidrig noch gesetzwidrig. 214

7. Verfügungsbeschränkungen hinsichtlich der der Stimmbindung unterliegenden Geschäftsanteile sind zulässig (Scholz/*K. Schmidt* § 47 Rn. 36). Sie können von einer Beitrittspflicht des Erwerbers (vgl. § 3 Abs. 1 des Musters) bis zu einem Zustimmungsvorbehalt der Stimmpoolmitglieder (vgl. § 3 Abs. 2 des Musters, gegebenenfalls sollte die Beitrittspflicht mit dem Zustimmungsvorbehalt kombiniert werden) oder zu einem Vorkaufsrecht der Stimmpoolmitglieder (notarielle Beurkundung erforderlich) reichen. Derartige Verfügungsbeschränkungen entfalten allerdings keine dinglich wirkende Anteilsvinkulierung entsprechend § 15 Abs. 5 GmbHG, sondern wirken gemäß § 137 BGB rein schuldrechtlich (Scholz/*K. Schmidt* § 47 Rn. 38). 215

8. Die Regelung stellt klar, dass sich die Stimmpoolmitglieder bei der Ausübung ihrer Rechte im Einklang mit den Regelungen des Gesellschaftsvertrages zu verhalten haben (Roth/Altmeppen/*Roth* § 47 Rn. 40). Je nach Ausgestaltung des GmbH-Gesellschaftsvertrages muss für eine wirksame Übertragung etwa ein Zustimmungsbeschluss der GmbH oder ein Vorkaufsverfahren jeweils unter Beteiligung aller Gesellschafter, auch derer, die nicht Stimmpoolmitglieder sind, eingeholt bzw. durchlaufen werden. Dadurch kann z.B. ein unter Stimmpoolmitgliedern vereinbartes Vorkaufsrecht ins Leere laufen, wenn ein Gesellschafter der GmbH, der nicht Stimmpoolmitglied ist (hier: A GmbH als Hauptgesellschafter), sein in dem Gesellschaftsvertrag geregeltes ratierliches Vorkaufs- 216 recht ausübt. In der Praxis kann es daher im Einzelfall Sinn machen, eine »offene« Stimmbindung zu vereinbaren und die Stimmbindung in den Gesellschaftsvertrag mit aufzunehmen, indem z.B. den Stimmpoolmitgliedern ein vorrangiges Vorkaufsrecht eingeräumt wird (vgl. hierzu auch Michalski/*Römermann* § 47 Rn. 485 ff.).

217 **9.** Nach h.M. (vgl. u.a. Baumbach/Hueck/*Zöllner* § 47 Rn. 119; Lutter/Hommelhoff/*Bayer* § 47 Rn. 18 m.w.N.; Roth/Altmeppen/*Roth* § 47 Rn. 39b) begründen Stimmbindungsverträge einen klagbaren Erfüllungsanspruch mit der entsprechenden Möglichkeit der Vollstreckung nach § 894 ZPO (so auch BGHZ 48, 163, 170), entfalten jedoch keine Außenwirkung dergestalt, dass ein Verstoß gegen die Stimmbindung die Stimmabgabe ungültig oder den entsprechenden Gesellschafterbeschluss anfechtbar machen würde (vgl. oben (Rdn. E 211)). Da eine rechtskräftige Entscheidung im ordentlichen Verfahren in der Regel nicht vor dem Termin der Gesellschafterversammlung ergehen wird und die Durchsetzung von Stimmbindungen im einstweiligen Verfügungsverfahren jedenfalls nicht ganz unproblematisch ist (vgl. unten (Rdn. E 220)), sollte zur Sicherstellung der einheitlichen Stimmabgabe eine Vertragsstrafen- und/oder Schadensersatzregelung vereinbart werden (in diesem Sinne auch Baumbach/Hueck/*Zöllner* § 47 Rn. 119).

218 **10.** Das Muster stellt klar, dass der Stimmbindungsvertrag als Dauerschuldverhältnis immer aus wichtigem Grund gekündigt werden kann (§ 723 Abs. 1 S. 2 BGB), auch wenn eine bestimmte Mindestvertragslaufzeit festgelegt wurde (Roth/Altmeppen/*Roth* § 47 Rn. 40; vgl. im Allgemeinen näher hierzu MüKo BGB/*Schäfer* § 723 Rn. 26 ff.).

219 **11.** Man wird – abhängig vom Einzelfall – sicherlich darüber streiten können, ob der Ausschluss ein«besonders scharfes Schwert»ist. Gleichwohl kann eine entsprechende Regelung sinnvoll sein, schon um dafür Sorge zu tragen, dass der abtrünnige Gesellschafter nicht weiter an einem internen Informationsfluss teilnimmt.

220 **12.** Umstritten ist, ob daneben im Wege der einstweiligen Verfügung (§ 935 ZPO) gegen eine drohende vereinbarungswidrige Stimmabgabe oder Stimmverweigerung vorgegangen werden kann. Während eine Auffassung die Möglichkeit einer einstweiligen Verfügung generell ablehnt (vgl. Baumbach/Hueck/*Zöllner* § 47 Rn. 120 m.w.N), hält die wohl h.M. das Verbot im Wege der einstweiligen Verfügung für zulässig (u.a. Lutter/Hommelhoff/*Bayer* Anh. zu § 47 Rn. 92; Roth/Altmeppen/*Roth* § 47 Rn. 52; *Piehler* DStR 1992, 1654, 1660 m.w.N.). Eine im Stimmbindungsvertrag geregelte Schiedsabrede schließt jedenfalls einstweiligen Rechtsschutz nicht aus (§ 1033 ZPO).

15. Ausführliche Gesellschaftervereinbarung mit Stimmbindung, Vorkaufsrechten, Mitverkaufsrechten und Finanzierungsabreden

Vorbemerkung

221 Neben gesellschaftsvertraglichen Bestimmungen über Nebenpflichten (dazu Muster D 8 (Rdn. D 85 ff.)) sind in der GmbH auch Gesellschaftervereinbarungen außerhalb des Gesellschaftsvertrages relativ häufig anzutreffen (zur Abgrenzung vgl. Muster D 8 (Rdn. D 85 ff.) m.w.N.). Dabei spielt die Vermeidung von Publizitätspflichten oftmals eine Rolle. Im Gegensatz zu korporativen Abreden werden die schuldrechtlichen Vereinbarungen nicht zum Handelsregister eingereicht und damit nicht der Öffentlichkeit zugänglich gemacht (Lutter/Hommelhoff/*Bayer* § 3 Rn. 69; *Michalski* § 3 Rn. 91; *Wicke* DStR 2006, 1137). Für Vereinbarungen, die Kontrolle über die Gesellschaft gewähren, mag das seit Einführung des Transparenzregisters am 01.10.2017 nur noch eingeschränkt gelten (§ 19 Abs. 3 Nr. 1 lit. b GWG). Der Grundsatz bleibt jedoch. Das GmbHG lässt den Gesellschaftern im Rahmen der Vertragsfreiheit grundsätzlich eine relativ große

1 A ist nicht Partei eines möglichen Rechtsstreites und deshalb gesondert zu informieren.

Freiheit, Vereinbarungen untereinander zu treffen (von Rechenberg/Ludwig/*Fehrenbacher* 13. Kap. Rn. 213; Roth/Altmeppen/*Roth* § 3 Rn. 49). Ausgeschlossen sind jedoch Regeln für das Gesellschaftsverhältnis selbst; diese sind dem Gesellschaftsvertrag vorbehalten (Baumbach/*Hueck/Fastrich* § 3 Rn. 57). Darüber hinaus besteht auch keine gesetzliche Verpflichtung, alle Gesellschafter in eine solche Vereinbarung einzubinden. Verpflichtungswirkung entfalten die Vereinbarungen jedoch dementsprechend auch nur für die an der Vereinbarung beteiligten Gesellschafter (Roth/Altmeppen/*Roth* § 3 Rn. 52).

Inhaltlich behandeln Gesellschaftervereinbarungen häufig u.a. Stimmrechtsvereinbarungen, Re- 222
gelungen in Bezug auf die Gewinnverteilung, Verlustübernahmen sowie Vorkaufsrechte und Andienungspflichten (Scholz/*Cziupka* § 3 Rn. 107 – 110, m.w.N.). In Familiengesellschaften werden Gesellschaftervereinbarungen oftmals dazu genutzt, mit dem Geschäft der Gesellschaft nicht unmittelbar befasste Familiengesellschafter (teilweise auch Familienstämme untereinander) zu koordinieren und ggf. auch zu disziplinieren.

Häufig dienen entsprechende Vereinbarungen auch dazu, die Beteiligungsrechte des Manage- 223
ments einer GmbH zu regeln. Das Management soll in diesen Fällen zwar am finanziellen Erfolg der Gesellschaft partizipieren, als Minderheitsgesellschafter jedoch nicht die Möglichkeit haben, eine Entwicklung der Gesellschaft zu blockieren oder zumindest zu erschweren, die aus Sicht der die Gesellschaft finanzierenden Mehrheitsgesellschafter gewünscht und/oder notwendig ist. In vielen Fällen geht es den Mehrheitsgesellschaftern darum, die Gesellschaft nur über einen bestimmten Zeitraum (auch finanziell) zu begleiten, um sodann den sogenannten«Exit»vorzubereiten. Zeitpunkt und Bedingungen des Exits (meist ein Verkauf oder ein Börsengang) sollen dabei allein von den Mehrheitsgesellschaftern bestimmt werden. Das Management soll auf Verlangen eines Erwerbers gegebenenfalls auch verpflichtet sein, aus der Gesellschaft auszuscheiden.

Das nachstehende Muster unterstellt einen derartigen Sachverhalt. Dargestellt wird die Gesellschaf- 224
tervereinbarung zwischen einem Investor und einem Geschäftsführer.

Muster

Gesellschaftervereinbarung [1] 225

Präambel

Die Parteien sind Mitgesellschafter der C-GmbH, Frankfurt am Main, eingetragen im Handelsregister des Amtsgerichts Frankfurt am Main unter HRB __________.

Hauptgesellschafter der C-GmbH ist die A-GmbH, deren Geschäftsanteile derzeit insgesamt 97 % des Stammkapitals der Gesellschaft repräsentieren. [2]

B ist Inhaber des Geschäftsanteils mit der lfd. Nr. __________ mit einem Nennbetrag von __________ €, entspricht 3 % des Stammkapitals der Gesellschaft. [3]

B ist Geschäftsführer der Gesellschaft.

A plant, seine Beteiligung an der C-GmbH durch die Übertragung von Anteilen an weitere Mitglieder der Geschäftsführung und Inhaber von Leitungsfunktionen in der Gesellschaft zu reduzieren, jedoch nicht unter eine Gesamtbeteiligung von 75 % am Stammkapital der Gesellschaft. [4]

Für ihre gemeinsame Beteiligung an der C-GmbH vereinbaren die Parteien:

§ 1 Definitionen

»A-Gruppe« meint A sowie sämtliche mit der A-GmbH im Sinne des § 15 AktG verbundene Unternehmen;

»Dritter« meint nicht zur A-Gruppe gehörende natürliche oder juristische Personen;

»Geschäftsanteile des A« oder »A-Geschäftsanteile« meint alle gegenwärtig und künftig von A oder einer anderen Gesellschaft der A-Gruppe gehaltenen Geschäftsanteile;

»Geschäftsanteile des B« oder »B-Geschäftsanteile« meint den derzeitigen Geschäftsanteil des B mit der lfd. Nr. ______ sowie sämtliche weitere Geschäftsanteile, die B zukünftig, sei es durch Erwerb von Dritten, sei es im Zuge von Kapitalmaßnahmen, erwirbt. [5]

§ 2 Stimmbindung des B [6]

1. B verpflichtet sich, das Stimmrecht aus den B-Geschäftsanteilen nur nach Weisung des A (oder einem von A bevollmächtigten Vertreter) auszuüben. [7]

2. Absatz 1 findet keine Anwendung, wenn und soweit A einem Stimmverbot unterliegt. Absatz 1 findet ebenfalls keine Anwendung auf folgende Beschlussgegenstände: [8]

- **Einführung eines Wettbewerbsverbotes zu Lasten des Gesellschafters A**
- **[ggf. weitere Beschlussgegenstände aufführen]**

§ 3 Kapitalerhöhungen [9]

1. Die Parteien wollen das Eigenkapital der Gesellschaft im Wege von Kapitalerhöhungen stärken.

2. Über den Zeitpunkt und die Bedingungen von Kapitalerhöhungen entscheidet aufgrund der von ihm gehaltenen Stimmrechte an der Gesellschaft A, wobei A sich verpflichtet, dafür Sorge zu tragen, dass die Eigenkapitalquote der Gesellschaft bis zum ______ mindestens ______ % beträgt.

3. Bis zur prozentualen Höhe seiner Beteiligung wird B die Gelegenheit gegeben werden, sich an Kapitalerhöhungen zu den auch für die A-Gruppe oder Dritte geltenden Konditionen zu beteiligen. [10] Soweit eine Sachkapitalerhöhung erfolgen soll, ist B die Gelegenheit zu einer entsprechenden Barkapitalbeteiligung zu geben. [11]

4. Für Barkapitalerhöhungen bis zu einem Nennbetrag von ______ € und einem Ausgabeaufschlag von ______ € verzichtet B hiermit auf die Geltendmachung sämtlicher Ansprüche und Rechtsmittel, die er im Hinblick auf eine derartige Kapitalerhöhung geltend machen könnte. [12]

§ 4 Ankaufsrecht

1. A steht das Recht zu, die Geschäftsanteile des B [13] nach Maßgabe der Bedingungen dieses § 4 zu erwerben (nachstehend das«Optionsrecht»), wenn:

- **der Geschäftsführeranstellungsvertrag des B von der Gesellschaft aus wichtigem Grund beendet wird; oder**
- **der Geschäftsführeranstellungsvertrag des B auf Veranlassung des B (insbesondere durch Kündigung) aus wichtigem Grund beendet wird;**

und/oder

- **B als Geschäftsführer von der Gesellschaft aus wichtigem Grunde abberufen wird oder**
- **B sein Amt als Geschäftsführer niederlegt. [14]**

2. Die Frist zur Ausübung des Optionsrechtes (nachstehend die«Optionsfrist») beginnt mit Zugang der Beendigungserklärung (also z.B. der Kündigung des Geschäftsführeranstellungsvertrags) beim zuständigen Empfänger und beträgt 6 (sechs) Monate. Besteht Streit über die Wirksamkeit der Beendigung, verlängert sich die Frist bis zum Ablauf von 2 (zwei) Monaten nach Zugang einer schriftlichen Mitteilung des rechtskräftigen Beendigungszeitpunktes an A [1].

3. Das Optionsrecht kann nur für alle Geschäftsanteile des B gemeinsam ausgeübt werden. A ist berechtigt, einen dritten, auch mehrere Erwerber, für die Geschäftsanteile des B zu benennen. Dieses Recht des A besteht zugunsten anderer Unternehmen der A-Gruppe wie auch zugunsten Dritter.

4. Der Kaufpreis für die Geschäftsanteile des B wird nach folgender Formel errechnet: ______________ [15]

B übernimmt die Gewährleistung für die Freiheit der B-Geschäftsanteile von Rechten Dritter. Soweit dies gesetzlich zulässig ist, wird eine Gewährleistung des B, insbesondere für die Werthaltigkeit der Geschäftsanteile und/oder den Zustand und die Lage der Gesellschaft im Übrigen ausgeschlossen. [16]

Das Optionsrecht ist durch schriftliche Mitteilung an den beurkundenden Notar ______________ auszuüben (nachstehend die »Optionserklärung«). [17] Der Notar hat eine Kopie der Optionserklärung unverzüglich an die letzte gemäß nachstehend § 8.7 ______________ genannte Adresse des B zu übersenden. In der Optionserklärung sind der oder die Käufer für die gegenwärtigen und zukünftigen Geschäftsanteile des B im Einzelnen anzugeben. Dabei ist auch mitzuteilen, welcher Käufer welchen Geschäftsanteil erwirbt.

B ist auf Verlangen des A verpflichtet, unverzüglich mit dem oder den Käufern einen Kaufvertrag über die B-Geschäftsanteile abzuschließen. [18] Es gelten die Bedingungen dieses § 4, im Übrigen die gesetzlichen Bestimmungen. B ist auf Verlangen des A verpflichtet, sämtliche hierfür notwendigen Handlungen vorzunehmen und Erklärungen abzugeben.

5. Im Falle eines Exits gemäß § 6 besteht das Optionsrecht nach diesem § 4 nicht.

§ 5 Vorkaufsrecht [19]

1. A steht im Falle eines ganz oder teilweisen Verkaufs einzelner oder aller Geschäftsanteile des B ein Vorkaufsrecht zu. Auf das Vorkaufsrecht finden die Bestimmungen der §§ 463–473 BGB mit folgenden Maßgaben Anwendung:

- **Die Ausübungsfrist (§ 469 BGB) beträgt 1 (einen) Monat ab dem Zeitpunkt, ab dem A die schriftliche Mitteilung über den Abschluss und den Inhalt des Kaufvertrages zugegangen ist.**
- **A ist berechtigt, seine Ansprüche aus diesem Vorkaufsrecht auf andere Gesellschaften der A-Gruppe oder auf Dritte zu übertragen.**

2. Das Vorkaufsrecht ist schriftlich auszuüben.

§ 6 Exit [20]

Der Gesellschafter A verfolgt mit seiner Beteiligung an der C-GmbH das Ziel, den Wert seiner Geschäftsanteile durch einen Verkauf der Gesellschaft oder einen Börsengang (nachstehend »IPO«) zu realisieren (nachstehend »Exit«).

B verpflichtet sich, einen Exit des A zu den Bedingungen des A positiv zu begleiten. Hierzu wird er auf Verlangen des A insbesondere seine Geschäftsanteile zu den glei-

chen Bedingungen mitverkaufen und alle notwendigen Erklärungen für einen IPO abgeben. Insbesondere vereinbaren die Parteien:

1. Vollmacht: [21]

B bevollmächtigt A hiermit unter Befreiung von den Beschränkungen des § 181 BGB und mit dem Recht, Untervollmachten zu erteilen, alle für die Durchführung des Exit notwendigen und damit im Zusammenhang stehenden Erklärungen im Hinblick auf die Geschäftsanteile des B abzugeben.

Vorstehende Vollmacht ermächtigt A auch zu einer Verschmelzung, Einbringung oder Liquidation der Gesellschaft. [22]

2. Für die verschiedenen Möglichkeiten eines Exits gilt insbesondere:

a. Verkauf

(1) Sollten A oder ein anderes Mitglied der A-Gruppe beabsichtigen, A-Geschäftsanteile ganz oder teilweise an einen Dritten zu veräußern, ist B verpflichtet, seine Geschäftsanteile im entsprechenden Verhältnis mit zu veräußern (Mitveräußerungspflicht). [23] Die Mitveräußerungspflicht besteht im Verhältnis der von A oder einem anderen Mitglied der A-Gruppe zu veräußernden Anteile an sämtlichen A-Geschäftsanteilen. Maßgebend ist der Nennwert der Geschäftsanteile. [24, 25]

(2) Vorstehender Abs. 2.a.(1) gilt entsprechend für den Fall der Einbringung der A-Geschäftsanteile in eine andere Gesellschaft gegen Gewährung einer Beteiligung.

(3) Sollten A oder ein anderes Mitglied der A-Gruppe beabsichtigen, A-Geschäftsanteile ganz oder teilweise an einen Dritten zu veräußern, ist B berechtigt, seine Geschäftsanteile im entsprechenden Verhältnis mit zu veräußern (Mitveräußerungsrecht). Das Mitveräußerungsrecht besteht im Verhältnis der von A oder einem anderen Mitglied der A-Gruppe zu veräußernden Anteile an sämtlichen A-Geschäftsanteilen. Maßgebend ist der Nennwert der Geschäftsanteile.

(4) Das Verlangen auf Durchführung der Mitveräußerungspflicht bzw. des Mitveräußerungsrechts ist von A bzw. B jeweils schriftlich gegenüber dem anderen Teil auszuüben. Es kann nur innerhalb von 2 (zwei) Monaten ausgeübt werden, nachdem B über die Absicht des A oder einem anderen Mitglied der A-Gruppe A-Geschäftsanteile zu veräußern, einschließlich der Mitteilung sämtlicher Bedingungen für die Veräußerung, schriftlich informiert worden ist.

(5) Übt B sein Mitveräußerungsrecht aus, ist der Dritte jedoch nicht bereit, die entsprechenden B-Geschäftsanteile zu den gleichen Bedingungen wie die A-Geschäftsanteile zusätzlich zu erwerben, ist A verpflichtet, die B-Geschäftsanteile entweder selbst oder durch einen von ihm zu benennenden Dritten zu den entsprechenden Bedingungen zu erwerben, oder aber den Anteil der zu veräußernden A-Geschäftsanteile dergestalt zu reduzieren, dass an den Dritten im Ergebnis A- und B-Geschäftsanteile im gleichen Verhältnis und zu den gleichen Bedingungen veräußert werden.

Übt B sein Mitveräußerungsrecht nicht aus, ist A berechtigt, seine Geschäftsanteile zu den dem B mitgeteilten Bedingungen an den Dritten zu veräußern.

b. IPO

(1) Sollte A beabsichtigen, den Exit über einen IPO zu realisieren, wird B auf Verlangen des A alle Erklärungen abgeben und sonstige Maßnahmen ergreifen, die erforderlich oder zweckdienlich sind, um den IPO durchzuführen.

(2) Insbesondere verpflichtet sich B:

- Dem Formwechsel der C-GmbH in eine Aktiengesellschaft zuzustimmen und alle damit im Zusammenhang stehenden Maßnahmen zu ergreifen und Erklärungen abzugeben. B wird auf jedwede Minderheiten- und sonstige Rechte im Zusammenhang mit dem Formwechsel verzichten. Vorstehendes gilt insbesondere für das Recht auf Erstattung eines Umwandlungsberichts (§ 192 Abs. 2 UmwG) und den Anspruch auf eine Abfindung (§ 207 UmwG). [26]
- Alle im Zusammenhang mit einem Börsengang marktüblichen Verträge (insbesondere Übernahmeverträge oder ähnliche Verträge) zu den dann marktüblichen Bedingungen abzuschließen. Insbesondere sind dies ______________. [27]

(3) Die vorstehenden Bestimmungen zur Mitveräußerungspflicht des B und zum Mitveräußerungsrecht des B gelten im Rahmen eines IPO entsprechend.

§ 7 Weitere Geschäftsführer – Mitarbeiter in leitenden Funktionen [28]

1. B verpflichtet sich weiteren Geschäftsführern und/oder Mitarbeitern in leitenden Funktionen (nachstehend »weitere Minderheitsgesellschafter«) ebenfalls die Möglichkeit einer Beteiligung an der Gesellschaft einzuräumen. Die weiteren Minderheitsgesellschafter werden von A allein ausgewählt, der auch die Bedingungen für die weiteren Minderheitsbeteiligungen allein festlegt. B wird vor Einräumung einer weiteren Beteiligung gehört. B verpflichtet sich, alle für die Einräumung einer weiteren Beteiligung erforderlichen oder zweckmäßigen Handlungen vorzunehmen und notwendige oder zweckmäßige Erklärungen abzugeben.

2. Wird einem weiteren Minderheitsgesellschafter eine Beteiligung von mehr als ______________ % des Stammkapitals an der Gesellschaft eingeräumt, ist B berechtigt, seine Geschäftsanteile dem A zu veräußern (»Andienungsrecht«). Das Andienungsrecht besteht zu den Bedingungen des Ankaufsrechts des A. Die Regelungen des § 4 gelten entsprechend. Übt B sein Andienungsrecht aus, ist er verpflichtet, sein Amt als Geschäftsführer der Gesellschaft niederzulegen und einer Aufhebung des Geschäftsführeranstellungsvertrages zuzustimmen. Eine über den Verkaufspreis des § 4 hinausgehende Entschädigung, insbesondere wegen vorzeitiger Beendigung des Geschäftsführeranstellungsvertrages, steht dem B nicht zu. [29]

§ 8 Schlussbestimmungen [30]

1. Alle Änderungen und Ergänzungen dieser Vereinbarung bedürfen zu ihrer Wirksamkeit der Schriftform, soweit nicht gesetzlich eine strengere Form vorgeschrieben ist. Dies gilt auch für die Änderung oder Aufhebung dieser Schriftformklausel.

2. Dieser Vertrag hat eine Laufzeit bis zum ______________.

3. Keine Partei ist ohne schriftliche Zustimmung der jeweils anderen Partei berechtigt, die Rechte und Pflichten aus diesem Vertrag auf einen Dritten zu übertragen. Eine Ausnahme gilt für Übertragungen des A an Unternehmen der A-Gruppe.

4. Es gilt das Recht der Bundesrepublik Deutschland unter Ausschluss des internationalen Privatrechts und des internationalen Kaufrechts.

5. Gerichtsstand für alle Streitigkeiten aus dieser Vereinbarung ist, soweit dies wirksam vereinbart werden kann, Frankfurt am Main. Jede Partei ist zudem berechtigt, die jeweils andere Partei an ihrem allgemeinen Gerichtsstand in Anspruch zu nehmen.

6. Die Parteien verpflichten sich, den Inhalt dieses Vertrages vertraulich zu behandeln und – soweit nicht gesetzlich anders vorgeschrieben – nur ihren zur Berufsverschwiegenheit verpflichteten Beratern zugänglich zu machen. A ist zudem berechtigt, diese Vereinbarung auch Mitarbeitern anderer Unternehmen der A-Gruppe zugänglich zu machen.

7. Alle Mitteilungen und sonstigen Erklärungen nach diesem Vertrag sind schriftlich durch persönliche Übergabe, per Boten/Kurier oder per Telefax an die nachstehenden Adressen der Beteiligten zu richten.

____

8. Jede Partei ist jederzeit berechtigt, die vorstehenden Adressaten und/oder Adressen durch schriftliche Mitteilung an die jeweils andere Partei zu ändern.

9. Sollte eine Bestimmung dieser Vereinbarung unwirksam oder undurchsetzbar sein oder werden, wird die Wirksamkeit dieser Vereinbarung hierdurch nicht berührt. Die Parteien verpflichten sich, eine dem wirtschaftlich Gewollten möglichst entsprechende oder nahekommende, wirksame Ersatzregelung zu treffen, soweit dies rechtlich möglich ist. Entsprechendes gilt, soweit diese Vereinbarung eine Lücke enthält.

Template

226 **Shareholders´ Agreement [1]**

Preamble

The parties are co-shareholders of C-GmbH, Frankfurt am Main, entered in the Commercial Register of the Local Court of Frankfurt am Main under HRB ______________ (the »Company«).

The majority shareholder of C-GmbH is A-GmbH, whose Company shares in the Company currently represent in total 97 % of the Company´s share capital. [2]

B is the owner of Company shares numbered ______________ having a nominal value of ______________ €, representing 3 % of the Company´s share capital. [3]

B is the Managing Director of the Company.

A plans to reduce its participation in C-GmbH by transferring shares to other members of management and officers with executive functions in the Company, however, not below a total participation of 75 % of the Company´s share capital. [4]

For their joint participation in C-GmbH, the parties agree to the following:

Section 1 Definitions

»A group« means A as well as the companies affiliated to A-GmbH as defined by Section 15 German Stock Corporation Act (AktG);

»Third party« means natural or legal persons not belonging to the A Group;

»Company shares of A« or »A Company shares« means all current and future Company shares held by A or another company within the A Group;

»Company shares of B« or »B Company shares« means the current Company share belonging to B with the sequential number ______________, as well as all additional

Company shares that B acquires, whether through acquisition from third parties or by way of capital measures. [5]

Section 2 Voting of B [6]

1. B undertakes to exercise the voting right arising from the B Company shares only in accordance with of A's instructions (or an authorized representative of A). [7]

2. Paragraph 1 shall not apply if and to the extent that A is subject to prohibition on voting. Likewise, Paragraph 1 does not apply to the following resolution matters: [8]

- **Implementation of a non-competition clause against shareholder A**
- **[list other resolution matters where necessary]**

Section 3 Capital increases [9]

1. The parties want to strengthen the equity of the company by way of capital increases.

2. A decides on the timing and conditions of capital increases, based on the voting rights he holds in the company, whereby A undertakes to ensure that the equity ratio of the company shall be at least __________ % by __________

3. Up to the percentage of his investment, B will be given the opportunity to participate in capital increases at the same conditions also applicable to the A Group or to third parties. [10] **To the extent that a non-cash capital increase is to occur, B is to be given the opportunity to make a cash contribution of capital.** [11]

4. For cash capital increases up to a nominal value of __________ € and an issuing premium of __________ €, B thereby waives the assertion of all claims and legal remedies that he could exercise with regard to this type of capital increase. [12]

Section 4 Purchase Right

1. A has the right to purchase the Company shares of B [13] **according to the conditions of this Section § 4 (referred to below as »option right«) if:**

- **B's managing director employment contract is terminated by the Company for good cause; or**
- **B's managing director employment contract is ended at B´s initiative (in particular through termination) for good cause;**

and/or

- **B is dismissed from the Company for good cause or**
- **B steps down from his position as managing director.** [14]

2. The time limit for exercising the option right (referred to below as the »option term«) begins when the letter of termination (in particular termination of the managing director employment contract) is received by the competent recipient, and is specified as 6 (six) months. In case of dispute regarding the effectiveness of the termination, the period shall be extended to the end of 2 (two) months after receipt of a written notification of the legally binding termination date by A.[1]

3. The option right can only be exercised for all of B´s company shares collectively. A is entitled to designate a third-party and even multiple parties to purchase B´s

Company shares. A´s right exists for other companies of the A Group as well as for the third parties.

4. The purchase price for B´s Company shares is calculated according to the following formula: ___________ [15]

B warrants that B´s Company shares are not encumbered with any third parties rights. To the extent permissible by law, any warranty by B, in particular, concerning the intrinsic value of the Company shares and/or the condition and position of the Company, is otherwise excluded. [16]

The option right is to be exercised through a written declaration to the authenticating notary ___________ (referred to below as »option declaration«). [17] The notary is to immediately send a copy of the option declaration to the last known address ___________ of B. The option declaration is to specify in detail the buyer or buyers for the current and future Company shares of B. In doing so, it is also to specify which buyer is acquiring which company share.

Upon A´s request, B is obliged to conclude a purchase agreement with the buyers for B´s Company shares. [18] The conditions of this Section 4 shall apply, as for the rest the statutory provisions shall apply. B is obliged, upon A´s request, to undertake all actions and submit all necessary declarations for this purpose.

5. In case of an exit pursuant to Section 6, the option right according to this Section 4 does not exist.

Section 5 Pre-emption right [19]

1. In case of partial or complete sale of individuals or all Company shares by B, A is entitled to a preemption right. The provisions of sections 463–473 German Civil Code (BGB) with the following provisions shall apply:

- **The exercise period (Section 469 German Civil Code (BGB) is 1 (one) month from the time at which A has received the written notification concerning the conclusion and content of the purchase agreement.**
- **A is entitled to transfer his claims arising from this preemption right to other companies of the A Group or to third parties.**

2. The pre-emption right is to be exercised in writing.

Section 6 Exit [20]

Shareholder A, with his participation in C-GmbH, pursues the aim of realizing the value of his company shares through the sale of the company or a public offering (referred to below as »IPO«) (referred to below as »exit«).

B undertakes to support an exit of A in a positive manner, according to A´s conditions. To do so, upon A's request, it shall also sell his company shares at the same conditions and submit all necessary declarations for an IPO. In particular, the parties agree to the following:

1. Power of Attorney [21]

B hereby issues a power of attorney to A, free from the restrictions of Section 181 German Civil Code (BGB) and with the right to grant sub powers of attorney, to submit all declarations necessary for and thus associated with the execution of the exit with respect to B´s Company shares.

The above-mentioned power of attorney also authorizes A to proceed to a merger, a contribution in kind, or a liquidation of the company. [22]

2. The following applies in particular for the various exit options:

a. Sale

(1) Should A or another member of the A Group intend to sell A Company shares in part or whole to third parties, B is obliged to also sell a corresponding proportion of his company shares (drag along provision). [23] **The drag along provision exists in the proportion of the part of all A Company shares to be sold by A or by another member of the A Group. The nominal value of the Company shares is decisive.** [24, 25]

(2) The above-mentioned Sect. 2.a.(1) applies accordingly in case the A Company shares are used to raise capital in another company in exchange for a participation.

(3) Should A or another member of the A Group intend to sell A Company shares in part or whole to third parties, B is entitled to also sell a corresponding proportion of his Company shares (tag along right). The tag along right exists in proportion to the part of all A Company shares to be sold by A or by another member of the A Group. The nominal value of the Company shares is decisive.

(4) The wish to invoke the drag along provision or the tag along right is to be expressed by A or B in writing to the other party. It can only be exercised within 2 (two) months after B has been notified in writing about the intention of A or another member of the A Group to sell A Company shares, including the notification of all conditions for the sale.

(5) If B exercises his tag along right, and the third party is not willing, however, to additionally acquire the relevant B Company shares at the same conditions as the A Company shares, A is obliged to either acquire the B Company shares itself or have them acquired by a third party designated by it, or, however, to reduce the portion of the A Company shares to be sold in such a way that, as a result, the A and B Company shares are sold in an equal proportion and at the same conditions.

If B does not exercise his tag along right, A is entitled to sell his Company shares to the third-party on terms communicated to B.

b. IPO

(1) Should A intend to realize the exit via an IPO, upon A´s request, B shall submit all declarations and take all other measures deemed necessary and useful to carry out the IPO.

(2) In particular, B undertakes to do the following:

- **To consent to the change of corporate entity of C-GmbH into a joint stock company and thus take all measures and submit all declarations associated with this step. B shall waive any and all minority and other rights associated with the change of corporate entity. The above provision applies in particular to the right to a transformation report (Section 192 para. 3 German Transformation Act (UmwG)) and the claim of compensation (Section 207 German Transformation Act (UmwG)).** [26]
- **To conclude all agreements associated with going public (in particular takeover agreements or similar contracts) at typical market conditions. In particular, this involves __________** [27]

(3) The above-mentioned provisions concerning B's drag along obligation and the tag along right of B shall apply mutatis mutandis within the scope of an IPO.

Section 7 Additional Managing Directors – Employees in Executive Positions [28]

1. B undertakes to also offer other managing directors and/or employees in managerial positions (referred to below as »additional minority shareholders«) the opportunity to acquire a participation in the Company. The additional minority shareholders are selected solely by A, who also solely specifies the conditions for additional minority participations. B shall be consulted prior to allowing an additional participation. B undertakes to take all necessary and useful actions and submit necessary and useful declarations in order to allow an additional participation.

2. If a participation of more than __________ % in the Company's share capital is granted to an additional minority shareholder, B is entitled to sell his Company shares to A (»right of sell-out«). The right of sell-out exists at the conditions that A is entitled to purchase the shares. The provisions of Section 4 apply mutatis mutandis. If B exercises his right of sell-out, he is obliged to step down from his position as managing director of the Company and to consent to the termination of the managing director employment agreement. B is not entitled to any additional compensation above and beyond the sale price provided in Section 4, in particular in relation to early termination of the managing director employment agreement. [29]

Section 8 Final provisions [30]

1. All amendments and supplements to this agreement require the written form for their validity, to the extent that legal provisions do not impose a more stringent form requirement. This also applies to the amendment or rescission of this written form requirement.

2. This agreement shall run until __________

3. Neither party is entitled to transfer the rights and obligations arising from this agreement to any third party without the written consent of the other party. An exception applies to transfers by A to companies of the A Group.

4. This agreement is subject to the law of the Federal Republic of Germany, at the exclusion of international private law and international commercial law.

5. The place of jurisdiction for all disputes arising from this agreement, to the extent this can be agreed effectively, is Frankfurt am Main. Each party is additionally entitled to file a claim against the other party at the general place of jurisdiction of the other party.

6. The parties undertake to keep the content of this agreement confidential and – unless otherwise prescribed by law – to only make it available to consultants who are sworn to professional secrecy. A is additionally entitled to make this agreement available to employees of other companies in the A Group.

7. All notices and other declarations related to this agreement are to be delivered in writing, to the participants' addresses indicated below through hand delivery, via messenger/courier or via telefax.

____

8. Each party is entitled at any time to amend the above-mentioned addressee and/or addresses through written notification to the other party.

9. If any provision of this agreement is or becomes invalid or unenforceable, this shall not affect the validity of this agreement. The parties are obliged to reach an effective substitute provision that most closely or approximately fulfills the economic purpose, to the extent legally possible. The same applies to the extent that this agreement contains any gaps.

Erläuterungen

Literatur: *Baumbach/Hueck*, GmbHG, 21. Auflage 2017; *Bergheim/Traub*, Der Gang an die Börse – ein Mittel zur Unternehmenssicherung, DStR 1993, 1260; *Blasche*, Vinkulierungsklauseln in GmbH-Gesellschaftsverträgen RNotZ 2013, 515; *Bunnemann/Zirngibl*, Auswirkungen des MoMiG auf bestehende GmbHs, 1. Aufl. 2008; *Heckschen/Heidinger*, Die GmbH in der Gestaltungs- und Beratungspraxis, 4. Auflage 2018; *Herriger*, Stimmrechtsbindung im GmbH-Recht, MittRhNotK 1993, 269; *Jäger*, Schuldrechtliche Nebenabreden zum Gesellschaftsvertrag der GmbH, DStR 1996, 1935; *Kallrath*, Der Gesellschaftsvertrag der GmbH bei Beteiligung von Minderheitsgesellschaftern, MittRhNotK 1999, 325, 333; MüKo GmbHG, 3 Auflage 2018; *Loritz*, Die Reichweite von Vinkulierungsklauseln in GmbH-Gesellschaftsverträgen, NZG 2007, 361; *Medem*, Die Auswirkung einer Stimmbindungsvereinbarung auf die Sozialversicherungspflicht von Gesellschafter-Geschäftsführern, DStR 2014, 2027; *Möllmann/Möllmann*, Gestaltung der GmbH-Satzung bei Venture Capital-Finanzierung (Privat Equity), BWNotZ 2013, 74; *Palandt*, Bürgerliches Gesetzbuch, 77. Auflage 2018; *Piehler*, Die Stimmbindungsabrede in der GmbHG, DStR 1992, 1654; *von Rechenberg/Ludwig*, Kölner Handbuch Handels- und Gesellschaftsrecht, 4. Aufl. 2017; *Scholz*, Kommentar zum GmbH-Gesetz, 12. neu bearbeitete und erweiterte Auflage 2018; *Stenzel*, Grundlagen von Managementbeteiligungen an AG und GmbH (Teil I) (DStR 2018, 82); *ders.*, Grundlagen von Managementbeteiligungen an AG und GmbH (Teil II) DStR 2018, 139; *Wicke*, Schuldrechtliche Nebenvereinbarungen bei der GmbH – Motive, rechtliche Behandlung, Verhältnis zum Gesellschaftsvertrag, DStR 2006, 1137.

1. Gesellschaftervereinbarungen leiden nicht selten unter einem Formmangel. Zwar gilt die notarielle Beurkundungspflicht des § 2 Abs. 1 GmbHG für sie grundsätzlich nicht, jedoch ist stets die Einhaltung der Schriftform empfehlenswert (Baumbach/*Hueck/Fastrich* § 3 Rn. 56). Sobald – wie vorliegend – die Verpflichtung zum Erwerb oder zum Verkauf von Geschäftsanteilen vereinbart werden soll, besteht allerdings nach § 15 GmbHG die Pflicht zur notariellen Beurkundung (Roth/Altmeppen/*Altmeppen* § 15 Rn. 70 m.w.N.; *Wicke* § 15 Rn. 17; Lutter/Hommelhoff/*Bayer* § 15 Rn. 49). 227

2. Finanzinvestoren sind häufig nicht nur über eine einzige, sondern über ein ganzes Konglomerat von Gesellschaften (häufig auch Fonds in der rechtlichen Form von Personengesellschaften) an der GmbH beteiligt. Häufig handeln diese Gesellschaften über eine juristische Person, die ebenfalls direkt an der GmbH beteiligt ist. Das vorliegende Muster vereinfacht den Sachverhalt insoweit. 228

3. Gesellschaftervereinbarungen zwischen Managern und Finanzinvestoren werden in aller Regel mit Vinkulierungsbestimmungen hinsichtlich der Geschäftsanteile der Manager flankiert. In aller Regel empfiehlt es sich, diese Bestimmungen direkt in den Gesellschaftsvertrag aufzunehmen (dazu Muster A 20 (Rdn. A 266 ff.); allgemein zur Vinkulierungsklauseln in GmbH-Gesellschaftsverträgen *Loritz*, NZG 2007, 361; *Blasche*, Vinkulierungsklauseln in GmbH-Gesellschaftsverträgen RNotZ 2013, 515). Nur in diesem Fall wirken sie dinglich. 229

4. Gesichert werden soll durch eine entsprechende Regelung die für die Abänderung des Gesellschaftsvertrages erforderliche Mehrheit von drei Vierteln der abgegebenen Stimmen, siehe § 53 Abs. 2 GmbHG. 230

5. Es ist rechtlich möglich und im Hinblick auf die schon geplanten Kapitalmaßnahmen geboten, die Vereinbarung auch auf künftige Geschäftsanteile auszudehnen (Zur Zulässigkeit der Abtretung eines zukünftigen Geschäftsanteils allgemein Roth/Altmeppen/*Roth* § 15 Rn. 17 mit Verweis auf die Vorausabtretung bei Kapitalerhöhung BGH NJW 1995, 128). 231

6. Die Stimmbindungsvereinbarung ist nicht die einzige Möglichkeit, das Abstimmungsverhalten der Minderheitsgesellschafter zu kontrollieren (vgl. zu Stimmbindungsvereinbarungen allgemein Michalski/*Römermann* § 47 Rn. 474 ff.; Muster E 14 (Rdn. E 206 ff.)). Häufig werden auch Stimmrechtsvollmachten an den Hauptgesellschafter erteilt (vgl. zu den Möglichkeiten und Grenzen der Erteilung von Stimmrechtsvollmachten Lutter/Hommelhoff/*Bayer* § 47 Rn. 21 ff., insbesondere Rn. 24) oder die Anteile auch insgesamt stimmrechtslos gestellt (vgl. zur Zulässigkeit einer derartigen Vorgehensweise Baumbach/Hueck/*Zöllner* § 47 Rn. 69, 70). Zu den Auswirkungen einer Stimmbindungsvereinbarung auf die Sozialversicherungspflicht von Gesellschafter-Geschäfts- 232 führern vgl. *Medem*, DStR 2014, 2027; *von Steinau-Steinrück*, NJW-Spezial 2016, 306 jeweils mit Verweis auf die neuere Rechtsprechung der Sozialgerichte.

233 **7.** Die vorliegend formulierte unbedingte und einschränkungslose Pflicht des Gesellschafters B, sich den Weisungen des Gesellschafters A zu unterwerfen, besteht selbstverständlich nicht, soweit die Weisungen des A rechtswidrig sind, z.B. weil sie die Gesellschaft einseitig zu Gunsten des Gesellschafters A schädigen. Stimmrechtsbindungen dürfen nicht mit mitgliedschaftlichen Pflichten kollidieren, so dass Bindungsabreden, mit denen der weisungsabhängige Gesellschafter in Konflikt mit der innergesellschaftlichen Treuebindung gerät oder deren Befolgung ihm nach Treu und Glauben nicht zumutbar ist, den Gesellschafter nicht verpflichten (Baumbach/Hueck/*Zöllner* § 47 Rn. 113; *Herriger* MittRhNotK 1993, 269, 276 m.w.N.). Es ist allerdings nicht notwendig und dürfte auch nicht zweckmäßig sein, diese Beschränkung ausdrücklich in die Vereinbarung aufzunehmen; die Formulierung wird in den allermeisten Fällen zu unnötigen und voraussichtlich schwierigen Diskussionen anlässlich des Vertragsschlusses führen, die angesichts der recht eindeutigen Rechtslage überflüssig sind.

234 **8.** Gegebenenfalls können auch die explizit geregelten Beschlussgegenstände schon unter die Ausnahme des Stimmverbotes fallen (vgl. hierzu § 47 Abs. 4 GmbHG, wonach einem Gesellschafter, der durch die Beschlussfassung entlastet oder von einer Verbindlichkeit befreit werden soll, kein Stimmrecht zusteht). Die explizite Regelung im vorliegenden Muster dient daher vorrangig der Erläuterung und Sensibilisierung der Beteiligten. Es kann darüber hinaus sinnvoll sein, auch Interessenkonflikte des Mehrheitsgesellschafters, die nicht mit einem Stimmverbot belegt sind, von dem Weisungsrecht auszunehmen.

235 **9.** Finanzierungsverpflichtungen einzelner oder aller Gesellschafter können rechtlich ganz unterschiedlich gestaltet sein. Zur Vereinbarung über Gesellschafterdarlehen oder die Verpflichtung eines Gesellschafters, für das Darlehen eines Dritten zu bürgen, vgl. Muster D 8 (Rdn. D 85 ff.).

236 Vorliegend soll der Finanzinvestor verpflichtet werden, der Gesellschaft nicht nur Liquidität in Form eines Darlehens, sondern Eigenkapital zuzuführen (vgl. zu den einzelnen Schritten der Kapitalerhöhung z.B. Lutter/Hommelhoff/*Lutter* § 55 Rn. 3). Dabei bleibt es A schon aufgrund seiner den Gesellschaftsvertrag abändernden Mehrheit von 75 % aber auch im Innenverhältnis der Gesellschafter untereinander überlassen, welches Verhältnis er zwischen der Stammkapitalerhöhung und dem Ausgabeaufschlag (Agio) wählt.

237 **10.** B soll die Möglichkeit gegeben werden, an der Kapitalerhöhung teilzunehmen, um eine Verwässerung seiner Anteile zu verhindern (vgl. auch *Stenzel*, Grundlagen von Managementbeteiligungen an AG und GmbH (Teil II), DStR 2018, 139, 141, 144; *Lutter*/Hommelhoff § 55a Rn. 29). Im Hinblick auf die rechtlichen Beschränkungen, denen ein ebenfalls denkbarer Bezugsrechtsausschluss unterliegt (siehe z.B. Baumbach/Hueck/*Zöllner* § 55 Rn. 26, 27; *Wicke* § 55 Rn. 11), dürfte dies in den allermeisten Fällen die rechtlich sicherste und auch praktikabelste Lösung sein, zumal den übrigen Gesellschaftern durch die Teilnahme des B an der Kapitalerhöhung kein Nachteil entsteht.

238 **11.** Sacheinlagen sind im Regelfalle Stückschulden, die B nicht gleichwertig leisten kann. In diesen Fällen bietet sich das Instrument der gemischten Bar- und Sachkapitalerhöhung an; für Bestimmung und Erbringung der Einlage gilt dasselbe wie bei der Gründung der GmbH (Roth/Altmeppen/*Roth* § 55 Rn. 38; vgl. zur gemischten Bar- und Sachkapitalerhöhung bei einer AG, OLG Jena NZG 2007, 147, 148).

239 **12.** Der in der Praxis übliche Rechtsmittelverzicht des B wird hier auf ein bestimmtes Kapitalerhöhungsmaß beschränkt. Insbesondere im Geltungsbereich der §§ 305 ff. BGB (vgl. hierzu weiter unten (Rdn. E 254)) dürften einem uneingeschränkten Rechtsmittelverzicht des B Wirksamkeitsbedenken begegnen.

240 **13.** Ankaufsrechte begründen das Recht, unter bestimmten Voraussetzungen einen bestimmten Geschäftsanteil zu erwerben und können auch für zukünftige Geschäftsanteile gewährt werden.

Entscheidend dafür ist die Bestimmbarkeit des Kaufgegenstandes (vgl. hierzu Palandt/*Weidenkaff* Vorb. v. § 463 Rn. 14 m.w.N.). Zu Vorkaufsrechten, Mitveräußerungspflichten und Mitveräußerungsrechten in einer GmbH-Satzung bei Venture Capital-Finanzierungen vgl. *Möllmann/Möllmann*, BWNotZ 2013, 74, 83, Heckschen/Heidinger, Die GmbH in der Gestaltungs- und Beratungspraxis, Kap. 4, Rn. 438–447.

14. Erfasst werden soll zugunsten des Finanzinvestors die Situation, dass B entweder wegen einer Kündigung aus wichtigem Grund oder aber auf eigenen Wunsch aus der Geschäftsführerstellung ausscheidet (zum Ausscheiden von Minderheitsgesellschaftern aus der Gesellschaft, vgl. *Kallrath* MittRhNotK 1999, 325, 336; zum Ausscheiden des Managers im Besonderen, vgl. Stenzel, Grundlagen von Managementbeteiligungen an AG und GmbH (Teil II), DStR 2018, 139, 141). Insbesondere im ersten Fall ist es nicht unwahrscheinlich, dass der Beendigung des Vertrages Unstimmigkeiten auch zwischen den Gesellschaftern vorausgegangen sind. A hat ein vitales Interesse daran, B auch als Gesellschafter aus der Gesellschaft zu entfernen. Der zweite Fall ist nicht ganz so eindeutig. Hier wird zu unterscheiden sein, ob der Gesellschafter B sein Engagement als Manager der Gesellschaft früher als geplant beenden will oder aber planmäßig als Geschäftsführer ausscheidet. In letzterem Fall besteht kein zwingender Grund, ihm auch seine Gesellschafterstellung zu nehmen. 241

Zur Wirksamkeit von Verpflichtungen der Mitarbeiter einer Gesellschaft, bei Beendigung der Mitarbeit ihre Geschäftsanteile auf einen Dritten zu übertragen (im Gegensatz zur AG, vgl. etwa Baumbach/Hueck/*Hueck/Fastrich* § 3 Rn. 41; allgemein zur Pflicht zur Übertragung eines GmbH-Geschäftsanteils aus Treuepflicht vgl. OLG Köln NZG 1999, 1166). Gesellschaftervereinbarungen wie die vorliegende werden im Regelfalle mit mehreren Managern einer Gesellschaft gleichlautend geschlossen und unterliegen daher den Beschränkungen der §§ 305 ff. BGB. Als Ausnahme von § 310 Abs. 4 BGB sind die §§ 305 ff. BGB auf solche Verträge anzuwenden, die zwar auf die eine oder andere Weise mit gesellschaftsvertraglichen Regelungen verbunden sind, aber im Kern auf die Regelung einer schuldrechtlichen Austauschbeziehung abzielen (MüKo BGB/*Basedow* § 310 Rn. 89). Nach mittlerweile relativ gefestigter Rechtsprechung ist es nicht zulässig, den Mitarbeiter auch dann zum Verkauf seines Geschäftsanteils zu verpflichten, wenn er die Beendigung seines Anstellungsvertrages weder verschuldet noch durch vorzeitige Eigenkündigung veranlasst hat. Zumindest zugunsten des angestellten Geschäftsführers, der – wie vorliegend – ohne weitere Möglichkeit der Einflussnahme rein finanziell an der Gesellschaft beteiligt ist, kann nichts anderes gelten (vgl. BayObLG NJW-RR 1989, 687, 689, wonach die Übertragung der Grundsätze der Übertragungsverpflichtung für die GmbH auf die AG mit der Begründung abgelehnt werden, dass hier kein Einfluss auf die Geschäftsführung bestehe). Soweit es sich bei der Gesellschaftervereinbarung um eine im Einzelnen ausgehandelte Individualvereinbarung handelt, ist in jedem Fall die Grenze des § 138 Abs. 1 BGB zu beachten. 242

15. Im Unterschied zu einem Vorkaufsrecht (siehe hierzu § 5) besteht ein Ankaufsrecht zu einem im Voraus festgelegten oder noch festzulegenden Kaufpreis. Im Regelfalle dürfte es sich empfehlen, eine Berechnungsmethode zu wählen, die ohne Zuhilfenahme eines Sachverständigen eindeutige Ergebnisse liefert (z.B. Nennwert mal x) und diese schon in der Gesellschaftervereinbarung festzulegen. Dabei kann sich die Zahlung des Betrages empfehlen, der der in dem Gesellschaftsvertrag geregelten Abfindung entspricht, die im Falle des sonstigen Ausscheidens an den Gesellschafter gezahlt werden würde. Eine entsprechende Regelung findet sich in der Regel in dem Gesellschaftsvertrag (vgl. z.B. Muster A 20 (Rdn. A 266 ff.), § 13). 243

16. Der Gewährleistungsausschluss ist rechtlich nicht zwingend. Im Hinblick auf die Stellung des A erscheint er im vorliegenden Fall (wie in vielen Fällen des Verkaufs an einen – zumal beherrschenden – Mitgesellschafter) jedoch fair und geboten. 244

17. Die Ausübung der Option durch Mitteilung an den beurkundenden Notar ist in der Praxis üblich und dürfte eine der rechtssichersten Lösungen darstellen. Rechtlich zwingend ist sie nicht (vgl. Lutter/Hommelhoff/*Bayer* § 15 Rn. 45, 46). 245

246 **18.** Möglich wäre es auch, den Kaufvertrag zwischen A und B unmittelbar durch Zugang der Optionserklärung zustande kommen zu lassen. Da hier für A allerdings auch die Möglichkeit besteht, dritte Käufer zu benennen, ist ein separater Kaufvertragsschluss vereinbart. Möglich wäre auch eine differenzierende Regelung, die ein sofortiges Zustandekommen des Kaufvertrages vorsieht, soweit A selbst erwirbt.

247 **19.** Vorkaufsrechte können sowohl im Gesellschaftsvertrag als auch schuldrechtlich in einer Gesellschaftervereinbarung getroffen werden. Grundsätzlich sollen sie insbesondere den Eintritt unerwünschter Dritter in eine GmbH verhindern (Michalski/*Ebbing* § 15 Rn. 68). Da der Vorkaufsberechtigte auf die Bedingungen des Erwerbs der Anteile keinen Einfluss nehmen kann, der Vertrag vielmehr zu den mit dem dritten Erwerber vereinbarten Bedingungen zustande kommt, ist die Ausübung des Vorkaufsrechtes in der Praxis jedoch eher selten. Dies gilt insbesondere dann, wenn, wie im vorliegenden Fall, ein Ankaufsrecht besteht und die Anteile gesellschaftsvertraglich zudem vinkuliert sind, B ohne Zustimmung des A also gar nicht verkaufen kann. Gleichwohl ist die Vereinbarung eines Vorkaufsrechtes, quasi als zusätzliche flankierende Maßnahme, durchaus üblich. Zu Vorkaufsrechten in einer GmbH-Satzung bei Venture Capital-Finanzierungen vgl. *Möllmann/Möllmann*, BWNotZ 2013, 74, 83.

248 Ohne besondere Regelung gelten die Vorschriften des BGB. Es ist in der Regel nicht notwendig, von diesen gesetzlichen Regelungen abzuweichen. Ausnahmen bilden jedoch die Ausübungsfrist, die für die gesellschaftsrechtliche Praxis in § 469 Abs. 2 BGB mit einer Woche oftmals deutlich zu kurz bemessen sein dürfte, sowie die Unübertragbarkeit gemäß § 473 BGB. Nützlich ist auch die Vereinbarung einer schriftlichen Ausübung des Vorkaufsrechts, da § 464 Abs. 1 BGB eine besondere Form nicht vorsieht. In der Praxis häufig anzutreffen sind auch von § 463 und § 469 BGB abweichende ausdifferenzierte Regelungen über die Mitteilungspflichten des Verpflichteten, die schon vor Abschluss des Kaufvertrages mit dem Dritten einsetzen und damit korrespondierende, vorverlagerte Ausübungsrechte darstellen (zum Anwendungsbereich des § 469 BGB im Gesellschaftsrecht vgl. MüKo BGB/*Westermann* § 469 Rn. 2). Ob derartige Regelungen angesichts der Tatsache, dass der endgültige Inhalt eines Kaufvertrages häufig erst dann feststeht, wenn dieser auch endgültig geschlossen ist, zielführend sind, wird der Beurteilung des Einzelnen überlassen bleiben müssen.

249 **20.** Die vertragliche Sicherung des zukünftigen Ausstiegs gehört in Gesellschaftervereinbarungen mit Finanzinvestoren ebenso zum Standard, wie erb- und familienrechtliche Regelungen in Gesellschaftervereinbarungen von Familiengesellschaftern.

250 **21.** Die Erteilung einer Stimmrechtsvollmacht wird in diesem Zusammenhang in der Praxis häufig gefordert. Stimmrechtsvollmachten an Mitgesellschafter sind grundsätzlich zulässig (Baumbach/Hueck/*Zöllner* § 47 Rn. 46, der auf möglichen Konflikt mit § 181 BGB hinweist; Roth/Altmeppen/*Roth* § 47 Rn. 30). Eine derartige Vollmacht kann grundsätzlich ohne explizites Widerrufsrecht erteilt werden, soweit sie wie hier, auf einen bestimmten Zweck bzw. auf ein bestimmtes Rechtsgeschäft beschränkt ist und der Widerruf aus wichtigem Grund nicht ausgeschlossen wird (str., wie hier Baumbach/Hueck/*Zöllner* § 47 Rn. 50 m.w.N.; teilweise einschränkender Lutter/Hommelhoff/*Bayer* § 47 Rn. 24; MüKo GmbHG/*Drescher*, § 47 Rn. 92–93; a.A. Michalski/*Römermann* § 47 Rn. 435, der eine unwiderrufliche Vollmacht nur in besonders begründeten Ausnahmefällen zulässt). Eine Vollmacht ist für derartige Fälle ungeachtet der bereits vereinbarten Stimmbindung auch sinnvoll. Die Stimmbindungsvereinbarung regelt nur das Abstimmungsverhalten des B in Gesellschafterversammlungen; die notwendige Abgabe positiver Erklärungen ist nicht umfasst.

251 **22.** Nicht immer wird der Exit über den Verkauf von Geschäftsanteilen erledigt. Es ist daher anzuraten, möglichst alle denkbaren Szenarien zu erfassen.

252 **23.** Mitverkaufspflichten bilden im Regelfalle den Kern einer Exitregelung. Die »Beseitigung« sämtlicher Minderheitsgesellschafter hat auf den Wert einer Gesellschaft einen nicht ganz unerheblichen Einfluss. Das bedeutet nicht in allen Fällen, dass das Management endgültig aus der Gesellschaft ausscheiden muss. Häufig wird dessen weitere Beschäftigung (teilweise sogar unter

Gewährung von Beteiligungsrechten) durchaus gewünscht, aber zu den Bedingungen des neuen Mehrheitsgesellschafters. Zu Mitveräußerungspflichten und Mitveräußerungsrechten in einer GmbH-Satzung bei Venture Capital-Finanzierungen vgl. *Möllmann/Möllmann*, BWNotZ 2013, 74, 83; Heckschen/Heidinger, Die GmbH in der Gestaltungs- und Beratungspraxis, Kap. 4, Rn. 438–447; MüKo GmbHG/*Reichert/Weller* GmbHG § 15 Rn. 93–96.

24. Die Verpflichtung zum Verkauf von Geschäftsanteilen bedarf der notariellen Beurkundung 253
(§ 15 Abs. 4 GmbHG). Die Formbedürftigkeit erfasst hier die gesamte Gesellschaftervereinbarung (Roth/Altmeppen/*Altmeppen* § 15 Rn. 70 m.w.N.; *Wicke* § 15 Rn. 17; Lutter/Hommelhoff/*Bayer* § 15 Rn. 49).

25. Entscheidend für die Durchsetzbarkeit der Regelung in der Praxis ist die Vereinbarung, dass 254
die Mitverkaufspflicht (wie auch das damit korrespondierende Mitverkaufsrecht) zu den auch für den Mehrheitsgesellschafter geltenden Bedingungen besteht. Im Geltungsbereich der §§ 305 ff. BGB ist die Gleichbehandlung des Mitverkaufsverpflichteten, unter Berücksichtigung etwaig gebotener Differenzierungen aufgrund von tatsächlich abweichenden Umständen, zu beachten. (Zur Anwendbarkeit der §§ 305 ff. BGB im Bereich des Gesellschaftsrechts vgl. die Kommentierungen zu § 310 Abs. 4 BGB, z.B. MüKo BGB/*Basedow* § 310 Rn. 89 ff.). Die §§ 305 ff. BGB sind auch im Bereich des Gesellschaftsrechts anwendbar, wenn der Kern der Regelung nicht die mitgliedschaftliche Verfassung der Gesellschaft, sondern eine schuldrechtliche Austauschbeziehung betrifft (vgl. oben (Rdn. E 242)). So sind Verträge, mit denen ein Gesellschafter seinen Anteil veräußert, verpfändet oder einem anderen einen Nießbrauch daran bestellt, als Austauschverträge zu qualifizieren und unterliegen daher den §§ 305 ff. BGB (MüKo BGB/*Basedow* § 310 Rn. 89). Ebenfalls nicht unter § 310 Abs. 4 BGB fallen Verträge, die zwar gesellschaftsrechtliche Fragen zum Gegenstand haben, die aber das Mitgliedschaftsrecht nicht selbst unmittelbar regeln, sowie Verträge zwischen Gesellschaftern und Dritten oder der Gesellschafter untereinander sowie Abfindungsvereinbarungen bei Ausscheiden aus einer Gesellschaft (Palandt/*Grüneberg* § 310, Rn. 49). So liegt es hier. Die Gesellschaftervereinbarung betrifft nicht das Verhältnis von Gesellschaft und Gesellschafter, sondern ausschließlich der Gesellschafter untereinander; zudem geht es um außerhalb des Gesellschaftsvertrages getroffene schuldrechtliche Vereinbarungen.

26. Grundvoraussetzung für einen Börsengang ist zunächst einmal die Umwandlung der GmbH 255
in eine Aktiengesellschaft. Insofern ist es in der Praxis unbedingt zu empfehlen, die insoweit erforderlichen Zustimmungen der Minderheitsgesellschafter sobald als möglich einzuholen (vgl. zur Stellung des Minderheitsgesellschafters bei einer Umwandlung *Kallrath* MittRhNotK 1999, 325, 334). Die vorliegende Gesellschaftervereinbarung, die im Regelfalle in unmittelbarem zeitlichen Zusammenhang mit der Beteiligung des B an der Gesellschaft geschlossen werden dürfte, bietet sich insoweit an.

27. Im Zusammenhang mit einem Börsengang wird es für alle Gesellschafter erforderlich sein, 256
eine Reihe von Vereinbarungen (z.B. die Übernahmevereinbarungen mit einem Bankenkonsortium oder Lock-up Vereinbarungen, zur Zulässigkeit von Lock-up Vereinbarungen vgl. Park, *Sorgenfrei/Saliger* Kapitalmarktstrafrecht, Teil 3, Kap. 6, Rn. 299–301) abzuschließen. Hier sollte eine möglichst umfassende Regelung schon im Zeitpunkt des Abschlusses der Gesellschaftervereinbarung auf der Basis der dann üblichen Markt- und Börsenstandards getroffen werden (vgl. zum Börsengang etwa Habersack/Mülbert/Schlitt, Unternehmensfinanzierung am Kapitalmarkt, 3. Aufl. 2013).

28. Ein Finanzinvestor wird im Regelfalle auch zukünftigen Geschäftsführern und Managern die 257
Beteiligung an der Gesellschaft ermöglichen wollen. Er hat damit ein vitales Interesse daran, solche Entscheidungen nicht von den bereits beteiligten Minderheitsgesellschaftern blockieren zu lassen. Die im Regelfalle bereits im Gesellschaftsvertrag vereinbarte freie Veräußerlichkeit der Geschäftsanteile des Mehrheitsgesellschafters sowie die Stimmbindung sorgen zwar bereits weitgehend für eine Durchsetzbarkeit der entsprechenden Regelungen (vgl. oben (Rdn. E 229–231)). Im Rahmen ausführlicher Gesellschaftervereinbarungen ist es aber gängige Praxis und aus Gründen der Klarheit auch empfehlenswert, die entsprechenden Regelungen ausdrücklich zu treffen.

258 **29.** Nicht in allen Fällen ist es üblich, in diesem Zusammenhang ein Andienungsrecht des Minderheitsgesellschafters für den Fall zu schaffen, dass einer der anderen Minderheitsgesellschafter eine wesentlich größere Beteiligung als er selbst erhält. Gegenüber einem Geschäftsführer kann dies aber durchaus geboten sein, und zwar in den Fällen, in denen dem Berechtigten eine gewisse Führungsrolle innerhalb des Managements zugedacht war, die jetzt (ausgedrückt durch die höhere Beteiligungsmöglichkeit) einem Dritten übertragen werden soll. In diesen Fällen ist es folgerichtig, den Geschäftsführer vor die Wahl zu stellen, entweder ganz aus der Gesellschaft auszuscheiden, also auch sein Amt als Geschäftsführer niederzulegen, oder aber auf die Ausübung des Andienungsrechtes zu verzichten.

259 **30.** Die Schlussbestimmungen sind nicht gesellschaftervereinbarungsspezifisch, sondern folgen allgemeinen Standards für Vertragsverhältnisse. Eine Rechtswahl ist bei der Beteiligung rein deutscher Parteien nicht erforderlich und hier nur beispielhaft mit aufgeführt.

16. Stimmpoolvereinbarung eines Stammes einer Familiengesellschaft

Vorbemerkung

260 Der Pool ist ein Vielzweckinstrument des Vertragsrechts, das, von der Kautelarpraxis geschaffen, auf der Basis des Gesellschaftsrechts die Verfolgung verschiedener kollektiver Interessen ermöglicht. Die geläufigen Formen des Pools sind der Stimmrechtspool und der Familienpool, aber auch die Familienschutzgemeinschaft ist als Zweckgemeinschaft dazuzuzählen (*Langenfeld* ZEV 2010, 17 (17)).

261 Beim **Familienpool** handelt es sich um ein Instrument der Nachfolgesicherung und der vorweggenommenen Erbfolge in Familien oder kleineren Familiengesellschaften. Abkömmlinge sollen so noch zu Lebzeiten der Eltern an den auf diese Weise gesamthänderisch gehaltenen Vermögenswerten, wie Grundstücken, Unternehmen oder auch Wertpapieren, beteiligt werden (MüKo BGB/ *Ulmer/Schäfer* vor §§ 705–740 Rn. 70).

262 In dem in der Praxis häufig anzutreffenden **Stimmrechtspool** ist nicht die Sicherung der Vermögensnachfolge der zentrale Punkt, sondern vielmehr die Sicherung eines größtmöglichen Einflusses auf die Angelegenheiten der Hauptgesellschaft durch eine im Wege der Stimmbindung vereinigte Stimmenmacht (vgl. MüKo BGB/*Schäfer* § 717 Rn. 19). Wie jede andere Gesellschaftergruppe, die gemeinsame Interessen verfolgt, können auch die Mitglieder eines Familienstamms ihre Stimmkraft so bündeln und ihr eine größere Wirkung verleihen.

263 **Schutzgemeinschaften** zeichnen sich dadurch aus, dass über die gemeinsame Stimmabgabe hinaus die dauerhafte Sicherung des gemeinsamen Einflusses auf das Beteiligungsunternehmen von den Vertragschließenden angestrebt wird (MüKo BGB/*Ulmer/Schäfer* vor §§ 705–740 Rn. 69). Sie haben in der deutschen Wirtschaft seit langer Zeit Tradition und dienen besonders in Familiengesellschaften der Organisation der Familienstämme oder der Wahrung der Interessen der Altgesellschafter bei der Öffnung des Mitgliederkreises (*Noack* Gesellschaftervereinbarungen S. 41).

264 Die Übergänge zwischen den unterschiedlichen Formen von Pools und Schutzgemeinschaften sind fließend, eine trennscharfe Einteilung der Gesellschaftervereinbarungen fällt angesichts der Vielfalt der in der Praxis anzutreffenden Vereinbarungen schwer (vgl. *Noack* Gesellschaftervereinbarungen S. 32). Gerade bei Familiengesellschaften kommt es zu einer Überschneidung von Stimmrechtspool und Familienschutzgemeinschaft, wenn die Mitglieder eines Familienstamms einen Stimmbindungsvertrag schließen.

265 Zu unterscheiden sind vor allem der **Binnen-Pool**, der kein gesamthänderisch gebundenes Vermögen besitzt und bei dem es allein um die interne Vergemeinschaftung gemeinsamer Interessen geht, und der **Externe Pool**, der im Rechtsverkehr auftritt und ein solches Vermögen besitzt. Bei einem Stimmpool wie dem vorliegenden handelt es sich um einen Innenpool, der mangels eines Gesamthandvermögens im Rechtsverkehr nicht in Erscheinung tritt. Für die Schaffung eines solchen reicht

die auf gesellschaftsrechtlicher Ebene erfolgende gemeinschaftliche Bindung zur Förderung eines gemeinsamen Zwecks aus (BGH, Urt. vom 12.11.2007, II ZR 183/06, NJW-RR 2008, 287; DStR 2008, 156).

Wesentliche den Poolcharakter einer Gesellschaft konstituierende Zwecke sind neben der Vergemeinschaftung von Interessen und Vermögen die Vinkulierung der Poolmitgliedschaft, die Abschirmung der Poolmitglieder nach außen und die Perpetuierung des Pools trotz wechselnder Mitglieder (*Langenfeld* ZEV 2010, 17 (17); *König* ZGR 2005, 417 (421)). 266

Ein Vertrag, wie der vorliegende, ist nichts anderes als ein Stimmbindungsvertrag, den die Gesellschafter nach den allgemeinen schuldrechtlichen Regeln miteinander schließen. Die Kapitalgesellschaft selbst ist hierin nicht involviert. Solange ein solcher nicht gegen das Knebelungsverbot oder in sonstiger Weise gegen die guten Sitten verstößt, ist er als Ausfluss der allgemeinen Vertragsfreiheit grundsätzlich zulässig (Heidenhain/Meister/*Hölters/Fovaccia* V.105, Anm. 2). Dies gilt auch, wenn er sich nicht auf einzelne Gegenstände beschränkt, sondern grundsätzlich alle Arten von Abstimmungen erfasst. Eine Verbindung mehrerer Gesellschafter zu einem Pool bedarf nicht der Zustimmung der anderen Gesellschafter (MüKo BGB/*Schäfer* § 717 Rn. 23; Soergel/*Hadding* § 709 Rn. 35; Scholz/*Schmidt* § 47 GmbHG Rn. 40; a.A. *Flume* I/1 § 14 VI S. 233), es sei denn, der Gesellschaftsvertrag der Hauptgesellschaft sieht eine solche vor. Eine Pflicht zur Offenlegung des Poolverhältnisses besteht allenfalls bei einem ausgeprägten Vertrauensverhältnis zwischen den Gesellschaftern (MüKo BGB/*Schäfer* § 717 Rn. 23). 267

Besondere Beachtung sollte den neuen Meldepflichten des § 25a WpHG geschenkt werden. Das unmittelbare oder mittelbare Halten von Finanzinstrumenten oder sonstigen Instrumenten ist demnach mitteilungspflichtig, wenn der Inhaber oder ein Dritter durch diese die Erwerbsmöglichkeit von stimmberechtigten Aktien einer Emittentin hat. Davon betroffen sind in der Praxis vor allem Erwerbs- und Vorkaufsrechte aufgrund von Stimmpoolvereinbarungen. Von der Meldepflicht ausgeschlossen sind jedoch solche Instrumente, die bereits von § 25 WpHG erfasst sind. 268

Muster 269

Präambel

Die in Anlage 1 aufgeführten Mitglieder des Familienstamms __________ (im Folgenden »Poolbeteiligte« genannt) sind Gesellschafter der __________ GmbH (im Folgenden »Gesellschaft« genannt) mit Sitz in __________.

Sie schließen sich zu einem Pool nach Maßgabe der nachstehenden Bestimmungen zusammen. [1]

§ 1
Zweck des Pools

(1) Der Zweck des Pools besteht vor allem darin, auf der Gesellschafterseite die Kontinuität und Unabhängigkeit sowie die weitere erfolgreiche wirtschaftliche Entwicklung der Gesellschaft zu sichern. Dabei soll den Interessen der Gesellschaft der Vorrang vor den Interessen der Gesellschafter eingeräumt werden. [2]

(2) Zur Erreichung dieses Zwecks wollen die Poolbeteiligten

- **die wesentlichen, die Gesellschaft betreffenden Fragen unbeschadet der gesetzlichen und satzungsmäßigen Zuständigkeiten der Gesellschafterversammlung und der Geschäftsführung miteinander behandeln,**
- **für eine einheitliche Wahrnehmung des Stimmrechts in der Gesellschaft sorgen,**
- **die Verfügungsbefugnis über die Anteile regeln.**

§ 2
Vorsitzender

(1) Die Poolbeteiligten wählen mit Zweidrittelmehrheit einen Vorsitzenden des Pools sowie einen Stellvertreter. Die Wahl gilt für drei Jahre. Eine vorzeitige Abberufung ist mit Zweidrittelmehrheit jederzeit möglich.

(2) Kommt eine Zweidrittelmehrheit in zwei aufeinanderfolgenden Versammlungen nicht zustande, so wird die Entscheidung über die Person des Vorsitzenden bzw. Stellvertreters durch Los getroffen. Für die Losentscheidung kann jeder Poolbeteiligte einen Kandidaten vorschlagen. Für die Loswahl kandidieren nur die drei Kandidaten mit den meisten Vorschlagsstimmen.

(3) Erster Vorsitzender der Gesellschaft ist der Gesellschafter ____________, sein erster Stellvertreter ist der Gesellschafter ____________. [3]

(4) Der Vorsitzende und sein Stellvertreter erhalten keine Tätigkeitsvergütung, jedoch Ersatz ihrer notwendigen Auslagen. In jeder Poolversammlung wird über den Auslagenersatz und einen Auslagenvorschuss mit einfacher Mehrheit beschlossen. Den Auslagenersatz tragen die Poolbeteiligten im Verhältnis ihrer Beteiligung zueinander.

§ 3
Poolversammlungen

(1) Die Poolversammlung besteht aus den Poolbeteiligten.

(2) Die Poolversammlungen werden vom Vorsitzenden durch Brief an die Poolbeteiligten mit Einladungsfrist von mindestens einer Woche einberufen. Bei der Berechnung der Frist werden der Tag der Absendung der Einladung und der Tag der Versammlung nicht mitgerechnet. Die Frist kann in dringenden Fällen auch verkürzt werden, insbesondere wenn Poolbeteiligte die Einberufung einer außerordentlichen Poolversammlung nach Abs. 4 S. 2 beantragen. Der Einladung muss die Tagesordnung der Versammlung beigefügt sein.

(3) Der Vorsitzende führt den Vorsitz der Versammlung.

(4) Versammlungen des Pools erfolgen, soweit hierfür ein Anlass besteht, mindestens aber einmal jährlich jeweils drei Wochen vor der jährlichen Hauptversammlung der Gesellschaft. Auf Verlangen von mindestens einem Drittel der Gesellschafter ist eine außerordentliche Poolversammlung unter Angabe des Einberufungsgrundes abzuhalten. Soll in der Hauptgesellschaft eine außerordentliche Poolversammlung stattfinden, so ist alsbald eine Poolversammlung einzuberufen, die spätestens drei Wochen vor dieser stattfindet.

(5) An der Poolversammlung können auf entsprechenden Beschluss der Poolversammlung bei besonderem Anlass Sachverständige und zur Berufsverschwiegenheit verpflichtete Dritte teilnehmen.

(6) Hauptgegenstand der Poolversammlungen ist die Beratung und Beschlussfassung über die ihr nach diesem Vertrag obliegenden Angelegenheiten, insbesondere:

- **Die Änderungen dieses Vertrages, die Aufnahme neuer Poolbeteiligter.**
- **Alle Angelegenheiten, die die Gesellschaft betreffen; hierbei sind insbesondere auch dem sich aus § 1 ergebenden Zweck dieses Pools und den Interessen der Poolbeteiligten Rechnung zu tragen.**

– Die Entscheidung, wie zu einem jeden Punkt der Tagesordnung der Gesellschafterversammlung der Gesellschaft das Stimmrecht auszuüben ist.

(7) Beschlüsse der Poolversammlung, die den Pool betreffen, werden mit einfacher Mehrheit gefasst, soweit dieser Vertrag keine anderen Mehrheitserfordernisse vorsieht. Beschlüsse der Poolversammlung über die Tagesordnungspunkte der Gesellschafterversammlung der Gesellschaft erfordern dieselben Mehrheiten, die bei den entsprechenden Beschlussgegenständen für diese Gesellschafterversammlung vorgesehen sind. Eine schriftliche oder fernschriftliche Abstimmung ist möglich, wenn alle Poolbeteiligten dem zustimmen. [4]

(8) Je 1 € eines Geschäftsanteils an der Hauptgesellschaft gewähren eine Stimme.

(9) Im Falle seiner Verhinderung kann ein Poolbeteiligter sich in der Poolversammlung mittels schriftlicher Vollmacht durch einen anderen Gesellschafter oder mittels Stimmbotschaft vertreten lassen.

(10) Die Beschlussfähigkeit der Poolversammlung richtet sich nach den Regeln über die Beschlussfähigkeit der Gesellschafterversammlung. [5]

(11) Etwa anfallende Kosten einer Poolversammlung haben die Poolbeteiligten selbst zu tragen.

§ 4
Repräsentation des Pools in der Gesellschafterversammlung

Die Repräsentation des Pools in der Gesellschafterversammlung der Hauptgesellschaft erfolgt durch den Vorsitzenden. Ihm gewähren die Poolbeteiligten für die Dauer seiner Amtszeit eine unwiderrufliche Vollmacht zur Ausübung des Stimmrechts aus den von ihnen gehaltenen Beteiligungen. [6]

§ 5
Veräußerung von Anteilen, Erbschaft und Vermächtnis [7]

(1) Die Veräußerung von Anteilen an der Hauptgesellschaft ist nur nach Maßgabe des Gesellschaftsvertrags der Hauptgesellschaft zulässig. Das gleiche gilt für die Fortsetzung der Gesellschaft mit Erben und Vermächtnisnehmern.

(2) Stirbt ein Poolbeteiligter, so wird der Pool mit seinen Erben und/oder Vermächtnisnehmern fortgesetzt. Im Falle der Zuwendung durch Vermächtnis werden Erblasser und Erben die Übertragung der Anteile davon abhängig machen, dass der Vermächtnisnehmer dem Pool beitritt. [8]

§ 6
Vertragsstrafe [9]

(1) Handelt ein Poolbeteiligter diesem Vertrag zuwider, unterliegt er unbeschadet eventueller weitgehender Schadensersatzansprüche einer Vertragsstrafe in Höhe von ____________ €.

(2) Handelt ein Poolbeteiligter den Bestimmungen des Gesellschaftsvertrags über die Veräußerung von Anteilen zuwider, so unterliegt er unbeschadet eventueller Schadensersatzansprüche einer Vertragsstrafe in Höhe eines von einem Dritten für eine etwaige Veräußerung seiner Anteile zu zahlenden oder empfangenen Entgelts.

(3) Die Vertragsstrafe fließt den übrigen Poolbeteiligten im Verhältnis ihrer Beteiligung zu. [10]

§ 7
Dauer der Gesellschaft, Kündigung

(1) Dieser Poolvertrag wird zunächst für die Dauer von fünfundzwanzig Jahren vom Tag des Vertragsschlusses an geschlossen. Er verlängert sich um jeweils weitere fünf Jahre, wenn nicht die Gesellschafterversammlung mit einer Mehrheit von 70 % der Poolbeteiligten bis spätestens drei Monate vor Ablauf der Grundlaufzeit bzw. der laufenden Verlängerungszeit widerspricht. Eine Kündigung dieses Vertrags aus wichtigem Grunde bleibt unberührt. [11]

(2) Scheidet einer der Vertragsschließenden aus der Gesellschaft aus, ist er verpflichtet, den Beitritt seines Rechtsnachfolgers zu diesem Poolvertrag zu bewirken. [12]

(3) Für den Fall der vollständigen Übertragung der Anteile an der Hauptgesellschaft sind sich die Vertragsschließenden einig, die Gesellschaft aufzulösen und das nach Auflösung und Abwicklung verbleibende Vermögen an ihre Gesellschafter entsprechend ihrer Beteiligungsquote auszukehren.

(4) Die Vertragsschließenden vereinbaren, dass auf Antrag von mindestens 70 % des Stammkapitals die Gesellschaft aufgelöst und der Treuhandvertrag beendet werden kann. Nach Auflösung und Abwicklung der Gesellschaft sind in diesem Falle die von der Gesellschaft gehaltenen Anteile der Hauptgesellschaft __________ GmbH an die zu diesem Zeitpunkt vorhandenen Gesellschafter entsprechend ihrer Beteiligungsquote zu übertragen.

§ 8
Schlussbestimmungen

(1) Sollten einzelne Bestimmungen dieses Vertrags ganz oder teilweise unwirksam oder undurchführbar sein oder werden, so bleibt der Vertrag im Übrigen wirksam. An die Stelle der unwirksamen oder undurchführbaren Vertragsbestimmung tritt im Wege der ergänzenden Vertragsauslegung die angemessene Regelung, die in wirtschaftlicher Hinsicht dem am nächsten kommt, was üblicherweise vereinbart worden wäre, wenn die Unwirksamkeit oder Undurchführbarkeit bekannt gewesen wäre. Sofern die Auslegung aus Rechtsgründen ausscheidet, verpflichten dich die Poolbeteiligten, dementsprechende ergänzende Vereinbarungen zu treffen. Die vorstehende Regelung gilt auch, wenn sich bei der Durchführung oder in der Auslegung des Vertrags eine ausfüllungsbedürftige Lücke ergibt.

(2) Die den Parteien durch Abschluss und Durchführung dieses Vertrages entstehenden Kosten tragen die Vertragsschließenden entsprechend dem Verhältnis ihrer Beteiligung an der Gesellschaft.

(3) Änderungen und Ergänzungen dieses Vertrages bedürfen zu ihrer Wirksamkeit der Schriftform. Das gilt auch für die Abänderung des Schriftformerfordernisses. Mündliche Nebenabreden sind nicht getroffen.

Erläuterungen

Literatur: *Dutta*, Das Pooling von Kapitalgesellschaftsanteilen im inhabergeführten Unternehmen, ZGR 2016, 581; *König*, Zur Willensbildung im Stimmenpool, ZGR 2005, 417; *Langenfeld*, Der Pool – ein Vertragstyp der Vergemeinschaftung, ZEV 2010, 17; *Noack*, Gesellschaftervereinbarungen bei Kapitalgesellschaften S. 41, J.C.B. Mohr (Paul Siebeck)-Verlag, Tübingen 1994; *Simon/Rubner*, NJW-Spezial 2005, 27; *Westenbruch*, Beschlussfassung und Pflichtverletzung im Stimmrechtskonsortium, NZG 2009, 645.

1. Der Poolvertrag begründet eine GbR. Da beim Stimmpool ein Gesellschaftsvermögen nicht erforderlich ist und ein Auftreten nach außen in der Regel nicht erfolgt, ist es auch nicht notwendig, durch die Wahl der Rechtsform der GmbH die Haftung der Gesellschafter zu beschränken. Das Einfachste und am häufigsten Durchgeführte ist daher die Gründung einer GbR. 270

2. Die Beschreibung des Zwecks der Gesellschaft dient der Manifestation der gemeinsamen Zielsetzung. Mit einem Pool können sehr unterschiedliche Zielsetzungen verfolgt werden; so kann er über eine gebundene Stimmabgabe zur Effektivierung der gemeinsamen Stimmenmacht gedacht sein, in Familiengesellschaften kommen oft das Ziel, die Macht und den Einfluss der Familie an sich zu sichern und eine Überfremdung zu verhindern hinzu. Da ein Pool verschiedene Regelungsgegenstände haben kann, ist es von Bedeutung, festzulegen, welche Zielvorstellungen im Einzelfall genau umgesetzt werden sollen. 271

3. Der Vorsitzende beruft gemäß § 3 Abs. 2 die Poolversammlungen ein. Seine Wahl kann wiederum nur auf einer Poolversammlung erfolgen. Daher bedarf es einer Regelung, um die Wahl des ersten Vorsitzenden sicherzustellen. Diese kann, wie hier, bereits im Poolvertrag erfolgen, indem erster Vorsitzender und Stellvertreter namentlich genannt werden. Alternativ wäre auch denkbar, allerdings etwas aufwendiger, diesbezüglich eine Sonderregelung für die erste Poolversammlung zu treffen (vgl. Heidenhain/Meister/*Hölters/Fovaccia* V.105, Anm. 8). 272

4. Die Klarstellung in S. 2 ist vor allem bedeutsam vor dem Hintergrund der streitigen Diskussion über die Frage, ob Vorabstimmungen in einem Stimmrechtskonsortium die Gesellschafter bei einer Stimmabgabe in der Gesellschafterversammlung einer Kapitalgesellschaft per se wirksam binden können, oder ob die (qualifizierten) Mehrheitserfordernisse, die für die Beschlussfassung dort gelten, auch im Konsortium beachtet werden müssen (dazu: *Westenbruch* NZG 2009, 645 (645 ff.)). Grundsätzlich ist gemäß § 709 Abs. 1 BGB in Abstimmungen einer GbR Einstimmigkeit erforderlich. Ein Beschluss nach dieser Vorgabe hat zur Folge, dass es keine unterlegene Poolminderheit gibt, deren Stimmen dadurch belastet werden, dass sie angesichts der bei einer vom Poolbeschluss abweichenden Abstimmung in der Gesellschafterversammlung der GmbH Sanktionen zu erwarten und daher der Poolentscheidung in ihrer Abstimmung in der Hauptgesellschaft zu folgen haben (*König* ZGR 2005, 417 (419)). Allerdings ist zu beachten, dass diese Regelung im Falle der geringsten Uneinigkeit lähmender wirken kann als das Erfordernis einer qualifizierten Mehrheit. Die Blockierung von Entscheidungen ist in vielen Fällen dann unumgänglich und die mit der Poolabstimmung verfolgte Effektivierung der Stimmenmacht vergeben. Einstimmigkeit wäre im Konfliktfall kaum zu erzielen. 273

Allerdings ist gemäß § 709 Abs. 2 BGB eine abweichende Regelung im Gesellschaftsvertrag der GbR zulässig, die Mehrheitsentscheidungen ermöglicht. Gemeint ist hierbei die absolute Mehrheit der stimmberechtigten Mitglieder (MüKo BGB/*Schäfer* § 709 Rn. 47). 274

Gegen eine Übertragung der Mehrheitserfordernisse aus der Hauptgesellschaft wird vor allem das Argument angeführt, dass dieses Vorgehen zu einer Schwächung der Stimmrechtsmacht der Gesamtheit der Poolbeteiligten führe, da es die Gefahr erhöhe, dass mangels Zustandekommens einer entsprechenden Mehrheit ein Beschluss in der Poolgesellschaft überhaupt gefasst werden kann. 275

Für die Übertragung der Mehrheitserfordernisse aus der Hauptgesellschaft spricht allerdings, dass diese dann nicht umgangen werden können. Nimmt man an, dass 50 % plus eine Stimme aus den Gesellschaftsanteilen der Hauptgesellschaft in einem Pool zusammengeschlossen sind, so reichen im Falle einer statutarischen Mehrheitsklausel 25 % plus eine Stimme in der Gesellschafterversammlung aus, um für einen einfachen Mehrheitsbeschluss das Entscheidungsergebnis bereits im Pool zu manifestieren, wenn für diesen die gleichen Mehrheitserfordernisse gelten. 276

5. Mit diesem Verweis auf die Satzung der Hauptgesellschaft können umfangreiche und unnötige Doppelregelungen vermieden werden. 277

278 **6.** Diese Klausel ist vor allem deshalb von zentraler Bedeutung, weil nur mit ihr der Nutzen eines Pools, wie diesem, in letzter Konsequenz ausgeschöpft wird. Ebenso wie in der Treuhandgesellschaft ist es auch hier sinnvoll, die Stimmabgabe nicht nur vorher abzustimmen, sondern die Stimmen auch derart zu bündeln, dass nur ein Vertreter (i.d.R. der Vorsitzende) an der Gesellschafterversammlung der Hauptgesellschaft teilnimmt. Eine Anwesenheit in der Gesellschafterversammlung nützt den Poolbeteiligten ohnehin kaum, wenn sie bereits verbindlich abgestimmt haben. Die Poolbeteiligten haben infolge der Stimmbindung einen einklagbaren Erfüllungsanspruch gegen den Vorsitzenden, ihr Votum in der Hauptgesellschaft umzusetzen.

279 Gibt es in der Familiengesellschaft, der die Poolmitglieder angehören, auch eine Familientreuhandgesellschaft oder einen übergeordneten Pool, der die jeweiligen Familienpools zusammenfasst (was insbesondere bei größeren Familienunternehmen erwägenswert ist), so wird sich die Regelung hinsichtlich der Vertretung des Pools durch den Vorsitzenden eher auf die Vertretung in der Treuhandgesellschaft als in der Hauptgesellschaft beziehen, denn beide Konsortien dienen dem Zweck, Familienvertreter in der Gesellschafterversammlung der Hauptgesellschaft zahlenmäßig zu begrenzen.

280 **7.** Dazu Muster E 14 Anm. 7 (Rdn. E 214).

281 **8.** Anders als bei der GmbH ist es bei einer GbR möglich, der Nachfolge in einen Geschäftsanteil durch Kauf oder Erbschaft auch im Poolvertrag durch eine Nachfolgeklausel Rechnung zu tragen.

282 Wie bei der Treuhandgesellschaft kann auch hier auf die Regelungen des Gesellschaftsvertrags der Familiengesellschaft verwiesen werden, der den Verkauf der Anteile in aller Regel bereits umfangreichen Beschränkungen unterwirft.

283 **9.** Dazu Muster E 14 (Rdn. E 216).

284 **10.** Hinsichtlich der Höhe einer Vertragsstrafe kann hier bei Bedarf zwischen verschiedenen Verstößen variiert werden.

285 **11.** Identische Regelung wie bei Familientreuhandgesellschaft; dazu Muster E 26 (Rdn. E 395 f.).

286 Anders als bei der Treuhandgesellschaft wird hier der Widerspruch nicht durch 70 % des Stammkapitals gefordert, da für die GbR ein Gesellschaftskapital im Zweifel nicht festgelegt ist. Praktikabler ist daher, auf die Stimmenmehrheit abzustellen.

287 Die Klarstellung in S. 3 ist erforderlich, um der Regelung des § 723 Abs. 3 BGB Rechnung zu tragen. Diese erhebt das Kündigungsrecht zum unverzichtbaren Mitgliedschaftsrecht. Eine Formulierung ohne diese Klarstellung würde zur Unwirksamkeit der Klausel wegen Verstoßes gegen § 723 Abs. 3 BGB führen.

288 **12.** Das Zustimmungserfordernis zur Fortsetzung der Gesellschaft mit Rechtsnachfolgern, das an dieser Stelle im Treuhandvertrag formuliert ist, entfällt, da hier die Rechtsform nicht die der GmbH, sondern die der GbR ist.

289 Da es sich bei dem Poolvertrag um eine schuldrechtliche Abrede zwischen den Gesellschaftern untereinander handelt, sind die sich aus dem Poolvertrag ergebenden Rechte und Pflichten unmittelbar an die Person der Vertragschließenden und nicht etwa auch an die Mitgliedschaft in der Hauptgesellschaft gebunden. Ein automatischer Übergang auf die Rechtsnachfolger zusammen mit der Mitgliedschaft in der Hauptgesellschaft erfolgt daher nicht (*Simon/Rubner* NJW-Spezial 2005, 27 (27)). Um eine Auflösung der Gesellschaft gemäß § 727 Abs. 1 BGB durch den Tod eines Gesellschafters zu verhindern, muss eine Nachfolgeklausel aufgenommen werden.

290 Es ist nach der Rechtsprechung des BGH möglich, dem kündigenden Gesellschafter eine entgeltliche Andienungspflicht gegenüber den verbleibenden Gesellschaftern aufzuerlegen. Dies stellt insbesondere keinen Verstoß gegen § 723 Abs. 3 BGB dar (BGH, Urt. vom 15.06.1994, II ZR 38/93, BGHZ 126, 226 (234 ff.); BGH, Urt. vom 13.06.1994, II ZR 38/93, ZIP 1994, 1173; MüKo BGB/*Ulmer/Schäfer* vor §§ 705–740 Rn. 69a; Beck´sches Formularbuch VIII.A.2, Anm. 16).

III. Treuhand

17. Abtretung eines Geschäftsanteils an einen Treuhänder (Übertragungstreuhand)

Vorbemerkung

Die Vereinbarung einer Treuhand an einem GmbH-Geschäftsanteil, also die mitgliedschaftsrechtliche Beteiligung als Treuhänder eines Dritten (= Treugeber), ist rechtlich zulässig und begegnet grundsätzlich keinen Wirksamkeitsbedenken. Die Gründe für die Vereinbarung einer Treuhand sind vielfältig. In manchen Fällen wünscht der Treugeber nur Entlastung von den mit der Gesellschafterstellung verbundenen Tätigkeiten. Häufig dient die Einschaltung eines Treuhänders auch dazu, die Beteiligung des Treugebers gegenüber der Öffentlichkeit, Geschäftspartnern und Konkurrenten geheim zu halten (was allerdings mit dem 2017 eingeführten Transparenzregister nicht mehr in allen Fällen möglich sein dürfte). Bei Publikumsgesellschaften und Arbeitnehmerbeteiligungen kann die Bündelung von Beteiligungen bei einem Treuhänder eine organisatorische Vereinfachung darstellen; hinzu kommt, dass dadurch auch die Handlungsfähigkeit der Gesellschaft, insbesondere deren Beschlussfähigkeit, eher sichergestellt werden kann. Auch bei der Unternehmensnachfolge kann durch die Einschaltung eines Treuhänders eine weniger umständliche Abwicklung erreicht werden. Teilweise werden Treuhandverträge auch mit dem Ziel vereinbart, gesetzliche, satzungsmäßige oder sonstige vertragliche Bestimmungen wie Wettbewerbsverbote, Vinkulierungsklauseln, kartell-, subventions- oder steuerrechtliche Normen zu umgehen oder sich im Rahmen feindlicher Übernahmen strategische Vorteile zu verschaffen; solche Konstruktionen sind aber unter Umständen rechtlich unwirksam. Für die Frage der Wirksamkeit wird es maßgeblich auf die Auslegung der fraglichen Bestimmungen und Normen ankommen. Für den Notar kann es sich im Einzelfall anbieten, die Beteiligten auf diesen Punkt hinzuweisen (so *Hermanns*, notar 2014, 283). 291

Von den vorstehend skizzierten Fällen der sog. Verwaltungstreuhand, bei denen die Verwaltung der Geschäftsanteile fremdnützig für den Treugeber erfolgt, ist die sog. Sicherungstreuhand zu differenzieren, die der eigennützigen Sicherung von Forderungen des Treuhänders dient. Die Sicherungstreuhand spielt wegen der Möglichkeit der Verpfändung von Geschäftsanteilen trotz Vorteilen im Insolvenzfall jedoch eine untergeordnete Rolle (so *Grage*, RNotZ 2005, 251, 252). 292

Die Treuhandposition entsteht durch Beteiligung eines Treuhänders an der Gründung bzw. im Rahmen einer Kapitalerhöhung oder, wie in diesem Muster 17, durch die spätere Übertragung eines Geschäftsanteils auf den Treuhänder (Übertragungstreuhand). Das Muster beinhaltet in Teil II die Abtretung/Übertragung des Geschäftsanteils auf den Treuhänder nebst immanenter Verpflichtung zur Begründung eines Treuhandverhältnisses, die jeweils nach § 15 Abs. 3 bzw. Abs. 4 GmbHG beurkundungsbedürftig sind. Teil III des Treuhandvertrags ist angesichts der darin enthaltenen Abtretungs- bzw. Erwerbsverpflichtung nach § 15 Abs. 4 GmbHG ebenfalls beurkundungsbedürftig. 293

Gesellschaftsvertragliche Vinkulierungsklauseln dürften unstreitig die Übertragungstreuhand, wie in diesem Muster 17, erfassen; der Gesellschafter als Treugeber überträgt den von ihm gehaltenen Geschäftsanteil an den Treuhänder (*Gebke*, GmbHR 2014, 1128, 1131). Fraglich ist dagegen, ob Vinkulierungsklauseln die Begründung einer Treuhand auch dann erfassen, wenn Treuhandverhältnisse nicht ausdrücklich erwähnt werden. Diese Frage stellt sich insbesondere bei der Vereinbarungstreuhand, bei der es an einer formalen Verfügung über den Geschäftsanteil fehlt (siehe dazu Muster E 19 (Rdn. E 344)). Eine vorsorgliche Zustimmung erscheint jedoch auch in diesen Fällen nicht nur empfehlenswert, sondern zur Vermeidung schwerwiegender Konsequenzen (u.a. Unwirksamkeit ex tunc bei Versagung der Genehmigung) sogar geboten. 294

Der Treuhandvertrag stellt bei unentgeltlicher Tätigkeit des Treuhänders regelmäßig ein Auftragsverhältnis gemäß §§ 662 ff. BGB dar. Bei Vereinbarung einer Vergütung ist der Treuhandvertrag als Geschäftsbesorgungsvertrag gemäß § 675 BGB zu qualifizieren. 295

Muster

296 **Verhandelt am ____________ in ____________**

Vor mir, dem unterzeichneten Notar [1] ____________

erschienen heute:

1. A

geb. am ____________ in ____________

wohnhaft ____________

ausgewiesen durch [2] ____________/von Person bekannt

2. B

geb. am ____________ in ____________

wohnhaft ____________

ausgewiesen durch ____________/von Person bekannt

3. C

geb. am ____________ in ____________

wohnhaft ____________

ausgewiesen durch ____________/von Person bekannt

Auf Befragen erklärten die Erschienenen, dass eine Vorbefassung des Notars im Sinne von § 3 Abs. 1 Satz 1 Nr. 7 des Beurkundungsgesetzes nicht gegeben sei.

Die Erschienenen erklärten mit der Bitte um Beurkundung was folgt:

I. Vorbemerkung

Die alleinigen Gesellschafter der im Handelsregister des Amtsgerichts Frankfurt am Main unter HRB ____________ eingetragenen Gesellschaft mit der Firma DEF Handelsgesellschaft mbH (»Gesellschaft«) sind

A mit dem Geschäftsanteil Nr. 1 mit einem Nennbetrag von 20.000,– € und

B mit dem Geschäftsanteil Nr. 2 mit einem Nennbetrag von 5.000,– €.

Das Stammkapital der Gesellschaft beträgt 25.000,– €.

Die Geschäftsanteile sind in voller Höhe eingezahlt.

Die zuletzt zum Handelsregister genommene Liste der Gesellschafter vom ____________, aus der sich die vorstehend dargestellten Beteiligungsverhältnisse ergeben, ist anliegend in Kopie beigefügt.

II. Übertragung des Geschäftsanteils

§ 1

A (»Übertragender«) überträgt hiermit zur Begründung eines Treuhandverhältnisses nach Maßgabe von Abschnitt III dieser Urkunde seinen Geschäftsanteil Nr. 1 mit einem Nennbetrag von 20.000,– € (»Treuhand-Geschäftsanteil«) an der Gesellschaft auf C (»Erwerber«).

Die Übertragung des Treuhand-Geschäftsanteils erfolgt mit sofortiger dinglicher Wirkung.

Der Erwerber nimmt die Übertragung an.

§ 2

Der Übertragende sichert zu, dass er als Inhaber über den Treuhand-Geschäftsanteil frei verfügen kann, dieser nicht mit Rechten Dritter belastet ist und die Satzung der Gesellschaft in der Fassung vom ___________ unverändert fortbesteht.

§ 3

Gemäß § 3 des Gesellschaftsvertrages der Gesellschaft ist die Übertragung von Geschäftsanteilen nur mit Zustimmung der übrigen Gesellschafter zulässig.

B als alleiniger Mitgesellschafter erteilt hiermit die Zustimmung zu der vorstehenden Geschäftsanteilsübertragung des Treuhand-Geschäftsanteils.

§ 4

Die Gesellschaft hat keinen Grundbesitz.

III. Treuhandvertrag

A und C sind sich darüber einig, dass C den unter Abschnitt II. übertragenen Treuhand-Geschäftsanteil treuhänderisch, also im eigenen Namen, jedoch für Rechnung des A hält. [3]

A und C vereinbaren die nachstehenden Vertragsbedingungen:

§ 1

A (»Treugeber«) verpflichtet sich, C (»Treuhänder«) von allen Ansprüchen, insbesondere auch steuerlicher Art freizuhalten, die sich aus dessen Gesellschafterstellung an der Gesellschaft oder deren Rechtsnachfolgerin infolge der ordnungsgemäßen Erfüllung dieses Treuhandvertrags ergeben.

Der Treuhänder erhält für seine Tätigkeit keine Vergütung. [4]

§ 2

Der Treuhänder erklärt, dass ihm der Treuhand-Geschäftsanteil von dem Treugeber zur Verfügung gestellt wurde. Er verpflichtet sich, über den Treuhand-Geschäftsanteil nur mit Zustimmung des Treugebers zu verfügen, insbesondere diesen nur mit dessen Zustimmung abzutreten, zu verpfänden oder sonst zu belasten.

Der Treuhänder hat alle Unterlagen und Informationen, die ihm als Gesellschafter zugehen, unverzüglich an den Treugeber weiterzuleiten. Er hat dem Treugeber darüber hinaus mindestens einmal im Quartal über alle die Gesellschaft, die Gesellschafter und deren Geschäftsanteile betreffenden Angelegenheiten und Entwicklungen Bericht zu erstatten.

Der Treuhänder verpflichtet sich außerdem, die sich aus dem Treuhand-Geschäftsanteil ergebenden Rechte nur mit Zustimmung des Treugebers auszuüben, insbesondere auf Gesellschafterversammlungen nur nach Absprache mit dem Treugeber zu stimmen und sämtliche aus dem Treuhand-Geschäftsanteil erwachsenden Gewinne und sonstigen Ausschüttungen einschließlich eines Liquidationserlöses unverzüglich an den Treugeber abzuführen. [5]

Bei einer Erhöhung oder Herabsetzung des Treuhand-Geschäftsanteils gelten die Bestimmungen dieses Treuhandvertrages weiter. Die vereinbarte treuhänderische Bindung gilt bei Veränderungen des Treuhand-Geschäftsanteils in Folge umwandlungsrechtlicher oder ähnlicher Vorgänge entsprechend.

§ 3

Der Treuhänder hat den Treuhand-Geschäftsanteil auf jederzeit mögliche Anforderung des Treugebers unverzüglich auf den Treugeber oder auf eine von diesem zu benennende dritte Person zu übertragen.

Ebenso ist auch der Treuhänder berechtigt, den Treuhand-Geschäftsanteil jederzeit auf den Treugeber zu übertragen.

Der Treugeber und der Treuhänder erteilen sich gegenseitig unwiderruflich Auftrag und Vollmacht, unter Befreiung von den Bestimmungen des § 181 BGB gegebenenfalls alle Erklärungen abzugeben und entgegenzunehmen, die erforderlich oder dienlich sind, um den Treuhand-Geschäftsanteil auf den Treugeber, seine Erben oder eine von dem Treugeber zu benennende dritte Person zu übertragen. Die Vollmachten gelten über den Tod eines jeden Vollmachtgebers hinaus. [6]

IV. Sonstiges [7]

Soweit nicht nach anwendbarem zwingendem Recht eine Verpflichtung zur Offenlegung besteht, ist dieser Treuhandvertrag vertraulich zu behandeln. Wenn der Treuhänder sich gesetzlich zur Offenlegung verpflichtet glaubt, wird er den Treugeber unverzüglich von der beabsichtigten Offenlegung unterrichten. Sollte eine vorherige Unterrichtung nicht möglich sein, wird der Treuhänder den Treugeber unverzüglich nach Vornahme der Offenlegung unterrichten.

Für den Fall, dass diese Urkunde oder Teile davon fehlerhaft sein sollten, verpflichten die Parteien sich bereits jetzt, sämtliche Erklärungen abzugeben und Handlungen vorzunehmen, um das wirtschaftliche Ziel dieser Urkunde dennoch zu erreichen bzw. ihm möglichst nahe zu kommen.

Die Kosten dieser Beurkundung trägt der Treugeber.

V. Hinweise des Notars [8]

Der beurkundende Notar hat unter anderem darauf hingewiesen, dass

- **Übertragender und Erwerber für rückständige Leistungen haften, wenn Geschäftsanteile nicht voll eingezahlt sind;**
- **im Verhältnis zur Gesellschaft nur die Person als Inhaber eines Geschäftsanteils gilt, die in die zum Handelsregister eingereichte Gesellschafterliste eingetragen ist;**
- **den Treugeber jedenfalls die Gründungshaftung (§ 9a GmbHG), die Haftung für die Leistung von Einlagen (§ 19 Abs. 2 GmbHG) und etwaige Fehlbeträge (§ 24 GmbHG) sowie für die Kapitalerhaltung (§§ 30, 31 GmbHG) wie ein Gesellschafter trifft;**
- **er diesen Vertrag aufgrund gesetzlicher Anzeigepflichten dem Finanzamt anzuzeigen hat;**
- **nach dem Geldwäschegesetz (GwG) ein Transparenzregister eingerichtet ist, dem der wirtschaftlich Berechtigte einer GmbH zu melden ist. Wirtschaftlich Berechtigter einer GmbH sei die natürliche Person, die entweder mehr als 25 % der Kapitalanteile hält, mehr als 25 % der Stimmrechte kontrolliert oder auf vergleichbare Weise Kontrolle ausübt. Auch eine Kombination von Stimmrechten**

aus eigenem Anteilsbesitz und/oder einer Treuhandkonstruktion, ein Stimmbindungsvertrag, eine atypisch stille Beteiligung oder eine Nießbrauchgestaltung könne unter Umständen zu einer Meldepflicht gegenüber dem Transparenzregister führen, wenn insgesamt mehr als 25 % der Stimmrechte an der GmbH kontrolliert werden. Die Verletzung der Meldepflicht sei bußgeldbewehrt.

Der Notar war nicht beauftragt, die steuerlichen Folgen dieses Vertrags zu prüfen und hat demzufolge auch keine derartige Prüfung vorgenommen. Nach Angabe der Beteiligten erfolgte anderweitig eine steuerliche Beratung. [9]

Diese Niederschrift wurde den Erschienenen von dem Notar vorgelesen, von den Erschienenen genehmigt und von ihnen sowie dem Notar eigenhändig wie folgt unterschrieben:

Template

Recorded on __________ in __________ 297

Before me, the undersigned Notary [1] __________

appeared today:

1. A

born on __________ in __________

residing at __________

identified through [2] __________/personally known to the Notary

2. B

born on __________ in __________

residing at __________

identified through __________/personally known to the Notary

3. C

born on __________ in __________

residing at __________

identified through __________/personally known to the Notary

When asked by the Notary, the persons appeared declared that a prior involvement of the Notary within the meaning of § 3 (1) sentence 1 No. 7 of the German Notarial Recordings Act had not occurred.

The persons appeared requested that the following be recorded:

I. Preamble

The sole shareholders of the company known as DEF Handelsgesellschaft mbH (»Company«) and registered in the commercial register of the Frankfurt am Main Local Court under HRB __________ are

A holding share number 1 with a nominal amount of €20,000 and

B holding share number 2 with a nominal amount of €5,000.

The Company's registered share capital amounts to €25,000.

The above shares are fully paid-in.

A copy of the list of shareholders dated __________, most recently filed with the commercial register and reflecting the above shares and shareholders, is attached hereto.

II. Share transfer

§ 1

(1) In order to establish a trust relationship as provided for in Part III hereof, A (»Transferor«) hereby transfers share number 1 with a nominal amount of €20,000 held by him in the Company (»Trust Share«) to C (»Purchaser«).

(2) The transfer of the Trust Share *in rem* occurs with immediate effect.

(3) The Purchaser accepts the transfer.

§ 2

The Transferor warrants that as holder of the Trust Share he has full power and authority to dispose of the Trust Share, that the Trust Share is not encumbered with any third-party rights and that the Company's articles of association in the version of __________ remain in full force and effect.

§ 3

(1) Pursuant to § 3 of the Company's articles of association, shares may only be transferred with the consent of the remaining shareholders.

(2) As sole co-shareholder, B hereby grants his consent to the above transfer of the Trust Share.

§ 4

The Company owns no real estate.

III. Trust Agreement

A and C agree that C holds the Trust Share transferred under Part II. hereof in trust, i.e. in his own name but for the account of A[3].

A and C agree on the following terms and conditions:

§ 1

(1) A (»Trustor«) shall hold C (»Trustee«) harmless from any and all claims, including, but not limited to, those of a tax nature, arising from the latter's position as shareholder of the Company or its legal successor as a result of a proper performance of this Trust Agreement.

(2) The Trustee will not receive any compensation for his services[4].

§ 2

(1) The Trustee declares that he has received the Trust Share from the Trustor. The Trustee agrees to dispose of the Trust Share only with the approval of the Trustor and will in particular assign, pledge or otherwise encumber the Trust Share only after having obtained the Trustor's approval.

(2) The Trustee shall forward all documents and information received by him as shareholder to the Trustor without undue delay. In addition, the Trustee shall report to the Trustor at least once every quarter on all matters and events concerning the Company, the shareholders and the shares held by them.

(3) The Trustee shall further exercise the rights arising from the Trust Share only with the approval of the Trustor and will in particular vote at shareholders' meetings only as instructed by the Trustor and transfer any profits and other amounts distributed on the Trust Share, including liquidation proceeds, if any, to the Trustor without undue delay [5].

(4) The provisions of this Trust Agreement shall remain in full force and effect if the Trust Share is increased or reduced. The trust relationship will apply accordingly in the event of any change in the Trust Share resulting from an event under transformation law or any similar event.

§ 3

(1) At any time upon request by the Trustor, the Trustee shall promptly transfer the Trust Share to the Trustor or any other person designated by the Trustor.

(2) Similarly, the Trustee shall be entitled to transfer the Trust Share to the Trustor at any time.

(3) The Trustor and the Trustee hereby empower and instruct each other irrevocably, exempt from the restrictions set forth in § 181 of the German Civil Code, to issue and accept any declarations which may be necessary or pertinent in order to transfer the Trust Share to the Trustor, his heirs or any other person designated by the Trustor. Such powers of attorney shall survive the death of each of the principals [6].

IV. Miscellaneous [7]

(1) This Trust Agreement shall be held in strict confidence by the parties unless and to the extent that its disclosure is required by applicable law. If the Trustee believes that he is required by law to disclose (any part of) the Trust Agreement, he shall notify the Trustor promptly of his intended disclosure. If advance notification should not be possible, the Trustee shall notify the Trustor promptly after having made the disclosure.

(2) In the event that this deed or any part(s) thereof should contain errors, the parties hereby agree to issue all declarations and to perform all acts required in order to achieve the economic objective hereof or to come as close as possible to its achievement.

(3) The costs of this recording shall be borne by the Trustor.

V. Instructions given by the Notary [8]

The recording Notary instructed the persons appeared *inter alia* that

- **Transferor and Purchaser will be held liable for any outstanding amounts if shares are not fully paid-in;**
- **vis-à-vis the Company only such person will be deemed to be the holder of a share who is entered on the list of shareholders filed with the commercial register;**

– the Trustor shall in any event be liable in the same way as a shareholder as regards formation liability (§ 9a of the German Act on Companies with Limited Liability), liability for payment of contributions on shares (§ 19 (2) of the German Act on Companies with Limited Liability) and any shortfalls (§ 24 of the German Act on Companies with Limited Liability) as well as preservation of the equity capital (§ 30, § 31 of the German Act on Companies with Limited Liability);

– he is required to notify this Agreement to the fiscal office based on statutory notification duties;

– a transparency register has been set up under the German Money Laundering Act to which the ultimate beneficial owner of a German limited liability company has to be notified. The ultimate beneficial owner of a German limited liability company would be the natural person who holds more than 25 % of the capital shares or controls more than 25 % of the voting rights or is able to exert control in a similar manner. A combination of voting rights held by a person together with voting rights held in trust by another person, a voting agreement, an atypical silent partnership or a usufruct structure may trigger a duty to make a notification to the transparency register if, taken together, more than 25 % of the voting rights in the German limited liability company are controlled. A violation of the duty to make a notification would be subject to a fine.

The Notary was not commissioned to examine the tax consequences of this Agreement and, consequently, did not carry out such an examination. According to the parties involved, tax advice was obtained from a third party. [9]

This protocol was read out to the persons appeared by the Notary, approved by the persons appeared and signed by them and the Notary in their own hand as follows:

Erläuterungen

Literatur: *Armbrüster*, Treuhänderische GmbH-Beteiligungen, GmbHR 2001, 941; *Elsing*, Überblick über das Transparenzregister, notar 2018, 71; *Elsing*, Treuhandverträge über GmbH-Geschäftsanteile mit Blick auf das MoMiG, ZNotP 2008, 151; *Gebke*, Die Treuhand im Gesellschaftsrecht – ein Überblick vertieft anhand von Einzelfällen, GmbHR 2014, 1128; *Gottwald*, Konkurs- und vollstreckungsfeste Vertragsgestaltung bei einem erwerbstreuhänderisch gehaltenen GmbH-Geschäftsanteil, MittRhNotK 1998, 276; *Grage*, Ausgewählte Aspekte der Verwaltungstreuhand an Geschäftsanteilen, RNotZ 2005, 251; *Hegmanns*, Die Sicherung des Treugebers bei Treuhandverträgen für Geschäftsanteile, ZIP 1989, 900; *Hermanns*, Treuhandvereinbarungen über Gesellschaftsanteile, notar 2014, 283; *Küperkoch*, Notarielle Mitteilungspflichten, RNotZ 2002, 297; *Langenfeld*, Treuhand an einem Geschäftsanteil, GmbH-StB 2000, 23; *Schaub*, Das neue Transparenzregister naht – Überblick über die Reglungen und praktische Auswirkungen für Personenvereinigungen, DStR 2017, 1438; *Schaub*, Treuhand an GmbH-Anteilen – Treuhandgefahren für den Treugeber, DStR 1996, 65; *Pelka/Mettler/Weinhausen*, Mitteilungspflichten zum Transparenzregister in Treuhandfällen, DStR 2018, 1303; *Schmitz*, Treuhand an GmbH-Anteilen: Sicherstellung des Treugebers im Konkurs des Treuhänders, ZNotP 1998, 11; *Schulz*, Zur Formbedürftigkeit von Vereinbarungs- und Erwerbstreuhand an GmbH-Geschäftsanteilen, GmbHR 2001, 282; *Szalai*, Neuigkeiten zur GmbH. Die Gesellschafterlistenverordnung kommt! – Update Gesellschafterliste und Transparenzregister, GWR 2018, 250; *Tebben*, Gesellschaftsvertraglicher Schutz gegen Treuhand- und Unterbeteiligungen an Geschäftsanteilen, GmbHR 2007, 63; *Werner*, Treuhandverhältnis an GmbH-Anteilen, GmbHR 2006, 1248.

298 **1.** Dazu Muster A 1 (Rdn. A 4).

299 **2.** Dazu Muster A 1 (Rdn. A 5).

300 **3.** Durch die Übertragungstreuhand tritt der Treuhänder statt des Treugebers in die Gesellschafterstellung ein. Der Treuhänder wird damit grundsätzlich zum Inhaber des treuhänderisch gehaltenen Geschäftsanteils mit allen Rechten und Pflichten; für den Treugeber verbleibt die wirtschaftliche Berechtigung (*Gebke*, GmbHR 2014, 1128). In der notariellen Gesellschafterliste gemäß § 40

Abs. 2 GmbHG ist der Treuhänder als Gesellschafter aufzuführen. Gegenüber der Gesellschaft gilt allein der Treuhänder als Gesellschafter (§ 16 Abs. 1 GmbHG). Etwaige Haftungsrisiken treffen somit im Verhältnis zur Gesellschaft den Treuhänder.

In einigen Fällen trifft jedoch auch den Treugeber eine Haftung wie ein Gesellschafter. Dies ist in 301
§ 9a Abs. 4 GmbHG für Ersatzansprüche der Gesellschaft ausdrücklich normiert (»Personen, für deren Rechnung die Gesellschafter Geschäftsanteile übernommen haben«). Auch für die Leistung von Einlagen und etwaige Fehlbeträge nach §§ 19 und 24 GmbHG sowie die Kapitalerhaltung nach §§ 30 und 31 GmbHG wird vom BGH eine Haftung des Treugebers angenommen (BGH NJW 1960, 285; kritisch Scholz/*Verse*, § 31 Rn. 54). Dagegen wird eine Haftung des Treugebers für die Vorbelastungshaftung sowie für die Verlustdeckungshaftung in der Vor-GmbH überwiegend abgelehnt (vgl. Lutter/Hommelhoff/*Bayer*, § 14 Rn. 27 mit einer Darstellung des Meinungsstands). Im Einzelnen wird man die Frage des Haftungsumfangs des Treugebers als noch nicht abschließend geklärt ansehen müssen.

4. Der Treuhandvertrag kann die Pflichten des Treugebers näher bestimmen. Soll der Treuhänder 302
ein gesondertes Entgelt erhalten, wäre dies ausdrücklich festzulegen. Der Hinweis, dass der Treuhänder keine Vergütung erhält, dient daher lediglich der Klarstellung. Bei hoher Risikoexposition des Treuhänders sind Regelungen sinnvoll, die den Treugeber verpflichten, gegenüber dem Treuhänder – allgemein, für konkret benannte Verpflichtungen oder auf Ersuchen des Treuhänders – Sicherheit zu leisten. Aufwendungsersatzansprüche stehen dem Treuhänder dagegen auch ohne ausdrückliche Vereinbarung zu.

5. In dem vorliegenden Muster sind sowohl Verfügungen als auch die Ausübung der Gesellschafter- 303
rechte an die Zustimmung des Treugebers gebunden. Möglich ist auch eine strengere Bindung des Treuhänders, nämlich ein Tätigwerden nur aufgrund der Weisung des Treugebers. Mit Blick auf die Dokumentation empfiehlt es sich, für die Weisungen des Treugebers wenigstens Textform zu vereinbaren. Alternativ kann dem Treuhänder auch mehr Entscheidungsfreiheit eingeräumt werden. So können die Parteien vereinbaren, dass der Treuhänder die Gesellschafterrechte im Interesse des Treugebers ausübt. Für Verfügungen empfiehlt es sich dagegen, immer ein Zustimmungserfordernis zu vereinbaren.

Die Auskunfts- und Einsichtsrechte nach § 51a GmbHG stehen grundsätzlich allein dem Treu- 304
händer als Gesellschafter zu. Der Treugeber erhält Informationen über die Gesellschaft und deren Gesellschafter nur über den Treuhänder (*Gebke*, GmbHR 2014, 1128, 1137, spricht von einer »Mediatisierung«). Um dem Informationsinteresse des Treugebers Rechnung zu tragen, kann auch für Standardfälle über § 666 BGB hinaus insbesondere eine regelmäßige und unverzügliche Informationspflicht des Treuhänders gegenüber dem Treugeber im Treuhandvertrag festgesetzt werden. Für den Treuhänder kann dies allerdings bei Verschwiegenheitspflichten gegenüber der Gesellschaft zu einer Pflichtenkollision führen. Der Treugeber ist und bleibt im Verhältnis zur Gesellschaft nämlich Dritter. Daher dürfen Informationen nur dann weitergegeben werden, wenn dadurch die Interessen der Gesellschaft nicht gefährdet werden (vgl. *Gebke*, GmbHR 2014, 1128, 1137).

Das Stimmrecht in Gesellschafterversammlungen steht dem Treuhänder als Gesellschafter zu. We- 305
gen des sog. Abspaltungsverbots kann das Stimmrecht grundsätzlich nicht beim Treugeber verbleiben (Baumbach/Hueck/*Zöllner*/*Noack* § 47, Rn. 35, 40 m.w.N.; siehe auch Muster E 22). Allerdings kann der Treugeber durch eine Stimmrechtsvollmacht oder über einen Stimmbindungsvertrag Einfluss auf Beschlussfassungen der Gesellschafter nehmen (MünchHdbGesR III/*Kraus* § 26 Rn. 43). Es kann daher sinnvoll sein, dass der Treuhänder dem Treugeber bereits im Treuhandvertrag eine Stimmrechtsvollmacht erteilt. Dies stellt sicher, dass der Treugeber unabhängig vom Treuhänder und unabhängig von der Beendigung der Treuhand stets die Geschicke der Gesellschaft beeinflussen kann. Regelmäßig genügt eine schlanke Regelung: »Der Treuhänder bevollmächtigt den Treugeber unter Befreiung von den Beschränkung des § 181 BGB, das Stimmrecht an dem vorgenannten Geschäftsanteil Nr. 1 in den Gesellschafterversammlungen der Gesellschaft und bei Beschlussfassungen außerhalb einer Gesellschafterversammlung umfassend auszuüben.« Soll (und kann; vgl. Rdn. E 311) das Treuhandverhältnis gegenüber der Gesellschaft und den Mitgesellschaf-

tern geheim gehalten werden (sog. verdeckte Treuhand), bietet es sich an, im Treuhandvertrag zu vereinbaren, dass der Treuhänder dem Treugeber die Stimmrechtsvollmacht zusätzlich in separater Urkunde und im Einklang mit etwaigen Anforderungen des Gesellschaftsvertrags erteilt. Denkbar sind zudem Regelungen, nach denen der Treuhänder bei Verwendung dieser Vollmacht durch den Treugeber von seinen Stimmrechten ausgeschlossen ist. Eine unwiderrufliche und umfassende Stimmrechtsvollmacht, die den Treuhänder als Gesellschafter gänzlich verdrängt, dürfte hingegen unzulässig sein; praktisch kommt eine solche Konstruktion einer Abspaltung des Stimmrechts gleich und wird daher einen Verstoß gegen das Abspaltungsverbot darstellen (MünchHdbGesR III/*Kraus* § 26 Rn. 44). Möglich ist dagegen, den Widerruf der Vollmacht von einem wichtigen Grund und/oder von dem Treuhandvertrag als dem zugrundeliegenden Rechtsverhältnis abhängig zu machen (Scholz/*K. Schmidt* § 47 Rn. 83; *Hermanns*, notar 2014, 283, 284). Ein Stimmrechtsausschluss gemäß § 47 Abs. 4 GmbHG gilt über seinen Wortlaut hinaus kumulativ für die Person des Treugebers und des Treuhänders (BGHZ 56, 53 Rn. 28; Baumbach/Hueck/*Zöllner*/*Noack* § 47 Rn. 95).

306 Der Treuhänder kann als Gesellschafter über den Geschäftsanteil im Außenverhältnis grundsätzlich auch dann wirksam verfügen, wenn er dadurch im Innenverhältnis eine Verpflichtung gegenüber dem Treugeber verletzt (*Schaub*, DStR 1996, 65). Um den Treugeber vor solch abredewidrigen Verfügungen zu schützen, kann es sich empfehlen, bereits im Treuhandvertrag eine aufschiebend bedingte Abtretung des Geschäftsanteils an den Treugeber für den Fall vorzusehen, dass der Treuhänder den Anteil ohne Einwilligung des Treugebers veräußert (näher Muster E 18 (Rdn. E 324 ff.)). Bei der hier vorliegenden Übertragungstreuhand kann zudem bereits die Abtretung an den Treuhänder unter eine auflösende Bedingung gestellt werden. Alternativ oder kumulativ kann der Treugeber bevollmächtigt werden, den Geschäftsanteil vom Treuhänder an sich oder einen Dritten zu übertragen, wobei die Vollmacht dann eine Befreiung von den Beschränkungen des § 181 BGB enthalten muss. Eine solche Vollmacht bedarf nicht der Form des § 15 Abs. 3 GmbHG (vgl. § 167 Abs. 2 BGB). Sie kann auch unwiderruflich erteilt werden (*Hermanns*, notar 2014, 283, 285; zur Form einer unwiderruflich erteilten Vollmacht siehe die Darstellung in MüKo GmbHG/*Reichert*/*Weller* § 15 Rn. 62). Abhängig von den übrigen Gesellschaftern können insoweit auch Vinkulierungsklauseln eine Schutzfunktion erfüllen und abredewidrige Verfügungen des Treuhänders vereiteln.

307 **6.** Der Treuhandvertrag endet mit Ablauf einer festgelegten Laufzeit, durch Kündigung oder wenn der treuhänderisch gehaltene Geschäftsanteil auf den Treugeber übertragen wird. Die Rückübertragung des Geschäftsanteils bei Beendigung des Treuhandvertrages bedarf der Form des § 15 Abs. 3 GmbHG, also der notariellen Beurkundung. Zur Durchführung der Rückübertragung erteilen sich im vorliegenden Muster der Treuhänder und der Treugeber jeweils Vollmacht. Etwaige gesellschaftsvertragliche Vinkulierungsklauseln sind bei der (Rück-)Übertragung auf den Treugeber zu beachten; auch hier kann vorsorglich bereits bei der Übertragung des Geschäftsanteils vom Treugeber auf den Treuhänder bzw. bei Abschluss des Treuhandvertrags eine Zustimmung eingeholt werden; die Wirksamkeit einer solchen Zustimmung kann jedoch insbesondere durch nachfolgende Gesellschafterwechsel beeinträchtigt werden (dazu BGH NJW 1965, 1376, 1377).

308 Bei etwaigem Finanzierungsbedarf des Treugebers kann es sinnvoll sein, die Vollmacht zu Gunsten des Treugebers nicht auf eine bloße Stimmrechtsvollmacht zu beschränken, sondern auf Verfügungen jeglicher Art, insbesondere auf Belastungen des treuhänderisch gehaltenen Geschäftsanteils, zu erweitern.

309 Über die Erteilung von Vollmachten hinaus besteht die Möglichkeit, den Treuhänder bereits in der Treuhandvereinbarung ein unwiderrufliches Angebot zur Abtretung der treuhänderisch gehaltenen Geschäftsanteile an den Treugeber oder an einen von diesem benannten Dritten abgeben zu lassen. Auch die Vereinbarung einer aufschiebend bedingten (Rück-)Abtretung ist eine beurkundungsbedürftige Regelung (näher: Muster E 18 (Rdn. E 323)). Bei hohem Sicherungsbedürfnis des Treugebers kann sich eine kumulative Anwendung der Sicherungsmittel empfehlen.

310 **7.** Um spätere Differenzen hinsichtlich zwingender Offenlegungspflichten zu vermeiden und dem Treuhänder gegenüber Geschäftspartnern oder der Öffentlichkeit rechtzeitig eine geeignete Darstellung zu ermöglichen, kann eine Verpflichtung zur vorherigen Unterrichtung des Treugebers durch den Treuhänder vorgesehen werden.

8. Die Urkunde endet zum einen mit den üblichen notariellen Hinweisen eines Geschäftsanteilsübertragungsvertrags. Zum anderen belehrt der Notar über die seit dem 1. Oktober 2017 geltenden Meldepflichten zum Transparenzregister nach dem Geldwäschegesetz (GwG). Demnach ist der wirtschaftlich Berechtigte (u.a.) einer GmbH dem Transparenzregister mitzuteilen (§ 20 Abs. 1 GwG). Mit der Neuregelung ist beabsichtigt, die Identität des bzw. der wirtschaftlich Berechtigten zu erfassen, d.h. der natürlichen Person(en), die letztlich hinter den gesellschaftsrechtlichen Strukturen des Unternehmens steht/en und beherrschenden Einfluss auf dieses ausübt/en. Nach § 3 GwG zählen natürliche Personen zu den »wirtschaftlich Berechtigen«, die unmittelbar oder mittelbar (a) mehr als 25 % der Kapitalanteile halten, (b) mehr als 25 % der Stimmrechte kontrollieren (wobei »Kontrolle« hier als unmittelbarer oder mittelbarer beherrschender Einfluss i.S.d. § 290 Abs. 2 bis 4 HGB zu verstehen ist), oder (c) auf vergleichbare Weise Kontrolle ausüben etwa auf der Grundlage einer Unterbeteiligung oder sonstiger vertraglicher Vereinbarungen von Anteilseignern wie insbesondere Treuhand-, Stimmbindungs-, Pool- oder Konsortialverträgen (vgl. *Schaub*, DStR 2017, 1438, 1442; a.A. *Pelka/Mettler/Weinhausen*, DStR 2018, 1303, 1304, denen eine rein schuldrechtliche Vereinbarung nicht ausreicht und stattdessen eine Kontrolle gesellschaftsrechtlicher Natur verlangen); bei solchen kontrollbegründenden Verträgen ist dann lediglich die Person als wirtschaftlich Berechtigter zu melden, welche die Kontrolle ausübt, und nicht sämtliche Vertragsparteien. Mittelbare Kontrolle liegt gemäß § 3 Abs. 2 Satz 2 GwG insbesondere auch vor, wenn entsprechende Anteile von einer oder mehreren Vereinigungen nach § 20 Abs. 1 GwG gehalten werden, die von einer natürlichen Person kontrolliert werden. Da gesetzgeberisch gewollt ist, den zusätzlichen Aufwand für die Unternehmen gering zu halten, sind keine erneuten Angaben erforderlich, soweit die Informationen über die wirtschaftlich Berechtigten einer GmbH bereits aus dem Handelsregister ersichtlich sind (sogenannte Meldefiktion des § 20 Abs. 2 Satz 1 GwG). Dementsprechend ist bei der GmbH keine Meldung an das Transparenzregister erforderlich, wenn der Gesellschafter eine natürliche Person ist und diese in der beim Handelsregister eingereichten Gesellschafterliste korrekt eingetragen ist – unterstellt, die natürliche Person ist auch der wirtschaftlich Berechtigte. Ist die eingetragene natürliche Person dagegen ein Treuhänder, der mehr als 25 % der Geschäftsanteile an der GmbH nicht für eigene Rechnung, sondern für den Treugeber hält, und/oder der aufgrund des Treuhandvertrags mehr als 25 % der Stimmrechte nicht kontrolliert, sondern das Stimmrecht nur auf Weisung des Treugebers ausüben darf, gilt die Meldefiktion nicht. Vielmehr ist dann der Treugeber als der wirtschaftlich Berechtigte dem Transparenzregister mitzuteilen (*Szalai*, GWR 2018, 250, 253). Damit dürfte die verdeckte Treuhand, bei welcher der Treugeber nicht nach außen erkennbar ist, nur noch für Minderheitsbeteiligungen bis zu 25 % von praktischer Bedeutung sein. In den Fällen, in denen sich das Treuhandverhältnis auf mehr als 25 % der Kapitalanteile bzw. der Stimmrechte einer GmbH bezieht, dürfte die verdeckte Treuhand vor dem Aus stehen (so zutreffend *Elsing*, notar 2018, 71, 75). 311

9. Vor Abschluss einer Treuhandvereinbarung sollte stets eine steuerliche Prüfung erfolgen. (Ertrag-)Steuerlich wird der treuhänderisch gehaltene Geschäftsanteil in der Regel dem Treugeber zugerechnet (§ 39 Abs. 2 Nr. 1 S. 2 AO). 312

Es empfiehlt sich der Hinweis, dass Treuhandvereinbarungen gegenüber dem Finanzamt nach § 54 EStDV grundsätzlich anzuzeigen sind (dazu *Küperkoch*, RNotZ 2002, 297, 309 f.). Die steuerrechtliche Anerkennung eines Treuhandverhältnisses setzt eine entsprechende Anzeige bei dem für die Besteuerung zuständigen Finanzamt dagegen nicht voraus (BFH BeckRS 2008, 25013963; anders dagegen die Vorinstanz FG Köln DStRE 2005, 1072). Hält die Gesellschaft Grundbesitz, sind gegebenenfalls auch grunderwerbsteuerrechtliche Anzeigepflichten, insbesondere nach §§ 18 ff. GrEStG, zu beachten. Grundsätzlich gilt für Grunderwerbsteuertatbestände die formelle Betrachtungsweise, so dass die Begründung oder Auflösung von Treuhandverhältnissen ebenso wie ein Treugeber- oder Treuhänderwechsel bei Gesellschaften, die Grundbesitz halten und bei denen die Beteiligungsschwellen überschritten werden, eine Grunderwerbsteuerpflicht auslösen können, soweit nicht die Befreiungsvorschriften der § 3 Nr. 8 GrEStG (Rückerwerb eines Grundstücks durch den Treugeber bei Auflösung des Treuhandverhältnisses) und § 16 Abs. 2 GrEStG (Rückerwerb eines veräußerten Grundstücks) eingreifen. Insbesondere bei der Erwerbstreuhand kann zweifach Grunderwerbsteuer anfallen. 313

314 Den Notar kann zudem nach § 34 ErbStG eine Anzeigepflicht treffen. Zur schenkungs- und erbschaftsteuerlichen Behandlung von Treuhandverträgen haben die Finanzverwaltungen der Länder jeweils im Treuhand-Erlass Stellung genommen. Demnach gilt: »Gegenstand der Zuwendung ist der Herausgabeanspruch des Treugebers nach § 667 BGB gegen den Treuhänder auf Rückübereignung des Treugutes. Bei dem Herausgabeanspruch handelt es sich um einen einseitigen Sachleistungsanspruch. Die weitere steuerliche Beurteilung, insbesondere die Bewertung, orientiert sich daran, auf welchen Gegenstand sich der Herausgabeanspruch bezieht, mithin an der Vermögensart des Treugutes. Handelt es sich beim Treugut um nach § 13b ErbStG bzw. § 13a Abs. 4 ErbStG a.F. begünstigtes Vermögen, sind bei Vorliegen der übrigen Voraussetzungen demnach auch die Steuerbefreiung nach § 13a ErbStG bzw. § 13a ErbStG a.F. und der Entlastungsbetrag nach § 19a ErbStG bzw. § 19a ErbStG a.F. zu gewähren.« (Bayerisches Staatsministerium der Finanzen, Erlass vom 16.09.2010, 34-S 3811–035-38476/10; ebenso z.B. Oberfinanzdirektion Frankfurt am Main, 28.03.2011, S 3811 A-32-St 119; so auch schon Niedersächsisches FG, Urteil vom 28.07.2010, Az. 3 K 215/09, zu treuhänderisch gehaltenen Kommanditanteilen).

18. Erwerb eines Geschäftsanteils auf Rechnung des Treugebers (Erwerbstreuhand)

Vorbemerkung

315 Anders als bei der Übertragungstreuhand nach Muster 17 erwirbt bei der Erwerbstreuhand der Treuhänder den Geschäftsanteil nicht unmittelbar vom Treugeber selbst, sondern entweder originär bei der Gründung bzw. einer Kapitalerhöhung oder derivativ von einem Dritten für den Treugeber. Da sich die Erwerbstreuhand in diesem Muster auf einen bereits bestehenden von einem Dritten erworbenen Geschäftsanteil bezieht und die Verpflichtung zur (Rück-)Übertragung des Anteils auf den Treugeber begründet wird, ist eine Beurkundung gemäß § 15 Abs. 4 GmbHG erforderlich (BGH BGHZ 35, 272). Zudem bedarf die (Rück-)Abtretung des Geschäftsanteils an den Treugeber auch bei der Erwerbstreuhand der Beurkundung gemäß § 15 Abs. 3 GmbHG. Ungeachtet dessen wird man bei der Vereinbarung einer Erwerbstreuhand wegen der wirtschaftlichen Gesellschafterstellung aus Gründen der Rechtssicherheit, des Schutzes der Beteiligten sowie der Verhinderung spekulativen Handels generell § 15 Abs. 4 GmbHG heranziehen müssen. Das bedeutet, auch ein Treuhandvertrag, der nach Abschluss des Gesellschaftsvertrags, aber vor der Eintragung der Gesellschaft in das Handelsregister abgeschlossen wird, ist beurkundungsbedürftig (BGH BGHZ 141, 207 Ls. 2; BGH DNotZ 2017, 295, 296). Einzig in Fällen, in denen eine Erwerbstreuhand bereits vor dem Abschluss des notariellen Gesellschaftsvertrags vereinbart wird und weder ein Geschäftsanteil bereits vorhanden noch dessen Entstehung in die Wege geleitet worden ist, wird eine Beurkundungsbedürftigkeit verneint (BFH DStRE 2008, 1028, 1030 m.w.N.; BGH BGHZ 141, 207 Ls. 1; bestätigt durch BGH MittBayNot 2006, 430). Wegen der hohen Risikoexposition des Treugebers dürfte sich jedoch auch für diesen atypischen Sonderfall zur Sicherstellung der steuerlichen Anerkennung eine Beurkundung empfehlen.

Muster

316 **Verhandelt am ____________ in ____________**

Vor mir, dem unterzeichneten Notar [1] ____________

erschienen heute:

1. A

geb. am ____________ in ____________

wohnhaft ____________

ausgewiesen durch [2] ____________

2. C

geb. am ___________ in ___________

wohnhaft ___________

ausgewiesen durch ___________

Auf Befragen erklärten die Erschienenen, dass eine Vorbefassung des Notars im Sinne von § 3 Abs. 1 Satz 1 Nr. 7 des Beurkundungsgesetzes nicht gegeben sei.

Die Erschienenen erklärten mit der Bitte um Beurkundung was folgt:

I. Vorbemerkung

Alleinige Gesellschafter der im Handelsregister des Amtsgerichts Frankfurt am Main – HRB ___________ – eingetragenen Gesellschaft mit der Firma DEF Handelsgesellschaft mbH waren ausweislich der zuletzt beim Handelsregister hinterlegten Gesellschafterliste vom ___________:

B mit dem Geschäftsanteil Nr. 1 von 5.000,– € und

C mit dem Geschäftsanteil Nr. 2 von 20.000,– €.

Das Stammkapital der Gesellschaft beträgt 25.000,– €.

Die Geschäftsanteile sind in voller Höhe eingezahlt worden.

C hat den Geschäftsanteil Nr. 2 im Nennbetrag von 20.000,– € (»Treuhand-Geschäftsanteil«) durch Kauf- und Abtretungsvertrag vom heutigen Tage von B erworben (UR-Nr. ___________/2018 des Notars ___________). Die Abtretung ist nach Versicherung der Erschienenen bereits dinglich wirksam [3].

II. Treuhandvertrag

A und C sind sich darüber einig, dass C den in Abschnitt I genannten Treuhand-Geschäftsanteil treuhänderisch, also für Rechnung des A hält.

A und C vereinbaren die nachstehenden Vertragsbedingungen:

§ 1

A (»Treugeber«) verpflichtet sich, C (»Treuhänder«)den Erwerbspreis in Höhe von 20.000,– € für den Erwerb des Treuhand-Geschäftsanteils durch Kauf- und Abtretungsvertrag vom heutigen Tage (UR-Nr. ___________/2018 des Notars ___________) unverzüglich zu erstatten [4].

§ 2

Der Treugeber verpflichtet sich, den Treuhänder von allen Ansprüchen, insbesondere auch steuerlicher Art freizuhalten, die sich aus seiner Gesellschafterstellung an der eingangs genannten Gesellschaft oder deren Rechtsnachfolgerin ergibt.

§ 3

(1) Der Treuhänder verpflichtet sich, über den Treuhand-Geschäftsanteil nur mit Zustimmung des Treugebers zu verfügen und die sich aus dem Treuhand-Geschäftsanteil ergebenden Rechte nur mit seiner Zustimmung auszuüben, insbesondere auf Gesellschafterversammlungen nur nach Absprache mit dem Treugeber zu stimmen und sämtliche aus dem Treuhand-Geschäftsanteil erwachsenden Ge-

winne und sonstigen Ausschüttungen einschließlich eines Liquidationserlöses unverzüglich an den Treugeber abzuführen.

(2) Bei Erhöhung oder Herabsetzung des Treuhand-Geschäftsanteils gelten die Bestimmungen dieses Treuhandvertrags weiter. Die vereinbarte treuhänderische Bindung gilt bei Veränderungen des Treuhand-Geschäftsanteils in Folge umwandlungsrechtlicher oder ähnlicher Vorgänge entsprechend.

§ 4

(1) Dieser Treuhandvertrag wird auf unbestimmte Dauer geschlossen.

(2) Dieser Treuhandvertrag endet jedoch,

a) wenn über das Vermögen des Treuhänders das Insolvenzverfahren eröffnet oder die Eröffnung mangels Masse abgelehnt wird;

b) wenn in den Treuhand-Geschäftsanteil die Zwangsvollstreckung betrieben wird;

c) beim Tode des Treuhänders;

d) bei Verfügungen des Treuhänders über den Treuhand-Geschäftsanteil ohne Zustimmung des Treugebers;

e) bei Kündigung dieses Treuhandvertrags, die beiden Vertragspartnern jederzeit ohne Einhaltung einer Frist durch schriftliche Erklärung gestattet ist.

(3) Der Treugeber und der Treuhänder erteilen sich gegenseitig unwiderruflich Auftrag und Vollmacht, unter Befreiung von den Beschränkungen des § 181 BGB gegebenenfalls alle Erklärungen abzugeben und entgegenzunehmen, die erforderlich oder dienlich sind, um den der Treuhand-Geschäftsanteil auf den Treugeber, seine Erben oder eine von dem Treugeber zu benennende dritte Person zu übertragen. Die Vollmachten gelten über den Tod eines jeden Vollmachtgebers hinaus.

(4) Vorsorglich tritt der Treuhänder hiermit bereits jetzt den Treuhand-Geschäftsanteil aufschiebende bedingt auf den Zeitpunkt der Beendigung des Treuhandverhältnisses an den Treugeber ab, der diese aufschiebend bedingte Abtretung hiermit annimmt. Der Treugeber und der Treuhänder werden dem Notar den Bedingungseintritt unverzüglich anzeigen, damit der Notar eine aktualisierte Gesellschafterliste zu den Registerakten einreicht. [5]

§ 5

(1) Soweit nicht nach anwendbarem zwingendem Recht eine Verpflichtung zur Offenlegung besteht, ist dieser Treuhandvertrag vertraulich zu behandeln. Wenn der Treuhänder sich gesetzlich zur Offenlegung verpflichtet glaubt, wird er den Treugeber unverzüglich von der beabsichtigten Offenlegung unterrichten. Sollte eine vorherige Unterrichtung nicht möglich sein, wird der Treuhänder den Treugeber unverzüglich nach Vornahme der Offenlegung unterrichten. [6]

(2) Die Erschienen geben an, dass für die Übertragung des Treuhand-Geschäftsanteils weder die Zustimmung der Gesellschaft noch der Gesellschafter oder eines anderen Entscheidungsorgans erforderlich sei. Sie geben weiter an, dass Vorerwerbs-, Ankaufs- und Vorkaufsrechte im Fall der Veräußerung des Treuhand-Geschäftsanteils nicht bestehen.

(3) Für den Fall, dass diese Urkunde oder Teile davon fehlerhaft sein sollten, verpflichten die Parteien sich bereits jetzt, sämtliche Erklärungen abzugeben und Handlungen vorzunehmen, um das wirtschaftliche Ziel dieser Urkunde dennoch zu erreichen bzw. ihm möglichst nahe zu kommen.

(4) Die Kosten dieses Treuhandvertrags trägt der Treugeber.

III. Hinweise des Notars

(1) Der Notar hat über die Haftung von Treugeber und Treuhänder eingehend belehrt und hierbei insbesondere auf die Bestimmungen der §§ 9a, 19 Abs. 2, §§ 24, 30 und 31 GmbHG hingewiesen.

(2) Der Notar hat weiter darauf hingewiesen, dass im Verhältnis zur Gesellschaft nur die Person als Inhaber eines Geschäftsanteils gelte, die in die zum Handelsregister eingereichte Gesellschafterliste eingetragen ist.

(3) Auf seine Amtspflicht, diesen Vertrag dem Finanzamt anzuzeigen, hat der Notar hingewiesen.

(4) Der Notar hat außerdem darauf hingewiesen, dass nach dem Geldwäschegesetz (GwG) ein Transparenzregister eingerichtet sei, dem der wirtschaftlich Berechtigte einer GmbH zu melden ist. Wirtschaftlich Berechtigter einer GmbH sei die natürliche Person, die entweder mehr als 25 % der Kapitalanteile hält, mehr als 25 % der Stimmrechte kontrolliert oder auf vergleichbare Weise Kontrolle ausübt. Auch eine Kombination von Stimmrechten aus eigenem Anteilsbesitz und/oder einer Treuhandkonstruktion, ein Stimmbindungsvertrag, eine atypisch stille Beteiligungen oder eine Nießbrauchgestaltung könne unter Umständen zu einer Meldepflicht gegenüber dem Transparenzregister führen, wenn insgesamt mehr als 25 % der Stimmrechte an der GmbH kontrolliert werden. Die Verletzung der Meldepflicht sei bußgeldbewehrt.

(5) Der Notar war nicht beauftragt, die steuerlichen Folgen dieses Vertrags zu prüfen und hat demzufolge auch keine derartige Prüfung vorgenommen. Nach Angabe der Beteiligten erfolgte anderweitig eine steuerliche Beratung.

Diese Niederschrift wurde den Erschienenen von dem Notar vorgelesen, von den Erschienenen genehmigt und von ihnen sowie dem Notar eigenhändig wie folgt unterschrieben:

Template

Recorded on __________ in __________ 317

Before me, the undersigned Notary [1] __________

appeared today:

1. A

born on __________ in __________

residing at __________

identified through [2] __________

2. C

born on __________ in __________

residing at ___________

identified through ___________

When asked by the Notary, the persons appeared declared that a prior involvement of the Notary within the meaning of § 3 (1) sentence 1 No. 7 of the German Notarial Recordings Act had not occurred.

The persons appeared requested that the following be recorded:

I. Preamble

As reflected in the list of shareholders dated ___________ most recently filed with the commercial register, the sole shareholders of the company known as DEF Handelsgesellschaft mbH and registered in the commercial register of the Frankfurt am Main Local Court under HRB ___________ are:

B holding share number 1 in an amount of €5,000 and

C holding share number 2 in an amount of €20,000.

The company's registered share capital amounts to €25,000.

The above shares are fully paid-in.

C has purchased share number 2 in a nominal amount of €20,000 (»Trust Share«) from B based on a purchase and transfer agreement recorded today (Notarial Deed No. ___________/2018 of the Notary___________). The persons appeared confirm that the transfer has already become effective *in rem* [3].

I. Trust Agreement

A and C agree that C holds the Trust Share referred to in Part I hereof in trust, i.e. for the account of A.

A and C agree on the following terms and conditions:

§ 1

A (»Trustor«) agrees to promptly reimburse to C (»Trustee«) the purchase price of €20,000 paid by C for the purchase of the Trust Share based on a purchase and transfer agreement recorded today (Notarial Deed No. ___________/2018 of the Notary ___________) [4].

§ 2

The Trustor shall hold the Trustee harmless from any and all claims, including, but not limited to, those of a tax nature, arising from the latter's position as shareholder of the above-named company or its legal successor.

§ 3

(1) The Trustee agrees to dispose of the Trust Share only with the approval of the Trustor and will exercise the rights arising from the Trust Share only with the approval of the Trustor; the Trustor will in particular vote at shareholders' meetings only as instructed by the Trustor and transfer any profits and other amounts distributed on the Trust Share, including liquidation proceeds, if any, to the Trustor without undue delay.

(2) The provisions of this Trust Agreement shall remain in full force and effect if the Trust Share is increased or reduced. The trust relationship will apply accordingly in the event of any change in the Trust Share resulting from an event under transformation law or any similar event.

§ 4

(1) This Trust Agreement is entered into for an indefinite period.

(2) This Trust Agreement shall, however, terminate

(a) if insolvency proceedings are opened over the assets of the Trustee or the opening of such proceedings is rejected due to a lack of assets;

(b) if execution is levied into the Trust Share;

(c) if the Trustee dies;

(d) if the Trustee disposes of the Trust Share without obtaining the Trustor's approval;

(e) if this Trust Agreement is terminated by either party, which is possible at any time by written declaration without observing any notice period.

(3) The Trustor and the Trustee hereby empower and instruct each other irrevocably, exempt from the restrictions set forth in § 181 of the German Civil Code, to issue and accept any declarations which may be necessary or pertinent in order to transfer the Trust Share to the Trustor, his heirs or any other person designated by the Trustor. Such powers of attorney shall survive the death of each of the principals.

(4) As a matter of precaution, the Trustee hereby assigns the Trust Share to the Trustor, and the Trustor hereby accepts the assignment of the Trust Share, subject to the condition precedent of a termination of the trust relationship. The Trustor and the Trustee will immediately notify the Notary if the condition precedent has occurred so that Notary will submit an updated list of shareholders for the register files. [5]

§ 5

(1) This Trust Agreement shall be held in strict confidence by the parties unless and to the extent that its disclosure is required by applicable law. If the Trustee believes that he is required by law to disclose (any part of) the Trust Agreement, he shall notify the Trustor promptly of his intended disclosure. If advance notification should not be possible, the Trustee shall notify the Trustor promptly after having made the disclosure. [6]

(2) The persons appeared declare that no consent is required for the transfer of the Trust Share, whether from the company or the shareholders or any other decision-making body. The persons appeared further declare that any preferential purchase right, right to purchase or preemptive right in the event of a sale of the Trust Share does not exist.

(3) In the event that this deed or any part(s) thereof should contain errors, the parties hereby agree to issue all declarations and to perform all acts required in order to achieve the economic objective hereof or to come as close as possible to its achievement.

(4) The costs of this Trust Agreement shall be borne by the Trustor.

II. Instructions given by the Notary

(1) The Notary advised the persons appeared in detail on the liability to which Trustee and Trustor are subject and specifically explained the provisions in § 9a, § 19 (2), § 24, § 30 and § 31 of the German Act on Companies with Limited Liability.

(2) The Notary further advised that vis-à-vis the company only such person will be deemed to be the holder of a share who is entered on the list of shareholders filed with the commercial register.

(3) The Notary advised that he has an official duty to notify this Agreement to the fiscal office.

(4) The Notary further explained that a transparency register has been set up under the German Money Laundering Act to which the ultimate beneficial owner of a German limited liability company has to be notified. The ultimate beneficial owner of a German limited liability company would be the natural person who holds more than 25 % of the capital shares or controls more than 25 % of the voting rights or is able to exert control in a similar manner. A combination of voting rights held by a person together with voting rights held in trust by another person, a voting agreement, an atypical silent partnership or a usufruct structure may trigger a duty to make a notification to the transparency register if, taken together, more than 25 % of the voting rights in the German limited liability company are controlled. A violation of the duty to make a notification would be subject to a fine.

(5) The Notary was not commissioned to examine the tax consequences of this Agreement and, consequently, did not carry out such an examination. According to the parties involved, tax advice was obtained from a third party.

This protocol was read out to the persons appeared by the Notary, approved by the persons appeared and signed by them and the Notary in their own hand as follows:

Erläuterungen

318 **1.** Dazu Muster A 1 (Rdn. A 4).

319 **2.** Dazu Muster A 1 (Rdn. A 5).

320 **3.** Im Muster ist die Abtretung des Geschäftsanteils bereits dinglich wirksam. Möglich ist es auch, den Treuhandvertrag vor dem Wirksamwerden der Abtretung, nämlich aufschiebend bedingt durch den Erwerb des Geschäftsanteils abzuschließen. Dies kann insbesondere relevant werden bei aufschiebend bedingter Abtretung oder bislang ausstehender Zustimmung bei einer Vinkulierung des Geschäftsanteils. Für die Rechtsstellung des Gesellschafters gegenüber der Gesellschaft gilt § 16 GmbHG.

321 **4.** Abhängig von dem Erwerbsvertrag kann sich eine explizite interne Übernahme sämtlicher Rechte und Pflichten aus dem Geschäftsanteilsübertragungsvertrag empfehlen. In diesem Fall ist eine formelle Verweisung auf den Geschäftsanteilsübertragungsvertrag nach § 13a BeurkG erforderlich.

322 Erwirbt der Treuhänder den Geschäftsanteil anlässlich der Gründung oder Kapitalerhöhung, so empfiehlt sich die vertragliche Regelung, dass der Treugeber dem Treuhänder die Mittel zur Erbringung der Stammeinlage unverzüglich bzw. innerhalb einer bestimmten Frist zur Verfügung stellt und dass der Treuhänder diese Mittel unverzüglich auf das Konto der Gesellschaft zur Erfüllung der Einlageschuld weiterleitet.

5. Nach überwiegender Meinung ist eine Treuhand bei Insolvenz des Treuhänders grundsätzlich insolvenzfest, wenn der Treuhänder den Geschäftsanteil bei Begründung des Treuhandverhältnisses unmittelbar vom Treugeber erworben hat (sog. Unmittelbarkeitsprinzip). Nur die Übertragungstreuhand (vorgehendes Muster E 17), nicht die Erwerbstreuhand (dieses Muster E 18) oder die Vereinbarungstreuhand (nachfolgendes Muster E 19), gewährt hiernach ein Aussonderungsrecht (§ 47 InsO) bzw. im Falle der Einzelvollstreckung die Befugnis zur Erhebung einer Drittwiderspruchsklage (§ 771 ZPO) (BGH NJW 1993, 2622; *Hermanns*, notar 2014, 283, 285). Zusätzlich zu den Regelungen der Übertragungstreuhand enthält dieses Muster E 18 bei der Erwerbstreuhand daher bereits die auf die Beendigung des Treuhandverhältnisses aufschiebend bedingte Übertragung des Geschäftsanteils auf den Treugeber (vgl. zur Konkursordnung OLG Hamm MittRhNotK 1998, 64; zustimmend *Gottwald*, MittRhNotK 1998, 276). Teilweise wird bei der Erwerbs- und der Vereinbarungstreuhand zur Herstellung der Insolvenzfestigkeit auch eine Hin- und Herabtretung zwischen Treuhänder und Treugeber bzw. ein Zwischenerwerb durch den Treugeber vor der Übertragung an den Treuhänder empfohlen. Diese Konstruktionen sollen sicherstellen, dass der Treuhänder letztlich unmittelbar vom Treugeber erworben hat (*Grage*, RNotZ 2005, 251, 265; *Hermanns*, notar 2014, 283, 285). Die Erteilung einer Vollmacht zur (Rück-)Übertragung und die Abgabe eines (Rück-)Übertragungsangebots – beides mangels Automatismus flexiblere Gestaltungen – bieten im Fall der Treuhänderinsolvenz insoweit keinen ausreichenden Schutz, da sie die rechtzeitige Kenntnis des Treugerbers und ein Handeln vor Eröffnung des Insolvenzverfahrens bzw. Pfändung voraussetzen. 323

Möglich und sinnvoll ist es zudem, spezifische Beendigungstatbestände für das Treuhandverhältnis aufzuführen, die die aufschiebende Bedingung der (Rück-)Abtretung erfüllen (dazu *Hegmanns*, ZIP 1989, 900, 902). Typischerweise sollten zumindest die in diesem Muster genannten Fälle erfasst werden: 324

1. Eröffnung des Insolvenzverfahrens über das Vermögen des Treuhänders oder Ablehnung der Eröffnung mangels Masse; 325
2. Zwangsvollstreckung in den Geschäftsanteil;
3. Wegfall des Treuhänders durch Tod; 326
4. Verfügungen des Treuhänders über das Treugut ohne Zustimmung des Treugebers bzw. entgegen den Weisungen des Treugebers (je nach vertraglicher Vereinbarung); 327
5. Kündigung des Treuhandverhältnisses (wobei sich eine kurze Darstellung der Kündigungsmodalitäten, z.B. Form und Frist, Kündigungsgrund, empfiehlt). 328

In sämtlichen Fällen sind gesellschaftsvertragliche Vinkulierungsklauseln zu beachten und gegebenenfalls bereits bei Abschluss des Treuhandvertrags Zustimmungen zu einer (Rück-)Abtretung einzuholen, die allerdings im Falle eines späteren Gesellschafterwechsels unwirksam sein können. Die Zustimmung zur Abtretung an den Treuhänder in Kenntnis des Treuhandverhältnisses kann im Einzelfall wohl ebenfalls als Zustimmung zur Rückabtretung ausgelegt werden. 329

Zudem sollte – mündlich oder aus Beweiszwecken in der Urkunde – ein Hinweis auf die Erforderlichkeit der Einreichung einer neuen Gesellschafterliste nach (Rück-)Abtretung und gegebenenfalls die Festlegung einer Mitteilungsobliegenheit gegenüber dem Notar zum Zwecke der Errichtung einer Liste nach § 40 Abs. 2 GmbHG nicht fehlen. 330

Ob die aufschiebend bedingte Rückabtretung mit Blick auf die Möglichkeit eines Gutglaubenserwerbs nach § 16 Abs. 3 GmbHG vor vertragswidrigen Verfügungen des Treuhänders schützen kann, ist umstritten (siehe Heckschen/Heidinger/*Heidinger*, Die GmbH in der Gestaltungs- und Beratungspraxis, Kap. 13 Rn. 207 ff., mit detaillierter Darstellung des Meinungsstands). Der BGH lehnt einen solchen gutgläubigen Erwerb ab: »[...] ein aufschiebend bedingt abgetretener Geschäftsanteil kann nicht nach § 161 Abs. 3 BGB in Verbindung mit § 16 Abs. 3 GmbHG vor Bedingungseintritt von einem Zweiterwerber gutgläubig erworben werden [...]« (BGH MittBayNot 2012, 149, 151). Eine Gesellschafterliste, die einen Hinweis auf eine aufschiebend bedingte Abtretung enthält, also entgegen § 40 Abs. 1 Satz 1, Abs. 2 Satz 1 GmbHG keine Veränderungen in den Personen der Gesellschafter oder des Umfangs ihrer Beteiligung ausweist, sondern solche nur 331 ankündigt, kann daher vom Registergericht zurückgewiesen werden (BGH MittBayNot 2012, 149; OLG München MittBayNot 2010, 68).

332 Zudem ist zu beachten, dass hinsichtlich einzelner Rechtspositionen der Gläubigerzugriff durch die bedingte Abtretung grundsätzlich nicht verhindert werden kann. Flankierend könnte daher die Abtretung etwaiger Abfindungsguthaben, Liquidationserlöse und des Gewinnbezugsrechts vorgesehen werden.

333 **6.** Zu den Offenlegungspflichten Muster E 17 (Rdn. E 310).

334 Zu den steuerrechtlichen Anzeigepflichten Muster E 17 (Rdn. E 312).

335 Freibleibend

336 Freibleibend

337 Freibleibend

338 Im Übrigen gelten die Anmerkungen zur Übertragungstreuhand nach Muster E 17 für die Erwerbstreuhand entsprechend.

19. Verpflichtung zur Abtretung eines Geschäftsanteils an den Treugeber (Vereinbarungstreuhand)

Vorbemerkung

339 Die Vereinbarung, dass ein Gesellschafter einen bereits bestehenden bzw. zukünftig entstehenden Geschäftsanteil künftig für einen Dritten treuhänderisch hält, ist nach § 15 Abs. 4 GmbHG beurkundungsbedürftig (BGH BGHZ 141, 207; BGH DNotZ 2017, 295, 296). Wirtschaftlich liegt auch bei der Vereinbarungstreuhand ein Gesellschafterwechsel vor. Für den Gesellschafter und nunmehrigen Treuhänder begründet die Vereinbarungstreuhand eine gesetzliche Übertragungspflicht gemäß § 667 BGB. Daneben ist der Treuhänder aufgrund ausdrücklicher vertraglicher Vereinbarung regelmäßig zur Übertragung des Geschäftsanteils auf den Treugeber verpflichtet. Nur dann, wenn zum Zeitpunkt des Abschlusses des Treuhandvertrags nicht einmal das Stadium der Vor-GmbH erreicht wurde, der Treuhandvertrag keinerlei Sicherungsmechanismen zur (Rück-)Übertragung des Anteils auf den Treugeber enthält und zudem keine Gründungsverpflichtung besteht, wird teils eine Beurkundungsbedürftigkeit verneint (näher: *Grage*, RNotZ 2005, 251, 254 f.; vgl. dazu auch die Erläuterung zu Muster E 18 (Rdn. E 315)); selbst bei einer solchen, dem Treugeber wegen der Risikoexposition regelmäßig unzumutbaren Vertragsgestaltung ist wegen der Fragwürdigkeit der Differenzierung eine Beurkundung zu empfehlen. Zudem kann sich eine Beurkundungsbedürftigkeit aus § 518 Abs. 1 BGB ergeben, wenn der Vertrag über die Vereinbarungstreuhand mangels Gegenleistung ein Schenkungsversprechen beinhaltet (*Werner*, GmbHR 2006, 1248, 1252).

Muster

340 **Verhandelt am __________ in __________**

Vor mir, dem unterzeichneten Notar [1] __________

erschienen heute:

1. A

geb. am __________ in __________

wohnhaft __________

ausgewiesen durch [2] __________

2. C

geb. am __________ in __________

wohnhaft __________

ausgewiesen durch __________

Auf Befragen erklärten die Erschienenen, dass eine Vorbefassung des Notars im Sinne von § 3 Abs. 1 Satz 1 Nr. 7 des Beurkundungsgesetzes nicht gegeben sei.

Die Erschienenen erklärten mit der Bitte um Beurkundung was folgt:

Vorbemerkung

A hat an der zum Protokoll des Notars __________ vom heutigen Tage (UR.-Nr. __________/2018) gegründeten Gesellschaft mit der Firma DEF Handelsgesellschaft mbH mit einem Stammkapital von 30.000,– € einen Geschäftsanteil Nr. 1 in Höhe mit einem Nennbetrag von 15.000,– € (»Treuhand-Geschäftsanteil«) übernommen.

A und C sind sich darüber einig, dass A den Treuhand-Geschäftsanteil treuhänderisch, also im eigenen Namen, jedoch für Rechnung des C hält.

Dies vorausgeschickt, schließen die Erschienenen folgenden

TREUHANDVERTRAG:

§ 1

(1) C (»Treugeber«) verpflichtet sich, den Treuhand-Geschäftsanteil des A (»Treuhänder«) unverzüglich voll einzuzahlen.

(2) Der Treugeber verpflichtet sich, den Treuhänder von allen Ansprüchen, insbesondere auch steuerlicher Art freizuhalten, die sich aus dessen Gesellschafterstellung an der eingangs genannten Gesellschaft oder deren Rechtsnachfolgerin infolge der ordnungsgemäßen Erfüllung dieses Treuhandvertrags ergeben. Dieser Freihaltungsanspruch erstreckt sich auch auf möglicherweise während der Gründung der Gesellschaft entstehende Verpflichtungen des Treuhänders, insbesondere auf eine mögliche Haftung gemäß § 11 Abs. 2 GmbHG.

(3) Der Treuhänder erhält für seine Tätigkeit keine Vergütung.

§ 2

(1) Der Treuhänder erklärt, dass ihm der Treuhand-Geschäftsanteil von dem Treugeber zur Verfügung gestellt wird. Er verpflichtet sich, über den Treuhand-Geschäftsanteil nur mit Zustimmung des Treugebers zu verfügen, insbesondere diesen nur mit dessen Zustimmung abzutreten, zu verpfänden oder sonst zu belasten.

(2) Der Treuhänder hat alle Unterlagen und Informationen, die ihm als Gesellschafter zugehen, unverzüglich an den Treugeber weiterzuleiten. Er hat dem Treugeber darüber hinaus mindestens einmal im Quartal über alle die Gesellschaft, die Gesellschafter und deren Geschäftsanteile betreffenden Angelegenheiten und Entwicklungen Bericht zu erstatten.

(3) Der Treuhänder verpflichtet sich außerdem, die sich aus dem Geschäftsanteil ergebenden Rechte nur mit Zustimmung des Treugebers auszuüben, insbesondere auf Gesellschafterversammlungen nur nach Absprache mit dem Treugeber zu stimmen und sämtliche aus dem Treuhand-Geschäftsanteil erwachsenden Ge-

winne und sonstigen Ausschüttungen einschließlich eines Liquidationserlöses unverzüglich an den Treugeber abzuführen.

(4) Bei Erhöhung oder Herabsetzung des Treuhand-Geschäftsanteils gelten die Bestimmungen dieses Treuhandvertrags weiter. Die vereinbarte treuhänderische Bindung gilt bei Veränderungen des Treuhand-Geschäftsanteils in Folge umwandlungsrechtlicher oder ähnlicher Vorgänge entsprechend. [3]

§ 3

(1) Dieser Treuhandvertrag wird auf unbestimmte Dauer geschlossen.

(2) Dieser Treuhandvertrag endet jedoch,

(a) wenn über das Vermögen des Treuhänders das Insolvenzverfahren eröffnet oder die Eröffnung mangels Masse abgelehnt wird;

(b) wenn in den Treuhand-Geschäftsanteil die Zwangsvollstreckung betrieben wird;

(c) beim Tode des Treuhänders;

(d) bei Verfügungen des Treuhänders über den Treuhand-Geschäftsanteil ohne Zustimmung des Treugebers;

(e) bei Kündigung dieses Treuhandvertrags, die beiden Vertragspartnern jederzeit ohne Einhaltung einer Frist durch schriftliche Erklärung gestattet ist.

(3) Der Treugeber und der Treuhänder erteilen sich gegenseitig unwiderruflich Auftrag und Vollmacht, unter Befreiung von den Beschränkungen des § 181 BGB gegebenenfalls alle Erklärungen abzugeben und entgegenzunehmen, die erforderlich oder dienlich sind, um den der Treuhand unterliegenden Geschäftsanteil auf den Treugeber, seine Erben oder eine von dem Treugeber zu benennende dritte Person zu übertragen. Die Vollmachten gelten über den Tod eines jeden Vollmachtgebers hinaus.

(4) Vorsorglich tritt der Treuhänder hiermit bereits jetzt den Treuhand-Geschäftsanteil aufschiebend bedingt auf den Zeitpunkt der Beendigung des Treuhandverhältnisses an den Treugeber ab, der diese aufschiebend bedingte Abtretung hiermit annimmt. [4]

§ 4

(1) Soweit nicht nach anwendbarem zwingendem Recht eine Verpflichtung zur Offenlegung besteht, ist dieser Treuhandvertrag vertraulich zu behandeln. Wenn der Treuhänder sich gesetzlich zur Offenlegung verpflichtet glaubt, wird er den Treugeber unverzüglich von der beabsichtigten Offenlegung unterrichten. Sollte eine vorherige Unterrichtung nicht möglich sein, wird der Treuhänder den Treugeber unverzüglich nach Vornahme der Offenlegung unterrichten.

(2) Die Kosten dieses Treuhandvertrags trägt der Treugeber.

Hinweise des Notars

(1) Der Notar hat die Erschienen über die Haftung von Treuhänder und Treugeber belehrt.

(2) Er hat darauf hingewiesen, dass im Verhältnis zur Gesellschaft nur die Person als Inhaber eines Geschäftsanteils gilt, die in die zum Handelsregister eingereichte Gesellschafterliste eingetragen ist.

(3) Auf seine Amtspflicht, diesen Vertrag dem Finanzamt anzuzeigen, hat der Notar hingewiesen.

(4) Der Notar hat außerdem erläutert, dass nach dem Geldwäschegesetz (GwG) ein Transparenzregister eingerichtet sei, dem der wirtschaftlich Berechtigte einer GmbH zu melden ist. Wirtschaftlich Berechtigter einer GmbH sei die natürliche Person, die entweder mehr als 25 % der Kapitalanteile hält, mehr als 25 % der Stimmrechte kontrolliert oder auf vergleichbare Weise Kontrolle ausübt. Auch eine Kombination von Stimmrechten aus eigenem Anteilsbesitz und/oder einer Treuhandkonstruktion, ein Stimmbindungsvertrag, eine atypisch stille Beteiligungen oder eine Nießbrauchgestaltung könne unter Umständen zu einer Meldepflicht gegenüber dem Transparenzregister führen, wenn insgesamt mehr als 25 % der Stimmrechte an der GmbH kontrolliert werden. Die Verletzung der Meldepflicht sei bußgeldbewehrt.

(5) Der Notar war nicht beauftragt, die steuerlichen Folgen dieses Vertrags zu prüfen und hat demzufolge auch keine derartige Prüfung vorgenommen. Nach Angabe der Beteiligten erfolgte anderweitig eine steuerliche Beratung.

Diese Niederschrift wurde den Erschienenen von dem Notar vorgelesen, von den Erschienenen genehmigt und von ihnen sowie dem Notar eigenhändig wie folgt unterschrieben:

Template

Recorded on ____________ in ____________ 341

Before me, the undersigned Notary [1] ____________

appeared today:

1. A

   born on ____________ in ____________

   residing at ____________

   identified through [2] ____________

2. C

   born on ____________ in ____________

   residing at ____________

   identified through ____________

When asked by the Notary, the persons appeared declared that a prior involvement of the Notary within the meaning of § 3 (1) sentence 1 No. 7 of the German Notarial Recordings Act had not occurred.

The persons appeared requested that the following be recorded:

Preamble

A has subscribed a share number 1 in an amount of €15,000 (»Trust Share«) in the company known as DEF Handelsgesellschaft mbH with registered share capital of €30,000 established today based on a protocol recorded by the Notary (Notarial Deed No. ____________/2018).

A and C agree that A holds the Trust Share in trust, i.e. in his own name but for the account of C.

On this basis, the persons appeared enter into the following

TRUST AGREEMENT:

§ 1

(1) C (»Trustor«) agrees to fully pay in the Trust Share of A (»Trustee«) without undue delay.

(2) The Trustor shall hold the Trustee harmless from any and all claims, including, but not limited to, those of a tax nature, arising from the latter's position as shareholder of the above-named company or its legal successor as a result of a proper performance of this Trust Agreement. Such right to be held harmless shall also extend to any obligations of the Trustee which may arise during the formation of the company, including, but not limited to, a potential liability under § 11 (2) of the German Act on Companies with Limited Liability.

(3) The Trustee will not receive any compensation for his services.

§ 2

(1) The Trustee declares that he has received the Trust Share from the Trustor. The Trustee agrees to dispose of the Trust Share only with the approval of the Trustor and will in particular assign, pledge or otherwise encumber the Trust Share only after having obtained the Trustor's approval.

(2) The Trustee shall forward all documents and information received by him as shareholder to the Trustor without undue delay. In addition, the Trustee shall report to the Trustor at least once every quarter on all matters and events concerning the company, the shareholders and the shares held by them.

(3) The Trustee shall further exercise the rights arising from the Trust Share only with the approval of the Trustor and will in particular vote at shareholders' meetings only as instructed by the Trustor and transfer any profits and other amounts distributed on the Trust Share, including liquidation proceeds, if any, to the Trustor without undue delay.

(4) The provisions of this Trust Agreement shall remain in full force and effect if the Trust Share is increased or reduced. The trust relationship will apply accordingly in the event of any change in the Trust Share resulting from an event under transformation law or any similar event. [3]

§ 3

(1) This Trust Agreement is entered into for an indefinite period.

(2) This Trust Agreement shall, however, terminate

(a) if insolvency proceedings are opened over the assets of the Trustee or the opening of such proceedings is rejected due to a lack of assets;

(b) if execution is levied into the Trust Share;

(c) if the Trustee dies;

(d) if the Trustee disposes of the Trust Share without obtaining the Trustor's approval;

(e) if this Trust Agreement is terminated by either party, which is possible at any time by written declaration without observing any notice period.

(3) The Trustor and the Trustee hereby empower and instruct each other irrevocably, exempt from the restrictions set forth in § 181 of the German Civil Code, to issue

and accept any declarations which may be necessary or pertinent in order to transfer the Trust Share to the Trustor, his heirs or any other person designated by the Trustor. Such powers of attorney shall survive the death of each of the principals.

(4) As a matter of precaution, the Trustee hereby assigns the Trust Share to the Trustor, and the Trustor hereby accepts the assignment of the Trust Share, subject to the condition precedent of a termination of the trust relationship. [4]

§ 4

(1) This Trust Agreement shall be held in strict confidence by the parties unless and to the extent that its disclosure is required by applicable law. If the Trustee believes that he is required by law to disclose (any part of) the Trust Agreement, he shall notify the Trustor promptly of his intended disclosure. If advance notification should not be possible, the Trustee shall notify the Trustor promptly after having made the disclosure.

(2) The costs of this Trust Agreement shall be borne by the Trustor.

Instructions given by the Notary

(1) The Notary advised the persons appeared on the liability to which Trustee and Trustor are subject.

(2) He advised that vis-à-vis the company only such person will be deemed to be the holder of a share who is entered on the list of shareholders filed with the commercial register.

(3) The Notary advised that he has an official duty to notify this Agreement to the fiscal office.

(4) The Notary further explained that a transparency register has been set up under the German Money Laundering Act to which the ultimate beneficial owner of a German limited liability company has to be notified. The ultimate beneficial owner of a German limited liability company would be the natural person who holds more than 25 % of the capital shares or controls more than 25 % of the voting rights or is able to exert control in a similar manner. A combination of voting rights held by a person together with voting rights held in trust by another person, a voting agreement, an atypical silent partnership or a usufruct structure may trigger a duty to make a notification to the transparency register if, taken together, more than 25 % of the voting rights in the German limited liability company are controlled. A violation of the duty to make a notification would be subject to a fine.

(5) The Notary was not commissioned to examine the tax consequences of this Agreement and, consequently, did not carry out such an examination. According to the parties involved, tax advice was obtained from a third party.

This protocol was read out to the persons appeared by the Notary, approved by the persons appeared and signed by them and the Notary in their own hand as follows:

Erläuterungen

1. Dazu Muster A 1 (Rdn. A 4). 342

2. Dazu Muster A 1 (Rdn. A 5). 343

3. Bei der Vereinbarungstreuhand wird der (neue) Treugeber wirtschaftlich Eigentümer des Geschäftsanteils. Die Rechte und Pflichten aus dem Geschäftsanteil stehen jedoch wie bei der Über- 344 tragungstreuhand dem Treuhänder als formalem Gesellschafter zu. Anders als bei Übertragungstreuhand kommt es jedoch im Verhältnis zur Gesellschaft nicht zu einem Gesellschafterwechsel; vielmehr behält der bisherige Gesellschafter auch weiterhin formal diese Position. Eine Änderung der Gesellschafterliste gemäß § 40 Abs. 2 GmbHG erfolgt somit nicht.

345 Auch bei der Vereinbarungstreuhand sind (nicht nur bei einer künftigen (Rück-)Übertragung auf den Treugeber oder einem Treugeberwechsel, sondern bereits bei der Einräumung der Treuhand) nach umstrittener, aber vorsorglich zu folgender Auffassung satzungsmäßige Vinkulierungsbestimmungen zu beachten (vgl. *Gebke*, GmbHR 2014, 1128, 1131 ff.; mit Darstellung des Meinungsstands; *Grage*, RNotZ, 2005, 251, 255 ff.). Dies mag auf den ersten Blick nicht überzeugend klingen, weil es bei der Vereinbarungstreuhand gerade an der Übertragung eines Geschäftsanteils fehlt, für die eine Vinkulierungsklausel das Zustimmungserfordernis vorsieht (vgl. § 15 Abs. 5 GmbHG). Insbesondere bei der verdeckten Treuhand – sofern eine solche praktisch überhaupt noch in Betracht kommt (siehe dazu Muster E 17 (Rdn. E 311)) – wird der Treugeber regelmäßig wenig Interesse daran haben, die Zustimmung der Gesellschaft oder eines anderen Entscheidungsgremiums einzuholen. Maßgebend dürfte aber der Zweck der Vinkulierungsklausel sein, nämlich die Steuerung des Gesellschafterbestands bzw. die Abwehr von Fremdeinflüssen. Mit Blick auf das Recht des Treugebers, jederzeit die Übertragung des Geschäftsanteils an sich oder einen Dritten verlangen zu können, wird man Treuhandvereinbarungen und Verfügungen insoweit als wertungsmäßig vergleichbar ansehen können (so *Gebke*, GmbHR 2014, 1128, 1132). Jedenfalls wird das Zustimmungserfordernis spätestens dann eingreifen, wenn der Treugeber sein Recht auf Übertragung des Geschäftsanteils ausübt.

346 **4.** Da bei einer Vereinbarungstreuhand der Treuhänder den Geschäftsanteil nicht unmittelbar vom Treugeber erworben hat, empfiehlt sich eine aufschiebend bedingte Abtretung des treuhänderisch gehaltenen Geschäftsanteils. Auf diese Weise können Risiken in der Insolvenz des Treuhänders begrenzt werden. Nach überwiegender Auffassung gewährt diese Treuhandform – anders als die Übertragungstreuhand (vgl. Muster E 17) – nämlich kein Aussonderungsrecht nach § 47 InsO (siehe dazu auch Muster E 18 (Rdn. E 316)).

347 Im Übrigen gelten die weiteren Anmerkungen zur Übertragungstreuhand in Muster E 17 und zur Erwerbstreuhand in Muster E 18 für die Vereinbarungstreuhand nach diesem Muster E 19 entsprechend.

20. Einräumung einer Treuhand an einer rechnerischen Quote eines Geschäftsanteils (Quotentreuhand)

Vorbemerkung

348 Abweichend von den Regelungen in den Mustern E 17 bis E 19 kann ein Treuhandverhältnis nicht nur über den gesamten, sondern auch über lediglich einen rechnerischen Anteil des Geschäftsanteils vereinbart werden (sog. Quotentreuhand). Der Annahme eines zivilrechtlich wirksamen Treuhandverhältnisses steht grundsätzlich nicht entgegen, dass dieses nicht an einem selbstständigen Geschäftsanteil, sondern – als sog. Quotentreuhand – lediglich an einem Teil eines solchen Geschäftsanteils vereinbart wird (so BFH NZG 2010, 639; KG ZIP 2014, 1023).

349 Das praktische Bedürfnis für die Vereinbarung einer Quotentreuhand dürfte mittlerweile gering sein, da seit dem Inkrafttreten des MoMiG ein Gesellschafter bereits bei Gründung mehrere Geschäftsanteile übernehmen kann und zudem die Teilung von Geschäftsanteilen erheblich erleichtert wurde. Hinzu kommen Erschwernisse bei der Beherrschung und im Insolvenzfall des Treuhänders.

Muster

350 **Verhandelt am __________ in __________**
Vor mir, dem unterzeichneten Notar [1] __________

erschienen heute:

1. A

geb. am ____________ in ____________

wohnhaft ____________

ausgewiesen durch [2] ____________

2. C

geb. am ____________ in ____________

wohnhaft ____________

ausgewiesen durch ____________

Auf Befragen erklärten die Erschienenen, dass eine Vorbefassung des Notars im Sinne von § 3 Abs. 1 Satz 1 Nr. 7 des Beurkundungsgesetzes nicht gegeben sei.

Die Erschienenen erklärten mit der Bitte um Beurkundung was folgt:

Vorbemerkung

A hat an der zum Protokoll des Notars ____________ vom heutigen Tage (UR.-Nr. ____________/2018) gegründeten Gesellschaft mit der Firma DEF Handelsgesellschaft mbH mit einem Stammkapital von 25.000,– € einen Geschäftsanteil Nr. 1 in Höhe von 10.000,– € (»Treuhand-Geschäftsanteil«) übernommen. Von diesem Treuhand-Geschäftsanteil hält er einen rechnerischen Teilgeschäftsanteil im Nennbetrag von 5.000,– € (»Treuhand-Teilgeschäftsanteil C«) treuhänderisch, also für Rechnung des C.

Dies vorausgeschickt, schließen die Erschienenen folgenden

TREUHANDVERTRAG:

§ 1

(1) C (»Treugeber«) verpflichtet sich, A (»Treuhänder«) von allen anteiligen Ansprüchen, insbesondere auch steuerlicher Art freizuhalten, die sich aus seiner Gesellschafterstellung an der eingangs genannten Gesellschaft oder deren Rechtsnachfolgerin ergeben. Dieser Freihaltungsanspruch erstreckt sich auch auf möglicherweise während der Gründung der Gesellschaft entstehende Verpflichtungen des Treuhänders, insbesondere auf eine mögliche Haftung gemäß § 11 Abs. 2 GmbHG.

(2) Der Treugeber verpflichtet sich, den Treuhand-Teilgeschäftsanteil C des Treuhänders unverzüglich voll einzuzahlen.

(3) Die Parteien verpflichten sich, einander im Innenverhältnis – soweit rechtlich möglich – so zu stellen, als bestünde das hier vereinbarte Treuhandverhältnis über einen von A als Treuhänder gehaltenen Geschäftsanteil im Nennbetrag von 5.000,– €.

§ 2

(1) Der Treuhänder erklärt, dass der Treuhand-Teilgeschäftsanteil C ihm von dem Treugeber zur Verfügung gestellt wird. Er verpflichtet sich, über den Treuhand-Teilgeschäftsanteil C nur mit Zustimmung des Treugebers zu verfügen, insbesondere diesen nur mit dessen Zustimmung abzutreten, zu verpfänden oder sonst zu belasten.

(2) Der Treuhänder verpflichtet sich außerdem, die sich aus dem Treuhand-Teilgeschäftsanteil C ergebenen Rechte nur mit Zustimmung des Treugebers auszuüben, insbesondere auf Gesellschafterversammlungen nur nach Absprache mit dem Treugeber zu stimmen. [3] Treugeber und Treuhänder ist bekannt, dass mangels Grundlage in der Satzung der Gesellschaft die Stimmabgabe aus dem Treuhand-Geschäftsanteil nur einheitlich erfolgen kann; im Zweifel bestimmt der Treugeber das Abstimmungsverhalten aus dem Treuhand-Geschäftsanteil.

(3) Der Treuhänder wird sämtliche aus dem Treuhand-Teilgeschäftsanteil C erwachsenden (anteiligen) Gewinne und sonstigen Ausschüttungen einschließlich eines Liquidationserlöses unverzüglich an den Treugeber abführen.

(4) Bei Erhöhung oder Herabsetzung des gehaltenen Treuhand-Geschäftsanteils gelten die Bestimmungen dieses Treuhandvertrags weiter. Die vereinbarte treuhänderische Bindung gilt bei Veränderungen des Treuhand-Geschäftsanteils in Folge umwandlungsrechtlicher oder ähnlicher Vorgänge entsprechend.

§ 3

(1) Der Treuhänder hat den Treuhand-Teilgeschäftsanteil C auf jederzeit mögliche Anforderung des Treugebers unverzüglich auf den Treugeber oder auf eine von ihm zu benennende dritte Person zu übertragen und alle in diesem Zusammenhang erforderlichen und/oder zweckmäßigen Erklärungen auf Verlangen des Treugebers, insbesondere bei der Teilung des Treuhand-Geschäftsanteils, unverzüglich abzugeben und entgegenzunehmen.

(2) Ebenso ist der Treuhänder berechtigt, durch schriftliche Erklärung gegenüber dem Treugeber zu verlangen, dass dieser an der Übertragung eines Teilgeschäftsanteils in Höhe des Treuhand-Teilgeschäftsanteils C auf eigene Kosten mitwirkt und auf Verlangen des Treuhänders alle erforderlichen und/oder zweckmäßigen Erklärungen, insbesondere zur Teilung des Treuhand-Geschäftsanteils, unverzüglich abgibt und entgegennimmt.

(3) Der Treugeber und der Treuhänder erteilen sich gegenseitig unwiderruflich Auftrag und Vollmacht, unter Befreiung von den Beschränkungen des § 181 BGB gegebenenfalls alle Erklärungen abzugeben und entgegenzunehmen, die erforderlich oder dienlich sind, um den Treuhand-Teilgeschäftsanteil C auf den Treugeber, seine Erben oder eine von dem Treugeber zu benennende dritte Person zu übertragen. Die Vollmachten gelten über den Tod eines jeden Vollmachtgebers hinaus. [4]

§ 4

(1) Soweit nicht nach zwingendem Recht eine Verpflichtung zur Offenlegung besteht, ist dieser Treuhandvertrag vertraulich zu behandeln. Wenn der Treuhänder sich gesetzlich zur Offenlegung verpflichtet glaubt, wird er den Treugeber unverzüglich von der beabsichtigten Offenlegung unterrichten. Sollte eine vorherige Unterrichtung nicht möglich sein, wird der Treuhänder den Treugeber unverzüglich nach Vornahme der Offenlegung unterrichten.

(2) Die Kosten dieses Treuhandvertrags trägt der Treugeber.

Hinweise des Notars

(1) Der Notar hat insbesondere belehrt

– über die Haftung von Treuhänder und Treugeber,

– das Erfordernis eines Gesellschafterbeschlusses zur Teilung von Anteilen nach § 46 Nr. 4 GmbHG sowie

– die Folgen etwaiger Vinkulierungsbestimmungen.

(2) Der Notar hat außerdem darauf hingewiesen, dass im Verhältnis zur Gesellschaft nur die Person als Inhaber eines Geschäftsanteils gilt, die in die zum Handelsregister eingereichte Gesellschafterliste eingetragen ist.

(3) Auf seine Amtspflicht, diesen Vertrag dem Finanzamt anzuzeigen, hat der Notar hingewiesen.

(4) Der Notar hat außerdem erläutert, dass nach dem Geldwäschegesetz (GwG) ein Transparenzregister eingerichtet sei, dem der wirtschaftlich Berechtigte einer GmbH zu melden ist. Wirtschaftlich Berechtigter einer GmbH sei die natürliche Person, die entweder mehr als 25 % der Kapitalanteile hält, mehr als 25 % der Stimmrechte kontrolliert oder auf vergleichbare Weise Kontrolle ausübt. Auch eine Kombination von Stimmrechten aus eigenem Anteilsbesitz und/oder einer Treuhandkonstruktion, ein Stimmbindungsvertrag, eine atypisch stille Beteiligungen oder eine Nießbrauchgestaltung könne unter Umständen zu einer Meldepflicht gegenüber dem Transparenzregister führen, wenn insgesamt mehr als 25 % der Stimmrechte an der GmbH kontrolliert werden. Die Verletzung der Meldepflicht sei bußgeldbewehrt.

(5) Der Notar war nicht beauftragt, die steuerlichen Folgen dieses Vertrags zu prüfen und hat demzufolge auch keine derartige Prüfung vorgenommen. Nach Angabe der Beteiligten erfolgte anderweitig eine steuerliche Beratung.

Diese Niederschrift wurde den Erschienenen von dem Notar vorgelesen, von den Erschienenen genehmigt und von ihnen sowie dem Notar eigenhändig wie folgt unterschrieben:

Template

Recorded on ____________ in ____________ 351

Before me, the undersigned Notary [1] ____________

appeared today:

1. A

born on ____________ in ____________

residing at ____________

identified through [2] ____________

2. C

born on ____________ in ____________

residing at ____________

identified through ____________

When asked by the Notary, the persons appeared declared that a prior involvement of the Notary within the meaning of § 3 (1) sentence 1 No. 7 of the German Notarial Recordings Act had not occurred.

The persons appeared requested that the following be recorded:

Preamble

A has subscribed a share number 1 in an amount of €10,000 (»Trust Share«) in the company known as DEF Handelsgesellschaft mbH with registered share capital of €25,000 established today based on a protocol recorded by the Notary _________ (Notarial Deed No. _________/2018). A holds a constructed partial share with a nominal amount of €5,000 in the Trust Share (»Partial Trust Share C«) in trust, i.e. for the account of C.

On this basis, the persons appeared enter into the following

TRUST AGREEMENT:

§ 1

(1) C (»Trustor«) agrees to hold A (»Trustee«) harmless from any and all proportionate claims, including, but not limited to, those of a tax nature, arising from the latter's position as shareholder of the above-named company or its legal successor. Such right to be held harmless shall also extend to any obligations of the Trustee which may arise during the formation of the company, including, but not limited to, a potential liability under § 11 (2) of the German Act on Companies with Limited Liability.

(2) The Trustor agrees to fully pay in the Partial Trust Share C of the Trustee with out undue delay.

(3) As between each other, the parties shall place each other, to the extent permitted by law, in such a position as if the trust relationship agreed upon herein existed with respect to a share in a nominal amount of €5,000 held by A in trust.

§ 2

(1) The Trustee declares that he has received Partial Trust Share C from the Trustor. The Trustee agrees to dispose of Partial Trust Share C only with the approval of the Trustor and will in particular assign, pledge or otherwise encumber Partial Trust Share C only after having obtained the Trustor's approval.

(2) The Trustee further agrees to exercise the rights arising from Partial Trust Share C only with the approval of the Trustor and will in particular vote at shareholders' meetings only as instructed by the Trustor. [3] Trustor and Trustee are aware that the vote with respect to the Trust Share may only be cast uniformly in the absence of any other provision in the company's articles of association; in case of doubt, the Trustor will determine how the vote is to be cast with respect to the Trust Share.

(3) The Trustee will transfer any profits and other amounts distributed on Partial Trust Share C on a proportionate basis, including liquidation proceeds, if any, to the Trustor without undue delay.

(4) The provisions of this Trust Agreement shall remain in full force and effect if the Trust Share is increased or reduced. The trust relationship will apply accordingly in the event of any change in the Trust Share resulting from an event under transformation law or any similar event.

§ 3

(1) At any time upon request by the Trustor, the Trustee shall promptly transfer Partial Trust Share C to the Trustor or any other person designated by the Trustor

and shall promptly issue and accept, upon request by the Trustor, any declarations which may be necessary and/or pertinent in this context, in particular in the event of a splitting of the Trust Share.

(2) Similarly, the Trustee shall be entitled to request, by issuing a written declaration to the Trustor, that the Trustor participate at its own expense in the transfer of a partial share in the amount of Partial Trust Share C and the Trustor shall promptly issue and accept, upon request by the Trustee, any declarations which may be necessary and/or pertinent, in particular in the event of a splitting of the Trust Share.

(3) The Trustor and the Trustee hereby empower and instruct each other irrevocably, exempt from the restrictions set forth in § 181 of the German Civil Code, to issue and accept any declarations which may be necessary or pertinent in order to transfer Partial Trust Share C to the Trustor, his heirs or any other person designated by the Trustor. Such powers of attorney shall survive the death of each of the principals. [4]

§ 4

(1) This Trust Agreement shall be held in strict confidence by the parties unless and to the extent that its disclosure is required by law. If the Trustee believes that he is required by law to disclose (any part of) the Trust Agreement, he shall notify the Trustor promptly of his intended disclosure. If advance notification should not be possible, the Trustee shall notify the Trustor promptly after having made the disclosure.

(2) The costs of this Trust Agreement shall be borne by the Trustor.

Instructions given by the Notary

(1) The Notary advised the persons appeared in particular on

- **the liability of Trustee and Trustor,**
- **the requirement of a decision of the shareholders if shares are to be split pursuant to § 46 No. 4 of the German Act on Companies with Limited Liability, and**
- **the consequences of restrictions on transferability, if any.**

(2) The Notary further advised that vis-à-vis the company only such person will be deemed to be the holder of a share who is entered on the list of shareholders filed with the commercial register.

(3) The Notary advised that he has an official duty to notify this Agreement to the fiscal office.

(4) The Notary further explained that a transparency register has been set up under the German Money Laundering Act to which the ultimate beneficial owner of a German limited liability company has to be notified. The ultimate beneficial owner of a German limited liability company would be the natural person who holds more than 25 % of the capital shares or controls more than 25 % of the voting rights or is able to exert control in a similar manner. A combination of voting rights held by a person together with voting rights held in trust by another person, a voting agreement, an atypical silent partnership or a usufruct structure may trigger a duty to make a notification to the transparency register if, taken together, more than 25 % of the voting rights in the German limited liability company are controlled. A violation of the duty to make a notification would be subject to a fine.

(5) The Notary was not commissioned to examine the tax consequences of this Agreement and, consequently, did not carry out such an examination. According to the parties involved, tax advice was obtained from a third party.

This protocol was read out to the persons appeared by the Notary, approved by the persons appeared and signed by them and the Notary in their own hand as follows:

Erläuterungen

352 **1.** Dazu Muster A 1 (Rdn. A 4).

353 **2.** Dazu Muster A 1 (Rdn. A 5).

354 **3.** Aus einem Geschäftsanteil kann in Gesellschafterversammlungen grundsätzlich nur einheitlich abgestimmt werden (vgl. § 18 Abs. 1 GmbHG). Eine gespaltene Stimmabgabe aus dem treuhänderisch gehaltenen »Teilgeschäftsanteil« auf der einen Seite und dem restlichen Geschäftsanteil auf der anderen Seite wäre ungültig (KG ZIP 2014, 1023, 1024; *Elsing*, ZNotP 2008, 151, 154). Nur dann, wenn die Satzung der GmbH eine entsprechende Regelung enthält, ist die gespaltene Stimmabgabe zulässig (LG München GmbHR 2006, 431). Fehlt eine solche Satzungsregelung, empfehlen sich im Treuhandvertrag klare Entscheidungs- und Stimmregelungen.

355 **4.** Die Übertragung des treuhänderisch gehaltenen »Teilgeschäftsanteils« auf den Treugeber nach Beendigung des Treuhandverhältnisses erfordert die vorherige Teilung des Geschäftsanteils. Diese Teilung bedarf nach § 46 Nr. 4 GmbHG eines Gesellschafterbeschlusses. Sofern bereits bei Begründung der Quotentreuhand absehbar ist, dass bei Auflösung des Treuhandverhältnisses der treuhänderisch gehaltene »Teilgeschäftsanteils« auf den Treugeber übertragen werden soll, kann es sich anbieten, den Teilungsbeschluss vorab zu fassen. Alternativ kann auch gleich eine Vereinbarungstreuhand an einem der nach Teilung entstandenen gesamten Geschäftsanteile begründet werden (zum mittlerweile geringen praktischen Bedürfnis für eine Quotentreuhand siehe Rdn. E 349).

356 In der Insolvenz des Treuhänders besteht eine Schutzlücke, da die quasi-dingliche Wirkung der rechtsgeschäftlichen Treuhand (ggf. über aufschiebend bedingte Verfügungen) jedenfalls voraussetzt, dass der im Insolvenzfall auszusondernde (treuhänderisch gehaltene) Gegenstand bis zur Insolvenzeröffnung entstanden ist (BGH NJW 2006, 915). Mangels Teilung des Geschäftsanteils ist dies im vorliegenden Muster zunächst nicht der Fall.

357 Im Übrigen sei auf die Anmerkungen zu Muster E 17 und E 18 verwiesen.

21. Ermächtigungstreuhand (Unechte Treuhand)

Vorbemerkung

358 Ermächtigt ein Gesellschafter (»Treugeber«) einen Dritten (»Treuhänder«), nach § 185 Abs. 1 BGB über den Geschäftsanteil des Treugebers im eigenen Namen zu verfügen, ohne dass dadurch die Verfügungsmacht des Treugebers beeinträchtigt wird, spricht man von der Ermächtigungstreuhand. Da der Treugeber in dieser Konstruktion Vollrechtsinhaber bleibt und somit weiterhin über den Geschäftsanteil selbst verfügen kann, solange der Treuhänder nicht verfügt hat, wird die Ermächtigungstreuhand auch als »unechte Treuhand« bezeichnet (BGH NJW 1954, 190, 191; MüKo GmbHG/*Reichert*/*Weller* § 15 Rn. 203; Palandt/*Bassenge* § 903 Rn. 34). Angesichts der Möglichkeiten einer Stimmrechtsvollmacht besteht im GmbH-Recht für eine Ermächtigungstreuhand – wie auch für die Legitimationszession (Muster E 22) – regelmäßig kein Bedürfnis; sie ist daher wenig verbreitet (MüKo GmbHG/*Reichert*/*Weller* § 15 Rn. 203; *Grage*, RNtZ 2005, 251, 252; *Schmitz*, ZNotP 1998, 11).

Muster

Verhandelt am ____________ in ____________ 359

Vor mir, dem unterzeichneten Notar [1] ____________

erschienen heute:

1. A

geb. am ____________ in ____________

wohnhaft ____________

ausgewiesen durch [2] ____________

2. B

geb. am ____________ in ____________

wohnhaft ____________

ausgewiesen durch ____________

Auf Befragen erklärten die Erschienenen, dass eine Vorbefassung des Notars im Sinne von § 3 Abs. 1 Satz 1 Nr. 7 des Beurkundungsgesetzes nicht gegeben sei.

Die Erschienenen erklärten mit der Bitte um Beurkundung, was folgt:

I.

Alleiniger Gesellschafter der im Handelsregisters des Amtsgerichts Frankfurt am Main unter HRB ____________ eingetragenen Gesellschaft mit der Firma DEF Handelsgesellschaft mbH ist A (»Treugeber«) mit einem bei Gründung übernommenen Geschäftsanteil Nr. 1 im Nominalbetrag von 25.000,– € (»Treuhand-Geschäftsanteil«). Die zuletzt zum Handelsregister genommene Gesellschafterliste vom ____________, aus der sich das vorstehend dargestellte Beteiligungsverhältnis ergibt, ist anliegend in Kopie beigefügt.

II.

Die Vertragsparteien vereinbaren hiermit entsprechend § 129 Abs. 3 AktG, dass B (»Treuhänder«) ermächtigt sein soll (§ 185 BGB), das Stimmrecht des Treugebers aus dem Treuhand-Geschäftsanteil im eigenen Namen, jedoch für Rechnung und nach Weisung des Treugebers auszuüben (Ermächtigungstreuhand). Der Treugeber wird den Treuhänder von allen Folgen der Stimmrechtsausübung unverzüglich freihalten. [3]

III.

Für den Fall, dass die hier vereinbarte Ermächtigung – gleich aus welchem Grund – unwirksam sein oder die Wirksamkeit in Frage gestellt werden sollte, erteilt der Treugeber hiermit dem Treuhänder unter Befreiung von den Beschränkungen des § 181 BGB Vollmacht, das Stimmrecht aus dem Treuhand-Geschäftsanteil auf Gesellschafterversammlungen auszuüben. [4, 5]

Dieser Treuhandvertrag erlischt automatisch, ohne dass es einer expliziten Kündigung bedarf, wenn der Treugeber nicht mehr Inhaber des Treuhand-Geschäftsanteils ist.

IV.

Der Notar hat über Möglichkeiten und Grenzen einer Ermächtigungstreuhand im GmbH-Recht belehrt und Alternativgestaltungen (Übertragungs- oder Vereinbarungstreuhand, Stimmrechtsvollmacht) vorgeschlagen. Trotz Belehrung bestanden die Erschienen auf der Beurkundung in der vorliegenden Form und Fassung.

Der Notar war nicht beauftragt, die steuerlichen Folgen dieser Urkunde zu prüfen und hat demzufolge auch keine derartige Prüfung vorgenommen. Nach Angabe der Beteiligten erfolgte anderweitig eine steuerliche Beratung.

Diese Niederschrift wurde den Erschienenen von dem Notar vorgelesen, von den Erschienenen genehmigt und von ihnen sowie dem Notar eigenhändig wie folgt unterschrieben:

Template

360 **Recorded on __________ in __________**

Before me, the undersigned Notary [1] __________

appeared today:

1. A

born on __________ in __________

residing at __________

identified through [2] __________

2. B

born on __________ in __________

residing at __________

identified through __________

When asked by the Notary, the persons appeared declared that a prior involvement of the Notary within the meaning of § 3 (1) sentence 1 No. 7 of the German Notarial Recordings Act had not occurred.

The persons appeared requested that the following be recorded:

I.

The sole shareholder of the company known as DEF Handelsgesellschaft mbH and registered in the commercial register of the Frankfurt am Main Local Court under HRB __________ is A (»Trustor«) with a share number 1 in a nominal amount of €25,000 subscribed upon its formation (»Trust Share«). A copy of the list of shareholders dated __________, most recently filed with the commercial register and reflecting the above share and shareholder, is attached hereto.

II.

The parties hereby agree in accordance with § 129 (3) of the German Stock Corporation Act that B (»Trustee«) is to be authorized (§ 185 of the German Civil Code) to exercise the Trustor's voting right arising from the Trust Share in his own name, but for the account of and in accordance with the instructions given by the Trustor (auth orization trust relationship). The Trustor will promptly hold the Trustee harmless from all consequences arising from the Trustee's exercise of the voting right. [3]

III.

In the event that the authorization agreed upon herein should be invalid or if its validity should be put into question, for whatever reason, the Trustor hereby empowers the Trustee, exempt from the restrictions set forth in § 181 of the German Civil Code, to exercise the voting right arising from the Trust Share at shareholders' meetings.[4]

This Trust Agreement ends automatically without requiring an explicit notice of termination when the Trustor no longer holds the Trust Share.

IV.

The Notary instructed the persons appeared on the possibilities and limits of an authorization trust relationship provided for in the German law on companies with limited liability and proposed alternative structures (transfer trust relationship or agreement trust relationship, power of attorney to exercise the voting right). Despite such instructions, the persons appeared insisted on a recording in the present form and version.

The Notary was not commissioned to examine the tax consequences of this Agreement and, consequently, did not carry out such an examination. According to the parties involved, tax advice was obtained from a third party.

This protocol was read out to the persons appeared by the Notary, approved by the persons appeared and signed by them and the Notary in their own hand as follows:

Erläuterungen

1. Dazu Muster A 1 (Rdn. A 4). 361

2. Dazu Muster A 1 (Rdn. A 5). 362

3. Bei der Ermächtigungstreuhand bleibt der »Treugeber« Inhaber des Geschäftsanteils. Im vorliegenden Muster wird der »Treuhänder« ermächtigt, das Stimmrecht im eigenen Namen, aber nach Weisung und für Rechnung des Treugebers auszuüben. Bei dieser sog. Legitimationsübertragung erfolgt also eine nicht auf den Einzelfall, etwa eine bestimmte Gesellschafterversammlung, beschränkte Übertragung der Berechtigung zur Geltendmachung bzw. Ausübung des Rechtes in eigenem Namen unter Verbleib des Rechts selbst beim bisherigen Inhaber. Die Zulässigkeit einer solchen isolierten Übertragung des Stimmrechts auf den Treuhänder ist wegen des Abspaltungsverbots problematisch (dazu bereits Muster E 17 (Rdn. E 305)). 363

4. Praktisch wird die Umdeutung der Ermächtigung in eine Stimmrechtsvollmacht in Betracht kommen (vgl. BGH NJW 1968, 396, 397; Oppenländer/Trölitzsch/*Jaeger* § 19 Rn. 54). Alternativ kann der Abschluss eines Stimmbindungsvertrags erwogen werden. Allerdings können sich im Einzelfall Kollisionen mit der Vinkulierung von Anteilen ergeben; nach wohl herrschender Auffassung sind Treuhandverträge über vinkulierte Geschäftsanteile, die dem Treugeber ein umfassendes, nicht auf den Einzelfall beschränktes Weisungsrecht gewähren, nichtig (siehe MünchHdbGesR III/*Kraus* § 26 Rn. 41 ff.; Scholz/*K. Schmidt* § 47 Rn. 48). 364

5. Die Ermächtigungstreuhand erlischt mit dem Ende der Gesellschafterstellung des Treugebers und gemäß § 168 BGB analog mit dem Ende des Treuhandvertrags. Im Falle der Insolvenz des Treuhänders oder der Zwangsvollstreckung gegen ihn steht dem Treugeber das Aussonderungsrecht nach § 47 InsO bzw. die Befugnis zur Erhebung einer Drittwiderspruchsklage nach § 771 ZPO zur Verfügung. Dem gegenüber kann sich der Treuhänder bei einer Insolvenz des Treugebers oder Zwangsvollstreckung gegen diesen auf die vorgenannten Rechte nicht berufen (dazu Palandt/*Herrler* § 903 Rn. 34). 365

22. Legitimationszession

Vorbemerkung

366 Bei der Legitimationszession wird, anders als bei der Ermächtigungstreuhand, der Treuhänder Inhaber des Geschäftsanteils. Die Legitimation zur Stimmrechtsausübung verbleibt dagegen beim Treugeber, der das Stimmrecht im eigenen Namen ausübt – anders als bei der Stimmrechtsvollmacht (MüKo GmbHG/*Drescher* § 47 Rn. 78).

Muster

367 **Verhandelt am __________ in __________**

Vor mir, dem unterzeichneten Notar [1] __________

erschienen heute:

1. A

geb. am __________ in __________

wohnhaft __________

ausgewiesen durch [2] __________

2. C

geb. am __________ in __________

wohnhaft __________

ausgewiesen durch __________

Auf Befragen erklärten die Erschienenen, dass eine Vorbefassung des Notars im Sinne von § 3 Abs. 1 Satz 1 Nr. 7 des Beurkundungsgesetzes nicht gegeben sei.

Die Erschienenen erklärten mit der Bitte um Beurkundung was folgt:

I.

A (»Treuhänder«) hat an der zum Protokoll des Notars __________ vom heutigen Tage (UR.-Nr. __________/2018) gegründeten Gesellschaft mit der Firma DEF Handelsgesellschaft mbH (»Gesellschaft«) einen Geschäftsanteil Nr. 1 in Höhe von 10.000,– € (»Treuhand-Geschäftsanteil«) übernommen. Diesen Geschäftsanteil hält er treuhänderisch, also für Rechnung des C (»Treugeber«).

II.

Die Vertragsparteien vereinbaren hiermit gemäß § 129 Abs. 3 AktG analog, dass der Treugeber berechtigt sein soll, das Stimmrecht aus dem Treuhand-Geschäftsanteil im eigenen Namen auszuüben (Legitimationszession). [3]

III.

Für den Fall, dass die hier vereinbarte Ermächtigung – gleich aus welchem Grund – unwirksam sein oder die Wirksamkeit in Frage gestellt werden sollte, erteilt der Treuhänder hiermit den Treugeber unter Befreiung von den Beschränkungen des § 181 BGB unwiderruflich Vollmacht, das Stimmrecht aus dem Treuhand-Geschäftsanteil auf Gesellschafterversammlungen der Gesellschaft auszuüben. [4]

Sollte die Berechtigung des Treugebers zur Stimmabgabe in Frage gestellt werden, bleibt der Treuhänder verpflichtet, das Stimmrecht auf Gesellschafterversammlungen der Gesellschaft ausschließlich nach Weisung des Treugebers auszuüben, sofern der Treugeber dies verlangt.

IV.

Der Notar hat über Möglichkeiten und Grenzen einer Legitimationszession im GmbH-Recht belehrt und Alternativgestaltungen (Übertragungs- oder Vereinbarungstreuhand, Stimmrechtsvollmacht) vorgeschlagen. Trotz Belehrung bestanden die Erschienen auf der Beurkundung in der vorliegenden Form und Fassung.

Der Notar war nicht beauftragt, die steuerlichen Folgen dieses Vertrags zu prüfen und hat demzufolge auch keine derartige Prüfung vorgenommen. Nach Angabe der Beteiligten erfolgte anderweitig eine steuerliche Beratung.

Diese Niederschrift wurde den Erschienenen von dem Notar vorgelesen, von den Erschienenen genehmigt und von ihnen sowie dem Notar eigenhändig wie folgt unterschrieben:

Template

Recorded on ____________ in ____________ 368

Before me, the undersigned Notary [1] ____________

appeared today:

1. A

born on ____________ in ____________

residing at ____________

identified through [2] ____________

2. C

born on ____________ in ____________

residing at ____________

identified through ____________

When asked by the Notary, the persons appeared declared that a prior involvement of the Notary within the meaning of § 3 (1) sentence 1 No. 7 of the German Notarial Recordings Act had not occurred.

The persons appeared requested that the following be recorded:

I.

A (»Trustee«) has subscribed a share number 1 in an amount of €10,000 (»Trust Share«) in the company known as DEF Handelsgesellschaft mbH established today based on a protocol recorded by the Notary ____________ (Notarial Deed No. ____________/2018). A holds the Trust Share in trust, i.e. for the account of C (»Trustor«).

II.

The parties hereby agree in analogous application of § 129 (3) of the German Stock Corporation Act that the Trustor is to be entitled to exercise the voting right arising from the Trust Share in his own name (legitimation assignment). [3]

III.

In the event that the authorization agreed upon herein should be invalid or if its validity should be put into question, for whatever reason, the Trustee hereby empowers the Trustor irrevocably, exempt from the restrictions set forth in § 181 of the German Civil Code, to exercise the voting right arising from the Trust Share at shareholders' meetings of the company. [4]

If the Trustor's authority to vote should be put into question, the Trustee remains obligated to exercise the voting right at shareholders' meetings of the company exclusively as instructed by the Trustor, if so requested by the Trustor.

IV.

The Notary instructed the persons appeared on the possibilities and limits of a legitimation assignment provided for in the German law on companies with limited liability and proposed alternative structures (transfer trust relationship or agreement trust relationship, power of attorney to exercise the voting right). Despite such instructions, the persons appeared insisted on a recording in the present form and version.

The Notary was not commissioned to examine the tax consequences of this Agreement and, consequently, did not carry out such an examination. According to the parties involved, tax advice was obtained from a third party.

This protocol was read out to the persons appeared by the Notary, approved by the persons appeared and signed by them and the Notary in their own hand as follows:

Erläuterungen

369 **1.** Dazu Muster A 1 (Rdn. A 4).

370 **2.** Dazu Muster A 1 (Rdn. A 5).

371 **3.** Die Zulässigkeit einer Legitimationszession analog § 129 Abs. 3 AktG ist im GmbH-Recht umstritten (dafür RGZ 157, 52, 55 ff.; OLG Celle NZG 2007, 391; offengelassen von BGH, NJW-RR 2008, 1066; dagegen etwa Baumbach/Hueck/*Zöllner*/*Noack* § 47 Rn. 41; Henssler/Strohn/*Hillmann* § 47 GmbHG Rn. 35). Angesichts der bestehenden Unsicherheit dürfte regelmäßig eine Stimmrechtsvollmacht vorzugswürdig und eine Legitimationszession nur sehr zurückhaltend (wenn überhaupt) zu empfehlen sein (so *Grage*, RNotZ 2005, 251, 261).

372 **4.** Das Formular enthält vorsorglich ausdrücklich eine Stimmrechtsvollmacht, in die eine unwirksame Legitimationszession regelmäßig umzudeuten wäre (MüKoGmbHG/*Drescher*, § 47 Rn. 78). Alternativen wie die satzungsmäßige Vereinbarung eines originären Stimmrechts oder eines Vetorechts des Treugebers begegnen ebenfalls durchgreifenden Bedenken und können daher nicht als Option empfohlen werden; der Interessenlage der übrigen Gesellschafter werden sie ohnehin in den seltensten Fällen entsprechen (näher *Grage*, RNotZ 2005, 251, 261 f.).

23. Übertragungstreuhand bei mehreren Treugebern

Vorbemerkung

373 Ein Treuhänder kann einen Geschäftsanteil nicht nur für einen, sondern auch für mehrere Treugeber halten (vgl. zur Übertragungstreuhand mit nur einem Treugeber Muster E 17).

Muster

Verhandelt am ____________ in ____________ 374

Vor mir, dem unterzeichneten Notar [1] ____________

erschienen heute:

1. A

geb. am ____________ in ____________

wohnhaft ____________

ausgewiesen durch [2] ____________

2. B

geb. am ____________ in ____________

wohnhaft ____________

ausgewiesen durch ____________

3. C

geb. am ____________ in ____________

wohnhaft ____________

ausgewiesen durch ____________

Auf Befragen erklärten die Erschienenen, dass eine Vorbefassung des Notars im Sinne von § 3 Abs. 1 Satz 1 Nr. 7 des Beurkundungsgesetzes nicht gegeben sei.

Die Erschienenen erklärten mit der Bitte um Beurkundung was folgt:

I. Vorbemerkung

Alleinige Gesellschafter der im Handelsregister des Amtsgerichts Frankfurt am Main – HRB ____________ – eingetragenen Gesellschaft mit der Firma DEF Handelsgesellschaft mbH (»Gesellschaft«) sind:

A mit dem Geschäftsanteil Nr. 1 von 5.000,– €,

B mit dem Geschäftsanteil Nr. 2 von 5.000,– € und

C mit dem Geschäftsanteil Nr. 3 von 15.000,– €.

Das Stammkapital der Gesellschaft beträgt 25.000,– €.

Die Geschäftsanteile sind in voller Höhe eingezahlt.

Die zuletzt zum Handelsregister genommene Liste der Gesellschafter, aus der sich die vorstehend dargestellten Beteiligungsverhältnisse ergeben, ist anliegend in Kopie beigefügt.

II. Übertragung von Geschäftsanteilen

§ 1

(1) A überträgt hiermit zur Begründung eines Treuhandverhältnisses nach Maßgabe von Abschnitt III dieser Urkunde seinen Geschäftsanteil Nr. 1 (»Treuhand-Geschäftsanteil A«) im Nominalbetrag von 5.000,– € an der Gesellschaft auf C.

(2) B überträgt hiermit zur Begründung eines Treuhandverhältnisses nach Maßgabe von Abschnitt III dieser Urkunde seinen Geschäftsanteil Nr. 2 (»Treuhand-Geschäftsanteil B«) im Nominalbetrag von 5.000,– € an der Gesellschaft auf C.

(3) Die Übertragungen der Treuhand-Geschäftsanteile A und B erfolgen jeweils mit sofortiger dinglicher Wirkung.

(4) C nimmt die Übertragungen jeweils an.

§ 2

A und B – jeder für sich – sichern zu, dass sie als Inhaber des Treuhand-Geschäftsanteils A bzw. B über den jeweiligen Treuhand-Geschäftsanteil frei verfügen können, dieser nicht mit Rechten Dritter belastet ist und die Satzung der Gesellschaft in der Fassung vom ___________ unverändert fortbesteht.

§ 3

(1) Gemäß § 3 des Gesellschaftsvertrags der Gesellschaft ist die Übertragung von Geschäftsanteilen nur mit Zustimmung der übrigen Gesellschafter zulässig.

(2) Die Erschienenen als alleinige Gesellschafter erteilen hiermit die Zustimmung zur Geschäftsanteilsübertragung.

§ 4

Die Gesellschaft hat keinen Grundbesitz.

III. Treuhandvertrag

A und B sowie C sind sich darüber einig, dass C die unter Abschnitt II. übertragenen Treuhand-Geschäftsanteile A und B treuhänderisch, also für Rechnung von A (Treuhand-Geschäftsanteil A) und von B (Treuhand-Geschäftsanteil B), hält.

Die Parteien vereinbaren die nachstehenden Vertragsbedingungen:

§ 1

A und B (jeweils »Treugeber«) verpflichten sich, jeder für sich allein, C (»Treuhänder«) von allen Ansprüchen, insbesondere auch steuerlicher Art freizuhalten, die sich aus dessen Gesellschafterstellung an der Gesellschaft oder deren Rechtsnachfolgerin im Hinblick auf die jeweils treuhänderisch gehaltenen Geschäftsanteile infolge der ordnungsgemäßen Erfüllung dieses Treuhandvertrags ergeben.

§ 2

(1) Der Treuhänder erklärt, dass ihm die Treuhand-Geschäftsanteile A und B von dem jeweiligen Treugeber zur Verfügung gestellt wurden. Er verpflichtet sich, über den jeweiligen Treuhand-Geschäftsanteil nur mit Zustimmung des jeweiligen Treugebers zu verfügen, insbesondere diesen nur mit dessen Zustimmung abzutreten, zu verpfänden oder sonst zu belasten.

(2) Der Treuhänder hat alle Unterlagen und Informationen, die ihm als Gesellschafter zugehen, unverzüglich an den jeweiligen Treugeber weiterzuleiten. Er hat dem jeweiligen Treugeber darüber hinaus mindestens einmal im Quartal über alle die Gesellschaft, die Gesellschafter und deren Geschäftsanteile betreffenden Angelegenheiten und Entwicklungen Bericht zu erstatten.

(3) Der Treuhänder verpflichtet sich außerdem, die sich aus dem jeweiligen Treuhand-Geschäftsanteil ergebenen Rechte nur mit Zustimmung des jeweiligen Treugebers auszuüben, insbesondere auf Gesellschafterversammlungen nur

nach Absprache mit dem jeweiligen Treugeber zu stimmen und sämtliche aus dem Geschäftsanteil erwachsenden Gewinne und sonstigen Ausschüttungen einschließlich eines Liquidationserlöses unverzüglich an den jeweiligen Treugeber abzuführen. [3]

(4) Bei Erhöhung oder Herabsetzung der Treuhand-Geschäftsanteile gelten die Bestimmungen dieses Treuhandvertrags weiter. Die vereinbarte treuhänderische Bindung gilt bei Veränderungen der Treuhand-Geschäftsanteile in Folge umwandlungsrechtlicher oder ähnlicher Vorgänge entsprechend.

§ 3

(1) Der Treuhänder hat die Treuhand-Geschäftsanteile auf jederzeit mögliche Anforderung des jeweiligen Treugebers unverzüglich auf den jeweiligen Treugeber oder auf eine von diesem zu benennende dritte Person zu übertragen.

(2) Ebenso ist der Treuhänder berechtigt, jeden der Treuhand-Geschäftsanteile jederzeit auf den jeweiligen Treugeber zu übertragen.

(3) Die Treugeber auf der einen Seite und der Treuhänder auf der anderen Seite erteilen sich gegenseitig unwiderruflich Auftrag und Vollmacht, unter Befreiung von den Beschränkungen des § 181 BGB gegebenenfalls alle Erklärungen abzugeben und entgegenzunehmen, die erforderlich oder dienlich sind, um den jeweiligen Treuhand-Geschäftsanteil auf den jeweiligen Treugeber, seine Erben oder eine von dem Treugeber zu benennende dritte Person zu übertragen. Die Vollmachten gelten über den Tod eines jeden Vollmachtgebers hinaus.

IV. Selbstständigkeit der Treuhandverhältnisse

(1) Die vorbezeichneten Treuhandverhältnisse sind rechtlich selbstständig und voneinander unabhängig.

(2) Vertragliche sowie vertragsähnliche Beziehungen auf Grund dieser Urkunde bestehen nur zwischen dem jeweiligen Treuhänder und dem Treugeber. [4]

V. Sonstiges

(1) Soweit nicht nach anwendbarem zwingendem Recht eine Verpflichtung zur Offenlegung besteht, ist dieser Treuhandvertrag vertraulich zu behandeln. Wenn der Treuhänder sich gesetzlich zur Offenlegung verpflichtet glaubt, wird er den Treugeber unverzüglich von der beabsichtigten Offenlegung unterrichten. Sollte eine vorherige Unterrichtung nicht möglich sein, wird der Treuhänder den Treugeber unverzüglich nach Vornahme der Offenlegung unterrichten.

(2) Für den Fall, dass diese Urkunde oder Teile davon fehlerhaft oder unwirksam sein oder werden sollte, verpflichten die Parteien sie sich bereits jetzt, sämtliche Erklärungen abzugeben und Handlungen vorzunehmen, um das wirtschaftliche Ziel dieser Urkunde dennoch zu erreichen bzw. ihm möglichst nahe zu kommen.

(3) Die Kosten dieses Treuhandvertrags tragen die Treugeber anteilig im Verhältnis ihrer Beteiligungen.

VI. Hinweise des Notars [5]

Der beurkundende Notar hat unter anderem darauf hingewiesen, dass

– Übertragender und Erwerber für rückständige Leistungen haften, wenn Geschäftsanteile nicht voll eingezahlt sind;

– im Verhältnis zur Gesellschaft nur die Person als Inhaber eines Geschäftsanteils gilt, die in die zum Handelsregister eingereichte Gesellschafterliste eingetragen ist;

– den Treugeber jedenfalls die Gründungshaftung (§ 9a GmbHG), die Haftung für die Leistung von Einlagen (§ 19 Abs. 2 GmbHG) und etwaige Fehlbeträge (§ 24 GmbHG) sowie für die Kapitalerhaltung (§§ 30, 31 GmbHG) wie ein Gesellschafter trifft;

– er diesen Vertrag aufgrund gesetzlicher Anzeigepflichten dem Finanzamt anzuzeigen hat;

– nach dem Geldwäschegesetz (GwG) ein Transparenzregister eingerichtet ist, dem der wirtschaftlich Berechtigte einer GmbH zu melden ist. Wirtschaftlich Berechtigter einer GmbH sei die natürliche Person, die entweder mehr als 25 % der Kapitalanteile hält, mehr als 25 % der Stimmrechte kontrolliert oder auf vergleichbare Weise Kontrolle ausübt. Auch eine Kombination von Stimmrechten aus eigenem Anteilsbesitz und/oder einer Treuhandkonstruktion, ein Stimmbindungsvertrag, eine atypisch stille Beteiligungen oder eine Nießbrauchgestaltung könne unter Umständen zu einer Meldepflicht gegenüber dem Transparenzregister führen, wenn insgesamt mehr als 25 % der Stimmrechte an der GmbH kontrolliert werden. Die Verletzung der Meldepflicht sei bußgeldbewehrt.

Der Notar war nicht beauftragt, die steuerlichen Folgen dieses Vertrags zu prüfen und hat demzufolge auch keine derartige Prüfung vorgenommen. Nach Angabe der Beteiligten erfolgte anderweitig eine steuerliche Beratung. [6]

Diese Niederschrift wurde den Erschienenen von dem Notar vorgelesen, von den Erschienenen genehmigt und von ihnen sowie dem Notar eigenhändig wie folgt unterschrieben:

Template

375 **Recorded on ____________ in ____________**

Before me, the undersigned Notary [1] ____________

appeared today:

1. A

born on ____________ in ____________

residing at ____________

identified through [2] ____________

2. B

born on ____________ in ____________

residing at ____________

identified through ____________

3. C

born on ____________ in ____________

residing at ____________

identified through ____________

When asked by the Notary, the persons appeared declared that a prior involvement of the Notary within the meaning of § 3 (1) sentence 1 No. 7 of the German Notarial Recordings Act had not occurred.

The persons appeared requested that the following be recorded:

I. Preamble

The sole shareholders of the company known as DEF Handelsgesellschaft mbH (»Company«) and registered in the commercial register of the Frankfurt am Main Local Court under HRB __________ are:

A holding share number 1 in an amount of €5,000

B holding share number 2 in an amount of €5,000 and

C holding share number 3 in an amount of €15,000.

The Company's registered share capital amounts to €25,000.

The above shares are fully paid-in.

A copy of the list of shareholders dated __________, most recently filed with the commercial register and reflecting the above shares and shareholders, is attached hereto.

II. Share transfer

§ 1

(1) In order to establish a trust relationship as provided for in Part III hereof, A hereby transfers share number 1 with a nominal amount of €5,000 held by him in the Company (»Trust Share A«) to C.

(2) In order to establish a trust relationship as provided for in Part III hereof, B hereby transfers share number 2 with a nominal amount of €5,000 held by him in the Company (»Trust Share B«) to C.

(3) The transfer of Trust Shares A and B *in rem* occurs with immediate effect.

(4) C accepts the transfer of Trust Shares A and B.

§ 2

A and B – each individually – warrant that as holder of Trust Share A and Trust Share B, respectively, they have full power and authority to dispose of the relevant Trust Share, that the relevant Trust Share is not encumbered with any third-party rights and that the Company's articles of association in the version of __________ remain in full force and effect.

§ 3

(1) Pursuant to § 3 of the Company's articles of association, shares may only be transferred with the consent of the remaining shareholders.

(2) As sole shareholders, the persons appeared hereby grant their consent to the above share transfer.

§ 4

The Company owns no real estate.

III. Trust Agreement

A and B agree with C that C holds Trust Shares A and B transferred under Part II. hereof in trust, i.e. for the account of A (Trust Share A) and for the account of B (Trust Share B).

The parties agree on the following terms and conditions:

§ 1

A and B (each »Trustor«) agree, each individually, to hold C (»Trustee«) harmless from any and all claims, including, but not limited to, those of a tax nature, which may arise from the latter's position as shareholder of the Company or its legal successor with respect to the shares held in trust as a result of a proper performance of this Trust Agreement.

§ 2

(1) The Trustee declares that he has received Trust Share A and Trust Share B from the respective Trustor. The Trustee agrees to dispose of Trust Shares A and B only with the approval of the respective Trustor and will in particular assign, pledge or otherwise encumber Trust Shares A and B only after having obtained the respective Trustor's approval.

(2) The Trustee shall forward all documents and information received by him as shareholder to the respective Trustor without undue delay. In addition, the Trustee shall report to the respective Trustor at least once every quarter on all matters and events concerning the Company, the shareholders and the shares held by them.

(3) The Trustee shall further exercise the rights arising from the Trust Shares only with the approval of the respective Trustor and will in particular vote at shareholders' meetings only as instructed by the respective Trustor and transfer any profits and other amounts distributed on the relevant Trust Share, including liquidation proceeds, if any, to the respective Trustor without undue delay [3].

(4) The provisions of this Trust Agreement shall remain in full force and effect if the Trust Shares are increased or reduced. The trust relationship will apply accordingly in the event of any change in the Trust Shares resulting from an event under transformation law or any similar event.

§ 3

(1) At any time upon request by the respective Trustor, the Trustee shall promptly transfer the relevant Trust Share to the respective Trustor or any other person designated by such Trustor.

(2) Similarly, the Trustee shall be entitled to transfer the relevant Trust Share to the respective Trustor at any time.

(3) The Trustor on the one part and the Trustee on the other part hereby empower and instruct each other irrevocably, exempt from the restrictions set forth in § 181 of the German Civil Code, to issue and accept any declarations which may be necessary or pertinent in order to transfer the relevant Trust Share to the respective Trustor, his heirs or any other person designated by such Trustor. Such powers of attorney shall survive the death of each of the principals.

IV. Independent trust relationships

(1) The above trust relationships are legally independent and not related to each other.

(2) Contractual relationships or relationships similar to a contract based on this deed exist only between the Trustee and the respective Trustor. [4]

V. Miscellaneous

(1) This Trust Agreement shall be held in strict confidence by the parties unless and to the extent that its disclosure is required by applicable law. If the Trustee believes that he is required by law to disclose (any part of) the Trust Agreement, he shall notify the Trustor promptly of his intended disclosure. If advance notification should not be possible, the Trustee shall notify the Trustor promptly after having made the disclosure.

(2) In the event that this deed or any part(s) thereof should contain errors or be or become invalid, the parties hereby agree to issue all declarations and to perform all acts required in order to achieve the economic objective hereof or to come as close as possible to its achievement.

(3) The costs of this Trust Agreement shall be borne by the Trustors in proportion to their shareholding.

VI. Instructions given by the Notary [5]

The recording Notary instructed the persons appeared *inter alia* that

- **transferor and purchaser will be held liable for any outstanding amounts if shares are not fully paid-in;**
- **vis-à-vis the Company only such person will be deemed to be the holder of a share who is entered on the list of shareholders filed with the commercial register;**
- **the Trustor shall in any event be liable in the same way as a shareholder as regards formation liability (§ 9a of the German Act on Companies with Limited Liability), liability for payment of contributions on shares (§ 19 (2) of the German Act on Companies with Limited Liability) and any shortfalls (§ 24 of the German Act on Companies with Limited Liability) as well as preservation of the equity capital (§ 30, § 31 of the German Act on Companies with Limited Liability);**
- **he is required to notify this Agreement to the fiscal office based on statutory notification duties;**
- **a transparency register has been set up under the German Money Laundering Act to which the ultimate beneficial owner of a German limited liability company has to be notified. The ultimate beneficial owner of a German limited liability company would be the natural person who holds more than 25 % of the capital shares or controls more than 25 % of the voting rights or is able to exert control in a similar manner. A combination of voting rights held by a person together with voting rights held in trust by another person, a voting agreement, an atypical silent partnership or a usufruct structure may trigger a duty to make a notification to the transparency register if, taken together, more than 25 % of the voting rights in the German limited liability company are controlled. A violation of the duty to make a notification would be subject to a fine.**

The Notary was not commissioned to examine the tax consequences of this Agreement and, consequently, did not carry out such an examination. According to the parties involved, tax advice was obtained from a third party. [6]

This protocol was read out to the persons appeared by the Notary, approved by the persons appeared and signed by them and the Notary in their own hand as follows:

Erläuterungen

376 **1.** Dazu Muster A 1 (Rdn. A 4).

377 **2.** Dazu Muster A 1 (Rdn. A 5).

378 **3.** Der Treuhänder wird durch die Anteilsübertragung Inhaber der treuhänderisch gehaltenen Geschäftsanteile mit allen Rechten und Pflichten. Dies gilt bei einem Treugeber genauso wie bei mehreren Treugebern; insoweit bestehen keine Besonderheiten (dazu allgemein Muster E 17 (Rdn. E 326 ff.)). Eine uneinheitliche Stimmabgabe des Treuhänders (nach Weisung des jeweiligen Treugebers) ist jedenfalls dann mit der überwiegenden Meinung als zulässig anzusehen, wenn er, wie in diesem Muster E 23 vorgesehen, mehrere unterschiedliche Geschäftsanteile hält. Die einzelnen, treuhänderisch gehaltenen Anteile begründen unterschiedliche Mitgliedschaften. Die Möglichkeit einer getrennten Stimmrechtsausübung ist daher sachgerecht. Da dies allerdings insbesondere in Fällen, in denen weitere Gesellschafter beteiligt sind, teils als unzulässig angesehen wird, sollte die Möglichkeit einer gespaltenen Stimmabgabe vorsorglich in der Satzung ausdrücklich vorgesehen werden. Fehlt es an einer solchen Satzungsregelung, kann sich vorsorglich die Einschaltung separater Treuhänder für die jeweiligen Treugeber anbieten. Selbst diese Gestaltung dürfte jedoch Fragen aufwerfen, wenn Treuhänder und Treugeber nicht anteilsmäßig korrespondieren, sondern beispielsweise ein Treugeber seine Anteile auf mehrere Treuhänder zum Zwecke der gespaltenen Stimmrechtsausübung überträgt (zur gespaltenen Stimmabgabe bei der Quotentreuhand siehe Muster E 20 (Rdn. E 382)).

379 **4.** Das Verhältnis der Treugeber untereinander und gegenüber dem Treuhänder sollte stets klar bezeichnet werden. Nach dem vorliegenden Muster sind die Treuhandverhältnisse rechtlich selbstständig. Die beiden Treugeber hätten die Übertragungen und Treuhandverträge somit auch in jeweils separaten Urkunden mit dem Treuhänder vereinbaren können. Mit Blick auf die Notarkosten wird sich jedoch die Beurkundung in einer notariellen Urkunde anbieten, wenn ein sachlicher Grund im Sinne des § 93 Abs. 2 GNotKG für eine gemeinsame Beurkundung vorliegt. Ein sachlicher Grund liegt insbesondere vor, wenn hinsichtlich jedes Beurkundungsgegenstands die gleichen Personen an dem Verfahren beteiligt sind (sog. Beteiligtenidentität) oder der rechtliche Verknüpfungswille in der Urkunde zum Ausdruck kommt. Ein rechtlicher Verknüpfungswille liegt vor, wenn die Vereinbarungen zu verschiedenen Beurkundungsgegenständen miteinander stehen und fallen sollen. In dem Fall erfolgt eine Addition der Geschäftswerte; die Gebühr wird nur einmal erhoben. Demgegenüber wird regelmäßig kein rechtlicher Verknüpfungswille vorliegen, wenn – wie im vorliegenden Muster – die Parteien in der Urkunde erklären, dass die verschiedenen Teile in ihrem Bestand voneinander unabhängig sein sollen. In dem Fall sind (jedenfalls) die beurkundeten Treuhandverträge gemäß § 93 Abs. 2 GNotKG wie in getrennten Urkunden zu behandeln; eine Addition der Geschäftswerde erfolgt somit nicht.

380 **5.** Dazu Muster E 17 (Rdn. E 337).

381 **6.** Dazu Muster E 17 (Rdn. E 338).

24. Übertragung der Treugeberstellung

Vorbemerkung

Der Wechsel des Treugebers erfolgt durch dreiseitigen Vertrag zwischen dem alten und dem neuen Treugeber sowie dem Treuhänder oder durch Vertragsübernahme mit Zustimmung des Treuhänders. Die Übertragung der Treugeberstellung erfordert in allen Fällen eine Zustimmung des Treuhänders (§ 664 Abs. 2 BGB). 382

Muster

Verhandelt am __________ in __________ 383

Vor mir, dem unterzeichneten Notar [1] __________

erschienen heute:

1. A

geb. am __________ in __________

wohnhaft __________

ausgewiesen durch [2] __________

2. B

geb. am __________ in __________

wohnhaft __________

ausgewiesen durch __________

3. C

geb. am __________ in __________

wohnhaft __________

ausgewiesen durch __________

Auf Befragen erklärten die Erschienenen, dass eine Vorbefassung des Notars im Sinne von § 3 Abs. 1 Satz 1 Nr. 7 des Beurkundungsgesetzes nicht gegeben sei.

Die Erschienenen erklärten mit der Bitte um Beurkundung was folgt:

I.

Alleiniger Gesellschafter der im Handelsregister des Amtsgerichts Frankfurt am Main – HRB __________ – eingetragenen Gesellschaft mit der Firma DEF Handelsgesellschaft mbH ist

A mit dem Geschäftsanteil Nr. 1 im Nennbetrag von 25.000,– €

Das Stammkapital der Gesellschaft beträgt 25.000,– €.

Der Geschäftsanteil ist in voller Höhe eingezahlt worden.

Die zuletzt zum Handelsregister genommene Liste der Gesellschafter, aus der sich die vorstehend dargestellten Beteiligungsverhältnisse ergeben, ist anliegend in Kopie beigefügt.

A hält den Geschäftsanteil Nr. 1 (»Treuhand-Geschäftsanteil«) aufgrund des Treuhandvertrags vom __________ (UR.-Nr. __________/2013 des Notars __________) treuhänderisch, also für Rechnung des B.

Die vorgenannte Urkunde lag im heutigen Beurkundungstermin in beglaubigter Abschrift vor. Die Erschienenen erklären, dass ihnen der Inhalt der vorgenannten Urkunde bekannt sei. Nach Belehrung über die Bedeutung des Verweisens (§ 13a BeurkG) verweisen die Erschienenen hiermit auf diese Urkunde. Sie verzichten auf erneutes Vorlesen oder Beifügen dieser anderen Urkunde zu der vorliegenden Niederschrift vom heutigen Tage. Der Inhalt der vorgenannten Urkunde wird damit Gegenstand und rechtlicher Bestandteil der heutigen Niederschrift.

B beabsichtigt nunmehr, seine Stellung als Treugeber auf C zu übertragen.

II.

B und C vereinbaren mit ausdrücklicher Zustimmung des A, dass C alle Rechte und Pflichten des B aus dem vorgenannten Treuhandvertrag sowie seine Stellung als Vertragspartei mit Wirkung zum __________ 2018 (»Stichtag«) im Wege der Vertragsübernahme übernimmt. [3] B verpflichtet sich, C von allen Ansprüchen des A oder Dritter, die sich auf den Treuhand-Geschäftsanteil beziehen oder sich sonst aus oder im Zusammenhang mit dem Treuhandverhältnis ergeben, unverzüglich freizuhalten, soweit Grundlage des Anspruchs ein vor dem Stichtag liegender Sachverhalt ist.

A hält den Treuhand-Geschäftsanteil ab dem Stichtag treuhänderisch zu den Bedingungen des hiermit ausdrücklich bestätigten Treuhandvertrags für Rechnung des C.

III. Hinweise des Notars

Der beurkundende Notar hat unter anderem darauf hingewiesen, dass

- **im Verhältnis zur Gesellschaft nur die Person als Inhaber eines Geschäftsanteils gilt, die in die zum Handelsregister eingereichte Gesellschafterliste eingetragen ist;**
- **den Treugeber jedenfalls die Gründungshaftung (§ 9a GmbHG), die Haftung für die Leistung von Einlagen (§ 19 Abs. 2 GmbHG) und etwaige Fehlbeträge (§ 24 GmbHG) sowie für die Kapitalerhaltung (§§ 30, 31 GmbHG) wie ein Gesellschafter trifft;**
- **nach dem Geldwäschegesetz (GwG) ein Transparenzregister eingerichtet ist, dem der wirtschaftlich Berechtigte einer GmbH zu melden ist. Wirtschaftlich Berechtigter einer GmbH sei die natürliche Person, die entweder mehr als 25 % der Kapitalanteile hält, mehr als 25 % der Stimmrechte kontrolliert oder auf vergleichbare Weise Kontrolle ausübt. Auch eine Kombination von Stimmrechten aus eigenem Anteilsbesitz und/oder einer Treuhandkonstruktion, ein Stimmbindungsvertrag, eine atypisch stille Beteiligungen oder eine Nießbrauchgestaltung könne unter Umständen zu einer Meldepflicht gegenüber dem Transparenzregister führen, wenn insgesamt mehr als 25 % der Stimmrechte an der GmbH kontrolliert werden. Die Verletzung der Meldepflicht sei bußgeldbewehrt.**

Der Notar war nicht beauftragt, die steuerlichen Folgen dieses Vertrags zu prüfen und hat demzufolge auch keine derartige Prüfung vorgenommen. Nach Angabe der Beteiligten erfolgte anderweitig eine steuerliche Beratung.

Diese Niederschrift wurde den Erschienenen von dem Notar vorgelesen, von den Erschienenen genehmigt und von ihnen sowie dem Notar eigenhändig wie folgt unterschrieben:

Template

Recorded on __________ in __________ 384

Before me, the undersigned Notary [1] __________

appeared today:

1. A

born on __________ in __________

residing at __________

identified through [2] __________

2. B

born on __________ in __________

residing at __________

identified through __________

3. C

born on __________ in __________

residing at __________

identified through __________

When asked by the Notary, the persons appeared declared that a prior involvement of the Notary within the meaning of § 3 (1) sentence 1 No. 7 of the German Notarial Recordings Act had not occurred.

The persons appeared requested that the following be recorded:

I.

The sole shareholder of the company known as DEF Handelsgesellschaft mbH and registered in the commercial register of the Frankfurt am Main Local Court under HRB __________ is

A holding share number 1 in a nominal amount of €25,000

The Company's registered share capital amounts to €25,000.

The above share is fully paid-in.

A copy of the list of shareholders dated __________, most recently filed with the commercial register and reflecting the above share and shareholder, is attached hereto.

Based on the Trust Agreement dated __________ (Notarial Deed No. __________/2013 of the Notary __________), A holds share number 1 (»Trust Share«) in trust, i.e. for the account of B.

A certified copy of the above deed was submitted at the recording today. The persons appeared declare that they are aware of the contents of said deed. After

having been advised on the importance of referring to a document (§ 13a German Notarial Recordings Act), the persons appeared hereby make reference to said deed. The persons appeared agree that this other deed will not be read out aloud again or attached hereto. The contents of the deed will therefore become the subject-matter and an integral part hereof.

B now wishes to transfer his position as Trustor to C.

I.

B and C agree, with the explicit approval of A, that C will assume all rights and obligations of B under the above Trust Agreement and his position as party thereto with effect as of __________ 2018 (»Transfer Date«) by way of a contract assumption. [3] B shall promptly hold C harmless from any and all claims by A or third parties related to the Trust Share or otherwise arising from or in connection with the trust relationship if and to the extent that any such claim is based on a fact or matter which occurred before the Transfer Date.

As of the Transfer Date, A holds the Trust Share in trust for the account of C, subject to the terms and conditions of the Trust Agreement, which is hereby explicitly confirmed.

III. Instructions given by the Notary

The recording Notary instructed the persons appeared *inter alia* that

- **vis-à-vis the company only such person will be deemed to be the holder of a share who is entered on the list of shareholders filed with the commercial register;**
- **the Trustor shall in any event be liable in the same way as a shareholder as regards formation liability (§ 9a of the German Act on Companies with Limited Liability), liability for payment of contributions on shares (§ 19 (2) of the German Act on Companies with Limited Liability) and any shortfalls (§ 24 of the German Act on Companies with Limited Liability) as well as preservation of the equity capital (§ 30, § 31 of the German Act on Companies with Limited Liability);**
- **a transparency register has been set up under the German Money Laundering Act to which the ultimate beneficial owner of a German limited liability company has to be notified. The ultimate beneficial owner of a German limited liability company would be the natural person who holds more than 25 % of the capital shares or controls more than 25 % of the voting rights or is able to exert control in a similar manner. A combination of voting rights held by a person together with voting rights held in trust by another person, a voting agreement, an atypical silent partnership or a usufruct structure may trigger a duty to make a notification to the transparency register if, taken together, more than 25 % of the voting rights in the German limited liability company are controlled. A violation of the duty to make a notification would be subject to a fine.**

The Notary was not commissioned to examine the tax consequences of this Agreement and, consequently, did not carry out such an examination. According to the parties involved, tax advice was obtained from a third party.

This protocol was read out to the persons appeared by the Notary, approved by the persons appeared and signed by them and the Notary in their own hand as follows:

Erläuterungen

1. Dazu Muster A 1 (Rdn. A 4). 385

2. Dazu Muster A 1 (Rdn. A 5). 386

3. Aufgrund des Schutzzwecks des § 15 Abs. 3 GmbHG gilt das Beurkundungserfordernis für die Übertragung der Treugeberstellung an einem GmbH-Geschäftsanteil entsprechend (vgl. BGH NJW 1965, 1376, 1377); vorsorglich ist das Beurkundungserfordernis auch dann zu beachten, wenn isoliert lediglich eine Abtretung des Herausgabeanspruchs des alten Treugebers an den neuen Treugeber erfolgt. Etwaige gesellschaftsvertragliche Vinkulierungsklauseln sind bei der Übertragung der Treugeberstellung jedenfalls dann zu beachten, wenn Treugeberrechte übertragen werden, die dem Treugeber wirtschaftlich die Stellung eines Anteilsinhabers verleihen (so bereits RG RGZ 159, 272, 282). 387

25. Übertragung der Treuhänderstellung

Muster

Verhandelt am __________ in __________ 388

Vor mir, dem unterzeichneten Notar [1] __________

erschienen heute:

1. A

geb. am __________ in __________

wohnhaft __________

ausgewiesen durch [2] __________

2. B

geb. am __________ in __________

wohnhaft __________

ausgewiesen durch __________

3. C

geb. am __________ in __________

wohnhaft __________

ausgewiesen durch __________

4. Z

geb. am __________ in __________

wohnhaft __________

ausgewiesen durch __________

Auf Befragen erklärten die Erschienenen, dass eine Vorbefassung des Notars im Sinne von § 3 Abs. 1 Satz 1 Nr. 7 des Beurkundungsgesetzes nicht gegeben sei.

Die Erschienenen erklärten mit der Bitte um Beurkundung was folgt:

I.

Alleinige Gesellschafter der im Handelsregister des Amtsgerichts Frankfurt am Main – HRB __________ – eingetragenen Gesellschaft mit der Firma DEF Handelsgesellschaft mbH sind:

A mit dem Geschäftsanteil Nr. 1 mit einem Nennbetrag von 15.000,– €

Z mit dem Geschäftsanteil Nr. 2 mit einem Nennbetrag von 10.000,– €

Das Stammkapital der Gesellschaft beträgt 25.000,– €.

Die Geschäftsanteile sind in voller Höhe eingezahlt.

Die zuletzt zum Handelsregister genommene Liste der Gesellschafter, aus der sich die vorstehend dargestellten Beteiligungsverhältnisse ergeben, ist anliegend in Kopie beigefügt.

A hält den Geschäftsanteil Nr. 1 (»Treuhand-Geschäftsanteil«) aufgrund des Treuhandvertrags vom __________ (UR.-Nr. __________/2013 des Notars __________) treuhänderisch, also für Rechnung des B.

Der vorgenannte Urkunde lag im heutigen Beurkundungstermin in beglaubigter Abschrift vor. Die Erschienenen erklären, dass ihnen der Inhalt der vorgenannten Urkunde bekannt sei. Nach Belehrung über die Bedeutung des Verweisens (§ 13a BeurkG) verweisen die Erschienenen hiermit auf diese Urkunde. Die Erschienen verzichten auf erneutes Vorlesen oder Beifügen dieser anderen Urkunde zu der vorliegenden Niederschrift vom heutigen Tage. Der Inhalt der vorgenannten Urkunde wird damit Gegenstand und rechtlicher Bestandteil der heutigen Niederschrift.

Die bisher von A ausgeübte Treuhänderstellung soll nunmehr auf C übertragen werden. [3]

II.

§ 1

(1) A tritt in Erfüllung der ihm hiermit erteilten Weisung des B den Treuhand-Geschäftsanteil mit sofortiger dinglicher Wirkung an den diese annehmenden C ab. Die Übertragung erfolgt zur Neubegründung eines Treuhandverhältnisses zwischen C als neuem Treuhänder und B als Treugeber und im Übrigen ohne Gegenleistung.

(2) Das Treuhandverhältnis zwischen B und C bestimmt sich nach den Bedingungen des vorgenannten Treuhandvertrags, die hiermit zwischen B und C vereinbart werden.

(3) Das Treuhandverhältnis zwischen A und B ist damit beendet.

§ 2

A sichert zu, dass er als Inhaber über den Geschäftsanteil frei verfügen kann, diese nicht mit Rechten Dritter belastet ist und die Satzung der Gesellschaft in der Fassung vom __________ unverändert fortbesteht.

§ 3

(1) Gemäß § 3 des Gesellschaftsvertrags der Gesellschaft ist die Übertragung von Geschäftsanteilen nur mit Zustimmung der übrigen Gesellschafter zulässig.

(2) Z als alleiniger Mitgesellschafter erteilt hiermit die Zustimmung zu der vorstehenden Geschäftsanteilsübertragung des Treuhand-Geschäftsanteils auf C.

§ 4

Die Gesellschaft hat keinen Grundbesitz.

§ 5

Der beurkundende Notar hat unter anderem darauf hingewiesen, dass

- **Übertragender und Erwerber für rückständige Leistungen haften, wenn Geschäftsanteile nicht voll eingezahlt sind.**
- **im Verhältnis zur Gesellschaft nur die Person als Inhaber eines Geschäftsanteils gilt, die in die zum Handelsregister eingereichte Gesellschafterliste eingetragen ist;**
- **nach dem Geldwäschegesetz (GwG) ein Transparenzregister eingerichtet ist, dem der wirtschaftlich Berechtigte einer GmbH zu melden ist. Wirtschaftlich Berechtigter einer GmbH sei die natürliche Person, die entweder mehr als 25 % der Kapitalanteile hält, mehr als 25 % der Stimmrechte kontrolliert oder auf vergleichbare Weise Kontrolle ausübt. Auch eine Kombination von Stimmrechten aus eigenem Anteilsbesitz und/oder einer Treuhandkonstruktion, ein Stimmbindungsvertrag, eine atypisch stille Beteiligungen oder eine Nießbrauchgestaltung könne unter Umständen zu einer Meldepflicht gegenüber dem Transparenzregister führen, wenn insgesamt mehr als 25 % der Stimmrechte an der GmbH kontrolliert werden. Die Verletzung der Meldepflicht sei bußgeldbewehrt.**

Der Notar war nicht beauftragt, die steuerlichen Folgen dieses Vertrags zu prüfen und hat demzufolge auch keine derartige Prüfung vorgenommen. Nach Angabe der Beteiligten erfolgte anderweitig eine steuerliche Beratung.

Diese Niederschrift wurde den Erschienenen von dem Notar vorgelesen, von den Erschienenen genehmigt und von ihnen sowie dem Notar eigenhändig wie folgt unterschrieben:

Template

Recorded on ____________ in ____________ 389

Before me, the undersigned Notary [1] ____________

appeared today:

1. A

born on ____________ in ____________

residing at ____________

identified through [2] ____________

2. B

born on ____________ in ____________

residing at ____________

identified through ____________

3. C

born on ____________ in ____________

residing at ____________

identified through ____________

4. Z

born on ____________ in ____________

residing at ____________

identified through ____________

When asked by the Notary, the persons appeared declared that a prior involvement of the Notary within the meaning of § 3 (1) sentence 1 No. 7 of the German Notarial Recordings Act had not occurred.

The persons appeared requested that the following be recorded:

I.

The sole shareholders of the company known as DEF Handelsgesellschaft mbH and registered in the commercial register of the Frankfurt am Main Local Court under HRB ____________ are:

A holding share number 1 with a nominal amount of €15,000

Z holding share number 2 with a nominal amount of €10,000

The company's registered share capital amounts to €25,000.

The above shares are fully paid-in.

A copy of the list of shareholders dated ____________, most recently filed with the commercial register and reflecting the above shares and shareholders, is attached hereto.

Based on the Trust Agreement dated ____________ (Notarial Deed No. ____________/2013 of the Notary ____________), A holds share number 1 (»Trust Share«) in trust, i.e. for the account of B.

A certified copy of the above deed was submitted at the recording today. The persons appeared declare that they are aware of the contents of said deed. After having been advised on the importance of referring to a document (§ 13a German Notarial Recordings Act), the persons appeared hereby make reference to said deed. The persons appeared agree that this other deed will not be read out aloud again or attached hereto. The contents of the deed will therefore become the subject-matter and an integral part hereof.

The position of Trustee previously exercised by A is to be transferred to C. [3]

II.

§ 1

(1) A assigns the Trust Share, in accordance with the instruction hereby given to him by B, with immediate effect *in rem* to C who accepts such assignment. The transfer is made for the purpose of establishing a new trust relationship between C as new Trustee and B as Trustor subject to no consideration.

(2) The trust relationship between B and C is governed by the terms and conditions of the above Trust Agreement, which are hereby agreed between B and C.

(3) Consequently, the trust relationship between A and B ends.

§ 2

A warrants that as holder of the Trust Share he has full power and authority to dispose of the Trust Share, that the Trust Share is not encumbered with any third-party rights and that the company's articles of association in the version of ____________ remain in full force and effect.

§ 3

(1) Pursuant to § 3 of the company's articles of association, shares may only be transferred with the consent of the remaining shareholders.

(2) As sole co-shareholder, Z hereby grants his consent to the above transfer of the Trust Share to C.

§ 4

The Company owns no real estate.

§ 5

The recording Notary instructed the persons appeared *inter alia* that

- **transferor and purchaser will be held liable for any outstanding amounts if shares are not fully paid-in;**
- **vis-à-vis the company only such person will be deemed to be the holder of a share who is entered on the list of shareholders filed with the commercial register;**
- **a transparency register has been set up under the German Money Laundering Act to which the ultimate beneficial owner of a German limited liability company has to be notified. The ultimate beneficial owner of a German limited liability company would be the natural person who holds more than 25 % of the capital shares or controls more than 25 % of the voting rights or is able to exert control in a similar manner. A combination of voting rights held by a person together with voting rights held in trust by another person, a voting agreement, an atypical silent partnership or a usufruct structure may trigger a duty to make a notification to the transparency register if, taken together, more than 25 % of the voting rights in the German limited liability company are controlled. A violation of the duty to make a notification would be subject to a fine.**

The Notary was not commissioned to examine the tax consequences of this Agreement and, consequently, did not carry out such an examination. According to the parties involved, tax advice was obtained from a third party.

This protocol was read out to the persons appeared by the Notary, approved by the persons appeared and signed by them and the Notary in their own hand as follows:

Erläuterungen

1. Dazu Muster A 1 (Rdn. A 4). 390

2. Dazu Muster A 1 (Rdn. A 5). 391

392 **3.** Der Wechsel der Treuhänderstellung erfolgt durch die Übertragung des Treuhand-Geschäftsanteils bei gleichzeitiger Vertragsübernahme des Treuhandvertrags durch den neuen Treuhänder. Die Voraussetzungen der Treuhand müssen zwischen dem Treugeber und dem neuem Treuhänder vereinbart werden. Schuldrechtlich erfolgt die Vertragsübernahme des Treuhandvertrags durch Vereinbarung zwischen dem alten und dem neuen Treuhänder mit Zustimmung des Treugebers nach § 415 BGB. Die Zustimmung kann gegenüber dem alten oder dem neuen Treuhänder erklärt werden oder auch – wie in diesem Muster – bei gleichzeitiger Mitwirkung des alten und des neuen Treuhänders sowie des Treugebers beim Vertragsschluss. Die ebenfalls beurkundungsbedürftige Anteilsübertragung von dem alten auf den neuen Treuhänder erfolgt nach allgemeinen Regeln (siehe dazu Muster E 17 (Rdn. 300)). Abhängig von Vinkulierungsbestimmungen kann die Zustimmung der Gesellschaft bzw. der Mitgesellschafter erforderlich sein (siehe dazu Muster E 17 (Rdn. 294)).

393 Alternativ zu der in diesem Muster dargestellten Übertragung des Treuhand-Geschäftsanteils vom alten auf den neuen Treuhänder kann die Übertragung des Geschäftsanteils zweistufig über den Treugeber erfolgen. Mit Blick auf die Unmittelbarkeitsdoktrin dürfte im Fall der Treuhänderinsolvenz die zweistufige Übertragung des Treuhand-Geschäftsanteils vorzugswürdig sein (dazu Muster E 18 (Rdn. E 316)).

26. Die Familientreuhandgesellschaft

394 Das Formular geht davon aus, dass die Hauptgesellschaft XY eine GmbH mittlerer Größe mit drei Familienstämmen ist.

Vorbemerkung

395 Ein eigener Typus des Treuhandvertrags existiert nicht. Die durch einen solchen entstehenden Rechtsbeziehungen müssen nach den Umständen des Einzelfalls, insbesondere nach dem zugrundeliegenden Auftrags- oder Geschäftsbesorgungsverhältnis, bestimmt werden (BGH, Urt. vom 05.05.1969, VII ZR 79/67, BB 1969, 1154 (1154); Heidenhain/Meister/*Meister/Klöckler* IV.32, Anm. 3). Ist infolge der Unentgeltlichkeit des Geschäfts das Auftragsrecht anwendbar, kann der Treuhandvertrag grds. formfrei geschlossen werden. Wird allerdings, wie hier, das Treuhandverhältnis begründet, indem die Treugeber (die Gesellschafter) auf den Treuhänder (die Treuhandgesellschaft) ihre Geschäftsanteile an der Hauptgesellschaft XY übertragen (sog. Übertragungstreuhand), ist neben der dinglichen Abtretung auch der schuldrechtliche Treuhandvertrag als deren Rechtsgrund beurkundungsbedürftig, § 15 Abs. 3, Abs. 4 GmbHG (h.M., vgl. *Breuer* MittRhNotK 1988, 79 (83); Hachenburg/Schilling/*Zutt* Anh. § 15 Rn. 52; Baumbach/Hueck/*Fastrich* § 15 Rn. 56; Lutter/Hommelhoff/*Bayer* § 15 Rn. 91; a.A. *Armbrüster* DNotZ 1997, 762 (779); *Armbrüster* GmbHR 2001, 941 (946)). Anders als früher geht heute die wohl herrschende Meinung davon aus, dass eine notarielle Beurkundung auch bei der Erwerbstreuhand (BGH, Urt. vom 19.04.1999, II ZR 365/97, BGHZ 141, 207 (208) (LS); OLG Celle, Urt. vom 17.12.2001, 9 U 151/00, NZG 2001, 368 (368); OLG Frankfurt, Urt. vom 27.11.1991, 21 W 35/01, GmbHR 1992, 368 (369); Baumbach/Hueck/*Fastrich* § 15 Rn. 56; Rowedder/Schmidt-Leithoff/*Görner* § 15 Rn. 67; *Armbrüster* GmbHR 2001, 941 (945); bei der der Treuhänder den Geschäftsanteil von einem Dritten für Rechnung des Treugebers erwirbt, und bei der Vereinbarungstreuhand (BGH, Urt. vom 19.04.1999, II ZR 365/97, BGHZ 141, 207 (208) (LS); MünchVertHdb Form. IV.26, Anm. 3; Baumbach/Hueck/*Fastrich* § 15 Rn. 57; Lutter/Hommelhoff/*Bayer* § 15 Rn. 92; Rowedder/Schmidt-Leithoff/*Görner* § 15 Rn. 67; *Armbrüster* GmbHR 2001, 941 (946); a.A. Hachenburg/*Zutt* Anh. § 15, Rn. 52), bei der vereinbart wird, dass ein Gesellschafter seine Beteiligung nunmehr für einen Treugeber hält, erforderlich ist. Dies gilt jedoch nicht für Vereinbarungen, die vor der Beurkundung des Gesellschaftsvertrags getroffen wurden (BGH, Urt. vom 19.04.1999, II ZR 365/97, BGHZ 141, 207 (207) (LS); OLG Celle, Urt. vom 17.12.2001, NZG 2001, 368 (368); OLG Frankfurt, Urt. vom 27.11.1991, 21 W 35/01, GmbHR 1992, 368 (369); MünchVertHdb Form. IV.26, Anm. 3).

Abtretungsvertrag und Treuhandvertrag müssen nicht in einer Urkunde zusammengefasst sein, es genügt eine Bezugnahme im Abtretungsvertrag auf den Treuhandvertrag als Rechtsgrund (*Breuer* MittRhNotK 1988, 79 (83)). Wurde die Beurkundung der schuldrechtlichen Vereinbarung versäumt, wird deren Unwirksamkeit jedenfalls durch die notariell beurkundete Abtretung des Anteils geheilt, § 15 Abs. 4 S. 2 GmbHG, was allerdings zu einer erheblichen Verzögerung führen kann (*Armbrüster* GmbHR 2001, 941 (946)). Die Treuhand ist von der verwandten Gestaltung der Unterbeteiligung abzugrenzen (hierzu s. Lutter/Hommelhoff/*Bayer* § 14 Rn. 28 m.w.N.). 396

Überträgt ein Gesellschafter von ihm gehaltene Anteile nicht, sondern ermächtigt den Treuhänder allein zur Ausübung der Rechte aus der Beteiligung (s. Ziffer II. Abs. 1), so ist diese Abrede nicht formbedürftig, denn eine Übertragung des Anteils ist gerade nicht gewollt. Diese Konstellation darf nicht mit der Vereinbarungstreuhand verwechselt werden, bei der ein Gesellschafter sich gegenüber einem Dritten verpflichtet, seine Beteiligung nunmehr für ihn zu halten, also selbst zum Treuhänder wird. Bei dieser Konstellation ist die Übertragung des Anteils auf den Treugeber nach Beendigung des Treuhandverhältnisses beabsichtigt (*Armbrüster* GmbHR 2001, 941 (945)). 397

Ein Treuhandvertrag kann auf der Ebene der einzelnen Familienstämme aber auch, wie hier, auf höherer Ebene zwischen den Mitgliedern mehrerer Familienstämmen geschlossen werden. 398

Zumeist bestimmt der Gesellschaftsvertrag einer Familiengesellschaft, dass eine Verfügung über Anteile nur möglich sein soll, wenn die übrigen Gesellschafter zustimmen. Diese Regelung dient dem Schutz der Gesellschaft vor einer Auflösung des Familienbezuges. Ein Treuhandvertrag, bei dem, wie hier, die Anteile auf den Treuhänder übertragen werden, ohne dass die Zustimmung der übrigen (evtl. familienexternen) Gesellschafter einzuholen wäre, stellte insofern eine unzulässige Umgehung des § 15 Abs. 5 GmbHG dar (so RG, Urt. vom 23.12.1938, II 102/38, RGZ 159, 272 (281 f.); BGH, Urt. vom 08.04.1965, II ZR 77/63, NJW 1965, 1367 (1377); *Armbrüster* GmbHR 2001, 941 (947)). Ein ohne diese Zustimmung abgeschlossener Treuhandvertrag ist unwirksam. Allerdings kommt gerade in einer Familiengesellschaft mit mehreren Stämmen und externen Gesellschaftern die Treuhandlösung wegen ihres nicht unerheblichen Vereinfachungseffekts allen Seiten zugute, so dass mit einer entsprechenden Zustimmung zu rechnen ist. Davon abgesehen bedeutet die Einsetzung einer Gesellschaft als Treuhänder, die ihrerseits ausschl. von den Gesellschaftern der Familiengesellschaft gelenkt wird, nicht wirklich eine Gefahr, die der entspricht, würde eine dritte Person zum Treuhänder eines Gesellschaftsanteils (für eine Differenzierung nach Art der Treuhand im Einzelfall auch *Breuer* MittRhNotK 1988, 79 (84 f.)). 399

Es gibt eine Vielzahl an Möglichkeiten, eine Beteiligung an einer Gesellschaft anders als durch einen Treuhänder zu koordinieren. Zu nennen sind hier insbesondere die Unterbeteiligung, die atypische stille Beteiligung, die Verpfändung von Geschäftsanteilen oder auch der Nießbrauch (*Armbrüster* GmbHR 2001, 941 (944 f.)). Funktionale Parallelen gibt es besonders zur sog. Vertreterklausel im Gesellschaftsvertrag, wonach mehrere Gesellschafter (z.B. ein Familienstamm) ihre Rechte nur durch einen gemeinsamen Vertreter ausüben können (*Armbrüster*, Die treuhänderische Beteiligung an Gesellschaften, 2001, S. 53). 400

Muster

Familientreuhandvertrag 401

zwischen den Gesellschaftern

1, 2, 3, 4, 5, 6, 7

– nachstehend gemeinsam auch »Familienstamm A« genannt –

sowie

8, 9, 10, 11, 12, 13, 14

– nachstehend gemeinsam auch »Familienstamm B« genannt –

und

15, 16, 17

– nachstehend gemeinsam auch »Familienstamm C« genannt –

Präambel [1]

Die Vertragsschließenden (im Folgenden auch »die Gesellschafter«) sind Mitglieder der Familienpools der Hauptgesellschaft XY GmbH und gemeinschaftlich an der »____________«-Familientreuhandgesellschaft mbH (im Folgenden auch »die Gesellschaft«) beteiligt.

Im Hinblick auf eine Bündelung und abgestimmte Verwaltung des Geschäftsanteilsbesitzes der Gesellschaft sowie der Mitglieder der Familienstämme A, B und C an der Hauptgesellschaft XY GmbH im Interesse der beteiligten Familienstämme sind die Vertragsschließenden übereingekommen, für die zukünftige Wahrnehmung ihrer Rechte sowohl an der Gesellschaft als auch an der Hauptgesellschaft XY GmbH die folgenden Regelungen festzulegen.

I. Zweck der Familientreuhandgesellschaft mbH

Aufgabe und Zweck der Gesellschaft ist ausschließlich die Verwaltung der Geschäftsanteile der Hauptgesellschaft XY GmbH. Die Gesellschaft soll keine weiteren Geschäftstätigkeiten aufnehmen. [2]

II. Einbringung von Anteilen

1. Die Gesellschafter bringen ihre Beteiligungen an der Hauptgesellschaft XY GmbH in die Gesellschaft ein. [3]

2. Diejenigen Gesellschafter, die neben den in die Gesellschaft eingebrachten Geschäftsanteilen noch unmittelbar selbst Geschäftsanteile an der Hauptgesellschaft XY GmbH halten, verpflichten sich, die Gesellschaft durch gesonderte Erklärung zu ermächtigen, alle in der Gesellschafterversammlung auszuübenden Rechte aus diesen Anteilen, insbesondere das Stimmrecht, in ordentlichen und außerordentlichen Gesellschafterversammlungen der Hauptgesellschaft XY GmbH im eigenen Namen auszuüben. Die Vermögensrechte der Gesellschafter aus ihren Anteilen sind von dieser Ermächtigung nicht tangiert. [4]

3. Gesellschafter, die neben eventuell in die Gesellschaft eingebrachten Geschäftsanteilen noch unmittelbar selbst Geschäftsanteile an der Hauptgesellschaft XY GmbH halten, verpflichten sich darüber hinaus, über diese ausschließlich nach Maßgabe dieses Vertrags zu verfügen. [5]

III. Führung der Familientreuhandgesellschaft mbH

1. Unbeschadet des nachfolgenden Abs. 5 hat die Gesellschaft grundsätzlich fünf Geschäftsführer. Die Vertragsschließenden sind sich einig, dass jeweils zwei Geschäftsführer von den Stämmen A und B sowie ein Geschäftsführer vom Stamm C zu benennen sind. Über die zu benennenden Personen entscheiden jeweils die Angehörigen des berechtigten Familienstammes mit einfacher Mehrheit des auf sie entfallenden Kapitals. Alle Gesellschafter sind verpflichtet, die benannten Geschäftsführer zu bestellen, es sei denn, in deren Person liegt ein wichtiger Grund vor, der einer Geschäftsführerbestellung entgegensteht. [6]

2. Die Vertragsschließenden sind sich ebenfalls einig, dass die Bestellung der Geschäftsführer jeweils für eine Amtszeit von drei Jahren ab dem Beschluss der Gesellschafterversammlung, die über ihre Bestellung entscheidet, erfolgt.

3. Der Vorsitzende der Geschäftsführung, den die Geschäftsführer aus ihrer Mitte wählen, repräsentiert die Familientreuhandgesellschaft und gehört dem Aufsichtsrat der Hauptgesellschaft XY GmbH an. Im Übrigen nimmt er die Stimmrechte für sämtliche Geschäftsanteile der Treuhandgesellschaft sowie die ihr i.S. vorstehender Ziffer II Abs. 1 zur Ausübung überlassenen Stimmrechte in der Gesellschafterversammlung der Hauptgesellschaft XY GmbH wahr. [7]

4. Notwendige Entscheidungen in den Angelegenheiten der Gesellschaft, im Aufsichtsrat sowie in der Gesellschafterversammlung der Hauptgesellschaft XY GmbH werden in der Geschäftsführung der Gesellschaft vorberaten und abgestimmt. Der Vorsitzende der Geschäftsführung soll auf eine einvernehmliche Entscheidung hinwirken. Kann diese nicht hergestellt werden, entscheidet über den betreffenden Gegenstand die Geschäftsführung mit einfacher Mehrheit. Bei Stimmengleichheit entscheidet der Vorsitzende. [8]

5. Die Begründer eines Familienstammes sind (als Vorsitzende der Geschäftsführung der Familienpools) bereits zu Geschäftsführern der Treuhandgesellschaft bestellt worden. Gesellschafter 15 ist zum Vorsitzenden der Geschäftsführung gewählt worden. [9]

IV. Vertretung im Aufsichtsrat der Hauptgesellschaft XY

1. Die Gesellschafter sind sich darüber einig, dass die __________ Mitglieder des Aufsichtsrats zur Hälfte von der Gesellschaft und zur anderen Hälfte von unabhängigen Personen zu besetzen ist. [10]

2. Die Familienstämme A, B und C sind berechtigt, jeweils einen Vertreter ihres Stammes für den Aufsichtsrat der Hauptgesellschaft XY GmbH zu benennen. Sie dürfen hierfür jeweils eine Mehrzahl von Vorschlägen unterbreiten. Über die vorgeschlagenen Personen entscheidet die Geschäftsführung der Gesellschaft.

3. Für die Besetzung der unabhängigen Vertreter im Aufsichtsrat der Hauptgesellschaft XY GmbH stehen den Familienstämmen A, B und C ebenfalls Vorschlagsrechte zu. Die vorgeschlagenen Personen müssen herausragende Persönlichkeiten aus der Wirtschaft sein, die über die im Interesse des Unternehmens erforderliche Sachkunde verfügen. Auch hier obliegt die Entscheidung der Geschäftsführung. Sie ist bei ihrer Entscheidung jedoch nicht verpflichtet, die Vorschläge der Familienstämme zu berücksichtigen. [11]

V. Auskunftsanspruch der Gesellschafter

Die Geschäftsführung hat den Gesellschaftern auf Verlangen Auskunft in Zusammenhang mit der treuhänderisch gehaltenen Beteiligung zu geben. [12]

VI. Veräußerung von Anteilen an der Hauptgesellschaft XY GmbH durch die Familientreuhandgesellschaft mbH und ihre Gesellschafter

Für den Verkauf von Geschäftsanteilen an der Hauptgesellschaft XY GmbH durch die Familientreuhandgesellschaft mbH und ihre Gesellschafter gelten die Regelungen des Gesellschaftsvertrags der Hauptgesellschaft XY GmbH entsprechend. [13]

VII. Geltungsdauer des Vertrags

1. Dieser Treuhandvertrag wird zunächst für die Dauer von fünfundzwanzig Jahren vom Tag des Vertragsschlusses an geschlossen. Er verlängert sich um jeweils weitere fünf Jahre, wenn nicht die Gesellschafterversammlung mit einer Mehrheit von 70 % des Stammkapitals bis spätestens drei Monate vor Ablauf der Grundlaufzeit bzw. der laufenden Verlängerungszeit widerspricht. Eine Kündigung dieses Vertrags aus wichtigem Grunde bleibt unberührt. [14]

2. Scheidet einer der Vertragsschließenden aus der Gesellschaft aus, ist er verpflichtet, den Beitritt seines Rechtsnachfolgers zu diesem Treuhandvertrag zu bewirken. Die verbleibenden Gesellschafter werden ihre Zustimmung zu einer Übertragung von Geschäftsanteilen auf Rechtsnachfolger hiervon abhängig machen. [15]

3. Die Gesellschafter verpflichten sich, ihre Zustimmung zur Fortsetzung der Gesellschaft mit Erben bzw. Erbengemeinschaften, Vermächtnisnehmern oder aus Schenkung Begünstigten zu erteilen,

a) sofern es sich bei den begünstigten Personen ausschließlich um Mitgesellschafter, Ehegatten oder um Personen handelt, die mit dem Erblasser bzw. Schenker in gerader Linie verwandt sind und diese Gesamtrechtsnachfolger des verstorbenen bzw. verfügenden Gesellschafters sind; oder

b) sofern es sich bei den begünstigten Personen ausschließlich um Mitgesellschafter, Ehegatten oder Personen handelt, die mit dem Erblasser bzw. Schenker in gerader Linie verwandt sind und diese Einzelrechtsnachfolger des verstorbenen bzw. verfügenden Gesellschafters sind, nur dann, wenn sie diesem Vertrag beitreten.

4. Dieser Vertrag endet ab dem Zeitpunkt, zu dem die Gesellschaft sämtliche von ihr gehaltenen Anteile an der Hauptgesellschaft XY GmbH wirksam an einen Dritten übertragen hat.

5. Für den Fall der vollständigen Übertragung der Anteile an der Hauptgesellschaft XY GmbH sind sich die Vertragsschließenden einig, die Gesellschaft aufzulösen und das nach Auflösung und Abwicklung verbleibende Vermögen an ihre Gesellschafter entsprechend ihrer Beteiligungsquote auszukehren.

6. Die Vertragsschließenden vereinbaren, dass auf Antrag von mindestens 70 % des Stammkapitals die Gesellschaft aufgelöst und der Treuhandvertrag beendet werden kann. Nach Auflösung und Abwicklung der Gesellschaft wären in diesem Falle die von der Gesellschaft gehaltenen Anteile der Hauptgesellschaft XY GmbH an die zu diesem Zeitpunkt vorhandenen Gesellschafter entsprechend ihrer Beteiligungsquote zu übertragen. [16]

VIII. Schlussbestimmungen

1. Gerichtsstand für alle Streitigkeiten aus diesem Vertrag ist ausschließlich ____________.

2. Sollten einzelne Bestimmungen dieses Vertrags ganz oder teilweise unwirksam oder undurchführbar sein oder werden, so bleibt der Vertrag im Übrigen wirksam. An die Stelle der unwirksamen oder undurchführbaren Vertragsbestimmung tritt im Wege der ergänzenden Vertragsauslegung die angemessene Regelung, die in wirtschaftlicher Hinsicht dem am nächsten kommt, was üblicherweise vereinbart worden wäre, wenn die Unwirksamkeit oder Undurchführbarkeit bekannt gewesen wäre. Sofern die Auslegung aus Rechtsgründen ausscheidet, verpflichten sich die Vertragsschließenden, dementsprechende ergänzende Vereinbarungen zu tref-

fen. Die vorstehende Regelung gilt auch, wenn sich bei der Durchführung oder in der Auslegung des Vertrags eine ausfüllungsbedürftige Lücke ergibt.

3. Die den Parteien durch Abschluss und Durchführung dieses Vertrags entstehenden Kosten tragen die Vertragsschließenden entsprechend dem Verhältnis ihrer Beteiligung an der Gesellschaft.

4. Änderungen und Ergänzungen dieses Vertrags bedürfen zu ihrer Wirksamkeit der Schriftform. Das gilt auch für die Abänderung des Schriftformerfordernisses. Mündliche Nebenabreden sind nicht getroffen. [17]

Erläuterungen

Literatur: *Armbrüster*, Die treuhänderische Beteiligung an Gesellschaften, 2001, S. 53; *Armbrüster*, Treuhänderische GmbH-Beteiligungen (I), GmbHR 2001, 941; *Armbrüster*, Zur Beurkundungsbedürftigkeit von Treuhandabreden über GmbH-Anteile, DNotZ 1997, 762; *Breuer*, Treuhandverhältnisse im Gesellschaftsrecht, MittRhNotK 1988, 79; *Fröhlich*, Treuhand an GmbH-Geschäftsanteilen, Worauf Treuhänder und Treugeber achten sollten!, GmbH-StB 2014, 182; *Lieder/Villegas*, Treuhandverträge über GmbH-Geschäftsanteile – eine Frage der Form?, GmbHR 2018, 169; *Schaub*, Treuhand an GmbH-Anteilen, DStR 1995, 1634.

1. Das Voranstellen einer Präambel ist im Vertrag sinnvoll, um die Motive und die Geschäftsgrundlage für den Vertrag zu definieren. Sollte es einmal zu Streitigkeiten hinsichtlich der Vertragsauslegung kommen, so kann die Präambel zur Auslegung herangezogen werden. Eine sorgfältig formulierte Präambel ist somit von großer Bedeutung (*Beisel/Klumpp*, Kap. 19 Rn. 13). 402

Vorliegend ist die Präambel kurz gefasst, nur die Zielsetzung der Bündelung und abgestimmten Verwaltung der Anteile an der Hauptgesellschaft sowie die Rechtsverbindlichkeit der Regelungen des Vertrags werden hervorgehoben. 403

In der Praxis können hier z.B. noch eine bei Vertragsschluss erfolgte Kapitalerhöhung oder auch die von den einzelnen Gesellschaftern gehaltenen Anteile an der Hauptgesellschaft dokumentiert werden. 404

2. Das mit diesem Vertrag begründete Treuhandverhältnis stellt eine Verwaltungstreuhand dar. Eine solche Konstruktion wird in der Praxis immer dann gewählt, wenn die unmittelbare Beteiligung aller Personen einer bestimmten Personengruppe, wie hier der Familie, als Gesellschafter die Verwaltung in der Gesellschaft selbst oder die Verwaltung des Gesellschaftsanteils gegenüber der Gesellschaft zu schwerfällig erscheinen lassen (*Breuer* MittRhNotK 1988, 79 (80)). Die Bündelung erspart es den Treugebern, ihr Verhalten in der Hauptgesellschaft laufend zu koordinieren. Das Stimmgewicht ihrer Beteiligung kann im Verhältnis zu den Mitgesellschaftern bzw. den anderen Stämmen effektiver zum Tragen gebracht werden, als dies bei der einzelnen Wahrnehmung der Fall wäre. Die Vorteile einer Treuhandgestaltung gegenüber einer ebenfalls zur Interessenbündelung häufig angewendeten Vertreterklausel nach § 18 Abs. 3 S. 1 GmbHG liegen in der Vermeidung von Problemen und Unsicherheiten hinsichtlich der Reichweite der Berechtigung des Vertreters (*Armbrüster,* Die treuhänderische Beteiligung an Gesellschaften, S. 57). 405

Neben dieser Vereinfachungs- und Sammlungsfunktion kann für den einen oder anderen Gesellschafter aber auch die Intransparenz einer solchen Verwaltungstreuhand von Interesse sein. Denn bei einer GmbH ergibt sich aus der zum Handelsregister einzureichenden und jährlich zu aktualisierenden Gesellschafterliste genau, wer als Gesellschafter beteiligt ist. Dies kann im Einzelfall unerwünscht sein, etwa wenn ein Gesellschafter neben seiner Beteiligung an der Familiengesellschaft auch noch anderweitig wirtschaftlich tätig wird und seine wirtschaftliche Beteiligung an der Gesellschaft aus taktischen Gründen verbergen will. Gibt es eine Treuhandgesellschaft, in die der Gesellschafter seine Beteiligung an der Hauptgesellschaft voll einbringt, so erscheint in der Gesellschafterliste nur die Gesellschaft (anders wenn nur eine Ermächtigungstreuhand besteht). Infolge der Umsetzung der Vierten EU-Geldwäscherichtlinie (BGBl. I 2017, 1822) wurde das sog. 406

Transparenzregister eingeführt, welches die Offenlegung der hinter gesellschaftlichen Strukturen stehenden natürlichen Personen (wirtschaftlich Berechtigte) bezweckt (Kotzenberg/Lorenz, NJW 2017, 2433). Die Pflicht zur Mitteilung des wirtschaftlichen Berechtigten iSd § 3 GwG an das Transparenzregister gemäß §§ 20 Abs. 1, 19 Abs. 1 GwG wird im Falle der GmbH i.d.R. durch die Einreichung der Gesellschafterliste zum Handelsregister erfüllt werden können (§ 20 Abs. 2 GwG). Bei Treuhandstrukturen ergibt sich der wirtschaftlich Berechtigte nicht unmittelbar aus der Gesellschafterliste. Eine Offenlegung der Treuhandstruktur kann im Einzelfall sogar unerwünscht sein. Bei einem Familientreuhandverhältnis besteht zumeist kein solches Interesse, da ihr Sinn in der Bündelung von Interessen und nicht deren Verheimlichung, liegen wird. Die Pflicht zur Mitteilung des wirtschaftlichen Berechtigten erfordert im Falle der Familientreuhand neben der Einreichung der Gesellschafterliste eine gesonderte Mitteilung an das Transparenzregister.

407 Zusätzlich können so auch Registerkosten gespart werden, da nicht alle Gesellschafter einzeln eingetragen werden, sondern nur die Gesellschaft als Treuhänder (*Armbrüster,* Die treuhänderische Beteiligung an Gesellschaften, S. 51).

408 **3.** Die Treuhandgesellschaft wird als Treuhänderin zur Inhaberin der Geschäftsanteile mit allen Rechten und Pflichten (BGH, Urt. vom 10.11.1951, II ZR 111/50, BGHZ 3, 354 (360); BGH, Urt. vom 19.05.1953, II ZR 157/52, BGHZ 10, 44 (49 f.); Lutter/Hommelhoff/*Bayer* § 14 Rn. 16 ff.; Rowedder/Schmidt-Leithoff/*Görner* § 15 Rn. 58; *Fröhlich* GmbH-StB 2014, 182 (182)).

409 **4.** Auch die Stimmrechte aus nicht in die Gesellschaft eingebrachten Anteilen werden infolge dieser Regelung durch die Gesellschaft ausgeübt. So wird die einheitliche Ausübung der Familienstimmrechte im Ganzen gewährleistet, ohne dass ein Zwang zur Einbringung ausgeübt werden muss.

410 Zu dem fiduziarischen Treuhandverhältnis, das durch die Einbringung von Anteilen in die Gesellschaft entsteht, kommt in diesen Fällen zwischen den betroffenen Gesellschaftern und der Familientreuhandgesellschaft ein Ermächtigungstreuhandverhältnis hinzu. Während bei der fiduziarischen Treuhand der Treuhänder das Treugut dinglich als Eigentum erwirbt, ist er bei der Ermächtigungstreuhand nur gem. § 185 BGB ermächtigt, über das Treugut im eigenen Namen zu verfügen. Eigentümer bleibt jedoch der Treugeber (*Breuer* MittRhNotK 1988, 79 (80)).

411 **5.** Da der Treugeber bei der hier behandelten Ermächtigungstreuhand als Rechtsinhaber die Verfügungsbefugnis behält (BGH, Urt. vom 14.05.1956, II ZR 229/54, BGHZ 20, 363 (365); *Breuer* MittRhNotK 1988, 79 (80)), muss eine Regelung getroffen werden, die die Anteile trotzdem dauerhaft in der Verwaltungstreuhand hält. Dies geschieht vorliegend durch Abs. 2.

412 **6.** Abs. 1 trägt dem Bedürfnis der größeren Stämme Rechnung, auch in der Geschäftsführung verhältnismäßig stärker vertreten zu sein als die kleineren Stämme.

413 Wegen der Gestaltungsfreiheit, die § 45 Abs. 2 GmbHG eröffnet, ist es möglich, bei nicht paritätisch mitbestimmten GmbHs das Recht zur Bestellung der Geschäftsführung auf die Familienstämme zu übertragen. Ist dies, wie hier, aber auf die Benennung beschränkt, so bedarf es noch eines Beschlusses der Gesellschafterversammlung (Baumbach/Hueck/*Zöllner* § 46 Rn. 34). Benennungsrechte sind in Familiengesellschaften typisch, da sie eine Möglichkeit der Sicherung der Unternehmensnachfolge bieten (Oppenländer/Trölitzsch/*Trölitzsch* § 11 Rn. 18). Die Verpflichtung zur Bestellung der benannten Personen ist zulässig, gilt aber nur, wenn nicht wichtige Gründe dagegen sprechen. Somit ist die Gesellschafterversammlung nur noch Überprüfungs- und Vollzugsorgan der Entscheidung der Familienstämme.

414 Bei der Benennung der Geschäftsführer zählt nicht die Mehrheit der abstimmenden Personen, sondern die des auf die Abstimmenden entfallenden Kapitals. Hierdurch wird das Stimmgewicht derjenigen mit den größten Geschäftsanteilen aufgewertet.

415 **7.** Hier wird der Einfluss des Vorsitzenden der Geschäftsführung deutlich. Er ist nicht nur der einzige Familiengesellschafter, der auf der Gesellschafterversammlung der Hauptgesellschaft XY die Stimmrechte der Familie ausübt (wegen der Regelung der Ziffer II. Abs. 1 S. 1 auch die, die aus Ge-

schäftsanteilen entspringen, die nicht in die Treuhandgesellschaft eingebracht wurden), er wird auch automatisch mit seiner Bestellung Mitglied eines Aufsichtsrats der Hauptgesellschaft. Diese Regelung ist mit den Regelungen zum Aufsichtsrat in der Satzung der Hauptgesellschaft zu verzahnen.

8. Das Ergebnis der Abstimmung der Geschäftsführer, kraft der ihnen durch ihre Bestellung von allen Gesellschaftern verliehenen Rechte, ist gewissermaßen die Weisung des Treugebers, die nach der gesetzlichen Regelung des Auftragsrechts (vgl. § 665 BGB) verbindlich für die Ausübung der Gesellschafterrechte durch den Treuhänder (hier die Gesellschaft, vertreten durch den Vorsitzenden der Geschäftsführung) in der Gesellschafterversammlung der Hauptgesellschaft ist. Eine ausdrückliche Formulierung, wie sie in vielen Treuhandverträgen auftaucht (*Breuer* MittRhNotK 1988, 79 (86)), dass der Treuhänder das Stimmrecht nur nach Weisung des Treugebers ausüben darf, ist in dieser Konstellation, in der Treuhänder und Treugeber quasi personengleich sind, nicht erforderlich. 416

Die Gesellschafterversammlung entscheidet nicht über Angelegenheiten der Hauptgesellschaft. So werden langwierige Diskussionen, die Familiengesellschaften oft lähmen, weitgehend abgestellt. Allerdings ist die Kehrseite der Medaille für alle Gesellschafter, die nicht in der Geschäftsführung sind, dass sie keinerlei Einfluss mehr besitzen, weder auf das Schicksal der Treuhandgesellschaft, noch auf das der Hauptgesellschaft. Mit der Bestellung der Geschäftsführer endet ihr Einfluss. 417

9. Die Begründer der Familienstämme werden von vornherein bestellt. Hier kann eine Regelung beigefügt werden, nach der ein Geschäftsführer für die Zeit seines Amtes als alleiniger Geschäftsführer seines Stammes bestellt wird und somit mehrfaches Stimmrecht hat. In der Regel wird dies der Schlüsselgesellschafter des größten Stammes sein. Eine zeitliche Begrenzung dieser Regelung auf eine bestimmte Anzahl von Amtszeiten ist möglich und hinsichtlich der Erhaltung einer größeren Flexibilität in der Geschäftsführung empfehlenswert. 418

10. Bei Beteiligung familienexterner großer Gesellschafter an der Hauptgesellschaft kann diese Regelung, je nach Satzungsbestimmung der Hauptgesellschaft, so abgeändert werden, dass jeweils ein Drittel der Aufsichtsratsmitglieder bestellt werden dürfen. 419

11. Ist in der betreffenden Hauptgesellschaft ein Aufsichtsrat obligatorisch oder fakultativ vorgesehen, so wird auch ein Interesse bestehen, eine Regelung hinsichtlich dessen Zusammensetzung zu treffen. Zu beachten sind hierbei natürlich die Vorgaben, die bereits die Satzung der Hauptgesellschaft zur Zusammensetzung des Aufsichtsrats macht. Sind, wie im vorstehenden Formular zur Familiengesellschaft, keine besonderen Angaben gemacht, kann hier frei entschieden werden. Die bei der Familiengesellschaft angestellten Überlegungen zu Benennungsrechten und der Neutralität des Aufsichtsrats gelten hier allerdings entsprechend, so dass zumindest die Teilnahme eines Anteils neutraler, nicht familienangehöriger Personen vorgesehen werden sollte. Eine Besetzung nur mit unabhängigen Personen ist in einer Familiengesellschaft regelmäßig nicht gewünscht. 420

Die Familienstämme können sowohl für die Bestellung der Aufsichtsratsmitglieder, die die Treuhandgesellschaft (also die Familie) stellt (Abs. 2), als auch für die unabhängigen Aufsichtsratsmitglieder Vorschläge machen (Abs. 3). Anders als bei der Bestellung der Geschäftsführer haben die Familienstämme hier also kein echtes Benennungsrecht, an das die Geschäftsführer bei ihrer Entscheidung gebunden werden, sondern lediglich ein Vorschlagsrecht. Ein solches gibt im Gegensatz zu einem echten Benennungsrecht keinen Anspruch auf Bestellung der genannten Personen (Oppenländer/Trölitzsch/*Trölitzsch* § 11 Rn. 20). 421

Die üblichen Vorgaben zu den unabhängigen Aufsichtsratsmitgliedern macht das Formular in Abs. 3, indem es herausragende Persönlichkeiten verlangt, die über die erforderliche Sachkunde verfügen. Durch das Letztentscheidungsrecht der Geschäftsführer ist hier die Entscheidungsmacht der Stammesbegründer (vgl. oben Ziffer III. Abs. 5) gestärkt. Zwar steht es Geschäftsführern grds. nicht zu, Aufsichtsratsmitglieder zu bestellen (Baumbach/Hueck/*Zöllner/Noack* § 52 Rn. 2 f.), allerdings erfolgt die eigentliche Bestellung formell auch hier erst in der Gesellschafterversammlung der Hauptgesellschaft, in die die Geschäftsführer die benannten Personen lediglich im Namen der Gesellschaft in ihrer Eigenschaft als Gesellschafter einbringen. Die Entscheidung trifft hier, 422 anders als bei der Bestellung der Geschäftsführer, nicht die Gesellschafterversammlung, sondern die Geschäftsführung, denn anders als dort handelt es sich hier nicht um eine Angelegenheit der Gesellschaft selbst, sondern um eine der Hauptgesellschaft. Eine Entscheidung durch die Gesellschafterversammlung wäre zwar auch möglich, die Entscheidung durch die aus wesentlich weniger Mitgliedern bestehende Geschäftsführung ist jedoch deutlich einfacher. Die Formulierung dient somit der Vereinfachung und Beschleunigung von Entscheidungen.

423 Die unterschiedliche Formulierung der Abs. 2 und 3 legt nahe, dass die Geschäftsführung bei der Wahl der Vertreter der Stämme nach Abs. 2 in höherem Maße an die Vorschläge gebunden werden soll, als bei der Wahl der unabhängigen Personen nach Abs. 3. Das könnte zum einen am weiten Wortlaut der Wendungen in Abs. 3 »herausragende Persönlichkeiten« und »erforderliche Sachkunde« und den hieraus folgenden Interpretationsmöglichkeiten der Gesellschafter und zum anderen daran liegen, dass hier die vorgeschlagenen Personen nicht aus der Familie stammen, sondern aus allen Bereichen kommen können. Die Geschäftsführung muss hier die Möglichkeit haben, auch andere Personen als die vorgeschlagenen zu wählen, weil z.B. die Vorschläge sämtlich ungeeignet sein und/oder aus anderen als unternehmensbezogenen Gründen gemacht werden können, so z.B. aufgrund bestimmter Beziehungen oder persönlicher wirtschaftlicher Erwägungen. Solche Bestrebungen muss die Geschäftsführung ausgleichen können.

424 **12.** Diese Regelung entspricht § 666 BGB, der eine entsprechende Auskunftspflicht für den Beauftragten begründet. Auch die Gesellschafter als Treugeber haben ein Interesse daran, zu erfahren, welche Entscheidungen die Geschäftsführung in Bezug auf ihre Beteiligung getätigt und durch ihren Vorsitzenden in der Gesellschafterversammlung bzw. im Aufsichtsrat der Hauptgesellschaft vertreten hat. Nur so ist es ihnen möglich, die Arbeit der Geschäftsführung zu beurteilen, etwa um dies bei ihrer Entscheidung im Rahmen der nächsten anstehenden Abstimmung über die Benennung der Geschäftsführer berücksichtigen oder um Haftungsansprüche prüfen zu können. Da dies die einzige Möglichkeit der Wahrung der eigenen Rechte für die Gesellschafter ist (Staudinger/*Wittmann* § 666 Rn. 1), ist das Auskunftsrecht für sie von besonderer Bedeutung. Zwar ist der Treuhänder als eigentlicher Gesellschafter der Hauptgesellschaft gegenüber seinen Mitgesellschaftern regelmäßig aufgrund seiner gesellschaftsrechtlichen Treuepflicht zur Verschwiegenheit verpflichtet (*Breuer* MittRhNotK 1988, 79 (85); *Schaub* DStR 1995, 1634 (1637)); der Auskunftsanspruch kann hieran in der vorliegenden Konstellation jedoch nicht scheitern, da hier Treuhänder und Treugeber personengleich sind und kein schützenswertes Interesse der Mitgesellschafter besteht, gegenüber den (ehemaligen) Familiengesellschaftern auf Geheimhaltung zu bestehen.

425 **13.** Eine Veräußerungsbeschränkung ist in Treuhandkonstellationen, wie auch bei Pools, üblich und sinnvoll. Hinsichtlich der Veräußerung von Geschäftsanteilen an der Familiengesellschaft sollte der Gesellschaftsvertrag dieser bereits ausf. Regelungen bereithalten, da in diesem Fall, anders als bei einer Nicht-Familiengesellschaft, bereits in der Hauptgesellschaft das Interesse an einer starken Bindung der Geschäftsanteile vorhanden ist. An diese Vorgaben müssen die Gesellschafter sich konsequenterweise auch im Rahmen der nun in die Gesellschafterstellung eingetretenen Treuhandgesellschaft halten. Eine abw. Regelung ist weder gewünscht noch ist eine Wiederholung gestalterisch erforderlich, so dass auf den Gesellschaftsvertrag der Familiengesellschaft verwiesen wird.

426 Die Regelung des Gesellschaftsvertrags der Hauptgesellschaft richtet sich allerdings nur an die einzelnen Gesellschafter. Zu ihnen gehört zwar auch die Treuhandgesellschaft, doch kann eine zusätzliche ergänzende Regelung bezüglich der Art und Weise der Veräußerung der in die Treuhandgesellschaft eingebrachten und somit als Gesamtheit gebündelten Anteile (z.B. Festlegung bestimmter Anteilspakete, die nicht gleichzeitig veräußert werden können) getroffen werden.

427 **14.** Die Klausel enthält eine Laufzeitvereinbarung, die sich verlängert, wenn nicht eine Kapitalmehrheit von 70 % dem widerspricht. In dieser Formulierung manifestiert sich das Kündigungsrecht des Treuhänders gem. § 671 Abs. 1, 2. Hs. BGB. Die Einschränkung, die es hier in zeitlicher Hinsicht erfährt, ist als teilweiser Verzicht zu sehen, der in den Grenzen des § 671 Abs. 3 BGB zulässig ist, also solange die Kündigung aus wichtigem Grunde unberührt bleibt (Palandt/*Sprau* § 671 Rn. 3). Dem trägt Satz 2 Rechnung.

Auch hier entscheidet wieder die Kapitalmehrheit. 428

15. Die Bestimmung der Ziffer VII. Abs. 2 gilt vor allem beim Tod eines Treugebers; gem. § 672 S. 1 BGB rücken die Erben in die Treugeberstellung ein. 429

Die Beteiligung an der Hauptgesellschaft als Stammmitglied ist untrennbar mit einer Beteiligung an der Familientreuhandgesellschaft verbunden und andersherum. Würden nicht auch die Rechtsnachfolger zum Beitritt in die Treuhandgesellschaft verpflichtet, würde der Zweck der dauerhaften Bündelung und einheitlichen Verwaltung der Stimmrechte verfehlt. Dies gilt insbesondere in den in Ziffer II. Abs. 1 und 2 behandelten Fällen der Ermächtigungstreuhand. Eine Aufsplitterung eines Gesellschaftsanteils, z.B. durch Erbschaft oder Vermächtnis, kann in dieser Konstellation, anders als bei einer Übertragung des Anteils auf die Gesellschaft im Wege der Einbringung, zwar nicht verhindert werden, wohl aber führt die Einbindung des Geschäftsanteils des Erblassers in den Treuhandvertrag dazu, dass die sich hieraus ergebenden Stimmrechte unabhängig vom Gesellschafterwechsel weiterhin der Gesellschaft zustehen. 430

Die Klausel setzt in Satz 2 voraus, dass die Übertragung von Geschäftsanteilen der Zustimmung der übrigen Gesellschafter bedarf. Eine entsprechende Regelung muss daher im Gesellschaftsvertrag der Gesellschaft vorhanden sein. Möglich ist eine solche statutarische Bestimmung gem. § 15 Abs. 5 GmbHG. Sie wird in Familiengesellschaften – wegen der beabsichtigten Bindung der Geschäftsanteile vornehmlich an die Familie – in den allermeisten Fällen auch in die Satzung eingefügt. 431

Zwar ist der Gesellschafter, der seine Beteiligung an der Hauptgesellschaft nicht in die Treuhandgesellschaft eingebracht hat, zur Verfügung befugt, gem. Ziffer II. Abs. 3 allerdings nach Maßgabe dieses (und auch des Gesellschafts-)Vertrags, der hier in Ziffer VII. Abs. 2 festlegt, dass alle Rechtsnachfolger dem Treuhandvertrag beitreten müssen. 432

Entsprechendes wird mit einem Käufer vereinbart werden müssen; ansonsten wird eine Zustimmung der verbleibenden Gesellschafter nicht erteilt werden. Insofern ist der Gesellschafter in seiner Verfügungsbefugnis beschränkt. 433

Auch wenn auf diese Weise ein Familienexterner einen Anteil erwerben kann, ist sichergestellt, dass das Stimmrecht aus diesem Anteil weiterhin i.S. der Familie ausgeübt wird. 434

16. Diese Klausel weicht von dem jederzeitigen Widerrufsrecht des einzelnen Treugebers nach § 671 BGB ab. Im Gegensatz zum Kündigungsrecht des Treuhänders ist dieses grds. nicht verzichtbar (Staudinger/*Wittmann* § 671 Rn. 7). Gibt es jedoch, wie hier, mehrere Treugeber, die zusammen einen Treuhänder beauftragen, so steht es ihnen frei, sich hinsichtlich des Widerrufs Bindungen aufzuerlegen (Staudinger/*Wittmann* § 671 Rn. 10; RGZ 160, 122 (127)). Dies geschieht vorliegend durch das Erfordernis eines Antrags, unterstützt von 70 % des Stammkapitals. Ist eine solche Bindung nur im Innenverhältnis vereinbart, so macht dies den Widerruf des Einzelnen noch nicht unzulässig. Wird Entsprechendes jedoch vertraglich auch im Außenverhältnis mit dem Treuhänder vereinbart, so ist einzig der Gesamtwiderruf zulässig (Staudinger/*Wittmann* § 671 Rn. 11). Gleiches muss gelten, wenn die Gesellschafter das Treuhandverhältnis auf kooperationsrechtlicher Ebene, also unter Einbeziehung einer Gesellschaft, begründen. Die Beschränkung des jederzeitigen Widerrufsrechts des Einzelnen hat vor allem zum Ziel, die Gesellschafterstruktur stabil zu halten und gleichzeitig eine allzu starke Einschränkung der wirtschaftlichen Bewegungsfreiheit der Gesellschafter durch eine untrennbare Bindung an die Treuhandgesellschaft zu verhindern. 435

Da bei einer Treuhandschaft durch eine Gesellschaft Treugeber und Treuhänder gewissermaßen personengleich sind, wird es im Bereich der Kündigung und des Widerrufs in der Praxis kaum Probleme geben. Daher sieht die Klausel, statt eines einseitigen Kündigungsrechts, eine Auflösung durch Beschluss einer Kapitalmehrheit von 70 % vor. 436

Diese Klausel trägt in ihrem S. 2 § 667 BGB Rechnung. 437

17. Klauseln über die Haftung des Treuhänders ergeben hier, wo Treuhänder und Treugeber quasi personengleich sind, keinen Sinn. 438

F. Änderungen des Gesellschaftsvertrages

I. Allgemeines

1. Gesellschafterbeschluss über eine Änderung des Gesellschaftsvertrages

Vorbemerkung

1 Die gesetzlichen Regelungen zu Änderungen des Gesellschaftsvertrages finden sich in den §§ 53 ff. GmbHG. Die §§ 53 und 54 GmbHG betreffen alle Fälle von **Änderungen des Gesellschaftsvertrages**, die §§ 55 ff. GmbHG enthalten zusätzlich anwendbare spezielle Regelungen zu Kapitalerhöhungen und Kapitalherabsetzungen. Zur Änderung des Gesellschaftsvertrages ist ein **Beschluss der Gesellschafter** mit Dreiviertel-Mehrheit der abgegebenen Stimmen zu fassen. Der Beschluss ist notariell zu beurkunden (§ 53 Abs. 2 GmbHG). Wirksam wird die Änderung nach § 54 GmbHG erst mit Anmeldung und **Eintragung in das Handelsregister**.

2 **Wichtige Strukturmaßnahmen**, etwa Unternehmensverträge, Verschmelzungen oder andere Umwandlungen nach dem Umwandlungsgesetz, sind keine Änderungen des Gesellschaftsvertrages. Sie werden jedoch ebenso behandelt, insbesondere hinsichtlich Beschluss-, Zustimmungs- und Mehrheitserfordernissen, wobei für Umwandlungen die Sonderregelungen des UmwG zu beachten sind (BGHZ 103, 1; 105, 324; Roth/Altmeppen/*Roth* § 53 Rn. 10; Baumbach/Hueck/*Zöllner/Noack* § 53 Rn. 37 f.).

3 Das Muster behandelt den praktisch weitaus häufigsten Fall einer Gesellschaft mit wenigen Gesellschaftern und einer sogenannten Vollversammlung (Universalversammlung). Speziellere Fragen, etwa zur Einberufung und Ankündigung der Tagesordnung, der Mehrheiten und der Zustimmung einzelner Gesellschafter, werden deshalb im Muster nicht behandelt.

Muster

4 **UR-Nr.**

Verhandelt zu ____________ am ____________

Vor mir, dem Notar N

mit Amtssitz in ____________ erschienen: [1,2]

1. A, geboren am ____________, wohnhaft ____________, ausgewiesen durch Personalausweis,

2. B, geboren am ____________, wohnhaft ____________, ausgewiesen durch Personalausweis, handelnd

a) im eigenen Namen, und [3, 4]

b) als Vertreterin, befreit von den Beschränkungen des § 181 BGB, für C, geboren am ____________, wohnhaft ____________, aufgrund Vollmacht vom ____________, die bei Beurkundung vorgelegt wurde und im Original zu dieser Urkunde genommen wird.

Die Erschienenen erklärten, handelnd wie angegeben:

§ 1 Vorbemerkungen

1. Wir sind die sämtlichen Gesellschafter der im Handelsregister des Amtsgerichts ____________ unter HRB ____________ eingetragenen Gesellschaft »X-GmbH« mit Sitz in ____________ und inländischer Geschäftsanschrift ____________ – nachstehend auch nur kurz »Gesellschaft« genannt.

2. Das Stammkapital beträgt 25.000 €. Das Stammkapital ist in voller Höhe eingezahlt.

3. An dem Stammkapital sind die Gesellschafter wie folgt beteiligt:

A mit einem Geschäftsanteil von nominal 15.000 € (lfd. Nr. 1)

B mit einem Geschäftsanteil von nominal 9.000 € (lfd. Nr. 2)

C mit einem Geschäftsanteil von nominal 1.000 € (lfd. Nr. 3)

§ 2 Gesellschafterversammlung

1. Unter Verzicht auf alle Formen und Fristen aus Gesetz oder Gesellschaftsvertrag wird hiermit eine Gesellschafterversammlung der Gesellschaft abgehalten und einstimmig mit allen vorhandenen Stimmen beschlossen: [5, 6, 7, 8, 9, 10, 11]

a) Firmenänderung

Die Firma der Gesellschaft wird in »Z-GmbH« geändert. Abschnitt 1.1 des Gesellschaftsvertrages wird deshalb wie folgt neu gefasst:

»1.1 Firma

Die Gesellschaft führt

Z-GmbH

als ihre Firma.«

b) Gegenstandsänderung

Der Gegenstand des Unternehmens der Gesellschaft wird geändert. Abschnitt 2.1 des Gesellschaftsvertrages wird deshalb wie folgt neu gefasst:

»2.1 Gegenstand des Unternehmens

Gegenstand des Unternehmens ist die Erbringung von Dienstleistungen aller Art im Bereich der Abfallentsorgung.«

c) Sitzverlegung

2. Unter der aufschiebenden Bedingung, dass die Änderungen zu a) und b) in das Handelsregister eingetragen sind, wird weiterhin beschlossen: [12, 13]

Der Sitz der Gesellschaft wird von Düsseldorf nach Köln verlegt.

Abschnitt 1.2 des Gesellschaftsvertrages wird deshalb wie folgt neu gefasst:

»1.2 Firma und Sitz

Die Gesellschaft hat ihren Sitz in Köln.«

Die Geschäftsführung wird angewiesen, die Sitzverlegung erst zur Eintragung in das Handelsregister anzumelden, wenn die Änderungen zu a) und b) in das Handelsregister eingetragen sind. [14]

3. Das Geschäftsjahr der Gesellschaft wird mit Wirkung ab dem Geschäftsjahr 2011 umgestellt. Es entspricht künftig nicht mehr dem Kalenderjahr, sondern läuft jeweils vom 01.10. jedes Kalenderjahres bis zum 30.09. des folgenden Kalenderjahres. Das Geschäftsjahr 2011 ist ein Rumpfgeschäftsjahr: es endet mit Ablauf des 30.09.2011. Abschnitt 3.1 des Gesellschaftsvertrages wird deshalb wie folgt neu gefasst: [15, 16]

»3.1 Das Geschäftsjahr der Gesellschaft läuft jeweils vom 01.10. jedes Kalenderjahres bis zum 30.09. des folgenden Kalenderjahres. Das Geschäftsjahr 2011 ist ein Rumpfgeschäftsjahr, es endet mit Ablauf des 30.09.2011.«

Die Geschäftsführung wird angewiesen, die Änderung des Geschäftsjahres erst zum Beginn des Geschäftsjahres 2011 zur Eintragung in das Handelsregister anzumelden.

4. Weitere Beschlüsse wurden nicht gefasst. Damit ist die Gesellschafterversammlung beendet.

§ 3 Hinweise, Vollmacht, Kosten [17]

1. Der Notar hat auf Folgendes hingewiesen:

– Änderungen des Gesellschaftsvertrages werden nach dem Gesetz erst mit ihrer Eintragung in das Handelsregister wirksam.

– Maßgeblicher Zeitpunkt auch für die Wirksamkeit der Änderung des Geschäftsjahres ist nicht der vorstehende Beschluss, sondern die Eintragung in das Handelsregister. Ein Geschäftsjahr, das bereits abgelaufen ist, kann nicht mehr geändert werden. Ein Geschäftsjahr kann nicht länger als 12 Monate laufen.

2. Der beurkundende Notar N sowie der Notar M in ______ werden – ohne Auftrag und Haftung – bevollmächtigt, und zwar jeder einzeln, befreit von den Beschränkungen aus § 181 BGB sowie mit Recht zur Erteilung von Untervollmacht, die Erklärungen in dieser Urkunde zu wiederholen, zu berichtigen, zu ergänzen und abzuändern und überhaupt alle Erklärungen abzugeben und entgegenzunehmen sowie Handlungen vorzunehmen, die für den Vollzug dieser Urkunde etwa noch erforderlich werden. Die Vollmacht erlischt mit der Eintragung der hier beurkundeten Vorgänge in das Handelsregister.

3. Die mit dieser Urkunde verbundenen Kosten und Steuern trägt die Gesellschaft.

Diese Niederscshrift wurde den Erschienenen vom Notar vorgelesen, von ihnen genehmigt und von ihnen und dem Notar eigenhändig wie folgt unterschrieben:

Template

5 **Deed No.**

Heard in ______ on ______

Before me, the notary N

with office in ______ appeared: [1.2]

1. A, born on ______, resident at ______, identified by identity card,

2. B, born on ______, resident at ______, identified by identity card, acting

a) in own name and [3, 4]

b) as representative, exempted from the limitations of section 181 *BGB [Bürgerliches Gesetzbuch*, German Civil Code], for C, born on ______, resident at ______, based on the power of attorney dated ______ which was submitted upon certification and the original of which is attached to this deed.

The parties appearing, acting as stated, declared:

Section 1 Preamble

1. **We are all the shareholders of the company »X-GmbH«, registered with the commercial register of the Local Court of __________ under HRB __________ with place of business in __________ and domestic business address at __________ – hereinafter also referred to as »Company«.**
2. **The share capital amounts to EUR 25,000. The share capital was fully paid in.**
3. **The shareholders hold shares in the share capital as follows:**

A with a nominal company share of EUR 15,000 (sequential number 1)

B with a nominal company share of EUR 9,000 (sequential number 2)

C with a nominal company share of EUR 1,000 (sequential number 3)

Section 2 General Meeting

1. Waiving any and all formal and time-related requirements under the law or the articles of association, we hereby hold a general meeting of Company and decide unanimously with all present votes: [5, 6, 7, 8, 9, 10, 11]

a) Change of company name

The name of Company is changed to »Z-GmbH«. As a result, section 1.1 of the articles of association is reworded as follows:

»1.1 Company Name

The Company uses

Z-GmbH

as its name.«

b) Change of purpose

The business purpose of Company is changed. As a result, section 2.1 of the articles of association is reworded as follows:

»2.1 Purpose of the Company

The purpose of the Company is the provision of services of all kind in the sector waste disposal.«

c) Change of place of business

2. Subject to the condition precedent that the changes under a) and b) were recorded in the commercial register, the following is decided as well: [12, 13]

The place of business of Company is moved from Düsseldorf to Cologne.

As a result, section 1.2 of the articles of association is reworded as follows:

»1.2 Company Name and Place of Business

The place of business of the Company is Cologne.«

The management is instructed to only submit the change of place of business for registration to the commercial register once the changes under a) and b) were registered with the commercial register. [14]

3. The business year of Company is changed with effect from the business year 2011. In the future, it no longer corresponds to the calendar year but runs from each 1 October of a calendar year until 30 September of the following calendar year. The business year 2011 is a short business year: it ends on 30 September 2011. As a result, section 3.1 of the articles of association is reworded as follows: [15, 16]

»3.1 The business year of the Company runs from each 1 October of a calendar year until 30 September of the following calendar year. The business year 2011 is a short business year: it ends on 30 September 2011.«

The management is instructed to only submit the change of the business year for registration with the commercial register at the beginning of the business year 2011.

4. No other decisions were made. The general meeting is hereby concluded.

Section 3 Notes, Power of Attorney, Costs [17]

1. The notary pointed out the following:

– Changes of the articles of association are by law only effective once they were registered with the commercial register.

– Also the decisive moment for the change of the business year to enter into effect is not the above resolution, but the registration with the commercial register. A business year that has already ended can no longer be changed. A business year may not exceed a duration of 12 months.

2. The certifying notary N as well as the notary M in ____________ are – without commission and liability – granted the authorisation, both as sole representative and exempted from the limitations of section 181 *BGB* as well as with the right to grant sub-authorisations, to repeat, correct, supplement, and change any declarations in this deed as well as generally make and receive all declarations as well as to undertake all actions that may become necessary for execution of this deed in the future. This authorisation shall end upon the registration of all actions certified herein with the commercial register.

3. The costs and taxes associated with this deed shall be borne by Company.

This record was read to the Parties appearing by the notary, was approved by them, and was signed by them and the notary in their own hand as follows:

Erläuterungen

Literatur: Grotheer, Satzungsänderungsbeschlüsse und der GmbH und besondere Formvorschriften, RNotZ 2015, 4–9; Leitzen, Neues zu Satzungsdurchbrechung und schuldrechtlichen Nebenabreden – zugleich Anmerkung zu BGH RNotZ 2010, 589, RNotZ 2010, 566–573; Pöschke, Satzungsdurchbrechende Beschlüsse in der GmbH – Zugleich eine Besprechung der Entscheidung des OLG Dresden vom 09.11.2011, 12 W 1002/11, DStR 2012, 1089–1093.

6 **1.** Das Muster geht von dem häufigen und weitgehend unproblematischen Fall einer Gesellschaft mit wenigen Gesellschaftern aus, so dass sich Fragen der Mehrheiten und der Zustimmung anderer einzelner Gesellschafter nicht stellen. Im Muster behandelt sind einige »klassische« Änderungen des Gesellschaftsvertrages, nämlich die **Firmenänderung**, die **Sitzverlegung**, die **Änderung des Geschäftsjahres**, und die **Gegenstandsänderung**.

7 **2.** Nach § 53 Abs. 2 Satz 1 GmbHG ist der Änderungsbeschluss notariell zu beurkunden. Die notarielle **Beurkundung** kann in der Form des **Tatsachenprotokolls** gemäß §§ 36, 37 BeurkG oder in

Form der Beurkundung von **Willenserklärungen** gemäß §§ 8 ff. BeurkG erfolgen (Scholz/*Priester/Veil* § 53 Rn. 70; ausschließlich für Beurkundung gemäß §§ 36 f. BeurkG Baumbach/Hueck/*Zöllner/Noack* § 53 Rn. 70; vgl. auch *Grotheer*, RNotZ 2015, 4 zur Beurkundungsform bei satzungsmäßigen Nebenverpflichtungen, für die besondere Formvorschriften eingreifen). Meist wird in der Praxis bei kleinerer Gesellschafterzahl die notarielle Beurkundung nach den formstrengeren §§ 8 ff. BeurkG gewählt, zwingend ist diese Praxis nicht. Fehlt es an der notariellen Beurkundung des Beschlusses, ist der Beschluss analog § 241 Nr. 2 AktG nichtig und darf nicht in das Handelsregister eingetragen werden (*Wicke* § 53 Rn. 13). Erfolgt trotzdem (wider aller Erfahrung) eine Eintragung des Beschlusses in das Register, wird der Formmangel nach § 242 Abs. 1 AktG geheilt (BGH NJW 1996, 257).

3. Eine **Vertretung** eines oder mehrerer Gesellschafter ist zulässig. Soweit ein Mitgesellschafter 8
als Vertreter auftritt oder ein Vertreter mehrere Gesellschafter zugleich vertritt, muss der Vertreter von den Beschränkungen des § 181 BGB befreit sein; diese Vorschrift findet im Grundsatz für Gesellschafterbeschlüsse, insbesondere gesellschaftsvertragsändernde Beschlüsse, Anwendung (Lutter/Hommelhoff/*Bayer* § 53 Rn. 9; str. vgl. Roth/Altmeppen/*Roth* § 47 Rn. 35 f.; Baumbach/Hueck/*Zöllner* § 47 Rn. 60). Bei minderjährigen Gesellschaftern sind zusätzlich die §§ 1629 Abs. 2 Satz 1, § 1795 Abs. 2 BGB zu beachten. Die **Vollmacht** bedarf nicht der Beurkundung (§ 167 Abs. 2 BGB), aber der Textform gemäß § 47 Abs. 3 GmbHG. Widersprechen allerdings weder der Versammlungsleiter noch eine Mehrheit der anwesenden Gesellschafter einer nur mündlich erteilten Vollmacht, ist sie wirksam (BGHZ 49, 194; KG NZG 2000, 787 (788); Baumbach/Hueck/*Zöllner* § 47 Rn. 52). Die Vollmacht soll dem Notar bei Beurkundung vorgelegt werden und der Urkunde im Original (Urschrift) oder in beglaubigter Abschrift beigefügt werden (§ 12 BeurkG). Der Notar hat die Vollmacht auf Aussteller und Inhalt zu prüfen; er darf sie nicht lediglich hinnehmen; § 12 BeurkG wird insoweit in Verbindung mit § 17 BeurkG erweiternd ausgelegt.

4. Die **nachträgliche Genehmigung** des Handelns eines Vertreters ohne Vertretungsmacht ist gemäß 9
§§ 177, 180 Satz 2 BGB möglich, wenn der vollmachtlose Vertreter zur Abstimmung zugelassen wurde (OLG München, RNotZ 2011, 53 f. für die Ein-Mann-GmbH). Die Genehmigung ist grundsätzlich formfrei möglich (§ 182 Abs. 2 BGB), muss aber ggf. dem Registergericht nachgewiesen werden (str.; Baumbach/Hueck/*Zöllner* § 47 Rn. 55; Lutter/Hommelhoff/*Bayer* § 53 Rn. 8; *Wicke* § 47 Rn. 9).

5. Eine Änderung des Gesellschaftsvertrages im Sinne des § 53 GmbHG liegt vor, wenn Teile 10
des **wesentlichen Inhaltes** des Gesellschaftsvertrages oder sein **Wortlaut** als solcher geändert werden (*Wicke* § 53 Rn. 2; Roth/Altmeppen/*Roth* § 53 Rn. 2 ff.; Scholz/*Priester/Veil* § 53 Rn. 18; str.). Dann sind die §§ 53 ff. GmbHG zu beachten. Unechte Bestandteile, etwa schuldrechtliche Absprachen zwischen den Gesellschaftern, die nur diese Gesellschafter binden, oder einfache Beschlüsse, die im Gesellschaftsvertrag enthalten sind, können außerhalb des Gesellschaftsvertrages durch Beschluss geändert werden, so dass der Text des Gesellschaftsvertrages überholt ist (*Wicke* § 53 Rn. 2). Wenn der Text angepasst werden soll, sind die §§ 53 ff. GmbHG zu beachten (Roth/Altmeppen/*Roth* § 53 Rn. 5; a.A. Lutter/Hommelhoff/*Bayer* § 53 Rn. 35). In der Praxis wird in vielen Fällen nicht differenziert, ob ein echter oder unechter Bestandteil des Gesellschaftsvertrages geändert werden soll. Bei satzungsdurchbrechenden Gesellschafterbeschlüssen, also Beschlüssen, die mit Regelungen des Gesellschaftsvertrags nicht vereinbar sind, diesen aber nicht für künftige Entscheidungen ändern, ist wie folgt abzuschichten (vgl. zu dieser Thematik: BGH, RNotZ 2010, 589 ff. mit Anmerkung *Leitzen*, 566 ff.; OLG Dresden, NZG 2012, 507; *Pöschke*, DStR 2012, 1089 ff.): (1) Zunächst ist zu prüfen, ob es sich bei der Bestimmung, von welcher durch den Beschluss abgewichen werden soll, um einen echten Satzungsbestandteil handelt; (2) Ist dies der Fall, ist zu prüfen, ob der Gesellschaftsvertrag abweichende Beschlüsse zulässt (sog. Öffnungsklausel). (3) Liegt eine echte Satzungsbestimmung vor und fehlt eine solche Öffnungsklausel, ist bei der Beschlussfassung das für Gesellschaftsvertragsänderungen vorgesehene Verfahren nach §§ 53 ff. GmbHG einzuhalten. Auch Teile des Gesellschaftsvertrages, die im Text als **unabänderbar** bezeichnet werden, können geändert werden, allerdings ist insoweit dann die Zustimmung aller Gesellschafter nötig (Baumbach/Hueck/*Zöllner/Noack* § 53 Rn. 3). Werden durch den Beschluss die Leistungspflichten der Gesellschafter gegenüber der Gesellschaft vermehrt, ist die Zustimmung aller Gesellschafter erfor-

derlich (Abs. 3). Diese Bestimmung ist weit auszulegen (vgl. Roth/Altmeppen/*Roth* § 53 Rn. 33). Der Gesellschaftsvertrag selbst kann weitergehende Hürden für Änderungen vorsehen.

11 **6.** Für Änderungen des Gesellschaftsvertrages sind die **Gesellschafter ausschließlich zuständig**, eine Übertragung der Zuständigkeit auf andere Organe oder das Abhängigmachen der Änderung von der Zustimmung eines Dritten sind nicht zulässig (BGHZ 43, 261 (264); OLG Düsseldorf, NJW 1982, 2200; Lutter/Hommelhoff/*Bayer* § 53 Rn. 7 m.w.N.). Von der Zustimmung einzelner Gesellschafter kann die Änderung des Gesellschaftsvertrages aber abhängig gemacht werden (Baumbach/Hueck/*Zöllner/Noack* § 53 Rn. 78). Eine Gesellschafterversammlung muss nicht zwingend abgehalten werden, ein Gesellschafterbeschluss im Umlaufverfahren dürfte nach überwiegender Ansicht ausreichend sein (Baumbach/Hueck/*Zöllner/Noack* § 53 Rn. 55 m.N. zu abweichender Ansicht, und Rn. 74 zur Beurkundungstechnik; Lutter/Hommelhoff/*Bayer* § 53 Rn. 12).

12 **7.** Erforderlich ist eine **Mehrheit von drei Vierteln** der abgegebenen Stimmen, unabhängig davon, ob damit auch eine Mehrheit des Kapitals repräsentiert ist. Eine Zustimmung von exakt 75 % reicht aus (Roth/Altmeppen/*Roth* § 53 Rn. 19). Im Bereich des § 53 Abs. 3 GmbHG, bei Änderungen im Kernbereich der Mitgliedschaftsrechte, also etwa dem Stimmrecht, und bei Beschränkungen oder der Entziehung von Sonderrechten nach § 35 GmbHG ist jedoch die Zustimmung aller Gesellschafter bzw. der betroffenen Gesellschafter nötig (BGH, WM 1985, 195; Baumbach/Hueck/*Zöllner/Noack* § 53 Rn. 33; Roth/Altmeppen/*Roth* § 53 Rn. 39). Zu beachten ist insoweit, dass § 53 Abs. 3 GmbHG Kapitalerhöhungsbeschlüsse nicht erfasst, da die Verpflichtung des Gesellschafters erst mit der Übernahme entsteht.

13 **8.** Die §§ 53 ff. GmbHG gelten erst ab Eintragung der Gesellschaft in das Handelsregister (OLG Frankfurt a.M., BeckRS 2011, 16106 m.w.N.). Eine Änderung des Gesellschaftsvertrages **vor Eintragung der Gesellschaft** erfordert nach überwiegender Auffassung die Zustimmung aller Gesellschafter gemäß § 2 GmbHG (OLG Köln, GmbHR 1995, 725; Lutter/Hommelhoff/*Bayer* § 2 Rn. 33). Sie wird wie die Gründung der Gesellschaft behandelt und deshalb auch als »Umgründung« bezeichnet. Bei Änderungen kommt deshalb ein Stimmrechtsausschluss für einzelne Gesellschafter nach § 47 Abs. 4 GmbHG nicht in Betracht.

14 **9.** Änderungen des Gesellschaftsvertrages sind in weitem Umfang zulässig, da bei der GmbH anders als bei der Aktiengesellschaft der Grundsatz der **Satzungsstrenge** (§ 23 Abs. 5 AktG) nicht gilt. Unzulässig ist es aber, den Gesellschaftern fundamentale Rechte, also etwa das Austrittsrecht nach § 34 GmbHG, zu entziehen. Die Änderungsbeschlüsse dürfen nicht gegen zwingendes Recht oder die guten Sitten verstoßen (§§ 134, 138 BGB). Bei der Gründung der GmbH nach dem Gesetz erforderliche Bestimmungen im Gesellschaftsvertrag können geändert oder gestrichen werden, wenn sie sich vollständig erledigt haben (näher Baumbach/Hueck/*Fastrich* § 3 Rn. 20, § 5 Rn. 49, 57).

15 **10.** Grundsätzlich sind für die Gesellschafterversammlung die **Form- und Fristerfordernisse** des § 51 GmbHG zu wahren. Der Gesellschaftsvertrag kann insoweit Abweichungen vorsehen, eine Abkürzung der Einberufungsfrist und ein Absehen von der Notwendigkeit der Ankündigung der Tagesordnung sind jedoch unzulässig (Baumbach/Hueck/*Zöllner* § 51 Rn. 39 m.w.N.). Wie im Muster kann der Alleingesellschafter oder eine Gesellschafterversammlung in der alle Gesellschafter vertreten sind oder deren vollmachtlose Vertretung nachträglich genehmigt wird, auf die Form- und Fristerfordernisse des § 51 Abs. 1 und Abs. 2 GmbHG verzichten (§ 51 Abs. 3 und 4 GmbHG). Sie müssen alle damit einverstanden sein, dass die Versammlung zum Zwecke der Beschlussfassung abgehalten wird, damit dem nicht ordnungsgemäß geladenen Gesellschafter die Beschlussfassung nicht ohne Vorbereitungsmöglichkeit aufgedrängt wird (*Wicke* § 51 Rn. 9 m.w.N.; Baumbach/Hueck/*Zöllner* § 51 Rn. 31).

16 **11.** Sprachlich sind die Änderungen bewusst knapp gehalten. Die bei Änderungen des Gesellschaftsvertrages oft anzutreffende Technik, zunächst die Änderung (»Der Gegenstand des Unternehmens ist xyz«) und sodann die entsprechende Gesellschaftsvertragsänderung unter erneutem Zitieren des Wortlautes der Änderung zu beschließen (»§ 1 des Gesellschaftsvertrages wird geändert und lautet nun: »1. xyz«), sollte, insbesondere bei umfangreicheren Änderungen, vermieden werden: Die **Wiederholung** ist als Redundanz sachlich **unnötig** und wirkt auch langatmig. Sie birgt

zudem die Gefahr, dass Änderungen des neuen Wortlautes – etwa kurzfristig in der Beurkundung – nicht präzise an beide Stellen übernommen werden, so dass Abweichungen entstehen.

12. Eine **Befristung** von gesellschaftsvertraglichen Regelungen und -änderungen ist möglich. Aufschiebende und auflösende **Bedingungen**, die zu Zweifeln im Rechtsverkehr über die jeweils gültige Regelung und damit zu Rechtsunsicherheit führen können, sind nach überwiegender Ansicht jedoch unzulässig. Reine »Rechtsbedingungen« sind allerdings zulässig, so dass – praktisch wichtig – eine Änderung davon abhängig gemacht werden kann, dass zum Beispiel zuvor eine andere Änderung des Gesellschaftsvertrages in das Handelsregister eingetragen ist, oder dass eine bestimmte behördliche Genehmigung erteilt ist (Baumbach/Hueck/*Zöllner/Noack* § 53 Rn. 58 f. m.w.N.). Außerhalb dieses Bereiches sollten bedingte Änderungen vermieden werden. 17

13. Die **Sitzverlegung** wird hier unter der **aufschiebenden Bedingung der Eintragung** der anderen beiden Änderungen beschlossen, um die Eintragung der Änderung der Firma und des Gegenstandes des Unternehmens (a und b) zeitnah zu erreichen. Würden alle drei Änderungen zusammen eingetragen, würden sich alle drei verzögern, da an der Sitzverlegung zwei Handelsregister beteiligt sind, und diese daher mehr Zeit in Anspruch nimmt. Die Sitzverlegung wird beim Handelsregister des bisherigen Sitzes angemeldet, Wirksamkeit erlangt sie aber gemäß § 13h HGB erst durch die Eintragung beim Registergericht des neuen Sitzes. Diese aufschiebende Bedingung ist zulässig und führt dazu, dass die beiden anderen Änderungen zunächst in das Handelsregister am bisherigen Sitz eingetragen werden, bevor die länger dauernde Sitzverlegung eingetragen wird. 18

14. Möglich ist es (daneben/stattdessen) auch, die Sitzverlegung unbedingt zu beschließen und die Geschäftsführung anzuweisen, sie erst dann zur Eintragung in das Handelsregister anzumelden, wenn die zuvor gewünschten Eintragungen bereits erfolgt sind (vgl. hierzu etwa MüKo GmbHG/*Harbarth* § 53 Rn. 169 f.). Der Notar kann hierzu auch zunächst eine auszugsweise beglaubigte Abschrift der Urkunde beim Handelsregister einreichen, welche die Sitzverlegung noch nicht enthält. 19

15. Für eine **Änderung des Geschäftsjahres** sind – diesseits in der Literatur geäußerter Meinungen aller Art – in der Praxis einige Grundregeln zu beachten: (1) Ein Geschäftsjahr, das bereits abgelaufen ist, kann nicht mehr geändert werden. (2) Ein Geschäftsjahr kann nicht länger als 12 Monate laufen. Ein laufendes (normales) Geschäftsjahr kann deshalb nur abgekürzt, nicht aber verlängert werden. (3) Maßgeblicher Zeitpunkt für die Wirksamkeit der Änderung des Geschäftsjahres ist nicht der Beschluss, sondern die Eintragung in das Handelsregister. Vielfach sollen Geschäftsjahre knapp vor Ablauf des laufenden Geschäftsjahres umgestellt werden. Das kann zu Verwicklungen führen, etwa wenn die Eintragung im Handelsregister länger als erwartet dauert. Die möglichen Schäden können immens sein. Als Berater/Rechtsanwalt/Notar ist man deshalb gut beraten, wenn man (1) auf die oben genannten Grundregeln hinweist, und (2) dies auch dokumentiert, und (3) eine Gestaltung empfiehlt, welche für die Zustimmung des Finanzamtes (steuerliche Wirksamkeit!) und die Eintragung im Handelsregister genügend Zeit lässt. 20

16. Daneben ist zu beachten: Damit die Änderung des Geschäftsjahres **steuerlich** wirksam ist, bedarf sie der **Zustimmung des Finanzamtes** gemäß § 7 Abs. 4 Satz 3 KStG. 21

17. Für die Beurkundung des Beschlusses über die Gesellschaftsvertragsänderung (in ein oder mehreren Punkten) fällt eine 2,0-Gebühr nach KV-Nr. 21100 GNotKG an. Der Wert bestimmt sich nach §§ 108 Abs. 1, 105 Abs. 4 Nr. 1, 109 GNotKG (ein Prozent des Stammkapitals, mind. EUR 30.000. Ausnahmen hiervon Stammkapitaländerung oder Fall der UG (haftungsbeschränkt) im Sinne des § 105 Abs. 6 GNotKG). 22

2. Handelsregisteranmeldung des geänderten Gesellschaftsvertrags

Vorbemerkung

Gemäß § 54 Abs. 1 Satz 1 GmbHG ist die Änderung des Gesellschaftsvertrages zur Eintragung in das Handelsregister anzumelden. Erst mit Eintragung hat sie im Außenverhältnis rechtliche Wirkung. 23

24 Das Muster enthält – gesammelt – die Anmeldung der Änderungen aus dem Muster F 1 (Rdn. F 4). Soweit man von den dort angesprochenen Möglichkeiten Gebrauch machen möchte, Anmeldungen gestaffelt beim Handelsregister einzureichen, sollten mehrere Anmeldungen vorgesehen werden.

Muster

25 **An das**

Amtsgericht ____________

– Handelsregister –

HRB ____________/X-GmbH/Änderung des Gesellschaftsvertrags

1. Anlagen 1, 2

Anliegend wird überreicht:

- **Beglaubigte Abschrift der notariellen Niederschrift über die Gesellschafterversammlung vom ____________ – UR.-Nr. ____________ des Notars N –**
- **Vollständiger Wortlaut des geänderten Gesellschaftsvertrages nebst Bescheinigung des Notars gemäß § 54 Abs. 1 Satz 2 GmbHG.**

2. Anmeldung

Zur Eintragung in das Handelsregister wird angemeldet: [3, 4, 5, 6, 7]

Der Gesellschaftsvertrag der Gesellschaft wurde geändert. Im Einzelnen wurden folgende Änderungen beschlossen: [8]

Die Firma der Gesellschaft lautet nunmehr »Z-GmbH«. Abschnitt 1.1 (Firma, Sitz) des Gesellschaftsvertrags wurde entsprechend geändert.

Der Gegenstand des Unternehmens der Gesellschaft wurde geändert. Gegenstand des Unternehmens ist nun die Erbringung von Dienstleistungen aller Art im Bereich der Abfallentsorgung. Abschnitt 2.1 (Gegenstand des Unternehmens) des Gesellschaftsvertrages wurde entsprechend geändert. [9]

Der Sitz der Gesellschaft wurde nach Köln verlegt. Abschnitt 1.2 (Firma, Sitz) des Gesellschaftsvertrages wurde entsprechend geändert.

Das Geschäftsjahr der Gesellschaft wurde mit Wirkung ab dem Geschäftsjahr 2011 umgestellt. Es entspricht künftig nicht mehr dem Kalenderjahr, sondern läuft jeweils vom 01.10. jedes Kalenderjahres bis zum 30.09. des folgenden Kalenderjahres. Das Geschäftsjahr 2011 ist ein Rumpfgeschäftsjahr: es endet mit Ablauf des 30.09.2011. Abschnitt 3.1 (Geschäftsjahr) des Gesellschaftsvertrages wurde entsprechend gefasst.

Die inländische Geschäftsanschrift der Gesellschaft lautet nun: ____________. Dort befinden sich auch die Geschäftsräume.

Ein Empfangsbevollmächtigter der Gesellschaft wurde nicht bestellt.

3. Vollmacht [10], Nachrichten

Die Notare N und M mit Amtssitz in ____________, büroansässig ____________, werden – ohne Auftrag und Haftung – bevollmächtigt, und zwar jeder einzeln, befreit von den Beschränkungen aus § 181 BGB sowie mit Recht zur Erteilung von Untervollmacht, die Erklärungen in dieser Urkunde zu berichtigen, zu ergänzen und zu ändern.

Jeder der Notare N und M in ____________ sowie deren Mitarbeiter ____________ ist/sind bevollmächtigt und ermächtigt, und zwar jeder einzeln, diese Handelsregisteranmeldung sowie alle darin erwähnten oder in Bezug genommenen Dokumente gemäß § 12 HGB mit einfachem elektronischem Zeugnis oder als elektronische Aufzeichnung beim zuständigen Registergericht einzureichen sowie ebenso alle für deren Vollzug etwa weiter notwendigen Handlungen vorzunehmen und Erklärungen abzugeben und entgegenzunehmen.

Nachricht über die Eintragungen in das Handelsregister sowie hiernach Übersendung eines chronologischen beglaubigten Registerauszuges wird an den beglaubigenden Notar erbeten.

(Unterschriften der Geschäftsführer in vertretungsberechtigter Anzahl) [11]

UR.-Nr.

Hiermit beglaubige ich die vorstehenden, vor mir vollzogenen Namensunterschriften von:

1. **A, geboren am ____________, wohnhaft/geschäftsansässig ____________, ausgewiesen durch ____________**
2. **B, geboren am ____________, wohnhaft/geschäftsansässig ____________, ausgewiesen durch ____________**

____________, den ____________

Notar [12]

Template

To the 26

Local Court of ____________

– commercial register –

HRB ____________/X-GmbH/change to articles of association

1. Annexes [1, 2]

We hereby submit:

- **Certified copy of the notarial record regarding the general meeting on ____________ – deed no ____________ of the notary N –**
- **The complete wording of the amended articles of association plus certification of the notary in accordance with section 54 clause 1 second sentence *GmbHG [GmbH-Gesetz*, Private Limited Companies Act].**

2. Registration

We request registration of the following with the commercial register: [3, 4, 5, 6, 7]

The articles of association of Company were amended. In detail, the following changes were approved: [8]

The name of Company is now »Z-GmbH«. Section 1.1 (Company name, seat) of the articles of association was amended accordingly.

The business purpose of Company was changed. The purpose of the Company is now the provision of services of all kind in the sector waste disposal. Section 2.1 (Purpose of the Company) of the articles of association was amended accordingly. [9]

The place of business of Company was moved to Cologne. Section 1.2 (Company name, seat) of the articles of association was amended accordingly.

The business year of Company was changed with effect from the business year 2011. In the future, it no longer corresponds to the calendar year but runs from each 1 October of a calendar year until 30 September of the following calendar year. The business year 2011 is a short business year: it ends on 30 September 2011. Section 3.1 (Business year) of the articles of association was worded accordingly.

The domestic business address of Company is now: __________. The business premises are also located at that address.

No authorised recipient for Company was appointed.

3. Power of Attorney [10]**, Notifications**

The notaries N and M with office in __________, office address __________, are, without commission and liability – granted the authorisation, both by themselves and exempted from the limitations of section 181 *BGB* [*Bürgerliches Gesetzbuch*, German Civil Code] as well as with the right to grant sub-authorisations, to correct, supplement, and change any declarations in this deed.

Each of the notaries N and M in __________ as well as their employees __________ is/are authorised and entitled, also each by themselves, to submit this request for registration with the commercial register as well as any documents specified or referred to therein in accordance with section 12 *HGB* [*Handelsgesetzbuch*, German Commercial Code] with simple electronic certificate or as electronic record to the responsible register court as well as to undertake any other actions and to make and to receive declarations required for their execution.

A notification of the certifying notary regarding the registration with the commercial register as well as posting of a chronological, certified excerpt of the register is requested.

(Signatures of all Managing Directors with power of representation) [11]

Deed no.

I hereby certify the above signatures, affixed in my presence, of:

1. **A, born on __________, resident at/business address __________, identified by __________**
2. **B, born on __________, resident at/business address __________, identified by __________**

__________, on __________

Notary [12]

Erläuterungen

Literatur: *Fembacher/Walz,* Mehr Haftung als Haftungsbeschränkung? Eine Gesamtschau zu den Risiken der GmbH-Anteilsabtretung, BB 2004, 680–683; *Krafka,* Registerrechtliche Neuerungen durch das FamFG, NZG 2009, 650–653; *Lieder,* Zur Anwendbarkeit der Grundsätze der Mantelverwendung, NZG 2010,

410–412; *Müller/Federmann,* Praktische Hinweise zum Erwerb einer Vorrats-GmbH nach dem MoMiG, BB 2009, 1375–1381; *Ries,* Auswirkungen der Reform des Rechts der freiwilligen Gerichtsbarkeit auf das Gesellschaftsrecht unter Berücksichtigung der Neuerungen durch das MoMiG und das ARUG, NZG 2009, 654–656; *Römermann,* Offenlegungspflicht bei Verwendung eines GmbH-Mantels besteht nur bei unvollständigem Stammkapital, GWR 2010, 87.

1. Der Anmeldung muss die notarielle Niederschrift über den **Beschluss zur Änderung des Gesellschaftsvertrags** in beglaubigter Abschrift beigefügt werden. Weiterhin ist der **Gesellschaftsvertrag** in vollständig neuem Wortlaut einschließlich der Änderungen beizufügen, damit die jeweils aktuelle Version des Gesellschaftsvertrags in den beim Register geführten Akten einsehbar ist, ohne dass die einzelnen Änderungen nachvollzogen werden müssen. Der neu gefasste Gesellschaftsvertrag ist gemäß § 54 Abs. 1 Satz 2 GmbHG mit einer Notarbescheinigung zu versehen. Ggf. sind auch Nachweise über Zustimmungserklärungen einzelner Gesellschafter, wenn von diesen die Wirksamkeit des Beschlusses abhängt, und Vollmachtsurkunden bei Handeln durch Bevollmächtigte beizufügen. Öffentlich-rechtliche Genehmigungen etwa im Hinblick auf einen genehmigungspflichtigen Unternehmensgegenstand sind grundsätzlich nicht mehr mit einzureichen (näher zum Ganzen Baumbach/Hueck/*Zöllner/Noack* § 54 Rn. 8 ff.). 27

2. Gegebenenfalls kann zum Handelsregister bei einer Firmenänderung auch eine Bescheinigung der zuständigen Industrie- und Handelskammer zur **Unbedenklichkeit der Firma** mit eingereicht werden, dies dürfte nur in firmenrechtlichen Zweifelsfällen erforderlich sein (Baumbach/Hueck/*Fastrich* § 8 Rn. 10), kann die Eintragung aber beschleunigen wenn das Gericht anderenfalls die Bescheinigung nach § 23 HRV und § 380 Abs. 2 FamFG selbst bei der IHK anfordert, bevor es die Firmenänderung einträgt. 28

3. Die **Änderung des Gesellschaftsvertrags** ist gemäß § 54 Abs. 1 GmbHG zur **Eintragung in das Handelsregister** anzumelden. Insoweit besteht zwar keine Pflicht zur Anmeldung, aber die Änderung wird erst mit Eintragung im Außenverhältnis wirksam. Auch muss die Anmeldung nicht unverzüglich vorgenommen werden. Eine Eintragung von Amts wegen erfolgt nicht. 29

4. Die Geschäftsführung trifft gegenüber den Gesellschaftern eine Pflicht, **unverzüglich anzumelden**, wenn ihr keine **andere Weisung** erteilt ist (Baumbach/Hueck/*Zöllner/Noack* § 54 Rn. 16 f.). So kann man auch eine **gestaffelte Eintragung** von gleichzeitig gefassten Beschlüssen erreichen, falls zum Beispiel vor einer Sitzverlegung andere Änderungen des Gesellschaftsvertrages noch am »alten« Registergericht eingetragen werden sollen. Dies kann sinnvoll sein, etwa wenn eine länger dauernde Sitzverlegung erst nach der Eintragung anderer Änderungen erfolgen soll, um die Eintragung der anderen Änderungen nicht zu verzögern. Insbesondere wenn ausländische Gesellschafter beteiligt sind und vertreten werden, sind beim »alten« Registergericht womöglich die Nachweise zu Existenz und Vertretungsbefugnis bereits geprüft und akzeptiert; beim »neuen« Registergericht kann dies unsicher sein. 30

5. Verfahrensrechtlich kann das Handelsregister allerdings, anders als das Grundbuchamt, nicht durch eine Reihenfolge von Anträgen an eine bestimmte Reihenfolge der Erledigung der Anträge gebunden werden. Eine Anmeldung einer Änderung unter der Bedingung, dass andere bereits angemeldete Änderungen zuvor eingetragen sind, weist lediglich auf die materiell-rechtliche Bedingung des Beschlusses hin. Entsprechend ist die Anmeldung dann zu fassen: vorrangige Änderungen sind zur sofortigen Eintragung anzumelden, die bedingte Änderung zur Eintragung nach Vollzug der ersten Eintragung. Da es sich insoweit quasi um zwei Anmeldungen handelt, ist auch der Gesellschaftsvertrag in vollständigem Wortlaut zweimal, das zweite Mal mit der bedingten Änderung, beizufügen. 31

6. **Antragsberechtigt** ist die Gesellschaft, die durch ihre Organe handelt. Die Änderungen des Gesellschaftsvertrags sind nach § 78 GmbHG durch die **Geschäftsführer** in vertretungsberechtigter Zahl anzumelden. Auch gemeinsam mit einem Geschäftsführer vertretungsbefugte Prokuristen können die Änderung mit anmelden (Roth/Altmeppen/*Roth* § 54 Rn. 2). Nach § 378 Abs. 2 FamFG gilt daneben der **Notar**, der die zu einer Eintragung erforderliche Erklärung – hier: den Gesellschafterbeschluss – beurkundet hat, als **ermächtigt**, im Namen des zur Anmeldung Berechtigten – hier: 32

der Gesellschaft – die Eintragung zu beantragen. Grundsätzlich hat nach § 53 BeurkG der die Anmeldung beurkundende Notar die Urkunde beim Registergericht einzureichen, weshalb die Anmeldungserklärung auch bereits im Zeitpunkt der Beurkundung als Willenserklärung durch die Vertreter der Gesellschaft abgegeben wird. Ein nachträglicher Wegfall der (organschaftlichen) Vertretungsmacht ist mithin entsprechend § 130 Abs. 2 BGB unschädlich (OLG Zweibrücken, NZG 2015, 319 (319)). Auch ein Bevollmächtigter mit Vollmacht in öffentlich beglaubigter Form kann die Anmeldung vornehmen (§ 12 Abs. 1 Satz 2 HGB). Anders ist dies bei Kapitalmaßnahmen, sie können nur durch sämtliche Geschäftsführer angemeldet werden (*Wicke* § 57 Rn. 1; Lutter/Hommelhoff/*Lutter* § 57 Rn. 2; Baumbach/Hueck/*Haas* § 78 Rn. 4), auch Vertretung soll insoweit ausgeschlossen sein.

33 **7.** Die **Vollmacht** wird durch die **Geschäftsführer in vertretungsberechtigter Zahl** erteilt. Nicht abschließend geklärt ist, inwieweit sie dabei als Organ der Gesellschaft und im eigenen Namen handeln. Scheidet ein Geschäftsführer aus, etwa durch Abberufung oder Amtsniederlegung, so bleiben nach den allgemeinen Regeln die von ihm erteilten Vollmachten in Kraft; die Beendigung seiner Organstellung berührt sie also nicht. Anders ist dies nach der Handhabung der Registergerichte für Vollmachten zur Anmeldung in das Handelsregister: Sie sollen mit der Organstellung des Geschäftsführers, der sie unterschrieben hat, erlöschen. Anmeldungen aufgrund solcherart erloschener Vollmacht werden regelmäßig nicht akzeptiert.

34 **8.** Die Änderungen sind **schlagwortartig** anzugeben und zu beschreiben, zumindest soweit die in § 10 Abs. 1 und 2 GmbHG genannten Gegenstände des Gesellschaftsvertrags betroffen sind, also bei Firma, Sitz, inländische Geschäftsanschrift, Gegenstand des Unternehmens, Höhe des Stammkapitals, Vertretungsregelung abstrakt, Geschäftsführer (Person und konkrete Vertretungsbefugnis) und Dauer der Gesellschaft (vgl. OLG Hamm, NZG 2002, 782 (783); kritisch Baumbach/Hueck/*Zöllner/Noack* § 54 Rn. 6 m.w.N).

35 **9.** Eine weitere Besonderheit ist zu beachten, wenn die anzumeldende Änderung des Gesellschaftsvertrags im Zuge der **Verwendung eines GmbH-Vorratsmantels** oder der **wirtschaftlichen Neugründung** der GmbH erfolgt. In diesem Fall haben alle Geschäftsführer (§ 78 GmbHG) zusätzlich zu den Anmeldungen nach § 54 GmbHG gemäß § 8 Abs. 2 GmbHG zu versichern, dass die Leistungen der Gesellschafter nach § 7 Abs. 2 und Abs. 3 GmbHG im Anmeldezeitpunkt erbracht sind und zur freien Verfügung der Gesellschaft stehen. Das im Gesellschaftsvertrag vereinbarte Stammkapital muss zum Zeitpunkt der wirtschaftlichen Neugründung wertmäßig abgedeckt sein. Zudem muss die Geschäftsführung die Tatsache der wirtschaftlichen Neugründung bzw. die Mantelverwendung in der Anmeldung angeben, um ein Ende der Vorbelastungs- und Handelndenhaftung sowie der Kapitalaufbringungspflicht zu erreichen (vgl. Baumbach/Hueck/*Fastrich* § 3 Rn. 13 m.w.N.; *Fembacher/Walz*, BB 2004, 680 (682 f.); *Müller/Federmann*, BB 2009, 1375 ff.). Die Grundsätze zur wirtschaftlichen Neugründung kommen nur zur Anwendung, wenn die Gesellschaft eine »leere Hülse« ist (BGH, DB 2010, 607 f.; *Lieder*, NZG 2010, 410 ff.). Ob die Offenlegungspflicht nur gilt, wenn das Stammkapital im Zeitpunkt der wirtschaftlichen Neugründung nicht vollständig vorhanden ist (KG, NZG 2010, 387; dazu *Römermann*, GWR 2010, 87; in diese Richtung auch BGH NJW 2012, 1875 (1877 f.)), ist zweifelhaft.

36 **10.** Seit dem 1. September 2009 bedarf der die Änderung des Gesellschaftsvertrags beurkundende Notar für die Anmeldung keiner öffentlich beglaubigten Vollmacht mehr, da er nach § 378 Abs. 2 FamFG als zur Anmeldung ermächtigt gilt; die Anmeldung erfolgt als Eigenurkunde; Lutter/Hommelhoff/*Bayer* § 54 Rn. 2). Trotzdem ist die Vollmacht im Muster auch im Hinblick auf die dort ansonsten genannten Bevollmächtigungen mit aufgenommen.

37 **11.** Die Anmeldung kann nach § 12 HGB nur **elektronisch in öffentlich beglaubigter Form** erfolgen. Auch die beizufügenden Unterlagen sind in elektronischer Form einzureichen.

38 **12.** Für die reine notarielle Unterschriftsbeglaubigung unter der Registeranmeldung für Gesellschaftsvertragsänderungen entsteht eine 0,2-Gebühr nach KV-Nr. 25100 GNotKG. Entwirft der Notar den Text der Registeranmeldung vollständig, entsteht für den Entwurf eine 0,5-Entwurfs-

gebühr nach KV-Nr. 24102 GNotKG in Verbindung mit KV-Nr. 21201 Nr. 5 GNotKG. Der Wert bestimmt sich jeweils nach § 105 Abs. 4 Nr. 1 GNotKG (ein Prozent des Stammkapitals, mindestens EUR 30.000. Ausnahmen hiervon Stammkapitaländerung oder Fall der UG (haftungsbeschränkt) im Sinne des § 105 Abs. 6 GNotKG). Daneben fallen üblicherweise noch Vollzugsgebühren nach KV-Nr. 22114 oder 22125 GNotKG für die Erstellung der Strukturdaten bei elektronischer Versendung an das Registergericht an.

3. Bescheinigung des Notars über den geänderten Gesellschaftsvertrag

Vorbemerkung

Der Gesellschaftsvertrag, der der Anmeldung in vollständigem Wortlaut beizufügen ist, bedarf einer Notarbescheinigung nach § 54 Abs. 1 Satz 2 GmbHG. Sie soll sicherstellen, dass beim Registergericht stets eine überprüfte, aktuelle und vollständige Version des Gesellschaftsvertrages vorliegt. 39

Muster

Gesellschaftsvertrags-Bescheinigung nach § 54 Abs. 1 Satz 2 GmbH-Gesetz [1, 2, 3] 40

Der unterzeichnende Notar bescheinigt:

Die geänderten Bestimmungen des Gesellschaftsvertrags stimmen mit den Beschlüssen über die Änderung des Gesellschaftsvertrags aus der Gesellschafterversammlung vom __________, Urkunde UR.-Nr. __________ des Notars __________ in __________, überein.

Die unveränderten Bestimmungen des Gesellschaftsvertrags stimmen mit seinem zuletzt zum Handelsregister eingereichten vollständigen Wortlaut überein. [4, 5, 6]

__________, den __________

__________, Notar [7]

Template

Certification of Articles of Association in accordance with section 54 clause 1 second sentence *GmbH-Gesetz* [Private Limited Companies Act] [1, 2, 3] 40a

The undersigning notary confirms:

The amended provisions of the articles of association correspond to the resolutions regarding amendment of the articles of association from the general meeting on __________, deed with deed no. __________ of the notary __________ in __________.

The unchanged provisions of the articles of association correspond to the full wording of these that were last submitted to the commercial register. [4, 5, 6]

__________, on __________

__________, Notary [7]

Erläuterungen

1. Wird der Gesellschaftsvertrag in einzelnen Punkten geändert oder insgesamt neu gefasst, ist der Anmeldung der vollständige Text des neuen Gesellschaftsvertrags mit einer **Notarbeschei-** 41

nigung beizufügen (str. bei vollständiger Neufassung, Baumbach/Hueck/*Zöllner/Noack* § 54 Rn. 11 m.w.N.; a.A. Scholz/*Priester/Veil* § 54 Rn. 19). Formal richtet sich die Bescheinigung nach § 39 bzw. § 39a BeurkG. Sie muss also die Unterschrift des Notars, sein Präge- und Farbsiegel tragen und sollte Ort und Datum angeben. Die Bescheinigung kann auch gemäß § 39a BeurkG in elektronischer Form erfolgen, wobei dann die qualifizierte elektronische Signatur des Notars erforderlich ist.

42 **2.** Die Bescheinigung soll sicherstellen, dass (1) die aktuell zur Eintragung angemeldeten Beschlüsse den Gesellschaftsvertrag in seiner zuletzt eingereichten Fassung ändern, und dass (2) der eingereichte Gesellschaftsvertrag mit den angemeldeten Beschlüssen über die Änderung des Gesellschaftsvertrages übereinstimmt. Dies dient letztlich der Öffentlichkeit des Handelsregisters: Jeder Interessent soll beim Handelsregister den aktuellen Gesellschaftsvertrag einsehen und abrufen können, ohne sich durch eine Vielzahl von historischen Änderungsbeschlüssen hindurch kämpfen zu müssen.

43 **3.** Auch die **Neufassung des Gesellschaftsvertrags insgesamt** bedarf bei der Anmeldung der **Notarbescheinigung** gemäß § 54 Abs. 1 Satz 2 GmbHG (str.; so z.B. Baumbach/Hueck/*Zöllner/Noack* § 54 Rn. 10 m.w.N.; a.A. Scholz/*Priester/Veil* § 54 Rn. 19 m.w.N.). Dies ist auch sinnvoll in Hinblick auf den oben in Anmerkung 1 angeführten Zweck der Bescheinigung, sicherzustellen, dass die aktuell zur Eintragung angemeldeten Beschlüsse den Gesellschaftsvertrag in seiner zuletzt eingereichten Fassung ändern. In der Praxis verlangen die Registergerichte die Bescheinigung deshalb regelmäßig.

44 **4.** Der **Wortlaut der Bescheinigung** folgt tunlichst dem Wortlaut des § 54 Abs. 1 Satz 2 GmbHG. Verbesserungen/Änderungen/Abweichungen sind regelmäßig nicht angebracht und führen lediglich zu Beanstandungen.

45 **5.** Wird ein **bedingter Änderungsbeschluss** zusammen mit unbedingten Änderungen angemeldet (siehe Muster F 1 (Rdn. F 4)), sind zwei Versionen des Gesellschaftsvertrags mit jeweils einer Notarbescheinigung einzureichen, wobei die zweite Notarbescheinigung dann entsprechend zu modifizieren sein soll. Alternativ/Einfacher können bei einer gestaffelten Anmeldung (siehe Muster F 1 (Rdn. F 4) und F 2 (Rdn. F 25)) auch zwei Gesellschaftsverträge, jeweils mit den angemeldeten Änderungen und mit »normaler« Bescheinigung mit entsprechend gestaffelten Daten, eingereicht werden.

46 **6.** Werden unechte Bestandteile des Gesellschaftsvertrags weggelassen, soll der Notar die Bescheinigung nicht erteilen dürfen (so Baumbach/Hueck/*Zöllner/Noack* § 54 Rn. 11; str.), praktisch wird diese Differenzierung von den Beteiligten, den Notaren und den Registergerichten regelmäßig nicht beachtet: die Bescheinigung wird von den Registergerichten stets verlangt.

47 **7.** Gesonderte **Kosten** für die Notarbescheinigung fallen nicht an, wenn der Notar, der die Bescheinigung ausstellt, auch den Änderungsbeschluss beurkundet hat (Vorbemerkungen KV Nr. 2.1 Abs. 2 Nr. 4 GNotKG).

4. Neufassung des Gesellschaftsvertrages durch Gesellschafterbeschluss

Vorbemerkung

48 Anstelle einzelner punktueller Änderungen kann auch eine komplette Neufassung des Gesellschaftsvertrags durch die Gesellschafter beschlossen werden. Auch insoweit gelten die §§ 53 ff. GmbHG. Das Muster behandelt den praktisch weitaus häufigsten Fall einer Gesellschaft mit wenigen Gesellschaftern und einer sogenannten Vollversammlung (Universalversammlung). Speziellere Fragen, etwa zur Einberufung und Ankündigung, der Tagesordnung, der Mehrheiten und der Zustimmung einzelner Gesellschafter, werden deshalb im Muster nicht behandelt.

Muster

UR-Nr. 49

Verhandelt zu __________ am __________

Vor mir, dem Notar N

mit Amtssitz in __________ erschienen: [1]

A, geboren am __________, wohnhaft __________, ausgewiesen durch Personalausweis,

B, geboren am __________, wohnhaft __________, dem Notar von Person bekannt.

Die Erschienenen erklärten:

§ 1 Vorbemerkungen

1. Wir sind die alleinigen Gesellschafter der im Handelsregister des Amtsgerichts __________ unter HRB __________ eingetragenen Gesellschaft »X-GmbH« mit Sitz in __________ und inländischer Geschäftsanschrift __________ – nachstehend auch nur kurz »Gesellschaft« genannt.

2. Das Stammkapital beträgt 25.000 € und ist in voller Höhe eingezahlt.

3. An dem Stammkapital sind die Gesellschafter wie folgt beteiligt:

A mit einem Geschäftsanteil im Nennbetrag von 15.000 € (lfd. Nr. 1),

B mit einem Geschäftsanteil im Nennbetrag von 10.000 € (lfd. Nr. 2).

§ 2 Gesellschafterversammlung

Unter Verzicht auf alle Formen und Fristen aus Gesetz oder Gesellschaftsvertrag wird hiermit eine Gesellschafterversammlung der Gesellschaft abgehalten und einstimmig mit allen vorhandenen Stimmen beschlossen: [2]

Der Gesellschaftsvertrag der Gesellschaft wird entsprechend der als Anlage 3 zu dieser Urkunde genommenen Fassung insgesamt neu gefasst. Dabei werden insbesondere auch Firma und Unternehmensgegenstand neu gefasst.

Weitere Beschlüsse werden nicht gefasst. Damit ist die Gesellschafterversammlung beendet.

§ 3 Hinweise, Vollmacht, Kosten

1. Der Notar hat auf Folgendes hingewiesen:

Änderungen des Gesellschaftsvertrages werden nach dem Gesetz erst mit ihrer Eintragung in das Handelsregister wirksam.

2. Die Notare N und M in __________, büroansässig __________, werden – ohne Auftrag und Haftung – bevollmächtigt, und zwar jeder einzeln, befreit von den Beschränkungen aus § 181 BGB sowie mit Recht zur Erteilung von Untervollmacht, die Erklärungen in dieser Urkunde zu wiederholen, zu berichtigen, zu ergänzen und abzuändern und überhaupt alle Erklärungen abzugeben und entgegenzunehmen sowie Handlungen vorzunehmen, die für den Vollzug dieser Urkunde etwa noch erforderlich werden. Die Vollmacht erlischt mit der Eintragung der hier beurkundeten Vorgänge in das Handelsregister.

3. Die mit dieser Urkunde verbundenen Kosten und Steuern trägt die Gesellschaft.

Diese Niederschrift samt dem anliegenden Gesellschaftsvertrag wurde den Erschienenen vom Notar vorgelesen, von ihnen genehmigt und von ihnen und dem Notar eigenhändig wie folgt unterschrieben: [4]

Template

50 **Deed No.**

Heard in __________ on __________

Before me, the notary N

with office in __________ appeared: [1]

A, born on __________, resident at __________, identified by identity card,

B, born on __________, resident at __________, personally known to the notary.

The parties appearing declared:

Section 1 Preamble

1. We are the sole shareholders of the company »X-GmbH«, registered with the commercial register of the Local Court of __________ under HRB __________ with place of business in __________ and domestic business address at __________ – hereinafter also referred to as »Company«.

2. The share capital of Company amounts to EUR 25,000 and was fully paid in.

3. The shareholders hold shares in the share capital as follows:

A with a nominal company share of EUR 15,000 (sequential number 1),

B with a nominal company share of EUR 10,000 (sequential number 2).

Section 2 General Meeting

Waiving any and all formal and time-related requirements under the law or the articles of association, we hereby hold a general meeting of Company and decide unanimously with all present votes: [2]

The articles of association as a whole are reworded in accordance with the version attached as annex [3] to this deed. Here, the name and purpose of the Company in particular are changed as well.

No other decisions are made. The general meeting is hereby concluded.

Section 3 Notes, Power of Attorney, Costs

1. The notary pointed out the following:

Changes of the articles of association are by law only effective once they were registered with the commercial register.

2. The notaries N and M in __________, with office in __________, are – without commission and liability – granted the authorisation, both by themselves and exempted from the limitations of section 181 *BGB* [*Bürgerliches Gesetzbuch*, German Civil Code] as well as with the right to grant sub-authorisations, to repeat, correct, supplement, and change any declarations in this deed as well as generally make and receive all declarations as well as to undertake all actions that may become necessary for execution of this deed in the future. This authorisation

shall end upon the registration of all actions certified herein with the commercial register.

3. The costs and taxes associated with this deed shall be borne by Company.

This record including the attached articles of association was read to the Parties appearing by the notary, was approved by them, and was signed by them and the notary in their own hand as follows: [4]

Erläuterungen

1. Das Muster geht von einer **Beurkundung** nach §§ 8 ff. BeurkG aus. Alternativ kann der Beschluss zwar auch in der Form eines notariellen Tatsachenprotokolls nach §§ 36, 37 BeurkG beurkundet werden, allerdings ist die Beurkundung nach den §§ 8 ff. BeurkG bei einer kleineren Zahl von Gesellschaftern wohl noch der Regelfall, wenn auch durchaus nicht zwingend (Scholz/*Priester/Veil* § 53 Rn. 70; vgl. bereits Rdn. F 7). 51

2. Die **Neufassung** des Gesellschaftsvertrags **insgesamt** unterscheidet sich nicht wesentlich von der Änderung einzelner Bestimmungen des Gesellschaftsvertrags, wird aber in der Praxis häufig vorgenommen. Auch kann beides kombiniert, also die einzelnen Änderungen zunächst beschlossen und dann eine entsprechende Neufassung des Gesellschaftsvertrags verabschiedet werden. 52

3. Der neu gefasste Gesellschaftsvertrag ist als **Anlage zur Urkunde** zu nehmen und vom Notar mit vorzulesen (§§ 9 Abs. 1 Satz 2, 13 Abs. 1 BeurkG). Er kann auch – schon zu Nachweiszwecken – von den Erschienenen mit unterschrieben werden, obwohl dies gesetzlich weder im GmbH-Gesetz noch im Beurkundungsgesetz gefordert ist. Die wichtigsten Änderungen (§ 10 Abs. 1 und Abs. 2 GmbHG) können zu Klarstellungszwecken, wie im Muster geschehen, im Beschluss schlagwortartig explizit erwähnt werden, in der Registeranmeldung müssen diese Änderungen explizit erwähnt werden. Werden durch die Neufassung des Gesellschaftsvertrags besondere Rechte oder Pflichten einzelner Gesellschafter berührt, bedarf der Beschluss ihrer Zustimmung nach den allgemeinen Regeln zu Änderungen des Gesellschaftsvertrags, auch im Übrigen gelten die allgemeinen Regeln. 53

4. Auch die **insgesamte Neufassung des Gesellschaftsvertrags** bedarf bei der Anmeldung der **Notarbescheinigung** gemäß § 54 Abs. 1 Satz 2 GmbHG (str.; so z.B. OLG Jena, DNotI-Report 2015, 190; Baumbach/Hueck/*Zöllner/Noack* § 54 Rn. 11 m.w.N.; a.A. OLG Hamm, NotBZ 2011, 372; Scholz/*Priester/Veil* § 54 Rn. 19 m.w.N.). Dies ist auch sinnvoll in Hinblick auf den zu Muster F 3 (Rdn. F 40) angeführten Zweck der Bescheinigung, nämlich sicherzustellen, dass die aktuell zur Eintragung angemeldeten Beschlüsse den Gesellschaftsvertrag in seiner zuletzt eingereichten Fassung ändern. In der Praxis verlangen die Registergerichte die Bescheinigung deshalb regelmäßig. 54

5. Für die Beurkundung des Beschlusses über die Gesellschaftsvertragsänderung (komplette Neufassung) fällt eine 2,0-Gebühr nach KV-Nr. 21100 GNotKG an. Der Wert bestimmt sich nach §§ 108 Abs. 1, 105 Abs. 4 Nr. 1, 109 GNotKG (ein Prozent des Stammkapitals, mindestens EUR 30.000. Ausnahmen hiervon Stammkapitaländerung oder Fall der UG (haftungsbeschränkt) im Sinne des § 105 Abs. 6 GNotKG). 55

5. Handelsregisteranmeldung der Neufassung des Gesellschaftsvertrags

Vorbemerkung

Wie jede Änderung des Gesellschaftsvertrags ist gemäß § 54 Abs. 1 GmbHG auch die Neufassung zur **Eintragung in das Handelsregister** anzumelden. Im Grundsatz bestehen keine Besonderheiten im Vergleich zur Anmeldung von punktuellen Änderungen des Gesellschaftsvertrags. Zu beachten ist, dass Änderungen der in § 10 Abs. 1 und Abs. 2 GmbHG genannten Gegenstände explizit in der Anmeldung anzugeben sind (OLG Hamm, NZG 2002, 782 (783); kritisch Baumbach/ 56

Hueck/*Zöllner/Noack* § 54 Rn. 6 m.w.N.). Im Übrigen kann auf den der Anmeldung beiliegenden **neu gefassten Gesellschaftsvertrag** verwiesen werden. Sind hinsichtlich der in § 10 Abs. 1 und Abs. 2 GmbHG genannten Punkte keine Änderungen vorgenommen worden, sollte dies in der Anmeldung explizit Erwähnung finden.

Muster

57 **Amtsgericht __________**

– Handelsregister –

HRB __________/X-GmbH/Neufassung des Gesellschaftsvertrags

1. Anlagen

Anliegend wird überreicht:

- **beglaubigte Abschrift der Niederschrift über die Gesellschafterversammlung vom __________ – UR.-Nr. __________ – des Notars N in __________ –,**
- **firmenrechtliche Unbedenklichkeitsbescheinigung,**
- **vollständiger Wortlaut des Gesellschaftsvertrages nebst Bescheinigung des Notars gemäß § 54 Abs. 1 Satz 2 GmbHG.**

2. Anmeldung

Zur Eintragung in das Handelsregister wird angemeldet:

a) Die Gesellschaft hat die Neufassung des Gesellschaftsvertrags beschlossen.

b) Hinsichtlich der eintragungspflichtigen Tatsachen haben sich folgende Änderungen ergeben:

§ 1 (Firma, Sitz, Gesellschaftsjahr)

Die Firma der Gesellschaft wurde geändert. Sie lautet nunmehr »Y-GmbH«. [2]

§ 2 (Gegenstand des Unternehmens)

Der Gegenstand des Unternehmens wurde geändert. Er ist nunmehr die Erbringung von Dienstleistungen aller Art auf dem Gebiet der Abfallentsorgung.

Wegen der sonstigen Änderungen des Gesellschaftsvertrags wird auf die beglaubigte Abschrift der Niederschrift über die Gesellschafterversammlung vom __________ – UR.-Nr. __________ – des Notars N in __________ verwiesen.
Die Geschäftsanschrift der Gesellschaft lautet: __________.

3. Vollmacht, Nachrichten

a) Die Mitarbeiter der Notare N und M in __________, nämlich Frau A, Herr B und Frau C, alle büroansässig __________, werden – ohne Auftrag und Haftung – bevollmächtigt, und zwar jeder einzeln, befreit von den Beschränkungen aus § 181 BGB sowie mit Recht zur Erteilung von Untervollmacht, die Erklärungen in dieser Urkunde zu berichtigen, zu ergänzen und zu ändern. Diese Vollmacht darf nur zur Erklärung vor einem der vorgenannten Notare oder deren Vertreter ausgeübt werden.

b) Jeder der Notare N und M in ____________ sowie deren Vertreter ist/sind bevollmächtigt und ermächtigt, und zwar jeder einzeln, diese Handelsregisteranmeldung sowie alle darin erwähnten oder in Bezug genommenen Dokumente gemäß § 12 HGB mit einfachem elektronischem Zeugnis oder als elektronische Aufzeichnung beim zuständigen Registergericht einzureichen sowie ebenso alle für deren Vollzug etwa weiter notwendigen Handlungen vorzunehmen und Erklärungen abzugeben und entgegenzunehmen.

c) Nachricht über die Eintragungen in das Handelsregister sowie hiernach Übersendung eines beglaubigten Registerauszuges wird an die Notare N und M in ____________ erbeten.

____________, den ____________

(Unterschriften der Geschäftsführer in vertretungsberechtigter Anzahl)

UR.-Nr.

Hiermit beglaubige ich die vorstehende, vor mir vollzogene Namensunterschrift von

Herrn/Frau ____________, geboren am ____________, geschäftsansässig ____________, ausgewiesen durch Personalausweis.

____________, den ____________

Notar [1, 2, 3]

Template

Local Court of ____________ 58

– commercial register –

HRB ____________/X-GmbH/revised version of articles of association

1. Annexes

We hereby submit:

- **certified copy of the record regarding the general meeting on ____________ – deed no ____________ of the notary N – in ____________ –,**
- **clearance certificate under company law,**
- **the complete wording of the articles of association plus certification of the notary in accordance with section 54 clause 1 second sentence GmbHG [GmbH-Gesetz, Private Limited Companies Act].**

2. Registration

We request registration of the following with the commercial register:

a) Company approved the revision of the articles of association.

b) As regards facts subject to mandatory registration, the following changes were made:

Section 1 (Company name, seat, business year)

The name of Company was changed. It is now »Y-GmbH«. [2]

Section 2 (Purpose of the Company)

The business purpose of Company was changed. It is now the provision of services of all kind in the sector waste disposal.

As regards any other changes to the articles of association, we refer to the copy of the record regarding the general meeting on ______ – deed no ______ – of the notary N in ______.

The business address of Company is: ______.

3. Power of Attorney, Notifications

a) The employees of the notaries N and M with office in ______, namely Miss A, Mr B, and Miss C, all with office address ______, are, without commission and liability – granted the authorisation, both by themselves and exempted from the limitations of section 181 *BGB* [*Bürgerliches Gesetzbuch*, German Civil Code] as well as with the right to grant sub-authorisations, to correct, supplement, and change any declarations in this deed. This power of attorney may only be exercised for declaration towards one of the aforementioned notaries or their representatives.

b) Each of the notaries N and M in ______ as well as their representatives ______ is/are authorised and entitled, also each by themselves, to submit this request for registration with the commercial register as well as any documents specified or referred to therein in accordance with section 12 *HGB* [*Handelsgesetzbuch*, German Commercial Code] with simple electronic certificate or as electronic record to the responsible register court as well as to undertake any other actions and to make and to receive declarations required for their execution.

c) A notification of the notaries N and M in ______ regarding the registration with the commercial register as well as posting of a certified excerpt of the register is requested.

______, on ______

(Signatures of all Managing Directors with power of representation)

Deed no.

I hereby certify the above signature, affixed in my presence, of

Mr/Miss ______, born on ______, business address ______, identified by identity card.

______, on ______

Notary [1, 2]

Erläuterungen

59 **1.** Soweit eine Firma geändert wird, muss die **firmenrechtliche Unbedenklichkeitsbescheinigung** nicht zwingend mit zum Register eingereicht werden; ggf. wird das Registergericht sie aber von sich aus gemäß § 23 HRV, § 380 Abs. 2 FamFG einholen, was zu Verzögerungen führen kann.

60 **2.** Ob es bei der Anmeldung der Neufassung des Gesellschaftsvertrags einer **Notarbescheinigung** nach § 54 Abs. 1 Satz 2 GmbHG bedarf, ist strittig (dafür Baumbach/Hueck/*Zöllner/Noack* § 54 Rn. 11 m.w.N.; dagegen Scholz/*Priester/Veil* § 54 Rn. 19 m.w.N.). Sie ist sinnvoll in Hinblick auf

den Zweck der Bescheinigung, sicherzustellen, dass die aktuell zur Eintragung angemeldeten Beschlüsse den Gesellschaftsvertrag in seiner zuletzt eingereichten Fassung ändern. Regelmäßig sollte sie gerade nach der Umstellung auf das elektronische Register vorsorglich beizufügen sein, da sie von den Registergerichten verlangt wird. Für sie gelten im Übrigen keine Besonderheiten.

3. Für die reine notarielle Unterschriftsbeglaubigung unter der Registeranmeldung für Gesellschaftsvertragsänderungen (Neufassung) entsteht eine 0,2-Gebühr nach KV-Nr. 25100 GNotKG. Entwirft der Notar den Text der Registeranmeldung vollständig, entsteht für den Entwurf eine 0,5-Entwurfsgebühr nach KV-Nr. 24102 GNotKG in Verbindung mit KV-Nr. 21201 Nr. 5 GNotKG. Der Wert bestimmt sich jeweils nach § 105 Abs. 4 Nr. 1 GNotKG (ein Prozent des Stammkapitals, mindestens EUR 30.000. Ausnahmen hiervon Stammkapitaländerung oder Fall der UG (haftungsbeschränkt) im Sinne des § 105 Abs. 6 GNotKG). Daneben fallen üblicherweise noch Vollzugsgebühren nach KV-Nr. 22114 oder 22125 GNotKG für die Erstellung der Strukturdaten bei elektronischer Versendung an das Registergericht an. 61

6. Gesellschafterbeschluss über die Umstellung des Stammkapitals und aller sonstigen im Gesellschaftsvertrag enthaltenen DM-Beträge auf Euro

Vorbemerkung

Die Umstellung von DM auf Euro brachte und bringt immer noch **Anpassungsbedarf** im Gesellschaftsvertrag mit sich. § 1 EGGmbHG (früher: § 86 GmbHG) enthält insoweit **besondere Regelungen** und ein vereinfachtes Verfahren. Die reine Umstellung der Beträge auf Euro ist wenig verbreitet, da sie zu krummen Beträgen und zu rechnerischen Schwierigkeiten, Rundungsdifferenzen und ähnlichen Problemen führt. Aus diesem Grunde wird die Umstellung regelmäßig mit einer **Kapitalmaßnahme** zur Glättung der Beträge auf volle Euro verbunden. Das Muster enthält die reine **Euro-Umstellung**. In den Erläuterungen wird in Muster F 6, Rdn. F 66 f. zudem wegen der geschilderten praktischen Verbreitung eine Variante mit einer kleinen **Kapitalerhöhung zur Glättung** der krummen Beträge dargestellt. 62

Muster

UR-Nr. 63

Verhandelt zu ____________ am ____________

Vor mir, dem Notar N

mit Amtssitz in ____________ erschienen:

A, geboren am ____________, wohnhaft ____________,

ausgewiesen durch Personalausweis,

B, geboren am ____________, wohnhaft ____________, dem Notar von Person bekannt.

Die Erschienenen erklärten:

§ 1 Vorbemerkungen

1. Wir sind die sämtlichen Gesellschafter der im Handelsregister des Amtsgerichts ____________ unter HRB ____________ eingetragenen Gesellschaft »X-GmbH« mit Sitz in ____________ und inländischer Geschäftsanschrift ____________ – nachstehend auch nur kurz »Gesellschaft« genannt. [1]

2. Das Stammkapital beträgt 50.000 DM und ist in voller Höhe eingezahlt.

3. An dem Stammkapital sind die Gesellschafter wie folgt beteiligt:

Geschäftsanteil Nr. 1: A 15.000 DM,

Geschäftsanteil Nr. 2: B 35.000 DM.

§ 2 Gesellschafterversammlung [3]

1. Unter Verzicht auf alle Formen und Fristen aus Gesetz oder Gesellschaftsvertrag wird hiermit eine Gesellschafterversammlung der Gesellschaft abgehalten und einstimmig mit allen vorhandenen Stimmen beschlossen:

2. Das Stammkapital und die Geschäftsanteile der Gesellschaft werden auf EURO umgestellt [2, 4] und auf zwei Stellen hinter dem Komma gerundet. Nach dem amtlichen Umrechnungskurs von 1 € = 1,95583 DM beträgt das Stammkapital gerundet somit 25.564,60 €. [5]

3. Der Geschäftsanteil des A beträgt: 7.669,38 €.

4. Der Geschäftsanteil der B beträgt: 17.895,22 €. [6]

5. § 2 des Gesellschaftsvertrags wird wie folgt neu gefasst:

»§ 2 Stammkapital

Das Stammkapital der Gesellschaft beträgt 25.564,60 € und ist voll eingezahlt.

Auf das Stammkapital übernehmen A 7.669,38 € und

B 17.895,22 €.«

6. Sämtliche andere Betragsangaben im Gesellschaftsvertrag in DM mit Ausnahme des Gründungsaufwands werden im Verhältnis 2:1 auf Euro umgestellt und der Gesellschaftsvertrag wird entsprechend geändert.

Damit ist die Gesellschafterversammlung beendet.

§ 3 Hinweise, Vollmacht, Kosten

1. Der Notar hat auf Folgendes hingewiesen:

Änderungen des Gesellschaftsvertrages werden nach dem Gesetz erst mit ihrer Eintragung in das Handelsregister wirksam.

2. Die Notare N und M in ____________ sowie deren Vertreter, büroansässig ____________, werden – ohne Auftrag und Haftung – bevollmächtigt, und zwar jeder einzeln, befreit von den Beschränkungen aus § 181 BGB sowie mit Recht zur Erteilung von Untervollmacht, die Erklärungen in dieser Urkunde zu wiederholen, zu berichtigen, zu ergänzen und abzuändern und überhaupt alle Erklärungen abzugeben und entgegenzunehmen sowie Handlungen vorzunehmen, die für den Vollzug dieser Urkunde etwa noch erforderlich werden. Die Vollmacht erlischt mit der Eintragung der hier beurkundeten Vorgänge in das Handelsregister.

3. Die mit dieser Urkunde verbundenen Kosten und Steuern trägt die Gesellschaft.

Diese Niederschrift wurde den Erschienenen vom Notar vorgelesen, von ihnen genehmigt und von ihnen und dem Notar eigenhändig wie folgt unterschrieben:

Template

Deed No. 64

Heard in ___________ on ___________

Before me, the notary N

with office in ___________ appeared:

A, born on ___________, resident at ___________,

identified by identity card,

B, born on ___________, resident at ___________, personally known to the notary.

The parties appearing declared:

Section 1 Preamble

1. **We are all the shareholders of the company »X-GmbH«, registered with the commercial register of the Local Court of ___________ under HRB ___________ with place of business in ___________ and domestic business address at ___________ – hereinafter also referred to as »Company«.** [1]
2. **The share capital of Company amounts to DM 50,000 and was fully paid in.**
3. **The shareholders hold shares in the share capital as follows:**

Company Share no. 1: A DM 15,000,

Company Share no. 2: B DM 35,000.

Section 2 General Meeting [3]

1. **Waiving any and all formal and time-related requirements under the law or the articles of association, we hereby hold a general meeting of Company and decide unanimously with all present votes:**
2. **The share capital of and the company shares in Company are converted into EURO** [2, 4] **and rounded to two decimals. According to the official conversion rate of EUR 1 = DM 1.95583, the share capital thus amounts to a rounded EUR 25,564.60.** [5]
3. **The company share of A amounts to: EUR 7,669.38.**
4. **The company share of B amounts to: EUR 17,895.22.** [6]
5. **Section 2 of the articles of association is reworded as follows:**

»Section 2 Share capital

The share capital of Company amounts to EUR 25,564.60 and was fully paid in.

Contributions to the share capital were paid as follows: A EUR 7,669.38 and

B EUR 17,895.22.«

6. ***Any other money amounts set out in the articles of association that are given in DM with the exception of the foundation expenses are converted into euro at a rate of 2:1 and the articles of association are amended accordingly.***

The general meeting is hereby concluded.

Section 3 Notes, Power of Attorney, Costs

1. The notary pointed out the following:

Changes of the articles of association are by law only effective once they were registered with the commercial register.

2. The notaries N and M in ___________ as well as their representatives with office in ___________ are – without commission and liability – granted the authorisation, both by themselves and exempted from the limitations of section 181 *BGB* [*Bürgerliches Gesetzbuch*, German Civil Code] as well as with the right to grant sub-authorisations, to repeat, correct, supplement, and change any declarations in this deed as well as generally make and receive all declarations as well as to undertake all actions that may become necessary for execution of this deed in the future. This authorisation shall end upon the registration of all actions certified herein with the commercial register.

3. The costs and taxes associated with this deed shall be borne by Company.

This record was read to the Parties appearing by the notary, was approved by them, and was signed by them and the notary in their own hand as follows:

Erläuterungen

Literatur: *Frank/Wachter*, Ungelöste Folgefragen der Euro-Umstellung bei der GmbH, GmbHR 2001, 898–904; *Kopp/Schuck*, Der Euro in der notariellen Praxis, 2000; *Kopp/Heidinger*, Notar und Euro, 2001.

65 **1.** Betroffen sind in erster Linie Gesellschaften, die bis zum 31.12.1998 angemeldet oder eingetragen wurden. Für diese Gesellschaften gelten die alten Beträge (Mindestkapital 50.000 DM, Mindeststammeinlage 500 DM) und auch etwa die alten Vorschriften über die Teilung von Geschäftsanteilen (Teilbarkeit durch 100, Mindestnennwert 500 DM, § 17 Abs. 4 GmbHG a.F.) weiter. Bei den danach angemeldeten und eingetragenen Gesellschaften lauten die entsprechenden Beträge zumeist bereits auf Euro, da nach § 86 Abs. 2 GmbHG a.F. anderenfalls krumme DM-Beträge festzulegen gewesen wären (Roth/Altmeppen/*Altmeppen* § 1 EGGmbHG Rn. 7, 17 f.).

66 **2.** Die in der folgenden Variante zum Muster durchgeführte Kapitalerhöhung um einen geringen Betrag bietet sich an, um die Beträge zu glätten. Der Betrag ist hier so gewählt, dass sich gerade Beträge in Euro ergeben, wie § 5 Abs. 2 Satz 1 GmbHG es verlangt. Zugleich ist der Betrag so gewählt, dass das ursprüngliche Beteiligungsverhältnis im Musterfall von 3:7 erhalten bleibt, was bei Vorhandensein von einer Mehrzahl an Gesellschaftern, die Anteile in unterschiedlicher Höhe halten, schwierig sein kann. Eine Kapitalerhöhung durch Aufstockung der Anteile könnte im vorliegenden Muster wie folgt erfolgen, in § 2würde der Musterbeschluss dann wie folgt lauten:

67 § 2 Gesellschafterversammlung

1. Unter Verzicht auf alle Formen und Fristen aus Gesetz oder Gesellschaftsvertrag wird hiermit eine Gesellschafterversammlung der X-GmbH abgehalten und einstimmig mit allen vorhandenen Stimmen beschlossen:
2. Das Stammkapital und die Geschäftsanteile der Gesellschaft werden auf Euro umgestellt und auf zwei Stellen hinter dem Komma gerundet. Nach dem amtlichen Umrechnungskurs von 1 € = 1,95583 DM beträgt das Stammkapital somit 25.564,60 €.
3. Der Geschäftsanteil des A beträgt: 7.669,38 €.
4. Der Geschäftsanteil der B beträgt: 17.895,22 €.
5. Das Stammkapital der Gesellschaft von nominal 25.564,60 € wird durch Kapitalerhöhung gegen Geldeinlagen um nominal 5,40 € auf 25.570 € erhöht.

6. Es werden bei der Kapitalerhöhung gegen Geldeinlagen zur Glättung der Beträge keine neuen Geschäftsanteile gebildet, sondern die vorhandenen Geschäftsanteile aufgestockt.
7. Der Geschäftsanteil Nr. 1 des A wird um 1,62 € auf 7.671 € erhöht,
der Geschäftsanteil Nr. 2 der B wird um 3,78 € auf 17.899 € erhöht.
8. Zur Übernahme der entsprechenden Aufstockungsbeträge werden zugelassen:
A: Aufstockungsbetrag in Höhe von 1,62 €,
B: Aufstockungsbetrag in Höhe von 3,78 €.
9. Die neuen Stammeinlagen zur Aufstockung der Geschäftsanteile werden zum Nennbetrag ausgegeben. Die neuen Einlagen sind jeweils sofort in Geld zur freien Verfügung der Geschäftsführer einzuzahlen. Die neuen Einlagen sind ab dem ________________ gewinnbezugsberechtigt.
10. § 2 des Gesellschaftsvertrags wird wie folgt neu gefasst:

»§ 2 Stammkapital

Das Stammkapital der Gesellschaft beträgt 25.570 € und ist voll eingezahlt.«

11. Die Gesellschafter A und B erklären die Übernahme der Erhöhungsanteile auf das erhöhte Stammkapital zu den in den vorstehenden Absätzen dieses Paragraphen genannten Bedingungen und in dem Umfang wie sie zur Übernahme zugelassen sind.

Für die Kapitalerhöhung gelten im Übrigen die allgemeinen Regelungen. Allerdings kann die Kapitalerhöhung zur Glättung der Beträge im Rahmen einer Euroumstellung nicht allein durch die Ausgabe neuer Anteile erfolgen, denn dadurch würde gerade keine Glättung der alten Anteile erreicht und es stünde die Registersperre gemäß § 1 Abs. 1 Satz 4 EGGmbHG entgegen. 68

Nach allgemeinen Regeln setzt die Aufstockung der Anteile zur Vermeidung der Haftung der Rechtsvorgänger nach § 22 GmbHG voraus, dass diese voll eingezahlt sind und keine Nachschusspflicht besteht oder sich der Anteil noch in der Hand der Gründer befindet (str.; vgl. Roth/Altmeppen/*Altmeppen* § 1 EGGmbHG Rn. 10 ff.; Lutter/Hommelhoff/*Bayer* § 1 EGGmbHG Rn. 20). Wird durch die Aufstockung das Beteiligungsverhältnis der Gesellschafter untereinander verändert, erfolgt sie also nicht im Verhältnis der bestehenden Anteile, ist die Zustimmung der betroffenen Gesellschafter erforderlich. 69

Bezüglich der Änderung des Gesellschaftsvertrags und der Übernahmeerklärungen bestehen keine Besonderheiten. 70

3. § 1 Abs. 3 EGGmbHG sieht für die reine Umstellung auf Euro-Beträge ein **vereinfachtes Verfahren** vor, soweit nicht gleichzeitig eine Kapitalmaßnahme vorgenommen wird. Die Umstellung kann abweichend von § 53 Abs. 2 Satz 1 GmbHG mit einfacher Mehrheit beschlossen werden, einer notariellen Beurkundung bedarf der Beschluss nicht und die Anmeldung zum Handelsregister ist erleichtert. Die Anmeldung muss nicht in notariell beglaubigter Form erfolgen und einer Bescheinigung gemäß § 54 Abs. 1 Satz 2 GmbHG bedarf es nicht. Die Geschäftsführer müssen die Anmeldung lediglich in vertretungsberechtigter Anzahl unterzeichnen und den Beschluss zur Umstellung auf Euro beifügen. 71

4. Ein **Zwang zur Umstellung** oder eine **Frist** für diese besteht nicht und die Umstellung erfolgt auch nicht automatisch. Dadurch, dass Kapitalmaßnahmen bei Gesellschaften, die vor dem 01.01.1999 eingetragen wurden, nur dann ins Register eingetragen werden, wenn gleichzeitig die Umstellung auf Euro erfolgt oder bereits erfolgt ist, erreicht der Gesetzgeber aber einen gewissen Zwang zur Umstellung (Roth/Altmeppen/*Altmeppen* § 1 EGGmbHG Rn. 3). Ohne Umstellung besteht nach § 1 Abs. 1 Satz 4 EGGmbHG für Kapitalmaßnahmen eine **Registersperre**. Eine bloße Übertragung von DM-Geschäftsanteilen ist aber mangels Eigenschaft als »Kapitalmaßnahme« weiterhin möglich. 72

5. Wird eine **reine Umstellung** vorgenommen, sollten Rundungsdifferenzen ggf. dadurch vermieden werden, dass die einzelnen Geschäftsanteile umgerechnet, gerundet und dann als Stammkapital die Summe der Anteile festgesetzt wird. Werden alle Beträge zum offiziellen Kurs umgerechnet, kann es durch die Rundung dazu kommen, dass die einzelnen Geschäftsanteile nicht die Summe des Stammkapitals erreichen. Das genannte Vorgehen dürfte unproblematisch sein, denn eine 73

Differenz im Cent-Bereich dürfte unbedenklich sein (Lutter/Hommelhoff/*Bayer* § 1 EGGmbHG Rn. 3). Der Gründungsaufwand, der in DM bezahlt wurde, wird nicht umgerechnet.

74 **6.** Insgesamt ist die reine Umstellung der Beträge auf Euro wenig attraktiv, da sie zu krummen Beträgen und zu rechnerischen Schwierigkeiten, Rundungsdifferenzen und ähnlichen Problemen führt. Aus diesem Grunde sollte die Umstellung immer mit einer **Kapitalmaßnahme** zumindest zu Glättung der Beträge auf volle Euro verbunden werden. Dann entfallen allerdings die genannten Verfahrenserleichterungen des § 1 Abs. 3 EGGmbHG (Lutter/Hommelhoff/*Bayer* § 1 EGGmbHG, Rn. 6, 12 f.). Die Beträge zur **Glättung** dürfen naturgemäß krumm sein, und müssen nicht die Vorschrift des § 5 Abs. 2 i.V.m. § 55 Abs. 4 GmbHG erfüllen (vgl. OLG Hamm GmbHR 2003, 899). Ggf. ergibt sich aus der Treuepflicht eine Pflicht zur Zustimmung der Gesellschafter zu der Kapitalmaßnahme (Roth/Altmeppen/*Altmeppen* § 1 EGGmbHG Rn. 15; Lutter/Hommelhoff/*Bayer* § 1 EGGmbHG Rn. 15). Die Glättung der Beträge kann durch **Kapitalherabsetzung**, durch **erleichterte Kapitalherabsetzung mit gleichzeitiger Kapitalerhöhung** gegen Bareinlagen (§ 1 Abs. 3 Satz 3 2. Hs. EGGmbHG) oder durch die praktisch häufigste **Kapitalerhöhung** durch Aufstockung der Anteile erfolgen (vgl. dazu *Frank/Wachter*, GmbHR 2001, 898 ff.).

II. Verlegung des Verwaltungssitzes

7. Beschluss der Gesellschafterversammlung über die Verlegung des Verwaltungssitzes

Vorbemerkung

75 In den vergangenen Jahren ist Bewegung in die Problematik der Sitzverlegung von Gesellschaften gekommen. Vor allem die Möglichkeit der Sitzverlegung ins europäische Ausland ist in den Fokus von Rspr., Forschung und Praxis gerückt. Im Verhältnis zum europäischen Gesellschaftsrecht ist besonders der Konflikt der von vielen Mitgliedstaaten favorisierten Sitztheorie zur Niederlassungsfreiheit ein zentrales Problemfeld, dem sich auch der EuGH nach zahlreichen Vorlagen der Mitgliedstaaten intensiv gewidmet hat. Die Grundsatzentscheidungen zu diesem Thema »Daily Mail«, »Centros«, »Überseering« und »Inspire Art« haben sich längst in die Reihe der Entscheidungen zum europäischen Gesellschaftsrecht und seinen Schnittstellen zum mitgliedstaatlichen Recht eingereiht.

Muster

76 **Verhandelt zu __________ am __________**

Vor dem unterzeichnenden Notar __________ mit dem Amtssitz in __________

erschienen, ausgewiesen durch Vorlage ihrer gültigen deutschen Personalausweise,

1. __________
2. __________
3. __________

als Gesellschafter der __________ GmbH.

Die Erschienenen erklärten:

Unter Verzicht auf die Einhaltung aller Fristen und Förmlichkeiten der Einberufung halten wir hiermit eine außerordentliche Gesellschafterversammlung der Gesellschaft ab und beschließen einstimmig:

Der Verwaltungssitz der Gesellschaft wird nach __________ verlegt. Der Satzungssitz der Gesellschaft bleibt unverändert in __________.

Erläuterungen

Literatur: *Hermanns,* Die grenzüberschreitende Sitzverlegung in der notariellen Praxis, MittBayNot 2016, 297 sowie Franz, Grenzüberschreitende Sitzverlegung und Niederlassungsfreiheit – eine systematische Betrachtung offener und geklärter Fragen, EuZW 2016, 930; *Knapp,* Auswirkungen des MoMiG auf Aktiengesellschaften und ihre Organmitglieder, DStR 2008, 2371; *Leitzen,* Die GmbH mit Verwaltungssitz im Ausland, NZG 2009, 728; *Roß,* Konzernrechnungslegungspflicht bei Verlegung des Verwaltungssitzes in das Ausland, BB 2012, 1783.

Seit dem **Daily Mail**-Urteil steht fest, dass die gemeinschaftsrechtliche Regelung der Niederlas- 77
sungsfreiheit in Art. 49 EG-Vertrag i.d.F. bis 30.11.2009 im Wesentlichen nun Art. 56 AEUV entspr.; die Unterschiedlichkeit der Anknüpfungen in den Mitgliedstaaten hier an die Sitz- und dort an die Gründungstheorie vermag dies nicht auszugleichen. Die Mitgliedstaaten konnten, soweit sie der Sitztheorie folgten, die Ausübung der sich aus der Niederlassungsfreiheit ergebenden Rechte davon abhängig machen, dass die betroffene Gesellschaft zum einen in einem Mitgliedstaat gegründet wurde und zum anderen sowohl ihren Satzungs- als auch ihren Verwaltungssitz im Gründungsstaat hat. In Deutschland wurde bspw. eine hier tätige englische Limited nicht als juristische Person anerkannt, sondern als Personengesellschaft behandelt, so dass die Gesellschafter der Limited nicht beschränkt, sondern persönlich und voll hafteten.

Eine Änderung dieser Lage ergab sich erst im Zuge des **Centros**-Urteils des EuGH vom 09.03.1999 78
(C-212/97), mit dem nicht nur der Wettlauf der Rechtsordnungen in Europa intensiviert wurde, welcher letzten Endes auch zu den Modernisierungen des GmbH-Rechts durch das MoMiG in Deutschland geführt hat, sondern auch festgestellt wurde, dass ein Mitgliedstaat (in diesem Fall Dänemark) gegen die Niederlassungsfreiheit verstößt, wenn er die Eintragung der Zweigniederlassung einer Gesellschaft, die ihre gesamte Geschäftstätigkeit im Inland entfaltet, mit der Begr. ablehnt, dass sie mit der Gründung der Gesellschaft in einem anderen Mitgliedstaat (England) die nationalen gesellschaftsrechtlichen Schutzvorschriften (wie hier die Mindestkapitalanforderungen), die bei einer Gründung im Inland zur Anwendung kämen, umgehe. Dies stelle eine Beschränkung der sekundären Niederlassungsfreiheit dar, so der EuGH. Das Urt. hat wegen Fehlens einer Geschäftstätigkeit in England im Urteilssachverhalt allerdings weitergehend auch Bedeutung für die Frage nach der Lokalisierung des Verwaltungssitzes. Denn die dänische Zweigniederlassung war faktisch die einzige Niederlassung der Firma Centros. Ein der Sitztheorie folgender Mitgliedstaat kann eine so im Inland niedergelassene Gesellschaft zwar als mit dem Hauptsitz ansässig behandeln, diese jedoch nicht dem inländischen Gesellschaftsrecht unterwerfen. Es ergab sich zu diesem Zeitpunkt ein Vorrang der Niederlassungsfreiheit in derart gelagerten Fällen gegenüber der Geltung der Sitztheorie.

Es folgte die **Überseering**-Entscheidung (Urt. v. 05.11.2002, C-208/00, ZIP 2002, 2037 ff.) in 79
demselben Jahr, in dem der EuGH nach einer Vorlage des BGH entschied, dass es eine Verletzung der Niederlassungsfreiheit darstelle, wenn eine Gesellschaft, die im Ausland gegründet wurde und bereits in Deutschland als rechtsfähig anerkannt war, ihre Rechtsfähigkeit verliert, weil der Verwaltungssitz nach Deutschland verlegt wurde. Die Bedeutung des Urt. geht über seinen Inhalt hinaus, denn neben der Niederlassungsfreiheit setzen auch die Warenverkehrs-, Dienstleistungs- und Kapitalverkehrsfreiheit für ihre Ausübung voraus, dass eine Gesellschaft als rechtsfähig anerkannt wird. Der Zusammenhang zwischen der gemeinschaftsrechtlichen Niederlassungsfreiheit und der Pflicht der Mitgliedstaaten zur Anerkennung der Rechtsfähigkeit aller europäischen Gesellschaften war nun endgültig hergestellt. Der BGH hat diesem Urteil Rechnung getragen, ist von der bisher befolgten modifizierten Sitztheorie abgerückt und hat »Überseering« als rechtsfähig anerkannt.

Nach alledem ergibt sich eine weitergehende kollisionsrechtliche Bedeutung des Gemeinschafts- 80
rechts daraus, dass die Mitgliedstaaten nicht nur die wirksame Gründung einer Gesellschaft in einem anderen Mitgliedstaat als solche anerkennen müssen, sondern diese auch nach dem dort geltenden Recht zu behandeln haben.

81 Das **Inspire Art**-Urteil des EuGH (Urt. v. 30.03.2003, C-167/01) bestätigte diese weitergehende kollisionsrechtliche Bedeutung des Gemeinschaftsrechts. In diesem Urt. befand es der EuGH als Behinderung der Niederlassungsfreiheit und somit als gemeinschaftsrechtswidrig, wenn das Gesellschaftsstatut einer Gesellschaft an den Verwaltungssitz geknüpft wird, obwohl sie wirksam im Ausland gegründet wurde und im Inland nur eine Zweigniederlassung besitzt. Dass hier die gesamte Geschäftstätigkeit der Gesellschaft stattfindet, dürfe kein Anlass sein, diese als »nur formal« ausländische Gesellschaft zu behandeln.

82 Besteht kein Berührungspunkt zum zwischenstaatlichen Wirtschaftsverkehr, liegt also nur ein Fall mit reinem Inlandsbezug vor, so steht es den Mitgliedstaaten frei, die Gründung einer Gesellschaft an die Voraussetzung eines inländischen Verwaltungssitzes zu knüpfen, nicht jedoch zu verlangen, dass Satzungs- und Verwaltungssitz zusammenfallen.

83 Die gleichen Grundsätze gelten im Übrigen für alle EWR-Staaten. Hat eine Gesellschaft nur den Satzungs- nicht aber auch den Verwaltungssitz in der EG bzw. dem EWR, so muss sie, um in den Genuss der dort garantierten Niederlassungsfreiheit zu kommen, zusätzlich den Nachweis erbringen, dass »ihre Tätigkeit in tatsächlicher und dauerhafter Verbindung mit der Wirtschaft eines Mitgliedstaates« steht (so das »Allgemeine Programm des Rates zur Aufhebung der Beschränkungen der Niederlassungsfreiheit« vom 18.12.1961, ABl. 1962, 36 ff., unter Abschn. I.).

84 Mit der Änderung des § 4a GmbHG durch das MoMiG wollte der deutsche Gesetzgeber deutschen Gesellschaften endlich die Möglichkeit geben, ihren Verwaltungssitz nicht nur an einem anderen Ort als dem Satzungssitz zu nehmen, sondern diesen auch ins Ausland zu verlegen, bzw. ihre gesamte Geschäftstätigkeit im Rahmen einer Zweigniederlassung ausschl. außerhalb des deutschen Hoheitsgebietes zu entfalten.

85 Für Deutschland gilt bislang noch immer die gewohnheitsrechtlich verankerte modifizierte Sitztheorie für EG-Auslandsgesellschaften, die ihren Verwaltungssitz nach Deutschland verlegen, und seit dem MoMiG auch für deutsche Gesellschaften, die ihren Verwaltungssitz ins EG-Ausland verlegen. Nach der neueren EuGH-Rspr., insbes. nach den Urt. »Überseering« (EuGH, Urt. v. 05.11.2002, C-208/00, GmbHR 2002, 1137) und »Inspire Art« (EuGH, Urt. v. 30.09.2009, C-167/01, GmbHR 2003, 1260), gilt allerdings die Gründungstheorie, da sonst gegen die gemeinschaftsrechtlich garantierte Niederlassungsfreiheit verstoßen würde. Hieraus ergibt sich eine erhebliche kollisionsrechtliche Bedeutung der Niederlassungsfreiheit. Ob die durch die Neufassung des § 4a GmbHG erfolgte Zuwendung des Gesetzgebers zur Gründungstheorie durch die Gerichte und insbes. durch eine Regelung des IPR, etwa die Einf. des im RefE zum IPR vorgeschlagenen neuen Art. 10 Abs. 1 EGBGB, als allgemeingültig bestätigt wird, ist wünschenswert, bleibt aber abzuwarten.

86 Vor dem MoMiG konnten deutsche Gesellschaften insofern nicht von der EuGH-Rspr. profitieren, als diese stets nur soweit reichen kann, wie auch der Schutzbereich der Niederlassungsfreiheit geht. Dies bedeutet, dass nur Beschränkungen des Zuzugsstaates aufgehoben werden, nicht aber solche des Heimatstaates einer Gesellschaft. Der Wegzugstaat kann für die nach seinem Recht gegründeten Gesellschaften an der Sitztheorie festhalten. Im Fall Cartesio (EuGH, Urt. v. 16.12.2008, C-210/06), bei dem es um eine Verlegung des Verwaltungssitzes von Ungarn nach Italien ging, wurde dies vom EuGH unterstrichen: Verbietet das Recht des Gründungsstaates (wie im Fall von Ungarn) die Verwaltungssitzverlegung ins Ausland, so stellt eine Verweigerung des zuständigen HReg, eine entspr. Eintragung vorzunehmen, keinen Verstoß gegen die Niederlassungsfreiheit dar. Dies war auch das deutsche Dilemma bis § 4a GmbHG geändert wurde. Während § 4a Abs. 2 GmbHG a.F. noch verlangte, dass der Satzungssitz i.d.R. der Sitz ist, an dem die Gesellschaft ihren Betrieb bzw. ihre Geschäftsleitung oder Verwaltung hat, ist heute – nach der Streichung des Abs. 2 – dieser Zusammenhang entfallen. Auch wenn sich hieraus nicht zwingend ergibt, dass der Verwaltungssitz einer Gesellschaft nicht mehr im Inland liegen muss, sprechen die Materialien des Gesetzgebers diesbezüglich eine deutliche Sprache. Es wird hier ausdrücklich darauf hingewiesen, dass Gesellschaften nach dem MoMiG die Möglichkeit haben sollen, ihre Geschäftstätigkeit

ausschl. im Rahmen einer (Zweig-)Niederlassung zu entfalten, die sich außerhalb des deutschen Hoheitsgebietes befindet (BT-Drs 16/6140, S. 29). Auch ein innerdeutsches Auseinanderfallen von Satzungs- und Verwaltungssitz ist natürlich von § 4a GmbHG umfasst. Ausländische Gesellschaften, deren Gründungsstaat ein Auseinanderfallen von Satzungs- und Verwaltungssitz erlaubte, hatten diese Möglichkeit nach den Urt. »Centros«, »Überseering« und »Inspire Art« schon einige Zeit zuvor. Auch in Deutschland mussten ihre Niederlassungen als rechtsfähig anerkannt werden, wenn sie ihren effektiven Verwaltungssitz in Deutschland wählten, obwohl ein solches Vorgehen andersherum während der Geltung des § 4a GmbHG a.F. für deutsche Gesellschaften nicht denkbar war. Deutsche Gesellschaften waren im europäischen Wettbewerb der Rechtsformen insofern erheblich benachteiligt und besonders wegen ihrer mangelnden Mobilität als Gründungsformen entspr. unattraktiv. Auch waren deutsche Konzerne nicht in der Lage, ausländische Töchter in der Rechtsform der GmbH zu gründen, so dass sie bei einer Ausweitung des Geschäftsbetriebs auf den internationalen Bereich gezwungen waren, auf ausländische Rechtsformen zurückzugreifen. Dies hatte für die Unternehmen vor allem den großen Nachteil, dass ausländisches Recht anzuwenden war und Kosten durch gesonderte Rechtsberatung entstanden (vgl. *Leitzen* NZG 2009, 728; *Knapp* DStR 2008, 2371). Für Konzerne hält die neue Rechtslage einen besonders attraktiven Ansatz bereit: Es kann eine einheitliche gerichtliche Zuständigkeit für alle Konzernunternehmen trotz unterschiedlicher Verwaltungssitze dadurch geschaffen werden, dass ein einziger gemeinsamer Satzungssitz gewählt wird (*Wicke* GmbHG § 4a Rn. 5). Gleichwohl entstehen nicht nur Vorteile durch einen Verwaltungssitz im Ausland: es kommt bspw. zur Verpflichtung, Steuererklärungen in zwei Ländern abzugeben und auch bei der Buchführung sind nunmehr zwei Rechtsordnungen zu beachten. Auch arbeitsrechtliche Fragen richten sich naturgemäß nach dem Recht des jeweiligen Verwaltungssitzstaates. Ob diese Nachteile von den Vorteilen aufgewogen werden, hängt in der Praxis vom Einzelfall ab (*Leitzen* NZG 2009, 728 (728)).

Nach § 4a GmbHG a.F. bedurfte jede Sitzverlegung einer Änderung des Gesellschaftsvertrags. 87
Nach den Änderungen des MoMiG ist diesbezüglich zwischen der Verlegung von Satzungs- und Verwaltungssitz zu differenzieren. Eine Verlegung des Verwaltungssitzes bedarf nunmehr nicht unbedingt einer Verankerung in der Satzung, so dass für eine solche Entscheidung keineswegs zwingend die Gesellschafterversammlung zuständig ist, sondern – soweit dies in der Satzung nicht anders geregelt wird – die Geschäftsführung. Dies stellt die Praxis vor neue Fragestellungen betr. die Erfordernisse eines Zustimmungsbeschlusses der Gesellschafter, insbes. hinsichtlich Form- und Mehrheitserfordernissen.

Zwar hängt die Wirksamkeit einer Verlegung des Verwaltungssitzes im Außenverhältnis nicht von 88
einem Beschluss der Gesellschafterversammlung ab, allerdings handelt es sich wohl um eine außergewöhnliche Geschäftsführungsmaßnahme, die im Innenverhältnis der Zustimmung der Gesellschafterversammlung bedarf (BGH, Urt. v. 05.12.1983, II ZR 56/92, NJW 1984, 1461; *Wicke* GmbHG § 37 Rn. 3). Wer in der Praxis bei einer Verlegung des Verwaltungssitzes auf der sicheren Seite sein will, sollte zumindest einen einstimmigen Zustimmungsbeschluss der Gesellschafterversammlung vorweisen können. Es erscheint zudem empfehlenswert, die **Voraussetzungen** einer Verwaltungssitzverlegung in der Satzung zu regeln. Das Formular geht von dem Erfordernis eines Gesellschafterbeschlusses aus. Offen gelassen ist, ob dieser eine satzungsändernde Mehrheit erfordern sollte. Die Beschlussfassung ist notariell zu beurkunden, wenn die Verlegung des Verwaltungssitzes eine Satzungsänderung darstellt; hiervon geht das Muster aus.

Ergänzend sei auf Folgendes hingewiesen: 89

Angenommen, eine in Deutschland gegründete Gesellschaft hat ihren Satzungssitz in Frankfurt 90
am Main und verlegt nun ihren Verwaltungssitz nach London. Dann stellt sich die Frage, nach welchem Recht sich bestimmte gesellschaftsrechtliche Handlungen richten.

Nach Art. 11 Abs. 4 EGBGB unterliegen Strukturbeschlüsse der Gesellschafterversammlung, 91
wie etwa Satzungsänderungen oder Umwandlungen, zwingend deutschem Recht. In diesen Fällen muss somit das deutsche Formstatut, nicht jedoch unbedingt durch Beteiligung eines deut-

schen Notars, zur Anwendung kommen (*Heckschen/Heidinger* § 2 Rn. 35 f.). In allen anderen Fällen ist über § 11 Abs. 1 EGBGB wahlweise auch das Recht des Verwaltungssitzstaates (im Fall England) anwendbar, was in der Praxis durchaus reizvoll sein kann. Art. 11 Abs. 1 EGBGB gilt auch für Geschäftsanteilsübertragungen (OLG München NZG 1998, 156; OLG Stuttgart, NZG 2001, 40).

92 Auch wenn der Geschäftsmittelpunkt im Ausland liegt, so gilt dennoch das deutsche Gesellschaftsstatut fort. Gründung, Liquidation, körperschaftliche Verfassung, die gesellschaftsrechtlichen Rechte und Pflichten der Gesellschafter, Haftung gegenüber Dritten, Bestellung und Abberufung der Organe, die Form und Wirksamkeit der Satzung sowie ihrer Änderungen, Übertragung von Geschäftsanteilen sowie Rechnungslegung, Publizität und Abschlussprüfung richten sich allesamt nach deutschen Recht (Süß/Wachter/*Süß* Handbuch des internationalen GmbH-Rechts § 1). Auch das deutsche UmwG ist gem. § 1 UmwG auf alle Gesellschaften anwendbar, die ihren Satzungssitz in Deutschland haben, so dass sich durch einen Verwaltungssitz im Ausland keine Änderungen ergeben.

93 Nach dem ausländischen Recht richten sich jedoch das Bilanz-, das Steuer- und Arbeitsrecht sowie u.U. auch die schuldrechtlichen Beziehungen zwischen den Gesellschaftern. Um hier eine einheitliche und ausschl. Zuständigkeit deutscher Gerichte zu begründen, empfiehlt sich eine Rechtswahlvereinbarung, die auch diese Beziehungen dem deutschen Recht unterstellt (*Leitzen* NZG 2009, 728 (733)).

94 Für die internationale Sitzverlegung ist der Streit über die Anknüpfung des Gesellschaftsstatuts nach wie vor von Bedeutung, denn nach der Gründungstheorie bewirkt eine Verlegung des Verwaltungssitzes ins Ausland keinen Statutenwechsel, nach der Sitztheorie allerdings aufgrund ihrer Anknüpfung an eben diesen sehr wohl. Folgt man ihr, ist bei einer internationalen Sitzverlegung darauf zu achten, dass Satzungs- und Verwaltungssitz zu keinem Zeitpunkt auseinanderfallen, denn Folge eines Auseinanderfallens wäre dann eine Nichtanerkennung der Gesellschaft als juristischer Person, da zur Erlangung der Rechtsfähigkeit eine Registereintragung erforderlich ist, die aber nur bei einer Neuanmeldung des Satzungssitzes erfolgt. Wird der Satzungssitz verlegt, befindet sich der Verwaltungssitz aber in einem anderen Staat, so verliert die Registereintragung ihre Wirkung, da die Sitztheorie ja an den Verwaltungssitz anknüpft, für den wiederum keine Registereintragung besteht.

95 Die Änderung des Gesellschaftsstatuts spielt für die Frage der Wahrung der Identität und der Rechtsfähigkeit eine entscheidende Rolle. Nur wenn sowohl im Zuzugsstaat als auch im Wegzugsstaat der Fortbestand der Gesellschaft anerkannt ist, ist dieser nach der Sitztheorie gewährleistet. Kommt es nach dem Recht eines der beiden Staaten zu einer Auflösung der Gesellschaft, so ist ein einfacher Statutenwechsel ausgeschlossen. Dies ist ein allg. anerkannter Grundsatz. Problematisch bleibt, dass dies nach der deutschen Praxis nicht möglich ist: Ein Gesellschafterbeschluss über die Sitzverlegung ins Ausland würde als Auflösungsbeschluss behandelt, und zwar auch dann, wenn die Gesellschafter dies ausdrücklich gar nicht wollen. Motive sind der Schutz der Gesellschafter, aber auch der Gesellschaftsgläubiger; allerdings ließe sich dem auch durch ein Einstimmigkeitserfordernis und eine Pflicht zur vorherigen Sicherung oder Befriedigung Rechnung tragen.

96 Es ist nun auch fraglich, wo die Gesellschafterversammlung stattfinden soll, wenn die Gesellschaft ihren Verwaltungssitz im Ausland hat. Bisher kam diese Frage nicht auf, denn es entsprach der h.M., dass i.d.R. der Versammlungsort am Satzungssitz sein müsse. Gesellschafterversammlungen im Ausland waren nur dann möglich, wenn es hierfür eine satzungsmäßige Grundlage gab oder alle Gesellschafter hierin einwilligten (vgl. OLG Düsseldorf, Beschl. vom 25.01.1989, 3 WX 21/89, NJW 1989, 2200 (2201); Scholz/*K. Schmidt/Seibt* § 48 Rn. 7, 9). Nun aber besteht die Möglichkeit, dass der Satzungssitz auch rein fiktiv sein kann. In diesem Fall gibt es kein einsichtiges Argument dafür, die Gesellschafterversammlung an einem Ort abzuhalten, wo außer einer Registereintragung nichts vorhanden ist (vgl. *Leitzen* NZG 2009, 728 (730)).

97 Hinsichtlich der Ladung der Gesellschafter im Ausland können hier Probleme bei der Formeinhaltung auftreten. Diese sind allerdings nicht neu, da auch bislang selbstverständlich Gesellschafter

einer deutschen Gesellschaft im Ausland ansässig sein konnten. Die Form des eingeschriebenen Briefs ist, wie im Aktienrecht schon seit längerem anerkannt, im Ausland gewahrt, wenn sowohl die Einlieferung als auch die Aushändigung des Briefes nach den für ein postalisches Einschreiben jeweils gültigen Bestimmungen quittiert werden (MüKo AktG/*Kubis* § 121, Rn. 50). Für die Praxis empfiehlt sich die Lockerung der Ladungsform, die gem. § 45 Abs. 2 GmbHG ermöglicht wird, so dass ein einfacher Brief ausreicht (*Leitzen* NZG 2009, 728 (730)).

Die Sprache von Gesellschafterbeschlüssen ist zumindest im GmbHG nicht geregelt, wird sich aber i.d.R. nach dem Gesellschaftsstatut zu richten haben (*Leitzen* NZG 2009, 728 (730)). Ist die Satzung in einer Fremdsprache abgefasst, ist dies wohl als konkludente Festlegung der anzuwendenden Sprache zu verstehen. Es bedarf einer genauen Betrachtung der Gesellschaft und ihrer Gesellschafter im Einzelfall. Sind z.B. alle Gesellschafter einer in Deutschland eingetragenen Gesellschaft in England ansässig (weil dort der Verwaltungssitz liegt), so ist i.Zw. auch unabhängig von der Sprache des Gesellschaftsvertrags die Sprache der Gesellschafterversammlungen und der dort gefassten Beschlüsse Englisch. Soll die Satzung geändert werden, empfiehlt sich aber in jedem Fall eine zusätzliche Abfassung des Beschluss in der Sprache des Gesellschaftsvertrags. Ist der Beschluss dem HReg vorzulegen, bedarf es gem. § 184 GVG ohnehin einer deutschen Übersetzung (Ebenroth/Boujong/Joos/Strohn/*Schaub* § 12 Anh. Rn. 86). In der Praxis hat sich eine zweisprachige Beschlussfassung durchgesetzt. 98

Der Wortlaut des § 4a GmbHG stellt eines klar: Der Satzungssitz einer deutschen GmbH muss in Deutschland verbleiben (*Roß*, BB 2012, 1783 (1784)). 99

Bezüglich der grenzüberschreitenden Verlegung von Verwaltungs- und Satzungssitz einer ausländischen Kapitalgesellschaft nach Deutschland hat das OLG Nürnberg in seinem Beschluss vom 13.02.2012 klargestellt, dass eine Verlegung auch nach einem Formwechsel der Gesellschaft unter Wahrung der Identität nach Deutschland unzulässig sei, selbst wenn dies das Recht des Gründungsstaates erlaube. Allein maßgeblich sei das Rechtssystem des Staates, in den die Sitzverlegung erfolgen solle. Zwar sei bei einer Sitzverlegung generell das Kollisions- und Sachrecht beider beteiligter Staaten zu beachten. Dies könne jedoch dann nicht gelten, wenn die Gesellschaft sowohl Verwaltungs-, als auch Satzungssitz nach Deutschland verlegen wolle. In diesem Fall fände ein Statutenwechsel statt, da beide Anknüpfungspunkte zum Kollisionsrecht des Gründungsstaates wegfielen. Allein maßgeblich sei das deutsche Gesellschaftsrecht, das eine grenzüberschreitende Verlegung des Satzungs- und Verwaltungssitzes unter identitätswahrendem Formwechsel nicht kenne. Die Grundsätze der Niederlassungsfreiheit nach Art. 49, 54 AEUV seien in diesem Fall auch nicht verletzt. Zwar hat der EuGH am 16.12.2008 mit der **Cartesio**-Entscheidung klargestellt, dass der Wegzugsstaat eine Gesellschaft, insbesondere durch Anordnung der Auflösung und Liquidation, nicht daran hindern kann, ihren Sitz unter Änderung des anwendbaren nationalen Rechts und Umwandlung in eine Gesellschaftsform des Zuzugsmitgliedstaats zu verlegen, soweit dies nach dem Recht des Zuzugsmitgliedstaates möglich ist (EuGH, NZG 2009, 61). Die Entscheidung des EuGH beinhalte nach Ansicht des OLG Nürnberg aber nur Vorgaben für den Wegzugsstaat und beziehe sich nur auf die Verlegung des Verwaltungssitzes, nicht aber auch des statutarischen Sitzes. Eine Verletzung der Niederlassungsfreiheit sei deshalb mangels Vergleichbarkeit nicht gegeben (OLG Nürnberg, BB 2012, 988 (989 f.)). 100

Diese Ansicht ist seit der **Vale**-Entscheidung vom 12.07.2012 nicht mehr vertretbar. Der EuGH hat klargestellt, dass (auch) der Zuzugsstaat wegen der Niederlassungsfreiheit nach Art. 49, 54 AEUV die Eintragung einer ausländischen Gesellschaft, die im Wege der Gründung nach inländischem Recht umgewandelt werden soll, nicht verweigern darf, nur weil es auf nationaler Ebene lediglich Regelungen zur Umwandlung inländisch, nicht aber auch ausländisch gegründeter Gesellschaften gibt. Dies gilt auch für den Fall, dass eine Gesellschaft ihren Sitz und Tätigkeitsschwerpunkt im Gründungsstaat aufgibt und aus dem dortigen Register gelöscht wird (EuGH, NZI 2012, 937). Auf Druck dieser EuGH-Rechtsprechung entschied dann auch das OLG Nürnberg, dass eine grenzüberschreitende Sitzverlegung nach Deutschland unter identitätswahrender Umwandlung in 101 eine GmbH nach deutschem Recht möglich ist: Wird der Satzungssitz einer Gesellschaft unter gleichzeitigem Wechsel in eine Rechtsform deutschen Rechts verlegt, so sei diese Konstellation, sofern das Recht des Wegzugstaates den Formwechsel gestattet, unter europarechtskonformer Anwendung der Regelungen zum Formwechsel (§§ 190 ff. UmwG) zu behandeln (OLG Nürnberg, Beschl. v. 19.06.2013 – 12 W 520/13, DStR 2014, 812).

102 In der **Polbud**-Entscheidung vom 25.10.2017 (C-106/16, EuZW 2017, 906) befasst sich der EuGH mit der Trennung von Satzungs- und Verwaltungssitz aus Sicht des Wegzugsstaates. Das Gericht stellt klar, dass vor dem Hintergrund der Niederlassungsfreiheit nach Art. 49, 54 AEUV die isolierte Verlegung des Satzungssitzes in einen anderen Mitgliedsstaat ohne Verlegung des effektiven Verwaltungssitzes unter gleichzeitigem Wechsel in eine Rechtsform des Zuzugsstaates zulässig ist. Zur Begründung führt der EuGH die seiner Rechtsprechung entspringende Rechtswahlfreiheit der Unternehmen an (dazu Centros-Urteil, Urt. v. 09.03.1999, C-212/97), die nicht nur bei der Gründung einer Gesellschaft gelten dürfe, sondern auch für die Umwandlungen von Gesellschaften gelten müsse. Eine Ausübung einer wirtschaftlichen Tätigkeit im Zuzugsstaat könne vom Wegzugstaat nicht verlangt werden.

8. Mitteilung einer inländischen Geschäftsanschrift

Vorbemerkung

103 Sollte der Gesellschaftsvertrag der betreffenden GmbH den Verwaltungssitz in der Satzung festgeschrieben haben, so ist, wie bei der Verlegung des Satzungssitzes, nicht nur ein Gesellschafterbeschluss nötig, sondern zwingend auch eine Satzungsänderung, da nach § 54 GmbHG die Entscheidung über die Verlegung des Verwaltungssitzes infolge seiner Festschreibung in der Satzung materieller Satzungsinhalt ist. Ist der Verwaltungssitz nicht in der Satzung festgeschrieben, ein Gesellschafterbeschluss aber dennoch, wie empfohlen, vorgesehen und erfolgt, so kann dieser der Mitteilung der inländischen Geschäftsanschrift beim Handelsregister beigefügt werden.

104 Es stellt sich die Frage, ob bei einem innerdeutschen Sachverhalt eine inländische Geschäftsanschrift mitgeteilt werden kann, die aber abweichend von der des Satzungs- und Verwaltungssitzes ist. Die Gesetzesbegründung formuliert: »In der Regel wird die angegebene Geschäftsanschrift mit der Anschrift des Geschäftslokals, dem Sitz der Hauptverwaltung oder des maßgeblichen Betriebes übereinstimmen« (BT-Drs. 16/6140, S. 35 f.). Dies impliziert, dass dem nicht unbedingt so sein muss. Die §§ 8 und 10 GmbHG fordern jedenfalls nur eine inländische Geschäftsanschrift. Sinn und Zweck dieser Neuregelung ist die Sicherstellung von Zustellungen an die Gesellschaft. Dies wird auch durch eine Adresse erreicht, die nicht mit Satzungs- oder Verwaltungssitz übereinstimmt. Anders als vor dem MoMiG, wo die »Lage der Geschäftsräume« bei der Registeranmeldung nur anzugeben war, wird die inländische Geschäftsadresse nun auch in das Handelsregister eingetragen (in Spalte 2 des jeweiligen Registerblatts), wo sie für jedermann auch online einsehbar ist. Es besteht eine unwiderlegliche Vermutung, dass unter der angegebenen Geschäftsadresse ein Vertreter der Gesellschaft erreicht werden kann (BT-Drs. 16/6140, S. 43).

105 Hat eine Gesellschaft ihren Verwaltungssitz hingegen im Ausland, so kann als inländische Geschäftsanschrift auch die deutsche Wohnadresse des Geschäftsführers, eines Gesellschafters oder die Anschrift eines als Zustellungsbevollmächtigten eingesetzten Vertreters, z.B. eines Steuerberaters oder Rechtsberaters (BT-Drs. 16/6140, S. 36), angeben werden. Das jeweilige Einverständnis muss vorliegen.

106 Während eine c/o-Adresse genügt, ist aber die Angabe eines Postfachs nicht ausreichend (OLG Naumburg, Beschl. vom 08.05.2009, 5 Wx 4/09, GmbHR 2009, 832).

Muster

An das 107

Amtsgericht ___________

– Registergericht –

____

Zur Eintragung in das Handelsregister wird angemeldet:

Die inländische Geschäftsanschrift der Gesellschaft befindet sich ab dem ___________ in der ___________ Strasse Nr. ___________ in ___________. [1]

Als Anlage ist dieser Anmeldung die beglaubigte Abschrift der notariellen Niederschrift des Gesellschafterbeschlusses vom ___________ (UR.-Nr, ___________ des Notars ___________) beigefügt.

Erläuterungen

Literatur: OLG Naumburg, Beschl. vom 08.05.2009, 5 Wx 4/09, GmbHR 2009, 832.

1. Um dem möglichen Vorwurf einer missbräuchlichen Sitzwahl zu entgehen, empfiehlt es sich stets, einen sachlichen Anknüpfungspunkt für die Sitzwahl zu haben (Baumbach/Hueck/*Fastrich* § 4a Rn. 4). 108

III. Kapitalerhöhung

9. Beschlussfassung über eine Kapitalerhöhung um Festbetrag gegen Bareinlage unter Ausschluss des Bezugsrechts der derzeitigen Gesellschafter

Vorbemerkung

Kapitalerhöhung ist die Erhöhung der in der Satzung angegebenen Stammkapitalziffer, welche nicht durch bloße Satzungstextberichtigung möglich, sondern – aufgrund der großen Bedeutung des Stammkapitals für den Gläubigerschutz – nach einem gesetzlich vorgegebenen Verfahren vorzunehmen ist. 109

Eine Kapitalerhöhung kann verschiedene Ziele verfolgen, bspw. den Ausgleich von Verlusten oder die Zuführung weiterer Betriebsmittel, sie kann aber auch nur »optische Gründe« haben (Büchel/von Rechenberg/*Meyer* Kap. 12 Rn. 1048), etwa die Expansionsabsicht durch die erklärte Finanzierungsbereitschaft auch der Gesellschafter zu unterlegen. 110

Die Kapitalerhöhung gegen Bareinlage ist in den §§ 55 bis 57 GmbHG geregelt. Bei einer solchen sind – wie auch bei der Erhöhung gegen Sacheinlage – folgende Schritte wesentlich: Es muss ein Kapitalerhöhungsbeschluss gefasst und die Erhöhung mit Übernahme der Anteile durchgeführt werden, weiter sind die Einlagen auf das neue Stammkapital zu leisten und die Erhöhung des Stammkapitals ist zur Eintragung in das Handelsregister anzumelden. Da eine Erhöhung des Stammkapitals einer GmbH stets eine entsprechende Abänderung des Gesellschaftsvertrags gem. §§ 53 ff. GmbHG erfordert, muss der Kapitalerhöhungsbeschluss mit einer Mehrheit von i.d.R. 75 % der abgegebenen Stimmen gefasst und notariell beurkundet werden, § 53 Abs. 2 GmbHG. 111

Grundsätzlich liegt es im freien Ermessen der Gesellschafter, ob eine Kapitalerhöhung beschlossen wird oder nicht, jedoch kann unter bestimmten Umständen ausnahmsweise eine entsprechende Pflicht der Gesellschafter zur Zustimmung bestehen, z.B. wenn dies in der Satzung geregelt ist oder es in der konkreten Situation die allgemeine Treuepflicht verlangt (Büchel/von Rechenberg/*Meyer* Kap. 12 Rn. 1053). 112

Muster

113 **1. Das Stammkapital der Gesellschaft wird von bisher 300.000 € um 90.000 € auf 390.000 € erhöht.** [1]

2. Die neuen Geschäftsanteile werden zum Nennwert ausgegeben und sind in Geld einzuzahlen. Der auf sie zu zahlende Betrag ist sofort in voller Höhe zur Zahlung fällig. [2]

3. Die bisherigen Gesellschafter A, B und C werden von der Übernahme des neuen Geschäftsanteils ausgeschlossen. [3]

4. Der D wird zur Übernahme eines Geschäftsanteils in Höhe von 60.000 €, die X-GmbH mit Sitz in ____________ zur Übernahme eines Geschäftsanteils in Höhe von 30.000 € zugelassen. [4]

5. Die neuen Geschäftsanteile sind von Beginn des bei Eintragung der Kapitalerhöhung im Handelsregister laufenden Geschäftsjahres an gewinnberechtigt.

6. Mit der Durchführung der Kapitalerhöhung werden die Geschäftsführer der Gesellschaft beauftragt.

7. § ____________ der Satzung wird geändert und lautet künftig wie folgt:

»§ ____________ Stammkapital

(1) Das Stammkapital der Gesellschaft beträgt 390.000 € (dreihundertneunzigtausend Euro).« [5, 6]

Erläuterungen

114 **1.** Das Stammkapital einer GmbH kann nicht nur um einen festen Betrag, sondern auch um einen Mindest- und/oder Höchstbetrag (s. dazu Muster F 11 Rdn. 128) erhöht werden. Die Erhöhung erfolgt durch Schaffung und Übernahme neuer Stammeinlagen, es ist aber auch eine Erhöhung des Nennbetrags bereits existierender Geschäftsanteile möglich (s. dazu Muster F 10 [Rdn. F 121]).

115 **2.** Der Kapitalerhöhungsbeschluss kann bestimmen, ob die neuen Stammeinlagen zum Nennbetrag oder mit einem Aufgeld (Agio) ausgegeben werden. Es muss der Beschluss aber weder den Nennbetrag des neuen Geschäftsanteils noch dessen Übernehmer festlegen, sondern kann diese Festlegungen auch der Durchführung der Kapitalerhöhung überantworten. Ebenso nicht zwingend sind Bestimmungen über die Leistung der neuen Geschäftsanteile.

116 **3.** Es besteht ein Bezugsrecht der Gesellschafter auf die neuen Geschäftsanteile im Verhältnis ihrer bisherigen Beteiligung. Durch dieses Recht werden die Gesellschafter vor einer Verwässerung ihrer Anteile durch die Kapitalerhöhung geschützt und können ihre mitgliedschaftliche Stellung, einschl. aller Rechte pro rata, aufrechterhalten (Römermann/*Seibt* § 2 Rn. 72). Ein Ausschluss des Bezugsrechts ist nur im Beschluss über die Kapitalerhöhung mit der für diese in Gesetz und Satzung vorgesehene Mehrheit möglich (Heidenhain/Meister/*Heidenhain/Hasselmann* IV.84 Anm. 11; Baumbach/Hueck/*Zöllner/Fastrich* § 55 Rn. 25; Lutter/Hommelhoff/*Lutter/Bayer* § 55 Rn. 21 ff. umfassend zu den Voraussetzungen des Bezugsrechtsausschlusses).

117 **4.** Bereits im Beschluss über die Kapitalerhöhung kann festgelegt werden, wer zur Übernahme der neuen Geschäftsanteile zugelassen wird; dies ist jedoch nicht zwingend, auch danach kann diese Entscheidung noch von den Gesellschaftern getroffen werden. Ein Beschluss an sich ist aber – nach nicht unumstrittener Ansicht – stets erforderlich, und zwar auch dann, wenn die bisherigen Gesellschafter zur Übernahme im Verhältnis ihrer Beteiligung zugelassen werden (Büchel/von Rechen-

berg/*Meyer* Kap. 12 Rn. 1054). Die hierfür zuständige Gesellschafterversammlung kann jedoch ihre Kompetenz dazu insoweit auf die Geschäftsführer übertragen.

5. Möglich wäre im Muster auch, 90.000 Geschäftsanteile von je 1 € zu schaffen. 118

6. Der Erhöhungsbeschluss ist bereits Satzungsänderung, ein gesonderter Beschluss ist insoweit 119
nicht erforderlich. Es muss aber der Erhöhungsbeschluss stets den geänderten Satzungswortlaut festlegen (Heidenhain/Meister/*Heidenhain/Hasselmann* IV.84 Anm. 6).

10. Kapitalerhöhung gegen Bareinlage unter Aufstockung der bisherigen Geschäftsanteile

Vorbemerkung

Zwar geschieht regelmäßig die Kapitalerhöhung durch Bildung neuer Geschäftsanteile, es ist aber 120
auch eine Erhöhung der Nennbeträge bereits bestehender Anteile möglich, falls die Geschäftsanteile voll einbezahlt sind oder der Inhaber des nicht voll eingezahlten Anteils noch zu den Gründern gehört (Lutter/Hommelhoff/*Lutter/Bayer* § 55 Rn. 15). Grund für diese Einschränkung ist die Vermeidung der Vormänner-Haftung nach § 22 GmbHG.

Muster

1. Das Stammkapital der Gesellschaft wird von bisher 300.000 € um 90.000 € auf 121
390.000 € erhöht. [1]

2. Die Kapitalerhöhung erfolgt durch Aufstockung der Geschäftsanteile. Die Geschäftsanteile der Gesellschafter A, B und C im Nennbetrag von je 100.000 € werden um jeweils 30.000 € auf je 130.000 € erhöht.

3. Die Aufstockung der Geschäftsanteile erfolgt zum Nennbetrag, die neuen Geschäftsanteile sind in Geld einzuzahlen. Der auf sie zu zahlende Betrag ist sofort in voller Höhe zur Zahlung fällig. [2]

4. Die bisherigen Gesellschafter A, B und C werden jeweils zur Übernahme eines Geschäftsanteils in Höhe von je 30.000 € zugelassen.

5. Die neuen Geschäftsanteile sind von Beginn des bei Eintragung der Kapitalerhöhung im Handelsregister laufenden Geschäftsjahres an gewinnberechtigt.

6. Mit der Durchführung der Kapitalerhöhung werden die Geschäftsführer der Gesellschaft beauftragt.

7. § ___________ der Satzung wird geändert und lautet künftig wie folgt:

»§ ___________ Stammkapital

(1) Das Stammkapital der Gesellschaft beträgt 390.000 € (dreihundertneunzigtausend Euro).«

Erläuterungen

1. Die Neubestimmungen durch das MoMiG haben die davor bestehenden Teilbarkeitsvorgaben 122
insoweit geändert, als dass nun nur noch zumindest eine Mindestanteilsgröße von 1 € gegeben und eine entsprechende Teilbarkeit vorliegen muss, §§ 55 Abs. 4, 5 Abs. 2 GmbHG. Der frühere Mindestnennbetrag von 100 € gem. § 5 Abs. 1 GmbHG a.F. mit der Teilbarkeit durch 50 € gem. § 5 Abs. 3 GmbHG a.F. ist durch das MoMiG entfallen, was mehr Variabilität bei der Übernahme der Geschäftsanteile bedeutet.

123 Durch das MoMiG gestrichen wurde auch das bislang gem. § 5 Abs. 2 GmbHG a.F. geltende Verbot, mehrere Geschäftsanteile zu übernehmen. Dies ist inzwischen gem. § 55 Abs. 2 GmbHG möglich.

124 Anlässlich einer Aufstockung könnte jetzt etwa ergänzend beschlossen werden, dass jeder Gesellschafter zukünftig 130.000 Geschäftsanteile zu je 1 € hält und das gesamte Stammkapital nun in 390.000 Geschäftsanteile zu je 1 € zerfällt.

125 Die genaue Zuordnung der Geschäftsanteile ergibt sich aus der Gesellschafterliste, die auch bei dieser Kapitalerhöhung gem. § 40 GmbHG der Notar zu erstellen hat.

126 **2.** Das OLG Köln hat in seinem Beschluss vom 09.10.2012, 2 Wx 250/12 (BeckRS 2013, 00332) klargestellt, dass neben der Mindesteinzahlung von 25 % des Aufstockungsbetrags Zahlungen, die bereits auf den ursprünglichen Anteil gezahlt worden sind, hierfür keine Berücksichtigung finden können (damit übereinstimmend: BGH, Beschl. v. 11.06.2013 – II ZB 25/12, WM 2013, 1412).

11. Kapitalerhöhung gegen Bareinlage mit »Bis zu-Betrag« und Bezugsrecht der Gesellschafter

Vorbemerkung

127 Für den Fall, dass bei Beschlussfassung über die Kapitalerhöhung noch nicht feststeht, in welchem Umfang neue Geschäftsanteile übernommen werden, kann der Beschluss die Erhöhung des Stammkapitals bis zu einem Höchstbetrag oder auch mit Mindest- und Höchstbetrag bestimmen.

Muster

128 **1. Das Stammkapital der Gesellschaft wird von bisher 300.000 € um bis zu 120.000 € erhöht. Der endgültige Erhöhungsbetrag ergibt sich aus dem Gesamtbetrag der bis zum ____________ übernommenen Geschäftsanteile.** [1, 2]

2. Die neuen Geschäftsanteile werden zum Nennwert ausgegeben und sind in Geld einzuzahlen. Der auf sie zu zahlende Betrag ist sofort in voller Höhe zur Zahlung fällig.

3. Die Gesellschafter A, B und C werden jeweils zur Übernahme eines Geschäftsanteils in Höhe von je 40.000 € zugelassen.

4. Die neuen Geschäftsanteile sind von Beginn des bei Eintragung der Kapitalerhöhung im Handelsregister laufenden Geschäftsjahres an gewinnberechtigt.

5. Mit der Durchführung der Kapitalerhöhung werden die Geschäftsführer der Gesellschaft beauftragt.

6. § ____________ der Satzung wird geändert und lautet künftig wie folgt:

»§ ____________ Stammkapital

(1) Das Stammkapital der Gesellschaft beträgt, soweit sich nicht aus Abs. 2 etwas anderes ergibt, 300.000 € (dreihunderttausend Euro). Frau A und Herr B und Frau C haben Geschäftsanteile von je 100.000 € übernommen.

(2) Durch Beschluss vom ____________ ist das Stammkapital um bis zu 120.000 € erhöht worden. Der endgültige Erhöhungsbetrag ergibt sich aus dem Gesamtbetrag der bis zum ____________ übernommenen Geschäftsanteile.

(3) Die Übernahme neuer Geschäftsanteile nach diesem Datum ist ausgeschlossen.«

Erläuterungen

1. Der Kapitalerhöhungsbeschluss muss in jedem Fall den Gesamtbetrag der Erhöhung ausweisen, wobei der Gesamtbetrag – wie vorliegend – auch als Höchst- und/oder Mindestbetrag angegeben werden kann. Es soll im Beschluss auch festgelegt werden, bis zu welchem Zeitpunkt eine Übernahme der Geschäftsanteile erfolgen kann. 129

2. Ist in dem Beschluss eine Erhöhung bis zu einem bestimmten Höchstbetrag vorgesehen, so gilt jeder Betrag, der bis zum festgesetzten Zeitpunkt bis zum Höchstbetrag übernommen wurde, als der Betrag, um den das Stammkapital erhöht wird. Anders, wenn eine Erhöhung innerhalb einer Mindest- und Höchstbetragsgrenze stattfinden soll, dann nämlich ist die Kapitalerhöhung in dem Fall gescheitert, dass bis zum festgesetzten Termin keine neuen Geschäftsanteile in Höhe dieses Mindestbetrags übernommen wurden. 130

12. Übernahmeerklärung nach Kapitalerhöhungsbeschluss bei Bareinlage

Vorbemerkung

Die neu geschaffenen Geschäftsanteile müssen nach Fassung des Zulassungsbeschlusses (der im Muster F 9 (Rdn. F 113) im Erhöhungsbeschluss enthalten ist) formell übernommen werden. Erst hierdurch entsteht die Pflicht zur Einlageleistung gegenüber der Gesellschaft. Hierzu wird durch Abgabe der Übernahmeerklärung seitens des Übernehmers und deren Annahme durch die Gesellschaft ein Vertrag zwischen der Gesellschaft und dem Übernehmer geschlossen. 131

Muster

Das Stammkapital der A-GmbH mit Sitz in ____________ ist durch notariell beurkundeten Beschluss der Gesellschafterversammlung vom ____________ um 90.000 € auf 390.000 € erhöht worden (gemäß Urkunde des Notars ____________, UR-Nr. ____________). Die neuen Geschäftsanteile werden zum Nennwert ausgegeben und sind in Geld einzuzahlen. Die Zahlungen auf den Geschäftsanteil sind sofort zu erbringen. [1] 132

Wir übernehmen hiermit entsprechend dem vorgenannten Kapitalerhöhungsbeschluss einen Geschäftsanteil am erhöhten Stammkapital der A-GmbH in Höhe von 30.000 € (dreißigtausend Euro). [2]

____________, den ____________

____

(Beglaubigungsvermerk)

Erläuterungen

Literatur: *Böhringer,* Erfordernisse der Anmeldung einer Kapitalerhöhung bei einer GmbH, BWNotZ 1988, 129.

1. Der Abschluss eines Übernahmevertrags sowie die Abgabe der Übernahmeerklärung sind in keinem Fall entbehrlich, selbst dann nicht, wenn bereits im Erhöhungsbeschluss bestimmte Personen zur Übernahme einer Einlage mit festgelegter Anteilshöhe zugelassen sind und der Beschluss einstimmig gefasst wurde (*Böhringer,* BWNotZ 1988, 129 (132)). 133

2. Die Übernahme der Geschäftsanteile erfolgt nicht durch einseitige Erklärung des Übernehmers, sondern durch Vereinbarung zwischen der Gesellschaft und den Übernehmern, wobei gem. 134

§ 55 Abs. 1 GmbHG die Erklärung des Übernehmers der notariellen Beurkundung oder Beglaubigung bedarf (Heidenhain/Meister/*Heidenhain/Hasselmann* IV.84 Anm. 9; Büchel/von Rechenberg/*Meyer* Kap. 12 Rn. 1056). Es kann die Übernahmeerklärung auch zusammen mit dem Kapitalerhöhungsbeschluss – mit der Folge höherer Kosten – notariell beurkundet werden, dann aber muss die gesamte Beurkundung als Beurkundung von Willenserklärungen in der Form der §§ 8 ff. BeurkG stattfinden. Wird zur Übernahme eines Geschäftsanteils eine Vollmacht erteilt, bedarf auch diese Vollmacht analog § 2 Abs. 2 GmbHG der notariellen Beglaubigung.

135 Die Annahme der Erklärung des Übernehmers durch die Gesellschaft kann formlos erfolgen. Wirken aber Gesellschafter durch die Gesellschafterversammlung bei der Annahme ihrer eigenen Übernahmeerklärung mit, findet § 181 BGB Anwendung. Es ist jedoch bei Mehrpersonengesellschaften anzunehmen, dass die übrigen Gesellschafter dann den Übernahmevertrag mit dem wegen § 181 BGB verhinderten Gesellschafter abschließen.

136 Die Übernahmeerklärung kann vor, nach oder gleichzeitig mit dem Beschluss zur Kapitalerhöhung abgegeben werden, wobei in der Praxis die letzten beiden Varianten deutlich vorherrschen. Auch eine Bedingung oder Befristung bei Abgabe der Übernahmeerklärung ist möglich (z.B. »Die Übernahme erfolgt unter der Bedingung der Eintragung der Kapitalerhöhung bis zum … (Datum) im Handelsregister«).

137 Die Gesellschaft wird beim Abschluss der Übernahmevereinbarung von ihren Gesellschaftern oder bei (auch stillschweigend möglicher) Ermächtigung von den Geschäftsführern vertreten.

138 Es verpflichtet die Übernahmevereinbarung den Übernehmer zur Leistung der Einlage und die Gesellschaft zur Durchführung der Kapitalerhöhung (Heidenhain/Meister/*Heidenhain/Hasselmann* IV.86 Anm. 1).

139 Die neuen Geschäftsanteile können von den bisherigen Gesellschaftern (denen grundsätzlich ein Bezugsrecht zusteht, sofern nicht ausgeschlossen) oder von jedem Dritten übernommen werden, der selbst Gesellschafter einer GmbH sein kann. Nicht übernommen werden können sie aber von der Gesellschaft selbst. Ist der Übernehmende nicht Gesellschafter, sondern neu beitretender Dritter, und bestehen nach dem Gesellschaftsvertrag weitere sonstige Leistungsverpflichtungen, muss die Übernahmeerklärung gem. § 55 Abs. 2 S. 2 GmbHG auch diese aufführen.

13. Liste der Übernehmer

Vorbemerkung

140 Es ist gem. § 57 Abs. 3 Nr. 2 GmbHG der Handelsregisteranmeldung über die Kapitalerhöhung eine Liste der Übernehmer der neuen Geschäftsanteile beizufügen.

Muster

141 **Liste der Übernehmer der neuen Geschäftsanteile**

Die anlässlich der am ___________ beschlossenen Kapitalerhöhung der A-GmbH mit Sitz in ___________ neu ausgegebenen Geschäftsanteile haben übernommen:

[Übernehmer] & [Nennbetrag des jeweils übernommenen Geschäftsanteils in €] 1

D (Name, Vorname, Wohnort)	**60.000**
X-GmbH (Firma, Sitz, HR-Nummer)	**30.000**

___________, den ___________

[Unterschriften Geschäftsführer]

Erläuterungen

1. Die Liste muss die Übernehmer angeben mit vollem Namen, Geburtsdatum und Wohnort bzw. bei juristischen Personen mit Firma und Sitz sowie jeweils die Nennbeträge der von diesen Übernehmern übernommenen Geschäftsanteile. Die Angaben, ob es sich bei den Einlagen auf die neuen Geschäftsanteile um Bar- oder Sacheinlagen handelt und inwieweit sie schon geleistet wurden, sind in der Übernehmerliste nicht erforderlich. Die Liste ist von sämtlichen Geschäftsführern zu unterzeichnen. Vertretung insoweit ist denkbar (Gehrlein/Ekkenga/Simon/*Bormann* § 57 Rn. 22), jedoch wohl nicht unumstritten und praktisch auch nicht erforderlich; einer notariellen Unterschriftsbeglaubigung oder Beurkundung bedarf es nicht. 142

14. Anmeldung der Kapitalerhöhung durch Bareinlage zum Handelsregister

Vorbemerkung

Erst mit der Eintragung im HReg wird die Kapitalerhöhung gem. § 54 Abs. 3 GmbHG wirksam. 143
Das Registergericht prüft zuvor gem. §§ 57a, 9c GmbHG, ob die Kapitalerhöhung ordnungsgemäß vorgenommen, durchgeführt und angemeldet worden ist und nimmt erst dann die Eintragung vor.

Vgl. hierzu auch Muster A 2 (Rdn. A 19 ff.). 144

Muster

An das 145

Amtsgericht __________

– Handelsregister –

____

A-GmbH mit dem Sitz in __________, HRB __________

Zur Eintragung in das Handelsregister der obigen Gesellschaft wird angemeldet: [1]

1. **Das Stammkapital der A-GmbH mit Sitz in __________ ist durch Beschluss der Gesellschafterversammlung vom __________ von 300.000 € um 90.000 € auf 390.000 € (dreihundertneunzigtausend Euro) erhöht worden.**
2. **§ __________ der Satzung (»Stammkapital«) wurde entsprechend geändert.** [2]

Die unterzeichnenden sämtlichen Geschäftsführer versichern, dass die Einlagen auf die übernommenen Geschäftsanteile in voller Höhe von insgesamt 90.000 € – und zwar im einzelnen von 60.000 € durch den Übernehmer D und von 30.000 € durch die Übernehmerin X-GmbH – jeweils durch Bareinzahlung und entsprechend den Beschlüssen über die Kapitalerhöhung und der Übernahmeerklärung erbracht wurden, die Einlagebeträge für die Zwecke der Gesellschaft zur endgültig freien Verfügung der Geschäftsführung eingezahlt und in der Folge auch nicht an die Übernehmer zurückgewährt worden sind. [3]

Dieser Anmeldung werden beigefügt: [4]

1. **beglaubigte Abschrift der Urkunde __________ des Notars __________ vom __________ über die von der Gesellschaft beschlossene Erhöhung des Stammkapitals,**
2. **notariell beglaubigte Übernahmeerklärungen des D und der X-GmbH,**

3. die von den Geschäftsführern unterschriebene Liste der Übernehmer der neuen Geschäftsanteile

4. eine neue, vom Notar unterschriebene Gesellschafterliste mit der Bescheinigung nach § 40 Abs. 2 GmbHG,

5. der vollständigen Wortlaut des geänderten Gesellschaftsvertrages mit der Bescheinigung des Notars nach § 54 Abs. 1 S. 2 GmbHG.

_____________, den _____________

[Unterschriften sämtlicher Geschäftsführer]

[Beglaubigungsvermerk]

Erläuterungen

146 **1.** Der Kapitalerhöhungsbeschluss ist zur Eintragung im HReg anzumelden, nachdem das erhöhte Kapital durch Übernahme von Geschäftsanteilen gedeckt ist. Gem. § 78 GmbHG ist die Anmeldung durch sämtliche Geschäftsführer zu bewirken und elektronisch in öffentlich beglaubigter Form gem. § 12 HGB einzureichen. Eine Anmeldung durch dazu Bevollmächtigte ist nicht möglich. Gleiches gilt für die gem. § 57 Abs. 2 GmbHG erforderlichen Versicherungen (Heidenhain/Meister/*Heidenhain/Hasselmann* IV.87 Anm. 1; Lutter/Hommelhoff/*Lutter/Bayer* § 57 Rn. 1).

147 Voraussetzung für die Anmeldung ist bei der Kapitalerhöhung durch Bareinlage, dass das erhöhte Kapital durch Übernahme von Geschäftsanteilen gedeckt ist, § 57 Abs. 1 GmbHG, mindestens ein Viertel der Bareinlagen einbezahlt wurden und diese einbezahlten Beträge auch endgültig zur freien Verfügung der Geschäftsführung stehen, §§ 57 Abs. 2 S. 1, 7 Abs. 2 S. 1 GmbHG.

148 Durch das MoMiG wurde auf die besonderen Sicherungen der Kapitalaufbringung bei Einpersonengesellschaften – die auch bei der Kapitalerhöhung gem. § 57 Abs. 2 GmbHG galten – verzichtet und hierzu S. 3 des § 7 Abs. 2 GmbHG a.F. gestrichen sowie S. 2 in § 8 Abs. 2 entsprechend neu gefasst.

149 **2.** Es muss in der Anmeldung der Inhalt des Beschlusses über die Kapitalerhöhung angegeben sein.

150 **3.** Weiter haben die Geschäftsführer zu versichern, dass mindestens ein Viertel der Bareinlagen eingezahlt wurde und sich die eingezahlten Beträge endgültig in ihrer freien Verfügung befinden. Existieren mehrere Übernehmer, muss nach h.M. dabei angegeben werden, welcher Übernehmer welchen Betrag auf welche Weise geleistet hat (OLG Celle, GmbHR, 1986, 309, Beschl. vom 07.01.1986, 1 W 37/85; Heidenhain/Meister/*Heidenhain/Hasselmann* IV.87 Anm. 4). Das Gericht kann nach § 8 Abs. 2 S. 2 GmbHG bei erheblichen Zweifeln an der Richtigkeit der Versicherung Nachweise verlangen. Bei Einführung dieser Regelung durch das MoMiG hatte der Gesetzgeber die Hoffnung, dass die nach § 8 Abs. 2 S. 1 GmbHG abzugebende und (bei der Kapitalerhöhung nach § 82 Abs. 1 Nr. 3 GmbHG) strafbewehrte Versicherung grds. genüge und durch das Registergericht regelmäßig keine weiteren Nachweise angefordert werden müssten.

151 Anstelle der vorgenannten, an §§ 8 Abs. 2 S. 1, 57 Abs. 1 S. 2 GmbHG ausgerichteten Versicherung (s. dazu Muster E 20) verlangt BGH, Urt. v. 18.03.2002, II ZR 11/01, GmbHR 2002, 545 (547) die im Muster verwendete Versicherung; richtig ist die an den gesetzlichen Vorgaben angelehnte Versicherung jedoch dennoch.

152 **4.** Die der Anmeldung beizufügenden Unterlagen ergeben sich aus den §§ 54 und 57 GmbHG.

15. Liste der Gesellschafter nach Kapitalerhöhung mit Notarbescheinigung

Vorbemerkung

153 Indem durch das MoMiG erstmals die Möglichkeit des gutgläubigen Erwerbs von existenten GmbH-Geschäftsanteilen eröffnet wurde (§ 16 Abs. 3 GmbHG), hat die Gesellschafterliste (§ 8

Abs. 1 Nr. 3 GmbHG) eine deutliche Aufwertung erfahren. Gleichzeitig wurde angeordnet, dass im Fall der Mitwirkung eines Notars an Veränderungen in den Personen der Gesellschafter oder des Umfangs ihrer Beteiligung der Notar die Gesellschafterliste zu erstellen und zum HReg einzureichen habe (§ 40 Abs. 2 GmbHG), während zuvor die Gesellschafterliste ausschl. von den Geschäftsführern erstellt wurde (§ 40 Abs. 1 GmbHG a.F.). Neben der Erstellungspflicht durch den Notar existiert eine Zuständigkeit der Geschäftsführer nicht mehr. Dann also, wenn der Notar bei entsprechenden Veränderungen – wie einer Kapitalerhöhung – mitwirkt, trifft ihn allein die Pflicht zur Erstellung und Einreichung der Gesellschafterliste.

Vgl. hierzu auch Muster A 3 (Rdn. A 42 ff.). 154

Muster 155

Nr. des Geschäftsanteils	**Vor- und Nachname/ Firma**	**Wohnort/Sitz**	**Geburtsdatum/ HR-Nummer**	**Nennbetrag des Nennbetrag des Geschäftsanteils Geschäftsanteils in € in %**
1.	**A**	______	______	**100.000**
2.	**B**	______	______	**100.000**
3.	**C**	______	______	**100.000**
4.	**D**	______	______	**60.000**
5.	**X-GmbH**	______	______	**30.000**

Hiermit bescheinige ich, Notar, gemäß § 40 Abs. 2 GmbHG, dass die geänderten Eintragungen in der Liste der Gesellschafter den Veränderungen aufgrund der Kapitalerhöhung gemäß meiner Urkunde vom ______, UR-Nr. ______, samt Übernahmeerklärung des D vom ______ sowie der X-GmbH vom ______ entsprechen und die übrigen Eintragungen mit dem Inhalt der zuletzt im Handelsregister aufgenommenen Liste übereinstimmen.

______, den ______

[Unterschrift Notar]

Erläuterungen

Da die Erstellung der Gesellschafterliste die Wirksamkeit der Veränderung voraussetzt, muss der Notar bei Satzungsänderungen, wie der Kapitalerhöhung, vor Listenerstellung die Eintragung im HReg abwarten. Nach Erstellung ist der Notar weiter verpflichtet, die Liste zu unterschreiben, zum HReg einzureichen und eine Abschrift an die Gesellschaft zu übermitteln, wobei die Liste mit einer Bescheinigung versehen sein muss, »dass die geänderten Eintragungen den Veränderungen entsprechen, an denen er mitgewirkt hat, und die übrigen Eintragungen mit dem Inhalt der zuletzt im HReg aufgenommenen Liste übereinstimmen« (§ 40 Abs. 2 S. 2 GmbHG). Eine jüngste Ergänzung der Regelung erfolgte im Zuge der Umsetzung der Vierten EU-Geldwäscherichtlinie (BGBl. I 2017, 1822). Die Anforderungen an die Gesellschafterliste wurde im Hinblick auf eine mögliche Erfüllung der Transparenzpflicht durch die Einreichung einer aktualisierten Gesellschafterliste (§§ 20 Abs. 1 und 2, 19 Abs. 1 GwG) an die Erfordernisse des Transparenzregisters angepasst. Nun mehr ist gemäß. § 40 Abs. 1 S. 1 und S. 3 GmbHG die durch den jeweiligen Nennbetrag eines Geschäftsanteils vermittelte jeweilige prozentuale Beteiligung am Stammkapital sowie der Gesamtumfang der Beteiligung am Stammkapital als Prozentsatz, soweit ein Gesellschafter mehr als einen Geschäftsanteil hält, in der Gesellschafterliste anzugeben. 156

16. Kapitalerhöhung gegen Sacheinlage mit Bezugsrechtsausschluss

Vorbemerkung

157 Das Stammkapital einer GmbH kann durch Sacheinlagen der verschiedensten Art erhöht werden, wobei die Kapitalerhöhung gegen Sacheinlage zunächst denselben Vorschriften wie die Kapitalerhöhung gegen Bareinlage unterliegt. Es sind jedoch darüber hinaus gem. §§ 56, 56a GmbHG zum Teil die Vorschriften über die Sachgründung entsprechend anwendbar. Diese höheren Anforderungen an Kapitalerhöhungen durch Sacheinlage sollen die Möglichkeit registerrechtlicher Kontrolle gewährleisten und so eine überhöhte Bewertung der erbrachten Einlage verhindern.

Muster

158 **1. Das Stammkapital der Gesellschaft wird von bisher 300.000 € um 31.500 € auf 331.500 € durch Sacheinlage erhöht.**

2. Der neue Geschäftsanteil wird zum Nennwert ausgegeben. Die bisherigen Gesellschafter A, B und C werden von der Übernahme des neuen Geschäftsanteils ausgeschlossen.

3. Zur Übernahme des neuen Geschäftsanteils in Höhe von 31.500 € wird der E zugelassen.

4. Die Stammeinlage auf den neuen Geschäftsanteil hat Herr E in voller Höhe dadurch zu erbringen, dass er den ihm aus dem Darlehensvertrag mit der Gesellschaft vom __________ gegenüber der Gesellschaft zustehenden Anspruch auf Darlehensrückzahlung einschließlich der bis zum __________ angelaufenen Zinsen in Forderungsgesamthöhe von 31.500 € auf die Gesellschaft überträgt. [1]

5. Der neue Geschäftsanteil ist von Beginn des bei Eintragung der Kapitalerhöhung im Handelsregister laufenden Geschäftsjahres an gewinnberechtigt.

6. Mit der Durchführung der Kapitalerhöhung werden die Geschäftsführer der Gesellschaft beauftragt.

7. § __________ der Satzung wird geändert und lautet künftig wie folgt:

»§ __________ Stammkapital

(1) Das Stammkapital der Gesellschaft beträgt 331.500 € (dreihunderteinunddreißigtausendfünfhundert Euro).«

Erläuterungen

159 **1.** Im Kapitalerhöhungsbeschluss muss der Gegenstand der Sacheinlage und der Nennbetrag des Geschäftsanteils, auf den sich die Sacheinlage bezieht, gem. § 56 Abs. 1 S. 1 GmbHG festgesetzt und der Sacheinlagegegenstand dabei klar und deutlich umbeschrieben werden.

160 Zulässige Gegenstände einer Sacheinlage ergeben sich in analoger Anwendung aus § 27 AktG. Es kann jeder übertragbare und vermögenswerte Gegenstand auch Gegenstand einer Sacheinlage sein, insbesondere auch Forderungen. Die Einbringung von Ansprüchen des Gesellschafters gegen die Gesellschaft – z.B. sein Verzicht auf Rückzahlung eines Darlehensanspruchs – ist daher Sach- und nicht Bareinlage (Heidenhain/Meister/*Heidenhain/Hasselmann* IV.88 Anm. 3 f.).

161 Eine eingebrachte Forderung muss aber, um mit ihrem Nennwert angesetzt werden zu können, wirtschaftlich vollwertig sein, was dann jedenfalls nicht der Fall ist, wenn ihr kein entsprechendes Gesellschaftsvermögen gegenübersteht, weil die Gesellschaft überschuldet ist (BGH, Urt. v. 26.03.1984, II ZR 14/84, NJW 1984, 1891). Die Vollwertigkeit wird durch das Registergericht gem. §§ 57a,

9c GmbHG geprüft. Für den Fall, dass zum Zeitpunkt der Anmeldung keine solche Vollwertigkeit vorliegt, ist der Übernehmer des Geschäftsanteils verpflichtet, den entspr. Fehlbetrag gem. §§ 56 Abs. 2, 9 Abs. 1 GmbHG in bar einzuzahlen. Es greifen also gem. § 56 Abs. 2 GmbHG auch bei der Sachkapitalerhöhung die Bestimmungen über die Differenzhaftung und ebenso die Grundsätze zur verdeckten Sachgründung. Die von der langjährigen Rechtsprechung entwickelte Lehre von der verdeckten Sacheinlage ist seit dem MoMiG erstmals gesetzlich geregelt (§ 19 Abs. 4 GmbHG). Mit der gesetzlichen Normierung dieses auch für die Praxis bedeutsamen Bereichs wird für die Definition der verdeckten Sacheinlage an die in der bisherigen Rechtsprechung übliche Definition angeknüpft, gleichzeitig aber die Rechtsfolge für den die Einlage erbringenden Gesellschafter abgemildert; denn durch die Regelung wird erreicht, dass der Gesellschafter die Einlage wertmäßig nur einmal leisten muss, soweit die Werthaltigkeit der Sacheinlage gegeben ist. Die Haftung wird damit beschränkt auf den Differenzbetrag, um den der Wert des eingebrachten Gegenstandes den Nennbetrag des übernommenen Geschäftsanteils unterschreitet (s. dazu auch Muster A 7 (Rdn. A 66 ff.)).

17. Übernahmeerklärung und Einbringungsvertrag

Vorbemerkung

Vgl. hierzu auch Muster A 9 (Rdn. A 87 ff.). 162

Muster

Übernahmeerklärung 163

Das Stammkapital der A-GmbH mit Sitz in ____________, eingetragen im Handelsregister des Amtsgerichts ____________ unter HRB ____________ ist durch notariell beurkundeten Beschluss der Gesellschafterversammlung vom ____________ von 300.000 € um 31.500 € auf 331.500 € erhöht worden (gemäß Urkunde des Notars ____________, UR-Nr. ____________). Herr E wurde zur Übernahme des neuen Geschäftsanteils zugelassen. Die Stammeinlage auf den neuen Geschäftsanteil ist in voller Höhe dadurch zu erbringen, dass Herr E die ihm gegenüber der A-GmbH zustehende Forderung auf Darlehensrückzahlung und Zahlung der bis zum ____________ aufgelaufenen Zinsen in Gesamthöhe von 31.5000 € aus einem zwischen ihm und der A-GmbH am ____________ geschlossenen Darlehensvertrag auf die A-GmbH überträgt.

Herr E, geboren am ____________, wohnhaft in ____________ übernimmt hiermit auf das erhöhte Stammkapital der A-GmbH den neuen Geschäftsanteil im Nennbetrag von 31.500 € entsprechend dem vorgenannten Sachkapitalerhöhungsbeschluss.

Erläuterungen

Die Festsetzungen im Kapitalerhöhungsbeschluss über den Gegenstand der Sacheinlage und den Nennbetrag des Geschäftsanteils, auf den sich die Sacheinlage bezieht, müssen gem. § 56 Abs. 1 S. 2 GmbHG in die Übernahmeerklärung aufgenommen werden. 164

Ansonsten zur Übernahmeerklärung s. unter Muster F 12 (Rdn. F 127 ff.). 165

Muster

Einbringungsvertrag 166

Einbringungsvertrag/Forderungsabtretung

zwischen

Herrn E, geboren am __________, wohnhaft in __________

und

der A-GmbH mit Sitz in __________, __________, Amtsgericht __________, HRB __________

§ 1 Vorbemerkung

(1) Herrn E steht gegenüber der A-GmbH eine Forderung auf Darlehensrückzahlung und Zahlung der bis zum __________ aufgelaufenen Zinsen in Gesamthöhe von 31.500 Euro aus einem zwischen ihm und der A-GmbH mit Sitz in __________, eingetragen im Handelsregister des Amtsgerichts __________ unter HRB __________ am __________ geschlossenen Darlehensvertrag zu. Der Darlehensvertrag ist diesem Vertrag in Kopie als Anlage beigefügt.

(2) Die Gesellschafterversammlung der A-GmbH hat am __________ beschlossen, ihr Stammkapital von bisher 300.000 € um 31.500 € auf 331.500 € durch Ausgabe eines neuen Geschäftsanteils im Nennbetrag von 31.5000 € gegen Sacheinlage zu erhöhen. Zur Übernahme des neuen Geschäftsanteils wurde Herr E dergestalt zugelassen, dass er als Sacheinlage auf diesen Geschäftsanteil die in vorstehendem Abs. 1 aufgeführte Forderung durch Übertragung auf die A-GmbH einbringt.

(3) Herr E hat durch Übernahmeerklärung vom __________, unterschriftsbeglaubigt zu UR-Nr. __________ des Notars __________ in __________, den vorstehend genannten Geschäftsanteil zu den Bedingungen des in Abs. 2 bezeichneten Kapitalerhöhungsbeschlusses übernommen.

§ 2 Einbringung und Abtretung

Herr E bringt hiermit seine in § 1näher bezeichnete Forderung in voller Höhe in die A-GmbH ein und tritt diese Forderung in voller Höhe an die A-GmbH ab.

Die A-GmbH nimmt hiermit diese Einbringung und Abtretung an.

§ 3 Rechtsgrund und Gegenleistung

Die Einbringung und Abtretung erfolgt in Erfüllung der Verpflichtung zur Einbringung, welche durch den in § 1 Abs. 2 näher bezeichneten Sachkapitalerhöhungsbeschluss und der hiernach erfolgten Übernahmeerklärung des Herrn E begründet wurde. Als Gegenleistung für die eingebrachte Forderung gewährt die A-GmbH Herrn E den neuen Geschäftsanteil in Höhe von 31.500 €, der zu seinem Nennbetrag ausgegeben wird.

§ 4 Aufschiebende Bedingung

Die vorstehende Einbringung und Abtretung steht unter der aufschiebenden Bedingung der Eintragung der in § 1 Abs. 2 genannten Sachkapitalerhöhung in das Handelsregister.

__________, den __________

[Unterschriften]

18. Sachkapitalerhöhungsbericht

Vorbemerkung

167 Im Falle einer Sachgründung muss von den Gründern gem. § 5 Abs. 4 GmbHG ein Sachgründungsbericht erstattet werden. Bei einer Sachkapitalerhöhung wird vom Gesetz ein derartiger Be-

richt nicht gefordert, so dass die h.M. einen solchen hier nicht verlangt, auch nicht in analoger Anwendung von § 5 Abs. 4 GmbHG; denn anders – und damit einer Analogie entgegenstehend – als bei der Sachgründung müssen beim Sachkapitalerhöhungsbeschluss nicht alle Gesellschafter mitwirken, es kann Gegenstimmen und Enthaltungen geben oder Gesellschafter können ganz abwesend sein (Lutter/Hommelhoff/*Lutter/Bayer* § 56 Rn. 7).

Bei der Anmeldung müssen aber gleichwohl von den Geschäftsführern inhaltlich dem § 5 Abs. 4 S. 2 GmbHG entsprechende Darlegungen gemacht werden, da nur so das Registergericht seiner Prüfungspflicht nach §§ 57a, 9c Abs. 1 GmbHG nachzukommen vermag. Es wird daher, um eine registerrechtliche Kontrolle ohne Weiteres zu ermöglichen, in der Praxis oftmals dem Registergericht mit der Anmeldung sogleich auch ein entsprechender Sachkapitalerhöhungsbericht mit an die Hand gegeben. 168

Vgl. hierzu auch Muster A 8 (Rdn. A 78 ff.). 169

Muster

Sachkapitalerhöhungsbericht 170

Die Gesellschafter der A-GmbH mit Sitz in __________ sowie die unterzeichnenden Geschäftsführer der A-GmbH erstatten hiermit folgenden Sachkapitalerhöhungsbericht:

1. **Das Stammkapital der A-GmbH mit Sitz in __________ ist durch Beschluss der Gesellschafterversammlung vom __________ von 1.000.000 € um 700.000 € auf 1.700.000 € (eine Million siebenhunderttausend Euro) gegen Sacheinlage erhöht worden (Urkunde des Notars __________, __________, UR-Nr. __________).**
2. **Nach vorstehend genanntem Kapitalerhöhungsbeschluss ist Frau F, geboren am __________, wohnhaft in __________ als Übernehmerin der neuen Stammeinlage in Höhe von 700.000 € zugelassen. Die neue Stammeinlage ist zum Nennwert ausgegeben.**
3. **Gemäß dem Gesellschafterbeschluss ist die von Frau F übernommene Stammeinlage nicht in Geld zu erbringen, sondern in voller Höhe dadurch, dass sie den von ihr unter der Firma __________ geführten Geschäftsbetrieb mit allen Aktiva und Passiva als Sacheinlage in die Gesellschaft einbringt.**
4. **Die Einbringung des vorgenannten Geschäftsbetriebs wurde mit Einbringungsvertrag vom __________ vorgenommen.**
5. **In seiner gutachterlichen Stellungnahme vom __________ hat Herr WP __________, __________ bestätigt, dass der Buchwert des von der F in die A-GmbH einzubringenden Geschäftsbetriebs den Wert der übernommenen Stammeinlage erreicht und mindestens 700.000 € beträgt. Das Gutachten ist diesem Bericht als Anlage beigefügt. Die Gesellschafter sowie die unterzeichnenden Geschäftsführer der A-GmbH machen sich insoweit die darin enthaltenen Ausführungen zu Eigen.**

__________, den __________

[Unterschriften]

Erläuterungen

Siehe dazu Erl. zum Sachgründungsbericht, Muster A 8 (Rdn. A 82 ff.). 171

19. Werthaltigkeitsbescheinigung eines Wirtschaftsprüfers

Vorbemerkung

172 Das Beifügen einer Werthaltigkeitsbescheinigung zur Handelsregisteranmeldung ist gesetzlich nicht vorgeschrieben, empfiehlt sich aber gleichwohl in der Praxis. Bestätigt – wie regelmäßig – ein Wirtschaftsprüfer (oder ein anderer, entsprechend Sachverständiger), dass der Wert der Sacheinlage mindestens dem Wert der dafür übernommenen Stammeinlage entspricht, kann dies das Eintragungsverfahren deutlich beschleunigen, da das Gericht dann von eigenen Schritte zur Wertermittlung ggf. absehen kann.

173 Vgl. hierzu auch Muster A 11 (Rdn. A 111 ff.).

Muster

174 **Bescheinigung über die Werthaltigkeit von Sacheinlagen**

§ 1 Vorbemerkung

Im Rahmen der Erhöhung des Stammkapitals der A-GmbH mit Sitz in __________ von 1.000.000 € um 700.000 € auf 1.700.000 € durch notariell beurkundeten Beschluss der Gesellschafterversammlung vom __________ wurde von Frau F eine Stammeinlage in Höhe von 700.000 € übernommen, die als Sacheinlage dadurch erbracht werden soll, dass Frau F den von ihr unter der Firma __________ geführten Betrieb mit allen Aktiva und Passiva in die Gesellschaft einbringt.

§ 2 Bewertung der Sacheinlage

Die vorstehend genannte Sacheinlage ist von mir bewertet worden, der Bewertung zugrunde gelegt wurden dabei die Jahresabschlüsse der letzten drei Geschäftsjahre des in § 1 genauer bezeichneten Betriebs. Diese sind der Bescheinigung als Anlage beigefügt. Die Bewertung des von Frau F einzubringenden Betriebs erfolgte dabei nach folgendem Verfahren __________.

Nach meinen dabei getroffenen Feststellungen erreicht der Wert der Sacheinlage mindestens den Wert der dafür übernommenen Stammeinlage.

__________, den __________

[Unterschrift Wirtschaftsprüfer]

Erläuterungen

175 Wertermittlungen hat das Registergericht aufgrund der Erstreckung seiner Prüfungspflicht auch auf die Werthaltigkeit der Sacheinlage zu erstrecken. Nachdem § 9c Abs. 1 GmbHG, den § 57a GmbHG für die Sachkapitalerhöhung für entsprechend anwendbar erklärt, durch das MoMiG geändert wurde, hat sich die Prüfung nun nur noch darauf zu erstrecken, ob die Sacheinlage »nicht wesentlich überbewertet« wurde. Nur bei begründeten Zweifeln an der Richtigkeit der Bewertung muss eine umfassende Prüfung der Werthaltigkeit vorgenommen werden. Mit dieser Änderung des § 9c Abs. 1 S. 2 GmbHG wurde die registergerichtliche Prüfungspflicht bezüglich der Werthaltigkeit von Sacheinlagen der Rechtslage bei der Aktiengesellschaft (§ 38 Abs. 2 S. 2 AktG) angepasst.

176 Sind Gegenstand der Sacheinlage immaterielle Wirtschaftsgüter, ist für die Bewertung regelmäßig ein Sachverständigengutachten erforderlich. Zahlreiche Bewertungsprobleme können sich bei der Einbringung von Unternehmen ergeben. In der Praxis wird hier zur Wertermittlung i.d.R. zeitnah eine Einbringungsbilanz erstellt, ggf. auch mit der zusätzlichen Bescheinigung eines Wirtschafts-

prüfers, dass die Bilanzwerte den gesetzlichen Vorgaben entsprechen und Aktiva und Passiva nicht über- bzw. unterbewertet sind. Beim Abstellen auf die letzte Jahresbilanz können Unsicherheiten entstehen im Hinblick auf die Wertentwicklung des Unternehmens von ihrer Erstellung bis zum Zeitpunkt der Einbringung (Büchel/von Rechenberg/*Fehrenbacher* Kap. 12 Rn. 100). Gerade in komplexen Fällen kommt daher eine Werthaltigkeitsbescheinigung eines Wirtschaftsprüfers (oder Steuerberaters), ggf. mit vollständiger Unternehmensbewertung, als Wertnachweis für den Tag der Anmeldung in Betracht. Für die Werthaltigkeitsbescheinigung des Wirtschaftsprüfers ist eine Siegelung nicht verpflichtend, da die Prüfung der Werthaltigkeit der Sacheinlage keine allein einem Wirtschaftsprüfer vorbehaltene Aufgabe ist (vgl. § 48 WPO). Es handelt sich hierbei um keine sog. Vorbehaltsaufgabe, vielmehr kann sie etwa auch und von vereidigten Buchprüfern übernommen und durchgeführt werden.

20. Anmeldung der Kapitalerhöhung gegen Sacheinlage mit Offenlegung von Gegenleistungen

Vorbemerkung

Zur Anmeldung der Kapitalerhöhung s. auch Muster F 14 (Rdn. F 143 ff.). 177

Vgl. hierzu auch Muster A 10 (Rdn. A 99). 178

Muster

An das 179

Amtsgericht ____________

– Handelsregister –

____

A-GmbH mit dem Sitz in ____________, HRB ____________

Zur Eintragung in das Handelsregister der obigen Gesellschaft wird angemeldet:

1. Das Stammkapital der A-GmbH mit Sitz in ____________ ist durch Beschluss der Gesellschafterversammlung vom ____________ von 1.000.000 € um 700.000 € auf 1.700.000 € (eine Million siebenhunderttausend Euro) gegen Sacheinlage erhöht worden.

2. § ____________ der Satzung (»Stammkapital«) wurde entsprechend geändert.

Die unterzeichnenden sämtlichen Geschäftsführer versichern, dass die auf den übernommenen Geschäftsanteil zu leistende Einlage in voller Höhe von insgesamt 700.000 € entsprechend den Beschlüssen über die Kapitalerhöhung und der Übernahmeerklärung erbracht wurde, und sich der Gegenstand der Leistung endgültig in der freien Verfügung der Geschäftsführung befindet. [1]

Weiterhin versichern sämtliche unterzeichnenden Geschäftsführer, dass neben den nachstehend aufgeführten Gegenansprüchen der Gesellschafter, sowie den diesbezüglichen Rückgewähransprüchen der Gesellschaft weitere derartige Ansprüche nicht bestehen: [2]

1. ____________

2. ____________

3. ____________

Dieser Anmeldung werden angehängt:

1. **beglaubigte Abschrift der Urkunde ___________ des Notars ___________ vom ___________ über die von der Gesellschaft beschlossene Erhöhung des Stammkapitals gegen Sacheinlage,**
2. **notariell beglaubigte Übernahmeerklärung der F**
3. **Einbringungs- und Forderungsabtretungsvertrag [3]**
4. **Sachkapitalerhöhungsbericht [4]**
5. **Werthaltigkeitsbescheinigung des Wirtschaftsprüfers ___________ über die Werthaltigkeit der eingebrachten Sacheinlage [5]**
6. **Nachweise zur Offenlegung von Gegen- und Rückgewähransprüchen**
7. **die von den Geschäftsführern unterschriebene Übernehmerliste**
8. **eine neue, vom Notar unterschriebene Gesellschafterliste mit der Bescheinigung nach § 40 Abs. 2 GmbHG,**
9. **der vollständigen Wortlaut des geänderten Gesellschaftsvertrages mit der Bescheinigung des Notars nach § 54 Abs. 1 S. 2 GmbHG.**

___________, den ___________

[Unterschriften sämtlicher Geschäftsführer]

[Beglaubigungsvermerk]

Erläuterungen

180 **1.** Vor Anmeldung der Kapitalerhöhung sind Sacheinlagen in vollem Umfang an die Gesellschaft zu erbringen.

181 **2.** Dazu Muster A 7 (Rdn. A 74/76). Gegenansprüche sind offenzulegen. Das Hin- und Herzahlen ist in der Handelsregisteranmeldung nach Sicht des BGH als Voraussetzung für die Erfüllungswirkung zwingend anzugeben (BGH NJW 2009, 3091; so auch *Wellner*, MittBayNot 2013, 69 (70); a.A. Gehrlein/Ekkenga/Simon/*Sirchich von Kis-Sira* § 19 Rn. 69). Teilweise wird zur vollständigen Offenlegung die Vorlage von Darlehensurkunden sowie ein Bonitätsnachweis des Rückgewährschuldners gefordert (OLG München, GmbHR 2011, 422). Die Offenlegung soll dem Registerrichter die Prüfung der Voraussetzung der Erfüllungswirkung ermöglichen, ob die Leistung durch einen Rückgewähranspruch gedeckt ist, der fällig ist oder jederzeit fällig werden kann (OLG München, ZIP 2011, 567 m.w.N.). Diese Prüfung ist jedoch nur möglich, wenn das Registergericht nachvollziehen kann, ob der Rückgewähranspruch der Gesellschaft vollwertig und liquide ist (*Förth*, MittBayNot 2011, 331 (332)). Hierfür reichen nicht nur Angaben der Gesellschaft. Sie muss diese konkret belegen können (OLG Schleswig, FGPrax 2012, 214 (215); *Wälzholz*, MittBayNot 2008, 425 (431)).

182 **3.** Bei einer Kapitalerhöhung durch Sacheinlage sind im Vergleich zur Kapitalerhöhung durch Bareinlage (s. dazu Muster F 9 (Rdn. F 109 ff.)) gem. § 57 Abs. 3 Nr. 3 GmbHG zusätzlich die Verträge, die den Festsetzungen nach § 56 GmbHG zugrunde liegen oder zu ihrer Ausführung geschlossen worden sind, beizufügen.

183 **4.** Wenn gesetzlich auch nicht vorgesehen, ist die Einreichung eines Sachkapitalerhöhungsberichts gleichwohl empfehlenswert (s. dazu Muster F 18 (Rdn. F 167 ff.)).

184 **5.** Ebenso empfiehlt es sich, der Anm. Unterlagen beizufügen, aus denen sich ergibt, dass der Wert der Sacheinlage zumindest den Betrag des dafür übernommenen Geschäftsanteils erreicht. Dies kann und wird auch häufig mit einer entsprechenden Bescheinigung eines Wirtschaftsprüfers

geschehen (s. dazu Muster F 19 (Rdn. F 172 ff.)). Eine solche Bescheinigung erlaubt dem Registergericht, bei seiner Prüfung nach §§ 57a, 9c GmbHG u.U. auf das Anstellen eigener Ermittlungen zu verzichten.

Im Übrigen zur Handelsregisteranmeldung s. Muster F 14 (Rdn. F 145). 185

IV. Kapitalerhöhung aus genehmigten Kapital

21. Gesellschafterbeschluss über die Schaffung eines genehmigten Kapitals gegen Bareinlagen [1]

Vorbemerkung

Nach § 55a GmbHG kann die Satzung einer GmbH die Geschäftsführer auf die Dauer von höchs- 186
tens fünf Jahren ermächtigen, das Stammkapital der Gesellschaft bis zu einem bestimmten Nennbetrag – definiert in Abs. 1 als genehmigtes Kapital – durch Ausgabe neuer Geschäftsanteile gegen Einlagen zu erhöhen. Es wird also durch die Schaffung eines solchen genehmigten Kapitals die Zuständigkeit zur Kapitalerhöhung von der Gesellschafterversammlung übertragen auf die Geschäftsführung. Eine solche Übertragung der Satzungskompetenz auf die Verwaltung stellt eine Durchbrechung des Grundsatzes der Satzungsautonomie der GmbH-Gesellschafter dar und ist grundsätzlich unzulässig. Die Kapitalerhöhung in Gestalt des genehmigten Kapitals stellt aber eine ausdrücklich vom Gesetz vorgesehene Ausnahme hierzu dar (*Priester* NZG 2010, 81 [83]). Die Ermächtigung dazu kann bereits in der Gründungssatzung enthalten sein (§ 55a Abs. 1 GmbHG) oder nach § 55a Abs. 2 GmbHG im Wege der Satzungsänderung geschaffen werden.

Es wird lediglich der Kapitalerhöhungsbeschluss der Gesellschafterversammlung durch das geneh- 187
migte Kapital ersetzt; auf die Ausgabe der neuen Geschäftsanteile finden im Übrigen die Vorschriften über die reguläre Kapitalerhöhung Anwendung.

Als Satzungsänderung wird die Ermächtigung zur Kapitalerhöhung erst wirksam mit der Ein- 188
tragung der Ermächtigung zur Ausübung des genehmigten Kapitals im HReg gem. § 54 Abs. 2 GmbHG. Dies bedeutet, dass es bis zur Eintragung durch einen mit einfacher Mehrheit gefassten Gesellschafterbeschluss noch möglich ist, das genehmigte Kapital aufzuheben. Nach der Eintragung im Handelsregister allerdings ist eine Aufhebung nur noch möglich durch Satzungsänderung, d.h. auch nur unter Beachtung sämtlicher für eine Satzungsänderung geltender Voraussetzungen.

Muster

[__________] 189

Die Gesellschafter beschlossen sodann was folgt:

1. **§ ________ des Gesellschaftsvertrags wird durch neuen, folgenden Absatz ergänzt:**

   Die Geschäftsführung wird ermächtigt, das Stammkapital der Gesellschaft gegen Bareinlagen, einmalig oder mehrmals, durch Ausgabe neuer Geschäftsanteile im Nennbetrag von ________ um bis zu insgesamt ________ € zu erhöhen. [1], [3] Diese Ermächtigung ist zeitlich begrenzt bis zum ________. [2, 3]

2. **Die Geschäftsführung ist ferner ermächtigt, nach Ausnutzung des genehmigten Kapital oder Ablauf der Frist § ________ des Gesellschaftsvertrags entsprechend anzupassen. [4]**

Erläuterungen

Literatur: *Cramer* Das genehmigte Kapital der GmbH nach dem MoMiG, GmbHR 2009, 406; *Eggert* Weisungsrecht und Vorabbericht beim genehmigten Kapital der GmbH, GmbHR 2014, 856; *Priester* Genehmigtes Kapital bei der GmbH – Das MoMiG beschert uns einen neuen § 55a GmbHG, GmbHR 2008, 1177, GmbHR 22/2008 S. 1177; *Renaud* Genehmigtes Kapital und Befugnis zur Satzungsänderung bei der GmbH, ZNotP 2010, 203; *Schelp* Genehmigtes Kapital nach § 55a GmbHG, Übertragung der Kapitalerhöhungsbefugnis auf die Geschäftsführer, GmbH-StB 2/2013, 58; *Terbrack* Schlafender Riese oder Papiertiger? Eine Bestandsaufnahme zum genehmigten Kapital bei der GmbH im Lichte der aktuellen Rechtsprechung, DNotZ 2012, 917; *Triebel/Otte* Reform des GmbH-Rechts – MoMiG – ein vernünftiger Schritt zur Stärkung der GmbH im Wettbewerb oder Kompromiss auf halber Strecke?, ZIP 2006, 1321; *Triebel/Otte*, 20 Vorschläge für eine GmbH-Reform – Welche Lektion kann der deutsche Gesetzgeber vom englischen lernen?, ZIP 2006, 311.

190 **1.** Nach Einführung des § 55a GmbHG durch das MoMiG kann der Gesellschaftsvertrag die Geschäftsführung ermächtigen, das Stammkapital bis zu einem bestimmten Nennbetrag (genehmigtes Kapital) durch Ausgabe neuer Geschäftsanteile gegen Einlagen zu erhöhen (abgedruckt in BGBl. 2008 Teil 1 Nr. 48 S. 2026). Hierbei delegieren die Gesellschafter ihre originäre Zuständigkeit zur Kapitalerhöhung auf die Geschäftsführung. Die Entscheidung zur Kapitalerhöhung wird in das unternehmerische Ermessen der Gesellschaft gestellt. Bei dieser Verlagerung der Zuständigkeit auf die Geschäftsführung handelt es sich nach Ansicht des OLG München um eine Durchbrechung des Grundsatzes der Satzungsautonomie der Gesellschafter (OLG München, NZG 2012, 426). Durch das MoMiG wurde auch der Begriff der »Stammeinlage« durch »Geschäftsanteile« ersetzt. Die Vorschrift, die weder im RefE noch im RegE vorgesehen war, ist erst auf Anregung des BR in der Schlussphase des Gesetzgebungsverfahrens dem Gesetzeswerk mit knapper Begründung hinzugefügt worden.

191 Das OLG München hat mit Urt. vom 23.01.2012, 31 Wx 457/11 ausdrücklich klargestellt, dass im neu geregelten § 55a GmbHG der gesetzgeberische Wille zum Ausdruck kommt, die Grundsätze des genehmigten Kapitals aus dem Aktienrecht auf das GmbH-Recht zu übertragen. Daher gelten die §§ 202 ff. AktG entsprechend. Die Grenze für eine analoge Anwendung der Normen kann nach Ansicht des OLG München lediglich bei den dem Aktienrecht entgegenstehenden Besonderheiten des GmbH-Rechts liegen. Die Grenze der entsprechenden Anwendung ist beispielsweise zu ziehen, wenn die GmbH einen bestehenden Aufsichtsrat hat und die aktuelle Satzung über dessen Zustimmung zur Kapitalerhöhung keine Regelung trifft. In diesem Fall bedarf es nicht der Zustimmung des Aufsichtsrats zur Kapitalerhöhung, da es im GmbH-Gesetz an einer mit § 202 Abs. 3 S. 2 AktG vergleichbaren Regelung fehlt (Roth/Altmeppen/*Roth*, § 55a Rn. 8). Hierbei ist nach Ansicht von *Terbrack*, DNotZ 2012, 917 (921 f.) von einer planmäßigen Regelungslücke auszugehen, die sich einer Analogie versperrt. Ebenso scheidet eine analoge Anwendung aktienrechtlicher Vorschriften auf die (noch nicht erbrachte) Volleinzahlung auf das bisherige Stammkapital nach § 203 Abs. 3 AktG im Wege der Ausnutzung des genehmigten Kapitals aus. Die Volleinzahlung ist im GmbH-Recht keine Voraussetzung zur Ausnutzung des genehmigten Kapitals. Eine dem § 203 Abs. 3 AktG entsprechende Regelung existiert im GmbHG nicht. Auch hier ist von einer gewollten »Lücke« des Gesetzgebers auszugehen (*Terbrack*, DNotZ 2012, 917, 926). Eine analoge Anwendung des § 203 Abs. 3 AktG kommt aufgrund der allgemeinen Auffassung im GmbH-Recht zur ordentlichen Kapitalerhöhung nicht in Betracht (vgl. *Priester*, GmbHR 2008, 1177, 1181).

192 Derzeit gibt es erst wenige Erfahrungswerte, ob bei der GmbH aufgrund der regelmäßig auftretenden personalistischen Struktur das genehmigte Kapital ebenso große Bedeutung und Relevanz erlangt wie bei einer Aktiengesellschaft, denn die Einberufung einer Gesellschafterversammlung ist hier i.d.R. weitaus weniger zeit- und kostenintensiv. Bei nicht allzu großem Gesellschafterkreis – wie er ja für die GmbH gerade nicht typisch ist – lassen sich notariell beurkundete Gesellschafterbeschlüsse zumeist innerhalb weniger Tage realisieren (*Schelp*, GmbH-StB 2/2013, 58 [58]).

Naturgemäß dürfte das genehmigte Kapital im GmbH-Recht einen niedrigeren Stellenwert haben als im Aktienrecht. Während die Einfügung der Vorschriften zum genehmigten Kapital im Aktienrecht maßgeblich auf entsprechende Forderungen der Praxis zurückzuführen war, wurden vergleichbare Forderungen bezüglich der GmbH in der Praxis bisher kaum jemals laut (*Cramer* GmbHR 2009, 406 [407]), allerdings wurde in der Literatur – auch unter Verweis auf eine Annäherung an die immer beliebter werdende englische Limited – das Anliegen zur Schaffung eines genehmigten Kapitals auch bei der GmbH geäußert (*Triebel/Otte* ZIP 2006, 311 [312] und ZIP 2006, 1321 [1322]). Denn es kann auch bei einer GmbH ein dem Aktienrecht vergleichbares Bedürfnis nach genehmigtem Kapital auftreten, bspw. immer dann, wenn diese kapitalistisch strukturiert ist, d.h. aufgrund einer Vielzahl von Gesellschaftern die gesellschaftsvertraglichen Anforderungen an die Einberufung und Durchführung einer Gesellschafterversammlung den Regelungen des Aktienrechtes nahe kommen. Hilfreich mag es auch dort erscheinen, wo bereits lange im Voraus die Geschäftsstrategien der Gesellschaft vorgegeben sind und genehmigtes Kapital als konkretes Mittel zur Kapitalerhöhung eingesetzt werden soll, insbesondere dort, wo bereits bei der Gründung der GmbH die Aufnahme neuer Gesellschafter, vorwiegend als Investoren (z.B. in Joint-Venture-Konstellationen), vorbereitet werden soll. Generell darf ein Bedürfnis auch dort angenommen werden, wo ein absehbarer Bedarf an Eigenkapital sukzessiv abgerufen werden soll. 193

Als ein solcher praxisrelevanter Anwendungsbereich des § 55a GmbHG lässt sich hier die Bedienung von ausgegebenen Wandlungsrechten (z.B. aus Schuldverschreibungen) diskutieren. Da die §§ 184 ff. AktG zur Interpretation des § 55 GmbHG herangezogen werden können, kann dies entsprechend für Genussrechte gelten. Werden z.B. Genussrechte ausgegeben, die jederzeit auf Verlangen der Genussrechteinhaber in Geschäftsanteile umgewandelt werden können, so erscheint es praktikabel, von vornherein im Gesellschaftsvertrag die Ausnutzung genehmigten Kapitals bis zu einer bestimmten Höhe durch die Geschäftsführer zuzulassen, anstatt mehrfach Gesellschafterbeschlüsse über die Kapitalerhöhung zur Realisierung der Umwandlung herbeiführen zu müssen. Dies ist bisher in der Praxis noch nicht oft durchgeführt worden. 194

Es lässt aber vermuten, dass sich diese Konstruktion in der Zukunft immer größerer Beliebtheit erfreuen könnte, insbesondere bei kapitalmarktorientierten großen GmbHs. Auch die Industrie- und Handelskammern haben bisher wenig Erfahrung in der Praxis mit der Anwendung des § 55a GmbHG bzw. können die Praxisrelevanz des § 55a GmbHG noch nicht abschätzen. 195

Starke Zweifel am praktischen Nutzen des genehmigten Kapitals haben *Bayer/Hoffmann* GmbHR 11/2009 R161 f. und *Schelp*, GmbH-StG 2/2013, 58 wegen der untergeordneten Rolle aktienrechtlicher Besonderheiten (a.A. *Eggert* GmbHR 2014, 856 [857, 863] mit Verweis darauf, dass es auch weltweit agierende kapitalistisch strukturierte GmbHs mit hoher Mitgliederzahl gebe). Die Nutzung genehmigten Kapitals im Aktienrecht basiert auf der Reduzierung von Anfechtungsrisiken bei der Durchführung der Hauptversammlung (Bormann/Kauka/Ockelmann/*Bormann* GmbHR, Kapitel 4 Rn. 331). Auch sonst wird vielfach in der Literatur die Schaffung des § 55a GmbHG als weitestgehend fehlgeleitet eingestuft. Auch die Aussage des Rechtsausschusses des Deutschen Bundestags, § 55a GmbHG schaffe die Möglichkeit zur kostensparenden Kapitalerhöhung, da die Ausübung des genehmigten Kapitals keine weitere notariell beurkundete Änderung des Gesellschaftsvertrags erfordere, wird vielfach als unzutreffend angesehen (*Renaud* ZNotP 2010, 203 [207]; *Cramer* GmbHR 2009, 406 [407 f.]). 196

Das genehmigte Kapital ist noch kein Stammkapital, sondern nur die Ermächtigung der Geschäftsführung, an Stelle der Gesellschafterversammlung eine Kapitalerhöhung zu beschließen. Die dann folgenden Schritte Übernahme des erhöhten Kapitals, Leistung der Einlagen sowie Anmeldung und Eintragung zum Handelsregister bleiben unberührt (Lutter/Hommelhoff/*Lutter/Bayer* § 55a Rn. 3). Die Ermächtigung der Geschäftsführer kann auch erst nachträglich durch Beschluss der Gesellschafterversammlung in den Gesellschaftsvertrag aufgenommen werden. Hierfür gelten die §§ 53, 54 ff. GmbHG unmittelbar. 197

198 Da die Erteilung der Ermächtigung zur Kapitalerhöhung stets eine entsprechende Abänderung des Gesellschaftsvertrags gem. §§ 53 ff. GmbHG erfordert, ist für den Beschluss darüber gem. § 53 Abs. 2 S. 1 GmbHG die für die gewöhnliche Satzungsänderung benötigte Mehrheit, d.h. regelmäßig eine Mehrheit von drei Vierteln der abgegebenen Stimmen – es sei denn im Gesellschaftsvertrag ist etwas anderes festgelegt – sowie notarielle Beurkundung erforderlich.

199 **2.** Nur die Geschäftsführung der Gesellschaft insgesamt kann Adressat der Ermächtigung sein, weshalb es nicht zulässig ist, beispielsweise nur einzelnen Geschäftsführern eine entsprechende Befugnis einzuräumen. Die Zustimmung weiterer Personen (wie des Aufsichtsrats im Aktienrecht) ist in § 55a GmbHG nicht vorgesehen, es ist aber möglich, Entsprechendes in der Ermächtigung zu regeln und beispielsweise die Zustimmung bestimmter Gesellschafter – nicht aber außenstehender Dritter – oder eines Aufsichtsrats oder Beirats, etwa als zusätzliche Voraussetzung zu statuieren.

200 Gegen Sacheinlagen dürfen Geschäftsanteile nur ausgegeben werden, wenn die Ermächtigung es ausdrücklich vorsieht, § 55a Abs. 3 GmbHG (s. hierzu auch Muster F 22 [Rdn. F 210]). Ebenso wie im Aktienrecht (hierzu *Hüffer* AktG § 202 Rn. 20), soll es den Geschäftsführern möglich sein, einmalig oder in Tranchen von ihrer Befugnis Gebrauch zu machen (*Wicke* GmbHG § 55a Rn. 13), sofern in der Ermächtigung keine entgegenstehende Bestimmung ausdrücklich enthalten ist. Eine Regelung im Beschluss, welche es erlaubt, das genehmigte Kapital in verschiedenen Teilbeträgen auszunutzen, ist daher nicht zwingend und hat nur klarstellende Funktion.

201 § 55a Abs. 1 S. 2 GmbHG bestimmt, dass der Nennbetrag des genehmigten Kapitals die Hälfte des Stammkapitals, das zur Zeit der Ermächtigung vorhanden ist, nicht übersteigen darf. Maßgebender Zeitpunkt für die Bestimmung des Stammkapitals ist das Wirksamwerden der Ermächtigung durch deren Eintragung im Handelsregister. Wird – was zulässig ist – in der gleichen Gesellschafterversammlung eine andere Kapitalmaßnahme (bspw. eine Kapitalerhöhung) beschlossen, ist diese daher für die Berechnung der Höchstgrenze des genehmigten Kapitals bereits zu berücksichtigen. Im Beschluss muss der Umfang des genehmigten Kapitals genau beziffert werden.

202 Bei nachträglicher Abänderung des Gesellschaftsvertrags kann die Ermächtigung nur für die Dauer von maximal fünf Jahren ab Eintragung der Änderung erteilt werden, § 55a Abs. 2 GmbHG; bei Schaffung des genehmigten Kapitals in der Gründungssatzung gilt die Ermächtigung fünf Jahre ab Eintragung der Gesellschaft, § 55a Abs. 1 S. 1 GmbHG. Die Festsetzung einer kürzeren Frist bleibt den Gesellschaftern unbenommen (*Schnorbus/Donner* NZG 2009, 1241 [1242]). Die Frist ist nur dann gewahrt, wenn bis zu ihrem Ablauf die Durchführung der Kapitalerhöhung wirksam, d.h. im Handelsregister eingetragen, ist. Es genügt also nicht, wenn die Durchführung bis zum Fristablauf beschlossen ist (*Wicke* GmbHG § 55a Rn. 9; *Hüffer* AktG § 202 Rn. 17). Das Muster schlägt einen fixen Endtermin vor, der kompatibel mit § 55a Abs. 1, 2 GmbHG gewählt werden muss. Statt eines konkreten Datums kann auch eine genaue Anweisung zur Bestimmung des Datums vorgesehen werden (z.B. »für fünf Jahre vom Tag der Eintragung an«), wobei die Fristbestimmung dann gem. §§ 187 Abs. 2, 188 Abs. 2 BGB erfolgt.

203 Es kann die Geschäftsführung immer nur ermächtigt, nie aber verpflichtet werden, das Stammkapital zu erhöhen.

204 **3.** Der Formulierungsvorschlag sieht die Kapitalerhöhung durch Ausgabe neuer Geschäftsanteile vor. Vom Wortlaut des § 55a Abs. 1 S. 1 GmbHG (»Ausgabe **neuer** Geschäftsanteile«) her scheint auch nichts anderes möglich zu sein. Mit Blick auf § 55 Abs. 3 GmbHG, nach dem eine Nennwertaufstockung für die ordentliche Kapitalerhöhung unter bestimmten Voraussetzungen zulässig ist, wird in der Literatur die Auffassung vertreten, dass anstelle der Ausgabe neuer Geschäftsanteile die Geschäftsführer bei entsprechender Ermächtigung auch die Aufstockung bestehender Geschäftsanteile vorsehen dürfen, da es dem Gesetzgeber bei der Schaffung des § 55a GmbHG nicht um eine Einschränkung, sondern um eine Erweiterung der Kapitalerhöhungsmöglichkeiten ging (*Priester* GmbHR 2008, 1177 [1179]).

4. Bei Änderung der Höhe des Stammkapitals durch Kapitalerhöhung muss dieses im Gesellschaftsvertrag geändert werden, da die Stammkapitalziffer zwingender Bestandteil des Satzung ist, § 3 Abs. 1 Nr. 3 GmbHG. Sofern man die Auffassung vertritt, dass redaktionelle Änderungen der Satzung ebenfalls nur durch Gesellschafterbeschluss durchführbar sind, steht man vor der Frage, ob dies auch für die Ausnutzung der Kapitalerhöhung und eine damit einhergehenden Erhöhung der Stammkapitalziffer gilt. Nach § 179 Abs. 1 S. 2 AktG können Fassungsänderungen dem Aufsichtsrat übertragen werden. § 55a GmbHG und auch das sonstige GmbHG regelt hierzu nichts. Daher ist wohl in der Ermächtigung der Gesellschafter zur Kapitalerhöhung auch gleichzeitig die Befugnis zur Anpassung der Satzung zu sehen (»Annexkompetenz«), da ansonsten das Institut des genehmigten Kapitals wieder ausgehebelt würde (*Priester* GmbHR 2008, 1177 [1180]). Um hier aber Diskussionen mit dem Registergericht zu vermeiden, ist es für die Praxis sinnvoll, bereits in dem Gesellschafterbeschluss über das genehmigte Kapital eine Befugnis der Geschäftsführer zur entsprechenden Anpassung des Gesellschaftsvertrags aufzunehmen. 205

Ein Vorrang der regulären Kapitalerhöhung vor der Schaffung eines genehmigten Kapitals besteht nicht und es bedarf auch keiner besonderen sachlichen Rechtfertigung für die Ermächtigung zur Kapitalerhöhung. Vielmehr soll durch die Schaffung eines genehmigten Kapitals der unternehmerische Spielraum der Geschäftsführung gestärkt und die Möglichkeit zum flexiblen Handeln am Markt geschaffen werden (*Schnorbus/Donner* NZG 2009, 1241 [1244]). 206

22. Gesellschafterbeschluss über die Schaffung eines genehmigten Kapitals gegen Sacheinlagen unter Ausschluss des Bezugsrechts [1]

Vorbemerkung

Aufbauend auf Muster F 21 (Rdn. F 186 ff.). 207

Muster

[__________] 208

Die Gesellschafter beschlossen sodann was folgt:

1. § __________ des Gesellschaftsvertrags wird durch folgenden neuen Absatz ergänzt:

Die Geschäftsführung ist ermächtigt, das Stammkapital der Gesellschaft bis zum __________ gegen Sacheinlagen [1, 2], einmalig oder mehrmals, durch Ausgabe neuer Geschäftsanteile im Nennbetrag von je __________ um bis zu insgesamt __________ € zu erhöhen. Die Bezugsrechte von bestehenden Gesellschaftern sind ausgeschlossen.

[Alternative:

Bei Kapitalerhöhungen gegen Sacheinlagen zum Zwecke des Erwerbs von Unternehmen, Unternehmensteilen, oder Beteiligungen sind die Geschäftsführer ferner ermächtigt, das Bezugsrecht der bisherigen Gesellschafter auszuschließen.] [3, 4]

Erläuterungen

Literatur: *Cramer,* Das genehmigte Kapital der GmbH nach dem MoMiG, GmbHR 2009, 406; *Eggert,* Weisungsrecht und Vorabbericht beim genehmigten Kapital der GmbH, GmbHR 2014, 856; *Priester,* Genehmigtes Kapital bei der GmbH – Das MoMiG beschert uns einen neuen § 55a GmbHG, GmbHR 2008, 1177.

209 **1.** Auch bei Kapitalerhöhungen durch genehmigtes Kapital besteht grundsätzlich ein gesetzliches Bezugsrecht der Gesellschafter (zu den materiellen Voraussetzungen eines wirksamen Bezugsrechtsausschluss bei genehmigtem Kapital Lutter/Hommelhoff/*Lutter/Bayer* § 55a Rn. 23 und § 55 Rn. 21 ff.; *Cramer* GmbHR 2009, 406 (410); *Priester* GmbHR 2008, 1177 (1182) sowie die Erläuterungen unter Muster F 9 (Rdn. F 114 ff.)). Bezugsberechtigt sind diejenigen Gesellschafter, die im Zeitpunkt des Wirksamwerdens des Beschlusses der Kapitalerhöhung Inhaber von Geschäftsanteilen sind. Dies bedeutet, dass beim genehmigten Kapital für die Gesellschafterstellung auf den Zeitpunkt des Beschlusses der Geschäftsführung abzustellen ist.

210 **2.** Soll die Ausgabe der Geschäftsanteile gegen Sacheinlagen erfolgen, muss dies bereits in der Ermächtigung ausdrücklich vorgesehen sein, § 55a Abs. 3 GmbHG.

211 Es kann bereits die Ermächtigung Bestimmungen zu den Bedingungen der Ausgabe der Geschäftsanteile enthalten (z.B. Festlegung eines Mindestausgabebetrags) und sie kann allgemein zur Sachkapitalerhöhung erteilt oder aber auch beispielsweise auf bestimmte Maßnahmen beschränkt werden (Bsp.: »Die Ausgabe neuer Geschäftsanteile ist nur zulässig, sofern diese als Gegenleistung für … auszugeben sind«).

212 Soll im Rahmen der Sachkapitalerhöhung eine Forderung gegen die Gesellschaft selbst eingebracht werden, wäre zur späteren dinglichen Erfüllung der Einbringungsverpflichtung entweder ein Erlass nach § 397 BGB erforderlich, oder aber es erfolgt eine Abtretung an die Gesellschaft, womit die Forderung durch Konfusion erlischt. Dies aber muss nicht bereits im Beschluß, sondern erst im Einbringungsvertrag geregelt werden.

213 **3.** § 55a GmbHG sagt, anders als § 203 Abs. 2 AktG, nichts zum Ausschluss von Bezugsrechten. Es ist allerdings allgemein anerkannt, dass bei einer ordentlichen Kapitalerhöhung nach § 55 GmbHG unter bestimmten Voraussetzungen das Bezugsrecht ausgeschlossen werden kann (vgl. hierzu nur Lutter/Hommelhoff/*Lutter/Bayer* § 55 Rn. 17 ff.). Die Wege, die das Aktienrecht für den Bezugsrechtsausschluss bei genehmigtem Kapital vorsieht, sollten ebenfalls auf die GmbH übertragen werden können. Das heißt, der dem genehmigten Kapital zugrunde liegende Beschluss (bzw. die Gründungssatzung) kann direkt den Ausschluss des Bezugsrechts vorsehen (Direktausschluss) oder die Geschäftsführer dazu ermächtigen, selbst die Entscheidung über den Ausschluss der Bezugsrechte zu treffen (Ermächtigungsausschluss).

214 **4.** Würde eine Regelung zum Bezugsrechtsausschluss in einem Ermächtigungsbeschluss über die Ausgabe des erhöhten Kapital gegen Sacheinlage gänzlich fehlen, so kann darin dennoch die Ermächtigung der Geschäftsführer zum Ausschluss der Bezugsrechte enthalten sein, da anders eine Kapitalerhöhung nicht durchgeführt werden kann (Lutter/Hommelhoff/*Lutter/Bayer* § 55a Rn. 23). Registergerichte werden dieser Sichtweise nicht unbedingt folgen.

23. Beschlussfassung der Geschäftsführung über die Ausnutzung des genehmigten Kapitals [1, 2]

Vorbemerkung

215 Die Ausübung des genehmigten Kapitals erfordert eine wirksame entsprechende Ermächtigung, die erst mit Eintragung im Handelsregister entsteht. Wird also das genehmigte Kapital durch Satzungsänderung beschlossen, ist diese Satzungsänderung gem. § 54 Abs. 1 S. 1 GmbHG zur Eintragung in das HReg anzumelden. Erst nach Eintragung des genehmigten Kapitals im HReg kann dessen Ausnutzung erfolgen. Zu einem Wegfall der Ermächtigung kann es durch Fristablauf, Ausnutzung des genehmigten Kapitals oder Aufhebung kommen. Ist die Ermächtigung bereits im HReg eingetragen, bedarf es einer erneuten Satzungsänderung, um der Geschäftsführung die Kompetenz zur Kapitalerhöhung wieder zu entziehen; vor Eintragung allerdings genügt zur Aufhebung ein einfacher Gegenbeschluss.

Die Geschäftsführung kann immer nur ermächtigt, nie aber verpflichtet werden, das Stammkapital zu erhöhen, d.h. ein Gebot zur Ausnutzung des genehmigten Kapitals kann nicht festgesetzt werden. Die Geschäftsführung selbst fasst Beschluss über die Ausnutzung des genehmigten Kapitals. 216

Allerdings wird – abweichend von der Rechtslage im Aktienrecht – zum Teil ein Weisungsrecht der Gesellschafter nicht nur hinsichtlich der genauen Bedingungen der Anteilsausgabe, sondern auch hinsichtlich der Ausübung des genehmigten Kapitals angenommen (*Eggert* GmbHR 2014, 856 (861); *Schnorbus/Donner* NZG 2009, 1241 (1244)). 217

Zu den Bedingungen der Ausgabe der Geschäftsanteile kann aber bereits die Ermächtigung Bestimmungen enthalten, z.B. kann sie einen Mindestausgabebetrag festsetzen. Enthält der Ermächtigungsbeschluss aber keine Vorgaben hierzu, entscheidet insoweit die Geschäftsführung in ihrem Beschluss über die Ausnutzung des genehmigten Kapitals. Was die Vorgaben zur Ausstattung der neuen Geschäftsanteile (z.B. mit Nebenverpflichtungen) angeht, besteht solch eine Berechtigung der Geschäftsführung jedoch nicht; enthält der Ermächtigungsbeschluss hierzu keine speziellen Regelungen, darf die Geschäftsführung jedenfalls keine anderen als die bereits ausgestatteten Anteile ausgeben. 218

Gemäß § 54 Abs. 3 GmbHG wird die Kapitalerhöhung aus genehmigtem Kapital erst mit Eintragung im HReg wirksam, was bedeutet, dass bis zu diesem Zeitpunkt die Geschäftsführung ihren Beschluss noch abändern oder gar ganz aufheben kann. 219

Muster

Beschluss der Geschäftsführung [1, 2, 3] zur Ausnutzung des genehmigten Kapitals 220

Die Gesellschafterversammlung hat mit Beschluss vom __________ (UR-Nr. des Notars __________) die Geschäftsführer im Wege der Satzungsänderung bis zum __________ ermächtigt, das Stammkapital durch Ausgabe neuer Geschäftsanteile im Nennbetrag von je __________ gegen Bareinlage, einmalig oder mehrmals, um bis zu insgesamt __________ € zu erhöhen. Die Satzungsänderung ist im Handelsregister eingetragen. Ich/Wir fassen auf dieser Grundlage daher folgenden

Beschluss

1. **Das Stammkapital der Gesellschaft wird von derzeit __________ € um __________ € auf __________ € erhöht.**
2. **Zur Durchführung der Kapitalerhöhung werden __________ [4] neue Geschäftsanteile im Nennbetrag von je __________ € [5] [zum Ausgabebetrag von __________ € [6]] ausgegeben.**
3. **Die in bar zu erbringenden Einlagen auf die neuen Geschäftsanteile sind nach Übernahme in voller Höhe zur Einzahlung auf das Konto der Gesellschaft fällig. Die neuen Geschäftsanteile nehmen vom Zeitpunkt der vollständigen Einzahlung am Gewinn der Gesellschaft teil.**
4. **Zur Übernahme der Geschäftsanteile werden zugelassen. [7]:**

   ____

5. **§ __________ der Satzung wird in Anpassung an die Kapitalerhöhung wie folgt geändert [8]:**

Das Stammkapital der Gesellschaft beträgt __________ €. Es ist in voller Höhe eingezahlt. [9]

[Unterschrift Geschäftsführer]

Erläuterungen

221 **1.** Ob die der Geschäftsführung erteilte Ermächtigung nun tatsächlich ausgenutzt wird, entscheidet diese selbst nach pflichtgemäßem Ermessen. Ebenso wählt sie – innerhalb des ihr in der Ermächtigung gesteckten Rahmens – den Zeitpunkt der Kapitalerhöhung aus.

222 Fehlt eine Ermächtigung der Geschäftsführer, ist die Ermächtigung (wirksam) angefochten, nichtig oder überschreiten die Geschäftsführer den genehmigten Kapitalerhöhungsbetrag, dann kann die Kapitalerhöhung nicht durchgeführt werden, die Eintragung im HReg muss abgelehnt werden. Wird trotz Vorliegens von Mängeln die Ausnutzung des genehmigten Kapitals eingetragen, ist nach Art des Mangels zu unterscheiden: Bei einer bloßen Kompetenzüberschreitung der Geschäftsführer kann, wie im Aktienrecht, von einer Heilung durch Eintragung ausgegangen werden. Hinsichtlich der anderen oben genannten Mängel gilt, dass die Kapitalerhöhung unwirksam und gemäß den Grundsätzen über die fehlerhafte Gesellschaft zu behandeln ist: Die durchgeführte Kapitalerhöhung ist zunächst wirksam, Mängel können aber mit Wirkung ex nunc geltend gemacht werden (hierzu m.w.N. *Schnorbus/Donner* NZG 2009, 1241 (1246)).

223 **2.** Da der Geschäftsführerbeschluss hinsichtlich der Ausübung der Ermächtigung und damit der Kapitalerhöhung – anders als der vorherige Beschluss der Gesellschafterversammlung zur Kapitalerhöhung – formlos möglich ist (*Schnorbus/Donner* NZG 2009, 1241 (1243)), stellt sich die Frage nach dem tatsächlichen Vollzug der Anpassung des Gesellschaftsvertrags. Hier wird es wohl als zulässig anzusehen sein, dass die Geschäftsführer den Notar mit der Anpassung beauftragen können, der im Zuge der Notarbescheinigung für den vollständigen Wortlaut des Gesellschaftsvertrags die Anmeldung beglaubigt (§ 54 Abs. 1 S. 2 GmbHG).

224 **3.** Ein Geschäftsführer entscheidet grundsätzlich durch Entschluss, mehrere Geschäftsführer durch Beschluss (Lutter/Hommelhoff/*Lutter/Bayer* § 55a Rn. 16). Gibt es mehrere Geschäftsführer, ist die Beschlussfassung über die Ausnutzung des genehmigten Kapitals von allen diesen Geschäftsführern zu treffen.

225 Die Bareinlagen auf die neuen Geschäftsanteile sind nach deren Übernahme gem. §§ 56a, 7 Abs. 2 S. 1 GmbHG zu erbringen, es ist dann auf jeden Geschäftsanteil zumindest ein Viertel des Nennbetrags zur Einzahlung fällig. Von der Geschäftsführung können aber wie im vorliegenden Muster auch höhere Einzahlungsbeträge festgesetzt werden.

226 Gemäß § 55a Abs. 3 GmbHG dürfen gegen Sacheinlagen Geschäftsanteile unter Ausnutzung von genehmigtem Kapital nur ausgegeben werden, wenn dies in der Ermächtigung ausdrücklich vorgesehen ist. Von der Geschäftsführung sind dann – sofern nicht bereits in der Ermächtigung selbst geregelt – gem. § 56 GmbHG der genaue Gegenstand der Sacheinlage, die Person, von der er erworben wird, sowie der Nennbetrag des Geschäftsanteils, auf den sich die Sacheinlage bezieht, festzusetzen. Für die Fälligkeit von Sacheinlagen gelten gem. § 56a GmbHG die Regelungen in § 7 Abs. 3 GmbHG.

227 **4.** Der Beschlussinhalt muss sich innerhalb des durch die Ermächtigung gesteckten Rahmens bewegen. Zum zwingenden Inhalt gehört der Betrag der Kapitalerhöhung – wobei die Festsetzung eines Höchstbetrags genügt – sowie Anzahl und Stückelung der neuen Geschäftsanteile. Die Anzahl der ausgegebenen neuen Geschäftsanteile muss multipliziert mit dem Nennbetrag der Höhe des ausgenutzten genehmigten Kapitals entsprechen.

228 **5.** Der Nennbetrag muss dem im Gesellschafterbeschluss festgelegten Nennbetrag entsprechen und im Beschluss enthalten sein. Weiter sind, je nach Inhalt der Ermächtigung, die Ausgabebedingungen der Geschäftsanteile sowie ihre Gewinnberechtigung und sonstige Ausstattung festzusetzen, sofern eben nicht bereits die Gesellschafterversammlung dies in ihrer Ermächtigung geregelt hat. Liegen keine abweichenden Bestimmungen vor, nehmen die neuen Geschäftsanteile voll am Gewinn des bei Handelsregistereintragung laufenden Geschäftsjahres teil (*Scholz/Priester* § 55 Rn. 28)

6. Wenn die Geschäftsanteile nicht zum Nennwert ausgegeben werden sollen, muss der Ausgabekurs bereits im Ermächtigungsbeschluss als zulässige Weisung an die Geschäftsführer enthalten sein. 229

7. Auch bei einer Kapitalerhöhung durch genehmigtes Kapital muss bestimmt werden, wer zur Übernahme der neuen Geschäftsanteile berechtigt ist bzw. wer diese erhalten soll. Anders als § 55 Abs. 2 GmbHG sagt § 55a GmbHG hierzu nichts, sondern spricht nur von einer Erhöhung. Die Erhöhung schließt jedoch einen Zulassungsbeschluss notwendigerweise mit ein, womit also die Geschäftsführung auch zur Bestimmung und Aufnahme neuer Gesellschafter ermächtigt ist (so *Priester* GmbHR 2008, 1177 (1181); a.A. *Wicke*, GmbHG § 55a GmbHG Rn. 13, der für die Zulassung der Übernehmer durch die Geschäftsführer eine entsprechende Satzungsermächtigung verlangt). Sieht aber die Satzung bereits selbst den Ausschluss des Bezugsrechts vor, ist dies von der Geschäftsführung zu beachten. 230

8. Nach vollständiger oder teilweiser Ausnutzung des genehmigten Kapitals bedarf es einer Satzungsanpassung. Die Änderung der Kapitalziffer ist in den Beschluss mit aufzunehmen, sofern man davon ausgeht, dass die Geschäftsführung analog § 179 Abs. 1 S. 2 AktG in der Ermächtigung auch zur Satzungsanpassung ermächtigt werden kann. Wird das genehmigte Kapital komplett ausgenutzt, ist auch der Satzungstext zum genehmigten Kapital insgesamt zu streichen, ansonsten bedarf es nur einer Berichtigung der Zahlen. Dies kann entfallen, sofern man der Auffassung ist, dass die automatische Anpassung des Satzungstextes notwendige Folge der Kapitalerhöhung ist (*Döbereiner* Beck´sche Online-Formulare Vertragsrecht, 7.8.12.2.1, Anm. 7.). 231

9. Die genaue Formulierung hängt davon ab, ob der Gesellschaftsvertrag bzw. der Ermächtigungsbeschluss eine volle Einlagepflicht vorsieht oder bereits ein Viertel des Nennbetrags ausreicht. Denn anders als im Aktienrecht (§§ 182 Abs. 4, 203 Abs. 3 AktG) ist bei einer GmbH auch dann eine Kapitalerhöhung möglich, wenn das bisherige Stammkapital nicht vollständig einbezahlt wurde (§§ 56a i.V.m. 7 Abs. 2 GmbHG). 232

Gemäß § 54 Abs. 3 GmbHG wird die Kapitalerhöhung aus genehmigtem Kapital erst mit Eintragung im HReg wirksam. Nach Eintragung und damit Wirksamwerden der Kapitalerhöhung kann lediglich durch eine Kapitalherabsetzung unter den entsprechenden Voraussetzungen (s. dazu Muster F 31 (Rdn. F 300 ff.)) das Stammkapital wieder auf seine bisherige Höhe zurückgeführt werden. 233

24. Übernahmeerklärung bei Ausnutzung des genehmigten Kapitals [1]

Vorbemerkung

Auch beim genehmigten Kapital gehört zu den wesentlichen Schritten der Kapitalerhöhung die Durchführung der Erhöhung mit Übernahme der Anteile. Besonderheiten der Übernahmeerklärung bestehen aber nicht (s. zur Übernahmeerklärung daher auch Muster F 12 (Rdn. F 131 ff.)). Auch hier ist der Übernahmevertrag zwischen der kapitalerhöhenden Gesellschaft und dem Übernehmer der Anteile rechtliche Grundlage der Einlagenleistung auf die neu ausgegebenen Geschäftsanteile. Ein solcher Vertrag kommt zustande mit der Übernahmeerklärung des Übernehmers, für die § 55 Abs. 1 GmbHG gilt, und der damit übereinstimmenden Willenserklärung durch die Gesellschaft, welche aber gem. § 151 BGB dem Übernehmer nicht zugehen braucht (Baumbach/Hueck/*Zöllner/Fastrich* § 55 Rn. 18 ff.). Da die Ermächtigung zur Ausübung des genehmigten Kapitals auch die Ermächtigung zum Abschluss von Übernahmeverträgen umfasst (*Schnorbus/Donner* NZG 2009, 1241 (1245)), kann auf Seiten der Gesellschaft deren Geschäftsführung handeln. Inhalt der Erklärung muss die Übernahme einer – möglicherweise neuen – Mitgliedschaft in der Gesellschaft durch Übernahme eines bestimmten Betrags aus einer bestimmten Kapitalerhöhung sein. Eine bedingte Übernahme ist unzulässig, lediglich eine Verfallsfrist, bis zu welcher die Erhöhung im Handelsregister eingetragen sein muss, darf enthalten sein. 234

Muster

235 **In der Gesellschafterversammlung der ______ GmbH mit Sitz in ______, eingetragen im Handelsregister des Amtsgerichts ______ unter HRB ______, vom ______ wurde(n) gemäß Protokoll (UR-Nr. ______ des Notars ______) im Wege der Satzungsänderung die Geschäftsführer bis zum ______ ermächtigt, das Stammkapital durch Ausgabe neuer Geschäftsanteile im Nennbetrag von je ______ gegen Bareinlage, einmalig oder mehrmals, um bis zu insgesamt ______ € zu erhöhen. Die Satzungsänderung ist im Handelsregister eingetragen.**

Auf dieser Grundlage fassten die Geschäftsführer am ______ den Beschluss, das Stammkapital im Wege der Kapitalerhöhung durch Ausgabe von ______ [Anzahl] neuen Geschäftsanteilen mit Nennwert von ______ € von derzeit ______ € um ______ € auf ______ € zu erhöhen. Die neuen Geschäftsanteile sind ab ______ gewinnbezugsberechtigt und werden gegen Bareinlage [zu nominal] ausgegeben. Die Einlagen auf die neuen Geschäftsanteile sind mit Übernahme in voller Höhe zur Einzahlung auf das Konto der Gesellschaft fällig [1] [2].

Zur Übernahme neuer Geschäftsanteile wurden die Gesellschafter sowie folgende weitere Personen zu folgenden Nennbeträgen zugelassen (Bezugsrecht); [3]

a) ______

b) ______

c) ______

Die Übernahme neuer Geschäftsanteile ist bis zum ______, bei der Gesellschaft eingehend, in notarieller Form zu erklären.

______

______ [Name des Gesellschafters/des Übernehmenden]

übernimmt hiermit ______ Geschäftsanteil(e) im Nennbetrag von [je] ______ €

insgesamt

______ €

entsprechend den Bedingungen des Kapitalerhöhungsbeschlusses, die dem Unterzeichner/den Unterzeichnern bekannt sind.

______

______

Erläuterungen

236 **1.** Die Übernahmeerklärung betr. ein Gesellschaftsanteil bedarf grds. der notariellen Beglaubigung, § 55 Abs. 1 GmbHG. Wird die Übernahme gleichzeitig mit in die Urkunde zur Kapitalerhöhung aufgenommen – was bei einer Erhöhung aus genehmigtem Kapital eher die Ausnahme sein dürfte, da die Ausnutzung des genehmigten Kapitals durch die Geschäftsführer nicht der notariellen Beurkundung bedarf – kann dies kostenmäßige Nachteile auslösen: statt einer bloßen Beglaubigungsgebühr nach Nr. 25100 GNotKG (sofern der Notar nicht auch den Entwurf fertigt) entsteht bei Aufnahme in die Niederschrift eine 1,0 n. Nr. 21200 Beurkundungsgebühr nach § 36 KostO.

Die Übernahmeerklärung bei der Sacheinlage weist mit den erforderlichen Angaben nach § 56 Abs. 1 GmbHG (s. dazu auch Muster F 17 (Rdn. F 163)) Besonderheiten auf. Wird die Ermächtigung in Tranchen ausgenutzt und werden dabei nicht in jeder Tranche auch Geschäftsanteile gegen Sacheinlagen ausgegeben, so sind diese Angaben nur im Rahmen derjenigen Tranche zu machen, in der eine Sachkapitalerhöhung erfolgt (*Döbereiner* Beck´sche Online-Formulare Vertragsrecht, 7.8.12.3.3, Anm. 2.). 237

2. In der Übernahmeerklärung muss sowohl die Gesellschaft als auch die konkrete Kapitalerhöhungsmaßnahme bestimmbar beschrieben sein. Auch die Angabe des Nennbetrags des jeweils übernommenen Geschäftsanteils ist notwendig. 238

3. Das Muster wäre z.B. entsprechend anzupassen, wenn nur die Gesellschafter im Verhältnis ihrer Beteiligung Bezugsberechtigte wären. Eine solche Klausel könnte dann folgendermaßen lauten: Zur Übernahme neuer Geschäftsanteile wurden die Gesellschafter im Verhältnis ihrer Beteiligung an der Gesellschaft zugelassen (Bezugsrecht). Die Übernahme neuer Geschäftsanteile ist bis zum [...], bei der Gesellschaft eingehend, in notarieller Form zu erklären. Die Gesellschafter sollen zugleich mit der Übernahme erklären, ob und bis zu welcher Höhe sie weitere Geschäftsanteile zu übernehmen bereit sind, die nicht von anderen Gesellschaftern aufgrund ihres Bezugsrechts übernommen worden sind. Nicht ausgeübte Bezugsrechte von Gesellschaftern fallen den anderen, ihre Bezugsrechte in voller Höhe ausübenden Gesellschaftern im Verhältnis ihrer jeweiligen Beteiligung an der Gesellschaft zu. Diese Bezugsrechte sind nach schriftlicher Mitteilung der Geschäftsführung über ihre Verfügbarkeit durch notariell beglaubigte Übernahmeerklärung bis zum [...] auszuüben. 239

25. Anmeldung der Kapitalerhöhung aus genehmigtem Kapital zum Handelsregister [1]

Vorbemerkung

Die Kapitalerhöhung – auch die aus genehmigtem Kapital – wird gem. § 54 Abs. 3 GmbHG erst mit der Eintragung im Handelsregister wirksam. Gemäß §§ 57a, 9c GmbHG prüft das Registergericht, ob die Kapitalerhöhung ordnungsgemäß vorgenommen, durchgeführt und angemeldet worden, also in materieller und formeller Sicht rechtmäßig ist. 240

Es ist nicht möglich, die Anmeldung der Ausnutzung des genehmigten Kapitals mit der Anmeldung seiner Schaffung zu verbinden, da die Ausnutzung des genehmigten Kapitals eine wirksame entsprechende Ermächtigung erfordert, die aber erst mit Eintragung im Handelsregister entsteht. 241

Mit der – konstitutiven – Eintragung der Durchführung der Erhöhung des Stammkapitals im HReg ist dieses erhöht und die Übernehmer werden Gesellschafter mit allen mitgliedschaftlichen Rechten und Pflichten (*Wicke* GmbHG § 55a Rn. 16). Die Eintragung ist sodann gem. § 10 HGB bekannt zu machen. 242

Muster

Amtsgericht 243

– Handelsregister –

____________ GmbH

HRB ____________

Handelsregisteranmeldung

Anmeldung der Ausnutzung des genehmigten Kapitals

Die Geschäftsführer sind durch § __________ des Gesellschaftsvertrags ermächtigt/wurden durch Beschluss der Gesellschafterversammlung vom __________ ermächtigt, das Stammkapital der Gesellschaft bis zum __________ durch Ausgabe von Geschäftsanteilen mit einen Nennwert von je __________ € gegen Bareinlagen einmal/mehrmals, jedoch insgesamt um bis __________ € zu erhöhen. [Dabei wurden die Geschäftsführer ermächtigt, das Bezugsrecht auszuschließen] Die Änderung der Satzung wurde am __________ in das Handelsregister eingetragen.

Die Geschäftsführer haben am __________ die (teilweise) Ausnutzung des genehmigten Kapitals in Höhe von __________ € durch die Ausgabe von Geschäftsanteilen gegen Bareinlage beschlossen. Das Stammkapital wir durch Ausgabe von Geschäftsanteilen zum Nennwert von __________ € erhöht. [Das Bezugsrecht der bestehenden Gesellschafter wurde ausgeschlossen.]

Zudem hat die Geschäftsführung am __________ beschlossen, entsprechend ihrer Ermächtigung den Gesellschaftsvertrag an die geänderte Stammkapitalziffer (und das verringerte genehmigte Kapital) anzupassen. [1, 2]

Zur Eintragung in das Handelsregister melden wir an:

Das Stammkapital wird durch (teilweise) Ausnutzung des genehmigten Kapitals durch Ausgabe von __________ Geschäftsanteilen mit einem Nennbetrag von je __________ € von derzeit __________ € gegen Bareinlagen um __________ € auf __________ € erhöht. § __________ der Satzung ist entsprechend geändert.

Versicherung

Wir versichern, dass die neuen Geschäftsanteile entsprechend der Regelung im Gesellschaftsvertrag/Kapitalerhöhungsbeschluss in voller Höhe erbracht sind und die eingezahlten Beträge sich seitdem ungeschmälert zu unserer freien Verfügung befinden. [3]

Anlagen

In der Anlage überreichen wir [4]**:**

1. **eine beglaubigte Abschrift des Geschäftsführungsbeschlusses,**
2. **eine von den Anmeldenden unterschriebene Liste der Übernehmer, aus der sich die Nennbeträge der von jedem Übernehmer übernommenen Geschäftsanteile ergeben,**
3. **eine beglaubigte Abschrift der nach § 55 Abs. 1 GmbHG notariell zu beglaubigenden Übernahmeerklärung der Übernehmer,**
4. **den vollständigen Wortlaut der geänderten Fassung des Gesellschaftsvertrags mit Bescheinigung nach § 54 GmbHG sowie**
5. **eine aktualisierte Liste der Gesellschafter.** [5]

____

____

Erläuterungen

244 **1.** Die beschlossene Erhöhung des Stammkapitals ist gemäß § 57 GmbHG zur Eintragung im Handelsregister anzumelden, nachdem das erhöhte Kapital durch Übernahme von Geschäftsanteilen gedeckt ist. Bei Kapitalmaßnahmen muss die Anmeldung gem. § 78 GmbHG durch alle Geschäftsführer erfolgen, es gelten keine Besonderheiten zur regulären Kapitalerhöhung (s. dazu

Muster F 14 (Rdn. F 145) und F 20 (Rdn. F 179)). Allerdings wird das Registergericht bei der Kapitalerhöhung aus genehmigtem Kapital insbesondere auch prüfen, ob sich die Geschäftsführung an den durch die Ermächtigung gesetzten Rahmen gehalten hat und die gesetzlichen Zulässigkeitsgrenzen eingehalten wurden.

2. Die in der Satzung angegebene Stammkapitalziffer wird mit der Ausübung des genehmigten Kapitals unrichtig und ist daher – als zwingender Bestandteil der Satzung gem. § 3 Abs. 1 Nr. 3 GmbHG – entsprechend anzupassen. 245

Zur Frage der Kompetenz der Geschäftsführung s. Vorb. zu Muster F 26 (Rdn. F 254 ff.). 246

Da diese Frage nicht unumstritten ist, kann vorsorglich bereits in die Satzung eine entsprechende Regelung aufgenommen werden (z.B. »Die Geschäftsführung wird ermächtigt, die Satzungsregelungen über das Stammkapital entsprechend anzupassen. Sofern keine gesetzliche Befugnis zur Anpassung besteht, wird hiermit vorsorglich eine entsprechende Vollmacht unter Befreiung vom Verbot des § 181 BGB erteilt.«, vgl. *Lohr* GmbH-StG 2/2009, 51 (52)). 247

3. Die Anmeldung ist mit der Versicherung gemäß § 57 Abs. 2 GmbHG einzureichen. Sind die Einlagen nicht voll erbracht, muss die Versicherung eine Auflistung der bisher geleisteten Geldbeträge der Gesellschafter enthalten sowie die Versicherung, dass das bisher von den Übernehmern eingezahlte Kapital jeweils einem Viertel des übernommenen Nennbetrags entspricht (§ 7 Abs. 2 GmbHG). 248

4. Aus § 57 Abs. 3 ergeben sich die der Anmeldung beizufügenden Unterlagen. Regelmäßig sind dies bei der Anmeldung der Ausnutzung des genehmigten Kapitals die gleichen wie bei einer regulären Kapitalerhöhung, soweit sich nicht aus dem Wesen des genehmigten Kapitals etwas anderes ergibt (*Wicke* GmbHG § 55a Rn. 15). Statt des Beschlusses der Gesellschafterversammlung sollte der Beschluss der Geschäftsführung – welcher nicht zu beurkunden ist (s. dazu Muster F 23 (Rdn. F 220)) – beigefügt werden, um so dem Registergericht seine Prüfung der Einhaltung des Ermächtigungsrahmens innerhalb der Prüfung der ordnungsgemäßen Vornahme und Durchführung der Kapitalerhöhung zu ermöglichen. Teilweise wird dies aber als nicht nötig empfunden für den Fall, dass die notwendigen Angaben bereits in der Anmeldung vollständig enthalten sind (*Wicke* GmbHG § 55a Rn. 15). 249

Für den Fall, dass das genehmigte Kapital gegen Sacheinlagen ausgenutzt wird, sind gemäß § 57 Abs. 3 Nr. 3 GmbHG die geschlossenen Einbringungsverträge der Anmeldung ebenfalls beizufügen. In diesem Fall kann die Eintragung allg. Regeln folgend abgelehnt werden, wenn die Sacheinlagen – nicht nur unwesentlich – überbewertet sind. 250

5. Mangels gesetzlicher Regelung ist offen, ob auch der Ausnutzungsbeschluss der Geschäftsführer eingereicht werden muss; zur Vermeidung von Rückfragen des Registergerichts ist dies aber empfehlenswert. Gemäß § 40 Abs. 1 GmbHG haben die Geschäftsführer eine aktualisierte Liste der Gesellschafter beim Handelsregister einzureichen. Da die Ausgabe des neuen Kapitals ohne Mitwirkung eines Notars erfolgt, ist fraglich, ob § 40 Abs. 2 GmbHG anwendbar ist. Zwar ist der Notar an der Beschlussfassung über die Schaffung eines genehmigten Kapitals und an der Beglaubigung der Unterschriften unter der Übernahmeerklärung beteiligt, den Beschluss der Geschäftsführung wird er aber in den seltensten Fällen erstellen, geschweige denn beurkunden oder beglaubigen. Zum Teil wird vertreten, dass der Notar, der die Unterschriften unter der Anmeldung der Durchführung beglaubigt hat und mit deren Übermittlung zum Handelsregister beauftragt wurde, für die Erstellung der Liste zuständig sei (*Wicke* GmbHG § 55a Rn. 15; *Heckschen*, Das MoMiG in der notariellen Praxis, E. Rn. 655). Da allerdings die Veränderung durch diese Mitwirkung jedenfalls nicht bewirkt wird, ist diese Ansicht nicht zwingend. Zur Umgehung dieses Streites könnte der Notar in der Praxis eine Liste mit Bescheinigung erstellen und die Geschäftsführer auf dieser zusätzlich unterzeichnen (*Heckschen*, Das MoMiG in der notariellen Praxis, E. Rn. 655). 251

252 Auf Grundlage des Gesetzeswortlauts (»… nach deren Wirksamwerden …«) wird der Notar die Liste aber erst nach der mit Eintragung der Kapitalerhöhung eintretenden Änderung einreichen.

253 Zur Gesellschafterliste s. auch Muster F 15 (Rdn. F 155).

26. Bescheinigung des Notars über die Satzungsänderung bei Ausnutzung des genehmigten Kapitals

Vorbemerkung

254 Die Ausübung des genehmigten Kapitals durch die Geschäftsführung berührt die Satzung in zweierlei Hinsicht. Zum einen wird die Stammkapitalziffer erhöht und – da diese zwingender Bestandteil der Satzung ist – muss die Satzung aufgrund der Kapitalerhöhung geändert werden. Zum anderen wird im Umfang der Erhöhung das zur Verfügung stehende genehmigte Kapital abgeschmolzen; auch dies ist in der Satzung textlich abzubilden.

Muster

255 **Satzungsbescheinigung/Notarieller Bestätigungsvermerk gemäß § 54 Abs. 1 S. 2 GmbHG**

Zu dem vorstehenden Satzungswortlaut bescheinige ich, Notar, gem. § 54 Abs. 1 GmbHG, dass die geänderten Bestimmungen dieser Satzung mit dem Beschluss der Geschäftsführung der X-GmbH vom ______ zur Ausnutzung des genehmigten Kapitals aufgrund der bereits im Handelsregister eingetragenen Ermächtigung der Gesellschafterversammlung vom ______ (UR-Nr. ______) übereinstimmen; ebenso besteht Übereinstimmung zwischen den unveränderten Bestimmungen mit dem zuletzt eingereichten vollständigen Wortlaut des Gesellschaftsvertrages.

Erläuterungen

Literatur: *Priester* Genehmigtes Kapital bei der GmbH – Das MoMiG beschert uns einen neuen § 55a GmbHG, GmbHG 2008, 1177.

256 Nach h.M. ist gem. § 54 Abs. 1 S. 2 GmbHG – wie bei jeder anderen Satzungsänderung auch – eine im Hinblick auf das erhöhte Stammkapital angepasste Satzung, verbunden mit einer Notarbescheinigung zum HReg, einzureichen (*Wicke* GmbHG § 55a Rn. 5; a.A. Roth/Altmeppen/*Roth* GmbHG § 55a Rn. 31).

257 Die Satzungsänderungen, die in Zusammenhang mit der Ausnutzung des genehmigten Kapitals zwingend vorzunehmen sind, werfen dabei besondere Fragen und Probleme auf. Im Aktienrecht können derartige Satzungsänderungen vom Aufsichtsrat vorgenommen werden, wenn dieser hierzu in der Satzung oder durch Beschluss der Hauptversammlung ermächtigt wurde gemäß § 179 Abs. 1 S. 2 AktG, im GmbHG jedoch fehlt es an einer entsprechenden Regelung. Nach einer Auffassung in der Literatur soll es nun beim genehmigten Kapital möglich sein, im Beschluss zur Schaffung des genehmigten Kapitals der Geschäftsführung analog § 179 Abs. 1 S. 2 AktG die Befugnis zur Satzungsänderung zu übertragen (*Wicke* GmbHG § 55a Rn. 5). Nach anderer Ansicht impliziere die Ermächtigung bereits – als Annexkompetenz – die Befugnis zur entsprechenden Anpassung des Gesellschaftsvertrags (*Priester* GmbHG 2008, 1177 [1180]; *Schnorbus/Donner* NZG 2009, 1241 [1245]). Denn andernfalls müsste die Gesellschafterversammlung doch wieder einen notariell beurkundeten Beschluss fassen, was mit dem Institut des genehmigten Kapitals ja auch bei der GmbH gerade vermieden werden sollte. Von wieder anderer Seite wird zur Lösung des

Problems ein Vorratsbeschluss der Gesellschafterversammlung über die Satzungsänderung vorgeschlagen (Ziemons/Jaeger/*Ziemons* Beck'scher Online-Kommentar GmbHG § 55a Rn. 65a).

Wegen der Formlosigkeit des Ausübungsbeschlusses der Geschäftsführung wird nun in der Lite- 258
ratur hinsichtlich des tatsächlichen Vollzugs der Anpassung für (möglicherweise) zulässig erachtet, dass die Geschäftsführer den die Anmeldung beglaubigenden Notar beauftragen können, den genauen Inhalt der Satzungsänderung in der Satzungsbescheinigung (§ 54 Abs. 1 S. 2 GmbHG) zu bestätigen, um ihn so mit der Anpassung zu beauftragen (*Priester* GmbHR 2008, 1177 [1180]; *Wicke* GmbHG § 55a Rn. 5).

V. Kapitalerhöhung aus Gesellschaftsmitteln

27. Gesellschafterbeschluss über eine Kapitalerhöhung aus Gesellschaftsmitteln durch Bildung neuer Geschäftsanteile mit Feststellung des Jahresabschlusses und Gewinnverwendungsbeschluss

Vorbemerkung

Die Kapitalerhöhung aus Gesellschaftsmitteln ist in den §§ 57c bis 57o des GmbHG geregelt. 259
Durch sie wird der Gesellschaft kein neues Kapital zugeführt, sondern lediglich bereits vorhandenes Kapital »umgebucht«. Es handelt sich dennoch um eine »echte« Kapitalerhöhung, bei der ausschüttungsfähiges Vermögen der Gesellschaft in gebundenes Kapital umgewandelt wird und die Gesellschaftsgläubiger entsprechend besser gestellt werden. Die Kapitalerhöhung kann, wie hier im Muster, durch Ausgabe neuer Anteile oder durch die Erhöhung der Nennbeträge der existierenden Anteile (dazu das nachfolgende Muster F 28 (Rdn. F 276)) erfolgen.

Muster

UR-Nr. 260

Verhandelt zu __________ am __________

Vor mir, dem Notar N

mit Amtssitz in __________ erschienen:

A, geboren am __________, wohnhaft __________,

B, geboren am __________, wohnhaft __________,

beide ausgewiesen durch Personalausweis

Die Erschienenen erklärten:

Kapitalerhöhung aus Gesellschaftsmitteln [1]

§ 1 Vorbemerkungen

1. Wir sind die sämtlichen Gesellschafter der im Handelsregister des Amtsgerichts __________ unter HRB __________ eingetragenen Gesellschaft X-GmbH mit Sitz in __________ und inländischer Geschäftsanschrift: __________ – nachstehend auch nur kurz »Gesellschaft« genannt.

2. Das Stammkapital der Gesellschaft beträgt 100.000 € und ist in voller Höhe eingezahlt.

3. An dem Stammkapital sind die Gesellschafter wie folgt beteiligt:

A: Geschäftsanteil Nr. 1 zu 30.000 €,

B: Geschäftsanteil Nr. 2 zu 70.000 €.

4. Damit ist das gesamte Stammkapital vertreten.

§ 2 Gesellschafterversammlung

1. Unter Verzicht auf die Einhaltung aller durch Gesetz oder Gesellschaftsvertrag vorgeschriebenen Formen und Fristen für die Auslage von Unterlagen sowie für die Einberufung, Ankündigung und Durchführung einer Gesellschafterversammlung wird hiermit eine außerordentliche Gesellschafterversammlung der Gesellschaft abgehalten und einstimmig mit allen Stimmen beschlossen:

2. Der von der Geschäftsführung aufgestellte Jahresabschluss für das Geschäftsjahr bis zum 31.12.2015 wird festgestellt. Der Jahresabschluss ist von dem, auf der Gesellschafterversammlung vom __________ gewählten, Abschlussprüfer __________ mit dem uneingeschränkten Prüfungsvermerk versehen worden. Er weist einen Jahresüberschuss in Höhe von 120.000 € aus. [2, 3]

3. Es wird beschlossen, davon 20.000 € an die Gesellschafter auszuschütten. Es wird weiter beschlossen, die verbleibenden 100.000 € in die Gewinnrücklage einzustellen. Die Jahresbilanz weist damit eine Gewinnrücklage von 100.000 € aus.

4. Es wird weiter beschlossen: Das Stammkapital der Gesellschaft wird auf Grundlage der Jahresbilanz zum 31.12.2015 durch Umwandlung eines Teils der Gewinnrücklage in Höhe von 50.000 € in Stammkapital (Kapitalerhöhung aus Gesellschaftsmitteln) von 100.000 € um 50.000 € (in Worten: Euro fünfzigtausend) auf insgesamt 150.000 € (in Worten: Euro einhundertfünfzigtausend) erhöht. [4] **Die Kapitalerhöhung erfolgt durch die Bildung neuer Geschäftsanteile.** [5]

5. Abschnitt 4.1 des Gesellschaftsvertrages wird wie folgt neu gefasst:

»4.1 Stammkapital

Das Stammkapital der Gesellschaft beträgt 150.000 € (in Worten: Euro einhundertfünfzigtausend) und ist voll eingezahlt.«

6. Die Kapitalerhöhung erfolgt durch Ausgabe der folgenden neuen Geschäftsanteile, wie folgt an: [6, 7, 8]

Neue Geschäftsanteile	Lfd. Nr.	Gesellschafter
ein Geschäftsanteil im Nennbetrag von15.000 €	3	A
ein Geschäftsanteil im Nennbetrag von35.000 €	4	B
Gesamt:50.000 €		

7. Die neuen Geschäftsanteile sind von Beginn des Geschäftsjahres an, in dem die Eintragung der Kapitalerhöhung im Handelsregister erfolgt, gewinnberechtigt. [9]

8. Damit ist die Gesellschafterversammlung beendet. Weiteres [10] **wurde nicht beschlossen.**

§ 3 Hinweise, Vollmacht, Kosten

1. Der Notar hat darauf hingewiesen, dass:

die Kapitalerhöhung nach dem Gesetz erst mit ihrer Eintragung in das Handelsregister wirksam wird.

2. Die Mitarbeiter der Notare N und M mit Amtssitz in __________, Herr X, Frau Y und Herr Z, alle büroansässig __________, werden ohne Auftrag und unter Ausschluss jeglicher persönlicher Haftung bevollmächtigt, jeder einzeln, befreit von § 181 BGB, mit Recht zur Erteilung von Untervollmacht, die Erklärungen in dieser Urkunde durch Erklärung vor dem Notar, dessen Sozius oder Stellvertreter zu berichtigen, zu wiederholen, zu ergänzen und abzuändern. Die Vollmacht erlischt mit der Eintragung der hier beurkundeten Vorgänge in das Handelsregister.

3. Die mit dieser Urkunde verbundenen Kosten [11] und Steuern trägt die Gesellschaft.

Diese Niederschrift wurde den Erschienenen vom Notar [12, 13] vorgelesen, von ihnen genehmigt und von ihnen und dem Notar eigenhändig wie folgt unterschrieben:

Template

Deed No. 261

Heard in __________ on __________

Before me, the notary N

with office in __________ appeared:

A, born on __________, resident at __________,

B, born on __________, resident at __________,

both identified by identity card

The parties appearing declared:

Capital Increase from Company Funds [1]

Section 1 Preamble

1. We are all the shareholders of the company X-GmbH, registered with the commercial register of the Local Court of __________ under HRB __________ with place of business in __________ and domestic business address: __________ – hereinafter also referred to as »Company«.

2. The share capital of Company amounts to EUR 100,000 and was fully paid in.

3. The shareholders hold shares in the share capital as follows:

A: Company Share no. 1 – EUR 30,000,

B: Company Share no. 2 – EUR 70,000.

4. Accordingly, the entire share capital is represented.

Section 2 General Meeting

1. Waiving any and all formal and time-related requirements under the law or the articles of association for the issuance of documents and the convocation, notice and holding of a general meeting, we hereby hold an extraordinary general meeting of Company and decide unanimously with all votes:

2. The annual financial statement for the business year ending on 31 December 2015 as prepared by the management is approved. The annual financial statement has been affixed with the unlimited certificate of audit of the auditor __________,

selected by the general meeting held on ___________. The annual financial statement lists an annual net profit of EUR 120,000. [2, 3]

3. It is decided to disburse EUR 20,000 thereof to the shareholders. Furthermore, it is decided that the remaining EUR 100,000 are to be retained as reserve. Accordingly, the annual financial statement sets out a retained profit of EUR 100,000.

4. Additionally, it is also decided: Based on the annual balance sheet as of 31 December 2015, the share capital of Company is increased by conversion of part of the retained profit of EUR 50,000 into share capital (capital increase from company funds), by EUR 50,000 (in words: fifty thousand euro) from EUR 100,000 to a total of EUR 150,000 (in words: one hundred fifty thousand euro). [4] The capital increase is effected by creating new company shares. [5]

5. Section 4.1 of the articles of association is reworded as follows:

»4.1 Share capital

The share capital of Company amounts to EUR 150,000 (in words: EUR one hundred fifty thousand) and is fully paid in.«

6. The capital increase is effected by the issuance of the following new company shares as follows to: [6, 7, 8]

New company shares	Seq. number	Shareholder
a company share with a nominal value of EUR 15,000	3	A
a company share with a nominal value of EUR 35,000	4	B
Total: EUR 50,000		

7. The new company shares shall enjoy participation in profit rights from the start of the business year in which the increase of capital is registered with the commercial register. [9]

8. The general meeting is hereby concluded. No other [10] decisions were made.

Section 3 Notes, Power of Attorney, Costs

1. The notary pointed out that:

the increase of capital is by law only effective once it was registered with the commercial register.

2. The employees of the notaries N and M with office in ___________, Mr X, Miss Y, and Mr Z, all with office address at ___________, are without commission and under exclusion of any personal liability authorised, each by themselves and exempted from the limitations of section 181 *BGB* [*Bürgerliches Gesetzbuch*, German Civil Code] and with the right to grant sub-authorisations, to correct, repeat, supplement, and amend the declarations in this deed by declaration towards the notary, the notary's partner or the notary's representative. This authorisation shall end upon the registration of all actions certified herein with the commercial register.

3. The costs [11] and taxes associated with this deed shall be borne by Company.

This record was read to the Parties appearing by the notary [12], was approved by them, and was signed by them and the notary in their own hand as follows:

Erläuterungen

Literatur: Fett/, Spiering Typische Probleme bei der Kapitalerhöhung aus Gesellschaftsmitteln, NZG 2002, 358–368; Schemmann, Asymmetrische Kapitalerhöhung aus Gesellschaftsmitteln, NZG 2009, 241–244.

1. Bei der **Kapitalerhöhung aus Gesellschaftsmitteln** wird das gebundene Kapital vergrößert. Es erfolgt keine Zufuhr von frischem Kapital von außen, sondern eine **bilanzielle Umbuchung** von Rücklagen auf das Stammkapital (Passivtausch). Die §§ 57c bis 57o GmbHG geben insoweit recht detaillierte Regelungen vor. 262

2. Voraussetzung für eine Kapitalerhöhung aus Gesellschaftsmitteln ist zunächst gemäß § 57c Abs. 2 GmbHG, dass der **Jahresabschluss** für das letzte vor der Beschlussfassung über die Kapitalerhöhung abgelaufene Geschäftsjahr **festgestellt** und über die **Ergebnisverwendung** Beschluss gefasst ist. Dies kann entweder bereits zuvor geschehen sein, oder es kann, wie im Muster, in derselben Gesellschafterversammlung vor der Beschlussfassung über die Kapitalerhöhung geschehen (vgl. Baumbach/Hueck/*Zöllner/Fastrich* § 57c Rn. 4, Roth/Altmeppen/*Roth* § 57c Rn. 13). Eine Ausnahme von dieser Reihenfolge ist nach § 57n Abs. 2 GmbHG möglich. Beim Beschluss über die Bildung von Reserven ist § 29 GmbHG zu beachten. Ein Beschluss über die Kapitalerhöhung unter der Bedingung, dass der Jahresabschluss wie erwartet festgestellt und geprüft wird, dürfte nicht zulässig sein (str.; Baumbach/Hueck/*Zöllner/Fastrich* § 57c Rn. 4; a.A. Lutter/Hommelhoff/*Lutter* § 57c Rn. 9). Liegen Jahresabschluss und Ergebnisverwendungsbeschluss nicht vor, ist der Kapitalerhöhungsbeschluss nach h.M. analog § 241 Nr. 3 AktG nichtig (str.; Roth/Altmeppen/*Roth* § 57c Rn. 14 m.w.N.; a.A. Baumbach/Hueck/*Zöllner/Fastrich* § 57c Rn. 5: nur schwebende Unwirksamkeit). 263

3. Dem Kapitalerhöhungsbeschluss ist eine **festgestellte Bilanz** zu Grunde zu legen und zwar entweder die letzte reguläre Jahresbilanz (§ 57e GmbHG) oder eine Zwischenbilanz (»Kapitalerhöhungssonderbilanz« – § 57f GmbHG). Die Bilanz muss gemäß § 57e GmbHG mit dem Prüfvermerk des Abschlussprüfers versehen sein und der Bilanzstichtag darf nicht mehr als acht Monate vor der Anmeldung der Kapitalerhöhung zum Handelsregister liegen. Insoweit schadet jede auch geringfügige Fristüberschreitung (*Wicke* § 57g Rn. 1). Die Verwendung einer Zwischenbilanz bietet sich regelmäßig nur bei Überschreitung der 8-Monatsfrist an. Der ohne zugrunde liegende Bilanz oder auf Grundlage nichtiger Bilanz oder auf Grundlage einer Bilanz ohne Prüfvermerk gefasste Kapitalerhöhungsbeschluss ist analog § 241 Nr. 3 AktG nichtig (Lutter/Hommelhoff/*Lutter* § 57c Rn. 11). Die dem Kapitalerhöhungsbeschluss zu Grunde gelegte Bilanz muss durch die Gesellschafterversammlung festgestellt sein. Ob dies auch konkludent durch Beschlussfassung über den Kapitalerhöhungsbeschluss erfolgen kann, ist streitig, dürfte aber zu bejahen sein (vgl. Roth/Altmeppen/*Roth* § 57f Rn. 2; a.A. Baumbach/Hueck/*Zöllner/Fastrich* § 57f Rn. 12 m.w.N.). 264

4. Die in Stammkapital umzuwandelnden Eigenmittel der Gesellschaft müssen grundsätzlich in dieser Bilanz als **Gewinnrücklagen oder Kapitalrücklagen** ausgewiesen sein oder sie müssen bei einer regulären Jahresbilanz als Grundlage im letzten Ergebnisverwendungsbeschluss diesen zugeführt werden (§ 57d Abs. 1 GmbHG). Sie können gemäß § 57d Abs. 2 GmbHG nicht umgewandelt werden, wenn die Bilanz zugleich einen Verlust oder einen Verlustvortrag ausweist. Stille Reserven müssen vor einer Umwandlung zunächst aufgelöst werden. Andere zweckgebundene Gewinnrücklagen können nur umgewandelt werden, wenn dies ihrem Zweck entspricht. Der Zweck kann aber regelmäßig durch einfachen Gesellschafterbeschluss geändert werden. Eine Umwandlung ist nicht zulässig, wenn die Rücklagen seit Erstellung der zu Grunde gelegten Bilanz aufgezehrt wurden und dies für die Beteiligten erkennbar ist (Roth/Altmeppen/*Roth* § 57d Rn. 11, Baumbach/Hueck/*Zöllner/Fastrich* § 57d Rn. 7). 265

5. Die Kapitalerhöhung kann in Form der **Ausgabe neuer Anteile** oder durch **Erhöhung der Nennwerte** der vorhandenen Anteile erfolgen. Welche Variante gewählt wird, ist im Beschluss anzugeben. Es können auch beide Varianten kombiniert werden, wobei dann ggf. detaillierte Angaben dazu, welcher Geschäftsanteil wie an der Kapitalerhöhung teilnimmt, nötig sind. Der Beschluss muss weiter den genauen Betrag der Kapitalerhöhung enthalten und es muss explizit festgehalten 266 werden, dass die Kapitalerhöhung durch die Umwandlung von Rücklagen erfolgt. Existieren mehrere Gewinnrücklagen oder wird eine Rücklage durch die Umwandlung nicht aufgezehrt, muss der Beschluss deutlich angeben, welche Rücklage zu welchem Teilbetrag zur Umwandlung genutzt wird. Auch muss die dem Beschluss zu Grunde gelegte Bilanz bezeichnet werden.

267 **6.** Werden **neue Geschäftsanteile** geschaffen, stehen diese nach § 57j GmbHG den Gesellschaftern automatisch mit der Wirksamkeit der Kapitalerhöhung zu, und zwar zwingend **im Verhältnis ihrer bisherigen Geschäftsanteile**. Grundsätzlich erhält jeder Gesellschafter für jeden von ihm gehaltenen Geschäftsanteil einen neuen entsprechenden Geschäftsanteil, mit Zustimmung des betroffenen Gesellschafters kann hiervon aber abgewichen werden. Für den neuen Geschäftsanteil gelten dieselben Rechte und Pflichten wie für den jeweiligen Stammgeschäftsanteil. Der Erwerb mehrerer Anteile im Rahmen der Kapitalerhöhung aus Gesellschaftsmitteln durch einen Gesellschafter ist nach dem MoMiG zulässig. Bei Gesellschaften mit vielen in unterschiedlicher Höhe beteiligten Gesellschaftern kann es durch die **proportionale Neuschaffung** von Anteilen dazu kommen, dass Anteile mit Nennbeträgen, die nicht auf volle Euro lauten, entstehen. Für diesen Fall enthält § 57k GmbHG eine Sonderregelung. Alternativ kann aber auch – soweit möglich – der Betrag der Kapitalerhöhung so gewählt werden, dass es zu solchen Euro-Bruchteilen nicht kommt.

268 **7.** Die **Erhöhung der Nennwerte** der vorhandenen Anteile ist alternativ möglich. Bei teileingezahlten Geschäftsanteilen ist sie grundsätzlich nach § 57l Abs. 2 Satz 2 GmbHG die einzige Möglichkeit der Kapitalerhöhung aus Gesellschaftsmitteln. Insoweit ist auch § 57h Abs. 2 Satz 2 GmbHG zu beachten, der verhindern soll, dass durch die proportionale Erhöhung Spitzenbeträge unterhalb eines vollen Euros entstehen. Dementsprechend ist der Betrag der Kapitalerhöhung zu wählen.

269 **8.** Der **automatische Erwerb der neuen Geschäftsanteile** führt dazu, dass Erschwerungen des Erwerbs ebenso wie durch den Beschluss festgelegte Abtretungsverpflichtungen nicht zulässig sind. Auch eigene Geschäftsanteile nehmen an der Erhöhung teil (§ 57l Abs. 1 GmbHG).

270 **9.** Der Beschluss kann eine von der Regelung des § 57n Abs. 1 GmbHG abweichende Bestimmung zur **Gewinnbeteiligung der neuen Anteile** vorsehen, ansonsten gilt die dortige Regelung.

271 **10.** Die Kapitalerhöhung aus Gesellschaftsmitteln kann auch mit einer effektiven Kapitalerhöhung aus Fremdmitteln kombiniert werden, es müssen allerdings insoweit separate Beschlüsse gefasst werden, um Klarheit darüber herzustellen, welche Mittel für welche Erhöhung verwendet werden (vgl. *Fett/Spiering*, NZG 2002, 358 (368)). Eine Kapitalerhöhung aus Gesellschaftsmitteln kommt insbesondere beim Übergang einer UG (haftungsbeschränkt) zur regulären GmbH in Betracht (vgl. § 5a Abs. 3 Nr. 1 GmbHG und in diesem Zusammenhang auch BGH NJW 2011, 1881 ff.).

272 **11.** **Steuerpflichten** für Gesellschaft oder Gesellschafter ergeben sich aus der Kapitalerhöhung aus Gesellschaftsmitteln nicht. Die Erhöhung ist gemäß § 4 KapErhStG dem Finanzamt binnen zwei Wochen anzuzeigen.

273 **12.** Der Beschluss über die Kapitalerhöhung ist eine **Gesellschaftsvertragsänderung** und unterfällt daher den für diese geltenden Regelungen, was § 57c Abs. 4 GmbHG bestätigt. Er bedarf der notariellen Beurkundung und der Zustimmung von drei Vierteln der auf der Gesellschafterversammlung abgegebenen Stimmen gemäß § 53 Abs. 2 GmbHG, wenn der Gesellschaftsvertrag keine erhöhten Anforderungen stellt.

274 **13.** Für die Beurkundung des Beschlusses über die Kapitalerhöhung fällt eine 2,0-Gebühr nach KV-Nr. 21100 GNotKG an. Der Wert bestimmt sich nach §§ 108 Abs. 1, 105 Abs. 1 GNotKG (Erhöhungsbetrag, mindestens EUR 30.000 – ausgenommen bei UG (haftungsbeschränkt)). Weitere gegenstandsverschiedene Beschlüsse (z.B. über sonstige Gewinnverwendung) sind gesondert zu bewerten und erhöhen entsprechend den insgesamt anzusetzenden Geschäftswert (§ 35 Abs. 1 GNotKG).

28. Gesellschafterbeschluss über eine Kapitalerhöhung aus Gesellschaftsmitteln durch Aufstockung der bisherigen Geschäftsanteile

Vorbemerkung

Die Kapitalerhöhung aus Gesellschaftsmitteln ist in den §§ 57c bis 57o des GmbHG geregelt. Durch sie wird der Gesellschaft kein neues Kapital zugeführt, sondern lediglich bereits vorhandenes Kapital »umgebucht«. Es handelt sich dennoch um eine »echte« Kapitalerhöhung, bei der ausschüttungsfähiges Vermögen der Gesellschaft in gebundenes Kapital umgewandelt wird und eine entsprechende Besserstellung der Gesellschaftsgläubiger erreicht wird. Die Kapitalerhöhung kann, wie hier im Muster, durch die Erhöhung der Nennbeträge der existierenden Anteile oder durch Ausgabe neuer Anteile (dazu das vorstehende Muster F 27 (Rdn. F 260)) erfolgen. 275

Muster

UR-Nr. 276

Verhandelt zu __________ am __________

Vor mir, dem Notar __________

mit Amtssitz in __________ erschienen:

A, geboren am __________, wohnhaft __________,

B, geboren am __________, wohnhaft __________,

beide ausgewiesen durch Personalausweis.

Die Erschienenen erklärten:

Kapitalerhöhung aus Gesellschaftsmitteln

§ 1 Vorbemerkungen

1. Wir sind die sämtlichen Gesellschafter der im Handelsregister des Amtsgerichts __________ unter HRB __________ eingetragenen Gesellschaft X-GmbH mit Sitz in __________ und inländischer Geschäftsanschrift: __________ – nachstehend auch nur kurz »Gesellschaft« genannt.

2. Das Stammkapital der Gesellschaft beträgt 100.000 € und ist in voller Höhe eingezahlt.

3. An dem Stammkapital sind die Gesellschafter wie folgt beteiligt:

A: Geschäftsanteil Nr. 1 zu 30.000 €,

B: Geschäftsanteil Nr. 2 zu 70.000 €.

4. Damit ist das gesamte Stammkapital vertreten.

5. In der Gesellschafterversammlung vom __________ ist der Jahresabschluss zum 31.12.2015 festgestellt und über die Verwendung des Jahresüberschusses beschlossen worden. Die Jahresbilanz beinhaltet eine Gewinnrücklage in Höhe von 50.000 €. Der Jahresabschluss ist von den auf der Gesellschafterversammlung vom __________ gewählten Abschlussprüfern __________ geprüft und mit ihrem uneingeschränkten Prüfvermerk versehen worden.

§ 2 Gesellschafterversammlung

1. Unter Verzicht auf die Einhaltung aller durch Gesetz oder Gesellschaftsvertrag vorgeschriebenen Formen und Fristen für die Auslage von Unterlagen sowie für die Einberufung, Ankündigung und Durchführung einer Gesellschafterversammlung wird hiermit eine außerordentliche Gesellschafterversammlung der Gesellschaft abgehalten und einstimmig mit allen Stimmen beschlossen:

2. Das Stammkapital der Gesellschaft wird auf Grundlage der Jahresbilanz zum 31.12.2015 durch Umwandlung der Gewinnrücklage in Höhe von 50.000 € in Stammkapital (Kapitalerhöhung aus Gesellschaftsmitteln) von 100.000 € um 50.000 € (in Worten: fünfzigtausend Euro) auf insgesamt 150.000 € (in Worten: einhundertfünfzigtausend Euro) erhöht. Die Kapitalerhöhung erfolgt durch die Erhöhung der Nennwerte der vorhandenen Geschäftsanteile. [1, 2, 3]

3. Die Kapitalerhöhung erfolgt durch die Erhöhung der Nennbeträge der vorhandenen Geschäftsanteile, wie folgt:

4. Der Geschäftsanteil Nr. 1 des A in Höhe von 30.000 € wird um 15.000 € auf 45.000 € erhöht.

5. Der Geschäftsanteil Nr. 2 der B in Höhe von 70.000 € wird um 35.000 € auf 105.000 € erhöht.

6. Die neuen Geschäftsanteile sind von Beginn des Geschäftsjahres an, in dem die Eintragung der Kapitalerhöhung im Handelsregister erfolgt, gewinnberechtigt.

7. Abschnitt 4.1 des Gesellschaftsvertrages wird wie folgt neu gefasst:

»4.1 Stammkapital

Das Stammkapital der Gesellschaft beträgt 150.000 € (in Worten: einhundertfünfzigtausend Euro) und ist voll eingezahlt.«

8. Damit ist die Gesellschafterversammlung beendet. Weiteres wurde nicht beschlossen.

§ 3 Hinweise, Vollmacht, Kosten

1. Der Notar hat darauf hingewiesen, dass:

die Kapitalerhöhung nach dem Gesetz erst mit ihrer Eintragung in das Handelsregister wirksam wird.

2. Die Mitarbeiter der Notare N und M mit Amtssitz in __________, Herr X, Frau Y und Herr Z, alle büroansässig __________, werden ohne Auftrag und unter Ausschluss jeglicher persönlicher Haftung bevollmächtigt, jeder einzeln, befreit von § 181 BGB, mit Recht zur Erteilung von Untervollmacht, die Erklärungen in dieser Urkunde durch Erklärung vor dem Notar, dessen Sozius oder Stellvertreter zu berichtigen, zu wiederholen, zu ergänzen und abzuändern. Die Vollmacht erlischt mit der Eintragung der hier beurkundeten Vorgänge in das Handelsregister.

3. Die mit dieser Urkunde verbundenen Kosten und Steuern trägt die Gesellschaft.

Diese Niederschrift wurde den Erschienenen vom Notar vorgelesen, von ihnen genehmigt und von ihnen und dem Notar eigenhändig wie folgt unterschrieben.

Template

Deed No. 277

Heard in ______ on ______

Before me, the notary ______

with office in ______ appeared:

A, born on ______, resident at ______,

B, born on ______, resident at ______,

both identified by identity card.

The parties appearing declared:

Capital Increase from Company Funds

Section 1 Preamble

1. We are all the shareholders of the company X-GmbH, registered with the commercial register of the Local Court of ______ under HRB ______ with place of business in ______ and domestic business address: ______ – hereinafter also referred to as »Company«.

2. The share capital of Company amounts to EUR 100,000 and was fully paid in.

3. The shareholders hold shares in the share capital as follows:

A: Company Share no. 1 – EUR 30,000,

B: Company Share no. 2 – EUR 70,000.

4. Accordingly, the entire share capital is represented.

5. The annual financial statement as of 31 December 2015 was approved at the general meeting on ______ and decisions were made regarding allocation of the annual net profit. The annual balance sheet sets out retained profits of EUR 50,000. The annual financial statement has been audited by the auditors ______, selected by the general meeting held on ______, and was affixed with their unlimited certificate of audit.

Section 2 General Meeting

1. Waiving any and all formal and time-related requirements under the law or the articles of association for the issuance of documents and the convocation, notice and holding of a general meeting, we hereby hold an extraordinary general meeting of Company and decide unanimously with all votes:

2. Based on the annual balance sheet as of 31 December 2015, the share capital of Company is increased by conversion of the retained profit of EUR 50,000 into share capital (capital increase from company funds), by EUR 50,000 (in words: fifty thousand euro) from EUR 100,000 to a total of EUR 150,000 (in words: one hundred fifty thousand euro). The capital increase is effected by increasing the nominal values of the existing company shares. [1, 2, 3]

3. The capital increase is effected by increasing the nominal values of the existing company shares as follows:

4. The nominal value of the company share no. 1 of A of EUR 30,000 is raised by EUR 15,000 to EUR 45,000.

5. The nominal value of the company share no. 2 of B of EUR 70,000 is raised by EUR 35,000 to EUR 105,000.

6. The new company shares shall enjoy participation in profit rights from the start of the business year in which the increase of capital is registered with the commercial register.

7. Section 4.1 of the articles of association is reworded as follows:

»4.1 Share capital

The share capital of Company amounts to EUR 150,000 (in words: one hundred fifty thousand euro) and is fully paid in.«

8. The general meeting is hereby concluded. No other decisions were made.

Section 3 Notes, Power of Attorney, Costs

1. The notary pointed out that:

the increase of capital is by law only effective once it was registered with the commercial register.

2. The employees of the notaries N and M with office in ____________, Mr X, Miss Y, and Mr Z, all with office address at ____________, are without commission and under exclusion of any personal liability authorised, each by themselves and exempted from the limitations of section 181 *BGB* [*Bürgerliches Gesetzbuch*, German Civil Code] and with the right to grant sub-authorisations, to correct, repeat, supplement, and amend the declarations in this deed by declaration towards the notary, the notary's partner or the notary's representative. This authorisation shall end upon the registration of all actions certified herein with the commercial register.

3. The costs and taxes associated with this deed shall be borne by Company.

This record was read to the Parties appearing by the notary, was approved by them, and was signed by them and the notary in their own hand as follows.

Erläuterungen

278 **1.** Die **Kapitalerhöhung aus Gesellschaftsmitteln** kann auch durch Erhöhung der Nennwerte der vorhandenen Anteile erfolgen. Diese Gestaltung kann sinnvoll sein, wenn die **personalistische Struktur** der Gesellschaft aufrechterhalten werden soll (Baumbach/Hueck/*Zöllner/Fastrich* § 57h Rn. 7). Zudem können die beiden Ausgestaltungsmöglichkeiten der Kapitalerhöhung aus Gesellschaftsmitteln, also die Nennwerterhöhung und die Schaffung neuer Anteile, kombiniert werden. Eine Ungleichbehandlung einzelner Gesellschafter insoweit, als bei einigen eine Erhöhung der Nennbeträge ihrer Anteile, bei anderen die Schaffung neuer Geschäftsanteile erfolgt, ist aber nur mit Zustimmung der betroffenen Gesellschafter möglich (*Wicke* § 57h Rn. 3; a.A. Lutter/Hommelhoff/*Lutter* § 57h Rn. 6, Ungleichbehandlung auch aus sachlichen Gründen möglich).

279 **2.** Bei **teileingezahlten Geschäftsanteilen** ist die Erhöhung der Nennbeträge der vorhandenen Geschäftsanteile nach § 57l Abs. 2 Satz 2 GmbHG die einzige Möglichkeit der Kapitalerhöhung aus Gesellschaftsmitteln. Sind teileingezahlte und voll eingezahlte Geschäftsanteile vorhanden, kann bei den voll eingezahlten Anteilen die Kapitalerhöhung auch durch die Ausgabe neuer Anteile erfolgen (§ 57l Abs. 2 Satz 3 GmbHG). Bei der Erhöhung der Nennwerte ist auch § 57h Abs. 2 Satz 2 GmbHG zu beachten, der verhindern soll, dass durch die proportionale Erhöhung Spitzenbeträge unterhalb eines vollen Euros entstehen (Roth/Altmeppen/*Roth* § 57h Rn. 6). Dementsprechend ist

der Betrag der Kapitalerhöhung zu wählen. Die Proportionalität der Erhöhung kann nach § 57j GmbHG nicht verändert werden.

3. Im Übrigen gelten die Anmerkungen zum vorherigen Muster F 27 (Rdn. F 260 ff.) hier entsprechend. 280

29. Anmeldung der Kapitalerhöhung aus Gesellschaftsmitteln zum Handelsregister

Vorbemerkung

Gemäß § 57c Abs. 4 i.V.m. § 54 GmbHG ist die Kapitalerhöhung aus Gesellschaftsmitteln zur Eintragung ins Handelsregister anzumelden. Das Muster enthält die Anmeldung der Änderungen sowohl aus dem Muster F 27 (Rdn. F 260, Bildung neuer Geschäftsanteile) als auch dem Muster F 28 (Rdn. F 276, Aufstockung vorhandener Geschäftsanteile). In der Anmeldung brauchen insoweit keine genaueren Angaben zu Neubildung oder Aufstockung gemacht werden. 281

Muster

An das 282

Amtsgericht __________

– Handelsregister –

HRB __________/X-GmbH/Gesellschaftsvertragsänderung/Kapitalerhöhung

1. Anlagen 1

Anliegend wird überreicht:

- **beglaubigte Abschrift der notariellen Niederschrift über die Gesellschafterversammlung vom __________ – UR.-Nr. des Notars N – enthaltend den Beschluss zur Feststellung des Jahresabschlusses __________, den Beschluss zur Gewinnverwendung und den Beschluss zur Kapitalerhöhung aus Gesellschaftsmitteln,**
- **vollständiger Wortlaut des geänderten Gesellschaftsvertrages nebst Bescheinigung des Notars gemäß § 54 Abs. 1 Satz 2 GmbHG,**
- **Jahresbilanz zum __________ mit dem uneingeschränkten Bestätigungsvermerk der Abschlussprüfer A,**
- **Abschrift des Gesellschafterbeschlusses über die Wahl der Abschlussprüfer A.**

2. Anmeldung [2]

Zur Eintragung in das Handelsregister wird angemeldet:

Das Stammkapital der Gesellschaft ist von 100.000 € um 50.000 € aus Gesellschaftsmitteln auf 150.000 € erhöht worden.

Der Gesellschaftsvertrag der Gesellschaft wurde in Abschnitt 4.1 (Stammkapital) entsprechend geändert.

Die Unterzeichner versichern, dass nach ihrer Kenntnis seit dem Stichtag der dem Kapitalerhöhungsbeschluss zu Grunde gelegten Bilanz bis zum heutigen Tage keine Vermögensminderung der Gesellschaft eingetreten ist, die der Kapitalerhöhung entgegenstünde, wenn diese am heutigen Tage beschlossen worden wäre. [3, 4]

Die Geschäftsanschrift der Gesellschaft ist unverändert: ____________

3. Vollmacht, Nachrichten

Die Notare N und M mit Amtssitz in ____________ sowie deren Vertreter, ____________, werden – ohne Auftrag und Haftung – bevollmächtigt, und zwar jeder einzeln, befreit von den Beschränkungen aus § 181 BGB sowie mit Recht zur Erteilung von Untervollmacht, die Erklärungen in dieser Urkunde zu berichtigen, zu ergänzen und zu ändern.

Jeder der Notare N und M in ____________ sowie deren Vertreter ist/sind bevollmächtigt und ermächtigt, und zwar jeder einzeln, diese Handelsregisteranmeldung sowie alle darin erwähnten oder in Bezug genommenen Dokumente gemäß § 12 HGB mit einfachem elektronischem Zeugnis oder als elektronische Aufzeichnung beim zuständigen Registergericht einzureichen sowie ebenso alle für deren Vollzug etwa weiter notwendigen Handlungen vorzunehmen und Erklärungen abzugeben und entgegenzunehmen.

Nachricht über die Eintragungen in das Handelsregister sowie hiernach Übersendung eines chronologischen beglaubigten Registerauszuges wird an den beglaubigenden Notar erbeten.

(Unterschriften sämtlicher Geschäftsführer) [5, 6, 7, 8, 9]

UR.-Nr.

Hiermit beglaubige ich die vorstehenden, vor mir vollzogenen Namensunterschriften von:

1. A, geboren am ____________, wohnhaft/geschäftsansässig ____________

2. B, geboren am ____________, wohnhaft/geschäftsansässig ____________

– hier jeweils handelnd als Geschäftsführer der X-GmbH, ____________ –, ausgewiesen durch ____________.

____________, den ____________

Notar [10]

Template

283 **To the**

Local Court of ____________

– commercial register –

HRB ____________/X-GmbH/change to articles of association/capital increase

1. Annexes [1]

We hereby submit:

- **certified copy of the notarial record of the general meeting on ____________ – deed no. of the notary N – containing the resolution on approval of the annual financial statement ____________, the resolution regarding the appropriation of profit, and the resolution regarding the capital increase from company funds,**
- **the complete wording of the amended articles of association plus certification of the notary in accordance with section 54 clause 1 second sentence** ***GmbHG [GmbH-Gesetz,*** **Private Limited Companies Act],**

– annual balance sheet as of __________ with the unlimited audit certificate of the auditors A,

– copy of the shareholder resolution regarding the election of the auditors A.

2. Registration [2]

We request registration of the following with the commercial register:

The share capital of Company was increased by EUR 50,000 from EUR 100,000 to EUR 150,000 from company funds.

Section 4.1 (Share capital) of the articles of association of Company was amended accordingly.

The signatories guarantee that to their knowledge, the assets of Company were not reduced since the record date of the balance sheet the capital increase is based on until today which would prevent the capital increase if it had been approved on this day. [3, 4]

The business address of Company remains unchanged: __________

3. Power of Attorney, Notifications

The notaries N and M with office in __________, as well as their representatives __________, are, without commission and liability – granted the authorisation, both by themselves and exempted from the limitations of section 181 *BGB* [*Bürgerliches Gesetzbuch*, German Civil Code] as well as with the right to grant sub-authorisations, to correct, supplement, and change any declarations in this deed.

Each of the notaries N and M in __________ as well as their representatives is/are authorised and entitled, also each by themselves, to submit this request for registration with the commercial register as well as any documents specified or referred to therein in accordance with section 12 *HGB* [*Handelsgesetzbuch*, German Commercial Code] with simple electronic certificate or as electronic record to the responsible register court as well as to undertake any other actions and to make and to receive declarations required for their execution.

A notification of the certifying notary regarding the registration with the commercial register as well as posting of a chronological, certified excerpt of the register is requested.

(Signatures of all Managing Directors) [5, 6, 7, 8, 9]

Deed no.

I hereby certify the above signatures, affixed in my presence, of:

1. A, born on __________, resident at/business address __________

2. B, born on __________, resident at/business address __________

– both here acting as Managing Directors of X-GmbH, __________ –, identified by __________.

__________, on __________

Notary [10]

Erläuterungen

284 **1.** Der Anmeldung sind der Kapitalerhöhungsbeschluss in **elektronisch beglaubigter Form**, eine elektronisch beglaubigte Aufzeichnung der der Kapitalerhöhung zu Grunde gelegten Bilanz, ggf. eine elektronisch beglaubigte Abschrift der Versicherung der Geschäftsführer nach § 57i Abs. 1 Satz 2 GmbHG und eine elektronisch beglaubigte Abschrift des vollständigen Wortlautes des geänderten Gesellschaftsvertrages nebst Notarbescheinigung gemäß § 54 Abs. 1 Satz 2 GmbHG beizufügen. Ist der Kapitalerhöhung eine Zwischenbilanz zu Grunde gelegt, ist auch die letzte Jahresbilanz einzureichen, wenn dies noch nicht geschehen ist. Eine Liste der Übernehmer kann zusätzlich eingereicht werden. Dies ist aber, da keine Übernahme erfolgt, sondern die neuen Geschäftsanteile bzw. die erhöhten Geschäftsanteile den Gesellschaften automatisch dinglich zugeordnet werden, und da § 57i GmbHG anders als § 57 Abs. 3 Nr. 2 GmbHG eine solche nicht vorsieht, nicht nötig (Baumbach/Hueck/*Zöllner*/*Fastrich* § 57i Rn. 12; a.A. *Krafka*/*Willer*/*Kühn*, Rn. 1057) Der Beschluss über die Wahl der Abschlussprüfer, der Beschluss zur Feststellung des Jahresabschlusses und der Beschluss über die Verwendung des Gewinns sollten – soweit möglich – vorsichtshalber mit eingereicht werden. Das Registergericht nimmt insoweit grundsätzlich keine Prüfung vor. Teilweise wird aber vertreten, dass das Gericht den ordnungsgemäßen Ablauf des Verfahrens zur Kapitalerhöhung zu überprüfen habe, so dass die Beschlüsse vorzulegen wären (vgl. *Krafka*/*Willer*/*Kühn*, Rn. 1062; Lutter/Hommelhoff/*Lutter*, § 57i Rn. 8). Die Einhaltung der Acht-Monats-Frist hinsichtlich der zu Grunde gelegten Bilanz ist zwingend bei der Anmeldung zu beachten. Diese Frist wird vom Gericht überprüft.

285 **2.** In der Anmeldung ist die Kapitalerhöhung **schlagwortartig** zu bezeichnen, da mit dem Stammkapital ein Gegenstand des § 10 Abs. 1 GmbHG betroffen ist. Die Kapitalerhöhung sollte als **Kapitalerhöhung aus Gesellschaftsmitteln** bezeichnet werden, auch wenn § 57i Abs. 4 GmbHG direkt nur für die Eintragung gilt (vgl. Baumbach/Hueck/*Zöllner*/*Fastrich* § 57i Rn. 5; Lutter/Hommelhoff/*Lutter*, § 57i Rn. 10).

286 **3.** Nach § 57i Abs. 1 Satz 2 GmbHG müssen die Geschäftsführer gegenüber dem Registergericht eine ausdrückliche **Erklärung** abgeben, dass nach ihrer Kenntnis seit dem Stichtag der zugrunde gelegten Bilanz bis zum Tag der Anmeldung keine Vermögensminderung eingetreten ist, die der Kapitalerhöhung entgegenstünde, wenn diese am Tag der Anmeldung beschlossen worden wäre.

287 **4.** Die **Versicherung der Geschäftsführer** nach § 57i Abs. 1 Satz 2 GmbHG dient dazu, die Frist von bis zu acht Monaten zwischen Bilanzstichtag und Anmeldung der Kapitalerhöhung zu überbrücken. Inhaltlich betrifft die Versicherung die Frage, ob am Tag der Anmeldung ausreichende Rücklagen zur Deckung der Kapitalerhöhung bestehen würden, wenn am Tag der Anmeldung bilanziert würde. Es ist also nicht jede Reduzierung der Rücklagen schädlich, sondern nur eine solche, die dazu führt, dass die Kapitalerhöhung aus den umzuwandelnden Rücklagen nicht mehr gedeckt werden kann (Baumbach/Hueck/*Zöllner*/*Fastrich* § 57i Rn. 6). Die Geschäftsführer müssen inhaltlich erklären, dass nach ihrer Kenntnis die umwandlungsfähigen Rücklagen für die Kapitalerhöhung ausreichen. Eine **rein negative Erklärung**, dass ihnen nicht bekannt ist, dass entsprechende Vermögensminderungen eingetreten sind, reicht nicht aus. Die Geschäftsführer müssen sich des Vorhandenseins umwandlungsfähiger Rücklagen positiv gewiss sein und ggf. eine Prüfung vornehmen (Scholz/*Priester* § 57i Rn. 6; Lutter/Hommelhoff/*Lutter* § 57i Rn. 6). Durch kunstreiche Formulierungen dürfen sie nicht versuchen, sich dieser Verpflichtung zu entziehen (Baumbach/Hueck/*Zöllner*/*Fastrich* § 57i Rn. 7). Die vorsätzlich falsche Versicherung ist gemäß § 82 Abs. 1 Nr. 4 GmbHG **strafbewehrt** und kann über § 823 Abs. 2 BGB zu **Schadensersatzansprüchen** führen. Die Geschäftsführer sollten sich also unmittelbar vor der Abgabe der Versicherung sichere Kenntnisse verschaffen, wozu eine zeitnahe Buchführung erforderlich ist. Die Versicherung muss nicht in der Anmeldung selbst erfolgen, da § 57i Abs. 1 Satz 2 GmbHG insoweit anders gefasst ist als § 57 Abs. 2 GmbHG, sie kann also in eine gesonderte Urkunde ausgelagert werden (vgl. *Wicke* § 57i Rn. 1). Auch die Unterschriften unter einer gesonderten Erklärung bedürfen jedoch ebenfalls der öffentlichen Beglaubigung und auch sie wird elektronisch beglaubigt eingereicht (str.; wie hier

u.a. *Wicke* § 57i Rn. 1; Scholz/*Priester* § 57i Rn. 6 und § 57 Rn. 19; a.A.: Ring/Grziwotz/*Heinemann* § 57i GmbHG Rn. 8 m.w.N. (Schriftform in einfacher Abschrift ausreichend)).

5. Die Anmeldung erfolgt gemäß § 57c Abs. 4 i.V.m. § 54 und § 57i GmbHG durch **sämtliche Geschäftsführer** (§ 78 Abs. 1 GmbHG). Nach § 12 HGB ist die Beglaubigung der Unterschriften erforderlich. Erst mit der Eintragung wird die Kapitalerhöhung wirksam (§§ 57c Abs. 4, 54 Abs. 3 GmbHG). 288

6. Ob die Anmeldung durch **Bevollmächtigte** erfolgen kann, ist streitig. Soweit die Versicherung gemäß § 57i Abs. 1 Satz 2 GmbHG in der Anmeldung mit abgegeben wird, ist eine Stellvertretung nicht möglich, da diese strafbewehrte Pflicht nicht delegiert werden kann. Erfolgt die Versicherung gesondert, ist eine Stellvertretung bei der reinen Anmeldung wohl zulässig (näher Roth/Altmeppen/*Altmeppen* § 78 Rn. 4 f.; Baumbach/Hueck/*Haas* § 78 Rn. 4). 289

7. Die **Anmeldung** kann **sofort** nach der Beschlussfassung über die Kapitalerhöhung erfolgen, da keine weiteren Schritte, wie etwa Übernahmeerklärungen oder Einzahlungen auf das Stammkapital, erforderlich sind. Anderes gilt nur für den Fall, dass die Kapitalerhöhung bedingt beschlossen wurde. 290

8. Die Gesellschafterliste samt Notarbescheinigung gemäß § 40 Abs. 2 GmbHG sollte idealerweise vom Notar auf das Datum der Handelsregistereintragung der Kapitalerhöhung datiert werden und unverzüglich eingereicht werden. Das OLG Jena hat dem Notar in einer Entscheidung (OLG Jena, BeckRS 2010, 18487) erlaubt, die Liste samt Notarbescheinigung bereits auf das Datum des Kapitalerhöhungsbeschlusses zu datieren. Teilweise wird noch weitergehend vertreten, eine **Gesellschafterliste** gemäß § 40 Abs. 2 GmbHG sei bereits mit der Anmeldung einzureichen (*Wicke* § 57i Rn. 1; ähnlich Roth/Altmeppen/*Roth* § 57i Rn. 3a). Dies dürfte nicht zutreffend sein, da die Gesellschafterliste nach dem Wortlaut des § 40 Abs. 1 und 2 GmbHG erst nach Wirksamwerden der Veränderung einzureichen ist; bei einer Kapitalerhöhung also erst nach Eintragung der Kapitalerhöhung in das Register. Der vom OLG Jena gebilligte Weg ist zwar praktisch, aber: Die Liste wird nach der Eintragung der Kapitalerhöhung in das Handelsregister eingestellt, also zu einem Zeitpunkt, in dem die Kapitalerhöhung wirksam ist. Sie wirkt dann für den unbefangenen Leser faktisch auf den Zeitpunkt der Bescheinigung zurück; zwischen dem Zeitpunkt der Bescheinigung und der Eintragung der Kapitalerhöhung ist sie aber inhaltlich falsch. Einen Vorbehalt in die Liste bzw. die Notarbescheinigung aufzunehmen, dass sie erst ab Eintragung der Kapitalerhöhung gelten soll, dürfte unzulässig sein. Trotz dieser Sachlage verlangen diverse Registergerichte im Anmeldeverfahren der Kapitalerhöhung per Zwischenverfügung die Einreichung einer Gesellschafterliste. Dies ist nach dem Gesagten wohl unzulässig. Aus diesem Grunde wurde auf eine solche Liste im Muster verzichtet. 291

9. Das Registergericht ist im Rahmen der Anmeldung nicht befugt, das Vorliegen der Gesellschafterliste zu prüfen. Die Einreichungspflicht bezüglich der Liste ist nicht Teil des Eintragungsverfahrens, eine Verweigerung der Eintragung der Kapitalerhöhung wegen Fehlens der Liste also eigentlich nicht möglich (Baumbach/Hueck/*Zöllner/Fastrich* § 57i Rn. 12). Vorsichtshalber anstelle der Liste der Gesellschafter eine **Liste der Übernehmer** zum Register einzureichen (Beck´sches Formularbuch GmbH-Recht, 1. Aufl. 2010, S. 573) dürfte kein gangbarer Weg sein, da keine Übernehmer existieren, werden die neuen Anteile den Gesellschaftern automatisch zugeordnet (Scholz/*Priester* § 57i Rn. 5). 292

10. Für die reine notarielle Unterschriftsbeglaubigung unter der Registeranmeldung für Kapitalerhöhung entsteht eine 0,2-Gebühr nach KV-Nr. 25100 GNotKG. Entwirft der Notar den Text der Registeranmeldung vollständig, entsteht für den Entwurf eine 0,5-Entwurfsgebühr nach KV-Nr. 24102 GNotKG in Verbindung mit KV-Nr. 21201 Nr. 5 GNotKG. Der Wert bestimmt sich jeweils nach § 105 Abs. 1 GNotKG (Erhöhungsbetrag), mindestens EUR 30.000 – ausgenommen bei UG (haftungsbeschränkt). 293

30. Gesellschafterliste nach Kapitalerhöhung mit Notarbescheinigung (§ 40 Abs. 2 GmbHG)

Vorbemerkung

294 Nach einer Kapitalerhöhung aus Gesellschaftsmitteln ist gemäß § 40 GmbHG eine Liste der Gesellschafter zum Register einzureichen. Das Muster enthält die Liste auf Basis des Gesellschafterbeschlusses aus dem Muster F 27 (Rdn. F 260, Bildung neuer Geschäftsanteile). Die Gesellschafterliste auf Basis des Aufstockungsbeschlusses nach dem Muster F 28 (Rdn. F 276, Aufstockung vorhandener Geschäftsanteile) ist einfacher; dort sind lediglich die aufgestockten Geschäftsanteile Nr. 1 und Nr. 2 zu nennen.

Muster

295 **Notarbescheinigte [1] Liste der Gesellschafter**

der Gesellschaft unter der

Firma X-GmbH

mit Sitz in ____________ (Amtsgericht ____________, HRB ____________)

Gesellschafter der oben angegebenen GmbH sind:

Lfd. Nr.	Gesellschafter (Name, Vorname, Geburtsdatum und Wohnort bzw. Firma und Sitz, Registernummer, Registergericht)	Anzahl Geschäftsanteil(e) und Nominalbetrag pro Geschäftsanteil	Prozentuale Beteiligung am Gesamtkapital pro Geschäftsanteil	Nennbetrag Geschäftsanteil(e) insgesamt in EUR	Prozentuale Gesamtbeteiligung des jeweiligen Gesellschafters am Stammkapital	Veränderungen
1	Max Muster, geboren am __________,	1 Geschäftsanteil zu EUR 30.000,00	20 %	45.000,00	30 %	
	wohnhaft in __________	1 Geschäftsanteil zu EUR 15.000,00	10 %			Entstanden durch Kapitalerhöhung mit Ausgabe neuer Geschäftsanteile

2	**Lisa Muster, geb. Müller, geboren am ____________, wohnhaft in ____________**	**1 Geschäftsanteil zu EUR 70.000,00** **1 Geschäftsanteil zu EUR 35.000,00**	**46,67 %** **23,33 %**	**105.000,00**	**70 %**	 **Entstanden durch Kapitalerhöhung mit Ausgabe neuer Geschäftsanteile**
	Stammkapital insgesamt			**150.000,00**		

Die vorstehende Liste enthält die Veränderungen, die sich aufgrund meiner Urkunde vom ____________ – UR.-Nr. ____________ – ergeben, und stimmt ansonsten mit den Eintragungen der zuletzt im Handelsregister aufgenommenen Gesellschafterliste überein.

Datum [2, 3]: ____________

Notar

Template

List of Shareholders certified by the Notary [1] 296

of the Company under the

name X-GmbH

with place of business in ____________ (Local Court of ____________, HRB ____________)

The shareholders of the above GmbH are:

Seq. number	**Shareholder (Surname, first name, date of birth and address or company name and place of business, register number, register court)**	**Quantity Company share(s) and nominal value of each company share**	**Proportional share in the overall capital per company share**	**Total nominal value of the company share(s) in EUR**	**Proportional share in the overall capital of the respective shareholder**	**Changes**

1	**Max Muster, born on ____________, resident at ____________**	**1 company share of EUR 30,000.00**	**20 %**	**45,000.00**	**30 %**	
		1 company share of EUR 15,000.00	**10 %**			**Generated by capital increase through issue of new company shares**
2	**Lisa Muster, née Müller, born on ____________, resident at ____________**	**1 company share of EUR 70,000.00**	**46.67 %**	**105,000.00**	**70 %**	
		1 company share of EUR 35,000.00	**23.33 %**			**Generated by capital increase through issue of new company shares**
	Totals share capital			**150,000.00**		

The above list contains the changes resulting from my deed dated ____________ – deed no. ____________ – and apart from the above, it corresponds to the entries in the list of shareholders that was last registered with the commercial register.

Date [2, 3]: ____________

Notary

Erläuterungen

297 **1.** An der **Kapitalerhöhung aus Gesellschaftsmitteln** wirkt der **Notar** mit, so dass er die geänderte Liste der Gesellschafter einzureichen hat (*Wicke* § 57i Rn. 1; a.A. offenbar Baumbach/Hueck/*Zöllner/Fastrich* § 57i Rn. 12). Es handelt sich insoweit um eine »normale« Gesellschafterliste, wie sie bei jeder Veränderung im Gesellschafterbestand einzureichen ist (siehe deshalb auch das Muster E 10 (Rdn. E 155 ff. samt Anmerkungen). Bei der Kapitalerhöhung aus Gesellschaftsmitteln ändert sich der **Umfang der Beteiligung** der einzelnen Gesellschafter an der Gesellschaft, wenn ihre Beteiligungsquoten auch gleich bleiben.

298 **2.** Die Gesellschafterliste samt Notarbescheinigung gemäß § 40 Abs. 2 GmbHG sollte vom Notar auf das Datum, unter dem die Kapitalerhöhung in das Handelsregister eingetragen wurde, datiert werden und unverzüglich eingereicht werden. Möglich ist nach einer Entscheidung des OLG Jena (BeckRS 2010, 18487) auch, die Liste bereits unter dem Datum des Kapitalerhöhungsbeschlusses auszustellen (siehe auch oben Muster F 29 Rdn. F 282). Ob die Liste bereits mit der Anmeldung der Kapitalerhöhung zum Handelsregister eingereicht werden kann, ist vom OLG Jena nicht entschieden, dies ist zweifelhaft (dafür *Wicke* § 57i Rn. 1; ähnlich Roth/Altmeppen/*Roth* § 57i

Rn. 3a), dürfte aber nach dem Gesetzeswortlaut abzulehnen sein, da die Kapitalerhöhung **erst mit Eintragung wirksam** wird (siehe dazu auch Anmerkung 8 zu Muster F 29 (Rdn. F 291)).

3. Der beurkundende Notar erhält für die Erstellung der notarbescheinigten Liste eine 0,5-Gebühr nach KV-Nrn. 22110, 22113 und dem Wert des zugrundeliegenden Beurkundungsverfahrens (§ 112 GNotKG) und eine 0,3-Gebühr nach KV-Nr. 22114 für die Erstellung des Strukturdatensatzes zur elektronischen Einreichung beim Handelsregister. Hat der Notar außerhalb der Urkunde die Wirksamkeit des Anteilsübergangs zu prüfen, erhält er zusätzlich die 0,5-Gebühr nach KV-Nr. 22200 nach dem Wert der Anteilsveräußerung (§ 113 GNotKG). 299

VI. Kapitalherabsetzung

31. Beschlussfassung über eine ordentliche Kapitalherabsetzung

Vorbemerkung

Bei der Kapitalherabsetzung wird zwischen der **ordentlichen Kapitalherabsetzung** gemäß § 58 GmbHG und der **vereinfachten Kapitalherabsetzung** gemäß §§ 58a–58 f GmbHG unterschieden. Die vereinfachte Kapitalherabsetzung ist nur zulässig zum Ausgleich von Wertminderungen oder zur Deckung sonstiger Verluste (§ 58a Abs. 1 GmbHG). Der Gläubigerschutz ist dabei dementsprechend geringer ausgeprägt als bei der ordentlichen Kapitalherabsetzung. Die ordentliche Kapitalherabsetzung kann verschiedene Zwecke verfolgen: Die Rückzahlung und der Erlass von Einlagen stellen das praktisch häufigste Motiv dar. Darüber hinaus kann auch bezweckt sein, Rücklagen einzustellen, Gesellschafter abzufinden, eigene Geschäftsanteile zu beseitigen, unwirksame Übernahme- bzw. Beitrittserklärungen zu korrigieren oder eine Unterbilanz zu beseitigen. Für den letztgenannten Zweck wird indes in der Regel die vereinfachte Kapitalherabsetzung gewählt. 300

Muster

Verhandelt am __________ in Hamburg 301

Vor mir, dem Notar __________ mit Amtssitz in __________

erschienen heute

1. Herr/Frau A

geb. am __________ in __________

wohnhaft: __________

ausgewiesen durch __________

2. Herr/Frau B

geb. am __________ in __________

wohnhaft: __________

ausgewiesen durch __________

Die Erschienenen erklärten zu meinem Protokoll: [1]

Gesellschafterversammlung der X – GmbH

I.

Alleinige Gesellschafter der im Handelsregister des Amtsgerichts Hamburg – HRB __________ – eingetragenen Gesellschaft in Firma X – GmbH – nachstehend

auch »Gesellschaft« genannt – sind nach Versicherung der Erschienenen und ausweislich der im Handelsregister aufgenommenen Gesellschafterliste vom ______

1. Herr/Frau A

wohnhaft: ______

mit einem Geschäftsanteil Nr. 1 in Höhe von 50.000 €
und

2. Herr/Frau B

wohnhaft: ______

mit einem Geschäftsanteil Nr. 2 in Höhe von 50.000 €.

Das Stammkapital der Gesellschaft beträgt 100.000 €.

Nach Versicherung der Erschienenen ist der Geschäftsanteil Nr. 1 in voller Höhe und der Geschäftsanteil Nr. 2 zur Hälfte in bar eingezahlt. Die Einlagen sind nicht – auch nicht verdeckt – zurückgewährt worden.

II.

Die Gesellschafter sind erschienen, um eine Gesellschafterversammlung der Gesellschaft abzuhalten. Da in dieser Versammlung das gesamte Stammkapital vertreten ist, können Beschlüsse rechtswirksam gefasst werden. Unter Verzicht auf die Einhaltung der Frist- und Formvorschriften für die Einberufung und Durchführung einer Gesellschafterversammlung beschließen die Gesellschafter:

1. Das Stammkapital der Gesellschaft wird von 100.000 € (in Worten: einhunderttausend Euro) um 50.000 € (in Worten: fünfzigtausend Euro) auf 50.000 € (in Worten: fünfzigtausend Euro) herabgesetzt. [2]

Die Herabsetzung dient der teilweisen Zurückzahlung von Einlagen an die Gesellschafter sowie dem Erlass zu leistender Einlagen. [3]

2. Die Herabsetzung des Stammkapitals wird in der Weise durchgeführt [4]**, dass**

a) an den Gesellschafter A von der auf den Geschäftsanteil Nr. 1 geleisteten Einlage ein Betrag in Höhe von 25.000 € zurückgezahlt wird und

b) dem Gesellschafter B die Verpflichtung zur Leistung der Einlage auf den Geschäftsanteil Nr. 2 in Höhe eines Betrages von 25.000 € erlassen wird.

3. Nach der Herabsetzung des Stammkapitals beträgt der Nennbetrag des Geschäftsanteils

Nr. 1: 25.000 €

und des Geschäftsanteils

Nr. 2: 25.000 €.

4. Der § ______ des Gesellschaftsvertrages wird vollständig neu gefasst und erhält folgenden neuen Wortlaut: [5]

»§ ______

Stammkapital der Gesellschaft

Das Stammkapital der Gesellschaft beträgt 50.000 € (in Worten: fünfzigtausend Euro) und ist in voller Höhe in bar eingezahlt.«

III.

Wir sind von dem beurkundenden Notar insbesondere darauf hingewiesen worden, dass

a) die Kapitalherabsetzung erst mit der Eintragung im Handelsregister wirksam wird, die Eintragung der Kapitalherabsetzung im Handelsregister aber frühestens ein Jahr nach Bekanntmachung des Beschlusses über die Herabsetzung des Stammkapitals in den Gesellschaftsblättern (jedenfalls im Bundesanzeiger) erfolgen kann [6] und

b) die Rückzahlung von Einlagen bzw. der Erlass von Einlageverpflichtungen erst nach dem Wirksamwerden der Kapitalherabsetzung erfolgen darf. [7]

IV.

Der Notar ist beauftragt und bevollmächtigt, diese Urkunde durchzuführen, alle dafür erforderlichen Unterlagen zu beschaffen und die Beteiligten im Registerverfahren uneingeschränkt zu vertreten und zu betreuen, auch mittels notarieller Eigenurkunden.

Vorgelesen, genehmigt und unterschrieben:

Template

Negotiated on __________ in Hamburg 302

Before me, the notary __________ with office in __________

appeared today

1. Mr./Ms.A

born on __________ in __________

resident: __________

identified by __________

2. Mr./Ms.B

born on __________ in __________

resident: __________

identified by __________

The persons appeared declared for my protocol:[1]

Shareholders' Meeting
of X – GmbH

I.

The sole shareholders of X-GmbH – hereinafter referred to as »Company« –, registered with the Commercial Register of the Local Court of Hamburg, under – HRB __________ – after affirmation from the persons appearing and according to the list of shareholders included in the Commercial Register dated __________

1. Mr./Ms.A

resident: ____________

with a share No.1 in the amount of 50,000 €

and

2. Mr./Ms.B

resident: ____________

with a share No.2 in the amount of 50.000 €.

The Company's share capital amounts to 100,000 €.

The persons appeared affirmed that share No. 1 has been paid in cash in full and that half of share No. 2 has been paid in cash. The contributions have not – not even covertly – been returned.

II.

The shareholders have appeared in order to hold a shareholders' meeting of the Company. As the entire share capital is represented in this meeting, resolutions can be passed in a legally effective manner. Waiving all notice and form requirements for the calling and execution of a shareholders' meeting, the shareholders resolve as follows:

1. The Company's share capital is reduced from 100,000 € (in words: one hundred thousand euros) by 50,000 € (in words: fifty thousand euros) to 50,000 € (in words: fifty thousand euros).[2]

The reduction is for the purposes of a partial repayment of contributions to the shareholders as well as the remission of contributions to be paid. [3]

2. The reduction of the share capital is carried out in such a way[4] that

a) an amount of 25,000 € from the contribution paid on share No.1 is repaid to shareholder A

and

b) shareholder B is discharged from the obligation to payment of the contribution on share No.2 in the amount of 25,000 €.

3. After the reduction of the share capital, the nominal values amounted to the following:

Share No.1: 25,000 € and

Share No.2: 25,000 €.

4. Sec. ____________ of the articles of association is completely redrafted and is reworded as follows:[5]

»Sec. ____________

Share capital of the Company

The Company's share capital amounts to 50,000 € (in words: fifty thousand euros) and has been fully paid in cash.«

III.

We have been particularly informed by the attesting notary that

a) the capital reduction does not take effect until it has been entered in the Commercial Register, but that the capital reduction can, however, be entered in the Commercial Register at the earliest one year after publication of the resolution on the reduction of the share capital in the official journals (at least in the Federal Gazette) [6] and

b) the repayment of deposits and the decree of contribution obligations may only take place after the capital reduction has taken effect. [7]

IV.

The notary is instructed and authorised to execute this deed, to obtain all necessary documents and to represent and support the parties in the registration process without restrictions, including the usage of notarial deeds.

Read, approved and signed:

Erläuterungen

Literatur: *Beuthien*, Wofür ist bei einer Kapitalerhöhung Sicherheit zu leisten?, GmbHR 2016, 729; *Fabis*, Vereinfachte Kapitalherabsetzung bei AG und GmbH, MittRhNotK 1999, 170; Halm, Formelle und materielle Erfordernisse der ordentlichen Kapitalherabsetzung im Recht der GmbH, DStR 1997, 1332; *Hohmuth*, Die Kapitalherabsetzung bei der GmbH unter der Geltung des MoMiG, GmbHR 2009, 349; *Kußmaul/Richter/Tcherveniachki*, Die Behandlung der Kapitalherabsetzung anlässlich der Abfindung eines lästigen Gesellschafters einer GmbH, GmbHR 2007, 911; *Ott*, Steuerliche Haftungsgefahren bei Kapitalherabsetzungen und Rückzahlung der Kapitalrücklage, GmbHR 2014, 971; *Reger/Stenze*, Der Kapitalschnitt auf Null als Mittel zur Sanierung von Unternehmen, NZG 2009, 1210; *Temme*, Rechtsfolgen fehlerhafter Kapitalerhöhungen bei der GmbH, RNotZ 2004, 2.

1. Die **Kapitalherabsetzung** als Satzungsänderung muss durch notariell beurkundeten Beschluss 303
erfolgen (§ 53 Abs. 1 und 2 GmbHG). Dafür ist, vorbehaltlich gesellschaftsvertraglicher Bestimmungen (näheres dazu z.B. Baumbach/Hueck/*Zöllner/Noack* § 53 Rn. 61 ff.), eine Dreiviertelmehrheit der abgegebenen Stimmen erforderlich.

2. Der **Herabsetzungsbeschluss** muss angeben, um welchen Betrag das Stammkapital herab- 304
gesetzt werden soll (Baumbach/Hueck/*Zöllner/Haas* § 58 Rn. 18). Empfehlenswert ist daneben auch die Angabe des bisherigen und des künftigen Kapitals. Im Einzelfall kann auch lediglich eine Höchstgrenze des **Herabsetzungsbetrages** bestimmt werden, wobei der Beschluss dann Hinweise auf die endgültige Festlegung des Herabsetzungsbetrages enthalten muss, um hinreichend bestimmt zu sein. Unzulässig ist es, die endgültige Festlegung des Herabsetzungsbetrages in das Ermessen der Geschäftsführung zu stellen (vgl. z.B. Lutter/Hommelhoff/*Lutter/Kleindiek* § 58 Rn. 7; Scholz/*Priester* § 58 Rn. 34; Ulmer/*Casper* § 58 Rn. 27). Das Mindeststammkapital von 25.000 € darf jedoch nicht unterschritten werden (§ 58 Abs. 2 Satz 1 GmbHG). Dies gilt nach h.M. auch für den Fall einer gleichzeitigen Kapitalerhöhung, die diese Unterschreitung wieder beseitigen würde (Lutter/Hommelhoff/*Lutter/Kleindiek* § 58 Rn. 6; Scholz/*Priester* § 58 Rn. 33; Ulmer/*Casper* § 58 Rn. 26; a.A. Baumbach/Hueck/*Zöllner/Haas* § 58 Rn. 4). Im Rahmen der vereinfachten Kapitalherabsetzung bei gleichzeitiger Kapitalerhöhung ist eine solche Unterschreitung dagegen zulässig (§ 58a Abs. 4 GmbHG; vgl. hierzu Muster 37).

3. Notwendiger Inhalt des Beschlusses ist weiterhin die Angabe, zu welchem **Zweck** die Herab- 305
setzung stattfindet (so h.M. vgl. (Lutter/Hommelhoff/*Lutter/Kleindiek* § 58 Rn. 8; Roth/Altmeppen/*Roth* § 58 Rn. 15; Scholz/*Priester* § 58 Rn. 37; Ulmer/*Casper* § 58 Rn. 28; kritisch Baumbach/Hueck/*Zöllner/Haas* § 58 Rn. 20). War der Geschäftsanteil voll eingezahlt, kann die Herabsetzung – sofern nicht die Beseitigung einer Unterbilanz (Muster 37/38) oder eine Anpassung an die Beteiligungsstruktur (Muster 32) gewünscht wird – zum Zwecke der (partiellen) Rückzahlung des

Geschäftsanteils, die zuvor wegen § 30 GmbHG verboten war, oder der Einstellung des Reduktionsbetrages in die Rücklage erfolgen. Bei nicht voll eingezahltem Geschäftsanteil kann zudem ein – anderenfalls nach § 19 Abs. 2 Satz 1 GmbHG unzulässiger – Erlass rückständiger Einzahlungsverpflichtung erfolgen. Bei Verfolgung mehrerer Zwecke sind alle anzugeben.

306 **4.** Eine Herabsetzung des Nennbetrags der Geschäftsanteile ist neben der Kapitalherabsetzung zumindest dann gesondert zu beschließen, wenn keine quotale Kürzung erfolgen soll oder erfolgen kann (Baumbach/Hueck/*Zöllner/Haas* § 58 Rn. 19; Scholz/*Priester* § 58 Rn. 35). Neben dem Regelfall der **quotalen Herabsetzung** der Nennbeträge sämtlicher Geschäftsanteile ist damit eine Herabsetzung zu Lasten bestimmter Geschäftsanteile sowie durch Einziehung von Geschäftsanteilen zulässig. In diesem Fall ist die Zustimmung derjenigen Gesellschafter erforderlich, deren Geschäftsanteile ungleich stärker betroffen sind (Lutter/Hommelhoff/*Lutter/Kleindiek* § 58 Rn. 14). Die Summe der Nennbeträge aller Geschäftsanteile muss nach der Kapitalherabsetzung gemäß § 5 Abs. 3 Satz 2 GmbHG mit der neuen Stammkapitalziffer übereinstimmen (Baumbach/Hueck/*Zöllner/Haas* § 58 Rn. 6).

307 **5.** Ein gesonderter Beschluss zur Neufassung der Satzungsbestimmung über die Höhe des Stammkapitals ist im Falle eines festen Herabsetzungsbetrages wohl entbehrlich (Scholz/*Priester* § 58 Rn. 36; Ulmer/*Casper* § 58 Rn. 31), empfiehlt sich aber bereits aus Klarstellungsgründen.

308 **6.** Bei der ordentlichen Kapitalherabsetzung sind besondere **Gläubigerschutzbestimmungen** zu beachten: Der Kapitalherabsetzungsbeschluss muss von den Geschäftsführern in den Gesellschaftsblättern – gemäß § 12 GmbHG jedenfalls im Bundesanzeiger – bekannt gemacht werden (§ 58 Abs. 1 Nr. 1 GmbHG). Seit der Änderung des § 58 GmbHG zum 01.09.2009 durch das ARUG genügt hierbei die einmalige **Bekanntmachung**. Zugleich muss die Bekanntmachung die Aufforderung an die Gläubiger enthalten, sich bei der Gesellschaft zu melden (vgl. Muster E 33). Die der Gesellschaft bekannten Gläubiger sind ferner durch besondere Mitteilung zur Anmeldung aufzufordern (vgl. Muster E 34). Gläubiger, die sich bei der Gesellschaft melden und der Herabsetzung nicht zustimmen, sind wegen der erhobenen Ansprüche zu befriedigen oder sicherzustellen (§ 58 Abs. 1 Nr. 2 GmbHG). In welcher Höhe Sicherheit zu leisten ist, ist umstritten (vgl. *Beuthien*, GmbHR 2016, 729 m.w.N. zum Meinungsstand). Mit der öffentlichen Bekanntmachung wird sodann das **Sperrjahr** (§ 58 Abs. 1 Nr. 3 GmbHG) in Gang gesetzt. Nach Ablauf eines Jahres seit der öffentlichen Bekanntmachung und ggf. Befriedigung oder Sicherstellung der Gläubiger darf die beschlossene Kapitalherabsetzung zum Handelsregister angemeldet werden. Zu den dabei erforderlichen Angaben nach § 58 Abs. 1 Nr. 4 GmbHG wird auf Muster E 35 verwiesen. Erst mit Eintragung der Kapitalherabsetzung im Handelsregister ist diese wirksam.

309 **7.** Mit **Wirksamkeit der Kapitalherabsetzung** werden die Nennbeträge sämtlicher Geschäftsanteile verhältniswahrend herabgesetzt, es sei denn, der Herabsetzungsbeschluss enthält eine anders lautende Bestimmung hierüber. Die dem Herabsetzungsbetrag entsprechenden Teile des Gesellschaftsvermögens unterliegen nicht mehr der Bindung des § 30 GmbHG. Die ggf. erforderlichen Ausführungshandlungen sind nunmehr von den Geschäftsführern vorzunehmen. Bei zurückzuzahlenden Einlagen entsteht gegen die Gesellschaft mit Eintragung der Kapitalherabsetzung in den Grenzen des § 30 GmbHG ein Rückzahlungsanspruch, beim Erlass von Einlagen sind entsprechende Erlassverträge abzuschließen (Ulmer/*Casper* § 58 Rn. 62; zu den steuerlichen Folgen der Rückzahlung von Einlagen im Rahmen der ordentlichen Kapitalherabsetzung vgl. Ott, GmbHR 2014, 971).

32. Beschlussfassung über eine ordentliche Kapitalherabsetzung mit gleichzeitiger Einziehung eines Geschäftsanteils und ungleichmäßiger Herabsetzung der Geschäftsanteile

Vorbemerkung

310 Die Herabsetzung der Geschäftsanteile muss nicht quotal erfolgen; vielmehr können die Nennbeträge der Geschäftsanteile auch ungleichmäßig herabgesetzt werden (zu den Anforderungen im

Beschluss vgl. Muster F 31, Rdn. F 306). Darüber hinaus ist neben der Durchführung der Kapitalherabsetzung durch Herabsetzung der Nennbeträge der Geschäftsanteile auch die Einziehung von Anteilen (§ 34 GmbHG) möglich.

Muster

Verhandelt am __________ in Hamburg 311

Vor mir, dem Notar __________ mit Amtssitz in __________

erschienen heute

1. Herr/Frau A

geb. am __________ in __________

wohnhaft: __________

ausgewiesen durch __________

2. Herr/Frau B

geb. am __________ in __________

wohnhaft: __________

ausgewiesen durch __________

3. Herr/Frau C

geb. am __________ in __________

wohnhaft: __________

ausgewiesen durch __________

Die Erschienenen erklärten zu meinem Protokoll:

Gesellschafterversammlung der X – GmbH

I.

Alleinige Gesellschafter der im Handelsregister des Amtsgerichts Hamburg – HRB __________ – eingetragenen Gesellschaft in Firma X – GmbH – nachstehend auch »Gesellschaft« genannt – sind nach Versicherung der Erschienenen und ausweislich der im Handelsregister aufgenommenen Gesellschafterliste vom __________

1. Herr/Frau A

wohnhaft: __________

mit einem Geschäftsanteil Nr. 1 in Höhe von 100.000 €

2. Herr/Frau B

wohnhaft: __________

mit einem Geschäftsanteil Nr. 2 in Höhe von 100.000 €

3. Herr/Frau C

wohnhaft: __________

mit einem Geschäftsanteil Nr. 3 in Höhe von 100.000 €.

Das Stammkapital der Gesellschaft beträgt 300.000 €.

Nach Versicherung der Erschienenen sind der Geschäftsanteil Nr. 1 zur Hälfte und die Geschäftsanteile Nr. 2 und Nr. 3 in voller Höhe in bar eingezahlt. Die Einlagen sind nicht – auch nicht verdeckt – zurückgewährt worden.

II.

Die Gesellschafter sind erschienen, um eine Gesellschafterversammlung der Gesellschaft abzuhalten. Da in dieser Versammlung das gesamte Stammkapital vertreten ist [1], können Beschlüsse rechtswirksam gefasst werden. Unter Verzicht auf die Einhaltung der Frist- und Formvorschriften für die Einberufung und Durchführung einer Gesellschafterversammlung beschließen die Gesellschafter:

1. Das Stammkapital der Gesellschaft wird von 300.000 € (in Worten: dreihunderttausend Euro) um 175.000 € (in Worten: einhundertfünfundsiebzigtausend Euro) auf 125.000 € (in Worten: einhundertfünfundzwanzigtausend Euro) herabgesetzt.

Die Herabsetzung erfolgt zum Zwecke des teilweisen Erlasses zu leistender Einlagen (Geschäftsanteil Nr. 1), der teilweisen Zurückzahlung von Einlagen (Geschäftsanteil Nr. 2) sowie der Einziehung eines Geschäftsanteils (Geschäftsanteil Nr. 3).

2. Der Geschäftsanteil Nr. 3 wird gemäß § ____________ der Satzung gegen satzungsmäßige Abfindung eingezogen. C stimmt der Einziehung zu. [2]

3. Die Herabsetzung des Stammkapitals wird in der Weise durchgeführt, dass

a) dem Gesellschafter A die Verpflichtung zur Leistung der Einlage auf den Geschäftsanteil Nr. 1 in Höhe eines Betrages von 50.000 € erlassen wird,

b) an den Gesellschafter B von der auf den Geschäftsanteil Nr. 2 geleisteten Einlage ein Betrag in Höhe von 25.000 € zurückgezahlt wird und

c) das Stammkapital der Gesellschaft um den Nennbetrag des eingezogenen Geschäftsanteils Nr. 3 in Höhe von 100.000 € reduziert wird.

4. Nach der Herabsetzung des Stammkapitals beträgt der Nennbetrag des Geschäftsanteils

Nr. 1: 50.000 €

Nr. 2: 75.000 €

[Nr. 3: eingezogen].

5. Der § ____________ des Gesellschaftsvertrages wird vollständig neu gefasst und erhält folgenden neuen Wortlaut:

»§ ____________

Stammkapital der Gesellschaft

Das Stammkapital der Gesellschaft beträgt 125.000 € (in Worten: einhundertfünfundzwanzigtausend Euro) und ist in voller Höhe in bar eingezahlt.«

III.

Wir sind von dem beurkundenden Notar insbesondere darauf hingewiesen worden, dass

a) die Kapitalherabsetzung erst mit der Eintragung im Handelsregister wirksam wird, die Eintragung der Kapitalherabsetzung im Handelsregister aber frühestens ein Jahr nach Bekanntmachung des Beschlusses über die Herabsetzung des Stammkapitals in den Gesellschaftsblättern (Bundesanzeiger) erfolgen kann,

b) die Rückzahlung von Einlagen bzw. der Erlass erst nach dem Wirksamwerden der Kapitalherabsetzung erfolgen darf unds

c) die Einziehung ggf. zu einem früheren Zeitpunkt wirksam ist, die Zahlung des Einziehungsentgeltes jedoch erst nach Wirksamwerden der Kapitalherabsetzung erfolgen darf. [3]

IV.

Der Notar ist beauftragt und bevollmächtigt, diese Urkunde durchzuführen, alle dafür erforderlichen Unterlagen zu beschaffen und die Beteiligten im Registerverfahren uneingeschränkt zu vertreten und zu betreuen, auch mittels notarieller Eigenurkunden.

Vorgelesen, genehmigt und unterschrieben:

Template

Negotiated on ____________ in Hamburg 312

Before me, the notary ____________ with office in ____________

appeared today

1. Mr./Ms. A

born on ____________ in ____________

resident: ____________

identified by ____________

2. Mr./Ms. B

born on ____________ in ____________

resident: ____________

identified by ____________

3. Mr./Ms. C

born on ____________ in ____________

resident: ____________

identified by ____________

The persons appeared declared for my protocol:

Shareholders' Meeting of X – GmbH

I.

The sole shareholders of X-GmbH – hereinafter referred to as »Company« –, registered with the Commercial Register of the Local Court of Hamburg, under – HRB ____________ – after affirmation from the persons appearing and according to the list of shareholders included in the commercial register dated ____________ are

1. Mr./Ms. A

resident: ___________

with a share No. 1 in the amount of 100,000 €

2. Mr./Ms. B

resident: ___________

with a share No. 2 in the amount of 100,000 €

3. Mr./Ms. C

resident: ___________

with a share No. 3 in the amount of 100,000 €.

The Company's share capital amounts to 300,000 €.

The persons appeared affirmed that half the share No. 1 has been paid in cash and that shares No. 2 and No. 3 have been paid in cash in full. The contributions have not – not even covertly – been returned.

II.

The shareholders have appeared in order to hold a shareholders' meeting of the Company. As the entire share capital is represented in this meeting [1], resolutions can be passed in a legally effective manner. Waiving all notice and form requirements for the calling and execution of a shareholders' meeting, the shareholders resolve as follows:

1. The Company's share capital is reduced from 300,000 € (in words: three hundred thousand euros) by 175,000 € (in words: one hundred seventy five thousand euros) to 125,000 € (in words: one hundred twenty five thousand euros).

The reduction is for the purposes of the partial remission of contributions to be paid (share No. 1), the partial repayment of contributions (share No. 2) as well as the redemption of a share (share No. 3).

2. Share No. 3 is redeemed according to Sec. ___________ of the articles of association against payment of a statutory compensation. C agrees to the redemption. [2]

3. The reduction of the share capital is carried out in such a way that

a) shareholder A is released from the obligation to pay the contribution on share No. 1 in the amount of 50,000 €,

b) an amount of 25,000 € from the paid contribution on share No. 2 is repaid to shareholder B and

c) the Company's share capital is reduced by the nominal amount of the redeemed share No. 3 in the amount of 100,000 €.

4. After the reduction of the share capital, the nominal value of the shares will be as follows:

Share No. 1: 50,000 €

Share No. 2: 75,000 €

[Share No. 3: redeemed].

5. Sec. ___________ of the articles of association will be completely redrafted and reworded as follows:

»Sec. ____________

Share capital of the company

The Company's share capital amounts to 120,000 € (in words: one hundred twenty thousand euros) and has been fully paid in cash.«

III.

We have been particularly informed by the attesting notary that

a) the capital reduction does not take effect until it has been entered in the Commercial Register, but that the capital reduction can, however, be entered in the Commercial Register at the earliest one year after publication of the resolution on the reduction of the share capital in the official journals (Federal Gazette),

b) the repayment of contributions and the decree may only be effected after the capital reduction has entered into force and

c) the redemption may be effective at an earlier date, but that payment of the redemption fee may only take place after the capital reduction has entered into force. [3]

IV.

The notary is instructed and authorised to execute this deed, to obtain all necessary documents and to represent and support the parties in the registration process without restrictions, including the usage of notarial deeds.

Read, approved and signed:

Erläuterungen

1. Neben dem Erfordernis der $^3/_4$-Mehrheit beim Herabsetzungsbeschluss bedarf es der **Zustimmung** sämtlicher Gesellschafter zur Kapitalherabsetzung – unbeschadet abweichender Satzungsbestimmungen – jedenfalls dann, wenn die Herabsetzung nicht alle Gesellschafter in gleicher Weise trifft (Scholz/*Priester* § 58 Rn. 41; vgl. auch Roth/Altmeppen/*Roth* § 58 Rn. 14, 14a). Wird die Kapitalherabsetzung mit der Einziehung eines Geschäftsanteils kombiniert, besitzt der betroffene Gesellschafter für den Kapitalherabsetzungsbeschluss kein Stimmrecht, soweit ihm das Stimmrecht hinsichtlich der Einziehung versagt ist (Baumbach/Hueck/*Zöllner/Haas* § 58 Rn. 21). 313

2. Im Falle der **Einziehung** sind neben § 58 GmbHG insbesondere die Voraussetzungen des § 34 GmbHG zu beachten: Die Satzung muss die Einziehung von Geschäftsanteilen vorsehen und bei Zwangseinziehung die Voraussetzungen hinreichend bestimmt definieren (näher z.B. Baumbach/Hueck/*Zöllner/Fastrich* § 34 Rn. 7 ff.). Ist dem durch die Einziehung betroffenen Gesellschafter ein Gegenwert aus dem Gesellschaftsvermögen zu zahlen, dient die Kapitalherabsetzung häufig dem Zweck, Mittel zur Abfindung des ausscheidenden Gesellschafters bereitzustellen, ohne gegen die Kapitalerhaltungsvorschrift des § 30 GmbHG zu verstoßen (exemplarisch: BGHZ 9, 157, 169; 65, 22, 29). Aufgrund der Möglichkeit eines teilweisen Einlagenerlasses muss der einzuziehende Geschäftsanteil nicht voll eingezahlt sein (Scholz/*Priester* § 58 Rn. 12). Der Einziehungsbeschluss kann vor Eintragung der Herabsetzung im Handelsregister gefasst werden, korrespondierende Zahlungen dürfen jedoch erst nach Eintragung geleistet werden (Scholz/*Priester* § 58 Rn. 20, 76). 314

3. Noch nicht höchstrichterlich entschieden ist die Frage, ob die Einziehung bei Kapitalherabsetzung ohne entsprechende Satzungsbestimmung bereits vor Leistung der Abfindung wirksam wird. Diese Frage ist jedoch e contrario BGHZ 9, 157, 170/173 eher zu bejahen, da die Gefahr des Ver- 315 stoßes gegen § 30 GmbHG mit negativen Auswirkungen auf den ausscheidenden Gesellschafter in dieser Konstellation nicht besteht.

33. Bekanntmachung des Herabsetzungsbeschlusses mit Gläubigeraufruf im Bundesanzeiger

Vorbemerkung

316 Aus Gründen des Gläubigerschutzes haben die Geschäftsführer den Beschluss über die ordentliche Kapitalherabsetzung einmal (bis 31.08.2009: dreimal) im Bundesanzeiger (§ 12 Satz 1 GmbHG) sowie ggf. zusätzlich in durch den Gesellschaftsvertrag bestimmten Medien (§ 12 Satz 2 GmbHG) bekannt zu machen; hierin sind zugleich die Gläubiger aufzufordern, sich bei der Gesellschaft zu melden (§ 58 Abs. 1 Nr. 1 GmbHG).

Muster

317 **Gläubigeraufruf**

Das Stammkapital der Gesellschaft in Firma X-GmbH mit dem Sitz in Hamburg ist durch Beschluss der Gesellschafter vom ___________ von 300.000 € um 175.000 € auf 125.000 € herabgesetzt worden. [1]

Die Gläubiger der Gesellschaft werden aufgefordert, sich bei der Gesellschaft zu melden. [2]

Hamburg, den ___________ [3] **[Geschäftsführer]** [4]

Template

318 **Creditors' call**

The Company's share capital of X-GmbH headquartered in Hamburg is by resolution of the shareholders of ___________ reduced from 300,000 € by 175,000 € to 125,000 €. [1]

The creditors of the Company are asked to make themselves known to the Company. [2]

Hamburg, ___________ [3] **[Managing Director]** [4]

Erläuterungen

319 **1.** Im Rahmen der **Bekanntmachung** ist die Angabe, dass und in welchem Umfang die Kapitalherabsetzung beschlossen ist, ausreichend. Der Zweck der Kapitalherabsetzung muss nicht angegeben werden (Lutter/Hommelhoff/*Lutter/Kleindiek* § 58 Rn. 19; Scholz/*Priester* § 58 Rn. 47; a.A. Roth/Altmeppen/*Roth* § 58 Rn. 16). Mitzuteilen sind jedoch etwaige Befristungen sowie im Falle eines Höchstbetrages die Bestimmungen, von denen der konkrete Herabsetzungsbetrag abhängig sein soll (Baumbach/Hueck/*Zöllner/Haas* § 58 Rn. 23a). Eine wirksame Bekanntmachung des Kapitalherabsetzungsbeschlusses liegt nur vor, wenn die bekanntgemachte Fassung eindeutig, zweifelsfrei und aus sich heraus verständlich ist (OLG München, ZIP 2011, 2062). In dem vom OLG München entschiedenen Fall war der Herabsetzungsbetrag in der Bekanntmachung in Folge eines Schreibfehlers falsch beziffert worden, das bisherige und das künftige Stammkapital waren hingegen korrekt angegeben worden. Aus Gründen des Gläubigerschutzes hat das Gericht hier eine unwirksame Bekanntmachung angenommen.

2. Die **Gläubiger** sind zur Meldung bei der Gesellschaft aufzufordern. Ein Hinweis auf die Rechte der Gläubiger und die Folgen unterbliebener Meldung ist nicht erforderlich (Baumbach/Hueck/*Zöllner*/*Haas* § 58 Rn. 23a; Roth/Altmeppen/*Roth* § 58 Rn. 17; Scholz/*Priester* § 58 Rn. 48). Die Meldung bei der Gesellschaft kann bis zum Eingang der Anmeldung des Herabsetzungsbeschlusses zum Handelsregister erfolgen (Scholz/*Priester* § 58 Rn. 55; weitergehend Roth/Altmeppen/*Roth* § 58 Rn. 22: sogar bis zur Eintragung der Herabsetzung im Handelsregister). Gläubiger, die sich bei der Gesellschaft melden, sind sodann wegen der erhobenen Ansprüche zu befriedigen, alternativ ist Sicherheit zu leisten (§ 58 Abs. 1 Nr. 2 GmbHG). Daraus resultiert nach h.M. kein Anspruch der sich meldenden Gläubiger auf Befriedigung oder Sicherstellung; es handelt sich lediglich um eine registerverfahrensrechtliche Obliegenheit der Gesellschaft (vgl. z.B. Baumbach/Hueck/*Zöllner*/*Haas* § 58 Rn. 26; Scholz/*Priester* § 58 Rn. 53; Ulmer/*Casper* § 58 Rn. 43). Wird der Gläubiger trotz Anmeldung nicht befriedigt oder sichergestellt, kann er der Eintragung auch gegenüber dem Registergericht widersprechen, welches ggf. gemäß § 381 FamFG das Verfahren aussetzen kann; darüber hinaus kann der Gläubiger die Eintragung der Kapitalherabsetzung im Handelsregister durch einstweilige Verfügung verhindern (h.M., vgl. Lutter/Hommelhoff/*Lutter*/*Kleindiek* § 58 Rn. 28; Scholz/*Priester* § 58 Rn. 54; Ulmer/*Casper* § 58 Rn. 45; a.A. Baumbach/Hueck/*Zöllner*/*Haas* § 58 Rn. 28). Streitige geltend gemachte Forderungen müssen indes nicht sichergestellt werden, wenn diese nach dem Urteil der Geschäftsführer aufgrund sorgfältiger Prüfung offensichtlich unbegründet sind (Roth/Altmeppen/*Roth* § 58 Rn. 21; Ulmer/*Casper* § 58 Rn. 51; enger sieht dies Scholz/*Priester* § 58 Rn. 60, 61). § 58 Abs. 1 Nr. 2 GmbHG wird als Schutzgesetz i.S.d. § 823 Abs. 2 BGB angesehen, so dass die Geschäftsführer bei dessen schuldhafter Nichtbeachtung den betroffenen Gläubigern den daraus entstehenden Schaden zu ersetzen haben (OLG Hamburg GmbHR 2001, 392; Baumbach/Hueck/*Zöllner*/*Haas* § 58 Rn. 52; Scholz/*Priester* § 58 Rn. 85). 320

3. Der Gläubigeraufruf durch öffentliche Bekanntmachung in den Gesellschaftsblättern setzt das **Sperrjahr** in Gang, nach dessen Ablauf die Anmeldung der Kapitalherabsetzung zum Handelsregister erfolgen kann (§ 58 Abs. 1 Nr. 3 GmbHG). 321

4. Die Bekanntmachung muss nicht persönlich durch die Geschäftsführer in vertretungsberechtigter Zahl erfolgen; selbst die in ihrem Auftrag veranlasste Bekanntmachung ist ausreichend (Scholz/*Priester* § 58 Rn. 47). Unterschriften der Geschäftsführer sind nicht zwingend erforderlich (Baumbach/Hueck/*Zöllner*/*Haas* § 58 Rn. 23a). 322

34. Gläubigeraufruf an bekannte Gläubiger durch Anschreiben

Vorbemerkung

Neben der öffentlichen Bekanntmachung des Kapitalherabsetzungsbeschlusses sind darüber hinaus die der Gesellschaft bekannten oder aus ihren Handelsbüchern ersichtlichen Gläubiger durch besondere Mitteilung über den Kapitalherabsetzungsbeschluss zu unterrichten und aufzufordern, sich bei der Gesellschaft zu melden (§ 58 Abs. 1 Nr. 1 GmbHG). 323

Muster

Sehr geehrte(r) Herr/Frau __________ 324

hiermit teilen wir Ihnen gemäß § 58 Abs. 1 Nr. 1 GmbHG mit, dass das Stammkapital der Gesellschaft in Firma X-GmbH mit Sitz in Hamburg durch Beschluss der Gesellschafter vom __________ von 300.000 € um 175.000 € auf 125.000 € herabgesetzt worden ist. Wir dürfen Sie als Gläubiger der Gesellschaft auffordern, sich bei der Gesellschaft zu melden.

____

Hamburg, den __________ [Geschäftsführer]

Template

325 **Dear Mr./Ms. ____________**

We hereby inform you pursuant to Sec. 58 para. 1 No. 1 of the Limited Liability Companies Act (Gesetz betreffend die Gesellschaften mit beschränkter Haftung – »GmbHG«) that the share capital of X-GmbH, headquartered in Hamburg, has been reduced from 300,000 € by 175,000 € to 125,000 € by resolution of the shareholders of ____________. We would like to ask you as a creditor to make yourself known to the Company.

____

Hamburg, ____________ [Managing Director]

Erläuterungen

326 Die **Mitteilung** an die der Gesellschaft bekannten bzw. aus den Handelsbüchern ersichtlichen **Gläubiger** sollte unverzüglich nach der öffentlichen Bekanntmachung erfolgen. Eine bestimmte Form und Frist ist gesetzlich indes nicht vorgegeben, Schriftform empfiehlt sich aber. Erforderlicher Inhalt der Mitteilung ist derselbe wie bei der öffentlichen Bekanntmachung (vgl. daher die Erläuterungen zu Muster E 33). Gläubiger in diesem Sinne sind nur Forderungsgläubiger, nicht dinglich Berechtigte (Baumbach/Hueck/*Zöllner/Haas* § 58 Rn. 30); die Forderung muss nicht fällig und kann auch bedingt oder befristet sein (Scholz/*Priester* § 58 Rn. 56; Ulmer/*Casper* § 58 Rn. 48). Stichtag für die Bestimmung des Gläubigerkreises ist nach h.M. der Zeitpunkt der öffentlichen Bekanntmachung des Beschlusses über die Kapitalherabsetzung in den Gesellschaftsblättern (Lutter/Hommelhoff/*Lutter/Kleindiek* § 58 Rn. 20; Scholz/*Priester* § 58 Rn. 51; Ulmer/*Casper* § 58 Rn. 41; a.A. Baumbach/Hueck/*Zöllner/Haas* § 58 Rn. 24: Mitteilungspflicht bis zur Anmeldung der Kapitalherabsetzung zum Handelsregister; Roth/Altmeppen/*Roth* § 58 Rn. 17: Mitteilungspflicht sogar bis zur Eintragung der Kapitalherabsetzung im Handelsregister).

35. Anmeldung der ordentlichen Kapitalherabsetzung zum Handelsregister

Vorbemerkung

327 Die Kapitalherabsetzung wird erst mit ihrer Eintragung im Handelsregister wirksam. Der Kapitalherabsetzungsbeschluss darf jedoch nicht vor Ablauf eines Jahres nach dem Erscheinungstag der öffentlichen Bekanntmachung zur Eintragung in das Handelsregister angemeldet werden (§ 58 Abs. 1 Nr. 3 GmbHG). Nach Ablauf dieses Sperrjahres ist die Anmeldung der Kapitalherabsetzung durch sämtliche Geschäftsführer vorzunehmen, die zugleich persönlich zu versichern haben, dass die der Kapitalherabsetzung nicht zustimmenden Gläubiger befriedigt oder sichergestellt sind (§ 58 Abs. 1 Nr. 4 GmbHG).

Muster

328 **Amtsgericht Hamburg**

– Handelsregister –

HRB ____________

X-GmbH

Wir, die unterzeichneten Geschäftsführer [1], überreichen hiermit [2]:

1. eine elektronisch beglaubigte Abschrift des Gesellschafterbeschlusses über die Kapitalherabsetzung vom ____________ (UR.-Nr. ____________ des Notars ____________),

2. ein Belegexemplar der Bekanntmachung des Beschlusses über die Herabsetzung des Stammkapitals nebst Aufforderung an die Gläubiger im Bundesanzeiger,

3. eine elektronisch beglaubigte Abschrift des vollständigen Wortlauts des Gesellschaftsvertrages nebst Bescheinigung des Notars gemäß § 54 Abs. 1 Satz 2 GmbHG

und melden zur Eintragung in das Handelsregister an:

Das Stammkapital der Gesellschaft wurde von 300.000 € um 175.000 € auf 125.000 € herabgesetzt. § ____________ des Gesellschaftsvertrages wurde entsprechend neu gefasst.

Wir versichern, dass alle Gläubiger, die sich bei der Gesellschaft gemeldet und der Herabsetzung des Stammkapitals nicht zugestimmt haben, befriedigt oder sichergestellt sind. [3]

Der Notar ist beauftragt und bevollmächtigt, diese Urkunde durchzuführen, alle dafür erforderlichen Unterlagen zu beschaffen und die Beteiligten im Registerverfahren uneingeschränkt zu vertreten und zu betreuen, auch mittels notarieller Eigenurkunden.

Hamburg, den ____________ ____________ [Sämtliche Geschäftsführer]

Template

Local Court of Hamburg 329

– Commercial Register –

Registration number (HRB) ____________

X-GmbH

We, the undersigned Managing Directors [1], hereby provide [2]:

1. an electronically certified copy of the shareholders' resolution on the capital reduction dated ____________ (roll of deeds No. ____________ of the notary ____________),

2. a specimen copy of the publication of the resolution on the reduction of the share capital together with the notice to creditors in the Federal Gazette.

3. an electronically certified copy of the full wording of the articles of association together with the notary's certificate according to Sec. 54 para. 1 sentence 2 of the GmbHG

and apply for entry in the Commercial Register:

The Company's share capital was reduced from 300,000 € by 175,000 € to 125,000 €. Sec. ____________ of the articles of association was revised accordingly.

We assure that all creditors having made themselves known to the Company and having not consented to the reduction of the share capital, are satisfied or secured. [3]

The notary is instructed and authorised to execute this deed, to obtain all necessary documents and to represent and support the parties in the registration process without restrictions, including the usage of notarial deeds.

Hamburg, __________ **[All Managing Directores]**

Erläuterungen

330 **1.** Die **Anmeldung der Kapitalherabsetzung** hat durch sämtliche Geschäftsführer (§ 78 GmbHG) zu erfolgen. Die Anmeldung bedarf gemäß § 12 HGB der elektronischen Einreichung in öffentlich beglaubigter Form.

331 **2.** Mit der Anmeldung ist eine beglaubigte Abschrift des Herabsetzungsbeschlusses, ein Belegexemplar der öffentlichen Bekanntmachung dieses Beschlusses sowie der notariell bestätigte vollständige Wortlaut des Gesellschaftsvertrages (vgl. Baumbach/Hueck/*Zöllner*/*Haas* § 58 Rn. 47; Scholz/*Priester* § 58 Rn. 68; a.A. Roth/Altmeppen/*Roth* § 58 Rn. 23) einzureichen. Die Einreichung der aktualisierten **Gesellschafterliste** nebst notarieller Bescheinigung hat erst nach Eintragung der Herabsetzung im Handelsregister zu erfolgen, weil die sich aus der Kapitalherabsetzung ergebenden Änderungen der bisherigen Geschäftsanteile erst mit dieser Eintragung wirksam werden (Scholz/*Priester* § 58 Rn. 68, § 57 Rn. 17). Eine vorherige Einreichung der aktualisierten Gesellschafterliste – etwa zugleich mit der Anmeldung der Kapitalherabsetzung – würde einen (noch) unrichtigen Bestand der Geschäftsanteile suggerieren.

332 **3.** Die Geschäftsführer der Gesellschaft müssen in der Anmeldung persönlich versichern, dass Gläubiger, die sich bei der Gesellschaft gemeldet und der Herabsetzung nicht zugestimmt haben, befriedigt oder sichergestellt sind (§ 58 Abs. 1 Nr. 4 GmbHG). Eine detaillierte Aufschlüsselung der im Einzelnen aufgeforderten und sich gemeldeten Gläubiger usw. ist dabei nach h.M. grundsätzlich nicht erforderlich (Scholz/*Priester* § 58 Rn. 66; Rowedder/Schmidt-Leithoff/*Schnorbus* § 58 Rn. 35; a.A. Roth/Altmeppen/*Roth* § 58 Rn. 24, 24a). Haben sich keine Gläubiger gemeldet oder haben sich zwar Gläubiger gemeldet, welche aber der Kapitalherabsetzung zugestimmt haben, so ist dies in die **Versicherung der Geschäftsführer** aufzunehmen (BayObLG GmbHR 1974, 288; Scholz/*Priester* § 58 Rn. 66). Im Falle einer streitigen Gläubigerforderung darf die Versicherung nur dann abgegeben werden, wenn die geltend gemachte Forderung entweder offensichtlich unbegründet ist oder wenn eine sorgfältige Prüfung ergibt, dass die Forderung nicht besteht (Baumbach/Hueck/*Zöllner*/*Haas* § 58 Rn. 43; Ulmer/*Casper* § 58 Rn. 51). Bei Abgabe der Versicherung ist – aufgrund der Strafbewehrung einer Versicherung unrichtigen Inhalts (§ 82 Abs. 2 Nr. 1 GmbHG) – eine rechtsgeschäftliche Vertretung unzulässig.

36. Liste der Gesellschafter nach Kapitalherabsetzung mit Notarbestätigung

Muster

333 **Notarbescheinigte Liste der Gesellschafter der Gesellschaft unter der Firma X-GmbH**

mit Sitz in __________ (Amtsgericht __________, HRB __________)

Gesellschafter der oben angegebenen GmbH sind:

Lfd. Nr.	Gesellschafter (Name, Vorname, Geburtsdatum und Wohnort bzw. Firma und Sitz, Registernummer, Registergericht)	Anzahl Geschäftsanteil(e) und Nominalbetrag pro Geschäftsanteil	Prozentuale Beteiligung am Gesamtkapital pro Geschäftsanteil	Nennbetrag Geschäftsanteil(e) insgesamt in EUR	Prozentuale Gesamtbeteiligung des jeweiligen Gesellschafters am Stammkapital	Veränderungen
1	Herr/Frau A, geb. am ______, wohnhaft in Hamburg	1 Geschäftsanteil zu EUR 50.000,00	40 %	50.000,00	40 %	Kapitalherabsetzung
2	Herr/Frau B, geb. am ______, wohnhaft in Hamburg	1 Geschäftsanteil zu EUR 75.000,00	60 %	75.000,00	60 %	Kapitalherabsetzung
3	---	---	---	---	---	Eingezogen im Zuge der Kapitalherabsetzung
	Stammkapital insgesamt			125.000,00		

Bescheinigung gemäß § 40 Abs. 2 Satz 2 GmbHG

Ich bescheinige hiermit, dass die vorstehende Gesellschafterliste den Veränderungen entspricht, an denen ich durch meine Urkunde vom ______ (UR.-Nr. ______) mitgewirkt habe und dass die übrigen Angaben in der Liste mit dem Inhalt der zuletzt im Handelsregister aufgenommenen Liste vom ______ übereinstimmen.

Hamburg, den ______

(Notar)

Template

List of Shareholders certified by the Notary of the Company under the name X-GmbH with place of business in ______ (Local Court of ______, HRB ______) 334

The shareholders of the above GmbH are:

Seq. number	Shareholder (Surname, first name, date of birth and address or company name and place of business, register number, register court)	Quantity Company share(s) and nominal value of each company share	Proportional share in the overall capital per company share	Total nominal value of the company share(s) in EUR	Proportional share in the overall capital of the respective shareholder	Changes
1	Mr./Mrs. A, born on __________, resident at Hamburg	1 company share of EUR 50.000,00	40 %	50.000,00	40 %	Capital reduction
2	Mr./Mrs. B, born on __________, resident at Hamburg	1 company share of EUR 75.000,00	60 %	75.000,00	60 %	Capital reduction
3	---	---	---	---	---	redeemed in the course of capital reduction
	Total share capital			125.000,00		

Certificate according to Sec. 40 para. 2 sentence 2 of the GmbHG

I hereby certify that the above list of shareholders complies with the changes I contributed to by way of my deed of __________ (roll of deeds No. __________) and that all other information on the list corresponds to the contents of the list most recently registered with the Commercial Register of __________.

Hamburg, __________

(Notary)

Erläuterungen

335 Die notariell bescheinigte Liste ist unverzüglich nach Eintragung der Kapitalherabsetzung zu erstellen und zum Handelsregister einzureichen, da die Kapitalherabsetzung erst mit Eintragung wirksam wird (§ 40 Abs. 2 GmbHG). In Anbetracht des erheblichen Zeitraums zwischen Beurkundung und Bescheinigung (mindestens ein Jahr, § 58 Abs. 1 Nr. 3 GmbHG) ist bei Erstellung der **Gesellschafterliste** insbesondere zu überprüfen, ob die übrigen Angaben tatsächlich mit dem Inhalt der zuletzt im Handelsregister aufgenommenen Liste übereinstimmen.

37. Beschlussfassung über eine vereinfachte Kapitalherabsetzung mit gleichzeitiger Erhöhung des Grundkapitals

Vorbemerkung

Die **vereinfachte Kapitalherabsetzung** wird in der Regel zum Zwecke der Anpassung des Stammkapitals nach eingetretenen Verlusten (zum Zwecke der Beseitigung einer Unterbilanz/Sanierung) durchgeführt. Gemäß § 139 UmwG kommt eine vereinfachte Herabsetzung ferner im Fall einer Abspaltung oder Ausgliederung zur Herbeiführung ausgeglichener Bilanzverhältnisse in Betracht, und zwar schon vor Wirksamwerden der Umwandlungsmaßnahme (Baumbach/Hueck/*Zöllner*/*Haas* § 58a Rn. 3, 8). Die vereinfachte Kapitalherabsetzung unterscheidet sich von der ordentlichen Kapitalherabsetzung wesentlich in der Art und Weise des Gläubigerschutzes und soll eine zeitnahe Sanierung der Gesellschaft ermöglichen. Die strikten Voraussetzungen des § 58 GmbHG zum **Gläubigerschutz**, insbesondere die Bekanntmachungs- und Fristerfordernisse sowie das Erfordernis einer Sicherheitsleistung, entfallen bei der vereinfachten Kapitalherabsetzung. Der Schutz der Gläubiger wird primär durch eine längere Ausschüttungssperre verwirklicht. Für eine Sanierung der Gesellschaft und der damit einhergehenden erforderlichen Zufuhr neuen Kapitals wird die Kapitalherabsetzung oftmals mit einer Kapitalerhöhung verbunden. 336

Muster

Verhandelt am __________ in Hamburg 337

Vor mir, dem Notar __________ mit Amtssitz in __________

erschienen heute

1. Herr/Frau A

geb. am __________ in __________

wohnhaft: __________

ausgewiesen durch __________

2. Herr/Frau B

geb. am __________ in __________

wohnhaft: __________

ausgewiesen durch __________

Die Erschienenen erklärten zu meinem Protokoll:

Gesellschafterversammlung der X – GmbH

I.

Alleinige Gesellschafter der im Handelsregister des Amtsgerichts Hamburg – HRB __________ – eingetragenen Gesellschaft in Firma X – GmbH – nachstehend auch »Gesellschaft« genannt – sind nach Versicherung der Erschienenen und ausweislich der im Handelsregister aufgenommenen Gesellschafterliste vom __________

1. Herr/Frau A

wohnhaft: __________

mit einem Geschäftsanteil Nr. 1 in Höhe von 50.000 €

und

2. Herr/Frau B

wohnhaft: ___________

mit einem Geschäftsanteil Nr. 2 in Höhe von 50.000 €.

Das Stammkapital der Gesellschaft beträgt 100.000 €.

Nach Versicherung der Erschienenen ist das Stammkapital in voller Höhe in bar eingezahlt. Die Einlagen sind nicht – auch nicht verdeckt – zurückgewährt worden.

Für das vergangene Geschäftsjahr hat sich bei der Gesellschaft ein Jahresfehlbetrag in Höhe von ___________ € ergeben. Das Eigenkapital der Gesellschaft ist auf ___________ € gesunken. Kapital- und Gewinnrücklagen bestehen nicht. Ein Gewinnvortrag ist nicht vorhanden. Zur Sanierung der Gesellschaft soll das Stammkapital nach § 58a GmbHG vereinfacht herabgesetzt sowie gleichzeitig erhöht werden. [1]

II.

Die Gesellschafter sind erschienen, um eine Gesellschafterversammlung der Gesellschaft abzuhalten. Da in dieser Versammlung das gesamte Stammkapital vertreten ist, können Beschlüsse rechtswirksam gefasst werden. Unter Verzicht auf die Einhaltung der Frist- und Formvorschriften für die Einberufung und Durchführung einer Gesellschafterversammlung beschließen die Gesellschafter:

1. Das Stammkapital der Gesellschaft wird im Wege der vereinfachten Kapitalherabsetzung gemäß §§ 58a ff. GmbHG von 100.000 € (in Worten: einhunderttausend Euro) um 50.000 € (in Worten: fünfzigtausend Euro) auf 50.000 € (in Worten: fünfzigtausend Euro) herabgesetzt. [2]

Die Herabsetzung dient der Beseitigung einer Unterbilanz infolge von Wertminderungen/Verlusten. [Nähere Darstellung empfehlenswert] [2]

Die Herabsetzung des Stammkapitals wird in der Weise durchgeführt, dass

- **der Geschäftsanteil Nr. 1 des Gesellschafters A von 50.000 € auf 25.000 € und**
- **der Geschäftsanteil Nr. 2 des Gesellschafters B von 50.000 € auf 25.000 €**

herabgesetzt wird. [2]

2. Das Stammkapital der Gesellschaft wird von 50.000 € um 150.000 € auf 200.000 € erhöht, und zwar durch Bildung von zwei neuen Geschäftsanteilen (Nr. 3 und Nr. 4) im Nennbetrag von je 75.000 €. [3]

Die neuen Geschäftsanteile werden zum Nennwert ausgegeben und sind sofort in voller Höhe in bar einzuzahlen. Zur Übernahme werden die bisherigen Gesellschafter zugelassen, und zwar der Gesellschafter A zur Übernahme des neuen Geschäftsanteils Nr. 3 im Nennbetrag von 75.000 € und der Gesellschafter B zur Übernahme des neuen Geschäftsanteils Nr. 4 im Nennbetrag von 75.000 €.

Die neuen Geschäftsanteile sind ab Beginn des bei der Eintragung der Kapitalerhöhung im Handelsregister laufenden Geschäftsjahres am Gewinn der Gesellschaft beteiligt.

3. Der § ___________ des Gesellschaftsvertrages wird vollständig neu gefasst und erhält folgenden Wortlaut:

»§ ___________

Stammkapital der Gesellschaft

Das Stammkapital der Gesellschaft beträgt 200.000 € und ist in voller Höhe in bar eingezahlt.«

III.

Sodann erklärte A: Ich übernehme den Geschäftsanteil Nr. 3 im Nennbetrag von 75.000 € zu den Bedingungen des vorstehenden Kapitalerhöhungsbeschlusses.

Ferner erklärte B: Ich übernehme den Geschäftsanteil Nr. 4 im Nennbetrag von 75.000 € zu den Bedingungen des vorstehenden Kapitalerhöhungsbeschlusses.

IV.

Wir sind von dem beurkundenden Notar insbesondere darauf hingewiesen worden, dass

a) die Kapitalverwendungsvorschriften der §§ 58b ff. GmbHG zu beachten sind, [4]

b) sämtliche Gesellschafter für die von den Übernehmern nicht eingezahlten Stammeinlagen haften und darüber hinaus sämtliche Gesellschafter für die Einlagen auf die bisherigen Geschäftsanteile haften,

c) sich Einzahlungen auf die Geschäftsanteile im Zeitpunkt des Eingangs der Registeranmeldung bei Gericht in der uneingeschränkten Verfügung der Geschäftsführung befinden müssen und Verwendungen vor Eintragung des Erhöhungsbeschlusses dem Handelsregister nachzumelden sind,

d) Einzahlungen vor der heutigen Beurkundung grundsätzlich keine tilgende Wirkung haben und daher zu vermeiden sind, [5]

e) eine Vereinbarung, nach der eingezahlte Einlagen wieder an den Gesellschafter ausgezahlt werden sollen, bei der Anmeldung anzugeben ist, und insoweit eine Nachschusspflicht der Gesellschafter bestehen kann,

f) Bareinlagen nicht durch Sacheinlagen oder durch Aufrechnung/Verrechnung mit Forderungen gegen die Gesellschaft bewirkt werden können,

g) sämtliche Beschlüsse erst mit Eintragung in das Handelsregister wirksam werden und – im Falle der Herabsetzung des Stammkapitals unter 25.000 € bei gleichzeitiger Kapitalerhöhung – nichtig sind, wenn nicht binnen drei Monaten nach Beschlussfassung deren Eintragung im Handelsregister erfolgt. [6]

V.

Der Notar ist beauftragt und bevollmächtigt, diese Urkunde durchzuführen, alle dafür erforderlichen Unterlagen zu beschaffen und die Beteiligten im Registerverfahren uneingeschränkt zu vertreten und zu betreuen, auch mittels notarieller Eigenurkunden.

Vorgelesen, genehmigt und unterschrieben:

Template

Negotiated on ____________ in Hamburg 338

Before me, the notary ____________ with office in ____________

appeared today

1. Mr./Ms. A

born on ____________ in ____________

resident: ____________

identified by ____________

2. Mr./Ms. B

born on ____________ in ____________

resident: ____________

identified by ____________

The persons appearing declared to my protocol:

Shareholders' meeting of X-GmbH

I.

The sole shareholders of X-GmbH – hereinafter referred to as »Company« registered with the Commercial Register of the Local Court of Hamburg under – HRB ____________ – after affirmation from the persons appearing and according to the list of shareholders included in the Commercial Register dated ____________ are

1. Mr./Ms. A
resident: ____________

with a share No. 1 in the amount of 50,000 €

and

2. Mr./Ms. B
resident: ____________

with a share No. 2 in the amount of 50,000 €.

The Company's share capital amounts to 100,000 €.

The persons appearing affirmed that the share capital has been paid in cash in full. The contributions have not – not even covertly – been returned.

For the past financial year, the Company posted a net loss in the amount of ____________ €. The Company's equity capital has decreased to ____________ €. There are no capital and revenue reserves. A profit brought forward has not been accumulated. In order to restructure the Company, the share capital should be reduced by way of a simplified capital reduction in accordance with Sec. 58a of the GmbHG and increased at the same time. [1]

II.

The shareholders have appeared in order to hold a shareholders' meeting of the Company. As the entire share capital is represented in this meeting, resolutions can be validly passed. Waiving compliance with the notice and form requirements for the calling and the execution of a shareholders' meeting, the shareholders resolve as follows:

1. The Company's share capital is reduced by way of a simplified capital reduction according to Sections 58a et seqq. of the GmbHG from 100,000 € (in words: one hundred thousand euros) by 50,000 € (in words: fifty thousand euros) to 50,000 € (in words: fifty thousand euros). [2]

The reduction serves to eliminate an adverse balance as a result of impairments/ losses. [more detailed description recommended] [2]

The reduction of the share capital is carried out in such a way that

- **Share No. 1 of shareholder A is reduced from 50,000 € to 25,000 € and**
- **Share No. 2 of shareholder B is reduced from 50,000 € to 25,000 €.** [2]

2. The Company's share capital will be increased from 50,000 € by 150,000 € to 200,000 € through the creation of two new shares (No. 3 and No. 4) with a nominal value of 75,000 € each. [3]

The new shares are issued at face value and must be paid in cash immediately and in full. The existing shareholders are authorised to subscribe to the new shares, namely shareholder A to subscribe to the new share No. 3 with a nominal value of 75,000 € and shareholder B to subscribe to the new share No. 4 with a nominal value of 75,000 €.

The new shares are included in the profits of the Company from the beginning of the business year in which the capital increase is entered in the Commercial Register.

3. Sec. ____________ of the articles of association is entirely redrafted and shall read as follows:

»Sec. ____________

Share capital of the Company

The Company's share capital amounts to 200,000 € and has been fully paid in cash.«

III.

Subsequently, A stated: I subscribe to share No. 3 with a nominal value of 75,000 € under the terms of the preceding capital increase resolution.

Further, B stated: I subscribe to share No. 4 with a nominal value of 75,000 € under the terms of the preceding capital increase resolution.

IV.

We have been particularly informed by the attesting notary that

a) the rules about the appropriation of the capital of Sections 58b et seqq. of the GmbHG are to be observed, [4]

b) all shareholders are liable for the initial contributions not paid by the transferees and, moreover, that all shareholders are liable for capital contributions on the previous shares,

c) payments on the shares must be at the unrestricted disposal of the management board at the time the Commercial Register application was received by the court and that uses have to be reported to the Commercial Register retroactively prior to the entry of the capital increase resolution,

d) payments prior to today's notarisation have, in principle, no amortising effect and are therefore to be avoided, [5]

e) an agreement according to which paid contributions are to be paid back to the shareholder, has to be indicated at the time of registration and that, in this respect, an additional payment liability may exist on the part of the shareholders,

f) cash contributions cannot be effected by contributions in kind or by netting/ offsetting with claims against the Company,

g) all resolutions do not take effect until they have been entered in the Commercial Register and – in the case of a reduction of the share capital below 25,000 € with a capital increase at the same time – are void unless the entry in the Commercial Register is made within three months of adopting the resolution. [6]

V.

The notary is instructed and authorised to execute this deed, to obtain all necessary documents and to represent and support the parties in the registration process without restrictions, including the usage of notarial deeds.

Read, approved and signed:

Erläuterungen

339 **1.** Die vereinfachte Kapitalherabsetzung ist – abgesehen vom Fall des § 139 UmwG – nach § 58a Abs. 1 GmbHG nur zulässig, um Wertminderungen auszugleichen oder sonstige Verluste zu decken. In der Sache ist entscheidend, dass durch Verluste ein Absinken des Eigenkapitals unter eine kritische Grenze erfolgt ist (Baumbach/Hueck/*Zöllner/Haas* § 58a Rn. 6). Ein Gewinnvortrag darf nicht vorhanden sein (§ 58a Abs. 2 Satz 2 GmbHG). Etwaige Kapital- und Gewinnrücklagen, die addiert 10 % des nach Herabsetzung verbleibenden Kapitals übersteigen, sind vorweg aufzulösen (§ 58a Abs. 2 Satz 1 GmbHG); der entsprechende Rücklagenauflösungsbeschluss der Gesellschafter hat vorweg oder in der gleichen Gesellschafterversammlung mit der Kapitalherabsetzung zu erfolgen (Baumbach/Hueck/*Zöllner/Haas* § 58a Rn. 12; Scholz/*Priester* § 58a Rn. 9).

340 **2.** Der satzungsändernde **Herabsetzungsbeschluss** muss den Herabsetzungsbetrag, den Zweck der Herabsetzung, die Art der Herabsetzung sowie die Festlegung der künftigen Stammkapitalziffern und die Anpassung der Nennbeträge der Geschäftsanteile enthalten. Anders als bei der ordentlichen Kapitalherabsetzung ist die Angabe einer bloßen Höchstgrenze des Herabsetzungsbetrages nicht zulässig (Lutter/Hommelhoff/*Lutter/Kleindiek* § 58a Rn. 23; Scholz/*Priester* § 58a Rn. 22; a.A. Baumbach/Hueck/*Zöllner/Haas* § 58a Rn. 17; Roth/Altmeppen/*Roth* § 58a Rn. 13). Im Rahmen der Zweckangabe sollte eine ausdrückliche Beschreibung der Verlustdeckung erfolgen (wohl h.M., vgl. Lutter/Hommelhoff/*Lutter/Kleindiek* § 58a Rn. 25; Scholz/*Priester* § 58a Rn. 23; a.A. Baumbach/Hueck/*Zöllner/Haas* § 58a Rn. 19). Ein Beschluss über die Anpassung der Nennbeträge der Geschäftsanteile muss wegen § 58a Abs. 3 Satz 1 GmbHG zwingend erfolgen, und zwar unabhängig davon, ob die Nennbeträge der vorhandenen Geschäftsanteile verhältniswahrend herabgesetzt werden oder nicht. Im Übrigen vgl. auch die Erläuterungen zu Muster F 31 (Rdn. F 303 ff.).

341 **3.** Die vereinfachte Kapitalherabsetzung kann mit einer **Kapitalerhöhung** verknüpft werden. § 58a Abs. 4 GmbHG erlaubt hierbei eine Unterschreitung des Mindeststammkapitals von 25.000 € bis auf Null, sofern dieses durch die gleichzeitige Kapitalerhöhung wieder erreicht wird, keine Sacheinlagen bis zur Grenze des Mindeststammkapitals festgesetzt werden und Kapitalherabsetzung und -erhöhung binnen drei Monaten nach Beschlussfassung in das Handelsregister eingetragen werden. Das LG Kiel konkretisiert hierzu, es ergebe sich aus § 58a GmbHG nicht, dass durch die Kapitalherabsetzung auf Null und die zugleich beschlossene Kapitalerhöhung ohne

Sacheinlage **sofort** ein vollständiger Verlustausgleich zu erfolgen habe. Die in § 58a GmbHG vorgesehenen Kapitalmaßnahmen sollten zwar primär der Sanierung der betroffenen GmbH dienen, dieser Zweck werde jedoch auch dann erreicht, wenn neben einer Kapitalerhöhung ohne Sacheinlagen eine weitere Kapitalerhöhung mit Sacheinlagen vorgenommen werde und beide Kapitalerhöhungen zusammen nach Auflösung der Kapital- und Gewinnrücklagen zum vollständigen Ausgleich der Bilanzverluste und damit zu einer positiven Bilanz führten (LG Kiel, ZIP 2013, 823). Im Rahmen der Kapitalerhöhung können die alten Geschäftsanteile wieder aufgestockt oder im Umfang des Erhöhungsbetrages neue Geschäftsanteile gebildet werden (Baumbach/Hueck/*Zöllner/Haas* § 58a Rn. 18; Lutter/Hommelhoff/*Lutter/Kleindiek* § 58a Rn. 29). Hinsichtlich des Erhöhungsbetrages steht den Gesellschaftern ein Bezugsrecht entsprechend ihrer Beteiligung am ursprünglichen Kapital zu. Ist einem Gesellschafter ein solches Bezugsrecht angeboten worden, so ist es nicht ohne Weiteres geboten, dass die Gesellschaftermehrheit ihm – anders als bei der Aktiengesellschaft – durch Änderung der Beteiligungsverhältnisse stattdessen die Übernahme einer von ihm gewünschten Kleinstbeteiligung einräumt (BHG, ZIP 2005, 985). Im Übrigen wird hinsichtlich der Kapitalerhöhung auf die Erläuterungen zu Muster F 9, Rdn. F 109 ff. und Muster F 21, Rdn. F 186 ff. verwiesen.

4. Nach § 58b Abs. 1 GmbHG dürfen Beträge, die aus der Kapitalherabsetzung gewonnen wurden, nur verwendet werden, um Wertminderungen auszugleichen oder sonstige Verluste zu decken. Zusätzlich können die gewonnenen Beträge in die Kapitalrücklage eingestellt werden, soweit diese 10 % der herabgesetzten Stammkapitalziffer nicht übersteigt (§ 58b Abs. 2 GmbHG). Diese unterliegen jedoch einer fünfjährigen Bindung für die in § 58b Abs. 3 GmbHG genannten Zwecke. Durch die Kapitalherabsetzung freigesetzte Beträge dürfen für einen Zeitraum von fünf Geschäftsjahren nicht an Gesellschafter ausgezahlt werden. Die Verhinderung von Zahlungen an Gesellschafter verfolgt auch § 58c GmbHG. Nach dieser Vorschrift ist ein ggf. überschießender Betrag, der sich dadurch ergibt, dass sich der beim Kapitalherabsetzungsbeschluss zugrunde gelegte Verlust nachträglich als überhöht herausstellt, in die Kapitalrücklage einzustellen. Gewinnausschüttungen werden nach Maßgabe des § 58d GmbHG beschränkt. So darf Gewinn vor Ablauf des fünften nach der Beschlussfassung über die Kapitalherabsetzung beginnenden Geschäftsjahrs nur ausgeschüttet werden, wenn die Kapital- und Gewinnrücklagen zusammen 10 % des Stammkapitals erreichen (§ 58d Abs. 1 GmbHG). Darüber hinaus ist die Zahlung eines Gewinnanteils von mehr als 4 % erst für ein Geschäftsjahr zulässig, das später als zwei Jahre nach der Beschlussfassung über die Kapitalherabsetzung beginnt (§ 58d Abs. 2 GmbHG); dabei können im Falle der Sicherstellung von Gläubigern aber Ausnahmen gegeben sein (§ 58d Abs. 2 Satz 2 bis 4 GmbHG). 342

5. Im Falle einer eilbedürftigen Sanierung lässt die Rechtsprechung in engen Grenzen Ausnahmen vom Verbot der **Voreinzahlung** zu, sofern bei der Voreinzahlung eine entsprechende Zweckbestimmung getroffen wurde, ein enger zeitlicher Zusammenhang mit der Kapitalerhöhung besteht und dies im Erhöhungsbeschluss sowie in der Anmeldung offen gelegt wird (zusammenfassend etwa Baumbach/Hueck/*Zöllner/Fastrich* § 56a Rn. 9 ff.). Zweifelhaft ist, ob eine erweiternde Auslegung des § 58f GmbHG (vgl. hierzu Muster 38) wegen der Vergleichbarkeit der zugrunde liegenden Sachverhalte auch im vorliegend dargestellten Fall entgegen den allgemeinen Grundsätzen eine Voreinzahlung der neuen Einlagen vor Beschlussfassung zulässig erscheinen lässt (gegen die Zulässigkeit einer solchen Voreinzahlung: Roth/Altmeppen/*Roth* § 58f Rn. 7). Im Ergebnis sollte von einer Voreinzahlung zur Vermeidung der damit verbundenen Risiken und Unwägbarkeiten stets abgesehen werden. 343

6. Erfolgt bei gleichzeitiger Kapitalerhöhung im Rahmen der Kapitalherabsetzung eine Unterschreitung der Mindestkapitalschwelle (§ 58a Abs. 4 Satz 1 GmbHG), sind Herabsetzungs- und Erhöhungsbeschluss nichtig, wenn die Eintragung von Herabsetzung und Erhöhung in das Handelsregister nicht binnen von drei Monaten ab Beschlussfassung erfolgt (§ 58a Abs. 4 Satz 2 GmbHG); lediglich rechtshängige Anfechtungs- oder Nichtigkeitsklagen hemmen diese Frist (§ 58a Abs. 4 Satz 3 GmbHG), nicht jedoch die bloße Anmeldung beider Beschlussgegenstände zum Handelsregister. 344

38. Beschlussfassung über eine vereinfachte Kapitalherabsetzung und Kapitalerhöhung mit gleichzeitiger Feststellung des Vorjahresabschlusses

Vorbemerkung

345 Im Rahmen der vereinfachten Kapitalherabsetzung ermöglicht § 58e GmbHG unter Durchbrechung des Stichtagsprinzips eine bilanzielle Rückwirkung der Kapitalherabsetzung, indem bereits im Jahresabschluss für das letzte vor der Beschlussfassung abgelaufene Geschäftsjahr die Kapitalherabsetzung berücksichtigt werden kann. Wahlweise kann zudem auch eine gleichzeitige Kapitalerhöhung in dem vorangegangenen Jahresabschluss berücksichtigt werden (§ 58f GmbHG).

Muster

346 **Verhandelt am __________ in Hamburg**

Vor mir, dem Notar __________ mit Amtssitz in __________

erschienen heute

1. Herr/Frau A

geb. am __________ in __________

wohnhaft: __________

ausgewiesen durch __________

2. Herr/Frau B

geb. am __________ in __________

wohnhaft: __________

ausgewiesen durch __________

Die Erschienenen erklärten zu meinem Protokoll:

Gesellschafterversammlung der X – GmbH

I.

Alleinige Gesellschafter der im Handelsregister des Amtsgerichts Hamburg – HRB __________ – eingetragenen Gesellschaft in Firma X – GmbH – nachstehend auch »Gesellschaft« genannt – sind nach Versicherung der Erschienenen und ausweislich der im Handelsregister aufgenommenen Gesellschafterliste vom __________

1. Herr/Frau A

wohnhaft: __________

mit einem Geschäftsanteil Nr. 1 in Höhe von 50.000 €

und

2. Herr/Frau B

wohnhaft: __________

mit einem Geschäftsanteil Nr. 2 in Höhe von 50.000 €.

Das Stammkapital der Gesellschaft beträgt 100.000 €.

Nach Versicherung der Erschienenen ist das Stammkapital in voller Höhe in bar eingezahlt. Die Einlagen sind nicht – auch nicht verdeckt – zurückgewährt worden.

Für das vergangene Geschäftsjahr hat sich bei der Gesellschaft ein Jahresfehlbetrag in Höhe von ___________ € ergeben. Das Eigenkapital der Gesellschaft ist auf ___________ € gesunken. Kapital- und Gewinnrücklagen bestehen nicht. Ein Gewinnvortrag ist nicht vorhanden. Zur Sanierung der Gesellschaft soll das Stammkapital der Gesellschaft nach §§ 58a ff. GmbHG vereinfacht von 100.000 € um 90.000 € auf 10.000 € herabgesetzt und gleichzeitig von 10.000 € um 190.000 € auf 200.000 € durch Ausgabe von zwei neuen Geschäftsanteilen (Nr. 3 und Nr. 4) im Nennbetrag von jeweils 95.000 € erhöht werden. Die neuen Geschäftsanteile sollen jeweils zum Nennwert ausgegeben werden und jeweils sofort in voller Höhe in bar einzuzahlen sein. Zur Übernahme sollen die bisherigen Gesellschafter zugelassen werden, und zwar der Gesellschafter A zur Übernahme des neuen Geschäftsanteils Nr. 3 im Nennbetrag von 95.000 € und der Gesellschafter B zur Übernahme des neuen Geschäftsanteils Nr. 4 im Nennbetrag von 95.000 €.

Die Kapitalherabsetzung und die Kapitalerhöhung sollen dabei bereits in dem Jahresabschluss des vergangenen Geschäftsjahres zum 31.12. ___________, der in nachfolgender Gesellschafterversammlung unter III. festgestellt wird, berücksichtigt werden.

II.

Sodann erklärte A: Ich übernehme den Geschäftsanteil Nr. 3 im Nennbetrag von 95.000 € zu den Bedingungen des in Teil I dieser Urkunde beschriebenen und nachstehend gemäß Teil III dieser Urkunde zu fassenden Kapitalerhöhungsbeschlusses.

Ferner erklärte B: Ich übernehme den Geschäftsanteil Nr. 4 im Nennbetrag von 95.000 € zu den Bedingungen des in Teil I dieser Urkunde beschriebenen und nachstehend gemäß Teil III dieser Urkunde zu fassenden Kapitalerhöhungsbeschlusses.

III.

Die Gesellschafter sind erschienen, um eine Gesellschafterversammlung der Gesellschaft abzuhalten. Da in dieser Versammlung das gesamte Stammkapital vertreten ist, können Beschlüsse rechtswirksam gefasst werden. Unter Verzicht auf die Einhaltung der Frist- und Formvorschriften für die Einberufung und Durchführung einer Gesellschafterversammlung beschließen die Gesellschafter:

1. Das Stammkapital der Gesellschaft wird im Wege der vereinfachten Kapitalherabsetzung gemäß §§ 58a ff. GmbHG von 100.000 € (in Worten: einhunderttausend Euro) um 90.000 € (in Worten: neunzigtausend Euro) auf 10.000 € (in Worten: zehntausend Euro) herabgesetzt, und zwar gemäß § 58e GmbHG mit bilanzieller Rückwirkung zum 31.12. ___________.

Die Herabsetzung dient der Beseitigung einer Unterbilanz infolge von Wertminderungen/Verlusten. [Nähere Darstellung empfehlenswert]

Die Herabsetzung des Stammkapitals wird in der Weise durchgeführt, dass

- **der Geschäftsanteil Nr. 1 des Gesellschafters A von 50.000 € auf 5.000 € und**
- **der Geschäftsanteil Nr. 2 des Gesellschafters B von 50.000 € auf 5.000 €**

herabgesetzt wird.

2. Das Stammkapital der Gesellschaft wird von 10.000 € (in Worten: zehntausend Euro) um 190.000 € (in Worten: einhundertneunzigtausend Euro) auf 200.000 €

(in Worten: zweihunderttausend Euro) erhöht, und zwar durch Bildung von zwei neuen Geschäftsanteilen (Nr. 3 und Nr. 4) im Nennbetrag von je 95.000 € (in Worten: fünfundneunzigtausend Euro). Die Kapitalerhöhung erfolgt – wie die unter Ziffer 1. beschlossene Kapitalherabsetzung – mit bilanzieller Rückwirkung zum 31.12. ____________

Die neuen Geschäftsanteile werden zum Nennwert ausgegeben und sind sofort in voller Höhe in bar einzuzahlen. Zur Übernahme werden die bisherigen Gesellschafter zugelassen, und zwar der Gesellschafter A zur Übernahme des neuen Geschäftsanteils Nr. 3 im Nennbetrag von 95.000 € und der Gesellschafter B zur Übernahme des neuen Geschäftsanteils Nr. 4 im Nennbetrag von 95.000 €.

3. Der § ____________ des Gesellschaftsvertrages wird vollständig neu gefasst und erhält folgenden Wortlaut:

»§ ____________

Stammkapital der Gesellschaft

Das Stammkapital der Gesellschaft beträgt 200.000 € und ist in voller Höhe in bar eingezahlt.«

4. Der Jahresabschluss ____________ für das letzte vor der heutigen Beschlussfassung abgelaufene Geschäftsjahr, in dem vorstehende Kapitalherabsetzung und -erhöhung berücksichtigt sind, wird hiermit festgestellt. [1]

IV.

Wir versichern, dass die Einzahlung auf die neuen Geschäftsanteile Nr. 3 und 4 in Höhe von insgesamt 190.000 € bereits in voller Höhe in bar erfolgt ist. Eine entsprechende Bankbestätigung ist diesem Protokoll als Anlage 1 abschriftlich beigefügt. [2]

V.

Wir sind von dem beurkundenden Notar insbesondere darauf hingewiesen worden, dass

a) die Kapitalverwendungsvorschriften der §§ 58b ff. GmbHG zu beachten sind,

b) sämtliche Gesellschafter für die von den Übernehmern nicht eingezahlten Stammeinlagen haften und darüber hinaus sämtliche Gesellschafter für die Einlagen auf die bisherigen Geschäftsanteile haften,

c) sich Einzahlungen auf die Geschäftsanteile im Zeitpunkt des Eingangs der Registeranmeldung bei Gericht in der uneingeschränkten Verfügung der Geschäftsführung befinden müssen und Verwendungen vor Eintragung des Erhöhungsbeschlusses dem Handelsregister nachzumelden sind,

d) eine Vereinbarung, nach der eingezahlte Einlagen wieder an den Gesellschafter ausgezahlt werden sollen, bei der Anmeldung anzugeben ist, und insoweit eine Nachschusspflicht der Gesellschafter bestehen kann,

e) Bareinlagen nicht durch Sacheinlagen oder durch Aufrechnung/Verrechnung mit Forderungen gegen die Gesellschaft bewirkt werden können,

f) sämtliche Beschlüsse erst mit Eintragung in das Handelsregister wirksam werden und nichtig sind, wenn nicht binnen drei Monaten nach Beschlussfassung deren Eintragung im Handelsregister erfolgt, [3]

g) der Jahresabschluss nach § 325 HGB erst nach Eintragung der Beschlüsse über die Kapitalherabsetzung und -erhöhung offen gelegt werden darf. [4]

VI.

Der Notar ist beauftragt und bevollmächtigt, diese Urkunde durchzuführen, alle dafür erforderlichen Unterlagen zu beschaffen und die Beteiligten im Registerverfahren uneingeschränkt zu vertreten und zu betreuen, auch mittels notarieller Eigenurkunden.

Vorgelesen, genehmigt und unterschrieben:

Template

Negotiated on ____________ in Hamburg 347

Before me, the notary ____________ with office in ____________

appeard today

1. Mr./Ms. A

born on ____________ in ____________

resident: ____________

identified by ____________

2. Mr./Ms. B

born on ____________ in ____________

resident: ____________

identified by ____________

The person appearing declared to my protocol:

Shareholders' Meeting of X-GmbH

I.

The sole shareholders of X-GmbH – hereinafter referred to as »Company« registered with the Commercial Register of the Local Court of Hamburg under – HRB ____________ – after affirmation from the persons appearing and according to the list of shareholders included in the Commercial Register dated ____________ are

1. Mr./Ms. A

resident: ____________

with a share No. 1 in the amount of 50,000 €

and

2. Mr./Ms. B

resident: ____________

with a share No. 2 in the amount of 50.000 €.

The Company's share capital amounts to 100,000 €.

The persons appearing affirmed that the share capital has been paid in cash in full. The contributions have not – not even covertly – been returned.

For the past financial year, the Company posted a net loss in the amount of ____________ €. The Company's equity capital has decreased to ____________ €. There are no capital and revenue reserves. A profit brought forward has not been accumulated. In order to restructure the Company, the share capital should be reduced by way of a simplified capital reduction according to Sections 58a et seqq. of the GmbHG from 100,000 € by 90,000 € to 10,000 € and at the same time be increased from 10,000 € by 190,000 € to 200,000 € by issuing two new shares (No. 3 and No. 4) with a nominal value of 95,000 € each. The new shares are to be issued at face value and are to be paid in cash immediately and in full. The existing shareholders are authorised to subscribe to the new shares, namely shareholder A to subscribe to the new share No. 3 with a nominal value of 95,000 € and shareholder B to subscribe to the new share No. 4 with a nominal value of 95,000 €.

The capital reduction and the capital increase should already be included in the financial statements of the past financial year as at 31 December ____________, which is adopted by the shareholders' meeting following under III.

II.

Subsequently, A stated: I subscribe to share No. 3 with a nominal value of 95,000 € under the terms of the capital increase resolution described in chapter I of this document and to be adopted according to the below-mentioned chapter III of this document.

Further, B stated: I subscribe to share No. 4 with a nominal value of 95,000 € under the terms of the capital increase resolution described in chapter I of this document and to be adopted according to the below-mentioned chapter III of this document.

III.

The shareholders have appeared in order to hold a shareholders' meeting of the Company. As the entire share capital is represented in this meeting, resolutions can be validly passed. Waiving compliance with the notice and form requirements for the calling and the execution of a shareholders' meeting, the shareholders resolve as follows:

1. The Company's share capital is reduced by way of a simplified capital reduction according to Sections 58a et seqq. of the GmbHG from 100,000 € (in words: one hundred thousand euros) by 90,000 € (in words: ninety thousand euros) to 10,000 € (in words: ten thousand euros), namely, in accordance with Sec. 58e of the GmbHG, with retroactive financial effect from 31 December ____________.

The reduction serves to eliminate an adverse balance as a result of impairments/ losses. [more detailed description recommended]

The reduction of the share capital is carried out in such a way that

- **Share No. 1 of shareholder A is reduced from 50,000 € to 5,000 € and**
- **Share No. 2 of shareholder B is reduced from 50,000 € to 5,000 €.**

2. The Company's share capital will be increased from 10,000 € (in words: ten thousand euros) by 190,000 € (in words: one hundred and ninety thousand euros) to 200,000 € (in words: two hundred thousand euros), namely through the crea-

tion of two new shares (No. 3 and No. 4) with a nominal value of 95,000 € each (in words: ninety-five thousand euros). The capital increase will be carried out – as the capital reduction resolved under paragraph 1 – with retroactive financial effect from 31 December __________

The new shares are issued at face value and must be paid in cash immediately and in full. The existing shareholders are authorised to subscribe to the new shares, namely shareholder A to subscribe to the new share No. 3 with a nominal value of 95,000 € and shareholder B to subscribe to the new share No. 4 with a nominal value of 95,000 €.

3. Sec. __________ of the articles of association is entirely redrafted and shall read as follows:

»Sec. __________

Share capital of the Company

The Company's share capital amounts to 200,000 € and has been fully paid in cash.«

4. The financial statements __________ for the last financial year prior to today's resolution, which take into account the above capital reduction and increase, are herewith established. [1]

IV.

We assure that the payment on the new shares Nos. 3 and 4 totaling 190,000 € has already been fully effected in cash. A copy of the respective bank confirmation is attached to this recording as Annex 1. [2]

V.

We have been particularly informed by the attesting notary that

a) the rules about the appropriation of the capital of Sections 58b et seqq. of the GmbHG are to be observed,

b) all shareholders are liable for the initial contributions not paid by the transferees and, moreover, that all shareholders are liable for capital contributions on the previous shares,

c) payments on the shares must be in the unrestricted disposal of the managing board at the time the court receives the application for registration with the Commercial Register and that uses have to be reported to the Commercial Register retroactively prior to the entry of the capital increase resolution,

d) an agreement according to which paid contributions are to be paid back to the shareholder have to be indicated at the time of the application for registration and that, in this respect, an additional payment liability may exist on the part of the shareholders,

e) cash contributions cannot be effected by contributions in kind or by netting/offsetting with claims against the Company,

f) all resolutions do not take effect until they have been entered in the Commercial Register and are void unless the entry in the Commercial Register is made within three months of adopting the resolution, [3]

g) the annual financial statements may, according to Sec. 325 of the German Commercial Code (Handelsgesetzbuch – »HGB«) be disclosed only after registration of the resolutions on the capital reduction and the capital increase. [4]

VI.

The notary is instructed and authorised to execute this deed, to obtain all necessary documents and to represent and support the parties in the registration process without restrictions, including the usage of notarial deeds.

Read, approved and signed:

Erläuterungen

348 **1.** Zur vereinfachten Kapitalherabsetzung mit gleichzeitiger Kapitalerhöhung wird zunächst auf die Anmerkungen zu Muster E 37 verwiesen. Die vereinfachte Kapitalherabsetzung kann – optional auch mit einer gleichzeitigen Kapitalerhöhung – im **Jahresabschluss** für das letzte vor der Beschlussfassung abgelaufene Geschäftsjahr unter Durchbrechung des Stichtagsprinzips (§ 252 Abs. 1 Nr. 3 HGB) berücksichtigt werden (§§ 58e, 58 f GmbHG). Dies wird nicht nur dann zu gelten haben, wenn im Jahr der Beschlussfassung auch die Eintragung in das Handelsregister erfolgt; schon nach dem Wortlaut des § 58e Abs. 1 GmbHG ist eine rückwirkende Gestaltung des Jahresabschlusses zulässig, wenn die Eintragung der Kapitalherabsetzung – und einer eventuellen Kapitalerhöhung – erst in dem auf die Beschlussfassung folgenden Geschäftsjahr erfolgt (so auch Lutter/Hommelhoff/*Lutter/Kleindiek* § 58e Rn. 10; Scholz/*Priester* § 58e Rn. 3; sogar für erforderlich halten dies Baumbach/Hueck/*Zöllner/Haas* § 58e Rn. 3; Roth/Altmeppen/*Roth* § 58e Rn. 3). § 58e Abs. 1 Satz 2 GmbHG bestimmt darüber hinaus, dass der Jahresabschluss durch Gesellschafterbeschluss festgestellt werden muss. Sieht die Satzung eine anderweitige Kompetenz zur Abschlussfeststellung vor, muss und kann die Gesellschafterversammlung diese Kompetenz im Falle des § 58e GmbHG im Wege einer Satzungsdurchbrechung an sich ziehen (Lutter/Hommelhoff/*Lutter/Kleindiek* § 58e Rn. 3; Scholz/*Priester* § 58e Rn. 6; a.A. Baumbach/Hueck/*Zöllner/Haas* § 58e Rn. 5: analog § 234 Abs. 2 Satz 1 AktG ist Zuständigkeit der Gesellschafter stets gegeben).

349 **2.** Im Falle der Berücksichtigung der **Kapitalerhöhung** im Jahresabschluss für das vorangegangene Geschäftsjahr ist es gemäß § 58f Abs. 1 GmbHG erforderlich, dass bei Feststellung des Jahresabschlusses die neuen Geschäftsanteile bereits übernommen worden sind. Hierfür genügt es, dass die **Übernahmeerklärungen** in derselben Urkunde wie der Kapitalerhöhungsbeschluss selbst enthalten sind. Weiterhin verlangt § 58f Abs. 1 GmbHG, dass die Einzahlungen der Einlagen auf die übernommenen Geschäftsanteile – entgegen dem sonst geltenden Voreinzahlungsverbot – bereits vor Beschlussfassung über die Kapitalerhöhung in bar geleistet wurden. Beides ist dem beurkundenden Notar nachzuweisen (§ 58f Abs. 1 Satz 3 GmbHG). Wird also die Übernahme nicht im Rahmen der Beurkundung erklärt, sind dem den Erhöhungsbeschluss beurkundendem Notar die notariell beglaubigten oder beurkundeten Übernahmeerklärungen vorzulegen. Welche Nachweise der Notar für die Erbringung der Einlage verlangt, steht in dessen pflichtgemäßem Ermessen (Scholz/*Priester* § 58f Rn. 11). Zweckmäßig erscheint eine entsprechende Bankbestätigung (Baumbach/Hueck/*Zöllner/Haas* § 58f Rn. 11). Der Notar sollte über seine Feststellungen einen entsprechenden Vermerk in die Urkunde aufnehmen (Scholz/*Priester* § 58f Rn. 11; Baumbach/Hueck/*Zöllner/Haas* § 58f Rn. 11 und Roth/Altmeppen/*Roth* § 58f Rn. 7 halten dies sogar für zwingend). Dass die neuen Geschäftsanteile dem Wortlaut des § 58f Abs. 1 GmbHG zufolge bereits übernommen sein müssen, hindert nicht die Zusammenfassung des Erhöhungsbeschlusses und der Übernahmeerklärungen in einer Urkunde (Scholz/*Priester* § 58f Rn. 7; Ulmer/*Casper* § 58f Rn. 8). Eine zwingende Reihenfolge der Aufnahme der vorgenannten Erklärungen in der Urkunde ist zwar nach überwiegender Auffassung nicht zu beachten (Scholz/*Priester* § 58f Rn. 7; Ulmer/*Casper* § 58f Rn. 8). Im Hinblick auf den eindeutigen Wortlaut des § 58f Abs. 1 GmbHG sollten die Übernahmeerklärungen zur Vermeidung von Wirksamkeitsrisiken indes vor dem Kapitalerhöhungsbeschluss abgegeben werden (so

auch Lutter/Hommelhoff/*Lutter/Kleindiek* § 58f Rn. 7: Übernahmeerklärungen müssen vor Beginn der Gesellschafterversammlung erfolgen). Weiterhin darf die Kapitalerhöhung nach § 58f GmbHG nur in Form der Barerhöhung erfolgen, Sacheinlagen sind ausgeschlossen. Die Beschlüsse über die Kapitalherabsetzung und -erhöhung müssen und der Beschluss über die Feststellung des Jahresabschlusses soll in derselben Gesellschafterversammlung gefasst werden (Scholz/*Priester* § 58f Rn. 6).

3. Sämtliche Beschlüsse sind – unabhängig davon, ob bei der Kapitalherabsetzung zunächst die Mindestkapitalschwelle unterschritten wird (§ 58a Abs. 4 GmbHG) – nichtig, wenn die Eintragung von Herabsetzung (§ 58e Abs. 3 GmbHG) und Erhöhung (§ 58f Abs. 2 GmbHG) nicht binnen drei Monaten ab Beschlussfassung erfolgt; rechtshängige Anfechtungs- oder Nichtigkeitsklagen hemmen auch hier die Frist. Die Eintragung selbst muss also innerhalb der Dreimonatsfrist vollzogen sein; die rechtzeitige Anmeldung ist nicht ausreichend (Scholz/*Priester* § 58e Rn. 11). Zudem ist keine Wiedereinsetzung in den vorigen Stand bei unverschuldeter Antragsverspätung vorgesehen (Baumbach/Hueck/*Zöllner/Haas* § 58e Rn. 11). Soweit die Kapitalherabsetzung auch ohne die bilanzielle Rückwirkung gewollt ist, sollte dies im Herabsetzungsbeschluss entsprechend klargestellt werden, um einer Nichtigkeit auch des Kapitalherabsetzungsbeschlusses wegen Ablaufs der Dreimonatsfrist zu entgehen (Lutter/Hommelhoff/*Lutter/Kleindiek* § 58e Rn. 9; Scholz/*Priester* § 58e Rn. 15). 350

4. Bis zur Eintragung der Kapitalherabsetzung und, im Fall des § 58f GmbHG der Kapitalerhöhung, darf der Jahresabschluss nicht durch Bekanntmachung im Bundesanzeiger gemäß § 325 HGB offengelegt werden (§§ 58e Abs. 4, 58 f Abs. 3 GmbHG). 351

39. Anmeldung der vereinfachten Kapitalherabsetzung mit Kapitalerhöhung zum Handelsregister

Vorbemerkung

Da bei der Anmeldung der vereinfachten Kapitalherabsetzung im Gegensatz zur Anmeldung der ordentlichen Kapitalherabsetzung ein Sperrjahr (§ 58 Abs. 1 Nr. 3 GmbHG) nicht vorgesehen ist, kann die Anmeldung zum Handelsregister sogleich nach Beschlussfassung erfolgen. 352

Muster

Amtsgericht Hamburg 353

– Handelsregister –

HRB ______________

X-GmbH

Wir, die unterzeichneten Geschäftsführer, überreichen hiermit [1]:

1. eine elektronisch beglaubigte Abschrift des Gesellschafterbeschlusses vom heutigen Tage (UR.-Nr. ____________ des Notars ____________) mit dem Beschluss über die vereinfachte Herabsetzung und die Erhöhung des Stammkapitals und den Erklärungen der Übernehmer der neuen Stammeinlagen,

2. eine elektronisch beglaubigte Abschrift des vollständigen Wortlauts des Gesellschaftsvertrages nebst Bescheinigung des Notars gemäß § 54 Abs. 1 GmbHG,

3. die Liste der Übernehmer

und melden zur Eintragung in das Handelsregister an:

a) Das Stammkapital der Gesellschaft wurde von 100.000 € um 90.000 € auf 10.000 € herabgesetzt.

b) Das Stammkapital der Gesellschaft wurde zugleich von 10.000 € um 190.000 € auf 200.000 € erhöht.

c) § ____________ des Gesellschaftsvertrages (Stammkapital) wurde entsprechend neu gefasst.

Wir versichern, dass auf die übernommenen Stammeinlagen der gesamte Betrag in bar eingezahlt ist und sich die eingezahlten Beträge endgültig und ohne Vorbelastung durch Verbindlichkeiten zu unserer freien Verfügung befinden.

Der Notar ist beauftragt und bevollmächtigt, diese Urkunde durchzuführen, alle dafür erforderlichen Unterlagen zu beschaffen und die Beteiligten im Registerverfahren uneingeschränkt zu vertreten und zu betreuen, auch mittels notarieller Eigenurkunden.

Hamburg, den ____________ ____________[Sämtliche Geschäftsführer] 2

Template

354 **Local Court of Hamburg**

– Commercial Register –

Registration number (HRB) ____________

X-GmbH

We, the undersigned Managing Directors, hereby provide[1]:

1. an electronically certified copy of the shareholders' resolution of today (roll of deeds No. ____________ of the notary ____________) with the resolution on the simplified reduction and the increase of the share capital and the declarations of the transferees of the new capital contributions,

2. an electronically certified copy of the full wording of the articles of association together with the notary's certificate according to Sec. 54 para. 1 of the GmbHG,

3. the list of transferees

and apply for registration with the Commercial Register:

a) The Company's share capital was reduced from 100,000 € by 90,000 € to 10,000 €.
b) The Company's share capital was, at the same time, increased from 10,000 € by 190,000 € to 200,000 €.

c) Sec. ____________ of the articles of association (share capital) was revised accordingly.

We assure that the entire amount has been paid in cash on the capital contributions assumed and that the amounts paid in are final, free of liabilities and at our free disposal.

The notary is instructed and authorised to execute this deed, to obtain all necessary documents and to represent and support the parties in the registration process without restrictions, including the usage of notarial deeds.

Hamburg, ____________ ____________[All Managing Directors] 2

Erläuterungen

1. Der Anmeldung ist eine elektronisch beglaubigte Abschrift des Herabsetzungsbeschlusses sowie der vollständige Wortlaut der Satzung nebst Notarbescheinigung (§ 54 Abs. 1 GmbHG) beizufügen; letzteres kann entfallen bei einer gleichzeitigen Kapitalerhöhung, wenn dadurch die alte Stammkapitalziffer wieder erreicht wird (Lutter/Hommelhoff/*Lutter*/*Kleindiek* § 58a Rn. 33; Scholz/*Priester* § 58a Rn. 33). In diesem Fall empfiehlt sich ein entsprechender Hinweis. Ergibt sich die Auflösung der Eigenkapitalposten nicht bereits aus dem vorangegangenen Jahresabschluss, ist ggf. die Vorlage einer Zwischenbilanz erforderlich (Scholz/*Priester* § 58a Rn. 36). Im Falle der gleichzeitigen Kapitalerhöhung sind ferner die Liste der Übernehmer (vgl. dazu Muster F 13 (Rdn. F 141)) und – sofern nicht bereits im Erhöhungsprotokoll enthalten – die Übernahmeerklärungen beizufügen. Nach Eintragung ist eine neue Gesellschafterliste mit notarieller Bescheinigung (§ 40 Abs. 2 GmbHG) einzureichen; wird durch gleichzeitige Kapitalerhöhung ohne Änderung der Beteiligungsverhältnisse die alte Stammkapitalziffer wieder erreicht, wäre folgerichtig die Erstellung einer neuen Liste entbehrlich. Eine Prüfungspflicht des Notars hinsichtlich einer etwaigen Nichtigkeit der Beschlüsse nach Ablauf etwaiger 3-Monatsfristen (§§ 58a Abs. 4, 58e Abs. 3, 58 f Abs. 2 GmbHG) besteht bereits deshalb nicht, weil mit Eintragung analog § 242 Abs. 3 AktG Heilung eintritt (Scholz/*Priester* § 58e Rn. 14; Baumbach/Hueck/*Zöllner*/*Haas* § 58e Rn. 14). 355

2. Soweit die vereinfachte Kapitalherabsetzung nicht mit einer Kapitalerhöhung verbunden wird, muss – anders als bei der ordentlichen Kapitalherabsetzung – die vereinfachte Kapitalherabsetzung aufgrund der nicht erforderlichen Versicherung entsprechend § 58 Abs. 1 Nr. 4 GmbHG nicht von allen Geschäftsführern, sondern gemäß § 78 GmbHG lediglich von Geschäftsführern in vertretungsberechtigter Zahl angemeldet werden (str.; wie hier Scholz/*Priester* § 58a Rn. 32; Ulmer/*Casper* § 58a Rn. 50; a.A. jedoch Baumbach/Hueck/*Zöllner* § 58a Rn. 30: Regelung des § 78 Hs. 2 für ordentliche Kapitalherabsetzung ist entsprechend anzuwenden; ebenso Roth/Altmeppen/*Roth* § 58a Rn. 15). Wird mit der Kapitalherabsetzung zugleich eine Kapitalerhöhung angemeldet, muss die Anmeldung selbstverständlich von sämtlichen Geschäftsführern vorgenommen werden. 356

G. Finanzierung

I. Rücklagen

1. Vereinbarung über die freiwillige Einlage eines Gesellschafters in die Rücklagen der Gesellschaft

Vorbemerkung

1 Rücklagen sind – im Gegensatz zu den davon streng zu unterscheidenden Rückstellungen – Teil des Eigenkapitals der GmbH. Die Bildung von Rücklagen hilft also, die Eigenkapitalbasis der Gesellschaft zu verbessern, und dient insoweit deren Finanzierung (näher Muster G 1 (Rdn. G 3). Man unterscheidet offene Rücklagen, die aus der Bilanz ersichtlich sind und in ihr gem. § 266 Abs. 3 A. II., III. HGB auf der Passivseite ausgewiesen werden, von verdeckten, aus der Bilanz nicht ersichtlichen Rücklagen (sog. stille Reserven), die durch die Unterbewertung von Aktiva bzw. die Überbewertung von Passiva entstehen (vgl. von Rechenberg/Ludwig/*Haußer* Kap. 24 Rn. 661). Zu den offenen Rücklagen zählen dabei die Kapitalrücklagen und die Gewinnrücklagen. Kapitalrücklagen sind bestimmte Beträge, die dem Unternehmen von außen insbes. durch die Gesellschafter zugeführt werden (vgl. die Aufzählung in § 272 Abs. 2 HGB), wohingegen Gewinnrücklagen durch Thesaurierung von Unternehmensgewinnen entstehen (vgl. § 272 Abs. 3, 4 HGB, § 29 Abs. 2 GmbHG). Die nachfolgenden Muster betreffen die freiwillige Leistung eines Gesellschafters in die Kapitalrücklage i.S.v. § 272 Abs. 2 (Muster G 1 (Rdn. G 2 ff.)), den Beschluss der Gesellschafter nach § 29 Abs. 2 GmbHG, Gesellschaftsgewinne in die Rücklagen einzustellen (Muster G 2 (Rdn. G 9 ff.)) sowie Entnahmen aus den Rücklagen durch die Geschäftsführung (Muster G 3 (Rdn. G 14 ff.)).

2 Muster

§ 1 Vertragsparteien

Diese Vereinbarung wird geschlossen zwischen Herrn/Frau ____________, wohnhaft in ____________ (im Folgenden: der Gesellschafter), und der ____________ -GmbH mit Sitz in ____________, eingetragen im Handelsregister des Amtsgerichts ____________ unter HRB ____________ (im Folgenden: die Gesellschaft).

§ 2 Leistung in die Gesellschaftsrücklagen; Leistungszweck [1, 2]

(1) Der Gesellschafter möchte die Kapitalstruktur der Gesellschaft verbessern und dazu deren Eigenkapital erhöhen.

(2) Die Parteien sind sich einig, dass der Gesellschafter zu diesem Zweck freiwillig eine Summe von ____________ € [3] an die Gesellschaft leistet. Der Betrag wird als Teil des Eigenkapitals in die Kapitalrücklagen (§ 272 Abs. 2 HGB) der Gesellschaft eingestellt und entsprechend bilanziert. [4, 5]

____________, den ____________

[Gesellschafter]

[Geschäftsführer der Gesellschaft]

Erläuterungen

3 **1.** Eine hohe **Eigenkapitalquote** ist Ausdruck der finanziellen Stabilität einer Gesellschaft. Eigenkapitalstarke Unternehmen können sich leichter selbst aus eigenen Mitteln finanzieren und gleich-

zeitig – sofern sie dennoch Fremdkapital benötigen – ihre Bonität verbessern, was wiederum zu niedrigeren Kreditkosten führt (näher ***Hingst,*** FS H.-B. Schäfer 2008, 635 (637)). Zum Eigenkapital einer Kapitalgesellschaft gehören dabei nach § 272 HGB neben dem sog. gezeichneten Kapital (§ 272 Abs. 1 HGB; bei der GmbH: Stammkapital) insbes. auch die Kapital- und Gewinnrücklagen (§ 272 Abs. 2–4 HGB; vgl. Muster G 1 (Rdn. G 1)). Insoweit kann also ein Interesse daran bestehen, Mittel in die Rücklagen der Gesellschaft einzubringen.

Eine Leistung in die Rücklagen ist einfacher möglich als etwa eine Erhöhung des Stammkapitals, die den Voraussetzungen der §§ 53 ff. GmbHG unterliegt. Als Alternative zur Leistung in die Rücklagen kann der Gesellschafter der Gesellschaft auch Finanzmittel in Form eines Darlehens zuführen (vgl. Muster G 4 (Rdn. G 18 ff.)), das allerdings bilanziell als Verbindlichkeit (Fremdkapital) der Gesellschaft auszuweisen wäre. Dies gilt selbst dann, wenn das Darlehen mit einem Rangrücktritt des Gesellschafters hinter die anderen Gläubiger versehen ist (vgl. Muster G 4 (Rdn. G 26) sowie G 9 (Rdn. G 191)), so dass die gewünschte Erhöhung der Eigenkapitalbasis dadurch nicht erreicht wird. 4

2. Werden Leistungen in die Rücklagen wie vorliegend nicht durch Gesellschaftsgewinne gebildet, sondern von außen durch einen Gesellschafter erbracht, so handelt es sich um **Kapitalrücklagen** i.S.v. § 272 Abs. 2 HGB (vgl. Muster G 1 (Rdn. G 1)). Diese umfassen neben dem Agio bei der Ausgabe von Anteilen (Nr. 1) und dem Agio bei der Ausgabe von Schuldverschreibungen (Nr. 2) auch Zuzahlungen, die Gesellschafter gegen Gewährung eines Vorzugs für ihre Anteile leisten (Nr. 3), sowie – hier relevant – andere Zuzahlungen der Gesellschafter (Nr. 4). Sofern die Leistung in die Rücklagen also im Gegenzug für ein Vorzugsrecht (etwa: Sonderrechte bei der Gewinnverteilung oder des Gesellschaftsvermögens) erfolgt, fällt sie unter § 272 Abs. 2 Nr. 3 HGB, wohingegen sonstige freiwillige Leistungen der Gesellschafter in das Eigenkapital, denen kein solcher Vorzug gegenübersteht, von § 272 Abs. 2 Nr. 4 HGB erfasst werden (vgl. Beck´scher BilKomm/*Winkeljohann/Hoffmann* § 272 HGB Rn. 190, 195). 5

3. Leistungsgegenstand kann – entgegen dem missverständlichen Wortlaut des § 272 Abs. 2 Nr. 4 HGB (»Zuzahlungen«) – nicht nur eine Bareinlage, sondern jeder bilanzierungsfähige Vermögensgegenstand, also auch eine Sacheinlage sein (MüKo HGB/*Reiner* § 272 Rn. 101). Dies gilt auch (sofern aktivierungsfähig) für Forderungen der Gesellschaft gegen den Gesellschafter bzw. umgekehrt den Verzicht eines Gesellschafters auf eine gegen die Gesellschaft gerichtete Forderung (ADS § 272 HGB Rn. 135; zum Forderungsverzicht mit Besserungsschein siehe Muster G 12 (Rdn. G 227 ff.)). Nicht einlagefähig sind dagegen Dienstleistungen (MüKo HGB/*Reiner* § 272 Rn. 102). 6

4. Der Gesellschafter muss seine Leistung »in das Eigenkapital« der Gesellschaft erbringen wollen, wobei es auf den Willen des Leistenden ankommt (MüKo BilR/*Kropff* § 272 HGB Rn. 142). Zwar kann die erforderliche Leistungsbestimmung grds. auch konkludent erfolgen. Zur eindeutigen Zuordnung der Leistung und der Vermeidung von Unklarheiten empfiehlt es sich aber – wie im Muster vorgesehen –, dass Gesellschafter und Gesellschaft schriftlich eine ausdrückliche **Vereinbarung über den Leistungszweck** abschließen. Zuschüsse des Gesellschafters, die sich nach ihrer Zweckbestimmung unmittelbar auf das Ergebnis der Gesellschaft auswirken sollen (etwa: Leistungen zur Deckung bzw. Vermeidung eines Jahresfehlbetrages/Bilanzverlustes), sind dagegen grds. nicht in die Kapitalrücklage einzustellen. Vielmehr werden diese direkt ergebniswirksam als Ertrag vereinnahmt (MüKo HGB/*Reiner* § 272 Rn. 104; MüKoBilR/*Kropff* § 272 HGB Rn. 141; Beck´scher BilKomm/*Winkeljohann/Hoffmann* § 272 HGB Rn. 195). Allerdings wird es auch insoweit für zulässig gehalten, dass zunächst eine Einstellung in die Kapitalrücklage mit unmittelbar anschließender Entnahme erfolgt (so ADS § 272 HGB Rn. 137). Ist die Zweckbestimmung des Leistenden unklar bzw. bleibt sie offen, so ist umstritten, ob eine Vermutung besteht, dass die Leistung in die Kapitalrücklage erfolgen sollte (dafür Beck´scher BilKomm/*Winkeljohann/Hoffmann* § 272 HGB Rn. 195 m.w.N. auch zur Gegenansicht). 7

8 **5.** Einstellungen in die Kapitalrücklage sind nach § 270 Abs. 1 HGB bereits bei der Aufstellung der Bilanz durch das zuständige Organ (bei der GmbH: nach § 42a GmbHG der Geschäftsführer) vorzunehmen, nicht etwa erst nach Feststellung des Jahresabschlusses (vgl. MüKo HGB/*Reiner* § 270 Rn. 1). Sie können vom entsprechend zuständigen Organ auch wieder aufgelöst werden (vgl. von Rechenberg/Ludwig/*Haußer* Kap. 24 Rn. 666). Da Einstellungen in die Kapitalrücklagen keinen Ertrag aus geschäftlicher Tätigkeit, sondern erfolgsneutrale Zuweisungen darstellen, wird die Gewinn- und Verlustrechnung der Gesellschaft nicht berührt (MüKoBilR/*Kropff* § 272 HGB Rn. 166; ADS § 272 HGB Rn. 81). Unter steuerlichen Gesichtspunkten sind die von den Gesellschaftern in die Kapitalrücklage geleisteten Beträge ebenfalls als Einlagen einzuordnen (Beck´scher BilKomm/*Winkeljohann/Hoffmann* § 272 HGB Rn. 220).

2. Gesellschafterbeschluss über eine Leistung in die Rücklagen der Gesellschaft

9 Muster

Wir, die Unterzeichner, sind die alleinigen Gesellschafter der __________ -GmbH (nachstehend: die Gesellschaft), eingetragen im Handelsregister des Amtsgerichts __________ unter HRB __________, mit Sitz in __________.

Die Geschäftsanteile an der Gesellschaft sind wie folgt verteilt:

1. Herr/Frau __________, wohnhaft in __________, geboren am __________, hält einen Geschäftsanteil im Nennbetrag von __________ €.

2. Herr/Frau __________, wohnhaft in __________, geboren am __________, hält einen Geschäftsanteil im Nennbetrag von __________ €.

§ 1 Ausgangssituation

Die Gesellschaft hat im Geschäftsjahr __________ einen Gewinn von __________ € erwirtschaftet. Im Rahmen der ordentlichen Gesellschafterversammlung wurde noch nicht über die Gewinnverwendung entschieden. [1] Der in der Jahresbilanz vom __________ festgestellte Gewinn soll nachfolgend in die Gewinnrücklage der Gesellschaft eingestellt werden.

§ 2 Gesellschafterversammlung

Vor diesem Hintergrund halten wir, die Gesellschafter der __________ -GmbH, unter Verzicht auf alle Erfordernisse von Form und Frist für die Einberufung einer Gesellschafterversammlung eine

außerordentliche Gesellschafterversammlung

der __________ -GmbH ab und beschließen einstimmig: [2]

Der in der ordentlichen Gesellschafterversammlung vom __________ festgestellte Jahresgewinn [3] i.H.v. __________ € wird vollständig/i.H.v. __________ € in die Gewinnrücklage der Gesellschaft eingestellt. [4]

Weitere Beschlüsse werden nicht gefasst. Die außerordentliche Gesellschafterversammlung ist hiermit beendet.

Datum und Unterschriften:

__________, den __________

[Gesellschafter]

Erläuterungen

Literatur: *App,* Die Gewinnverteilung im GmbH-Recht, DStR 1994, 468 f.; *Dreher*, Die gesellschaftsrechtliche Treuepflicht bei der GmbH, DStR 1993, 1632–1636; *Hommelhoff/Hartmann/Hillers*, Satzungsklauseln zur Ergebnisverwendung in der GmbH, DNotZ 1986, 323–342.

1. Der **Gesellschafterversammlung** ist gem. § 46 Nr. 1 GmbHG die Feststellung des durch die Geschäftsführer vorbereiteten Jahresabschlusses ebenso vorbehalten wie die Entscheidung über die Verwendung des Jahresüberschusses, den die Gesellschafterversammlung gem. § 29 Abs. 2 GmbHG ganz oder teilweise in die Gewinnrücklage einstellen kann. Regelmäßig werden die Beschlüsse über die Feststellung des Jahresabschlusses und die Gewinnverwendung zeitgleich in der jährlich abzuhaltenden ordentlichen Gesellschafterversammlung gefasst (siehe Muster D 10 (Rdn. D 114 ff.)). Dies ist jedoch nicht zwingend vorgeschrieben (Baumbach/Hueck/*Fastrich* § 29 Rn. 38). Vielmehr kann über die Gewinnverwendung auch **isoliert** entschieden werden, sofern sich die Gesellschafter z.B. zum Zeitpunkt der ordentlichen Gesellschafterversammlung noch nicht über die genaue Verwendung des Jahresgewinns einig geworden waren. 10

2. Für den **Gewinnverwendungsbeschluss** gelten die gleichen Regeln wie für die Feststellung des Jahresabschlusses. Er muss daher ebenfalls in den ersten acht Monaten des neuen Geschäftsjahres ergehen (§ 42a Abs. 2 Satz 1 GmbHG) und bedarf der einfachen Mehrheit der Gesellschafter (§ 47 Abs. 1 GmbHG). Grundsätzlich kann jedoch die Satzung der GmbH auch andere Mehrheiten vorsehen, die Befugnis zur Fassung des Gewinnverwendungsbeschlusses einem anderen Organ zuweisen oder nur bestimmte Verwendungsarten für den Jahresgewinn vorsehen. Insofern sind weite Teile des Gewinnverwendungsrechts dispositiv (Baumbach/Hueck/*Fastrich* § 29 Rn. 3). 11

3. Die Feststellung des Jahresabschlusses und der Gewinnverwendungsbeschluss können zusammen in der ordentlichen Gesellschafterversammlung erfolgen (s. oben Muster G 2 (Rdn. G 10)), was häufig zweckdienlich ist. Da dies jedoch nicht zwingend ist, kann der Gewinnverwendungsbeschluss der Feststellung des Jahresabschlusses auch zeitlich nachfolgen. Umgekehrt ist jedoch ein wirksam festgestellter **Jahresabschluss** Voraussetzung für die Fassung des Gewinnverwendungsbeschlusses (Baumbach/Hueck/*Fastrich* § 29 Rn. 8), da der Jahresabschluss den disponiblen Gewinn für die Gesellschafter bindend festlegt (Baumbach/Hueck/*Fastrich* § 29 Rn. 9). Die Gesellschafter können daher im Rahmen des Gewinnverwendungsbeschlusses auch keine Kapital- oder Gewinnrücklagen auflösen und so den ausschüttungsfähigen Gewinn vergrößern. Eine solche Rücklagenauflösung ist nur innerhalb der Feststellung des Jahresabschlusses möglich. 12

4. Als **Gewinnrücklage** bezeichnet man gem. § 272 Abs. 3 Satz 1 HGB Beträge, die »aus dem Ergebnis gebildet worden sind«. Die Einstellung des Jahresüberschusses durch Gesellschafterbeschluss führt zur Bildung einer sog. »anderen Gewinnrücklage«, da die Rücklagenbildung in diesem Fall weder gesetzlich noch satzungsmäßig vorgeschrieben ist, sondern auf der autonomen Entscheidung der Gesellschafterversammlung beruht (MüKo HGB/*Reiner* § 272 Rn. 115 f.) und das Eigenkapital der Gesellschaft stärken soll. Aus diesem Grund obliegt den Gesellschaftern auch die Entscheidung über die Höhe der Rücklagenbildung aus dem Jahresüberschuss, den sie ganz oder auch nur teilweise in die Rücklagen einstellen können. Bei der Entscheidung über die Höhe der Rücklagenbildung muss auf die **Minderheitsgesellschafter** Rücksicht genommen werden, die auf eine angemessene Rendite angewiesen sein mögen. Insofern können die Interessen von Mehrheits- und Minderheitsgesellschaftern der GmbH kollidieren: So ist denkbar, dass die Mehrheitsgesellschafter erzielte Gewinne zur Stärkung der Kapitalbasis in die Gewinnrücklage einstellen wollen, während die Minderheitsgesellschafter eine Gewinnausschüttung erreichen möchten. In diesem Spannungsfeld haben die Mehrheitsgesellschafter aufgrund des Erfordernisses einer einfachen Mehrheit regelmäßig mehr Durchsetzungsmacht, so dass die Gefahr des »Aushungerns« der Minderheitsgesellschafter besteht. Gesetzlich wird der Stärkung der Eigenkapitaldecke zwar ein höherer Stellenwert als dem Ausschüttungsinteresse der Gesellschafter eingeräumt, da das GmbH-Recht gerade keinen Mindestgewinnanspruch der Gesellschafter kennt. Allerdings dürfte die allgemeine gesellschaftsrechtliche Treuepflicht dafür sprechen, dass die widerstreitenden Interessen im Kollisionsfall zu 13 einem angemessenen Ausgleich gebracht werden müssen (Roth/Altmeppen/*Roth* § 29 Rn. 20 f.). Insofern ist darauf zu achten, dass – sollte es nicht zu einem einstimmigen Beschluss über die Höhe des einzustellenden Gewinns kommen – den Minderheitsgesellschaftern ein ausschüttungsfähiger Betrag verbleibt. Andernfalls sind Anfechtungsklagen der Minderheitsgesellschafter gegen den Gewinnverwendungsbeschluss nicht auszuschließen.

3. Beschluss der Geschäftsführung über eine Entnahme aus den Rücklagen der Gesellschaft

14 Muster

§ 1 Ausgangssituation

Die Gesellschaft hat nach Berechnungen im Rahmen der Aufstellung des Jahresabschlusses im Geschäftsjahr __________ einen Verlust i.H.v. __________ € erwirtschaftet. Die derzeitige Kapitalrücklage [1] der Gesellschaft beträgt zum __________ insgesamt __________ €.

§ 2 Entnahmebeschluss [2]

Die Geschäftsführer beschließen daher:

Aus der Kapitalrücklage der Gesellschaft wird im Rahmen der Aufstellung der Jahresbilanz [3] für das Jahr __________ zum __________ ein Betrag i.H.v. __________ € entnommen. Dieser Betrag gleicht den im Geschäftsjahr __________ entstandenen Verlust i.H.v. __________ € aus.

Datum und Unterschriften:

__________, den __________

[Geschäftsführer der Gesellschaft]

Erläuterungen

15 **1.** Die **Kapitalrücklage** der Gesellschaft wird der GmbH von außen durch die Gesellschafter zugeführt (MüKo HGB/*Reiner* § 270 Rn. 5). Dies geschieht insbes. durch freiwillige Einlageleistungen oder die Buchung eines Aufgeldes in die Rücklage im Rahmen einer Kapitalerhöhung. Neben der durch von außen stammende Mittel gebildeten Kapitalrücklage kann die GmbH auch eine **Gewinnrücklage** bilden, die aus selbst erwirtschafteten Erträgen der Gesellschaft gespeist wird. Das Gesetz unterscheidet in § 266 Abs. 3 A. III. HGB vier Arten von Gewinnrücklagen: gesetzliche Rücklagen, Rücklagen für Anteile an einem herrschenden oder mehrheitlich beteiligten Unternehmen, satzungsmäßige Rücklagen und »andere Gewinnrücklagen«. Aufgrund ihrer fehlenden Zweckbindung ist die »andere Gewinnrücklage« am ehesten mit der Kapitalrücklage zu vergleichen, da beide von der Gesellschaft im Rahmen der Aufstellung der Jahresbilanz frei aufgelöst werden können (§ 270 Abs. 1 HGB). Das vorstehende Muster geht von einer Entnahme aus der Kapitalrücklage zu Verlustausgleichszwecken aus.

16 **2.** Die Auflösung von Rücklagen erfolgt als **Maßnahme der Ergebnisverwendung** (MüKo HGB/*Reiner* § 270 Rn. 5) im Rahmen der Jahresbilanzaufstellung. Ein expliziter Entnahmebeschluss der Geschäftsführer, wie ihn das Muster vorsieht, ist hierfür freilich nicht zwingend erforderlich, da die Rücklagenentnahme durch Umbuchungen in der Bilanz dargestellt und durch deren Feststellung rechtskräftig bewirkt wird. Anders ist dies z.B. in Fällen, in denen die Satzung den Geschäftsführern bestimmte Rechte zubilligt, deren Ausübung in ihrem Ermessen liegt. Zu denken ist dabei insbes. an die satzungsmäßige Ermächtigung der Geschäftsführer gem. § 55a GmbHG, durch genehmigtes

Kapital neue Gesellschaftsanteile zu schaffen. Wird dieses Recht in Anspruch genommen, so muss die Geschäftsführung hierüber einen Beschluss treffen (Baumbach/Hueck/*Zöllner/Fastrich* § 55a Rn. 12). Doch kann ein Geschäftsführerbeschluss auch für eine Rücklagenentnahme hilfreich sein, insbes. um **Publizitätserfordernissen** gerecht zu werden: Der Gesellschafterversammlung einer GmbH muss zur Feststellung des Jahresabschlusses neben der Bilanz und der Gewinn- und Verlustrechnung auch ein Anhang vorgelegt werden, der zusammen mit den beiden anderen Teilen eine Einheit bildet und die tatsächliche Lage der Gesellschaft ausführlicher darstellen soll (vgl. § 264 Abs. 1 Satz 1 HGB). Im Rahmen dieses Anhangs kann es im Sinne der Transparenz nützlich sein, auf einen eigenständigen Beschluss über die Entnahme aus der Rücklage zu verweisen.

3. Soweit die Satzung nichts anderes vorschreibt, sind die Kapitalrücklagen einer GmbH in den Grenzen ihrer Zweckbindung durch das zuständige Organ grundsätzlich frei auflösbar (MüKo HGB/*Reiner* § 270 Rn. 5). Ausnahmen bestehen lediglich in zwei Fällen: Zum einen dürfen gebuchte Rücklagen gem. § 42 Abs. 2 Satz 3 GmbHG, die eingeforderte Gesellschafternachschüsse auf der Passivseite der Bilanz ausweisen, nicht aufgelöst werden. Einer engeren Zweckbindung unterliegt die Rücklagenauflösung zum anderen zudem im Rahmen einer vereinfachten Kapitalherabsetzung gem. § 58a GmbHG. So legt § 58b Abs. 3 GmbHG fest, dass bestimmte Kapitalrücklagen, die aus Erträgen der Kapitalherabsetzung gewonnen wurden, in einem Zeitraum von fünf Jahren nach der vereinfachten Kapitalerhöhung nur zum Ausgleich eines Jahresfehlbetrages, zum Ausgleich eines Verlustvortrages aus dem Vorjahr oder zur Kapitalerhöhung aus Gesellschaftsmitteln genutzt werden dürfen. Technisch erfolgt die Auflösung von Rücklagen gem. § 270 Abs. 1 HGB bereits bei der **Aufstellung der Jahresbilanz**, nicht erst bei der Feststellung des Jahresabschlusses (MüKo HGB/*Reiner* § 270 Rn. 1). Aus diesem Grund obliegt die Rücklagenauflösung den Geschäftsführern der GmbH, die gem. § 264 Abs. 1 HGB i.V.m. § 35 Abs. 1 Satz 1 GmbHG zur Aufstellung der Bilanz berufen sind (Baumbach/Hueck/*Haas* § 42a Rn. 14; Roth/Altmeppen/*Altmeppen* § 42a Rn. 6). Die endgültige Bestätigung der Rücklagenauflösung erfolgt schließlich durch die Gesellschafterversammlung im Rahmen der Feststellung des Jahresabschlusses (§ 46 Nr. 1 GmbHG). Buchhalterisch sind Veränderungen in den Rücklagen gem. § 275 Abs. 4 HGB in der Gewinn- und Verlustrechnung erst nach dem Posten »Jahresüberschuss/-fehlbetrag« auszuweisen. 17

II. Sonstige Finanzierung

4. Gesellschafterdarlehen

Vorbemerkung

Die Vergabe von Darlehen an die Gesellschaft stellt eines der wichtigsten Finanzierungsinstrumente dar. Sie kann durch Dritte oder durch die Gesellschafter selbst erfolgen. Sofern die GmbH nicht hinreichend kreditwürdig ist, kommt nur Letzteres in Betracht. Gegenüber Drittdarlehen haben solche Gesellschafterdarlehen u.a. den Vorzug, dass sie schneller verfügbar sind und gegen geringere Sicherheiten gewährt werden (Beck´sches HdbGmbH/*Schwaiger* § 7 Rn. 270). Im Vergleich zur relativ aufwendigen Erhöhung des Stammkapitals (§§ 53 ff. GmbHG) ist die Darlehensgewährung einfacher und weniger kostspielig. Das Recht der Gesellschafterdarlehen wurde dabei durch das MoMiG grundlegend neugefasst, indem das alte Eigenkapitalersatzrecht aufgegeben und unter Verzicht auf das Merkmal der »Krise der Gesellschaft« neue, rechtsformneutrale Regelungen im Insolvenzrecht geschaffen wurden (näher Muster G 4 (Rdn. G 21)). 18

Muster

Darlehensvertrag 19

zwischen

Herrn/Frau/Gesellschaft ______________, wohnhaft/mit Sitz in ______________ (im Folgenden: Darlehensgeber)

und

der ____________ -GmbH, mit Sitz in ____________, eingetragen im Handelsregister des Amtsgerichts ____________ unter HRB ____________ (im Folgenden: Darlehensnehmer), vertreten durch ____________.

Präambel

(1) Der Darlehensgeber ist Gesellschafter des Darlehensnehmers und an dessen Stammkapital von insgesamt ____________ € mit einem Geschäftsanteil mit Nennbetrag von ____________ € beteiligt.

(2) Der Darlehensnehmer erhält vom Darlehensgeber ein Darlehen gemäß den folgenden Bestimmungen. Das Darlehen dient zu [Finanzierungszweck].

§ 1 Darlehen und Fälligkeit [1, 2, 3]

(1) Der Darlehensgeber gewährt dem Darlehensnehmer ein Gesellschafterdarlehen in Höhe von ____________ €.

(2) Das Darlehen ist am ____________ zur Auszahlung fällig. Die Auszahlung erfolgt auf das folgende Konto des Darlehensnehmers: IBAN ____________, Bank ____________, BIC ____________. Mit Eingang auf dem genannten Konto ist das Darlehen gewährt und ausgezahlt.

§ 2 Zinsen [4]

(1) Das Darlehen wird ab Auszahlung mit [fester oder variabler Zinssatz] verzinst.

(2) Die Zinszahlungen durch den Darlehensnehmer an den Darlehensgeber erfolgen vierteljährlich, jeweils nachträglich am letzten Bankarbeitstag des jeweiligen Quartals, erstmalig (zeitanteilig) am ____________.

§ 3 Vertragslaufzeit, Tilgung

(1) Dieser Darlehensvertrag ist befristet und endet am ____________. Das gesamte zu diesem Zeitpunkt noch ausstehende Restdarlehen einschließlich Zinsen ist von diesem Zeitpunkt an zur Rückzahlung fällig.

(2) Der Darlehensnehmer ist auch schon vorher jederzeit zur vollständigen oder teilweisen vorzeitigen Rückzahlung des Darlehens einschließlich Zinsen berechtigt. Eine Vorfälligkeitsentschädigung ist nicht zu zahlen.

(3) Zahlungen des Darlehensnehmers sind (vorbehaltlich der schriftlichen Mitteilung einer anderen Bankverbindung durch den Darlehensgeber) auf das folgende Konto des Darlehensgebers zu erbringen: IBAN ____________, Bank ____________, BIC ____________.

§ 4 Kündigung

(1) Der Darlehensgeber kann diesen Darlehensvertrag vorzeitig ohne Einhaltung einer Frist durch schriftliche Erklärung kündigen, sofern ein wichtiger Grund vorliegt. In diesem Fall ist das Darlehen (einschließlich angefallener Zinsen) mit sofortiger Wirkung zur Rückzahlung fällig.

(2) Ein wichtiger Grund liegt insbesondere vor,

a) wenn der Darlehensnehmer eine nach diesem Vertrag geschuldete fällige Zahlung nicht erbringt, sofern der Darlehensgeber die Zahlung nach Fälligkeit und mindestens zwei Wochen vor Ausspruch der Kündigung erfolglos angemahnt und dabei eine Kündigung aus wichtigem Grund angedroht hat;

b) wenn eine wesentliche Verschlechterung in den Vermögensverhältnissen des Darlehensnehmers oder in der Werthaltigkeit der bestellten Sicherheiten (§ 5) eintritt oder einzutreten droht und die Rückzahlung des Darlehens dadurch ernstlich gefährdet ist;

c) wenn über das Vermögen des Darlehensnehmers ein Insolvenzverfahren eröffnet oder die Eröffnung eines solchen Verfahrens mangels Masse abgelehnt wurde; oder

d) wenn der Darlehensnehmer in erheblicher Weise sonstige wesentliche Bestimmungen dieses Vertrages verletzt.

§ 5 Besicherung [5]

Zur Absicherung der Ansprüche des Darlehensgebers aus dieser Vereinbarung werden vom Darlehensnehmer folgende Sicherheiten bestellt: __________.

§ 6 Abtretung [6]

Der Darlehensgeber ist berechtigt, seine aus dieser Vereinbarung resultierenden Ansprüche gegen den Darlehensnehmer abzutreten. Die Abtretung ist dem Darlehensnehmer binnen sieben Tagen schriftlich mitzuteilen.

§ 7 Rangrücktritt [7]

Vgl. dazu Muster G 9, § 2.

§ 8 Informationspflichten [8]

(1) Der Darlehensnehmer ist verpflichtet, den Darlehensgeber nach Abschluss eines jeden Geschäftsjahres schriftlich über seine wirtschaftlichen Verhältnisse zu informieren.

(2) Der Darlehensgeber kann vom Darlehensnehmer die Vorlage entsprechender geeigneter Dokumente verlangen. Insbesondere hat der Darlehensnehmer seinen Jahresabschluss ordnungsgemäß innerhalb der gesetzlichen Fristen aufzustellen und dem Darlehensgeber unverzüglich zu übermitteln. Ist der Jahresabschluss von einem Wirtschaftsprüfer zu prüfen, so erfolgt die Übersendung zusammen mit dem Abschlussbericht nach Abschluss der Prüfung und Testatserteilung.

(3) Des Weiteren ist der Darlehensnehmer verpflichtet, den Darlehensgeber unverzüglich schriftlich zu informieren, falls eine wesentliche Verschlechterung seiner Vermögensverhältnisse eintritt oder einzutreten droht.

(4) Rechte des Darlehensgebers nach § 51a GmbHG bleiben unberührt.

§ 9 Schlussbestimmungen: Anwendbares Recht, Gerichtsstand, Schriftform, Mitteilungen, salvatorische Klausel

(1) Diese Vereinbarung unterliegt dem Recht der Bundesrepublik Deutschland. Ausschließlicher Gerichtsstand für alle aus oder im Zusammenhang mit dieser Vereinbarung entstehenden Streitigkeiten ist __________. Abweichende zwingende gesetzliche Zuständigkeiten bleiben unberührt.

(2) Ergänzungen, Änderungen und Nebenabreden zu sowie der Verzicht auf Rechte aus dieser Vereinbarung bedürfen der Schriftform, soweit kein strengeres Formerfordernis vorgeschrieben ist. Dies gilt auch für die Änderung, die Aufhebung oder den Verzicht auf dieses Schriftformerfordernis.

(3) Alle Mitteilungen im Zusammenhang mit dieser Vereinbarung bedürfen der Schriftform (einschließlich Telefax) und sind zu richten an:

für den Darlehensnehmer: [Adresse], [Fax],

für den Darlehensgeber: [Adresse], [Fax]

oder an eine andere Adresse, die der Empfänger der jeweils anderen Partei mindestens ____________ Tage vorab schriftlich mitgeteilt hat.

(4) Sollte eine Bestimmung dieses Vertrages ganz oder teilweise unwirksam oder undurchführbar sein, so werden die Wirksamkeit und Durchführbarkeit aller übrigen Bestimmungen dieses Vertrages davon nicht berührt. Die unwirksame oder undurchführbare Bestimmung ist als durch eine wirksame und durchführbare Bestimmung ersetzt anzusehen, die dem von den Parteien mit der unwirksamen oder undurchführbaren Bestimmung verfolgten wirtschaftlichen Zweck am nächsten kommt. Entsprechendes gilt im Falle einer vertraglichen Lücke.

____________, den ____________

[Darlehensgeber]

[Vertreter des Darlehensnehmers] 9, 10

Erläuterungen

Literatur: *Altmeppen*, Das neue Recht der Gesellschafterdarlehen in der Praxis, NJW 2008, 3601–3607; *Azara*, Die neue BGH-Rechtsprechung zur Abtretung von Gesellschafterdarlehensforderungen und ihre praktischen Auswirkungen, DStR 2013, 2280–2287; *Burg/Westerheide*, Praktische Auswirkungen des MoMiG auf die Finanzierung von Konzernen, BB 2008, 62–69; *Dahl/Schmitz*, Eigenkapitalersatzrecht nach dem MoMiG aus insolvenzrechtlicher Sicht, NZG 2009, 325–331; *Freitag*, Finanzverfassung und Finanzierung von GmbH und AG nach dem Regierungsentwurf des MoMiG, WM 2007, 1681–1685; *Gehrlein*, Die Behandlung von Gesellschafterdarlehen durch das MoMiG, BB 2008, 846–854; *Habersack*, Gesellschafterdarlehen nach MoMiG: Anwendungsbereich, Tatbestand und Rechtsfolgen der Neuregelung, ZIP 2007, 2145–2153; *ders.*, Die Erstreckung des Rechts der Gesellschafterdarlehen auf Dritte insbesondere im Unternehmensverbund, ZIP 2008, 2385–2392; *Heckschen/Kreusslein*, Gesellschafterdarlehen und -sicherheiten in der Krise – Risiken und Gestaltungsempfehlungen vor dem Hintergrund aktueller Rechtsprechung, RNotZ 2016, 351–367; *Hingst/Neumann*, Negative Zinsen – Die zivilrechtliche Einordnung eines nur scheinbar neuen geldpolitischen Phänomens, BKR 2016, 95–101; *Hirte*, Die Neuregelung des Rechts der (früher: kapitalersetzenden) Gesellschafterdarlehen durch das »Gesetz zur Modernisierung des GmbH-Rechts und zur Bekämpfung von Missbräuchen« (MoMiG), WM 2008, 1429–1435; *Kallmeyer*, Kapitalaufbringung und Kapitalerhaltung nach dem MoMiG: Änderungen für die GmbH-Beratungspraxis, DB 2007, 2755–2759; *Hirte/Knof/Mock*, Ein Abschied auf Raten? – Zum zeitlichen Anwendungsbereich des alten und neuen Rechts der Gesellschafterdarlehen, NZG 2009, 48–50; *Priester*, Insolvenzrechtliche Anfechtbarkeit von Eigenkapitalausschüttungen, GmbHR 2017, 1245–1249. Speziell zu steuerrechtlichen Fragen: *Bayer*, Verlorene Gesellschafterdarlehen im steuerlichen Privatvermögen, DStR 2009, 2397–2402; *Bode*, Nachträgliche Anschaffungskosten beim Ausfall von Gesellschafterdarlehen nach MoMiG und Einführung der Abgeltungssteuer, DStR 2009, 1781–1786; *Bruschke*, Eigenkapitalersatzrecht und Verluste nach § 17 EStG, SteuK 2010, 159–162; *Crezelius*, Schnittstellen zwischen Gesellschaftsrecht und Steuerrecht, DAI, 8. Gesellschaftsrechtliche Jahresarbeitstagung 2010, 281 (288–293); *Hahne/Lenz*, Jahressteuergesetz 2008: Neuerungen bei Gesellschafterdarlehen, BC 2008, 98–101; *Hein/Suchan/Geeb*, MoMiG auf der Schnittstelle von Gesellschafts- und Steuerrecht, DStR 2008, 2289–2291; *Weitnauer*, Die Gesellschafterfremdfinanzierung aus Sicht von Finanzinvestoren – ein Resümee der Änderungen des MoMiG und der derzeitigen rechtlichen Rahmenbedingungen vor dem Hintergrund der Finanzkrise, BKR 2009, 18–25.

20 **1.** Bis zur Umgestaltung durch das MoMiG war das Recht der Gesellschafterdarlehen als **Eigenkapitalersatzrecht** in den §§ 32a, 32b GmbHG a.F., § 135 InsO a.F., § 6 AnfG a.F. geregelt, ergänzt durch die sog. »Rechtsprechungsregeln« des BGH. Diese wurden im Zuge der Neure-

gelung zwar abgeschafft bzw. reformiert, sind aber weiterhin noch insoweit von Bedeutung, als sie nach der Übergangsvorschrift des Art. 103d EGInsO für Altfälle fortgelten. Die maßgebliche zeitliche Zäsur für die Anwendung des alten Rechts und die Abgrenzung zum neuen Recht ist dabei die Eröffnung des Insolvenzverfahrens vor dem 01.11.2008 (näher BGH Urt. v. 26.01.2009, NJW 2009, 1227 (1278 f.) m. Anm. *Dahl/Schmitz*; *Hirte/Knof/Mock* NZG 2009, 48). Nach dem Grundgedanken der bisherigen Regelung mussten die Gesellschafter, wenn sich die Gesellschaft in der »Krise« (vgl. § 32a Abs. 1 GmbHG a.F.) befand, also nicht mehr kreditwürdig bzw. schon insolvenzreif war, der Gesellschaft entweder Eigenkapital zuführen oder sie liquidieren. Erfolgte beides nicht und finanzierten die Gesellschafter die notleidende Gesellschaft stattdessen mittels Darlehen (bzw. indem zuvor gewährte Darlehen »stehengelassen« oder der Gesellschaft Gegenstände zur Nutzung überlassen wurden), so wurden die vom Gesellschafter gewährten Leistungen umqualifiziert und funktional wie Eigenkapital (gebundenes Stammkapital) behandelt (*Gehrlein* BB 2008, 846; Heckschen/Heidinger/*Heckschen* Kap. 19 Rn. 155; *Habersack* ZIP 2007, 2145 (2147)). Die Gesellschafter trugen in diesem Fall also die sog. Finanzierungsfolgenverantwortung (vgl. MAH GmbH/*Selzner/Leuering* § 7 Rn. 6 f.). Folgen waren u.a. die insolvenzrechtliche Nachrangigkeit des Darlehensrückgewähranspruchs und ggf. die Anfechtbarkeit einer Rückzahlung bzw. Sicherheitenbestellung (vgl. §§ 39 Abs. 1 Nr. 5, 135 InsO a.F., § 6 AnfG a.F.). Zudem wandte die Rechtsprechung die §§ 30, 31 GmbHG a.F. analog an mit der Konsequenz, dass bereits vor Insolvenzeröffnung ein Rückzahlungsverbot bestand, sofern dadurch eine Unterbilanz herbeigeführt bzw. verstärkt wurde. Bei Verstoß gegen das Rückzahlungsverbot bestand eine Rückerstattungspflicht analog § 31 Abs. 1 GmbHG a.F. (BGHZ 31, 258; 90, 370).

2. Insgesamt ist das Recht der Gesellschafterdarlehen mit der **Neuordnung im Rahmen des MoMiG** deutlich einfacher und überschaubarer als nach der komplizierten alten Rechtslage geworden (vgl. *Gehrlein* BB 2008, 846; *Habersack* ZIP 2007, 2145 (2153); kritisch dagegen *Altmeppen* NJW 2008, 3601 (3602); *Burg/Westerheide* BB 2008, 62 f.). Die Regelungen sind nunmehr rechtsformneutral gestaltet und in die Insolvenzordnung (§§ 39 Abs. 1 Nr. 5, Abs. 4, 5, 44a, 135, 143 InsO n.F.; zudem §§ 6, 6a AnfG n.F.) verlagert worden. Sie gelten auch für ausländische Gesellschaften mit tatsächlichem Sitz in Deutschland, sofern über diese ein deutsches Insolvenzverfahren eröffnet wird (BGH Urt. v. 21.07.2011, NJW 2011, 3784 (3786); vgl. Habersack ZIP 2008, 2385 (2386 f.); Hirte WM 2008, 1429 (1432); BT-Drucks. 16/6140, S. 57). Das zentrale Merkmal der »Krise der Gesellschaft« (vgl. Muster G 4 (Rdn. G 20)) wurde aufgegeben, es wird nicht mehr zwischen kapitalersetzenden und anderen Gesellschafterdarlehen differenziert. Vielmehr sind nunmehr alle Gesellschafterdarlehen (und ihnen wirtschaftlich entsprechende Forderungen) – unabhängig von ihrer vertraglichen Ausgestaltung, dem Zeitpunkt ihrer Hingabe, dem Vorliegen einer Krise und damit von ihrem Eigenkapitalcharakter – in der Insolvenz generell nachrangig (§ 39 Abs. 1 Nr. 5 InsO n.F.) und unterliegen der Anfechtbarkeit durch den Insolvenzverwalter, wenn das Darlehen im letzten Jahr vor dem Eröffnungsantrag befriedigt wurde (§ 135 Abs. 1 Nr. 2 InsO n.F.). Dies gilt selbst dann, wenn im entsprechenden Zeitraum die Forderung abgetreten wurde oder der Gesellschafter ausgeschieden ist (näher siehe unten, Muster G 4 (Rdn. G 26)). Maßgeblich ist also allein der Rückzahlungszeitpunkt, es gilt eine starre Fristenregelung von einem Jahr für die Anfechtung einer Darlehensrückzahlung und zehn Jahren für die Gewährung von Sicherheiten (§ 135 Abs. 1 Nr. 1 und Nr. 2 InsO n.F.; BGH Urt. v. 21.02.2013, NJW 2013, 2282; kritisch dazu *Kallmeyer* DB 2007, 2755 (2758)). Daneben stellt § 30 Abs. 1 Satz 3 GmbHG n.F. ausdrücklich klar, dass §§ 30, 31 GmbHG keine Anwendung finden (sog. »Nichtanwendungserlass«). Die Rechtsprechungsregeln (vgl. Muster G 4 (Rdn. G 20)) wurden vom Gesetzgeber also explizit abgeschafft, Gesellschafterdarlehen dürfen vor der Insolvenz somit auch im Falle einer Unterbilanz der Gesellschaft zurückgewährt werden, innerhalb des Zeitraums des § 135 Abs. 1 Nr. 2 InsO n.F. allerdings behaftet mit dem Risiko einer Anfechtung (vgl. *Kallmeyer* DB 2007, 2755 (2757 f.); *Hirte* WM 2008, 1429 (1434); *Gehrlein* BB 2008, 846 (848 f.)). Für die Anfechtung durch Gläubiger außerhalb des Insolvenzverfahrens gelten §§ 6, 6a AnfG n.F., die ebenfalls eine Anfechtungsfrist von einem Jahr (für Sicherheiten von zehn Jahren) 21 vorsehen, wobei maßgeblicher Zeitpunkt die Erlangung eines vollstreckbaren Schuldtitels ist (näher *Gehrlein* BB 2008, 846 (854)).

22 Einem Gesellschafterdarlehen gleichgestellt sind auch nach neuem ebenso wie nach altem Recht Forderungen aus Rechtshandlungen, die einem solchen Darlehen »wirtschaftlich entsprechen« (vgl. §§ 39 Abs. 1 Nr. 5 InsO, 135 Abs. 1 InsO). Eine solche Forderung kann bei entsprechender Ausgestaltung der Rechtsposition etwa auch bei einem atypisch stillen Gesellschafter (vgl. BGH Urt. v. 28.06.2012, NJW 2012, 3443 für die GmbH & Co. KG), dem Anspruch auf Rückgewähr der Einlage eines typisch stillen Gesellschafters (BGH Beschl. v. 23.11.2017, GmbHR 2018, 151) oder der bloß mittelbaren Beteiligung an der Darlehensnehmerin gegeben sein (OLG Hamm Urt. v. 16.02.2017, NZG 2017, 824; siehe dazu im Einzelnen Heckschen/Heidinger/*Heckschen* Kap. 19 Rn. 209 f.). Umgekehrt liegt eine solche Forderung aber nicht schon zwingend allein deshalb vor, weil der Darlehensgeber eine nahestehende Person i.S.v. § 138 InsO ist (BGH Urt. v. 17.02.2011, NJW 2011, 1503) bzw. bei Ansprüchen des Gesellschafters aus Nutzungsüberlassung (BGH Urt. v. 29.01.2015, WM 2015, 581; OLG Schleswig Urt. v. 13.01.2012, NJW 2012, 2738; *Heckschen/Kreusslein* RNotZ 2016, 351 (363); kritisch hierzu *Haas* NZI 2012, 601), wobei für letztere eine Stundung und ihr wirtschaftlicher Effekt die rechtliche Gleichstellung von Forderungen aus Austauschgeschäften mit einem Gesellschafterdarlehen zur Folge haben kann (BGH Urt. v. 10.06.2014, WM 2014 1488). Noch nicht abschließend geklärt ist, ob auch Eigenkapitalausschüttungen den §§ 39 Abs. 1 Nr. 5, 135 Abs. 1 Nr. 2 InsO unterfallen können. Überwiegend wird dies mit Blick auf den für das Eigenkapital bestehenden Ausschüttungsschutz abgelehnt (OLG Schleswig Urt. v. 08.02.2017, GmbHR 2017, 527; *Priester* GmbHR 2017, 1245; Heckschen/Heidinger/*Heckschen* Kap. 19 Rn. 170 f.; a.A. OLG Koblenz Urt. v. 15.10.2013, NZI 2014, 27). Mangels einer höchstrichterlichen Entscheidung ist im Zusammenhang mit Unternehmensveräußerungen dazu zu raten, thesaurierte Gewinne möglichst ein Jahr vor dem Unternehmensverkauf auszuschütten. Dies hilft zu vermeiden, dass sich der Veräußerer hinsichtlich der Stellung eines möglichen Insolvenzantrags und der damit ggf. für den Veräußerer verbundenen Konsequenzen in eine Abhängigkeit vom Erwerber begibt (Heckschen/Heidinger/*Heckschen* Kap. 19 Rn. 171).

23 **3.** Bereits nach bisheriger Rechtslage fanden die Regeln zum Eigenkapitalersatz keine Anwendung auf nicht geschäftsführende Gesellschafter mit einer Beteiligung von nicht über 10 % (**Kleinbeteiligungs- bzw. Zwerganteilsprivileg**, § 32a Abs. 3 Satz 2 GmbHG a.F.) und auf Darlehensgeber, die einen Geschäftsanteil in der Krise zu deren Überwindung erwerben (**Sanierungsprivileg**, § 32a Abs. 3 Satz 3 GmbHG a.F.), mit der Folge, dass eine entsprechende Darlehensforderung weder nachrangig noch ihre Rückzahlung anfechtbar war. Diese Regelungen wurden nunmehr in § 39 Abs. 4 Satz 2 und Abs. 5 sowie § 135 Abs. 4 InsO n.F. übernommen. Für das **Kleinbeteiligungsprivileg** nach § 39 Abs. 5 InsO n.F. kommt es dabei allein auf den Beteiligungsgrad an, nicht etwa auf die Stimmgewichts- bzw. Gewinnverteilung (*Habersack* ZIP 2007, 2145 (2149); K. Schmidt/*K. Schmidt/Herchen* § 39 InsO Rn. 41 mit Hinweis auf fortbestehende rechtspolitische Bedenken). Bei einem abgestimmten Vorgehen mehrerer Gesellschafter genügt es allerdings, wenn deren Gesamtbeteiligung 10 % überschreitet, und ebenso scheidet bei (ggf. auch bloß faktischer) Geschäftsführung des Darlehensgebers das Kleinbeteiligungsprivileg aus (MAH InsO/*Nerlich/Rhode* § 4 Rn. 92 f.). Noch nicht abschließend geklärt ist allerdings, in welchem Zeitpunkt eine Kleinbeteiligung vorliegen muss, damit der entsprechende Gesellschafter privilegiert wird. Nach altem Recht kam es auf den Zeitpunkt der Krisenfinanzierung an (Roth/Altmeppen/*Altmeppen*, Anh. § 30 GmbHG Rn. 95). Nach neuem Recht wird teilweise auf die Darlehenshingabe abgestellt, teilweise auf den Insolvenzantrag (vgl. *Freitag* WM 2007, 1681 (1683) mit Plädoyer für eine explizite gesetzliche Regelung). Nach a.A. soll eine Privilegierung nach § 39 Abs. 5 InsO bereits dann ausgeschlossen sein, wenn der Darlehensgeber insgesamt während der Dauer des Darlehensverhältnisses (vgl. *Gehrlein* BB 2008, 846 (850); *Dahl/Schmitz* NZG 2009, 325 (326)) mit mehr als 10 % beteiligt war. Die wohl herrschende Literaturmeinung geht demgegenüber davon aus, dass es darauf ankommt, ob der Darlehensgeber zu irgendeinem Zeitpunkt innerhalb der Fristen nach §§ 135 InsO, 6 AnfG, die 10 %-Schwelle überschreitet (Roth/Altmeppen/*Altmeppen*, Anh. § 30 GmbHG Rn. 95). Das **Sanierungsprivileg** des

§ 39 Abs. 4 Satz 2 InsO schützt dagegen den Beteiligungserwerb zum Zweck der Sanierung einer Gesellschaft: Bestehende oder neu gewährte Darlehen von Gesellschaftern, die bei Überschuldung bzw. drohender oder eingetretener Zahlungsunfähigkeit einer Gesellschaft Geschäftsanteile zum Zwecke der Sanierung übernehmen, werden bis zur nachhaltigen Sanierung nicht nachrangig behandelt, und ihre Rückzahlung unterliegt auch nicht der Anfechtung. Anstelle des früheren Merkmals der Krise der Gesellschaft wird nunmehr also (restriktiver) auf deren Zahlungsunfähigkeit bzw. Überschuldung abgestellt (vgl. *Hirte* WM 2008, 1429 (1433)). Einschränkungen hinsichtlich der §§ 39 Abs. 1 Nr. 5, 135 Abs. 1 InsO können sich ferner daraus ergeben, dass Gesellschafterdarlehen oder wirtschaftlich entsprechende Leistungen gegen das unionsrechtliche Beihilfeverbot verstoßen (vgl. Art. 107 f. AEUV). Liegt ein solcher Verstoß vor und sind die Leistungen aufgrund einer Entscheidung der Europäischen Kommission zurückzufordern, so werden diese wegen des Anwendungsvorrangs des Unionsrechts als einfache Insolvenzforderungen im Rang des § 38 InsO behandelt (BGHZ 173, 103; K. Schmidt/*K. Schmidt/Herchen* § 39 InsO Rn. 46 m.w.N.).

4. Bei den **Zinsbedingungen** sind verschiedene Gestaltungsmodelle denkbar, weswegen das Muster diesen Punkt offen lässt. Neben der Vereinbarung eines festen Zinssatzes kann sich insbesondere bei Darlehen mit langen Laufzeiten auch ein variabler Zinssatz empfehlen, der beispielsweise auf dem zwei Mal jährlich von der Deutschen Bundesbank berechneten und im Bundesanzeiger veröffentlichten gesetzlichen Leitzins (vgl. § 247 BGB) aufbauen und einen Zuschlag auf diesen enthalten kann. Sofern ein variabler Zinssatz vereinbart wird, sollten die Parteien auch eine Regelung zu Negativzinsen treffen (vgl. *Hingst/Neumann* BKR 2016, 95). Allgemein sind die Zinsbedingungen angemessen zu gestalten, so dass sie einem Drittvergleich standhalten. Überhöhte Zinsen können (wie auch sonst überhöhte Gegenleistungen) bezüglich des überhöhten Teils gesellschaftsrechtlich auch nach Einführung von § 30 Abs. 1 Satz 3 GmbHG n.F. einen Verstoß gegen das Rückzahlungsverbot nach §§ 30, 31 GmbHG darstellen (vgl. Baumbach/Hueck/*Fastrich* § 30 GmbHG Rn. 47; Roth/Altmeppen/*Altmeppen* § 30 GmbHG Rn. 72). Steuerlich liegt zudem hinsichtlich des den angemessenen Zinssatz übersteigenden Teils der Zinsen eine verdeckte Gewinnausschüttung vor (vgl. Breithaupt/Ottersbach/*Altendorf*, Kompendium Gesellschaftsrecht, Teil 3, H, § 2 Rn. 413). Zum umgekehrten Fall der steuerlichen Behandlung und Gestaltung unverzinslicher bzw. niedrigverzinslicher Gesellschafterdarlehen und zum Abzinsungsgebot vgl. BFH, Urt. v. 06.10.2009, GWR 2010, 24; BFH, Urt. v. 27.01.2010, BB 2010, 950–952; *Binnewies/Zumwinkel* GmbH-StB 2011, 214 ff. Zur Versteuerung von Zinseinkünften durch den Gesellschafter siehe auch noch unten, Muster G 4 (Rdn. G 33 ff.). 24

5. Die Bestellung von **Sicherheiten** zugunsten des Gesellschafters ist zwar ohne Weiteres möglich, wobei etwa Bürgschaften der Mitgesellschafter (vgl. hierzu BGH Urt. v. 05.04.2011, NZG 2011, 745) oder auch Realsicherheiten in Betracht kommen. Gleichwohl ist beim Gesellschafterdarlehen – ganz anders als bei Darlehen von Dritten – eine solche Besicherung eher unüblich, weshalb das Muster davon absieht. Vor allem sind insoweit § 135 Abs. 1 Nr. 1 InsO und § 6 Abs. 1 Satz 1 Nr. 1 AnfG zu beachten, wonach die Sicherheitenbestellung angefochten werden kann, wenn sie in den letzten zehn Jahren vor Eröffnung des Insolvenzverfahrens (bzw. vor Erlangung des vollstreckbaren Schuldtitels) oder danach vorgenommen wurde (vgl. bereits Muster G 4 (Rdn. G 21)). Somit ist die Besicherung regelmäßig anfechtbar und letztlich wertlos, und zwar selbst dann, wenn sie lange vor Rückzahlung und – da es nicht mehr auf das Vorliegen einer Krisensituation ankommt – durch eine gesunde Gesellschaft erfolgte (Braun/*de Bra* § 135 InsO Rn. 9), sofern nicht ausnahmsweise eine Privilegierung nach § 39 Abs. 4 Satz 2 oder Abs. 5 InsO i.V.m. § 135 Abs. 4 InsO eingreift (vgl. dazu Muster G 4 (Rdn. G 23)). Hinzu kommt, dass die entsprechenden Sicherheiten nicht selten für eine vorrangige Absicherung von (ggf. bereits bestehenden oder zusätzlich notwendigen) Darlehen nicht an der Gesellschaft beteiligter Drittgläubiger zur Verfügung stehen müssen. Und schließlich kann die Gewährung von dinglichen Sicherheiten die Wirksamkeit eines Rangrücktritts beeinträchtigen, zumindest wenn diese auch in der Insolvenz gelten sollen (näher hierzu Muster G 9 (Rdn. G 188)). Unter steuerlichen Gesichtspunkten kann sich eine Besicherung ggf. ausnahmsweise empfehlen, damit die Vertragsbedingungen einem Fremdvergleich standhalten (vor allem mit Blick auf die Anwendung des Abzugsverbots nach § 8b Abs. 3 Sätze 4 ff. KStG, wenn der Gesellschafter eine Körperschaft und zu mehr als 25 % beteiligt ist; näher hierzu Muster G 4 (Rdn. G 36)). 25

26 **6.** Bei der Frage, inwieweit der Charakter des Darlehens als Gesellschafterdarlehen auch bei einem **Ausscheiden des Gesellschafters** bzw. bei einer **Abtretung der Forderung** bestehen bleibt, ist zu differenzieren: Zunächst kann es sein, dass der Darlehensgeber seinen Anteil aufgibt, also als Gesellschafter ausscheidet bzw. seinen Anteil isoliert überträgt, aber jeweils Inhaber der Darlehensforderung bleibt. Für diesen Fall geht der BGH (Beschl. v. 15.11.2011, DStR 2012, 424 m. Anm. *Azara/Kautsch*) davon aus, dass der Nachrang und eine mögliche Anfechtbarkeit *allenfalls* in Betracht kommen, wenn die Beteiligung innerhalb des letzten Jahres vor dem Eröffnungsantrag aufgegeben worden ist (§ 135 Abs. 1 Nr. 2 InsO analog). Für den umgekehrten Fall, dass nur die Darlehensforderung isoliert auf einen Nichtgesellschafter übertragen wird, hat der BGH entschieden, dass der Neugläubiger die Nachrangigkeit über § 404 BGB dann gegen sich gelten lassen muss, wenn die Abtretung innerhalb eines Jahres vor dem Antrag auf Eröffnung des Insolvenzverfahrens erfolgte, selbst wenn er nicht Gesellschafter ist. Neben dem Zessionar haftet auch der abtretende Gesellschafter gesamtschuldnerisch für die Rückzahlung der angefochtenen Leistungen (BGH Urt. v. 21.02.2013, NJW 2013, 2282; näher hierzu *Azara*, DStR 2013, 2280; kritisch *Heckschen/Kreusslein* RNotZ 2016, 351 (356)). Maßgeblich ist in beiden Fällen der jeweilige Übertragungszeitpunkt, d.h. ob das Ausscheiden bzw. die Abtretung ein Jahr vor Stellung des Insolvenzantrages oder erst danach erfolgt ist. Sowohl für den Anteilsveräußerer bei der isolierten Anteilsübertragung als auch für Neu- und Altgläubiger bei der isolierten Forderungsabtretung besteht also ein nicht unerhebliches Risiko, dass sie (zumindest zeitlich begrenzt) jeweils Inhaber einer nachrangigen und bei Rückzahlung ggf. anfechtbaren Forderung werden (bzw. im Fall des abtretenden Gesellschafters fortgesetzt haften), ohne stets auf die künftige Leitung der Gesellschaft Einfluss nehmen zu können. Daher wird vielfach empfohlen, Beteiligung und Darlehensforderung nur gemeinsam zu veräußern (*Hirte* WM 2008, 1429), wobei für die genaue Ausgestaltung verschiedene Möglichkeiten diskutiert werden (siehe dazu im Einzelnen *Heckschen/Kreusslein* RNotZ 2016, 351 (356 ff.); Heckschen/Heidinger/*Heckschen* Kap. 19 Rn. 221 ff.).

27 **7.** Bei Gesellschafterdarlehen wird häufig ein sog. **Rangrücktritt** vereinbart. Ziel dieser Regelung ist es, das Darlehen in der *Überschuldungsbilanz* der Gesellschaft nicht passivieren zu müssen. Seit dem MoMiG findet sich insoweit eine explizite Regelung in §§ 19 Abs. 2 Satz 2, 39 Abs. 2 InsO n.F. Fehlt eine Rangrücktrittsvereinbarung, so besteht – entgegen den Überlegungen im Regierungsentwurf zu § 19 Abs. 2 InsO (siehe Entwurf der Bundesregierung eines Gesetzes zur Modernisierung des GmbH-Rechts und zur Bekämpfung von Missbräuchen (MoMiG), BT-Drs. 16/6140, Anmerkung zur Änderung von § 17 Abs. 2 InsO) – für das Gesellschafterdarlehen trotz § 39 Abs. 1 Nr. 5 InsO eine Passivierungspflicht. Ein qualifizierter Rangrücktritt wie nach altem Recht ist dagegen nicht mehr erforderlich (ausführlich zum Rangrücktritt mit Musterformulierung vgl. Muster G 9 (Rdn. G 179 ff.)). In der *Handels-* und grds. auch in der *Steuerbilanz* ist das Gesellschafterdarlehen weiterhin als Verbindlichkeit zu bilanzieren, selbst wenn ein Rangrücktritt erfolgt ist (vgl. Muster G 9 (Rdn. G 190, 192 ff.)).

28 **8.** Zum Schutz des Darlehensgebers können ihm **Informationsrechte** bezüglich der wirtschaftlichen Lage des Darlehensnehmers eingeräumt werden. Zwar wird der Gesellschafter regelmäßig ohnehin über solche Informationen verfügen, zumal ihm das Auskunftsrecht nach § 51a GmbHG zusteht, das sich auch auf Informationen über die Wirtschaftslage der Gesellschaft bezieht. Gleichwohl empfiehlt sich eine explizite Verankerung auch im Darlehensvertrag aus Klarstellungsgründen sowie im Hinblick auf die Möglichkeit, dass noch während der Laufzeit des Darlehens die Gesellschafterstellung aufgegeben bzw. die Forderung isoliert übertragen wird, weil dann der jeweilige Forderungsinhaber nicht bzw. nicht mehr Gesellschafter ist und daher für ihn kein Auskunftsrecht nach § 51a GmbHG besteht (vgl. Baumbach/Hueck/*Zöllner* § 51a GmbHG Rn. 7; ausführlich *Kiethe* DStR 1993, 1708–1714; zur isolierten Übertragung von Anteil bzw. Forderung siehe bereits Muster G 4 (Rdn. G 26)).

29 **9.** Im Rahmen der **Vertretung** der Gesellschaft (Darlehensnehmerin) ist insbes. § 181 BGB zu beachten, d.h. der darlehensgebende Gesellschafter darf grds. nicht zugleich die Gesellschaft vertreten, es sei denn, er wurde wirksam vom Verbot des Insichgeschäfts befreit (zur Frage, inwieweit bei einer

Gesamtvertretung der nach § 181 BGB ausgeschlossene Gesellschafter den anderen Gesamtvertreter ermächtigen darf, vgl. MüKo BGB/*Schubert* § 181 BGB Rn. 23 f.). Eine etwaige Vollmachtserteilung sollte schon aus Beweisgründen und zur Sicherstellung der steuerlichen Anerkennung schriftlich erfolgen. Gleiches gilt selbstverständlich für den Darlehensvertrag als solchen, auch wenn kein Formerfordernis besteht.

10. **Steuerrechtlich** werfen Gesellschafterdarlehen verschiedene Fragen auf. 30

Auf Ebene der **Gesellschaft** (Darlehensschuldnerin) ist insbes. die Zinsschranke der §§ 4h EStG, 8a KStG zu beachten, die unter bestimmten Voraussetzungen die Abzugsfähigkeit der Zinsaufwendungen einschränkt. Der abzugsfähige Nettofinanzierungsaufwand wird danach auf 30 % des sog. steuerlichen EBITDA (Earnings Before Interest, Taxes, Depreciation and Amortisation) begrenzt, soweit die Freigrenze von 3 Mio. € überschritten wird und keine der dortigen Ausnahmeregeln (vgl. § 4h Abs. 2 Satz 1 lit. b), c) EStG) eingreift, wobei nichtabziehbare Beträge unbeschränkt vorgetragen werden können (näher zur Zinsschranke etwa Büchel/von Rechenberg/*Seeliger* Kap. 23 Rn. 86–92 sowie Rn. 185–194). Im Rahmen der Gewerbesteuer sind für die Berechnung des steuerpflichtigen Gewerbeertrags zudem 25 % der abgezogenen Zinsaufwendungen wieder hinzuzurechnen, soweit eine Summe von 100.000,00 € überschritten wird (§ 8 Nr. 1 lit. a) GewStG) (vgl. auch Muster G 7 (Rdn. G 128 ff.)). 31

Ein Rangrücktritt (§ 7 des Musters) hindert die steuerliche Passivierung des Gesellschafterdarlehens grds. nicht, insbes. ist § 5 Abs. 2a EStG grds. nicht anwendbar. Eine Ausnahme gilt für den mit einer Besserungsabrede versehenen Rangrücktritt, bei dem der Verweis auf eine Tilgungsmöglichkeit aus freiem Vermögen fehlt (näher Muster G 9 (Rdn. G 194 ff.)). 32

Auf Ebene des **Gesellschafters** gilt Folgendes: 33

Zunächst stellt sich hier die Frage nach der Versteuerung von **Zinseinkünften**. Grds. sind sie Einkünfte aus Kapitalvermögen, allerdings ist zu unterscheiden: Ist der Gesellschafter eine **natürliche Person** und an der GmbH zu **weniger als 10 %** beteiligt und hält er seine Beteiligung im Privatvermögen, so unterliegen die für das Gesellschafterdarlehen erzielten Zinsen der pauschalen Abgeltungssteuer von 25 % zuzüglich Solidaritätszuschlag (vgl. §§ 20 Abs. 1 Nr. 7, 32d Abs. 2 Satz 1 lit. b) EStG). Sofern der Gesellschafter dabei die Darlehenssumme fremdfinanziert, können die dafür anfallenden Zinszahlungen nicht mit den erzielten Zinserträgen verrechnet werden, da gem. § 20 Abs. 9 EStG ein Abzug von Werbungskosten nur in Höhe des Sparerpauschbetrags erfolgen kann. Liegt dagegen eine Beteiligung im Privatvermögen von 10 % oder mehr vor, so gelten für die Zinserträge der allgemeine Einkommensteuertarif und die entsprechenden Werbungskostenabzugsregelungen (vgl. § 32d Abs. 2 Nr. 1 lit. b) EStG). Wird die Gesellschaftsbeteiligung im Betriebsvermögen gehalten, so sind die Einkünfte gem. § 20 Abs. 8 EStG den Einkünften aus Gewerbebetrieb zuzurechnen und unterliegen daher ebenfalls der regulären Besteuerung. 34

Ist der Gesellschafter eine **natürliche Person** und mit **mindestens 1 %** an der Gesellschaft beteiligt, so ist fraglich, inwiefern ein vollständiger oder teilweiser Ausfall des Darlehens im Rahmen des **§ 17 EStG** (Veräußerung von Anteilen an Kapitalgesellschaften und gleichgestellte Fälle als Einkünfte aus Gewerbebetrieb) als nachträgliche Anschaffungskosten auf die Beteiligung i.S.v. § 17 Abs. 2 EStG einzuordnen ist. Zur bisherigen Rechtslage nahm der BFH in ständiger Rechtsprechung an, dass nachträgliche Anschaffungskosten auch solche Aufwendungen auf die Beteiligung sind, die durch das Gesellschaftsverhältnis veranlasst wurden und keine Werbungs- oder Veräußerungskosten darstellen (etwa BFH, Urt. v. 22.04.2008, DStRE 2009, 142 (143)). Allerdings wird eine unternehmerische Beteiligung vorausgesetzt, die bei einer Beteiligungshöhe von 10 % erreicht ist. Ob eine gesellschaftliche Veranlassung vorlag, richtete sich nach Ansicht des BFH nach der zivilrechtlichen Beurteilung und war anzunehmen, wenn das Darlehen eigenkapitalersetzend war, wobei der BFH vier Fallgruppen von Darlehen unterschied (vgl. *Bode* DStR 2009, 1781 (1782); *Bruschke* SteuK 2010, 159). Da die Figur des eigenkapitalersetzenden Darlehens mittlerweile obsolet ist (siehe Muster G 4 (Rdn. G 21)), wird in der Literatur diskutiert, welche Änderungen 35 sich insoweit ergeben und inwieweit die Rechtsprechung des BFH fortgelten kann. Die Frage ist noch offen. Vielfach wird vor allem in der Literatur etwa angenommen, dass wegen des generellen Nachrangs von Gesellschafterdarlehen in der Insolvenz diese nunmehr stets gesellschaftlich veranlasst und damit nachträgliche Anschaffungskosten sind (str.; so *Bode* DStR 2009, 1781 (1784); *Crezelius*, DAI 8. Gesellschaftsrechtliche Jahrestagung, 281 (289 f.); *Weitenauer* BKR 2009, 18 (23); grds. auch Bundessteuerberaterkammer, Schreiben vom 25.06.2009, vgl. DStR-KR 2009, 27; a.A. etwa *Hein/Suchan/Geeb* DStR 2008, 2289 (2291); *Bruschke* SteuK 2010, 159; ausführlich zum Meinungsstand *Bayer* DStR 2009, 2397 (2399 f.)). Das BMF (Schreiben vom 21.10.2010, BeckVerw 243308, BStBl I 2010, 832) geht allerdings in einem neueren Schreiben davon aus, dass es weiterhin auf die gesellschaftliche Veranlassung des Darlehens ankommt und die alten, vom BFH entwickelten Grundsätze mit kleineren Modifikationen fortgelten sollen (zum BMF-Schreiben auch *Happe* SteuK 2011, 118 ff.). In diesem Sinne haben auch das Finanzgericht Köln (EFG 2014, 2136) und das Finanzgericht Berlin-Brandenburg (EFG 2015, 1934) geurteilt.

Nicht abschließend geklärt ist auch, was für die nach § 39 Abs. 4 Satz 2, Abs. 5 InsO privilegierten Darlehen (sanierungs- und zwerganteilspriviligierte Darlehen) gilt und wie sich § 17 und § 20 EStG in Bezug auf nachträgliche Anschaffungskosten zueinander verhalten (vgl. Bundessteuerberaterkammer, Schreiben vom 25.06.2009, DStR-KR 2009, 27). Zur steuerlichen Behandlung von Darlehensverlusten ohne Bezug zu einer Beteiligung i.S.v. § 17 EStG, insbes. zur Frage, inwieweit der Darlehensausfall als Veräußerungsvorgang i.S.v. § 20 Abs. 2 EStG einzuordnen ist, vgl. *Happe* SteuK 2011, 118 (121 f.). Die Finanzverwaltung lehnt letzteres grds. ab (vgl. BMF-Schreiben vom 18.01.2016, BStBl. I 2016, 85 Rn. 60; OFD Frankfurt v. 14.10.2014 I. 3., BeckVerw 291266), weil § 17 EStG vorrangig sei.

36 Ist der Gesellschafter seinerseits eine **Körperschaft** und zudem wesentlich (über 25 %) an der GmbH beteiligt, so ist insbes. das seit 2008 geltende verschärfte Abzugsverbot nach **§ 8b Abs. 3 Sätze 4 ff. KStG** zu berücksichtigen (dazu *Hahne/Lenz* BC 2008, 98 (101)). Danach sind bei Körperschaften Gewinnminderungen im Zusammenhang mit Gesellschafterdarlehen nicht steuerlich abzugsfähig, sofern das Darlehen durch einen wesentlich beteiligten Gesellschafter gewährt wird. Eine Ausnahme gilt nach § 8b Abs. 3 Satz 6 KStG, wenn die Darlehensgewährung zu fremdüblichen Konditionen erfolgt, also auch ein fremder Dritter das Darlehen unter den gleichen Umständen gewährt bzw. nicht zurückgefordert hätte (wobei insoweit auch die Besicherung eine entscheidende Rolle spielt, vgl. bereits Muster G 4 (Rdn. G 25)). Die Beweislast liegt beim Darlehensgeber (*Hahne/Lenz* BC 2008, 98 (100)). Die Regelung des § 8b Abs. 3 Sätze 4 ff. KStG gilt in jedem Fall erst ab dem Veranlagungszeitraum 2008, nicht vorher (str., vgl. *Crezelius*, DAI 8. Gesellschaftsrechtliche Jahrestagung, 281 (293)). Die Frage, inwieweit das Abzugsverbot bei mit Gesellschafterdarlehen zusammenhängenden Gewinnminderungen auch bei § 3c Abs. 2 EStG anzuwenden ist, wurde nunmehr durch Gesetzesänderung geklärt. § 3c Abs. 2 Satz 2–5 EStG schreiben die im BMF-Schreiben vom 23.10.2013 (BStBl I 2013, 1269) vertretene Auffassung der Finanzverwaltung für ab 2015 beginnende Wirtschaftsjahre gesetzlich fest. Substanzverluste, die wegen des Ausfalls oder einer Teilwertabschreibung auf Gesellschafterdarlehen an einer Kapitalgesellschaft entstehen, an der der Steuerpflichtige zu mehr als 25 % beteiligt ist, sind danach nur zu 60 % abziehbar, wenn die Fremdüblichkeit der Forderung nicht nachgewiesen wird.

5. Harte Patronatserklärung

Vorbemerkung

37 Die Patronatserklärung (englisch »comfort letter«) zählt zu den Kreditsicherheiten im weiteren Sinne und umfasst als Sammelbegriff eine Vielzahl unterschiedlicher Erklärungen (vgl. *Maier-Reimer/Etzbach* NJW 2011, 1110). Sie ist gesetzlich nicht geregelt, ihre Zulässigkeit aber anerkannt. Patronatserklärungen zeichnen sich dadurch aus, dass ein sog. Patron – gegenüber einem Schuldner oder dessen Gläubiger – bestimmte Zusagen im Hinblick auf die wirtschaftlichen Verhältnisse des

Schuldners gibt, insbes. um dessen Kreditwürdigkeit zu stärken. Patronatserklärungen werden dabei regelmäßig für konzernangehörige Unternehmen abgegeben: Die Muttergesellschaft stellt durch ihre Erklärung ein Verhalten in Aussicht, das die Chance auf Begleichung der Verbindlichkeit durch ihre Tochtergesellschaft bzw. die Kreditwürdigkeit/Liquidität der Tochter verbessert (vgl. OLG Düsseldorf, Urt. v. 26.01.1989, NJW-RR 1989, 1116 (1117); MüKo BGB/*Habersack* Vorbemerkung zu § 765 Rn. 49). Die Inhalte von Patronatserklärungen können sehr unterschiedlich sein und reichen bei fließenden Übergängen von unverbindlichen Erklärungen bis hin zu Zusagen mit bürgschafts- bzw. garantieähnlichem Charakter (zu den unterschiedlichen Formulierungen und ihren Haftungsfolgen vgl. *Fleischer* WM 1999, 666 (671–676); *Rümker* WM 1974, 990 (990–995); *Maier-Reimer/Etzbach* NJW 2011, 1110). Unterschieden wird insbes. zwischen »weichen« und »harten« Patronatserklärungen. **Weiche Patronatserklärungen** enthalten lediglich unverbindliche Tatsachenbeschreibungen oder nur moralisch bindende »Goodwill«-Erklärungen. **Harte Patronatserklärungen** begründen demgegenüber verbindliche, einklagbare Ansprüche, indem sich die Muttergesellschaft verpflichtet, die Tochter so zu leiten und finanziell auszustatten, dass diese ihre Verbindlichkeiten fristgemäß erfüllen kann (zur Unterscheidung etwa *Fleischer* WM 1999, 666 (667)). Zudem können neben **externen Patronatserklärungen** gegenüber Gläubigern auch sog. **interne Patronatserklärungen** unmittelbar gegenüber der Tochter- bzw. Enkelgesellschaft abgegeben werden (dazu näher unten, Muster G 5 (Rdn. G 42)). Das nachfolgende Muster stellt den typischen Fall einer **harten, externen Patronatserklärung** dar.

Muster

Patronatserklärung [1] 38

An [Gläubiger]

Uns wurde mitgeteilt, dass Sie bereit sind, der A-GmbH im Hinblick auf diese Patronatserklärung entsprechend den Bedingungen des Darlehensvertragsentwurfs vom ______ (in Kopie als Anlage) ein Darlehen in Höhe von ______ € [3] **zu gewähren. Wir sind an der A-GmbH über die B-GmbH als unsere einhundertprozentige Tochtergesellschaft beteiligt.** [2]

Als Sicherheit für diesen von Ihnen gewährten Kredit (einschließlich Zinsen und Kosten) [3] **verpflichten wir uns hiermit in rechtsverbindlicher Weise Ihnen gegenüber** [3.1]**, die A-GmbH bis zur vollständigen Rückzahlung des von Ihnen gewährten Kredits finanziell so auszustatten und in der Weise auf sie Einfluss zu nehmen, dass sie jederzeit zur fristgerechten Erfüllung ihrer Verpflichtungen aus dem Kreditverhältnis Ihnen gegenüber in der Lage ist.** [4, 5, 6]

Diese Vereinbarung ist unwiderruflich und gilt auch im Falle einer Vermögensverschlechterung oder Insolvenz der A-GmbH. [6.1] **Dritte sind aus dieser Vereinbarung nicht berechtigt.**

Diese Vereinbarung unterliegt dem Recht der Bundesrepublik Deutschland. [7] **Gerichtsstand für alle aus oder im Zusammenhang mit dieser Vereinbarung entstehenden Streitigkeiten ist ______.** [8]

Bitte bestätigen Sie uns schriftlich Ihre Zustimmung zu dieser Vereinbarung.

______, den ______

[Vertreter der Mutter-/Konzernobergesellschaft] [9]

Erläuterungen

Literatur: *Fleischer*, Gegenwartsprobleme der Patronatserklärung im deutschen und europäischen Privatrecht, WM 1999, 666–676; *Habersack*, Patronatserklärungen ad incertas personas, ZIP 1996, 257–263; *Harnos*,

Harte externe Patronatserklärung in der Insolvenz, ZIP 2017, 1149–1152; *Hauck/von Rumohr*, Haftung aus einer harten Patronatserklärung, NJOZ 2010, 1250–1254; *Kessler*, Anmerkung zu OLG Düsseldorf, Urt. vom 28.12.2010, I-16 U 28/09, BB 2011, 1492; *Kiethe*, Haftungs- und Ausfallrisiken bei Patronatserklärungen, ZIP 2005, 646–654; *Köhler*, Patronatserklärungen als Kreditsicherheit: Tatsächliche Verbreitung – wirtschaftliche Gründe – rechtliche Bedeutung, WM 1978, 1338–1349; *Lange*, Urteilsanmerkung zu BGH Urt. vom 20.09.2010, BB 2010, 2717–2721; *Lind*, Urteilsanmerkung zu BGH Urt. vom 19.05.2011, LMK 2011, 320922; *Limmer*, »Harte« und »weiche« Patronatserklärungen in der Konzernpraxis, DStR 1993, 1750–1752; *Maier-Reimer/Etzbach*, Die Patronatserklärung, NJW 2011, 1110–1117; *Michalski*, Die Patronatserklärung, WM 1994, 1229–1240; *Meyer-Löwy/Schmidt/Shubina*, Der erforderliche Umfang der Gesellschafterfinanzierung zwecks Abwendung der Insolvenz, ZIP 2014, 2478–2484; *Rieder*, Urteilsanmerkung zu BGH Urt. vom 19.05.2011, GWR 2011, 293; *Ries/Böhner*, Urteilsanmerkung zu BGH Urt. vom 20.09.2010, FD-INsR 2010, 310693; *Rümker*, Probleme der Patronatserklärung in der Kreditsicherungspraxis, WM 1974, 990–999; *K. Schmidt*, Patronatserklärung mit Rangrücktritt: im Krisenstadium unauflösbar?, ZIP-Beil. 2016, 66–69; *Schneider*, Patronatserklärungen gegenüber der Allgemeinheit, ZIP 1989, 619–625; *J. Schröder*, Die »harte« Patronatserklärung – verschleierte Bürgschaft/Garantie oder eigenständiger Kreditsicherungstyp?, ZGR 1982, 552–566; *Soltész/Pfeffer/Wagner*, Patronatserklärungen für öffentliche Unternehmen im Konflikt mit EU-Beihilferecht? – Praktische Konsequenzen für Kreditnehmer, Banken und öffentliche Hand, WM 2013, 831–836; *Veranneman*, Urteilsanmerkung zu BGH Urt. vom 20.09.2010, GWR 2010, 522; *A. Wittig*, Moderne Patronatserklärungen, WM 2003, 1981–1988; *Ziemons*, Patronatserklärungen im Gesellschaftsrecht – Risiken und Nebenwirkungen, GWR 2009, 411–414.

39 **1.** Entgegen ihrer etwas irreführenden Bezeichnung als Patronats*erklärung* kommen Ansprüche aus einer solchen nicht durch einseitige Willenserklärung zustande. Erforderlich ist vielmehr ein **Vertragsschluss** in Form eines einseitig verpflichtenden Vertrages (wie z.B. auch bei einer Bürgschaft, vgl. *Habersack* ZIP 1996, 257 (258)), weshalb im weiteren Text des Musters auch von »Vereinbarung« gesprochen wird. Sofern man nicht bereits im Verlangen der Bank nach der Erklärung ein Vertragsangebot sieht, das die Muttergesellschaft durch deren Erteilung annimmt (wie teilweise vertreten wird), erfolgt das Angebot durch die Erklärung der Muttergesellschaft. Die Annahmeerklärung durch die Bank kann dann auch konkludent erfolgen (etwa durch Auszahlung des Kreditbetrages), ihr Zugang ist nach § 151 Satz 1 BGB entbehrlich. Der Vertragsschluss ist dabei **formlos** möglich, § 766 BGB gilt nicht (a.A. MüKo BGB/*Habersack*, Vorbemerkung zu § 765 Rn. 51: §§ 765 ff. BGB sind entsprechend anwendbar, wegen § 350 HGB aber unerheblich, vgl. *Maier-Reimer/Etzbach* NJW 2011, 1110 (1112)). Mündliche Patronatserklärungen sind also möglich (wie etwa im Fall von BGH, Urt. v. 19.05.2011, IBRRS 2011, 2119). Schon zu Beweiszwecken empfiehlt sich aber eine schriftliche Vereinbarung, zumal es für den Umfang der Verpflichtung maßgeblich auf die genaue Formulierung des ggf. auszulegenden Erklärungsinhalts ankommt. Auch eine schriftliche Bestätigung der Vertragsannahme kann sich empfehlen (näher unten, Muster G 5 (Rdn. G 48)).

Schwierigkeiten bereiten auch Patronatserklärungen, die gegenüber der Allgemeinheit, insbes. in Geschäftsberichten, abgegeben werden. Sofern man hier überhaupt einen Rechtsbindungswillen bejaht (dazu *Maier-Reimer/Etzbach* NJW 2011, 1110 (1112)), stellt sich die Frage nach der rechtlichen Einordnung solcher Erklärungen. Teilweise werden sie dann als Auslobung i.S.v. §§ 657 ff. BGB, teilweise als Angebot ad incertas personas verstanden, oder es wird eine Vertrauenshaftung angenommen (näher *Habersack* ZIP 1996, 257 (259–263); *Schneider* ZIP 1989, 619).

Die zur genauen Bestimmung des Haftungsinhalts wichtige Auslegung von Patronatserklärungen richtet sich grds. nach den allgemein für Verträge geltenden Bestimmungen der §§ 133, 157 BGB (vgl. *Köhler* WM 1978, 1338 (1341 f.) sowie *Michalski* WM 1994, 1229 (1233 f.), dort auch jeweils zur Frage der Anwendbarkeit von AGB-Regeln). Gerade weil der Inhalt der Vereinbarung und ihre Reichweite nur der Parteiautonomie unterliegen und im Streitfall häufig um Auslegungsfragen gestritten wird, ist auf möglichst eindeutige Formulierungen zu achten.

40 **2. Verpflichteter** aus der Patronatserklärung ist in aller Regel die Muttergesellschaft der Kreditnehmerin. Auch eine mehrstöckige Struktur, wie sie in Konzernen regelmäßig anzutreffen ist, ist ohne Weiteres denkbar. Eine solche Struktur, von der auch das Muster ausgeht, lag z.B. auch der Leitentscheidung BGH, NJW 1992, 2093 zugrunde.

Allerdings sind Patronatserklärungen nicht auf Konzernunternehmen beschränkt. Denkbar sind auch Patronatserklärungen durch einen Gesellschafter in Gestalt einer natürlichen Person (dazu *A. Wittig* WM 2003, 1981 (1982)) sowie eine entgeltliche Gewährung durch Dritte (vor allem Banken) oder sogar durch juristische Personen des öffentlichen Rechts (zur Patronatserklärung durch eine Gemeinde vgl. *Hauck/von Rumohr* NJOZ 2010, 1250 f.; zu einem möglichen Konflikt mit dem EU-Beihilferecht vgl. *Soltész/Pfeffer/Wagner* WM 2013, 831).

3. Patronatserklärungen können zwar auch umfassend zur Sicherung aller Verbindlichkeiten eines Schuldners gewährt werden. Regelmäßig soll aber nur eine **bestimmte Forderung** abgesichert werden, die möglichst konkret zu bezeichnen ist. 41

3.1 Im Muster wird die Erklärung als sog. »externe« (harte) Patronatserklärung gegenüber dem Gläubiger abgegeben. Ebenso kann die Erklärung aber auch als **»interne« Erklärung** bindend im Konzerninnenverhältnis, d.h. gegenüber der Tochter-/Enkelgesellschaft abgegeben werden mit der Folge, dass diese aus der Vereinbarung berechtigt ist. Der BGH (Urt. v. 20.09.2010 (»Star 21«), NJW 2010, 3442) hat hierzu entschieden, dass die Patronatserklärung durch entsprechende Formulierung in einem solchen Fall auch dahingehend begrenzt werden kann, dass sie für eine in der Krise befindliche Tochtergesellschaft nur für den Zeitraum gelten soll, der zur Prüfung der Sanierungsfähigkeit erforderlich ist, und die Parteien (ggf. auch konkludent) ein entsprechendes **Kündigungsrecht** mit Wirkung für die Zukunft vereinbaren können. Der Wirksamkeit einer Kündigung stehen dann auch in »Altfällen« (d.h. vor Einführung des MoMiG) weder die Grundsätze des Eigenkapitalersatzrechts noch diejenigen des sog. Finanzplankredits entgegen (BGH a.a.O.; Urteilsanmerkungen u.a. bei *Lange* BB 2010, 2717, 2720 f.; *Veranneman* GWR 2010, 522; *Ries/Böhner* FD-InsR 2010, 310693). Allerdings hat der BGH (Urt. v. 05.03.2015, BKR 2015, 510) kürzlich entschieden, dass ab Eintritt der Insolvenzreife eine Rangrücktrittsvereinbarung als Vertrag zugunsten der Gläubigergesamtheit nicht durch eine Abrede zwischen Schuldner und Gläubiger aufgehoben werden kann. Auf die Kündigung einer Patronatserklärung ist diese Wertung aber aufgrund ihrer Ex-nunc-Wirkung wohl nicht übertragbar (vgl. *K. Schmidt* ZIP-Beil. 2016, 66; *Berger* ZIP 2016, 1 (3)). Sollen solche Kündigungsrechte aufgenommen werden, so sollte dies jedenfalls trotz der Star-21-Entscheidung des BGH in jedem Fall eindeutig festgelegt werden (Formulierungsvorschläge bei *Veranneman* a.a.O.). 42

Umgekehrt ist angesichts der Entscheidung des BGH eine ausdrückliche Regelung aber auch dann ratsam, wenn kein Loslösungsrecht des Verpflichteten bestehen und die Vereinbarung auch im Falle einer Insolvenz/Vermögensverschlechterung gelten soll (so deshalb auch im Muster; ebenso die Empfehlung von *Lange* a.a.O. 2721). Gleiches gilt zumindest bei einer harten, internen Patronatserklärung bezüglich der Frage, inwieweit Zahlungen, die aufgrund der Erklärung erfolgen, vom patronierten Tochterunternehmen **behalten** werden dürfen. Fehlt insoweit eine Regelung, so geht das OLG Frankfurt (Urt. v. 30.10.2012, GmbHR 2013, 139; Anmerkung bei *Miras* GWR 2013, 18) davon aus, dass Zahlungen aufgrund der Patronatserklärung im Zweifel nur darlehensweise erfolgen und ggf. – nach entsprechender Kündigung – später zurückgefordert werden können. Bei einer externen Patronatserklärung – wie im Muster – stellt sich die Problematik jedenfalls nicht in gleicher Weise, da die Tochtergesellschaft an dieser Vereinbarung ohnehin nicht beteiligt ist und ohne entsprechende Vereinbarung auch kein eigenes Forderungsrecht erwirbt (siehe Muster G 5 (Rdn. G 44)). Zumindest im Rahmen der eigentlichen Hingabe der Finanzierungsmittel sollte aber auch insoweit (gegenüber der Tochter) klargestellt werden, inwieweit und unter welchen Umständen eine spätere Rückzahlung zu erfolgen hat.

4. Diese Klausel in Form einer sog. Ausstattungsverpflichtung ist der typische Fall einer **harten Patronatserklärung**, wie sie auch Gegenstand der maßgeblichen Entscheidung des BGH (Urt. v. 20.01.1992, NJW 1992, 2093) war (das vorliegende Muster lehnt sich an die dort verwendeten Formulierungen an). Die Muttergesellschaft verpflichtet sich rechtsverbindlich, die Tochter- bzw. Enkelgesellschaft mit den nötigen finanziellen Mitteln auszustatten und in der Weise auf sie Einfluss zu nehmen, dass diese ihre Darlehensverbindlichkeit bedienen kann. Wie dies im Einzelnen erfolgt, ist Sache der Muttergesellschaft. So kann diese ihrer Ausstattungspflicht statt durch 43 eine direkte Zahlung an die Tochter- bzw. Enkelgesellschaft z.B. auch durch den Verzicht bzw. die Stundung in Bezug auf eigene Forderungen nachkommen (vgl. *Lind* LMK 2011, 320922). Zudem hat der Patron bei der externen Patronatserklärung ein Ablösungsrecht dergestalt, dass er den Gläubiger auch unmittelbar befriedigen kann (siehe *Maier-Reimer/Etzbach* NJW 2011, 1110 (1113)).

Die im Muster gewählte Formulierung bringt dabei den Rechtsbindungswillen der Muttergesellschaft zum Ausdruck. Bei Zahlungsunfähigkeit der Tochtergesellschaft haften Schuldner und Patron neben-, nicht nur nacheinander (BGH a.a.O.). Eine erfolglose Vollstreckung gegen den Schuldner ist für die Haftung aus der Patronatserklärung nicht erforderlich, es genügt vielmehr jeder Nachweis seiner Zahlungsunfähigkeit (BGH a.a.O.). Der Patron trägt das Weiterleitungsrisiko für den Fall, dass die Tochtergesellschaft das zur Verfügung gestellte Kapital nicht zur Erfüllung der Kreditverbindlichkeit verwendet (*Hauk/von Rumohr* NJOZ 2010, 1250 (1252)).

44 **5.** Umstritten ist der genaue **Inhalt der Haftung** des Patrons aus einer harten Patronatserklärung. Eine Pflicht zur unmittelbaren Leistung des Patrons an den Gläubiger besteht vor Insolvenzeintritt nicht (*Hauk/von Rumohr* NJOZ 2010, 1250 (1254)). Teilweise wird angenommen, dem Gläubiger stehe ein klagbarer und vollstreckbarer Erfüllungsanspruch zu, gerichtet auf Zuführung von Mitteln an die Schuldnerin (so *Schröder* ZGR 1982, 552 (558–560)). Dies ist u.a. deshalb problematisch, weil die Muttergesellschaft frei entscheiden kann, auf welche Weise sie die Mittel zuführt (*Fleischer* WM 1999, 666 (667)), und weil im Rahmen einer Leistungsklage dementsprechend auch kein hinreichend bestimmter und vollstreckbarer Klageantrag nach § 253 Abs. 2 Nr. 2 ZPO möglich wäre (vgl. *Köhler* WM 1978, 1338 (1345); a.A. *Michalski* WM 1994, 1229 (1240)). Die überwiegende Literaturauffassung und vor allem die Rechtsprechung gehen daher davon aus, dass der Patron bei Uneinbringlichkeit der gesicherten Forderung auf Schadensersatz haftet (explizit BGH, Beschl. v. 12.01.2017, WM 2017, 326; OLG Düsseldorf, Urt. v. 28.12.2010, WM 2011, 601; OLG Düsseldorf, Urt. v. 26.01.1989, NJW-RR 1989, 1116 (1117); *Kiethe* ZIP 2005, 646 (653); dem zuneigend auch schon BGH, Urt. v. 20.01.1992, NJW 1992, 2093 (2094) m.w.N., sowie implizit BGH, Urt. v. 22.09.2009, NJW 2010, 144 und BGH, Urt. v. 20.09.2010, NJW 2010, 3442). Der Anspruch entsteht unmittelbar mit Insolvenzeintritt, nicht erst, wenn der Gläubiger im Insolvenzverfahren nicht befriedigt wird. Das erforderliche Verschulden ist regelmäßig gegeben (dazu näher *Hauk/von Rumohr* NJOZ 2010, 1250 (1253)). Insbes. muss der Gläubiger der Patronatserklärung den Verpflichteten grds. auch nicht gesondert auffordern, seine Ausstattungsverpflichtung zu erfüllen, zumal die verpflichtete Muttergesellschaft ohnehin über den Zustand der Tochter-/Enkelgesellschaft informiert sein dürfte (vgl. OLG Düsseldorf, Urt. v. 28.12.2010, WM 2011, 601). Der entstandene Schaden entspricht – jedenfalls im Falle einer uneingeschränkten Patronatserklärung – dem Forderungsbetrag, der dem Gläubiger im Zeitpunkt der Insolvenzeröffnung gegen die Gesellschaft zusteht, wobei der Verpflichtete dann analog § 255 BGB die Abtretung der Insolvenzforderung verlangen kann (vgl. *Kessler* BB 2011, 1492).

Der Tochtergesellschaft selbst steht dagegen – zumindest bei einer externen Patronatserklärung – kein eigener Anspruch gegen den Patron zu (*Habersack* ZIP 1996, 257 (258)). Auch das Muster ist so angelegt, dass nur dem Gläubiger, nicht aber der Tochtergesellschaft ein Forderungsrecht zusteht. Etwas anderes gilt u.U. bei internen Patronatserklärungen, wo die Tochter im Insolvenzfall einen vom Insolvenzverwalter zu verfolgenden Ausstattungsanspruch gegen die Mutter hat (vgl. BGH, Urt. v. 19.05.2011, NZG 2011, 913 (915); OLG München, Urt. v. 22.07.2004 – 19 U 1867/04). Ein eigener Anspruch der Tochtergesellschaft ist zudem denkbar bei Abschluss eines dreiseitigen Vertrags, an dem sowohl Gläubiger als auch Tochtergesellschaft als Anspruchsberechtigte beteiligt sind.

45 **6. Zusätzlich** zur dargestellten Klausel kann es sich im Einzelfall empfehlen, Vereinbarungen etwa zur Dauer oder zur Ablösung der Patronatserklärung zu treffen (vgl. *A. Wittig* WM 2003, 1981 (1985 f.)). Eine harte Patronatserklärung kann auch zeitlich befristet werden, und zwar in der Form, dass sie nur für Forderungen gilt, die binnen einer bestimmten Frist fällig werden (Büchel/von Rechenberg/*Bednarz* Kap. 3 Rn. 364; OLG München, Urt. v. 24.01.2003, IBRRS 2003, 2077). Soll der Patron darüber hinaus auch für innerhalb der Frist fällig gewordene Forde-

rungen nach Fristende nicht mehr haften, muss dies ausdrücklich vereinbart werden (vgl. *Harnos* ZIP 2017, 1149 (1151) mit Blick auf BGH, Beschl. v. 12.01.2017, WM 2017, 326). Es können auch eine auflösende Bedingung oder Kündigungsrechte vereinbart werden (zu Letzteren bereits oben Muster G 5 (Rdn. G 42)). Ebenfalls möglich ist die Festlegung eines Höchstbetrags. Im Muster ist die Patronatserklärung dagegen nur insoweit beschränkt, als sie mit Rückzahlung des gesicherten Kredites endet.

6.1 In Bezug auf die Auswirkungen einer Patronatserklärung auf eine drohende **Insolvenz der Tochtergesellschaft** ist zu unterscheiden (BGH, Urt. v. 19.05.2011, NZG 2011, 913): Eine – wie auch das Muster – an den Gläubiger gerichtete (d.h. externe) Patronatserklärung kann schon mangels Begründung eigener Ansprüche der Tochtergesellschaft für sich genommen weder die Zahlungsunfähigkeit noch eine Überschuldung der Tochtergesellschaft beseitigen. Dies kommt erst dann in Betracht, wenn die Muttergesellschaft ihre gegenüber dem Gläubiger bestehende Ausstattungsverpflichtung erfüllt, d.h. die Tochter tatsächlich mit Kapital ausstattet (BGH a.a.O.; für den Überschuldungstatbestand auch zuvor schon OLG Celle, Urt. v. 18.06.2008 – 9 U 14/08). Auch eine etwaige (für eine mögliche Insolvenzanfechtung relevante) Kenntnis des Gläubigers von der Zahlungsunfähigkeit wird nicht beseitigt. Mittels einer internen, harten Patronatserklärung unmittelbar gegenüber der Tochtergesellschaft kann hingegen u.U. eine Zahlungsunfähigkeit vermieden werden, sofern der Tochtergesellschaft ein ungehinderter Zugriff auf die Mittel eröffnet wird bzw. wenn die Mutter der Ausstattungspflicht tatsächlich nachkommt (BGH a.a.O.; näher *Lind* LMK 2011, 320922; *Rieder* GWR 2011, 293; zur Behandlung der internen Patronatserklärung im Überschuldungsstatus vgl. *Maier-Reimer/Etzbach* NJW 2011, 1110 (1116 f.); *Ganter* WM 2014, 1457 (1459 f.); zur (insolvenz-)rechtlichen Zulässigkeit von Begrenzungen einer Patronatserklärung *Meyer-Löwy/Schmidt/Shubina* ZIP 2014, 2478 (2482 ff.)). 46

7. Insbes. wenn die Muttergesellschaft ihren Sitz im Ausland hat, empfiehlt sich die Aufnahme einer **Rechtswahlklausel**. Ohne eine solche wäre als objektive Anknüpfung nach Art. 4 Abs. 2 Rom I-Verordnung (Verordnung (EG) Nr. 593/2008 vom 17.06.2008, in Kraft seit dem 17.12.2009) das Recht am Ort der Muttergesellschaft anwendbar (vgl. *A. Wittig* WM 2003, 1981 (1986) noch zur Vorgängerregelung des Art. 28 Abs. 2 EGBGB). Die nach Art. 3 Rom I-Verordnung (ehemals: Art. 27 Abs. 1 EGBGB) zulässige Rechtswahl hat in diesen Fällen also konstitutive Wirkung. Befinden sich Muttergesellschaft und Kreditnehmer in Deutschland, ist die ausdrückliche Vereinbarung der Anwendbarkeit deutschen Rechts nicht zwingend erforderlich; sie hat allerdings den Vorteil, dass dadurch die Rechtsverbindlichkeit und die Klagbarkeit der Erklärung klargestellt werden (*A. Wittig* WM 2003, 1981 (1986); dies auch noch einmal betonend OLG Düsseldorf, Urt. v. 28.12.2010, WM 2011, 601). 47

8. Auch eine **Gerichtsstandsklausel** ist regelmäßig sinnvoll, da bei ausländischen Muttergesellschaften ein inländischer Gerichtsstand fehlen kann. Die Zulässigkeit solcher Klauseln folgt aus § 38 Abs. 1 ZPO bzw. für den Anwendungsbereich der sog. Brüssel Ia-Verordnung (VO (EU) Nr. 1215/2012, »EuGVVO«, vgl. dort Art. 1) aus Art. 25 Abs. 1 EuGVVO. Die zuletzt genannte Vorschrift erfordert dabei Schriftform der Erklärung bzw. zumindest die schriftliche Bestätigung der mündlichen Erklärung, wobei die Form auch im Fall einer nur schlüssig durch die Bank angenommenen schriftlichen Patronatserklärung der Muttergesellschaft gewahrt ist (siehe LG Berlin, Urt. v. 18.02.2000, IPRax 2000, 526). Zur Vermeidung von Auseinandersetzungen über die Schriftlichkeit bzw. Annahme kann sich ggf. die Rücksendung einer kurzen schriftlichen Annahmeerklärung zusammen mit einer Kopie der Patronatserklärung empfehlen (dazu – mit Formulierungsvorschlag für die Annahmeerklärung – *A. Wittig* WM 2003, 1981 (1987 f.)). Auch im Muster wird eine solche schriftliche Annahme erbeten. 48

9. Verpflichtungen aus einer harten Patronatserklärung wie hier in Form einer Finanzausstattungsverpflichtung sind (anders als solche aus einer weichen Patronatserklärung) in der **Handelsbilanz** der Muttergesellschaft als »Gewährleistungsvertrag« nach § 251 Satz 1 HGB vermerk- und anhangpflichtig und höhenmäßig entsprechend dem gesicherten Kredit der Tochtergesellschaft anzusetzen (*Hauck/von Rumohr* NJOZ 2010, 1250 (1252)). Gewährleistungsvertrag im Sinne der Vorschrift 49 ist jede vertragliche Verpflichtung, die das Einstehen für einen Erfolg oder eine Leistung vorsieht und nicht bereits unter die anderen in § 251 HGB genannten Verbindlichkeiten fällt, wozu auch die harte Patronatserklärung gehört (vgl. Beck'scher BilKomm/*Grottel/Haußer* § 251 HGB Rn. 25 und Rn. 41; Baumbach/Hopt/*Merkt* § 251 HGB Rn. 2). Bei einer Kapitalgesellschaft wie der GmbH ist ergänzend grds. § 268 Abs. 7 HGB zu beachten, der eine gesonderte Aufgliederung der Haftungsverhältnisse aus § 251 HGB verlangt (zur Frage der Anwendbarkeit der Norm auf kleine Kapitalgesellschaften MüKo HGB/*Reiner/Haußer* § 268 Rn. 39). In der Bilanz des Schuldners (d.h. des Tochterunternehmens) taucht die Patronatserklärung demgegenüber nicht auf (vgl. *Maier-Reimer/Etzbach* NJW 2011, 1110 (1116)).

6. Vertrag über ein konzernweites Cash-Pooling

Vorbemerkung

50 Das hier zu behandelnde »echte« oder »physische« Cash-Pooling ist ein Instrument der Konzerninnenfinanzierung, bei dem die Liquiditätsverteilung innerhalb der Unternehmensgruppe optimiert wird, indem Liquiditätsüberschuss und Liquiditätsbedarf einzelner Gruppenunternehmen durch Liquiditätstransfers – soweit möglich – in Deckung gebracht werden. Im Ergebnis wirkt sich dies positiv auf die Konzernaußenfinanzierung (in der Regel bankenseitige Kreditlinien) aus, da sich gruppenweit per Saldo der Finanzierungsaufwand reduziert oder bessere Konditionen erzielt werden können.

51 Vom »physischen« Cash-Pooling zu unterscheiden ist das als »unechtes«, »virtuelles« oder »*notional*« bezeichnete Cash-Pooling, bei dem keine Liquiditätstransfers erfolgen, sondern die teilnehmenden Gruppenunternehmen lediglich für Zwecke der Berechnung der Zinslast bzw. des Zinsertrags im Verhältnis zur gemeinsamen Hausbank im Wege der »virtuellen« Saldierung so behandelt werden, als ob es sich auch rechtlich nur um ein einziges Unternehmen bzw. einen einzigen Bankkunden handelte. Abzugrenzen ist das echte Cash-Pooling auch vom Clearing, bei dem konzerninterne Forderungen (etwa auch gruppeninterne Rückgriffsansprüche aus einem zentralen Management von gruppenexternen Forderungen und Verbindlichkeiten, sog. »Payment Factory«) über eine Clearingstelle verrechnet werden und der Saldo gegenüber der Clearingstelle »stehen gelassen« wird. In der Praxis werden »echtes« Cash-Pooling und Clearing bisweilen gemeinsam buchhalterisch administriert. Während aber das echte Cash-Pooling gerade auf Liquiditätstransfers abzielt, zeichnet sich das Clearing durch deren Vermeidung aus. Allen vorgenannten Formen des »Inhouse Banking« ist gemeinsam, dass es sich um gruppeninterne Finanzierungshilfen handelt.

52 Die Liquiditätstransfers im Rahmen eines gruppenweiten »echten« Cash-Poolings erfolgen regelmäßig über einen Poolführer (häufig die Konzernspitze), an den Liquiditätsüberschüsse abgeführt werden und bei dem benötigte Liquidität abgerufen wird. Nach herrschender Auffassung lassen sich diese Liquiditätstransfers als einzelne »aufsteigende« und »absteigende« Darlehen zwischen dem teilnehmenden Unternehmen und dem Poolführer qualifizieren, die dann typischerweise auf Ebene des Poolführers saldiert werden. Die Abwicklung der Transfers selbst erfolgt über Bankkonten. Zu unterscheiden sind dementsprechend die Beziehung zwischen dem Poolführer und den teilnehmenden Unternehmen einerseits und das Giro-Vertragsverhältnis zwischen den teilnehmenden Unternehmen/dem Poolführer und ihren Hausbanken andererseits. Letztere bieten – bisweilen ebenfalls unter der Bezeichnung »Cash-Pooling-Vereinbarung« – abwicklungsbezogene Dienstleistungen an, die auf eine Automatisierung der Transfers hinauslaufen. Auf diese Vertragswerke wird nachfolgend nicht näher eingegangen.

53 Das gruppeninterne Beziehungsgeflecht des Cash-Poolings ist in den letzten fünfzehn Jahren Gegenstand einer intensiven Erörterung in Rechtsprechung und Literatur gewesen. Insgesamt sind fünf, zum Teil eng verwobene gesellschaftsrechtliche Themenkomplexe zu nennen, die auch in der Vertragsgestaltung ihren Niederschlag finden: (1) Zusammentreffen des Cash-Poolings mit Kapitalerhöhungen bei teilnehmenden Unternehmen (verdeckte Sacheinlage, Hin- und Herzahlen), (2) Verbot der Einlagenrückgewähr bei aufsteigenden Liquiditätstransfers, (3) Gesellschafterdarlehen und nachfolgende Insolvenz des Tochter-Unternehmens, (4) Verbot der Existenzgefährdung und (5) Sorgfalts- und Überwachungspflichten der Organe der teilnehmenden Unternehmen.

Nachfolgendes Muster geht von Teilnehmern in der Rechtsform einer GmbH aus, die als Tochter-Unternehmen nicht Partei eines Beherrschungs- oder Gewinnabführungsvertrages sind. Da die zu regelnden Fragestellungen sich in ähnlicher Form auch für andere Kapitalgesellschaftsformen (einschließlich Genossenschaft) oder auch für die Kapitalgesellschaft & Co. KG ergeben, kann das Muster – vorbehaltlich der erforderlichen rechtsformspezifischen Anpassungen – auch hierfür herangezogen werden. 54

Nicht berücksichtigt sind zusätzliche Komplexitäten, die etwa daher rühren, dass neben dem Euro weitere Währungskreise oder neben den deutschen Töchtern auch ausländische Tochterunternehmen (die dem lokalen Recht als Gesellschaftsstatut unterliegen) einbezogen werden; auch die Einbeziehung von Minderheitsbeteiligungen oder Joint-Venture-Gesellschaften kann Sonderfragen aufwerfen. Bei großen Unternehmensgruppen können sich zudem aus buchhalterischen oder rechtlichen Gründen – insbesondere im grenzüberschreitenden Kontext (vgl. *Dutta* Grenzüberschreitendes Cash-Pooling – Ein Problemaufriss, FS Schütze 2014, 39–50) – mehrstöckige Poolkonstruktionen anbieten, deren Dokumentation und Administrierung zusätzlichen Abstimmungs- und Regelungsbedarf auslösen. Zu guter Letzt können auch steuerliche Fragen der Gesellschafterfinanzierung (z.B. Zinsschranke, Verzinsung und verdeckte Gewinnausschüttung bzw. verdeckte Einlage), Fragen des Bankaufsichtsrechts (konzerninterne Bankgeschäfte) oder Fragen der Verzahnung mit Konsortialkreditverträgen (z.B. Teilnehmerbeschränkungen, Vorgaben für die Auswahl der administrierenden Banken, Beschränkung von Kündigungsrechten) oder Gläubigervereinbarungen (vertragliche Nachrangregelungen) relevant werden, die sich bei grenzüberschreitenden Pools zusätzlich auch noch nach lokalem Recht der Auslandsjurisdiktion stellen können und ggf. um spezifisch grenzüberschreitende Gesichtspunkte (z.B. Kapitalausfuhrbeschränkungen) zu ergänzen sind. Auch hierauf gehen – da die Umstände des Einzelfalls maßgeblich sind – das Muster bzw. die Anmerkungen nicht näher ein. 55

Muster

Cash-Pooling-Vertrag 56

vom ____________

zwischen

A-GmbH, mit Sitz in ____________, eingetragen im Handelsregister des Amtsgerichts ____________ unter HRB ____________ (nachfolgend auch: Cash-Pool-Führer)

und

A-Tochter-1-GmbH, mit Sitz in ____________, eingetragen im Handelsregister des Amtsgerichts ____________ unter HRB ____________,

A-Tochter-2-GmbH, mit Sitz in ____________, eingetragen im Handelsregister des Amtsgerichts ____________ unter HRB ____________

[ggf. weitere Tochterunternehmen]

Präambel

[Kurze Beschreibung des konkreten wirtschaftlichen Hintergrunds und der wirtschaftlichen Zielsetzung des Cash-Poolings]

§ 1 Parteien

(1) *Parteien* dieses Cash-Pooling-Vertrages sind der Cash-Pool-Führer und die Teilnehmer. *Teilnehmer* sind alle Mitglieder der A-Gruppe (mit Ausnahme des Cash-Pool-Führers), die als Partei diesen Cash-Pooling-Vertrag abgeschlossen haben oder ihm später beigetreten sind, bis das betreffende Mitglied der A-Gruppe aus

diesem Cash-Pooling-Vertrag ausscheidet oder dieser Cash-Pooling-Vertrag insgesamt endet. *A-Gruppe* meint die A-GmbH und alle mit dieser Gesellschaft i.S.d. §§ 15 ff. AktG verbundenen Unternehmen.

(2) Sämtliche Teilnehmer bevollmächtigen den Cash-Pool-Führer (unter Befreiung von den Beschränkungen des § 181 BGB) widerruflich, mit Wirkung für und gegen sich selbst und die Teilnehmer, mit anderen Gesellschaften der A-Gruppe deren Beitritt zu diesem Cash-Pooling-Vertrag oder einem oder mehreren der Teilnehmer gegenüber die Kündigung mit der Wirkung zu erklären, dass diese/r Teilnehmer aus diesem Cash-Pooling-Vertrag ausscheidet/ausscheiden. Vereinbart der Cash-Pool-Führer mit weiteren Gesellschaften der A-Gruppe den Beitritt zu diesem Cash-Pooling-Vertrag oder erfolgt ein solcher Beitritt auf andere Weise, so hat der Cash-Pool-Führer das im nachfolgenden § 1 Abs. 3 genannte Verzeichnis entsprechend fortzuschreiben und die Veränderungen (einschließlich des geänderten Verzeichnisses) allen Teilnehmern unverzüglich mitzuteilen. Entsprechendes gilt, wenn der Cash-Pool-Führer mit einem Teilnehmer dessen Ausscheiden aus diesem Cash-Pooling-Vertrag vereinbart oder wenn ein Teilnehmer durch Kündigung aus diesem Cash-Pooling-Vertrag ausscheidet.

(3) In einem durch den Cash-Pool-Führer entsprechend Anlage 1 zu führenden Verzeichnis sind diejenigen Teilnehmer aufzuführen, die am Cash-Pooling teilnehmen.

§ 2 Vertragsgegenstand

Gegenstand dieses Vertrages ist die Erbringung von Cash-Pooling-Leistungen durch den Cash-Pool-Führer für die Teilnehmer (*Cash-Pooling*). Die Abwicklung dieser Leistungen und der Ausgleich erfolgen nach näherer Maßgabe dieses Cash-Pooling-Vertrages über die gruppeninternen Verrechnungskonten, die beim Cash-Pool-Führer für die Teilnehmer geführt werden (§ 4 Abs. 1), sowie die bei Banken für die Teilnehmer geführten Teilnehmerkonten (§ 3 Abs. 1 lit. b)) bzw. die bei Banken für den Cash-Pool-Führer geführten Zielkonten (§ 3 Abs. 1 lit. b)).

§ 3 Cash-Pooling-Leistungen

(1) Übertragung von Liquidität

a) Das Cash-Pooling erfolgt (i) durch tägliche [1] Übertragung des Liquiditätsüberschusses, der auf einem am Cash-Pooling teilnehmenden Teilnehmerkonto besteht, auf das dem jeweiligen Teilnehmerkonto zugewiesene Zielkonto, ohne dass es hierzu einer gesonderten Anforderung bedarf, oder (ii) auf entsprechende Anforderung des jeweiligen Teilnehmers im Rahmen einer täglichen Saldenmeldung an den Cash-Pool-Führer durch Übertragung des angeforderten Betrages seitens des Cash-Pool-Führers vom Zielkonto auf das betreffende Teilnehmerkonto.

b) *Teilnehmerkonto* ist jeweils das in der Konditionenvereinbarung (§ 7 Abs. 1) als solches bezeichnete Bankkonto des jeweiligen Teilnehmers. [2] *Zielkonto* ist das in der Konditionenvereinbarung (§ 7 Abs. 1) für den jeweiligen Teilnehmer genannte Bankkonto des Cash-Pool-Führers. *Liquiditätsüberschuss* ist der Teil des Tagessaldos auf dem Teilnehmerkonto, der den Zielsaldo (§ 3 Abs. 2) übersteigt.

c) Die Übertragung des Liquiditätsüberschusses eines Teilnehmers erfolgt durch Banküberweisung auf das Zielkonto. Die Übertragung seitens des Cash-Pool-Führers auf das betreffende Teilnehmerkonto erfolgt durch Banküberweisung von dem Zielkonto. Die Liquiditätsübertragungen bzw. Banküberweisungen können auch im Wege eines Automatic Balancing (wie in § 15 Abs. 1 definiert) erfolgen.

(2) Zielsaldo [3]

Eine Liquiditätsübertragung auf das bzw. von dem entsprechende(n) Teilnehmerkonto und zulasten bzw. zugunsten des jeweiligen Verrechnungskontos erfolgt, sofern und soweit der auf dem jeweiligen Teilnehmerkonto bestehende Saldo von dem in der betreffenden Konditionenvereinbarung (§ 7 Abs. 1) bestimmten Zielsaldo abweicht.

(3) Verbuchung

a) Sofern und soweit Beträge zulasten eines Teilnehmers von seinem Teilnehmerkonto auf ein Zielkonto übertragen werden, sind die entsprechenden Beträge auf seinem Verrechungskonto (§ 4 Abs. 1) zugunsten des Teilnehmers gutzuschreiben. Sofern und soweit Beträge zulasten des Cash-Pool-Führers von einem Zielkonto auf ein Teilnehmerkonto übertragen werden, sind die entsprechenden Beträge vorbehaltlich der Regelung gemäß § 3 Abs. 3 lit. b) auf dem betreffenden Verrechnungskonto zugunsten des Cash-Pool-Führers gutzuschreiben.

b) Eine Verbuchung auf dem Verrechnungskonto zulasten eines Teilnehmers unterbleibt, wenn und soweit die Übertragung von Beträgen vom Zielkonto auf das Teilnehmerkonto aufgrund einseitiger Erklärung des Cash-Pool-Führers gegenüber dem Teilnehmer zur Tilgung einer anderen als in § 3 Abs. 1 genannten Verbindlichkeit gegenüber dem Teilnehmer erfolgt (Erfüllungsbestimmung i.S.d. § 366 Abs. 1 BGB). Satz 1 gilt entsprechend für Übertragungen von Beträgen von einem Teilnehmerkonto auf das Zielkonto, die der Tilgung einer anderen als in § 3 Abs. 1 genannten Verbindlichkeit des Teilnehmers gegenüber dem Cash-Pool-Führer dienen. [4]

(4) Saldenkonzentration

a) Soweit ein Teilnehmer neben seinem/n Teilnehmerkonto/en weitere Bankkonten, insbesondere Bankkonten bei Anderen Banken (wie nachstehend definiert) unterhält, ist er grundsätzlich verpflichtet, die Salden der weiteren Bankkonten auf dieses Teilnehmerkonto zu konzentrieren. [5] **Der Teilnehmer ist verpflichtet, sofort verfügbare Guthaben bzw. fällige negative Salden, die auf solchen weiteren Bankkonten bestehen, unverzüglich in vollem Umfang durch Überträge entsprechender Beträge zugunsten bzw. zulasten seines/r Teilnehmerkontos/en auszugleichen. Der Teilnehmer darf die Saldenkonzentration nur dann unterlassen, wenn und soweit das oder die Guthaben auf Bankkonten bei Anderen Banken zur ordnungsgemäßen Aufrechterhaltung seines Geschäftsbetriebs benötigt wird/werden.** [6]

Andere Bank **ist jedes Kreditinstitut mit Ausnahme eines solchen, bei dem Teilnehmerkonten geführt werden.**

b) Zwischen den Parteien besteht Einigkeit, dass die Geldanlage durch den Teilnehmer auf Bankkonten bei Anderen Banken im Einzelfall geboten oder sogar rechtlich erforderlich sein kann. [7] **Sofern und soweit sich ein solches Erfordernis abzeichnet, werden die Parteien alle geeigneten Maßnahmen treffen, um eine Geldanlage des Teilnehmers auf einem oder mehreren weiteren Bankkonten zu gewährleisten. Eine derartige Maßnahme ist auf Einzelfälle zu beschränken und findet nur in Abstimmung zwischen dem Cash-Pool-Führer und dem betreffenden Teilnehmer statt; sie muss von dem Cash-Pool-Führer in jedem Einzelfall schriftlich bestätigt werden.**

(5) Cash-Pooling-Liquiditätsausstattung

Der Cash-Pool-Führer ist verpflichtet, für eine ausreichende Liquiditätsausstattung der A-Gruppe zu sorgen, um die entsprechend den Bestimmungen dieses Cash-

Pooling-Vertrages erfolgenden Liquiditätsübertragungen und Saldenausgleiche zugunsten der Teilnehmerkonten und zulasten der Verrechnungskonten zu gewährleisten. Der Cash-Pool-Führer übernimmt insoweit ein Beschaffungsrisiko i.S.v. § 276 Abs. 1 Satz 1 BGB.

(6) Kapitalaufbringung [8]

Soweit Liquidität auf einem Teilnehmerkonto eingegangen ist, die dazu bestimmt ist, eine Verpflichtung auf Einlage in das Nominalkapital einer Kapitalgesellschaft (Stammkapital, Grundkapital, Geschäftsguthaben einer Genossenschaft) gegenüber dem Teilnehmer zu erfüllen, muss diese unverzüglich auf ein gesondertes Bankkonto des Teilnehmers bei einer Anderen Bank übertragen werden, das nicht Teilnehmerkonto ist. § 3 Abs. 4 dieses Cash-Pooling-Vertrages findet in diesem Fall keine Anwendung. Ferner ist der Teilnehmer verpflichtet, die entsprechende Liquidität von diesem Bankkonto für eigene operative Zwecke zu verwenden und hierüber eine entsprechende Dokumentation anzulegen. Auf keinen Fall darf diese Liquidität erneut Eingang in das Cash Management finden.

§ 4 Verrechnungskonten

(1) Verrechnungskonten

Der Cash-Pool-Führer führt für jeden Teilnehmer zur Abwicklung des Cash-Poolings ein Konto als Staffelkontokorrent i.S.d. § 355 HGB (*Verrechnungskonto*). [9] Positive oder negative Salden auf einem Verrechnungskonto gelten als Darlehensrückzahlungsansprüche des betreffenden Teilnehmers bzw. des Cash-Pool-Führers. [10]

(2) Rechnungsabschluss

Der Cash-Pool-Führer erstellt für jeden Teilnehmer zum Ende eines jeden Kalendermonats (*Abrechnungsperiode*) [11] einen Rechnungsabschluss, aus dem die Entwicklung des Verrechnungskontos (jeweils einschließlich Tagessalden) während der jeweiligen Abrechnungsperiode sowie der Stand des Saldos zum Ende der Abrechnungsperiode (*Abrechnungssaldo*) hervorgehen. Der Cash-Pool-Führer fertigt solche Rechnungsabschlüsse auch zu anderen Terminen an, soweit hierfür ein berechtigtes Interesse des Cash-Pool-Führers und/oder eines Teilnehmers besteht. Buchungen auf den Verrechnungskonten und den Rechnungsabschluss übermittelt der Cash-Pool-Führer den betroffenen Teilnehmern zeitnah, spätestens jedoch innerhalb einer Kalenderwoche.

(3) Einwendungen gegen den Rechnungsabschluss

Einwendungen gegen den Rechnungsabschluss müssen unverzüglich erhoben werden und dem Cash-Pool-Führer schriftlich zugehen; ein Rechnungsabschluss gilt als genehmigt, wenn ihm nicht innerhalb von zwei Wochen nach Zugang widersprochen wird. Ein genehmigter Rechnungsabschluss beschränkt Ansprüche des betroffenen Teilnehmers und des Cash-Pool-Führers ausschließlich auf den im Rechnungsabschluss ausgewiesenen Saldo.

(4) Einwendungen gegen Belastungsbuchung

Einwendungen gegen eine Belastungsbuchung auf dem/den Verrechnungskonto/en sind durch den belasteten Teilnehmer unverzüglich schriftlich zu erheben.

(5) Rückgängigmachung von Gutschriften

Gutschriften auf einem Teilnehmerkonto im Rahmen des Cash-Poolings, die ohne eine Anforderung des entsprechenden Teilnehmers erfolgt sind, kann der Cash-

Pool-Führer unverzüglich nach Kenntnis der Umstände, spätestens innerhalb von 90 Tagen, durch Korrekturbuchung rückgängig machen.

(6) Zurückweisung von Aufträgen

Der Cash-Pool-Führer ist berechtigt, eine Belastung eines Verrechnungskontos abzulehnen und nicht auszuführen, wenn die Belastung nicht durch ein ausreichendes Guthaben oder einen eingeräumten Kreditrahmen gedeckt ist. Der Cash-Pool-Führer wird dem betreffenden Teilnehmer die Zurückweisung eines Auftrags unverzüglich mitteilen.

(7) Erweiterte Erfüllungsbestimmung [12]

Ist der Cash-Pooling-Kreditrahmen des Cash-Pool-Führers nach näherer Maßgabe von § 5 Abs. 2 gegenüber einem Teilnehmer unter Hinzurechnung etwaiger weiterer Darlehen, die der Teilnehmer an den Cash-Pool-Führer bzw. an Unternehmen, die – ohne im Mehrheitsbesitz (§ 16 AktG) des Teilnehmers zu stehen [13] – mit dem Cash-Pool-Führer im Sinne von § 15 AktG verbunden sind, ausgereicht hat, so weit ausgeschöpft, dass der Betrag der Freien Rücklagen des Teilnehmers überstiegen wird, so bewirkt, sofern und soweit ein Guthaben des Teilnehmers auf seinem Verrechnungskonto besteht, eine anschließende Lastschrift auf dem Verrechnungskonto dieses Teilnehmers auch die vollständige oder teilweise Erfüllung eines etwaigen aus der entsprechenden Ausschöpfung des Cash-Pooling-Kreditrahmens herrührenden Anspruchs des Teilnehmers gemäß §§ 30, 31 GmbHG wegen fehlender Vollwertigkeit des Rückzahlungsanspruchs.

***Freie Rücklagen* bezeichnet mit Bezug auf einen beliebigen Stichzeitpunkt die sich zu diesem Stichzeitpunkt ergebende Summe aus der Kapitalrücklage (§ 266 Abs. 3 A. II. HGB), den Gewinnrücklagen (§ 266 Abs. 3 A. III. HGB), den Gewinn- bzw. Verlustvorträgen (§ 266 Abs. 3 A. I HGB) und dem Jahresüberschuss bzw. -fehlbetrag (§ 266 Abs. 3 A. HGB), soweit solche Rücklagen bzw. Gewinnvorträge nicht kraft Gesetzes oder aufgrund der Satzung des jeweiligen Teilnehmers gegen Ausschüttungen besonders geschützt sind.**

§ 5 Cash-Pooling-Kreditrahmen [14]

(1) Der Cash-Pool-Führer räumt jedem Teilnehmer für die Teilnahme der Teilnehmerkonten am Cash-Pooling den in der betreffenden Konditionenvereinbarung (§ 7 Abs. 1) betragsmäßig bestimmten Kreditrahmen ein (*Cash-Pooling-Kreditrahmen des Teilnehmers*). Der Cash-Pool-Führer kann den Cash-Pooling-Kreditrahmen des Teilnehmers jederzeit nach seinem Ermessen erhöhen, ohne dass ein Anspruch des Teilnehmers auf Erhöhung dieses Kreditrahmens besteht. Eine Verringerung des Cash-Pooling-Kreditrahmens des Teilnehmers kann nicht ohne Einverständnis des Teilnehmers erfolgen. Dies gilt auch dann, wenn der Cash-Pooling-Kreditrahmen des Teilnehmers zuvor erhöht wurde. Verändert sich der Cash-Pooling-Kreditrahmen des Teilnehmers, so ist die betreffende Konditionenvereinbarung von den betreffenden Parteien entsprechend anzupassen.

(2) Der Teilnehmer räumt dem Cash-Pool-Führer einen in der betreffenden Konditionenvereinbarung betragsmäßig begrenzten Kreditrahmen bezüglich Cash-Pooling-Leistungen (*Cash-Pooling-Kreditrahmen des Cash-Pool-Führers*) ein. Der Teilnehmer kann den Cash-Pooling-Kreditrahmen des Cash-Pool-Führers jederzeit nach seinem Ermessen erhöhen oder verringern, bei einer Verringerung indes nur unter Einhaltung einer Frist von drei Monaten. Sofern der Teilnehmer den Cash-Pooling-Kreditrahmen des Cash-Pool-Führers erhöht oder verringert, ist die betreffende Konditionenvereinbarung von den Parteien entsprechend zu ändern.

(3) Die Parteien sind nicht zur Übertragung von entsprechenden Beträgen zugunsten (bzw. zulasten) eines Teilnehmerkontos verpflichtet, sofern und soweit der jeweilige Saldo des Verrechnungskontos dieses Teilnehmers den jeweiligen Cash-Pooling-Kreditrahmen dieses Teilnehmers übersteigt.

§ 6 Ausgleichsanspruch bei Überziehung des Kreditrahmens

Weist der Abrechnungssaldo des Verrechnungskontos eines Teilnehmers ein Guthaben des Teilnehmers aus, so hat dieser Teilnehmer einen sofort fälligen Anspruch auf Zahlung eines diesem Saldo entsprechenden Betrages gegen den Cash-Pool-Führer, sofern und soweit das betreffende Guthaben den Cash-Pooling-Kreditrahmen des Cash-Pool-Führers übersteigt (*Ausgleichsanspruch des Teilnehmers*). Der betreffende Teilnehmer kann Zahlung des Ausgleichsanspruchs auf ein Bankkonto bei einer Anderen Bank verlangen. Weist der Abrechnungssaldo des Verrechnungskontos ein Guthaben des Cash-Pool-Führers aus, so hat der Cash-Pool-Führer einen sofort fälligen Anspruch auf Zahlung eines diesem Saldo entsprechenden Betrages gegen den Teilnehmer, sofern und soweit das betreffende Guthaben den Cash-Pooling-Kreditrahmen des Teilnehmers übersteigt (*Ausgleichsanspruch des Cash-Pool-Führers*). Der Cash-Pool-Führer kann Zahlung des Ausgleichsanspruchs des Cash-Pool-Führers nur auf das Zielkonto verlangen. Sofern und soweit Zahlungsverlangen gemäß den vorstehenden Sätzen dieses § 6 nicht gestellt werden, bleiben die entsprechenden Beträge auf dem/den Verrechnungskonto/en stehen.

§ 7 Konditionen und Verzinsung

(1) Der Cash-Pool-Führer vereinbart mit jedem einzelnen Teilnehmer in einer Konditionenvereinbarung (*Konditionenvereinbarung*) die Konditionen für das/die Verrechnungskonto/en, den Cash-Pooling-Kreditrahmen, Zielsaldo, Soll- und Haben-Zinsen und Entgelte. Die Konditionen werden dabei aus Sicht sowohl der Teilnehmer als auch des Cash-Pool-Führers vorteilhaft gegenüber einer entsprechenden Alternativanlage bzw. Mittelaufnahme bei einem Kreditinstitut sein; maßgeblich ist eine Gesamtbetrachtung, welche auch die Fristigkeiten (Möglichkeit der ordentlichen Kündigung gem. § 12 Abs. 2) und die Entbehrlichkeit einer Bestellung von Sicherheiten berücksichtigt. [15] **Für die Konditionenvereinbarung ist das als Anlage 2 beigefügte Muster zu verwenden. Im Rahmen der Konditionenvereinbarung hat die Verzinsung der Ausgleichsansprüche und der auf dem Verrechnungskonto auflaufenden Salden gemäß den Bestimmungen dieses § 7 zu erfolgen. Änderungen der Konditionenvereinbarung mit einzelnen Teilnehmern bedürfen nicht der Zustimmung der anderen Teilnehmer.**

(2) Die während einer Abrechnungsperiode wechselseitig entstehenden Tagessalden auf dem Verrechnungskonto sowie die Ausgleichsansprüche einer Partei werden taggenau gemäß den in der Konditionenvereinbarung festgelegten Zinssätzen verzinst.

(3) Jede Partei ist berechtigt, eine Anpassung der vereinbarten Zinssätze bzw. Entgelte durch Änderung der Konditionenvereinbarung zu verlangen, wenn eine solche Anpassung mit Rücksicht auf die Zinsentwicklung am Kapitalmarkt, die Inflation, die entsprechende Risikoentwicklung bei einer Partei und/oder ähnliche Entwicklungen nach Treu und Glauben erforderlich erscheint. Sollten sich die Parteien in einem solchen Fall nicht einigen, so hat der Cash-Pool-Führer eine entsprechende Entscheidung gemäß § 315 BGB zu treffen.

(4) Die während einer Abrechnungsperiode wechselseitig entstehenden Ansprüche auf Zahlung von Zinsen werden zum Ende dieser Abrechnungsperiode in das Ver-

rechnungskonto eingestellt und bei der Berechnung des Abrechnungssaldos berücksichtigt.

§ 8 Informationspflichten der Parteien [16]

(1) Informationspflichten der Teilnehmer

a) Laufende Informationspflichten

(i) Jeder Teilnehmer ist verpflichtet, den Cash-Pool-Führer bis Mitte einer jeden Woche *(Planungsstichtag)* per E-Mail über seine aktuelle kurzfristige Liquiditätsplanung zu informieren.

(ii) Die kurzfristige Liquiditätsplanung des Teilnehmers umfasst eine Aufstellung aller Liquiditätszu- und -abflüsse, die im Geschäftsbetrieb des Teilnehmers innerhalb eines Zeitraumes von 14 Tagen nach dem jeweiligen Planungsstichtag *(Planungszeitraum)* erforderlich sein werden. Der voraussichtliche Zeitpunkt und die voraussichtliche Höhe der jeweiligen Liquiditätsabflüsse sind so genau wie möglich mitzuteilen.

b) Einzelfallbezogene Informationspflichten

Jeder Teilnehmer hat den Cash-Pool-Führer in jedem Fall unverzüglich zu informieren, wenn und sobald

(i) sich die kurzfristige Liquiditätsplanung eines Teilnehmers wesentlich ändert. Eine wesentliche Änderung der kurzfristigen Liquiditätsplanung liegt insbesondere dann vor, wenn Grund zu der Annahme besteht, dass ein Liquiditätsabfluss oder -zufluss, der im Rahmen der dem Cash-Pool-Führer bereits mitgeteilten kurzfristigen Liquiditätsplanung berücksichtigt wurde, unterbleiben oder erst zu einem späteren Zeitpunkt oder in einem geringeren Umfang erfolgen wird; dies gilt nicht, wenn die für eine mitteilungspflichtige Änderung der kurzfristigen Liquiditätsplanung in der betreffenden Konditionenvereinbarung bestimmten Schwellen nicht überschritten werden; oder

(ii) eine wesentliche Verschlechterung in den Vermögensverhältnissen des Teilnehmers eintritt oder einzutreten droht. Eine wesentliche Verschlechterung in den Vermögensverhältnissen des Teilnehmers liegt insbesondere dann vor, wenn Umstände eintreten, die erwarten lassen, dass der Teilnehmer nicht in der Lage sein wird, fällige Zahlungsverpflichtungen vollständig zu erfüllen, oder dass er keinen Kredit bei Dritten mehr erlangt oder erlangen würde oder dass die bestehenden Verbindlichkeiten des Teilnehmers nicht mehr durch das Vermögen des Teilnehmers gedeckt sind oder sein werden oder sobald der Teilnehmer eine Unterbilanz (wie nachfolgend definiert) aufweist; oder

(iii) die Eröffnung eines Insolvenzverfahrens über das Vermögen des Teilnehmers beantragt wird; oder

(iv) ein Insolvenzverfahren über das Vermögen des Teilnehmers eröffnet oder die Eröffnung des Insolvenzverfahrens über das Vermögen des Teilnehmers mangels Masse abgelehnt wird; oder

(v) wesentliche Teile des Vermögens des Teilnehmers gepfändet werden; oder

(vi) ein Dritter einen vollstreckbaren Titel gegen den Teilnehmer erwirkt, auf dessen Grundlage dieser Dritte berechtigt ist, vom Teilnehmer eine Leistung zu verlangen, die den in der betreffenden Konditionenvereinbarung bestimmten Wert übersteigt.

Eine *Unterbilanz* liegt vor, wenn die Summe der auf der Aktivseite der Bilanz (i.S.d. § 266 Abs. 2 A. und B. HGB) ausgewiesenen Vermögensgegenstände des Anlage- und Umlaufvermögens abzüglich aller auf der Passivseite der Bilanz (i.S.d. § 266 Abs. 3 B., C. und D. HGB) ausgewiesenen Verbindlichkeiten, Rückstellungen und Rechnungsabgrenzungen das gezeichnete Kapital im Sinne von § 266 Abs. 3 A. I. HGB nicht mehr decken. Maßgeblich sind die für den HGB-Einzelabschluss relevanten Bilanzierungsvorschriften unter Beachtung der anwendbaren Kapitalerhaltungsvorschriften.

(2) Informationspflichten des Cash-Pool-Führers

a) Laufende Informationspflichten

(i) Der Cash-Pool-Führer ist verpflichtet, allen Teilnehmern zusammen mit jedem Rechnungsabschluss im Sinne von § 4 Abs. 2 schriftliche Informationen zur Verfügung zu stellen, aus denen sich die Geschäftsentwicklung und Kreditwürdigkeit des Cash-Pool-Führers ergeben. Derartige Informationen hat der Cash-Pool-Führer jedem Teilnehmer auch zu einer anderen Zeit zu übermitteln, wenn der Teilnehmer diese aus berechtigtem Grund verlangt.

(ii) Der Cash-Pool-Führer wird den Teilnehmern jeweils spätestens 90 Tage nach Abschluss ihres Geschäftsjahres und Geschäftshalbjahres schriftlich bestätigen, dass die in der betreffenden Konditionenvereinbarung bestimmten Obergrenzen für bestimmte Finanzkennzahlen der A-Gruppe zum Ende des betreffenden Geschäftsjahres bzw. Geschäftshalbjahres eingehalten waren bzw. dass dies nicht der Fall ist.

b) Einzelfallbezogene Informationspflichten

Der Cash-Pool-Führer hat alle Teilnehmer in jedem einzelnen Fall, soweit gesetzlich zulässig, unverzüglich zu informieren, wenn und sobald

(i) eine wesentliche Verschlechterung in den Vermögensverhältnissen des Cash-Pool-Führers eintritt oder einzutreten droht. Eine wesentliche Verschlechterung in den Vermögensverhältnissen des Cash-Pool-Führers liegt insbesondere bereits dann vor, wenn Umstände eintreten, die erwarten lassen, dass der Cash-Pool-Führer nicht in der Lage sein wird, fällige Zahlungsverpflichtungen vollständig zu erfüllen oder dass die bestehenden Verbindlichkeiten des Cash-Pool-Führers nicht gedeckt sind oder sein werden oder sobald der Cash-Pool-Führer eine Unterbilanz (wie in § 8 Abs. 1 lit. b) definiert) aufweist. Erfüllt der Cash-Pool-Führer seine gemäß § 3 Abs. 1 bestehenden Pflichten an zwei aufeinanderfolgenden Tagen nicht, so wird zugunsten des Teilnehmers vermutet, dass in den Vermögensverhältnissen des Cash-Pool-Führers eine wesentliche Verschlechterung eingetreten ist; oder

(ii) ein Insolvenzverfahren über das Vermögen des Cash-Pool-Führers eröffnet oder die Eröffnung des Insolvenzverfahrens mangels Masse abgelehnt wird; oder

(iii) die Eröffnung eines Insolvenzverfahrens über das Vermögen des Cash-Pool-Führers beantragt wird; oder

(iv) ein Dritter einen vollstreckbaren Titel gegen den Cash-Pool-Führer erwirkt, auf dessen Grundlage dieser Dritte berechtigt ist, von dem Cash-Pool-Führer eine Leistung zu verlangen, die den in der Konditionenvereinbarung bestimmten Wert erreicht oder übersteigt; oder

(v) ein Zielkonto ganz oder teilweise gepfändet wird; oder

(vi) ein Dritter versucht, ein Zielkonto zu pfänden, sofern damit die Gefahr einhergeht, dass der Cash-Pool-Führer seine Verpflichtungen unter diesem Cash-Pooling-Vertrag ganz oder teilweise nicht mehr erfüllen kann; oder

(vii) wesentliche Teile des Vermögens des Cash-Pool-Führers gepfändet werden; oder

(viii) der Cash-Pool-Führer Zulassungen, Erlaubnisse oder ähnliche öffentlich-rechtliche oder sonstige Genehmigungen verliert, die er benötigt, um seinen Verpflichtungen aus diesem Cash-Pooling-Vertrag nachkommen zu können.

§ 9 Vergütung des Cash-Pool-Führers

Der Cash-Pool-Führer hat, sofern keine abweichende Regelung in der Konditionenvereinbarung getroffen wird, für seine Leistungen unter diesem Cash-Pooling-Vertrag keinen Anspruch auf Zahlung einer besonderen Vergütung oder sonstiger Entgelte gegen die Teilnehmer. Alle Leistungen, die der Cash-Pool-Führer aufgrund dieses Vertrages an die Teilnehmer erbringt, werden durch die Zinserträge, die der Cash-Pool-Führer erzielt, vergütet.

§ 10 Vertragsübernahme, Abtretung von Ansprüchen

(1) Der Cash-Pool-Führer ist vorbehaltlich der §§ 10 Abs. 2 bis 5 berechtigt, alle Rechte und Pflichten aus diesem Vertrag im Wege der Vertragsübernahme ohne Zustimmung der Teilnehmer auf ein anderes, zu 100 % zur A-Gruppe gehörendes Unternehmen zu übertragen.

(2) Die Übertragung dieses Vertrages auf ein anderes Unternehmen der A-Gruppe im Wege der Vertragsübernahme ohne Zustimmung aller Teilnehmer ist nur zulässig, wenn der Cash-Pool-Führer allen Teilnehmern spätestens 14 Tage vor der Vertragsübernahme mitteilt, auf welches andere Unternehmen der A-Gruppe der Vertrag übertragen werden soll.

(3) Jeder Teilnehmer hat das Recht, der Vertragsübernahme zu widersprechen, wenn Tatsachen vorliegen, die die Annahme rechtfertigen, dass das andere Unternehmen der A-Gruppe, auf welches der Cash-Pool-Führer seine Rechte und Pflichten aus diesem Vertrag übertragen will, eine wesentlich schlechtere Bonität als der Cash-Pool-Führer hat. Die Darlegungs- und Beweislast hinsichtlich der Bonität trifft den Cash-Pool-Führer.

(4) Eine Übertragung dieses Cash-Pooling-Vertrages auf ein anderes Mitglied der A-Gruppe im Wege der Vertragsübernahme ist unzulässig, wenn ein Teilnehmer ein Recht zum Widerspruch gemäß dem vorstehenden § 10 Abs. 3 hat und dieser Teilnehmer der Vertragsübernahme innerhalb von 10 Tagen nach Zugang der Mitteilung gemäß § 10 Abs. 2 dieses Cash-Pooling-Vertrages widerspricht.

(5) Die Abtretung, Verpfändung und/oder anderweitige Belastung von Ansprüchen aus und/oder im Zusammenhang mit diesem Cash-Pooling-Vertrag an bzw. zugunsten von Rechtsträgern, die nicht zur A-Gruppe gehören, ist ausgeschlossen.

§ 11 Verfügung über Konten

Die Teilnehmer dürfen die Teilnehmerkonten nicht abtreten, verpfänden und/oder anderweitig belasten.

§ 12 Inkrafttreten, Laufzeit und Kündigung

(1) Inkrafttreten, Laufzeit

Dieser Cash-Pooling-Vertrag tritt mit Unterzeichnung durch den Cash-Pool-Führer und alle auf dem Deckblatt aufgeführten Teilnehmer in Kraft. Bezüglich anderer Teilnehmer tritt er mit deren ordnungsgemäßem Beitritt in Kraft.

(2) Ordentliche Kündigung [17]

Jede Partei kann diesen Cash-Pooling-Vertrag unter Einhaltung einer Frist von zwei Monaten zum Quartalsende ordentlich kündigen.

Ausschließlich der Cash-Pool-Führer ist berechtigt, diesen Cash-Pooling-Vertrag insgesamt zu kündigen oder einzelne Teilnehmer durch ordentliche oder außerordentliche Kündigung aus diesem Cash-Pooling-Vertrag mit Wirkung für und gegen alle Teilnehmer auszuschließen. Schließt der Cash-Pool-Führer einen oder mehrere Teilnehmer durch Kündigung aus diesem Cash-Pooling-Vertrag aus oder kündigt ein Teilnehmer diesen Cash-Pooling-Vertrag, so gilt dieser Cash-Pooling-Vertrag im Verhältnis zwischen den übrigen Parteien fort.

(3) Kündigung aus wichtigem Grund

a) Jede Partei ist berechtigt, diesen Cash-Pooling-Vertrag bei Vorliegen eines wichtigen Grundes mit sofortiger Wirkung zu kündigen. Erklärt der Cash-Pool-Führer in einem solchen Fall die fristlose Kündigung dieses Cash-Pooling-Vertrages insgesamt, so endet dieser Cash-Pooling-Vertrag insgesamt. Erklärt der Cash-Pool-Führer bei Vorliegen eines wichtigen Grundes, der das weitere Verbleiben eines Teilnehmers als Partei dieses Cash-Pooling-Vertrages für alle übrigen Teilnehmer und/oder den Cash-Pool-Führer nach Treu und Glauben unzumutbar macht, gegenüber diesem Teilnehmer die Kündigung bezüglich dieses Teilnehmers, so scheidet dieser Teilnehmer als Partei aus diesem Cash-Pooling-Vertrag aus. Kündigt bei Vorliegen eines wichtigen Grundes für einen Teilnehmer dieser Teilnehmer, so scheidet er aus diesem Cash-Pooling-Vertrag aus. Einer Fristsetzung oder Abmahnung gemäß § 314 Abs. 2 BGB bedarf es bei Vorliegen eines wichtigen Grundes nicht.

b) Der Eintritt von Umständen, die eine Informationspflicht eines Teilnehmers gemäß § 8 Abs. 1 lit. b) Nr. (i) bis (vi) auslösen, gilt in jedem einzelnen Fall als Vorliegen eines wichtigen Grundes, der den Cash-Pool-Führer zur außerordentlichen Kündigung dieses Cash-Pooling-Vertrages gegenüber dem betreffenden Teilnehmer mit der Wirkung, dass dieser aus diesem Cash-Pooling-Vertrag ausscheidet, berechtigt. Im Fall eines Ereignisses gemäß § 8 Abs. 1 lit. b) Nr. (iii) und (v) gilt dies jedoch nur, wenn die Eröffnung des Insolvenzverfahrens nicht innerhalb von 4 Wochen abgelehnt (es sei denn, die Ablehnung erfolgt mangels Masse) bzw. die Pfändung in diesem Zeitraum nicht aufgehoben worden ist.

c) Der Eintritt von Umständen, die eine Informationspflicht eines Teilnehmers gemäß § 8 Abs. 1 lit. b) Nr. (i) bis (vi) auslösen, ist in jedem einzelnen Fall als Vorliegen eines wichtigen Grundes zu behandeln, der auch den Teilnehmer zur außerordentlichen Kündigung dieses Cash-Pooling-Vertrages mit der Wirkung, dass dieser Teilnehmer aus diesem Cash-Pooling-Vertrag ausscheidet, berechtigt. Im Fall eines Ereignisses nach § 8 Abs. 1 lit. b) Nr. (iii) und (v) gilt dies jedoch nur, wenn die Eröffnung des Insolvenzverfahrens nicht innerhalb von 4 Wochen abgelehnt (es sei denn, die Ablehnung erfolgt mangels Masse) bzw. die Pfändung in diesem Zeitraum nicht aufgehoben worden ist.

d) Der Eintritt von Umständen, die eine Informationspflicht des Cash-Pool-Führers gemäß § 8 Abs. 2 lit. b) auslösen, gilt in jedem einzelnen Fall als Vorliegen eines wichtigen Grundes, der jeden Teilnehmer zur außerordentlichen Kündigung dieses Cash-Pooling-Vertrages mit der Wirkung, dass dieser Teilnehmer aus diesem Cash-Pooling-Vertrag ausscheidet, berechtigt. Bei einem Ereignis gemäß § 8 Abs. 2 lit. b) Nr. (iii), (v) und (vii) gilt dies jedoch nur, wenn die Eröffnung des Insolvenzverfahrens nicht innerhalb von 4 Wochen abgelehnt (es sei denn, die Ablehnung erfolgt mangels Masse) bzw. die Pfändung in diesem Zeitraum nicht aufgehoben worden ist.

e) Erfüllt der Cash-Pool-Führer seine Informationspflichten gemäß § 8 Abs. 2 nicht, so ist jeder Teilnehmer, dem gegenüber der Pflichtenverstoß erfolgte, zur außerordentlichen Kündigung dieses Cash-Pooling-Vertrages mit der Folge, dass dieser Teilnehmer aus diesem Cash-Pooling-Vertrag ausscheidet, berechtigt.

f) Gegenüber einem Teilnehmer, der seine Informationspflichten gemäß § 8 Abs. 1 nicht erfüllt, ist der Cash-Pool-Führer zur außerordentlichen Kündigung mit der Folge, dass dieser Teilnehmer aus diesem Cash-Pooling-Vertrag ausscheidet, berechtigt.

g) Falls ein Mitglied der A-Gruppe, das zugleich Teilnehmer ist, aus der A-Gruppe ausscheidet, ist dies als wichtiger Grund anzusehen, der sowohl den Cash-Pool-Führer als auch diesen Teilnehmer berechtigt, diesen Cash-Pooling-Vertrag fristlos mit der Folge zu kündigen, dass dieser Teilnehmer aus diesem Cash-Pooling-Vertrag ausscheidet.

h) Das Recht zur Kündigung aus wichtigem Grund nach § 490 BGB bleibt unberührt.

(4) Schriftform für Kündigungen, Bekanntgabe

Kündigungen sind nur wirksam, wenn sie schriftlich oder faxschriftlich erfolgen; § 127 Abs. 2 BGB findet keine Anwendung. Kündigt der Cash-Pool-Führer diesen Cash-Pooling-Vertrag insgesamt, so hat er dies allen Teilnehmern gegenüber zu erklären. Schließt der Cash-Pool-Führer lediglich einzelne Teilnehmer durch Kündigung aus, so hat er diese Kündigung nur gegenüber dem betroffenen Teilnehmer zu erklären. Kündigt ein Teilnehmer, so ist diese Kündigung dem Cash-Pool-Führer gegenüber zu erklären. Der Cash-Pool-Führer ist bevollmächtigt, Kündigungen mit Wirkung für alle Parteien entgegenzunehmen. Der Cash-Pool-Führer wird unverzüglich nach Ausscheiden eines Teilnehmers die übrigen Teilnehmer hierüber unterrichten.

(5) Rechtsfolgen bei Kündigung

Mit Wirksamwerden der Kündigung wird die gesamte Geschäftsbeziehung des kündigenden oder durch Kündigung ausgeschlossenen Teilnehmers mit den übrigen Teilnehmern und dem Cash-Pool-Führer nach diesem Cash-Pooling-Vertrag beendet. [18] Die gemäß den betroffenen Verrechnungskonten als Darlehensrückzahlungsansprüche (§ 4 Abs. 1 Satz 2) geschuldeten Beträge werden sofort fällig. Der Cash-Pool-Führer ist berechtigt, bis zum Wirksamwerden der Kündigung noch nicht durchgeführte Überweisungsaufträge des kündigenden oder durch Kündigung ausgeschlossenen Teilnehmers zurückzugeben. Der Cash-Pool-Führer ist weiter berechtigt, Überweisungsaufträge von anderen Teilnehmern zugunsten des kündigenden oder durch Kündigung ausgeschlossenen Teilnehmers, die bei Wirksamwerden der Kündigung noch nicht ausgeführt sind, zurückzugeben.

§ 13 Mitteilungen und Erklärungen

(1) Soweit in diesem Cash-Pooling-Vertrag nichts anderes bestimmt ist, sind Mitteilungen und/oder Erklärungen der Parteien, die gemäß diesem Cash-Pooling-Vertrag erfolgen bzw. abgegeben werden, nur wirksam, wenn sie schriftlich oder faxschriftlich erfolgen; § 127 Abs. 2 BGB findet keine Anwendung. [19]

(2) Erklärungen der Parteien, die gemäß diesem Cash-Pooling-Vertrag erfolgen bzw. abgegeben werden, werden nur wirksam, wenn sie unter folgender Adresse zugehen:

Mitteilungen und/oder Erklärungen an den Cash-Pool-Führer:

[Adresse]______; **Fax-Nr.** ______;

Mitteilungen und/oder Erklärungen an den Teilnehmer:

entsprechend der Spezifizierung in der betreffenden Konditionenvereinbarung.

§ 14 Kostentragung

(1) Jede Partei trägt selbst diejenigen Kosten, die ihr im Zusammenhang mit Abschluss, Erfüllung und/oder Beendigung dieses Cash-Pooling-Vertrages und/oder der Konditionenvereinbarung entstehen. Dies gilt insbesondere auch für Kosten, die einer Partei im Zusammenhang mit Abschluss, Erfüllung und/oder Beendigung der nach diesem Cash-Pooling-Vertrag mit Banken abzuschließenden Vereinbarungen erwachsen, sowie für Kosten, die einer Partei im Zusammenhang mit diesem Cash-Pooling-Vertrag durch die Hinzuziehung von Rechts-, Steuer- oder anderen Beratern entstehen, soweit gesetzlich nichts anderes vorgeschrieben ist. Die vorstehende Regelung gilt auch für die einem Teilnehmer durch die Erfüllung der Verpflichtungen aus § 4 Abs. 5 entstehenden Kosten.

(2) Steuern oder andere Abgaben trägt diejenige Partei, die das Gesetz als primären Steuerschuldner bestimmt.

§ 15 Verschiedenes und Schlussvorschriften

(1) Technische Abwicklung

a) Der Cash-Pool-Führer ist berechtigt, für die Durchführung und/oder Abwicklung dieses Cash-Pooling-Vertrages, insbesondere bezüglich des Cash-Pooling-Verfahrens oder der Erfüllung der Informationspflichten, Formulare einzuführen und/ oder zu ändern, die von ihm selbst und den Teilnehmern zu benutzen sind. Der Cash-Pool-Führer ist weiter berechtigt, technische Vorgaben für die Abwicklung zu bestimmen, beispielsweise für die Durchführung und/oder Abwicklung von Überweisungen und/oder den Informationsaustausch auf elektronischem Wege (Datenaustausch) mit der Vorgabe von elektronischen Formularen und Datenformaten, ferner Termine für die Erteilung von Übertragungsaufträgen vorzugeben und/oder Sicherheitsanforderungen und/oder Zeichnungsberechtigungen zu regeln.

b) Der Cash-Pool-Führer ist berechtigt und wird hiermit von den Teilnehmern entsprechend bevollmächtigt, zur Durchführung des Cash-Poolings mit Wirkung für und gegen jeden einzelnen Teilnehmer mit einem oder mehreren Kreditinstituten Vereinbarungen zu schließen, aufgrund derer die Übertragung von Liquidität in der gemäß diesem Cash-Pooling-Vertrag vereinbarten Weise und in dem in diesem Cash-Pooling-Vertrag bestimmten Umfang von den bzw. auf die Teilnehmerkonten erfolgt, ohne dass es für die einzelnen Banküberweisungsvorgänge einer gesonderten Einzelweisung gegenüber dem kontoführenden Kreditinstitut bedarf (*Automatic Balancing*). [20] **Diese Vereinbarungen müssen marktüblichen Inhalt aufweisen und dürfen die in diesem Cash-Pooling-Vertrag bestimmten Möglichkeiten eines Teilnehmers zu einer ordentlichen Kündigung dieses Cash-Pooling-Vertrages und/oder Kündigung aus wichtigem Grund nicht beeinträchtigen. Sofern von den Kreditinstituten ausdrücklich als Voraussetzung für den Abschluss einer solchen Vereinbarung verlangt, darf der Cash-Pool-Führer mit Wirkung für und gegen alle Teilnehmer vereinbaren, dass der Cash-Pool-Führer und die Teilnehmer gesamtschuldnerisch für Sollsalden auf den Teilnehmerkonten bzw. auf dem Zielkonto haften, sofern und soweit damit nicht die Gefahr eines Verstoßes gegen gesetzliche Kapitalerhaltungsregeln bzw. einer Existenzvernichtung des betreffenden**

Teilnehmers oder des Cash-Pool-Führers begründet wird und die Abwicklung des Cash-Poolings über ein Automatic Balancing auch unter Berücksichtigung der übernommenen Haftung im Interesse der Parteien liegt. [21]

c) Bei Vorliegen eines Umstandes, der den Teilnehmer oder den Cash-Pool-Führer berechtigt, diesen Cash-Pooling-Vertrag aus wichtigem Grund zu kündigen, muss der Teilnehmer bzw. der Cash-Pool-Führer berechtigt sein, die unverzügliche Aussetzung des Automatic Balancing zu verlangen und herbeizuführen.

(2) Schriftform

a) Änderungen und/oder Ergänzungen dieses Cash-Pooling-Vertrages bedürfen zu ihrer Wirksamkeit der Schriftform, soweit nicht gesetzlich die Wahrung einer anderen Form vorgeschrieben ist. Dies gilt auch für Änderungen und/oder Ergänzungen dieser Schriftformklausel selbst.

b) Für Änderungen und/oder Ergänzungen von Konditionenvereinbarungen ist eine Vereinbarung in schriftlicher Form zwischen dem Cash-Pool-Führer und dem betreffenden Teilnehmer erforderlich.

c) § 127 Abs. 2 BGB findet keine Anwendung. [22]

(3) Änderung der rechtlichen Rahmenbedingungen

Sofern durch Änderung der rechtlichen Rahmenbedingungen (insbesondere Änderungen der Gesetzeslage oder Änderung der Rechtsprechung zur Kapitalerhaltung) Art und Weise oder Umfang der nach diesem Cash-Pooling-Vertrag vorgesehenen Leistungen erleichtert oder einer flexibleren Gestaltung zugänglich oder aber umgekehrt höheren Anforderungen unterworfen werden, sind die Parteien verpflichtet, unter gebotener Berücksichtigung ihrer jeweiligen Interessen eine entsprechende Anpassung dieses Cash-Pooling-Vertrages an die geänderten rechtlichen Rahmenbedingungen vorzunehmen.

(4) Salvatorische Klausel

Sollte/n eine oder mehrere Bestimmung/en dieses Cash-Pooling-Vertrages ganz oder teilweise unwirksam oder undurchführbar sein oder werden, so bleibt die Wirksamkeit der übrigen Bestimmungen dieses Cash-Pooling-Vertrages hiervon unberührt. Anstelle der unwirksamen oder undurchführbaren Bestimmung gilt diejenige wirksame Bestimmung als vereinbart, die dem von den Parteien Gewollten am nächsten kommt. Entsprechendes gilt im Falle einer vertraglichen Lücke.

(5) Gerichtsstand

Der ausschließliche Gerichtsstand für alle Streitigkeiten aus und/oder im Zusammenhang mit diesem Cash-Pooling-Vertrag ist __________.

(6) Anwendbares Recht

Dieser Cash-Pooling-Vertrag unterliegt, soweit sich aus zwingenden gesetzlichen Bestimmungen nichts anderes ergibt, deutschem Recht.

[Ort], den [Datum]

Für den Cash-Pool-Führer: [Name, Funktion]

Für den Teilnehmer A-Tochter-1-GmbH: [Name, Funktion]

Für den Teilnehmer A-Tochter-2-GmbH: [Name, Funktion]

Anlage 1

[Verzeichnis der Teilnehmer]

Anlage 2

[Konditionenvereinbarung gem. § 7 Abs. 1 mit individueller Festlegung von:

- **Teilnehmerkonto, § 3 Abs. 1 lit. b),**
- **Zielkonto, § 3 Abs. 1 lit. b),**
- **Zielsaldo, § 3 Abs. 2,**
- **Cash-Pooling-Kreditrahmen des Teilnehmers, § 5 Abs. 1,**
- **Cash-Pooling-Kreditrahmen des Cash-Pool-Führers, § 5 Abs. 2,**
- **Soll- und Haben-Zinsen, § 7 Abs. 2,**
- **Schwelle für mitteilungspflichtige Änderungen der kurzfristigen Liquiditätsplanung, § 8 Abs. 1 lit. b) (i),**
- **Höhe des Wertes hinsichtlich einzelfallbezogener Informationspflicht des Teilnehmers, § 8 Abs. 1 lit. b) (vi),**
- **Höhe des Wertes hinsichtlich einzelfallbezogener Informationspflicht des Cash-Pool-Führers, § 8 Abs. 2 lit. b) (iv),**
- **Obergrenzen für bestimmte Finanzkennzahlen der A-Gruppe, § 8 Abs. 2 lit. a) (ii),**
- **ggf. Vergütung des Cash-Pool-Führers, § 9,**
- **Mitteilungen und/oder Erklärungen an den Teilnehmer, § 13 Abs. 2.]**

Erläuterungen

Literatur: *Altmeppen* Cash Pooling und Kapitalaufbringung, NZG 2010, 441–446; *ders.* Cash Pooling und Kapitalerhaltung im faktischen Konzern, NZG 2010, 401–407; *ders.* Cash Pooling und Kapitalerhaltung bei bestehendem Beherrschungs- oder Gewinnabführungsvertrag, NZG 2010, 361–368; *ders.* Cash-Pool, Kapitalaufbringungshaftung und Strafbarkeit der Geschäftsleiter wegen falscher Versicherung, ZIP 2009, 1545–1551; *ders.* NJW 2010, 3601; *ders.* Das neue Recht der Gesellschafterdarlehen in der Praxis, NJW 2008, 3601–3607; *ders.* »Upstream-loans«, Cash Pooling und Kapitalerhaltung nach neuem Recht, ZIP 2009, 49–56; *ders.* Die Grenzen der Zulässigkeit des Cash Pooling, ZIP 2006, 1025–1035; *ders.* »Dritte« als Adressaten der Kapitalerhaltungs- und Kapitalersatzregeln in der GmbH, FS für Bruno Kropff, 1997, 641–667; *Benecke* Die Prinzipien der Kapitalaufbringung und ihre Umgehung – Rechtsentwicklung und Perspektiven, ZIP 2010, 105–110; *Bitter* Sicherheiten für Gesellschafterdarlehen: ein spät entdeckter Zankapfel der Gesellschafts- und Insolvenzrechtler, ZIP 2013, 1998–2001; *Blöse*, Aufsteigendes Darlehen einer Aktiengesellschaft – Eine Erwiderung, DB 2010, 1053–1055; *Bormann/Urlichs* Kapitalerhöhungen im Cash Pooling – welche Erleichterungen bringt das MoMiG tatsächlich?, DStR 2009, 641–645; *Brinkmann* Zwei Brennpunkte im Recht der Gesellschafterdarlehen, ZGR 2017, 708; *Burgard* Rechtsfragen der Konzernfinanzierung, AG 2006, 527 ff.; *Dahl/Schmitz* Eigenkapitalersatz nach dem MoMiG aus insolvenzrechtlicher Sicht, NZG 2009, 325–331; *Dutta* Grenzüberschreitender Cash-Pooling – Ein Problemaufriss, FS Schütze 2014, 39–50; *Ekkenga* Kapitalaufbringung im konzernweiten Cash-Pool: ungelöste Probleme und verbleibende Gestaltungsspielräume, ZIP 2010, 2469–2478; *Erne* Haftungsvermeidung des Geschäftsführers durch Frühwarnsysteme bei Nutzung von Cash Pooling, GWR 2010, 314–317; *Gehle* Aufsteigendes Darlehen einer Aktiengesellschaft, DB 2010, 1051–1053; *Göcke/Rittscher* Cash Pooling in Krise und Insolvenz, DZWiR 2012, 355; *Goette* »Cash Pool II« – Kapitalaufbringung in der GmbH nach MoMiG, GWR 2009, 333; *ders.* Anmerkung zu BGH, Urt. vom 16.01.2006 – II ZR 76/04, DStR 2006, 764–768; *ders.* Anmerkung zu BGH, Anerkenntnisurt. vom 26.03.2007 – II ZR 307/05, DStR 2007, 773–775; *Habersack* Neues zur verdeckten Sacheinlage und zum Hin- und Herzahlen – das »Quivive«-Urteil des BGH, GWR 2009, 129; *Hamann* Aufsteigende Darlehen im Cash Pool im System des § 135 InsO – Replik auf *Klinck/Gärtner* NZI 2008, 457; NZI 2008, 667–669; *Heckschen* Das MoMiG in der notariellen Praxis, München 2009; *Henze* Konzernfinanzierung und

Besicherung – Das Upstreamrisiko aus Gesellschafter- und Bankensicht, WM 2005, 717–727; *Hiebert* Die anfängliche Besicherung eines Gesellschafterdarlehens in der Insolvenz, ZInsO 2016, 1679–1682; *Jansen*, Cash Pool und Fremdfinanzierung im Konzern, FS Hommelhoff 2012, 495–507; *Kiefner/Bochum* Aufsteigende Sicherheiten bei GmbH und AG im Lichte der neuen Rechtsprechung des BGH zur Kapitalerhaltung, NZG 2017, 1292–1303; *Kiefner/Theusinger* Aufsteigende Darlehen und Sicherheitenbegebung im Aktienrecht nach dem MoMiG, NZG 2008, 801–806; *Klinck/Gärtner* Versetzt das MoMiG dem Cash-Pooling den Todesstoß?, NZI 2008, 457–461; *Knebel/Sabel/Schmidt* Steuerliche Fallstricke im internationalen Cash Pool, IWB 2012, 735–747; *Komo* Vermeidung von Haftungsrisiken für Geschäftsführer bei Gewährung von Upstream Securities, GmbHR 2010, 230–236; *ders.* Kapitalaufbringung im Cash Pool – aktuelle Entwicklungen in Rechtsprechung und Literatur, BB 2011, 2307–2314; *Kupjetz/Peter* Die Kapitalaufbringung in einem physischen Cash-Pooling-System, GmbHR 2012, 498–503; *Maier-Reimer/Wenzel* Kapitalaufbringung in einer GmbH nach dem MoMiG, ZIP 2008, 1449–1455; *Mentz* in: Beck´sches Holding Handbuch, 2. Aufl., München 2016, 295–338; *Mylich* Probleme und Wertungswidersprüche beim Verständnis von § 135 Abs. 1 Alt. 2 Nr. 2 InsO n.F., ZGR 2009, 474–503; *Poepping* Die Auswirkungen des MoMiG auf die insolvenzrechtliche Behandlung von Gesellschafterdarlehen ab dem 01.11.2008, BKR 2009, 150–156; *Reuter* Die Anfechtbarkeit der Rückzahlung von Gesellschafterdarlehen im Cash-Pool: Explosive Massevermehrung nach § 135 InsO?, NZI 2011, 921–927; *Rönnau/Krezer* Darlehensverrechnungen im Cash-Pool – nach Inkrafttreten des MoMiG auch ein Untreue-Risiko (§ 266 StGB)?, ZIP 2010, 2269–2275; *Rothley/Weinberger* Die Anforderungen an Vollwertigkeit und Deckung nach § 30 I 2 GmbHG und § 57 I 3 AktG, NZG 2010, 1001–1006; *Royla* Cash Pool II – Das neue BGH-Urteil zur Kapitalaufbringung im Cash Pool, Status Recht 2009, 188; *Schall* Die Zurechnung von Dritten im neuen Recht der Gesellschafterdarlehen, ZIP 2010, 205–212; *Schockenhoff/Wexler-Uhlich* Rechtsprechung gegen den Gesetzgeber? – Zur Wirksamkeit der Einlageleistung beim Hin- und Herzahlen nach dem »Cash-Pool II«-Urteil des BGH, NZZ 2009, 1327–1331; *Scholz/Herda* Cash-Pools in deutschen Betriebsprüfungen, IStR 2015, 472–475; *Scholz/Kaiser* Internationale Kritik am Standardverrechnungspreismodell von Cash Pools, IStR 2013, 54; *Scholz/Tirosh* Europäischer Vergleich über die steuerliche Behandlung internationaler Cash Pools, IStR 2015, 127–131; *Schuhmann* Das Bargeschäftsprivileg nach § 142 InsO im Rahmen des Cash-Pooling, GmbHR 2014, 519–525; *Spliedt* MoMiG in der Insolvenz – ein Sanierungsversuch, ZIP 2009, 149–161; *Strohn* Cash-Pooling – verbotene und unwirksame Zahlungen, DB 2014, 1535–1541; *Strohn/Simon* Haftungsfallen für Gesellschafter und Geschäftsführer im Recht der GmbH, GmbHR 2010, 1181–1188; *Saenger/Koch* Cash Pooling und Feststellung der Zahlungsunfähigkeit, GmbHR 2010, 113–117; *Theusinger*, Barkapitalerhöhung im Cash-Pool nach MoMiG, NZG 2009, 1017–1019; *Thiessen* Gesellschafterfremdfinanzierung nach dem MoMiG, ZGR 2015, 396–445; *Thole* Konzernfinanzierung zwischen Gesellschafts- und Insolvenzrecht, ZInsO 2011, 1425–1433; *Thümmel/Burkhardt* Neue Haftungsrisiken für Vorstände und Aufsichtsräte aus § 57 Abs. 1 AktG und § 92 Abs. 2 Satz 3 AktG in der Neufassung des MoMiG, AG 2009, 885–894; *Vetter/Stadler* Haftungsrisiken beim konzernweiten Cash Pooling, Köln 2003; *Weitzel/Socher* Cash-Pooling für die GmbH-Geschäftsführung und ihre Vermeidung, ZIP 2010, 1069–1071; *Willemsen/Rechel* Erweiterte Geschäftsführerhaftung beim Cash-Pooling, Ausweitung der Insolvenzpräventionspflichten in § 64 GmbHG, GmbHR 2010, 349–355; *dies.* Cash-Pooling und die insolvenzrechtliche Anfechtbarkeit absteigender Darlehen – Unterschätzte Risiken für Gesellschafter, BB 2009, 2215–2221; *Zahrte* Die insolvenzrechtliche Anfechtung im Cash Pool, NZI 2010, 596–598.

1. In der Praxis ist zumeist der **tägliche** oder bankarbeitstägliche Transfer anzutreffen. Andere Intervalle sind jedoch möglich. 57

2. Auch mehrere **Teilnehmerkonten** eines Teilnehmers sind möglich. Insoweit sind die Parteien darin frei, welche Bankverbindungen des Teilnehmers in das Cash-Pooling einbezogen werden sollen (vgl. auch § 3 Abs. 4 zur Saldenkonzentration). 58

3. In der Praxis wird der Zielsaldo meist auf Null festgelegt (»**Zero-Balancing**«). Ein Haben-Saldo auf dem betreffenden Teilnehmerkonto wird dementsprechend abgeschöpft und ein Soll-Saldo ausgeglichen. 59

In der Literatur wird bisweilen vertreten, dem Teilnehmer müsse es möglich bleiben, betrieblich benötigte Liquidität dem Zugriff des Cash-Pools zu entziehen (vgl. *Willemsen/Rechel* BB 2009, 2215 (2220)). Dieser Effekt lässt sich – neben der (partiellen) Ausklammerung bestimmter Bankkonten – auch dadurch erreichen, dass für die einbezogenen Teilnehmerkonten ein entsprechend positiver Zielsaldo festgelegt wird (vgl. *Willemsen/Rechel* BB 2009, 2215 (2220)). Die Forderung nach einer unangetasteten **Sockelliquidität** der Teilnehmer hat einen zutreffenden Kern, 60 erscheint aber in dieser Allgemeinheit zu weitgehend. Richtigerweise wird man differenzieren müssen:

61 Im Regelfall unterhält der Teilnehmer auf dem Teilnehmerkonto eine eigene Kreditlinie, die – sobald sie in Anspruch genommen wird – im Regelfall vom Poolführer auf Tagesbasis auszugleichen ist. Solange die Liquidität des Pools gegeben ist, besteht aus Sicht des Teilnehmers daher keine Notwendigkeit, den Zugriff des Pools aus Gründen des eigenen Liquiditätsbedarfs einzuschränken.

62 Bestehen aus Teilnehmersicht ernste Zweifel an der Bonität des Poolführers, kann – insoweit als Vorstufe zu einer fristgebundenen ordentlichen Kündigung oder zur fristlosen Kündigung aus wichtigem Grund als *ultima ratio* – für den Teilnehmer ein Interesse an einem zugriffsgeschützten Puffer bestehen. Doch ist in dieser Situation zu unterscheiden, ob ein Liquiditätsabfluss zu einer Erhöhung eines Haben-Saldos auf dem Verrechnungskonto und damit zur Erhöhung eines bestehenden aufsteigenden Darlehens führt oder ob der Liquiditätsabfluss eine Reduzierung eines Soll-Saldos des Teilnehmers und damit die (teilweise) Tilgung eines bestehenden absteigenden Darlehens bewirkt. Ein zwingend schutzwürdiges Interesse des Teilnehmers, im Rahmen des Cash-Pools dem Cash-Pool-Führer die Rückführung von Gesellschafterdarlehen versagen zu können, ist nach zutreffender Ansicht nicht anzuerkennen. Bestätigt wird diese Überlegung durch die Abschaffung des Instituts der eigenkapitalersetzenden Gesellschafterdarlehen im Zuge des MoMiG und die Verschiebung des Regelungskreises in die InsO. Danach besteht – auch wenn das Gesellschafterdarlehen in der Krise gewährt oder stehen gelassen wurde – kein allgemeines präventives Rückzahlungsverbot, sondern – solange die (Rück-)Zahlung nicht unmittelbar die Zahlungsunfähigkeit des Teilnehmers auslöst (vgl. § 64 Satz 3 GmbHG) – allenfalls eine insolvenzrechtliche Anfechtbarkeit der (erlaubten) Rückzahlung gem. § 135 Abs. 1 Nr. 2 i.V.m. § 39 Abs. 1 Nr. 5 InsO (vgl. *Altmeppen* NJW 2010, 3601 (3606); *Dahl/Schmitz* NZG 2009, 325 ff.; *Mylich* ZGR 2009, 474 (487 f.); *Poepping* BKR 2009, 150 ff.). Auch unter dem Blickwinkel des Verbots der Existenzgefährdung sollte im Fall eines Soll-Saldos des Teilnehmers eine dem Cash-Pool entzogene Sockelliquidität nicht als zwingend erachtet werden, da es dem Gesellschafter mit Blick auf die Abschaffung des Instituts des eigenkapitalersetzenden Darlehens auch in insolvenznahen Szenarien nicht (mehr) verboten ist, als Darlehen gewährte Mittel wieder abzuziehen, und die Rechtsfolgen insoweit auf die insolvenzrechtliche Anfechtung beschränkt sind. Mangels Qualifikation als Eigenkapitalersatz ist der Fall nicht mit einem Vermögensabzug bzw. einer Ausschüttung vergleichbar (ebenso MünchHdb GmbH/*Kiefner* § 69 Rn. 7; a.A. wohl Beck´sches Holding Handbuch/*Mentz* Teil C Rn. 231; siehe allgemein zur Begleichung von Gesellschafterforderungen im Kontext der Existenzvernichtung BGHZ 173, 246 (266) – »Trihotel« sowie unter strafrechtlichem Blickwinkel OLG Stuttgart ZIP 2009, 1864 (1865)).

63 Besteht demgegenüber ein Haben-Saldo des Teilnehmers, verwirklicht sich der Teilnehmerschutz vor Liquiditätsabflüssen in der Krise des Teilnehmers bzw. des Pool-Führers in erster Linie durch sofortige Kündigungsrechte (bzw. Aussetzungsrechte), die durch ein wirksames Informations- und Frühwarnsystem flankiert werden (vgl. hierzu Muster G 6, Rdn. G 97 ff.). Die Frage, inwieweit darüber hinaus – sozusagen als vorgelagerte »abstrakte Schutzmaßnahme« – den Teilnehmer ein dem Pool entzogener Liquiditätspuffer zugestanden werden soll, lässt sich nicht allgemein beantworten. Dies sollte unter Berücksichtigung der konkreten Gesamtumstände auch maßgeblich davon abhängen, ob und in welchem Umfang der Teilnehmer innerhalb des Pools zu den Netto-Gebern gehört. Zur Frage, inwieweit eine Sockelliquidität eine geeignete Maßnahme zur Risikoreduzierung im Zusammenhang mit einer Kapitalerhöhung bei einem Teilnehmer ist, vgl. die Ausführungen bei Muster G 6, Rdn. G 76.

64 **4.** Die Regelung stellt klar, dass Liquiditätstransfers, die außerhalb des Cash-Poolings zur Tilgung einer Verbindlichkeit gegenüber dem Teilnehmer bzw. dem Cash-Pool-Führer erfolgen, nicht in die beim Cash-Pool-Führer geführten Verrechnungskonten eingestellt werden.

65 Bei Bestehen eines **Beherrschungs- oder Gewinnabführungsvertrages** kann es sich bei einem sich abzeichnenden Verlustausgleichsanspruch (§ 302 AktG) des Teilnehmers gegenüber dem Cash-

Pool-Führer anbieten, unterjährige Liquiditätstransfers nicht unter dem Cash-Pool als absteigende Darlehen zu gewähren, sondern als Abschlagszahlung auf den erst mit Ablauf des Geschäftsjahres entstehenden Verlustausgleichsanspruch. Grundsätzlich ist es möglich, den Verlustausgleichsanspruch nach dessen Entstehung auch mit einem Soll-Saldo des Teilnehmers aus dem Cash-Pooling (Anspruch des Pool-Führers gegenüber dem Teilnehmer auf Darlehensrückgewähr) zu verrechnen und auf diese Weise (Erfüllungssurrogat) eine Tilgung herbeizuführen, nach der (zur Aufrechnung ergangenen) höchstrichterlichen Rechtsprechung (BGH, Urt. vom 10.07.2006, II ZR 238/04, NJW 2006, 3279 ff.) jedoch nur, wenn der Rückzahlungsanspruch auch vollwertig ist. Jedenfalls wenn die Vollwertigkeit fraglich ist, kann der Weg über eine Abschlagszahlung außerhalb des Cash-Pools vorzugswürdig sein.

5. Ob und inwieweit durch eine Saldenkonzentration sichergestellt werden soll, dass auch Bankkonten, die formal nicht in das Cash-Pooling einbezogen sind, wirtschaftlich erfasst werden, unterliegt in erster Linie der Vereinbarung der Parteien (vgl. im Übrigen Muster G 6, Rdn. G 58 ff.). 66

6. Zur Frage, inwieweit es dem Teilnehmer – etwa über gesonderte Bankkonten – möglich bleiben sollte, betrieblich benötigte Liquidität dem Zugriff des Cash-Pools zu entziehen, vgl. oben unter Muster G 6, Rdn. G 59 ff.. 67

7. Dies kann etwa der Fall sein, wenn bei einem Teilnehmer eine effektive **Kapitalerhöhung** durchgeführt werden soll (vgl. auch § 3 Abs. 5 des Musters G 6 und Rdn. G 69 ff.). 68

8. Nach der Rechtsprechung des BGH hat sich ein Cash-Pooling-System, wenn es mit einer **Kapitalerhöhung** bei einem Teilnehmer zusammentrifft, an den allgemeinen Grundsätzen messen zu lassen; ein »Sonderrecht« für das Cash-Pooling sei insoweit nicht anzuerkennen (vgl. BGH, Urt. vom 16.01.2006, II ZR 76/04, DStR 2006, 764 (766) – »Cash Pool I«). 69

Wird im Zuge einer Kapitalerhöhung beim Teilnehmer (hier in der Rechtsform der GmbH) die Einlage in bar auf ein in den Cash-Pool einbezogenes Bankkonto des Teilnehmers geleistet und fließt im zeitlichen Zusammenhang Liquidität an den Poolführer zurück, sind – insoweit auf einer Linie mit dem BGH (BGH, Urt. vom 20.07.2009, II ZR 273/07, NJW 2009, 3091 ff. – »Cash Pool II«; vgl. auch *Goette* GWR 2009, 333 ff.; *Benecke* ZIP 2010, 105 ff.; zur Kritik vgl. *Altmeppen* NZG 2010, 441 ff.; *ders.* ZIP 2009, 1545 ff.) – zwei Fälle auseinanderzuhalten: 70

Weist das Verrechnungskonto des Teilnehmers einen Soll-Saldo auf (per Saldo besteht dann ein absteigendes Darlehen), reduziert der Rückfluss – nach dem BGH ist auf diesen Zeitpunkt abzustellen (BGH, Urt. vom 20.07.2009, II ZR 273/07, NJW 2009, 3091 (3092); a.A. *Maier-Reimer/Wenzel* ZIP 2008, 1449 (1454)) – das absteigende Darlehen und damit eine Verbindlichkeit des Teilnehmers. Wirtschaftlich liegt dann eine **verdeckte Sacheinlage** mit der Befreiung von der Verbindlichkeit als Einlagegegenstand vor, deren rechtliche Behandlung sich nach § 19 Abs. 4 GmbHG richtet (BGH, Urt. vom 20.07.2009, II ZR 273/07, NJW 2009, 3091; Roth/Altmeppen/*Roth* § 19 Rn. 103 m.w.N.; a.A. *Ekkenga* ZIP 2010, 2469 (2471 ff.)). Auch wenn die Rechtsfolgen einer verdeckten Sacheinlage durch das MoMiG erheblich entschärft worden sind (vgl. die »Anrechnungslösung« in § 19 Abs. 4 Satz 3 GmbHG), wird man in der vorausschauenden Vertragsgestaltung eine verdeckte Sacheinlage zu vermeiden suchen, zumal die h.M. in diesem Kontext bei unterbleibender Aufdeckung eine Strafbarkeit wegen falscher Versicherung gem. § 82 Abs. 1 Nr. 3 GmbHG für möglich hält (für Nachweise und Kritik an der h.M. vgl. *Altmeppen* ZIP 2009, 1545 ff.; *ders.* NZG 2010, 441 ff.). 71

Weist das Verrechnungskonto des Teilnehmers hingegen einen Haben-Saldo auf (per Saldo besteht dann ein aufsteigendes Darlehen), erhöht der Rückfluss das aufsteigende Darlehen und damit die Forderung des Teilnehmers gegen den Cash-Pool-Führer. Wirtschaftlich liegt eine Umqualifizierung der Einlageschuld in eine Forderung (Darlehensrückzahlungsanspruch gegen den Cash-Pool-Führer) vor (Hauptanwendungsfall des sog. **Hin- und Herzahlens** nach § 19 Abs. 5 GmbHG; kein Fall der verdeckten Sacheinlage gem. § 19 Abs. 4 GmbHG mangels Einlagefähigkeit von neu zu begründenden Forderungen). Nach § 19 Abs. 5 GmbHG tritt – auch wenn der Gegenstand 72 damit nicht endgültig zur freien Verfügung der Gesellschaft stehen mag (§ 8 Abs. 2 GmbHG) – Erfüllungswirkung ein, wenn die Forderung vollwertig ist und jederzeit fällig ist bzw. jederzeit durch Kündigung fällig gestellt werden kann (*Strohn* DB 2014, 1535 (1537 f.); zu den Praxisproblemen vgl. *Kupjetz/Peter* GmbHR 2012, 498 ff.). Insbesondere die nach § 19 Abs. 5 GmbHG dann geforderte jederzeitige Kündigungsmöglichkeit der Cash-Pooling-Vereinbarung wird in der Praxis aber als ungemessen beurteilt (vgl. etwa *Royla* Status Recht 2009, 188 ff.). Zudem ist eine entsprechende Offenlegung gegenüber dem Registergericht im Rahmen der Anmeldung der Kapitalerhöhung erforderlich (§ 19 Abs. 5 Satz 2 GmbHG), die mit dem Risiko behaftet ist, dass das Registergericht auch in eine Prüfung der materiellen Voraussetzungen eintritt. Unterbleibt hingegen die Offenlegung, soll – ähnlich wie bei der verdeckten Sacheinlage – nach h.M. die Möglichkeit einer Strafbarkeit wegen falscher Versicherung bestehen (für Nachweise und Kritik an der h.M. vgl. *Altmeppen* ZIP 2009, 1545 ff.; *ders.* NZG 2010, 441 ff.). Hinzu kommt, dass nach dem BGH die Offenlegung des vollwertigen und jederzeit fälligen Rückzahlungsanspruchs auch Wirksamkeitsvoraussetzung für die Erfüllungswirkung sein soll (BGH, Urt. vom 20.07.2009, II ZR 273/07, NJW 2009, 3091 (3092); a.A. Baumbach/Hueck/*Fastrich* § 19 Rn. 80; *Schockenhoff/Wexler-Uhlich* NZG 2009, 1327 ff.).

73 Die vorbeschriebenen Probleme können nach zutreffender Ansicht vermieden werden, indem die Einlageleistung auf ein **Sonderkonto** des Teilnehmers außerhalb des Cash-Pools und somit eine Separierung erfolgt. Allerdings ist zu beachten, dass nach der »Cash-Pool-I«-Entscheidung des BGH (BGH, Urt. vom 16.01.2006, II ZR 76/04, DStR 2006, 764 ff. mit Anmerkungen von *Goette*) – diese befasste sich noch unter altem Recht mit der verdeckten Sacheinlage – es den Kapitalerhaltungsgrundsätzen nicht genügt, wenn die auf ein Sonderkonto geleistete Einlage unter zeitnaher Auflösung des Sonderkontos wieder dem Cash-Pool und damit dem Inferenten und Cash-Pool-Führer zufließt. Dementsprechend schlägt die jüngere Literatur überwiegend vor, die Einlage auf ein dauerhaft existentes Sonderkonto zu leisten, das vorzugsweise bei einem anderen Kreditinstitut geführt wird, um sicher auszuschließen, dass der Einlagebetrag im Rahmen des Cash-Poolings an den Inferenten zurückfließt (vgl. *Theusinger* NZG 2009, 1017 (1018 f.); *Habersack* GWR 2009, 129 ff. m.w.N.; BeckOK GmbHG/*Ziemons* § 19 Rn. 257 f.; *Royla* Status Recht 2009, 188 ff.; vgl. auch *Goette* DStR 2006, 764 (767); *ders.* DStR 2007, 773 (775); zu Unrecht ablehnend *Strohn* DB 2014, 1535 (1538)). Unbedenklich ist es mit diesen Stimmen auch, wenn der Kapitalerhöhungsbetrag auf dem Sonderkonto für **operative Zwecke** der Gesellschaft verwendet wird, auch wenn dadurch mittelbar das in den Cash-Pool einbezogene Konto der Gesellschaft entlastet wird.

74 Vorsichtige Stimmen empfehlen – in erster Linie mit Blick auf das Problem der verdeckten Sacheinlage –, die GmbH für einen Zeitraum von sechs bis zwölf Monaten aus dem Cash-Management-System auszuschließen (vgl. *Bormann/Urlichs* DStR 2009, 641 (644)). Begründet wird dies damit, dass der BGH in der«Rheinmöve«-Entscheidung (BGH, Urt. vom 18.02.2008, II ZR 132/06, NZG 2008, 425 (427)) hervorgehoben hat, dass es für die Annahme einer verdeckten Sacheinlage keiner dinglichen Identität zwischen Einlage und rückgewährten Mitteln bedürfe, sondern eine (regelmäßig kraft zeitlichen Zusammenhangs unwiderleglich vermutete) Abrede genüge. Der letztgenannten Auffassung ist entgegenzuhalten, dass die Institute der verdeckten Sacheinlage und des Hin- und Herzahlens nicht jeden Leistungsaustausch zwischen Gesellschaft und Inferenten im Zusammenhang mit einer Kapitalerhöhung unterbinden wollen (vgl. *Theusinger* NZG 2009, 1017 (1019); *Komo* BB 2011, 2307 (2312); in diese Richtung auch BGH, Urt. vom 16.02.2009, II ZR 120/07, NZG 2009, 463 (465) – »Quivive«). Die Ausführungen des BGH in der »Rheinmöve«-Entscheidung beziehen sich ausschließlich auf die Sonderkonstellation einer bereits geplanten Auflösung des Sonderkontos mit Rückfluss der Mittel an den Inferenten; nicht die Nutzung eines Sonderkontos als solches, sondern die Abrede der alsbaldigen Auflösung des Sonderkontos rechtfertigt die Qualifikation als verdeckte Sacheinlage.

Zur Absicherung sollte das Sonderkonto gleichwohl, sofern möglich, ausschließlich für konzern- 75
externe operative Zwecke verwendet werden, so dass es erst gar nicht zu einem Rückfluss an die Muttergesellschaft und andere verbundene Unternehmen kommt. Ferner sollte eine entsprechende Dokumentation vorgehalten werden. Werden diese Kautelen beachtet, ist auch eine Vereinbarung einer Leistung an den Gesellschafter i.S.d. § 19 Abs. 5 GmbHG nach zutreffender Auffassung ausgeschlossen.

Als Alternative zu einem Sonderkonto wird auch vorgeschlagen, im Cash-Pool durch Festschrei- 76
bung eines entsprechenden Zielsaldos eine **Sockelliquidität** in Höhe des Kapitalerhöhungsbetrags vorzusehen (*Strohn* DB 2014, 1535 (1538); *Strohn/Simon* GmbHR 2010, 1181 (1183); *Willemsen/Rechel* BB 2009, 2215 (2220); vgl. auch kritisch, aber aus Vorsichtsgründen dieser Lösung zuneigend Beck'sches Holding Handbuch/*Mentz* Teil C Rn. 195; zur Sockelliquidität vgl. auch bereits oben G 6, Rdn. G 60 f.). Als Kapitalerhöhungsbetrag ist dabei richtigerweise die Höhe des Nennbetrags der neu übernommenen Geschäftsanteile ohne Berücksichtigung eines Aufgelds zu verstehen. Im wirtschaftlichen Ergebnis wird der Cash-Pool-Teilnehmer damit freilich hinsichtlich des Kapitalerhöhungsbetrags zur »Sparbüchse«.

Als weiteres Gestaltungsinstrument zur Vermeidung einer verdeckten Sacheinlage ist an eine vor- 77
herige »Glattstellung« eines bestehenden Soll-Saldos des Teilnehmers dergestalt zu denken, dass die entsprechende Forderung in eine freie **Kapitalrücklage** (§ 272 Abs. 2 Nr. 4 HGB) umgewandelt wird (ähnlich *Ekkenga* ZIP 2010, 2469 [2473]).

Schließlich ist daran zu denken, eine wirtschaftliche Personenidentität von Cash-Pool-Führer 78
und Inferenten bei der Kapitalerhöhung zu vermeiden (siehe auch *Komo* BB 2011, 2307 [2313]; Heckschen/Heidinger/*Heidinger/Berkefeld* GmbH in der Gestaltungs- und Beratungspraxis, Rn. 348; vgl. auch BGH, Urt. vom 20.07.2009, II ZR 273/07, NJW 2009, 3091 ff. – »Cash Pool II«). Hierzu ist erforderlich, dass auch bei formaler Personenverschiedenheit der Cash-Pool-Führer dem Inferenten nicht zugerechnet werden kann. Maßgeblich dürften – sofern es sich nicht ohnehin um einen gruppenfremden Dritten handelt – insoweit die Grundsätze sein, die der BGH in seiner »Gießerei«-Entscheidung für die gruppeninterne Zurechnung (Urt. vom 12.02.2007, II ZR 272/05, NZG 2007, 300 [301]) aufgestellt hat. Danach entfällt eine Zurechnung, wenn es sich bei dem Cash-Pool-Führer um eine Schwestergesellschaft des Inferenten handelt, an welcher der Inferent weder mittelbar noch unmittelbar beteiligt ist. Gleiches dürfte gelten, wenn es sich bei dem Cash-Pool-Führer um eine nicht-vertragskonzernierte AG handelt; denn in diesem Fall steht einer Zurechnung die Pflicht des Vorstands zur eigenverantwortlichen Leitung (§ 76 AktG) entgegen.

9. Die absteigenden und aufsteigenden Liquiditätstransfers werden in der Praxis regelmäßig in 79
eine laufende Rechnung (**Kontokorrent**, § 355 HGB) eingestellt, die über ein Konzernverrechnungskonto abgebildet wird. Häufig ist das Kontokorrent so ausgestaltet, dass erst mit dem (periodisch wiederkehrenden) Rechnungsabschluss die in das Kontokorrent eingestellten und bis dahin »gelähmten« Einzelansprüche durch einen Anspruch auf den Saldo ersetzt werden (Novation) und hierdurch auch in rechtlicher Hinsicht die Verrechnung vollzogen wird (bis dahin handelt es sich um einen reinen Postensaldo; zum Kontokorrent vgl. Baumbach/Hopt/*Hopt* § 355 Rn. 7 ff.). Im Muster ist das Kontokorrent als sog. Staffelkontokorrent vorgesehen, d.h. die **Verrechnung** erfolgt auch in rechtlicher Hinsicht bereits mit dem kontokorrentpflichtigen Vorgang und ändert **unmittelbar** den Saldoanspruch; eine übergangsweise »Lähmung« von Einzelansprüchen unterbleibt (zum Staffelkontokorrent vgl. Baumbach/Hopt/*Hopt* § 355 Rn. 8). Eine solch unmittelbare Wirkung dürfte häufig der Unternehmenspraxis bei sonstigen konzerninternen Verrechnungsvorgängen (z.B. im Rahmen eines Clearing) entsprechen, so dass sich eine Übernahme in den vorliegenden Kontext anbietet. Sie kann sich auch unter insolvenzrechtlichem Blickwinkel als vorzugswürdig darstellen (siehe hierzu nachfolgend Muster G 6 Rdn. G 81).

Absteigende Liquiditätstransfers, die in ein Kontokorrent eingestellt werden, unterliegen in ver- 80
schiedener Hinsicht einem gesteigerten Insolvenzrisiko. Seit Inkrafttreten des MoMiG besteht

schon insoweit ein »allgemeines« Insolvenzrisiko für **Gesellschafterdarlehen**, als das Institut der eigenkapitalersetzenden Gesellschafterdarlehen abgeschafft wurde und Gesellschafterdarlehen – unabhängig davon, ob sie in der Krise gewährt oder »stehen gelassen« wurden – der Insolvenzanfechtung unterliegen, sofern eine **Befriedigung im letzten Jahr** vor dem Antrag auf Eröffnung des Insolvenzverfahrens erfolgte (§ 135 Abs. 1 Nr. 2 i.V.m. § 39 Abs. 1 Nr. 5 InsO). Kommt es im letzten Jahr vor der Insolvenz zu einem mehrmaligen Hin- und Herzahlen, stellt sich die Frage, ob nur der insgesamt vom Teilnehmer rückgeführte Saldo der Insolvenzanfechtung unterliegt oder ob jede unterjährige Einzelrückführung gesondert der Anfechtung zugänglich ist. Letzteres würde zu einer potenziellen Multiplizierung der Insolvenzmasse führen und entgegen dem Schutzanliegen des Anfechtungsrechts (Vermeidung einer Gläubigerbenachteiligung) die Gläubiger besser stellen, als wenn das angefochtene Geschäft unterblieben wäre; richtigerweise kann daher nicht auf sämtliche Einzelrückführungen innerhalb des Jahreszeitraums abgestellt werden, sondern nur auf den Gesamtsaldo im Sinne einer Gesamtbetrachtung (ausdrücklich: Reul/Heckschen/Wienberg/*Heckschen* Insolvenzrecht in der Gestaltungspraxis, Rn. 1197; Michalski/*Dahl/Linnebrink,* Systematische Darstellung 6, Rn. 124; Uhlenbruck/*Hirte* InsO § 135 Rn. 12a; ähnlich Nerlich/Römermann/*Nerlich* InsO § 135 Rn. 45; für das »Staffeldarlehen« BGH, Urt. vom 07.03.2013, IX ZR 7/12, 07.03.2013, NZI 2013, 483 mit kritischer Anm. zur Übertragbarkeit auf das Cash-Pooling von *Bangha-Szabo;* kritisch auch Zahrte NZI 2010, 596 [597]; für einen Überblick zum Meinungsstand vgl. *Brinkmann* ZGR 2017, 708 [713 ff.]; *Reuter* NZI 2011, 921 ff.; *Göcke/Rittscher* DZWiR 2012, 355 [357]; zur strafrechtlichen Relevanz *Rönnau/Krezer* ZIP 2010, 2269 ff.). Mit der wohl h.M. steht der Anfechtbarkeit des (nach den vorstehenden Grundsätzen begrenzten) Gesellschafterdarlehens nach § 135 Abs. 1 Nr. 2 InsO das Bargeschäftsprivileg nach § 142 InsO entgegen (hierzu gleich nachfolgend Muster G 6 Rdn. G 81).

Ein zusätzliches gesteigertes Risiko in zeitlicher Hinsicht soll nach einer vereinzelt gebliebenen Äußerung in der Literatur (*Klinck/Gärtner* NZI 2008, 457 ff.) allerdings im Fall von Verrechnungsklauseln bestehen, da diese als **Sicherungsgewährung im Sinne von § 135 Abs. 1 Nr. 1 InsO** zu verstehen seien; nach dieser Vorschrift verlängert sich der anfechtungsgefährdete Zeitraum auf **zehn Jahre** vor dem Eröffnungsantrag (vgl. auch die Parallelregelung in § 6 AnfG, die relevant wird, wenn ein Insolvenzverfahren mangels Masse unterbleibt). Wegen Anfechtbarkeit der Sicherungsgewährung (Schaffung einer Verrechnungslage) verliere nach § 96 Abs. 1 Nr. 3 InsO die Verrechnung mit Verfahrenseröffnung ihre Wirksamkeit.

81 Zu Recht ist diese Auffassung – wenn auch mit unterschiedlichen Begründungen – auf einhellige Ablehnung gestoßen (vgl. Michalski/*Dahl/Linnebrink,* Systematische Darstellung 6, Rn. 122; *Göcke/Rittscher* DZWiR 2012, 355 (357); *Hamann* NZI 2008, 667 ff.; Beck´sches Holding Handbuch/*Mentz,* Teil C Rn. 246; *Reuter* NZI 2011, 921 (922 ff.); *Thole* ZInsO 2011, 1425 (1430); *Willemsen/Rechel* BB 2009, 2215 ff.). Zum einen wird man – sowohl im Kontext von § 135 Abs. 1 Nr. 1 InsO (Sicherungsgewährung) als auch im Kontext von § 135 Abs. 1 Nr. 2 InsO (Befriedigung) – mit guten Gründen das Bargeschäftsprivileg nach § 142 InsO für anwendbar halten dürfen, wonach Leistungen, für die der Insolvenzschuldner unmittelbar eine gleichwertige Gegenleistung erhält, nur im Fall der vorsätzlichen Gläubigerbenachteiligung anfechtbar sind (vgl. *Bitter* ZIP 2013, 1998 [1999]; *Hiebert* ZInsO 2016, 1679 [1680 ff.]; *Schubmann* GmbHR 2014, 519 [521 ff.]; *Thiessen* ZGR 2015, 396 [440 f.]; *Willemsen/Rechel* BB 2009, 2215 [2017 f.]; kritisch *Göcke/Rittscher* DZWiR 2012, 355 [356]; Reul/Heckschen/Wienberg/*Heckschen* Rn. 1197; a.A. Michalski/*Dahl/Linnebrink,* Systematische Darstellung 6, Rn. 122; Spliedt ZIP 2009, 149 [151]; Zahrte NZI 2010, 596 [597 f.]). Ferner wird man sich in diesem Zusammenhang auch auf die höchstrichterliche Rechtsprechung zu Bankkontokorrenten (vgl. BGH, Urt. vom 13.04.2006, IX ZR 158/05, NJW 2006, 2701; BGH, Urt. vom 17.06.2004, IX ZR 124/03, WM 2004, 1576; BGH, Urt. vom 07.03.2002, IX ZR 223/01, BB 2002, 960; so auch Beck´sches Holding Handbuch/*Mentz,* Teil C Rn. 237; *Reuter* NZI 2011, 921 (923); *Willemsen/Rechel* BB 2009, 2215 [2018 f.]) beziehen können. Dies gilt insbesondere dann, wenn – wie hier – der Anspruch auf die Cash-Pooling-Leistungen symmetrisch gestaltet ist (»Gleichwertigkeit«) und aufgrund des Staffelkontokorrents auch in zeitlicher Hinsicht ein besonders enger Zusammenhang zwischen den zur

Verrechnung stehenden Leistungen besteht (»Unmittelbarkeit«). Die Rechtsprechung zu Bankkontokorrenten legt ferner nahe, dass – Anfechtbarkeit unterstellt – allenfalls der Gesamtsaldo eingefordert werden kann (vgl. BGH, Urt. vom 15.11.2007, IX ZR 212/06, ZInsO 2008, 159).

Schließlich sprechen systematische und entstehungsgeschichtliche Überlegungen dagegen, in der Verrechnungsabrede eine Sicherungsgewährung zu erblicken. Die **Verrechnung** gewährt als Erfüllungssurrogat **Befriedigung** und unterfällt somit § 135 Abs. 1 Nr. 2 InsO; in Höhe der Verrechnung ist das Gesellschafterdarlehen bereits abgewickelt. Die vorgelagerte bloße Verrechnungsabrede im Wege einer formalen Differenzierung gleichwohl als Sicherungsgewährung i.S. § 135 Abs. 1 Nr. 1 InsO zu qualifizieren, würde den vorbeschriebenen Regelungszusammenhang auf den Kopf stellen (Michalski/*Dahl/Linnebrink*, Systematische Darstellung 6, Rn. 123; *Hamann* NZI 2008, 667 [669]; *Göcke/Rittscher* DZWiR 2012, 355 [357]; *Reuter* NZI 2011, 921 [923 f.]; *Willemsen/Rechel* BB 2009, 2215 [2219]). Dies gilt im Fall des vorliegenden Musters in besonderem Maße, da infolge der Ausgestaltung als Staffelkontokorrent die Erfüllungswirkung unmittelbar mit jeder Einzelbuchung und nicht erst durch Rechnungsabschluss zustande kommt, es also unmittelbar zur Tilgung des *downstream loans* kommt und nicht – im Sinne eines zwischengeschalteten »Sicherungsinstruments« – zur späteren gesonderten Verrechnung der Rückzahlungsforderung aus dem *downstream loan* mit einer Rückzahlungsforderung aus einem *upstream loan* (ähnlich Beck´sches Holding Handbuch/*Mentz* Teil C Rn. 248). Einzuräumen ist freilich, dass auf Grundlage der jüngsten BGH-Rechtsprechung aus dem Jahr 2013 zum Verhältnis von § 135 Abs. 1 Nr. 1 InsO und § 135 Abs. 1 Nr. 2 InsO (BGH, Urt. vom 18.07.2013, IX ZR 219/11, DStR 2013, 1900 [1901]) entgegen der bis dahin h.M. (Nachweise bei *Thiessen* ZGR 2015, 396 [433]) nicht mehr formal argumentiert werden kann, § 135 Abs. 1 Nr. 2 InsO sei lex specialis zu § 135 Abs. 1 Nr. 1 InsO, weshalb eine anfechtungssicher erfolgte Befriedigung eine Anfechtung wegen vorangegangener Besicherung von vornherein sperre. 82

Die Risiken, die sich aus einer (abzulehnenden) Anwendbarkeit vom § 135 Abs. 1 Nr. 1 und Nr. 2 InsO ergeben, lassen sich durch die (im Muster nicht vorgesehene) Vereinbarung eines insolvenzrechtlichen Nachrangs weiter reduzieren. Da eine solche Vereinbarung eine Rangstellung hinter den Gesellschafterdarlehen i.S. § 39 Abs. 1 Nr. 5 InsO begründet, ist § 135 InsO in diesem Fall nicht anwendbar (Beck´sches Holding Handbuch/*Mentz*, Teil C Rn. 235, 248; Uhlenbruck/*Hirte* InsO § 39 Rn. 52 ff.). Bei potenziell insolvenzgefährdeten Teilnehmern, die »cash-negativ« und sich damit in einer Netto-Nehmer-Position befinden, wird sich die vorsorgliche Aufnahme einer solchen Nachrangklausel empfehlen. Ferner wird die Auffassung vertreten, durch die Aufnahme von Kreditlimits für den Teilnehmer (vgl. Muster G 6, Rdn. G 56, § 5) lasse sich (sofern das Limit nicht überzogen wird) das Anfechtungsrisiko beitragsmäßig beschränken (*Zahrte* NZI 2010, 596 [598]; zum Maximal-Kreditrahmen vgl. auch weiter unten unter G 6, Rdn. G 92. 83

10. Nach herrschender Auffassung (vgl. BGH, Urt. vom 16.01.2006, II ZR 76/04, DStR 2006, 764 [765] m.w.N.; a.A. *K. Schmidt* DB 2009, 1972 [1974]) sind die einzelnen Liquiditätstransfers im Rahmen des Cash-Poolings als **Darlehen** i.S.v. § 488 BGB (bzw. als deren Rückführung) zu qualifizieren. Es soll klargestellt werden, dass es sich auch beim Saldo nach Verrechnung im Wege des Staffelkontokorrents um ein auf- bzw. absteigendes Darlehen handelt. 84

11. Andere Intervalle bei der **Anrechnungsperiode** sind möglich. Insoweit bietet sich zumeist eine Orientierung an der konkret gelebten Konzernpraxis bei anderen konzerninternen Verrechnungsvorgängen (z.B. Clearing) an. 85

12. Bis zum Inkrafttreten des MoMiG war die Anwendbarkeit der Vorschriften zur **Einlagenrückgewähr** (§§ 30 ff. GmbHG) auf Darlehen an Gesellschafter bzw. diesen zurechenbare Personen (aufsteigende Darlehen) hoch umstritten; der Fragenkreis wurde als eines der Haupthemmnisse für das Cash-Pooling wahrgenommen (vgl. für einen Überblick etwa *Altmeppen* ZIP 2006, 1025 ff.; zur Rechtslage bei der AG *Kiefner/Theusinger* NZG 2008, 801 ff.). Hauptauslöser der jahrelangen Kontroverse war die sog. November-Entscheidung des BGH aus dem Jahr 2003 (BGH, Urt. vom 24.11.2003, II ZR 171/01, NJW 2004, 1111), die weithin als »Abkehr von der bilanziellen 86

Betrachtungsweise« verstanden wurde. Zwischenzeitlich hat der BGH in der MPS-Entscheidung (BGH, Urt. vom 01.12.2008, II ZR 102/07, NZG 2009, 107 ff.) klargestellt, dass er an zentralen Aussagen seiner Rechtsprechung aus dem Jahr 2003 nicht mehr festhält.

87 Durch die Neufassung von § 30 GmbHG durch das MoMiG ist ausweislich der Gesetzesmaterialien die »bilanzielle Betrachtungsweise« (aufsteigendes Darlehen als bilanzneutraler Aktiventausch) bestätigt worden (vgl. RegBegr. MoMiG, BT-Drs. 16/6140, S. 41), denn das Auszahlungsverbot greift nicht, wenn eine Darlehensgewährung durch einen vollwertigen Rückgewähranspruch gedeckt ist (§ 30 Abs. 1 Satz 2 Var. 2 GmbHG). Die **Vollwertigkeit** bemisst sich nach h.M. im Grundsatz nach bilanziellen Maßstäben (vgl. Baumbach/Hueck/*Fastrich* § 30 Rn. 42). Sofern Vollwertigkeit bei Darlehensgewährung gegeben ist, scheidet – auch ohne Bestehen einer Sicherheit – ein Verstoß gegen das Verbot der Einlagenrückgewähr aus; ein nachträgliches Entfallen der Vollwertigkeit ist unter dem Gesichtspunkt der Einlagenrückgewähr nicht relevant (vgl. BegrRegE MoMiG BTDrs. 16/6140, S. 41; BGH, Urt. vom 01.12.2008, II ZR 102/07, NZG 2009, 107 [109] – »MPS«). Etwas anderes kann nach zutreffender Auffassung – die im Fall des Cash-Pooling naheliegt – freilich gelten, wenn später ein »**Stehenlassen**« vorliegt, das einer Neugewähr gleich zu stellen ist (vgl. *Altmeppen* ZIP 2009, 49 [54]; Beck´sches Holding Handbuch/*Mentz* Teil C Rn. 208; in diese Richtung wohl auch *Strohn* DB 2014, 1535 [1539]; a.A. wohl BegrRegE MoMiG BT-Drs. 16/6140, S. 41; gegen ein Stehenlassen als Neugewähr wohl auch BGH, Urt. vom 01.12.2008, II ZR 102/07, NZG 2009, 107 [109] – »MPS«; zur Beachtlichkeit von nachträglichen Bonitätsänderungen unter dem Gesichtspunkt der organschaftlichen Sorgfaltspflichten vgl. unten Muster G 6, Rdn. G 94 ff.). Bestehen bereits bei Darlehensgewährung Zweifel an der Vollwertigkeit, kann es sich empfehlen, einen Beherrschungs- oder Gewinnabführungsvertrag abzuschließen, um dem Verbot der Einlagenrückgewähr zu entgehen (§ 30 Abs. 1 Satz 1 Var. 1 GmbHG; zu möglichen gleichwohl gebotenen Einschränkungen mit Blick auf das Kapital- und Existenzschutzsystem des Vertragskonzerns, insbes. § 302 AktG analog, vgl. *Altmeppen* NZG 2010, 361 ff.).

88 Die Klausel in § 4 Abs. 7 des Musters G 6 bezieht sich auf den Fall, dass mit einem aufsteigenden Liquiditätstransfer (unbeabsichtigt) mangels Vollwertigkeit gegen § 30 Abs. 1 GmbHG verstoßen wird. Sie soll als ausdrückliche **erweiterte Erfüllungsbestimmung** dazu dienen, etwaige Rückzahlungsansprüche gem. § 31 GmbHG dadurch »automatisch« zu erfüllen, dass späteren absteigenden Liquiditätstransfers auf das Teilnehmerkonto auch insoweit Tilgungswirkung beigemessen wird.

89 In der Sache bestehen Parallelen zur Frage einer erweiterten Erfüllungsbestimmung bei der Kapitalerhöhung. Dort hat der BGH für den Fall, dass die Bareinlage dem Inferenten als Darlehen sogleich wieder zurückfließt (Hin- und Herzahlen, das dem Erlöschen der Bareinlageverpflichtung entgegensteht), anerkannt, dass die spätere Darlehensrückführung durch den Inferenten zugleich grundsätzlich auch als Tilgung der Bareinlagepflicht zu verstehen ist (vgl. BGH, Urt. vom 21.11.2005, II ZR 140/04, NZG 2006, 24 [25]). Bezogen auf ein automatisiertes Cash-Pooling hat der BGH jedoch betont, dass mangels hinreichender Zuordnung der aufsteigenden Darlehen zur Einlageschuld bei der Darlehensrückführung nicht von einer konkludenten Tilgungsabrede ausgegangen werden könne (vgl. BGH, Urt. vom 16.01.2006, II ZR 76/04, DStR 2006, 764 [767]). Vor diesem Hintergrund ist im Muster mit Blick auf etwaige Ansprüche aus § 31 GmbHG eine *ausdrückliche* erweiterte Erfüllungsbestimmung vorgesehen.

90 **13.** Die Ausnahme stellt sicher, dass nur aufsteigende Darlehen und Darlehen an Schwestergesellschaften (»*Sidestream-Loans*«) erfasst werden, nicht jedoch absteigende Darlehen an Tochterunternehmen des Teilnehmers. Nach einigen Stellungnahmen in der Literatur (*Burgard* AG 2006, 527 ff.; Ulmer/Habersack/Löbbe/*Habersack* § 30 Rn. 77) sollen allerdings auch auf Veranlassung der Konzernspitze ausgereichte Darlehen an direkte und indirekte Tochtergesellschaften der Untergesellschaft §§ 30, 31 GmbHG unterfallen und somit einer Gewährung an die Konzernspitze selbst gleich geachtet werden.

Diese Auffassung, zu welcher der BGH – soweit ersichtlich – noch nicht Stellung genommen hat und welche die Zweiteilung von aufsteigenden und absteigenden Darlehen im Konzern nivelliert, überzeugt nicht und sollte daher abgelehnt werden (z.B. Beck´sches Holding Handbuch/*Mentz*, Teil C Rn. 213; wohl auch Michalski/*Heidinger* § 30 Rn. 181 – nur bei Veranlassung). Richtigerweise wird eine zurechnungsbegründende »Veranlassung« bei einer GmbH allenfalls bei Vorliegen eines Weisungsbeschlusses in Betracht kommen (so wohl auch Rowedder/Schmidt-Leithoff/*Pentz* § 30 Rn. 133). Zudem wird eine Veranlassung der Konzernspitze gegenüber der GmbH, sich entgegen §§ 30, 31 GmbHG zugunsten der eigenen (100 %-igen) Tochtergesellschaft zu schädigen, nur in den seltensten Fällen angenommen werden können (vgl. *Altmeppen* FS Kropff, 641 [654]; vgl. auch zur umgekehrten Fragestellung, ob aufsteigende Darlehen zugleich auch als Gesellschafterdarlehen qualifiziert werden können, *Gehle* DB 2010, 1051 ff.). 91

14. Durch die Festlegung von **Maximal-Kreditrahmen** lassen sich die Risiken quantitativ eingrenzen. Hieran kann insbesondere aus Sicht von Teilnehmern mit einer starken Netto-Geber-Position ein Interesse bestehen. Wird der Maximal-Kreditrahmen überzogen, kann – ohne dass es einer Kündigung bedürfte – die sofortige Rückführung des Überziehungsbetrags verlangt werden (vgl. Muster G 6, Rdn. G 56, § 6); Liquiditätstransfers, die zu einem Überschreiten des Rahmens führen würden, dürfen unterbleiben. Zur Funktion eines Maximal-Kreditrahmens des Teilnehmers mit Blick auf die Anfechtungsrisiken bei Gesellschafterdarlehen siehe oben unter Muster G 6, Rdn. G 83. 92

Zum Schutz der Liquiditätsinteressen des Teilnehmers sieht das Muster vor, eine Reduzierung des Kreditrahmens des Teilnehmers nur mit dessen Einverständnis zuzulassen. 93

15. Die rechtliche Selbstständigkeit der Teilnehmerunternehmen bedingt es, dass die wirtschaftliche Sinnhaftigkeit des Cash-Poolings nicht nur durch ein überwölbendes Konzerninteresse oder das Interesse der Konzernspitze unterlegt sein muss, sondern auch durch ein Interesse des Teilnehmers (vgl. hierzu stellvertretend MünchKomm GmbH/*Liebscher*, Anh. zu § 13, Rn. 425 ff.), das Richtschnur für die **Sorgfaltspflichten der Tochter-Geschäftsführung** gem. § 43 GmbHG ist. Dieser Maßstab kann durch eine Reihe von Kriterien erfüllt werden (Laufzeit, Sicherheiten, Informations- und Frühwarnsystem etc.). Im Vordergrund dürfte allerdings die **Verzinsung** stehen (für einen Überblick zum Meinungsstand vgl. auch Michalski/*Heidinger* § 30 Rn. 201 ff.). 94

Teils wird vertreten, im Rahmen eines typischen Cash-Poolings sei eine Verzinsung entbehrlich, wenn und soweit die Darlehensgewährung nur kurzfristig (d.h. für weniger als ein Jahr) erfolge (vgl. *Altmeppen* NZG 2010, 401 (404) m.w.N.). Zutreffend hieran ist, dass für die Frage der Deckung durch einen vollwertigen Rückzahlungsanspruch i.S. § 30 Abs. 1 Satz 2 Var. 2 GmbHG bei kurzfristigen Darlehen keine Abzinsung des Rückzahlungsanspruchs erforderlich ist (so auch *Kiefner/Theusinger* NZG 2008, 801 [804] m.w.N.; *Rothley/Weinberger* NZG 2010, 1001 [1005 ff.] m.w.N.). Teilweise wird – entgegen der vom MoMiG verfolgten bilanziellen Betrachtungsweise – vertreten, dass auch nach Inkrafttreten des MoMiG der Verzicht auf eine Verzinsung eine eigenständige Auszahlung i.S. § 30 Abs. 1 GmbHG darstellen könne (Baumbach/Hueck/*Fastrich* § 30 Rn. 34 m.w.N.). Bedeutung gewinnt die Frage nach der Verzinsung in jedem Fall unter dem Blickwinkel der allgemeinen Geschäftsleiterpflichten. Befindet sich etwa ein Teilnehmer auch bei unterjähriger Betrachtung in einer klaren Netto-Geber-Position, spricht einiges dafür, eine Verzinsung zu vereinbaren. Auch aus steuerlichen Gründen (Vermeidung von verdeckten Gewinnausschüttungen bzw. verdeckten Einlagen insbesondere im grenzüberschreitenden Kontext, vgl. hierzu *Knebel/Sabel/Schmidt* IWB 2012, 735 [738 ff.]; *Scholz/Kaiser* IStR 2013, 54 ff.) wird sich eine angemessene Verzinsung empfehlen. Vorliegendes Muster geht von einer zeitlich unbegrenzten Fortschreibung des Kontokorrents und damit des Cash-Poolings aus, weshalb auch aus diesem Grund die Aufnahme einer Zinsregelung in die Konditionenvereinbarung vorgesehen ist. 95

96 Bei isolierter Betrachtung dürfte sich in der Regel eine Gestaltung der Zinskonditionen empfehlen, wonach der Teilnehmer geringere Soll-Zinsen zahlen muss als bei einer vergleichbaren alternativen Mittelaufnahme von einer Bank. Der Cash-Pool-Führer wird in der Regel in der Lage sein, solche Konditionen zu gewähren, denn für ihn steht im Vordergrund, nicht geringere Zinserträge zu erwirtschaften als bei einer vergleichbaren alternativen Mittelanlage bei einer Bank. Bezüglich der Haben-Zinsen, die ein Teilnehmer erhält, sollte ein Aufschlag angesetzt werden, der die potenziell geringere Bonität des Cash-Pool-Führers reflektiert (für weitere Einzelheiten zu den anzutreffenden Preismodellen und der Frage, wie der Gewinn eines Cash-Pools steuerrechtlich zuzuordnen ist, vgl. *Scholz/Kaiser* IStR 2013, 54 ff.).

97 **16.** Aus den allgemeinen Sorgfaltspflichten der Verwaltung des Teilnehmers folgt die Notwendigkeit eines **Informations- und Überwachungssystems** zur fortlaufenden Überprüfung der Bonität und Liquidität des Cash-Pools, was insbesondere der Früherkennung von **existenzgefährdenden Risiken** dient (vgl. *Willemsen/Rechel* BB 2009, 2215 [2220]; *dies.* GmbHR 2010, 349 [351 f.]; allgemein für aufsteigende Darlehen BGH, Urt. vom 01.12.2008, II ZR 102/07, NZG 2009, 107 [109] – »MPS«); teilweise wird das Erfordernis eines solchen Systems auch als Annex zur Vollwertigkeitsprüfung im Sinne von § 30 Abs. 1 Satz 2 Var. 2 GmbHG verstanden (in diese Richtung Roth/Altmeppen/*Altmeppen* § 30 Rn. 141 ff. m.w.N.; Lutter/Hommelhoff/*Hommelhoff* § 30 Rn. 40; *Erne* GWR 2010, 314 [315 f.] m.w.N.). Die Geschäftsführung von Teilnehmern, die Netto-Geber sind, soll in die Lage versetzt werden, zu erkennen und zu unterbinden, wenn fortlaufende Liquiditätsabflüsse mangels Bonität des Cash-Pool-Führers die Fähigkeit des Teilnehmers zur Begleichung seiner eigenen Verbindlichkeiten gefährdet (zu den strafrechtlichen Konsequenzen eines existenzvernichtenden Liquiditätsabzugs zulasten eines Netto-Gebers vgl. BGH, Urt. vom 17.09.2001, II ZR 178/99, NJW 2001, 3622 – »Bremer Vulkan«; zur Insolvenzverschleppungshaftung des Konzernvorstands wegen Zahlungen von Tochtergesellschaften in den Cash-Pool vgl. OLG Düsseldorf, Urt. vom 20.12.2013, I-17 U 51/12, GmbHR 2015, 303 – »Babcock Borsig«). Ein gesteigertes Informationsinteresse der Tochter-Geschäftsführung folgt schließlich auch aus dem durch das MoMiG neu geschaffenen Haftungstatbestand des § 64 Satz 3 GmbHG, wonach nicht nur Zahlungen bei bereits bestehender Zahlungsunfähigkeit, sondern auch Zahlungen, welche die Zahlungsunfähigkeit erst herbeiführen, ersatzpflichtig sind, wenn dieser Effekt unter Beachtung der Sorgfalt eines ordentlichen Geschäftsmannes erkennbar war (vgl. *Willemsen/Rechel* GmbHR 2010, 349 [352]). Dieses spezifisch liquiditätsbezogene Haftungsrisiko erfordert es, in das Überwachungssystem auch Informationen über die Liquidität des Pools und der Teilnehmer einzuspeisen.

98 Der Umfang der Informationspflichten hängt im Einzelnen von den konkreten Umständen ab (für einen Überblick vgl. z.B. Beck´sches Holding Handbuch/*Mentz* Teil C Rn. 278 ff.; *Vetter/Stadler* Rn. 196 ff.); maßgeblich ist, dass ein hinreichend enger und substanzreicher Informationsfluss gegeben ist, der eine Bonitäts- und Liquiditätseinschätzung ermöglicht. Das benötigte Informationsniveau kann z.B. herabgesetzt sein, wenn die Konzernspitze börsennotiert ist und zahlreiche Informationen ohnehin zeitnah zu veröffentlichen sind. Je nach Detaillierungsgrad der Informationen kann auch ein Interesse der Konzernspitze an einer Vertraulichkeitsverpflichtung der Teilnehmer bestehen; bei börsennotierten Konzernen können auch insiderrechtliche Überlegungen eine Rolle spielen. Ist die Unternehmensgruppe zu einem erheblichen Teil fremdfinanziert, kann sich auch eine Anknüpfung an das Unter- oder Überschreiten bestimmter Kennzifferschwellen anbieten, die in den Konsortialkreditverträgen festgeschrieben sind und dort bestimmte Eskalationsmechanismen in Gang setzen (vgl. auch Beck´sches Holding Handbuch/*Mentz* Teil C Rn. 280).

99 Üblicherweise gelten die Informationsrechte des Teilnehmers spiegelbildlich auch für den Cash-Pool-Führer. Hierfür besteht in der Praxis zumindest nicht gleichermaßen ein zwingendes Bedürfnis, da aufgrund der Konzernhierarchie der aufsteigende Informationsfluss oft bereits gegeben ist. Doch ist es auch insoweit sinnvoll, eine vertragliche Grundlage zu schaffen.

Die Informationspflichten dürfen schließlich nicht isoliert gesehen werden; wichtig sind die Konsequenzen (**Kündigungsrechte** oder Aussetzungsrechte), die sich an das Vorliegen bestimmter mitteilungspflichtiger Vorgänge knüpfen bzw. bei Verstoß gegen die Informationspflichten eingreifen. Ist die Unternehmensgruppe zu einem wesentlichen Teil fremdfinanziert, können die Parteien des Cash-Pools mit dem Verlangen der Konsortialbanken konfrontiert sein, die Kündigungsmöglichkeiten im Cash-Pool dergestalt auszugestalten, dass die Begleichung der konzernexternen Verbindlichkeiten gegenüber den Banken im wirtschaftlichen Ergebnis vorrangig vor der Begleichung der konzerninternen Verbindlichkeiten aus dem Cash-Pool erfolgt; unter dem Blickwinkel der Haftungsrisiken für die Geschäftsführung der teilnehmenden Tochtergesellschaften sollte hier Zurückhaltung geübt werden (vgl. hierzu *Jansen* FS Hommelhoff, 495 [500 f.]). 100

17. Das Muster sieht eine **ordentliche Kündigungsmöglichkeit** mit einer Frist von zwei Monaten zum Quartalsende vor; längere oder kürzere Kündigungsfristen sind jedoch möglich. Denkbar ist auch, auf eine Frist vollständig zu verzichten; einer gesonderten außerordentlichen Kündigungsmöglichkeit bedarf es dann nicht mehr. Auch wenn das Bestehen einer jederzeitigen sofortigen Kündigungsmöglichkeit sich im Fall des Zusammentreffens mit einer Kapitalerhöhung bei einem Teilnehmer ggf. als vorteilhaft erweisen kann (vgl. § 19 Abs. 5 GmbHG sowie Muster G 6, Rdn. G 66 ff.), wird eine solche Gestaltung in der Praxis zumeist als unangemessen empfunden (*Royla* Status Recht 2009, 188 ff.; zum Zusammentreffen mit einer Kapitalerhöhung vgl. weiterführend oben Muster G 6, Rdn. G 69). 101

18. Die **außerordentliche** (d.h. fristlose) **Kündigung** ermöglicht es den Parteien, die ausstehenden Beträge auf dem Verrechnungskonto sofort fällig zu stellen und von weiteren Liquiditätstransfers Abstand zu nehmen, sobald Hinweise auf die fehlende Werthaltigkeit eines Cash-Pool-Guthabens bestehen. Die konkrete Ausgestaltung der Kündigungsgründe ist vom Einzelfall abhängig. Die vereinbarten Kündigungsgründe flankieren das gesetzliche außerordentliche Kündigungsrecht nach § 490 Abs. 1 BGB. Das außerordentliche Kündigungsrecht kann auch Bedeutung erlangen, wenn jenseits des Zero-Balancing eine sofortige Rückführung von abgeführter Liquidität erforderlich ist, um eine andernfalls eintretende Zahlungsunfähigkeit eines Teilnehmers zu verhindern (zur Feststellung der Zahlungsunfähigkeit im Kontext des Cash-Pooling vgl. *Göcke/Rittscher* DZWiR 2012, 355 [358 f.]; *Saenger/Koch* GmbHR 2010, 113 ff.). 102

Ergänzend zur Kündigung kann bei Vorliegen der Kündigungsgründe auch die Möglichkeit der Aussetzung des Cash-Poolings vereinbart werden (vgl. hierzu auch *Strohn/Simon* GmbHR 2010, 1181 (1184); *Willemsen/Rechel* BB 2009, 2215 [2220]). Eine Aussetzung hat den Vorzug, dass die vertragliche Beziehung nicht vollständig beendet, sondern vorübergehend zum »Ruhen« gebracht wird; allerdings muss auch hier die Möglichkeit bestehen, einen ausstehenden Saldo sofort abzuziehen. Denkbar ist auch eine »Abwendungsbefugnis« des Kündigungsgegners durch Einräumung werthaltiger **Sicherheiten**. Vorgeschlagen wird in diesem Zusammenhang schließlich, in den Cash-Pool-Vertrag das Versprechen eines Kreditinstituts aufzunehmen, dem Teilnehmer auf dessen Anforderung eine nach Umfang und Zeitdauer begrenzte Kreditlinie zu eröffnen, damit der Teilnehmer den Ausfall der gruppeninternen Liquiditätsversorgung überbrücken und ein eigenes Versorgungssystem aufbauen kann (Lutter/Hommelhoff/*Hommelhoff* § 30 Rn. 41). 103

19. Nach der Vermutungsregelung des § 127 Abs. 2 BGB ist die Schriftform kraft Parteivereinbarung auch im Fall einer telekommunikativen Übermittlung – hierzu zählt auch E-Mail – gewahrt. Soll – wie im Muster – die Übermittlung auf Brief und Fax beschränkt werden, empfiehlt sich zur Klarstellung eine ausdrückliche Entkräftung der Vermutung. 104

20. In der Praxis werden die Liquiditätstransfers zwischen den Teilnehmerkonten und dem Zielkonto sehr häufig »automatisiert« vorgenommen (»**Automatic Balancing**«) und zu diesem Zweck eine gesonderte Vereinbarung mit der administrierenden Bank geschlossen (vgl. hierzu bereits oben die Vorbemerkung Muster G 6, Rdn. G 50 ff.). 105

21. Die administrierende Bank bedingt sich in der Vereinbarung häufig aus, dass die Teilnehmer wechselseitig für einen Soll-Saldo bei der Bank haften. Hintergrund ist, dass aufgrund des Cash- 106

Poolings das Kreditausfallrisiko der Bank insofern steigt, als der Bank nur noch *ein* Schuldner (in der Regel der Cash-Pool-Führer) gegenüber steht. Eine Besicherung durch Haftungsübernahme ist soweit sachgerecht, wie der einzelne Teilnehmer vom Cash-Pooling auch profitiert. Vor dem Hintergrund des Problemkreises um **aufsteigende Sicherheiten** (zu denen häufig auch Sicherheiten zugunsten Schwestergesellschaften zu rechnen sind; vgl. für einen Überblick *Kiefner/Bochum* NZG 2017, 1292 ff.; *Komo* GmbHR 2010, 230 ff.; zur AG *Kiefner/Theusinger* NZG 2008, 801 ff.) empfiehlt sich festzuschreiben, dass im Verhältnis zur Bank nur Haftungszusagen eingegangen werden, die im Innenverhältnis der Gruppenunternehmen mit den Vorschriften zur Kapitalerhaltung und Existenzsicherung vereinbar sind (für den Ausschluss jeglicher Besicherung, die über das eigene Soll-Saldo eines Teilnehmers hinausgeht (*Weitzel/Socher* ZIP 2010, 1069 [1070]).

107 **22.** Siehe Muster G 6, Rdn. G 104.

7. Genussscheinbedingungen mit Wandlungsrechten

Vorbemerkung

108 Das Genussrecht wird vom Gesetz zwar an verschiedenen Stellen erwähnt (etwa in § 221 Abs. 3, 4 AktG, § 214 Abs. 1 Satz 1 Nr. 4 VAG, § 8 Abs. 3 Satz 2 KStG), eine Legaldefinition existiert aber nicht. Gemeinhin versteht man unter Genussrechten Vereinbarungen, durch die vermögensrechtliche Forderungen gegen die Gesellschaft begründet werden, die ähnlich wie die Vermögensrechte der Gesellschafter ausgestaltet oder sogar mit diesen identisch sind (*Hingst,* FS H.-B. Schäfer 2008, 635 (644)). Näherhin handelt es sich um schuldrechtliche Forderungen, die eine Beteiligung am Gewinn und/oder Liquidationserlös – ggf. spiegelbildlich in Kombination mit einer Beteiligung am Verlust und/oder Nachrangigkeit des Rückforderungsanspruchs – vorsehen, aber keine Mitgliedschaftsrechte begründen und daher bei wirtschaftlicher Betrachtung eine Zwischenstellung zwischen schuldrechtlichem Anspruch und Gesellschaftsbeteiligung einnehmen (Gottwald/*Drukarczyk/Schöntag* InsOHdb § 3 Rn. 121). Als Finanzierungsinstrumente ermöglichen Genussrechte die Beschaffung von neuem Kapital bei gleichzeitiger Wahrung der gesellschaftlichen Beteiligungsverhältnisse. Ihre Ausgabe erfolgt zwar typischerweise durch Aktiengesellschaften, ist aber – wenn auch praktisch seltener – ohne Weiteres auch bei der GmbH möglich (GroßKommGmbHG/*W. Müller* Anh. § 29 Rn. 1). Sind die Genussrechte verbrieft, so spricht man von Genuss*scheinen*. Die Genussscheinbedingungen regeln dabei, unter welchen Voraussetzungen der Genussschein emittiert wird. Genussrechte können für die Gesellschaft eine Reihe von Vorteilen bieten. Dazu zählen eine (ganz oder teilweise) nur ergebnisabhängige bzw. ergebnisorientierte Verzinsung, der Verbleib der Mitgliedschaftsrechte beim Unternehmer, die Senkung der Finanzierungskosten sowie – bei entsprechender vertraglicher Ausgestaltung – die Verbesserung der bilanzrechtlichen Eigenkapitalquote durch Ausweis als handelsrechtliches Eigenkapital bei gleichzeitiger steuerrechtlicher Abzugsfähigkeit der Ausschüttungen als Betriebsausgabe (vgl. *Hingst,* FS H.-B. Schäfer 2008, 635 (639 f.); Häger/Elkemann-Reusch/*von Alvensleben* Rn. 614 sowie im Einzelnen unten Muster G 7 (Rdn. G 124) und Muster G 7 (Rdn. G 128)). Wird das Genussrecht wie im nachfolgenden Muster G 7 mit einem Wandlungsrecht versehen, so besteht für den Genussrechtsinhaber die Möglichkeit, bei Vertragsende anstelle der Rückzahlung eine Umwandlung in eine Gesellschaftsbeteiligung zu verlangen.

109 Muster

Genussscheinbedingungen

§ 1 Genussrechtsausgabe [1]

(1) Gemäß § __________ ihrer Satzung und aufgrund des Gesellschafterbeschlusses [2] vom __________ gibt die Gesellschaft Genussrechte über eine Gesamtsumme von __________ € aus.

(2) Die Genussrechte werden verbrieft und lauten auf Namen. Ihre Übertragung ist nur mit vorheriger Zustimmung der Gesellschaft zulässig. Insgesamt werden ____________ Genussrechte ausgegeben, der Nennbetrag eines jeden Genussrechts beträgt ____________ €. [3]

(3) Die Gesellschaft führt ein Genussrechtsregister, in dem die Genussrechtsinhaber mit Namen, Anschrift, Zahl und Nennbetrag der Genussrechte sowie Kontoverbindung eingetragen werden. Eine Änderung der entsprechenden Daten hat der Genussrechtsinhaber der Gesellschaft unverzüglich mitzuteilen.

(4) Ein Bezugsrecht der Gesellschafter auf Genussrechte besteht nicht. [4]

§ 2 Ausschüttungen [5]

(1) Die Genussrechtsinhaber erhalten aus einem Jahresüberschuss der Gesellschaft eine gegenüber dem Gewinnanteil der Gesellschafter vorrangige feste Ausschüttung von ____________ % p.a. bezogen auf den Nennbetrag ihrer Genussrechte. Reicht der Jahresüberschuss nicht aus, um die Ausschüttungen zu bedienen, so ist der fehlende Betrag (vorbehaltlich des nachfolgenden Absatzes 5) aus in den folgenden Geschäftsjahren vorhandenen Jahresüberschüssen nachzuzahlen, ohne dass die Gesellschaft dadurch in Verzug gerät. Hierbei werden zunächst die Rückstände nach dem Zeitpunkt ihrer Entstehung (die älteren zuerst) bedient, sodann die letztfälligen Ausschüttungsansprüche. Die Nachzahlungspflicht endet mit Ablauf dieser Vereinbarung. Eine etwaige Nachzahlung für diese und für früher begebene Genussrechte erfolgt anteilig im Verhältnis der jeweiligen Ausschüttungsansprüche zueinander. Gleiches gilt für künftig von der Gesellschaft begebene Genussrechte, sofern deren Bedingungen einen entsprechenden Nachzahlungsanspruch vorsehen.

(2) Zudem erhalten die Genussrechtsinhaber eine variable Gewinnbeteiligung. Diese richtet sich nach dem Jahresüberschuss und beträgt ____________ % der Summe, die als Jahresüberschuss anteilig auf Geschäftsanteile mit einem dem Genussrecht entsprechenden Nennbetrag entfällt.

(3) Die Ausschüttungsberechtigung eines Genussrechtsinhabers nach Abs. 1 und Abs. 2 besteht erstmals (ggf. zeitanteilig) ab vollständigem Eingang des jeweils gezeichneten Genussrechtskapitals auf dem Gesellschaftskonto. Soweit Ausschüttungen für einen Zeitraum von weniger als einem Jahr zu gewähren sind, erfolgt die Berechnung auf Basis der tatsächlichen (ausschüttungsberechtigten) Anzahl von Tagen, geteilt durch die Gesamtzahl der Tage im jeweiligen Zinsjahr.

(4) Die Ausschüttungsansprüche entstehen mit Ablauf des jeweiligen Geschäftsjahres und werden jeweils binnen ____________ Monaten nach Ablauf des jeweiligen Geschäftsjahres fällig, der Anspruch auf Festverzinsung (Abs. 1) jedoch nicht vor Feststellung des Jahresabschlusses, die variable Gewinnbeteiligung (Abs. 2) nicht vor dem Gewinnverwendungsbeschluss der Gesellschafter. [6] Der Genussrechtsinhaber teilt der Gesellschaft schriftlich mit, auf welches Konto die Ausschüttungen erfolgen sollen. Jeder Genussrechtsinhaber kann von der Gesellschaft die Übersendung einer Kopie des Jahresabschlusses verlangen.

(5) Zahlungen nach dieser Vorschrift dürfen insoweit nicht erfolgen, als durch sie eine Situation entstünde, in der die Eigenmittel der Gesellschaft die gesetzlichen Anforderungen nicht mehr erfüllen. Dem widersprechende Ausschüttungen sind der Gesellschaft (unbeschadet entgegenstehender Vereinbarungen) zurückzugewähren.

(6) »Jahresüberschuss« im Sinne dieser Genussscheinbedingungen ist der Jahresüberschuss nach HGB vor Berücksichtigung der Ausschüttungsansprüche und vor

einer etwaigen Auffüllung der Rückzahlungsansprüche der Genussrechtsinhaber (§ 3 Abs. 2).

§ 3 Verlustteilnahme [7, 8]

(1) Weist die Gesellschaft einen Jahresfehlbetrag aus, so nimmt der Genussrechtsinhaber an den Verlusten teil, indem sich sein Rückzahlungsanspruch – ggf. in voller Höhe – reduziert. Der Rückzahlungsanspruch der Genussrechtsinhaber vermindert sich dabei insoweit, als zur Verlustdeckung ansonsten auf gesetzlich gegen Ausschüttungen besonders geschütztes Eigenkapital zurückgegriffen werden müsste. Die auf jeden einzelnen Genussrechtsinhaber entfallende Höhe der Verlustbeteiligung richtet sich nach dem Verhältnis des Nennbetrags seiner Genussrechte zur Gesamtsumme der ausgegebenen Genussrechte.

(2) Erzielt die Gesellschaft nach einer Verlustteilnahme in den folgenden Geschäftsjahren während der Laufzeit dieser Vereinbarung Jahresüberschüsse, so werden diese vorrangig zur (ggf. anteiligen) Auffüllung der Rückzahlungsansprüche der Genussrechtsinhaber bis zum Nennbetrag verwendet.

(3) »Jahresfehlbetrag« im Sinne dieser Genussscheinbedingungen ist der Jahresfehlbetrag nach HGB vor Berücksichtigung der Verlustteilnahme.

§ 4 Rechtsstellung der Genussrechtsinhaber [9, 10]

(1) Vorbehaltlich einer Umwandlung in eine Gesellschaftsbeteiligung nach § 10, gewähren die Genussrechte ausschließlich vermögensrechtliche Ansprüche, nicht hingegen Gesellschafterrechte. Insbesondere hat der Genussrechtsinhaber kein Stimmrecht und keine Teilnahme- bzw. Mitwirkungsrechte in den Gesellschafterversammlungen.

(2) Eine Beteiligung der Genussrechtsinhaber am Liquidationserlös erfolgt nicht. [11]

§ 5 Nachrangigkeit [12]

Die Forderungen aus den Genussrechten stehen im Rang nach den Forderungen sämtlicher anderer nicht nachrangiger Gläubiger der Gesellschaft. Im Fall der Liquidation oder Insolvenz der Gesellschaft erfolgt eine Befriedigung erst nach den Ansprüchen aller nicht nachrangigen Gläubiger, jedoch besteht ein Vorrang vor den Ansprüchen der Gesellschafter auf Rückzahlung ihrer Einlagen. § 39 Abs. 2 InsO findet Anwendung.

§ 6 Begebung neuer Genussrechte

Die Gesellschaft ist berechtigt, ohne Zustimmung der Genussrechtsinhaber weitere (verbriefte oder unverbriefte) Genussrechte oder andere gewinnabhängige Beteiligungen auszugeben. Die jeweiligen Ausschüttungsansprüche stehen in diesem Fall gleichrangig nebeneinander.

§ 7 Folgen bei Kapitalerhöhungen/Kapitalherabsetzungen [13]

(1) Wird das Stammkapital der Gesellschaft gegen Einlagen erhöht, so haben die Genussrechtsinhaber jeweils ein Bezugsrecht auf neue Genussscheine aus einem entsprechend zu erhöhenden Genusskapital. Im Fall einer Erhöhung des Stammkapitals aus Mitteln der Gesellschaft gilt § 57m Abs. 3 GmbHG.

(2) Im Fall einer Herabsetzung des Stammkapitals verringert sich das Genussrechtskapital entsprechend anteilig in dem Verhältnis, in dem das neue zum alten Stammkapital der Gesellschaft steht.

§ 8 Bestandsschutz

Der Bestand der Genussrechte wird durch eine Umwandlung, eine Verschmelzung, einen Formwechsel oder sonstige Veränderungen nach dem Umwandlungsgesetz nicht berührt.

§ 9 Laufzeit, Kündigung, Rückzahlung [14]

(1) Die Genussrechte haben eine Laufzeit von ___________ Jahren, befristet auf den ___________.

(2) Die ordentliche Kündigung vor Ablauf der Laufzeit ist ausgeschlossen. Das Recht zur außerordentlichen Kündigung aus wichtigem Grund (§ 314 BGB) bleibt unberührt.

(3) Mit Laufzeitende hat der jeweilige Genussrechtsinhaber (vorbehaltlich einer Verlustteilnahme nach § 3 und einer Umwandlung in eine Gesellschafterbeteiligung nach § 10) einen Anspruch auf Rückzahlung seines Genussrechtskapitals zum Nennbetrag. Zudem besteht ein zeitanteiliger Anspruch auf Ausschüttungen nach § 2. Der Rückzahlungsanspruch hinsichtlich des Genussrechtskapitals wird einen Monat nach Vertragsende fällig, für die Ausschüttungen gilt § 2 Abs. 4 entsprechend.

(4) Die Rückzahlung ist dadurch begrenzt, dass durch sie nicht eine Situation entstehen darf, in der die Eigenmittel der Gesellschaft die gesetzlichen Anforderungen nicht mehr erfüllen. Dem widersprechende Zahlungen sowie vorzeitige Rückzahlungen sind der Gesellschaft (unbeschadet entgegenstehender Vereinbarungen) zurückzugewähren.

§ 10 Wandlungsrecht [15]

(1) Anstelle einer Rückzahlung sind die Genussrechtsinhaber befugt, zum Ablauf dieser Vereinbarung die (vollständige oder teilweise) Umwandlung ihrer Genussrechte in Gesellschaftsanteile zu verlangen. Das Umwandlungsverhältnis beträgt 1:1, die Genussrechtsinhaber erhalten also Gesellschaftsanteile in Höhe des Nennwerts des jeweils gewandelten Genussrechtskapitals. Ist der eingebrachte Rückzahlungsanspruch nicht vollwertig, so reduziert sich die Höhe der zu beziehenden Geschäftsanteile entsprechend.

(2) Möchte ein Genussrechtsinhaber vom Wandlungsrecht Gebrauch machen, so hat er dies der Gesellschaft spätestens ___________ Wochen vor dem Ende der Laufzeit dieser Vereinbarung schriftlich mitzuteilen.

(3) Die Bedienung der Wandlungsrechte [16] erfolgt durch das mit Gesellschafterbeschluss vom ___________ ordnungsgemäß geschaffene, in § ___________ der Satzung der Gesellschaft ausschließlich zu diesem Zweck unter Ausschluss eines Bezugsrechts der Gesellschafter vorgesehene und im Handelsregister eingetragene genehmigte Kapital i.S.d. § 55a GmbHG in Höhe von insgesamt ___________ €. Das genehmigte Kapital wurde für einen Zeitraum von ___________ Jahren mit Ende am ___________ geschaffen und beinhaltet eine Ermächtigung zur Anteilsausgabe gegen Sacheinlagen.

(4) Der Geschäftsführer der Gesellschaft wird zu diesem Zweck binnen einer Frist von ___________ Wochen nach Laufzeitende das Stammkapital durch Ausgabe neuer Geschäftsanteile in der erforderlichen Höhe erhöhen. Reicht das genehmigte Kapital nicht zur Bedienung aller Wandlungsrechte aus, reduziert sich das Wandlungsrecht der Genussrechtsinhaber jeweils entsprechend anteilig.

§ 11 Schlussbestimmungen

(1) Sollte eine Bestimmung dieser Genussscheinbedingungen ganz oder teilweise unwirksam oder undurchführbar sein, so werden die Wirksamkeit und Durchführbarkeit aller übrigen Bestimmungen davon nicht berührt. Die unwirksame oder undurchführbare Bestimmung ist als durch eine wirksame und durchführbare Bestimmung ersetzt anzusehen, die dem wirtschaftlichen Zweck der unwirksamen oder undurchführbaren Bestimmung in rechtlich zulässiger Weise am nächsten kommt. Entsprechendes gilt im Falle einer vertraglichen Lücke.

(2) Diese Genussscheinbedingungen sowie alle sich daraus ergebenden Rechte und Pflichten unterliegen dem Recht der Bundesrepublik Deutschland.

(3) Erfüllungsort und ausschließlicher Gerichtsstand für alle Rechtsstreitigkeiten aus oder im Zusammenhang mit diesen Genussscheinbedingungen ist ________. Abweichende zwingende gesetzliche Zuständigkeiten bleiben unberührt.

Erläuterungen

Literatur: *Achleitner/von Einem/Schröder*, Private Debt – alternative Finanzierung für den Mittelstand, 2004, Kap. 10.3 (Genussrechte), Kap. 10.4 (Wandelanleihen/Optionsanleihen); *Becker*, Schadensersatzansprüche von Genussrechtsinhabern, NZG 2012, 1089–1093; *Bösl/Sommer*, Mezzanine Finanzierung, 2006, XII. (Genussrechte); *Bracht*, Schadensersatzansprüche von Genussrechtsinhabern wegen der Beteiligung an Verlusten der emittierenden Bank, WM 2012, 585–591; *Feddersen/Meyer-Landrut*, Mehr Rechtssicherheit für Genußscheine, ZGR 1993, 312–320; *Frentzen*, Genußscheine, 1993; *Golland/Gehlhaar/Grossmann/Eickhoff-Kley/Jänisch*, Mezzanine-Kapital, BB-Beil. 2005 Nr. 5, 1–31; *Große*, Bilanzielle Behandlung von Genussrechten bei Kapitalgesellschaften in Handels- und Steuerbilanz, DStR 2010, 1397–1400; *Häger/Elkemann-Reusch*, Mezzanine Finanzierungsinstrumente, 2. Auflage 2007, Teil 4: Genussrechte; *Hennrichs/Wilbrink*, Verlustbeteiligung von Genussscheinen und Schadensersatz, NZG 2014, 1168–1170; *Hingst*, What a Mezz! Funktionen und Erscheinungsformen von Mezzanine-Finanzierungen, in: Eger u.a., FS für Hans-Bernd Schäfer zum 65. Geburtstag, 2008, 635–647; *Hofert/Arends*, Mezzanine-Finanzierung der GmbH, GmbHR 2005, 1381–1386; *Kokemoor*, Aufsichtsrechtliche Anforderungen an Verlustteilnahmeregelungen bei KWG-Genussrechtskapital, WM 2009, 1637–1642; *Lutter*, Genußrechtsfragen – Besprechung der Entscheidungen BGH ZIP 1992, 1542 (Klöckner) und BGH ZIP 1992, 1728 (Bremer Bankverein), ZGR 1993, 291–311; *Maidl*, Die Wandelschuldverschreibung bei der GmbH, NZG 2006, 778–780; *Maerker/Ashrafnia*, Keine Sperrwirkung von § 10 Abs. 5 KWG a.F. bei Schadensersatzansprüchen von Genussscheininhabern, DB 2014, 2210–2212; *Meilicke*, Welchen Genuß gewährt der Genußschein? Eine Analyse einiger Genußscheinbedingungen, BB 1987, 1609–1614; *Paul/Stein/Kaltofen*, Auf die Größe kommt es an: Mittelstandsprivilegien im Rahmen von Basel III und die Auswirkungen auf die Kosten von Unternehmenskrediten, DStR 2013, 1849–1856; *Sethe*, Genussscheine mit Verlustbeteiligung an den Klippen des AGB-Rechts, WM 2012, 577–585; *Stöber*, Die Informationsrechte von Genussrechtsinhabern, NZG 2017, 1401–1407; *Stollenwerk/Piron*, Genussrechte – Flexibler Einsatz für Mezzanine-Kapital, GmbH-StB 2012, 150–154; *Verse/Wiersch*, Genussrechte nach vertraglicher Konzernierung des Emittenten, NZG 2014, 5–12; *Weitnauer*, Der Rangrücktritt – Welche Anforderungen gelten nach aktueller Rechtsprechung?, GWR 2012, 193–197; *Wengel*, Genussrechte im Rahmen der Bilanzanalyse, DStR 2000, 395–400; *H. Werner*, Mezzanine Kapital, 2. Auflage 2007, D (Genussrechte); *Ziebe*, Rechtsnatur und Ausgestaltung von Genußrechten, DStR 1991, 1594–1597.

110 **1.** Da das Recht der Genussscheinbedingungen gesetzlich weitestgehend ungeregelt ist, bestehen allgemein bei der Formulierung solcher Bedingungen weite **Gestaltungsspielräume**. Die konkrete Ausgestaltung orientiert sich vor allem an den verfolgten steuer- und bilanzrechtlichen Zielen (dazu Muster G 7 (Rdn. G 124 und Rdn. G 128 ff.)). Wird eine Mehrzahl einheitlich verfasster Bedingungen ausgegeben, so sind die Vorschriften zur AGB-Kontrolle nach §§ 305 ff. BGB zu berücksichtigen (näher GroßKommGmbHG/*W. Müller* Anh. § 29 Rn. 33; MünchKommGmbHG/*Ekkenga* § 29 GmbHG Rn 233; *Sethe* WM 2012, 577 ff.; vgl. auch OLG München v. 21.11.2013, BeckRS 2013, 22261; OLG Hamm v. 19.10.2010, BeckRS 2010, 28140). Deren Anwendung ist auch nicht nach § 310 Abs. 4 Satz 1 BGB ausgeschlossen, da es sich nicht um einen gesell-

schaftsrechtlichen Vertrag im Sinne dieser Vorschrift, sondern um schuldrechtliche Vereinbarungen handelt.

2. Allgemein ist streitig und noch nicht abschließend geklärt, ob die Geschäftsführer der GmbH für die Gewährung von Finanzierungsgenussrechten wegen der mit diesen verbundenen faktischen Beeinträchtigung des Gewinnrechts der Gesellschafter und der Gewinnverwendungskompetenz der Gesellschafterversammlung eines **Gesellschafterbeschlusses** oder gar einer **Ermächtigung in der Satzung** bedürfen, zumal eine Regelung wie § 221 Abs. 1, 3 AktG für die GmbH fehlt (dafür etwa: Baumbach/Hueck/*Fastrich* § 29 GmbHG Rn. 91; Roth/Altmeppen/*Roth* § 29 GmbHG Rn. 66; differenzierend MünchKommGmbHG/*Ekkenga* § 29 GmbHG Rn 234; Scholz/*Seibt* § 14 GmbHG Rn. 137 f. m.w.N.). Zur Sicherheit sollte ein Beschluss der Gesellschafterversammlung herbeigeführt werden (*Hofert/Arends* GmbHR 2005, 1381 (1383); *H. Werner* S. 81). Zwingend dürfte dies sein, wenn – wie im Muster G 7 vorgesehen – den Gesellschaftern kein Recht zum Bezug der Genussrechte zustehen soll und zusätzlich ein Umwandlungsrecht in Geschäftsanteile besteht, durch das Gesellschafterrechte potenziell betroffen sind. Soll das Umwandlungsrecht mittels eines genehmigten Kapitals bedient werden, so ist dies nach § 55a GmbHG ohnehin nur durch Satzungsermächtigung des Geschäftsführers möglich (dazu Muster G 7 (Rdn. G 132 ff.)). Schließlich gilt ein in der Satzung vorgesehener Zustimmungsvorbehalt für Darlehensaufnahmen auch für die Ausgabe von Genussrechten (GroßKommGmbHG/*W. Müller* Anh. § 29 Rn. 29). Überschießend erscheint es hingegen, für die Legitimation durch die Gesellschafterversammlung stets (also unabhängig von der Schaffung eines genehmigten Kapitals) eine Satzungsermächtigung (die zur Wirksamkeit der Eintragung im Handelsregister bedarf) zu verlangen, denn eine echte satzungsändernde Qualität i.S.d. §§ 53 f. GmbHG und der sog. »Supermarkt«-Rechtsprechung des BGH (BGH v. 24.10.1988, NJW 1989, 295 ff.) wird man nach zutreffender Auffassung allenfalls bei Sonderkonstellationen (z.B. Gewährung von Gründungsvorteilen, Entgelt für Nebenleistungen, gemischte Sacheinbringung) bejahen können (im Ergebnis wie hier Scholz/*Seibt* § 14 Rn. 137 f. m.w.N.). Dies lässt sich auch daran ablesen, dass das – im Grundsatz formalere – Aktienrecht für die Aktiengesellschaft eine Beschlussfassung außerhalb der Satzungsänderung genügen lässt (§ 221 AktG). Schließlich wird nach einer im Vordringen befindlichen Auffassung, der ein Großteil der Praxis folgt, auch für die – dem Genussrecht nicht unähnliche – stille Gesellschaft die satzungsändernde Qualität bzw. die Eintragungsbedürftigkeit verneint, obwohl das Aktienrecht hier (stille Gesellschaft als Teilgewinnabführungsvertrag i.S.v. § 292 Abs. 1 Nr. 2 AktG) eine Handelsregistereintragung vorsieht (vgl. BayObLG v. 18.02.2003, GmbHR 2003, 534 (535 f.) m.w.N; LG Darmstadt v. 24.08.2004, ZIP 2005, 402 (403 f.); jeweils m.w.N.). 111

3. Genussrechte können (müssen aber nicht) als Wertpapier ausgestaltet und in sog. Genussscheinen **verbrieft** werden. Diese können auf den Inhaber (Inhaberschuldverschreibung, §§ 793 ff. BGB) oder auf den Namen (dann Namensschuldverschreibung, Rectapapier) lauten oder Orderpapier sein (Scholz/*Seibt* § 14 GmbHG Rn. 148). Nicht unüblich ist die (auch im Fall einer Namensschuldverschreibung unter bestimmten Voraussetzungen mögliche, §§ 1 Abs. 1 Satz 2, 9a DepotG) Verbriefung in einer Sammelurkunde unter Ausschluss des Rechts auf Einzelverbriefung (*H. Werner* S. 81; allgemein etwa MüKo BGB/*Habersack* Vor § 793 Rn. 31, 33). 112

Sind die Genussrechte verbrieft, so richtet sich ihre Übertragbarkeit nach den Regeln des Wertpapierrechts (bei Inhaberpapieren nach §§ 929 ff. BGB, bei Orderpapieren durch Indossament (einschl. der Möglichkeit eines sog. Blankoindossaments), bei Namenspapieren – sofern sie nicht den Regeln des Giroeffektenverkehrs unterstellt werden – nach §§ 398 ff. BGB); bei fehlender Verbriefung erfolgt die Übertragung gemäß §§ 413, 398 BGB (*Ziebe* DStR 1991, 1594). Im Muster G 7 wird die Übertragung der (auf den Namen lautenden) Genussscheine im Interesse von Gesellschaft und vorhandenen Gesellschaftern von einer Zustimmung der Gesellschaft abhängig gemacht (sog. vinkulierte Genussscheine, vgl. *H. Werner* S. 86). Sollen die Genussrechte dagegen möglichst umlauffähig sein, so werden sie meist als Inhaberpapiere ausgestaltet. Durch die Ausgestaltung als Wertpapier wird die depotrechtliche Verwahrung als Global- bzw. Sammelurkunde 113 bei einer Wertpapiersammelbank (in Deutschland Clearstream Banking AG) und damit die Teilnahme am Giroeffektenverkehr möglich, was wiederum die **Kapitalmarktfähigkeit** (Zulassung zum Handel an einem organisierten Markt, Einbeziehung in den Freiverkehr) erhöht. Insbesondere bei **börsengehandelten** Genussscheinen ist es üblich, in die Genussscheinbedingungen noch Bestimmungen über Bekanntmachungen an die Genussscheininhaber sowie über die Modalitäten von Auszahlungen (Zahlstelle, Zahlungszeitpunkt) aufzunehmen.

114 Bei wertpapierrechtlicher Ausgestaltung als Genussschein unterfallen Genussrechte dem **Anwendungsbereich des SchVG 2009** (so jüngst BGH v. 22.03.2018, DB 2018, 1081 Rn. 15; ebenso schon Friedl/Hartwig-Jacob/*Hartwig-Jacob* SchVG, § 1 Rn. 29 m.w.N.; Preuße/*Preuße* SchVG, § 1 Rn. 20). In den Genussscheinbedingungen kann daher insbesondere gem. § 5 SchVG 2009 die Möglichkeit zu Mehrheitsbeschlüssen der Gläubiger und zu einer Bestellung eines gemeinsamen Vertreters vorgesehen werden.

115 **4.** Ob die GmbH-Gesellschafter (wie die Aktionäre einer Aktiengesellschaft, § 221 Abs. 4 AktG) ein **Bezugsrecht** auf Genussscheine haben, ist umstritten (dagegen die wohl h.M., MünchKommGmbHG/*Ekkenga* § 29 GmbHG Rn 234, Scholz/*Seibt* § 14 GmbHG Rn. 140 m.w.N.; dafür etwa Lutter/Hommelhoff/*Bayer* § 55 Rn. 53). Im Beschluss der Gesellschafter über die Gewährung der Genussrechte kann ein solches Recht ggf. vorsorglich ausgeschlossen werden (Häger/Elkemann-Reusch/*von Alvensleben* Rn. 656).

116 **5.** Die **Vergütung** des Genussrechtsinhabers können die Parteien frei gestalten. Sie kann ergebnisabhängig oder -unabhängig sein und eine feste Verzinsung, variable Ausschüttungen oder auch Mischformen vorsehen (*H. Werner* S. 83). Terminologisch etwas präziser wird bisweilen zwischen Gewinn*abhängigkeit* (feste Verzinsung, jedoch nur, soweit diese durch einen ausreichenden Gewinn unterlegt ist; sog. obligationsähnliches Genussrecht) und Gewinn*orientierung* (Höhe der Verzinsung bemisst sich unmittelbar nach dem Gewinnumfang, z.B. bestimmter Bruchteil) differenziert. Als Ergebnismaßstab können neben dem Jahresüberschuss bzw. Bilanzgewinn auch andere Größen wie beispielsweise (bei Konzerngesellschaften) der Konzerngewinn oder die Ergebnisse einer bestimmten Unternehmenssparte herangezogen werden (GroßKommGmbHG/*W. Müller* Anh. § 29 Rn. 2). Soweit mangels ausreichenden Gewinns die Vergütung ausfällt, kann deren Nachzahlung in den folgenden Geschäftsjahren vorgesehen werden. Auch hier sind die Gestaltungsspielräume erheblich. Schließlich ist denkbar, eine etwaige Verlustteilnahme des Genussrechts (siehe Muster G 7 (Rdn. G 120 f.)) auch dergestalt auf die Vergütungshöhe ausstrahlen zu lassen, dass eine Reduzierung des Rückzahlungsanspruchs sich auch auf die Vergütungshöhe auswirkt. Wird nach der Ausgabe von Genussrechten ein Beherrschungs- und Gewinnabführungsvertrag geschlossen, steht dem Genussrechtsinhaber nach dem Rechtsgedanken des § 304 Abs. 2 Satz 1 AktG ein fester Ausgleich zu, der sich nach den Ertragsaussichten der emittierenden Gesellschaft beim Abschluss des Beherrschungs- und Gewinnabführungsvertrages bemisst (BGH v. 28.05.2013, NZG 2013, 987 (990); dazu *Verse/Wiersch* NZG 2014, 5 ff.).

117 Häufig sind – ohne dass entsprechende Präzisierungen vorgenommen werden – Formulierungen anzutreffen, wonach die Vergütung »aus dem Jahresüberschuss« (oder »aus dem Bilanzgewinn«) erfolgen soll. Sehr häufig wird es sich hierbei genau genommen um hypothetische Größen handeln. Die Vergütung auf die Genussrechte entsteht meist zum Ende des Geschäftsjahres, nur die Fälligkeit ist aufgeschoben. Dementsprechend wird bei Anknüpfung an den »Jahresüberschuss« (oder den »Bilanzgewinn«) die Vergütung in der Gewinn- und Verlustrechnung – in der Regel als »Zinsen und ähnliche Aufwendungen« oder im Fall eigenkapitalqualifizierenden Genussrechtskapitals als gesonderter Ausweis innerhalb des Zinsergebnisses (»Vergütung für Genussrechtskapital«) – *vor* der Position »Jahresüberschuss« (bzw. »Bilanzgewinn«) abgebildet. Damit ist Anknüpfungspunkt für die Berechnung der Vergütung nicht der letztlich tatsächlich bilanziell ausgewiesene Jahresüberschuss (bzw. Bilanzgewinn), sondern der (hypothetische, vorläufige) Jahresüberschuss (bzw. Bilanzgewinn) vor Berücksichtigung der Genussrechtsvergütung. Zur Vermeidung von Missverständnissen ist dies im Muster G 7 klargestellt.

Eine Beteiligung am Liquidationserlös ist zwar ohne Weiteres möglich, empfiehlt sich aber aus steuerlichen Gründen – Behandlung als steuerliches Eigenkapitalgenussrecht bei Beteiligung sowohl am Gewinn als auch am Liquidationserlös – regelmäßig nicht (§ 8 Abs. 3 Satz 2 KStG; näher Muster G 7 (Rdn. G 128 ff.)). Sollen die Genussrechte in der Handelsbilanz als Eigenkapital ausgewiesen werden, so muss u.a. (wie im Muster) die Vergütung erfolgsabhängig sein und das Genussrechtskapital bis zur vollen Höhe an den Verlusten teilnehmen (näher Muster G 7 (Rdn. G 124)). Ist das Genussrecht an eine Größe des Jahresabschlusses geknüpft, so hat der Genussrechtsinhaber zwar auch ohne explizite Vereinbarung einen Anspruch auf dessen Aushändigung (GroßKommGmbHG/*W. Müller* Anh. § 29 Rn. 11). Zur Klarstellung sollte dies aber in den Genussscheinbedingungen festgehalten werden (§ 2 Abs. 4 des Musters G 7). 118

6. Die Feststellung des Jahresüberschusses bzw. der Beschluss über die Gewinnverwendung obliegt allein den **Gesellschaftern**, der Genussrechtsinhaber hat keinen Einfluss auf die Bilanzierung. Bestehende Bilanzierungswahlrechte bzw. Ermessensspielräume dürfen von der Gesellschaft grds. (vorbehaltlich der Annahme einer Treuepflichtverletzung in Ausnahmefällen) frei genutzt werden, auch wenn dies für den Genussrechtsinhaber nachteilig ist. Sofern allerdings die Gesellschafter den Jahresabschluss allein deshalb nicht feststellen, weil sie eine Bedienung des Genussrechtsinhabers verhindern wollen, greift § 162 Abs. 1 BGB ein. Zum Schutz des Genussrechtsinhabers kann es sich empfehlen, in den Genussscheinbedingungen die Bilanzierung und die Ausübung von Wahlrechten näher zu regeln (siehe zum Ganzen GroßKommGmbHG/*W. Müller* Anh. § 29 Rn. 15). 119

7. Eine **Verlustteilnahme** des Genussrechtsinhabers ist üblich und kann auf verschiedene Arten ausgestaltet werden. Vorliegendes Muster geht von einer laufenden Anpassung des Rückzahlungsanspruchs aus, wobei der Nennbetrag des Genussrechts grundsätzlich unverändert bleibt (siehe Muster G 7, § 9 Abs. 3 Satz 1). Alternativ kann etwa auch eine laufende Anpassung des Nennbetrags oder eine Deckelung des Rückzahlungsanspruchs erst im Zeitpunkt seiner Fälligkeit nach dem Laufzeitende (siehe Muster G 7, § 9 Abs. 3 Satz 3) vorgesehen werden. Schließlich kann die Höhe des Rückzahlungsanspruchs bzw. der Nennbetrag auch an das Stammkapital der Gesellschaft gekoppelt werden; dies dürfte freilich nicht ausreichen, damit die Gesellschaft die ausgegebenen Genussrechte als Eigenkapital ausweisen kann (näher Muster G 7 (Rdn. G 124 ff.)). Ist Bezugsgröße der Verlustteilnahme ein Bilanzverlust, so umfasst dieser Begriff sämtliche Verluste einschließlich solcher, die auf grob pflichtwidrigem Verhalten der Gesellschaftsorgane beruhen (BGH v. 29.04.2014, NZG 2014, 661 (663 f.); dazu *Hennrichs/Wilbrink* NZG 2014, 1168 (1169); *Maerker/Ashrafnia* DB 2014, 2210 (2211)). 120

8. Eine Verlustteilnahme wird regelmäßig in Verbindung mit einer sog. **Auffüllungsklausel** vereinbart. Im Zuge der Finanzkrise konnten jedoch viele Genussrechtsinhaber von solchen Klauseln nicht profitieren, wenn die Genussrechte von einer in Schwierigkeiten geratenen Bank ausgegeben worden waren. Insbesondere endete bzw. endet häufig die Laufzeit der Genussrechte (dazu Muster G 7 (Rdn. G 134)), bevor wieder Gewinne erzielt werden konnten bzw. können. In jüngerer Zeit werden daher Möglichkeiten für Genussrechtsinhaber diskutiert, Schadensersatzansprüche geltend zu machen. Dabei scheidet ein Rückgriff auf die sog. »Klöckner«-Rechtsprechung des BGH regelmäßig aus, weil nach dieser Rechtsprechung für einen Schadensersatzanspruch jedenfalls eine pflichtwidrige Überschreitung des satzungsmäßigen Unternehmensgegenstandes oder eine kaufmännisch schlechthin unseriöse und verantwortungslose Pflichtverletzung vorausgesetzt wird (BGH v. 05.10.1992, NJW 1993, 57 ff.; BGH v. 29.04.2014, NZG 2014, 661 ff.). Es bleibt daher zu empfehlen, einen Schutz der Genussrechtsinhaber bereits im Rahmen der vertraglichen Ausgestaltung der Genussscheinbedingungen zu suchen (näher *Bracht* WM 2012, 585 ff.; *Becker* NZG 2012, 1089 ff.; vgl. auch *Kokemoor* WM 2009, 1637 ff.). Eine mögliche Lösung könnte etwa darin liegen, die Auffüllung eines reduzierten Rückzahlungsanspruchs stets oder für bestimmte Fälle auch über das Laufzeitende hinaus zu vereinbaren. 121

9. Genussrechte gewähren ausschließlich **Forderungen**, nicht hingegen Mitgliedschaftsrechte. Diese können auch vertraglich nicht eingeräumt werden (BGH v. 05.10.1992, NJW 1993, 57 (59); *Lutter* ZGR 1993, 291 (294 f.)). Zulässig ist es aber, dem Genussrechtsinhaber schuldrecht- 122 lich einfache Informationsrechte oder auf satzungsmäßiger Grundlage das Recht zur passiven Teilnahme an der Gesellschafterversammlung zu gewähren (Scholz/*Seibt* § 14 Rn. 142). In der Praxis orientieren sich die vertraglich vorgesehenen Informationsrechte bisweilen an den Standards, wie sie in sonstigen größeren Finanzierungsverträgen gebräuchlich sind. Bei Fehlen vertraglich eingeräumter Informationsrechte kann der Genussrechtsinhaber nach neuerer Rechtsprechung des BGH ausnahmsweise einen Informationsanspruch aus den allgemeinen Regeln gemäß §§ 666, 681, 687 Abs. 2 BGB i.V.m. § 242 BGB haben (BGH v. 14.06.2016, NZG 2016, 983, 984; *Stöber,* NZG 2017, 1401, 1404). Das Fehlen von Mitgliedschaftsrechten schließt das Bestehen von Treuepflichten gegenüber dem Genussrechtsinhaber nicht per se aus (GroßKommGmbHG/*W. Müller* Anh. § 29 Rn. 4). Grundsätzlich ist der Informationsanspruch eines Genussrechtsinhabers indes auf die Vorlage des Jahresabschlusses nebst Anhang beschränkt (BGH v. 14.06.2016, NZG 2016, 983, 985; *Stöber,* NZG 2017, 1401, 1406).

123 **10.** Genussrechte zählen zu den mezzaninen Finanzierungsinstrumenten, die in der **HGB-Bilanz** der ausgebenden Gesellschaft als Fremd- oder Eigenkapital auszuweisen sein können (näher *Stollenwerk/Piron* GmbH-StB 2012, 150 ff.; *Große* DStR 2010, 1397 ff.).

124 Regelmäßig wird ein Ausweis als **Eigenkapital** angestrebt. Abgesehen von dem in der Praxis seltenen Fall, dass bereits kein Rückzahlungsanspruch des Genussrechtsinhabers besteht, ist ein Ausweis als Eigenkapital **in der Rechnungslegung nach HGB** nach der Stellungnahme 1/1994 des Hauptfachausschusses des Instituts der Wirtschaftsprüfer (IDW-Fachnachrichten 1994, 269–273) nur dann möglich, wenn folgende Bedingungen (kumulativ) erfüllt sind: (i) Nachrangigkeit des Rückzahlungsanspruchs, (ii) Erfolgsabhängigkeit der Vergütung, (iii) Teilnahme am Verlust bis zur vollen Höhe und (iv) Längerfristigkeit der Kapitalüberlassung (ausführlich zu den einzelnen Kriterien etwa *Wengel* DStR 2000, 395–400). Nachrangigkeit liegt vor, sofern der Rückzahlungsanspruch des Genussrechtsinhabers im Falle einer Insolvenz bzw. Liquidation der Gesellschaft erst nach allen anderen (nicht eigenkapitalgebenden) Gläubigern geltend gemacht werden kann; die Verteilung zwischen Genussrechtsinhabern und weiteren Eigenkapitalgebern ist dagegen unbeachtlich (siehe auch Muster G 7 (Rdn. G 132)). Erfolgsabhängigkeit setzt voraus, dass Vergütungszahlungen für das Genussrecht nicht aus Eigenkapitalbestandteilen geleistet werden, die gegen Ausschüttungen besonders geschützt sind (insbes. im Rahmen der Kapitalerhaltungsregeln). Eine erfolgsunabhängige Mindestverzinsung bzw. ein Anspruch auf spätere Nachholung nicht erfolgter Ausschüttungen (vgl. § 2 Abs. 1 des Musters G 7) stehen dem nicht entgegen, sofern diese Voraussetzung eingehalten ist (vgl. Häger/Elkemann-Reusch/*Häger/Nottmeier* Rn. 817). Verlustteilnahme erfordert, dass spätestens bei Rückzahlung das Genussrechtskapital insoweit an den aufgelaufenen Verlusten teilzunehmen hat, als diese von nicht ausschüttungsgesperrtem Eigenkapital nicht mehr getragen werden können (§ 3 des Musters G 7). Eine Verrechnung von Verlusten mit ausschüttungsgeschützten Eigenkapitalbestandteilen darf erst dann erfolgen, wenn das Genussrechtskapital zuvor durch Verlustverrechnung aufgebraucht wurde (IDW-Fachnachrichten 1994, 269 (270)). Eine Anerkennung als Ergänzungskapital im Sinne von Art. 63 CRR ist für Banken auch bei fehlender Übernahme laufender Verluste möglich (dazu *Paul/Stein/Kaltofen* DStR 2013, 1849 (1850)). Das Kriterium der Längerfristigkeit schließlich wurde vom IDW nicht näher bestimmt. Bei Banken (Art. 63 lit. g) CRR) und kleinen Versicherungsunternehmen (§ 214 Abs. 2 Satz 1 Nr. 3 VAG) ist eine Laufzeit von mindestens fünf Jahren nötig, was auch im Übrigen wohl überwiegend als erforderlicher Zeitraum angesehen wird (vgl. noch zu § 10 Abs. 5 KWG a.F. GroßKommGmbHG/*W. Müller* Anh. § 29 Rn. 38; *Wengel* DStR 2000, 395 (397); *Hofert/Arends* GmbHR 2005, 1381 (1384); a.A. etwa Beck'sches HdbGmbH/*Schwaiger* § 7 Rn. 235 (15 Jahre); gegen eine fristmäßige Bindung etwa *Lutter* DB 1993, 2441 (2444 f.)).

125 Ist das Genussrecht wie im Muster G 7 mit einer **Wandlungsmöglichkeit** versehen, so ist das für den Erwerb der Wandelrechte erzielte Aufgeld (Agio) als Kapitalrücklage einzustellen (vgl. § 272 Abs. 2 Nr. 2 HGB). Entsprechend ist der Gesamtausgabebetrag zu unterteilen in den Ausgabebetrag für die Genussrechte selbst und den Betrag für die Wandlungsrechte (HFA des IDW, IDW-Fachnachrichten 1994, 269 (272)).

Je nach Größe und (internationaler) Aufstellung einer GmbH bzw. eines GmbH-Konzerns kann auch eine Qualifikation nach **IFRS** relevant werden. Regelmäßig wird nach IAS 32.18 ff. Genussrechtskapital als Fremdkapital einzuordnen sein, nur unter sehr engen Voraussetzungen (u.a. unbeschränkte Laufzeit, sog. »*perpetuals*«, keine Rückforderungsmöglichkeit des Kapitalgebers bzw. Rückzahlungsverpflichtung des Kapitalnehmers) kommt eine Bilanzierung als Eigenkapital in Betracht (vgl. Haufe IFRS Kommentar/*Lüdenbach* § 20 Rn. 3 ff., 20 f.). 126

Zu beachten ist schließlich, dass die Verbesserung der Kreditwürdigkeit der Gesellschaft im Rahmen der Bonitätsbeurteilung durch Banken oder sonstige Kapitalgeber (etwa genussrechtsbasierte Finanzierungsplattformen mit mittelbarem Kapitalmarktzugang für den Mittelstand wie z.B. *PREPS – Preferred Pooled Shares* oder *Smart Mezzanine Profit Participation Agreements*) nicht zwingend eine handels-/steuerrechtliche Bilanzierung als Eigenkapital voraussetzt. Maßgeblich ist vielmehr das davon unabhängig zu ermittelnde sog. wirtschaftliche Eigenkapital (Bösl/Sommer/*Schneider* S. 188; Häger/Elkemann-Reusch/*von Alvensleben* Rn. 661), wobei insoweit insbes. der Kriterienkatalog des Arbeitskreises »Mittelstandsfinanzierung« der Initiative Finanzstandort Deutschland (IFD) von Bedeutung ist (vgl. *Hingst* FS H.-B. Schäfer 2008, 635 (640)). 127

11. In **steuerlicher** Hinsicht ist für die Körperschaftsteuer der Gesellschaft insbes. § 8 Abs. 3 Satz 2 KStG von Bedeutung. Danach mindern Ausschüttungen auf Genussrechte, mit denen (kumulativ) eine Beteiligung am Gewinn *und* am Liquidationserlös verbunden ist, das steuerpflichtige Einkommen der Gesellschaft nicht. Im Umkehrschluss blieben nach bisheriger Rechtsprechung des BFH die Ausschüttungen als steuermindernde Betriebsausgabe stets abzugsfähig, sofern der Genussrechtsinhaber nur an einem der beiden Posten (Gewinn *oder* Liquidationserlös) beteiligt wird (BFH v. 19.01.1994, DStR 1994, 651 f.). Nach neuerer Auffassung der obersten Finanzbehörden des Bundes und der Länder kann auf diesen Umkehrschluss nicht mehr rekurriert werden, und es gilt gemäß § 8 Abs. 3 Satz 1 KStG ein Abzugsverbot für Ausschüttungen auch dann, wenn das Genussrecht in der Steuerbilanz als Eigenkapital zu qualifizieren ist (OFD Nordrhein-Westfalen, Verfügung v. 12.05.2016, S 2742–2016/0009 – St 131, DB 2016, 1407; ablehnend Blümich/*Renger,* § 8 Rn. 194, 215; *Stegemann*, DStR 2016, 2151; *Hennrichs,* NZG 2016, 1255, 1257); hierfür sollen nach der Auffassung der obersten Finanzbehörden des Bundes und der Länder dieselben Kriterien gelten, die nach der Stellungnahme 1/1994 des Hauptfachausschusses des Instituts der Wirtschaftsprüfer für die Handelsbilanz aufgestellt worden sind (vgl. Rdn. G 124). Diese Sichtweise der Finanzbehörden ist neu (*Hennrichs,* NZG 2016, 1255, 1257 m.w.N.) und schränkt die Möglichkeiten ein, ein Genussrecht handelsbilanziell als Eigenkapital bei gleichzeitiger steuerlicher Abzugsfähigkeit auszugestalten. In der Praxis dürfte eine Beteiligung am Liquidationserlös auch künftig meist ausgeschlossen werden (§ 4 Abs. 2 des Musters G 7), um jedenfalls den Ausschluss der steuerlichen Abzugsfähigkeit nach § 8 Abs. 3 Satz 2 KStG zu vermeiden. Inwieweit diese Praxis sich ggf. ändern wird, wird maßgeblich davon abhängen, wie die Finanzgerichte sich zu der neuen Sichtweise der Finanzbehörden zur Eigenkapitalqualifikation und zur Nichtabzugsfähigkeit nach § 8 Abs. 3 Satz 1 künftig verhalten werden. Eine Beteiligung am Liquidationserlös nimmt die Finanzverwaltung auch dann an, wenn die Vertragslaufzeit 30 Jahre überschreitet oder eine Rückzahlung vor Liquidation nicht verlangt werden kann (vgl. BMF, Schreiben vom 08.12.1986, BB 1987, 667; *Ziebe* DStR 1991, 1594 (1596)). Die Einräumung des Rechts, die Genussrechte bei Ablauf in Gesellschafterbeteiligungen zu wandeln (§ 10 des Musters G 7), steht dabei einem Betriebsausgabenabzug grds. nicht entgegen. Etwas anderes gilt aber dann, wenn die Modalitäten des Wandlungsrechts so gestaltet sind, dass faktisch ein wirtschaftlicher Zwang zum Erwerb der Gesellschaftsrechte besteht und deshalb eine Beteiligung am Liquidationserlös anzunehmen ist (BMF, Schreiben vom 08.12.1986, BB 1987, 667 f.). 128

Sind die Ausschüttungen grds. steuerlich abzugsfähig, so werden sie allerdings nach § 8 Nr. 1a GewStG n.F. in gewerbesteuerrechtlicher Hinsicht auf der Ebene der emittierenden Gesellschaft teilweise wieder hinzugerechnet. Anders als nach bisheriger Rechtslage (§ 8 Nr. 1 GewStG a.F.) erfolgt eine Zurechnung dabei unabhängig davon, ob eine Dauerschuld der GmbH vorliegt, da- 129 für aber auch nur noch in Höhe von 25 % (anstelle von 50 % nach § 8 Nr. 1 GewStG a.F.; vgl. Beck'sches HdbGmbH/*Schwaiger* § 7 Rn. 247).

130 Wird das Genussrecht mit einer Wandlungsmöglichkeit versehen, so ist der für das Wandlungsrecht erzielte Ausgabeaufschlag steuerrechtlich ebenfalls als Einlage zu behandeln (vgl. Beck'scher BilKomm/*Winkeljohann/Hoffmann* § 272 HGB Rn. 220 f. für die Wandelschuldverschreibung, letztlich noch nicht entschieden (*Rau* DStR 2014, 2201), jedoch für Optionsanleihen BFH v. 30.11.2015 – I R 3/04, DStRE 2006, 259; a.A. Schmidt/Weber-Grellet/*Weber-Grellet* § 5 Rn. 270 »Anleihen« bei Nichtausübung; zur entsprechenden handelsbilanziellen Behandlung Muster G 7 (Rdn. G 125)).

131 Auf Seiten der Genussrechtsinhaber liegen Einkünfte aus Kapitalvermögen (§ 20 Abs. 1 Nr. 7, bei Beteiligung auch am Liquidationserlös § 20 Abs. 1 Nr. 1 EStG) vor (näher GroßKommGmbHG/*W. Müller* Anh. § 29 Rn. 44 f.; Beck'sches HdbGmbH/*Schwaiger* § 7 Rn. 250 ff., dort auch zur Kapitalertragsteuer- bzw. Abgeltungssteuerpflichtigkeit).

132 **12.** Üblicherweise enthalten Genussscheinbedingungen eine Nachrangklausel, die zur Schaffung von wirtschaftlichem Eigenkapital (siehe Muster G 7 (Rdn. G 124)) sowie zur Vermeidung einer bilanziellen Überschuldung dient (näher *Weitnauer* GWR 2012, 193). Vorliegendes Muster enthält einen sog. einfachen Nachrang – danach stehen die Forderungen aus den Genussrechten im Fall der Insolvenz bzw. Liquidation der Gesellschaft im Rang hinter den Forderungen aller anderen Gesellschaftsgläubiger, jedoch besteht ein Vorrang vor den Einlagerückzahlungsansprüchen der Gesellschafter. Davon zu unterscheiden ist ein sog. qualifizierter Nachrang – danach sind die Forderungen aus den Genussrechten zwar ebenfalls nachrangig gegenüber den Forderungen aller anderen Gesellschaftsgläubiger, jedoch gleichrangig mit den Gesellschafterforderungen. Die finale Ausgestaltung einer Nachrangklausel hängt stets von den im Einzelfall bezweckten bilanziellen, steuerlichen und insbesondere insolvenzrechtlichen Auswirkungen (Vermeidung eines insolvenzrechtlichen Überschuldungsstatus) ab und muss vor dem Hintergrund des dann aktuellen Stands von Rechtsprechung und Literatur erfolgen (jüngst BGH v. 05.03.2015, NJW 2015, 1672 ff.; dazu Muster G 9 (Rdn. G 181 ff.)).

133 **13.** Eine Erhöhung des Stammkapitals gegen Einlagen (ebenso wie die Ausgabe neuer, gleichrangiger Genussrechte) kann zu einer **Verwässerung** der gewinnabhängigen Vergütungsanteile der Genussrechtsinhaber führen (vgl. *Meilicke* BB 1987 1609 (1610)). Zu ihrem Schutz empfiehlt sich daher, ein Bezugsrecht auf neue Genussrechte aufzunehmen. Im Fall einer Kapitalerhöhung aus Gesellschaftsmitteln greift bereits § 57m Abs. 3 GmbHG ein, der eine automatische Anpassung vorsieht (Beck'sches HdbGmbH/*Schwaiger* § 7 Rn. 230). Wird umgekehrt das Stammkapital herabgesetzt, so wird häufig vereinbart, dass sich das Genussrechtskapital im gleichen Verhältnis mindert, um so eine ungerechtfertigte Verschiebung der Gewinnbeteiligung (vgl. § 3 Abs. 2 des Musters G 7) zugunsten der Genussrechtsinhaber zu verhindern (näher GroßKommGmbHG/*W. Müller* Anh. § 29 Rn. 20).

134 **14.** Die **Laufzeit** kann grds. frei gewählt werden. Gängig sind Laufzeiten zwischen fünf und zehn Jahren. Eine Dauer von mehr als dreißig Jahren ist aus steuerlichen Gründen zu vermeiden, da andernfalls die Finanzverwaltung von einer Beteiligung am Liquidationserlös ausgeht mit der Folge, dass die Ausschüttungen gem. § 8 Abs. 3 Satz 2 KStG nicht mehr als Betriebsausgaben abzugsfähig sind (näher Muster G 7 (Rdn. G 128)). Um eine handelsbilanzielle Einstufung als Eigenkapital zu erreichen, darf die Laufzeit aber auch nicht weniger als fünf Jahre betragen, was im Falle von Wandelgenussrechten, die mit genehmigtem Kapital bedient werden sollen, freilich mit der Grenze des § 55a Abs. 2 GmbHG kollidieren kann (vgl. Muster G 7 (Rdn. G 144)).

135 Das Recht zur außerordentlichen **Kündigung** aus wichtigem Grund (§ 314 BGB) ist beim Genussrecht als einem Dauerschuldnerverhältnis nicht abdingbar. Zum Schutz des Genussrechtsinhabers vor Beeinträchtigung seiner gewinnabhängigen Vergütungsbestandteile kann sich die Aufnahme einer Klausel empfehlen, wonach etwa im Falle des Abschlusses eines Gewinnabführungsvertrages durch die Gesellschaft ein Sonderkündigungsrecht besteht (vgl. *Meilicke* BB 1987, 1609 (1610)).

Bei Genussrechten mit langer Laufzeit ist es zudem nicht unüblich, ein außerordentliches Kündigungsrecht der Gesellschaft für den Fall zu vereinbaren, dass Rechtsvorschriften erlassen werden, die die steuerliche Abzugsfähigkeit der Ausschüttungen oder die Anerkennung der Genussrechte als Eigenkapital begrenzen (sog. »Angstklausel«, *H. Werner* S. 85). 136

Vorliegendes Muster sieht nicht vor, dass die Gesellschaft zur Sicherung des Rückzahlungsanspruchs **Sicherheiten** stellen muss. Ebenso kann freilich eine ausdrückliche Klarstellung in die Genussscheinbedingungen aufgenommen werden, wonach keine Sicherheiten gestellt werden. Soll hingegen der Rückzahlungsanspruch des Genussrechtsinhabers gesichert werden, kommen als Sicherungsmittel vor allem entsprechende Garantien oder – sofern der Kreis der Genussrechts- bzw. Genussscheininhaber sehr überschaubar ist – die Verpfändung von Anteilen der Gesellschaft (siehe auch Muster G 8) in Betracht. 137

15. Genussscheinbedingungen können mit einem **Wandlungsrecht** kombiniert werden. Der Genussrechtsinhaber erhält dabei die Befugnis, seinen Rückzahlungsanspruch (ganz oder teilweise) in eine Gesellschaftsbeteiligung umzuwandeln. Im Gegensatz zu einem Optionsrecht treten die zu beziehenden Anteile dabei nicht neben, sondern an die Stelle des Rückzahlungsanspruchs (vgl. *Hofert/Arends* GmbHR 2005, 1381 (1383)). Vorteile des Wandlungsrechts aus Gesellschaftssicht sind (u.a.) die Entlastung der Gesellschaft von der Rückzahlungsverbindlichkeit und ggf. die erleichterte Platzierbarkeit der Genussrechte. Auch wird sich die Einräumung eines Wandlungsrechts häufig in einer vergleichsweise niedrigen Genussrechtsvergütung niederschlagen, da der Genussrechtsinhaber durch das Wandlungsrecht die Aussicht auf die Vereinnahmung eines bis zur Ausübung des Wandlungsrechts eintretenden Wertanstiegs der Geschäftsanteile erhält (niedrigere Zinsbelastung als Optionsprämie). Die Wandlungsklausel sollte dabei insbes. die Modalitäten der Ausübung des Wandlungsrechts (wie die Ausübungsfrist und die Form der Ausübung), das Wandlungsverhältnis und die Bedienung der Wandlungsrechte regeln (vgl. auch Achleitner/von Einem/von Schröder/*von Schröder/Schmid*, Private Debt, Kap. 10.3.2. (S. 155 f.)). 138

Während herkömmliche Optionsrechte zumeist als aufschiebend bedingte Angebote zur Übertragung bzw. zum Erwerb von bestehenden oder künftigen Geschäftsanteilen ausgestaltet sind (derivativer Erwerb) und ihre Einräumung daher der notariellen Beurkundung bedarf (§ 15 Abs. 3, 4 GmbHG; vgl. Münchner HdbGmbH/*Jasper* § 24 Rn. 148, 145; MünchKommGmbHG/*Reichert/Weller* § 15 Rn. 93 ff.), modifiziert ein Wandlungsrecht lediglich den Rückzahlungsanspruch des Genussrechtsinhabers (vgl. *Golland/Gehlhaar/Grossmann/Eickhoff-Kley/Jänisch* BB-Beil. 2005 Nr. 13, 1 (22)). Mit der Befugnis, den Rückzahlungsanspruch in eine Gesellschaftsbeteiligung umzuwandeln, betrifft das Wandlungsrecht somit die Teilnahme an einer künftigen Kapitalmaßnahme (originärer Erwerb), die in der Regel bereits ihrerseits eine notarielle Beurkundungspflicht auslöst (vgl. Muster G 7 (Rdn. G 142)). Daher ist kein Grund ersichtlich, warum die Einräumung des Wandlungsrechts unter § 15 Abs. 4 GmbHG fallen sollte. Eine gesteigerte Formbedürftigkeit für die Einräumung des Wandlungsrechts folgt auch nicht aus § 55 Abs. 1 GmbHG, denn § 55 Abs. 1 GmbH schreibt mindestens die notarielle Beglaubigung nur und erst für die (im Wandlungsfall erforderliche) Übernahmeerklärung vor. Ferner liegt auch kein analog § 55 Abs. 1 GmbHG formbedürftiger Übernahmeverpflichtungsvertrag vor, da mit der Begebung der Genussscheine nur das Recht zur Wandlung, nicht aber eine Pflicht hierzu begründet wird. 139

16. Insbes. die Frage, wie die Wandlungsrechte im Ausübungsfall **bedient** werden, bereitet bei der GmbH gewisse Schwierigkeiten. Im Falle der AG wird insoweit in der Praxis regelmäßig sog. bedingtes Kapital nach §§ 192 Abs. 2 Nr. 1, 221 AktG geschaffen. Dieses bietet u.a. die Vorteile, dass die Kapitalerhöhung dann nur insoweit erfolgt, als von dem Bezugsrecht Gebrauch gemacht wird (§ 192 Abs. 1 AktG), der Berechtigte vor entgegenstehenden Hauptversammlungsbeschlüssen geschützt ist (§ 192 Abs. 4 AktG) und die Ausübung des Bezugsrechts durch schriftliche Bezugserklärung erfolgen kann (§ 198 AktG). Für die GmbH besteht diese Möglichkeit mangels entsprechender Regelungen nicht, und eine Bedienung durch Übertragung von bestehenden Geschäftsanteilen bzw. die Verpflichtung dazu bedarf der notariellen Beurkundung (§ 15 Abs. 3, 4 GmbHG; vgl. auch Achleitner/von Einem/von Schröder/*von Schröder/Schmid*, Private Debt, Kap. 10.4.3.2. 140

(S. 162). Bisher war für die GmbH insoweit eine dreiseitige Vereinbarung unter Einschluss auch der Gesellschafter erforderlich (Scholz/*Seibt* § 14 GmbHG Rn. 151).

141 Eine relativ neue Möglichkeit zur Bedienung der Wandlungsrechte besteht nun mit dem durch das MoMiG neu eingeführten **§ 55a GmbHG**, der die Schaffung von **genehmigtem Kapital** erlaubt (vgl. dazu in Bezug auf die Wandelanleihe *Weitnauer* BKR 2009, 18 (19)). Danach kann der Geschäftsführer in der Satzung für maximal fünf Jahre nach Eintragung ermächtigt werden, das Stammkapital bis zu einem bestimmten Nennbetrag durch Ausgabe neuer Anteile gegen Einlagen zu erhöhen, wobei das genehmigte Kapital maximal die Hälfte des Stammkapitals umfassen darf (§ 55a Abs. 1 GmbHG). Die Ausgabe der Anteile erfolgt dann alleine durch den oder die Geschäftsführer, die Gesellschafter müssen nicht mehr mitwirken (*Weitnauer* BKR 2009, 18 (19)). Zweifelhaft ist allerdings, inwieweit die Gesellschafter ggf. Weisungen erteilen können (so etwa Scholz/*Priester* § 55a GmbHG Rn. 19–22 m.w.N.; dagegen *Wicke* § 55a GmbHG Rn. 7 m.w.N.). Im Übrigen ist zu beachten, dass die Übernahme neuer Anteile durch Genussrechtsinhaber, die ihr Wandlungsrecht ausgeübt haben, zumindest der notariellen Beglaubigung bedarf (§ 55 Abs. 1 GmbHG).

142 Die entsprechende Ermächtigung in der Satzung kann den Geschäftsführern Vorgaben hinsichtlich ihrer Entscheidung über die Erhöhung machen und dabei insbes. auch einen bestimmten Zweck festlegen (Scholz/*Priester* § 55a GmbHG Rn. 18), um den Genussrechtsinhaber vor einer anderweitigen Verwendung des genehmigten Kapitals zu schützen (*Weitnauer* BKR 2009, 18 (19)). Die Ermächtigung bedarf der Satzungsänderung (vgl. § 55a Abs. 2 GmbHG), die wie auch sonst mit $^3/4$-Mehrheit zu beschließen, zu beurkunden (vgl. Muster G 7 (Rdn. G 139)) und einzutragen ist (§ 53 Abs. 2, § 54 GmbHG; vgl. *Priester* GmbHR 2008, 1177 (1178)). Es ist darauf zu achten, dass ein bestimmter Nennbetrag angegeben wird, der die Hälfte des Stammkapitals nicht überschreitet, und die Dauer der Ermächtigung festgelegt wird, die fünf Jahre nicht überschreiten darf (vgl. zu den Voraussetzungen der Schaffung eines genehmigten Kapitals die Muster F 21–F 26 mit Anmerkungen). Zudem empfiehlt es sich, in die Ermächtigung die Befugnis des Geschäftsführers zur Änderung der Stammkapitalziffer sowie einen Ausschluss des – auch im Fall einer Kapitalerhöhung durch genehmigtes Kapital grds. bestehenden – Bezugsrechts der Gesellschafter aufzunehmen (*Priester* GmbHR 2008, 1177 (1178 f. und 1181 f.)).

143 Zu beachten ist, dass die Einbringung des Rückzahlungsanspruchs eine **Sacheinlage** darstellt. Insoweit ist nach § 55a Abs. 3 GmbHG eine explizite Ermächtigung notwendig. Zudem kann die Umwandlung nur insoweit erfolgen, als der Rückzahlungsanspruch im Verhältnis zum Nennbetrag der zu gewährenden Geschäftsanteile werthaltig ist (vgl. Häger/Elkemann-Reusch/*von Alvensleben* Rn. 734; Gottwald/*Drukarczyk/Schöntag* InsOHdb § 3 Rn. 98).

144 Die dargestellte Möglichkeit der Bedienung der Wandlungsrechte durch genehmigtes Kapital nach § 55a GmbHG (vgl. Muster G 7 (Rdn. G 140 ff.)) birgt auch Risiken. So kann insbes. die (zeitlich vor oder mit Abschluss des Genussrechtsvertrages zu beschließende) Ermächtigung für die Geschäftsführer nur für maximal fünf Jahre erteilt werden, was einer – regelmäßig gewünschten – handelsbilanziellen Einordnung als Eigenkapital entgegenstehen kann, die eine »längerfristige« Überlassung verlangt (mindestens fünf Jahre; vgl. Muster G 7 (Rdn. G 124)). Auch sind die Gesellschafter weiterhin befugt, unter Einhaltung der Vorgaben des § 53 Abs. 2 GmbHG das genehmigte Kapital zu ändern. Möglich ist daher – wie vor Einführung des § 55a GmbHG empfohlen –, die Bedienung des Wandlungsrechts durch dreiseitige schuldrechtliche Vereinbarung unter Einbeziehung der Gesellschafter abzusichern. Insoweit kann entweder vereinbart werden, dass sich die Altgesellschafter verpflichten, bei Ausübung des Wandlungsrechts einer Kapitalerhöhung zuzustimmen, bei der die Darlehensforderung dann als Sacheinlage eingebracht wird. Oder die Altgesellschafter verpflichten sich (nach § 15 Abs. 4 GmbHG formbedürftig), bei Wandlung Teile ihrer Geschäftsanteile abzutreten (Scholz/*Seibt* § 14 GmbHG Rn. 151; Achleitner/von Einem/von Schröder/*von Schröder/Schmid*, Private Debt, Kap. 10.4.3.2 (S. 162); ausführlich zu den verschiedenen Gestaltungsmöglichkeiten *Maidl* NZG 2006, 778–780). Zum Schutz des Genussrechtsinhabers empfiehlt sich eine entsprechende Verankerung in der Satzung (Musterklausel bei Achleitner/von Einem/von Schröder/*von Schröder/Schmid*, Private Debt, Kap. 10.4.3.2 (S. 162 f.)).

8. Verpfändung eines Geschäftsanteils zu Finanzierungszwecken

Vorbemerkung

Anteile an einer GmbH können (ebenso wie Anteile an anderen Gesellschaften) verpfändet werden. 145
Es handelt sich um ein Rechtspfand, für das die Regelungen der §§ 1273 ff. i.V.m. §§ 1204 ff. BGB gelten. Die Anteilsverpfändung dient dabei als Mittel zur Besicherung von Forderungen gegen den Anteilsinhaber selbst oder gegen Dritte (insbes. die Gesellschaft, vgl. Scholz/*Seibt* § 15 GmbHG Rn. 172) und wird typischerweise bei kreditfinanzierten Unternehmensakquisitionen (zur Absicherung des Unternehmens-/Anteilskaufpreises) sowie bei der Vergabe von Krediten an die Gesellschaft eingesetzt (vgl. *Sieger/Hasselbach* GmbHR 1999, 633) oder auch bei Anteilsveräußerungen, bei denen die Kaufpreisforderung nicht sofort beglichen, sondern vom Veräußerer gestundet wird. Die Verpfändung selbst ist eine Verfügung. Das entstehende Pfandrecht stellt ein akzessorisches Sicherungsrecht dar, das in Entstehung und Untergang wie auch bezüglich der Übertragung (vgl. § 1250i.V.m. § 1273 Abs. 2 BGB) von der gesicherten Forderung abhängig ist. Gegenüber der (praktisch selteneren) (Sicherungs-)Abtretung eines Geschäftsanteils hat die bloße Verpfändung von Gesellschaftsanteilen den Vorteil, dass die Mitgliedschaftsrechte und -pflichten (vorbehaltlich eventueller Stimmbindungsabreden bzw. Vollmachten, dazu unten Muster G 8 (Rdn. G 161)) beim Gesellschafter (Sicherungsgeber) verbleiben, also kein Gesellschafterwechsel stattfindet und somit auch der Sicherungsnehmer nicht in die entsprechenden Pflichten einrückt (vgl. *Dahlbender* GmbH-StB 2005, 182 f.; *Rodewald* GmbHR 1995, 418; *Roth* ZGR 2000, 187 (219)). Dagegen wird bei der Abtretung der Zessionar »echter« Gesellschafter mit allen daraus resultierenden Pflichten (Vorschläge für die Gestaltung von Abtretungsverträgen finden sich etwa bei *Lohr* GmbH-StB 2012, 255). Im Gegensatz zum Nießbrauch oder der isolierten Abtretung der Gesellschaftergewinnansprüche ist der Zugriff des Pfandgläubigers nicht auf die Nutzungen beschränkt, sondern erfasst die Vermögenssubstanz des Anteils (vgl. *Kolkmann* MittRhNotK 1992, 1 (5 f.)). Bei der Ausgestaltung der Verpfändungsvereinbarung empfiehlt es sich, von den bestehenden gesetzlichen Gestaltungsspielräumen – wie im nachfolgenden Muster G 8 – Gebrauch zu machen und über die bloße Verpfändung hinaus weitere Einzelheiten (etwa zur Ausübung der Mitgliedschaftsrechte, zu Garantien des Verpfänders, zu den Gesellschafterrechten, zum Erlöschen und zur Verwertung des Pfandes) näher zu regeln.

Muster 146

Urkundenrolle Nr. __________

Verhandelt zu __________ am __________

Vor mir, dem Notar [Name, Anschrift], sind heute erschienen [1]:

1. Herr/Frau [Name, Anschrift, Geburtsdatum], handelnd im eigenen Namen (im Folgenden: der Verpfänder);

2. Herr/Frau [Name, Anschrift, Geburtsdatum], handelnd als Vertreter der __________ -Bank-AG (im Folgenden: die Pfandgläubigerin).

Die Erschienenen wiesen sich aus durch [Ausweisdokument]. Sie baten um die Beurkundung [2, 3] folgender

Vereinbarung über die Verpfändung von Anteilen an der __________ -GmbH.

Präambel

(1) Durch Kreditvertrag vom __________ (im Folgenden: der Kreditvertrag) hat die Pfandgläubigerin als Kreditgeberin dem Verpfänder als Kreditnehmer ein Darlehen in Höhe von __________ € gewährt.

(2) Der Verpfänder ist Gesellschafter der __________ -GmbH (im Folgenden: die Gesellschaft), eingetragen unter HRB __________ des Handelsregisters des Amtsgerichts __________, mit Sitz in __________. Das Stammkapital der Gesellschaft, das vollständig einbezahlt ist, beträgt __________ € und ist eingeteilt in Geschäftsanteile zu einem Nennbetrag von jeweils __________ €.

(3) Der Verpfänder hält an der Gesellschaft einen Geschäftsanteil mit einem Nennbetrag von __________ €, der in der Gesellschafterliste unter der Nummer __________ geführt wird (im Folgenden: der Geschäftsanteil). Der Geschäftsanteil ist bislang weder verpfändet noch sonstwie belastet. Weitere Gesellschafter sind __________ und __________.

(4) Der Gesellschaftsvertrag der Gesellschaft sieht keine besonderen, über die gesetzlichen Anforderungen hinausgehenden Voraussetzungen i.S.v. § 15 Abs. 5 GmbHG für die Abtretung oder Verpfändung von Geschäftsanteilen vor, insbesondere kein Zustimmungserfordernis der anderen Gesellschafter. [4]

(5) Dies vorausgeschickt, treffen die Parteien zur Besicherung der Ansprüche der Pfandgläubigerin aus dem Kreditvertrag die nachstehende Verpfändungsvereinbarung.

§ 1 Verpfändung der Geschäftsanteile und Umfang der Verpfändung

(1) Der Verpfänder verpfändet an die Pfandgläubigerin seinen in der Präambel bezeichneten Geschäftsanteil [5] **gemeinsam mit allen damit verbundenen Rechten und Forderungen (wie insbes. im nachfolgenden Abs. 2 beschrieben). Zudem verpfändet er alle Geschäftsanteile, die er künftig (insbes. durch Anteilskauf oder im Rahmen einer Kapitalerhöhung) an der Gesellschaft erwirbt (im Folgenden: die verpfändeten Geschäftsanteile). Die Pfandgläubigerin nimmt die Verpfändung an.**

(2) Von der Verpfändung umfasst sind neben den verpfändeten Geschäftsanteilen selbst auch alle gegenwärtigen und künftigen, einzeln übertragbaren Ansprüche und Vermögensrechte des Verpfänders gegen die Gesellschaft aus dem Gesellschaftsverhältnis (nicht aber Ansprüche aus Gesellschafterdarlehen oder sonstigen Verträgen, bei denen sich der Verpfänder und die Gesellschaft wie Dritte gegenüberstehen). Die vorstehend erklärte Verpfändung umfasst insbes. auch:

a) Bezugsrechte auf neue Geschäftsanteile;

b) sämtliche aus den Geschäftsanteilen erwachsenden, bestehenden und künftigen Ansprüche auf Erhalt von Gewinnausschüttungen und Dividenden; [6]

c) bestehende und künftige Ansprüche auf den Erhalt von Liquidationserlösen, auf zurückgezahltes Kapital im Falle von Kapitalherabsetzungen und auf Einziehungsentgelte, zudem jegliche Entschädigung bzw. Abfindungsleistung, die für das Ausscheiden des Verpfänders aus der Gesellschaft (insbes. durch Kündigung bzw. Austritt) gewährt wird, überschießende Beträge im Falle einer Preisgabe der verpfändeten Geschäftsanteile, Rückzahlungen für etwaige Nachschüsse [6.1]**; und**

d) alle anderen geldwerten Ansprüche im Zusammenhang mit den verpfändeten Geschäftsanteilen (insbes. auch solche aus aktuellen oder künftigen Beherrschungs- und/oder Gewinnabführungs- bzw. Teilgewinnabführungsverträgen).

(3) Kommt es zu einer Umwandlung der Gesellschaft, so setzt sich die Verpfändung an Anteilen an anderen Rechtsträgern fort, die der Verpfänder aufgrund der Umwandlung der Gesellschaft erwirbt. [6.1]

(4) Bis zum Eintritt der Pfandreife (§ 7 Abs. 1) bleibt der Verpfänder berechtigt, die Ansprüche auf Gewinnauszahlung, auf Dividenden, aus Gewinnabführungsverträgen sowie auf etwaige Abfindungsleistungen (ungeachtet deren Verpfändung) vollständig selbst geltend zu machen bzw. Zahlungen auf diese Ansprüche entgegenzunehmen. Die Pfandgläubigerin erteilt ihr Einverständnis zu einem solchen Forderungseinzug allein durch den Verpfänder.

§ 2 Gesicherte Forderungen [7]

(1) Die Verpfändung erfolgt zur Sicherung der Forderungen aus dem in der Präambel bezeichneten Kreditvertrag. Gesichert werden alle – auch künftigen – Ansprüche der Pfandgläubigerin gegen den Verpfänder, die aus dem Kreditvertrag resultieren (insbes. Ansprüche auf Darlehensrückzahlung und Verzinsung) oder mit diesem im Zusammenhang stehen (insbes. sämtliche Kosten, Gebühren und Auslagen der Pfandgläubigerin im Zusammenhang mit dem Kreditvertrag einschließlich etwaiger Vertragsstrafen) (im Folgenden: die gesicherten Forderungen). Maßgeblich ist der Kreditvertrag in der jeweils aktuellen Fassung.

(2) Zu den gesicherten Forderungen zählen auch deliktische und bereicherungsrechtliche Ansprüche der Pfandgläubigerin aus oder im Zusammenhang mit dem Kreditvertrag.

§ 3 Mitgliedschaftsrechte und Stimmrechtsausübung [8, 9]

(1) Die mit den verpfändeten Geschäftsanteilen verbundenen Stimmrechte und alle sonstigen Mitgliedschaftsrechte aus den verpfändeten Geschäftsanteilen einschließlich aller Verwaltungs-, Informations- und Kontrollrechte verbleiben (unbeschadet der Rechte der Pfandgläubigerin aus §§ 5, 6 dieser Vereinbarung) beim Verpfänder. Soweit sich aus dieser Vereinbarung nichts anderes ergibt, ist die Pfandgläubigerin nicht berechtigt, diese Rechte auszuüben.

(2) Der Verpfänder ist bis zur vollständigen Erfüllung aller gesicherten Forderungen verpflichtet, seine Stimmrechte, soweit rechtlich zulässig, so auszuüben, dass die Pfandrechte in ihrem rechtlichen Bestand und ihrer Durchsetzbarkeit nicht wesentlich beeinträchtigt und in ihrem Wert nicht wesentlich gemindert werden.

§ 4 Zusicherungen [10]

Der Verpfänder sichert der Pfandgläubigerin im Wege eines selbstständigen (verschuldensunabhängigen) Garantieversprechens zu, dass zum Zeitpunkt des Abschlusses dieser Vereinbarung

(1) die Gesellschaft ordnungsgemäß gegründet ist und rechtswirksam besteht, sie weder einem Insolvenzverfahren unterliegt noch die Eröffnung eines solchen Verfahrens mangels Masse abgewiesen wurde (§ 26 InsO) und auch keine Insolvenzantragspflichtigkeit der Gesellschaft nach §§ 17 bis 19 InsO besteht;

(2) der Geschäftsanteil voll eingezahlt ist, keine (offenen oder verdeckten) Rückzahlungen erfolgt sind und keine Nachschusspflichten bestehen und Einziehungs- oder Kaduzierungsbeschlüsse in Bezug auf den Geschäftsanteil nicht gefasst wurden;

(3) die Angaben nach Abs. 1 der Präambel (u.a. zur Gesellschaft, zum Gesellschaftsvertrag, zum Stammkapital, zur Eigenschaft des Verpfänders als Anteilsinhaber und zur Höhe des Geschäftsanteils) zutreffen;

(4) der Verpfänder alleiniger Inhaber des Geschäftsanteils und der übrigen verpfändeten Rechte ist, er über diese frei verfügen darf und insoweit auch keine anderweitigen Verfügungen vorgenommen hat, insbes. den Geschäftsanteil und die

übrigen verpfändeten Rechte nicht bereits an Dritte übertragen oder verpfändet oder sie belastet hat, und keine Rechte oder Ansprüche Dritter an ihnen bestehen; und

(5) sämtliche Eintragungen der Gesellschaft im Handelsregister vollständig und richtig sind.

§ 5 Informationspflichten des Verpfänders und Einsichtsrecht der Pfandgläubigerin [11]

Während der gesamten Laufzeit dieser Vereinbarung ist der Verpfänder gegenüber der Pfandgläubigerin dazu verpflichtet,

(1) die Pfandgläubigerin unverzüglich schriftlich über alle Umstände und Maßnahmen zu informieren, von denen vernünftigerweise anzunehmen ist, dass sie die Sicherheiten nach diesem Vertrag nicht unerheblich nachteilig beeinflussen können. Eine Informationspflicht besteht insbes. hinsichtlich aller Gesellschafterversammlungen, bei denen Beschlussfassungen beabsichtigt sind, die nicht unerhebliche nachteilige Auswirkungen auf das Sicherungsinteresse der Pfandgläubigerin haben können. Der Verpfänder wird der Pfandgläubigerin die entsprechenden Beschlussprotokolle unverzüglich zusenden;

(2) der Pfandgläubigerin unverzüglich schriftlich jede Änderung der Gesellschafter oder des Stammkapitals der Gesellschaft anzuzeigen und eine Kopie der jeweils aktuellen, beim Handelsregister hinterlegten Gesellschafterliste und Satzung zu übersenden;

(3) die Pfandgläubigerin unverzüglich schriftlich über jede Beeinträchtigung oder drohende Gefährdung ihrer Rechte an den verpfändeten Geschäftsanteilen oder den sonstigen verpfändeten Rechten durch Maßnahmen Dritter (insbes. durch Pfändung oder zwangsvollstreckungsrechtliche Überweisung oder Registrierung eines Widerspruchs in der Gesellschafterliste bezüglich der verpfändeten Geschäftsanteile) zu informieren. Die Anzeige erfolgt unter Übersendung von Dokumenten (in Kopie), aus denen hervorgeht, welche Maßnahmen getroffen wurden, und – auf Anforderung der Pfandgläubigerin – unter Beifügung aller zur Verteidigung gegen die Maßnahmen erforderlichen Schriftstücke; und

(4) der Pfandgläubigerin auf deren Verlangen alle zur Prüfung, Bewertung und Geltendmachung des Pfandrechts am Geschäftsanteil bzw. der mitverpfändeten sonstigen Ansprüche und Rechte erforderlichen Auskünfte, Nachweise und Urkunden zu geben. Die Pfandgläubigerin darf zu den genannten Zwecken unter angemessener Rücksichtnahme auf die Interessen des Verpfänders während der gewöhnlichen Geschäftszeiten Einsicht in diesbezügliche Unterlagen des Verpfänders nehmen.

§ 6 Sonstige Pflichten

Im Übrigen verpflichtet sich der Verpfänder, während der gesamten Laufzeit dieser Vereinbarung

(1) die verpfändeten Geschäftsanteile ohne vorherige schriftliche Zustimmung der Pfandgläubigerin nicht zu veräußern oder sonst darüber zu verfügen [12];

(2) Bar- bzw. Sacheinlagen in Bezug auf die verpfändeten Geschäftsanteile unverzüglich zu erbringen; und

(3) keine Maßnahmen oder Handlungen vorzunehmen, durch die die Rechte der Pfandgläubigerin in nachhaltiger Weise beeinträchtigt würden, insbes. die das Pfandrecht oder die verpfändeten Geschäftsanteile gefährden oder zum Untergang

dieser Rechte führen würden. Nicht ausgeschlossen sind Maßnahmen zur Umwandlung der Gesellschaft, sofern sich das Pfandrecht an den Geschäftsanteilen fortsetzt, die der Verpfänder infolge der Umwandlung erwirbt (siehe § 1 Abs. 3).

§ 7 Verwertung

(1) Mit Eintritt der Pfandreife ist die Pfandgläubigerin [13] befugt, die verpfändeten Geschäftsanteile (einschließlich der mitverpfändeten, bereits entstandenen Vermögensrechte) zu verwerten. Pfandreife liegt vor, wenn eine gesicherte Forderung (§ 2) fällig und zahlbar ist und der Verpfänder mit der Zahlung in Verzug ist. Abweichend von § 1277 Satz 1 BGB setzt die Verwertung einen vollstreckbaren Titel i.S.v. § 794 ZPO gegen den Verpfänder nicht voraus. [14]

(2) Die Verwertung erfolgt, soweit sie die verpfändeten Geschäftsanteile betrifft, durch öffentliche Versteigerung [15], wobei den Parteien unbenommen bleibt, nach Pfandreife eine andere Verwertungsabrede in zulässiger Form zu treffen. Im Übrigen (insbes. hinsichtlich der Ansprüche auf Gewinnauszahlung, Abfindung und Liquidationserlös) erfolgt die Verwertung nach Wahl der Pfandgläubigerin durch Einziehung oder Abtretung an Zahlungs Statt (§ 1282 BGB) oder in jeder anderen gesetzlich zulässigen Form.

(3) Die öffentliche Versteigerung der verpfändeten Geschäftsanteile kann an jedem beliebigen Ort in der Bundesrepublik Deutschland stattfinden, der von der Pfandgläubigerin festgelegt wird. Vor der Versteigerung hat die Pfandgläubigerin den Verpfänder schriftlich aufzufordern, seine Verbindlichkeiten innerhalb einer Frist von __________ Kalendertagen zu erfüllen, und ihn über ihre Absicht, nach Fristablauf durch öffentliche Versteigerung Befriedigung aus dem Pfand zu suchen, zu informieren. Die Versteigerung der verpfändeten Geschäftsanteile darf erst nach erfolglosem Fristablauf erfolgen. Sonstige Informationen oder Androhungen gegenüber dem Verpfänder (insbes. nach § 1234 BGB) sind nicht erforderlich.

(4) Der Verpfänder ist im Falle einer Verwertung verpflichtet, die Pfandgläubigerin nach Treu und Glauben bei der Verwertung zu unterstützen und ihr insbes. sämtliche für die Verwertung relevanten Informationen (insbes. soweit zur Bewertung der verpfändeten Geschäftsanteile erforderlich) auf Anfrage zur Verfügung zu stellen.

(5) Nach Verwertung der verpfändeten Sicherheiten wird die Pfandgläubigerin den Erlös zur Befriedigung der gesicherten Forderungen verwenden. Für die Tilgungsreihenfolge gilt § 367 Abs. 1 BGB entsprechend, d.h. zunächst werden die Kosten, dann die Zinsen und erst zuletzt die gesicherten Hauptforderungen getilgt. Ein etwaiger Übererlös wird nach Abzug aller Kosten an den Verpfänder ausgekehrt.

§ 8 Fortdauer der Pfandrechte, Freigabeverpflichtung, Unabhängigkeit von anderen Sicherheiten

(1) Diese Vereinbarung bleibt solange wirksam, bis die gesicherten Forderungen vollständig und endgültig befriedigt sind.

(2) Nach vollständiger und endgültiger Befriedigung aller durch diese Vereinbarung gesicherten Forderungen bestätigt die Pfandgläubigerin dem Verpfänder auf entsprechende Aufforderung hin unverzüglich schriftlich, dass sich die Verpfändung erledigt hat. [16]

(3) Diese Vereinbarung ist unabhängig von jeder anderen Sicherheit, die der Pfandgläubigerin im Hinblick auf die gesicherten Forderungen gewährt wird. Keine an-

dere Sicherheit soll diese Vereinbarung in irgendeiner Form beeinträchtigen oder von dieser Vereinbarung in irgendeiner Form beeinträchtigt werden.

§ 9 Notarkosten, Verpfändungsanzeige

(1) Die Kosten der Beurkundung dieser Vereinbarung (einschließlich ihrer Anlagen) trägt im Verhältnis zur Pfandgläubigerin der Verpfänder. [17]

(2) Der Notar wird der Gesellschaft, deren Anteile nach dieser Vereinbarung verpfändet wurden, die Verpfändung durch Übersendung einer beglaubigten Kopie dieser Urkunde zu Händen des Geschäftsführers der Gesellschaft gegen Empfangsbekenntnis anzeigen. [18]

§ 10 Schlussbestimmungen

(1) Sämtliche Inhalte dieser Vereinbarung sind vertraulich. Die Parteien verpflichten sich, soweit keine gesetzliche Verpflichtung zur Bekanntmachung bzw. Weitergabe von Informationen besteht, Stillschweigen über diese Vereinbarung sowie ihren Inhalt zu bewahren. Dies gilt nicht bei Zustimmung der jeweils anderen Partei zur entsprechenden Bekanntmachung/Informationsweitergabe.

(2) Diese Vereinbarung unterliegt dem Recht der Bundesrepublik Deutschland. [19]

(3) Ausschließlicher Gerichtsstand für alle aus oder im Zusammenhang mit dieser Vereinbarung entstehenden Streitigkeiten ist __________. Abweichende zwingende gesetzliche Zuständigkeiten bleiben unberührt.

(4) Ergänzungen, Änderungen und Nebenabreden zu sowie die Aufhebung von und der Verzicht auf Rechte aus dieser Vereinbarung (einschließlich der Aufhebung oder Änderung dieser Schriftformklausel) bedürfen der Schriftform, soweit kein strengeres Formerfordernis gesetzlich vorgeschrieben ist.

(5) Sollte eine Bestimmung dieser Vereinbarung ganz oder teilweise unwirksam oder undurchführbar sein oder die Vereinbarung eine Regelungslücke enthalten, so werden die Wirksamkeit und Durchsetzbarkeit aller übrigen Bestimmungen dieser Vereinbarung davon nicht berührt. Die unwirksame oder undurchführbare Bestimmung ist als durch eine wirksame und durchführbare Bestimmung ersetzt anzusehen, die dem von den Parteien mit der unwirksamen oder undurchführbaren Bestimmung verfolgten wirtschaftlichen Zweck am nächsten kommt. Entsprechendes gilt im Falle einer vertraglichen Lücke.

(6) Alle Mitteilungen im Zusammenhang mit dieser Vereinbarung bedürfen der Schriftform (einschließlich Telefax) und sind zu richten an:

für die Pfandgläubigerin: [Adresse], [Fax],

für den Verpfänder: [Adresse], [Fax]

oder an eine andere Adresse, die der Empfänger der jeweils anderen Partei mindestens __________ Tage vorab schriftlich mitgeteilt hat.

Vorstehende Niederschrift wurde den Erschienenen vom Notar vorgelesen, von ihnen genehmigt und sodann von ihnen und dem Notar wie folgt eigenhändig unterschrieben:

[Ort], den [Datum]

[Vertreter der Pfandgläubigerin] [20]

[Notar] [21]

Erläuterungen

Literatur: *Blumenthal*, Rechtswahlklauseln in notariellen Verträgen, BB 2014, 1612–1615; *Bruhns*, Verpfändung von GmbH-Anteilen in der Finanzierungspraxis, GmbHR 2006, 587–591; *Dahlbender*, Die Verpfändung eines GmbH-Geschäftsanteils – Formulierungsvorschläge zur Vertragsgestaltung, GmbH-StB 2005, 182–184; *ders.*, Verpfändung eines GmbH-Geschäftsanteils, GmbH-StB 2012, 386 f.; *Engelstädter/Lubberich*, Neues Kostenrecht: Erste Erkenntnisse aus der Anwendung des Gerichts- und Notarkostengesetzes im Bereich Gesellschaftsrecht und M&A, NZG 2014, 564–569; *Förl*, Die neue Teilbarkeit von Geschäftsanteilen – einfach (und) gut?, RNotZ 2008, 409–417; *ders.*, Die Absicherung von Neukonsorten in Share Pledge Agreements, RNotZ 2007, 433–455; *Fröhlich/Primaczenko*, Veräußerung und Belastung künftiger GmbH-Geschäftsanteile, NZG 2016, 133–136; *Hermanns*, Der Gesellschaftsanteil als Mittel der Kreditsicherung – Fragen für die notarielle Praxis, RNotZ 2012, 490–495; *Kampshoff*, Behandlung von Bankdarlehen in der Krise der GmbH, GmbHR 2010, 897–904; *Kiefner/Bochum*, Aufsteigende Sicherheiten bei GmbH und AG im Lichte der neuen Rechtsprechung des BGH zur Kapitalerhaltung, NZG 2017, 1292–1303; *Kiefner/Theusinger*, Aufsteigende Darlehen und Sicherheitenbegebung im Aktienrecht nach dem MoMiG, NGZ 2008, 801–806; *Kolkmann*, Die Verpfändung von Geschäftsanteilen und die Sicherung des Pfandrechts (Einziehung, Zusammenlegung, Auflösung), MittRhNotK 1992, 1–17; *Komo*, Vermeidung von Haftungsrisiken für Geschäftsführer bei Gewährung von Upstream Securities, GmbHR 2010, 230–236; *Leuering*, Die Verpfändung von GmbH-Geschäftsanteilen, NJW-Spezial 2005, 171 f.; *Leuschner*, Die Teilverpfändung von GmbH-Anteilen, WM 2005, 2161–2168; *Lux*, Eigenes Ablösungsrecht der Mitgesellschafter bei der Verpfändung von GmbH-Anteilen?, GmbHR 2003, 938–941; *Maier-Reimer/Webering*, Verwertung von Pfandrechten an Unternehmensbeteiligungen, BB 2003, 1630–1637; *Mertens*, Typische Probleme bei der Verpfändung von GmbH-Anteilen, ZIP 1998, 1787–1790; *Nordholtz/Hupka*, Die Kapitalerhaltung nach §§ 30 f. GmbHG bei dinglichen Upstream-Sicherheiten, DStR 2017, 1999–2005; *Reymann*, Die Verpfändung von GmbH-Geschäftsanteilen, DNotZ 2005, 425–463; *Rodewald*, Überlegungen im Zusammenhang mit der Verpfändung von GmbH-Anteilen, GmbHR 1995, 418–422; *Roth*, Pfändung und Verpfändung von Geschäftsanteilen, ZGR 2000, 187–222; *Schneider/Korn*, Die Auswirkungen des neuen Kostenrechts auf Rechtswahlklauseln in M&A-Transaktionen, WM 2015, 62–65; *Sieger/Hasselbach*, Praktische Probleme bei der Verpfändung von GmbH-Geschäftsanteilen, GmbHR 1999, 633–640; *Sutter*, Überlegungen zur Notwendigkeit der Limitation Language angesichts der aktuellen BGH-Rechtsprechung, WM 2018, 360–366. Speziell zu Fragen der Reichweite der Formbedürftigkeit und zur Auslandsbeurkundung: *Bauer/Anders*, Beurkundung von GmbH-Anteilsübertragungen in der Schweiz – Rechtsfolgen einer möglichen Unwirksamkeit, BB 2012, 593–599; *Bayer*, Privatschriftliche Abtretungen deutscher GmbH-Anteile in der Schweiz? – Anmerkungen zum Urt. des LG Frankfurt vom 07.10.2009, DNotZ 2009, 887–894; *Böttcher/Blasche*, Die Übertragung von Geschäftsanteilen deutscher GmbHs in der Schweiz vor dem Hintergrund der Revision des Schweizer Obligationsrechts, NZG 2006, 766–772; *Braun*, Die Abtretung von Geschäftsanteilen einer GmbH im Ausland: Wirksam oder nicht?, DNotZ 2009, 585–594; *Heidenhein*, Umfang der Beurkundungspflicht bei der Verpfändung von GmbH-Geschäftsanteilen, GmbHR 1996, 275–277; *Kraus*, Ist die Beurkundung von Geschäftsanteilsabtretungen in der Schweiz nach dem MoMiG wirksam?, GWR 2010, 51; *Mankowski*, Änderungen bei der Auslandsbeurkundung durch das MoMiG oder durch die Rom I-VO?, NZG 2010, 201–207; *Meichelbeck/Krauß*, Neues zur Auslandsbeurkundung im Gesellschaftsrecht – zugleich Besprechung des Beschlusses des BGH vom 17.12.2013 (II ZB 6/13), DStR 2014, 752–755; *Mense/Klie*, Beurkundung durch ausländischen Notar nach Inkrafttreten des MoMiG, GWR 2014, 83; *Müller*, Auslandsbeurkundung von Abtretungen deutscher GmbH-Geschäftsanteile in der Schweiz, NZG 2014, 1994–1999; *Seel*, Verweisungsprobleme bei der Geschäftsanteilsverpfändung, GmbHR 2004, 180–182; *von Rom*, Zum Umfang der Beurkundungspflicht bei der Verpfändung von GmbH-Geschäftsanteilen, WM 2007, 2223–2228.

1. Die bei der Bestellung des Pfandrechts **beteiligten Parteien** sind in jedem Fall der Pfandgläubiger (der wegen der akzessorischen Natur des Pfandrechts auch zugleich Gläubiger der gesicherten Forderungen sein muss) und der Verpfänder. Der Verpfänder ist häufig zugleich der persönliche Schuldner der gesicherten Forderung und Inhaber des verpfändeten Geschäftsanteils (GmbH-Gesellschafter). Zwingend ist dies aber nicht. Möglich ist auch ohne Weiteres, dass der Verpfänder seinen Anteil zur Sicherung von Forderungen gegen Dritte, insbes. gegen die Gesellschaft, verpfändet (allgemein zu den an einer Verpfändung beteiligten Parteien und den bestehenden Rechtsbeziehungen BeckOK BGB/*Schärtl*, § 1204 Rn. 32). 147

Zudem können auf beiden Seiten jeweils mehrere Parteien stehen. So werden umfangreichere Kreditgeschäfte aus Gründen der Risikostreuung auf Pfandgläubigerseite regelmäßig durch mehrere Banken gemeinsam als Kreditgeber im Rahmen sog. »Konsortialkredite« finanziert (ausführlich *Reymann* DNotZ 2005, 425 (446–450)). Das Bankenkonsortium wird dabei häufig durch einen sog. »Sicherheiten-Treuhänder« vertreten, der die Begründung und Wahrnehmung der Rechte aus der Verpfändungsvereinbarung bündelt (allgemein zum Kreditkonsortium und zu der Rechtsstellung und den Aufgaben eines solchen Agenten *Diem* Akquisitionsfinanzierung, 3. Aufl. 2013, § 31 Rn. 16 ff.). Oftmals werden dabei bereits im ursprünglichen Verpfändungsvertrag Regelungen getroffen, die auch nach der Pfandrechtsbestellung einen Wechsel der Gläubigerbanken des Kreditkonsortiums bzw. den späteren Eintritt neuer Kreditgeber unter Geltung der Pfandrechte zugunsten dieser »Neukonsorten« ermöglichen, weil die letztlich beteiligten Gläubigerbanken anfangs noch gar nicht (abschließend) feststehen (ausführlich dazu *Förl* RNotZ 2007, 433 (434–455)). Rechtsdogmatisch kann dies auf unterschiedliche Weise erfolgen, etwa dadurch, dass das Pfandrecht zugunsten einer GbR bestellt wird, deren Gesellschafter die Gläubigerbanken sind und zu der ohne Weiteres neue Kreditkonsorten hinzukommen können, oder aufgrund sog. »Future-Pledgee-Klauseln« die bereits feststehenden Gläubiger als vollmachtlose Vertreter für die künftig hinzutretenden Pfandgläubiger handeln oder die konsortialführende Bank im Rahmen einer Parallelverpflichtung (sog. »Parallel-Debt-Konzept«) als Treuhänder für künftige Kreditkonsorten auftritt (vgl. *Hermanns* RNotZ 2012, 490 (494); zu den beiden letztgenannten Konstruktionen ausführlich *Förl* RNotZ 2007, 433–455; zum »Parallel-Debt-Konzept« auch *Schnauder* NJOZ 2010, 1663–1670). Umgekehrt können im Rahmen einer einheitlichen Verpfändungsvereinbarung aber auch auf Verpfänderseite mehrere Parteien stehen (etwa mehrere Gesellschafter in ein und derselben Gesellschaft, die ihre jeweiligen Geschäftsanteile verpfänden, oder auch mehrere Gesellschafter verschiedener Gesellschaften).

Das Muster geht demgegenüber von der einfacheren Grundkonstellation aus, dass auf beiden Seiten jeweils nur eine Partei beteiligt und der Verpfänder zugleich Schuldner der gesicherten Forderungen und Anteilsinhaber ist.

148 **2.** Die Bestellung des Pfandrechts richtet sich gemäß § 1274 Abs. 1 Satz 1 BGB nach den für die Übertragung des Geschäftsanteils geltenden Vorschriften. Letztere ist nach § 15 Abs. 3 GmbHG beurkundungspflichtig. Erforderlich ist damit auch für die Verpfändung neben der Einigung über die Pfandrechtsbestellung und dem Bestehen der gesicherten Forderung ihre **notarielle Beurkundung** gemäß § 1274 Abs. 1 Satz 1 BGB i.V.m. § 15 Abs. 3 GmbHG (zum Beurkundungserfordernis etwa *von Rom* WM 2007, 2223–2228; *Heidenhein* GmbHR 1996, 275–277; *Hermanns* RNotZ 2012, 490–493; speziell zur GmbH & Co. KG *Kupjetz* GmbHR 2004, 1006 f. und *Heckschen/Heidinger/Blath* Kap. 13 Rn. 100). Die genaue Reichweite des Beurkundungserfordernisses ist indes erläuterungsbedürftig:

149 Das Beurkundungserfordernis gilt für das dingliche **Verfügungsgeschäft** (die Verpfändung). Nach heute ganz überwiegender Auffassung in Literatur und Rechtsprechung nicht beurkundungsbedürftig ist dagegen der schuldrechtliche Verpflichtungsvertrag (Kausalgeschäft), da für Letzteren § 1274 Abs. 1 Satz 1 BGB nicht gilt und auch § 15 Abs. 4 GmbHG – entgegen einer Minderheitenansicht (insbes. MüKo BGB/*Damrau* § 1274 Rn. 58) – nicht analog anwendbar ist (so schon das RG, Urt. v. 02.06.1904, I 93/04; aus der Literatur etwa Scholz/*Seibt* § 15 GmbHG Rn. 176 sowie *von Rom* WM 2007, 2223 (2224) jeweils m.w.N. auch zur Gegenansicht). Auch der Schutzzweck von § 15 Abs. 4 GmbHG spricht jedenfalls nach Inkrafttreten des MoMiG nicht für eine analoge Anwendung (hierzu *Hermanns* RNotZ 2012, 490 (491)). Ein Beurkundungserfordernis für das Verpflichtungsgeschäft ergibt sich schließlich auch nicht unter dem Gesichtspunkt eines einheitlichen Rechtsgeschäfts (ausführlich *von Rom* WM 2007, 2223 (2225)). Nicht beurkundungspflichtig sind zudem die Übertragung des Pfandrechts durch Abtretung der gesicherten Forderung, die Aufhebung der Verpfändung (Beck'sches HdbGmbH/*Schacht* § 12 Rn. 200) oder auch etwaige Binnenabreden der Pfandgläubiger untereinander (*Reymann* DNotZ 2005, 425 (428)).

Die Reichweite der Beurkundungspflicht richtet sich im Übrigen allein nach materiellem Recht (*Seel* GmbHR 2004, 180 (181)). Nach § 1274 Abs. 1 Satz 1 BGB i.V.m. § 15 Abs. 3 GmbHG sind in die notarielle Urkunde jedenfalls die Angaben aufzunehmen, die für die Entstehung des dinglichen Rechts erforderlich sind, also (i) der verpfändete Geschäftsanteil, (ii) die Einigung über dessen Belastung und (iii) wegen der Akzessorietät des Pfandrechts die gesicherte Forderung (*von Rom* WM 2007, 2223 (2226); *Hermanns* RNotZ 2012, 490 (491 f.); *Heckschen/Heidinger/Blath* Kap. 13 Rn. 97 m.w.N.). Nach § 8 Abs. 1 Nr. 3 GmbHG sind die Geschäftsanteile in der Gesellschafterliste nummeriert, was (neben dem Nominalbetrag) zur genauen Bestimmung in die Urkunde aufgenommen werden sollte. 150

Im Einzelnen noch nicht abschließend geklärt ist dabei der Umfang der Beurkundungspflicht hinsichtlich der gesicherten Forderung insbes. dann, wenn in der Verpfändungsvereinbarung auf den Kreditvertrag Bezug genommen wird (dazu ausführlich etwa *Heckschen/Heidinger/Blath* Kap. 13 Rn. 98 f.; *Heidenhein* GmbHR 1996, 275–277; *Seel* GmbHR 2004, 180 (181); *von Rom* WM 2007, 2223–2228). So kann es sein, dass die Verpfändungsurkunde für bestimmte Begrifflichkeiten bzw. Definitionen auf den Kreditvertrag verweist (hierzu *Hermanns* RNotZ 2012, 490 (492)). Teilweise wird bei Bezugnahmen auf den Kreditvertrag – um eine Formnichtigkeit sicher auszuschließen – empfohlen, den gesamten in Bezug genommenen Vertrag oder zumindest die in Bezug genommenen Passagen als Anlage zum Verpfändungsvertrag mit zu beurkunden (so etwa *Mertens* ZIP 1998, 1787 (1788); *Sieger/Hasselbach* GmbHR 1999, 633 (635)) bzw. gleich unmittelbar in den Verpfändungsvertrag zu integrieren (vgl. *Hermanns* RNotZ 2012, 490 (492)), was aber häufig einen erheblichen Mehraufwand mit sich bringt (vgl. *Seel* GmbHR 2004, 180). Nach zutreffender Auffassung genügt es indes, wenn die gesicherte Forderung aus der Verpfändungsabrede hinreichend bestimmt ist (*Bruhns* GmbHR 2006, 587 (591); Scholz/*Seibt* § 15 GmbHG Rn. 174; *Heckschen/Heidinger/Blath* Kap. 13 Rn. 97; *Heidenhein* GmbHR 1996, 275 (276); soweit es um bloße Definitionsnormen geht auch *Hermanns* RNotZ 2012, 490 (492 f.)). Die Vereinbarung, aus der sich die Forderung ergibt, muss nur dann und nur insoweit mit beurkundet werden, als sie zur Identifizierung der Forderung von Nöten ist (*Heckschen/Heidinger/Blath* Kap. 13 Rn. 99). Denn auch sonst ist weitgehend anerkannt, dass bei der Verpfändung eines Rechts die Forderung nur hinreichend bestimmbar bezeichnet werden muss (so bereits RG Urt. v. 21.06.1932, RGZ 136, 422 (424 f.) für die Verpfändung einer Grundschuld), zumal etwa bei der gesetzlich explizit vorgesehenen Verpfändung für künftige Forderungen (§§ 1273 Abs. 2, 1204 Abs. 2 BGB) eine genauere Bestimmung gar nicht möglich ist (so zutreffend *Heidenhain* GmbHR 1996, 275 (276)). 151

Nach überwiegender Auffassung nicht beurkundungspflichtig sind auch rein schuldrechtliche Nebenabreden (vgl. *Seel* GmbHR 2004, 180 (181 f.); a.A. MüKo BGB/*Damrau* § 1274 Rn. 58, der aber auch generell – entgegen der ganz h.M. – das schuldrechtliche Geschäft für formbedürftig hält). Dinglich wirkende Nebenabreden, die etwa die Verwertung des Pfandrechtes oder dessen Erlöschen betreffen, sind hingegen zu beurkunden (näher *Hermanns* RNotZ 2012, 490 (492)).

3. Um die für die Verpfändung anfallenden Notarkosten (dazu unten Muster G 8 (Rdn. G 170)) zu reduzieren, ist es in der Praxis bislang nicht unüblich gewesen, die **Beurkundung im Ausland, insbes. in der Schweiz**, vorzunehmen. Nach bisheriger Rechtsprechung ist eine Auslandsbeurkundung wirksam, sofern sie der inländischen gleichwertig ist (BGH, Urt. v. 16.02.1981, NJW 1981, 1160), was zumindest bei Baseler und Züricher Notaren in der Vergangenheit von der Rechtsprechung angenommen wurde (vgl. *Bayer* DNotZ 2009, 887 (892); BGH, Urt. v. 22.05.1989, ZIP 1989, 1052 (1054 f.) für den Fall der Abtretung; ausführlich *Mertens* ZIP 1998, 1787 (1788); *Sieger/Hasselbach* GmbHR 1999, 633 (639)). Dagegen hatte das AG Berlin-Charlottenburg entschieden, dass die Beurkundung der Gründung einer deutschen GmbH durch einen Berner Notar nicht der Form des § 2 Abs. 1 Satz 1 GmbHG genügt (AG Berlin-Charlottenburg, Beschl. v. 22.01.2016, RNotZ 2016, 119 ff.); dieser Beschluss wurde allerdings jüngst durch das KG Berlin aufgehoben, das die Anforderungen des § 2 Abs. 1 GmbHG als gewahrt ansieht (KG Berlin, Beschl. v. 24.01.2018, NZG 2018, 304). 152

153 Vornehmlich bezogen auf die Anteilsabtretung ist seit Inkrafttreten des MoMiG die Praxis der Auslandsbeurkundung – bisher ohnehin nicht unumstritten – vermehrt Zweifeln ausgesetzt (für einen knappen Überblick *Krauss* GWR 2010, 51) und war zuletzt stark rückläufig. Bedenken werden etwa darauf gestützt, dass die Rolle des Notars infolge des MoMiG weiter an Bedeutung gewonnen habe, was sich unter anderem an der neu geschaffenen Mitteilungspflicht gegenüber dem Registergericht nach § 40 Abs. 2 Satz 1 GmbHG zeige; ausländischen Notaren jedoch fehle es hier an den notwendigen Amtsbefugnissen (in diese Richtung auch LG Frankfurt a.M., Urt. v. 07.10.2009, NJW 2010, 683 in einem Obiter dictum). Mit Blick auf die Schweiz als dem häufigsten ausländischen Beurkundungsort komme hinzu, dass Schweizerische Notare seit der Neufassung von Art. 785 Schweizerisches Obligationenrecht im Jahr 2008 (privatschriftliche Form für Abtretung von Schweizer GmbH-Geschäftsanteilen ausreichend) mit Geschäftsanteilsabtretungen nur noch selten in Berührung kämen, weshalb auch insoweit eine »Gleichwertigkeit« mit deutschen Notaren nicht (mehr) gewährleistet sei (*Bayer* DNotZ 2009, 887 (892); *Braun* DNotZ 2009, 585 (592)).

154 Bereits das OLG Düsseldorf wies die oben beschriebenen Bedenken zurück und vertrat die Auffassung, Beurkundungen durch Schweizer Notare seien weiterhin wirksam (OLG Düsseldorf, Beschl. v. 02.03.2011, NJW 2011, 1370; kritisch zur Argumentation des OLG Düsseldorf etwa *Bauer/Anders* BB 2012, 593–599). Zunächst könnten die Parteien auch unter der Neufassung von Art. 785 Schweizerisches Obligationenrecht die Beurkundung zumindest freiwillig wählen. Auch habe das MoMiG Auslandsbeurkundungen nicht einschränken wollen. Aus § 40 Abs. 2 GmbHG ergebe sich nichts anderes, zumal die Frage nach der Zuständigkeit für die Einreichung der Gesellschafterliste ohnehin von der Frage der Wirksamkeit der Beurkundung zu trennen sei. Schließlich unterliege der ausländische Notar zwar keiner Amts*pflicht* zur Einreichung einer die Anteilsabtretung berücksichtigenden Gesellschafterliste nach § 40 Abs. 2 GmbHG, er sei aber gleichwohl bei wirksamer Beurkundung zur Einreichung *berechtigt*. Auch der BGH hat inzwischen entschieden, dass ebenfalls unter Geltung des MoMiG eine Beurkundung durch einen ausländischen Notar vorgenommen werden kann, sofern die ausländische Beurkundung der deutschen gleichwertig ist (BGH Beschl. v. 17.12.2013, NJW 2014, 2026; dazu *Meichelbeck/Krauß* DStR 2014, 752; *Mense/Klie* GWR 2014, 83).

155 In Bezug auf GmbH-Anteilsverpfändungen ist auch weiterhin nicht abschließend geklärt, welche Anforderungen ein ausländischer Notar konkret zu erfüllen hat, damit eine Auslandsbeurkundung die von der Rechtsprechung geforderte Gleichwertigkeit aufweist. Für die Beurkundung von statusrelevanten gesellschaftsrechtlichen Vorgängen werden insofern in der Literatur *grundsätzliche Bedenken* geäußert. Demnach scheitere eine Vergleichbarkeit der ausländischen Beurkundung daran, dass der ausländische Notar keine mit der Beurkundung bezweckte Richtigkeitsgewähr zu leisten vermöge (MüKo GmbHG/*Heinze* § 2 Rn. 53 m.w.N.) oder keine gleichwertige Belehrungspflicht bestehe (MüKo GmbHG/*Heinze* § 2 Rn. 54a m.w.N.). Obwohl der BGH in seinem Beschluss vom 17.12.2013 die grundsätzliche Möglichkeit einer Auslandsbeurkundung bestätigt hat (vgl. ausführlich hierzu Muster G 9 (Rdn. G 154)), ist bei Auslandsbeurkundungen daher weiterhin Vorsicht geboten, und es sollte in jedem Einzelfall sorgfältig abgewogen werden, ob der »Kostenvorteil« das verbleibende Restrisiko rechtfertigt (so auch *Laier* GWR 2011, 133; *Müller* NJW 2014, 1994 (1996); zustimmend *Richter* BB 2018, 657 (660) im Zusammenhang mit dem Beschluss des KG Berlin v. 24.1.2018, NZG 2018, 304).

156 **4.** Das Muster geht davon aus, dass die Satzung der Gesellschaft keine besonderen Voraussetzungen für die Übertragbarkeit und Verpfändbarkeit des Geschäftsanteils enthält. Dies ist in jedem Fall vor der Verpfändung zu prüfen. Denn soweit der Gesellschaftsanteil nicht übertragbar ist, ist nach § 1274 Abs. 2 BGB auch eine Verpfändung nicht möglich. Ist also die Abtretung **im Gesellschaftsvertrag an besondere Voraussetzungen** geknüpft, was nach § 15 Abs. 5 GmbHG der Fall sein kann, so gelten diese Voraussetzungen grds. auch für die Verpfändung des Anteils. Zu beachten sind insbes. sog. Vinkulierungsklausen in der Satzung, die die Verfügung von der Zustimmung der Gesellschaft abhängig machen (Scholz/*Seibt* § 15 GmbHG Rn. 172). Die Satzung kann auch zwi-

schen Abtretbarkeit und Verpfändbarkeit differenzieren, etwa dahingehend, dass eine Zustimmung der Mitgesellschafter nur für Erstere erforderlich ist (vgl. *Kolkmann* MittRhNotK 1992, 1 (2)).

Ist eine Zustimmung der Mitgesellschafter zur Verpfändung erforderlich und wird diese vor der Verpfändung eingeholt, so empfiehlt es sich, sicherheitshalber auch zugleich eine Zustimmung zu sämtlichen in der Verpfändungsurkunde vorgesehenen bzw. später vereinbarten Formen einer späteren Pfandrechtsverwertung einzuholen. Denn für den Fall, dass die Verwertung nicht im Wege einer öffentlicher Versteigerung, sondern etwa durch freihändigen Verkauf erfolgt, ist umstritten, ob § 15 Abs. 5 GmbHG (erneut) zur Anwendung käme (zum Ganzen *Hermanns* RNotZ 2012, 490 (493 f.); weitere Nachweise bei Baumbach/Hueck/*Fastrich*, § 15 GmbHG Rn. 51).

5. Was den Pfandgegenstand angeht, so kann auch eine **Teilverpfändung** eines Geschäftsanteils erfolgen (*Rodewald* GmbHR 1995, 418). Dies war auch schon nach bisheriger Rechtslage möglich, allerdings enthielt § 17 GmbHG a.F. als insoweit einschlägige Vorschrift besondere Voraussetzungen, die mit Aufhebung der Norm durch das MoMiG entfallen sind (*Heckschen/Heidinger/Blath* Kap. 13 Rn. 102). Der Geschäftsanteil muss dabei nicht bereits bei Verpfändung geteilt werden, die Teilung kann auch erst mit der Verwertung erfolgen (*Mertens* ZIP 1998, 1787 (1788); *Rodewald* GmbHR 1995, 418; a.A. *Leuschner* WM 2005, 2161–2168). Zudem können Pfandrechte an (bestimmbaren) künftigen oder bedingten Geschäftsanteilen (vgl. § 1 Abs. 1 des Musters) bestellt werden, die also bei der Verpfändung noch nicht zur Entstehung gelangt sind (*Sieger/Hasselbach* GmbHR 1999, 633 (635); *Fröhlich/Primaczenko* NZG 2016, 133 (136)). 157

6. Ist die **Reichweite der Verpfändung (Verpfändungsumfang)** nicht näher bestimmt, so geht die ganz h.M. davon aus, dass insbes. aus dem Geschäftsanteil resultierende **Gewinnansprüche** nicht automatisch mitverpfändet werden (BGH Urt. v. 13.07.1992, NJW 1992, 3035 (3036); Scholz/*Seibt* § 15 GmbHG Rn. 181 m.w.N.; a.A. etwa *Roth* ZGR 2000, 187 (219), der aber gleichwohl zur ausdrücklichen Mitverpfändung rät). Allerdings entspricht es gängiger Praxis, das Pfandrecht durch entsprechende Vereinbarung auch auf die Gewinnansprüche zu erstrecken. Zu unterscheiden ist dabei die Ausgestaltung als sog. Nutzungspfand (vgl. § 1213i.V.m. § 1273 Abs. 2 BGB), bei welchem die Nutzungsverpfändung Teil der Anteilsverpfändung ist, nur zusammen mit dieser erfolgen kann und nicht der Anzeigepflicht des § 1280 BGB unterliegt, von der Einzelverpfändung der Gewinnansprüche als Verpfändung selbstständiger Forderungen, die unabhängig von der Anteilsverpfändung erfolgen kann und bei der der Verpfänder Forderungsinhaber bleibt, die aber nach § 1280 BGB angezeigt werden muss (ausführlich zur Abgrenzung zwischen beiden Varianten *Reymann* DNotZ 2005, 425 (431–434); MüKo BGB/*Damrau* § 1274 Rn. 56 f.). Wird ein Nutzungspfandrecht bestellt, so werden – sofern nichts Abweichendes vereinbart wird – die Gewinne gemäß § 1214 Abs. 2 BGB (i.V.m. § 1273 Abs. 2 BGB) zunächst auf Kosten und Zinsen und erst nachrangig auf die Hauptforderung angerechnet. Beim Nutzungspfand ist hinsichtlich der Gewinnzahlungen grds. nur der Pfandgläubiger empfangsberechtigt, wohingegen bei der Forderungsverpfändung der Pfandgläubiger erst mit Eintritt des Verwertungsstadiums nach § 1282 BGB alleiniger Berechtigter ist (*Reymann* DNotZ 2005, 425 (433 f.)). Üblicherweise wird allerdings vereinbart (vgl. § 1 Abs. 3 des Musters), dass – solange die gesicherte Verbindlichkeit ordnungsgemäß bedient wird – die Gewinne an den Verpfänder ausgekehrt werden (*Bruhns* GmbHR 2006, 587 (589); *Sieger/Hasselbach* GmbHR 1999, 633 (638); zu einem Formulierungsvorschlag für eine alternative Klausel, die eine Dividendenauszahlung direkt an die Gläubigerbank vorsieht, siehe *Dahlbender* GmbHStB 2012, 386 (387)). Das Bezugsrecht des Verpfänders kann zudem in der Verpfändungsvereinbarung unter einen Widerrufsvorbehalt des Pfandgläubigers gestellt oder bedingt ausgestaltet werden. 158

6.1 Im Übrigen wird angenommen, dass sich die Verpfändung auch ohne explizite Vereinbarung in Analogie zu § 1287 BGB auch auf Ansprüche erstreckt, die bei Wegfall des Geschäftsanteils als **schuldrechtliche »Surrogate«** an dessen Stelle treten. Dazu zählen etwa Ansprüche auf einen Liquidationserlös (dazu ausführlich Scholz/*Seibt* § 15 GmbHG Rn. 184 f.), Forderungen auf Einziehungsentgelt, Abfindungsansprüche, Kapitalrückzahlungen oder Überschüsse aus dem Verkauf preisgegebener Anteile (Beck'sches HdbGmbH/*Schacht*, § 12 Rn. 201). 159

Von der Verpfändung mit umfasst sind zudem grundsätzlich auch Ansprüche auf Zuteilung neuer Gewinnanteile (*Sieger/Hasselbach* GmbHR 1999, 633 (638) m.w.N.) sowie **dingliche »Surrogate«**, also Geschäftsanteile, die der Verpfänder durch Maßnahmen nach dem UmwG an einem übernehmenden bzw. neuen Rechtsträger erwirbt (vgl. Scholz/*Seibt* § 15 GmbHG Rn. 187; *Bruhns* GmbHR 2006, 587 (588)). Für die Verschmelzung ergibt sich dies aus § 20 Abs. 1 Nr. 3 Satz 2 UmwG, für die Ab- bzw. Aufspaltung aus § 131 Abs. 1 Nr. 3 Satz 2 UmwG, für den Formwechsel aus § 202 Abs. 1 Nr. 2 Satz 2 UmwG (näher *Schimansky/Bunte/Lwowski/Merkel* § 93 Rn. 164 ff. – dort auch zur Ausgliederung, bei der Wertverluste für die Pfandgläubigerin möglich sind, da hier die Anteile am aufnehmenden Rechtsträger nicht den Gesellschaftern, sondern der Gesellschaft gewährt werden).

Obwohl eine explizite Vereinbarung bezüglich schuldrechtlicher bzw. dinglicher Surrogate also nicht unbedingt erforderlich ist, ist eine entsprechende Klarstellung – wie in § 1 Abs. 3 des Musters vorgesehen – auch bezüglich dieser (im Detail teilweise streitigen) Punkte üblich und empfehlenswert (so auch die Empfehlungen bei *Bruhns* GmbHR 2006, 587 (588), MAH GmbH/*Leistikow* § 11 Rn. 8; *Reymann* DNotZ 2005, 425 (434) (zum Liquidationserlös)).

160 **7.** Über den **Sicherungszweck** werden die gesicherten Forderungen näher spezifiziert. Wegen des akzessorischen Charakters des Pfandrechts und aus Gründen der Rechtsklarheit empfiehlt sich eine möglichst präzise Bestimmung (*Dahlbender* GmbH-StB 2005, 182 (183)), wobei aber nicht sämtliche Details genannt werden müssen, sondern Bestimmbarkeit genügt und nach §§ 1204 Abs. 2, 1274 Abs. 2 BGB auch künftige bzw. bedingte Forderungen gesichert werden können. Der Sicherungszweck kann dabei unterschiedlich weit ausgestaltet sein und auch deutlich über die Formulierung im Muster hinausgehen, indem etwa nicht nur Ansprüche aus einem konkreten Kreditverhältnis, sondern sämtliche Ansprüche der Pfandgläubigerin aus einer Geschäftsbeziehung besichert werden. Nicht unüblich ist auch eine Überkreuzbesicherung (»*cross collateralization*«), bei der Sicherheiten wechselseitig verschiedene Kredite besichern.

Ist die Reichweite der Haftung demgegenüber in der Verpfändungsvereinbarung nicht näher bestimmt, so greift die (dispositive) Regelung aus § 1210i.V.m. § 1273 Abs. 2 BGB (bzw. ggf. § 1289 BGB), wonach sich die Verpfändung neben der Hauptforderung in ihrem jeweiligen Bestand auch auf Zinsen, Vertragsstrafen, Rechtsverfolgungs- und Kündigungskosten und Kosten der Pfandveräußerung erstreckt. Sind (anders als im Muster) der Verpfänder und der persönliche Schuldner personenverschieden, so ist es ratsam, § 1210 Abs. 1 Satz 2 BGB ausdrücklich abzubedingen, da andernfalls rechtsgeschäftliche Erweiterungen der Forderungen nicht besichert wären (*Dahlbender* GmbHStB 2012, 386 (387)).

161 **8.** Die Verpfändung führt nicht dazu, dass der Pfandgläubiger Gesellschafter wird. Das Pfandrecht gewährt lediglich ein Befriedigungsrecht, die **Mitgliedschaftsrechte** (insbes. Stimmrechte) verbleiben – anders als bei einer Abtretung des Anteils – beim Anteilsinhaber (so bereits RG, Urt. v. 17.01.1933, RGZ 139, 224 (226 f.); BGH, Urt. v. 13.07.1992, NJW 1992, 3035 (3036); MAH GmbH/*Leistikow* § 11 Rn. 6). Die Mitgliedschaftsrechte selbst können auch nicht isoliert auf den Pfandgläubiger übertragen werden, da sie untrennbar mit der Mitgliedschaft verknüpft sind und die Willensbildung der Gesellschaft bei den Gesellschaftern verbleiben soll (sog. »Abspaltungsverbot«, h.M., vgl. *Mertens* ZIP 1998, 1787 (1789); MAH GmbH/*Leistikow* § 11 Rn. 7; *Hermanns* RNotZ 2012, 490 (493) m.N. zur Gegenauffassung). Dass der Gesellschafter also weiterhin seine Stimmrechte selbst ausübt, birgt für den Pfandgläubiger die Gefahr, dass das Stimmverhalten des Anteilsinhabers zu einer Verschlechterung des Geschäftsanteils führt. Die Vorschrift des § 1276 BGB, wonach im Falle der Aufhebung eines verpfändeten Rechts durch Rechtsgeschäft bzw. einer das Pfandrecht beeinträchtigenden Rechtsänderung die Zustimmung des Pfandgläubigers erforderlich ist, greift nach h.M. nicht ein, da sie auf Rechtsänderungen, die sich durch korporative Willensbildung vollziehen, keine Anwendung finden soll (im Einzelnen str., vgl. *Rodewald* GmbHR 1995, 418 (419); MüKo BGB/*Damrau* § 1274 Rn. 60; Scholz/*Seibt* § 15 GmbHG Rn. 178 und Rn. 191; a.A. etwa *Roth* ZGR 2000, 187 (191, 220)). Zulässig und üblich sind indes vertragliche Regelungen in der Verpfändungsvereinbarung, die den Pfandgläubiger vor nachteiligen

Gesellschaftsbeschlüssen schützen. In Betracht kommen die Einräumung einer (widerruflichen) Vollmacht, die den Pfandgläubiger zur Ausübung der Stimmrechte berechtigt (dazu näher *Reymann* DNotZ 2005, 425 (441); MAH GmbH/*Leistikow* § 11 Rn. 7), die Vereinbarung von Stimmbindungsabreden bzw. Zustimmungsvorbehalten in Bezug auf bestimmte Maßnahmen sowie Informationspflichten (vgl. § 5 des Musters). Nicht zulässig wegen Verstoßes gegen das bereits erwähnte Abspaltungsverbot wäre dagegen z.B. eine Abtretung der Gesellschafterstimmrechte oder eine Vereinbarung mit gleicher Wirkung wie etwa eine Ermächtigung zugunsten des Pfandgläubigers, die Stimmrechte im eigenen Namen auszuüben (*Reymann* DNotZ 2005, 425 (441)).

9. Zumindest bei einer Besicherung einer Verbindlichkeit der Gesellschaft sollte im Rahmen der Ausgestaltung der Rechte des Pfandgläubigers Zurückhaltung geübt werden, weil dem Pfandgläubiger andernfalls erhebliche insolvenzrechtliche Nachteile drohen. Wird dem Gläubiger nämlich eine Rechtsstellung eingeräumt, durch die er die Geschicke der Gesellschaft ähnlich wie ein Gesellschafter bestimmen kann (sog. **»atypischer Pfandgläubiger«**), so ging der BGH bereits zum alten Recht davon aus, dass das Darlehen des Pfandgläubigers wirtschaftlich einem Gesellschafterdarlehen entspricht und daher über die Verweisvorschrift des § 32a Abs. 3 Satz 1 GmbHG a.F. die Kapitalerhaltungsvorschriften der §§ 32a, 32b GmbHG a.F. (einschließlich der damals geltenden Rechtsprechungsregeln) Anwendung finden (BGH, Urt. v. 13.07.1992, NJW 1992, 3035–3037). Gleiches galt auch beim sog. »atypischen stillen Gesellschafter« bzw. beim »atypischen Nießbrauch« an einem Gesellschaftsanteil (zu Letzterem – allerdings in einem Fall nach altem Recht – BGH, Beschl. v. 05.04.2011, NJW-RR 2011, 1061). 162

Nach der Neufassung durch das MoMiG finden sich die entsprechenden Regelungen (mittlerweile unabhängig vom Eigenkapitalersatzcharakter des Darlehens) in §§ 39 Abs. 1 Nr. 5, Abs. 4, 5, 44a, 135, 143 InsO, §§ 6, 6a AnfG (vgl. ausführlich hierzu Muster G 4 (Rdn. G 20 f.)). Die frühere Regelung des § 32a Abs. 3 Satz 1 GmbHG a.F., die den Anwendungsbereich auch auf Dritte erstreckte, wurde – mit minimaler sprachlicher Veränderung – in § 39 Abs. 1 Nr. 5 InsO n.F. integriert. Die überwiegende Literaturauffassung ging daher schon bisher davon aus, dass die entsprechenden Grundsätze des BGH fortgelten (etwa *Hirte* WM 2008, 1429 (1431); MüKo BGB/*Damrau* § 1274 Rn. 60; *Gehrlein* BB 2008, 846 (850); *Kampshoff* GmbHR 2010, 897 (901); a.A. etwa *Habersack* ZIP 2007, 2145 (2149), der die Einbeziehung aber bereits nach altem Recht ablehnte). Da der BGH dies für den atypischen stillen Gesellschafter nun ebenfalls schon bejaht hat (BGH, Urt. v. 28.06.2012, NJW 2012, 3443), darf davon ausgegangen werden, dass auch der »atypische Pfandgläubiger« nach neuem Recht in der Insolvenz wie ein Gesellschafter zu behandeln wäre (insbes. mit der Folge eines generellen Insolvenznachrangs und drohender Anfechtbarkeit von Rückzahlungen, vgl. Muster G 4 (Rdn. G 20 f.)).

Für die Frage, ob ausnahmsweise eine gesellschafterähnliche Stellung des Pfandgläubigers gegeben sein kann, muss im Rahmen einer Gesamtbetrachtung beurteilt werden, wie umfangreich die Rechte des Pfandgläubigers ausgestaltet wurden (*Reymann* DNotZ 2005, 425 (444 f.)), insbes. ob und inwieweit dieser – etwa über Einflussrechte auf die Geschäftsführung, die Beschlussfassung, Informationsrechte etc. – die Geschicke der Gesellschaft zu lenken vermag (vgl. *Kampshoff* GmbHR 2010, 897 (901)). Auch umfassende Gewinnbeteiligungsrechte sind zu berücksichtigen. Unschädlich ist nach expliziter Aussage des BGH aber jedenfalls (für sich genommen) die gängige und auch im Muster (§ 3 Abs. 2) verwendete »Generalklausel«, wonach der Gesellschafter lediglich verpflichtet wird, nichts zu unternehmen, was das Pfandrecht beeinträchtigen könnte (BGH, Urt. v. 13.07.1992, NJW 1992, 3035 (3036); kritisch hinsichtlich solcher Klauseln *Roth* ZGR 2000, 187 (220), der stattdessen Zustimmungsvorbehalte für einzeln näher zu bezeichnende Materien empfiehlt; vgl. den Formulierungsvorschlag für eine entsprechende Klausel bei *Dahlbender* GmbHStB 2012, 386 (387)).

10. Zum Schutz des Pfandgläubigers können in der Verpfändungsvereinbarung bestimmte verschuldensunabhängige (schadensersatzbewehrte) **Zusicherungen** des Verpfänders vorgesehen werden, wie sie insbes. institutionelle Pfandrechtsgläubiger auch regelmäßig verlangen. So ist etwa der gutgläubige Erwerb eines Pfandrechts nur innerhalb der engen Grenzen des § 16 Abs. 3 GmbHG 163 möglich, der zudem keinen Schutz hinsichtlich des guten Glaubens an die Existenz und Lastenfreiheit des Anteils oder an das Fehlen von Vinkulierungen nach § 15 Abs. 5 GmbHG bietet (vgl. Baumbach/Hueck/*Fastrich* § 16 GmbHG Rn. 26). Da der Pfandrechtsgläubiger die materielle Berechtigung des Verpfänders i.d.R. nicht sicher beurteilen kann, sollte er sich zusichern lassen, dass der Gesellschafter verfügungsberechtigt ist, die Anteile ordnungsgemäß ausgegeben und die Einlagen geleistet wurden, insoweit keine Rechte Dritter bestehen und eventuell erforderliche Zustimmungen eingeholt wurden. Gleiches gilt für noch nicht eingetragene Satzungsänderungen (auch wenn die Befugnis der Gesellschafter zur Änderung der Satzung durch die Verpfändung ohnehin nicht berührt wird; vgl. MüKo BGB/*Damrau* § 1274 Rn. 61). Weitere Zusicherungen betreffen z.B. die Höhe des Stammkapitals sowie das Nichtbestehen von Ansprüchen auf Kapitalrückzahlungen und von Nachschusspflichten (vgl. zum Ganzen *Bruhns* GmbHR 2006, 587 (589)).

164 **11.** Für den Pfandgläubiger besteht die Gefahr, dass der Wert der Sicherheit durch Gesellschafterbeschlüsse oder andere Handlungen des Verpfänders beeinträchtigt wird. Stimmrechtsvollmachten oder Stimmbindungsabreden sind zwar möglich, können aber das Risiko einer Umqualifizierung des Kredits als Gesellschafterdarlehen bergen (vgl. Muster G 8 (Rdn. G 162)). Von besonderer Bedeutung ist daher die Festlegung detaillierter **Informations- und Verhaltenspflichten** des Verpfänders, die dem Pfandgläubiger im Falle einer drohenden Verschlechterung des Anteils eine rasche Reaktion ermöglichen (*Bruhns* GmbHR 2006, 587 (590)).

165 **12.** Trotz der Verpfändung kann der Anteilsinhaber grds. über seinen Anteil weiterhin **verfügen**. Umgekehrt würde das Pfandrecht durch eine Übertragung des verpfändeten Anteils auch nicht erlöschen, da § 936 BGB (Erlöschen von Rechten Dritter bei Übertragung einer beweglichen Sache) auf die Übertragung von Rechten keine Anwendung findet und auch § 16 Abs. 3 GmbHG nach h.M. keinen lastenfreien Erwerb ermöglicht (Baumbach/Hueck/*Fastrich* § 16 GmbHG Rn. 26; *Wicke* § 16 GmbHG Rn. 16; Roth/Altmeppen/*Altmeppen* § 16 GmbHG Rn. 64; a.A. MüKo BGB/*Damrau* § 1274 Rn. 54; *Reymann* WM 2008, 2095 (2100 f.)). Der Pfandgläubiger hat allerdings regelmäßig ein Interesse daran, dass der Gesellschafter den Anteil nicht ohne seine Zustimmung überträgt. Alternativ kann auch eine bloße Informationspflicht des Verpfänders bei Übertragung des Anteils statuiert werden (vgl. *Rodewald* GmbHR 1995, 418 (420 f.), dort auch zur umgekehrten Konstellation, dass zugunsten des Verpfänders ein Abtretungsverbot hinsichtlich der gesicherten Forderung vereinbart wird).

166 **13.** Wenn die Verpfändung als aufsteigende Sicherheit im mehrstufigen Konzern erfolgt, ist zu beachten, dass die **Kapitalerhaltungsvorschriften** aus §§ 30 f. GmbHG (Rückzahlungsverbot) Anwendung finden können. Problematisch sind insbes. Fälle, in denen zugunsten der kreditnehmenden Mutter die Tochter-GmbH Anteile an ihren (Enkel-)Gesellschaften verpfändet, da in der Sicherheitengewährung zugunsten des Gesellschafters eine nach § 30 GmbHG verbotene Einlagenrückgewähr liegen kann (vgl. *Mertens* ZIP 1998, 1787; *Reymann* DNotZ 2005, 425 (442 f.)). Für dingliche Sicherheiten hat sich der BGH mit Urteil vom 21.03.2017 dafür ausgesprochen, dass für das Vorliegen einer Auszahlung i.S.v. § 30 GmbHG regelmäßig und ausschließlich auf den Zeitpunkt der Bestellung der Sicherheit abzustellen ist und nicht auf den Zeitpunkt der Verwertung (BGH, Urteil v. 21.03.2017, NJW-RR 2017, 1069; zum kontroversen Meinungsstand zuvor und der sich daran ausrichtenden Praxis von vertraglichen Verwertungsbeschränkungen (sog. *limitation language*) vgl. etwa *Kiefner/Bochum* NZG 2017, 1292 (1293 f.)). Liegt ein vollwertiger Freistellungsanspruch der GmbH gegenüber dem begünstigten Gesellschafter für den Fall der Inanspruchnahme der Sicherheit zum Zeitpunkt ihrer Bestellung vor, scheidet nach der BGH-Rechtsprechung ein Verstoß gegen die Kapitalerhaltungsvorschriften aus; es trifft jedoch die Geschäftsführung die haftungsbewährte Pflicht, die Werthaltigkeit des Freistellungsanspruchs anschließend fortwährend zu prüfen und ggf. den Freistellungsanspruch geltend zu machen (ausführlich etwa *Kiefner/Bochum* NZG 2017, 1292 ff.). Ob und in welchem Umfang wegen der Prognoserisiken, denen die Geschäftsführung mit Blick auf die Werthaltigkeit des Freistellungsanspruchs sowohl bei der Sicherheitenbestellung als auch bei der anschließenden Werthaltigkeitsüberwachung ausgesetzt ist, zum Schutz der Geschäftsführung (weiterhin) eine *limitation language* sinnvoll ist, wird unterschiedlich beurteilt (siehe hierzu

etwa *Kiefner/Bochum* NZG 2017, 1292 (1302 f.); *Nordholtz/Hupka* DStR 2017, 1999 (2004); zu weitgehend *Sutter* WM 2018, 360 (366), der eine *limitation language* bei Sach- und Personalsicherheiten nur noch bei Leverage- bzw. Sub-Investment-Grade-Finanzierungen für erforderlich hält). Mit Insolvenz der Verpfändergesellschaft soll nach Ansicht des OLG Frankfurt die maßgebliche Begründung für die Einfügung einer *limitation language* entfallen, weshalb diese in der Insolvenz nicht anwendbar sei (OLG Frankfurt, Urt. v. 08.11.2013, NZI 2014, 363; zustimmend *Friese* NZI 2014, 363 ff.; *Kleister* ZIP 2015, 1097 (1100 f.); a.A. *Undritz/Degenhardt*, NZI 2015, 348 ff.).

14. Die **Verwertung** des Pfandes richtet sich nach § 1228 Abs. 2 i.V.m. § 1273 Abs. 2 BGB, 167
wonach der Gläubiger grds. ab Fälligkeit zur Verwertung berechtigt ist, wobei auch die Fälligkeit eines Forderungsteils genügt. Erleichterungen hinsichtlich der Pfandreife sind nicht möglich (*Bruhns* GmbHR 2006, 587 (590)), Anforderungsverschärfungen (wie z.B. Anknüpfung an einen Verzug, vgl. § 7 des Musters G) dagegen schon. Die Verwertung fordert nach § 1277 Satz 1 BGB grds. zum Schutz des Schuldners einen **vollstreckbaren Titel** nach den Regeln der Zwangsvollstreckung. Dessen Erlangung ist jedoch sehr zeitaufwendig, weshalb dieses Erfordernis typischerweise abbedungen wird (BeckOK BGB/*Schärtl* § 1277 Rn. 1). Alternativ kann in der notariellen Verpfändungsurkunde eine Unterwerfung unter die sofortige Zwangsvollstreckung nach § 794 Abs. 1 Nr. 5 ZPO erfolgen, so dass ein vollstreckbarer Titel bereits vorliegt (vgl. *Sieger/Hasselbach* GmbHR 1999, 633 (636)).

Zum Schutz des Verpfänders kann ihm die Möglichkeit eingeräumt werden, das Pfandrecht durch Stellung einer werthaltigen Ersatzsicherheit abzulösen oder die Verwertung – zumindest zeitlich befristet – abzuwenden, wobei vor allem selbstschuldnerische Bankbürgschaften in Betracht kommen. Soll ein solches Recht vereinbart werden, so ist unbedingt auf eine genaue Bestimmung der Ersatzsicherheit sowie der Regeln für deren Beibringung zu achten.

15. Die Verwertung der Anteile erfolgt grundsätzlich durch **öffentliche Versteigerung**, die gemäß 168
§ 1237 BGB bezüglich Zeit und Ort öffentlich bekanntzumachen ist. Erforderlich sind gemäß § 1234 BGB zudem grds. die vorherige Androhung und der Ablauf einer Frist von einem Monat, wobei insoweit individualvertragliche (nicht aber formularmäßige, vgl. BGH Urt. v. 14.06.1994, NJW 1994, 2854 (2855); BeckOK BGB/*Schärtl* § 1234 Rn. 4) Modifikationen (vgl. § 7 Abs. 3, 4 des Musters) zulässig sind. Es können auch vom gesetzlichen Regelfall der öffentlichen Versteigerung abweichende Regelungen über die Verwertung getroffen werden, namentlich Verfallsvereinbarungen oder ein freihändiger Verkauf nach § 1221 BGB. Solche Vereinbarungen sind jedoch gemäß § 1277 Satz 2 i.V.m. § 1229 bzw. i.V.m. §§ 1245 Abs. 2, 1235 BGB jeweils erst *nach* Eintritt der Pfandreife möglich (Scholz/*Seibt* § 15 GmbHG Rn. 194). Zudem gelten bei freihändiger Veräußerung auch die Formerfordernisse des § 15 Abs. 3, 4 GmbHG (Baumbach/Hueck/*Fastrich*, § 15 GmbHG Rn. 51; str. ist hingegen, ob auch § 15 Abs. 5 GmbHG gilt – hierzu bereits oben Muster G 8 (Rdn. G 156)).

Die Mitgesellschafter als »Dritte« können nach § 267 BGB leisten, um die Verwertung abzuwenden. Ob ihnen zudem auch ein Ablösungsrecht nach § 268 BGB analog zusteht (mit der Folge, dass sie auch gegen Schuldner- und Gläubigerwiderspruch leistungsberechtigt sind und die gesicherte Forderung auf sie überginge), ist allerdings umstritten (dazu *Lux* GmbHR 2003, 938 (939–941)). Hinsichtlich der Verwertung selbstständig mitverpfändeter Forderungen durch Einziehung bzw. Abtretung an Zahlungs Statt ist auf § 1282 BGB zu verweisen.

16. Mit dem Erlöschen der gesicherten Kreditforderung erlischt nach § 1252 BGB auch das 169
Pfandrecht. Die diesbezügliche **Bestätigung** der Pfandgläubigerin hat also nur deklaratorische Bedeutung. Gleichwohl ist sie u.a. deshalb sinnvoll, weil wegen der Möglichkeit einer Übertragung durch (formlose) Forderungsabtretung (§ 1250 BGB) das Fortbestehen älterer Pfandrechte zweifelhaft sein kann (vgl. *Mertens* ZIP 1998, 1787 (1788), der den Abschluss eines deklaratorischen Aufhebungsvertrages empfiehlt).

17. Die **Notarkosten** richten sich, nachdem zum 1. August 2013 das GNotKG an die Stelle der 170
KostO getreten ist, nach §§ 53 Abs. 2, 35 Abs. 2 GNotKG, wonach eine 20/10-Gebühr auf den

Geschäftswert anfällt, der sich entweder aus dem Wert der gesicherten Forderung oder aus dem (Verkehrs-)Wert der verpfändeten Anteile ergibt, je nachdem, was geringer ist. Zumeist werden die Notarkosten dem Verpfänder auferlegt (*Dahlbender* GmbH-StB 2005, 182 (184)).

171 **18.** Das Erfordernis von **Anzeige- und sonstigen Benachrichtigungspflichten** in Bezug auf die Verpfändung gegenüber der Gesellschaft wird insbes. mit Blick auf **§ 1280 BGB, § 407 BGB analog** und **§ 16 GmbHG** diskutiert:

172 Nach § 1280 BGB bedarf die Verpfändung einer Forderung, zu deren Übertragung ein Abtretungsvertrag genügt, der Anzeige des Gläubigers (Verpfänder) gegenüber dem Schuldner, andernfalls ist sie unwirksam (vgl. Jauernig/*Berger* § 1280 BGB Rn. 2). Die Verpfändung des Geschäftsanteils selbst fällt allerdings nach ganz h.M. im Grundsatz nicht darunter, da es sich bei dem Anteil nicht um eine Forderung i.S.v. § 1280 BGB, sondern um eine Mitgliedschaftsbefugnis handelt (so bereits RG, Urt. v. 26.04.1904, RGZ 57, 414 (415 f.)). Etwas anderes gilt aber, wenn sich die Verpfändung auch auf entstandene Forderungen erstreckt; dann ist eine Anzeige nach § 1280 BGB zwingend notwendig (Scholz/*Seibt* § 15 GmbHG Rn. 175 m.w.N.). Anzeigepflichtig nach § 1280 BGB ist insbes. auch die selbstständige Verpfändung von Gewinnansprüchen (MüKo BGB/*Damrau* § 1274 Rn. 57, 58; *Reymann* DNotZ 2005, 425 (429 und 433), siehe auch Muster G 8 (Rdn. G 158 f.)).

173 Hinzu kommt, dass eine verbreitete Auffassung auch aus § 407 BGB analog folgert, dass die Pfandgläubigerin der Gesellschaft die Verpfändung jedenfalls zur Geltendmachung von Rechten gegen die Gesellschaft (etwa auf unmittelbare Auszahlungsansprüche aus einem Nutzungspfand) anzeigen muss (BeckOK BGB/*Schärtl* § 1274 Rn. 14; *Wicke* GmbHG, § 15 Rn. 28). Auch deshalb empfiehlt sich schon vorsorglich eine entsprechende Anzeige, die im Muster dem Notar zugewiesen wurde (ebenso *Hermanns* RNotZ 2012, 490 (495) mit Muster für eine Formulierung der Verpfändungsanzeige). Zu beachten ist, dass die Veranlassung der Anzeige durch den Notar nach Inkrafttreten des GNotKG einen nennenswerten Kostenfaktor darstellen kann. Nach der Reform des Notarkostenrechts fällt für jede durch den Notar veranlasste Anzeige $^1/2$ Gebühr aus dem vollen Geschäftswert an (KV Nr. 22200 i.V.m. § 113 I GNotKG). Zur Vermeidung dieser zusätzlichen Notargebühren kann die Gesellschaft zusätzliche Partei des Verpfändungsvertrages werden und die Anzeige bereits mit Abschluss des Verpfändungsvertrages erfolgen (dazu *Engelstädter/Lubberich* NZG 2014, 564 (566)).

174 § 16 GmbHG a.F. sah vor, dass im Fall einer Veräußerung von Geschäftsanteilen gegenüber der Gesellschaft nur derjenige als Erwerber gilt, dessen Erwerb bei der Gesellschaft angemeldet wird. Diese Vorschrift war nach h.M. auch auf die Verpfändung von Geschäftsanteilen anwendbar. Allerdings war eine entsprechende Anzeige nur zur Geltendmachung von Ansprüchen gegen die Gesellschaft erforderlich, nicht hingegen zur Wirksamkeit der Verpfändung zwischen den Vertragsparteien oder gegenüber Dritten (vgl. *Sieger/Hasselbach* GmbHR 1999, 633 (634) m.w.N.). Nach den durch das MoMiG neugefassten Regelungen der §§ 16 Abs. 1, 40 GmbHG n.F. ist nun im Fall einer Veränderung in den Personen der Gesellschafter oder ihres Beteiligungsumfangs eine entsprechende Eintragung in der im Handelsregister aufgenommenen Gesellschafterliste vorzunehmen. Inwieweit danach auch die Verpfändung in die Gesellschafterliste eintragungspflichtig bzw. eintragungsfähig ist, ist umstritten. Teilweise wird angenommen, die Verpfändung stelle eine Veränderung des »Umfangs der Beteiligung« i.S.v. §§ 16 Abs. 1, 40 Abs. 1 GmbHG n.F. dar und sei daher vom benachrichtigten Geschäftsführer bzw. vom beurkundenden Notar zum Handelsregister anzumelden (vgl. MüKo BGB/*Damrau* § 1274 Rn. 52, 58). Nach a.A. ist jedenfalls die Eintragungsfähigkeit zu bejahen, da diese auch beim Aktienregister (§ 67 Abs. 2 AktG) überwiegend anerkannt und die Interessenlage bei der GmbH identisch sei (*Reymann* WM 2008, 2095 (2102); *Heckschen/Heidinger* Kap. 13 Rn. 440 ff.). Die überwiegende Auffassung hält demgegenüber zutreffend dingliche Belastungen von Geschäftsanteilen wie etwa bei der Verpfändung weder für eintragungspflichtig noch für eintragungsfähig, da der Gesetzgeber diese (ebenso wie umgekehrt den lastenfreien Erwerb bei fehlender Eintragung) gerade nicht vorgesehen hat und insoweit auch der Grundsatz der Registerklarheit entgegensteht (*Wicke* § 16 GmbHG Rn. 10 und § 40 Rn. 5a; Roth/Altmeppen/*Altmeppen* GmbHG § 15 Rn. 59 und § 16 Rn. 64; Baumbach/Hueck/*Fastrich* § 16 GmbHG Rn. 26 und Baumbach/

Hueck/*Noack* § 40 GmbHG Rn. 7). Hinzu kommt, dass trotz § 16 Abs. 3 GmbHG nach h.M. ein gutgläubiger lastenfreier Erwerb des Geschäftsanteils nicht möglich ist, sodass auch zum Schutz des Pfandgläubigers eine Aufnahme der Verpfändung in die Gesellschafterliste nicht nötig erscheint (a.A. MüKo BGB/*Damrau* § 1274 Rn. 52, 58). Dementsprechend sieht das Muster F 8 von einer solchen Eintragung ab.

Möglich ist schließlich, dass der Gesellschaftsvertrag als Wirksamkeitsvoraussetzung vorsieht, die Verpfändung gegenüber der Gesellschaft anzuzeigen. Ein Verstoß gegen dieses Erfordernis hat wegen § 15 Abs. 5 GmbHG i.V.m. § 1274 Abs. 2 BGB die Unwirksamkeit der Verpfändung zur Folge (*Reymann* DNotZ 2005, 425 (430); allgemein zu § 15 Abs. 5 GmbHG bereits oben Muster G 8 (Rdn. G 156)). 175

19. Seit Inkrafttreten des GNotKG fallen für die notarielle **Beurkundung einer Rechtswahl** nach dem Internationalen Privatrecht zusätzliche Notargebühren an (§ 111 Nr. 4 GNotKG). Sofern eine Anteilsverpfändung keine Auslandsberührung aufweist oder sich das gewünschte Recht eindeutig nach den anwendbaren Regelungen des Internationalen Privatrechts bestimmen lässt, könnte daher zur Kostenvermeidung gänzlich auf eine Rechtswahlklausel verzichtet werden (vgl. *Schneider/Korn* WM 2015, 62 (63)). Unklar ist, ob eine *deklaratorische* Rechtswahlklausel eine Gebührenpflicht auslöst (*Blumenthal* BB 2014, 1612 (1614)). Für den Fall, dass die Parteien eine deklaratorische Rechtswahl in den Verpfändungsvertrag aufnehmen möchten, sollte dem Notar daher vorsorglich die Frage gestellt werden, ob diese eine Gebührenpflicht auslöst (insofern gegen eine Gebührenpflicht *Engelstädter/Lubberich* NZG 2014, 564 (567 f.)). 176

20. Erfolgt die Unterzeichnung – wie regelmäßig zumindest auf Seiten der Pfandgläubigerin (= Bank) der Fall – durch einen Vertreter, so ist auf die ordnungsgemäße Bevollmächtigung zu achten, die wegen § 167 Abs. 2 BGB allerdings selbst keinen besonderen Formerfordernissen unterliegt (Baumbach/Hueck/*Fastrich*, § 15 GmbHG Rn. 23; *Hermanns* RNotZ 2012, 490 f.). Ein Vertreter kann bei entsprechender Bevollmächtigung ggf. mehrere Pfandgläubiger (z.B. ein Bankenkonsortium) vertreten, den Verpfänder hingegen nur, wenn vom Verbot des § 181 BGB wirksam befreit wurde (*Hermanns* RNotZ 2012, 490). 177

21. Was schließlich die **steuerrechtlichen** Folgen einer GmbH-Anteilsverpfändung betrifft, so werden die Anteile trotz Verpfändung weiterhin dem Anteilsinhaber zugerechnet, so dass sich steuerlich zunächst keine Auswirkungen ergeben; insbes. ist die bloße Verpfändung noch keine Veräußerung und kann auch nicht zu einer grunderwerbsteuerlichen Vereinigung von Anteilen führen. Eine Veräußerung tritt erst mit der Verwertung des Anteils ein, die dann dem Verpfänder zugerechnet wird (vgl. zum Ganzen Beck´sches HdbGmbH/*Schacht* § 12 Rn. 204; *Dahlbender* GmbHStB 2012, 386 (387)). 178

III. Sanierung

9. Vereinbarung über einen Forderungsrangrücktritt

Vorbemerkung

Bei einem Rangrücktritt vereinbart die GmbH mit ihrem Gläubiger, dass dieser mit seiner Forderung hinter die Ansprüche anderer Gläubiger zurücktritt. Ziel einer solchen Vereinbarung ist es, zu verhindern, dass die Verbindlichkeit in der insolvenzrechtlichen Überschuldungsbilanz der Gesellschaft passiviert werden muss. Durch den Rangrücktritt soll also die Insolvenzantragsstellung vermieden werden. Ein Verstoß gegen die Insolvenzantragsstellungspflicht hätte schadensersatzrechtliche und sogar strafrechtliche Konsequenzen (vgl. insbes. § 15a Abs. 4, 5 InsO, § 64 GmbHG, §§ 283, 283c StGB). Ohne Rangrücktritt wären insbes. auch Gesellschafterdarlehen zu passivieren und könnten sie zu einer Überschuldung der Gesellschaft führen. Seit dem MoMiG findet sich nunmehr eine ausdrückliche Regelung zum Rangrücktritt in § 19 Abs. 2 Satz 2 InsO. Der Bundesgerichtshof hat in seiner aktuellen Rechtsprechung die Wirkungen des Rangrücktritts noch weiter 179 konturiert und insbes. die Relevanz für den vorinsolvenzlichen Bereich und den Insolvenzgrund der Zahlungsunfähigkeit hervorgehoben. Das nachfolgende Muster regelt den Rangrücktritt eines GmbH-Gesellschafters in Bezug auf seine Ansprüche aus einem mit der Gesellschaft abgeschlossenen Darlehensvertrag.

180 Muster

§ 1 Präambel [1]

Herr/Frau [Gläubiger] ist Gesellschafter der ____________ -GmbH (Schuldnerin) mit Sitz in ____________, eingetragen im Handelsregister des Amtsgerichts ____________ unter HRB ____________.

Mit Darlehensvertrag vom ____________ (in Kopie als Anlage) hat der Gläubiger der Schuldnerin ein Darlehen [2] i.H.v. ____________ € zzgl. Zinsen i.H.v. ____________ gewährt, welches gegenwärtig bei der Schuldnerin vollständig passiviert ist.

Um eine Überschuldung und eine Zahlungsunfähigkeit der Schuldnerin zu vermeiden [3, 3.1], treffen die Parteien für die Forderungen aus diesem Darlehensvertrag die nachstehende Rangrücktrittsvereinbarung.

§ 2 Rangrücktritt [4,4.1]

(1) Der Gläubiger tritt hiermit mit seinen Forderungen auf Rückzahlung des Darlehens und auf Verzinsung im Rang hinter die in § 39 Abs. 1 Nr. 1 bis 5 InsO bezeichneten Forderungen zurück. In einem etwaigen Insolvenzverfahren kann der Gläubiger eine Befriedigung seiner Ansprüche nur im Rang des § 39 Abs. 2 InsO verlangen. Der Gläubiger kann ab sofort und außerhalb eines etwaigen Insolvenzverfahrens über das Vermögen der Gesellschaft eine Befriedigung seiner Ansprüche nur insoweit verlangen, als das Vermögen der Gesellschaft nicht zur Deckung der Schulden gegenüber sonstigen Gläubigern benötigt wird (ungebundenes Vermögen).

(2) Dieser Rangrücktritt gilt sowohl vor Eröffnung des Insolvenzverfahrens als auch in einem etwaigen Insolvenzverfahren, jedoch nur, solange und soweit durch eine teilweise oder vollständige Befriedigung der Ansprüche des Gläubigers eine Überschuldung oder eine Zahlungsunfähigkeit der Schuldnerin entsteht oder zu entstehen droht. [5, 6, 7, 8]

(3) Diese Vereinbarung stellt keinen Verzicht auf die Forderung dar. [9]

(4) Diese Vereinbarung kann als Vertrag zugunsten der Gläubigergesamtheit der Schuldnerin gemäß § 328 BGB nicht durch eine Abrede der Schuldnerin mit dem Gläubiger aufgehoben werden, wenn dadurch eine Überschuldung oder eine Zahlungsunfähigkeit der Schuldnerin entsteht. Ein Recht der Gläubigergesamtheit wird nicht begründet, wenn eine zur Deckung sämtlicher Verbindlichkeiten genügende (liquide) Vermögensmasse vorhanden ist. [10]

____________, den ____________

[Gesellschafter (= Gläubiger)]

[Vertreter der Gesellschaft]

Erläuterungen

Literatur: *Bäuml,* Gesellschafterdarlehen nach MoMiG: (Steuer-)Rechtliche Beratungsschwerpunkte in der Krise, GmbHR 2009, 632–637; *Bay,* Anmerkung zu OLG Düsseldorf vom 10.11.2011, GWR 2012, 61; *Berger,* Zahlungsverbote kraft Rangrücktritts, ZIP 2016, 1–5; *Bitter,* Wirksamkeit von Rangrücktritten und vorinsolvenzrechtlichen Durchsetzungssperren, ZIP 2015, 345–356; *Bitter/Heim*, Anmerkung zum Urteil des BGH v. 05.03.2015, ZIP 2015, 644–648; *Bloß/Zugelder*, Auswirkungen des insolvenzrechtlichen Nachrangs auf Sicherheiten, NZG 2011, 332–334; *Bork*, Zur Rechtsnatur eines qualifizierten Rangrücktritts, EWiR 2015, 219 f.; *Briese*, Zur Auflösung von Verbindlichkeiten bei Überschuldung – Ergänzende Anmerkungen zu Oser, DStR 2017, 1189, DStR 2017, 2832–2834; *Ekkenga*, Insolvenzvorbeugung durch Rangrücktritt, ZIP 2017, 1493–1505; *Funk*, Der Rangrücktritt bei Gesellschafterdarlehen nach MoMiG im Steuerrecht, BB 2009, 867–870; *Haas*, Die Passivierung von Gesellschafterdarlehen in der Überschuldungsbilanz nach MoMiG und FMStG, DStR 2009, 326 f.; *Hoffmann*, Anmerkung zu BMF – Schreiben vom 08.09.2006, GmbHR 2006, 1116–1118; *Kahlert/Gehrke*, Der Rangrücktritt nach MoMiG im GmbH-Recht: Insolvenz- und steuerrechtliche Aspekte, DStR 2010, 227–233; *dies.*, Steuerneutralität des Rangrücktritts eines GmbH-Gesellschafters nach § 19 Abs. 2 Satz 3 InsO n.F.?, ZIP 2008, 2392–2395; *Leithaus/Schaefer*, Rangrücktrittsvereinbarungen zur Vermeidung der Überschuldung anno 2010 – Unter welchen Voraussetzungen lässt sich eine Rangrücktrittsvereinbarung aufheben?, NZI 2010, 844–849; *Müller*, Bilanzierung des qualifizierten Rangrücktritts, BB 2016, 491–494; *Neumann*, Neue insolvenzrechtliche Anforderungen an den Rangrücktritt – Bedeutung für das Steuerrecht, GmbH-StB 2009, 192–195; *Oser*, Auflösung von Verbindlichkeiten mit Rangrücktritt in Handels- und Steuerbilanz, DStR 2017, 1889–1893; *K. Schmidt*, Dogmatik und Praxis des Rangrücktritts, ZIP 2015, 901–911; *Wälzholz*, Das MoMiG kommt: Ein Überblick über die neuen Regelungen – Mehr Mobilität, Flexibilität und Gestaltungsfreiheit bei gleichzeitigem Gläubigerschutz, GmbHR 2008, 841–850; *ders.*, Die GmbH in Krise und Insolvenz nach dem MoMiG – Insolvenzantrag, Rangrücktritt, Haftung, GmbH-StB 2009, 75–83; *ders.*, Mehr Sicherheit beim Rangrücktritt – Gestaltungspraxis nach der BGH-Entscheidung v. 05.03.2015 (IX ZR 133/14) und der BFH-Entscheidung v. 15.04.2015 (I R 44/14), GmbH-StB 2015, 259–265. Speziell zur aktuellen steuerrechtlichen Diskussion zu § 5 Abs. 2a EStG: BFH, Urt. vom 30.11.2011, ZIP 2012, 570–572; *Bay*, Ausnahmen von qualifiziertem Rangrücktritt dürfen nicht nur gewinnabhängig ausgestaltet sein (Anmerkung zu BFH vom 30.11.2011), GWR 2012, 167; *Haug*, Keine Passivierung bei sog. qualifiziertem Rangrücktritt, SteuK 2012, 209; *Kahlert*, Passivierung eines Rangrücktritts in der Steuerbilanz, NWB 2012, 2141–2148; *ders.*, Bilanzierung des qualifizierten Rangrücktritts – Erwiderung zu W. Müller, BB 2016, 491, BB 2016, 878 f.; *Leuering/Bahns*, Die steuerliche Behandlung von Rangrücktrittserklärungen, NJW-Spezial 2012, 207 f.; *Weitnauer*, Der Rangrücktritt – Welche Anforderungen gelten nach aktueller Rechtsprechung? GWR 2012, 193–197.

1. Ein Rangrücktritt setzt einen **Vertrag** zwischen Gläubiger und Schuldner voraus. Dabei handelt es sich nach h.M. um einen Schuldänderungsvertrag mit dinglicher Wirkung, gerichtet auf inhaltliche Änderung der Forderung (jüngst BGH, Urt. v. 05.03.2015, NJW 2015, 1672 (1675); MAH GmbH/*Selzner/Leuering* § 7 Rn. 119 m.w.N.; ausführlich zur Rechtsnatur *Leithaus/Schäfer* NZI 2010, 844 (847 f.)). Eine nur einseitige Erklärung des Gläubigers genügt nicht. **Formerfordernisse** bestehen nicht, schon aus Beweisgründen ist eine schriftliche Niederlegung aber empfehlenswert. Das Dokument ist vom Gesellschafter (Darlehensgeber) und von einem Vertreter der Gesellschaft (Darlehensnehmerin) zu unterzeichnen, wobei auf das Verbot des § 181 BGB (bzw. § 35 Abs. 3 GmbHG) zu achten ist. § 1 des Musters dient insbes. auch dazu, die Forderungen, auf die sich der Rangrücktritt bezieht, möglichst genau zu spezifizieren. 181

2. Rangrücktrittsvereinbarungen werden typischerweise für Ansprüche aus **Gesellschafterdarlehen** und dabei nicht selten schon beim Abschluss des Darlehensvertrages vereinbart (vgl. Muster G 4 (Rdn. G 27)). Solche Darlehensforderungen werden in der Insolvenz nach § 39 Abs. 1 Nr. 5 InsO nachrangig befriedigt. Im Zuge der Neufassung durch das MoMiG sah der Regierungsentwurf zu § 19 Abs. 2 InsO zunächst vor, dass diese Forderungen generell von der Passivierungspflicht ausgenommen werden sollten, wodurch der Hauptanwendungsbereich von Rangrücktritten entfallen wäre (*Wälzholz* GmbH-StB 2009, 75 (77 f.) m.w.N.). Nach entsprechender Kritik im Schrifttum wurde der durch Art. 9 des MoMiG eingeführte § 19 Abs. 2 Satz 2 InsO aber dahingehend abgeändert, dass eine Passivierungspflicht nur dann nicht besteht, wenn für die Forderung gem. § 39 Abs. 2 InsO im Insolvenzverfahren ein Nachrang hinter den Forderungen nach § 39 Abs. 1 Nr. 1–5 InsO vereinbart wird (vgl. zum Ganzen *Bäuml* GmbHR 2009, 632 (634); MAH GmbH/*Selzner/Leuering* § 7 Rn. 121 ff.; *Wälzholz* GmbHR 2008, 841 (847)). Zur Vermeidung einer Passivierungspflicht ist also auch bei Gesellschafterdarlehen weiterhin ein Rangrücktritt erforderlich. Die diesbezüglichen Anforderungen hat der BGH jüngst in seinem Urteil vom 05.03.2015 182

(BGH, Urt. v. 05.03.2015, NJW 2015, 1672) formuliert. Sie gehen über den Wortlaut des § 19 Abs. 2 Satz 2 InsO hinaus (näher dazu unten Muster G 9 (Rdn. G 185 ff.).

183 **3.** Der aktuell geltende **Überschuldungsbegriff** wurde durch Art. 5 des FMStG in § 19 Abs. 2 Satz 1 InsO n.F. wesentlich geändert. Ursprünglich war eine Befristung der Neuregelung bis zum 31.12.2010 vorgesehen (Art. 6 Abs. 3, 7 Abs. 2 FMStG), die zwischenzeitlich bis zum 31.12.2013 verlängert wurde (Art. 1 des Gesetzes zur Erleichterung der Sanierung von Unternehmen vom 24.09.2009), bis die Regelung zuletzt ganz entfristet wurde (BT-Drs. 17/11385, 27).

Nach altem Recht (§ 19 Abs. 2 InsO a.F.) lag eine Überschuldung vor, wenn das Vermögen des Schuldners die bestehenden Verbindlichkeiten nicht mehr deckte, wobei allerdings bei der Bewertung des Schuldnervermögens der Fortführungswert des Unternehmens zugrunde zu legen war, wenn die Fortführung überwiegend wahrscheinlich erschien. Eine positive Fortführungsprognose war also nur insoweit relevant, als die Bewertung der Unternehmensaktiva dann nicht nach dem niedrigeren Liquidations-, sondern dem höheren Fortführungswert erfolgte.

§ 19 Abs. 2 Satz 1 InsO n.F. bestimmt demgegenüber, dass eine Überschuldung vorliegt, wenn das Vermögen des Schuldners die bestehenden Verbindlichkeiten nicht mehr deckt, es sei denn, die Fortführung des Unternehmens ist nach den Umständen überwiegend wahrscheinlich. Anders als nach altem Recht, als die Fortführungsprognose also nur über das maßgebliche Bewertungskonzept entschied, schließt eine positive Fortführungsprognose eine Überschuldung nunmehr *per se* aus. Im Fall einer positiven Prognose muss also die rechnerische Überschuldung nicht mehr geprüft werden, und auch ein Rangrücktritt ist nicht mehr erforderlich (ausführlich zum veränderten Überschuldungsbegriff *Funk* BB 2009, 867–869). Da eine eindeutige positive Fortführungsprognose aber in der Praxis schwer zu treffen ist und ihre Beurteilung zudem mit Unsicherheiten behaftet ist, empfiehlt sich regelmäßig auch weiterhin zur Vermeidung der Überschuldung die Vereinbarung eines Rangrücktritts (enger *Leithaus/Schaefer* NZI 2010, 844–849, die davon ausgehen, dass der Rangrücktritt nach neuer geltender Rechtslage nur noch für die Fortführungsprognose relevant sei).

184 **3.1** Erschien längere Zeit fraglich, inwieweit ein Rangrücktritt als solcher nicht nur die Überschuldung, sondern auch eine etwaige **Zahlungsunfähigkeit** der Gesellschaft i.S.v. § 17 InsO abzuwenden vermag, so ist seit dem jüngsten BGH-Urteil zum Thema (BGH, Urt. v. 05.03.2015, NJW 2015, 1672) klar, dass sich i.d.R. durch Auslegung ergibt, dass eine insolvenzrechtlich wirksame Rangrücktrittsvereinbarung zur Vermeidung der Überschuldung auch Auswirkungen auf die Zahlungsunfähigkeit i.S.v. § 17 InsO hat, da der Anspruch des Gläubigers infolge der Vereinbarung nicht mehr durchsetzbar ist (dazu *Wälzholz* GmbH-StB 2015, 259 (264)). Damit bestätigt der BGH eine verbreitete Literaturauffassung (siehe Braun/*Bußardt* § 17 InsO Rn. 20 m.w.N.), nach der zumindest bei Vereinbarung eines über den gesetzlichen Nachrang hinausgehenden Rangrücktritts die Forderung als insolvenzrechtlich nicht »fällig« i.S.v. § 17 InsO anzusehen und damit in der Liquiditätsbilanz nicht zu berücksichtigen sei. Ähnlich hatte der BGH auch schon in früheren Entscheidungen argumentiert (vgl. BGH, Beschl. v. 19.07.2007, Rn. 18–20, NZI 2007, 579 – noch zum alten Recht; zum neuen Recht nur »angedeutet« in BGH, Urt. v. 09.10.2012, Rn. 13 – II ZR 298/11; siehe dazu die Anmerkung von *Kahlert* DStR 2012, 2608 (2611)).

185 **4.** Bis zur Kodifizierung des Rangrücktritts in § 19 Abs. 2 InsO wurde zwischen »einfachen« und »qualifizierten« Rangrücktritten unterschieden. Bei einem **einfachen Rangrücktritt** wird lediglich vereinbart, dass die Darlehensforderung **nachrangig** nach Befriedigung aller Gesellschaftsgläubiger zu tilgen ist (häufig kombiniert mit einer Besserungsabrede dahingehend, dass die Befriedigung nur zu Lasten von Bilanzgewinnen, Liquidationsüberschüssen oder sonstigen freiem Vermögen erfolgen darf, vgl. *Funk* BB 2009, 867 (869) sowie unten Muster G 9 (Rdn. G 196)). Bei einem **qualifizierten Rangrücktritt** erklärt der Darlehensgeber (der Gesellschafter) darüber hinaus, dass das Darlehen bis zur Abwendung der Krise zeitlich erst zusammen und gleichrangig mit den Einlagenrückgewähransprüchen seiner Mitgesellschafter geltend gemacht werden darf (*Neumann* GmbH-

StB 2009, 192 (193)). Der Gläubiger wird also so behandelt, als sei seine Forderung »statutarisches Eigenkapital«. Der qualifizierte Rangrücktritt enthält somit eine inhaltliche Komponente (»Rangtiefe« des Rücktritts durch Gleichstellung mit statutarischem Eigenkapital) und eine zeitliche Komponente (Geltung des Rangrücktritts nicht nur für die Zeit nach Insolvenzeröffnung, sondern auch für die »Krisenzeit« davor, vgl. *Haas* DStR 2009, 326 (327)).

Der BGH ging in seiner Leitentscheidung vom 08.01.2001 (BGH, Urt. v. 08.01.2001, DStR 186 2001, 175) davon aus, dass ein einfacher Rangrücktritt insolvenzrechtlich nicht genüge, um eine Passivierungspflicht zu vermeiden. Erforderlich sei ein qualifizierter Rangrücktritt (wobei die genauen Anforderungen umstritten waren, vgl. *Haas* DStR 2009, 326 (327); *Kahlert/Gehrke* DStR 2010, 227 m.w.N. in Fn. 5). Durch die Neufassung des § 19 Abs. 2 InsO war dies überholt. Insolvenzrechtlich sind in **inhaltlicher** Hinsicht ein qualifizierter Rangrücktritt und eine Gleichstellung mit statutarischem Eigenkapital zur Vermeidung der Passivierungspflicht **nicht** mehr erforderlich, sondern es genügt entsprechend dem Wortlaut von §§ 19 Abs. 2, 39 Abs. 2 InsO ein Rücktritt hinter die Forderungen nach § 39 Abs. 1 Nr. 1–5 InsO (so nun auch BGH, Urt. v. 05.03.2015, NJW 2015, 1672 (1673); *Neumann* GmbH-StB 2009, 192 (193); *Wälzholz* GmbH-StB 2009, 75 (78); *Haas* DStR 2009, 326 (327); *Leithaus/Schaefer* NZI 2010, 844 (846)). Allerdings verlangt der BGH zur insolvenzrechtlichen Wirksamkeit ein rechtsgeschäftlich vereinbartes, vorinsolvenzliches Zahlungsverbot dergestalt, dass die Forderungen des Gläubigers nur noch aus ungebundenem, d.h. nicht zur Deckung der Schulden gegenüber sonstigen Gläubigern benötigtem Vermögen befriedigt werden dürfen (BGH, Urt. v. 05.03.2015, NJW 2015, 1672 (1673)). Eine Bedingung in der Form, dass der Rangrücktritt nur für den Fall der ansonsten entstehenden oder drohenden Überschuldung gilt, hält der BGH ausdrücklich für zulässig und zweckmäßig (vgl. BGH, Urt. v. 05.03.2015, NJW 2015, 1672 (1675); zustimmend *K. Schmidt* ZIP 2015, 901 (905); dazu auch *Berger* ZIP 2016, 1 (4)).

Nach der Neufassung von § 19 Abs. 2 InsO war lange Zeit umstritten, welche Anforderungen in 187 **zeitlicher** Hinsicht an einen Rangrücktritt zu stellen sind. Nach Aufhebung der Regeln über das Eigenkapitalersatzrecht durch das MoMiG dürfen Gesellschafterdarlehen vor Eröffnung des Insolvenzverfahrens zurückgewährt werden, unabhängig von einer eventuellen Krise der Gesellschaft (vgl. § 30 Abs. 1 Satz 3 GmbHG; *Altmeppen* NJW 2008, 3601 (3606); anders die frühere Rspr., die die Rückzahlungssperre aus §§ 30, 31 GmbHG auf sog. eigenkapitalersetzende Darlehen analog anwandte; vgl. auch Muster G 4 (Rdn. G 20 und Rdn. G 21)). Der BGH hat mit seinem Urteil vom 05.03.2015 (BGH, Urt. v. 05.03.2015, NJW 2015, 1672) diese Anforderungen klargestellt. So muss im Einklang mit dem bisherigen Recht zur Vermeidung der andernfalls unumgänglichen Insolvenzantragspflicht (§ 15a InsO) der Rangrücktritt auch den Zeitraum vor Verfahrenseröffnung erfassen. Eine Forderung könne nicht vor Verfahrenseröffnung durchsetzbar sein, nach Verfahrenseröffnung aber ausgeblendet werden, wenn es um die Feststellung der Überschuldung geht. Der Überschuldungsstatus bilde die Schuldendeckungsfähigkeit nicht zutreffend ab, wenn eine vorinsolvenzliche Durchsetzungssperre fehle (BGH, Urt. v. 05.03.2015, NJW 2015, 1672 (1674)). Damit bestätigt der BGH eine bereits in der Literatur vertretene Auffassung, wonach nur unter diesen Voraussetzungen das Darlehen aus der Überschuldungsbilanz ausgeklammert werden dürfe (so insbes. *Bitter* ZIP 2015, 345 (347); Baumbach/Hueck/*Haas* Vorb. § 64 GmbHG Rn. 52; *Haas* DStR 2009, 326 (327); *Funk* BB 2009, 867 (869); MüKo GmbHG/*Müller* § 64 Rn. 39; a.A. *Kahlert/Gehrke* DStR 2010, 227 (229)). Der Gesetzgeber habe durch die Neufassung des § 19 Abs. 2 Satz 2 InsO im Hinblick auf die zeitliche Komponente nicht von der bisherigen Praxis abweichen wollen. Die Neufassung sollte insbes. auch dem Geschäftsführer die Entscheidung erleichtern, ob eine Forderung zu passivieren ist. Auch daher müsse ein Rangrücktritt, weil von seiner Reichweite die die Geschäftsleiter treffende Insolvenzantragspflicht gem. § 15a InsO abhängt, gerade auch vor Verfahrenseröffnung gelten (BGH, Urt. v. 05.03.2015, NJW 2015, 1672 (1674)). Schließlich muss der Rangrücktritt auf Dauer gerichtet und darf daher nicht frei aufhebbar sein (BGH, NJW 2015, 1672 (1674) Rn. 38), da ansonsten dem Gläubigerschutz nicht genügend Rechnung getragen werde.

188 **4.1** In jedem Fall gilt es, »einschränkende« Formulierungen des Rangrücktritts, die den Eindruck erwecken könnten, dass der Gläubiger u.U. doch nicht nur letztrangig befriedigt werden will, zu vermeiden. Andernfalls besteht das Risiko, dass die Passivierungspflicht im Rahmen der Überschuldungsbilanz nicht entfällt (so OLG Düsseldorf, Urt. v. 10.11.2011 – I-6 U 275/10 für den Fall, dass der Rangrücktritt einer Bank folgende Einschränkung enthielt: »Die Rechte aus der/den Grundschuld(en) werden durch diese Erklärung nicht berührt«). Die Rangrücktrittsvereinbarung darf also insbes. **dingliche Sicherheiten** nicht ausnehmen (vgl. OLG Düsseldorf a.a.O.; siehe zudem die Urteilsanmerkung von *Bay* GWR 2012, 61). Wurden solche Sicherheiten bestellt (wovon das vorliegende Muster nicht ausgeht), so empfiehlt sich umgekehrt eine Klarstellung, dass sich der zurücktretende Gläubiger auch sein Recht auf vorzugsweise Befriedigung nicht nach § 49 InsO vorbehält bzw. dass auf die Sicherheit, aufschiebend bedingt auf den Zeitpunkt, in dem die Voraussetzungen für eine Insolvenzantragsstellung vorliegen, verzichtet wird (vgl. *Weitnauer*, GWR 2012, 193 (194); zu den Auswirkungen eines insolvenzrechtlichen Nachrangs auf dingliche Sicherheiten und der Frage nach dem Erfordernis eines Verzichts auf die Sicherheit auch *Bloß/Zugelder* NZG 2011, 332–334).

189 **5.** Primäre **Rechtsfolge** des Rangrücktritts ist, dass der Gesellschafter im Rang hinter alle sonstigen Gläubiger und damit auch noch hinter diejenigen Gesellschafter rückt, die keine entsprechende Rangrücktrittsvereinbarung geschlossen haben und daher im Rang des § 39 Abs. 1 Nr. 5 InsO stehen (MAH GmbH/*Selzner/Leuering* § 7 Rn. 124). Aufgrund der Rangrücktrittsvereinbarung kann die Darlehensforderung in der Überschuldungsbilanz gem. § 19 InsO unberücksichtigt bleiben (vgl. Muster G 9 (Rdn. G 182)). Im Übrigen wären Rückzahlungen an den Gesellschafter auch unabhängig von einer Rangrücktrittsvereinbarung nach §§ 44a, 135 Abs. 1, Abs. 2 InsO bzw. §§ 6 Abs. 1, 6a AnfG anfechtbar (*Bäuml* GmbHR 2009, 632 (635); *Wälzholz* GmbH-StB 2009, 75 (78)). Nach dem BGH stellt eine im Stadium der Insolvenzreife und entgegen einer Rangrücktrittsvereinbarung geleistete Zahlung eine rechtsgrundlose Leistung i.S.v. § 812 Abs. 1 Satz 1 Fall 1 BGB dar und begründet einen Bereicherungsanspruch der Gesellschaft (BGH, Urt. v. 05.03.2015, NJW 2015, 1672 (1675); kritisch dazu *Bork* EWiR 2015, 219 (220); *K. Schmidt* ZIP 2015, 901 (910)). Dabei versteht der BGH das rechtsgeschäftlich vereinbarte vorinsolvenzliche Zahlungsverbot als dilatorisch wirkende Einwendung der Nichterfüllbarkeit der Forderung, wonach die Forderung nicht durchgesetzt und auch nicht erfüllt werden könne. Eine etwaige Zahlung erfolge sodann rechtsgrundlos (BGH, Urt. v. 05.03.2015, NJW 2015, 1672 (1675 ff.)). Somit ist eine entgegen der Vereinbarung geleistete Zahlung als Zahlung auf eine Nichtschuld auch als unentgeltlich im Sinne von § 134 Abs. 1 InsO anzusehen und somit anfechtbar (BGH, Urt. v. 05.03.2015, NJW 2015, 1672 (1677); zustimmend *Bitter/Heim* ZIP 2015, 644 (645 f.); kritisch dazu *K. Schmidt* ZIP 2015, 901 (910)). Diese Einordnung ist angesichts des erfassten Zeitraums der letzten vier Jahre vor Insolvenzantragstellung und der fehlenden weiteren Voraussetzungen, insb. in subjektiver Hinsicht, von besonderer Bedeutung. Im Übrigen haftet der Geschäftsführer für Zahlungen, die nach Eintritt der Zahlungsunfähigkeit der Gesellschaft bzw. Feststellung ihrer Überschuldung getätigt werden (§ 64 Satz 1 GmbHG), sowie für Zahlungen an die Gesellschafter, soweit diese zur Zahlungsunfähigkeit der Gesellschaft führen mussten (§ 43 Abs. 3 GmbHG).

190 **6.** Der Rangrücktritt führt lediglich insolvenzrechtlich zur Nichtpassivierung der Forderung in der Überschuldungsbilanz. In der **Handelsbilanz** ist das Gesellschafterdarlehen dagegen bei richtiger Formulierung nach ganz h.M. weiterhin als Verbindlichkeit (Fremdkapital) zu bilanzieren. Denn durch den Rangrücktritt wird lediglich die Rangordnung der Gesellschaftsgläubiger modifiziert, die Verbindlichkeit als solche besteht unvermindert fort (*Neumann* GmbH-StB 2009, 192 (194) m.w.N.; MAH GmbH/*Selzner/Leuering* § 7 Rn. 116). Vereinzelte Stimmen fordern die (erfolgsneutrale) handelsbilanzrechtliche Ausbuchung der Forderung aus dem Gesellschafterdarlehen in das Eigenkapital (*Müller* BB 2016, 491 (493); *Oser* DStR 2017, 1889 (1892); a.A. dagegen *Briese* DStR 2017, 2832 (2833 f.)).

191 **7.** Weiterhin nicht näher gesetzlich geregelt ist der Rangrücktritt bei **Drittgläubigern** (andere Kreditgeber als Gesellschafter). Der BGH hat mit seinem Urteil vom 05.03.2015 geklärt, dass §§ 19

Abs. 2 Satz 2, 39 Abs. 2 InsO auch auf Nichtgesellschafter anwendbar sind, da die Rechtsfolgen übereinstimmen, gleich ob die Rangrücktrittsvereinbarung mit einem Gesellschafter oder einem Drittgläubiger vereinbart wurde (BGH, Urt. v. 05.03.2015, NJW 2015, 1672 (1673); kritisch dazu *Bitter/Heim* ZIP 2015, 644 f.). Damit bestätigt er die ohnehin überwiegende Literaturauffassung (*Leithaus/Schaefer* NZI 2010, 844 (846); *Wälzholz* GmbH-StB 2009, 75 (78); ähnlich *Kahlert/Gehrke* DStR 2010, 227 (230); a.A. wohl *Weitnauer* GWR 2012, 193, der im Ergebnis aber auch für Gesellschafter und Drittgläubiger die gleichen Anforderungen aufstellt). Das vorliegende Muster kann also auch für den Rangrücktritt eines Drittgläubigers verwendet werden.

8. Von besonderer Bedeutung ist die Frage nach eventuellen **steuerrechtlichen Folgen** eines Rangrücktritts. Denn müsste das Darlehen in der Steuerbilanz der Gesellschaft aufgrund des Rangrücktritts erfolgswirksam ausgebucht werden, so wäre der Rangrücktritt aufgrund der entsprechenden erhöhten Belastung steuerlich mit erheblichen Nachteilen verbunden und damit auch als Sanierungsinstrument weitestgehend unbrauchbar (*Funk* BB 2009, 867). Ziel muss daher sein, den Rangrücktritt **steuerneutral** zu gestalten, also so, dass die Forderung auch steuerrechtlich weiterhin passiviert werden kann. 192

Zunächst stellt sich insoweit die Frage, ob – wie teilweise vertreten – der Rangrücktritt als **Forderungsverzicht** einzustufen und die Forderung folglich auszubuchen ist. Dies wurde sowohl vom BFH (Urt. v. 10.11.2005, ZIP 2006, 249) als auch vom BMF (Schreiben vom 08.09.2006, BStBl I 2006, 497) zutreffend verneint und gilt auch im Rahmen eines Rangrücktritts entsprechend der Neuregelung der §§ 19 Abs. 2 Satz 2, 39 Abs. 2 InsO. 193

Im Übrigen ist aber auch **§ 5 Abs. 2a EStG** zu beachten. Danach dürfen für Verpflichtungen, die nur zu erfüllen sind, soweit künftig Einnahmen oder Gewinne anfallen, Verbindlichkeiten oder Rückstellungen erst angesetzt werden, wenn die Einnahmen oder Gewinne *tatsächlich* angefallen sind. Der Grund hierfür ist, dass Verbindlichkeiten, die ausschließlich aus zukünftigen Einnahmen zu begleichen sind, das Vermögen des Schuldners gegenwärtig noch nicht belasten. Wäre § 5 Abs. 2a EStG anwendbar, so hätte dies also zur Folge, dass die Darlehensverpflichtung steuerrechtlich (zunächst) nicht passiviert werden dürfte, was zu einer entsprechenden Gewinnerhöhung mit erhöhter Steuerpflicht führen würde (*Bäuml* GmbHR 2009 632 (635)). Prinzipiell wäre aber auch § 3a EStG n.F. zu beachten (dazu im einzelnen Muster G 12 (Rdn. 241)). 194

Nach Ansicht des BFH (Urt. v. 10.11.2005, DStR 2006, 75) findet § 5 Abs. 2a EStG dann Anwendung, wenn für die Verbindlichkeit mit Rangrücktritt auf eine Tilgung aus einem Liquidationsüberschuss oder aus dem sonstigen freien Vermögen (d.h. aus dem Vermögen, das die sonstigen Verbindlichkeiten der Gesellschaft übersteigt, vgl. Weitnauer, GWR 2012, 193) verzichtet wurde. Ist der Rangrücktritt allerdings nicht näher präzisiert, so ist dies nach Ansicht des BFH nicht anzunehmen. Bei einer **»reinen« Rangrücktrittsvereinbarung** (ohne Besserungsabrede) besteht also eine Auslegungsregel dahingehend, dass § 5 Abs. 2a EStG *keine* Anwendung findet (*Kahlert/Gehrke* ZIP 2008, 2392 (2393); *Neumann* GmbH-StB 2009, 192 (194)). Dies lässt sich auch auf den »neuen« Rangrücktritt nach §§ 19 Abs. 2, 39 Abs. 2 InsO übertragen, zumal dieser vor Eröffnung des Insolvenzverfahrens die Rückzahlung nicht einschränkt (*Kahlert/Gehrke* DStR 2010, 227 (232); ebenso *Wälzholz* GmbH-StB 2009, 75 (79)). Somit ist in diesen Fällen eine explizite Regelung, nach der die Tilgung auch aus dem sonstigen freien Vermögen zu erfolgen hat, *nicht* notwendig (*Kahlert/Gehrke* DStR 2010, 227 (232)) und wurde daher in das Muster auch nicht aufgenommen. 195

Auch vor dem Hintergrund der jüngsten Entscheidungen des BFH (Urt. v. 30.11.2011 – I R 100/10, DStR 2012, 450; Urt. v. 15.04.2015 – I R 44/14 m. Anm. *Naujok*, EWiR 2015, 697 f.; Urt. v. 10.08.2016 – I R 25/15, NJW 2017, 2063) und des BGH (Urt. v. 05.03.2015, NJW 2015, 1672) ergibt sich insoweit nach zutreffender Auffassung (ausführlich *Kahlert* NWB 2012, 2141 (2147 f.); *ders.* BB 2016, 878 f.) nichts anderes. Der BFH hat in seinen Urteilen lediglich klargestellt, dass eine Verbindlichkeit in der Steuerbilanz dann nicht passiviert werden kann (sondern gewinnwirksam aufzulösen ist), wenn die Rückzahlung nur aus künftigen Gewinnen oder einem etwaigen

Liquidationsüberschuss zu erfolgen hat. Denn dann liege – jedenfalls bis die entsprechenden Unternehmensgewinne anfallen – keine gegenwärtige wirtschaftliche Belastung i.S.v. § 5 Abs. 2a EStG vor. Allerdings war in diesem Fall die Rückzahlungspflicht von den Parteien auch explizit auf die Befriedigung aus künftigen Jahresüberschüssen bzw. aus einem ggf. anfallenden Liquidationserlös begrenzt worden. Dass eine solche Begrenzung auch bei einer hinsichtlich der Rückzahlungspflicht nicht näher präzisierten Nachrangforderung anzunehmen wäre, so dass es in jedem Fall zwingend eines Hinweises auf die Tilgungspflicht auch aus dem »sonstigen freien Vermögen« bedürfte, ergibt sich aus dem Urteil gerade nicht. Vielmehr verbleibt es dabei, dass bei einem insoweit nicht präzisierten Rangrücktritt § 5 Abs. 2a EStG nicht anzuwenden ist. Diese bisherige Rechtsprechung (BFH, Urt. v. 10.11.2005, DStR 2006, 75) wurde in der neueren Entscheidung gerade nicht infrage gestellt (so auch *Weitnauer*, GWR 2012, 193). Vielmehr besteht vor Insolvenz gerade ein »normaler« Rückzahlungsanspruch des Gesellschafters, der das Gesellschaftsvermögen auch gegenwärtig belastet (vgl. *Kahlert* 2012, 2141 (2148)).

196 Etwas anderes gilt nach vorstehend Gesagtem bei einem Rangrücktritt, der mit einer **Besserungsabrede** dergestalt verbunden wird, dass eine Rückzahlung der Verbindlichkeit nur dann zu erfolgen hat, wenn die Gesellschaft dazu aus zukünftigen Gewinnen oder einem Liquidationsüberschuss in der Lage ist. In diesem Fall muss nach den Urteilen des BFH (Urt. v. 30.11.2011 – I R 100/10, DStR 2012, 450; Urt. v. 28.09.2016 – II R 64/14, DStRE 2017, 92 (94 f.)) zwingend eine Klarstellung aufgenommen werden, dass die Tilgung zusätzlich auch aus »sonstigem freien Vermögen« der Gesellschaft zu erfolgen hat, um dem Anwendungsbereich des § 5 Abs. 2a EStG zu entgehen. Auch das BMF ging bereits in einem Schreiben vom 08.09.2006 (GmbHR 2006, 1115 (1116), siehe Rn. 6 i.V.m. Rn. 1; so auch die OFD Frankfurt a.M. mit Schreiben vom 30.06.2017, S 2743 A – 12 – St 525, DStR 2017, 2056) davon aus, dass § 5 Abs. 2a EStG in diesen Fällen Anwendung findet, sofern eine Tilgung nur aus künftigen Gewinnen möglich ist, wenn in der Besserungsabrede nicht ausdrücklich eine Tilgung auch aus sonstigem freien Vermögen vereinbart wurde (Beck´scher BilKomm/*Schubert* § 247 HGB Rn. 232; *Neumann* GmbH-StB 2009, 192 (194)).

197 Entfallen.

198 Entfallen.

199 Entfallen.

200 **9.** Der Rangrücktritt begründet **keinen Verzicht** auf die entsprechende Forderung. Ein solcher ist auch nicht erforderlich, um die Forderung aus der Überschuldungsbilanz herausnehmen zu können (so BGH, Urt. v. 08.01.2001, DStR 2001, 175 (176); sowie jüngst BGH, Urt. v. 05.03.2015, NJW 2015, 1672 (1673)). Aus Klarstellungsgründen empfiehlt sich aber eine Regelung, die dies ausdrücklich festlegt, zumal gerade im Verhältnis zwischen Rangrücktritt und Forderungsverzicht Abgrenzungsschwierigkeiten entstehen können (vgl. *Häuselmann* BB 1993, 1552).

201 **10.** Nach Auffassung des BGH stellt die Rangrücktrittsvereinbarung einen Vertrag zu Gunsten der übrigen Gläubiger der Gesellschaft dar (BGH, Urt. v. 05.03.2015, NJW 2015, 1672 (1676); kritisch dazu *Bork* EWiR 2015, 219 (220); *Ekkenga* ZIP 2017, 1493 (1499 f.); *K. Schmidt* ZIP 2015, 901 (909)). Zu ihrem Schutz muss die freie Aufhebbarkeit der Rangrücktrittsvereinbarung ausgeschlossen werden. Das Recht der Gläubiger kann dabei gem. § 328 Abs. 2 BGB an gewisse Voraussetzungen geknüpft werden. So wird ein Recht der Gläubigergesamtheit noch nicht begründet, sofern nach der Vereinbarung die Ansprüche des Gläubigers aus freiem Vermögen beglichen werden dürfen (siehe Muster G 9 § 2 Abs. 1) und eine zur Deckung sämtlicher Verbindlichkeiten genügende Vermögensmasse vorhanden ist (BGH, Urt. v. 05.03.2015, NJW 2015, 1672 (1676)). Die Aufhebung der Rangrücktrittsvereinbarung ist nur dann zulässig, wenn die Insolvenzantragsgründe (§ 15a Abs. 1 InsO) der Überschuldung oder Zahlungsunfähigkeit nicht oder nicht mehr vorliegen (BGH, Urt. v. 05.03.2015, NJW 2015, 1672 (1676); *Berger* ZIP 2016, 1 (4)).

10. Vereinbarung über eine Voreinzahlung auf eine künftige Kapitalerhöhung

Vorbemerkung

Krisenbedingt kann die Situation entstehen, dass eine Gesellschaft sehr rasch neues Kapital benötigt, 202
um die laufenden Zahlungen zu gewährleisten und das Entstehen einer Unterbilanz zu verhindern. Dabei kollidiert das Bedürfnis nach schnellem Kapitalzufluss häufig mit den gesetzlichen Vorgaben zum Ablauf einer ordentlichen Kapitalerhöhung. So muss zunächst eine Gesellschafterversammlung einberufen werden, die die Kapitalerhöhung beschließt und notariell beurkunden lässt, bevor im Anschluss die Übernahmeerklärungen bezüglich des neuen Kapitals abgegeben werden können und die Kapitalerhöhung zum Handelsregister angemeldet und eingetragen werden kann. Zahlungen auf die Kapitalerhöhung können somit erst *nach* Fassung des Kapitalerhöhungsbeschlusses erfolgen, dessen formwirksame Ausfertigung einige Zeit in Anspruch nehmen kann. Wenn den Gesellschaftern dieses Procedere in dringenden Sanierungsfällen als zu langwierig erscheint, gehen sie mitunter dazu über, bereits *vor* dem Kapitalerhöhungsbeschluss frisches Kapital in die Gesellschaft einzuzahlen. Dieses Vorgehen birgt hohe Risiken. Sollte es dennoch unumgänglich sein, bietet das nachfolgende Muster nebst Anmerkungen eine Handreichung, um die Risiken zu reduzieren.

Muster

§ 1 Ausgangssituation 203

Herr/Frau ____________, wohnhaft in ____________, geboren am ____________ ist Gesellschafter/-in der ____________ -GmbH (im Folgenden: die Gesellschaft), eingetragen im Handelsregister des Amtsgerichts ____________ unter HRB ____________, mit Sitz in ____________.

Die Gesellschaft befindet sich in finanziellen Schwierigkeiten und wird zu Sanierungszwecken demnächst eine Kapitalerhöhung um ____________ € beschließen.

§ 2 Voreinzahlung [1, 2]

Vor dem Hintergrund der in § 1 beschriebenen, noch vorzunehmenden Kapitalerhöhung erklärt Herr/Frau ____________, einen Anteil in Höhe von ____________ € an der sanierungsbedingten Kapitalerhöhung [3] zu übernehmen und diesen Betrag bereits vor dem formellen Kapitalerhöhungsbeschluss auf das zu diesem Zweck gegründete Konto: [4] IBAN ____________, Bank ____________, BIC ____________ einzuzahlen.

Die Gesellschaft verpflichtet sich, den vorab eingezahlten Betrag auf diesem Konto zu belassen und das Geld erst nach Ausfertigung des notariell beurkundeten Kapitalerhöhungsbeschlusses zu verwenden. [5]

____________, den ____________

[Gesellschafter]

[Geschäftsführer der Gesellschaft]

Erläuterungen

Literatur: *Blöse*, Risiken bei Einzahlungen im Vorgriff auf künftige Kapitalerhöhungsbeschlüsse, DB 2004, 1140 f.; *Ehlke*, Voreinzahlung von Stammkapital – Geht noch was?, ZIP 2007, 749–752; *Fendel*, Zur Tilgungswirkung von Voreinzahlungen auf künftige Kapitalerhöhungen in Sanierungsfällen, NZI 2007, 381–384; *Heidinger*, Besprechung von BGH Urt. vom 15.03.2004 – II ZR 210/01, GmbHR 2004, 736–739; *Hermanns*, Grauzonen im Kapitalaufbringungsrecht der GmbH – die Abgrenzung der verdeckten Sacheinlage vom Hin- und Herzahlen (zugleich Anmerkungen zum Urt. des OLG Köln vom 20.05.2010 – 18 U

122/09), DNotZ 2011, 325–331; *Kort*, Voreinzahlungen auf künftige Kapitalerhöhungen bei AG und GmbH, DStR 2002, 1223–1228; *Lohr*, Voreinzahlungen bei der Kapitalerhöhung, GmbH-StB 2015, 361 f.; *Priester*, Vorausleistungen auf die Kapitalerhöhung nach MoMiG und ARUG, DStR 2010, 494–501; *Saß*, Die Kapitalerhöhung bei der GmbH – Ein Überblick, RNotZ 2016, 213–228; *K. Schmidt*, Die sanierende Kapitalerhöhung im Recht der Aktiengesellschaft, GmbH und Personengesellschaft, ZGR 1982, 518–538; *Wicke*, Eilige Kapitalerhöhungen, DStR 2016, 1115–1119; *Wülfing*, Vorleistungen auf Kapitalerhöhungen bei der GmbH, GmbHR 2007, 1124–1128.

204 **1.** Die Diskussion um Voreinzahlungen auf künftige Kapitalerhöhungen wird seit langem teilweise sehr kontrovers geführt (*Priester* DStR 2010, 494). Angesichts der Notwendigkeit, in Fällen dringender Sanierungsbedürftigkeit und drohender Insolvenz Gesellschaften sehr schnell frisches Kapital zuzuführen, haben sich Literatur (Lutter/Hommelhoff/*Bayer* § 56 Rn. 19 ff.; Roth/Altmeppen/*Roth* § 56a Rn. 22 ff.; *K. Schmidt* ZGR 1982, 518 (529 f.)) und obergerichtliche Rechtsprechung (OLG Karlsruhe GmbHR 1999, 1298.; OLG Schleswig NZG 2001, 137.; OLG Celle GmbHR 2006, 433) bemüht, Voreinzahlungen in das bestehende System der Kapitalaufbringung zu integrieren und zu rechtfertigen. Der BGH hat sich diesen Versuchen letztlich nicht angeschlossen und in einer Grundsatzentscheidung aus dem Jahr 2006 (BGHZ 168, 201) ausgesprochen **enge Voraussetzungen** festgelegt, unter denen allein eine Voreinzahlung ausnahmsweise Tilgungswirkung entfalten kann.

205 Unproblematisch tritt die Tilgungswirkung dann ein, wenn der vorab eingezahlte Betrag zum Zeitpunkt des Kapitalerhöhungsbeschlusses noch als solcher auf einem Konto der Gesellschaft vorhanden ist (BGHZ 158, 283; 168, 201; zuletzt bestätigt in BGH Urt. v. 19.01.2016, DNotZ 2016, 549 (550)). Allerdings hat sich insbes. in Sanierungsfällen gezeigt, dass frisches Kapital regelmäßig nicht auf Gesellschaftskonten verbleibt, sondern sogleich zur allgemeinen Finanzierung verwendet wird. Folglich ist der vorab eingezahlte Betrag zum Zeitpunkt des Kapitalerhöhungsbeschlusses regelmäßig bereits verbraucht. Für diesen Fall hat der BGH in seiner Grundsatzentscheidung folgende kumulative Voraussetzungen aufgestellt, die eingehalten werden müssen, wenn die Voreinzahlung gleichwohl Tilgungswirkung entfalten soll (*Fendel* NZI 2007, 381 (383); *Heckschen/Heidinger/Heidinger/Berkefeld* Kap. 11 Rn. 27; *Lohr* GmbH-StB 2015, 361 f.): (1) Es muss ein akuter Sanierungsfall vorliegen und die Kapitalerhöhung der Verhinderung einer Unterbilanz bzw. des Eintretens der Zahlungsunfähigkeit dienen. (2) Andere Maßnahmen dürfen nicht ebenfalls zum gleichen Ziel führen. (3) Die Gesellschaft muss das frische Kapital unverzüglich benötigen. (4) Die Gesellschafter müssen subjektiv mit Sanierungswillen handeln. (5) Die Gesellschaft muss objektiv sanierungsfähig und die Voreinzahlung objektiv sanierungsgeeignet sein. (6) Die Zahlung der Gesellschafter selbst muss deutlich als Voreinzahlung auf die noch durchzuführende Kapitalerhöhung gekennzeichnet sein, der Zweck der Zahlung muss insofern völlig außer Zweifel stehen. (7) Zum Zeitpunkt der Zahlung müssen zudem schon die ersten Schritte auf dem Weg zur Kapitalerhöhung vollzogen und insbes. die Gesellschafterversammlung bereits einberufen sein. (8) Die Gesellschafterversammlung sollte mit aller gebotenen Beschleunigung zusammentreten, insbes. auch unter Ausnutzung der Möglichkeit eines Verzichts auf Ladungsfristen. (9) In der Gesellschafterversammlung muss der voreinzahlende Gesellschafter die Übernahmeerklärung für seinen Anteil an der Kapitalerhöhung abgeben. (10) Die Voreinzahlung muss im Kapitalerhöhungsbeschluss sowie bei der Registeranmeldung offengelegt werden.

206 Praktisch sind die vorgenannten Voraussetzungen in Sanierungsfällen kaum einzuhalten (*Heckschen/Heidinger/Heidinger/Berkefeld* Kap. 11 Rn. 29). Insbes. das Kriterium der objektiven Sanierungsfähigkeit der Gesellschaft stellt eine nahezu unüberwindliche Hürde dar, weil eine solche Beurteilung ein Sachverständigengutachten erfordert, dessen Erstellung erhebliche Zeit in Anspruch nimmt (*Ehlke* ZIP 2007, 749 (750); *Priester* DStR 2010, 494 (499)) und dessen Richtigkeit zudem im Falle des Scheiterns der Sanierung durch die tatsächlichen Umstände, d.h. die eingetretene Insolvenz, zweifelhaft wird. Eine Voreinzahlung auf eine künftige Kapitalerhöhung sollte daher immer nur dann erfolgen, wenn das zugeführte Kapital bis zur Fassung des Kapitalerhöhungsbeschlusses auf einem separaten Konto geparkt werden kann. Ansonsten laufen Ge-

sellschafter und Gesellschaft Gefahr, dass bei Fehlschlagen der Sanierung die Tilgungswirkung der Einzahlung nicht anerkannt wird und der Gesellschafter ein zweites Mal leisten muss (*Ehlke* ZIP 2007, 749 (752); *Fendel* NZI 2007, 381 (383 f.)). Angesichts dessen wird der Ansatz des BGH im Schrifttum vermehrt als zu eng kritisiert und dafür plädiert, die zeitliche Verbindung von Vorleistung und Kapitalerhöhung sowie die Offenlegung und Prüfung der Voreinzahlung in den Vordergrund zu stellen (Scholz/*Priester* § 56a GmbHG Rn. 21; *Wicke* DStR 2016, 1115 (1117); Lutter/Hommelhoff/*Bayer*, § 56 GmbHG, Rn. 20 und 21d: Sanierungserfordernis sei Standpunkt der *noch* h.M.).

2. Einer **Vorabeinzahlungsvereinbarung**, die den Zweck der Zahlung angibt (BGHZ 168, 201 (206); *Wülfing* GmbHR 2007, 1124 (1126)), bedarf es von Rechts wegen nicht. Eine solche Vereinbarung ist rein fakultativ und braucht auch nicht der Form des § 55 Abs. 1 GmbHG zu genügen. Sie kann den Parteien aber als Hilfe dienen, die Schritte hin zur tatsächlichen Kapitalerhöhung zu planen und sich die vom BGH aufgestellten Voraussetzungen für ein Bestehen der Tilgungswirkung klar vor Augen zu führen. Ohnehin sollten Voreinzahlungen auf eine Kapitalerhöhung nur sehr restriktiv eingesetzt werden (eindringlich *Priester* DStR 2010, 494 (501); *Saß* RNotZ 2016, 213 (218)), eben weil die Gefahr besteht, dass der Voreinzahlung im Insolvenzfall die Tilgungswirkung versagt bleibt. 207

3. Entscheiden sich Gesellschafter und Gesellschaft zum Abschluss einer Vorabeinzahlungsvereinbarung, so müssen sie darin deutlich machen, dass der eingezahlte Betrag zur Übernahme der sanierungsbedingten Kapitalerhöhung dient. Diese klare **Zweckbestimmung** sollte zudem auch auf dem Überweisungsträger angegeben werden, der auf diese Weise den eingezahlten Betrag als Vorgriff auf die Kapitalerhöhung kennzeichnet (so auch BGHZ 168, 201 (205); *Priester* DStR 2010, 494 (496)). Dies ist notwendig, um im Falle des Scheiterns der Sanierung die Gefahr zu verringern, dass der Gesellschafter ein zweites Mal zu leisten hat, weil seine erste Zahlung nicht eindeutig als Zahlung im Rahmen der Kapitalerhöhung identifiziert werden kann. 208

4. Einigen sich die Parteien auf eine Voreinzahlung, so sollte der einzuzahlende Betrag auf ein **zu diesem Zweck gegründetes, separates Konto** überwiesen werden (so auch der Hinweis in BGHZ 168, 201 (205); *Blöse* DB 2004, 1140). Dies empfiehlt sich insbes. deshalb, weil der Betrag zum (späteren) Zeitpunkt der Beschlussfassung über die Kapitalerhöhung als solcher noch im Vermögen der Gesellschaft vorhanden sein muss. Ist er dies nicht, so kann eine Tilgungswirkung der Voreinzahlung nur angenommen werden, wenn die oben (Muster G 10 (Rdn. G 204 f.)) genannten Voraussetzungen des BGH eingehalten werden, was jedoch kaum möglich sein wird. Dem Gesellschafter ist dringend anzuraten, auf die Eröffnung eines neuen Kontos für seine Voreinzahlung hinzuwirken. Auf diese Weise entgeht er außerdem der Gefahr, die bei Einzahlung des übernommenen Betrags auf ein debitorisches Konto der Gesellschaft entsteht: In diesem Fall versagt der BGH der Zahlung nämlich die Tilgungswirkung zugunsten der Kapitalerhöhung, und zwar selbst dann, wenn die Bank eine dem Einzahlungsbetrag entsprechende Verfügung seitens der Gesellschaft von dem betroffenen Konto zulässt (BGHZ 158, 283; *Heckschen/Heidinger/Heidinger/Berkefeld* Kap. 11 Rn. 24). Voreinzahlungen auf ein debitorisches Konto kommt somit regelmäßig keine Tilgungswirkung zu, sofern nicht die Zahlungen die Voraussetzungen des BGH zu den Sanierungsfällen erfüllen. 209

5. Die Gefahr, dass der Voreinzahlung die Tilgungswirkung versagt wird, kann zusätzlich minimiert werden, wenn sich die Gesellschaft verpflichtet, das eingezahlte Kapital erst nach Ausfertigung des notariell beurkundeten Kapitalerhöhungsbeschlusses zu verwenden. Eine solche **zurückhaltende Mittelverwendung** ist zwar insbes. in Sanierungsfällen schwer zu bewerkstelligen und regelmäßig untypisch (*Ehlke* ZIP 2007, 749 (750); *Priester* DStR 2010, 494 (497)), allerdings kann nur so die Tilgungswirkung der Voreinzahlung ausnahmslos sichergestellt werden. Bei einem Verstoß der Gesellschaft gegen ihre Verpflichtung, das eingezahlte Kapital unangetastet zu lassen, ist der Gesellschafter freilich weitgehend ungeschützt, weil seine eventuellen Gegenansprüche gegen die Gesellschaft im Insolvenzfall regelmäßig leerlaufen werden. 210

11. Debt-Equity-Swap

Vorbemerkung

211 In die Bemühungen um die Sanierung einer Gesellschaft können grundsätzlich auch deren Gläubiger mit eingebunden werden. Ein Mittel dazu ist der **Debt-Equity-Swap**, bei dem es zu einer Umwandlung von Fremdkapital in bilanzielles und rechtliches Eigenkapital kommt. Der Begriff des Debt-Equity-Swap umschreibt dabei kein einheitliches Sanierungsinstrument, da die Umwandlung des Fremdkapitals auf unterschiedlichen Wegen erfolgen kann. Das gebräuchlichste Verfahren, das auch im nachfolgenden Muster abgebildet wird, stellt eine Kombination aus Kapitalherabsetzung und anschließender Kapitalerhöhung (Kapitalschnitt) dar. Da die Umwandlung von Fremd- in Eigenkapital der Sanierung des Unternehmens dient, kann die Gesellschaft im Rahmen dieses Verfahrens regelmäßig eine vereinfachte, nominelle Kapitalherabsetzung gem. § 58a GmbHG durchführen, die wesentliche Erleichterungen bezüglich des Mindestkapitalschutzes bietet. Die anschließende Kapitalerhöhung erfolgt durch Einbringung einer gegen die Gesellschaft gerichteten Darlehensrückzahlungsforderung ihres Gläubigers im Wege einer Sacheinlage, wobei die Vorschriften über die Einlagefähigkeit und -bewertung von Sacheinlagen (§§ 5 Abs. 4, 56 GmbHG) zu beachten sind. Im Ergebnis wird so der frühere Gläubiger am Stammkapital der Gesellschaft beteiligt. Alternativ zum Kapitalschnitt bietet sich die Veräußerung von Gesellschaftsanteilen durch die Altgesellschafter bei anschließendem teilweisen Forderungsverzicht durch die Fremdkapitalgeber an. Ein Debt-Equity-Swap hat in beiden Konstellationen zwei positive Auswirkungen auf die Finanzstruktur einer sanierungsbedürftigen Gesellschaft: Zum einen verringert die GmbH auf diesem Wege ihre Verbindlichkeiten und stärkt die Eigenkapitaldecke, zum anderen reduziert sie gleichzeitig die Finanzierungskosten für zusätzliches Fremdkapital. Dem vormaligen Gesellschaftsgläubiger eröffnet ein Debt-Equity-Swap die Möglichkeit, als Gesellschafter Einfluss auf die Unternehmenssteuerung zu nehmen und ggf. vom Erfolg einer gelungenen Restrukturierung zu profitieren.

212 Muster

Urkundenrolle Nr. __________

Verhandelt zu __________ am __________.

Vor mir, dem Notar __________, sind heute in meinen Amtsräumen in __________ erschienen

1. Herr/Frau __________, wohnhaft in __________, geboren am __________,

2. Herr/Frau __________, wohnhaft in __________, geboren am __________.

Die Erschienenen wiesen sich aus durch __________ und erklärten folgendes: [1]

§ 1 Ausgangssituation

(1) Gesellschafterbestand

An der __________ -GmbH (im Folgenden: die Gesellschaft), eingetragen im Handelsregister des Amtsgerichts __________ unter HRB __________, mit Sitz in __________ sind beteiligt:

Der Erschienene zu 1. mit __________ Geschäftsanteilen zu einem Nennbetrag von je __________ € mit den Nummern __________,

der Erschienene zu 2. mit __________ Geschäftsanteilen zu einem Nennbetrag von je __________ € mit den Nummern __________.

(2) Finanzlage

Der Jahresabschluss der Gesellschaft vom ____________ weist einen Jahresfehlbetrag in Höhe von ____________ € und einen nicht durch Eigenkapital gedeckten Fehlbetrag in Höhe von ____________ € aus. [2] Kapital- oder Gewinnrücklagen, die zum Ausgleich des Fehlbetrages herangezogen werden könnten, sind nicht vorhanden. [3] Die Gesellschaft ist somit bilanziell überschuldet.

(3) Die [Gläubiger-Gesellschaft] hat entschieden, sich durch Einbringung ihrer Forderung gegen die Gesellschaft in Höhe von ____________ €, resultierend aus dem Darlehensvertrag vom ____________, an der Gesellschaft mit einem Anteil von ____________ % zu beteiligen. [4]

§ 2 Gesellschafterversammlung

Vor diesem Hintergrund halten wir, die Gesellschafter der ____________ -GmbH, unter Verzicht auf alle Formen und Fristen für die Ankündigung und Einberufung einer Gesellschafterversammlung eine

außerordentliche Gesellschafterversammlung

der ____________ -GmbH ab und beschließen einstimmig was folgt: [5, 6]

(1) Kapitalherabsetzung

Das Eigenkapital der Gesellschaft wird gem. § 58a GmbHG von ____________ € auf ____________ € gesenkt. Die Kapitalherabsetzung dient dem Ausgleich des Jahresfehlbetrages sowie dem teilweisen Ausgleich des nicht durch Eigenkapital gedeckten Fehlbetrages. [7]

Die Kapitalherabsetzung wird durch den Einzug von ____________ Geschäftsanteilen zu einem Nennbetrag von jeweils ____________ € durchgeführt. [8] Nach dem Einzug gestaltet sich die Gesellschaftsstruktur folgendermaßen:

Der Erschienene zu 1. ist nunmehr mit ____________ Geschäftsanteilen zu einem Nennbetrag von je ____________ € mit den Nummern ____________ an der Gesellschaft beteiligt. Eingezogen werden bei ihm die Geschäftsanteile mit den Nummern ____________ und damit insgesamt ____________ Geschäftsanteile.

Der Erschienene zu 2. ist nunmehr mit ____________ Geschäftsanteilen zu einem Nennbetrag von je ____________ € an der Gesellschaft beteiligt. Eingezogen werden bei ihm die Geschäftsanteile mit den Nummern ____________ und damit insgesamt ____________ Geschäftsanteile. Seine verbleibenden Geschäftsanteile erhalten die Nummern ____________.

(2) Kapitalerhöhung

Das nominell herabgesetzte Eigenkapital der Gesellschaft wird im Gegenzug um ____________ € erhöht und beträgt nunmehr ____________ €. Zu diesem Zweck werden ____________ Geschäftsanteile zu einem Nennbetrag von je ____________ € mit den Nummern ____________ ausgegeben. [9] Die neuen Geschäftsanteile sind mit Beginn des Geschäftsjahres, in dem die Kapitalerhöhung wirksam wird, am Gewinn der Gesellschaft beteiligt.

Zur Übernahme der neuen Geschäftsanteile wird ausschließlich und unter Ausschluss des gesetzlichen Bezugsrechts der bisherigen Gesellschafter die ____________, eingetragen im Handelsregister des Amtsgerichts ____________ unter HRB ____________, mit Sitz in ____________ (im Folgenden: der Übernehmer) zugelassen. [10]

Die Einlage wird nicht in bar, sondern durch Abtretung der Darlehensrückzahlungsforderung, die dem Übernehmer gegen die Gesellschaft aus dem Darlehensvertrag

vom ____________ zusteht, erbracht. Der abzutretende Rückzahlungsanspruch wird dafür mit einem Wert von ____________ € angesetzt. Sollte der Rückzahlungsanspruch weniger werthaltig sein, so wird der Fehlbetrag vom Übernehmer unverzüglich in bar erbracht. [11] Übersteigt der tatsächliche Wert des Rückzahlungsanspruchs den Nennbetrag der Einlage, so wird der Mehrbetrag dem Übernehmer nicht vergütet, sondern der überschießende Betrag als Aufgeld in die Kapitalrücklage eingestellt (§ 272 Abs. 2 S. 1 HGB). [12]

(3) Änderung des Gesellschaftsvertrages [13]

§ ____________ des Gesellschaftsvertrages der ____________ -GmbH wird wie folgt geändert:

»Das Eigenkapital der Gesellschaft beträgt ____________ € und ist unterteilt in ____________ Geschäftsanteile zu einem Nennbetrag von je ____________ € mit den Nummern ____________ bis ____________.«

Die außerordentliche Gesellschafterversammlung ist hiermit beendet. [14]

[Erschienener zu 1.]

[Erschienener zu 2.]

[Notar]

Erläuterungen

Literatur: *Born*, Aktuelle Steuerfragen im Zusammenhang mit Debt-Equity-Swap-Transaktionen, BB 2009, 1730–1735; *Drouven*, Neue Wege: »Reverse Debt-Equity-Swap«, ZIP 2009, 1052 f.; *Eilers*, Der Debt Equity Swap – Eine Sanierungsmaßnahme für unternehmerische Krisensituationen, GWR 2009, 3–5; *Fox/Scheidle*, Steuerliche Aspekte von Gestaltungsmaßnahmen in der Krise, GWR 2009, 51–54; *Haas*, Mehr Gesellschaftsrecht im Insolvenzplanverfahren – Die Einbeziehung der Anteilsrechte in das Insolvenzverfahren, NZG 2012, 961–968; *Hierstetter*, Steuerliche Risiken der Entschuldung einer Kapitalgesellschaft in der Krise, DStR 2010, 882–887; *Himmelsbach/Achsnick*, Investments in Krisenunternehmen im Wege sanierungsprivilegierter debt-equity-swaps, NZI 2006, 561–564; *Oelke/Wöhlert/Degen*, Debt Mezzanine Swap – Königsweg für die Restrukturierungsfinanzierung?, BB 2010, 299–303; *Redeker*, Kontrollerwerb an Krisengesellschaften: Chancen und Risiken des Debt-Equity-Swap, BB 2007, 673–680; *Scheunemann/Hoffmann*, Debt-Equity-Swap – Steuerliche Strukturierung und zivilrechtliche Rahmenbedingungen, DB 2009, 983–986; *Schwenker/Fischer*, Restrukturierungsmaßnahmen in der Krise der GmbH, DStR 2010, 1117–1121; *Sinhart*, Debt/Equity Swaps in Germany, International Corporate Rescue 2009, 282–284; *Wansleben*, Werthaltigkeitsprüfung und Offenlegung beim Debt Equity Swap, WM 2012, 2083–2092.

213 **1.** Ein Debt-Equity-Swap in Form eines Kapitalschnitts bedarf einer **Änderung des Gesellschaftsvertrages**, da sowohl für eine isolierte vereinfachte Kapitalherabsetzung als auch für eine isolierte Kapitalerhöhung der Gesellschaftsvertrag geändert werden muss (siehe insofern § 3 Abs. 1 Nr. 3 GmbHG), was somit auch für eine Kombination beider Instrumente gilt. Die entsprechenden Gesellschafterbeschlüsse sind notariell zu beurkunden (§ 53 GmbHG) und die Satzungsänderungen zur Eintragung in das Handelsregister anzumelden (§ 54 GmbHG). Die Kapitalmaßnahmen werden erst nach Eintragung im Handelsregister und Veröffentlichung wirksam. Bis zu diesem Zeitpunkt können sie noch durch einfachen Gesellschafterbeschluss zurückgenommen werden.

214 **2.** Der Kapitalherabsetzungsbeschluss gem. § 58a GmbHG ist an bestimmte Voraussetzungen gebunden, die eine Abweichung von dem sonst bei der Kapitalherabsetzung einzuhaltenden Verfahren des § 58 GmbHG rechtfertigen. Während eine effektive Kapitalherabsetzung regelmäßig die Interessen der Gesellschaftsgläubiger beeinträchtigt, denen durch eine Herabsetzung des Stammkapitals Haftungsmasse entzogen wird, ist die vereinfachte, nominelle Kapitalherabsetzung gem. § 58a GmbHG dadurch gekennzeichnet, dass das Stammkapital bereits weitestgehend aufgebraucht ist (von Rechenberg/Ludwig/*Reichardt* Kap. 13 Rn. 1396). Die Kapitalherabsetzung

dient hier insbes. der **Abwehr einer drohenden Insolvenz**, zu einer Benachteiligung von Gläubigern kommt es in einer solchen Situation regelmäßig nicht (*Heckschen/Heidinger* Kap. 10 Rn. 268). Aus diesem Grund verzichtet § 58a GmbHG auch auf einen strikten Gläubigerschutz und die strengeren Anforderungen des § 58 GmbHG. Voraussetzung einer vereinfachten Kapitalherabsetzung ist das Bestehen einer Finanzlage, die durch einen tatsächlich eingetretenen oder sich konkret abzeichnenden Verlust gekennzeichnet ist, der nicht durch ein ansonsten positives Geschäftsergebnis oder die Auflösung von Rücklagen ausgeglichen werden kann (von Rechenberg/Ludwig/*Reichardt* Kap. 13 Rn. 1396; *Heckschen/Heidinger* Kap. 10 Rn. 269) Die Beurteilung der Frage, ob diese Voraussetzung erfüllt ist, obliegt der Gesellschafterversammlung, die diesbezüglich freilich keine förmliche Zwischenbilanz aufstellen muss. Ausreichend ist insofern eine nachvollziehbare Prognose der künftigen Geschäftsentwicklung, die auf sachgerechten und plausiblen Umständen beruht (Baumbach/Hueck/*Zöllner/Haas* § 58a Rn. 10 f.; Roth/Altmeppen/*Roth* § 58a Rn. 4 f.).

3. **Rücklagen** sind vor der Feststellung der bilanziellen Voraussetzungen für eine vereinfachte Kapitalherabsetzung größtenteils aufzulösen. § 58a Abs. 2 S. 1 GmbHG ordnet insoweit an, dass die Rücklagen bis zu einer Höhe von 10 % der geminderten Stammkapitalziffer aufgelöst werden müssen. Hierzu ist ebenfalls ein Gesellschafterbeschluss notwendig, der zeitgleich mit dem Kapitalherabsetzungsbeschluss gefasst werden kann (MAH GmbH/*Schröder* § 6 Rn. 100; Beck´sches HdbGmbH/*Jung/Otto* § 8 Rn. 151). Der Vollzug der Rücklagenauflösung kann dem Herabsetzungsbeschluss nachfolgen, dies insbes. dann, wenn das Zustandekommen der Kapitalherabsetzung noch fraglich ist. 215

4. Seit dem MoMiG ist das Recht der Gesellschafterdarlehen kein Hindernis mehr für den Debt-Equity-Swap, der grundsätzlich ebenso wenig von einer Umwandlung in haftendes Kapital ausgeschlossen ist wie eine andere nach § 39 Abs. 1 InsO nachrangige Forderung (K. Schmidt/Uhlenbruck/*K. Schmidt* Kap. II Rn. 2.388). Diesbezüglich verbleiben gewisse Zweifel angesichts von BGH, Urt. v. 05.03.2015, NJW 2015, 1672 für Forderungen mit vereinbartem Rangrücktritt, insbesondere im Fall einer **Unterbilanz**. In diesem Urteil hat der BGH entschieden, dass eine mit einer Rangrücktrittsvereinbarung versehene Forderung im Stadium der materiellen Insolvenz einem zwingenden Rückzahlungsverbot unterliegt (vgl. Muster G 9 (Rdn. 189)). Die Literatur weist dabei darauf hin, dass aus diesem Urteil eigentlich der Schluss zu ziehen sei, im Rang zurückgetretene Forderungen von vorneherein von Debt-Equity-Swaps auszuschließen, sobald und solange eine Überschuldung vorliegt (K. Schmidt/Uhlenbruck/*K. Schmidt* Kap. II Rn. 2.388). Die praktischen Konsequenzen dieser Rechtsprechung für die Gesellschaftsrechtspraxis sind noch nicht abschließend geklärt, da bereits die Grundannahmen von BGH, Urt. v. 05.03.2015 erheblichen Zweifeln ausgesetzt sind (K. Schmidt/Uhlenbruck/*K. Schmidt* Kap. II Rn. 2.388 m.w.N.). 216

5. Ein Kapitalherabsetzungsbeschluss nach § 58a GmbHG muss von der Gesellschafterversammlung gem. § 53 Abs. 2 Satz 1 GmbHG mit **qualifizierter Mehrheit** von mindestens drei Vierteln der abgegebenen Stimmen beschlossen werden. Dies ergibt sich aus § 58a Abs. 5 GmbHG, der bezüglich der Mehrheitserfordernisse auf die allgemeinen Vorschriften zur Satzungsänderung in §§ 53, 54 GmbHG verweist. Allerdings empfiehlt es sich, auf einen einstimmigen Beschluss aller Gesellschafter zu dringen, um die Gefahr von Anfechtungsklagen zu minimieren. Gleiches gilt für die effektive Kapitalerhöhung (siehe Muster G 11 (Rdn. G 220)). 217

6. Ein Debt-Equity-Swap allein wird eine sanierungsfähige Gesellschaft nicht vor der Insolvenz bewahren können. Vielmehr sind hierfür verschiedene Maßnahmen zu kombinieren, um die Ertragskraft der Gesellschaft langfristig zu stärken. Zu beachten sind dabei insbes. die **steuerrechtlichen Auswirkungen** der unterschiedlichen Sanierungsinstrumente und hier insbes. das noch immer ungelöste Problem der Besteuerung von Sanierungsgewinnen (siehe hierzu ausführlich Muster G 12 (Rdn. G 237 ff.)). Im Rahmen eines Debt-Equity-Swap führt die Einbringung der Forderung als Sacheinlage in der Höhe, in der die Forderung nicht werthaltig ist, zu einem steuerpflichtigen Ertrag bei der Gesellschaft (*Hierstetter* DStR 2010, 882 (884); *Schwenker/Fischer* DStR 2010, 1117 (1121)). Zudem kann das Problem entstehen, dass sich durch die Kapitalerhöhung die 218

Anteilsverhältnisse so verschieben, dass steuerliche Verlustvorträge ganz oder teilweise untergehen können (§ 8c KStG, § 10a GewStG).

219 **7.** Im **Kapitalherabsetzungsbeschluss** gem. § 58a GmbHG muss zwingend angegeben werden, dass und um welchen Betrag das Stammkapital herabgesetzt werden soll (von Rechenberg/Ludwig/*Reichardt* Kap. 13 Rn. 1397; *Heckschen/Heidinger* Kap. 10 Rn. 270; MAH GmbH/*Schröder* § 6 Rn. 101). Darüber hinaus muss der Beschluss den Grund der Kapitalherabsetzung benennen, also insbes. darauf hinweisen, dass diese dem Ausgleich von Verlusten dient und somit den Regelungen der §§ 58a–58e GmbHG unterliegt (von Rechenberg/Ludwig/*Reichardt* Kap. 13 Rn. 1397; *Heckschen/Heidinger* Kap. 10 Rn. 270; MAH GmbH/*Schröder* § 6 Rn. 101). Ausreichend ist in diesem Zusammenhang der bloße Hinweis auf die §§ 58a–58e GmbHG; der Verlustausgleichszweck muss – anders als gem. § 229 Abs. 1 S. 2 AktG bei der Aktiengesellschaft – nicht eigens angegeben werden.

220 **8.** Der Kapitalherabsetzungsbeschluss muss die **Modalitäten** der Anpassung der Geschäftsanteile regeln (§ 58a Abs. 3 Satz 1 GmbHG). Grundsätzlich sind hierfür die Nennbeträge der Geschäftsanteile an die zu erreichende Stammkapitalziffer anzupassen, wobei zu beachten ist, dass die einzelnen Anteile gem. § 58a Abs. 3 Satz 2 GmbHG auf volle Euro lauten müssen. Die Anpassung sollte alle Gesellschafter gleichmäßig belasten; mit ihrer Zustimmung können einzelne Gesellschafter allerdings auch stärker belastet werden als andere. Sollte die Anpassung der Nennbeträge alleine nicht ausreichen, ist im Rahmen von § 58a GmbHG auch die vollständige Einziehung von Geschäftsanteilen möglich. Dies ist oftmals sogar die einfachere und zweckdienlichere Methode, insbes. wenn die Nennbeträge der einzelnen Geschäftsanteile bereits sehr niedrig sind. Zu beachten ist, dass aufgrund der Kapitalherabsetzung nach § 58d GmbHG Gewinnausschüttungen in den folgenden Jahren nur eingeschränkt zulässig sind (Beisel/Klumpp/*Beisel* § 5 Rn. 11).

221 **9.** Teil der Sanierungsbemühungen im Rahmen eines Debt-Equity-Swap ist neben der nominellen Kapitalherabsetzung die gleichzeitige effektive Erhöhung des Stammkapitals gem. § 55 GmbHG. Zu diesem Zweck muss die Gesellschafterversammlung einen **Kapitalerhöhungsbeschluss** fassen, der den Betrag angibt, um den das Stammkapital heraufgesetzt werden soll. Dieser Erhöhungsbetrag muss nicht notwendigerweise als feststehende Ziffer angegeben werden, sondern kann auch einen Mindest- oder Maximalbetrag darstellen (Beck´sches HdBGmbH/*Schwaiger* § 7 Rn. 22; von Rechenberg/Ludwig/*Reichardt* Kap. 13 Rn. 1360). Dies ist insbes. dann sinnvoll, wenn nicht feststeht, dass die Kapitalerhöhung im vorgesehenen Umfang komplett realisiert werden wird. Im Rahmen eines Debt-Equity-Swaps wird dies indes regelmäßig nicht nötig sein, da hier der Kapitalerhöhungsbetrag bereits im Vorfeld an den Wert der einzubringenden Forderung angepasst werden sollte. Die endgültige Stammkapitalziffer muss im Kapitalerhöhungsbeschluss als solche ebenfalls nicht angegeben werden, solange sie sich aus den anderen Angaben, insbes. zum Umfang der Stammkapitaländerung, ergibt.

222 Die notwendige **Mehrheit** richtet sich auch bei der Kapitalerhöhung nach § 53 Abs. 2 Satz 1 GmbHG, so dass mindestens drei Viertel der abgegebenen Stimmen der Kapitalerhöhung zustimmen müssen (MAH GmbH/*Wiese/Matscherus* § 5 Rn. 161). Wiederum bietet es sich an, auf einen einstimmigen Beschluss aller Gesellschafter zu dringen. Zwar ergibt sich im Falle von sanierungsbedürftigen Gesellschaften aus der gesellschaftsrechtlichen Treuepflicht bereits die Verpflichtung der Gesellschafter zur Zustimmung zu Kapitalmaßnahmen (*Sinhart* International Corporate Rescue 2009, 282; *v. Schorlemer/Stupp* NZI 2003, 345 (354)), doch stellt eine effektive Kapitalerhöhung, insbesondere wenn mit ihr ein Bezugsrechtsausschluss einhergeht, einen schweren Eingriff in die Rechte der Gesellschafter dar; sie sollte daher einen möglichst großen Rückhalt in der Gesellschafterversammlung besitzen.

223 **10.** Damit der Debt-Equity-Swap als Sanierungsinstrument funktionieren kann, muss gewährleistet sein, dass der Gesellschaftsgläubiger, der seine Forderung in die GmbH einbringen möchte, ausschließlich zur Übernahme des erhöhten Kapitals zugelassen wird. Um dies zu erreichen, muss das den Altgesellschaftern analog § 186 AktG gesetzlich zustehende Bezugsrecht im Kapitalerhö-

hungsbeschluss wirksam ausgeschlossen werden. An einen solchen **Bezugsrechtsausschluss** sind hohe Anforderungen zu stellen, um die Mitgliedschaftsrechte der Altgesellschafter zu wahren: Grundsätzlich kann das Bezugsrecht nur ausgeschlossen werden, wenn dem alle Gesellschafter zustimmen oder, sollte dies nicht möglich sein, wenn hierfür ein sachlicher Grund vorliegt und der Ausschluss erforderlich und verhältnismäßig ist (Beck´sches HdbGmbH/*Schwaiger* § 7 Rn. 29; von Rechenberg/Ludwig/*Reichardt* Kap. 13 Rn. 1363) und eine Drei-Viertel-Mehrheit gegeben ist. Im Fall eines Debt-Equity-Swaps ergibt sich der sachliche Grund für den Ausschluss der Altgesellschafter bereits aus der Sanierungsbedürftigkeit der Gesellschaft (MAH GmbH/*Wiese/Matschernus* § 5 Rn. 177). Die Kapitalerhöhung soll gerade dazu dienen, Verbindlichkeiten ab- und Eigenkapital aufzubauen, so dass die gleichzeitige Übernahme von zusätzlichem Stammkapital durch die Altgesellschafter zumindest den Abbau der Gesellschaftsverbindlichkeiten behindern würde. Die Erforderlichkeit eines Bezugsrechtsausschlusses ist im Falle des Debt-Equity-Swaps gegeben, weil auf andere Art und Weise das Ziel der Kapitalerhöhung, nämlich die Übernahme des kompletten zusätzlichen Kapitals durch einen Gesellschaftsgläubiger, nicht erreicht werden kann und es insofern kein anderes gleich geeignetes Mittel zur Erreichung dieses Ziels gibt. Die Verhältnismäßigkeit des Ausschlusses folgt ebenfalls aus der Sanierungsbedürftigkeit der Gesellschaft: Die Vorteile der Gesellschaft stehen bei einem Bezugsrechtsausschluss nicht außer Verhältnis zu den Nachteilen, die die Altgesellschafter erleiden. Deren Anteile an der GmbH werden zwar verwässert, dies geschieht jedoch in einer Situation, in der die Gesellschaft am Rande der Insolvenz steht, so dass der Bezugsrechtsausschluss indirekt auch den Altgesellschaftern zum Vorteil gereicht, sofern die Sanierung gelingt. Alles in allem kann die Zulässigkeit eines Bezugsrechtsausschluss in der vorliegenden Konstellation nicht bezweifelt werden (*Redeker* BB 2007, 673 (675)), da ohne die komplette Übernahme des neuen Kapitals durch den Gesellschaftsgläubiger die Effektivität des Debt-Equity-Swaps gefährdet würde.

11. Bei der Umwandlung von Fremd- in Eigenkapital im Wege der Einbringung einer gegen 224
die Gesellschaft gerichteten Forderung in die Gesellschaft handelt es sich um eine **Erhöhung des Stammkapitals durch eine Sacheinlage**, so dass § 56 Abs. 1 GmbHG Anwendung findet. Demgemäß müssen der einzubringende Gegenstand und der Nennbetrag des Geschäftsanteils, auf den sich die Sacheinlage bezieht, im Kapitalerhöhungsbeschluss angegeben werden, ebenso die Person des Sacheinlageübernehmers. Ferner ist eine Besonderheit zu beachten, die sich daraus ergibt, dass der Einlagegegenstand eine Forderung ist: Nach (weiterhin) herrschender Auffassung kann die einzubringende Forderung die Kapitalerhöhung nur dann in vollem Umfang tragen, wenn sie voll werthaltig ist (*Redeker* BB 2007, 673 (675)). Gerade im Rahmen eines Debt-Equity-Swaps, der die Eigenkapitalbasis einer notleidenden Gesellschaft stärken soll, wird die gegen diese Gesellschaft gerichtete Forderung in aller Regel nicht mehr mit ihrem Nennwert angesetzt werden können, sondern um einen zu bestimmenden Anteil berichtigt werden müssen (*Born* BB 2009, 1730 (1731); *Sinhart* International Corporate Rescue 2009, 282 (283)). Die auf diesem Wege angepasste Forderung ist dann in der ermittelten Höhe einlagefähig. Maßgeblich für die Bewertung ist der Zeitpunkt unmittelbar vor Anmeldung zur Eintragung ins Handelsregister (Schimansky/Bunte/Lwowski/*Häuser* § 85 Rn. 150c). Nach anderer Auffassung können gegen die Gesellschaft gerichtete Forderungen unabhängig von der Vermögenssituation der Gesellschaft immer zum Nominalwert eingebracht werden, weil sie aus Sicht der Gesellschaft stets zum Nominalwert zu bilanzieren und deshalb vollwertig seien (MüKo GmbHG/*Schwandtner* § 5 Rn. 127). Auf Basis der herrschenden Auffassung gilt indes Folgendes: Sollte sich die Bewertung nachträglich als zu großzügig erweisen, d.h. ist die Forderung tatsächlich weniger wert als zunächst prognostiziert, so trifft den Sacheinlageleistenden gem. § 56 Abs. 2 GmbHG, der § 9 Abs. 1 Satz 1 GmbH betreffend die Überbewertung einer Sacheinlage bei der Sachkapitalgründung auch im Fall der Kapitalerhöhung für anwendbar erklärt, die Verpflichtung, den Fehlbetrag bis zur Höhe seiner übernommenen Einlage in bar nachzuschießen (sog. Differenzhaftung). In einem fortgeschrittenen Stadium der Liquiditätskrise der Gesellschaft erscheint es für den Gesellschaftsgläubiger daher ratsam, den Wert der einzubringenden Forderung nicht zu hoch anzusetzen, zumal bei einer wesentlichen Überbewertung das Registergericht die Eintragung der

Kapitalerhöhung nach § 38 Abs. 2 Satz 2 AktG, § 9c Abs. 1 Satz 2 GmbHG ablehnen kann. Im Übrigen kann eine gegen die Gesellschaft gerichtete Forderung, sofern sie ausreichend besichert ist, auch bei Überschuldung der Gesellschaft vollwertig sein (*Knecht/Haghani* § 18 Rn. 52). Zu bestimmen ist die Werthaltigkeit im Zweifel durch einen Sachverständigen (Wirtschaftsprüfer) (MüKo GmbHG/*Lieder* § 56 Rn. 19).

225 **12.** Sollte sich die einzubringende Forderung wider Erwarten als werthaltiger als angenommen erweisen, so wird der über den festgesetzten Wert hinausgehende Betrag als **Agio** behandelt, das gem. § 272 Abs. 2 Satz 1 HGB in die Kapitalrücklage der Gesellschaft einzustellen ist. Regelmäßig wird es im Rahmen eines Debt-Equity-Swaps freilich kein Agio geben, da der Wert der einzubringenden Forderung in den seltensten Fällen über dem festgesetzten Wert liegen wird. Sollte dies dennoch der Fall sein, wird die Finanzlage der sanierungsbedürftigen GmbH durch das in die Kapitalrücklage eingestellte Aufgeld zusätzlich gestärkt.

226 **13.** Stammkapitalmaßnahmen erfordern stets eine Änderung des Gesellschaftsvertrages (siehe Muster G 11 (Rdn. G 213)), da der Betrag des Stammkapitals gem. § 3 Abs. 1 Nr. 3 GmbHG notwendiger Bestandteil der GmbH-Satzung ist. Die Satzungsänderung muss dabei **wörtlich** im Gesellschafterbeschluss erfolgen und die betreffende Satzungsvorschrift an die neue Stammkapitalsituation anpassen (§ 54 Abs. 1 Satz 2 GmbHG).

227 **14.** Der Debt-Equity-Swap ist durch das Gesetz zur weiteren Erleichterung der Sanierung von Unternehmen (ESUG) vom 07.12.2011 (BGBl. I S. 2582) nunmehr auch ausdrücklich als **Sanierungsinstrument des Insolvenzplanverfahrens** vorgesehen. Die insoweit einschlägige Vorschrift des § 225a Abs. 2 InsO besagt, dass im Rahmen des Insolvenzplanverfahrens (§§ 217 ff. InsO) Forderungen von Gläubigern im gestaltenden Teil des Plans in Anteils- oder Mitgliedschaftsrechte umgewandelt werden können, wenn diese Gläubiger der Umwandlung zustimmen. Im Vergleich zum Debt-Equity-Swap zu Sanierungszwecken ergeben sich dabei zwei wesentliche Unterschiede, die vorrangig den Gläubigern zugutekommen: So werden gem. § 254a Abs. 2 InsO die gesellschaftsrechtlich notwendigen Beschlüsse (siehe Muster G 11 (Rdn. G 218 und G 220)) durch die Feststellung des Insolvenzplans fingiert und müssen folglich nicht ergänzend zum Insolvenzplan gefasst werden. Hierdurch wird verhindert, dass Altgesellschafter durch Verweigerung der Zustimmung zu den Kapitalmaßnahmen das Zustandekommen des Debt-Equity-Swaps blockieren können. Voraussetzung dafür ist allerdings, dass kein Gesellschafter schlechter gestellt wird als bei Zerschlagung der Gesellschaft ohne Insolvenzplan und kein Gläubiger mehr erhält als die volle Befriedigung (MüKo GmbHG/*Lieder* § 56 Rn. 19e f.). Darüber hinaus legt § 254 Abs. 4 InsO fest, dass der Schuldner im Anschluss an einen im (gerichtlich bestätigten) Insolvenzplan vorgesehenen und durchgeführten Debt-Equity-Swap keine Ansprüche wegen Überbewertung von Forderungen gegenüber den ehemaligen Gläubigern mehr geltend machen kann. Die Differenzhaftung wird folglich ausgeschlossen, und die Kapitalaufbringungsvorschriften, die im Rahmen eines sanierenden Debt-Equity-Swaps zu beachten sind (siehe Muster G 11 (Rdn. G 223)), werden außer Kraft gesetzt. Dies gilt entgegen dem Wortlaut des § 254 Abs. 4 InsO auch dann, wenn Ansprüche aus Differenzhaftung durch einen Dritten (z.B. Altgesellschafter im Wege der *actio pro socio*) gegen die ehemaligen Gläubiger erhoben werden (Braun/*Braun/Frank* § 225a Rn. 13).

12. Forderungsverzicht mit Besserungsabrede

Vorbemerkung

228 Bei einem Forderungsverzicht mit Besserungsabrede (häufig auch: Forderungsverzicht mit bzw. gegen »Besserungsschein«) handelt es sich um eine weitere Möglichkeit der Sanierung einer notleidenden GmbH. Der Gläubiger (ein Gesellschafter oder aber auch ein Drittgläubiger) verzichtet hierbei zum Zwecke der Sanierung der Schuldnergesellschaft auf eine Forderung. Da er aber regelmäßig nicht bereit sein wird, endgültig und unbedingt auf die Forderung zu verzichten, wird

zugleich vereinbart, dass die Forderung (eventuell zzgl. Nebenforderungen, wie insbes. Zinsen) wieder aufleben soll, sofern sich die wirtschaftliche Situation der Gesellschaft verbessert. Der Verzicht steht also unter einer (i.d.R. auflösenden) Bedingung und endet, wenn die Sanierung erfolgreich war, die Gesellschaft ihre Verbindlichkeiten also wieder begleichen kann. Die Schuldnergesellschaft profitiert von einer solchen Vereinbarung, da sich ihre Finanzsituation durch den Fortfall der Forderung unmittelbar verbessert und ggf. eine Überschuldung bzw. Zahlungsunfähigkeit abgewendet werden kann. Der Verzicht kann aber auch für den Gläubiger Vorteile mit sich bringen. So sind Gesellschafter regelmäßig am Erhalt der Gesellschaft und der Vermeidung einer Insolvenz interessiert. Für Drittgläubiger ist ein (bedingter) Forderungsverzicht insbes. dann attraktiv, wenn die Verzichtsforderung unbesichert ist und ihnen weitere Forderungen zustehen, die in der Insolvenz nur quotenmäßig befriedigt werden würden, oder wenn sie den Erhalt einer längerfristigen Geschäftsbeziehung anstreben (vgl. *Becker/Pape/Wobbe* DStR 2010, 506 (507)). Allerdings bestehen steuerliche Risiken, insbes. wegen der umstrittenen Steuerpflichtigkeit möglicher Sanierungsgewinne der Gesellschaft bis zum Inkrafttreten einer gesetzlichen Neuregelung (näher siehe unten Muster G 12 (Rdn. G 237 ff.)).

Muster 229

Vereinbarung [1] zwischen

der ____________ -GmbH, mit Sitz in ____________, eingetragen im Handelsregister des Amtsgerichts ____________ unter HRB ____________ (im Folgenden: Schuldnerin)

und

Gesellschafter/Herrn/Frau/Bank [2] ____________ wohnhaft/mit Sitz in ____________ (im Folgenden: Gläubiger)

Präambel

(1) Aufgrund eines Darlehensvertrages vom ____________ (Anlage in Kopie) hat der Gläubiger der Schuldnerin ein Darlehen i.H.v. ____________ € gewährt, welches mit ____________ % zu verzinsen ist und gemäß § ____________ des Darlehensvertrages spätestens am ____________ zur Rückzahlung fällig ist.

(2) Die Parteien vereinbaren den nachfolgenden auflösend bedingten Forderungsverzicht mit Besserungsabrede.

§ 1 Forderungsverzicht

Die Parteien sind sich einig, dass der Gläubiger der Schuldnerin die Forderungen aus dem in der Präambel aufgeführten Vertrag (einschließlich sämtlicher Nebenforderungen wie Zinsen und Kosten) erlässt.

§ 2 Besserungsabrede (auflösende Bedingung)

(1) Der vorstehende Verzicht ist auflösend bedingt. [3]

(2) Die Bedingung tritt ein, [4]

a) wenn und soweit die Schuldnerin künftig einen Jahresüberschuss erzielt. Zur Bestimmung des Jahresüberschusses ist der Jahresabschluss der Schuldnerin zugrunde zu legen. Der Jahresüberschuss ist dabei unter Abzug eines etwaigen Verlustvortrags und ohne die Bedienung der Forderungen aus dieser Besserungsabrede sowie ohne die Einstellung von Überschüssen in die Gewinnrücklagen der Gesell-

schaft und ohne Gewinnausschüttungen (einschließlich Zahlungen aus Gewinnabführungsverträgen) zu ermitteln. Die Schuldnerin hat dem Gläubiger eine Kopie des Jahresabschlusses (Bilanz, Gewinn- und Verlustrechnung, Anhang und – sofern zu erstellen – Lagebericht) spätestens binnen __________ Monaten nach dem jeweiligen Bilanzstichtag zuzusenden. Sofern die Schuldnerin der Pflicht zur Prüfung durch einen Abschlussprüfer unterliegt (§ 316 HGB), ist mit dem Jahresabschluss auch der Prüfungsbericht des Abschlussprüfers (in Kopie) zu übersenden. § 51a GmbHG bleibt unberührt.

Der Forderungsbetrag wird __________ Wochen nach Feststellung des Jahresabschlusses durch die Gesellschafter (bzw. im Falle einer Prüfpflicht: eine Woche nach Erteilung des Bestätigungsvermerks i.S.v. § 322 HGB), spätestens jedoch eine Woche nach Ablauf der vorstehend genannten Frist fällig; oder

b) wenn und soweit im Falle einer Liquidation der Schuldnerin nach Tilgung aller ihrer sonstigen Verbindlichkeiten ein Liquidationsüberschuss verbleibt.

§ 3 Folgen des Bedingungseintritts [5, 6], Zinsen

Folge des Bedingungseintritts ist, dass – soweit die Bedingung eintritt – die Forderung in ihrer ursprünglichen Höhe einschließlich der Nebenforderungen (ggf. anteilig im Umfang des Bedingungseintritts) wieder auflebt. Für den Fall des Bedingungseintritts stehen dem Gläubiger also trotz des Verzichts insbesondere auch Zinsansprüche für den Zeitraum zwischen Verzichtsvereinbarung und Bedingungseintritt zu. [7]

§ 4 Freigabe von Sicherheiten

Der Gläubiger wird die zur Sicherung des in der Präambel beschriebenen Darlehens bestellten Sicherheiten insoweit freigeben, als sie nicht zur Sicherung weiterer, fortbestehender Forderungen dienen oder bereits kraft Gesetzes erloschen sind. [8]

__________, den __________

[Verzichtender Gläubiger]

[Vertreter der Gesellschaft]

Erläuterungen

Literatur: *Becker/Pape/Wobbe*, Forderungsverzicht mit Besserungsschein – ein vermehrt genutztes Instrument zur Überwindung der Krise, DStR 2010, 506–510; *Häuselmann*, Rangrücktritt versus Forderungsverzicht mit Besserungsabrede, BB 1993, 1552–1557; *Knebel*, Der Forderungsverzicht als Sanierungsmaßnahme, DB 2009, 1094–1097.

Speziell zu den steuer- und bilanzrechtlichen Aspekten des Forderungsverzichts mit Besserungsabrede: *Benzel/Linzbach*, Auswirkungen des Forderungsverzichts – Steuerliche Belastung und Beeinflussung der Steuerquote, DStR 2009, 1599–1602; *Briese*, Forderungsverzicht gegen Besserungsschein sowie qualifizierter Rangrücktritt in Handels- und Steuerbilanz, DStR 2017, 799–804; *Brill*, Urteilsanmerkung zu BFH, Urt. vom 12.07.2012, GWR 2012, 502; *Frey*, Urteilsanmerkung zu BFH, Urt. vom 12.07.2012, SteuK 2012, 468 f.; *Gahlen*, Bilanzierung von Forderungsverzichten gegen Besserungsschein und von Verlustbeteiligungen aus Mezzanine-Kapital nach HGB und IFRS, BB 2009, 2079–2082; *Geist*, Die Besteuerung von Sanierungsgewinnen – Zur Anwendbarkeit, Systematik und Auslegung des BMF-Schreibens vom 27.03.2003, BB 2008, 2658–2666; *Kahlert*, Urteilsanmerkung zu BFH Urt. vom 28.02.2012, DStR 2012, 943–945; *Kahlert/Schmidt*, Löst ein Forderungsverzicht zu Sanierungszwecken nach § 7 Abs. 8 ErbStG Schenkungsteuer aus?, DStR 2012, 1208–1212; *Kroninger/Korb*, Die Handhabung von Sanierungsgewinnen vor und nach dem Urteil des Finanzgerichts München vom 12.12.2007, BB 2008, 2656–2658; *Neumann/Stimpel*, Ausgewählte Zweifelsfragen zur neuen Verlustabzugsbeschränkung nach § 8c KStG, GmbHR 2007, 1194–1201; *Pohl*, Die Auswirkung eines Forderungsverzichts mit Besserungsschein im Rahmen des § 8c KStG, DB 2008,

1531–1533; *Pöschke*, Bilanzierung und Besteuerung von Forderungserlass und Rangrücktritt zur Sanierung von Kapitalgesellschaften, NZG 2017, 1408–1419; *Riedel*, Geplante Änderung des Erbschaft- und Schenkungsteuerrechts: Ein Sanierungshindernis?!, NZI 2011, 577–581; *Schmidt*, Urteilsanmerkung zu BFH, Urt. vom 25.04.2012, GWR 2012, 406; *Wagner*, Urteilsanmerkung zu BFH Urt. vom 14.07.2010, BB 2010, 2606–2614; *Wehner*, Der Sanierungserlass des BMF vom 27.03.2003 – Ein Verstoß gegen EU-Beihilferecht?, NZI 2012, 537–541.

1. Der Erlass einer Forderung ist nicht einseitig durch den Gläubiger möglich, sondern bedarf gem. § 397 Abs. 1 BGB eines **gegenseitigen Vertrags**. Formerfordernisse bestehen nicht, und zwar grds. auch dann nicht, wenn das zur Begründung der Forderung abgeschlossene Rechtsgeschäft formbedürftig war (vgl. BeckOK BGB/*Dennhardt*, § 397 Rn. 11; Ausnahmen bei MüKo BGB/*Schlüter*, § 397 Rn. 2). Gleichwohl empfiehlt sich eine schriftliche Niederlegung, nicht zuletzt wegen der erforderlichen präzisen Regelung der Besserungsabrede (vgl. Muster G 12 (Rdn. G 232)). Mit Vereinbarung des Verzichts erlischt die Forderung. 230

2. **Beteiligt** am Abschluss der Besserungsabrede sind die Gesellschaft (als Schuldnerin) sowie der Gläubiger. Letzterer ist typischerweise ein Gesellschafter, der auf einen Anspruch aus einem mit der Gesellschaft geschlossenen Darlehensvertrag verzichtet. Möglich ist aber auch ein Verzicht durch einen Drittgläubiger (etwa eine Bank), und es kann auch auf andere Forderungen als solche aus Darlehen verzichtet werden. 231

3. Damit die Forderung dem Gläubiger nicht endgültig verloren geht, wird eine Besserungsabrede getroffen. Dies kann der dogmatischen Konstruktion nach auf zwei verschiedenen Wegen geschehen: Üblicherweise (so auch in § 2 des Musters) wird der Forderungsverzicht unter eine **auflösende Bedingung** (§ 158 Abs. 2 BGB) gestellt, so dass mit Bedingungseintritt die erloschene (alte) Forderung wieder auflebt. Alternativ kann zusätzlich zum Verzicht eine neue Forderung begründet werden, die unter einer **aufschiebenden Bedingung** (§ 158 Abs. 1 BGB) steht (*Häuselmann* BB 1993, 1552 f.). 232

4. Die Bedingung, unter der die Forderung wieder auflebt, kann unterschiedlich ausgestaltet werden. Gängig ist (wie im Muster) die Anknüpfung an einen künftig von der Gesellschaft zu erzielenden **Jahresüberschuss** sowie an einen **Liquidationserlös.** Es ist darauf zu achten, die Kriterien für den Bedingungseintritt so präzise wie möglich zu gestalten, um späteren Streitigkeiten vorzubeugen. Anderenfalls besteht das Risiko, dass die Gesellschaft nach erfolgreicher Sanierung versucht, ihre Verpflichtung aus der Besserungsabrede zu umgehen (vgl. *Becker/Pape/Wobbe* DStR 2010, 506 (507 f.)). Aus dem gleichen Grund empfiehlt es sich auch, einen Anspruch des Gläubigers auf Zusendung des maßgeblichen Jahresabschlusses und ggf. sogar darüber hinaus weitere Informationsrechte des Gläubigers zu vereinbaren (wobei dem Gläubiger freilich, wenn und solange es sich um einen Gesellschafter handelt, auch das Informationsrecht nach § 51a GmbHG zusteht, vgl. dazu auch Muster G 4 (Rdn. G 28)). Bei der Festlegung der für den Bedingungseintritt maßgeblichen Bezugsgröße (Jahresüberschuss) sind ggf. einzelne Posten (etwa ein Verlustvortrag) auszunehmen. Zudem empfiehlt es sich, durch entsprechende Formulierung (»soweit«) klarzustellen, dass die Forderung auch anteilig wieder aufleben kann und dann zu erfüllen ist (so auch im Muster). 233

5. Hinsichtlich der **bilanziellen Folgen** eines Forderungsverzichts mit Besserungsabrede ist zu differenzieren zwischen dem Zeitraum vor und dem Zeitraum nach Bedingungseintritt sowie danach, ob der Forderungsverzicht durch einen Drittgläubiger (bzw. durch einen Gesellschafter, aber betrieblich veranlasst) oder durch einen Gesellschafter aufgrund des Gesellschaftsverhältnisses erfolgt (anschaulich *Knebel* DB 2009, 1094 (1095); vgl. auch Beck'sches HdbGmbH/*Siemers/Birnbaum*, § 10 Rn. 86). 234

Der Verzicht durch einen **Drittgläubiger** (oder, falls betrieblich veranlasst, durch einen Gesellschafter) führt **vor Eintritt des Besserungsfalls** dazu, dass die Forderung sowohl in der Handels- als auch in der Überschuldungsbilanz der Gesellschaft **nicht mehr zu passivieren** ist (anders als beim Rangrücktritt, der nur die Überschuldungsbilanz betrifft, aber nichts an der handelsbilanziellen Passivierungspflicht ändert, vgl. Muster G 9 (Rdn. G 190)). Für die Schuldnerin stellt der Verzicht einen 235 außerordentlichen Ertrag dar, beim Gläubiger entsteht ein entsprechender Aufwand. Beim Verzicht durch einen Gesellschafter kann auch eine Einstellung in die Kapitalrücklage nach § 272 Abs. 2 Nr. 4 HGB erfolgen, wenn der Gesellschafter eine Leistung in das Eigenkapital erklärt (Beck'scher BilKomm/*Winkeljohann/Hoffmann* § 272 HGB Rn. 195, 197; *Gahlen* BB 2009, 2079; *Briese* DStR 2017, 799; *Pöschke* NZG 2017, 1408 (1410); siehe auch Muster G 1 (Rdn. G 2 ff.); a.A. wegen des nur vorübergehenden Charakters der Vermögensmehrung Beck'sches HdbGmbH/*Axhausen/Rieser* § 15 Rn. 98). Auch die Besserungsabrede, die von einem zukünftigen Jahresüberschuss bzw. Liquidationserlös abhängig ist, führt vor Bedingungseintritt nicht dazu, dass die Forderung doch noch passiviert werden muss (BMF, Schreiben vom 02.12.2003, DStR 2004, 34; Beck'scher BilKomm/*Schubert* § 247 HGB Rn. 233; a.A. *Briese* DStR 2017, 799 (800 f.); differenzierend *Pöschke* NZG 2017, 1408 (1411)). Denn die aus zukünftigen Erträgen zu tilgenden Verbindlichkeiten sind erst bei Erzielung des Ertrags zu passivieren (*Becker/Pape/Wobbe* DStR 2010, 506 (508)). Etwas anderes gilt aber, wenn die Bilanzierung nicht nach HGB, sondern nach IFRS bzw. GAAP erfolgt (dann ist die Verbindlichkeit ggf. schon vor Bedingungseintritt zu passivieren, *Gahlen* BB 2009, 2079 (2080); *Benzel/Linzbach* DStR 2009, 1599 (1601)).

236 Anders stellt sich die Situation dar, wenn ein **Gesellschafter** (oder eine ihm nahestehende Person) auf die Forderung verzichtet und der Verzicht (wie regelmäßig der Fall) **aufgrund des Gesellschaftsverhältnisses** erfolgt (vgl. BFH GrS, Beschl. v. 09.06.1997, NJW 1997, 2837). Dies ist dann der Fall, wenn ein Nichtgesellschafter bei Anwendung der Sorgfalt eines ordentlichen Kaufmanns den durch den Verzicht entstandenen Vermögensvorteil der Gesellschaft nicht gewährt hätte (*Knebel* DB 2009, 1094 (1095) m.w.N.). In Höhe des werthaltigen Teils der Forderung liegt dann eine Einlage des Gesellschafters vor, die mit dem Teilwert der Forderung im Zeitpunkt des Verzichts zu bewerten ist (BMF, Schreiben v. 02.12.2003, DStR 2004, 34, Ziff. 1). Die Höhe der Einlage hängt also von der Werthaltigkeit des Anspruchs ab. In Höhe der Differenz zwischen Teilwert und Nennwert bleibt es bei einem außerordentlichen Ertrag (aus Gesellschaftssicht) bzw. einem Aufwand (aus Gläubigersicht) (*Knebel* DB 2009, 1094 (1095)).

237 Tritt die **Bedingung (Besserungsfall)** ein, so ist die Forderung bei der Schuldnerin (Gesellschaft) wieder als Verbindlichkeit erfolgswirksam einzubuchen. Die Leistung auf die Besserungsabrede stellt einen Aufwand (aus Schuldnersicht) bzw. einen Ertrag (aus Gläubigersicht) dar. Soweit die ursprüngliche Ausbuchung als verdeckte Einlage zu qualifizieren war, gilt diese als zurückgewährt (BMF, Schreiben v. 02.12.2003, DStR 2004, 34, Ziff. 2 a); Beck'sches HdbGmbH/*Siemers/Birnbaum* § 10 Rn. 86).

238 **6.** Von besonderer Bedeutung sind die **steuerlichen Folgen** eines Forderungsverzichts, insbes. mit Blick auf einen möglichen Sanierungsgewinn der Gesellschaft.

239 Auf der **Ebene der Gesellschaft** ist zu unterscheiden: Erfolgt der Forderungsverzicht durch einen Drittgläubiger oder durch einen Gesellschafter, aber betrieblich veranlasst, so führt dies bei der Gesellschaft zu einer (grds. steuerpflichtigen) Gewinnerhöhung. Erfolgt der Forderungsverzicht dagegen durch einen Gesellschafter aufgrund des Gesellschaftsverhältnisses, so liegt zwar für den werthaltigen Teil der Forderung steuerrechtlich eine verdeckte Einlage vor mit der Folge, dass der durch den Forderungsverzicht erzielte Ertrag insoweit außerbilanziell herauszurechnen ist. Eine verdeckte Einlage besteht aber nur in Höhe des Teilwerts der Forderung im Zeitpunkt des Verzichts (BFH GrS, Beschl. v. 09.06.1997, NJW 1997, 2837 (2839); für ein Abstellen auf den Buchwert jedoch *Pöschke* NZG 2017, 1408 (1414)). In Höhe der Differenz zwischen Teilwert und Nennwert (soweit die Forderung also nicht werthaltig war) bleibt es dagegen auch hier bei einem (steuerpflichtigen) Sanierungsgewinn (*Knebel* DB 2009, 1094 (1095)). Vor allem bei einer notleidenden GmbH, bei der der Teilwert der Forderung niedrig (ggf. sogar mit »0«) anzusetzen ist, kommt es also durch den Forderungsverzicht zur Gewinnerhöhung. Insbes. bei hohen Verzichtsforderungen kann dies zur Folge haben, dass die Gesellschaft trotz ihrer schlechten finanziellen Lage und Ausschöpfung von Verlustverrechnungsmöglichkeiten steuerpflichtig werden würde, zumal der Gesellschaft die notwendigen liquiden Mittel zur Zahlung fehlen dürften. Die Regelung des § 3 Nr. 66 EStG a.F., die solche Sanierungsgewinne steuerfrei stellte, wurde zum 01.01.1998 aufgehoben. Mit Schrei-

ben vom 27.03.2003 (DStR 2003, 690; sog. »**Sanierungserlass**«) hatte das BMF jedoch vorgesehen, dass die Finanzverwaltung aus sachlichen Billigkeitsgründen eine Steuerstundung bzw. einen Steuererlass (vgl. §§ 163, 222, 227 AO) gewährt, wenn trotz Verbrauchs aller Verlustverrechnungsmöglichkeiten aufgrund des Sanierungsgewinns eine Steuerpflicht entstünde.

Voraussetzungen für eine steuerliche Privilegierung nach dem Sanierungserlass waren (neben dem 240
Vorliegen einer Sanierung und dem Verbrauch von Verlusten, vgl. *Knebel* DB 2009, 1094 (1096); *Kroninger/Korb* BB 2008, 2656) die Sanierungsbedürftigkeit und Sanierungsfähigkeit des Unternehmens, die Sanierungseignung des Verzichts sowie eine Sanierungsabsicht des Gläubigers, wobei diese Voraussetzungen bei Vorliegen eines Sanierungsplans anzunehmen waren (vgl. BMF, Schreiben v. 07.03.2003, DStR 2003, 690 (691, Rn. 4); ausführlich zu den einzelnen Voraussetzungen *Geist* BB 2008, 2658 (2660–2666)). Trat der Besserungsfall später ein und musste die Gesellschaft an den Gläubiger leisten, so verringerte sich nachträglich der Sanierungsgewinn und damit auch die zu stundende Steuer (BMF, Schreiben vom 07.03.2003 Rn. 5, DStR 2003, 690 (691); *Becker/Pape/Wobbe* DStR 2010, 506 (508)).

Die Rechtmäßigkeit des Sanierungserlasses war geraume Zeit umstritten. Für seine Rechtswidrig- 241
keit wurde angeführt, er verstoße gegen den Grundsatz der Gesetzmäßigkeit der Verwaltung, da er faktisch die Rechtsfolge des aufgehobenen § 3 Nr. 66 EStG wieder in Kraft setze (vgl. FG München, Urt. v. 12.12.2007, DStR 2008, 1687 f.). In der Literatur wurde der Sanierungserlass allerdings überwiegend für rechtmäßig gehalten (etwa *Knebel* DB 2009, 1094 (1097); zu einer ausführlicheren Darstellung des Streitstandes vgl. die Vorauflage, Muster G 12, Rn. G 240).

Inzwischen hat der Große Senat des BFH sich der erstgenannten Auffassung angeschlossen und den Sanierungserlass wegen Verstoßes gegen den Grundsatz der Gesetzmäßigkeit der Verwaltung für rechtswidrig erklärt (BFH GrS, Beschl. v. 28.11.2016, BB 2017, 481). Der Gesetzgeber habe seinen Willen, Sanierungsgewinne steuerlich nicht mehr zu privilegieren, mit der Aufhebung des § 3 Nr. 66 EStG eindeutig geäußert. Während §§ 163, 227 AO Billigkeitsmaßnahmen im Einzelfall erlaubten, seien typisierende Regelungen ausschließlich dem Gesetzgeber vorbehalten (vgl. BFH GrS, a.a.O., Rn. 120 ff.). Zur Ausfüllung der Regelungslücke hat der Gesetzgeber mittlerweile im Rahmen des am 27.06.2017 beschlossenen Gesetzes gegen schädliche Steuerpraktiken im Zusammenhang mit Rechteüberlassungen (BGBl. I 2017, 2074) die Einführung eines neuen § 3a EStG vorgesehen, dessen Abs. 1 Betriebsvermögensmehrungen oder Betriebseinnahmen aus einem Schuldenerlass zum Zwecke einer unternehmensbezogenen Sanierung steuerfrei stellt und insoweit die Regelungen des Sanierungserlasses aufgreift (ausführlich zur Neuregelung *Ott* DStZ 2018, 179; *Förster/Hechtner*, DB 2017, 1536; *Hiller/Baschnagel*, DStZ 2017, 353). § 3a EStG n.F. soll dabei nur auf Fälle anzuwenden sein, in denen die Schulden ganz oder teilweise nach dem 08.02.2017 erlassen wurden (§ 52 Abs. 4a EStG n.F.). In Kraft treten die Gesetzesänderungen jedoch erst, wenn die Europäische Kommission festgestellt hat, dass die neuen Regelungen nicht gegen EU-Beihilfenrecht verstoßen. Das entsprechend vorgesehene Notifizierungsverfahren scheint bereits in Gang gesetzt worden zu sein (vgl. BT-Drs. 18/12128, S. 36 und *Förster/Hechtner* DB 2017, 1536 Fn. 11).

Auf den Beschluss des Großen Senats des BFH hatte das BMF inzwischen mit der Anordnung reagiert, aus Gründen des Vertrauensschutzes sei der Sanierungserlass dennoch weiterhin auf Fälle anzuwenden, in denen der Forderungsverzicht der an der Sanierung beteiligten Gläubiger bis einschließlich 08.02.2017 endgültig vollzogen wurde (BMF, Schreiben v. 27.04.2017, BStBl. I S. 741). Auch diese Anordnung wurde vom I. und X. Senat des BFH wegen Verstoßes gegen den Grundsatz der Gesetzmäßigkeit der Verwaltung für rechtswidrig erklärt (BFH, Urt. v. 23.08.2017, DStR 2017, 2322 und BFH, Urt. v. 23.08.2017, DStR 2017, 2326). Das BMF hat daraufhin jedoch in einem erneuten Schreiben (Schreiben v. 29.03.2018, DStR 2018, 680) erklärt, seine Vertrauensschutzregelung sei auf Altfälle weiterhin anzuwenden. Hierbei beruft sich das BMF darauf, in der Begründung zum neuen Gesetzesentwurf werde explizit auf seine Vertrauensschutzregelung Bezug genommen (BT-Drs. 18/12128, S. 33); mit dem Beschluss des Gesetzes habe der Gesetzgeber diese Regelung somit im Wege beredten Schweigens gebilligt.

Für die Praxis ist nach diesem Ping-Pong-Spiel von Judikative und Exekutive davon auszugehen, dass das BMF Altfälle auch weiterhin gemäß dem Sanierungserlass steuerlich privilegieren wird. Angesichts der sehr deutlichen entgegenstehenden Rechtsprechung des BFH scheint eine Anerkennung dieser Verwaltungspraxis durch die Gerichte freilich wenig wahrscheinlich.

242 Neben diesen »nationalen« bestehen auch europarechtliche Unsicherheiten in Bezug auf den Sanierungserlass. So hat die Europäische Kommission in Bezug auf das körperschaftsteuerrechtliche Sanierungsprivileg des § 8c Abs. 1a KStG, wonach unter bestimmten Voraussetzungen bei sanierungsbedürftigen Unternehmen der Verlustvortrag auch beim Anteilseignerwechsel erhalten bleibt, entschieden, dass insoweit eine gegen Art. 107 AEUV verstoßende Beihilferegelung vorliege (Entscheidung v. 26.01.2011 – K(2011) 275; veröffentlicht im ABl. der Kommission Nr. L 235 vom 10/09/2011 S. 0026–0041). Die gegen diese Entscheidung gerichtete Nichtigkeitsklage der Bundesrepublik Deutschland vor dem EuGH wurde aus formellen Gründen (Verspätung) ohne Entscheidung in der Sache als unzulässig abgewiesen (Beschl. v. 18.12.2012 – Az. T-205/11). Die von Steuerpflichtigen (GFKL Financial Services AG) eingereichte Klage (EuGH, Az. C 7/10) zur Feststellung der Nichtigerklärung des Beschlusses 2011/527/EU der Kommission vom 26.01.2011 über die staatliche Beihilfe Deutschlands (ex CP 250/09 und NN 5/10) »KStG, Sanierungsklausel« (ABl. L 235, 26) wurde vom EuG als Eingangsinstanz des EuGH als unbegründet abgewiesen (IStR 2016, 249). Ebenso hat der EuG auch eine entsprechende Klage von Steuerpflichtigen (Heitkamp BauHolding GmbH) als unbegründet abgewiesen (Urt. v. 04.02.2016 – T-287/11). In beiden Verfahren wurde Rechtsmittel eingelegt (EuGH Az. C-209/16 P und C-203/16 P), eine Entscheidung des EuGH steht jedoch noch aus. Der Generalanwalt hat in seinen Schlussanträgen zu einem der Verfahren (C-203/16 P) beantragt, das Urteil des EuG aufzuheben und den zugrunde liegenden Kommissionsbeschluss 2011/527/EU wegen fehlerhafter Bestimmung des Referenzrahmens für nichtig zu erklären. Ob und inwieweit sich die angegriffene Kommissionsentscheidung auch auf den Sanierungserlass vom 27.03.2003 bzw. seine Nachfolgeregelung in § 3a EStG n.F. übertragen lässt, ist noch nicht geklärt (für grds. Übertragbarkeit etwa *Wehner* NZI 2012, 537). Auch der BFH hat das Problem bislang nur angedeutet (BFH, Urt. v. 25.04.2012, DStR 2012, 1544 Rn. 17; näher zu dieser Entscheidung sogleich Muster G 12 (Rdn. G 243)). Angesichts des im Rahmen der deutschen Gesetzesänderung angestoßenen Notifizierungsverfahrens (Rdn. G 241) ist eine Klärung dieser Frage in näherer Zukunft zu erwarten.

243 Der Sanierungserlass gilt grundsätzlich nur für die Einkommensteuer, die Körperschaftsteuer und den Solidaritätszuschlag, nicht jedoch – es sei denn der Anwendungsbereich des neu eingeführten § 7b GewStG ist eröffnet – für die Gewerbesteuer (BMF, Schreiben v. 27.03.2003, DStR 2003, 690 (692)). Über deren Feststellung und Erhebung sowie eventuelle Billigkeitsmaßnahmen entscheidet die jeweilige Gemeinde, nicht das Finanzamt. Dies hat auch der BFH bestätigt (BFH, Urt. v. 25.04.2012, DStR 2012, 1544). Im Einzelfall kann das zu nicht unerheblichen Schwierigkeiten führen, insbes., wenn das Unternehmen unterschiedliche Betriebsstätten in mehreren Gemeinden hat, mit denen sich die Gesellschaft dann jeweils einzeln auseinandersetzen muss (vgl. *Schmidt* GWR 2012, 406; *Eilers* SteuK 2012, 377).

244 Mit **Bedingungseintritt** (Besserung) kann die Gesellschaft die wieder aufgelebte Verbindlichkeit grds. vermögensmindernd »neu« einbuchen (siehe im Einzelnen schon soeben Muster G 12 (Rdn. G 237)). War die ursprüngliche Forderung betrieblich begründet, so führen die Wiedereinbuchung und Erfüllung der Verbindlichkeit zu Betriebsausgaben der Gesellschaft. Daran ändert sich nach einer neueren Entscheidung des BFH (Urt. v. 12.07.2012, BB 2012, 2864) auch dann nichts, wenn der verzichtende Gesellschafter seine (zwischenzeitlich wertlosen) Gesellschaftsanteile als sog. »**Mantelkauf**« überträgt und zusätzlich die Besserungsanwartschaft an den Anteilserwerber veräußert hat und anschließend nach einer Verschmelzung auf die GmbH der Besserungsfall eintritt (anders jedoch ggf. bei Schuldnerwechsel, vgl. FG Hamburg, Urt. v. 29.06.2016, DStrE 2017, 1042; Revision beim BFH noch anhängig: I R 46/16; a.A. *Schwedhelm/Olbing/Binnewies* GmbHR 2017, 1289 (1306 f.)). Auch in diesem Fall kann die Gesellschaft spätere Zahlungen aufgrund der Besserung als Verlust gewinnmindernd steuerlich geltend machen. Nach Ansicht des BFH liegt

hierin weder eine verdeckte Gewinnausschüttung noch ein Gestaltungsmissbrauch, ein Verlustuntergang nach § 8 Abs. 4 KStG 1999 (bzw. dem neuen § 8c KStG) tritt nicht ein (anders noch die Finanzverwaltung, vgl. BMF, Schreiben v. 02.12.2003, DStR 2004, 34, Ziffer 2 d)). Mittels einer solchen Abtretung der Besserungsanwartschaft, wie sie schon länger empfohlen wird, kann – zumindest nach derzeitiger Rechtslage – also ein Verlustuntergang nach § 8c KStG beim Mantelkauf vermieden werden (*Brill* GWR 2012, 502; *Frey* SteuK 2012, 468 (469)). War der Forderungsverzicht gesellschaftsrechtlich begründet und führte er zu einer verdeckten Einlage, dann gilt die verdeckte Einlage mit Besserungseintritt als zurückgeführt und ist somit steuerlich erfolgsneutral (BMF, Schreiben v. 02.12.2003, DStR 2004, 34).

Auf **Ebene des verzichtenden Gesellschafters** korrespondiert die steuerliche Behandlung mit derjenigen auf Gesellschaftsebene. Ein Verzicht aufgrund des Gesellschaftsverhältnisses führt in Höhe des werthaltigen Teils (Teilwert) der Forderung zu einer nachträglichen Erhöhung der Anschaffungskosten der Beteiligung. In Höhe des nicht werthaltigen Teils entsteht steuerlich grds. Forderungsaufwand (BFH GrS, Beschl. v. 09.06.1997, NJW 1997, 2837). Hinsichtlich dessen steuerlicher Nutzbarkeit ist wiederum entsprechend der Rechtsform des Gesellschafters zu differenzieren sowie (bei natürlichen Personen) danach, ob die Anteile im Betriebs- oder im Privatvermögen gehalten werden (näher Beck'sches HdbGmbH/*Siemers/Birnbaum* § 10 Rn. 87 f. m.w.N.). 245

Nach der Neufassung von § 7 Abs. 8 ErbStG zu beachten sind schließlich auch noch **schenkungsteuerrechtliche Aspekte**. Denn zumindest nach dem Wortlaut von § 7 Abs. 8 S. 1 ErbStG n.F., wonach als Schenkung auch die Werterhöhung von Anteilen an einer Kapitalgesellschaft zu qualifizieren ist, die eine an der Gesellschaft beteiligte natürliche Person (Bedachter) durch die Leistung einer anderen Person (Zuwender) an die Gesellschaft erlangt, könnte grds. auch der bloße Forderungsverzicht eine Schenkung darstellen (vgl. *Kahlert/Schmidt* DStR 2012, 1208 (1209)). Die Vorschrift fingiert also eine Schenkung des Leistenden zugunsten der an der Kapitalgesellschaft beteiligten Person (d.h. des Gesellschafters). Folge einer Anwendung auch auf den Forderungsverzicht wäre, dass wegen § 20 Abs. 1 S. 1 ErbStG sowohl den »begünstigten« (Mit-)Gesellschaftern als auch dem verzichtenden Gläubiger eine Schenkungsteuerpflichtigkeit drohen würde, was die Attraktivität einer solchen Sanierungsmaßnahme wesentlich verringern würde (vgl. *Kahlert/Schmidt* DStR 2012, 1208 (1211); davor warnend auch bereits *Riedel* NZI 2011, 577). Einleuchtend wird in der Literatur deswegen für eine einschränkende Auslegung der dem Wortlaut nach zu weit gefassten Norm plädiert, die lediglich Steuerlücken in Fällen sog. »disquotaler Einlagen« schließen solle (ausführlich *Kahlert/Schmidt* DStR 2012, 1208 (1209 ff.)). Zumindest für den vorliegend relevanten Forderungsverzicht mit Besserungsabrede lehnt nunmehr auch die Finanzverwaltung eine Schenkungsteuerpflicht ab (Erlass der Obersten Finanzbehörden der Länder v. 14.03.2012, BStBl. I, 331, BeckVerw 259243, Ziff. 3.3.7; a.A. noch *Riedel* a.a.O. (580)). 246

7. Mit dem Forderungsverzicht erlischt die Forderung. Folglich bestehen auch keine **Zinsansprüche** mehr für den Verzichtszeitraum. Auch der spätere Bedingungseintritt (Besserungsfall) wirkt nach § 158 Abs. 2 BGB grds. nur ex nunc, lässt also nicht rückwirkend Zinsansprüche entstehen (vgl. BeckOK BGB/*Rövekamp*, § 158 Rn. 23). Gleichwohl hätten dem Gläubiger ohne die Vereinbarung auch für den Verzichtszeitraum Zinsen zugestanden, so dass er ein legitimes Interesse daran hat, dass seine Zinsansprüche nach der Sanierung (rückwirkend) wieder aufleben. Soll dies geschehen, ist – wie im Muster – eine entsprechende explizite Vereinbarung zu treffen (*Knebel* DB 2009, 1094 (1095)). Dass eine solche Rückbeziehungsvereinbarung möglich ist, folgt aus § 159 BGB. 247

8. Mit dem Wegfall der Forderung erlöschen auch die zu ihrer **Sicherung** bestellten akzessorischen Sicherheiten (wie z.B. Bürgschaften und Pfandrechte). Nicht-akzessorische Sicherheiten (wie z.B. Grundschulden und Sicherungsübereignungen/-abtretungen) bestehen fort, sind aber freizugeben, sofern sie nicht noch weitere Forderungen sichern. Wenn sich dies auch regelmäßig schon durch Auslegung der Sicherungsabrede ergibt, empfiehlt es sich doch im Interesse einer eindeutigen Vertragsgestaltung, die Freigabepflicht im Vertrag ausdrücklich festzuhalten (MAH Personengesellschaftsrecht/*Gehde*, § 23 Rn. 48). 248

H. Internationale Finanzierungen

I. Verträge nach LMA Standard

1. Share Pledge Agreement (Verpfändung eines Geschäftsanteils zu Finanzierungszwecken)

Vorbemerkung

1 (a) Die nachfolgende Bestellung von Pfandrechten an Geschäftsanteilen an einer GmbH sowie die folgenden englischsprachigen Muster orientieren sich am so genannten »LMA-Style«. LMA steht für die Loan Market Association (www.loan-market-assoc.com). Das LMA stellt der Kreditwirtschaft Muster für Darlehens- und Sicherheitenverträge sowie weitere in Finanzierungszusammenhängen gebräuchliche Verträge (wie zum Beispiel Intercreditor Agreement) zur Verfügung. Dieser Stil hat sich für die Gestaltung von internationalen Verträgen durchgesetzt und orientiert sich am Aufbau von Verträgen im englischen Recht. Vereinzelt bietet LMA auch Muster anderer Jurisdiktionen an, für das deutsche Recht zum Beispiel ein Multicurrency Term and Revolving Facility Agreement. Weitere deutschrechtliche Vertragsmuster sind noch nicht veröffentlicht (so auch kein Share Pledge nach deutschem Recht), weshalb die beteiligten Rechtsanwaltskanzleien üblicherweise eigene Muster im »LMA-Style« entwerfen.

2 Kennzeichnend für den LMA-Style ist seine Ausführlichkeit, da das englische Recht nicht wie das deutsche kodifiziert ist und die Verträge entsprechend nicht auf gesetzlich oder durch die Rechtsprechung definierte Begriffe, sondern auf dem sog. Case law basieren. Aus diesem Grunde werden Begriffe in dem Muster selbst definiert und als definierte Begriffe durch ihre Großschreibung kenntlich gemacht. Sofern auf Begriffe verwiesen werden soll, die im deutschen Recht definiert sind, wird die deutsche Übersetzung kursiv in Klammern hinzugefügt. Ihre Auslegung ist im Zweifel maßgeblich (siehe § 1.2 (i) im Muster). Der umfangreiche Definitionenkatalog findet sich entweder direkt im ersten Paragraphen des Vertragsteiles oder aber auch im Anhang. Die Orientierung an definierten Begriffen erfordert vom Leser ein konsequentes Nachverfolgen von Verweisketten.

3 Aus deutsch-rechtlicher Sicht enthalten Verträge im LMA-Style sehr viele Selbstverständlichkeiten. Gerade diese an sich überflüssige Ausführlichkeit macht die Verträge für Beteiligte, die sich im deutschen Recht nicht auskennen, leichter verständlich, mutet aber für mit deutschen Verträgen vertrauten Personen eher umständlich an.

4 (b) Die Verpfändung von GmbH-Geschäftsanteilen bedarf der notariellen Beurkundung, §§ 1274 Abs. 1 S. 1 BGB i.V.m. § 15 Abs. 3 GmbHG. Das Muster enthält nur den Vertragstext als solchen. Für die beurkundungsrechtlichen Formalia wird auf Muster G 8 (Rdn. G 146) verwiesen. Zu dem Beurkundungserfordernis allgemein siehe Muster G 8 (Rdn. G 148 f.), zu Beurkundungen im Ausland siehe Muster G 8 (Rdn. G 152).

Template

5 **DATED 20 ____________**

(1) ____________

as Pledgor

– and –

(2) ____________

as Security Agent

– and –

(3) THE FINANCIAL INSTITUTIONS LISTED IN THE SCHEDULE 1

as Pledgees

– and –

(4) __________

as Company

SHARE PLEDGE AGREEMENT [1]

relating to shares in a limited liability company

THIS SHARE PLEDGE AGREEMENT (the »Agreement«) is made on 20 __________

BETWEEN

(1) __________, a __________ under the laws of __________ with its registered office in __________, registered with the [commercial register held with the local court of] __________ under number __________, as pledgor (the »Pledgor«);

(2) __________, a __________ under the laws of __________ with its registered office in __________, as security agent and pledgee (the »Security Agent« [2])

(3) THE FINANCIAL INSTUTIONS, listed in schedule 1, as pledgees (the »Lenders«); and

(4) __________, a limited liability company under the laws of Germany with registered office in __________, registered with the commercial register at the local court of __________ under registration number HRB __________, as company (the »Company«; the Pledgor, the Security Agent, the Lenders and the Company collectively, the »Parties«).

BACKGROUND:

A Pursuant to a EURO __________ [credit facilities agreement] dated [as of or about the day of this Agreement/__________] between, *inter alios*, various companies as [borrowers and as guarantors and the Lenders and __________ as [facility agent, security agent, arranger] (the »Facility Agreement«) the Pledgees have, *inter alia*, agreed to grant certain facilities to the borrowers.

B [Pursuant to an intercreditor agreement/security trust agreement dated [as of or about the day hereof/__________] between, *inter alios*, the Pledgor, the Company, the Lenders and the Security Agent (the »Intercreditor/Security Trust Agreement«), the Lenders have *inter alia* appointed the Security Agent as their security agent to hold, administer and enforce the security interests granted for their benefit and the Obligors (as defined below) have undertaken, by way of an abstract acknowledgement of debt (*abstraktes Schuldversprechen*) and as an independent payment obligation, to pay to the Security Agent, as creditor in its own right, sums equal to the aggregate of all their payment obligations to the Lenders (the »Parallel Debt«)].

C It is a condition/obligation under the Facility Agreement that the Pledgor grants first ranking security interests over the shares in the Company.

D The registered share capital (*Stammkapital*) of the Company totals EURO [25,000] and the Pledgor holds [all the shares/the only share] in the Company, as shown in the shareholder list in schedule 2 (the »Present Shares«).

IT IS AGREED:

1. DEFINITIONS AND INTERPRETATION

1.1 Definitions

In this Agreement:

[»Arranger« means ____________ and its respective legal successor from time to time;]

»BGB« means the German Civil Code (*Bürgerliches Gesetzbuch*);

»Borrowers« means ____________ and ____________ and any person acceding as additional borrower to the Facility Agreement;

»Business Day« means a day (other than a Saturday or a Sunday) on which banks are open for general business in [Frankfurt am Main, New York and London];

»Declared Default« means an event of default pursuant to a Finance Document of which a Finance Party has notified [the Pledgor and the Company] whether or not such event of default has actually occurred or is continuing;

[»Facility Agent« means ____________ and its respective legal successor from time to time;]

[»Finance Documents« means the Facility Agreement, any letter of credit, any guarantee, any transfer certificate, any borrower accession memorandum, any guarantor accession memorandum, the [Intercreditor Agreement][Security Documents], any hedging agreements and any other agreement or document, letter (including any fee letter), deed, notice (including a notice of drawdown, notice of rollover of advance, notice of renewal for letters of credit or guarantees or a selection notice) or certificate entered into or executed and delivered by any Obligor;]

»Finance Parties« means the [Arranger][Facility Agent][Security Agent][the Lenders] and any of their successor(s) from time to time;

»Future Pledgees« means any person which becomes a pledgee under this Agreement by way of (i) transfer of the Pledges by operation of law or otherwise following the transfer of any part of the Secured Obligations from a Pledgee to such person, and/or (ii) accession to this Agreement pursuant to clause 2.2 (*Security Agent acting for Future Pledgees*) as pledgee;

»Germany« means the Federal Republic of Germany (*Bundesrepublik Deutschland*);

[»Guarantors« means ____________ and any person acceding as additional guarantor to the Facility Agreement;]

»Obligors« means the Borrowers [and the Guarantors] and their respective legal successors from time to time;

»Pledgees« means the Present Pledgees and the Future Pledgees;

»Present Pledgees« means the Security Agent and the Lenders;

»Secured Obligations« means all present and future obligations and liabilities (whether actual or contingent, whether owed jointly, severally or in any other

capacity whatsoever and whether originally incurred by a Borrower or by some other person) of the Obligors (or any of them) under or in connection with the Facility Agreement or any other Finance Document which are or become owed to the Finance Parties (or any of them) (including, for clarification purposes, any claims arising from the insolvency administrator´s discretion to perform obligations in agreements according to section 103 German Insolvency Act (*Insolvenzordnung*)) as amended, increased, varied or changed in any other way in accordance with the Finance Documents, including in particular any future extension, prolongation or increase of advances under Finance Documents. The Secured Obligations shall include (i) any obligation of the Obligors (or any of them) to the Finance Parties (or any of them) based on unjust enrichment (*ungerechtfertigte Bereicherung*) or tort (*Delikt*) and (ii) the Parallel Debt;

»Security Document« means any agreement or document creating, purporting to create or evidencing a security interest, including any guarantee, indemnity, preferential arrangement or subordination arrangement, for and with regard to the Secured Obligations;

[»Security Trust Agreement« means the security trust agreement dated between, *inter alios*, the [Lenders/Arranger/Facility Agent/Security Agent], and the [Obligors]; and

»Successor Security Agent« means a person appointed in accordance with a Finance Document as successor of the Security Agent in its capacity as security agent to the Finance Parties.

1.2 Interpretation

In this Agreement:

(a) any reference to a »clause«, or a »schedule« is a reference to a clause of, or a schedule to, this Agreement and schedules shall form an integral part of this Agreement;

(b) »include«, »including« and »in particular« shall be construed without limitation;

(c) any reference to a »person« includes any individual, firm, company, corporation, state or agency, any unincorporated association or body (including a partnership, trust, joint venture or consortium) or other entity (whether or not having separate legal personality);

(d) »promptly« shall have the same meaning as the German term *unverzüglich*;

(e) »transfer« shall, where used in connection with Secured Obligations, include assignment (*Abtretung*), assumption of contract (*Vertragsübernahme*), novation (*Schuldumschaffung*) and universal succession (*Gesamtrechtsnachfolge*);

(f) where the context so admits, a reference to the singular includes the plural and *vice versa*;

(g) any reference to a defined document or provision of statutory law is a reference to that defined document or provision as amended, supplemented, restated or novated from time to time;

(h) headings are for ease of reference only and shall be ignored in the construction of this Agreement;

(i) where a German term has been added to an English term, such German term shall be decisive;

(j) [in the event of a conflict between this Agreement and the Facility Agreement, the relevant provision of the Facility Agreement shall (to the extent permitted by law) prevail.]

2. PLEDGES (VERPFÄNDUNGEN) [3]

2.1 Grant of Pledges

(a) The Pledgor hereby grants to each of the Pledgees a pledge (*Pfandrecht*) over:

(i) the Present Shares;

(ii) all additional shares in the Company which the Pledgor may, by capital increase (*Kapitalerhöhung*) or otherwise and irrespective of their nominal value or splitting, acquire in the future (the »Future Shares« [4] and collectively with the Pledged Shares, the »Pledged Shares«); and

(iii) all ancillary rights and claims associated with the Pledged Shares including the rights and claims specified in clause 3 (*Scope of Pledges*) [5]

(the pledges constituted under this clause 2.1 or otherwise under this Agreement collectively, the »Pledges«).

(b) Each of the Present Pledgees hereby accepts the Pledges for itself and on its own behalf.

2.2 Security Agent acting for Future Pledgees [6]

(a) The Security Agent hereby accepts the Pledges as representative without power of attorney (*Vertreter ohne Vertretungsmacht*) for and on behalf of each Future Pledgee. Each Future Pledgee ratifies (*genehmigen*) the declarations so made by the Security Agent on its behalf by accepting the transfer of any part of the Secured Obligations from a Pledgee. Upon such ratification such Future Pledgee becomes a party to this Agreement, it being understood that any future or conditional claim (*zukünftiger oder bedingter Anspruch*) of such Future Pledgee arising under the Finance Documents shall be secured by the Pledges constituted hereunder. The respective Future Plegdee will repeat its ratification in a separate document as a matter of record.

(b) All Parties hereby confirm that the validity of the Pledges shall not be affected by the Security Agent acting as representative without power of attorney for Future Pledgees.

(c) Each of the Parties hereby irrevocably authorises the Security Agent to identify (*bestimmen*) each Future Pledgee with binding effect for all Parties. Such identification shall be made in the required form and shall enclose the ratification by the Future Pledgee. [7]

(d) Each Party (except for the Security Agent) and each Future Pledgee herewith authorises (*bevollmächtigen*) the Security Agent, under exemption from the restrictions imposed by section 181 BGB or similar provisions applicable and with the power to grant sub-power of attorney (Untervollmacht), for the purposes of this clause 2.2. [8]

2.3 Independence of Pledges

The validity and effect of each of the Pledges shall be independent from the validity and effect of any other Pledge or of any other security interest may now or in the future hold in under a Security Document. In particular, the Pledges created for

the benefit of the Future Pledgees shall in no way affect the validity of the Pledges created for the benefit of the Present Pledgees. All Pledges shall be separate and individual and rank *pari passu*. [9]

2.4 Continuing security over all shares

(a) The validity of the Pledges shall remain unaffected in case (i) any third person enters into this Agreement or any other Finance Document, (ii) any third person assumes rights or obligations, or both, of any Finance Party under Finance Documents or (iii) any rights under the Finance Documents are held by any third person; in each case whether by assignment, transfer, novation, universal succession (*Gesamtrechtsnachfolge*), transfer of contract (*Vertragsübernahme*) or otherwise. Waiving section 418 BGB, the Pledgor hereby agrees that the Pledges shall not be affected by any transfer of the Secured Obligations to any third person.

(b) The Pledgees shall at all times be entitled to hold pledges over all shares in the Company [held by the Pledgor] or (in case of a merger) in the shares of the surviving or, as the case may be, new entity. The Parties agree that any inaccuracy or error with respect to the description of the number or nominal value of the Pledged Shares or the share capital of the Company in this Agreement shall in no way affect the validity of the Pledges.

3. SCOPE OF PLEDGES

3.1 Pledged rights

The Pledges include the present and future rights to receive:

(a) dividends (*Gewinnansprüche*) payable on the Pledged Shares [10];

(b) liquidation proceeds (*Liquidationserlöse*), consideration for redemption (*Einziehungsentgelt*), repaid capital in case of a capital decrease (*Kapitalherabsetzung*), any compensation in case of termination (*Kündigung*), withdrawal (*Austritt*), or exclusion (*Ausschluss*), the surplus in case of surrender (*Preisgabe*) and all other pecuniary claims associated with the Pledged Shares; and

(c) the right to subscribe for newly issued shares.

3.2 Right to receive

Irrespective of the pledge of the claims and rights referred to in clause 3.1 (*Pledged rights*) above the Pledgor shall be entitled to (a) receive and retain any payments or distributions in connection with such claims and rights and (b) subscribe for newly issued shares until a Declared Default has occurred, from which time the provisions of section 1282 BGB shall apply.

3.3 Voting rights [11]

The voting rights pertaining to the Pledged Shares shall at all times, also after an Declared Default or an Enforcement Event (as defined below) has occurred, remain with the Pledgor and no Pledgee shall be entitled to, as proxy or otherwise, exercise such voting rights. This shall, however, not affect the obligations of the Pledgor pursuant to clause 8 (*Undertakings*).

4. SECURITY PURPOSE [12]

The Pledges serve to secure the prompt, complete and irrevocable satisfaction of any and all Secured Obligations. The Pledges shall also cover any future extension

of the Secured Obligations and the Pledgor herewith expressly agrees that the provisions of section 1210 para. 1 sentence 2 BGB shall not apply.

5. NO SUBROGATION OR RECOURSE CLAIMS

(a) The Pledgor hereby expressly agrees that no rights of any Pledgee under this Agreement or any other Finance Document shall pass to the Pledgor by subrogation pursuant to section 1225 BGB or otherwise unless and until the Secured Obligations have been discharged in full. [13] Until such time, the Pledgees shall be entitled to treat all enforcement proceeds as additional security for the Secured Obligations or to seek satisfaction from such proceeds at any time, irrespective of the right to at any time satisfy their rights and claims under the Finance Documents [14]. However, nothing in this Agreement shall limit any other provisions of any Finance Document or applicable law regarding the subrogation, the transfer of security or the obligations to compensate between joint and several debtors (*gesamtschuldnerische Ausgleichspflichten*).

(b) The Pledgor hereby waives (*verzichten*) any claim for compensation or indemnification it may have or acquire, now or in the future, in connection with its entering into this Agreement or the enforcement of Pledges against [the Company/a Borrower, accepting such waiver] [15].

6. REALISATION OF THE PLEDGES [16]

6.1 Right of realisation

(a) [Upon the occurrence of a Declared Default and] after the requirements set forth in sections 1273 et seq. and 1204 et seq. BGB with regard to the enforcement of the Pledges are met (*Pfandreife*) [17] (an »Enforcement Event«), the Pledgees (or any of them) shall be entitled to realise (*verwerten*) the Pledges (wholly or partly) and to avail themselves of all other rights and remedies a pledgee is entitled to under the laws of Germany.

(b) Section 1277 BGB notwithstanding, the Pledgees shall be entitled to exercise their rights without obtaining enforceable judgment or other instrument (*vollstreckbarer Titel*). [18] The Pledgees shall be entitled to realise the Pledge in any manner admissible under the laws of Germany, in particular to have the Pledged Shares sold at a public auction. [19]

6.2 Enforcement notice [20]

The Pledgees shall notify the Pledgor of their intention to realise the Pledges not less than 5 (five) Business Days before the date on which the Pledges are intended to be realised (which notification can be effected simultaneously with the notice referred to in clause ____________ (*Acceleration*) of the Facility Agreement). No further notice or other requirements (including those set forth in section 1234 BGB) shall be necessary. No notice shall be necessary if such notice would be inappropriate (*untunlich*), in particular if the Pledgor has generally ceased to make payments (*Zahlungen eingestellt*) or the commencement of insolvency proceedings (or any analogous proceeding in any jurisdiction) has been applied for (*Antrag auf Eröffnung eines Insolvenzverfahrens*) in respect of the Pledgor.

6.3 Public auction [21]

The Pledgor expressly agrees that in the event of a realisation by way of public auction 5 (five) Business Days´ prior written notice of the venue and time of such public auction shall be sufficient and that no further notice (including a notice pursuant to

section 1234 BGB) shall be necessary. The public auction may be held at any place in Germany determined by the Pledgees.

6.4 Assistance by Pledgor, information

If the Pledgees should seek to realise the Pledges, the Pledgor shall, at its own expense, render forthwith all necessary assistance in order to facilitate the prompt sale of the Pledged Shares or any part thereof or the exercise by the Pledgees of any other right they may have as pledgee. The Pledgees shall be entitled disclose all such information on the Pledged Shares and the Company to potential acquirers which is requested by such potential acquirer or typically requested by any potential acquirer.

6.5 Application of proceeds, release of pledges [22]

The proceeds from the realisation of the Pledges shall be applied in satisfaction of the Secured Obligations. After the complete discharge of all Secured Obligations any remaining enforcement proceeds from the Pledges (or part thereof) shall be transferred to the Pledgor. The Parties are aware that upon complete discharge of the Secured Obligations the Pledges will cease to exist by operation of mandatory German law. In this event, the Pledgees will declare the release of the Pledges to the Pledgor as a matter of record.

6.6 Selection of security

The Pledgees may determine which of the security granted under several security agreements entered into in order to secure the Secured Obligations shall be used to satisfy the Secured Obligations. The Pledgor hereby expressly agrees that section 1230 sentence 2 BGB shall not apply.

6.7 Waiver of defences [23]

(a) The Pledgor hereby waives all defences of revocation (*Einrede der Anfechtbarkeit*) and set-off (*Einrede der Aufrechenbarkeit*) pursuant to sections 770 and 1211 para 1 sentence 1 alternative 2 BGB.

(b) The Pledgor hereby waives all defences based on defences an Obligor may have against any of the Secured Obligations (*Einreden des Hauptschuldners*) pursuant to section 1211 para. 1 sentence 1 alternative 1 BGB.

7. REPRESENTATIONS AND WARRANTIES [24]

The Pledgor hereby represents and warrants to each Pledgee in the form of an independent guaranty (*unabhängies Garantieversprechen*) pursuant to section 311 BGB that:

(a) the Company and the Pledgor are duly incorporated, validly existing and neither insolvent or subject to any insolvency or analogous procedure;

(b) the statements made in paragraph [D] of the background to this Agreement and the schedule 2 are correct;

(c) the Pledgor is the sole legal and beneficial owner (*Inhaber*) of the Present Shares which are free of all liens, security interests and encumbrances of whatever nature, except for the Pledges;

(d) the Present Shares and the pledged rights pursuant to clause 3.1 (*Pledged rights*) may be freely assigned and encumbered by the Pledgor and all necessary consents by any person, if any, have been obtained;

(e) the Present Shares are fully paid up, there is no obligation for any shareholder to make additional contributions and no contributions (*Einlagen*) have in any way been repaid to any shareholder;

(f) no third person has any pre-emption rights, any options or any other right for shares in the Company;

(g) there are no profit and loss pooling agreements, domination agreements, silent partnership agreements or similar agreements by which a third person is entitled to a participation in the profits or revenue of the Company;

(h) all facts capable of being entered into the respective commercial register of the Company have been entered into the commercial register and, in particular, no shareholders´ resolutions regarding changes in the articles of association of the Company have been passed which are not reflected in the commercial register of the Company; and

(i) this Agreement validly creates a first priority (*erstrangig*) security interest over the Pledged Shares and the Pledges are enforceable without enforceable judgement or other instrument (*vollstreckbarer Titel*).

8. UNDERTAKINGS [25]

Until the complete discharge of the Secured Obligations, the Pledgor shall:

(a) effect promptly any payment or contribution in kind (*Sacheinlage*) to be made by it in respect of Future Shares;

(b) promptly notify the Pledgees of any event or circumstance which is reasonably likely to endanger the validity or enforceability of the Pledges or the value of the Pledged Shares;

(c) promptly notify the Pledgees of any change in the shareholding in or the capital of the Company or any encumbrance over the Pledged Shares or any other claim or right pledged hereunder (or parts thereof);

(d) at the Pledgees´ request, promptly furnish to the Pledgees such information, records and documents concerning the Pledged Shares as is available to it and to permit the Pledgees and their designees to inspect, audit and make copies of and extracts from all records and all other papers in the possession of the Pledgor which pertain to the Pledged Shares at all times during normal business hours;

(e) in respect of shareholders´ meetings which could reasonably be expected to endanger the validity or enforceability of the Pledges (a »Crucial Meeting«),

(i) promptly notify the Pledgees of any planned Crucial Meeting at which a resolution is intended to be adopted;

(ii) permit the Pledgees or, as the case may be, their proxies or any other person designated by the Pledgees, to attend all Crucial Meetings (without voting rights);

(iii) promptly provide to the Pledgees a copy of each convocation notice for a Crucial Meeting setting forth the agenda and all applications and decisions to be taken, and, after the meeting, the minutes of any such shareholders´ meeting; provided that the Pledgees´ right to attend a Crucial Meeting shall lapse immediately upon full discharge of the Secured Obligations;

(f) promptly provide to the Pledgees copies of any filing to the commercial register (*Handelsregisteranmeldungen*) and any notifications of the commercial register (*Handelsregisterbekanntmachungen*) concerning the Company;

(g) promptly inform the Pledgees of any attachment (*Pfändung*) regarding the Pledged Shares or other claims and rights pledged hereunder and of any other measure which may impair or jeopardise the Pledgees´ rights relating to the Pledged Shares. In the event of an attachment, the Pledgor shall promptly forward to the Pledgees a copy of the attachment order (*Pfändungsbeschluss*), the third party debt order (*Überweisungsbeschluss*) and all other documents necessary for a defence against the attachment. The Pledgor shall promptly inform the attaching creditor of the Pledgees´ security interest;

(h) upon request by the Pledgees, promptly and at its own cost make such declarations and do such things as are necessary or expedient for the creation or the sustained validity of the Pledges (or any of them) in favour of the Pledgees (or any of them), and

(i) upon request and at the expense of the Pledgees, confirm or re execute on the same terms as contained herein the Pledges created hereunder and make such other declaration and do such other things as necessary or expedient in order to ensure that any Future Pledgee or Successor Security Agent shall receive the full benefit of this Agreement and the Pledges;

and it shall, without the Pledgees prior written consent, not:

(j) exercise its voting rights in a manner which could reasonably be expected to have a material adverse effect on the validity or enforceability of the Pledges or the value of the Pledged Shares or causes an event of default pursuant to a Finance Document to occur;

(k) take, or participate in, any action which results or might result in each of the Pledgor´s loss of ownership of all or part of the Pledged Shares, and any other transaction which would have the same result as a sale, transfer, encumbrance or other disposal of the Pledged Shares or which would for any other reason be inconsistent with the security interest of the Pledgees or the security purpose described in clause 4 (*Security Purpose*) or defeat, impair or circumvent the rights of the Pledgees;

(l) agree to a change of the articles of association with regard to the restriction or prohibition of the transfer of the Pledged Shares, including any change pursuant to which the transfer of Pledged Shares would require the consent of the shareholders´ meeting or a third person, including the Company;

(m) create or permit any encumbrance over any of the Pledge Shares or other claims and rights pledged hereunder (in each case wholly or partly);

(n) allow any third person to subscribe for Future Shares, if such subscription would result in a decrease of the Pledgor´s shareholding below the proportion currently held by it; and

(o) undertake any act or omit anything where such act or omission could reasonably be expected to have a material adverse effect on the value of the Pledged Shares or the validity or enforceability of the Pledges.

9. SECURITY AGENT ACTING FOR PLEDGEES

(a) Any right, claim or remedy of the Pledgees (or any of them) under or in connection with this Agreement or statutory law, whether in enforcing the Pledges

or otherwise, may be exercised by the Security Agent for and on behalf of the Pledgees (or any of them) and any notice, consent or other communication to be made or received by the Pledgees (or any of them) may be made or received by the Security Agent. Each of the Pledgees (except for the Security Agent) herewith authorises (*bevollmächtigen*) the Security Agent, under exemption from the restrictions imposed by section 181 BGB or similar provisions applicable and with the power to grant sub-power of attorney (Untervollmacht), for such purpose and to such extent.

(b) [Any notice, consent or other communication to be made by the Pledgor or the Company under or in connection with this Agreement shall be made to the Security Agent and shall be only valid if received by it. Any right or claim or any obligation of the Pledgor or the Company under or in connection with this Agreement shall be exercised or fulfilled to the Security Agent.]

10. LIABILITY AND INDEMNITY

10.1 Liability for damages

None of the Pledgees shall be liable for any losses, damages, expenses, actions, claims, demands suffered or incurred by or made against the Pledgor or the Company except in case of wilful misconduct (*Vorsatz*) or gross negligence (*grobe Fahrlässigkeit*) of that Pledgee.

10.2 Indemnification

The Pledgor shall indemnify each Pledgee and the Security Agent and keep each Pledgee and the Security Agent indemnified against any losses, damages, expenses, actions, claims, demands and liabilities which may be incurred by or made against a Pledgee or the Security Agent for anything done or omitted in the exercise or purported exercise of the powers contained herein and occasioned by any breach of the Pledgor or the Company of any of its obligations or undertakings hereunder other than to the extent that such losses, damages, expenses, actions, claims, demands and liabilities are incurred or made against such Pledgee or Security Agentas a result of the wilful misconduct or gross negligence of the Pledgee or the Security Agent.

11. DURATION AND INDEPENDENCE

(a) This Agreement shall remain in full force and effect until the complete and final discharge of all Secured Obligations.

(b) This Agreement is independent from any other security, surety or guaranty which may have been or may be granted to a Pledgee with respect to any of the Secured Obligations. None of such other security granted under other Security Documents shall prejudice, shall be prejudiced by, or shall be merged in any way with this Agreement.

12. TRANSFERS

(a) The Pledgor shall not transfer its rights and obligations under this Agreement without the prior written consent of the Pledgees.[26]

(b) Each Pledgee may transfer its rights and obligations under this Agreement at any time it being understood that any transfer of Secured Obligations will result in a transfer of the respective Pledges by operation of law. Subject to the provisions of clause 2.2 (*Security Agent acting for Future Pledgees*), each Future Pledgee shall

become a party this Agreement *in lieu* of and as successor to or in addition to, as the case may be, the respective Pledgee and each of the Parties hereby consents to such Future Pledge becoming a party to this Agreement.

(c) A Successor Security Agent shall become a party to this Agreement as Security Agent in lieu of and as successor to the Security Agent and each of the Parties hereby consents to the Successor Security Agent becoming a party to this Agreement.

(d) Each of Parties hereby irrevocably authorises the Security Agent, under exemption from the restrictions of section 181 BGB or similar provisions applicable, to execute, on its behalf and in its name, any declarations which the Security Agent reasonably determines to be necessary or expedient to ensure that a Future Pledgee or Successor Security Agent validly becomes a party to this Agreement.

13. NOTIFICATION, RESOLUTION, CONSENT

(a) The Pledgor hereby notifies the Company of the Pledges in accordance with section 1280 BGB and section 16 of the Act on Limited Liability Companies (*GmbHG*) and the Company hereby acknowledges receipt of such notification. [27]

(b) Waiving all requirements for form and notice periods, the Pledgor, as the sole shareholder of the Company, hereby convenes a shareholders´ meeting of the Company and resolves to consent to and approves of this Agreement and the transactions contemplated herein, in particular the Pledges. [28]

(c) The Company hereby consents to and approves of the Pledges.

14. COSTS AND EXPENSES [29]

(a) Except as otherwise stipulated in this Agreement, the Pledgor shall upon demand promptly pay to the Pledgees:

(i) all reasonable and documented costs, charges, fees and expenses incurred in connection with the preparation, recording, execution, administration or modification of this Agreement; and

(ii) all costs, charges, (legal) fees and expenses incurred in connection with the enforcement, attempted enforcement or preservation of any right or remedy under this Agreement, including the identification of a Future Pledgee.

(b) The costs and expenses for and in connection with the notarial recording (*Beurkundung*) of this Agreement shall be borne by the Pledgor.

15. PARTIAL INVALIDITY, WAIVERS

15.1 Invalidity

If any provision of this Agreement should be or become invalid or unenforceable in whole or in part, this shall not affect the validity of the balance of this Agreement. The invalid or unenforceable provision shall be deemed replaced by such provision which best meets the intent and the economic purpose of the invalid or unenforceable provision. The same shall apply *mutatis mutandis* in case of omissions (*Vertragslücken*).

15.2 Waiver

No failure to exercise, nor any delay in exercising, on the part of the Pledgees or the Security Agent, any right or remedy hereunder shall operate as a waiver of such right or remedy, nor shall any single or partial exercise of any right or remedy

prevent any further or other exercise or the exercise of any other right or remedy. The rights and remedies provided under this Agreement are cumulative and not exclusive of any rights or remedies provided by law.

16. AMENDMENTS

Any amendments to this Agreement, including this clause 16, must be in writing or, if required by law, in stricter form.

17. NOTICES

17.1 Communications in writing, contact details

Any communication in connection with this Agreement must be in writing and, unless otherwise stated, may be given in person, by post or fax:

(a) in the case of the Pledgor, to:

____

____

Fax: ____________

Email: ____________

Att.: ____________;

(b) in case of the Security Agent, to:

____

____

Fax: ____________

Email: ____________

Att.: ____________;

(c) in the case of the Pledgees:

as set forth in the schedule with a copy to the Security Agent

(d) in case of the Company, to:

____

____

Fax: ____________

Email: ____________

Att.: ____________;

or any substitute address, fax number, telex number, department or officer as a Party may notify to the other Parties with not less than 5 (five) Business Days´ notice.

17.2 Language

(a) Any notice given in connection with this Agreement must be in English.

(b) Any other document provided in connection with this Agreement must be:

(i) in English; or

(ii) if not in English and if so requested by the Pledgees, accompanied by a certified English translation. In this case, the English translation will prevail unless the document is a statutory or other official document.

18. APPOINTMENT OF PROCESS AGENT

Without prejudice to any other mode of service admissible under any relevant law, the Pledgor:

(a) irrevocably appoints ____________, as its agent for service of process in relation to any proceedings before the German courts in connection with this Agreement;

(b) agrees that a failure by a process agent to notify the Pledgor of the process will not invalidate the proceedings concerned; and

(c) agrees that if the appointment of such process agent ceases to be effective, the Pledgor will promptly appoint another person resident in Germany to accept service of process on its behalf in Germany and, failing such appointment within fifteen (15) days, the Security Agent shall be entitled to appoint such person by notice to the Pledgor.

19. GOVERNING LAW

(a) This Agreement shall be governed by the laws of Germany. [30]

(b) The laws of Germany shall also be applicable to any non-contractual obligations arising under or in connection with this Agreement. This shall not prejudice the rights of third persons. Art. 6 and 8 of Regulation (EC) No 864/2007 on the law applicable to non-contractual obligations (»Rome II«) shall remain unaffected. [31]

20. JURISDICTION

(a) The courts of [Frankfurt am Main], Germany shall have exclusive jurisdiction to settle any dispute in connection with this Agreement [32]**.**

(b) This clause is for the benefit of the Pledgees only. To the extent admissible by law, the Pledgees may take proceedings in any other court with jurisdiction and concurrent proceedings in any number of jurisdictions.

SCHEDULE 1

The Lenders

Name	**Contact Details**
____________	____________
	Fax: ____________
	Email: ____________
	Att.: ____________
____________	____________
	Fax: ____________
	Email: ____________
	Att.: ____________

______________ ________________

Fax: ________________

Email: ________________

Att.: ________________

SCHEDULE 2

Shareholder List

____

Erläuterungen

Literatur: *Baumbach/Hueck*, GmbH-Gesetz, 21. Auflage 2017; *Bruhns*, Verpfändung von GmbH-Anteilen in der Finanzierungspraxis, GmbHR 2006, 587–591; *Danielewsky/Dettmar*, Instrumente der Vertragsgestaltung zur Übertragung akzessorischer Sicherheiten im Rahmen von Konsortialkreditverträgen, WM 2008, 713–718; *Förl*, Die Absicherung von Neukonsorten in Share Pledge Agreements, RNotZ 2007, 433–455; *Heidenhain*, Umfang der Beurkundungspflicht bei der Verpfändung von GmbH-Geschäftsanteilen, GmbHR 1996, 275–277; *Herrmanns*, Der Gesellschaftsanteil als Mittel der Kreditsicherung – Fragen für die notarielle Praxis, RNotZ 2012, 490–495; *Hoffmann*, Parallel Debt, WM 2009, 1452–1458; *Kolkmann*, Die Verpfändung von Geschäftsanteilen und die Sicherung des Pfandrechts (Einziehung, Zusammenlegung, Auflösung), MittRhNotK 1992, 1–17; *Leuschner*, Die Teilverpfändung von GmbH-Anteilen, WM 2005, 2161–2168; *Lutter/Hommelhoff*, GmbH-Gesetz, 19. Auflage 2016; *Maier-Reimer/Webering*, Verwertung von Pfandrechten an Unternehmensbeteiligungen, BB 2003, 1630–1636; *Palandt*, Bürgerliches Gesetzbuch, 77. Auflage 2018; *Rauscher/Wax/Wenzel*, MüKo ZPO, Band II, 5. Auflage 2016; *Rebmann/Säcker/Rixecker*, MüKo BGB, Band I, 7. Auflage 2015, Band VI, 7. Auflage 2017, Band VII, 7. Auflage 2017; *Reymann*, Die Verpfändung von GmbH-Geschäftsanteilen, DNotZ 2005, 425–463; *von Rom*, Zum Umfang der Beurkundungspflicht bei der Verpfändung von GmbH-Geschäftsanteilen, WM 2007, 2223–2228; *Roth/Altmeppen*, GmbHG, 8. Auflage 2015; *Seel*, Verweisungsprobleme bei der Geschäftsanteilsverpfändung, GmbHR 2004, 180–182; *Staudinger*, Kommentar zum Bürgerlichen Gesetzbuch mit Einführungsgesetz und Nebengesetzen, 15. Neubearbeitung 2009; *Widder*, Die Aufhebung der Verpfändung von GmbH-Anteilen, GmbHR 2002, 898–900; *Zöller*, Zivilprozessordnung, 32. Auflage 2018.

6 **1.** Bei einer Geschäftsanteilsverpfändung belastet ein Gesellschafter seine Geschäftsanteile an einer GmbH mit einem rechtsgeschäftlich bestellten Pfandrecht im Sinne von § 1273 Abs. 1 BGB. Die Zulässigkeit der Verpfändung von Geschäftsanteilen ergibt sich als Minus aus der in § 15 GmbHG geregelten Veräußerlichkeit (*Kolkmann*, MittRhNotK 1992, 1). Das Muster regelt die Verpfändung sämtlicher Geschäftsanteile eines Gesellschafters einer GmbH zur Kreditsicherung an eine Bank. In der Praxis ist die Verpfändung meist Teil mehrerer Kreditsicherheiten. Zur Beurkundungsbedürftigkeit nur der Verpfändung, nicht aber auch des zur Verpfändung verpflichtenden Kreditvertrags siehe auch Muster G 8 (Rdn. G 149) und Muster G 8 (Rdn. G 151).

7 **2.** Das Vertragsmuster basiert auf einer Geschäftsanteilsverpfändung zur Besicherung eines Kreditvertrages zwischen einer Bank und der GmbH. Bei mehreren Darlehensgebern eines einheitlichen Kredites (**Konsortialkredit**) ist der **Security Agent** ein Element zur erleichterten Handelbarkeit und Verwaltung von Kreditforderungen. Dieser hält und verwaltet als Sicherheitentreuhänder sämtliche Sicherheiten für die Darlehensforderung und handelt in Vertretung der Pfandgläubiger (siehe 9. Security Agent acting for Pledgees (siehe Muster H 1, Rdn. H 5)). Die Übertragung auf einen neuen Kreditkonsorten findet in der Praxis zumeist in Form der Abtretung nach den §§ 398 BGB bzw. durch Vertragsübernahme oder durch Novation, also durch Schuldumschaffung statt. Siehe auch Muster G 8 (Rdn. G 151).

8 Im Falle von akzessorischen Sicherheiten, wozu auch die Verpfändung von Geschäftsanteilen an einer Gesellschaft nach §§ 1273 Abs. 2, 1252 BGB zählt, stellt sich die Schwierigkeit der Bestel-

lung der Sicherheit zugunsten des Security Agent, der selbst ja nicht Inhaber der zu besichernden Kreditforderung ist. Dieses Problem wird in der Praxis üblicherweise durch die Konstruktion einer **Parallel Debt** gelöst. Der Darlehensnehmer gibt dabei gegenüber dem Sicherheitentreuhänder ein abstraktes Schuldversprechen nach § 780 BGB ab, worin er erklärt, dem Sicherheitentreuhänder die gleiche Summe zu schulden, wie den kreditgebenden Banken. Eine entsprechende Klausel findet sich üblicherweise in dem Darlehensvertrag. Das Pfandrecht wird dann direkt zur Besicherung der Parallel Debt Forderung des Sicherheitentreuhänders bestellt. In dem Umfang in dem sich die Darlehensschuld reduziert, reduziert sich dann auch die Parallel Debt. Mit Ablösung des Kredites erlischt die Parallel Debt. Sofern die Darlehensforderung nicht durch Abtretung sondern durch **Novation** übergeht, geht die Darlehensforderung durch Parteivereinbarung unter und wird dann neu begründet. Ohne die Parallel Debt würde in diesem Fall das Pfandrecht mit Erlöschen der Darlehensforderung untergehen und müsste durch Parteivereinbarung, dann gegebenenfalls in einem schlechteren Rang, neu bestellt werden. Durch die Parallel Debt bleibt das Pfandrecht jedoch in seinem alten Rang bestehen.

Die Zulässigkeit dieser Konstruktion wird in der Literatur vielfach in Frage gestellt, etwa weil faktisch ein nicht akzessorisches Pfandrecht geschaffen werde. Dennoch ist die Gestaltung unter Zuhilfenahme einer Parallel Debt in der Praxis gängig, wenn auch von den deutschen Gerichten bislang noch nicht bestätigt. (*Danielewsky/Dettmar*, WM 2008, 713; *Hoffmann*, WM 2009, 1452; *Förl*, RNotZ 2007, 433 (449)). 9

3. Die Verpfändung unterliegt nach § 15 Abs. 3 GmbHG der **notariellen Form**, die sich auf die Pfandrechtsbestellung durch Einigung von Pfandgläubiger und Pfandgeber, sowie die Pfandausgestaltung (einfaches oder Nutzungspfandrecht 1204, 1213 BGB) und auf die Bestimmung des verpfändeten Anteils und die bestimmte oder bestimmbare Angabe der gesicherten Forderung beziehen muss (*Bruhns*, GmbHR 2006, 587 (588)) Es genügt, dass die Forderung aufgrund der Angaben im Verpfändungsvertrag hinreichend bestimmt ist, sodass sie unverwechselbar ist (*Kolkmann*, MittRhNotK 1992, 1 (14); *Reymann*, DNotZ 2005, 425 (427)). Wird auf die gesicherte Forderung, die Bestellung des Pfandrechts oder die Bezeichnung des Geschäftsanteils im Kreditvertrag verwiesen, ist dieser der notariellen Urkunde als Anlage beizufügen und ebenfalls zu verlesen (*Reymann*, DNotZ 2005, 425 (428); *Seel*, GmbHR 2004, 180 (181)). Verweisungen auf die Rechtsbeziehungen zwischen den Parteien des Kreditvertrages unterliegen nicht der Beurkundungspflicht. Es liegt insoweit ein Fall der unechten Verweisung nach §§ 9, 13 BeurkG vor. Umstritten ist hingegen der Umfang der Beurkundungspflicht im Bereich von schuldrechtlichen Nebenabreden zwischen Verpfänder und Pfandgläubiger im Zusammenhang mit der Pfandrechtsbestellung. Dies betrifft etwa die Bestimmungen, die den Gebrauch der Gesellschafterrechte durch den Gesellschafter einschränken (8.), die Verwertung vereinfachen (6.), Informationspflichten begründen (6.4) oder Garantieerklärungen beinhalten (7.) Hierbei wird teilweise in analoger Anwendung von § 15 Abs. 4 GmbHG eine Beurkundungspflicht bejaht (MüKo BGB/*Damrau* § 1274, Rn. 58). Die h.M. lehnt hingegen zu Recht die analoge Anwendbarkeit von § 15 Abs. 4 GmbHG ab, da der beurkundungsbedürftige Inhalt sich auf die Pfandrechtsbestellung, die Forderung und die Bezeichnung des Pfandgegenstandes beschränke. Eine Regelungslücke bestehe insoweit nicht (RG 2. Juni 1904, RGZ 58, 223 (225); *Heidenhain*, GmbHR 1996, 275 (277); *von Rom* WM 2007, 2223 (2225, 2226); Lutter/Hommelhoff/*Bayer*, § 15, Rn. 97; differenzierter: Hermanns, RNotZ 2012, 490 (492)). Dieser Streit wirkt sich unmittelbar auf die Verweisungstechnik innerhalb des Verpfändungsvertrages aus, da nach der Ansicht, die auch die Nebenabreden für formbedürftig hält, auch insbesondere die Verweisungen in den Darlehensvertrag mitbeurkundet werden müssen. Zur Vermeidung des Risikos der Formunwirksamkeit des Pfandvertrages wird daher empfohlen, den Kreditvertrag in die notarielle Niederschrift mit einzubeziehen (*Seel*, GmbHR 2004, 180 (182)), alternativ können auch sämtliche Klauseln, auf die verwiesen werden soll, in den Verpfändungsvertrag einkopiert werden. Aufgrund der umfangreichen Verweisungstechnik des LMA-Styles ist dies allerdings sehr aufwendig. Das uneingeschränkte Sicherungsbedürfnis der Banken führt jedoch häufig dazu, dass dieser Aufwand in Kauf genommen wird. 10

11 Für die beurkundungsrechtlichen Formalia wird auf das Muster G 8 (Rdn. G 150) verwiesen.

12 Die Aufhebung des Pfandrechts (*Widder*, GmbHR 2002, 898) und die Abtretung des gesicherten Anspruchs (Lutter/Hommelhoff/*Bayer*, § 15, Rn. 98) sind formfrei möglich, sofern für die Übertragung des Anspruchs selbst keine bestimmte Form vorgeschrieben ist. Siehe dazu auch Muster G 8 (Rdn. G 149–155) und zu möglichen besonderen Bestimmungen in der Satzung ferner Muster G 8 (Rdn. G 156).

13 **4.** Gegenstand der Verpfändung können neben gegenwärtigen auch sämtliche **künftige,** nach sachenrechtlichen Grundsätzen **bestimmbare Geschäftsanteile** sein (*Bruhns*, GmbHR 2006, 587 (588)). Ebenso können Teile von Geschäftsanteilen verpfändet werden (Baumbach/Hueck/*Hueck/Fastrich* § 15, Rn. 48; *Leuschner*, WM 2005, 2161). Siehe dazu auch Muster G 8 (Rdn. G 157). Insbesondere bei Konsortialkreditverträgen kann die Teilverpfändung von Geschäftsanteilen an die einzelnen Konsortiumsmitglieder wünschenswert sein, so dass bereits dinglich kein Gläubiger einen Vorrang oder Nachrang erhält (*Kolkmann*, MittRhNotK 1992, 1 (3); *Bruhns*, GmbHR 2006, 587 (589)). Dabei ist zu beachten, dass nach § 5 Abs. 2 S. 1 GmbH der Nennbetrag jedes Teilgeschäftsanteils auf volle Euro lauten muss.

14 Bei der Erhöhung des Nennbetrags im Rahmen einer Kapitalerhöhung erstreckt sich die Verpfändung *ipso iure* auf den erhöhten Anteil. Bei Kapitalherabsetzungen bezieht sich das Pfandrecht automatisch auf den Anspruch auf Rückzahlung der Stammeinlage, §§ 58 Abs. 2 GmbHG, 1287 BGB analog (*Reymann*, DNotZ 2005, 425 (458)).

15 **5.** Enthält der Verpfändungsvertrag keine weiteren Regelungen, erstreckt sich das Pfandrecht auf die verpfändeten Geschäftsanteile und deren **Surrogate**, § 1287 BGB analog. Dies umfasst alle künftigen schuldrechtlichen Surrogate (Abfindungsanspruch, Anteil am Liquidationserlös, zurückgezahltes Kapital im Fall einer Kapitalherabsetzung, Anspruch auf den Verkaufsüberschuss bei Preisgabe des Geschäftsanteiles, Einziehungsentgelt). Im Fall der dinglichen Surrogation, etwa bei Verschmelzung Abspaltung oder Aufspaltung, erstreckt sich das Pfandrecht nach h.M. kraft Gesetzes auf die Anteile an dem übernehmenden Rechtsträger, die an die Stelle des bisherigen Rechtsträgers treten (*Kolkmann*, MittRhNotK 1992, 1 (8); *Reymann*, DNotZ 2005, 425 (459); *Bruhns*, GmbHR 2006, 587 (588)). Da die Erstreckung auf dingliche und schulrechtliche Surrogate durch das Gesetz oder die Rechtsprechung bisher nicht abschließend geklärt ist, ist der Umfang des Pfandrechtes im Muster ausdrücklich geregelt. Siehe auch Muster G 8 (Rdn. G 158–159).

16 **6.** Ein künftiger Pfandgläubiger kann auf verschiedene Arten entstehen: aufgrund der Akzessorietät des Pfandrechts durch einen gesetzlichen oder vertraglichen Übergang der gesicherten Forderung, die (grundsätzlich formlos mögliche) Nachgenehmigung der Stellvertretung des zum Zeitpunkt des Vertragsschlusses noch unbekannten Pfandgläubigers durch den Sicherheitentreuhänder (siehe 2.2(a) des Musters (siehe Muster H 1, Rdn. H 5), diese Möglichkeit scheitert allerdings am Beurkundungszwang, siehe dazu weiter unten) oder auch durch die formgerechte Bestimmung des weiteren Pfandgläubigers durch den Sicherheitentreuhänder (siehe 2.2(c) des Musters (siehe Muster H 1, Rdn. H 5) und Muster G 8 (Rdn. G 160)).

17 **Future-Pledgee-Klauseln** sollen unabhängig von einem gesetzlichen oder vertraglichen Übergang der gesicherten Forderung zugunsten von Neukonsorten, also hinzutretenden Darlehensgebern, im Zeitpunkt des Vertragsschlusses eigenständige unmittelbare Pfandrechte schaffen. Dies wird zum Beispiel im Falle einer Erhöhung des Darlehensvolumens unmittelbar durch den Neukonsorten relevant. Ziel ist also grundsätzlich, das Pfandrecht des Future Pledgee bereits mit Vertragsabschluss entstehen zu lassen (und so denselben Rang zu schaffen, wie für alle anderen mit diesem Vertrag begründeten Pfandrechte) und zum anderen auch die Erforderlichkeit des erneuten Abschlusses eines weiteren Verpfändungsvertrages und damit die Notwendigkeit der erneuten Mitwirkung des Schuldners zu vermeiden.

18 Der Sicherheitentreuhänder handelt in dem obigen Muster bei der Bestellung des Pfandrechts als Vertreter ohne Vertretungsmacht für den zum Zeitpunkt des Vertragsabschlusses noch unbekann-

ten Neukonsorten. Die Zulässigkeit der Vertretung noch unbekannter Personen bei dinglichen Verträgen wie einer Pfandrechtsbestellung ist allerdings nicht unbestritten (*Förl*, RNotZ 2007, 433 (434, 441); *Hermanns* RNotZ 2012, 490 (494). Nach richtiger Ansicht stehen aber weder Spezialnormen noch allgemeine Grundsätze einer solchen Vertragsgestaltung entgegen. Die Genehmigung der vollmachtlosen Vertretung bedarf nach § 182 Abs. 2 BGB auch nicht der für das Rechtsgeschäft erforderlichen Form und ist daher eigentlich formlos möglich. Die Nachgenehmigung wirkt allerdings nicht wie gewünscht auf den Zeitpunkt des Vertragsabschlusses zurück. Anders als bei »normalen« Nachgenehmigungen, bei denen der Vertragspartner von vornherein feststand, hat die Nachgenehmigung durch den nachträglich festgesetzten Future Pledgee, lediglich *ex-nunc* Wirkung, da nach h.M. ein Vertragsverhältnis mit einer noch nicht feststehenden Partei undenkbar ist (so auch *Förl*, RNotZ 2007, 433 (434, 441)). Das Pfandrecht entsteht also mit der Genehmigung des künftigen Pfandgläubigers. Da der **Rang** eines Pfandrechts sich grundsätzlich nach dem Zeitpunkt der Bestellung bestimmt, ist das so zugunsten des Future Pledgee begründete Pfandrecht mithin nachrangig zu den originär durch das Muster begründeten Pfandrechten. Eine rangwahrende Pfandrechtsbestellung zum Schutz vor Zwischenverfügungen des Sicherungsgebers kann daher auf diesem Wege nicht erreicht werden (*Förl*, RNotZ 2007, 433 (448)). Hinzu kommt, dass berechtigte Zweifel an der Wirksamkeit der hier nur formlosen Benennung des neuen Pfandgläubigers bestehen. Der Beurkundungszwang umfasst auch nach der Meinung, die lediglich auf der Beurkundung der *essentialia negotii* bestehen will, in jedem Falle die Vertragsparteien (*Förl*, RNotZ 2007, 433 (446)).

7. Die Schwachstelle der oben angesprochenen Formunwirksamkeit des Pfandrechts des Future Pledgee, der ausschließlich aufgrund der in 2.2 (a) (siehe Muster H 1, Rdn. H 5) des Musters vorgesehen Stellvertretung des noch unbekannten Future Pledgee durch den Sicherheitentreuhänder Vertragspartei werden soll, wird durch dieses zusätzliche Vertretungsrecht in 2.2 (c) (siehe Muster H 1, Rdn. H 5) behoben. Der Sicherheitentreuhänder wird hier bevollmächtigt, die Person des künftigen Pfandgläubigers in der erforderlichen Form stellvertretend für alle Vertragsparteien bindend zu bestimmen. Auch aus Beweisgründen und aufgrund der Kritik, die das Vertretergeschäft aufgrund des sachenrechtlichen Publizitätsgebotes erfährt (*Danielewsky/Dettmar*, WM 2008, 713 (716)) ist diese Regelung zusätzlich zu der Genehmigung der Vertretung nach 2.2 (a) des Musters ratsam. Denn ohne dieses **Bestimmungsrecht** einer Vertragspartei im Namen aller anderen Parteien würde sich die Eigenschaft eines Dritten als künftigem Pfandgläubiger nur aufgrund von außerhalb der Urkunde liegenden Umständen ergeben (*Förl*, RNotZ 2007, 433 (447)). Im Gegensatz zur Genehmigung des Future Pledgee, die nach § 182 Abs. 2 BGB formlos erfolgen kann, unterliegt die zusätzliche Nachbezeichnung des künftigen Pfandgläubigers der notariellen Beurkundung nach §§ 1274 Abs. 1 BGB, 15 Abs. 3 GmbHG, da die Person des Pfandgläubigers als einer Vertragspartei zu den *essentialia negotii* des Verpfändungsvertrages zählt. Erst mit notarieller Beurkundung der Bestimmung des Future Pledgee erfolgt daher die rechtswirksame Pfandbestellung zugunsten des Neukonsorten. Daher wird der Sicherheitentreuhänder dazu bevollmächtigt, diese Nachbezeichnung in der erforderlichen (notariellen) Form vorzunehmen. 19

Die Klausel sieht zur Absicherung der Future Pledgee Klausel eine **unwiderrufliche** Bevollmächtigung des Sicherheitentreuhänders zur Bestimmung des künftigen Pfandnehmers vor. Diese unterliegt selbst der Beurkundungspflicht, da der Vertretene durch die Erteilung der Vollmacht rechtlich und tatsächlich in gleicher Weise gebunden wird, wie durch die Vornahme des formbedürftigen Rechtsgeschäftes selbst (*Palandt*, § 167, Rn. 2). Der Widerruf aus wichtigem Grunde bleibt von der Vereinbarung der Unwiderruflichkeit allerdings unberührt (MüKo BGB/*Schubert* § 168 Rn. 29). 20

Der **Vollmacht** kommt allerdings – widerruflich oder unwiderruflich – nicht in allen Fällen eine verlässliche Bindungswirkung zu. Der Sicherungsgeber könnte seine auf Abschluss eines Verpfändungsvertrages gerichtete Erklärung gegenüber einem Neukonsorten nach § 130 Abs. 1 S. 2 BGB bis zu einem Zugang bei (dem dann schon bestimmten) Future Pledgee frei widerrufen (*Förl*, RNotZ 2007, 433 (448)). Praktisch dürfte dies aber schwierig werden, da sein Widerruf dem Future Pledgee dann vor der im Namen des Pledgor durch den Sicherheitentreuhänder abgegebenen 21

Erklärung zugegangen sein müsste. In der Praxis dürfte der Pledgor von dieser Erklärung aber regelmäßig allenfalls gleichzeitig mit dem Future Pledgee Kenntnis erlangen.

22 **8.** Aufgrund der Vertretung mehrerer Vertragsparteien durch den Sicherheitentreuhänder wird die Befreiung von den Beschränkungen des § 181 BGB zwingend erforderlich.

23 **9.** Im Rahmen des Kreditkonsortiums werden allen Pfandgläubigern **gleichrangige** und voneinander unabhängige Pfandrechte bestellt. Für die künftigen Pfandgläubiger entsteht das Pfandrecht dagegen nur nachrangig. Die Vereinbarung der Gleichrangigkeit der Pfandrechte bei der Pfandrechtsbestellung wirkt nur schuldrechtlich, da einer solchen Vereinbarung keine sachenrechtliche Wirkung zukommt (*Förl*, RNotZ 2007, 433 (449)). Deshalb schließen die Parteien zusätzlich ein **Intercreditor Agreement**, worin vereinbart wird, dass alle Pfandrechte – auch die künftigen – im Verhältnis der Pfandgläubiger zueinander den gleichen Rang haben sollen und im Verwertungsfall alle Pfandgläubiger unabhängig von der dinglichen Rangfolge untereinander gleichrangig befriedigt werden. Dem Pfandgeber wird ferner untersagt, während der Vertragslaufzeit weitere Pfandrechte zu Gunsten Dritter zu bestellen, die nicht an das Intercreditor Agreement gebunden werden, da dann die vertraglich vereinbarte Ranggleichheit der Pfandrechte nicht gewahrt werden kann. Die künftigen Pfandgläubiger treten diesem Agreement bei (*Danielewsky/Dettmar*, WM 2008, 713 (716)).

24 **10.** Sofern ein Pfandrecht nicht ausdrücklich nach § 1213 BGB als umfangreiches Nutzungspfandrecht ausgestaltet ist, verbleiben beim einfachen Pfandrecht **Gewinnansprüche** im Zweifel beim Pfandgeber. Sind Gewinnansprüche mitverpfändet, steht dem Pfandnehmer der Anspruch auf Auszahlung der Dividende gegenüber der Gesellschaft zu. In der Praxis ist es allerdings üblich, dass wie hier verpfändete Gewinnansprüche an den Pfandgeber ausgekehrt werden, solange dieser die gesicherte Forderung ordnungsgemäß bedient (3.2) (*Bruhns*, GmbHR 2006, 587 (589)). Bei der Forderungspfändung kann der Schuldner nach § 1281 BGB nur an Pfandgläubiger und Gläubiger gemeinschaftlich leisten, sodass der Verpfänder zunächst empfangsberechtigt bleibt. Nach Fälligkeit kann der Schuldner nur noch an den Gläubiger leisten, § 1282 BGB. Zu weiteren Details siehe Muster G 8 (Rdn. G 158–159).

25 **11.** Der Gesellschafter bleibt bis zur Befriedigung aus dem Pfandrecht Träger der **Mitgliedschaftsrechte** und Pflichten. Auch behält er das Recht über die Geschäftsanteile zu verfügen (*Bruhns*, GmbHR 2006, 587 (588)). Das mit dem Geschäftsanteil verbundene Stimmrecht wird nicht von der Verpfändung erfasst, da anders als im Aktienrecht eine Übertragung des Stimmrechts zur Ausübung im eigenen Namen wegen des Abspaltungsverbotes im GmbH-Recht unzulässig ist. Zum Schutz des Pfandgläubigers werden diesem unter 8. (e) (i)–(iii) (siehe Muster H 1, Rdn. H 5) Informations- und Auskunftsrechte eingeräumt. Bei der Einräumung weitergehender Rechte wie der Ausstellung einer Vollmacht zur Ausübung des Stimmrechts oder der Abschluss von Stimmbindungsabreden ist jedoch bei der Besicherung eines Darlehens der Gesellschaft Zurückhaltung geboten. Denn ein Pfandgläubiger, der sich ähnlich wie ein Gesellschafter Befugnisse einräumen lässt, kann den Regeln zur **Erhaltung des Stammkapitals** unterliegen (Muster G 8 (Rdn. G 162)). Bloße Verhaltenspflichten reichen hierfür jedoch nicht aus (BGH 13. Juli 1992, BGHZ 119, 191; *Bruhns*, GmbHR 2006, 587 (589)). Im Übrigen wird eine Stimmrechtsbindung des Gesellschafters auch durch Dritte überwiegend für zulässig erachtet, solange sie nicht eine ähnlich wie bei der unzulässigen Übertragung des Stimmrechts oder der Einräumung einer unwiderruflichen Vollmacht und damit eine unzulässige Abspaltung der Stimmenmacht von der Mitgliedschaft zur Folge hat (Roth/Altmeppen/*Roth*, § 47, Rn. 39a, siehe auch Fn. 22). Siehe auch Muster G 8 (Rdn. G 161) und (Rdn. G 164).

26 **12.** Nach §§ 1273 Abs. 2, 1204 BGB kann das Pfandrecht sowohl für gegenwärtige, als auch für künftige oder bedingte Forderungen bestellt werden und haftet nach § 1210 Abs. 1 S. 1 BGB für die **Forderung** in ihrem jeweiligen Bestand, sowie insbesondere auch für Zinsen und Vertragsstrafen. Aus Gründen der Klarheit und Vollständigkeit empfiehlt sich jedoch eine genaue Bestimmung der vom Umfang des Pfandrechts erfassten Ansprüche (siehe auch Muster G 8 (Rdn. G 145)).

Sofern der Schuldner der gesicherten Kreditforderung wie im Muster nicht der Inhaber des verpfändeten Geschäftsanteils ist, ist aus der Sicht des Pfandgebers zudem eine ausdrückliche Abbedingung des § 1210 Abs. 1 S. 2 BGB empfehlenswert, um eine Erstreckung des Pfandrechts auf Rückzahlungsansprüche aus etwaigen zukünftig an den Schuldner ausgereichten Krediten zu ermöglichen (*Bruhns*, GmbHR 2006, 587 (588)).

13. § 1225 BGB ordnet den **Forderungsübergang** auf den Verpfänder an, soweit dieser den Pfandgläubiger befriedigt. Auch bei einer teilweisen Befriedigung des Gläubigers geht die Forderung insoweit teilweise auf den Verpfänder über, bzw. wenn der Verpfänder der Eigentümer des Pfandgegenstandes, also wie hier der Inhaber der Geschäftsanteile ist, dann erlischt das Pfandrecht nach § 1256 BGB. Die Folgen des Forderungsübergangs regelt § 774 BGB. Insbesondere gehen mit dem Forderungsübergang nach § 401 BGB die für die Forderung bestellten Sicherheiten über. Die Regelung in 5(a) S. 1 des Musters (siehe Muster H 1, Rdn. H 5) bezweckt die Verschiebung des Forderungsübergangs auf den Zeitpunkt der vollständigen Befriedigung der gesicherten Verbindlichkeiten. Ein vorheriger Forderungsübergang und damit der Übergang anderer Sicherheiten auf den Pfandgeber soll so vermieden werden. Ein solcher Verzicht auf die Rechtsfolge aus § 1225 BGB ist bis zur Befriedigung des Pfandgläubigers möglich (RG 4. Juni 1909, RGZ 71, 324 (329); MüKo BGB/*Damrau* § 1225, Rn. 2). 27

14. § 1247 S. 1 BGB regelt den Eigentumserwerb des Pfandgläubigers am **Erlös**, soweit er ihn zur Befriedigung benötigt. Danach erlangt er im Wege des **Traditionsprinzips** unmittelbar nach § 929 BGB Eigentum an diesem Betrag, wenn der Erlös die Forderung deckt oder darunter liegt. Übersteigt der Erlös die Forderung, kommt hinsichtlich des gesamten Erlöses in Abweichung von den sachenrechtlichen Übereignungsvorschriften das **Surrogationsprinzip** der S. 2 zur Anwendung. Es findet hinsichtlich des zur Befriedigung übersteigenden Betrages nach § 1247 S. 2 BGB ein Eigentumsübergang am Erlös zum Teil auf den Pfandgläubiger und zum Teil auf den Pfandgeber statt, sodass **Miteigentum** entsteht. Der Pfandgläubiger kann sich seinen Anteil aneignen. Am Miteigentumsanteil des Pfandgebers setzten sich andere Pfandrechte fort, sodass dem Pfandgläubiger am Miteigentumsanteil des Pfandgebers hinsichtlich seiner noch nicht befriedigten Forderung weiterhin ein Pfandrecht gebührt (MüKo BGB/*Damrau* § 1247, Rn. 5; Staudinger/*Wiegand* BGB, § 1247, Rn. 2). Die Regelung in 5(a) S. 2 des Musters stellt klar, dass bei einer Teilbefriedigung dem Pfandgläubiger weiterhin ein Sicherungsrecht an dem die Teilforderung übersteigenden Erlösbetrag zusteht, und der Pfandgläubiger sich zu jeder Zeit aus diesem Erlös befriedigen kann, bis die gesicherten Forderungen endgültig befriedigt sind. 28

15. Üblich ist eine Ausdehnung der Klausel auf weitere Darlehensnehmer neben der GmbH selbst. Diese müssen dann entweder Partei dieses Vertrages werden oder aber separat einen entsprechenden Verzichtsvertrag abschließen. 29

16. Die Verwertung sogenannter upstream- oder sidestream-Sicherheiten (Sicherheiten von Konzerntöchtern zugunsten von anderen Konzerngesellschaften) können zu einer persönlichen Haftung des Geschäftsführers der GmbH führen, die eine solche konzerninterne Sicherheit gewährt haben. Siehe zu den Hintergründen und zur Vermeidung/Einschränkung dieses Haftungsrisikos das nachfolgende Muster einer limitation language. 30

17. Nach § 1228 Abs. 2 BGB tritt **Pfandreife** mit Fälligkeit der gesicherten Forderung ein. Die Parteien können vertraglich zusätzliche Voraussetzungen für den Eintritt der Pfandreife regeln, wobei eine solche Regelung sich nur schuldrechtlich auswirkt. Eine dingliche Wirkung kommt einer solchen Vereinbarung nicht zu, sodass eine Verwertung ohne das Vorliegen weiterer vertraglich vereinbarter Voraussetzungen nicht unrechtmäßig ist im Sinne von § 1243 BGB. Absprachen über den Pfandverkauf vor Fälligkeit sind unwirksam (MüKo BGB/*Damrau* § 1228, Rn. 9, 10). Daher ist der einleitende Satzteil des ersten Satzes in eckige Klammern gesetzt. Er soll die Pfandreife auf einen Zeitpunkt vorverlagern, zu dem der Darlehensgeber das besicherte Darlehen kündigen kann, aber noch nicht gekündigt hat. Die besicherte Forderung ist also noch nicht fällig. Diese Regelung ist im 31 englischen Recht absolut üblich und findet sich daher häufig auch in deutschen Verpfändungsverträgen, die auf dem LMA-Style basieren. Siehe ferner auch Muster G 8 (Rdn. G 167).

32 **18.** § 1277 BGB setzt für die Befriedigung aus dem Pfandrecht grundsätzlich einen **vollstreckbaren Titel** nach den für die Zwangsvollstreckung geltenden Vorschriften voraus. Nach dem Wortlaut von § 1277 S. 1 BGB können die Parteien abweichendes vereinbaren (»sofern nicht ein anderes bestimmt ist«). Um die Notwendigkeit der Erwirkung eines Titels mittels Klage auf Duldung der Zwangsvollstreckung und die anschließende Pfändung des Geschäftsanteils zu vermeiden, enthält das Muster daher einen in der Praxis gängigen Verzicht auf das Erfordernis eines vollstreckbaren Titels (*Bruhns*, GmbHR 2006, 587 (590)). Nach Ansicht von Damrau im Münchener Kommentar sei der Wortlaut von § 1277 S. 1 BGB jedoch missverständlich, da eine solche Absprache den vom Gesetz gewollten Schutz des Schuldners aushebeln würde. Eine solche Abrede könne daher entgegen der Kommentierung in der Vorauflage nicht vor Pfandreife getroffen werden (MüKo BGB/*Damrau* § 1277, Rn. 5). Damrau bezieht sich dabei unter anderem auf zwei Urteile des Reichsgerichts, in denen eine abweichende Regelung für ungültig erklärt worden ist (RG 19. Mai 1917, RGZ 90, 255 (256); RG 26. November 1920, RGZ 100, 274 (276)). Allerdings ging es in beiden Gerichtsentscheidungen um eine Abweichung von § 1245 BGB und nicht um die Frage eines Titelverzichts. Angesichts des klaren Wortlauts von § 1277 S. 1 BGB ist es eher fraglich ob sich die Meinung von Damrau in der Praxis durchsetzen wird. Nicht zuletzt ist der Schuldnerschutz im Fall eines Titelverzichts etwa durch den Anspruch auf Schadensersatz nach § 1243 Abs. 2 BGB ausreichend gesichert. Ferner untersteht die Anteilsverpfändung der Beurkundungspflicht.

33 Eine Beurkundung im Ausland ist nach h.M. zulässig, wenn diese mit der deutschen gleichwertig ist. Da nach Ansicht der Rechtsprechung eine **Beurkundung** in einigen Kantonen der **Schweiz** die nach deutschem Recht aufgestellten Voraussetzungen für eine Beurkundung erfüllen kann, werden Beurkundungen wie die Vorliegende aus Kostengründen vielfach dort vorgenommen. Hier bejaht die Rechtsprechung das Erfordernis, dass Urkundsperson und Beurkundungsvorgang einer notariellen Beurkundung im deutschen Recht entsprechen. Denn das Beurkundungswesen liege in den Händen eines gut ausgebildeten Beamtennotariats, dessen Mitglieder nach Vorbildung und Stellung im Rechtsleben dem deutschen Notar gleichwertig sind. Ferner entspreche das Beurkundungsverfahrensrecht in wesentlichen Punkten dem deutschen Recht, da es die Prüfungs- und Belehrungspflicht des Notars, die Identitätsfeststellung der Beteiligten, die Verhandlungsniederschrift, das Vorlesen, Genehmigen und Unterzeichnen der Urkunde durch die Beteiligten sowie Siegeln und Unterzeichnen durch den Notar kenne (BGH 16.02.1981, NJW 1981, 1160; BGH 22. Mai 1989, NJW-RR 1989, 1259). Diese Auffassung hat der BGH inzwischen auch nach Inkrafttreten des MoMiG bestätigt (BGH, Beschluss vom 17.12.2013, MittbayNot 2014, 252 (258 f)).

34 **19.** Im Hinblick auf die **Verwertung des Pfandrechts** enthält das Muster lediglich einen Verweis auf die nach deutschem Recht mögliche Form der Verwertung. Darüber hinaus kann eine Verfallsabrede getroffen oder die Möglichkeit des freihändigen Verkaufs vereinbart werden, was allerdings gemäß § 1277 S. 2, 1245 Abs. 2, 1229 BGB erst nach Pfandreife wirksam möglich ist. Die Vereinbarung einer abweichenden Verwertungsart ist auch ohne Einhaltung der für die Verpfändung notwendigen Form möglich (*Palandt*, § 1277, Rn. 3). Die Verwertung im Wege öffentlicher Versteigerung nach § 1235 BGB ist vor Eintritt der Pfandreife zwingend (*Bruhns*, GmbHR 2006, 587 (590)).

35 **20.** Nach § 1234 BGB hat der Pfandgläubiger dem Pfandgeber den Verkauf nach Eintritt der Verkaufsberechtigung anzudrohen. Der Verkauf darf nicht vor Ablauf eines Monats nach der **Androhung** erfolgen, wobei hiervon gemäß § 1245 BGB abgewichen werden kann. Beim beiderseitigen Handelskauf beträgt die Androhungsfrist gemäß § 368 HGB eine Woche. Auf die Androhungsfrist kann auch gänzlich – allerdings nicht in AGB – verzichtet werden (BGH 07.07.1992, NJW 1992, 2626 (2627), siehe auch Anmerkung 15 des Musters unter F.II.8.). Ein Verstoß gegen § 1234 BGB führt nicht zur Unwirksamkeit der Verwertung, begründet jedoch einen Schadensersatzanspruch des Pfandgebers, § 1243 BGB.

21. Die **Versteigerung** hat gemäß § 1236 BGB an dem **Ort** zu erfolgen, an dem das Pfand aufbewahrt wird. Diese Vorschrift geht für unkörperliche Pfandgegenstände wie Gesellschaftsanteile ins Leere, sodass der Versteigerungsort typischerweise vertraglich festgelegt wird (*Maier-Reimer/Webering*, BB 2003, 1630), bzw. wie hier die Parteien sich darauf einigen, dass der Versteigerungsort von den Pfandgläubigern bestimmt wird. Neben Gerichtsvollziehern sind Notare und nach § 34b Abs. 5 GewO bestellte Versteigerer befugt (*Maier-Reimer/Webering*, BB 2003, 1630 (1631)). Zur öffentlichen Versteigerung im Übrigen siehe Muster G 8 (Rdn. G 168). 36

22. Diese Klausel stellt lediglich die zwingende Rechtslage fest, nach der das Pfandrecht aufgrund der Akzessorietät zur gesicherten Forderung mit der Befriedigung der Forderung untergeht. Einen Anspruch auf die für den Verpfänder aus praktischen Gesichtspunkten (zu Nachweiszwecken) unter Umständen bedeutsame **Freigabeerklärung** gibt es grundsätzlich nicht. Das Muster sieht daher eine entsprechende vertragliche Verpflichtung vor. Siehe auch Muster G 8 (Rdn. G 169). 37

23. Nach §§ 1211 Abs. 1 S. 1, 770 BGB kann der Verpfänder die **Einreden** der Aufrechenbarkeit und Anfechtbarkeit gegen das Pfandrecht, sowie Einreden gegen die Forderung selbst (Stundung, Zurückbehaltungsrechte, Erlass, etc. nicht: Forderungsverjährung – § 216 BGB) geltend machen. Der Verpfänder, der nicht zugleich der persönliche Schuldner ist, kann sowohl Einreden gegen das Pfandrecht, als auch Einreden aus seinem Rechtsverhältnis mit dem Gläubiger geltend machen. Die Einreden des persönlichen Schuldners stehen dem Pfandgeber auch dann zu, wenn der Schuldner auf sie verzichtet hat oder sie ihm rechtskräftig aberkannt wurden, § 1211 Abs. 2 BGB. Aufgrund der Dispositivität dieser Regelungen, kann der Verpfänder wie im Muster vorgeschlagen, auf die Einreden verzichten (Staudinger/*Wiegand* § 1211, Rn. 12). 38

24. Die Abgabe eines **unabhängigen Garantieversprechens** dient der Sicherung der Werthaltigkeit, Unbelastetheit und Durchsetzbarkeit des Pfandrechts. Es soll bei drohendem **Wertverlust** des Pfandgegenstandes dem Pfandgläubiger gegebenenfalls die Verwertung nach § 1219 BGB ermöglichen. Denn der Pfandgläubiger kann den Wertverlust des Geschäftsanteils praktisch kaum verhindern. Ein drohender Verderb liegt allerdings erst dann vor, wenn zwei Drittel des Schätzwertes der Pfandsache geringer sind als die gesicherte gegenwärtige Forderung einschließlich Zinsen nach § 1210 BGB (MüKo BGB/*Damrau* § 1219, Rn. 2). 39

Zudem ist ein **gutgläubiger Erwerb** des Pfandrechts an Geschäftsanteilen nach §§ 1207, 1273 Abs. 2 S. 1 BGB nur in den engen Grenzen des § 16 Abs. 3 GmbHG möglich. Deshalb lässt sich der Pfandgläubiger durch ein unabhängiges Garantieversprechen versichern, dass der Pfandgeber Inhaber der Geschäftsanteile ist, welche unbelastet sind und er zur Verfügung über die Anteile berechtigt ist, sowie keine Rechte Dritter bestehen (7(c), (d), (f) des Musters (siehe Muster H 1, Rdn. H 5). 40

Siehe auch Muster G 8 (Rdn. G 163). 41

Da auch **Gewinnansprüche** verpfändet wurden, wird ferner garantiert, dass die Gesellschaft keine Ergebnisabführungsverträge, Beherrschungsverträge, Verträge über die Begründung von stillen Gesellschaften oder andere Vereinbarungen abgeschlossen hat, die Dritten in irgendeiner Form eine Beteiligung am Gewinn der Gesellschaft einräumen (7. (g)) (*Bruhns*, GmbHR 2006, 587 (589)). 42

25. Wie üblich, sieht auch das Muster Abreden über die **Informations- und Verhaltenspflichten des Verpfänders** vor, um den Pfandgläubiger über alle die Anteile betreffenden Veränderungen zu informieren, wenn der Pfandgläubiger eine Wertminderung schon nicht verhindern kann (siehe Muster G 8 (Rdn. G 164)). Die gesellschaftsrechtliche Treuepflicht des Gesellschafters geht den später gegenüber dem Pfandgläubiger eingeräumten Treuepflichten allerdings vor. 43

Die zum Schutz des Pfandgläubigers statuierten Pflichten des Verpfänders sollten in keinem Falle so weit gehen, dass dem Pfandgläubiger eine Position eingeräumt wird, die faktisch der Stellung eines Gesellschafters nahe kommt. In diesem Falle drohen die Vorschriften über **eigenkapitalersetzende Darlehen** Anwendung zu finden. (siehe oben Muster G 8 (Rdn. G 164) und (Rdn. G 162)). 44

45 **26.** Der Verpfänder ist durch die Verpfändung in seiner **Verfügungsbefugnis** über den Geschäftsanteil nicht beschränkt, auch wenn ein Erwerber nur einen mit einem Pfandrecht belasteten Geschäftsanteil erwerben kann. Nach § 16 Abs. 3 GmbHG ist zwar ein gutgläubiger Erwerb eines Geschäftsanteiles möglich, allerdings kein gutgläubig lastenfreier Erwerb. Die Zustimmung zur Übertragung durch den Pfandgläubiger nach § 1276 BGB ist nach h.M. nicht erforderlich, da keine unmittelbare Änderung oder Aufhebung des Geschäftsanteils vorliegt (*Kolkmann*, MittRhNotK 1992, 1 (9)). Deshalb enthält das Muster eine vertragliche Verfügungsbeschränkung. Siehe auch Muster G 8 (Rdn. G 165).

46 **27.** Die **Anzeige der Verpfändung** des Geschäftsanteils gegenüber dem Schuldner nach § 1280 BGB ist nicht erforderlich, da sich diese Bestimmung nach h.M. nur auf die Verpfändung von Forderungen und nicht auf Mitgliedschaftsrechte bezieht (RG 26. April 1904, RGZ 57, 415). Enthält jedoch der Gesellschaftsvertrag das Erfordernis der Anmeldung, ist die Pfandrechtsbestellung bei unterbleibender Anmeldung insgesamt auch im Außenverhältnis nach § 15 Abs. 5 GmbHG unwirksam und nicht nur im Innenverhältnis gegenüber der Gesellschaft (*Reymann*, DNotZ 2005, 425 (430)). Im Übrigen sollte die Anmeldung auch bei fehlender Vorgabe im Gesellschaftsvertrag bzw. bei der Verpfändung von Mitgliedschaftsrechten erfolgen, damit der Pfandnehmer auch gegenüber der Gesellschaft im Fall der Mitverpfändung von vermögenswerten Mitgliedschaftsrechten als Anspruchsberechtigter auftreten kann (*Bruhns*, GmbHR 2006, 587 (589)). Siehe insbesondere auch zur alten Rechtslage Muster G 8 (Rdn. G 171–175).

47 **28.** Die Zustimmung der Gesellschafterversammlung zum Abschluss eines Verpfändungsvertrages ist gesetzlich nicht vorgesehen, weshalb die Klausel unter 6(b) und (c) des Musters (siehe Muster H 1, Rdn. H 5) grundsätzlich entbehrlich ist. Um die jedoch vielfach in der Satzung vorgesehenen Fälle der Vinkulierung nach § 15 Abs. 5 GmbHG abzudecken, enthält das Muster eine entsprechende Klausel. Siehe auch Muster G 8 (Rdn. G 156).

48 **29.** Für die Beurkundung fällt nach § 34 Nr. 2 GNotKG eine doppelte **Gebühr** an. Der Wert bestimmt sich nach § 53 Abs. 2 GNotKG nach dem Betrag der Forderung und wenn der Pfandgegenstand einen geringeren Wert hat, nach diesem. Für den Wert des Geschäftsanteils bestimmt § 54 GNotKG, dass bei Fehlen von Anhaltspunkten für einen höheren Wert von dem auf den jeweiligen Geschäftsanteil entfallenden Eigenkapital nach § 266 Abs. 3 HGB auszugehen ist. Dies gilt jedoch nicht für überwiegend vermögensverwaltende Gesellschaften, für die der Wert des Vermögens der Gesellschaft maßgeblich ist. Surrogatsforderungen, an denen sich das Pfandrecht fortsetzen kann, bleiben bei der Ermittlung des Geschäftswertes außer Betracht, da sie an die Stelle des verpfändeten Geschäftsanteils treten und den Wert der Sicherheit nicht erhöhen. Werden neben dem Geschäftsanteil selbstständige Forderungen des Gesellschafters gegen die GmbH verpfändet, ist dies auch kostenrechtlich als Pfandrecht einzuordnen nach § 53 Abs. 2 GNotKG (*Kolkmann*, MittRhNotK 1992, 1 (16)). **Steuerlich** ist die Verpfändung bis zur Verwertung grundsätzlich unbeachtlich, da die Geschäftsanteile weiterhin dem Verpfänder zuzuordnen sind (*Bruhns*, GmbHR 2006, 587 (591)). Im Fall einer Sicherungsabtretung hat der BFH die Anwendung von § 20 Abs. 2a EStG und § 39 Abs. 2 Nr. 1 AO verneint (BFH 8. Juli 1998, BStBl. II 1999, 123). Die Verpfändung wird nicht an die Körperschaftsteuerstelle nach § 54 EStDV gemeldet (*Reymann*, DNotZ 2005, 425 (463)).

49 **30.** Das mit der Übertragung von Geschäftsanteilen an einer GmbH verbundene dingliche Rechtsgeschäft unterliegt dem Personalstatut. Dieses knüpft an den Sitz der Gesellschaft an, weswegen auf die Verpfändung von Geschäftsanteilen an einer deutschen GmbH zwingend **deutsches Recht** anzuwenden ist (OLG Stuttgart, 17.05.2000, DB 2000, 1218).

50 **31.** Die vor Eintritt eines schadensbegründenden Ereignisses getroffene **Rechtswahl** ist nach Art. 14 Abs. 1 S. 1 lit. b) **Rom II-VO** möglich, wenn alle Parteien einer kommerziellen Tätigkeit nachgehen und die Vereinbarung frei ausgehandelt ist. Mit der Rom II-VO wird den Parteien innerhalb der Europäischen Gemeinschaft (mit Ausnahme Dänemarks – vergleiche Art. 1 Abs. 4) seit 11. Januar 2009 erstmals die Möglichkeit der vorherigen Rechtswahl im Bereich der außervertraglichen Schuldverhältnisse eröffnet. Für eine kommerzielle Tätigkeit ist nach dem situativen Unter-

nehmerbegriff der Rom I-VO ein innerer Zusammenhang zwischen Rechtswahl und unternehmerischer Tätigkeit erforderlich. Entscheidend ist, ob die Rechtswahl eine mögliche außervertragliche Haftung der Parteien aus einer unternehmerischen Tätigkeit betrifft. Ob eine Vereinbarung in AGB aufgrund des Erfordernisses der freien Aushandlung gänzlich ausgeschlossen ist, ist noch nicht abschließend geklärt. Rechte Dritter bleiben von der Rechtswahl unberührt. (*Palandt*, BGB, Anh. zu EGBGB 38–42 (IPR), Rom II 14, Rn. 7, 8, 9, 12).

32. Bei Kaufleuten oder juristischen Personen ist eine **Gerichtsstandsvereinbarung** sowohl in Form der Prorogation zu Gunsten eines an sich unzuständigen Gerichts nach § 38 Abs. 1 ZPO ohne Weiteres als auch der Derogation eines oder mehrerer Gerichte in negativer Abgrenzung möglich. Auch die Kombination der Bestimmung bestimmter Gerichte unter gleichzeitigem Ausschluss anderer Gerichte ist möglich. Gegenstand der Prorogation kann die örtliche, sachliche sowie die **internationale Zuständigkeit** sein. Es handelt sich dabei um einen Prozessvertrag, dessen Wirksamkeit sich weitgehend nach materiell-rechtlichen Vorschriften richtet (Zöller/*Vollkommer* Zivilprozessordnung, § 38, Rn. 2–5). Eine im Anwendungsbereich der **EuGVO** getroffene Gerichtsstandsvereinbarung geht der ZPO insoweit vor. Vorbehaltlich einer ausschließlichen Zuständigkeit nach Art. 22 EuGVO können Parteien, von denen mindestens eine ihren Wohnsitz in einem Mitgliedstaat haben (Art. 1 Abs. 3 EuGVO – alle EG-Staaten außer Dänemark), ein mitgliedstaatliches Gericht prorogieren, Art. 23 EuGVO. Die formellen Voraussetzungen des Zustandekommens der Vereinbarung ergeben sich direkt aus Art. 23 EuGVO. Art. 23 EuGVO begründet im Gegensatz zu § 38 ZPO eine Vermutung für die Ausschließlichkeit des gewählten Gerichtsstandes (Zöller/*Vollkommer* Zivilprozessordnung, Anh. I, Rn. 42, § 38, Rn. 14). 51

2. Limitation Language (Beschränkungsklausel bei konzernweiten Fremdfinanzierungen)

Vorbemerkung

Bei der Akquisitionsfinanzierung stellen regelmäßig Konzern-Gesellschaften Sicherheiten (mittelbar oder unmittelbar) für Verbindlichkeiten von Obergesellschaften bereit (sog. Upstream-Securities, bei der mittelbaren Sicherheitengewährung für zum Beispiel Schwestergesellschaften auch Sidestream-Securities). Für die Geschäftsführer einer GmbH, die derartige Sicherheiten bestellt, droht durch die Bestellung oder auch erst später zum Zeitpunkt der Verwertung ein Verstoß gegen die Kapitalerhaltungsvorschriften der §§ 30, 31 GmbHG gemäß § 43 Abs. 3 GmbhG aber auch gegen § 64 S. 3 GmbHG, welche zu einer persönlichen Haftung zu führen können. Zwar stellen sowohl die §§ 30, 31 GmbhG als auch § 64 S. 3 GmbHG zunächst nur Verhaltenspflichten gegenüber der Gesellschaft dar. Doch gewähren diese gegenüber Dritten – wie hier den besicherten Banken – kein Leistungsverweigerungsrecht und hindern die Durchsetzung der Vollstreckung in die Sicherheiten nicht (*Hellner/Steuer*, Bankrecht und Bankpraxis, Rn. 3/37; *Kollmorgen/Santelmann/Weiß*, BB 2009, 1818, 1820). Die Geschäftsführer haben folglich ein Interesse daran, diese potentielle Haftungsquelle vorab durch vertragliche Vereinbarung zu beseitigen oder zumindest zu limitieren. Zu diesem Zweck haben sich die sogenannten Limitation Languages etabliert, die als ergänzende Klausel in Darlehens- bzw. Sicherheitenverträge aufgenommen werden. 52

Da es sich also lediglich um eine Klausel, nicht aber einen kompletten Vertrag handelt, sieht das Muster von den Vertragsformalia wie Rubrum etc ab. 53

Das Muster ist als Klausel für einen Garantievertrag im LMA-Style entworfen. Bei der Verwendung in anderen Sicherheitendokumenten muss es gegebenenfalls angepasst werden. Vorsicht ist insbesondere bei der Verpfändung von Gesellschaftsanteilen (Share Pledges) oder anderen unteilbaren Vollstreckungsgegenständen geboten. Hier kann nicht die Verwertung als solche der Höhe nach eingeschränkt werden. In einem solchen Falle bietet sich eher im Sinne der Erlösverteilung eine entsprechende Begrenzung der gesicherten Forderungen an. 54

Template

55 **Limitation Language** [1]

The [____________ Security granted] [2] **of the [German Obligor] pursuant to Clause ____________ (of the relevant Security Agreement) (the »Security«) for liabilities owed by an [Affiliate] of the German Obligor, other than a [Subsidiary] of the German Obligor, shall be limited as follows:**

(a) Subject to the provisions of clauses (b) and (e), the [Security Agent] agrees not to enforce the Security and the German Obligor shall have a right to refuse payment under the Security (*Zurückbehaltungsrecht*) if and to the extent the German Obligor demonstrates that such enforcement would have the effect of:

(i) reducing the German Obligor´s Net Assets (as defined below) to an amount which is less than its registered share capital (*Stammkapital*), or, if its Net Assets are already lower than its registered share capital, causing such amount to be further reduced, and thereby affects its assets which are required for the obligatory preservation of its registered share capital pursuant to sections 30 and 31 of the Act on Limited Liability Companies (*Gesetz betreffend die Gesellschaften mit beschänkter Haftung*, »GmbHG«) [3]**; provided that this limitation shall not apply if and to the extent that the preconditions stipulated in section 30 para. 1 sentence 2 GmbHG are fulfilled** [4]**;**

(ii) causing the illiquidity (*Zahlungsunfähigkeit*) of the German Obligor and the managing directors´ (*Geschäftsführer*) liability pursuant to section 64 sentence 3 GmbHG [5]**; [or]**

(iii) [causing a violation of the limitations on distribution of profits pursuant to section 268 para. 8 of the Commercial Code (*Handelsgesetzbuch*)]; provided that this limitation shall not apply if and to the extent that the respective immaterial asset is recognised (*aktiviert*) on or after the date of this agreement without the prior written consent of the Security Agent] [6]**; (each of the events set forth in clauses (a) (i) through (iii) a »Limitation Event«).**

(b) The limitations pursuant to clause (a) shall only apply if and to the extent that:

(i) the managing directors´ on behalf of the German Obligor have confirmed in writing to the Security Agent within [five (5)] Business Days following the Security Agent´s demand under the Security that and to what extent the demanded payment would lead to the occurrence of a Limitation Event and have provided conclusive evidence therefore, including in particular, pro forma interim financial statements (including pro forma balance sheet, pro forma profit and loss statement and annotations (*Anhang*)) (the »Management Determination«) [7]**; and**

(ii) if and to the extent the Security Agent has contested the Management Determination, if and to the extent a firm of auditors of international repute instructed by the German Obligor (at its cost and expense) has determined within [ten (10) Business Days (or such longer period as agreed between the German Obligor and the Security Agent) from the date on which the Security Agent has contested the Management Determination that and to what extent the demanded payment would lead to the occurrence of a Limitation Event (the »Auditor´s Determination«).

(c) The Security shall at all times be enforceable up to the amount which is undisputed. The Security Agent may seek to establish any disputed amount in respect of the Security in the German courts.

(d) The Security Agent (acting reasonably) is entitled to at any time re-send a demand under the Security and to thereby trigger a new assessment of the Limitation Event for a different date.

(e) The limitations set forth in clause (a) shall not apply to amounts (i) that are owed by the German Obligor as a primary obligation (*primäre Zahlungsverpflichtung*) under a provision of a Finance Document or (ii) that correspond to funds that have been borrowed or otherwise made available under a Finance Document or have been on-lent to, or otherwise been passed on to, the German Obligor.

(f) [If the Security has been enforced without limitation because the Management Determination or the Auditor´s Determination (as the case may be) was not delivered within the relevant time frame or for any other reason, the Security Agent shall repay to the German Obligor any amount by which the amount paid by the German Obligor under the Security exceeds the amount payable by it under the provisions of this clause.]

(g) For the purposes of this clause, »Net Assets« means the net assets (*Reinvermögen*) as determined in accordance with the generally accepted accounting principles, in particular the Commercial Code (HGB), as consistently applied by the German Obligor; provided that [8]:

(i) the amount of any increase in the stated share capital (*Stammkapital*) of the German Obligor carried out after the date hereof without the prior consent of the Security Agent shall be deducted from the stated share capital (even if such increase is permitted under the Finance Documents);

(ii) [Financial Indebtedness] incurred in violation of the provisions of any Finance Document shall be disregarded;

(iii) Financial Indebtedness and other obligations incurred shall be disregarded if and to the extent that such liabilities are owed to an [Affiliate] of the German Obligor which is not a [Subsidiary] of the German Obligor;

(iv) Financial Indebtedness and other obligations incurred without the prior written consent of the Security Agent shall be disregarded if and to the extent that they are subordinated, or considered subordinated pursuant to section 39 para. 1 no. 5 of the Insolvency Code (*Insolvenzordung*); and

(v) assets that are shown in its balance sheet with a book value (*Buchwert*) which is lower than their market value and that are not necessary for the German Obligor´s business (*nicht betriebsnotwendig*), shall be taken into account at their market value.

Erläuterungen

Literatur: *Baumbach/Hueck*, GmbH-Gesetz, 21. Auflage 2017; *Freitag*, §§ 30, 31 GmbhG, »Bremer Vulkan-Urteil« und »Limitation Language«, WM 2003, 805–815; *Freitag*, Finanzverfassung und Finanzierung von GmbH und AG nach dem Regierungsentwurf des MoMiG, WM 2007, 1681–1685; *Hellner/Steuer*, Bankrecht und Bankpraxis, Stand Mai 2018; *Kollmorgen/Santelmann/Weiß*, Upstream-Besicherung und Limitation Language nach Inkrafttreten des MoMiG – Alte und neue Risiken für Geschäftsführer, BB 2009, 1818–1822; *Komo*, Vermeidung von Haftungsrisiken für Geschäftsführer bei Gewährung von Upstream Securities, GmbHR 2010, 230–236; *Schimansky/Bunte/Lwoski*, Bankrechts-Handbuch, 5. Auflage 2017; *Sutter/Masseli*, Keine Änderung der Vertragspraxis bei aufsteigenden Sicherheiten in Folge des MoMiG, WM 2010, 1064–1070; *Tillmann*, Upstream-Sicherheiten der GmbH im Lichte der Kapitalerhaltung – Ausblick auf das MoMiG, NZG 2008, 401–405; *Winkler/Becker*, Die Limitation Language bei Akquisitions- und Konzernfinanzierungen unter Berücksichtigungen des MoMiG, ZIP 2009, 2361–2368.

56 **1. Allgemeines:** Grundgedanke einer Limitation Language ist, dass sich die Banken verpflichten, bestellte Sicherheiten nicht zu verwerten, sofern und soweit die Verwertung zur Entstehung oder Vertiefung einer Unterbilanz bei der die Sicherheit gewährenden GmbH führt (*Komo*, GmbHR 2010, 230, 234) oder eine unzulässige Zahlung im Sinne des § 64 S. 3 GmbHG darstellt. In beiden Fällen drohte ansonsten eine persönliche Haftung der Geschäftsführung.

57 **2. Betroffene Sicherheit:** Wie bereits in der Vorbemerkung erwähnt ist das Muster als Klausel für einen Garantievertrag im LMA-Style entworfen. Bei der Verwendung in anderen Sicherheitendokumenten muss es mithin angepasst werden, insbesondere wenn es sich um ein nicht teilbares Vollstreckungsobjekt wie zum Beispiel einen verpfändeten Geschäftsanteil handelt.

58 **3. Haftung nach GmbHG:** Die Geschäftsführer einer Tochter-GmbH müssen bei der Gewährung von Upstream-Securities insbesondere die Beschränkungen der §§ 30, 31 GmbHG beachten. Verstöße gegen diese Kapitalerhaltungsvorschriften können nach § 43 Abs. 3 GmbHG zur persönlichen Haftung der Geschäftsführer führen. (*Komo*, GmbHR 2010, 230, 231). § 30 Abs. 1 S. 1 GmbHG bestimmt, dass das zur Erhaltung des Stammkapitals erforderliche Vermögen einer Gesellschaft nicht an die Gesellschafter ausgezahlt werden darf. Daher darf eine Auszahlung an einen Gesellschafter bei der Gesellschaft weder zu einer Unterbilanz führen noch eine bestehende Unterbilanz vertiefen (*Komo*, GmbHR 2010, 230, 231). Dabei ist seit langem anerkannt, dass eine Auszahlung im Sinne des § 31 Abs. 1 S. 1 GmbHG nicht nur bei direkten Zahlungen einer GmbH an ihre Gesellschafter vorliegt, sondern auch bei der Gewährung von Sicherheiten zugunsten von Gläubigern der Gesellschafter (*Freitag*, WM 2007, 1681, 1685; *Komo*, GmbHR 2010, 230, 231).

59 Bei der Beurteilung, ob eine Unterbilanz besteht, ist nach dem nun eindeutigen Wortlaut des § 30 Abs. 1 GmbHG auf eine bilanzielle Betrachtungsweise abzustellen (*Sutter/Masseli*, WM 2010, 1064, 1065 ff.). Dies war vor der Neufassung der Regelung durch das MoMiG nicht unbestritten. Mit der viel zitierten November-Entscheidung (BGHZ 157, 72 = NJW 2004, 1111) wurde erstmals – entgegen der damals wohl herrschenden Meinung – höchstrichterlich entschieden, dass eine rein bilanzrechtliche Betrachtung des Gesellschaftsvermögens nicht ausreiche (*Tillmann*, NZG 2008, 401). Mit dem MoMiG in seiner finalen Fassung folgte der Gesetzgeber dem BGH nicht und machte mit § 30 Abs. 1 S. 2 GmbHG deutlich, dass es fortan wieder und ausschließlich auf die bilanzielle Betrachtungsweise ankommt (*Sutter/Masseli*, WM 2010, 1064, 1065 ff.). Danach stellen vollwertige Gegenleistungs- oder Rückgewähransprüche entsprechende Gegenposten in der Bilanz dar und verhindern, dass die Sicherheitenbestellung zu einer Unterbilanz führt bzw. eine bestehende Unterbilanz verschlechtert. Später eintretende negative Entwicklungen des Anspruchs oder bilanzielle Abwertungen führen nicht nachträglich zum Verbot der Auszahlung (*Tillmann*, NZG 2008, 401).

60 Daran anschließend ist die Frage nach dem für die bilanzielle Betrachtung maßgeblichen Zeitpunkt in Diskussion. Einerseits wird bei Bestellung der Sicherheit eine Unterbilanz gefordert (Baumbach/Hueck/*Hueck/Fastrich* GmbHG, § 30 Rn. 61; *Schimansky/Bunte/Lwowski*, § 98 Rn. 157; *Freitag*, WM 2003, 801, 809, 815; WM 2007, 1681, 1685). Anderen kommt es auf den Zeitpunkt der Verwertung der Sicherheit an (*Tillmann*, NZG 2008, 401, 404 f.; *Sutter/Masseli*, WM 2010, 1064, 1068). Eine dritte Ansicht macht den Zeitpunkt vom Vorliegen der Voraussetzungen für die Bildung einer Rückstellung abhängig (*Kollmorgen/Santelmann/Weiß*, BB 2009, 1818, 1819) oder verweist auf den Zeitpunkt, in dem die Sicherheitenverwertung überwiegend wahrscheinlich wird (*Winkler/Becker*, ZIP 2009, 2361, 2363). Eine höchstrichterliche Stellungnahme steht bislang aus.

61 Die Limitation Language könnte auch eingesetzt werden, um vor einer Geschäftsführerhaftung aufgrund eines existenzvernichtenden Eingriffs (§ 826 BGB) zu schützen. Allerdings erscheint der Anwendungsbereich neben den §§ 30, 31 GmbHG (s.o.) und § 64 S. 3 GmbHG (siehe unten Muster H 2 (Rdn. H 63)) eher gering, auch wenn für die Feststellung eines existenzvernichtenden Eingriffs auf die konkrete Vermögens- und Liquiditätssituation und nicht auf die Bilanz abzustellen ist (*Freitag*, WM 2003, 805, 807).

4. Ausnahmen zur Haftung nach GmbHG: Nach dem durch das MoMiG eingeführten § 30 Abs. 1 S. 2 GmbHG gilt das Auszahlungsverbot des § 30 Abs. 1 S. 1 GmbHG nicht, wenn ein Beherrschungs- und Gewinnabführungsvertrag zwischen Tochter-GmbH und Konzernmutter geschlossen wurde und bei Leistungen, die durch einen vollwertigen Gegenleistungs- oder Rückgewähranspruch gegen den Gesellschafter gedeckt sind. In diesen Fällen entfällt auch eine Haftung nach § 43 Abs. 3 GmbHG. Auch bei einer Verschmelzung der Konzernmutter mit der Sicherheiten gewährenden Tochter-GmbH entfällt eine Haftung der GmbH-Geschäftsführer, weil hier eine Vereinigung von Darlehensnehmer und Sicherungsgeber stattfindet (*Tillmann*, NZG 2008, 401, 405) mit der Folge, dass die ehemalige GmbH-Tochter nunmehr ihr eigenes Darlehen besichert und nicht mehr das ihres Gesellschafters. Ein Debt-Push-Down zielt darauf ab, das Upstream-Problem nachträglich zu beheben. (*Tillmann*, NZG 2008, 401, 405). Vielfach gehen mit Konzernfinanzierungen aber nicht nur Sicherheitenbestellungen unmittelbar zugunsten von Muttergesellschaften einher, sondern sog. Überkreuzbesicherungen (»cross collateralisations«) auch zugunsten weiterer Konzerngesellschaften, wie Schwestergesellschaften. In diesen Fällen wird typischerweise eine umfassende Garantie für Darlehensforderungen gegen die übrigen Konzernunternehmen erteilt. Diese wechselseitige Besicherung im Konzern gilt als mittelbare Leistung an die gemeinsame Konzern-Obergesellschaft und kann daher potentiell eine Geschäftsführerhaftung auslösen. Auch in diesen Fällen empfiehlt sich eine Limitation Language. 62

5. Haftung nach InsO: Nach dem durch das MoMiG eingeführten § 64 S. 3 GmbHG haften Geschäftsführer ferner für Zahlungen an Gesellschafter, soweit diese zur Zahlungsunfähigkeit der Gesellschaft führen mussten, es sei denn, dies war auch unter Beachtung der Sorgfalt eines ordentlichen Geschäftsmanns nicht erkennbar (Baumbach/Hueck/*Haas* GmbHG, § 64 Rn. 94 ff.). Die Gewährung einer Upstream-Security ist dabei als eine unzulässige Zahlung im Sinne des § 64 S. 3 GmbHG zu werten (*Komo*, GmbHR 2010, 230, 233; *Kollmorgen/Santelmann*, BB 2009, 1818, 1820) und kann mithin die Haftung nach § 64 S. 3 GmbHG auslösen. 63

6. Haftung nach § 268 Abs. 8 HGB: Neuerdings häufiger angesprochen wird ferner eine zusätzliche Limitation Language für die potentielle Haftung nach § 268 Abs. 8 HGB. In diesen Fällen könnte ein Darlehensgeber an einer nach § 268 Abs. 8 HGB verbotenen Ausschüttung interessiert sein. Die Limitation Language soll auch hier den Geschäftsführer davor schützen, eine solche im Außenverhältnis vornehmen zu müssen. 64

7. Die **Erklärung der Geschäftsführer**, dass die Voraussetzungen einer Geschäftsführerhaftung erfüllt sind, samt Beibringung der zugrunde liegenden Berechnung, Unterlagen und Beweise, dient dem berechtigten Sicherungsinteresse der Bank. 65

8. Die **Berechnungseinschränkungen** dienen dazu, das Schutzbedürfnis der Geschäftsführer der Tochter-GmbH vor einer persönlichen Inanspruchnahme auf der einen Seite und das Sicherungsinteresse der Bank auf der anderen Seite in einen angemessenen Ausgleich zu bringen. Hier sind im Detail etliche Varianten denkbar. 66

3. Subordination Agreement (Rangrücktrittsvereinbarung zu Finanzierungszwecken)

Vorbemerkung

Dieses Muster einer Rangrücktrittsvereinbarung dient nicht vorrangig dem Zweck, das Eintreten des Insolvenzgrundes der Überschuldung zu vermeiden (so aber oben das Muster G 9 (Rdn. G 179)). Diese Rangrücktrittsvereinbarung dient vielmehr dem Schutz des externen Finanzierers vor Aushöhlung der Substanz des Borrowers aufgrund einer vorrangigen Bedienung von konzernintern gewährten Darlehen. In allererster Linie soll also sichergestellt werden, dass vorrangig die extern gewährten Finanzierungen zurückgezahlt werden, bevor Liquidität gruppenintern verlagert wird. 67

Eine solche Rangrücktrittsvereinbarung wird also nicht in einem Sanierungsszenario eingesetzt, sondern eher für »gesunde« Gesellschaften im Rahmen einer (internationalen) Fremdfinanzierung.

68 Das Muster ist – wie bereits oben in der Vorbemerkung zu dem Muster H 1 (Rdn. H 5) erläutert – in dem (im Vergleich zu typisch deutsch-rechtlichen Verträgen) ausführlicherem »LMA-Style« gehalten, mit dem die angelsächsisch geprägten Banken vertraut sind.

Template

69 **SUBORDINATION AGREEMENT** [1]

This Subordination Agreement (the »Agreement«) is made on ____________

BETWEEN

(1) ____________ a limited liability company under the laws of Germany (*Gesellschaft mit beschränkter Haftung*) with its registered office in ____________, registered with the commercial register held with the local court of ____________ under the number HRB ____________ (the »Borrower«); and

(2) ____________ a ____________ under the laws of ____________ with its registered office in ____________, registered with the ____________ under the number ____________ (the »Lender«, the Borrower and the Lender collectively, the »Parties«)

BACKGROUND [2]

(A) On or about ____________ the Parties have entered into a facility agreement (the »Facility Agreement«), whereas the Lender grants a loan to the Borrower. On or about ____________ the Borrower has entered into a senior facility agreement (the »Senior Facility Agreement«) with ____________ (the »Senior Lender«), whereas the Senior Lender grants a senior loan to the Borrower.

(B) The Lender is [a/the sole shareholder/an affiliate] of the Borrower and has agreed to subordinate its claims for the repayment of the loan.

IT IS AGREED:

1. DEFINITIONS AND INTERPRETATION

1.1 Definitions

In this Agreement:

»InsO« means the German Insolvency Code (*Insolvenzordnung*);

»Senior Liabilities« means all current and future liabilities (whether actual or contingent) payable or owing by the Borrower to the Senior Lender arising under or in connection with the Senior Facility Agreement;

»Subordinated Liabilities« means all current and future liabilities (whether actual or contingent) payable or owing by the Borrower to the Lender arising under or in connection with the Facility Agreement; and

»Subordination Period« means the period commencing on the date of this Agreement and ending on the date on which the Senior Liabilities have irrevocably and unconditionally been discharged in full.

[1.2 Interpretation

In this Agreement:

(a) any reference to a »clause«, or a »schedule« is a reference to a clause of, or a schedule to, this Agreement and schedules shall form an integral part of this Agreement;

(b) »include«, »including« and »in particular« shall be construed without limitation;

(c) any reference to a »person« includes any individual, firm, company, corporation, state or agency, any unincorporated association or body (including a partnership, trust, joint venture or consortium) or other entity (whether or not having separate legal personality);

(d) »promptly« shall have the same meaning as the German term *unverzüglich*;

(e) »transfer« shall, where used in connection with secured obligations, include assignment (*Abtretung*), assumption of contract (*Vertragsübernahme*), novation (*Schuldumschaffung*) and universal succession (*Gesamtrechtsnachfolge*);

(f) where the context so admits, a reference to the singular includes the plural and *vice versa*;

(g) any reference to a defined document or provision of statutory law is a reference to that defined document or provision as amended, supplemented, restated or novated from time to time;

(h) headings are for ease of reference only and shall be ignored in the construction of this Agreement;

(i) where a German term has been added to an English term, such German term shall be decisive;

(j) in the event of a conflict between this Agreement and the Facility Agreement, the relevant provision of this Agreement shall (to the extent permitted by law) prevail;]

1.3 Sett-off etc

A reference to payment or receipt includes payment or receipt by way of set-off or netting.

2. SUBORDINATION (RANGRÜCKTRITT)

(a) The Parties hereby agree that, prior to the expiry of the Subordination Period, the Subordinated Liabilities shall at all times and for all purposes be subordinated (*nachrangig*) to any and all Senior Liabilities. [3]

(b) Prior to the expiry of the Subordination Period, the Borrower shall not make any payment (whether in respect of principal, interest or otherwise) on account of all or any Subordinated Liabilities (whether by way of cash, loan or otherwise).

(b) The Parties hereby further agree that, following the opening of insolvency proceedings over the Borrower's assets, the Subordinated Liabilities shall be subordinated (*nachrangig*) pursuant to sections 19 sub-section 2 and 39 sub-section 2 InsO to any and all existing, contingent, and future receivables and claims of current and future creditors of the Borrower pursuant to sections 39 sub-section 1, no 1 to 5 InsO for the purpose of avoiding an over-indebtedness pursuant to section 19 InsO. [4] **In addition, the Borrower shall not make any payment on account of**

all or any Subordinated Liabilities if and to the extent a payment would lead to an over-indebtedness (*Überschuldung*) or illiquidity (*Zahlungsunfähigkeit*) of the Borrower within the meaning of section 19 InsO. [5] Following the expiry of the Subordination Period, the Borrower shall make payments irrespective of the prevention of an insolvency of the Borrowersolely from future annual net income (*Gewinn*), proceeds from Liquidation (*Liquidationsüberschuss*), or other future assets and other available assets of the Borrower in excess of the liabilities (*freies Vermögen*). [6] If no such assets are available for payment of such obligations of the Borrower the Lender shall suffer a shortfall. [7]

3. NO SECURITY

Prior to the expiry of the Subordination Period, the Borrower shall not grant and the Lender shall not demand, obtain or permit to subsist any security, guarantee indemnity or other assurance against loss in respect of any Subordinated Liabilities.

4. NO DISPOSALS

Prior to the expiry of the Subordination Period, the Lender shall not assign, transfer or otherwise dispose of all or any of the Subordinated Liabilities or all or any rights which it may have against the Borrower in respect of all or any part of the Subordinated Liabilities.

5. NO ENFORCEMENT

Prior to the expiry of the Subordination Period, the Lender shall not take any action or step to commence or continue any proceedings against the Borrower, or take any action in respect of, all or any of the Subordinated Liabilities (including, without limitation, the exercise of any right of set-off, counterclaim or lien).

6. TURNOVER

If at any time prior to the expiry of the Subordination Period the Lender receives or recovers a payment in relation to the Subordinated Liabilities, in cash or in kind, other than as in accordance with this Agreement it shall hold such receipt or recovery on trust for the Borrower and promptly upon demand by the Borrower pay the amounts received or recovered to the Borrower for application against the Senior Liabilities.

7. COSTS AND EXPENSES

All costs, charges, fees and expenses triggered by this Agreement or incurred in connection with its preparation, execution, amendments and enforcement (in each case including fees for legal advisers) shall be borne by the Borrower.

8. PARTIAL INVALIDITY, WAIVERS

8.1 Invalidity

If any provision of this Agreement should be or become invalid or unenforceable in whole or in part, this shall not affect the validity of the balance of this Agreement. The invalid or unenforceable provision shall be deemed replaced by such provision which best meets the affect the validity of the balance of this Agreement. The invalid or unenforceable provision shall be deemed replaced by such provision which best meets the intent and the economic purpose of the invalid or unenforceable

provision. The same shall apply *mutatis mutandis* in case of omissions (*Vertragslücken*).

8.2 Waiver

If any provision of this Agreement should be or become invalid or unenforceable in whole or in part, this shall not affect the validity of the balance of this Agreement. The invalid or unenforceable provision shall be deemed replaced by such provision which best meets the intent and the economic purpose of the invalid or unenforceable provision. The same shall apply *mutatis mutandis* in case of omissions (*Vertragslücken*).

9. AMENDMENTS

Any amendments to this Agreement, including this clause 10, must be in writing or, if required by law, in stricter form.

10. NOTICES

10.1 Communications in writing, contact details

Any communication in connection with this Agreement must be in writing and, unless otherwise stated, may be given in person, by post or fax:

(a) In the case of the Lender, to:

____

____

Fax: __________

Email: __________

Att.: __________;

____

(b) In case of the Borrower, to:

____

____

Fax: __________

Email: __________

Att.: __________;

or any substitute address, fax number, telex number, department or officer as a Party may notify to the other Party with not less than 5 (five) business days´ notice.

10.2 Language

(a) Any notice given in connection with this Agreement must be in English.

(b) Any other document provided in connection with this Agreement must be

(i) in English or

(ii) if not in English and if so requested by a Party, accompanied by a certified English translation. In this case, the English translation will prevail unless the document is a statutory or other official document.

11. GOVERNING LAW

(a) This Agreement shall be governed by the laws of Germany.

(b) The laws of Germany shall also be applicable to any non-contractual obligations arising under or in connection with this Agreement. This shall not prejudice the rights of third persons.

12. JURISDICTION

(a) The courts of [Frankfurt am Main], Germany shall have exclusive jurisdiction to settle any dispute in connection with this Agreement.

(b) [This clause is for the benefit of the Borrower only. To the extent admissible by law, the Borrower may take proceedings in any other court with jurisdiction and concurrent proceedings in any number of jurisdictions.]

____

(Lender)

____

(Borrower)

Erläuterungen

Literatur: BMF-Schreiben zur Passivierung von Verbindlichkeiten bei Vereinbarung eines einfachen oder qualifizierten Rangrücktritts NZI 2006, 634–635; *Kahlert/Gerke*, Der Rangrücktritt nach MoMiG im GmbH-Recht: Insolvenz- und steuerrechtliche Aspekte, DStR 2010, 227–233; *Kammeter/Geißelmeier*, Der Rangrücktritt – Bestandsaufnahme und Auswirkungen des MoMiG im Handelsbilanz- und Steuerrecht, NZI 2007, 214–220; *Lorz/Pfisterer/Gerber*, Beck'sches Formularbuch GmbH-Recht, 1. Auflage 2010; *Schmidt*, Hamburger Kommentar zum Insolvenzrecht, 6. Auflage 2017.

70 **1.** Allgemeines: Rangrücktritt bedeutet im Allgemeinen die Nachverlangung eines Erfüllungsanspruchs aus einer Forderung im Verhältnis zu anderen Forderungen gegen denselben Schuldner (*Kammeter/Geißelmeier*, NZI 2007, 214). Für den Lender besteht der Vorteil einer Rangrücktrittsvereinbarung darin, dass die mit dem Rangrücktritt versehene Forderung in ihrem Bestand, anders als beim Forderungsverzicht, unberührt bleibt. Zudem würden bei einem Forderungsverzicht etwaige akzessorische Sicherheiten wie Bürgschaft oder Hypothek erlöschen.

71 Die Rangrücktrittsvereinbarung dient in diesem Falle, wie bereits in der Vorbemerkung erläutert, anders als bei dem Muster G 9 (Rdn. G 180) nicht vorrangig dazu, den Borrower vor der Insolvenz zu bewahren. Die Folgen für die Feststellung einer Insolvenz sind allerdings durchaus willkommen. Üblicherweise dient die Rangrücktrittsvereinbarung ausschließlich dem Ziel, die Passivierung einer Verbindlichkeit in der Überschuldungsbilanz zu vermeiden und spielt vor allem in der Sanierungspraxis eine bedeutende Rolle (*Kahlert/Gerke*, DStR 2010, 227). Zudem wird oft bezweckt, die Organe des Borrowers vor den schadensersatzrechtlichen und strafrechtlichen Folgen eines Verstoßes gegen die Insolvenzantragspflicht zu schützen. (*Kahlert/Gerke*, DStR 2010, 227). Siehe hierzu ausführlicher die Vorbemerkung in dem Muster G 9 (Rdn. G 179).

72 **2.** Sachverhalt: Das Muster in der vorliegenden Form betrifft die Vereinbarung eines Rangrücktritts zwischen einer GmbH als Darlehensnehmerin (»Borrower«) und einem ihrer Gesellschafter bzw. einem weiteren Konzernunternehmen als Darlehensgeber (»Lender«) für die sich aus dem Darlehensvertrag ergebenden Forderungen hinter (i) die genannten Verbindlichkeiten eines bestimmten externen Darlehensgebers sowie (ii) alle anderen Verbindlichkeiten des Borrowers. Zur Historie der Rangrücktrittsvereinbarungen von Gesellschaftern siehe auch Muster G 9 (Rdn. G 182).

3. Zum Schutz der extern gewährten Finanzierung vereinbaren Borrower und Lender, dass die konzerninterne Darlehensforderung ab sofort und ohne Einschränkungen hinter die Forderung des externen Darlehensgebers zurücktritt. 73

4. Um (zusätzlich zu dem vorrangigen Schutz der Senior Liabilities) eine Insolvenz des Borrowers zu vermeiden, dürfen keine Zahlungen auf sich aus dem Darlehensvertrag ergebenden Forderungen erfolgen, wenn dies zur Zahlungsunfähigkeit oder zur Überschuldung des Borrowers im Sinne des § 19 Abs. 1 InsO führen würde. Diese Vereinbarung erfüllt die Voraussetzungen eines sog. **einfachen Rangrücktritts**, bei dem eine Rückzahlung der Verbindlichkeit erst nach Befriedigung aller Gesellschaftsgläubiger erfolgen darf. Zum weiteren Hintergrund siehe Muster G 9 (Rdn. G 185 und Rdn. G 186). 74

5. Diese Beschränkung schützt die Geschäftsführung des Borrowers vor einer potentiellen Geschäftsführerhaftung nach § 64 S. 3 GmbHG. Siehe zum weiteren Hintergrund Muster G 9 (Rdn. G 189). 75

6. Dieser Satz enthält eine sogenannte Besserungsabrede, siehe auch Muster G 9 (Rdn. G 185). 76

7. Der vorliegende Rangrücktritt steht der weiteren Passivierung der Verbindlichkeit in der Steuerbilanz im Hinblick auf § 5 Abs. 2a EStG nicht entgegen. Zu den steuerlichen Folgen siehe Muster G 9 (Rdn. G 194–196). 77

Unter Umständen kann eine typischerweise unerwünschte Ausbuchung zur Erzeugung von Verlustpotential ausnahmsweise gewollt sein: Die Verbindlichkeit, die aufgrund eines Rangrücktritts aus der Steuerbilanz auszubuchen war, kann in Zeiten hoher Gewinne erfolgswirksam wieder eingebucht werden (*Kammeter/Geißelmeier*, NZI 2007, 214, 219). Dieses Vorgehen setzt dann einen Forderungsverzicht gegen Besserungsschein voraus (*Kammeter/Geißelmeier*, NZI 2007, 214, 219). 78

II. Weitere übliche Erklärungen im Rahmen von internationalen Finanzierungen

4. Director´s Certificate (Geschäftsführerbestätigung)

Vorbemerkung

Das Director´s Certificate wird im Rahmen von internationalen Finanzierungen insbesondere angelsächsischer Banken regelmäßig gefordert, auch wenn ihm nach deutschem Recht nur sehr eingeschränkte Bedeutung zukommt. Es ist im Wesentlichen dem Umstand geschuldet, dass nur wenige Jurisdiktionen über ein Handelregister mit Vertrauensschutz für die Vertretungsmacht der dort genannten Personen verfügen (Publizität des Handelsregisters nach § 15 HGB). Neben der Erklärung, selbst die betreffende Gesellschaft bei dem abzuschließenden Darlehensvertrag vertreten zu dürfen, sowie der Bestätigung der Aktualität etc. von Gesellschaftsdokumenten, listet es für den weiteren Geschäftskontakt zu dem Darlehensgeber auch die weiteren Vertretungsberechtigten auf und enthält entsprechende Unterschriftsproben. 79

Template

DIRECTOR´S CERTIFICATE [1] 80

From [2] ___________

To ___________

Date ___________

Dear Sirs,

Director´s certificate relating to the ___________ Agreement dated ___________ between ___________ and ___________ (»Agreement«).

Terms and expressions defined in the Agreement shall bear the same meaning in this certificate, unless the context requires otherwise.

We/I, the undersigned, as Director(s) of the ____________ (registered with the commercial register of the local court of ____________ under HR B ____________), registered office at ____________ (»Company«), have been authorized to sign this certificate on behalf of the Company. We/I hereby certify on behalf of the Company and without personal liability [3] that:

1. the person(s) listed below is/are authorised to execute or witness the execution on behalf of the Company of the Agreement and all documents ancillary thereto to which the Company is party or to sign or send any related document or certificate on behalf of the Company. The signatures appearing below their names are true signatures [4]:

a) Name: ____________

b) Signature: ____________

a) Name: ____________

b) Signature: ____________

2. the copy of the constitutional documents/articles of association of the Company (annexed hereto as Annex 1) is true, complete and up to date;

3. the copy of the commercial register excerpt (annexed hereto as Annex 2) is true, complete and up to date;

4. the copy of the Company´s shareholder´s/s´ resolutions adopted on ____________ (annexed hereto as Annex 3) is true and complete and such resolutions are in full force and effect;

5. the shareholder´s/s´ meeting was duly convened and held, a quorum of shareholders entitled to vote was present and acting throughout and the resolutions set out in the minutes were duly passed, are in full force and effect and have not been revoked, suspended or amended;

6. each other authorisation, document, opinion or assurance which the contracting party/ies considers necessary [or desirable] in connection with the entry into, and performance of, the transactions contemplated by or for the Documents (annexed hereto as Annex 4) is/are valid and enforceable;

7. each copy document specified in Schedule ____________ to the Agreement (annexed hereto as Annex 5) [5] is correct, complete and will still be in full force and effect as at a date no earlier than ____________. [6]

[For and on behalf of the Company] [7]

____

Director (s)

Annex 1 [8]

Constitutional documents/articles of association of the Company

Annex 2

Copy of the certificate of incorporation/commercial register excerpt

Annex 3

Copy of the minutes of the Company´s shareholder´s/s´ resolutions

Annex 4

Other authorisation, document, opinion or assurance

Annex 5

Document specified in Schedule ____________ of the Agreement

Erläuterungen

Literatur: *Rebmann/Säcker/Rixecker*, Münchener Kommentar zum Bürgerlichen Gesetzbuch, Band II, 7. Auflage 2016; *Palandt*, Bürgerliches Gesetzbuch, 77. Auflage 2018.

1. In einem Director´s Certificate erklären einer oder mehrere Geschäftsführer einer Gesellschaft für sich selbst oder im Namen der Gesellschaft, dass bestimmte Dokumente, die einer Vertragspartei überlassen wurden, am Tage der Unterzeichnung des Certificates inhaltlich korrekt, vollständig und aktuell sind und dass es sich bei den unterzeichnenden Geschäftsführern um solche der Gesellschaft handelt. Ferner können weitere geforderte Bestätigungen erklärt werden. 81

2. Den Erklärungen in einem Director´s Certificate kommt nach deutschem Recht typischerweise keine gesonderte rechtliche Bedeutung zu, wird aber dennoch standardmäßig insbesondere von den angelsächsisch geprägten Banken verlangt. Hintergrund hierfür ist, dass die betreffenden Sachbearbeiter eine festgelegte Checkliste von Dokumenten abzuarbeiten haben, von der sie nur mit Genehmigung eines übergeordneten Kontrollgremiums abweichen dürfen. Die Checklisten orientieren sich regelmäßig an Darlehensgewährungen nach britischem Recht. Einen Genehmigungsprozeß zum Zwecke des Verzichtes auf rechtlich irrelevante Dokumente, wie nach deutschem Recht grundsätzlich das Director´s Certificate, scheut der einzelne Sachbearbeiter typischerweise. 82

Die Erklärungen im Director´s Certificate können in Ausnahmefällen allerdings auch nach deutschem Recht ausnahmsweise eine eigenständige Bedeutung zukommen. Dies gilt nach § 311 III BGB immer dann, wenn der oder die Geschäftsführer ein besonderes persönliches Vertrauen in Anspruch nehmen. Hierzu genügt nicht das jedem Geschäftsführer immanente wirtschaftliche Erfolgsinteresse (*Palandt*, § 311, Rn. 65). Erforderlich ist vielmehr ein zusätzliches, vom Geschäftsführer bzw. den Geschäftsführern persönlich ausgehendes Vertrauen auf die Richtigkeit und Vollständigkeit der vorgenommenen Erklärungen (MüKo BGB/*Emmerich* § 311, Rn. 177). Dieses hat sich im Vorfeld einer Garantiezusage zu bewegen (MüKo BGB/*Emmerich* § 311, Rn. 177) bzw. ein selbstständiges Garantieversprechen darzustellen (*Palandt*, § 311, Rn. 65). Davon kann allenfalls dann ausgegangen werden, wenn der oder die Geschäftsführer die Erklärung des Director´s Certificate im eigenen Namen abgeben und aus der Erklärung hinreichend deutlich hervorgeht, dass der oder die Geschäftsführer persönlich und nicht lediglich die dahinter stehende Gesellschaft für die konkreten Angaben einstehen wollen. Um eine solche Annahme auszuschließen, ist im Muster sowohl einleitend als auch vor der Unterschriftszeile der Zusatz »on behalf of the Company« enthalten. 83

Ein Kreditgeber kann aufgrund des standardmäßigen LMA-Darlehensvertrages von jedem Schuldner ein Director´s Certificate als Voraussetzung einer Kreditgewährung verlangen. Das Certificate wird im Namen der Gesellschaft erstellt, die als Darlehensnehmerin oder als Bürgin im Rahmen eines Kreditvertrages auftritt oder sonstige Sicherheiten bestellt. 84

3. Siehe Muster H 4 (Rdn. H 83). 85

4. Sofern die hier aufgelisteten Personen nicht bereits vertretungsbefugt für die Gesellschaft sind, wird ihnen in dieser Klausel konkludent gegenüber dem Empfänger des Director´s Certificate Außenvollmacht erteilt. Üblicherweise wird in diesen Fällen aber zusätzlich ein ausdrücklicher schriftlicher Vollmachtsnachweis verlangt, sodass der Erklärung innerhalb des Director´s Certificates nur noch bestätigende Wirkung zukommt. Für die Bankpraxis bedeutsam ist die Ergänzung des Certificates um die Unterschriftenprobe eines jeden Unterschriftsberechtigten. 86

87 **5.** Andere erforderliche Dokumente sind beispielsweise Gesellschafter- oder Geschäftsführerbeschlüsse, in denen die Bedingungen des betreffenden Vertrages akzeptiert werden, Treuhandverträge, Vollmachten oder andere Dokumente deren Bestätigung in einem Certificate aufgrund des betreffenden Vertrages vorausgesetzt wird.

88 **6.** Daneben kann ein Certificate weitere Zusicherungen enthalten, deren Erfordernis sich dann üblicherweise aus dem betreffenden Hauptvertrag ergibt, wie etwa die Versicherung, dass die Gesellschaft ein bestehendes Kreditlimit nicht überschreitet oder dass die Gesellschaft auch nach Unterzeichnung des betreffenden Vertrages in der Lage ist, sämtliche ihrer Verbindlichkeiten zu begleichen.

89 **7.** Der Zusatz kann aus den Gründen wie unter Muster H 4 (Rdn. H 83) dargestellt der Unterschriftenzeile angefügt werden.

90 **8.** Der/Die unterzeichnende(n) Geschäftsführer versieht zu Beweiszwecken jede Anlage typischerweise mit seinen Initialen.

5. Shareholder´s Resolution (Bestätigender Gesellschafterbeschluss)

Vorbemerkung

91 Das nachfolgende Muster einer Shareholder´s/s´ Resolution entspricht den üblicherweise im Rahmen von internationalen Finanzierungen insbesondere von angelsächsischen Banken geforderten Unterlagen. Es ist – wie auch das Director´s Certificate – im Wesentlichen dem Umstand geschuldet, dass nur wenige Jurisdiktionen über ein Handelsregister mit Vertrauensschutz für die Vertretungsmacht der dort genannten Personen verfügen (Publizität des Handelsregisters nach § 15 HGB). Anders als bei dem Director´s Certificate kommt diesem Dokument jedoch auch nach deutschem Recht durchaus nicht selten Bedeutung zu: Da sich die Banken regelmäßig Kopien der Satzungen der Darlehensnehmer geben lassen, werden sie bei den üblichen Beschränkungen der Geschäftsführer auf gewöhnliche Geschäfte bösgläubig und können sich nicht mehr auf die Unkenntnis dieser sonst nur intern wirkenden Beschränkungen berufen (siehe dazu weiter Muster H 5 (Rdn. H 97)).

Template

92 **SHAREHOLDER´S/S´ RESOLUTION [1]**

relating to __________ GmbH (»Company«)

The undersigned __________ is/are (the sole) shareholder(s) of the Company registered with the Commercial Register of __________ under HR B __________

By waiving all terms and form required for the due call of a shareholders´ meeting [2], the (sole) shareholder(s) hold(s) a shareholder´s/s´ meeting:

1. AGENDA

1.1 Entry by the Company into and performance under the Documents (as defined hereafter);

1.2 Authorization and empowerment of any managing director of the Company to execute, deliver and perform under any and all agreements and documents referred to in the resolutions to be taken by the shareholders´ meeting;

1.3 Approval of the issue of one or several certified copies of the minutes of the resolutions to be taken by the shareholders´ meeting;

1.4 [Approval of ____________;]

1.5 Miscellaneous.

2. BACKGROUND

2.1 On the occasion of ____________ the Company will become a party of a agreement of EUR ____________ (»Agreement«), agreed between the Company and ____________.

2.2 Under the Agreement the Company is required to enter into the following documents:

____

2.3 The terms and provisions of the documents referred to in paragraph 2.2 above (the »Documents«) are known to the Company.

2.4 Each of the shareholders/The shareholder confirme/s that they/he have/has no opposing interest to the matters considered at the meeting.

2.5 Each of the shareholders/The shareholder acknowledges having carefully reviewed the above agenda, the Documents and the transactions that they relate to.

2.6 Each of the shareholders/The shareholder are/is of the opinion that the agenda, the entering into the Documents, the matters referred to in them and the closing of the transactions they relate to:

- **are in compliance with the articles of incorporation of the Company and the applicable legal provisions;**
- **do not result in any breach of any restriction imposed by law or the articles of incorporation of the Company; and**
- **do materially benefit the Company and would be for the purpose of carrying on its business.**

3. RESOLUTIONS

Following the due careful consideration and deliberation, the shareholder´s/s´ meeting adopted the following resolutions:

3.1 The shareholder´s/s´ meeting resolves that it is in the best interests and for the corporate benefit of the Company to enter into and perform under the Documents.

3.2 The shareholder´s/s´ meeting resolves, to the extent necessary, to authorise and empower any managing director of the Company acting on behalf of the Company, to negotiate the terms of, execute, deliver and perform under any and all agreements or documents referred to in the precedent resolutions or necessary to implement the preceding resolutions and any amendments thereto and to execute any subsequent documents, certificates, notices, letters of notification, powers of attorney, requests or other communications to be given by the Company and generally to negotiate the terms of, execute, deliver and perform under all documents necessary or useful in relation to the Documents and ____________ Agreement. Any managing director may appoint sub-representatives with the same scope of authority.

3.3 The shareholder´s/s´ meeting resolves to approve the issuance of one or several certified copies of the minutes of the present resolutions in order to evidence the

due authorisations and empowerment of the persons appointed as the agents of the Company by virtue of the resolutions taken by the shareholder´s/s´ meeting.

There being no further business the meeting closed.

Signed by (all/the) shareholder(s) of the Company:

Place, Date ____________ 3

____

Signatures Shareholder(s) 4

Erläuterungen

Literatur: *Baumbach/Hueck*, GmbHG, 21. Auflage 2017; *Lutter/Hommelhoff*, GmbH-Gesetz, 19. Auflage 2016; *Schmidt*, MüKo HGB, Band II, 4. Auflage 2016; *Roth/Altmeppen*, GmbHG, 8. Auflage 2015; *Wegmann*, Rechtsfolgen einer Überschreitung der Geschäftsführungs- und Vertretungsbefugnisse des GmbH-Geschäftsführers, DStR 1992, 866–870; *Wicke*, GmbHG, 3. Auflage 2016; *Zacher*, Beschränkungen und Missbrauch der Vertretungsmacht des GmbH-Geschäftsführers, GmbHR 1994, 842–849.

93 **1.** Bei einem **Gesellschafterbeschluss** der Gesellschafter einer GmbH handelt es sich um eine organschaftliche Willenserklärung der Gesellschafter zum Zweck der Entscheidung bestimmter Geschäftsangelegenheiten durch Abstimmung. (Baumbach/Hueck/*Zöllner/Noack* GmbHG, § 47, Rn. 2, 5) (siehe auch das Protokoll einer Gesellschafterversammlung unter Muster C 6, Rdn. C 38 ff.). Die Zuständigkeit der Gesellschafterversammlung ist im deutschen GmbH-Recht unter § 46 GmbHG geregelt. Darüber hinaus können durch Satzung weitere Zuständigkeiten geregelt werden (Baumbach/Hueck/*Zöllner* GmbHG, § 46, Rn. 5). Der vorliegende Beschluss ermächtigt die Geschäftsführer der Gesellschaft zu dem Abschluss eines bestimmten Geschäftes und damit im Zusammenhang stehender Dokumente.

94 a) Nach deutschem Recht ist die Vertretung der Gesellschaft durch die Geschäftsführer nach außen nach § 35 GmbHG uneingeschränkt und uneinschränkbar (Baumbach/Hueck/*Zöllner/Noack* § 35, Rn. 3), sodass die Geschäftsführer ungeachtet interner Beschränkungen zum Abschluss von Verträgen im Außenverhältnis befugt sind und es eines entsprechenden Gesellschafterbeschlusses für die Wirksamkeit eines Vertrages grundsätzlich nicht bedarf.

95 b) Nur ausnahmsweise wirkt sich nach deutschem Recht eine im Innenverhältnis bestehende Beschränkung des **rechtlichen Dürfens** im Außenverhältnis auf die Wirksamkeit des Rechtsgeschäftes und damit auf das **rechtliche Können** aus. Grundsätzlich trägt die Gesellschaft das Risiko des Überschreitens des rechtlichen Dürfens. Es sind zwei Fallgruppen des **Missbrauchs der Vertretungsmacht** anerkannt, in denen die Erklärung des Geschäftsführers ausnahmsweise nicht für und gegen die Gesellschaft gilt, wobei hinsichtlich der – hier nicht im Detail beleuchteten – Voraussetzungen teilweise Uneinigkeit besteht (Lutter/Hommelhoff/*Kleindiek* § 35, Rn. 23 f., Fußnote 5; Baumbach/Hueck/*Zöllner/Noack* § 37, Rn. 44 ff.).

96 Einig sind sich Rechtsprechung und Literatur, dass ein Missbrauch der Vertretungsmacht vorliegt, wenn im Fall von **Kollusion** Geschäftsführer und Geschäftspartner zum Schaden der Gesellschaft vorsätzlich zusammenwirken. Ein missbräuchliches Verhalten seitens des Geschäftspartners wird außerdem dann angenommen, wenn er die Überschreitung des rechtlichen Dürfens im Innenverhältnis durch den Geschäftsführer positiv kennt oder diese nach den Umständen für ihn **evident** ist. Darauf, ob der Geschäftsführer zum Nachteil der Gesellschaft handelt, kommt es nicht an (BGH 10.04.2006, NJW 2006, 2776; *Wicke*, GmbHG, § 35, Rn. 13; *Wegmann*, DStR 1992, 866 (868); MüKo HGB/*K. Schmidt* § 126, Rn. 21). Eine Erkundigungspflicht trifft den Geschäftspartner jedoch im Regelfall nicht (Baumbach/Hueck/*Zöllner/Noack* § 37, Rn. 47; OLG Stuttgart, 02.06.1999, NZG 1999, 1009 (1010); *Zacher*, GmbHR 1994, 842 (846)).

Evidenz ist immer dann gegeben, wenn die objektive Pflichtwidrigkeit des Geschäftsführers für jedermann klar und sofort erkennbar auf der Hand liegt (BGH, Hinweisbeschluss vom 10.04.2006 – NJW 2006, 2776; OLG Stuttgart, 2.06 1999, NZG 1999, 1009; Roth/Altmeppen/*Altmeppen* § 37, Rn. 42). Positive Kenntnis hingegen basiert auf dem Wissen des jeweiligen individuellen Geschäftspartners. Banken verlangen im Rahmen von bedeutenden Finanzierungen ganz regelmäßig eine Kopie der aktuellen Satzung der darlehensnehmenden Gesellschaft. Auf diese Weise machen sich die Banken regelmäßig selbst bösgläubig, da ihnen hierdurch die internen Beschränkungen der Geschäftsführungsbefugnis der Geschäftsführer bekannt werden (insbesondere das häufige Verbot des Tätigens außergewöhnlicher Geschäfte/von Darlehensaufnahmen (mit oder ohne Volumengrenze) ohne vorherigen Gesellschafter- oder Beiratsbeschluss). Den Banken sind daher interne Beschränkung der Vertretungsmacht häufig positiv bekannt. 97

c) Beim Vorliegen einer der genannten Fallgruppen sind in der Konsequenz die §§ 177, 179 BGB anzuwenden, wonach die Wirksamkeit des Rechtsgeschäftes von der Genehmigung der Gesellschaft abhängt. Der Geschäftsführer haftet nicht persönlich wegen § 179 Abs. 3 BGB. (Lutter/Hommelhoff/*Kleindiek* § 35, Rn. 22; Baumbach/Hueck/*Zöllner*/*Noack* § 37, Rn. 50). 98

d) Um die schwebende Unwirksamkeit des Geschäfts zu vermeiden, kann es auch nach deutschem Recht sinnvoll sein, sich die Kompetenz des Geschäftsführers zum Abschluss eines Vertrages durch die Vorlage eines entsprechenden Gesellschafterbeschlusses versichern zu lassen. Im Übrigen ist ein solcher Beschluss im Vorfeld des Abschlusses eines Vertrages nicht erforderlich, wenn sich eine Beschränkung der Vertretungsmacht des Geschäftsführers nicht gerade aufdrängt. 99

In anderen Rechtsordnungen – wie etwa dem englischen Recht – ergibt sich die Vertretungsmacht des Geschäftsführers nicht ohne Weiteres aus dem Gesetz und öffentlichen Registern, sondern es ist ein Gesellschafterbeschluss erforderlich. Vor diesem Hintergrund verlangen die meisten angelsächsisch geprägten Banken unabhängig von der deutschen Rechtslage einen bestätigten Gesellschafterbeschluss. 100

2. Auf die **Form-** und **Fristerfordernisse** der **Ankündigung und Einberufung** der Gesellschafterversammlung nach § 51 GmbHG sowie aufgrund der Satzung kann verzichtet werden, wenn alle Gesellschafter anwesend und mit der Abhaltung der Versammlung zum Zweck der Beschlussfassung einverstanden sind, so genannte **Universalversammlung** (BGH 30.03.1987, NJW 1987, 2580). Hierfür ist erforderlich, dass alle teilnahmeberechtigten Gesellschafter anwesend oder wirksam vertreten sind. Es reicht aus, wenn ein abwesender Gesellschafter den Auftritt eines vollmachtlosen Vertreters nachträglich genehmigt (OLG Dresden 28.01.2001, GmbHR 2001, 1047). Das Einverständnis mit der Abhaltung der Versammlung zum Zwecke der Beschlussfassung unterliegt keiner besonderen Form, es kann auch konkludent erklärt werden (BGH 30.03.1987, BGHZ 100, 264) und unterliegt den allgemeinen Vorschriften für Willenserklärungen (BayObLG 04.02.1992). Zu Beweiszwecken ist eine schriftliche Niederlegung anzuraten. 101

3. Auch wenn die **Protokollierung** nicht konstitutiv ist, sollte die Niederschrift Ort, Datum und Inhalt der Beschlussfassung wiedergeben. 102

Die Protokollierung eines Gesellschafterbeschlusses in **notarieller Form** ist nur in den durch Satzung oder Gesetz bestimmten Fällen erforderlich, mithin für Satzungsänderungen nach § 53 Abs. 2 GmbHG, bei der Einmann-GmbH nach § 48 Abs. 3 GmbHG sowie für Beschlüsse über Verschmelzung, Spaltung, Vermögensübertragung und Formwechsel nach dem UmwG erforderlich, bzw. in diesen Fällen Voraussetzung für die Wirksamkeit des Beschlusses. Im Übrigen ist eine Protokollierung des Versammlungsablaufs durch das Gesetz nicht vorgeschrieben, aus Beweisgründen jedoch zu empfehlen. 103

4. Die Beschlussfassung erfolgt nach § 47 GmbHG mit der Mehrheit der abgegebenen Stimmen, soweit die Satzung oder das Gesetz (etwa in §§ 53 Abs. 2; 60 Abs. 1 Nr. 2 GmbHG, 50, 125, 176, 177, 233, 240 UmwG) nichts Abweichendes bestimmt. Teilnahmeberechtigt sind dabei alle Gesellschafter, auch wenn ein Gesellschafter seinen Anteil nicht voll eingezahlt, er kein Stimmrecht 104 hat oder von Abstimmung ausgeschlossen ist (Lutter/Hommelhoff/*Bayer* § 48, Rn. 2). Es muss zum Beschlussantrag mindestens eine Ja-Stimme mehr als Nein-Stimmen abgegeben werden. Enthaltungen zählen nicht mit. Auch bei Stimmengleichheit gilt der Antrag als abgelehnt. Berücksichtigt werden dürfen nur Stimmen von Gesellschaftern, deren Stimmrecht nicht ruht und die vom Stimmrecht nicht ausgeschlossen sind (Baumbach/Hueck/*Zöllner* § 47, Rn. 23). Der Beschluss sollte zu Beweiszwecken am besten durch alle Gesellschafter unterschrieben werden, was allerdings keine Wirksamkeitsvoraussetzung darstellt (Muster H 5 Rdn. H 101).

I. Konzernrecht

I. Unternehmensverträge

1. Gewinnabführungsvertrag

Vorbemerkung

Der Abschluss eines Gewinnabführungsvertrages dient in erster Linie der Begründung eines körperschaftsteuerlichen und gewerbesteuerlichen Organschaftsverhältnisses, wodurch das Einkommen der gewinnabführenden Organgesellschaft dem gewinnberechtigten Organträger zugerechnet wird. Mit der dadurch erreichbaren konzernweiten Verrechnung von inländischen Gewinnen und Verlusten kann die Gesamtsteuerbelastung der Gruppe optimiert werden. Der Gewinnabführungsvertrag kann aber auch begleitend zur Begründung eines rechtssicheren Cash Pools im Vertragskonzern eingesetzt werden. Durch § 30 Abs. 1 Satz 2 GmbHG ist gesetzlich geregelt, dass z.B. Cash-Pool-Zahlungen der Tochter an die Konzernmutter bei Bestehen eines Gewinnabführungsvertrages nicht gegen die Kapitalerhaltungsregeln verstoßen, sofern das Existenzvernichtungsverbot gewahrt bleibt. Das Gleiche gilt für die Bereitstellung von Sicherheiten zugunsten der Muttergesellschaft. 1

Seit Inkrafttreten des StSenkG 2001 vom 23.10.2000 ist zur Begründung einer ertragsteuerlichen Organschaft ein reiner (»isolierter«) Gewinnabführungsvertrag ausreichend, wenn zugleich die Voraussetzung der finanziellen Eingliederung erfüllt ist. Der Abschluss der früher üblichen Kombination von Beherrschungs- und Gewinnabführungsvertrag ist für die ertragsteuerliche Organschaft daher entbehrlich, hat aber durchaus noch Bedeutung für die Sicherstellung der umsatzsteuerlichen Organschaft, da dort auch weiterhin die wirtschaftliche und organisatorische Eingliederung gefordert wird. 2

Die noch bis ins Jahr 2012 geführte Diskussion, ob die im Wesentlichen auf das Inland beschränkte Organschaft durch ein neues diskriminierungsfreies Gruppenbesteuerungssystem ersetzt werden sollte, ist bisher nicht von Erfolg gekrönt, sondern führte nur zu der sog. »kleinen Organschaftsreform« (vgl. Gesetz zur Änderung und Vereinfachung der Unternehmensbesteuerung und des steuerlichen Reisekostenrechts, BGBl. I 2013, 285 ff.). Die EU-rechtlichen Bedenken wurden durch das neue Gesetz teilweise entschärft, allerdings bleibt das Erfordernis eines Gewinnabführungsvertrages bestehen. 3

Muster

Gewinnabführungsvertrag [1] 4

zwischen

der __________ GmbH [Organträger] mit dem Sitz in __________, eingetragen im Handelsregister des Amtsgerichts __________ unter HRB __________, [2]

– nachfolgend A genannt –

und

der __________ GmbH [Organgesellschaft] mit dem Sitz in __________, eingetragen im Handelsregister des Amtsgerichts __________ unter HRB __________, [3]

– nachfolgend B genannt –

– A und B nachfolgend zusammen auch als »Parteien« bezeichnet.

Präambel

A ist seit dem Beginn des laufenden Geschäftsjahres der B ununterbrochen in einem solchen Maße an der B beteiligt, dass ihr die Mehrheit der Stimmrechte aus den Geschäftsanteilen der B zusteht (finanzielle Eingliederung). [4]

Im Hinblick auf die bestehende finanzielle Eingliederung der B in die A wird zur Begründung eines Organschaftsverhältnisses im Sinne der §§ 14, 17 KStG der nachfolgende Gewinnabführungsvertrag (Vertrag) geschlossen:

§ 1 Gewinnabführung

1.1. Bezüglich der Gewinnabführung gelten die Bestimmungen des § 301 AktG in seiner jeweils gültigen Fassung entsprechend. [5]

1.2. B verpflichtet sich während der Dauer dieses Vertrages, ihren ganzen nach Maßgabe der handelsrechtlichen Vorschriften ermittelten Gewinn an A abzuführen. [6] Abzuführen ist – vorbehaltlich einer Bildung oder Auflösung von Rücklagen nach 1.3 und 1.5 – der ohne die Gewinnabführung entstehende Jahresüberschuss, vermindert um einen etwaigen Verlustvortrag aus dem Vorjahr und den nach § 268 Abs. 8 HGB ausschüttungsgesperrten Betrag. [7]

1.3. Mit Zustimmung von A kann die B Beträge aus dem Jahresüberschuss nur insoweit in die Gewinnrücklagen gemäß § 272 Abs. 3 HGB mit Ausnahme der gesetzlichen Rücklagen einstellen, als dies handelsrechtlich zulässig und bei vernünftiger kaufmännischer Beurteilung wirtschaftlich begründet ist. [8] Soweit jeweils gesetzlich zulässig sind während der Dauer dieses Vertrages gebildete andere Gewinnrücklagen auf Verlangen der A aufzulösen und zum Ausgleich eines Jahresfehlbetrages zu verwenden oder als Gewinn abzuführen. [9]

1.4. Die Abführung von Beträgen aus der Auflösung von Gewinnrücklagen und von Gewinnvorträgen, die vor Inkrafttreten dieses Vertrages gebildet wurden bzw. entstanden sind, sowie von Kapitalrücklagen nach § 272 Abs. 2 Nr. 1 bis 4 HGB (gleichgültig, ob diese vor oder während der Laufzeit dieses Vertrages gebildet wurden) ist ausgeschlossen; sie dürfen auch nicht zum Ausgleich eines Jahresfehlbetrages verwendet werden.

1.5. Die Verpflichtung zur Gewinnabführung gilt erstmals für den ganzen Gewinn des Geschäftsjahres der B, in dem dieser Vertrag gemäß § 8 wirksam wird. Vorbehaltlich vorrangiger gesetzlicher Regelungen entsteht der Anspruch auf Gewinnabführung jeweils am Schluss eines Geschäftsjahres und wird sofort fällig; der Anspruch ist ab diesem Zeitpunkt mit 5 % für das Jahr zu verzinsen. [10]

1.6. A kann Abschlagszahlungen auf die erwartete Gewinnabführung verlangen, wenn und soweit dies gesetzlich zulässig ist. [11] Entsprechend ist B berechtigt, im rechtlich zulässigen Umfang Abschlagszahlungen auf die erwartete Gewinnabführung zu leisten.

1.7. Im Falle der Kündigung aus wichtigem Grund gemäß § 8.4 ist die B lediglich zur Abführung des anteiligen Gewinns, der bis zur handelsrechtlichen Beendigung des Vertrages entstanden ist, verpflichtet.

§ 2 Verlustübernahme

Hinsichtlich der Verlustübernahme gelten die Vorschriften des § 302 AktG in seiner jeweils gültigen Fassung entsprechend. [12, 13]

§ 3 Steuerumlage

3.1. A ist berechtigt, für Gewerbesteuer und Körperschaftsteuer (einschließlich Nebensteuern, wie zur Zeit Solidaritätszuschlag) von B eine Umlage zu erheben. [14]

3.2. Die Berechnung der Umlage wird nach der sog. Verteilungsmethode vorgenommen, d.h. es wird nur der tatsächlich bei A anfallende Steueraufwand

umgelegt. Dabei ist sicherzustellen, dass der verwendete Verteilungsschlüssel berücksichtigt, dass der von B zu tragende Steueranteil im Durchschnitt der Jahre nur die tatsächlich von A gezahlte und durch B wirtschaftlich verursachte Steuer umfasst. [15]

3.3. Der Umlage- bzw. Erstattungsbetrag entsteht mit Ablauf des Wirtschaftsjahres, zu dem er wirtschaftlich gehört und wird nach Mitteilung der Berechnung an B fällig. A hat das Recht, bereits während des laufenden Geschäftsjahres Vorauszahlungen auf den voraussichtlichen Umlagebetrag zu verlangen.

§ 4 Jahresabschluss

4.1. B hat den Jahresabschluss so zu erstellen, dass der Gewinn bzw. der Verlust als Verbindlichkeit bzw. Forderung gegenüber A ausgewiesen wird.

4.2. Endet das Wirtschaftsjahr der B zugleich mit dem Wirtschaftsjahr der A, so ist gleichwohl das zu übernehmende Ergebnis der B im Jahresabschluss der A für das gleiche Wirtschaftsjahr zu berücksichtigen.

4.3. Der Jahresabschluss der B ist der A vor seiner Feststellung durch die Gesellschafterversammlung zur Kenntnisnahme, Prüfung und Abstimmung vorzulegen.

4.4. Der Jahresabschluss der B ist vor dem Jahresabschluss der A zu erstellen und festzustellen.

4.5. Sofern und soweit die Finanzverwaltung Fehler im Jahresabschluss der B beanstandet, werden die Parteien derart zusammenarbeiten, dass entsprechend den Bestimmungen des § 14 Abs. 1 Nr. 3 Satz 4 KStG spätestens in dem nächsten nach dem Zeitpunkt der Beanstandung des Fehlers aufzustellenden Jahresabschluss der Parteien der Fehler korrigiert und das Ergebnis entsprechend abgeführt oder ausgeglichen wird, soweit es sich um einen Fehler handelt, der in der Handelsbilanz zu korrigieren ist. [16]

§ 5 Ausgleichszahlung [17]

5.1. A zahlt den außenstehenden Gesellschaftern der B für jedes volle Geschäftsjahr der B einen festen [18] **Ausgleich von __________ € brutto je __________ € Geschäftsanteil an der B, abzüglich der auf Grund der Ausgleichszahlung entstehenden Körperschaftsteuerbelastung einschließlich Nebensteuern, wie zurzeit Solidaritätszuschlag, nach dem jeweils für diese Steuern für das betreffende Geschäftsjahr, für das die Ausgleichszahlung geleistet wird, geltenden Steuertarif.** [19] **Der zur Auszahlung gelangende Betrag reduziert sich des Weiteren um die nach den jeweiligen gesetzlichen Bestimmungen einzubehaltende Kapitalertragsteuer (zzgl. Solidaritätszuschlag).**

5.2. Die Ausgleichszahlung nach 5.1 erfolgt erstmals für das Geschäftsjahr der B, in dem dieser Vertrag wirksam wird. Sollte dieser Vertrag während eines Geschäftsjahres der B enden oder die B während der Dauer dieses Vertrages ein Rumpfgeschäftsjahr bilden, mindert sich die Ausgleichszahlung zeitanteilig. Die Ausgleichszahlung ist am ersten Bankarbeitstag nach der Feststellung des Jahresabschlusses für das abgelaufene Geschäftsjahr durch die Gesellschafterversammlung der B fällig.

5.3. Falls das Stammkapital der B aus Gesellschaftsmitteln gegen Ausgabe neuer Geschäftsanteile erhöht wird, vermindert sich der je __________ € Geschäftsanteil zu zahlende Ausgleich nach 5.1 in der Weise, dass der Gesamtbetrag der Ausgleichszahlung unverändert bleibt. [20]

5.4. Falls das Stammkapital der B unter Gewährung eines Bezugsrechts an die außenstehenden Gesellschafter erhöht wird, gelten die Rechte aus diesem § 5 auch für die von außenstehenden Gesellschaftern bezogenen Geschäftsanteile aus der Kapitalerhöhung unter entsprechender Erhöhung des Gesamtbetrags des nach 5.1 zu zahlenden Ausgleichs. [21]

5.5. Falls das in § 2 des Spruchverfahrensgesetzes bestimmte Gericht rechtskräftig einen höheren Ausgleich im Rahmen eines Verfahrens nach dem Spruchverfahrensgesetz festsetzt, können die außenstehenden Gesellschafter, auch wenn sie inzwischen abgefunden wurden, eine entsprechende Ergänzung des von ihnen bezogenen Ausgleichs verlangen (§ 13 S. 2 SpruchG). Auch werden alle übrigen außenstehenden Gesellschafter gleichgestellt, wenn sich die A gegenüber einem Gesellschafter der B in einem Vergleich zur Abwendung oder Beendigung eines Verfahrens nach dem Spruchverfahrensgesetz zu einem höheren Ausgleich verpflichtet. [22]

§ 6 Abfindung [23]

6.1. A verpflichtet sich, auf Verlangen eines außenstehenden Gesellschafters der B dessen Geschäftsanteile gegen Abfindung zu erwerben. A gewährt jedem außenstehenden Gesellschafter je ____________ € Geschäftsanteil an der B eine Barabfindung von ____________ €. [24]

6.2. Die Verpflichtung der A nach 6.1 ist befristet. Die Frist endet zwei Monate nach der Veröffentlichung des Abfindungsangebots durch die A, frühestens jedoch zwei Monate nach dem Tag, an dem die Eintragung des Bestehens dieses Vertrages in das Handelsregister des Sitzes der B nach § 10 HGB als bekanntgemacht gilt. Eine Verlängerung der Frist nach § 305 Abs. 4 S. 3 AktG analog wegen Antrags auf Bestimmung des Ausgleichs oder der Abfindung durch das in § 2 des Spruchverfahrensgesetzes bestimmte Gericht bleibt unberührt. [25] In diesem Fall endet die Frist zwei Monate nach dem Tag, an dem die Entscheidung über den zuletzt beschiedenen Antrag im elektronischen Bundesanzeiger bekanntgemacht worden ist.

6.3. Die Auszahlung der Barabfindung gegen Übertragung der Geschäftsanteile erfolgt für die außenstehenden Gesellschafter der B kostenfrei. A wird die Einzelheiten der Zahlungsabwicklung gesondert bekanntmachen.

6.4. Falls während des Laufes der – ggf. verlängerten – Frist nach 6.2 das Stammkapital der B aus Gesellschaftsmitteln gegen Ausgabe neuer Geschäftsanteile erhöht wird, vermindert sich der Betrag der Abfindung je ____________ € Geschäftsanteil in dem Maße, dass der Gesamtbetrag der Abfindung nach 6.1 unverändert bleibt.

6.5. Falls das in § 2 des Spruchverfahrensgesetzes bestimmte Gericht rechtskräftig eine höhere Abfindung im Rahmen eines Verfahrens nach dem Spruchverfahrensgesetz festsetzt, können auch bereits abgefundene Gesellschafter eine entsprechende Ergänzung der Abfindung verlangen. [26] Auch werden alle übrigen außenstehenden Gesellschafter gleichgestellt, wenn sich A gegenüber einem Gesellschafter der B in einem Vergleich zur Abwendung oder Beendigung eines Verfahrens nach dem Spruchverfahrensgesetz zu einem höheren Ausgleich verpflichtet.

§ 7 Informationsrechte

Soweit gesetzlich zulässig, können die Geschäftsführer der A jederzeit von der B Auskünfte über die Angelegenheiten der B verlangen und jederzeit selbst, oder

durch zur Berufsverschwiegenheit verpflichtete Sachverständige, Einsicht in die Bücher und Geschäftsunterlagen der B nehmen. [27]

§ 8 Wirksamwerden, Dauer und Kündigung

8.1. Dieser Vertrag bedarf zu seiner Wirksamkeit der Zustimmung durch Beschluss der Gesellschafterversammlung der A und der Gesellschafterversammlung der B. [28, 29]

8.2. Dieser Vertrag wird mit der Eintragung in das Handelsregister am Sitz der B wirksam. Er gilt rückwirkend ab dem Beginn des Geschäftsjahres der B, in dessen Verlauf der Vertrag in das Handelsregister am Sitz der B eingetragen wird. [30]

8.3. Dieser Vertrag wird auf unbestimmte Zeit geschlossen und kann erstmals zum Ablauf des __________, jedoch nicht früher als fünf Zeitjahre (Mindestvertragslaufzeit) nach dem Beginn des Geschäftsjahres, für das eine körperschaftsteuerliche und gewerbesteuerliche Organschaft auf Grund dieses Vertrages erstmals anerkannt wird, unter Einhaltung einer Kündigungsfrist von drei Monaten zum Geschäftsjahresende der B gekündigt werden. [31] **Wird das Geschäftsjahr der B geändert, so läuft der Vertrag bis zum Ende des nach dem fünften Zeitjahr endenden Geschäftsjahres. Dies gilt sinngemäß auch für die einvernehmliche Aufhebung dieses Vertrages. Wird er nicht gekündigt, so verlängert er sich bei gleicher Kündigungsfrist um jeweils ein Geschäftsjahr.**

8.4. Das Recht zur Kündigung des Vertrages aus wichtigem Grund ohne Einhaltung einer Kündigungsfrist bleibt unberührt. [32] **Als wichtiger Grund ist insbesondere anzusehen:**

8.4.1. Der Abschluss eines Vertrages, der eine Veräußerung von oder sonstige Verfügung über Anteile an der B in einem Umfang, der zur Folge hat, dass die Voraussetzungen der finanziellen Eingliederung der B in die A gemäß den steuerrechtlichen Vorgaben nicht mehr vorliegen, insbesondere wenn A nicht mehr die Mehrheit der Geschäftsanteile bzw. der Stimmrechte an der B hält; [33]

8.4.2. Die Einbringung, Abspaltung, Ausgliederung oder der Formwechsel (in eine andere Rechtsform als der einer Kapitalgesellschaft) der Beteiligung an der B durch A;

8.4.3. Die Umwandlung, Verschmelzung, Spaltung, Liquidation oder vergleichbare Rechtsakte einer der Vertragsparteien; [34]

8.4.4. Das Vorliegen eines wichtigen Grundes im Sinne von R 14.5 Abs. 6 KStR 2015 oder gemäß Org. 12 bzw. Org. 26 des BMF-Schreibens vom 11. November 2011 oder einer entsprechenden Ersatzvorschrift;

8.4.5. Der anderweitige Verlust der finanziellen Eingliederung im Sinne des § 14 Abs. 1 Nr. 1 KStG, wie in der Präambel dieses Vertrages beschrieben;

8.4.6. Das Inkrafttreten neuer steuerlicher Vorschriften, die die von den Parteien verfolgten Zwecke wesentlich beeinträchtigen.

8.5. Die Kündigung bedarf der Schriftform.

§ 9 Sicherheitsleistung [35]

Bei Beendigung des Vertrages ist A verpflichtet, den Gläubigern der B auf deren Verlangen in entsprechender Anwendung des § 303 AktG Sicherheit zu leisten.

§ 10 Schlussbestimmungen

10.1. Wegen der Auslegung einzelner Bestimmungen dieses Vertrages wird auf die §§ 14 und 17 KStG in der jeweils gültigen Fassung verwiesen, insbesondere ist die dynamische Verlustübernahmeverpflichtung vorrangig vor anderen vertraglichen Regelungen anzuwenden, wenn letztere in Widerspruch hierzu stehen sollten. [36]

10.2. Sollten Bestimmungen dieses Vertrages oder eine künftig in ihm aufgenommene Bestimmung ganz oder teilweise nicht rechtswirksam oder durchführbar sein oder ihre Rechtswirksamkeit oder Durchführbarkeit später verlieren, soll hierdurch die Gültigkeit der übrigen Bestimmungen des Vertrages nicht berührt werden. Das Gleiche gilt, soweit sich herausstellen sollte, dass der Vertrag eine Regelungslücke enthält. Anstelle der unwirksamen oder undurchführbaren Bestimmung oder zur Ausfüllung der Lücke soll eine angemessene Regelung gelten, die, soweit rechtlich möglich, dem am nächsten kommt, was die Vertragsparteien gewollt haben würden, wenn sie bei Abschluss dieses Vertrages oder bei der späteren Aufnahme der Bestimmung den Punkt bedacht hätten.

10.3. Das gilt auch, wenn die Unwirksamkeit einer Bestimmung auf einem in dem Vertrag vorgeschriebenen Maß der Leistung oder Zeit (Frist oder Termin) beruht. Es soll dann ein dem Gewollten möglichst nahekommendes, rechtlich zulässiges Maß der Leistung oder Zeit als vereinbart gelten.

10.4. Ergänzungen und Änderungen dieses Vertrages bedürfen der Schriftform, soweit nicht gesetzlich eine andere Form vorgeschrieben ist.

10.5. Auf die Regelungen dieses Vertrages findet das Recht der Bundesrepublik Deutschland Anwendung. Der Gerichtsstand ist __________. Im Falle der Abweichung der deutschen von der englischen Fassung dieses Vertrages hat die deutsche Fassung Vorrang.

10.6. Die durch und im Zusammenhang mit dem Abschluss dieses Vertrages entstehenden Kosten trägt die A.

__________, den __________

____

Geschäftsführer A GmbH

____

Geschäftsführer B GmbH [37]

Template

5 **Profit and Loss Transfer Agreement**

between

__________ GmbH [Parent] with registered office in __________, registered with the commercial register of the Local Court of __________ under No. HRB __________,

– hereinafter A –

and

____________ GmbH [Subsidiary] with registered office in ____________, registered with the commercial register of the Local Court of ____________ under No. HRB ____________,

– hereinafter B –

A and B together hereinafter also »Parties«

Preamble

A has, since the start of the current financial year of B, continuously held shares in B in an amount granting to it the majority of voting rights arising from the shares in B (financial integration).

In light of the existing financial integration of B into A, the following Profit and Loss Transfer Agreement (Agreement) is hereby entered into between the Parties for the purpose of establishing a fiscal unity as defined in § 14, § 17 of the German Corporate Income Tax Act (KStG):

§ 1 Profit Transfer

1.1. With respect to the profit transfer the provisions of § 301 German Stock Corporation Act (AktG) as amended from time to time shall apply mutatis mutandis in its entirety.

1.2. During the term of this Agreement B undertakes to transfer its entire profit as determined in accordance with applicable provisions under German commercial law to B. The amount to be transferred shall be – subject to creation or dissolution of reserves according to 1.3 and 1.4 hereof – the annual net profit resulting without the profit transfer, less any losses carried forward from the previous year and any amounts blocked from distribution in accordance with § 268 (8) German Commercial Code (HGB).

1.3. B may, subject to the approval of A, allocate amounts from the annual net profit to profit reserves pursuant to § 272 (3) HGB except for legal reserves only to the extent permitted by commercial law and economically justified based on a reasonable commercial judgment. To the extent legally possible, any other profit reserves created during the term of this Agreement shall be dissolved by B at the request of A in order to compensate any annual net loss or in order to be transferred as profit.

1.4. Any transfer of amounts from a dissolution of profit reserves created prior to this Agreement entering into force as well as profits carried forward if such profits were incurred prior to this Agreement entering into force and capital reserves pursuant to § 272 (2) No. 1 through 4 HGB (regardless whether such reserves were created prior or during the term of this Agreement) shall be excluded; nor may any such amounts be used to compensate a net loss for the year.

1.5. The obligation to transfer profits shall apply for the first time for the entire profit of the financial year of B in which this Agreement becomes effective as provided for in § 8. Notwithstanding prior-ranking legal provisions the entitlement to the profit transfer will arise at the end of each financial year and the amount to be transferred as profit shall be due for payment immediately, carrying interest at a rate of 5 % p.a. as of such date.

1.6. A may request that payments on account be made on the expected profit to be transferred, if and to the extent permitted by law. Correspondingly, B is entitled to make payments on account on the expected profit to be transferred if and to the extent legally permitted.

1.7. In the event of a termination for cause as provided for in § 8.4 hereof, B shall only be obligated to transfer the proportionate profit, accrued until the date on which this Agreement terminates in accordance with applicable commercial law.

§ 2 Loss Absorption

The provisions governing the absorption of losses set forth in § 302 AktG as amended from time to time shall apply *mutatis mutandis* in its entirety.

§ 3 Allocation Charge for Taxes

3.1. A shall be entitled to impose a charge on B for the purpose of allocation of municipal trade tax and corporate income tax (including supplementary taxes like currently solidarity surcharge).

3.2. The amount of such charge will be calculated in accordance with the »allocation method«, i.e. only the taxes actually incurred by A will be charged. It must be ensured that the allocation formula to be used for this purpose will take into account that the share in the relevant taxes to be borne by B will only include, on average of the years, such taxes that were actually paid by A and economically caused by B.

3.3. The charge or refund will arise upon the end of the financial year to which it is related to economically and will become due for payment after notification of its calculation to B. A is entitled to request an advance payment on the expected amount of the charge during any current financial year.

§ 4 Annual Financial Statements

4.1. B shall prepare the annual financial statements reflecting any profit or loss respectively as owed to A and any loss as owed by A.

4.2. If the financial year of B ends at the same time as the financial year of A, B´s profit to be transferred or the loss to be absorbed, as the case may be, shall nevertheless be taken into account in the financial statements of A for the same financial year.

4.3. The annual financial statements of B shall be submitted to A for information, inspection and consultation before approval by the shareholders´ meeting.

4.4. The annual financial statements of B shall be prepared and adopted before preparation of the annual financial statements of A.

4.5. If and to the extent the tax authorities query errors in B´s financial statements and to the extent the error has to be corrected in the commercial accounts the Parties will cooperate in order to correct the error in accordance with § 14 (1) no. 3 sentence 4 KStG at the latest in the financial statements to be prepared following the query and the respective result shall be transferred or settled accordingly.

§ 5 Guaranteed Dividend

5.1. A shall pay to the outside shareholders of B for each full financial year of B a fixed amount of ______________ € gross per ______________ € share of B, less any corporation income tax triggered by such guaranteed dividend including sup-

plementary taxes like currently solidarity surcharge in accordance with the tax tariff applicable for the respective financial year. The amount due for payment is further reduced by the respective withholding tax (plus solidarity surcharge) to be withheld in accordance with legal requirements.

5.2. The payment according to 5.1 shall be made for the first time for the financial year of B, in which this Agreement has become effective. In case this Agreement terminates in the course of B´s financial year or if during the term of this Agreement B establishes a short financial year, the payment shall be reduced pro rata temporis. The payment shall become due on the first banking day following the shareholders´ meeting of B approving the financial statements of the preceding financial year.

5.3. In case B increases its share capital by way of conversion of its reserves and issue new shares, the guaranteed dividend per share shall decrease in such a way that the total amount of the guaranteed dividend remains unchanged.

5.4. If the share capital of B is increased taking into account subscription rights of the outside shareholders, the rights arising from this § 5 shall also accrue to the shares subscribed by the outside shareholders in the course of the capital increase and the total amount of the guaranteed dividend payable according to 5.1 will increase accordingly.

5.5. In the case that the court competent according to § 2 of the German Law on Appraisal Proceedings (SpruchG) increases, in a non-appealable decision in the course of a procedure according to the German Law on Appraisal Proceedings the amount of the guaranteed dividend, the outside shareholders are entitled to request a corresponding increase to the guaranteed dividend they have received, even if they have already tendered their shares against compensation (§ 13 sentence 2 SpruchG). Likewise, all other outside shareholders shall be treated equally if A, in a settlement to avoid or terminate appraisal proceedings within the meaning of § 1 no. 1 SpruchG, agrees to pay a higher guaranteed dividend to a shareholder of B.

§ 6 Compensation

6.1. Upon demand of an outside shareholder of B, A is obliged to acquire the shareholder´s shares against compensation. For each ____________ € share of B A shall grant to the outside shareholder a compensation in cash of ____________ €.

6.2. The obligation of A pursuant to 6.1 is limited to a specific tender period. The tender period shall expire two months after the date on which the compensation offer by A has been disclosed, but not earlier than two months after the day the registration of this Agreement in the commercial register of B shall be deemed to have been announced in accordance with § 10 HGB. An extension of the tender period in analogy to § 305 para. 4 sentence 3 AktG due to an application of the determination of the guaranteed dividend or the compensation payment by the court as foreseen in § 2 SpruchG shall remain unaffected by this provision. In this case the tender period expires two months after the day on which the decision on the lastly decided application has been publicized in the electronic Federal Gazette.

6.3. The payment of the compensation in cash against transfer of the shares is made free of charge for the outside shareholders of B. A shall disclose the particularities of the payment procedure separately.

6.4. If, during the course of the tender period according to 6.2 (potentially extended) the share capital of B is increased by way of conversion of the companies reserves, the amount of the compensation per __________ € share will decrease to the extent that the overall amount of the compensation according to 6.1 remains unchanged.

6.5. In the case that the court competent according to § 2 SpruchG increases, in a non-appealable decision in the course of a procedure according to the German Law on Appraisal Proceedings the amount of the compensation, the outside shareholders are entitled to request a corresponding increase to the compensation they have received, even if they have already tendered their shares against compensation. Likewise, all other outside shareholders shall be treated equally if A, in a settlement to avoid or terminate appraisal proceedings agrees to pay a higher compensation to a shareholder of B.

§ 7 Information Rights

To the extent legally possible, the managing directors of A may at any time request information from B on business matters of B. In addition they may at any time inspect the books and business records themselves or through experts that are subject to professional secrecy provision.

§ 8 Effectiveness, Term and Termination

8.1. This Agreement shall require the approval by way of a resolution of the shareholder´s meeting of A and of the shareholder´s meeting of B in order to be valid.

8.2. This Agreement shall become effective upon registration in the commercial register at the seat of B. This Agreement shall apply retroactively as of the beginning of the financial year in which the Agreement is registered in the commercial register at the seat of B.

8.3. This Agreement is concluded for an indefinite period of time and may be terminated for the first time effective by __________, however, not before five years (minimum contract period) have elapsed after commencement of the financial year in which the fiscal unity for corporate income tax and municipal trade tax established by this Agreement was recognized for the first time, by observing a notice period of three months to the end of the relevant financial year of B. If the financial year of B is changed, this Agreement shall continue to remain in effect through the end of the financial year ending after the laps of five years. This shall apply mutatis mutandis in the event of a mutual cancellation of this Agreement. If the Agreement is not terminated, it shall be renewed by additional terms of one financial year each subject to the same notice period.

8.4. The right to terminate this Agreement for good cause without observing any notice period shall remain unaffected. Including but without limitation, the following shall constitute good cause:

8.4.1. The conclusion of a sales contract or any other disposal over shares in B in an amount so that the requirements for a financial integration of B into A under applicable tax laws and regulations are no longer fulfilled, in particular if A no longer holds the majority of the shares or the voting rights in B;

8.4.2. The contribution, split-off, spin-off or conversion (into another legal form than a corporation) of the shareholding in B by A;

8.4.3. The reorganization, merger, division, liquidation or similar transactions by any of the Parties;

8.4.4. A cause as defined in section R 14.5 (6) of the German Corporate Income Tax Guidelines 2015 or according to Org. 12 or Org. 26 of the circular of the Ministry of Finance dated November 11, 2011 or any corresponding substitutional provision;

8.4.5. Any other loss of the financial integration as defined in § 14 (1) No. 1 KStG, as described in the Preamble hereof;

8.4.6. The implementation of new tax provisions that impact the Parties´ purposes pursued substantially.

8.5. Any notice of termination must be given in writing in order to be valid.

§ 9 Security

Upon termination of this Agreement, A shall be obligated to provide security to the creditors of B at their request in analogous application of § 303 AktG.

§ 10 Final Provisions

10.1. With respect to the interpretation of individual provisions hereof, reference is made to § 14 and § 17 KStG as amended from time to time, in particular the dynamic loss absorption obligation takes priority over any other provisions of this Agreement in case the latter should be in contrast thereto.

10.2. Should any provision of this Agreement, or any provision to be incorporated at a later date, be or become invalid or unenforceable in whole or in part, this shall not affect the validity of the remaining provisions hereof. The same shall apply if and to the extent that this Agreement should contain a gap. Any invalid or unenforceable provision shall be replaced and any gap shall be filled by such an appropriate provision which, to the extent legally permitted, comes as close as possible to what the Parties would have agreed upon if they had considered this point when signing this Agreement or when incorporating a provision at a later date.

10.3. This shall also apply if the invalidity of a provision is due to a measure of performance or time (period or deadline) set forth herein. In such a case, a legally permitted measure of performance or time shall be deemed agreed which comes as close as possible to what the Parties intended.

10.4. Additions and amendments to this Agreement shall be made in writing, unless legally a more severe form is required.

10.5. The provisions of this Agreement shall be governed by, and construed in accordance with the laws of the Federal Republic of Germany. The place of jurisdiction is __________. In case of any discrepancies between the German and the English version of this Agreement, the German version shall prevail.

10.6. Any costs incurred as a result of the execution of this Agreement shall be borne by A.

__________, __________

____

Managing Director A GmbH

____

Managing Director B GmbH

Erläuterungen

Literatur: *Petersen* »Heilung von Bilanzierungsfehlern im Rahmen der Organschaft« WPg 2018, 659; *Pohl* »Zweifelsfragen zu § 8d KStG im Kontext der Organschaft« BB 2018, 796; *Oser/Wirtz* »Keine Abführungssperre für Bewertungsgewinne aus der Anwendung des § 253 Abs. 2 HGB n.F.« DB 2017, 261; *Kröner* »Abführung des »richtigen Gewinns« einer Organgesellschaf nach Änderung von § 253 HGB«, WPg 2017, 796; *Kessler/Egelhof* »Außerbilanzielle Ausschüttungssperren in der Organschaft« DStR 2017, 998; *Brühl* »Neues Ungemach bei der Mindestlaufzeit von Gewinnabführungsverträgen in Umwandlungsfällen?« DStR 2015, 1896; *Forst/Suchanek/Martini*, »Risiken bei der Veräußerung von Organgesellschaften hinsichtlich der Fiktion der tatsächlichen Durchführung« GmbHR 2015, 408; *Scheifele/Marx* »Die zeitlichen Anforderungen an den Gewinnabführungsvertrag und seine Durchführung – Zugleich Besprechung des BFH-Urteils vom 13.11.2013 – I R 45/12« DStR 2014, 1793; *Gärtner* »Rückabwicklung überhöhter Gewinnabführung« AG 2014, 793; *Mayer/Wiese* »Zur Verlustübernahme nach der »kleinen Organschaftsreform« – Vertragsformulierungen im Lichte der Übergangsvorschrift« DStR 2013, 629; *Scheifele/Hörner* »Neue formale Anforderungen an die Reglung der Verlustübernahme in Gewinnabführungsverträgen: Handlungsbedarf für Alt- und Neuverträge« DStR 2013, 553; *Stangl/Brühl*, »Brennende Zweifelsfragen des § 17 Satz 2 Nr. 2 KStG nach der »kleinen Organschaftsreform« DB 2013, 538; *Heurung/Engel/Müller-Thomczik* »Der wichtige Grund zur Beendigung des Gewinnabführungsvertrags« GmbHR 2012, 1227; *Baldamus* »Gestaltungsspielraum bei Art und Maß von Ausgleichszahlungen nach § 304 AktG« Ubg 2010, 483; *Kieker/Vollmar* »Änderung des Höchstbetrags der Gewinnabführung durch das BilMoG – Auswirkungen auf die steuerliche Anerkennung von Organschaftsverhältnissen?« DStR 2009, 842; *Lanfermann/Röhricht* »§ 268 Abs. 8 HGB als neue Generalnorm für außerbilanzielle Ausschüttungssperren« DStR 2009, 1216; *Mühl/Wagenseil* »Der Gewinnabführungsvertrag – gesellschafts- und steuerrechtliche Aspekte« NZG 2009, 1253; *Zeidler* »Ausgewählte Probleme des GmbH-Vertragskonzernrechts« NZG 1999, 692.

6 **1.** Der vorliegende Mustervertrag bedarf nach h.M. gemäß § 15 Abs. 4 GmbHG entgegen dem Wortlaut der Regelung der notariellen Beurkundung. Nach § 15 Abs. 4 GmbHG bedarf ein Vertrag, durch welchen eine Verpflichtung eines Gesellschafters zur Abtretung eines Geschäftsanteils begründet wird, der notariellen Beurkundung. In § 6 des Musters verpflichtet sich A zur Abnahme der Geschäftsanteile eines außenstehenden Gesellschafters der B sofern der außenstehende Gesellschafter dies verlangt. Entgegen dem Wortlaut des § 15 Abs. 4 GmbHG nimmt die h.M. an, dass diese Verpflichtung zum Erwerb der Geschäftsanteile auch ohne korrespondierende Verpflichtung des außenstehenden Gesellschafters zur Abtretung der Geschäftsanteile formbedürftig ist (RGZ 57, 60; 102, 63; 127, 65; 149, 385; OLG München BB 1995, 427; Scholz/*Seibt* GmbHG § 15 Rn. 52; Ulmer/Habersack/*Löbbe* GmbHG § 15 Rn. 68). Dies wird damit begründet, dass sich regelmäßig für den außenstehenden Gesellschafter aus der Abnahmeverpflichtung spätestens dann eine Abtretungsverpflichtung ergibt, sobald er sich entschließt, die Abnahme zu fordern (Ulmer/Habersack/*Löbbe* GmbHG § 15 Rn. 68). Damit bedürfen Gewinnabführungsverträge immer dann der notariellen Beurkundung nach § 15 Abs. 4 GmbHG, sofern sie ein Abfindungsangebot enthalten, nach dem sich die herrschende Gesellschaft verpflichtet, die Geschäftsanteile eines außenstehenden Gesellschafters an der beherrschten Gesellschaft auf dessen Verlangen zu übernehmen. Ansonsten ist eine Beurkundung eines Unternehmensvertrags grundsätzlich nicht erforderlich.

7 **2.** Durch das Gesetz zur Änderung und Vereinfachung der Unternehmensbesteuerung und des steuerlichen Reisekostenrechts (BGBl. I 2013, 285 ff.) ist die teilweise bisher noch erforderliche unbeschränkte Steuerpflicht für den Organträger aufgegeben worden. Die ertragsteuerliche Anerkennung der Organschaft erfordert keine unbeschränkt steuerpflichtige natürliche Person mehr und auch eine nicht steuerbefreite Körperschaft, Personenvereinigung oder Vermögensmasse (i.S.d. § 1 KStG) benötigt nicht mehr eine Geschäftsleitung im Inland, um als Organträger eingesetzt werden zu können. Darüber hinaus kann Organträger auch eine Personengesellschaft i.S.d. § 15 Abs. 1 Nr. 2 EStG ohne Geschäftsleitung im Inland sein, wenn sie eine Tätigkeit i.S.d. § 15 Abs. 1 Nr. 1 EStG ausübt. Die Beteiligungsvoraussetzung muss im Verhältnis zur Personengesellschaft selbst erfüllt sein.

8 Die Beteiligung an der Organgesellschaft muss jedoch gemäß § 14 Abs. 1 Satz 1 Nr. 2 Satz 4 KStG ununterbrochen während der gesamten Dauer der Organschaft einer inländischen Betriebsstätte im

Sinne des § 12 der Abgabenordnung des Organträgers zuzuordnen sein. Ausländische Rechtsträger können somit ebenfalls als Organträger fungieren, wenn sie im Inland eine Betriebsstätte unterhalten, zu deren Betriebsvermögen die Beteiligung an der Organgesellschaft zugerechnet werden kann.

3. Als Organgesellschaft kommt unter steuerlichen Gesichtspunkten nur eine Kapitalgesellschaft nach §§ 14 Abs. 1 S. 1, 17 S. 1 KStG in Betracht, also insbesondere eine SE (Societas Europaea), AG, KGaA oder eine GmbH. Umstritten ist allerdings, ob eine Unternehmergesellschaft i.S.d. § 5a GmbH als Organgesellschaft fungieren kann. Wegen der Thesaurierungsverpflichtung wird dies teilweise für unmöglich gehalten, weil die Gesellschaft insoweit nicht ihren gesamten Gewinn abführen kann (*Weber* BB 2009, 847). Dieser Auffassung ist jedoch zu widersprechen, denn § 5a Abs. 3 GmbH ist als gesetzliche Rücklage normiert, deren zwingende Bildung in analoger Anwendung von §§ 300, 301 AktG den Höchstbetrag der Gewinnabführung entsprechend begrenzt (*Rubel* GmbHR 2010, 470). 9

Durch das Gesetz zur Änderung und Vereinfachung der Unternehmensbesteuerung und des steuerlichen Reisekostenrechts (BGBl. I 2013, 285 ff.) ist für die Organgesellschaft der bisher erforderliche doppelte Inlandsbezug aufgegeben worden. Es ist jetzt nur noch erforderlich, dass es sich bei der Organgesellschaft um eine Gesellschaft mit Geschäftsleitung im Inland und Sitz in einem Mitgliedstaat der Europäischen Union oder in einem Vertragsstaat des EWR-Abkommens handelt. Somit können auch einer deutschen Kapitalgesellschaft vergleichbare EU/EWR Gesellschaften mit Geschäftsleitung im Deutschland als Organgesellschaft in eine steuerliche Organschaft einbezogen werden. Allerdings besteht in diesen Fällen oftmals die Schwierigkeit, überhaupt einen Gewinnabführungsvertrag abschließen zu können, denn teilweise kennt das ausländische Recht diesen Vertragstypus überhaupt nicht und es wären vertragliche Ersatzvereinbarungen abzuschließen. Weitere Fallstricke bestehen in Bezug auf die Transformation der Bilanzierung nach ausländischem in inländisches Recht (*Richter/Braun* GmbHR 2012, 18).

Nunmehr hat sich auch die Finanzverwaltung zum Verhältnis einer ertragsteuerlichen Organschaft und einer atypischen stillen Gesellschaft geäußert. Danach kann die atypische stille Gesellschaft selbst weder die Funktion als Organträger noch als Organgesellschaft wahrnehmen. Auch kann eine Kapitalgesellschaft, an der eine atypische stille Beteiligung besteht, weder Organgesellschaft noch Organträger sein (BMF Schreiben vom 20.08.2015, DStR 2015, 1979). 10

4. Für eine steuerrechtliche Anerkennung der Organschaft muss die Organgesellschaft vom Beginn ihres Wirtschaftsjahres an ununterbrochen finanziell in den Organträger eingegliedert sein. Hierzu muss der Organträger in einem solchen Maß an der Organgesellschaft beteiligt sein, dass ihm die Mehrheit der Stimmrechte aus den Anteilen an der Organgesellschaft zusteht. Für die Frage der Mehrheit sind mittelbare Beteiligungen zusammenzurechnen, wenn die Beteiligung an jeder vermittelnden Gesellschaft die Mehrheit der Stimmrechte gewährt. Darüber hinaus muss der Gewinnabführungsvertrag für einen Zeitraum von mindestens fünf Jahren abgeschlossen und tatsächlich durchgeführt werden (§ 14 Abs. 1 Nr. 1, 3 KStG). Nach der Rechtsprechung und der Auffassung der Finanzverwaltung bezeichnet dieser Fünfjahreszeitraum volle Zeitjahre, beginnend mit dem Anfang des Wirtschaftsjahres, in dem der Gewinnabführungsvertrag zivilrechtlich wirksam wird (R14.5 Abs. 2 KStR 2015). Soweit eine umwandlungsrechtliche Rückwirkungsfiktion greift, kann die Rückwirkungsfrist bei der Berechnung der Mindestlaufzeit mitberücksichtigt werden, auch wenn der Rückwirkungszeitraum bereits vor der Gründung der Organgesellschaft beginnt (BFH Urt. vom 10.05.2017, I R 19/15, DB 2017, 2264). Mit dieser Rechtsprechung können verunglückte Organschaften ggf. geheilt werden, dennoch wird die Praxis aus Sicherheitsgründen häufig ein zusätzliches Vertragsjahr vereinbaren (*Prinz/Keller* DB 2018, 400, 405). 11

5. § 301 AktG ist nach ganz h.A. auf die GmbH unmittelbar anwendbar. Auch wenn § 17 Abs. 1 Nr. 1 KStG keine wörtliche Erwähnung des § 301 AktG im Gewinnabführungsvertrag fordert (BMF-Schreiben vom 14.01.2010, BStBl. I 2010, 65), wird hier empfohlen, eine Regelung in den Vertrag aufzunehmen. Die dynamische Verweisung auf die jeweils gültige Fassung des § 301 AktG 12 vermeidet ggf. erforderlichen Anpassungsbedarf der Klausel bei künftigen Änderungen der Vorschrift.

13 **6.** Der Gewinnabführungsvertrag muss sich auf die Abführung des »ganzen« Gewinns beziehen; Teilgewinnabführungsverträge (z.B. eine atypische stille Gesellschaft) sind für die steuerliche Organschaft unzureichend. Demgegenüber hat die Existenz einer typischen stillen Beteiligung an der Organgesellschaft keine negative Auswirkung auf die steuerliche Anerkennung der Organschaft. Maßgebend ist der handelsrechtliche, nicht der steuerliche Gewinn (Streck/*Olbing* KStG § 14 Rn. 91; *Dötsch*/Pung/Möhlenbrock Die Körperschaftsteuer § 14 Rn. 79, 173).

14 **7.** Nach § 17 S. 2 Nr. 1 KStG darf die Gewinnabführung bei einer Organgesellschaft in der Rechtsform der GmbH den in § 301 AktG genannten Höchstbetrag nicht überschreiten. Dies hat zur Folge, dass nach § 268 Abs. 8 HGB ausschüttungsgesperrte Beträge (z.B. bei Aktivierung selbst geschaffener immaterieller Vermögensgegenstände des Anlagevermögens) auch keiner Gewinnabführungsverpflichtung im Rahmen eines Unternehmensvertrages unterliegen (siehe *Lanfermann/Röhricht* DStR 2009, 1216, 1218). Mittlerweile ist auch die Behandlung der Ausschüttungssperre des § 253 Abs. 6 Satz 2 HGB (Bewertungsumstellung der Altersversorgungsverpflichtungen) geklärt. Da in § 301 Satz 1 AktG eine Bezugnahme auf § 253 Abs. 6 Satz 2 HGB fehlt, wird vom BMF mit Schreiben vom 23.12. 2016 (BStBl I 2017, 41) die Auffassung vertreten, dass die Ausschüttungssperre des § 253 Abs. 6 Satz 2 HGB keine Auswirkung auf die Höhe des abzuführenden Gewinns hat. U.E. ist diese Auffassung nicht schlüssig, denn die unterschiedliche Behandlung von ausschüttungsgesperrten Beträgen macht vor dem Hintergrund des damit verbundenen Zwecks der Stärkung der Gesellschaft keinen Sinn (*Zwirner* DStR 2016, 929, 932), denn andererseits betont der Gesetzgeber die Notwendigkeit, die Einmalbeträge aus der Bewertungsumstellung der Pensionsverpflichtungen nicht per Ausschüttung abfließen zu lassen. Warum dies bei der Gewinnabführung nicht maßgeblich sein soll, erschließt sich dem geneigten Betrachter nicht unbedingt (Kröner WPg 2017, 796). Dennoch wird man in der Praxis nicht umhinkommen, der Auffassung der Finanzbehörde zu folgen und die ausschüttungsgesperrten Beträge i.S.d. § 253 Abs. 6 Satz 2 HGB der Abführungsverpflichtung zu unterwerfen, auch wenn damit der Gleichklang zwischen dem Handels- und Aktienrecht aufgegeben wird. Die Gefahr, durch eine zu geringe Gewinnabführung die Durchführung und damit die steuerliche Anerkennung der ertragsteuerlichen Organschaft zu gefährden, ist schlicht nicht tragbar.

Die steuerliche Anerkennung der Organschaft ist zu versagen, wenn ein die zivilrechtliche Höchstgrenze des § 301 AktG übersteigender Betrag abgeführt wird (siehe *Kieker/Vollmar* DStR 2009, 842). Diese Auffassung teilt mittlerweile auch die Finanzverwaltung. Durch BMF-Schreiben vom 14.01.2010 (BStBl. I 2010, 65) wurde klargestellt, dass diese durch das BilMoG eingeführte Neuregelung ungeachtet ggf. abweichender vertraglicher Vereinbarungen zwingend zu berücksichtigen ist. Eine ausdrückliche Erwähnung der Begrenzung der Höhe der Gewinnabführung in den Gewinnabführungsverträgen von Organgesellschaften in der Rechtsform der GmbH wird weder für Alt- noch für Neuverträge gefordert. Trotzdem ist zu empfehlen, in Neuverträgen die aktuelle Rechtslage aufzunehmen.

In diesem Zusammenhang ist darauf hinzuweisen, dass durch das Gesetz zur Änderung und Vereinfachung der Unternehmensbesteuerung und des steuerlichen Reisekostenrechts (BGBl. I 2013, 285 ff.) in § 14 Satz 1 Nr. 3 Satz 4 und 5 KStG der Gesetzgeber unter gewissen Voraussetzungen die Möglichkeit zulässt, fehlerhafte Bilanzansätze nachträglich zu korrigieren und die Gewinnabführung bzw. Verlustübernahme entsprechend angepasst werden kann (OFD Frankfurt/M vom 30.05.2016, DStR 2016, 1375).

15 **8.** Für die steuerrechtliche Anerkennung der Organschaft darf die Organgesellschaft Beträge aus dem Jahresüberschuss nur insoweit in die Gewinnrücklagen (§ 272 Abs. 3 HGB) – mit Ausnahme der gesetzlichen Rücklagen – einstellen, als dies bei vernünftiger kaufmännischer Beurteilung wirtschaftlich begründet ist (§ 14 Abs. 1 Nr. 4 KStG). Für die steuerliche Anerkennung der Rücklagenbildung muss über den Wortlaut von § 14 Abs. 1 Nr. 4 KStG hinaus ein konkreter Anlass für die Rücklagenbildung vorliegen.

Die Einstellung von Gewinnen in die gesetzlichen Rücklagen (z.B. gemäß § 268 Abs. 8 HGB) ist jeweils in der erforderlichen Höhe zulässig. Nicht ohne weiteres zulässig ist allerdings die Bildung von Rücklagen gemäß den Bestimmungen des Gesellschaftsvertrages. Diese dürfen auch nur gebildet werden, wenn die Bildung bei vernünftiger kaufmännischer Beurteilung wirtschaftlich begründet ist (§ 14 Abs. 1 Nr. 4 KStG). 16

Hinweis: Für den Fall dass im Gesellschaftsvertrag der B GmbH vorgesehen sein sollte, dass ein bestimmter Betrag des Jahresüberschusses in eine Gewinnrücklage einzustellen ist (satzungsmäßige Rücklage), würde diese Satzungsregelung grundsätzlich im Widerspruch stehen zur Verpflichtung gemäß § 291 Abs. 1 Satz 1 AktG und § 14 Abs. 1 Satz 1 KStG, den gesamten Gewinn abzuführen. In solchen Fällen wäre daher zu empfehlen, im Zusammenhang mit dem Abschluss des Gewinnabführungsvertrages auch die entsprechende Satzungsbestimmung zu streichen bzw. anzupassen. 17

9. Diese Regelung ist dispositiv. Nach h.M. kann der Organträger die Auflösung und Abführung nur verlangen, sofern ihm dies ausdrücklich eingeräumt worden ist. Durch das Gesetz zur Änderung und Vereinfachung der Unternehmensbesteuerung und des steuerlichen Reisekostenrechts (BGBl. I 2013, 285 ff.) wird von § 17 Satz 2 Nr. 2 KStG nunmehr ein dynamischer Verweis auf § 302 AktG gefordert. In diesem Zusammenhang werden in der Literatur Zweifel geäußert, ob die in diesem Muster unter 1.3 Satz 2 ermöglichte Verrechnung der anderen Gewinnrücklagen das Regelungsergebnis des § 302 Abs. 1 AktG vertraglich festschreibt und den dynamischen Verweis auf § 302 AktG unter § 2 dieses Musters einschränkt. Dies wird mit guten Gründen verneint (*Stangl/Brühl* DB 2012, 538 (539 f.). Wegen der noch bestehenden Unsicherheit wird hier empfohlen, zusätzlich auf die gesetzliche Zulässigkeit zu verweisen. 18

10. Die Pflicht zur Verzinsung als Voraussetzung der Organschaft ist umstritten und wird zum Teil als bloße Nebenpflicht für unerheblich gehalten. Dennoch ist nach Ansicht der Literatur die Aufnahme einer entsprechenden Regelung ratsam. Allerdings bestehen hinsichtlich der Fälligkeit des Anspruchs unterschiedliche Rechtsauffassungen. Hier wird hinsichtlich der Fälligkeit des Gewinnabführungsanspruchs auf eine Analogie zu den Verlustausgleichsansprüchen abgestellt und für entsprechend anwendbar erachtet (Gosch/*Neumann* KStG § 14 Rn. 318a; a.A. *Dötsch*/Pung/Möhlenbrock Die Körperschaftsteuer § 14 Rn. 438). Aber auch in dieser Hinsicht ist durch das Gesetz zur Änderung und Vereinfachung der Unternehmensbesteuerung und des steuerlichen Reisekostenrechts (BGBl. I 2013, 285 ff.) eine Unsicherheit entstanden, ob die statische Festlegung des Fälligkeitszeitpunktes der Gewinnabführung und der Verlustübernahme, die der aktuellen Rechtslage entspricht, nicht theoretisch auch Gesetzesänderungen unterliegen könnte, und somit im Widerspruch zum dynamischen Verweis auf § 302 AktG in § 2 dieses Musters stehen könnte. Dies halten wir für zu weitgehend (g.A. *Stangl/Brühl* DB 2013, 538, 540; *Mayer/Wiese* DStR 2013, 629, 633). Dennoch halten wir es aus Vorsichtsgründen für opportun, den in der Literatur geäußerten Bedenken dadurch Rechnung zu tragen, dass durch die Einfügung eines Vorbehalts von vorrangigen gesetzlichen Regelungen zum Ausdruck gebracht wird, dass die Vertragsbedingungen insoweit nachrangig sind. Da im vorstehenden Muster allerdings nur der Fälligkeitszeitpunkt und die Verzinsung des Gewinnabführungsanspruchs bestimmt wird, sollten die in der Literatur geäußerten Bedenken ohnehin nur dann eingreifen, wenn man die Regelung auch für den Verlustübernahmeanspruch analog regelt. Zu Letzterem schweigt das vorliegende Muster aber bewusst; vgl. auch Muster I.1 Rdn. I 23. 19

11. Sofern der Organträger daran interessiert ist, Teile des Gewinns vorab zu erhalten, ist dies durch Vorab-Abführungen möglich, soweit bereits ein Gewinn entstanden ist und die Abführung unter dem Vorbehalt erfolgt, dass am Jahresende ein ausreichender »Jahresüberschuss« vorhanden ist und überschießende Abschlagszahlungen als Darlehen behandelt werden (*Dötsch*/Pung/Möhlenbrock Die Körperschaftsteuer § 14 Rn. 525). 20

12. Die neuere Rechtsprechung und allgemein auch das Schrifttum kommen zu dem Ergebnis, dass § 302 AktG auch im GmbH-Konzernrecht entsprechend anwendbar ist, ohne dass es hierzu einer ausdrücklichen Vereinbarung im Unternehmensvertrag bedarf (BGH Urteil v. 11.10.1999, 21

GmbHR 1999, 1299, 1300; Baumbach/Hueck/*Beurskens* GmbHG KonzernR. Rn. 121). Nach der Rechtsprechung des BFH (BFH BB 1981, 652; BFH GmbHR 2000, 949; BFH Urt. v. 22.02.2006, I R 74/05 DStR 2006, 1224; BFH, Urt. v. 03.03.2010, I R 68/09, DStR 2010, 858) muss der Wortlaut des Gewinnabführungsvertrages allerdings die Anwendbarkeit des § 302 AktG im GmbH-Konzern ausdrücklich vorsehen.

Durch das Gesetz zur Änderung und Vereinfachung der Unternehmensbesteuerung und des steuerlichen Reisekostenrechts (BGBl. I 2013, 285 ff.) ist der Wortlaut des § 17 Satz 2 Nr. 2 KStG geändert worden. Die Vorschrift fordert jetzt zwingend einen dynamischen Verweis auf § 302 AktG (in seiner jeweils gültigen Fassung, Nur-Verweisklausel). Die bisher mögliche wörtliche Übernahme des Gesetzestextes von § 302 AktG (Nur-Wiedergabeklausel) ist nicht mehr ausreichend (*Scheifele/Hörner* DStR 2013, 553, 554).

Als problematisch werden sog. Kombinationsklauseln beurteilt, in denen zwar bestimmte auf Gewinnabführungsverträge anwendbare Vorschriften des § 302 AktG sprachlich wiedergegeben werden, zugleich aber auch die entsprechende Anwendung des § 302 AktG in seiner jeweils gültigen Fassung angeordnet wird (*Scheifele/Hörner* DStR 2013, 553, 554; *Stangl/Brühl* DB 2013, 538, 539). Daher wird von der Literatur empfohlen, auf eine Vermengung des dynamischen Verweises mit Wortlautwiedergaben innerhalb der Verlustübernahmeklausel zu verzichten. Der Nachteil besteht allerdings darin, dass sich der wesentliche Inhalt der Verlustübernahmeverpflichtung nicht mehr aus dem Vertrag selbst ergibt. Es bleibt abzuwarten, welche Position die Finanzverwaltung hierzu einnehmen wird.

Grund zur Besorgnis macht jedoch die aktuelle Rechtsprechung. Das Urteil des FG Niedersachsen (Urt. v. 11.11.2015, DStR 2016, 2398), fordert eine Anpassung des Wortlauts von Alt-Gewinnabführungsverträgen, die vor dem 15.12.2004 abgeschlossen wurden und keinen dynamischen Verweis auf § 302 AktG enthalten. Diese Altverträge können keinen Hinweis auf den neu mit Wirkung zum 15.12.2004 eingeführten § 302 Abs. 4 AktG (Verjährungsbestimmung) enthalten, weshalb sie nach Ansicht des Gerichts hätten angepasst werden müssen, um weiterhin steuerlich anerkannt werden zu können. Die Rechtsauffassung wurde vom BFH (Urt. v. 10.05.2017, I R 93/15, DB 2017, 2650) bestätigt. Die Finanzverwaltung war und ist diesbezüglich großzügiger und hatte mit BMF Schreiben vom 16.12.2005, BStBl. I 2006, 12) keine Wortlautanpassung gefordert. Die OFD Frankfurt/M hat diese Billigkeitsregelung mit Verfügung vom 30.05.2016 (DStR 2016, 1375) wiederholt, aber weist auch darauf hin, dass Gerichte an Billigkeitsmaßnahmen der Verwaltung nicht gebunden sind. Da die Rechtsprechung von einer Anpassungspflicht ausgeht, ist eine Anpassung des Wortlauts solcher Altverträge anzuraten (*Prinz/Keller* DB 2018, 400, 406).

22 Leider ist die Initiative des Bundesrats (BT-Drucks. 17/2823, S. 22 f.) zum Regierungsentwurf des Jahressteuergesetzes 2010 bisher nicht weiterverfolgt worden, das rein formale Erfordernis der Vereinbarung einer Verlustübernahme entsprechend den Vorschriften des § 302 AktG zu beseitigen. Nach dem damaligen Vorschlag des Bundesrates sollte Voraussetzung für die Anerkennung der körperschaftsteuerlichen Organschaft lediglich sein, dass eine Verpflichtung zur Verlustübernahme entsprechend den Vorschriften des § 302 AktG besteht. Eine ausdrückliche den Vorschriften des § 302 AktG (in allen seinen Bestandteilen und in den jeweiligen Regelungsfassungen) entsprechende Verlustübernahmevereinbarung wäre dann nicht mehr erforderlich gewesen und ein Hinweis auf § 302 AktG in der Verlustübernahmevereinbarung rein deklaratorischer Natur. Für die Anerkennung der körperschaftsteuerlichen Organschaft entscheidend wäre vielmehr nur gewesen, ob eine Verpflichtung zur Verlustübernahme zivilrechtlich besteht. In Übereinstimmung mit der Rechtsprechung des BGH liegt eine solche Verpflichtung im GmbH-Konzern regelmäßig vor. Zu dieser praxistauglichen Vereinfachungsregelung konnte sich der Gesetzgeber leider nicht durchringen.

23 **13.** Nach der Rechtsprechung des BGH vom 11.10.1999 (GmbHR 1999, 1299) und vom 14.02.2005 (DB 2005, 937) entsteht der sich aus dem Gewinnabführungsvertrag ergebende Anspruch auf Ausgleich eines Jahresfehlbetrags (§ 302 AktG) am Bilanzstichtag der beherrschten Gesellschaft und wird sofort fällig. Mithin ist der Verlustausgleichsanspruch nach §§ 352, 353 HGB

ab dem Bilanzstichtag mit 5 % für das Jahr zu verzinsen. Der Verstoß gegen die Pflicht zur Verzinsung eines Verlustausgleichsanspruchs nach §§ 352, 353 HGB hat hingegen keine negativen Auswirkungen auf die steuerliche Anerkennung der Organschaft (H 14.5 KStR 2015; BMF, Schreiben vom 15.10.2007 – IV B 7 – S 2770/0 BStBl I 2007, 765). Anders könnte der Fall aber gewertet werden, wenn der Gewinnabführungsvertrag eine Verzinsung vorsieht, der Vertrag aber diesbezüglich nicht tatsächlich durchgeführt wird. Dötsch (*Dötsch*/Pung/Möhlenbrock Die Körperschaftsteuer § 14 Rn. 440) sieht darin eine Verletzung der Pflicht zur Vertragsdurchführung (§ 14 Abs. 1 Nr. 3 KStG) mit entsprechenden negativen steuerlichen Folgen. Wegen der durch die gesetzliche Neuregelung des § 17 Abs. 2 Nr. 2 KStG auftretenden Unsicherheiten in Bezug auf die Fälligkeit und Verzinsung vgl. Muster I 1 (Rdn. I 19).

14. Sofern auch eine umsatzsteuerliche Organschaft besteht, könnte hier auch die Umsatzsteuer angeführt werden. Der BGH hat in diesem Zusammenhang im Urteil vom 29.01.2013 (DStR 2013, 478) erneut die zivilrechtlichen Ausgleichsansprüche der Organmitglieder entsprechend dem Verursacherprinzip bestätigt. Daher ist ein Steuerausgleich in Bezug auf die Umsatzsteuer auch ohne vertragliche Vereinbarung zwingend erforderlich. 24

15. Im hier vorliegend zu etablierenden Vertragskonzern kann frei darüber entschieden werden, ob eine Steuerumlage vereinbart wird oder nicht, da durch den Gewinnabführungsvertrag ohnehin der gesamte Gewinn abzuführen ist und die Steuerumlage lediglich eine Vorweg-Gewinnabführung darstellt. Ziel der Steuerumlage ist lediglich, jeder rechtlich selbständigen Gesellschaft den Steueraufwand zuzuweisen, der betriebswirtschaftlich auf sie entfällt und dadurch Jahresabschlüsse von Gesellschaften ohne Organschaft und mit Organschaft vergleichbarer zu halten. Die Steuerumlage hat durch die Gleichschaltung von körperschaftsteuerlicher und gewerbesteuerlicher Organschaft ab dem Veranlagungszeitraum 2002 erheblich an Bedeutung verloren. Auch nach Auffassung der Finanzverwaltung besteht ein Wahlrecht, die Steuern im Organkreis umzulegen (Erl. des Fin-Min NRW vom 19.02.1964 DB 1964, 314). Dabei lässt die Finanzverwaltung sowohl die Verteilungs- als auch die stand-alone-Methode zu, verlangt allerdings, dass mindestens im Durchschnitt mehrerer Jahre nur die tatsächlich gezahlte Steuer umgelegt wird. Das BMF (Schreiben vom 12.09.2002 DB 2002, 2571) verlangt bei der Anwendung der stand-alone-Methode spätestens bei Beendigung der Organschaft einen Ausgleich für zu viel erhobene Umlagen. Der BGH (Urt. v. 01.12.2003 DB 2004 241) lehnt die stand-alone-Methode ab, weil mehr als der tatsächliche Steueraufwand des Organträgers zur Verrechnung kommen kann und der Organträger gegenüber der Organgesellschaft zum Schadensersatz i.H. des Betrages verpflichtet ist, der einer betriebswirtschaftlichen Grundsätzen folgenden Verteilungsmethode übersteigt. 25

16. Mit Gesetz zur Änderung und Vereinfachung der Unternehmensbesteuerung und des steuerlichen Reisekostenrechts (BGBl. I 2013, 285 ff.) ist erstmals eine Bestimmung zur Behandlung von Fehlern im Jahresabschluss der Organgesellschaft ins Körperschaftsteuergesetz aufgenommen worden. Gemäß § 14 Abs. 1 Satz 1 Nr. 3 Satz 4 KStG können unter gewissen Voraussetzungen Fehler im Jahresabschluss, die dazu geführt haben, dass ein falscher Gewinn abgeführt bzw. ein unrichtiger Verlust übernommen worden ist, nachträglich noch korrigiert werden (nähere Einzelheiten erläutern *Forst, Suchanek, Martini*, GmbHR 2015, 408 ff.; OFD Frankfurt/M Verfügung vom 30.05.2016 (DStR 2016, 1375). Damit wird den Steuerpflichtigen ein wichtiges Instrument an die Hand gegeben, das verhindern kann, dass ein Gewinnabführungsvertrag wegen falscher Gewinnabführung/Verlustübernahme als nicht ordnungsgemäß durchgeführt gilt und die ertragsteuerliche Organschaft nicht anerkannt wird. Dieses neu eingeführte Regime zur Korrektur des Jahresabschlusses machen sich die Vertragsparteien hier zu eignen und vereinbaren ein entsprechend koordiniertes und kooperatives Verhalten. 26

17. Ob eine Regelung für den GmbH-Vertragskonzern aufzunehmen ist, die außenstehenden Gesellschaftern der Untergesellschaft Ausgleichsansprüche analog § 304 AktG gegen die Obergesellschaft gewährt, ist strittig. Nach h.M. finden die §§ 304 f AktG keine analoge Anwendung auf die GmbH. Begründet wird dies damit, dass der Abschluss eines Gewinnabführungsvertrages auf Seiten 27 der Untergesellschaft der Zustimmung aller Gesellschafter bedürfe. Demzufolge sei der Schutz der außenstehenden Gesellschafter mit Hilfe des Ausgleichsanspruches analog § 304 AktG obsolet, da der Minderheitsgesellschafter durch das Einstimmigkeitserfordernis bereits hinreichend geschützt sei (Baumbach/Hueck/*Beurskens* GmbHG KonzernR Rn. 94; Ulmer/Habersack/Winter/*Caspar* GmbHG Anh. § 77 Rn. 228; Emmerich/Habersack/*Emmerich* Aktien- und GmbH-Konzernrecht § 304 Rn. 11). Dennoch geht die Beratungspraxis den sicheren Weg und wendet die Vorschriften entsprechend an. Im Gegensatz dazu vertritt eine aber im Vordringen befindliche Mindermeinung die Ansicht, dass für den Abschluss eines Gewinnabführungsvertrages auf Grund seiner materiell satzungsändernden Wirkung lediglich eine $^{3}/4$-Mehrheit der Stimmen nach § 53 Abs. 2 GmbHG ausreicht. Daraus folgend, bedürfe es zur Wahrung der Interessen der überstimmten Gesellschafter der analogen Anwendung der §§ 304, 305 AktG (*Lutter/Hommelhoff* GmbHG Anh.zu § 13 Rn. 52; Rowedder/Schmidt-Leithoff/*Schnorbus* GmbHG Anh. § 52 Rn. 94 f.). Dieser Fall könnte zumindest dann relevant sein, wenn die Satzung der betreffenden GmbH ausnahmsweise für den Zustimmungsbeschluss zum Unternehmensvertrag die qualifizierte Mehrheit genügen lässt (Baumbach/Hueck//*Beurskens* GmbHG KonzernR. Rn. 94, 118).

Ebenfalls noch nicht endgültig geklärt ist die Frage, ob ein Gewinnabführungsvertrag mit einer GmbH als Organgesellschaft ohne Ausgleichsvereinbarung nichtig ist und damit auch die steuerliche Anerkennung zu versagen wäre. Maßgebende Stimmen in der steuerrechtlichen Literatur wollen den Gewinnabführungsvertrag unabhängig davon, ob eine Ausgleichszahlung vereinbart wurde oder nicht, steuerlich anerkennen (*Dötsch*/Pung/Möhlenbrock Die Körperschaftsteuer § 16 Rn. 13; *Frotscher/Drüen* KStG § 16 Rn. 20 *Walter* GmbHR 2016, 975).

28 **18.** Nach früherer Verwaltungsauffassung (BMF, Schreiben vom 13.09.1991 – IV B 7 – S 2770 – 11/91, StEd 1991, 348) war es zulässig, dass der außenstehende Gesellschafter neben einem garantierten Festbetrag (Mindestausgleich) zusätzlich eine variable, vom Gewinn der Organgesellschaft abhängige, Ausgleichszahlung erhält, sofern der feste Mindestbetrag den Mindestausgleich nach § 304 Abs. 2 S. 1 AktG nicht unterschreitet. Demgegenüber hat der BFH mit Urt. v. 04.03.2009 (I R 1/08, DStR 2009, 1749) entschieden, dass die zusätzliche Vereinbarung einer variablen Ausgleichszahlung an außenstehende Gesellschafter der steuerlichen Anerkennung des Gewinnabführungsvertrages dann entgegensteht, wenn diese in jener Höhe vereinbart wird, um die der hypothetische Gewinnanspruch des Außenstehenden ohne die Gewinnabführung den Festbetrag übersteigen würde. Dennoch hielt die Finanzverwaltung an ihrer Auffassung fest (BMF, Schreiben vom 20.04.2010 – IV C 2 – S 2770/08/10006, DStR 2010, 873) und wendete sich gegen die über den konkreten Einzelfall hinaus gehende Anwendung der Rechtsgrundsätze des BFH-Urteils vom 04.03.2009 (I R 1/08, DStR 2009, 1749).Mit seiner Entscheidung vom 10.05.2017 (I R 93/15 DStR 2017, 2429 bestätigt der BFH seine im Urteil vom 04.03.2009 (I R 1/08, DStR 2009, 1749) geäußerte Rechtsauffassung erneut und hat die Koppelung der Ausgleichszahlung an das Ergebnis der Organgesellschaft für unzulässig erachtet. Mit Blick auf die Begründung des Senats (Urt. v. 10.05.2017, I R 93/15 DStR 2017, 2429) liegt es nahe, das die Finanzverwaltung ihre im BMF Schreiben (20.04.2010 DStR 2010, 873) geäußerte Rechtsauffassung aufgeben wird. Aus Gründen der Vorsicht wird daher zur Sicherung der steuerlichen Anerkennung der Organschaft empfohlen, in Gewinnabführungsverträgen keine über den nach § 304 Abs. 2 S. 1 AktG erforderlichen festen Zahlungsbetrag hinaus gehenden variablen Ausgleichszahlungen aufzunehmen oder aber im Vorfeld eine verbindliche Auskunft einzuholen, was angesichts der BFH-Entscheidungen jedoch nicht von Erfolg gekrönt sein dürfte (weiterführend zu Gestaltungsmöglichkeiten bei Ausgleichszahlungen *Baldamus*, Ubg 2010, 483). Allerdings ist aktuell Bewegung in diese Thematik gekommen, denn die Bundesregierung hat diesbezüglich Änderungsvorschläge gemacht. Im Entwurf eines Gesetzes zur Vermeidung von Umsatzsteuerausfällen beim Handel mit Waren im Internet und zur Änderung weiterer steuerlicher Vorschriften (BT-Drs. 372/18 vom 18.08.2018, http://dipbt.bundestag.de/dip21/brd/2018/0372-18.pdf) ist vorgesehen im neuen § 14 Abs. 2 KStG dergestalt zu regeln, dass über den festen Betrag gemäß § 304 Abs. 2 Satz 1 AktG hinausgehende Ausgleichszahlungen steuerlich unschädlich sind, wenn die Ausgleichszahlungen insgesamt den dem Anteil am gezeichneten Kapital entsprechenden Gewinnanteil des Wirtschaftsjahres ohne Gewinnabführung nicht überschreiten. Der über den Mindestbetrag hinausgehende (variable) Betrag muss nach vernünf-

tiger kaufmännischer Beurteilung wirtschaftlich begründet sein. Dieser Vorschlag ist grundsätzlich zu begrüßen, denn dadurch wird es ermöglicht, die Ausgleichszahlung am tatsächlichen wirtschaftlichen Ergebnis der Organgesellschaft auszurichten. Die Praxis stand bisher vor dem Problem, die Laufzeit von Gewinnabführungsverträgen auf die steuerlich erforderliche Mindestlaufzeit begrenzen zu müssen, um durch einen Neuabschluss des Vertrages die Möglichkeit zu haben, die Ausgleichszahlungen entsprechend der wirtschaftlichen Entwicklung der Organgesellschaft neu zu bemessen. Leider bietet die einschränkende Bezugnahme auf die vernünftige kaufmännische Beurteilung einen weiten Interpretationsspielraum, was zu leidigen Auseinandersetzungen mit der Finanzbehörde führen kann.

19. Es wird davon ausgegangen, dass sich der Ausgleichsbetrag an dem Vorsteuerergebnis der Organgesellschaft orientiert und daher noch um die Körperschaftsteuer der Gesellschaft zu mindern ist. Die Gewerbesteuerbelastung auf die Ausgleichszahlung fällt beim Organträger an (*Dötsch*/Pung/Möhlenbrock Die Körperschaftsteuer § 16 Rn. 35). Sollte die Bewertung des Ausgleichsbetrages allerdings schon die betrieblichen Steuern berücksichtigt haben, muss ein Abzug selbstverständlich entfallen. 29

20. Siehe § 57m Abs. 3 GmbHG. Die Verminderung tritt auch ohne vertragliche Regelung automatisch ein. 30

21. Bei einer Kapitalerhöhung der Untergesellschaft gegen Einlagen unter Gewährung eines Bezugsrechts an die außenstehenden Gesellschafter sind die neuen Geschäftsanteile ebenso ausgleichsberechtigt wie die alten Geschäftsanteile. Dies entspricht auch ohne vertragliche Regelung der herrschenden Meinung. Durch eine Kapitalerhöhung bei der herrschenden Gesellschaft wird hingegen der feste Ausgleich in keinem Fall berührt. Anders verhält es sich bei dem variablen Ausgleich, der sowohl durch eine Kapitalerhöhung aus Gesellschaftsmitteln als auch durch eine Kapitalerhöhung gegen Einlagen verwässert werden kann (vgl. dazu weiterführend Emmerich/Habersack/*Emmerich* Aktien- und GmbH-Konzernrecht § 304 Rn. 71 ff.). Vgl. jedoch Muster I 1 (Rdn. I 28) wegen jüngster Entwicklungen bei variablem Ausgleich. 31

22. Es ist in der Literatur umstritten, ob bei einem Gewinnabführungsvertrag mit einer GmbH als Organgesellschaft das SpruchG Anwendung findet. Die noch überwiegende Ansicht in der Literatur verneint eine analoge Anwendung (*Riegger/Wasmann* SpruchG § 1 Rn. 46; *Lutter/Hommelhoff* GmbHG Anh.zu § 13 Rn. 71a). Demgegenüber vertreten einige sich im Vordringen befindende Stimmen in der Literatur die Ansicht, dass aus heutiger Sicht kein Grund erkennbar ist, der eine entsprechende Anwendung des SpruchG im Falle einer GmbH als Organgesellschaft ausschließt (Emmerich/Habersack/*Emmerich* Aktien- und GmbH-Konzernrecht § 304 Rn. 12, § 328 Anh. SpruchG § 1 Rn. 11; Ulmer/Habersack/*Casper* GmbHG Anh. § 77 Rn. 231; *Liebscher* GmbH-Konzernrecht Rn. 791; *Simon* SpruchG § 1 Rn. 40). 32

23. Siehe Muster I 1 (Rdn. I 27) zur Frage der Notwendigkeit einer solchen Regelung. 33

24. Für die Bemessung des Abfindungsanspruchs der außenstehenden Gesellschafter einer GmbH dürfte die Ertragswertmethode anwendbar sein, z.B. unter Berücksichtigung der in IDW S1 genannten Grundsätze. 34

25. Fristverlängerung kraft Gesetzes bei gerichtlichem Verfahren nach dem Spruchverfahrensgesetz (§ 305 Abs. 4 S. 3 AktG). 35

26. Nach h.M. besteht ein solcher Abfindungsergänzungsanspruch auch ohne vertragliche Zusicherung (BayOblG AG 1996, 127/130). 36

27. Die Einbeziehung von Informationsrechten ist eher deklaratorischer Natur, da die Gesellschafter einer GmbH ohnehin nach § 51a GmbHG ein jederzeitiges Auskunfts- und Einsichtsrecht haben. 37

28. Sofern es sich sowohl beim Organträger als auch bei der Organgesellschaft um nach dem MitbestG mitbestimmte Gesellschaften handelt und der Organträger zu mindestens 25 % an der Organgesellschaft beteiligt ist, ist hinsichtlich des Beschlusses der Gesellschafterversammlung der 38

Organgesellschaft § 32 MitbestG zu beachten (zur Anwendbarkeit von § 32 MitbestG im GmbH-Konzern siehe auch Wißmann//Kleinsorge/*Schubert* Mitbestimmungsrecht § 32 Rn. 17; *Ulmer/Habersack*/HensslerMitbestimmungsrecht § 32 Rn. 13). Unter Berücksichtigung von § 32 MitbestG kann der Vertreter des Organträgers in der Gesellschafterversammlung der Organgesellschaft dem Gewinnabführungsvertrag nur dann wirksam zustimmen, sofern der Aufsichtsrat des Organträgers dessen Abstimmungsverhalten gebilligt hat (*Zeidler* NZG 1999, 692, 694). Gibt der Vertreter des Organträgers seine Stimme in der Gesellschafterversammlung der Organgesellschaft gleichwohl ohne Billigung des Aufsichtsrats ab, handelt er ohne Vertretungsmacht, mit der Folge, dass der Zustimmungsbeschluss der Organgesellschaft anfechtbar ist und der Eintragung in das Handelsregister nach § 127 FGG ein Wirksamkeitshindernis entgegen steht (*Zeidler* NZG 1999, 692, 694).

39 **29.** Zur Frage, ob die Zustimmungsbeschlüsse der Gesellschafterversammlungen einstimmig oder nur mit einer qualifizierten Mehrheit zu erfolgen haben, siehe Anmerkungen in den jeweiligen Mustern unter Muster I 4 (Rdn. I 139) und Muster I 5 (Rdn. I 147).

40 **30.** Die Begründung einer ertragsteuerlichen Organschaft ist erstmals für das Wirtschaftsjahr der Organgesellschaft möglich, in welchem der Gewinnabführungsvertrag wirksam wird (§ 14 Abs. 1 S. 2 KStG). Die Organschaft wird somit frühestens ab dem Wirtschaftsjahr anerkannt, in dem der Gewinnabführungsvertrag in das Handelsregister eingetragen wird (Spindler/Stilz/*Veil* AktG Vor § 291 Rn. 16). Der BFH erkennt keine sachliche Unbilligkeit an, wenn sich die Registereintragung über den Jahreswechsel hinaus verzögert (BFH Urt. v. 23.08.2017 I R 80/15; BStBl. II 2018, 141; *Geberth/Höhn* GmbHR 2018, R 39). Zusätzlich muss bereits zu Beginn des Wirtschaftsjahres die finanzielle Eingliederung bestanden haben.

41 **31.** Nach § 14 Abs. 1 S. 1 Nr. 3 KStG muss der Gewinnabführungsvertrag für eine steuerrechtliche Anerkennung der Organschaft auf mindestens fünf Jahre abgeschlossen und während seiner gesamten Geltungsdauer durchgeführt werden. Unter dem Begriff »Jahre« versteht die h.M. Zeitjahre. Die Fünf-Jahres-Frist umfasst mithin fünf volle Zeitjahre (60 Monate) (R 14.5 Abs. 2 KStR 2015; *Dötsch*/Pung/Möhlenbrock Die Körperschaftsteuer § 14 Rn. 542; Streck/*Olbing* KStG § 14 Rn. 93; EY/*Walter* KStG § 14 Rn. 637; a.A. *Frotscher/Maas* KStG § 14 Rn. 470, der den Begriff »Jahre« als Wirtschaftsjahre auslegt, die zusammen aber mindestens 60 Monate betragen müssen). Beginnt der Gewinnabführungsvertrag in einem Rumpfwirtschaftsjahr, musste die Mindestlaufzeit nach früherer h.M. dann auch das sechste Wirtschaftsjahr voll umfassen. Es kam somit zu einer Überschreitung der Fünf-Jahres-Frist und im Extremfall zu einer Mindestlaufzeit von 71 Monaten. Die Entscheidung des BFH (Urt. vom 12.01.2011, IR 3/10, DStR 2011 S. 717) klang so, dass 5 Zeitjahre maßgeblich sind und in Fällen von Rumpfgeschäftsjahren die Mindestlaufzeit von 60 Monaten überschritten werden muss. Diese Ausführungen bezogen sich aber allein auf die in § 14 Abs. 1 Satz 1 Nr. 3 Satz 3 KStG geregelte Rückwirkung der unterjährigen Beendigung des Gewinnabführungsvertrages auf den Beginn des Wirtschaftsjahres. Der BFH (Urteil vom 13.11.2013 I R 45/12, DStR 2015, 1044) hat nunmehr jedoch bestätigt, dass das Ende des Vertrages nicht auf das Ende des Wirtschaftsjahres fallen muss, sondern vielmehr auch eine unterjährige Beendigung nach Ablauf der Mindestvertragslaufzeit möglich ist. Dennoch empfehlen wir nicht nur aus Praktikabilitätsgründen, die Beendigung des Gewinnabführungsvertrages möglichst auf das Ende eines Geschäftsjahres zulegen, denn zwei Richter des ersten Senates des BFH schienen zumindest in der mündlichen Verhandlung die Kongruenz zwischen Ende der Vertragslaufzeit und dem Geschäftsjahr zu favorisieren (*Brühl* DStR 2015, 1896, 1902). Bei einer personellen Veränderung des Senats könnte sich daher die Rechtsprechung wieder ändern. Im Übrigen ist bei einer unterjährigen Kündigung des Gewinnabführungsvertrages auch zu berücksichtigen, dass sie gemäß § 14 Abs. 1 Satz 1 Nr. 3 Satz 3 KStG auf den Beginn des Wirtschaftsjahres zurückwirkt. Selbst wenn also die formale Voraussetzung der Vereinbarung einer Mindestvertragslaufzeit von fünf Zeitjahren vertraglich erfüllt wurde, würde eine Kündigung auf diesen frühestmöglichen Zeitpunkt innerhalb eines Geschäftsjahres zu einem Fallstrick werden und die Organschaft rückwirkend entfallen lassen (*Scheifele/Marx* DStR 2014 1793, 1797).

42 Die durch das Urteil des FG Düsseldorf (Urt. v. 03.03.2015 – 6 K 4332/12 K, F, GmbHR 2015, 543) entstandene Unsicherheit für rückwirkende Umwandlungen, wenn die übernehmende Gesell-

schaft erst im Rückwirkungszeitraum rechtlich entsteht ist mittlerweile ausgeräumt. Das Gericht vertrat die Auffassung, dass die Mindestlaufzeit von 5 Jahren nicht erfüllt wird, wenn die Organgesellschaft erst im Laufe des Jahres gegründet wird, ihr aber durch rückwirkende Ausgliederung (§ 20 Abs. 5, 6 UmwStG) auf den Beginn des Kalenderjahres bereits fiktiv Vermögen zuzurechnen ist. Der BFH hat diese Rechtsauffassung in Bezug auf die Berechnung der Mindestlaufzeit nicht geteilt (BFH Urt. vom 10.05.2017 I R 19/15, DB 2017, 2264), die Organschaft aber dennoch daran scheitern lassen, dass der Organträger nicht von Beginn des Wirtschaftsjahres an der Organgesellschaft beteiligt war. Unter Bezugnahme auf diese Rechtsprechung können verunglückte Organschaften ggf. geheilt werden, dennoch wird die Praxis aus Sicherheitsgründen häufig eine »verlängerte« Mindestlaufzeit vereinbaren (*Prinz/Keller* DB 2018, 400, 405).

Die Fünfjahresbindung muss von Beginn an bestehen. Nach Ablauf der vereinbarten fünf Jahre ist keine bestimmte zeitliche Bindung mehr erforderlich (Streck/*Olbing* KStG § 14 Rn. 93). 43

32. Eine Beendigung des Gewinnabführungsvertrages innerhalb der fünfjährigen Mindestlaufzeit ist nur bei Vorliegen eines wichtigen Grundes steuerlich unschädlich möglich. Sollte der Vertrag während dieser Mindestvertragslaufzeit aus anderen Gründen nicht fortgesetzt werden, wird er als von Anfang an unwirksam betrachtet und somit auch für bereits abgelaufene Jahre steuerlich nicht anerkannt (R 14.5 Abs. 8 Nr. 1 KStR 2015). Steuerlich werden der A als Organträger nur die Ergebnisse der B bis zum Ende des letzten Geschäftsjahres vor der Beendigung des Gewinnabführungsvertrages zugerechnet (§ 14 Abs. 1 S. 1 Nr. 3 S. 3 KStG). Daher sollte der Gewinnabführungsvertrag auch bei Vorliegen eines wichtigen Grundes möglichst erst zum Ende eines Geschäftsjahres (Rumpfgeschäftsjahres) gekündigt werden. 44

Wie der Abschluss so wird auch für die Kündigung bzw. Aufhebung des Gewinnabführungsvertrages durch die abhängige GmbH die Zustimmung der Gesellschafterversammlung in notariell beurkundeter Form für erforderlich gehalten (vgl. BGH Urt. vom 31.05.2011, II ZR 109/10, DStR 2011 1576; *Peters/Hecker*, DStR 2012 86, 88; *Müller-Eising/Schmidt*, NZG 2011, 1100, 1101). Bei einer Kündigung durch die herrschende GmbH ist davon auszugehen, dass ebenfalls ein Gesellschafterbeschluss erforderlich ist, allerdings in Anlehnung an die »Supermarkt«-Entscheidung des BGH (Urt. vom 24.10.1988, II ZB 7/88, NJW 1989 295) ohne den Zwang der notariellen Beurkundung (*Peters/Hecker*, DStR 2012 86, 89).

33. Die Veräußerung der Mehrheitsbeteiligung entzieht dem Gewinnabführungsvertrag seine wirtschaftliche und rechtliche Grundlage. Der Organträger ist dann regelmäßig nicht mehr in der Lage, die Geschäftsentwicklung der Organgesellschaft zu kontrollieren und zu steuern, so dass die gesetzliche Verlustausgleichspflicht zu einem nur schwer kalkulierbaren Risiko würde (*Mühl/Wagenseil* NZG 2009 1253, 1257). 45

In Gewinnabführungsverträgen wird daher regelmäßig ein außerordentliches Kündigungsrecht für den Fall der Anteilsveräußerung vereinbart. Nach der Entscheidung des FG Niedersachsen (Urt. vom 10.05.2012, 6 K 140/10, EFG 2012, 1591) führt aber eine solche Vereinbarung nicht automatisch dazu, dass auch eine unschädliche Beendigung innerhalb der fünfjährigen Mindestlaufzeit des Gewinnabführungsvertrags möglich wäre, denn ein wichtiger Grund im Steuerrechtssinne liege vor allem dann nicht vor, wenn es einer Partei oder den Parteien darum gehe, die Rechtsfolgen der Organschaft mittels Vertragsaufhebung zeitlich zu begrenzen. Dies hat auch der BFH nun bestätigt (BFH Urteil vom 13.11.2013 I R 45/12, DStR 2014, 643) und herausgearbeitet, dass der wichtige Grund nicht deckungsgleich mit dem zivilrechtlichen Begriff sei und daher eigenständig steuerrechtlich auszulegen sei. Entsprechend dem Zweck der Mindestlaufzeit dürfe ein Kündigungsgrund, um als wichtig anerkannt zu werden, nicht im Belieben der Parteien stehen, was insbesondere bei konzerninternen Umstrukturierungen angetroffen werden kann. Zwar wird der Gewinnabführungsvertrag durch einen durch die Parteien aufgenommenen außerordentlichen Kündigungsgrund, der den steuerlichen Anforderungen nicht entspricht, nicht unwirksam, aber sollte der Vertrag aufgrund dieses ungenügenden Kündigungsgrundes vorzeitig gekündigt werden, entfällt die steuerrechtliche Anerkennung der Organschaft. Bei konzerninternen Übertragungen ist zwar nicht generell ein wichtiger Grund zu verneinen, aber dennoch erhöhte Vorsicht geboten, weil die Abkürzung der Mindestdauer des

Gewinnabführungsvertrags ein Motiv der konzerninternen Restrukturierung sein könnte (*Burwitz*, NZG 2013, 91, 92). Auch das FG Hessen (Urt. v. 28.05.2015, EFG 2015, 2100, rechtskräftig) macht sich diese Sichtweise zu eigen und weist noch zusätzlich darauf hin, dass ein wichtiger Grund nicht allein daraus folgt, dass er in R 14.5 Abs. 6 Satz 2 KStR 2015 genannt ist, vielmehr muss objektiv ein wichtiger Grund für die Abkürzung der Mindestlaufzeit bestehen (*Philipp/Kröger* DB 2015, 2783). Das Vorliegen eines wichtigen Grunds kann im Falle einer wirtschaftlich nachvollziehbaren Umstrukturierung und Errichtung einer Zwischenholding zu bejahen sein.

Der aktuelle Wortlaut ermöglicht die Kündigung bereits mit Abschluss eines entsprechenden Kaufvertrages noch durch den Veräußerer und nicht erst nach erfolgter dinglicher Übertragung der Anteile. Dies vermeidet das in der Praxis öfters auftretende Problem, dass die Kündigung des Gewinnabführungsvertrages erst nach dem Closing vom Erwerber vorgenommen werden kann. Selbstverständlich kann die Beendigung des Gewinnabführungsvertrages erst zusammen mit der Übertragung der Anteile eintreten, denn die Beendigung des Gewinnabführungsvertrages muss den konkreten Bezug zum wichtigen Grund herstellen.

46 **34.** Zu beachten ist, dass etwa die Verschmelzung der Untergesellschaft auch ohne Kündigung automatisch zur Vertragsbeendigung führt. Eine alle Umwandlungsarten erfassende Regelung bietet sich dessen ungeachtet an.

47 **35.** Nach h.M. ist § 303 AktG analog als zwingende gesetzliche Regelung im GmbH-Recht anzuwenden.

48 **36.** Wegen der im Zusammenhang mit der Neuregelung des § 17 Satz 2 Nr. 2 KStG bestehenden Zweifelsfragen und Unsicherheiten (vgl. Muster I 1 [Rdn. I 19; u. I 23]) wird empfohlen, Vertragsbestimmungen die potentiell im Widerspruch zum dynamischen Verweis auf § 302 AktG stehen könnten, bei der Vertragsauslegung nachrangig zu behandeln (*Stangl/Brühl* DB 2012, 538, 540).

49 **37.** Der Vertrag ist von den Geschäftsführern der Parteien in der vertretungsberechtigten Zahl zu unterzeichnen. Auf die Einhaltung der Beschränkungen des § 181 BGB ist zu achten.

2. Beherrschungs- und Gewinnabführungsvertrag

Vorbemerkung

50 Zur Begründung einer ertragsteuerlichen Organschaft ist seit Inkrafttreten des StSenkG 2001 vom 23.10.2000 ein reiner (»isolierter«) Gewinnabführungsvertrag ausreichend, sofern zugleich die Voraussetzung der finanziellen Eingliederung erfüllt ist. § 14 KStG verlangt für die Errichtung einer körperschaftsteuerlichen und gewerbesteuerlichen Organschaft nicht mehr die wirtschaftliche und organisatorische Eingliederung. Verpflichtet sich eine GmbH zur Gewinnabführung, erübrigt sich daher der Abschluss eines zusätzlichen Beherrschungsvertrages. Jedoch kann es vorzugswürdig sein, einen kombinierten Beherrschungs- und Gewinnabführungsvertrag abzuschließen, da durch diesen eine Verlagerung des Weisungsrechts von der Gesellschafterversammlung auf den Mehrheitsgesellschafter bewirkt wird. Dadurch werden diesem auch nachteilige Weisungen ermöglicht, die ihm sonst durch die gesellschafterliche Treuepflicht versagt sind. Außerdem ist über den Beherrschungsvertrag eine effizientere Einflussnahme möglich, da keine Gesellschafterversammlung erforderlich ist, um Anweisungen zu erteilen. Das Element der Beherrschung kann aber auch begleitend zur Begründung eines rechtssicheren Cash Pools im Vertragskonzern eingesetzt werden. Durch § 30 Abs. 1 Satz 2 GmbHG ist nunmehr auch gesetzlich geregelt, dass z.B. up-stream loans im Rahmen von Cash-Pools der Tochter an die Konzernmutter bei Bestehen eines Beherrschungsvertrages nicht gegen die Kapitalerhaltungsregeln verstoßen. Das Gleiche gilt für die Bereitstellung von Sicherheiten zugunsten der Muttergesellschaft. Die Kombination von Gewinnabführungs- und Beherrschungsvertrag ist aber auch noch für die Ausweitung der Organschaft auf die Umsatzsteuer von Bedeutung, denn wenn die Voraussetzungen der finanziellen und wirtschaftlichen Eingliederung bereits vorliegen, kann die organisatorische Eingliederung durch den Beherrschungsvertrag abgesichert werden (Abschnitt 2.8

Abs. 10 UStAE). Beim Abschluss eines kombinierten Beherrschungs- und Gewinnabführungsvertrages ist allerdings zu beachten, dass in diesem enthaltene Regelungen zur Leitungs- und Weisungsbefugnis von einer gegebenenfalls vereinbarten rückwirkenden Geltung des Vertrages ab Beginn des Wirtschaftsjahres, in dem dieser in das Handelsregister eingetragen wird, ausgenommen sind.

Die noch bis ins Jahr 2012 geführte Diskussion, ob die im Wesentlichen auf das Inland beschränkte Organschaft durch ein neues diskriminierungsfreies Gruppenbesteuerungssystem ersetzt werden sollte, ist bisher nicht von Erfolg gekrönt, sondern führte nur zu der sog. »kleinen Organschaftsreform« (vgl. Gesetz zur Änderung und Vereinfachung der Unternehmensbesteuerung und des steuerlichen Reisekostenrechts, BGBl. I 2013, 285 ff.). Die EU-rechtlichen Bedenken wurden durch das neue Gesetz teilweise entschärft, allerdings bleibt das Erfordernis des Abschlusses und der Durchführung eines Gewinnabführungsvertrages bestehen.

Muster

Beherrschungs- und Gewinnabführungsvertrag [1] 51

zwischen

der ____________ GmbH [Organträger] mit dem Sitz in ____________, eingetragen im Handelsregister des Amtsgerichts unter HRB ____________, [2]

– nachfolgend A genannt –

und

der ____________ GmbH [Organgesellschaft] mit dem Sitz in ____________, eingetragen im Handelsregister des Amtsgerichts ____________ unter HRB ____________, [3]

– nachfolgend B genannt –

– A und B nachfolgend zusammen auch als »Parteien« bezeichnet.

Präambel

A ist seit dem Beginn des laufenden Geschäftsjahres der B ununterbrochen in einem solchen Maße an der B beteiligt, dass ihr die Mehrheit der Stimmrechte aus den Geschäftsanteilen der B zusteht (finanzielle Eingliederung). [4]

Im Hinblick auf die bestehende finanzielle Eingliederung der B in die A wird zur Begründung eines Organschaftsverhältnisses im Sinne der §§ 14, 17 KStG der nachfolgende Beherrschungs- und Gewinnabführungsvertrag (Vertrag) geschlossen:

§ 1 Leitung und Weisungsrecht

1.1. Die B unterstellt die Leitung ihrer Gesellschaft der A.

1.2. A ist berechtigt, der Geschäftsführung der B hinsichtlich der Leitung der Gesellschaft entsprechend § 308 AktG allgemeine oder auf Einzelfälle bezogene Weisungen zu erteilen. [5]

1.3. Die Geschäftsführung der B ist im Rahmen der gesetzlichen Vorschriften gegenüber der A verpflichtet, deren Weisungen zu befolgen.

1.4. Weisungen können schriftlich, fernschriftlich (auch per E-Mail) oder mündlich erteilt werden. [6] **Erfolgt eine Weisung mündlich, ist diese auf Verlangen der Geschäftsführung der B unverzüglich schriftlich oder fernschriftlich (auch per E-Mail) zu bestätigen.**

1.5. Eine Weisung, diesen Vertrag zu ändern, aufrechtzuerhalten oder zu beenden, kann nicht erteilt werden. [7]

1.6. Weisungen gemäß § 1.3 dieses Vertages, die vor der Beendigung des Vertrages erteilt aber noch nicht umgesetzt worden sind, sind nicht mehr zu befolgen

§ 2 Auskunfts- und Einsichtsrechte

2.1. Die Geschäftsführer der A können jederzeit von der B alle gewünschten Auskünfte über die rechtlichen, geschäftlichen, finanziellen, personellen und verwaltungsmäßigen Angelegenheiten der B verlangen. Unbeschadet der vorstehend vereinbarten Rechte hat die B regelmäßig über die geschäftliche Entwicklung zu berichten, insbesondere über wesentliche Geschäftsvorfälle.

2.2. Die Geschäftsführer der A können ferner jederzeit selbst, oder durch zur Berufsverschwiegenheit verpflichtete Sachverständige, Einsicht in die Bücher und Geschäftsunterlagen der B nehmen.

§ 3 Gewinnabführung

3.1. Bezüglich der Gewinnabführung gelten die Bestimmungen des § 301 AktG in seiner jeweils gültigen Fassung entsprechend. [8]

3.2. B verpflichtet sich während der Dauer dieses Vertrages, ihren ganzen nach Maßgabe der handelsrechtlichen Vorschriften ermittelten Gewinn an A abzuführen. [9] Abzuführen ist – vorbehaltlich einer Bildung oder Auflösung von Rücklagen nach 3.3 und 3.4 – der ohne die Gewinnabführung entstehende Jahresüberschuss, vermindert um einen etwaigen Verlustvortrag aus dem Vorjahr und den nach § 268 Abs. 8 HGB ausschüttungsgesperrten Betrag. [10]

3.3. Mit Zustimmung von A kann die B Beträge aus dem Jahresüberschuss nur insoweit in Gewinnrücklagen gemäß § 272 Abs. 3 HGB mit Ausnahme der gesetzlichen Rücklagen einstellen, als dies handelsrechtlich zulässig und bei vernünftiger kaufmännischer Beurteilung wirtschaftlich begründet ist. [11] Soweit jeweils gesetzlich zulässig sind während der Dauer dieses Vertrages gebildete andere Gewinnrücklagen auf Verlangen der A aufzulösen und zum Ausgleich eines Jahresfehlbetrages zu verwenden oder als Gewinn abzuführen. [12]

3.4. Die Abführung von Beträgen aus der Auflösung von Gewinnrücklagen und von Gewinnvorträgen, die vor Inkrafttreten dieses Vertrages gebildet wurden bzw. entstanden sind, sowie von Kapitalrücklagen nach § 272 Abs. 2 Nr. 1 bis 4 HGB (gleichgültig, ob diese vor oder während der Laufzeit dieses Vertrages gebildet wurden) ist ausgeschlossen; sie dürfen auch nicht zum Ausgleich eines Jahresfehlbetrages verwendet werden.

3.5. Die Verpflichtung zur Gewinnabführung gilt erstmals für den ganzen Gewinn des Geschäftsjahres der B, in dem dieser Vertrag gemäß § 9 wirksam wird. Vorbehaltlich vorrangiger gesetzlicher Regelungen entsteht der Anspruch auf Gewinnabführung jeweils am Schluss eines Geschäftsjahres und wird sofort fällig; der Anspruch ist ab diesem Zeitpunkt mit 5 % für das Jahr zu verzinsen. [13]

3.6. A kann Abschlagszahlungen auf die erwartete Gewinnabführung verlangen, wenn und soweit dies gesetzlich zulässig ist. [14] Entsprechend ist B berechtigt, im rechtlich zulässigen Umfang Abschlagszahlungen auf die erwartete Gewinnabführung zu leisten.

3.7. Im Falle der Kündigung aus wichtigem Grund gemäß § 9.4 ist die B lediglich zur Abführung des anteiligen Gewinns, der bis zur handelsrechtlichen Beendigung des Vertrages entstanden ist, verpflichtet.

§ 4 Verlustübernahme

Hinsichtlich der Verlustübernahme gelten die Vorschriften des § 302 AktG in seiner jeweils gültigen Fassung entsprechend. [15, 16]

§ 5 Steuerumlage

5.1. A ist berechtigt, für Gewerbesteuer und Körperschaftsteuer (einschließlich Solz) von B eine Umlage zu erheben. [17]

5.2. Die Berechnung der Umlage wird nach der sog. Verteilungsmethode vorgenommen, d.h. es wird nur der tatsächlich bei A anfallende Steueraufwand umgelegt. Dabei ist sicherzustellen, dass der verwendete Verteilungsschlüssel berücksichtigt, dass der von B zu tragende Steueranteil im Durchschnitt der Jahre nur die tatsächlich von A gezahlte und durch B wirtschaftlich verursachte Steuer umfasst. [18]

5.3. Der Umlage- bzw. Erstattungsbetrag entsteht mit Ablauf des Wirtschaftsjahres, zu dem er wirtschaftlich gehört, und wird nach Mitteilung der Berechnung an B fällig. A hat das Recht, bereits während des laufenden Jahres Vorauszahlungen auf den voraussichtlichen Umlagebetrag zu verlangen.

§ 6 Jahresabschluss

6.1. B hat den Jahresabschluss so zu erstellen, dass der Gewinn bzw. der Verlust als Verbindlichkeit bzw. Forderung gegenüber A ausgewiesen wird.

6.2. Endet das Wirtschaftsjahr der B zugleich mit dem Wirtschaftsjahr der A, so ist gleichwohl das zu übernehmende Ergebnis der B im Jahresabschluss der A für das gleiche Wirtschaftsjahr zu berücksichtigen.

6.3. Der Jahresabschluss der B ist der A vor seiner Feststellung durch die Gesellschafterversammlung zur Kenntnisnahme, Prüfung und Abstimmung vorzulegen.

6.4. Der Jahresabschluss der B ist vor dem Jahresabschluss der A zu erstellen und festzustellen.

6.5. Sofern und soweit die Finanzverwaltung Fehler im Jahresabschluss der B beanstandet, werden die Parteien derart zusammenarbeiten, dass entsprechend den Bestimmungen des § 14 Abs. 1 Nr. 3 Satz 4 KStG spätestens in dem nächsten nach dem Zeitpunkt der Beanstandung des Fehlers aufzustellenden Jahresabschluss der Parteien der Fehler korrigiert und das Ergebnis entsprechend abgeführt oder ausgeglichen wird, soweit es sich um einen Fehler handelt, der in der Handelsbilanz zu korrigieren ist. [19]

§ 7 Ausgleichszahlung [20]

7.1. A zahlt den außenstehenden Gesellschaftern der B für jedes volle Geschäftsjahr der B einen festen [21] Ausgleich von __________ € brutto je __________ € Geschäftsanteil an der B, abzüglich der auf Grund der Ausgleichszahlung entstehenden Körperschaftsteuerbelastung, einschließlich Nebensteuern wie zurzeit Solidaritätszuschlag, nach dem jeweils für diese Steuern für das betreffende Geschäftsjahr, für das die Ausgleichszahlung geleistet wird, geltenden Steuertarif. [22] Der zur Auszahlung gelangende Betrag reduziert sich des Weiteren um die nach den jeweiligen gesetzlichen Bestimmungen einzubehaltende Kapitalertragsteuer (zzgl. SolZ).

7.2. Die Ausgleichszahlung nach 7.1 erfolgt erstmals für das Geschäftsjahr der B, in dem dieser Vertrag wirksam wird. Sollte dieser Vertrag während eines Geschäftsjahres der B enden oder die B während der Dauer dieses Vertrages ein Rumpfgeschäftsjahr bilden, mindert sich die Ausgleichszahlung zeitanteilig.

Die Ausgleichszahlung ist am ersten Bankarbeitstag nach der ordentlichen Gesellschafterversammlung der B für das abgelaufene Geschäftsjahr fällig.

7.3. Falls das Stammkapital der B aus Gesellschaftsmitteln gegen Ausgabe neuer Geschäftsanteile erhöht wird, vermindert sich der je __________ € Geschäftsanteil zu zahlende Ausgleich nach 7.1 in der Weise, dass der Gesamtbetrag der Ausgleichszahlung unverändert bleibt. [23]

7.4. Falls das Stammkapital der B unter Gewährung eines Bezugsrechts an die außenstehenden Gesellschafter erhöht wird, gelten die Rechte aus diesem § 7 auch für die von außenstehenden Gesellschaftern bezogenen Geschäftsanteile aus der Kapitalerhöhung unter entsprechender Erhöhung des Gesamtbetrags des nach 7.1 zu zahlenden Ausgleichs. [24]

7.5. Falls das in § 2 des Spruchverfahrensgesetzes bestimmte Gericht rechtskräftig einen höheren Ausgleich im Rahmen eines Verfahrens nach dem Spruchverfahrensgesetz festsetzt, können die außenstehenden Gesellschafter, auch wenn sie inzwischen abgefunden wurden, eine entsprechende Ergänzung des von ihnen bezogenen Ausgleichs verlangen (§ 13 Abs. 2 SpruchG). Auch werden alle übrigen außenstehenden Gesellschafter gleichgestellt, wenn sich die A gegenüber einem Gesellschafter der B in einem Vergleich zur Abwendung oder Beendigung eines Verfahrens nach dem Spruchverfahrensgesetz zu einem höheren Ausgleich verpflichtet. [25]

§ 8 Abfindung [26]

8.1. A verpflichtet sich, auf Verlangen eines außenstehenden Gesellschafters der B dessen Geschäftsanteile gegen Abfindung zu erwerben. A gewährt jedem außenstehenden Gesellschafter je __________ € Geschäftsanteil an der B eine Barabfindung von __________ €. [27]

8.2. Die Verpflichtung der A nach 8.1 ist befristet. Die Frist endet zwei Monate nach der Veröffentlichung des Abfindungsangebots durch die A, frühestens jedoch zwei Monate nach dem Tag, an dem die Eintragung des Bestehens dieses Vertrages in das Handelsregister des Sitzes der B nach § 10 HGB als bekannt gemacht gilt. Eine Verlängerung der Frist nach § 305 Abs. 4 S. 3 AktG analog wegen Antrags auf Bestimmung des Ausgleichs oder der Abfindung durch das in § 2 des Spruchverfahrensgesetzes bestimmte Gericht bleibt unberührt. [28] **In diesem Fall endet die Frist 2 Monate nach dem Tag, an dem die Entscheidung über den zuletzt beschiedenen Antrag im elektronischen Bundesanzeiger bekannt gemacht worden ist.**

8.3. Die Auszahlung der Barabfindung gegen Übertragung der Geschäftsanteile erfolgt für die außenstehenden Gesellschafter der B kostenfrei. A wird die Einzelheiten der Zahlungsabwicklung gesondert bekannt machen.

8.4. Falls während des Laufes der – ggf. verlängerten – Frist nach 8.2 das Stammkapital der B aus Gesellschaftsmitteln gegen Ausgabe neuer Geschäftsanteile erhöht wird, vermindert sich der Betrag der Abfindung je __________ € Geschäftsanteil in dem Maße, dass der Gesamtbetrag der Abfindung nach 8.1 unverändert bleibt.

8.5. Falls das in § 2 des Spruchverfahrensgesetzes bestimmte Gericht rechtskräftig eine höhere Abfindung im Rahmen eines Verfahrens nach dem Spruchverfahrensgesetz festsetzt, können auch bereits abgefundene Gesellschafter eine entsprechende Ergänzung der Abfindung verlangen. [29] **Auch werden alle übrigen außenstehenden Gesellschafter gleichgestellt, wenn sich A gegenüber einem Gesellschafter der B in einem Vergleich zur Abwendung oder Beendi-**

gung eines Verfahrens nach dem Spruchverfahrensgesetz zu einem höheren Ausgleich verpflichtet.

§ 9 Wirksamwerden, Dauer und Kündigung

9.1. Dieser Vertrag bedarf zu seiner Wirksamkeit der Zustimmung durch Beschluss der Gesellschafterversammlung der A und der Gesellschafterversammlung der B. [30, 31]

9.2. Dieser Vertrag wird mit der Eintragung in das Handelsregister am Sitz der B wirksam. Er gilt – mit Ausnahme der in § 1 vorgesehenen Leitungs- und Weisungsbefugnis – rückwirkend ab dem Beginn des Geschäftsjahres der B, in dessen Verlauf der Vertrag in das Handelsregister am Sitz der B eingetragen wird. [32]

9.3. Dieser Vertrag kann erstmals zum Ablauf des ____________, jedoch nicht früher als fünf Zeitjahre (Mindestvertragslaufzeit) nach dem Beginn des Geschäftsjahres, für das eine körperschaftsteuerliche und gewerbesteuerliche Organschaft auf Grund dieses Vertrages erstmals anerkannt wird, unter Einhaltung einer Kündigungsfrist von drei Monaten zum Geschäftsjahresende der B gekündigt werden. [33] Dies gilt sinngemäß auch für die einvernehmliche Aufhebung dieses Vertrages. Wird er nicht gekündigt, so verlängert er sich bei gleicher Kündigungsfrist um jeweils ein Geschäftsjahr.

9.4. Das Recht zur Kündigung des Vertrages aus wichtigem Grund ohne Einhaltung einer Kündigungsfrist bleibt unberührt. [34] Als wichtiger Grund ist insbesondere anzusehen:

9.4.1. Der Abschluss eines Vertrages, der eine Veräußerung von oder sonstige Verfügung über Anteile an der B in einem Umfang, der zur Folge hat, dass die Voraussetzungen der finanziellen Eingliederung der B in die A gemäß den steuerrechtlichen Vorgaben nicht mehr vorliegen, insbesondere wenn A nicht mehr die Mehrheit der Geschäftsanteile bzw. der Stimmrechte an der B hält; [35]

9.4.2. Die Einbringung, Abspaltung, Ausgliederung oder der Formwechsel (in eine andere Rechtsform als der einer Kapitalgesellschaft) der Beteiligung an der B durch A;

9.4.3. Die Umwandlung, Verschmelzung, Spaltung, Liquidation oder vergleichbare Rechtsakte einer der Vertragsparteien; [36]

9.4.4. Das Vorliegen eines wichtigen Grundes im Sinne von R 14.5 Abs. 6 KStR 2015 oder gemäß Org. 12 bzw. Org. 26 des BMF-Schreibens vom 11. November 2011 oder einer entsprechenden Ersatzvorschrift;

9.4.5. Der anderweitige Verlust der finanziellen Eingliederung im Sinne des § 14 Abs. 1 Nr. 1 KStG wie in der Präambel dieses Vertrages beschrieben;

9.4.6. Das Inkrafttreten neuer steuerlicher Vorschriften, die die von den Parteien verfolgten Zwecke wesentlich beeinträchtigen.

9.5. Die Kündigung bedarf der Schriftform.

§ 10 Sicherheitsleistung [37]

Bei Beendigung des Vertrages ist A verpflichtet, den Gläubigern der B auf deren Verlangen in entsprechender Anwendung des § 303 AktG Sicherheit zu leisten.

§ 11 Schlussbestimmungen

11.1. Wegen der Auslegung einzelner Bestimmungen dieses Vertrages wird auf die §§ 14 und 17 KStG in ihrer jeweils gültigen Fassung verwiesen, insbesonde-

re ist die dynamische Verlustübernahmeverpflichtung vorrangig vor anderen vertraglichen Regelungen anzuwenden, wenn Letztere in Widerspruch hierzu stehen sollten. [38]

11.2. Sollten Bestimmungen dieses Vertrages oder eine künftig in ihm aufgenommene Bestimmung ganz oder teilweise nicht rechtswirksam oder durchführbar sein oder ihre Rechtswirksamkeit oder Durchführbarkeit später verlieren, soll hierdurch die Gültigkeit der übrigen Bestimmungen des Vertrages nicht berührt werden. Das Gleiche gilt, soweit sich herausstellen sollte, dass der Vertrag eine Regelungslücke enthält. Anstelle der unwirksamen oder undurchführbaren Bestimmung oder zur Ausfüllung der Lücke soll eine angemessene Regelung gelten, die, soweit rechtlich möglich, dem am nächsten kommt, was die Vertragsparteien gewollt haben würden, wenn sie bei Abschluss dieses Vertrages oder bei der späteren Aufnahme der Bestimmung den Punkt bedacht hätten.

11.3. Das gilt auch, wenn die Unwirksamkeit einer Bestimmung auf einem in dem Vertrag vorgeschriebenen Maß der Leistung oder Zeit (Frist oder Termin) beruht. Es soll dann ein dem Gewollten möglichst nahekommendes, rechtlich zulässiges Maß der Leistung oder Zeit als vereinbart gelten.

11.4. Ergänzungen und Änderungen dieses Vertrages bedürfen der Schriftform, soweit nicht gesetzlich eine andere Form vorgeschrieben ist.

11.5. Auf die Regelungen dieses Vertrages findet das Recht der Bundesrepublik Deutschland Anwendung. Der Gerichtsstand ist ____________. Im Falle der Abweichung der deutschen von der englischen Fassung dieses Vertrages hat die deutsche Fassung Vorrang.

11.6. Die durch und im Zusammenhang mit dem Abschluss dieses Vertrages entstehenden Kosten trägt die A.

____________, den ____________

____

Geschäftsführer A GmbH

____

Geschäftsführer B GmbH [39]

Template

52 **Domination and Profit and Loss Transfer Agreement**

between

____________ GmbH [Parent] with registered office in ____________, registered with the commercial register of the Local Court of ____________ under No. HRB ____________,

– hereinafter A –

and

____________ GmbH [Subsidiary] with registered office in ____________, registered with the commercial register of the Local Court of ____________ under No. HRB ____________,

– hereinafter B –

– A and B together hereinafter also »Parties« –

Preamble

A has, since the start of the current financial year of B, continuously held shares in B in an amount granting to it the majority of voting rights arising from the shares in B (financial integration).

In light of the existing financial integration of B into A, the following Domination and Profit and Loss Transfer Agreement (Agreement) is hereby entered into between the Parties for the purpose of establishing a fiscal unity as defined in § 14, § 17 of the German Corporate Income Tax Act (KStG):

§ 1 Direction and Authority to Give Instructions

1.1. B places the direction of its company under the control of A.

1.2. A is entitled to give instructions to the management of B in general or on a case by case basis with respect to the direction of the company in analogy to § 308 of the German Stock Corporation Act (»AktG«).

1.3. The management of B is obligated, within the limits of applicable law, to follow the instructions given by A.

1.4. Instructions may be given in writing, by fax (also by email) or orally. If any instruction is given orally, such instruction must without delay be confirmed in writing or by fax (also by email) if so requested by the management of B.

1.5. Any instruction to amend, modify, maintain or terminate this Agreement may not be issued.

1.6. Instructions pursuant to § 1.3 of this Agreement which have been given prior to termination, but which have not yet been implemented, are no longer binding.

§ 2 Right of Information and Inspection

2.1. The managing directors of A may at any time request from B information they wish to obtain about legal, business, financial, human resources and administrative matters of B. Notwithstanding such rights granted to A herein, B shall regularly report on the development of its business, including, but not limited to, significant business transactions.

2.2. The managing directors of A may further at any time, either themselves or through experts subject to professional secrecy, inspect all books and records of B.

§ 3 Profit Transfer

3.1. With respect to the profit transfer the provisions of § 301 German Stock Corporation Act (AktG) as amended from time to time shall apply mutatis mutandis in its entirety.

3.2. During the term of this Agreement B undertakes to transfer its entire profit as determined in accordance with applicable provisions under German commercial law to B. The amount to be transferred shall be – subject to the creation or dissolution of reserves according to 3.3 and 3.4 hereof – the annual net profit resulting without the profit transfer, less any losses carried forward from the previous year and any amounts blocked from distribution in accordance with § 268 (8) German Commercial Code (HGB).

3.3. B may, subject to the approval of A, allocate amounts from the annual net profit to profit reserves pursuant to § 272 (3) HGB except for legal reserves only to the extent permitted by commercial law and economically justified based on a reasonable commercial judgment. To the extent legally possible, any other profit reserves created during the term of this Agreement shall be dissolved by B at the request of A in order to compensate any annual net loss or in order to be transferred as profit.

3.4. Any transfer of amounts from a dissolution of profit reserves created prior to this Agreement entering into force as well as profits carried forward if such profits were incurred prior to this Agreement entering into force and capital reserves pursuant to § 272 (2) No. 1 through 4 HGB (regardless whether such reserves were created prior or during the term of this Agreement) shall be excluded; nor may any such amounts be used to compensate a net loss for the year.

3.5. The obligation to transfer profits shall apply for the first time for the entire profit of the financial year of B in which this Agreement becomes effective as provided for in § 9. Notwithstanding prior-ranking legal provisions the entitlement to the profit transfer will arise at the end of each financial year and the amount to be transferred as profit shall be due for payment immediately, carrying interest at a rate of 5 % p.a. as of such date.

3.6. A may request that payments on account be made on the expected profit to be transferred, if and to the extent permitted by law. Correspondingly, B is entitled to make payments on account on the expected profit to be transferred if and to the extent legally permitted.

3.7. In the event of a termination for cause as provided for in § 9.4 hereof, B shall only be obligated to transfer the proportionate profit, accrued until the date on which this Agreement terminates in accordance with applicable commercial law.

§ 4 Loss Absorption

The provisions governing the absorption of losses set forth in § 302 AktG as amended from time to time shall apply *mutatis mutandis* in its entirety.

§ 5 Allocation Charge for Taxes

5.1. A shall be entitled to impose a charge on B for the purpose of allocation of municipal trade tax and corporate income tax (including supplementary taxes like currently solidarity surcharge).

5.2. The amount of such charge will be calculated in accordance with the »allocation method«, i.e. only the taxes actually incurred by A will be charged. It must be ensured that the allocation formula to be used for this purpose will take into account that the share in the relevant taxes to be borne by B will only include, on average of the years, such taxes that were actually paid by A and economically caused by B.

5.3. The charge or refund will arise upon the end of the financial year to which it is related to economically and will become due for payment after notification of its calculation to B. A is entitled to request an advance payment on the expected amount of the charge during any current financial year.

§ 6 Annual Financial Statements

6.1. B shall prepare the annual financial statements reflecting any profit or loss respectively as owed to A and any loss as owed by A.

6.2. If the financial year of B ends at the same time as the financial year of A, B´s profit to be transferred or the loss to be absorbed, as the case may be, shall nevertheless be taken into account in the financial statements of A for the same financial year.

6.3. The annual financial statements of B shall be submitted to A for information, inspection and consultation before approval by the shareholders´ meeting.

6.4. The annual financial statements of B shall be prepared and adopted before preparation of the annual financial statements of A.

6.5. If and to the extent the tax authorities query errors in B´s financial statements and to the extent the error has to be corrected in the commercial accounts the Parties will cooperate in order to correct the error in accordance with § 14 (1) no. 3 sentence 4 KStG at the latest in the financial statements to be prepared following the query and the respective result shall be transferred or settled accordingly.

§ 7 Guaranteed Dividend

7.1. A shall pay to the outside shareholders of B for each full financial year of B a fixed amount of ____________ € gross per ____________ € share of B, less any corporation income tax triggered by such guaranteed dividend including supplementary taxes like currently solidarity surcharge in accordance with the tax tariff applicable for the respective financial year. The amount due for payment is further reduced by the respective withholding tax (plus solidarity surcharge) to be withheld in accordance with legal requirements.

7.2. The payment according to 7.1 shall be made for the first time for the financial year of B, in which this Agreement has become effective. In case this Agreement terminates in the course of B´s financial year or if during the term of this Agreement B establishes a short financial year, the payment shall be reduced pro rata temporis. The payment shall become due on the first banking day following the shareholders´ meeting of B approving the financial statements of the preceding financial year.

7.3. In case B increases its share capital by way of conversion of its reserves and issue new shares, the guaranteed dividend per share shall decrease in such a way that the total amount of the guaranteed dividend remains unchanged.

7.4. If the share capital of B is increased taking into account subscription rights of the outside shareholders, the rights arising from this § 7 shall also accrue to the shares subscribed by the outside shareholders in the course of the capital increase and the total amount of the guaranteed dividend payable according to 7.1 will increase accordingly.

7.5. In the case that the court competent according to § 2 of the German Law on Appraisal Proceedings (SpruchG) increases, in a non-appealable decision in the course of a procedure according to the German Law on Appraisal Proceedings the amount of the guaranteed dividend, the outside shareholders are entitled to request a corresponding increase to the guaranteed dividend they have received, even if they have already tendered their shares against compensation (§ 13 sentence 2 SpruchG). Likewise, all other outside shareholders shall be treated equally if A, in a settlement to avoid or terminate appraisal proceedings within the meaning of § 1 no. 1 SpruchG, agrees to pay a higher guaranteed dividend to a shareholder of B.

§ 8 Compensation

8.1. Upon demand of an outside shareholder of B, A is obliged to acquire the shareholder´s shares against compensation. For each __________ € share of B A shall grant to the outside shareholder a compensation in cash of __________ €.

8.2. The obligation of A pursuant to 8.1 is limited to a specific tender period. The tender period shall expire two months after the date on which the compensation offer by A has been disclosed, but not earlier than two months after the day the registration of this Agreement in the commercial register of B shall be deemed to have been announced in accordance with § 10 HGB. An extension of the tender period in analogy to § 305 para. 4 sentence 3 AktG due to an application of the determination of the guaranteed dividend or the compensation payment by the court as foreseen in § 2 SpruchG shall remain unaffected by this provision. In this case the tender period expires two months after the day on which the decision on the lastly decided application has been publicized in the electronic Federal Gazette.

8.3. The payment of the compensation in cash against transfer of the shares is made free of charge for the outside shareholders of B. A shall disclose the particularities of the payment procedure separately.

8.4. If, during the course of the tender period according to 8.2 (potentially extended) the share capital of B is increased by way of conversion of the companies reserves, the amount of the compensation per __________ € share will decrease to the extent that the overall amount of the compensation according to 8.1 remains unchanged.

8.5. In case that the court competent according to § 2 SpruchG increases, in a non-appealable decision in the course of a procedure according to the German Law on Appraisal Proceedings the amount of the compensation, the outside shareholders are entitled to request a corresponding increase to the compensation they have received, even if they have already tendered their shares against compensation. Likewise, all other outside shareholders shall be treated equally if A, in a settlement to avoid or terminate appraisal proceedings agrees to pay a higher compensation to a shareholder of B.

§ 9 Effectiveness, Term and Termination

9.1. This Agreement shall require the approval by way of a resolution of the shareholder´s meeting of A and of the shareholder´s meeting of B in order to be valid.

9.2. This Agreement shall become effective upon registration in the commercial register at the seat of B. Except for the right of direction and the right to give instructions as set forth in § 1 hereof, this Agreement shall apply retroactively as of the beginning of the financial year in which the Agreement is registered in the commercial register at the seat of B;

9.3. This Agreement is concluded for an indefinite period of time and may be terminated for the first time effective by __________, however, not before five years (minimum contract period) have elapsed after commencement of the financial year in which the fiscal unity for corporate income tax and municipal trade tax established by this Agreement was recognized for the first time, by observing a notice period of three months to the end of the relevant financial year of B. If the financial year of B is changed, this Agreement shall continue to remain in effect through the end of the financial year ending after the laps of five years.

This shall apply mutatis mutandis in the event of a mutual cancellation of this Agreement. If the Agreement is not terminated, it shall be renewed by additional terms of one financial year each subject to the same notice period.

9.4. The right to terminate this Agreement for good cause without observing any notice period shall remain unaffected. Including but without limitation, the following shall constitute good cause:

9.4.1. The conclusion of a sales contract or any other disposal over shares in B in an amount so that the requirements for a financial integration of B into A under applicable tax laws and regulations are no longer fulfilled, in particular if A no longer holds the majority of the shares or the voting rights in B;

9.4.2. The contribution, split-off, spin-off or conversion (into another legal form than a corporation) of the shareholding in B by A;

9.4.3. The reorganization, merger, division, liquidation or similar transactions by any of the Parties;

9.4.4. A cause as defined in section R 14.5 (6) of the German Corporate Income Tax Guidelines 2015 or according to Org. 12 or Org. 26 of the circular of the Ministry of Finance dated November 11, 2011 or any corresponding substitutional provision;

9.4.5. Any other loss of the financial integration as defined in § 14 (1) No. 1 KStG, as described in the Preamble hereof;

9.4.6. The implementation of new tax provisions that impact the Parties´ purposes pursued substantially.

9.5. Any notice of termination must be given in writing in order to be valid.

§ 10 Security

Upon termination of this Agreement, A shall be obligated to provide security to the creditors of B at their request in analogous application of § 303 AktG.

§ 11 Final Provisions

11.1. With respect to the interpretation of individual provisions hereof, reference is made to § 14 and § 17 KStG as amended from time to time, in particular the dynamic loss absorption obligation takes priority over any other provisions of this Agreement in case the latter should be in contrast thereto.

11.2. Should any provision of this Agreement, or any provision to be incorporated at a later date, be or become invalid or unenforceable in whole or in part, this shall not affect the validity of the remaining provisions hereof. The same shall apply if and to the extent that this Agreement should contain a gap. Any invalid or unenforceable provision shall be replaced and any gap shall be filled by such an appropriate provision which, to the extent legally permitted, comes as close as possible to what the Parties would have agreed upon if they had considered this point when signing this Agreement or when incorporating a provision at a later date.

11.3. This shall also apply if the invalidity of a provision is due to a measure of performance or time (period or deadline) set forth herein. In such a case, a legally permitted measure of performance or time shall be deemed agreed which comes as close as possible to what the Parties intended.

11.4. Additions and amendments to this Agreement shall be made in writing, unless legally a more severe form is required.

11.5. The provisions of this Agreement shall be governed by, and construed in accordance with the laws of the Federal Republic of Germany. The place of jurisdiction is ____________. In case of any discrepancies between the German and the English version of this Agreement, the German version shall prevail.

11.6. Any costs incurred as a result of the execution of this Agreement shall be borne by A.

____________, ____________

____

Managing Director A GmbH

____

Managing Director B GmbH

Erläuterungen

Literatur: *Petersen* »Heilung von Bilanzierungsfehlern im Rahmen der Organschaft« WPg 2018, 659; *Oser/Wirtz*, »Keine Abführungssperre für Bewertungsgewinne aus der Anwendung des § 253 Abs. 2 HGB n.F.« DB 2017, 261; *Kröner* »Abführung des »richtigen Gewinns« einer Organgesellschaf nach Änderung von § 253 HGB«, WPg 2017, 796; *Kessler/Egelhof*, »Außerbilanzielle Ausschüttungssperren in der Organschaft«, DStR 2017, 998; *Brühl* »Neues Ungemach bei der Mindestlaufzeit von Gewinnabführungsverträgen in Umwandlungsfällen?« DStR 2015, 1896; *Forst/Suchanek/Martini*, »Risiken bei der Veräußerung von Organgesellschaften hinsichtlich der Fiktion der tatsächlichen Durchführung« GmbHR 2015, 408; *Scheifele/Marx*, »Die zeitliche Anforderungen an den Gewinnabführungsvertrag und seine Durchführung – Zugleich Besprechung des BFH-Urteils vom 13.11.2013 – I R 45/12« DStR 2014, 1793; *Gärtner*, »Rückabwicklung überhöhter Gewinnabführung« AG 2014, 793; *Mayer/Wiese*, »Zur Verlustübernahme nach der »kleinen Organschaftsreform« – Vertragsformulierungen im Lichte der Übergangsvorschrift« DStR 2013, 629; *Scheifele/Hörner*, »Neue formale Anforderungen an die Reglung der Verlustübernahme in Gewinnabführungsverträgen: Handlungsbedarf für Alt- und Neuverträge« DStR 2013, 553; *Stangl/Brühl*, »Brennende Zweifelsfragen des § 17 Satz 2 Nr. 2 KStG nach der »kleinen Organschaftsreform« DB 2012, 538; *Heurung/Engel/Müller-Thomczik*, Der »wichtige Grund« zur Beendingung des Gewinnabführungsvertrags« GmbHR 2012, 1227; *Baldamus*, »Gestaltungsspielraum bei Art und Maß von Ausgleichszahlungen nach § 304 AktG«, Ubg 2010, 483; *Kieker/Vollmar*, »Änderung des Höchstbetrags der Gewinnabführung durch das BilMoG – Auswirkungen auf die steuerliche Anerkennung von Organschaftsverhältnissen?« DStR 2009, 842; *Lanfermann/Röhricht*, »§ 268 Abs. 8 HGB als neue Generalnorm für außerbilanzielle Ausschüttungssperren« DStR 2009, 1216; *Mühl/Wagenseil*, »Der Gewinnabführungsvertrag – gesellschafts- und steuerrechtliche Aspekte« NZG 2009, 1253; *Zeidler*, »Ausgewählte Probleme des GmbH – Vertragskonzernrechts« NZG 1999, 692.

53 **1.** Der vorliegende Mustervertrag bedarf nach h.M. gemäß § 15 Abs. 4 GmbHG entgegen dem Wortlaut der Regelung der notariellen Beurkundung. Nach § 15 Abs. 4 GmbHG bedarf ein Vertrag, durch welchen eine Verpflichtung eines Gesellschafters zur Abtretung eines Geschäftsanteils begründet wird, der notariellen Beurkundung. In § 8 des Musters verpflichtet sich A zur Abnahme der Geschäftsanteile eines außenstehenden Gesellschafters der B, sofern der außenstehende Gesellschafter dies verlangt. Entgegen dem Wortlaut des § 15 Abs. 4 GmbHG nimmt die h.M. an, dass diese Verpflichtung zum Erwerb der Geschäftsanteile auch ohne korrespondierende Verpflichtung des außenstehenden Gesellschafters zur Abtretung der Geschäftsanteile formbedürftig ist (RGZ 57, 60; 102, 63; 127, 65; 149, 385; OLG München BB 1995, 427; Scholz/*Seibt* GmbHG § 15 Rn. 52; Ulmer/Habersack/*Löbbe* GmbHG § 15 Rn. 68). Dies wird damit begründet, dass sich regelmäßig für den außenstehenden Gesellschafter aus der Abnahmeverpflichtung spätestens dann eine Abtretungsverpflichtung ergibt, sobald er sich entschließt, die Abnahme zu fordern (Ulmer/Habersack/*Löbbe* GmbHG § 15 Rn. 68). Damit bedürfen Unternehmensverträge immer dann der

notariellen Beurkundung nach § 15 Abs. 4 GmbHG, sofern sie ein Abfindungsangebot enthalten, nach dem sich die herrschende Gesellschaft verpflichtet, die Geschäftsanteile eines außenstehenden Gesellschafters an der beherrschten Gesellschaft auf dessen Verlangen zu übernehmen. Ansonsten ist eine Beurkundung eines Unternehmensvertrags grundsätzlich nicht erforderlich.

Zu beachten ist darüber hinaus die mögliche mitbestimmungsrechtliche Wirkung eines Beherrschungsteils dieses Vertrages. Gem. § 1 DrittelbG ist der Aufsichtsrat einer GmbH grundsätzlich mit einem Drittel aus Arbeitnehmervertretern zu besetzen, sofern die Gesellschaft in der Regel mehr als 500 Arbeitnehmer beschäftigt. Nach § 1 Abs. 1 Nr. 3 S. 2 DrittelbG ist dann, unabhängig davon, ob der Gesellschaftsvertrag einen Aufsichtsrat vorsieht, zwingend ein Aufsichtsrat zu bilden und entsprechend zu besetzen. Im Konzern ist dabei eine Besonderheit hinsichtlich der Ermittlung des für den Anwendungsbereich des DrittelbG maßgebenden Schwellenwertes von in der Regel mehr als 500 Arbeitnehmern zu beachten. Gem. § 2 Abs. 2 DrittelbG gelten die Arbeitnehmer des abhängigen Unternehmens für die Ermittlung des Schwellenwertes als Arbeitnehmer des herrschenden Unternehmens, wenn zwischen den Unternehmen ein Beherrschungsvertrag besteht oder das abhängige Unternehmen in das herrschende Unternehmen eingegliedert ist. Es besteht mithin die Möglichkeit, dass das herrschende Unternehmen durch den Abschluss eines Beherrschungsvertrages in den Anwendungsbereich des DrittelbG fällt, mit der Folge, dass es einen Aufsichtsrat zu bilden und diesen zu einem Drittel mit Arbeitnehmervertretern zu besetzen hat, obwohl es für sich betrachtet möglicherweise eine Arbeitnehmeranzahl hat, die den Schwellenwert von 500 Arbeitnehmern nicht erreicht.

2. Durch das Gesetz zur Änderung und Vereinfachung der Unternehmensbesteuerung und des steuerlichen Reisekostenrechts (BGBl. I 2013, 285 ff.) ist die teilweise bisher noch erforderliche unbeschränkte Steuerpflicht für den Organträger aufgegeben worden. Die ertragsteuerliche Anerkennung der Organschaft erfordert keine unbeschränkt steuerpflichtige natürliche Person mehr und auch eine nicht steuerbefreite Körperschaft, Personenvereinigung oder Vermögensmasse (i.S.d. § 1 KStG) benötigt nicht mehr eine Geschäftsleitung im Inland, um als Organträger eingesetzt werden zu können. Darüber hinaus kann Organträger auch eine Personengesellschaft i.S.d. § 15 Abs. 1 Nr. 2 EStG ohne Geschäftsleitung im Inland sein, wenn sie eine Tätigkeit i.S.d. § 15 Abs. 1 Nr. 1 EStG ausübt. Die Beteiligungsvoraussetzung muss im Verhältnis zur Personengesellschaft selbst erfüllt sein. 54

Die Beteiligung an der Organgesellschaft muss jedoch gemäß § 14 Abs. 1 Satz 1 Nr. 2 Satz 4 KStG ununterbrochen während der gesamten Dauer der Organschaft einer inländischen Betriebsstätte im Sinne des § 12 der Abgabenordnung des Organträgers zuzuordnen sein. Ausländische Rechtsträger können somit ebenfalls als Organträger fungieren, wenn sie im Inland eine Betriebsstätte unterhalten, zu deren Betriebsvermögen die Beteiligung an der Organgesellschaft zugerechnet werden kann. 55

3. Als Organgesellschaft kommt unter steuerlichen Gesichtspunkten nur eine Kapitalgesellschaft nach §§ 14 Abs. 1 S. 1, 17 S. 1 KStG in Betracht, also insbesondere eine SE (Societas Europaea), AG, KGaA oder eine GmbH. Umstritten ist allerdings, ob eine Unternehmergesellschaft i.S.d. § 5a GmbH als Organgesellschaft fungieren kann. Wegen der Thesaurierungsverpflichtung wird dies teilweise für unmöglich gehalten, weil die Gesellschaft insoweit nicht ihren gesamten Gewinn abführen kann (*Weber* BB 2009, 847). Dieser Auffassung ist jedoch zu widersprechen, denn § 5a Abs. 3 GmbH ist als gesetzliche Rücklage normiert, deren zwingende Bildung in analoger Anwendung von §§ 300, 301 AktG den Höchstbetrag der Gewinnabführung entsprechend begrenzt (*Rubel* GmbHR 2010, 470). 56

Durch das Gesetz zur Änderung und Vereinfachung der Unternehmensbesteuerung und des steuerlichen Reisekostenrechts (BGBl. I 2013, 285 ff.) ist für die Organgesellschaft der bisher erforderliche doppelte Inlandsbezug aufgegeben worden. Es ist jetzt nur noch erforderlich, dass es sich bei der Organgesellschaft um eine Gesellschaft mit Geschäftsleitung im Inland und Sitz in einem Mitgliedstaat der Europäischen Union oder in einem Vertragsstaat des EWR-Abkommens handelt. Somit können auch einer deutschen Kapitalgesellschaft vergleichbare EU/EWR Gesellschaften mit

Geschäftsleitung im Deutschland als Organgesellschaft in eine steuerliche Organschaft einbezogen werden. Allerdings besteht in diesen Fällen oftmals die Schwierigkeit, überhaupt einen Gewinnabführungsvertrag abschließen zu können, denn teilweise kennt das ausländische Recht diesen Vertragstypus überhaupt nicht und es wären vertragliche Ersatzvereinbarungen abzuschließen. Weitere Fallstricke bestehen in Bezug auf die Transformation der Bilanzierung nach ausländischem in inländisches Recht (*Richter/Braun* GmbHR 2012, 18).

57 Nunmehr hat sich auch die Finanzverwaltung zum Verhältnis einer ertragsteuerlichen Organschaft und einer atypischen stillen Gesellschaft geäußert. Danach kann die atypische stille Gesellschaft selbst weder die Funktion als Organträger noch als Organgesellschaft wahrnehmen. Auch kann eine Kapitalgesellschaft, an der eine atypische stille Beteiligung besteht, weder Organgesellschaft noch Organträger sein (BMF Schreiben vom 20.08.2015, DStR 2015, 1979). Soweit eine umwandlungsrechtliche Rückwirkungsfiktion greift, kann die Rückwirkungsfrist bei der Berechnung der Mindestlaufzeit mitberücksichtigt werden, auch wenn der Rückwirkungszeitraum bereits vor der Gründung der Organgesellschaft beginnt (BFH Urt. vom 10.05.2017, I R 19/15, DB 2017, 2264). Mit dieser Rechtsprechung können verunglückte Organschaften ggf. geheilt werden, dennoch wird die Praxis aus Sicherheitsgründen häufig ein zusätzliches Vertragsjahr vereinbaren (*Prinz/Keller* DB 2018, 400, 405).

58 **4.** Für eine steuerrechtliche Anerkennung der Organschaft muss die Organgesellschaft vom Beginn ihres Wirtschaftsjahres an ununterbrochen finanziell in den Organträger eingegliedert sein. Hierzu muss der Organträger in einem solchen Maß an der Organgesellschaft beteiligt sein, dass ihm die Mehrheit der Stimmrechte aus den Anteilen an der Organgesellschaft zusteht. Für die Frage der Mehrheit sind mittelbare Beteiligungen zusammenzurechnen, wenn die Beteiligung an jeder vermittelnden Gesellschaft die Mehrheit der Stimmrechte gewährt. Darüber hinaus muss der Gewinnabführungsvertrag für einen Zeitraum von mindestens fünf Jahren abgeschlossen und tatsächlich durchgeführt werden (§ 14 Abs. 1 Nr. 1, 3 KStG). Nach der Rechtsprechung und der Auffassung der Finanzverwaltung bezeichnet dieser Fünfjahreszeitraum volle Zeitjahre, beginnend mit dem Anfang des Wirtschaftsjahres, in dem der Gewinnabführungsvertrag zivilrechtlich wirksam wird (R 14.5 Abs. 2 KStR 2015).

59 **5.** Es ist umstritten, ob aus dem Anwendungsbereich der Weisungsbefugnis gemäß § 308 AktG ganze Unternehmensbereiche ausgenommen werden können. Nach wohl überwiegender Ansicht ist es erforderlich und ausreichend, dass es dem Organträger durch die Übertragung der Leitungsfunktion möglich ist, eine auf das Gesamtinteresse der Unternehmen ausgerichtete Zielkonzeption zu entwickeln und im Wege der Ausübung der Leitungsmacht durchzusetzen (siehe MüKo AktG/*Altmeppen* § 291 Rn. 78 ff.). Demzufolge ist es wohl grundsätzlich möglich, ganze Unternehmensbereiche von dem Anwendungsbereich der Weisungsbefugnis auszunehmen, soweit die vorstehende Voraussetzung gewährleistet ist, nicht jedoch wesentliche Leitungsbereiche. Nach anderer Ansicht hingegen erfordert § 291 Abs. 1 S. 1 AktG die Unterstellung aller Leitungsfunktionen, da mit dem Begriff des Beherrschungsvertrages nicht beliebige Abstufungen der Leitungsgewalt, sondern vielmehr Einflussmöglichkeiten des anderen Vertragsteils auf grundsätzlich alle Leitungsfunktionen der Gesellschaft gemeint sind (siehe KK-AktG/*Koppensteiner* § 291 Rn. 46 f.). Für die Sicherstellung der für die umsatzsteuerliche Organschaft erforderliche organisatorische Eingliederung reicht ein Teilbeherrschungsvertrag allerdings nicht aus (Abschnitt 2.8 Abs. 10 S. 5 UStAE). Ferner ist strittig, ob der Organträger eine dritte konzernangehörige Gesellschaft zur Ausübung des Weisungsrechts bevollmächtigen kann. Dies wird von der überwiegenden Ansicht in der Literatur bejaht. Zwar ist die selbstständige Übertragung der Leitungsmacht und des Weisungsrechts unter Abgabe der Verantwortlichkeit ausgeschlossen, der Organträger kann jedoch die Ausübung der Leitungsmacht an eine andere Konzerngesellschaft delegieren, da so das Weisungsrecht und die Verantwortlichkeit bei ihm verbleiben (siehe GroßKomm-AktG/*Hirte* § 308 Rn. 24 f).

60 **6.** In jedem Fall ist es empfehlenswert dafür Sorge zu tragen, dass die erteilten Weisungen in angemessener und jederzeit zugänglicher Form bei beiden Vertragspartnern dokumentiert sind. Nur

so kann das Vorliegen der für die umsatzsteuerliche Organschaft erforderlichen organisatorischen Eingliederung auch gegenüber der Finanzverwaltung verlässlich nachgewiesen werden.

7. Der Umfang der Leitungsmacht im Beherrschungs- und Gewinnabführungsvertrag kann auch 61
bei der GmbH eingeschränkt werden. Insoweit umfasst das Weisungsrecht des Organträgers gemäß § 299 AktG nicht die Befugnis, den Vertrag zu ändern, aufrechtzuerhalten oder zu beenden.

8. § 301 AktG ist nach ganz h.A. auf die GmbH unmittelbar anwendbar. Auch wenn § 17 Abs. 1 62
Nr. 1 KStG keine wörtliche Erwähnung des § 301 AktG im Gewinnabführungsvertrag fordert (BMF-Schreiben vom 14.01.2010 BStBl I 2010, 65) wird hier empfohlen, eine Regelung in den Vertrag aufzunehmen. Die dynamische Verweisung auf die jeweils gültige Fassung des § 301 AktG vermeidet ggf. erforderlichen Anpassungsbedarf der Klausel bei künftigen Änderungen der Vorschrift.

9. Der Beherrschungs- und Gewinnabführungsvertrag muss sich auf die Abführung des »ganzen« 63
Gewinns beziehen; Teilgewinnabführungsverträge (z.B. eine atypische stille Gesellschaft) sind für die steuerliche Organschaft unzureichend. Demgegenüber hat die Existenz einer typischen stillen Beteiligung an der Organgesellschaft keine negative Auswirkung auf die steuerliche Anerkennung der Organschaft. Maßgebend ist der handelsrechtliche, nicht der steuerliche Gewinn (Streck/*Olbing* KStG § 14 Rn. 91; *Dötsch*/Pung/Möhlenbrock Die Körperschaftsteuer § 14 Rn. 79, 173).

10. Nach § 17 S. 2 Nr. 1 KStG darf die Gewinnabführung bei einer Organgesellschaft in der 64
Rechtsform der GmbH den in § 301 AktG genannten Höchstbetrag nicht überschreiten. Dies hat zur Folge, dass nach § 268 Abs. 8 HGB ausschüttungsgesperrte Beträge (z.B. bei Aktivierung selbst geschaffener immaterieller Vermögensgegenstände des Anlagevermögens) künftig auch gegen eine Gewinnabführung im Rahmen eines Unternehmensvertrages gesperrt sind (siehe *Lanfermann/Röhricht* DStR 2009, 1216, 1218).

Mittlerweile ist auch die Behandlung der Ausschüttungssperre des § 253 Abs. 6 Satz 2 HGB (Bewertungsumstellung der Altersversorgungsverpflichtungen) geklärt. Da in § 301 Satz 1 AktG eine Bezugnahme auf § 253 Abs. 6 Satz 2 HGB fehlt, wird vom BMF mit Schreiben vom 23.12. 2016 (BStBl I 2017, 41) die Auffassung vertreten, dass die Ausschüttungssperre des § 253 Abs. 6 Satz 2 HGB keine Auswirkung auf die Höhe des abzuführenden Gewinns hat. U.E. ist diese Auffassung nicht schlüssig, denn die unterschiedliche Behandlung von ausschüttungsgesperrten Beträgen macht vor dem Hintergrund des damit verbundenen Zwecks der Stärkung der Gesellschaft keinen Sinn (*Zwirner* DStR 2016, 929, 932), denn andererseits betont der Gesetzgeber die Notwendigkeit, die Einmalbeträge aus der Bewertungsumstellung der Pensionsverpflichtungen nicht per Ausschüttung abfließen zu lassen. Warum dies bei der Gewinnabführung nicht maßgeblich sein soll, erschließt sich dem geneigten Betrachter nicht unbedingt (Kröner WPg 2017, 796). Dennoch wird man in der Praxis nicht umhinkommen, der Auffassung der Finanzbehörde zu folgen und die ausschüttungsgesperrten Beträge i.S.d. § 253 Abs. 6 Satz 2 HGB der Abführungsverpflichtung zu unterwerfen, auch wenn damit der Gleichklang zwischen dem Handels- und Aktienrecht aufgegeben wird. Die Gefahr, durch eine zu geringe Gewinnabführung die Durchführung und damit die steuerliche Anerkennung der ertragsteuerlichen Organschaft zu gefährden, ist schlicht nicht tragbar.

Die steuerliche Anerkennung der Organschaft ist zu versagen, wenn ein die zivilrechtliche Höchstgrenze des § 301 AktG übersteigender Betrag abgeführt wird (siehe *Kieker/Vollmar* DStR 2009, 842). Diese Auffassung teilt mittlerweile auch die Finanzverwaltung. Durch BMF-Schreiben vom 14.01.2010 (BStBl. I 2010, 65) wurde klargestellt, dass diese durch das BilMoG eingeführte Neuregelung ungeachtet ggf. abweichender vertraglicher Vereinbarungen zwingend zu berücksichtigen ist. Eine ausdrückliche Erwähnung der Begrenzung der Höhe der Gewinnabführung in den Gewinnabführungsverträgen von Organgesellschaften in der Rechtsform der GmbH wird weder für Alt- noch für Neuverträge gefordert. Trotzdem ist zu empfehlen, in Neuverträgen die aktuelle Rechtslage zu berücksichtigen.

In diesem Zusammenhang ist darauf hinzuweisen, dass durch das Gesetz zur Änderung und Vereinfachung der Unternehmensbesteuerung und des steuerlichen Reisekostenrechts (BGBl. I 2013,

285 ff.) in § 14 Satz 1 Nr. 3 Satz 4 und 5 KStG der Gesetzgeber unter gewissen Voraussetzungen die Möglichkeit zulässt, fehlerhafte Bilanzansätze nachträglich zu korrigieren und die Gewinnabführung bzw. Verlustübernahme entsprechend angepasst werden kann (OFD Frankfurt/M vom 30.05.2016, DStR 2016, 1375).

65 **11.** Für die steuerrechtliche Anerkennung der Organschaft darf die Organgesellschaft Beträge aus dem Jahresüberschuss nur insoweit in die Gewinnrücklagen (§ 272 Abs. 3 HGB) – mit Ausnahme der gesetzlichen Rücklagen – einstellen, als dies bei vernünftiger kaufmännischer Beurteilung wirtschaftlich begründet ist (§ 14 Abs. 1 Nr. 4 KStG). Für die steuerliche Anerkennung der Rücklagenbildung muss über den Wortlaut von § 14 Abs. 1 Nr. 4 KStG hinaus ein konkreter Anlass für die Rücklagenbildung vorliegen.

66 Die Einstellung von Gewinnen in die gesetzlichen Rücklagen (z.B. gemäß § 268 Abs. 8 HGB) ist jeweils in der erforderlichen Höhe zulässig. Nicht ohne weiteres zulässig ist allerdings die Bildung von Rücklagen gemäß den Bestimmungen des Gesellschaftsvertrages. Diese dürfen auch nur gebildet werden, wenn die Bildung bei vernünftiger kaufmännischer Beurteilung wirtschaftlich begründet ist (§ 14 Abs. 1 Nr. 4 KStG).

67 **Hinweis:** Für den Fall dass im Gesellschaftsvertrag der B GmbH vorgesehen sein sollte, dass ein bestimmter Betrag des Jahresüberschusses in eine Gewinnrücklage einzustellen ist (satzungsmäßige Rücklage), würde diese Satzungsregelung grundsätzlich im Widerspruch stehen zur Verpflichtung gemäß § 291 Abs. 1 S. 1 AktG und § 14 Abs. 1 S. 1 KStG, den gesamten Gewinn abzuführen. In solchen Fällen wäre daher zu empfehlen, im Zusammenhang mit dem Abschluss des Gewinnabführungsvertrages auch die entsprechende Satzungsbestimmung zu streichen bzw. anzupassen.

68 **12.** Diese Regelung ist dispositiv. Nach h.M. kann der Organträger die Auflösung und Abführung nur verlangen, sofern ihm dies ausdrücklich eingeräumt worden ist. Durch das Gesetz zur Änderung und Vereinfachung der Unternehmensbesteuerung und des steuerlichen Reisekostenrechts (BGBl. I 2013, 285 ff.) wird von § 17 Satz 2 Nr. 2 KStG nunmehr ein dynamischer Verweis auf § 302 AktG gefordert. In diesem Zusammenhang werden in der Literatur Zweifel geäußert, ob die in diesem Muster I 2 unter 3.3 Satz 2 ermöglichte Verrechnung der anderen Gewinnrücklagen das Regelungsergebnis des § 302 Abs. 1 AktG vertraglich festschreibt und den dynamischen Verweis auf § 302 AktG unter § 4 dieses Musters I 2 einschränkt. Dies wird mit guten Gründen vereint (*Stangl/Brühl* DB 2013, 538, 539 f). Wegen der noch bestehenden Unsicherheit wird hier empfohlen, zusätzlich auf die gesetzliche Zulässigkeit zu verweisen.

69 **13.** Die Pflicht zur Verzinsung als Voraussetzung der Organschaft ist umstritten und wird zum Teil als bloße Nebenpflicht für unerheblich gehalten. Dennoch ist nach Ansicht der Literatur die Aufnahme einer entsprechenden Regelung ratsam. Allerdings bestehen hinsichtlich der Fälligkeit des Anspruchs in der Literatur unterschiedliche Rechtsauffassungen. Hier wird hinsichtlich der Fälligkeit des Gewinnabführungsanspruchs auf eine Analogie zu den Verlustausgleichsansprüchen abgestellt und für entsprechend anwendbar erachtet (Gosch/*Neumann* KStG § 14 Rn. 318a, a.A. *Dötsch*/Pung/Möhlenbrock Die Körperschaftsteuer § 14 Rn. 438). Aber auch in dieser Hinsicht ist durch das Gesetz zur Änderung und Vereinfachung der Unternehmensbesteuerung und des steuerlichen Reisekostenrechts (BGBl. I 2013, 285 ff.) eine Unsicherheit entstanden, ob die statische Festlegung des Fälligkeitszeitpunktes der Gewinnabführung und der Verlustübernahme, die der aktuellen Rechtslage entspricht, nicht theoretisch auch Gesetzesänderungen unterliegen könnte und somit im Widerspruch zum dynamischen Verweis auf § 302 AktG in § 4 dieses Musters I 2 stehen könnte. Dies halten wir für zu weitgehend (g.A. *Stangl/Brühl* DB 2013, 538, 540; *Mayer/Wiese* DStR 2013, 629, 633). Dennoch halten wir es aus Vorsichtsgründen für opportun, den in der Literatur geäußerten Bedenken dadurch Rechnung zu tragen, dass durch die Einfügung eines Vorbehalts von vorrangigen gesetzlichen Regelungen zum Ausdruck gebracht wird, dass die Vertragsbedingungen insoweit nachrangig sind. Da im vorstehenden Muster allerdings nur der Fälligkeitszeitpunkt und die Verzinsung des Gewinnabführungsanspruchs bestimmt wird, sollten die in der Literatur geäußerten Bedenken ohnehin nur dann eingreifen, wenn man die Regelung auch für

den Verlustübernahmeanspruch analog regelt. Zu Letzterem schweigt das vorliegende Muster I 2 aber bewusst, vgl auch Rdn. I 73.

14. Sofern der Organträger daran interessiert ist, Teile des Gewinns vorab zu erhalten, ist dies durch Vorab-Abführungen möglich, soweit bereits ein Gewinn entstanden ist und die Abführung unter dem Vorbehalt erfolgt, dass am Jahresende ein ausreichender »Jahresüberschuss« vorhanden ist und überschießende Abschlagszahlungen als Darlehen behandelt werden (*Dötsch*/Pung/Möhlenbrock Die Körperschaftsteuer § 14 Rn. 525). 70

15. Die neuere Rechtsprechung und allgemein auch das Schrifttum kommen zu dem Ergebnis, dass § 302 AktG auch im GmbH-Konzernrecht entsprechend anwendbar ist, ohne dass es hierzu einer ausdrücklichen Vereinbarung im Unternehmensvertrag bedarf (BGH-Urt. v. 11.10.1999, GmbHR 1999, 1299, 1300; Baumbach/Hueck/*Beurskens* GmbHG KonzernR. Rn. 121). 71

Durch das Gesetz zur Änderung und Vereinfachung der Unternehmensbesteuerung und des steuerlichen Reisekostenrechts (BGBl. I 2013, 285 ff.) ist der Wortlaut des § 17 Satz 2 Nr. 2 KStG geändert worden. Die Vorschrift fordert jetzt zwingend einen dynamischen Verweis auf § 302 AktG (in seiner jeweils gültigen Fassung, Nur-Verweisklausel). Die bisher mögliche wörtliche Übernahme des Gesetzestextes von § 302 AktG (Nur-Wiedergabeklausel) ist nicht mehr ausreichend (*Scheifele/Hörner* DStR 2013, 553 (554).

Als problematisch werden sog. Kombinationsklauseln beurteilt, in denen zwar bestimmte auf Gewinnabführungsverträge anwendbare Vorschriften des § 302 AktG sprachlich wiedergegeben werden, zugleich aber auch die entsprechende Anwendung des § 302 AktG in seiner jeweils gültigen Fassung angeordnet wird (*Scheifele/Hörner* DStR 2013, 553, 554; *Stangl/Brühl* DB 2013, 538, 539). Daher wird von der Literatur empfohlen, auf eine Vermengung des dynamischen Verweises mit Wortlautwiedergaben innerhalb der Verlustübernahmeklausel zu verzichten. Der Nachteil besteht allerdings darin, dass sich der wesentliche Inhalt der Verlustübernahmeverpflichtung nicht mehr aus dem Vertrag selbst ergibt. Es bleibt abzuwarten, welche Position die Finanzverwaltung hierzu einnehmen wird.

Grund zur Besorgnis macht jedoch die aktuelle Rechtsprechung. Das Urteil des FG Niedersachsen (Urt. v. 11.11.2015, DStR 2016, 2398), fordert eine Anpassung des Wortlauts von Alt-Gewinnabführungsverträgen, die vor dem 15.12.2004 abgeschlossen wurden und keinen dynamischen Verweis auf § 302 AktG enthalten. Diese Altverträge können keinen Hinweis auf den neu mit Wirkung zum 15.12.2004 eingeführten § 302 Abs. 4 AktG (Verjährungsbestimmung) enthalten, weshalb sie nach Ansicht des Gerichts hätten angepasst werden müssen, um weiterhin steuerlich anerkannt werden zu können. Die Rechtsauffassung wurde vom BFH (Urt. v. 10.05.2017, I R 93/15, DB 2017, 2650) bestätigt. Die Finanzverwaltung war und ist diesbezüglich großzügiger und hatte mit BMF Schreiben vom 16.12.2005, BStBl. I 2006, 12) keine Wortlautanpassung gefordert. Die OFD Frankfurt/M hat diese Billigkeitsregelung mit Verfügung vom 30.05.2016 (DStR 2016, 1375) wiederholt, aber weist auch darauf hin, dass Gerichte an Billigkeitsmaßnahmen der Verwaltung nicht gebunden sind. Da die Rechtsprechung von einer Anpassungspflicht ausgeht, ist eine Anpassung des Wortlauts solcher Altverträge anzuraten (*Prinz/Keller* DB 2018, 400, 406).

Leider ist die Initiative des Bundesrats (BT-Drucks. 17/2823, S. 22 f.) zum Regierungsentwurf des Jahressteuergesetzes 2010 bisher nicht weiterverfolgt worden, das rein formale Erfordernis der Vereinbarung einer Verlustübernahme entsprechend den Vorschriften des § 302 AktG zu beseitigen. Nach dem damaligen Vorschlag des Bundesrates sollte Voraussetzung für die Anerkennung der körperschaftsteuerlichen Organschaft lediglich sein, dass eine Verpflichtung zur Verlustübernahme entsprechend den Vorschriften des § 302 AktG besteht. Eine ausdrückliche den Vorschriften des § 302 AktG (in allen seinen Bestandteilen und in den jeweiligen Regelungsfassungen) entsprechende Verlustübernahmevereinbarung wäre dann nicht mehr erforderlich gewesen und ein Hinweis auf § 302 AktG in der Verlustübernahmevereinbarung rein deklaratorischer Natur. Für die Anerkennung der körperschaftsteuerlichen Organschaft entscheidend wäre vielmehr nur gewesen, ob eine Verpflichtung zur Verlustübernahme zivilrechtlich besteht. In Übereinstimmung mit der Recht- 72 sprechung des BGH liegt eine solche Verpflichtung im GmbH-Konzern regelmäßig vor. Zu dieser praxistauglichen Vereinfachungsregelung konnte sich der Gesetzgeber leider nicht durchringen.

73 **16.** Nach der Rechtsprechung des BGH vom 11.10.1999 (DB 1999, 2457) und vom 14.02.2005 (DB 2005, 937) entsteht der sich aus dem Gewinnabführungsvertrag ergebende Anspruch auf Ausgleich eines Jahresfehlbetrags (§ 302 AktG) am Bilanzstichtag der beherrschten Gesellschaft und wird sofort fällig. Mithin ist der Verlustausgleichsanspruch nach §§ 352, 353 HGB ab dem Bilanzstichtag mit 5 % für das Jahr zu verzinsen. Der Verstoß gegen die Pflicht zur Verzinsung eines Verlustausgleichsanspruchs nach §§ 352, 353 HGB hat hingegen keine negativen Auswirkungen auf die steuerliche Anerkennung der Organschaft (H 14.5 KStR 2015; BMF, Schreiben vom 15.10.2007 – IV B 7 – S 2770/0 BStBl I 2007, 765). Anders könnte der Fall aber gewertet werden, wenn der Gewinnabführungsvertrag eine Verzinsung vorsieht, der Vertrag aber diesbezüglich nicht tatsächlich durchgeführt wird. Dötsch (*Dötsch*/Pung/Möhlenbrock Die Körperschaftsteuer § 14 Rn. 440) sieht darin eine Verletzung der Pflicht zur Vertragsdurchführung (§ 14 Abs. 1 Nr. 3 KStG) mit entsprechenden negativen steuerlichen Folgen. Wegen der durch die gesetzliche Neuregelung des § 17 Abs. 2 Nr. 2 KStG auftretenden Unsicherheiten in Bezug auf die Fälligkeit und Verzinsung vgl. Muster I 2 (Rdn. I 69).

74 **17.** Sofern auch eine umsatzsteuerliche Organschaft besteht, könnte hier auch die Umsatzsteuer angeführt werden. Der BGH hat im Urteil vom 29.01.2013 (DStR 2013, 478) erneut die zivilrechtlichen Ausgleichsansprüche der Organmitglieder bestätigt. Daher ist ein Steuerausgleich in Bezug auf die Umsatzsteuer auch ohne vertragliche Vereinbarung zwingend erforderlich.

75 **18.** Im hier vorliegend zu etablierenden Vertragskonzern kann frei darüber entschieden werden, ob eine Steuerumlage vereinbart wird oder nicht, da durch den Gewinnabführungsvertrag ohnehin der gesamte Gewinn abzuführen ist und die Steuerumlage lediglich eine Vorweg-Gewinnabführung darstellt. Ziel der Steuerumlage ist lediglich, jeder rechtlich selbständigen Gesellschaft den Steueraufwand zuzuweisen, der betriebswirtschaftlich auf sie entfällt, und dadurch Jahresabschlüsse von Gesellschaften ohne Organschaft und mit Organschaft vergleichbarer zu halten. Die Steuerumlage hat durch die Gleichschaltung von körperschaftsteuerlicher und gewerbesteuerlicher Organschaft ab dem Veranlagungszeitraum 2002 erheblich an Bedeutung verloren. Auch nach Auffassung der Finanzverwaltung besteht ein Wahlrecht, die Steuern im Organkreis umzulegen (Erl. des Fin-Min NRW vom 19.02.1964 DB 1964, 314). Dabei lässt die Finanzverwaltung sowohl die Verteilungs- als auch die stand-alone-Methode zu, verlangt allerdings, dass mindestens im Durchschnitt mehrerer Jahre nur die tatsächlich gezahlte Steuer umgelegt wird. Das BMF (Schreiben vom 12.09.2002 DB 2002, 2571) verlangt bei der Anwendung der stand-alone-Methode spätestens bei Beendigung der Organschaft einen Ausgleich für zu viel erhobene Umlagen. Der BGH (Urt. v. 01.12.2003 DB 2004, 241) lehnt die stand-alone-Methode ab, weil mehr als der tatsächliche Steueraufwand des Organträgers zur Verrechnung kommen kann und der Organträger gegenüber der Organgesellschaft zum Schadensersatz i.H. des Betrages verpflichtet ist, der einer den betriebswirtschaftlichen Grundsätzen folgenden Verteilungsmethode übersteigt.

76 **19.** Mit Gesetz zur Änderung und Vereinfachung der Unternehmensbesteuerung und des steuerlichen Reisekostenrechts (BGBl. I 2013, 285 ff.) ist erstmals eine Bestimmung zur Behandlung von Fehlern im Jahresabschluss der Organgesellschaft ins Körperschaftsteuergesetz aufgenommen worden. Gemäß § 14 Abs. 1 S. 1 Nr. 3 S. 4 KStG können unter gewissen Voraussetzungen Fehler im Jahresabschluss, die dazu geführt haben, dass ein falscher Gewinn abgeführt bzw. ein unrichtiger Verlust übernommen worden ist, nachträglich noch korrigiert werden (nähere Einzelheiten erläutern *Forst, Suchanek, Martini*, GmbHR 2015, 408 ff.; OFD Frankfurt/M Verfügung vom 30.05.2016 (DStR 2016, 1375). Damit wird den Steuerpflichtigen ein wichtiges Instrument an die Hand gegeben, das verhindern kann, dass ein Gewinnabführungsvertrag wegen falscher Gewinnabführung/Verlustübernahme als nicht ordnungsgemäß durchgeführt gilt und die ertragsteuerliche Organschaft nicht anerkannt wird. Dieses neu eingeführte Regime zur Korrektur des Jahresabschlusses machen sich die Vertragsparteien hier zu eignen und vereinbaren ein entsprechend koordiniertes und kooperatives Verhalten.

20. Ob eine Regelung, die außenstehenden Gesellschaftern der Organgesellschaft Ausgleichsansprüche analog § 304 AktG gegen den Organträger gewährt, für den GmbH-Vertragskonzern vorzunehmen ist, ist strittig. Nach h.M. finden die §§ 304 f AktG keine analoge Anwendung auf die GmbH. Begründet wird dies damit, dass der Abschluss eines Beherrschungs- und Gewinnabführungsvertrages auf Seiten der Organgesellschaft der Zustimmung aller Gesellschafter bedürfe. Demzufolge sei der Schutz der außenstehenden Gesellschafter mit Hilfe des Ausgleichsanspruches analog § 304 AktG obsolet, da der Minderheitsgesellschafter durch das Einstimmigkeitserfordernis bereits hinreichend geschützt sei (Baumbach/Hueck/*Beurskens* GmbHG KonzernR Rn. 94; Ulmer/Habersack/Winter/*Caspar* GmbHG Anh. § 77 Rn. 228; Emmerich/Habersack/*Emmerich* Aktien- und GmbH-Konzernrecht § 304 Rn. 11). Dennoch geht die Beratungspraxis den sicheren Weg und wendet die Vorschriften entsprechend an. Im Gegensatz dazu vertritt eine im Vordringen befindliche Mindermeinung die Ansicht, dass für den Abschluss eines Beherrschungs- und Gewinnabführungsvertrages auf Grund seiner materiell satzungsändernden Wirkung lediglich eine ¾-Mehrheit der Stimmen nach § 53 Abs. 2 GmbHG ausreicht. Daraus folgend bedürfe es zur Wahrung der Interessen der überstimmten Gesellschafter der analogen Anwendung der §§ 304, 305 AktG (*Lutter/Hommelhoff* GmbHG Anh. zu § 13 Rn. 52; Rowedder/Schmidt-Leithoff/*Schnorbus* GmbHG Anh. § 52 Rn. 94 f.). Dieser Fall könnte zumindest dann relevant sein, wenn die Satzung der betreffenden GmbH ausnahmsweise für den Zustimmungsbeschluss zum Unternehmensvertrag die qualifizierte Mehrheit genügen lässt (Baumbach/Hueck/*Beurskens* GmbHG KonzernR. Rn. 94, 118). 77

Ebenfalls noch nicht endgültig geklärt ist die Frage, ob ein Beherrschungs- und Gewinnabführungsvertrag mit einer GmbH als Organgesellschaft ohne Ausgleichsvereinbarung nichtig ist und damit auch die steuerliche Anerkennung zu versagen wäre. Maßgebende Stimmen in der steuerrechtlichen Literatur wollen den Gewinnabführungsvertrag unabhängig davon, ob eine Ausgleichszahlung vereinbart wurde oder nicht, steuerlich anerkennen (*Dötsch*/Pung/Möhlenbrock Die Körperschaftsteuer § 16 Rn. 10; *Frotscher*/*Drüen* KStG § 16 Rn. 20; *Walter* GmbHR 2016, 975).

21. Nach früherer Verwaltungsauffassung (BMF, Schreiben vom 13.09.1991 – IV B 7 – S. 2770–11/91, StEd 1991, 348) war es zulässig, dass der außenstehende Gesellschafter neben einem garantierten Festbetrag (Mindestausgleich) zusätzlich eine variable, vom Gewinn der Organgesellschaft abhängige, Ausgleichszahlung erhält, sofern der feste Mindestbetrag den Mindestausgleich nach § 304 Abs. 2 S. 1 AktG nicht unterschreitet. Demgegenüber hat der BFH mit Urt. v. 04.03.2009 (I R 1/08, DStR 2009, 1749) entschieden, dass die zusätzliche Vereinbarung einer variablen Ausgleichszahlung an außenstehende Gesellschafter der steuerlichen Anerkennung des Gewinnabführungsvertrages dann entgegensteht, wenn diese in jener Höhe vereinbart wird, um die der hypothetische Gewinnanspruch des Außenstehenden ohne die Gewinnabführung den Festbetrag übersteigen würde. Dennoch hielt die Finanzverwaltung an ihrer Auffassung fest (BMF, Schreiben vom 20.04.2010 – IV C 2 – S 2770/08/10006 DStR 2010, 873) und wendete sich gegen die über den konkreten Einzelfall hinaus gehende Anwendung der Rechtsgrundsätze des BFH-Urteils vom 04.03.2009 (I R 1/08, DStR 2009, 1749). Mit seiner Entscheidung vom 10.05.2017 (I R 93/15 DStR 2017, 2429) bestätigt der BFH seine im Urteil vom 04.03.2009 (I R 1/08, DStR 2009, 1749) geäußerte Rechtsauffassung erneut und hat die Koppelung der Ausgleichszahlung an das Ergebnis der Organgesellschaft für unzulässig erachtet. Mit Blick auf die Begründung des Senats (Urt. v. 10.05.2017, I R 93/15 DStR 2017, 2429) liegt es nahe, das die Finanzverwaltung ihre im BMF Schreiben (20.04.2010 DStR 2010, 873) geäußerte Rechtsauffassung aufgeben wird. Aus Gründen der Vorsicht wird daher zur Sicherung der steuerlichen Anerkennung der Organschaft empfohlen, in Gewinnabführungsverträgen keine über den nach § 304 Abs. 2 S. 1 AktG erforderlichen festen Zahlungsbetrag hinaus gehenden variablen Ausgleichszahlungen aufzunehmen oder aber im Vorfeld eine verbindliche Auskunft einzuholen, was angesichts der BFH-Entscheidungen jedoch nicht von Erfolg gekrönt sein dürfte (weiterführend zu Gestaltungsmöglichkeiten bei Ausgleichszahlungen *Baldamus*, Ubg 2010, 483) Allerdings ist aktuell Bewegung in diese Thematik gekommen, denn die Bundesregierung hat diesbezüglich Änderungsvorschläge gemacht. Im Entwurf eines Gesetzes zur Vermeidung von Umsatzsteuerausfällen beim Handel mit Waren im Internet und zur Änderung weiterer steuerlicher Vorschriften (BT-Drs. 372/18 vom 18.08.2018, http://dipbt.bundestag.de/dip21/brd/2018/0372-18.pdf) ist vorgesehen, im neuen 78

§ 14 Abs. 2 KStG dergestalt zu regeln dass über den festen Betrag gemäß § 304 Abs. 2 S. 1 AktG hinausgehende Ausgleichszahlungen steuerlich unschädlich sind, wenn die Ausgleichszahlungen insgesamt den dem Anteil am gezeichneten Kapital entsprechenden Gewinnanteil des Wirtschaftsjahres ohne Gewinnabführung nicht überschreiten. Der über den Mindestbetrag hinausgehende (variable) Betrag muss nach vernünftiger kaufmännischer Beurteilung wirtschaftlich begründet sein. Dieser Vorschlag ist grundsätzlich zu begrüßen, denn dadurch wird es ermöglicht, die Ausgleichszahlung am tatsächlichen wirtschaftlichen Ergebnis der Organgesellschaft auszurichten. Die Praxis stand bisher vor dem Problem, die Laufzeit von Gewinnabführungsverträgen auf die steuerlich erforderliche Mindestlaufzeit begrenzen zu müssen, um durch einen Neuabschluss des Vertrages die Möglichkeit zu haben, die Ausgleichszahlungen entsprechend der wirtschaftlichen Entwicklung der Organgesellschaft neu zu bemessen. Leider bietet die einschränkende Bezugnahme auf die vernünftige kaufmännische Beurteilung einen weiten Interpretationsspielraum, was zu leidigen Auseinandersetzungen mit der Finanzbehörde führen kann.

79 **22.** Es wird davon ausgegangen, dass sich der Ausgleichsbetrag an dem Vorsteuerergebnis der Organgesellschaft orientiert und daher noch um die Körperschaftsteuer der Gesellschaft zu mindern ist. Die Gewerbesteuerbelastung auf die Ausgleichszahlung fällt beim Organträger an (*Dötsch*/Pung/Möhlenbrock Die Körperschaftsteuer § 16 Rn. 35). Sollte die Bewertung des Ausgleichsbetrages allerdings schon die betrieblichen Steuern berücksichtigt haben, muss ein Abzug selbstverständlich entfallen.

80 **23.** Siehe § 57m Abs. 3 GmbHG. Die Verminderung tritt auch ohne vertragliche Regelung automatisch ein.

81 **24.** Bei einer Kapitalerhöhung der Untergesellschaft gegen Einlagen unter Gewährung eines Bezugsrechts an die außenstehenden Gesellschafter sind die neuen Geschäftsanteile ebenso ausgleichsberechtigt wie die alten Geschäftsanteile. Dies entspricht auch ohne vertragliche Regelung der herrschenden Meinung. Durch eine Kapitalerhöhung bei der herrschenden Gesellschaft wird hingegen der feste Ausgleich in keinem Fall berührt. Anders verhält es sich bei dem variablen Ausgleich, der sowohl durch eine Kapitalerhöhung aus Gesellschaftsmitteln als auch durch eine Kapitalerhöhung gegen Einlagen verwässert werden kann (vgl. dazu weiterführend Emmerich/Habersack/*Emmerich* Aktien- und GmbH-Konzernrecht § 304 Rn. 71 ff.). Vgl. auch Muster I 2 (Rdn. I 78) wegen jüngster Entwicklungen bei variablem Ausgleich.

82 **25.** Es ist in der Literatur umstritten, ob bei einem Gewinnabführungs- und Beherrschungsvertrag mit einer GmbH als Organgesellschaft das SpruchG Anwendung findet. Die noch überwiegende Ansicht in der Literatur verneint eine analoge Anwendung (*Riegger/Wasmann* SpruchG § 1 Rn. 46; *Lutter/Hommelhoff* GmbHG Anh.zu § 13 Rn. 71a). Demgegenüber vertreten einige sich im Vordringen befindende Stimmen in der Literatur die Ansicht, dass aus heutiger Sicht kein Grund erkennbar ist, der eine entsprechende Anwendung des SpruchG im Falle einer GmbH als Organgesellschaft ausschließt (Emmerich/Habersack/*Emmerich* Aktien- und GmbH-Konzernrecht § 304 Rn. 12, § 328 Anh. SpruchG § 1 Rn. 11; Ulmer/Habersack/*Casper* GmbHG Anh. § 77 Rn. 231; *Liebscher* GmbH-Konzernrecht Rn. 791; *Simon* SpruchG § 1 Rn. 40).

83 **26.** Siehe Muster I 2 (Rdn. I 77) zur Frage der Notwendigkeit einer solchen Regelung.

84 **27.** Für die Bemessung des Abfindungsanspruchs der außenstehenden Gesellschafter einer GmbH dürfte die Ertragswertmethode anwendbar sein, z.B. unter Berücksichtigung der in IDW S1 genannten Grundsätze.

85 **28.** Fristverlängerung kraft Gesetzes bei gerichtlichem Verfahren nach dem Spruchverfahrensgesetz (§ 305 Abs. 4 S. 3 AktG).

86 **29.** Nach h.M. besteht ein solcher Abfindungsergänzungsanspruch auch ohne vertragliche Zusicherung (BayOblG AG 1996, 127/130).

87 **30.** Sofern es sich sowohl beim Organträger als auch bei der Organgesellschaft um nach dem MitbestG mitbestimmte Gesellschaften handelt und der Organträger zu mindestens 25 % an der Organgesellschaft beteiligt ist, ist hinsichtlich des Beschlusses der Gesellschafterversammlung der

Organgesellschaft § 32 MitbestG zu beachten (zur Anwendbarkeit von § 32 MitbestG im GmbH-Konzern siehe auch Wißmann/Kleinsorge/*Schubert* Mitbestimmungsrecht § 32 Rn. 17; *Ulmer/Habersack*/Henssler/ Mitbestimmungsrecht § 32 Rn. 13). Unter Berücksichtigung von § 32 MitbestG kann der Vertreter des Organträgers in der Gesellschafterversammlung der Organgesellschaft dem Gewinnabführungsvertrag nur dann wirksam zustimmen, sofern der Aufsichtsrat des Organträgers dessen Abstimmungsverhalten gebilligt hat (*Zeidler* NZG 1999, 692, 694). Gibt der Vertreter des Organträgers seine Stimme in der Gesellschafterversammlung der Organgesellschaft gleichwohl ohne Billigung des Aufsichtsrats ab, handelt er ohne Vertretungsmacht mit der Folge, dass der Zustimmungsbeschluss der Organgesellschaft anfechtbar ist und der Eintragung in das Handelsregister nach § 127 FGG ein Wirksamkeitshindernis entgegensteht (*Zeidler* NZG 1999, 692, 694).

31. Zur Frage, ob die Zustimmungsbeschlüsse der Gesellschafterversammlungen einstimmig oder nur mit einer qualifizierten Mehrheit zu erfolgen haben, siehe Anmerkungen in den jeweiligen Mustern unter Muster I 4 (Rdn. I 139) und Muster I 5 (Rdn. I 147). 88

32. Die Begründung einer ertragsteuerlichen Organschaft ist erstmals für das Wirtschaftsjahr der Organgesellschaft möglich, in welchem der Beherrschungs-/Gewinnabführungsvertrag wirksam wird (§ 14 Abs. 1 S. 2 KStG). Die Organschaft wird somit frühestens ab dem Wirtschaftsjahr anerkannt, in dem der Gewinnabführungs-/Beherrschungsvertrag in das Handelsregister eingetragen wird (Spindler/Stilz/*Veil* AktG Vor § 291 Rn. 16). Der BFH erkennt keine sachliche Unbilligkeit an, wenn sich die Registereintragung über den Jahreswechsel hinaus verzögert (BFH Urt. v. 23.08.2017 I R 80/15; BStBl. II 2018, 141; *Geberth/Höhn* GmbHR 2018, R 39). Zusätzlich muss bereits zu Beginn des Wirtschaftsjahres die finanzielle Eingliederung bestanden haben. 89

33. Nach § 14 Abs. 1 S. 1 Nr. 3 KStG muss der Gewinnabführungsvertrag für eine steuerrechtliche Anerkennung der Organschaft auf mindestens fünf Jahre abgeschlossen und während seiner gesamten Geltungsdauer durchgeführt werden. Unter dem Begriff »Jahre« versteht die h.M. Zeitjahre. Die Fünf-Jahres-Frist umfasst mithin fünf volle Zeitjahre (60 Monate) (R 14.5 Abs. 2 KStR 2015; *Dötsch*/Pung/Möhlenbrock Die Körperschaftsteuer § 14 Rn. 542; Streck/*Olbing* KStG § 14 Rn. 93; EY/*Walter* KStG § 14 Rn. 637; a.A. *Frotscher/Maas* KStG § 14 Rn. 470 der den Begriff »Jahre« als Wirtschaftsjahre auslegt, die zusammen aber mindestens 60 Monate betragen müssen). Beginnt der Gewinnabführungsvertrag in einem Rumpfwirtschaftsjahr, musste die Mindestlaufzeit nach früherer h.M. dann auch das sechste Wirtschaftsjahr voll umfassen. Es kam somit zu einer Überschreitung der Fünf-Jahres-Frist und im Extremfall zu einer Mindestlaufzeit von 71 Monaten. Die Entscheidung des BFH (Urt. vom 12.01.2011, IR 3/10, DStR 2011 S. 717) klang so, dass 5 Zeitjahre maßgeblich sind und in Fällen von Rumpfgeschäftsjahren die Mindestlaufzeit von 60 Monaten überschritten werden muss. Diese Ausführungen bezogen sich aber allein auf die in § 14 Abs. 1 S. 1 Nr. 3 S. 3 KStG geregelte Rückwirkung der unterjährigen Beendigung des Gewinnabführungsvertrages auf den Beginn des Wirtschaftsjahres. Der BFH (Urt. vom 13.11.2013 I R 45/12, DStR 2015, 1044) hat nunmehr jedoch bestätigt, dass das Ende des Vertrages nicht auf das Ende eines Wirtschaftsjahres fallen muss, sondern vielmehr auch eine unterjährige Beendigung nach Ablauf der Mindestvertragslaufzeit möglich ist. Dennoch empfehlen wir nicht nur aus Praktikabilitätsgründen, die Beendigung des Gewinnabführungsvertrages möglichst auf das Ende eines Geschäftsjahres zulegen, denn zwei Richter des ersten Senates des BFH schienen zumindest in der mündlichen Verhandlung die Kongruenz zwischen Ende der Vertragslaufzeit und dem Geschäftsjahr zu favorisieren (*Brühl* DStR 2015, 1896, 1902). Bei einer personellen Veränderung des Senats könnte sich daher die Rechtsprechung wieder ändern. Im Übrigen ist bei einer unterjährigen Kündigung des Gewinnabführungsvertrages auch zu berücksichtigen, dass sie gemäß § 14 Abs. 1 Satz 1 Nr. 3 S. 3 KStG auf den Beginn des Wirtschaftsjahres zurückwirkt. Selbst wenn also die formale Voraussetzung der Vereinbarung einer Mindestvertragslaufzeit von fünf Zeitjahren vertraglich erfüllt wurde, würde eine Kündigung auf diesen frühestmöglichen Zeitpunkt innerhalb eines Geschäftsjahres zu einem Fallstrick werden und die Organschaft rückwirkend entfallen lassen (*Scheifele/Marx* DStR 2014 1793, 1797). 90

Die durch das Urteil des FG Düsseldorf (Urteil vom 03.03.2015 6 K 4332/12 K, F, GmbHR 2015, 543) entstandene Unsicherheit für rückwirkende Umwandlungen, wenn die übernehmende Gesellschaft erst im Rückwirkungszeitraum rechtlich entsteht, ist mittlerweile ausgeräumt. Das Gericht vertrat die Auffassung, dass die Mindestlaufzeit von 5 Jahren nicht erfüllt wird, wenn die Organ- 91 gesellschaft erst im Laufe des Jahres gegründet wird, ihr aber durch rückwirkende Ausgliederung (§ 20 Abs. 5, 6 UmwStG) auf den Beginn des Kalenderjahres bereits fiktiv Vermögen zuzurechnen ist. Der BFH hat diese Rechtsauffassung in Bezug auf die Berechnung der Mindestlaufzeit nicht geteilt (BFH Urt. vom 10.05.2017 I R 19/15, DB 2017, 2264), die Organschaft aber dennoch daran scheitern lassen, dass der Organträger nicht von Beginn des Wirtschaftsjahres an der Organgesellschaft beteiligt war. Unter Bezugnahme auf diese Rechtsprechung können verunglückte Organschaften ggf. geheilt werden, dennoch wird die Praxis aus Sicherheitsgründen häufig eine »verlängerte« Mindestlaufzeit vereinbaren (*Prinz/Keller* DB 2018, 400, 405).

92 Die Fünfjahresbindung muss vom ersten Jahr an bestehen. Nach Ablauf der vereinbarten fünf Jahre ist keine bestimmte zeitliche Bindung mehr erforderlich (Streck/*Olbing* KStG § 14 Rn. 93).

93 **34.** Eine Beendigung des Gewinnabführungsvertrages innerhalb der fünfjährigen Mindestlaufzeit ist nur bei Vorliegen eines wichtigen Grundes steuerlich unschädlich möglich. Sollte der Vertrag während dieser Mindestvertragslaufzeit aus anderen Gründen nicht fortgesetzt werden, wird er als von Anfang an unwirksam betrachtet und somit auch für bereits abgelaufene Jahre steuerlich nicht anerkannt (R 14.5 Abs. 8 Nr. 1 KStR 2015). Steuerlich werden der A als Organträger nur die Ergebnisse der B bis zum Ende des letzten Geschäftsjahres vor der Beendigung des Gewinnabführungsvertrages zugerechnet (§ 14 Abs. 1 S. 1 Nr. 3 S. 3 KStG). Daher sollte der Gewinnabführungsvertrag auch bei Vorliegen eines wichtigen Grundes möglichst erst zum Ende eines Geschäftsjahres (Rumpfgeschäftsjahres) gekündigt werden.

Wie der Abschluss so wird auch für die Kündigung bzw. Aufhebung des Beherrschungs- und Gewinnabführungsvertrages durch die abhängige GmbH die Zustimmung der Gesellschafterversammlung in notariell beurkundeter Form für erforderlich gehalten (vgl. BGH Urt. vom 31.05.2011, II ZR 109/10, DStR 2011 1576; *Peters/Hecker*, DStR 2012 86, 88; *Müller-Eising/Schmidt*, NZG 2011, 1100 1101). Bei einer Kündigung durch die herrschende GmbH ist davon auszugehen, dass ebenfalls ein Gesellschafterbeschluss erforderlich ist, allerdings in Anlehnung an die »Supermarkt«-Entscheidung des BGH (Urt. vom 24.10.1988, II ZB 7/88, NJW 1989 295) ohne den Zwang der notariellen Beurkundung (*Peters/Hecker*, DStR 2012 86, 89).

94 **35.** Die Veräußerung der Mehrheitsbeteiligung entzieht dem Beherrschungs- und Gewinnabführungsvertrag seine wirtschaftliche und rechtliche Grundlage. Dem Organträger ist dann regelmäßig die Möglichkeit genommen, die Geschäftsentwicklung der Organgesellschaft zu kontrollieren und zu steuern, so dass die gesetzliche Verlustausgleichspflicht zu einem nur schwer kalkulierbaren Risiko würde (*Mühl/Wagenseil* NZG 2009 1253, 1257).

In Beherrschungs- und Gewinnabführungsverträgen wird daher regelmäßig ein außerordentliches Kündigungsrecht für den Fall der Anteilsveräußerung vereinbart. Nach der Entscheidung des FG Niedersachsen (Urt. vom 10.05.2012, 6 K 140/10, EFG 2012, 1591) führt aber eine solche Vereinbarung nicht automatisch dazu, dass auch eine unschädliche Beendigung innerhalb der fünfjährigen Mindestlaufzeit des Gewinnabführungsvertrags möglich wäre, denn ein wichtiger Grund im Steuerrechtssinne liege vor allem dann nicht vor, wenn es einer Partei oder den Parteien darum gehe, die Rechtsfolgen der Organschaft mittels Vertragsaufhebung zeitlich zu begrenzen. Dies hat auch der BFH nun bestätigt (BFH Urteil vom 13.11.2013 I R 45/12, DStR 2014, 643) und herausgearbeitet, dass der wichtige Grund nicht deckungsgleich mit dem zivilrechtlichen Begriff sei und daher eigenständig steuerrechtlich auszulegen sei. Entsprechend dem Zweck der Mindestlaufzeit dürfe ein Kündigungsgrund, um als wichtig anerkannt zu werden, nicht im Belieben der Parteien stehen, was insbesondere bei konzerninternen Umstrukturierungen angetroffen werden kann. Zwar wird der Gewinnabführungsvertrag durch einen durch die Parteien aufgenommenen außerordentlichen Kündigungsgrund, der den steuerlichen Anforderungen nicht entspricht, nicht unwirksam, aber sollte der Vertrag aufgrund dieses ungenügenden Kündigungsgrundes vorzeitig gekündigt werden, entfällt die steuerrechtliche Anerkennung der Organschaft. Bei konzerninternen Übertragungen ist zwar nicht generell ein wichtiger Grund zu verneinen, aber dennoch erhöhte Vorsicht geboten, weil die Abkürzung der Mindestdauer des Gewinnabführungsvertrags ein Motiv der konzerninternen Restrukturierung sein könnte (*Burwitz*, NZG 2013, 91, 92). Auch das FG

Hessen (Urteil vom 28.05.2015, EFG 2015, 2100, rechtskräftig) macht sich diese Sichtweise zu eigen und weist noch zusätzlich darauf hin, dass ein wichtiger Grund nicht allein daraus folgt, dass er in R 14.5 Abs. 6 S. 2 KStR 2015 genannt ist, vielmehr muss objektiv ein wichtiger Grund für die Abkürzung der Mindestlaufzeit bestehen (*Philipp/Kröger* DB 2015, 2783). Das Vorliegen eines wichtigen Grunds kann im Falle einer wirtschaftlich nachvollziehbaren Umstrukturierung und Errichtung einer Zwischenholding zu bejahen sein.

Der aktuelle Wortlaut ermöglicht die Kündigung bereits mit Abschluss eines entsprechenden Kaufvertrages noch durch den Veräußerer und nicht erst nach erfolgter dinglicher Übertragung der Anteile. Dies vermeidet das in der Praxis öfters auftretende Problem, dass die Kündigung des Beherrschungs- und Gewinnabführungsvertrages erst nach dem Closing vom Erwerber vorgenommen werden kann. Selbstverständlich kann die Beendigung des Beherrschungs- und Gewinnabführungsvertrages erst zusammen mit der Übertragung der Anteile eintreten, denn die Beendigung des Gewinnabführungs- und Beherrschungsvertrages muss den konkreten Bezug zum wichtigen Grund herstellen.

36. Zu beachten ist, dass etwa die Verschmelzung der Untergesellschaft auch ohne Kündigung 95
automatisch zur Vertragsbeendigung führt. Eine alle Umwandlungsarten erfassende Regelung bietet sich dessen ungeachtet an.

37. Nach h.M. ist § 303 AktG analog als zwingende gesetzliche Regelung im GmbH-Recht an- 96
zuwenden.

38. Wegen der im Zusammenhang mit der Neuregelung des § 17 Satz 2 Nr. 2 KStG bestehenden 97
Zweifelsfragen und Unsicherheiten (vgl. Muster I 2 (Rdn. I 69, 71)) wird empfohlen, Vertragsbestimmungen die potentiell im Widerspruch zum dynamischen Verweis auf § 302 AktG stehen könnten, bei der Vertragsauslegung nachrangig zu behandeln (*Stangl/Brühl* DB 2013, 538, 540).

39. Der Vertrag ist von den Geschäftsführern der Parteien in der vertretungsberechtigten Zahl zu 98
unterzeichnen. Auf die Einhaltung der Beschränkungen des § 181 BGB ist zu achten.

3. Beherrschungsvertrag

Vorbemerkung

Der isolierte, von einem Gewinnabführungsvertrag unabhängig vereinbarte Beherrschungsvertrag 99
hat für die Begründung einer körperschaftsteuerlichen und gewerbesteuerlichen Organschaft ab dem Veranlagungszeitraum 2002 keine Bedeutung mehr, weil das Merkmal der wirtschaftlichen und organisatorischen Eingliederung ersatzlos aufgehoben worden ist. Seitdem hat der Abschluss eines Beherrschungsvertrages weniger die Veränderung der steuerlichen Verhältnisse, sondern vielmehr die Schaffung klarer Leitungsbefugnisse zum Ziel. Ein isolierter Beherrschungsvertrag kommt häufig dann in Betracht, wenn die herrschende Gesellschaft ihren Sitz im Ausland hat und die steuerliche Ergebniskonsolidierung nicht im Vordergrund steht. Durch den Beherrschungsvertrag wird eine Verlagerung des Weisungsrechts von der Gesellschafterversammlung auf die herrschende Gesellschaft bewirkt, was eine effizientere Unternehmenssteuerung ermöglicht. Soweit das Weisungsrecht der herrschenden Gesellschaft reicht, ist eine Beschlussfassung der Gesellschafterversammlung der beherrschten Gesellschaft nicht mehr möglich. Ein solcher Kompetenzverlust greift selbstverständlich nicht für Sachverhalte, die kraft zwingendem Recht der Gesellschafterversammlung übertragen sind (z.B. Änderungen des Gesellschaftsvertrages). Der Abschluss eines Beherrschungsvertrages kann aber für die Errichtung einer umsatzsteuerlichen Organschaft nach wie vor von Bedeutung sein, wenn die Tatbestandsvoraussetzungen der wirtschaftlichen und finanziellen Eingliederung bereits vorliegen, da durch den Beherrschungsvertrag der Rahmen für die organisatorische Eingliederung begründet werden kann (Abschnitt 2.8 Abs. 10 UStAE). Der Beherrschungsvertrag kann aber auch begleitend zur Begründung eines rechtssicheren Cash Pools im Vertragskonzern eingesetzt werden. Durch § 30 Abs. 1 Satz 2 GmbHG ist nunmehr auch gesetzlich geregelt, dass z.B. Cash-Pool-Zahlungen der Tochter an die Konzernmutter bei Bestehen eines Beherrschungsvertrages nicht gegen die Kapitalerhaltungsregeln verstoßen. Das Gleiche gilt für die Bereitstellung von Sicherheiten zugunsten der Muttergesellschaft.

Die steuerlichen Vorgaben einer ertragsteuerlichen Organschaft spielen für den reinen Beherrschungsvertrag keine Rolle. Eine im isolierten Beherrschungsvertrag zu vereinbarende Verlustübernahme analog zu § 302 AktG ist nach allgemeinen steuerlichen Grundsätzen zu behandeln. Sofern zwischen der herrschenden und der beherrschten Gesellschaft ein Beteiligungsverhältnis besteht, ist die Verlustübernahme grundsätzlich als verdeckte Einlage zu behandeln. Besteht ein solches Beteiligungs- und Näheverhältnis allerdings nicht, dann soll bei der den Verlust ausgleichenden herrschenden Gesellschaft eine steuerlich abzugsfähige Betriebsausgabe vorliegen (Herrmann/Heuer/Raupach/*Rosenberg* § 5 Rn. 1386). In Bezug auf einen sog. Gewinn- und Verlustgemeinschaftsvertrag zwischen zwei Schwestergesellschaften hat der BFH die Frage untersucht, ob ggf. eine Mitunternehmerschaft zwischen den beiden Gesellschaften besteht (»Querorganschaft«) und die Einzelergebnisse im Rahmen einer gesonderten und einheitlichen Gewinnfeststellung zusammenzufassen sind (BFH I R 35/14 vom 22. Februar 2017, BStBl. II 2018, 33).

Muster

100 **Beherrschungsvertrag** [1]

zwischen

der __________ GmbH [herrschendes Unternehmen] mit dem Sitz [2] **in __________, eingetragen im Handelsregister des Amtsgerichts __________ unter HRB __________,** [3]

– nachfolgend A genannt –

und

der __________ GmbH [beherrschtes Unternehmen] mit dem Sitz in __________, eingetragen im Handelsregister des Amtsgerichts __________ unter HRB __________,

– nachfolgend B genannt –

– A und B nachfolgend zusammen auch als »Parteien« bezeichnet.

Präambel

A ist zu __________ % an der B beteiligt. [4] **Dies vorausgeschickt, wird zwischen den Parteien folgender Beherrschungsvertrag (Vertrag) geschlossen:**

§ 1 Leitung und Weisungsrecht

1.1. Die B unterstellt die Leitung ihrer Gesellschaft der A.

1.2. A ist berechtigt, der Geschäftsführung der B hinsichtlich der Leitung der Gesellschaft entsprechend § 308 AktG allgemeine oder auf Einzelfälle bezogene Weisungen zu erteilen. [5]

1.3. Die Geschäftsführung der B ist im Rahmen der gesetzlichen Vorschriften gegenüber der A verpflichtet, deren Weisungen zu befolgen.

1.4. Weisungen können schriftlich, fernschriftlich (auch per E-Mail) oder mündlich erteilt werden. [6] **Erfolgt eine Weisung mündlich, ist diese auf Verlangen der Geschäftsführung der B unverzüglich schriftlich oder fernschriftlich (auch per E-Mail) zu bestätigen.**

1.5. Eine Weisung, diesen Vertrag zu ändern, aufrechtzuerhalten oder zu beenden, kann nicht erteilt werden. [7]

1.6. Weisungen gemäß § 1.3 dieses Vertages, die vor der Beendigung des Vertrages erteilt aber noch nicht umgesetzt worden sind, sind nicht mehr zu befolgen

§ 2 Auskunfts- und Einsichtsrechte

2.1. Die Geschäftsführer der A können jederzeit von der B alle gewünschten Auskünfte über die rechtlichen, geschäftlichen, finanziellen, personellen und verwaltungsmäßigen Angelegenheiten der B verlangen. Unbeschadet der vorstehend vereinbarten Rechte hat die B regelmäßig über die geschäftliche Entwicklung zu berichten, insbesondere über wesentliche Geschäftsvorfälle.

2.2. Der Jahresabschluss der B ist der A vor seiner Feststellung durch die Gesellschaftersammlung zur Kenntnisnahme, Prüfung und Abstimmung vorzulegen.

2.3. Die Geschäftsführer der A können ferner jederzeit selbst oder durch zur Berufsverschwiegenheit verpflichtete Sachverständige Einsicht in die Bücher und Geschäftsunterlagen der B nehmen.

§ 3 Verlustübernahme

3.1. Hinsichtlich der Verlustübernahme gelten die Vorschriften des § 302 AktG in seiner jeweils gültigen Fassung entsprechend. [8]

3.2. A ist insbesondere verpflichtet, jeden während der Dauer dieses Vertrages sonst entstehenden Jahresfehlbetrag der B auszugleichen, soweit dieser nicht dadurch ausgeglichen wird, dass den anderen Gewinnrücklagen nach § 272 Abs. 3 HGB der B Beträge entnommen werden, die während der Dauer dieses Vertrages in diese eingestellt worden sind.

3.3. A ist im Falle der Kündigung aus wichtigem Grund gemäß § 6.4 lediglich zum Ausgleich der anteiligen Verluste der B, die bis zur handelsrechtlichen Beendigung dieses Vertrages entstanden sind, verpflichtet.

3.4. Die Verpflichtung zur Verlustübernahme gilt erstmals für den ganzen Jahresfehlbetrag des Geschäftsjahres der B, in dem dieser Vertrag gemäß § 6 wirksam wird. Sie wird jeweils am Schluss eines Geschäftsjahres fällig und ist ab diesem Zeitpunkt mit 5 % für das Jahr zu verzinsen. [9]

§ 4 Garantiedividende [10]

4.1. A garantiert den außenstehenden Gesellschaftern der B für jedes volle Geschäftsjahr der B einen Gewinnanteil [11] von insgesamt ____________ € brutto [12], d.h. einen Betrag von ____________ € brutto je ____________ € Geschäftsanteil der B, vermindert um einen Abzugsbetrag für Körperschaftsteuer (einschließlich Nebensteuern wie der derzeitige Solidaritätszuschlag) in Höhe des für das betreffende Geschäftsjahr, für das die Zahlung geleistet wird, jeweils gültigen Steuertarifs (»Garantiedividende«) [13].

4.2. A kann aus der Garantie nur in Höhe desjenigen Betrages in Anspruch genommen werden, um den die Dividendenzahlung der B (zuzüglich einzubehaltender Kapitalertragsteuer) an die außenstehenden Gesellschafter für das betreffende Geschäftsjahr hinter der Garantiedividende zurückbleibt (»Ausgleichsbetrag«).

4.3. Der sich hiernach ergebende Ausgleichsbetrag reduziert sich um die nach den jeweiligen gesetzlichen Bestimmungen einzubehaltende Kapitalertragsteuer (einschließlich Nebensteuern wie der derzeitige Solidaritätszuschlag).

4.4. Die Gewährung des Ausgleichsbetrages nach 4.1 erfolgt erstmals für das Geschäftsjahr der B, in dem dieser Vertrag wirksam wird. Sollte dieser Vertrag während eines Geschäftsjahres der B enden oder die B während der Dauer dieses Vertrages ein Rumpfgeschäftsjahr bilden, mindert sich der Ausgleichsbetrag zeitanteilig. Der Ausgleichsbetrag ist am ersten Bankarbeitstag nach der

Feststellung des Jahresabschlusses für das abgelaufene Geschäftsjahr durch die Gesellschafterversammlung der B fällig.

4.5. Falls das Stammkapital der B aus Gesellschaftsmitteln gegen Ausgabe neuer Geschäftsanteile erhöht wird, vermindert sich der je __________ € Geschäftsanteil zu zahlende Gewinnanteil nach 4.1 in der Weise, dass der Gesamtbetrag der Garantiedividende unverändert bleibt. [14]

4.6. Falls das Stammkapital der B unter Gewährung eines Bezugsrechts an außenstehende Gesellschafter erhöht wird, gelten die Rechte aus diesem § 4 auch für die von außenstehenden Gesellschaftern bezogenen Geschäftsanteile aus der Kapitalerhöhung unter entsprechender Erhöhung des Gesamtbetrags des nach § 4.1 garantierten Gewinnanteils. [15]

4.7. Falls das in § 2 des Spruchverfahrensgesetzes bestimmte Gericht rechtskräftig eine höhere Garantiedividende im Rahmen eines Verfahrens nach dem Spruchverfahrensgesetz festsetzt, können die außenstehenden Gesellschafter, auch wenn sie inzwischen abgefunden wurden, eine entsprechende Ergänzung der von ihnen bezogenen Garantiedividende verlangen (§ 13 Abs. 2 SpruchG). Auch werden alle übrigen außenstehenden Gesellschafter gleichgestellt, wenn sich die A gegenüber einem Gesellschafter der B in einem Vergleich zur Abwendung oder Beendigung eines Verfahrens nach § 1 Nr. 1 Spruchverfahrensgesetz zu einer höheren Garantiedividende verpflichtet. [16]

§ 5 Abfindung [17]

5.1. A verpflichtet sich, auf Verlangen eines außenstehenden Gesellschafters der B dessen Geschäftsanteile gegen Abfindung zu erwerben. A gewährt jedem außenstehenden Gesellschafter je __________ € Geschäftsanteil an der B eine Barabfindung von __________ €. [18]

5.2. Die Verpflichtung der A nach 5.1 ist befristet. Die Frist endet zwei Monate nach der Veröffentlichung des Abfindungsangebots durch die A, frühestens jedoch zwei Monate nach dem Tag, an dem die Eintragung des Bestehens dieses Vertrages in das Handelsregister des Sitzes der B nach § 10 HGB als bekannt gemacht gilt. Eine Verlängerung der Frist nach § 305 Abs. 4 S. 3 AktG analog wegen Antrags auf Bestimmung des Ausgleichs oder der Abfindung durch das in § 2 des Spruchverfahrensgesetzes bestimmte Gericht bleibt unberührt. [19] **In diesem Fall endet die Frist 2 Monate nach dem Tag, an dem die Entscheidung über den zuletzt beschiedenen Antrag im elektronischen Bundesanzeiger bekannt gemacht worden ist.**

5.3. Die Auszahlung der Barabfindung gegen Übertragung der Geschäftsanteile erfolgt für die außenstehenden Gesellschafter der B kostenfrei. A wird die Einzelheiten der Zahlungsabwicklung gesondert bekannt machen.

5.4. Falls während des Laufes der – ggf. verlängerten – Frist nach 5.2 das Stammkapital der B aus Gesellschaftsmitteln gegen Ausgabe neuer Geschäftsanteile erhöht wird, vermindert sich der Betrag der Abfindung je __________ € Geschäftsanteil in dem Maße, dass der Gesamtbetrag der Abfindung nach 5.1 unverändert bleibt.

5.5. Falls das in § 2 des Spruchverfahrensgesetzes bestimmte Gericht rechtskräftig eine höhere Abfindung im Rahmen eines Verfahrens nach dem Spruchverfahrensgesetz festsetzt, können auch bereits abgefundene Gesellschafter eine entsprechende Ergänzung der Abfindung verlangen. [20] **Auch werden alle übrigen außenstehenden Gesellschafter gleichgestellt, wenn sich A gegenüber**

einem Gesellschafter der B in einem Vergleich zur Abwendung oder Beendigung eines Verfahrens nach dem Spruchverfahrensgesetz zu einem höheren Ausgleich verpflichtet.

§ 6 Wirksamwerden, Dauer und Kündigung

6.1. Dieser Vertrag bedarf zu seiner Wirksamkeit der Zustimmung durch Beschluss der Gesellschafterversammlung der A und der Gesellschafterversammlung der B. [21, 22]

6.2. Dieser Vertrag wird mit der Eintragung in das Handelsregister des Sitzes der B wirksam. Hinsichtlich der Verlustübernahme gilt er rückwirkend ab dem Beginn des Geschäftsjahres der B, in dessen Verlauf der Vertrag in das Handelsregister des Sitzes der B eingetragen wird.

6.3. Dieser Vertrag wird auf unbestimmte Zeit geschlossen und kann nicht vor Ablauf des ____________ und nur zum Ende eines Wirtschaftsjahres unter Einhaltung einer Kündigungsfrist von drei Monaten gekündigt werden. [23] Dies gilt sinngemäß für die einvernehmliche Aufhebung dieses Vertrages. Wird er nicht gekündigt, so verlängert er sich bei gleicher Kündigungsfrist um jeweils ein Geschäftsjahr.

6.4. Das Recht zur Kündigung des Vertrages aus wichtigem Grund ohne Einhaltung einer Kündigungsfrist bleibt unberührt. [24] Als wichtiger Grund ist insbesondere anzusehen:

6.4.1. Der Abschluss eines Vertrages, der eine Veräußerung von oder sonstige Verfügung über Anteile an der B in einem Umfang, der zur Folge hat, dass die Voraussetzungen der finanziellen Eingliederung der B in die A nicht mehr vorliegen, insbesondere wenn A nicht mehr die Mehrheit der Geschäftsanteile bzw. der Stimmrechte an der B hält, [25]

6.4.2. Die Einbringung, Abspaltung oder Ausgliederung oder der Formwechsel (in eine andere Rechtsform als der einer Kapitalgesellschaft) der Beteiligung an der B durch A,

6.4.3. Die Umwandlung, Verschmelzung, Spaltung, Liquidation oder vergleichbare Rechsakte einer der Vertragsparteien; [26]

6.4.4. Das Vorliegen eines wichtigen Grundes im Sinne von R 14.5 Abs. 6 KStR 2015 oder gemäß Org. 12 bzw. Org. 26 des BMF-Schreibens vom 11. November 2011 oder einer entsprechenden Ersatzvorschrift.

6.5. Die Kündigung bedarf der Schriftform.

§ 7 Sicherheitsleistung [27]

Bei Beendigung des Vertrages ist A verpflichtet, den Gläubigern der B auf deren Verlangen in entsprechender Anwendung des § 303 AktG Sicherheit zu leisten.

§ 8 Schlussbestimmungen

8.1. Sollten Bestimmungen dieses Vertrages oder eine künftig in ihm aufgenommene Bestimmung ganz oder teilweise nicht rechtswirksam oder durchführbar sein oder ihre Rechtswirksamkeit oder Durchführbarkeit später verlieren, soll hierdurch die Gültigkeit der übrigen Bestimmungen des Vertrages nicht berührt werden. Das Gleiche gilt, soweit sich herausstellen sollte, dass der Vertrag eine Regelungslücke enthält. Anstelle der unwirksamen oder undurchführbaren Bestimmung oder zur Ausfüllung der Lücke soll eine angemessene Regelung gelten, die, soweit rechtlich möglich, dem am nächsten kommt, was

die Vertragsparteien gewollt haben würden, wenn sie bei Abschluss dieses Vertrages oder bei der späteren Aufnahme der Bestimmung den Punkt bedacht hätten.

8.2. Das gilt auch, wenn die Unwirksamkeit einer Bestimmung auf einem in dem Vertrag vorgeschriebenen Maß der Leistung oder Zeit (Frist oder Termin) beruht. Es soll dann ein dem Gewollten möglichst nahekommendes, rechtlich zulässiges Maß der Leistung oder Zeit als vereinbart gelten.

8.3. Ergänzungen und Änderungen dieses Vertrages bedürfen der Schriftform, soweit nicht gesetzlich eine andere Form vorgeschrieben ist.

8.4. Auf die Regelungen dieses Vertrages findet das Recht der Bundesrepublik Deutschland Anwendung. Der Gerichtsstand ist __________. Im Falle der Abweichung der deutschen von der englischen Fassung dieses Vertrages hat die deutsche Fassung Vorrang.

8.5. Die durch und im Zusammenhang mit dem Abschluss dieses Vertrages entstehenden Kosten trägt die A.

__________, den __________

____

Geschäftsführer A GmbH

____

Geschäftsführer B GmbH [28]

Template

101 **Domination Agreement**

between

__________ GmbH [dominating entiy] with registered office in __________, registered with the commercial register of the Local Court of __________ under No. HRB __________,

– hereinafter A –

and

__________ GmbH [dominated entity] with registered office in __________, registered with the commercial register of the Local Court of __________ under No. HRB __________,

– hereinafter B –

– A and B together hereinafter also »Parties« –

Preamble

A holds a participation of __________ % in B. Now, therefore the Parties enter into the following Domination Agreement (Agreement):

§ 1 Direction and Authority to Give Instructions

1.1. B places the direction of its company under the control of A.

1.2. A is entitled to give instructions to the management of B in general or on a case by case basis with respect to the direction of the company in analogy to § 308 of the German Stock Corporation Act (»AktG«).

1.3. The management of B is obligated, within the limits of applicable law, to follow the instructions given by A.

1.4. Instructions may be given in writing, by fax (also by email) or orally. If any instruction is given orally, such instruction must without delay be confirmed in writing or by fax (also by email) if so requested by the management of B.

1.5. Any instruction to amend, modify, maintain or terminate this Agreement may not be issued.

1.6. Instructions pursuant to § 1.3 of this Agreement which had been given prior to termination, but which have not yet been implemented, are no longer binding.

§ 2 Right of Information and Inspection

2.1. The managing directors of A may at any time request from B information they wish to obtain about legal, business, financial, human resources and administrative matters of B. Notwithstanding such rights granted to A herein, B shall regularly report on the development of its business, including, but not limited to, significant business transactions.

2.2. The annual financial statements of B shall be submitted to A for information, inspection and consultation before approval by the shareholders´ meeting.

2.3. The managing directors of A may further at any time, either themselves or through experts subject to professional secrecy, inspect all books and records of B.

§ 3 Loss Absorption

3.1. The provisions governing the absorption of losses set forth in § 302 AktG as amended from time to time shall apply mutatis mutandis in its entirety.

3.2. A shall in particular be obligated to absorb any annual net loss of B which would otherwise arise during the term of this Agreement unless such loss is compensated by withdrawing amounts from other profit reserves of B pursuant to 272 (3) HGB which were allocated to such other profit reserves during the term of this Agreement.

3.3. A shall, in the event of a termination for good cause as provided for in § 6.4 hereof, only be obligated to absorb the proportionate losses of B until the date on which this Agreement terminates under the provisions of commercial law.

3.4. The obligation to absorb losses shall apply for the first time for the entire loss of the financial year of B in which this Agreement becomes effective as provided for in § 6. The loss aborption amount shall be due for payment immediately after the end of each financial year, carrying interest at a rate of 5 % p.a. as of such date.

§ 4 Guaranteed Dividend

4.1. A guarantees to the outside shareholders of B for each full financial year of B a profit share of ____________ € in total. i.e. an amount of ____________ € gross per ____________ € share of B, less any corporation income tax triggered by such guaranteed dividend including supplementary taxes like currently soli-

darity surcharge in accordance with the tax tariff applicable for the respective financial year (Guaranteed Dividend).

4.2. A shall only be held liable under this guarantee to the extent the dividend distribution of B (plus withholding taxes withheld) paid to the outside shareholders for the respective financial year falls short of the amount of the Guaranteed Dividend.

4.3. The amount due for payment hereunder is reduced by the respective withholding tax (plus supplementary charges like currently the solidarity surcharge) to be withheld in accordance with legal requirements.

4.4. The payment according to 4.1 shall be made for the first time for the financial year of B, in which this Agreement has become effective. In case this Agreement terminates in the course of B´s financial year or if during the term of this Agreement B establishes a short financial year, the payment shall be reduced pro rata temporis. The payment shall become due on the first banking day following the shareholders´ meeting of B approving the financial statements of the preceding financial year.

4.5. In case B increases its share capital by way of conversion of its reserves and issue new shares, the Guaranteed Dividend per ___________ € share according to 4.1 shall decrease in such a way that the total amount of the Guaranteed Dividend remains unchanged.

4.6. If the share capital of B is increased taking into account subscription rights of the outside shareholders, the rights arising from this § 4 shall also accrue to the shares subscribed by the outside shareholders in the course of the capital increase and the total amount of the guaranteed dividend payable according to 4.1 will increase accordingly.

4.7. In the case that the court competent according to § 2 of the German Law on Appraisal Proceedings (SpruchG) increases, in a non-appealable decision in the course of a procedure according to the German Law on Appraisal Proceedings the amount of the Guaranteed Dividend, the outside shareholders are entitled to request a corresponding increase to the Guaranteed Dividend they have received, even if they have already tendered their shares against compensation (§ 13 sentence 2 SpruchG). Likewise, all other outside shareholders shall be treated equally if A, in a settlement to avoid or terminate appraisal proceedings within the meaning of § 1 no. 1 SpruchG, agrees to pay a higher Guaranteed Dividend to a shareholder of B.

§ 5 Compensation

5.1. Upon demand of an outside shareholder of B, A is obliged to acquire the outside shareholder´s shares against compensation. For each ___________ € share of B A shall grant to the outside shareholder a compensation in cash of ___________ €.

5.2. The obligation of A pursuant to 5.1 is limited to a specific tender period. The tender period shall expire two months after the date on which the compensation offer by A has been disclosed, but not earlier than two months after the day the registration of this Agreement in the commercial register of B shall be deemed to have been announced in accordance with § 10 HGB. An extension of the tender period in analogy to § 305 para. 4 sentence 3 AktG due to an application of the determination of the Guaranteed Dividend or the compensation payment by the court as foreseen in § 2 SpruchG shall remain unaffected

by this provision. In this case the tender period expires two months after the day on which the decision on the lastly decided application has been publicized in the electronic Federal Gazette.

5.3. The payment of the compensation in cash against transfer of the shares is made free of charge for the outside shareholders of B. A shall disclose the particularities of the payment procedure separately.

5.4. If, during the course of the tender period according to 5.2 (potentially extended) the share capital of B is increased by way of conversion of the companies reserves, the amount of the compensation per ____________ € share will decrease to the extent that the overall amount of the compensation according to 5.1 remains unchanged.

5.5. In case that the court competent according to § 2 SpruchG increases, in a non-appealable decision in the course of a procedure according to the German Law on Appraisal Proceedings the amount of the compensation, the outside shareholders are entitled to request a corresponding increase to the compensation they have received, even if they have already tendered their shares against compensation. Likewise, all other outside shareholders shall be treated equally if A, in a settlement to avoid or terminate appraisal proceedings agrees to pay a higher compensation to a shareholder of B.

§ 6 Effectiveness, Term and Termination

6.1. This Agreement shall require the approval by way of a resolution of the shareholder´s meeting of A and of the shareholder´s meeting of B in order to be valid.

6.2. This Agreement shall become effective upon registration in the commercial register at the seat of B. With respect to the obligation to absorp losses, this Agreement shall apply retroactively as of the beginning of the financial year in which the Agreement is registered in the commercial register at the seat of B;

6.3. This Agreement is concluded for an indefinite period of time and may be terminated not before ____________ by observing a notice period of three months to the end of the relevant financial year of B. This shall apply mutatis mutandis in the event of a mutual cancellation of this Agreement. If the Agreement is not terminated, it shall be renewed by additional terms of one financial year each subject to the same notice period.

6.4. The right to terminate this Agreement for good cause without observing any notice period shall remain unaffected. Including but without limitation, the following shall constitute good cause:

6.4.1. The conclusion of a sales contract or any other disposal over shares in B in an amount so that the requirements for a financial integration of B into A are no longer fulfilled, in particular if A no longer holds the majority of the shares or the voting rights in B;

6.4.2. The contribution, split-off, spin-off or conversion (into another legal form than a corporation) of the shareholding in B by A;

6.4.3. The reorganization, merger, division, liquidation or similar transactions by any of the Parties;

6.4.4. A cause as defined in section R 14.5 (6) of the German Corporate Income Tax Guidelines 2015 or according to Org. 12 or Org. 26 of the circular of the Ministry of Finance dated November 11, 2011 or any corresponding substitutional provision.

6.5. Any notice of termination must be given in writing in order to be valid.

§ 7 Security

Upon termination of this Agreement, A shall be obligated to provide security to the creditors of B at their request in analogous application of § 303 AktG.

§ 8 Final Provisions

8.1. Should any provision of this Agreement, or any provision to be incorporated at a later date, be or become invalid or unenforceable in whole or in part, this shall not affect the validity of the remaining provisions hereof. The same shall apply if and to the extent that this Agreement should contain a gap. Any invalid or unenforceable provision shall be replaced and any gap shall be filled by such an appropriate provision which, to the extent legally permitted, comes as close as possible to what the Parties would have agreed upon if they had considered this point when signing this Agreement or when incorporating a provision at a later date.

8.2. This shall also apply if the invalidity of a provision is due to a measure of performance or time (period or deadline) set forth herein. In such a case, a legally permitted measure of performance or time shall be deemed agreed which comes as close as possible to what the Parties intended.

8.3. Additions and amendments to this Agreement shall be made in writing, unless legally a more severe form is required.

8.4. The provisions of this Agreement shall be governed by, and construed in accordance with the laws of the Federal Republic of Germany. The place of jurisdiction is __________. In case of any discrepancies between the German and the English version of this Agreement, the German version shall prevail.

8.5. Any costs incurred as a result of the execution of this Agreement shall be borne by A.

__________, __________

____

Managing Director A GmbH

____

Managing Director B GmbH

Erläuterungen

Literatur: *Einsele*, »Kollisionsrechtliche Behandlung des Rechts verbundener Unternehmen« ZGR 1996, 40; Kort, »Anwendung der Grundsätze der fehlerhaften Gesellschaft auf einen »verdeckten« Beherrschungsvertrag?« NZG 2009, 364; *Zeidler*, »Ausgewählte Probleme des GmbH-Vertragskonzernrechts« NZG 1999, 692; *Peters/Hecker*, »Die Kündigung von Beherrschungs- und Gewinnabführungsverträgen im GmbH-Konzern, Zugleich Anmerkung zum Urteil des BGH vom 31.05.2011, II ZR 109/10, DStR 2011, 1576« DStR 2012, 86; *Müller-Eising/Schmitt*, »Mitwirkung der Gesellschafterversammlung der beherrschten GmbH bei der Beendigung von Beherrschungs- und Gewinnabführungsverträgen« NZG 2011, 1100; *Selzner/Sustermann*, »Der grenzüberschreitende Beherrschungsvertrag« Der Konzern 2003, 85.

1. Der vorliegende Mustervertrag bedarf nach h.M. gemäß § 15 Abs. 4 GmbHG entgegen des Wortlauts der Regelung der notariellen Beurkundung. Nach § 15 Abs. 4 GmbHG bedarf ein Vertrag, durch welchen eine Verpflichtung eines Gesellschafters zur Abtretung eines Geschäftsanteils begründet wird, der notariellen Beurkundung. In § 5 des Musters I 3 verpflichtet sich A zur Abnahme der Geschäftsanteile eines außenstehenden Gesellschafters der B, sofern der außenstehende Gesellschafter dies verlangt. Entgegen des Wortlauts des § 15 Abs. 4 GmbHG nimmt die h.M. an, dass diese Verpflichtung zum Erwerb der Geschäftsanteile auch ohne korrespondierende Verpflichtung des außenstehenden Gesellschafters zur Abtretung der Geschäftsanteile formbedürftig ist (RGZ 57, 60; 102, 63; 127, 65; 149, 385; OLG München BB 1995, 427; Scholz/*Seibt* GmbHG § 15 Rn. 52; Ulmer/Habersack/*Löbbe* GmbHG § 15 Rn. 68). Dies wird damit begründet, dass sich regelmäßig für den außenstehenden Gesellschafter aus der Abnahmeverpflichtung spätestens dann eine Abtretungsverpflichtung ergibt, sobald er sich entschließt, die Abnahme zu fordern (Ulmer/Habersack/*Löbbe* GmbHG § 15 Rn. 68). Damit bedürfen Beherrschungsverträge immer dann der notariellen Beurkundung nach § 15 Abs. 4 GmbHG, sofern sie ein Abfindungsangebot enthalten, nach dem sich die herrschende Gesellschaft verpflichtet, die Geschäftsanteile eines außenstehenden Gesellschafters an der beherrschten Gesellschaft auf dessen Verlangen zu übernehmen. Ansonsten ist eine Beurkundung eines Unternehmensvertrags grundsätzlich nicht erforderlich. 102

Zu beachten ist darüber hinaus die mögliche mitbestimmungsrechtliche Wirkung eines Beherrschungsvertrages. Gem. § 1 DrittelbG ist der Aufsichtsrat einer GmbH grundsätzlich mit einem Drittel aus Arbeitnehmervertretern zu besetzen, sofern die Gesellschaft in der Regel mehr als 500 Arbeitnehmer beschäftigt. Nach § 1 Abs. 1 Nr. 3 S. 2 DrittelbG ist dann, unabhängig davon, ob der Gesellschaftsvertrag einen Aufsichtsrat vorsieht, zwingend ein Aufsichtsrat zu bilden und entsprechend zu besetzen. Im Konzern ist dabei eine Besonderheit hinsichtlich der Ermittlung des für den Anwendungsbereich des DrittelbG maßgebenden Schwellenwertes von in der Regel mehr als 500 Arbeitnehmern zu beachten. Gem. § 2 Abs. 2 DrittelbG gelten die Arbeitnehmer des abhängigen Unternehmens für die Ermittlung des Schwellenwertes als Arbeitnehmer des herrschenden Unternehmens, wenn zwischen den Unternehmen ein Beherrschungsvertrag besteht oder das abhängige Unternehmen in das herrschende Unternehmen eingegliedert ist. Es besteht mithin die Möglichkeit, dass das herrschende Unternehmen durch den Abschluss eines Beherrschungsvertrages in den Anwendungsbereich des DrittelbG fällt, mit der Folge, dass es einen Aufsichtsrat zu bilden und diesen zu einem Drittel mit Arbeitnehmervertretern zu besetzen hat, obwohl es für sich betrachtet möglicherweise eine Arbeitnehmeranzahl hat, die den Schwellenwert von 500 Arbeitnehmern nicht erreicht. 103

2. Nach ganz h.M. sind grenzüberschreitende Beherrschungsverträge zwischen einer abhängigen deutschen Gesellschaft und einem herrschenden ausländischen Unternehmen zulässig (BGHZ 119, 1; 138, 136; Emmerich/Habersack/*Emmerich* Aktien- und GmbH-Konzernrecht § 291 Rn. 37a; Hüffer/*Koch* AktG § 291 Rn. 8; MüKo AktG/*Altmeppen* § 291 Rn. 26; KK-AktG/*Koppensteiner* Vorb. § 291 Rn. 183 f; *Kort* NZG 2009, 364, 368; *Einsele* ZGR 1996, 40, 47). Dies gilt entsprechend auch, wenn es sich bei der beherrschten deutschen Gesellschaft um eine GmbH handelt (Roth/*Altmeppen* GmbHG Anh. § 13 Rn. 179 ff.). Geht man von einer grundsätzlichen Zulässigkeit grenzüberschreitender Beherrschungsverträge aus, stellt sich im Folgenden die Frage, nach welcher Rechtsordnung diese Verträge zu behandeln sind. Nach der maßgeblichen Kollisionsregel richten sich in einem Unterordnungskonzern die rechtlichen Beziehungen zwischen dem herrschenden und dem abhängigen Unternehmen nach dem Recht des abhängigen Unternehmens (BGH NZG 2005, 214, 215; *Einsele* ZGR 1996, 40, 49; Roth/*Altmeppen* GmbHG Anh. § 13 Rn. 183). Im Fall einer GmbH als von einem ausländischen Unternehmen beherrschte Gesellschaft finden somit die die Tochter betreffenden Regelungen des deutschen Konzernrechts sowohl auf die Tochter als auch auf die ausländische Mutter Anwendung. Insoweit kommen vor allem die deutschen Vorschriften zum Schutz der abhängigen Gesellschaft, ihrer (außenstehenden) Gesellschafter und ihrer Gläubiger (insbesondere §§ 302 bis 305 AktG) auf die ausländische Mutter zur Anwendung (Emmerich/Habersack/*Emmerich* Aktien- und GmbH-Konzernrecht § 291 Rn. 35; Arens/*Tepper* 104

AnwaltFormulare Gesellschaftsrecht 3. Aufl. § 28 Rn. 12; *Kort* NZG 2009, 364, 368). Darüber hinaus beurteilt sich grundsätzlich auch der Abschluss des Beherrschungsvertrages nach dem Recht der abhängigen Gesellschaft, mithin nach deutschem Recht. Von der zwingenden Anwendung der §§ 291, 293 ff. AktG ausgenommen bleiben jedoch die §§ 293 Abs. 2, 293a ff. AktG. Dies ist darin begründet, dass das Personalstatut der ausländischen Obergesellschaft von der grundsätzlichen Anwendung des deutschen Rechts unberührt bleibt. Die Beziehungen der herrschenden Gesellschaft zu ihren Gläubigern und Gesellschaftern, mithin insbesondere die Frage der Zustimmungspflicht der Gesellschafterversammlung der herrschenden Gesellschaft zum Abschluss des Beherrschungsvertrages und etwaige Berichtspflichten, richten sich daher nach dem ausländischen Recht der herrschenden Gesellschaft (*Einsele* ZGR 1996, 40, 49; Emmerich/Habersack/*Emmerich* Aktien- und GmbH-Konzernrecht § 291 Rn. 36; Arens/*Tepper* AnwaltFormulare Gesellschaftsrecht 3. Aufl. § 28 Rn. 12). Als Konsequenz kann die herrschende Gesellschaft den Beherrschungsvertrag auch ohne die sich aus den §§ 293 Abs. 2, 293a ff. AktG ergebenden Pflichten abschließen, sofern das ausländische Recht keine Zustimmungspflicht der Gesellschafterversammlung vorsieht (Arens/*Tepper* AnwaltFormulare Gesellschaftsrecht 3. Auf. § 28 Rn. 12).

105 **3.** Als herrschende Personen kommen Unternehmen, z.B. natürliche Personen (Einzelkaufleute), Personengesellschaften, Körperschaften, Personenvereinigungen oder Vermögensmassen in Frage (Hüffer/*Koch* AktG § 291 Rn. 8; MüKo AktG/*Altmeppen* § 291 Rn. 21). Der Wohnsitz, Sitz oder der Ort der Geschäftsleitung ist nicht entscheidend.

106 **4.** Eine Beteiligung der herrschenden Gesellschaft an der beherrschten GmbH ist nicht erforderlich, aber in der Regel der Fall (Spindler/Stilz/*Veil* AktG § 291 Rn. 6). In der Praxis sind solche Fälle wohl nur in Konzernen anzutreffen, in denen die herrschende Gesellschaft keine unmittelbaren Gesellschaftsrechte an der beherrschten Gesellschaft hält.

107 **5.** Es ist umstritten, ob aus dem Anwendungsbereich der Weisungsbefugnis gemäß § 308 AktG ganze Unternehmensbereiche ausgenommen werden können. Nach wohl überwiegender Ansicht ist es erforderlich und ausreichend, dass es dem herrschenden Unternehmen durch die Übertragung der Leitungsfunktion möglich ist, eine auf das Gesamtinteresse der Unternehmen ausgerichtete Zielkonzeption zu entwickeln und im Wege der Ausübung der Leitungsmacht durchzusetzen (siehe MüKo AktG/*Altmeppen* § 291 Rn. 78 ff). Demzufolge ist es wohl grundsätzlich möglich, ganze Unternehmensbereiche von dem Anwendungsbereich der Weisungsbefugnis auszunehmen, soweit die vorstehende Voraussetzung gewährleistet ist, nicht jedoch wesentliche Leitungsbereiche. Nach anderer Ansicht hingegen erfordert § 291 Abs. 1 S. 1 AktG die Unterstellung aller Leitungsfunktionen, da mit dem Begriff des Beherrschungsvertrages nicht beliebige Abstufungen der Leitungsgewalt, sondern vielmehr Einflussmöglichkeiten des anderen Vertragsteils auf grundsätzlich alle Leitungsfunktionen der Gesellschaft gemeint sind (siehe KK-AktG/*Koppensteiner* § 291 Rn. 46 f). Für die Sicherstellung der für die umsatzsteuerliche Organschaft erforderliche organisatorische Eingliederung reicht ein Teilbeherrschungsvertrag allerdings nicht aus (Abschnitt 2.8 Abs. 10 S. 5 UStAE). Ferner ist umstritten, ob der Organträger eine dritte konzernangehörige Gesellschaft zur Ausübung des Weisungsrechts bevollmächtigen kann. Dies wird von der überwiegenden Ansicht in der Literatur bejaht. Zwar ist die selbstständige Übertragung der Leitungsmacht und des Weisungsrechts unter Abgabe der Verantwortlichkeit ausgeschlossen, der Organträger kann jedoch die Ausübung der Leitungsmacht an eine andere Konzerngesellschaft delegieren, da in diesem Fall das Weisungsrecht und die Verantwortlichkeit bei ihm verbleiben (siehe GroßKomm-AktG/*Hirte* § 308 Rn. 24 f).

108 **6.** Es ist in jedem Fall empfehlenswert dafür Sorge zu tragen, dass die erteilten Weisungen in angemessener und jederzeit zugänglicher Form bei beiden Vertragspartnern dokumentiert sind. Nur so kann das Vorliegen der für die umsatzsteuerliche Organschaft erforderlichen organisatorischen Eingliederung auch gegenüber der Finanzverwaltung verlässlich nachgewiesen werden.

109 **7.** Der Umfang der Leitungsmacht im Beherrschungsvertrag kann auch bei der GmbH eingeschränkt werden. Insoweit umfasst das Weisungsrecht der Obergesellschaft gemäß § 299 AktG nicht die Befugnis, den Vertrag zu ändern, aufrechtzuerhalten oder zu beenden.

8. Die neuere Rechtsprechung und allgemein auch das Schrifttum kommen zu dem Ergebnis, dass § 302 AktG auch im GmbH-Konzernrecht entsprechend anwendbar ist, ohne dass es hierzu einer ausdrücklichen Vereinbarung im Unternehmensvertrag bedarf (BGH-Urt. v. 11.10.1999, GmbHR 1999, 1299, 1300; Baumbach/Hueck/*Beurskens* GmbHG KonzernR Rn. 121) Anders als bei einem Gewinnabführungsvertrag, der die steuerliche Anerkennung benötigt und daher die Voraussetzungen des § 17 Satz 2 Nr. 2 KStG erfüllen muss und die sehr strengen formellen Anforderungen zur Vereinbarung der Verlustübernahme zu berücksichtigen hat, kann bei einem reinen Beherrschungsvertrag dieser Aspekt hinten anstehen. Der Wortlaut der Verlustübernahme muss daher nicht den strengen formalen steuerlichen Anforderungen genügen, so dass sich die im Zusammenhang mit dem Gewinnabführungsvertrag diskutierten Probleme bei der Verlustübernahme (vgl. Muster I 1 (Rdn. I 21)) beim isolierten Beherrschungsvertrag nicht stellen. Angesichts der eindeutigen gesellschaftsrechtlichen Rechtslage könnte sogar gänzlich auf diesen Vertragsbestandteil verzichtet werden. Dennoch wurde hier zwecks Information der Vertragsparteien ein dem § 302 AktG entsprechender Wortlaut verwendet. 110

9. Nach der Rechtsprechung des BGH vom 11.10.1999 (GmbHR 1999, 1299) und vom 14.02.2005 (DB 2005, 937) entsteht der sich aus dem Gewinnabführungsvertrag ergebende Anspruch auf Ausgleich eines Jahresfehlbetrags (§ 302 AktG) am Bilanzstichtag der beherrschten Gesellschaft. Diese Rechtsauffassung muss auch für den Beherrschungsvertrag entsprechend gelten. Mithin ist der Verlustausgleichsanspruch nach §§ 352, 353 HGB ab dem Bilanzstichtag mit 5 % für das Jahr gemäß §§ 352 f. HGB zu verzinsen. 111

10. Ob eine Regelung für den GmbH-Vertragskonzern aufzunehmen ist, die außenstehenden Gesellschaftern der Untergesellschaft Ausgleichsansprüche analog § 304 AktG gegen die Obergesellschaft gewährt, ist strittig. Nach h.M. finden die §§ 304 f AktG keine analoge Anwendung auf die GmbH. Begründet wird dies damit, dass der Abschluss eines Beherrschungsvertrages auf Seiten der Untergesellschaft der Zustimmung aller Gesellschafter bedürfe. Demzufolge sei der Schutz der außenstehenden Gesellschafter mit Hilfe des Ausgleichsanspruches analog § 304 AktG obsolet, da der Minderheitsgesellschafter durch das Einstimmigkeitserfordernis bereits hinreichend geschützt sei (Baumbach/Hueck/*Beurskens* GmbHG KonzernR. Rn. 94; Ulmer/Habersack/Winter/*Caspar* GmbHG Anh. § 77 Rn. 228; Emmerich/Habersack/*Emmerich* Aktien- und GmbH-Konzernrecht § 304 Rn. 11). Dennoch geht die Beratungspraxis den sicheren Weg und wendet die Vorschriften entsprechend an. Im Gegensatz dazu vertritt eine im Vordringen befindliche Mindermeinung die Ansicht, dass für den Abschluss eines Beherrschungsvertrages auf Grund seiner materiell satzungsändernden Wirkung lediglich eine $^3/_4$-Mehrheit der Stimmen nach § 53 Abs. 2 GmbHG ausreicht. Daraus folgend, bedürfe es zur Wahrung der Interessen der überstimmten Gesellschafter der analogen Anwendung der §§ 304, 305 AktG (*Lutter/Hommelhoff* GmbHG Anh. zu § 13 Rn. 52; Rowedder/Schmidt-Leithoff/*Schnorbus* GmbHG Anh. § 52 Rn. 94 f). Dieser Fall könnte zumindest dann relevant sein, wenn die Satzung der betreffenden GmbH ausnahmsweise für den Zustimmungsbeschluss zum Unternehmensvertrag die qualifizierte Mehrheit genügen lässt (Baumbach/Hueck/*Beurskens* GmbHG KonzernR Rn. 94, 118). 112

11. Die zu Gewinnabführungsverträgen entwickelten Grundsätze für die Bemessung der Ausgleichszahlung sind für einen Beherrschungsvertrag entsprechend anwendbar. Trotzdem ergeben sich Unterschiede, weil das Gewinnbezugsrecht der außenstehenden Gesellschafter durch den Abschluss eines isolierten Beherrschungsvertrages nicht ausgeschlossen wird und außerdem die zur ertragsteuerlichen Organschaft entwickelten Vorgaben bei reinen Beherrschungsverhältnissen unanwendbar bleiben. § 304 Abs. 1 Satz 2 AktG sieht dementsprechend auch nur vor, dass den außenstehenden Gesellschaftern ein bestimmter jährlicher Gewinnanteil zu garantieren ist (Dividendengarantie). Da das herrschende Unternehmen aufgrund der Weisungsbefugnis auch für die Gesellschaft nachteilige Geschäfte anordnen kann (Baumbach/Hueck//*Beurskens* GmbHG KonzernR Rn. 98), besteht die berechtigte Gefahr, dass das Gewinnbezugsrecht der außenstehenden Gesellschafter ausgehöhlt wird. Um diesem Aspekt zu begegnen, ist die Ausgleichszahlung als garantierter Mindestbetrag auszugestalten, der nicht unterschritten werden kann. Sollte die tat- 113 sächlich beschlossene Ausschüttung dagegen höher ausfallen, hat der außenstehende Gesellschafter Anspruch auf die höhere Dividende (Hüffer/Koch AktG § 304 Rn. 6; MüKo AktG/*Paulsen* § 304 Rn. 47 ff.). Im umgekehrten Fall besteht Anspruch auf Ergänzungszahlung. Die Höhe der Garantiedividende richtet sich nach der Ertragsprognose auf der Basis der Vergangenheitswerte (Hüffer/*Koch* AktG § 304 Rn. 8 ff.). Maßgeblich für die Bewertung ist der Zeitpunkt der Beschlussfassung der Gesellschafterversammlung über den Beherrschungsvertrag.

114 **12.** Als Gewinn ist der Gewinn vor Körperschaftsteuer anzusehen. Den außenstehenden Gesellschaftern ist mithin der Bruttogewinnanteil als feste Größe zu gewährleisten, vermindert um die Körperschaftsteuerbelastung in der jeweils gesetzlich vorgegebenen Höhe. Dadurch stellt der tatsächliche Auszahlungsbetrag zwar eine je nach Gesetzeslage möglicherweise variable Größe dar, dies steht der Systematik des festen Ausgleichs jedoch nicht entgegen. Bei der Festsetzung des Ausgleichs ist der durchschnittlich verteilbare Bruttogewinn als feste Größe aus dem objektiven Wert des Unternehmens am Stichtag abzuleiten. Maßgeblich sind insoweit daher die Organisationsverhältnisse sowie die wirtschaftlichen und rechtlichen Strukturen, nicht jedoch die Körperschaftsteuer (BGH Beschluss vom 21.07.2003, II ZB 17/01, AG 2003, 627, 628 f.).

115 **13.** Bei Bestehen einer ertragsteuerlichen Organschaft stellt die Zahlung einer Garantiedividende nach § 304 Abs. 2 AktG eine Ausgleichszahlung i.S.d. § 16 KStG dar. Diese Regelung bestimmt, dass die Organgesellschaft die Ausgleichszahlungen (zuzüglich der darauf entfallenden Körperschaftsteuer von 3/17) als eigenes Einkommen zu versteuern hat (*Frotscher/Maas* KStG § 16 Rn. 44). Gleichwohl setzt § 16 KStG grundsätzlich das Vorliegen einer wirksamen ertragsteuerlichen Organschaft voraus, mithin eine Voraussetzung, die bei einem reinen Beherrschungsvertrag grade nicht vorliegt. Daher bleibt fraglich, ob diese Zuordnungsregelung auch im Falle des Nichtbestehens einer Organschaft im Rahmen eines Beherrschungsvertrages greift. Diese Frage ist, soweit ersichtlich, auch in der Rechtsprechung noch ungeklärt.

116 Eine Ansicht vertritt die Auffassung, dass Ausgleichszahlungen, die im Rahmen eines Beherrschungsvertrages bei Nichtvorliegen einer ertragsteuerlichen Organschaft geleistet werden, entsprechend Ausgleichszahlungen bei verunglückten Organschaften zu behandeln sind (*Dötsch*/Pung/Möhlenbrock Die Körperschaftsteuer § 16 Rn. 50). Wie Ausgleichszahlungen bei verunglückten Organschaften zu behandeln sind, ist wiederum umstritten. Nach der wohl herrschenden Ansicht scheidet die Anwendung des § 16 KStG in diesen Fällen von vornherein aus, da dieser das Bestehen einer Organschaft voraussetzt. Infolgedessen ist eine von der Organgesellschaft geleistete Ausgleichszahlung als verdeckte Gewinnausschüttung zu behandeln. Leistet der Organträger die Ausgleichszahlung bei einer verunglückten Organschaft, ist diese als Einlage des Organträgers in die Organgesellschaft und als verdeckte Gewinnausschüttung (ohne Erhöhung auf 20/17) der Organgesellschaft an die außenstehenden Gesellschafter zu qualifizieren (*Dötsch*/Pung/Möhlenbrock Die Körperschaftsteuer § 16 Rn. 50; E&Y/*Walter* KStG § 16 Rn. 37). Die Gegenansicht wendet § 16 KStG auch im Falle eines verunglückten Organschaftsverhältnisses an. Begründet wird dies damit, dass die Ausgleichszahlungen ungeachtet der Tatsache, dass das Organschaftsverhältnis steuerlich unwirksam ist, letztlich einen Ausgleich für den Rechtsverlust der außenstehenden Gesellschafter darstellt und tatsächlich gesellschaftsrechtlich als Ausgleichszahlungen qualifizieren (*Frotscher/Maas* KStG § 16 Rn. 64).

117 **14.** Siehe § 57m Abs. 3 GmbH. Die Verminderung tritt auch ohne vertragliche Regelung automatisch ein.

118 **15.** Bei einer Kapitalerhöhung der Untergesellschaft gegen Einlagen unter Gewährung eines Bezugsrechts an die außenstehenden Gesellschafter sind die neuen Geschäftsanteile ebenso ausgleichsberechtigt wie die alten Geschäftsanteile. Dies entspricht auch ohne vertragliche Regelung der herrschenden Meinung. Durch eine Kapitalerhöhung bei der herrschenden Gesellschaft wird der feste Ausgleich in keinem Fall berührt.

119 **16.** Es ist in der Literatur umstritten, ob bei einem Beherrschungsvertrag mit einer GmbH als beherrschte Gesellschaft das SpruchG Anwendung findet. Die noch überwiegende Ansicht in der

Literatur verneint eine analoge Anwendung (*Riegger/Wasmann* SpurchG § 1 Rn. 46; Lutter/Hommelhoff GmbHG Anh. zu § 13 Rn. 71a). Demgegenüber vertreten einige sich im Vordringen befindende Stimmen in der Literatur die Auffassung, dass aus heutiger Sicht kein Grund erkennbar ist, der eine entsprechende Anwendung des SpruchG im Falle einer GmbH als beherrschter Gesellschaft ausschließt (Emmerich/Habersack/*Emmerich* Aktien- und GmbH-Konzernrecht § 304 Rn. 12, § 328 Anh. SpruchG § 1 Rn. 11; Ulmer/Habersack/*Casper* GmbHG Anh. § 77 Rn. 231; *Liebscher* GmbH-Konzernrecht Rn. 791; *Simon* SpruchG § 1 Rn. 40).

17. Zu analogen Anwendung von § 305 AktG vgl. die Ausführungen zur Garantiedividende unter Muster I 3 (Rdn. I 112). 120

18. Für die Bemessung des Abfindungsanspruchs der außenstehenden Gesellschafter einer beherrschten GmbH dürfte die Ertragswertmethode anwendbar sein, z.B. unter Berücksichtigung der in IDW S1 genannten Grundsätze. 121

19. Fristverlängerung kraft Gesetzes bei gerichtlichem Verfahren nach dem Spruchverfahrensgesetz (§ 305 Abs. 4 S. 3 AktG). 122

20. Nach h.M. besteht ein solcher Abfindungsergänzungsanspruch auch ohne vertragliche Zusicherung (BayOblG AG 1996, 127/130). 123

21. Sofern es sich sowohl beim herrschendem Unternehmen als auch bei der beherrschten Gesellschaft um nach dem MitbestG mitbestimmte Gesellschaften handelt und das herrschende Unternehmen zu mindestens 25 % an der beherrschten Gesellschaft beteiligt ist, ist hinsichtlich des Beschlusses der Gesellschafterversammlung der beherrschten Gesellschaft § 32 MitbestG zu beachten (zur Anwendbarkeit von § 32 MitbestG im GmbH-Konzern siehe auch Wißmann/Kleinsorge/*Schubert* Mitbestimmungsrecht § 32 Rn. 17; *Ulmer/Habersack*/HensslerMitbestimmungsrecht § 32 Rn. 13). Unter Berücksichtigung von § 32 MitbestG kann der Vertreter des beherrschten Unternehmens in der Gesellschafterversammlung der beherrschten Gesellschaft dem Beherrschungsvertrag nur dann wirksam zustimmen, sofern der Aufsichtsrat der Obergesellschaft dessen Abstimmungsverhalten gebilligt hat (*Zeidler* NZG 1999, 692, 694). Gibt der Vertreter der Obergesellschaft seine Stimme in der Gesellschafterversammlung der Untergesellschaft gleichwohl ohne Billigung des Aufsichtsrats ab, handelt er ohne Vertretungsmacht mit der Folge, dass der Zustimmungsbeschluss der Untergesellschaft anfechtbar ist und der Eintragung in das Handelsregister nach § 127 FGG ein Wirksamkeitshindernis entgegensteht (*Zeidler* NZG 1999, 692, 694). 124

22. Zur Frage, ob die Zustimmungsbeschlüsse der Gesellschafterversammlungen einstimmig oder nur mit einer qualifizierten Mehrheit zu erfolgen haben, siehe Anmerkungen in den jeweiligen Mustern unter Muster I 4 (Rdn. I 139) und Muster I 5 (Rdn. I 147). 125

23. Eine Mindestlaufzeit, wie von § 14 Abs. 1 Satz 1 Nr. 3 KStG vorgegeben, muss für einen reinen Beherrschungsvertrag nicht berücksichtigt werden, da anders als beim Gewinnabführungsvertrag keine entsprechenden steuerlichen Vorgaben zu erfüllen sind. 126

24. Eine sofortige Kündigung des Beherrschungsvertrages ist nur bei Vorliegen eines wichtigen Grundes möglich. Aus Praktikabilitätsgründen ist zu überlegen, den Beherrschungsvertrag auch bei Vorliegen eines wichtigen Grundes erst zum Ende eines Geschäftsjahres (Rumpfgeschäftsjahres) zu beenden, um Schwierigkeiten bei der Berechnung von Verlustausgleichsansprüchen zu vermeiden. 127

Wie der Abschluss so wird auch für die Kündigung bzw. Aufhebung des Beherrschungsvertrages durch die abhängige GmbH die Zustimmung der Gesellschafterversammlung in notariell beurkundeter Form für erforderlich gehalten (vgl. BGH Urt. vom 31.05.2011, II ZR 109/10, DStR 2011 1576; *Peters/Hecker*, DStR 2012 86, 88; *Müller-Eising/Schmidt*, NZG 2011, 1100, 1101). Bei einer Kündigung durch die herrschende GmbH ist davon auszugehen, dass ebenfalls ein Gesellschafterbeschluss erforderlich ist, allerdings in Anlehnung an die »Supermarkt«-Entscheidung des BGH (Urt. vom 24.10.1988, II ZB 7/88, NJW 1989 295) ohne den Zwang der notariellen Beurkundung (*Peters/Hecker*, DStR 2012 S. 86, 89).

128 **25.** Die Veräußerung der Mehrheitsbeteiligung entzieht dem Beherrschungsvertrag oftmals seine wirtschaftliche und rechtliche Grundlage, so dass der Vertrag schnellstmöglich beendet werden soll.

In Beherrschungsverträgen wird daher regelmäßig ein außerordentliches Kündigungsrecht für den Fall der Anteilsveräußerung vereinbart. Dies führte in der Praxis zu dem Problem, dass die Kündigung des Beherrschungsvertrages erst nach dem Closing vom Erwerber vorgenommen werden konnte. Der aktuelle Wortlaut ermöglicht die Kündigung bereits mit Abschluss eines entsprechenden Kaufvertrages noch durch den Veräußerer und nicht erst nach erfolgter dinglicher Übertragung der Anteile. Selbstverständlich kann die Beendigung des Beherrschungsvertrages erst zusammen mit der Übertragung der Anteile eintreten, denn die Beendigung des Beherrschungsvertrages muss den konkreten Bezug zum wichtigen Grund herstellen.

129 **26.** Zu beachten ist, dass etwa die Verschmelzung der Untergesellschaft auch ohne Kündigung automatisch zur Vertragsbeendigung führt. Eine alle Umwandlungsarten erfassende Regelung bietet sich dessen ungeachtet an.

130 **27.** Nach h.M. ist § 303 AktG analog als zwingende gesetzliche Regelung im GmbH-Recht anzuwenden.

131 **28.** Der Vertrag ist von den Geschäftsführern der Parteien in der vertretungsberechtigten Zahl zu unterzeichnen. Auf die Einhaltung der Beschränkungen des § 181 BGB ist zu achten.

4. Zustimmungsbeschluss der Gesellschafterversammlung der beherrschten GmbH

Vorbemerkung

132 Zur Wirksamkeit eines Beherrschungs- und/oder Gewinnabführungsvertrages bedarf es der Eintragung in das Handelsregister der Untergesellschaft und der Zustimmung Gesellschafterversammlungen. Der Beherrschungs- und/oder Gewinnabführungsvertrag greift in das Grundgefüge beider beherrschten bzw. zur Gewinnabführung verpflichteten Untergesellschaft ein und hat insoweit materiell satzungsändernde Wirkung. Daher setzt der Abschluss eines Beherrschungs- und/oder Gewinnabführungsvertrages nach h.M. einen einstimmigen Zustimmungsbeschluss der Gesellschafter der Untergesellschaft und dessen notarielle Beurkundung voraus.

Muster

133 **Urkundenrolle-Nr. ____________/____________** [1]

____

Verhandelt

Zu ____________, am ____________

Von mir, dem unterzeichnenden Notar

____

mit dem Amtssitz in ____________

erschienen heute:

1. ____________, geboren am ____________,

wohnhaft in ____________

2. ____________, geboren am ____________,

wohnhaft in __________

Die Erschienenen wiesen sich aus durch amtliche Lichtbildausweise.

A. Vertretungsverhältnisse

Die Erschienenen erklärten, dass sie im Folgenden ihre Erklärungen nicht im eigenen Namen sondern als Bevollmächtigter/Geschäftsführer für die A-GmbH [Organträger] mit Sitz in __________, eingetragen im Handelsregister des Amtsgerichts __________ unter der HRB __________ abgeben. Der amtierende Notar bescheinigt auf Grund seiner heute vorgenommenen Einsicht in das Handelsregister, dass die Erschienenen dort als Geschäftsführer der A-GmbH eingetragen und als solches berechtigt sind, die Gesellschaft gemeinsam zu vertreten.

B. Vorbefassung

Die Frage des Notars nach einer Vorbefassung gemäß § 3 Abs. 1 Satz 1 Nr. 7 BeurkG wurde von den Erschienenen verneint.

C. Gesellschafterversammlung

Die Erschienenen erklärten sodann für die von ihnen vertretene A-GmbH:

Vorbemerkung

1. **Die A-GmbH ist die alleinige Gesellschafterin der B-GmbH mit Sitz in __________, eingetragen im Handelsregister des Amtsgerichts __________ unter der HRB __________.**
2. **Die A-GmbH und die B-GmbH haben am __________ einen [Beherrschungs- und] Gewinnabführungsvertrag geschlossen, der zu seiner Wirksamkeit u.a. der Zustimmung der Gesellschafterversammlung der B-GmbH bedarf.**
3. **Eine Prüfung des Unternehmensvertrages sowie ein Prüfungsbericht (§§ 293b ff., 293e AktG) sind vorliegend entbehrlich, da sich alle Geschäftsanteile der B-GmbH in der Hand der A-GmbH befinden.**

Dies vorausgeschickt, halten die Erschienenen für die von ihnen vertretene A-GmbH unter Verzicht auf alle gesetzlichen und gesellschaftsvertraglichen Formen und Fristen der Einberufung, Ankündigung und Durchführung, [2] insbesondere auf die Erstattung etwa erforderlicher Berichte und Erläuterungen sowie auf die Auslegung von Unterlagen (insbesondere gemäß §§ 293a ff. AktG analog) eine

außerordentliche Gesellschafterversammlung der B-GmbH

ab und beschließen, was folgt:

Dem als Anlage 1 [3] beigefügten [Beherrschungs- und] Gewinnabführungsvertrag vom __________ zwischen der A-GmbH und der B-GmbH wird einstimmig [4] zugestimmt.

Die Erschienenen gaben des Weiteren folgende Verzichtserklärung ab:

1. **In analoger Anwendung von § 293a Abs. 3 AktG, § 293b Abs. 2 i.V.m. § 293a Abs. 3 AktG und §§ 293e Abs. 2 i.V.m. 293a Abs. 3 AktG verzichten wir auf die Erstellung eines Berichts über den Unternehmensvertrag, die Prüfung des Unternehmensvertrages sowie die Fertigung eines Prüfungsberichts durch einen Vertragsprüfer. [5]**
2. **Auf Klagen gegen die Wirksamkeit der gefassten Beschlüsse wird verzichtet.**

Die Kosten der Gesellschafterversammlung trägt die B-GmbH.

D. Vollmachten

Hiermit werden die Notariatsangestellten

___________,

dienstansässig ___________, und

___________,

dienstansässig ___________,

und zwar jede(r) für sich allein, bevollmächtigt, sämtliche Erklärungen abzugeben und Handlungen vorzunehmen, die erforderlich sein sollten, um die in dieser Urkunde enthaltenen Vereinbarungen und Beschlüsse durchzuführen, einschließlich der Vornahme notwendig oder sachdienlich erscheinender Änderungen und Ergänzungen. Die Bevollmächtigten sind, soweit rechtlich zulässig, von den Beschränkungen des § 181 BGB befreit und können ihrerseits entsprechende Untervollmachten erteilen. Die Vollmachten erlöschen mit Handelsregistereintragung der hier gefassten Beschlüsse.

Die Erschienen bestätigten, dass sie über ausreichende Kenntnisse der deutschen Sprache verfügen.

Die Erschienenen baten den Notar, diese Beurkundung in der Weise vorzunehmen, dass der deutsche Text dieser Urkunde vorgelesen, genehmigt und unterzeichnet werden soll; der englische Text ist eine Übersetzung des deutschen Textes und aus Gründen der besseren Übersichtlichkeit in einer zweiten Spalte neben dem deutschen Text gestellt, er soll nicht vorgelesen werden, sondern dient ausschließlich Informationszwecken; bei Abweichungen ist allein der deutsche Text maßgeblich.

Diese Niederschrift wurde den Erschienenen von dem Notar vorgelesen, von den Erschienenen genehmigt und sodann von ihnen und dem Notar eigenhändig wie folgt unterzeichnet:

____

Template

134 **No ___________./___________ of the Roll of Deeds**

____

Transacted

at ___________, on ___________,

Before me, the undersigned notary

____

with offices in ___________

appeared today:

***1.* ___________, *born on* ___________,**

with address at ___________

***2.* ___________, *born on* ___________,**

with address at ____________

The appeared identified themselves by presenting a valid identity card.

A. Power of representation

The persons appearing declared to be acting herein not in their own name, but as representative/managing director of A-GmbH [Parent] with its seat in ____________, registered with the Commercial Register of the Local Court of ____________ under no. HRB ____________. The acting notary confirms due to his inspection of the Commercial Register as of today, that the appeared persons have been registered as managing directors of A-GmbH and are as such eligible to jointly represent the company.

B. Prior Involvement

The notary asked the persons appearing whether there had been any previous involvement (*Vorbefassung*) within the meaning of Section 3 para. 1 no. 7 of the German Notarization Act (*BeurkG*) The persons appearing answered this question in the negative.

C. Shareholders´ Meeting

The persons appearing declared on behalf of the represented A-GmbH:

Preamble

1. A-GmbH is the sole shareholder of B-GmbH with its seat in ____________, registered in the Commercial Register of the Local Court of ____________ under No. HRB ____________.
2. A-GmbH and B-GmbH have entered into a [domination and] profit and loss transfer agreement on ____________ requiring the consent of the shareholders´ meeting of B-GmbH in order to be valid.
3. An examination of the enterprise agreement and the preparation of an audit report (§§ 293b et seqq, 293e AktG are not required, since all shares in B-GmbH are held by A-GmbH.

On these premises, waiving all legal and company law requirements as to form and notice for calling, announcement and performance, and in particular with respect to the preparation of reports and explanations eventually required as well as the disclosure of documents (in particular analog to §§ 293a et seqq. AktG) the persons appearing on behalf of A-GmbH

hold an extraordinary shareholder´s meeting of B-GmbH

and resolve as follows:

The [domination] and profit and loss transfer agreement between A-GmbH and B-GmbH attached hereto as Annex 1 is unanimously approved.

Additionally, the persons appearing declared the following waiver:

1. In analogy to § 293a (3) AktG, § 293b (2) in conjunction with § 293a (3) AktG and § 293e (2) in conjunction with § 293a (3) AktG the preparation of a report regarding the enterprise agreement, an examination of the enterprise agreement and preparation of an audit report by a contract auditor is hereby waived.
2. Lawsuits against the validity of the resolutions are hereby waived.

The costs of this shareholders´ meeting shall be borne by B-GmbH

D. Powers of Attorney

Herewith, the notary clerks

___________,

with business address at, and

___________,

with business address at

each one of them individually, are authorized to make any statements and to take actions that may be necessary for the implementation of the resolutions and agreements of this notarial deed, including the execution of changes or amendments that may appear necessary or conducive. The representatives are, to the extent legally possible, being exempt from the restrictions of § 181 of the German Civil Code and are allowed to grant sub-powers of attorney. The powers of attorney expire once the registration of the resolution is recorded in the commercial register.

The persons appearing confirmed that they have sufficient command of the German language.

The persons appearing asked the notary to do the recording of this notarial deed in such manner as to read aloud the German text of this notarial deed, have that text approved as well as signed; the English text is a translation of the German text and has been put next to the German text in a second column for reasons of better transparency; the English text shall not be read out aloud but shall serve exclusively for the purposes of information; in case of deviations, the German text shall prevail.

This deed was read out to the persons appearing by the notary, approved by the persons appearing, and signed by them and the notary in their own hand as follows:

____

Erläuterungen

135 **1.** Der Zustimmungsbeschluss bedarf zwingend der notariellen Form (siehe BGHZ 105, 324, 342).

136 **2.** Erfolgt dieser Verzicht nicht, ist die Einhaltung sämtlicher Förmlichkeiten und Fristen zu beachten, um einer Anfechtung der Beschlussfassung vorzubeugen (siehe Heidel/Pauly/Amend/*Arens*/*Spieker* AnwaltFormulare 8. Aufl. § 45 Rn. 17 S. 2385 Fn. 86).

137 **3.** Der Unternehmensvertrag ist keine notarielle Bezugsurkunde i.S.v. § 13a BeurkG, da er nicht in notarieller Form abgeschlossen wird. Demzufolge ist er als Anlage beizufügen, ein bloßer Verweis ist insoweit unzureichend (siehe Heidel/Pauly/Amend/*Arens/Spieker* AnwaltFormulare 8. Aufl. § 45 Rn. 17 S. 2385 Fn. 87).

138 **4.** Nach der h.M. in der Literatur setzt der Abschluss eines Beherrschungs- und/oder Gewinnabführungsvertrages auf Seiten der Untergesellschaft die Zustimmung aller Gesellschafter voraus (siehe Baumbach/Hueck/*Buerskens* GmbHG GmbH-Konzernrecht Rn. 106; *Ulmer*/Habersack/Winter/*Casper* GmbHG § 53 Rn. 158; Scholz/*Emmerich* GmbHG Anh. § 13 GmbH-Konzernrecht Rn. 146). Das Einstimmigkeitserfordernis wird u.a. damit begründet, dass der Abschluss eines Gewinnabführungs- und Beherrschungsvertrages den Gesellschaftszweck ändere, mit der Folge, dass dem analog § 33 Abs. 1 S. 2 BGB alle Gesellschafter zustimmen müssen. Des Weiteren spreche insbesondere der tiefgreifende Eingriff des Gewinnabführungs- und Beherrschungsvertrages in

die Mitverwaltungs- und Gewinnbezugsrechte (Kernbereich der Mitgliedschaft) der Gesellschafter für das Einstimmigkeitserfordernis. Eine Mindermeinung in der Literatur lässt hingegen eine 3/4-Mehrheit der Stimmen nach § 53 Abs. 2 GmbHG genügen (siehe *Lutter/Hommelhoff* GmbHG Anh. zu § 13 Rn. 65; Rowedder/Schmidt-Leithoff/*Schnorbus* GmbHG Anh. zu § 52 Rn. 95). Ein Vergleich mit dem Umwandlungsrecht belege, dass danach eine 3/4-Mehrheit zur Umsetzung von noch tiefgreifenden Strukturänderungen ausreiche. Der BGH ließ in der sog. »Supermarkt«-Entscheidung (BGHZ 105, 324, 332) die Frage der erforderlichen Mehrheit der Gesellschafterversammlung der abhängigen GmbH ausdrücklich offen.

5. Strittig ist, ob die Regelungen der §§ 293a ff. AktG auf den GmbH-Konzern analog Anwendung finden. Die herrschende Ansicht sieht eine analoge Anwendung als entbehrlich an, da sie hinsichtlich des Zustimmungsbeschlusses der Gesellschafterversammlung zu dem entsprechenden Unternehmensvertrag Einstimmigkeit fordert (*Hüffer*/Koch AktG § 293a Rn. 5 f; Scholz/*Emmerich* GmbHG Anh. § 13 GmbH-Konzernrecht Rn. 136; Baumbach/Hueck/*Buerskens* GmbHG GmbH-Konzernrecht Rn. 104). Die Vertreter der Mindermeinung, die für den Zustimmungsbeschluss eine 3/4-Mehrheit der Stimmen ausreichen lässt, bejahen hingegen teilweise eine analoge Anwendung der §§ 293a ff. AktG, so dass ein Vertragsbericht zu erstellen und eine Vertragsprüfung vorzunehmen ist (*Lutter/Hommelhoff* GmbHG Anh. zu § 13 Rn. 57). Dieses Muster schließt sich der h.M. an und lehnt die analoge Anwendung der §§ 293a ff. AktG mithin ab. Gleichwohl sind aus Gründen der Vorsicht entsprechende Verzichtserklärungen der Gesellschafter vorgesehen. 139

5. Zustimmungsbeschluss der Gesellschafterversammlung der herrschenden GmbH

Vorbemerkung

In Analogie zu § 293 Abs. 2 AktG bedarf der Gewinnabführungs- und/oder Beherrschungsvertrag zu seiner Wirksamkeit auch der Zustimmung der Gesellschafter der herrschenden Gesellschaft. Im Gegensatz zur Zustimmung der Gesellschafter der beherrschten Gesellschaft, ist eine notarielle Beurkundung des Beschlusses bei der herrschenden Gesellschaft nach h.M. nicht erforderlich. 140

Muster

Gesellschafterbeschluss [1] 141

der

A-GmbH [Organträger], ________

I. Vorbemerkung

1. Die __[Konzernmutter]__ mit Sitz in ________, eingetragen im Handelsregister des Amtsgerichts ________ unter der HRB ________, ist die alleinige Gesellschafterin der A-GmbH mit Sitz in ________, eingetragen im Handelsregister des Amtsgerichts ________ unter der HRB ________.

2. Die A-GmbH und die B-GmbH mit Sitz in ________, eingetragen im Handelsregister des Amtsgerichts ________ unter der HRB ________, haben am einen [Beherrschungs- und] Gewinnabführungsvertrag abgeschlossen. Der Vertrag bedarf zu seiner Wirksamkeit u.a. der Zustimmung der Gesellschafterversammlung der A-GmbH.

3. Die alleinige Anteilsinhaberin der A-GmbH, die ________, hat auf die Erstattung eines Berichts über den Unternehmensvertrag (§ 293a AktG) durch öf-

fentlich beglaubigte Erklärung verzichtet. Die Erklärung ist dieser Urkunde als Anlage 1 beigefügt. [2]

4. **Eine Prüfung des Unternehmensvertrages sowie ein Prüfungsbericht (§§ 293b ff., 293e AktG) sind vorliegend entbehrlich, da sich alle Geschäftsanteile der B-GmbH in der Hand der A-GmbH befinden.**

Dies vorausgeschickt, hält die ____________ in ihrer Eigenschaft als Alleingesellschafterin der A-GmbH hiermit unter Verzicht auf alle gesetzlichen und gesellschaftsvertraglichen Formen und Fristen der Einberufung, Ankündigung und Durchführung, insbesondere auf die Erstattung etwa erforderlicher Berichte und Erläuterungen sowie auf die Auslegung von Unterlagen (insbesondere gemäß § 293a ff. AktG [3] **analog), eine außerordentliche Gesellschafterversammlung der A-GmbH ab und fasst folgenden**

II. Beschluss:

Dem als Anlage 2 [4] **beigefügten [Beherrschungs- und] Gewinnabführungsvertrag vom ____________ zwischen der A-GmbH und der B-GmbH wird zugestimmt.** [5]

Auf Klagen gegen die Wirksamkeit des gefassten Beschlüsse wird verzichtet.

Weitere Beschlüsse werden nicht gefasst.

Damit ist die Gesellschafterversammlung beendet.

____

(Ort, Datum)

____

Vertretungsorgan des Gesellschafters der A-GmbH

Template

142 **Shareholder´s Resolution**

of

A-GmbH [Parent], ____________

I. Preamble

[Group holding] with its seat in ____________, registered in the Commercial Register of the Local Court of ____________ under No. HRB ____________, is the sole shareholder of A-GmbH with its seat in ____________, registered in the Commercial Register of the Local Court of ____________ under No. HRB ____________.

A-GmbH and B-GmbH with its seat in ____________, registered in the Commercial Register of the Local Court of ____________ under No. HRB ____________, have entered into a [domination and] profit and loss transfer agreement on ____________. The agreement inter alia requires approval of the shareholders´ meeting of A-GmbH in order to be valid.

The sole shareholder of A-GmbH, ____________, has waived the preparation of a report on the enterprise agreement (§ 291a AktG) by authenticated declaration. Such declaration is attached as appendix 1.

An audit as well as the preparation of an audit report on the enterprise agreement (§§ 293b et seqq., 293e AktG) are not required, because all shares in B-GmbH are held by A-GmbH.

On these premises, waiving all legal and company law requirements as to form and notice for calling, announcement and performance, and in particular with respect to the preparation of reports and explanations eventually required as well as the disclosure of documents (in particular analog to § 293a et seqq. AktG) the persons appearing on behalf of A-GmbH hold an extraordinary shareholder´s meeting of B-GmbH and resolve as follows:

II. Resolution:

The [domination and] profit and loss transfer agreement between A-GmbH and B-GmbH attached hereto as Annex 2 is unanimously approved.

Lawsuits against the validity of the resolutions are hereby waived.

No further resolutions were taken.

The shareholder´s meeting is closed.

____

(place, date]

____

Representative of Group Holding

Erläuterungen

1. Der Zustimmungsbeschluss der Gesellschafterversammlung der herrschenden Gesellschaft bedarf nicht der notariellen Beurkundung (siehe BGHZ 105, 324, 337). Die Beachtung der Schriftform ist insoweit ausreichend. 143

2. Zur Notwendigkeit einer Verzichtserklärung siehe Muster I 4 (Rdn. I 139). Ein entsprechendes Muster ist nachfolgend unter Muster I 6 Rdn. I 148 ff eingestellt. 144

3. Nach h.M. finden die §§ 293a ff. AktG auf die GmbH als Obergesellschaft Anwendung (Emmerich/Habersack/*Emmerich* Aktien- und GmbH-Konzernrecht § 293a Rn. 12). 145

4. Der Beherrschungs- und Gewinnabführungsvertrag ist dem Beschluss als Anlage beizufügen (siehe BGH WM 1992, 524, 525). 146

5. Hinsichtlich der Zustimmung der Gesellschafterversammlung der herrschenden Gesellschaft ist, im Gegensatz zu dem von der h.M. geforderten Einstimmigkeitserfordernis bei der beherrschten Gesellschaft, eine Mehrheit von Dreivierteln der vertretenen Stimmen ausreichend (BGHZ 105, 324, 336). 147

6. Verzichtserklärung der Gesellschafter der herrschenden GmbH

Vorbemerkung

In Analogie zu § 293a Abs. 3 AktG kann eine Berichterstattung über und eine Prüfung gemäß § 293b Abs. 2 AktG des Unternehmensvertrages entfallen, wenn alle Anteilsinhaber aller beteiligten Unternehmen auf seine Erstattung durch öffentlich beglaubigte Erklärung verzichten. 148

Muster

149 **Verzichtserklärung**

gemäß § 293a Abs. 3 AktG, § 293b Abs. 2 i.V.m. § 293a Abs. 3 AktG und §§ 293e Abs. 2 i.V.m. 293a Abs. 3 AktG

I. Vorbemerkung

Die unterzeichnende

__________, [Konzernmutter]

mit Sitz in __________, eingetragen im Handelsregister des Amtsgerichts __________ unter der HRB __________, ist die alleinige Gesellschafterin der A-GmbH, mit Sitz in __________, eingetragen im Handelsregister des Amtsgerichts __________, unter der HRB __________.

Die A-GmbH ist die alleinige Gesellschafterin der B-GmbH mit Sitz in __________, eingetragen im Handelsregister des Amtsgerichts __________, unter der HRB __________.

Die A-GmbH und die B-GmbH haben am __________ einen [Beherrschungs- und] Gewinnabführungsvertrag abgeschlossen, der dieser Erklärung in Kopie beigefügt ist. Der Inhalt des Vertrages ist der Unterzeichnenden bekannt.

Dies vorausgeschickt, wird folgende Verzichtserklärung abgegeben:

II. Verzicht

Gemäß § 293a Abs. 3 AktG, §§ 293b Abs. 2 i.V.m. 293a Abs. 3 AktG und §§ 293e Abs. 2 i.V.m. 293a Abs. 3 AktG wird auf die Erstellung eines Berichts über den Unternehmensvertrag, die Prüfung des Unternehmensvertrages sowie die Fertigung eines Prüfungsberichts durch einen Vertragsprüfer verzichtet.

Ort, Datum

____

Vertretungsorgan der Konzernmutter

[Notarielle Beglaubigung der Unterschrift erforderlich]

Template

150 **Waiver**

pursuant to § 293a (3) of the German Stock Corporation Act (»AktG«), § 293b (2) in conjunction with § 293a (3) AktG and § 293e (2) in conjunction with § 293a (3) AktG

I. Preamble

The undersigned

__________, [Group Holding]

with seat in __________, registered in the Commercial Register of the Local Court of __________ under No. HRB __________, is the sole shareholder of A-GmbH with seat in __________, registered with the Commercial Register of the Local Court of __________, under HRB __________.

A-GmbH is the sole shareholder of B-GmbH with seat in ________, registered with the Commercial Register of the Local Court of ________, under HRB ________.

A-GmbH and B-GmbH entered into a [domination and] profit and loss transfer agreement on ________, a copy of which is attached hereto. The undersigned has read this agreement.

On these premises, the following waiver is issued:

II. Waiver

Pursuant to § 293a (3) AktG, § 293b (2) in conjunction with § 293a (3) AktG and § 293e (2) in conjunction with § 293a (3) AktG preparation of a report regarding the enterprise agreement, an examination of the enterprise agreement and preparation of an audit report by a contract auditor is hereby waived.

Place, Date

____

Representative of Group-Holding

[authentication of the signature by a Notary required]

7. Anmeldung eines Beherrschungs- und/oder Gewinnabführungsvertrags zum Handelsregister der abhängigen Gesellschaft

Vorbemerkung

Die Wirksamkeit eines Beherrschungs- und/oder Gewinnabführungsvertrags setzt die Eintragung in das Handelsregister der abhängigen Gesellschaft voraus. Dabei sind das Bestehen und die Art des Vertrages einzutragen. Der Anmeldung ist der Unternehmensvertrag zusammen mit den beiden Zustimmungsbeschlüssen und der Verzichtserklärung beizufügen. Eine Eintragung in das Handelsregister der herrschenden Gesellschaft ist hingegen nicht erforderlich. 151

Muster

Amtsgericht ________ 152

– Handelsregister –

____

HRB ________

B-GmbH [Organgesellschaft]

Zur Eintragung in das Handelsregister wird angemeldet: [1]

Zwischen der B-GmbH [Organgesellschaft] und der A-GmbH [Organträger], besteht ein am ________ abgeschlossener [Beherrschungs- und] Gewinnabführungsvertrag. [2] **Die Gesellschafterversammlung der B-GmbH und der A-GmbH haben dem Vertrag am ________ zugestimmt.** [3]

Als Anlagen werden mit dieser Handelsregisteranmeldung überreicht:

- **[Beherrschungs- und] Gewinnabführungsvertrag vom ________ in beglaubigter Abschrift,**

- **Notarielle Niederschrift des Zustimmungsbeschlusses der Gesellschafterversammlung der B-GmbH nebst Verzichtserklärung,**
- **Zustimmungsbeschluss der Gesellschafterversammlung der A-GmbH vom ____________ in beglaubigter Abschrift,**
- **Verzichtserklärung der __[Gesellschafter des Organträgers]__ gem. §§ 293a Abs. 3, 293b Abs. 2, 293e Abs. 2 AktG vom ____________ in beglaubigter Abschrift.**

Die Notariatsangestellten __________ und __________, alle geschäftsansässig __________, werden jeweils einzeln unter Befreiung von den Beschränkungen des § 181 BGB und mit dem Recht zur Erteilung von Untervollmachten bevollmächtigt, uns bei Änderungen oder Ergänzungen dieser Handelsregisteranmeldung in jeder Weise zu vertreten. Die Bevollmächtigten sind insbesondere berechtigt, sämtliche Erklärungen abzugeben und entgegenzunehmen oder Handlungen vorzunehmen, die zum Vollzug dieser Handelsregisteranmeldung nach dem Ermessen der Bevollmächtigten notwendig oder zweckdienlich sind. Diese Vollmacht darf nur bei Beurkundung durch den amtierenden Notar ausgeübt werden.

____

(Ort, Datum)

____

Geschäftsführer [4]

B-GmbH [Organgesellschaft]

____

Geschäftsführer [4]

B-GmbH [Organgesellschaft]

[Notarielle Beglaubigung der Unterschriften erforderlich]

Template

153 **Local Court**

– Commercial Register –

____

HRB __________

B-GmbH [subsidiary]

Registration in the commercial register is applied for:

On __________ A-GmbH and B-GmbH entered into a [domination and] profit and loss transfer agreement. The sharholders´ meetings of A-GmbH and B-GmbH have approved the agreement on __________.

The application for registratioin in the commercial register is accompanied by the following appendixes:

- **[Domination and] profit and loss pooling agreement dated ____________ in authenticated copy;**

- **Notarial minutes of the shareholders' meeting of B-GmbH on the approval of the agreement together with the waiver declaration;**
- **Resolution of the shareholders' meeting of A-GmbH concerning the approval of the agreement dated _________________ in authenticated copy;**
- **Declaration of waiver of _________________ [shareholder of A-GmbH] pursuant to § 293a (3), § 293b(2), § 293e (2) AktG dated _________________ in authenticated copy.**

Herewith, the notary clerks ____________, and ____________, all with business address at ____________, each one of them individually, are authorized being exempt from the restrictions of § 181 of the German Civil Code and given authority to grant sub-powers of attorney to represent us in making amendments and supplements of any kind to the commercial register application. The representatives are in particular entitled to make and receive any statements and to take actions for the implementation of the commercial register application that may to the discretion of the representatives appear necessary or conducive. The powers of attorney may only be executed if notarization is rendered by the acting notary.

____

(place, date)

____

Managing Director

B-GmbH (Subsidiary)

____

Managing Director

B-GmbH (Subsidiary)

[authentication of the signatures by a Notary required]

Erläuterungen

1. Anzumelden sind im Einzelnen das Bestehen und die Art des Unternehmensvertrages, der Name des anderen Vertragsteils, das Bestehen der Zustimmungsbeschlüsse der Gesellschafterversammlungen, sowie das Abschlussdatum des Unternehmensvertrages und das Datum des Zustimmungsbeschlusses der Gesellschafterversammlung des abhängigen Unternehmens (BGHZ 105, 324, 346). Dies kann, so das vorliegende Muster, durch die Geschäftsführer in vertretungsberichtigter Zahl erfolgen. Alternativ kann gemäß § 378 Abs. 2 FamFG die Anmeldung auch durch den amtierenden Notar selbst vorgenommen werden. Von dieser Möglichkeit wird gern Gebrauch gemacht, wenn die Geschäftsführung nicht zeitnah zur Verfügung stehen kann. 154

2. Für die Wirksamkeit des Beherrschungs- und Gewinnabführungsvertrags ist dessen Eintragung in das Handelsregister rechtsbegründender Natur. 155

3. Zum Zustimmungsbeschluss der Gesellschafterversammlung der abhängigen GmbH siehe Muster I 4 (Rdn. I 132 ff.). Zum Zustimmungsbeschluss der Gesellschafterversammlung der herrschenden GmbH siehe Muster I 5 (Rdn. I 140 ff.). 156

4. Die Anmeldung erfolgt durch die Geschäftsführer in vertretungsberechtigter Zahl (ggf. auch in Kombination von Geschäftsführer und Prokurist). Die Unterschriften sind notariell zu beglaubigen. 157

8. Kündigung eines Beherrschungs- und/oder Gewinnabführungsvertrages

Vorbemerkung

158 Mit Blick auf die Kündigung eines Unternehmensvertrages im GmbH-Konzern findet § 297 AktG entsprechend Anwendung. § 297 AktG gewährt beiden Gesellschaften ein Recht zur außerordentlichen Kündigung aus wichtigem Grund. Dabei ist zu beachten, dass zur außerordentlichen Kündigung berechtigende wichtige Gründe regelmäßig im Beherrschungs- und/oder Gewinnabführungsvertrag explizit zu regeln sind, um die durch die Rechtsprechung gesetzten engen Grenzen des § 297 AktG zu erweitern. Anderenfalls sind die Parteien der Gefahr ausgesetzt, dass der Unternehmensvertrag im Falle der Beendigung innerhalb der ersten fünf Zeitjahre rückwirkend seine steuerliche Wirksamkeit verliert.

Muster

159 **Kündigung eines [Beherrschungs- und] Gewinnabführungsvertrages durch den Organträger[1]**

An die

Geschäftsführung der B-GmbH [Organgesellschaft] [2]

Sehr geehrte Damen und Herren,

zwischen uns, der A-GmbH [Organträger] mit dem Sitz in ___________, eingetragen im Handelsregister des Amtsgerichts ___________ unter HRB ___________, und Ihrer Gesellschaft, der B-GmbH mit dem Sitz in ___________, eingetragen im Handelsregister des Amtsgerichts ___________ unter HRB ___________, besteht der [Beherrschungs- und] Gewinnabführungsvertrag vom ___________.

Im Hinblick auf den Verkauf und die Übertragung der von uns an Ihrer Gesellschaft gehaltenen Geschäftsanteile, kündigen wir hiermit [3] den mit Ihrer Gesellschaft bestehenden [Beherrschungs- und] Gewinnabführungsvertrag [4] vom ___________ aus wichtigem Grund [5] gemäß § ___________ [6] des Vertrages.

Wir erklären, dass der Kündigung des [Beherrschungs- und] Gewinnabführungsvertrages zwischen uns als herrschendem und der B-GmbH als beherrschtem Unternehmen keine wesentlichen Interessen der beteiligten Gesellschaften entgegenstehen. Nach unserer Kenntnis stehen der Kündigung auch keine wesentlichen Interessen der Gläubiger entgegen, insbesondere im Hinblick auf das Recht der Gläubiger, Sicherheitsleistung gemäß § 303 AktG zu verlangen.

Die Kündigung erfolgt zum Ablauf des ___________.

Wir dürfen Sie bitten, den Empfang dieses Kündigungsschreibens auf der beigefügten Zweitschrift zu bestätigen und an uns zurückzureichen.

Mit freundlichen Grüßen

____

Geschäftsführung A-GmbH

Hiermit bestätigen wir, die vorstehende Kündigung am ___________ erhalten zu haben.

____

Geschäftsführung B-GmbH

Template

Termination of the [Domination and] Profit and Loss Transfer Agreement by the Parent 160

To the

Managment of B GmbH [Subsidiary]

Dear Sir or Madam,

between us, A-GmbH with seat in ___________, entered into the Local Court of ___________ under HRB ___________, and B-GmbH with seat in ___________, entered into the Local Court of ___________ under HRB ___________, a [Domination and] Profit and Loss Transfer Agreement has been concluded on ___________.

In view of the sale and transfer of the shares we hold in your company, we hereby terminate the [Domination and] Profit and Loss Transfer Agreement dated for good cause pursuant to § ___________ of the Agreement.

We hereby declare that the termination of the [Domination and] Profit and Loss Transfer Agreement between us as the dominating entity and B-GmbH as the dominated entity does not conflict with any interests of the parties involved. To our knowledge, the termination neither prejudices the interests of the creditors, especially with regard to the statutory right of the creditors to request the provision of securities pursuant to § 303 AktG.

The termination shall have effect on the end of ___________.

We kindly request that you confirm receipt of this termination letter on the copy attached and return it to us.

Best regards,

____

Management of A-GmbH

We hereby acknowledge having received the above termination on ___________.

____

Management of B-GmbH

Erläuterungen

Literatur: *Peters/Hecker*, »Die Kündigung von Beherrschungs- und Gewinnabführungsverträgen im GmbH-Konzern« DStR 2012, 86; *Joussen, Edgar*, »Die Kündigung von Beherrschungsverträgen bei Anteilsveräußerung – Hinweise zur Vertragsgestaltung« GmbHR 2000, 221.

1. Die Kündigung eines Beherrschungs- und/oder Gewinnabführungsvertrages ist zur Eintragung in das Handelsregister der beherrschten Gesellschaft anzumelden. Dieser Anmeldung ist der erforderliche Zustimmungsbeschluss der Gesellschafterversammlung beizufügen. Sofern außenstehende Gesellschafter vorhanden sein sollten, haben sie regelmäßig der Kündigung durch Sonderbeschluss analog zu § 297 Abs. 2 AktG zuzustimmen. 161

Darüber hinaus ist in analoger Anwendung des § 298 AktG die Eintragung der Beendigung des Beherrschungs- und Gewinnabführungsvertrags, des Grundes und des Zeitpunktes der Beendigung erforderlich. Dabei tritt nach herrschender Ansicht die Beendigung des Beherrschungs- und/oder Gewinnabführungsvertrages im Zeitpunkt der Wirksamkeit der Kündigung ein, die Eintragung der

Beendigung ist insoweit nach h.M. nur deklaratorischer Natur (Heidel/Pauly/Amend/*Arens/Spieker* AnwaltFormulare8. Aufl., § 45 Rn. 4; a.A MünchHdb GesR III *Kiefner* § 70 Rn. 43).

162 **2.** Dieses Muster stellt das Kündigungsschreiben des Organträgers gegenüber der Organgesellschaft aus vertraglich vereinbartem wichtigem Grund dar.

163 **3.** Hinsichtlich der formellen Voraussetzungen der Kündigung eines Beherrschungs- und/oder Gewinnabführungsvertrages sind vier Fallgruppen zu unterscheiden. In Betracht kommt eine ordentliche oder außerordentliche Kündigung, jeweils durch den Organträger oder die Organgesellschaft.

Im Falle der ordentlichen Kündigung durch den Organträger wird von der überwiegenden Meinung in der Literatur ein Gesellschafterbeschluss der Obergesellschaft als nicht erforderlich angesehen (MünchHdb GesR III/*Kiefner*, § 70 Rn. 40; *Peters/Hecker*, DStR 2012, 86, 89; *Veith/Schmidt*, DB 2011, 728, 732). Gleichwohl wird ein solcher Beschluss mit einer Dreiviertel-Mehrheit bis zur höchstrichterlichen Klärung dieser Frage empfohlen, wobei hier auf eine notarielle Beurkundung verzichtet werden kann (*Peters/Hecker*, DStR 2012, 86, (89); *Veith/Schmidt*, DB 2011, 728, 732).

Die ordentliche Kündigung durch die Organgesellschaft bedarf nach der Rechtsprechung des BGH eines zustimmenden Gesellschafterbeschlusses der Untergesellschaft (BGH 31.05.2011, II ZR 109/10 NZG 2011, 902). Dieser Beschluss muss nach herrschender Ansicht in der Literatur in analoger Anwendung der §§ 53, 54 GmbHG notariell beurkundet werden (MünchHdb GesR III *Kiefner* § 70 Rn. 41; *Peters/Hecker*, DStR 2012, 86, 88; *Müller-Eising/Schmitt*, NZG 2011, 1100, 1101; *Veith/Schmidt*, DB 2011 728, 731). Strittig ist, mit welcher Mehrheit ein solcher Gesellschafterbeschluss der Untergesellschaft gefasst werden muss. Die wohl h.M. fordert für den Abschluss des Vertrages einen einstimmigen Gesellschafterbeschluss (OLG Dresden, BeckRS 2010, 17624; zur Thematik auch *Liebscher* GmbH-Konzernrecht Rn. 827 f, 841 f m.w.N.). Vorsorglich sollte deshalb auch mit Blick auf die Kündigung von der Notwendigkeit eines einstimmigen Gesellschafterbeschlusses ausgegangen werden (*Veith/Schmidt*, DB 2011, 728, 731; *Peters/Hecker*, DStR 2012, 86, 89).

Die Kündigung eines Beherrschungs- und/oder Gewinnabführungsvertrages ist zur Eintragung in das Handelsregister anzumelden. Der Anmeldung ist der Zustimmungsbeschluss der Gesellschafterversammlung beizufügen. Unter Berufung auf das Urteil des BGH aus dem Jahr 1991 zur Beendigung von Unternehmensverträgen (BGH NJW 1992, 505, 506) wird diese Eintragung in der herrschenden Literatur allerdings als deklaratorische Eintragung angesehen (*Müller-Eising/Schmitt*, NZG 2011, 1100, 1101; a.A MünchHdb GesR III *Kiefner* § 70 Rn. 43). Ob diese Sichtweise im Lichte des BGH-Urteils (31.05.2011, II ZR 109/10 NZG 2011, 902) Bestand haben kann, bleibt abzuwarten.

Im Hinblick auf die Fallgruppen der außerordentlichen Kündigung wird teilweise ein Gesellschafterbeschluss als nicht erforderlich angesehen, da das Vorliegen eines wichtigen Grundes bereits die Strukturänderung rechtfertige (*MünchHdb GesR III Kiefner* § 70 Rn. 40). Allerdings empfiehlt sich in Anlehnung an die Dogmatik zur ordentlichen Kündigung auch im Falle der außerordentlichen Kündigung durch die Obergesellschaft die Herbeiführung eines Gesellschafterbeschlusses (*Veith/Schmidt*, DB 2011, 728, 732; wohl auch *Müller-Eising/Schmitt*, NZG 2011, 1100, 1101). Dabei soll, in Übereinstimmung mit der Supermarkt-Entscheidung des BGH (Urt. vom 24.10.1988, II ZB 7/88, NJW 1989, 295), auf eine notarielle Beurkundung verzichtet werden können. Im Falle der Kündigung durch die Untergesellschaft wird allerdings die notarielle Beurkundung empfohlen (*Peters/Hecker*, DStR 2012, 86, (88)).

Die Kündigung des Beherrschungs- und/oder Gewinnabführungsvertrages bedarf in analoger Anwendung des § 297 III AktG der Schriftform (*Arens/Spieker* AnwaltFormulare Gesellschaftsrecht 3. Aufl. § 24 Rn. 76). Sie ist vom Geschäftsführungsorgan der Gesellschaft zu erklären.

164 **4.** Gegenstand der Kündigung ist zwingend der gesamte Unternehmensvertrag. Eine isolierte Kündigung nur eines Teiles des Unternehmensvertrages (so z.B. Kündigung des Gewinnabführungsvertrages ohne Kündigung des Beherrschungsvertrages) stellt eine Teilkündigung dar, die im

Falle des als Einheit anzusehenden Beherrschungs- und Gewinnabführungsvertrages unzulässig ist (siehe OLG Karlsruhe GmbHR 2001, 523).

5. Gemäß § 14 Abs. 1 S. 1 Nr. 3 KStG muss ein Gewinnabführungsvertrag für einen Zeitraum von mindestens fünf Jahren abgeschlossen und tatsächlich durchgeführt werden. Demzufolge verliert er grundsätzlich im Falle einer vorzeitigen Beendigung rückwirkend seine steuerliche Wirksamkeit. Für die steuerliche Anerkennung des Vertrages ist eine vorzeitige Kündigung nur dann unschädlich, wenn ein wichtiger Grund die Kündigung rechtfertigt (§ 14 Abs. 1 S. 1 Nr. 3 S. 2 KStG). Vor diesem Hintergrund wird dringend empfohlen, eine entsprechende Regelung über eine außerordentliche Kündigung aus wichtigem Grund in den Vertrag aufzunehmen (*Joussen* GmbHR 2000, 221; *Arens/Spieker* AnwaltFormulare Gesellschaftsrecht 3. Aufl. § 24 Rn. 77). Die Veräußerung sämtlicher Geschäftsanteile an der beherrschten Gesellschaft durch die herrschende Gesellschaft war bisher steuerlich als wichtiger Grund anerkannt (R 14.5 Abs. 6 S. 2 KStR 2015). Nach der Entscheidung des FG Niedersachsen (Urt. vom 10.05.2012, 6 K 140/10, EFG 2012, 1591) führt aber eine solche Vereinbarung nicht automatisch dazu, dass auch eine unschädliche Beendigung innerhalb der fünfjährigen Mindestlaufzeit des Gewinnabführungsvertrags möglich wäre, denn ein wichtiger Grund im Steuerrechtssinne liege vor allem dann nicht vor, wenn es einer Partei oder den Parteien darum gehe, die Rechtsfolgen der Organschaft mittels Vertragsaufhebung zeitlich zu begrenzen. Dies hat auch der BFH bestätigt (BFH Urteil vom 13.11.2013 I R 45/12, DStR 2014, 643) und herausgearbeitet, dass der wichtige Grund nicht deckungsgleich mit dem zivilrechtlichen Begriff sei und daher eigenständig steuerrechtlich auszulegen sei. Entsprechend dem Zweck der Mindestlaufzeit dürfe ein Kündigungsgrund, um als wichtig anerkannt zu werden, nicht im Belieben der Parteien stehen, was insbesondere bei konzerninternen Umstrukturierungen angetroffen werden kann. Zwar wird der Gewinnabführungsvertrag durch einen durch die Parteien aufgenommenen außerordentlichen Kündigungsgrund, der den steuerlichen Anforderungen nicht entspricht, nicht unwirksam, aber sollte der Vertrag aufgrund dieses ungenügenden Kündigungsgrundes vorzeitig gekündigt werden, entfällt die steuerrechtliche Anerkennung der Organschaft ggf. mit Rückwirkung. Bei konzerninternen Übertragungen ist zwar nicht generell ein wichtiger Grund zu verneinen, aber dennoch erhöhte Vorsicht geboten, weil die Abkürzung der Mindestdauer des Gewinnabführungsvertrags ein Motiv der konzerninternen Restrukturierung sein könnte (*Burwitz*, NZG 2013, 91, 92). Auch das FG Hessen (Urteil vom 28.05.2015, EFG 2015, 2100, rechtskräftig) macht sich diese Sichtweise zu eigen und weist noch zusätzlich darauf hin, dass ein wichtiger Grund nicht allein daraus folgt, dass er in R 14.5 Abs. 6 S. 2 KStR 2015 genannt ist, vielmehr muss objektiv ein wichtiger Grund für die Abkürzung der Mindestlaufzeit bestehen (*Philipp/Kröger* DB 2015, 2783). Das Vorliegen eines wichtigen Grunds kann im Falle einer wirtschaftlich nachvollziehbaren Umstrukturierung und Errichtung einer Zwischenholding zu bejahen sein. 165

6. Siehe Regelung in § 8.4.1 des Musters I 1 (Rdn. I 4). 166

9. Vertrag über die Errichtung einer typisch stillen Gesellschaft

Vorbemerkung

Der in der Praxis häufigste Anwendungsfall des Teilgewinnabführungsvertrages ist die stille Gesellschaft gemäß § 230 HGB. Im Rahmen der stillen Beteiligung leistet der stille Gesellschafter eine Einlage in das Vermögen des Inhabers des Handelsgewerbes und wird hierfür am Gewinn und ggf. auch am Verlust beteiligt. Die Gewinnbeteiligung wird dadurch realisiert, dass sich der Inhaber verpflichtet, einen Teil seines Gewinns oder den einzelner Betriebe ganz oder zum Teil an den stillen Gesellschafter abzuführen. Die stille Beteiligung kann typisch oder atypisch ausgestaltet sein. Das vorliegende Muster einer typisch stillen Beteiligung orientiert sich am gesetzlichen Leitbild der §§ 230 ff. HGB und grenzt sich zu atypischen Ausgestaltungen insbesondere durch das Fehlen jeglicher Beteiligung des stillen Gesellschafters am Vermögen der Gesellschaft ab. 167

168 Stille Beteiligungen eignen sich besonders als Gewinn- und Verlusttransfervehikel. Während stille Beteiligungen ein beliebtes Mittel zur Verlagerung positiver Einkünfte von einer Kapitalgesellschaft auf eine andere Person darstellen, wurden die Verlustverlagerungsmöglichkeiten mit Wirkung zum 01.01.2004 erheblich eingeschränkt. Sind sowohl der Inhaber als auch der stille Gesellschafter Kapitalgesellschaften (d.h. ist keine natürliche Person unmittelbar oder mittelbar beteiligt), kann der still Beteiligte anteilige Verluste aus der stillen Beteiligung nicht mehr mit eigenen positiven Einkünften ausgleichen oder nach § 10d EStG abziehen. Verluste aus der stillen Beteiligung dürfen dann lediglich im Rahmen des § 10d EStG mit Gewinnen aus derselben stillen Beteiligung aus dem unmittelbar vorangegangenen oder den folgenden Wirtschaftsjahren verrechnet werden, § 20 Abs. 1 Nr. 4 EStG i.V.m. § 15 Abs. 4 Satz 6 ff. EStG.

169 Zu beachten ist darüber hinaus, dass die stille Gesellschaft als Teilgewinnabführungsvertrag nicht als Grundlage einer steuerlichen Organschaft i.S.d. §§ 14 Abs. 1 Satz 1, 17 KStG anerkannt werden kann, weil gerade nicht der gesamte Gewinn abgeführt wird.

Muster

170 **Vertrag über die Errichtung einer typisch stillen Gesellschaft**

zwischen

der ____________ GmbH [die Inhaberin] [1] mit dem Sitz in ____________, eingetragen im Handelsregister des Amtsgerichts ____________ unter HRB ____________,

– nachfolgend A genannt –

und

der ____________ GmbH [der stille Gesellschafter] [2] mit dem Sitz in ____________, eingetragen im Handelsregister des Amtsgerichts ____________ unter HRB ____________,

– nachfolgend B genannt –

§ 1 Begründung der Gesellschaft [3]

1.1. A betreibt an ihrem Sitz in ____________ ein Unternehmen mit dem Gegenstand ____________.

1.2. An diesem Handelsgewerbe beteiligt sich B als typisch stiller Gesellschafter nach näherer Maßgabe der folgenden Bestimmungen. [4]

1.3. Die typisch stille Beteiligung erstreckt sich auf das gesamte Handelsgewerbe der A. [5]

§ 2 Dauer der Gesellschaft, Geschäftsjahr

2.1. Die Gesellschaft wird auf unbestimmte Dauer abgeschlossen und beginnt am ____________.

2.2. Das Geschäftsjahr der stillen Gesellschaft entspricht dem der A. [6]

§ 3 Einlage

B leistet eine Einlage [7] von ____________ €. Die Einlage wird in bar erbracht und ist sofort fällig.

§ 4 Nachschusspflicht

Eine Nachschusspflicht der B besteht nur insoweit, als ihre Einlage rückständig oder durch Entnahmen gemindert ist.

§ 5 Geschäftsführung

5.1. **Die Geschäftsführung steht allein der A zu.**

5.2. **Folgende Maßnahmen darf die A jedoch nur mit Einwilligung [8] der B vornehmen:**

5.2.1. **Änderung des Gegenstands des Unternehmens,**
5.2.2. **Formwechsel, Verschmelzung oder Spaltung des Unternehmens,**
5.2.3. **Erwerb von oder Beteiligung an anderen Unternehmen sowie deren Veräußerung,**
5.2.4. **Veräußerung oder Verpachtung des Unternehmens oder eines Teils des Unternehmens,**
5.2.5. **Aufnahme neuer Gesellschafter einschließlich der Beteiligung weiterer stiller Gesellschafter,**
5.2.6. **vollständige oder teilweise Einstellung des Gewerbebetriebes,**
5.2.7. **Errichtung von Zweigniederlassungen,**
5.2.8. **Abschluss, Änderung oder Aufhebung von Beherrschungs- und/oder Gewinnabführungsverträgen, [9]**
5.2.9. **Abschluss von Rechtsgeschäften zwischen der A und Gesellschaftern der A sowie deren nahestehenden Personen, die über einen Betrag von ____________ € bzw. bei Dauerschuldverhältnissen von ____________ € p.a. hinausgehen.**

5.3. **Beabsichtigt die A die Vornahme einer der in 5.2 genannten Maßnahmen, so hat sie dies der B mitzuteilen und sie zur Erteilung ihrer Einwilligung aufzufordern. Erklärt die B nicht innerhalb von 3 Wochen nach Erhalt der Aufforderung gegenüber der A ihre Ablehnung, so gilt ihre Einwilligung als erteilt. Erklärt B innerhalb dieser Frist, dass sie die vorgenommene Maßnahme nicht billige, so muss sie diese bei der Ergebnisberechnung und bei der Auseinandersetzung nicht gegen sich gelten lassen.**

§ 6 Konten der B

6.1. **Für die B werden bei der A ein Einlagenkonto, ein Privatkonto und ein Verlustkonto als Kapitalgegenkonto geführt. [10]**

6.2. **Auf dem Einlagenkonto wird die Einlage der B verbucht. Das Konto ist fest und unverzinslich.**

6.3. **Auf dem Privatkonto werden die Zinsen, die Gewinne [11] und die Entnahmen verbucht. Das Privatkonto ist im Soll und Haben mit ____________ % p.a. zu verzinsen.**

6.4. **Auf dem Verlustkonto werden die Verlustanteile verbucht. Ist das Verlustkonto belastet, so werden alle künftigen Gewinnanteile zunächst dem Verlustkonto gutgeschrieben, bis dieses ausgeglichen ist.**

§ 7 Jahresabschluss

7.1. **A hat innerhalb von 6 Monaten nach Ablauf eines jeden Geschäftsjahres ihren Jahresabschluss zu erstellen und der B schriftlich zu übermitteln. Einwände gegen den Jahresabschluss kann die B nur innerhalb von 6 Wochen nach Erhalt des Jahresabschlusses geltend machen. Nach Ablauf dieser Frist gilt der Jahresabschluss als genehmigt.**

7.2. **Der Jahresabschluss hat den einkommensteuerrechtlichen Gewinnermittlungsvorschriften zu entsprechen. [12] Werden im Rahmen der steuerlichen Gewinnfeststellung oder auf Grund einer Außenprüfung andere Ansätze verbindlich, als die im ursprünglichen Jahresabschluss enthaltenen, so sind diese auch gegenüber der B maßgeblich.**

§ 8 Gewinn- und Verlustbeteiligung [13]

8.1. An dem unter Berücksichtigung der Bestimmungen von 8.2 bis 8.4 ermittelten Betriebsgewinn oder -verlust nimmt B in Höhe von __________ % teil, höchstens jedoch in Höhe von __________ % ihrer Einlage. [14] An etwaigen Verlusten nimmt B nur bis zur Höhe ihrer Einlage teil.

8.2. Für die Gewinn- und Verlustbeteiligung der B ist von dem Jahresüberschuss/-fehlbetrag [15] auszugehen, der sich aus dem gemäß 7.2 aufgestellten Jahresabschluss der A vor Berücksichtigung des auf die B entfallenden Gewinn- oder Verlustanteiles ergibt. Erhöhte Absetzungen und Sonderabschreibungen sind durch die betriebswirtschaftlichen Grundsätzen entsprechenden linearen und degressiven Absetzungen und Abschreibungen zu ersetzen.

8.3. Soweit darin nicht enthalten, sind dem – gemäß 8.1 ermittelten – Jahresüberschuss hinzuzusetzen oder von einem etwaigen Jahresfehlbetrag abzusetzen:

8.3.1. Einstellungen in Rücklagen,

8.3.2. außerordentliche Aufwendungen, soweit sie aus Geschäftsvorfällen herrühren, die vor Beginn der stillen Gesellschaft erfolgt sind,

8.3.3. Verluste aus der Veräußerung oder Zerstörung von Wirtschaftsgütern des Anlagevermögens, soweit diese Wirtschaftsgüter im Zeitpunkt des Beginns der Gesellschaft bereits vorhanden waren.

8.4. Soweit darin enthalten, sind von dem – gemäß 8.1 ermittelten – Jahresüberschuss abzusetzen oder einem etwaigen Jahresfehlbetrag hinzuzusetzen:

8.4.1. Erträge aus der Auflösung der Rücklagen gemäß 8.3,

8.4.2. außerordentliche Erträge, soweit sie auf Geschäftsvorfällen beruhen, die vor Beginn der stillen Gesellschaft erfolgt sind,

8.4.3. Erträge aus der Veräußerung von Wirtschaftsgütern des Anlagevermögens, soweit diese Wirtschaftsgüter im Zeitpunkt des Beginns der Gesellschaft bereits vorhanden waren.

§ 9 Änderungen der Kapitalverhältnisse

9.1. Im Falle des Eintritts weiterer stiller Gesellschafter ist die Höhe der Gewinn- und Verlustbeteiligung angemessen neu festzusetzen.

9.2. Ändert sich das haftende Kapital der A, so ist der B Gelegenheit zu einer entsprechenden Änderung ihrer Einlage zu geben. Macht B von dieser Möglichkeit nicht Gebrauch, so ist ihr Gewinnanteil angemessen neu festzusetzen.

§ 10 Entnahmen

10.1. B ist berechtigt, Entnahmen zu Lasten des Guthabens auf ihrem Privatkonto zu tätigen. A ist berechtigt, das Guthaben der B auf dem Privatkonto jederzeit ganz oder teilweise auszuzahlen.

10.2. Als Abschlagszahlungen kann B im laufenden Geschäftsjahr jeweils zum Quartalsende Entnahmen in Höhe von 25 % des zuletzt festgestellten Gewinnanteils vornehmen. Im Gründungsjahr berechnet sich die Höhe der Abschlagszahlung nach dem zu schätzenden Gewinnanteil. Die Rückzahlung überhöhter Abschlagszahlungen muss innerhalb von vier Wochen nach Feststellung des Jahresabschlusses erfolgen.

10.3. A kann die Auszahlung des Gewinnanteils bzw. der Abschlagszahlungen ganz oder zum Teil ablehnen, soweit die Liquiditätslage dies erforderlich macht oder sich im Laufe des Geschäftsjahres ergibt, dass der dem Privatkonto gutzuschreibende Gewinnanteil geringer sein wird als die Summe der gemäß 10.2 möglichen Abschlagszahlungen. [16]

§ 11 Informations- und Kontrollrechte des stillen Gesellschafters

11.1. B stehen die Informations- und Kontrollrechte gemäß § 233 HGB zu. [17] Dies gilt auch nach der Beendigung der Gesellschaft in dem zur Überprüfung des Auseinandersetzungsguthabens erforderlichen Umfang.

11.2. B ist berechtigt, die Informations- und Kontrollrechte durch einen zur Berufsverschwiegenheit verpflichteten Sachverständigen wahrnehmen zu lassen.

11.3. A und B haben über alle ihnen jeweils bekannt gewordenen sensitiven Angelegenheiten der anderen Vertragspartei Stillschweigen zu bewahren. Diese Verpflichtung gilt nach Beendigung der Gesellschaft für einen Zeitraum von ____________ Jahren weiter.

§ 12 Übertragung [18], Abtretung und Belastung des stillen Gesellschaftsanteils

12.1. Die Veräußerung, Abtretung und Verpfändung des stillen Gesellschafteranteils, sowie die Vereinbarung einer Unterbeteiligung, Nießbrauchbestellung und die Einräumung von Treuhandverhältnissen sind grundsätzlich nur mit vorheriger schriftlicher Zustimmung der A zulässig. Dabei ist die Versagung der Zustimmung nur aus wichtigem Grund möglich.

12.2. 12.1 gilt auch für die Abtretung und Verpfändung von Gewinnansprüchen und Guthaben auf dem Privatkonto.

12.3. Die Übertragung des stillen Gesellschafteranteils auf verbundene Unternehmen bedarf nicht der Zustimmung der A.

12.4. Die Übertragung, Abtretung, Verpfändung oder Belastung kann nur einheitlich für das Einlage-, Privat- und Verlustkonto erfolgen.

§ 13 Kündigung

13.1. Die stille Gesellschaft kann mit einer Frist von ____________ Monaten, erstmals zum ____________ gekündigt werden und danach zum Ende eines jeden Geschäftsjahres.

13.2. Die stille Gesellschaft kann von A oder B jederzeit ohne Einhaltung einer Frist aus wichtigem Grund gekündigt werden. Als wichtige Gründe gelten insbesondere:

13.2.1. die Auflösung der A;

13.2.2. die Eröffnung des Insolvenzverfahrens über das Vermögen der B;

13.2.3. die Zwangsvollstreckung in Gesellschaftsrechte der B, soweit diese Maßnahmen nicht innerhalb von ____________ Monaten wieder aufgehoben werden;

13.2.4. die Ertraglosigkeit der Gesellschaft während einer Dauer von ____________ Geschäftsjahren;

13.2.5. die Vornahme eines nach 5.2 zustimmungsbedürftigen Geschäftes ohne die erforderliche Zustimmung.

13.3. Jede Kündigung bedarf zu ihrer Wirksamkeit der Schriftform.

§ 14 Auseinandersetzung, Abfindungsguthaben, Auszahlung

14.1. Bei Beendigung der Gesellschaft steht der B eine Abfindung zu. Sie errechnet sich aus dem Saldo des Einlage-, Privat- und Verlustkontos. Stille Reserven sind nicht aufzulösen; ein Geschäftswert wird nicht berücksichtigt. [19] **Am Ergebnis schwebender Geschäfte, die nicht bilanzierungspflichtig sind, nimmt B nicht teil.**

14.2. Scheidet B während eines Geschäftsjahres aus, so sind die zum letzten Bilanzstichtag vor ihrem Ausscheiden ermittelten Kontostände, bereinigt um zwischenzeitliche Entnahmen und Einlagen maßgeblich. Am Geschäftsergebnis des laufenden Geschäftsjahres ist B zeitanteilig beteiligt. Der anteilige Gewinn oder Verlust wird ihrem Abfindungsguthaben hinzugesetzt oder von ihm abgezogen.

14.3. Ergibt sich gemäß 14.1 und 14.2 ein negativer Saldo, so ist dieser von B nur insoweit auszugleichen, als er seine Ursache in Belastungen des Privatkontos hat.

14.4. Werden auf Grund einer steuerlichen Gewinnfeststellung oder einer Außenprüfung andere Ansätze verbindlich, als die für die Ermittlung des Abfindungsguthabens gemäß 14.1 und 14.2 herangezogenen, so ändert sich das Abfindungsguthaben entsprechend.

14.5. Die Abfindung ist in __________ aufeinanderfolgenden gleichbleibenden Jahresraten auszuzahlen, von denen die erste sechs Monate nach dem Ausscheiden des B zur Zahlung fällig wird. Die nicht ausgezahlten Teile sind ab Fälligkeit der ersten Rate mit __________ % über dem Basiszinssatz der europäischen Zentralbank zu verzinsen. Die Zinsen werden mit den Raten fällig. Die A ist berechtigt, das Abfindungsguthaben jederzeit ganz oder teilweise vor Fälligkeit auszuzahlen.

14.6. Für die Ausgleichung eines negativen Saldos (14.3) gilt 14.5 entsprechend.

§ 15 Schlussbestimmungen

Sollte eine Bestimmung dieses Vertrages teilweise oder vollständig nichtig, unwirksam oder undurchführbar sein oder werden, berührt dies die Gültigkeit der übrigen Vertragsbestimmungen nicht. Anstelle der nichtigen, unwirksamen oder undurchführbaren Bestimmung soll eine Bestimmung in Kraft treten, die dem am nächsten kommt, was die Parteien nach dem Sinn und Zweck dieses Vertrages gewollt hätten, hätten sie dies im Lichte der Nichtigkeit, Unwirksamkeit oder Undurchführbarkeit bedacht. Dies gilt auch im Fall der Nichtigkeit, Unwirksamkeit oder Undurchführbarkeit einer in diesem Vertrag enthaltenen Leistungs- oder Zeitbestimmung. In diesem Fall gilt die gesetzlich zulässige Leistungs- oder Zeitbestimmung als vereinbart, die der vereinbarten am nächsten kommt. Die Sätze 1 und 2 gelten entsprechend für Lücken dieses Vertrages.

__________, den __________

__________ __________

Geschäftsführer A-GmbH Geschäftsführer B-GmbH

Erläuterungen

Literatur: *Berninger*, »Errichtung einer stillen Gesellschaft an einer Tochter-AG bei bestehendem Beherrschungs- und Gewinnabführungsvertrag zwischen Mutter- und Tochter-AG« DB 2004, 297; *Blaurock* »Handbuch Stille Gesellschaft«, 8. Aufl. 2016; *Knobbe-Keuk* »Die Fremdfinanzierung inländischer Kapitalgesellschaften durch nichtanrechnungsberechtigte Anteilseigner« StuW 1982, 201; *Lienau/Lotz* »Die Abgrenzung zwischen stiller Gesellschaft und partiarischem Darlehen und die steuerlichen Konsequenzen« DStR 1991, 618; *Schulte/Waechter* »Atypische stille Beteiligungen und § 294 AktG – neue Fassung, alte Probleme?« GmbHR 2002, 189; *Schulze zur Wiesche*, »Die GmbH & Still«, 6., Aufl.; Schwedhelm »Die GmbH & Still als Mitunternehmerschaft« 1987; *Sudhoff/Sudhoff* »Stille Beteiligung an einer GmbH und die Umwandlung dieser Beteiligung« GmbHR 1984, 77.

1. Der Inhaber muss zwingend Kaufmann i.S.d. §§ 1–6 HGB sein. 171

2. Im Gegensatz zum Inhaber kann stiller Gesellschafter jedermann sein, ungeachtet der Tatsache ob er Kaufmann ist oder Nichtkaufmann. Eine stille Gesellschaft kann auch mit einem ausländischen Rechtsträger als stillem Gesellschafter begründet werden. 172

Besondere Beachtung kommt der Gestaltungsmöglichkeit zu, in der ein GmbH-Gesellschafter mit dem stillen Gesellschafter identisch ist. Fraglich ist insoweit, ob die vermögensrechtliche Beteiligung an der GmbH oder das Teilhaberecht an dieser auf das stille Beteiligungsverhältnis durchschlagen. Es wird teilweise die Auffassung vertreten, dass bei einer stillen Beteiligung des Alleingesellschafters der GmbH stets die Voraussetzungen einer Mitunternehmerschaft, mithin die einer atypisch stillen Gesellschaft, erfüllt sind (*Knobbe-Keuk* StuW 1982, 201, 221; *Sudhoff/Sudhoff* GmbHR 1984, 77, 78). Nach dieser Ansicht qualifiziert allein die GmbH-Gesellschafterstellung den stillen Gesellschafter als Mitunternehmer. Dem entgegen wird zu Recht angeführt, dass allein aus der Gesellschafterstellung in der GmbH nicht auf eine Mitunternehmereigenschaft des still Beteiligten geschlossen werden kann (*Schwedhelm* Die GmbH & Still als Mitunternehmerschaft, S. 17; *Lienau/Lotz* DStR 1991, 618; Blaurock/*Levedag* Handbuch Stille Gesellschaft § 20 Rn. 20.78 ff). Gleichwohl ist i.S.d. Gesamtbetrachtung eine Stellung als alleiniger Geschäftsführer der GmbH im Hinblick auf die Frage der Mitunternehmerinitiative zu berücksichtigen. 173

3. Die stille Gesellschaft wird durch wirksamen Abschluss eines Gesellschaftsvertrages zwischen dem stillen Gesellschafter und der Inhaberin begründet. Der Gesellschaftsvertrag ist grundsätzlich formfrei und kann auch stillschweigend geschlossen werden (Baumbach/Hopt/*Roth* HGB § 230 Rn. 10; BayOblG OLGE 38, 196). Diesbezüglich noch nicht geklärt ist die Frage, ob der Abschluss eines Teilgewinnabführungsvertrages der Zustimmung der Gesellschafterversammlung sowie der Eintragung in das Handelsregister bedarf. Die überwiegende Ansicht in der Literatur vertritt die Auffassung, dass die Gesellschafter dem Abschluss des Vertrages durch satzungsändernden Beschluss nach Maßgabe der §§ 53, 54 GmbHG zustimmen müssen (Emmerich/Habersack/*Emmerich* Aktien- und GmbH-Konzernrecht 8. Aufl. § 292 Rn. 37; Scholz/*Emmerich* GmbHG Anh. § 13 GmbH-Konzernrecht Rn. 214). 174

Die Rechtsprechung (LG Darmstadt Urteil vom 24.08.2004 – 8 O 96/04 ZIP 2005, 402, 404; BayOblG Beschluß vom 18.02.2003 – 3Z BR 233/02, GmbHR 2003, 534) verzichtet hingegen hinsichtlich der Wirksamkeit des Teilgewinnabführungsvertrages auf die Mitwirkungspflicht der Gesellschafter mit der Begründung, dass der Abschluss eines solchen Vertrages bereits durch die grundsätzlich unbeschränkte Vertretungsmacht der Geschäftsführer gedeckt sei (§ 37 Abs. 2 GmbHG). Die hier vertretene Ansicht schließt sich der überwiegenden Literaturmeinung an und erachtet die Zustimmung der Gesellschafterversammlung für erforderlich. Dafür spricht insbesondere der mit einem Teilgewinnabführungsvertrag verbundene Eingriff in das Gewinnbezugsrecht der Gesellschafter nach § 29 GmbHG. Der Teilgewinnabführungsvertrag greift somit grundlegend in die Struktur der gewinnabführenden Gesellschaft ein, mit der Folge, dass dieser als Organisationsvertrag zu qualifizieren ist (so auch Scholz/*Emmerich* GmbHG Anh. § 13 GmbH-Konzernrecht Rn. 214; Emmerich/Habersack/*Emmerich* Aktien- und GmbH-Konzernrecht 8. Aufl. § 292 Rn. 37). Der Abschluss eines Organisationsvertrages stellt jedoch stets ein außergewöhnliches Geschäft dar, das von der grundsätzlich unbeschränkten Vertretungsmacht der Geschäftsführer nach § 37 Abs. 2 GmbHG nicht gedeckt ist (Emmerich/Habersack/*Emmerich* Aktien- und GmbH-Konzernrecht 8. Aufl. § 292 Rn. 37; MüKo GmbHG/*Liebscher* 3. Aufl. Anh. § 13 Rn. 779). Daher wird empfohlen, die Zustimmung der Gesellschafterversammlung zum Abschluss des Vertrages einzuholen.

175 Sofern man eine Mitwirkungspflicht der Gesellschafter annimmt, stellt sich darüber hinaus die Frage, ob die Zustimmung aller Gesellschafter erforderlich ist. In diesem Zusammenhang wird vertreten, dass es der Zustimmung aller Gesellschafter jedenfalls dann bedarf, wenn der Teilgewinnabführungsvertrag keine angemessene Gegenleistung für die Gesellschaft vorsieht oder wenn der Vertrag zwischen zwei verbundenen Unternehmen geschlossen wird (Emmerich/Habersack/*Emmerich* Aktien- und GmbH-Konzernrecht 8. Aufl. § 292 Rn. 37a). Die überwiegende Ansicht (so z.B. MüKo GmbHG/*Liebscher* 3. Aufl. Anh. § 13 Rn. 782; Michalski/Heidinger/Leible/J. Schmidt/*Servatius* GmbHG Syst. Darst. 4 Rn. 367) lässt hingegen eine 3/4-Mehrheit ausreichen. Aus Gründen der Vorsicht wird daher empfohlen, zumindest in den beiden Fallkonstellationen, in denen die erste Ansicht die Zustimmung aller Gesellschafter verlangt, diese einzuholen. In anderen Fallkonstellationen, insbesondere wenn die Unternehmen nicht verbunden sind, kann wohl davon ausgegangen werden, dass eine 3/4-Mehrheit ausreicht (so sieht auch Scholz/*Emmerich* GmbHG Anh. § 13 GmbH-Konzernrecht Rn. 212 für die Gewinngemeinschaft von dem Einstimmigkeitserfordernis ab, sofern die Unternehmen nicht verbunden sind).

Teilweise wird die Meinung vertreten, dass der Vertrag entsprechend § 54 GmbHG und § 294 Abs. 2 AktG erst mit seiner Eintragung ins Handelsregister wirksam wird (so Scholz/*Emmerich* GmbHG Anh. § 13 GmbH-Konzernrecht Rn. 214; Emmerich/Habersack/*Emmerich* Aktien- und GmbH-Konzernrecht 8. Aufl. § 292 Rn. 37; *Schulte/Waechter* GmbHR 2002, 189, 190). Mit der wohl vorherrschenden Meinung, die sich auch durch die Rechtsprechung bestätigt fühlen kann, wird hier davon ausgegangen, dass der Abschluss eines stillen Gesellschaftsvertrages durch eine GmbH nicht im Handelsregister eingetragen werden muss (Blaurock/*Jung* Handbuch Stille Gesellschaft § 8 Rn. 8.24; MüKo HGB *K. Schmidt* § 230 Rn. 115; OLG München Beschl. vom 17.03.2011, 31 Wx 68/11 rkr. DStR 2011, 1139; Kammergericht vom 24.03.2014 – 12 W 43/12, GmbHR 2014, 756).

176 **4.** Die steuerliche Anerkennung einer stillen Beteiligung eines GmbH-Gesellschafters an seiner GmbH setzt voraus, dass das stille Gesellschaftsverhältnis klar und eindeutig vereinbart ist und diese Vereinbarungen auch tatsächlich durchgeführt werden (H 15.9 Abs. 4 EStR).

177 **5.** Die stille Beteiligung muss sich nicht zwingend auf das gesamte Handelsgewerbe des Inhabers erstrecken. Eine Beschränkung auf einen Teil des Handelsgewerbes, wie z.B. auf die Geschäfte eines Zweigbetriebes oder einer einzelnen Niederlassung, sind ebenfalls möglich (Blaurock/*Jung* Handbuch Stille Gesellschaft § 6 Rn. 6.50 f).

178 **6.** Es ist sinnvoll und gängige Praxis, dass Geschäftsjahr der stillen Gesellschaft dem der Inhaberin anzupassen, da für die stille Gesellschaft selbst kein Jahresabschluss erstellt wird.

179 **7.** Die Einlage kann in jedem mit einem Geldbetrag schätzbaren Vorteil bestehen. Es ist insoweit auch möglich, eine Darlehensforderung in eine stille Beteiligung umzuwandeln. Darüber hinaus kann die Einlage auch in Sachen oder Diensten bestehen (Baumbach/*Hopt* HGB § 230 Rn. 20).

180 **8.** Grundsätzlich ist der stille Gesellschafter von der Geschäftsführung ausgeschlossen und auch nicht zum Widerspruch gegen einzelne Maßnahmen der Geschäftsführung berechtigt. Dennoch sieht das Muster vor, dass die alleinige Geschäftsführungsbefugnis der Inhaberin durch Zustimmungs- oder Widerspruchsrechte des stillen Gesellschafters eingeschränkt wird. Der Umfang der dem stillen Gesellschafter zugesprochenen Mitwirkungsrechte gibt unter anderem Aufschluss hinsichtlich der Frage, ob eine typische oder eine atypische stille Gesellschaft vorliegt. Ist eine typisch stille Gesellschaft beabsichtigt, sollten die Mitwirkungsrechte des stillen Gesellschafters daher zur Vermeidung der Annahme einer Mitunternehmerinitiative eher restriktiv ausgestaltet sein. Dies gilt insbesondere

im Fall einer Beteiligung eines GmbH-Gesellschafters an der GmbH, wenn dieser zugleich Geschäftsführer der GmbH ist, da die Stellung als Geschäftsführer der GmbH bei der Gesamtbetrachtung zu berücksichtigen ist (Blaurock/*Levedag* Handbuch Stille Gesellschaft § 20 Rn. 20.78 ff).

9. Noch nicht abschließend entschieden ist, ob neben einer typisch stillen Beteiligung auch noch ein Gewinnabführungsvertrag mit steuerlicher Wirksamkeit abgeschlossen werden kann. Fraglich dabei ist, ob die gemäß § 14 Abs. 1 S. 1 KStG geforderte Abführung des »ganzen« Gewinns an den Organträger erfüllt werden kann, wenn daneben Gewinne im Rahmen einer stillen Gesellschaft abgeführt werden müssen (Berninger, DB 2004, 297 (298)). Wir vertreten die Ansicht, dass dies anders als im Fall der atypischen stillen Beteiligung bei einer typisch stillen Beteiligung möglich sein sollte, weil die Zahlungen steuerlich eindeutig Betriebsausgaben darstellen (*Dötsch*/Pung/Möhlenbrock Die Körperschaftsteuer § 14 Rn. 79; *Frotscher*/Drüen KStG § 14 KStG Rn. 201). 181

10. In der Praxis werden regelmäßig drei verschiedene Konten geführt. 182

11. Im gewissen Rahmen kann beispielsweise vereinbart werden, dass Gewinnanteile, anstatt auf dem Privatkonto, in gewisser Höhe zunächst dem Einlagekonto des stillen Gesellschafters gutgeschrieben werden, mit der Folge, dass dadurch ggf. noch ausstehende Einlagen erbracht werden können (Blaurock/*Levedag* Handbuch Stille Gesellschaft § 20 Rn. 20.79). 183

12. Durch Satz 1 soll das Interesse des stillen Gesellschafters an einer angemessenen Ausübung von Bilanzierungswahlrechten und -spielräumen sichergestellt werden, die grundsätzlich im Steuerrecht strikter ausgelegt sind. Zudem wirkt die Bestimmung im Falle von steuerlichen Außenprüfungen und kann dem stillen Gesellschafter zu höheren Erträgen verhelfen. (Blaurock/*Kauffeld* Handbuch Stille Gesellschaft Vertragsmuster M 1 Fn. 19). 184

13. Hinsichtlich der Gewinn- und Verlustbeteiligung ist der Teilgewinnabführungsvertrag insbesondere vom Gewinnabführungsvertrag nach § 291 Abs. 1 S. 1 AktG abzugrenzen. Der Gewinnabführungsvertrag nach § 291 Abs. 1 S. 1 AktG sieht die Abführung des ganzen Gewinns der Gesellschaft vor. Demgegenüber ist die Gewinnabführungsverpflichtung bei einem Teilgewinnabführungsvertrag nach § 292 Abs. 1 Nr. 2 AktG auf einen Teil des Gewinns oder den ganzen oder teilweisen Gewinn einzelner Betriebe beschränkt. Dabei kann im ersten Fall der abzuführende »Teil« des Gewinns fast den gesamten Gewinn umfassen, solange der Gesellschaft nach dem Vertrag ein beliebig kleiner Teil des Gewinns verbleibt (Emmerich/Habersack/*Emmerich* Aktien- und GmbH-Konzernrecht 8. Aufl. § 292 Rn. 24, 24a; Hüffer/*Koch* AktG § 292 Rn. 13). Im zweiten Fall hingegen muss es sich nicht um einen Teilgewinn handeln. Daher ist es zulässig, dass der gesamte Gewinn eines Teilbetriebs abgeführt wird. 185

14. Die an den stillen Gesellschafter gezahlten Gewinnanteile werden von der gewerbesteuerlichen Hinzurechnung gemäß § 8 Nr. 1 Buchstabe c GewStG erfasst, d.h. im Ergebnis sind 25 % der Vergütung dem Gewinn aus Gewerbebetrieb des Geschäftsinhabers hinzuzurechnen. 186

Zur Angemessenheit des Gewinnanteils insbesondere bei nahestehenden Personen vgl. Abschn. H 15.9 Abs. 5 EStR und die hierzu ergangene Rechtsprechung. Bezüglich der Nutzung der stillen Gesellschaft als steuerliches Verlusttransfervehikel siehe Rdn. I 168.

15. Nach h.M. ist unter dem Gewinnbegriff i.S.d. § 293 Abs. 1 Nr. 2 AktG nur der auf Grund einer periodischen Abrechnung ermittelte Gewinn zu verstehen. Dabei kann es sich z.B. um den Bilanzgewinn, den Jahresüberschuss oder den Rohertrag handeln (Emmerich/Habersack/*Emmerich* Aktien- und GmbH-Konzernrecht 8. Aufl. § 292 Rn. 25; Hüffer/*Koch* AktG § 292 Rn. 13; MüKo/*Altmeppen* AktG § 292 Rn. 57). 187

Die Einnahmen aus der Beteiligung als stiller Gesellschafter unterliegen grundsätzlich dem Kapitalertragsteuerabzug i.H.v. 26,375 % (25 % + 5,5 % Solz) (§ 43 Abs. 1 Satz 1 Nr. 3 EStG).

16. Das Entnahmerecht des stillen Gesellschafters kann zu erheblichen Liquiditätsbelastungen führen. Daher kann es sinnvoll sein, alternativ zu der vorgeschlagenen Formulierung, etwa eine 188

Aufteilung der Gewinnanteile in entnahmefähige und nicht entnahmefähige Gewinnanteile vorzunehmen (Blaurock/*Kauffeld* Handbuch Stille Gesellschaft Vertragsmuster M 1 Fn. 23).

189 **17.** Grundsätzlich stehen dem stillen Gesellschafter die gesetzlichen Informations- und Kontrollrechte des § 233 HGB zu. Die weitergehenden Kontrollbefugnisse des § 716 BGB werden ihm daher nach § 233 Abs. 2 HGB gerade nicht zugestanden. Mit Blick auf eine möglichst umfassende Möglichkeit zur Information über die finanzielle Situation der Gesellschaft könnte es sich anbieten, den stillen Gesellschafter vertraglich mit den weitergehenden Kontrollrechten des § 716 BGB auszustatten. Dies scheint insbesondere dann geboten, wenn es sich beispielsweise um eine besonders hohe Vermögenseinlage des stillen Gesellschafters handelt. Dabei ist jedoch zu beachten, dass der BFH (Urt. v. 25.06.1984 GrS 4/82, GmbHR 1984, 355) hinsichtlich der Annahme einer Mitunternehmerinitiative des stillen Gesellschafters bereits die Möglichkeit zur Ausübung von Gesellschafterrechten, die den Stimm-, Kontroll- und Widerspruchsrechten eines Kommanditisten nach dem HGB oder den gesellschaftsrechtlichen Kontrollrechten nach § 716 BGB entsprechen, ausreichen lässt. Daher ist eine Erweiterung der Informations- und Kontrollrechte um die des § 716 BGB im Rahmen einer typisch stillen Gesellschaft nicht unbedenklich. Erst kürzlich hat der BFH (Urteil vom 19.07.2018 IV R 10/17) schon die Initiativrechte nach § 233 HGB für die Mitunternehmerinitiative ausreichen lassen.

190 Im Gegenzug zu den Informations- und Kontrollrechten werden die Parteien verpflichtet, über Interna der Gesellschaft, auch über den Zeitpunkt der Beendigung der Gesellschaft hinaus, Stillschweigen zu bewahren.

191 **18.** Die Übertragung der Beteiligung ist als Vertragsänderung analog § 295 AktG zu qualifizieren. Sofern man für die Wirksamkeit des Teilgewinnabführungsvertrages einen satzungsändernden Beschluss der Gesellschafter und die Eintragung in das Handelsregister für erforderlich hält, wird es daher auch bei der Übertragung dieser Voraussetzungen bedürfen.

192 **19.** Im Gegensatz zur atypisch stillen Gesellschaft ist der stille Gesellschafter einer typisch stillen Gesellschaft gerade nicht am tatsächlichen Zuwachs des Geschäftsvermögens unter Einschluss der stillen Reserven und des Geschäftswerts beteiligt. Deshalb erhält der stille Gesellschafter einer typisch stillen Gesellschaft im Fall der Auseinandersetzung auch lediglich seine Einlage zurück. Ihm fehlt insoweit das Mitunternehmerrisiko (Blaurock/*Levedag* Handbuch Stille Gesellschaft § 20 Rn. 20.75).

10. Vertrag über die Errichtung einer atypisch stillen Gesellschaft

Vorbemerkung

193 Eine stille Beteiligung kann auch als atypisch stille Gesellschaft ausgestaltet sein. Aus steuerlicher Sicht ist der stille Gesellschafter einer atypisch stillen Gesellschaft Mitunternehmer und erzielt aus der Beteiligung gewerbliche Einkünfte nach § 15 Abs. 1 Nr. 2 EStG. In diesem Zusammenhang ist anhand einer Gesamtbetrachtung unter Berücksichtigung aller Umstände des Einzelfalls (neben dem Vertrag über die stille Gesellschaft sind auch alle darüber hinausgehenden wirtschaftlichen und rechtlichen Beziehungen zwischen dem stillen Gesellschafter und dem Inhaber des Handelsgewerbes zu berücksichtigen) festzustellen, ob der still Beteiligte Mitunternehmerrisiko trägt und Mitunternehmerinitiative entfalten kann. Grundsätzlich müssen beide Merkmale vorliegen, ihre jeweilige Ausprägung kann jedoch dahingehend variieren, dass eine besonders starke Ausprägung des einen Merkmals eine schwächere Ausprägung des jeweils anderen auszugleichen vermag. Im Rahmen der Ausgestaltung des Vertrages über die stille Gesellschaft ist daher besonders auf die Beteiligung des stillen Gesellschafters am Gesellschaftsvermögen und den stillen Reserven einschließlich des Geschäftswerts der Gesellschaft zu achten, sowie dafür Sorge zu tragen, dass diesem die erforderlichen Geschäftsführungs- und Vertretungsbefugnisse sowie Kontrollrechte zustehen. Zu den steuerlichen Motiven zur Begründung einer stillen Gesellschaft siehe Muster I 9 (Rdn. I 168 f.).

Muster

Vertrag über die Errichtung einer atypisch stillen Gesellschaft 194

zwischen

der __________ GmbH [die Inhaberin] [1] mit dem Sitz in __________, eingetragen im Handelsregister des Amtsgerichts __________ unter HRB __________,

– nachfolgend A genannt –

und

der __________ GmbH [der stille Gesellschafter] [2] mit dem Sitz in __________, eingetragen im Handelsregister des Amtsgerichts __________ unter HRB __________,

– nachfolgend B genannt –

§ 1 Begründung der Gesellschaft [3]

1.1. A betreibt an ihrem Sitz in __________ ein Unternehmen mit dem Gegenstand __________.

1.2. An diesem Handelsgewerbe beteiligt sich B als atypisch stiller Gesellschafter nach näherer Maßgabe der folgenden Bestimmungen. [4]

1.3. B ist am Gewinn und Verlust, Vermögen und insbesondere an den offenen und stillen Reserven der A beteiligt. [5] Ungeachtet der Tatsache, dass rechtlich kein Gesamthandsvermögen besteht, wird das Gesellschaftsvermögen im Innenverhältnis wie gemeinschaftliches Vermögen behandelt.

1.4. Die atypisch stille Beteiligung erstreckt sich auf das gesamte Handelsgewerbe der A. [6]

§ 2 Dauer der Gesellschaft, Geschäftsjahr

2.1. Die Gesellschaft wird auf unbestimmte Dauer abgeschlossen und beginnt am __________.

2.2. Das Geschäftsjahr der stillen Gesellschaft entspricht dem der A. [7]

§ 3 Einlage

B leistet eine Einlage [8] von __________ €. Die Einlage wird in bar erbracht und ist sofort fällig.

§ 4 Nachschusspflicht

Eine Nachschusspflicht der B besteht nur insoweit, als ihre Einlage rückständig oder durch Entnahmen gemindert ist.

§ 5 Geschäftsführung [9]

5.1. Die Geschäftsführung steht allein der A zu.

5.2. Folgende Maßnahmen darf die A jedoch nur mit Einwilligung der B vornehmen:

5.2.1. Änderung des Gegenstands des Unternehmens;

5.2.2. Formwechsel, Verschmelzung oder Spaltung des Unternehmens;

5.2.3. Erwerb von oder Beteiligung an anderen Unternehmen sowie deren Veräußerung;

5.2.4. Veräußerung oder Verpachtung des Unternehmens oder eines Teils des Unternehmens;

5.2.5. Aufnahme neuer Gesellschafter einschließlich der Beteiligung weiterer stiller Gesellschafter;

5.2.6. vollständige oder teilweise Einstellung des Gewerbebetriebes;

5.2.7. Errichtung von Zweigniederlassungen;

5.2.8. Abschluss, Änderung oder Aufhebung von Beherrschungs- und/oder Gewinnabführungsverträgen; [10]

5.2.9. Investitionen über einen Betrag von mehr als __________ €;

5.2.10. Erwerb, Veräußerung und Belastung von Grundstücken und grundstücksgleichen Rechten;

5.2.11. Abschluss von Rechtsgeschäften zwischen der A und Gesellschaftern der A sowie deren nahestehenden Personen, die über einen Betrag von __________ € bzw. bei Dauerschuldverhältnissen von __________ € p.a. hinausgehen.

5.3. Beabsichtigt die A die Vornahme einer der in 5.2 genannten Maßnahmen, so hat sie dies der B mitzuteilen und sie zur Erteilung ihrer Einwilligung aufzufordern. Erklärt die B nicht innerhalb von 3 Wochen nach Erhalt der Aufforderung gegenüber der A ihre Ablehnung, so gilt ihre Einwilligung als erteilt. Erklärt B innerhalb dieser Frist, dass sie die vorgenommene Maßnahme nicht billige, so muss sie diese bei der Ergebnisberechnung und bei der Auseinandersetzung nicht gegen sich gelten lassen.

§ 6 Konten der B

6.1. Für die B werden bei der A ein Einlagenkonto, ein Privatkonto und ein Verlustkonto als Kapitalgegenkonto geführt. [11]

6.2. Auf dem Einlagenkonto wird die Einlage der B verbucht. Das Konto ist fest und unverzinslich.

6.3. Auf dem Privatkonto werden die Zinsen, die Gewinne [12] **und die Entnahmen verbucht. Das Privatkonto ist im Soll und Haben mit __________ % p.a. zu verzinsen.**

6.4. Auf dem Verlustkonto werden die Verlustanteile verbucht. Ist das Verlustkonto belastet, so werden alle künftigen Gewinnanteile zunächst dem Verlustkonto gutgeschrieben, bis dieses ausgeglichen ist.

§ 7 Jahresabschluss

7.1. A hat innerhalb von 6 Monaten nach Ablauf eines jeden Geschäftsjahres ihren Jahresabschluss zu erstellen und der B schriftlich zu übermitteln. [13] **Einwände gegen den Jahresabschluss kann die B nur innerhalb von 6 Wochen nach Erhalt des Jahresabschlusses geltend machen. Nach Ablauf dieser Frist gilt der Jahresabschluss als genehmigt.**

7.2. Der Jahresabschluss hat den einkommensteuerrechtlichen Gewinnermittlungsvorschriften zu entsprechen. [14] **Werden im Rahmen der steuerlichen Gewinnfeststellung oder auf Grund einer Außenprüfung andere Ansätze verbindlich als die im ursprünglichen Jahresabschluss enthaltenen, so sind diese auch gegenüber der B maßgeblich.**

§ 8 Gewinn- und Verlustbeteiligung

8.1. An dem unter Berücksichtung der Bestimmungen von 8.2 bis 8.4 ermittelten Betriebsgewinn oder -verlust [15] nimmt B in Höhe von ____________ % teil. [16]

8.2. Für die Gewinn- und Verlustbeteiligung der B ist von dem Jahresüberschuss/-fehlbetrag [17] auszugehen, der sich aus dem gemäß 7.2 aufgestellten Jahresabschluss der A vor Berücksichtigung des auf die B entfallenden Gewinn- oder Verlustanteiles nach Durchführung nachfolgender Korrekturen [18] ergibt:

8.2.1. Soweit Vergütungen an Mitunternehmer der A nach § 15 Abs. 1 S. 1 Nr. 2 EStG in der Steuerbilanz nicht als Aufwand abgesetzt sind, sind diese abzusetzen.

8.2.2. Soweit Leistungen eines Mitunternehmers der A, die handelsrechtlich als Ertrag anzusehen sind, in der Steuerbilanz nicht als Einnahmen ausgewiesen werden, sind diese hinzuzurechnen.

§ 9 Änderungen der Kapitalverhältnisse

9.1. Im Falle des Eintritts weiterer stiller Gesellschafter ist die Höhe der Gewinn- und Verlustbeteiligung angemessen neu festzusetzen.

9.2. Ändert sich das haftende Kapital der A, so ist der B Gelegenheit zu einer entsprechenden Änderung ihrer Einlage zu geben. Macht B von dieser Möglichkeit nicht Gebrauch, so ist ihr Gewinnanteil angemessen neu festzusetzen.

§ 10 Entnahmen

10.1. B ist berechtigt, Entnahmen zu Lasten des Guthabens auf ihrem Privatkonto zu tätigen. [19] A ist berechtigt, das Guthaben der B auf dem Privatkonto jederzeit ganz oder teilweise auszuzahlen.

10.2. Als Abschlagszahlungen kann B im laufenden Geschäftsjahr jeweils zum Quartalsende Entnahmen in Höhe von 25 % des zuletzt festgestellten Gewinnanteils vornehmen. Im Gründungsjahr berechnet sich die Höhe der Abschlagszahlung nach dem zu schätzenden Gewinnanteil. Die Rückzahlung überhöhter Abschlagszahlungen muss innerhalb von vier Wochen nach Feststellung des Jahresabschlusses erfolgen.

10.3. A kann die Auszahlung des Gewinnanteils bzw. der Abschlagszahlungen ganz oder zum Teil ablehnen, soweit die Liquiditätslage dies erforderlich macht oder sich im Laufe des Geschäftsjahres ergibt, dass der dem Privatkonto gutzuschreibende Gewinnanteil geringer sein wird als die Summe der gemäß 10.2 möglichen Abschlagszahlungen. [20]

§ 11 Informations- und Kontrollrechte des stillen Gesellschafters

11.1. Zusätzlich zu den gesetzlichen Informations- und Kontrollrechten gem. § 233 HGB stehen B auch die Rechte aus §§ 716 BGB, 118 HGB zu. [21] Satz 1 gilt nach Beendigung der Gesellschaft in dem zur Überprüfung des Auseinandersetzungsguthabens erforderlichen Umfang entsprechend.

11.2. B ist berechtigt, die Informations- und Kontrollrechte durch einen zur Berufsverschwiegenheit verpflichteten Sachverständigen wahrnehmen zu lassen.

11.3. A und B haben über alle ihnen jeweils bekannt gewordenen sensitiven Angelegenheiten der anderen Vertragspartei Stillschweigen zu bewahren. Diese Verpflichtung gilt nach Beendigung der Gesellschaft für einen Zeitraum von ____________ Jahren weiter.

§ 12 Übertragung [22], Abtretung und Belastung des stillen Gesellschaftsanteils

12.1. Die Veräußerung [23], Abtretung und Verpfändung des stillen Gesellschafteranteils, sowie die Vereinbarung einer Unterbeteiligung, Nießbrauchbestellung und die Einräumung von Treuhandverhältnissen sind grundsätzlich nur mit vorheriger schriftlicher Zustimmung der A zulässig. Dabei ist die Versagung der Zustimmung nur aus wichtigem Grund möglich.

12.2. 12.1 gilt auch für die Abtretung und Verpfändung von Gewinnansprüchen und Guthaben auf dem Privatkonto.

12.3. Die Übertragung des stillen Gesellschafteranteils auf verbundene Unternehmen bedarf nicht der Zustimmung der A.

12.4. Die Übertragung, Abtretung, Verpfändung oder Belastung kann nur einheitlich für das Einlage-, Privat- und Verlustkonto erfolgen.

§ 13 Kündigung

13.1. Die stille Gesellschaft kann mit einer Frist von ___________ Monaten, erstmals zum ___________ gekündigt werden und danach zum Ende eines jeden Geschäftsjahres.

13.2. Die stille Gesellschaft kann von A oder B jederzeit ohne Einhaltung einer Frist aus wichtigem Grund gekündigt werden. Als wichtige Gründe gelten insbesondere

13.2.1. die Auflösung der A;

13.2.2. die Eröffnung des Insolvenzverfahrens über das Vermögen der B;

13.2.3. die Zwangsvollstreckung in Gesellschaftsrechte der B, soweit diese Maßnahmen nicht innerhalb von ___________ Monaten wieder aufgehoben werden;

13.2.4. die Ertraglosigkeit der Gesellschaft während einer Dauer von ___________ Geschäftsjahren;

13.2.5. die Vornahme eines nach 5.2 zustimmungsbedürftigen Geschäftes ohne die erforderliche Zustimmung.

13.3. Jede Kündigung bedarf zu ihrer Wirksamkeit der Schriftform.

§ 14 Auseinandersetzung, Abfindungsguthaben, Auszahlung

14.1. Bei Beendigung der Gesellschaft steht der B eine Abfindung zu. Sie errechnet sich aus dem Saldo des Einlage-, Privat- und Verlustkontos. Bei der Berechnung des Auseinandersetzungsguthabens ist ein der Beteiligungsquote der B entsprechender Anteil an den stillen Reserven einschließlich des Geschäfts- und Firmenwertes der A zu berücksichtigen. [24] Am Ergebnis schwebender Geschäfte, die nicht bilanzierungspflichtig sind, nimmt B nicht teil.

14.2. Scheidet B während eines Geschäftsjahres aus, so sind die zum letzten Bilanzstichtag vor seinem Ausscheiden ermittelten Kontostände, bereinigt um zwischenzeitliche Entnahmen und Einlagen maßgeblich. Am Geschäftsergebnis des laufenden Geschäftsjahres ist B zeitanteilig beteiligt. Der anteilige Gewinn oder Verlust wird seinem Abfindungsguthaben hinzugesetzt oder von ihm abgezogen.

14.3. Zur Ermittlung des Anteils der B an den stillen Reserven ist auf den Tag der Beendigung der stillen Gesellschaft eine Auseinandersetzungsbilanz zu erstellen. Dazu sind

14.3.1. Grundstücke und Gebäude durch den nach dem Baugesetzbuch bestellten Gutachterausschuss schätzen zu lassen;

14.3.2. sonstige Wirtschaftsgüter (jedoch nicht Beteiligungsrechte) nach den steuerlichen Bewertungsvorschriften anzusetzen;

14.3.3. während der stillen Gesellschaft gebildete steuerfreie Rücklagen aufzulösen;

14.3.4. Beteiligungen entsprechend der 14.3.1 bis 14.3.3 zu behandeln. Zum amtlichen Handel zugelassene oder in den geregelten Freiverkehr einbezogene Wertpapiere sind mit den entsprechenden Kursen anzusetzen.

14.4. Ein von beiden Parteien zu benennender Wirtschaftsprüfer ermittelt den Geschäfts- und Firmenwert unter Berücksichtigung verkehrsüblicher Methoden.

14.5. Im Falle der Liquidation der A ist für die Ermittlung der stillen Reserven und des Geschäftswertes der Liquidationserlös maßgebend.

14.6. Werden auf Grund einer steuerlichen Gewinnfeststellung oder einer Außenprüfung andere Ansätze verbindlich, als die für die Ermittlung des Abfindungsguthabens gemäß 14.1 und 14.2 herangezogenen, so ändert sich das Abfindungsguthaben entsprechend.

14.7. Die Abfindung ist, außer im Falle der Liquidation der A, in ____________ aufeinanderfolgenden gleichbleibenden Jahresraten auszuzahlen, von denen die erste sechs Monate nach dem Ausscheiden der B zur Zahlung fällig wird. Im Falle der Liquidation der A, ist der Auseinandersetzungsanspruch innerhalb von ____________ Monaten nach seiner Feststellung fällig. Die nicht ausgezahlten Teile sind ab Fälligkeit der ersten Rate mit ____________ % über dem Basiszinssatz der europäischen Zentralbank zu verzinsen. Die Zinsen werden mit den Raten fällig. Die A ist berechtigt, das Abfindungsguthaben jederzeit ganz oder teilweise vor Fälligkeit auszuzahlen.

§ 15 Schlussbestimmungen

Sollte eine Bestimmung dieses Vertrages teilweise oder vollständig nichtig, unwirksam oder undurchführbar sein oder werden, berührt dies die Gültigkeit der übrigen Vertragsbestimmungen nicht. Anstelle der nichtigen, unwirksamen oder undurchführbaren Bestimmung soll eine Bestimmung in Kraft treten, die dem am nächsten kommt, was die Parteien nach dem Sinn und Zweck dieses Vertrages gewollt hätten, hätten sie dies im Lichte der Nichtigkeit, Unwirksamkeit oder Undurchführbarkeit bedacht. Dies gilt auch im Fall der Nichtigkeit, Unwirksamkeit oder Undurchführbarkeit einer in diesem Vertrag enthaltenen Leistungs- oder Zeitbestimmung. In diesem Fall gilt die gesetzlich zulässige Leistungs- oder Zeitbestimmung als vereinbart, die der vereinbarten am nächsten kommt. Die Sätze 1 und 2 gelten entsprechend für Lücken dieses Vertrages.

____________, den ____________

____________ ____________

Geschäftsführer A-GmbH Geschäftsführer B-GmbH

Erläuterungen

Literatur: *Berninger,* »Errichtung einer stillen Gesellschaft an einer Tochter-AG bei bestehendem Beherrschungs- und Gewinnabführungsvertrag zwischen Mutter- und Tochter-AG« DB 2004, 297; *Blaurock* »Handbuch stille Gesellschaft«, 8. Aufl. 2016; *Knobbe-Keuk* »Die Fremdfinanzierung inländischer Kapitalgesellschaften durch nichtanrechnungsberechtigte Anteilseigner« StuW 1982, 201; Lienau/Lotz »Die Abgrenzung zwischen stiller Gesellschaft und partiarischem Darlehen und die steuerlichen Konsequenzen« DStR 1991, 618; *Schulte/Waechter* »Atypische stille Beteiligungen und § 294 AktG – neue Fassung, alte Probleme?« GmbHR 2002, 189; *Schulze zur Wiesche* »Die GmbH & Still, 6., Aufl.«; *Schwedhelm* »Die GmbH & Still als Mitunternehmerschaft, 1987«.

195 **1.** Der Inhaber muss zwingend Kaufmann i.S.d. §§ 1–6 HGB sein.

196 **2.** Im Gegensatz zum Inhaber kann stiller Gesellschafter jedermann sein, ungeachtet der Tatsache ob er Kaufmann ist oder Nichtkaufmann. Eine stille Gesellschaft kann auch mit einem ausländischen Rechtsträger als stillem Gesellschafter begründet werden.

197 Besondere Beachtung kommt der Gestaltungsmöglichkeit zu, in der ein GmbH-Gesellschafter mit dem stillen Gesellschafter identisch ist. Fraglich ist insoweit, ob die vermögensrechtliche Beteiligung an der GmbH oder das Teilhaberecht an dieser auf das stille Beteiligungsverhältnis durchschlagen. Es wird teilweise die Auffassung vertreten, dass bei einer stillen Beteiligung des Alleingesellschafters der GmbH stets die Voraussetzungen einer Mitunternehmerschaft, mithin die einer atypisch stillen Gesellschaft, erfüllt sind (*Knobbe-Keuk* StuW 1982, 201, 221; *Sudhoff/Sudhoff* GmbHR 1984, 78). Im Fall einer atypisch stillen Gesellschaft spielt diese Frage keine Rolle, da ohnehin eine Mitunternehmerschaft begründet werden soll.

198 **3.** Die stille Gesellschaft wird durch wirksamen Abschluss eines Gesellschaftsvertrages zwischen dem stillen Gesellschafter und der Inhaberin begründet. Der Gesellschaftsvertrag ist grundsätzlich formfrei und kann auch stillschweigend geschlossen werden (Baumbach/Hopt/*Roth* HGB § 230 Rn. 10; BayOblG OLGE 38, 196). Diesbezüglich noch nicht geklärt ist die Frage, ob der Abschluss eines Teilgewinnabführungsvertrages der Zustimmung der Gesellschafterversammlung sowie der Eintragung in das Handelsregister bedarf. Die überwiegende Ansicht in der Literatur vertritt die Auffassung, dass die Gesellschafter dem Abschluss des Vertrages durch satzungsändernden Beschluss nach Maßgabe der §§ 53, 54 GmbHG zustimmen müssen (Emmerich/Habersack/*Emmerich* Aktien- und GmbH-Konzernrecht 8. Aufl. § 292 Rn. 37; Scholz/*Emmerich* GmbHG Anh. § 13 GmbH Konzernrecht Rn. 214).

Die Rechtsprechung (LG Darmstadt Urteil vom 24.08.2004 – 8 O 96/04 ZIP 2005, 402, 404; BayOblG Beschluß vom 18.02.2003 – 3Z BR 233/02, GmbHR 2003, 534) verzichtet hingegen hinsichtlich der Wirksamkeit des Teilgewinnabführungsvertrages auf die Mitwirkungspflicht der Gesellschafter mit der Begründung, dass der Abschluss eines solchen Vertrages bereits durch die grundsätzlich unbeschränkte Vertretungsmacht der Geschäftsführer gedeckt sei (§ 37 Abs. 2 GmbHG). Die hier vertretene Ansicht schließt sich der überwiegenden Literaturmeinung an und erachtet die Zustimmung der Gesellschafterversammlung insbesondere für atypisch ausgestaltete Verträge für erforderlich. Dafür spricht insbesondere der mit einem Teilgewinnabführungsvertrag verbundene Eingriff in das Gewinnbezugsrecht der Gesellschafter nach § 29 GmbHG. Der Teilgewinnabführungsvertrag greift somit grundlegend in die Struktur der gewinnabführenden Gesellschaft ein, mit der Folge, dass dieser als Organisationsvertrag zu qualifizieren ist (so auch Scholz/*Emmerich* GmbHG Anh. § 13 GmbH Konzernrecht Rn. 214; Emmerich/Habersack/*Emmerich* Aktien- und GmbH-Konzernrecht 8. Aufl. § 292 Rn. 37). Der Abschluss eines Organisationsvertrages stellt jedoch stets ein außergewöhnliches Geschäft dar, das von der grundsätzlich unbeschränkten Vertretungsmacht der Geschäftsführer nach § 37 Abs. 2 GmbHG nicht gedeckt ist (Emmerich/Habersack/*Emmerich* Aktien- und GmbH-Konzernrecht 8. Aufl. § 292 Rn. 37; MüKo GmbHG/*Liebscher* 3. Aufl. Anh. § 13 Rn. 779 f.). Daher wird empfohlen, die Zustimmung der Gesellschafterversammlung zum Abschluss des Vertrages einzuholen.

Sofern man eine Mitwirkungspflicht der Gesellschafter annimmt, stellt sich darüber hinaus die Frage, ob die Zustimmung aller Gesellschafter erforderlich ist. In diesem Zusammenhang wird vertreten, dass es der Zustimmung aller Gesellschafter jedenfalls dann bedarf, wenn der Teilgewinnabführungsvertrag keine angemessene Gegenleistung für die Gesellschaft vorsieht oder wenn der Vertrag zwischen zwei verbundenen Unternehmen geschlossen wird (Emmerich/Habersack/*Emmerich* Aktien- und GmbH-Konzernrecht 8. Aufl. § 292 Rn. 37a). Die überwiegende Ansicht (so z.B. MüKo GmbHG/*Liebscher* Anh. § 13 Rn. 782; Michalski/Heidinger/Leible/J.Schmidt/*Servatius* GmbHG Syst. Darst. 4 Rn. 367) lässt hingegen eine $^3/4$-Mehrheit ausreichen. Aus Gründen der Vorsicht wird daher empfohlen, zumindest in den beiden Fallkonstellationen, in denen die erste Ansicht die Zustimmung aller Gesellschafter verlangt, diese einzuholen. In anderen Fallkonstellationen, insbesondere wenn die Unternehmen nicht verbunden sind, kann wohl davon ausgegangen werden, dass eine $^3/4$-Mehrheit ausreicht (so sieht auch Scholz/*Emmerich* GmbHG Anh. § 13 GmbH-Konzernrecht Rn. 212 für die Gewinngemeinschaft von dem Einstimmigkeitserfordernis ab, sofern die Unternehmen nicht verbunden sind). 199

Teilweise wird die Meinung vertreten, dass der Vertrag erst mit Eintragung in das Handelsregister wirksam wird (Scholz/*Emmerich* GmbHG Anh. § 13 GmbH-Konzernrecht Rn. 214; Emmerich/Habersack/*Emmerich* Aktien- und GmbH-Konzernrecht 8. Aufl. § 292 Rn. 37; *Schulte/Waechter* GmbHR 2002, 189, 190). Mit der wohl vorherrschenden Meinung, die sich auch durch die Rechtsprechung bestätigt fühlen kann, wird hier die Auffassung vertreten, dass für den wirksamen Abschluss des Vertrages keine Handelsregistereintragung erforderlich ist (Blaurock/*Jung* Handbuch Stille Gesellschaft § 8 Rn. 8.24; MüKo-HGB *K. Schmidt* § 230 Rn. 115; OLG München Beschl. vom 17.03.2011, 31 Wx 68/11 rkr. DStR 2011, 1139; Kammergericht vom 24.03.2014 – 12 W 43/12, GmbHR 2014, 756). 200

4. Die steuerliche Anerkennung einer stillen Beteiligung eines GmbH-Gesellschafters an seiner GmbH setzt voraus, dass die Beteiligung klar und eindeutig vereinbart ist und diese Vereinbarungen auch tatsächlich durchgeführt werden (H 15.9 Abs. 4 EStR). 201

5. Der stille Gesellschafter ist dann als Mitunternehmer zu qualifizieren, wenn er Mitunternehmerrisiko trägt und Mitunternehmerinitiative entfalten kann. Mitunternehmerrisiko meint die wirtschaftliche Teilnahme am Erfolg und Misserfolg der Gesellschaft. Insoweit stellt die Beteiligung am Vermögen und den stillen Reserven einschließlich des Geschäfts- und Firmenwerts einen entscheidenden Unterschied der atypisch stillen Gesellschaft zur typisch stillen Gesellschaft dar. Der Unterschied entfaltet seine Bedeutung insbesondere bei der Beendigung der Gesellschaft. Dem atypisch stillen Gesellschafter steht regelmäßig ein Abfindungsguthaben zu, das seiner Vermögensbeteiligung entspricht. Er ist daher am tatsächlichen Zuwachs des Gesellschaftsvermögens unter Einschluss der stillen Reserven und des Geschäfts- und Firmenwerts beteiligt (*Schulze zur Wiesche* Die GmbH & Still, 6. Auf. Rn 201; *Baumbach*/Hopt/*Roth* HGB § 230 Rn. 3). In Ausnahmefällen, kann jedoch mit Blick auf die Gesamtbetrachtung eine Mitunternehmerstellung des stillen Gesellschafters auch dann vorliegen, wenn keine Beteiligung am Verlust, an den stillen Reserven und dem Geschäftswert vorliegt, jedoch die Entfaltung der Mitunternehmerinitiative besonders stark ausgeprägt ist. Nach Ansicht der Rechtsprechung ist dies beispielsweise dann der Fall, wenn dem stillen Gesellschafter die alleinige Geschäftsführungsbefugnis zusteht (BFH Urteil vom 11.12.1990 VIII R 122/86 DB 1991, 1054). Im Fall der GmbH & Still, deren stiller Gesellschafter gleichzeitig Gesellschafter der GmbH ist, kann mithin ein Mangel an Mitunternehmerrisiko dadurch ausgeglichen werden, dass der stille Gesellschafter auf Grund seiner Stellung als Gesellschafter und Geschäftsführer der GmbH eine besonders starke Mitunternehmerinitiative entfaltet (BFH Urteil vom 07.11.2006 VIII R5/04 BFH/NV 2007, 906). Insoweit ist zumindest für den Fall eines Alleingesellschafters einer GmbH, der sich still an dieser derart beteiligt, dass ihm weder eine Beteiligung am Vermögen noch an den stillen Reserven zusteht, er jedoch Geschäftsführer der GmbH ist, das Vorliegen einer atypisch stillen Gesellschaft höchstrichterlich geklärt (BFH Urteil vom 07.11.2006 VIII R5/04 BFH/NV 2007, 906). Ob ein Mangel an Mitunternehmerrisiko auch dann ausgeglichen werden kann, wenn der stille Gesellschafter lediglich Mehrheitsgesellschafter der GmbH ist 202 ohne auch Geschäftsführer dieser zu sein, war fraglich. Dazu wird vertreten, dass ein im Vertrag über die stille Gesellschaft vereinbartes umfassendes Weisungsrecht des stillen Gesellschafters gegenüber dem Geschäftsführer dahingehend ausreichend ist (Blaurock/*Levedag* Handbuch Stille Gesellschaft § 20 Rn. 20.79). Der BFH hat jetzt allerdings für mehr Klarheit gesorgt und ein schwach gestaltetes Mitunternehmerrisiko durch eine stark ausgeprägte Mitunternehmerinitiative für ausgleichsbar erklärt (BFH, Urt. v. 13.7.2017 – IV R 41/14, BStBl. II 2017, 1133). Dabei stellt der BFH aber darauf ab, dass der stille Gesellschafter Aufgaben der Geschäftsführung wahrnimmt, also als Geschäftsführer, Prokurist oder leitender Angestellter bei der GmbH selbstständig tätig werden kann.

203 **6.** Die stille Beteiligung muss sich nicht zwingend auf das gesamte Handelsgewerbe des Inhabers erstrecken. Eine Beschränkung auf einen Teil des Handelsgewerbes, wie z.B. auf die Geschäfte eines Zweigbetriebes oder einer einzelnen Niederlassung, sind ebenfalls möglich (Blaurock/Jung Handbuch Stille Gesellschaft § 6 Rn. 6.50 f)

204 **7.** Es ist sinnvoll und gängige Praxis, dass Geschäftsjahr der stillen Gesellschaft dem der Inhaberin anzupassen, da für die stille Gesellschaft selbst kein Jahresabschluss erstellt wird.

205 **8.** Die Einlage kann in jedem mit einem Geldbetrag schätzbaren Vorteil bestehen. Es ist insoweit auch möglich, eine Darlehensforderung in eine stille Beteiligung umzuwandeln. Darüber hinaus kann die Einlage auch in Sachen oder Diensten bestehen (*Baumbach/Hopt* HGB § 230 Rn. 20). Vorsicht ist allerdings geboten, wenn die Einlage durch Anrechnung künftiger Gewinnanteile erbracht wird, denn insoweit wird das Vermögen des Gesellschafters nicht belastet (BFH, Urteil vom 13.07.2017, IV R 41/14, DStR 2017, 2104) und ein Mitunternehmerrisiko nicht anerkannt.

206 **9.** Der stille Gesellschafter ist grundsätzlich nur dann als Mitunternehmer zu qualifizieren, sofern er neben einem Mitunternehmerrisiko auch eine Mitunternehmerinitiative entfalten kann. Gemeint ist damit die Teilhabe an unternehmerischen Entscheidungen, insbesondere Geschäftsführungs- und Vertretungsbefugnisse (Blaurock/*Levedag* Handbuch Stille Gesellschaft § 20 Rn. 20.72). Zwar steht die Geschäftsführungsbefugnis nach dem vorliegenden Muster entsprechend der gesetzlichen Regelung allein der Inhaberin zu, diese ist jedoch durch Zustimmungs- und Widerspruchsrechte des stillen Gesellschafters erheblich eingeschränkt. Entscheidend ist letztlich, dass der stille Gesellschafter ein derart maßgeblicher Einfluss zusteht, dass er im Wirtschaftsleben als Unternehmer erscheint (Blaurock/*Kauffeld* Handbuch Stille GesellschaftVertragsmuster. M 2 S. 937 Fn. 2). Alternativ kann dem stillen Gesellschafter im Rahmen einer atypisch stillen Gesellschaft auch die alleinige Geschäftsführung übertragen werden. Ist der stille Gesellschafter an den stillen Reserven und dem Geschäfts- und Firmenwert beteiligt, genügt es, dass er Mitunternehmerinitiative nur durch Ausübung von Kontrollrechten nach § 233 HGB entfalten kann (Schmidt/*Wacker* EStG § 15 Rn. 343 BFH, Urteil vom 19.07.2018, IV R 10/17). Üblich ist es jedoch, den atypisch stillen Gesellschafter einem Kommanditisten gleichzustellen und ihm die Mitwirkungs- und Kontrollrechte nach §§ 164, 166 HGB oder darüber hinaus nach § 716 BGB zu gewähren.

207 **10.** Zu beachten ist, dass die atypische stille Gesellschaft als Teilgewinnabführungsvertrag nicht als Grundlage einer steuerlichen Organschaft i.S.d. §§ 14, 17 KStG anerkannt wird und zudem nicht neben einem Gewinnabführungsvertrag abgeschlossen werden sollte, da ansonsten nicht der »ganze Gewinn« i.S.d. § 14 Abs. 1 S. 1 KStG an den Organträger abgeführt wird und die steuerliche Anerkennung der Organschaft versagt werden muss (*Berninger*, DB 2004, 297 (298); BFH, Beschluss vom 31.03.2011, I B 177/10, GmbHR 2011, 836; OFD Frankfurt/M, Verf. vom 30.01.2013 – S 2770 A – 53 – St 51, DB 2013, 610). Nunmehr hat sich auch das BMF zum Verhältnis einer ertragsteuerlichen Organschaft und einer atypischen stillen Gesellschaft geäußert. Danach kann die atypische stille Gesellschaft selbst weder die Funktion als Organträger noch als Organgesellschaft wahrnehmen. Auch kann eine Kapitalgesellschaft, an der eine atypische stille Beteiligung besteht, weder Organgesellschaft noch Organträger sein (BMF Schreiben vom 20.08.2015, DStR 2015, 1979).

208 **11.** In der Praxis werden regelmäßig drei verschiedene Konten geführt.

209 **12.** Abweichend kann beispielsweise vereinbart werden, dass Gewinnanteile, anstatt auf dem Privatkonto, in gewisser Höhe zunächst dem Einlagekonto des stillen Gesellschafters gutgeschrie-

ben werden, mit der Folge, dass dadurch ggf. noch ausstehende Einlagen erbracht werden können (Blaurock/*Levedag* Handbuch Stille Gesellschaft § 20 Rn. 20.79). Zu den damit verbundenen Risiken siehe Rdn. I 205.

13. Einen Vermögensvergleich und einen daraus resultierenden Gewinn oder Verlust gibt es nur für das Handelsgewerbe des Inhabers, nicht aber isoliert für die stille Gesellschaft. Der atypisch stille Gesellschafter hat an diesem Gewinn oder Verlust einen Anteil, ist aber selbst nicht zwingend buchführungs- und bilanzierungspflichtig. Für die atypisch stille Gesellschaft ist allerdings eine einheitliche und gesonderte Gewinnfeststellung gemäß § 180 Abs. 1 Nr. 2a AO vorzunehmen, da gemeinschaftliche Einkünfte gegeben sind. 210

14. Durch Satz 1 soll das Interesse des stillen Gesellschafters an einer angemessenen Ausübung von Bilanzierungswahlrechten und -spielräumen sichergestellt werden, die grundsätzlich im Steuerrecht strikter ausgelegt sind. 211

15. Mit Blick auf das erforderliche Unternehmerrisiko sollte eine Beteiligung am Verlust des Handelsgewerbes bei einer atypisch stillen Gesellschaft nicht ausgeschlossen werden. 212

16. Der Anteil des stillen Gesellschafters am Gewinn oder Verlust der Inhaberin gehört bei ihm zu den Einkünften aus Gewerbebetrieb nach § 15 Abs. 1 Nr. 2 EStG. Gleiches gilt für Vergütungen, die der stille Gesellschafter von der Gesellschaft für Dienstleistungen oder die Überlassung von Wirtschaftsgütern erhält (Schmidt/*Wacker* EStG § 15 Rn. 358). Eine Hinzurechnung zum Gewerbeertrag gemäß § 8 Nr. 1 Buchstabe c GewStG greift daher nicht, da der Gewinnanteil den Gewinn der Mitunternehmerschaft nicht mindert. Zur Angemessenheit des Gewinnanteils insbesondere bei nahestehenden Personen vgl. H 15.9 Abs. 5 EStR und die hierzu ergangene Rechtsprechung. 213

17. Nach h.M. ist unter dem Gewinnbegriff i.S.d. § 293 Abs. 1 Nr. 2 AktG nur der auf Grund einer periodischen Abrechnung ermittelte Gewinn zu verstehen. Dabei kann es sich z.B. um den Bilanzgewinn, der Jahresüberschuss oder den Rohertrag handeln (Emmerich/Habersack/*Emmerich* Aktien- und GmbH-Konzernrecht 8. Aufl. § 292 Rn. 25; Hüffer/*Koch* AktG § 292 Rn. 13; MüKo AktG/*Altmeppen* § 292 Rn. 57). Die Einnahmen aus der Beteiligung als atypisch stiller Gesellschafter unterliegen nicht dem Kapitalertragsteuerabzug, da keine Kapitaleinkünfte sondern Einkünfte aus einer gewerblichen Mitunternehmerschaft gegeben sind. 214

18. Bei einer atypisch stillen Gesellschaft ist auf Grund der Beteiligung des stillen Gesellschafters an den stillen Reserven eine Korrektur um erhöhte Absetzungen, Sonderabschreibungen und steuerfreie Rücklagen obsolet. 215

19. Die Höhe der Entnahmen verändert den zu den steuerpflichtigen gewerblichen Einkünften gehörenden Gewinnanteil des stillen Gesellschafters nicht. 216

20. Es ist zu beachten, dass das Entnahmerecht des stillen Gesellschafters zu erheblichen Liquiditätsbelastungen führen kann. Daher kann es sinnvoll sein, alternativ zu der vorgeschlagenen Formulierung, etwa eine Aufteilung der Gewinnanteile in entnahmefähige und nicht entnahmefähige Gewinnanteile vorzunehmen (*Blaurock/Kauffeld Handbuch Stille Gesellschaft Vertragsmuster M 1 Fn. 23.*). 217

21. Neben den Mitbestimmungsrechten in Bezug auf die Geschäftsführung sind die Informations- und Kontrollrechte des stillen Gesellschafters maßgebende Kriterien für die Frage der erforderlichen Mitunternehmerinitiative. Zusätzlich zu den dem stillen Gesellschafter gesetzlich zustehenden Informations- und Kontrollrechten gemäß § 233 HGB werden diesem bei einer atypischen Ausgestaltung regelmäßig die weitergehenden Kontrollrechte der §§ 716 BGB, 118 HGB vertraglich zugesprochen. Sofern der stille Gesellschafter am Gewinn und Verlust sowie an den stillen Reserven beteiligt ist, werden die gesetzlichen Informations- und Kontrollrechte nach § 233 HGB hingegen als ausreichend für die Begründung einer Mitunternehmerstellung angesehen (BFH Urteil vom 11.12.1990 VIII R 122/86 DB 1991, 1054; BFH Urteil vom 19.07.2018 IV R 10/17). 218

Im Gegenzug zu den Informations- und Kontrollrechten werden die Parteien verpflichtet, über Interna der Gesellschaft, auch über den Zeitpunkt der Beendigung der Gesellschaft hinaus, Stillschweigen zu bewahren. 219

220 **22.** Die Übertragung der Beteiligung ist als Vertragsänderung analog § 295 AktG zu qualifizieren. Sofern man für die Wirksamkeit des Teilgewinnabführungsvertrages einen satzungsändernden Beschluss der Gesellschafter und die Eintragung in das Handelsregister für erforderlich ansieht, wird daher auch die Übertragung dieser Voraussetzungen bedürfen.

221 **23.** Zu den Gewinnen aus Gewerbebetrieb gehören auch Gewinne aus der Veräußerung einer atypisch stillen Beteiligung (§ 16 Abs. 1 Nr. 2 EStG). Diese Gewinne können jedoch bei einkommensteuerpflichtigen Personen ggf. als außerordentliche Einkünfte einer begünstigten Besteuerung nach §§ 16 Abs. 1 Nr. 2, 34 Abs. 2 EStG unterliegen. Ist wie im vorliegenden Muster eine nicht natürliche Person (z.B. eine GmbH) atypisch stiller Gesellschafter, entfällt auf den Veräußerungsgewinn auch Gewerbesteuer gemäß § 7 S. 2 Nr. 2 GewStG.

222 **24.** Eine Beteiligung an den Vermögenszuwächsen ist zur Qualifikation des stillen Gesellschafters als Mitunternehmer i.S.d. § 15 Abs. 1 Nr. 2 EStG regelmäßig erforderlich (BFH Urteil vom 31.08.1999 – VIII R 21/98 (NV) GmbHR 2000, 293; BFH Urteil vom 06.07.1995 IV R 79/94 DB 1995, 2454) und setzt voraus, dass der stille Gesellschafter bei Beendigung der Gesellschaft neben der Rückzahlung seiner Einlage zusätzlich an den stillen Reserven beteiligt wird (BFH Urteil vom 29.06.1992 II ZR 284/91 DStR 1992, 1370; BFH Urteil vom 13.10.1992 VIII R 57/91 BFH/NV 1993, 518; BFH Urteil vom 18.02.1993 IV R 132/91 BFH/NV 1993, 647; *Schulze zur Wiesche* Die GmbH & Still 6. Aufl. Rn. 106 ff.). Ferner muss der Geschäfts- und Firmenwert in die Abfindung miteinbezogen werden (BFH Urteil vom 06.07.1995 IV R 79/94 DB 1995 2454). Dabei ist zu beachten, dass der Geschäftswert nach verkehrsüblichen Methoden berechnet wird, wonach eine Pauschalabfindung den Anforderungen nicht genügt. Eine Beteiligung am Firmenwert liegt demnach nicht vor, wenn der Ausscheidende eine pauschale Abfindung über dem Nominalwert seiner Beteiligung erhält, deren Gegenstand gleichzeitig eine Abfindung der stillen Reserven und des Firmenwertes ist (*Schulze zur Wiesche* Die GmbH & Still, 6. Aufl. Rn 204).

11. Betriebspachtvertrag

Vorbemerkung

223 Die Betriebspacht ermöglicht eine Zusammenfassung der unternehmerischen Tätigkeit von zwei zuvor selbstständig operierenden Unternehmen. Daher werden Betriebspachtverträge regelmäßig als sog. »konzerninterne Pachtverträge« zwischen voneinander abhängigen Unternehmen abgeschlossen, im Rahmen derer typischerweise das abhängige Unternehmen seinen Betrieb an das herrschende Unternehmen verpachtet. Die Betriebspacht dient dabei als Mittel zur Eingliederung des Unternehmens des Verpächters in den Konzern des Pächters. Die besondere Eigenschaft der Betriebspacht liegt darin, dass eine wirtschaftliche Zusammenfassung der unternehmerischen Tätigkeit ohne eine Übertragung des Vermögens möglich ist. Insoweit werden steuerlich durch die fehlende Vermögensübertragung die Realisierung der Reserven im Betriebsvermögen sowie der Anfall von Grunderwerbsteuer vermieden.

Muster

224 **Betriebspachtvertrag [1]**

zwischen

der ____________ GmbH [Pächter] mit dem Sitz in ____________, eingetragen im Handelsregister des Amtsgerichts ____________ unter HRB ____________,

– nachfolgend A genannt –

und

der ____________ GmbH [Verpächter] [2] mit dem Sitz in ____________, eingetragen im Handelsregister des Amtsgerichts ____________ unter HRB ____________,

– nachfolgend B genannt –

Präambel

Der vorliegende Betriebspachtvertrag dient der Intensivierung des bestehenden Konzernverbundes zwischen B als Konzernunternehmen und A als Konzernobergesellschaft und sieht die Verpachtung des gesamten Geschäfts der B an die A vor. [3]

§ 1 Gegenstand der Pacht [4]

1.1. B verpachtet an A mit Wirkung zum ____________ den gesamten Betrieb ihres Unternehmens, soweit nicht nachstehend einzelne Gegenstände von der Verpachtung ausgenommen sind. A ist berechtigt, den verpachteten Betrieb im eigenen Namen und für eigene Rechnung zu betreiben. [5]

1.2.1. Insbesondere [6] überlässt B der A zum Gebrauch und zur Nutzung:

1.2.2. das gesamte Sachanlagevermögen, wie es sich aus der Bilanz der B zum ____________ ergibt,

1.2.3. alle sonstigen der B zum Zeitpunkt des Pachtbeginns zustehenden materiellen und immateriellen Vermögensgegenstände und Rechte aller Art, sofern diese dem Betrieb der verpachteten Anlagen zu dienen bestimmt sind oder mit dem Betrieb in Zusammenhang stehen. Dazu gehören alle öffentlichen und privaten Rechte, Genehmigungen, Erlaubnisse und Gestattungen, insbesondere gewerbliche Schutzrechte und ähnliche Rechte einschließlich Know-how. Darüber hinaus gehören dazu ebenfalls Lizenzrechte an solchen Rechten, Wegerechte, Rechte aus Grunddienstbarkeiten und beschränkt persönlichen Dienstbarkeiten, Nießbrauchsrechte und sonstige dingliche Grundstücksrechte.

1.2. Nicht Gegenstand der Pacht sind Rechte aus Beteiligungen und sonstigen Finanzanlagen sowie die mit diesen in Verbindung stehenden Forderungen, sonstigen Rechte und Verbindlichkeiten. [7]

1.3. Sofern bei bestimmten zur Pacht gehörenden Vermögensgegenständen eine Nutzungsüberlassung rechtlich nicht zulässig ist, hat B ihre Rechte aus diesen Vermögensgegenständen entsprechend den Weisungen der A auszuüben und A im Rahmen des rechtlich Zulässigen wie eine Pächterin zu stellen.

§ 2 Vertragsübernahme [8]

2.1. A übernimmt zum ____________ alle Vertragsverhältnisse, Vertragsangebote und sonstige Rechtsstellungen der B, die dem Pachtbetrieb zuzuordnen sind und tritt in diese ein.

2.2. A stellt B ab dem Zeitpunkt des Pachtbeginns von allen Verpflichtungen aus den in 2.1 genannten Verträgen und Vertragsangeboten frei. Sofern ein Eintritt in diese im Außenverhältnis unmöglich ist, wird A die B so stellen, als ob der Eintritt vollzogen wäre.

2.3. Sofern für die Übertragung der Verträge die Zustimmung eines Dritten erforderlich ist, werden sich A und B bis zur Erteilung der Zustimmung im Innenverhältnis so stellen, als ob die Übertragung vollzogen worden wäre. Gleiches gilt für den Fall, dass der Dritte die erforderliche Zustimmung versagt. Insoweit wird B die Rechte aus diesen Verträgen nach den Weisungen der A ausüben und A im Verhältnis zur B die Verpflichtungen aus diesen Verträgen erfüllen. B bevollmächtigt zugleich A in ihrem Namen, jedoch auf eigene Rechnung, die Rechte aus den Verträgen auszuüben.

§ 3 Dienst- und Arbeitsverträge [9]

3.1. Die Arbeitsverhältnisse der Arbeitnehmer aus dem Betrieb der B gehen gemäß § 613a BGB mit Wirkung ab dem __________ mit allen Rechten und Pflichten auf A über. A steht für Verpflichtungen aus Arbeitsverhältnissen, die nach Pachtbeginn fällig werden, ein und stellt die B insoweit von einer Inanspruchnahme frei.

3.2. Den Unterrichtungspflichten gemäß § 613a Abs. 5 und Abs. 6 BGB werden A und B in interner Abstimmung nachkommen.

3.3. Soweit eine Übernahme der Verpflichtungen aus den Arbeitsverhältnissen und etwaigen Altersversorgungsregelungen durch A mit schuldbefreiender Wirkung im Außenverhältnis nicht möglich ist, ist A gegenüber der B im Innenverhältnis verpflichtet, diese aus der Erfüllung dieser Verpflichtungen freizustellen. [10]

3.4. Sofern einzelne Arbeitnehmer im Zuge des Betriebsübergangs nach § 613a BGB dem Übergang ihrer Arbeitsverhältnisses gemäß § 613a Abs. 6 BGB widersprechen, werden A und B eine einvernehmliche Regelung bezüglich der Beendigung dieser Arbeitsverhältnisse und der wirtschaftlichen Folgen einer solchen Beendigung herbeiführen.

§ 4 Umfang des Nutzungsrechts

4.1. A ist berechtigt, die Pachtgegenstände im eigenen Namen und für eigene Rechnung zu nutzen und den überlassenen Geschäftsbetrieb zu betreiben. Soweit es den Regeln einer ordnungsgemäßen Betriebsführung entspricht, ist A ebenfalls berechtigt, die Nutzung der überlassenen Gegenstände zu verändern.

4.2. A hat die beweglichen Vermögensgegenstände sorgfältig zu behandeln, sowie für die Wartung, Reparatur und Instandhaltung Sorge zu tragen.

4.3. B ermächtigt A, rechtsgeschäftliche Verfügungen über die zur Nutzung überlassenen Gegenstände und gemäß § 2 dieses Vertrages übertragenen Vertragsverhältnisse vorzunehmen, soweit diese im Rahmen einer ordnungsgemäßen Betriebsführung liegen.

4.4. Maßnahmen nach § 4.2 und § 4.3, die von wesentlicher wirtschaftlicher Bedeutung sind und die nicht unter § 5 fallen, bedürfen der vorherigen Zustimmung der B.

4.5. Ist eine Nutzungsüberlassung bei einzelnen zur Pacht bestimmten Vermögensgegenständen rechtlich nicht zulässig, wird B ihre Rechte aus diesen Vermögensgegenständen entsprechend den Weisungen der A ausüben und A auch im Übrigen, soweit rechtlich zulässig, wie eine Pächterin dieser Vermögensgegenstände stellen.

4.6. A trägt dafür Sorge, dass bei der Nutzung der Pachtgegenstände sämtliche öffentlich-rechtlichen und privatrechtlichen Verpflichtungen gewahrt und sämtliche Verkehrssicherungspflichten erfüllt werden.

§ 5 Investitionen [11]

5.1. Ersatz- und Erweiterungsinvestitionen sind während der Dauer dieses Vertrages von A im eigenen Namen und für eigene Rechnung durchzuführen. Ersatzinvestitionen erfolgen nach den Grundsätzen einer ordnungsgemäßen Betriebsführung während A über Erweiterungsinvestitionen nach freiem wirtschaftlichen Ermessen entscheidet. A ist verpflichtet, B über wesentliche Investitionen rechtzeitig zu informieren.

5.2. Die von A durch Erweiterungsinvestitionen angeschafften Gegenstände unterliegen nicht der Pacht. A kann über diese jederzeit ohne Zustimmung der B verfügen. Einrichtungen die A während der Pachtzeit erworben bzw. eingebaut hat, kann sie bei Beendigung des Pachtverhältnisses auf eigene Kosten entfernen.

§ 6 Obhutspflicht und Gewährleistung

6.1. A verpflichtet sich diesen Vertrag mit der Sorgfalt eines ordentlichen Kaufmanns durchzuführen und die Grundsätze der ordnungsgemäßen Betriebsführung zu beachten. Sie haftet unbeschadet ihrer sonstigen Verpflichtungen aus diesem Vertrag für alle Schäden, die durch schuldhafte Verletzung ihrer Sorgfaltspflicht am Pachtgegenstand nach § 1 entstehen. Dabei hat sie für sich und ihre Erfüllungsgehilfen mit der Sorgfalt eines ordentlichen Kaufmann einzustehen.

6.2. Die verpachteten Gegenstände gehen in dem Zustand, in dem sie sich bei Pachtbeginn befinden, ohne jede Gewährleistung auf A über. Entsprechendes gilt für im Zeitpunkt des Übergangs bestehende etwaige Gewährleistungsansprüche für die Pachtgegenstände. Etwaige Rücktrittsrechte werden ausgeschlossen.

§ 7 Pachtzins [12]

7.1. Der jährliche Pachtzins beträgt ____________ % des gemäß § 7.2 zu ermittelnden jährlichen Betriebsergebnisses des Pachtbetriebes, mindestens jedoch den nach § 7.3 zu ermittelnden Betrag. [13]

7.2. A ist verpflichtet, für den Pachtbetrieb ein Spartenergebnis zu ermitteln. Dabei sind alle dem Pachtbetrieb direkt zuzuordnenden Erträge und Kosten und die nicht direkt zuzuordnenden Kosten und Gemeinkosten nach einem zwischen den Parteien abgestimmten und konsistent praktizierten Kostenrechnungsschlüssel zuzuordnen und von dem Abschlussprüfer der A als vertragskonform zu bestätigen. Das Pachtbetriebsergebnis entspricht dem bestätigten Spartenergebnis vor Ertragsteuern und vor Pachtzins.

7.3. Der jährliche Pachtzins entspricht mindestens dem Betrag, der sich aus der Summe der buchmäßigen Abschreibung der verpachteten Vermögensgegenstände für das Pachtjahr ergibt, zuzüglich ____________ % Zinsen p.a. Die buchmäßigen Abschreibungen bemessen sich nach den in dem Jahresabschluss der B ausgewiesenen Abschreibungen.

7.4. Der Pachtzins ist zuzüglich gesetzlich geschuldeter Umsatzsteuer [14] in monatlichen Raten zu zahlen, erstmals am ____________.

7.5. Bezüglich der Ermittlung des Pachtzinses sind A und B berechtigt, die Bücher der jeweils anderen Partei auf jeweils eigene Kosten durch einen Wirtschaftsprüfer überprüfen zu lassen.

§ 8 Pachtdauer

8.1. Dieser Pachtvertrag tritt mit Wirkung zum ____________ in Kraft.

8.2. Er wird für die Zeit bis zum Ablauf des ____________ fest abgeschlossen und verlängert sich um jeweils ____________ Jahre, falls er nicht spätestens zwei Jahre vor seinem Ablauf gekündigt wird.

§ 9 Beendigung der Pacht [15]

9.1. Bei Beendigung des Vertrages ist A verpflichtet, B die Pachtgegenstände einschließlich der nach § 5 vorgenommenen Ersatzinvestitionen in betriebsberei-

tem Zustand zu übergeben. A kann verlangen, dass B auch die nach § 5 vollzogenen Erweiterungsinvestitionen übernimmt, es sei denn, dass B für diese Gegenstände keine wirtschaftliche Verwendung hat. Die Übernahme von Investitionsgegenständen erfolgt zu den handelsbilanziellen Buchwerten.

9.2. B wird in entsprechender Anwendung der § 2 und § 3 dieses Vertrages in die laufenden Verträge und Vertragsangebote sowie in die bestehenden Dienst- und Anstellungsverträge eintreten.

9.3. Verlangt A hinsichtlich etwaiger Erweiterungsinvestitionen nicht die Übernahme von B und macht von ihrem Recht zur Wegnahme Gebrauch, so ist A auf Verlangen von B dazu verpflichtet, den alten Zustand wiederherzustellen.

§ 10 Schlussbestimmungen

10.1. Änderungen und Ergänzungen dieses Vertrages bedürfen der Schriftform.

10.2. Sollte eine Bestimmung dieses Vertrages teilweise oder vollständig nichtig, unwirksam oder undurchführbar sein oder werden, berührt dies die Gültigkeit der übrigen Vertragsbestimmungen nicht. Anstelle der nichtigen, unwirksamen oder undurchführbaren Bestimmung soll eine Bestimmung in Kraft treten, die dem am nächsten kommt, was die Parteien nach dem Sinn und Zweck dieses Vertrages gewollt hätten, hätten sie dies im Lichte der Nichtigkeit, Unwirksamkeit oder Undurchführbarkeit bedacht. Dies gilt auch im Fall der Nichtigkeit, Unwirksamkeit oder Undurchführbarkeit einer in diesem Vertrag enthaltenen Leistungs- oder Zeitbestimmung. In diesem Fall gilt die gesetzlich zulässige Leistungs- oder Zeitbestimmung als vereinbart, die der vereinbarten am nächsten kommt. Die Sätze 1 und 2 gelten entsprechend für Lücken dieses Vertrages.

____________, den ____________

____________ ____________

A GmbH **B GmbH**

Erläuterungen

Literatur: Roth/Wozniak »Betriebspachtverträge in der Insolvenz« ZInsO 2017, 1293; Forst/Hoffmann »Betriebspacht-, Betriebsüberlassungs- und Betriebsführungsverträge – Alternative Wege zur Herstellung eines steuerlichen Einheitsunternehmens« EStB 2005, 195; Fenzl »Betriebspacht-, Betriebsüberlassungs- und Betriebsführungsverträge in der Konzernpraxis«, 2007; Nelißen, »Wirksamer Abschluss von Betriebspachtverträgen« DB 2007, 786.

225 **1.** Ein Betriebspachtvertrag i.S.d. § 292 Abs. 1 Nr. 3 AktG kann nach wohl h.M. auch mit bzw. zwischen zwei GmbHs geschlossen werden (siehe BFH Urteil vom 18.10.1967 – I 262/63 BFHE 90, 370; BFH Urteil vom 17.12.1980 – I R 220/78 BFHE 132, 285; LG Berlin Urteil vom 14.08.1991 – 94O 164/91 ZIP 1991, 1180; Rowedder/Schmidt-Leithoff//*Schnorbus* GmbHG Anh. § 52 Rn. 128; *Emmerich*/Habersack Aktien- und GmbH-Konzernrecht 8. Aufl. § 292 Rn. 53; MüKo AktG/*Altmeppen* § 292 Rn. 8). Anders als das Gesetz, das die Unternehmensverträge des § 292 als schuldrechtliche Austauschverträge sieht, werden diese in der Literatur regelmäßig als Organisationsverträge qualifiziert, da sie tiefgreifend und grundlegend in die Struktur der überlassenden Gesellschaft eingreifen (Emmerich/Habersack/*Emmerich* Aktien- und GmbH-Konzernrecht § 292 Rn. 53; Rowedder/Schmidt-Leithoff/*Schnorbus* GmbHG Anh. § 52 Rn. 129; Spindler/Stilz/*Veil* AktG § 292 Rn. 36.). Daraus folgend erstreckt sich nach h.M. die unbeschränkte Vertretungsmacht der Geschäftsführer der GmbH nach § 37 Abs. 2 GmbHG nicht auch auf den Abschluss eines Betriebspachtvertrages (LG Berlin Urteil vom 14.08.1991 – 94O 164/91 ZIP

1991, 1180; Ulmer/ *Casper* GmbHG Anh. § 77 Rn. 196; Rowedder/Schmidt-Leithoff/*Schnorbus* GmbHG Anh. § 52 Rn. 129). Der Abschluss eines Betriebspachtvertrages bedarf der Zustimmung der Gesellschafter der verpachtenden und der pachtenden Gesellschaft. Dabei ist fraglich, ob eine satzungsändernde Mehrheit nach Maßgabe der §§ 53, 54 GmbHG für den Zustimmungsbeschluss der Gesellschafter der verpachtenden Gesellschaft ausreicht oder ob Einstimmigkeit erforderlich ist. Einige Stimmen in der Literatur sehen in dem Vertragsabschluss eine Zweckänderung i.S.d. § 33 Abs. 1 S. 2 BGB und fordern insoweit Einstimmigkeit (*Nelißen* DB 2007, 786 (788)). Nach wohl h.M. genügt hingegen wohl eine satzungsändernde Mehrheit nach Maßgabe der §§ 53, 54 GmbHG (BGH |II ZR 109/10 vom 31.05.2011 DStR 2011, 1576; *Lutter/Hommelhoff* GmbHG Anh. zu § 13 Rn. 65 f.; Rowedder/Schmidt-Leithoff/*Schnorbus* GmbHG Anh. § 52 Rn. 129; Michalski/*Servatius* GmbHG Bd. I Syst. Darst. 4 Rn. 382; diese Frage wird bei Emmerich/Habersack/*Emmerich* Aktien- und GmbH-Konzernrecht 8. Aufl. § 292 Rn. 54 einzelfallbezogen beantwortet; a.A, Baumbach/Hueck/*Beurskens* Anh. GmbHG-Konzernrecht Rn. 106). Der Gesellschafterbeschluss bedarf nach h.M. der notariellen Beurkundung.

Für den Gesellschafterbeschluss der pachtenden GmbH verlangt die h.M. ebenfalls einen Gesellschafterbeschluss, wobei allerdings eine satzungsändernde Mehrheit für ausreichend erachtet wird (*Lutter/Hommelhoff* GmbHG Anh. § 13 Rn. 77; Baumbach/Hueck/*Beurskens* GmbHG Anh. GmbH-Konzernrecht Rn. 110). Vereinzelt wird aber auch vertreten, dass die Gesellschafterversammlung der pachtenden Gesellschaft überhaupt nicht einbezogen werden muss (*Nelißen* DB 2007, 786 (788)). Einer notariellen Beurkundung bedarf es nach h.M. nicht.

Eine Eintragung des Betriebspachtvertrages ins Handelsregister wird teilweise für erforderlich gehalten (Scholz/*Emmerich* GmbHG Anhang § 13, Rn. 218; *Nelißen* DB 2007, 786), von der Rechtsprechung jedoch abgelehnt (LG Paderborn, Beschl. v. 04.03.2008, 7 T 1/08, BeckRS 2008, 21150).

2. Als Verpächter kommt in analoger Anwendung des § 292 Abs. 1 Nr. 3 AktG nur eine GmbH 226
mit Sitz im Inland in Betracht.

3. Mitunter werden Betriebspachtverträge auch in Kombination mit Beherrschungs- und Ge- 227
winnabführungsverträgen eingesetzt, um auch auf operativer Ebene den Eingliederungsprozess umzusetzen. Teilweise wird der Betriebspachtvertrag auch als Alternative zur ertragsteuerlichen Organschaft gesehen, um steuerliche Ergebnisse an einer Stelle im Konzern entstehen zu lassen, die z.B. über steuerliche Verlustvorträge verfügt. Diese Alternative kommt insbesondere dann in Betracht, wenn außenstehende Gesellschafter vorhanden sind und steuerliche Verlustvorträge im Rahmen der Organschaft »eingefroren« würden (§ 15 Satz 1 Nr. 1 KStG).

Die Umsetzung eines Betriebspachtvertrages ist steuerlich anzuerkennen, d.h. die Einkünfte aus 228
dem angepachteten Betrieb werden dem Pächter zugerechnet, weil er die Erträge durch seine unternehmerische Tätigkeit erwirtschaftet (BFH vom 05.07.1978, BStBl. II 1979, 40; Herrmann/Heuer/Raupach/*Rosenberg* § 5 EStG Rn. 1402). Der Abschluss des Betriebspachtvertrages löst grundsätzlich auch keine Realisierung von im Betrieb möglicherweise vorhandenen stillen Reserven aus, da die wesentlichen Wirtschaftsgüter, insbesondere das den Betrieb üblicherweise prägende Anlagevermögen, weiterhin im rechtlichen und wirtschaftlichen Eigentum des Verpächters bleiben. Dem gegenüber wird das Umlaufvermögen häufig in bewusster Absicht auf den Pächter übertragen, was zur Gewinnrealisierung führt.

4. Regelmäßig bleibt der Verpächter sowohl rechtlicher als auch wirtschaftlicher Eigentümer der 229
dem Pächter überlassenen Wirtschaftsgüter des Anlagevermögens. Der Pächter wird insoweit lediglich Fremdbesitzer (BFH, Urt. v. 02.11.1965, BStBl. III 1966, 61; Herrmann/Heuer/Raupach/*Rosenberg* § 5 EStG Rn. 1403; *Fenzl* Betriebspacht-, Betriebsüberlassungs- und Betriebsführungsverträge in der Konzernpraxis Rn. 541). Der Verpächter hat somit das Anlagevermögen weiter in seiner Handels- und Steuerbilanz zu aktivieren und abzuschreiben. Dies gilt auch dann, wenn der Pächter nach der vertraglichen Vereinbarung zur Substanzerhaltung, einschließlich der Ersatzbeschaffung, verpflichtet ist (BFH, Urt. v. 17.02.1998, BStBl. II 1998, 505; Herrmann/Heuer/

Raupach/*Rosenberg* § 5 EStG Rn. 1403; *Fenzl* Betriebspacht-, Betriebsüberlassungs- und Betriebsführungsverträge in der Konzernpraxis Rn. 541). Auch an vom Pächter vorgenommen Ersatzbeschaffungen erwirbt der Verpächter regelmäßig rechtliches und wirtschaftliches Eigentum, sodass er auch diese in Übereinstimmung mit den dargelegten Grundsätzen mit den Anschaffungs- bzw. Herstellungskosten des Pächters zu aktivieren und abzuschreiben hat (BFH, Urt. v. 17.02.1998, BStBl. II 1998, 505). Ist der Pächter gegenüber dem Verpächter zur Erhaltung und Erneuerung der Pachtgegenstände verpflichtet, hat der Verpächter diesen Substanzerhaltungsanspruch zu aktivieren. Im Fall einer Ersatzbeschaffung hat der Verpächter das Ersatzwirtschaftsgut im Wege eines Aktivtausches mit den Anschaffungs- bzw. Herstellungskosten des Pächters zu aktivieren und gleichzeitig den Substanzerhaltungsanspruch anteilig aufzulösen (BFH, Urt. v. 17.02.1998, BStBl. II 1998, 505; Herrmann/Heuer/Raupach/*Rosenberg* § 5 EStG Rn. 1404). Korrespondierend zu den dargelegten Grundsätzen darf der Pächter, selbst wenn ihn die Substanzerhaltungspflicht bezüglich der Pachtgegenstände trifft, die Wirtschaftsgüter des Anlagevermögens nicht aktivieren oder abschreiben (Herrmann/Heuer/Raupach/*Rosenberg* § 5 EStG Rn. 1407; *Fenzl* Betriebspacht-, Betriebsüberlassungs- und Betriebsführungsverträge in der Konzernpraxis Rn. 545). Er hat jedoch, falls ihn eine Substanzerneuerungspflicht trifft, als Ausfluss des Imparitätsprinzips eine Rückstellung für die auf Grund dieser Verpflichtung voraussichtlich entstehenden Aufwendungen zu bilden, da er sich bezüglich der noch nicht erforderlichen Erneuerungs- und Erhaltungsmaßnahmen im Erfüllungsrückstand befindet (BFH, Urt. v. 17.02.1998, BStBl. II 1998, 505; Herrmann/Heuer/Raupach/*Rosenberg* § 5 EStG Rn. 1408; *Fenzl* Betriebspacht-, Betriebsüberlassungs- und Betriebsführungsverträge in der Konzernpraxis Rn. 545). Hat der Pächter in der Folge für entsprechende Erhaltungs- und Erneuerungsmaßnahmen Aufwendungen zu tragen, so stellen diese für ihn Betriebsausgaben dar. Die Rückstellung ist korrespondierend anteilig aufzulösen. Etwaige Erlöse aus der Veräußerung des zu ersetzenden Wirtschaftsguts hat der Pächter als Ertrag zu erfassen.

230 **5.** Im Kern setzt ein Betriebspachtvertrag voraus, dass der Verpächter dem Pächter seine gesamten betrieblichen Anlagen gegen Entgelt überlässt, so dass letzterer den Betrieb im eigenen Namen und für eigene Rechnung weiterführen kann (Emmerich/Habersack/*Emmerich* Aktien- und GmbH-Konzernrecht § 292 Rn. 40; MüKo AktG/*Altmeppen* § 292 Rn. 99; *Forst/Hoffmann* EStB 2005, 195). Unabdingbar ist insoweit, dass eine Gesamtbetriebsverpachtung vorgenommen wird. Dies bedeutet, dass die gesamten wesentlichen Betriebsgrundlagen verpachtet werden und mithin die umfassende wirtschaftliche und soziale Organisation des Betriebes Gegenstand des Vertrages wird. Die Betriebspacht ist eine Pacht i.S.d. §§ 581 ff. BGB. Daraus folgt, dass die Verpachtung zwingend entgeltlich zu erfolgen hat (dies ergibt sich als Rückschluss aus § 302 Abs. 2 AktG, daher so auch die h.M. siehe Hüffer/*Koch* AktG § 292 Rn. 18 m.w.N.). Im Gegenzug stehen dem Pächter die Nutzung des Betriebes und dessen Früchte zu. Folglich trägt das unternehmerische Risiko fortan der Pächter.

231 Im Unterschied hierzu führt beim Betriebsüberlassungsvertrag der Übernehmer den Betrieb ebenfalls auf eigene Rechnung, jedoch im Namen des Betriebsüberlassers.

232 **6.** Es bietet sich an, diejenigen Vermögensgegenstände, die Gegenstand des Betriebspachtvertrages sein sollen, möglichst detailliert zu umschreiben. Pachtgegenstand sind zwingend sämtliche Vermögensgegenstände des Sachanlagevermögens und ggf. auch das immaterielle Vermögen. Das Umlaufvermögen wird allerdings häufig entgeltlich übertragen, da es ohnehin dazu bestimmt ist, kurzfristig aus dem Betriebsvermögen auszuscheiden. Insoweit kann es daher zu einer Gewinnrealisierung kommen. Außerdem vermeidet eine entgeltliche Übertragung schwierige Bilanzierungsfragen bezüglich der im Übrigen als Sachwertdarlehen zu qualifizierenden Überlassung der Vorräte (Beck´scher BilKomm/*Schubert* § 253 Rn. 55).

233 **7.** Inwieweit bestimmte Finanzanlagen, insbesondere Rechte aus Beteiligungen, Gegenstand des Betriebspachtvertragen werden sollen, wird regelmäßig von ihrer wirtschaftlichen Funktion für den betreffenden Betrieb abhängen. Im vorliegenden Muster sind Rechte aus Beteiligungen und sonstigen Finanzanlagen von der Pacht ausgenommen.

8. Durch den Betriebspachtvertrag soll der Pächter die Möglichkeit haben, die betriebliche Organisation des betreffenden Betriebes zu übernehmen und den Betrieb als eigenes Unternehmen fortführen zu können. Dies setzt regelmäßig voraus, dass der Pächter in die laufenden Verträge des Pachtbetriebes eintritt. Im Gegensatz zu Arbeitsverhältnissen, die kraft Gesetzes übergehen (siehe sogleich Rdn. I 235), ist für die laufenden Verträge ein Eintritt nur durch entsprechende Vereinbarung mit den jeweiligen Vertragspartnern möglich. Für den Fall, dass eine etwaige Zustimmung des jeweiligen Vertragspartners versagt bleibt, bietet es sich an, eine vertragliche Regelung vorzusehen, nach der sich die Parteien in solchen Fällen so stellen, als ob die Verträge übertragen worden wären. 234

9. Die Verpachtung des Betriebes stellt einen Betriebsübergang i.S.v. § 613a BGB dar. In Folge dessen führt die Verpachtung, sofern die Arbeitnehmer nicht widersprechen, zum Übergang der Arbeitsverhältnisse auf den Pächter kraft Gesetzes. Die betroffenen Arbeitnehmer sind im Zuge des Betriebsübergangs nach § 613a Abs. 5 BGB über den Betriebsübergang zu unterrichten und können dem Übergang ihres Arbeitsverhältnisses gemäß § 613a Abs. 6 BGB innerhalb eines Monats nach Unterrichtung widersprechen. Als Folge des Widerspruchs verbleibt der Arbeitnehmer bei dem Verpächter und riskiert somit eine betriebsbedingte Kündigung durch diesen, da dieser nicht mehr in der Lage ist, den bisherigen Arbeitsplatz anzubieten. Vor diesem Hintergrund wurde auch in das vorliegende Formular für den betreffenden Fall eine Regelung zur Beendigung der Arbeitsverhältnisse aufgenommen. Nach h.M. gehen Versorgungsverpflichtungen (laufende Pensionsansprüche und unverfallbare Anwartschaften) des Verpächters gegenüber bei Betriebsübergang bereits ausgeschiedenen Arbeitnehmern nicht nach § 613a BGB auf den Pächter über (BAG Urteil vom 24.03.1977 – 3 AZR 649/76 DB 1977, 1466; MüKo BGB/*Müller-Glöge* § 613a Rn. 84). Für unverfallbare Anwartschaften steht einem vertraglichen Übergang dieser Verpflichtungen gegenüber bereits ausgeschiedenen Arbeitnehmern § 4 Abs. 1 BetrAVG entgegen (MüKo BGB/*Müller-Glöge* § 613a Rn. 84). Gleiches gilt in analoger Anwendung des § 4 Abs. 1 BetrAVG wohl auch für Verpflichtungen aus laufenden Pensionsansprüchen (BAG vom 26.06.1980 – 3 AZR 156/79 DB 1980, 2141). 235

10. Da, wie soeben erläutert, Versorgungsverpflichtungen des Verpächters gegenüber bei Betriebsübergang bereits ausgeschiedenen Arbeitnehmern nicht nach § 613a BGB auf den Pächter übergehen, bietet es sich an, in den Betriebspachtvertrag eine Regelung aufzunehmen, die den Pächter verpflichtet, diese Verpflichtungen des Verpächters im Wege einer internen Erfüllungsübernahme zu übernehmen. 236

11. Im Rahmen von konzerninternen Pachtverträgen ist die Pflicht zur Durchführung von Ersatz- und Erweiterungsinvestitionen regelmäßig dem Pächter auferlegt, der diese im eigenen Namen und auf eigene Rechnung vornimmt. Dies liegt nahe, da der Pächter dem betreffenden Betrieb während der Pachtzeit näher steht und mithin die Erforderlichkeit von Investitionen besser beurteilen kann. Zum Schutz des Verpächters sollte dann im Gegenzug eine Regelung aufgenommen werden, nach der dieser über wesentliche Investitionen vorab durch den Pächter zu informieren ist. Alternativ könnte auch vereinbart werden, dass der Pächter lediglich die Ersatzinvestitionen trägt und der Verpächter verpflichtet bleibt, die Erweiterungsinvestitionen zu tragen. 237

12. Die Höhe des Pachtzinses ist grundsätzlich i.S.d. § 581 BGB, unter Beachtung der Grenzen des § 138 BGB, beliebig (*Emmerich*/Habersack Aktien- und GmbH-Konzernrecht § 292 Rn. 48). Insbesondere aus § 302 Abs. 2 AktG ergibt sich jedoch, dass der Pachtzins nicht beliebig sein darf, sondern vielmehr eine angemessene Gegenleistung für die Überlassung des Betriebes darstellen muss (*Emmerich*/Habersack Aktien- und GmbH-Konzernrecht § 292 Rn. 48; *Forst*/*Hoffmann* EStB 2005, 195; MüKo AktG/*Altmeppen* § 292 Rn. 110.). Es besteht jedoch in der Literatur Uneinigkeit darüber auf welche Bezugsgröße bei der Bestimmung der Angemessenheit der Gegenleistung abzustellen ist. Nach einer Ansicht sei für die Angemessenheit entscheidend, dass der Ertragswert des Unternehmens langfristig erhalten bleibt. Diese Ansicht stellt mithin auf die bisherige Ertragslage des Betriebes bzw. die hypothetische Ertragslage ohne Vertragsschluss ab (MünchHdb GesellR/*Krieger* Bd. 4 AktienG § 73 Rn. 36; Hüffer/*Koch* AktG § 292 Rn. 25; i.E. auch MüKo AktG/*Altmeppen* § 292 Rn. 114). Die Gegenansicht sieht die Ausrichtung der Angemessenheit der Gegenleistung in einem Austauschvertrag an der Ertragslage einer Gesellschaft als verfehlt an und 238 stellt daher ausschließlich auf den Marktpreis und damit auf die am Markt übliche Pacht ab (*Emmerich*/Habersack Aktien- und GmbH-Konzernrecht § 292 Rn. 49). Vor dem Hintergrund, dass dem Pächter insbesondere auch die Früchte des verpachteten Betriebes zustehen, ist es nach der hier vertretenen Ansicht gerechtfertigt, den Ertragswert des Betriebes bei der Bemessung der Gegenleistung zu berücksichtigen. Insoweit scheint eine vermittelnde Ansicht vorzugswürdig, nach der die marktübliche Pacht so zu bemessen ist, dass der Ertragswert ebenso wie der Abschreibungs-, Erhaltungs- und Erneuerungsaufwand des Verpächters zu berücksichtigen ist (*Forst/Hoffmann* EStB 2005, 195, 196). Ist der Pächter zur Substanzerhaltung verpflichtet (sog. eiserne Pacht), ist die Vergütung zu reduzieren, da der Abschreibungsaufwand durch den (zu aktivierenden) Anspruch auf Substanzerhaltung kompensiert wird.

Fraglich bleibt demnach, welche Rechtsfolgen aus einer unangemessenen Gegenleistung resultieren. Im Falle eines konzerninternen Betriebspachtvertrages mit einem Gesellschafter des Verpächters greift bei einer unangemessenen Gegenleistung das Verbot verdeckter Gewinnausschüttungen nach den §§ 29, 30, 31 GmbHG ein. Dennoch führt dies auf Grund der Sonderregelung in § 292 Abs. 3 AktG nicht zur Nichtigkeit des Betriebspachtvertrages einschließlich des Gesellschafterbeschlusses, sondern vielmehr lediglich zur Anfechtbarkeit des Zustimmungsbeschlusses nach § 243 AktG (Hüffer/*Koch* AktG § 292 Rn. 25, 29 ff; *Emmerich*/Habersack Aktien- und GmbH-Konzernrecht § 292 Rn. 51; i.E. auch MüKo AktG/*Altmeppen* § 292 Rn. 117 der die Auffassung vertritt, dass ein Verstoß gegen die §§ 57, 58 und 60 AktG ohnehin nicht zur Nichtigkeit des Betriebspachtvertrages führt und § 292 Abs. 3 AktG insoweit nur anordnet, was sich schon aus den allgemeinen Vorschriften ergibt). Darüber hinaus ordnet § 302 Abs. 2 AktG für Fälle einer unangemessenen Gegenleistung an, dass zumindest ein Ausgleich des Jahresfehlbetrages seitens des Pächters vorzunehmen ist, sofern dieser herrschendes Unternehmen ist. Anders als im Fall von § 302 Abs. 1 AktG besteht nicht die Möglichkeit, den Jahresfehlbetrag durch Auflösung während der Vertragszeit gebildeter Rücklagen zu mindern. Besteht hingegen zwischen den Parteien neben dem Betriebspachtvertrag auch ein Beherrschungs- und Gewinnabführungsvertrag (wie im Konzern häufig der Fall), richtet sich die Ausgleichszahlung ausschließlich nach § 302 Abs. 1 AktG (Hüffer/*Koch* AktG § 302 Rn. 20, MüKo AktG/*Altmeppen* AktG § 302 Rn. 55; KK-AktG/*Koppensteiner* § 302 Rn. 60).

Aus steuerlicher Sicht führen unangemessen niedrige Pachtzinsen zwischen nahestehenden Personen zu einer verdeckten Gewinnausschüttung gemäß § 8 Abs. 3 Satz 2 KStG. Die Parteien werden daher steuerlich so gestellt, als wäre eine angemessene Vergütung vereinbart worden, sodass durchaus mehr als nur der Ausgleich des Jahresfehlbetrages gefordert werden kann und dem Verpächter auch ein angemessener Gewinn verbleibt. Steuerlich problematisch ist insbesondere die Frage, ob ein selbst geschaffener Firmenwert des Verpächters mit zu vergüten ist. Es wird häufig davon ausgegangen, dass sich der Firmenwert des Verpächters während der Dauer des Betriebspachtvertrages verflüchtigt, bzw. auf den Betrieb des Pächters übergeht. Diesem Phänomen ist dadurch Rechnung zu tragen, dass die laufende Vergütung auch anteilig die Überlassung des Firmenwertes berücksichtigt, oder aber eine einmalige Vergütung bei Abschluss des Betriebspachtvertrages vereinbart wird. Letzteres führt allerdings zur sofortigen Gewinnrealisierung und ist daher oftmals mit erheblichen Steuerzahlungen verbunden. Durch die Begründung einer ertragsteuerlichen Organschaft kann man in der Praxis schwierigen Beurteilungsfragen bezüglich der Angemessenheit der laufenden Vergütung begegnen, da festgestellte verdeckte Gewinnausschüttungen sich beim Organträger regelmäßig wieder umkehren (Abschn. R 14.7 Abs. 2 KStR 2015).

239 **13.** Die Pachtzinsen werden von der gewerbesteuerlichen Hinzurechnung gemäß § 8 Nr. 1 Buchstabe d und e GewStG erfasst, d.h. im Ergebnis sind 5 % der Vergütung für bewegliche und 12,5 % der Vergütung für unbewegliche Wirtschaftsgüter dem Gewinn aus Gewerbebetrieb des Pächters hinzuzurechnen.

240 **14.** Die Umsatzsteuer entfällt, wenn ein umsatzsteuerliches Organschaftsverhältnis vorliegt. Sofern Immobilien Teil der Betriebspacht sind, kann die Umsatzsteuerbefreiung gemäß § 4 Nr. 12a UStG eingreifen. Steuerplanerisch sollte ggf. ein Verzicht auf die Steuerbefreiung nach § 9 UStG untersucht werden.

15. Hinsichtlich der Beendigung der Pacht gelten grundsätzlich die bei Pachtbeginn maßgeblichen Bestimmungen entsprechend. Bei der Ausgestaltung der vertraglichen Regelung sollte den Übernahmeregeln bezüglich der während der Pachtzeit vollzogenen Investitionen besondere Bedeutung zukommen. Die vorliegende Regelung in 9.1 Satz 2 wird den Interessen beider Vertragsparteien insoweit gerecht, als sie durch die grundsätzliche Übernahmepflicht des Verpächters eine gewisse Einfachheit in der Abwicklung gewährleistet, gleichwohl aber auch das Schutzinteresse des Verpächters vor für ihn nutzlosen Investitionen berücksichtigt. 241

12. Betriebsüberlassungsvertrag

Vorbemerkung

Die wirtschaftliche Zielsetzung der auch als »Innenpacht« bezeichneten Betriebsüberlassung entspricht der des Betriebspachtvertrages. Insoweit ermöglicht auch die Betriebsüberlassung eine Zusammenfassung der unternehmerischen Tätigkeit von zwei zuvor selbstständig operierenden Unternehmen und wird regelmäßig zwischen voneinander abhängigen Unternehmen in der Form abgeschlossen, dass das abhängige Unternehmen seinen Betrieb dem herrschenden Unternehmen überlässt. Zentraler und entscheidender Unterschied zur Betriebspacht ist, dass der Übernehmer bei einem Betriebsüberlassungsvertrag den Betrieb zwar auch auf eigene Rechnung, aber nicht im eigenen Namen, sondern im Namen des Überlassenden führt. 242

Da die Zusammenfassung der unternehmerischen Tätigkeit auch im Wege der Betriebsüberlassung ohne eine Übertragung des Vermögens möglich ist, wird steuerlich eine Realisierung der stillen Reserven im Betriebsvermögen und ggf. der Anfall von Grunderwerbsteuer vermieden. 243

Muster

Betriebsüberlassungsvertrag [1] 244

zwischen

der ____________ GmbH [Übernehmerin] mit dem Sitz in ____________, eingetragen im Handelsregister des Amtsgerichts ____________ unter HRB ____________,

– nachfolgend A genannt –

und

der ____________ GmbH [Überlassende] [2] **mit dem Sitz in ____________, eingetragen im Handelsregister des Amtsgerichts ____________ unter HRB ____________,**

– nachfolgend B genannt –

Präambel

Der vorliegende Betriebsüberlassungsvertrag dient der Intensivierung des bestehenden Konzernverbundes zwischen B als Konzernunternehmen und A als Konzernobergesellschaft und sieht die Überlassung des gesamten Geschäfts der B an die A vor. [3]

§ 1 Gegenstand der Betriebsüberlassung

1.1. B überlässt an A mit Wirkung zum ____________ den gesamten Betrieb ihres Unternehmens einschließlich der Namensführung, soweit nicht nachstehend einzelne Gegenstände von der Überlassung ausgenommen sind. A ist berechtigt, den überlassenen Betrieb auf eigene Rechnung im Namen der B zu führen. [4]

1.2. Insbesondere [5] überlässt B der A zum Gebrauch und zur Nutzung:

1.2.1. das gesamte Sachanlagevermögen, wie es sich aus der Bilanz der B zum ____________ unter Berücksichtigung der zwischenzeitlichen Zu- und Abgänge ergibt,

1.2.2. alle sonstigen der B zum Zeitpunkt des Beginns der Überlassung zustehenden materiellen und immateriellen Vermögensgegenstände und Rechte aller Art, sofern diese dem Betrieb der überlassenen Anlagen zu dienen bestimmt sind oder mit dem Betrieb in Zusammenhang stehen. Dazu gehören alle öffentlichen und privaten Rechte, Genehmigungen, Erlaubnisse und Gestattungen, insbesondere gewerbliche Schutzrechte und ähnliche Rechte einschließlich Know-how. Darüber hinaus gehören dazu ebenfalls Lizenzrechte an solchen Rechten, Wegerechte, Rechte aus Grunddienstbarkeiten und beschränkt persönlichen Dienstbarkeiten, Nießbrauchsrechte und sonstige dingliche Grundstücksrechte.

1.3. Nicht Gegenstand der Betriebsüberlassung sind Rechte aus Beteiligungen und sonstigen Finanzanlagen, sowie die mit diesen in Verbindung stehenden Forderungen, sonstigen Rechte und Verbindlichkeiten. [6]

§ 2 Vollmacht, Innenverhältnis

2.1. B erteilt A Generalhandlungsvollmacht nach § 54 HGB zur Vertretung der B bei allen Rechtsgeschäften und Rechtshandlungen, bei denen das Gesetz eine Stellvertretung gestattet und die der von B überlassene Betrieb mit sich bringt. A darf von dieser Vollmacht nur für die Zwecke der Führung des von B überlassenen Betriebes Gebrauch machen. [7]

2.2. Soweit A die B in Ausübung der von B erteilten Vollmacht aus den in 2.1 bezeichneten Rechtsgeschäften und Rechtshandlungen berechtigt oder verpflichtet, ist die A im Innenverhältnis verpflichtet, B von jeglichen Verbindlichkeiten freizustellen. Entsprechend ist B verpflichtet, sämtliche Ansprüche aus den betreffenden Rechtsgeschäften und Rechtshandlungen an A abzutreten. [8]

§ 3 Vertragserfüllungsübernahme [9]

3.1. A verpflichtet sich im Verhältnis zu B, deren Verpflichtungen aus bei Vertragsbeginn bereits bestehenden Vertragsverhältnissen, Vertragsangeboten und sonstigen Rechtsstellungen zu erfüllen. A ist berechtigt, die Rechte aus diesen Verträgen im Namen der B auszuüben.

3.2. Gleiches gilt für die Rechte und Verpflichtungen der B aus bereits bestehenden Arbeitsverhältnissen und etwaigen Altersvorsorgeregelungen mit Arbeitnehmern aus dem überlassenen Betrieb der B.

§ 4 Umfang des Nutzungsrechts

4.1. A ist berechtigt, die überlassenen Gegenstände für eigene Rechnung, jedoch im Namen der B zu nutzen und den überlassenen Geschäftsbetrieb zu betreiben. Soweit es den Regeln einer ordnungsgemäßen Betriebsführung entspricht ist A ebenfalls berechtigt, die Nutzung der überlassenen Gegenstände zu verändern.

4.2. A hat die beweglichen Vermögensgegenstände sorgfältig zu behandeln sowie für die Wartung, Reparatur und Instandhaltung Sorge zu tragen.

4.3. B ermächtigt A, rechtsgeschäftliche Verfügungen über die zur Nutzung überlassenen Gegenstände und gemäß § 2 dieses Vertrages übertragenen Vertragsverhältnisse vorzunehmen, soweit diese im Rahmen einer ordnungsgemäßen Betriebsführung liegen.

4.4. Maßnahmen nach § 4.2 und § 4.3, die von wesentlicher wirtschaftlicher Bedeutung sind und die nicht unter § 5 fallen, bedürfen der vorherigen Zustimmung der B.

4.5. Ist eine Nutzungsüberlassung bei einzelnen zur Überlassung bestimmten Vermögensgegenständen rechtlich nicht zulässig, wird B ihre Rechte aus diesen Vermögensgegenständen entsprechend den Weisungen der A ausüben.

4.6. A trägt dafür Sorge, dass bei der Nutzung der überlassenen Gegenstände sämtliche öffentlich-rechtlichen und privatrechtlichen Verpflichtungen gewahrt und sämtliche Verkehrssicherungspflichten erfüllt werden.

§ 5 Investitionen [10]

5.1. Ersatz- und Erweiterungsinvestitionen sind während der Dauer dieses Vertrages von A im Namen der B, aber für eigene Rechnung durchzuführen und erfolgen nach den Grundsätzen einer ordnungsgemäßen Betriebsführung. A ist jedoch verpflichtet, die B über wesentliche Investitionen rechtzeitig zu informieren.

5.2. Die von A durch Erweiterungsinvestitionen angeschafften Gegenstände unterliegen nicht der Überlassung.

§ 6 Obhutspflicht und Gewährleistung

6.1. A verpflichtet sich diesen Vertrag mit der Sorgfalt eines ordentlichen Kaufmanns durchzuführen und die Grundsätze der ordnungsgemäßen Betriebsführung zu beachten. Sie haftet unbeschadet ihrer sonstigen Verpflichtungen aus diesem Vertrag für alle Schäden, die durch schuldhafte Verletzung ihrer Sorgfaltspflicht an den nach § 1 überlassenen Gegenständen entstehen. Dabei hat sie für sich und ihre Erfüllungsgehilfen mit der Sorgfalt eines ordentlichen Kaufmann einzustehen.

6.2. Die Gegenstände werden der A in dem Zustand, in dem sie sich bei Überlassungsbeginn befinden, ohne jede Gewährleistung überlassen. Entsprechendes gilt für im Zeitpunkt des Übergangs bestehende etwaige Gewährleistungsansprüche für die überlassenen Gegenstände. Etwaige Rücktrittsrechte werden ausgeschlossen.

§ 7 Betriebsüberlassungszins [11]

7.1. Der jährliche Betriebsüberlassungszins beträgt ________ % des gemäß § 7.2 zu ermittelnden jährlichen Betriebsergebnisses des überlassenen Betriebes, mindestens jedoch den nach § 7.3 zu ermittelnden Betrag. [12]

7.2. A ist verpflichtet, für den überlassenen Betrieb ein Spartenergebnis zu ermitteln. Dabei sind alle dem überlassenen Betrieb direkt zuzuordnenden Erträge und Kosten und die nicht direkt zuzuordnenden Kosten und Gemeinkosten nach einem zwischen den Parteien abgestimmten und konsistent praktizierten Kostenrechnungsschlüssel zuzuordnen und von dem Abschlussprüfer der A als vertragskonform zu bestätigen. Das Betriebsergebnis des überlassenen Betriebes entspricht dem bestätigten Spartenergebnis vor Ertragsteuern und vor Betriebsüberlassungszins.

7.3. Der jährliche Betriebsüberlassungszins entspricht mindestens dem Betrag, der sich aus der Summe der buchmäßigen Abschreibung der überlassenen Vermögensgegenstände für das Überlassungsjahr ergibt, zuzüglich ________ %

Zinsen p.a. Die buchmäßigen Abschreibungen bemessen sich nach den in dem Jahresabschluss der B ausgewiesenen Abschreibungen.

7.4. Der Betriebsüberlassungszins ist zuzüglich gesetzlich geschuldeter Umsatzsteuer [13] in monatlichen Raten zu zahlen, erstmals am ___________.

7.5. Bezüglich der Ermittlung des Betriebsüberlassungszinses sind A und B berechtigt, die Bücher der jeweils anderen Partei auf jeweils eigene Kosten durch einen Wirtschaftsprüfer überprüfen zu lassen.

§ 8 Betriebsüberlassungsdauer

8.1. Dieser Betriebsüberlassungsvertrag tritt mit Wirkung zum ___________ in Kraft.

8.2. Er wird für die Zeit bis zum Ablauf des ___________ fest abgeschlossen und verlängert sich um jeweils ___________ Jahre, falls er nicht spätestens zwei Jahre vor seinem Ablauf gekündigt wird.

§ 9 Beendigung der Betriebsüberlassung [14]

9.1. Bei Beendigung des Vertrages ist A verpflichtet, der B die überlassenen Gegenstände einschließlich der nach § 5 vorgenommenen Ersatz- und Erweiterungsinvestitionen in betriebsbereitem Zustand zu übergeben. B ist verpflichtet, A für getätigte Erweiterungsinvestitionen angemessen zu entschädigen.

9.2. Mit Beendigung der Betriebsüberlassung endet die in § 2.2 begründete Verpflichtung der A, B im Innenverhältnis von jeglichen Verbindlichkeiten aus in Ausübung der Vollmacht vorgenommenen Rechtsgeschäften und Rechtshandlungen freizustellen. Entsprechend endet die Verpflichtung der B, sämtliche Ansprüche aus den betreffenden Rechtsgeschäften und Rechtshandlungen an A abzutreten. Gleiches gilt für die in § 3.1 und § 3.2 begründeten wechselseitigen Verpflichtungen im Rahmen der Vertragserfüllungsübernahme durch A.

§ 10 Schlussbestimmungen

10.1. Änderungen und Ergänzungen dieses Vertrages bedürfen der Schriftform.

10.2. Sollte eine Bestimmung dieses Vertrages teilweise oder vollständig nichtig, unwirksam oder undurchführbar sein oder werden, berührt dies die Gültigkeit der übrigen Vertragsbestimmungen nicht. Anstelle der nichtigen, unwirksamen oder undurchführbaren Bestimmung soll eine Bestimmung in Kraft treten, die dem am nächsten kommt, was die Parteien nach dem Sinn und Zweck dieses Vertrages gewollt hätten, hätten sie dies im Lichte der Nichtigkeit, Unwirksamkeit oder Undurchführbarkeit bedacht. Dies gilt auch im Fall der Nichtigkeit, Unwirksamkeit oder Undurchführbarkeit einer in diesem Vertrag enthaltenen Leistungs- oder Zeitbestimmung. In diesem Fall gilt die gesetzlich zulässige Leistungs- oder Zeitbestimmung als vereinbart, die der vereinbarten am nächsten kommt. Die Sätze 1 und 2 gelten entsprechend für Lücken dieses Vertrages.

___________, den ___________

___________ ___________

A GmbH B GmbH

Erläuterungen

Literatur: *Gembruch/Schönfeld* »Buchhalterische und bilanzielle Abbildung von »unechten« Betriebsführungsverträgen« Ubg 2011, 619; *Winter/Theisen*, »Betriebsführungsverträge in der Konzernpraxis« AG 2011, 662; *Forst/Hoffmann* »Betriebspacht-, Betriebsüberlassungs- und Betriebsführungsverträge – Alternative Wege zur Herstellung eines steuerlichen Einheitsunternehmens« EStB 2005, 195.

1. Ein Betriebsüberlassungsvertrag i.S.d. § 292 Abs. 1 Nr. 3 AktG kann nach wohl h.M. auch mit bzw. zwischen zwei GmbH geschlossen werden (siehe BFH, Urt. v. 18.10.1967 – I 262/63 BFHE 90, 370; BFH, Urt. v. 17.12.1980 – I R 220/78 BFHE 132, 285; LG Berlin, Urt. v. 14.08.1991 – 94O 164/91 ZIP 1991, 1180; Rowedder/Schmidt-Leithoff/*Schnorbus* GmbHG Anh. § 52 Rn. 128; *Emmerich*/Habersack Aktien- und GmbH-Konzernrecht 8. Aufl. § 292 Rn. 53; MüKo AktG/*Altmeppen* § 292 Rn. 8). Anders als das Gesetz, das die Unternehmensverträge des § 292 als schuldrechtliche Austauschverträge sieht, werden diese in der Literatur regelmäßig als Organisationsverträge qualifiziert, da sie tiefgreifend und grundlegend in die Struktur der überlassenden Gesellschaft eingreifen (*Emmerich*/Habersack Aktien- und GmbH-Konzernrecht 8. Aufl. § 292 Rn. 53; Rowedder/Schmidt-Leithoff//*Schnorbus* GmbHG Anh. § 52 Rn. 129; Spindler/Stilz/*Veil* AktG § 292 Rn. 36). Daraus folgend erstreckt sich nach h.M. die unbeschränkte Vertretungsmacht der Geschäftsführer der GmbH nach § 37 Abs. 2 GmbHG nicht auch auf den Abschluss eines Betriebsüberlassungsvertrages (LG Berlin, Urt. v. 14.08.1991 – 94O 164/91 ZIP 1991, 1180; Ulmer/*Casper* GmbHG Anh. § 77 Rn. 196; Rowedder/Schmidt-Leithoff//*Schnorbus* GmbHG Anh. § 52 Rn. 129). Der Abschluss eines Betriebsüberlassungsvertrages bedarf mithin der Zustimmung der Gesellschafter der überlassenden und der übernehmenden Gesellschaft. Dabei ist fraglich, ob eine satzungsändernde Mehrheit nach Maßgabe der §§ 53, 54 GmbHG für den Zustimmungsbeschluss der Gesellschafter der überlassenden Gesellschaft ausreicht oder ob Einstimmigkeit erforderlich ist. Einige Stimmen in der Literatur sehen in dem Vertragsabschluss eine Zweckänderung i.S.d. § 33 Abs. 1 S. 2 BGB und fordern insoweit Einstimmigkeit. Nach wohl h.M. genügt hingegen wohl eine satzungsändernde Mehrheit nach Maßgabe der §§ 53, 54 GmbHG (BGH |II ZR 109/10 vom 31.05.2011 DStR 2011, 1576; *Lutter/Hommelhoff* GmbHG Anh. zu § 13 Rn. 65 f.; Rowedder/Schmidt-Leithoff/*Schnorbus* GmbHG Anh. § 52 Rn. 129; Michalski/*Servatius* GmbHG Bd. I Syst. Darst. 4 Rn. 382; diese Frage wird bei *Emmerich*/Habersack Aktien- und GmbH-Konzernrecht 8. Aufl. § 292 Rn. 54 einzelfallbezogen beantwortet; a.A, Baumbach/Hueck/*Beurskens* Anh. GmbHG-Konzernrecht Rn. 106).). Der Gesellschafterbeschluss bedarf nach h.M. der notariellen Beurkundung. 245

Für den Gesellschafterbeschluss bei der übernehmenden GmbH verlangt die h.M. ebenfalls einen Gesellschafterbeschluss, wobei allerdings eine satzungsändernde Mehrheit für ausreichend erachtet wird (*Lutter*/Hommelhoff GmbHG Anh. § 13 Rn. 77; Baumbach/Hueck/*Beurskens* GmbHG Anhang GmbH-Konzernrecht Rn. 110). Vereinzelt wird aber auch vertreten, dass die Gesellschafterversammlung der übernehmenden Gesellschaft überhaupt nicht einbezogen werden muss (zu Betriebspachtvertrag *Nelißen* DB 2007, 786 (788)). Einer notariellen Beurkundung bedarf es nach h.M. nicht.

Eine Eintragung des Betriebsüberlassungsvertrages im Handelsregister wird von Teilen der Literatur gefordert (Scholz/*Emmerich* GmbHG Anhang § 13 Rn. 220, von der Rechtsprechung jedoch für den vergleichbaren Fall der Betriebspacht abgelehnt (LG Paderborn, Beschl. v. 04.03.2008, 7 T 1/08, BeckRS 2008, 21150).

2. Als Überlassender kommt in analoger Anwendung des § 292 Abs. 1 Nr. 3 AktG nur eine GmbH mit Sitz im Inland in Betracht. 246

3. Wiederholt werden Betriebsüberlassungsverträge auch in Kombination mit Beherrschungs- und Gewinnabführungsverträgen eingesetzt, um auch auf operativer Ebene den Eingliederungsprozess umzusetzen. Teilweise wird der Betriebsüberlassungsvertrag auch als Alternative zur ertragsteuerlichen Organschaft gesehen, um steuerliche Ergebnisse an einer Stelle im Konzern entstehen 247 zu lassen, die z.B. über steuerliche Verlustvorträge verfügt. Diese Alternative kommt insbesondere dann in Betracht, wenn außenstehende Gesellschafter vorhanden sind und steuerliche Verlustvorträge im Rahmen der Organschaft gemäß § 15 Satz 1 Nr. 1 KStG »eingefroren« würden.

248 Die Umsetzung eines Betriebsüberlassungsvertrages ist steuerlich anzuerkennen, d.h. die Einkünfte aus dem überlassenen Betrieb werden dem Übernehmer zugerechnet, weil er die Erträge durch seine unternehmerische Tätigkeit erwirtschaftet (BFH vom 05.07.1978, BStBl. II 1979, 40; Herrmann/Heuer/Raupach/*Rosenberg* § 5 EStG Rn. 1416). Der Abschluss des Betriebsüberlassungsvertrages löst grundsätzlich auch keine Realisierung von im Betrieb möglicherweise vorhandenen stillen Reserven aus, da die wesentlichen Wirtschaftsgüter, insbesondere das den Betrieb üblicherweise prägende Anlagevermögen, weiterhin im rechtlichen und wirtschaftlichen Eigentum des Überlassenden bleiben. Dem gegenüber wird das Umlaufvermögen häufig in bewusster Absicht auf den Übernehmer übertragen, was zur Gewinnrealisierung führt.

249 **4.** Auch im Rahmen eines Betriebsüberlassungsvertrags überlässt der Überlassende dem Übernehmer seine gesamten betrieblichen Anlagen gegen Entgelt. Der zentrale Unterschied zum Betriebspachtvertrag ist jedoch, dass der Übernehmer bei einem Betriebsüberlassungsvertrag den Betrieb zwar auch auf eigene Rechnung, aber nicht im eigenen Namen, sondern im Namen des Überlassenden führt (*Emmerich*/Habersack Aktien- und GmbH-Konzernrecht 8. Aufl. § 292 Rn. 43; Hüffer/Koch AktG § 292 Rn. 19; MüKo/*Altmeppen* AktG § 292 Rn. 106; KK-AktG/*Koppensteiner* § 292 Rn. 79; Spindler/Stilz/*Veil* AktG § 292 Rn. 38; *Forst/Hoffmann* EStB 2005, 195, 196). Im Außenverhältnis tritt der Übernehmer insoweit selbst nicht in Erscheinung, sondern nur unter dem Namen des Betriebsüberlassers auf. Aus diesem Grund wird die Betriebsüberlassung auch als Innenpacht bezeichnet (*Forst/Hoffmann* EStB 2005, 195, 196; *Emmerich*/Habersack Aktien- und GmbH-Konzernrecht 8. Aufl. § 292 Rn. 43a; MüKo AktG/*Altmeppen* § 292 Rn. 106). Für einen Betriebsüberlassungsvertrag ist ebenso erforderlich, dass eine Gesamtbetriebsüberlassung vorgenommen wird. Dies bedeutet, dass die gesamten wesentlichen Betriebsgrundlagen überlassen werden und mithin die umfassende wirtschaftliche und soziale Organisation des Betriebes Gegenstand des Vertrages wird (Hüffer/Koch AktG § 292 Rn. 19; (*Emmerich*/Habersack Aktien- und GmbH-Konzernrecht 8. Aufl. § 292 Rn. 44 i.V.m. Rn. 40; KK-AktG/*Koppensteiner* § 292 Rn. 78). Das unternehmerische Risiko trägt damit der Übernehmer.

Es bestehen auch Gemeinsamkeiten mit dem sog. »echten« Betriebsführungsvertrag, bei dem es eine Partei übernimmt, einen Betrieb im Namen der Betriebseigentümerin zu führen. Im Unterschied zum Betriebsüberlassungsvertrag erfolgt dies beim Betriebsführungsvertrag aber auf Rechnung der Betriebseigentümerin und die betriebsführende Gesellschaft enthält lediglich ein Betriebsführungsentgelt.

250 Anders jedoch als beim Betriebspachtvertrag, liegt bei einer Betriebsüberlassung kein Betriebsübergang i.S.v. § 613a BGB vor, denn Arbeitgeber bleibt die überlassende Gesellschaft (Hüffer/Koch AktG § 292 Rn. 19 in Anlehnung an die Entscheidung des LAG Baden-Württemberg vom 09.03.2016 – 4 Sa 19/15, AG 2016, 754. Der Übernehmer tritt lediglich als ihr Vertreter gegenüber den Arbeitnehmern auf.

251 Die bilanzielle Behandlung des Betriebsüberlassungsvertrages entspricht in den Grundsätzen der des Betriebspachtvertrages. Insoweit kann hinsichtlich der Grundsätze auf die Ausführungen im Rahmen des Betriebspachtvertrages verwiesen werden (siehe Muster I 11 (Rdn. I 229)). Eine Besonderheit besteht jedoch bezüglich der Erfassung von Geschäftsvorfällen. Grundsätzlich sind die den überlassenen Betrieb betreffenden Geschäftsvorfälle auch nach Beginn der Betriebsüberlassung beim Überlassenden zu verbuchen, da der Übernehmende in dessen Namen handelt. Gleichwohl sollen die Geschäftsvorfälle auf die Rechnung des Übernehmers gehen, so dass der Überlassende regelmäßig verpflichtet ist, das Jahresergebnis abzuführen bzw. einen entsprechenden Verlustausgleichsanspruch gegen den Übernehmer hat. Mit Hilfe von entsprechenden Regelungen, wie der Vereinbarung von antizipierten Besitzkonstituten oder der Vorausabtretung von Forderungen, können die Parteien die Handhabung vereinfachen und erreichen, dass sich den überlassenen Betrieb

betreffende Geschäftsvorfälle direkt und nahezu vollständig im Rechnungswesen des Betriebsübernehmers auswirken und der Gewinn unmittelbar bei ihm entsteht (Herrmann/Heuer/Raupach/*Rosenberg* § 5 EStG Rn. 1417).

5. Es bietet sich an, diejenigen Vermögensgegenstände, die Gegenstand des Betriebsüberlassungsvertrages sein sollen, möglichst detailliert zu umschreiben. Überlassungsgegenstand sind zwingend sämtliche Vermögensgegenstände des Sachanlagevermögens und ggf. auch das immaterielle Vermögen. Das Umlaufvermögen wird allerdings häufig entgeltlich übertragen, da es ohnehin dazu bestimmt ist, kurzfristig aus dem Betriebsvermögen auszuscheiden. Insoweit kann es daher zu einer Gewinnrealisierung kommen. Außerdem vermeidet eine entgeltliche Übertragung schwierige Bilanzierungsfragen bezüglich der im Übrigen als Sachwertdarlehen zu qualifizierenden Überlassung der Vorräte (Beck'scher BilKomm/*Schubert* § 253 Rn. 55 für den insoweit vergleichbaren Fall der Betriebspacht). 252

6. Inwieweit bestimmte Finanzanlagen, insbesondere Rechte aus Beteiligungen Gegenstand des Betriebsüberlassungsvertrages werden sollen, wird regelmäßig von ihrer wirtschaftlichen Funktion für den betreffenden Betrieb abhängen. Im vorliegenden Muster sind Rechte aus Beteiligungen und sonstigen Finanzanlagen von der Überlassung ausgenommen. 253

7. Damit der Übernehmende im Namen des Überlassenden handeln kann, muss dieser ihm Vollmacht erteilen. Im vorliegenden Kontext einer konzerninternen Betriebsüberlassung kommt insoweit eine Generalhandlungsvollmacht i.S.d. § 54 HGB in Betracht. In der Konsequenz wird durch die von dem Übernehmer in Ausübung der Vollmacht getätigten betriebsbedingten Geschäfte im Außenverhältnis ausschließlich der Überlassende verpflichtet und berechtigt (*Forst*/*Hoffmann* EStB 2005, 195, 196; KK-AktG/*Koppensteiner* § 292 Rn. 78). 254

8. Da durch die betriebsbedingten Geschäfte des Übernehmers im Außenverhältnis der Überlassende berechtigt und verpflichtet wird, bedarf es eines Ausgleichs im Innenverhältnis, damit die Geschäfte letztlich auf die Rechnung des Übernehmers gehen. Der Übernehmende hat daher den Überlassenden von jeglichen aus den getätigten Rechtsgeschäften und Rechtshandlungen resultierenden Verbindlichkeiten freizustellen, im Gegenzug einen Anspruch gegen den Überlassenden auf Abtretung der daraus resultierenden Ansprüche (*Emmerich*/Habersack Aktien- und GmbH-Konzernrecht 8. Aufl. § 292 Rn. 44; MüKo AktG/*Altmeppen* § 292 Rn. 106; KK-AktG/*Koppensteiner* § 292 Rn. 78). 255

9. Damit auch die Geschäfte aus bei Vertragsbeginn bereits bestehenden Vertragsverhältnissen, Vertragsangeboten und sonstigen Rechtsstellungen mit Vertragsbeginn auf die Rechnung des Übernehmers gehen, ist dieser im Verhältnis zum Überlassenden zur Erfüllung der Verpflichtungen des Überlassenden aus diesen Geschäften verpflichtet. 256

10. Im Rahmen von konzerninternen Überlassungsverträgen ist die Pflicht zur Durchführung von Ersatz- und Erweiterungsinvestitionen regelmäßig dem Übernehmer auferlegt, der diese im Namen des Überlassenden, jedoch auf eigene Rechnung vornimmt. Dies bietet sich an, da der Übernehmer dem betreffenden Betrieb während der Betriebsüberlassungszeit näher steht und mithin die Erforderlichkeit von Investitionen besser beurteilen kann. Zum Schutz des Überlassenden empfiehlt es sich im Gegenzug eine Regelung aufzunehmen, nach der dieser über wesentliche Investitionen vorab durch den Übernehmer zu informieren ist. Alternativ könnte auch vereinbart werden, dass der Übernehmer lediglich die Ersatzinvestitionen trägt und der Überlassende verpflichtet bleibt, die Erweiterungsinvestitionen zu tragen. 257

11. In der Literatur wird vertreten, dass Betriebsüberlassungsverträge grundsätzlich keine entgeltliche Gegenleistung voraussetzen (Hüffer/*Koch* AktG § 292 Rn. 19; KK-AktG/*Koppensteiner* § 292 Rn. 78). Im vorliegenden Kontext eines konzerninternen Betriebsüberlassungsvertrags in dem die beherrschte Gesellschaft ihren Betrieb der herrschenden Gesellschaft überlässt, wäre ein solcher Vertrag, sofern er unentgeltlich geschlossen wird, jedoch wohl als verdeckter Gewinnabführungsvertrag zu qualifizieren (siehe i.E. auch *Emmerich*/Habersack Aktien- und GmbH-Konzernrecht 8. Aufl. 258

§ 292 Rn. 43a). Insofern ist anzunehmen, dass der vorliegende Vertrag die Vereinbarung einer entgeltlichen Gegenleistung voraussetzt (dies ergibt sich auch indirekt aus § 302 AktG). Insbesondere aus § 302 Abs. 2 AktG ergibt sich auch, dass der Überlassungszins nicht beliebig sein darf, sondern vielmehr eine angemessene Gegenleistung für die Überlassung des Betriebes darstellen muss (*Emmerich*/Habersack Aktien- und GmbH-Konzernrecht 8. Aufl. § 292 Rn. 48; *Forst/Hoffmann* EStB 2005, 195; MüKo AktG/*Altmeppen* § 292 Rn. 110). Es besteht jedoch in der Literatur Uneinigkeit darüber, auf welche Bezugsgröße bei der Bestimmung der Angemessenheit der Gegenleistung abzustellen ist. Nach einer Ansicht ist für die Angemessenheit entscheidend, dass der Ertragswert des Unternehmens langfristig erhalten bleibt. Diese Ansicht stellt mithin auf die bisherige Ertragslage des Betriebes bzw. die hypothetische Ertragslage ohne Vertragsschluss ab (MünchHdb GesellR/*Krieger* Bd. 4 AktienG § 73 Rn. 36; Hüffer/*Koch* AktG § 292 Rn. 25; i.E. auch MüKo AktG/*Altmeppen* § 292 Rn. 114). Die Gegenansicht sieht die Ausrichtung der Angemessenheit der Gegenleistung in einem Austauschvertrag an der Ertragslage einer Gesellschaft als verfehlt an und stellt daher ausschließlich auf den Marktpreis und damit auf die am Markt übliche »Pacht« ab (*Emmerich*/Habersack Aktien- und GmbH-Konzernrecht 8. Aufl. § 292 Rn. 49). Vor dem Hintergrund, dass dem Übernehmenden insbesondere auch die Früchte des überlassenen Betriebes zustehen, ist es nach der hier vertretenen Ansicht gerechtfertigt, den Ertragswert des Betriebes bei der Bemessung der Gegenleistung zu berücksichtigen. Insoweit scheint eine vermittelnde Ansicht vorzugswürdig, nach der die marktübliche Vergütung so zu bemessen ist, dass der Ertragswert ebenso wie der Abschreibungs-, Erhaltungs- und Erneuerungsaufwand des Überlassenden zu berücksichtigen ist (*Forst/Hoffmann* EStB 2005, 195, 196). Ist der Übernehmer zur Substanzerhaltung verpflichtet (sog. eiserne »Pacht«), ist die Vergütung zu reduzieren, da der Abschreibungsaufwand durch den (zu aktivierenden) Anspruch auf Substanzerhaltung kompensiert wird.

Fraglich bleibt demnach, welche Rechtsfolgen aus einer unangemessenen Gegenleistung resultieren. Im Falle eines konzerninternen Betriebsüberlassungsvertrages mit einem Gesellschafter des Überlassenden greift bei einer unangemessenen Gegenleistung das Verbot verdeckter Gewinnausschüttungen nach den §§ 29, 30, 31 GmbHG ein. Dennoch führt dies auf Grund der Sonderregelung in § 292 Abs. 3 AktG nicht zur Nichtigkeit des Betriebsüberlassungsvertrages einschließlich des Gesellschafterbeschlusses, sondern vielmehr lediglich zur Anfechtbarkeit des Zustimmungsbeschlusses nach § 243 AktG (Hüffer/*Koch* AktG § 292 Rn. 25; *Emmerich*/Habersack Aktien- und GmbH-Konzernrecht 8. Aufl. § 292 Rn. 51; i.E. auch MüKo/*Altmeppen* AktG § 292 Rn. 117 der die Auffassung vertritt, dass ein Verstoß gegen die §§ 57, 58 und 60 AktG ohnehin nicht zur Nichtigkeit des Betriebsüberlassungsvertrages führt und § 292 Abs. 3 AktG insoweit nur anordnet, was sich schon aus den allgemeinen Vorschriften ergibt). Darüber hinaus, ordnet § 302 Abs. 2 AktG für Fälle einer unangemessenen Gegenleistung an, dass zumindest ein Ausgleich des Jahresfehlbetrages seitens des Übernehmers vorzunehmen ist, sofern dieser herrschendes Unternehmen ist. Besteht hingegen zwischen den Parteien neben dem Betriebsüberlassungsvertrag auch ein Beherrschungs- und Gewinnabführungsvertrag (wie bei Konzernverhältnissen häufig der Fall), richtet sich die Ausgleichszahlung ausschließlich nach § 302 Abs. 1 AktG (Hüffer/*Koch* AktG § 302 Rn. 20, MüKo AktG/*Altmeppen* § 302 Rn. 55; KK-AktG/*Koppensteiner* § 302 Rn. 60).

Aus steuerlicher Sicht führen unangemessen niedrige Vergütungen zwischen nahestehenden Personen zu einer verdeckten Gewinnausschüttung gemäß § 8 Abs. 3 Satz 2 KStG. Die Parteien werden daher steuerlich so gestellt, als wäre eine angemessene Vergütung vereinbart worden, so dass durchaus mehr als nur der Ausgleich des Jahresfehlbetrages gefordert werden kann und dem Überlasser auch ein angemessener Gewinn verbleibt. Steuerlich problematisch ist insbesondere die Frage, ob ein selbst geschaffener Firmenwert des Übertragenden mit zu vergüten ist. Es wird häufig davon ausgegangen, dass sich der Firmenwert des Übertragenden während der Dauer des Betriebsüberlassungsvertrages verflüchtigt, bzw. auf den Betrieb des Übernehmers übergeht. Diesem Phänomen ist dadurch Rechnung zu tragen, dass die laufende Vergütung auch anteilig die Überlassung des Firmenwertes berücksichtigt, oder aber eine einmalige Vergütung bei Abschluss des Betriebsüberlassungsvertrages vereinbart wird. Letzteres führt allerdings zur sofortigen

Gewinnrealisierung und ist daher oftmals mit erheblichen Steuerzahlungen verbunden. Durch die Begründung einer ertragsteuerlichen Organschaft kann man in der Praxis schwierigen Beurteilungsfragen bezüglich der Angemessenheit der laufenden Vergütung begegnen, da festgestellte verdeckte Gewinnausschüttungen beim Organträger regelmäßig wieder auszugleichen sind (Abschn. R 14.7 Abs. 2 KStR 2015).

12. Der Überlassungszins wird von der gewerbesteuerlichen Hinzurechnung gemäß § 8 Nr. 1 Buchstabe d und e GewStG erfasst, d.h. im Ergebnis sind 5 % der Vergütung für bewegliche und 12,5 % der Vergütung für unbewegliche Wirtschaftsgüter dem Gewinn aus Gewerbebetrieb des Übernehmers hinzuzurechnen. 259

13. Die Umsatzsteuer entfällt, wenn ein umsatzsteuerliches Organschaftsverhältnis vorliegt. Soweit Immobilien Teil der Betriebsüberlassung sind, kann die Umsatzsteuerbefreiung gemäß § 4 Nr. 12a UStG eingreifen. Steuerplanerisch sollte ggf. ein Verzicht auf die Steuerbefreiung nach § 9 UStG untersucht werden. 260

14. Hinsichtlich der Beendigung der Betriebsüberlassung gelten grundsätzlich die bei Beginn maßgeblichen Bestimmungen entsprechend. Bei der Ausgestaltung der vertraglichen Regelung sollte den Übernahmeregeln bezüglich der während der Vertragslaufzeit vollzogenen Investitionen besondere Bedeutung zukommen. 261

II. Sonstiges

13. Kostenumlagevertrag

Vorbemerkung

Im Rahmen eines Kostenumlagevertrages schließen sich mehrere Konzernunternehmen zusammen, um im gemeinschaftlichen Interesse und auf gemeinschaftliches Risiko bestimmte unternehmerische Ziele zu verfolgen. Dabei werden ansonsten unternehmenseigene Aktivitäten (z.B. Forschungs- und Entwicklungstätigkeiten) von den Unternehmen auf den Pool ausgelagert. Aber auch die Auslagerung von administrativen Tätigkeiten (Personalverwaltung, Einkaufstätigkeiten, IT-Services, Call-Center und Finanzierungsleistungen) zwecks Gewinnung von Synergieeffekten ist oft der Hintergrund für den Abschluss konzerninterner Verträge zwecks Bildung von sog. Shared Service Centern. 262

Durch die gemeinsame Durchführung der Aktivitäten im Rahmen des Pools können die betreffenden Unternehmen unternehmensinterne Funktionsbereiche gemeinsam nutzen und dadurch wechselseitigen Nutzen ziehen. Der von den Unternehmen beabsichtigte Nutzen liegt dabei regelmäßig in der Erzielung von Erlöszuwächsen bzw. Kosteneinsparungen. Die entstehenden Kosten werden dann auf die Mitglieder des Pools umgelegt und sind bei dem jeweiligen Poolmitglied grundsätzlich steuerlich abzugsfähig.

Muster

Kostenumlagevertrag [1] 263

zwischen

der __________ GmbH mit dem Sitz in __________, eingetragen im Handelsregister des Amtsgerichts __________ unter HRB __________,

– nachfolgend A genannt –

und

der ___________ GmbH mit dem Sitz in ___________, eingetragen im Handelsregister des Amtsgerichts ___________ unter HRB ___________,

– nachfolgend B genannt –

§ 1 Mitglieder [2], Leistungen [3]

1.1. A ist auf die Herstellung von ___________ spezialisiert und unterhält zu Forschungs- und Qualitätssicherungszwecken ein Materialentwicklungs- und -prüfungsinstitut in ___________. A verpflichtet sich, das Materialentwicklungs- und -prüfungsinstitut auch im Interesse der Entwicklung und Qualitätssicherung der Produkte der B zu betreiben. A testet sowohl neue Komponenten für Produkte der B als auch folgende andere Produkte ___________ der B auf ihre Qualität. B verpflichtet sich im Gegenzug, diese Entwicklungs- und Prüfungsleistungen der A während der Vertragsdauer fortlaufend in Anspruch zu nehmen.

1.2. B ist auf die Produktion von ___________ spezialisiert und verpflichtet sich, die von A bezogenen Informationen zu den Produkten ___________ und Produktkomponenten auszuwerten und, soweit möglich, auf deren Grundlage entsprechende Marktanalysen zur potentiellen Platzierung der Produkte durchzuführen. A verpflichtet sich im Gegenzug, diese Auswertungs- und Marktanalyseleistungen der B während der Vertragsdauer fortlaufend in Anspruch zu nehmen.

1.3. Diese Verpflichtungen erstrecken sich nur auf Leistungen, die im gegenseitigen Interesse erbracht werden.

§ 2 Vertragsgrundlage [4]

Primäres Vertragsziel der Parteien ist die Ersparnis von Kosten. Diese ergibt sich zum einen daraus, dass die Auslastung des Materialentwicklungs- und -prüfungsinstituts der A in dem dem Vertragsschluss vorangegangenen Geschäftsjahr lediglich ___________ % betrug und B die in 1.1 genannten Qualitätsprüfungsleistungen bisher von einem Drittanbieter bezogen hat. Zum anderen haben beide Parteien die in 1.2 genannten Auswertungs- und Marktanalyseleistungen bisher von einem Drittanbieter bezogen und realisieren durch diese Vereinbarung eine Kostenersparnis, indem die bei der Qualitätsprüfung gewonnenen Informationen teilweise als Basis der Marktanalyse genutzt werden können.

§ 3 Umlagerelevante Kosten [5]

3.1. Sowohl die durch den Betrieb des Materialentwicklungs- und -prüfungsinstituts in ___________, sowie die durch die Erbringung der Auswertungs- und Marktanalyseleistungen entstehenden Kosten, werden, jeweils getrennt, nach Maßgabe der internen Richtlinie ___________ der A auf Vollkostenbasis ermittelt. Die Richtlinie ___________ ist insoweit Vertragsbestandteil und in der Anlage beigefügt.

3.2. Die Gesamtkosten erstrecken sich auf die tatsächlichen direkten und indirekten Kosten, die im wirtschaftlichen Zusammenhang mit den in 1.1 und 1.2 erbrachten Leistungen stehen, vermindert um solche Kosten, die nach deutschem Steuerrecht von der Berücksichtigung als Betriebsausgabe ausgenommen sind.

3.3. Darüber hinaus sind mit den Kosten in wirtschaftlichem Zusammenhang stehende Erträge von den Gesamtkosten abzuziehen.

§ 4 Umlagebetrag [6]

4.1. Die nach § 3 ermittelten umlagerelevanten Kosten werden, soweit sie die in 1.1 genannten Qualitätsprüfungsleistungen betreffen, durch die Gesamtzahl der im betreffenden Abrechnungszeitraum getätigten Qualitätsprüfungen geteilt und mit der Anzahl der jedem Beteiligten zuzuordnenden Qualitätsprüfungen multipliziert.

4.2. Sofern die nach § 3 ermittelten Kosten, die in 1.2 genannten Auswertungs- und Marktanalyseleistungen betreffen, wird der dem jeweiligen Beteiligten zuzuordnende Kostenanteil nach Maßgabe der von ihm in Anspruch genommenen Leistungen berechnet. Dabei entspricht der Anteil der dem jeweiligen Beteiligten zuzuordnenden Kosten dem Verhältnis seines Anteils am Gesamtumsatz zum Gesamtumsatz der Beteiligten.

§ 5 Vorauszahlung [7], Abschlusszahlung

5.1. Zum Ende eines jeden Quartals entrichten die Beteiligten eine Vorauszahlung auf die Umlage, die für das Geschäftsjahr der A zu entrichten sein wird. Die Vorauszahlung beträgt 90 % des Betrages der Vorauszahlung für das jeweils vorausgegangene Quartal und ist am 10. Tag nach Ablauf des Quartals fällig. Davon abweichend betragen die Vorauszahlungen im ersten Vertragsjahr für jedes Quartal ____________ €.

5.2. Die Abschlusszahlung wird zwei Monate nach dem Ablauf des Geschäftsjahres der A fällig und ist von diesem Zeitpunkt an mit ____________ % zu verzinsen.

§ 6 Vertragsanpassung [8]

A und B verpflichten sich nach dem Ablauf von ____________ Jahren den Vertragsinhalt, insbesondere den Verteilungsmaßstab, auf seine Vereinbarkeit mit den Grundlagen des Vertrages zu prüfen. Haben sich die bei Vertragsschluss bzw. dem Zeitpunkt der letzten Anpassung bestehenden Grundlagen des Vertrags wesentlich verändert, sind A und B verpflichtet, in Verhandlungen über eine Anpassung des Vertragsinhalts, insbesondere des Verteilungsmaßstabs, zu treten.

§ 7 Eintritt neuer Mitglieder [9], Austritt bisheriger Mitglieder [10]

7.1. Beteiligt sich ein Unternehmen zu einem späteren Zeitpunkt während der Vertragslaufzeit an dem Umlagevertrag, so ist dieses zur Zahlung einer Eintrittszahlung verpflichtet, soweit die bisherigen Mitglieder dem eintretenden Unternehmen materielle oder immaterielle Ergebnisse überlassen. Von der Verpflichtung zur Zahlung einer Eintrittszahlung kann abgesehen werden, sofern der Eintretende einen annähernd gleichen Wissensstand wie die bisherigen Mitglieder einbringt.

7.2. Scheidet ein Mitglied vorzeitig aus dem Umlagevertrag aus und kann es aus den erzielten Ergebnissen zusätzliche Vorteile ziehen, so ist dieses zur Zahlung einer Austrittszahlung an die verbliebenen Mitglieder verpflichtet. Gleiches gilt, wenn das austretende Unternehmen, den verbliebenen Mitgliedern zusätzliche Belastungen aufbürdet. Kommt hingegen das im Rahmen des Vertrages Geschaffene lediglich den verbleibenden Mitgliedern zugute, so sind diese verpflichtet, eine Ausgleichszahlung an das ausscheidende Mitglied zu leisten.

§ 8 Dokumentationspflichten [11]

A verpflichtet sich, das Rechnungswesen und entsprechende Aufzeichnungen nach Maßgabe der Regelungen der Gewinnabgrenzungsaufzeichnungsverord-

nung (GAufzVO i.d.F. vom 12.07.2017) und des Verwaltungsgrundsätze-Verfahren (12.04.2005, BStBl. I 2005, 570) sowie die Dokumentation gem. den Grundsätzen für die Prüfung der Einkunftsabgrenzung durch Umlageverträge (BMF, Schreiben vom 30.12.1999, BStBl. I 1999, 1122) bzw. gemäß entsprechender Nachfolgebestimmungen und den OECD-Verrechnungspreisrichtlinien zu erstellen und diese auf Verlangen der B zur Verfügung zu stellen. B verpflichtet sich im Gegenzug zur Erteilung sämtlicher zur Erstellung der Dokumentation erforderlichen Informationen an A.

§ 9 Vertragsbeginn, Dauer, Beendigung, Kündigung

9.1. Der Vertrag findet erstmals Anwendung auf Leistungen der Mitglieder ab dem ______. Der Vertrag wird auf unbestimmte Zeit geschlossen. Ungeachtet der in den 9.2 und 9.3 genannten Kündigungsgründe kann er frühestens mit einer Frist von sechs Monaten zum ______ gekündigt werden.

9.2. A und B steht ein Recht zur außerordentlichen Kündigung dieses Vertrages zu, sofern der Marktpreis für den Bezug der in 1.1 und 1.2 genannten Leistungen nachhaltig unter die anteiligen Beträge der jeweils zu entrichtenden Umlagen fällt. Dabei ist von Nachhaltigkeit auszugehen, soweit die Marktpreise für die Dauer von ______ Monaten unter die in Satz 1 genannte Grenze fallen. Das Recht zur außerordentlichen Kündigung besteht für zwei Monate ab Bekanntwerden der entsprechenden Umstände.

9.3. A und B steht ein außerordentliches Kündigungsrecht darüber hinaus zu, soweit nach ______ Jahren nach Beginn des Vertrages gem. 9.1 die in § 2 genannten Nutzungserwartungen nicht eingetreten sind.

9.4. Die Kündigung bedarf der Schriftform.

9.5. Beendigen die Mitglieder den Umlagevertrag, steht Ihnen jeweils der Anteil an den Ergebnissen des Pools zu, der den Beiträgen entspricht, die während der Vertragslaufzeit in Form von Eintritts- oder Ausgleichszahlungen an den Pool geleistet wurden.

§ 10 Schlussbestimmungen

Sollte eine Bestimmung dieses Vertrages teilweise oder vollständig nichtig, unwirksam oder undurchführbar sein oder werden, berührt dies die Gültigkeit der übrigen Vertragsbestimmungen nicht. Anstelle der nichtigen, unwirksamen oder undurchführbaren Bestimmung soll eine Bestimmung in Kraft treten, die dem am nächsten kommt, was die Parteien nach dem Sinn und Zweck dieses Vertrages gewollt hätten, hätten sie dies im Lichte der Nichtigkeit, Unwirksamkeit oder Undurchführbarkeit bedacht. Dies gilt auch im Fall der Nichtigkeit, Unwirksamkeit oder Undurchführbarkeit einer in diesem Vertrag enthaltenen Leistungs- oder Zeitbestimmung. In diesem Fall gilt die gesetzlich zulässige Leistungs- oder Zeitbestimmung als vereinbart, die der vereinbarten am nächsten kommt. Die Sätze 1 und 2 gelten entsprechend für Lücken dieses Vertrages.

______, den ______

______ ______

Geschäftsführer A GmbH Geschäftsführer B GmbH

Erläuterungen

Literatur: *Kroppen/Ruhmer-Krell/Sommer* »Seminar C: Kostenumlagevereinbarungen« IStR 2017, 667; *Jacobs* Internationale Unternehmensbesteuerung, 8. Aufl.; *Baumhoff* »Die Verrechnung von Leistungen zwischen verbundenen Unternehmen mit Hilfe von Konzernumlagen (Teil I)« IStR 2000, 693; (Teil II) IStR 2000, 731; *Kuckhoff/Schreiber* »Die neuen BMF Verwaltungsgrundsätze zu den Umlageverträgen (Teil I) IStR 2000, 346; (Teil II) IStR 2000, 373; *Vögele* »Prüfungsgrundsätze für Umlageverträge international verbundener Unternehmen« DB 2000, 297; *Vögele/Freytag* »Kernbereiche der neuen Prüfungsgrundsätze zu Kostenumlagen« IStR 2000, 249; *Vögele/Freytag* »Umlageverträge zwischen international verbundenen Unternehmen – Abgrenzung von Hilfs- und Hauptfunktionen« RIW 2001, 172; *Eggers* »Ausgewählte umsatzsteuerliche Aspekte bei Konzernumlage« IStR 2001, 308; *Kroppen*, Handbuch Internationale Verrechnungspreise; *Vögele/Borstell/Engeler*, Verrechnungspreise 4. Auflage 2015.

1. Die Finanzverwaltung hat in dem Schreiben »Grundsätze für die Prüfung der Einkunftsabgrenzung durch Umlageverträge zwischen international verbundenen Unternehmen« (BMF, Schreiben vom 30.12.1999, IV B 4 – S 1341 – 14/99, BStBl. I 1999, 1122) umfassend zu Umlageverträgen und deren steuerlicher Anerkennung Stellung genommen. Zwar betrifft das Schreiben unmittelbar nur international verbundene Unternehmen, gleichwohl können die in diesem Schreiben dargestellten Grundsätze auch auf inländische verbundene Unternehmen angewandt werden. Nach Ansicht des BMF sind nur noch solche Vereinbarungen als Umlageverträge zu qualifizieren, »die international verbundene Unternehmen untereinander abschließen, um im gemeinsamen Interesse, in einem längeren Zeitraum, durch Zusammenwirken in einem Pool Leistungen zu erlangen bzw. zu erbringen« (sog. »Poolkonzept«; BMF, BStBl. I 1999, 1122, Tz. 1.1). Die früheren Verwaltungsgrundsätze (BMF, Schreiben vom 23.02.1983, BStBl. I 1983, 218) erfassten auch die Umlage nach dem Leistungsaustauschkonzept (Konzernumlagen). Im Wege des Leistungsaustauschkonzepts werden durch einen schuldrechtlichen Leistungsaustausch zwischen einem verbundenen Auftragnehmer und mehreren verbundenen Auftraggebern, die für die Erbringung der Leistungen des Auftragnehmers entstehenden Kosten gesammelt und nach einer Erhöhung um einen Gewinnaufschlag auf die leistungsempfangenden Auftraggeber verteilt (*Baumhoff* IStR 2000, 693, 694). Die Finanzverwaltung nimmt in den Verwaltungsgrundsätzen 1999 (BMF, Schreiben vom 30.12.1999, IV B 4 – S 1341 – 14/99, BStBl. I 1999, 1122) Abstand von diesen auf schuldrechtlichen Dienstleistungskonzepten beruhenden Konzernumlagevereinbarungen und bestimmt, dass eine Kostenumlage nur noch im Wege des Poolkonzepts möglich ist (so auch *Vögele* DB 2000, 297; *Vögele/Freytag* IStR 2000, 249; *Baumhoff* IStR 2000, 693; *Jacobs* Internationale Unternehmensbesteuerung, S. 617). Im Rahmen der Base Erosion und Profit Shifting (BEPS) Debatte kann eine erheblich inhaltliche Änderung der bestehenden Grundsätze für Kostenumlagen erwartet werden, insbesondere werden die Risikotragung und der erwartete Nutzen für die Poolmitglieder mehr in den Mittelpunkt gerückt. 264

Im Rahmen des Poolkonzepts bilden die Unternehmen eine Innengesellschaft (BMF, BStBl. I 1999, 1122, Tz. 1.1). Die betreffenden bisherigen unternehmenseigenen Aktivitäten werden von den Unternehmen auf den Pool ausgelagert. Die gemeinsame Durchführung der betreffenden Aktivitäten im Rahmen des Pools hat den Vorteil, dass die Unternehmen unternehmensinterne Funktionsbereiche gemeinsam nutzen und dadurch wechselseitigen Nutzen erbringen bzw. ziehen können (*Vögele/Freytag* IStR 2000, 249; *Baumhoff* IStR 2000, 693, 694). Die im Rahmen dieses Vorgangs entstehenden Kosten werden dann nach einem nutzenorientierten Umlageschlüssel auf die Mitglieder des Pools umgelegt, sodass die Mitglieder die entstehenden Aufwendungen anteilig tragen (*Baumhoff* IStR 2000, 693, 694; *Vögele/Freytag* IStR 2000, 249). Die so verteilten Aufwendungen werden als originäre Aufwendungen der Poolmitglieder behandelt und sind bei dem jeweiligen Poolmitglied grundsätzlich (sofern angemessen) als Betriebsausgabe steuerlich abzugsfähig. Es findet daher zwischen den Poolmitgliedern kein ertragsteuerlich relevanter Leistungsaustausch statt (BMF, BStBl. I 1999, 1122, Tz. 1.4; *Baumhoff* IStR 2000, 693, 694; *Vögele/Freytag* IStR 2000, 249; *Kuckhoff/Schreiber* IStR 2000, 346, 349; *Jacobs* Internationale Unternehmensbesteuerung, S. 626).

265 Der Umlagevertrag muss im Vorhinein abgeschlossen werden (BMF, BStBl. I 1999, 1122, Tz. 1.3). Er bezieht sich daher grundsätzlich nur auf solche Leistungen, die nach Vertragsschluss erbracht werden. Damit die Vereinbarung klar und eindeutig bestimmbar ist, bedarf der Kostenumlagevertrag darüber hinaus der Schriftform und einer sachgerechten Dokumentation (BMF, BStBl. I 1999, 1122, Tz. 1.3, 5; *Baumhoff* IStR 2000, 693, 696; *Kuckhoff/Schreiber* IStR 2000, 373, 381; *Jacobs* Internationale Unternehmensbesteuerung, S. 627).

266 **2.** Als Mitglied eines Pools kommen nur Unternehmen in Betracht, die gleichgerichtete Interessen verfolgen, d.h. Unternehmen, die die Leistungen in wirtschaftlich gleicher Weise nutzen (BMF, BStBl. I 1999, 1122, Tz. 1.2; *Baumhoff* IStR 2000, 693, 697; Blümich/*Pohl* AStG § 1 Rn. 158). Wie bereits angesprochen, erfolgt im Rahmen des Poolkonzepts kein Leistungsaustausch zwischen den Mitgliedern. Vielmehr beabsichtigen die Mitglieder wechselseitigen Nutzen aus der Bündelung der Aktivitäten, Ressourcen oder Fähigkeiten zu ziehen. In Folge dessen beschränkt sich der Teilnehmerkreis eines Kostenumlagevertrages auf Unternehmen, die aus den Leistungen, die sie gegenüber dem Pool erbringen, für sich selbst Vorteile ziehen, d.h. Unternehmen, die ihren Anteil an den Ergebnissen der gemeinsamen Tätigkeit nutzen (BMF, BStBl. I 1999, 1122, Tz. 1.2; *Baumhoff* IStR 2000, 693, 698; *Kuckhoff/Schreiber* IStR 2000, 346, 351; *Jacobs* Internationale Unternehmensbesteuerung, S. 618). Beispielhaft verweist die Finanzverwaltung in diesem Zusammenhang auf einen Forschungs- und Entwicklungspool, an dem Holding- und Patentverwertungsgesellschaften nicht teilnehmen können, da sie andere Interessen als Produktionsgesellschaften verfolgen (BMF, BStBl. I 1999, 1122, Tz. 1.2; zur Behandlung weiterer Beispiele siehe *Baumhoff* IStR 2000, 693, 698 f.). Daneben sind bloße Auftragnehmer, die lediglich Leistungen im Interesse der Poolpartner erbringen, ohne die Ergebnisse selbst zu nutzen oder zu verwerten, automatisch von dem Teilnehmerkreis eines Kostenumlagevertrages ausgeschlossen, da sie aus den Leistungen, die sie gegenüber dem Pool erbringen für sich selbst keine Vorteile ziehen (BMF, BStBl. I 1999, 1122, Tz. 1.2; *Baumhoff* IStR 2000, 693, 698; *Kuckhoff/Schreiber* IStR 2000, 346, 351).

267 **3.** Hinsichtlich der Frage der umlagerelevanten Leistungen kommen nach Ansicht der Finanzverwaltung Leistungen aus »allen Leistungskategorien« in Betracht. Beispielhaft werden in den BMF Verwaltungsgrundsätzen Forschung und Entwicklung, der Erwerb von Wirtschaftsgütern und verwaltungsbezogene oder andere Leistungen genannt. Eine Einschränkung besteht jedoch dahingehend, dass nur solche Kosten im Rahmen einer Umlage verrechenbar sind, die aus einer Hilfsfunktion der Poolmitglieder hervorgehen (BMF, BStBl. I 1999, 1122, Tz. 1.1). Insoweit ist fraglich, nach welchen Kriterien eine Unternehmensfunktion als reine Hilfs- oder aber als Hauptfunktion zu qualifizieren ist. Insbesondere im Bereich von Dienstleistungen kann eine Leistung sowohl Haupt- als auch Hilfsfunktion für ein Unternehmen sein, so dass eine Abgrenzung nach der Art der Leistung nicht sinnvoll erscheint. Es wird daher vertreten, dass die Abgrenzung nur aus Sicht des leistungserbringenden Unternehmens beurteilt werden kann und es dabei auf das Leistungsspektrum des Unternehmens und das relative Ausmaß des Angebots der Leistung nach außen ankommt. Demzufolge ist im Rahmen einer Funktionsanalyse im Einzelfall zu bestimmen, ob die jeweilige Funktion für das jeweilige Unternehmen im Rahmen des Leistungserstellungsprozesses eine Haupt – oder Hilfsfunktion darstellt (*Vögele/Freytag* RIW 2001, 172, 173).

268 **4.** Ebenfalls zwingender Bestandteil des Kostenumlagevertrages ist die Bestimmung und Dokumentation des für jedes einzelne Poolmitglied zu erwartenden Nutzens (BMF, BStBl. I 1999, 1122, Tz. 5.1.3; *Baumhoff* IStR 2000, 731, 733; *Vögele* DB 2000, 297). Ein beabsichtigter Nutzen kann für die Poolmitglieder sowohl in Erlöszuwächsen als auch in Kosteneinsparungen bestehen (*Baumhoff* IStR 2000, 731, 733). Der zu erwartenden Nutzen kann durch eine Problemanalyse, Projektberichte, Zielvorgaben und ähnliche Unterlagen dokumentiert und dargelegt werden (BMF, BStBl. I 1999, 1122, Tz. 5.1.3).

269 **5.** Zu den umlagerelevanten bzw. poolfähigen Beträgen gehören »die tatsächlichen direkten und indirekten Aufwendungen, die im wirtschaftlichen Zusammenhang mit der erbrachten oder zu erbringenden Leistung stehen« (BMF Verwaltungsgrundsätze Umlageverträge, BStBl. I 1999, 1122, Tz. 2.1). Während die Finanzverwaltung in den BMF Verwaltungsgrundsätzen Umlageverträge 1983 (BMF, Schreiben vom 23.02.1983, BStBl. I 1983, 218, Tz. 7.1.2) noch auf den Begriff der »Kos-

ten« abstellte, bezieht sie sich in den aktuellen BMF Verwaltungsgrundsätzen Umlageverträge (BStBl. I 1999, 1122, Tz. 2.1) auf die tatsächlichen direkten und indirekten »Aufwendungen«. Es wird jedoch richtigerweise darauf hingewiesen, dass damit keine sachliche Änderung gegenüber der alten Rechtslage eintreten soll. Für die Ermittlung der umlagerelevanten Kosten kann damit ebenfalls auf die Daten der Kostenrechnung zurückgegriffen werden. Die umlagerelevanten Kosten sind mithin nach einer anerkannten Kostenrechnungsmethode auf Vollkostenbasis zu ermitteln und zu verteilen (*Baumhoff* IStR 2000, 693, 700; i.E. auch *Kuckhoff/Schreiber* IStR 2000, 373, 374). Da im Rahmen des Kostenumlagevertrages nicht auf den tatsächlichen, sondern auf den zu erwartenden Nutzen abgestellt wird, gehören auch Aufwendungen für Leistungen bei denen der erwartete Nutzen nicht eingetreten ist (z.B. Aufwendungen für fehlgeschlagene Forschung), zu den umlagefähigen Beträgen. Ausschlaggebend ist lediglich, dass bei Abschluss des Kostenumlagevertrages ein entsprechender Nutzen erwartet werden konnte (*Kuckhoff/Schreiber* IStR 2000, 346, 350). Des Weiteren sind auch die Aufwendungen für die Bereitstellung von Dienstleistungen auf Abruf (»stand-by«-Gebühren bzw. Leistungen »on call«) umlagefähig (*Kuckhoff/Schreiber* IStR 2000, 346, 350). Daneben darf in die Berechnung der umlagerelevanten Kosten eine angemessene Verzinsung des eingesetzten Kapitals sowie als indirekte Aufwendung, ein Beitrag zu den Geschäftsführung- und Verwaltungskosten, soweit nicht bereits in den Vollkosten enthalten, einbezogen werden (BMF, BStBl. I 1999, 1122, Tz. 2.1; *Kuckhoff/Schreiber* IStR 2000, 373, 374). Sofern bestimmte Aufwendungen nach deutschem Steuerrecht (z.B. nach § 160 AO und § 4 Abs. 5 EStG) von der Berücksichtigung als Betriebsausgabe ausgenommen sind, dürfen diese nicht in die Berechnung der umlagerelevanten Kosten aufgenommen werden (BMF, BStBl. I 1999, 1122, Tz. 2.1). Ebenso sind Erträge, die mit der Umlageaktivität in unmittelbarem Zusammenhang stehen, von den umlagerelevanten Beträgen abzuziehen (BMF Verwaltungsgrundsätze Umlageverträge BStBl. I 1999, 1122, Tz. 2.1). In den BMF Verwaltungsgrundsätzen Umlageverträge wird auf die tatsächlichen Aufwendungen abgestellt, mit der Folge, dass die umlagerelevanten Kosten für jedes Jahr neu ermittelt werden müssen (*Kuckhoff/Schreiber* IStR 2000, 373, 374).

Es stellt sich abschließend die Frage, ob auf die umlagerelevanten Kosten ein Gewinnaufschlag zu 270
erheben ist. Mit der Entscheidung der Finanzverwaltung gegen das Leistungsaustausch- und für das Poolkonzept ist die Zulässigkeit eines Gewinnaufschlags vor dem Hintergrund des Fehlens sowohl eines Leistungsaustausches als auch eines unternehmerischen Risikos für das leistungserbringende Unternehmen, konsequenterweise zu verneinen (BMF, Verwaltungsgrundsätze Umlageverträge BStBl. I 1999, 1122, Tz. 2.2; *Kuckhoff/Schreiber* IStR 2000, 373, 376; *Baumhoff* IStR 2000, 693, 702; *Jacobs* Internationale Unternehmensbesteuerung, S. 621). Anders ist die Situation bei sog. Konzernumlagen, die auf einen Leistungsaustausch zwischen den Mitgliedern ausgerichtet sind und nicht den Risikoteilungsgrundsatz verfolgen. Hier ist ein angemessener Gewinnaufschlag vorzunehmen, um sich einer Marktpreisbewertung zu stellen.

6. Der umlagefähige Aufwand ist gemäß der BMF Verwaltungsgrundsätze Umlageverträge auf 271
der Grundlage des Nutzens, den jedes Poolmitglied für sich erwartet, aufzuteilen. Dabei ist der zu erwartende Nutzen »anhand betriebswirtschaftlicher Grundsätze und unter Berücksichtigung aller Umstände und Entwicklungen, die vernünftigerweise im Zeitpunkt des Vertragsabschlusses vorhersehbar sind, zu ermitteln« (BMF Verwaltungsgrundsätze Umlageverträge BStBl. I 1999, 1122, Tz. 3.1). Zentrale Voraussetzung ist dabei, dass die vertraglichen Regelungen hinsichtlich des Umlagebetrages Fremdvergleichsgrundsätzen entsprechen. Die Beteiligung an einer Umlage kommt für einen ordentlichen und gewissenhaften Geschäftsleiter dann nicht in Betracht, wenn absehbar ist, dass vergleichbare Leistungen im Wege der Einzelabrechnung leichter oder günstiger bezogen werden können (so Beispiel in BMF Verwaltungsgrundsätze Umlageverträge, BStBl. I 1999, 1122, Tz. 3.1). Die von den Vertragsparteien vereinbarte Kostenerfassung und -verteilung ist demnach nur soweit sachgerecht, angemessen und damit steuerlich anzuerkennen, als ein fremder Dritter in Erwartung des zu erwartenden Nutzens die vereinbarten Beiträge zu zahlen bereit gewesen wäre (BMF Verwaltungsgrundsätze Umlageverträge, BStBl. I 1999, 1122, Tz. 3.1; *Baumhoff* IStR 2000, 693, 696; *Kuckhoff/Schreiber* IStR 2000, 373).

272 Soweit der Umlageschlüssel dazu führt, dass der von dem jeweiligen Mitglied zu entrichtende Betrag seinem Anteil am Gesamtnutzen entspricht (BMF Verwaltungsgrundsätze Umlageverträge BStBl. I 1999, 1122, Tz. 1.1), kann zur Aufteilung des Aufwands grundsätzlich jeder angemessene Schlüssel vereinbart werden (BFH Urteil vom 02.02.1960 – I 194/59, BB 1960, 731). Nach den BMF Verwaltungsgrundsätzen Umlageverträge ist der Umlageschlüssel zu wählen, der im Einzelfall der sachgerechteste ist (BMF Verwaltungsgrundsätze Umlageverträge BStBl. I 1999, 1122, Tz. 3.2). In der Praxis wird regelmäßig der Umsatz der leistungsempfangenden Gesellschaften als Kostenaufteilungsmaßstab gewählt. Die Finanzverwaltung akzeptiert insoweit grundsätzlich das Verhältnis der Umsätze als Umlageschlüssel für die Verteilung der umlagerelevanten Kosten, sofern das Verhältnis der Umsätze einen brauchbaren Maßstab für den tatsächlichen oder erwarteten Nutzen für die Poolmitglieder darstellt (*Jacobs* Internationale Unternehmensbesteuerung, S. 623).

273 **7.** Die umsatzsteuerliche Unternehmereigenschaft eines Pools, der seine Leistung nur gegenüber den Mitgliedern zur Verfügung stellt, ist problematisch. Der Pool, als Innengesellschaft (siehe BMF Verwaltungsgrundsätze Umlageverträge BStBl. I 1999, 1122, Tz. 1.1), dessen Mitglieder jeweils im eigenen Namen für die Innengesellschaft handeln, tritt nach außen nicht selbst als Unternehmer auf und ist daher umsatzsteuerlich als nicht existent anzusehen (BFH, Urt. v. 26.07.1968, V 150/65, BStBl. II 1968, 731; *Baumhoff* IStR 2000, 731, 735). Anders sind Fälle zu beurteilen, wenn der Pool sog. Dritteinnahmen erhält. Erbringt der Pool Leistungen an poolfremde Dritte und tritt er dabei selbstständig als Pool auf, tritt er als Zusammenschluss an die Stelle seiner Mitglieder mit der Folge, dass ihm umsatzsteuerliche Unternehmereigenschaft beizumessen ist (*Baumhoff* IStR 2000, 731, 735). Allerdings ist davon auszugehen, dass zwischen den einzelnen Poolmitgliedern umsatzsteuerliche Leistungsbeziehungen begründet werden können. Ebenso umsatzsteuerlich relevant sind Ausgleichszahlungen der Poolmitglieder untereinander (*Slapio/Bosche* Praxis internationale Steuerberatung 2005, 231 ff.).

274 **8.** Ein Kostenumlagevertrag muss ferner sog. »Öffnungsklauseln« enthalten, die es den Vertragsparteien ermöglichen, auf veränderte wirtschaftliche Rahmenbedingungen durch entsprechende Anpassung der vertraglichen Vereinbarung zu reagieren (*Baumhoff* IStR 2000, 693, 697; BMF Verwaltungsgrundsätze Umlageverträge BStBl. I 1999, 1122, Tz. 3.3). Die Gründe, die eine Vertragsanpassung in Betracht kommen lassen sind sehr vielfältig. So wird eine Vertragsanpassung, insbesondere des Verteilungsmaßstabes geboten sein, wenn sich nach einem gewissen Zeitraum eine Divergenz zwischen erwartetem und eingetretenem Nutzen darstellt. Außerdem können der Eintritt neuer oder der Austritt bisheriger Mitglieder, sowie die Umstrukturierung des wirtschaftlichen Betätigungsfeldes eines Mitgliedes Gründe sein, die eine Vertragsanpassung erforderlich werden lassen (*Baumhoff* IStR 2000, 693, 697).

275 **9.** Ein späterer Eintritt in einen bestehenden Kostenumlagevertrag kann dazu führen, dass das neue Mitglied von den Ergebnissen der bisherigen, von den (Alt-) Vertragspartnern finanzierten, Aktivitäten profitiert (*Kuckhoff/Schreiber* IStR 2000, 373, 380; *Jacobs* Internationale Unternehmensbesteuerung, S. 624). Bei den Ergebnissen kann es sich beispielsweise um immaterielle Wirtschaftsgüter, angefangene Arbeiten oder bei den vorangegangenen Tätigkeiten erworbene Kenntnisse handeln (BMF Verwaltungsgrundsätze Umlageverträge, BStBl. I 1999, 1122, Tz. 4.1). Soweit es zu einer anteiligen Übertragung von Ergebnissen aus bisherigen Aktivitäten kommt, muss diese fremdvergleichskonform vergütet werden (BMF Verwaltungsgrundsätze Umlageverträge, BStBl. I 1999, 1122, Tz. 4.1; *Kuckhoff/Schreiber* IStR 2000, 373, 380; *Jacobs* Internationale Unternehmensbesteuerung, S. 624). Diese Eintrittszahlungen stellen bei den bisherigen Poolpartnern Erträge aus der anteiligen Veräußerung angefangener Arbeiten, Kenntnisse oder immaterieller Wirtschaftsgüter dar. Bei dem eintretenden Poolmitglied handelt es sich um einen aktivierungspflichtigen Vorgang (BMF Verwaltungsgrundsätze Umlageverträge, BStBl. I 1999, 1122, Tz. 4.1; *Baumhoff* IStR 2000, 731, 732).

276 **10.** Austrittszahlungen sind sowohl von dem austretenden Mitglied an den Pool als auch vom Pool an das austretende Mitglied denkbar. Austrittszahlungen seitens des austretenden Mitglieds an den Pool sind insbesondere dann geboten, wenn der Austritt »zu einer identifizierbaren und quantifizierbaren Verminderung des Werts des fortgeführten Umlagevertrages führt, weil die verbleibenden Poolmitglieder z.B. bis dahin bestehende Rechte an immateriellen Vermögenswerten, halb-

fertigen Arbeiten oder Kenntnissen, die im Rahmen des Umlagevertrages geschaffen wurden, dem ausscheidenden Partner überlassen« (BMF Verwaltungsgrundsätze Umlageverträge, BStBl. I 1999, 1122, Tz. 4.2). Überträgt hingegen das ausscheidende Mitglied seine Vermögensrechte am Umlagevertrag auf die verbleibenden Mitglieder, kommt eine Austrittszahlung an das austretende Mitglied in Betracht (BMF Verwaltungsgrundsätze Umlageverträge, BStBl. I 1999, 1122, Tz. 4.2). Letzterer Vorgang führt bei dem austretenden Mitglied zu einem einmaligen »Veräußerungsgewinn«. Sofern die verbleibenden Mitglieder lediglich das Recht behalten, immaterielle Vermögensgegenstände, die dem austretenden Partner zustehen, zu nutzen, kommt es bei dem austretenden Mitglied zu laufenden Erträgen in Form von Nutzungsgebühren (*Baumhoff* IStR 2000, 731, 732).

11. Eine eingehende Sachverhaltsdokumentation, die die wirtschaftlichen Zusammenhänge und die organisatorischen Gegebenheiten der Kostenumlage darstellt, ist essentielle Voraussetzung für die steuerliche Anerkennung des Umlagevertrages. Daher sollten die Mitglieder von Anfang an die betriebliche Notwendigkeit und die Form des gewählten Abrechnungsverfahrens dokumentieren, insbesondere wenn eines oder mehrere Mitglieder ihren Sitz im Ausland haben und bestimmte Unterlagen aus dem Ausland besorgt werden müssen (*Kuckhoff/Schreiber* IStR 2000, 373, 381). Nach den BMF Verwaltungsgrundsätzen Umlageverträge (BStBl. I 1999, 1122, Tz. 5.1.1) muss jede Vertragspartei vollen Zugriff auf die Unterlagen und Aufzeichnungen über den Aufwand und die Leistungen des Leistungserbringenden Unternehmens haben und sich daher, insbesondere bei im Ausland befindlichen Unterlagen, in der vertraglichen Vereinbarung entsprechende Zugriffsmöglichkeiten einräumen lassen (siehe § 90 Abs. 2 S. 4 AO für ausländische Sachverhalte). Inhaltlich verlangt die Finanzverwaltung hinsichtlich der Dokumentations- und Nachweispflichten neben dem schriftlichen Umlagevertrag und der bereits thematisierten Dokumentation des für das jeweilige Mitglied zu erwartenden Nutzens, eine Dokumentation von Aufwand und Leistungen des Pools und eine Dokumentation bei jedem Leistungsempfänger (BMF Verwaltungsgrundsätze Umlageverträge, BStBl. I 1999, 1122, Tz. 5.1.1–5.1.4). Die den Poolmitgliedern erbrachten Leistungen und die mit diesen in Zusammenhang stehenden Aufwendungen müssen demnach, insbesondere wenn verschiedene Leistungen in einem einheitlichen Umlagevertrag zusammengefasst sind, im Einzelnen nachprüfbar dokumentiert werden (BMF Verwaltungsgrundsätze Umlageverträge, BStBl. I 1999, 1122, Tz. 5.1.2; *Baumhoff* IStR 2000, 731, 733; zum Inhalt der Dokumentationspflicht des Leistungsempfängers siehe ausführlich BMF Verwaltungsgrundsätze Umlageverträge, BStBl. I 1999, 1122, Tz. 5.1.4). 277

14. Entherrschungsvertrag

Vorbemerkung

Trotz einer bestehenden Mehrheitsbeteiligung kann es von den Unternehmen gewünscht sein, dass das Beteiligungsunternehmen als unabhängiges Unternehmen am Markt tätig ist und auch als solches wahrgenommen wird. In einem solchen Fall gilt es die Abhängigkeitsvermutung des § 17 Abs. 2 AktG zu entkräften. Der Abschluss eines Entherrschungsvertrages ist ein geeignetes Mittel um dieses Ziel zu realisieren. Durch den Entherrschungsvertrag wird die Ausübung der Stimmkapazität des Mehrheitsgesellschafters derart beschränkt, dass von dem Mehrheitsbesitz nicht mehr mit dem Ziel der Abhängigkeitsbegründung Gebrauch gemacht werden kann. 278

Muster

Entherrschungsvertrag [1] 279

zwischen

der __________ GmbH mit dem Sitz in __________, eingetragen im Handelsregister des Amtsgerichts __________ unter HRB __________,

– nachfolgend A genannt –

und

der ___________ GmbH mit dem Sitz in ___________, eingetragen im Handelsregister des Amtsgerichts ___________ unter HRB ___________,

– nachfolgend B genannt –

A hält 90 % der Geschäftsanteile der B. [2] In Folge dessen wird nach § 17 Abs. 2 AktG widerlegbar vermutet, dass B von A abhängig ist.

A beabsichtigt jedoch nicht, beherrschenden Einfluss auf B auszuüben. Beide Gesellschaften wollen daher durch diesen Entherrschungsvertrag sicherstellen, dass B trotz der 90 %-igen Beteiligung der A als unabhängiges Unternehmen am Markt tätig ist und respektiert wird.

Um eine Abhängigkeit der B auszuschließen und die Vermutung des § 17 Abs. 2 AktG zu widerlegen, treffen A und B daher im Einzelnen die folgenden Vereinbarungen:

1. **A wird bei Beschlüssen der Gesellschafterversammlung über**
   a) **die Bestellung und Abberufung der Geschäftsführer [3] und**
   b) **jegliche Angelegenheiten der Geschäftsführung das Stimmrecht aus den ihr gehörenden Geschäftsanteilen nur soweit ausüben, dass die Zahl der von ihr abgegebenen Stimmen um eine Stimme hinter der Hälfte der jeweiligen Versammlungspräsenz zurückbleibt. [4]**
2. **Diese Vereinbarung gilt erstmals ab dem ___________ und wird für eine Zeit von fünf Jahren fest abgeschlossen. [5] Sie verlängert sich unverändert jeweils um ein Jahr, falls sie nicht spätestens sechs Monate vor ihrem Ablauf von einem der Vertragspartner gekündigt wird.**
3. **Das Recht zur Kündigung aus wichtigem Grund ohne Einhaltung einer Kündigungsfrist bleibt hiervon unberührt.**
4. **Sollte eine Bestimmung dieses Vertrages teilweise oder vollständig nichtig, unwirksam oder undurchführbar sein oder werden, berührt dies die Gültigkeit der übrigen Vertragsbestimmungen nicht. Anstelle der nichtigen, unwirksamen oder undurchführbaren Bestimmung soll eine Bestimmung in Kraft treten, die dem am nächsten kommt, was die Parteien nach dem Sinn und Zweck dieses Vertrages gewollt hätten, hätten sie dies im Lichte der Nichtigkeit, Unwirksamkeit oder Undurchführbarkeit bedacht. Dies gilt auch im Fall der Nichtigkeit, Unwirksamkeit oder Undurchführbarkeit einer in diesem Vertrag enthaltenen Leistungs- oder Zeitbestimmung. In diesem Fall gilt die gesetzlich zulässige Leistungs- oder Zeitbestimmung als vereinbart, die der vereinbarten am nächsten kommt. Die Sätze 1 und 2 gelten entsprechend für Lücken dieses Vertrages.**

___________, den ___________

___________ ___________

Geschäftsführer A GmbH Geschäftsführer B GmbH

Erläuterungen

Literatur: *Schnorbus/Ganzer* »Gestaltung von Beherrschung und Entherrschung durch Konsortialvereinbarungen im Aktienkonzernrecht« AG 2016, 565; *Larisch/Bunz* »Der Entherrschungsvertrag als Mittel der Konzernvermeidung bei faktischen Hauptversammlungsmehrheiten NZG 2013, 1247; *Brellochs* »Konzernrechtliche Beherrschung und übernahmerechtliche Kontrolle« NZG 2012, 1010; *Middendorf/Zündorf* »Doppelte

Mutter-Tochter-Verhältnisse aufgrund Beherrschungsvermutungen des § 290 II HGB?« DB 2010, 2124; *Jäger* »Der Entherrschungsvertrag« DStR 1995, 1113; *Hentzen* »Der Entherrschungsvertrag im Aktienrecht« ZHR 1993, 65; *Hommelhoff* »Konzernleitungspflicht« 1982.

1. Nach § 17 Abs. 2 AktG wird von einem in Mehrheitsbesitz stehenden Unternehmen widerlegbar vermutet, dass es von dem an ihm mit Mehrheit beteiligten Unternehmen abhängig ist. Dies ist vor dem Hintergrund gerechtfertigt, dass der Mehrheitsgesellschafter regelmäßig maßgebenden Einfluss auf die Personalpolitik der Beteiligungsgesellschaft ausüben kann, mit der Folge, dass sich insbesondere die Geschäftsführung der Beteiligungsgesellschaft mit Blick auf den Fortbestand ihrer Organstellung, Weisungen des Mehrheitsgesellschafters befolgen wird. Im Umkehrschluss ist die Vermutung im Falle einer Mehrheitsbeteiligung widerlegbar, wenn die Mehrheitsbeteiligung ausnahmsweise nicht die Möglichkeit eröffnet, die Zusammensetzung der Geschäftsführung zu beeinflussen (MüKo GmbHG/*Liebscher* Anh. § 13 Rn. 122, 124). Der Abhängigkeitsvermutung kann daher durch einen Entherrschungsvertrag entgegnet werden. Entherrschungsverträge sind darauf gerichtet, die Ausübung der Stimmkapazität des Mehrheitsgesellschafters derart zu beschränken, dass von dem Mehrheitsbesitz nicht mehr mit dem Ziel der Abhängigkeitsbegründung Gebrauch gemacht werden kann (*Emmerich*/Habersack Aktien- und GmbH-Konzernrecht § 17 Rn. 42; MüKo GmbHG/*Liebscher* Anh. § 13 Rn. 124; Hüffer/*Koch* AktG § 17 Rn. 22; KK-AktG/*K-oppensteiner* § 17 Rn. 109; *Jäger* DStR 1995, 1113, 1114; *Hommelhoff* Die Konzernleitungspflicht, S. 80). Die Personalentscheidungsgewalt des Mehrheitsgesellschafters ist derart zu begrenzen, dass eine Ausübung dieser nur mit Hilfe zusätzlicher Stimmen Dritter möglich ist (MüKo AktG/*Bayer* § 17 Rn. 100). Nach h.M. sind solche Vereinbarungen zwischen dem Mehrheitsgesellschafter und der Beteiligungsgesellschaft ohne Bedenken zulässig (OLG Düsseldorf AG 2007, 170, 171; OLG Köln AG 1993, 86, 87, OLG Mainz AG 1991, 30, 32; Hüffer/*Koch* AktG § 17 Rn. 22; KK-AktG/*Koppensteiner* § 17 Rn. 109; *Emmerich*/Habersack Aktien- und GmbH-Konzernrecht § 17 Rn. 42; MüKo GmbHG/*Liebscher* Anh. § 13 Rn. 124; *Jäger* DStR 1995, 1113, 1114 ff.; *Hommelhoff* Die Konzernleitungspflicht, S. 83; *Hentzen* ZHR 1993, 65, 68). Zwingende Wirksamkeitsvoraussetzung ist nach einhelliger Auffassung, dass der Entherrschungsvertrag der Schriftform genügt (*Emmerich*/Habersack Aktien- und GmbH-Konzernrecht § 17 Rn. 43; MüKo/*Bayer* AktG § 17 Rn. 106; KK-AktG/*Koppensteiner* § 17 Rn. 116; *Jäger* DStR 1995, 1113, 1116; *Hentzen* ZHR 1993, 65, 69). Umstritten ist jedoch, ob der wirksame Abschluss eines Entherrschungsvertrages der Zustimmung der Gesellschafterversammlung der herrschenden Gesellschaft bedarf. Eine Ansicht sieht in dem Abschluss eines Entherrschungsvertrages lediglich eine von der Geschäftsführungsbefugnis umfasste Maßnahme, zu deren Vornahme die Geschäftsführung keiner besonderen Ermächtigung durch die Gesellschafterversammlung bedürfe (KK-AktG/*Koppensteiner* § 17 Rn. 115; MüKo AktG/*Bayer* § 17 Rn. 110). Die Gegenansicht vertritt die Auffassung, dass die Zustimmung der Gesellschafterversammlung der herrschenden Gesellschaft für den wirksamen Abschluss des Entherrschungsvertrages erforderlich ist. Sie führt an, dass ein Entherrschungsvertrag in den Gesellschaftszweck und Unternehmensgegenstand der herrschenden Gesellschaft eingreife, indem er deren unternehmerische Beteiligung zu einer bloßen kapitalistischen Beteiligung herabstuft. Insofern komme eine analoge Anwendung des § 293 AktG im Rahmen eines Entherrschungsvertrages in Betracht (*Jäger* DStR 1995, 1113, 1117; *Hommelhoff* Konzernleitungspflicht S. 85 ff.; *Hentzen* ZHR 1993, 65, 70; die Frage insoweit offen lassend *Emmerich*/Habersack Aktien- und GmbH-Konzernrecht § 17 Rn. 44). Verschiedentlich wird in der Literatur eine satzungsmäßige Grundlage für die herrschende Gesellschaft gefordert, derzufolge der Unternehmensgegenstand auch explizit das Halten und Verwalten von kapitalistischen, nichtunternehmerische Beteiligungen zulässt (MüKo AktG/*Bayer* § 17 Rn. 109). Aus Gründen der Vorsicht empfiehlt die hier vertretene Ansicht, die Zustimmung der Gesellschafterversammlung vorsorglich einzuholen (so auch *Hentzen* ZHR 1993, 65, 70). Die Zustimmung der Gesellschafterversammlung der beherrschten Gesellschaft ist hingegen nicht erforderlich, da der Entherrschungsvertrag für das beherrschte Unternehmen insoweit rechtlich vorteilhaft ist, als er es zur Selbstständigkeit zurückführt (unstr. so z.B. auch *Jäger* DStR 1995, 1113 (1117); KK-AktG/*Koppensteiner* § 17 Rn. 114; MüKo AktG/*Bayer* § 17 Rn. 108). 280

Eine Hinweispflicht im Lagebericht der beherrschten Gesellschaft gem. § 289a Abs. 1 Nr. 2 HGB auf bekannte Stimmrechtsbeschränkungen besteht für die hier vorliegende GmbH-Rechtform nicht. Teilweise wird die Berichterstattung im Lagebericht auch für nichtbörsennotierte Gesellschaften gefordert (MüKo AktG/*Bayer* § 17 Rn. 111).

281 Von einem solchen Entherrschungsvertrag, im Rahmen dessen der Mehrheitsgesellschafter eine entsprechende Vereinbarung mit der Beteiligungsgesellschaft trifft, sind solche Vereinbarungen abzugrenzen, in denen der Mehrheitsgesellschafter sich gegenüber anderen Gesellschaftern oder auch außenstehenden Dritten zur Beschränkung seiner Stimmrechtsausübung verpflichtet. Bei diesen Verträgen handelt es sich um sog. Stimmbindungsverträge (siehe auch MüKo AktG/*Bayer* § 17 Rn. 99; Emmerich/Habersack Aktien- und GmbH-Konzernrecht § 17 Rn. 41).

282 Ist die Abhängigkeitsvermutung des § 17 Abs. 2 AktG widerlegt, stellt sich im Anschluss die Frage nach den sich daraus für das Unternehmen ergebenden wirtschaftlichen Folgen. Zunächst ist anzumerken, dass eine analoge Anwendung der §§ 311 ff. AktG in Folge der Widerlegung der Abhängigkeit ausscheidet (zum Entfallen der Pflicht zur Aufstellung eines Abhängigkeitsberichts siehe *IDW* WPg 1992, 91 f.).

Höchst umstritten ist die Frage, ob sich ein Entherrschungsvertrag auch auf die Konzernrechnungslegungspflicht des herrschenden Unternehmens nach § 290 Abs. 1 HGB auswirkt. Nach § 290 Abs. 1 HGB hat das herrschende Unternehmen einen Konzernabschluss und einen Konzernlagebericht aufzustellen, wenn es auf ein anderes Unternehmen unmittel- oder mittelbar einen beherrschenden Einfluss ausüben kann. Dieser ist nach § 290 Abs. 2 Nr. 1 HGB stets anzunehmen, wenn dem herrschenden Unternehmen bei einem anderen Unternehmen die Mehrheit der Stimmrechte der Gesellschafter zusteht. Fraglich ist insoweit, ob sich das herrschende Unternehmen durch den Abschluss eines Entherrschungsvertrages der Mehrheit der Stimmrechte i.S.d. § 290 Abs. 2 Nr. 1 HGB begeben kann. Es wird vertreten, dass bei Bestehen eines Entherrschungsvertrages das Vorliegen einer Stimmrechtsmehrheit verneint werden kann (Baumbach/Hopt/*Merkt* HGB § 290 Rn. 10; MüKo HGB/*Pfaff* § 296 Rn. 21; Ensthaler/*Gietl* HGB 8. Aufl. § 290 Rn. 25). Diese Ansicht stellt damit hinsichtlich der Frage der Mehrheit der Stimmrechte auf die tatsächliche rechtliche Ausübungsmöglichkeit der Stimmrechte ab und kommt insoweit konsequent zu dem Schluss, dass die Mehrheit der Stimmrechte dann nicht vorliegt, wenn sich das herrschende Unternehmen durch den Entherrschungsvertrag die Ausübung der Stimmrechte genommen hat. Die wohl überwiegende Gegenansicht stellt hingegen auf die formalrechtliche Inhaberschaft der Mehrheit der Stimmrechte ab (Beck'scher BilKomm/*Grottel/Kreher* § 290 Rn. 46; *Adler/Düring/Schmaltz* Rechnungslegung und Prüfung der Unternehmen § 290 Rn. 30, 38 ff.; KK-AktG/*Claussen/Scherrer* 2. Aufl. § 290 HGB Rn. 60; Staub/*Kindler* Großkomm. HGB 5. Aufl. § 290 Rn. 38, § 296 Rn. 7). § 290 Abs. 2 Nr. 1 HGB stelle lediglich darauf ab, dass dem herrschenden Unternehmen die Stimmrechtsmehrheit formal zusteht (*Adler/Düring/Schmaltz* Rechnungslegung und Prüfung der Unternehmen § 290 Rn. 39). Eine schuldrechtliche Vereinbarung wie ein Entherrschungsvertrag, in dem die Nichtausübung der Stimmrechte vereinbart wird, berührt jedoch gerade nicht den Bestand der Rechte, sondern nur die für § 290 Abs. 2 Nr. 1 HGB unbeachtliche Ebene der tatsächlichen Ausübung dieser (Beck'scher BilKomm/*Grottel/Kreher* § 290 Rn. 46; KK-AktG/*Claussen/Scherrer* 2. Aufl. § 290 HGB Rn. 60). Insofern könne ein Entherrschungsvertrag die Konsolidierungspflicht des herrschenden Unternehmens nicht beseitigen (Beck'scher BilKomm/*Grottel/Kreher* § 290 Rn. 46; *Adler/Düring/Schmaltz* Rechnungslegung und Prüfung der Unternehmen § 290 HGB Rn. 30, 38 ff.; KK-AktG/*Claussen/Scherrer* 2. Aufl. § 290 HGB Rn. 60). Der wohl h.M. ist zuzugeben, dass sie sich, im Gegensatz zur ersten Ansicht, aus dem Wortlaut des § 290 Abs. 2 Nr. 1 HGB direkt ableiten lässt. Daneben steht diese Ansicht auch im Einklang mit der Regelung des § 296 Abs. 1 Nr. 1 HGB, die unter bestimmten Voraussetzungen explizit ein Konsolidierungswahlrecht für Fälle vorsieht, in denen eine Ausübungsbeschränkung der Stimmrechte an dem beherrschten Unternehmen besteht. Insoweit liegt es auf Grund des Gesamtkontextes der Vorschriften nahe, dass eine Ausübungsbeschränkung der Stimmrechte dem § 290 Abs. 2 Nr. 1 HGB nicht entgegenstehen soll. Daher schließt sich die hier vertretene Ansicht der wohl h.M. an und nimmt eine

Konzernrechnungslegungspflicht des herrschenden Unternehmens nach § 290 Abs. 1 HGB auch bei Bestehen eines Entherrschungsvertrages an. Allerdings ist wegen der Beschränkung der Stimmrechtsausübung von einem Konsolidierungswahlrecht gemäß § 296 Abs. 1 Nr. 1 HGB auszugehen (Beck´scher BilKomm/*Winkeljohann/Deubert* § 296 Rn. 11; *Adler/Düring/Schmaltz* Rechnungslegung und Prüfung der Unternehmen § 296 HGB Rn. 12; DRS 19.85).

Ein entsprechendes Einbeziehungswahlrecht greift im Hinblick auf die Konzernrechnungslegung nach IFRS nicht. Zwar sind nach IFRS 10.B22 ff. Stimmrechte auszuscheiden, soweit hierrüber keine Verfügungsmacht (power) besteht (Haufe IFRS Kommentar § 32 Rn. 34), jedoch gilt nach dem vorliegenden Muster die Verfügungsbeschränkung nur bezüglich der Bestellung und Abberufung der Geschäftsführer und bei Angelegenheiten der Geschäftsführung. In allen anderen Angelegenheiten ist das Stimmrecht somit unbeschränkt ausübbar, was gerade im Hinblick auf die Beeinflussung von variablen Rückflüssen wie Dividenden (IFRS 10.B57) maßgeblichen Einfluss gewährleistet. Das Mutterunternehmen trägt weiterhin die Mehrheit der Chancen und Risiken, sodass hiernach eine Einbeziehungspflicht in den Konsolidierungskreis gemäß IFRS-Regularien anzunehmen ist.

Entherrschungsverträge werden für kartellrechtliche Aspekte für unbeachtlich gehalten (KK-AktG/*Koppensteiner* § 17 Rn. 109).

Ein weiteres Anwendungsgebiet des Entherrschungsvertrages kann darin bestehen, bei drohenden faktischen Hauptversammlungsmehrheiten eine mittelbare Kontrolle zu beseitigen und damit insbesondere eine Pflicht zur Abgabe eines Pflichtangebots nach § 35 WpÜG bei mittelbar gehaltenen Aktien zu verhindern (Larisch/Bunz NZG 2013, 1247 mit entsprechendem Beispiel).

2. § 17 AktG findet grundsätzlich auch auf die GmbH Anwendung. Insoweit ist zu beachten, 283
dass mit Blick auf die Bestimmung des Abhängigkeitsverhältnisses einige Besonderheiten des GmbH-Rechts relevant werden. Auch im GmbH-Recht ist die Mehrheitsbeteiligung das wichtigste Herrschaftsmittel. Dabei entfaltet die Mehrheitsbeteiligung auf Grund der zentralen Position der Gesellschafterversammlung im GmbH-Recht besondere Wirkung. Grund dafür ist, dass die Gesellschafterversammlung in jeglicher Hinsicht, insbesondere im Hinblick auf die Bestellung und Abberufung der Geschäftsführer und deren Weisung in allen Fragen der Geschäftsführung, das oberste Gesellschaftsorgan ist. Somit bildet die Mehrheit in der Gesellschafterversammlung die Basis für die Abhängigkeit der Beteiligungsgesellschaft. Das auf Grund einer Mehrheitsbeteiligung vermutete Abhängigkeitsverhältnis ist daher im GmbH-Recht besonders schwer zu widerlegen (*Emmerich*/Habersack Aktien- und GmbH-Konzernrecht § 17 Rn. 45 f; MüKo GmbHG/*Liebscher* Anh. § 13 Rn. 130). Als Konsequenz sind Entherrschungsverträge im GmbH-Recht ein geeignetes und häufig gewähltes Mittel zur Widerlegung der Abhängigkeitsvermutung des § 17 Abs. 2 AktG (MüKo GmbHG/*Liebscher* Anh. § 13 Rn. 124). Die Mehrheitsbeteiligung ist jedoch im GmbH-Recht nicht die einzige Möglichkeit, ein Abhängigkeitsverhältnis zu begründen. Es kommen daneben satzungsmäßige Sonderrechte auf die Bestellung oder Abberufung von Geschäftsführern, sowie auf die Beteiligung an der Geschäftsführung in Betracht. Soweit diese Sonderrechte dem Gesellschafter einen maßgeblichen Einfluss auf die Geschäftsführung der Gesellschaft ermöglichen, kann Abhängigkeit der Beteiligungsgesellschaft angenommen werden. In Kombination mit solchen satzungsmäßigen Sonderrechten kann daher auch eine Minderheitsbeteiligung zu einer Abhängigkeit der Beteiligungsgesellschaft führen. Auch in Fällen der Mehrmütterherrschaft kann es zu Abhängigkeitsverhältnissen kommen (*Emmerich*/Habersack Aktien- und GmbH-Konzernrecht § 17 Rn. 46; MüKo GmbHG/*Liebscher* Anh. § 13 Rn. 131).

Bei Bestehen eines Beherrschungsvertrages ist die Abhängigkeitsvermutung allerdings nicht widerlegbar (MüKo GmbHG/*Liebscher* Anh. § 13 Rn. 128).

Es versteht sich von allein, dass ein Entherrschungsvertrag nicht mit einer im Alleineigentum stehenden Tochtergesellschaft geschlossen werden kann (Beck´scher BilKomm/*Winkeljohann/Deubert* § 296 Rn. 11).

284 **3.** Es stellt sich ferner die Frage des inhaltlichen Umfangs der Stimmrechtsbeschränkung. Einigkeit besteht dahingehend, dass sich die Beschränkung des Stimmrechts des Mehrheitsgesellschafters nicht auf alle Beschlussfassungen der Gesellschafterversammlung erstrecken muss (MüKo AktG/*Bayer* § 17 Rn. 101; *Emmerich*/Habersack Aktien- und GmbH-Konzernrecht § 17 Rn. 43; *Hüffer* AktG § 17 Rn. 22, 21; *Jäger* DStR 1995, 1113, 1116; KK-AktG/*Koppensteiner* § 17 Rn. 111). Zudem ist es unerlässliche Voraussetzung des Entherrschungsvertrages, dass sich die Beschränkung des Stimmrechts des Mehrheitsgesellschafters in jedem Fall auf die Bestellung und Abberufung der Geschäftsführer erstreckt (MüKo AktG/*Bayer* § 17 Rn. 100; *Emmerich*/Habersack/Aktien- und GmbH-Konzernrecht § 17 Rn. 43; *Jäger* DStR 1995, 1113, 1116; KK-AktG/*Koppensteiner* § 17 Rn. 111; *Hommelhoff* Die Konzernleitungspflicht, S. 81). Darüber hinaus vertreten Stimmen in der Literatur die Ansicht, dass sich die Stimmrechtsbeschränkung auch auf Beschlüsse der Gesellschafterversammlung in grundlegenden Angelegenheiten der Geschäftsführung beziehen müsse (Hüffer/*Koch* AktG § 17 Rn. 22, 21; *Hentzen* ZHR 1993, 65, 69). Weiterreichende zwingende Anforderungen an den inhaltlichen Umfang eines Entherrschungsvertrages sind nicht gerechtfertigt (*Jäger* DStR 1995, 1113, 1116).

285 **4.** Wie bereits angesprochen, ist es das Ziel des Entherrschungsvertrages, die Ausübung der Stimmkapazität des Mehrheitsgesellschafters derart zu beschränken, dass von dem Mehrheitsbesitz nicht mehr mit dem Ziel der Abhängigkeitsbegründung Gebrauch gemacht werden kann. Konkret wird dies dadurch erreicht, dass der Mehrheitsgesellschafter das Stimmrecht aus den ihm gehörenden Geschäftsanteilen bei den betreffenden Gesellschafterversammlungsbeschlüssen nur insoweit ausüben darf, dass die Zahl der von ihr abgegebenen Stimmen um mindestens eine Stimme hinter der Hälfte der jeweiligen Versammlungspräsenz zurückbleibt (sog. »Minus-Eins-Regel«, so auch MüKo-AktG/*Bayer* § 17 Rn. 100; *Emmerich*/Habersack Aktien- und GmbH-Konzernrecht § 17 Rn. 43; *Jäger* DStR 1995, 1113, 1116; *Hentzen* ZHR 1993, 65, 69). Bei unübersichtlicher Gesellschafterstruktur könnte es sich sogar empfehlen, die Zahl der ausübbaren Stimmen auf mindestens eine Stimme hinter der Hälfte der insgesamt von anderen Gesellschaftern abgegebenen Stimmen zu begrenzen. Entscheidend ist, dass sich die Beschränkung der Stimmrechte auf eine variable Größe, hier »eine Stimme unter der Hälfte der Versammlungspräsenz«, bezieht. (*Jäger* DStR 1995, 1113, 1116; MüKo AktG/*Bayer* § 17 Rn. 100). Aus praktischen Gründen, insbesondere wenn die betroffene Gesellschaft eine AG ist mit sich ändernder Präsenz während der Hauptversammlung, sollte ggf. noch ein weiterer Sicherheitspuffer eingeplant werden (Larisch/Bunz NZG 2013, 1247). Auf Grund der nicht vorhersehbaren Gesellschafterversammlungspräsenz ist eine Bezugnahme auf eine feste Größe, wie etwa auf 49 % der Stimmrechte des Mehrheitsgesellschafters, nicht ausreichend. Denn mit der Bezugnahme auf eine feste Größe könnte die Stimmrechtsmehrheit des Mehrheitsgesellschafters nur für den Idealfall der Vollversammlung garantiert werden (*Jäger* DStR 1995, 1113, 1116; MüKo AktG/*Bayer* § 17 Rn. 100). Als Konsequenz der »Minus-Eins-Regel« ist die Ausübung der Personalentscheidungsgewalt des Mehrheitsgesellschafters nur mit Hilfe zusätzlicher Stimmen Dritter möglich.

286 **5.** Nach überwiegender Ansicht muss der Entherrschungsvertrag für einen Zeitraum von mindestens fünf Jahren abgeschlossen werden (OLG Köln ZIP 1993, 110, 112; *Emmerich*/Habersack Aktien- und GmbH-Konzernrecht § 17 Rn. 43; *Jäger* DStR 1995, 1113, 1116; Hüffer/*Koch* AktG § 17 Rn. 22; KK-AktG/*Koppensteiner* § 17 Rn. 111; MüKo AktG/*Bayer* § 17 Rn. 102). Davon überrührt bleibt das Recht des Mehrheitsgesellschafters zur außerordentlichen Kündigung aus wichtigem Grund (allg. M. siehe *Jäger* DStR 1995, 1113, (1116); KK-AktG/*Koppensteiner* § 17 Rn. 111; *Emmerich*/Habersack/Aktien- und GmbH-Konzernrecht § 17 Rn. 43).

J. Ausscheiden von Gesellschaftern

I. Einziehung

1. Gesellschaftsvertragliche Bestimmung über die Einziehung von Geschäftsanteilen

Vorbemerkung

Gemäß § 34 Abs. 1 GmbHG darf die Einziehung (Amortisation) von Geschäftsanteilen nur erfolgen, wenn sie im Gesellschaftsvertrag zugelassen ist (vgl. hierzu auch *Kleindiek*, GmbHR 2017, 815 ff.). Ohne die Zustimmung des Anteilsberechtigten findet gemäß § 34 Abs. 2 GmbHG die Einziehung nur statt, wenn die Voraussetzungen derselben vor dem Zeitpunkt, in welchem der Berechtigte den Geschäftsanteil erworben hat, im Gesellschaftsvertrag festgesetzt waren (Baumbach/Hueck/*Fastrich* § 34 Rn. 1; *Heckschen*, NZG 2010, S. 521 ff.). Bei § 34 GmbHG handelt es sich um eine inhaltsneutrale Formvorschrift, die an gesellschaftsvertraglich geschaffene Einziehungsgründe anknüpft (Michalski/*Sosnitza* § 34 Rn. 5). Die in § 34 GmbHG aufgestellten formalen Rahmenbedingungen sind zwingend und können nicht abbedungen werden. Den Gesellschaftern steht allerdings über dem Regelungsgehalt von § 34 GmbHG hinaus und vor allem bei der Festlegung der Einziehungsgründe in dem Gesellschaftsvertrag grundsätzlich ein weiter Gestaltungsspielraum zur Verfügung (Michalski/*Sosnitza* § 34 Rn. 7). 1

Muster

§ ____________ Einziehung von Geschäftsanteilen [1] 2

(1) Die Einziehung von Geschäftsanteilen ist zulässig, wenn der betroffene Gesellschafter zustimmt.

(2) Die Einziehung von Geschäftsanteilen eines Gesellschafters ohne dessen Zustimmung ist zulässig, wenn [2]

a. über sein Vermögen ein Insolvenzverfahren eröffnet wird, die Eröffnung des Insolvenzverfahrens mangels Masse abgelehnt wird oder der Gesellschafter die Richtigkeit seines Vermögensverzeichnisses an Eides statt gemäß § 807 ZPO zu versichern hat;

b. der Geschäftsanteil von einem Gläubiger des Gesellschafters gepfändet oder sonst wie in diesen vollstreckt wird und die Vollstreckungsmaßnahme nicht innerhalb einer Frist von zwei Monaten, spätestens jedoch bis zur Verwertung des Geschäftsanteils, aufgehoben wird;

c. im Falle des Todes eines Gesellschafters dessen Geschäftsanteil auf andere Personen als Mitgesellschafter oder Ehegatten oder Abkömmlinge des Verstorbenen übergeht oder der Geschäftsanteil nicht binnen sechs Monaten nach einer entsprechenden Aufforderung durch die Gesellschaft auf Personen übertragen wird, welche die vorstehenden Voraussetzungen erfüllen, wobei dieses Einziehungsrecht nur binnen eines Zeitraums von einem Jahr nach Kenntnis der Gesellschaft vom Tode des Gesellschafters und der Person seiner Rechtsnachfolger besteht;

d. in der Person des Gesellschafters ein seine Ausschließung rechtfertigender Grund vorliegt; ein solcher Grund liegt insbesondere vor, wenn ein weiteres Verbleiben des Gesellschafters in der Gesellschaft für diese untragbar ist, insbesondere wenn der Gesellschafter eine ihm nach dem Gesellschaftsvertrag

obliegende wesentliche Pflicht vorsätzlich oder grob fahrlässig verletzt oder sonst durch sein Verhalten die Interessen der Gesellschaft erheblich schädigt; ein solcher Grund liegt aber auch vor, wenn – soweit der Gesellschafter eine juristische Person oder eine Gesellschaft ist – deren Auflösung beschlossen wird oder die Auflösung bzw. Liquidation aus sonstigen Gründen erfolgt;

e. der Geschäftsanteil eines Gesellschafters als Rechtsfolge einer Maßnahme nach dem Umwandlungsgesetz auf einen Dritten übergeht, ohne dass die übrigen Gesellschafter dieser Maßnahme zugestimmt haben. Etwas anderes gilt nur dann, wenn ein Geschäftsanteil aufgrund einer Maßnahme nach dem Umwandlungsgesetz auf verbundene Unternehmen i.S.d. §§ 15 ff. AktG oder auf einen Mitgesellschafter übergeht.

(3) Steht ein Geschäftsanteil mehreren Mitberechtigten ungeteilt zu, so ist die Einziehung gemäß Abs. 2 auch zulässig, wenn die Voraussetzungen hierfür nur in der Person eines Mitberechtigten vorliegen.

(4) Die Einziehung bedarf eines Gesellschafterbeschlusses, der mit einer Mehrheit von 75 % der abgegebenen Stimmen gefasst wird. Dem betroffenen Gesellschafter steht kein Stimmrecht zu. Die Einziehung wird durch die Geschäftsführung erklärt. Sie wird wirksam mit Zugang dieser Erklärung bei dem betroffenen Gesellschafter, unabhängig davon, wann die Einziehungsvergütung gemäß § __________ entrichtet wird. [3, 4]

(5) Statt der Einziehung können die Gesellschafter mit Zustimmung der Gesellschaft auch beschließen, dass der betroffene Gesellschafter den Geschäftsanteil an die Gesellschaft oder an bestimmte Gesellschafter oder Dritte, welche in dem Beschluss zu bestimmen sind, abzutreten verpflichtet ist. In diesem Fall kann jedoch jeder Gesellschafter verlangen, dass ihm ein seiner Beteiligung am Stammkapital entsprechender Teil des Geschäftsanteils des ausscheidenden Gesellschafters übertragen wird. [5]

(6) Mit der Einziehung des Geschäftsanteils ist die Summe der Nennbeträge der bestehen bleibenden Geschäftsanteile anzupassen. Die Anpassung hat durch eine nominelle Aufstockung der Geschäftsanteile zu erfolgen, so dass in der Addition dieser Geschäftsanteile die Kennziffer des Stammkapitals erreicht wird, oder es ist mit der Einziehung – soweit die Voraussetzungen hierfür vorliegen – eine entsprechende Kapitalherabsetzung zu beschließen oder es ist ein neuer Geschäftsanteil zu bilden. [6]

(7) Die Einziehung erfolgt gegen Zahlung einer Abfindung nach Maßgabe von § __________ des Gesellschaftsvertrages [7]

(8) Die Abfindung ist in drei gleichen Jahresraten zu bezahlen. Die erste Rate ist sechs Monate, die zweite Rate neun Monate und die dritte Rate zwölf Monate nach dem Stichtag des Ausscheidens des Gesellschafters zur Zahlung fällig. Eine frühere Zahlung ist zulässig.

(9) Der ausscheidende Gesellschafter kann keine Sicherheit verlangen.

Erläuterungen

3 **1.** Voraussetzung für die Einziehung von Geschäftsanteilen ist die Zulassung im Gesellschaftsvertrag (vgl. auch zur unfreundlichen Übernahme der GmbH mittels Zwangseinziehung der Mehrheitsbeteiligung *Otto*, GmbHR 2018, 123 ff.). Dies gilt sowohl für die freiwillige Einziehung mit Zustimmung des betroffenen Gesellschafters als auch für die Einziehung ohne Zustimmung des

betroffenen Gesellschafters. Letztere ist allerdings nur zulässig, wenn deren Voraussetzungen bereits bei Erwerb des Geschäftsanteils durch den betroffenen Gesellschafter hinreichend bestimmt in dem Gesellschaftsvertrag geregelt waren (OLG München DB 1994, 320, 321; Baumbach/Hueck/*Fastrich* § 34 Rn. 7). Allerdings kann sowohl die Einziehung mit Zustimmung als auch die Einziehung ohne Zustimmung des betroffenen Gesellschafters durch eine spätere Änderung des Gesellschaftsvertrages zugelassen werden. Bei der nachträglichen Zulassung der Einziehung mit Zustimmung des betroffenen Gesellschafters ist streitig, ob hierfür neben der Zustimmung des Betroffenen auch die Zustimmung aller übrigen Gesellschafter nach § 53 Abs. 3 GmbHG erforderlich ist (BGHZ 9, 160; WM 1976, 206; BayObLG DB 1978, 2164; Lutter/Hommelhoff/*Lutter/Kleindiek* § 34 Rn. 13) oder eine $^3/_4$ Mehrheit nach § 53 Abs. 2 GmbHG genügt (Baumbach/Hueck/*Fastrich* § 34 Rn. 5). Eine nachträgliche Zulassung der Einziehung ohne Zustimmung des betroffenen Gesellschafters ist hingegen nach überwiegender Auffassung nur möglich, wenn alle betroffenen Gesellschafter zustimmen (BGHZ 9, 160, 116, 359, 363; NJW 1977, 2316; Lutter/Hommelhoff/*Lutter/Kleindiek* § 34 Rn. 23; Baumbach/Hueck/*Fastrich* § 34 Rn. 8). Ebenfalls wird man eine Zustimmung aller betroffenen Gesellschafter annehmen müssen, wenn die in dem Gesellschaftsvertrag enthaltenen Anforderungen an die Zwangseinziehung erleichtert werden sollen, was auch bei nachträglicher Herabsetzung der Abfindung gelten soll (BGHZ 116, 359, 363, 372).

2. Die Einziehung ohne Zustimmung des betroffenen Gesellschafters ist nur zulässig, wenn im Gesellschaftsvertrag hierfür sachliche Gründe festgelegt worden sind. Der sachliche Grund muss nicht das Gewicht eines wichtigen Grundes haben (Baumbach/Hueck/*Fastrich* § 34, Rn. 9; vgl. auch *Haberstroh,* BB 2010, 1745 ff.; OLG Rostock, GmbHR 2013, 752 ff.). Andererseits darf die Ausgestaltung der Einziehungsgründe auch nicht beliebig sein (Baumbach/Hueck/*Fastrich* § 34 Rn. 9; Lutter/Hommelhoff/*Lutter/Kleindiek* § 34 Rn. 25). Anerkannt ist daher, dass ein sachlicher Grund die Insolvenz des Gesellschafters (vgl. *Heckschen,* ZIP 2010, 1319 ff.; *ders.* NZG 2010, 521 ff.) oder die Pfändung des Gesellschaftsanteils sein kann. Die Verhinderung des Eindringens unerwünschter Dritter bei Familiengesellschaften durch Veräußerung des Geschäftsanteils an familienfremde Dritte kann ebenfalls einen sachlichen Grund darstellen (BGH DB 1977, 343). Anerkannt ist zudem, dass auch der Ausschluss, der Austritt, die Kündigung und auch die Erhebung der Auflösungsklage einen sachlichen Grund darstellen können, wobei schon die Äußerung der Absicht genügen soll (Baumbach/Hueck/*Fastrich* § 34 Rn. 10); Michalski/*Sosnitza* § 34 Rn. 36). Einen sachlichen Grund für eine Einziehung stellen auch nachhaltige grobe Pflichtverletzungen dar, die so schwer wiegen, dass nach umfassender Interessenabwägung unter Berücksichtigung aller Umstände des Einzelfalls eine andere Lösung den übrigen Gesellschaftern nicht zumutbar ist (BGH GmbHR 1994, 408, 409; OLG Brandenburg, GmbHR 1998, 194). Ebenfalls einen sachlichen Grund kann auch ein tiefgreifendes Zerwürfnis unter den Gesellschaftern darstellen (vgl. Böttcher, NZG 2014, 177 ff.; Einhaus/Selter, GmbHR 2015, 679 ff.; OLG Stuttgart, GmbHR 2013, Seite 803 ff.). Einen sachlichen Grund stellt auch ein schwerer Verstoß gegen gesellschaftsvertragliche Wettbewerbsverbote (OLG Nürnberg, GmbHR 1994, 252) oder die gesellschaftsrechtliche Treuepflicht dar (OLG München DB 1994, 320, 321), wobei auch eine Vielzahl kleinerer Verfehlungen, die in ihrer Gesamtschau eine weitere Zusammenarbeit unzumutbar machen, ausreichen sollen (BGH GmbHR 1987, 202, 203). 4

3. Die Einziehung von Geschäftsanteilen unterliegt gemäß § 46 Abs. 1 Nr. 4 GmbHG der Beschlussfassung durch die Gesellschafter. Der Gesellschaftsvertrag kann die Beschlusskompetenz allerdings auch anderen Gesellschaftsorganen, wie etwa einem Gesellschafterausschuss, dem Aufsichts- oder Beirat übertragen (str. Michalski/*Sosnitza* § 34 Rn. 96; Lutter/Hommelhoff/*Lutter/Kleindiek* § 34 Rn. 14; vgl. auch *Hackel,* GmbHR 2016, 44 ff.). Der Beschluss der Gesellschafter über die Einziehung ist vorbehaltlich einer abweichenden Regelung im Gesellschaftsvertrag grundsätzlich mit einfacher Mehrheit zu fassen (Baumbach/Hueck/*Fastrich* § 34 Rn. 14; Michalski/*Sosnitza* § 34 Rn. 102). Der betroffene Gesellschafter hat Anspruch auf Teilnahme an der Gesellschafterversammlung, in der über die Einziehung beschlossen wird (BGH DStR 1997, 1257). Während die überwiegende Meinung im Falle der Einziehung ohne Zustimmung des betroffenen Gesell- 5 schafters davon ausgeht, dass der betroffene Gesellschafter jedenfalls dann kein Stimmrecht gemäß § 47 Abs. 4 S. 1 GmbHG hat, wenn die Einziehung auf einen wichtigen Grund in der Person des betroffenen Gesellschafters gestützt wird (Michalski/*Sosnitza* § 34 Rn. 103), wird für den Fall der freiwilligen Einziehung ein generelles Stimmverbot nach § 47 Abs. 4 GmbHG überwiegend verneint (Baumbach/Hueck/*Fastrich* § 34 Rn. 103). Über die Beschlussfassung über die Einziehung hinaus bedarf die Durchführung der Einziehung einer sich an den Einziehungsbeschluss anschließenden Einziehungserklärung, die im Grundsatz formfrei möglich ist (Baumbach/Hueck/*Fastrich* § 34 Rn. 14). Nimmt der betroffene Gesellschafter nicht an der Beschlussfassung teil, erfolgt die Mitteilung regelmäßig durch den Geschäftsführer, der dazu im Zweifel ermächtigt ist (Baumbach/Hueck/*Fastrich* § 34 Rn. 16; Hackel, GmbHR 2016, 44 ff.). Allerdings ist es auch möglich, dass die Gesellschafterversammlung ein anderes Mitglied ermächtigt (str. Baumbach/Hueck/*Fastrich* § 34 Rn. 16; Lutter/Hommelhoff/*Lutter/Kleindiek* § 34 Rn. 14). Eine Mitteilung an den betroffenen Gesellschafter über die Einziehung wird allerdings dann als überflüssig angesehen, wenn der Gesellschafter an der Beschlussfassung teilnimmt (Baumbach/Hueck/*Fastrich* § 34 Rn. 16). Besteht am einzuziehenden Geschäftsanteil eine Mitberechtigung gemäß § 18 GmbHG, ist die Zustimmung aller mitberechtigten Gesellschafter erforderlich (Baumbach/Hueck/*Fastrich* § 34 Rn. 6). Ist der einzuziehende Geschäftsanteil mit Rechten Dritter belastet, etwa einem Pfandrecht oder Nießbrauch, so entsprach es bislang der überwiegenden Meinung, dass auch diese dinglich Berechtigten zustimmen müssen, wenn sie der Gesellschaft durch Anmeldung oder Anzeige bekannt sind (Baumbach/Hueck/*Fastrich* § 34 Rn. 6; vgl. aber auch Lutter/Hommelhoff/*Lutter/Kleindiek* § 34 Rn. 17). Da durch das MoMiG die Möglichkeit zur förmlichen Legitimation der Inhaber dinglicher Rechte am Geschäftsanteil beseitigt worden ist, wird nunmehr vertreten, dass ein Schutz des Inhabers dinglicher Rechte nur durch entsprechende Anwendung der §§ 407, 409 BGB erfolgen soll (Baumbach/Hueck/*Fastrich* § 34 Rn. 6).

6 **4.** Mit Wirksamwerden der Einziehung geht der Geschäftsanteil unter. Nach der Rechtsprechung des Bundesgerichtshofs scheidet ein Gesellschafter einer GmbH sofort mit Einziehung seines Geschäftsanteils und Kenntniserlangung von dem Einziehungsbeschluss aus der Gesellschaft aus, auch wenn der Gesellschaftsvertrag dies nicht ausdrücklich anordnet (BGH GmbHR 2012, 387; vgl. auch *Klöckner,* GmbHR 2012, 1325 ff.; *Schneider/Hoeger,* NJW 2013, 502 ff.)

7 **5.** Im Übrigen ist die Einziehung gemäß § 34 Abs. 3 GmbHG durch den Grundsatz der Aufbringung und Erhaltung des Stammkapitals beschränkt. Danach darf die Einziehung die Aufbringung und die Erhaltung des Stammkapitals nicht beeinträchtigen und nur nach Volleinzahlung der Stammeinlage erfolgen (Baumbach/Hueck/*Fastrich* § 34 Rn. 11). Zu beachten ist, dass der Einziehungsbeschluss nichtig sein soll, wenn schon bei der Beschlussfassung feststeht, dass die Abfindung bei Fälligkeit nur aus gebundenem Vermögen bezahlt werden kann (BGH ZIP 2012, 422, 433; *Grunewald,* GmbHR 2012, 769 ff.). Bei der Frage, ob die Gesellschaft ihre aus der Einziehung erwachsene Abfindungsverpflichtung ohne Verletzung der § 30 Abs. 1, § 34 Abs. 3 GmbHG erfüllen kann, kommt es auf eine streng bilanzielle Betrachtung an (vgl. BGH, DNotZ 2019, 469 ff.; vgl. hierzu auch Lubberich, DNotZ 2019, Seite 5 ff.). Es bietet sich an, in dem Gesellschaftsvertrag Regelungen für den Fall einer nicht vollständigen Einzahlung der Geschäftsanteile sowie für den Fall vorzusehen, dass auch eine Zahlung des Einziehungsentgelts durch die Gesellschaft nicht möglich ist. In diesen Fällen sind Regelungen über die Abtretung an einen von den Gesellschaftern zu benennenden Dritten oder – soweit zulässig – an die Gesellschaft zweckmäßig(vgl. hierzu *Maier-Reimer,* GmbHR 2017, 1325 ff). Tritt man solchen Regelungen nicht näher, so ist in jedem Fall die Ausfallhaftung der Gesellschafter bei Einziehung von Geschäftsanteilen zu beachten, die grundsätzlich erst in dem Zeitpunkt entsteht, ab dem die Fortsetzung der Gesellschaft unter Verzicht auf Maßnahmen zur Befriedigung des Abfindungsanspruchs des ausgeschiedenen Gesellschafters als treuwidrig anzusehen ist (vgl. BGH NZG 2016, 742 ff.).

8 **6.** Wird die Einziehung wirksam, ist der Geschäftsanteil des betroffenen Gesellschafters vernichtet und dessen Gesellschafterstellung erloschen (vgl. zur Möglichkeit einstweiligen Rechtsschutzes KG Berlin, GmbHR 2016, 416 ff; 2018, 361 ff.; OLG Thüringen GmbHR 2017, 416 ff; *Ber-*

nauer/Bernauer, GmbHR 2016, 621 ff.; *Wagner*, GmbHR 2016, 463 ff.; *Fluck*, GmbHR 2017, 67 ff.. Allerdings bleibt das Stammkapital unverändert und die Nennbeträge der verbleibenden Geschäftsanteile ändern sich nach überwiegender Meinung nicht (BayObLG, GmbHR 1992, 42; Baumbach/Hueck/*Fastrich* § 34 Rn. 20; *Wanner-Laufer*, NJW 2010, 1499, 1501; *Braun*, NJW 2010, 2700 ff.). Infolge der Änderung des sogenannten Übereinstimmungsgebots in § 5 Abs. 3 Satz 2 GmbHG wird überwiegend eine dauerhafte Übereinstimmung zwischen den Nennbeträgen der Geschäftsanteile und dem Stammkapital der Gesellschaft für erforderlich gehalten (Baumbach/Hueck/*Fastrich* § 34, Rn. 20; *Wanner-Laufer*, NJW 2010, S. 1499, 1501). Welche Konsequenzen ein Verstoß gegen das Übereinstimmungsgebot hat, war allerdings lange umstritten (Baumbach/Hueck/*Fastrich* § 34 Rn. 17a; *Wanner-Laufer*, NJW 2010, S. 1499, 1501; *Haberstroh*, NZG 2010, 1094 ff.; *Schockenhoff*, NZG 2012, 449; *Blath*, GmbHR 2011, 1177; Braun NJW 2010, 2007 ff.; *Nolting*, ZIP 2011, 1292 ff.; Stehmann, GmbHR 2013, 574 ff.; OLG Rostock, GmbHR 2013, 752, 753; OLG Saarbrücken, GmbHR 2012, 209 ff.; LG Essen GmbHR 2010, 1034 ff.; LG Neubrandenburg, ZIP 2011, 1214 ff.). Der Bundesgerichtshof hat diese Frage zwischenzeitlich geklärt (kritisch hierzu *Altmeppen*, ZIP 2016, 1557 ff.). Danach ist der Beschluss über die Einziehung eines GmbH-Geschäftsanteils nicht deshalb nichtig, weil die Gesellschafterversammlung nicht gleichzeitig Maßnahmen ergriffen hat, um ein Auseinanderfallen der Summe der Nennbeträge der nach der Einziehung verbleibenden Geschäftsanteile und dem Stammkapital der Gesellschaft zu verhindern (vgl. BGH NJW 2015, 1385 ff.; Kleindiek, NZG 2015, 489 ff.). Hieraus folgt nach überwiegender Meinung, dass den Gesellschaftern auch nicht die Pflicht auferlegt ist, die aus der Anteilseinziehung resultierende Divergenz innerhalb eines bestimmten Zeitraumes zu beseitigen (vgl. Kleindiek, NZG 2015, 489, 494; *Priester*, GmbHR 2016, 1065 ff.). Dementsprechend darf auch das Registergericht den Vollzug eines späteren Eintragungsantrages nicht davon abhängig machen, dass zunächst eine noch bestehende Divergenz zwischen der Summe der Nennbeträge der Geschäftsanteile und dem Stammkapital beseitigt wird, die auf einer zurückliegenden Einziehung beruht (vgl. Kleindiek, NZG 2015, 489, 494; Schmidt/Stürner, ZIP 2015, 1521 ff.).

7. Der durch Einziehung aus der Gesellschaft ausscheidende Gesellschafter hat im Grundsatz 9
einen Anspruch auf Zahlung einer Abfindung in Höhe des vollen wirtschaftlichen Wertes (Verkehrswert) seines Geschäftsanteils (vgl. BGHZ 9, 157, 168; 116, 359, 370; vgl. zu den Steuerfolgen eines Gesellschafterausschlusses Wollweber/Ruske, GmbHR 2015, 785 ff.), der grundsätzlich mit Zugang der Mitteilung des Einziehungsbeschlusses gegenüber dem Gesellschafter zur Zahlung fällig wird. Schuldner des Abfindungsanspruchs ist die Gesellschaft, subsidiär haften die Gesellschafter (vgl. BGH, ZIP 2012, 422; *Altmeppen*, ZIP 2012, 1685 ff.; ders., NJW 2013, 1025 ff.; Schmidt, GmbHR 2013, 953 ff.). Der Gesellschaftsvertrag kann allerdings die Höhe der Abfindung beschränken. Bei der Auslegung der Bestimmung über die Abfindung eines ausscheidenden Gesellschafters im Gesellschaftsvertrag einer GmbH ist zu berücksichtigen, dass die am Gesellschaftsvertrag beteiligten Personen im Zweifel eine auf Dauer wirksame und Gesellschafter gleich behandelnde Regelung der Abfindung gewollt haben (vgl. BGH, ZIP 2011, 2357 ff.; vgl. aber auch BGH, NJW, 2010, 3718 ff.). Der Gesellschaftsvertrag kann auch Regelungen zur Berechnung der Abfindung und deren Auszahlung festlegen (Baumbach/Hueck/*Fastrich* § 34 Rn. 25), wobei Abfindungsbeschränkungen inhaltlichen Schranken unterliegen, die sich sowohl aus dem Gesichtspunkt des Schutzes des betroffenen Gesellschafters als auch dem Gesichtspunkt des Schutzes der Gläubiger der Gesellschafter ergeben können sowie dem Gleichbehandlungsgrundsatz im Verhältnis der Gesellschafter untereinander (Baumbach/Hueck/*Fastrich* § 34 Rn. 26, 29; vgl. auch *Altmeppen*, ZIP 2012, 1685 ff.). Der Gesellschaftsvertrag kann auch eine Abfindung unter dem Verkehrswert vorsehen (BGHZ 144, 365; OLG München NJW-RR 1988, 751), die auch zu Lasten von Gläubigern im Insolvenzfall als zulässig angesehen wird, soweit die Gläubiger nicht diskriminiert werden (BGHZ 65, 22; 144, 365; vgl. auch *Herff*, GmbHR 2012, 621 ff.). Die Interessen des Gesellschafters sind allerdings immer dann betroffen, wenn ein grobes Missverhältnis zwischen dem nach der Satzung berechneten Abfindungsbetrag und dem wirklichen Wert der Geschäftsanteile besteht. Ein solches grobes Missverhältnis soll vorliegen, wenn die gesetzlich vorgesehene volle Abfindung vollkommen unangemessen verkürzt wird (BGHZ, 116, 359, 368, 376; Baumbach/Hueck/*Fastrich*

§ 34 Rn. 27). Maßgeblich ist allerdings immer die Beurteilung der gesamten Umstände des Einzelfalles. Schematische prozentuelle Grenzen für ein grobes Missverhältnis gibt es nicht (Baumbach/Hueck/*Fastrich* § 34 Rn. 27). Ein grobes Missverhältnis liegt nicht schon dann vor, wenn eine Abfindung in Höhe des Buchwertes vereinbart ist, obwohl erhebliche stille Reserven vorhanden sind (BGH NJW 1985, 192, 193). Eine Abfindungsbeschränkung darf allerdings nicht dazu führen, dass das Recht des Gesellschafters auf Austritt aus der Gesellschaft aus wichtigem Grund und die Erhebung der Auflösungsklage unbillig, unmittelbar oder mittelbar eingeschränkt bzw. faktisch ausgeschlossen werden, weil sich für den Gesellschafter unzumutbare Vermögenseinbußen bei Ausübung ergeben (Baumbach/Hueck/*Fastrich* § 34 Rn. 27). Ein vollständiger Ausschluss der Abfindung im Falle der Einziehung ohne die Zustimmung des Gesellschafters dürfte unzulässig sein, es sei denn, er ist durch besondere sachliche Gründe gerechtfertigt (Baumbach/Hueck/*Fastrich* § 34 Rn. 34). Dies könnte bei einer Gesellschaft mit ideellem Zweck der Fall sein (BGH NJW 1997, 2592 zur BGB-Gesellschaft) oder aber bei einer unentgeltlichen Anteilseinziehung von familienfremden Erben zum Zwecke der Erhaltung einer Gesellschaft als Familienunternehmen (BGH, DB 1977, 342, 343). Auch bei einer Einziehung infolge des Todes eines Gesellschafters wird ein Abfindungsausschluss als zulässig angesehen (Baumbach/Hueck/*Fastrich* § 34 Rn. 34). Möglich ist ein Abfindungsausschluss auch dann, wenn die Beteiligung im Rahmen eines Mitarbeiterbeteiligungsmodells unentgeltlich überlassen wurde (OLG Celle GmbHR 2003, 1428). Dagegen stellt die Zwangseinziehung aus wichtigem Grunde wegen einem schuldhaften Verstoß des betroffenen Gesellschafters gegen seine Gesellschafterpflichten keinen hinreichenden Grund für einen vollständigen Abfindungsausschluss dar (vgl. BGH GmbHR, 2014, 811; Baumbach/Hueck/*Fastrich* § 34 Rn. 34). Eine zu niedrig bemessene Abfindung kann unter Berücksichtigung der Umstände des Einzelfalls die Nichtigkeit der Abfindungsregelung herbeiführen, mit der Folge, dass der Verkehrswert als die gesetzlich geschuldete Abfindung zu gewähren ist (BGH NJW 1989, 2685 betr. eine GmbH & Co. KG). Maßgeblicher Zeitpunkt für das Vorliegen eines groben Missverhältnisses ist die Beschlussfassung über die Abfindungsregelung (BGHZ 116, 359, 368). Steht allerdings eine ursprünglich vereinbarte angemessene Abfindung aufgrund einer zwischenzeitlich eingetretenen wirtschaftlichen Entwicklung der Gesellschaft in einem groben Missverhältnis zum wirtschaftlichen Wert, so besteht nach der Rechtsprechung im Wege ergänzender Vertragsauslegung des Gesellschaftsvertrages nach Treu und Glauben unter Abwägung der beiderseitigen Interessen von Gesellschaft und ausgeschiedenem Gesellschafter ein Anspruch auf Abfindung in angemessener Höhe (BGHZ 116, 359, 371; 123, 281, 289; 126, 226, 242). Ein Anspruch auf Gewinn für die Zeit vor Untergang des Geschäftsanteils durch Einziehung steht dem betroffenen Gesellschafter allerdings nur dann zu, soweit dessen Ausschüttung vor dem Beschluss über die Einziehung beschlossen wurde (BGH ZIP 1998, 1836, 1837). Scheidet ein GmbH-Gesellschafter aus der Gesellschaft aus und sieht der Gesellschaftsvertrag vor, dass sich seine Abfindung nach einer Auseinandersetzungsbilanz berechnet, ist diese von der Gesellschaft aufzustellen (vgl. LG Koblenz, GmbHR 2014, 652). Eine persönliche Haftung der verbleibenden Gesellschafter für den Abfindungsanspruch ausgeschiedenen Gesellschafters nach Einziehung seines GmbH-Anteils ist möglich (vgl. hierzu BGH GmbHR 2016, 754; *Schürrmacher*, GmbHR 2016, 1077 ff.; *Wächter*, GmbHR 2016, 961 ff.) In der Insolvenz der Gesellschaft ist der Abfindungsanspruch eines ausgeschiedenen GmbH-Gesellschafters als Insolvenzforderung im Sinne von § 80 InsO zu berücksichtigen (vgl. KG, ZIP 2015, 937 ff.).

2. Gesellschafterbeschluss über die Einziehung eines Geschäftsanteils

Vorbemerkung

10 Die Einziehung eines Geschäftsanteils bedeutet die Vernichtung des Geschäftsanteils und der entsprechenden Mitgliedschaftsrechte durch die Gesellschaft. Sie unterscheidet sich hierdurch von dem Erwerb des Geschäftsanteils durch die Gesellschaft gemäß § 33 GmbHG, der den Anteil bestehen lässt (Baumbach/Hueck/*Fastrich* § 34 Rn. 2). Neben der Beschlussfassung der Gesellschafter gemäß § 46 Abs. 1 Nr. 4 GmbHG erfordert die Einziehung im Grundsatz eine sich an den Einziehungsbeschluss anschließende Einziehungserklärung (Baumbach/Hueck/*Fastrich* § 34 Rn. 14).

Muster

Einziehungsbeschluss 11

Das Stammkapital der C-GmbH beträgt 100.000,00 €. Von dem Stammkapital halten die Gesellschafter A, B, C, D und E jeweils einen Geschäftsanteil mit einem Nennwert in Höhe von 20.000,00 €. Trotz ordnungsgemäßer Ladung ist Frau/Herr E nicht erschienen. Die anwesenden und gemäß § ____________ des Gesellschaftsvertrages beschlussfähigen Gesellschafter beschließen nunmehr einstimmig folgendes:

1. **Der Geschäftsanteil von Frau/Herr E mit einem Nennwert in Höhe von 20.000,00 € wird eingezogen.** [1, 2]
2. **Frau/Herr Geschäftsführer(in) ____________ wird bevollmächtigt, Frau/Herr E gegenüber die Einziehung ihres/seines Geschäftsanteils zu erklären.** [3]
3. **Frau/Herr Geschäftsführer(in) ____________ wird beauftragt, nach Maßgabe des Gesellschaftsvertrages das Einziehungsentgelt zu ermitteln und an Frau/Herrn E auszuzahlen.**
4. **Die Nennbeträge der verbleibenden 4 Geschäftsanteile von derzeit noch jeweils 20.000,00 € werden um jeweils 5.000,00 € auf sodann 25.000,00 € erhöht. § ____________ des Gesellschaftsvertrages der C-GmbH wird wie folgt neu gefasst:** [4]

   (1) Das Stammkapital der Gesellschaft beträgt 100.000,00 €.

   (2) Davon halten

Frau/Herr ________________	**25.000,00 €**
Frau/Herr ________________	**25.000,00 €**
Frau/Herr ________________	**25.000,00 €**
Frau/Herr ________________	**25.000,00 €**

Die Gesellschafterversammlung ist hiermit beendet.

[Ort], den [Datum]

____

Gesellschafter(in) der C-GmbH

[Ort], den [Datum]

____

Gesellschafter(in) der C-GmbH

[Ort], den [Datum]

____

Gesellschafter(in) der C-GmbH

[Ort], den [Datum]

____

Gesellschafter(in) der C-GmbH

Erläuterungen

1. Bei der Einziehung eines Geschäftsanteils ist zwischen der freiwilligen Einziehung mit Zustimmung des betroffenen Gesellschafters und der Zwangseinziehung zu unterscheiden (vgl. hierzu Muster J 1, Rdn. J 3). 12

2. Der Gesellschafter scheidet sofort mit Einziehung seines Geschäftsanteils und Kenntniserlangung von dem Einziehungsbeschluss aus der Gesellschaft aus, auch wenn der Gesellschafts- 13 vertrag dies nicht ausdrücklich anordnet (BGH GmbHR 2012, 387; vgl. auch Schneider/*Hoeger* NJW 2013, 502 ff.; *Klöckner,* GmbHR 2012, 1325, 1326). Mit Wirksamwerden der Einziehung verliert der betroffene Gesellschafter grundsätzlich die Mitgliedschaft mit allen Rechten und Pflichten (BGHZ 9, 157; DStR 1997, 1336; OLG Frankfurt/Main ZIP 1997, 644). Der Gesellschafterbeschluß über die Einziehung bewirkt den sofortigen Untergang des eingezogenen Geschäftsanteils, so dass er daraufhin auch nicht mehr geteilt und übertragen werden kann (OLG Dresden, GmbHR 2016, 56 f.) Rechte Dritter am Geschäftsanteil erlöschen mit dem Geschäftsanteil (Baumbach/Hueck/*Fastrich* § 34 Rn. 19). Bis zur Einziehung fällig gewordene Ansprüche des Gesellschafters auf Gewinn bleiben bestehen (Baumbach/Hueck/*Fastrich* § 34 Rn. 19).

14 **3.** Nimmt der betroffene Gesellschafter nicht an der Beschlussfassung teil, so erfolgt die Mitteilung der Einziehung regelmäßig durch den im Beschluss bevollmächtigten Geschäftsführer oder Dritten, wobei die Auffassung vertreten wird, dass der Geschäftsführer hierzu im Zweifel ermächtigt sein soll (Baumbach/Hueck/*Fastrich* § 34 Rn. 16). Eine bestimmte Form für den zu fassenden Beschluss ist grundsätzlich nicht erforderlich. Aus Beweiszwecken ist Schriftform des Einziehungsbeschlusses geboten. Eine notarielle Beurkundung des Einziehungsbeschlusses ist allerdings dann erforderlich, wenn der Beschluss über die Einziehung mit einer Änderung des Gesellschaftsvertrages verbunden ist. Die nominelle Aufstockung der Geschäftsanteile stellt keine Änderung des Gesellschaftsvertrages dar, da die Nennbeträge nicht materieller Bestandteil des Gesellschaftsvertrages sind (Baumbach/Hueck/*Fastrich* § 34, Rn. 20; BGH NJW 1989, 168). Nimmt der betroffene Gesellschafter an der Gesellschafterversammlung teil, so wird überwiegend eine Mitteilung an ihn über die Einziehung als überflüssig angesehen (Baumbach/Hueck/*Fastrich* § 34 Rn. 16).

15 **4.** Das Stammkapital der Gesellschaft bleibt unverändert, wenn die Einziehung des Geschäftsanteils nicht mit einer Herabsetzung des Stammkapitals verbunden ist. Erfolgt mit der Einziehung des Geschäftsanteils nicht gleichzeitig eine Kapitalherabsetzung, eine Aufstockung der übrigen Geschäftsanteile oder die Schaffung eines neuen Geschäftsanteils, so ist der Beschluss über die Einziehung nicht aus diesem Grunde nichtig (vgl. BGH NJW 2015, 1385 ff.; OLG Saarbrücken, GmbHR 2012, 209; LG Dortmund ZIP 2012, 1247; *Blath* GmbHR 2011, 1177, 1178 ff.; *Schockenhoff* NZG 2012, 449).

3. Erklärung der Geschäftsführung über die beschlossene Einziehung an den betroffenen Gesellschafter

Vorbemerkung

16 Die Einziehung eines Geschäftsanteils erfolgt grundsätzlich durch Gesellschafterbeschluss nach § 46 Nr. 4 GmbHG und dessen Mitteilung an den betroffenen Gesellschafter (Baumbach/Hueck/*Fastrich* § 34 Rn. 14).

Muster

17 **Einschreiben/Rückschein**

An

Frau/Herrn ____________

____

Betreff: Einziehung Ihres Geschäftsanteils

Sehr geehrte(r) Frau/Herr ____________,

in der Gesellschafterversammlung vom __________ haben die Gesellschafter gemäß § __________ des Gesellschaftsvertrages die Einziehung Ihres voll eingezahlten Geschäftsanteils mit einem Nennbetrag in Höhe von EUR 25.000,00 beschlossen und die unterzeichnenden Geschäftsführer bevollmächtigt, Ihnen gegenüber die Einziehung Ihres Geschäftsanteils zu erklären. [1] Zu der Gesellschafterversammlung sind Sie trotz form- und fristgerechter Ladung nicht erschienen. Eine Abschrift der Niederschrift der Gesellschafterversammlung vom __________ fügen wir als Anlage bei.

In unserer Eigenschaft als gemeinschaftlich zur Vertretung der C-GmbH berechtigte Geschäftsführer erklären wir hiermit die Einziehung Ihres Geschäftsanteils im Nennbetrag von EUR 25.000,00. Wir weisen darauf hin, dass gemäß § __________ des Gesellschaftsvertrages die Einziehung mit Zugang dieser Erklärung bei Ihnen wirksam wird. [2] Gemäß § __________ des Gesellschaftsvertrages beträgt das Ihnen zustehende Einziehungsentgelt __________, das an Sie in drei gleichgroßen Raten, erstmals zum __________ ausgezahlt wird. Eine Berechnung über die Höhe Ihres Abfindungsguthabens fügen wir als weitere Anlage bei.

__________, den __________

Geschäftsführer A Geschäftsführer B

Erläuterungen

1. Die Einziehung erfolgt im Grundsatz durch Beschluss der Gesellschafterversammlung gemäß § 46 Nr. 4. GmbHG. Der Einziehungsbeschluss ist dem betroffenen Gesellschafter mitzuteilen (Baumbach/Hueck/*Fastrich* GmbHG, 19. Aufl. 2010, § 34 Rn. 16). Die Mitteilung der Beschlussfassung über die Einziehung stellt eine einseitig empfangsbedürftige und rechtsgestaltende Willenserklärung dar (Lutter/Hommelhoff/*Lutter/Kleindiek* § 34 Rn. 18). Mit dem Zugang bei dem betroffenen Gesellschafter ist diese wirksam und unwiderruflich (Lutter/Hommelhoff/*Lutter/Kleindiek* § 34 Rn. 18; vgl. *Klöckner,* GmbHR 2012, 1325, 1326). Nimmt der betroffene Gesellschafter an der Beschlussfassung teil, so wird eine besondere Mitteilung als überflüssig angesehen (Baumbach/Hueck/*Fastrich,* § 34 Rn. 16). Nimmt der betroffene Gesellschafter an der Beschlussfassung nicht teil, erfolgt die Mitteilung regelmäßig durch die Geschäftsführer der Gesellschaft in vertretungsberechtigter Zahl (Lutter/Hommelhoff/*Lutter/Kleindiek* § 34 Rn. 18; Michalski/*Sosnitza* § 34, Rn. 111, der von einer konkludenten Ermächtigung der Geschäftsführer ausgeht), soweit in dem Beschluss über die Einziehung nicht ein Dritter bevollmächtigt wurde. Ist die Einziehungserklärung noch nicht zugegangen, so entfaltet sie auch keine Wirkung. Umgekehrt führt die Mitteilung der Einziehung ohne wirksamen Beschluss die Einziehungsfolgen nicht herbei (RG JW 1934, 977).

2. Der Gesellschafter scheidet sofort mit Einziehung seines Geschäftsanteils und der Kenntniserlangung von dem Einziehungsbeschluss aus der Gesellschaft aus, auch wenn der Gesellschaftsvertrag dies nicht ausdrücklich anordnet (BGH GmbHR 2012, 387; vgl. auch *Schneider/Hoeger,* NJW 2013, 502, *Klöckner,* GmbHR 2012, 1325, 1326). 18

II. Ausschluss und Austritt

4. Gesellschafterbeschluss über die Erhebung einer Ausschlussklage

Vorbemerkung

Auch wenn der Gesellschaftsvertrag keine Regelung zum Ausschluss eines Gesellschafters aus wichtigem Grund enthält, bleibt die Ausschließung eines Gesellschafters aus wichtigem Grund 19 durch gerichtliches Urteil zulässig (BGH NJW 1977, 2316; GmbHR 1987, 302; 1999, 1194; OLG Stuttgart, GmbHR 2013, 803, 809 ff.). Die Ausschließung eines Gesellschafters erfolgt in einem dreistufigen Verfahren, das sich aus dem Gesellschafterbeschluss über die Erhebung der Ausschlussklage, der Durchführung der Ausschlussklage sowie der Verwertung nach Rechtskraft des Ausschlussurteils zusammensetzt.

Muster

20 **Gesellschafterbeschluss über die Erhebung einer Ausschlussklage [1]**

Das Stammkapital der C-GmbH beträgt 100.00,00 €. Das Stammkapital ist vollständig eingezahlt. An diesem Stammkapital sind die Gesellschafter A mit einem Geschäftsanteil im Nennbetrag von 20.000,00 €, der Gesellschafter C mit einem Geschäftsanteil im Nennbetrag von 25.000,00 € sowie der Gesellschafter C mit einem Geschäftsanteil im Nennbetrag von 55.000,00 €, beteiligt. Gemäß § ____________ ist die Gesellschafterversammlung beschlussfähig, wenn mindestens 50 % des Stammkapitals der Gesellschaft vertreten sind. Mit Schreiben vom ____________ wurde die außerordentliche Gesellschafterversammlung der C-GmbH einberufen und wurden die Gegenstände der Beschlussfassung angekündigt. Ausweislich der als Anlagenkonvolut 1 beigefügten Rückscheine ist die Einladung sämtlichen Gesellschaftern zugegangen. Mit Schreiben vom ____________ wurde Frau/Herr ____________ aufgefordert, zu dem gegen sie/ihn erhobenen Vorwurf, gegen das in § ____________ des Gesellschaftsvertrags vereinbarte Wettbewerbsverbot durch ihre/seine Tätigkeit für die B-GmbH verstoßen zu haben, Stellung zu nehmen. [2] Bis zum heutigen Tage ist eine Stellungnahme nicht erfolgt.

Die Erschienenen erheben keine Beanstandung gegen Form und Frist der Einberufung und Ankündigung der Gesellschafterversammlung und beschließen [3] einstimmig was folgt:

1. **Es soll Ausschlussklage gegen Frau/Herrn ____________ wegen Verstoß gegen das in § ____________ vereinbarte Wettbewerbsverbot erhoben werden.**
2. **Die Ausschließung erfolgt gemäß § ____________ des Gesellschaftsvertrages durch Einziehung des Geschäftsanteils [4].**
3. **Frau/Herr Geschäftsführer(in) [5] ____________ wird bevollmächtigt, alle Maßnahmen unter Einschluss der Beauftragung der Rechtsanwaltskanzlei ____________ einzuleiten, die notwendig sind, damit die Ausschlussklage gegen Frau/Herr ____________ kurzfristig erhoben wird. [6]**

Erläuterungen

21 **1.** Die Entscheidung über die Erhebung der Ausschlussklage erfolgt durch Beschluss der Gesellschafter, bei dem dem betroffenen Gesellschafter kein Stimmrecht zusteht (BGHZ 9, 177 f.; OLG Düsseldorf GmbHR 1999, 543; OLG Stuttgart WM 1989, 1252, 1253; Baumbach/Hueck/*Fastrich* Anh. § 34 Rn. 9). Der Beschluss bedarf mit der überwiegenden Meinung einer Mehrheit von 3/4 der abgegebenen Stimmen (Michalski/*Sosnitza* Anh. § 34, Rn. 25; Baumbach/Hueck/*Fastrich* Anh. § 34 Rn. 9; BGHZ 153, 285, 288 f.; Lutter/Hommelhoff/*Lutter/Kleindiek* § 34 Rn. 59; a.A. OLG Köln NZG 2001, 82; LG Köln GmbHR 2000, 141). Eine Ausnahme von dem Erfordernis eines Gesellschafterbeschlusses mit 3/4 Mehrheit wird bei zweigliedrigen Gesellschaften gemacht, da die Entscheidung dort mangels Stimmrecht des auszuschließenden Gesellschafters ohnehin vom ausschließungswilligen Gesellschafter getroffen wird (BGH ZIP 1999,

1843; 2003, 395; NZG 2003, 284). Weitere Voraussetzung des Ausschlusses ist vorbehaltlich abweichender Regelungen im Gesellschaftsvertrag die vollständige Einzahlung des Geschäftsanteils und die Möglichkeit, die Abfindung aus dem freien Vermögen der Gesellschaft zahlen zu können (Lutter/Hommelhoff/*Lutter/Kleindiek* § 34 Rn. 57).

2. Die Zulässigkeit der Herbeiführung eines Gesellschafterbeschlusses über die Erhebung einer Ausschlussklage ist allgemein anerkannt. Denn die anderen Gesellschafter müssen sich und die Gesellschaft bei Vorliegen eines wichtigen Grundes in der Person eines Gesellschafters schützen können, auch wenn der Gesellschaftsvertrag weder die Zwangseinziehung noch eine Abtretungsverpflichtung noch eine Ermächtigung zur Abtretung des betreffenden Geschäftsanteils vorsieht (Lutter/Hommelhoff/*Lutter/Kleindiek* § 34 Rn. 52). Dementsprechend wird ein wichtiger Grund immer dann angenommen, wenn die Erreichung des Gesellschaftszwecks durch die Person oder das Verhalten des auszuschließenden Gesellschafters nachhaltig beeinträchtigt oder sogar unmöglich gemacht wird und deswegen sein Verbleib in der Gesellschaft sich bei Würdigung der Gesamtumstände für die übrigen Gesellschafter als unzumutbar darstellt (BGH GmbHR 1991, § 362; Lutter/Hommelhoff/*Lutter/Kleindiek* § 34 Rn. 53). Ein Verschulden des betroffenen Gesellschafters ist hierfür nicht Voraussetzung (BGHZ 9, 157, 164). Ein wichtiger Grund liegt bei Denunziation eines Mitgesellschafters vor (BGH NJW 1969, 794), nicht jedoch bei leichtfertiger Strafanzeige gegen einen Mitgesellschafter (BGH NZG 2003, 530). Darüber hinaus sind finanzielle Unregelmäßigkeiten (BGHZ 32, 31), unsittliches Verhalten gegenüber einer Mitarbeiterin (BGHZ 16, 317, 319; Lutter/Hommelhoff/*Lutter/Kleindiek* § 34 Rn. 54) ebenso als wichtiger Grund anerkannt wie ein schwerer Verstoß gegen die gesellschaftsrechtliche Treuepflicht (OLG Dresden NZG 2001, 809). In jedem Fall ist dem Gesellschafter ausreichend Gelegenheit zur Stellungnahme zu gewähren (OLG München DB 1998, 304; Michalski/*Sosnitza* Anh. § 34 Rn. 25), da der Beschluss sonst wegen Verletzung des Rechts, gehört zu werden, anfechtbar sein könnte (OLG Hamm GmbHR 1998, 138, 139) und ist der Ausschluss als ultima ratio nur dann zulässig, wenn der den wichtigen Grund bildende Anlass nicht auf andere Weise beseitigt werden kann (Lutter/Hommelhoff/*Lutter/Kleindiek* § 34 Rn. 56). Aus der Treuepflicht kann sich im Einzelfall eine Verpflichtung des Mitgesellschafters zur Zustimmung ergeben (BGH GmbHR 1975, 179, 181 zur KG). 22

3. Eine bestimmte Form ist für den Beschluss nicht vorgeschrieben (OLG Frankfurt/Main GmbHR 1980, 56, 57). Weder handelt es sich um eine Änderung des Gesellschaftsvertrages noch liegt in dem Beschluss selbst als gesellschaftsinterner Akt die Anteilsveräußerung oder eine Verpflichtung dazu (Michalski/*Sosnitza* Anh. § 34 Rn. 23). Inhaltlich muss sich der Beschluss allerdings auf einen bestimmten Gesellschafter beziehen und hinreichend klar zum Ausdruck bringen, dass wegen des Vorliegens eines wichtigen Grundes Ausschlussklage erhoben werden soll (Michalski/*Sosnitza* Anh. § 34 Rn. 23). Nicht erforderlich ist, dass in dem Beschluss bereits Regelungen über die Höhe, Zahlungsweise oder Finanzierung des Abfindungsanspruchs aufgenommen werden (Michalski/*Sosnitza* Anh. § 34 Rn. 23). 23

4. Der Ausschluss des Gesellschafters richtet sich nicht unmittelbar gegen den Geschäftsanteil (Michalski/*Sosnitza* Anh. § 34 Rn. 39). Es bedarf daher einer Disposition über den Geschäftsanteil, für die mangels abweichender Regelungen im Gesellschaftsvertrag die Gesellschafterversammlung analog § 46 Nr. 4 GmbHG zuständig ist (Michalski/*Sosnitza* Anh. § 34, Rn. 40). Anlässlich des Ausschließungsbeschlusses ist deshalb darüber zu entscheiden, ob die Ausschließung im weiteren Verlauf durch Einziehung oder durch Übertragung des Geschäftsanteils auf einen Mitgesellschafter, die Gesellschaft oder einen Dritten durchgeführt werden soll (Michalski/*Sosnitza* Anh. § 34 Rn. 23). 24

5. Die Ausschlussklage wird namens der Gesellschaft durch den Geschäftsführer erhoben (Baumbach/Hueck/*Fastrich* Anh. § 34 Rn. 8). Das Formular sieht deshalb vorsorglich die Bevollmächtigung des Geschäftsführers vor. Bei einer Zwei-Personen-Gesellschaft wird die Auffassung vertreten, dass die Klage auch durch den anderen Gesellschafter erfolgen kann (Baumbach/Hueck/*Fastrich* Anh. § 34, Rn. 9; Lutter/Hommelhoff/*Lutter/Kleindiek* § 34 Rn. 62). Möglich ist allerdings auch, in entsprechender Anwendung von § 46 Nr. 8 GmbHG einen besonderen Prozessvertreter zu bestellen (Baumbach/Hueck/*Fastrich* Anh. § 34 Rn. 8). 25

26 **6.** Die die Ausschließung des Gesellschafters ausurteilende Entscheidung ist nach allgemeiner Meinung ein Gestaltungsurteil (Michalski/*Sosnitza* Anh. § 34 Rn. 30). Nach wie vor unklar ist allerdings, welchen notwendigen Inhalt das Urteil über die Ausschließung aus der Gesellschaft hat und welche Wirkungen dem Urteil insbesondere im Zusammenhang mit der zu zahlenden Abfindung zukommen. Die überwiegende Meinung nimmt an, dass in dem Ausschließungsurteil auch die dem Gesellschafter zustehende Abfindung festzusetzen und eine Frist zur Zahlung der Abfindung zu bestimmen ist, so dass die Ausschließung durch die fristgerechte Zahlung der Abfindung aufschiebend bedingt ist (BGHZ 9, 157; 16, 317, 325; OLG Düsseldorf GmbHR 1999, 543, 547; OLG Hamm GmbHR 1992, 757, 758; Lutter/Hommelhoff/*Lutter/Kleindiek* § 34 Rn. 63). Eine Festsetzung der Abfindung im Ausschlussurteil selber soll hingegen dann nicht erforderlich sein, wenn der ausscheidende Gesellschafter selbst die Ermittlung des Wertes seines Geschäftsanteils verzögert (BGHZ 16, 317, 324; vgl. auch Michalski/*Sosnitza* Anh. § 34 Rn. 30). Nach der überwiegenden Meinung ist der ausgeschlossene Gesellschafter vorbehaltlich abweichender Regelungen im Gesellschaftsvertrag bis zum Zeitpunkt des Bedingungseintritts weiter befugt, über seinen Geschäftsanteil zu verfügen. Hieran ändert auch nichts die Rechtsprechung des Bundesgerichtshofs zur Wirksamkeit der Einziehung eines Geschäftsanteils, da der Bundesgerichtshof ausdrücklich hervorgehoben hat, dass diese Rechtsprechung zu keiner Änderung der Rechtslage beim klageweisen Ausschluss führt (vgl. BGH GmbHR 2012, 387, 389; *Klöckner*, GmbHR 2012, 1325, 1327). Ob darüber hinaus die nicht vermögensrechtlichen Rechte und Pflichten des Gesellschafters suspendiert sind (in diesem Sinne Baumbach/Hueck/*Fastrich* Anh. § 34 Rn. 13; oder aber es dem betroffenen Gesellschafter entsprechend dem Rechtsgedanken aus §§ 160, 162 BGB lediglich versagt ist, Maßnahmen zu vereiteln, die der Durchführung seines Ausschlusses dienen (BHGZ 9, 157, 173) ist umstritten (vgl. Michalski/*Sosnitza* Anh. § 34 Rn. 38).

5. Klage auf Ausschluss eines Gesellschafters

Vorbemerkung

27 Die Ausschließung eines Gesellschafters erfolgt grundsätzlich durch Ausschlussklage. Selten, aber zulässig ist eine Regelung im Gesellschaftsvertrag, wonach der Ausschluss eines Gesellschafters bereits durch Gesellschafterbeschluss erfolgt. In diesem Fall ist eine Ausschlussklage nicht erforderlich und wäre mangels Rechtschutzbedürfnisses abzuweisen. Stattdessen kann der ausgeschlossene Gesellschafter durch Anfechtungsklage gegen den Ausschließungsbeschluss vorgehen, in welchem Fall es zu einem Rechtsstreit mit umgekehrten Parteirollen kommt.

Muster

28 **Landgericht ____________ [1]**

– Kammer für Handelssachen – [2]

____

Klage

der ____________ GmbH, gesetzlich vertreten durch ____________ [3]

– Klägerin –

Prozessbevollmächtigte: ____________

gegen

____

– Beklagter –

wegen: Ausschluss aus einer GmbH

vorläufiger Streitwert: ____________ € [4]

Namens und im Auftrag der Klägerin erheben wir Klage mit dem Antrag,

- **den Beklagten aus der im Handelsregister des Amtsgerichts ____________ unter HRB ____________ eingetragenen Klägerin unter der aufschiebenden Bedingung auszuschließen, dass die Klägerin an den Beklagten innerhalb von sechs Monaten ab Rechtskraft dieser Entscheidung ____________ € zahlt sowie**
- **festzustellen, dass mit Eintritt dieser Bedingung die Klägerin befugt ist, nach ihrer Wahl die Einziehung oder die Abtretung des Geschäftsanteils des Beklagten an der Klägerin an sich, einen Mitgesellschafter oder einen Dritten vorzunehmen. [5]**

Begründung

I. Sachverhalt

Die Klägerin ist eine Gesellschaft mit beschränkter Haftung, die im Handelsregister des Amtsgerichts ____________ unter HRB ____________ eingetragen ist. Das Stammkapital der Klägerin beträgt ____________ €. Der Beklagte ist Gesellschafter der Klägerin mit einem Geschäftsanteil von ____________ €. Weitere Gesellschafter der Beklagten sind A und B mit je einem Geschäftsanteil im Wert von ____________ €.

Beweis: Handelsregisterauszug der Klägerin vom ____________, in Kopie anbei als

– Anlage K 1 –

Gesellschafterliste der Klägerin vom ____________, in Kopie anbei als

– Anlage K 2 –

Gegenstand des Unternehmens der Klägerin ist der Vertrieb hochwertiger Teespezialitäten. § ____________ der Satzung der Klägerin enthält ein an die Gesellschafter gerichtetes Wettbewerbsverbot.

Beweis: Handelsregisterauszug der Klägerin vom ____________, bereits in Kopie vorgelegt als Anlage K 1

Satzung der Klägerin vom ____________, in Kopie anbei als

– Anlage K 3 –

Dennoch nahm der Beklagte am ____________ eine Stelle bei der Y an. Y ist ebenfalls auf den Vertrieb von Teespezialitäten spezialisiert und steht mit der Klägerin in unmittelbarem Wettbewerb. In der Funktion als Leiter der Einkaufsabteilung der Y hat der Beklagte sich auch an Lieferanten der Klägerin gewandt und versucht, diese dazu zu bewegen, statt der Klägerin ausschließlich die Y zu beliefern.

Beweis: Zeugnis des ____________

Mit Schreiben vom ____________ wurde der Beklagte aufgefordert, zu dem von ihm begangenen Verstoß gegen das Wettbewerbsverbot Stellung zu nehmen und seine Tätigkeit für die Y mit sofortiger Wirkung zu beenden.

Beweis: **Schreiben vom __________, in Kopie anbei als**

– Anlage K 4 –

Eine Stellungnahme des Beklagten erfolgte nicht. Nach Kenntnis der Klägerin ist der Beklagte auch weiterhin für die Y tätig. Mehrere Gesprächsangebote, auch über die Übertragung des Geschäftsanteils des Beklagten auf einen Treuhänder, lehnte der Beklagte ab.

Beweis: **Zeugnis des __________**

In der ordnungsgemäß einberufenen Gesellschafterversammlung der Klägerin vom __________ wurde der Beschluss gefasst, Ausschlussklage gegen den Beklagten zu erheben. [6]

Beweis: **Protokoll der Gesellschafterversammlung vom __________, in Kopie anbei als**

– Anlage K 5 –

Den Verkehrswert des Geschäftsanteils des Beklagten hat die Klägerin von der Wirtschaftsprüfungsgesellschaft __________ schätzen lassen. Dieser beträgt __________ €.

Beweis: **Bewertungsgutachten der Wirtschaftsprüfungsgesellschaft __________ vom __________, in Kopie anbei als**

– Anlage K 6 –

Sachverständigengutachten

II. Rechtliche Würdigung

Der Beklagte ist aus wichtigem Grund aus der Klägerin auszuschließen, da er in schwerwiegender Weise gegen das im Gesellschaftsvertrag der Klägerin vereinbarte Wettbewerbsverbot verstößt (vgl. hierzu nur Scholz/*Seibt*, GmbHG, Band 1, 12. Auflage 2012, Anhang § 34 Rn. 30). *(Wird ausgeführt.)*

Andere geeignete und zumutbare Mittel kommen mangels entsprechender Bereitschaft des Beklagten nicht in Betracht. [7] ***(Wird ausgeführt.)***

Erläuterungen

Literatur: *Baumbach/Hueck*, GmbHG, 21. Auflage 2017, Anhang nach § 34 Rn. 8 ff.; *Büchel/von Rechenberg*, Kölner Handbuch Handels- und Gesellschaftsrecht, 3. Auflage 2015, Kap. 12 Rn. 1334 ff. *Fleischer/Goette* (Hrsg.), Münchener Kommentar zum GmbHG Band 1, 2. Auflage 2015, § 34 Rn. 157 ff. Lutter/Hommelhoff, GmbHG, 19. Auflage 2016, § 34 Rn. 63 ff. *Scholz*, GmbHG, Band 1, 12. Auflage 2018, Anhang § 34 Rn. 37 ff.; *Waclawik*, Prozessführung im Gesellschaftsrecht, 2. Aufl. 2013, Rn. 461 ff.

29 **1.** Ein ausschließlicher Gerichtsstand besteht nicht; § 61 Abs. 3 GmbHG findet keine analoge Anwendung (Scholz/*Seibt*, Anh. § 34 Rn. 42). Vorbehaltlich einer abweichenden Gerichtsstandsvereinbarung im Gesellschaftsvertrag ist örtlich zuständig sowohl das Gericht, in dessen Bezirk die GmbH ihren Sitz hat (besonderer Gerichtsstand der Mitgliedschaft gemäß §§ 22, 17 ZPO), als auch das Gericht am allgemeinen Gerichtsstand des Beklagten (Scholz/*Seibt*, Anh. § 34 Rn. 42). Sachlich zuständig ist streitwertabhängig das Amts- oder das Landgericht (§§ 23, 71 GVG).

2. Ist das Landgericht sachlich zuständig, ergibt sich die Zuständigkeit der Kammer für Handelssachen aus § 95 Abs. 1 Nr. 4a GVG. 30

3. Kläger der Ausschlussklage ist die Gesellschaft, die grundsätzlich durch ihre Geschäftsführer gesetzlich vertreten wird (BGH vom 01.04.1953, II ZR 235/52, NJW 1953, 780, 783; Büchel/von Rechenberg/*Eberl*, Kap. 12 Rn. 1346; Lutter/Hommelhoff/*Lutter/Kleindiek*, § 34 Rn. 63; zur Bestellung eines besonderen Vertreters siehe auch Scholz/*Seibt*, Anhang § 34 Rn. 38). Nach h.M. kann bei der zweigliedrigen GmbH daneben auch der andere Gesellschafter klagen (Büchel/von Rechenberg/*Eberl*, Kap. 12 Rn. 1347; Lutter/Hommelhoff/*Lutter/Kleindiek*, § 34 GmbHG Rn. 63; Scholz/*Seibt*, Anhang § 34 Rn. 38). 31

4. Für die Streitwertbemessung gilt § 3 ZPO. Dabei ist das Interesse des Klägers an der Ausschließung des Gesellschafters entscheidend. Maßgebend ist in der Regel der Verkehrswert des Geschäftsanteils des auszuschließenden Gesellschafters (MüKoGmbHG/*Strohn*, § 34 Rn. 159; vgl. auch Zöller/*Herget*, § 3 ZPO Rn. 16 Stichwort »Ausschluss«). 32

5. Das Ausschlussurteil ergeht nach bislang h.M. grundsätzlich unter der aufschiebenden Bedingung der Zahlung des im Urteil festzusetzenden Abfindungsbetrags (BGH vom 01.04.1953, II ZR 235/52, NJW 1953, 780, 783; Scholz/*Seibt*, Anh. § 34 Rn. 43 ff. auch zu möglichen Ausnahmen). Angesichts der neueren Rechtsprechung des BGH zur Einziehung durch Beschluss (BGH vom 24.01.2012, II ZR 109/11, WM 2012, 406) werden Zweifel geäußert, ob daran noch festgehalten werden kann (etwa Lutter/Hommelhoff/*Lutter/Kleindiek*, § 34 Rn. 65a; MüKo GmbH/*Strohn*, § 34, Rn. 170 ff.; dagegen Scholz/*Seibt*, Anhang § 34 Rn. 43 ff.). Der BGH hat in dem genannten Urteil zwar ausdrücklich die unterschiedliche Interessenlage bei der satzungsmäßigen Einziehung des Geschäftsanteils durch Beschluss und der Ausschlussklage betont (BGH a.a.O. Rn. 16), ein klares Bekenntnis zu seiner bisherigen Rechtsprechung bei der Ausschlussklage allerdings vermieden (vgl. auch *Stumpf/Müller*, GWR 2012, 143). 33

6. Ein Gesellschafterbeschluss ist notwendige (materielle) Voraussetzung für die Erhebung der Ausschlussklage (BGH vom 13.01.2003, II ZR 227/00, NJW 2003, 2314). Der Beschluss bedarf nach h.M. grundsätzlich einer qualifizierten Mehrheit von $^{3}/4$ der abgegebenen Stimmen, wobei der Auszuschließende nicht mit abstimmen darf (BGH vom 01.04.1953, II ZR 235/52, NJW 1953, 780, 783; BGH vom 13.01.2003, II ZR 227/00, NJW 2003, 2314). Allerdings sind formelle Mängel des Gesellschafterbeschlusses wie das Fehlen der erforderlichen Mehrheit im Ausschließungsprozess unbeachtlich. Sie können nur mit fristgerechter Anfechtungsklage geltend gemacht werden, die dann ggf. für das weitere Ausschließungsverfahren vorgreiflich ist (BGH vom 13.01.2003, II ZR 227/00, NJW 2003, 2314). Bei einer nur zweigliedrigen Gesellschaft soll der Beschluss als bloße Formsache entbehrlich sein, weil der auszuschließende andere Gesellschafter hierbei kein Stimmrecht hat (Waclawik, Rn. 467). 34

7. Die Ausschlussklage ist ultimatio ratio (siehe hierzu Büchel/von Rechenberg/*Eberl*, Kap. 12 Rn. 1338; Scholz/*Seibt*, Anh. § 34 Rn. 34). 35

6. Erklärung zum Austritt aus der Gesellschaft aus wichtigem Grund

Vorbemerkung

Ein allgemeines Austrittsrecht eines Gesellschafters einer GmbH ist im Gesetz nicht vorgesehen. Beabsichtigt der Gesellschafter, aus der Gesellschaft auszuscheiden, so steht dem Gesellschafter nur die Möglichkeit offen, seinen Geschäftsanteil an Dritte oder aber an die Gesellschaft zu veräußern, den Anteil nach § 34 GmbHG freiwillig einziehen zu lassen oder ihn in den engen Grenzen des § 27 Abs. 1 Satz 1 GmbHG preiszugeben. Unter den Voraussetzungen des § 61 Abs. 2 Satz 2 GmbHG besteht zudem die Möglichkeit, Auflösungsklage zu erheben (Michalski/*Sosnitza* Anh. § 34 Rn. 43). Allgemein anerkannt auch ohne Grundlage in dem Gesellschaftsvertrag ist darüber hinaus ein allgemeines Austrittsrecht aus wichtigem Grund (BGHZ 116, 359, 369; OLG Köln 36

GmbHR 1996, 609, 610; NZG 1999, 1222, 1223), dass zwingend ist und weder ausgeschlossen noch eingeschränkt werden kann. Allenfalls ist es möglich, dass der Gesellschaftsvertrag eine Erweiterung des Austrittsrechts vorsehen oder seine Ausübung regeln kann (Michalski/*Sosnitza* Anh. § 34 Rn. 45). Das Verfahren des Austritts vollzieht sich in zwei Schritten und setzt sich zusammen aus einer einseitigen Erklärung des Austritts durch den Gesellschafter und einer Disposition über den Geschäftsanteil des Gesellschafters durch die Gesellschaft (Michalski/*Sosnitza* Anh. § 34 Rn. 58 f.).

Muster

37 **Einschreiben/Rückschein**

C-GmbH [1]

Frau/Herr Geschäftsführer __________

Austritt aus der C-GmbH aus wichtigem Grund

Sehr geehrte Frau/Herr __________,

hiermit erkläre ich meinen Austritt aus der C-GmbH aus wichtigem Grund mit sofortiger Wirkung. Meine Gründe hatte ich Ihnen bereits mit Schreiben vom __________ mitgeteilt. [2] **Das Schreiben füge ich nochmals als Anlage bei. Ich fordere Sie innerhalb einer Frist bis zum __________ auf, mir mitzuteilen, ob die Gesellschaft meinen Austritt akzeptiert. Für diesen Fall darf ich Sie ebenfalls bitten mir mitzuteilen, ob die Gesellschaft meinen Geschäftsanteil einziehen oder selbst erwerben oder eine Übertragung auf einen Dritten oder einen anderen Mitgesellschafter verlangt.** [3] **Ich weise darauf hin, dass ich mir bei fruchtlosem Fristablauf sämtliche Rechte vorbehalte.** [4]

__________, den __________

____

Gesellschafter(in) der C-GmbH

Erläuterungen

38 **1.** Die Austrittserklärung eines Gesellschafters aus wichtigem Grund hat gegenüber der Gesellschaft zu erfolgen. Sie bedarf keiner besonderen Form, kann also auch mündlich abgegeben werden (Michalski/*Sosnitza* Anh. § 34 Rn. 58). Gleichwohl empfiehlt sich allein aus Beweisgründen die Schriftform. Adressat der Erklärung ist die Gesellschaft, so dass der Zugang gegenüber einem Geschäftsführer gemäß § 35 Abs. 2 Satz 3 GmbHG genügt und nach Zugang die Austrittserklärung nicht mehr einseitig zurückgenommen, aber angefochten werden kann (Michalski/*Sosnitza* Anm. § 34 Rn. 58). Ein Austritt scheidet dann aus, wenn der Geschäftsanteil noch nicht voll eingezahlt ist (RG DR 1943, 811) oder der Zahlung der Abfindung § 30 GmbHG entgegensteht (Michalski/*Sosnitza* Anm. § 34 Rn. 57).

39 **2.** Voraussetzung für den Austritt ist das Vorliegen eines wichtigen Grundes (vgl. hierzu Muster J 4, Rdn. J 19). Dieser ist allgemein dann gegeben, wenn unter Berücksichtigung aller Umstände des Einzelfalls dem Gesellschafter der weitere Verbleib in der Gesellschaft nicht zumutbar ist (BGHZ 116, 359, 369). Ein solcher wichtiger Grund kann seinen Ursprung in den Verhältnissen der Gesellschaft, den Mitgesellschaftern oder aber in der Person des austrittsbereiten Gesellschafters selber haben. So kann beispielsweise die Verpflichtung zu erheblichen, auf Dauer untragbaren Nebenleistungen (RGZ 128, 1, 16) oder die Möglichkeit einer erhöhten Ausfallhaftung des bei der Kapitalerhöhung überstimmten Gesellschafters einen wichtigen Grund darstellen (Michalski/*Sosnitza* Anh. § 34 Rn. 50; Baumbach/Hueck/*Fastrich,* Anh. § 34 Rn. 20). Auch

das Aushungern durch Verweigerung der Ausschüttung von Gewinnen ohne jede Rechtfertigung über eine längere Zeit (vgl. OLG München DB 1990, 473 f.) und schwere Zerwürfnisse zwischen den Mitgesellschaftern oder im Verhältnis des Austrittswilligen zu den übrigen Gesellschaftern können einen wichtigen Grund darstellen, wenn sich keine Mehrheit für den Ausschluss des Störers findet (Michalski/*Sosnitza* Anh. § 34 Rn. 51). Schließlich können die wesentliche Änderung des Unternehmensgegenstands oder die erhebliche Ausweitung der Geschäftstätigkeit, insbesondere wenn die Gesellschaft dadurch in Konkurrenz zu dem Gesellschafter tritt, einen wichtigen Grund darstellen (Michalski/*Sosnitza* Anh. § 34 Rn. 52). Die Verzögerung der Rechnungslegung durch die Geschäftsführer stellt hingegen keinen wichtigen Grund dar (OLG Hamm, GmbHR 1993, 656, 657). Anerkannt ist darüber hinaus, dass der Gesellschafter einer GmbH auch unabhängig vom Vorliegen eines wichtigen Grundes wirksam aus der Gesellschaft austreten kann, wenn die Gesellschaft den Austritt annimmt (vgl. BGH GmbHR 2014, 534 f.).

3. Der wirksam erklärte Austritt begründet einen Anspruch des Gesellschafters gegen die Gesellschaft auf Zahlung einer Abfindung Zug um Zug gegen Abtretung des Anteils oder Zustimmung zu seiner Einziehung (OLG Köln NZG 1999, 268. Die Gesellschaft kann unter Berücksichtigung der Grundsätze der Kapitalaufbringung und -erhaltung frei entscheiden, ob sie den Geschäftsanteil gemäß § 34 GmbHG einziehen, gemäß § 33 GmbHG selbst erwerben oder ob sie eine Übertragung auf einen Dritten oder auf einen bzw. nach Teilung mehrere Mitgesellschafter will (Michalski/*Sosnitza* Anh. § 34 Rn. 58). Eine Zustimmung dinglich berechtigter Dritter ist nicht erforderlich (Baumbach/Hueck/*Fastrich,* Anh. § 34 Rn. 24; Michalski/*Sosnitza* Anh. § 34 Rn. 59). 40

4. Akzeptiert die Gesellschaft den Austritt des Gesellschafters nicht, so steht es dem Gesellschafter frei, die Gesellschaft auf Zahlung der Abfindung zu verklagen. Ohne dass die Voraussetzungen von § 61 Abs. 1, Abs. 2 S. 2 GmbHG vorliegen müssen, wird dem Gesellschafter daneben das Recht zugebilligt, entsprechend § 61 GmbHG Auflösungsklage zu erheben, wenn nicht binnen angemessener Frist die Zahlung der Abfindung und die Verwertung seines Geschäftsanteils erfolgt (BGHZ 88, 320, 326; BayObLGZ 1974, 479, 484; Lutter/Hommelhoff/*Lutter/Kleindiek* § 34 Rn. 77; Baumbach/Hueck/*Fastrich* Anh. § 34 Rn. 20). Gleiches soll gelten, wenn § 30 GmbHG die Abfindung hindert oder ein Austritt mangels voller Einzahlung des Geschäftsanteils nicht möglich ist (Michalski/*Sosnitza* Anh. § 34 Rn. 59; Lutter/Hommelhoff/*Lutter/Kleindiek* § 34 Rn. 77). 41

7. Gesellschaftsvertragliche Austritts- bzw. Kündigungsklausel

Vorbemerkung

Das Gesetz enthält keine Regelungen über ein Kündigungs- bzw. Austrittsrecht eines Gesellschafters. Ein solches ist jedoch zumindest bei Vorliegen eines wichtigen Grundes auch ohne Regelung im Gesellschaftsvertrag allgemein anerkannt (BGHZ 116, 359, 369; OLG Hamm GmbHR 1993, 656, 657; OLG München DB 1990, 473) und auch dann, wenn die Gesellschaft den Austritt annimmt (vgl. BGH GmbHR 2014, 534 ff.). Allerdings ist es möglich, dass der Austritt oder die Kündigung in dem Gesellschaftsvertrag näher geregelt werden, nicht jedoch ausgeschlossen oder wesentlich beschränkt werden können (Baumbach/Hueck/*Fastrich* Anh. § 34, Rn. 27). Im Gesellschaftsvertrag können deshalb Austrittsgründe erweitert oder kann ein ordentliches Austrittsrecht eingeräumt werden (BGH NJW 1969, 2049; NZG 2003, 871). 42

Muster

____________ Kündigung, Austritt [1] 43

(1) Jeder Gesellschafter hat das Recht, die Gesellschaft mit einer Frist von sechs Monaten zum Ende eines jeden Geschäftsjahres zu kündigen oder seinen Austritt aus der Gesellschaft zu erklären. Hiervon unberührt bleibt das Recht eines jeden Gesellschafters zur Kündigung bzw. Austritt aus der Gesellschaft aus wichtigem Grund. [2]

(2) Die Erklärung der Kündigung bzw. des Austritts hat schriftlich an die Gesellschaft zu erfolgen.

(3) Bei Kündigung der Gesellschaft oder Austritt aus der Gesellschaft wird die Gesellschaft nicht aufgelöst, sondern von den übrigen Gesellschaftern fortgeführt, wenn diese nicht innerhalb von drei Monaten nach dem Zugang der Kündigung die Auflösung beschließen.

(4) Der ausscheidende Gesellschafter ist verpflichtet, nach Wahl der Gesellschaft seinen Geschäftsanteil ganz oder geteilt an die Gesellschaft selbst, an einen oder mehrere Gesellschafter oder an einen von der Gesellschaft zu benennenden Dritten abzutreten oder die Einziehung des Geschäftsanteils gemäß ______ des Gesellschaftsvertrages zu dulden. Die Gesellschafterversammlung beschließt hierüber mit einer Mehrheit von 75 % der abgegebenen Stimmen unter Ausschluss des ausscheidenden Gesellschafters. Der Geschäftsanteil des ausgeschiedenen Gesellschafters ist nach Maßgabe von § ______ zu vergüten. Die Höhe der Vergütung und die Zahlungsweise bestimmen sich nach § ______ des Gesellschaftsvertrages.

(5) Erfolgt die Übernahme der Geschäftsanteile des ausscheidenden Gesellschafters gemäß Abs. 4 nicht innerhalb einer Frist von drei Monaten nach Zugang der Kündigung, so ist der kündigende Gesellschafter befugt, seine Geschäftsanteile, ohne dass es einer Zustimmung gemäß § ______ des Gesellschaftsvertrages bedarf, frei zu veräußern. [3]

(6) Das Stimmrecht des Gesellschafters, der die Gesellschaft gekündigt hat, ruht ab dem Zugang der Kündigungserklärung bei der Gesellschaft.

Erläuterungen

44 **1.** Enthält der Gesellschaftsvertrag keine Regelung zum Austritt und zur Kündigung, so besteht ein Recht eines jeden Gesellschafters hierzu auch ohne entsprechende Regelung in dem Gesellschaftsvertrag jedenfalls dann, wenn ein wichtiger Grund besteht, der für den Gesellschafter die Fortdauer der Mitgliedschaft unzumutbar macht (Baumbach/Hueck/*Fastrich* Anh. § 34 Rn. 19; vgl. hierzu Muster J 4 Rdn. J 19). Ein Austritt ist hingegen grundsätzlich unzulässig, wenn der Gesellschafter Nachteile durch andere zumutbare Mittel abwenden kann, insbesondere Anfechtungs- oder Nichtigkeitsklagen (vgl. BGH ZIP 2014, 873 f.; Baumbach/Hueck/*Fastrich* Anh. § 34 Rn. 22; Michalski/*Sosnitza* Anh. § 34 Rn. 55).

45 **2.** Anders als bei einer Personengesellschaft geht der Geschäftsanteil einer GmbH durch den Austritt nicht unter (Baumbach/Hueck/*Fastrich* Anh. § 34 Rn. 26). Vielmehr bleibt der Gesellschafter vorbehaltlich abweichender Regelungen im Gesellschaftsvertrag Inhaber des Geschäftsanteils bis zu dessen Verwertung nach Wahl der Gesellschaft entweder durch Einziehung oder durch Übertragung an die Gesellschaft, Mitgesellschafter oder Dritten (Baumbach/Hueck/*Fastrich* Anh. § 34 Rn. 26, vgl. auch BGH NZG 270 ff.), weshalb sich in jedem Fall die Aufnahme einer Regelung zum Ruhen des Stimmrechts ab Zugang der Kündigungs- bzw. Austrittserklärung empfiehlt.

8. Erklärung einer ordentlichen Kündigung aufgrund gesellschaftsvertraglicher Zulassung

Vorbemerkung

46 Im GmbHG ist eine Kündigung der Gesellschaft nicht geregelt. Infolge dessen können die Gesellschafter gemäß § 61 GmbHG die Auflösungsklage erheben oder aus der Gesellschaft ausscheiden, wenn sie ein Austrittsrecht haben. Möglich ist jedoch, in dem Gesellschaftsvertrag Kündigungs-

rechte festzulegen, die vorsehen können, dass durch die Kündigung die Gesellschaft aufgelöst werden soll, der Kündigende selbst austreten kann oder durch die Kündigung der Gesellschaft ein Gesellschafter ausgeschlossen werden soll (Michalski/*Nerlich* § 60, Rn. 318).

Muster

Einschreiben/Rückschein 47

An die C-GmbH

____

Ordentliche Kündigung des Gesellschaftsvertrages [1]

Sehr geehrte Damen und Herren,

gemäß § __________ des Gesellschaftsvertrages ist eine Kündigung durch einen Gesellschafter mit einer Frist von sechs Monaten zum Kalenderjahr möglich.

Hiermit kündige [2] ich die Gesellschaft mit Wirkung zum __________. Nach den mir vorliegenden Berechnungen steht mir für meinen Geschäftsanteil eine Vergütung in Höhe des Verkehrswertes in Höhe von EUR 500.000,00 zu. [3] Hiermit fordere ich Sie auf, mir unverzüglich, spätestens jedoch bis zum 31.12.2005 gegen Zahlung der mir zustehenden Abfindung die Einziehung meines Geschäftsanteils zu erklären oder dessen Abtretung zu verlangen.

Sollte dies nicht bis zum __________ erfolgt sein, behalte ich mir vor, Auflösungsklage zu erheben.

__________, den __________

____

Erläuterungen

1. Haben die Gesellschafter in dem Gesellschaftsvertrag ein Kündigungsrecht festgelegt, ohne jedoch klarzustellen, ob Rechtsfolge der Ausübung des Kündigungsrechts die Auflösung der Gesellschaft oder lediglich das Recht des kündigenden Gesellschafters zum Austritt sein soll, so ist mit der Rechtsprechung und mit Teilen des Schrifttums im Zweifel davon auszugehen, dass die Kündigung die Auflösung der Gesellschaft zur Folge hat (RGZ 93, 326, 327; 95, 39, 40; 113, 147, 149; Michalski/*Nerlich* § 60 Rn. 322). Eine Kündigung dürfte allerdings trotz Regelung im Gesellschaftsvertrag unzulässig sein, wenn der Geschäftsanteil des Kündigenden nicht voll eingezahlt ist oder § 30 GmbHG der Zahlung der Abfindung entgegensteht. 48

2. Vorbehaltlich abweichender Regelungen in dem Gesellschaftsvertrag bedarf die Kündigung keiner Form. Inhaltlich muss sie unbedingt sein und den unzweifelhaften Schluss zulassen, dass der Gesellschafter die Kündigung begehrt (RGZ 91, 308). Die Kündigung bedarf des Vollzugs durch Einziehung oder Abtretung des Geschäftsanteils (BGH NJW-RR 1997, 606), so dass bis dahin die Mitgliedschaftsrechte des Kündigenden grundsätzlich unberührt bleiben (BayObLG GmbHR 1999, 1296; OLG Düsseldorf GmbHR 2001, 301; BGH WPM 1983, 1354; BGHZ 88, 320, 323 ff.). 49

3. Die wirksam erklärte Kündigung begründet einen Anspruch des Gesellschafters gegen die Gesellschaft auf Zahlung einer Abfindung Zug um Zug gegen Abtretung des Anteils oder Zustimmung zu seiner Einziehung. Auch hierbei hat die Gesellschaft die freie Wahl, ob sie unter Beachtung der Grundsätze der Kapitalaufbringung und -erhaltung den Anteil einziehen will, selbst erwerben will oder ob sie eine Übertragung auf einen Dritten oder einen bzw. nach Teilung mehrere 50

Mitgesellschafter bevorzugt. Trotz Kündigung bleibt der Gesellschafter nach wie vor Inhaber des Geschäftsanteils und damit verfügungsbefugt und Inhaber der in dem Geschäftsanteil verkörperten Mitgliedschaftsrechte bis zum Vollzug seines Ausscheidens, soweit in dem Gesellschaftsvertrag nichts anderes geregelt ist. Möglich ist eine Regelung in dem Gesellschaftsvertrag, mit der die Abtretung des Anteils des kündigenden Gesellschafters bereits aufschiebend bedingt für den Fall der Kündigung erklärt wird (BGH GmbHR 2003, 1062). Zulässig ist auch eine Regelung im Gesellschaftsvertrag, wonach ab Kündigungserklärung des Gesellschafters alle Rechte des Gesellschafters ruhen (OLG Naumburg NZG 2001, 1043).

K. Auflösung und Liquidation

I. Auflösung

1. Gesellschafterbeschluss über die Auflösung der Gesellschaft

Vorbemerkung

Die Regelungen zur Auflösung der Gesellschaft finden sich in den § 60 ff. GmbHG. Zu unterscheiden ist zwischen der Auflösung der Gesellschaft und der Beendigung der Gesellschaft. Während sich an den Beschluss über die Auflösung der Gesellschaft die Abwicklung der Gesellschaft mit dem Ziel anschließt, die Gläubiger der Gesellschaft zu befriedigen und das verbleibende Vermögen unter die Gesellschafter zu verteilen, führt die Beendigung der Gesellschaft zu deren Erlöschen (vgl. Baumbach/Hueck/*Haas* § 60 Rn. 2; Scholz/*K. Schmidt*/*Bitter* § 60 Rn. 4 ff.). So tritt eine Beendigung nach Abschluss des Abwicklungsverfahrens gemäß § 74 Abs. 1 Satz 2 GmbHG oder nach Abschluss des Insolvenzverfahrens gemäß § 394 Abs. 1 Satz 2 FamFG ein oder wenn eine vermögenslose GmbH nach § 394 Abs. 1 Satz 1 FamFG im Handelsregister gelöscht wird. Handelt es sich um eine Verschmelzung durch Neugründung oder um eine Verschmelzung durch Aufnahme, bei der die Gesellschaft übertragender Rechtsträger ist, so kommt es gemäß §§ 20 Abs. 1 Nr. 2, 36 Abs. 1 Satz 1 UmwG zur Beendigung der Gesellschaft ohne Liquidation. Hingegen führt der Erwerb aller Geschäftsanteile durch die Gesellschaft und nach überwiegender Auffassung auch die Vermögenslosigkeit der Gesellschaft nicht zur Beendigung der Gesellschaft (Baumbach/Hueck/*Haas* § 60, Rn. 5, 6). Auch die Einstellung des Geschäftsbetriebes oder die Entziehung der Gewerbeerlaubnis sollen ebenso wenig zur Beendigung der Gesellschaft führen wie die Auflösung der Gesellschaft nach § 62 GmbHG wegen Gemeinwohlgefährdung oder nach § 17 VereinsG (Baumbach/Hueck/*Haas* § 60 Rn. 8). 1

Muster

Auflösungsbeschluss [1, 2] 2

Das Stammkapital der C-GmbH beträgt 100.000,00 € und ist eingeteilt in 2 Geschäftsanteile in Höhe eines Nennwerts von jeweils 50.000,00 €. Inhaber der Geschäftsanteile sind Frau/Herr...

Unter Verzicht auf alle gesetzlichen und nach dem Gesellschaftsvertrag der C-GmbH zu beachtenden Formen und Fristen der Einberufung, Ankündigung und Durchführung halten wir hiermit eine außerordentliche Gesellschafterversammlung der C-GmbH ab. Einstimmig beschließen wir was folgt:

1. **Die C-GmbH wird zum ________ aufgelöst.** [3, 4, 5]
2. **Frau/Herr Geschäftsführer(in) ________ wird zum/zur Liquidator(in) der Gesellschaft bestellt. Sie/Er vertritt die Gesellschaft alleine, so lange er/sie alleinige(r) Liquidator(in) ist.** [6, 7, 8]
3. **Das Liquidationsgeschäftsjahr ist das Kalenderjahr.**
4. **Die Bücher und Schriften der Gesellschaft werden nach Beendigung der Liquidation dem/der letzten Liquidator(in) in Verwahrung gegeben.** [9]

Die Gesellschafterversammlung ist hiermit beendet.

[Ort], den [Datum] **[Ort], den [Datum]**

________ ________

Gesellschafter(in) der C-GmbH **Gesellschafter(in) der C-GmbH**

Erläuterungen

3 **1.** Gemäß § 60 Abs. 1 Nr. 2 GmbHG wird die Gesellschaft durch Beschluss der Gesellschafter aufgelöst, der, sofern im Gesellschaftsvertrag nicht ein anderes bestimmt ist, einer Mehrheit von 3/4 der abgegebenen Stimmen bedarf. Der Auflösungsbeschluss gemäß § 60 Abs. 1 Nr. 2 GmbHG gehört zu den zwingenden, den Gesellschaftern zugewiesenen Kompetenzen und kann nicht auf ein anderes Gesellschaftsorgan verlagert werden (Scholz/*K. Schmidt/Bitter* § 60 Rn. 12; Baumbach/Hueck/*Haas* § 60 Rn. 17). Soweit der Auflösungsbeschluss nicht zugleich eine Änderung des Gesellschaftsvertrages darstellt, ist er formlos wirksam und bedarf nicht der gerichtlichen oder notariellen Beurkundung (BGH NJW 1999, 1481, 1482; BayObLG GmbHR, 1995, 54; Baumbach/Hueck/*Haas* § 60 Rn. 19; Scholz/*K. Schmidt/Bitter* § 60 Rn. 14). Im Regelfall stellt der Auflösungsbeschluss keine Änderung des Gesellschaftsvertrages dar (Baumbach/Hueck/*Haas* § 60 Rn. 8; Scholz/*K. Schmidt/Bitter* § 60 Rn. 14). Etwas anderes gilt nur dann, wenn der Gesellschaftsvertrag die Zeitdauer der Gesellschaft festlegt (RGZ 65, 264, 266 f.; Scholz/*K. Schmidt/Bitter* § 60, Rn. 14). Eine Änderung des Gesellschaftsvertrages ist ferner dann anzunehmen, wenn der Beschluss erst bei Eintritt eines künftigen noch ungewissen Ereignisses oder nach Ablauf einer längeren Frist wirksam werden soll (RGZ 145, 99, 101; Scholz/*K. Schmidt/Bitter* § 60 Rn. 14). Schreibt der Gesellschaftsvertrages die Unauflöslichkeit der Gesellschaft vor, so führt ein Auflösungsbeschluss nicht zur Annahme einer Änderung des Gesellschaftsvertrages, sondern nur zum Erfordernis der Einstimmigkeit des Beschlusses (Baumbauch/Hueck/*Haas* § 60 Rn. 18).

4 **2.** Der Gesellschaftsvertrag kann die Beschlussfassung über die Auflösung nicht nur erschweren, sondern auch erleichtern. So kann der Gesellschaftsvertrag vorsehen, dass eine Auflösung nicht ohne Zustimmung bestimmter Gesellschafter oder nur mit Einstimmigkeit beschlossen werden kann (Scholz/*K. Schmidt/Bitter* § 60 Rn. 19; Lutter/Hommelhoff/*Kleindiek* § 60 Rn. 6). In diesem Fall soll § 61 GmbHG einen hinreichenden Schutz gegen das Einstimmigkeitserfordernis darstellen, da das Auflösungsrecht nach § 61 GmbHG unentziehbar ist (Scholz/*K. Schmidt/Bitter* § 60 Rn. 19). Natürlich ist es auch möglich, die Beschlussfassung über die Auflösung in dem Gesellschaftsvertrag zu erleichtern und für den Beschluss über die Auflösung der Gesellschaft lediglich die einfache Mehrheit als ausreichend vorzusehen (Scholz/*K. Schmidt/Bitter* § 60 Rn. 19).

5 **3.** Inhaltlich sollte der Beschluss über die Auflösung zweckmäßigerweise ausdrücklich als Auflösungsbeschluss bezeichnet werden, auch wenn dies aus rechtlicher Sicht nicht erforderlich ist (BGH ZIP 1999, 281, 283). Dem Beschluss muss der eindeutige Wille zu entnehmen sein, dass die Auflösungsfolge herbeigeführt werden soll (BGH ZIP 1999, 281, 283; KG GmbHR 1995, 735). Konkludent gefasste Auflösungsbeschlüsse sind nur ganz ausnahmsweise anzuerkennen (Scholz/*K. Schmidt/Bitter* § 60 Rn. 13). Der Beschluss über die Auflösung der Gesellschaft kann auch im schriftlichen Verfahren nach § 48 Abs. 2 GmbHG gefasst werden (Scholz/*K. Schmidt/Bitter* § 60 Rn. 15). Unterschreiben sämtliche Gesellschafter die Anmeldung der Auflösung zum Handelsregister, so ist hiermit zumindest konkludent auch eine Beschlussfassung über die Auflösung zu sehen (RGZ 101, 78; Scholz/*K. Schmidt/Bitter* § 60 Rn. 15). Gleiches gilt, wenn zu einem die Auflösung der Gesellschaft aussprechenden Prozessvergleich beigetreten wird (KGJ 51, 136; Scholz/*K. Schmidt/Bitter* § 60 Rn. 15).

6 **4.** Die Auflösung der Gesellschaft tritt mit wirksamer Beschlussfassung ein. Einer Eintragung des Beschlusses über die Auflösung in das Handelsregister hat nach § 65 GmbHG nur deklaratorische Wirkung (BGH ZIP 1999, 281, 283; Scholz/*K. Schmidt/Bitter* § 60 Rn. 18). Etwas anderes gilt, wenn der Beschluss über die Auflösung eine Änderung des Gesellschaftsvertrages darstellt. In diesem Fall ist gemäß § 54 GmbHG die Anmeldung und Eintragung der Änderung des Gesellschaftsvertrages im Handelsregister für die Wirksamkeit der Auflösung erforderlich (Scholz/*K. Schmidt/Bitter* § 60 Rn. 18). Maßgeblich für die Auflösung ist der im Beschluss festgelegte Auflösungstermin, wobei eine rückwirkende Auflösung nicht möglich sein soll (Scholz/*K. Schmidt/Bitter* § 60 Rn. 18). Ratsam ist es daher, in dem Beschluss ein Datum für die Auflösung festzulegen, da anderenfalls der Beschluss sofort wirksam wird (BFH BB 1974, 637; BFH BB 1983, 1199; Scholz/*K.*

Schmidt/Bitter § 60, Rn. 18), im Falle einer Änderung des Gesellschaftsvertrages jedoch wiederum gemäß § 53 Abs. 3 GmbHG erst mit der Eintragung.

5. Grundsätzlich bedarf der mit der erforderlichen Mehrheit gefasste Auflösungsbeschluss keiner sachlichen Rechtfertigung. Vielmehr trägt er seine Rechtfertigung in sich (BGHZ 76, 353). Ein Beschluss über die Auflösung kann jedoch anfechtbar sein, wenn die Mehrheit mit der Beschlussfassung gegen ihre gesellschaftsrechtliche Treuepflicht verstößt (BGHZ 76, 352, 353 ff.; Baumbach/Hueck/*Haas* § 60 Rn. 20; Scholz/*K. Schmidt/Bitter* § 60 Rn. 16 f.). Dies soll etwa dann gelten, wenn der Auflösungsbeschluss dazu führt, dass der Mehrheitsgesellschafter Gesellschaftsvermögen auf eine von ihm gegründete Nachfolgegesellschaft zu Zerschlagungswerten übertragen kann (BGHZ 103, 184, 193 f.; Baumbach/Hueck/*Haas* § 60 Rn. 20). Die Klage ist gegen die Gesellschaft, vertreten durch den Liquidator, zu richten (BGHZ 36, 207). Das Anfechtungsurteil hat rückwirkende Kraft (BGHZ 76, 352, 353). Hiervon zu unterscheiden ist die Aufhebung des Auflösungsbeschlusses durch einen neuen Beschluss. Ein solcher Beschluss kann die Auflösungswirkungen nur beseitigen, solange der beschlossene Auflösungszeitpunkt noch nicht eingetreten ist (Scholz/*K. Schmidt/Bitter* § 60 Rn. 18). Danach verbleibt nur die Möglichkeit der Fassung eines Fortsetzungsbeschlusses (Scholz/*K. Schmidt/Bitter* § 60 Rn. 18; Baumbach/Hueck/*Haas* § 60 Rn. 92a). der in das Handelsregister einzutragen ist. 7

6. Gemäß § 66 Abs. 1 GmbHG erfolgt in den Fällen der Auflösung außer dem Fall des Insolvenzverfahrens die Liquidation durch die Geschäftsführer, wenn nicht die Liquidation durch den Gesellschaftsvertrag oder durch Beschluss der Gesellschafter anderen Personen übertragen wird. Die zum Zeitpunkt der Auflösung im Amt befindlichen Geschäftsführer sind daher in erster Linie ohne weiteren Bestellungsakt die Liquidatoren der Gesellschaft und werden deshalb regelmäßig geborene Liquidatoren genannt (Baumbach/Hueck/*Haas* § 66 Rn. 12). Das Amt der geborenen Liquidatoren endet mit der Löschung der Gesellschaft im Handelsregister (OLG Saarbrücken GmbHR 2001, 580). Sieht der Gesellschaftervertrag andere Personen als Liquidatoren vor, handelt es sich hierbei um sogenannte gekorene Liquidatoren (Baumbach/Hueck/*Haas* § 66 Rn. 13). Hat die Gesellschafterversammlung eine andere Person als Liquidator bestellt und legt diese Person ihr Amt wirksam nieder, lebt das Amt des geborenen Liquidators nach allgemeiner Meinung nicht wieder auf (Baumbach/Hueck/*Haas* § 66 Rn. 13; Lutter/Hommelhoff/*Kleindiedk* § 66 Rn. 4). 8

7. Liquidator kann jede unbeschränkt geschäftsfähige natürliche Person sein (Baumbach/Hueck/*Haas* § 66 Rn. 5) sowie auch juristische Personen und Personenhandelsgesellschaften, die nach § 124 HGB als Einheit nach außen auftreten können (Baumbach/Hueck/*Haas* § 66 Rn. 5 f.). Etwas anderes soll allerdings für die Gesellschaft bürgerlichen Rechts gelten, da bei ihr die notwendige Publizität der Vertretungsverhältnisse nicht mehr gewährleistet ist (Baumbach/Hueck/*Haas* § 66 Rn. 7). 9

8. Gemäß § 70 GmbHG haben die Liquidatoren die laufenden Geschäfte zu beendigen, die Verpflichtung der aufgelösten Gesellschaft zu erfüllen, die Forderungen derselben einzuziehen und das Vermögen der Gesellschaft in Geld umzusetzen; sie haben die Gesellschaft gerichtlich und außergerichtlich zu vertreten. Zur Beendigung schwebender Geschäfte können die Liquidatoren noch neue Geschäfte eingehen. § 68 Abs. 1 Satz 2 GmbHG geht von einer Gesamtvertretungsbefugnis der Liquidatoren aus (BGHZ 121, 263, 264). Dafür genügt, dass ein Liquidator mit Einwilligung der anderen handelt. Auch eine Genehmigung durch die übrigen Liquidatoren ist möglich (Baumbach/Hueck/*Haas* § 68 Rn. 2). Fällt allerdings von zwei gesamtvertretungsberechtigten Liquidatoren einer weg, erlangt der verbleibende nicht Einzelvertretungsmacht (BGHZ 121, 263, 264 f.). Einzelvertretungsmacht kann den Liquidatoren bei ihrer Bestellung und darüber hinaus nach überwiegender Meinung durch einfachen Gesellschafterbeschluss verliehen werden (Scholz/*K. Schmidt* § 68, Rn. 5). Die für die Geschäftsführer im Gesellschaftsvertrag vorgesehene Alleinvertretungsbefugnis setzt sich nicht als Alleinvertretungsbefugnis der Liquidatoren fort (BGH ZIP 2009, 34; Baumbach/Hueck/*Haas* § 68 Rn. 4). Die einem Geschäftsführer erteilte Befreiung vom Verbot des Selbstkontrahierens (§ 181 BGB) wirkt ebenfalls nicht im Liquidationsstadium fort (BayObLG BB 1985, 1148, 1149; OLG Düsseldorf GmbHR 1989, 465). Auch eine Befreiung der 10

Liquidatoren vom Verbot des Selbstkontrahierens (§ 181 BGB) durch einfachen Gesellschafterbeschluss soll nicht zulässig sein, sondern nur auf satzungsrechtlicher Grundlage (BayObLG GmbHR 1985, 392, 393). Bei gerichtlicher Bestellung der Liquidatoren nach § 66 Abs. 2 GmbHG kann das Registergericht die Vertretungsregelung treffen. Ein Liquidator einer GmbH, der bei der Verteilung des Gesellschaftsvermögens an die Gesellschafter eine Verbindlichkeit der Gesellschaft gegenüber einem Gläubiger nicht berücksichtigt hat, ist dem Gläubiger analog § 268 Abs. 2 S. 1, § 93 Abs. 5 AktG unmittelbar zum Ersatz bis zur Höhe der verteilten Beträge verpflichtet, wenn die Gesellschaft bereits im Handelsregister gelöscht ist (vgl. BGH ZIP 2018, 870 ff.).

11 **9.** Im Hinblick auf die zu beachtende Verwahrung von Büchern und Schriften der Gesellschaft für die Dauer von zehn Jahren gilt § 74 Abs. 2 GmbH.

2. Klage auf Auflösung

Vorbemerkung

12 Die Auflösungsklage ist gesetzlich in § 61 GmbHG geregelt. Aufgrund der Subsidiarität der Auflösung der Gesellschaft gegenüber anderen, weniger einschneidenden Maßnahmen kommt der Auflösungsklage allerdings nur eine geringe praktische Bedeutung zu.

Muster

13 **Landgericht __________ [1]**

– Kammer für Handelssachen – [2]

____

Klage

des __________ [3]

– Kläger –

Prozessbevollmächtigte: __________

gegen

die __________ GmbH, gesetzlich vertreten durch __________ [4]

– Beklagte –

wegen: Auflösung einer GmbH

vorläufiger Streitwert: __________ € [5]

Namens und im Auftrag des Klägers erheben wir Klage mit dem Antrag,

die im Handelsregister des Amtsgerichts __________ unter HRB __________ eingetragene Beklagte aufzulösen. [6]

Begründung

I. Sachverhalt [7]

Die Beklagte ist eine Gesellschaft mit beschränkter Haftung, die im Handelsregister des Amtsgerichts __________ unter HRB __________ eingetragen ist. Das Stammkapital der Beklagten beträgt 100.000,00 €. Der Kläger ist Gesellschafter der Beklagten mit einem Geschäftsanteil von 60.000,00 €. Weitere Gesellschafter

der Beklagten sind A und B mit je einem Geschäftsanteil im Wert von 20.000 €. Gegenstand des Unternehmens der Beklagten ist die Verwaltung eigener Immobilien.

Beweis: Handelsregisterauszug der Beklagten vom __________, in Kopie anbei als

– Anlage K 1 –

Gesellschafterliste der Beklagten vom __________, in Kopie anbei als

– Anlage K 2 –

Der Kläger auf der einen Seite und A und B auf der anderen Seite stehen sich bei der Willensbildung in der Gesellschafterversammlung als fest gefügte und zerstrittene Gesellschafterblöcke gegenüber. Die Gesellschafter A und B bekämpfen seit Jahren nahezu jeden Beschluss des Klägers als Mehrheitsgesellschafters mit Nichtigkeits- und Anfechtungsklagen. Das Vertrauensverhältnis der Gesellschafter ist daher irreparabel zerstört und die Beklagte praktisch handlungsunfähig. *(Wird ausgeführt.)*

Die Beklagte ist Eigentümerin eines Grundstücks in __________, an das ein Nachbargrundstück angrenzt, welches im Eigentum der Y steht. Die beiden Grundstücke sind mit einer gemeinsamen Immobilie bebaut. Grundlage der Bebauung ist eine Vereinbarung zwischen der Beklagten und Y vom __________, deren Wirksamkeit allerdings bestritten ist. Die Vereinbarung vom __________ enthält eine vorläufige Regelung über Kosten und Früchte der Bebauung sowie die Verpflichtung der Vertragsparteien zu einer späteren endgültigen Regelung. Eine solche endgültige Regelung ist bislang nicht zustande gekommen. Dies ist auch nicht absehbar. Denn __________ *(Wird ausgeführt.)*

Beweis: Vereinbarung vom __________, in Kopie anbei als

– Anlage K 3 –

Zeugnis des __________

Alternativen zu einer Auflösung der Beklagten bestehen nicht. Insbesondere ist eine Entflechtung der beiden Gesellschaftergruppen weder durch einen Verkauf des Geschäftsanteils der Klägerin noch durch eine Ausschließung der Gesellschafter A und B möglich. *(Wird ausgeführt.)*

Beweis: __________

II. Rechtliche Würdigung

Die Beklagte ist gemäß § 61 GmbHG durch gerichtliches Urteil aufzulösen.

Es besteht ein tiefgreifendes und nicht zu beseitigendes Zerwürfnis unter den Gesellschaftern der Beklagten. In Rechtsprechung und Literatur ist anerkannt, dass ein solches geeignet sein kann, einen anderen wichtigen Grund für die Auflösung im Sinne des § 61 Abs. 1 GmbHG darzustellen. *(Wird ausgeführt.)* [8]

Erläuterungen

Literatur: *Baumbach/Hueck*, GmbHG, 21. Auflage 2017, § 61 Rn. 1 ff.; *Büchel/von Rechenberg*, Kölner Handbuch Handels- und Gesellschaftsrecht, 3. Auflage 2015, Kap. 12 Rn. 1358 ff.; *Fleischer/Goette (Hrsg)*; Münchener Kommentar zum GmbHG Band 3, 2. Auflage 2016, § 61 Rn. 1 ff.; *Gehrlein/Ekkenga/Simon*, GmbHG, 2. Auflage 2015, § 61 Rn. 1 ff.; *Lutter/Hommelhoff*, GmbHG, 19. Auflage 2016, § 61 Rn. 1 ff.; *Scholz*, GmbHG, Band 3, 11. Auflage 2015, § 61 Rn. 1 ff.

14 **1.** Gemäß § 61 Abs. 3 GmbHG ist das Landgericht ausschließlich zuständig, in dessen Bezirk die Gesellschaft ihren Sitz hat.

15 **2.** Die Zuständigkeit der Kammer für Handelssachen ergibt sich aus § 95 Abs. 1 Nr. 4a GVG.

16 **3.** Gemäß § 61 Abs. 2 S. 2 GmbHG kann die Auflösungsklage nur von Gesellschaftern erhoben werden, deren Geschäftsanteile zusammen mindestens 10 % des Stammkapitals ausmachen. Der Gesellschaftsvertrag kann eine geringere Quote zulassen (Scholz/*K. Schmidt/Bitter*, § 61 Rn. 2, 8). Mehrere Gesellschafter sind notwendige Streitgenossen (Baumbach/Hueck/*Haas*, § 61 Rn. 16; Scholz/*K. Schmidt/Bitter*, § 61 Rn. 8).

17 **4.** Gemäß § 61 Abs. 2 S. 1 GmbHG ist die Klage gegen die Gesellschaft zu richten. Die Gesellschaft wird durch ihre Geschäftsführer vertreten. Gehört der Geschäftsführer zu den klagenden Gesellschaftern, ist er von der Vertretung ausgeschlossen (Büchel/von Rechenberg/*Eberl*, Kap. 12 Rn. 1365; Lutter/Hommelhoff/*Kleindiek*, § 61 Rn. 4; Scholz/*K. Schmidt/Bitter*, § 61 Rn. 9). Aus Gründen des rechtlichen Gehörs muss das Gericht die anderen Gesellschafter von der Klage in Kenntnis setzen (BVerfG vom 09.02.1982, 1 BvR 191/81, NJW 1982, 1635). Diese können auf Seiten der klagenden Gesellschafter oder auf Seiten der Gesellschaft als streitgenössische Nebenintervenienten beitreten (Baumbach/Hueck/*Haas*, § 61 Rn. 16).

18 **5.** Für die Streitwertbemessung gilt nach h.M. § 3 ZPO (MüKo GmbH/*Limpert*, § 61, Rn. 59 ff.; a.A. Scholz/*K. Schmidt/Bitter*, § 61 Rn. 13; Gehrlein/Ekkenga/Simon/*Beckmann/Hofmann*, § 61 Rn. 37: §§ 275 Abs. 4, 247 AktG analog). Ausgangspunkt ist dabei der Wert der Geschäftsanteile der Kläger (Baumbach/Hueck/*Haas*, § 61 Rn. 25; Scholz/*K. Schmidt/Bitter*, § 61 Rn. 14; MüKo GmbHG/*Limpert*, § 61 Rn. 61; Gehrlein/Ekkenga/Simon/*Beckmann/Hofmann*, § 61 Rn. 37).

19 **6.** Das Auflösungsurteil ist ein Gestaltungsurteil. Mit Rechtskraft ist die Gesellschaft aufgelöst.

20 **7.** Sachverhalt in Anlehnung an OLG München vom 02.03.2005, 7 U 4759/04, NZG 2005, 554.

21 **8.** Gemäß § 61 Abs. 1 GmbHG muss ein wichtiger Grund für die Auflösung durch Urteil vorliegen. Zur Einordnung der vorliegenden Fallgestaltung vgl. OLG München vom 02.03.2005, 7 U 4759/04, NZG 2005, 554 m.w.N.

3. Nichtigkeitsklage eines Geschäftsführers

Vorbemerkung

22 Der praktische Anwendungsbereich der in § 75 GmbHG vorgesehenen Nichtigkeitsklage gegen die Gesellschaft ist gering. In den meisten Fällen wird es schon nicht zur Eintragung der Gesellschaft kommen. Darüber hinaus besteht eine konkurrierende Löschungsmöglichkeit gemäß § 397 FamFG.

Muster

23 **Landgericht ____________ [1]**

– Kammer für Handelssachen – [2]

____

Klage

des ____________ [3]

– Kläger –

Prozessbevollmächtigte: ____________

gegen

die____________GmbH, gesetzlich vertreten durch den Vertreter gemäß § 46 Nr. 8 Hs. 2 GmbHG____________ [4]

– Beklagte –

wegen: Nichtigkeit einer GmbH

vorläufiger Streitwert:____________ € [5]

Namens und im Auftrag des Klägers erheben wir Klage mit dem Antrag,

die im Handelsregister des Amtsgerichts____________unter HRB____________eingetragene Beklagte für nichtig zu erklären. [6]

Begründung

I. Sachverhalt

Die Beklagte ist eine Gesellschaft mit beschränkter Haftung, die im Handelsregister des Amtsgerichts____________unter HRB____________eingetragen ist. Die Eintragung erfolgte am____________. [7] Das Stammkapital der Beklagten beträgt 25.000,00 €. Gesellschafter der Beklagten sind A mit einem Geschäftsanteil von 15.000,00 € sowie B und C mit je einem Geschäftsanteil im Wert von 5.000 €.

Beweis: Handelsregisterauszug der Beklagten vom____________, in Kopie anbei als

– Anlage K 1 –

Gesellschafterliste der Beklagten vom____________, in Kopie anbei als

– Anlage K 2 –

Der Kläger ist Geschäftsführer der Beklagten.

Beweis: Handelsregisterauszug der Beklagten vom____________, bereits in Kopie vorgelegt als Anlage K 1

Gegenstand des Unternehmens der Beklagten ist der Handel mit Teewaren. Tatsächlich wird dieser Unternehmensgegenstand von der Beklagten allerdings nicht verwirklicht. Daran soll sich auch in absehbarer Zeit nichts ändern. Vielmehr wurde die Beklagte gegründet, um als sogenannter Mantel für die spätere, derzeit noch ungewisse Aufnahme eines Geschäftsbetriebs zu dienen.

Beweis: Handelsregisterauszug der Beklagten vom____________, bereits in Kopie vorgelegt als Anlage K 1

Zeugnis des____________

Die Gesellschafter der Beklagten haben____________gemäß § 46 Nr. 8 Hs. 2 GmbHG zum Prozessvertreter bestimmt.

Beweis: Gesellschafterbeschluss vom____________, in Kopie anbei als

– Anlage K 3 –

II. Rechtliche Würdigung

Die Beklagte ist gemäß § 75 GmbHG für nichtig zu erklären.

Die Bestimmungen der Satzung der Beklagten über den Gegenstand des Unternehmens sind nichtig. Es handelt sich um einen lediglich fiktiven Unternehmensgegen-

stand. Denn die Beklagte soll in Wahrheit zur Verwendung für einen späteren, noch nicht feststehenden Zweck vorrätig gehalten werden. Eine solche verdeckte Vorratsgründung ist unwirksam (BGH vom 16.03.1992 – II ZB 17/91, NJW 1992, 1824, 1826).

Erläuterungen

Literatur: *Baumbach/Hueck* GmbHG, 20. Auflage 2013, § 75 Rn. 1 ff.; *Büchel/von Rechenberg*, Handbuch des Fachanwalts Handels- und Gesellschaftsrecht, 2. Auflage 2011, Kap. 11 Rn. 1286 ff.; *Gehrlein/Ekkenga/Simon*, GmbHG, 1. Auflage 2012, § 75 Rn. 1 ff.; *Lutter/Hommelhoff*, GmbHG, 18. Auflage 2012, § 75 Rn. 1 ff.; *Scholz*, GmbHG, Band 3, 10. Auflage 2010, § 75 Rn. 1 ff

24 **1.** Gemäß § 75 Abs. 2 GmbHG i.V.m. 246 Abs. 3 S. 1 AktG ist das Landgericht ausschließlich zuständig, in dessen Bezirk die Gesellschaft ihren Sitz hat.

25 **2.** Die Zuständigkeit der Kammer für Handelssachen ergibt sich aus § 75 Abs. 2 GmbHG i.V.m. 246 Abs. 3 S. 2 AktG.

26 **3.** Gemäß § 75 Abs. 1 GmbHG kann die Nichtigkeitsklage jeder Gesellschafter, jeder Geschäftsführer und, wenn ein Aufsichtsrat bestellt ist, jedes Mitglied des Aufsichtsrats erheben. Mehrere Kläger sind notwendige Streitgenossen (Büchel/von Rechenberg/*Eberl*, Kap. 11 Rn. 1291; MüKo GmbHG/*Hilmann*, § 75 Rn. 26).

27 **4.** Gemäß § 75 Abs. 2 GmbHG i.V.m. 246 Abs. 2 S. 1 AktG GmbHG ist die Klage gegen die Gesellschaft zu richten, die dabei grundsätzlich durch ihre Geschäftsführer gesetzlich vertreten wird. Hat die Gesellschaft einen Aufsichtsrat, wird sie gemäß § 75 Abs. 2 GmbHG i.V.m. 246 Abs. 2 S. 2 AktG durch die Geschäftsführer und den Aufsichtsrat vertreten. Bei einer Klage eines Aufsichtsratsmitglieds wird die Gesellschaft dann durch die Geschäftsführer und bei der Klage eines Geschäftsführers durch den Aufsichtsrat vertreten (§ 75 Abs. 2 GmbHG i.V.m. 246 Abs. 2 S. 3 AktG). Klagt – wie hier – der Geschäftsführer, ohne dass ein Aufsichtsrat vorhanden ist, können die Gesellschafter gemäß § 46 Nr. 8 Hs. 2 GmbHG einen Prozessvertreter bestimmen (siehe hierzu Büchel/von Rechenberg/*Eberl*, Kap. 11 Rn. 1122 ff.; vgl. auch BGH vom 06.03.2012, II ZR 76/11, NJW 2012, 1656, 1657). Geschieht dies nicht und ist auch eine Vertretung durch andere Geschäftsführer in vertretungsberechtigter Anzahl nicht möglich, kann gemäß § 29 BGB analog ein Notvertreter (hierzu Büchel/von Rechenberg/*Eberl*, Kap. 11 Rn. 1129 ff.) oder gemäß § 57 ZPO ein Prozesspfleger (hierzu Büchel/von Rechenberg/*Eberl*, Kap. 11 Rn. 1135) bestellt werden (Büchel/von Rechenberg/*Eberl*, Kap. 11 Rn. 1292; Lutter/Hommelhoff/*Kleindiek*, § 75 Rn. 2; Scholz/*K. Schmidt*, § 75 Rn. 17). Die Geschäftsführer haben gemäß § 75 Abs. 2 GmbHG i.V.m. § 246 Abs. 4 AktG die Erhebung der Klage und den Termin zur mündlichen Verhandlung unverzüglich in den Gesellschaftsblättern bekanntzumachen, damit die Gesellschafter dem Verfahren als Nebenintervenienten beitreten können (Baumbach/Hueck/*Haas*, § 75 Rn. 18; Büchel/von Rechenberg/*Eberl*, Kap. 11 Rn. 1298).

28 **5.** Für die Streitwertbemessung gilt § 75 Abs. 2 GmbHG i.V.m. § 247 Abs. 1 S. 1 AktG. Entscheidend ist die Bedeutung der Sache für die Parteien, nicht wie bei § 3 ZPO allein das Interesse des Klägers.

29 **6.** Das der Klage stattgebende Urteil ist ein Gestaltungsurteil. Nach Eintragung der Nichtigkeit ins Handelsregister (vgl. § 75 Abs. 2 GmbHG i.V.m. § 248 Abs. 1 AktG) finden gemäß § 77 Abs. 1 GmbHG die für den Fall der Auflösung geltenden Vorschriften entsprechende Anwendung (vgl. zum Ganzen Baumbach/Hueck/*Haas*, § 75 Rn. 5, 29; Büchel/von Rechenberg/*Eberl*, Kap. 11 Rn. 1300; Gehrlein/Ekkenga/Simon/*Rubner*, § 75 Rn. 13; Lutter/Hommelhoff/*Kleindiek*, § 75 Rn. 5; Scholz/*K. Schmidt*, § 75 Rn. 21).

7. Nach h.M. gilt für die Nichtigkeitsklage keine Klagefrist. Insbesondere ist trotz Verweisung in § 75 Abs. 2 GmbHG die Monatsfrist des § 246 Abs. 1 AktG nicht entsprechend anwendbar. Umstritten ist, ob § 275 Abs. 3 S. 1 AktG analog und damit eine Dreijahresfrist ab Eintragung anzuwenden ist (vgl. hierzu Baumbach/Hueck/*Haas*, § 75 Rn. 26; Büchel/von Rechenberg/*Eberl*, Kap. 11 Rn. 1294; Lutter/Hommelhoff/*Kleindiek*, § 75 Rn. 2; Scholz/*K. Schmidt*, § 75 Rn. 19). 30

4. Anmeldung der Auflösung und Liquidation zum Handelsregister

Vorbemerkung

Die Auflösung der Gesellschaft ist gemäß § 65 Abs. 1 S. 1 GmbHG zur Eintragung in das Handelsregister anzumelden. 31

Das nachstehende Muster geht davon aus, dass die Auflösung durch formlosen Beschluss der Gesellschafterversammlung erfolgte, eine Satzungsänderung für die Auflösung der Gesellschaft somit nicht erforderlich war. Die beiden bisherigen Geschäftsführer A und B sind abberufen und sollen die Gesellschaft im Abwicklungsstadium nicht weiter vertreten. An ihrer Stelle wird der bisherige Prokurist P zum alleinigen Liquidator bestellt und ist fortan der einzige organschaftliche Vertreter der GmbH. Weiter wird davon ausgegangen, dass der Gesellschaftsvertrag für den Fall der Liquidation keine von der gesetzlich vorgesehenen (echten) Gesamtvertretung abweichende Vertretungsregelung enthält und die Gesellschafterversammlung mit dem Auflösungsbeschluss und der Bestellung des P zum Liquidator auch keine anderweitige Vertretungsregelung für ihn beschlossen hat. 32

Muster [1]

An das 33

Amtsgericht ____________ [2]

– Handelsregister –

____[Anschrift]____

X-GmbH mit dem Sitz in ____________

HRB ____________

I. Zur Eintragung in das Handelsregister wird angemeldet: [3, 4, 5]

1. **Die Gesellschaft ist durch Beschluss der (außerordentlichen) Gesellschafterversammlung vom ____________** [6] **mit (Wirkung zum ____[Kalendertag]____, 0.00 Uhr) aufgelöst.** [7]

2. **Die Herren A und B sind (mit Wirkung zum ____________) als Geschäftsführer abberufen.** [8]

3. **Die Gesellschaft wird in der Liquidation allgemein wie folgt vertreten:**

   Ist nur ein Liquidator bestellt, so vertritt er die Gesellschaft allein. Sind mehrere Liquidatoren bestellt, so wird die Gesellschaft durch sämtliche Liquidatoren gemeinsam vertreten. [9]

4. **Herr P, geboren am ____________, wohnhaft in ____________, ist mit (Wirkung zum ____________) zum Liquidator bestellt.**

   Er vertritt die Gesellschaft gemäß der allgemeinen Vertretungsregelung. [11]

   Seine Prokura ist erloschen. [10]

II Die Geschäftsanschrift der Gesellschaft ist unverändert ____[Straße, Hausnummer. Postleitzahl, Ort/Stadt]____. Hier befinden sich auch die Geschäftsräume der Gesellschaft.

III. Versicherung des Liquidators: [12]

Herr P als Liquidator versichert:

Es liegen keine Umstände vor, die meiner Bestellung als Liquidator nach § 6 Abs. 2 S. 2 Nr. 2 und 3 sowie S. 3 GmbHG entgegenstehen.

a) Ich unterliege nicht als Betreuter bei der Besorgung meiner Vermögensangelegenheiten ganz oder teilweise einem Einwilligungsvorbehalt gemäß § 1903 BGB.

b) Mir ist weder durch gerichtliches Urteil noch durch vollziehbare Entscheidung einer Verwaltungsbehörde die Ausübung eines Berufs, Berufszweiges, eines Gewerbes oder Gewerbezweiges untersagt.

c) Ich bin noch nie, weder im Inland noch im Ausland, wegen einer oder mehrerer vorsätzlich begangener Straftaten rechtskräftig verurteilt worden.

d) Von dem diese Anmeldung beglaubigenden Notar bin ich über meine unbeschränkte Auskunftspflicht gegenüber dem Gericht gemäß § 8 Abs. 3 GmbHG belehrt worden. [13]

Alternative zu der Versicherung zu c)

c) Während der letzten fünf Jahre wurde ich nicht verurteilt wegen einer oder mehrerer vorsätzlich begangener nachfolgend angeführter Straftaten

(1) wegen des Unterlassens der Stellung eines Insolvenzantrages (Insolvenzverschleppung, u.a. § 15a Abs. 4 InsO),

(2) nach den §§ 283 bis 283d StGB (Insolvenzstraftaten: Bankrott, schwerer Bankrott, Verletzung der Buchführungspflicht, Gläubiger- oder Schuldnerbegünstigung),

(3) wegen falscher Angaben nach § 82 GmbHG oder § 399 AktG,

(4) wegen unrichtiger Darstellung nach § 400 AktG, § 331 HGB, § 313 UmwG oder § 17 PublG,

(5) zu einer Freiheitsstrafe von mindestens einem Jahr nach § 263 StGB (Betrug), § 263a StGB (Computerbetrug), § 264 StGB (Subventionsbetrug), § 264a StGB (Kapitalanlagebetrug), § 265b StGB (Kreditbetrug), § 265c (Sportwettbetrug), § 265d (Manipulation von berufssportlichen Wettbewerben, § 265e (besonders schwere Fälle des Sportwettbetrugs und von berufssportlichen Wettbewerben), § 266 StGB (Untreue) oder § 266a StGB (Vorenthalten und Veruntreuen von Arbeitsentgelt).

(6) Auch im Ausland wurde ich nicht wegen einer Tat verurteilt, die mit einer der vorstehend genannten Taten vergleichbar ist.

(7) In diesem Zeitraum wurde auch kein entsprechendes Urteil gegen mich rechtskräftig.

Mir ist bekannt, dass die Fünfjahresfrist erst ab Rechtskraft einer etwaigen Verurteilung zu laufen beginnt und in diese Frist die Zeit, die ein Täter auf behördliche Anordnung in einer Anstalt verwahrt wird, nicht eingerechnet wird.

IV. Vollzugsauftrag, Vollmacht [14]

Der Liquidator beauftragt und bevollmächtigt den amtierenden Notar, die vorstehende Anmeldung bei dem Registergericht einzureichen und ihn im Registerverfahren umfassend zu vertreten.

Die Mitarbeiter des amtierenden Notars/der amtierenden Notarin Frau __________ und Herr __________ werden hiermit bevollmächtigt, und zwar jeder für sich allein und unter Befreiung von den Beschränkungen des § 181 BGB, diese Anmeldung zu ändern und zu ergänzen, sofern dies zur Eintragung der Auflösung der Gesellschaft erforderlich oder zweckmäßig ist. Von dieser Vollmacht darf nur vor dem amtierenden Notar bzw. seinen Sozien Gebrauch gemacht werden. Die Vollmacht erlischt einen Monat nach der beantragten Eintragung in das Handelsregister.

V. Anlage: [15]

Beglaubigte Abschrift der Niederschrift über die außerordentliche Gesellschafterversammlung vom __________.

Wenn eine Übersetzung in eine andere Sprache beigefügt und unterzeichnet ist, zusätzlich:

VI. Allein die deutsche Fassung dieser Anmeldung ist maßgeblich.

__________, den __________

[Unterschrift P]

UR-Nr. __________

(notarieller Beglaubigungsvermerk) [16]

__________, den __________

[Unterschrift Notar/Notarin]

____

Template

To the 34

Local Court of__________

-Commercial Register-

[Address]

X-GmbH with its registered office at __________

HRB __________ (the Company).

I. It is applied for entry into the Commercial Register:

1. **The Company is dissolved by shareholders'resolution of __________** [6] **(with effect from 0.00 a.m. on [calendar day]).**
2. **Mr. A and Mr. B are no longer managing directors (with effect from __________).**
3. **The company is represented during the liquidation as follows (general rule of representation):**

If only one liquidator is appointed, he shall represent the Company alone. If several liquidators are appointed, the company shall be represented jointly by all liquidators.

4. **Mr. P, born on ___________, resident in ___________, is appointed as liquidator (with effect from ___________).**

   He shall represent the Company in accordance with the general rule of representation. [11]

   His power of procuration (general commercial power of representation) expired. [10]

II. The business address is unchanged as [street, house number, postcode, city], The Company's offices are also located here.

III. Affirmation of the liquidator:

Mr. P as a liquidator affirms:

There are no circumstances based upon which I would have been excludet from the office of a liquidator in accordance with § 6 para. 2 sentence 2 no. 2 and 3 and sentence 3 German Limited Liability Companies Act.

I therefore expressively affirm:

(a) I am not subject to a reservation of consent in accordance with § 1903 BGB (German Civil Code) in whole or in part by a supervisor in the procurement of my financial affairs.

(b) I have not been prohibited from performing a profession, branch of profession, trade or branch of either on the basis of a court judgement or an enforceable decision of an administrative authority.

(c) I have never been legally convicted, neither in Germany nor abroad, for one or several intentionally committed criminal offences.

(c) The notary certifying this registration has instructed me about the unlimited duty of disclosure towards the court in accordance with § 8 para. 3 sentence 2 GmbHG (German Limited Liability Companies Act).

Alternative to the affirmation to (c)

(c) During the last five years I have not been convicted of one or more of the following crimes committed intentionally

(1) due to the failure to file for insolvency (delay in insolvency, e.g. § 15a para. 4 InsO),

(2) pursuant to Sections 283 to 283d StGB (German Criminal Code) (insolvency offences: bankruptcy, serious bankruptcy, breach of accounting obligations, privileges for creditors or debtors),

(3) due to incorrect information pursuant to § 82 GmbHG or § 399 AktG,

(4) due to incorrect presentation pursuant to Section 400 AktG, Section 331 HGB, Section 313 UmwG or Section 17 PublG,

(5) to a custodial sentence of at least one year according to § 263 StGB (fraud), § 263a StGB (computer fraud), § 264 StGB (subsidy fraud), § 264a StGB (capital investment fraud), § 265b StGB (credit fraud), § 265c (sports beetting fraud), § 265d (manipulation of professional sports competitions), § 265e (serious cases of sports betting fraud and

manipulation of professional sports competitions), 266 StGB (embezzlement) or § 266a StGB (withholding and embezzlement of remuneration).

(6) Nor was I convicted abroad for an act comparable to one of the abovementioned acts

(7) During this period, no such judgment became final.

I am aware that the five-year period does not begin to run until a possible conviction has become final and that this period does not include the time an offender is held in custody in an institution by order of the authorities.

IV. Execution mandate, power of attorney

The liquidator commissions and authorises the attesting notary to submit the above application to the register court and to represent him comprehensively in the register procedure.

The employees of the attesting notary, Ms. __________ and Mr. __________, are hereby authorised, each of them individually and exempt from the restrictions of § 181 BGB, to amend and supplement this registration if this is necessary or expedient for registering the dissolution of the company. This power of attorney may only be exercised before the acting notary or his partners. The power of attorney expires one month after the requested entry in the commercial register.

V. Attachment:

A certified copy of the minutes of the extraordinary shareholders' meeting of [Date].

VI. Only the German version of this application shall be binding.

__________ the __________

[Signature P]

UR-No. __________

(notarial attestation note)

__________ the __________

[Signature notary]

Erläuterungen

Literatur: *Becker*, Befreiung eines Liquidators von den Beschränkungen des § 181 BGB bei entsprechender satzungsmäßiger Befreiung des Geschäftsführers, NotBZ 2017, 102–104; *Eller*, Liquidation der GmbH, 3. Aufl. 2016; *Heckschen/Heidinger*, § 18 Rn. 25; *Krafka/Kühn*, Rn. 1119 ff., 1123 ff., 1134 f.; *Passarge/Torwege*, Die GmbH in der Liquidation, 2. Aufl. 2014, S. 936 ff.; *Peifer*, Die Handelsregisteranmeldung des GmbH-Liquidators, Rpfleger 2008, 408–411; *Reymann*, Die Vertretungsbefugnis der Liquidatoren bei der GmbH, GmbHR 2009, 176–180; *H. Schmidt*, Die Vertretungsregelung der Liquidatoren einer GmbH, NotBZ 2012, 161–163; *ders.*, Vertretungsregelung bei der Liquidationsanmeldung einer GmbH, NotBZ 2017, 93–96; *Tavaloli/Eisenberg*, Die GmbH und ihre Verbindlichkeiten in der Liquidation, GmbHR 2018, 75–85; *Tenner*, Die Befreiung des GmbH-Liquidators von den Beschränkungen des § 181 BGB, DStR 2017,160; *Wälzholz*, Die Vertretung der GmbH im Liquidationsstadium, GmbHR 2002, 305–309.

1. Anmeldepflichtige Auflösungstatbestände, Erzwingung der Anmeldung: Grundsätzlich ist jede Art der Auflösung anzumelden. Ausgenommen hiervon sind nach § 65 Abs. 1 S. 2 GmbHG lediglich die Auflösung gemäß § 60 Abs. 1 Nr. 4 GmbHG durch Eröffnung des Insol- 35 venzverfahrens, die Auflösung gemäß § 60 Abs. 1 Nr. 5 GmbHG durch rechtskräftige Ablehnung der Eröffnung des Insolvenzverfahrens mangels Masse sowie die Auflösung gemäß § 60 Abs. 1 Nr. 6 GmbHG wegen eines wesentlichen Satzungsmangels nach rechtskräftiger Feststellung des Satzungsmangels durch das Registergericht in dem Verfahren nach § 399 FamFG. In diesen Fällen erfolgt die Eintragung der Auflösung von Amts wegen. Weitere Fälle der Amtseintragung sind die Anordnung der Abwicklung nach § 38 KWG durch die Bundesanstalt für Finanzdienstleistungsaufsicht (BAFin) sowie die Auflösung durch Verbot nach dem Vereinsgesetz, §§ 3 ff., 7 Abs. 2, 17 VereinsG. Im Falle der Amtslöschung wegen Vermögenslosigkeit gemäß § 394 FamFG erfolgt die sofortige Löschung der Gesellschaft ohne vorherige Eintragung der Auflösung.

36 Die Anmeldung der Auflösung muss unverzüglich nach ihrem Wirksamwerden vorgenommen werden. Enthält die Satzung eine zeitliche Beschränkung der Gesellschaft im Sinne von § 3 Abs. 2 GmbHG oder ist im Gesellschaftsvertrag ein Auflösungstatbestand vereinbart, so wird die Auflösung automatisch mit dem Ablauf der vereinbarten Zeit bzw. dem Eintritt des auflösenden Ereignisses wirksam. Eines Gesellschafterbeschlusses zur Auflösung bedarf es dann nicht. Wirksam wird die Auflösung ansonsten zu dem im Auflösungsbeschluss genannten Zeitpunkt bzw., wenn ein solcher Zeitpunkt in dem Beschluss nicht festgelegt wird, unmittelbar mit Beschlussfassung. Der Eintragung der Auflösung im Handelsregister kommt diesen Fällen lediglich eine deklaratorische Wirkung zu. Etwas anderes gilt dann, wenn für die Auflösung ausnahmsweise zuvor eine Satzungsänderung erforderlich ist. In diesem Fall wird der Auflösungsbeschluss erst mit der Eintragung der Satzungsänderung im Handelsregister wirksam.

37 Die Pflicht zur Anmeldung der ersten Liquidatoren und ihrer Vertretungsbefugnis folgt aus § 67 GmbHG.

38 Kommen der oder die anmeldepflichtigen Liquidatoren ihrer Pflicht zur Anmeldung nicht nach, kann das Registergericht die Einreichung der Anmeldung durch Androhung und Festsetzung von Zwangsgeld gemäß § 79 Abs. 1 GmbHG i.V.m. §§ 14 HGB, 388 ff. FamFG erzwingen. Soweit für die Auflösung ausnahmsweise eine Satzungsänderung erforderlich ist, kommt die Festsetzung von Zwangsgeld allerdings nicht in Betracht, solange nicht die Satzungsänderung angemeldet und eingetragen ist, s. §§ 79 Abs. 2, 54 GmbHG.

39 **2. Zuständiges Gericht:** Die Anmeldung ist bei dem Registergericht einzureichen, bei dem die Gesellschaft aufgrund ihres statuarischen Sitzes eingetragen ist.

40 **3. Anmeldung:** Nach § 65 Abs. 1 S. 1 GmbHG ist die Auflösung der Gesellschaft zur Eintragung in das Handelsregister anzumelden, sofern nicht nach § 65 Abs. 1 S. 2 die Eintragung der Auflösung von Amts wegen erfolgt. Ferner sind gemäß § 67 Abs. 1 GmbHG der oder die die Liquidatoren zur Eintragung anzumelden. Sofern im Zeitpunkt der Anmeldung die Auflösung bereits wirksam geworden ist, ist nach verbreiteter Auffassung die Anmeldung der Auflösung mit der Anmeldung der Liquidatoren zu verbinden (OLG Oldenburg, Beschl. v. 03.01.2005 – 3 W 42/04, GmbHR 2005, 367, 368; Baumbach/Hueck/*Haas* § 65 Rn. 11; Scholz/*K. Schmidt* § 65 Rn. 8). Ist ausnahmsweise für den Auflösungsbeschluss eine Satzungsänderung erforderlich, weil z.B. die Gesellschaft vor dem in dem Gesellschaftsvertrag vereinbarten Zeitpunkt aufgelöst werden soll, können die Satzungsänderung und die damit verbundene Auflösung sowie die Bestellung der Liquidatoren getrennt angemeldet werden. Zweckmäßigerweise erfolgt indessen auch in diesem Fall die Anmeldung von Satzungsänderung, Auflösung und Bestellung des oder der ersten Liquidatoren in einer Urkunde (Lutter/Hommelhoff/*Kleindiek* § 65 Rn. 1; Baumbach/Hueck/*Haas* § 65 Rn. 11).

41 Einer Anmeldung der Liquidatoren bedarf es auch dann, wenn in dem Auflösungsbeschluss keine Regelung dahin getroffen wurde, wer als erster Liquidator die Gesellschaft während der Abwicklung vertreten soll. Gemäß § 66 Abs. 1 GmbHG erfolgt in diesem Fall die Liquidation durch den oder die bisherigen Geschäftsführer als geborene Liquidatoren, für die es keines besonderen Bestellungsaktes bedarf, sofern sich aus dem Gesellschaftsvertrag nichts anderes ergibt (Baumbach/Hueck/*Haas* § 66 Rn. 12 f.; Lutter/Hommelhoff/*Kleindiek* § 66 Rn. 2). Das Gleiche gilt, wenn in der Satzung bestimmte oder bestimmbare Personen als Liquidatoren benannt sind (s. hierzu Lutter/Hommelhoff/*Kleindiek* § 66 Rn. 3). Auch hier ist kein besonderer Bestellungsbeschluss der Gesell-

schafterversammlung erforderlich, wohl aber die Anmeldung der auf diese Weise zu Liquidatoren bestimmten Personen.

4. Form der Anmeldung: Die Anmeldung bedarf der notariellen Beglaubigung und ist in elektronischer Form bei dem Registergericht einzureichen, § 12 Abs. 1 HGB. 42

5. Anmeldepflichtige: Ist für die Auflösung ausnahmsweise eine Satzungsänderung erforderlich, 43 muss deren Anmeldung noch durch die bisherigen Geschäftsführer in vertretungsberechtigter Zahl vorgenommen werden. Ist nach der Satzung eine unechte Gesamtvertretung durch einen Geschäftsführer mit einem Prokuristen zulässig, kann die Anmeldung auch auf diese Weise erfolgen. Bis zu der in diesem Fall konstitutiven Eintragung der Satzungsänderung hat die Gesellschaft noch keine Liquidatoren, da die Auflösung der Gesellschaft sowie ihre Bestellung zum Liquidator frühestens mit der Eintragung der Satzungsänderung wirksam werden können. Entsprechend sind diese noch nicht befugt, die Satzungsänderung/Auflösung anzumelden. Zur Anmeldung befugt und verpflichtet sind vielmehr noch der oder die bis zur Eintragung der Satzungsänderung weiter im Amt befindlichen Geschäftsführer.

Erfolgt dagegen – wie im Normalfall – die Auflösung ohne Satzungsänderung, sind grundsätzlich 44 die Liquidatoren anmeldepflichtig. Dies gilt auch bereits für die Anmeldung der ersten Liquidatoren. Die Formulierung in § 67 Abs. 1 S. 1 GmbHG, wonach die ersten Liquidatoren und ihre Vertretungsbefugnis durch die *Geschäftsführer* angemeldet werden, ist irreführend. Sie beruht auf der Regelung in § 66 Abs. 1 GmbHG, nach der die bisherigen Geschäftsführer geborene Liquidatoren sind. In ihrer Eigenschaft als Geschäftsführer können sie indessen die Anmeldung nicht mehr vornehmen, da ihr Amt als Geschäftsführer mit (in der Regel sofortiger) Wirksamkeit der Auflösung automatisch endet (BayObLG, Beschl. v. 31.03.1994 – 3 Z BR 251/93, GmbHR 1994, 481, 482 = DNotZ 1995, 217; OLG Oldenburg, Beschl. v. 03.01.2005 – 3 W 42/04, GmbHR 2005, 367; Scholz/*K. Schmidt* § 67, Rn. 8; Lutter/Hommelhoff/*Kleindiek* § 67, Rn. 2; Baumbach/Hueck/*Haas* § 67 Rn. 4).

Anders als bei der Anmeldung der Gründung der GmbH ist für die Anmeldung der Liquidation 45 unstreitig, dass nicht sämtliche Liquidatoren die Anmeldung vornehmen müssen, vielmehr die Anmeldung durch sie in vertretungsberechtigter Zahl ausreicht (*Krafka/Kühn* Rn. 1124; Ensthaler/Füller/Schmidt/*Ensthaler* § 67 Rn. 2; Baumbach/Hueck-*Haas* § 67 Rn. 6; Lutter/Hommelhoff/*Kleindiek*, § 67 Rn. 5 unter Hinweis auf § 78), sodass, soweit eine derartige Vertretung gesellschaftsvertraglich bzw. nach dem Auflösungsbeschluss vorgesehen ist, auch eine Vertretung durch einen Liquidator in unechter Gesamtvertretung mit einem Prokuristen zulässig ist. Nach Meinung des Autors muss wie bei der Anmeldung der Gründung einer GmbH auch bei der Anmeldung der Liquidation eine Vertretung durch formell ordnungsgemäß Bevollmächtigte. (s. § 12 Abs. 1 S. 2 HGB) möglich sein (a.A. ausdrücklich Lutter/Hommelhoff/*Kleindiek* § 67 Rn. 5). Davon zu unterscheiden ist die Eignungsversicherung, die jeder Liquidator nach § 67 Abs. 3 GmbHG abzugeben verpflichtet ist mit dem Inhalt, dass in seiner Person keine Umstände vorliegen, die seiner Bestellung nach § 66 Abs. 4 GmbHG in Verbindung mit § 6 Abs. 2 S. 2 Nr. 2 und 3 sowie S. 3 GmbHG entgegenstehen. Diese Versicherung ist höchstpersönlich abzugeben. Eine Vertretung ist hier nicht möglich. Nicht nur aus diesem Grund, sondern auch aus Kostengründen wird in der Praxis daher die Anmeldung der Auflösung zusammen mit der Anmeldung der Liquidatoren in der Regel in ein- und derselben Anmeldeurkunde vorgenommen.

6. Angabe des Auflösungsgrundes: Zwar ist es rechtlich nicht zwingend notwendig, dennoch 46 sollte in der Anmeldung auch stets die Auflösungsgrundlage (Auflösungsbeschluss, Zeitablauf, sonstiger statuarischer Auflösungsgrund, Rechtskraft eines zivil- oder verwaltungsgerichtlichen Urteils) angegeben werden, um eine Rückfrage des Registergerichts zu dem Grund der Auflösung zu vermeiden (nach Scholz/*K. Schmidt*, § 65 Rn. 4 *ist* der Auflösungsgrund in der Anmeldung zu benennen).

7. Auflösungszeitpunkt: Die Auflösung wird unmittelbar mit der Fassung des Auflösungsbe- 47 schlusses wirksam, wenn in dem Beschluss kein späterer Zeitpunkt bestimmt wird. Eine rückwirkende Auflösung ist nicht zulässig. Der Zeitpunkt der Auflösung sollte auch aus steuerlichen Gründen (§ 11 KStG) in dem Auflösungsbeschluss so genau wie möglich unter Angabe des Kalendertags und der genauen Uhrzeit festgelegt werden. Häufig verwandt wird hierzu die Formulierung *»mit Ablauf des … (Kalendertags)«*. Der auf diese Weise bestimmte Zeitpunkt sollte in der Anmeldung dann auch angegeben werden, auch wenn der Auflösungszeitpunkt bei der Eintragung im Handelsregister nicht vermerkt wird und – wie im Regelfall – die Eintragung der Auflösung nur deklaratorische Wirkung hat (*Krafka/Kühn* Rn. 1126; *Müther* Das Handelsregister in der Praxis, § 5 Rn. 206).

48 Als Auflösungszeitpunkt wird in der Praxis häufig das Ende des Geschäftsjahres der Gesellschaft gewählt. Da mit der Auflösung gemäß § 71 Abs. 1 GmbHG ein neues Geschäftsjahr beginnt, werden so zusätzliche Abschlusskosten für ein Rumpfgeschäftsjahr vermieden.

49 Die Anmeldung der Auflösung kann auch schon vor dem in dem Auflösungsbeschluss bestimmten Zeitpunkt bei dem Registergericht eingereicht werden (OLG Hamm, Beschl. vom 08.02.2007, 15 W 34/07, GmbHR 2007, 762 = FGPrax 2007, 186). Die Registereintragung kann indessen erst erfolgen, nachdem die Auflösung wirksam geworden ist (*Krafka/Kühn* Rn. 1125; *Peifer*, Die Handelsregisteranmeldung des GmbH-Liquidators, RPfleger 2008, 408, 409).

50 **8. Ausscheiden der Geschäftsführer:** Mit der Auflösung der Gesellschaft verlieren die bisherigen Geschäftsführer automatisch die ihnen als Geschäftsführer eingeräumte Vertretungsbefugnis. Zumindest dann, wenn sie nicht als geborene Liquidatoren weiter für die Gesellschaft tätig sind, weil nach dem Gesellschaftsvertrag oder durch Bestellung der Gesellschafterversammlung andere Personen zu Liquidatoren berufen sind, sollte ihr Ausscheiden als Geschäftsführer angemeldet werden. Inwieweit eine entsprechende Anmeldung ausdrücklich erforderlich ist, wird in Rspr. und Literatur allerdings unterschiedlich beurteilt. Nach der wohl überwiegenden Meinung folgt aus der Anmeldung der Auflösung sowie der Bestellung der ersten Liquidatoren ohne Weiteres der Wegfall der Vertretungsmacht eines bisherigen Geschäftsführers. Eine ausdrückliche Anmeldung seines Ausscheidens als Geschäftsführer wird daher als entbehrlich angesehen (BayObLG, Beschl. v. 31.03.1994 – 3 Z BR 23/94, GmbHR 1994, 479, 481 = DB 1994, 976, 977; *Krafka/Kühn* Rn. 1123, *Böttcher/Ries*, Formularpraxis des Registerrechts, 2. Aufl., 2009, Rn. 1338, Roth/Altmeppen/*Altmeppen* § 67 Rn. 4; Michalski/*Nerlich* § 67 Rn. 9). Nach a.A. ist dagegen stets eine ausdrückliche Anmeldung des Ausscheidens der Geschäftsführer gemäß § 39 Abs. 1 GmbHG zwingend geboten (OLG Köln, Beschl. v. 25.04.1984 – 2 Wx 9/84, GmbHR 1985, 23, 24 = MittBayNot 1984, 319, 320; Baumbach/Hueck/*Haas* § 67 Rn. 4; Scholz/*K. Schmidt* § 67 Rn. 8). Soweit die Registerpraxis des jeweiligen Registergerichts nicht bekannt ist, empfiehlt sich, auf jeden Fall auch das Ausscheiden der bisherigen Geschäftsführer in die Anmeldung aufzunehmen.

51 **9. Allgemeine Vertretungsregelung:** Mit der Anmeldung der Auflösung ist stets zugleich anzugeben, wie die Gesellschaft in der Liquidation allgemein von den Liquidatoren vertreten wird. Die bis dahin lange umstrittene Frage, ob die allgemeine Vertretungsbefugnis eines Liquidators auch dann zur Eintragung in das Handelsregister anzumelden ist, wenn nur ein einziger Liquidator bestellt ist, hat der BGH auf Vorlage des OLG Dresden im Mai 2007 dahin entschieden, dass auch in diesem Fall bereits die allgemeine Vertretungsregelung für den (zukünftigen) Fall einer Bestellung weiterer Liquidatoren anzumelden ist (BGH, Beschl. v. 07.05.2007, II ZB 21/06, NJW-RR 2007, 1261 = GmbHR 2007, 877 mit zust. Anmerkung *Wachter*).

52 Enthält der Gesellschaftsvertrag keine besondere Regelung zur Vertretungsbefugnis der Liquidatoren, wird die GmbH bei Bestellung mehrerer Liquidatoren nach § 68 Abs. 1 S. 2 GmbHG durch sämtliche Liquidatoren in echter Gesamtvertretung vertreten. Diese Vorschrift regelt die Aktivvertretungsbefugnis bei Vorhandensein mehrerer Liquidatoren schlechthin, unabhängig davon, ob – wie im Regelfall des § 66 Abs. 1 Hs. 1 GmbHG – die letzten Geschäftsführer geborene Liquidatoren sind oder die Liquidatoren durch die Gesellschafterversammlung oder das Registergericht bestellt werden (BGH, Urt. v. 27.10.2008 – II ZR 255/07, GmbHR 2009, 212 = NJW-RR 2009, 333 = DStR 2009, 174 mit Anmerkung *Goette*, DStR 2009, 300). Eine etwaige in den Gesellschaftsvertrag aufgenommene Regelung, dass die *Geschäftsführer* die Gesellschaft jeweils allein vertreten, gilt nicht auch für die Liquidatoren (a.A. für *geborene* Liquidatoren Scholz/*K. Schmidt* § 68

Rn. 5 mit der Begründung, mit der sich aus § 66 Abs. 1 GmbHG ergebenden Amtskontinuität müsse nach dem regelmäßigen Willen der Gesellschafter auch eine entsprechende Kompetenzkontinuität einhergehen). Vielmehr muss hierfür in der Satzung ausdrücklich vereinbart sein, dass die von der gesetzlichen Regelung abweichende Vertretungsbefugnis der Geschäftsführer nicht nur im Stadium der werbenden Tätigkeit der Gesellschaft gelten soll, sondern auch für die Liquidation.

Die Vertretungsbefugnis der Liquidatoren kann abweichend von der gesetzlichen Regelung der Gesamtvertretung in § 68 Abs. 1 GmbHG in beliebiger Weise durch einfachen Gesellschafterbeschluss bestimmt werden. So kann eine allgemeine Einzelvertretung aller Liquidatoren, eine Einzelvertretungsbefugnis nur einzelner von ihnen, die Gesamtvertretung durch zwei Liquidatoren und schließlich nach heute allgemein vertretener Ansicht auch die unechte Gesamtvertretung eines Liquidators gemeinsam mit einem Prokuristen vorgesehen werden (s. Lutter/Hommelhoff/*Kleindiek* § 68 Rn. 2; Scholz/*K. Schmidt* § 68 Rn. 6; Michalski/*Nerlich* § 68 Rn. 12). Anders als bei der Geschäftsführerbestellung bedarf es nach bisher überwiegender Auffassung nicht einer entsprechenden Ermächtigung in der Satzung in Form einer sogenannten Öffnungsklausel (*Reymann*, Die Vertretungsbefugnis der Liquidatoren bei der GmbH, GmbHR 2009, 176; a.A. nunmehr OLG Düsseldorf, Beschl. v. 23.09.2016 – 3 Wx 130/15, GmbHR 2017, 36–38 = NZG 2016, 1424–1425: ein formloser Beschluss der Gesellschafterversammlung zur Ergänzung der Satzung durch entsprechende Öffnungsklausel reicht nicht). Für die Beschlussfassung in der Gesellschafterversammlung ist auch keine satzungsändernde Mehrheit erforderlich, vielmehr genügt nach bisher allgemeiner Ansicht die einfache Mehrheit (Baumbach/Hueck/*Haas* § 68 Rn. 5; Lutter/Hommelhoff/*Kleindiek* § 68, Rn. 3). Diese Mehrheit soll nach h.M. sogar auch dann ausreichen, wenn die Satzung für die Liquidation anderslautende Bestimmungen zu der Vertretungsmacht der Liquidatoren enthält (Michalski/*Nerlich* § 68 Rn. 9 m.w.N.), es sei denn, dass die Satzung *ausdrücklich* bestimmt, dass eine von der gesellschaftsvertraglichen Anordnung abweichende Regelung der Vertretungsmacht der Liquidatoren allgemein oder im Einzelfall nur mit höherer Mehrheit beschlossen werden kann (Lutter/Hommelhoff/*Kleindiek* § 68 Rn. 2). 53

Ähnliches gilt für die Befreiung der Liquidatoren von dem Verbot der Selbst- und Mehrfachvertretung nach § 181 BGB (s. hierzu auch *Wälzholz*, Die Vertretung der GmbH im Liquidationsstadium, insbesondere zur Befreiung des Selbstkontrahierens gem. § 181 BGB, GmbHR 2002, 305). Eine in der Satzung enthaltene Regelung, nach der die Geschäftsführer von den Beschränkungen des § 181 BGB befreit sind, gilt nicht automatisch auch für die Liquidatoren. Der früher zum Teil vertretenen Meinung, es sei davon auszugehen, dass eine entsprechende abstrakte für jedweden Geschäftsführer geltende Befreiung sich regelmäßig nicht nur auf die Geschäftsführer, sondern auf die gesetzlichen Vertreter der GmbH schlechthin und damit auch auf die Liquidatoren beziehen soll, kann nach der Entscheidung des Bundesgerichtshofs vom 27.10.2008 nicht weiter gefolgt werden. Sollen der oder die Liquidatoren, gleich ob geborene oder gekorene Liquidatoren, von den Beschränkungen des § 181 BGB befreit sein, ist nach dem BGH stets ein Beschluss der Gesellschafterversammlung erforderlich. Selbst die einem Geschäftsführer durch entsprechende Satzungsbestimmung erteilte Befreiung wirkt auch bei Personenidentität nicht auf den Liquidator fort (OLG Frankfurt, Beschl. v. 13.10.2011 – 20 W 95/11, GmbHR 2012, 394–398 für den zum Liquidator bestellten vorherigen Erstgeschäftsführer einer im vereinfachten Verfahren mit Musterprotokoll gegründeten Unternehmergesellschaft). 54

Nach bisher überwiegend vertretener Auffassung soll es für die Befreiung eines Liquidators indessen ausreichen, dass die Satzung die Ermächtigung enthält, die *Geschäftsführer* von den Beschränkungen des § 181 BGB zu befreien, einer ausdrücklichen Satzungsbestimmung (auch) für die Liquidatoren bedürfe es nicht (vgl. z.B. OLG Zweibrücken, Beschl. v. 19.06.1998 – 3 W 90/98, GmbHR 1998, 237, 238 = NJW-RR 1999, 38, 39 sowie Beschl. v. 06.07.2011 – 3 W 62/11, GmbHR; zuvor bereits BayObLG, Beschl. v. 19.10.1995, 3ZR BR 218/95, GmbHR 1996, 56 = NJW RR 1996, 611, 612; differenzierend Baumbach/Hueck/*Haas* § 68 Rn. 5: gesellschaftsvertragliche Ermächtigung nur für den Fall erforderlich, wenn der Liquidator zugleich der alleinige Gesellschafter ist). In diesem Fall sei regelmäßig davon auszugehen, dass nach dem Willen der Gesellschafter die Befreiungs- 55 möglichkeit nicht nur für das Stadium der geschäftlichen Aktivität der Gesellschaft, sondern auch in der Liquidation gelten solle. Ob angesichts der Entscheidung des BGH vom 27.10.2008 an dieser Auffassung festgehalten werden kann (so ausdrücklich Lutter/Hommelhoff/*Kleindiek* § 68 Rn. 5; Scholz/*K. Schmidt* § 68, Rn. 5a; bejahend auch *Reymann*, GmbHR 2009, 176, 181) erscheint fraglich (zuvor bereits ablehnend: OLG Düsseldorf, Urt. vom 09.12.1988 - 16 U 52/88, GmbHR 1989, 465, 466 = NJW-RR 1889, 51, 52 sowie OLG Hamm, Beschl. vom 02.01.1997, 15 W 195/96, GmbHR 1997, 387, 388 = NJW-RR 1998, 1044, 1045, bestätigend OLG Hamm, Beschl. vom 06.07.2010, 15 Wx 281/09).

56 Nunmehr hat das auch OLG Köln mit Beschl. vom 21.09.2016 (2 Wx 377/16, GmbHR 2016, 1273–1274 = NZG 2016, 1314–1315) entschieden, dass die nach der Satzung der Gesellschaft mögliche Befreiung des Geschäftsführers nicht ausreiche, um den Liquidator durch Gesellschafterbeschluss von den Beschränkungen des § 181 BFB befreien zu können. Es bedürfe auch für die Liquidatoren hierzu der ausdrücklichen gesellschaftsvertraglichen Ermächtigung (Öffnungsklausel). Der Entscheidung wurde im Schrifttum zugestimmt (so u.a. *Heckelmann*, jurisPR-HaGesR 12/2016 Anm. 2) als auch widersprochen (so u.a. *Tenner* DStR 2017, 160–163).

57 Es ist zu erwarten, dass die Registergerichte sich zunehmend den Entscheidungen des OLG Düsseldorf von 1988 sowie des OLG Köln aus dem September 2016 anschließen und für die Eintragung der Befreiung des Liquidators eine entsprechende Satzungsermächtigung sowie einen dahingehenden Beschluss der Gesellschafterversammlung für erforderlich halten. Es empfiehlt sich daher, bereits bei der Gründung der GmbH bzw. bei einer Satzungsänderung, eine Klausel in den Gesellschaftsvertrag aufzunehmen, dass die für die Geschäftsführung geltende Regelung, nach der einem oder auch allen Geschäftsführern eine Befreiung von den Beschränkungen des § 181 BGB erteilt werden, auch für die Liquidatoren gilt. Fehlt im Gesellschaftsvertrag eine entsprechende Regelung, so sollte angesichts der bestehenden Rechtsunsicherheit unbedingt mit dem Beschluss zur Auflösung der Gesellschaft zugleich eine Satzungsergänzung vorgenommen und eine Satzungsbestimmung in den Gesellschaftsvertag aufgenommen werden des Inhalts, dass einzelne oder alle Liquidatoren von den Beschränkungen des § 181 BGB befreit werden können (so insbes. auch *H. Schmidt*, Vertretungsregelung der Liquidatoren einer GmbH, NotBZ 2012, 161, 162)

58 Schließlich ist noch auf Folgendes hinzuweisen: Vertreten nach dem Bestellungsbeschluss die Liquidatoren die Gesellschaft entsprechend der gesetzlichen Regelung gemeinsam, so führt der Wegfall der übrigen Liquidatoren nicht dazu, dass die Gesamtvertretungsbefugnis eines allein verbleibenden Liquidators zur Einzelvertretungsmacht erstarkt (BGH, Urt. vom 08.02.1993, II ZR 62/92, BGHZ 121, 263 = GmbHR 1993, 1993, 508, 509 = NJW 1993, 1654, 1655 sowie OLG München, Beschl. vom 12.05.2010, 31 Wx 47/10, GmbHR 2011, 144). Anderes gilt nur dann, wenn sich entweder aus dem Gesellschaftsvertrag oder zumindest aus dem Bestellungsbeschluss für diesen Fall (ausdrücklich) die Befugnis zur Einzelvertretung ergibt. Um zu vermeiden, dass bei Wegfall aller übrigen Liquidatoren die Gesellschaft bis zur Bestellung eines neuen zweiten Liquidators handlungsunfähig ist, empfiehlt sich, bei der Bestellung der Liquidatoren stets ausdrücklich zu beschließen, dass ein gesamtvertretungsberechtigter Liquidator bei Wegfall der übrigen Liquidatoren zur alleinigen Vertretung der Gesellschaft befugt ist, und, soweit erforderlich, auch eine entsprechende Satzungsergänzung vorzunehmen.

59 **10. Angaben zur Person der Liquidatoren:** Die Liquidatoren sind mit vollständigem Namen, d.h. mit Vornamen und Nachnamen, sowie dem Geburtsdatum anzumelden, § 24 Abs. 1 HRV. Nach § 43 Nr. 4 S. 1 lit. b HRV ist auch ihr Wohnort in das Register in Spalte 4 unter dem Buchstaben b einzutragen. Entsprechend muss in der Anmeldung auch der Wohnort des Liquidators angegeben werden. Weitere Angaben zur Anschrift sind nicht erforderlich.

60 Das Erlöschen der Prokura des zum Liquidator bestellten P bräuchte nicht extra angemeldet zu werden. Denn mit der Bestellung des Prokuristen zum organschaftlichen Vertreter erlischt kraft Gesetzes seine mit der Erteilung der Prokura verbundene rechtsgeschäftliche Vertretungsmacht (OLG Düsseldorf, Beschl. vom 07.03.2012, I-3 Wx 200/11, GmbHR 2012, 692). Eine An-

meldung des Erlöschens der Prokura ist daher nicht erforderlich. Da jedoch verschiedene Registergerichte immer wieder – wenn auch zu Unrecht – eine solche Anmeldung verlangen, wird geraten, diese Erklärung im Interesse eines schnellen Vollzugs der Anmeldung mit in den Anmeldungstext aufzunehmen. Zusätzliche Kosten entstehen hierdurch nicht (s. Anmerkung 16, Rdn. K 75)

11. Besondere (konkrete) Vertretungsregelung: Hierzu gilt das Gleiche wie bei der Anmel- 61
dung von Geschäftsführern. Soweit die Vertretungsbefugnis für einzelne oder alle bestellten Liquidatoren abweichend von der allgemeinen (abstrakten) Vertretungsbefugnis bestimmt ist, muss diese spezielle Befugnis zusätzlich im Einzelnen ausdrücklich angemeldet und eingetragen werden. Einer solchen Anmeldung bedarf es auch dann, wenn der Liquidator zuvor Geschäftsführer war und seine konkrete Vertretungsbefugnis als Liquidator seiner bisherigen Vertretungsbefugnis als Geschäftsführer entspricht. Die Angabe in der Anmeldung »Der Liquidator A vertritt in gleicher Weise wie zuvor als Geschäftsführer« genügt nicht. Vielmehr ist die konkrete Abweichung von der allgemeinen (abstrakten) Vertretungsregelung für die Liquidatoren im Einzelnen anzugeben. Entspricht dagegen die Vertretungsbefugnis des Liquidators der allgemeinen Vertretungsregelung für Liquidatoren, so bedarf es keiner weiteren Anmeldung der konkreten Vertretungsmacht. Es schadet aber nicht, wenn, wie in dem obigen Muster, zu der konkreten Vertretungsbefugnis der klarstellende Hinweis erfolgt, dass sich diese nach der allgemeinen Vertretungsregelung bestimmt. Einige Registergerichte (so auch das AG Hamburg) tragen diese Angabe dann auch bei dem jeweiligen Liquidator in die Spalte 4 Unterspalte b ein.

12. Versicherung der Liquidatoren: Nach § 67 Abs. 3 GmbHG (in der seit dem 62
01.09.2009 gültigen Fassung des ARUG vom 30.07.2009) haben die Liquidatoren zu versichern, dass keine Umstände vorliegen, die ihrer Bestellung nach § 66 Abs. 4 i.V,m. § 6 Abs. 2 S. 2 Nr. 2 und 3 sowie S. 3 GmbHG entgegenstehen, und dass sie über ihre unbeschränkte Auskunftspflicht gegenüber dem Gericht belehrt worden sind. Hinsichtlich der Bestellungshindernisse sowie der Versicherung gelten damit die gleichen Anforderungen wie für die Anmeldung von Geschäftsführern. Die Versicherung des Liquidators, dass er nicht als Betreuter bei der Besorgung seiner Vermögensangelegenheiten ganz oder teilweise einem Einwilligungsvorbehalt unterliegt (Bestellungshindernis nach § 6 Abs. 2 S. 1 Nr. 1 GmbHG), ist nicht mehr zwingend erforderlich, wird aber – wie in dem obigen Muster – häufig noch weiterhin in die Anmeldung mit aufgenommen. Nach der ursprünglichen Fassung des § 67 Abs. 3 GmbH war eine entsprechende Versicherung über die Verweisung in § 66 Abs. 4 GmbHG erforderlich. Dies wurde allgemein als ein Redaktionsversehen des MoMiG-Gesetzgebers angesehen, weil bei der Geschäftsführeranmeldung keine entsprechende Versicherung abgegeben werden muss. Mit dem ARUG wurde dieses Redaktionsversehen des Gesetzgebers (siehe OLG München, Beschl. vom 22.04.2009, 31 Wx 40/09, NJW-RR 2009, 970 = GmbHR 2009, 830) beseitigt.

Die Anforderungen an die Formulierung der Eignungsversicherung sind für den Liquidator die 63
gleichen wie beim Geschäftsführer. Zu den Einzelheiten der Eignungsversicherung kann daher verwiesen werden auf die Anmerkungen 13 und 14 zu dem Muster B 4 (Rdn. B 135 ff.).

Erfolgt in der Versicherung ausdrücklich eine Aufzählung der Straftatbestände, welche einer Tä- 64
tigkeit als Liquidator entgegenstehen, so ist darauf zu achten, dass in der Versicherung auch die zum 19. April 2017 durch das 51. Strafrechtsänderungsgesetz in das StGB neu aufgenommenen §§ 265c bis 265e StGB angeführt werden.

Auch wenn der Liquidator zuvor Geschäftsführer war und als solcher die Eignungsversicherung 65
bei seiner Anmeldung abgegeben hat, muss er die entsprechende Versicherung vollen Umfangs im Einzelnen neu vornehmen, unabhängig davon, wie viel Zeit seit dieser Versicherung verstrichen ist. Eine Bezugnahme auf die zuvor als Geschäftsführer abgegebene Versicherung reicht nicht (BayObLG, Beschl. vom 30.06.1987, BReg. 3 Z 75/87, NJW-RR 1988, 98; *Peifer*, Rpfleger 2008, 408, 411).

66 Anders als bei Geschäftsführen zulässig, kann für die Abwicklung auch eine juristische Person – z.B. eine GmbH-Steuerberatungsgesellschaft – mit der Geschäftsführung betraut und zum Liquidator bestellt werden. In diesem Fall müssen nicht nur derjenige Geschäftsführer der Steuerberatungsgesellschaft die Versicherung abgeben, der im konkreten Fall die Abwicklung durchführen soll, sondern alle ihre organschaftlichen Vertreter.

67 **13. Versicherung zur Belehrung:** Schließlich müssen die Liquidatoren *versichern*, dass sie über ihre unbeschränkte Auskunftspflicht gegenüber dem Registergericht belehrt worden ist. Die bloße Erklärung, insoweit belehrt worden zu sein, reicht nach einer Entscheidung des OLG Dresden insoweit nicht (Beschl. vom 14.10.2011, 12 W 0987/11). Dagegen muss nach zutreffender Auffassung des OLG Karlsruhe hierbei das Wort »versichern« selbst nicht ausdrücklich verwendet werden. Es genügt vielmehr »jede Wendung (»erklären«, »angeben« u.a.), die hinreichend erkennen lässt, dass sich um eine eigenverantwortliche Bekundung des Betroffenen handelt« (OLG Karlsruhe, Beschl. vom 20.04.2012, 11 Wx 33/12, GmbHR 2012, 797 = NZG 2012, 598).

68 Die Belehrung konnte bislang nach § 8 Abs. 3 S. 2 GmbHG a.F. nur von einem deutschen Notar oder dem Registergericht vorgenommen werden. Nach §§ 67 Abs. 3 Satz 2, 8 Abs. 3 Satz 2 GmbHG in der Fassung des MoMiG kann die Belehrung, welche jetzt auch schriftlich erfolgen kann, nunmehr auch von einem ausländischen Notar, einem Vertreter eines vergleichbaren rechtsberatenden Berufs oder auch einem Konsularbeamten vorgenommen werden, siehe hierzu das Muster A.I.4 Rdn. 50).

69 Falsche Angaben eines Liquidators in der Versicherung sind nach § 82 Abs. 1 Nr. 5 GmbHG strafbar.

70 **14. Vollzugsauftrag, Vollmacht:** Es empfiehlt sich, dass der Liquidator in der Anmeldung Sozien und/oder Mitarbeiter des beglaubigenden Notars bevollmächtigt, damit diese etwaige von dem Registergericht angeforderte Änderungen und Ergänzungen der Anmeldung vornehmen können. Hinsichtlich der von dem Liquidator in der Anmeldung abzugebenden höchstpersönlichen Versicherungen gemäß § 67 Abs. 3 in Verbindung mit § 8 Abs. 3 GmbHG ist allerdings eine Änderung oder Ergänzung nur durch den Liquidator selbst möglich. Eine rechtsgeschäftliche Vertretung ist insoweit nicht zulässig (s.o. Anmerkung 5, Rdn. K 45).

71 Dabei sollte die Vollmacht nicht bereits mit der Registereintragung erlöschen. Wie der Autor es von Zeit zu Zeit erlebt, müssen immer mal wieder Eintragungen berichtigt werden, weil den Beteiligten in der Anmeldung kleinere Fehler, wie z.B. die Angabe eines falschen Vornamens oder ein Zahlendreher bei dem Geburtstag, unterlaufen sind, die nach der entsprechend fehlerhaften Registereintragung berichtigt werden mussten. Diese Fehler werden häufig alsbald nach der Eintragung bei der Kontrolle der Eintragungsmitteilung von den Beteiligten entdeckt. Wenn die Vollmacht dann noch nicht erloschen ist, kann ein solcher Fehler in der erforderlichen Ergänzungsanmeldung unkompliziert durch die bevollmächtigten Notarmitarbeiter berichtigt werden.

72 **15. Anlagen:** Der Anmeldung sollte der Auflösungsbeschluss in Urschrift oder öffentlich beglaubigter Abschrift beigefügt werden. Zwar ist dies anders als z.B. in §§ 8, 39 Abs. 2 GmbHG gesetzlich nicht besonders angeordnet. Den Beschluss zusammen mit der Anmeldung einzureichen, empfiehlt sich indessen. Denn ansonsten dürfte Registergericht im Rahmen seiner Prüfungs- und Ermittlungspflicht gemäß § 26 FamFG regelmäßig die Nachreichung der Urkunden anfordern, aus denen sich die Auflösung ergibt (Auflösungsbeschluss, Auflösungsurteil mit Rechtskraftvermerk etc.). Nach *Krafka/Kühn* Rn. 1124 *ist* aus diesem Grund der Auflösungsbeschluss einzureichen.

73 Werden – wie zumeist – der Auflösungsbeschluss und der Beschluss über die Bestellung der ersten Liquidatoren zusammen protokolliert, so *ist* das Protokoll der Gesellschafterversammlung einzureichen. Der Bestellungsbeschluss muss der Anmeldung beigefügt sein. Die Vorlagepflicht ergibt sich aus § 67 Abs. 2 GmbHG.

74 **16. Unterschrift/Beglaubigung:** Die Anmeldung ist von den Liquidatoren zu unterzeichnen. Ihre Unterschriften sind öffentlich zu beglaubigen. Eine Zeichnung der Namensunterschriften, wie

nach § 67 Abs. 5 GmbHG a.F. noch erforderlich, muss seit Streichung dieses Absatzes durch das EHUG seit dem 01.01.2007 nicht mehr vorgenommen werden.

17. Kosten a) *Notarkosten*: Für den Entwurf der Anmeldung fällt, soweit der Notar die Anmeldung vollständig fertigt, nach KV-Nr. 24100 in Verbindung mit § 92 Abs. 2 GNotKG eine 0,5-Gebühr an. Der Geschäftswert beläuft sich gemäß §§ 119, 105 Abs. 4 Nr. 1 GNotKG auf 1 % des eingetragenen Stammkapitals der Gesellschaft, mindestens jedoch € 30.000,00. Bei der Anmeldung der Auflösung und des Ausscheidens der beiden bisherigen Geschäftsführer A und B sowie die Anmeldung des P zum Liquidator handelt es sich nicht um verschiedene Tatsachen i.S.v. § 111 Abs. 3 GNotKG, deren Werte nach § 35 Abs. 2 GNotKG zu addieren wären. Vielmehr besteht eine notwendige Erklärungseinheit, so dass der maßgebliche Geschäftswert nur einmal bei der Berechnung der Beurkundungsgebühr anzusetzen ist (vgl. BGH, Beschl. vom 18.10.2016, II ZB 18/15, GmbHR 2017, 95 ff. mit Anm. *H.Schmidt*; *Diehn*, Notarkostenberechnungen, 5. Aufl. 2017, Rn. 1381 f., a.A. noch *Korintenberg/Diehn*, 19. Aufl. 2015 Rn. 26 f.; ferner unter Aufgabe der abw. Ansicht in der Vorauflage *Gustavus*, Handelsregisteranmeldungen, 9. Aufl. 2017, S. 216 f.; a.A. zuvor LG Bochum, Beschl. vom 19.10.2015, 7 OH 6/15, juris). Die Anmeldung des Erlöschens der Prokura des P bildet ebenfalls keine weitere gebührenauslösende Tatsache. Hinzukommen für den elektronischen Vollzug der Urkunde und die Erstellung der XML-Strukturdaten eine 0,3-Gebühr gemäß KV-Nr. 22114, ferner die üblichen Pauschalen (Dokumentenpauschalen für Papier, Daten sowie Post- und TK-Pauschale, KV-Nrn. 32000, 32002 und 32005) sowie die Mehrwertsteuer. 75

Übernimmt der Notar aufgrund entsprechenden Auftrags die Erledigung des Gläubigeraufrufs (§ 65 Abs. 2 GmbHG) und beauftragt den Bundesanzeiger und die ggf. weiteren Gesellschaftsblätter mit der entsprechenden Bekanntmachung (siehe hierzu Muster K5, Rdn. K78 ff.), löst dies eine Betreuungsgebühr nach KV-Nr. 22200 Nr. 5 aus. Der Geschäftswert bestimmt sich nach dem §§ 108 Abs. 1 S. 1, 105 Abs. 4 Nr. 1 GNotKG und beträgt damit 1 % des Stammkapitals, mindestens aber € 30.000. Nach *Diehn*/Volpert, Praxis des Notarkostenrechts, 2. Aufl. 2018, Rn. 906, ist für die Wertberechnung der Wert des Auflösungsbeschlusses maßgeblich, nach Ansicht des LG Düsseldorf der u.U. niedrigere Wert der Handelsregisteranmeldung (LG Düsseldorf, Beschl. vom 25.05.2016, 19 T 12/16, ZNotP 2016, 289–291 mit insoweit abl. Anm. *Fackelmann*, 291–292). 76

b) *Gerichtskosten*: Die Gerichtsgebühren bestimmen sich nach GV-NR. 2500 HRegGebVO. Danach fallen für die erste einzutragende Tatsache € 70,00 und für jede weitere Tatsache jeweils 40,00 € an, vorliegend somit 70,00 € für die Auflösung, jeweils 40,00 € für das Ausscheiden der beiden Geschäftsführer A und B und weitere 40,00 € für die Bestellung des P zum Liquidator. Für die Eintragung der Beendigung seiner Prokura fallen, auch wenn sie in einem inneren Zusammenhang mit seiner Eintragung als Geschäftsführer steht, weitere 40,00 € an. 77

II. Liquidation

5. Gläubigeraufruf in den Gesellschaftsblättern

Vorbemerkung

Gemäß § 65 Abs. 2 GmbHG ist die Auflösung von den Liquidatoren in den Gesellschaftsblättern bekannt zu machen. Der Gläubigeraufruf gemäß § 65 Abs. 2 GmbHG dient dem Schutz der Gläubiger, da diese mit der Löschung der Gesellschaft ihre Schuldnerin und mit der Verteilung des Gesellschaftsvermögens die Haftungsmasse verlieren. Durch die Bekanntmachung sind zugleich die Gläubiger der Gesellschaft aufzufordern, sich bei derselben zu melden. Die Vorschrift des § 65 Abs. 2 GmbHG gilt nicht für die durch Eröffnung des Insolvenzverfahrens verursachte Auflösung (Scholz/*K. Schmidt* § 65 Rn. 12), da in diesem Fall regelmäßig eine öffentliche Aufforderung durch das Insolvenzgericht an die Gläubiger erfolgt (Scholz/*K. Schmidt* § 65 Rn. 12). 78

Muster

79 **C-GmbH i.L.**

Die C-Gesellschaft mit beschränkter Haftung mit Sitz in __________ ist aufgelöst. Die Gläubiger der Gesellschaft werden hiermit aufgefordert, sich bei der Gesellschaft zu melden. [1, 2, 3]

C-GmbH i.L.

__________ Ort, den __________

____

Die Liquidatoren

Erläuterungen

80 **1.** Gemäß § 65 Abs. 1 GmbHG ist die Auflösung der Gesellschaft von den Liquidatoren in den Gesellschaftsblättern bekannt zu machen. § 65 Abs. 2 GmbHG ist durch Artikel 14b des Gesetzes zur Umsetzung der Aktionärsrechterichtlinie (ARUG) vom 30.07.2009 geändert worden. Die bislang in § 65 Abs. 2 GmbHG vorgesehene dreimalige Bekanntmachung ist gestrichen worden.

81 **2.** Die Bekanntmachung gemäß § 65 Abs. 2 GmbHG hat zunächst die Firma der Gesellschaft zu enthalten, verbunden mit einem Hinweis nach Maßgabe von § 71 Abs. 5 GmbHG, aus dem sich ergibt, dass sich die Gesellschaft in Liquidation befindet. Ferner hat die Bekanntmachung die Mitteilung der Auflösung zu enthalten. Der Auflösungsgrund braucht in der Mitteilung nicht angegeben zu werden. Zwingend erforderlich ist gemäß § 65 Abs. 2 GmbHG jedoch, dass die Mitteilung der Auflösung mit der Aufforderung an die Gläubiger der Gesellschaft verbunden wird, sich bei der Gesellschaft zu melden (Baumbach/Hueck/*Haas* § 65 Rn. 18). Die Gläubiger der Gesellschaft müssen erkennen können, wo sie sich zu melden haben. Eine besondere Aufforderung an die Gläubiger der Gesellschaft, die der Gesellschaft bekannt sind, ist nicht erforderlich. Die Bekanntmachung hat in den Gesellschaftsblättern zu erfolgen. Sieht der Gesellschaftsvertrag vor, dass Veröffentlichungen der Gesellschaft im Bundesanzeiger zu erfolgen haben, so ist durch § 12 Satz 3 GmbHG klargestellt, dass die Bekanntmachung im elektronischen Bundesanzeiger ausreichend ist (Baumbach/Hueck/*Haas* § 65 Rn. 17).

82 **3.** Das Gesetz enthält keinen Zeitpunkt, zudem die Bekanntmachung gemäß § 65 Abs. 2 GmbHG zu erfolgen hat. Auch enthält sie keine Frist für die Bekanntmachung. Allerdings können sich die Liquidatoren bei einer Verzögerung der Bekanntmachung gegenüber der Gesellschaft gemäß § 71 Abs. 4, 43 Abs. 1, Abs. 2 GmbHG ersatzpflichtig machen (Baumbach/Hueck/*Haas* § 65 Rn. 19). Aus diesem Grunde wird eine unverzügliche Bekanntmachung nach allgemeinen Grundsätzen der Sorgfalt ordnungsgemäß agierender Liquidatoren entsprechen, zumal auch gemäß § 73 Abs. 1 GmbHG das Sperrjahr nicht vor Ablauf eines Jahres endet, an welchem die Aufforderung an die Gläubiger gemäß § 65 Abs. 2 GmbHG in den Gesellschaftsblättern erfolgt ist (vgl. aber OLG Hamm, GmbHR 2017, 930 f., das bei Vermögenslosigkeit eine Ausnahme macht).

6. Liquidationseröffnungsbericht

Vorbemerkung

83 Gemäß § 71 Abs. 1 GmbHG haben die Liquidatoren für den Beginn der Liquidation eine Bilanz (Eröffnungsbilanz) und einen die Eröffnungsbilanz erläuternden Bericht sowie für den Schluss eines jeden Jahres einen Jahresabschluss und einen Lagebericht aufzustellen. Der Liquidationser-

öffnungsbericht ersetzt den für die Liquidationseröffnungsbilanz nicht vorgesehenen Lagebericht und Anhang (Michalski/*Nerlich* § 71 Rn. 28). Nach Erstellung durch die Liquidatoren wird die Liquidationseröffnungsbilanz durch die Gesellschaft gemäß § 71 Abs. 2 Satz 1 GmbHG festgestellt, wobei für die Feststellung die Verfahrensvorschriften des § 42a Abs. 3 GmbHG entsprechend gelten (Baumbach/Hueck/Haas § 71 Rn. 13).

Muster

Liquidationseröffnungsbilanz [1] & erläuternder Bericht [2] zum __________ 2010 der C-GmbH i.L. 84

A. Liquidationseröffnungsbilanz zum __________

B. Erläuternder Bericht für die Liquidationseröffnungsbilanz zum __________

I. Allgemeine Angaben

Die C-GmbH hat mit Beschluss der Gesellschafterversammlung vom __________ die Auflösung der Gesellschaft zum __________ beschlossen und Frau/Herrn als einzelvertretungsberechtigte Liquidatoren der Gesellschaft bestellt. Im Verlaufe des Jahres __________ hat die C-GmbH ihre laufenden Geschäfte beendigt. Seitdem verfolgen die Liquidatoren das Ziel, die Verpflichtungen der aufgelösten Gesellschaft zu erfüllen, deren Forderungen einzuziehen und das Vermögen der Gesellschaft in Geld umzusetzen.

II. Bilanzierungs- und Bewertungsgrundsätze

Die Liquidationseröffnungsbilanz zum __________ hat die Gesellschaft nach den gesetzlichen Bestimmungen des HGB unter Beachtung der Vorschriften des GmbHG aufgestellt. Es gelten die Vorschriften für __________ Kapitalgesellschaften. Angesichts der bereits im Jahre __________ beabsichtigten Auflösung der Gesellschaft wurde seit dem Geschäftsjahr __________ bei der Bilanzierung und Bewertung nicht von der Fortführung der Unternehmenstätigkeit ausgegangen. Die Vermögensgegenstände und Schulden wurden daher bereits im Jahresabschluss zum 31.12. __________ und den nachfolgenden Jahresabschlüssen weitgehend zu Liquidationswerten bewertet. In der Liquidationseröffnungsbilanz sind sämtliche Vermögenswerte, Schulden und Rechnungsabgrenzungsposten enthalten, soweit gesetzlich nichts anderes bestimmt ist. Die Vermögensgegenstände und Schulden sind zum Stichtag einzeln bewertet worden. Es wurde vorsichtig bewertet. Namentlich sind alle vorhersehbaren Risiken und Verluste, die bis zum Abschlussstichtag entstanden sind, berücksichtigt. Hinsichtlich der Erlöse für die im Zuge der Liquidation zu veräußernden Vermögensgegenstände wird nicht erwartet, dass diese über den Buchwerten zum __________ liegen. Erworbene immaterielle Vermögensgegenstände waren zu Anschaffungskosten bilanziert und wurden, sofern sie der Abnutzung unterliegen, entsprechend ihrer Nutzungsdauer um planmäßige Abschreibungen (lineare Methode) vermindert. Soweit erforderlich, wurden außerplanmäßige Abschreibungen auf den niedrigeren beizulegenden Wert vorgenommen. Das Sachanlagevermögen wurde zu Anschaffungs- bzw. Herstellungskosten angesetzt und wird, sobald abnutzbar, um lineare Abschreibungen vermindert. Soweit erforderlich, wurden außerplanmäßige Abschreibungen auf den niedrigeren beizulegenden Wert vorgenommen. Seit dem 01.01.2008 werden geringwertige Wirtschaftsgüter mit Anschaffungs- oder Herstellungskosten von mehr als EUR 150 bis zu EUR 1000 in einem jahresbezogenen Sammelposten zusammengefasst und über die Dauer von 5 Jahren linear abgeschrieben. Geringwertige Wirtschaftsgüter bis EUR 150 wer-

den im Jahr der Anschaffung voll abgeschrieben und als Abgang ausgewiesen. Die Abschreibungen auf Zugänge des Sachanlagevermögens erfolgen grundsätzlich zeitanteilig. Bei den Finanzanlagen werden die Anteilsrechte, Ausleihungen und Wertpapiere zu Anschaffungskosten bzw. niedrigeren beizulegenden Werten angesetzt. Forderungen und sonstige Vermögensgegenstände sind grundsätzlich zum Nennwert angesetzt. Allen risikobehafteten Posten ist durch die Bildung angemessener Einzelwertberichtigungen Rechnung getragen. Das allgemeine Kreditrisiko wird durch pauschale Abschläge berücksichtigt. Die sonstigen Rückstellungen berücksichtigen alle ungewissen Verbindlichkeiten und drohenden Verluste aus schwebenden Geschäften. Sie sind in der Höhe angesetzt, die nach vernünftiger kaufmännischer Beurteilung notwendig ist. Die Verbindlichkeiten sind zu Rückzahlungsbeträgen angesetzt. Die Bewertung von Forderungen, Guthaben bei Kreditinstituten und Verbindlichkeiten in Fremdwährungen erfolgt grundsätzlich zum Anschaffungszeitpunkt geltenden Umrechnungskursen. Dessen Niederstwert/Höchstwertprinzip wurde beachtet.

III. Angaben zur Bilanz

1. AKTIVA

1.1. Anlagevermögen

1.1.1. Immaterielle Vermögensgegenstände

In Anbetracht der geplanten Liquidation der Gesellschaft sind die gewerblichen Schutzrechte und ähnlichen Rechte und Werte sowie Lizenzen an solchen Rechten und Werten bereits im Jahre 2007 auf Erinnerungswerte abgeschrieben worden.

1.1.2. Sachanlagevermögen

Die Werte in Sachanlagevermögen wurden in Anbetracht der geplanten Liquidation der Gesellschaft im Jahre 2007 grundsätzlich auf erwartete Verkaufserlöse wertberichtigt. Sofern insbesondere technische Anlagen und Maschinen der Gesellschaft noch für einen längeren Zeitraum als 1 Jahr zur Verfügung stehen sollen, werden sie weiterhin zu fortgeführten Anschaffungskosten bilanziert.

1.1.3. Finanzanlagen

Der Anteilsbesitz setzt sich wie folgt zusammen: ____________

1.2. Umlaufvermögen

1.2.1. Forderungen aus sonstigen Vermögensgegenständen

Die sonstigen Vermögensgegenstände bestehen im wesentlichen aus dem abgezinsten, abgewerteten Betrag des Körperschaftssteuerguthabens gemäß § 37 KStG, Forderungen aus einbehaltener Zinsabschlagsteuer sowie Umsatzsteuerforderungen. Die Gesellschaft plant, das Körperschaftsteuerguthaben spätestens im Jahr 2012 zu veräußern; zur Berücksichtigung möglicher Abschläge bei der Veräußerung wurde bereits im Jahre 2007 eine Wertberichtigung in Höhe von ____________ auf den abgezinsten Anspruch vorgenommen.

1.2.2. Forderungen gegen verbundene Unternehmen

Die ausgewiesenen Forderungen beinhalten Forderungen gegenüber der ____________ in Höhe von ____________ sowie der ____________ in Höhe von TEU Forderungen gegen die ____________ wurden bereits in den Vorjahren auf Erinnerungswerte abgeschrieben.

1.2.3. Kassenbestand, Guthaben bei Kreditinstituten

In den liquiden Mitteln sind inländische Tages- und Termingelder in Höhe von ______ enthalten. Ferner sind Kontokorrentguthaben in Höhe von enthalten. Zum Bilanzstichtag gab es keine als Sicherheit hinterlegten liquiden Mittel.

IV. PASSIVA

1. Eigenkapital

Das Eigenkapital setzt sich wie folgt zusammen: ______

2. Rückstellungen

Die sonstigen Rückstellungen wurden im Wesentlichen für Rechtsstreitigkeiten, ausstehende Rechnungen, Gewährleistungs- und Kundendienstverpflichtungen, Abschlusskosten sowie sonstige Liquidationsverpflichtungen gebildet. Die Rückstellung für sonstige Liquidationsverpflichtungen wurde bereits im Geschäftsjahr in Höhe von ______ in Höhe des geplanten Verpflichtungsüberhanges aus der Liquidation bis zur erwarteten Beendigung der Liquidation gebildet. Vor dem Hintergrund der gewonnenen Erkenntnisse aus dem bisherigen Liquidationsverlauf wurde von den Liquidatoren eine aktualisierte Planung des weiteren Liquidationsprozesses erstellt. Aus dieser Planung ergibt sich die Notwendigkeit einer weiteren Erhöhung der Liquidationsrückstellung um ______. Die Erhöhung ergab sich im Wesentlichen aus dem Planungszeitraum 2010 bis 2012 und resultiert für diesen Zeitraum primär aus höheren Rechts- und sonstigen Beratungsaufwendungen.

3. Verbindlichkeiten

Die Restlaufzeiten und Besicherungen der Verbindlichkeiten sind im Verbindlichkeitenspiegel im Einzelnen dargstellt.

______

4. Kosten des Liquidationsverfahrens

Sämtliche Kosten, die im Rahmen des Liquidationsverfahrens auf Basis der bisherigen Schätzung voraussichtlich anfallen werden, wurden bereits in der Liquidationsrückstellung innerhalb der sonstigen Rückstellungen berücksichtigt.

5. Haftungsverhältnisse

Zum Zeitpunkt der Liquidationseröffnung bestehen keine Avale und andere Haftungsverhältnisse.

6. Sonstige finanzielle Verpflichtungen

Sonstige finanzielle Verpflichtungen aus Miet- und Leasingverträgen bestehen im folgenden Umfang:

______

V. Sonstige Angaben

1. Mitarbeiter

Die Gesellschaft beschäftigt zum Zeitpunkt der Eröffnung der Liquidation bis auf die Geschäftsführung/Liquidatoren keine Mitarbeiter mehr.

2. Geschäftsführung

Mit Beschluss der Gesellschafterversammlung vom ________ wurde der bisherige Geschäftsführer Herr ________ zum Liquidator der Gesellschaft bestellt.

VI. Vorgänge von besonderer Bedeutung seit dem Zeitpunkt der Liquidationseröffnung

____

VII. Ausblick

Vor dem Hintergrund der rechtlich notwendigen Abwicklungsmaßnahmen wird die Beendigung der Liquidation der C-GmbH i.L. voraussichtlich nicht vor Ende 2013 stattfinden. Umsatzerlöse sind wegen der Einstellung des operativen Geschäfts auch zukünftig nicht zu erwarten. Auf Basis der aktuellen, neu eingeschätzten Höhe der Liquidationsrückstellungen erwartet die Gesellschaft für die folgenden Geschäftsjahre in etwa ausgeglichene Ergebnisse. Insgesamt sind alle Anstrengungen der Gesellschaft darauf ausgerichtet, dass alle Gesellschafter nach Durchführung der Liquidation an einem möglicherweise verbleibenden Abwicklungsüberschuss teilhaben.

____

________, **den** ________

____

Liquidator(in)

Erläuterungen

85 **1.** Die Verpflichtung der Liquidatoren zur Aufstellung der Liquidationseröffnungsbilanz ist öffentlich-rechtlicher Natur und nicht abdingbar (Michalski/*Nerlich* § 71 Rn. 22, Gehrlein/Ekkenga/Simon/*Hofmann* § 71 Rn. 3). Die Liquidationseröffnungsbilanz ist als fortgeführte Ertragsbilanz nach dem Going-Concern-Prinzip aufzustellen (Lutter/Hommelhoff/*Kleindiek* § 71 Rn. 2; Baumbach/Hueck/*Haas* § 71 Rn. 5 f). Eine Neubewertung aller Aktiva und Passiva findet daher nicht statt (Lutter/Hommelhoff/*Kleindiek* § 71 Rn. 2). Für immaterielle Vermögensgegenstände gelten die (bisherigen) Bilanzierungsverbote weiter, auch wenn sie veräußerungsfähig sind (Lutter/Hommelhoff/*Kleindiek* § 71 Rn. 2). Die Liquidationseröffnungsbilanz wird auf den Tag der Auflösung der Gesellschaft aufgestellt (Michalski/*Nerlich* § 71 Rn. 24; Lutter/Hommelhoff/*Kleindiek* § 71 Rn. 3). Wird die Gesellschaft durch Beschluss der Gesellschafter aufgelöst, ist Bilanzstichtag der Tag, an dem der Beschluss gefasst wurde (Michalski/*Nerlich* § 71 Rn. 24). Möglich ist aber auch, dass die Gesellschafter den Bilanzstichtag aus Gründen der Vereinfachung zusammen mit dem Datum der Auflösung auf einen Zeitpunkt nach der Beschlussfassung verlegen (Michalski/*Nerlich* § 71 Rn. 24). Hiervon zu unterscheiden ist der Tag, an dem die Auflösung ins Handelsregister eingetragen wird, der entscheidend sein kann, allerdings nicht entscheidend sein muss (Lutter/Hommelhoff/*Kleindiek* § 71 Rn. 3; Baumbach/Hueck/*Haas* § 71 Rn. 14). Nicht Teil oder Bestandteil der Liquidationseröffnungsbilanz ist eine Gewinn- und Verlustrechnung, die allerdings im Zusammenhang mit der Schlussbilanz der werbenden GmbH zu erstellen ist (Lutter/Hommelhoff/*Kleindiek* § 71 Rn. 4). Die Eröffnungsbilanz ist regelmäßig innerhalb der Dreimonats-Frist des §§ 264 Abs. 1 Satz 2 HGB zu erstellen (Lutter/Hommelhoff/*Kleindiek* § 71 Rn. 6; Michalski/*Nerlich* § 71 Rn. 25).

86 **2.** Der Liquidationseröffnungsbericht erläutert den Lesern der Liquidationseröffnungsbilanz die Bilanzprinzipien und die Bewertungsgrundsätze (Baumbach/Hueck/*Haas* § 71 Rn. 22). Ins-

besondere befasst sich der Liquidationseröffnungsbericht mit denjenigen Bewertungsmethoden, welche von den in der Schlussbilanz der werbenden Gesellschaft abweichen (Michalski/*Nerlich* § 71 Rn. 28). § 71 Abs. 1 GmbHG verweist im Hinblick auf den geforderten Bericht auf die Vorschriften des Jahresabschlusses. Nach übereinstimmender Meinung sind damit die §§ 284 ff. HGB gemeint (Lutter/Hommelhoff/*Kleindiek* § 71 Rn. 5). Der zu erstellende Bericht hat den Zweck, die auch der Anhang im Rahmen der regulären Rechnungslegung wahrnimmt (Lutter/Hommelhoff/*Kleindiek* § 71 Rn. 5; Baumbach/Hueck/*Haas* § 71 Rn. 22). Inhalt des Berichtes sind auch prospektive Angaben, insbesondere über den zu erwartenden Verlauf und die Aussichten der Liquidation (Lutter/Hommelhoff/*Kleindiek* § 71 Rn. 5; Baumbach/Hueck/*Haas* § 71 Rn. 22; Michalski/*Nerlich* § 71 Rn. 28).

7. Gesellschafterbeschluss in der Liquidation über die Feststellung der Eröffnungsbilanz

Vorbemerkung

Mit der Liquidation der Gesellschaft enden nicht ihre Pflichten zur Rechnungslegung. Vielmehr ordnet § 71 Abs. 1 GmbHG an, dass die Liquidatoren für den Beginn der Liquidation eine Bilanz (Eröffnungsbilanz) und einen die Eröffnungsbilanz erläuternden Bericht sowie für den Schluss eines jeden Jahres einen Jahresabschluss und einen Lagebericht aufzustellen haben. 87

Muster

Niederschrift über die Gesellschafterversammlung der C-GmbH i.L. 88

Die Gesellschafter der C-GmbH i.L. haben in ihrer Gesellschafterversammlung vom __________ die Auflösung der Gesellschaft beschlossen.

Wir, die unterzeichnenden __________ sind die alleinigen Gesellschafter der C-GmbH i.L. Die Liquidatoren haben uns eine auf den Beginn der Liquidation zum __________ lautende Bilanz (Eröffnungsbilanz) [1] und einen die Eröffnungsbilanz erläuternden Bericht samt Prüfbericht des Abschlussprüfers vorgelegt. [2, 3] Einwendungen hiergegen werden von uns nicht erhoben. Unter Verzicht auf alle nach dem Gesellschaftsvertrag und dem Gesetz etwaig erforderlichen Formen und Fristen der Einberufung, Ankündigung und Durchführung halten wir hiermit eine Gesellschafterversammlung der C-GmbH i.L. ab und beschließen einstimmig die Feststellung der Eröffnungsbilanz, die wir als Anlage diesem Beschluss beifügen. [4]

Weitere Beschlüsse werden nicht gefasst. Hiermit ist die Gesellschafterversammlung beendet.

__________, den __________

__________ __________

Gesellschafter A **Gesellschafter B**

Erläuterungen

1. Gemäß § 71 GmbHG hat eine in der Liquidation befindliche Gesellschaft für den Beginn der Liquidation eine Bilanz (Eröffnungsbilanz) und einen die Eröffnungsbilanz erläuternden Bericht aufzustellen. Zur Aufstellung sind die Liquidatoren verpflichtet (Baumbach/Hueck/*Haas* § 71 Rn. 11). 89

90 **2.** Die Aufstellung der Eröffnungsbilanz und des erläuternden Berichts unterliegen bei mittelgroßen und großen Gesellschaften nach Maßgabe des § 316 Abs. 1 S. 1 HGB vorbehaltlich der Befreiung gemäß § 71 Abs. 3 GmbHG der Abschlussprüfung, die den allgemeinen Regeln unterliegt (Baumbach/Hueck/*Haas* § 71 Rn. 30; § 41 Rn. 75 ff.). Die Pflicht, eine Eröffnungsbilanz zu erstellen, besteht auch dann, wenn bereits ein Jahresabschluss für die werbende Gesellschaft erstellt wurde und/oder sich seit dem Abschluss nichts geändert hat (Scholz/*K. Schmidt* § 71 Rn. 10). Auch ein Gesellschafterbeschluss, wonach die Rumpf-Jahresbilanz als Liquidationseröffnungsbilanz gelten soll, beseitigt diese Pflicht nicht (Scholz/*K. Schmidt* § 71 Rn. 10). Die Liquidatoren dürfen die Aufstellung der Abschlüsse auch nicht deswegen hinauszögern oder gar versäumen, weil die Gesellschaft die nötigen Geldmittel oder ihnen selbst die nötigen Kenntnisse fehlen (Baumbach/Hueck/*Haas* § 71 Rn. 11; Scholz/*K. Schmidt* § 71 Rn. 10). Bei Verstößen gegen die Pflicht zur Rechnungslegung sind die Liquidatoren gemäß § 43 Abs. 2, § 71 Abs. 4 GmbH der Gesellschaft ggf. zum Schadensersatz verpflichtet (Baumbach/Hueck/*Haas* § 71 Rn. 11), wobei auch die Strafvorschriften der §§ 238 Abs. 1 Nr. 7, Abs. 6, 283a), 283b) Abs. 1 Nr. 3, Abs. 3 StGB auch für Liquidatoren gelten.

91 **3.** Gemäß § 71 Abs. 2 S. 2 GmbHG sind auf die Eröffnungsbilanz und den erläuternden Bericht, der den Anhang gemäß §§ 264, 284 ff. HGB und den Lagebericht gemäß § 289 HGB ersetzt, die Vorschriften über den Jahresabschluss entsprechend anzuwenden. Hieraus ergibt sich für die Aufstellung der Eröffnungsbilanz gemäß § 71 Abs. 2 Satz 2 GmbH i.V.m. § 264 Abs. 1 S. 2 HGB eine Frist von drei Monaten ab Auflösung der Gesellschaft (Baumbach/Hueck/*Haas* § 71 Rn. 12). Teilweise wird auch vertreten, dass § 264 Abs. 1 S. 3 HGB für die sog. kleinen Gesellschaften Anwendung findet, wenn dies einem geordneten Geschäftsgang entspricht, so dass die Frist für die Aufstellung der Eröffnungsbilanz im Grundsatz sechs Monate beträgt (Scholz/*K. Schmidt* § 71 Rn. 13; a.A. Baumbach/Hueck/*Haas* § 71 Rn. 12).

92 **4.** Gemäß § 71 Abs. 2 S. 1 GmbHG beschließen die Gesellschafter über die Feststellung der Eröffnungsbilanz. Für das Verfahren der Feststellung gilt § 42a) Abs. 1 – Abs. 3 GmbHG entsprechend (Scholz/*K. Schmidt* § 71 Rn. 29; Baumbach/Hueck/*Haas* § 71 Rn. 13). Aus § 42a) Abs. 2. GmbHG ergibt sich, dass die Feststellungsfrist acht Monate beträgt oder, wenn es sich um eine kleine Gesellschaft gemäß § 267 Abs. 1 HGB handelt, die Frist elf Monate nach Ablauf des für die Rechnungslegung maßgebenden Jahres beträgt (Baumbach/Hueck/*Haas* § 71 Rn. 13; Michalski/*Nerlich* § 71 Rn. 26). § 71 Abs. 2 S. 2 GmbHG ist darüber hinaus zu entnehmen, dass die Eröffnungsbilanz nicht nur gemäß §§ 316 ff. HGB zu prüfen, sondern auch gemäß §§ 325 ff. HGB offenzulegen ist (Michalski/*Nerlich* § 71 Rn. 27).

8. Antrag auf die Befreiung von der Prüfung des Jahresabschlusses in der Liquidation

Vorbemerkung

93 Gemäß § 71 Abs. 3 GmbHG kann das Gericht von der Prüfung des Jahresabschlusses und des Lageberichts durch einen Abschlussprüfer befreien, wenn die Verhältnisse der Gesellschaft so überschaubar sind, dass eine Prüfung im Interesse der Gläubiger und der Gesellschafter nicht geboten erscheint. Über den Wortlaut der Vorschrift des § 71 Abs. 3 GmbHG hinaus gilt § 71 Abs. 3 GmbHG auch für die Eröffnungsbilanz und den diese erläuternden Bericht gemäß § 71 Abs. 1 GmbHG (Michalski/*Nerlich* § 71 Rn. 38; Scholz/*K. Schmidt* § 71 Rn. 25).

Muster

94 **Amtsgericht ___________ [1]**

– Registergericht –

____

Antrag auf Befreiung gemäß § 71 Abs. 3 S. 1 GmbHG

In der Registersache der

C-GmbH i.L.

– HRB ____________

beantragen wir gemäß § 71 Abs. 3 S. 1 GmbHG die Befreiung von der Prüfung des Jahresabschlusses und des Lageberichts per 31.12.2009 durch einen Abschlussprüfer.

Begründung

Die Gesellschafterversammlung unserer Gesellschaft hat am 14.09.2006 die Auflösung der Gesellschaft zum 31.12.2006 beschlossen und den Unterzeichner als alleinvertretungsberechtigten Liquidator der Gesellschaft bestellt. Den Gesellschafterbeschluss vom 14.09.2006 fügen wir als Anlage bei.

Die Gesellschaft hat im Geschäftsjahr 2009 kein operatives Geschäft mehr ausgeübt. Die Liquidation der Gesellschaft wird im Verlauf des Geschäftsjahrs 2010 abgeschlossen sein, sobald der gegenwärtig noch vor dem Kammergericht in Berlin geführte Rechtsstreit gegen die Bolli GmbH beendet ist. Mit Ausnahme des zum Liquidator bestellten Unterzeichners beschäftigt die Gesellschaft keine Mitarbeiter mehr. Die Jahresabschlüsse der Gesellschaft für die Jahre 2006 bis 2008 wurden zudem durch einen Abschlussprüfer geprüft und mit einem uneingeschränkten Bestätigungsvermerk versehen.

Aufgrund der eingestellten Geschäftstätigkeit und der bevorstehenden Beendigung der Liquidation überwiegt das Interesse der Gesellschaft, aus Zeit- und Kostengründen eine Prüfung zu unterlassen gegenüber den Interessen der Gläubiger und Gesellschafter unserer Gesellschaft an einer Prüfung der Rechnungslegung, weshalb um antragsgemäße Befreiung gebeten wird.

____________, den ____________

____

C-GmbH i.L. [2, 3, 4]

Erläuterungen

1. Zuständig für den Antrag nach § 71 Abs. 3 S. 1 GmbHG ist das Amtsgericht am Sitz der Gesellschaft gemäß §§ 377 Abs. 1 FamFG, § 7 Abs. 1 GmbHG, jedoch nicht in seiner Funktion als Registergericht nach §§ 374 ff. FamFG, sondern als Gericht der freiwilligen Gerichtsbarkeit nach §§ 410 ff. FamFG (Baumbach/Hueck/*Haas* § 71 Rn. 32; Scholz/*K. Schmidt* § 71 Rn. 25). 95

2. Nach herrschender Meinung wird das Amtsgericht im FamFG-Verfahren nicht von Amts wegen, sondern allein auf Antrag der Gesellschaft tätig (Scholz/*K. Schmidt* § 71 Rn. 25; Baumbach/Hueck/*Haas* § 71 Rn. 32). Antragsberechtigt ist die Gesellschaft, vertreten durch die Liquidatoren (Baumbach/Hueck/*Haas* § 71 Rn. 32). 96

3. Das Gericht entscheidet nach Ausübung seines pflichtgemäßen Ermessens. Zu berücksichtigen ist bei der Entscheidung des Gerichts im Rahmen eines Abwägungsprozesses neben den Interessen der Gläubiger und der Gesellschafter der in der Liquidation befindlichen Gesellschaft an der Prüfung der Rechnungslegung auch das Interesse der Gesellschaft, aus Zeit- oder aber Kostengründen von einer Prüfung befreit zu werden (Michalski/*Nerlich* § 71 Rn. 36; Scholz/*K. Schmidt* § 71 Rn. 25). Ob die Verhältnisse der Gesellschaft i.S.v. § 71 Abs. 3 GmbHG überschaubar sind, 97 wird in der Regel vom Liquidationsfortschritt abhängen (Baumbach/Hueck/*Haas* § 71 Rn. 32) und wird bei mittelgroßen Gesellschaften eher in Betracht kommen als bei großen Gesellschaften (Scholz/*K. Schmidt* § 71 Rn. 25). Eine Befreiung wird regelmäßig nicht erfolgen können, wenn Zweifel an der ordnungsgemäßen Durchführung der Liquidation bestehen (Scholz/*K. Schmidt* § 71 Rn. 25; Michalski/*Nerlich* § 71 Rn. 36). Wurde das Stadium der Abwicklung erst vor kurzem begonnen und ist Geschäftstätigkeit noch in einem nennenswerten Umfang zu erwarten, so dürfte eine Befreiung grundsätzlich nicht erfolgen können (Scholz/*K. Schmidt* § 71 Rn. 25).

98 **4.** Lehnt das Amtsgericht den Antrag auf Befreiung gemäß § 71 Abs. 3 GmbHG ab, so ist gegen die Entscheidung gemäß § 71 Abs. 3 S. 2 GmbHG sofortige Beschwerde zulässig. Die Beschwerde steht im Falle der Ablehnung des Antrags auf Befreiung der Gesellschaft und im Falle der Befreiung der Gesellschaft jedem Gesellschafter und jedem Gläubiger der Gesellschaft zu (Michalski/*Nerlich* § 71 Rn. 37; Baumbach/Hueck/*Haas* § 71 Rn. 32). Für eine Befreiung von der Abschlussprüfung der Jahresabschlüsse und Lageberichte aus der Zeit vor Auflösung der Gesellschaft gilt § 71 Abs. 3 GmbHG nicht (Baumbach/Hueck/*Haas* § 71 Rn. 32).

9. Gesellschafterbeschluss über die Fortsetzung der Gesellschaft

Vorbemerkung

99 Die Fortsetzung einer aufgelösten Gesellschaft ist im Grundsatz zulässig und wird in § 60 Abs. 1 Nr. 4 GmbHG ausdrücklich erwähnt. Hierbei handelt es sich um die Abwendung der Liquidation durch Rückführung der aufgelösten Gesellschaft aus dem Liquidationsstadium in das Stadium werbender Tätigkeit (Scholz/*K. Schmidt/Bitter* § 60 Rn. 79; Lutter/Hommelhoff/*Kleindiek* § 60 Rn. 28). Eine Fortsetzung einer aufgelösten Gesellschaft soll immer dann zulässig sein, wenn die Gesellschaft zwar aufgelöst, aber noch nicht vollständig beendet ist (OLG Oldenburg DB 1955, 215). Dies setzt wiederum voraus, dass sich die Gesellschaft noch im Liquidationsstadium befindet (Scholz/*K. Schmidt/Bitter* § 60 Rn. 81). Ferner ist eine Fortsetzung einer aufgelösten Gesellschaft nur dann zulässig, wenn mit der Verteilung des Gesellschaftsvermögens an die Gesellschafter noch nicht begonnen worden ist (OLG Düsseldorf GmbHR 1979, 276, 277; RGZ 118, 337, 339) und keine Nachtragsliquidation vorliegt (Scholz/*K. Schmidt/Bitter* § 60 Rn. 83). Teilweise wird weiterhin gefordert, dass das Gesellschaftsvermögen mindestens die Schulden deckt, was sich nicht aus einer Bilanz nach den Regeln der §§ 238 ff., 264 ff. HGB, sondern aus einem Überschuldungsstatus ergeben soll (BayObLG, GmbHR 1998, 540, 541; vgl. auch Baumbach/Hueck/*Haas* § 60 Rn. 90).

Muster

100 **Niederschrift über die Gesellschafterversammlung der C-GmbH i.L.**

Die Gesellschafter der C-GmbH i.L. haben in ihrer Gesellschafterversammlung vom ____________ die Auflösung der Gesellschaft beschlossen. Frau/Herr wurden zu Liquidatoren der Gesellschaft bestellt. Der Beschluss der Gesellschafterversammlung vom ____________ wurde am ____________ in das Handelsregister eingetragen. Wir, die unterzeichnenden ____________ sind die alleinigen Gesellschafter der C-GmbH. Unter Verzicht auf alle nach dem Gesellschaftsvertrag und dem Gesetz etwaig erforderlichen Formen und Fristen der Einberufung, Ankündigung und Durchführung halten wir hiermit eine Gesellschafterversammlung der C-GmbH i.L. ab und beschließen einstimmig was folgt: [1]

1. **Die Gesellschaft wird als werbende Gesellschaft fortgesetzt.**
2. **Frau/Herr ____________ sind nicht mehr Liquidatoren.**

3. Frau/Herr __________, geb. am __________, wohnhaft __________ wird zur/zum alleinigen Geschäftsführer(in) bestellt. [2, 3, 4]

4. Frau/Herr __________ vertritt die Gesellschaft einzeln, solange sie/er alleinige(r) Geschäftsführer(in) ist. Beim Vorhandensein weiterer Geschäftsführer(innen) vertritt sie/er die Gesellschaft gemeinschaftlich mit einer/einem weiteren Geschäftsführer(in). Sie/Er ist von den Beschränkungen des § 181 BGB befreit.

Weitere Beschlüsse werden nicht gefasst. Hiermit ist die Gesellschafterversammlung beendet.

__________, den __________

__________ __________

Gesellschafter A **Gesellschafter B**

Erläuterungen

1. Der Beschluss über die Fortsetzung der Gesellschaft ist grundsätzlich formfrei möglich. Er muss nicht ausdrücklich gefasst werden. Er stellt als solcher keine Satzungsänderung dar (RGZ 118, 337, 341; Scholz/*K. Schmidt/Bitter* § 60 Rn. 87). Etwas anderes gilt nur dann, wenn er mit einer Änderung des Gesellschaftsvertrages zusammenfällt, insbesondere wenn die Beseitigung des Auflösungsgrundes, die gleichzeitig beschlossen wird, eine Änderung des Gesellschaftsvertrages erfordert (Scholz/*K. Schmidt/Bitter* § 60 Rn. 87). Vorbehaltlich abweichender Regelungen im Gesellschaftsvertrag bedarf der Beschluss über die Fortsetzung der Gesellschaft entsprechend § 274 Abs. 1 S. 2 AktG einer Mehrheit von $^3/4$ der abgegebenen Stimmen (Scholz/*K. Schmidt/Bitter* § 60 Rn. 88; Baumbach/Hueck/*Haas* § 60 Rn. 92a). Dem von der früheren Rechtsprechung geforderten Einstimmigkeitserfordernis (RGZ 118, 337, 341) wird heute nicht mehr gefolgt. Möglich ist es allerdings, dass der Beschluss über die Fortsetzung der Zustimmung einzelner Gesellschafter bedarf, denen ein Sonderrecht auf Durchführung der Liquidation zusteht (Baumbach/Hueck/*Haas* § 60 Rn. 92a). Hat die Beschlussfassung mit einer Mehrheit von $^3/4$ der abgegebenen Stimmen zu erfolgen, so hat ein überstimmter Gesellschafter allein wegen der beschlossenen Fortsetzung im Regelfall kein Austrittsrecht, sondern nur bei Vorliegen der allgemeinen Voraussetzungen, unter denen ein Austrittsrecht aus wichtigem Grunde anerkannt wird (Scholz/*K. Schmidt/Bitter* § 60 Rn. 89). Eine allgemeine Stimmpflicht, gerichtet auf die Fortsetzung der Gesellschaft, besteht im Regelfall nicht (Scholz/*K. Schmidt/Bitter* § 60 Rn. 90). 101

2. Kontrovers wird allerdings die Frage diskutiert, ob für einzelne Auflösungsgründe gemäß § 60 GmbHG eine Fortsetzung ausgeschlossen ist. Allgemein wird die Fortsetzung der Gesellschaft in den Fällen von § 60 Abs. 1 Nr. 1, 2, 3, 4 und 6 GmbHG für zulässig erachtet (vgl. Lutter/Hommelhoff/*Kleindiek* § 60 Rn. 31). Ein Fortsetzungsbeschluss soll bei § 60 Abs. 1 Nr. 2 GmbHG genügen. Eine förmliche Satzungsänderung wird bei § 60 Abs. 1 Nr. 1 GmbHG für nötig erachtet (Lutter/Hommelhoff/*Kleindiek* § 60 Rn. 31). Die Zustimmung des klagenden Gesellschafters wird bei § 60 Abs. 1 Nr. 3 i.V.m. § 61 GmbHG für erforderlich gehalten (BayObLG DB 1978, 2164, 2165). Gemäß § 60 Abs. 1 Nr. 2 i.V.m. § 62 GmbHG wird eine Zustimmung der Behörde für erforderlich gehalten (Lutter/Hommelhoff/*Kleindiek* § 60 Rn. 31). Die Aufhebung bzw. Einstellung des Insolvenzverfahrens ist im Falle von § 60 Abs. 1 Nr. 4 GmbHG erforderlich (OLG München, GmbHR 2006, 91, 92; Miras, NZG 2015, 1349 ff.; BGH NZG 2015, 872 ff.), soweit nicht etwa Vermögenslosigkeit eingetreten ist und der Antrag auf Insolvenzeröffnung mangels Masse nicht abgelehnt worden ist (vgl. OLG Köln, ZIP 2010, 1183). Die Beseitigung des Mangels wird in den Fällen nach § 60 Abs. 1 Nr. 6 i.V.m. § 399 FamFG für erforderlich gehalten (vgl. Lutter/Hommelhoff/*Kleindiek* § 60 Rn. 31). 102

103 **3.** Der Beschluss über die Fortsetzung ist in das Handelsregister einzutragen. Die Eintragung ist jedoch nicht Wirksamkeitserfordernis, sondern hat nur deklaratorische Wirkung (Baumbach/Hueck/*Haas* § 60 Rn. 92a; Scholz/*K. Schmidt/Bitter* § 60 Rn. 91). Allerdings kann die Fortsetzung nur eingetragen werden, wenn zuvor auch die Auflösung eingetragen wurde, wobei teilweise vertreten wird, dass auf die Eintragung des Fortsetzungsbeschlusses verzichtet werden kann, wenn die Auflösung nicht eingetragen war (Baumbach/Hueck/*Haas* GmbHG, 19. Auflage 2010, § 60 Rn. 92a). Gleichwohl bleibt eine Eintragung des Beschlusses über die Fortsetzung gemäß § 15 Abs. 1 HGB zulässig (Scholz/*K. Schmidt/Bitter* § 60 Rn. 91). Wirksamkeitsvoraussetzung für den Fortsetzungsbeschluss ist die Eintragung nur, soweit dieser eine Änderung des Gesellschaftsvertrages darstellt.

104 **4.** Die Anmeldung des Beschlusses über die Fortsetzung obliegt den Geschäftsführern in vertretungsberechtigter Zahl, da das Amt der Liquidatoren mit der konstitutiven Wirkung des Fortsetzungsbeschlusses erlischt (Baumbach/Hueck/*Haas* § 60 Rn. 92a). Ist hingegen die Eintragung des Beschlusses über die Fortsetzung Wirksamkeitsvoraussetzung, sind die Liquidatoren hierzu verpflichtet. Mit Wirksamwerden des Fortsetzungsbeschlusses endet daher auch automatisch das Amt der Liquidatoren.

10. Anmeldung der Fortsetzung der Gesellschaft zum Handelsregister

Vorbemerkung

105 Hat die Gesellschafterversammlung beschlossen, dass die Gesellschaft fortgesetzt werden soll, so ist die Fortsetzung der Gesellschaft zur Eintragung in das Handelsregister anzumelden. Die Eintragung erfolgt im Regelfall mit nur deklaratorischer Wirkung und ist damit nicht Wirksamkeitsvoraussetzung für die Fortsetzung. Etwas anderes gilt allerdings dann, wenn zur Aufhebung eines statuarischen Auflösungsgrundes, welcher zuvor die Auflösung bewirkt hatte, (z.B. Auflösung wegen Zeitablaufs), eine Änderung des Gesellschaftsvertrags für die Fortsetzung erforderlich ist.

Muster [1]

106 **An das**

Amtsgericht ___________ [2]

– Handelsregister –

[Anschrift]
____

C-GmbH i.L. mit dem Sitz in ___________

HRB ___________

I. Zur Eintragung in das Handelsregister wird angemeldet: [3, 4, 5]

1. **Die durch Beschluss der Gesellschafterversammlung vom ___________ aufgelöste Gesellschaft wird als werbende Gesellschaft fortgesetzt.**
2. **Die allgemeine Vertretungsbefugnis lautet gemäß § ___________ des Gesellschaftsvertrags wie folgt:** [6]

   Ist nur ein Geschäftsführer bestellt, so vertritt er die Gesellschaft allein. Sind mehrere Geschäftsführer bestellt, so wird die Gesellschaft durch zwei Geschäftsführer gemeinschaftlich vertreten.

   Sofern nach der Praxis des Registergerichts möglich, wird zudem um folgende ergänzende Eintragung gebeten: [7]

Einzelvertretungsbefugnis kann erteilt werden. Durch Beschluss der Gesellschafterversammlung können einzelne oder alle Geschäftsführer von dem Verbot befreit werden, die Gesellschaft auch bei solchen Rechtsgeschäften zu vertreten, die sie mit sich selbst oder mit einem von ihnen vertretenen Dritten abschließen (Befreiung von den Beschränkungen des § 181 BGB).

3. **Herr A und Herr B sind nicht mehr Liquidatoren.** [8]

4. **Herr C, geboren am ____________, wohnhaft in ____________ ist zum Geschäftsführer bestellt.** [9] **Herr C vertritt die Gesellschaft allein, solange er alleiniger Geschäftsführer ist. Sind mehrere Geschäftsführer bestellt, vertritt er die Gesellschaft gemeinsam mit einem weiteren Geschäftsführer. Er ist von den Beschränkungen des § 181 BGB befreit, das heißt, er ist befugt, im Namen der Gesellschaft Rechtsgeschäfte mit sich im eigenem Namen oder als Vertreter eines Dritten abzuschließen.** [10]

II. Versicherung des Geschäftsführers:

1. **Herr C als Geschäftsführer versichert, dass mit der Verteilung des Gesellschaftsvermögens an die Gesellschafter noch nicht begonnen wurde und dass die bestehenden Verbindlichkeiten das Vermögen der Gesellschaft nicht übersteigen.** [11]

2. **Er versichert ferner: Es liegen keine Umstände vor, die meiner Bestellung als Geschäftsführer nach § 6 Abs. 2 S. 2 Nr. 2 und 3 sowie S. 3 GmbHG entgegenstehen.**

   a) **Ich unterliege nicht als Betreuter bei der Besorgung meiner Vermögensangelegenheiten ganz oder teilweise einem Einwilligungsvorbehalt gemäß § 1903 BGB.**

   b) **Mir ist weder durch gerichtliches Urteil noch durch vollziehbare Entscheidung einer Verwaltungsbehörde die Ausübung eines Berufs, Berufszweiges, eines Gewerbes oder Gewerbezweiges untersagt.**

   c) **Ich bin noch nie, weder im Inland noch im Ausland, wegen einer oder mehrerer vorsätzlich begangener Straftaten rechtskräftig verurteilt worden.**

   d) **Von dem diese Anmeldung beglaubigenden Notar bin ich über meine unbeschränkte Auskunftspflicht gegenüber dem Gericht gemäß §§ Abs. 8 Abs. 3 S. 2 GmbHG, 53 Abs. 2 BZG belehrt worden.** [13]

   Alternative zu der Versicherung zu c)

   c) ***Während der letzten fünf Jahre, wobei die Zeit nicht anzurechnen ist, in welcher ein Täter auf behördliche Anordnung in einer Anstalt verwahrt wird, wurde ich nicht rechtskräftig verurteilt***

   – ***wegen des Unterlassens der Stellung eines Insolvenzantrages (Insolvenzverschleppung),***

   – ***nach den §§ 283 bis 283d Strafgesetzbuch (Insolvenzstraftaten: Bankrott, schwerer Bankrott, Verletzung der Buchführungspflicht, Gläubiger- oder Schuldnerbegünstigung),***

   – ***wegen falscher Angaben nach § 82 GmbHG oder § 399 AktG,***

   – ***wegen unrichtiger Darstellung nach § 400 AktG, § 331 HGB, § 313 UmwG oder § 17 PublG,***

– ***zu einer Freiheitsstrafe von mindestens einem Jahr nach § 263 StGB (Betrug), § 263a StGB (Computerbetrug), § 264 StGB (Subventionsbetrug), § 264a StGB (Kapitalanlagebetrug), § 265b StGB (Kreditbetrug), § 265c (Sportwettbetrug), § 265d (Manipulation von berufssportlichen Wettbewerben, § 265e (besonders schwere Fälle des Sportwettbetrugs und von berufssportlichen Wettbewerben), § 266 StGB (Untreue) oder § 266a StGB (Vorenthalten und Veruntreuen von Arbeitsentgelt).***

Auch im Ausland wurde ich nicht wegen einer Tat verurteilt, die mit einer der vorstehend genannten Taten vergleichbar ist.

Mir ist bekannt, dass die Fünfjahresfrist erst mit der Rechtskraft einer entsprechenden Verurteilung zu laufen beginnt und in diese Frist die Zeit, die ein Täter auf behördliche Anordnung in einer Anstalt verwahrt wird, nicht eingerechnet wird.

III. Die inländische Geschäftsanschrift der Gesellschaft lautet unverändert __________.

Hier befinden sich auch weiterhin die Geschäftsräume der Gesellschaft.

IV. Vollzugsauftrag, Vollmacht [14]

Der/die Geschäftsführer beauftragt/beauftragen und bevollmächtigt/bevollmächtigen den amtierenden Notar, die vorstehende Anmeldung bei dem Registergericht einzureichen und ihn/sie im Registerverfahren umfassend zu vertreten.

Die Mitarbeiter des amtierenden Notars Frau __________ A und Herr B werden hiermit bevollmächtigt, und zwar jeder für sich allein und unter Befreiung von den Beschränkungen des § 181 BGB, diese Anmeldung zu ändern oder zu ergänzen, sofern dies zum Vollzug dieser Handelsregisteranmeldung erforderlich oder zweckmäßig ist. Von dieser Vollmacht darf nur vor dem amtierenden Notar bzw. seinen Sozien Gebrauch gemacht werden. Sie ist im Übrigen im Außenverhältnis unbeschränkt. Im Innenverhältnis werden die Bevollmächtigten angewiesen, von dieser Vollmacht nur Gebrauch zu machen, wenn die Geschäftsführung der Änderung oder Ergänzung zugestimmt hat. Die Vollmacht erlischt einen Monat nach der Eintragung der Fortsetzung sowie des/der Geschäftsführer in das Handelsregister.

V. Anlage: [15]

Als Anlage ist beigefügt eine elektronisch beglaubigte Abschrift der Niederschrift über die außerordentliche Gesellschafterversammlung der Gesellschaft vom __________ mit dem Beschluss über die Fortsetzung der aufgelösten Gesellschaft und die Bestellung des C zum neuen Geschäftsführer.

__________, den __________

[Unterschrift C]

UR-Nr. __________

(notarieller Beglaubigungsvermerk) [16]

__________, den __________

[Unterschrift Notar/Notarin]

Template

To the 107

Local Court of ____________

-Commercial Register-

[address]

C-GmbH i.L. with registered office at ____________

HRB ____________

I. It is applied for entry into the Commercial Register:

1. The C-GmbH i.L. (the Company) dissolved by resolution of the shareholders' meeting of ____________ will be continued as an advertising company.

2. The general power of representation according to § ____________ of the company`s articles of association is as follows:

If only one managing director is appointed, he shall represent the Company alone. If several directors are appointed, the company is represented jointly by two managing directors.

If the practice of the registry court permits, the following additional entry is also requested:

Sole power of representation may be granted. By resolution of the shareholders' meeting, individual or all managing directors may be exempted from the prohibition to present the Company also in such legal transactions which they conclude with themselves or with a third party represented by them (exemption from the restrictions of § 181 German Civil Code)

3. Mr. A and Mr. B are no longer liquidators of the Company.

4. Mr. C born on ____________, residing ____________ is appointed as managing director.

He represents the Company alone as long as he ist he sole managing director. If several managing directors are appointed he represents the Company together with another managing director.

He is exempted from the restrictions of § 181 German Civil Code, i.e. he is authorized to represent the company in such legal transactions which he conclude either with himself or on behalf of a third party also represented by him.

II. Affirmations of the managing director:

1. Mr. C as the sole managing director affirms: The distribution of the Company assets to the shareholders has not yet begun. The liabilities of the Company do not exceed the assets of the Company.

2. Mr. C as new appointed managing further affirms:

There are no circumstances based upon which I would have been excludet from the office of a managing director in accordance with § 6 para. 2 sentence 2 no. 2 and 3 and sentence 3 German Limited Liability Companies Act.

I therefore expressively affirm:

(a) I am not subject to a reservation of consent in accordance with § 1903 BGB (German Civil Code) in whole or in part by a supervisor in the procurement of my financial affairs.

(b) I have not been prohibited from performing a profession, branch of profession, trade or branch of either on the basis of a court judgement or an enforceable decision of an administrative authority.

(c) I have never been legally sentenced/convicted, neither in Germany nor abroad, for one or several intentionally committed criminal offences.

(d) The notary certifying this registration has instructed me about the unlimited duty of disclosure towards the court in accordance with §§ 8 para. 3 sentence 2 GmbHG (German Limited Liability Companies Act), 53 para. 2 BZG (Federal Central Criminal Register Act).

Alternative to the affirmation to (c):

(c) During the last five years I have not been convicted of one or more of the following crimes committed intentionally

(1) due to the failure to file for insolvency (delay in insolvency, e.g. § 15a para. 4 InsO),

(2) pursuant to Sections 283 to 283d of the Criminal Code (insolvency offences: bankruptcy, serious bankruptcy, breach of accounting obligations, privileges for creditors or debtors),

(3) due to incorrect information pursuant to § 82 GmbHG or § 399 AktG,

(4) due to incorrect presentation pursuant to Section 400 AktG, Section 331 HGB, Section 313 UmwG or Section 17 PublG,

(5) to a custodial sentence of at least one year according to § 263 StGB (fraud), § 263a StGB (computer fraud), § 264 StGB (subsidy fraud), § 264a StGB (capital investment fraud), § 265b StGB (credit fraud), § 265c (sports betting fraud), § 265d (manipulation of professional sports competitions), § 265e (serious cases of sports betting fraud and manipulation of professional sports competitions), 266 StGB (embezzlement) or § 266a StGB (withholding and embezzlement of remuneration).

(6) Nor was I convicted abroad for an act comparable to one of the abovementioned acts.

(7) During this period, no such judgment against me became final.

I am aware that the five-year period does not begin to run until a possible conviction has become final and that this period does not include the time an offender is held in custody in an institution by order of the authorities.

III. The domestic business address of the Company still is ____________.

The Company's business premises will remain here.

IV. Execution order, power of attorney

The managing director(s) authorize(s) the acting notary to submit the above application to the register court and to represent him in all respects of the register proceedings.

The employees of the acting notary Ms. A and Mr. B are hereby authorized to amend or supplement this application insofar as this is necessary or appropriate

for the execution of the application. They shall act alone and are exempted from the restrictions of § 181 BGB. The power of attorney may only be exercised before the acting notary, his official representative or his partners. The power of attorney is unlimited in all respects. Internally the proxies are instructed to make use of the power of attorney only if the management of the Company has approved the proposed amendment. The power of attorney expires one month after the entry of the continuation and the managning director(s) into the commercial register.

V. Attachment: An electronically certified copy of the minutes of the shareholders' meeting of ____________ with the resolution on the continuation of the Company and the appointment of C as a managing director is attached.

[place], the [date]

[signature C]

Notarial Deed No. ____________

(Certification of signatures by the notary)

[date]

[signature of the notary]

Erläuterungen

Literatur: *Eller*, Liquidation der GmbH, 3. Aufl. 2016, Rn. 176–197; *Erle*, Anforderungen an die Kapitalausstattung einer aufgelösten GmbH bei ihrer Fortsetzung, GmbHR 1997, 973–982; *Fichtelmann*, Die Fortsetzung einer aufgelösten GmbH, GmbHR 2003, 67–74; *Galla*, Die Fortsetzung einer GmbH in Nachtragsliquidation, GmbHR 2006, 635–640; *Hennrichs*, Fortsetzung einer mangels Masse aufgelösten GmbH, ZHR 159 (1995), 593–608; *Hofmann*, Zur Auflösung der GmbH, GmbHR 1975, 217, 227; *Klausmann*, Gesellschaftsrechtlich zulässige Regelungen im Insolvenzplan im Sinne von § 225a Abs. 3 InsO, NZG 2015, 1300–1306; *Krafka/Kühn*, Rn. 1155–1162; *Miras*, Fortsetzung einer GmbH nach Eröffnung des Insolvenzverfahrens, NZG 2015, 1349–1351; Passarge/Torwegge/*Passarge*, Die GmbH in der Liquidation, 2 Aufl. § 8, Rn. 514–564; *H. Schmidt*, Eintragungsumfang hinsichtlich der allgemeinen Vertretungsregelungen bei einer GmbH, Rpfleger 2010, 633, 635; von Rechenberg/Ludwig/Zeising, Teil 4, Kap. 12, Abschn. K, Rn. 1125–1128.

1. Sachverhalt: Es wird davon ausgegangen, dass die Gesellschaft durch Gesellschafterbeschluss 108
aufgelöst war, nunmehr die Gesellschafterversammlung jedoch beschlossen hat, die Gesellschaft vom Status einer Abwicklungsgesellschaft in den einer werbenden Gesellschaft zurückzuversetzen, wobei die Gesellschaft unter ihrer alten Firma und mit unverändertem Unternehmensgegenstand auf dem gleichen Feld wie vor der Auflösung tätig sein soll. Auch sonstige Änderungen des Gesellschaftsvertrags wurden nicht beschlossen. Hinsichtlich der Vertretungsbefugnis der Geschäftsführer wird davon ausgegangen, dass die Satzung bei Vorhandensein mehrerer Geschäftsführer die Vertretung durch zwei von ihnen ausreichen lässt und zulässt, dass Einzelvertretungsbefugnis erteilt werden kann, ferner, dass die Geschäftsführer durch Beschluss der Gesellschafterversammlung von den Beschränkungen des § 181 BGB befreit werden können, und hierzu auch ein entsprechender Beschluss gefasst wurde, während kein Gebrauch gemacht wurde von der gesellschaftsvertraglichen Ermächtigung, dem Geschäftsführer P abweichend von der allgemeinen (abstrakten) gemeinschaftlichen Vertretung ständige Einzelvertretungsbefugnis zu verleihen.

2. Zuständiges Gericht: Die Anmeldung ist bei dem Registergericht einzureichen, bei dem die 109
Gesellschaft aufgrund ihres statutarischen Sitzes eingetragen ist.

3. Inhalt der Anmeldung: Die Fortsetzung der Gesellschaft sowie die Bestellung des oder der 110
Geschäftsführer sind zur Eintragung in das Handelsregister anzumelden. Im Gegensatz zu der Auflösung, die von den Liquidatoren gemäß § 65 Abs. 2 GmbHG in den Gesellschaftsblättern bekannt gemacht werden muss, ist für die Fortsetzung der Gesellschaft keine entsprechende gesetzliche Regelung vorgesehen (Baumbach/Hueck/*Haas* § 65 Rn. 22), sodass eine Bekanntmachung in den

Gesellschaftsblättern nicht erfolgen muss. Die Fortsetzung ist – nach der Registereintragung – lediglich von dem Gericht nach § 10 HGB bekannt zu machen.

111 **4. Form der Anmeldung:** Die Anmeldung bedarf der notariellen Beglaubigung und ist in elektronischer Form bei dem Registergericht einzureichen, § 12 Abs. 1 HGB.

112 **5. Anmeldepflicht sowie Anmeldepflichtige(r):** Der oder die im Fortsetzungsbeschluss bestellten Geschäftsführer sind verpflichtet, die Fortsetzung bei dem Handelsregister anzumelden.

113 Ob eine Anmeldung und Eintragung der Fortsetzung auch dann zu erfolgen hat, wenn die Auflösung nicht zuvor im Handelsregister eingetragen war und sich auch nicht aus anderen aus dem Handelsregister ersichtlichen Umständen (wie z.B. bei der Auflösung aufgrund Zeitablaufs) ergibt, wird unterschiedlich beurteilt. Nach einer Ansicht können in diesem Fall Anmeldung und Eintragung der Fortsetzung unterbleiben, weil kein Interesse des Rechtsverkehrs an der Eintragung der Auflösung und zugleich der Fortsetzung bestehe (Passarge/Torwegge/*Passarge*, Rn. 528; ebenso *Krafka/Kühn*, Rn. 1160; Baumbach/Hueck/*Haas* § 65 Rn. 20; *Hofmann*, Zur Auflösung der GmbH, GmbHR 1975, 217, 227). Wurde bei dem Registergericht zuvor mit Einreichung der Anmeldung die Eintragung der Auflösung beantragt, so soll es genügen, solange die entsprechende Eintragung noch nicht erfolgt ist, die Rücknahme des entsprechenden Antrags unter Beifügung des Fortsetzungsbeschlusses bei dem Handelsregister einzureichen (Fleischhauer/Preuß/*Fleischhauer,* Handelsregisterrecht, I.VI. Rn. 42 Erläuterung 1/2). Nach a.A. ist die Fortsetzung auch dann anzumelden und in das Handelsregister einzutragen, wenn die Auflösung zuvor nicht eingetragen war (BayObLG, Beschl. v. 06.08.1997, BReg 3 Z 106/87, RPfleger 1988, 69 = BB 1988, 2119, 2121). Nach *Karsten Schmidt* ist dies selbst dann der Fall, wenn die Auflösung nicht einmal angemeldet war. In diesem Fall sei anzumelden, dass die Gesellschaft aus einem bestimmten Grund aufgelöst gewesen sei und nunmehr fortgesetzt werde. Die Anmeldung der Fortsetzung könne nur dann unterbleiben, wenn die Auflösung absolut intern geblieben und in keiner Weise nach außen gedrungen sei (Scholz/*K. Schmidt* § 65 Rn. 5).

114 Sofern – wie im Regelfall – mit der Fortsetzung keine Satzungsänderung verbunden ist, wird die Fortsetzung sofort mit der Beschlussfassung wirksam, es sei denn, dass nach dem Beschluss der Gesellschafterversammlung die Wirksamkeit erst zu einem späteren Zeitpunkt eintreten soll. Mit Wirksamwerden des Beschusses verlieren der/die bisherigen Liquidatoren ihr Amt, sodass sie von diesem Zeitpunkt an nicht mehr anmeldebefugt sind. Anmeldebefugt und auch anmeldepflichtig ist/sind vielmehr der/die neu bestellten Geschäftsführer. Kommen sie ihrer Anmeldepflicht nicht nach, so können sie von dem Registergericht durch Androhung und Festsetzung von Zwangsgeld in Höhe von bis zu 5.000,00 € angehalten werden, die Anmeldung vorzunehmen, §§ 14 HGB, 79 Abs. 1 GmbHG, 388 ff. FamFG.

115 Ist für die Auflösung ausnahmsweise zur Beseitigung des Auflösungsgrundes eine Satzungsänderung erforderlich, muss die Anmeldung der Satzungsänderung noch durch den oder die bisherigen Liquidatoren in vertretungsberechtigter Zahl vorgenommen werden. Da die Änderung des Gesellschaftsvertrags erst mit der Eintragung in das Handelsregister wirksam wird (§ 54 Abs. 3 GmbHG), befindet sich die Gesellschaft bis zu der Eintragung noch in der Abwicklung. Der oder die Liquidatoren bleiben bis zu diesem Zeitpunkt weiter im Amt. Ihre Abberufung sowie die Bestellung des/der neuen Geschäftsführer steht unter der aufschiebenden Bedingung der Eintragung der Satzungsänderung und Fortsetzung. Eine Erzwingung der Anmeldung durch das Registergericht ist in diesem Fall nicht zulässig, § 79 Abs. 2 GmbHG.

116 Bei Bestellung mehrerer Geschäftsführer genügt die Anmeldung durch sie in vertretungsberechtigter Zahl. Zulässig ist auch hier die Anmeldung durch einen Geschäftsführer in unechter Gesamtvertretung mit einem Prokuristen, soweit eine derartige Vertretung nach der allgemeinen Vertretungsregelung im Gesellschaftsvertrag vorgesehen ist. Da indessen jeder Geschäftsführer gemäß § 39 Abs. 3 GmbHG verpflichtet ist, zu versichern, dass in seiner Person keine Umstände vorliegen, welche nach § 6 Abs. 2 S. 2 Nr. 2 und 3 sowie S. 3 GmbHG seiner Bestellung entgegenstehen, erfolgt in der Praxis die Anmeldung der Fortsetzung zusammen mit den Versicherungen der Geschäftsführer regelmäßig – allein schon aus Kostengründen – durch sämtliche Geschäftsführer in einer Urkunde.

6. Allgemeine (abstrakte) Vertretungsregelung: Bei der Anmeldung der Fortsetzung ist auch die allgemeine Vertretungsregelung in die Anmeldung aufzunehmen, wobei die Vertretungsbefugnis stets ausdrücklich und vollständig anzugeben ist. Eine pauschale Bezugnahme auf den Gesellschaftsvertrag genügt nicht. Das Registergericht hat die allgemeine Vertretung der Geschäftsführer neu einzutragen und zugleich die zuvor bei Beginn der Abwicklung eingetragene allgemeine Vertretungsregelung für die Liquidatoren zu röten (s. *Krafka/Kühn* Rn. 1162). 117

Für den in dem obigen Muster vorgeschlagenen Text wird davon ausgegangen, dass der Gesellschaftsvertrag eine Vertretung durch zwei Geschäftsführer vorsieht und ferner die Ermächtigung der Gesellschafterversammlung enthält (sog. Öffnungsklausel), einzelnen oder auch allen Geschäftsführern Einzelvertretungsbefugnis zu erteilen und/oder sie von den Beschränkungen des § 181 BGB zu befreien. 118

7. Anmeldung der statutarischen Ermächtigung der Gesellschafterversammlung zu abweichender Regelung der Vertretungsbefugnis: Die im Gesellschaftsvertrag vorgesehene Möglichkeit, dass die Gesellschafterversammlung einzelnen Geschäftsführern Einzelvertretungsbefugnis erteilt und/oder sie von den Beschränkungen des § 181 BGB befreit, ist nach Auffassung der OLG Frankfurt/M. und Hamm weder eintragungspflichtig noch eintragungsfähig (OLG Frankfurt/M., Beschl. v. 07.10.1993, 20 W 175/93, GmbHR 1994, 118 = BB 1993, 2113; OLG Hamm, Beschl. v. 04.09.1996, 15 W 235/96, GmbHR 1997, 32 = BB 1996, 2270). Begründet wird dies damit, dass das Handelsregister nur über bereits bestehende Tatsachen Auskunft zu geben habe, nicht aber auch über bloße derzeit nicht aktuell genutzte gesellschaftsvertragliche Regelungsmöglichkeiten in Bezug auf die Vertretungsmacht einzelner oder aller Geschäftsführer (*Krafka/Kühn*, Rn. 951, a.A. insbes. *H. Schmidt*, Eintragungsumfang hinsichtlich der allgemeinen Vertretungsreglungen bei einer GmbH, Rpfleger 2010, 633, 635). Demgegenüber hat das LG Köln die Ermächtigung zur Befreiung eines Geschäftsführers von den Beschränkungen für zumindest eintragungsfähig angesehen (LG Köln, Beschl. v. 14.05.1993, 87 T 19/93, GmbHR 1993, 501). Begründet hat es dies damit, dass durch die Eintragung im Handelsregister der interessierte, das Handelsregister einsehende Teilnehmer am Rechtsverkehr darüber aufgeklärt werden soll, dass im Wege des Selbstkontrahierens von Geschäftsführern Gefahren durch möglicherweise undurchsichtige Geschäfte zum Nachteil der Gesellschaft und ihrer Gläubiger entstehen können. Bereits die in der Satzung vorgesehene Ermächtigung der Gesellschafterversammlung zur Befreiung des/der Geschäftsführer von den Beschränkungen des § 181 BGB berge die latente Gefahr solcher Geschäfte in sich, weil ohne förmliche Satzungsänderung durch bloßen Gesellschafterbeschluss einem oder allen Geschäftsführern das Selbstkontrahieren gestattet werden könne. Dem LG Köln folgend tragen viele Registergerichte, so insbesondere auch das Registergericht in Hamburg, die der Gesellschafterversammlung gesellschaftsvertraglich eingeräumte Ermächtigung in das Handelsregister ein, nach der einzelnen oder allen Geschäftsführern Einzelvertretungsbefugnis erteilt werden kann und sie von den Beschränkungen des § 181 BGB befreit werden können,. Der in dem Muster vorgeschlagene Text trägt dieser Registerpraxis Rechnung. 119

8. Ausscheiden der bisherigen Liquidatoren: Mit dem Beschluss der Gesellschafterversammlung zur Fortsetzung der Gesellschaft endet das Amt der Liquidatoren. Die ausdrückliche Anmeldung ihres Ausscheidens aus dem Amt des Liquidators ist daher nicht erforderlich. Dies gilt insbesondere dann, wenn sie zugleich als neue Geschäftsführer angemeldet werden (s. hierzu für den vergleichbaren umgekehrten Fall der Anmeldung der Liquidation und Bestellung eines bisherigen Geschäftsführers zum Liquidator oben Erläuterung 8 zum Muster K 4, Rdn. K 50). Da zum Teil aber auch die Ansicht vertreten wird, dass die Beendigung des Amtes als Liquidator ausdrücklich neben der Bestellung zum Geschäftsführer anzumelden ist (s. Lutter/Hommelhoff/*Kleindiek* § 67 Rn. 4 sowie Kölner Handbuch Gesellschaftsrecht/*Tebben* 2. Kap., Rn. 848), ist angesichts der unterschiedlichen Meinungen und der wohl auch unterschiedlichen Registerpraxis die Aufnahme einer entsprechenden Erklärung in die Anmeldung auf jeden Fall zweckmäßig. 120

9. Angaben zur Person der Geschäftsführer: Die Geschäftsführer sind mit vollständigem Namen, d.h. mit Vornamen und Nachnamen, sowie dem Geburtsdatum anzumelden, § 24 Abs. 1 HRV. Nach § 43 Nr. 4 S. 1 lit. b HRV ist auch ihr Wohnort in das Register in Spalte 4 unter dem Buchstaben b einzutragen. Entsprechend ist in die Anmeldung auch der Wohnort aufzunehmen. 121

122 **10. Besondere (konkrete) Vertretungsregelung:** Soweit die (konkrete) persönliche Vertretungsbefugnis für einzelne oder alle bestellten Geschäftsführer abweichend von der allgemeinen (abstrakten) Vertretungsregelung bestimmt ist, muss diese spezielle Befugnis zusätzlich im Einzelnen angemeldet und eingetragen werden. Einer solchen Anmeldung bedarf es auch dann, wenn der Geschäftsführer zuvor Liquidator war und seine konkrete Vertretungsbefugnis als Geschäftsführer seiner bisherigen Vertretungsbefugnis als Liquidator entspricht. Die Angabe in der Anmeldung »Der Geschäftsführer XY vertritt in gleicher Weise wie zuvor als Liquidator« genügt nicht. Vielmehr ist die Abweichung von der abstrakten Vertretungsregelung für jeden Geschäftsführer im Einzelnen anzuführen. Entspricht dagegen die Vertretungsbefugnis des Geschäftsführers der allgemeinen gesellschaftsvertraglichen Vertretungsregelung, so bedarf es keiner weiteren Anmeldung zu seiner konkreten Vertretungsmacht.

123 **11. Versicherungen zum Vermögen der Gesellschaft:** Nach der Rspr. und der wohl noch h.M. in der Literatur kann aufgrund entsprechender Anwendung von § 274 Abs. 1 S. 1 AktG eine Fortsetzung nicht mehr beschlossen werden, wenn bereits mit der Verteilung des Gesellschaftsvermögens an die Gesellschafter begonnen wurde (OLG Düsseldorf, Beschl. v. 13.07.1979, 3 W 140/79, GmbHR 1979, 276, 277 = DB 1979, 2269, 2270; OLG Celle, Beschl. v. 03.01.2008, 9 W 124/07, GmbHR 2008, 211, 212 = NZG 2008, 271; Baumbach/Hueck/*Haas* § 60 Rn. 91; Lutter/Hommelhoff/*Kleindiek* § 60 Rn. 29; Scholz/*K. Schmidt* § 60 Rn. 82; a.A. u.a. *Erle*, Anforderungen an die Kapitalausstattung einer aufgelösten GmbH bei ihrer Fortsetzung, GmbHR 1997, 973, 975 ff.; Roth/Altmeppen/*Altmeppen* § 60 Rn. 40 ff.; Passarge/Torwegge/*Passarge* Die GmbH in der Liquidation, Rn. 517 ff., jeweils m.w.N.). Entsprechend haben die Geschäftsführer bei Anmeldung der Fortsetzung zu versichern, dass mit der Verteilung des Vermögens an die Gesellschafter noch nicht begonnen wurde (*Krafka/Kühn* Rn. 1158).

124 Weitere Voraussetzung für die Fortsetzung der Gesellschaft ist, dass die Gesellschaft über hinreichendes Eigenkapital verfügt. Hierbei ist umstritten, in welcher Höhe die Gesellschaft im Zeitpunkt des Fortsetzungsbeschlusses über Eigenkapital verfügen muss. So wurde von dem OLG Düsseldorf für die Wiedereintragung als werbende Gesellschaft gefordert, dass ein Gesellschaftsvermögen in Höhe des *gesetzlichen* Mindeststammkapitals (bei einer GmbH 25.000,00 € gemäß § 5 Abs. 1 GmbH) vorhanden sein muss (OLG Düsseldorf, Beschl. v. 13.07.1979, 3 W 139/79, GmbHR 1979, 227). Nach anderer Ansicht muss die Gesellschaft sogar über das ggf. höhere im Gesellschaftsvertrag festgelegte Nominalkapital verfügen (so noch das RG in der Grundsatzentscheidung zur Fortsetzung 25.10.1927, RGZ 118, 337, 340). Nach heute ganz überwiegender Ansicht genügt es indessen, dass die Gesellschaft nicht überschuldet ist, vielmehr ihr Vermögen mindestens die Schulden der Gesellschaft deckt (Baumbach/Hueck/*Haas* § 60 Rn. 91, Ensthaler/Füller/Schmidt/*Zech* § 60, Rn. 25; Roth/Altmeppen/*Altmeppen* § 60 Rn. 52 ff.; Passarge/Torwegge/*Passarge,* Die GmbH in der Liquidation, Rn. 516 ff.) und die Gesellschaft zahlungsfähig ist. Anderenfalls wäre die Gesellschaft insolvenzreif mit der Folge, dass sie mit der Eröffnung des Insolvenzverfahrens gemäß § 60 Abs. 1 Nr. 4 GmbHG gleich wieder aufgelöst würde (Böttcher/*Ries*, Formularpraxis des Registerrechts, 2. Aufl., Rn. 1351). Entsprechend haben die Geschäftsführer zu versichern, dass die Verbindlichkeiten der Gesellschaft deren Vermögen nicht übersteigen.

125 Wird mit der Fortsetzung nicht nur die Fortführung des bisherigen Geschäftsbetriebs beschlossen, sondern wird der Mantel einer aufgelösten, zuletzt »unternehmenslosen« Gesellschaft für eine sog. wirtschaftliche Neugründung verwandt, sind die besonderen Voraussetzungen zu beachten, welche nach der Rspr. des BGH (Urt. v. 07.07.2003, II ZB 4/02, BGHZ 155, 318 sowie Beschl. vom 18.01.2010, II ZR 61/09, NJW 2010, 474 = GmbHR 2010, 1459) zu erfüllen sind, so auch ausdrücklich jetzt der BGH mit Entscheidung vom 10.12.2013 (II ZR 53/12; NZG 2014, 264–266 = GmbHR 2014, 317–320). Allein die mit der Fortführung verbundene Änderung des Gesellschaftszwecks von der Abwicklung hin zu der werbenden Tätigkeit der Gesellschaft bildet jedoch noch keine wirtschaftliche Neugründung (Baumbach/Hueck/*Haas* § 60 Rn. 90).

126 **11a. Fortsetzung nach Insolvenz der Gesellschaft:** Zu der Frage, ob und unter welchen Voraussetzungen eine Gesellschaft, die durch die Eröffnung des Insolvenzverfahrens gemäß § 60 Abs. 1

Nr. 4 GmbHG kraft Gesetzes aufgelöst wurde, fortgesetzt werden kann bei Einstellung des Insolvenzverfahrens wegen Wegfalls des Eröffnungsgrundes (§ 212 InsO) oder aufgrund Einstellung des Insolvenzverfahrens mit Zustimmung der Gläubiger (§ 213 InsO) bzw. nach Durchführung eines Insolvenzplanverfahrens nach den §§ 218 ff. InsO, s. im Einzelnen die Ausführungen bei Passage/Torwegge/*Passarge*, § 8 Rn. 534 ff. sowie *Miras*, NZG 2015, 1349 ff. sowie zur Prüfungskompetenz und Prüfungspflicht des Registergerichts in diesem Fall AG Charlottenburg, Beschl. v. 09.02.2015, HRB 153203 B »Suhrkamp« = NZG 2015, 1326–1328 zur Fortsetzung einer Aktiengesellschaft nach Insolvenzplan und hierzu ausführlich *Klausmann*, NZG 2015, 1300–1306.

In anderen als den in § 60 Abs. 1 Nr. 4 Hs. 2 GmbHG genannten Fällen kommt nach der Rspr. eine Fortsetzung nicht in Betracht. Dies gilt nicht nur für den Fall, dass das Insolvenzverfahren nach vollzogener Schlussverteilung aufgehoben wurde (s. hierzu zuletzt die Entscheidung des BGH v. 28.04.2015, II ZB 3/14, NZG 2015, 872–873 = GmbHR 2015, 814–816), sondern auch dann, wenn der Antrag auf Eröffnung des Insolvenzverfahrens von dem Insolvenzgericht mangels Masse abgewiesen worden ist (s. u.a. OLG Köln, Beschl. vom 22.02.2010, 2 Wx 18/10 mi, NZG 2010, 507–509 = GmbHR 2010, 710–712 m.w.N. zu der entsprechenden Rspr. weiterer OLG sowie jetzt KG Berlin, Beschl. v. 17.10.2016, 22 W 70/16, GmbHR 2017, 196–197 = NZG 2017, 269–270). In der Literatur wird dagegen überwiegend zumindest dann eine Fortsetzung der Gesellschaft für zulässig angesehen (s. Roth/*Altmeppen* § 60 Rn. 55 m.w.N.), wenn die Gesellschafter nach der Ablehnung der Insolvenzeröffnung zum Zwecke der Sanierung der Gesellschaft Kapital zugeführt haben, sei es in Form von Darlehen, sei es in Form einer Kapitalerhöhung, und weiter eine Einigung mit den Gesellschaftergläubigern erzielt haben, welche im Nachhinein den Insolvenzgrund entfallen lässt. 127

12. Versicherung zu den Bestellungshindernissen (Eignungsversicherung): Nach § 39 Abs. 3 GmbHG haben die Geschäftsführer zu versichern, dass keine Umstände vorliegen, die ihrer Bestellung nach § 6 Abs. 2 S. 2 Nr. 2 und 3 GmbHG entgegenstehen. Wegen der Einzelheiten hierzu wird auf die Erläuterungen zu der Eignungsversicherung bei dem Muster B 4, Rdn. B 135 ff. verwiesen. In der Erklärung müssen die Bestellungshindernisse im Einzelnen aufgeführt sein und ihr Fehlen versichert werden. Eine bloße Bezugnahme auf § 6 Abs. 2 S. 2 Nr. 2 und 3 sowie S. 3 GmbHG genügt nicht. 128

Bezüglich etwaiger strafrechtlicher Verurteilungen genügt nach dem Beschluss des BGH v. 17.05.2010 die Versicherung des Geschäftsführers, dass er bisher nie, weder im Inland noch im Ausland, wegen einer vorsätzlich begangenen Straftat verurteilt worden ist (vgl. BGH, Beschl. v. 17.05.2010, II ZB 5/10, GmbHR 2010, 812 = NZG 2010, 829). Der in das obige Muster aufgenommene Text der Eignungsversicherung verwendet diese kurze Versicherung und enthält als Alternative die in der Praxis noch überwiegend gebräuchliche Fassung der ausführlicheren strafrechtlichen Eignungsversicherung, wie sie bis zu der genannten BGH-Entscheidung ganz überwiegend von der Rspr. gefordert worden war (vgl. bis zuletzt vor der BGH-Entscheidung insbesondere z.B. OLG München, Beschl. v. 27.04.2009, 31 Wx 42/09, GmbHR 2009, 831 = NJW-RR 2009, 971 zur Liquidatorenversicherung). 129

Auch wenn der Geschäftsführer zuvor Liquidator war, muss er die Versicherung vollen Umfangs im Einzelnen neu abgeben. Eine Bezugnahme auf die zuvor als Liquidator abgegebene Versicherung reicht nicht (anders Böttcher/*Ries*, Formularpraxis des Registerrechts, 2. Aufl. Rn. 1354 für den Fall, dass die entsprechende Versicherung erst kurz zuvor abgegeben worden ist). 130

Falsche Angaben eines Geschäftsführers in der nach § 39 Abs. 3 GmbHG erforderlichen Versicherung sind nach § 82 Abs. 1 Nr. 5 GmbHG strafbar. 131

13. Belehrung über die Auskunftspflicht: Die Geschäftsführer haben gemäß § 39 Abs. 3 GmbHG weiter zu versichern, dass sie über ihre unbeschränkte Auskunftspflicht gegenüber dem Gericht belehrt worden sind (zu den Anforderungen an die textliche Fassung hierzu s. einerseits OLG Dresden, Beschl. v. 14.10.2011, 12 W 0987/11, NotBZ 2013, 46, andererseits zutreffend großzügiger OLG Karlsruhe, Beschl. v. 20.04.2012, 11 Wx 33/12 132

GmbHR 2012, 1028 = NZG 2012, 598). Die Belehrung konnte bislang nach § 8 Abs. 3 S. 2 GmbHG a.F. nur durch das Registergericht oder durch einen deutschen Notar erfolgen. Nach § 39 Abs. 3 S. 2 GmbHG i.V.m. § 8 Abs. 3 S. 2 GmbHG in der Fassung des MoMiG kann die Belehrung nunmehr auch von einem ausländischen Notar, von einem Vertreter eines vergleichbaren rechtsberatenden Berufs oder auch von einem Konsularbeamten vorgenommen werden. Die Belehrung muss nicht mündlich, sondern kann auch schriftlich erfolgen, s. hierzu das Muster A4, Rdn. A50.)

133 **14. Vollzugsauftrag/Vollmacht:** Siehe hierzu oben Anm. 15 zum Muster B 4, Rdn. B 145 ff.

134 **15. Anlage:** Der Beschluss über die Bestellung des/der Geschäftsführer ist gemäß § 39 Abs. 2 GmbHG der Anmeldung in Urschrift oder in öffentlich beglaubigter Abschrift beizufügen. Für den Fortsetzungsbeschluss statuiert das Gesetz keine entsprechende Vorlagepflicht. Sollten ausnahmsweise die Fortsetzung der Gesellschaft sowie die Bestellung der der Geschäftsführer in gesonderten Beschlüssen erfolgen, empfiehlt sich dennoch die Einreichung auch des Fortsetzungsbeschlusses. Denn zur Prüfung der Eintragungsvoraussetzungen wird das Registergericht ansonsten regelmäßig die Vorlage des Beschlusses anfordern.

135 **16. Unterschrift/Beglaubigung:** Die Anmeldung ist von den Geschäftsführern zu unterzeichnen. Ihre Unterschriften sind öffentlich zu beglaubigen. Eine Zeichnung der Namensunterschrift, wie nach § 39 Abs. 4 GmbHG a.F. noch erforderlich, ist seit Aufhebung des Abs. 4 durch das EHUG seit dem 01.01.2007 nicht mehr erforderlich.

136 **17. Kosten:** a) *Notarkosten:* Für den Entwurf der Anmeldung fällt, soweit der Notar die Anmeldung vollständig fertigt, nach KV-Nr. 24102 in Verbindung mit § 92 Abs. 2 GNotKG eine 0,5-Gebühr an. Der Geschäftswert für jede angemeldete Tatsache beläuft sich gemäß §§ 119, 105 Abs. 4 Nr. 1 GNotKG auf 1 % des eingetragenen Stammkapitals der Gesellschaft, mindestens jedoch 30.000,00 € und höchstens 1.0 Mio. € (§ 106 GNotKG). Inwieweit die Anmeldung der Fortsetzung und des Ausscheidens von jedem der beiden bisherigen Liquidatoren A und B sowie die Anmeldung des C zum Geschäftsführer nach § 111 Abs. 3 GNotKG verschiedene Tatsachen sind, deren Werte nach § 35 Abs. 2 GNotKG zu addieren wären, wird in der Literatur zum Notarkostenrecht unterschiedlich beurteilt. Nach *Diehn* ist hierbei von nur einer Tatsache auszugehen, da die Fortsetzung der Gesellschaft nicht ohne das Ausscheiden des bzw. der bisherigen Liquidatoren sowie den neuen Geschäftsführer angemeldet werden kann (*Diehn*, Notarkostenberechnungen 5. Aufl. Rn. 1381 f. sowie Korintenberg/*Diehn*, § 111 Rn. 29). Nach Fleischhauer/Preuß/*Fleischhauer* Handelsregisterrecht handelt es sich dagegen um gegenstandsverschiedene Tatsachen, sodass vorliegend – ausgehend davon, dass das eingetragene Stammkapital der Gesellschaft nicht höher als 3.0 Mio. € beträgt – dreimal der Mindestwert von 30.000 € in die Kostenberechnung einzustellen wäre und so bei der Berechnung der Notargebühr der (Gesamt-)Geschäftswert von € 90.000,00 zugrunde zu legen wäre. Folgt man der Auffassung von *Fleischhauer*, so ergibt sich für die obige Anmeldung eine Entwurfsgebühr von 0,5 × 246,00 € = 123,00 €.

137 Auf der Grundlage der Entscheidung des BGH vom 18.10.2016 (II ZB 18/15, GmbHR 2017, 95 ff. mit Anm. *H. Schmidt*) zu den anfallenden Notarkosten bei der Anmeldung der *Auflösung* kann bei der vorliegenden Anmeldung der Fortsetzung gemäß dem obigen Muster ebenfalls nur von *einer* kostenpflichtigen Tatsache ausgegangen werden (so jetzt auch unter Aufgabe der bisherigen Ansicht *Gustavus*, Handelsregisteranmeldungen, 9. Aufl. 2017, S. 223). Danach fällt nur eine 0,5-Gebühr nach dem Geschäftswert von mindestens 30.000 € (ggf. auch höher) an. Damit ergibt sich eine Gebühr von 62,50 €. Für den elektronischen Vollzug mit Erstellung der XML-Strukturdaten fällt eine 0,3-Vollzugsgebühr nach KV-NR. 22114 an, wobei der Geschäftswert sich gemäß § 112 GNotKG nach dem Wert des Beurkundungsgeschäfts richtet. Vorliegend ist damit somit je nachdem, welcher der beiden unterschiedlichen Auffassung man zu dem Geschäftswert bei Entwurfsgebühr folgt, entweder der Wert von 90.000,00 € bzw. richtigerweise der Wert von lediglich 30.000,00 € in die Berechnung der Vollzugsgebühr einzusetzen.

Hinzu kommen dann noch die üblichen Pauschalen nach den Nrn. 32000 (Dokumentenpauschale Papier), 32002 (Dokumentenpauschale) sowie 32005 (Post- und TK-Pauschale). 138

b) *Gerichtskosten*: Für die Eintragung der Fortsetzung fallen gemäß GV-Nr. 2500 HRegGebVO 70,00 € für die Eintragung der ersten Tatsache (Fortsetzung) sowie jeweils 40,00 € für jede weitere Tatsache (Austragung des Liquidators A, Austragung des Liquidators B sowie Eintragung des C als Geschäftsführer) an. Insgesamt ergeben sich damit Gerichtsgebühren von 190,00 €. 139

11. Anmeldung der Beendigung der Liquidation und des Erlöschens der Firma zum Handelsregister

Vorbemerkung

Aufgabe der Liquidatoren ist es, die laufenden Geschäfte zu beenden, die Verpflichtungen der aufgelösten Gesellschaft zu erfüllen, die Forderungen derselben einzuziehen und das Vermögen der Gesellschaft in Geld umzusetzen, § 70 GmbHG. Nach der Vorschrift des § 71 GmbHG, welche die Rechnungslegung während der Liquidation regelt, ist eine Liquidationseröffnungsbilanz auf den Tag der Auflösung zu erstellen. Während der Liquidation sind dann jährlich Jahresabschlüsse zu erstellen, wobei nicht das Geschäftsjahr der Gesellschaft maßgebend ist, sondern die Zeit von einem Kalenderjahr, beginnend mit dem Tag der Auflösung (h.M., s. Baumbach/Hueck/*Haas* § 71 Rn. 23; Lutter/Hommelhoff/*Kleindiek* § 71 Rn. 9). Allerdings kann im Gesellschaftsvertrag oder durch Beschluss der Gesellschafterversammlung auch für die Liquidation das Geschäftsjahr der Gesellschaft für maßgeblich erklärt werden. Nach Beendigung der Abwicklung und vor der Vermögensverteilung gemäß § 72 GmbHG ist eine Liquidationsschlussbilanz zu erstellen, welche wie die Liquidationsjahresabschlüsse als Bestandteil der externen Rechnungslegung der Gesellschaft den Rechnungslegungs-, Prüfungs- und Offenlegungsvorschriften des HGB unterliegt (Baumbach/Hueck/*Haas* § 71 Rn. 33; Scholz/*K. Schmidt* § 71 Rn. 30, Passarge/Torwegge/*Torwegge* Die GmbH in der Liquidation, Rn. 594; a.A. *Wicke* § 71 Rn. 6). Wie für die Jahresabschlüsse während der Liquidation kann auch für die Liquidationsschlussbilanz eine Befreiung von einer etwaigen Prüfungspflicht, nicht aber von der Pflicht zur Offenlegung beantragt werden. Von der Liquidationsschlussbilanz ist die Schlussrechnung zu unterscheiden, welche nach überwiegender Ansicht neben der Liquidationsschlussbilanz zu erstellen ist und die gemäß § 74 Abs. 1 GmbHG Voraussetzung für die Anmeldung der Beendigung der Gesellschaft ist (s. hierzu Scholz/*K. Schmidt* § 71 Rn. 71; Michalski/*Nerlich* § 74 Rn. 7; Lutter/Hommelhoff/*Kleindiek* §§ 71 ff. Rn. 13 jeweils m.w.N.; a.A. Baumbach/Hueck/*Haas* § 71 Rn. 29 und § 74 Rn. 3). 140

Nach § 65 Abs. 2 GmbHG haben die Liquidatoren die Auflösung in dem (elektronischen) Bundesanzeiger und gegebenenfalls in weiteren gemäß § 12 S. 2 GmbHG in der Satzung bestimmten Gesellschaftsblättern bekanntzumachen. Zugleich sind die Gläubiger der Gesellschaft aufzufordern, sich bei ihr zu melden. Nach Änderung von §§ 65 Abs. 1, 73 Abs. 1 GmbHG durch das ARUG muss seit dem 01.09.2009 die entsprechende Bekanntmachung nicht mehr wie bis dahin dreimal erfolgen, es genügt vielmehr die *einmalige* Bekanntmachung. Vom Tage der Bekanntmachung an läuft das Sperrjahr des § 73 Abs. 1 GmbHG, vor dessen Ablauf nicht mit der Verteilung des nach Befriedigung bzw. Sicherstellung aller Gesellschaftsgläubiger verbleibenden Vermögens an die Gesellschafter begonnen werden darf. 141

Gemäß § 74 Abs. 1 S. 1 GmbHG ist nach Beendigung der Liquidation noch eine Schlussrechnung zu erstellen. Nach der entsprechenden Rechnungslegung haben die Liquidatoren die Beendigung der Liquidation zur Eintragung in das Handelsregister anzumelden. 142

Muster

143 **An das**

Amtsgericht __________ [1]

– Handelsregister –

____[Anschrift]____

X-GmbH mit dem Sitz in __________

HRB __________

I.

In meiner Eigenschaft als alleiniger Liquidator [2] melde ich zur Eintragung in das Handelsregister an: [5]

Die Liquidation der Gesellschaft ist beendet. [3, 4, 4a] Die Firma der Gesellschaft ist erloschen.

II.

Die Bücher und Schriften der Gesellschaft hat die ABC-GmbH Steuerberatungsgesellschaft, ____[Anschrift]____ zur Verwahrung übernommen. [6]

III.

Die Steuernummer der Gesellschaft bei dem für sie zuständigen Finanzamt __________ lautet: __________ [7]

IV.

Als Anlagen sind beigefügt: [8]

1. **Belegexemplar über die Veröffentlichung im elektronischen Bundesanzeiger vom __________ mit der Bekanntmachung der Auflösung und der Aufforderung an die Gläubiger der Gesellschaft, sich bei ihr zu melden;**
2. **(auszugsweise) Niederschrift der Gesellschafterversammlung vom __________, enthaltend in Ziff. __________ den Beschluss über die Verwahrung der Bücher und Schriften der Gesellschaft gemäß § 74 Abs. 2 GmbHG;**
3. **Schreiben der ABC-GmbH Steuerberatungsgesellschaft vom __________ mit der Bestätigung, die Bücher und Schriften der Gesellschaft am __________ zur Verwahrung übernommen zu haben.**

__________, den __________

____[Unterschrift A]____

UR-Nr. __________

(notarieller Beglaubigungsvermerk) [9]

__________, den __________

____[Unterschrift Notar/Notarin]____

Template

To the 144

Local Court of __________

– Commercial Register -

__[address]__

X-GmbH with its registered office at __________ (the Company)

HRB __________

I.

In my capacity as sole liquidator of the Company I apply for entry into the Commercial Register:

The liquidation of the Company has been completed. The Company´s name has elapsed.

II.

The records of the Company shall be kept by ABC Steuerberatungsgesellschaft, __[address]__

III.

The Company`s corporate tax number at the relevant tax office in is __________

IV.

Attachments:

1. **electronical copy of the information in the Federal Gazette of __[date]__ about the Company›s dissolution and the notification of the Company‹s creditors;**
2. **copy of the minutes of the shareholders›meeting of __[date]__, extract containing the resolution of shareholders on the safekeeping of the Company‹s records in accordane with § 74 GmbHG;**
3. **letter by ABC-GmbH Steuerberatungsgesellschaft with the confirmation that the records of the Company were taken over for safekeeping on __[date]__.**

__________ the __[date]__

__________ [signature liquidator]

Notarial Deed No. __________

(notary certification)

__________ the __[date]__

__[signature notary]__

Erläuterungen

Literatur: *Erle*, Die Funktion des Sperrjahrs in der Liquidation der GmbH, GmbHR 1998, 216–222; *Fietz/Fingerhuth*, Die vorzeitige Löschung der GmbH – ein schwarzes Loch für die Liquidatoren?, GmbHR 2006, 960–966; *Mohr*, Die Liquidation der GmbH – Hinweise zur rechtlichen, bilanziellen und steuerlichen Abwicklung, GmbH-StB 2007, 287–290; *Munzig*, Anm. zu OLG Köln, Beschl. vom 05.11.2004, 2 Wx 53/04; Passarge/Torwegge/*Passarge*, Die GmbH in der Liquidation, Rn. 621–652; *K. Schmidt*, Löschung und Beendigung der GmbH, GmbHR 1988, 209–213; *Tavakoli/Eisenberg*, Die GmbH und ihre Verbindlichkeiten in der Liquidation, GmbHR 2018, 75–85; *Wachter*, Kommentar zum Beschluss des OLG Hamm vom 02.09.2016, GmbHR 2017, 931–934; *Wälzholz*, Löschung einer GmbH ohne Einhaltung des Sperrjahres, DStR 2005, 207.

145 **1. Adressat der Anmeldung:** Die Anmeldung ist bei dem Registergericht einzureichen, bei dem die Gesellschaft aufgrund ihres statuarischen Sitzes eingetragen ist.

146 **2. Anmeldepflichtiger:** Gemäß § 74 Abs. 1 S. 1 GmbHG ist die Beendigung der Liquidation zur Eintragung in das Handelsregister anzumelden. Anmeldepflichtig sind der oder bei mehreren Liquidatoren diese in vertretungsberechtigter Zahl, § 78 GmbHG. Kommen die Liquidatoren ihrer Pflicht zur Anmeldung nicht nach, so kann die Anmeldung von dem Registergericht durch die Androhung und Festsetzung von Zwangsgeld gemäß den §§ 14 HGB, 388 ff. FamFG erzwungen werden. Sind Liquidatoren nicht mehr vorhanden, z.B., weil der einzige Liquidator verstorben ist, so ist ein neuer Liquidator durch Beschluss der Gesellschafterversammlung zu bestellen. Unter den Voraussetzungen von § 66 Abs. 2 GmbHG kann auch eine gerichtliche Bestellung durch das nach §§ 376, 377 FamFG zuständige AG (dort zumeist aufgrund geschäftsplanmäßiger Zuweisung durch die für Registersachen zuständige Abteilung) erfolgen.

147 **3. Beendigung der Liquidation:** Anzumelden ist nach § 74 Abs. 1 GmbHG die Beendigung der Liquidation. Die Liquidation ist beendet, wenn das verwertbare Vermögen der Gesellschaft zur Befriedigung der Gläubiger verwandt und das verbliebene Restvermögen nach Ablauf des Sperrjahres an die Gesellschafter vollständig verteilt ist. Die Kosten für Aufbewahrung der Bücher und Schriften der Gesellschaft dürfen nach überwiegender Ansicht nicht zurückgehalten werden. Sie müssen vielmehr im Voraus beglichen oder an einen Treuhänder ausgezahlt werden (Baumbach/Hueck/*Haas* § 74 Rn. 11; Lutter/Hommelhoff/*Kleindiek* § 74 Rn. 11; a.A. Michalski/*Nerlich* § 74 Rn. 22). Anderes gilt für die Kosten der Anmeldung der Beendigung und Löschung beim Handelsregister. Die hierfür anfallenden Notarkosten dürfen nach allgemeiner Meinung von dem Liquidator zurückgehalten werden, da anderenfalls die Beendigung der Liquidation niemals zum Handelsregister angemeldet werden könnte (so zutreffend Passage/Torwegge/*Passarge*, Rn. 625).

148 Die Beendigung setzt weiter voraus, dass keine sonstigen Abwicklungsmaßnahmen mehr erforderlich sind. Die Wahrnehmung der Rechtsstellung eines Verfahrensbevollmächtigten in einem gegen die Gesellschaft anhängigen Gerichts- oder Verwaltungsverfahren ist grundsätzlich eine sonstige Abwicklungsmaßnahme, deren Erfordernis die Beendigung der Abwicklung und Löschung der Gesellschaft ausschließt (Baumbach/Hueck/*Haas* § 74 Rn. 19). Auch ein etwaiger Kostenerstattungsanspruch aus einem gegen die GmbH anhängigen Passivprozess stellt einen Vermögensgegenstand der Gesellschaft, welcher der Beendigung entgegensteht. Weitere sonstige Abwicklungsmaßnahmen sind insbesondere Erklärungen, welche die Gesellschaft noch abgegeben muss, z.B. die Erklärung der Zustimmung zur Auszahlung eines hinterlegten Betrags an einen Dritten, die Bewilligung von Grundbucheintragungen, die Erfüllung sonstiger Pflichten wie etwa noch die Zeugniserteilung für ehemalige Arbeitnehmer der Gesellschaft.

149 Inwieweit sämtliche die Gesellschaft betreffenden Steuerverfahren abgeschlossen sein müssen, bevor die Beendigung der Liquidation der Gesellschaft eingetreten ist und zum Handelsregister angemeldet werden kann, wird in der Rspr. unterschiedlich beurteilt. Nach Auffassung des OLG Hamm ist die Liquidation noch nicht beendet, wenn noch ein Steuerverfahren anhängig ist und der Gesellschaft noch ein Steuerbescheid zugestellt werden muss (OLG Hamm, Beschl. v. 01.07.2015, 27 W 71/15, GmbHR 2015, 939 sowie Beschl. v. 29.07.2015, 27 W 50/15, GmbHR 2015, 1166–1161 = NZG 2015, 1159). Nach Ansicht des OLG Jena steht der Umstand, dass das Besteuerungsverfahren noch nicht abgeschlossen ist, dann (zumindest) nicht entgegen, wenn das Unternehmen seinen Geschäftsbetrieb endgültig eingestellt hat und über keinerlei Aktivvermögen mehr verfügt. Einem – möglicherweise – noch bestehenden Abwicklungsbedarf könnte dann ggf. durch die Bestellung eines Nachtragsliquidators begegnet werden (OLG Jena, Beschl. v. 20.05.2015, 6 W 506/14; GmbHR 2015, 1093–1094 = ZIP 2016, 25–26).

4. Ablauf des Sperrjahrs: Die Beendigung der Liquidation kann grundsätzlich nicht vor Ablauf der gesetzlichen Sperrfrist des § 73 Abs. 1 GmbHG angemeldet werden. Erst nach Ablauf dieser Frist, mit der während für die gesamte Dauer der Liquidation eine »totale Ausschüttungssperre« (Lutter/Hommelhoff/*Kleindiek*, § 73 Rn. 1) verbunden ist, darf mit der Verteilung des verbliebenen Gesellschaftsvermögens an die Gesellschafter begonnen werden. Die Ausschüttungssperre gilt auch für etwaige Rücklagen der Gesellschaft. Selbst wenn sämtliche (bekannten) Gläubiger der Gesellschaft befriedigt sind oder sich ausdrücklich mit einer vorzeitigen Löschung der Gesellschaft einverstanden erklärt haben, kann und darf eine Löschung der Gesellschaft nicht vor Ablauf des Sperrjahrs erfolgen. Etwaigen unbekannten Gläubigern der Gesellschaft soll ein volles Jahr zur Verfügung stehen, um etwaige Ansprüche bei der Gesellschaft anzumelden. 150

4a. Anmeldung der Beendigung ausnahmsweise *vor* Ablauf des Sperrjahrs: Die Einhaltung des Sperrjahrs ist grundsätzlich zwingend. Der Ablauf des Sperrjahrs braucht ausnahmsweise dann jedoch nicht abgewartet werden, wenn durch die Befriedigung der Gläubiger das gesamte Vermögen der Gesellschaft vollständig aufgebraucht ist und daher eine Verteilung restlichen Vermögens an die Gesellschafter nicht mehr in Betracht kommt. In diesem Fall kann – ggf. auch zugleich mit der Anmeldung der Auflösung (s. *Krafka/Kühn* Rn. 1150) – das Erlöschen der Gesellschaft angemeldet werden (OLG Köln, Beschl. v. 05.11.2004, 2 Wx 33/04, GmbHR 2005, 108 = FGPrax 2005, 80 mit Anm. *Munzig*, OLG Jena, Beschl. v. 20.05.2015, 6 W 506/14, GmbHR 2015, 1093 = ZIP 2016, 25 sowie zuletzt OLG Hamm, Beschl. v. 02.09.2016, 27 W 63/16, GmbHR 2017, 930–931 mit Anm. *Wachter*, 931–934). 151

Welchen Inhalt die hierzu von den Liquidatoren abzugebenden Erklärungen/Versicherungen haben müssen, ist gesetzlich nicht geregelt und noch nicht abschließend geklärt. Die Praxis der Registergerichte ist nach *Wachter* unterschiedlich. Danach fordern die meisten Registergerichte nähere Erklärungen zur Vermögenslosigkeit. Weiter werden zumeist ergänzende Erklärungen zur Vermeidung einer stillen Liquidation, bei der das (Rest-)Vermögen der Gesellschaft bereits vor der Auflösung bzw. Ablauf des Sperrjahrs an die Gesellschafter verteilt bzw. zur Umgehung der Insolvenzantragspflicht verlangt. 152

In diesem Fall hat der Liquidator in der Anmeldung des Erlöschens (laut *Wachter* »Handelsregisteranmeldung der »*Blitzlöschung*« einer GmbH) zu erklären, dass 153

- das Gesellschaftsvermögen nach Befriedigung der Gläubiger der Gesellschaft aufgebraucht ist und die Gesellschaft über keinerlei Aktiva mehr verfügt,
- dass sämtliche Gläubiger der Gesellschaft befriedigt sind,
- dass keine Verteilung des Gesellschaftsvermögens an die Gesellschafter vorgenommen wurde und eine solche mangels Vermögens auch jetzt nicht mehr erfolgen kann,
- dass keine Prozesse gegen oder zugunsten der Gesellschaft anhängig sind.

Die Erklärung der Liquidatoren muss in Form einer Handelsregisteranmeldung erfolgen und bedarf daher der öffentlichen Beglaubigung gemäß § 12 Abs. 1 HGB. Eine förmliche Versicherung ist nicht erforderlich. Bei Zweifeln an der Richtigkeit der Erklärung der Liquidatoren kann das Registergericht zur Glaubhaftmachung indessen eine eidesstattliche Versicherung zu den in der Anmeldung enthaltenen Erklärungen anfordern. In der Registerpraxis des Autors wurden nach Anforderung einer entsprechenden eidesstattlichen Versicherung in nicht wenigen Fällen die Anmeldungen zurückgenommen und es erfolgte dann erst *nach* Ablauf des Sperrjahres die erneute Anmeldung der Beendigung der Liquidation. 154

Gelegentlich fordern Registergerichte nach *Fietz/Fingerhut*, GmbHR 2006, 960, 965 weiter noch die Erklärung, dass die steuerlichen Angelegenheiten der Gesellschaft erledigt sind. Ansonsten fragen die Registergerichte zur Vermeidung einer späteren Nachtragsliquidation in der Regel selbst bei dem für die Gesellschaft zuständigen Finanzamt an, ob noch Steuerverfahren anhängig sind (s. *Kafka/Kühn* Rn. 1150). Zur Beschleunigung des Registerverfahrens sollte daher in der Anmeldung die Steuernummer der Gesellschaft angegeben werden. Das Registergericht kann in diesem Fall die Steuernummer in die Anfrage bei dem Finanzamt aufnehmen. Nach Ansicht des OLG Jena steht 155 indessen der fehlende Abschluss eines Besteuerungsverfahrens einer Löschung nicht entgegen, wenn das Unternehmen seinen Geschäftsbetrieb endgültig eingestellt hat und über kein Vermögen mehr verfügt. Soweit in dem Besteuerungsverfahren nicht eine mögliche Ermittlung hinsichtlich weiteren Vermögens in Rede steht, kann die beantragte Löschung erfolgen (OLG Jena, Beschl. v. 20.05.2015, 6 W 506/14, GmbHR 2015, 1093–1094 = ZIP 2016, 25). Nach dem OLG Hamm dagegen ist eine Löschung der Gesellschaft bei noch nicht abgeschlossenem Steuerverfahren dagegen nicht zulässig (Entscheidungen vom 01.07.2015 sowie 29.07.2015, s. oben Rdn. K 149).

156 **5. Inhalt der Anmeldung:** Anzumelden ist die Beendigung der Liquidation. Verbunden wird diese Anmeldung in der Regel mit dem Antrag, das Erlöschen der Firma einzutragen. Erforderlich ist Letzteres allerdings nicht. Nach § 74 Abs. 1 S. 2 GmbHG erfolgt die Eintragung der Löschung von Amts wegen, wenn die Beendigung der Liquidation angemeldet ist (Michalski/*Nerlich* § 74 Rn. 14).

157 Ebenso bedarf es keiner besonderen Anmeldung des Erlöschens der Liquidatorenämter, da die entsprechende Amtsbeendigung unmittelbar mit der Firmenlöschung verbunden ist (BGH vom 23.02.1970, II ZB 5/69, BGHZ 53, 264, 267; BayObLG, Beschl. v. 13.01.1994, 3Z BR 311/93, GmbHR 1994, 259, 260 = NJW-RR 1994, 617).

158 **6. Angaben zur Verwahrung der Bücher und Schriften der Gesellschaft:** Gemäß § 74 Abs. 2 GmbHG sind nach Beendigung der Liquidation die Bücher und Schriften der Gesellschaft für die Dauer von zehn Jahren aufzubewahren. Als Verwahrer kommt ein Gesellschafter oder ein beliebiger Dritter (insbesondere ein Steuerberater oder eine Treuhandgesellschaft) in Betracht. Wer als Verwahrer tätig werden soll, kann bereits im Gesellschaftsvertrag geregelt sein. Ansonsten erfolgt die Bestimmung durch Beschluss der Gesellschafterversammlung oder, soweit die Liquidatoren einen entsprechenden Gesellschafterbeschuss nicht herbeiführen können, auf Antrag gemäß §§ 74 Abs. 2 S. 2 GmbHG, 375 Nr. 6 FamFG durch das nach den §§ 376, 377 FamFG zuständige AG (s. hierzu OLG Düsseldorf, Beschl. v. 31.05.2010, 3 Wx 104/10, GmbHR 2010, 817 = FGPrax 2010, 597). Aufgrund geschäftsplanmäßiger Zuweisung ist in der Regel die Registerabteilung zuständig für die entsprechende gerichtliche Bestimmung.

159 Die Angaben zum Verwahrer sind nicht zwingend erforderlich, helfen jedoch ggf. Rückfragen des Registergerichts hierzu zu vermeiden.

160 **7. Angabe der Steuernummer:** Auch die Angabe des für die Gesellschaft zuständigen Finanzamts sowie der Steuernummer sind kein notwendiger Inhalt der Anmeldung.

161 Da die Registergerichte in der Regel vor Eintragung der Löschung bei dem zuständigen Finanzamt anfragen, ob seitens der Finanzverwaltung Bedenken gegen die Löschung bestehen, insbesondere die steuerliche Abwicklung der Gesellschaft erledigt ist, wird durch Angabe der Steuernummer das Registerverfahren beschleunigt, indem das Registergericht das zuständige Finanzamt unter der entsprechenden Steuernummer anschreiben kann.

162 **8. Anlagen:** Zum Nachweis der nach § 65 Abs. 2 GmbHG erforderlichen Bekanntmachung in den Gesellschaftsblättern ist mit der Anmeldung ein Belegexemplar der Bekanntmachung vorzulegen, um dem Registergericht die Prüfung zu ermöglichen, ob das Sperrjahr nach § 73 Abs. 1 GmbHG eingehalten ist. Nach der Änderung von § 65 Abs. 2 sowie § 73 Abs. 1 GmbHG durch das ARUG mit Wirkung zum 01.09.2009 muss die Auflösung nur noch einmal bekannt gemacht werden. Die Bekanntmachung hat seit dem 01.04.2005 gemäß § 12 Abs. 1 S. 1 GmbHG zwingend im (elektronischen) Bundesanzeiger zu erfolgen. Mit der Einstellung des papierenen Bundesanzeigers zum 01.04.2012 wurde die mit dem EHUG eingefügte Klarstellung in § 12 S. 3 GmbHG, nach der die Bekanntmachung im elektronischen Bundesanzeiger ausreicht, wenn der Gesellschaftsvertrag als Bekanntmachungsblatt der Gesellschaft noch den (papierenen) Bundesanzeiger bestimmte, aufgehoben. Soweit in dem Gesellschaftsvertrag gemäß § 12 S. 2 GmbHG neben dem Bundesanzeiger noch andere öffentliche Blätter oder elektronische Medien als Gesellschaftsblätter bezeichnet sind, muss die Bekanntmachung der Auflösung mit dem Gläubigeraufruf auch

in diesen Blättern erfolgen (OLG Stuttgart, Beschl. v. 12.11.2010, 8 W 444/10, GmbHR 2011, 38 = NZG 2011, 108).

Die Liquidationsschlussbilanz und/oder Schlussrechnung muss nicht als Anlage der Anmeldung beigefügt sein. Das Gesetz sieht eine solche Vorlage nicht vor (Scholz/*K. Schmidt*, § 74 Rn. 4). Das Gericht kann indessen, wenn es begründete Zweifel an der Beendigung der Liquidation hat, im Rahmen der ihm obliegenden Amtsermittlung (§ 26 FamFG) die Vorlage der Liquidationsschlussbilanz sowie Schlussrechnung anfordern (vgl. OLG Düsseldorf, Beschl. v. 04.08.2015, 3 Wx 114/15, GmbHR 2015, 1159). 163

9. Form der Anmeldung: Die Anmeldung ist gemäß § 12 Abs. 1 S. 1 GmbHG öffentlich zu beglaubigen. Sie muss sodann zusammen mit den Anlagen zwingend auf elektronischem Wege dem Handelsregister übermittelt werden, § 12 HGB. 164

10. Kosten: a) *Notargebühren:* Beglaubigt der Notar lediglich die Unterschrift, erhält er 0,2-Gebühr nach KV-Nr. 25100. Fertigt er dagegen auch den Entwurf der Anmeldung, fällt eine 0,5-Gebühr gemäß KV-Nr. 24101 an. Bei der Anmeldung der Liquidationsbeendigung sowie des Erlöschens handelt es sich nicht um verschiedene Gegenstände, sondern um eine einheitliche Anmeldung, weil die Löschung der Gesellschaft zwingende Folge der Beendigung ist, § 74 Abs. 1 S. 2 GmbHG. Der Geschäftswert beträgt nach § 105 Abs. 4 Nr. 1 GNotKG 1 % des eingetragenen Kapitals, mindestens indessen 30.000,00 €. 165

b) *Gerichtsgebühren:* Für die Eintragung der Beendigung der Liquidation sowie der Löschung der Gesellschaft werden keine Gebühren erhoben, s. Gebührenverzeichnis Teil 2 Vorbemerkung Nr. 4 HRegGebVO. 166

12. Antrag auf Bestellung eines Nachtragsliquidators

Vorbemerkung

Mit der Löschung im Handelsregister scheidet die GmbH aus dem Wirtschafts- und Rechtsleben aus. Nicht selten stellt sich indessen nach der Löschung heraus, dass entgegen der Annahme der Liquidatoren bei Anmeldung der Beendigung der Gesellschaft bzw. entgegen der Annahme des Gerichts bei Amtslöschung der Gesellschaft gemäß § 394 FamFG wegen Vermögenslosigkeit noch verwertbares Vermögen vorhanden ist. In der Praxis handelt es sich hierbei vor allem um Steuerguthaben, die sich aufgrund einer bei Anmeldung der Beendigung noch nicht endgültig abgeschlossenen Steuerveranlagung oder aufgrund einer späteren Außenprüfung ergeben haben, weiter um hinterlegte Sicherheiten, welche in Vergessenheit geraten waren, gelegentlich auch um Schadensersatzansprüche der gelöschten Gesellschaft gegen ihre früheren Gesellschafter, Geschäftsführer oder Liquidatoren aufgrund erst nachträglich bekannt gewordener Sachverhalte. Da in diesen Fällen die Gesellschaft im Zeitpunkt der Löschung tatsächlich nicht vermögenslos war, ist nach der heute allgemein anerkannten Lehre von dem Doppeltatbestand eine Vollbeendigung der Gesellschaft noch nicht eingetreten. Zu deren Herbeiführung ist eine Nachtragsliquidation erforderlich. Hierzu kann im Falle der Löschung nach vorangegangener Liquidation das Liquidationsverfahren nicht einfach durch die früheren Liquidatoren fortgeführt werden, da mit der Löschung der Gesellschaft gemäß § 74 Abs. 1 S. 2 GmbHG das Liquidationsverfahren endete und damit auch das Amt der Liquidatoren erlosch (BGH, Beschl. v. 23.02.1979, II ZB 5/69, BGHZ 53, 264 sowie für den Fall der Amtslöschung Beschl. v. 18.04.1985, IX ZR 75/84, NJW 1985, 2479 = BB 1985, 1148). Vielmehr bedarf es für die weitere Abwicklung der Bestellung eines und ggf. auch mehrerer Nachtragsliquidatoren, welche nach der Rspr. und der ganz h.M. auf entsprechenden Antrag hin durch das zuständige AG vorgenommen wird (a.A. Gehrlein/Born/Simon/*Brünkmanns/Hofman* § 74 Rn. 25: Bestellung durch die Gesellschafter). 167

Daneben kann die Bestellung eines Nachtragsliquidators auch notwendig werden, wenn sich herausstellt, dass nachträglich noch sonstige nicht auf Vermögensrealisierung zielende Abwicklungs- 168 maßnahmen durchgeführt werden müssen. Beispiele aus der Praxis hierfür sind die Abgabe der Löschungsbewilligung für noch im Grundbuch zugunsten der Gesellschaft eingetragene Grundpfandrechte, die Mitwirkung an der Auszahlung eines hinterlegten Geldbetrages, die Erteilung eines Arbeitszeugnisses, die Wahrnehmung von Rechten und Pflichten der Gesellschaft in einem gegen die Gesellschaft gerichteten Steuerverfahren, schließlich auch die bloß passive Mitwirkung an der Zustellung eines Steuerbescheides, wenn z.B. die Zustellung bei der Gesellschaft erforderlich ist, um Ansprüche gegen einen Dritten geltend zu machen.

169 Gesetzliche Grundlage für die Nachtragsliquidation und Bestellung des Nachtragsliquidators ist § 66 Abs. 5 GmbHG für den Fall der vorangegangen Amtslöschung der Gesellschaft wegen Vermögenslosigkeit gemäß § 394 FamFG. Ansonsten wird die Nachtragsliquidation in Rechtsprechung und Literatur auf eine entsprechende Anwendung von § 373 Abs. 4 AktG gestützt (BGH, Beschl. v. 23.02.1970, BGHZ 53, 264; für die Literatur s. Baumbach/Hueck/*Haas* § 60 Rn. 106 m.w.N. in Fn. 462 f.; a.A. zum Teil *K. Schmidt,* GmbHR, 1988, 299 sowie Scholz/*K. Schmidt* § 74 Rn. 20a: Abwicklungsmaßnahme analog § 74 Abs. 2 GmbHG, wenn die Nachtragsabwicklung nicht der Vermögensrealisierung dient; Hachenburg/*Ulmer* § 60 Anhang Rn. 40 zu § 2 Abs. 3 LöschG: Pflegerbestellung entspr. § 1913 BGB).

170 War vor der Löschung der Gesellschaft ein Insolvenzverfahren anhängig und findet sich nachträglich nach der Löschung noch Vermögen, kann keine Nachtragsliquidation beantragt und angeordnet werden. Vielmehr ist in diesem Fall das Insolvenzverfahren wieder aufzunehmen, § 205 InsO. Die Nachtragsverteilung nach der Insolvenzordnung hat Vorrang vor der Bestellung eines Nachtragsliquidators (OLG Hamm, Beschl. v. 05.05.2011, 15 W 469/10, NZG 2011, 1309 = FGPrax 2011, 247).

171 Die Bestellung eines Nachtragsliquidators erfolgt nicht von Amts wegen, sondern nur auf Antrag (OLG Bremen, Beschl. v. 12.02.2016, 2 W 9/16, GmbHR 2016, 709–710 = NZG 2016, 626–627).

Muster [1]

172 **An das**

Amtsgericht __________ [2]

– Registergericht –

[Anschrift]

X-GmbH mit Sitz in __________

HRB __________

Antrag auf Bestellung eines Nachtragsliquidators [3, 4]

Die X-GmbH ist am __________ wegen Vermögenslosigkeit von Amts wegen gelöscht worden.

Wir, die Eheleute A sind Eigentümer des Grundstücks ______[Anschrift]______, eingetragen im Grundbuch von __________, Band __________ Blatt __________. Wir beabsichtigen, dieses Grundstück, welches wir von unseren Eltern geerbt haben, zu verkaufen. Bei Einsicht in das Grundbuch haben wir festgestellt, dass im Grundbuch noch eine Vormerkung zugunsten der Gesellschaft eingetragen ist.

Dem liegt folgender Sachverhalt zugrunde: Unsere Eltern hatten im Jahre __________ das Grundstück an die X-GmbH verkauft und in dem Kaufvertrag der Eintragung einer Auflassungsvormerkung zugunsten der Käuferin zugestimmt. Die entsprechende Vormerkung wurde ausweislich des als

Anlage 1 beigefügten beglaubigten Grundbuchauszugs vom __________ am __________ in der Abteilung II unter der Nr. __________ in das Grundbuch eingetragen.

Der Kaufvertrag wurde dann jedoch nicht vollzogen, weil die Gesellschaft den vereinbarten Kaufpreis nicht in voller Höhe aufbringen konnte. Bei Rückabwicklung des Kaufvertrags wurde versehentlich versäumt, die im Grundbuch eingetragene Vormerkung zum Löschen zu bringen.

Damit die Vormerkung nunmehr im Grundbuch gelöscht werden kann, bedarf es der Löschungsbewilligung seitens der noch im Grundbuch als Vormerkungsberechtigte eingetragenen Gesellschaft.

Hierzu beantragen wir, einen Nachtragsliquidator für die gelöschte X-GmbH zu bestellen, und schlagen hierfür Herrn Rechtsanwalt B., [Kanzleianschrift] vor. [5] **Herr Rechtsanwalt B. ist ausweislich der als Anlage 2 beigefügten Erklärung vom __________ bereit, für den Fall seiner Bestellung als Nachtragsliquidator für die Gesellschaft tätig zu werden.** [6]

Geschäftsführer der gelöschten Gesellschaft war zuletzt Herr C. Dieser war ausweislich der zuletzt in das Handelsregister aufgenommenen/bei dem Handelsregister eingereichten Gesellschafterliste auch zugleich der alleinige Gesellschafter. Herr C. ist nicht bereit, als Nachtragsliquidator tätig zu werden, hat sich jedoch ausweislich der als Anlage 3 beigefügten Erklärung vom __________ mit der Bestellung von Rechtsanwalt B. zum Nachtragsliquidator einverstanden erklärt. [7]

Die Wiedereintragung der X-GmbH in das Handelsregister ist nicht erforderlich, da die Nachtragsliquidation vorliegend nur zur Abgabe der Löschungsbewilligung seitens der GmbH erforderlich ist. Der Nachtragsliquidator kann sich durch die Vorlage der Bestellungsurkunde ausreichend im Grundbuchverfahren legitimieren. [8]

____

(Unterschriften der Eheleute A)

Anlage 1: ***Grundbuchauszug*** **für das Grundstück __________, Grundbuch von __________, Band __________ Blatt __________**

Anlage 2: Einverständniserklärung des vorgeschlagenen Nachtragsliquidators Rechtsanwalt B. [6]

Anlage 3: Einverständniserklärung des letzten Geschäftsführers C.

Template

To the 173

Local Court __________

[Address]

X-GmbH with registered office in __________

HRB __________

Application for the appointment of a supplementary liquidator

X-GmbH (the Company) was officially deleted on __________ due to lack of assets.

We, spouses A, are the owners of the real estate [address], registered in the land registry office (Grundbuchamt) of __________, volume __________ sheet

__________. We inherited this real estate from our parents and intend to sell it. Upon inspection of the Grundbuchamt we found that a priority notice of conveyance in favour of the Company is still registered in the land register.

The reservation is based on the following facts: In the year __________ our parents had sold the property to X-GmbH and agreed to the entry of a priority notice of conveyance in favour of the buyer. The corresponding entry was entered in the land-register in division II under No. __________, see the certified land register extract of __________ dated __________ on __________, attached as <u>Annex 1</u>.

However, the purchase agreement was not executed because the Company was unable to raise the agreed purchase price in full. The contract of sale was rescinded, but the priority notice entered in the land-register was inadvertently neglected to be deleted.

In order for the priority notice to be deleted from the land register, the Company still registered in the land-register has to consent the cancelation of the entry of conveyance.

To this end, we request that a supplementary liquidator be appointed for the deleted X-GmbH and propose that Mr. B. attorney residing at __________ [office address] shall be appointed __________. According to the __________ declaration attached as a <u>Annex 2</u>, attorney Mr. B. is willing to act as supplementary liquidator for the Company in the event of his appointment. The last managing director of the deleted Company was Mr. C. As can be seen from the list of shareholders last submitted to the commercial register, he was also the sole shareholder. Mr. C. is not willing to act as a supplementary liquidator, but has, on the basis of the declaration of __________ attached as <u>Annex 3</u>, agreed to the appointment of Attorney B. as a supplementary liquidator.

The re-entry of X-GmbH in the commercial register is not necessary, since the supplementary liquidation is only needed for the submission of the deletion permission on the part of the Company. The supplementary liquidator can sufficiently legitimize himself in the land-register proceedings by presenting the certificate of his appointment.

____

(Signatures of spouses A)

<u>Annex 1:</u> Certified land-register extract of land-register-office of __________, volume __________ sheet __________;

<u>Annex 2:</u> Declaration of consent of the proposed supplementary liquidator Mr. B., attorney at law;

<u>Annex 3:</u> Declaration of consent of Mr. C., last managing director of the Company.

174 <u>Muster Anlage 2:</u>

<u>Schreiben des B.</u>

(Einverständniserklärung des vorgeschlagenen Nachtragsliquidators)

Rechtsanwalt B.

<u>[Anschrift]</u>

An das

Amtsgericht __________

– Registergericht –

[Anschrift]

X-GmbH mit Sitz in __________

HRB __________

Antrag der Eheleute A auf Bestellung eines Nachtragsliquidators

Einverständnisklärung

Mir ist der Antrag der Eheleute A vom __________ auf Bestellung eines Nachtragsliquidators bekannt.

Ich bin bereit, in dieser Angelegenheit als Nachtragsliquidator der im Handelsregister gelöschten X-GmbH tätig zu werden und erkläre bereits jetzt für den Fall meiner Bestellung durch das Gericht mein Einverständnis zur Übernahme des Amtes.

Ich, der Unterzeichnende, versichere [9] vorsorglich, dass ich nicht wegen einer oder mehrerer vorsätzlich begangener Straftaten

(1) des Unterlassens der Stellung eines Insolvenzantrages (Insolvenzverschleppung),

(2) nach den §§ 283 bis 283d Strafgesetzbuch (Insolvenzstraftaten: Bankrott, schwerer Bankrott, Verletzung der Buchführungspflicht, Gläubiger- oder Schuldnerbegünstigung),

(3) der falschen Angaben nach § 82 GmbHG oder § 399 AktG,

(4) der unrichtigen Darstellung nach § 400 AktG, § 331 HGB, § 313 UmwG oder § 17 PublG,

(5) nach den §§ 263 bis 264a oder den §§ 265b bis 266a Strafgesetzbuch (Betrug, Computer-, Subventions- oder Kapitalanlagenbetrug, Kreditbetrug, Sportwettbetrug, Manipulation von berufssportlichen Wetten, Untreue oder wegen Vorenthalten und Veruntreuen von Arbeitsentgelt)

verurteilt worden bin. Auch im Ausland erfolgte keine Verurteilung wegen einer Tat, die mit einer der vorstehend genannten Taten vergleichbar ist.

Weiter wurde mir weder durch gerichtliches Urteil noch durch vollziehbare Entscheidung einer Verwaltungsbehörde die Ausübung eines Berufs, Berufszweiges, Gewerbes oder Gewerbezweiges untersagt.

Die Vergütung meiner Tätigkeit erfolgt durch die Antragsteller. Mir ist bekannt, dass gegenüber der Staatskasse kein Anspruch auf Vergütung der Tätigkeit sowie Auslagenersatz besteht. [10]

[Unterschrift Rechtsanwalt B]

Muster Anlage 3

(Einverständniserklärung des ehemaligen Geschäftsführers) [7]

An das

Amtsgericht ___________

– Registergericht –

[Anschrift]

X-GmbH mit Sitz in ___________

HRB ___________

Antrag der Eheleute A auf Bestellung eines Nachtragsliquidators

Einverständnisklärung

Mir ist der Antrag der Eheleute A vom ___________ auf Bestellung eines Nachtragsliquidators bekannt. Der darin geschilderte Sachverhalt trifft zu.

Ich war zuletzt Alleingesellschafter und Geschäftsführer der im Handelsregister am ___________ gelöschten X-GmbH. Ich habe keine Bedenken, dass Herr Rechtsanwalt B. zum Nachtragsliquidator für die Gesellschaft bestellt wird und er namens der Gesellschaft die Löschung der im Grundbuch noch zugunsten der Gesellschaft eingetragenen Auflassungsvormerkung bewilligt.

Ich bin nicht bereit, irgendwelche Kosten im Zusammenhang mit der Nachtragsliquidation zu übernehmen.

[Unterschrift C]

Erläuterungen

Literatur: *Passarge/Torwegge* Die GmbH in der Liquidation, 2. Aufl. 2014, § 11 (S. 225–236); *Eller*, Liquidation der GmbH, 3. Aufl. 2016, S. 103–107; *Krafka/Kühn* Rn. 437 f., Lutter/Hommelhoff/*Kleindiek* § 74 Rn. 17 ff.; *Passarge/Torwegge*, Die GmbH in der Liquidation, 2. Aufl. 2014, § 11 (S. 225–236); *Riehm* Gerichtliche Bestellung des Nachtragsliquidators – ein Modell für alle Handelsgesellschaften, NZG 2003, 1054–1056; Rowedder/Schmidt-Leithoff/*Kleindiek*, § 74 Rn. 18 ff.; *K. Schmidt*, Löschung und Beendigung der GmbH,GmbHR 1988, 209-213.

175 **1. Sachverhalt:** Der dem Muster zugrunde gelegte Sachverhalt ergibt sich im Wesentlichen aus dem Text des Musters. Bei dem in dem Antrag für das Amt des Nachtragsliquidators vorgeschlagenen Rechtsanwalt B handelt es sich um den von den Antragsstellern zur Klärung der Angelegenheit eingeschalteten Anwalt, nachdem die Antragsteller durch Einsicht in das Grundbuch die Eintragung der Vormerkung festgestellt und durch Nachfrage bei dem Registergericht erfahren hatten, dass die X GmbH vor einiger Zeit wegen Vermögenslosigkeit im Handelsregister gelöscht worden ist. Dem Rechtsanwalt B war es sodann gelungen, die aktuelle Anschrift des letzten Geschäftsführers und Gesellschafters C ausfindig zu machen. Dieser wollte mit der wegen Vermögenslosigkeit von Amts wegen gelöschten Gesellschaft »nichts mehr zu tun haben« und war daher nicht bereit, als Nachtragsliquidator tätig zu werden. Er hat sich dann jedoch bereitgefunden, die ihm vorgelegte Einverständniserklärung zu unterzeichnen.

176 **2. Zuständiges Gericht:** Allein zuständig für die Bestellung eines Nachtragsliquidators ist das für unternehmensrechtliche Verfahren gemäß den §§ 375 ff. FamFG zuständige AG und dort aufgrund geschäftsplanmäßiger Zuweisung in der Regel die für Registersachen zuständige Abteilung. Funktionell zuständig für die Entscheidung über den Antrag ist der Rechtspfleger (s. §§ 3 RPflG,

17 Nr. 2 lit. d, wonach die Bestellung des Nachtragsliquidators gemäß § 65 Abs. 5 GmbHG ausdrücklich von dem Richtervorbehalt ausgenommen ist).

Das Gericht bestellt in der Regel nur einen einzigen Nachtragsliquidator. Es können aber – wenn nötig auf entsprechenden Antrag hin – auch mehrere Personen zu Nachtragsliquidatoren bestellt werden, welche dann, soweit nichts anderes bestimmt ist, die Gesellschaft bei der Nachtragsabwickung gemeinsam vertreten. Auch für eine etwaige Zweitbestellung nach Wegfall des bestellten Nachtragsliquidators (z.B. aufgrund Ablebens), sind nicht die ehemaligen Gesellschafter zuständig, vielmehr bleibt das jeweilige AG zuständig. Gleiches gilt für eine etwaige Abberufung; auch dies ist Aufgabe des zuständigen AG (s. Baumbauch/Hueck/*Haas* § 60 Rn. 106 m.w.N.; a.A. Scholz/*K. Schmidt* § 74, Rn. 22). 177

3. Antragsberechtigte/Antragsinhalt: Beteiligter im Sinne von § 273 Abs. 4 AktG, § 27 FamFG und damit antragsberechtigt ist jeder, der aus wirtschaftlichen Gründen ein Interesse an der Durchführung der Nachtragsliquidation hat. Dies sind insbesondere frühere Gesellschafter, Geschäftsführer, Liquidatoren, aber auch Gläubiger, sofern sie ein berechtigtes Interesse an der Nachtragsliquidation darlegen. Wird der Antrag damit begründet, dass die Gesellschaft noch über Vermögen verfüge, welches bei der Löschung übersehen worden sei, muss der Antragsteller substanziiert darlegen, um was für ein Vermögen es sich hierbei handelt. Die Angabe von lediglich vagen Anhaltspunkten zu dem etwaigen Vermögen der GmbH reicht nicht, da es nicht Aufgabe des Verfahrens zur Bestellung eines Nachtragsliquidators ist, dass das Registergericht selbst weitere Ermittlungen dazu aufnimmt, ob noch Vermögen der gelöschten Gesellschaft vorhanden ist, oder gar einen Nachtragsliquidator zu diesem Zweck bestellt (OLG Frankfurt/M., Beschl. v. 27.06.2005, 20 W 458/04, GmbHR 2005, 1137 = FGPrax 2005, 271; KG Berlin, Beschl. v. 13.02.2007, 1 W 272/06, FGPrax 2007, 185 = GmbHR 2007, 542, 543). Insbesondere dann, wenn es sich bei dem behaupteten Vermögen um Ansprüche der Gesellschaft gegen Dritte handelt, muss weiter ausreichend konkret dazu vorgetragen werden, inwieweit diese Ansprüche auch werthaltig und durchsetzbar sind. 178

Um das Rechtsschutzinteresse für eine Nachtragsliquidation zu begründen, muss der Antragssteller weiter ein Vermögen zumindest in der Höhe geltend machen, welches die Kosten der Nachtragsliquidation deckt (OLG Jena, Beschl. v. 08.06.2007, 6 U 311/07 juris Rn. 19; *Passarge* Rn. 659; Lutter/Hommelhoff/*Kleindiek*, § 74 Rn. 20; Wicke, § 74 Rn. 9). 179

Wird die Nachtragsliquidation – wie in dem obigen Muster – nicht auf Vermögensrealisierung, sondern auf sonstige Abwicklungsmaßnahmen gestützt, so muss der Antragsteller diese Maßnahmen nicht nur konkret bezeichnen, sondern auch die Verpflichtung der Gesellschaft zur Vornahme der Maßnahme glaubhaft darlegen (*Passarge* Rn. 659). 180

4. Antragsform: Der Antrag bedarf keiner besonderen Form. Es genügt die einfache Schriftform. Unter den Voraussetzungen des § 14 FamFG kann der Antrag auch auf elektronischem Wege bei dem AG (Registergericht) eingereicht werden. 181

5. Vorschlag zur Person des Nachtragsliquidators: Über die Person des Nachtragsliquidators entscheidet das Gericht nach pflichtgemäßem Ermessen. Dabei kommt in erster Linie der ehemalige bzw. einer der zuletzt tätigen Liquidatoren (bei vorheriger Amtslöschung wegen Vermögenslosigkeit einer der ehemaligen Geschäftsführer) in Betracht, es sei denn, Zweck der Nachtragsliquidation ist es, Ansprüche der Gesellschaft wegen fehlerhafter Abwicklung (Geschäftsführung) gerade gegen den oder die ehemaligen Liquidatoren (Geschäftsführer) durchzusetzen. In diesem Fall wird sich das Registergericht regelmäßig an den oder die Gesellschafter wenden und bei ihnen anfragen, ob einer von ihnen bereit ist, als Nachtragsliquidator tätig zu werden. Eine Verpflichtung des bisherigen Liquidators oder früheren Geschäftsführers zur Übernahme des Amtes als Nachtragsliquidator besteht indessen nicht. Das Gleiche gilt für die ehemaligen Gesellschafter. Selbst ein ehemaliger Alleingesellschafter kann die Übernahme des Amtes ablehnen. Eine zwangsweise Bestellung einer Person zum Nachtragsliquidator gegen ihren Willen ist gesetzlich nicht vorgesehen 182

(KG Berlin, Beschl. vom 09.01.2001, 1 W 2002/00, GmbHR 2001, 252, 253 = BB 2001, 324 ff.). Nach Auffassung des OLG Hamm ist die Einholung des Einverständnisses der als Nachtragsliquidator vorgeschlagenen oder vom Gericht ausgewählten Person Wirksamkeitsvoraussetzung für die Bestellung, sodass eine von dem Gericht ohne deren Zustimmung vorgenommene Bestellung keine Wirkungen entfaltet (OLG Hamm, Beschl. v. 05.09.1996, 15 W 125/96 GmbHR 1997, 75, 76 = NJW-RR 1997, 32, 33).

183 Soweit der oder die letzten Liquidatoren/Geschäftsführer nicht bereit sind, das Amt zu übernehmen oder diese nicht erreichbar sind, empfiehlt sich, in dem Bestellungsantrag dem Gericht einen Vorschlag zur Person des Nachtragsliquidators zu unterbreiten, wobei vor allem Rechtsanwälte, Steuerberater und Wirtschaftsprüfer aufgrund ihrer Ausbildung und beruflichen Tätigkeit geeignet erscheinen. Das Gericht ist an diesen Personenvorschlag jedoch nicht gebunden und kann ggf. mit Unterstützung der Industrie- und Handelskammer selbst einen für die jeweilige Aufgabe geeigneten und zur Übernahme des Amtes bereiten Nachtragsliquidator auszuwählen.

184 **6. Einverständniserklärung des vorgeschlagenen Nachtragsliquidators:** Wird in dem Antrag eine bestimmte Person für die Bestellung zum Nachtragsliquidator vorgeschlagen, so empfiehlt sich, zur Beschleunigung des Bestellungsverfahrens zuvor dessen Einverständnis zur Übernahme des Amtes für den Fall der Bestellung einzuholen und diese Erklärung dem Antrag beizufügen.

185 **7. Einverständniserklärung des ehemaligen Liquidators/Geschäftsführers:** Vor der Bestellung hat das Gericht den bzw. die ehemaligen Liquidatoren oder letzten Geschäftsführer und, soweit diese nicht erreichbar sind, ggf. auch die ehemaligen Gesellschafter zu hören. Das Bestellungsverfahren kann beschleunigt werden, wenn der Antragsteller deren Zustimmung zur Bestellung des vorgeschlagenen Nachtragsliquidators selbst einholt und die Einverständniserklärungen dem Antrag beifügt.

186 Ansonsten sollten in dem Antrag nach Möglichkeit die aktuellen Anschriften der zuletzt tätigen Liquidatoren bzw. bei Amtslöschung der Gesellschaft ohne vorherige Liquidation die Anschriften der zuletzt tätigen Geschäftsführer sowie ggf. auch der letzten Gesellschafter mitgeteilt werden, um dem Gericht die mühsame und oft langwierige Ermittlung der Anschriften dieser Personen abzunehmen. Ihnen ist im Rahmen des Bestellungsverfahrens rechtliches Gehör zu gewähren mit dem Hinweis auf ein etwaiges Beteiligungsrecht gemäß § 7 FamFG.

187 **8. Absehen von der Wiedereintragung der Gesellschaft:** Wird dem Antrag auf Bestellung des Nachtragsliquidators stattgegeben, so wird die Rötung des Registerblatts aufgehoben und die Gesellschaft von Amts wegen als in Liquidation befindlich wieder unter der bisherigen Registernummer in das Handelsregister eingetragen. Eines zusätzlichen Antrags bedarf es hierzu nicht. In der Eintragung ist bei dem oder den bestellten Nachtragsliquidatoren zugleich deren besondere Vertretungsbefugnis zu vermerken, insbesondere eine etwaige in dem Bestellungsbeschluss erteilte Befreiung von den Beschränkungen des § 181 BGB.

188 Die Eintragung der Nachtragsliquidation kann jedoch nach pflichtgemäßem Ermessen des Gerichts unterbleiben, wenn die Nachtragsliquidation auf einzelne genau bezeichnete Aufgaben beschränkt ist (z.B. wie vorliegend die Abgabe einer Löschungsbewilligung) oder wenn der zu erwartende Umfang der im Rahmen der Nachtragliquidation erforderlichen Maßnahmen eine »Wiedereintragung« der Gesellschaft nicht erfordert (vgl. OLG München, Beschl. v. 21.10.2010, GmbHR 2011, 39 = NZG 2011, 38). Dies ist in der Praxis der Registergerichte nahezu der Regelfall (*Krafka/Kühn* Rn. 1153). Zum Nachweis seiner Bestellung kann der Nachtragsliquidator in diesem Fall im Rechtsverkehr eine Ausfertigung des Bestellungsbeschlusses vorlegen.

189 In der Praxis erfolgt die Bestellung des Nachtragsliquidators zumeist mit der Beschränkung auf eine bestimmte Aufgabe oder einen bestimmten Aufgabenkreis (s. OLG München, Beschl. v. 07.05.2008, 31 Wx 28/08, GmbHR 2008, 821–824). In diesem Fall bestimmt der Umfang des in dem Beschluss genannten Wirkungskreises auch den Umfang seiner Vertretungsmacht für die Gesellschaft im Außenverhältnis. Die Bestimmung des § 276 Abs. 5 AktG, nach der die Vertretungs-

befugnis nicht beschränkt werden kann, findet dann keine Anwendung (vgl. KG Berlin, Beschl. v. 07.07.1998, 1 W 6250/96, NZG 1999, 123–126 = FGPrax 1998, 227–229). Nach Auffassung des OLG Koblenz ist dagegen eine Beschränkung der Nachtragsliquidation auf die Vornahme bestimmter Maßnahmen nicht zulässig. Nach Auffassung des Gerichts ist dies mit dem mit der Nachtragsliquidation verfolgten Zweck der Herbeiführung der Vollbeendigung der Gesellschaft nicht vereinbar (Urt. v. 09.03.2007, 8 U 228/06, NZG 2007, 431–433 = ZIP 2007, 2166–2167).

9. Versicherung: Das Gericht hat im Bestellungsverfahren zu prüfen, ob in der Person desjenigen, welchen es aufgrund des Vorschlags des Antragsstellers oder aufgrund eigener Auswahl zum Nachtragsliquidator bestellen will, Bestellungshindernisse im Sinne von § 6 Abs. 2 GmbHG vorliegen. Eine amtsunfähige Person darf das Gericht nicht zum Nachtragsliquidator bestellen. Hierzu ist es hilfreich, wenn der von dem Antragssteller Vorgeschlagene in der Einverständniserklärung eine entsprechende Versicherung zu den Bestellungshindernissen abgibt. Das Gericht wird dann in der Regel davon absehen, selbst hierzu eine Auskunft bei dem Bundesamt für Justiz aus dem Bundes- sowie dem Gewerbezentralregister einzuholen. 190

Der öffentlichen Beglaubigung bedarf diese Erklärung nicht, da es sich hierbei nicht um eine Anmeldung handelt. Die Praxis der Registergerichte hierzu ist allerdings wohl unterschiedlich. Es empfiehlt sich, ggf. vor Einreichung der entsprechenden Erklärung der als Nachtragsliquidator vorgeschlagenen Person bei dem Registergericht anzufragen, ob es eine notarielle Beglaubigung der Erklärung für notwendig erachtet. 191

10. Vergütung des Nachtragsliquidators: Auch wenn der Nachtragsliquidator durch das (Register-)Gericht bestellt wird, ist dieses nicht für seine Bezahlung zuständig. Die Vergütung seiner Tätigkeit erfolgt nicht aus der Staatskasse, sondern vielmehr aus dem vom ihm im Rahmen seiner Tätigkeit für die gelöschte GmbH realisierten Vermögen, wenn die Nachtragsliquidation der Realisierung und Verteilung restlichen Vermögens der Gesellschaft dient. Sein Honorar sowie den Ersatz seiner Auslagen hat er dann vor Verteilung des erzielten Vermögens an den oder die Gesellschafter abzuziehen. Bei Streit über die Höhe und Angemessenheit seiner Vergütung erfolgt keine Festsetzung durch das Bestellungsgericht, vielmehr muss das zuständige ordentliche Gericht auf seine Klage oder der der Gesellschafter hin hierüber entscheiden. 192

Reicht das im Rahmen der Nachtragsliquidation realisierte Vermögen nicht für seine Vergütung aus oder zielte die Nachtragsliquidation von vorneherein nicht auf die restliche Vermögensabwicklung, sondern auf sonstige Abwicklungsmaßnahmen, wie vorliegend die Abgabe einer Löschungsbewilligung, so wird in der Regel der Antragsteller, in dessen Interesse die Anordnung der Nachtragsliquidation erfolgt, die Bezahlung des Honorars des Nachtragsliquidators und seiner Auslagen übernehmen. Hierzu wird dringend empfohlen, dass der vorgesehene Nachtragsliquidator die Kostenübernahme und die Höhe seiner Vergütung mit dem/den Antragsteller/n abspricht – am besten bevor er sein Einverständnis zur Übernahme des Amtes dem Bestellungsgericht gegenüber erklärt, sonst spätestens vor Aufnahme seiner Tätigkeit – und hierzu eine schriftliche Honorarvereinbarung abschließt. Anderenfalls besteht die Gefahr, dass er für seine Tätigkeit keine Vergütung erhält und auch etwaige im Rahmen der Nachtragsliquidation von ihm verauslagte Kosten selbst tragen muss (so auch Rowedder/Schmidt-Leithoff/*Gesell* § 74 Rn. 22). 193

11. Kosten: a) *Gerichtsgebühren*: Für den Beschluss fällt eine 2,0-Gebühr nach KV-Nr. 13500 GNotKG an. Der Geschäftswert beträgt nach § 67 Abs. 1 Nr. 1 regelmäßig 60.000 €. Soweit dieser Wert nach den besonderen Umständen des Einzelfalls unbillig zu hoch oder zu niedrig ist, kann das Gericht einen höheren oder niedrigeren Wert festsetzen, § 67 Abs. 3 GNotKG (s. hierzu einerseits OLG Dresden, Beschl. v. 18.02.2015, 17 W 158/15, NZG 2016, 158 sowie andererseits KG Berlin, Beschl. v. 09.12.2015, 22 W 98/15, JurBüro 2016, 143–144, FGPrax 2016, 129–130). 194

b) *Notarkosten*: Beschränkt sich die Tätigkeit des Notars auf die Übermittlung eines nicht von ihm erstellten Antrags auf Bestellung eines Nachtragsliquidators an das AG, erhält er hierfür nach GV-Nr. 22124 GNotKG die Festgebühr von 20,00 €. 195

196 Entwirft der Notar den Antrag und reicht er ihn auf elektronischem Weg bei dem Gericht ein, fallen die folgenden Gebühren an: Für den Antrag eine Gebühr nach GV-Nr. 24101 (0,3–1,0, mindestens 60,00 €), der Geschäftswert bestimmt sich gemäß den § 119, 36 GNotKG nach billigem Ermessen, ggf. gemäß § 36 Abs. 2 GNotKG: 5.000 €). Für den Entwurf der Einverständniserklärung des vorgeschlagenen Nachtragsliquidators mit dem Entwurf der Versicherung fällt ebenfalls eine Gebühr nach GV-Nr. 24101 an. Bei dem Geschäftswert erscheint ein Teilwert von 20 bis 40% des Antragswerts angemessen (s. *Diehn*, Notarkostenberechnungen, 5. Aufl., Rn. 1383 ff.), ggf. ebenfalls der Wert von 5.000 €. Das Gleiche gilt für den Entwurf der Einverständniserklärung des C. Hinzu kommen die Gebühren nach KV-Nr. 22114 für den elektronischen Vollzug und die Erstellung der XML-Strukturdaten sowie die Auslagen für den Grundbuchauszug, die Handelsregistereinsicht, die Dokumentenpauschalen (Nr. 32000 und 32002) sowie Auslagenpauschalte (Nr. 32005).

Stichwortverzeichnis